SCHÜLERDUDEN

Die DUDEN-Bibliothek für den Schüler

Rechtschreibung und Wortkunde
Vom 4. Schuljahr an. 324 Seiten mit einem Wörterverzeichnis mit 15 000 Stichwörtern.

Bedeutungswörterbuch
Erklärung des deutschen Grundwortschatzes. 461 Seiten mit über 500 Abbildungen.

Grammatik
Eine Sprachlehre mit Übungen und Lösungen. 412 Seiten.

Fremdwörterbuch
Herkunft und Bedeutung fremder Wörter. 480 Seiten.

Die richtige Wortwahl
Ein vergleichendes Wörterbuch sinnverwandter Ausdrücke. 480 Seiten mit rund 13 000 Wörtern.

Wortgeschichte
Das Wörterbuch für den Sprachunterricht. Über 10 000 Stichwörter auf 492 Seiten.

Die Literatur
Die wichtigsten literarischen Begriffe. 480 Seiten. 2 000 Stichwörter, zahlreiche Abbildungen. Register.

Lateinisch-Deutsch
Ein Wörterbuch für Schule und Studium. 462 Seiten. 30 000 Stichwortartikel.

Die Mathematik I
Ein Lexikon zur Schulmathematik, Sekundarstufe I (5.–10. Schuljahr). 539 Seiten mit über 1 000 meist zweifarbigen Abbildungen. Register.

Die Mathematik II
Ein Lexikon zur Schulmathematik, Sekundarstufe II (11.–13. Schuljahr). 468 Seiten mit über 500 meist zweifarbigen Abbildungen. Register.

Die Informatik
Ein Sachlexikon für den Informatikunterricht. 540 Seiten mit über 200 Abbildungen und zahlreichen Programmbeispielen. Register.

Die Physik
Von der ersten Physikstunde bis zum Abitur. 490 Seiten. 1 700 Stichwörter, 400 Abbildungen. Register.

Die Chemie
Schulchemie – von A bis Z. 424 Seiten. 1 600 Stichwörter, 800 Abbildungen. Register.

Die Biologie
Das Grundwissen der Schulbiologie. 484 Seiten. 2 500 Stichwörter, zahlreiche Abbildungen.

Die Tiere
Von der Symbiose bis zum Tierschutz. Rund 4 000 Stichwörter auf 392 Seiten.

Die Geographie
Von der Geomorphologie zur Sozialgeographie. 420 Seiten. 1 800 Stichwörter, 200 Abbildungen und Tabellen.

Die Geschichte
Die wichtigsten historischen Begriffe. [illegible] 2 400 Stichwörter, [illegible]. Personen- und Sachregister.

Die Musik
Ein Sachlexikon der Musik. 464 Seiten. 2 500 Stichwörter, 350 Notenbeispiele und Bilder. Register.

Die Kunst
Der gesamte Stoff für den modernen Kunstunterricht. 528 Seiten. 3 000 Stichwörter, 96 Farbtafeln, zahlreiche Abbildungen. Register.

Die Philosophie
Ein Sachlexikon speziell für Schüler. 492 Seiten, 1 100 Stichwörter, Literaturverzeichnis. Register.

Politik und Gesellschaft
Ein Lexikon zur politischen Bildung. 468 Seiten. 2 300 Stichwörter, 120 Abbildungen. Register.

Die Psychologie
Ein Fachwörterbuch speziell für Schüler. 408 Seiten. 3 000 Stichwörter, 200 Abbildungen. Register.

Die Religionen
Die Religionen der Welt. 464 Seiten. 4 000 Stichwörter, 200 Abbildungen. Register.

Der Sport
Das gesamte Spektrum des Sports auf einen Blick. 492 Seiten mit über 2 000 Stichwörtern.

Das Wissen von A bis Z
Ein allgemeines Lexikon für die Schule. 560 Seiten. 8 000 Stichwörter, 1 000 Abbildungen und Zeichnungen im Text.

DUDEN-Schülerlexikon
Verständliche Antwort auf Tausende von Fragen. 680 Seiten, rund 10 000 Stichwörter. 1 200 Abbildungen, Zeichnungen und Graphiken im Text.

SCHÜLERDUDEN-ÜBUNGSBÜCHER

Übungen zur deutschen Rechtschreibung I
Die Schreibung schwieriger Laute. Mit Lösungsschlüssel. 239 Seiten.

Übungen zur deutschen Rechtschreibung II
Groß- und Kleinschreibung. Mit Lösungsschlüssel. 256 Seiten.

Übungen zur deutschen Sprache I
Grammatische Übungen. Mit Lösungsschlüssel. 239 Seiten.

Übungen zur deutschen Rechtschreibung III
Die Zeichensetzung. Mit Lösungsschlüssel. 205 Seiten.

Bibliographisches Institut
Mannheim/Wien/Zürich

DUDEN

Band 5

Der Duden in 10 Bänden

Das Standardwerk
zur deutschen Sprache

*Herausgegeben vom Wissenschaftlichen Rat der Dudenredaktion:
Prof. Dr. Günther Drosdowski,
Dr. Rudolf Köster, Dr. Wolfgang Müller,
Dr. Werner Scholze-Stubenrecht*

1. Rechtschreibung
2. Stilwörterbuch
3. Bildwörterbuch
4. Grammatik
5. Fremdwörterbuch
6. Aussprachewörterbuch
7. Etymologie
8. Sinn- und sachverwandte Wörter
9. Richtiges und gutes Deutsch
10. Bedeutungswörterbuch

DUDEN

Fremdwörterbuch

4., neu bearbeitete und erweiterte Auflage

Bearbeitet von Wolfgang Müller
unter Mitwirkung von Rudolf Köster
und Marion Trunk
und weiteren Mitarbeitern der
Dudenredaktion
sowie zahlreichen Fachwissenschaftlern

DUDEN BAND 5

Bibliographisches Institut Mannheim/Wien/Zürich
Dudenverlag

CIP-Kurztitelaufnahme der Deutschen Bibliothek

Der Duden in 10 [zehn] Bänden: d. Standardwerk zur dt. Sprache / hrsg. vom Wissenschaftl. Rat d. Dudenred.: Günther Drosdowski...– Mannheim; Wien; Zürich: Bibliographisches Institut.
Frühere Ausg. u. d.T.: Der Große Duden.
NE: Drosdowski, Günther [Hrsg.]

Bd. 5 → Duden „Fremdwörterbuch“.

Duden „Fremdwörterbuch“ / bearb. von Wolfgang Müller unter Mitwirkung von Rudolf Köster und Marion Trunk u. weiteren Mitarb. d. Dudenred. sowie zahlr. Fachwissenschaftlern. – 4., neu bearb. u. erw. Aufl. – Mannheim; Wien; Zürich: Bibliographisches Institut, 1982.
(Der Duden in 10 Bänden; Bd. 5)
ISBN 3-411-20905-4
NE: Müller, Wolfgang [Bearb.]; Fremdwörterbuch.

Satz: Bibliographisches Institut
Druck und Bindearbeit: Klambt-Druck GmbH, Speyer
Printed in Germany
ISBN 3-411-20905-4

Vorwort

Der Wandel, dem unser Wortschatz unterliegt, zeigt sich besonders deutlich im Bereich des Fremdworts. Ständig werden – vor allem in der Technik und in den Naturwissenschaften – neue Wörter aus fremdsprachlichen Bestandteilen geprägt, unvermindert hält der Zustrom von Wörtern aus fremden Sprachen an – Ausdruck eines engen Kontakts mit anderen Völkern und der Zusammenarbeit über die Landesgrenzen hinweg.

Zwischen dem Erscheinen der dritten Auflage des Duden-Fremdwörterbuchs und der jetzt vorliegenden vierten liegen acht Jahre. Das ist im Hinblick auf den Wortschatz einer lebenden Sprache ein beträchtlicher Zeitraum, der eine Neuauflage nicht nur rechtfertigt, sondern dringend nötig macht, wenn die Aktualität erhalten bleiben soll. Die Neubearbeitung hatte als Hauptziel, die in den letzten Jahren neu in den deutschen Wortschatz gelangten fremdsprachlichen Wörter und die neuen Bedeutungen von bereits in der deutschen Sprache vorhandenen Fremdwörtern in das Wörterbuch aufzunehmen. Ungefähr 3000 neue Wörter sind hinzugekommen.

Das bereits in der 3. Auflage enthaltene Wortgut wurde gründlich durchgesehen und dort ergänzt und überarbeitet, wo es auf Grund der sprachlichen Entwicklung notwendig war, z. B. bei grammatischen Veränderungen. Auch die vierte Auflage setzt die Tradition des Duden-Fremdwörterbuchs fort, eine möglichst umfassende aktuelle Dokumentation des fremdsprachlichen Wortschatzes zu geben, um auf diese Weise dazu beizutragen, die im Zusammenhang mit fremden Wörtern auftretenden Verständnisschwierigkeiten zu überwinden. Gerade Fremdwörter gehören zu den Wörtern, die besonders große und sehr verschiedenartige Schwierigkeiten bereiten – Schwierigkeiten in der Aussprache, in der Silbentrennung und in der Bedeutung; nicht selten werden ähnlich klingende Wörter verwechselt. Aus diesen Gründen kommt dem Fremdwörterbuch eine besondere Bedeutung als lexikographisches Hilfsmittel zu.

Über die oft unverständlichen fremden Wörter in Presse, Rundfunk und Fernsehen ist in letzter Zeit besonders häufig Klage geführt worden, so daß nicht nur diejenigen, die diese Wörter hören oder lesen (die

Rezipienten), sondern auch diejenigen, die Texte verfassen (die Produzenten), ihre Zuflucht zum Wörterbuch nehmen; die einen, um sich über die Bedeutung der fremdsprachlichen Wörter zu informieren, die anderen, um für die fremdsprachlichen Wörter nach Möglichkeit deutsche Entsprechungen zu finden.

Das Fremdwörterbuch verzeichnet auch heute nicht mehr gebräuchliche Fremdwörter, damit der Benutzer die Möglichkeit hat, diese Wörter zu verstehen, wenn sie ihm in älteren, bereits historischen Texten begegnen.

Die dem Wörterverzeichnis vorangestellte *Einführung in Geschichte und Funktion des Fremdworts* will einen allgemein informierenden Überblick über das heftig diskutierte Thema „Fremdwort" bieten und Antwort auf allgemeine Fragen geben, z. B. auf Fragen nach dem Anteil der Fremdwörter am deutschen Wortschatz oder zum Fremdwortmißbrauch und zu den Verdeutschungen. Diese Einführung möchte den Benutzer anregen, sich ein eigenes Urteil über das Fremdwortproblem zu bilden.

Allen Wissenschaftlern und Fachleuten, die uns bei der Neubearbeitung mit ihrem Rat unterstützt haben, möchten wir an dieser Stelle unseren Dank sagen.

Mannheim, den 1. September 1982

Der Wissenschaftliche Rat der Dudenredaktion

Inhaltsverzeichnis

Einführung in Geschichte und Funktion des Fremdworts

Wie in allen Kultursprachen, so gibt es auch in der deutschen Sprache eine große Zahl von Wörtern aus anderen, d. h. aus fremden Sprachen. Sie werden üblicherweise Fremdwörter genannt, obgleich sie zu einem großen Teil gar keine fremden, sondern durchaus altbekannte, gebräuchliche und nötige Wörter innerhalb der deutschen Sprache sind.

Was ist überhaupt ein Fremdwort? Woran erkennt man es? Es gibt zwar keine eindeutigen und zuverlässigen Kriterien, doch kann man vier Merkmale nennen, die oft – wenn auch nicht immer – ein Wort als nichtmuttersprachlich erkennen lassen:

1. die Bestandteile des Wortes. So werden z. B. Wörter mit bestimmten Vor- und Nachsilben als fremd angesehen (*ex*pressi*v*, Kapital*ismus*, *Kon*fronta*tion*, *re*form*ieren*, Sputn*ik*).

2. die Lautung, d. h. die vom Deutschen abweichende Aussprache (z. B. Team [*ti̲m*] oder – wie der folgende Reim erkennen läßt –: Bücher*scheck* – mehr als ein *Gag* oder die nasale Aussprache von Engagement [*anggasch*^{e} *mang*]) und die Betonung, d. h. der nicht auf der ersten oder Stammsilbe liegende Akzent (absolu̲t, diverg̲i̲eren, Energi̲e̲, interessạnt, Paritä̲t).

3. die Schreibung, d. h., das Schriftbild zeigt für das Deutsche unübliche Buchstabenfolgen, unübliche graphische Strukturen, z. B. bibl*io*graphieren, Bodyb*ui*lder, C*ou*rage, homo*ph*il, Nunt*iu*s. Bestimmte Buchstaben- und Lautverbindungen können Fremdsprachlichkeit signalisieren. Im Deutschen kommen beispielsweise die Verbindungen *pt-* und *kt-* nicht im Anlaut vor, so daß man *Ptyalin*, *Ptosis* u. a. auf Grund dieser Buchstabenverbindung als fremdsprachlich erkennt. Wie wichtig gerade dieses Kriterium ist, läßt sich an Namen erkennen, denn ohne daß jemand über besondere linguistische Kenntnisse verfügt, wird er Namen wie *Pljutsch*, *Aboul-Haija*, *Celibidache*, *Bondzio* als fremdsprachlich einstufen.

4. die Ungeläufigkeit oder der seltene Gebrauch eines Wortes in der Alltagssprache. So werden Wörter wie Diskont, exhaustiv, extrinsisch, internalisieren, Kondensator, luxurieren, Quisquilien, paginieren, Revenue, rigid auf Grund ihres nicht so häufigen Vorkommens als fremde Wörter empfunden.

Meistens haben die Fremdwörter aber mehr als eines der genannten Merkmale.

Doch all diese Merkmale sind nur Identifizierungsmöglichkeiten, aber keine sicheren Maßstäbe, denn es gibt beispielsweise einerseits deutsche Wörter, die nicht auf der ersten oder Stammsilbe betont werden (z. B. Forẹlle, Jahrhụndert, lebẹndig), und andererseits Fremdwörter, die wie deutsche Wörter anfangsbetont sind (Ẹpik, Fa̲zit, Ge̲nius, Kạmera, Pọsitivum, Sche̲ma). Außerdem werden die üblicherweise endungsbetonten fremdsprachlichen Wörter oftmals auch auf der ersten Silbe betont, wenn sie im Affekt gesprochen werden oder wenn sie wegen ihrer sachlichen Wichtigkeit besonders hervorgehoben oder auch in Gegensatz zu anderen gestellt werden sollen, z. B. de̲monstrativ, ẹxportieren, fi̲nanziell, gẹnerell, ịmportieren, Ịnformation, kọllektiv, pẹrmanent. Allerdings ist dabei die Stellung im Satz nicht unwichtig. Prädikativ gebrauchte Adjektive werden – beispielsweise – seltener auf der ersten

Silbe betont (attributiv: der skandalöse/skandalöse Vorfall; aber prädikativ: der Vorfall ist skandalös).
Die in die Dialekte und Stadtmundarten einbezogenen Fremdwörter des Alltags zeigen die eindeutschende Betonung oft besonders deutlich, so z. B. in Búro, Cóusin, Dépot.
Der Alltagssprecher paßt fremdsprachliche Wörter den deutschen Aussprachegesetzen an, denn im Unterschied zu einem Kind, das so gut wie möglich nachzuahmen versucht, gleicht ein Erwachsener das Fremde dem Phonemsystem seiner Muttersprache an, beziehungsweise er überhört die Abweichungen.
Auch sonst tragen die sogenannten Fremdwörter meist schon deutlich Spuren der Eindeutschung, so z. B. wenn eine nasale Aussprache teilweise aufgegeben ist (Pension, Balkon), ein fremdsprachliches sp und st als scht (Station) bzw. schp (Spurt), ein in der fremden Sprache kurzer Vokal in offener Silbe im Neuhochdeutschen lang gesprochen (Forum, Lokus, Logik), der Akzent den deutschen Betonungsgewohnheiten entsprechend verlagert wird (Discóunt statt engl. díscount, Comebáck statt engl. cómeback) oder wenn ein fremdes Wort im Schriftbild der deutschen Sprache angeglichen worden ist (Telefon, Fotografie, Nummer, Frisör)[1].
Die im Deutschen nicht üblichen Laute oder Lautverbindungen in fremden Wörtern werden bei häufigerem Gebrauch durch klangähnliche deutsche ersetzt, oder die in der fremden Sprache anders gesprochenen Schriftzeichen werden der deutschen Aussprache angeglichen (Portrait/Porträt; trampen: gesprochen mit *a* neben der englischen Aussprache mit *ä*). Der Angleichungsprozeß beginnt mit Teilintegrationen und vollzieht sich sowohl in der Aussprache als auch in der Schrift.
Manche fremden Wörter werden vielfach für deutsche gehalten, weil sie häufig in der Alltagssprache vorkommen (Möbel, Bus, Doktor) oder weil sie in Klang und Gestalt nicht oder nicht mehr fremd wirken (Alt = tiefe Frauenstimme, Dose, Droschke, Film, Flöte, Front, Klasse, Krem, Peitsche, Streik, Truppe, boxen, parken). So ist es auch zu erklären, daß das vor allem vom Lesen her bekannte Wort Puzzle von Testpersonen für schwäbisch gehalten und dementsprechend auch so ausgesprochen wurde. Es kann auch vorkommen, daß ein und dasselbe Wort auf Grund mehrerer Bedeutungen je nach Häufigkeit der Bedeutung als deutsches oder fremdes Wort eingruppiert wird, z. B. *Note* in der Bedeutung *Musikzeichen* als deutsches Wort, *Note* in der Bedeutung *förmliche schriftliche Mitteilung* als fremdes Wort[2]. In manchen gleichlautenden, mehrere Bedeutungen enthaltenden Wörtern fallen auch fremdes und deutsches Wort zusammen, wie z. B. in *Matte* (lat. matta) = Decke aus Stroh o. ä., Unterlage und *Matte* (von mähen) = [Berg]wiese oder *Ball* (griech.-lat.-fr.) Tanzfest und *Ball* (althochdeutsch bal) (zum Spielen). Andererseits aber werden wieder deutsche Wörter für Fremdwörter gehalten, weil sie selten (Flechse, Riege, tosen) oder weil sie eine Mischung aus deutschen

[1] Heute sind auf Grund des starken internationalen Kontaktes – aber auch weil es als „chic" angesehen wird – im Bereich der Eindeutschungen schon wieder rückläufige Entwicklungen zu beobachten (*Centrum* auf Straßenverkehrsschildern; *Cigarette* in der Werbung).

[2] Hier und an anderen Stellen werden die Untersuchungsergebnisse von K. Heller (Das Fremdwort in der deutschen Sprache der Gegenwart, Leipzig 1966) herangezogen.

und fremdsprachlichen Wortelementen sind (buchstabieren, hausieren, Bummelant, Schwulität), an deren deutschen Stamm eine fremdsprachliche Endung getreten ist.

Gerade bei diesen Mischbildungen, den sogenannten hybriden Bildungen, besteht bei den Sprachteilhabern in der Beurteilung, ob es sich um deutsche oder fremde Wörter handelt, Unsicherheit, wobei sich in der Regel zeigt, daß fremde Suffixe die Zuordnung zum Fremdwort begünstigen, während Wörter mit fremdem Stamm und deutschen Ableitungssilben wie *Direktheit, temperamentvoll, risikoreich* und *Naivling* eher als deutsche empfunden werden.

Der Begriff Fremdwort ist eigentlich nur für eine historische Sprachbetrachtung brauchbar. Daher wird er im Hinblick auf den Wortschatz der Gegenwartssprache auch vielfach abgelehnt. Es wurde vorgeschlagen, in bezug auf die Gegenwartssprache den Begriff Fremdwort für unbekannte Wörter oder Begriffe zu gebrauchen, so, wie man das Wort im übertragenen Gebrauch verwendet (z. B. Humanität und Nächstenliebe sind für viele Menschen Fremdwörter = diese Begriffe, Eigenschaften existieren für sie nicht, gibt es bei ihnen nicht; Angst ist für ihn ein Fremdwort = er kennt/hat keine Angst). Der Begriff Fremdwort wurde definiert als ,,Wort, das jemandem fremd ist". Wer den Begriff Fremdwort aber in der Weise auf die Gegenwartssprache anwenden will, also in bezug auf das Nichtverstehen von Wörtern, hat die Problematik nur verlagert, da das Verstehen der Fremdwörter individuell sehr unterschiedlich ist und von Faktoren wie Bildung, Beruf, Alter abhängt. Wenn in dem Zusammenhang dann erwogen wurde, alle die Wörter, die nur 5 % der Sprachteilhaber im Textzusammenhang interpretieren können, als Fremdwörter anzusehen, dann müßten sogar viele deutsche Wörter aus Handwerker- und Fachsprachen (z. B. halbgar = halb gegerbt oder entzundern = Rost, Zunder [Oxydschicht] beseitigen) als Fremdwörter bezeichnet werden. Es geht aber gar nicht um die Art der Benennung dieser aus anderen Sprachen übernommenen Wörter, sondern es geht um die richtige Einstellung zu dieser doch recht großen, aber trotz ihrer hohen Funktionalität manchmal noch immer in der Bedeutung falsch eingeschätzten Minderheit. Es geht also weder um Verteidigung der Fremdwörter noch um ihre Aburteilung; es geht um das Erkennen oder auch Anerkennen ihrer sowohl innersprachlich-lexikologischen und -kommunikativen als auch außersprachlich-psychologischen Funktion.

Das Phänomen ,,Fremdwort" ist aber nicht nur als Terminus schwer abgrenzbar und in den Griff zu bekommen; es ist auch grundsätzlich zu einem umstrittenen Thema geworden, über das mit teils sachlichen, teils unsachlich-emotionalen oder subjektiv-weltanschaulichen sowie moralisch wertenden Argumenten diskutiert wurde und gelegentlich auch noch wird.

Wörter aus fremden Sprachen sind schon immer und nicht erst in der jüngsten Vergangenheit und in der Gegenwart in die deutsche Sprache aufgenommen worden. Im Laufe der Jahrhunderte sind sie ihr jedoch meist in solch einem Maße angeglichen worden, daß man ihnen die fremde Herkunft heute gar nicht mehr ansieht. Das sind beispielsweise Wörter wie Mauer (lat. mūrus), Fenster (lat. fenestra), Ziegel (lat. tēgula), Wein (lat. vīnum), die die historisch (diachronisch) orientierte Sprachwissenschaft als Lehnwörter bezeichnet. Der Grad der Eindeutschung fremder Wörter hängt aber nicht oder nur zum

Teil davon ab, wie lange ein fremdes Wort schon in der Muttersprache gebraucht wird. Das schon um 1500 ins Deutsche aufgenommene Wort *Bibliothek* beispielsweise hat seinen fremden Charakter bis heute beibehalten, während Wörter wie Streik (engl. strike) und fesch (aus und neben engl. fashionable), die erst im 19. Jahrhundert aus dem Englischen ins Deutsche gekommen sind, schon völlig eingedeutscht sind. Neu auftauchende fremde Wörter werden anfangs, um die gegenseitige Kommunikation sicherzustellen, meist noch kommentiert oder durch Synonyme inhaltlich gestützt.

Der Kontakt mit anderen Völkern und der damit verbundene Austausch von Kenntnissen und Erfahrungen hat im Mittelalter genauso wie heute in der Sprache seinen Niederschlag gefunden, ohne daß jedoch im Mittelalter aus der Aufnahme solcher Wörter eine irgendwie geartete Problematik erwuchs. Die von Karl dem Großen angeregte Verdeutschung der lateinischen Monatsnamen und fremdwortkritische Äußerungen in der mittelhochdeutschen Epik – beispielsweise in bezug auf Gottfried von Straßburg – waren vereinzelte Erscheinungen und keineswegs programmatisch. Viele Bezeichnungen und Begriffe kamen damals – vor allem auch in Verbindung mit dem Rittertum – aus dem Französischen ins Deutsche, wie turnier, visier, amîsen = lieben, tambûr = Handtrommel, kurtoisie = höfisches Benehmen, harnasch = Harnisch, hersenier = Harnischkappe.

Erst mit der Entstehung der deutschen Nationalsprache in der Neuzeit entwickelte sich eine Sprachbewußtheit, die den Ausgangspunkt für den Sprachpurismus bildete, woraus dann die kritische oder ablehnende Einstellung zum nichtdeutschen Wort, zum Fremdwort, resultierte. Auch die Sprachpflege im 19. und 20. Jahrhundert erschöpfte sich eine Zeitlang in engagierten Fremdwortpolemiken und in der Bekämpfung des fremden Wortes.

Dem Fremdwort – dieses Wort wurde vermutlich von dem Philosophen und Puristen K. C. F. Krause (1781–1832) geprägt und durch Jean Paul im Hesperus (1819) verbreitet – begann man in den Sprachgesellschaften des 17. Jahrhunderts besondere Aufmerksamkeit zu widmen. Hand in Hand mit der Kritik am fremden oder ausländischen Wort – wie man es damals noch nannte – ging die Suche nach neuen deutschen Wörtern als Entsprechung. Bedeutende Männer wie Harsdörffer (1607–1658), Schottel (1612–1676), Zesen (1619–1689) und Campe (1746–1818) sowie deren geistige Mitstreiter und Nachfolger setzten an die Stelle vieler fremder Wörter und Begriffe deutsche Wörter, von denen sich manche durchsetzten, während andere wirkungslos blieben oder wegen ihrer Skurrilität der Lächerlichkeit preisgegeben waren. Nicht selten trat aber auch das deutsche Wort neben das fremde und bereicherte auf diese Weise das entsprechende Wortfeld inhaltlich oder stilistisch. Fest zum deutschen Wortschatz gehören solche Bildungen wie *Anschrift* (Adresse), *Ausflug* (Exkursion), *Bittsteller* (Supplikant), *Bücherei* (Bibliothek), *Emporkömmling* (Parvenu), *enteignen* (expropriieren), *Fernsprecher* (Telefon), *fortschrittlich* (progressiv), *Leidenschaft* (Passion), *postlagernd* (poste restante), *Rechtschreibung* (Orthographie), *Stelldichein* (Rendezvous), *Sterblichkeit* (Mortalität), *Weltall* (Universum), während andere wie *Meuchelpuffer* für *Pistole*, *Dörrleiche* für *Mumie*, *Lusthöhle* für *Grotte* oder *Lotterbett* für *Sofa* lediglich als sprachgeschichtliche Kuriositäten erhalten geblieben sind.

Selbst Lehnwörter, also solche Entlehnungen, die sich der adoptierenden deutschen Sprache in Lautgestalt und Flexion derart angepaßt haben, daß

erst wortgeschichtliche Forschung ihre fremde Herkunft zutage fördert, versuchte man zu ersetzen, z. B. *Fenster* durch *Tageleuchter*.
Von den Lehnwörtern unterscheiden sich die Fremdwörter also in der Regel dadurch, daß sie meistens noch deutlich sichtbare Spuren ihrer fremdsprachlichen Herkunft an sich tragen, doch gibt es eine Zone des Übergangs, wo es nicht mehr möglich ist, exakt zwischen Fremdwort und Lehnwort zu unterscheiden, wie z. B. bei den Wörtern Bluse, Dose, Flagge, Klasse, Salat, Sport, Schal, starten, Note.
Wenn man dem fremden Wort in der deutschen Lexikographie schon seit langem besondere Aufmerksamkeit schenkt, indem man spezielle Wörterbücher für diesen Teil des Wortschatzes schreibt, so liegt das wohl nicht zuletzt an dem Bestreben, diesen dem Hörer oder Leser oft besondere Verständnisschwierigkeiten bietenden Bereich der Sprache zusammenfassend darzustellen; denn der Anteil der Fremdwörter am deutschen Wortschatz ist gar nicht gering, was man in Fernsehen, Rundfunk und Presse, den Hauptkommunikationsmitteln, beobachten kann. Der Fremdwortanteil beläuft sich in fortlaufenden Zeitungstexten beispielsweise auf 8–9 %. Zählt man nur die Substantive, Adjektive und Verben, so steigt der prozentuale Anteil des Fremdworts sogar auf 16–17 %. In Fachtexten liegt der prozentuale Anteil des Fremdworts meist noch entsprechend höher. Untersuchungen haben ergeben, daß in journalistischen Texten von den dort vorkommenden fachspezifischen nichtallgemeinverständlichen Fremdwörtern 85% notwendig sind, während von den nicht fachbezogenen nichtallgemeinverständlichen Fremdwörtern nur 25% nötig gewesen wären. Man schätzt, daß auf das gesamte deutsche Vokabular von etwa 400000 Wörtern rund 100000 fremde Wörter kommen, d. h. daß auf drei deutsche Wörter ein aus einer fremden Sprache übernommenes kommt. Der mit 2805 Wörtern aufgestellte deutsche Grundwortschatz (1269 Grundstufe, 1536 Mittelstufe) enthält etwa 6% fremde Wörter. Den größten Anteil am Fremdwort hat übrigens das Substantiv, an zweiter Stelle steht das Adjektiv, dann folgen die Verben und schließlich die übrigen Wortarten, wobei die Adjektive auf Grund ihrer stilistischen Funktion inhaltlich am meisten dem Wandel ausgesetzt zu sein scheinen.
Erwähnenswert ist in dem Zusammenhang auch die Tatsache, daß man bei einer Auszählung der Fremdwörter in einer Tageszeitung aus dem Jahre 1860 zu einem Ergebnis kam, das nur wenig unter den aus der heutigen Tagespresse ermittelten Durchschnittswerten lag. Der Grund dafür liegt u. a. in der relativ schnellen Vergänglichkeit vieler Fremdwörter: Es kommen nämlich fast ebensoviel Fremdwörter aus dem Gebrauch wie neue in Gebrauch. Die alten Fremdwörterbücher machen bei einem Vergleich mit dem gegenwärtigen Fremdwortgut das Kommen und Gehen der Wörter oder ihren Bedeutungswandel genauso deutlich wie die Lektüre unserer Klassiker oder gar die Durchsicht alter Verordnungen und Verfügungen aus dem vorigen Jahrhundert. In einem Anhang zu Raabes Werken werden beispielsweise folgende Wörter, die heute weitgehend veraltet oder aber in anderer Bedeutung üblich sind, aufgeführt und erklärt: Konstabuler (Geschützmeister), pragmatisch (geschäftskundig), peristaltisch (wurmförmig), Utilität (Nützlichkeit), prästieren (an den Tag legen), Idiotismus (mundartlicher Ausdruck), dyspeptisch (magenkrank), dysoptisch (schwachsichtig), Kollaborator (Hilfslehrer), subhastieren (zwangsversteigern), Subsellien (Schulbänke), felix culpa (heilsamer

Fehler), Malefizbuch (Strafgesetzbuch), Profax (scherzh.: Rektor der Universität), Molestierung (Belästigung), Molesten (Plagen), Pennal (spött.: neuangekommener Student), quiesziert (in den Ruhestand versetzt), Onus (Verbindlichkeit), Cockpit (Kampfplatz, [Zirkus]arena), Hôtel garni (Gasthaus mit Zimmervermietung oder eine Wohnung mit Hausgerät; heute: Hotel oder Pension, in der man Frühstück, aber kein warmes Essen bekommt).

Heute, in einer Zeit, in der Entfernungen keine Rolle mehr spielen, in der die Kontinente einander nähergerückt sind, ist die gegenseitige kulturelle und somit sprachliche Beeinflussung der Völker besonders stark. So findet grundsätzlich ein Geben und Nehmen zwischen allen Kultursprachen statt, wenn auch gegenwärtig der Einfluß des Englisch-Amerikanischen dominiert. Das bezieht sich nicht nur auf das Deutsche, sondern ganz allgemein auf die nichtenglischen europäischen Sprachen. Gelegentlich werden Wörter auch nur nach englischem Muster gebildet, ohne daß es sie im englischsprachigen Raum überhaupt gibt. Man spricht dann von Scheinentlehnungen (Twen, Dressman, Showmaster) und Halbentlehnungen mit neuen Bedeutungen (Herrenslip; engl. briefs). Es gibt jedoch auch den umgekehrten Prozeß, daß deutsche Wörter in fremde Sprachen übernommen und dort allmählich angeglichen werden, wie z. B. im Englischen bratwurst, ersatz, gemütlichkeit, gneiss, kaffeeklatsch, kindergarten, kitsch, leberwurst, leitmotiv, ostpolitik, sauerkraut, schwarmerei, schweinehund, weltanschauung, weltschmerz, wunderkind, zeitgeist, zinc. Aber auch Mischbildungen oder Eigenschöpfungen wie apple strudel, beer stube, sitz bath, kitschy, hamburger kommen vor. Die im Deutschen mit altsprachlichen Bestandteilen gebildeten Wörter *Ästhetik* und *Statistik* erscheinen im Französischen als *esthétique* bzw. *statistique*. Das deutsche Wort *Rathaus* wird im Polnischen zu *ratusz*, *Busserl* im Ungarischen zu *puszi*, und im Rumänischen gibt es u. a. *chelner* (= Kellner), *chelneriță* (= Kellnerin), *halbă* (= Halbes [Bier]), *şlager* (= Schlager[lied]), *şpriț* (= gespritzter Wein) und *ştrand* (= Strand).

Eine besondere Gattung der Fremdwörter bilden die sogenannten Bezeichnungsexotismen, Wörter, die auf Sachen, Personen und Begriffe der fremdsprachigen Umwelt beschränkt bleiben, wie z. B. Bagno, Garrotte, Iglu, Kolchos, Torero.

Viele Fremdwörter sind international verbreitet. Man nennt sie Internationalismen. Das sind Wörter, die in gleicher Bedeutung und gleicher oder ähnlicher Form in mehreren europäischen Sprachen vorkommen, wie z. B. Medizin, Musik, Nation, Radio, System, Telefon, Theater. Manche Fremdwörter, vor allem Fachwörter, lassen sich gar nicht durch ein einziges deutsches Wort ersetzen, oft müßten sie umständlich umschrieben werden (Aggregat, Automat, Elektrizität, Politik). Hier allerdings liegen auch nicht selten die Gefahren für Mißverständnisse und Interferenzen, nämlich dann, wenn Wörter in mehreren Sprachen in lautgestaltlich oder schriftbildlich zwar identischer oder nur leicht abgewandelter Form vorkommen, inhaltlich aber mehr oder weniger stark voneinander abweichen (dt. sensibel = engl. sensitive; engl. sensible = dt. vernünftig). In diesen Fällen spricht man auch von faux amis, den „falschen Freunden", die die Illusion hervorrufen, daß sie das Verständnis eines Textes erleichtern können, die in Wirklichkeit aber das Verständnis erschweren bzw. Mißverständnisse hervorrufen. Weil die fremdsprachlichen Wörter so gut wie beziehungslos innerhalb des deutsch-

stämmigen Wortschatzes, weil sie nicht in einer Wortfamilie stehen, aus der heraus sie erklärt werden können, wie z. B. *Läufer* von *laufen*, aus diesem Grunde ist mit der Verwendung von Fremdwörtern auch ganz allgemein die Gefahr des falschen Gebrauchs verbunden. Nicht umsonst heißt es daher im Volksmund: „Fremdwörter sind Glücksache." So sind Fehlgriffe leicht möglich: *Restaurator* kann mit *Restaurateur*, *Prognose* mit *Diagnose*, *kodieren* mit *kodifizieren*, *konkav* mit *konvex* oder – wie bei Frau Stöhr in Th. Manns „Zauberberg" – *insolvent* mit *insolent* verwechselt werden[1].
Daß falscher oder salopp-umgangssprachlicher Gebrauch zu Bedeutungswandel führen kann, der oft bis zur völligen Inhaltsumkehrung geht, macht beispielsweise die Geschichte der Wörter famos (von *berufen*, *berühmt*, *berüchtigt* zu *prächtig*, *vortrefflich*, *ausgezeichnet*), formidabel (von *furchtbar*, *grauenerregend* zu *großartig*), fulminant (von *blitzend*, *tobend*, *drohend* zu *glänzend*, *prächtig*, *ausgezeichnet*), frugal, prekär, rasant deutlich.
Auf Grund der Existenz zweier deutscher Staaten mit unterschiedlicher Gesellschaftsordnung gibt es aber auch innerhalb der deutschen Gegenwartssprache Fremdwörter, die sich inhaltlich je nach bewußt oder auch unbewußt ideologischem Gebrauch in der Bundesrepublik oder in der DDR unterscheiden (agitieren, objektivistisch, Pazifist), wie es darüber hinaus Fremdwörter gibt, die nur im einen oder nur im anderen Teil Deutschlands gebraucht werden. Darunter fallen ganz verschiedene Arten von Wörtern: Es können Bezeichnungen für gesellschaftsbezogene spezifische Einrichtungen, Erscheinungen o. ä. sein (BRD: Bruttosozialprodukt, Dealer, Discountgeschäft, Leasing, Marketing; DDR: Aktivist, Aspirantur, Brigadier, Direktstudent, Direktstudium, Kombinat, Komplexbrigade, Konfliktkommission); es können aber auch Wörter sein, die die Einrichtungen oder die gesellschaftliche Wirklichkeit der anderen Gesellschaftsordnung abwertend benennen (BRD: Bolschewismus, Politruk; DDR: Diversant, Revanchismus, Ultra).
Eine wichtige Frage in bezug auf das Fremdwort ist auch die nach seinem lexikologischen Stellenwert, d. h. nach seiner inhaltlichen, stilistischen und syntaktischen Leistung. Ein Fremdwort kann besondere stilistische (Portier/Pförtner, transpirieren/schwitzen, ventilieren/überlegen) und inhaltliche (Exkursion/Ausflug, fair/anständig, simpel/einfach) Nuancen enthalten, die ein deutsches Wort nicht hat. Es kann unerwünschte Assoziationen oder nicht zutreffende Vorstellungen ausschließen (Passiv statt Leideform, Substantiv statt Hauptwort, Verb statt Tätigkeitswort); es kann verhüllend (Fäkalien, koitieren), aber auch abwertend (Visage/Gesicht, denunzieren/anzeigen) gebraucht werden, so daß das Fremdwort in der deutschen Sprache eine wichtige Funktion zu erfüllen hat. Das, was man an Fremdwörtern manchmal bemängelt, z. B. daß sie unklar, unpräzise, nicht eindeutig seien, das sind Nachteile – unter Umständen aber auch Vorteile –, die bei vielen deutschen Wörtern ebenfalls festgestellt werden können. Wichtig für die Wahl eines Wortes

---

[1] Für diese fremdwortspezifischen Schwierigkeiten stehen in den Duden-Taschenbüchern, Band 9 (Wie gebraucht man Fremdwörter richtig?) und Band 17 (Leicht verwechselbare Wörter), spezielle Hilfsmittel zur Verfügung, die im Hinblick auf den richtigen Gebrauch der Fremdwörter im Satzzusammenhang und im Hinblick auf die Gefahr der Verwechslung lautlich und schriftbildlich ähnlicher Wörter angelegt sind.

ist immer seine Leistung, nicht seine Herkunft. Die Leistung liegt nicht nur auf inhaltlichem und stilistischem Gebiet; sie kann sich auch im Syntaktischen zeigen. Die fremdsprachlichen Verben beispielsweise geben dem deutschen Satz oft auf Grund ihrer Untrennbarkeit einen anderen Aufbau. Die Satzklammer fällt weg. Das muß nicht besser, kann aber übersichtlicher sein und bietet auf jeden Fall eine Variationsmöglichkeit (z. B. Klaus *zitiert* bei solcher Gelegenheit seine Frau Brunhilde/Klaus *führt* bei solchen Gelegenheiten seine Frau Brunhilde oder: *einen Ausspruch* seiner Frau Brunhilde *an*).

Man kann über Fremdwörter nicht pauschal urteilen. Ein Fremdwort ist immer dann gut und nützlich, wenn man sich damit kürzer und deutlicher ausdrücken kann. Solche Fremdwörter gibt es in unserer Alltagssprache in großer Zahl, und diese werden im allgemeinen auch ohne weiteres verstanden. Gerade das ist auch ausschlaggebend, nämlich daß ein fremdes Wort verständlich ist, daß es nicht das Verständnis unnötig erschwert oder gar unmöglich macht.

Fragwürdig wird der Gebrauch von Fremdwörtern jedoch immer da, wo diese zur Überredung oder Manipulation, z. B. in der Sprache der Politik oder der Werbung, mehr oder weniger bewußt verwendet werden oder wo sie ohne besondere stilistische, syntaktische oder inhaltliche Funktion, lediglich als intellektueller Schmuck, zur Imagepflege, aus Bildungsdünkel oder Prahlerei benutzt werden, wo also außersprachliche Gründe den Gebrauch bestimmen. Daß ein Teil der Fremdwörter vielen Sprachteilhabern Verständnisschwierigkeiten bereitet, liegt – wie bereits oben erwähnt – daran, daß sie nicht in eine Wortfamilie eingegliedert sind und folglich durch verwandte Wörter inhaltlich nicht ohne weiteres erklärt oder erschlossen werden können. Von da leitet sich auch das große Informationsbedürfnis her, das die Existenz von Fremdwörterbüchern eigentlich erst rechtfertigt. Fremde Wörter bereiten aber nicht nur Schwierigkeiten beim Verstehen, sie bereiten nicht selten auch Schwierigkeiten im grammatischen Gebrauch, in bezug auf die grammatische Einfügung in das deutsche Sprachsystem. Es gibt verschiedentlich Unsicherheiten vor allem hinsichtlich des Genus (der oder das Curry; das oder die Malaise) und des Plurals (die Poster oder die Posters, die Regime oder die Regimes). Neben vom Deutschen abweichende Flexionsformen (Atlas/Atlanten; Forum/Fora) treten im Laufe der Zeit nach deutschem Muster gebildete (Atlasse, Forums). Aus dieser Unsicherheit heraus ergeben sich in diesen Bereichen besonders häufig Doppelformen, bis das jeweilige fremde Wort endgültig seinen Platz im heimischen Sprachsystem gefunden hat. Das Genus der fremdsprachlichen Wörter richtet sich in der Regel entweder nach möglichen Synonymen oder nach formalen Kriterien. So sind z. B. die aus dem Französischen gekommenen Wörter *le garage, le bagage* im Deutschen Feminina, weil sich mit dem unbetonten Endungs-e – abgesehen von inhaltlichen Sondergruppen – das feminine Geschlecht verbindet, während das Wort *Campus* anfangs zwischen Maskulinum (nach der Endung -us) und Neutrum (nach dem deutschen Synonym *das Feld*) schwankte.

Fremdwörter können zwar auf Grund ihrer Herkunft aus anderen Sprachen besonders geartete Schwierigkeiten im Gebrauch und im Verstehen bereiten; sie sind aber oft ein unentbehrlicher Bestandteil der deutschen Sprache. Es stellt sich im Grunde nicht die Frage, ob man Fremdwörter gebrauchen

soll oder darf, sondern wo, wie und zu welchem Zweck man sie gebrauchen kann oder soll.
Zusammenfassend läßt sich sagen:
Ein Fremdwort kann dann nötig sein, wenn es mit deutschen Wörtern nur umständlich oder unvollkommen umschrieben werden kann. Sein Gebrauch ist auch dann gerechtfertigt, wenn man einen graduellen inhaltlichen Unterschied ausdrücken, die Aussage stilistisch variieren oder den Satzbau straffen will. Es sollte aber überall da vermieden werden, wo Gefahr besteht, daß es der Hörer oder Leser, an den es gerichtet ist, nicht oder nur unvollkommen versteht, wo also Verständigung und Verstehen erschwert werden.
Abzulehnen ist der Fremdwortgebrauch da, wo er nur zur Erhöhung des eigenen sozialen bzw. intellektuellen Ansehens oder zur Manipulation anderer angewendet wird.
Daß man ein Fremdwort grundsätzlich nur dann gebrauchen soll, wenn man es genau kennt, sollte eine Selbstverständlichkeit sein; andernfalls setzt man sich der Gefahr der Lächerlichkeit aus.

Zur Einrichtung des Wörterverzeichnisses

I. Allgemeines

Das Fremdwörterverzeichnis enthält Fremdwörter, öfter gebrauchte Wörter, Fügungen und Redewendungen fremder Sprachen, gelegentlich auch deutsche Wörter mit fremden Ableitungssuffixen oder -präfixen, die als Fremdwörter angesehen werden könnten. Lehnwörter wurden nur dann aufgenommen, wenn sie für eine fremdwörtliche Wortsippe erhellend sind. Fremde Eigennamen wurden grundsätzlich nicht berücksichtigt, es sei denn, daß sie als generalisierende Gattungsnamen verwendet werden.

II. Zeichen von besonderer Bedeutung

. Untergesetzter Punkt bedeutet betonte Kürze, z. B. Abituriẹnt.

- Untergesetzter Strich bedeutet betonte Länge, z. B. Abitu̱r.

| Der senkrechte Strich dient zur Angabe schwieriger Silbentrennung, z. B. Ab|itur.

/ Der Schrägstrich besagt, daß sowohl das eine als auch das andere möglich ist, z. B. etwas/jmdn.; ...al/...ell.

= Das Gleichheitszeichen vor einem Wort besagt, daß das Lemma (Stichwort) mit diesem bedeutungsgleich ist und daß bei dem mit = versehenen Wort die Bedeutungsangaben zu finden sind, z. B. **Äthin** *das*; -s: = Acetylen.

(Wz) Als Warenzeichen geschützte Wörter sind durch das Zeichen (Wz) kenntlich gemacht. Etwaiges Fehlen dieses Zeichens bietet keine Gewähr dafür, daß es sich hier um ein Wort handelt, das von jedermann als Handelsname frei verwendet werden darf.

- Der waagerechte Strich vertritt das Stichwort, z. B. **Abitur** *das*; -s, -e; **ad oculos**: ... etwas - - demonstrieren.

... Drei Punkte stehen bei Auslassung von Teilen eines Wortes, z. B. **Adhärens** *das*; -, ...renzien.

[] In den eckigen Klammern stehen Aussprachebezeichnungen (vgl. S. 11f.), Herkunftsangaben (vgl. S. 10f.), die wörtliche oder eigentliche Bedeutung eines Wortes sowie Buchstaben, Silben oder Wörter, die weggelassen werden können, z. B. **à deux mains** [*a dö mäng*; *fr*.]; **Anaklasis** [*gr*.; „Zurückbiegung"]; **Akkord** *der*; -[e]s, -e: ... 3. Einigung zwischen Schuldner u. Gläubiger[n] ...; im -: im Stücklohn [und daher schnell].

() In den runden Klammern stehen erläuternde Zusätze, z. B. Stilschicht, Fachbereich: **Visage** ...: (ugs., abwertend); **akaryot**: kernlos (von Zellen; Zool.); **Akaryobiont** *der*; -en, -en (meist Plural).

→ Der Pfeil besagt, daß das mit einem Pfeil versehene Wort an entsprechender alphabetischer Stelle aufgeführt und erklärt ist, z. B. **Akazie** *die*; -, -n: a) tropischer Laubbaum, zur Familie der → Leguminosen gehörend ...; b) (ugs.) → Robinie; **akut** ... Ggs. → chronisch.

III. Anordnung und Behandlung der Stichwörter

1. Die Stichwörter sind **halbfett** gedruckt.
2. Die Anordnung der Stichwörter ist alphabetisch.

   Die Umlaute ä, ö, ü, äu werden wie die nichtumgelauteten Vokale a, o, u, au behandelt.

   Beispiel: Ara
   Ära
   Araber

   Die Umlaute ae, oe, ue hingegen werden entsprechend der Buchstabenfolge alphabetisch eingeordnet.

   Beispiel: codieren
   Coecum
   Coelin[blau]
   Coemeterium
   co|etan
   Cœur

3. Stichwörter, die im ganzen oder in ihren Bestimmungswörtern etymologisch miteinander verwandt sind, sind in der Regel in Wortgruppen zusammengefaßt.
4. Wörter, die gleich geschrieben werden, aber in Aussprache, Herkunft, Genus oder Pluralform voneinander verschieden sind, erscheinen in der Regel unter einem Stichwort, aber in römische Ziffern unterteilt.

   Beispiele: **Adonis**
   I. *der*; -, -se: schöner [junger] Mann.
   II. *die*; -, -: Hahnenfußgewächs
   Tenor
   I. Tenor ...
   II. Tenor ...

5. Angaben zum Genus und zur Deklination des Genitivs im Singular und – soweit gebräuchlich – des Nominativs im Plural sind bei den Substantiven aufgeführt.

   Beispiele: **Aquarell** *das*; -s, -e; **Ära** *die*; -, Ären

   Substantive, die nur im Plural vorkommen, sind durch die Angabe *die* (Plural) gekennzeichnet.

   Beispiel: **Alimente** *die* (Plural) ...

IV. Bedeutungsangaben

Die Angaben zur Bedeutung eines Stichwortes stehen hinter dem Doppelpunkt, der dem Stichwort, der Etymologie oder den Flexionsangaben folgt. Hat ein Stichwort mehrere Bedeutungen, die sich voneinander unterscheiden, dann werden die einzelnen Bedeutungen durch Ziffern oder Buchstaben voneinander getrennt.

Beispiel: **hypnotisch**: 1. a) zur Hypnose gehörend; b) zur Hypnose führend; einschläfernd. 2. den Willen lähmend.

V. Herkunftsangaben

1. Die Herkunft der Stichwörter ist durch *Kursivschrift* in eckigen Klammern in knapper Form angegeben. Gelegentlich wird zum besseren Verständnis die wörtliche oder eigentliche Bedeutung eines Wortes aufgeführt. Innerhalb einer Wortgruppe werden Herkunftsangaben, die für mehrere aufeinanderfolgende Wörter gleich sind, nur einmal angeführt. Auf etymologische Angaben wird auch verzichtet, wenn die Bestandteile eines Kompositums als Stichwort erscheinen.

2. Durch den Bindestrich zwischen den Herkunftsangaben wird gezeigt, daß das Wort über die angegebenen Sprachen zu uns gekommen ist.
   Beispiel: **Aperitif** [*lat.-mlat.-fr.*].

   Steht dabei eine Sprachbezeichnung in runden Klammern, so heißt das, daß dieser Sprache, zumindest für bestimmte Bedeutungen oder Verwendungsweisen des betreffenden Wortes, wahrscheinlich eine bestimmte Mittlerrolle bei der Entlehnung zukommt.
   Beispiel: **Postillion** [*lat.-it.(-fr.)*].

3. Durch das Semikolon zwischen den Herkunftsangaben wird deutlich gemacht, daß es sich um eine künstliche Zusammensetzung aus Wortelementen der angegebenen Sprachen handelt.
   Beispiel: **Pluviograph** [*lat.*; *gr.*].

   Die Wortteile können selbst wieder gewandert sein.
   Beispiel: **Azotämie** [*gr.-fr.*; *gr.-nlat.*].

   Ist die Zusammensetzung in einer anderen Sprache als der deutschen gebildet worden, dann stehen die Herkunftsangaben der Wortteile in runden Klammern innerhalb der eckigen Klammern, und die Angabe für die Sprache, in der die Bildung entstanden ist, folgt unmittelbar dahinter.
   Beispiele: **Architrav** [(*gr.*; *lat.*)*it.*]; **Prestidigitateur** [(*lat.-it.-fr.*; *lat.*) *fr.*].

4. Mit „Kunstw." wird angegeben, daß es sich bei dem betreffenden Wort um ein künstlich gebildetes Wort aus frei erfundenen Bestandteilen handelt.
   Beispiele: **Aspirin**, **Perlon**.

   Mit „Kurzw." wird angegeben, daß es sich um ein künstlich gebildetes Wort aus Bestandteilen (Anfangsbuchstaben oder Silben) anderer Wörter handelt.
   Beispiele: **Laser** (Kurzw. aus: light amplification by stimulated emission of radiation), **Telex** (Kurzw. aus: **tele**printer **ex**change).

   Mit „Kurzform" wird angegeben, daß es sich um ein gekürztes Wort handelt.
   Beispiele: **Akku** Kurzform von →Akkumulator, **Labor** Kurzform von →Laboratorium.

VI. Aussprachebezeichnungen

Aussprachebezeichnungen stehen hinter allen Wörtern, bei denen die Aussprache Schwierigkeiten bereitet. Die in diesem Band verwendete volkstümliche Lautschrift (phonetische Schrift) bedient sich fast ausschließlich des lateinischen Alphabets.

ä ist offenes e, z. B. Aigrette [*ägrạ̈t*ᵉ] od. Malaise [*malä̱s*ᵉ]
ch ist der am Vordergaumen erzeugte Ich-Lauf (Palatal), z. B. Chini̱n [*chi*...]
ch ist der am Hintergaumen erzeugte Ach-Laut (Velar), z. B. autochthon [...*chtọn*]
e ist geschlossenes e, z. B. Ve̱lamen [*we*...]
ᵉ ist das schwache *e*, z. B. Blamage [*blama̱sch*ᵉ]
ⁱ ist das nur angedeutete *i*, z. B. Lady [*le̱*ⁱ*di*]
ng bedeutet, daß der Vokal davor durch die Nase (nasal) gesprochen wird, z. B. Arrondissement [*arongdiß*ᵉ*ma̱ng*]
ʳ ist das nur angedeutete *r*, z. B. Girl [*gö̱*ʳ*l*]
s ist das stimmhafte (weiche) *s*, z. B. Diseuse [...*ö̱s*ᵉ]
ß ist das stimmlose (harte) *s*, z. B. Malice [*mali̱ß*ᵉ]
sch ist das stimmhafte (weiche) *sch*, z. B. Geni̱e [*sch*...]
th ist der mit der Zungenspitze hinter den oberen Vorderzähnen erzeugte stimmlose Reibelaut, z. B. Cọmmonwealth [...ᵘ*älth*]
dh ist der mit der Zungenspitze hinter den oberen Vorderzähnen erzeugte stimmhafte Reibelaut, z. B. Fathom [*fạ̈dh*ᵉ*m*]
ᵘ ist das nur angedeutete *u*, z. B. Bowling [*bo̱*ᵘ*ling*], das bilabiale w, z. B. Commonwealth [...ᵘ*älth*], oder das unsilbische *u*, z. B. Lingua [*lịngg*ᵘ*a*]

Ein unter den Vokal gesetzter Punkt gibt betonte Kürze an, ein Strich betonte Länge (vgl. Zeichen von besonderer Bedeutung, S. 9).
Beispiele: **Ạlkohol, Aigrette** [*ägrạ̈t*ᵉ]; **absolu̱t, Abonnement** [*abon*ᵉ*ma̱ng*].

Gibt es bei einem Wort verschiedene Betonungen (z. B. häufige Kontrastbetonungen) oder Aussprachen, so sind diese vermerkt.
Beispiel: **ạsozial** [auch: ...*a̱l*].

Sollen bei schwieriger auszusprechenden Fremdwörtern zusätzlich unbetonte Längen gekennzeichnet werden, dann wird die Betonung durch einen Akzent angegeben.
Beispiel: **Evergreen** [*ạ́w*ᵉ*rgri̱n*]

VII. Im Wörterverzeichnis verwendete Abkürzungen

Abk.	Abkürzung
afrik.	afrikanisch
ags.	angelsächsisch
ägypt.	ägyptisch
alban.	albanisch
alemann.	alemannisch
allg.	allgemein
altd.	altdeutsch
altgriech.	altgriechisch
altir.	altirisch
altital.	altitalienisch
altnord.	altnordisch
altröm.	altrömisch
altschott.	altschottisch
alttest.	alttestamentlich
amerik.	amerikanisch
amerik.-span.	amerikanisch-spanisch
Amtsspr.	Amtssprache
Anat.	Anatomie
andalus.	andalusisch
angels.	angelsächsisch
annamit.	annamitisch
Anthropol.	Anthropologie
arab.	arabisch
aram.	aramäisch
Archit.	Architektur
argent.	argentinisch
armen.	armenisch
asiat.	asiatisch
assyr.	assyrisch
Astrol.	Astrologie
Astron.	Astronomie
Atomphys.	Atomphysik
Ausspr.	Aussprache
austr.	australisch
awest.	awestisch
aztek.	aztekisch
babylon.	babylonisch
Bantuspr.	Bantusprache
Bauw.	Bauwesen
bayr.	bayrisch
bengal.	bengalisch
Bergmannsspr.	Bergmannssprache
Bergw.	Bergwesen
Berufsbez.	Berufsbezeichnung
bes.	besonders
Bibliotheksw.	Bibliothekswissenschaft
Biochem.	Biochemie
Biol.	Biologie
Börsenw.	Börsenwesen
Bot.	Botanik
bras.	brasilianisch
bret.	bretonisch
brit.	britisch
Buchw.	Buchwesen
bulgar.	bulgarisch
bzw.	beziehungsweise
chald.	chaldäisch
chem.	chemisch
Chem.	Chemie
chilen.	chilenisch
chin., chines.	chinesisch
dän.	dänisch
d. h.	das heißt
d. i.	das ist
dichter.	dichterisch
Druckw.	Druckwesen
dt.	deutsch
EDV	elektronische Datenverarbeitung
Eigenn.	Eigenname
eigtl.	eigentlich
Eisenbahnw.	Eisenbahnwesen
elektr.	elektrisch
elektron.	elektronisch
Elektrot.	Elektrotechnik
engl.	englisch
eskim.	eskimoisch
etrusk.	etruskisch
europ.	europäisch
ev.	evangelisch

fachspr.	fachsprachlich
Fachspr.	Fachsprache
fam.	familiär
Filmw.	Filmwesen
Finanzw.	Finanzwesen
finn.	finnisch
fläm.	flämisch
Forstw.	Forstwirtschaft
Fotogr.	Fotografie
fr.	französisch
fränk.	fränkisch
franz.	französisch
fries.	friesisch
Funkw.	Funkwesen
gäl.	gälisch
gall.	gallisch
galloroman.	galloromanisch
gaskogn.	gaskognisch
Gastr.	Gastronomie
Gaunerspr.	Gaunersprache
geh.	gehoben
Geldw.	Geldwesen
Geneal.	Genealogie
Geogr.	Geographie
Geol.	Geologie
germ.	germanisch
Gesch.	Geschichte
Ggs.	Gegensatz
got.	gotisch
gr., griech.	griechisch
hait.	haitisch
hebr.	hebräisch
Heerw.	Heerwesen
hethit.	hethitisch
hist.	historisch
hochd.	hochdeutsch
hottentott.	hottentottisch
Hüttenw.	Hüttenwesen
iber.	iberisch
illyr.	illyrisch
ind.	indisch
indian.	indianisch
indones.	indonesisch
ir.	irisch
iran.	iranisch
iron.	ironisch
islam.	islamisch
isländ.	isländisch
it., ital.	italienisch
Jägerspr.	Jägersprache
jakut.	jakutisch
jap., japan.	japanisch
jav.	javanisch
Jh.	Jahrhundert
jidd.	jiddisch
jmd.	jemand
jmdm.	jemandem
jmdn.	jemanden
jmds.	jemandes
jüd.	jüdisch
Jugendspr.	Jugendsprache
jugoslaw.	jugoslawisch
kanad.	kanadisch
karib.	karibisch
katal.	katalanisch
kath.	katholisch
kaukas.	kaukasisch
kelt.	keltisch
Kinderspr.	Kindersprache
kirg.	kirgisisch
korean.	koreanisch
kreol.	kreolisch
kret.	kretisch
kroat.	kroatisch
kuban.	kubanisch
Kunstw.	Kunstwort, Kunstwissenschaft
Kurzw.	Kurzwort
Kybern.	Kybernetik
ladin.	ladinisch
landsch.	landschaftlich
Landw.	Landwirtschaft
lat.	lateinisch
lett.	lettisch
lit.	litauisch
Literaturw.	Literaturwissenschaft
Luftf.	Luftfahrt
malai.	malaiisch
math.	mathematisch
Math.	Mathematik
mdal.	mundartlich
Mech.	Mechanik
Med.	Medizin
melanes.	melanesisch
Meteor.	Meteorologie
mex., mexik.	mexikanisch
mgr.	mittelgriechisch
Mil.	Militär
Mineral.	Mineralogie
mlat.	mittellateinisch
mong.	mongolisch
Mus.	Musik
neapolitan.	neapolitanisch
neuseeländ.	neuseeländisch
neutest.	neutestamentlich
ngr.	neugriechisch
niederd.	niederdeutsch
niederl.	niederländisch
nlat.	neulateinisch
nord.	nordisch
norw.	norwegisch
o. ä.	oder ähnliche[s]
od.	oder
ökum.	ökumenisch
ostasiat.	ostasiatisch
österr.	österreichisch
ostmitteld.	ostmitteldeutsch
Päd.	Pädagogik
Parapsychol.	Parapsychologie
pers.	persisch
peruan.	peruanisch
Pharm.	Pharmazie
philos.	philosophisch
Philos.	Philosophie
Phon.	Phonetik
phöniz.	phönizisch
Phys.	Physik
physik.	physikalisch
Physiol.	Physiologie
Pol.	Politik
poln.	polnisch
pol.Ökon.	politische Ökonomie
polynes.	polynesisch
port.	portugiesisch
Postw.	Postwesen
provenzal.	provenzalisch
Psychol.	Psychologie
Rechtsw.	Rechtswissenschaft
Rel.	Religion, Religionswissenschaft
Rhet.	Rhetorik
röm.	römisch
roman.	romanisch
rumän.	rumänisch
russ.	russisch
sanskr.	sanskritisch
scherzh.	scherzhaft
schott.	schottisch
Schülerspr.	Schülersprache
schwed.	schwedisch
schweiz.	schweizerisch
Seemannsspr.	Seemannssprache
Seew.	Seewesen
semit.	semitisch
serb.	serbisch
serbokroat.	serbokroatisch
sibir.	sibirisch
singhal.	singhalesisch
sizilian.	sizilianisch
skand.	skandinavisch
slaw.	slawisch
slowak.	slowakisch
slowen.	slowenisch
sorb.	sorbisch
Sozialpsychol.	Sozialpsychologie
Soziol.	Soziologie
span.	spanisch
Sprachpsychol.	Sprachpsychologie
Sprachw.	Sprachwissenschaft
Stilk.	Stilkunde

Studentenspr.	Studentensprache
südamerik.	südamerikanisch
südd.	süddeutsch
sumer.	sumerisch
svw.	soviel wie
syr.	syrisch
tahit.	tahitisch
tamil.	tamilisch
tatar.	tatarisch
Techn.	Technik
tessin.	tessinisch
Theat.	Theater
tib.	tibetisch
Tiermed.	Tiermedizin
tschech.	tschechisch
tungus.	tungusisch
türk.	türkisch
turkotat.	turkotatarisch
u.	und
u. a.	unter anderem, und andere[s]
u. ä.	und ähnliche[s]
ugs.	umgangssprachlich
ung.	ungarisch
urspr.	ursprünglich
usw.	und so weiter
venez.	venezianisch
Verlagsw.	Verlagswesen
Vermessungsw.	Vermessungswesen
vgl.	vergleiche
Völkerk.	Völkerkunde
vulgärlat.	vulgärlateinisch
Wappenk.	Wappenkunde
Werbespr.	Werbesprache
Wirtsch.	Wirtschaft
Zahnmed.	Zahnmedizin
Zool.	Zoologie

Zur Rechtschreibung der Fremdwörter

I. Schreibung

Viele Fremdwörter werden in der fremden Schreibweise geschrieben.

Beispiele: Milieu [*miliö*]; Jalousette [*schalu*...]; Refrain [*r^{e}fräng*].

Häufig gebrauchte Fremdwörter, vor allem solche, die keine dem Deutschen fremden Laute enthalten, gleichen sich nach und nach der deutschen Schreibweise an.

Übergangsstufe:

Beispiele: Friseur neben Frisör; Photograph neben Fotograf; Telephon neben Telefon.

Endstufe:

Beispiele: Sekretär für: Secrétaire; Fassade für: Façade.

Bei diesem stets in der Entwicklung begriffenen Vorgang der Eindeutschung ist folgende Wandlung in der Schreibung besonders zu beachten:

c wird k oder z

Ob das c des Fremdworts im Zuge der Eindeutschung k oder z wird, hängt von seiner ursprünglichen Aussprache ab. Es wird zu k vor a, o, u und vor Konsonanten. Es wird zu z vor e, i und y, ä und ö.

Beispiele: Café, Copie, Procura, Crematorium, Spectrum, Penicillin, Cyclamen, Cäsur; eingedeutscht: Kaffee, Kopie, Prokura, Krematorium, Spektrum, Penizillin, Zyklamen, Zäsur.

In einzelnen Fachsprachen, so besonders in der der Chemie, besteht die Neigung, zum Zwecke einer internationalen Sprachangleichung c in Fremdwörtern dann weitgehend zu erhalten, wenn diese im Rahmen eines festen Systems bestimmte terminologische Aufgaben haben. In solchen Fällen werden fachsprachlich nicht nur Eindeutschungen vermieden, sondern es kommen auch immer häufiger „Ausdeutschungen" vor, auch bei Fremdwörtern, die in der Gemeinsprache fest verankert sind.

Beispiele: zyklisch, fachspr.: cyclisch; Nikotin, fachspr.: Nicotin; Kampfer, fachspr.: Campher.

Beachte: **th** bleibt in Fremdwörtern aus dem Griechischen erhalten.

Beispiele: Asthma, Äther, Bibliothek, katholisch, Mathematik, Pathos, Theke.

II. Silbentrennung

1. Einfache (nicht zusammengesetzte) Fremdwörter

Mehrsilbige einfache Fremdwörter werden wie einfache deutsche Wörter nach Sprechsilben getrennt.

Beispiele: Bal-kon, Fis-kus, Kon-ti-nent, El-lip-se, Ma-dei-ra.

Folgende besondere Richtlinien sind jedoch zu beachten:

a) **ch, ph, rh, sh, th** bezeichnen einfache Laute und bleiben daher ungetrennt.
Beispiele: Ma-chete, Pro-phet, Diar-rhöe, Bu-shel, ka-tho-lisch.

b) Nach dem Vorbild der klassischen Sprachen bleiben in einfachen Fremdwörtern folgende Lautverbindungen üblicherweise ungetrennt:

bl, pl, fl, gl, cl, kl, phl; br, pr, dr, tr, fr, vr, gr, cr, kr, phr, str, thr; gn, kn.

Beispiele: Pu-blikum, Di-plom, Tri-fle, Re-glement, cy-clisch, Zy-klus, Ty-phlitis; Februar, Le-pra, Hy-drant, neu-tral, Chif-fre, ne-grid, de-crescendo, Sa-krament, Ne-phritis, Indu-strie, Ar-thritis, Ma-gnet, Py-kniker.

c) Vokalverbindungen, die eine Klangeinheit darstellen, dürfen nicht getrennt werden.
Beispiele: Moi-ré [*moarẹ*]; Beef-steak [*bíf ßtẹk*].

d) Zwei Vokale bleiben auch besser ungetrennt, wenn sie, ohne eine Klangeinheit zu bilden, eng zusammengehören.
Beispiele: Natio-nen, nach Möglichkeit nicht: Nati-onen; Flui-dum, nach Möglichkeit nicht: Flu-idum; Asia-tika, nach Möglichkeit nicht: Asi-atika; Idea-lismus, nach Möglichkeit nicht: Ide-alismus.

e) Zwei Vokale dürfen getrennt werden, wenn sich zwischen ihnen eine deutliche Silbenfuge befindet.
Beispiele: Muse-um, Individu-um, Oze-an, kre-ieren.

2. Zusammengesetzte Fremdwörter

Zusammengesetzte Fremdwörter und Wörter mit einem Präfix werden wie zusammengesetzte deutsche Wörter nach ihren Bestandteilen, also nach Sprachsilben, getrennt.

Beispiele: Atmo-sphäre, Mikro-skop, Inter-esse, At-traktion, Ex-spektant.

Die Bestandteile wiederum werden nach den vorstehenden Richtlinien für einfache Fremdwörter getrennt.

Beispiele: At-mo-sphä-re, Mi-kro-skop, In-ter-es-se.

Da die den vorstehenden Richtlinien zugrunde liegende Kenntnis der sprachlichen Gliederung eines Femdwortes nicht allgemein vorhanden ist, wird bereits im Zuge der Eindeutschung, besonders bei häufig gebrauchten zusammengesetzten Fremdwörtern, nach Sprechsilben getrennt.

Beispiele: Epi-sode statt Epis-ode; Tran-sit statt Trans-it; ab-strakt statt abs-trakt; Hy-drämie statt Hydr-ämie.

A

à [*lat.-fr.*]: für, je, zu, zu je
Aba [*arab.*] *die*; -, -s: a) sackartiger Mantelumhang der Araber; b) grober Wollstoff
Abade [iran. Stadt] *der*; -[s], -s: elfenbeingrundiger Teppich
abaissieren [*...äßiren; fr.*]: senken, niederlassen; **abaissiert:** nach unten zum Schildrand gesenkt, geschlossen (in der Wappenkunde von den Adlerflügeln)
Abaka [auch: *abaka*; *indones.-span.*] *der*; -[s]: = Manilahanf
Abakus [*gr.-lat.*] *der*; -, -: 1. antikes Rechen- od. Spielbrett. 2. Säulendeckplatte beim → Kapitell
Ab|alie|nation [*...i-enazion*; *lat.*] *die*; -, -en: 1. Entfremdung. 2. Ent-, Veräußerung (Rechtsw.). **ab|alie|nieren:** 1. entfremden. 2. veräußern
Abalonen [*amerik.-span.*] *die* (Plural): Gattung → mariner Schnekken
Abandon [*abangdong*; *fr.*] *der*; -s, -s u. **Abandonnement** [*...donemang*] *das*; -s, -s: Abtretung, Preisgabe von Rechten od. Sachen (bes. im Gesellschafts- und Seefrachtrecht). **abandonnieren**: abtreten, verzichten, preisgeben, aufgeben (von Rechten bei Aktien u. Seefracht)
à bas! [*aba*; *fr.*]: nieder!, weg [damit]!
Abasie [*gr.-nlat.*] *die*; -, ...ien: Unfähigkeit zu gehen (Med.)
Abate [*aram.-gr.-lat.-it.*; „Abt"] *der*; -[n], ...ti od. ...ten: Titel der Weltgeistlichen in Italien u. Spanien
Abatis [*abati*; *vulgärlat.-fr.*] *der* od. *das*; -: (veraltet) das Klein (Flügel, Hals, Innereien) von Gans od. Truthahn
abatisch [*gr.*]: 1. die Abasie betreffend (Med.). 2. unfähig zu gehen (Med.)
Abatjour [*abaschur*; *fr.*] *der*; -s, -s: (veraltet) 1. Lampenschirm. 2. Fenster mit abgeschrägter Laibung
Abaton [auch: *a...*; „das Unbetretbare"] *das*; -s, ...ta: das [abgeschlossene] Allerheiligste, der Altarraum in den Kirchen des orthodoxen Ritus (Rel.)
a battuta vgl. Battuta
Abba [*aram.*; „Vater!"]: 1. neutest. Gebetsanrede an Gott. 2. alte Anrede an Geistliche der Ostkirche
abbandono [*it.*]: langsamer werdend (Vortragsanweisung; Mus.)
Abbaside [nach Abbas, dem Oheim Mohammeds] *der*; -n, -n: Angehöriger eines in Bagdad ansässigen Kalifengeschlechts
Abbate vgl. Abate
Abbé [*abe*; *aram.-gr.-lat.-fr.*; „Abt"] *der*; -s, -s: in Frankreich Titel eines Geistlichen, der nicht dem Klosterstand angehört
Abbevillien [*...wiliäng*; nach dem Fundort Abbeville in Frankreich] *das*; -[s]: Kulturstufe der älteren Altsteinzeit
Abbreviation [*...wiazion*; *lat.*] *die*; -, -en: = Abbreviatur. **Abbreviator** [*...wi...*; *lat.*] *der*; -s, ...oren: hoher päpstlicher Beamter, der Schriftstücke (Bullen, Urkunden, Briefe; vgl. Breve) entwirft (bis 1908). **Ab|breviatur** [*lat.-mlat.*] *die*; -, -en: Abkürzung in Handschrift, Druck- u. Notenschrift (z. B. PKW, z. Z.). **abbreviieren**: abkürzen (von Wörtern usw.)
Abc-Code [*abezékot*; *dt.*; *lat.-fr.*] *der*; -s: bedeutendster englischer Telegrammschlüssel
Abcdarier usw. vgl. Abecedarier usw.
abchangieren [*...schangsch...*; *dt*; *fr.*]: beim Reiten vom Rechts- zum Linksgalopp wechseln
abchecken [*...tschäken*; *dt.*; *engl.*]: a) nach einem bestimmten Verfahren o. ä. prüfen, überprüfen, kontrollieren; b) die auf einer Liste aufgeführten Personen usw. kontrollierend abhaken
ABC-Staaten *die* (Plural): *A*rgentinien, *B*rasilien u. *C*hile
ABC-Waffen *die* (Plural): Sammelbezeichnung für *a*tomare, *b*iologische u. *c*hemische Waffen
Abderit [nach den Bewohnern der altgriechischen Stadt Abdera] *der*; -en, -en: einfältiger Mensch, Schildbürger. **abderitisch**: einfältig, schildbürgerhaft
Abdikation [*..zion*; *lat.*] *die*; -, -en: (veraltet) Abdankung. **abdikativ**: a) Abdankung, Verzicht bewirkend; b) Abdankung, Verzicht bedeutend; -er [*...wer*] Führungsstil: freies Gewährenlassen der Untergebenen, wobei auf jeglichen Einfluß von oben verzichtet wird. **abdizieren**: (veraltet) abdanken, Verzicht leisten
Abdomen [*lat.*] *das*; -s, - u. ...mina: a) Bauch, Unterleib (Med.); b) Hinterleib der Gliederfüßer. **abdominal** [*lat.-nlat.*]: zum Abdomen gehörend. **Abdominalgravidität** [*...wi...*] *die*; -, -en: Bauchhöhlenschwangerschaft (Med.). **Abdominaltyphus** *der*; -: Infektionskrankheit des Verdauungskanals (Med.). **abdominell:** = abdominal.; vgl. ...al/...ell.
Abdominoskopie *die*; -: = Laparoskopie
Abduktion [*...zion*; *lat.-nlat.*; „das Wegführen"] *die*; -, -en: das Bewegen von Körperteilen von der Körperachse weg (z. B. Heben des Armes), das Spreizen der Finger u. Zehen (Med.); Ggs. → Adduktion. **Abduktor** *der*; -s, ...oren: Muskel, der eine → Abduktion bewirkt; Abziehmuskel (Med.). **Abduktorenparalyse** *die*; -, -n: Lähmung der Abduktoren, die die Stimmritze öffnen (Med.).
Abduzens *der*; -: 6. Gehirnnerv (von insgesamt 12 im Gehirn entspringenden Hauptnervenpaaren), der die äußeren geraden Augenmuskeln versorgt (Anat.).
Abduzenslähmung *die*; -, -en: Lähmung des 6. Gehirnnervs (Med.). **abduzieren** [*lat.*]: von der Mittellinie des Körpers nach außen bewegen (von Körperteilen); spreizen (Med.)
Abecedarier, Abcdarier [*...ier*; *mlat.*] *der*; -s, -: (veraltet) Abc-Schütze, Schulanfänger. **Abecedarium**, Abcdarium *das*; -s, ...ien [*...ien*]: 1. alphabetisches Verzeichnis des Inhalts von alten deutschen Rechtsbüchern. 2. (veraltet) Abc-Buch, Fibel. 3. = Abecedarius (2). **Abecedarius**, Abcdarius *der*; -, ...rii: 1. = Abecedarier. 2. Gedicht od. Hymnus, dessen Vers- od. Strophenanfänge dem Abc folgen. **abecedieren**: Töne mit ihren Buchstabennamen singen (Mus.); Ggs. → solmisieren
Abelespiele [*mniederl.*; abele spelen = „schöne Spiele"] *die* (Plural): Bezeichnung der ältesten

(spätmittelalterlichen) ernsten Dramen in niederl. Sprache

Abelmoschus [auch: *ab...*; *arab.-nlat.*] *der*; -, -se: Bisameibisch, zu den Malvengewächsen gehörende aromatische Tropenpflanze

Aberdeenrind [*äb^erdin...*, auch: *ä...*; nach der schottischen Stadt Aberdeen]: hornlose schottische Rinderrasse

ab|errant [*lat.*; „abirrend"]: [von der normalen Form o. ä.] abweichend (z. B. in bezug auf Lichtstrahlen, Pflanzen, Tiere). **Aberration** [... *zion*] *die*; -, -en: 1. bei Linsen, Spiegeln u. den Augen auftretender optischer Abbildungsfehler (Unschärfe). 2. scheinbare Ortsveränderung eines Gestirns in Richtung des Beobachters, verursacht durch Erdbewegung u. Lichtgeschwindigkeit. 3. starke Abweichung eines Individuums von der betreffenden Tier- od. Pflanzenart (Biol.). 4. Lage od. Entwicklungsanomalie (von Organen od. von Gewebe; Med.). **Ab|errationskonstante** *die*; -: der stets gleichbleibende Wert der jährlichen Aberration (2) des Sternenlichtes. **ab|errieren**: [von der normalen Form o. ä.] abweichen (z. B. in bezug auf Lichtstrahlen, Pflanzen, Tiere)

Abessinien [*...i^en*; früherer Name von Äthiopien] *das*; -s, -: (scherzh.) Nacktbadestrand

Ab|essiv [auch: *...if*; *lat.-nlat.*] *der*; -s, -e [*...w^e*]: Kasus in den finnisch-ugrischen Sprachen zum Ausdruck des Nichtvorhandenseins eines Gegenstandes

abgefuckt [*...fakt*; *dt.*; *engl.*]: (Jargon) in üblem Zustand, scheußlich, heruntergekommen, z. B. ein -es Hotel

abhorreszieren, abhorrieren [*lat.*; „zurückschaudern"]: verabscheuen, ablehnen; zurückschrecken

Abietinsäure [*abi-e...*; *lat.-nlat.*; *dt.*]: zu den → Terpenen gehörende organische Säure, Hauptbestandteil des → Kolophoniums (Chem.)

Ability [*^ebiliti*; *lat.-fr.-engl.*] *die*; -, ...ties [*...tis*, auch: *...tiß*]: die durch Veranlagung od. Schulung bedingte Fähigkeit des Menschen, Leistung hervorzubringen (Psychol.)

Abiogenese, **Abiogenesis** [*gr.*; „Entstehung aus Unbelebtem"] *die*; -: Annahme, daß Lebewesen ursprüngl. aus unbelebter Materie entstanden seien (Urzeugung). **Abiose**, **Abiosis** *die*; -: 1. Lebensunfähigkeit. 2. = Abiotrophie. **abiotisch** [auch: *a...*]: ohne Leben, leblos. **Abio|trophie** *die*; -, ...ien: angeborene Minderwertigkeit od. vorzeitiges Absterben einzelner Gewebe u. Organe (z. B. bei Kahlheit; Med.)

Ab|itur [*lat.-mlat.-nlat.*] *das*; -s, -e (Plural selten): Abschlußprüfung an der höheren Schule; Reifeprüfung, die zum Hochschulstudium berechtigt. **Ab|iturient** [*lat.-mlat.*; „(von der Schule) Abgehender"] *der*; -en, -en: jmd., der das Abitur macht od. gemacht hat. **Ab|iturium** [*lat.-mlat.-nlat.*] *das*; -s, ...rien [*...ri^en*]: (veraltet) Abitur

abjekt [*lat.*]: verächtlich. **abjizieren**: 1. verachten. 2. verwerfen

Abjudikation [*...zion*; *lat.*] *die*; -, -en: [gerichtliche] Aberkennung. **abjudizieren**: [gerichtlich] aberkennen, absprechen

Abjuration [*...zion*; *lat.*] *die*; -, -en: (veraltet) Abschwörung, durch Eid bekräftigter Verzicht (Rechtsw.). **abjurieren**: (veraltet) abschwören, unter Eid entsagen

abkapiteln [*dt.*; *lat.-mlat.*]: (veraltend) jmdn. schelten, abkanzeln, jmdm. einen [öffentlichen] Verweis erteilen

abkommandieren: jmdn. [vorübergehend] irgendwohin beordern, dienstlich an einer anderen Stelle einsetzen

abkonterfeien: (ugs.) abmalen, abzeichnen

Ab|laktation [*...zion*; *lat.*] *die*; -, -en: 1. das Abstillen, Entwöhnen des Säuglings, die allmähliche Entziehung der Muttermilch (Med.). 2. Veredelungsmethode, bei der das Edelreis mit der Mutterpflanze verbunden bleibt, bis es mit dem Wildling verwachsen ist (Bot.). **ab|laktieren**: 1. abstillen (Med.). 2. einen Wildling im Sinne von Ablaktation (2) veredeln (Bot.)

Ab|lation [*...zion*; *lat.*; „Wegnahme"] *die*; -, -en: 1. a) Abschmelzung von Schnee u. Eis (Gletscher, Inlandeis) durch Sonnenstrahlung, Luftwärme u. Regen; b) Abtragung des Bodens durch Wasser u. Wind; vgl. Deflation (2) u. Denudation (1) (Geol.). 2. (Med.) a) operative Entfernung eines Organs od. Körperteils; vgl. Amputation; b) [krankhafte] Loslösung eines Organs von einem anderen. **Ablationsmoräne** *die*; -, -n: dünne Moränendecke, die beim Schmelzen des Eises entstanden ist; Flachmoräne (Geol.). **Ablativ** [*ab...*, auch: *...tif*] *der*; -s, -e [*...w^e*]: Kasus [in indogerm. Sprachen], der einen Ausgangspunkt, eine Entfernung od. Trennung zum Ausdruck bringt; Woherfall (Abk.: Abl.). **Ab|lativus absolutus** [*...wuß* -; auch: *ab...* -] *der*; - -, ...vi ...ti: im Lateinischen eine selbständig im Satz stehende satzwertige Gruppe in Form einer Ablativkonstruktion (Sprachw.); z. B. Troiade exibant *capitibus opertis* (= *verhüllten Hauptes* verließen sie Troja)

Ablegat [*lat.*] *der*; -en, -en: a) [päpstlicher] Gesandter; b) (veraltet) Verbannter

Ablepharie [*gr.-nlat.*] *die*; -: angeborenes Fehlen od. Verlust des Augenlides (Med.)

Ablepsie [*gr.-nlat.*] *die*; -: (veraltet) → Amaurose (Med.)

Ab|lokation [*...zion*; *lat.*] *die*; -, -en: (veraltet) Vermietung, Verpachtung. **ab|lozieren**: (veraltet) vermieten, verpachten

Abluentia [*...luenzia*; lat.] *die* (Plural): (veraltet) Abführmittel. **Ablution** [*...zion*; *lat.*], „Abspülen, Abwaschen"] *die*; -, -en: 1. das Abtragen von noch nicht verfestigten Meeresablagerungen (Geol.). 2. bei der Messe Ausspülung der Gefäße (Kelch) u. Waschung der Fingerspitzen, manchmal auch des Mundes des → Zelebranten mit Wein und/oder Wasser nach dem Empfang von Brot u. Wein [u. der Austeilung der → Kommunion(1)] in der → Eucharistie (kath. Rel.)

Abnegation [*...zion*; *lat.*] *die*; -, -en: (veraltet) Teilnahmslosigkeit

abnorm [*lat.*]: 1. im krankhaften Sinn vom Normalen abweichend. 2. ungewöhnlich, außergewöhnlich; z. B. ein - kalter Winter. **abnormal**: vom Üblichen, von der Norm abweichend; [geistig] nicht normal. **Abnormität** *die*; -, -en: 1. das Abweichen von der Regel. 2. krankhaftes Verhalten. 3. a) stärkster Grad der Abweichung von der Norm ins Krankhafte, Mißbildung (Med.); b) abnorm entwickeltes od. mißgebildetes Wesen (Mensch od. Tier)

ab|olieren [*lat.*]: (veraltet) 1. abschaffen, aufheben. 2. begnadigen. **Ab|olition** [*...zion*] *die*; -, -en: Niederschlagung eines Strafverfahrens vor Urteilserlaß; vgl. Amnestie. **Ab|olitionismus** [*lat.-engl.*] *der*; -: 1. (hist.) Bewegung zur Abschaffung der → Sklaverei in England u. Nordamerika. 2. von England im 19. Jh. ausgehender Kampf gegen die → Prostitution. **Ab|olitionist** *der*; -en, -en: Anhänger des Abolitionismus

ab|ominabel [*lat.-fr.*]: abscheulich, scheußlich, widerlich

Abonnement [*abon^e mang*, schweiz. auch: *...mänt*; *fr.*] *das*; -s, -s (schweiz. auch: -e): a) fest vereinbarter Bezug von Zeitungen, Zeitschriften o. ä. auf längere, aber meist noch unbestimmte Zeit; b) für einen längeren Zeitraum geltende Abmachung, die den Besuch einer bestimmten Anzahl kultureller Veranstaltungen (Theater, Konzert) betrifft; Anrecht, Miete. **Abonnent** *der*; -en, -en: a) jmd., der etwas (z. B. eine Zeitung) abonniert hat; b) Inhaber eines Abonnements (b). **abonnieren**: etwas [im Abonnement] beziehen. **abonniert sein**: a) ein Abonnement (b) auf etwas besitzen; b) (scherzh.) etwas mit einer gewissen Regelmäßigkeit immer wieder bekommen

ab|oral [auch: *ap...*; *lat.-nlat.*]: vom Mund entfernt liegend, zum After hin liegend (von einzelnen Teilen des Verdauungstraktes im Verhältnis zu anderen; Med.)

Ab|ort *der*; -s, -e: 1. [*lat.*] Fehlgeburt (Med.). 2. [*lat.-engl.*] Abbruch eines Raumfluges. **abortieren** [*lat.*]: 1. fehlgebären (Med.). 2. gewisse Organe nicht ausbilden (Bot.). **ab|ortiv** [*...tif*]: 1. abgekürzt verlaufend (von Krankheiten; Med.). 2. abtreibend, eine Fehlgeburt bewirkend (Med.). 3. unfertig ausgebildet, auf einer frühen Entwicklungsstufe stehengeblieben (von Pflanzen; Biol.). **Ab|ortivum** [*...iw...*] *das*; -s, ...va: 1. Mittel, das den Verlauf einer Krankheit abkürzt od. ihren völligen Ausbruch verhindert (Med.). 2. Mittel zum Herbeiführen einer Fehlgeburt (Med.). **Ab|ortus** *der*; -, - [*abórtuß*]: 1. = Abort (1). 2. Nichtausbildung gewisser Organe bei Pflanzen (Bot.)

ab ovo [- *owo*; *lat.*; „vom Ei (an)"]: 1. vom Anfang einer Sache an; bis auf die Anfänge zurückgehend; - - usque ad mala [„vom Ei bis zu den Äpfeln", d. h. vom Vorgericht bis zum Nachtisch]: vom Anfang bis zum Ende. 2. von vornherein, grundsätzlich; z. B. jede Norm ist ab ovo eine Idealisierung

abpassieren: Kräuter od. Gemüse in Fett rösten (Gastr.)

Abprodukte *die* (Plural): a) Reststoffe, nicht verwertbare Rückstände aus Produktionsprozessen; b) Abfälle in Städten u. Gemeinden (z. B. Müll)

abqualifizieren: a) jmdm. die Eignung für eine Sache absprechen; b) jmdn. / etwas abwertend beurteilen

Abra|chius [*lat.*] *der*; -, ...ien [*...i^en*] u. ...chii: Mißgeburt, der ein oder beide Arme fehlen

Abrakada|bra [Herkunft unsicher] *das*; -s: 1. Zauberwort. 2. (abwertend) sinnloses Gerede

Abrasax [Herkunft unsicher] *der*; -: = Abraxas

Abrasch [*arab.*] *der*; -: beabsichtigte oder unbeabsichtigte Farbabweichung bei Orientteppichen

Ab|rasio [*lat.*] *die*; -, ...ionen: Ausschabung, Auskratzung (bes. der Gebärmutter; Med.). **Ab|rasion** [*lat.*] *die*; -, -en: 1. = Abrasio. 2. Abschabung, Abtragung der Küste durch die Brandung (Geol.). **Ab|rasit** [*lat.-nlat.*] *der*; -s, -e: aus → Bauxit gewonnenes Tonerdeprodukt, das zur Herstellung von feuerfesten Steinen u. Schleifmitteln verwendet wird

Abraxas [Herkunft unsicher] *der*; -: 1. Geheimname Gottes in der → Gnostik. 2. Zauberwort auf Amuletten

ab|reagieren: 1. länger angestaute seelische Erregungen u. Spannungen entladen. 2. sich -: sich beruhigen, zur Ruhe kommen. **Ab|reaktion** [*...zion*] *die*; -, -en: a) Beseitigung seelischer Hemmungen u. Spannungen durch das bewußte Nacherleben (Psychotherapie); b) Entladung seelischer Spannungen u. gestauter Affekte in Handlungen (Psychol.)

Abrégé [*...resche*; *lat.-fr.*] *das*; -s, -s: (veraltet) kurzer Auszug, Zusammenfassung

Abri [*lat.-fr.*] *der*; -s, -s: altsteinzeitliche Wohnstätte unter Felsvorsprüngen od. in Felsnischen

Ab|rogation [*...zion*; *lat.*; „Abschaffung"] *die*; -, -en: Aufhebung eines Gesetzes durch ein neues Gesetz. **ab|rogieren**: (veraltet) a) abschaffen; b) zurücknehmen

ab|rupt [*lat.*]: a) plötzlich und unvermittelt, ohne daß man damit gerechnet hat, eintretend (in bezug auf Handlungen, Reaktionen o. ä.); b) zusammenhanglos

Absence [*...ßangß*; *lat.-fr.*] *die*; -, -n [*...ß^en*]: Geistesabwesenheit, bes. epileptischer Anfall mit nur kurz andauernder Bewußtseinstrübung (Med.). **absent** [*lat.*]: abwesend. **Absentee** [*äpß^enti*; *lat.-fr.-engl.*] *der*; -s, -s: (hist.) Grundbesitzer [in Irland], der nicht auf seinen Gütern, sondern [meist] im Ausland lebt. **absentia** [*...zia*] vgl. in absentia. **absentieren**, sich [*lat.-fr.*]: sich entfernen. **Absentismus** [*lat.-nlat.*] *der*; -: 1. (hist.) die häufige, gewohnheitsmäßige Abwesenheit der Großgrundbesitzer von ihren Gütern. 2. gewohnheitsmäßiges Fernbleiben vom Arbeitsplatz (Soziol.). **Absenz** [*lat.*] *die*; -, -en: 1. Abwesenheit, Fortbleiben. 2. = Absence

Absinth [*gr.-lat.*] *der*; -[e]s, -e: 1. grünlicher Branntwein mit Wermutzusatz. 2. Wermutpflanze. **Absinthismus** [*gr.-lat.-nlat.*] *der*; -: Krämpfe, Lähmungen u. Verwirrungszustände infolge übermäßigen Absinthgenusses

absolut [auch: *ap...*; *lat.(-fr.)*; „losgelöst"]: 1. von der Art oder so beschaffen, daß es durch nichts beeinträchtigt, gestört, eingeschränkt ist; uneingeschränkt, vollkommen, äußerst. 2. überhaupt, z. B. das sehe ich – nicht ein. 3. unbedingt, z. B. er will - recht behalten. 4. rein, beziehungslos, z. B. das -e Gehör (Gehör, das ohne Hilfsmittel die Tonhöhe erkennt). 5. auf eine bestimmte Grundeinheit bezogen, z. B. die -e Temperatur (die auf den absoluten Nullpunkt bezogene, die tiefste überhaupt mögliche Temperatur); die -e Mehrheit (die Mehrheit von über 50% der Gesamtstimmenzahl); der -e Mehrwert (der durch Verlängerung des Arbeitstages geschaffene Mehrwert) (Pol. Ökon.); -e Atmosphäre: Maßeinheit des Druckes, vom Druck null an gerechnet; Zeichen: ata; -e Geometrie: = nichteuklidische Geometrie; -e Musik: völlig autonome Instrumentalmusik, deren geistiger Gehalt weder als Tonmalerei außermusikalischer Stimmungs- od. Klangphänomene noch als Darstellung literarischer Inhalte bestimmt werden kann (seit dem 19. Jh.); Ggs. → Programmusik; -er Ablativ: vgl. Ablativus absolutus; -er Nominativ: ein außerhalb des Satzverbandes stehender Nominativ; -er Superlativ: = Elativ; -es Tempus: selbständige, von der Zeit eines anderen Verhaltens unabhängige Zeitform eines Verbs. **Absolute** [*lat.*] *das*; -n: das rein aus sich bestehende u. in sich ruhende Sein (Philos.). **Absolution** [*...zion*] *die*; -, -en: Los-, Freisprechung, bes. Sündenvergebung. **Absolutismus** [*lat.-fr.*] *der*; -; a) Regierungsform, in der alle Gewalt unumschränkt in der Hand des Monarchen liegt; b) unumschränkte Herrschaft. **Absolutist** *der*; -en, -en: a) Anhänger, Vertreter des Absolutismus; b) Herrscher mit unumschränkter Macht. **absolutistisch**: a) den

Absolutismus betreffend; b) Merkmale des Absolutismus zeigend. **Absolutorium** [*lat.*] *das*; -s, ...rien [...*iᵉn*]: 1. (veraltet) die von der zuständigen Stelle, Behörde erteilte Befreiung von der Verbindlichkeit von Ansprüchen o. ä. 2. a) (veraltet) Reifeprüfung; b) (veraltet) Reifezeugnis. 3. (österr.) Bestätigung einer Hochschule, daß man die im Verlauf des Studiums vorgeschriebene Anzahl von Semestern u. Übungen belegt hat. **Absolvent** [...*wänt*] *der*; -en, -en: jmd., der die vorgeschriebene Ausbildungszeit an einer Schule abgeschlossen hat. **absolvieren:** 1. a) die vorgeschriebene Ausbildungszeit an einer Schule ableisten; b) etwas ausführen, durchführen. 2. jmdm. die Absolution erteilen (kath. Rel.)

Absorbens [*lat.*] *das*; -, ...benzien [...*iᵉn*] u. ...bentia [...*zia*]: der bei der Absorption absorbierende (aufnehmende) Stoff; vgl. Absorptiv. **Absorber** [*lat.-engl.*] *der*; -s, -: 1. = Absorbens. 2. Vorrichtung zur Absorption von Gasen (z. B. in einer Kältemaschine). 3. Kühlschrank. **absorbieren** [*lat.*; „hinunterschlürfen, verschlingen"]: 1. aufsaugen, in sich aufnehmen. 2. [gänzlich] beanspruchen. **Absorption** [...*zion*] *die*; -, -en: das Aufsaugen, das In-sich-Aufnehmen von etwas. **Absorptionsprinzip** *das*; -s: Grundsatz, daß bei mehreren Straftaten einer Person die Strafe nach dem Gesetz verhängt wird, das die schwerste Strafe androht (Rechtsw.). **Absorptionsspektrum** *das*; -s, ...tren u. ...tra: → Spektrum, das durch dunkle Linien od. Streifen jene Bereiche des Spektrums angibt, in denen ein Stoff durchtretende Strahlung absorbiert (Phys.). **absorptiv** [*lat.-nlat.*]: zur Absorption fähig. **Absorptiv** *das*; -s, -e [...*wᵉ*]: der bei der Absorption absorbierte Stoff; vgl. Absorbens

Ab|stention [...*zion*; *lat.*] *die*; -, -en: (veraltet) Verzicht, Erbschaftsverzicht. **ab|stinent** [*lat.(-engl.)*]: enthaltsam (in bezug auf bestimmte Speisen, Alkohol, Geschlechtsverkehr). **Ab|stinent** *der*; -en, -en: (schweiz., sonst veraltet) Abstinenzler. **Ab|stinenz** *die*; -: Enthaltsamkeit (z. B. in bezug auf bestimmte Speisen, Alkohol, Geschlechtsverkehr). **Abstinenzler** *der*; -s, -: jmd., der enthaltsam lebt, bes. in bezug auf Alkohol. **Ab|stinenztheorie** *die*; -: im 19. Jh. vertretene Zinstheorie, nach der der Sparer den Zins gleichsam als Gegenwert für seinen Konsumverzicht erhält

Abstract [*äpßträkt*; *lat.-engl.*] *der*; -s, -s: kurzer Abriß, kurze Inhaltsangabe eines Artikels od. Buches. **ab|strahieren** [*lat.*; „ab-, wegziehen"]: 1. etwas gedanklich verallgemeinern, zum Begriff erheben. 2. von etwas absehen, auf etwas verzichten. **abstrakt**: a) vom Dinglichen gelöst, rein begrifflich; b) theoretisch, ohne unmittelbaren Bezug zur Realität; -e Kunst: Kunstrichtung, die vom Gegenständlichen absieht; -es Substantiv: = Abstraktum; -e Zahl: reine Zahl, d. h. ohne Angabe des Gezählten (Math.). **Abstrakten** *die* (Plural): die Teile einer Orgel, die die Tasten mit den Pfeifenventilen verbinden. **Abstraktion** [...*zion*] *die*; -, -en: 1. a) Begriffsbildung; b) Verallgemeinerung; c) Begriff. 2. auf zufällige Einzelheiten verzichtende, begrifflich zusammengefaßte Darstellung (Stilk.). **abstraktiv** [*lat.-engl.*]: 1. fähig zum Abstrahieren, zur → Abstraktion. 2. durch Abstrahieren gebildet. **Abstraktum** *das*; -s, ...ta: Substantiv, das Nichtdingliches bezeichnet; Begriffswort; z. B. Hilfe, Zuneigung (Sprachw.); Ggs. → Konkretum

ab|strus [*lat.*; „versteckt, verborgen"]: a) (abwertend) absonderlich, töricht; b) schwer verständlich, verworren, ohne gedankliche Ordnung

absurd [*lat.*; „mißtönend"]: widersinnig, dem gesunden Menschenverstand widersprechend, sinnwidrig, abwegig, sinnlos; vgl. ad absurdum führen; -es Drama: moderne, dem → Surrealismus verwandte Dramenform, in der das Sinnlose u. Widersinnige der Welt u. des menschlichen Daseins als tragendes Element in die Handlung verwoben ist; -es Theater: Form des modernen Dramas, bei der Irrationales u. Widersinniges sowie Groteskes als Stilmittel verwendet werden, um die Absurdität des Daseins darzustellen. **Absurdismus** [*lat.-nlat.*] *der*; -: moderne Theaterform, die ganz bestimmte antirealistische Stilmittel verwendet u. satirische Zwecke verfolgt; vgl. absurd (absurdes Drama). **Absurdist** *der*, -en, -en: Vertreter des Absurdismus. **absurdistisch**: den Absurdismus betreffend. **Absurdität** *die*; -, -en: 1. (ohne Plural) Widersinnigkeit, Sinnlosigkeit. 2. einzelne widersinnige Handlung, Erscheinung o. ä.

ab|szedieren [*lat.*; „weggehen; sich absondern"]: eitern (Med.). **Ab|szeß** *der* (österr., ugs. auch: *das*); ...szesses, ...szesse: Eiterherd, Eiteransammlung in einem anatomisch nicht vorgebildeten Gewebshohlraum (Med.)

ab|szindieren [*lat.*]: abreißen, abtrennen

Ab|szisine [*lat.*] *die* (Plural): Wirkstoffe in den Pflanzen, die das Wachstum hemmen u. das Abfallen der Blätter u. Früchte bewirken (Bot.)

Ab|szisse [*lat.-nlat.*; „die abgeschnittene (Linie)"] *die*; -, -n: 1. horizontale Achse, Waagerechte im Koordinatensystem. 2. auf der gewöhnlich horizontal gelegenen Achse (Abszissenachse) eines → Koordinatensystems abgetragene erste Koordinate eines Punktes, (z. B. x im x,y,z-Koordinatensystem; vgl. Koordinaten; Math.)

Abtestat *das*; -[e]s, -e: (früher) → Testat des Hochschulprofessors am Ende des Semesters (neben der im Studienbuch der Studierenden aufgeführten Vorlesung od. Übung); Ggs. → Antestat. **abtestieren:** ein Abtestat geben; Ggs. → antestieren

abtrainieren: Übergewicht o. ä. durch → Training wegbringen

abturnen [...*tör*...; *dt.*; *engl.*]: (ugs.) aus der Stimmung bringen; Ggs. → anturnen (2)

Abu [*arab.*; „Vater"]: Bestandteil arabischer Personen-, Ehren- u. Ortsnamen

Abulie [*gr.-nlat.*] *die*; -, ...ien: krankhafte Willenlosigkeit; Willensschwächung, Willenslähmung, Entschlußunfähigkeit (Med., Psychol.). **abulisch**: a) die Abulie betreffend; b) willenlos

Abuna [*arab.*; „unser Vater"] *der*; -s, -s: Titel in arabischsprachigen Kirchen [Asiens] für einen Geistlichen, bes. Titel für das Oberhaupt der äthiopischen Kirche

abundant [*lat.*]: häufig [vorkommend], reichlich, dicht; vgl. redundant. **Ab|undanz** [„Überströmen; Überfluß"] *die*; -: 1. Häufigkeit einer tierischen od. pflanzlichen Art auf einer bestimmten Fläche oder in einer Raumeinheit (Biol.). 2. Merkmals- od. Zeichenüberfluß bei einer Information (Math.). 3. (selten) → Pleonasmus (Sprachw.). 4. (größere) Bevölkerungsdichte

ab urbe condita [- - *kon*...; *lat.*; „seit Gründung der Stadt (Rom)"]: altrömische Zeitrechnung, beginnend 753 v. Chr.; Abk.: a. u. c.

ab|usiv [*lat.*]: mißbräuchlich. **Abusus** *der*; -, -[...*úsuß*]: Mißbrauch, übermäßiger Gebrauch, z. B. von bestimmten Arzneimitteln, Genußmitteln

Abutilon [*arab.-nlat.*] *das*; -s, -s: Gattung der Malvengewächse (z. B. Schönmalve, Zimmerahorn)

abyssal vgl. abyssisch. **Abyssal** [*gr.-nlat.*] *das*; -s: (veraltet) abyssische Region. **Abyssalregion** *die*; -: = abyssische Region. **abyssisch**: a) aus der Tiefe der Erde stammend; b) zum Tiefseebereich gehörend, in der Tiefsee gebildet, in großer Tiefe; c) abgrundtief. **abyssische Region** *die*; -n -: Tiefseeregion (Tiefseetafel), Bereich des Meeres in 3000–10000 m Tiefe. **Abyssus** [*gr.-lat.*] *der*; -: 1. a) grundlose Tiefe, Unterwelt; das Bodenlose; b) Meerestiefe. 2. (veraltet) Vielfraß, Nimmersatt

Academy-award [^{e}*kädemiewo'd*; *engl.*] *der*; -, -s: der jährlich von der amerikan. 'Akademie für künstlerische u. wissenschaftl. Filme' verliehene Preis für die beste künstlerische Leistung im amerikanischen Film; vgl. Oscar

Acajounuß [*akaschu*...; *Tupi-port.-fr.*; *dt.*] *die*; -, ...nüsse: = Cashewnuß

a cappella [- *ka*...; *it.*; „(wie) in der Kapelle od. Kirche"]: ohne Begleitung von Instrumenten (Mus.). **A-cappella-Chor** [...*kor*] *der*; -s, ...Chöre: Chor ohne Begleitung von Instrumenten

acc. c. inf. = accusativus cum infinitivo; vgl. Akkusativ

ac|cel. = accelerando. **accelerando** [*atschelerando*; *lat.-it.*]: allmählich schneller werdend, beschleunigend; Abk.: accel. (Mus.). **Accelerator** [*äkßäl'reit'r*; *lat.-engl.*] *der*; -s, -: Angestellter einer Werbeagentur, der die Termine überwacht

Accent aigu [*akßangtägü*; *lat.-fr.*] *der*; - -, -s -s [*akßangsägü*]: Betonungszeichen, → Akut (Sprachw.); Zeichen: ´, z. B. é. **Accent circonflexe** [*akßangßirkongfläkß*] *der*; - -, -s -s [*akßangßirkongfläkß*]: Dehnungszeichen, → Zirkumflex (Sprachw.); Zeichen: ^, z. B. â. **Accent grave** [*akßanggraw*] *der*; - -, -s -s: [*akßanggraw*]: Betonungszeichen, → Gravis (Sprachw.); Zeichen: `, z. B. è. **Accentus** [*akzän*...; *lat.*] *der*; -, - [...*zäntuß*]: liturgischer Sprechgesang; Ggs. → Concentus

Accessoire [*akßäßoar*; *lat.-fr.*] *das*; -s, -s (meist Plural): modisches Zubehör zur Kleidung (z. B. Gürtel, Handschuhe, Schmuck)

Acciaccatura [*atschak*...; *it.*; „Quetschung"] *die*; -, ...ren: besondere Art des Tonanschlags in der Klaviermusik des 17./18. Jahrhunderts, wobei eine Note gleichzeitig mit ihrer unteren Nebennote (meist Untersekunde) angeschlagen wird, diese jedoch sofort wieder losgelassen wird

Accipiesholzschnitt [*akzipiäß*...; *lat.*; *dt.*] *der*; -[e]s, -e: Holzschnitt als Titelbild in Lehr- u. Schulbüchern des 15. Jh.s, der einen Lehrer mit Schülern u. ein Spruchband zeigt mit den Worten: „*Accipies* tanti doctoris dogmata sancti" (*lat.* = mögest du die Lehren eines so großen frommen Gelehrten annehmen!)

Accompa|gnato [*akompanjato*; *it.*; „begleitet"] *das*; -s, -s u. ...ti: das von Instrumenten begleitete → Rezitativ

Accordatura [*it.*] *die*; -: normale Stimmung der Saiteninstrumente (Mus.); Ggs. → Scordatura

Accoudoir [*akudoar*; *lat.-fr.*] *das*; -s, -s: Armlehne am Chorgestühl

Accountant [^{e}*kaunt^{e}nt*; *engl.*] *der*; -[s], -s: Bezeichnung für den Rechnungs- od. Wirtschaftsprüfer in Großbritannien, Irland, den Niederlanden u. den USA

Ac|crochage [*akroschasch^e*; *fr.*] *die*; -, -n: Ausstellung aus den eigenen Beständen einer Galerie

Ac|croche-cœur [*akroschkör*; *fr.*; „Herzensfänger"] *das*; -, -: Lokke, die dem Betreffenden einen schmachtenden Ausdruck gibt; „Schmachtlocke"

Accuracy [*äkjur^{e}ßi*; *engl.*] *die*; -: (Fachspr.) Genauigkeit (z. B. bei statistischen Ergebnissen in der Meinungsforschung oder bei Rechenoperationen in der Datenverarbeitung)

Acella Ⓦ [*az*...; Kunstw.] *das*; -: eine aus Vinylchlorid hergestellte Kunststoffolie

Acerolakirsche [*az*...; *arab.-span.*; *dt.*] *die*; -, -n: Vitamin-C-reiche westindische Frucht, Puerto-Rico-Kirsche

Acet|aldehyd [*az*...; Kunstw.] *der*; -s: farblose Flüssigkeit von betäubendem Geruch, wichtiger Ausgangsstoff od. Zwischenprodukt für chem. → Synthesen (2). **Acetale** [*lat.*; *arab.*] *die* (Plural): chem. Verbindung aus → Aldehyden u. → Alkohol (1). **Acetat** [*lat.-nlat.*] *das*; -s, -e: Salz der Essigsäure. **Acetatseide** *die*; -: Kunstseide aus Zelluloseacetat; vgl. Zellulose. **Aceton** *das*; -s: einfachstes → aliphatisches → Keton; Stoffwechselendprodukt u. wichtiges Lösungsmittel. **Aceton|ämie** [*lat.*; *gr.*] *die*; -, ...ien: das Auftreten von Aceton im Blut. **Aceton|urie** *die*; -, ...ien: Auftreten von Aceton im Harn. **Acetophenon** *das*; -s: aromatisches → Keton; Riechstoff zur Parfümierung von Seifen. **Acetum** [*lat.*] *das*; -[s]: Essig. **Acetyl** [*lat.*; *gr.*] *das*; -s: Säurerest der Essigsäure. **Acetylcholin** [...ko...] *das*; -s: gefäßerweiternde Substanz (Gefäßhormon; Med.). **Acetylen** *das*; -s: gasförmiger, brennbarer Kohlenwasserstoff (Ausgangsprodukt für → Synthesen (2), in Verbindung mit Sauerstoff zum Schweißen verwendet). **Acetylenid**, **Acetylid** *das*; -s, -e: Metallverbindung des Acetylens. **acetylieren**: eine bestimmte Molekülgruppe (Essigsäurerest) in eine organische Verbindung einführen. **Acetylierung** *die*; -, -en: Austausch von Hydroxyl- oder Aminogruppen durch die Acetylgruppe in organischen Verbindungen. **Acetylsäure** *die*; -: Essigsäure

Achalasie [*ach*...; *gr.*] *die*; -, ...ien: Unfähigkeit der glatten Muskulatur, sich zu entspannen (Med.)

Achäne [*gr.-nlat.*] *die*; -, -n: einsamige Frucht der Korbblütler, deren Samen bei der Reife und Verbreitung von der ganzen oder doch von Teilen der Fruchtwand umschlossen bleiben (Schließfrucht, z. B. Beere, Nuß; Bot.)

Achat [*gr.-lat.*] *der*; -s, -e: ein mehrfarbig gebänderter Halbedelstein; vgl. Chalzedon. **achaten**: aus Achat bestehend

Acheirie, Achirie [*ach*...; *gr.*] *die*; -, ...ien: angeborenes Fehlen einer od. beider Hände (Med.). **Acheiropoieta** [„nicht von Menschenhänden gemacht"] *die* (Plural): Bezeichnung für einige byzantinische Bildnisse Christi u. der Heiligen, die als „wahre" Bildnisse gelten, weil sie nicht von Menschenhand verfertigt, sondern auf wunderbare Weise entstanden seien (z. B. der Abdruck des Antlitzes Christi im Schweißtuch der Veronika)

acherontisch: 1. den Acheron (einen Fluß der Unterwelt in der griech. Sage) betreffend. 2. zur Unterwelt gehörend

Acheuléen [*aschöleäng*; nach Saint-Acheul, einem Vorort von Amiens] *das*; -[s]: Kulturstufe der älteren Altsteinzeit

Achia [*aschia*] *das*; -[s], -[s]: indisches Gericht aus Bambusschößlingen (Gastr.)

Achillesferse [*ach...*; *gr.*; *dt.*; nach dem Helden der griech. Sage Achilles] *die*; -: verwundbare, empfindliche, schwache Stelle bei einem Menschen. **Achillessehne** *die*; -, -n: am Fersenbein ansetzendes, sehniges Ende des Wadenmuskels. **Achillessehnenre|flex** *der*; -es, -e: Reflex beim Beklopfen der Achillessehne, wodurch der Fuß sohlenwärts gebeugt wird. **Achill|odynie** [*gr.-nlat.*] *die*; -: Schmerz an der Achillessehne, Fersenschmerz (Med.)

achlamydeisch [*ach...*; *gr.-nlat.*]: nacktblütig (von einer Blüte ohne Blütenblätter; Bot.)

Achlor|hy|drie [*aklor...*; *gr.-nlat.*] *die*; -: [vollständiges] Fehlen von Salzsäure im Magensaft (Med.).

Achlor|opsie *die*; -: = Deuteranopie

Acholie [*ach...* od. *ach...*; *gr.-nlat.*] *die*; -: mangelhafte Absonderung von Gallenflüssigkeit (Med.)

Achroit [*akro-it*; *gr.-nlat.*] *der*; -s, -e: = Turmalin

Achromasie [*gr.-nlat.*] *die*; -, ...ien: 1. = Achromie. 2. besondere Art erblicher Blindheit (Zapfenblindheit; Med.). 3. durch achromatische Korrektur erreichte Brechung der Lichtstrahlen ohne Zerlegung in Farben (Phys.). **Achromat** *der* (auch: *das*); -[e]s, -e: Linsensystem, bei dem der Abbildungsfehler der → chromatischen Aberration korrigiert ist. **Achromatin** *das*; -s: mit spezifischen Chromosomenfärbemethoden nicht färbbarer Zellkernbestandteil (Biol.). **achromatisch**: die Eigenschaft eines Achromats habend. **Achromatismus** *der*; -, ...men: = Achromasie. **Achromat|opsie** *die*; -, ...ien: Farbenblindheit (Med.). **Achromie** *die*; -, ...ien: angeborenes od. erworbenes Fehlen von → Pigmenten (1) in der Haut; vgl. Albinismus

Achsenzylinder *der*; -s, -: von einer Nervenzelle ausgehende, erregungsleitende Nervenfaser; vgl. Neurit

Achylie [*ach...* od. *ach...*; *gr.-nlat.*] *die*; -, ...ien: das Fehlen von Verdauungssäften, bes. im Magen (Med.)

Acid [*äßit*; *lat.-engl.*] *das*; -s: im Jargon der Drogensüchtigen Bezeichnung für LSD. **Acidimetrie** [*azi...*; *lat.*; *gr.*] *die*; -: Methode zur Bestimmung der Konzentration von Säuren (Chem.). **Acidität** [*lat.*] *die*; -: Säuregrad od. Säuregehalt einer Flüssigkeit. **acidoklin** [*lat.*; *gr.*]: = acidophil (1) (Bot.). **acidophil**: 1. sauren Boden bevorzugend (von Pflanzen). 2. mit sauren Farbstoffen färbbar. **Acidose** [*lat.-nlat.*] *die*; -, -n: krankhafte Vermehrung des Säuregehaltes im Blut (Med.). **Acidum** [*lat.*] *das*; -s, ...da: Säure. **Acidur**Ⓦ[Kunstw.] *das*; -s: säurebeständige Gußlegierung aus Eisen u. Silicium

Ackja [*finn.-schwed.*] *der*; -[s], -s: 1. Rentierschlitten. 2. Rettungsschlitten der Bergwacht

à condition [*akongdißjong*; *lat.-fr.*; „auf Bedingung"]: bedingt, unter Vorbehalt, nicht fest (Rückgabevorbehalt für nichtverkaufte Ware); Abk.: à c.

Aconitin [*ak...*; *lat.-nlat.*] *das*; -s, -e: aus den Wurzeln des Eisenhuts gewonnenes, sehr giftiges → Alkaloid (Arzneimittel)

a conto [- *ko...*; *it.*]: auf Rechnung von ...; Abk.: a c.; vgl. Akontozahlung

Acquit [*aki*; *lat.-fr.*] *das*; -s, -s: (veraltet) Quittung, Empfangsbescheinigung; vgl. pour acquit

Acre [*eker*; *engl.*] *der*; -s, -s (aber: 7 -): engl. u. nordamerik. Flächenmaß (etwa 4047 m^2)

Acridin [*ak...*; *lat.-nlat.*] *das*; -s: aus Steinkohlenteer gewonnene stickstoffhaltige organische Verbindung, Ausgangsstoff für Arzneimittel

Acrolein vgl. Akrolein

Acronal [Kunstw.] *das*; -s: Kunststoff, farbloser Lackrohstoff (Acrylharz)

across the board [*ekroß dhe bo'd*; *engl.*]: an fünf aufeinanderfolgenden Tagen zur gleichen Zeit gesendet (von Werbesendungen in Funk u. Fernsehen)

Acryl [*akrül*; *gr.*] *das*; -s: [Kurzw. aus Acrolein (→ Akrolein) u. der Endung -yl] Kunststoff aus → Polyacrylnitril. **Acrylan** *das*; -s: Kunstfaser. **Acrylat** *das*; -[e]s, -e: Salz od. Ester der Acrylsäure. **Acrylsäure** [*gr.*; *dt.*] *die*; -: Äthylenkarbonsäure (Ausgangsstoff vieler Kunstharze)

Act [*äkt*; *lat.-engl.*] *der*; -s, -s: (im angloamerikan. Recht) 1. bestimmte Art von Urkunden; Dokument. 2. Willenserklärung, Beschluß, Verwaltungsanordnung. 3. vom Parlament verabschiedetes Gesetz. **Acta** [*akta*; *lat.*] *die* (Plural): 1. Handlungen, Taten. 2. Berichte, Protokolle, Akten. **Acta Apostolorum** [*lat.*; „Taten der Apostel"] *die* (Plural): die Apostelgeschichte im Neuen Testament. **Acta Martyrum** *die* (Plural): Berichte über die Prozesse u. den Tod der frühchristlichen Märtyrer. **Acta Sanctorum** *die* (Plural): Sammlung von Lebensbeschreibungen der Heiligen der katholischen Kirche, bes. der → Bollandisten. **Actant** [*aktang*] *der*; -s, -s: = Aktant

Actinide[n] *die* (Plural): Gruppe von chem. Elementen, die vom Actinium bis zum → Lawrencium reicht. **Actinium** *das*; -s: chem. Grundstoff; Zeichen: Ac

Actio [*akzio*; *lat.*] *die*; -: 1. Klagemöglichkeit im röm. Recht. 2. Tätigkeit, Handeln (Philos.); Ggs. → Passio. **Actiographie** [*lat.*; *gr.*] *die*; -: Kunstrichtung in der Fotografie. **Action** [*äkschen*; *lat.-engl.*] *die*; -, -s: 1. ereignis- od. handlungsreicher, dramatischer Vorgang. 2. Klage, Rechtsstreit (engl. Recht). **Actioncomic** [*äkschenkomik*] *der*; -s, -s: Fortsetzungsgeschichte in Bildern, bei der das Hauptgewicht auf turbulenter Handlung liegt. **Action directe** [*akßjongdiräkt*; *lat.-fr.*] *die*; -, -s -s [*akßjongdiräkt*]: 1. (ohne Plural) unmittelbarer Anspruch (franz. Recht). 2. = direkte Aktion. 3. Anspruch auf Entschädigung bei der Haftpflichtversicherung. **Actionfilm** [*äkschen...*] *der*; -s, -e: Spielfilm mit einer spannungs- u. abwechslungsreichen Handlung, in dem der Dialog auf das Nötigste beschränkt wird. **Action-painting** [*äkschenpe'nting*; *engl.*; „Aktionsmalerei"] *das*; -: moderne Richtung innerhalb der amerik. abstrakten Malerei (abstrakter Expressionismus). **Action-Research** [*äkschenrißö'tsch*] *das*; -[s], -s: sozialwissenschaftliches Forschungsprogramm mit dem Ziel, eine Änderung der bestehenden sozialen Verhältnisse herbeizuführen (Soziol.). **Actionstory** [*...ßtori*] *die*; -, -s: Wiedergabe eines dramatischen od. spannungsreichen Ereignisses, wobei die wichtigsten Geschehnisse zu Beginn gebracht werden. **Actionthril|ler** [*äkschenthriler*] *der*; -s, -: Film, Roman oder Theaterstück mit nervenaufregender Spannung sowie abwechslungsreicher u. turbulenter Handlung.

Actuary [*äktjueri*] *der*; -s, -s: 1. Gerichtsschreiber. 2. Statistiker; vgl. Aktuar. **actum ut su|pra** [*lat.*]: (veraltet) „verhandelt wie oben"; Abk.: a. u. s. **Actus** [„Wirken"] *der*; -: das schon Gewordene, im Gegensatz zu dem noch nicht Gewordenen, sondern erst Möglichen (scholast. Philos.)

acyclisch vgl. azyklisch

ad [*lat.*]: zu, z. B. ad 1 = zu [einem bereits aufgeführten] Punkt 1

ad absurdum [*lat.*] **führen** (jmdn. od. etwas): [jmdm.] die Unsinnigkeit oder Nichthaltbarkeit einer Behauptung o. ä. beweisen **ad acta** [*lat.*; „zu den Akten"]; Abk. a. a.; etwas ad acta legen: a) (Schriftstücke) als erledigt ablegen; b) eine Angelegenheit als erledigt betrachten

ada|gietto [*adadsehäto*; *it.*]: ziemlich ruhig, ziemlich langsam (Vortragsanweisung; Mus.). **Ada|gietto** *das*; -s, -s: kurzes Adagio. **ada|gio** [*adadseho*]: langsam, ruhig (Vortragsanweisung; Mus.). **Ada|gio** *das*; -s, -s: langsames Musikstück. **ada|gissimo** [*adadseh...*]: äußerst langsam (Vortragsanweisung; Mus.)

Adaktylie [*gr.-nlat.*] *die*; -: das Fehlen der Finger od. Zehen als angeborene Mißbildung (Med.)

Adalin Ⓦⓩ [Kunstw.] *das*; -s: Schlaf- u. Beruhigungsmittel

Adamantinom [*gr.-nlat.*] *das*; -s, -e: Kiefergeschwulst. **Adamas** [*gr.-lat.*; „unbezwingbar; Stahl"] *der*; -, ...manten: (veraltet) Diamant

Adamit [nach dem biblischen Stammvater der Menschen od. nach einem Sektengründer namens Adam] *der*; -en, -en: (hist.) Angehöriger von Sekten, die angeblich nackt zu ihren Kulten zusammenkamen, um so ihre paradiesische Unschuld zu dokumentieren. **adamitisch**: a) nach Art der Adamiten; b) nackt

Adamsit [*nlat.*; nach dem amerik. Erfinder Roger Adams] *das*; -s: Haut u. Atemwege reizendes Gas

Ad|aptabilität [*lat.-nlat.*] *die*; -: Vermögen, sich zu → adaptieren; Anpassungsfähigkeit. **Ad|aptation** [...*zion*] *die*; -, -en: a) Anpassungsvermögen; b) Anpassung (z. B. von Organen) an die Gegebenheiten, Umstände, an die Umwelt. **Ad|aptationssyndrom** [*lat.-mlat.*; *gr.*] *das*; -s, -e: krankhafte Erscheinung, die ihrem Wesen nach Anpassungsreaktion des Organismus auf krankmachende Reize (z. B. Streß) ist (Med.). **Adapter** [*lat.-engl.*] *der*; -s, -: 1. Vorrichtung, um elektrische Geräte miteinander zu verbinden u. einander anzupassen (z. B. Leitungen von verschiedenen Durchmessern). 2. Zusatzgerät zu einem Hauptgerät (z. B. zur Kamera). **ad|aptieren** [*lat.*]: 1. anpassen (Biol. u. Physiol.). 2. bearbeiten, z. B. einen Roman für den Film -. 3. (österr.) eine Wohnung herrichten. **Ad|aption** [...*zion*; *lat.-nlat.*]: 1. = Adaptation. 2. a) Umformung eines Textes in eine andere Gattungsform (Stilk.); b) Übersetzung durch eine ähnliche Situation, weil die gleiche in der Zielsprache nicht üblich ist. **adaptiv**: auf Adaptation beruhend. **Ad|aptometer** [*lat.-mlat.*; *gr.*] *das*; -s, -: optisches Gerät, das die Anpassungsfähigkeit des Auges an die Dunkelheit mißt

Ad|äquanz [*lat.-nlat.*] *die*; -: Angemessenheit u. Üblichkeit [eines Verhaltens (nach den Maßstäben der geltenden [Sozial]ordnung)]. **Ad|äquanztheorie** *die*; -: Lehre im Zivilrecht, nach der ein schadenverursachendes Ereignis nur dann zur Schadenersatzpflicht führt, wenn es im allgemeinen u. nicht nur unter bes. ungewöhnlichen Umständen einen Schaden herbeiführt; vgl. Äquivalenztheorie. **ad|äquat** [auch: *at*...; *lat.*]: [einer Sache] angemessen, entsprechend, übereinstimmend; Ggs. → inadäquat. **Adäquatheit** [auch: *at*...] *die*; -: Angemessenheit; Ggs. → Inadäquatheit (a)

a dato [*lat.*]: vom Tag der Ausstellung an (z. B. auf → Datowechseln); Abk.: a d.

ad calendas graecas [- *ka*... *gräkaß*; *lat.*; „an den griechischen Kalenden (bezahlen)"; die Griechen kannten keine → Calendae, die bei den Römern Zahlungstermine waren]: niemals, am St.-Nimmerleins-Tag (in bezug auf die Bezahlung von etwas o. ä.)

adde! [*lat.*]: füge hinzu! (Hinweiswort auf ärztlichen Rezepten). **Addend** *der*; -en, -en: Zahl, die beim Addieren hinzugefügt werden soll; → Summand. **Addendum** *das*; -s, ...da (meist Plural): Zusatz, Nachtrag, Ergänzung, Beilage

Adder [*äd*ᵉ*r*; *lat.-engl.*] *der*; -s, -: elektronische Schaltung, in der die Summe aller eingehenden Signale gebildet wird. **addieren** [*lat.*]: zusammenzählen, hinzufügen; -de Zusammensetzung = Additionswort (z. B. taubstumm, Strichpunkt) (Sprachw.). **Addiermaschine** *die*; -, -n: Rechenmaschine zum → Addieren u. → Subtrahieren

addio [*adio*; *it.*]: auf Wiedersehen!; leb[t] wohl! vgl. adieu

Additament *das*; -s, -e u. **Additamentum** *das*; -s, ...ta: Zugabe, Anhang, Ergänzung zu einem Buch. **Addition** [...*zion*] *die*; -, -en: 1. Zusammenzählung, Hinzufügung, -rechnung (Math.); Ggs. → Subtraktion. 2. Anlagerung von Atomen od. Atomgruppen an ungesättigte Moleküle (Chem.). **additional** [*lat.-nlat.*]: zusätzlich, nachträglich. **Additionstheorem** *das*; -s, -e: Formel zur Berechnung des Funktionswertes (vgl. Funktion) einer Summe aus den Funktionswerten der → Summanden (Math.). **Additionsverbindung** *die*; -, -en: chem. Verbindung, die durch einfache Aneinanderlagerung von zwei Elementen od. von zwei Verbindungen entsteht. **Additionswort** *das*; -[e]s, ...wörter: zusammengesetztes Wort, das zwei gleichwertige Begriffe addiert; addierende Zusammensetzung, → Kopulativum (z. B. taubstumm, Strichpunkt); vgl. Oxymoron. **additiv** [*lat.*]: a) durch Addition hinzukommend; b) auf Addition beruhend; c) hinzufügend, aneinanderreihend; -es Verfahren: Herstellung eines Farbfilmbildes durch Übereinanderprojizieren von drei Schwarzweiß-Teilbildern mit Licht, das in den drei Grundfarben gefiltert ist. **Additiv** [*lat.-engl.*] *das*; -s, -e [..*w*ᵉ] u. **Additive** [*äditif*] *das*; -s, -s: Zusatz, der in geringer Menge die Eigenschaften eines chem. Stoffes merklich verbessert (z. B. für Treibstoffe u. Öle)

addizieren [*lat.*]: zuerkennen, zusprechen (z. B. einen Frühdruck od. ein Bild einem bestimmten Meister)

Adduktion [...*zion*; *lat.*; „das Heranziehen"] *die*; -, -en: heranziehende Bewegung eines Gliedes [zur Mittellinie des Körpers hin] (Med.); Ggs. → Abduktion. **Adduktor** [„Zuführer"] *der*; -s, ...oren: Muskel, der eine Adduktion bewirkt (Med.)

ade! [*lat.-fr.*]: = adieu (bes. in der Dichtung u. im Volkslied gebrauchte Form), z. B. - sagen. **Ade** *das*; -s, -s: Lebewohl (Abschiedsgruß)

Adelphie [*gr.-nlat.*; „Verschwisterung"] *die*; -; ...ien: Vereinigung von Staubblättern zu einem od. mehreren Bündeln (Bot.). **Adelphogamie** *die*; -; ...ien: Bestäubung zwischen zwei → vegetativ (2) aus einer gemeinsamen Mutterpflanze hervorgegangenen Geschwisterpflanzen (Bot.). **Adelphokarpie** *die*; -; ...ien: Fruchtbildung durch → Adelphogamie

Ademtion [...*zion*; *lat.*] *die*; -, -en: (veraltet) Wegnahme, Entziehung

Adenin [*gr.*] *das*; -s, -e: Bestandteil der Nukleinsäure; Purinbase (Biochem.). **Adenitis** [*gr.-nlat.*] *die*; -, ...itiden: a) Drüsenentzündung; b) Kurzbezeichnung für → Lymphadenitis. **Adenohypophyse** *die*; -, -n: Vorderlappen der → Hypophyse (1). **adenoid**: drüsenähnlich. **Adenom** *das*; -s, -e u. **Adenoma** *das*; -s, -ta: [gutartige] Drüsengeschwulst. **adenomatös**: adenomartig. **adenös**: die Drüsen betreffend. **Adenotomie** *die*; -, ...ien: operative Entfernung von Wucherungen der Rachenmandel od. Entfernung der Rachenmandel selbst. **adenotrop**: = glandotrop. **Adenovirus** [*...wi...*; *gr.*; *lat.*] *das* (auch: *der*); -, ...ren: Erreger von Drüsenkrankheiten (Med.)

Ad|ept [*lat.*] *der*; -en, -en: 1. Schüler, Anhänger einer Lehre. 2. in eine geheime Lehre od. in Geheimkünste Eingeweihter

Adermin [*gr.-nlat.*] *das*; -s: Vitamin B_6, das hauptsächlich in Hefe, Getreidekeimlingen, Leber u. Kartoffeln vorkommt, das am Stoffwechsel der → Aminosäuren beteiligt ist und dessen Mangel zu Störungen im Eiweißstoffwechsel u. zu zentralnervösen Störungen führt

Adespota [*gr.*; „herrenlose (Werke)"] *die* (Plural): Werke (bes. Kirchenlieder) unbekannter Verfasser

Ad|essiv [auch: *...if*; *lat.-nlat.*] *der*; -s, -e [*...wᵉ*]: Kasus, bes. in den finnisch-ugrischen Sprachen, der die Lage bei etwas, die unmittelbare Nähe angibt

à deux cordes [*adökord*; *fr.*]: auf zwei Saiten (Mus.)

à deux mains [*adömäng*; *fr.*]: für zwei Hände, zweihändig (Klavierspiel); Ggs. → à quatre mains

Adhärens [*lat.*] *das*; -, ...renzien [*...iᵉn*]: 1. (veraltet) Anhaftendes, Zubehör. 2. Klebstoff (Chem.). **adhärent**: 1. anhängend, anhaftend (von Körpern); vgl. Adhäsion (1). 2. angewachsen, verwachsen (von Geweben od. Pflanzenteilen); vgl. Adhäsion (2 u. 3). **Adhärenz** [*lat.-mlat.*] *die*; -, -en: (veraltet) Hingebung, Anhänglichkeit an etwas od. jmdn. **adhärieren** [*lat.*]: 1. anhaften, anhängen (von Körpern od. Geweben). 2. (veraltet) beipflichten. **Adhäsion** *die*; -, -en: 1. a) das Haften zweier Stoffe od. Körper aneinander; b) das Aneinanderhaften der Moleküle im Bereich der Grenzfläche zweier verschiedener Stoffe (Klebstoff; Phys.). 2. Verklebung von Organen, Geweben, Eingeweiden u. a. nach Operationen od. Entzündungen (Med.). 3. Verwachsung in der Blüte einer Pflanze (z. B. Staubblatt mit Fruchtblatt; Bot.). **adhäsiv** [auch: *at...*; *lat.-nlat.*]: anhaftend, [an]klebend (von Körpern od. Geweben)

adhibieren [*lat.*]: (veraltet) anwenden, gebrauchen

ad hoc [*lat.*]: 1. [eigens] zu diesem Zweck [gebildet, gemacht]. 2. aus dem Augenblick heraus [entstanden]

ad hominem [*lat.*; „zum Menschen hin"]: auf die Bedürfnisse u. Möglichkeiten des Menschen abgestimmt; - - demonstrieren: jmdm. etwas so widerlegen od. beweisen, daß die Rücksicht auf die Eigenart der Person u. die Bezugnahme auf die ihr geläufigen Vorstellungen, nicht aber die Sache selbst die Methode bestimmen

ad honorem [*lat.*]: zu Ehren, ehrenhalber

Adhortation [*...zion*; *lat.*] *die*; -, -en: (veraltet) Ermahnung. **adhortativ**: (veraltet) ermahnend. **Adhortativ** [*at...*, auch: *...tif*] *der*; -s, -e [*...wᵉ*]: Imperativ, der zu gemeinsamer Tat auffordert (z. B.: *Hoffen* wir es!)

adiabat = adiabatisch. **Adiabate** [*gr.-nlat.*] *die*; -, -n: Kurve der Zustandsänderung von Gas (Luft), wenn Wärme weder zu- noch abgeführt wird (Phys., Meteor.). **adiabatisch** [„nicht hindurchtretend"]: ohne Wärmeaustausch verlaufend (von Gas od. Luft; Phys., Meteor.)

Adiadochokinese [*...docho...*; *gr.-nlat.*] *die*; -: Unfähigkeit, entgegengesetzte Muskelbewegungen rasch hintereinander auszuführen, z. B. Beugen u. Strecken der Finger (Med.)

Adiantum [*gr.-lat.*] *das*; -s, ...ten: Haarfarn (subtropische Art der Tüpfelfarne, z. B. Frauenhaar)

Adiaphon [*gr.*] *das*; -s, -e: 1. Tasteninstrument, bei dem vertikal aufgestellte Stahlstäbe durch Anreißen zum Klingen gebracht werden. 2. Stimmgabelklavier, bei dem abgestimmte Stimmgabeln die Töne erzeugen

Adiaphora [*gr.*; „Nichtunterschiedenes"] *die* (Plural): 1. Gleichgültiges. 2. Dinge od. Verhaltensweisen, die außerhalb von Gut u. Böse liegen u. damit moralisch wertneutral sind (Philos.). 3. a) sittliche od. kultische Handlungen, die in bezug auf Heil od. Rechtgläubigkeit unerheblich sind (Theol.); b) Verhaltensweisen, die gesellschaftlich nicht normiert sind u. deshalb in den persönlichen Freiheitsspielraum fallen

adieu! [*adiö*; *lat.-fr.*; „Gott befohlen"]: (veraltend, aber noch landsch.) leb[t] wohl!; vgl. addio. **Adieu** *das*; -s, -s: (veraltet) Lebewohl, Abschied

Ädikula [*lat.*; „kleiner Bau"] *die*; -, ...lä: a) kleiner antiker Tempel; b) altchristliche [Grab]kapelle; c) kleiner Aufbau zur Aufnahme eines Standbildes; d) Umrahmung von Fenstern, Nischen u. a. mit Säulen, Dach u. Giebel

Ädil [*lat.*] *der*; -s od. -en, -en: (hist.) hoher altrömischer Beamter, der für Polizeiaufsicht, Lebensmittelversorgung u. Ausrichtung der öffentlichen Spiele verantwortlich war. **Ädilität** *die*; -: Amt u. Würde eines Ädils

ad infinitum, in infinitum [*lat.*; „bis ins Grenzenlose, Unendliche"]: beliebig, unendlich lange, unbegrenzt (sich fortsetzen lassend)

Adinol [*gr.-nlat.*] *der*; -s, -e: ein feinkörniges Gestein, das durch → Kontaktmetamorphose beim Eindringen von → Diabas in Tongesteine entsteht (Geol.)

ad interim [*lat.*]: einstweilen, unterdessen; vorläufig (Abk.: a. i.)

Adipinsäure [*lat.-nlat.*; *dt.*] *die*; -: eine organische Fettsäure (Rohstoff für die Herstellung von → Nylon u. → Perlon)

Adipocire [*...ßir*; *lat.-fr.*] *die*; -: in Leichen, die luftabgeschlossen in Wasser oder feuchtem Boden liegen, entstehendes wachsähnliches Fett (Leichenwachs). **adipös**: fett[reich], verfettet. **Adipositas** [*lat.-nlat.*] *die*; -: a) Fettsucht, Fettleibigkeit (Med.); b) übermäßige Vermehrung od. Bildung von Fettgewebe (Med.)

Adipsie [*gr.-nlat.*] *die*; -: mangelndes Trinkbedürfnis, Trinkunlust (Med.)

à discrétion [*...kreßions*; *lat.-fr.*]: nach Belieben, z. B. Wein - - (im Restaurant, wenn man für eine pauschal bezahlte Summe beliebig viel trinken kann)

Adiuretin [*gr.*] *das*; -s: = Vasopressin

Adjazent [*lat.*] *der*; -en, -en: (veraltet) Anwohner, Anrainer, Grenznachbar. **adjazieren** [„bei od. neben etwas liegen"]: (veraltet) angrenzen

Adjektion [*...zion*; *lat.*] *die*; -, -en: Mehrgebot bei Versteigerungen. **adjektiv** [auch: *...tif*]: zum Beifügen geeignet, beigefügt; -e Farben: Farbstoffe, die nur zusammen mit einer Vorbeize färben. **Adjektiv** [auch: *...tif*] *das*; -s, -e [*...wᵉ*]: Eigenschaftswort, Artwort, Beiwort; Abk.: Adj. **Adjektivab-**

straktum *das*; -s, ...ta: von einem Adjektiv abgeleitetes → Abstraktum (z. B. „Tiefe" von „tief"). **Adjektivierung** [...*w*...; *lat.-nlat.*] *die*; -, -en: Verwendung eines Substantivs od. Adverbs als Adjektiv (z. B. ernst, selten). **adjektivisch** [...*iw*..., auch: ...*tiw*...]: eigenschaftswörtlich, als Adjektiv gebraucht. **Adjektivum** [...*iw*...; *lat.*] *das*; -s, ...va: = Adjektiv

Adjoint [*adsehoäng*; *lat.-fr.*] *der*; -[s], -s: (veraltet) Adjunkt

Adjudikation [...*zion*; *lat.*] *die*; -, -en: a) Zuerkennung eines von zwei od. mehr Staaten beanspruchten Gebiets[teiles] durch ein internationales Gericht (Völkerrecht); b) Übertragung von Vermögen[sgegenständen] durch einen Richter (z. B. bei der Teilung des Hausrats nach der Ehescheidung; Zivilrecht). **adjudikativ** [*lat.-nlat.*]: zuerkennend, zusprechend. **adjudizieren** [*lat.*]: zuerkennen, zusprechen

adjungieren [*lat.*]: zuordnen, beifügen (Math.)

Adjunkt [*lat.*]

I. *das*; -s, -e: sprachliches Element, das mit einem anderen → kommutiert, d. h. nicht gleichzeitig mit diesem in einem Satz auftreten kann (Sprachw.); Ggs. → Konjunkt.

II. *der*; -en, -en: 1. (veraltet) einem Beamten beigeordneter Gehilfe. 2. (österr.) Beamter im niederen Dienst

Adjunkte *die*; -, -n: die einem Element einer → Determinante (1) zugeordnete Unterdeterminante (Math.). **Adjunktion** [...*zion*] *die*; -, -en: 1. Hinzufügung, Beiordnung, Vereinigung. 2. Verknüpfung zweier Aussagen durch *oder*; nicht ausschließende → Disjunktion (1 c); formale Logik)

Adjustage [...*tasch*e; *lat.-fr.*; „Zurichterei"] *die*; -, -n: 1. a) Einrichten einer Maschine; b) Einstellen eines Werkzeugs; c) Nacharbeiten eines Werkstücks (Fachspr.). 2. Abteilung in Walz- u. Hammerwerken, in der die Bleche zugeschnitten, gerichtet, geprüft, sortiert u. zum Versand zusammengestellt werden. **adjustieren**: 1. in die entsprechende richtige Stellung o. ä. bringen (Fachspr.). 2. (österr.) ausrüsten, in Uniform kleiden. **Adjustierung** *die*; -, -en: 1: das Adjustieren (1). 2. (österr.) a) Uniform; b) Kleidung, „Aufmachung" (in bezug auf die äußere Erscheinung eines Menschen)

Adjutant [*lat.-span.-fr.*; „Helfer, Gehilfe"] *der*; -en, -en: den Kommandeuren militärischer Einheiten beigegebener Offizier. **Adjutantur** [*nlat.*] *die*; -, -en: a) Amt eines Adjutanten; b) Dienststelle eines Adjutanten. **Adjutor** [*lat.*] *der*; -s, ...oren: Helfer, Gehilfe. **Adjutum** *das*; -s, ...ten: 1. (veraltet) [Bei]hilfe, Zuschuß. 2. (österr.) erste, vorläufige Entlohnung eines Praktikanten im Gerichtsdienst. **Adjuvans** [...*wa*... od. ...*juwanß*] *das*; -, ...anzien (auch: ...antien) [...*zi*[e]*n*] u. ...antia [...*zia*]: ein die Wirkung unterstützender Zusatz zu einer Arznei (Med.). **Adjuvant** [...*want*] *der*; -en, -en: (veraltet) Gehilfe, Helfer, bes. Hilfslehrer. **Adjuvantchor** *der*; -[e]s, ...chöre: (früher) vor allem in kleineren Orten gebildeter Laienchor, der den Gottesdienst musikalisch ausgestaltete

Adlatus [*lat.-nlat.*; „zur Seite (stehend)"] *der*; -, ...ten u. ...ti: (veraltet, heute noch scherzh.) meist jüngerer, untergeordneter Helfer, Gehilfe, Beistand

ad libitum [*lat.*; „nach Belieben"]: 1. nach Belieben. 2. a) Vortragsbezeichnung, mit der das Tempo des damit bezeichneten Musikstücks dem Interpreten freigestellt wird (Mus.); b) nach Belieben zu benutzen od. wegzulassen (in bezug auf die zusätzliche Verwendung eines Musikinstruments in einer Komposition; Mus.); Ggs. → **obligat** (2). 3. Hinweis auf Rezepten für beliebige Verwendung bestimmter Arzneibestandteile. Abk.: ad lib., ad l., a. l.

Alligat [*lat.*; „das Verbundene"] *das*; -s, -e: selbständige Schrift, die mit anderen zu einem Band zusammengebunden worden ist (Buchw.)

ad maiorem Dei gloriam vgl. omnia ad...

ad manum medici [- - ...*zi*; *lat.*; eigtl. „zur Hand des Arztes"], **ad manus medici** [- *manuß* ...*zi*]: zu Händen des Arztes, z. B. als Hinweis bei Medikamenten; Abk.: ad m. m.

Admini|stration [...*zion*; *lat.*] *die*; -, -en: 1. a) Verwaltung; b) Verwaltungsbehörde. 2. (bes. DDR, abwertend) bürokratisches Anordnen, Verfügen. 3. a) Regelung militärischer Angelegenheiten, die nicht unmittelbar mit → Strategie u. → Taktik (1) zusammenhängen (Mil., NATO-Ausdruck); b) Regelung des inneren Dienstes der Einheiten (Mil., NATO-Ausdruck). 4. Regierung, bes. in bezug auf die USA. **admini|strativ**: a) zur Verwaltung gehörend; b) behördlich; c) (bes. DDR, abwertend) bürokratisch. **Admini|strator** *der*; -s, ...oren: Verwalter, Bevollmächtigter. **admini|strieren**: a) verwalten; b) (bes. DDR, abwertend) bürokratisch anordnen, verfügen

admirabel [*lat.*]: (veraltet) bewundernswert

Admiral [*arab.-fr.*] *der*; -s, -e (auch: ...äle): 1. Seeoffizier im Generalsrang. 2. schwarzbrauner Tagfalter mit weißen Flecken u. roten Streifen. 3. warmes Getränk aus Rotwein, Zucker, Eiern u. Gewürzen. **Admiralität** *die*; -, -en: 1. Gesamtheit der Admirale. 2. oberste Kommandostelle u. Verwaltungsbehörde einer Kriegsmarine. **Admiralitätskarte** *die*; -, -n: eine von der Admiralität herausgegebene Seekarte. **Admiralstab** *der*; -s, ...stäbe: oberster Führungsstab einer Kriegsmarine

Admiration [...*zion*; *lat.*] *die*; -, -en: (veraltet) Bewunderung. **admirieren**: (veraltet) bewundern

Admission [*lat.*; „Zulassung"] *die*; -, -en: 1. a) Übertragung eines katholischen geistlichen Amtes an eine Person trotz → kanonischer (1) Bedenken; b) Aufnahme in eine → Kongregation (1). 2. Einlaß des Dampfes in den Zylinder einer Dampfmaschine.

Admittanz [*lat.-engl.*] *die*; -: Leitwert des Wechselstroms, Kehrwert des Wechselstromwiderstandes (Phys.)

ad modum [*lat.*]: nach Art u. Weise

admonieren [*lat.*]: (veraltet) 1. erinnern, ermahnen. 2. verwarnen; einen Verweis erteilen. **Admonition** [...*zion*] *die*; -, -en: Ermahnung, Verwarnung, Verweis

ad multos annos [- *multoß anoß*; *lat.*]: auf viele Jahre (als Glückwunsch)

Adnex [*lat.*] *der*; -es, -e: 1. Anhang. 2. (meist Plural) a) Anhangsgebilde von Organen des menschlichen od. tierischen Körpers (z. B. Augenlid; Med.); b) Anhangsgebilde (Eierstöcke u. Eileiter) der Gebärmutter (Med.). **Adnexitis** [*lat.-nlat.*] *die*; -, ...itiden: Entzündung der Gebärmutteradnexe (Eileiter u. Eierstöcke; Med.)

adnominal [auch: *at*...; *lat.-nlat.*]: a) zum Substantiv (Nomen) hinzutretend; -es Attribut: Attribut, das zum Substantiv tritt (z. B. *liebes* Kind, der Hut *des Vaters*); b) vom Substantiv syntaktisch abhängend

ad notam [*lat.*]: zur Kenntnis; etwas - - nehmen: etwas zur

Kenntnis nehmen, sich etwas gut merken

Adọbe [*arab.-span.*] *der*; -, -s: luftgetrockneter Lehmziegel

ạd oculos [- *ọk...*; *lat.*]: vor Augen; etwas - - demonstrieren: jmdm. etwas vor Augen führen, durch Anschauungsmaterial o. ä. beweisen

adoleszẹnt [*lat.*]: heranwachsend, in jugendlichem Alter (ca. 17.–20. Lebensjahr) stehend. **Adoleszẹnz** *die*; -: Jugendalter, bes. der Lebensabschnitt nach beendeter Pubertät

Adonại [*hebr.*; „mein Herr"] (ohne Artikel): alttest. Umschreibung für den Gottesnamen „Jahwe", der aus religiöser Scheu nicht ausgesprochen werden durfte (Rel.)

Adọnis [schöner Jüngling der griech. Sage].

I. *der*; -, -se: schöner [junger] Mann.

II. *die*; -, -: Hahnenfußgewächs (Adonisröschen)

adọnisch: schön [wie Adonis]; -er Vers: antiker Kurzvers (Schema: - ◡◡ | - ⏓). **Adọnius** [*gr.-lat.*] *der*; -: = adonischer Vers

ad|optieren [*lat.*; „hinzuerwählen"]: 1. als Kind annehmen. 2. etwas annehmen, nachahmend sich aneignen, z. B. einen Namen, Führungsstil -; etwas schematisch -. **Ad|option** [*...ziọn*] *die*; -, -en: 1. das Adoptieren. 2. Annahme, Genehmigung. **Adoptịveltern** *die* (Plural): Eltern eines Adoptivkindes. **Ad|optịvkind** *das*; -[e]s, -er: adoptiertes Kind

ad|orạbel [*lat.*]: (veraltet) anbetungs-, verehrungswürdig. **adorạl** [*lat.-nlat.*]: um den Mund herum [gelegen], mundwärts (Med.). **Ad|orạnt** [*lat.*; „Anbetender"] *der*; -en, -en: in der christlichen Kunst eine stehende od. kniende Gestalt, die mit erhobenen Händen Gott anbetet od. einen Heiligen verehrt. **Adoration** [*...ziọn*] *die*; -, -en: a) Anbetung, Verehrung, bes. des Altarsakraments in der katholischen Kirche; b) dem neugewählten Papst erwiesene Huldigung der Kardinäle (durch Kniefall u. Fußkuß). **ad|orieren**: anbeten, verehren

Adossement [*...mang*; *lat.-fr.*] *das*; -s, -s: (veraltet) Böschung, Abschrägung. **adossieren**: (veraltet) anlehnen, abschrägen, abdachen. **adossiert**: mit der Blattunterseite der Abstammungs- od. Mutterachse des Seitensprosses zugekehrt (in bezug auf das Vorblatt – das erste oder zweite Blatt des Sprosses –, das sich auf der der Mutterachse zugekehrten Seite des Seitensprosses befindet)

adoucieren [*...ußiren*; *lat.-fr.*]: (veraltet) 1. a) versüßen; b) mildern; c) besänftigen. 2. tempern. 3. (Farben) verwischen, verdünnen

ạd pu|blicandum [- *...kạ...*; *lat.*]: zum Veröffentlichen, zur Veröffentlichung

ạd referẹndum [*lat.*]: zum Berichten, zur Berichterstattung

ạd rẹm [*lat.*]: zur Sache [gehörend]

Adrẹma ⓦ [Kurzw.] *die*; -, -s: eine → Adressiermaschine. **adremieren**: mit der Adrema beschriften

ad|renạl [*lat.*]: die Nebenniere betreffend. **Ad|renalin** *das*; -s: Hormon des Nebennierenmarks. **adrenalo|trọp** [*lat.*; *gr.*]: auf das Nebennierenmark einwirkend (Med.). **Ad|ren|ạrche** [*lat.*; *gr.*] *die*; -: Beginn vermehrter, der Pubertät vorausgehender Produktion von → Androgen in der Nebennierenrinde. **ad|renogenitạl**: Nebenniere und Keimdrüsen betreffend; -es Syndrom: krankhafte Überproduktion von männlichen Geschlechtshormonen durch die Nebennierenrinde. **Ad|renosterọn** *das*; -s: Hormon der Nebennierenrinde

Adressạnt [*lat.-vulgärlat.-fr.*] *der*; -en, -en: Absender [einer Postsendung]: **Adressạt** *der*; -en, -en: 1. Empfänger [einer Postsendung]; jmd., an den etw. gerichtet, für den etw. bestimmt ist. 2. (veraltet) der Bezogene (derjenige, an den der Zahlungsauftrag gerichtet ist) beim gezogenen Wechsel. 3. [*lat.-vulgärlat.-frz.-engl.*] Schüler, Kursteilnehmer (im programmierten Unterricht). **Adrẹßbuch** *das*; -[e]s, ...bücher: Einwohner-, Anschriftenverzeichnis

Adrẹsse *die*; -, -n

I. 1. [*fr.*] Anschrift, Aufschrift, Wohnungsangabe. 2. Angabe des Verlegers [auf Kupferstichen].

II. [*fr.-engl.*]: 1. schriftlich formulierte Meinungsäußerung, die von Einzelpersonen od. dem Parlament an das Staatsoberhaupt, die Regierung o. ä. gerichtet wird (Pol.). 2. Nummer einer bestimmten Speicherzelle im Speicher einer Rechenanlage (EDV).

...adresse [*lat.-vulgärlat.-fr.-engl.*]: in Zusammensetzungen auftretendes Grundwort mit der Bedeutung „Schreiben an eine Person des öffentlichen Lebens od. an eine Partei o. ä. anläßlich eines feierlichen od. offiziellen Anlasses", z. B. Dank-, Glückwunsch-, Grußadresse. **adressieren** [*fr.*]: 1. a) mit der Adresse versehen; b) eine Postsendung an jmdn. richten. 2. jmdn. gezielt ansprechen. **Adressiermaschine** *die*; -, -n: Maschine zum Aufdruck regelmäßig benötigter Adressen (vgl. Adrema). **Adrẹßspediteur** *der*; -s, -e: Empfangsspediteur, der Sammelgut empfängt u. weiterleitet.

adrẹtt: 1. a) durch ordentliche, sorgfältige, gepflegte Kleidung u. entsprechende Haltung sowie Bewegung äußerlich ansprechend; b) sauber, ordentlich, proper (in bezug auf Kleidung o. ä.). 2. (veraltet) gewandt, flink

Ạdria [Phantasiebezeichnung] *das*; -[s]: a) ripsartiges Gewebe aus Seide od. Chemiefasern; b) Kammgarn in Schrägbindung (einer bestimmten Webart)

Adriẹnne, Andrienne [*angdriän*; *fr.*] *die*; -, -s: loses Frauenüberkleid des Rokokos

Ạdrio [*fr.*] *das*; -s, -s: (schweiz.) im → Omentum eines Schweinebauchfells eingenähte, faustgroße Bratwurstmasse aus Kalb- od. Schweinefleisch

Adrittụra [*it.*] *das*; -: Einziehung der Regreßforderung durch einen Rückwechsel od. ohne Vermittlung eines Maklers

ạd saturatiọnem [*lat.*]: bis zur Sättigung (Angabe auf ärztlichen Rezepten); Abk.: ad sat.

Adsorbạt *das*; -s, -e: = Adsorptiv. **Adsọrbens** [*lat.-nlat.*] *das*; -, ...bẹnzien [*...i^{e}n*] od. ...bẹntia u. **Adsọrber** [anglisierende Neubildung] *der*; -s, -: 1. der bei der Adsorption adsorbierende Stoff. 2. Stoff, der infolge seiner Oberflächenaktivität gelöste Substanzen u. Gase (physikalisch) an sich bindet. **adsorbieren** [*lat.-nlat.*]: Gase od. gelöste Stoffe an der Oberfläche eines festen Stoffes anlagern. **Adsorption** [*...ziọn*] *die*; -, -en: Anlagerung von Gasen od. gelösten Stoffen an der Oberfläche eines festen Stoffes. **adsorptiv**: a) zur Adsorption fähig; b) nach Art einer Adsorption. **Adsorptiv** *das*; -s, -e [*...w^e*]: der bei der Adsorption adsorbierte Stoff

ạd spectatọres [*lat.*; „an die Zuschauer"]: an das Publikum [gerichtet] (von Äußerungen eines Schauspielers auf der Bühne)

Adstrạt [*lat.*] *das*; -s, -e: fremdsprachlicher Bestandteil in einer Sprache, der auf den Einfluß der Sprache eines Nachbarlandes zurückzuführen ist (Sprachw.)

Ad|strịngens [*lat.*] *das*; -, ...gẹnzien [*...i^{e}n*] oder ...gẹntia [*...zia*]: auf Schleimhäute od. Wunden zusammenziehend wirkendes, blutstillendes Mittel (Med.). **Ad-**

stringent *das*; -s, -s: Gesichtswasser, das ein Zusammenziehen der Poren bewirkt. **ad|stringieren** [*lat.*]: zusammenziehend wirken (von Arzneimitteln; Med.)

a due [*adue*; *lat.-it.*]: Anweisung in Partituren, eine Instrumentalstimme doppelt zu besetzen (Mus.)

Adular [nach den Adulaalpen in Graubünden] *der*; -s, -e: Feldspat (ein Mineral)

adult [*lat.*]: erwachsen: geschlechtsreif (Med.)

Adulter [*lat.*] *der*; -s, -: Ehebrecher. **Adultera** *die*; -, -s: Ehebrecherin

Adult school [*ädalt ßkul*; *engl.*: „Erwachsenenschule"] *die*; - -: Einrichtung zur Fortbildung, Umschulung u. Weiterbildung von Erwachsenen

Adurol [Kunstw.] *das*; -s: früher verwendete fotografische Entwicklersubstanz

ad us. med. = ad usum medici.

ad us. prop. = ad usum proprium.

ad usum [*lat.*]: zum Gebrauch (Angabe auf ärztlichen Rezepten); Abk.: ad us. **ad usum Delphini** [„zum Gebrauch des Dauphins"]: für Schüler bearbeitet (von Klassikerausgaben, aus denen moralisch u. politisch anstößige Stellen entfernt sind). **ad usum medici** [- - ...*zi*], pro usu medici: für den persönlichen Gebrauch des Arztes bestimmt (Aufdrucke auf unverkäuflichen Arzneimustern; Abk.: ad us. med. und pro us. med.). **ad usum pro|prium**: für den eigenen Gebrauch (Hinweis auf ärztlichen Rezepten, die für den ausstellenden Arzt selbst bestimmt sind); Abk.: ad us. prop.

ad valorem [- *wa*...; *lat.*; „dem Werte nach"]: vom Warenwert (Berechnungsgrundlage bei der Zollbemessung)

Advantage [*ᵉtwantitsch*; *lat.-fr.-engl.*; „Vorteil"] *der*; -s, -s: der erste gewonnene Punkt nach dem Einstand (40:40) beim Tennis

Advektion [...*wäkzion*; *lat.*] *die*; -, -en: 1. in waagerechter Richtung erfolgende Zufuhr von Luftmassen (Meteor.); Ggs. → Konvektion (2). 2. in waagerechter Richtung erfolgende Verfrachtung (Bewegung) von Wassermassen in den Weltmeeren; Ggs. → Konvektion (3; Ozeanographie). **advektiv** [*lat.-nlat.*]: durch → Advektion (1 u. 2) herbeigeführt

Adveniat [...*we*...; *lat.*; „es komme (dein Reich)"] *das*; -s, -s: Bezeichnung der seit 1961 in der Bundesrepublik Deutschland eingeführten Weihnachtsspende der Katholiken zur Unterstützung der Kirche in Lateinamerika. **Advent** [„Ankunft" (Christi)] *der*; -s, -e: a) der die letzten vier Sonntage vor Weihnachten umfassende Zeitraum, der das christliche Kirchenjahr einleitet; b) einer der vier Sonntage der Adventszeit. **Adventismus** [*lat.-engl.-amerik.*] *der*; -: Glaubenslehre der Adventisten. **Adventist** *der*; -en, -en: Angehöriger einer Gruppe von Sekten, die an die baldige Wiederkehr Christi glauben. **adventistisch**: die Lehre des Adventismus betreffend. **Adventitia** [...*zia*; *lat.-nlat.*] *die*; -: die aus Bindegewebe u. elastischen Fasern bestehende äußere Wand der Blutgefäße (Med., Biol.). **Adventivbildung** *die*; -, -en: Bildung von Organen an ungewöhnlichen Stellen bei einer Pflanze (z. B. Wurzeln am Sproß). **Adventivkrater** *der*; -s, -: Nebenkrater auf dem Hang eines Vulkankegels. **Adventivpflanze** *die*; -, -n: Pflanze eines Gebiets, die dort nicht schon immer vorkam, sondern absichtlich als Zier- od. Nutzpflanze eingeführt od. unabsichtlich eingeschleppt wurde

Adverb [...*wärp*; *lat.*] *das*; -s, -ien [...*iᵉn*]: Umstandswort; Abk.: Adv. **adverbal** [*nlat.*]: zum → Verb hinzutretend, von ihm syntaktisch abhängend. **adverbial**: als Umstandswort [gebraucht], Umstands...; -e Bestimmung = Adverbialbestimmung; -er Akkusativ od. Genitiv: Umstandsangabe in Form eines Substantivs im Akkusativ od. Genitiv. **Adverbial** *das*; -s, -e: = Adverbiale. **Adverbialadjektiv** *das*; -s, -e [...*wᵉ*]: Adjektiv, das das Substantiv, bei dem es steht, nach seiner räumlichen od. zeitlichen Lage charakterisiert (z. B. der *heutige* Tag). **Adverbialbestimmung** *die*; -, -en: Umstandsbestimmung, -angabe. **Adverbiale** *das*; -s, -n u. ...lia u. ...lien [...*liᵉn*]: Adverbialbestimmung. **Adverbialsatz** *der*; -es, ...sätze: Gliedsatz (Nebensatz), der einen Umstand angibt (z. B. Zeit, Ursache). **adverbiell**: = adverbial; vgl. ...al/...ell. **Adverbium** *das*; -s, ...ien [...*iᵉn*] (auch: ...bia]: = Adverb

Adversaria, Adversarien [...*wärsariᵉn*; *lat.*] *die* (Plural): a) unverarbeitete Aufzeichnungen, Kladde; b) Sammlungen von Notizen. **adversativ** [auch: *at*...]: einen Gegensatz bildend, gegensätzlich, entgegensetzend; -e [...*wᵉ*] Konjunktion: entgegensetzendes Bindewort (z. B. aber); -es Asyndeton: bindewortlose Wort- od. Satzreihe, deren Glieder gegensätzliche Bedeutung haben, z. B. heute rot, morgen tot

Advertisement [*ädwᵉrtais*...; *engl.*] *das*; -s, -s: Inserat, Anzeige. **Advertising** *das*; -s, -s: 1. Ankündigung, Anzeige. 2. Reklame; Werbung. **Advertising Agency** [- *eⁱdschᵉnßi*] *die*; - -, - ...cies [-...*ßis*]: Werbeagentur

ad vitr. = ad vitrum. **ad vitrum** [- *wi*...; *lat.*; „in ein Glas"]: in einer Flasche (abzugeben); (Angabe auf ärztlichen Rezepten); Abk.: ad vitr.

Advocatus Dei [*atwoka*... -; *lat.*; „Anwalt Gottes"] *der*; - -, ...ti -: (scherzh.) Geistlicher, der in einem Heilig- od. Seligsprechungsprozeß der katholischen Kirche die Gründe für die Heilig- od. Seligsprechung darlegt. **Advocatus Diaboli** [„Anwalt des Teufels"] *der*; - -, ...ti -: 1. (scherzh.) Geistlicher, der in einem Heilig- od. Seligsprechungsprozeß der katholischen Kirche die Gründe gegen die Heilig- od. Seligsprechung darlegt. 2. jmd., der um der Sache willen mit seinen Argumenten die Gegenseite vertritt, ohne selbst zur Gegenseite zu gehören. **ad vocem** [- *wozäm*]: zu dem Wort [ist zu bemerken], dazu wäre zu sagen.

Advokat [...*wo*...; „der Herbeigerufene"] *der*; -en, -en: [Rechts]anwalt, Rechtsbeistand. **Advokatur** [*nlat.*] *die*; -, -en: Rechtsanwaltschaft. **advozieren**: (veraltet) als Advokat arbeiten

Adynam|an|drie [*gr.-nlat.*] *die*; -: Funktionsunfähigkeit der männlichen Teile od. Pollen einer Blüte (Bot.); vgl. Adynamogynie. **Adynamie** *die*; -, ...ien: Kraftlosigkeit, Muskelschwäche. **adynamisch**: kraftlos, schwach, ohne → Dynamik (2). **Adynamogynie** *die*; -: Funktionsunfähigkeit der weiblichen Teile einer Blüte (Bot.)

Adyton [*gr.*; „das Unbetretbare"] *das*; -s, ...ta: das Allerheiligste (von griech. u. röm. Tempeln)

Aer|ämie [*a-erämi*; *gr.*] *die*; -, ...ien: Bildung von Stickstoffbläschen im Blut bei plötzlichem Abnehmen des äußeren Luftdrucks (z. B. bei Tauchern; Med.). **Aerenchym** [*a-eränchüm*; *gr.-nlat.*] *das*; -s, -e: luftführender Interzellularraum (vgl. interzellular) bei Wasser- u. Sumpfpflanzen. **Aerial** *das*; -s: der freie Luftraum als Lebensbezirk der Landtiere; vgl. Biotop. **aerifizieren** [*a-eri*...]: = vertikutieren. **aeril, aerisch**: durch Luft- od. Windeinwirkung entstanden (Geol.). **aero..., Aero...** [*a-ero...*, auch: *äro...*; *gr.*]: in Zusammensetzungen auftretendes Bestimmungswort mit der Bedeutung „Luft, Gas". **aerob** [*gr.-nlat.*]: Sauerstoff zum Leben brauchend (von Organismen; Biol.). **Aerobat** [*gr.*; „Luftwandler"] *der*; -en, -en: 1. Seiltänzer. 2. Grübler, Träumer. **Aerobatik** [*gr.*; *engl.*] *die*; -: Kunstflug[vorführung]. **Aerobier** [*...iᵉr*] *der*; -s, -: Organismus, der nur mit Sauerstoff leben kann; Ggs. → Anaerobier. **Aerobiologie** [auch: *äro...*] *die*; -: Teilgebiet der Biologie, auf dem man sich mit der Erforschung der lebenden Mikroorganismen in der Atmosphäre befaßt. **Aerobiont** *der*; -en, -en: = Aerobier. **Aerobios** *der*; -: die Gesamtheit der Lebewesen des freien Luftraums, besonders die fliegenden Tiere, die ihre Nahrung im Flug aufnehmen; vgl. Benthos. **Aerobiose** *die*; -: auf Luftsauerstoff angewiesene Lebensvorgänge; Ggs. → Anaerobiose. **Aerobus** [aus *Aero...* u. Omni*bus*] *der*; -ses, -se: 1. Hubschrauber im Taxidienst. 2. Nahverkehrsmittel, das aus einer Kabine besteht, die an Kabeln zwischen Masten schwebt. **Aeroclub** vgl. Aeroklub. **Aero|drom** *das*; -s, -e: (veraltet) Flugplatz. **Aerodynamik** *die*; -: Lehre von der Bewegung gasförmiger Stoffe, bes. der Luft. **Aerodynamiker** *der*; -s, -: Wissenschaftler auf dem Gebiet der Aerodynamik. **aerodynamisch**: a) zur Aerodynamik gehörend; b) den Gesetzen der Aerodynamik unterliegend. **Aero|elastizität** *die*; -: das Verhalten der elastischen Bauteile gegenüber den aerodynamischen Kräften (Schwingen, Flattern) bei Flugzeugen. **Aerogeologie** [auch: *a-ero...*, *äro-*] *die*; -: geologische Erkundung vom Flugzeug od. anderen Flugkörpern aus. **Aerogeophysik** [auch: *a-ero-*, *äro-*, *...sik*] *die*; -: Teilgebiet der → Geophysik, in dem die Erforschung geophysikalischer Gegebenheiten vom Flugzeug od. anderen Flugkörpern aus erfolgt. **Aero|gramm** *das*; -s, -e: 1. Luftpostleichtbrief. 2. graphische Darstellung von Wärme- u. Feuchtigkeitsverhältnissen in der Atmosphäre. **Aerograph** *der*; -en, -en: Spritzgerät zum Zerstäuben von Farbe (mittels Druckluft). **Aerokarto|graph** *der*; -en, -en: 1. Gerät zum Ausmessen u. → Kartieren von Luftbildaufnahmen. 2. jmd., der mit einem Aerokartographen arbeitet. **Aeroklimatologie** [auch: *a-ero-*, *äro-*] *die*; -: → Klimatologie der höheren Luftschichten, die sich mit der Erforschung der → Atmosphäre befaßt. **Aero|klub** *der*; -s, -s: Luftsportverein. **Aerolith** *der*; -en u. -s, -e[n]: (veraltet) → Meteorit. **Aerologie** *die*; -: Teilgebiet der Meteorologie, dessen Aufgabenstellung die Erforschung der höheren Luftschichten ist. **aerologisch**: a) nach Methoden der Aerologie verfahrend; b) die Aerologie betreffend. **Aeromantie** [*gr.-lat.*] *die*; -: Wahrsagen mit Hilfe von Lufterscheinungen. **Aeromechanik** *die*; -: Wissenschaftszweig, der sich mit dem Gleichgewicht u. der Bewegung der Gase, bes. der Luft, befaßt; vgl. Aerodynamik u. Aerostatik. **Aeromedizin** *die*; -: Teilgebiet der Medizin, dessen Aufgabenstellung die Erforschung der physischen Einwirkungen der Luftfahrt auf den Organismus der Flugreisenden ist. **Aerometer** [*gr.-nlat.*[*das*; -s, -: Gerät zum Bestimmen des Luftgewichts od. der Luftdichte. **Aeronaut** *der*; -en, -en: (veraltet) Luftfahrer, Luftschiffer. **Aeronautik** *die*; -: Luftfahrtkunde. **Aeronautiker** *der*; -s, -: Fachmann, der sich mit Aeronautik befaßt. **aeronautisch**: a) Methoden der Aeronautik anwendend; b) die Aeronautik betreffend. **Aeronavigation** [*...zion*; auch: *a-ero-*, *äro-*] *die*; -: Steuerung von Luftfahrzeugen mit Hilfe von Ortsbestimmungen. **Aeronomie** *die*; -: Wissenschaft, die sich mit der Erforschung der obersten Atmosphäre (über 30 km Höhe) befaßt. **Aerophagie** *die*; -, ...ien: [krankhaftes] Luftschlucken (Med.). **Aerophobie** *die*; -, ...ien: [krankhafte] Angst vor frischer Luft (Med.). **Aerophon** *das*; -s, -e: durch Lufteinwirkung zum Tönen gebrachtes Musikinstrument (z. B. Blasinstrument). **Aerophor** *der*; -s, -e: ein dem Spielen von Blasinstrumenten dienendes Gerät, das durch einen mit dem Fuß zu bedienenden Blasebalg dem Instrument Luft zuführt, unabhängig vom Atem des Spielers (Mus.). **Aerophoto|gramme|trie** *die*; -, ...ien: Aufnahme von Meßbildern aus der Luft u. ihre Auswertung. **Aerophotographie** [auch: *a-ero-*, *äro-*] *die*; -, ...ien: das Fotografieren aus Luftfahrzeugen (bes. für → kartographische Zwecke). **Aerophyt** [„Luftpflanze"] *der*; -en, -en: Pflanze, die auf einer anderen Pflanze lebt, d. h. den Boden nicht berührt. **Aero|plan** *der*; -[e]s, -e: (veraltet) Flugzeug. **Aerosalon** [*a-ero-*, auch: *äro-*] *der*; -s, -s: Ausstellung von Fahrzeugen u. Maschinen aus der Luft- u. Raumfahrttechnik. **Aerosol** [*gr.*; *lat.*] *das*; -s, -e: 1. ein Gas (bes. Luft), das feste od. flüssige Stoffe in feinstverteilter Form enthält. 2. zur Einatmung bestimmtes, flüssige Stoffe in feinstverteilter Form enthaltendes Arznei- od. Entkeimungsmittel (in Form von Sprühnebeln). **Aerosolbombe** *die*; -, -n: Behälter zum Zerstäuben eines Aerosols. **aerosolieren**: Aerosole, z. B. Pflanzenschutz- od. Arzneimittel, versprühen. **Aerosoltherapie** *die*; -, ...ien: Behandlung (bes. von Erkrankungen der oberen Luftwege) durch → Inhalation wirkstoffhaltiger Aerosole. **Aerosonde** *die*; -, -n: an einem Ballon hängendes Meßgerät, das während des Aufstiegs Meßwerte über Temperatur, Luftdruck u. Feuchtigkeit zur Erde sendet. **Aerostat** *der*; -[e]s u. -en, -[e]n: (veraltet) Luftballon. **Aerostatik** [*gr.-nlat.*] *die*; -: Wissenschaftsgebiet, auf dem man sich mit den Gleichgewichtszuständen bei Gasen befaßt. **aerostatisch**: a) nach Gesetzen der Aerostatik ablaufend; b) die Aerostatik betreffend. **Aerotaxe** *die*; -, -n od. ...taxi *das*; -s, -s: Mietflugzeug. **Aerotaxis** *die*; -: die durch Sauerstoff ausgelöste gerichtete Ortsveränderung frei beweglicher Organismen (Biol.); vgl. Taxis II. **Aerotel** [Kurzw. aus: *Aero...* u. Ho*tel*] *das*; -s, -s: Flughafenhotel. **Aerotherapie** [auch: *a-ero-*, *äro-*] *die*; -, ...ien: Sammelbezeichnung für Heilverfahren, bei denen (speziell: künstlich verdichtete od. verdünnte) Luft eine Rolle spielt (z. B. Klimakammer, Inhalation, Höhenaufenthalt). **aerotherm**: a) mit heißer Luft; - gerösteter Kaffee (im Heißluftstrom gerösteter Kaffee); b) aus heißer Luft. **Aero|train** [*...träng*; *gr.*; *lat.-vulgärlat.-fr.*] *der*; -s, -s: Luftkissenzug. **Aerotriangulation** [*...zion*; auch: *a-ero-*, *äro-*; *gr.*; *lat.*] *die*; -, -en: Verfahren der Photogrammetrie (b) zur Bestimmung geodätischer Festpunkte aus Luftbildern. **Aerotropismus** *der*; -: durch Gase (z. B. Kohlendioxyd oder Sauerstoff) ausgelöste gerichtete Wachstumsbewegung von Pflanzen (Biol.). **Aerozin** *das*; -s: Raketentreibstoff

Aetit [*a-e...*; auch: *...it*; *gr.-nlat.*] *der*; -s, -e: Adlerstein, Eisenmineral

Aetosaurus [*a-e...*; *gr.*] *der*; -, ...rier

[...i^e r]: eidechsenähnlicher, auf zwei Beinen gehender Saurier
afe|bril [auch: a...; *gr.*; *lat.*]: fieberfrei (Med.)
affabel [*lat.*]: (veraltet) gesprächig, leutselig
Affaire [*afär^e*; *fr.*] *die*; -, -n: österr. noch häufig für → Affäre. **Affäre** [*fr.*] *die*; -, -n: 1. besondere, oft unangenehme Sache, Angelegenheit; peinlicher Vorfall. 2. Liebschaft, Liebesabenteuer; sich aus der A. ziehen: sich mit Geschick u. erfolgreich bemühen, aus einer unangenehmen Situation herauszukommen
Affatomie [*mlat.*] *die*; -, ...ien: (hist.) Adoption mit Eigentumsübertragung, die dem Erblasser (derjenige, der das Erbe hinterläßt) aber die Nutzung des Erbes bis zum Tode überläßt (fränk. Recht.)
Affekt [*lat.*] *der*; -[e]s, -e: a) heftige Erregung, Zustand einer außergewöhnlichen seelischen Angespanntheit; b) (nur Plural) Leidenschaften. **Affektation** [...*zion*] *die*; -, -en: a) (ohne Plural) affektiertes Benehmen; b) affektierte Äußerung, Handlung. **affektieren:** (veraltet) sich gekünstelt benehmen, sich zieren. **affektiert:** geziert, gekünstelt, eingebildet. **Affektion** [...*zion*] *die*; -, -en: 1. Befall eines Organs mit Krankheitserregern, Erkrankung (Med.). 2. (veraltet) Wohlwollen, Neigung; vgl. Affektionswert. **affektioniert** [*nlat.*]: (veraltet) wohlwollend, geneigt, [herzlich] zugetan. **Affektionswert** *der*; -[e]s, -e: (veraltet) Liebhaberwert. **affektisch** [*lat.*]: von Gefühl od. Erregung beeinflußt (in bezug auf die Sprache; Sprachw.). **affektiv**: a) gefühls-, affektbetont, durch heftige Gefühlsäußerungen gekennzeichnet; b) auf einen Affekt bezogen (Psychol.). **Affektivität** [...*wi*...; *nlat.*] *die*; -: 1. Gesamtheit des menschlichen Gefühls- u. Gemütslebens. 2. die Gefühlsansprechbarkeit eines Menschen. **Affektprojektion** [...*zion*] *die*; -, -en: Übertragung eigener Affekte auf Lebewesen od. Dinge der Außenwelt, so daß diese als Träger der Affekte erscheinen, bes. bei Kindern u. Primitiven (Psychol.). **Affekt|psychose** *die*; -, -n: → Psychose, die sich hauptsächlich im krankhaft veränderten Gefühlsleben äußert (z. B. → manisch-depressives Irresein)
affektuos, affektuös: seine Ergriffenheit von etwas mit Wärme und Gefühl zum Ausdruck bringend
afferent [*lat.*; „hinführend"]: hin-, zuführend (bes. von Nervenbahnen, die von einem Sinnesorgan zum Zentralnervensystem führen; Med.); Ggs. → efferent. **Afferenz** [auch: af...] *die*; -, -en: Erregung (Impuls, Information), die über die afferenten Nervenfasern von der Peripherie zum Zentralnervensystem geführt wird; Ggs. → Efferenz
affettuoso [*lat.-it.*]: bewegt, leidenschaftlich (Vortragsbezeichnung; Mus.)
Affichage [*afischasch^e*; *fr.*] *die*; -: (schweiz.) Plakatwerbung. **Affiche** [*afisch^e*; *fr.*] *die*; -, -n: Anschlag[zettel], Aushang, Plakat. **affichieren** [*afischi*...]: anschlagen, aushängen, ankleben
Affidavit [...*wit*; *lat.-mlat.-engl.*; „er hat bezeugt"] *das*; -s, -s: 1. eidesstattliche Versicherung (bes. auch für Wertpapiere). 2. Bürgschaft eines Bürgers des Aufnahmelandes für einen Einwanderer
affigieren [*lat.*]: anheften, aushängen. **Affigierung** *die*; -, -en: das Anfügen eines → Affixes an den Wortstamm
Affiliation [...*zion*; *lat.-mlat.*] *die*; -, -en: 1. das Verhältnis von Sprachen, die sich aus einer gemeinsamen Grundsprache entwickelt haben, zueinander u. zur Grundsprache (Sprachw.). 2. (veraltet) → Adoption (Rechtsw.). 3. a) Logenwechsel eines Logenmitglieds (vgl. Loge 3a) nach einem Wohnungswechsel; b) rituelles Annahmeverfahren nach einem Logenwechsel (vgl. Loge 3a). 4. a) Anschluß, Verbrüderung; b) Beigesellung (z. B. einer Tochtergesellschaft). **affiliieren**: 1. aufnehmen [in eine Freimaurerloge]. 2. beigesellen [einer Tochtergesellschaft]
affin [*lat.*]: 1. verwandt. 2. durch eine affine Abbildung auseinander hervorgehend; -e Geometrie: Sätze, die von gleichbleibenden Eigenschaften von → Figuren (1) handeln. 3. reaktionsfähig (Chem.). **Affinage** [*afinasch^e*; *lat.-fr.*] *die*; -, -n: = Affinierung. **Affination** [...*zion*] *die*; -, -en: = Affinierung; vgl. -ation/-ierung. **affiné** [*fr.*]: (praktisch) kohlenstofffrei (Kennzeichnung bei Ferrolegierungen; Hüttenw.). **affinieren**: 1. reinigen, scheiden (von Edelmetallen). 2. Zuckerkristalle vom Sirup trennen. **Affinierung** *die*; -, -en: Trennung von Gold u. Silber aus ihren → Legierungen mittels Schwefelsäure; vgl. -ation/-ierung. **Affinität** [*lat.*; „Verwandtschaft"] *die*; -, -en: 1. Wesensverwandtschaft von Begriffen u. Vorstellungen (Philos.). 2. Triebkraft einer chemischen Reaktion, Bestreben von Atomen od. Atomgruppen (vgl. Atom), sich miteinander zu vereinigen (Chem.). 3. a) = affine Abbildung; b) Bezeichnung für die bei einer affinen Abbildung gleichbleibende Eigenschaft geometrischer Figuren. 4. Schwägerschaft, das Verhältnis zwischen einem Ehegatten u. den Verwandten des anderen (Rechtsw.). 5. eine der Ursachen für Gestaltungsbewegungen von → Protoplasma (Biol.). 6. Anziehungskraft, die Menschen aufeinander ausüben (Sozialpsychol.). 7. Ähnlichkeit zwischen unverwandten Sprachen; vgl. Affiliation (1) (Sprachw.). **Affinor** [*lat.*] *der*; -s, ...oren: ältere Bez. für → Tensor (1)
Affirmation [...*zion*; *lat.*] *die*; -, -en: Bejahung, Zustimmung, Bekräftigung; Ggs. → Negation (1). **affirmativ**: bejahend, bestätigend. **Affirmative** [...*w^e*] *die*; -, -n: bejahende Aussage, Bestätigung. **affirmieren**: bejahen, bekräftigen
Affix [*lat.*; „angeheftet"] *das*; -es, -e: an den Wortstamm tretendes → Morphem (→ Präfix od. → Suffix); vgl. Formans. **Affixoid** *das*; -s, -e: an den Wortstamm tretendes → Morphem in Form eines → Präfixoids od. → Suffixoids (z. B. *hunde*müde, pillen*müde*)
affizieren [*lat.*; „hinzutun; einwirken; anregen"]: reizen, krankhaft verändern (Med.). **affiziert**: 1. befallen (von einer Krankheit; Med.). 2. betroffen, erregt; -es Objekt: Objekt, das durch die im Verb ausgedrückte Handlung unmittelbar betroffen wird (z. B. den *Acker* pflügen; Sprachw.); Ggs. → effiziertes Objekt
Affodill [*gr.-mlat.*], Asphodill [*gr.-lat.*] *der*; -s, -e: a) Gattung der Liliengewächse; b) Weißer Affodill (eine Art aus dieser Gattung)
af|frettando [*it.*]: schneller, lebhafter werdend (Vortragsanweisung; Mus.)
Af|frikata, Af|frikate [*lat.*] *die*; -, ...ten: enge Verbindung eines Verschlußlautes mit einem unmittelbar folgenden Reibelaut (z. B. pf; Sprachw.). **af|frizieren:** einen Verschlußlaut in eine Affrikata verwandeln (Phon.)
Af|front [*afrong*, schweiz.: *afront*; *lat.-fr.*] *der*; -s, -s u. (schweiz.:) -e: herausfordernde Beleidigung. **af|frontieren**: (veraltet) jmdn.

durch eine Beleidigung, Kränkung, Beschimpfung herausfordern, angreifen

af|frös [*german.-provenzal.-fr.*]: (veraltet) abscheulich, häßlich

Af|ghalaine [*afgalän*; Phantasiebezeichnung aus dem Namen des Staates *Afgha*nistan u. *fr. laine* „Wolle"] *der*; -[s]: Kleiderstoff aus Mischgewebe. **Af|ghan** [*afgan*] *der*; -[s], -s: 1. handgeknüpfter, meist weinroter Wollteppich mit geometrischer Musterung, vorwiegend aus Afghanistan. 2. Haschischsorte. **Af|ghane** *der*; -n, -n: eine Hunderasse (Windhund). **Af|ghani** *der*; -[s], -[s]: afghanische Münzeinheit

Aflatoxin [Kurzw. aus *A*spergillus *fla*vus u. *Toxin*] *das*; -s, -e (meist Plural): Stoffwechselprodukt verschiedener Schimmelpilze

afokal [*lat.*]: brennpunktlos

à fonds [*afong*; *fr.*]: gründlich, nachdrücklich. **à fonds perdu** [*afongpärdü*; *lat.-fr.*]: auf Verlustkonto; [Zahlung] ohne Aussicht auf Gegenleistung od. Rückerstattung

à forfait [*aforfä*; *fr.*]: ohne Rückgriff (Klausel für die Vereinbarung mit dem Käufer eines ausgestellten Wechsels, nach der die Inanspruchnahme des Wechselausstellers [oder gegebenenfalls auch des → Indossanten, des Wechselüberschreibers] durch den Käufer ausgeschlossen wird)

a fortiori [- ...*ziori*; *lat.*; „vom Stärkeren her"]: nach dem stärker überzeugenden Grunde; erst recht, um so mehr (von einer Aussage; Philos.)

a fresco, al fresco [*it.*; „auf frischem (Kalk)"]: auf frischem Verputz, Kalk, auf die noch feuchte Wand [gemalt]; Ggs. → a secco; vgl. Fresko (I)

Africanthropus vgl. Afrikanthropus

Afrikaander, Afrikander [*lat.-niederl.*] *der*; -s, -: Weißer in Südafrika mit Afrikaans als Muttersprache. **afrikaans**: kapholländisch. **Afrikaans** *das*; -: das Kapholländisch, Sprache der Buren in der Republik Südafrika. **Afrikana** [*lat.*] *die* (Plural): Werke über Afrika. **Afrikander** vgl. Afrikaander. **Afrikanist** [*nlat.*] *der*; -en, -en: Wissenschaftler, der die Geschichte, die Sprachen u. Kulturen Afrikas untersucht. **Afrikanistik** *die*; -: Wissenschaft, die sich mit der Geschichte, der Kultur u. den Sprachen der afrikanischen Naturvölker beschäftigt. **Afrik|an|thropus**, fachspr. auch: Afric|anthropus [...*k*...; *lat.*; *gr.*] *der*; -: Menschentyp der Altsteinzeit, benannt nach den [ost]afrikanischen Fundstätten.

afroamerikanisch: die Afrikaner (Neger) in Amerika betreffend.

afro-amerikanisch: Afrika u. Amerika betreffend. **afro-asiatisch**: Afrika u. Asien betreffend.

Afrofrisur [auch: *a*...] *die*; -, -en: Frisur im → Afro-Look. **Afro-Look** [auch: *a*...] *der*; -[s]: Frisur, bei der das Haar in stark gekrausten, dichten Locken nach allen Seiten hin absteht.

Afschar, **Afschari** [nach einem iran. Nomadenstamm] *der*; -[s], -s: Teppich mit elfenbeinfarbenem Grund

after shave [*aft*ᵉ*r sche*ⁱ*w*; *engl.*]: nach der Rasur (in bezug auf kosmetische Mittel). **After-shave** *das*; -[s], -s u. **After-shave-Lotion** [...*lo*ᵘ*sch*ᵉ*n*] *die*; -, -s: hautpflegendes Gesichtswasser zum Gebrauch nach der Rasur; vgl. Pre-shave-Lotion

Afzelia [*nlat.*; nach dem schwed. Botaniker A. Afzelius, † 1837] *die*; -: Pflanzengattung der Hülsenfrüchtler

Aga, Agha [*türk.*; „groß"] *der*; -s, -s: a) (hist.) Titel für höhere türk. Offiziere od. auch für niedere Offiziere u. Zivilbeamte; b) pers. Anrede („Herr"). **Aga Khan** *der*; --s, --e: Titel des erblichen Oberhaupts der mohammedanischen Sekte der → Hodschas (2) in Indien u. Ostafrika

Agalaktie [*gr.-nlat.*] *die*; -, ...*ien*: Stillunfähigkeit, völliges Fehlen der Milchsekretion bei Wöchnerinnen; vgl. Hypogalaktie

agam [*gr.-nlat.*; „ehelos"]: ohne vorausgegangene Befruchtung zeugend; -e F o r t p f l a n z u n g = Agamogonie. **Agamet** *der*; -en, -en (meist Plural): durch Agamogonie entstandene Zelle niederer Lebewesen, die der ungeschlechtlichen Fortpflanzung dient (Zool.). **Agamie** *die*; -: 1. Ehelosigkeit. 2. geschlechtliche Fortpflanzung ohne Befruchtung (Biol.). **agamisch**: 1. ehelos. 2. geschlechtslos (Bot.). **Agamist** *der*; -en, -en: (veraltet) Junggeselle. **Agamogonie** *die*; -: ungeschlechtliche Vermehrung durch Zellteilung (Biol.)

Agap|anthus [*gr.-nlat.*; „Liebesblume"] *der*; -, ...thi: südafrikanische Gattung der Liliengewächse, Schmucklilie. **Agape** [...*pe*; *gr.-lat.*] *die*; -, -n: [...*p*ᵉ*n*]: 1. (ohne Plural): die sich in Christus zeigende Liebe Gottes zu den Menschen, bes. zu den Armen, Schwachen u. Sündern; Nächstenliebe; Feindesliebe; Liebe zu Gott (Rel.). 2. abendliches Mahl der frühchristlichen Gemeinde [mit Speisung der Bedürftigen] (Rel.)

Agar-Agar [*malai.*] *der* od. *das*; -s: stark schleimhaltiger Stoff aus ostasiat. Rotalgen

Agave [...*w*ᵉ; *gr.-fr.*; „die Edle"] *die*; -, -n: Gattung aloeähnlicher Pflanzen (vgl. Aloe) der Tropen u. Subtropen

Agence France-Presse [*asehangß frangßpräß*; *fr.*] *die*; - -: franz. Nachrichtenagentur; Abk.: AFP

Agenda [*lat.-roman.*; „was zu tun ist"] *die*; -, ...den: 1. a) Schreibtafel, Merk-, Notizbuch; b) Terminkalender. 2. Aufstellung der Gesprächspunkte bei politischen Verhandlungen. **agendarisch** [*lat.-mlat.-nlat.*]: zur Gottesdienstordnung gehörend, ihr entsprechend. **Agende** [*lat.-mlat.*] *die*; -, -n: 1. Buch für die Gottesdienstordnung. 2. Gottesdienstordnung. **Agenden** *die* (Plural): (bes. österr.) zu erledigende Aufgaben, Obliegenheiten

Agenesie [*gr.-nlat.*] *die*; -: a) vollständiges Fehlen einer Organanlage (Med.); b) verkümmerte Organanlage (Med.)

Agens [*lat.*]

I. *das*; -, Agenzien [...*i*ᵉ*n*]: treibende Kraft; wirkendes, handelndes, tätiges Wesen od. → Prinzip (Philos.).

II. *das*; -, Agenzien [...*i*ᵉ*n*] (fachspr. auch: Agentia [...*zia*]): medizinisch wirksamer Stoff, krankmachender Faktor.

III. *das*; -, -: Täter, Träger eines durch das Verb ausgedrückten Verhaltens; Ggs. → Patiens (Sprachw.)

Agent [*lat.-it.*] *der*; -en, -en: 1. Abgesandter eines Staates, der neben dem offiziellen diplomatischen Vertreter einen besonderen Auftrag erfüllt u. meist keinen diplomatischen Schutz besitzt. 2. in staatlichem Geheimauftrag tätiger Spion. 3. a) (österr., sonst veraltet) Handelsvertreter; b) jmd., der berufsmäßig Künstlern Engagements vermittelt. **Agenția română de presă** [*adsehenzia romin*ᵉ *de preß*ᵉ; *rumän.*] *die*; - - - -: offizielle rumän. Nachrichtenagentur; Abk.: Agerpres. **Agentie** [...*zi*] *die*; -, ...tien [...*zi*ᵉ*n*]: (österr.) Geschäftsstelle der Donau-Dampfschiffahrtsgesellschaft. **agentieren**: (österr.) Kunden werben. **Agent provocateur** [*asehang prowokatör*; *fr.*] *der*; - -, -s -s [*asehang prowokatör*]: jmd., der einen anderen zur Begehung einer Straftat herausfordert, um ihn dadurch zu einem bestimmten Verhalten (z. B. zu Spionage) zu nötigen od. zum Zweck der Strafverfolgung überführen zu können; Lockspitzel. **Agentur** [*nlat.*] *die*; -, -en: 1. Stelle, Büro, in dem [politische] Nachrichten aus aller Welt gesammelt und an Presse, Rundfunk und Fernsehen weitergegeben werden. 2. Geschäftsnebenstelle, Vertretung. 3. Büro, das Künstlern Engagements vermittelt; Vermittlungsbüro, Geschäftsstelle eines Agenten (3b).

Agenzia Nazionale Stampa Associata [*adschenzia nazionale ßtampa aßotschata*; *it.*] *die*; - - - -: ital. Nachrichtenagentur; Abk.: ANSA. **Agenzien**: *Plural* von → Agens (I) u. (II)

Ageratum [*gr.-lat.-nlat.*] *das*; -: Leberbalsam (ein Korbblütler)

Agerpres [*adsch*...] = Agenția română de presă

Agetheorie [*e*ⁱ*dsch*...; *engl.*; *gr.*] *die*; -: Theorie, die das Verhalten von Neutronen bei Neutronenbremsung beschreibt (Phys.)

Ageusie [*gr.-nlat.*] *die*; -, ...ien: Verlust der Geschmacksempfindung (Med.)

agevole [*adschevole*; *lat.-it.*]: leicht, gefällig (Vortragsanweisung; Mus.)

Agger [*lat.*] *der*; -s, -es: [Schleimhaut]wulst (Anat.)

Aggiornamento [*adschornamänto*; *lat.-fr.-it.*] *das*; -s: Versuch der Anpassung der katholischen Kirche u. ihrer Lehre an die Verhältnisse des modernen Lebens (Rel.)

Ag|glomerat [*lat.*; „zu einem Knäuel zusammengedrängt"] *das*; -s, -e: 1. Ablagerung von unverfestigten Gesteinsbruchstücken; Ggs. → Konglomerat (2). 2. aus groben Gesteinsbrokken bestehendes vulkanisches Auswurfprodukt (Geol.). 3. feinkörniges Erz. **Ag|glomeration** [...*zion*; *lat.-nlat.*] *die*; -, -en: Anhäufung, Zusammenballung (z. B. vieler Betriebe an einem Ort). **ag|glomerieren** [*lat.*]: zusammenballen

Ag|glutination [...*zion*; *lat.*; „das Ankleben"] *die*; -, -en: 1. Verschmelzung (z. B. des Artikels od. einer Präposition mit dem folgenden Substantiv wie im Neugriech. u. in den roman. Sprachen, z. B. „Alarm" aus ital. „all'arme" = zu den Waffen; Sprachw.). 2. Ableitung u. Beugung eines Wortes mit Hilfe von → Affixen, die an den unverändert bleibenden Wortstamm angehängt werden. 3. Verklebung, Zusammenballung, Verklumpung von Zellen (z. B. Bakterien od. roten Blutkörperchen) als Wirkung von → Antikörpern (Med.). **ag|glutinieren**: 1. zur Verklumpung bringen, eine Agglutination herbeiführen (Med.). 2. Beugungsformen durch Anhängen von Affixen bilden; -de Sprachen: Sprachen, die zur Ableitung u. Beugung von Wörtern → Affixe an das unverändert bleibende Wort anfügen, z. B. die finnisch-ugrischen Sprachen; Ggs. → flektierende u. → isolierende Sprachen. **Ag|glutinin** [*lat.-nlat.*] *das*; -s, -e (meist Plural): → Antikörper, der im Blutserum Blutkörperchen fremder Blutgruppen od. Bakterien zusammenballt u. damit unschädlich macht. **Ag|glutinogen** [*lat.*; *gr.*] *das*; -s, -e (meist Plural): → Antigen, das die Bildung von Agglutininen anregt

Ag|gravation [...*wazion*; *lat.*; „Beschwerung"] *die*; -, -en: 1. Erschwerung, Verschlimmerung. 2. (Med.) a) Übertreibung von Krankheitserscheinungen; b) Verschlimmerung einer Krankheit. **ag|gravieren**: Krankheitserscheinungen übertreibend darstellen (Med.)

Ag|gregat [*lat.*; „angehäuft"] *das*; -s, -e: 1. Maschinensatz aus zusammenwirkenden Einzelmaschinen, bes. in der Elektrotechnik. 2. mehrgliedriger math. Ausdruck, dessen einzelne Glieder durch + od. – miteinander verknüpft sind. 3. das Zusammenwachsen von → Mineralien der gleichen od. verschiedener Art. **Ag|gregation** [...*zion*] *die*; -, -en: Vereinigung von Molekülen zu Molekülverbindungen (vgl. Molekül). **Ag|gregatzustand** *der*; -s, ...stände: Erscheinungsform eines Stoffes (fest, flüssig, gasförmig). **ag|gregieren**: anhäufen, beigesellen

Ag|gressine [*lat.-nlat.*] *die* (Plural): von Bakterien gebildete Stoffe, die die Wirkung der natürlichen Abwehrstoffe des Körpers herabsetzen. **Ag|gression** [*lat.*] *die*; -, -en: 1. rechtswidriger Angriff auf ein fremdes Staatsgebiet, Angriffskrieg. 2. a) [affektbedingtes] Angriffsverhalten, feindselige Haltung eines Menschen od. eines Tieres als Reaktion auf eine wirkliche oder vermeintliche Minderung der Macht mit dem Ziel, die eigene Macht zu steigern oder die Macht des Gegners zu mindern (Psychol.); b) feindselig-aggressive Äußerung, Handlung. **ag|gressiv** [*lat.-nlat.*]: angreifend; auf Angriff, Aggression gerichtet; -es Fahren (rücksichtsloses, andere Verkehrsteilnehmer gefährdendes Fahren im Straßenverkehr); Ggs. → defensives Fahren. **ag|gressivieren** [...*wi*...]: jmdn./etwas aggressiv machen. **Ag|gressivität** [...*wi*...] *die*; -, -en: 1. (ohne Plural) a) die mehr od. weniger unbewußte, sich nicht offen zeigende, habituell gewordene aggressive Haltung des Menschen [als → Kompensation (3) von Minderwertigkeitsgefühlen] (Psychol.); b) Angriffslust. 2. die einzelne aggressive Handlung. **Ag|gressor** [*lat.*] *der*; -s, ...oren: rechtswidrig handelnder Angreifer

Ag|griperlen u. **Ag|gryperlen** [vermutlich *afrikan.*; *lat.-rom.*] *die* (Plural): Glas-, seltener Steinperlen venezianischer od. Amsterdamer Herkunft, die früher in Westafrika als Zahlungsmittel dienten

Agha vgl. Aga

Ägide [*gr.-lat.*; nach dem Schild → Ägis des Zeus u. der Athene] *die*; -: üblich in der Wendung: unter jmds. -: unter jmds. Schirmherrschaft

agieren [*lat.*]: a) handeln, tun, wirken, tätig sein; b) [als Schauspieler] auftreten, eine Rolle spielen. **agil** [*lat.-fr.*; „leicht zu führen, beweglich"]: behend, flink, gewandt; regsam, geschäftig. **agile** [*adschile*; *lat.-it.*]: flink, beweglich (Vortragsanweisung; Mus.). **Agilität** *die*; -: temperamentbedingte Beweglichkeit, Lebendigkeit, Regsamkeit (im Verhalten des Menschen zur Umwelt)

Ägilops [*gr.-lat.*] *der*; -: Windhafer (Gräsergattung in Südeuropa u. im Orient)

Ägineten *die* (Plural): Giebelfiguren des Aphäatempels auf der griechischen Insel Ägina

Agio [*asehio*, auch: *adscho*; *it.* (-*fr.*)] *das*; -s, -s u. Agien [...*i*ᵉ*n*]: Aufgeld (z. B. Betrag, um den der Preis eines Wertpapiers über dem Nennwert liegt). **Agiopapiere** *die* (Plural): Schuldverschreibungen, die mit Agio zurückgezahlt werden. **Agiotage** [...*tasch*ᵉ; *it.-fr.*] *die*; -, -n: 1. Spekulationsgeschäft durch Ausnutzung von Kursschwankungen an der Börse. 2. (österr.) nicht rechtmäßiger Handel zu überhöhten Preisen, z. B. mit Eintrittskarten. **Agioteur** [...*tör*] *der*; -s, -e: 1. Börsenspekulant. 2. jmd., der unrechtmäßig z. B. mit Eintrittskarten zu überhöhten Preisen handelt. **Agiotheorie** *die*; -: Kapitalzinstheorie, die den Zins als Agio erklärt. **agiotieren:** an der Börse spekulieren

Ägis [*gr.-lat.*; „Ziegenfell"] *die*; -: Schild des Zeus u. der Athene

Agitatio [...*zio*; *lat.-nlat.*] *die*; -, ...tionen: körperliche Unruhe, Erregtheit eines Kranken. **Agitation** [...*zion*; *lat.-engl.*] *die*; -, -en: a) (abwertend) aggressive Tätigkeit zur Beeinflussung anderer, vor allem in politischer Hinsicht; Hetze; b) politische Aufklärungstätigkeit; Werbung für bestimmte politische od. soziale Ziele. **Agitation und Propaganda** *die*; - - -: = Agitprop. **agitato** [*adseh*...; *lat.-it.*]: aufgeregt, heftig (Vortragsanweisung; Mus.). **Agitator** [*lat.-engl.*] *der*; -s, ...oren: jmd., der Agitation betreibt. **agitatorisch**: a) (abwertend) aggressiv [für politische Ziele] tätig, hetzerisch; b) politisch aufklärend. **agitieren**: a) (abwertend) in aggressiver Weise [für politische Ziele] tätig sein, hetzen; b) politisch aufklären, werben. **agitiert:** erregt, unruhig (Psychol.)

Agitprop [aus *Agit*ation und *Propa*ganda]

I. *die*; -: Beeinflussung der Massen mit dem Ziel, in ihnen revolutionäres Bewußtsein zu entwikkeln u. sie zur Teilnahme am Klassenkampf zu veranlassen.

II. *der*; -[s], -s: jmd., der agitatorische Propaganda betreibt

Agit|propgruppe *die*; -, -n: Gruppe von Laienspielern, die in der Art eines Kabaretts Propaganda im Sinne der marxistisch-leninistischen Ideologie treibt. **Agitproptheater** *das*; -s: in den sozialistischen Ländern entstandene Form des Laientheaters, das durch Verbreitung der marxistisch-leninistischen Lehre die allgemeine politische Bildung fördern soll

Aglobulie [*gr.*; *lat.-nlat.*] *die*; -: Verminderung der Zahl der roten Blutkörperchen (Med.)

Aglossie [*gr.*] *die*; -, ...ien: angeborenes Fehlen der Zunge (Med.)

Aglykon [*gr.-nlat.*] *das*; -s, -e: zukkerfreier Bestandteil der → Glykoside

Agma [*gr.*; „Bruchstück"] *das*; -[s]: Bezeichnung für den velaren Nasallaut gg (ng) in der griech. u. lat. Grammatik

Agnat [*lat.*; „der Nachgeborene"] *der*; -en, -en: (hist.) männlicher Blutsverwandter der männlichen Linie

Agnatha [*gr.*] *die* (Plural): Klasse von im Wasser lebenden, fischähnlichen Wirbeltieren, die keinen Kiefer haben. **Agnathie** [*gr.*] *die*; -, ...ien: angeborenes Fehlen des Ober- od. Unterkiefers (Med.)

Agnation [...*zion*] *die*; -: (hist.) Blutsverwandtschaft väterlicherseits. **agnatisch:** (hist.) im Verwandtschaftsverhältnis eines Agnaten stehend

Agnition [...*zion*; *lat.*] *die*; -, -en: (veraltet) Anerkennung

Agnomen [*lat.*] *das*; -s, ...mina: in der röm. Namengebung der Beiname (z. B. die Bezeichnung „Africanus" im Namen des P. Cornelius Scipio *Africanus*); vgl. Kognomen

Agnosie [*gr.-nlat.*; „das Nichterkennen"] *die*; -, ...ien: 1. krankhafte Störung der Fähigkeit, Sinneswahrnehmungen (trotz erhaltener Funktionstüchtigkeit der Sinnesorgane) als solche zu erkennen (Med.). 2. Nichtwissen; Unwissenheit (Philos.). **Agnostiker** *der*; -s, -: Verfechter der Lehre des Agnostizismus. **agnostisch:** die Agnosie betreffend. **Agnostizismus** *der*; -: Sammelbezeichnung für alle philosophischen u. theologischen Lehren, die eine rationale Erkenntnis des Göttlichen od. Übersinnlichen leugnen. **agnostizistisch:** die Lehre des Agnostizismus vertretend. **Agnostus** *der*; -, ...ti u. ...ten: ausgestorbene Gattung der Dreilappkrebse (vgl. Trilobit) aus dem → Paläozoikum

agnoszieren [*lat.*]: a) anerkennen; b) (österr.) die Identität feststellen, z. B. einen Toten

Agnus Dei [*lat.*; „Lamm Gottes"] *das*; - -, - -: 1. (ohne Plural) Bezeichnung u. Sinnbild für Christus. 2. a) Gebetshymnus im katholischen Gottesdienst vor der → Eucharistie (1a); b) Schlußsatz der musikalischen Messe. 3. vom Papst geweihtes Wachstäfelchen mit dem Bild des Osterlamms

Agogik [*gr.*] *die*; -: Lehre von der individuellen Gestaltung des Tempos beim musikalischen Vortrag. **agogisch:** individuell gestaltet (in bezug auf das Tempo eines musikalischen Vortrags)

à gogo [*fr.*]: in Hülle u. Fülle, nach Belieben

Agon [*gr.-lat.*] *der*; -s, -e: 1. sportlicher od. geistiger Wettkampf im antiken Griechenland. 2. der Hauptteil der attischen Komödie. **agonal** [*gr.-nlat.*]: den Agon betreffend; zum Wettkampf gehörend, wettkampfmäßig

Agone [*gr.-nlat.*; „winkellose (Linie)"] *die*; -, -n: Linie, die alle Orte, an denen keine Magnetnadelabweichung von der Nordrichtung auftritt, miteinander verbindet

Agonie [*gr.-lat.*] *die*; -, ...ien: a) (ohne Plural) Gesamtheit der vor dem Eintritt des klinischen Todes auftretenden typischen Erscheinungen, z. B. → Facies hippocratica (Med.); b) Todeskampf. **Agonist** *der*; -en, -en: 1. Wettkämpfer. 2. einer von paarweise wirkenden Muskeln, der eine Bewegung bewirkt, die der des → Antagonisten (2) entgegengesetzt ist (Med.). **Agonistik** *die*; -: Wettkampfwesen, Wettkampfkunde. **Agonistiker** *die* (Plural): Anhänger einer oppositionellen, gegen die offizielle christliche Kirche gerichteten Bewegung im Nordafrika der Spätantike

Ägophonie [*gr.-nlat.*; „Ziegenstimme"] *die*; -: [krankhafte] Meckerstimme (Med.)

Agora

I. [*gr.*] *die*; -, Agoren: 1. Volksversammlung der altgriech. → Polis. 2. rechteckiger, von Säulen umschlossener Platz in altgriech. Städten; Markt- und Versammlungsplatz.

II. [*hebr.*] *die*; -, Agorot: israelische Währungseinheit (1 israel. Schekel = 100 Agorot)

Agoraphobie [*gr.-nlat.*] *die*; -: Platzangst, zwanghafte, von Schwindel- od. Schwächegefühl begleitete Angst, allein über freie Plätze od. Straßen zu gehen (Med.; Psychol.)

Agorot: Plural von → Agora (II)

Agraffe [*fr.*; „Haken"] *die*; -, -n: 1. als Schmuckstück dienende Spange od. Schnalle. 2. klammerförmige Verzierung an Rundbogen als Verbindung mit einem darüberliegenden Gesims (Architektur)

Agrammatismus [*gr.-nlat.*] *der*; -, ...men: (Med.) 1. (ohne Plural) krankhaftes oder entwicklungsbedingtes Unvermögen, beim Sprechen die einzelnen Wörter grammatisch richtig aneinanderzureihen; vgl. Aphasie. 2. einzelne Erscheinung des krankhaften oder entwicklungsbedingten Unvermögens, einzelne Wörter grammatisch richtig aneinanderzureihen

Agranulozytose [*gr.*; *lat.*; *gr.*] *die*; -, -n: durch Fehlen od. starke Abnahme der → Granulozyten im Blut bedingte schwere, meist tödlich verlaufende Krankheit

Agrapha [*gr.*; „Ungeschriebenes"] *die* (Plural): Aussprüche Jesu, die nicht in den vier → Evangelien (1), sondern in anderen Schriften des Neuen Testaments oder in sonstigen Quellen überliefert sind. **Agraphie** [*gr.-nlat.*] *die*; -, ...ien: Unfähigkeit, einzelne Buchstaben od. zusammenhängende Wörter richtig zu schreiben (Med.)

Agrarbiologie [*lat.*; *gr.-nlat.*] *die*; -: = Agrobiologie. **Agrarethnographie** *die*; -: Teilgebiet der → Ethnographie, auf dem die Landwirtschaft als Phänomen der Kultur erforscht wird. **Agrargeographie** *die*; -: Teilgebiet der Geographie, auf dem man sich mit den von der Landwirtschaft genutzten Teilen der Erdoberfläche beschäftigt. **Agrarier** [...*riᵉr*] *der*; -s, - (meist Plural): Großgrundbesitzer, Landwirt [der seine wirtschaftspolitischen Interessen vertritt]. **agrarisch**: die Landwirtschaft betreffend. **Agrarkolonisation** [...*zion*] *die*; -: agrarwirtschaftliche Erschließung von wenig genutzten oder ungenutzten Gebieten. **Agrarkonjunktur** *die*; -: spezielle Ausprägung der gesamtwirtschaftlichen Konjunkturlage (vgl. Konjunktur) im Agrarbereich. **Agrarkredit** *der*; -s, -e: Kredit, der landwirtschaftlichen Betrieben gewährt wird. **Agrarpolitik** *die*; -: Gesamtheit der Maßnahmen zur Förderung der Landwirtschaft. **Agrarprodukt** *das*; -s, -e: landwirtschaftliches Erzeugnis. **Agrarreform** *die*; -, -en: Komplex von Maßnahmen, deren Ziel die Förderung des Wohlstands der in der Landwirtschaft Beschäftigten u. die Erzeugnissteigerung der Landwirtschaft ist. **Agrarsoziologie** *die*; -: Wissenschaft, die sich mit den wirtschaftlichen, sozialen u. politischen Verhältnissen der Landbevölkerung (z. B. Landflucht, Verstädterung) befaßt. **Agrarstaat** *der*; -[e]s, -en: Staat, dessen Wirtschaft überwiegend durch die Landwirtschaft bestimmt wird. **Agrarstruktur** *die*; -: Gesamtheit der Bedingungen (z. B. Siedlungsform, Bodennutzungsform), unter denen die landwirtschaftliche Produktion u. der Verkauf der landwirtschaftlichen Erzeugnisse stattfinden. **Agrartechnik** *die*; -, -en: Technik der Bodenbearbeitung u. -nutzung. **Agrarwissenschaft** *die*; -: = Agronomie. **Agrarzone** *die*; -, -n: Gebiet mit überwiegend landwirtschaftlicher Erwerbsstruktur

Agreement [ᵉ*grimᵉnt*; *lat.-fr.-engl.*] *das*; -s, -s: 1. = Agrément (1). 2. weniger bedeutsame, formlose Übereinkunft zwischen Staaten; vgl. Gentleman's Agreement. **agreieren** [*lat.-fr.*]: genehmigen, für gut befinden. **Agrément** [*agremang*] *das*; -s, -s: 1. Zustimmung einer Regierung zur Ernennung eines diplomatischen Vertreters in ihrem Land. 2. (nur Plural) Ausschmückungen od. rhythmische Veränderungen einer Melodie (Mus.)

Agrest [*lat.-it.*] *der*; -[e]s, -e: aus unreifen Weintrauben gepreßter Saft, Erfrischungsgetränk

ägrieren [*lat.-fr.*]: (veraltet) erbittern

Agrikultur [*lat.*] *die*; -, -en: Ackerbau, Landwirtschaft. **Agrikulturchemie** *die*; -: Teilgebiet der angewandten Chemie, auf dem man sich bes. mit Pflanzen- u. Tierernährung, Düngerproduktion u. Bodenkunde befaßt. **Agrikulturphysik** *die*; -: = Agrophysik

Agrobiologie [*gr.-nlat.-russ.*] *die*; -: (DDR) Lehre von den biologischen Gesetzmäßigkeiten in der Landwirtschaft. **agrobiologisch**: die Agrobiologie betreffend. **Agrochemie** *die*; -: Teilgebiet der angewandten Chemie, auf dem man sich mit landwirtschaftlichen Produktionsprozessen befaßt

Agronom *der*; -en, -en: 1. [*gr.-nlat.*]: akademisch ausgebildeter Landwirt. 2. [*gr.-nlat.-russ.*]: (DDR) wissenschaftlich ausgebildete Fachkraft in der sozialistischen Landwirtschaft mit leitender od. beratender Tätigkeit. **Agronomie** *die*; -: Ackerbaukunde, Landwirtschaftswissenschaft. **agronomisch**: ackerbaulich. **Agrophysik** *die*; -: Lehre von den physikalischen Vorgängen in der Landwirtschaft. **Agrostadt** [*gr.*; *dt.*] *die*; -, ...städte: als Mittelpunkt von Kollektivwirtschaften geplante Siedlung städtischen Typs in der Sowjetunion

Agrostologie [*gr.-nlat.*] *die*; -: Gräserkunde

Agrotechnik [*gr.-nlat.-russ.*] *die*; -: (DDR) Anbautechnik (in der Landwirtschaft). **agrotechnisch**: die Agrotechnik betreffend. **Agrotypus** [*gr.*] *der*; -, ...pen: Kulturpflanzensorte als Produkt einer Pflanzenzüchtung

Agrumen, **Agrumi** [*lat.-mlat.-it.*; „Sauerfrüchte"] *die* (Plural): Sammelname für Zitrusfrüchte (Zitronen, Apfelsinen

Agrypnie [*gr.-nlat.*] *die*; -, ...ien = Asomnie

Aguja [*aguᶜha*; *span.*] *der*; -s, -s (auch: die; -, -s): südamerik. Bussard

Aguti [*indian.-span.*] *der* od. *das*; -s, -s: hasenähnliches Nagetier (Goldhase) in Südamerika

Ägyptienne [*äschipßiäng*] vgl. Egyptienne. **ägyptisch** [*gr.*]: das Land Ägypten betreffend; -e Finsternis: sehr große Dunkelheit. **Ägyptologe** [*gr.-nlat.*] *der*; -n, -n: Wissenschaftler, der sich mit der Erforschung von Kultur u. Sprache des alten Ägyptens beschäftigt. **Ägyptologie** *die*; -: Wissenschaft von Kultur u. Sprache des alten Ägyptens. **ägyptologisch**: die Ägyptologie betreffend

Ahar [iran. Stadt] *der*; -[s], -s: Orientteppich von feiner Knüpfung u. schwerer Struktur

ahasverisch [...*werisch*; *hebr.-lat.*; nach Ahasver, dem Ewigen Juden]: ruhelos umherirrend

ahemitonisch [*gr.*; *dt.*]: halbtonlos (Mus.)

ahistorisch [auch: *a*...]: geschichtliche Gesichtspunkte außer acht lassend

Ai [*a-i*, auch: *a-i*; *Tupi-port.*] *das*; -s, -s: Dreizehenfaultier

Aichmophobie [*gr.-nlat.*] *die*; -, ...ien: krankhafte Angst, sich od. andere mit spitzen Gegenständen verletzen zu können (Psychol., Med.)

Aida [Phantasiebezeichnung] *das*; -[s]: Baumwoll- od. Zellwollgewebe, bes. als Stickereigrundstoff verwendet

AIDA-Formel *die*; -: zusammenfassende Formel der Aufgaben, die zu erfolgreicher Werbung führen sollen: Aufmerksamkeit (**a**ttention) erregen, Interesse (**i**nterest) wecken, Verlangen (**d**esire) hervorrufen und die Handlung (**a**ction), die im Kauf des betreffenden Objekts besteht, auslösen

Aide [*ät*; *lat.-fr.*] *der*; -n [*ädᵉn*], -n [*ädᵉn*]: 1. (veraltet) Helfer, Gehilfe. 2. (schweiz.) Küchengehilfe, Hilfskoch (Gastr.). 3. Mitspieler, Partner [im → Whist]. **Aide-mémoire** [...*memoar*; *fr.*; „Gedächtnishilfe"] *das*; -, -[s]: im diplomatischen Verkehr eine in der Regel während einer Unterredung überreichte knappe schriftliche Zusammenfassung eines Sachverhalts zur Vermeidung von späteren Mißverständnissen

Aidoiomanie [*gr.-nlat.*] *die*; -: ins Krankhafte gesteigerter Geschlechtstrieb (Psychol.)

Ai|grette [*ägrätᵉ*; *provenzal.-fr.*] *die*; -, -n: 1. [Reiher]federschmuck, als Kopfputz auch mit Edelsteinen. 2. büschelförmiges

Gebilde, z. B. Strahlenbündel bei Feuerwerken

Aiguière [*ägiär^e*; *lat.-fr.*] *die*; -, -n: bauchige Wasserkanne aus Metall od. Keramik (Kunstw.)

Aiguillette [*ägijät^e*; *fr.*] *die*; -, -n: 1. Streifen von gebratenem Fisch, Fleisch, Wild od. Geflügel. 2. (veraltet) Achselschnur [an Uniformen], Schnur zum Verschließen von Kleidungsstücken

Aiken-Kode [*e^ikinkot*; *amerik.*; *lat.-gr.-engl.*] *der*; -s: Kode zur Verschlüsselung von Dezimalzahlen

Aikido [*jap.*] *das*; -s: Form der Selbstverteidigung; vgl. Jiu-Jitsu, Judo

Ail = Aul

Ailerons [*äl^erong*; *lat.-fr.*] *die* (Plural): Flügelstücke von größerem Geflügel

Air

I. [*är*; *lat.-fr.*] *das*; -s: 1. Hauch, Fluidum. 2. Aussehen, Haltung.

II. [*är*; *it.-fr.*] *das*; -s, -s (auch: die; -, -s): liedartiges Instrumentalstück

Airbag [*ärbäk*; *engl.*] *der*; -s, -s: Luftsack, Sicherheitseinrichtung in Kraftfahrzeugen zum Schutz der Insassen bei einem Zusammenstoß

Airbus [*är...*; *engl.*] *der*; -ses, -se: Passagierflugzeug mit großer Sitzkapazität für Mittel- u. Kurzstrecken. **Air-condition** [*ärkondisch^en*] vgl. Air-conditioning. **Airconditioner** [*ärkondisch^en^er*] *der*; -s, - u. **Air-conditioning** [*ärkondisch^ening*] *das*; -s, -s: Klimaanlage

Airedaleterrier [*ärde^il...*; nach einem *Airdale* genannten Talabschnitt, durch den der engl. Fluß Aire fließt] *der*; -s, -: Vertreter einer temperamentvollen, sehr dressurfähigen englischen Haushundrasse, mittelgroß, rauhhaarig, mit meist gelblichbraunem Fell, das auf dem Rücken u. der Oberseite von Hals u. Kopf schwarz ist

Air Force [*är forß*; *engl.*] *die*; - -: [die engl. u. amerik.] Luftwaffe, Luftstreitkräfte. **Air-fresh** [*ärfräsch*] *das*; -: Mittel zur Luftverbesserung. **Airglow** [*ärglo^u*; *engl.*] *das*; -s: Leuchterscheinung in der → Ionosphäre (Astron.). **Airhostess** [*ärhoßstäß*; *engl.*] *die*; -, -en: → Hostess, die im Flugzeug Dienst tut; Stewardeß. **Airlift** [*är...*; *engl.*] *der*; -[e]s, -e u. -s: Versorgung auf dem Luftweg, Luftbrücke. **Airliftverfahren** [*är...*] *das*; -s: Verfahren zum Fördern von Erdöl durch die Zufuhr von Luft, das angewendet wird, wenn die Ölzufuhr zum Bohrloch nachläßt. **Airmail** [*ärme^il*; *engl.*] *die*; -: Luftpost. **Airotor** [*är...*] *der*; -s, ...toren: eine bestimmte Art von Zahnbohrer. **Airport** [*ärport*; *engl.*] *der*; -s, -s: Flughafen. **Airterminal** [*ärtö^rmin^el*; *engl.*] *der* (auch: *das*); -s, -s: Flughafen; vgl. Airport

Aja [*it.*] *die*; -, -s: (veraltet) Hofmeisterin, Erzieherin (fürstlicher Kinder)

Ajatollah [*pers.*] *der*; -[s], -s: schiitischer Ehrentitel

Ajax *der*; -, -: aus drei od. fünf Personen gebildete Pyramide, bei der der Obermann im Handstand steht (Kunstkraftsport)

Ajmalin [*ind.*; *lat.*] das; -s: in bestimmten dem Oleander ähnlichen Gewächsen vorkommendes Alkaloid, das in der Medizin als Herzmittel verwendet wird

à jour [*a schur*; *fr.*]: 1. „bis zum (laufenden) Tage" a) bis zum [heutigen] Tag; - - sein: auf dem laufenden sein; b) ohne Buchungsrückstand (Buchführung). 2. [*fr.*; „durchbrochen"] (österr.: ajour): durchbrochen gearbeitet (von Spitzen u. Geweben); - - gefaßt: nur am Rande, also bodenfrei, gefaßt (von Edelsteinen). **ajourieren**: 1. (österr.) etwas à jour herstellen. 2. (österr.) Edelsteine nur am Rande, also bodenfrei, fassen. 3. auf dem laufenden halten, aktualisieren

Ajowanöl [Herkunft unsicher] *das*; -[e]s: ätherisches Öl, das zur Herstellung von Mundwasser u. Zahnpasta verwendet wird

Akademie [*gr.-lat.* (*-fr.*); Name der Lehrstätte des altgriech. Philosophen Platon in Athen] *die*; -, ...ien: 1. a) Institution, Vereinigung von Wissenschaftlern zur Förderung u. Vertiefung der Forschung; b) Gebäude für diese Institution. 2. [Fach]hochschule (z. B. Kunst-, Musikakademie, medizinische -). 3. (österr.) literarische od. musikalische Veranstaltung. **Akademiker** *der*; -s, -: 1. jmd., der eine abgeschlossene Universitäts- od. Hochschulausbildung hat. 2. Mitglied einer Akademie (1a). **akademisch**: 1. an einer Universität od. Hochschule [erworben, erfolgend, üblich]. 2. a) wissenschaftlich; b) (abwertend) trocken, theoretisch; c) müßig, überflüssig. **akademisieren**: a) in der Art einer Akademie (1 a, 2) einrichten; b) (abwertend) akademisch (2b) betreiben; c) (bestimmte Stellen) nur mit Leuten akademischer (1) Ausbildung besetzen. **Akademismus** [*nlat.*] *der*; -: starre, dogmatische Kunstauffassung od. künstlerische Betätigung. **Akademist** *der*; -en, -en: (veraltet) Mitglied einer Akademie

Akalit [auch: *...it*] ⓌⓏ [Kunstw.] *das*; -s: Kunststoff aus Kasein

Akalkulie [*gr.*; *lat.*] *die*; -, ...ien: Rechenschwäche, meist infolge einer Erkrankung des unteren Scheitellappens (Med.)

Akanje [*russ.*] *das*; -: veränderte Aussprache unbetonter Silben in der russischen Sprache

Akanthit [auch: *...it.*; *gr.-nlat.*] *der*; -s: Silberglanz (ein Mineral). **Akanthose** [*gr.*] *die*; -, -n: krankhafte Verdickung der Oberhaut infolge von Vermehrung bzw. Wucherung der Stachelzellen (Med.). **Akanthus** [*gr.-lat.*] *der*; -, -: a) Bärenklau (stachliges Staudengewächs in den Mittelmeerländern); b) Ornament nach dem Vorbild der Blätter des Akanthus (z. B. an antiken Tempelgiebeln; Kunstw.)

Akardiakus [*gr.-nlat.*], **Akardius** *der*; -: Doppelmißgeburt, bei der einem Zwilling das Herz fehlt (Med.)

Akariasis [*gr.-nlat.*] *die*; -: durch Milben hervorgerufene Hauterkrankung. **Akarine** *die*; -, -n: Milbe. **Akarinose** *die*; -, -n: 1. durch Milben hervorgerufene Kräuselung des Weinlaubs. 2. = Akariasis. **Akarizid** [*gr.*; *lat.*] *das*; -s, -e: Milbenbekämpfungsmittel im Obst- u. Gartenbau. **Akaroidharz** [*gr.*; *dt.*] *das*; -es: aus den Bäumen der Gattung Xanthorrhoea gewonnenes gelbes od. rotes Harz (Farbstoff für Lack u. Firnis). **Akarologie** *die*; -: Teilgebiet der Zoologie, auf dem man sich mit der Untersuchung der Milben u. Zecken befaßt. **Akarusräude** [*gr.-nlat.*; *dt.*] *die*; -: durch Milben hervorgerufener Hautausschlag bei Tieren

Akaryobiont [*gr.-nlat.*] *der*; -en, -en (meist Plural) = Anukleobiont. **Akaryont** *der*; -en, -en: kernlose Zelle (Zool.). **akaryot**: kernlos (von Zellen; Zool.)

akatalektisch [*gr.-lat.*]: mit einem vollständigen Versfuß (der kleinsten rhythmischen Einheit eines Verses) endend (antike Metrik); vgl. brachy-, hyperkatalektisch u. katalektisch

Akataphasie [*gr.*] *die*; -: Unvermögen, die grammatischen Gesetze richtig anzuwenden

Akathistos [*gr.*; „nicht sitzend"] *der*; -, ...toi: Marienhymnus der orthodoxen Kirchen, der im Stehen gesungen wird

Akatholik [auch: *...lik*; *gr.*] *der*;

-en, -en: jmd., der nicht zur katholischen Kirche gehört. **akatholisch** [auch: ...*glisch*]: nicht zur katholischen Kirche gehörend

akausal [auch: *a*...; *gr.*; *lat.*]: ohne ursächlichen Zusammenhang

akaustisch [*gr.*; *dt.*]: nicht ätzend (Chem.); Ggs. → kaustisch

Akazie [...*i*ᵉ; *gr.-lat.*] *die*; -, -n: a) tropischer Laubbaum, zur Familie der → Leguminosen gehörend, der Gummiarabikum liefert; b) (ugs.) → Robinie

Akelei [auch: *a*...; *mlat.*] *die*; -, -en: Zier- u. Arzneipflanze (ein Hahnenfußgewächs)

akephal, selten: **akephalisch** [*gr.-nlat.*; „ohne Kopf"]: a) am Anfang um die erste Silbe verkürzt (von einem Vers; antike Metrik); b) ohne Anfang (von einem literarischen Werk, dessen Anfang nicht od. nur verstümmelt erhalten ist)

Akinakes [*pers.-gr.*] *der*; -, -: (hist.) Kurzschwert der Perser u. Skythen

Akinese od. **Akinesie** [*gr.-nlat.*] *die*; -: Bewegungsarmut, Bewegungshemmung von Gliedmaßen (Med., Psychol.). **Akineten** *die* (Plural): dickwandige unbewegliche Einzelzellen, Dauerzellen der Grünalgen zur Überbrückung ungünstiger Umweltbedingungen (Biol.). **akinetisch**: bewegungsgehemmt, unbeweglich (von Gliedmaßen; Med., Psychol.)

Ak|klamation [...*zion*; *lat.*; „das Zurufen"] *die*; -, -en: 1. beistimmender Zuruf ohne Einzelabstimmung [bei Parlamentsbeschlüssen]. 2. Beifall, Applaus. 3. liturgischer Grußwechsel zwischen Pfarrer u. Gemeinde. **akklamieren**: (österr.) a) jmdm. applaudieren; b) jmdm. laut zustimmen

Ak|klimatisation [...*zion*; *lat.*; *gr.-nlat.*] *die*; -, -en: Anpassung eines Organismus an veränderte, umweltbedingte Lebensverhältnisse, bes. an ein fremdes Klima; vgl. ...ation/...ierung. **akklimatisieren**, sich: 1. sich an ein anderes Klima gewöhnen. 2. sich eingewöhnen, sich anderen Verhältnissen anpassen. **Ak|klimatisierung** *die*; -, -en: = Akklimatisation; vgl. ...ation/...ierung

Akkolade [*lat.-vulgärlat.-fr.*] *die*; -, -n: 1. feierliche Umarmung bei Aufnahme in einen Ritterorden od. bei einer Ordensverleihung. 2. geschweifte Klammer, die mehrere Zeilen, Sätze, Wörter, Notenzeilen usw. zusammenfaßt (Zeichen: {...}; Buchw.)

akkommodabel [*lat.-fr.*]: a) anpassungsfähig; b) zweckmäßig; c) anwendbar, einrichtbar; d) [gütlich] beilegbar (von Konflikten). **Akkommodation** [...*zion*] *die*; -, -en: Angleichung, Anpassung. **akkommodieren**: angleichen, anpassen; sich -: sich mit jmdm. über etwas einigen, sich vergleichen. **Akkommodometer** [*lat.*; *gr.*] *das*; -s, -: Instrument zur Prüfung der Einstellungsfähigkeit des Auges

Akkompa|gnement [*akompanj*ᵉ*mang*; *fr.*] *das*; -s, -s: musikalische Begleitung (Mus.). **akkompa|gnieren** [...*jir*ᵉ*n*]: einen Gesangsvortrag auf einem Instrument begleiten. **Akkompagnist** [...*jist*] *der*; -en, -en: Begleiter (Mus.)

Akkord [*lat.-vulgärlat.-fr.*] *der*; -[e]s, -e: 1. Zusammenklang von mindestens drei Tönen verschiedener Tonhöhe (Mus.). 2. gütlicher Ausgleich zwischen gegensätzlichen Interessen. 3. Einigung zwischen Schuldner u. Gläubiger[n] zur Abwendung des → Konkurses (Vergleichsverfahren; Rechtsw.). 4. Bezahlung nach der Stückzahl, Stücklohn; im -: im Stücklohn [und daher schnell]: im - arbeiten. **akkordant**: sich an vorhandene Strukturelemente anpassend (Geol.); vgl. diskordant, konkordant. **Akkordant** *der*; -en, -en: 1. jmd., der für Stücklohn arbeitet. 2. (schweiz.) kleiner Unternehmer (bes. im Bauwesen u. ä.), der Aufträge zu einem Pauschalpreis je Einheit auf eigene Rechnung übernimmt. **Akkordanz** *die*; -, -en: Anpassung bestimmter Gesteine an vorhandene Strukturelemente (Geol.); vgl. Diskordanz, Konkordanz. **Akkordarbeit** *die*; -: [auf Schnelligkeit ausgerichtetes] Arbeiten im Stücklohn. **Akkordeon** *das*; -s, -s: Handharmonika. **Akkordeonist** *der*; -en, -en: jmd., der [berufsmäßig] Akkordeon spielt. **akkordeonistisch**: a) das Akkordeon betreffend; b) im Stil des Akkordeons. **akkordieren**: vereinbaren, übereinkommen. **akkordisch**: a) den Akkord (1) betreffend; b) in Akkorden (1) geschrieben. **Akkordlohn** *der*; -[e]s, ...löhne: Stücklohn, Leistungslohn

akkouchieren [*akuschir*ᵉ*n*; *lat.-fr.*]: (veraltet) entbinden, Geburtshilfe leisten

ak|kreditieren [*lat.-it.-fr.*]: 1. beglaubigen (bes. einen diplomatischen Vertreter eines Landes). 2. Kredit einräumen, verschaffen.

Ak|kreditiv *das*; -s, -e [...*w*ᵉ]: 1. Beglaubigungsschreiben eines diplomatischen Vertreters. 2. a) Handelsklausel; Auftrag an eine Bank, einem Dritten (dem Akkreditierten) innerhalb einer bestimmten Frist einen bestimmten Betrag auszuzahlen; b) → Kreditbrief

Ak|kreszenz [*lat.*] *die*; -, -en: das Anwachsen [eines Erbteils]. **akkreszieren**: (veraltet) anwachsen, zuwachsen

Akku *der*; -s, -s: Kurzform von → Akkumulator (1)

Akkulturation [...*zion*; *lat.-nlat.*] *die*; -, -en: 1. Übernahme fremder geistiger u. materieller Kulturgüter durch Einzelpersonen od. ganze Gruppen (Soziol.). 2. a) = Sozialisation; b) Anpassung an ein fremdes Milieu (z. B. bei Auswanderung); vgl. Enkulturation. **akkulturieren**: anpassen, angleichen

Akkumulat [*lat.*] *das*; -[e]s, -e: (veraltet) Agglomerat (1). **Akkumulation** [...*zion*] *die*; -, -en: Anhäufung, Speicherung, Ansammlung. **Akkumulator** *der*; -s, ...*oren*: 1. Gerät zur Speicherung von elektrischer Energie in Form von chemischer Energie; Kurzform: Akku. 2. Druckwasserbehälter einer hydraulischen Presse. 3. spezielle Speicherzelle einer Rechenanlage, in der Zwischenergebnisse gespeichert werden (EDV). **akkumulieren**: anhäufen; sammeln, speichern

akkurat [*lat.*]: 1. sorgfältig, genau, ordentlich. 2. (ugs., süddt. u. österr.) gerade, genau, z. B. - das habe ich gemeint. **Akkuratesse** [französierende Bildung zu akkurat] *die*; -: Sorgfalt, Genauigkeit, Ordnungsliebe

Akkusations|prinzip [...*zion*...; *lat.*]: *das*; -s: im Strafprozeßrecht geltendes Prinzip, nach dem das Gericht ein Strafverfahren erst übernimmt, wenn durch die Staatsanwaltschaft Anklage erhoben wurde (Rechtsw.). **Akkusativ** [auch: ...*tif*] *der*; -s, -e [...*w*ᵉ]: 4. Fall, Wenfall; Abk.: Akk.; - mit Infinitiv (*lat.* accusativus cum infinitivo [Abk.: acc. c. inf. od. a. c. i.]): Satzkonstruktion (bes. im Lat.), in der das Akkusativobjekt des ersten Verbs zugleich Subjekt des zweiten, im Infinitiv stehenden Verbs ist (z. B. ich höre *den Hund bellen* = ich höre den Hund. Er bellt.). **Akkusativobjekt** *das*; -s, -e: Ergänzung eines Verbs im 4. Fall (z. B. er pflügt *den Acker*)

Akline [*gr.-nlat.*] *die*; -: Verbindungslinie der Orte ohne magnetische → Inklination (2)

Akme [*gr.*; „Spitze; Gipfel, Vollendung"] *die*; -: 1. Gipfel, Höhepunkt einer Entwicklung, bes. einer Krankheit od. des Fiebers. 2. in der Stammesgeschichte der Höhepunkt der Entwicklung einer Organismengruppe (z. B. der → Saurier); Ggs. → Epakme; vgl. Parakme. **Akmeismus** [*gr.-russ.*] *der*; -: neoklassizistische literarische Richtung in Rußland (um 1914), deren Vertreter Genauigkeit im Ausdruck u. Klarheit der Formen forderten. **Akmeist** *der*; -en, -en: Vertreter des Akmeismus

Akne [*gr.-nlat.*] *die*; -, -n: zusammenfassende Bez. für mit Knötchen- u. Pustelbildung verbundene Entzündungen der Talgdrüsen

Akoasma [*gr.-nlat.*] *das*; -s, ...men: krankhafte Gehörshalluzination, subjektiv wahrgenommenes Geräusch (z. B. Dröhnen, Rauschen; Med.)

A-Kohle *die*; -: = Aktivkohle

Akoluth vgl. Akolyth. **Akoluthie** [*gr.-nlat.*] *die*; -, ...ien: 1. gottesdienstliche Ordnung der Stundengebete in den orthodoxen Kirchen (Rel.). 2. stoische Lehre von der notwendigen Folge der Dinge (Philos.). 3. die Zeitspanne, in der eine vorhergehende seelische, noch nicht abgeklungene Erregung die nachfolgende hemmt (Psychol.). **Akolyth** [*gr.-mlat.*; „Begleiter"], Akoluth *der*; -en u. -s, -en: katholischer Kleriker im 4. Grad der niederen Weihen

Akon [Kurzw.] *das*; -[s]: Handelsbez. einiger Pflanzenseiden, die als Füllmaterial verwendet werden

Akonit [*gr.-lat.*] *das*; -s, -e: Eisenhut, Sturmhut (zur Familie der → Ranunkulazeen gehörende Pflanzengattung mit großen blauen Blüten). **Akonitin** vgl. Aconitin

Akonto [*it.*] *das*; -s, ...ten u. -s: (bes. österr.) Anzahlung. **Akontozahlung** *die*; -, -en: Anzahlung, Abschlagszahlung; vgl. a conto

Akorie

I. [*gr.*] *die*; -, ...ien: Unersättlichkeit, Gefräßigkeit.

II. [*gr.-nlat.*] *die*; -, ...ien: pupillenlose → Iris (2)

Akosmismus [*gr.-nlat.*] *der*; -: philos. Lehre, die die selbständige Existenz der Welt leugnet u. Gott als einzig wahre Wirklichkeit betrachtet (Phil., Rel.). **Akosmist** *der*; -en, -en: Vertreter des Akosmismus

akotyledon [*gr.-nlat.*]: keimblattlos (Bot.). **Akotyledone** *die*; -, -n: keimblattlose Pflanze

akquirieren [*lat.*]: 1. erwerben, anschaffen. 2. als Akquisiteur tätig sein. **Akquisiteur** [*...tör*; französierende Neubildung] *der*; -s, -e: a) Kundenwerber, Werbevertreter (bes. im Buchhandel); b) jmd., der andere dafür wirbt, daß sie Anzeigen in eine Zeitung setzen lassen. **Akquisiteurin** [*...törin*] *die*; -, -nen: weibliche Form zu Akquisiteur. **Akquisition** [*...zion*; *lat.* (*-fr.*)] *die*; -, -en: 1. [vorteilhafte od. schlechte] Erwerbung. 2. Kundenwerbung durch Vertreter (bes. bei Zeitschriften-, Theater- u. anderen Abonnements). **Akquisitor** [auch: *...tor*] *der*; -s, -en: (österr.) = Akquisiteur. **akquisitorisch** [*lat.-nlat.*]: die Kundenwerbung betreffend

akral [*gr.*]: die → Akren betreffend

Akranier [*...i^e r*; *gr.-nlat.*] *die* (Plural): schädellose Meerestiere mit knorpelartigem Rückenstützorgan (z. B. Lanzettfischchen). **Akranius** *der*; -, ...nien [*...i^e n*]: Mißgeburt, bei der Schädel od. Schädeldach fehlt

Akratopege [*gr.-nlat.*] *die*; -, -n: kalte Mineralquelle (unter 20° C) mit geringem Mineralgehalt. **Akratotherme** *die*; -, -n: warme Mineralquelle (über 20° C) mit geringem Gehalt an gelösten Stoffen

Akren [*gr.-nlat.*] *die* (Plural): die äußersten (vorstehenden) Körperteile (z. B. Nase, Kinn, Extremitäten). **Akrenzephalon** *das*; -s, ...la = Telenzephalon

Akribie [*gr.*] *die*; -: höchste Genauigkeit, Sorgfalt in bezug auf die Ausführung von etwas. **akribisch**: mit Akribie, sehr genau, sorgfältig und gewissenhaft [ausgeführt]. **akribistisch**: intensivierend für → akribisch

Akridin vgl. Acridin

akritisch [*gr.-nlat.*]: ohne kritisches Urteil, unkritisch, kritiklos

akroamatisch [*gr.*; „hörbar, zum Anhören bestimmt"]: 1. nur für den internen Lehrbetrieb bestimmt (von Schriften des griech. Philosophen Aristoteles). 2. ausschließlich Eingeweihten vorbehalten (von Lehren griech. Philosophen). 3. nur zum Anhören bestimmt (von einer Lehrform, bei der der Lehrer vorträgt u. der Schüler zuhört); vgl. erotematisch. **Akro|an|äs|thesie** *die*; -: Empfindungslosigkeit in den → Akren (Med.). **Akrobat** *der*; -en, -en: jmd., der turnerische, gymnastische od. tänzerische Übungen beherrscht u. [im Zirkus od. Varieté] vorführt. **Akrobatik** *die*; -: a) Kunst, Leistung eines Akrobaten; b) überdurchschnittliche Geschicklichkeit u. Körperbeherrschung. **akrobatisch**: a) den Akrobaten und seine Leistung betreffend; b) körperlich besonders gewandt, geschickt. **akro|dont**: (von Zähnen) mitten auf der Kante der Kiefer sich befindend (z. B. bei Lurchen, Schlangen). **Akrodynie** [*gr.-nlat.*] *die*; -, ...ien: Schmerz an den äußersten (vorstehenden) Körperteilen (Med.). **Akrodystonie** *die*; -, ...ien: Krampf u. Lähmung an den äußersten Enden der Gliedmaßen (Med.). **akrokarp**: die Frucht an der Spitze tragend (Bot.). **Akrokephale** vgl. Akrozephale **Akrokephalie** vgl. Akrozephalie. **Akrolein** [*gr.*; *lat.*] *das*; -s: scharf riechender, sehr reaktionsfähiger → Aldehyd. **Akrolith** [auch: *...it*; *gr.-lat.*] *der*; -s u. -en, -e[n]: altgriech. Statue, bei der die nackten Teile aus Marmor, der bekleidete Körper aus schlechterem Material (z. B. Holz, Stuck) besteht. **Akromegalie** [*gr.-nlat.*] *die*; -, ...ien: abnormes Wachstum der → Akren (z. B. Nase, Ohren, Zunge, Gliedmaßen), bedingt durch eine zu hohe Ausschüttung des Wachstumshormons (Med.). **Akromikrie** *die*; -, ...ien: abnormer Kleinwuchs des Skeletts u. der → Akren (Med.). **akronychisch** od. **akronyktisch**: beim (scheinbaren) Untergang der Sonne erfolgend. **Akronym** *das*; -s, -e: → Initialwort. **akro|orogen** [*gr.*]: in der Tiefe gefaltet u. nachträglich gehoben, gebirgsbildend (Geol.). **akropetal** [*gr.*; *nlat.*; „nach oben strebend"]: aufsteigend (von den Verzweigungen einer Pflanze, der älteste Sproß ist unten, der jüngste oben; Bot.); Ggs. → basipetal. **Akrophonie** *die*; -, **akrophonische Prinzip** *das*; -n -s: Benennung der Buchstaben einer Schrift nach etwas, dessen Bezeichnung mit dem entsprechenden Laut beginnt (z. B. in der phönizischen Schrift). **Akropolis** [*gr.*] *die*; -, ...polen: hochgelegener, geschützter Zufluchtsplatz vieler griech. Städte der Antike. **Akrostichon** *das*; -s, ...chen u. ...cha: a) hintereinander zu lesende Anfangsbuchstaben, -silben od. -wörter der Verszeilen, Strophen, Abschnitte od. Kapitel, die ein Wort, einen Namen od. einen Satz ergeben; b) Gedicht, das Akrostichen enthält; vgl. Mesostichon, Telestichon. **Akroteleu-**

ton *das*; -s, ...ten u. ...ta: Gedicht, in dem Akrostichon u. → Telestichon vereint sind, so daß die Anfangsbuchstaben der Verse od. Zeilen eines Gedichts od. Abschnitts von oben nach unten gelesen u. die Endbuchstaben von unten nach oben gelesen das gleiche Wort od. den gleichen Satz ergeben. **Akroter** *der*; -s, -e, **Akroterie** [...*i*ᵉ] *die*; -, -n u. **Akroterion, Akroterium** [*gr.-lat.*] *das*; -s, ...ien [...*i*ᵉ*n*]: Giebelverzierung an griech. Tempeln

Akrotismus [*gr.*] *der*; -, ...men: Zustand des Organismus, in dem der Puls nicht mehr gefühlt werden kann (Med.)

Akrozephale, Akrokephale [*gr.-nlat.*] *der*; -n, -n: Hoch-, Spitzkopf (Med.). **Akrozephalie,** Akrokephalie *die*; -, ...ien: Wachstumsanomalie, bei der sich eine abnorm hohe u. spitze Schädelform ausbildet (Med.). **Akrozyanose** *die*; -, -n: bläuliche Verfärbung der → Akren bei Kreislaufstörungen; Med.). **Akrylsäure** vgl. Acrylsäure

Akt [*lat.*] *der*; -[e]s, -e: 1. a) Vorgang, Vollzug, Handlung; b) feierliche Handlung, Zeremoniell (z. B. in Zusammensetzungen: Staatsakt, Festakt). 2. Abschnitt, Aufzug eines Theaterstücks. 3. künstlerische Darstellung des nackten menschlichen Körpers. 4. = Koitus. 5. = Akte. **Aktant** [*lat.-fr.*] *der*; -en, -en: vom Verb gefordertes, für die Bildung eines grammat. Satzes obligatorisches Satzglied (z. B. der Gärtner bindet *die Blumen*; Sprachw.); vgl. Valenz. **Akte** *die*; -, -n, österr. auch: Akt *der*; -[e]s, -e: [geordnete] Sammlung zusammengehörender Schriftstücke. **Aktei** *die*; -, -en: Aktensammlung. **Akteur** [*aktör*; *lat.-fr.*] *der*; -s, -e: 1. handelnde Person. 2. Schauspieler. **Aktfoto** *das*; -s, -s, **Aktfotografie** *die*; -, -n: → Fotografie (2) eines Aktes (3). **Aktie** [*akzi*ᵉ; *lat.-niederl.*] *die*; -, -n: Anteilschein am Grundkapital einer Aktiengesellschaft. **Aktiengesellschaft** *die*; -, -en: Handelsgesellschaft, deren Grundkapital (Aktienkapital) von Gesellschaftern (→ Aktionären) aufgebracht wird, die nicht persönlich, sondern mit ihren Einlagen für die Verbindlichkeiten haften (Abk.: AG). **Aktien|index** *der*; -es, -e: Kennziffer für die Entwicklung des Kursdurchschnitts der bedeutendsten Aktiengesellschaften. **Aktienkapital** *das*; -s, -e u. -ien [...*i*ᵉ*n*] (österr. nur so): Summe des in Aktien zerlegten Grundkapitals einer Aktiengesellschaft. **Aktienkurs** *der*; -es, -e: an der Börse festgestellter Preis von Wertpapieren

Aktin [*gr.*] *das*; -s, -e: Eiweißverbindung im Muskel (Biochem.). **Aktinide[n]** vgl. Actinide[n]. **Aktinie** [...*i*ᵉ] *die*; -, -n: Seeanemone. **aktinisch**: a) radioaktiv (von Heilquellen); b) durch Strahlung hervorgerufen (z. B. von Krankheiten). **Aktinität** [*gr.-lat.*] *die*; -: photochemische Wirksamkeit einer Lichtstrahlung, bes. ihre Wirkung auf fotografisches Material. **Aktinium** vgl. Actinium. **aktino..., Aktino...** [*gr.*]: in Zusammensetzungen auftretendes Bestimmungswort mit der Bedeutung „Strahl, Strahlung“, z. B. aktinomorph, Aktinometer. **Aktino|graph** [*gr.-nlat.*] *der*; -en, -en: Gerät zur Aufzeichnung der Sonnenstrahlung (Meteor.). **Aktinolith** [auch: ...*lit*] *der*; -s u. -en, -e[n]: Strahlstein (ein grünes Mineral). **Aktinometer** *das*; -s, -: Gerät zur Messung der Sonnenstrahlung (Meteor.). **Aktinometrie** *die*; -: Messung der Strahlungsintensität der Sonne (Meteor.). **aktinomorph**: strahlenförmig (z. B. von Blüten; Bot.). **Aktinomykose** *die*; -, -n: Strahlenpilzkrankheit (Med.). **Aktinomyzet** *der*; -en, -en: Strahlenpilz (Fadenbakterie)

Aktion [...*zion*; *lat.*] *die*; -, -en: a) gemeinsames, gezieltes Vorgehen; b) planvolle Unternehmung, Maßnahme; in - [treten, sein]: in Tätigkeit [treten, sein]; vgl. konzertierte Aktion. **aktional:** die Aktion betreffend; vgl. ...al/...ell. **Aktionär** [*lat.-fr.*] *der*; -s, -e: Inhaber von → Aktien einer → Aktiengesellschaft. **aktionell** = aktional; vgl. ...al/...ell. **Aktionismus** *der*; -: Bestreben, das Bewußtsein der Menschen od. die bestehenden Zustände in Gesellschaft, Kunst od. Literatur durch gezielte [provozierende, revolutionäre] Aktionen zu verändern. **Aktionist** *der*; -en, -en: Vertreter des Aktionismus. **aktionistisch**: im Sinne des Aktionismus [handelnd]. **Aktionsart** *die*; -, -en: Geschehensart beim Verb (bezeichnet die Art u. Weise, wie das durch das Verb ausgedrückte Geschehen vor sich geht, z. B. iterativ: sticheln; faktitiv: fällen; Sprachw.); vgl. Aspekt (3). **Aktionspotential** [...*zial*] *das*; -s, -e: elektrische Spannungsänderung mit Aktionsströmen bei Erregung von Nerven, Muskeln, Drüsen (Biochem.). **Aktionsquotient** *der*; -en, -en: Maß für die Aktivität, die ein Sprechender durch seine Sprache ausdrückt; es wird gewonnen durch das Verhältnis aktiver Elemente (z. B. Verben) zu den qualitativen (z. B. Adjektive; Psychol.). **Aktionsradius** *der*; -, ...ien [...*i*ᵉ*n*]: Wirkungsbereich, Reichweite. **Aktionsstrom** *der*; -[e]s, ...ströme: bei der Tätigkeit eines Muskels auftretender elektrischer Strom. **Aktionsturbine** *die*; -, -n: Turbine, bei der die gesamte Energie (Wasser, Dampf od. Gas) vor dem Eintritt in das Laufrad in einer Düse in Bewegungsenergie umgesetzt wird; Gleichdruckturbine. **aktiv** [bei Hervorhebung od. Gegenüberstellung zu passiv auch: *áktif*; *lat.*]: 1. a) unternehmend, geschäftig, rührig; zielstrebig; Ggs. → inaktiv, → passiv (1 a); b) selbst in einer Sache tätig, sie ausübend (im Unterschied zum bloßen Erdulden o. ä. von etw.); Ggs. → passiv; -e Bestechung: Verleitung eines Beamten od. einer im Militär- od. Schutzdienst stehenden Person durch Geschenke, Geld o. ä. zu einer Handlung, die eine Amts- od. Dienstpflichtverletzung enthält; -e Handelsbilanz: Handelsbilanz eines Landes, bei der mehr ausgeführt als eingeführt wird; -es Wahlrecht: das Recht zu wählen; -er Wortschatz: Gesamtheit aller Wörter, die ein Sprecher in seiner Muttersprache beherrscht u. beim Sprechen verwendet. 2. a) im Militärdienst stehend (im Unterschied zur Reserve); b) als Mitglied einer Sportgemeinschaft regelmäßig an sportlichen Wettkämpfen teilnehmend. 3. = aktivisch. 4. = optisch aktiv. 5. stark reaktionsfähig (Chem.); Ggs. → inaktiv (3 a). 6. einer studentischen Verbindung mit allen Pflichten angehörend; Ggs. → inaktiv (2 b)

Aktiv

I. [*áktif*, auch: *aktif*; *lat.*] *das*; -s, -e [...*w*ᵉ]: Verhaltensrichtung des Verbs, die vom [meist in einer „Tätigkeit“ befindlichen] Subjekt her gesehen ist; z. B. Tilo *streicht* sein Zimmer; die Rosen *blühen* (Sprachw.); Ggs. → Passiv.

II. [*aktif*; *lat.-russ.*] *das*; -s, -s od. -e [...*w*ᵉ]: (DDR) Arbeitsgruppe, deren Mitglieder zusammen an der Erfüllung bestimmter gesellschaftlicher, wirtschaftlicher od. politischer Aufgaben arbeiten

Aktiva [...*wa*; *lat.*], Aktiven [...*w*ᵉ*n*]

die (Plural): Vermögenswerte eines Unternehmens auf der linken Seite der → Bilanz; Ggs. → Passiva. **Aktivator** [...*wa*...; *lat.-nlat.*] *der*; -s, ...oren: 1. Stoff, der die Wirksamkeit eines → Katalysators steigert. 2. einem nicht leuchtfähigen Stoff zugesetzte Substanz, die diesen zu einem Leuchtstoff macht (Chem.). 3. im → Serum (1a) vorkommender, die Bildung von → Antikörpern aktivierender Stoff (Med.). 4. Hilfsmittel zur Kieferregulierung

Aktive [...*w^e*; *lat.*]

I. *der*; -n, -n: a) Sportler, der regelmäßig an Wettkämpfen teilnimmt; b) Mitglied eines Karnevalvereins, das sich mit eigenen Beiträgen an Karnevalssitzungen beteiligt; c) Mitglied einer student. → Aktivitas.

II. *die*; -, -n: (veraltet) fabrikmäßig hergestellte Zigarette im Unterschied zur selbstgedrehten

Aktiven [*lat.*] vgl. Aktiva. **Aktivfinanzierung** *die*; -, -en: Überlassung von Kapital an einen Dritten. **Aktivgeschäft** *das*; -s, -e: Bankgeschäft, bei dem die Bank Kredite an Dritte gewährt; Ggs. → Passivgeschäft. **aktivieren** [...*wi*...; *lat.-fr.*]: 1. a) zu größerer Aktivität (1) veranlassen; b) in Tätigkeit setzen, in Gang bringen, zu größerer Wirksamkeit verhelfen. 2. etwas als Aktivposten in die Bilanz aufnehmen; Ggs. → passivieren (1). **Aktivierungsanalyse** *die*; -, -n: Methode zur quantitativen Bestimmung kleinster Konzentrationen eines Elements in anderen Elementen (Chem.). **Aktivierungsenergie** *die*; -, -n: 1. Energiemenge, die für die Einleitung gehemmter chem. u. physikal. Reaktionen nötig ist. 2. diejenige Energie, die einem atomaren System zugeführt werden muß, um es in einen angeregten Energiezustand zu bringen. **Aktivin** [...*win*; *lat.-nlat.*] *das*; -s: ein → Chloramin. **aktivisch** [*aktiwisch*, auch *ak*...; *lat*]: das Aktiv (I) betreffend, zum Aktiv (I) gehörend (Sprachw.); Ggs. → passivisch. **Aktivismus** [...*wi*...; *lat.-nlat.*] *der*; -: aktives Vorgehen, Tätigkeitsdrang. **Aktivist** *der*; -en, -en: 1. [zielbewußt u. zielstrebig Handelnder. 2. (DDR) jmd., der für besondere berufliche u./od. gesellschaftliche Leistungen mit dem Titel „Aktivist der sozialistischen Arbeit" ausgezeichnet worden ist. **Aktivistendissertation** *die*; -, -en: (DDR) Referat eines Aktivisten (2) über seine neue, fortschrittliche Arbeitsmethode. **Aktivitas** [...*iw*...; *nlat.*] *die*; -: Gesamtheit der zur aktiven Beteiligung in einer studentischen Verbindung Verpflichteten. **Aktivität** *die*; -, -en: 1. (ohne Plural) Tätigkeitsdrang, Betriebsamkeit, Unternehmungsgeist; Ggs. → Inaktivität (1), → Passivität (1). 2. (ohne Plural) a) Maß für den radioaktiven Zerfall, d. h. die Stärke einer radioaktiven Quelle (Chem.); vgl. Radioaktivität; b) = optische Aktivität. 3. (nur Plural) das Tätigwerden, Sichbetätigen in einer bestimmten Weise, bestimmte Handlungen, z. B. -en zu den Filmfestspielen, die kulturellen -en. **Aktivkohle** *die*; -: staubfeiner, poröser Kohlenstoff, als → Adsorbens zur Entgiftung, Reinigung od. Entfärbung benutzt (z. B. in Gasmaskenfiltern); Kurzw.: A-Kohle. **Aktivlegitimation** [...*zion*] *die*; -, -en: im Zivilprozeß die Rechtszuständigkeit auf der Klägerseite (Rechtsw.); Ggs. → Passivlegitimation. **Aktivposten** *der*; -s, -: Vermögensposten, der auf der Aktivseite der Bilanz aufgeführt ist. **Aktivprozeß** *der*; ...zesses, ...zesse: Prozeß, den jemand als Kläger führt (Rechtsw.); Ggs. → Passivprozeß. **Aktivsaldo** *der*; -s, -s, ...salden u. ...saldi: Saldo auf der Aktivseite eines Kontos; Ggs. → Passivsaldo. **Aktivstoff** *der*; -[e]s, -e: Stoff von großer chem. Reaktionsfähigkeit. **Aktivum** [...*iwum*; *lat.*] *das*; -s, ...va: (veraltet) Aktiv (I). **Aktivurlaub** *der*; -s, -e: Urlaub mit besonderen Aktivitäten, den man aktiv gestaltet im Unterschied zum „Faulenzerurlaub". **Aktivzinsen** *die* (Plural): Zinsen, die den Banken aus Kreditgeschäften zufließen; Ggs. → Passivzinsen. **Aktor** *der*; -s, ...oren: = Aktuator. **Ak|trice** [*aktriß^e*; *lat.-fr.*] *die*; -, -n: Schauspielerin. **aktual**: 1. wirksam, tätig (Philos.); Ggs. → potential (1). 2. in der Rede od. im → Kontext verwirklicht, eindeutig determiniert (Sprachw.); Ggs. → potentiell. 3. im Augenblick gegeben, sich vollziehend, vorliegend, tatsächlich vorhanden; Ggs. → potentiell. **Aktualgenese** *die*; -, -n: stufenweise sich vollziehender Wahrnehmungsvorgang, ausgehend vom ersten, noch diffusen Eindruck bis zur klar gegliederten und erkennbaren Endgestalt (Psychol.). **aktualisieren**: 1. [*lat.-nlat.*] etwas [wieder] aktuell machen, beleben, auf den neuesten Stand bringen. 2. [*lat.-nlat.-frz.*]: Varianten sprachlicher Einheiten in einem bestimmten Kontext verwenden (Sprachw.). **Aktualismus** *der*; -: a) philos. Lehre, nach der die Wirklichkeit ständig aktuales (1), nicht unveränderliches Sein ist; b) Auffassung, daß die gegenwärtigen Kräfte und Gesetze der Natur- u. Kulturgeschichte die gleichen sind wie in früheren Zeiträumen. **aktualistisch**: a) die Lehre bzw. Theorie des Aktualismus vertretend; b) die Lehre bzw. Theorie des Aktualismus betreffend. **Aktualität** [*lat.-fr.*] *die*; -, -en: 1. (ohne Plural) Gegenwartsbezogenheit, -nähe, unmittelbare Wirklichkeit, Bedeutsamkeit für die unmittelbare Gegenwart. 2. (nur Plural) Tagesereignisse, jüngste Geschehnisse. **Aktualitätenkino** *das*; -s, -s: Kino mit [durchgehend laufendem] aus Kurzfilmen verschiedener Art gemischtem Programm. **Aktualitätstheorie** *die*; -: 1. Lehre von der Veränderlichkeit, vom unaufhörlichen Werden des Seins (Philos.). 2. Lehre, nach der die Seele nicht an sich, sondern nur in den aktuellen, im Augenblick tatsächlich vorhandenen seelischen Vorgängen besteht (Psychol.). **Aktualneurose** [*lat.*; *gr.*] *die*; -, -n: durch aktuelle, tatsächlich vorhandene, vorliegende Affekterlebnisse (z. B. Schreck, Angst) ausgelöste → Neurose (Psychol.). **Aktuar** [*lat.*] *der*; -s, -e: 1. (veraltet) Gerichtsangestellter. 2. wissenschaftlicher Versicherungs- u. Wirtschaftsmathematiker. **Aktuariat** *das*; -[e]s, -e: Amt des Aktuars (1). **Aktuarius** *der*; -, ...ien [...*i^en*]: = Aktuar (1). **Aktuator** [*lat.-engl.*] *der*; -s, ...toren: Bauelement am Ausgangsteil einer Steuer- od. Regelstrecke, der in Energie- od. Massenströme eingreift u. darin als veränderlicher Widerstand wirkt. **aktuell** [*lat.-fr.*]: 1. im augenblicklichen Interesse liegend, zeitgemäß, zeitnah; Ggs. → inaktuell. 2. = aktual (2, 3), im Augenblick gegeben, vorliegend, tatsächlich vorhanden; Ggs. → potentiell. **Aktum** *das*; -s, ...ta: Objektskasus, in den das Subjekt z. B. deutscher Sätze mit intransitivem Verb in den Sprachen mit anderer Verbalauffassung gesetzt werden muß (z. B. im Tibetanischen od. vergleichsweise fr. *me voilà* für dt. *da bin ich*; frz. *il me faut un crayon* für dt. *ich brauche einen Bleistift*). **Aktuogeologie** *die*; -: Teilgebiet der Geologie, auf dem man die Vorgänge der geologischen Vergangenheit unter Beobachtung der in der Gegenwart ablaufenden Prozesse zu erklären sucht. **Aktuopaläontologie** *die*; -: Teilgebiet der Paläontologie, auf dem man die Bildungsweise paläontologischer Fossilien unter Beobachtung der in der Gegenwart ablaufenden Prozesse zu erklären sucht. **Aktus** [*lat.*] *der*; -, - [*áktuß*]: (veraltet) [Schul]feier, [Schul]aufführung

Akuem [*gr.*] *das*; -s, -e: phonisches u. artikulatorisches Element, in dem sich ein Affekt od. Gefühlszustand kundgibt

Akuiltät [*lat.*] *die*; -: akuter Krankheitsverlauf, akutes Krankheitsbild (Med.); Ggs. → Chronizität

Akulalie *die*; -, ...ien: unsinnige lautliche Äußerung bei → Aphasie. **Akumeter** *das*; -s, -: = Audiometer. **Akumeltrie** *die*; -: = Audiometrie

akuminös [*lat.-fr.*]: scharf zugespitzt

Akupressur [*lat.*] *die*; -, -en: (der Akupunktur verwandtes) Verfahren, bei dem durch kreisende Bewegungen der Fingerkuppen – unter leichtem Druck – auf bestimmten Körperstellen Schmerzen behoben werden sollen. **Akupunkteur** [...*ör*; *lat.-nlat.*] *der*; -s, -e: = Akupunkturist. **akupunktieren**: eine Akupunktur durchführen. **Akupunktur** *die*; -, -en: Heilmethode, bei der durch Einstich von Nadeln aus Edelmetall in bestimmte Hautstellen die den Hautstellen „zugeordneten" Organe geheilt werden sollen, auch bei Neuralgien, Migräne usw. angewendet. **Akupunkturist** *der*; -en, -en: jmd., der eine Akupunktur durchführt

Akusmatiker [*gr.-nlat.*] *der*; -s, -: Angehöriger einer Untergruppe der → Pythagoreer (Philos.). **Akustik** *die*; -: 1. a) Lehre vom Schall, von den Tönen; b) Schalltechnik. 2. Klangwirkung. **Akustiker** *der*; -s, -: Fachmann für Fragen der Akustik. **akustisch**: a) die Akustik (1, 2) betreffend; b) klanglich; vgl. auditiv; -e Holographie vgl. Holographie; -er Typ: Menschentyp, der Gehörtes besser behält als Gesehenes; Ggs. → visueller Typ. **Akustochemie** *die*; -: Teilgebiet der physikalischen Chemie, auf dem man sich mit der Erzeugung von Schall durch chemische Reaktionen u. mit der Beeinflussung dieser durch Schallschwingungen beschäftigt

akut [*lat.*; „scharf, spitz"]: 1. brennend, dringend, vordringlich, unmittelbar [anrührend] (in bezug auf etwas, womit man sich sofort beschäftigen muß oder was gerade unübersehbar im Vordergrund des Interesses steht). 2. unvermittelt auftretend, schnell u. heftig verlaufend (von Krankheiten u. Schmerzen; Med.); Ggs. → chronisch. **Akut** *der*; -s, -e: Betonungszeichen für den steigenden (= scharfen) Ton, z. B. é; vgl. Accent aigu. **Akutkrankenhaus** *das*; -es, ...häuser: Krankenhaus für akute (2) Krankheitsfälle

Akyn [*Turkspr.-russ.*] *der*; -s, -e: kasachischer u. kirgisischer Volkssänger; vgl. Rhapsode

akzedieren [*lat.*]: beitreten, beistimmen

Akzeleration [...*zion*; *lat.*; „Beschleunigung"] *die*; -, -en: 1. Zunahme der Umlaufgeschwindigkeit des Mondes. 2. Zeitunterschied zwischen einem mittleren Sonnen- u. einem mittleren Sterntag. 3. Änderung der Ganggeschwindigkeit einer Uhr. 4. Entwicklungsbeschleunigung bei Jugendlichen. 5. Beschleunigung in der Aufeinanderfolge der Individualentwicklungsvorgänge (Biol.); vgl. ...ation/...ierung. **Akzelerationsprinzip** *das*; -s: Wirtschaftstheorie, nach der eine Schwankung der Nachfrage nach Konsumgütern eine prozentual größere Schwankung bei den → Investitionsgütern hervorruft. **Akzelerationsprozeß** *der*; ...prozesses, ...prozesse: Beschleunigungsvorgang. **Akzelerator** [*lat.-nlat.*] *der*; -s, ...oren: 1. Teilchenbeschleuniger (Kernphysik); vgl. Synchrotron, Zyklotron. 2. Verhältniszahl, die sich aus den Werten der ausgelösten (veränderten) Nettoinvestition und der sie auslösenden (verändernden) Einkommensänderung ergibt (Wirtsch.). **akzelerieren** [*lat.*]: beschleunigen, vorantreiben; fördern. **Akzelerierung** *die*; -, -en: das Akzelerieren; vgl. ...ation/...ierung

Akzent [*lat.*; „das Antönen, das Beitönen"] *der*; -[e]s, -e: 1. Betonung (z. B. einer Silbe). 2. Betonungszeichen. 3. (ohne Plural) Tonfall, Aussprache. 4. = Accentus. **Akzentuation** [...*zion*; *lat.-mlat.*] *die*; -, -en: Betonung; vgl. ...ation/...ierung. **akzentuell** [*lat.*; mit franz. Endung gebildet]: den Akzent betreffend. **akzentuieren** [*lat.-mlat.*]: a) beim Sprechen hervorheben; b) betonen, Nachdruck legen auf etwas; -de Dichtung: Dichtungsart, in der metrische Hebungen (Versakzente) mit den sprachlichen Hebungen (Wortakzente) zusammenfallen. **Akzentuierung** *die*; -, -en: = Akzentuation; vgl. ...ation/...ierung

Akzepisse [*lat.*; „erhalten zu haben"] *das*; -, -: (veraltet) Empfangsschein. **Akzept** *das*; -[e]s, -e: 1. Annahmeerklärung des Bezogenen (desjenigen, der den Wechsel bezahlen muß) auf einem Wechsel. 2. der akzeptierte Wechsel. **akzeptabel** [*lat.-frz.*]: so beschaffen, daß man es akzeptieren, annehmen kann. **Akzeptabilität** *die*; -: a) Annehmbarkeit; b) die von einem kompetenten Sprecher als sprachlich üblich und richtig beurteilte Beschaffenheit einer sprachlichen Äußerung (Sprachw.): vgl. Grammatikalität. **Akzeptant** [*lat.*] *der*; -en, -en: 1. der durch das Akzept (1) zur Bezahlung des Wechsels Verpflichtete (der Bezogene). 2. Empfänger, Aufnehmender. **Akzeptanz** *die*; -, -en: Anklang; positive Einstellung einer Käuferschicht gegenüber einem neuen Produkt (Marketing). **Akzeptation** [...*zion*] *die*; -, -en: Annahme (z. B. eines Wechsels), Anerkennung; vgl. ...ation/...ierung. **akzeptieren**: etwas annehmen, billigen, hinnehmen. **Akzeptierung** *die*; -, -en: das Anerkennen, Einverstandensein mit etwas/jmdm.; vgl. ...ation/...ierung. **Akzeptkredit** *der*; -[e]s, -e: Einräumung eines Bankkredits durch Bankakzept. **Akzeptor** [„Annehmer, Empfänger"] *der*; -s, ...oren: 1. Stoff, dessen Atome od. Moleküle → Ionen od. → Elektronen (1) von anderen Stoffen übernehmen können (Phys.). 2. Fremdatom, das ein bewegliches → Elektron (1) einfängt (Phys.). 3. Stoff, der nur unter bestimmten Voraussetzungen von Luftsauerstoff angegriffen wird

Akzeß [*lat.*; „Zutritt, Zugang"] *der*; ...zesses, ...zesse: (österr.) 1. Zulassung zum Vorbereitungsdienst an Gerichten u. Verwaltungsbehörden. 2. Vorbereitungsdienst an Gerichten u. Verwaltungsbehörden. **Akzession** *die*; -, -en: 1. Zugang; Erwerb. 2. Beitritt [eines Staates zu einem internationalen Abkommen]. 3. Zusatz eines als Gleitlaut wirkenden Konsonanten, z. B. des t in gelegentlich (Sprachw.). **Akzessionsklausel**, *die*; -: Zusatz in einem Staatsvertrag, durch den angezeigt wird, daß jederzeit auch andere Staaten diesem Vertrag beitreten können. **Akzessionsliste** *die*; -, -n: Liste in Bibliotheken, in der neu eingehende Bücher nach der laufenden Nummer eingetragen werden. **Akzessist** [*lat.-nlat.*] *der*; -en, -en: (veraltet) Anwärter [für den Gerichts- u. Verwaltungsdienst]. **Akzessit** [*lat.*; „er ist nahe herangekommen"] *das*; -s, -s: (veraltet) zweiter od. Nebenpreis bei einem Wettbewerb. **Akzessorien** [...*iᵉn*; *lat.-mlat.*] *die* (Plural): Samenanhängsel bei Pflanzen als Fruchtfleischersatz (Bot.). **Akzessorietät** [...*i-e*...] *die*; -, -en: 1. (ohne Plural) a) Zugänglichkeit; b) Zulaßbarkeit. 2. Abhängigkeit des Nebenrechtes von dem zugehörigen Hauptrecht (Rechtsw.). **akzessorisch**: hinzutretend, nebensächlich, weniger wichtig; -e Atmung: zusätzliche Luftatmung neben der Kiemenatmung bei Fischen, die in sauerstoffarmen Gewässern leben; -e Nährstoffe: Ergänzungsstoffe zur Nahrung (Vitamine, Salze, Wasser, Spurenelemente); -e Rechte: Nebenrechte (Rechtsw.). **Akzessorium** *das*; -s, ...ien [...*iᵉn*]: (veraltet) Nebensache, Beiwerk

Akzidens [*lat.*] *das*; -, ...denzien [...*iᵉn*]: 1. (Plural auch: Akzidentia [...*zia*]) das Zufällige, nicht notwendig einem Gegenstand Zukommende, unselbständig Seiende (Philos.); Ggs. → Substanz (2). 2. (Plural fachspr. auch: Akzidentien [...*ziᵉn*]) Versetzungszeichen (♯, ♭ oder deren Aufhebung: ♮), das innerhalb eines Taktes zu den Noten hinzutritt (Mus.). **Akzidentalien** [...*iᵉn*; *mlat.*] *die* (Plural): Nebenpunkte bei einem Rechtsgeschäft (z. B. Vereinbarung einer Kündigungsfrist); Ggs. → Essentialien. **akzidentell, akzidentiell** [...*ziäl*; *lat.-mlat.-fr.*]: 1. zufällig, unwesentlich. 2. nicht zum gewöhnlichen Krankheitsbild gehörend (Med.). **Akzidenz** [*lat.*] *die*; -, -en: 1. (meist Plural) Druckarbeit, die nicht zum Buch-, Zeitungs- u. Zeitschriftendruck gehört (z. B. Drucksachen, Formulare, Prospekte, Anzeigen). 2. = Akzidens (1). **Akzidenzien** [...*iᵉn*]: *Plural* von → Akzidens. **Akzidenzsatz** *der*; -es: Herstellung (Satz) von Akzidenzen (vgl. Akzidenz 1; Druckw.)

akzipieren [*lat.*]: (veraltet) empfangen, annehmen, billigen

Akzise [*fr.*] *die*; -, -n: 1. indirekte Verbrauchs- u. Verkehrssteuer. 2. (hist.) Zoll (z. B. die Torabgabe im Mittelalter)

...**al**/...ell: Adjektivsuffixe, die oft konkurrierend nebeneinander am gleichen Wortstamm auftreten, sowohl ohne inhaltlichen Unterschied (hormonal/hormonell) als auch mit inhaltlichem Unterschied (ideal/ideell, rational/rationell, real/reell). Die Adjektive auf ...al geben meist als → Relativadjektive die Zugehörigkeit (formal, rational), die auf ...ell meist eine Eigenschaft (formell, rationell) an. Doch gibt es auch gegenteilige Differenzierungen (ideal/ideell)

à la [*fr.*]: auf, nach Art von...

à la baisse [*a la bäß*; *fr.*; „nach unten"]: auf das Fallen der Börsenkurse, z. B. - - - spekulieren; Ggs. → à la hausse

Alabaster [*gr.-lat.*] *der*; -s, -: 1. marmorähnliche, feinkörnige, reinweiße, durchscheinende Art des Gipses. 2. bunte Glaskugel, die die Kinder beim Murmelspiel gegen die kleineren Kugeln aus Ton werfen. **alabastern**: 1. aus Alabaster. 2. wie Alabaster. **Alabastron** [*gr.*] *das*; -s, Alabastren: kleines antikes Salbölgefäß

à la bonne heure! [*a la bonör*; *fr.*; „zur guten Stunde"]: so ist es recht!, das trifft sich gut!, vortrefflich!, ausgezeichnet!, bravo!

à la carte [*a la kart*; *fr.*]: nach der Speisekarte, z. B. - - - essen

à la hausse [*a la oß*; *fr.*; „nach oben"]: auf das Steigen der Börsenkurse, z. B. - - - spekulieren; Ggs. → à la baisse

à la jardinière [- - *schardiniär*; *fr.*; „nach Art der Gärtnerin"]: mit Beilage von verschiedenen Gemüsesorten (zu gebratenem od. gegrilltem Fleisch); Suppe - - -: Fleischbrühe mit Gemüsestückchen (Gastr.)

Alalie [*gr.-nlat.*; „Sprechunfähigkeit"] *die*; -, ...ien: Unfähigkeit, artikulierte Laute zu bilden

à la longue [*a la longg*(*ᵉ*); *fr.*]: auf die Dauer

Alaméricaine [*alamerikän*; *fr.*] *das*; -s: Springprüfung, in der der Parcours beim ersten Fehler beendet ist (Pferdesport)

à la mode [*a la mod*; *fr.*]: nach der neuesten Mode. **Alamodeliteratur** *die*; -: stark von ausländischen, bes. franz. Vorbildern beeinflußte Richtung der deutschen Literatur im 17. Jh. (Literaturw.). **Alamodewesen** *das*; -s: (hist.) übertriebene Ausrichtung des modisch-gesellschaftlichen u. kulturellen Lebens nach franz. Vorbild im 17. Jh. in Deutschland. **alamodisch**: das Alamodewesen betreffend

Alan *das*; -s, -e: Aluminiumwasserstoff. **Alanate** *die* (Plural): Mischhydride des Aluminiums

Alanin [*nlat.*] *das*; -s: eine der wichtigsten → Aminosäuren (Bestandteil fast aller Eiweißkörper)

Alarm [*lat.-it.*; „zu den Waffen!"] *der*; -s, -e: 1. a) Warnung bei Gefahr, Gefahrensignal; b) Zustand, Dauer der Gefahrenwarnung. 2. Aufregung, Beunruhigung. **alarmieren** [*lat.-it.* (*-fr.*)]: 1. eine Person od. Institution zu Hilfe rufen. 2. beunruhigen, warnen, in Unruhe versetzen. **Alarmpikett** *das*; -[e]s, -e: (schweiz.) Überfallkommando

Alastrim [*port.*] *das*; -s: Pockenerkrankung von gutartigem Charakter u. leichtem Verlauf; weiße Pocken (Med.)

à la suite [*a la ßwit*; *fr.*; „im Gefolge von..."]: (hist.) einem Truppenteil ehrenhalber zugeteilt (Heerw.)

Alaun [*lat.*] *der*; -s, -e: Kalium-Aluminium-Sulfat (ein Mineral). **alaunisieren**: mit Alaun behandeln

Alba [*lat.*]

I. *die*; -, ...ben: = Albe.

II. *die*; -, -s: altprovenzal. Tagelied (Minnelied)

Albanologie [*lat.-nlat.*] *die*; -: Wissenschaft von der albanischen Sprache u. Literatur

Albarello [*it.*] *das*; -s, ...lli: Apothekergefäß von zylindrischer Form

Albatros [*gr.-arab.-port.-anglo-ind.-niederl.*] *der*; -, -se: 1. großer Sturmvogel [der südlichen Erdhalbkugel]. 2. das Erreichen eines Lochs mit drei Schlägen weniger als gesetzt (Golf)

Albe [*lat.*] *die*; -, -n: weißes → liturgisches Untergewand der katholischen u. anglikanischen Geistlichen. **Albedo** *die*; -: Rückstrahlungsvermögen von nicht selbstleuchtenden, → diffus reflektierenden Oberflächen (z. B. Schnee, Eis; Phys.). **Albedometer** [*lat.*; *gr.*] *das*; -s, -: Gerät zur Messung der Albedo

Alberge [*lat.-mozarab.-span.-fr.* (od. *it.*)] *die*; -, -n: Sorte kleiner, säuerlicher Aprikosen mit festem Fleisch

Albergo [*german.-it.*] *das*; -s, -s u. ...ghi [...*gi*]: ital. Bezeichnung für: Wirtshaus, Herberge, Hotel

Albertotypie [*dt.*; *gr.*; nach dem deutschen Fotografen J. Albert] *die*; -, ...ien: a) heute veraltetes Lichtdruckverfahren; b) Erzeugnis, das durch Albertotypie hergestellt wird

Albigenser [nach der südfranz. Stadt Albi] *der*; -s, -: Angehöriger einer Sekte des 12./13. Jh.s in Südfrankreich u. Oberitalien

Albiklas [*lat.*; *gr.*] *der*; -es, -e: = Albit

Albinismus [*lat.-span.-nlat.*] *der*; -: erblich bedingtes Fehlen von → Pigment (1) bei Lebewesen. **albinitisch,** albinotisch: 1. ohne Körperpigment. 2. a) den Albinismus betreffend; b) die Albinos betreffend. **Albino** [*lat.-span.*; „Weißling"] *der*; -s, -s: 1. Mensch od. Tier mit fehlender Farbstoffbildung. 2. bei Pflanzen anomal weißes Blütenblatt o. ä. mit fehlendem Farbstoff. **albinotisch** vgl. albinitisch

Albion [*kelt.-lat.*]: alter dichterischer Name für England

Albit [auch: ...*it*; *lat.-nlat.*] *der*; -s, -e: Natronfeldspat (ein Mineral)

Albizzie [...*i*[e]; *nlat.*; nach dem ital. Naturforscher F. degli Albizzi] *die*; -, -n: tropisches Mimosengewächs

Albolit Ⓦⓩ [auch: ...*it*; *lat.*; *gr.*] *das*; -s: Phenolharz (ein Kunstharz). **Albucid** Ⓦⓩ [...*zid*; Kunstw.] *das*; -s: ein → Sulfonamid. **Albugo** [*lat.*] *die*; -, ...gines: weißer Fleck der Hornhaut (Med.). **Album** [„das Weiße, die weiße Tafel"] *das*; -s, ...ben. 1. a) eine Art Buch mit stärkeren Seiten, Blättern, auf die bes. Fotografien, Briefmarken, Postkarten geklebt o. ä. werden; b) eine Art Buch mit einzelnen Hüllen, in die Schallplatten gesteckt werden. 2. im allgemeinen zwei zusammengehörende Langspielplatten in zwei zusammenhängenden Hüllen. **Albumen** *das*; -s: Eiweiß (Med., Biol.). **Albumin** [*nlat.*] *das*; -s, -e (meist Plural): einfacher, wasserlöslicher Eiweißkörper, hauptsächlich in Eiern, in der Milch u. im Blutserum vorkommend. **Albuminat** *das*; -s, -e: Alkalisalz der Albumine. **Albuminimeter** [*lat.*; *gr.*] *das*; -s, -: Meßgerät (Röhrchen) zur Bestimmung des Eiweißgehaltes [im Harn] (Med.). **albuminoid:** eiweißähnlich; eiweißartig. **albuminös** [*nlat.*]: eiweißhaltig. **Albuminurie** [*lat.*; *gr.*] *die*; -, ...ien: Ausscheidung von Eiweiß im Harn (Med.). **Albumose** [*nlat.*] *die*; -, -n (meist Plural): Spaltprodukt der Eiweißkörper. **Albus** [*mlat.*] *der*; -, -se: Weißpfennig (eine Groschenart aus Silber, die vom 14. bis 17. Jh. am Mittel- u. Niederrhein Hauptmünze war u. in Kurhessen bis 1841 galt)

alcäisch [*alzäisch*] vgl. alkäisch

Alcantara Ⓦⓩ [Kunstw.] *das*; -[s]: hochwertiges Wildlederimitat, das für Kleidungsstücke (Mäntel, Jacken usw.) verarbeitet wird

Alcarraza [*alkarąßa*; bei span. Aussprache: ...*atha*; *arab.-span.*] *die*; -, -s: in Spanien gebräuchlicher poröser Tonkrug zum Kühlhalten von Wasser

Alcázar [*alkąthar*] vgl. Alkazar

Alchemie usw. vgl. Alchimie usw.

Alchimie [*arab.-span.-fr.*] *die*; -: 1. Chemie des Mittelalters. 2. Versuche, unedle Stoffe in edle, bes. in Gold, zu verwandeln. **Alchimist** [*arab.-span.-mlat.*] *der*; -en, -en: 1. jmd., der sich mit Alchimie (1) befaßt. 2. Goldmacher. **alchimistisch:** die Alchimie betreffend

al corso [*it.*]: zum laufenden Kurs (Börsenw.)

Alchymie usw. vgl. Alchimie

alcyonisch [*alzüo*...] vgl. alkyonisch

Aldehyd [Kurzw. aus: *Al*coholus *dehyd*rogenatus] *der*; -s, -e: chem. Verbindung, die durch teilweisen Wasserstoffentzug aus Alkoholen entsteht (Chem.)

Alderman [*ǫld*[e]*rm*[e]*n*; *engl.*] *der*; -s, ...men: (hist.) [ältester] Ratsherr, Vorsteher in angelsächsischen Ländern

Aldine [nach dem venezianischen Drucker Aldus Manutius] *die*; -, -n: 1. (ohne Plural) halbfette Antiquaschrift. 2. ein Druck von Aldus Manutius od. einem seiner Nachfolger (bes. kleinformatige Klassikerausgaben)

Aldose [Kurzw. aus: → *Ald*ehyd u. dem Suffix *-ose*] *die*; -, -n: eine Zuckerverbindung mit einer Aldehydgruppe. **Aldosteron** [Kunstw.] *das*; -s: Hormon der Nebennierenrinde. **Aldoxim** [Kunstw.] *das*; -s, -e: Produkt aus → Aldehyd u. → Hydroxylamin

Al|drey Ⓦⓩ [...*ai*; Kunstw.] *das*; -s: Aluminiumlegierung von guter elektrischer Leitfähigkeit

Ale [*e*[i]*l*; *engl.*] *das*; -s: helles englisches Bier

alea iacta est [*lat.*; „der Würfel ist geworfen"; angeblich von Caesar beim Überschreiten des Rubikon 49 v. Chr. gesprochen]: die Entscheidung ist gefallen, es ist entschieden. **Aleatorik** [*lat.-nlat.*] *die*; -: in der jüngsten Musikgeschichte Bezeichnung für eine Kompositionsrichtung, die dem Zufall breiten Raum gewährt (einzelne Klangteile werden in einer dem Interpreten weitgehend überlassenen Abfolge aneinandergereiht, so daß sich bei jeder Aufführung eines Stükkes neue Klangmöglichkeiten ergeben). **aleatorisch** [*lat.*]: vom Zufall abhängig [u. daher gewagt]; -e Verträge: Spekulationsverträge

...al/...ell: siehe: **...al**

Alençonspitze [*alangßong*...; nach dem franz. Herstellungsort] *die*; -, -n: Spitze mit Blumenmustern auf zartem Netzgrund

alert [*it.-fr.*]: munter, aufgeweckt, frisch

Aleuk|ämie *die*; -, ...ien: Leukämieform mit Auftreten von unreifen weißen Blutkörperchen, aber ohne Vermehrung derselben. **aleuk|ämisch**: das Erscheinungsbild der Aleukämie zeigend, leukämieähnlich

Aleuron [*gr.*] *das*; -s: in Form von festen Körnern od. im Zellsaft gelöst vorkommendes Reserveeiweiß der Pflanzen (Biol.)

Alex|an|driner *der*; -s, -

I. 1. Gelehrter, bes. Philosoph in Alexandria zur Zeit des → Hellenismus. 2. Anhänger einer philosophischen Strömung in der Renaissance (Alexandrismus), die sich mit der Aristotelesinterpretation befaßte.

II. [Kürzung aus: alexandrinischer Vers; nach dem franz. Alexanderepos von 1180]: sechshebiger (6 betonte Silben aufweisender) [klassischer franz.] Reimvers mit 12 od. 13 Silben

Alex|an|drit [auch: ...*it*; *nlat.*; nach dem russ. Zaren Alexander II.] *der*; -s, -e: bes. Art des → Chrysoberylls

Alexianer [*gr.*] *der*; -s, -: Angehöriger einer Laienbruderschaft

Alexie [*gr.-nlat.*] *die*; -, ...ien: Leseschwäche; Unfähigkeit, Geschriebenes zu lesen bzw. Gelesenes zu verstehen trotz intakten Sehvermögens (Med.)

Alexine [*gr.-nlat.*] *die* (Plural): natürliche, im Blutserum gebildete Schutzstoffe gegen Bakterien

alezithal [*gr.-nlat.*]: dotterarm (von Eiern; Biol.)

Alfa [*arab.*] (auch: Halfa) *die*; -: = Esparto

Alfalfa [*arab.-span.*] *die*; -: = Luzerne

alfanzen [*it.*]: 1. Possen reißen, närrisch sein. 2. schwindeln. **Alfanzerei** *die*; -, -en: 1. Possenreißerei. 2. [leichter] Betrug

Alfenid [*fr.*] *das*; -[e]s: galvanisch versilbertes Neusilber

Alferon [*lat.*; *gr.*] *das*; -s: hitzebeständiges legiertes Gußeisen

al fine [*it.*]: bis zum Schluß [eines Musikstückes]; vgl. da capo al fine

al fresco vgl. a fresco

Alge [*lat.*] *die*; -, -n: niedere Wasserpflanze

Alge|bra [österr. ...*gebra*; *arab.-roman.*] *die*; -, ...ebren: 1. (ohne Plural) Lehre von den Beziehungen zwischen math. Größen u. den Regeln, denen sie unterliegen. 2. = algebraische Struktur. **alge|braisch**: die Algebra betreffend; -e Struktur: eine Menge von Elementen (Rechenobjekten) einschließlich der zwischen ihnen definierten Verknüpfungen

Algensäure vgl. Alginsäure

Algesie [*gr.-nlat.*] *die*; -, ...ien: a) Schmerz; b) Schmerzempfindlichkeit. **Algesimeter** *das*; -s, -: Gerät zur Messung der Schmerzempfindlichkeit (Med.). **Algesiologie** *die*; -: Wissenschaftsgebiet, auf dem man sich mit dem Schmerz, seinen Ursachen, Erscheinungsweisen u. seiner Bekämpfung befaßt (Med.)

Alginat [*lat.-nlat.*] *das*; -[e]s, -e: Salz der Alginsäure. **Alginsäure** [*lat.-nlat.*; *dt.*], Algensäure *die*; -: aus Algen gewonnenes chem. Produkt von vielfacher technischer Verwendbarkeit

Algogene [*gr.*] *die* (Plural): Schmerzstoffe: schmerzerzeugende chemische Kampfstoffe

ALGOL [Kurzw. aus: *algo*rithmic *l*anguage; *engl.*] *das*; -s: Formelsprache zur Programmierung beliebiger Rechenanlagen (EDV)

Algola|gnie [*gr.-nlat.*] *die*; -, ...ien: sexuelle Lustempfindung beim Erleiden od. Zufügen von Schmerzen (Med.); vgl. Masochismus, Sadismus

Algologe [*lat.*; *gr.*] *der*; -n, -n: Algenforscher. **Algologie** *die*; -: Algenkunde. **algologisch**: algenkundlich

algomanisch: = algomisch

Algometer *das*; -s, -: = Algesimeter

algomische [nach dem Algomagebiet in Kanada] **Faltung** *die*; -n -: Faltung während des → Algonkiums (Geol.)

algonkisch: das Algonkium betreffend. **Algonkium** [*nlat.*; nach dem Gebiet der Algonkinindianer in Kanada] *das*; -s: jüngerer Abschnitt der erdgeschichtlichen Frühzeit (Geol.)

Algorithmus [*arab.-mlat.*] *der*; -, ...men: 1. (veraltet) Rechenart mit Dezimalzahlen. 2. Rechenvorgang, der nach einem bestimmten [sich wiederholenden] Schema abläuft (Arithmetik). 3. Verfahren zur schrittweisen Umformung von Zeichenreihen (math. Logik). **algorithmisch**: einem methodischen Rechenverfahren folgend

Al|graphie [Kurzw. aus *Al*uminium u. ...*graphie*] *die*; -, ...ien: 1. (ohne Plural) Flachdruckverfahren mit einem Aluminiumblech als Druckfläche. 2. ein nach diesem Druckverfahren hergestelltes Kunstblatt

Alhidade [*arab.*] *die*; -, -n: drehbarer Arm (mit Ableseeinrichtung) eines Winkelmeßgerätes

alias [*lat.*]: auch ... genannt, mit anderem Namen auch ..., auch unter dem [Deck]namen ... bekannt (in Verbindung mit einem Namen), z. B. Batz alias Michaels. **Alibi** [*lat.* (*-fr.*); „anderswo"] *das*; -s, -s: a) Beweis, Nachweis der persönlichen Abwesenheit vom Tatort zur Tatzeit des Verbrechens (Rechtsw.); b) Entschuldigung, Ausrede, Rechtfertigung. **Alibifunktion** *die*; -, -en: Funktion, etw. zu verschleiern od. als gerechtfertigt erscheinen zu lassen, die durch eine genannte Person od. einen genannten Sachverhalt erfüllt werden soll.

Alienation [*ali-enazion*] *die*; -, -en: 1. Entfremdung. 2. Veräußerung, Verkauf. 3. besondere Form einer → Psychose (Med.). **Alieni** [*lat.*] *die* (Plural): Tiere, die zufällig in ein ihnen fremdes Gebiet geraten bzw. dieses zufällig durchqueren (Zool.). **alienieren** [*ali-e*...]: 1. entfremden, abwendig machen. 2. veräußern, verkaufen

Ali|gnement [*alinjᵉmang*; *fr.*] *das*; -s, -s: 1. das Abstecken einer Fluchtlinie (= der festgesetzten Linie einer vorderen, rückwärtigen od. seitlichen Begrenzung, bis zu der etwas gebaut werden darf) [beim Straßen- oder Eisenbahnbau]. 2. Fluchtlinie [beim Straßen- od. Eisenbahnbau]. **alignieren**: abmessen, Fluchtlinien [beim Straßen- od. Eisenbahnbau] abstecken

alimentär [*lat.*]: a) mit der Ernährung zusammenhängend; b) durch die Ernährung bedingt. **Alimentation** [...*zion*; *mlat.*] *die*; -, -en: die finanzielle Leistung für den Lebensunterhalt [von Berufsbeamten], Unterhaltsgewährung in Höhe der amtsbezogenen Besoldung, Lebensunterhalt. **Alimente** [*lat.*; „Nahrung; Unterhalt"] *die* (Plural): Unterhaltsbeiträge (bes. für nichteheliche Kinder). **alimentieren** [*mlat.*]: Lebensunterhalt gewähren, unterstützen

a limine [*lat.*; „von der Schwelle"]: kurzerhand, von vornherein; ohne Prüfung in der Sache

Alinea [*lat.*; „von der [neuen] Linie"] *das*; -s, -s: (veraltet) die von vorn, mit Absatz beginnende neue Druckzeile (Abk.: Al.). **alineieren**: (veraltet) absetzen, einen Absatz machen, durch Absatz trennen (Druckw.)

aliphatische [*gr.-nlat.*] **Verbindungen** *die* (Plural): organische Verbindungen mit offenen Kohlenstoffketten in der Strukturformel (Chem.)

aliquant [*lat.*]: mit Rest teilend (der aliquante Teil einer Zahl ist jede dem Betrag nach kleinere Zahl, die nicht als Teiler auftreten kann, z. B. 4 zur Zahl 6) (Math.); Ggs. → aliquot. **aliquot**: ohne Rest teilend (der aliquote Teil einer Zahl ist jeder ihrer Teiler, z. B. 2 zur Zahl 6; Math.); Ggs. → aliquant. **Aliquote** *die*; -, -n: 1. Zahl, die eine andere Zahl ohne Rest in gleiche Teile teilt (Math.). 2. = Aliquotton. **Aliquot|ton**: *der*; -[e]s, ...töne: mit dem Grundton mitklingender Oberton (Mus.)

alitieren [Kunstw.]: = alumetieren

Aliud [*lat.*; „ein anderes"] *das*; -, Alia: Leistung, die fälschlich an Stelle der geschuldeten erbracht wird (der Gläubiger erhält etwas, was von der vertraglich festgelegten Leistung entscheidend abweicht; Rechtsw.)

Alizarin [*arab.-span.-nlat.*] *das*; -s: früher aus der Krappwurzel gewonnener, jetzt synthetisch hergestellter roter Farbstoff

Alkahest [*arab.*] *der* od. *das*; -[e]s: eine angeblich alle Stoffe lösende Flüssigkeit (Annahme der → Alchimisten 1)

alkäische [nach dem äolischen Lyriker Alkäus] **Strophe** *die*; -n -, -n -n: vierzeilige Odenstrophe der Antike (auch bei Hölderlin)

Alkalde [*arab.-span.*] *der*; -n, -n: [Straf]richter, Bürgermeister in Spanien

Alkali [auch: *al*...; *arab.*] *das*; -s, ...alien [...*iᵉn*]: → Hydroxyde der Alkalimetalle. **Alkali|ämie** *die*; -, ...ien: = Alkalose. **Alkalimetall** *das*; -s, -e: chemisch sehr reaktionsfähiges Metall aus der ersten Hauptgruppe des → Periodensystems der Elemente (z. B. Lithium, Natrium, Kalium). **Alkalime|trie** [*arab.*; *gr.*] *die*; -: Methode zur Bestimmung des genauen Laugengehaltes einer Flüssigkeit. **alkalin** [*arab.-nlat.*]: a) alkalisch reagierend; b) alkalihaltig. **Alkalinität** *die*; -: 1. alkalische Eigenschaft, Beschaffenheit eines Stoffes (Chem.). 2. alkalische Reaktion eines Stoffes (Chem.). **alkalisch**: basisch, laugenhaft; -e Reaktion: chem. Reaktion mit Laugenwirkung. **alkalisieren**: etwas alkalisch machen. **Alkalität** *die*; -: Gehalt einer Lösung an alkalischen Stoffen. **Alkaloid** [*arab.*; *gr.*] *das*; -s, -e: eine der vorwiegend giftigen stickstoffhaltigen Verbindungen basischen Charakters pflanzlicher Herkunft (Heil- u. Rauschmittel). **Alkalose** [*arab.-nlat.*] *die*; -, -n: auf Basenüberschuß od. Säuredefizit im Blut beruhender Zustand starker, bis zu Krämpfen gesteigerter Erregbarkeit (Med.). **Alkan** [Kurzw. aus: *Al*kyl u. *-an*] *das*; -s, -e (meist Plural): gesättigter Kohlenwasserstoff

Alkanna [*arab.-span.-nlat.*] *die*; -: Gattung der Rauhblattgewächse, die bes. im Mittelmeerraum vorkommt (Bot.)

Alkazar [*...asar*, auch: *...asar*; *arab.-span.*] *der*; -s, ...are u. Alcázar [*alkathar*] *der*; -[s], -es: span. Bezeichnung für: Burg, Schloß, Palast

Alken [Kurzw. aus: *Alk*yl u. *-en*] *das*; -s, -e (meist Plural): = Olefin

Alkine [Kurzw. aus: *Alk*yl u. *-in*] *die* (Plural): Acetylenkohlenwasserstoffe

Alkohol [*arab.-span.*] *der*; -s, -e: 1. organische Verbindung mit einer od. mehreren → Hydroxylgruppen. 2. (ohne Plural) → Äthylalkohol (Bestandteil aller alkoholischen Getränke). 3. (ohne Plural) alkoholisches Getränk; vgl. Alkoholika. **Alkoholat** [*arab.-span.-nlat.*] *das*; -s, -e: Metallverbindung eines Alkohols (1). **Alkoholika** *die* (Plural): alkoholische Getränke; vgl. Alkohol (3). **Alkoholiker** *der*; -s, -: Gewohnheitstrinker. **alkoholisch**: 1. den → Äthylalkohol betreffend, mit diesem zusammenhängend. 2. Weingeist enthaltend, Weingeist enthaltende Getränke betreffend. **alkoholisieren**: 1. mit Alkohol versetzen. 2. jmdn. betrunken machen. **alkoholisiert**: unter der Wirkung alkoholischer Getränke stehend, [leicht] betrunken. **Alkoholismus** *der*; -: 1. zusammenfassende Bezeichnung für verschiedene Formen der schädigenden Einwirkungen, die übermäßiger Alkoholgenuß im Organismus hervorruft. 2. Trunksucht

Alkor ⓦ [Stern im Großen Wagen] *das*; -s: eine → Folie (I, 1) aus Kunststoff

Alkoven [*...wen*, auch: *al...*; *arab.-span.-fr.*] *der*; -s, -: Bettnische, Nebenraum

Alkyl [*arab.*; *gr.*] *das*; -s, -e: einwertiger Kohlenwasserstoffrest, dessen Verbindung z. B. mit einer → Hydroxylgruppe einfache Alkohole liefert (Chem.). **Alkylation** [*...zion*; *nlat.*] *die*; -: Einführung von Alkylgruppen in eine organische Verbindung; vgl. ...ation/...ierung. **Alkylen** *das*; -s, -e (meist Plural): (veraltet) → Olefin. **alkylieren**: eine Alkylgruppe in eine organische Verbindung einführen. **Alkylierung** *die*: -: = Alkylation: vgl. ...ation/...ierung

alkyonisch [*gr.*]: (dichterisch) heiter, friedlich

alla breve [- *brewe*; *it.*]: beschleunigt (Taktart, bei der nicht nach Vierteln, sondern nach Halben gezählt wird; Mus.)

Allach|ästhesie [*gr.*] *die*; -, ...ien: Reizempfindung an einer anderen als der gereizten Stelle (Psychol.)

Allah [*arab.*; „der Gott"]: Name Gottes im → Islam

alla marcia [- *martscha*; *it.*]: nach Art eines Marsches, marschmäßig (Vortragsanweisung; Mus.)

Allantoin [*...o-in*; *gr.-nlat.*]: *das*; -s: Produkt des Harnstoffwechsels. **Allantois** [*...o-iß*] *die*; -: Urharnsack (→ embryonales Organ der Reptilien, Vögel u. Säugetiere einschließlich des Menschen)

alla polacca [- *...ka*; *it.*]: in der Art einer → Polonäse (Vortragsanweisung; Mus.)

alla prima [*it.*; „aufs erste"]: Malweise mit einmaligem Auftragen der Farbe, ohne Unter- od. Übermalung

allargando [*it.*]: langsamer, breiter werdend (Vortragsanweisung; Mus.)

alla rinfusa [*it.*]: Verladung soll in loser Schüttung erfolgen (z. B. bei Getreide)

Allasch [Ort bei Riga] *der*; -s, -e: ein Kümmellikör

alla tedesca [*...äßka*; *it.*]: nach Art eines deutschen Tanzes, im deutschen Stil (Vortragsanweisung; Mus.)

Allativ [auch: *...tif*; *lat.-nlat.*] *der*; -s, -e [*...we*]: Kasus, der das Ziel angibt (bes. in den finnisch-ugrischen Sprachen vorkommend; Sprachw.)

alla turca [*...ka*; *it.*]: in der Art der türkischen Musik (in bezug auf Charakter u. Vortrag eines Musikstücks; Mus.)

Allautal ⓦ [Kunstw.] *das*; -s: mit Reinaluminium plattiertes → Lautal

alla zingarese [*it.*]: in der Art der Zigeunermusik (in bezug auf Charakter u. Vortrag eines Musikstücks; Mus.); vgl. all'ongharese

Allee [*lat.-fr.*; „Gang"] *die*; -, Alleen: sich lang hinziehende, gerade Straße, die auf beiden Seiten gleichmäßig von hohen, recht dicht beieinander stehenden Bäumen begrenzt ist

Allegat [*lat.-nlat.*] *das*; -[e]s, -e: Zitat, angeführte Bibelstelle. **Allegation** [*...zion*; *lat.*] *die*; -, -en: Anführung eines Zitats, einer Bibelstelle. **Allegatstrich** *der*; -s, -e: Strich als Hinweis auf eine Briefanlage. **allegieren**: ein Zitat, eine Bibelstelle anführen

Allegorese [*gr.-nlat.*] *die*; -, -n: Auslegung von Texten, die hinter dem Wortlaut einen verborgenen Sinn sucht. **Allegorie** [*gr.-lat.*; „das Anderssagen"] *die*; -, ...ien: rational faßbare Darstellung eines abstrakten Begriffs in einem Bild, oft mit Hilfe der Personifikation (bildende Kunst, Literatur). **Allegorik** *die*; -: a) allegorische Darstellungsweise; b) das Gesamt der Allegorien [in einer Darstellung]. **allegorisch**: sinnbildlich, gleichnishaft. **allegorisieren**: etwas mit einer Allegorie darstellen, versinnbildlichen. **Allegorismus** *der*; -, ...men: Anwendung der Allegorie

alle|gretto [*lat.-vulgärlat.-it.*]: weniger schnell als allegro, mäßig schnell, mäßig lebhaft (Vortragsanweisung; Mus.). **Allegretto** *das*; -s, -s u. ...tti: mäßig schnelles Musikstück. **alle|gro**: lebhaft, schnell; - m a n o n t a n t o: nicht allzu schnell; - m a n o n t r o p p o: nicht so sehr schnell (Vortragsanweisung; Mus.). **Alle|gro** *das*; -s, -s u. ...gri: schnelles Musikstück. **Alle|groform** *die*; -, -en: durch schnelles Sprechen entstandene Kurzform (z. B. *gnä' Frau* für *gnädige Frau*; Sprachw.)

allel [*gr.-nlat.*]: sich entsprechend (von den → Genen eines → diploiden Chromosomensatzes). **Allel** *das*; -s, -e (meist Plural): eine von mindestens zwei einander entsprechenden Erbanlagen → homologer → Chromosomen (Biol.). **Allelie** *die*; -, (auch:) **Allelomorphismus** *der*; -: Zusammengehörigkeit von Allelen; verschiedene Zustände einer Erbeinheit (z. B. für die Blütenfarbe: Weiß, Rot, Blau o. ä.; Biol.). **Allelopathie** *die*; -: gegenseitige Wirkung von Pflanzen aufeinander; Bot.)

alleluja usw. vgl. halleluja usw.

Allemande [*alemangde*; *german.-mlat.-fr.*; „deutscher (Tanz)"] *die*; -, -n: a) alte Tanzform in gemäßigtem Tempo; b) Satz einer → Suite (3)

all|ẹrg [*gr.-nlat.*]: (veraltet) allergisch. **allẹrge Wịrtschaft** *die*; -n -: Wirtschaft, in der die Besitzer knapper Produktionsmittel auf Grund dieser Vorzugsstellung ein Einkommen erzielen, das nicht auf eigener Arbeitsleistung beruht; Ggs. → auterge Wirtschaft. **All|ergẹn** *das*; -s, -e: Stoff (z. B. Blütenpollen), der bei entsprechend disponierten Menschen Krankheitserscheinungen (z. B. Heuschnupfen) hervorrufen kann (Med.). **All|ergie** *die*; -, ...ien: vom normalen Verhalten abweichende Reaktion des Organismus auf bestimmte (körperfremde) Stoffe (z. B. Heuschnupfen, Nesselsucht); Überempfindlichkeit. **All|ẹrgiker** *der*; -s, -: jmd., der für Allergien anfällig ist. **all|ẹrgisch:** 1. die Allergie betreffend. 2. überempfindlich, eine Abneigung gegen etwas od. jmdn. empfindend. **All|ergologe** *der*; -n, -n: Wissenschaftler auf dem Gebiet der Allergologie. **Allergologie** *die*; -: med. Forschungsrichtung, bei der man sich mit der Untersuchung der verschiedenen Allergien befaßt. **All|ergọse** *die*; -, -n: allergische Krankheit

allez! [*ale*; *lat.-fr.*; „geht!"]: vorwärts!; los, setzt euch/setz dich in Bewegung!

Alliance [*aliangß*] vgl. Allianz. **Allianz** [*lat.-fr.*] *die*; -, -en u. Alliance [*aliangß*; *lat.-fr.*] *die*; -, -n [*aliangßen*]: Bündnis, Verbindung, Vereinigung

Allicin vgl. Allizin

Alligation [*...zion*; *lat.*] *die*; -, -en: Mischung (meist von Metallen); Zusatz

Alligator [*lat.-span.-engl.*] *der*; -s, ...oren: zu den Krokodilen gehörendes Kriechtier im tropischen u. subtropischen Amerika u. in Südostasien

alliieren [*lat.-fr.*]: verbünden. **Alliierte** *der* u. *die*; -n, -n: a) Verbündete[r]; b) (Plural) die im 1. u. 2. Weltkrieg gegen Deutschland verbündeten Staaten, heute bes. Frankreich, Großbritannien, USA [u. Rußland bzw. die Sowjetunion]

Alliin [*lat.-nlat.*] *das*; -s: Aminosäure der Knoblauchzwiebel u. anderer Laucharten, Grundstoff des → Allizins

Allional Ⓦ [Kunstw.] *das*; -s: Schlafmittel der Barbitursäurereihe

Alliteration [*...zion*; *lat.-nlat.*] *die*; -, -en: Stabreim, gleicher Anlaut der betonten Silben aufeinanderfolgender Wörter (z. B. bei *W*ind und *W*etter). **Alliterationsvers** *der*; -es, -e: Stabreimvers, stabender Langzeilenvers der altgerman. Dichtung. **alliterieren:** den gleichen Anlaut haben

allitische [*lat.*; *gr.*] **Verwitterung** *die*; -n -: Verwitterung in winterfeuchtem Klima, bei der Aluminiumverbindungen entstehen

Allizin, chem. fachspr.: Allicin [*...iz...*; *lat.-nlat.*] *das*; -s: keimtötender, die Bakterienflora des Magen-Darm-Kanals regulierender Wirkstoff des Knoblauchs

Allobar [*gr.-nlat.*] *das*; -s, -e: chem. Element, bei dem die Anteile der verschiedenen → Isotope nicht der in der Natur vorkommenden Zusammensetzung entsprechen (z. B. durch künstliche Anreicherung eines Isotops). **Allo|chorie** [*...kori*] *die*; -: Verbreitung von Früchten u. Samen bei Pflanzen durch Einwirkung besonderer, von außen kommender Kräfte (z. B. Wind, Tiere, Wasser). **allochromatisch** [*...kro...*]: verfärbt (durch geringe Beimengungen anderer Substanzen); Ggs. → idiochromatisch. **allo|chthon** [*...chton*]: an anderer Stelle entstanden, nicht am Fundplatz heimisch (von Lebewesen u. Gesteinen; Geol. u. Biol.); Ggs. → autochthon (2)

Allod [*germ.*] *das*; -s, -e u. Allodium [*germ.-mlat.*] *das*; -s, ...ien [*...ien*]: im mittelalterlichen Recht der persönliche Besitz, das Familienerbgut, im Gegensatz zum Lehen od. grundherrlichen Land (Rechtsw.). **allodial:** zum Allod gehörend. **Allodifikation** [*...zion*], **Allodifizierung** [*mlat.-nlat.*] *die*; -, -en: (hist.) Umwandlung eines Lehnguts in eigenen Besitz (Rechtsw.); vgl. ...ation/...ierung. **Allodium** vgl. Allod

Allogamie [*gr.-nlat.*] *die*; -, ...ien: Fremdbestäubung von Blüten. **allogam:** a) fremdbestäubend; b) von anderen Pflanzen bestäubt. **Allograph** *das*; -s, -e: 1. stellungsbedingte → Variante (4) eines → Graphems, die in einer bestimmten graphemischen Umgebung vorkommt (z. B. ha*ss*en u. Ha*ß*; Sprachw.). 2. Buchstabe in einer von mehreren möglichen graphischen Gestaltungen in Druck- u. Handschriften (z. B. a, a, A, A). **Allokarpie** *die*; -, ...ien: Fruchtbildung auf Grund von Fremdbestäubung.

Allokation [*...zion*; *lat.*] *die*; -, -en: Zuweisung von finanziellen Mitteln, Produktivkräften u. Material (Wirtsch.)

Allokution [*...zion*; *lat.*; „das Anreden"] *die*; -, -en: päpstliche Ansprache, eine der Formen offizieller mündlicher Mitteilungen des Papstes

Allolalie [*gr.-nlat.*] *die*; -, ...ien: das Fehlsprechen Geisteskranker (Med., Psychol.). **Allome|trie** *die*; -, ...ien: das Vorauseilen bzw. Zurückbleiben des Wachstums von Gliedmaßen, Organen od. Geweben gegenüber dem Wachstum des übrigen Organismus (Med., Biol.); Ggs. → Isometrie. **allometrisch:** unterschiedliche Wachstumsgeschwindigkeit zeigend im Verhältnis zur Körpergröße od. zu anderen Organen (von Gliedmaßen, Organen od. Geweben; Med., Biol.). **allomorph** = allotrop. **Allomorph** *das*; -s, -e: → Variante (4) eines → Morphems, die in einer bestimmten phonemischen, grammatikalischen od. lexikalischen Umgebung vorkommt (z. B. das Pluralmorphem in: die Bett*en*, die Kind*er*; Sprachw.). **Allomorphie** = Allotropie

all'ongarese vgl. all'ongharese

Allonge [*alongsche*; *lat.-fr.*] *die*; -, -n: 1. Verlängerungsstreifen bei Wechseln für → Indossamente. 2. das Buchblatt, an dem ausfaltbare Karten od. Abbildungen befestigt sind. **Allongeperücke** *die*; -, -n: Herrenperücke mit langen Locken (17. u. 18. Jh.)

all'ongharese [*...ongga...*; *it.*; „in der ungarischen Art"]: in der Art der Zigeunermusik (meist in Verbindung mit „Rondo", musikalische Satzbezeichnung [für den Schlußteil eines Musikstücks] in der klassisch-romantischen [Kammer]musik); → alla zingarese

allons! [*along*; *lat.-fr.*; „laßt uns gehen"!]: vorwärts!, los! **Allons, enfants de la patrie!** [*alongsangfang de la patri*; *fr.*; „Auf, Kinder des Vaterlandes"]: Anfang der französischen Nationalhymne; vgl. Marseillaise

all|onym [*gr.-nlat.*]: mit einem anderen, fremden Namen behaftet. **All|onym** *das*; -s, -e: Sonderform des → Pseudonyms, bei der der Name einer bekannten Persönlichkeit verwendet wird. **Allopath** *der*; -en, -en: Anhänger der Allopathie. **Allopathie** *die*; -: Heilverfahren, das Krankheiten mit entgegengesetzt wirkenden Mitteln zu behandeln sucht; Ggs. → Homöopathie. **allopathisch:** die Allopathie betreffend. **Allophon** *das*; -s, -e: phonetische Variante (4) des → Phonems in einer bestimmten Umgebung von Lauten (z. B. ch in: ich u. Dach; Sprachw.). **Allo|plastik** *die*; -, -en: Verwendung anorganischer Stoffe als Gewebeersatz (z. B. Elfenbeinstifte, Silberplatten); vgl. Prothetik. **Allopoly|ploidie** [...*plo-i*...] *die*; -: Vervielfachung des Chromosomensatzes eines Zellkerns durch Artenkreuzung. **Allor|rhizie** *die*; -: Bewurzelungsform der Samenpflanzen, bei der die Primärwurzel alleiniger Träger des späteren Wurzelsystems ist (Biol.); Ggs. → Homorrhizie. **Allosem** [*gr.*] *das*; -s, -e: im Kontext realisierte Bedeutungsvariante eines → Semems. **allothigen**: nicht am Fundort, sondern an anderer Stelle entstanden (von Bestandteilen mancher Gesteine; Geol.); Ggs. → authigen. **Allo|tria** *die* (Plural), heute meist: Allotria *das*; -[s]: mit Lärm, Tumult o. ä. ausgeführter Unfug, Dummheiten. **allo|triomorph**: nicht von eigenen Kristallflächen begrenzt (von Mineralien; Geol.); Ggs. → idiomorph. **allo|trop**: a) zur → Allotropie fähig; b) durch Allotropie bedingt. **allo|troph**: in der Ernährung auf organische Stoffe angewiesen (Biol.). **Allo|tropie** *die*; -: Eigenschaft eines chemischen Stoffes, in verschiedenen Kristallformen vorzukommen (z. B. Kohlenstoff als Diamant u. Graphit; Chem.)

all'ottava [...*qwa*; *it.*]: in der Oktave; a) eine Oktave höher (Zeichen: 8va....... über den betreffenden Noten); b) eine Oktave tiefer (Zeichen: 8va....... unter den betreffenden Noten)

Alloxan [Kunstw. aus: → *All*antoin u. → *Ox*alsäure] *das*; -s: Spaltungsprodukt der Harnsäure

all right! [*ol rait*; *engl.*]: richtig!, in Ordnung!, einverstanden!

Allround... [*olraund*...; *engl.*]: in Zusammensetzungen auftretendes Bestimmungswort mit der Bedeutung „allseitig, für alle Gelegenheiten". **Allroundman** [*olraundm^{e}n*; *engl.*] *der*; -, ...men: jmd., der Kenntnisse u. Fähigkeiten so gut wie auf allen od. jedenfalls auf zahlreichen Gebieten besitzt

All-Star-Band [*olßta^{r}bänd*; *engl.*] *die*; -, -s: 1. Jazzband, die nur aus berühmten Musikern besteht. 2. erstklassige Tanz- u. Unterhaltungskapelle

all'un|gherese [...*ungge*...] vgl. all'ongharese

all'unisono [*it.*]: = unisono

Allüre [*lat.-fr.*] *die*; -, -n: 1. a) Gangart [des Pferdes]; b) Fährte, Spur (von Tieren). 2. (nur Plural) Umgangsformen, [auffallendes, als Besonderheit hervorstechendes] Benehmen, [arrogantes] Auftreten

Allusion [*lat.*] *die*; -, -en: Anspielung auf Worte u. Geschehnisse der Vergangenheit (Stilk.)

alluvial [...*wi*...; *lat.-nlat.*]: das Alluvium betreffend; [durch Ströme] angeschwemmt, abgelagert (Geol.). **Alluvion** [*lat.*; „das Anspülen, die Anschwemmung"] *die*; -, -en: neu angeschwemmtes Land an Fluß-, Seeufern u. Meeresküsten (Geol.). **Alluvium** [„das Anspülen, die Anschwemmung"] *das*; -s: jüngste Zeitstufe des → Quartärs (geolog. Gegenwart); → Holozän (Geol.)

Allylalkohol [*lat.*; *gr.*; *arab.*] *der*; -s: wichtigster ungesättigter Alkohol. **Allylen** [*lat.*; *gr.*] *das*; -s: ein ungesättigter gasförmiger Kohlenwasserstoff

Alma mater [*lat.*; „nahrungspendende Mutter"] *die*; - -: Universität, Hochschule (u. zwar mit persönlichem Bezug auf den od. die dort Studierenden]

Almanach [*mlat.-niederl.*] *der*; -s, -e: 1. [bebildertes] kalendarisch angelegtes Jahrbuch. 2. [jährlicher] Verlagskatalog mit Textproben

Almandin [*mlat.-nlat.*; nach der antiken Stadt Alabanda in Kleinasien] *der*; -s, -e: Sonderform des → Granats (I), edler, roter Schmuckstein

Almemar vgl. Almemor. **Almemor** [*arab.-hebr.*] *das*; -[s]: der erhöhte Platz in der → Synagoge für die Verlesung der → Thora

Almosen [*gr.-mlat.*] *das*; -s, -: [milde] Gabe, kleine Spende für einen Bedürftigen. **Almosenier** *der*; -s, -e: Almosenverteiler, ein [geistl.] Würdenträger [am päpstlichen Hof]

Almukantarat [*arab.-mlat.*] *der*; -s, -e: Kreis der Himmelssphäre, der mit dem Horizontkreis parallel verläuft

Alnico [Kurzw.] *das*; -s: Legierung aus *Al*uminium, *Ni*ckel u. *Co*baltum (Kobalt)

Aloe [...*o-e*; *gr.-lat.*] *die*; -, -n [...*o^{e}n*]: dickfleischiges Liliengewächs der Tropen u. Subtropen

alogisch [*gr.*]: ohne → Logik, vernunftlos, -widrig

Alopezie [*gr.-nlat.*] *die*; -, ...ien: (Med.) a) krankhafter Haarausfall; vgl. Pelade; b) Kahlheit

aloxieren [Kunstw.]: = eloxieren

Alpacca vgl. Alpaka (IV)

Alpaka

I. *das*; -s, -s: 1. [*indian.-span.*] als Haustier gehaltene Lamaart (vgl. Lama) Südamerikas. 2. (ohne Plural) die Wollhaare des Alpakas, Bestandteil des Alpakagarns.

II. *der*; -s: dichtes Gewebe in Tuch- od. Köperbindung (bestimmte Webart).

III. *die*; -: Reißwolle aus Wollmischgeweben.

IV. *das*; -s: auch: Alpacca [Herkunft unsicher] Neusilber

al pari [*it.*; „zum gleichen (Wert)"]: zum Nennwert (einer → Aktie)

Alpha [*semit.-gr.-lat.*] *das*; -[s], -s: erster Buchstabe des griech. Alphabets: *A*, *α*

Alphabet

I. [nach den ersten beiden Buchstaben des griech. Alphabets *Alpha* u. *Beta*] *das*; -[e]s, -e: festgelegte Reihenfolge der Schriftzeichen einer Sprache.

II. [Rückbildung zu → Analphabet] *der*; -en, -en: jmd., der lesen kann

alphabetisch: der Reihenfolge des Alphabets folgend. **alphabetisieren**: 1. nach der Reihenfolge der Buchstaben (im Alphabet) ordnen. 2. einem → Analphabeten Lesen u. Schreiben beibringen. **alphamerisch**: = alphanumerisch. **alphanumerisch** [*gr.*; *lat.*]: 1. Dezimalziffern u. Buchstaben enthaltend (vom Zeichenvorrat eines Alphabetes der Informationsverarbeitung; EDV); -e Tastatur: Tastatur für Alphabet- u. Ziffernlochung. 2. mit Hilfe von römischen od. arabischen Ziffern, von Groß- u. Kleinbuchstaben gegliedert. **Alpha privativum** [- ...*watiwum*] *das*; - - : griech. Präfix, das das folgende Wort verneint. **Alpharhythmus** *der*; -: typische Wellenform, die im → Elektroenzephalogramm eines Erwachsenen als Kennzeichen eines ruhigen und entspannten Wachzustandes sichtbar wird. **Alphastrahlen**, α-Strahlen *die* (Plural): radioaktive Strahlen, die als Folge von Kernreaktionen, bes. beim Zerfall von Atomkernen bestimmter radioaktiver Elemente, auftreten (Kernphysik). **Alphateilchen**, α-Teilchen *die* (Plural): Heliumkerne, die beim radioaktiven Zerfall bestimmter Elemente u. bei bestimmten Kernreaktionen entstehen (Bestandteil der Alphastrahlen; Kernphysik). **Alphatier** *das*; -[e]s,

-e: bei in Gruppen mit Rangordnung lebenden Tieren das Tier, das seinen Artgenossen überlegen ist u. die Gruppe beherrscht (Verhaltensforschung). **Alphatron** [*gr.-nlat.*] *das*; -s, ...one (auch: -s): Meßgerät für kleine Gasdrücke; vgl. Vakuummeter

Alpiden [*lat.-nlat.*; nach den Alpen] *die* (Plural): zusammenfassende Bezeichnung für die in der Kreide u. im → Tertiär gebildeten europäischen Ketten- u. Faltengebirge (Geol.). **alpin** [*lat.*]: a) die Alpen od. das Hochgebirge betreffend; b) in den Alpen od. im Hochgebirge vorkommend; -e Kombination: Verbindung von Abfahrtslauf u. → Slalom (als skisportlicher Wettkampf). **Alpinade** *die*; -, -n: = Alpiniade. **Alpinarium** *das*; -s, ...ien [...*iᵉn*]: Naturwildpark im Hochgebirge. **Alpini** [*lat.-it.*] *die* (Plural): ital. Alpenjäger (Gebirgstruppe). **Alpiniade** *die*; -, -n: alpinistischer Wettbewerb für Bergsteiger in den osteuropäischen Ländern. **Alpinismus** [*lat.-nlat.*] *der*; -: als Sport betriebenes Bergsteigen im Hochgebirge; vgl. ...ismus/...istik. **Alpinist** *der*; -en, -en: jmd., der das Bergsteigen im Hochgebirge als Sport betreibt. **Alpinistik** *die*; -: = Alpinismus; vgl. ...ismus/...istik. **Alpinum** [*lat.*] *das*; -s, ...nen: Anlage mit Gebirgspflanzen [für wissenschaftliche Zwecke]

al riverso [- ...*wär...*; *it.*], **al rovescio** [- ...*wäscho*]: in der Umkehrung, von hinten nach vorn zu spielen (bes. vom Kanon; Vortragsanweisung; Mus.)

al secco [- *ßäko*] vgl. a secco

al segno [- *ßänjo*; *it.*]: bis zum Zeichen (bei Wiederholung eines Tonstückes); Abk.: al s.

Alt [*lat.-it.*] *der*; -s, -e: 1. a) tiefe Frauen- od. Knabensingstimme; b) = Altus. 2. = Altistin. 3. Gesamtheit der Altstimmen im gemischten Chor

Altan [*lat.-it.*] *der*; -[e]s, -e u. **Altane** *die*; -, -n: Söller, vom Erdboden aus gestützter balkonartiger Anbau (Archit.)

Altar [*lat.*] *der*; -[e]s, ...täre: 1. erhöhter Aufbau für gottesdienstliche Handlungen in christlichen Kirchen. 2. heidnische [Brand]opferstätte. **Altarist** [*mlat.*] *der*; -en, -en: kath. Priester, der keine bestimmten Aufgaben in der Seelsorge hat, sondern nur die Messe liest. **Altar[s]sa|krament** *das*; -[e]s, -e: = Eucharistie (a)

Alt|azimut [*lat.*; *arab.*] *das* (auch: *der*); -s, -e: astronomisches Gerät zur Messung des → Azimuts u. der Höhe der Gestirne

Alterantia [...*zia*; *lat.*] *die* (Plural): den Stoffwechsel umstimmende Mittel (Med.). **altera pars** vgl. audiatur et altera pars. **Alteration** [...*zion*; *mlat.*] *die*; -, -en: 1. a) Aufregung, Gemütsbewegung; b) [krankhafte] Veränderung, Verschlimmerung eines Zustands (Med.). 2. chromatische (1) Veränderung eines Tones innerhalb eines Akkords (Mus.).

Alter ego [auch: - *ägo*; *lat.*; „das andere Ich"] *das*; - -: 1. sehr enger, vertrauter Freund. 2. der abgespaltene seelische Bereich bei Personen mit Bewußtseinsspaltung. 3. (bei C. G. Jung) Anima bzw. Animus (als Begriffe für die im Unterbewußten vorhandenen Züge des anderen Geschlechts). 4. Es (Begriff für das Triebhafte bei Freud). 5. ein Tier od. eine Pflanze, mit denen, nach dem Glauben vieler Naturvölker, eine Person eine besonders enge Lebens- u. Schicksalsgemeinschaft hat. **alterieren** [*lat.* (-*fr.*)]: 1. a) jmdn. aufregen, ärgern; sich -: sich aufregen, sich erregen, sich ärgern; b) etwas abändern. 2. einen Akkordton → chromatisch (1) verändern. **Alternant** *der*; -en, -en: freie od. stellungsbedingte Variante eines → Graphems, → Morphems od. → Phonems (Sprachw.); vgl. Allograph, Allomorph, Allophon. **Alternanz** [*nlat.*] *die*; -, -en: 1. Wechsel, Abwechslung, bes. im Obstbau die jährlich wechselnden Ertragsschwankungen. 2. = Alternation (3). **Alternat** *das*; -s: Wechsel der Rangordnung od. Reihenfolge im diplomatischen Verkehr, z. B. bei völkerrechtlichen Verträgen, in denen jeder Vertragspartner in der für ihn bestimmten Ausfertigung zuerst genannt wird u. zuerst unterschreibt. **Alternation** [...*zion*; *lat.*] *die*; -, -en: 1. Wechsel zwischen zwei Möglichkeiten, Dingen usw. 2. = Alternanz (1). 3. das Auftreten von Alternanten (z. B. das Vorhandensein verschiedener Endungen zur Kennzeichnung des Plurals; Sprachw.). 4. Wechsel zwischen einsilbiger Hebung u. Senkung (Metrik). **alternativ** [*lat.-fr.*]: 1. wahlweise; zwischen zwei Möglichkeiten die Wahl lassend. 2. die Idee einer anderen Lebensweise vertretend, die sich gegen herkömmliche gesellschaftliche → Normen (1 a, b) u. → Konventionen (2) richtet; sich in bewußtem Gegensatz zu etw. anderem, aber Ähnlichem befindend, eine Alternative dazu bildend, z. B. -e Verlage, -e Energien. **Alternativbewegung** *die*; -, -en: Bewegung mit dem Ziel, bes. durch alternative Lebens-, Wohn- u. Arbeitsformen umweltfreundlichere u. menschenwürdigere Lebensverhältnisse zu schaffen.

Alternative [...*wᵉ*]
I. *die*; -, -n: a) freie, aber unabdingbare Entscheidung zwischen zwei Möglichkeiten (der Aspekt des Entweder-Oder); b) Möglichkeit des Wählens zwischen zwei oder mehreren Dingen.
II. *der* od. *die*; -n, -n: Anhänger der alternativen (2) Idee

Alternativenergie *die*; -, -n [...*iᵉn*]: aus anderen Quellen (z. B. aus Sonne, Wind, Biogas) als den herkömmlichen (z. B. aus Kohle, Öl) geschöpfte Energie (2). **Alternativler** *der*; -s, -: jmd., der einer Alternativbewegung angehört. **Alternator** [*nlat.*] *der*; -s, ...oren: Schaltelement zur Realisierung einer von zwei möglichen Entscheidungen (EDV). **alternieren** [*lat.*]: [ab]wechseln, einander ablösen; -de Blattstellung: besondere Anordnung der Blätter einer Pflanze (die Blätter des jeweils nächsten Knotens stehen meist genau in den Zwischenräumen der vorangegangenen Blätter; Bot.); -des Fieber: Erkrankung mit abwechselnd fiebrigen u. fieberfreien Zuständen (Med.)

Althee [*gr.-lat.-nlat.*] *die*; -, -n: a) malvenähnliche Heilpflanze (Eibisch); b) ein aus der Altheewurzel gewonnenes Hustenmittel

Alti|graph [*lat.*; *gr.*] *der*; -en, -en: automatischer Höhenschreiber (Meteor.). **Altimeter** *das*; -s, -: Höhenmesser (Meteor.)

Altin [*türk.*] *der*; [s], -e (aber: 5 Altin): alte russische Kupfermünze

Altist [*lat.-it.*] *der*; -en, -en: Sänger (meist Knabe) mit Altstimme. **Altistin** *die*; -, -nen: Sängerin mit Altstimme. **Altokumulus** [*lat.-nlat.*] *der*; -, ...li: Haufenwolke (→ Kumulus) in mittlerer Höhe (Meteor.). **Alto|stratus** *der*; -, ...ti: Schichtwolke (→ Stratus) in mittlerer Höhe (Meteor.)

Al|truismus [*lat.-nlat.*] *der*; -: durch Rücksicht auf andere gekennzeichnete Denk- u. Handlungsweise, Selbstlosigkeit; Ggs. → Egoismus. **Al|truist** *der*; -en, -en: selbstloser, uneigennütziger Mensch; Ggs. → Egoist. **altruistisch**: selbstlos, uneigennützig, aufopfernd; Ggs. → egoistisch

Altus [*lat.*] *der*; -, ...ti: 1. falsettierende Männerstimme in Altlage (bes. in der Musik des 16.–18. Jh.s); vgl. Alt (1). 2. Sänger mit Altstimme

Altyn [*tatar.*]: = Altin

Alu *das*; -s: (ugs.) *Alu*minium. **Alu|chrom** ⓦ [...*krom*; Kurzw. aus → *Alu*minium u. → *Chrom*] *das*; -s: Werkstoffgruppe, die zur Herstellung von Widerstandslegierungen od. Heizleitern verwendet wird. **Aludur** ⓦ [Kunstw.] *das*; -s: eine Aluminiumlegierung. **Alufolie** [Kurzform aus: *Alu*minium*folie*; ...*i*ᵉ] vgl. Aluminiumfolie. **Alumen** [*lat.*] *das*; -s: = Alaun. **alumetieren** [Kunstw.], auch: alitieren: Stahl mit Aluminium bespritzen u. anschließend bei hohen Temperaturen bearbeiten. **Aluminat** [*lat.-nlat.*] *das*; -s, -e: Salz der Aluminiumsäure. **aluminieren**: Metallteile mit Aluminium überziehen. **Aluminit** [auch: ...*it*], Websterit [auch: ...*it*; nach dem engl. Entdecker Webster] *der*; -s: natürlich vorkommendes, kristallisiertes Aluminiumsulfat (vgl. Sulfat). **Aluminium** [*lat.-nlat.*] *das*; -s: chem. Grundstoff, Leichtmetall (Zeichen: Al). **Aluminiumfolie** [...*i*ᵉ] *die*; -, -n: dünne → Folie aus Aluminium. **Aluminiumlunge** *die*; -, -n: Aluminiumstaublunge (durch Ablagerung eingeatmeter Aluminiumstaubs in den unteren Lungenabschnitten hervorgerufenes Krankheitsbild). **Aluminothermie** [*lat.*; *gr.*] *die*; -: → Thermitverfahren, bei dem schwer reduzierbaren Metalloxyden Sauerstoff durch Aluminium entzogen wird

Alumnat [*lat.-nlat.*] *das*; -s, -e: 1. mit einer Lehranstalt verbundenes [kostenfreies] Schülerheim. 2. (österr.) Einrichtung zur Ausbildung von Geistlichen. 3. kirchliche Erziehungsanstalt. **Alumne** [*lat.*] *der*; -n, -n u. **Alumnus** *der*; -, ...nen: Zögling eines Alumnats

Alunit [auch: ...*it*; *lat.-nlat.*] *der*; -s: Alaunstein. **Alusil** ⓦ [Kunstwort aus *Alu*minium u. *Sil*icium] *das*; -s: eine Aluminiumlegierung zur Herstellung von Motorenkolben u. einer bestimmten Schweißdrahtsorte

alveolar [...*we*...; *lat.-nlat.*]: mit der Zunge[nspitze] an den Alveolen (a) gebildet. **Alveolar** *der*; -s, -e: mit der Zunge[nspitze] an den Alveolen (a) gebildeter Laut, Zahnlaut (→ Dental, z. B. d, s.). **alveolär**: a) mit kleinen Fächern oder Hohlräumen versehen (Med.); b) die Alveolen betreffend (Med.). **Alveolärnerven** *die* (Plural): Kiefernerven. **Alveole** *die*; -, -n (meist Plural): Hohlraum in Zellen u. Geweben, zusammenfassende Bezeichnung für: a) Knochenmulde im Ober- od. Unterkiefer, in der die Zahnwurzeln sitzen; b) Lungenbläschen. **Alveolitis** *die*; -, ...itiden: 1. Knochenhautentzündung an den Zahnfächern. 2. Entzündung der Lungenbläschen (Med.)

Alwegbahn [Kurzw.; nach dem schwed. Industriellen *A*xel *L*enhart *We*nner-*G*ren] *die*; -, -en: eine Einschienenhochbahn

a. m. = 1. [*e*ⁱ *äm*; Abk. für: ante meridiem (- ...*diäm*; *lat.* = vor Mittag)]: (engl.) Uhrzeitangabe: vormittags; Ggs. **p. m.** 2. ante mortem

amabile [*lat.-it.*]: liebenswürdig, lieblich, zärtlich (als Vortragsanweisung; Mus.)

amagnetisch [*gr.-lat.*]: nicht → magnetisch, z. B. amagnetischer Stahl

Amalgam [*mlat.*] *das*; -s, -e: eine Quecksilberlegierung. **Amalgamation** [...*zion*; *mlat.-nlat.*] *die*; -, -en: Verfahren zur Gewinnung von Gold u. Silber aus Erzen durch Lösen in Quecksilber. **amalgamieren**: 1. eine Quecksilberlegierung herstellen. 2. Gold u. Silber mit Hilfe von Quecksilber aus Erzen gewinnen. 3. verbinden, vereinigen

Amant [*amang*; *lat.-fr.*] *der*; -s, -s: Liebhaber, Geliebter

Amanuensis [*lat.*] *der*; -, ...ses [...*seß*]: (veraltet) Gehilfe, Schreiber, Sekretär [eines Gelehrten]

Amarant [*gr.-lat.*] *der*; -s, -e: 1. Fuchsschwanz, Pflanze aus der Gattung der Fuchsschwanzgewächse. 2. dunkelroter Farbstoff. **amarant[en]**: dunkelrot

Amarelle [*lat.-roman.*] *die*; -, -n: Sauerkirsche. **Amarum** [*lat.*] *das*; -s, ...ra (meist Plural): Bittermittel zur Steigerung der Magensaft- u. Speichelabsonderung (Med.)

Amaryl [*gr.*] *der*; -s, -e: künstlicher, hellgrüner → Saphir. **Amaryllis** [*gr.-lat.*] *die*; -, ...llen: eine Zierpflanze (Narzissengewächs)

amassieren [*fr.*]: (veraltet) aufhäufen

Amateur [...*tör*; *lat.-fr.*] *der*; -s, -e: a) jmd., der eine bestimmte Tätigkeit nur aus Liebhaberei, nicht berufsmäßig betreibt; b) aktives Mitglied eines Sportvereins, das eine bestimmte Sportart zwar regelmäßig, jedoch ohne Entgelt betreibt; Ggs. → Profi; c) Nichtfachmann. **Amateurismus** [*nlat.*] *der*; -: zusammenfassende Bezeichnung für alle mit dem Amateursport zusammenhängenden Vorgänge u. Bestrebungen. **Amateursport** *der*; -s: sportliche Betätigung nur aus Liebhaberei u. Freude am Spiel; Ggs. Berufssport

Amati *die*; -, -s: von einem Mitglied der ital. Geigenbauerfamilie Amati hergestellte Geige

Amaurose [*gr.-lat.*] *die*; -, -n: [völlige] Erblindung (Med.)

Amause [*fr.*] *die*; -, -n: 1. Email. 2. Schmuckstein aus Glas

Amazone [*gr.-lat.* (*-fr.*); nach dem Namen eines kriegerischen, berittenen Frauenvolkes der griech. Sage] *die*; -, -n: 1. a) Turnierreiterin; b) Fahrerin beim Motorsport. 2. sportliches, hübsches Mädchen von knabenhaft schlanker Erscheinung. 3. betont männlich auftretende Frau, Mannweib. **Amazonit** [auch: ...*it*; nach dem Amazonenstrom] *der*; -s, -e: grüner Schmuckstein (ein Mineral)

Ambassade [auch: *ang*...; *kelt.-germ.-provenzal.-it.-fr.*] *die*; -, -n: Botschaft, Gesandtschaft. **Ambassadeur** [...*dör*, auch: *ang*...] *der*; -s, -e: Botschafter, Gesandter

Ambe [*lat.-roman.*] *die*; -, -n: 1. Doppeltreffer im Lotto. 2. Verbindung zweier Größen in der Kombinationsrechnung (Math.)

Amber [*arab.-roman.*]

I. *der*; -s, -[n]: fettige Darmausscheidung des Pottwals, die als Duftstoff verwendet wird.

II. [*ämb*ᵉ*r*; *engl.*] *der*; -s: englische Bezeichnung für: Bernstein

Ambiance [*angbiangß*ᵉ; *lat.-fr.*] *die*; -: schweiz. für Ambiente. **ambidexter** [*lat.*]: mit beiden Händen gleich geschickt. **Ambidextrie** [*lat.-nlat.*] *die*; -, ...ien: Beidhändigkeit, gleich ausgebildete Geschicklichkeit beider Hände (Med.). **Ambiente** [*lat.-it.*] *das*; -: 1. in der Kunst alles, was eine Gestalt umgibt (Licht, Luft, Gegenstände). 2. die spezifische Umwelt u. das Milieu, in dem jmd. lebt, bzw. die besondere Atmosphäre, die eine Persönlichkeit umgibt od. einem Raum sein besonderes Gepräge verleiht. **ambieren** [*lat.*]: (veraltet) sich [um eine Stelle] bewerben, nach etwas trachten. **ambig, ambigu** [*angbigü*], **ambigue** [...*u*ᵉ]: mehrdeutig, doppelsinnig. **Ambigu** [*angbigü*; *lat.-fr.*] *das*; -s: 1. Gemisch entgegengesetzter Dinge. 2. kaltes

Abendessen. 3. französisches Kartenspiel. **Ambiguität** [...*u-i*...; *lat.*] *die*; -, -en: a) Mehr-, Doppeldeutigkeit von Wörtern, Werten, Symbolen, Sachverhalten; b) lexikalische od. syntaktische Mehrdeutigkeit (Sprachw.). **ambiguos:** zweideutig. **ambipolar:** beide Polaritäten betreffend. **Ambisexualität** *die*; -: = Hermaphroditismus. **Ambition** [...*zion*; *lat.-fr.*] *die*; -, -en (meist Plural): höher gestecktes Ziel, das man zu erreichen sucht, wonach man strebt; ehrgeiziges Streben. **ambitioniert:** ehrgeizig, strebsam. **ambitiös:** ehrgeizig. **Ambitus** [*lat.*; „das Herumgehen; der Umlauf; der Umfang"] *der*; -, - [*ámbitụß*]: der vom höchsten bis zum tiefsten Ton gemessene Umfang, das Sich-Erstrecken einer Melodie (Mus.). **ambivalent** [...*wa*...; *lat.-nlat.*]: doppelwertig; vgl. Ambivalenz. **Ambivalenz** *die*; -, -en: Doppelwertigkeit bestimmter Phänomene od. Begriffe, z. B. Zuneigung u. Abneigung zugleich [woraus Zwiespältigkeit, innere Zerrissenheit resultiert]

Am|blygonit [auch: ...*it*; *gr.-nlat.*] *der*; -s: ein wichtiges Mineral zur Herstellung von Lithiumsalzen. **Am|bly|opie** *die*; -, ...ien: Schwachsichtigkeit (Med.). **Amblypoden** *die* (Plural): ausgestorbene Huftiere in Elefantengröße aus dem → Tertiär

Ambo

I. [*lat.-it.*] *der*; -s, -s u. ...ben: (österr.) → Ambe.

II. auch: **Ambon** [*gr.-lat.*] *der*; -s, ...onen: erhöhtes Pult in christlichen Kirchen für gottesdienstliche Lesungen

Ambozeptor [*lat.-nlat.*] *der*; -s, ...oren: Schutzstoff im Blutserum

Ambra *die*; -, -s: = Amber (I)

Am|brosia [*gr.-lat.*] *die*; -: 1. Speise der Götter in der griech. Sage. 2. eine Süßspeise. 3. von bestimmten Insekten zu ihrem eigenen Gebrauch selbst gezüchtete Pilznahrung. **Am|brosianische** [nach dem Bischof Ambrosius von Mailand] **Liturgie** *die*; -n -: von der römischen → Liturgie abweichende Gottesdienstform der alten Kirchenprovinz Mailand. **Ambrosianische Lobgesang** *der*; -n, -s: das (fälschlich auf Ambrosius zurückgeführte) → Tedeum. **ambrosisch** [*gr.-lat.*]: 1. göttlich, himmlisch. 2. köstlich [duftend]

ambulant [*lat.-fr.*]: 1. nicht fest an einen bestimmten Ort gebunden, z. B. ambulantes Gewerbe. 2. ohne daß der Patient ins Krankenhaus aufgenommen werden muß (Med.); Ggs. → stationär; -e Behandlung: a) (sich wiederholende) Behandlung in einer Klinik ohne stationäre Aufnahme des Patienten; b) ärztliche Behandlung, bei der der Patient den Arzt während der Sprechstunde aufsucht (u. nicht umgekehrt). **Ambulanz** *die*; -, -en: 1. (veraltet) bewegliches Feldlazarett. 2. fahrbare ärztliche Untersuchungs- u. Behandlungsstelle. 3. Rettungswagen, Krankentransportwagen. 4. kleinere poliklinische Station für ambulante Behandlung, Ambulatorium. **ambulatorisch** [*lat.*]: auf das Ambulatorium bezogen; -e Behandlung = ambulante Behandlung. **Ambulatorium** *das*; -s, ...ien [...*i^{e}n*]: (DDR) Ambulanz (4). **ambulieren:** (veraltet) spazierengehen, lustwandeln

Amelie [*gr.-nlat.*] *die*; -, ...ien: angeborenes Fehlen einer od. mehrerer Gliedmaßen (Med.)

Amelioration [...*zion*; *lat.-fr.*] *die*; -, -en: Verbesserung [bes. des Ackerbodens]. **ameliorieren**: [den Ackerboden] verbessern

amen [*hebr.-gr.-lat.*; „wahrlich; es geschehe!"]: bekräftigendes Wort als Abschluß eines Gebets u. liturgische Akklamation im christlichen, jüdischen u. islamischen Gottesdienst. **Amen** *das*; -s, -: das bekräftigende Wort zum Abschluß eines Gebets; sein - zu etw. geben = einer Sache zustimmen; vgl. amen

Amendement [*amangd^{e}mang*; *lat.-fr.*] u. Amendment [^{e}*mändm^{e}nt*; *fr.-engl.*] *das*; -s, -s: 1. a) Änderungsantrag zu einem Gesetzentwurf; b) Gesetz zur Änderung od. Ergänzung eines bereits erlassenen Gesetzes (Rechtsw.). 2. Berichtigung od. Änderung der von einer Partei dargelegten Tatsachen, Behauptungen usw. im Verlauf eines gerichtlichen Verfahrens (Rechtsw.). **amendieren** [*lat.-fr.*]: ein Amendement einbringen. **Amendment** [^{e}*mänd-m^{e}nt*] vgl. Amendement

Amenor|rhö[1] [*gr.-nlat.*] *die*; -, -en u. **Amenor|rhöe** [...*rö*] *die*; -, -n [...*rö^{e}n*]: Ausbleiben bzw. Fehlen der → Menstruation (Med.). **amenor|rhoisch**: die Amenorrhö betreffend

Amentia [...*zia*; *lat.*] *die*; -, ...iae [...*iä*] u. **Amenz** *die*; -, -en: vorübergehende geistige Verwirrtheit, Benommenheit (Med.)

[1] Vgl. die Anmerkung zu Diarrhö.

Américaine [*amerikän*; *fr.*] *das* (schweiz.: *die*); -, -s [...*kän*]: Bahnradrennen für Zweiermannschaften mit beliebiger Ablösung. **American Bar** [^{e}*märik^{e}n* -; *engl.*] *die*; - -, - -s: schon am Vormittag geöffnete Hotelbar in zwanglos-einfachem Stil. **American Football** [^{e}*märik^{e}n fútbol*; *engl.*] *der*; - -[s]: = Football (2). **Americanismo** [...*ka*...] *der*; -: = Criollismo. **American way of life** [^{e}*märik^{e}n ^{u}e^i ^{e}w laif*; *engl.*] *der*; - - - - -: amerikanischer Lebensstil. **Americium** [...*zium*; *nlat.*; nach dem Kontinent Amerika] *das*; -s: chem. Grundstoff, ein → Transuran (Zeichen: Am). **Amerikana** *die* (Plural): Werke über Amerika. **amerikanisieren:** Sitten u. Gewohnheiten der USA bei jmdm. od. in einem Land einführen; nach amerikanischem Vorbild gestalten. **Amerikanismus** *der*; -, ...men: Übertragung einer für die englisch-amerikanische Sprache charakteristischen Erscheinung auf eine nicht englisch-amerikanische Sprache im lexikalischen od. syntaktischen Bereich, sowohl fälschlicherweise als auch bewußt als Entlehnung (z. B. Hippie, Playboy); vgl. Interferenz (3). **Amerikanist** *der*; -en, -en: a) Fachmann, der sich mit Sprache, Kultur u. Geschichte der USA beschäftigt; b) Fachmann, der sich mit Sprache, Kultur u. Geschichte der Indianer bzw. der altamerikanischen Kulturen beschäftigt. **Amerikanistik** *die*; -: 1. wissenschaftliche Erforschung der Geschichte, Sprache u. Kultur der USA. 2. wissenschaftliche Erforschung der Geschichte, Sprache u. Kultur des alten Amerikas. **amerikanistisch**: die Amerikanistik (1, 2) betreffend

a metà [- ...*ta*; *it.*; „zur Hälfte"]: Gewinn u. Verlust zu gleichen Teilen (Kaufmannssprache)

amethodisch [*gr.*]: ohne feste → Methode, planlos. **Amethodist** *der*; -en, -en: (veraltet; abwertend) jmd., der ohne Methode, ohne Sachkenntnis vorgeht; Quacksalber, Pfuscher

Amethyst [*gr.-lat.*] *der*; -[e]s, -e: veilchenblauer Halbedelstein (Quarz)

Ame|trie [*gr.*] *die*; -, ...ien: Ungleichmäßigkeit, Mißverhältnis. **ame|trisch** [auch: *a*...]: nicht gleichmäßig, in keinem ausgewogenen Verhältnis stehend, vom Ebenmaß abweichend. **Ametropie** [*gr.-nlat.*] *die*; -, ...ien:

Fehlsichtigkeit infolge Abweichungen von der normalen Brechkraft der Augenlinse

Ameu|blement [*amöbl^e mang*; *fr.*] *das*; -s, -s: (veraltet) Zimmer-, Wohnungseinrichtung

Ami
I. *der*; -[s], -[s]: (ugs.) Amerikaner.
II. *die*; -, -s: (ugs.) amerikanische Zigarette

Amiant [*gr.-lat.*] *der*; -s: Asbestart

Amid [*gr.-lat.-mlat.-nlat.*] *das*; -s, -e: a) chem. Verbindung des Ammoniaks, bei der ein Wasserstoffatom des Ammoniaks durch ein Metall ersetzt ist; b) Ammoniak, dessen H-Atome durch Säurereste ersetzt sind. **Amidase** *die*; -, -n: → Enzym, das Säureamide spaltet. **Amido...** = Amino...

Amikronen [*gr.*] *die* (Plural): kleinste Teilchen in → Suspensionen (2). **amikroskopisch** [auch: *a*...; *gr.*]: durch ein normales Lichtmikroskop nicht mehr sichtbar

Amikt [*lat.*] *der*; -[e]s, -e: = Humerale (1)

amiktisch [*gr.*]: nicht durchmischt; -er See: See ohne Zirkulation

Amimie [*gr.-nlat.*] *die*; -, ...ien: 1. fehlendes Mienenspiel, maskenhafte Starre des Gesichts (Med.). 2. (veraltet) a) Verlust des mimischen Ausdrucksvermögens (Med.); b) Nichtverstehen der Mimik anderer (Med.)

Amin [*nlat.*; Kurzw. aus → *Ammoniak* u. *-in*] *das*; -s, -e: chem. Verbindung, die durch Ersatz von einem od. mehreren Wasserstoffatomen durch → Alkyle aus Ammoniak entsteht. **Aminierung** *die*; -, -en: das Einführen einer Aminogruppe in eine organ. Verbindung. **Aminobenzol** *das*; -s, -e: = Anilin. **Aminoplast** [*gr.-nlat.*] *das*; -[e]s, -e: Kunstharz, das durch → Kondensation (2) von Harnstoff u. → Formaldehyd gewonnen wird. **Aminosäure** *die*; -, -n (meist Plural): organische Säure, bei der ein Wasserstoffatom durch eine Aminogruppe ersetzt ist (wichtigster Baustein der Eiweißkörper)

Amitose [*gr.-nlat.*] *die*; -, -n: einfache (direkte) Zellkernteilung (Biol.); Ggs. → Mitose. **amitotisch**: die Amitose betreffend

Amixie [*gr.*] *die*; -: das Nichtzustandekommen der Paarung zwischen Angehörigen der gleichen Art auf Grund bestimmter (z. B. geographischer) Isolierungsfaktoren; Ggs. → Panmixie (2)

Amminsalz *das*; -es, -e: = Ammoniakat. **Ammon** *das*; -s, -e: Kurzform von → *Ammon*ium. **Ammoniak** [auch: *am*...; *ägypt.-gr.-lat.*; nach dem Fundort Ammonium in Ägypten] *das*; -s: stechend riechende gasförmige Verbindung von Stickstoff u. Wasserstoff. **ammoniakalisch** [*nlat.*]: ammoniakhaltig. **Ammoniakat** *das*; -[e]s, -e: chem. Verbindung, die durch Anlagerung von Ammoniak an Metallsalze entsteht. **Ammonifikation** [...*zion*] *die*; -: → Mineralisation des Stickstoffs mit Hilfe von Mikroorganismen. **ammonifizieren**: den Stickstoff organischer Verbindungen durch Mikroorganismen in Ammoniumionen überführen

Ammonit
I. [*nlat.*; nach dem ägypt. Gott Ammon, der mit Widderhörnern dargestellt wurde] *der*; -en, -en: 1. ausgestorbener Kopffüßer der Kreidezeit. 2. spiralförmige Versteinerung eines Ammoniten (1).
II. [Kurzw. aus *Ammon*iumnitrat u. *-it*, auch: *-it*] *der*; -s, -e: Sprengstoff

Ammonium [*nlat.*] *das*; -s: aus Stickstoff u. Wasserstoff bestehende Atomgruppe, die sich in vielen chem. Verbindungen wie ein Metall verhält. **Ammoniumnitrat** *das*; -s: ein Stickstoffdünger.

Ammonshorn *das*; -[e]s, ...hörner: 1. Teil des Großhirns bei Säugetieren u. beim Menschen (Zool., Anat.). 2. = Ammonit (I, 2)

Amnesie [*gr.-nlat.*] *die*; -, ...ien: Erinnerungslosigkeit, Gedächtnisschwund; Ggs. → Hypermnesie (Med.). **Amnestie** [*gr.-lat.*; „das Vergessen; Vergebung"] *die*; -, ...ien: allgemeiner, für eine nicht bestimmte Zahl von Fällen geltender, aber auf bestimmte Gruppen von – häufig politischen – Vergehen beschränkter [gesetzlicher] Beschluß, der den Betroffenen die Strafe vollständig oder teilweise erläßt; vgl. Abolition. **amnestieren**: jmdm. [durch Gesetz] die weitere Verbüßung einer Freiheitsstrafe erlassen. **amnestisch**: die Amnesie betreffend. **Amnesty International** [*ämnißti int^ernäsch^en^el*; *engl.*] *die*; - -: 1961 gegründete Organisation zum Schutze der Menschenrechte, die Menschen, die aus politischen o. a. Gründen in Haft sind, zu helfen versucht; Abk.: ai

Amnion [*gr.-nlat.*] *das*; -s: Embryonalhülle der höheren Wirbeltiere u. des Menschen (Schafhaut, Eihaut; Biol., Med.). **Amnio|skop** *das*; -s, -e: konisch geformtes Rohr zur Durchführung der Amnioskopie. **Amnio|skopie** *die*; -, ...ien: Verfahren zur Untersuchung der Fruchtblase u. zur Beurteilung des Fruchtwassers mit Hilfe eines Amnioskops (Med.). **Amnioten** *die* (Plural): zusammenfassende systematische Bezeichnung für: Reptilien, Vögel u. Säugetiere (einschließlich des Menschen; Biol.); Ggs. → Anamnier. **amniotisch**: das Amnion betreffend. **Amniozentese** *die*; -, -n: Durchstechen des Amnions zur Gewinnung von Fruchtwasser für diagnostische Zwecke (Med.)

amöbäisch [*gr.-lat.*]: das Amöbäum betreffend. **Amöbäum** vgl. Amoibaion. **Amöbe** [*gr.-nlat.*; „Wechsel, Veränderung"] *die*; -, -n: Einzeller der Klasse der Wurzelfüßer; Krankheitserreger [der Amöbenruhr]. **Amöbia|sis** *die*; -, ...biasen: Erkrankung durch Amöbenbefall (Med.). **amöboid**: amöbenartig. **Amoibaion** [...*eub*...; *gr.*] *das*; -s, ...aia u. Amöbäum [...*ä-um*; *gr.-lat.*] *das*; -s, ...äa: Wechselgesang in der griech. Tragödie

Amok... [*malai.*]: in einem anfallartig auftretenden Affekt- u. Verwirrtheitszustand mit Panikstimmung u. aggressiver Mord- u. Angriffslust blindwütig, rasend, zerstörend u. tötend; in bestimmten Fügungen oder als Bestimmungswort, z. B. Amok laufen, Amok fahren; Amokfahrer, Amokschütze

Amom [*gr.-lat.*] *das*; -s, -e: eine tropische Gewürzpflanze

amön [*lat.*]: anmutig, lieblich. **Amönität** *die*; -: Anmut, Lieblichkeit. **Amönomanie** [*lat.*; *gr.*] *die*; -: krankhafte Heiterkeit (Psychol.)

Amoral [*gr.*; *lat.-mlat.-fr.*] *die*; -: Unmoral, Mangel an Moral u. Gesittung. **amoralisch**: a) sich außerhalb der Moral od. moralischer Bewertung befindend; b) die moralischen Grundsätze völlig mißachtend u. daher verwerflich. **Amoralismus** *der*; -: 1. gegenüber den geltenden Grundsätzen der Moral sich ablehnend verhaltende Geisteshaltung. 2. der Moral gegenüber indifferente Lebenseinstellung. **Amoralist** *der*; -en, -en: 1. Anhänger des Amoralismus. 2. amoralischer Mensch. **amoralistisch**: Grundsätzen des Amoralismus folgend. **Amoralität** *die*; -: Lebensführung ohne Rücksicht auf die geltenden Moralbegriffe

Amorces [*amorß*; *lat.-fr.*] *die* (Plural): 1. (veraltet) Zündblättchen für Kinderpistolen. 2. Abfallstücke von belichtetem Film

Amorette [*lat.*; mit franz. Endung] *die*; -, -n (meist Plural): Figur eines nackten, geflügelten, Pfeil u. Bogen tragenden kleinen Knaben (oft als Begleiter der Venus; Kunstw.). **Amor fati** [*lat.*; „Liebe zum Schicksal"] *der*; - -: Liebe zum Notwendigen u. Unausweichlichen (bei Nietzsche Zeichen menschlicher Größe). **amoroso** [*lat.-it.*]: verliebt, zärtlich (Vortragsanweisung; Mus.). **Amoroso** *der*; -s, ...osi: (veraltet) Liebhaber (Theat.)

amorph [*gr.-nlat.*]: 1. form-, gestaltlos. 2. nicht kristallin (Phys.). 3. keine Eigenschaft, kein Merkmal ausprägend (von Genen; Biol.); vgl. ...isch/-. **Amorphie** *die*; -, ...ien: 1. Mißgestaltung. 2. amorpher Zustand (eines Stoffes; Phys.). **amorphisch:** = amorph; vgl. ...isch/-. **Amorphismus** *der*; -: 1. Gestaltlosigkeit. 2. Mißgestaltung

amortisabel [*lat.-vulgärlat.-fr.*]: tilgbar. **Amortisation** [...*zion*] *die*; -, -en: 1. allmähliche Tilgung einer langfristigen Schuld nach vorgegebenem Plan. 2. Deckung der für ein Investitionsgut aufgewendeten Anschaffungskosten aus dem mit dem Investitionsgut erwirtschafteten Ertrag. 3. gesetzliche Beschränkung od. Genehmigungsvorbehalt für den Erwerb von Vermögenswerten (Rechtsw.). 4. Kraftloserklärung einer Urkunde. 5. (DDR) Abschreibung des Verschleißes, dem die Grundmittel in der Produktion ausgesetzt sind. **amortisieren**: 1. eine Schuld nach einem vorgegebenen Plan allmählich tilgen. 2. a) die Anschaffungskosten für ein Investitionsgut durch den mit diesem erwirtschafteten Ertrag decken; b) sich -: die Anschaffungskosten durch Ertrag wieder einbringen. 3. (DDR) den Verschleiß der Grundmittel in der Produktion abschreiben

Amour bleu [*amur blö*; *fr.*] *die*; - -: fr. Bez. für: Liebe unter Männern. **Amouren** [*amu*...; *lat.-fr.*] *die* (Plural): Liebschaften, Liebesverhältnisse. **amourös:** eine Liebschaft betreffend, Liebes...; verliebt

Ampelo|graphie [*gr.-nlat.*] *die*; -: Beschreibung der Traubensorten, Rebsortenkunde

Ampere [...*pär*; nach dem franz. Physiker Ampère (*ang*...)] *das*; -[s], -: Einheit der elektrischen Stromstärke (Zeichen: A). **Amperemeter** *das*; -s, -: Meßgerät für elektrische Stromstärke. **Amperesekunde** *die*; -, -n: Maßeinheit für die Menge der elektrischen Ladung, die transportiert wird, wenn Strom von 1 Ampere eine Sekunde lang fließt (1 Ampere × 1 Sekunde = 1 Coulomb; Abk.: As). **Amperestunde** *die*; -, -n: Maßeinheit für die Menge der elektrischen Ladung, die transportiert wird, wenn Strom von 1 Ampere eine Stunde lang fließt (1 Ampere × 3600 Sekunden = 3600 Coulomb; Abk.: Ah)

Ampex [Kunstw. aus *amerik. automatic programming system extended*] *die*; -: nach einem Verfahren zur Aufzeichnung von Bildimpulsen (Ampexverfahren) hergestelltes Band mit aufgezeichneten Bildfolgen

Amphet|amin [Kunstw.] *das*; -s, -e: → Weckamin, das als schnell wirkende Droge benutzt wird

amphib: = amphibisch; vgl. ...isch/-. **Amphibie** [...*bie*; *gr.-lat.*] *die*; -, -n (meist Plural) u. Amphibium *das*; -s, ...ien [...*ien*]: Lurch. **Amphibienfahrzeug** *das*; -[e]s, -e: Kraftfahrzeug, das im Wasser u. auf dem Land verwendet werden kann. **amphibisch:** 1. im Wasser u. auf dem Land lebend bzw. sich bewegend. 2. zu Lande u. zu Wasser operierend (Mil.); vgl. ...isch/-. **Amphibium** vgl. Amphibie

amphibol: = amphibolisch; vgl. ...isch/-. **Amphibol** [*gr.-nlat.*] *der*; -s, -e: Hornblende (gesteinsbildendes Mineral; Geol.). **Amphibolie** [*gr.-lat.*] *die*; -, ...ien: Doppelsinn, Zweideutigkeit, Mehrdeutigkeit; vgl. Ambiguität. **amphibolisch:** zweideutig, doppelsinnig; vgl. ...isch/-. **Amphibolit** [auch: ...*it*; *gr.-nlat.*] *der*; -s, -e: Hornblendefels, Gestein aus der Gruppe der kristallinen Schiefer (Geol.)

Amphi|brachys [...*ach*...; *gr.-lat.*; „beiderseits kurz"] *der*; -, -: dreisilbiger Versfuß, dreisilbige rhythmische Einheit eines Verses (◡–◡; antike Metrik)

Amphi|dromie [*gr.-nlat.*; „das Umlaufen"] *die*; -, ...ien: durch Überlagerung der Gezeitenströme entstehende, kreisförmig umlaufende Gezeitenbewegung (ohne Ebbe u. Flut)

Amphigonie [*gr.-nlat.*] *die*; -: zweigeschlechtliche Fortpflanzung (durch Ei u. Samenzellen; Biol.)

amphikarp [*gr.-nlat.*]: (veraltet) zur Amphikarpie fähig. **Amphikarpie** *die*; -: 1. das Hervorbringen von zweierlei Fruchtformen an einer Pflanze. 2. das Reifen der Früchte über u. unter der Erde (Biol.)

Amphi|kranie [*gr.-nlat.*] *die*; -, ...ien: Kopfschmerz in beiden Kopfhälften (Med.)

Amphi|ktyone [*gr.-lat.*; „Umwohner"] *der*; -n, -n: Mitglied einer Amphiktyonie. **Amphi|ktyonie** [*gr.*] *die*; -, ...ien: kultisch-polit. Verband von Nachbarstaaten od. -stämmen mit gemeinsamem Heiligtum im Griechenland der Antike (z. B. Delphi u. Delos). **amphi|ktyonisch**: a) nach Art einer Amphiktyonie gebildet; b) die Amphiktyonie betreffend

Amphimacer, **Amphimazer** [*gr.-lat.*; „beiderseits lang"] *der*; -s, -: dreisilbiger Versfuß, dreisilbige rhythmische Einheit eines Verses; auch → Kretikus genannt (–◡–; antike Metrik)

amphimiktisch [*gr.-nlat.*]: durch Amphimixis entstanden. **Amphimixis** *die*; -: Vermischung der Erbanlagen bei der Befruchtung (Biol.)

Amphiole ⓦ [Kurzw. aus: *Ampulle* u. *Phiole*] *die*; -, -n: Kombination aus Serum- od. Heilmittelampulle u. Injektionsspritze (Med.)

Amphioxus [*gr.-nlat.*] *der*; -: (veraltet) Lanzettfisch (schädelloser, glasheller kleiner Fisch); vgl. Branchiostoma

amphi|pneustisch [*gr.-nlat.*]: nur vorne u. hinten Atemöffnungen aufweisend (von bestimmten Insektenlarven; Biol.)

Amphipoden [*gr.-nlat.*] *die* (Plural): Flohkrebse

Amphi|prostylos [*gr.*] *der*; -, ...stylen: griech. Tempel mit Säulenvorhallen an der Vorder- u. Rückseite

amphi|stomatisch [*gr.-nlat.*]: beidseitig mit Spaltöffnungen versehen (von bestimmten Pflanzenblättern; Bot.); vgl. epistomatisch, hypostomatisch

Amphitheater [*gr.-lat.*] *das*; -s, -: meist dachloses Theatergebäude der Antike in Form einer Ellipse mit stufenweise aufsteigenden Sitzen. **amphithea|tralisch:** in der Art eines Amphitheaters

Amphora [*gr.-lat.*], **Amphore** *die*; -, ...oren: zweihenkliges enghalsiges Gefäß der Antike zur Aufbewahrung von Wein, Öl, Honig usw.

amphoter [*gr.-nlat.*; „jeder von beiden, der eine u. der andere; zwitterhaft"]: teils als Säure, teils als Base sich verhaltend (Chem.)

Ampho|tropin ⓦ [Kunstw.] *das*; -s: Mittel gegen Entzündungen der Harnwege

Am|plidyne [*lat.*; *gr.*] *die*; -, -n: Querfeldverstärkermaschine, eine elektrische Gleichstrommaschine besonderer Bauart. **Amplifikation** [...*zion*; *lat.*] *die*; -, -en: 1. kunstvolle Ausweitung einer Aussage über das zum unmittelbaren Verstehen Nötige hinaus (Stilk., Rhet.). 2. Erweiterung des Trauminhalts durch Vergleich der Traumbilder mit Bildern der Mythologie, Religion usw., die in sinnverwandter Beziehung zum Trauminhalt stehen (Psychoanalyse). **Am|plifikativsuffix** *das*; -es, -e: = Augmentativsuffix. **Am|plifikativum** [...*iwum*; *lat.-nlat.*] *das*; -s, ...iva [...*iwa*]: = Augmentativum. **am|plifizieren** [*lat.*]: a) erweitern; b) ausführen; c) etwas unter verschiedenen Gesichtspunkten betrachten; vgl. Amplifikation. **Am|plitude** [„Größe, Weite, Umfang"] *die*; -, -n: größter Ausschlag einer Schwingung (z. B. beim Pendel) aus der Mittellage (Math., Phys.). **Am|plitudenmodulation** [...*zion*] *die*; -, -en: Verfahren der Überlagerung von niederfrequenter Schwingung mit hochfrequenter Trägerwelle

Ampulle [*gr.-lat.*; „kleine Flasche; Ölgefäß"] *die*; -, -n: 1. kleiner, keimfrei verschlossener Glasbehälter für Injektionslösungen (Med.). 2. blasenförmige Erweiterung eines röhrenförmigen Hohlorgans (z. B. des Mastdarms; Med.). 3. kleine Kanne (mit Wein, Öl u. dgl.) für den liturgischen Gebrauch

Amputation [...*zion*; *lat.*] *die*; -, -en: operative Abtrennung eines Körperteils, bes. einer Gliedmaße; vgl. Ablation (2a). **amputieren** [„ringsherum wegschneiden"]: einen Körperteil operativ entfernen (Med.)

Amulett [*lat.*] *das*; -[e]s, -e: kleinerer, als Anhänger (bes. um den Hals) getragener Gegenstand in Form eines Medaillons o.ä., dem besondere, gefahrenabwehrende od. glückbringende Kräfte zugeschrieben werden; vgl. Fetisch u. Talisman

amüsant [*fr.*]: unterhaltsam, belustigend, vergnüglich. **Amüsement** [*amüsᵉmang*] *das*; -s, -s: unterhaltsamer, belustigender Zeitvertreib, [oberflächliches] Vergnügen

Amusie [*gr.-nlat.*] *die*; -: 1. a) Unfähigkeit, Musisches (= Künstlerisches) zu verstehen; b) Unfähigkeit zu musikalischem Verständnis od. zu musikalischer Hervorbringung. 2. krankhafte Störung des Singvermögens od. der Tonwahrnehmung (Med.)

amüsieren 1. jmdn. angenehm, mit allerlei Späßen unterhalten; jmdn. erheitern, belustigen. 2. sich -: a) sich vergnügen, sich angenehm die Zeit vertreiben, seinen Spaß haben; b) sich über jmdn. od. etwas lustig machen, belustigen

amusisch [*gr.-nlat.*]: ohne Kunstverständnis, ohne Kunstsinn

Amygdalin [*gr.-nlat.*] *das*; -s: blausäurehaltiges → Glykosid in bitteren Mandeln u. Obstkernen. **amygdaloid**: bittermandelähnlich

Amylacetat [*gr.*; *lat.*] *das*; -s: Essigsäureester des Amylalkohols, Lösungsmittel für Harze u. Öle. **Amyl|alkohol** *der*; -s: Hauptbestandteil der bei der alkoholischen Gärung entstehenden Fuselöle; vgl. Pentanol. **Amylase** [*gr.-nlat.*] *die*; -, -n: → Enzym, das Stärke u. → Glykogen spaltet. **Amylen** *das*; -s, -e: = Penten. **amylo..., Amylo...** [*gr.*]: in Zusammensetzungen auftretendes Bestimmungswort mit der Bedeutung „stärke..., Stärke...", z. B. amylophil, Amylolyse. **amyloid**: stärkeähnlich. **Amyloid** *das*; -s, -e: stärkeähnlicher Eiweißkörper, der durch krankhafte Prozesse im Organismus entsteht u. sich im Bindegewebe der Blutgefäße ablagert (Med.). **Amyloidose** [...*o-i...*] *die*; -, -n: Gewebsentartung (bes. in Leber, Milz, Nieren) infolge Ablagerung von Amyloiden, wodurch eine Verhärtung des Gewebes entsteht (Med.). **Amylolyse** *die*; -, -n: Stärkeabbau im Stoffwechselprozeß, Überführung der Stärke in → Dextrin (2), → Maltose od. → Glykose. **amylolytisch**: die Amylolyse betreffend. **Amylose** *die*; -: in Wasser löslicher innerer Bestandteil stärkehaltiger Körner (z. B. Getreidekörner, Erbsen). **Amylum** [*gr.-lat.*] *das*; -s: pflanzliche Stärke

amythisch [*gr.-nlat.*]: ohne Mythen (→ Mythos 1)

ana = ana partes aequales

Ana [Substantivierung der lat. Endung ...ana] *die*; -, -s: (veraltet) Sammlung von Aussprüchen od. kleineren Beiträgen zur Charakteristik berühmter Männer

Anabaptismus [*gr.-nlat.*] *der*; -: Lehre der Wiedertäufer, einer Sekte der Reformationszeit, die eine Erneuerung der Kirche erstrebte u. in der die Erwachsenentaufe üblich war. **Anabaptist** *der*; -en, -en: Wiedertäufer

anabatisch [*gr.-nlat.*]: aufsteigend (von Winden; Meteor.); Ggs. → katabatisch

Anabiose [*gr.-nlat.*; „Wiederaufleben"] *die*; -: Fähigkeit von niederen Tieren u. Pflanzensamen, länger andauernde ungünstige Lebensbedingungen (z. B. Kälte, Trockenheit) in scheinbar leblosem Zustand zu überstehen (Biol.)

anabol [*gr.-nlat.*]: die Anabolie betreffend. **Anabolie** *die*; -, ...ien: 1. Erwerb neuer Merkmale in der Individualentwicklung (Biologie). 2. = Anabolismus. **Anabolikum** *das*; -s, ...ka (meist Plural): den Aufbaustoffwechsel [des Körpereiweißes] fördernder Wirkstoff mit geringer → androgener Wirkung (Med.). **Anabolismus** *der*; -: Aufbau der Stoffe im Körper durch den Stoffwechsel; Ggs. → Katabolismus

Anachoret [...*ch*..., auch: ...*ko*... u. ...~~*ch*~~...; *gr.-lat.*, „zurückgezogen (Lebender)"] *der*; -en, -en: Klausner, Einsiedler. **anachoretisch**: einsiedlerisch

Ana|chronismus [...*kro*...; *gr.-nlat.*] *der*; -, ...men: 1. a) falsche zeitliche Einordnung von Vorstellungen, Sachen od. Personen; b) Verlegung, das Hineinstellen einer Erscheinung usw. in einen Zeitabschnitt, in den sie eigentlich – historisch gesehen – nicht hineingehört. 2. eine durch die allgemeinen Fortschritte, Errungenschaften usw. überholte od. nicht mehr übliche Erscheinung. **ana|chronistisch**: 1. den Anachronismus (1) betreffend. 2. in Anbetracht der allgemeinen Fortschritte, Errungenschaften usw. überholt, zeitwidrig; im Widerspruch zu den Fortschritten der Zeit stehend

An|acidität [...*zi*...; *gr.*; *lat.*] *die*; -: das Fehlen von freier Salzsäure im Magensaft (Med.)

Anadi|plose, Anadi|plosis [*gr.-lat.*; „Verdoppelung"] *die*; -, ...osen: Wiederholung des letzten Wortes od. der letzten Wortgruppe eines Verses od. Satzes am Anfang des folgenden Verses od. Satzes zur semantischen od. klanglichen Verstärkung (z. B. „Fern im Süd das schöne Spanien, Spanien ist mein Heimatland"; Geibel) (Rhet., Stilk.)

Anadyomene [...*mäne* od. ...*mene*, auch: ...*omene* od. ...*omene*; *gr.-lat.*; „die (aus dem Meer) Auftauchende"]: Beiname der griech. Göttin Aphrodite

an|aerob [...*a-erop*, auch: ...*är*...; *gr.-nlat.*]: ohne Sauerstoff lebend (Biol.). **An|aerobier** [...*iᵉr*] *der*; -s, - u. **An|aerobiont** *der*; -en, -en: niederes Lebewesen, das ohne Sauerstoff leben kann (z. B.

Darmbakterien); Ggs. → Aerobier. **An|aerobiose** *die*; -: Bezeichnung für Lebensvorgänge, die unabhängig vom Sauerstoff ablaufen; Ggs. → Aerobiose

Anagenese [*gr.-nlat.*] *die*; -: Höherentwicklung innerhalb der Stammesgeschichte (Biol.)

Ana|glyphen [*gr.-lat.*; „reliefartig ziseliert, erhaben"] *die* (Plural): in Komplementärfarben etwas seitlich verschoben übereinandergedruckte u. -projizierte Bilder, die beim Betrachten durch eine Farbfilterbrille mit gleichen Komplementärfarben räumlich erscheinen (Phys.)

Ana|gnorisis [*gr.*] *die*; -: das Wiedererkennen (zwischen Verwandten, Freunden usw.) als dramatisches Element in der antiken Tragödie. **Ana|gnost** *der*; -en, -en: Vorleser im orthodoxen Gottesdienst (Rel.)

An|agoge [*gr.-lat.*; „das Hinaufführen"] *die*; -: 1. „Hinaufführung" des Eingeweihten zur Schau der Gottheit (griech. Philos.). 2. Erläuterung eines Textes durch Hineinlegen eines höheren Sinnes (griech. Rhet.). **an|agogisch**: die Anagoge (1, 2) betreffend

Ana|gramm [*gr.-nlat.*] *das*; -s, -e: a) Umstellung der Buchstaben eines Wortes zu anderen Wörtern mit neuem Sinn (z. B. Ave-Eva); vgl. Palindrom; b) Buchstabenversetzrätsel. **ana|grammatisch**: nach Art eines Anagramms

Anakardie [...*i*[e]; *gr.-nlat.*] *die*; -, -n; ein trop. Holzgewächs

Ana|klasis [*gr.*; „Zurückbiegung"] *die*; -: die Vertauschung benachbarter, verschiedenen Versfüßen (den kleinsten rhythmischen Einheiten eines Verses) angehörender Längen u. Kürzen innerhalb eines metrischen Schemas (antike Metrik). **anaklastisch**: eine Anaklasis enthaltend (von antiken Versen)

ana|klitische Depression [*gr.*; *lat.*] *die*; -n -: extreme Form des → Hospitalismus bei Säuglingen u. Kleinkindern

an|akoluth = anakoluthisch; vgl. ...isch/-. **An|akoluth** [*gr.-lat.*; „ohne Zusammenhang, unpassend"] *das* (auch: *der*); -s, -e u. **An|akoluthie** [*gr.-nlat.*] *die*; -, ...ien: das Fortfahren in einer anderen als der begonnenen Satzkonstruktion, Satzbruch (Sprachw.). **anakoluthisch**: in Form eines Anakoluths, einen Anakoluth enthaltend; vgl. ...isch/-

Anakonda [vermutl. aus einer Eingeborenensprache Guayanas] *die*; -, -s: südamerik. Riesenschlange

Ana|kreontik [nach dem altgriech. Lyriker Anakreon] *die*; -: literarische Richtung, Lyrik des Rokokos mit den Hauptmotiven Liebe, Freude an der Welt u. am Leben. **Ana|kreontiker** *der*; -s, -: Vertreter der Anakreontik, Nachahmer der Dichtweise Anakreons. **anakreontisch**: a) zur Anakreontik gehörend; b) in der Art Anakreons; -er Vers: in der attischen Tragödie verwendeter →anaklastischer ionischer → Dimeter (vgl. ionisch)

Ana|krusis [auch: ...*kru*...; *gr.*] *die*; -, ...krusen: (veraltet) Auftakt, Vorschlagsilbe, unbetonte Silbe am Versanfang

An|akusis [*gr.-nlat.*] *die*; -: Taubheit (Med.)

anal [*lat.-nlat.*]: (Med.) a) zum After gehörend; b) den After betreffend; -e Phase: frühkindliche, durch Lustgewinn im Bereich des Afters gekennzeichnete Entwicklungsphase (Psychoanalyse); c) afterwärts gelegen

An|alcim [...*zim*; *gr.-nlat.*] *das*; -s: farbloses, graues od. fleischrotes Mineral

Analekten [*gr.-lat.*] *die* (Plural): Sammlung von Auszügen od. Zitaten aus dichterischen od. wissenschaftlichen Werken od. von Beispielen bestimmter literarischer Gattungen; vgl. Kollektaneen. **analektisch**: a) die Analekten betreffend; b) auswählend

Analeptikon [*gr.*; „kräftigend, stärkend"] u. **Analeptikum** [*gr.-lat.*] *das*; -s, ...ka: belebendes, anregendes Mittel. **analeptisch**: belebend, anregend, stärkend (Med.)

Anal|erotik *die*; -: [frühkindliches] sexuelles Lustempfinden im Bereich des Afters, vor allem im Zusammenhang mit der Kotentleerung (Psychoanalyse). **Anal|erotiker** *der*; -s, -: jmd., dessen sexuelle Wünsche auf den After u. dessen Umgebung fixiert sind. **Analfissur** *die*; -, -en: schmerzhafte Rißbildung der Haut am After (Med.). **Analfistel** *die*; -, -n: Mastdarm-, Afterfistel (vgl. Fistel; Med.)

An|algen [*gr.-nlat.*] *das*; -s, -e: = Analgetikum. **An|algesie**, Analgie *die*; -, ...ien: Aufhebung der Schmerzempfindung, Schmerzlosigkeit. **An|algetikum** *das*; -s, ...ka: schmerzstillendes Mittel (Med.). **an|algetisch**: schmerzstillend. **An|algie** vgl. Analgesie

an|allaktisch [*gr.-nlat.*]: unveränderlich; -er Punkt: vorderer Brennpunkt bei Fernrohren

analog [*gr.-lat.-fr.*]: 1. [einem anderen, Vergleichbaren] entsprechend, ähnlich; gleichartig; vgl. ...isch/-. 2. durch ein und dieselbe mathematische Beziehung beschreibbar; einen Wert durch eine physikalische Größe darstellend (EDV); Ggs. → digital (II). **Analogat** [*nlat.*] *das*; -[e]s, -e: analoges Verhältnis von Begriffen (z. B. in der Philosophie). **Analog-Digital-Konverter** [...wär...] *der*; -s, -: elektronische Schaltung, die analoge Eingangssignale in digitale Ausgangssignale umsetzt (EDV); Ggs. → Digital-Analog-Konverter. **Analog-Digital-Wandler** *der*; -s, -: = Analog-Digital-Konverter. **Analogie** [*gr.-lat.*] *die*; -, ...ien: 1. Entsprechung, Ähnlichkeit, Gleichheit von Verhältnissen, Übereinstimmung. 2. gleiche Funktion von Organen verschiedener entwicklungsgeschichtlicher Herkunft (Biol.). 3. (Sprachw.) a) in der antiken Grammatik Übereinstimmung in der Formenlehre (z. B. gleiche Endungen bei denselben Kasus) od. in der Wortbildung (gleiche Ableitungen); b) Ausgleich von Wörtern od. sprachlichen Formen nach assoziierten Wörtern od. Formen auf Grund von formaler Ähnlichkeit od. begrifflicher Verwandtschaft. **Analogiebildung** *die*; -, -en: Bildung od. Umbildung einer sprachlichen Form nach dem Muster einer anderen (z. B. *Diskothek* nach *Bibliothek*; Sprachw.). **Analogieschluß** *der*; ...schlusses, ...schlüsse: Folgerung von der Ähnlichkeit zweier Dinge auf die Ähnlichkeit zweier anderer od. aller übrigen. **Analogiezauber** *der*; -s, -: mit Zauber verbundene Handlung, die bewirken soll, daß sich Entsprechendes oder Ähnliches [an jmdm.] vollzieht (z. B. das Verbrennen von Haaren eines Menschen, der dadurch geschwächt werden oder sogar sterben soll). **analogisch**: nach Art einer Analogie; vgl. ...isch/-. **Analogismus** [*gr.-nlat.*] *der*; -, ...men: = Analogieschluß. **Analogon** [*gr.*] *das*; -s, ...ga: ähnlicher, gleichartiger (analoger) Fall. **Analogrechner** *der*; -s, -: Rechenanlage, bei der die Zahlen als geometrische (z. B. Strecken) od. physikalische (z. B. Stromstärken) Größen eingegeben werden; Ggs. → Digitalrechner. **Analoguhr** *die*; -, -en: Uhr, die die Zeit auf einem Zifferblatt angibt; Ggs. → Digitaluhr

An|alphabet [auch: ...*bet*; *gr.*] *der*; -en, -en: 1. jmd., der nicht lesen und schreiben gelernt hat, der des Lesens u. Schreibens unkundig ist. 2. (abwertend) jmd., der in einer bestimmten Sache nichts weiß, nicht Bescheid weiß; z. B. ein politischer -. **an|alphabetisch** [auch: ...*be*...]: des Lesens u. Schreibens unkundig. **Analphabetismus** [*gr.-nlat.*] *der*; -: Unfähigkeit, die eigene Sprache zu lesen u. zu schreiben (weil es nicht gelernt worden ist)

Analverkehr *der*; -s: das Einführen des → Penis in den After (als Variante des Geschlechtsverkehrs)

Analysand [*gr.-nlat.*] *der*; -en, -en: jmd., der sich einer psychotherapeutischen Behandlung unterzieht, der psychologisch analysiert wird. **Analysator** *der*; -s, ...oren: 1. Meßeinrichtung zum Nachweis linear polarisierten Lichtes (Phys.). 2. Vorrichtung zum Zerlegen einer Schwingung in harmonische Schwingungen (→ Sinusschwingungen; Phys.). 3. jmd., der eine psychotherapeutische Behandlung durchführt. **Analyse** [*gr.-mlat.*; „Auflösung"] *die*; -, -n: 1. systematische Untersuchung eines Gegenstandes od. Sachverhalts hinsichtlich aller einzelnen Komponenten od. Faktoren, die ihn bestimmen; Ggs. → Synthese (1). 2. Ermittlung der Einzelbestandteile von zusammengesetzten Stoffen od. Stoffgemischen mit chem. oder physikal. Methoden (Chem.). **analysieren**: etwas [wissenschaftlich] zergliedern, zerlegen, untersuchen, auflösen, Einzelpunkte herausstellen. **Analysis** *die*; -: 1. Teilgebiet der Mathematik, in dem mit Grenzwerten gearbeitet wird. 2. Schulausdruck für das rechnerische Verfahren bei der Lösung einer geometrischen Aufgabe. **Analyst** [auch in engl. Ausspr.: *än^e lißt*; *gr.-engl.*] *der*; -en, -en u. (bei engl. Ausspr.:) *der*; -s, -s: Börsenfachmann, der berufsmäßig die Lage und Tendenz an der Wertpapierbörse beobachtet u. analysiert. **Analytik** [*gr.-lat.*] *die*; -: 1. a) Kunst der Analyse; b) Lehre von den Schlüssen u. Beweisen (Logik). 2. analytische Chemie. **Analytiker** *der*; -s, -: a) jmd., der best. Erscheinungen analysiert; b) jmd., der die Analytik anwendet und beherrscht; c) = Psychoanalytiker. **analytisch**: zergliedernd, zerlegend, durch logische Zergliederung entwickelnd; -e Chemie: Teilgebiet der Chemie, auf dem man sich mit der Zerlegung u. Strukturaufklärung von Verbindungen befaßt; -e Geometrie: Geometrie, die Punkte der Linie, der Ebene und des Raumes durch Zahlen im → Koordinatensystem definiert und Gleichungen zwischen diesen aufstellt; -es Drama: Drama, das die Ereignisse, die eine tragische Situation herbeigeführt haben, im Verlauf der Handlung schrittweise enthüllt; -e Sprachen: Sprachen, die die syntaktischen Beziehungen mit Hilfe besonderer Wörter ausdrücken (z. B. dt. „ich habe geliebt" im Gegensatz zu lat. „amavi"; Sprachw.); Ggs. → synthetische Sprachen

An|ämie [*gr.-nlat.*; „Blutarmut"] *die*; -, ...ien: (Med.) a) Verminderung des → Hämoglobins u. der roten Blutkörperchen im Blut; b) akuter Blutmangel nach plötzlichem schwerem Blutverlust. **an|ämisch**: die Anämie (a, b) betreffend

Ana|mnese [*gr.-lat.*; „Erinnerung"] *die*; -, -n: 1. Vorgeschichte einer Krankheit nach Angaben des Kranken (Med.). 2. in der Eucharistiefeier das Gebet nach der → Konsekration (2) (Rel.). 3. = Anamnesis. **Ana|mnesis** *die*; -, ...mnesen: Wiedererinnerung der Seele an vor der Geburt, d. h. vor ihrer Vereinigung mit dem Körper, geschaute Wahrheiten (griech. Philos.). **anamnestisch, ana|mnetisch** [*gr.-nlat.*]: die Anamnese betreffend

An|amnier [...*i^er*; *gr.-nlat.*] *die* (Plural): alle ohne → Amnion sich entwickelnden Wirbeltiere (Fische u. Lurche; Biol.); Ggs. → Amnioten

Anamorphose [*gr.-nlat.*] *die*; -, -n: die für normale Ansicht verzerrt gezeichnete Darstellung eines Gegenstandes (Kunstw.). **Anamorphot** [„umgestaltend, verwandelnd"] *der*; -en, -en: Linse zur Entzerrung anamorphotischer Abbildungen. **anamorphotisch**: umgestaltet, verwandelt, verzerrt; -e Abbildungen: Abbildungen, die bewußt verzerrt hergestellt sind (Foto- u. Kinotechnik)

Ananas [*Guarani-port.*] *die*; -, - u. -se: 1. tropische Pflanze mit rosettenartig angeordneten Blättern u. wohlschmeckenden fleischigen Früchten. 2. Frucht der Ananaspflanze

Anankasmus [*gr.-nlat.*] *der*; -, ...men: (Med., Psychol.) 1. (ohne Plural) Zwangsneurose (Denkzwang, Zwangsvorstellung); krankhafter Zwang, bestimmte [unsinnige] Handlungen auszuführen. 2. zwanghafte Handlung. **Anankast** *der*; -en, -en: ein unter Zwangsvorstellungen (Denkzwang, z. B. Zählzwang) Leidender (Med., Psychol.). **Ananke** [...*ke*; *gr.*; „Zwang, schicksalhafte Notwendigkeit"] *die*; -: 1. Verkörperung der schicksalhaften Macht (bzw. Gottheit) der Natur u. ihrer Notwendigkeiten (griech. Philos.). 2. Zwang, Schicksal, Verhängnis

An|ant|apodoton [*gr.*; „das Nichtzurückgegebene"] *das*; -, ...ta: bei Sätzen mit zweigliedrigen Konjunktionen das Fehlen des durch die zweite Konjunktion eingeleiteten Satzes; vgl. Anakoluth

Ananym [*gr.-nlat.*] *das*; -s, -e: Sonderform des → Pseudonyms, die aus dem rückwärts geschriebenen wirklichen Namen besteht, wobei die Buchstaben nicht od. nur teilweise verändert werden, z. B. Grob (aus Borg), Ceram (aus Marek)

ana partes aequales [- - *ä*...; *lat.*; „zu gleichen Teilen"]: Vermerk auf ärztl. Rezepten; Abk.: $\overline{aa}$ od. $\overline{aa}$. pt. aequ. od. ana

Anapäst [*gr.-lat.*; „Zurückgeschlagener, Zurückprallender"] *der*; -[e]s, -e: aus zwei Kürzen u. einer Länge (⏑⏑—) bestehender Versfuß (d. i. die kleinste rhythmische Einheit eines Verses; antike Metrik). **anapästisch**: in der Form eines Anapästs

Anaphase [*gr.-nlat.*] *die*; -, -n: besonderes Stadium bei der Kernteilung der Zelle (Biol.)

Anapher [*gr.-lat.*] *die*; -, -n: Wiederholung eines Wortes od. mehrerer Wörter zu Beginn aufeinanderfolgender Sätze od. Satzteile (Rhet., Stilk.); Ggs. → Epiphora (2). **Anaphora** [auch: *ana*...] *die*; -, ...rä: 1. = Anapher. 2. a) Hochgebet in der Eucharistiefeier der Ostkirchen; b) die Eucharistie selbst als Hauptteil der orthodoxen Messe (vgl. Kanon 7). **Anaphorese** *die*; -: spezielle Form der → Elektrophorese. **anaphorisch**: 1. die Anapher betreffend, in der Art der Anapher. 2. rückweisend (z. B. Ein Mann ... *Er*...); Ggs. → kataphorisch (Rhet., Stilk.)

An|aphrodisiakum, Antaphrodisiakum [*gr.-nlat.*] *das*; -s, ...ka: Mittel zur Herabsetzung des Geschlechtstriebes (Med.); Ggs. → Aphrodisiakum. **An|aphrodisie**

die; -, ...ien: geschlechtliche Empfindungslosigkeit (Med.)
anaphylaktisch: die → Anaphylaxie betreffend (Med.); -er Schock: Schock infolge von Überempfindlichkeit gegenüber wiederholter Zufuhr desselben Eiweißes durch Injektion (1). **Anaphylaxie** [*gr.-nlat.*] *die*; -, ...ien: Überempfindlichkeit, schockartige allergische (1) Reaktion, bes. gegen artfremdes Eiweiß, eine Sonderform der → Allergie (Med.)
Ana|ptyxe [*gr.*; „Entfaltung, Entwicklung"] *die*; -, -n: Bildung eines Sproßvokals zwischen zwei Konsonanten, z. B. fünef für fünf; vgl. Swarabhakti u. Epenthese
an|arch: = anarchisch; vgl. ...isch/-. **An|archie** [*...chi*; *gr.*] *die*; -, ...ien: [Zustand der] Herrschaftslosigkeit, Gesetzlosigkeit; Chaos in rechtlicher, politischer, wirtschaftlicher, gesellschaftlicher Hinsicht. **an|archisch:** herrschaftslos, gesetzlos, ohne feste Ordnung, chaotisch; vgl. ...isch/-. **An|archismus** [*gr.-nlat.*] *der*; -: Anschauung, politische Lehre, die jede Art von Autorität (z.B. Staat, Kirche) als Form der Herrschaft von Menschen über Menschen ablehnt u. menschliches Zusammenleben nach den Grundsätzen von Gerechtigkeit, Gleichheit u. Brüderlichkeit ohne alle Zwangsmittel verwirklichen will. **An|archist** *der*; -en, -en: a) Anhänger des Anarchismus; b) jmd., der jede staatliche Organisation u. Ordnung ablehnt; Umstürzler. **an|archistisch:** dem Anarchismus entspringend. **Anarcho** *der*; -[s], -[s] (meist Plural): (ugs.) jmd., der sich gegen die bestehende bürgerliche Gesellschaft u. deren Ordnung mit Aktionen u. Gewalt auflehnt. **Anarchokommunismus** *der*; -: Variante des Anarchismus, verbunden mit der Idee des Kollektivismus. **An|archosyndikalismus** *der*; -: sozialrevolutionäre Bewegung in den romanischen Ländern, die die Arbeiterschaft zu organisieren suchte u. die Gewerkschaften als die einzigen effektiven Kampforgane betrachtete. **An|archosyndikalist** *der*; -en, -en: Anhänger des Anarchosyndikalismus
An|äresis [*gr.*; „Aufhebung"] *die*; -, ...resen: die Entkräftung einer gegnerischen Behauptung (antike Rhet.)
An|ar|thrie [*gr.-nlat.*] *die*; -, ...ien: Störung der Lautbildung; Unvermögen, Wörter od. Einzellaute trotz Funktionstüchtigkeit der Sprechorgane richtig zu bilden (Med.); vgl. Pararthrie
Anasarka, **Anasarkie** [*gr.-nlat.*] *die*; -: Hautwassersucht, → Ödem des Unterhautzellgewebes (Med.)
Anastasis [*gr.-lat.*; „Auferstehung"] *die*; -: bildliche Darstellung der Auferstehung Jesu in der byzantinischen Kirche (Kunstw.). **anastatisch** [*gr.-nlat.*]: wiederauffrischend, neubildend; -er Druck: chem. Verfahren zur Vervielfältigung alter Drucke ohne Neusatz durch Übertragung der Druckschrift auf Stein od. Zink
An|äs|thesie [*gr.-nlat.*; „Unempfindlichkeit"] *die*; -, ...ien: (Med.) 1. Ausschaltung der Schmerzempfindung (z. B. durch Narkose). 2. Fehlen der Schmerzempfindung (bei Nervenschädigungen). **an|äs|thesieren:** schmerzunempfindlich machen, betäuben. **An|äs|thesin** ⓦ *das*; -s, -e: Anästhetikum für Haut u. Schleimhäute. **An|ästhesiologe** *der*; -n, -n: Forscher u. Wissenschaftler auf dem Gebiet der Anästhesiologie. **An|ästhesiologie** *die*; -: Wissenschaft von der Schmerzbetäubung, den Narkose- u. Wiederbelebungsverfahren. **An|äs|thesist** *der*; -en, -en: Narkosefacharzt. **An|ästhetikum** *das*; -s, ...ka: schmerzstillendes, schmerzausschaltendes Mittel. **an|äs|thetisch**: 1. Schmerz ausschaltend. 2. mit [Berührungs]unempfindlichkeit verbunden. **an|ästhetisieren** = anästhesieren
An|astigmat [*gr.-nlat.*] *der*; -s od. -en, -e[n], selten auch: *das*; -s, -e: [fotografisches] Objektiv, bei dem die Verzerrung durch schräg einfallende Strahlen u. die Bildfeldwölbung beseitigt ist. **anastigmatisch:** unverzerrt, ohne Astigmatismus (1)
Anastomose [*gr.-lat.*; „Eröffnung"] *die*; -, -n: 1. Querverbindung zwischen Gefäßsträngen od. Pilzfäden (Bot.). 2. (Med.) a) natürliche Verbindung zwischen Blut- od. Lymphgefäßen od. zwischen Nerven; b) operativ hergestellte künstliche Verbindung zwischen Hohlorganen
Ana|strophe [*...fe*; *gr.-lat.*] *die*; -, -n [*...ofᵉn*]: Umkehrung der gewöhnlichen Wortstellung, bes. die Stellung der Präposition hinter dem dazugehörenden Substantiv (z. B. *zweifelsohne* für *ohne Zweifel*; Sprachw.)
Anastylose [*gr.*] *die*; -, -n: vollständige Demontage eines zu rekonstruierenden Bauwerks (Kunstw.)
Anatexis [*gr.*] *die*; -: das Wiederaufschmelzen von Gesteinen in der Erde durch → tektonische Vorgänge (Geol.)
Anathem [*gr.-lat.*] *das*; -s, -e u. **Anathema** *das*; -s, ...themata: 1. Verfluchung, Kirchenbann. 2. a) den Göttern vorbehaltenes Weihegeschenk (antike Rel.); b) das dem Zorn der Götter Überlieferte, das Verfluchte. **anathematisieren:** mit dem Kirchenbann belegen, verdammen (Rel.)
anational [*gr.*; *lat.*]: gleichgültig gegenüber Volkstum u. → Nationalität (1)
Anatol [nach der türk. Landschaft Anatolien]; *der*; -[s], -s: handgeknüpfter Teppich
Anatom [*gr.-lat.*] *der*; -en, -en: Lehrer u. Wissenschaftler der Anatomie. **Anatomie** [„Zergliederung"] *die*; -, ...ien: 1. a) (ohne Plural) Wissenschaftsgebiet, auf dem man sich mit Form u. Körperbau der Lebewesen befaßt; b) Aufbau, Struktur des [menschlichen] Körpers. 2. das Gebäude, in dem die Anatomie gelehrt wird. **anatomieren:** zergliedern (von Leichen); vgl. sezieren. **anatomisch:** a) die Anatomie betreffend; b) den Bau des [menschlichen] Körpers betreffend; c) zergliedernd
Anatozismus [*gr.-lat.*] *der*; -, ...men: Zinsenverzinsung
ana|trop [*gr.-nlat.*]: umgewendet, gegenläufig (von der Lage einer Samenanlage; Bot.)
Anatto [*indian.*] *der* od. *das*; -[s]: svw. Orlean
an|axial [*gr.*; *lat.*]: nicht in der Achsenrichtung angeordnet, nichtachsig, nicht achsrecht; -er Satz: bestimmte drucktechnische Gestaltungsart eines Textes (Buchdr.)
An|azidität vgl. Anacidität
anazyklisch [auch: *anazyklisch*; *gr.-nlat.*]: vorwärts u. rückwärts gelesen den gleichen Wortlaut ergebend (von Wörtern od. Sätzen, z. B. Otto); vgl. Palindrom
anceps vgl. anzeps
Anchose [*anschosᵉ*; *span.* u. *port.*] *die*; -, -n (meist Plural): Sprotte od. Hering in Würztunke. **Anchovis** *die*; -, -: (Fachspr.) = Anschovis
Anciennität [*angßiänität*; *fr.*] *die*; -, -en: 1. Dienstalter. 2. Dienstalterfolge. **Anciennitätsprinzip** *das*; -s: Prinzip, nach dem z. B. Beamte nach dem Dienstalter, nicht nach der Leistung befördert werden. **Ancien régime** [*angßiäng*

reschim; *fr.*; „alte Regierungsform" *das*; - -: alte u. nicht mehr zeitgemäße Regierungsform, Gesellschaftsordnung, bes. in bezug auf das Herrschafts- u. Gesellschaftssystem in Frankreich vor 1789

...**and** [*lat.*]: Suffix männlicher Fremdwörter mit passivischer Bedeutung, z. B. Konfirmand = jmd., der konfirmiert wird

Andalusit [auch: ...*sit*; *nlat.*; nach den Erstfunden in Andalusien] *der*; -s, -e: Aluminiumsilikat (ein Mineral)

andante [*lat.-vulgärlat.-it.*; „gehend"]: ruhig, mäßig langsam, gemessen (Vortragsanweisung; Mus.). **Andante** *das*; -[s], -s: ruhiges, mäßig langsames, gemessenes Musikstück. **andantino**: etwas schneller als andante (Mus.). **Andantino** *das*; -s, -s u. ...ni: kleines, kurzes Musikstück im Andante- od. Andantinotempo

Anderssen *der*; -, -: den Schnittpunkt zweier Langschrittler nutzende Idee in Form einer [gegenseitigen] Verstellung der Wirkungsrichtung (ohne → Kritikus (2) im Gegensatz zum → Inder) mit nachfolgendem Abzugsmatt (Kunstschach)

Andesin [*nlat.*; nach den Anden] *der*; -s: gesteinsbildendes Mineral, ein Feldspat. **Andesit** [auch: ...*sit*] *der*; -s, -e: ein vulkanisches Gestein

andocken [*dt.*; *engl.*]: [Raumschiffe aneinander] ankoppeln

An|dragoge [*gr.-nlat.*] *der*; -n, -n: Fachmann auf dem Gebiet der → Andragogik. **An|dragogik** [*gr.-nlat.*] *die*; -: Wissenschaft von der Erwachsenenbildung (Päd.)

An|drienne [*angdriän*] *die*, -, -s: = Adrienne

An|drodi|özie [*gr.-nlat.*] *die*; -: das Vorkommen von Pflanzen mit nur männlichen Blüten neben solchen mit zwittrigen Blüten bei der gleichen Art (Bot.). **An|drogamet** *der*; -en, -en: männliche Keimzelle; Ggs. → Gynogamet. **An|drogamon** *das*; -s, -e: Befruchtungsstoff des männlichen → Gameten. **androgen**: a) von der Wirkung eines Androgens; b) die Wirkung eines Androgens betreffend; c) männliche Geschlechtsmerkmale hervorrufend. **An|drogen** *das*; -s, -e: männliches Geschlechtshormon. **An|drogenese** *die*; -, -n: Entwicklung eines Lebewesens aus einer befruchteten Eizelle, deren weiblicher Kern zugrunde geht u. die nur noch den väterlichen Chromosomensatz enthält (Biol.). **androgyn** [*gr.-lat.*; „Mannweib"]: 1. Androgynie (1) zeigend. 2. (Bot.) a) zuerst männliche, dann weibliche Blüten am gleichen Blütenstand ausbildend; b) viele weibliche u. dazwischen wenig männliche Blüten aufweisend (von einem Blütenstand). **Androgynie** [*gr.-nlat.*] *die*; -: 1. (wohl bei allen Menschen anzutreffende) körperlich-seelische Mischung beider Geschlechter in einer Person; vgl. Gynandrie (3). 2. Zwitterbildung bei Pflanzen (Bot.). **androgynisch**: älter für androgyn; vgl. ...isch/-. **Androgynophor** *das*; -s, -en: stielartige Verlängerung der Blütenachse, auf der Stempel u. Staubblätter sitzen (Bot.). **An|droide** *der*; -n, -n, (auch:) **Android** *der*; -en, -en: Maschine, die in ihrer äußeren Erscheinung u. in ihrem Bewegungsverhalten einem Menschen ähnelt (Kunstmensch). **Androloge** *der*; -n, -n: Facharzt für Andrologie. **An|drologie** *die*; -: Teilgebiet der Medizin, auf dem man sich mit den [geschlechtsabhängigen] Erkrankungen des Mannes beschäftigt; Männerheilkunde; Ggs. → Gynäkologie. **Andromanie** *die*; -, ...ien: (krankhaft) gesteigerter Geschlechtstrieb bei Frauen; Nymphomanie. **Andromon|özie** *die*; -: das Vorkommen von männlichen u. zwittrigen Blüten auf derselben Pflanze (Bot.). **an|drophil**: die Androphilie betreffend. **An|drophilie** *die*; -, ...ien: Neigung zu reifen Männern im Unterschied zur Vorliebe für jüngere od. ältere Männer. **androphob**: die Androphobie betreffend. **An|drophobie** *die*; -, ...ien: Furcht vor Männern, Haß auf Männer. **An|drophor** *das*; -s, -en: 1. = Gonophor. 2. Staubblätter tragender Teil der Blütenachse. **An|drospermium** *das*; -s, ...ien [...*iᵉn*] (meist Plural): Samenfaden, der ein Y-Chromosom enthält u. damit das Geschlecht als männlich bestimmt; vgl. Gynäkospermium. **An|drospore** *die*; -, -n: 1. Spore, die zu einer männlichen Pflanze wird. 2. Schwärmspore der Grünalgen. **Androsteron** [Kunstw.] *das*; -s: männliches Keimdrüsenhormon, Abbauprodukt des → Testosterons. **An|drözeum** [*gr.-nlat.*] *das*; -s: Gesamtheit der Staubblätter einer Blüte

An|eidylismus [*gr.*; *lat.*] *der*; -: Unfähigkeit, Bildsymbole zu verstehen

An|ekdote [*gr.-fr.*; „noch nicht Herausgegebenes, Unveröffentlichtes"] *die*; -, -n: kurze, oft witzige Geschichte (zur Charakterisierung einer bestimmten Persönlichkeit, einer bestimmten sozialen Schicht, einer bestimmten Zeit usw.). **Anekdotik** *die*; -: alle Anekdoten, die eine bestimmte Persönlichkeit, eine soziale Schicht, eine Epoche betreffen. **an|ekdotisch**: in Form einer Anekdote verfaßt

An|elastizität [*gr.*] *die*; -, -en: Abweichung vom elastischen (1) Verhalten

An|elek|trolyt *der*; -en (selten: -s), -e (selten: -en): Verbindung, die nicht aus Ionen aufgebaut ist; Ggs. → Elektrolyt

Anellierung [*lat.-nlat.*; zu *lat.* anellus „kleiner Ring"] *die*; -, -en: Bildung von → kondensierten Ringen, in denen zwei benachbarte Ringe zwei nebeneinanderliegende Kohlenstoffatome gemeinsam haben (Chem.)

Anemochoren [...*ko*...; *gr.-nlat.*; „Windwanderer"] *die* (Plural): Pflanzen, deren Samen od. Früchte durch den Wind verbreitet werden (Bot.). **Anemochorie** [...*ko*...] *die*; -: Verbreitung von Samen, Früchten od. Pflanzen durch den Wind. **anemogam**: durch Wind bestäubt (von Pflanzen; Bot.). **Anemogamie** *die*; -: Windbestäubung. **anemogen**: durch Wind gebildet, vom Wind geformt. **Anemo|gramm** *das*; -s, -e: Aufzeichnung eines Anemographen. **Anemo|graph** *der*; -en, -en: Windrichtung u. -geschwindigkeit messendes u. aufzeichnendes Gerät, Windschreiber (Meteor.). **Anemologie** *die*; -: Wissenschaft von den Luftströmungen (Meteor.). **Anemometer** *das*; -s, -: Windmeßgerät. **Anemone** [*gr.-lat.*] *die*; -, -n: kleine Frühlingsblume mit sternförmigen, weißen Blüten, Buschwindröschen. **anemophil** [*gr.-nlat.*]: = anemogam. **Anemoskop** *das*; -s, -e: Instrument zum Ablesen der Windgeschwindigkeit. **Anemostat** (Wz) *der*; -en, -en: den Luftstrom gleichmäßig verteilendes Gerät zur Luftverbesserung. **Anemotaxis** *die*; -, ...taxen: nach der Luftströmung ausgerichtete aktive Ortsbewegung von Lebewesen (Biol.). **Anemo|tropograph** *der*; -en, -en: die Windrichtung aufzeichnendes Gerät (Meteor.). **Anemo|tropometer** *das*; -s, -: die Windrichtung anzeigendes Gerät (Meteor.)

An|energie usw. vgl. Anergie usw.

An|enzephalie [*gr.*] *die*; -, ...ien; angeborenes Fehlen des Gehirns

Än|eolithikum [*lat.*; *gr.-nlat.*] *das*; -s: = Chalkolithikum. **äneolithisch:** das Äneolithikum betreffend

An|epi|grapha [*gr.*] *die* (Plural): unbetitelte Schriften

An|ergie, An|energie [*gr.-nlat.*] *die*; -, ...ien: 1. Abulie (Med., Psychol.). 2. Unempfindlichkeit (gegen Reize), fehlende Reaktionsfähigkeit gegenüber → Antigenen (Med.). 3. der wirtschaftlich wertlose Anteil der Energie, der für die praktische Nutzung verlorengeht. **an|ergisch,** an|energisch: 1. energielos (Med., Psychol.). 2. unempfindlich (gegen Reize)

Aneroid [*gr.-nlat.*] *das*; -[e]s, -e u. **Aneroidbarometer** *das*; -s, -: Gerät zum Anzeigen des Luftdrucks

An|erosie [*gr.-nlat.*] *die*; -, ...ien: = Anaphrodisie

An|ery|thropsie [*gr.-nlat.*] *die*; -, ...ien: Rotblindheit (Med.)

Anethol [*gr.-lat.*; *lat.*] *das*; -s: wichtigster Bestandteil des Anis-, Sternanis- u. Fenchelöls

an|eu|ploid [*gr.-nlat.*]: eine von der Norm abweichende, ungleiche Anzahl Chromosomen od. ein nicht ganzzahliges Vielfaches davon aufweisend (von Zellen od. Lebewesen; Biol.); Ggs. → euploid. **An|eu|ploidie** *die*; -: das Auftreten anormaler Chromosomenzahlen im Zellkern (Biol.)

An|eurie [*gr.-nlat.*] *die*; -, ...ien: Nervenschwäche (Med.). **Aneurin** *das*; -s: Vitamin B_1

An|eurysma [*gr.*; „Erweiterung"] *das*; -s, ...men od. -ta: krankhafte, örtlich begrenzte Erweiterung einer Schlagader (Med.)

Anfixe [*dt.*; *lat.-fr.-engl.*] *die*; -, -n: (Jargon) der erste „Schuß" Rauschgift. **anfixen:** (Jargon) machen, daß jemand, der bisher noch kein Rauschgift genommen hat, es nun zum ersten Mal nimmt, sich zum ersten Mal Rauschgift injiziert [das ihm ein anderer, ein Dealer z. B., geschenkt hat, womit der erste Schritt in die Drogenabhängigkeit getan ist]

Angaria [*nlat.*; nach dem sibirischen Fluß Angara] *die*; -: geotektonische Aufbauzone Nordasiens jenseits des Urals

Angarienrecht [*pers.-gr.-lat.*; *dt.*; lat. *angaria* „Frondienst"] *das*; -s: das Recht eines Staates, im Notstandsfall (bes. im Krieg) die in seinen Häfen liegenden fremden Schiffe für eigene Zwecke zu verwenden

angefuckt [...*fakt*; *dt.*; *engl.*]: (Jargon) abgerissen-salopp, z. B. -herumlaufen, um andere zu schockieren

Angelika [*angge*...; *gr.-lat.-nlat.*] *die*; -, ...ken u. -s: Engelwurz (Heilpflanze). **Angelola|trie** [*gr.-nlat.*] *die*; -: Engelverehrung. **Angelologie** *die*; -: Lehre von den Engeln (Theol.). **Angelot** [~~*angsch*~~*lo*; *lat.-fr.*] *der*; -s, -s: alte engl.-franz. Goldmünze. **Angelus** [*gr.-lat.*; eigtl. Angelus Domini = Engel des Herrn] *der*; -, -: a) katholisches Gebet, das morgens, mittags u. abends beim sogenannten Angelusläuten gebetet wird; b) Glockenzeichen für das Angelusgebet (Angelusläuten)

Angiitis [*angg*...; *gr.-nlat.*] *die*; -, ...itiden: Entzündung eines Blutgefäßes (Med.)

Angina [*anggi*...; *gr.-lat.*; von *gr.* agchónē „das Erwürgen, das Erdrosseln"] *die*; -, ...nen: Entzündung des Rachenraumes, bes. der Mandeln. **Angina pectoris** [*gr.-lat.*; *lat.*] *die*; - -: anfallartig auftretende Schmerzen hinter dem Brustbein infolge Erkrankung der Herzkranzgefäße. **anginös** [*gr.-lat.-nlat.*]: a) auf Angina beruhend; b) anginaartig

Angio|gramm [*gr.-nlat.*] *das*; -s, -e: Röntgenbild von Blutgefäßen. **Angiographie** *die*; -, ...ien: röntgenologische Darstellung von Blutgefäßen mit Hilfe injizierter Kontrastmittel (Med.). **Angiologe** *der*; -n, -n: Arzt u. Forscher mit Spezialkenntnissen auf dem Gebiet der Angiologie. **Angiologie** *die*; -: Wissenschaftsgebiet, auf dem man sich mit den Blutgefäßen u. ihren Erkrankungen beschäftigt (Med.). **Angiom** *das*; -s, -e u. **Angioma** *das*; -s, -ta: Gefäßgeschwulst (aus neugebildeten Gefäßen), Feuermal. **Angiopathie** *die*; -, ...ien: Gefäßleiden. **Angiose** *die*; -, -n: durch gestörten Stoffwechsel entstandene Gefäßerkrankung. **Angio|spermen** *die* (Plural): Blütenpflanzen mit Fruchtknoten

An|glaise [*angglǟs*[e]; *germ.-fr.*; „englischer (Tanz)"] *die*; -, -n: alter Gesellschaftstanz. **An|glikaner** [*angg*...; *mlat.*] *der*; -s, -: Angehöriger der anglikanischen Kirche. **an|glikanisch:** die anglikan. Kirche betreffend; -e Kirche: die engl. Staatskirche. **An|glikanismus** [*nlat.*] *der*; -: Lehre u. Wesen[sform] der engl. Staatskirche. **an|glisieren:** 1. an die Sprache, die Sitten od. das Wesen der Engländer angleichen. 2. = englisieren (2). **An|glist** *der*; -en, -en: jmd., der sich wissenschaftlich mit der engl. Sprache u. Literatur befaßt [hat] (z. B. Hochschullehrer, Student). **An|glistik** *die*; -: engl. Sprach- u. Literaturwissenschaft. **an|glistisch:** die Anglistik betreffend. **An|glizismus** *der*; -, ...men: Übertragung einer für das britische Englisch charakteristischen Erscheinung auf eine nichtenglische Sprache im lexikalischen od. syntaktischen Bereich, sowohl fälschlicherweise als auch bewußt (z. B. jmdn. feuern = jmdn. hinauswerfen; engl. to fire); vgl. Interferenz (3). **An|glokatholizismus** [*germ.-lat.*; *gr.-nlat.*] *der*; -: katholisch orientierte Gruppe der anglikanischen Kirche. **An|glomane** [*germ.-lat.*; *gr.*] *der*; -n, -n: übertriebener Nachahmer englischen Wesens. **An|glomanie** *die*; -: übertriebene Nachahmung englischen Wesens. **an|glophil:** für alles Englische eingenommen, dem englischen Wesen zugetan; englandfreundlich; Ggs. → anglophob. **An|glophilie** *die*; -: Sympathie od. Vorliebe für alles Englische, Englandfreundlichkeit; Ggs. → Anglophobie. **an|glophob:** gegen alles Englische eingenommen, dem engl. Wesen abgeneigt; englandfeindlich; Ggs. → anglophil. **An|glophobie** *die*; -: Abneigung, Widerwille gegen alles Englische; Englandfeindlichkeit; Ggs. → Anglophilie

Ango|phrasie [*angg*...; *lat.*; *gr.*] *die*; -, ...ien: stoßweises Sprechen unter Einschub unartikulierter Laute (Psychol.)

Angora... [*angg*...; früherer Name der türk. Hauptstadt Ankara]: in Zusammensetzungen auftretendes Bestimmungswort mit der Bedeutung „mit feinen, langen Haaren", z. B. Angorakatze, Angorawolle

Angostura Ⓦⓩ [*angg*...; *span.*; früherer Name der Stadt Ciudad Bolívar in Venezuela] *der*; -[s], -s: Bitterlikör mit Zusatz von Angosturarinde, der getrockneten Zweigrinde eines südamerikan. Baumes

Angry young men [*ä̜nggri ja̜ng mä̜n*; *engl.*; „zornige junge Männer"] *die* (Plural): junge Vertreter einer literarischen Richtung in England in der zweiten Hälfte der 50er Jahre des 20. Jahrhunderts

Angster [*mlat.*] *der*; -s, -: Trink[vexier]glas des 15. u. 16. Jahrhunderts

Angstneurose *die*; -, -n: auf seelischen Störungen beruhende Angstgefühle, -vorstellungen.

Angstpsychose *die*; -, -n: durch Angst verursachte → Psychose

Ång|ström [*ongßtröm*; auch: *ongßtröm*; schwed. Physiker] *das*; -[s], -, **Ång|strömeinheit** *die*; -, -en: veraltete Einheit der Licht- u. Röntgenwellenlänge (1 Å = 10^{-10} m); Zeichen: Å, früher auch: A, ÅE, AE

Anguilletten [*anggijät^en*; *lat.-roman.*]. **Anguilotten** [*anggijot^en*; *lat.-roman.*] *die* (Plural): marinierte Aale

angular [*lat.*]: zu einem Winkel gehörend, Winkel...

Anhedonie [*gr.-nlat.*] *die*; -: geschlechtliche Empfindungslosigkeit (Med.)

Anheliose [*gr.*] *die*; -: Gesundheits- od. Leistungsstörung, die auf Mangel an Sonnenlicht zurückgeführt wird (z. B. bei Grubenarbeitern; Med.)

anhemitonisch [*gr.*; *dt.*]: ohne Halbtöne (Mus.)

An[h]i|drose *die*; -, -n, (fachspr. auch:) **An[h]i|drosis** [*gr.-nlat.*] *die*; -, ...oses: (Med.) a) angeborenes Fehlen der Schweißdrüsen; b) fehlende od. verminderte Schweißabsonderung

Anhy|drämie [*gr.-nlat.*] *die*; -: Verminderung des Wassergehalts im Blut (Med.). **anhy|dricus** [*gr.-lat.*]: wasserfrei; Abk.: anhydr. **Anhydrid** *das*; -s, -e: chem. Verbindung, die aus einer anderen durch Wasserentzug entstanden ist. **Anhy|drit** [auch: *...it*] *der*; -s, -e: wasserfreier Gips

Änigma [*gr.-lat.*] *das*; -s, -ta od. ...men: Rätsel. **änigmatisch**: rätselhaft. **änigmatisieren**: in Rätseln sprechen

Anilin [*sanskr.-arab.-port.-fr.-nlat.*] *das*; -s: einfachstes aromatisches (von Benzol abgeleitetes) → Amin, Ausgangsprodukt für zahlreiche Arzneimittel, Farb- u. Kunststoffe. **Anilindruck** *der*; -[e]s: Hochdruckverfahren, bei dem Anilinfarben verwendet werden

Anima [*lat.*; „Lufthauch, Atem"] *die*; -, -s: 1. Seele (Philos.). 2. (ohne Plural) das Seelenbild der Frau im Unbewußten des Mannes (nach C. G. Jung); vgl. Animus (1). 3. der aus unedlem Metall bestehende Kern einer mit Edelmetall überzogenen Münze. **animal** [*lat.*]: 1. a) die aktive Lebensäußerung betreffend, auf [Sinnes]reize reagierend; b) zu willkürlichen Bewegungen fähig. 2. = animalisch (1, 2); vgl. ...isch/-. **animalisch**: 1. tierisch, den Tieren eigentümlich. 2. triebhaft. 3. urwüchsig-kreatürlich, z. B. ein -es Vergnügen; -er Magnetismus: Bezeichnung für die bestimmten Menschen angeblich innewohnenden magnetischen Heilkräfte. **animalisieren** [*nlat.*]: Zellulosefasern durch dünne Überzüge von Eiweißstoffen, Kunstharzen u. dgl. wollähnlich machen. **Animalismus** *der*; -: religiöse Verehrung von Tieren. **Animalität** [*lat.*] *die*; -: tierisches Wesen. **Animateur** [*...tör*; *lat.-fr.*] *der*; -s, -e: jmd., dessen [berufliche] Aufgabe es ist, dafür zu sorgen, daß die Freizeit z. B. einer Reisegesellschaft unterhaltsam u. abwechslungsreich verläuft. **Animation** [*...zion*; *lat.-engl.*] *die*; -, -en: filmtechnisches Verfahren, unbelebten Objekten im Trickfilm Bewegung zu verleihen. **Animatismus** [*lat.-nlat.*] *der*; -: = Animismus (1). **animativ** [*lat.-engl.*]: belebend, beseelend, anregend. **animato** [*lat.-it.*]: lebhaft, belebt, beseelt (Vortragsanweisung; Mus.). **Animator** *der*; -s, ...oren: Trickfilmzeichner. **Animierdame** [*lat.-fr.*; *lat.-fr.*] *die*; -, -n: in Bars o. ä. angestellte Frau, die die Gäste zum Trinken anregen soll. **animieren** [*lat.-fr.*]: 1. a) anregen, ermuntern, ermutigen; b) anreizen, in Stimmung versetzen, Lust zu etwas erwecken. 2. Gegenstände od. Zeichnungen in einzelnen Phasen von Bewegungsabläufen filmen, um den Eindruck der Bewegung eines unbelebten Objekts zu vermitteln; vgl. Animation. **Animierlokal** [*lat.-fr.*; *lat.-fr.*] *das*; -s, -e: Bar od. Lokal, wo Frauen (seltener auch Männer) angestellt sind, die die Gäste zum Trinken anregen sollen. **Animiermädchen** *das*; -s, -: = Animierdame. **Animierung** *die*; -, -en: Ermunterung zu etwas [Übermütigem o. ä.]. **Animismus** [*nlat.*] *der*; -: 1. der Glaube an anthropomorph gedachte seelische Mächte, Geister (Völkerk.). 2. die Lehre von der unsterblichen Seele als oberstem Prinzip des lebenden Organismus (Med.). 3. Theorie innerhalb des → Okkultismus, die → mediumistische Erscheinungen auf ungewöhnliche Fähigkeiten lebender Personen zurückführt; Ggs. → Spiritismus. 4. Anschauung, die die Seele als Lebensprinzip betrachtet (Philos.). **Animist** *der*; -en, -en: Vertreter der Lehre des Animismus (4). **animistisch**: a) die Lehre des Animismus (4) vertretend; b) die Lehre des Animismus (4) betreffend. **Animo** [*lat.-it.*] *das*; -s: (österr.) 1. Schwung, Lust. 2. Vorliebe. **animos** [*lat.*]: 1. feindselig. 2. (veraltet) aufgeregt, gereizt, aufgebracht, erbittert. **Animosität** *die*; -, -en: 1. a) (ohne Plural) feindselige Einstellung; b) feindselige Äußerung o. ä. 2. (ohne Plural; veraltet) a) Aufgeregtheit, Gereiztheit; b) Leidenschaftlichkeit. **Animus** [*lat.*; „Seele", „Gefühl"] *der*; -: 1. das Seelenbild des Mannes im Unbewußten der Frau (C. G. Jung); vgl. Anima. 2. (scherzh., ugs.) Ahnung [die einer Aussage od. Entscheidung zugrunde gelegen hat und die durch die Tatsachen bestätigt und als eine Art innerer Eingebung angesehen wird]

An|ion [*gr.-nlat.*] *das*; -s, -en: negativ geladenes → Ion

Anis [*aniß*, auch, österr. nur: *aniß*; *gr.-lat.*] *der*; -[es], -e: a) am östlichen Mittelmeer beheimatete Gewürz- u. Heilpflanze; b) die getrockneten Früchte des Anis. **Anisette** [*...sät*; *gr.-lat.-fr.*] *der*; -s, -s: süßer, dickflüssiger Likör aus Anis (b), Koriander u. a.

an|is|odont [*gr.*]: = heterodont

An|isogamie [*gr.-nlat.*] *die*; -, ...ien: Befruchtungsvorgang mit ungleich gestalteten od. sich ungleich verhaltenden männlichen u. weiblichen Keimzellen (Biol.)

Anisöl *das*; -s: → ätherisches Öl des Anis

An|isomorphie [*gr.-nlat.*] *die*; -: unterschiedliche Ausbildung gewisser Pflanzenorgane je nach ihrer Lage zum Boden hin od. zur Sproßachse (Bot.). **Anisomorphismus** *der*; -, ...men: nicht volle Entsprechung zwischen Wörtern verschiedener Sprachen. **An|isophyllie** *die*; -: das Vorkommen unterschiedlicher Laubblattformen in derselben Sproßzone bei einer Pflanze (Bot.). **an|iso|trop**: die Anisotropie betreffend; Anisotropie aufweisend. **An|iso|tropie** *die*; -: 1. Fähigkeit von Pflanzenteilen, unter gleichen Bedingungen verschiedene Wachstumsrichtungen anzunehmen (Bot.). 2. Eigenart von Kristallen, nach verschiedenen Richtungen verschiedene physikalische Eigenschaften zu zeigen (Phys.). **Anisozytose** [*gr.*] *die*; -, -n: (bei bestimmten Blutkrankheiten) Auftreten von unterschiedlich großen roten Blutkörperchen im Blut (Med.)

Ankathete [*dt.*; *gr.-lat.*] *die*; -, -n: eine der beiden Seiten, die die Schenkel des rechten Winkels eines Dreiecks bilden (Math.)

Ankylose [*gr.-nlat.*] *die*; -, -n: Gelenkversteifung [nach Gelenkerkrankungen] (Med.). **Ankylostomiase, Ankylostomiasis** *die*; -, ...miasen u. **Ankylostomose** *die*; -, -n: Hakenwurmkrankheit, Tunnelanämie, Wurmkrankheit der Bergleute. **ankylotisch**: a) die Ankylose betreffend; b) versteift (von Gelenken). **Ankylotom** *das*; -s, -e: gebogenes Operationsmesser

Anmoderation [...*zion*; *dt.*; *lat.*] *die*; -, -en: das Vorbereiten auf einen [Einzel]beitrag innerhalb od. vor einer Sendung durch Hintergrundinformationen od. [kommentierende] Information zum Inhalt eines Beitrags

Anna [*Hindi*] *der*; -[s], -[s] (aber: 5 -): 1. a) Rechnungseinheit des alten Rupiengeldsystems in Vorderindien; b) Kupfermünze mit Wappen der Ostind. Kompanie. 2. Bez. für verschiedene indische Gewichtseinheiten

Annalen [*lat.*] *die* (Plural): Jahrbücher, chronologisch geordnete Aufzeichnungen von Ereignissen

Annalin [*nlat.*] *das*; -s: feinpulveriger Gips

Annalist [*lat.-nlat.*] *der*; -en, -en: Verfasser von Annalen. **Annalistik** *die*; -: Geschichtsschreibung in Form von → Annalen. **Annaten** [*lat.-mlat.*; „Jahresertrag"] *die* (Plural): im Mittelalter übliche Abgabe an den Papst für die Verleihung eines kirchl. Amtes

Annatto: = Anatto

annektieren [*lat.-fr.*; „an-, verknüpfen"]: etwas gewaltsam u. widerrechtlich in seinen Besitz bringen

Anneliden [*lat.-nlat.*] *die* (Plural): Ringelwürmer

Annex [*lat.*] *der*; -es, -e: 1. Anhängsel, Zubehör. 2. = Adnex (2). **Annexion** [*lat.-fr.*] *die*; -, -en: gewaltsame u. widerrechtliche Aneignung fremden Gebiets. **Annexionismus** [*lat.-fr.-nlat.*] *der*; -: Bestrebungen, die auf eine gewaltsame Aneignung fremden Staatsgebiets abzielen. **Annexionist** *der*; -en, -en: Anhänger des Annexionismus. **annexionistisch**: den Annexionismus betreffend. **Annexitis** *die*; -, ...itiden: = Adnexitis

anni currentis [- *ku*...; *lat.*]: (veraltet) laufenden Jahres (Abk.: a. c.). **anni futuri**: (veraltet) künftigen Jahres; Abk.: a. f.

Annihilation [...*zion*; *lat.*] *die*; -, -en: 1. Vernichtung, Zunichtemachung, Ungültigkeitserklärung. 2. Zerstörung von Elementarteilchen u. Antiteilchen (Kernphysik). **annihilieren**: 1. a) zunichte machen; b) für nichtig erklären. 2. Elementar- u. Antiteilchen zerstören (Kernphysik)

anni praeteriti [- *prä*...; *lat.*]: (veraltet) vorigen Jahres (Abk.: a. p.). **Anniversar** [...*wär*...; „jährlich wiederkehrend"] *das*; -s, -e u. **Anniversarium** *das*; -s, ...ien [...*i*ᵉ*n*] (meist Plural): jährlich wiederkehrender Tag, an dem das Gedächtnis eines bestimmten Ereignisses begangen wird (z. B. der Jahrestag des Todes in der katholischen Kirche). **anno** (österr. nur so), auch: **Anno**: im Jahre (Abk.: a. od. A.). **anno currente** [- *ku*...]: (veraltet) im laufenden Jahr (Abk.: a. c.). **anno/Anno Domini**: im Jahre des Herrn, d. h. nach Christi Geburt (Abk.: a. D. od. A. D.)

Annomination [...*zion*; *lat.*] *die*; -, -en: Wortspiel, das in der Zusammenstellung von Wörtern gleicher od. ähnlicher Lautung, aber unterschiedlicher, im Zusammenhang oft gegensätzlicher Bedeutung besteht (z. B. der Mond schien schon schön; Rhet.); vgl. Paronomasie

Annonce [*angngß*ᵉ; *lat.-fr.*] *die*; -, -n: 1. Zeitungsanzeige, → Inserat. 2. Ankündigung von etw. **Annoncenexpedition** *die*; -, -en: Anzeigenvermittlung. **Annonceuse** [...*ßös*ᵉ] *die*; -, -n: Angestellte im Gastwirtsgewerbe, die die Bestellungen an die Küche weitergibt. **annoncieren** [...*ßir*ᵉ*n*]: 1. eine Zeitungsanzeige aufgeben. 2. a) etwas durch eine Annonce anzeigen; b) jmdn. od. etwas [schriftlich] ankündigen

Annone [*indian.*] *die*; -, -n: tropische Pflanze mit ledrigen Blättern u. wohlschmeckenden Früchten

Annotation [...*zion*; *lat.*] *die*; -, -en: 1. (veraltet) Auf-, Einzeichnung, Vermerk. 2. (DDR) erläuternder Vermerk zu einer bibliographischen Anzeige (Buchw.)

Annuarium [*lat.*] *das*; -s, ...ien [...*i*ᵉ*n*] od. ...ia: Kalender; Jahrbuch. **annuell** [*lat.-fr.*]: 1. (veraltet) [all]jährlich. 2. einjährig (von Pflanzen). **Annuelle** *die*; -, -n: Pflanze, die nach einer → Vegetationsperiode abstirbt. **Annuiltät** [...*u-i*...; *lat.-mlat.*] *die*; -, -en: Jahreszahlung an Zinsen u. Tilgungsraten bei der → Amortisation (1) einer Schuld. **Annuiltäten** *die* (Plural): jährliches Einkommen

annullieren [*lat.*]: etwas [amtlich] für ungültig, für nichtig erklären. **Annullierung** *die*; -, -en: [amtliche] Ungültigkeits-, Nichtigkeitserklärung

Annulus [*lat.*] *der*; -, ...li: frühere Schreibung für → Anulus

Annuntiationsstil [...*zion*...; *lat.*] *der*; -s: Zeitbestimmung des Mittelalters u. der frühen Neuzeit, bei der der Jahresanfang auf das Fest Mariä Verkündigung (25. März) fiel

Anoa [*indones.*] *das*; -s, -s: indonesisches Wildrind

An|ode [*gr.*; „Aufweg; Eingang"] *die*; -, -n: = positive → Elektrode; Ggs. → Kathode. **an|odisch**: a) die Anode betreffend; b) mit der Anode zusammenhängend

An|odynum [*gr.-lat.*] *das*; -s, ...na: = Analgetikum

anogen [*gr.-nlat.*]: aus der Tiefe aufsteigend (von Eruptivgesteinen; Geol.)

Anoia [*aneua*; *gr.-nlat.*] *die*; -: Unverstand, Stumpfheit; auch: → Demenz

Anolyt [Kurzw. aus → *Ano*de u. → Elektro*lyt*] *der*; -en (auch: -s), -e[n]: Elektrolyt im Anodenraum (bei Verwendung von zwei getrennten Elektrolyten; physikal. Chemie)

an|omal [auch: ...*al*; *gr.-lat.*; „uneben"]: unregelmäßig, regelwidrig, nicht normal [entwickelt] (in bezug auf etwas Negatives, einen Mangel od. eine Fehlerhaftigkeit). **An|omalie** *die*; -, ...ien: 1. a) (ohne Plural) Abweichung vom Normalen, Regelwidrigkeit (in bezug auf etwas Negatives, einen Mangel od. eine Fehlerhaftigkeit); b) Mißbildung in bezug auf innere u. äußere Merkmale (Biol.). 2. Winkel zwischen der Verbindungslinie Sonne–Planet u. der → Apsidenlinie des Planeten (Astron.). **an|omalistisch** [*gr.-nlat.*]: auf gleiche Anomalie (2) bezogen; -er Mond: Zeit von einem Durchgang des Mondes durch den Punkt seiner größten Erdnähe bis zum nächsten Durchgang; -es Jahr: Zeit von einem Durchgang der Erde durch den Punkt ihrer größten Sonnennähe bis zum nächsten Durchgang. **Anomalo|skop** *das*; -s, -e: Apparat zur Prüfung des Farbensinnes bzw. der Abweichungen vom normalen Farbensehen (Med.)

Anomie [*gr.-nlat.*] *die*; -, ...ien: 1. Gesetzlosigkeit, Gesetzwidrigkeit. 2. a) Zustand mangelnder sozialer Ordnung (Soziol.); b) Zusammenbruch der kulturellen Ordnung (Soziol.); c) Zustand mangelhafter gesellschaftlicher Integration innerhalb eines sozialen Gebildes, verbunden mit Einsamkeit, Hilflosigkeit u. ä. **anomisch:** gesetzlos, gesetzwidrig

an|onym [*gr.-lat.*]: a) ungenannt, ohne Namen, ohne Angabe des Verfassers; namenlos; -e Alkoholiker: Selbsthilfeorganisation (Hilfe bes. durch sozialtherapeutische Maßnahmen) von Alkoholabhängigen, deren Mitglieder ihre Abhängigkeit eingestehen müssen, aber anonym bleiben; Abk.: AA; b) (in bezug auf den Urheber von etwas) nicht [namentlich] bekannt; nicht näher, nicht im einzelnen bekannt; vgl. ...isch/-. **An|onymität** [*gr.-nlat.*] *die*; -: Unbekanntheit des Namens, Namenlosigkeit, das Nichtbekanntsein oder Nichtgenanntsein (in bezug auf eine bestimmte Person). **An|onymus** [*gr.-lat.*] *der*; -, ...mi u. ...nymen: jmd., der etwas geschrieben o. ä. hat, dessen Name jedoch nicht bekannt ist oder bewußt verschwiegen worden ist

An|opheles [*gr.-nlat.*; „nutzlos, schädlich"] *die*; -, -: tropische u. südeuropäische Stechmückengattung (Malariaüberträger)

An|oph|thalmie [*gr.-nlat.*] *die*; -, ...ien: Fehlen eines oder beider Augäpfel (angeboren od. nach Entfernung; Med.)

An|opie, An|opsie [*gr.-nlat.*] *die*; -, ...ien: das Nichtsehen, Untätigkeit des einen Auges (z. B. beim Schielen; Med.)

an|opi|stho|graphisch [*gr.*; „nicht von hinten beschrieben"]: nur auf einer Seite beschrieben (von Papyrushandschriften) oder bedruckt; Ggs. → opisthographisch

Anopsie vgl. Anopie

Anorak [*eskim.*] *der*; -s, -s: 1. Kajakjacke der Eskimos. 2. Jacke aus windundurchlässigem Material mit angearbeiteter Kapuze

anorektal [*lat.-nlat.*]: Mastdarm u. After betreffend, in der Gegend von Mastdarm u. After gelegen (Med.)

An|orexie [*gr.-nlat.*] *die*; -: Appetitlosigkeit; Verlust des Triebes, Nahrung aufzunehmen (Med.)

Anorganiker [*gr.-nlat.*] *der*; -s, -: Wissenschaftler auf dem Gebiet der anorganischen Chemie. **an|organisch**: 1. a) zum unbelebten Bereich der Natur gehörend, ihn betreffend; b) ohne Mitwirkung von Lebewesen entstanden. 2. nicht nach bestimmten [natürlichen] Gesetzmäßigkeiten erfolgend; ungeordnet, ungegliedert. 3. eingeschoben, unetymologisch (von Lauten od. Buchstaben ohne → morphologische Funktion, z. B. p in lat. sum-p-tum statt sum-tum zu sumere = nehmen; Sprachw.); Ggs. → organisch (2); -e Chemie: Teilgebiet der Chemie, das sich mit Elementen und Verbindungen ohne Kohlenstoff beschäftigt

An|orgasmie [*gr.-nlat.*] *die*; -, ...ien: Fehlen bzw. Ausbleiben des → Orgasmus (Med.)

anormal [*mlat.*; Kreuzung aus *gr.-lat.* anomalus („unregelmäßig") u. normalis („nach dem Winkelmaß gerecht")]: nicht normal; von der Norm, Regel abweichend u. daher nicht üblich, ungewöhnlich

An|orthit [auch: *...it*; *gr.-nlat.*] *der*; -s: Kalkfeldspat (ein Mineral).

An|orthosit [auch: *...it*] *der*; -s: ein Mineral

An|osmie [*gr.-nlat.*] *die*; -: Verlust des Geruchssinnes (Med.)

Anoso|gnosie [*gr.-nlat.*] *die*; -: Unfähigkeit, Erkrankungen der eigenen Person wahrzunehmen (bei manchen Gehirnerkrankungen; Med.)

An|ostose [*gr.-nlat.*] *die*; -, -n: Störung des Knochenwachstums u. der Knochenentwicklung (Knochenschwund; Med.)

ano|therm [*gr.*]: mit zunehmender Wassertiefe kälter werdend; Ggs. → katotherm. **Ano|thermie** *die*; -: Abnahme der Wassertemperatur in den Tiefenzonen stehender Gewässer u. der Meere; Ggs. → Katothermie

An|ox|ämie, An|oxyhämie [*gr.-nlat.*] *die*; -: Sauerstoffmangel im Blut (Med.). **An|oxie** *die*; -, ...ien: Sauerstoffmangel in den Geweben (Med.). **an|oxisch:** auf Sauerstoffmangel im Gewebe beruhend, durch Sauerstoffmangel verursacht (Med.). **Anoxybiose** *die*; -: = Anaerobiose. **An|oxyhämie** vgl. Anoxämie

ANSA [ital. Kurzw. für: Agenzia Nazionale Stampa Associata [*adsehenzia nazionale ßtampa aßotschata*]: die ital. Nachrichtenagentur

Anschovis, fachspr. Anchovis [*anschowiß*; *gr.-vulgärlat.-it.-span.-port.-niederl.*] *die*; -, -: in Salz od. Marinade eingelegte Sardelle od. Sprotte

...ant [*lat.*]: häufiges Suffix mit der aktivischen Bedeutung des 1. Partizips: 1. von männl. Substantiven, z. B. Fabrikant (= der Fabrizierende). 2. von Adjektiven, z. B. arrogant (= anmaßend)

Ant|acid Ⓦ [*...zid*; *gr.*; *lat.*] *das*; -s, -e: gegen Säuren sehr widerstandsfähige Eisen-Silicium-Legierung. **Ant|acidum** vgl. Antazidum

Ant|agonismus [*gr.-lat.*] *der*; -, ...men: 1. a) (ohne Plural) Gegensatz, Gegnerschaft, Widerstreit, Widerstand; b) einzelne gegensätzliche Erscheinung o. ä. 2. gegeneinander gerichtete Wirkungsweise (z. B. Streckmuskel–Beugemuskel; Med.). 3. gegenseitige Hemmung zweier Mikroorganismen (Biol.). **Ant|agonist** [*gr.-lat.*] *der*; -en, -en: 1. Gegner, Widersacher. 2. einer von paarweise wirkenden Muskeln, dessen Wirkung der des → Agonisten (2) entgegengesetzt ist; vgl. Antagonismus (2). **antagonistisch** [*gr.-nlat.*]: gegensätzlich, in einem nicht auszugleichenden Widerspruch stehend, widerstreitend, gegnerisch

Ant|algikum [*gr.-nlat.*] *das*; -s, ...ka: = Anästhetikum

Ant|apex, Anti|apex [*gr.*; *lat.*] *der*; -, ...apizes [*...ápizeß*]: Gegenpunkt des → Apex (1)

Ant|aphrodisiakum vgl. Anaphrodisiakum

Ant|arktika [*gr.-lat.*] *die*; -: der Kontinent der Antarktis (Südpolarkontinent). **Ant|arktis** [*gr.-nlat.*] *die*; -: Land- u. Meeresgebiete um den Südpol; vgl. Arktis. **ant|arktisch**: a) die Antarktis betreffend; b) zur Antarktis gehörend

Ant|ar|thritikum [*gr.-nlat.*] *das*; -s, ...ka: Heilmittel gegen Gelenkentzündung u. Gicht

ant|asthenisch [*gr.-nlat.*]: gegen Schwächezustände wirksam, stärkend (Med.)

Ant|azidum [*gr.*; *lat.*] *das*; -s, ...da: Magensäure bindendes Arzneimittel (Med.)

Ante [*lat.*] *die*; -, -n: die meist pfeilerartig ausgebildete Stirn einer frei endenden Mauer (in der altgriechischen und römischen Baukunst)

Ante|brachium [*...ach*; *lat.*; *gr.-lat.*] *das*; -s, ...chia: Unterarm

ante Christum [natum] [*lat.*]: vor Christi [Geburt], vor Christus; Abk.: a. Chr. [n.]

ante cibum [*- zi...*; *lat.*; „vor dem Essen"]: Hinweis auf Rezepten

antedatieren [*lat.-nlat.*]: (veraltet) 1. [ein Schreiben] auf ein zukünftiges Datum ausstellen. 2. [ein Schreiben] auf ein vergangenes Datum ausstellen; vgl. postdatieren

antediluvianisch [*...wia...*; *nlat.*]: vor dem → Diluvium gelegen

Ant|emetikum [*gr.*] *das*; -s, ...ka: Mittel gegen Erbrechen

ante mortem [*lat.*]: vor dem Tode (Med.); Abk.: a. m.
Antenne [*lat.-it.*] *die*; -, -n: 1. Vorrichtung zum Senden od. Empfangen (von Rundfunk-, Fernsehsendungen usw.). 2. Fühler der Gliedertiere (z. B. Krebse, Insekten)
Antentempel *der*; -s, -: ein mit → Anten ausgestatteter altgriech. Tempel
Antepän|ultima [*lat.*] *die*; -, ...mä u. ...men: die vor der → Pänultima stehende, drittletzte Silbe eines Wortes
Antependium [*lat.-mlat.*; „Vorhang"] *das*; -s, ...ien [*...iᵉn*]: Verkleidung des Altarunterbaus, aus kostbarem Stoff od. aus einer Vorsatztafel aus Edelmetall od. geschnitztem Holz bestehend
Ant|epir|rhem [*gr.*] *das*; -s, -ata: Dialogverse des Chors in der attischen Komödie, Gegenstück zum → Epirrhem; vgl. Ode (1)
anteponierend [*lat.*]: verfrüht auftretend (Med.)
ante portas [*lat.*; „vor den Toren"]: (scherzh.) im Anmarsch, im Kommen (in bezug auf eine Person, vor der man warnen will)
Anteposition [*...zion*; *lat.*] *die*; -, -en: (Med.) 1. Verlagerung eines Organs nach vorn. 2. vorzeitiges Auftreten einer erblich bedingten Krankheit im Lebensablauf von Personen späterer Generationen (im Verhältnis zum Zeitpunkt des Auftretens bei früheren Generationen)
Antestat *das*; -[e]s, -e: (früher) → Testat des Hochschulprofessors zu Beginn des Semesters neben der im Studienbuch des Studierenden aufgeführten Vorlesung od. Übung; Ggs. → Abtestat. **antestieren:** ein Antestat geben; Ggs. → abtestieren
Antezedens [*lat.*] *das*; -, ...denzien [*...iᵉn*]: Grund, Ursache; Vorausgegangenes. **antezedent:** durch Antezedenz (2) entstanden. **Antezedenz** *die*; -: 1. = Antezedens. 2. Talbildung durch einen Fluß, der in einem von ihm durchflossenen aufsteigenden Gebirge seine allgemeine Laufrichtung beibehält (z. B. Rheintal bei Bingen); Ggs. → Epigenese. **Antezedenzien** [*...iᵉn*] *die* (Plural): 1. *Plural* von → Antezedens. 2. (veraltet) Vorleben, frühere Lebensumstände. **antezedieren:** (veraltet) vorhergehen, vorausgehen. **Antezessor** *der*; -s, ...oren: (veraltet) [Amts]vorgänger
Ant|helium [*gr.-lat.*] *das*; -s, ...helien [*...iᵉn*]: Art eines → Halos (1) in Form eines leuchtenden Flecks in gleicher Höhe wie die Sonne, jedoch in entgegengesetzter Himmelsrichtung (Gegensonne; atmosphär. Optik)
Ant|helminthikum [*gr.-nlat.*] *das*; -s, ...ka: Wurmmittel (Med.). **ant|helminthisch:** gegen Würmer wirksam (Med.)
Anthem [*änthᵉm*; *gr.-mlat.-engl.*] *das*; -s, -s: motetten- od. kantatenartige engl. Kirchenkomposition, Hymne
Anthemion [*gr.*] *das*; -s, ...ien [*...iᵉn*]: Schmuckfries mit stilisierten Palmblättern u. Lotosblüten (altgriech. Baukunst). **Anthemis** [*gr.-lat.*] *die*; -, -: Hundskamille (Korbblütler). **Anthere** *die*; -, -n: Staubbeutel der Blütenpflanzen. **Antheridium** [*gr.-nlat.*] *das*; -s, ...dien [*...iᵉn*]: Geschlechtsorgan der Algen, Moose u. Farne, das männliche Keimzellen ausbildet; vgl. Archegonium. **Anthese** *die*; -: die Zeit vom Aufbrechen einer Blüte bis zum Verblühen (Bot.)
Ant|hi|drotikum [*gr.-nlat.*] *das*; -s, ...ka: schweißhemmendes Arzneimittel (Med.)
Anthocyan vgl. Anthozyan. **Anthologie** [*gr.*; „Blumenlese"] *die*; -, ...ien: ausgewählte Sammlung, Auswahl von Gedichten od. Prosastücken. **Anthologion**, Anthologium *das*; -s, ...ia od. ...ien [*...iᵉn*]: liturgisches Gebetbuch (→ Brevier 1) der orthodoxen Kirchen. **anthologisch:** ausgewählt. **Anthologium** vgl. Anthologion. **Antholyse** [*gr.-nlat.*] *die*; -: Auflösung der Blüte einer Pflanze durch Umwandlung der Blütenorgane in grüne Blätter (Bot.). **Anthoxanthin** *das*; -s, -e: im Zellsaft gelöster gelber Blütenfarbstoff. **Anthozoon** *das*; -s, ...zoen: Blumentier (z. B. Koralle). **Anthozyan,** (chem. fachspr.:) Anthocyan [*...zü...*] *das*; -s, -e: Pflanzenfarbstoff
An|thracen [*...zen*; *gr.-nlat.*] *das*; -s, -e: aus Steinkohlenteer gewonnenes Ausgangsmaterial vieler Farbstoffe. **An|thrachinon** [Kurzw. aus → *Anthra*cen u. → *Chinon*] *das*; -s: 1. Ausgangsstoff für die Anthrachinonfarbstoffe. 2. Bestandteil von Abführmitteln. **An|thraknose** [*gr.-nlat.*] *die*; -, -n: durch Pilze verursachte Pflanzenkrankheit (z. B. Stengelbrenner). **An|thrakose** *die*; -, -n: (Med.) a) Ablagerung von Kohlenstaub in Organen; b) Kohlenstaublunge. **An|thrax** [*gr.-lat.*] *die*; -: Milzbrand (Med.). **An|thrazen** vgl. Anthracen. **Anthrazit** [auch: *...it*; *gr.-nlat.*] *der*; -s, -e: harte, glänzende Steinkohle. **an|thrazit:** grauschwarz
An|thropobiologie [auch: *an...*; *gr.-nlat.*] *die*; -: Lehre von den Erscheinungsformen des menschlichen Lebens u. der biologischen Beschaffenheit des Menschen. **An|thropochoren** [*...korᵉn*] *die* (Plural): durch den Menschen verbreitete Pflanzen u. Tiere (z. B. Kulturpflanzen, Ungeziefer). **An|thropochorie** [*...ko...*] *die*; -: durch den Menschen verursachte Verbreitung von Tieren u. Pflanzen (Biol.). **an|thropogen:** durch den Menschen beeinflußt, verursacht. **Anthropogenese** *die*; -: = Anthropogenie. **An|thropogenetik** *die*; -: = Humangenetik (Med.). **Anthropogenie** *die*; -: Wissenschaft von der Entstehung u. Abstammung des Menschen. **An|thropogeo|graphie** *die*; -: Teilgebiet der Geographie, auf dem man sich mit dem Einfluß des Menschen auf die Erdoberfläche u. mit dem Einfluß der geographischen Umwelt auf den Menschen befaßt. **Anthropographie** *die*; -: Wissenschaft von den menschlichen Rassenmerkmalen. **an|thropoid:** menschenähnlich. **An|thropoide** *der*; -n, -n, auch: Anthropoid *der*; -en, -en: Menschenaffe. **An|thropoklimatologie** [auch: *an...*] *die*; -: Wissenschaft von den Beziehungen zwischen Mensch u. Klima. **An|thropola|trie** *die*; -, ...ien: gottähnliche Verehrung eines Menschen, Menschenkult. **An|thropologe** *der*; -n, -n: Wissenschaftler auf dem Gebiet der Anthropologie. **An|thropologie** *die*; -: a) Wissenschaft vom Menschen u. seiner Entwicklung in natur- u. geisteswissenschaftlicher Hinsicht; b) Geschichte der Menschenrassen. **anthropologisch:** die Anthropologie betreffend. **An|thropologismus** *der*; -: Auffassung, daß die naturwissenschaftlich orientierte Anthropologie die grundlegende Wissenschaft vom Menschen sei (L. Feuerbach). **An|thropometer** *das*; -s, -: Gerät zur exakten Bestimmung der Maßverhältnisse am menschlichen Körper. **Anthropome|trie** *die*; -: Wissenschaft von den Maßverhältnissen am menschlichen Körper u. deren exakter Bestimmung. **anthropome|trisch:** auf die Anthropometrie bezogen. **an|thropomorph:** menschlich, von mensch-

licher Gestalt, menschenähnlich. **An|thropomorphe** *der*; -n, -n, (auch:) **Anthropomorph** *der*; -en, -en: Menschenaffe. **an|thropomorphisch**: die menschliche Gestalt betreffend, sich auf sie beziehend. **an|thropomorphisieren**: vermenschlichen, menschliche Eigenschaften auf Nichtmenschliches übertragen. **Anthropomorphismus** *der*; -, ...men: 1. (ohne Plural) Übertragung menschlicher Gestalt u. menschlicher Verhaltensweisen auf nichtmenschliche Dinge od. Wesen, bes. in der Gottesvorstellung. 2. menschlicher Zug an nichtmenschlichen Wesen. **Anthroponose** *die*; -, -n: [Infektions]-krankheit, deren Erreger nur den Menschen befallen u. die deshalb nur von Mensch zu Mensch übertragen werden kann (Med.); Ggs. → Anthropozoonose. **Anthroponym** *das*; -s, -e: Personenname (z. B. Vorname, Familienname). **An|throponymie** *die*; -: = Anthroponymik. **An|throponymik** *die*; -: Personennamenkunde. **An|thropopathismus** *der*; -: die Vorstellung Gottes als eines Wesens mit menschlichen Eigenschaften (Philos.). **An|thropophage** *der*; -n, -n: → Kannibale. **An|thropophagie** *die*; -: → Kannibalismus. **anthropophob**: menschenscheu. **Anthropophobie** *die*; -: Menschenscheu. **An|throposoph** *der*; -en, -en: Anhänger der Anthroposophie. **An|throposophie** *die*; -: (von Rudolf Steiner 1913 begründete) Weltanschauungslehre, nach der der Mensch höhere seelische Fähigkeiten entwickeln u. dadurch übersinnliche Erkenntnisse erlangen kann. **an|throposophisch**: die Anthroposophie betreffend. **Anthropotechnik** *die*; -: Gebiet der Arbeitswissenschaft, auf dem man sich mit dem Problem befaßt, Arbeitsvorgänge, -mittel u. -plätze den Eigenarten des menschlichen Organismus anzupassen. **an|thropozen|trisch**: den Menschen in den Mittelpunkt stellend. **An|thropotomie** *die*; -: → Anatomie (1) des Menschen. **Anthropozoon** *das*; -s, ...zoen: vom Menschen unbewußt eingeschlepptes u. verbreitetes Tier. **An|thropozoo|nose** *die*; -, -n: Infektionskrankheit, die vom Tier auf den Menschen übertragen werden kann (z. B. Papageienkrankheit, Tollwut; Med.); Ggs. → Anthroponose. **An|thropus** *der*; -: Frühmensch, Vertreter einer Frühstufe in der Entwicklung des Menschen (z. B. → Sinanthropus)

Anthurie [...*rie*; *gr.-nlat.*] *die*; -, -n u. **Anthurium** *das*; -s, ...ien [...*i'n*]: Flamingoblume (Aronstabgewächs)

Ant|hy|grondose [*gr.*; *dt.*]: *die*; -, -n: Stromverteilerdose für feuchte Räume, Feuchtraumdose (Elektrot.)

anti [*gr.*]: in der Fügung: - sein (ugs.; dagegen sein)

Anti|alkoholiker [auch: *an*...] *der*; -s, -: Alkoholgegner

Antiapex vgl. Antapex

Anti|asth|matikum [*gr.-nlat.*] *das*; -s, ...ka: Heilmittel gegen Bronchialasthma

antiautoritär [auch: ...*är*; *gr.*; *lat.-fr.*]: gegen autoritäre Normen gewendet, gegen Autorität eingestellt (z. B. von sozialen Verhaltensweisen, theoretischen Einstellungen); Ggs. → autoritär (1 b); -e Erziehung: Erziehung der Kinder unter weitgehender Vermeidung von Zwängen (z. B. in bezug auf Triebverzicht) u. → Repressionen zu selbständig denkenden u. kritisch urteilenden Menschen. **anti|auxo|chrom** [...*krom*; *gr.-nlat.*]: in Farbstoffen Farbänderungen hervorrufend (von einer elektronenempfangenden Molekülgruppe; Chem.)

Antibabypille, (auch:) **Anti-Baby-Pille** [...*bebi*...; *gr.*; *engl.*; *lat.*] *die*; -, -n: (ugs.) empfängnisverhütendes Mittel, dessen Wirkungsmechanismus in einer durch Hormone gesteuerten Unterdrückung der → Ovulation beruht

antibakteriell [auch: ...*äl*]: gegen Bakterien wirksam od. gerichtet (bes. von Medikamenten)

Antibarbarus [*gr.-nlat.*] *der*; -, ...ri: (hist.) Titel von Büchern, die Verstöße gegen den richtigen Sprachgebrauch aufführen u. berichtigen; vgl. Barbarismus (1b)

Antibiont [*gr.-nlat.*] *der*; -en, -en: Kleinstlebewesen, von dem die Antibiose ausgeht. **Antibiose** *die*; -, -n: hemmende od. abtötende Wirkung der Stoffwechselprodukte bestimmter Mikroorganismen auf andere Mikroorganismen. **Antibiotikum** *das*; -s, ...ka: biologischer Wirkstoff aus Stoffwechselprodukten von Kleinstlebewesen, der andere Mikroorganismen im Wachstum hemmt od. abtötet (Med.). **antibiotisch**: von wachstumshemmender od. abtötender Wirkung (Med.)

Antiblock *der*; -s, -s: Idee in Schachaufgaben, bei der ein bestehender Block durch Wegziehen der blockenden Figur aufgehoben wird (Kunstschach)

Anticham|bre [*angtischangbr*ᵉ; *lat.-it.-fr.*] *das*; -s, -s: (veraltet) Vorzimmer. **anticham|brieren** [*antischambrir'n*]: sich in jmds. Vorzimmer länger od. immer wieder aufhalten, um schließlich bei dem Betreffenden vorgelassen zu werden, um dessen Gunst od. Zustimmung bzw. Förderung von etw. man sich bemüht

Anti|chrese [...*chre*...; *gr.-lat.*; „Gegengebrauch"] *die*; -, -n: Überlassung der Pfandnutzung an den Gläubiger. **anti|chretisch**: die Pfandnutzung dem Gläubiger überlassend

Anti|christ [...*krißt*; *gr.-lat.*]: 1. *der*; -[s]: der Gegner von Christus, der Teufel. 2. *der*; -en, -en: Gegner des Christentums. **antichristlich** [auch: ...*krißt*...]: gegen das Christentum eingestellt, gerichtet

Anti|chthone [...*chto*...; *gr.-lat.*] *der*; -n, -n: = Antipode (I 1)

anticipando vgl. antizipando

Antidepressivum [...*iwum*; *gr.*; *lat.*] *das*; -s, ...va [...*wa*] (meist Plural): Arzneimittel gegen → Depressionen

Antiderapant [*gr.*; *lat.*] *der*; -en, -en: Gleitschutzreifen

Antidiabetikum [*gr.*] *das*; -s, ...ka: Arzneimittel, das den Blutzuckerspiegel senkt

Antidiar|rhoikum [*gr.-nlat.*] *das*; -s, ...ka: Arzneimittel gegen Durchfall

Antidot [*gr.-lat.*] *das*; -[e]s, -e u. Antidoton [*gr.*] *das*; -s, ...ta: Gegengift. **Antidotarium** [*gr.-mlat.*] *das*; -s, ...ia: a) Verzeichnis von Gegenmitteln, Gegengiften; b) Titel alter Rezeptsammlungen u. Arzneibücher. **Antidoton** vgl. Antidot

Antidual [*gr.*; *lat.*] *der*; -s, -e: themagemäße Technik zur Vermeidung von → Dualen (2) in [zweizügigen] Schachaufgaben (Kunstschach)

Anti|enzym *das*; -s, -e: → Antikörper, der sich bei Zufuhr artfremder Enzyme im Organismus bildet u. deren Wirksamkeit herabsetzt bzw. aufhebt (Med.)

Antifaktor *der*; -s, ...oren: natürlicher Hemmstoff der Blutgerinnung (z. B. → Heparin; Med.)

Antifaschismus [auch: ...*iß*...] *der*; -: politische Einstellung u. Aktivität gegen Nationalsozialismus u. Faschismus. **Antifaschist** [auch: ...*ißt*] *der*; -en, -en: Gegner des Nationalsozialismus u. Faschismus. **antifaschistisch** [auch: ...*iß*...]: a) den Antifaschismus be-

treffend; b) die Grundsätze des Antifaschismus vertretend
Antife|brile [*gr.*; *lat.*] *das*; -[s], ...lia: fiebersenkendes Mittel (Med.). **Antife|brin** *das*; -s, -e: (kaum mehr verwendetes) Fiebermittel
Antiferment [*gr.*; *lat.*] *das*; -s, -e: Abwehrferment, das die Wirkung eines anderen Ferments aufhebt
antiferroma|gnetisch [*gr.*; *lat.*; *gr.*]: besondere magnetische Eigenschaften aufweisend (von bestimmten Stoffen; Phys.)
Antifouling [*äntifauling*; *gr.*; *engl.*] *das*; -s: Anstrich für den unter Wasser befindlichen Teil des Schiffes, der die Anlagerung von Pflanzen u. Tieren verhindert
Antigen [*gr.-nlat.*] *das*; -s, -e: artfremder Eiweißstoff (z. B. Bakterien), der im Körper die Bildung von → Antikörpern bewirkt, die den Eiweißstoff selbst unschädlich machen
Antiheld [*gr.*; *dt.*] *der*; -en, -en: inaktive, negative od. passive Hauptfigur in Drama u. Roman im Unterschied zum aktiv handelnden Helden
Antihist|aminikum [*nlat.*; Kurzw. aus → *anti*, → *Hist*idin, → *Amin* u. der Endung → *-ikum*] *das*; -s, ...ka: Arzneimittel gegen allergische Reaktionen
Antihormon *das*; -s, -e: eiweißartiger Stoff, der die Wirkung eines Hormons abschwächen od. aufheben kann (Med.)
antik [*lat.-fr.*]: 1. auf das klassische Altertum, die Antike zurückgehend; dem klassischen Altertum zuzurechnen. 2. in altertümlichem Stil hergestellt, vergangene Stilepochen (jedoch nicht die Antike) nachahmend (von Sachen, bes. von Einrichtungsgegenständen); vgl. ...isch/-.
Antika|glien [...*kaljen*; *lat.-it.*] *die* (Plural): kleine antike Kunstgegenstände (Kunstw.)
Antikathode, **Antikatode** [auch: *anti*...] *die*; -, -n: der → Kat[h]ode gegenüberstehende → Elektrode (Anode) einer Röntgenröhre
Antike [*lat.-fr.*] *die*; -, -n: 1. (ohne Plural) das klassische Altertum u. seine Kultur. 2. (meist Plural) antikes Kunstwerk. **antikisch**: dem Vorbild der antiken Kunst nachstrebend; vgl. ...isch/-. **antikisieren**: nach Art der Antike gestalten; antike Formen nachahmen (z. B. im Versmaß)
anti|klerikal [auch: ...*kal*]: kirchenfeindlich. **Anti|klerikalismus** [auch: ...*iß*...] *der*; -: kirchenfeindliche Einstellung
Anti|klimax *die*; -, -e: Übergang vom stärkeren zum schwächeren Ausdruck, vom Wichtigeren zum weniger Wichtigen (Rhet., Stilk.); Ggs. → Klimax (1). **antiklinal** [*gr.-nlat.*]: sattelförmig (von geolog. Falten; Geol.). **Anti|klinale** *die*; -, -n: Sattel (nach oben gebogene Falte) (Tektonik). **Anti|kline** *die*; -, -n: 1. = Antiklinale. 2. senkrecht zur Oberfläche des Organs verlaufende Zellwand einer Pflanze.
Antiklinorium *das*; -s, ...ien [...*ien*]: Faltenbündel, dessen mittlere Falten höher als die äußeren liegen (Mulde) (Geol.); Ggs. → Synklinorium
Antikoagulans [*gr.*; *lat.*] *das*; -, ...lantia [...*zia*] u. ...lanzien [...*ien*] (meist Plural): die Blutgerinnung verzögerndes od. hemmendes Mittel (Med.)
Antikonzeption [...*zion*] *die*; -: Empfängnisverhütung. **antikonzeptionell**: die Empfängnis verhütend (Med.). **Antikonzeptivum** [...*wum*] *das*; -s, ...iva: empfängnisverhütendes Mittel
Antikörper *der*; -s, -: im Blutserum als Reaktion auf das Eindringen von → Antigenen gebildeter Abwehrstoff (Med.)
Anti|kritikus *der*; -, -se (auch: ...tizi): Zug eines Langschrittlers (Dame, Läufer, Turm od. Bauer) [aus der Grundstellung] über ein → kritisches (6) Feld hinweg in Gegenbewegung zu einem vorher ausgeführten (od. gedachten) → Kritikus (2) zum Zwecke der Beseitigung einer bestehenden → kritischen Schädigung (od. Drohung) (Kunstschach). **antikritisch** [auch: ...*kri*...]: eine bestehende → kritische (6) Schädigung (od. Drohung) aufhebend (Kunstschach)
Antilabe [*gr.*; „Haltegriff, Widerhalt"] *die*; -, -n: Aufteilung eines Sprechverses auf verschiedene Personen
Antilegomenon [*gr.*; „was bestritten wird"] *das*; -s, ...omena (meist Plural): 1. (ohne Plural) Buch des Neuen Testaments, dessen Aufnahme in den → Kanon (5) früher umstritten war. 2. (nur Plural) Werke antiker Schriftsteller, deren Echtheit bezweifelt od. bestritten wird
Antilog|arithmus [auch: *anti*...] *der*; -, ...men: = Numerus (2)
Antilogie [*gr.*] *die*; -, ...ien: Rede u. Gegenrede über die Haltbarkeit eines Lehrsatzes
Antilope [*gr.-mgr.-mlat.-engl.-fr.-niederl.*] *die*; -, -n: gehörntes afrikan. u. asiat. Huftier
Antimachiavellismus [...*makiawälißmuß*; nach einer Schrift Friedrichs d. Gr. gegen Machiavelli] *der*; -: gegen den → Machiavellismus gerichtete Anschauung
Antimaterie [auch: *an*...] *die*; -: hypothetische, auf der Erde nicht existierende Form der Materie, deren Atome aus den Antiteilchen der Erdmaterie zusammengesetzt sind
Antimetabole [*gr.-lat.*; „Umänderung, Vertauschung"] *die*; -, -n: Wiederholung von Wörtern eines Satzes in anderer Stellung zur Darstellung einer gedanklichen Antithese (Rhet., Stilk.)
antimetaphysisch [auch: *an*...]: gegen die → Metaphysik gerichtet
Antimetathesis [*gr.*; „Gegenumstellung"] *die*; -: Wiederholung der Glieder einer → Antithese (2) in umgekehrter Folge
Antimetrie [*gr.*] *die*; -: ein im Aufbau symmetrisches System, das unsymmetrisch belastet ist (Bautechnik). **antimetrisch**: belastet mit symmetrisch angebrachten Lasten, die jedoch eine entgegengesetzte Wirkungsrichtung haben (Bautechnik)
Antimilitarismus [auch: ...*riß*...] *der*; -: den Militarismus ablehnende Einstellung, Gesinnung, Bewegung
Antimodernisteneid *der*; -s: Eid gegen die Lehre des → Modernismus (2) (von 1910–1967 für alle katholischen Priester vorgeschrieben)
Antimon [*mlat.*] *das*; -s: chem. Grundstoff, ein Halbmetall; Zeichen: Sb
Antimonat [*mlat.-nlat.*] *das*; -[e]s, -e: ein Salz der Antimonsäure. **Antimonit** [auch: ...*it*]: 1. *das*; -[e]s, -e: Salz der antimonigen Säure. 2. *der*; -[e]s: wichtigstes Antimonerz (Antimonglanz, Grauspießglanz)
Antimoralismus [auch: ...*liß*...] *der*; -: ablehnende, feindliche Haltung gegenüber der herrschenden → Moral, gegenüber der Verbindlichkeit u. Allgemeingültigkeit moralischer Gesetze. **Antimoralist** [auch: ...*lißt*] *der*; -en, -en: Verfechter des Antimoralismus
Antineur|algikum [*gr.-nlat.*] *das*; -s, ...ka: (Med.) a) Mittel gegen Nervenschmerzen; b) schmerzstillendes Mittel
Antineu|tron *das*; -s, ...onen: Elementarteilchen, das entgegengesetzte Eigenschaften hat wie das → Neutron (Kernphysik)
Antinomie [*gr.-lat.*] *die*; -, ...ien: Widerspruch eines Satzes in sich od. zweier Sätze, von denen jeder

Gültigkeit beanspruchen kann (Philos., Rechtsw.). **antinomisch**: widersprüchlich. **Antinomismus** [*gr.-nlat.*] *der*; -: theologische Lehre, die die Bindung an das [bes. alttest.] Sittengesetz leugnet u. die menschliche Glaubensfreiheit u. die göttliche Gnade betont. **Antinomist** *der*; -en, -en: Vertreter des Antinomismus

Antioxydans [*gr.-nlat.*] *das*; -, ...danzien [...*iᵉn*], fachspr.: **Antioxidans** *das*; -, ...dantien [...*iᵉn*]: Zusatz zu Lebensmitteln, der die → Oxydation verhindert. **antioxydantieren,** fachspr.: **antioxidantieren**: bei Lebensmitteln durch einen Zusatz das → Oxydieren verhindern

Antiozonans [*gr.-nlat.*] *das*; -, ...nantien [...*iᵉn*] u. **Antiozonant** *das*; -s, -en: Zusatzstoff, der → Polymere gegen die Einwirkung von → Ozon schützt (Chem.)

antipar|allel: parallel verlaufend, jedoch entgegengesetzt gerichtet

Antipartikel *die*; -, -n (auch: *das*; -s, -): = Antiteilchen

Antipassat *der*; -[e]s, -e: dem → Passat entgegengerichteter Wind der Tropenzone

Antipasto [*it.*] *der* od. *das*; -[s], -s od. ...ti: ital. Bezeichnung für: Vorspeise

Antipathie [auch: ...*ti*; *gr.-lat.*] *die*; -, ...ien: Abneigung, Widerwille gegen jmdn. od. etwas; Ggs. → Sympathie (1). **antipathisch** [auch: ...*pa*...]: mit Abneigung, Widerwillen erfüllt gegen jmdn. od. etwas

Antiperistaltik *die*; -: Umkehrung der normalen → Peristaltik des Darmes (z. B. bei Darmverschluß; Med.)

Anti|phlogistikum [*gr.-nlat.*] *das*; -s, ...ka: entzündungshemmendes Mittel (Med.)

Antiphon *die*; -, -en, (auch:) Antiphone [*gr.-lat.*] *die*; -, -n: liturgischer Wechselgesang. **antiphonal** [*gr.-lat.-nlat.*]: im liturgischen Wechselgesang. **Antiphonale** *das*; -s, ...lien [...*iᵉn*] u. **Antiphonar** [*gr.-lat.-mlat.*] *das*; -s, -ien [...*iᵉn*]: liturgisches Buch mit dem Text der Antiphonen u. des Stundengebets. **Antiphone** vgl. Antiphon. **Antiphonie** *die*; -, ...ien: = Antiphon. **antiphonisch**: im Wechselgesang (zwischen erstem u. zweitem Chor oder zwischen Vorsänger und Chor)

Anti|phrase [*gr.-lat.*; „Gegenbenennung"] *die*; -, -n: Wortfigur, die das Gegenteil des Gesagten meint (z. B. ironisch: eine schöne Bescherung!; Rhet.; Stilk.)

Anti|pnigos [*gr.*] *der*; -: schnell gesprochener Abschluß des → Antepirrhems; Ggs. → Pnigos

Antipode [*gr.-lat.*; „Gegenfüßler"]
I. *der*; -n, -n: 1. auf der dem Betrachter gegenüberliegenden Seite der Erde wohnender Mensch. 2. Mensch, der auf einem entgegengesetzten Standpunkt steht.
II. *die*; -, -n: kleine, in der pflanzlichen Samenanlage der Eizelle gegenüberliegende Zelle; Gegenfüßlerzelle (Biol.)

Anti-Poverty-Programm [- *pow*ᵉ*rti* -; *amerik.*; *dt.*] *das*; -s: großangelegtes psychologisches, sozialpädagogisches u. medizinisches Förderungsprogramm in den USA, das den Kindern unterprivilegierter Schichten bessere Entwicklungs- u. Berufschancen geben soll

Anti|proton *das*; -s, ...onen: Elementarteilchen, das die entgegengesetzten Eigenschaften hat wie das → Proton

Anti|ptose [*gr.-lat.*; „Gegenfall"] *die*; -, -n: Setzung eines → Kasus (2) für einen anderen

Antipyrese [*gr.-nlat.*] *die*; -: Fieberbekämpfung. **Antipyretikum** *das*; -s, ...ka: fiebersenkendes Mittel. **antipyretisch**: fiebersenkend, fieberbekämpfend. **Antipyrin** ⓦ *das*; -s: Fiebermittel

Antiqua [lat.; „die alte (Schrift)"] *die*; -: Bez. für die heute allgemein gebräuchliche Buchschrift.

Antiquar *der*; -s, -e: [Buch]händler, der gebrauchte Bücher, Kunstblätter, Noten o. ä. kauft u. verkauft. **Antiquariat** [*lat.-nlat.*] *das*; -[e]s, -e: a) Handel mit gebrauchten Büchern; b) Buchhandlung, Laden, in dem antiquarische Bücher verkauft werden. **antiquarisch** [*lat.*]: gebraucht, alt. **Antiquarium** *das*; -s, ...ien [...*iᵉn*]: Sammlung von Altertümern. **antiquieren** [*lat.-nlat.*]: 1. veralten. 2. für veraltet erklären. **antiquiert**: nicht mehr den gegenwärtigen Vorstellungen, dem Zeitgeschmack entsprechend, aber noch immer existierend [und Gültigkeit für sich beanspruchend]; veraltet, nicht mehr zeitgemäß; altmodisch, überholt. **Antiquiertheit** *die*; -, -en: a) (ohne Plural) das Festhalten an veralteten u. überholten Vorstellungen od. Dingen; b) altmodisches Gebaren. **Antiquität** [*lat.*] *die*; -, -en (meist Plural): altertümlicher [Kunst]gegenstand (Möbel, Münzen, Porzellan u. a.)

Antirachitikum [*gr.-nlat.*] *das*; -s, ...ka: Mittel gegen → Rachitis

Antirakete *die*; -, -n: = Antiraketenrakete. **Antiraketenrakete** *die*; -, -n: Kampfrakete zur Abwehr von → Interkontinentalraketen

Anti|rheumatikum [*gr.-nlat.*] *das*; -s, ...ka: Mittel gegen rheumatische Erkrankungen

Antir|rhinum [*gr.-nlat.*] *das*; -s: Löwenmaul (Sommerblume)

antisem [*gr.-nlat.*]: = antonym (z. B. Sieg/Niederlage; Sprachw.)

Antisemit [auch: ...*it*; *gr.*; *nlat.*] *der*; -en, -en: Judengegner, -feind. **antisemitisch** [auch: ...*mit*...]: judenfeindlich. **Antisemitismus** [auch: ...*tiß*...] *der*; -: a) Abneigung od. Feindschaft gegenüber den Juden; b) [politische] Bewegung mit ausgeprägten judenfeindlichen Tendenzen

Antisepsis [*gr.-nlat.*] *die*; -: Vernichtung von Krankheitskeimen mit chemischen Mitteln, bes. in Wunden (Med.); vgl. Asepsis. **Antiseptik** *die*; -: = Antisepsis. **Antiseptikum** *das*; -s, ...ka: Bakterienwachstum hemmendes od. verhinderndes Mittel [bei der Wundbehandlung]. **antiseptisch**: Wundinfektionen verhindernd

Antiserum *das*; -s, ...seren u. ...sera: → Antikörper enthaltendes Heilserum

Anti|skabiosum [*gr.*; *lat.*] *das*; -s, ...sa: Mittel gegen Krätze

Antisomatogen [*gr.*] *das*; -s, -e: = Antigen

Anti|spasmodikum, Anti|spastikum [*gr.-nlat.*] *das*; -s, ...ka: krampflösendes, krampflinderndes Mittel. **Anti|spast** [*gr.-lat.*] *der*; -s, -e: auf → Anaklasis des → Choriambus beruhende viersilbige rhythmische Einheit eines antiken Verses (Versfuß ⏑––⏑). **Anti|spastikum** vgl. Antispasmodikum. **anti|spastisch**: krampflösend

Anti|star *der*; -s, -s: bekannte Persönlichkeit, deren Aussehen und Auftreten von dem abweicht, was üblicherweise einen Star ausmacht (wie z. B. Schönheit, bestimmtes Verhalten u. ä.)

Antistatikmittel [*gr.-nlat.*; *dt.*] *das*; -s, -: Mittel, das die elektrostatische Aufladung von Kunststoffen (z. B. Schallplatten, Folien) u. damit die Staubanziehung verhindern soll. **antistatisch**: elektrostatische Aufladungen verhindernd od. aufhebend (Phys.)

Antistes [*lat.*; „Vorsteher"] *der*; -, ...stites: 1. Priestertitel in der Antike. 2. Ehrentitel für katholische Bischöfe u. Äbte. 3. (schweiz. früher) Titel eines Oberpfarrers der reformierten Kirche

Anti|strophe [auch: *anti...*; *gr.-lat.*] *die*; -, -n: 1. in der altgriech. Tragödie die der → Strophe (1) folgende Gegenwendung des Chors beim Tanz in der → Orchestra. 2. das zu dieser Bewegung vorgetragene Chorlied

Antiteilchen [*gr.-lat.*] *das*; -s, -: Elementarteilchen, dessen Eigenschaften zu denen eines anderen Elementarteilchens in bestimmter Weise → komplementär sind (Kernphysik)

Antitheater *das*; -s: Sammelbez. für verschiedene Richtungen des modernen experimentellen Theaters

Antithese [*...te...*; *gr.-lat.*] *die*; -, -n: 1. der → These entgegengesetzte Behauptung, Gegenbehauptung; Gegensatz; vgl. These (2), Synthese (4). 2. [→asyndetische] Zusammenstellung entgegengesetzter Begriffe (z. B. der Wahn ist kurz, die Reu' ist lang; Rhet., Stilk.). **Antithetik** *die*; -: Lehre von den Widersprüchen u. ihren Ursachen (Philos.). **antithetisch**: gegensätzlich

Antitoxin [auch: *...in*] *das*; -s, -e: vom Körper gebildetes, zu den Immunstoffen gehörendes Gegengift gegen von außen eingedrungene Gifte (Med.)

Antitranspirant [*gr.*; *lat.-engl.*] *das*; -s, -e u. -s: schweißhemmendes → Deodorant

Anti|trinitarier *der*; -s, -: Gegner der Lehre von der göttlichen Dreieinigkeit. **anti|trinitarisch**: gegen die Dreieinigkeitslehre gerichtet

anti|triptisch [*gr.-nlat.*]: überwiegend durch Reibung entstanden (Meteorologie)

Antitussivum [*...iwum*; *gr.*; *lat.-nlat.*] *das*; -s, ...iva [*...iwa*]: Arzneimittel gegen Husten (Med.)

Antivertex *der*; -: Gegenpunkt des Vertex (2)

Antivit|amin [auch: *...witamin*] *das*; -s, -e: natürlicher od. künstlicher Stoff, der die spezifische Wirksamkeit eines Vitamins vermindert od. ausschaltet (Biol., Med.)

antizipando [*lat.*]: (veraltet) vorwegnehmend, im voraus. **Antizipation** [*...zion*] *die*; -, -en: 1. a) Vorwegnahme von etw., was erst später kommt od. kommen sollte, von zukünftigem Geschehen; b) Vorwegnahme von Tönen eines folgenden → Akkords (1) (Mus.). 2. Bildung eines philosoph. Begriffs od. einer Vorstellung vor der Erfahrung (→ a priori). 3. a) Vorgriff des Staates [durch Aufnahme von Anleihen] auf erst später fällig werdende Einnahmen; b) Zahlung von Zinsen u. a. vor dem Fälligkeitstermin. 4. Erteilung der Anwartschaft auf ein noch nicht erledigtes kirchl. Amt. 5. = Anteposition (2). 6. das bei einer jüngeren Generation gegenüber älteren Generationen frühere Erreichen einer bestimmten Entwicklungsstufe (Biol.). **antizipativ**: etwas (eine Entwicklung o. ä.) vorwegnehmend; → ...iv/...orisch. **antizipatorisch**: etwas (eine Entwicklung o. ä.) [bewußt] vorwegnehmend; → ...iv/...orisch. **antizipieren**: 1. etwas [gedanklich] vorwegnehmen. 2. vor dem Fälligkeitstermin zahlen

antizy|klisch [auch: *...zü...* od. *anti...*; *gr.-nlat.*]: 1. in unregelmäßiger Folge wiederkehrend. 2. einem bestehenden Konjunkturzustand entgegenwirkend; Ggs. → prozyklisch (Wirtsch.). **antizyklonale Strömung**: Luftströmung, die auf der Nordhalbkugel der Erde im Uhrzeigersinn (auf der Südhalbkugel entgegengesetzt) um eine Antizyklone kreist (Meteor.). **Anti|zyklone** *die*; -, -n: Hoch[druckgebiet], barometrisches Maximum (Meteor.)

Antizymotikum [*gr.-nlat.*] *das*; -s, ...ka: die Gärung verzögerndes Mittel

Ant|ode [*gr.*] *die*; -, -n: Chorgesang in der griech. Tragödie, zweiter Teil der → Ode (1)

Ant|öken [*gr.-nlat.*] *die* (Plural): Menschen, die in Gebieten entgegengesetzter geogr. Breite, aber auf demselben Meridian wohnen

Ant|onomasie [*gr.-lat.*] *die*; -, ...ien: 1. Ersetzung eines Eigennamens durch eine Benennung nach besonderen Kennzeichen od. Eigenschaften des Benannten (z. B. der Zerstörer Karthagos = Scipio; der Korse = Napoleon). 2. Ersetzung der Bezeichnung einer Gattung durch den Eigennamen eines ihrer typischen Vertreter (z. B. Krösus = reicher Mann). **ant|onym** [*gr.-nlat.*] (von Wörtern) eine entgegengesetzte Bedeutung habend (z. B. alt/jung, Sieg/Niederlage; Sprachw.); Ggs. → synonym (2 a). **Ant|onym** [„Gegenwort"] *das*; -s, -e: Wort, das einem anderen in bezug auf die Bedeutung entgegengesetzt ist (z. B. schwarz/weiß, starten/landen, Mann/Frau; Sprachw.); Ggs. → Synonym (1). **Ant|onymie** *die*; -, ...ien; semantische Relation, wie sie zwischen Antonymen besteht

antörnen: = anturnen

An|trotomie [*gr.-nlat.*] *die*; -, ...ien: operative Öffnung der Höhle des Warzenfortsatzes (des warzenförmigen Fortsatzes des Schläfenbeins hinter dem äußeren Gehörgang) mit Ausräumung vereiterter Warzenfortsatzzellen (Med.)

anturnen [*...tör...*; *dt.*; *engl.*]: (ugs.). 1. in einen Drogenrausch versetzen. 2. in Stimmung, Erregung o. ä. versetzen; Ggs. → abturnen

Anukleobiont, Akaryobiont [*gr.*; *lat.*; *gr.*] *der*; -en, -en: (Zool.) 1. Kleinstorganismus ohne Zellkern. 2. (nur Plural) zusammenfassende Bezeichnung für Bakterien u. Blaualgen

Anulus [*lat.*; „kleiner Ring"] *der*; -, ...li: 1. Ring am Stiel von Blätterpilzen (Bot.). 2. ringförmiger Teil eines Organs (Anat.). 3. (nur Plural) umlaufende Ringe am dorischen → Kapitell (Kunstw.)

An|uren [*gr.-nlat.*; „Schwanzlose"] *die* (Plural): Froschlurche

An|urie [*gr.-nlat.*] *die*; -, ...ien: Versagen der Harnausscheidung (Med.)

Anus [*lat.*] *der*; -, Ani: After. **Anus praeter** [- *prä...*; *nlat.*; kurz für: Anus praeternaturalis] *der*; - -, Ani - u. - -: künstlich angelegter, verlegter Darmausgang (z. B. bei Mastdarmkrebs)

anvisieren [*dt.*; *lat.-fr.*]: 1. ins Visier nehmen, als Zielpunkt nehmen. 2. etwas ins Auge fassen, anstreben

anvisualisieren [*dt.*; *lat.-engl.*]: eine Idee durch eine flüchtig entworfene Zeichnung festhalten (Werbespr.)

anzeps [*lat.*; „schwankend"]: lang od. kurz (von der Schlußsilbe im antiken Vers)

anze|stral [*lat.-fr.-engl.*]: altertümlich, stammesgeschichtlich

Aöde [*gr.*] *der*; -n, -n: griech. Dichter-Sänger im Zeitalter Homers

Äoline [*gr.-lat.-nlat.*; vom Namen des griech. Windgottes Äolus] *die*; -, -n: ein Musikinstrument (Vorläufer der Hand- bzw. Mundharmonika; Mus.). **äolisch** [*gr.-lat.*]: 1. [nach dem griech. Windgott Äolus] durch Windeinwirkung entstanden (von Geländeformen u. Ablagerungen; Geol.). 2. die altgriech. Landschaft Äolien betreffend; -e Tonart: dem Moll entsprechende [neunte] Kirchentonart; -e Versmaße: Versformen der antiken Metrik, die eine feste Silbenzahl haben u. bei denen nicht eine Länge durch zwei Kürzen od. zwei Kürzen durch eine Länge ersetzt werden können; vgl. Glykoneus, Pherekrateus, Hipponakteus, alkäische Strophen, sapphische Strophen. **Äolsharfe** *die*; -, -n: altes Instrument, dessen meist gleichgestimmte Saiten durch den Wind in Schwingungen versetzt werden u. mit ihren Obertönen in Dreiklängen erklingen; Windharfe, Geisterharfe

Äon [*gr.-lat.*] *der*; -s, -en (meist Plural): [unendlich langer] Zeitraum; Weltalter; Ewigkeit

Aorist [*gr.-lat.*] *der*; -[e]s, -e: Zeitform, die eine momentane od. punktuelle Handlung ausdrückt (z. B. die erzählende Zeitform im Griech.; Sprachw.)

Aorta [*gr.*] *die*; -, ...ten: Hauptschlagader des menschlichen Körpers. **Aort|algie** [*gr.-nlat.*] *die*; -, ...ien: an der Aorta od. im Bereich der Aorta auftretender Schmerz. **Aorten[klappen]insuffizienz** *die*; -: Schließunfähigkeit der Aortenklappe. **Aortitis** *die*; -, ...itiden: Entzündung der Aorta

Apache [auch: *apatsch^e*] *der*; -n, -n: 1. [*indian.*] Angehöriger eines nordamerik. Indianerstammes. 2. [*indian.-fr.*] Großstadtganove (bes. in Paris). **Apachenball** *der*; -[e]s, ...bälle: Kostümfest, auf dem die Teilnehmer als Ganoven o. ä. verkleidet erscheinen

Ap|agoge [auch: *apagoge*; *gr.*; „das Wegführen"] *die*; -: Schluß aus einem gültigen Obersatz u. einem in seiner Gültigkeit nicht ganz sicheren, aber glaubwürdigen Untersatz (griechische Philos.).

apagogische Beweis *der*; -n -es, -n -e: indirekter Beweis durch Aufzeigen der Unrichtigkeit des Gegenteils (Philos.)

apallische [*gr.-nlat.*] **Syndrom** *das*; -n -s, -n -e: Funktionsstörungen bei einer Schädigung der Großhirnrinde, die sich im Fehlen gerichteter Aufmerksamkeit, in fehlender Reizbeantwortung u. a. äußert (Med.)

Apanage [*apanasch^e*; *fr.*] *die*; -, -n: regelmäßige [jährliche] Zahlung an jmdn., bes. an nichtregierende Mitglieder eines Fürstenhauses zur Sicherung standesgemäßen Lebens. **apanagieren** [...*schir^en*]: eine Apanage geben

apart [*lat.-fr.*]: 1. in ausgefallener, ungewöhnlicher Weise ansprechend, anziehend-schön. 2. (veraltet) gesondert, getrennt. **à part** [*a par*; *fr.*; „beiseite (sprechen)"]: Kunstgriff in der Dramentechnik, eine Art lautes Denken, durch das eine Bühnenfigur ihre [kritischen] Gedanken zum Bühnengeschehen dem Publikum mitteilt. **Aparte** *das*; -[s], -s: (veraltet) vgl. à part. **Apartheid** [*afrikaans*] *die*; -: (die von der Republik Südafrika praktizierte Politik der) Rassentrennung zwischen weißer u. schwarzer Bevölkerung. **Aparthotel** [*ᵉpa'ʳt*...; Kurzw. aus *Apart*ment u. *Hotel*] *das*; -s, -s: Hotel, das Appartements (und nicht Einzelzimmer) vermietet. **Apartment** [*ᵉpa'ʳtmᵉnt*; *lat.-it.-fr.-engl.-amerik.*] *das*; -s, -s: Kleinwohnung (in einem [komfortablen] Mietshaus); vgl. Appartement. **Apartmenthaus** *das*; -es, ...häuser: 1. Mietshaus, das ausschließlich aus Apartments besteht. 2. (verhüllend) Bordell

Ap|astron [*gr.-nlat.*] *das*; -s, ...stren: Punkt der größten Entfernung des kleineren Sterns vom Hauptstern bei Doppelsternen

Apathie [*gr.-lat.*; „Schmerzlosigkeit, Unempfindlichkeit"] *die*; -, ...ien: Teilnahmslosigkeit; Zustand der Gleichgültigkeit gegenüber den Menschen u. der Umwelt. **apathisch**: teilnahmslos, gleichgültig gegenüber den Menschen u. der Umwelt. **apathogen** [*gr.-nlat.*]: keine Krankheiten hervorrufend (z. B. von Bakterien im menschlichen Organismus); Ggs. → pathogen

Apatit [auch: ...*tit*; *gr.-nlat.*] *der*; -s, -e: ein Mineral

Apa|tride [*gr.*] *der*; -n, -n od. *die*; -, -n: Vaterlandslose[r], Staatenlose[r]

Apeiron [*gr.*] *das*; -: das nie an eine Grenze Kommende, das Unendliche, der ungeformte Urstoff (griech. Philos.)

Apella [*gr.*] *die*; -: (hist.) Volksversammlung in Sparta

Aperçu [*apärßü*; *fr.*] *das*; -s, -s: geistreiche Bemerkung

Aperiens [...*riä*...; *lat.*] *das*; -, ...rienzien [...*iᵉn*] u. ...rientia [...*zia*]: Abführmittel

aperiodisch: nicht → periodisch

Aperitif [*lat.-mlat.-fr.*; „(magen)öffnend"] *der*; -s, -s (auch: -e [...*wᵉ*]): appetitanregendes alkoholisches Getränk, das bes. vor dem Essen getrunken wird. **Aperitivum** [...*tiwum*; *lat.*] *das*; -s, ...va: 1. mildes Abführmittel. 2. appetitanregendes Arzneimittel. **Apéro** [*apero*; *fr.*] *der*; -s, -s: Kurzw. für: Aperitif

Apersonalismus [*gr.*; *lat.-nlat.*] *der*; -: buddhistische Lehre, daß die menschliche Person nur trügerische Verkörperung eines unpersönlichen Allwesens sei

aperspektivisch [...*iwisch*; *gr.*; *gr.-mlat.*]: ohne Begrenzung auf den gegenwärtigen → perspektivischen Standpunkt des Betrachters (von der Weltsicht des Schweizer Philosophen Jean Gebser, der die Zeit als „vierte Dimension" miteinbezieht)

Apertometer [*lat.*; *gr.*] *das*; -s, -: Meßgerät zur Bestimmung der Apertur bei Mikroskopobjektiven. **Apertur** [*lat.*; „Öffnung"] *die*; -, -en: Maß für die Leistung eines optischen Systems und für die Bildhelligkeit; Maß für die Fähigkeit eines optischen Gerätes od. fotografischen Aufnahmematerials, sehr feine, nahe beieinanderliegende Details eines Objekts getrennt, deutlich unterscheidbar abzubilden

apetal [*gr.-nlat.*]: keine Blumenkrone aufweisend (von bestimmten Blüten; Bot.). **Apetalen** *die* (Plural): Blütenpflanzen ohne Blumenkrone

Apex [*lat.*; „Spitze"] *der*; -, Apizes; 1. unendlich ferner Zielpunkt eines Gestirns, z. B. der Erde oder des Sonnensystems, auf den dieses in seiner Bewegung gerade zusteuert (Astron.). 2. Zeichen (^ od.') zur Kennzeichnung langer Vokale (Sprachw.). 3. Hilfszeichen (') zur Kennzeichnung betonter Silben (Metrik)

Apfelsine [*niederl.-niederd.*; „Apfel aus China"] *die*; -, -n: Frucht des Orangenbaumes

Aphakie [*gr.-nlat.*] *die*; -: das Fehlen der Augenlinse (nach Verletzung od. Operation, seltener angeboren; Med.)

Aph|ärese, Aph|äresis [*gr.-lat.*; „das Wegnehmen"] *die*; -, ...resen: Abfall eines Anlautes od. einer anlautenden Silbe, z. B. 's für es, raus für heraus

Aphasie [*gr.-nlat.*] *die*; -, ...ien: 1. Verlust des Sprechvermögens od. Sprachverständnisses infolge Erkrankung des Sprachzentrums im Gehirn (Med.). 2. Urteilsenthaltung gegenüber Dingen, von denen nichts Sicheres bekannt ist (Philos.). **Aphasiker** *der*; -s, -: jmd., der an Aphasie (1) leidet

Aph|el [*gr.-nlat.*] *das*; -s, -e u. Aphelium *das*; -s, ...ien [...*iᵉn*]: Punkt der größten Entfernung eines Planeten von der Sonne (Astron.); Ggs. → Perihel

Aphel|an|dra [*gr.-nlat.*] *die*; -, ...dren: Pflanze aus der Gattung der Akanthusgewächse aus dem wärmeren Amerika (z. T. beliebte Zierpflanze)

Aphelium vgl. Aphel

Aphemie [*gr.-nlat.*] *die*; -, ...ien: = Aphasie (1). **Aphongetriebe** [*gr.*; *dt.*] *das*; -s, -: geräuscharmes

Schaltgetriebe. **Aphonie** [*gr.-nlat.*] *die*; -, ...ien: Stimmlosigkeit, Fehlen des Stimmklangs, Flüsterstimme (Med.)

Aphorismus [*gr.-lat.*] *der*; -, ...men: prägnant-geistreich in Prosa formulierter Gedanke, der eine Erfahrung, Erkenntnis od. Lebensweisheit enthält. **Aphoristik** [*gr.-nlat.*] *die*; -: die Kunst, Aphorismen zu schreiben. **Aphoristiker** *der*; -s, -: Verfasser von Aphorismen. **aphoristisch** [*gr.-lat.*]: 1. a) die Aphorismen, die Aphoristik betreffend; b) im Stil des Aphorismus; geistreich u. treffend formuliert. 2. kurz, knapp, nur andeutungsweise erwähnt

aphotisch [*gr.*]: lichtlos, ohne Lichteinfall (z. B. von der Tiefsee); Ggs. → euphotisch

Aphrasie [*gr.-nlat.*] *die*; -, ...ien: (Med.) 1. Stummheit. 2. Unvermögen, richtige Sätze zu bilden

Aphrodisiakum [*gr.-nlat.*] *das*; -s, ...ka: den Geschlechtstrieb anregendes Mittel; Ggs. → Anaphrodisiakum. **Aphrodisie** *die*; -, ...ien: krankhaft gesteigerte geschlechtliche Erregbarkeit. **aphrodisisch**: 1. auf Aphrodite (griech. Liebesgöttin) bezüglich. 2. den Geschlechtstrieb steigernd (Med.). **aphroditisch**: = aphrodisisch (1)

Aph|the [*gr.-lat.*] *die*; -, -n: bes. an den Lippen u. im Bereich der Mundschleimhaut befindliche, schmerzhaft-empfindliche, gelblichweiße Pustel, Bläschen, Fleck (Med.). **Aphthenseuche** *die*; -: Maul- u. Klauenseuche

Aphylle [*gr.-nlat.*] *die*; -, -n: blattlose Pflanze (z. B. Kaktus). **Aphyllie** *die*; -: Blattlosigkeit. **aphyllisch**: blattlos (Bot.)

a piacere [- *piatschere*; *it.*]: nach Belieben, nach Gefallen (Vortragsbezeichnung, die Tempo u. Vortrag dem Interpreten freistellt; Mus.); vgl. ad libitum (2a)

Apiarium [*lat.*] *das*; -s, ...ien [...*i^e n*]: Bienenstand, -haus

apikal [*lat.-nlat.*]: 1. an der Spitze gelegen, nach oben gerichtet (z. B. vom Wachstum einer Pflanze. 2. mit der Zungenspitze artikuliert (von Lauten; Sprachw.). 3. am spitzgeformten äußersten Ende eines Organs gelegen (Med.)

Apis [*ägypt.-gr.*] *der*; -, **Apisstier** *der*; -[e]s, -e: heiliger Stier, der im alten Ägypten verehrt wurde

Aplanat [*gr.-nlat.*] *der*; -s od. -en, -e[n]: Linsenkombination, durch die die → Aberration (1) korrigiert wird. **aplanatisch**: den Aplanaten betreffend

Aplasie [*gr.-nlat.*] *die*; -, ...ien: angeborenes Fehlen eines Organs (Med.). **aplastisch**: die Aplasie betreffend

Aplazentalier [...*i^e r*; *gr.-nlat.*] *der*; -s, - (meist Plural): Säugetier, dessen Embryonalentwicklung ohne Ausbildung einer → Plazenta (1) erfolgt; Ggs. → Plazentalier

Aplit [auch: ...*it*; *gr.-nlat.*] *der*; -s: feinkörniges Ganggestein

Aplomb [*aplong*; *fr.*] *der*; -s: 1. a) Sicherheit [im Auftreten], Nachdruck; b) Dreistigkeit. 2. Abfangen einer Bewegung in den unbewegten Stand (Ballettanz)

APN [*apeän*; russ. Kurzw. für: *A*gentstwo *P*etschati *N*owosti]: sowjet. Presseagentur

Apnoe [...*no^e*; *gr.-nlat.*] *die*; -: Atemstillstand, Atemlähmung (Med.)

APO, auch: **Apo** [*apo*; Kurzw. aus: *a*ußer*p*arlamentarische *O*pposition] *die*; -: locker organisierte Aktionsgemeinschaft von linksgerichteten Gruppen (vor allem Studenten u. Jugendliche), die Ende der 60er Jahre mit der bestehenden politischen und sozialen Ordnung nicht zufrieden waren u. ihre Ablehnung und Kritik außerhalb der demokratischen Institutionen (z. B. durch provokative Protestaktionen) zum Ausdruck brachten

Apo|chromat [...*kro*...; *gr.-nlat.*] *der*; -s od. -en, -e[n]: fotografisches Linsensystem, das Farbfehler korrigiert

apod [*gr.-nlat.*]: fußlos (von bestimmten Tiergruppen). **Apoden** [„Fußlose"] *die* (Plural): 1. (veraltet) systematische Bezeichnung für einige fußlose Tiergruppen (z. B. Aale, Blindwühlen). 2. zusammenfassende systematische Bezeichnung für Aale u. Muränen

Apodiktik, Apodeiktik [*gr.-lat.*] *die*; -: die Lehre vom Beweis (Philos.). **apodiktisch**: 1. unumstößlich, unwiderleglich, von schlagender Beweiskraft (Philos.). 2. keinen Widerspruch duldend, endgültig, keine andere Meinung gelten lassend, im Urteil streng und intolerant

Apodisation [...*zion*; *gr.-nlat.*] *die*; -: [Verfahren zur] Verbesserung des Auflösungsvermögens (des Vermögens, sehr feine, dicht beieinanderliegende Details getrennt wahrnehmbar zu machen) eines optischen Geräts

Apodosis [auch: *apo*...; *gr.*] *die*; -, ...dosen: Nachsatz, bes. der bedingte Hauptsatz eines Konditionalsatzes (Rhet.; Stilk.)

Apodyterion [*gr.*], **Apodyterium** [*gr.-lat.*] *das*, -s, ...ien [...*i^e n*]: Auskleidezimmer in den antiken Thermen.

Apoenzym [...*o-ä*...; *gr.*; *gr.-nlat.*], **Apoferment** [*gr.*; *lat.*] *das*; -s, -e: hochmolekularer Eiweißbestandteil eines Enzyms (Biol.; Med.)

Apogalaktikum [*gr.*; *gr.-lat.*] *das*; -s, ...ken: vom Zentrum des Milchstraßensystems entferntester Punkt auf der Bahn eines Sterns der Milchstraße

apogam [*gr.-nlat.*]: sich ungeschlechtlich (ohne Befruchtung) fortpflanzend (von bestimmten Pflanzen). **Apogamie** *die*; -: ungeschlechtliche Fortpflanzung, Vermehrung ohne Befruchtung (eine Form der → Apomixis; Bot.)

Apogäum [*gr.-nlat.*] *das*; -s, ...äen: erdfernster Punkt der Bahn eines Körpers um die Erde (Astron.); Ggs. → Perigäum. **Apogäumssatellit** *der*; -en, -en: ein aus dem Apogäum einer vorläufigen Umlaufbahn in den endgültigen → Orbit eingeschossener Satellit. **Apogäumstriebwerk** *das*; -s, -e: im Apogäum der Umlaufbahn eines Satelliten kurzzeitig zu zündendes Raketentriebwerk zum Einschuß aus einer vorläufigen in die endgültige Umlaufbahn

Apograph [*gr.-lat.*] *das*; -s, -en (seltener: -e), **Apo|graphon** [*gr.-lat.*] *das*; -s, ...pha: Ab-, Nachschrift, Kopie nach einem Original

Apokalypse [*gr.-lat.*; „Enthüllung, Offenbarung"] *die*; -, -n: 1. Schrift in der Form einer Abschiedsrede, eines Testaments o. ä., die sich mit dem kommenden [schrecklichen] Weltende befaßt (z. B. die Offenbarung des Johannes im Neuen Testament). 2. (ohne Plural) Untergang, Grauen, Unheil. **Apokalyptik** [*gr.-nlat.*] *die*; -: 1. Deutung von Ereignissen im Hinblick auf ein nahes Weltende. 2. Schrifttum über das Weltende. **Apokalyptiker** *der*; -s, -: Verfasser od. Ausleger einer Schrift über das Weltende. **apokalyptisch**: 1. in der Apokalypse [des Johannes] vorkommend, sie betreffend. 2. a) auf das Weltende hinweisend; unheilkündend; b) geheimnisvoll, dunkel; Apokalyptische Reiter: Sinnbilder für Pest, Tod, Hunger, Krieg; apokalyptische Zahl: die Zahl 666 (vgl. Offenbarung 13, 18)

Apokamnose [*gr.*] *die*; -: krankhafte Ermüdbarkeit (Med.)

apokarp [*gr.-nlat.*]: aus einzelnen

getrennten Fruchtblättern bestehend (von Blüten; Bot.). **Apokarpium** *das*; -s: aus einzelnen Früchten zusammengesetzter Fruchtstand (Bot.)

Apokarterese [*gr.*] *die*; -: Selbstmord durch Nahrungsverweigerung

Apokatastase, Apokatastasis [*gr.-lat.*; „Wiederherstellung"] *die*; -, ...stasen: Wiederkehr eines früheren Zustandes, bes. Wiederherstellung allgemeiner Vollkommenheit in der Weltendzeit (Lehre des → Parsismus u. mancher → Mystiker; Rel.)

Ap|ökie [*gr.*] *die*; -, ...ien: im Griechenland der Antike eine Form der Kolonisation mit dem Ziel der Gründung eines von der Mutterstadt unabhängigen neuen Staates

Apokoinu [...*keunu*; *gr.*] *das*; -[s], -s: grammatische Konstruktion, bei der sich ein Satzteil od. Wort zugleich auf den vorhergehenden u. den folgenden Satzteil bezieht, (z. B. Was sein Pfeil erreicht, *das ist seine Beute*, was da kreucht und fleucht; Schiller)

Apokope [...*pe*; auch: *apo*...; *gr.-lat.*] *die*; -, ...open: Wegfall eines Auslauts od. einer auslautenden Silbe (z. B. *hatt'* für *hatte*; Sprachw.). **apokopieren** [*gr.-nlat.*]: ein Wort am Ende durch Apokope verkürzen (Sprachw.)

apokrin [*gr.*]: ein vollständiges Sekret produzierend u. ausscheidend (von Drüsen; Med.)

apo|kryph [...*krüf*; *gr.-lat.*; „verborgen"]: 1. zu den Apokryphen gehörend, sie betreffend. 2. unecht, fälschlich jmdm. zugeschrieben. **Apo|kryph** *das*; -s, -en, (auch:) **Apo|kryphon** *das*; -s, ...ypha u. ...yphen (meist Plural): nicht in den → Kanon (5) aufgenommenes, jedoch den anerkannten biblischen Schriften formal u. inhaltlich sehr ähnliches Werk (Rel.); vgl. Pseudepigraph

apolitisch [auch: ...*li*...; *gr.-nlat.*]: a) nicht politisch; b) ohne Interesse gegenüber der Politik, gegenüber politischen Ereignissen

Apoll *der*; -s, -s: = Apollo (1). **apollinisch** [*gr.-lat.*]: 1. den Gott Apollo betreffend, in der Art Apollos. 2. harmonisch, ausgeglichen, maßvoll (Philos.); Ggs. → dionysisch. **Apollo** [griech.-röm. Gott der Weissagung und Dichtkunst] *der*; -s, -s: 1. schöner [junger] Mann. 2. ein Tagschmetterling. 3. ein → Planetoid. 4. bestimmte Art amerikanischer Raumfahrzeuge

apollonisches [nach dem griechischen Mathematiker Apollonios von Perge] **Problem** vgl. Taktionsproblem

Apollo-Programm *das*; -s: Raumfahrtprogramm der USA, das u. a. die Landung bemannter Raumfahrzeuge auf dem Mond vorsah. **Apollo-Raumschiff** *das*; -s, -e: im Rahmen des Apollo-Programms eingesetztes Raumfahrzeug

Apolog [*gr.-lat.*] *der*; -s, -e: [humoristische] Erzählung, [Lehr]fabel (Literaturw.). **Apologet** [*gr.-nlat.*] *der*; -en, -en: a) jmd., der eine bestimmte Anschauung mit Nachdruck vertritt u. verteidigt; b) [literarischer] Verteidiger eines Werkes (bes. Vertreter einer Gruppe griech. Schriftsteller des 2. Jh.s, die für das Christentum eintraten). **Apologetik** [*gr.-mlat.*] *die*; -, -en: 1. das Gesamt aller apologetischen Äußerungen; wissenschaftliche Rechtfertigung von [christlichen] Lehrsätzen. 2. (ohne Plural) Teilbereich der Theologie, in dem man sich mit der wissenschaftlich-rationalen Absicherung des Glaubens befaßt. **apologetisch**: eine Ansicht, Lehre o. ä. verteidigend, rechtfertigend. **apologetisieren**: verteidigen, rechtfertigen. **Apologie** [*gr.-lat.*] *die*; -, ...ien: a) Verteidigung, Rechtfertigung einer Lehre, Überzeugung o. ä.; b) Verteidigungsrede, -schrift. **apologisch**: nach Art einer Fabel, erzählend; -es Sprichwort: erzählendes od. Beispielsprichwort (z. B. „Alles mit Maßen", sagte der Schneider und schlug seine Frau mit der Elle tot.). **apologisieren**: verteidigen, rechtfertigen

apomiktisch [*gr.-nlat.*]: sich ungeschlechtlich (ohne Befruchtung) fortpflanzend (von bestimmten Pflanzen). **Apomixis** *die*; -: ungeschlechtliche Fortpflanzung, Vermehrung ohne Befruchtung (Bot.)

Apomor|phin [*gr.-nlat.*] *das*; -s: ein → Derivat (3) des → Morphins (starkes Brechmittel bei Vergiftungen; Med.)

Aponeurose [*gr.-nlat.*] *die*; -, -n: (Med.) 1. Ansatzteil einer Sehne. 2. flächenhafte, breite Sehne (z. B. die der schrägen Bauchmuskeln)

Apopemptikon [*gr.*] *das*; -s, ...ka: Abschiedsgedicht einer fortgehenden Person an die Zurückbleibenden, im Unterschied zum → Propemptikon

apophantisch [*gr.*]: aussagend, behauptend; nachdrücklich

Apophonie [*gr.-nlat.*] *die*; -: Ablaut (Vokalwechsel in der Stammsilbe wurzelverwandter Wörter, z. B. spr*e*chen – spr*a*ch; Sprachw.)

Apo|phthegma [*gr.*] *das*; -s, ...men u. -ta: [witziger, prägnanter] Ausspruch, Sinnspruch, Zitat, Sentenz. **apo|phthegmatisch**: in der Art eines Apophthegmas geprägt

Apophyllit [auch: ...*it*; *gr.*] *der*; -s, -e: ein Mineral

Apophyse [*gr.-nlat.*] *die*; -, -n: 1. Knochenfortsatz [als Ansatzstelle für Muskeln] (Med.). 2. Einstülpungen des Außenskeletts bei Gliederfüßern. 3. (Bot.) a) Anschwellung des Fruchtstiels bei Moosen; b) Verdickung der Zapfenschuppe bei Kiefern. 4. Gesteinsverästelung (Geol.)

Apo|plektiker [*gr.-lat.*] *der*; -s, -: (Med.) a) jmd., der zu Schlaganfällen neigt; b) jmd., der an den Folgen eines Schlaganfalles leidet. **apo|plektisch**: a) zu Schlaganfällen neigend; b) zu einem Schlaganfall gehörend, damit zusammenhängend; durch einen Schlaganfall bedingt. **Apoplexie** *die*; -, ...ien: 1. Schlaganfall, Gehirnschlag. 2. plötzliches teilweises od. gänzliches Absterben der Krone von Steinobstbäumen (Bot.)

Aporem [*gr.*; „Streitfrage"] *das*; -s, -ata: logische Schwierigkeit, Unlösbarkeit eines Problems (Philos.). **aporematisch**: zweifelhaft, schwer zu entscheiden (Philos.). **Aporetik** *die*; -: Auseinandersetzung mit schwierigen philosophischen Fragen (Aporien) [ohne Berücksichtigung ihrer möglichen Lösung]. **Aporetiker** *der*; -s, -: 1. der die Kunst der Aporetik übende Philosoph. 2. Zweifler, Skeptiker. **aporetisch**: 1. a) die Aporetik betreffend; b) in der Art der Aporetik. 2. zu Zweifeln geneigt. **Aporie** [„Ratlosigkeit, Verlegenheit"] *die*; -, ...ien: 1. Unmöglichkeit, eine philosophische Frage zu lösen. 2. Unmöglichkeit, in einer bestimmten Situation die richtige Entscheidung zu treffen od. eine passende Lösung zu finden; Ausweglosigkeit

Aporinosis [*gr.*] *die*; -, ...sen: jede Art von Mangelkrankheit (Med.)

Aporisma *das*; -s, ...men od. -ta: = Aporema

Aporogamie [*gr.-nlat.*] *die*; -: Befruchtungsvorgang bei Blütenpflanzen, bei dem der vom → Pollen vorgetriebene Schlauch die Samenanlage nicht unmittelbar über die Höhlung des Fruchtknotens erreicht (Bot.)

Aposiopese [*gr.-lat.*; „das Verstummen"] *die*; -, -n: bewußter Abbruch der Rede od. eines begonnenen Gedankens vor der entscheidenden Aussage (Rhet.; Stilk.)

Apo|sporie [*gr.-nlat.*] *die*; -: Überspringen der Sporenbildung bei Farnen u. Blütenpflanzen im Generationswechsel (Bot.)

Apostasie [*gr.-lat.*] *die*; -, ...ien: 1. Abfall [eines Christen vom Glauben]. 2. Austritt einer Ordensperson aus dem Kloster unter Bruch der Gelübde. **Apostat** *der*; -en, -en: Abtrünniger, bes. in bezug auf den Glauben

Apostel [*gr.-lat.*; „abgesandt; Bote"] *der*; -s, -: 1. Jünger Jesu (Rel.). 2. (iron.) jmd., der für eine Welt- od. Lebensanschauung mit Nachdruck eintritt u. sie zu verwirklichen sucht

a posteriori [*lat.*; „vom Späteren her", d. h., man erkennt die Ursache aus der zuerst erfahrenen späteren Wirkung]: 1. aus der Wahrnehmung gewonnen, aus Erfahrung (Erkenntnistheorie); Ggs. → a priori. 2. nachträglich, später; Ggs. → a priori. **Aposteriori** *das*; -, -: Erfahrungssatz, Inbegriff der Erkenntnisse, die a posteriori gewonnen werden; Ggs. → Apriori. **aposteriorisch**: erfahrungsgemäß; Ggs. → apriorisch

Apostilb [*gr.-nlat.*] *das*; -s, -: photometrische Einheit der Leuchtdichte nicht selbst leuchtender Körper; Abk.: asb; vgl. Stilb

Apostille [*gr.-nlat.*] *die*; -, -n: 1. Randbemerkung. 2. [empfehlende od. beglaubigende] Nachschrift zu einem Schriftstück

Apostolat [*gr.-lat.*] *das*, (fachspr. auch:) *der*; -[e]s, -e: a) Sendung, Amt der Apostel (Rel.); b) Sendung, Auftrag der Kirche; vgl. Laienapostolat. **Apostoliker** *die* (Plural): Bezeichnung für besondere, am Kirchenbild der apostolischen Zeit [u. am asketischen Leben der Apostel] orientierte christliche Gruppen, die in der Kirchengeschichte auftreten, ohne untereinander jedoch kausal zusammenzuhängen. **Apostolikum** [gekürzt aus: Symbolum apostolicum] *das*; -s: 1. das (angeblich auf die 12 Apostel zurückgehende) christliche Glaubensbekenntnis. 2. (veraltet) = Apostolos. **apostolisch**: a) nach Art der Apostel, von den Aposteln ausgehend; b) päpstlich (kath. Kirche); Apostolische Majestät: Titel der Könige von Ungarn u. der Kaiser von Österreich; Apostolischer Nuntius: ständiger Gesandter des Papstes bei einer Staatsregierung; Apostolische Signatur: höchstes ordentliches Gericht u. oberste Gerichtsverwaltungsbehörde der katholischen Kirche; Apostolischer Stuhl: Heiliger Stuhl (Bezeichnung für das Amt des Papstes u. die päpstlichen Behörden); apostolische Sukzession: Lehre von der ununterbrochenen Nachfolge der Bischöfe u. Priester auf die Apostel; apostolische Väter: die ältesten christlichen Schriftsteller, angeblich Schüler der Apostel. **Apostolizität** *die*; -: nach katholischem Verständnis die Wesensgleichheit der gegenwärtigen Kirche in Lehre u. Sakramenten mit der Kirche der Apostel. **Apostolos** [*gr.*] *der*; -: (veraltet) Sammelbezeichnung für die nicht zum → Evangelium (1b) gehörenden Schriften des Neuen Testaments

Apo|stroph [*gr.-lat.*; „abgewandt; abfallend"] *der*; -s, -e: Auslassungszeichen; Häkchen, das den Ausfall eines Lautes od. einer Silbe kennzeichnet (z. B. hatt', 'naus). **Apo|strophe** *die*; -, ...ophen: feierliche Anrede an eine Person od. Sache außerhalb des Publikums; überraschende Hinwendung des Redners zum Publikum od. zu abwesenden Personen (Rhet., Stilk.). **apo|strophieren** [*gr.-nlat.*]: 1. mit einem Apostroph versehen. 2. a) jmdn. feierlich od. gezielt ansprechen, sich deutlich auf jmdn. beziehen; b) etwas besonders erwähnen, sich auf etwas beziehen. 3. jmdn. od. etwas in einer bestimmten Eigenschaft herausstellen, als etwas bezeichnen

Apothecium [...*zi*...; *gr.-nlat.*] *das*; -s, ...ien [...*i*e*n*]: schüsselförmiger Fruchtbehälter bei Flechten u. Schlauchpilzen (Bot.)

Apotheke [*gr.-lat.*] *die*; -, -n: 1. Geschäft, in dem Arzneimittel verkauft u. hergestellt werden. 2. Schränkchen, Tasche, Behälter für Arzneimittel (meist in Zusammensetzungen wie Hausapotheke, Autoapotheke). 3. (abwertend) teurer Laden; Geschäft, das hohe Preise fordert. **Apotheker** [*mlat.*] *der*; -s, -: jmd., der auf Grund eines Hochschulstudiums mit → Praktikum u. auf Grund seiner → Approbation (1) berechtigt ist, eine Apotheke zu leiten. **Apothekerfauna** *die*; -: Sammelbezeichnung für die in chinesischen Apotheken als Heilmittel geführten Fossilien. **Apothekergewicht** *das*; -s, -e: frühere Gewichtseinheit für Arzneimittel (z. B. Gran, Unze)

Apotheose [*gr.-lat.*] *die*; -, -n: 1. Erhebung eines Menschen zum Gott, Vergöttlichung eines lebenden od. verstorbenen Herrschers. 2. Verherrlichung. 3. wirkungsvolles Schlußbild eines Bühnenstücks (Theat.). **apotheotisch**: 1. zur Apotheose (1) erhoben. 2. eine Apotheose darstellend

a potiori [- ...*ziori*; *lat.*; „vom Stärkeren her"]: von der Hauptsache her, nach der Mehrzahl

Apotropaion vgl. Apotropäum. **apo|tropäisch** [*gr.-nlat.*]: Unheil abwehrend (von Zaubermitteln). **Apo|tropäum** *das*; -s, ...äa u. ...äen u. Apo|tropaion [*gr.*] *das*; -s, ...aia: Zaubermittel, das Unheil abwehren soll

Apparat [*lat.*] *der*; -[e]s, -e: 1. zusammengesetztes mechanisches, elektrisches od. optisches Gerät. 2. (ugs.) a) Telefon; b) Radio-, Fernsehgerät; c) Elektrorasierer; d) Fotoapparat. 3. Gesamtheit der für eine [wissenschaftliche] Aufgabe nötigen Hilfsmittel. 4. Gesamtheit der zu einer Institution gehörenden Menschen u. [technischen] Hilfsmittel. 5. = kritischer Apparat. 6. (salopp) Gegenstand (seltener eine Person), der durch seine außergewöhnliche Größe od. durch sein ungewöhnliches Aussehen Aufsehen erregt (z. B. ein toller - von einem Busen). 7. Gesamtheit funktionell zusammengehörender Organe (z. B. Sehapparat; Med.). **apparativ** [*lat.-nlat.*]: a) einen Apparat betreffend; b) den Apparatebau betreffend; c) mit Apparaten arbeitend (z. B. von technischen Verfahren); d) mit Hilfe von Apparaten feststellbar; -e Diagnostik: → Diagnostik mit Hilfe von Geräten (z. B. Röntgen, EKG; Med.); -e Lehr- u. Lernhilfen: technische Geräte zur Unterrichtsgestaltung u. Wissensvermittlung (z. B. Tonband im Sprachlabor). **Apparatschik** [*lat.-russ.*] *der*; -s, -s: (abwertend) Funktionär in der Verwaltung u. im Parteiapparat (von Ostblockstaaten), der von höherer Stelle ergangene Weisungen u. Anordnungen durchzusetzen versucht. **Apparatur** [*lat.-nlat.*] *die*; -, -en: Gesamtanlage zusammengehörender Apparate u. Instrumente

apparent [*lat.-engl.*]: sichtbar, wahrnehmbar (von Krankheiten; Med.); Ggs. → inapparent

Appartement [...*mang*, schweiz.: ...*mänt*; *lat.-it.-fr.*] *das*; -s, -s (schweiz.: -e): a) komfortable Kleinwohnung; b) Zimmerflucht, einige zusammenhängende Räume in einem größeren [luxuriösen] Hotel; vgl. Apartment. **Appartementhaus** *das*; -es, ...häuser: modernes Mietshaus mit einzelnen Kleinwohnungen

appassionato [*it.*]: leidenschaftlich, entfesselt, stürmisch (Vortragsanweisung; Mus.)

Appeal [*ᵉpil*; *engl.*] *der*; -s: a) Anziehungskraft, Ausstrahlung, Aussehen, → Image; b) Aufforderungscharakter, Anreiz (Psychol.)

Appeasement [*ᵉpismᵉnt*; *lat.-fr.-engl.*] *das*; -s: Haltung der Nachgiebigkeit, Beschwichtigung[spolitik]

Appell [*lat.-fr.*] *der*; -s, -e: 1. Aufruf, Mahnruf [zu einem bestimmten Verhalten]. 2. Antreten (zur Befehlsausgabe u. a.; Mil.). 3. Gehorsam des [Jagd]hundes; - haben: gehorchen (von einem Hund). 4. kurzes Auftreten mit dem vorgestellten Fuß (Fechten). 5. = Appeal. **appellabel** [*lat.-fr.*]: (veraltet) gerichtlich anfechtbar. **Appellant** [*lat.*] *der*; -en, -en: (veraltet) Berufungskläger (Rechtsw.). **Appellat** *der*; -en, -en: (veraltet) Berufungsbeklagter (Rechtsw.). **Appellation** [...*zion*] *die*; -, -en: Berufung (Rechtsw.). **appellativ**: = appellativisch; vgl. ...isch/-. **Appellativ** *das*; -s, -e [...*iwᵉ*]: Substantiv, das eine ganze Gattung gleichgearteter Dinge od. Lebewesen u. zugleich jedes einzelne Wesen od. Ding dieser Gattung bezeichnet (z. B. Tisch, Mann). **appellativisch** [...*iwisch*]: als Appellativ gebraucht; vgl. ...isch/-. **Appellativname** *der*; -ns, -n: als Gattungsbezeichnung verwendeter Eigenname (z. B. Zeppelin für „Luftschiff"). **Appellativum** [...*iwum*] *das*; -s, ...va: (veraltet) Appellativ. **appellieren**: 1. sich an jmdn., etw. in mahnendem Sinne wenden. 2. (veraltet) Berufung einlegen (Rechtsw.)

Append|ektomie [*lat.*; *gr.*] *die*; -, ...ien: operative Entfernung des Wurmfortsatzes des Blinddarms, Blinddarmoperation. **Appendix** [*lat.*; „Anhang, Anhängsel"] *der*; -[es], ...dizes od. -e: 1. Anhängsel. 2. Luftfüllansatz von Ballons. 3. Anhang eines Buches (der unechte Schriften, Tafeln, Tabellen, Karten, den kritischen Apparat o. ä. enthält). 4. (fachspr. nur: *die*; -, ...dizes od. ...dices [...*ändizeß*], sonst auch: *der*; -, ...dizes) Wurmfortsatz des Blinddarms (Med.). **Appendizitis** [*lat.-nlat.*] *die*; -, ...itiden: Entzündung des Wurmfortsatzes des Blinddarms, Blinddarmentzündung (Med.). **appendizitisch**: die Appendizitis betreffend

Appersonierung [*lat.-nlat.*] *die*; -: schizophrenes Krankheitsbild, bei dem der Kranke fremde Erlebnisse als eigene ausgibt u. sich mit Verhaltensweisen anderer Personen identifiziert (Med.)

Appertinens [*lat.*] *das*; -, ...enzien [...*iᵉn*] (meist Plural): (veraltet) Zubehör

Apperzeption [...*zion*; *lat.-nlat.*] *die*; -, -en: 1. begrifflich urteilendes Erfassen im Unterschied zur → Perzeption (Philos.). 2. bewußtes Erfassen von Erlebnis-, Wahrnehmungs- u. Denkinhalten (Psychol.). **Apperzeptionspsychologie** *die*; -: (von W. Wundt begründete) Lehre von der Auffassung des Ablaufs der psychischen Vorgänge als Willensakt. **apperzeptiv**: durch Apperzeption (2) bewirkt, durch Aufmerksamkeit zustande kommend. **apperzipieren**: Erlebnisse u. Wahrnehmungen bewußt erfassen im Unterschied zu → perzipieren (Psychol.)

Appetenz [*lat.*] *die*; -, -en: (Verhaltensforschung) a) [ungerichtete] suchende Aktivität (z. B. bei einem Tier auf Nahrungssuche); b) das Begehren; Sexualverlangen. **Appetenzverhalten** [*lat.*; *dt.*] *das*; -s: Triebverhalten bei Tieren zur Auffindung der triebbefriedigenden Reizsituation (Verhaltensforschung). **Appetit** [*lat.*] *der*; -[e]s, -e: Wunsch, etw. [Bestimmtes] zu essen od. auch zu trinken. **appetitlich**: a) appetitanregend; b) hygienisch einwandfrei, sauber; c) adrett u. frisch aussehend. **Appetitzügler** *der*; -s, -: Mittel, das eine appetithemmende Wirkung hat (Med.). **Appetizer** [*äpᵉtaisᵉr*; *engl.*] *der*; -s, -: appetitanregendes Mittel

ap|planieren [*lat.-fr.*]: a) [ein]ebnen; b) ausgleichen

ap|plaudieren [*lat.*]: a) Beifall klatschen; b) jmdm./einer Sache Beifall spenden. **Ap|plaus** *der*; -es, -e (Plural selten): Beifall[sruf], Händeklatschen, Zustimmung

ap|plikabel [*lat.-nlat.*]: anwendbar. **Ap|plikabilität** *die*; -: Anwendbarkeit. **Ap|plikant** [*lat.*] *der*; -en, -en: (veraltet) 1. Bewerber, Anwärter. 2. Bittsteller. **Ap|plikate** *die*; -, -n: dritte → Koordinate (1) eines Punktes. **Ap|plikation** [...*zion*] *die*; -, -en: 1. Anwendung, Zuführung, Anbringung. 2. (veraltet) Bewerbung, Fleiß, Hinwendung. 3. Verordnung u. Anwendung von Medikamenten od. therapeutischen Maßnahmen (Med.). 4. Darbringung der katholischen Messe für bestimmte Personen od. Anliegen (Rel.). 5. aufgenähte Verzierung aus Leder, Filz, dünnerem Metall o. ä. an Geweben (Textilkunde). 6. haftendes od. aufgelegtes Symbol auf Wandtafeln o. ä. **Ap|plikator** [*lat.-nlat.*] *der*; -s, ...oren; röhren-, düsenförmiges Teil, mit dem Salbe o. ä. appliziert, an eine bestimmte Stelle (z. B. auf eine offene Wunde, in den Darm) gebracht werden kann. **Ap|plikatur** *die*; -, -en: 1. (veraltet) zweckmäßiger Gebrauch. 2. Fingersatz, das zweckmäßige Verwenden der einzelnen Finger beim Spielen von Streichinstrumenten, Klavier u. a.; Mus.). **ap|plizieren** [*lat.*]: 1. anwenden. 2. verabreichen, verabfolgen, dem Körper zuführen (z. B. Arzneimittel; Med.). 3. [Farben] auftragen. 4. [Stoffmuster] aufnähen

Appog|giatur u. **Appog|giatura** [*apodseha...*; *vulgärlat.-it.*] *die*; -, ...ren: langer Vorschlag, der Hauptnote zur Verzierung vorausgeschickter Nebenton (Mus.)

Appoint [*apoäng*; *lat.-fr.*] *der*; -s, -s: Ausgleichsbetrag; Wechsel, der eine Restschuld vollständig ausgleicht

apponieren [*lat.*]: beifügen

apport! [*lat.-fr.*]: bring [es] her! (Befehl an den Hund). **Apport** *der*; -s, -e: 1. (veraltet) Sacheinlage statt Bargeld bei der Gründung einer Kapitalgesellschaft. 2. (Jägerspr.) Herbeischaffen des erlegten Wildes durch den Hund. 3. das angebliche Herbeischaffen von Gegenständen od. die Lage- oder Ortsveränderung materieller Dinge, bewirkt von Geistern od. von einem → Medium (I, 4 a) (Parapsychol.). **apportieren**: Gegenstände, erlegtes Wild herbeibringen (vom Hund)

Apposition [...*zion*; *lat.*] *die*; -, -en: 1. substantivisches Attribut, das üblicherweise im gleichen Kasus steht wie das Substantiv od. Pronomen, zu dem es gehört (z. B. Paris, *die Hauptstadt Frankreichs*; Sprachw.). 2. Anlagerung von Substanzen (z. B. Dickenwachstum pflanzlicher Zellwände od. Anlagerung von Knochensubstanz beim Aufbau der Knochen; Biol.); Ggs. → Intussuszeption (1). **appositional**: = appositionell; vgl. ...al/...ell. **apposi-**

tionell [*lat.-nlat.*]: die Apposition (1) betreffend, in der Art einer Apposition gebraucht; vgl. ...al/ ...ell. **Appositionsauge** *das*; -s, -n: lichtschwaches, doch scharf abbildendes → Facettenauge bei Insekten (Zool.); vgl. Superpositionsauge. **appositiv:** als Apposition (1) [gebraucht], in der Apposition stehend (Sprachw.)

appraisiv [auch: *...prä...*; *engl.*]: nicht wertfrei, bewertend (von Wörtern u. Begriffen)

Ap|prehension [*lat.*] *die*; -, -en: Erfassung eines Gegenstandes durch die Sinne; Zusammenfassung mannigfaltiger Sinneseindrücke zu einer Vorstellungseinheit. **ap|prehensiv** [*lat.-nlat.*]: 1. reizbar. 2. furchtsam

Ap|preteur [*...tör*; *lat.-galloroman.-fr.*] *der*; -s, -e: jmd. (Facharbeiter), der Gewebe, Textilien appretiert. **ap|pretieren**: Geweben, Textilien durch entsprechendes Bearbeiten ein besseres Aussehen, Glanz, höhere Festigkeit geben. **Ap|pretur** [*nlat.*] *die*; -, -en: 1. das Appretieren. 2. das, was durch Appretieren an Glanz, Festigkeit usw. im Gewebe vorhanden ist, z. B. die - geht beim Tragen bald wieder heraus. 3. Raum, in dem Textilien appretiert werden

Approach [*ᵉproᵘtsch*; *engl.*] *der*; -[e]s, -s: 1. Sehweise, Art der Annäherung an ein [wissenschaftliches] Problem. 2. Anfang eines Werbetextes, der die Aufmerksamkeit des Verbrauchers erregen soll. 3. Landeanflug eines Flugzeugs. 4. Annäherungsschlag beim Golf

Ap|probation [*...zion*; *lat.*; „Billigung, Genehmigung"] *die*; -, -en: 1. staatliche Zulassung zur Berufsausübung als Arzt od. Apotheker. 2. (kath. Rel.) a) Anerkennung, Bestätigung, Genehmigung durch die zuständige kirchliche Autorität; b) Bevollmächtigung zur Wortverkündigung u. zur Spendung des Bußsakraments. **ap|probatur**: es wird gebilligt (Formel der kirchlichen Druckerlaubnis); vgl. Imprimatur (2). **ap|probieren**: bestätigen, genehmigen. **ap|probiert**: zur Ausübung des Berufes staatlich zugelassen (von Ärzten u. Apothekern)

Ap|proche [*aprosch*ᵉ; *lat.-fr.*] *die*; -, -n: (veraltet) Laufgraben (Mil.). **ap|prochieren**: (veraltet) 1. sich nähern. 2. Laufgräben anlegen (Mil.)

Ap|pro|priation [*...zion*; *lat.*] *die*; -, -en: Zu-, Aneignung, Besitzergreifung. **Ap|pro|priationsklausel** *die*; -: Klausel, wonach die Regierung Steuergelder nur zu dem vom Parlament gebilligten Zweck verwenden darf. **appropriieren**: in Besitz nehmen

Ap|provisation [*aprowisazion*; *lat.*] *die*; -, -en: (österr. Amtsspr. veraltet) Versorgung, bes. von Truppen, mit Lebensmitteln. **approvisionieren** [*lat.-fr.*]: (österr. Amtsspr. veraltet) [Truppen] mit Lebensmitteln versorgen

Ap|proximation [*...zion*; *lat.-nlat.*] *die*; -, -en: 1. Näherung[swert], angenäherte Bestimmung od. Darstellung einer unbekannten Größe od. Funktion (Math.). 2. Annäherung (an einen bestimmten Zielpunkt o. ä.). **approximativ:** angenähert, ungefähr. **Ap|proximativ** *das*; -s, -e [*...iwᵉ*]: Formklasse des Adjektivs, die eine Annäherung ausdrückt (vergleichbar deutschen Adjektivbildungen wie rötlich zu rot; Sprachw.)

Apraxie [*gr.*] *die*; -, ...ien: durch zentrale Störungen bedingte Unfähigkeit, sinnvolle u. zweckmäßige Bewegungen auszuführen (Med.)

après nous le déluge! [*aprä nu lᵉ delüsch*; *fr.*; „nach uns die Sintflut!"; angeblicher Ausspruch der Marquise von Pompadour nach der verlorenen Schlacht bei Roßbach 1757]: nach mir die Sintflut!; für mich ist nur mein heutiges Wohlergehen wichtig, um spätere, daraus eventuell entstehende Folgen kümmere ich mich nicht, die müssen andere tragen!

Après-Ski [*apräschi*; *fr.*; *norw.*] *das*; -: a) jede Art von Zerstreuung od. Vergnügen [nach dem Skilaufen] im Winterurlaub; b) sportlich-saloppe, modisch-elegante Kleidung, die nach dem Skisport, aber auch allgemein von nicht Ski laufenden Winterurlaubern getragen wird.

Après-Swim [*apräßᵘim*; *fr.*; *engl.*] *das*; -: leichte u. bequeme Strandkombination für die Dame nach dem Schwimmen

apricot [*...ko*; *lat.-vulgärlat.-spätgr.-arab.-span.-fr.*]: aprikosenfarben. **Aprikose** [*lat.-vulgärlat.-spätgr.-arab.-span.-fr.-niederl.*] *die*; -, -n: a) gelbliche, pflaumengroße, fleischige Steinfrucht des Aprikosenbaumes; b) Aprikosenbaum; c) Gartenzierbaum aus Japan

April [*lat.*] *der*; -[s], -e: vierter Monat im Jahr, Ostermond, Wandelmonat; Abk.: Apr. **Aprilthesen** *die* (Plural): von Lenin verkündetes Aktionsprogramm, das die Aktionen der bolschewistischen Partei auf dem Weg von der Februar- zur Oktoberrevolution bestimmte

a prima vista [- - *wißta*; *it.*; „auf den ersten Blick"]: 1. ohne vorherige Kenntnis, unvorbereitet. 2. vom Blatt, d. h. ohne vorhergehende Probe bzw. Kenntnis der Noten singen od. spielen (Mus.); vgl. a vista

a priori [*lat.*; „vom Früheren her"]: 1. von der Erfahrung od. Wahrnehmung unabhängig, aus der Vernunft durch logisches Schließen gewonnen (Erkenntnistheorie); Ggs. → a posteriori. 2. grundsätzlich, von vornherein; Ggs. → a posteriori. **Apriori** *das*; -, -: Vernunftsatz, Inbegriff der Erkenntnisse, die a priori gewonnen werden; Ggs. → Aposteriori. **apriorisch**: aus Vernunftgründen [erschlossen], allein durch Denken gewonnen; Ggs. → aposteriorisch. **Apriorismus** [*lat.-nlat.*] *der*; -, ...men: a) Erkenntnis a priori; b) philosophische Lehre, die eine von der Erfahrung unabhängige Erkenntnis annimmt. **Apriorist** *der*; -en, -en: Vertreter der Lehre des Apriorismus. **aprioristisch**: den Apriorismus betreffend

apropos [*apropo*; *fr.*; „zum Gesprächsthema"]: da wir gerade davon sprechen ...; nebenbei bemerkt, übrigens

Apros|dokese [*gr.-nlat.*] *die*; -, -n: Anwendung des → Aprosdoketons als bewußtes Stilmittel (Rhet.; Stilk.). **apros|doketisch**: a) die Aprosdokese, das Aprosdoketon betreffend; b) in Form eines Aprosdoketons abgefaßt. **Apros|doketon** [*gr.*; „Unerwartetes"] *das*; -s, ...ta: unerwartet gebrauchtes, auffälliges Wort bzw. Redewendung an Stelle erwarteter geläufiger Wörter od. Wendungen (Rhet.; Stilk.)

Apros|exie [*gr.-nlat.*] *die*; -, ...ien: Konzentrationsschwäche; Störung des Vermögens, sich geistig zu sammeln, aufmerksam zu sein (Med.)

Apside [*gr.-lat.*] *die*; -, -n: 1. Punkt der kleinsten od. größten Entfernung eines Planeten von dem Gestirn, das er umläuft (Astron.). 2. = Apsis (1). **Apsidenlinie** *die*; -, -n: Verbindungslinie der beiden Apsiden. **apsidial** [*gr.-nlat.*]: a) die Apsis (1) betreffend; b) nach Art einer Apsis (1) gebaut. **Apsis** [*gr.-lat.*] *die*; -, ...iden: 1. halbrunde, auch vieleckige Altarnische als

Abschluß eines Kirchenraumes. 2. [halbrunde] Nische im Zelt zur Aufnahme von Gepäck u. a.
Apterie
I. Apterie [*gr.-nlat.*] *die*; -: Flügellosigkeit (bei Insekten; Zool.). II. Apterie [...*iᵉ*; *gr.-nlat.*] *die*; -, -n (meist Plural): federfreie Stelle im Gefieder der Vögel (Zool.)
apterygot [*gr.-nlat.*]: flügellos (von Insekten; Zool.). **Apterygoten** *die* (Plural): flügellose Insekten (Zool.)
aptieren [*lat.*]: 1. (veraltet) anpassen; herrichten. 2. (in der Briefmarkenkunde) einen Stempel den neuen Erfordernissen anpassen, um ihn weiterhin benutzen zu können
Aptitude [*äptitjut*; *lat.-engl.*] *die*; -, -s: anlagebedingte Begabung, die die Voraussetzung für eine bestimmte Höhe der Leistungsfähigkeit ist. **Aptitudetest** *der*; -s, -s: Leistungsmaß zur Bestimmung der Lernfähigkeit in verschiedenen Verhaltensbereichen
Aptya|lismus [*gr.-nlat.*] *der*; -: völliges Aufhören der Speichelabsonderung (Med.); vgl. Asialie
Apyr|exie [*gr.-nlat.*] *die*; -, ...ien: fieberloser Zustand, fieberfreie Zeit (Med.)
aq. dest. = Aqua destillata. **Aqua destillata** [*lat.*] *das*; - -: destilliertes, chemisch reines Wasser; Abk.: aq. dest. **Aquädukt** *der* (auch: *das*); -[e]s, -e: (altrömisches) steinernes, brückenartiges Bauwerk mit einer Rinne, in der das Wasser für die Versorgung der Bevölkerung weitergeleitet wurde. **Aquakultur** *die*; -, -en: 1. (ohne Plural) systematische Bewirtschaftung des Meeres (z. B. durch Anlegen von Muschelkulturen). 2. (ohne Plural) Verfahren zur Intensivierung der Fischzüchtung u. -produktion. 3. Anlage, in der Verfahren zur extensiven Nutzung des Meeres od. zur Intensivierung der Fischproduktion entwickelt werden
äqual [*lat.*]: gleich [groß], nicht verschieden; Ggs. → inäqual
Aquamanile [*lat.-mlat.*] *das*; -, -n: Gießgefäß od. Schüssel [zur Handwaschung des Priesters bei der Messe]. **Aquamarin** [*lat.-roman.*; „Meerwasser"] *der*; -s, -e: meerblauer → Beryll, Edelstein. **Aquanaut** [*lat.*; *gr.*] *der*; -en, -en: Forscher, der in einer Unterwasserstation die besonderen Lebens- und Umweltbedingungen in größeren Meerestiefen erforscht. **Aquanautik** *die*; -: Teilgebiet der → Ozeanographie, auf dem man sich mit Möglichkeiten des längerfristigen Aufenthaltes von Menschen unter Wasser sowie der Erkundung u. Nutzung von Meeresbodenschätzen befaßt. **Aquaplaning** [auch: ...*plä̱ning*; *lat.-engl.*; „Wassergleiten"] *das*; -[s], -s: Wasserglätte; das Rutschen, Gleiten der Reifen eines Kraftfahrzeugs auf Wasser, das sich auf einer regennassen Straße gesammelt hat. **Aquarell** [*lat.-it.* (-*fr.*)] *das*; -s, -e: mit Wasserfarben gemaltes Bild; in -: mit Wasserfarben [gemalt], in Aquarelltechnik. **aquarellieren**: mit Wasserfarben malen. **Aquarellist** *der*; -en, -en: Künstler, der mit Wasserfarben malt. **Aquarianer** [*lat.-nlat.*] *der*; -s, -: Aquarienliebhaber. **Aquariden** *die* (Plural): zwei im Sommer beobachtbare Meteorströme. **Aquarist** *der*; -en, -en: jmd., der sich mit Aquaristik beschäftigt. **Aquaristik** *die*; -: sachgerechtes Halten u. Züchten von Wassertieren u. -pflanzen als Hobby od. aus wissenschaftlichem Interesse. **aquaristisch**: die Aquaristik betreffend. **Aquarium** *das*; -s, ...ien [...*iᵉn*]: 1. Behälter zur Pflege, Zucht u. Beobachtung von Wassertieren. 2. Gebäude [in zoologischen Gärten], in dem in verschiedenen Aquarien (1) Wassertiere u. -pflanzen ausgestellt werden. **Aquatel** [Kurzw. aus lat. *Aqua* (Wasser) u. *Hotel*] *das*; -s, -s: Hotel, das an Stelle von Zimmern od. Apartments Hausboote vermietet. **Aquatinta** [*lat.-it.*] *die*; -, ...ten: 1. (ohne Plural) Kupferstichverfahren, das die Wirkung der Tuschzeichnung nachahmt. 2. einzelnes Blatt in Aquatintatechnik. **aquatisch** [*lat.*]: 1. dem Wasser angehörend; im Wasser lebend. 2. wässerig
Äquativ [auch: ...*tif*; *lat.-nlat.*] *der*; -s, -e [...*wᵉ*]: (Sprachw.) 1. Vergleichsstufe des Adjektivs im Keltischen zur Bezeichnung der Gleichheit od. Identität bei Personen od. Sachen. 2. Kasus in den kaukasischen Sprachen zur Bezeichnung der Gleichheit od. Identität
Aquatoneverfahren [...*tonf*...; *engl.*; *dt.*] *das*; -s: Offsetdruckverfahren für bes. feine Raster (Druckw.)
Äquator [*lat.*; „Gleichmacher"] *der*; -s, ...toren: 1. (ohne Plural) größter Breitenkreis, der die Erde in eine nördliche u. eine südliche Hälfte teilt. 2. Kreis auf einer Kugel, dessen Ebene senkrecht auf einem vorgegebenen Kugeldurchmesser steht (Math.). **Äquatoreal**, Äquatorial [*lat.-nlat.*] *das*; -s, -e: (veraltet) ein um zwei Achsen bewegbares astronomisches Fernrohr, mit dem man Stundenwinkel u. → Deklination (2) ablesen kann. **äquatorial**: a) den Äquator betreffend; b) unter dem Äquator befindlich. **Äquatorial** vgl. Äquatoreal
à qua|tre [*a katrᵉ*; *fr.*]: zu vieren. **à qua|tre mains** [- - *mäng*; *fr.*; „zu vier Händen"]: vierhändig (Mus.). **à qua|tre parties** [- - *parti*]: vierstimmig (Mus.)
Aquavit [*akwawit*; *lat.-nlat.*; „Lebenswasser"] *der*; -s, -e: vorwiegend mit Kümmel gewürzter Branntwein
Äquidensiten [*lat.*] *die* (Plural): Kurven gleicher Schwärzung od. Helligkeit auf [astronomischen] Fotos bzw. Kurven gleicher Leuchtdichte. **äquidistant**: gleich weit voneinander entfernt, gleiche Abstände aufweisend (z. B. von Punkten od. Kurven; Math.). **Äquidistanz** *die*; -, -en: gleich großer Abstand. **äquifazial**: auf Ober- u. Unterseite gleichartig gebaut (Bot.). **Äqui|glaziale** [*lat.-nlat.*] *die*; -, -n: Verbindungslinie zwischen Orten gleich langer Eisbedeckung auf Flüssen u. Seen. **Äqui|gravi|sphäre** *die*; -: kosmische Zone, in der sich die Schwerkraft der Erde u. des Mondes die Waage halten (Astron.). **äquili|brieren**, equilibrieren: ins Gleichgewicht bringen. **Äquili|brismus** *der*; -: scholastische Lehre vom Einfluß des Gleichgewichts der Motive auf die freie Willensentscheidung. **Äquili|brist** [*lat.-fr.*], Equili|brist *der*; -en, -en: → Artist (2), der die Kunst des Gleichgewichthaltens (mit u. von Gegenständen) beherrscht, bes. Seiltänzer. **Äquili|bristik**, Equilibristik *die*; -: die Kunst des Gleichgewichthaltens. **äquilibristisch**, equili|bristisch: die Äquilibristik betreffend. **Äquilibrium**, Equili|brium *das*; -s: Gleichgewicht. **äquimolar** [*lat.-nlat.*]: gleiche Anzahl von Molen (vgl. Mol) pro Volumeneinheit enthaltend (von Gasen od. Flüssigkeiten). **äquimolekular**: gleiche Anzahl von → Molekülen pro Volumeneinheit enthaltend (von Lösungen). **äquinoktial** [...*zial*; *lat.*]: a) das Äquinoktium betreffend; b) tropisch, Tropen... **Äquinoktialstürme** *die* (Plural): in der Zeit der Tagundnachtgleiche bes. am Rande der Tropen auftretende Stürme.

Äquinoktium [...*nokzium*] *das*; -s, ...ien [...*iᵉn*]: Tagundnachtgleiche. **äquipollent** („gleichviel geltend"): gleichbedeutend, aber verschieden formuliert (von Begriffen od. Urteilen; Fachspr.). **Äquipollenz** [*lat.-nlat.*] *die*; -: logisch gleiche Bedeutung von Begriffen od. Urteilen, die verschieden formuliert sind (Philos.). **Äquität** [*lat.*] *die*; -: (veraltet) das eigentlich übliche u. jmdm. zustehende Recht, Gerechtigkeit. **äquivalent** [...*wa*...; *lat.-nlat.*]: gleichwertig, im Wert od. in der Geltung dem Verglichenen entsprechend. **Äquivalent** *das*; -s, -e: gleichwertiger Ersatz, Gegenwert. **Äquivalentgewicht** *das*; -s, -e: → Quotient aus Atomgewicht u. Wertigkeit eines chem. Elements. **Äquivalenz** *die*; -, -en: Gleichwertigkeit (z. B. einer Aussage; Logik; z. B. von Mengen gleicher Mächtigkeit; Math.). **Äquivalenzprinzip** *das*; -s: 1. Grundsatz der Gleichwertigkeit von Leistung u. Gegenleistung (z. B. bei der Festsetzung von Gebühren; Rechtsw.). 2. = Äquivalenztheorie. 3. (Phys., Relativitätstheorie) a) der Satz von der Äquivalenz von träger u. schwerer Masse; b) der Satz von der Äquivalenz von Masse u. Energie. **Äquivalenztheorie** *die*; -: 1. Lehre von der Gleichwertigkeit aller Bedingungen (Strafrecht); vgl. Adäquanztheorie. 2. Besteuerung nach Leistungsfähigkeit (Finanzwissenschaft). **äquivok** [...*wok*; *lat.*]: a) verschieden deutbar, doppelsinnig; b) zwei-, mehrdeutig, von verschiedener Bedeutung trotz gleicher Lautung. **Äquivokation** [...*zion*] *die*; -, -en: 1. Doppelsinnigkeit, Mehrdeutigkeit. 2. Wortgleichheit bei Sachverschiedenheit (Philos.)

Ar

I. Ar [*lat.-fr.*] *das* (auch: *der*); -s, -e (aber: 3 Ar): Flächenmaß von 100 qm; Zeichen: a; vgl. Are. **II.** [*a-är*] chem. Zeichen für: Argon

Ara [*Tupi-fr.*], **Arara** [*Tupi-port.*] *der*; -s, -s: Langschwanzpapagei aus dem tropischen Südamerika

Ära [*lat.*] *die*; -, Ären: 1. längerer, durch etw. Bestimmtes gekennzeichneter, geprägter Zeitabschnitt. 2. (Geol.) Erdzeitalter (Gruppe von → Formationen 5a der Erdgeschichte)

Araber [regional auch: *arabᵉr*; nach dem geographischen Begriff Arabien] *der*; -s, -: 1. Bewohner der Arabischen Halbinsel. 2. arabisches Vollblut, Pferd einer edlen Rasse. **arabesk** [*arab.-gr.-lat.-it.-fr.*; „in arabischer Art"]: rankenförmig verziert, verschnörkelt. **Arabeske** [*arab.-gr.-lat.-it.-fr.*] *die*; -, -n: 1. rankenförmige Verzierung, Ornament; vgl. Moreske. 2. Musikstück für Klavier. **Arabesque** [...*bäßk*] *die*; -, -s [...*bäßk*]: Tanzpose auf einem Standbein, bei der das andere Bein gestreckt nach hinten angehoben ist (Ballett). **Arabinose** [*gr.-nlat.*] *die*; -: ein einfacher Zucker mit 5 Sauerstoffatomen im Molekül, der u.a. in Rüben, Kirschen u. Pfirsichen vorkommt. **Arabis** *die*; -: Gänsekresse (eine polsterbildende Zierpflanze). **Arabist** *der*; -en, -en: jmd., der sich wissenschaftlich mit der arabischen Sprache u. Literatur befaßt [hat] (z. B. Hochschullehrer, Student). **Arabistik** *die*; -: wissenschaftliche Erforschung der arabischen Sprache u. Literatur. **arabistisch**: die Arabistik betreffend. **Arabit** [auch: ...*it*] *der*; -s: weißes, wasserlösliches Pulver, fünfwertiger Alkohol, entsteht durch → Reduktion (5b) aus Arabinose

Arachnide vgl. Arachnoide. **Arachnitis** u. **Arachnoiditis** [...*o-i*...; *gr.-nlat.*] *die*; -, ...itiden: Entzündung der Arachnoidea. **Arachnodaktylie** *die*; -, ...ien: abnorme Länge der Hand- u. Fußknochen (Spinnenfingrigkeit; Med.). **arachnoid**: spinnenähnlich. **Arachnoidea** *die*; -: eine der drei Hirnhäute, die das Zentralnervensystem der Säugetiere u. des Menschen umgeben (Med.). **Arachnoide** u. **Arachnide** *die*; -, -n: Spinnentier. **Arachnoiditis** vgl. Arachnitis. **Arachnologe** *der*; -n, -n: Wissenschaftler, der sich mit Spinnen beschäftigt. **Arachnologie** *die*; -: Wissenschaft von den Spinnentieren (Spinnenkunde)

Aragonit [auch: ...*it*; *nlat.*; nach der span. Landschaft Aragonien] *der*; -s: ein Mineral aus der Gruppe der → Karbonate

Arai [*gr.*] *die* (Plural): Verwünschungsgedichte u. Schmähverse (altgriech. Literaturgattung); vgl. Dirae

Aralie [...*iᵉ*; *nlat.*] *die*; -, -n: Pflanze aus der Familie der Efeugewächse

Arancini, [...*antsch*...; *pers.-arab.-span.-it.*] u. **Aranzini** *die* (Plural): (bes. österr.) überzuckerte od. schokoladenüberzogene gekochte Orangenschalen

Aräometer [*gr.-nlat.*] *das*; -s, -: Gerät zur Bestimmung der Dichte bzw. des spezifischen Gewichts von Flüssigkeiten u. festen Stoffen (Phys.)

Ärar [*lat.*] *das*; -s, -e: 1. a) Staatsschatz, -vermögen; b) Staatsarchiv. 2. (österr.) → Fiskus

Arara vgl. Ara

ärarisch [*lat.*]: zum → Ärar gehörend, staatlich

Araukarie [...*iᵉ*; *nlat.*; nach der chilen. Provinz Arauco] *die*; -, -n: ein Nadelbaum; Zimmertanne

Arazzo [*it.*; nach der nordfranz. Stadt Arras] *der*; -s, ...zzi: ital. Bezeichnung für: gewirkter Bildteppich [aus Arras]

Arbiter [*lat.*] *der*; -s, -: (veraltet) Schiedsrichter; - elegantiarum od. elegantiae: Sachverständiger in Fragen des guten Geschmacks; - litterarum: Literatursachverständiger. **Arbi|trage** [...*trasehᵉ*; *lat.-fr.*] *die*; -, -n: 1. Ausnutzung von Preis- od. Kursunterschieden für das gleiche Handelsobjekt (z. B. Gold, Devisen) an verschiedenen Börsen. 2. Schiedsgerichtsvereinbarung im Handelsrecht. **arbi|trär**: 1. nach Ermessen, willkürlich. 2. als sprachliches Zeichen (Wort) willkürlich geschaffen, keinen erkennbaren naturgegebenen Zusammenhang zwischen Lautkörper und Inhalt aufweisend, sondern durch Konvention der Sprachgemeinschaft festgelegt (z. B. *Mann* im Unterschied zu *mannbar*, *männlich*; Sprachw.); Ggs. → motiviert. **Arbi|trarität** *die*; -: Beliebigkeit des sprachlichen Zeichens im Hinblick auf die Zusammengehörigkeit von → Signifikant u. → Signifikat (Sprachw.). **Arbitration** [...*zion*] *die*; -, -en: Schiedswesen für Streitigkeiten an der Börse; vgl. Arbitrage (2). **Arbi|trator** *der*; -s, ...oren: (veraltet) Schiedsrichter. **arbi|trieren**: 1. (veraltet) schätzen. 2. eine Arbitrage (1) vollziehen. **Arbi|trium** [*lat.*] *das*; -s, ...ia: Schiedsspruch, Gutachten (im röm. Zivilprozeßrecht); - liberum: Willensfreiheit (Philos.)

Arboreal [*lat.*] *das*; -s, -e: der → ökologische Lebensraum Wald (Biol.). **Arboretum** *das*; -s, ...ten: Baumgarten, zu Studienzwecken angelegte Sammelpflanzung verschiedener Baumarten, die auf freiem Lande wachsen (Bot.)

Arbuse [*pers.-russ.*] *die*; -, -n: Wassermelone, in warmen Gebieten angebautes Kürbisgewächs

arc: = Formelzeichen für → Arkus

ARC: Abk. für: *A*merican *R*ed

Cross [ᵉmärikᵉn räd kroß]: amerik. Rotes Kreuz

Archaik [*gr.*] *die*; -: a) frühzeitliche Kulturepoche; b) → archaische (a, b) Art. **Archai|ker** *der*; -s, -: in → archaischem (c) Stil schaffender Künstler. **Archai|kum,** (auch:) **Archäi|kum** [*gr.-nlat.*] *das*; -s: ältester Abschnitt der erdgeschichtlichen Frühzeit (Geol.); vgl. Archäozoikum. **archaisch:** a) altertümlich; b) frühzeitlich; c) aus der Frühstufe eines Stils, bes. aus der der Klassik vorangehenden Epoche der griechischen Kunst, stammend. **archäisch:** das Archaikum, Archäikum betreffend. **archai|sieren** [...*a-i*...]: archaische Formen verwenden, nach alten Vorbildern gestalten. **Archaismus** *der*; -, ...men: a) (ohne Plural) Rückgriff auf veraltete Wörter, Sprach- od. Stilformen; b) älteres, einer früheren Zeit angehörendes Element (in Sprache od. Kunst). **Archaist** *der*; -en, -en: Vertreter einer künstlerischen, geistigen Haltung, die sich an einer frühzeitlichen Epoche orientiert. **archaistisch:** den Archaismus betreffend. **Archanthropinen** *die* (Plural): ältester Zweig der Frühmenschen; vgl. Anthropus. **Archäologe** *der*; -n, -n: Wissenschaftler auf dem Gebiet der Archäologie, Altertumsforscher. **Archäologie** *die*; -: Altertumskunde, Wissenschaft von den sichtbaren Überresten alter Kulturen, die durch Ausgrabungen od. mit Hilfe literarischer Überlieferung erschlossen werden können. **archäologisch:** die Archäologie betreffend. **Archäometrie** *die*; -: Teilgebiet der Archäologie, auf dem man sich mit der Untersuchung kulturgeschichtlicher Fragen mit Hilfe von natur- u. sozialwissenschaftlichen Methoden befaßt (Archäol.). **Archäophyt** *der*; -en, -en: in frühgeschichtlicher Zeit → Adventivpflanze (z. B. Klette, Kornblume). **Archäo|pteris** *die*; -, ...riden: ausgestorbener Farn des → Devons. **Archäo|pteryx** *der*; -[es], -e od. ...pteryges od.: *die*; -, -e od. ...pteryges: ausgestorbener Urvogel aus dem → Jura (II). **Archäozoikum** *das*; -s: die erdgeschichtliche Frühzeit mit den Abschnitten → Archaikum u. → Algonkium (Geol.). **Archegoniaten** *die* (Plural): zusammenfassende Bezeichnung für Moose u. Farnpflanzen, die ein Archegonium ausbilden. **Archegonium** *das*; -s, ...ien [...iᵉn]: Geschlechtsorgan der Moose u. Farne, das weibliche Keimzellen ausbildet; vgl. Antheridium. **Archenzephalon** *das*; -s: Urhirn (→ embryonales Organ). **Archespor** *das*; -s: Zellschicht, aus der die Sporen der Moose u. Farne sowie die Pollen der höheren Pflanzen hervorgehen (Biol.). **Archetyp** [auch: ar...; *gr.-lat.*; „zuerst geprägt; Urbild"] *der*; -s, -en u. Archetypus *der*; -, ...pen: 1. Urbild, Urform. 2. Komponente des kollektiven Unbewußten im Menschen, die die ererbte Grundlage der Persönlichkeitsstruktur bildet (C. G. Jung; Psychol.). 2. a) älteste überlieferte od. erschließbare Fassung einer Handschrift, eines Druckes; b) Original eines Kunst- od. Schriftwerkes im Gegensatz zu Nachbildungen od. Abschriften. **archetypisch** [auch: ar...]: der Urform entsprechend. **Archetypus** vgl. Archetyp. **Archeus** [*gr.-nlat.*] *der*; -, ...chei: organische Lebenskraft, Weltgeist (bei Paracelsus u. in der → Alchimie). **Archidiakon** [südd. u. österr. auch: ...di...; *gr.-lat.*] *der*; -s u. -en, -e[n]: höherer geistlicher Würdenträger. **Archidiakonat** *das* (auch: *der*); -[e]s, -e: 1. Amt eines Archidiakons. 2. Wohnung eines Archidiakons. **Archigenese, Archigenesis** *die*; -: = Abiogenese. **Archigonie** [*gr.-nlat.*] *die*; -: = Abiogenese. **Archilexem** [*gr.*] *das*; -s, -e: das → Lexem innerhalb eines Wort- oder Synonymenfeldes, das den allgemeinsten Inhalt hat (z. B. *Pferd* gegenüber *Klepper*; Sprachw.)

Archilochius [*gr.-lat.*; nach dem altgriech. Dichter Archilochos] *der*; -: Bezeichnung für verschiedene antike Versformen; Archilochius maior: aus einer → daktylischen → Tetrapodie u. einem → Ithyphallicus bestehende Versform

Archiman|drit [*gr.-lat.*] *der*; -en, -en: in den orthodoxen Kirchen Vorsteher mehrerer Klöster

archimedische [nach dem griech. Mathematiker Archimedes] **Schraube** *die*; -n -, -n -n: Gerät zur Be- od. Entwässerung (Wasserschnecke). **Archimedische Prinzip** *das*; -n -s: Gesetz vom Auftrieb eines Körpers in einer Flüssigkeit od. einem Gas

Archipel [*gr.-mgr.-it.*] *der*; -s, -e: Inselgruppe. **Archiphonem** [*gr.*] *das*; -s, -e: Gesamtheit der → distinktiven Merkmale, die zwei oder mehreren → Phonemen gemeinsam sind (Sprachw.). **Archipresbyter** [*gr.-lat.*; „Erzpriester"] *der*; -s, -: Dekan auf dem Land. **Architekt** [„Oberzimmermann, Baumeister"] *der*; -en, -en: auf einer Hochschule ausgebildeter Fachmann, der Bauwerke entwirft u. gestaltet, Baupläne ausarbeitet u. deren Ausführung überwacht. **Architektonik** *die*; -, -en: 1. (ohne Plural) Wissenschaft von der Baukunst. 2. künstlerischer Aufbau einer Dichtung, eines Musikwerkes o. ä. **architektonisch:** die Architektonik betreffend. **Architektur** *die*; -, -en: 1. a) (ohne Plural) Baukunst [als wissenschaftliche Disziplin]; b) Baustil. 2. der nach den Regeln der Baukunst gestaltete Aufbau eines Gebäudes. **architektural:** (schweiz.) = architektonisch. **Architrav** [(*gr.*; *lat.*) *it.*] *der*; -s, -e [...wᵉ]: die Säulen verbindender Querbalken (Tragbalken) in der antiken Baukunst. **Archiv** [*gr.-lat.*; „Regierungs-, Amtsgebäude"] *das*; -s, -e [...wᵉ]: Einrichtung zur systematischen Erfassung, Erhaltung u. Betreuung rechtlicher u. politischer Dokumente; b) Raum, Gebäude, in dem Schriftstücke, Urkunden u. Akten aufbewahrt werden. **Archivalien** [...waliᵉn; *nlat.*] *die* (Plural): Aktenstücke u. Urkunden aus einem Archiv. **archivalisch:** urkundlich. **Archivar** *der*; -s, -e: wissenschaftlich ausgebildeter Fachmann, der in einem Archiv arbeitet. **archivarisch:** a) das Archiv betreffend; b) den Archivar betreffend. **archivieren:** Urkunden u. Dokumente in ein Archiv aufnehmen. **archivisch:** das Archiv betreffend. **Archivistik** *die*; -: Archivwissenschaft

Archivolte [...woltᵉ; *mlat.-it.*] *die*; -, -n: (Archit.) 1. bandartige Stirn- u. Innenseite eines Rundbogens. 2. plastisch gestalteter Bogenlauf im roman. u. got. Portal

Archon [*gr.*] *der*; -s, Archonten u. **Archont** [*gr.-lat.*] *der*; -en, -en: höchster Beamter in Athen u. anderen Städten der Antike. **Archontat** [*nlat.*] *das*; -[e]s, -e: 1. Amt eines Archonten. 2. Amtszeit eines Archonten

arco = coll'arco. **Arcus** vgl. Arkus

Ardabil, Ardebil [iran. Stadt, bedeutender Teppichhandelsplatz] *der*; -[s], -s: handgeknüpfter Teppich

Ardometer ⓌⓏ [*lat.*; *gr.*] *das*; -s, -: Gerät zur Messung hoher Temperaturen; vgl. Pyrometer

Are *die*; -, -n: (schweiz.) → Ar (I)

Area

I. [*lat.*] *die*; -, Areen od. -s: 1.

(veraltet): Fläche, Kampfplatz. 2. umschriebener Bezirk eines Organs (Anat.). **II.** [*lat.-span.*] *die*; -, -s: Flächeneinheit in Kolumbien u. Argentinien

Areafunktion [*...zion*; *lat.*] *die*; -, -en: Umkehrfunktion einer → Hyperbelfunktion (Math.)

areal [*lat.-nlat.*]: Verbreitungsgebiete betreffend. **Areal** *das*; -s, -e: 1. Bodenfläche. 2. Verbreitungsgebiet einer Tier- od. Pflanzenart. **Arealkunde** *die*; -: Wissenschaft von der räumlichen Verbreitung der Tiere u. Pflanzen auf der Erde. **Areallinguistik** *die*; -: [neuere] Sprachgeographie. **areallinguistisch**: die Areallinguistik betreffend. **Arealmethode** *die*; -: Stichprobenverfahren der Meinungsforschung, bei dem Personen aus einem bestimmten, aber willkürlich ausgewählten Siedlungsgebiet befragt werden; vgl. Quotenmethode

Are|flexie [*gr.*; *lat.*] *die*; -, ...ien: das Ausbleiben reflektorischer Reaktionen auf Reize (Med.)

Arekanuß [*Malayalam-port.-nlat.*; *dt.*] *die*; -, ...nüsse: Frucht der Areka- od. Betelnußpalme

Arena [*lat.*] *die*; -, ...nen: a) größerer Platz, Fläche zum Austragen von [Wett]kämpfen in der Mitte einer entsprechenden Anlage; b) (österr.) Sommerbühne

Arenda vgl. Arrende

Areopag [*gr.-lat.*] *der*; -s: höchster Gerichtshof im Athen der Antike

Aretalogie [*gr.*; „Tugendschwätzerei"] *die*; -, ...ien: in Form eines → Traktats abgefaßte Lobpreisung einer Gottheit od. eines Helden (Literaturgattung in später griech.-röm. Zeit). **Arete** [„Tugend"] *die*; -: Tüchtigkeit, Vortrefflichkeit, Tauglichkeit der Seele zu Weisheit u. Gerechtigkeit. **Aretologie** *die*; -: Lehre von der Arete, Tugendlehre

Argali [*mongol.*] *der*, (auch: *das*); -[s], -s: Wildschaf in Zentralasien

Argandbrenner [*argang...*; nach seinem Schweizer Erfinder Argand] *der*; -s, -: Gasbrenner

Argentan [*lat.-nlat.*] *das*; -s: (veraltet) Neusilber. **Argentine** [*lat.-fr.*] *die*; -: Silberfarbe zur Herstellung von Metallpapier. **Argentit** [auch: *...it*; *lat.-nlat.*] *der*; -s: graues, metallisch glänzendes Mineral; Silberglanz. **Argentome|trie** [*lat.*; *gr.*] *die*; -, ...ien: maßanalytische Fällungsmethode mit Hilfe eines schwerlöslichen Silbersalzes (Chem.). **Argentum** [*lat.*] *das*; -[s]: lat. Bez. für: Silber (chem. Grundstoff); Zeichen: Ag. **Arginase** [Kurzw. aus: *Arginin* u. *-ase*] *die*; -, -n: wichtiges Stoffwechselenzym. **Arginin** [Bildung zu *gr. arginoeis* „hell schimmernd"] *das*; -s, -e: lebenswichtige → Aminosäure, die in allen Eiweißkörpern enthalten ist

Argon [auch: *...on*; *gr.-nlat.*] *das*; -s: chem. Grundstoff, Edelgas; Zeichen: Ar

Argonaut [*gr.-lat.*] *der*; -en, -en: 1. in der griech. Sage ein Mann der Besatzung des Schiffes Argo. 2. bes. Art des Tintenfisches

Argot [*argo*; *fr.*] *das* od. *der*; -s, -s: a) (ohne Plural) Bettler- u. Gaunersprache, Rotwelsch; b) Gruppensprache, → Slang, → Jargon; c) (ohne Plural) französische Umgangssprache. **Argotismus** [*fr.-nlat.*] *der*; -, ...men: Argotwort od. -wendung in der salopen Umgangssprache

Argument [*lat.*] *das*; -[e]s, -e: 1. etw., was als Beweis, Bekräftigung einer Aussage vorgebracht wird. 2. vom Verb abhängende Leerstelle im Satz, die besetzt werden muß, damit ein sinnvoller Satz entsteht (z. B. werden in dem Satz *sie verschenkt das Kleid* die Argumente durch die Wörter (Aktanten) *sie* u. *Kleid* realisiert; Sprachw.). 3. unabhängige Veränderliche einer math. Funktion. 4. a) (deutsche) Inhaltsangabe u. Personenpräsentierung bei lat. Aufführungen des Mittelalters u. der Renaissance; b) (im Barock) allegorische Pantomime, die auf den Sinn der darauffolgenden Handlung vorbereitet. **Argumentation** [*...zion*] *die*; -, -en: Darlegung der Argumente, Beweisführung, Begründung. **argumentativ** [*engl.*]: a) die vorgebrachten Argumente betreffend; b) mit Hilfe von Argumenten [geführt]; vgl. ...iv/...orisch. **argumentatorisch**: die vorgebrachten Argumente betreffend; vgl. ...iv/...orisch. **argumentieren**: Argumente vorbringen, seine Beweise darlegen, beweisen, begründen. **Argumentum e contrario** *das*; - - -, ...ta - -: Schlußfolgerung aus dem Gegenteil

Argus [hundertäugiger Riese der griech. Sage] *der*; -, -se: scharfer Wächter. **Argusaugen** *die* (Plural): scharfe, wachsame Augen; mit -: kritisch, wachsam, mißtrauisch [etwas beobachtend]

Argyrie [*gr.-nlat.*] *die*; -, ...ien, Argyrose *die*; -, -n: Blaugrauverfärbung der Haut u. innerer Organe bei längerem Gebrauch von Silberpräparaten (Med.). **argyrophil**: durch Anfärbung mit Silberpräparaten mikroskopisch darstellbar (von Gewebsstrukturen; Med.)

Arhythmie usw. vgl. Arrhythmie usw.

Ari *die*; -, -s: (ugs.) Kurzw. für Artillerie

Ariadnefaden [nach der sagenhaften kretischen Königstochter, die Theseus mit einem Wollknäuel den Rückweg aus dem Labyrinth ermöglichte] *der*; -s: etwas, was aus einer verworrenen Lage heraushilft

Arianer [nach dem → Presbyter (1) Arius von Alexandria] *der*; -s, -: Anhänger des Arianismus. **arianisch**: a) den Arianismus betreffend; b) die Lehre des Arianismus vertretend. **Arianismus** *der*; -: Lehre des Arius (4. Jh.), wonach Christus mit Gott nicht wesenseins, sondern nur wesensähnlich sei

Aribo|flavinose [*...flaw...*; Kunstw.] *die*; -, -n: Vitamin-B_2-Mangel-Krankheit

arid [*lat.*]: trocken, dürr, wüstenhaft (vom Boden od. Klima). **Aridität** *die*; -: Trockenheit (in bezug auf das Klima). **Ariditätsfaktor** *der*; -s, -en: Formel zur Berechnung der Trockenheit eines Gebiets

Arie [*ari^e*; *it.*] *die*; -, -n: Sologesangstück mit Instrumentalbegleitung (bes. in Oper u. Oratorium)

Arier [*...i^er*; *sanskr.*; „Edler"] *der*; -s, -: 1. Angehöriger frühgeschichtlicher Völker mit → indogermanischer Sprache in Indien u. im Iran; vgl. indoarisch u. iranisch. 2. in der nationalsozialistischen Rassenideologie Angehöriger der nordischen Rasse, Deutschblütiger, Nichtjude

Arietta [*it.*], **Ariette** [*it.-fr.*] *die*; -, ...tten: kleine → Arie

Arillus [*mlat.*] *der*; -, ...lli: fleischiger Samenmantel mancher Pflanzen

arios [*it.*]: gesanglich, melodiös (Vortragsanweisung; Mus.). **arioso**: in der Art einer Arie gestaltet, liedmäßig (Vortragsanweisung; Mus.). **Arioso** *das*; -s, -s u. ...si: a) melodischer Ruhepunkt im Sprechgesang; b) selbständiger Gesangs- od. Instrumentalsatz

arisch [*sanskr.*]: 1. a) die Sprachen der → Arier (1) betreffend; b) zu den Ariern (1) gehörend. 2. nichtjüdisch; vgl. Arier (2). **arisieren**: [durch Enteignung] in arischen (2) Besitz überführen (von jüdischen Geschäften u. Unternehmen durch das nationalsozialistische Regime)

Aristie [*gr.*] *die*; -, ...ien: überragende Heldentat und ihre literarische Verherrlichung (speziell von der Schilderung der Heldenkämpfe vor Troja in der Ilias). **Aristo|krat** *der*; -en, -en: 1. Angehöriger des Adels. 2. Mensch von vornehm-zurückhaltender Lebensart. **Aristo|kratie** [*gr.-lat.*] *die*; -, ...ien: 1. Staatsform, in der die Herrschaft im Besitz einer privilegierten sozialen Gruppe ist. 2. adlige Oberschicht mit besonderen Privilegien. 3. (ohne Plural) Würde, Adel. **aristokratisch**: 1. die Aristokratie (1, 2) betreffend, zu ihr gehörend. 2. vornehm, edel

Aristol Ⓦⓩ [Kunstw.] *das*; -s: ein → Antiseptikum

Aristolochia [*gr.-lat.*] *die*; -, ...ien [...$i^e n$]: [Vertreter der] Pflanzengattung der Osterluzeigewächse (z. B. der Pfeifenstrauch)

Arist|onym [*gr.-nlat.*] *das*; -s, -e: Deckname, der aus einem Adelsnamen besteht; vgl. Pseudonym

Aristophaneus [*gr.-lat.*; nach dem altgriech. Komödiendichter Aristophanes] *der*; -, ...neen: antiker Vers (von der Normalform —⏑⏑—⏑—). **aristophanisch**: a) in der Art des Aristophanes; b) geistvoll, witzig, mit beißendem Spott

Aristoteliker *der*; -s, -: Anhänger der Philosophie des Aristoteles. **aristotelisch**: a) die Philosophie des Aristoteles betreffend; b) die Philosophie des Aristoteles vertretend. **Aristotelismus** [*nlat.*] *der*; -: die von Aristoteles ausgehende, über die → Scholastik bis in die heutigen Tage reichende Philosophie

Aritaporzellan [nach dem Herstellungsort Arita auf der südjapan. Insel Kiuschu], (auch:) Imariporzellan [nach dem japan. Ausfuhrhafen] *das*; -s: japan. Porzellan des 17. Jh.s

Arithmetik [auch: ...metik; *gr.-lat.*; „Rechenkunst"] *die*; -: Teilgebiet der Mathematik, auf dem man sich mit bestimmten u. allgemeinen Zahlen, Reihentheorie, Kombinatorik u. Wahrscheinlichkeitsrechnung befaßt. **Arithmetiker** *der*; -s, -: Fachmann auf dem Gebiet der Arithmetik. **arithmetisch**: a) die Arithmetik betreffend; b) rechnerisch; -es Mittel: → Quotient aus dem Zahlenwert einer Summe u. der Anzahl der Summanden: Durchschnittswert. **Arithmo|griph** [*gr.-nlat.*] *der*; -en, -en: Zahlenrätsel. **Arithmologie** *die*; -: Lehre von den magischen Eigenschaften der Zahlen. **Arithmomanie** *die*; -, ...ien: Zwangsvorstellung, Dinge zählen zu müssen, Zählzwang (Form des → Anankasmus; Med.). **Arithmomantie** *die*; -: das Wahrsagen aus Zahlen

Arkade [*lat.-it.-fr.*] *die*; -, -n: a) von zwei Pfeilern od. Säulen getragener Bogen; b) (meist Plural) Bogenreihe, einseitig offener Bogengang [an Gebäuden]; c) nach oben gewölbter Bogen bei Kleinbuchstaben einer Handschrift

Arkadien [...$i^e n$; nach der altgriech. Landschaft Arkadien] *das*; -s: Schauplatz glückseligen, idyllischen [Land]lebens. **Arkadier** [...$i^e r$] *der*; -s, -: 1. Bewohner von Arkadien. 2. Mitglied einer im 17. Jh. in Rom gegründeten literarischen Gesellschaft

arkadieren: ein Gebäude mit Arkaden (b) versehen (Archit.)

arkadisch: Arkadien betreffend, zu Arkadien gehörend; -e Poesie: Hirten- und Schäferdichtung [des 16. bis 18. Jh.s]: vgl. Bukolik

Arkandiszi|plin [*lat.*]: *die*; -: Geheimhaltung von Lehre u. Brauch einer Religionsgemeinschaft vor Außenstehenden (bes. im frühen Christentum)

Arkansit [auch: ...it; *nlat.*; nach dem Staat Arkansas in den USA] *der*; -s: ein Mineral

Arkanum [*lat.*] *das*; -s, ...na: 1. Geheimnis. 2. Geheimmittel, Wundermittel

Arkebuse [*niederl.-fr.*; „Hakenbüchse"] *die*; -, -n: Handfeuerwaffe des 15./16. Jh.s. **Arkebusier** *der*; -s, -e: Soldat mit Arkebuse

Arkose [*fr.*] *die*; -: Sandstein, mit Feldspat u. Glimmer durchsetzt

Arkosol, Arcosolium [*lat.-mlat.*] *das*; -s, ...ien [...$i^e n$]: Wandgrab unter einer Bogennische in den → Katakomben

Arktiker [*gr.-nlat.*] *der*; -s, -: Bewohner der Arktis. **Arktis** *die*; -: Gebiet um den Nordpol; vgl. Antarktis. **arktisch** [*gr.-lat.*]: zum Nordpolargebiet gehörend; -e Kälte: sehr strenge Kälte

Arkuballiste [*lat.*] *die*; -, -n: Bogenschleuder (röm. u. mittelalterliches Belagerungsgeschütz)

Arkus, (auch:) Arcus [*lat.*] *der*; -, Bogenmaß eines Winkels; Zeichen: arc

Arlec|chino [*arläkino*; *fr.-it.*] *der*; -s, -s u. ...ni: buntgekleideter Hanswurst der italien. → Commedia dell'arte; vgl. Harlekin (1)

Armada [*lat.-span.*; „bewaffnete (Streitmacht)"; nach der Flotte des span. Königs Philipp II.] *die*; -, ...den u. -s: mächtige Kriegsflotte

Armageddon [*hebr.*; nach Offenb. Joh. 16,16 der mythische Ort, an dem die bösen Geister die Könige der gesamten Erde für einen großen Krieg versammeln] *das*; -: [politische] Katastrophe

Arma|gnac [*armanjak*; *fr.*; franz. Landschaft] *der*; -[s], -s: frz. Weinbrand von hoher Qualität. **Arma|gnaken** [*armanjak^en*] *die* (Plural): zuchtlose französische Söldner der Grafen v. Armagnac (15. Jh.)

Armarium [*lat.*] *das*; -s, ...ia u. ...ien [...$i^e n$]: 1. a) in der Antike Schrank zur Aufbewahrung von Speisen, Kleidern, Kleinodien o. ä.; b) in der Spätantike u. im Mittelalter Bücherschrank. 2. Wandnische neben dem Altar zur Aufbewahrung von → Hostien, → Reliquien u. → Sakramentalien (kath. Kirche)

Armatolen [*ngr.*] *die* (Plural): griech. Freischaren der Türkenzeit, Kern des Befreiungsheeres von 1821–30

Armatur [*lat.*; „Ausrüstung"] *die*; -, -en: 1. a) Ausrüstung von technischen Anlagen, Maschinen u. Fahrzeugen mit Bedienungs- u. Meßgeräten; b) (meist Plural) Bedienungs- u. Meßgerät an technischen Anlagen. 2. (meist Plural) Drossel- od. Absperrvorrichtung, Wasserhahn u. ä. in Badezimmern, Duschen u. ä. 3. (veraltet) militärische Ausrüstung. **Armaturenbrett** *das*; -s, -er: eine Art breiter Leiste aus Holz, Metall od. Plastik, auf der Meßinstrumente, Schalt- od. Bedienungsgeräte angebracht sind (z. B. in Kraftfahrzeugen od. im Flugzeugcockpit)

Armco-Eisen [...ko...; Kurzw. aus dem Namen der Herstellerfirma *A*merican *R*olling *M*ill *C*ompany in den USA] *das*; -s: in der Elektrotechnik verwendetes, sehr reines Eisen

Armee [*lat.-fr.*; „bewaffnete (Streitmacht)"] *die*; -, ...meen: a) Gesamtheit aller Streitkräfte eines Landes; Heer; b) großer Truppenverband, Heereseinheit, Heeresabteilung. **Armeekorps** [...kor] *das*; - [...*korß*], - [...*korß*]: Verband von mehreren → Divisionen (2). **armieren**: 1. (veraltet) mit Waffen ausrüsten, bestücken (Mil.). 2. mit Armaturen (1b, 2) versehen (Technik). 3. mit einer [verstärkenden] Ein-, Auflage, Umkleidung versehen (Bauw., Technik). **Armierung** *die*; -, -en: 1. Waffenausrüstung (Bestückung) einer militärischen Anlage od. eines Kriegsschiffs. 2. Stahleinlagen für Beton

Armilla [*lat.*; „Armband"] *die*; -, ...llen: 1. ringförmiger Hautlappen am Stiel einiger Pilze (Bot.). 2. = Armillarsphäre. **Armillarsphäre** *die*; -, -n: altes astronomisches Gerät zum Messen der Himmelskreise

Arminianer [nach dem Theologen Jacobus Arminius, † 1609] *die* (Plural): liberal-evangelische Glaubensgemeinschaft in den Niederlanden; vgl. Remonstranten. **arminianisch**: a) den Arminianismus betreffend; b) die Lehre des Arminius vertretend. **Arminianismus** [*nlat.*] *der*; -: Lehre des Jacobus Arminius, die sich gegen die kalvinistische Staatskirche Hollands wandte u. größere Freiheit des religiösen Lebens verlangte

Armorial [*lat.-fr.*] *das*; -s, -e: Wappenbuch. **Armure** [*armür*] u. **Armüre** *die*; -, -n: kleingemustertes [Kunst]seidengewebe

Arni [*Hindi*] *der*; -s, -s: indischer Großbüffel, Stammform des asiat. Wasserbüffels

Arnika [*nlat.*: Herkunft unsicher] *die*; -, -s: Bergwohlverleih; Zier- u. Heilpflanze aus der Familie der Korbblütler

Arom [*gr.-lat.*; „Gewürz"] *das*; -s, -e: (dicht.) Aroma. **Aroma** *das*; -s, ...men, -s u. (selten:) -ta: 1. deutlich ausgeprägter, [angenehmer] substanzspezifischer Geschmack. 2. deutlich ausgeprägter, [angenehmer] würziger Duft, Wohlgeruch von etwas (bes. eines pflanzlichen Genußmittels). 3. natürlicher od. künstlicher Geschmacksstoff für Lebensmittel, Speisen od. Getränke; Würzmittel. **Aroma|gramm** *das*; -s, -e: Feststellung der Merkmale einer Weinsorte. **Aromat** [*gr.-lat.-nlat.*] *der*; -en, -en (meist Plural): = aromatische Verbindung. **aromatisch** [*gr.-lat.*]: 1. einen deutlich ausgeprägten, angenehmen Geschmack habend, wohlschmeckend. 2. wohlriechend; -e Verbindungen: Benzolverbindungen (Chem.). **aromatisieren** [*nlat.*]: mit Aroma versehen

Aron[s]stab [*gr.-lat.*; *dt.*] *der*; -s, ...stäbe (Plural selten): eine Giftpflanze

Arpeg|giatur [*arpädseha*...; *german.-it.*] die; -, -en: Reihe von Akkorden, deren Töne gebrochen werden, d. h. (nach Harfenart) nacheinander erklingen (Mus.). **arpeg|gieren** [*arpädsehirⁿn*]: arpeggio spielen (Mus.). **arpeg|gio** [*arpädseho*]: in Form eines gebrochenen Akkords zu spielen (Vortragsanweisung; Mus.); Abk.: arp. **Arpeg|gio** *das*; -[s], -s u. ...ggien [...*iᵉn*]: ein arpeggio gespieltes Musikstück. **Arpeggione** [*arpädsehonᵉ*] *die*; -, -n: eine 6saitige Streichgitarre

Arrak [*arab.-fr.*; „Schweiß"] *der*; -s, -e u. -s: [ostindischer] Branntwein aus Reis od. → Melasse

Arrangement [*arangsehᵉmang*; *fr.*] *das*; -s, -s: 1. a) Anordnung, [künstlerische] Gestaltung, Zusammenstellung; b) [künstlerisch] Angeordnetes, aus einzelnen Komponenten geschmackvoll zusammengestelltes Ganzes. 2. Übereinkommen, Vereinbarung, Abmachung, Abrede. 3. a) Bearbeitung eines Musikstückes für andere Instrumente, als für die es geschrieben ist; b) Orchesterfassung eines Themas [im Jazz]. 4. Abwicklung der Börsengeschäfte. **Arrangeur** [...*sehör*] *der*; -s, -e: 1. jmd., der ein Musikstück einrichtet od. einen Schlager → instrumentiert (1). 2. jmd., der etwas arrangiert (1). **arrangieren** [...*sehirᵉn*]: 1. a) sich um die Vorbereitung u. den planvollen Ablauf einer Sache kümmern; b) in die Wege leiten, zustande bringen. 2. a) ein Musikstück für andere Instrumente, als für die es geschrieben ist, od. für ein Orchester bearbeiten; b) einen Schlager für die einzelnen Instrumente eines Unterhaltungsorchesters bearbeiten. 3. sich mit jmdm. verständigen u. eine Lösung für etwas finden; eine Übereinkunft treffen trotz gegensätzlicher od. abweichender Standpunkte. **Arrangierprobe** *die*; -, -n: Stellprobe im Theater

Arrazzo vgl. Arazzo

Arrende [*lat.-mlat.-poln.-russ.*] *die*; -, -n u. Arenda *die*; -, ...den: Pachtvertrag (im alten Rußland)

Arrest [*lat.-mlat.*] *der*; -[e]s, -e: 1. a) Beschlagnahme von Sachen (dinglicher -) zur Sicherung von Forderungen (Jur.); b) Haft von Personen (persönlicher -) zur Sicherung von Forderungen (Jur.); c) leichte Freiheitsstrafe, z. B. Jugendarrest. 2. Ort der Haft, z. B. im - sitzen. 3. (veraltend) Nachsitzen in der Schule. **Arrestant** *der*; -en, -en: Häftling. **Arrestat** *der*; -en, -en: (veraltet) Festgenommener. **Arrestation** [...*zion*; *lat.-vulgärlat.-fr.*] *die*; -, -en: (veraltet) Festnahme. **Arrestatorium** *das*; -s: Verbot von Zahlungen an den Schuldner beim Konkursverfahren. **Arresthypothek** *die*; -, -en: zwangsweise eingetragene [Sicherungs]hypothek. **Arrestlokal** *das*; -[e]s, -e: (veraltend) [behelfsmäßiger] Raum für Arrestanten. **Arrêt** [*arä*] *der*; -s, -s: scharfes Zügelanziehen beim Reiten. **arretieren**: 1. verhaften, festnehmen. 2. bewegliche Teile eines Geräts bei Nichtbenutzung sperren, feststellen. **Arretierung** *die*; -, -en: 1. Festnahme, Inhaftierung. 2. Sperrvorrichtung, durch die bewegliche Teile (z. B. an Meßgeräten) zur Entlastung u. Schonung der Lagerstellen festgestellt werden können

arretinische [nach der etrusk. Stadt Arretium (heute Arezzo) in Mittelitalien] **Keramik** *die*; -n -: rote Tongefäße der → Augusteischen Zeit; vgl. Terra sigillata

Arrêtstoß *der*; -es, ...stöße: Sperrstoß beim Sportfechten

Ar|rha [*hebr.-gr.-lat.*] *die*; -, -: Geld, das beim Abschluß eines Vertrages vom Käufer gezahlt wird u. als Bestätigung des Vertrages gilt; Draufgeld

Ar|rhenoblastom [*gr.-nlat.*] *das*; -s, -e: Eierstockgeschwulst, die Störungen im weiblichen Hormonhaushalt hervorruft u. zur Vermännlichung führt (Med.). **Ar|rhenogenie** *die*; -, ...ien: Erzeugung ausschließlich männlicher Nachkommen (Med.); Ggs. → Thelygenie. **ar|rhenoid**: männliche Merkmale aufweisend (von weiblichen Individuen; Med.). **Ar|rhenoidie** [...*o-i*...] *die*; -, ...ien: Vermännlichung weiblicher Individuen (z. B. Ausbildung von Hahnenfedern beim Huhn; Biol., Med.). **Arrhenotokie** [*gr.-nlat.*] *die*; -: 1. Entwicklung von männlichen Tieren (z. B. Drohnen) aus unbefruchteten Eiern (Biol.). 2. Erzeugung ausschließlich männlicher Nachkommen (Med.); Ggs. → Thelytokie. **arrhenotokisch**: nur männliche Nachkommen habend (Med.); Ggs. → thelytokisch

Ar|rhythmie [*gr.-lat.*] *die*; -, ...ien: 1. unregelmäßige Bewegung; Unregelmäßigkeit im Ablauf eines rhythmischen Vorgangs. 2. unregelmäßige Herztätigkeit

Arrieregarde [*ariär*...; *fr.*]: *die*; -, -n: (veraltet) Nachhut (Mil.)

Arrival [*ᵉraiwᵉl*; *engl.*] (o. Artikel): Ankunft (Hinweis auf Flughäfen)

arrivederci [*ariwedärtschi*; *it.*]: it. für: auf Wiedersehen! (bei Verabschiedung von mehreren Personen)

arrivieren [...*wir^e n*; *lat.-vulgärlat.-fr.*; „das Ufer erreichen"]: vorwärtskommen, Erfolg haben; beruflich od. gesellschaftlich emporkommen. **arriviert**: beruflich, gesellschaftlich aufgestiegen, zu Erfolg, Anerkennung, Ansehen gelangt. **Arrivierte** *der* u. *die*; -n, -n: jmd., der sich beruflich, gesellschaftlich nach oben gearbeitet hat, zu Erfolg, Ansehen u. Anerkennung gelangt ist. **Arrivist** *der*; -en, -en: (abwertend) Emporkömmling

arrogant [*lat.(-fr.)*]: anmaßend-dünkelhaft. **Arroganz** *die*; -: anmaßendes Benehmen, Überheblichkeit

arrondieren [*arongdir^e n*; *lat.-vulgärlat.-fr.*]: 1. abrunden, zusammenlegen (von einem Besitz od. Grundstück). 2. Kanten abrunden (z. B. von Leisten). **Arrondissement** [*arongdiß^e mang*] *das*; -s, -s: a) dem → Departement (1) untergeordneter Verwaltungsbezirk in Frankreich; b) Verwaltungseinheit, Stadtbezirk in franz. Großstädten, bes. in Paris

Arrosement [...*mang*; *lat.-vulgärlat.-fr.*] *das*; -s: Umwandlung einer Staatsanleihe, bei der der Nominalzins erhöht [u. die Laufzeit der Anleihe verlängert] wird (Finanzw.). **arrosieren**: 1. anfeuchten, bewässern. 2. zuzahlen. **Arrosierung** *die*; -, -en: = Arrosement

Arrosion [*lat.-nlat.*] *die*; -, -en: Zerstörung von Gewebe, bes. von Gefäßwänden, durch entzündliche Vorgänge, Geschwüre

Arrowroot [*äro^u rut*; *engl.*; „Pfeilwurzel"] *das*; -s: 1. Pfeilwurz, ein Marantengewächs. 2. Stärkemehl aus Wurzeln u. Knollen bestimmter tropischer Pflanzen (z. B. Maranta-, Maniokstärke)

Ars amandi [*lat.*] *die*; - -: Liebeskunst. **Ars antiqua** [*lat.*; „alte Kunst"] *die*; - -: erste Blütezeit der → Mensuralmusik (bes. im Paris des 13. u. 14. Jh.s); Ggs. → Ars nova

Arschin [*turkotat.-russ.*] *der*; -[s], -en (aber: 3 Arschin): altruss. Längenmaß (71,1 cm)

Ars dictandi *die*; - -: die Kunst, regelrichtig u. nach den Theorien der gültigen rhetorischen Lehrbücher zu schreiben (Rhetorik der Antike u. des Mittelalters)

Arsen [*gr.-lat.*] *das*; -s: a) chem. Grundstoff; Zeichen: As; b) (ugs.) = Arsenik

Arsenal [*arab.-it.*; „Haus des Handwerks"] *das*; -s, -e: 1. Zeughaus; Geräte- u. Waffenlager. 2. Vorratslager, Sammlung

Arsenat [*gr.-nlat.*] *das*; -[e]s, -e (meist Plural): Salz der Arsensäure. **Arsenid** *das*; -s, -e (meist Plural): Verbindung aus Arsen u. einem Metall. **arsenieren**: Metallgegenstände mit einer dünnen Arsenschicht überziehen. **arsenig** [*gr.-lat.*]: 1. arsenikhaltig. 2. arsenhaltig. **Arsenik** *das*; -s: wichtigste [giftige] Arsenverbindung (Arsentrioxyd). **Arsenit** [auch: ...*it*; *gr.-nlat.*] *das*; -s, -e u. **Arsenolith** *der*; -s u. -en, -e[n]: ein farbloses Mineral (kristallisiertes Arsenik). **Arsin** *das*; -s: eine dem → Amin entsprechende, äußerst giftige Arsenverbindung

Arsis [*gr.-lat.*; „Hebung" (des taktschlagenden Fußes)] *die*; -, ...sen: 1. a) unbetonter Taktteil (antike Metrik); Ggs. → Thesis (1 a); b) aufwärts geführter Schlag beim Taktschlagen (Mus.). 2. betonter Taktteil in der neueren Metrik; Ggs. → Thesis (2)

Ars moriendi [*lat.*; „Kunst des Sterbens"] *die*; - -: kleines Sterbe- u. Trostbuch des Mittelalters. **Ars nova** [- *nowa*; *lat.*; „neue Kunst"] *die*; - -: die neue Strömung in der franz. Musik (kontrapunktisch-mehrstimmig) des 14. Jh.s; Ggs. → Ars antiqua. **Ars povera** [*lat.*; *it.*] *die*; - -: Kunst, die unkonventionelle Materialien (Erde, Asche, Abfälle u. ä.) verwendet u. diese formlos u. bewußt unästhetisch darbietet

Art brut [*ar brüt*; *fr.*] *die*; - -: (von dem franz. Maler Jean Dubuffet eingeführte Bez. für die) Kunst von Geisteskranken. **Art deco** [*ar deko*; *fr.* art déco(ratif)] *die*; - -: künstler. Richtung (bes. Kunstgewerbe) etwa von 1920–40. **Artdirector** [*a'tdairäkt^e r*; *engl.*] *der*; -s, -s: künstlerischer Leiter [des → Layouts in einer Werbeagentur]

artefakt [*lat.*]: künstlich hervorgerufen (z. B. von Krankheiten u. Verletzungen zum Zwecke der Täuschung). **Artefakt** *das*; -[e]s, -e: 1. das durch menschliches Können Geschaffene, Kunsterzeugnis. 2. Werkzeug aus vorgeschichtlicher Zeit, das menschliche Bearbeitung erkennen läßt (Archäol.). 3. künstlich hervorgerufene körperliche Veränderung (z. B. Verletzung), meist mit einer Täuschungsabsicht verbunden (Med.). 4. Störsignal (Elektrot.). **artefiziell** [*lat.-fr.*]: = artifiziell

Artel [auch: *artjäl*; *russ.*] *das*; -s, -s: a) [Arbeiter]genossenschaft im zaristischen Rußland; b) landwirtschaftliche Produktionsgenossenschaft in der UdSSR mit der Möglichkeit privaten Eigentums u. privater Bewirtschaftung

Arterie [...*i^e*; *gr.-lat.*] *die*; -, -n: Schlagader; Blutgefäß, das das Blut vom Herzen zu einem Organ od. Gewebe hinführt; Ggs. → Vene. **arteriell** [*gr.-nlat.*]: die Arterien betreffend, zu einer Arterie gehörend. **Arteriitis** *die*; -, ...itiden: Schlagaderentzündung. **Arterio|gramm** *das*; -s, -e: Röntgenbild einer Schlagader. **Arterio|graphie** *die*; -, ...ien: röntgenologische Darstellung einer Arterie bzw. des arteriellen Gefäßnetzes mit Hilfe eines Kontrastmittels. **Arteriole** *die*; -, -n: sehr kleine, in Haargefäße (Kapillaren) übergehende Schlagader. **Arterio|lo|sklerose** *die*; -, -n: krankhafte Veränderung der Arteriolen. **Arteriosklerose** *die*; -, -n: krankhafte Veränderung der Arterien, „Arterienverkalkung". **arterio|sklerotisch**: a) die Arteriosklerose betreffend; b) durch Arteriosklerose hervorgerufen. **Arteriotomie** *die*; -, ...ien: operatives Öffnen einer Arterie zur Entfernung eines → Embolus

Arterit [auch: ...*it*; *gr.*] *der*; -s, -e: ein mit → Aplit- u. Granitadern durchsetztes Gestein; Adergneis

artesische [*fr.*; nach der franz. Landschaft Artois (*artoa*)] **Brunnen** *der*; -n -s, -n -: natürlicher Brunnen, bei dem das Wasser durch einen Überdruck des Grundwassers selbsttätig aufsteigt

Artes liberales [*lat.*] *die* (Plural): die Sieben Freien Künste (Grammatik, Rhetorik, Dialektik [→ Trivium], Arithmetik, Geometrie, Astronomie, Musik [→ Quadrivium]), die zum Grundwissen der Antike u. des Mittelalters gehörten. **Artesliteratur** *die*; -: wissenschaftliche Bezeichnung des mittelalterlichen Fachschrifttums im Bereich der → Artes liberales u. der technischen u. praktischen Kunst

Ar|thralgie [*gr.-nlat.*] *die*; -, ...ien: Gelenkschmerz (Med.). **Arthritiker** [*gr.-lat.*] *der*; -s, -: an Gelenkentzündung Leidender; Gichtkranker. **Ar|thritis** *die*; -, ...itiden: Gelenkentzündung. **arthritisch**: die Arthritis betreffend. **Ar|thritismus** [*gr.-nlat.*] *der*; -: erbliche Neigung zu Gicht, → Asthma, Fettsucht u. a. (durch Verlangsamung des Stoffwechsels bedingt). **Arthrodese** *die*; -, -n: künstliche, operative Versteifung eines Gelenks. **ar|throgen**: a) vom Gelenk ausgehend; b) von einer Gelenkerkrankung herrührend. **Arthrolith** *der*; -s u. -en, -e[n]: krankhaft gebildeter, frei beweglicher, verknorpelter oder verkalkter Fremdkörper in einem Gelenk; Gelenkmaus. **Arthropathie** *die*; -, ...ien: Gelenkleiden, Gelenkerkrankung. **Arthro|plastik** *die*; -, -en: künstliche Bildung eines neuen Gelenks nach → Resektion des alten. **Arthropoden** *die* (Plural): Gliederfüßer (Zool.). **Ar|throse** *die*; -, -n: 1. = Arthropathie. 2. Kurzbezeichnung für: Arthrosis deformans. **Ar|throsis deformans** *die*; - -: degenerative, nicht akut entzündliche Erkrankung eines Gelenks als chronisches Leiden

artifiziell [*lat.-fr.*]: 1. künstlich. 2. gekünstelt

Artikel [auch: ...*ti*...; *lat.* (*-fr.*); „kleines Gelenk; Glied; Abschnitt"] *der*; -s, -: 1. Geschlechtswort (der, die, das); Abk.: Art. 2. Abschnitt eines Gesetzes, Vertrages usw.; Abk.: Art. 3. Handelsgegenstand, Ware; Abk.: Art. 4. [Zeitungs]aufsatz, Abhandlung. 5. Darstellung eines Wortes in einem Wörterbuch (Wortartikel) od. in einem Lexikon (Sachartikel). 6. Glaubenssatz einer Religion. **artikular**: zum Gelenk gehörend (Anat.). **Artikulaten** *die* (Plural): Gliedertiere. **Artikulation** [...*zion*] *die*; -, -en: 1. a) [deutliche] Gliederung des Gesprochenen; b) Lautbildung (Sprachw.). 2. das Artikulieren (2) von Gefühlen, Gedanken, die einen beschäftigen. 3. [Abfolge der] Bißbewegungen (Zahnmed.). 4. das Binden od. das Trennen der Töne (Mus.); vgl. legato u. staccato. 5. Gelenk (Med.); vgl. ...ation/...ierung. **artikulatorisch**: die Artikulation betreffend. **artikulieren**: 1. Laute [deutlich] aussprechen. 2. Gefühle, Gedanken, die einen beschäftigen, in Worte fassen, zum Ausdruck bringen, formulieren. **Artikulierung** *die*; -, -en: = Artikulation (1, 2); vgl. ...ation/...ierung

Artillerie [auch: ...*ri*; *fr.*]: *die*; -, ...ien: mit Geschützen ausgerüstete Truppengattung des Heeres. **Artillerist** [auch: ...*ißt*] *der*; -en, -en: Soldat der Artillerie. **artilleristisch**: die Artillerie betreffend

Artisan [...*sang*; *lat.-it.-fr.*] *der*; -s, -s: (veraltet) Handwerker

Artischocke [*nordit.*] *die*; -, -n: distelartige Gemüsepflanze mit wohlschmeckenden Blütenknospen

Artist [*lat.-mlat.* (*-fr.*)] *der*; -en, -en: 1. im Zirkus u. Varieté auftretender Künstler [der Geschicklichkeitsübungen ausführt] (z. B. Jongleur, Clown). 2. jmd. (z. B. ein Dichter), der seine Darstellungsmittel u. -formen souverän beherrscht. **Artistenfakultät** *die*; -, -en: die Fakultät der → Artes liberales an mittelalterlichen Universitäten. **Artistik** *die*; -: 1. Varieté- u. Zirkuskunst. 2. außerordentlich große [körperliche] Geschicklichkeit. **artistisch**: a) die Artistik betreffend; b) nach Art eines → Artisten

Art nouveau [*ar nuwo*; *fr.*] *die*; - -: Bez. für Jugendstil in England u. Frankreich

Artothek [Kunstw.] *die*; -, -en: Galerie, Museum, das Bilder od. Plastiken an Privat verleiht

Aryballos [*gr.*] *der*; -, ...lloi [...*leu*]: kleines altgriech. Salbgefäß

Aryl [Kurzw. aus *ar*omatisch u. *-yl*] *das*; -s, -e (meist Plural): einwertiger Rest eines aromatischen Kohlenwasserstoffs (Chem.)

As

I. [*a-äß*] = chem. Zeichen für: Arsen (a).

II. [*a-äß*] = Amperesekunde.

III. [*aß*; *lat.-fr.*] *das*; Asses, Asse: 1. a) [höchste] Karte im Kartenspiel; b) die Eins auf Würfeln. 2. hervorragender Spitzenkönner, bes. im Sport. 3. a) plazierter Aufschlagball, der vom Gegner nicht zurückgeschlagen werden kann (bes. Tennis); b) mit einem Schlag vom Abschlag ins Loch gespielter Ball (Golf).

IV. [*aß*; *lat.*] *der*; Asses, Asse: altröm. Gewichts- u. Münzeinheit

Ås [*oß*; *schwed.*] *der* (auch: *das*); -, Åsar: = Os (II)

Asa foetida [- *fö*...; *pers.-mlat.*; *lat.*] *die*; - - u. **Asafötida** *die*; - u. **Asant** [*pers.-mlat.-lat.*] *der*; -s: a) eingetrocknetes Gummiharz aus den Wurzeln eines asiat. Doldengewächses; b) Nervenberuhigungsmittel (Med.)

Åsar [*oßar*]: *Plural* von → Ås

Asbest [*gr.-lat.*; „unauslöschlich, unzerstörbar"] *der*; -[e]s, -e: mineralische Faser aus → Serpentin od. Hornblende, widerstandsfähig gegen Hitze u. schwache Säuren. **Asbestose** [*gr.-nlat.*] *die*; -, -n: durch Einatmen von Asbeststaub hervorgerufene Staublungenerkrankung

Ascet|onym [*aßze*...; *gr.-nlat.*] *das*; -s, -e: Sonderform des → Pseudonyms, bei der ein Heiligenname als Deckname verwendet wird; vgl. Hieronym

Aschanti|nuß [nach dem afrikanischen Stamm der Aschanti] *die*; -, ...nüsse: (österr.) Erdnuß

Aschkenasim [auch: ...*sim*; *hebr.*] *die* (Plural): Bezeichnung für die Juden in Mittel- u. Osteuropa mit eigener Tradition u. Sprache (Jiddisch) im Unterschied zu den → Sephardim. **aschkenasisch**: die Aschkenasim betreffend; zu den Aschkenasim gehörend

Aschug [*russ.*] *der*; -en, -en u. **Aschuge** *der*; -n, -n: wandernder Volksdichter u. -sänger in Anatolien u. den Kaukasusländern

Ascites [...*zi*...] vgl. Aszites

Ascorbinsäure [...*kor*...; *gr.*; *russ.*; *dt.*] *die*; -: chem. Bezeichnung für: Vitamin C

ASEAN [*e'si'n*, auch: *e'|äß|i|e'-än*]; Kurzwort aus: *A*ssociation of *S*outh *E*ast *A*sian *N*ations (*eßo"-ßie'sch'n ew ßauth ißt e'sch'n ne'-sch'ns*) = *Vereinigung südostasiatischer Nationen*] *die*; -: 1967 gegründete Vereinigung südostasiatischer Staaten mit dem Ziel der Förderung des Friedens u. des sozialen sowie wirtschaftlichen Wohlstands

Asebie [*gr.*] *die*; -: Frevel gegen die Götter, Gottlosigkeit; Ggs. → Eusebie

a secco [- *säko*; *it.*]: auf trockenem Verputz, Kalk, auf die trockene Wand [gemalt]; Ggs. → a fresco

Aseität [...*e-i*...; *lat.-mlat.*] *die*; -: absolute Unabhängigkeit [Gottes], das reine Aus-sich-selbst-Bestehen (Philos.; Theol.)

Asemie [*gr.-nlat.*] *die*; -, ...ien: Unfähigkeit, sich der Umwelt durch Zeichen od. Gebärden verständlich zu machen (z. B. bei → Aphasie od. bei Verlust der Mienen- u. Gebärdensprache; Med.)

Asepsis [*gr.-nlat.*] *die*; -: Keimfreiheit (von Wunden, Instrumenten, Verbandstoffen u. ä.; Med.). **Aseptik** *die*; -: keimfreie Wundbehandlung. **aseptisch**: a) keimfrei (Med.); Ggs. → septisch (2); b) nicht auf → Infektion beruhend (bei Fieber)

asexual [auch: ...*ual*] u. **asexuell** [auch: ...*uäl*; *gr.*; *lat.*]: 1. gefühllos (in bezug auf das Sexuelle). 2. ungeschlechtig, geschlechtslos; vgl. ...al/...ell. **Asexualität** [auch: ...*tät*] *die*; -: 1. das Fehlen jeglicher → Libido (Med.). 2. das Fehlen der Geschlechtsdrüsen (Med.). **asexuell** vgl. asexual

Ashram [*aschram*; *sanskr.*] *der* od. *das*; -s, -s: Zentrum zur Übung geistiger Konzentration in Indien

Asialie [*gr.-nlat.*] *die*; -: = Aptyalismus

Asianismus [*gr.-nlat.*] *der*; -: in Kleinasien aufgekommene Richtung der antiken Redekunst, die vor allem dem Schwulst huldigte; vgl. Attizismus. **Asiatika** *die* (Plural): Werke über Asien (Buchw.)

Asiderit [auch: *...it*; *gr.-nlat.*] *der*; -s, -e: ein Meteorstein ohne od. überwiegend ohne Eisen. **Asiderose** *die*; -, -n: Eisenmangel (Med.)

Askari [*arab.*] *der*; -s, -s: afrikanischer Soldat im ehemaligen Deutsch-Ostafrika

Askariasis, Askaridiasis [*gr.-nlat.*] *die*; -: eine Wurmkrankheit (durch Infektion mit Spulwürmern hervorgerufen; Med.). **Askaris** *die*; -, ...riden (meist Plural): Spulwurm

Askese, (auch:) Aszese [*gr.-nlat.*; „Übung"] *die*; -: a) streng enthaltsame u. entsagende Lebensweise [zur Verwirklichung sittlicher u. religiöser Ideale]; b) Bußübung. **Asket**, (auch:) Aszet [*gr.-mlat.*] *der*; -en, -en: enthaltsam [in Askese] lebender Mensch. **Asketik** vgl. Aszetik. **asketisch**: a) die Askese betreffend; b) entsagend, enthaltsam

Asklepiadeus [*gr.-lat.*; nach dem altgriech. Dichter Asklepiades] *der*; -, ...dei u. ...deen: Versform der antiken Lyrik (Schema: ——⏑⏑—⏑⏑—⏑— = Asklepiadeus minor od. ——⏑⏑—⏑⏑—⏑⏑—⏑⏑—⏑— = Asklepiadeus maior)

Askogon [*gr.-nlat.*] *das*; -s, -e: weibliches Geschlechtsorgan der Schlauchpilze. **Askomyzeten** *die* (Plural): Schlauchpilze

Askorbinsäure vgl. Ascorbinsäure

Äskulapstab [nach dem Schlangenstab des griech.-röm. Gottes der Heilkunde, Äskulap] *der*; -[e]s, ...stäbe: Sinnbild der Medizin, Berufssymbol der Ärzte

Askus [*gr.-nlat.*] *der*; -, Aszi: schlauch- od. keulenförmiger Sporenbehälter der Schlauchpilze

asomatisch [auch: *...ma...*; *gr.-nlat.*]: nicht → somatisch, körperlos, unkörperlich (Philos.)

Asomnie [*gr.*; *lat.*] u. Agrypnie [*gr.*] *die*; -, ...ien: Schlaflosigkeit, Schlafstörung (Med.)

äsopisch: a) in der Art, im Geist des altgriechischen Fabeldichters Äsop; b) witzig

asozial [auch: *...al*]: a) gesellschaftsschädigend; b) gemeinschaftsfremd, -unfähig. **Asozialität** *die*; -: gemeinschaftsfeindliches Verhalten

Asparagin [*gr.-nlat.*] *das*; -s: ein → Derivat (3) einer → Aminosäure, Eiweißbestandteil (bes. in Spargeln). **Asparaginsäure** *die*; -: eine der häufigsten, in vielen Eiweißstoffen vorkommende → Aminosäure. **Asparagus** [auch: *...pa...* u. *...raguß*; *gr.-lat.*] *der*; -: a) Spargel (Gemüsepflanze); b) Sammelbezeichnung für bestimmte Spargelarten, die zu Zierzwecken verwendet werden (z. B. für Blumengebinde)

Aspekt [*lat.*; „das Hinsehen"] *der*; -[e]s, -e: 1. Blickwinkel, Betrachtungsweise. 2. bestimmte Stellung von Sonne, Mond u. Planeten zueinander u. zur Erde (Astron.; Astrol.). 3. [den slawischen Sprachen eigentümliche] Geschehensform des Verbs, die mit Hilfe formaler Veränderungen die Vollendung od. Nichtvollendung eines Geschehens ausdrückt; Verlaufsweise eines verbalen Geschehens im Blick auf sein Verhältnis zum Zeitablauf (z. B. durativ: schlafen, perfektiv: verblühen; Sprachw.); vgl. Aktionsart. 4. Aussehen einer Pflanzengesellschaft (z. B. der Wiese) in einer bestimmten Jahreszeit (Bot.). **aspektisch**: den Aspekt (3) betreffend (Sprachw.)

Asper [*lat.*] *der*; -[s], -: = Spiritus asper

aspergieren [*lat.*]: (veraltet) besprengen (mit Weihwasser). **Aspergill** *das*; -s, -e: Weihwasserwedel. **Aspergillose** [*lat.-nlat.*] *die*; -, -n: durch einige Arten der Schimmelpilzgattung Aspergillus verursachte Erkrankung (am häufigsten der Atmungsorgane; Med.). **Aspergillus** *der*; -, ...llen: eine Gattung der Schlauchpilze (Kolben- od. Gießkannenschimmel; Bot.)

aspermatisch [*gr.-nlat.*]: ohne Samenzellen (vom → Ejakulat; Med.). **Aspermatismus** *der*; -: (Med.) 1. das Fehlen des → Ejakulats bzw. das Ausbleiben der → Ejakulation. 2. = Aspermie (1). **Aspermie** *die*; -: (Med.) 1. das Fehlen von Samenzellen im → Ejakulat. 2. = Aspermatismus (1)

Aspersion [*lat.*; „das Anspritzen"] *die*; -, -en: das Besprengen mit Weihwasser. **Aspersorium** [*lat.-mlat.*] *das*; -s, ...ien [...*i^e n*]: Weihwasserbehälter

Asphalt [auch: *...alt*; *gr.-lat.-fr.*; „unzerstörbar"] *der*; -s, -e: Gemisch von → Bitumen u. Mineralstoffen (bes. als Straßenbelag verwendet). **asphaltieren**: eine Straße mit einer Asphaltschicht versehen. **asphaltisch**: mit Asphalt beschichtet, versehen. **Asphaltmakadam** [*gr.*; *engl.*] *der* od. *das*; -s, -e: Gemisch aus grobkörnigem Gestein, das zur Herstellung von Straßendecken verwendet wird

Asphodelus [*gr.-nlat.*] *der*; -: = Affodill. **Asphodill** vgl. Affodill

asphyktisch [*gr.-nlat.*]: pulslos, der Erstickung nahe (Med.). **Asphyxie** [„Pulslosigkeit"] *die*; -, ...ien: Atemstillstand, Erstickung (infolge Sauerstoffverarmung des Bluts; Med.)

Aspidi|stra [*gr.-nlat.*] *die*; -, ...stren: Schildblume (Zierstaude u. Zimmerpflanze)

Aspik [auch: *aßpik* u. *aßpik*; *fr.*] *der* (auch: *das*); -s, -e: Gallert aus Gelatine od. Kalbsknochen

Aspirant [*lat.-fr.*] *der*; -en, -en: 1. Bewerber, [Beamten]anwärter. 2. (DDR) wissenschaftliche Nachwuchskraft an der Hochschule. 3. = Postulant (2). **Aspirantur** *die*; -, -en: (DDR) besonderer Ausbildungsgang des wissenschaftlichen Nachwuchses. **Aspirata** [*lat.*] *die*; -, ...ten u. ...tä: behauchter [Verschluß]laut (z. B. griech. $\vartheta = t^h$; Sprachw.). **Aspirateur** [*...tör*; *lat.-fr.*] *der*; -s, -e: Maschine zum Vorreinigen des Getreides. **Aspiration** [*...zion*; *lat.*] *die*; -, -en: 1. (meist Plural) Bestrebung, Hoffnung, ehrgeiziger Plan. 2. [Aussprache eines Verschlußlautes mit] Behauchung (Sprachw.); vgl. Aspirata. 3. (Med.) a) das Eindringen von Flüssigkeiten od. festen Stoffen in die Luftröhre od. Lunge; b) Ansaugung von Luft, Gasen, Flüssigkeiten u. a. beim Einatmen. **Aspirator** [*lat.-nlat.*] *der*; -s, ...oren: Luft-, Gasansauger. **aspiratorisch**: mit Behauchung gesprochen (Sprachw.). **aspirieren** [*lat.* (*-fr.*)]: 1. (veraltet) nach etwas streben; sich um etwas bewerben. 2. einen Verschlußlaut mit Behauchung aussprechen (Sprachw.). 3. ansaugen (von Luft, Gasen, Flüssigkeiten u. a.)

Aspirin ⓦ [Kunstw.] *das*; -s: ein Fieber-, Schmerz-, Rheumamittel

Aspirometer [*lat.*; *gr.*] *das*; -s, -: Gerät zum Bestimmen der Luftfeuchtigkeit; vgl. Psychrometer

Aspisviper [*...wi...*; *gr.*; *lat.*] *die*; -, -n: Giftschlange aus der Familie der Ottern

As|plit ⓦ [Kunstw.] *das*; -s: selbsthärtender Kitt aus Phenolharz

Assagai [*berberisch-arab.-span. fr.-engl.*] *der*; -s, -e: Wurfspieß der Kaffern

assai [*lat.-it.*]: sehr, genug, recht, ziemlich (in Verbindung mit einer musikalischen Tempobezeichnung; Mus.)
assanieren [*lat.-fr.*]: (österr.) gesund machen; verbessern (bes. im hygien. Sinne). **Assanierung** *die*; -, -en: (österr.) Verbesserung der Bebauung von Liegenschaften aus hygienischen, sozialen, technischen od. verkehrsbedingten Gründen
Assassine [*arab.-it.*] *der*; -n, -n: 1. (veraltet) Meuchelmörder. 2. (meist Plural): Angehöriger einer mohammedanischen religiösen Sekte
Assaut [*aßo*; *lat.-vulgärlat.-fr.*] *das*, (auch:) *der*; -s, -s: sportlicher Fechtwettkampf
Assekurant [*lat.-vulgärlat.-it.*] *der*; -en, -en: Versicherer, Versicherungsträger. **Assekuranz** *die*; -, -en: (fachspr.) Versicherung. **Assekuranzbrief** *der*; -s, -e: Versicherungsschein. **Assekuranzprinzip** *das*; -s: Theorie, nach der die Steuern Versicherungsprämien für den vom Staat gewährten Personen- und Eigentumsschutz sind. **Assekurat** *der*; -en, -en: Versicherter, Versicherungsnehmer. **assekurieren**: versichern
Assem|blage [*aßangblasch*; *lat.-vulgärlat.-fr.*] *die*; -, -n [...*blaschen*]: dreidimensionaler Gegenstand, der aus einer Kombination verschiedener Objekte entstanden ist (moderne Kunst); vgl. Collage. **Assem|blee** *die*; -, ...bleen: Versammlung. **Assemblée nationale** [- *naßjonal*] *die*; -, -s -s [*aßangble naßjonal*]: Nationalversammlung [in Frankreich 1789, 1848, 1871, 1946]. **Assembler** [*ᵉßämblᵉr*; *lat.-vulgärlat.-fr.-engl.*] *der*; -s, -: (EDV) 1. maschinenorientierte Programmiersprache. 2. Übersetzungsprogramm zur Umwandlung einer maschinenorientierten Programmiersprache in die spezielle Maschinensprache. **Assembling** *das*; -s, -s: Vereinigung, Zusammenschluß von Industriebetrieben zur Produktionssteigerung und Rationalisierung des Vertriebs
assentieren [*lat.*]: 1. bei-, zustimmen. 2. (österr. veraltet) auf Militärdiensttauglichkeit hin untersuchen. **Assentierung** *die*; -, -en: (österr. veraltet) Musterung
asserieren [*lat.*]: behaupten, versichern (Philos.). **Assertion** [...*zion*] *die*; -, -en: bestimmte, einfach feststellende Behauptung, Versicherung, Feststellung (Philos.).
assertorisch [*lat.-nlat.*]: behauptend, versichernd (Philos.)
Asservat [...*wat*; *lat.*] *das*; -[e]s, -e: ein in amtliche Verwahrung genommener, für eine Gerichtsverhandlung als Beweismittel wichtiger Gegenstand. **Asservatenkonto** *das*; -s, ...ten: Bankkonto, dessen Guthaben bestimmten Zwecken vorbehalten ist. **asservieren**: aufbewahren
Assessor [*lat.*; „Beisitzer"] *der*; -s, ...oren: Anwärter der höheren Beamtenlaufbahn nach der zweiten Staatsprüfung; Abk.: Ass.
assessoral [*lat.-nlat.*] u. **assessorisch** [*lat.*]: a) den Assessor betreffend; b) in der Art eines Assessors
Assibilation [...*zion*; *lat.-nlat.*] *die*; -, -en: (Sprachw.) a) Aussprache eines Verschlußlautes in Verbindung mit einem Zischlaut (z. B. z = ts in „Zahn"); b) Verwandlung eines Verschlußlautes in einen Zischlaut (z. B. *niederd.* Water = *hochd.* Wasser); vgl. ...ation/...ierung. **assibilieren**: einem Verschlußlaut einen S- od. Sch-Laut folgen lassen. **Assibilierung** *die*; -, -en: = Assibilation; vgl. ...ation/...ierung
Assiduität [*lat.*] *die*; -: Ausdauer, Beharrlichkeit
Assiette [*aßiätᵉ*; *lat.-vulgärlat.-fr.*] *die*; -, -n: 1. Teller, flache Schüssel. 2. (österr. veraltet) kleines Vor- od. Zwischengericht. 3. Stellung, Lage, Fassung
Assi|gnant [*lat.*] *der*; -en, -en: Anweisender, Aussteller einer Geldanweisung. **Assi|gnat** *der*; -en, -en: jmd., der auf eine Geldanweisung hin zahlen muß. **Assignatar** [*lat.-nlat.*] *der*; -s, -e: Empfänger einer Geldanweisung. **Assi|gnate** [*lat.-fr.*] *die*; -, -n (meist Plural): Papiergeld[schein] der ersten franz. Republik. **Assi|gnation** [...*zion*; *lat.*] *die*; -, -en: Geld- od. Zahlungsanweisung. **assi|gnieren**: [Geld] anweisen
Assimilat [*lat.*] *das*; -[e]s, -e: ein in Lebewesen durch Umwandlung körperfremder in körpereigene Stoffe entstehendes Produkt (z. B. Stärke bei Pflanzen, → Glykogen bei Tieren). **Assimilation** [...*zion*; „Ähnlichmachung"] *die*; -, -en: 1. a) Angleichung, Anpassung; b) Angleichung eines Konsonanten an einen anderen (z. B. das m in dt. Lamm aus mittelhochdt. lamb); Ggs. → Dissimilation (1). 2. a) Überführung der von einem Lebewesen aufgenommenen Nährstoffe in → Assimilate; Ggs. → Dissimilation (2); b) die Bildung von Kohlehydraten aus Kohlensäure der Luft und aus Wasser unter dem Einfluß des Lichtes, wobei Sauerstoff abgegeben wird. **Assimilationsgewebe** *das*; -s, -: = Palisadengewebe.
assimilatorisch [*lat.-nlat.*]: 1. die Assimilation betreffend. 2. durch Assimilation gewonnen. **assimilieren** [*lat.*]: angleichen, anpassen. **Assimilierung** *die*; -, -en: = Assimilation; vgl. ...ation/...ierung
Assisen [*lat.-vulgärlat.-fr.*] *die* (Plural): Schwurgericht und dessen Sitzungen in der Schweiz u. in Frankreich
Assistent [*lat.*; „Beisteher, Helfer"] *der*; -en, -en: a) jmd., der einem anderen assistiert; b) [wissenschaftlich] entsprechend ausgebildete Fachkraft innerhalb einer bestimmten Laufbahnordnung, bes. in Forschung u. Lehre.
Assistenz [*lat.-mlat.*] *die*; -, -en: Beistand, Mithilfe. **Assistenzarzt** *der*; -es, ...ärzte: → approbierter Arzt, der einem Chefarzt unterstellt ist. **Assistenzfigur** *die*; -, -en: in sakralen Bildern verwendete Figur, die nicht zum Sinngehalt des Bildes beiträgt, sondern das Bild nur auffüllt und abrundet (Kunstw.). **Assistenzprofessor** *der*; -s, -en: wissenschaftliche Fachkraft an deutschen Universitäten. **assistieren** [*lat.*]: jmdm. nach dessen Anweisungen zur Hand gehen
Associated Press [*ᵉßoᵘschi-eⁱtid -*; *engl.*] *die*; - -: US-amerikan. Nachrichtenbüro; Abk.: AP.
Associé [*aßoßie*; *lat.-fr.*] *der*; -s, -s: (veraltet) Teilhaber
Assoluta [*lat.-it.*] *die*; -, -s: weiblicher Spitzenstar in Ballett u. Oper
Assonanz [*lat.-nlat.*] *die*; -, -en: Gleichklang zwischen zwei od. mehreren Wörtern [am Versende], der sich auf die Vokale beschränkt (Halbreim; z. B. l*a*b*e*n: kl*a*g*e*n; Metrik)
assortieren [*fr.*]: nach Warenarten auswählen, ordnen u. vervollständigen. **Assortiment** *das*; -s, -e: Warenlager, Auswahl, → Sortiment (1)
Assoziation [...*zion*; *lat.-fr.*; „Vereinigung"] *die*; -, -en: 1. Vereinigung, Zusammenschluß. 2. Verknüpfung von Vorstellungen, von denen die eine die andere hervorgerufen hat (Psychol.); vgl. ...ation/...ierung. **assoziativ** [*nlat.*]: a) durch Vorstellungsverknüpfung bewirkt (Psychol.); b) verbindend, vereinigend. **Assoziativgesetz** *das*; -es: mathematisches Gesetz, das für eine Verknüpfungsart die Unabhängigkeit des Ergebnisses von der Klammerset-

zung fordert (z. B. a · (b · c) = (a · b) · c). **assoziieren** [*lat.-fr.*]: 1. eine gedankliche Vorstellung mit etwas verknüpfen (Psychol.). 2. sich a.: sich genossenschaftlich zusammenschließen, vereinigen. **Assoziierung** *die*; -, -en: 1. vertraglicher Zusammenschluß mehrerer Personen, Unternehmen od. Staaten zur Verfolgung bestimmter gemeinsamer wirtschaftlicher Interessen. 2. = Assoziation (2); vgl. ...ation/...ierung

assumieren [*lat.*]: annehmen, gelten lassen. **Assumptio** vgl. Assumtion. **Assumptionist** [*...zion...*; *lat.-nlat.*] *der*; -en, -en: Angehöriger der → Kongregation der Augustiner von Mariä Himmelfahrt (1845). **Assumtion** [*...zion*], Assumptio [*...zio*; *lat.*] *die*; -, ...tionen: Aufnahme einer Seele in den Himmel, bes. die Himmelfahrt Marias. **Assunta** [*lat.-it.*; „die Aufgenommene"] *die*; -, ...ten: bildliche Darstellung der Himmelfahrt Marias

Assuree|linien [*aßüre...*] vgl. Azureelinien

Assyriologe [*gr.-nlat.*] *der*; -n, -n: Wissenschaftler, der sich mit der Erforschung der assyrisch-babylonischen Kultur und Sprache befaßt. **Assyriologie** *die*; -: Wissenschaft von Geschichte, Sprachen u. Kulturen des alten Assyrien u. Babylonien. **assyriologisch**: die Assyriologie betreffend

Astasie [*gr.-nlat.*] *die*; -, ...ien: Unfähigkeit zu stehen (bes. bei Hysterie; Med.). **astasieren**: ein Meßinstrument gegen Beeinflussung durch störende äußere Kräfte (z. B. Erdmagnetismus, Schwerkraft) schützen. **Astasierung** *die*; -, -en: Vorrichtung, die fremde Einflüsse auf die schwingenden Teile von Meßinstrumenten schwächt (z. B. die Einwirkung des Erdmagnetismus auf die Magnetnadel). **Astat** u. **Astatin** *das*; -s: chem. Grundstoff; Zeichen: At. **astatisch**: gegen Beeinflussung durch äußere elektrische od. magnetische Felder geschützt (bei Meßinstrumenten); -es Nadelpaar: zwei entgegengesetzt gepolte, starr untereinander verbundene (nicht gegeneinander bewegliche) Magnetnadeln gleichen magnetischen → Moments (II, 2)

asterisch [*gr.-nlat.*]: sternähnlich. **Asteriskos** [*gr.*] *der*; -: ein Altargerät aus zwei sich kreuzenden Metallbogen als Träger der Dekke über dem geweihten Brot (in den Ostkirchen verwendet). **Asteriskus** [*gr.-lat.*] *der*; -, ...ken: Sternchen (Zeichen: *): a) als Hinweis auf eine Fußnote; b) als Kennzeichnung von erschlossenen, nicht belegten Formen (Sprachw.). **Asterismus** [*gr.-nlat.*] *der*; -: Eigenschaft verschiedener Kristalle, auffallendes Licht strahlenförmig zu reflektieren (Phys.). **Asteroid** *der*; -en, -en: kleiner Planet, → Planetoid. **Aster|onym** *das*; -s, -e: Zeichen aus drei Sternchen (***) an Stelle des Verfassernamens (in Schriftwerken

Asthenie [*gr.-nlat.*] *die*; -, ...ien: 1. (ohne Plural) Kraftlosigkeit, Schwächlichkeit (Med.). 2. Schwäche, Entkräftung, [durch Krankheit bedingter] Kräfteverfall (Med.). **Astheniker** *der*; -s, -: jmd., der einen schmalen, schmächtigen, muskelarmen u. knochenschwachen Körperbau besitzt. **asthenisch**: schlankwüchsig, schmalwüchsig, schwach; dem Körperbau des Asthenikers entsprechend. **Asthen|opie** *die*; -: rasche Ermüdbarkeit der Augen [beim Nahesehen] (Med.). **Astheno|sphäre** *die*; -: in etwa 100 bis 200 km Tiefe gelegener Bereich des Erdmantels

Äs|thesie [*gr.-nlat.*] *die*; -: Empfindungsvermögen. **Äs|thesiologie** *die*; -: Lehre von den Sinnesorganen u. ihren Funktionen (Med.). **Äs|thet** [„der Wahrnehmende"] *der*; -en, -en: jmd., der in besonderer Weise auf kultivierte Gepflegtheit, Schönheit, Künstlerisches anspricht, was sich auch in seinem Lebensstil niederschlägt. **Äs|thetik** *die*; -, -en: 1. Wissenschaft vom Schönen, Lehre von der Gesetzmäßigkeit u. Harmonie in Natur u. Kunst. 2. (ohne Plural) das stilvoll Schöne; z. B. auf - Wert legen. **Äs|thetiker** *der*; -s, -: Vertreter od. Lehrer der Ästhetik (1). **äs|thetisch**: 1. die Ästhetik (1) betreffend. 2. stilvollschön, geschmackvoll, ansprechend. **äs|thetisieren**: einseitig nach den Gesetzen des Schönen urteilen od. etwas danach gestalten. **Äs|thetizismus** *der*; -: Lebens- u. Kunstanschauung, die dem Ästhetischen einen absoluten Vorrang vor anderen Werten einräumt. **Äs|thetizist** *der*; -en, -en: Vertreter des Ästhetizismus. **äs|thetizistisch**: den Ästhetizismus betreffend

Asth|ma [*gr.-lat.*] *das*; -s: anfallsweise auftretende Atemnot, Kurzatmigkeit. **Asth|matiker** *der*; -s, -: jmd., der an Asthma leidet. **asth|matisch**: a) durch Asthma bedingt; b) an Asthma leidend, kurzatmig

Asti *der*; -[s], -: Wein aus dem Gebiet um die oberital. Stadt Asti; - spumante: ital. Schaumwein

astigmatisch [*gr.-nlat.*]: Punkte strichförmig verzerrend (von Linsen bzw. vom Auge). **Astigmatismus** *der*; -: 1. Abbildungsfehler von Linsen (Phys.). 2. Sehstörung infolge krankhafter Veränderung der Hornhautkrümmung (Med.)

Astilbe [*gr.-nlat.*] *die*; -, -n: Zierstaude aus der Familie der Steinbrechgewächse mit weißen oder rötlichen Blüten

Ästimation [*...zion*; *lat.-fr.*] *die*; -, -en: Achtung, Anerkennung, Wertschätzung. **ästimieren**: 1. jmdn. als Persönlichkeit schätzen, ihm Aufmerksamkeit zuteil werden lassen. 2. jmds. Leistungen o. ä. entsprechend würdigen

Ästivation [*...wazion*; *lat.-nlat.*] *die*; -, -en: Art der Anordnung der Blattanlagen in der Knospe (Bot.)

Ästometer [*lat.*; *gr.*] *das*; -s, -: Gerät zur → energetischen Strahlungsmessung mit Photozellen

Astrachan [südruss. Stadt] *der*; -s, -s: 1. Lammfell eines südruss. Schafes. 2. Plüschgewebe mit fellartigem Aussehen

Astragal [*gr.-lat.*] *der*; -s, -e: Rundprofil (meist Perlschnur), bes. zwischen Schaft u. Kapitell einer Säule; vgl. auch: Astragalus (3). **Astragalus** *der*; -, ...li: 1. (veraltet) oberster Fußwurzelknochen (Sprungbein; Anat.). 2. in der Antike ein kleiner Spielstein (aus dem Sprungbein von Schafen gefertigt). 3. = Astragal

astral [*gr.-lat.*]: die Gestirne betreffend; Stern... **Astralleib** *der*; -s, -er: 1. im → Okkultismus ein dem irdischen Leib innewohnender Ätherleib. 2. in der → Anthroposophie die höchste, geistige Stufe des Leibes. **Astralmythologie** *die*; -: Lehre von den Gestirnen als göttlichen Mächten in der Welt

Astralon Ⓦᶻ [Kunstw.] *das*; -s: durchsichtiger Kunststoff

Astralreligion *die*; -: göttliche Verehrung der Gestirne

Astrild [*afrikaans*] *der*; -s, -e: vorwiegend in Afrika heimischer Webervogel, Prachtfink

Astrobiologie [*gr.*; *gr.-nlat.*] *die*; -: Wissenschaft vom Leben auf anderen Himmelskörpern u. im Weltraum. **Astrodynamik** *die*; -: 1. Teilgebiet der → Astrophysik, auf dem man sich mit der → Dynamik (1) von Sternsystemen o. ä. befaßt. 2. Teilgebiet der Raumflugtechnik, auf dem man sich mit der Bewegung künstlicher → Satelliten (3) befaßt. **Astro|gnosie** [*gr.-nlat.*] *die*; -: Kenntnis des Sternenhimmels, wie er dem bloßen Auge erscheint. **Astro|graph** *der*; -en, -en: 1. astronomisches Fernrohr zur fotografischen Aufnahme von Gestirnen. 2. Vorrichtung zum Zeichnen von Sternkarten. **Astro|graphie** *die*; -, ...ien: Sternbeschreibung. **astrographisch**: die Astrographie betreffend. **Astrokompaß** *der*; ...asses, ...asse: Gerät zur Bestimmung der Nordrichtung unter Bezug auf einen Himmelskörper.

Astrolabium [*gr.-mlat.*] *das*; -s, ...ien [...$i^{e}n$]: altes astronomisches Instrument zur lagemäßigen Bestimmung von Gestirnen.

Astrola|trie [*gr.-nlat.*] *die*; -: Sternverehrung. **Astrologe** [*gr.-lat.*] *der*; -n, -n: a) jmd., der sich mit der Astrologie beschäftigt, der das Schicksal eines Menschen aus der Stellung der Gestirne bei seiner Geburt ableitet; b) (scherzh.) jmd., der die politischen Verhältnisse u. Strömungen in einem bestimmten Land sehr gut kennt u. daher Voraussagen über wahrscheinlich zu erwartende Reaktionen auf etw. von dieser Seite aus machen kann. **Astrologie** *die*; -: der Versuch, das Geschehen auf der Erde u. das Schicksal des Menschen aus bestimmten Gestirnstellungen zu deuten u. vorherzusagen; Lehre, die aus der mathematischen Erfassung der Orte und Bewegungen der Himmelskörper sowie von orts- u. zeitabhängigen Koordinatenschnittpunkten Schlüsse zur Beurteilung von irdischen Gegebenheiten u. deren Entwicklung zieht; Schicksalsdeutung u. Vorhersage aus einem → Horoskop (a). **astrologisch**: a) die Astrologie betreffend; b) mit den Mitteln der Astrologie erfolgend. **Astromantie** [*gr.-nlat.*] *die*; -: das Wahrsagen aus den Sternen. **Astrometeorologie** *die*; -: 1. Wissenschaft von den → Atmosphären (1) anderer Himmelskörper (bes. der Planeten). 2. Lehre vom Einfluß der Gestirne auf das Wetter. **Astrometer** *das*; -s, -: Gerät zum Messen der Helligkeit von Sternen. **Astrome|trie** *die*; -: Zweig der Astronomie, der sich mit der Messung der Ortsveränderungen von Sternen beschäftigt. **Astronaut** *der*; -en, -en: [amerikanischer] Weltraumfahrer, Teilnehmer an einem Raumfahrtunternehmen; vgl. Kosmonaut. **Astronautik** *die*; -: [Wissenschaft von der] Raumfahrt. **astronautisch**: die Raumfahrt betreffend; vgl. kosmonautisch. **Astronavigation** *die*; -: 1. → Navigation unter Verwendung von Meßdaten angepeilter Himmelskörper. 2. Bestimmung von Ort u. Kurs eines Raumschiffs nach den Sternen. **Astronom** [*gr.-lat.*] *der*; -en, -en: jmd., der sich wissenschaftlich mit der Astronomie beschäftigt; Stern-, Himmelsforscher. **Astronomie** *die*; -: Stern-, Himmelskunde als exakte Naturwissenschaft.

astronomisch: 1. die Astronomie betreffend, sternkundlich. 2. [unvorstellbar] groß, riesig (in bezug auf Zahlenangaben od. Preise).

Astrophotome|trie [auch: *astro...*] *die*; -: Messung der Helligkeit von Gestirnen. **Astrophyllit** [auch: *...it*] *der*; -s, -e: ein Mineral. **Astrophysik** [auch: *astro...*] *die*; -: Teilgebiet der Astronomie, auf dem man sich mit dem Aufbau u. der physikalischen Beschaffenheit der Gestirne beschäftigt. **astrophysikalisch** [auch: *astro...*]: die Astrophysik betreffend. **Astrophysiker** [auch: *astro...*] *der*; -s, -: Wissenschaftler, der auf dem Gebiet der Astrophysik arbeitet. **Astrospek|troskopie** [auch: *astro...*] *die*; -: Untersuchung des → Spektrums von Gestirnen

Ästuar *das*; -s, -e u. **Ästuarium** [*lat.*] *das*; -s, ...ien [...$i^{e}n$]: trichterförmige Flußmündung

Asyl [*gr.-lat.*; „Unverletzliches"] *das*; -s, -e: 1. Unterkunft, Heim (für Obdachlose). 2. a) Aufnahme u. Schutz (für Verfolgte); b) Zufluchtsort. **Asylant** *der*; -en, -en: jmd., der um Asyl nachsucht. **Asylierung** *die*; -, -en: Unterbringung in einem Asyl

Asym|blastie [*gr.-nlat.*] *die*; -: unterschiedliche Keimungszeiten von Samen derselben Pflanze (Bot.)

Asymme|trie [auch: *a...*; *gr.-nlat.*] *die*; -, ...ien: Mangel an → Symmetrie (1, 2), Ungleichmäßigkeit. **asymmetrisch** [auch: *a...*]: auf beiden Seiten einer Achse kein Spiegelbild ergebend (von Figuren o. ä.), ungleichmäßig; Ggs. → symmetrisch

Asym|ptote [*gr.-nlat.*; „nicht zusammenfallend"] *die*; -, -n: Gerade, der sich eine ins Unendliche verlaufende Kurve nähert, ohne sie zu erreichen. **asym|ptotisch**: sich wie eine Asymptote verhaltend (Math.)

asyn|chrome [...*krom*^{e}; *gr.-nlat*] **Druck** *der*; -n -s: Mehrfarbendruck, bei dem für jede Farbe eine Druckplatte vorhanden ist

asyn|chron [auch: *...kron*; *gr.-nlat.*]: 1. nicht mit gleicher Geschwindigkeit laufend; Ggs. → synchron (1). 2. a) nicht gleichzeitig; b) entgegenlaufend; Ggs. → synchron (1). **Asyn|chronmotor** *der*; -s, -e[n]: Wechsel- od. Drehstrommotor, dessen Drehzahl unabhängig von der Frequenz des Netzes geregelt werden kann

asyndetisch [auch: *a...*; *gr.-lat.*]: a) das Asyndeton betreffend; b) nicht durch Konjunktion verbunden, unverbunden; Ggs. → syndetisch. **Asyndeton** *das*; -s, ...ta: Wort- od. Satzreihe, deren Glieder nicht durch Konjunktionen miteinander verbunden sind (z. B. „alles rennet, rettet, flüchtet", Schiller); vgl. Polysyndeton

Asyn|ergie [*gr.-nlat.*] *die*; -, ...ien: Störung im Zusammenwirken mehrerer Muskelgruppen (z. B. bei der Durchführung bestimmter Bewegungen; Med.)

Asystolie [*gr.-nlat.*] *die*; -, ...ien: Systolenabschwächung od. -ausfall bei Herzmuskelschädigung

aszendent [*lat.*]: 1. aufsteigend (z. B. von Dämpfen; Geol.); Ggs. → deszendent. 2. den Aufbau kleinerer Einheiten zu komplexeren Ganzen betreffend. **Aszendent** *der*; -en, -en: (Ggs. → Deszendent) 1. Vorfahr; Verwandter in aufsteigender Linie. 2. (Astron.) a) Gestirn im Aufgang; b) Aufgangspunkt eines Gestirns. 3. das im Augenblick der Geburt über den Osthorizont tretende Tierkreiszeichen (Astrol.). **Aszendenz** [*lat.-nlat.*] *die*; -, -en (Ggs. → Deszendenz) 1. (o. Pl.) Verwandtschaft in aufsteigender Linie. 2. Aufgang eines Gestirns. **aszendieren** [*lat.*]: 1. aufsteigen (von Gestirnen). 2. (veraltet) befördert werden, im Dienstrang aufrükken. **Aszension** *die*; -: (veraltet) Himmelfahrt [Christi]

Aszese usw. vgl. Askese usw. **Aszetik** *die*; -: Lehre vom Streben nach christlicher Vollkommenheit. **Aszetiker** *der*; -s, -: Vertreter der Aszetik

Aszi: *Plural* von → Askus

Aszites u. Ascites [...*zi*...; *gr.-lat.*] *der*; -: Bauchwassersucht (Med.)

Atabeg [*türk.*; „Vater Fürst"] *der*; -[s], -s: ehemaliger türk. Titel für Emire

ataktisch [auch: *ata...*; *gr.-nlat.*]: unregelmäßig, ungleichmäßig (von Bewegungen; Med.)

Ataman [*russ.*] *der*; -s, -e: freigewählter Stammes- u. militärischer Führer der Kosaken; vgl. Hetman

Ataraktikum [*gr.*; *lat.*] *das*; -s, ...ka: Beruhigungsmittel (Med.). **Ataraxie** [*gr.*] *die*; -: Unerschütterlichkeit, Gleichmut, Seelenruhe (griech. Philos.)

Atavismus [*...wiß...*; *lat.-nlat.*] *der*; -, ...men: 1. (ohne Plural) das Wiederauftreten von Merkmalen der Vorfahren, die den unmittelbar vorhergehenden Generationen fehlen (bei Pflanzen, Tieren u. Menschen). 2. entwicklungsgeschichtlich als überholt geltendes, unvermittelt wieder auftretendes körperliches od. geistig-seelisches Merkmal. **atavistisch**: 1. den Atavismus betreffend. 2. (abwertend) in Gefühlen, Gedanken usw. einem früheren, primitiven Menschheitsstadium entsprechend

Ataxie [*gr.-nlat.*] *die*; -, ...ien: Störung im geordneten Ablauf u. in der Koordination von Muskelbewegungen (Med.)

Atchia [*aschia*] *das*; -[s], -[s]: = Achia

Ate|brin ® [Kunstw.] *das*; -s: ein Malariamittel

Atelektase [*gr.-nlat.*] *die*; -, -n: Zustand einer Luftverknappung od. Luftleere in den Lungen (Med.). **Atelie** *die*; -, ...ien: 1. das Weiterbestehen infantiler Merkmale beim erwachsenen Menschen (Med.). 2. Merkmal, Eigenschaft eines Tiers od. einer Pflanze ohne erkennbaren biologischen Zweck (Biol.)

Atelier [*at^e lie*; *lat.-fr.*] *das*; -s, -s: entsprechend eingerichteter Arbeitsraum (z. B. für einen Künstler, für fotografische od. Filmaufnahmen)

Atellane [*lat.*; nach der altröm. Stadt Atella in Kampanien] *die*; -, -n: (ursprünglich oskische) altrömische Volksposse

a tempo [*it.*]: 1. (ugs.) sofort, schnell. 2. im Anfangstempo [weiterspielen] (Vortragsanweisung; Mus.)

Äthan [*gr.-nlat.*] *das*; -s: gasförmiger Kohlenwasserstoff. **Äthanal** *das*; -s: → Acetaldehyd (Chem.)

Athanasianum [*nlat.*; nach dem Patriarchen Athanasius v. Alexandria, † 373] *das*; -s: christliches Glaubensbekenntnis aus dem 6. Jh.

Athanasie [*gr.*] *die*; -: Unsterblichkeit (Rel.). **Athanatismus** [*gr.-nlat.*] *der*; -: Lehre von der Unsterblichkeit (Verewigung) der Seele

Äthanol [Kurzw. aus *Äthan* u. Alkohol] *das*; -s: chemische Verbindung aus der Gruppe der Alkohole (Äthylalkohol)

Athaumasie [*gr.*] *die*; -: das Sich-nicht-Wundern, Verwunderungslosigkeit; notwendige Bedingung der Seelenruhe (→ Ataraxie) u. Glückseligkeit (→ Eudämonie; Phil.)

Atheismus [*gr.-nlat.*] *der*; -: Gottesleugnung, Verneinung der Existenz Gottes oder seiner Erkennbarkeit. **Atheist** *der*; -en, -en: Anhänger des Atheismus, Gottesleugner. **atheistisch**: a) dem Atheismus anhängend; b) zum Atheismus gehörend, ihm entsprechend

Athelie [*gr.-nlat.*] *die*; -, ...ien: angeborenes Fehlen der Brustwarzen (als Mißbildung; Med.)

athematisch [auch: *atema...*; *gr.-nlat.*]: 1. ohne Thema, ohne Themaverarbeitung (Mus.). 2. ohne → Themavokal gebildet (von Wortformen); Ggs. → thematisch (2)

Äthen [*gr.-nlat.*] *das*; -s: = Äthylen

Athenäum [*gr.-lat.*] *das*; -s, ...äen: Tempel der Göttin Athene

Äther [*gr.-lat.*] *der*; -s: 1. a) Himmelsluft, wolkenlose Weite des Himmels; b) nach einer heute aufgegebenen Annahme das nicht näher bestimmbare Medium, in dem sich die elektrischen Wellen im Weltraum ausbreiten (Phys.). 2. a) das Oxyd eines Kohlenwasserstoffs; b) Äthyläther (Narkosemittel). 3. Urstoff allen Lebens, Weltseele (griech. Philos.). **ätherisch**: a) überaus zart, erdentrückt, vergeistigt; b) ätherartig, flüchtig; -e Öle: flüchtige pflanzliche Öle von charakteristischem, angenehmem Geruch (z. B. Lavendel-, Rosen-, Zimtöl). **ätherisieren** [*gr.-nlat.*]: Äther anwenden; mit Äther behandeln (Med.). **Ätherleib** *der*; -s, -er: der ätherisch gedachte Träger des Lebens im menschlichen Körper (Anthroposophie); vgl. Astralleib

atherman [Kurzw. aus → *a...* u. → dia*therman*]: für Wärmestrahlen undurchlässig

Atherom [*gr.-lat.*] *das*; -s, -e: (Med.) 1. Talgdrüsen-, Haarbalggeschwulst. 2. degenerative Veränderung der Gefäßwand bei → Arteriosklerose. **atheromatös** [*gr.-nlat.*]: (Med.) 1. das Atherom betreffend. 2. breiartig. **Atheromatose** *die*; -, -n: krankhafte Veränderung der Arterieninnenhaut im Verlauf einer → Arteriosklerose (Med.).

Atherosklerose [Kurzw. aus: *Athero*matose u. → Arterio*sklerose*] *die*; -, -n: = Arteriosklerose

Athesie [*gr.*] *die*; -, ...ien: Unbeständigkeit, Treulosigkeit. **Athesmie** *die*; -, ...ien: Gesetz-, Zügellosigkeit. **Athetese** *die*; -, -n: Verwerfung einer überlieferten Lesart (Textkritik). **Athetose** [*gr.-nlat.*] *die*; -, -n: Krankheitsbild bei verschiedenen Erkrankungen mit unaufhörlichen, ungewollten, langsamen, bizarren Bewegungen der Gliedmaßenenden (Med.)

Äthin [*gr.-nlat.*] *das*; -s: = Acetylen

Äthiop[ian]ismus [*gr.-nlat.*, nach dem Staat Äthiopien] *der*; -: um 1890 unter den Negern in Südafrika entstandene Bewegung, die den Einfluß der Weißen in den christlichen Kirchen Afrikas einschränken od. beseitigen wollte

Ath|let [*gr.-lat.*] *der*; -en, -en: 1. Wettkämpfer. 2. muskulös gebauter Mann, Kraftmensch. **Ath|letik** *die*; -: die von berufsmäßig kämpfenden Athleten (1) ausgetragenen Wettkämpfe im antiken Griechenland. **Ath|letiker** *der*; -s, -: Vertreter eines bestimmten Körperbautyps (kräftige Gestalt, derber Knochenbau); vgl. Leptosome, Pykniker. **ath|letisch**: a) muskulös, von kräftigem Körperbau; b) sportlich durchtrainiert, gestählt

At-home [*^e tho^u m*; *engl.*] *das*; -: Empfangs-, Besuchstag

Äthrio|skop [*gr.-nlat.*] *das*; -s, -e: in einem Hohlspiegel stehendes Thermometer für die Messung von Raumstrahlung (Phys.)

Äthyl [*gr.-nlat.*] *das*; -s, -e: einwertiges Kohlenwasserstoffradikal (vgl. Radikal 3), das in vielen organischen Verbindungen enthalten ist. **Äthylalkohol** *der*; -s: der vom → Äthan ableitbare Alkohol (Weingeist); vgl. Äthanol. **Äthylen** *das*; -s: einfachster ungesättigter Kohlenwasserstoff (im Leuchtgas enthalten)

Athymie [*gr.*] *die*; -, ...ien: Antriebslosigkeit, Schwermut (Med.)

Ätiologie [*gr.-lat.*] *die*; -, ...ien: (Med.) 1. Lehre von den Krankheitsursachen. 2. Gesamtheit der Faktoren, die zu einer bestehenden Krankheit geführt haben; vgl. Pathogenese. **ätiologisch**: a) die Ätiologie betreffend; b) ursächlich, begründend; -e Sagen: Sagen, die auffällige Erscheinungen, Bräuche u. Namen erklären wollen

...[at]ion/...ierung: oftmals konkurrierende Endungen von Substantiven, die von Verben auf ...ieren abgeleitet sind. Oft stehen beide Bildungen ohne Bedeutungsunterschied nebeneinander, z. B. Isolation/Isolierung, Konfrontation/Konfrontierung, doch zeichnen sich insofern Bedeutungsnuancen ab, als die Wörter auf ...[at]ion stärker das Ergebnis einer Handlung bezeichnen, während die Parallelbildung auf ...ierung mehr das Geschehen od. die Handlung betont, wofür allerdings auch nicht selten die Bildung auf ...[at]ion gebraucht wird

ätio|trop [*gr.-nlat.*]: auf die Ursache einer Krankheit wirkend

Atlant [*gr.-lat.*; nach dem Riesen Atlas der griech. Sage, der das Himmelsgewölbe trägt] *der*; -en, -en: Gebälkträger in Gestalt einer kraftvollen Männerfigur an Stelle eines Pfeilers od. einer Säule (Archit.); vgl. Karyatide. **Atlan|thropus** [*gr.-nlat.*] *der*; -, ...pi: Urmenschenform der Pithekanthropus-Gruppe. **Atlantik** [*gr.-lat.*] *der*; -s: Atlantischer Ozean. **Atlantikcharta** [*...kar...*] *die*; -: 1941 auf einem amerik. Kriegsschiff zwischen Roosevelt u. Churchill aufgestellte Grundsätze über Kriegsziele u. Nachkriegspolitik. **Atlantikpakt** *der*; -s: = NATO. **Atlantikum** [nach dem Atlantischen Ozean] *das*; -s: Wärmeperiode der Nacheiszeit. **Atlantis** *die*; -: sagenhafte Insel im Atlantischen Ozean. **atlantisch**: 1. dem Atlantischen Ozean angehörend. 2. den Atlantikpakt betreffend. **Atlantosaurus** [*gr.-nlat.*] *der*; -, ...rier [*...iᵉr*]: Riesenreptil (bis 40 m Länge) aus einem früheren Erdzeitalter (untere Kreide)

Atlas

I. [ein Riese der griech. Sage, der das Himmelsgewölbe trägt] *der*; - u. -ses, -se u. ...lanten: 1. a) geographisches Kartenwerk; b) Bildtafelwerk. 2. (selten) = Atlant. 3. (ohne Plural) erster Halswirbel, der den Kopf trägt (Med.).

II. [*arab.*] *der*; - u. -ses, -se: Gewebe mit hochglänzender Oberfläche in besonderer Bindung (Webart)

Atlas-Rakete *die*; -, -n: amerikan. Rakete für Forschungs- u. Militärzwecke

atlassen [*arab.*]: aus → Atlas (II)

Atman [*sanskr.*; „Atem"] *der* od. *das*; -[s]: Seele, Weltseele in der indischen Philosophie

Atmidometer vgl. Atmometer. **Atmokausis** [*gr.-nlat.*] *die*; -: Ausdampfung der Gebärmutterhöhle bei starken Blutungen (Med.). **Atmometer** *das*; -s, -: Verdunstungsmesser (Meteor.). **atmophil**: in der Atmosphäre angereichert vorkommend (z. B. Stickstoff, Sauerstoff). **Atmo|sphäre** *die*; -, -n: 1. a) Gashülle eines Gestirns; b) Lufthülle der Erde. 2. Einheit des Druckes (Zeichen für die physikal. A.: atm, früher: Atm; für die techn. A.: at). 3. eigenes Gepräge, Ausstrahlung, Stimmung, Fluidum. **Atmosphärenüberdruck** *der*; -s: der über 1 Atmosphäre liegende Druck (Zeichen: atü). **Atmosphärilien** [*...iᵉn*] *die* (Plural): die physikalisch u. chemisch wirksamen Bestandteile der Atmosphäre (z. B. Sauerstoff, Stickstoff). **atmo|sphärisch**: 1. a) die Atmosphäre (1) betreffend; b) in der Atmosphäre (1). 2. a) Atmosphäre (3), ein besonderes Fluidum betreffend; b) nur in sehr feiner Form vorhanden u. daher kaum feststellbar; nur andeutungsweise vorhanden, anklingend, z. B. ein nur -er Bedeutungsunterschied. **Atmo|sphärographie** *die*; -: wissenschaftliche Beschreibung der Atmosphäre (1). **Atmo|sphärologie** *die*; -: Lehre von der Atmosphäre (1; wichtiger Zweig der Meteorologie)

Atoll [*drawid.-engl.-fr.*] *das*; -s, -e: ringförmige Koralleninsel

Atom [*gr.-lat.*; „unteilbar; unteilbarer Urstoff"] *das*; -s, -e: kleinste, mit chemischen Mitteln nicht weiter zerlegbare Einheit eines chem. Elementes, die noch die für das Element charakteristischen Eigenschaften besitzt. **atomar** [*gr.-nlat.*]: a) ein Atom betreffend; b) die Kernenergie betreffend; c) mit Kernenergie [angetrieben]; d) Atomwaffen betreffend. **Atombatterie** *die*; -, -n: = Reaktor. **Atombombe** *die*; -, -n: Sprengkörper, bei dessen Explosion Atomkerne unter Freigabe größter Energiemengen zerfallen. **Atombomber** *der*; -s, -: Kampfflugzeug, das Atomsprengkörper mit sich führt. **Atombrenner** *der*; -s, -: = Reaktor. **Atomenergie** *die*; -: bei einer Kernspaltung freiwerdende Energie. **Atomgenerator** *der*; -s, ...oren: Gerät zur Gewinnung elektrischer Energie aus radioaktiver Strahlung. **Atomgewicht** *das*; -[e]s: Vergleichszahl, die angibt, wievielmal die Masse eines bestimmten Atoms größer ist als die eines Standardatoms. **Atomgitter** *das*; -s: Kristallgitter, dessen Gitterpunkte mit Atomen besetzt sind (z. B. beim Diamanten). **Atom|gramm** *das*; -s, -e: = Grammatom. **Atomiseur** [*...sör*; *fr.*] *der*; -s, -e: Zerstäuber. **atomisch**: (schweiz.) = atomar. **atomisieren**: machen, bewirken, daß etw. in kleinste Teile zerfällt, aufgelöst, zerlegt wird. **Atomismus** *der*; - u. Atomistik *die*; -: Anschauung, die die Welt u. die Vorgänge in ihr auf die Bewegung von Atomen zurückführt. **Atomist** *der*; -en, -en: Vertreter der Lehre des Atomismus. **Atomistik** *die*; -: = Atomismus. **atomistisch**: 1. die Atomistik betreffend. 2. in kleine Einzelbestandteile auflösend. **Atomium** *das*; -s: das auf der Brüsseler Weltausstellung 1958 errichtete Ausstellungsgebäude in Form eines Atommodells. **Atomizer** [*...maisᵉr*; *engl.*] *der*; -s, -: = Atomiseur. **Atomkern** *der*; -[e]s, -e: der aus → Nukleonen bestehende, positiv geladene innere Bestandteil des Atoms, der von der Elektronenhülle (vgl. Elektron I) umgeben ist. **Atommeiler** *der*; -s, -: = Reaktor. **Atommüll** *der*; -s: Sammelbezeichnung für radioaktive Abfallstoffe. **Atomphysik** *die*; -: Physik der Elektronenhülle u. der in ihr ablaufenden Vorgänge. **Atomreaktor** *der*; -s, -en: Anlage zur Gewinnung von Atomenergie durch Kernspaltung. **Atomspek|trum** *das*; -s, ...tren: von der Hülle eines Atoms ausgesandtes → Spektrum. **Atomstopp** *der*; -s: (ugs.) Einstellung der Atombombenversuche u. Einschränkung der Herstellung spaltbaren Materials. **Atomtest** *der*; -s, -s u. **Atomversuch** *der*; -s, -e: Erprobung von atomaren Sprengsätzen im Weltraum, auf u. unter der Erde. **Atomwaffen** *die* (Plural): Waffen, deren Wirkung auf der Kernspaltung od. -verschmelzung beruht

atonal [auch: *atonal*; *gr.-nlat.*]: nicht tonal, nicht auf dem harmonisch-funktionalen Prinzip der → Tonalität beruhend; -e Musik: Musik, die nicht auf dem harmonisch-funktionalen Prinzip der → Tonalität beruht. **Atonalist** *der*; -en, -en: Vertreter der atonalen Musik. **Atonalität** *die*; -: Kompositionsweise der atonalen Musik. **Atonie** [*gr.-mlat.*] *die*; -, ...ien: Erschlaffung, Schlaff-

heit [der Muskeln] (Med.). **atonisch**: auf Atonie beruhend. **Atonon** [*gr.*] *das*; -s, ...na: unbetontes Wort (→ Enklitikon od. → Proklitikon)
Atophan® [Kunstw.] *das*; -s: Mittel gegen Rheuma u. Gicht
Atopie [*gr.-nlat.*] *die*; -, ...ien: = Idiosynkrasie
Atout [*atu*; *fr.*] *das* (auch: *der*); -s, -s: Trumpf im Kartenspiel. **à tout prix** [*a tu pri*]: um jeden Preis
atoxisch [auch: *ato...*; *gr.-nlat.*]: ungiftig
atramentieren [*lat.-nlat.*]: Stahl zur Verhütung von Korrosion u. Rostbildung mit einer Oxyd- od. Phosphatschicht überziehen
Atresie [*gr.-nlat.*] *die*; -, ...ien: Fehlen einer natürlichen Körperöffnung (z. B. des Afters; Med.)
Atrichie [*gr.-nlat.*] *die*; -, ...ien: angeborenes od. erworbenes Fehlen der Körperhaare (Med.)
Atrium [*lat.*] *das*; -s, ...ien [...*i*ᵉ*n*]: 1. offener Hauptraum des altröm. Hauses. 2. Säulenvorhalle (vgl. Paradies 2) altchristlicher u. romanischer Kirchen. 3. Vorhof, Vorkammer des Herzens (Med.). 4. Innenhof eines Hauses. **Atriumbungalow** [...*lo*] *der*; -s, -s u. **Atriumhaus** *das*; -es, ...häuser: Bungalow, [Einfamilien]haus, das um einen Innenhof gebaut ist
atrop [*gr.-nlat.*]: aufrecht, gerade (von der Stellung der Samenanlage; Bot.)
Atrophie [*gr.-lat.*; „Mangel an Nahrung; Auszehrung"] *die*; -, ...ien: (bes. durch Ernährungsstörungen bedingter) Schwund von Organen, Geweben, Zellen (Med.). **atrophieren** [*gr.-nlat.*]: schwinden, schrumpfen. **atrophisch**: an Atrophie leidend, im Schwinden begriffen (Med.)
Atropin [*gr.-nlat.*] *das*; -s: giftiges → Alkaloid der Tollkirsche
Atrozität [*lat.*] *die*; -, -en: Grausamkeit, Abscheulichkeit
attacca [*it.*]: den folgenden Satz od. Satzteil ohne Unterbrechung anschließen (Vortragsanweisung; Mus.). **Attaché** [*atasche*; *fr.*; „Zugeordneter"] *der*; -s, -s: 1. erste Dienststellung eines angehenden Diplomaten bei einer Vertretung seines Landes im Ausland. 2. Auslandsvertretungen eines Landes zugeteilter Berater (Militär-, Kultur-, Handelsattaché usw.). **Attachement** [*ataschmang*] *das*; -s, -s: (veraltet) Anhänglichkeit, Zuneigung. **attachieren** [*ataschir*ᵉ*n*]: 1. (veraltet) zuteilen (Heerw.). 2. sich a.: (veraltet) sich anschließen. **Attack** [ᵉ*täk*; *engl.*] *die*; -, -s: Zeitdauer des Ansteigens des Tons bis zum Maximum beim → Synthesizer
Attacke *die*; -, -n
I. [*fr.*] 1. a) Reiterangriff; b) mit Schärfe geführter Angriff; *eine A. gegen jmdn./etwas reiten*: jmdn. od. jmds. Ansichten o. ä. attackieren, dagegen zu Felde ziehen. 2. Schmerz-, Krankheitsanfall (Med.).
II. [*fr.-engl.*] lautes, explosives Anspielen des Tones im Jazz
attackieren [*fr.*]: 1. [zu Pferde] angreifen. 2. jmdn./etwas scharf, gezielt mit Worten angreifen
Attentat [auch: ...*at*; *lat.-fr.*; „versuchtes (Verbrechen)"] *das*; -s, -e: Anschlag auf einen politischen Gegner; Versuch, einen politischen Gegner umzubringen; *ich habe ein - auf dich vor*: (ugs., scherzh.) ich werde mich gleich mit einer für dich vielleicht unbequemen Bitte um Unterstützung o. ä. an dich wenden. **Attentäter** [auch: ...*ät*ᵉ*r*] *der*; -s, -: jmd., der ein Attentat verübt.
attentieren [*lat.*(*-fr.*)]: (veraltet) 1. versuchen. 2. in fremde Rechte eingreifen
Attentismus [*lat.-fr. nlat.*; „abwartende Haltung"] *der*; -: 1. Haltung eines Menschen, der seine Entscheidung zwischen zwei kämpfenden Parteien vom jeweiligen Erfolg einer der Parteien abhängig macht. 2. abwartende Haltung beim Kauf von Rentenwerten (Wirtschaft)
Attest [*lat.*] *das*; -[e]s, -e: 1. ärztliche Bescheinigung über einen Krankheitsfall. 2. (veraltet) Gutachten, Zeugnis. **Attestation** [...*zion*] *die*; -, -en: (DDR) 1. a) Erteilung der Lehrbefähigung unter Erlaß gewisser Prüfungen; b) Titelverleihung bzw. Bescheinigung einer Qualifikationsstufe ohne Prüfungsnachweis, und zwar als Berufsanerkennung für langjährige Praxis. 2. schriftliche, regelmäßige Beurteilung der Fähigkeiten eines Offiziers der Nationalen Volksarmee in der DDR zur Förderung seiner Entwicklung; vgl. ...ation/...ierung. **attestieren:** 1. bescheinigen, schriftlich bezeugen. 2. (DDR) jmdm. eine Attestation erteilen. **Attestierung** *die*; -, -en: das Bescheinigen; vgl. ...ation/...ierung
Attika [*gr.-lat.*] *die*; -, ...ken: halbgeschoßartiger Aufsatz über dem Hauptgesims eines Bauwerks, oft Träger von Skulpturen od. Inschriften (z. B. an römischen Triumphbogen; Archit.)
Attila [*ung.*; Hunnenkönig] *die*; -, -s, (auch:) *der*; -s, -s: a) kurzer Rock der ungarischen Nationaltracht; b) mit Schnüren besetzte Husarenjacke
attirieren [*fr.*]: (veraltet) hinzuziehen, anlocken, bestechen
attisch [*gr.-lat.*]: 1. auf die altgriech. Landschaft Attika, bes. auf Athen bezogen. 2. fein, elegant, witzig; *-es Salz*: geistreicher Witz
Attitude [...*üd*; *lat.-it.-fr.*] *die*; -, -s [...*üd*]: Ballettfigur, bei der ein Bein rechtwinklig angehoben ist. **Attitüde** *die*; -, -n: 1. Einstellung, [innere] Haltung, Pose. 2. [*lat.-it.-fr.-engl.-amer.*]: durch Erfahrung erworbene dauernde Bereitschaft, sich in bestimmten Situationen in spezifischer Weise zu verhalten
Attizismus [*gr.-lat.-nlat.*] *der*; -, ...men: 1. [feine] Sprechweise der Athener; Ggs. → Hellenismus (2). 2. Gegenbewegung gegen den → Asianismus, die die klassische Sprache als Vorbild bezeichnete. **Attizist** *der*; -en, -en: Anhänger der klassischen athenischen Sprechweise, Vertreter des Attizismus (2). **attizistisch**: a) den Attizismus betreffend; b) die Auffassung des Attizismus vertretend
Attonität [*lat.-nlat.*] *die*; -: regungsloser Zustand des Körpers, Regungslosigkeit bei erhaltenem Bewußtsein (Med.)
At|tractants [ᵉ*träkt*ᵉ*nz*; *lat.-engl.*] *die* (Plural): Lockstoffe (zur Insektenvertilgung). **At|trait** [*aträ*; *lat.-fr.*] *der*; -s, -s: Reiz, Lockung
At|traktion [...*zion*] *die*; -, -en
I. [*lat.-fr.-engl.*]: 1. Anziehung, Anziehungskraft. 2. Glanznummer, Zugstück.
II. [*lat.*]: Angleichung im Bereich der Lautung, der Bedeutung, der Form u. der Syntax (z. B. die am stärksten *betroffensten* statt *betroffenen* Gebiete; Sprachw.)
at|traktiv [*lat.-fr.*]: so beschaffen, aussehend, daß es begehrenswert, anziehend wirkt, besonderen Reiz auf den Betrachter ausübt. **At|traktivität** [...*iw*...; *nlat.*] *die*; -: Anziehungskraft, die jmd./etwas besitzt
At|trappe [*german.-fr.*; „Falle, Schlinge"] *die*; -, -n: [täuschend ähnliche] Nachbildung bes. für Ausstellungszwecke (z. B. von verderblichen Waren); Blind-, Schaupackung. **at|trappieren**: (veraltet) erwischen, ertappen
at|tribuieren [*lat.*]: 1. als Attribut (2) beigeben. 2. mit einem Attri-

but versehen. **At|tribut** *das*; -[e]s, -e: 1. Eigenschaft, Merkmal einer Substanz (Philos.). 2. einem Substantiv, Adjektiv od. Adverb beigefügte nähere Bestimmung (z. B. der *große* Garten; die Stadt *hinter dem Strom*; *sehr* klein; *tief* unten; Sprachw.). 3. Kennzeichen, charakteristische Beigabe einer Person (z. B. der Schlüssel bei der Darstellung des Apostels Petrus). **at|tributiv** [*lat.-nlat.*]: als Beifügung, beifügend (Sprachw.). **At|tributivum** [...*iwum*] *das*; -s, ...va u. ...ve: als → Attribut (2) verwendetes Wort (Sprachw.). **At|tributsatz** *der*; -es, ...sätze: Nebensatz in der Rolle eines Gliedteilsatzes, der ein Attribut (2) wiedergibt (z. B. eine Frau, *die Musik studiert*, ... an Stelle von: eine Musik studierende Frau ...)

At|tritionismus [*lat.-nlat.*] *der*; -: katholisch-theologische Lehre, die besagt, daß die unvollkommene Reue zum Empfang des Bußsakraments genügt

atü = Atmosphärenüberdruck

atypisch [auch: *atü*...; *gr.-nlat.*]: unregelmäßig, von der Regel abweichend (bes. vom Krankheitsverlauf gesagt)

aubergine [*obärsehin*[e]; *arab.-katal.-fr.*]: dunkellila. **Aubergine** *die*; -, -n: 1. Nachtschattengewächs mit gurkenähnlichen Früchten. 2. a) blaurote Glasur bestimmter chinesischer Porzellane; b) chinesisches Porzellan mit blauroter Glasur

Au|brietie [...*zi*[e]; *nlat.*; nach dem franz. Maler Aubriet (*obrie*)] *die*; -, -n: Blaukissen, Polster bildende Zierstaude

Aubusson [*obüßong*; franz. Stadt] *der*; -[s], -[s]: ein gewirkter Teppich

au con|traire [*o kongträr*; *fr.*]: im Gegenteil

au courant [*o kurang*; *fr.*]: auf dem laufenden

Aucuba, Aukube [*jap.-nlat.*] *die*; -, ...ben: Zierstrauch aus Japan mit gelbgefleckten Blättern u. korallenroten Beeren

audiatur et altera pars [*lat.*; „auch der andere Teil möge gehört werden"]: man muß aber auch die Gegenseite hören. **Audienz** *die*; -, -en: 1. feierlicher Empfang bei einer hochgestellten politischen oder kirchlichen Persönlichkeit. 2. Unterredung mit einer hochgestellten Persönlichkeit. **Audimax** *das*; -: studentisches Kurzwort für → Auditorium maximum. **Audimeter** *der*; -s, -: Gerät, das an Rundfunk- u. Fernsehempfänger von Testpersonen angeschlossen wird, um den Sender sowie Zeitpunkt u. Dauer der empfangenen Sendungen zum Zweck statistischer Auswertungen zu registrieren. **Audio|gramm** [*lat.*; *gr.*] *das*; -s, -e: graphische Darstellung der mit Hilfe des → Audiometers ermittelten Werte. **audiolingual**: vom gesprochenen Wort ausgehend (in bezug auf eine Methode des Fremdsprachenunterrichts). **Audiologe** *der*; -n, -n: Facharzt auf dem Gebiet der Audiologie. **Audiologie** *die*; -: Teilgebiet der Medizin, auf dem man sich mit den Funktionen u. den Erkrankungen des menschlichen Gehörs befaßt. **Audiometer** *das*; -s, -: Gerät zum Messen der menschlichen Hörleistung auf → elektroakustischem Wege. **Audiome|trie** *die*; -: Prüfung des Gehörs mit Hörmeßgeräten. **audiome|trisch**: 1. die Audiometrie betreffend. 2. mit dem Audiometer ermittelt. **Audion** *das*; -s, -s u. ...onen: Schaltung in Rundfunkgeräten mit Elektronenröhren zum Verstärken der hörbaren (niederfrequenten) Schwingungen u. zur Trennung von den hochfrequenten Trägerwellen (Elektrot.). **Audio-Video-Technik** *die*; -: Gesamtheit der technischen Verfahren u. Mittel, die es ermöglichen, Ton- u. Bildsignale aufzunehmen, zu übertragen u. zu empfangen sowie wiederzugeben

Audiovision [*lat.-nlat.*]

I. *die*; -: 1. Technik des Aufnehmens, Speicherns u. Wiedergebens von Ton u. Bild. 2. Information durch Bild u. Ton.

II. *das*; -s, -e: (früher) einem Fernseher ähnliches Gerät zum Vorführen von Kassettenfilmen; Heimseher, Filmseher

audiovisuell [*lat.*]: zugleich hör- und sichtbar, Hören u. Sehen ansprechend; -er Unterricht: Unterrichtsgestaltung mit Hilfe [moderner] technischer Lehr- u. Lernmittel, die sowohl auf auditivem als auch auf visuellem Wege die Wirksamkeit des Unterrichts erhöhen. **Audiphon** [*lat.*; *gr.*] *das*; -s, -e: Hörapparat für Schwerhörige. **Audit** [*odit*; *lat.-engl.*] *der* od. *das*; -s, -s: [unverhofft durchgeführte] Überprüfung. **Auditeur** [...*tör*; *lat.-fr.*] *der*; -s, -e: (hist.) Richter an Militärgerichten. **Audition** [...*zion*; *lat.*] *die*; -, -en: das innere Hören von Worten u. das damit verbundene Vernehmen von Botschaften einer höheren Macht (z. B. bei den Propheten). **Audition colorée** [*odißiong koloṛe*; *lat.-fr.*; „farbiges Hören"]: in Verbindung mit akustischen Reizen auftretende Farbempfindungen, eine Form der → Synästhesie. **auditiv** [*lat.-nlat.*]: 1. a) das Gehör betreffend, zum Gehörsinn od. -organ gehörend (Med.); b) fähig, Sprachlaute wahrzunehmen u. zu analysieren (in bezug auf das menschliche Gehör; Med.); vgl. akustisch. 2. vorwiegend mit Gehörsinn begabt (Psychol.). **Auditor** [*lat.*] *der*; -s, ...oren: 1. a) Richter an der → Rota; b) Vernehmungsrichter an kirchlichen Gerichten; c) Beamter der römischen → Kurie (1). 2. (österr. u. schweiz.) = Auditeur. **Auditorium** *das*; -s, ...ien [...*i*[e]*n*]: 1. Hörsaal einer Hochschule. 2. Zuhörerschaft. **Auditorium maximum** *das*; - -: größter Hörsaal einer Hochschule. **Auditus** *der*; -: Hörvermögen des menschlichen Hörorgans (hörbar sind Schwingungen im Frequenzbereich zwischen 20 u. 20000 Hz)

au fait [*ofä*; *fr.*]: gut unterrichtet, im Bilde; jmdn. - - setzen: jmdn. aufklären, belehren

Aufgalopp *der*; -s, -s (selten: -e): 1. das Galoppieren der Pferde an den Schiedsrichtern vorbei zum Start. 2. erstes Spiel, Beginn, Auftakt (Sport)

au four [*ofur*; *fr.*] im Ofen (gebakken od. gebraten; Gastr.)

aufoktroyieren [*dt.*; *lat.-fr.*]: aufzwingen

Augendia|gnose *die*; -, -n: 1. (ohne Plural) im Gegensatz zur Schulmedizin entwickelte Diagnostik auf Grund der Vorstellung, daß alle Organe nervale Verbindungen zur Iris besitzen, in der dann Veränderungen als Organkrankheiten zu erkennen sind. 2. einzelne Diagnose mit Hilfe der unter 1 genannten Methode. **Augenoptiker** *der*; -s, -: Optiker, der sich mit der Herstellung, Reparatur u. Anpassung von Sehhilfen (Brillen) beschäftigt (Berufsbez.)

Augiasstall [auch: *au*...; *gr.-lat.*; *dt.*; nach der gr. Sage der in dreißig Jahren nicht gereinigte Stall mit 3000 Rindern des Königs Augias, den Herakles in einem Tag reinigte] *der*; -[e]s: üblich in der Wendung: den - ausmisten, reinigen: einen durch arge Vernachlässigung o. ä. entstandenen Zustand großer Unordnung, korrupter Verhältnisse durch aktiv-durchgreifendes Handeln beseitigen u. wieder Ordnung, ordentliche Verhältnisse herstellen

Augit [auch: *...it*; *gr.-lat.*] *der*; -s, -e: Mineral
Augment [*lat.*; „Vermehrung, Zuwachs"] *das*; -s, -e: Präfix, das dem Verbstamm zur Bezeichnung der Vergangenheit vorangesetzt wird, bes. im Sanskrit u. im Griechischen (Sprachw.). **Augmentation** [*...zion*] *die*; -, -en: (Mus.) a) die auf mehrfache Weise mögliche Wertverlängerung einer Note in der → Mensuralnotation; b) die Wiederaufnahme des Themas einer Komposition (z. B. Sonate) in größeren als den ursprünglichen rhythmischen Werten. **Augmentativ** [*lat.-nlat.*] *das*; -s, -e [*...w*[e]] u. Augmentativum [*...iwum*] *das*; -s, ...va: ein Wort, das mit einem → Augmentativsuffix gebildet ist; Vergrößerungswort (Sprachw.); Ggs. → Diminutiv[um]. **Augmentativsuffix**, Am|plifikativsuffix *das*; -es, -e: Suffix, das die Größe eines Dinges od. Wesens ausdrückt (z. B. italien. ...one in *favone* = große Bohne; von *fava* = Bohne). **Augmentativum** vgl. Augmentativ. **augmentieren** [*lat.*]: 1. vermehren. 2. mit einer Augmentation versehen (Mus.)
au gratin [*ogratäng*; *fr.*]: mit einer Kruste überbacken (Gastr.); vgl. gratinieren
Augur [*lat.*] *der*; -s u. -en, -en: 1. Priester u. Vogelschauer im Rom der Antike. 2. jmd., der als Eingeweihter Urteile, Interpretationen von sich anbahnenden, bes. politischen Entwicklungen ausspricht. **Augurenlächeln** *das*; -s: vielsagend-spöttisches Lächeln des Wissens u. Einverständnisses unter Eingeweihten. **augurieren**: weissagen, vermuten
August [*lat.*] *der*; -[e]s u. -, -e: achter Monat im Jahr (Abk.: Aug.). **Augustana** [gekürzt aus Confessio Augustana; nach der Stadt Augsburg (*lat.* Augusta Vindelicorum)] *die*; -: die Augsburgische → Konfession, das Augsburger Bekenntnis (wichtigste lutherische Bekenntnisschrift von 1530). **augusteisch**: a) auf den römischen Kaiser Augustus bezüglich; b) auf die Epoche des römischen Kaisers Augustus bezüglich; ein - es Zeitalter: eine Epoche, in der Kunst u. Literatur besonders gefördert werden. **Augustiner** [nach dem Kirchenlehrer Augustinus, 354–430] *der*; -s, -: a) Angehöriger des kath. Ordens der Augustiner-Chorherren (Italien, Österr., Schweiz); b) Angehöriger des kath. Ordens der Augustiner-Eremiten. **Auktion** [*...zion*; *lat.*; „Vermehrung"] *die*; -, -en: Versteigerung. **Auktionator** *der*; -s, ...oren: Versteigerer. **auktionieren**: versteigern, an den Meistbietenden versteigern. **auktorial** [*lat.*]: aus der Sicht des Autors dargestellt (von einer Erzählweise in Romanen; Literaturw.)
Aukube vgl. Aucuba
Aul [*tatar. u. kirgis.*] *der*; -s, -e: Zeltlager, Dorfsiedlung der Turkvölker; vgl. Ail
Aula [*gr.-lat.*] *die*; -, ...len u. -s: 1. größerer Raum für Veranstaltungen, Versammlungen in Schulen u. Universitäten. 2. freier, hofähnlicher Platz in großen griechischen u. römischen Häusern der Antike; vgl. Atrium. 3. Palast in der röm. Kaiserzeit. 4. Vorhof in einer christlichen → Basilika
Auletik [*gr.*] *die*; -: das Spielen des Aulos ohne zusätzliche Musik- od. Gesangsbegleitung im Griechenland der Antike. **Aul|odie** *die*; -, ...ien: Aulosspiel mit Gesangsbegleitung im Griechenland der Antike. **Aulos** *der*; -, Auloi [*...leu*], u. ...len: antikes griech. Musikinstrument in der Art einer Schalmei
au naturel [*onatüräl*; *fr.*]: ohne künstlichen Zusatz (von Speisen u. Getränken; Gastr.)
au pair [*opär*; *fr.*]: Leistung gegen Leistung, ohne Bezahlung. **Au-pair-Mädchen** *das*; -s, -: Mädchen (meist Studentin od. Schülerin), das gegen Unterkunft, Verpflegung u. Taschengeld als Haushaltshilfe im Ausland arbeitet, um die Sprache des betreffenden Landes zu lernen
au porteur [*oportör*; *fr.*]: auf den Inhaber lautend (von Wertpapieren)
Aura [*lat.*; „Hauch"] *die*; -: 1. Hauch, Wirkungskraft. 2. Vorstufe, Vorzeichen eines [epileptischen] Anfalls (Med.). 3. Ausstrahlung einer Person (Okkultismus); vgl. Fluidum
aural [*lat.-nlat.*]: = aurikular
Aur|amin [Kurzw. aus: → *Aur*um u. → *Amin*] *das*; -s: gelber Farbstoff
Aurar: *Plural* von → Eyrir
Aurea medio|critas [*lat.*; geflügeltes Wort aus den Oden des Horaz] *die*; - -: der goldene Mittelweg. **Aureole** *die*; -, -n: 1. Heiligenschein, der die ganze Gestalt umgibt, bes. bei Christusbildern. 2. bläulicher Lichtschein am Brenner der Bergmannslampe, der Grubengas anzeigt. 3. durch Wolkendunst hervorgerufene Leuchterscheinung (Hof) um Sonne u. Mond. 4. äußere Leuchterscheinung eines Lichtbogens oder Glimmstromes (Elektrot.). **Aureo|mycin** (Wz) [*...zin*; *lat.*; *gr.*] *das*; -s: ein → Antibiotikum. **Aureus** [*...re-uß*; *lat.*] *der*; -, ...rei [*...re-i*]: altrömische Goldmünze
Auri|gnacien [*orinjaßiäng*; *fr.*; nach der franz. Stadt Aurignac] *das*; -[s]: Kulturstufe der jüngeren Altsteinzeit. **Auri|gnac|rasse** [*orinjak...*] *die*; -: Menschenrasse des Aurignacien
Aurikel [*lat.-nlat.*; „Öhrchen, Ohrläppchen"] *die*; -, -n: Primelgewächs mit in Dolden stehenden Blüten. **aurikular**, **aurikulär** [*lat.*]: (Med.) 1. zu den Ohren gehörend. 2. ohrförmig gebogen
Auripigment [*lat.*] *das*; -[e]s: Arsentrisulfid (ein Arsenmineral)
Auripunktur [*lat.-nlat.*] *die*; -, -en: (veraltet) → Parazentese (Med.)
Aurora [*lat.*; nach der römischen Göttin der Morgenröte] *die*; -, -s: 1. (ohne Plural; dichter.) Morgenröte. 2. Tagfalter aus der Familie der Weißlinge (Zool.)
Aurum [*lat.*] *das*; -[s]: lat. Bez. für: Gold; chem. Zeichen: Au
ausagieren [*dt.*; *lat.*]: eine → Emotion [ungehemmt] in Handlung umsetzen u. dadurch eine innere Spannung abreagieren (Psychol.)
ausbaldowern [*dt.*; *jidd.*]: (ugs.) mit List, Geschick auskundschaften
ausdifferenzieren [*dt.*; *lat.-nlat.*]: = differenzieren (1)
ausdiskutieren [*dt.*; *lat.*]: eine Frage, ein Problem so lange erörtern, bis alle strittigen Punkte geklärt sind
ausflippen [*dt.*; *engl.*]: (ugs.) 1. sich einer als bedrückend empfundenen gesellschaftlichen Lage [durch Genuß von Rauschgift] entziehen. 2. durch Drogen in einen Rauschzustand geraten. 3. die Selbstkontrolle verlieren, mit den Nerven fertig sein, durchdrehen. 4. vor Freude ganz außer sich geraten
ausformulieren [*dt.*; *lat.*]: einem Antrag o. ä., den man inhaltlich erst einmal in Umrissen entworfen hat, eine endgültige Formulierung geben
ausklarieren [*dt.*; *lat.*]: Schiff u. Güter bei Ausfahrt verzollen. **Ausklarierung** *die*; -, -en: Verzollung von Gütern bei der Ausfahrt aus dem Hafen
ausknocken [*...nok*[e]*n*; *dt.*; *engl.*]: im Boxkampf durch einen entscheidenden Schlag besiegen, k. o. schlagen

auskristallisieren [*dt.*; *gr.-lat.-fr.*]: aus Lösungen Kristalle bilden
Auskultant [*lat.*; „Zuhörer"] *der*; -en, -en: (veraltet) 1. Beisitzer ohne Stimmrecht. 2. (österr.) Anwärter auf das Richteramt. **Auskultation** [...*zion*] *die*; -, -en: das Abhören von Geräuschen, die im Körperinnern, bes. im Herzen (Herztöne) u. in den Lungen (Atemgeräusche) entstehen (Med.). **Auskultator** *der*; -s, ...oren: (veraltet) Gerichtsreferendar. **auskultatorisch** [*lat.-nlat.*]: durch Abhorchen feststellend od. feststellbar (Med.). **auskultieren** [*lat.*]: abhorchen, Körpergeräusche abhören (Med.)
auslogieren [*dt.*; *germ.-fr.*]: = ausquartieren
ausmanö|vrieren [*dt.*; *lat.-vulgärlat.-fr.*]: jmdn. durch geschickte Manöver als Konkurrenten o. ä. ausschalten
Au|spizium [*lat.*; „Vogelschau"] *das*; -s, ...ien [...*iᵉn*]: a) Vorbedeutung; b) (nur Plural) Aussichten [für ein Vorhaben]; unter jmds. Auspizien: unter jmds. Schutz, Leitung
auspowern [*dt.*; *lat.-fr.*]: wegnehmen, was man gebrauchen kann, ausbeuten, ausplündern u. dadurch arm machen
ausquartieren [*dt.*; *lat.-fr.*]: jmdn. nicht länger bei sich, in seiner Wohnung beherbergen
ausrangieren [*dt.*; *germ.-fr.*]: etwas, was alt, abgenutzt ist od. nicht mehr gebraucht wird, aussondern, ausscheiden, wegwerfen
außerparlamentarisch [auch: ...*ta*...; *dt.*; *gr.-lat.-vulgärlat.-fr.*]: a) nicht in den Aufgabenbereich des Parlaments fallend; b) nicht vom Parlament ausgehend; -e Opposition: locker organisierte Aktionsgemeinschaft [von Studenten u. Intellektuellen], die in provokatorischen Protestaktionen die einzige Chance für die Durchsetzung politischer u. gesellschaftlicher Reformen sieht; Abk.: APO, Apo
außertourlich [*dt.*; *gr.-lat.-fr.*; *dt.*]: (österr.) außerhalb der Reihenfolge, zusätzlich [eingesetzt] (z. B. ein Bus)
ausstaffieren [*dt.*; *fr.-niederl.*]: jmdn./etwas mit [notwendigen] Gebrauchsgegenständen, mit Zubehör u. a. ausrüsten, ausstatten
aus|tarieren [*dt.*; *arab.-it.*]: 1. ins Gleichgewicht bringen. 2. (österr.) auf einer Waage das Leergewicht (→ Tara) feststellen
Austenit [auch: ...*it*; *nlat.*; nach dem englischen Forscher Roberts-Austen] *der*; -s, -e: unmagnetischer, chem. sehr widerstandsfähiger Stahl. **Austenitisierung** *die*; -, -en: Umwandlung von gewöhnlichem Stahl in Austenit
Auster [*gr.-lat.-roman.-niederl.-niederd.*] *die*; -, -n: eßbare Muschel, die in warmen Meeren vorkommt
Austerity [*oßtäriti*; *gr.-lat.-fr.-engl.*] *die*; -: 1. wirtschaftliche Einschränkung, energische Sparpolitik. 2. Beschränkung, Einschränkung (z. B. in der Presse)
au|stral [*lat.*]: (veraltet) auf der südlichen Halbkugel befindlich, Süd... **au|stralid** [*lat.-nlat.*]: Rassenmerkmale der Australiden zeigend. **Au|stralide** *der* od. *die*; -n, -n: Angehörige[r] der australischen Rasse. **au|straloid** [*lat.*; *gr.*]: den Australiden ähnliche Rassenmerkmale zeigend. **Au|straloide** *der* od. *die*; -n, -n: Mensch von australoidem Typus. **Au|striazismus** [*lat.-nlat.*] *der*; -, ...men: eine innerhalb der deutschen Sprache nur in Österreich (Austria) übliche sprachliche Ausdrucksweise; vgl. Helvetismus
aus|tricksen [*dt.*; *galloroman.-fr.-engl.*]: durch einen Trick, geschickt überlisten, ausschalten
Au|stromarxismus [auch: *au*...; *nlat.*] *der*; -: eine von österr. Sozialdemokraten vor u. nach dem ersten Weltkrieg entwickelte Sonderform des Marxismus. **Au|stromarxist** [auch: *au*...] *der*; -en, -en: Vertreter des Austromarxismus. **au|stromarxistisch** [auch: *au*...]: a) den Austromarxismus betreffend, auf ihm beruhend; b) die Theorie des Austromarxismus vertretend
aut|ark [*gr.*]: [vom Ausland] wirtschaftlich unabhängig, sich selbst versorgend, auf niemanden angewiesen; vgl. ...isch/-. **Aut|arkie** *die*; -, ...ien: wirtschaftliche Unabhängigkeit [vom Ausland]. **autarkisch**: die Autarkie betreffend; vgl. ...isch/-
auteln [von → Auto abgeleitet]: (veraltet) Auto fahren
aut|erge [*gr.-nlat.*] **Wirtschaft** *die*; -n -: Wirtschaft, in der alle Einkommen auf eigener Arbeitsleistung beruhen; Ggs. → allerge Wirtschaft
Authentie *die*; -: = Authentizität. **authentifizieren** [*gr.*; *lat.*]: beglaubigen, die Echtheit bezeugen. **Authentik** *die*; -, -en: im Mittelalter eine durch ein authentisches Siegel beglaubigte Urkundenabschrift. **authentisch** [*gr.-lat.*]: echt; zuverlässig, verbürgt. **authentisieren** [*gr.-mlat.*]: glaubwürdig, rechtsgültig machen. **Authentizität** [*gr.-nlat.*] *die*; -: Echtheit, Zuverlässigkeit, Glaubwürdigkeit
authigen [*gr.-nlat.*]: am Fundort selbst entstanden (von Gesteinen; Geol.); Ggs. → allothigen
Autismus [*gr.-nlat.*] *der*; -: bes. bei schizoiden u. schizophrenen Personen vorkommende psychische Störung, die sich in krankhafter Ichbezogenheit u. affektiver Teilnahmslosigkeit, Verlust des Umweltkontaktes u. Flucht in die eigene Phantasiewelt äußert. **Autist** *der*; -en, -en: jmd., der an Autismus leidet. **autistisch**: a) den Autismus betreffend; b) an Autismus leidend
Autler [von → auteln abgeleitet] *der*; -s, -: (veraltet) Autofahrer
Auto *das*; -s, -s
I. [*gr.*] Kurzform von → Automobil.
II. [*lat.-span.* u. *port.*; „Handlung, Akt"]: 1. feierliche religiöse od. gerichtliche Handlung in Spanien u. Portugal. 2. spätmittelalterliches geistliches Spiel des spanischen Theaters, das an Festtagen des Kirchenjahres aufgeführt wurde
Autoag|gressionskrankheit *die*; -, -en: durch Autoantikörper verursachte Krankheit (z. B. → hämolytische → Anämie; Med.). **Autoantikörper** *der*; -s, - (meist Plural): → Antikörper, der gegen körpereigene Substanzen wirkt (Med.)
Autobie [*ngr.*] *die*; -, ...ien: Selbstbefriedigung. **autobieren**: sich selbst sexuell befriedigen
Autobio|graph *der*; -en, -en: jmd., der eine Autobiographie schreibt. **Autobio|graphie** *die*; -, ...ien: literarische Darstellung des eigenen Lebens od. größerer Abschnitte daraus. **autobio|graphisch**: a) die Autobiographie betreffend; b) das eigene Leben beschreibend; c) in Form einer Autobiographie verfaßt
Autobus [Kurzw. aus: *Auto* u. Omni*bus*] *der*; -ses, -se: → Omnibus. **Autocar** [*autokar*; *fr.*] *der*; -s, -s: (schweiz.) → Omnibus; vgl. Car
Autochore [...*korᵉ*; *gr.-nlat.*] *die*; -, -n: Pflanze, die ihre Früchte od. Samen selbst verbreitet. **Autochorie** [...*ko*...] *die*; -: Verbreitung von Früchten u. Samen durch die Pflanze selbst (z. B. durch Schleuder- od. Spritzbewegung)
Auto|chrom [...*krom*; *gr.-nlat.*]

das; -s, -e: Ansichtspostkarte, bei der durch farbigen Überdruck auf ein schwarzes Rasterbild der Eindruck eines Mehrfarbendruckes entsteht

auto|chthon [...*chton*; *gr.-lat.*]: 1. alteingesessen, eingeboren, bodenständig (von Völkern od. Stämmen). 2. am Fundort entstanden, vorkommend (von Gesteinen u. Lebewesen; Geol. u. Biol.); Ggs. → allochthon. **Autochthone** *der* od. *die*; -n, -n: Ureinwohner[in], Alteingesessene[r], Eingeborene[r]

Autocoder [...*kod*ᵉ*r*; *gr.*; *engl.*]: *der*; -s: maschinenorientierte Programmiersprache (EDV)

Auto-Cross [*engl.*] *das*; -, -e: Gelände-, Vielseitigkeitsprüfung für Autofahrer; vgl. Moto-Cross

Autodafé [...*dafe*; *lat.* actus fidei zu *port.* Auto-da-fé = „Glaubensakt"] *das*; -s, -s: 1. Ketzergericht u. -verbrennung. 2. Verbrennung von Büchern, Schriften u. ä.

Autodetermination [...*zion*; *gr.*; *lat.*] *die*; -, -en: [polit.] Selbstbestimmung[srecht]. **Autodeterminismus** [*gr.*; *lat.-nlat.*] *der*; -: Lehre von der Selbstbestimmung des Willens, die sich aus innerer Gesetzmäßigkeit unabhängig von äußeren Einflüssen vollzieht (Philos.)

Autodidakt [*gr.*] *der*; -en, -en: jmd., der sich ein bestimmtes Wissen ausschließlich durch Selbstunterricht aneignet od. angeeignet hat. **autodidaktisch**: durch Selbstunterricht erworben

Autodigestion *die*; -: = Autolyse

Auto|drom [*gr.-fr.*] *das*; -s, -e: 1. = Motodrom. 2. (österr.) Fahrbahn für → Skooter

autodynamisch: selbstwirkend, selbsttätig

Autoelektrik [*gr.*; *gr.-nlat.*] *die*; -: elektrische Ausstattung moderner Kraftfahrzeuge

Autoerotik [*gr.*; *gr.-fr.*] *die*; - u. **Autoerotismus** [auch: ...*tiß*...; *gr.*; *gr.-nlat.*] *der*; -: Form des erotisch-sexuellen Verhaltens, das Lustgewinn u. Triebbefriedigung ohne Partnerbezug zu gewinnen sucht; vgl. Narzißmus

autogam [*gr.-nlat.*]: sich selbst befruchtend (Biol.). **Autogamie** *die*; -, ...*ien*: Selbstbefruchtung, geschlechtliche Fortpflanzung ohne Partner (bei bestimmten Pflanzen u. Tieren; Biol.)

autogen [*gr.*]: 1. ursprünglich, selbsttätig; -e Schweißung: unmittelbare Verschweißung zweier Werkstücke mit heißer Stichflamme ohne Zuhilfenahme artfremden Bindematerials. 2. aus sich selbst od. von selbst entstehend (Med.); -es Training: (von dem deutschen Psychiater J. H. Schultz entwickelte) Methode der Selbstentspannung durch → Autohypnose

Autogiro [span. Ausspr.: ...*chiro*; *gr.-span.*] *das*; -s, -s: Drehflügelflugzeug, Hub-, Tragschrauber

Auto|gnosie [*gr.-nlat.*] *die*; -: Selbsterkenntnis (Philos.)

Auto|gramm [*gr.-nlat.*] *das*; -s, -e: 1. eigenhändig geschriebener Namenszug [einer bekannten Persönlichkeit]. 2. (veraltet) = Autograph. **autograph** [*gr.*]: = autographisch; vgl. ...isch/-. **Auto|graph** *das*; -s, -e[n]: 1. von einer bekannten Persönlichkeit stammendes, eigenhändig geschriebenes od. authentisch maschinenschriftliches → Manuskript [in seiner ersten Fassung], Urschrift. 2. (veraltet) der in der Frühzeit des Buchdrucks noch in Gegenwart des Verfassers hergestellte erste Druck. **Auto|graphie** [*gr.-nlat.*] *die*; -, ...*ien*: veraltetes Vervielfältigungsverfahren. **autographieren**: 1. (veraltet) eigenhändig schreiben. 2. (nach einem heute veralteten Verfahren) vervielfältigen. **Autographilie** *die*; -: Liebhaberei für alte [Original]manuskripte. **auto|graphisch** [*gr.-lat.*]: 1. (veraltet) eigenhändig geschrieben. 2. (nach einem heute veralteten Verfahren) vervielfältigt. **Auto|gravüre** [...*wür*ᵉ; Kurzw. aus: *auto*... u. → Photogravüre] *die*; -: Rastertiefdruck, ein graphisches Verfahren

Autohypnose [*gr.*; *gr.-nlat.*] *die*; -: ein hypnotischer Zustand, in den sich jmd. selbst, also ohne Einwirkung einer anderen Person, versetzt; Ggs. → Heterohypnose

Auto|infektion [...*zion*; *gr.*; *lat.*] *die*; -, -en: Infektion des eigenen Körpers durch einen Erreger, der bereits im Körper vorhanden ist (Med.)

Auto|intoxikation [...*zion*; *gr.*; *gr.-nlat.*] *die*; -, -en: Selbstvergiftung des Körpers durch im Organismus bei krankhaften Prozessen entstandene u. nicht weiter abgebaute Stoffwechselprodukte (Med.)

Autokarpie [*gr.-nlat.*] *die*; -: Fruchtansatz nach Selbstbestäubung (Bot.)

Autokatalyse *die*; -: Beschleunigung einer Reaktion durch einen Stoff, der während dieser Reaktion entsteht (Chem.)

autokephal [*gr.*]: mit eigenem Oberhaupt, unabhängig (von den orthodoxen Nationalkirchen, die nur ihrem → Katholikos unterstehen). **Autokephalie** *die*; -: kirchliche Unabhängigkeit der orthodoxen Nationalkirchen

Autokinese *die*; -: scheinbare Eigenbewegung

Autokino *das*; -s, -s: Freilichtkino, in dem man sich einen Film vom Auto aus ansieht

Auto|klav [(*gr.*; *lat.*) *fr.*] *der*; -s, -en: 1. Druckapparat in der chem. Technik. 2. Apparat zum Sterilisieren von Lebensmitteln. 3. Rührapparat bei der Härtung von Speiseölen. **auto|klavieren** [...*wir*ᵉ*n*]: mit dem Autoklav (2) erhitzen

Autokorso *der*; -s, -s: [Demonstrations]zug, der aus Autos besteht

Auto|krat [*gr.*] *der*; -en, -en: 1. diktatorischer Alleinherrscher. 2. selbstherrlicher Mensch. **Autokratie** *die*; -, ...*ien*: Regierungsform, bei der die Staatsgewalt unumschränkt in der Hand eines einzelnen Herrschers liegt. **autokratisch**: die Autokratie betreffend

Autolyse [*gr.-nlat.*] *die*; -: 1. Abbau von Organeiweiß ohne Bakterienhilfe (Med.). 2. Selbstauflösung des Larvengewebes im Verlauf der Metamorphose bei Insekten (Biol.). **autolytisch**: sich selbst auflösend (von Organeiweiß; Med.)

Automat [*gr.-lat.-fr.*; „sich selbst bewegend"] *der*; -en, -en: 1. a) Apparat, der nach Münzeinwurf selbsttätig Waren abgibt od. eine Dienst- od. Bearbeitungsleistung erbringt; b) Werkzeugmaschine, die Arbeitsvorgänge nach Programm selbsttätig ausführt; c) automatische Sicherung zur Verhinderung von Überlastungsschäden in elektrischen Anlagen. 2. jedes → kybernetische System, das Informationen an einem Eingang aufnimmt, selbständig verarbeitet u. an einem Ausgang abgibt (Math., EDV). **Automatenrestaurant** *das*; -s, -s: → Restaurant, in dem man sich über Automaten selbst bedienen kann. **Automatentheorie** *die*; -: die math. Theorie der Automaten (2; Math.). **Automatie** [*gr.-nlat.*] *die*; -, ...*ien*: = Automatismus. **Automatik** *die*; -, -en: a) Vorrichtung, die einen eingeleiteten technischen Vorgang ohne weiteres menschliches Zutun steuert u. regelt; b) (ohne Plural) Vorgang der Selbststeuerung. **Automation** [...*zion*; *gr.-lat.-fr.-engl.*] *die*; -: der durch Automatisierung erreichte Zustand der modernen technischen Entwicklung, der durch den Einsatz weitgehend bedienungsfreier Arbeitssysteme gekennzeichnet ist. **Automatisation** *die*; -, -en: = Automatisierung; vgl. ...ation/...ierung. **automatisch** [*gr.-lat.-fr.*]: 1. a) mit einer Automatik ausgestattet (von technischen Geräten); b) durch Selbststeuerung od. Selbstregelung erfolgend. 2. a) unwillkürlich, zwangsläufig, mechanisch; b) ohne weiteres Zutun (des Betroffenen) von selbst erfolgend. **automatisieren** [*gr.-nlat.*]: auf vollautomatische Fabrikation umstellen. **Automatisierung** *die*; -, -en: Umstellung einer Fertigungsstätte auf vollautomatische Fabrikation; vgl. ...ation/...ierung. **Automatismus** *der*; -, ...men: (Med., Biol.) a) (ohne Plural) selbsttätig ablaufende Organfunktion (z. B. Herztätigkeit); b) spontan ablaufender Vorgang od. Bewegungsablauf, der nicht vom Bewußtsein od. Willen beeinflußt wird. **Automato|graph** *der*; -en, -en: Gerät zur Aufzeichnung unwillkürlicher Bewegungen (Psychol.)

Autominute [*gr.*; *lat.-nlat.*] *die*; -, -n: Strecke, die ein Auto in einer Minute zurücklegt

Automixis [*gr.*] *die*; -: Selbstbefruchtung durch Verschmelzung zweier Keimzellen gleicher Abstammung

automobil [*gr.*; *lat.*; „selbstbeweglich"]: das Auto betreffend. **Automobil** *das*; -s, -e: Kraftfahrzeug, Kraftwagen. **Automobilismus** *der*; -: Kraftfahrzeugwesen. **Automobilist** *der*; -en, -en: (bes. schweiz.) Autofahrer. **automobilistisch**: den Automobilismus betreffend. **Automobilsalon** [*...long*] *der*; -s, -s: Ausstellung, auf der die neuesten Automobile vorgestellt werden

automorph [*gr.-nlat.*]: 1. = idiomorph. 2. den Automorphismus betreffend. **Automorphismus** *der*; -, ...men: spezielle Zuordnung der Elemente einer → algebraischen Struktur innerhalb der gleichen algebraischen Struktur (Math.); vgl. Homomorphismus

autonom [*gr.*; „nach eigenen Gesetzen lebend"]: selbständig, unabhängig. **Autonomie** *die*; -, ...ien: Selbständigkeit [in nationaler Hinsicht], Unabhängigkeit. **Autonomisierung** *die*; -: Verfahren aus der Regelungstechnik, durch das eine gegenseitige Beeinflussung der Regelkreise beseitigt werden soll. **Autonomist** [*gr.-nlat.*] *der*; -en, -en: jmd., der eine Autonomie anstrebt

aut|onym [*gr.-nlat.*]: vom Verfasser unter seinem eigenen Namen herausgebracht

Autophilie [*gr.-nlat.*] *die*; -: Selbst-, Eigenliebe (Psychol.)

Autopilot *der*; -en, -en: automatische Steuerungsanlage in Flugzeugen, Raketen o. ä.

Auto|plastik *die*; -, -en: Übertragung körpereigenen Gewebes (z. B. die Verpflanzung eines Hautlappens auf andere Körperstellen; Med.)

Autopoly|ploidie [*...plo-i...*; *gr.-nlat.*] *die*; -: Vervielfachung des arteigenen Chromosomensatzes bei einem Lebewesen

Autopor|trät [*...trä*, selten: *...trät*] *das*; -s, -s (bei der Ausspr. *...trät*: -e): Selbstbildnis

Aut|opsie [*gr.*] *die*; -, ...ien: 1. a) Inaugenscheinnahme einer Leiche durch einen Richter (Leichenschau); b) Leichenöffnung, Untersuchung des [menschlichen] Körpers nach dem Tod zur Feststellung der Todesursache (Med.). 2. persönliche Inaugenscheinnahme eines Buches vor der bibliographischen Aufnahme (Buchw.)

Autor [*lat.*] *der*; -s, ...oren: Verfasser eines Werkes der Literatur, Musik, Kunst, Fotografie od. Filmkunst

Autoradio|gramm [*gr.*; *lat.*; *gr.*] *das*; -s, -e: Aufnahme, die durch Autoradiographie gewonnen wurde. **Autoradio|graphie** [*gr.*; *lat.*; *gr.*] *die*; -: Methode zur Sichtbarmachung der räumlichen Anordnung radioaktiver Stoffe (z. B. in einem Versuchstier; Phys.)

Autoreferat *das*; -s, -e: = Autorreferat

Autorenkollektiv [*lat.*; *lat.-nlat.-russ.*] *das*; -s, -e [*...wᵉ*]: (bes. DDR) Verfassergruppe, die ein Buch in gemeinschaftlicher Arbeit herausbringt

Autorenkorrektur vgl. Autorkorrektur

Autoreverse [*áutoriwö̱ß*; *gr.*; *lat.-engl.*] *das*; -: Umschaltautomatik bei Tonbandgeräten u. Kassettenrecordern

Autorhythmie [*gr.*; *gr.-lat.*] *die*; -, ...ien: Aussendung von rhythmisch unterbrochenen Impulsen (z. B. durch das Atemzentrum im Gehirn)

Autorisation [*...zion*; *lat.-mlat.-nlat.*] *die*; -, -en: Ermächtigung, Vollmacht; vgl. ...ation/...ierung. **autorisieren** [*lat.-mlat.*]: 1. jmdn. bevollmächtigen, [als einzigen] zu etwas ermächtigen. 2. etwas genehmigen. **Autorisierung** *die*; -, -en: Bevollmächtigung; vgl. ...ation/...ierung. **autoritär** [*lat.-fr.*]: 1. (abwertend) a) totalitär, diktatorisch; b) unbedingten Gehorsam fordernd; Ggs. → antiautoritär. 2. (veraltend) a) auf Autorität beruhend; b) mit Autorität herrschend. **Autoritarismus** *der*; -: absoluter Autoritätsanspruch. **Autorität** [*lat.*] *die*; -, -en: 1. (ohne Plural) auf Leistung od. Tradition beruhender maßgebender Einfluß einer Person od. Institution u. das daraus erwachsende Ansehen. 2. einflußreiche, maßgebende Persönlichkeit von hohem [fachlichem] Ansehen. **autoritativ** [*lat.-nlat.*]: auf Autorität, Ansehen beruhend; maßgebend, entscheidend. **Autorkorrektur,** Autorenkorrektur *die*; -, -en: Korrektur des gesetzten Textes durch den Autor selbst. **Autorenplural** *der*; -s: = Pluralis modestiae.

Autorreferat *das*; -[e]s, -e: Referat des Autors über sein Werk

Autosalon [*...ong*] *der*; -s, -s: = Automobilsalon

Autosemantikon [*gr.-nlat.*] *das*; -s, ...ka: Wort od. größere sprachliche Einheit mit eigener, selbständiger Bedeutung (z. B. Tisch, Geist; Sprachw.); Ggs. → Synsemantikon. **autosemantisch**: eigene Bedeutung tragend (von Wörtern; Sprachw.); Ggs. → synsemantisch

Autosensibilisierung [*gr.*; *lat.-nlat.*] *die*; -, -en: Bildung von Antikörpern im Organismus auf Grund körpereigener Substanzen

Autosex *der*; -[es]: 1. am eigenen Körper vorgenommene sexuelle Handlung. 2. Sex im Auto. **Autosexualismus** *der*; -: auf den eigenen Körper gerichtetes sexuelles Verlangen (Psychol.). **autosexuell**: den Autosexualismus betreffend

Autoskooter [*áutoßkutᵉr*] vgl. Skooter

Auto|skopie [*gr.-nlat.*] *die*; -, ...ien: unmittelbare Kehlkopfuntersuchung ohne Spiegel (Med.). **autoskopisch**: die Autoskopie betreffend

Autosom [Kurzw. aus: *Auto-* u. → Chromo*som*] *das*; -s, -en: nicht geschlechtsgebundenes → Chromosom

Autostereotyp [*gr.-engl.*] *das*; -s, -e[n]: (meist Plural) Urteil, das sich eine Person od. Gruppe von sich selbst macht

Autostopp, (auch:) Autostop *der*;

-s, -s: das Anhalten von Autos mit dem Ziel, mitgenommen zu werden
Auto|strada [*it.*] *die*; -, -s: ital. Bezeichnung für: mehrspurige Autoschnellstraße, Autobahn
Autostunde [*gr.*; *dt.*] *die*; -, -n: Strecke, die ein Auto in einer Stunde zurücklegt
Autosuggestion [*gr.*; *lat.*; „Selbsteinredung"] *die*; -, -en: das Vermögen, ohne äußeren Anlaß Vorstellungen in sich zu erwecken, sich selbst zu beeinflussen, eine Form der → Suggestion. **autosuggestiv** [auch: ...*tif*]: sich selbst beeinflussend
Autotelefon *das*; -s, -e: im Auto eingebautes Telefon
Autotomie [*gr.-nlat.*] *die*; -, ...ien: bei verschiedenen Tieren vorkommendes Abwerfen von meist später wieder nachwachsenden Körperteilen an vorgebildeten Bruchstellen (z. B. Schwanz der Eidechse; Biol.)
Autotoxin *das*; -s, -e: ein im eigenen Körper entstandenes Gift; vgl. Autointoxikation
Auto|transformator *der*; -s, ...oren: häufig als Regelumspanner verwendeter → Transformator mit nur einer Wicklung, an der die Sekundärspannung durch Anzapfen entnommen wird (Elektrot.)
Auto|transfusion *die*; -, -en: (Med.) 1. Eigenblutübertragung, bei der sich in einer Körperhöhle (infolge einer Verletzung) stauendes Blut wieder in den Blutkreislauf zurückgeführt wird. 2. Notmaßnahme (bei großen Blutverlusten) zur Versorgung der lebenswichtigen Organe mit Blut durch Hochlegen u. Bandagieren der Gliedmaßen
auto|troph [*gr.-nlat.*]: sich ausschließlich von anorganischen Stoffen ernährend (von Pflanzen; Bot.); Ggs. → heterotroph. **Auto|trophie** *die*; -: Fähigkeit der grünen Pflanzen, anorganische Stoffe in körpereigene umzusetzen (Bot.)
Auto|tropismus [*gr.-nlat.*] *der*; -, ...men: Bestreben eines Pflanzenorgans, die Normallage einzuhalten od. sie nach einem Reiz wiederzugewinnen (Bot.)
Autotypie [*gr.-nlat.*; „Selbstdruck"] *die*; -, ...ien: Rasterätzung für Buchdruck. **autotypisch**: die Autotypie betreffend; -er Tiefdruck: Tiefdruckverfahren, bei dem kein → Pigmentpapier verwendet wird (Druckw.)
Autovakzin [...*wak*...] *das*; -s, -e u. **Autovakzine** *die*; -, -n: Impfstoff, der aus Bakterien gewonnen wird, die aus dem Organismus des Kranken stammen (Med.)
Aut|oxydation, (fachspr.:) Autoxidation [...*zion*; *gr.-nlat.*] *die*; -, -en: nur unter → katalytischer Mitwirkung sauerstoffreicher Verbindungen erfolgende → Oxydation eines Stoffes (z. B. Rosten, Vermodern; Chem.)
autozephal usw. vgl. autokephal usw.
Autozoom [*autosum*] *das*; -s, -s: Vorrichtung, die den Zoom in der Filmkamera selbständig reguliert u. somit automatisch eine maximale Schärfentiefe gewährleistet
aut simile [*lat.*]: „oder ähnliches" (auf ärztlichen Rezepten)
autumnal [*lat.*]: herbstlich. **Autumnalkatarrh** [*lat.*; *gr.*] *der*; -s, -e: im Herbst auftretender heuschnupfenartiger Katarrh (Med.)
Autunit [auch: ...*it*; nach der franz. Stadt Autun (*otõng*)] *das*; -s: ein Uranmineral
aux fines herbes [*ofinsärb*; *fr.*]: mit frisch gehackten Kräutern (Gastr.); vgl. fines herbes
auxiliar [*lat.*]: helfend, zur Hilfe dienend. **Auxiliarverb** *das*; -s, -en: Hilfsverb (z. B. sie *hat* gearbeitet)
Auxin [*gr.-nlat.*] *das*; -s, -e: organische Verbindung, die das Pflanzenwachstum fördert. **auxochrom** [...*krom*]: eine Farbvertiefung od. Farbänderung bewirkend (von bestimmten chem. Gruppen; Chem.). **auxoheterotroph**: unfähig, die für die eigene Entwicklung nötigen Wuchsstoffe selbst zu → synthetisieren (von bestimmten Organismen; Biol.). **Auxospore** *die*; -, -n: Wachstumsspore bei Kieselalgen (Biol.). **auxotroph**: auf optimalen Nährboden angewiesen (von bestimmten Kleinlebewesen; Biol.)
Available-light-Fotografie [*ᵉwe'lᵉbl-lait*...; *engl.*; *gr.*] *die*; -: das Fotografieren bei ungünstigen natürlichen Lichtverhältnissen unter Verzicht auf Zusatzbeleuchtung (Fotogr.)
Aval [*awal*; *fr.*] *der*, (seltener:) *das*; -s, -e: Bürgschaft, insbes. für einen Wechsel. **avalieren**: einen Wechsel als Bürge unterschreiben. **Avalist** *der*; -en, -en: Bürge für einen Wechsel. **Avalkredit** *der*; -s, -e: Kreditgewährung durch Bürgschaftsübernahme seitens einer Bank
Avance [*awangßᵉ*; *lat.-vulgärlat.-fr.*] *die*; -, -n: 1. a) Vorsprung, Gewinn; b) Geldvorschuß. 2. Preisunterschied bei Handelsware zwischen An- und Verkauf: Gewinn. 3. (o. Pl.) Beschleunigung (an Uhrwerken; Zeichen: A); jmdm. -n machen: jmdm. gegenüber in ihn umwerbender Weise zuvorkommend, entgegenkommend sein in dem Wunsch, sich den anderen gewogen zu machen. **Avancement** [*awangßᵉmang*] *das*; -s, -s: Beförderung, Aufrücken in eine höhere Position. **avancieren** [...*ßirᵉn*]: in eine höhere Position aufrücken. **Avantage** [*awangtaschᵉ*; *lat.-fr.*] *die*; -, -n: Vorteil, Gewinn. **Avantageur** [...*taschör*] *der*; -s, -e: (veraltet) Fahnenjunker, Offiziersanwärter.
Avantgarde [*awang*..., auch: ...*gardᵉ*; *fr.*] *die*; -, -n: 1. die Vorkämpfer einer Idee od. Richtung (z. B. in Literatur u. Kunst). 2. (veraltet) Vorhut einer Armee. **Avantgardismus** [*fr.-nlat.*] *der*; -: Fortschrittlichkeit, für neue Ideen eintretende kämpferische Richtung auf einem bestimmten Gebiet (bes. in der Kunst). **Avantgardist** *der*; -en, -en: Vorkämpfer, Neuerer (bes. auf dem Gebiet der Kunst u. Literatur). **avantgardistisch**: vorkämpferisch. **avanti!** [*awanti*; *lat.-it.*]: vorwärts!
Avanturin vgl. Aventurin
Ave [*awe*; *lat.*; „sei gegrüßt!"] *das*; -[s], -[s]: Kurzform für: Ave-Maria. **Ave-Maria** *das*; -[s], -[s]: 1. Bezeichnung eines katholischen Mariengebets nach den Anfangsworten. 2. Ave-Maria-Läuten, Angelusläuten
Avec [*awäk*; *lat.-fr.*]: in der Wendung: mit [einem] - (ugs.; mit Schwung)
Avena [*awe*...; *lat.*] *die*; -: Hafer (Gattung der Süßgräser, darunter der Zierhafer)
Avenida [*lat.-span.* u. *port.*] *die*; -, ...den u. -s: 1. breite Prachtstraße span., port. u. lateinamerik. Städte. 2. in Spanien u. Portugal Bez. für eine Sturzflut nach heftigen Regengüssen. **Aventiure** [*awäntürᵉ*; *lat.-vulgärlat.-fr.-mhd.*; „Abenteuer"] *die*; -, -n: 1. ritterliche Bewährungsprobe, die der Held in mittelhochdt. Dichtungen bestehen muß. 2. Abschnitt in einem mittelhochdeutschen Epos, das sich hauptsächlich aus Berichten über ritterliche Bewährungsproben zusammensetzt. **Aventüre** *die*; -, -n: Abenteuer, seltsamer Vorfall. **Aventurier** [*awangtürie*; *lat.-vulgärlat.-fr.*] *der*; -s, -s: (veraltet) Abenteurer, Glücksritter. **Aventurin** [*lat.-vulgärlat.-roman.*] *der*;

-s, -e: gelber, roter od. goldflimmriger Quarz mit metallisch glänzenden Einlagerungen. **Avenue** [*awᵉnü*; *lat.-fr.*] *die*; -, ...uen [...*üᵉn*]: 1. städtische, mit Bäumen bepflanzte Prachtstraße. 2. (veraltet) Zugang, Anfahrt

average [*äwᵉridseh*; *arab.-it.-fr.-engl.*]: mittelmäßig, durchschnittlich (Bezeichnung für Warenqualität mittlerer Güte). **Average** *der*; -: 1. arithmetisches Mittel, Mittelwert, Durchschnitt (Statistik). 2. Sammelbegriff für alle Schäden, die Schiff u. Ladung auf einer Seefahrt erleiden können; vgl. Havarie (1b)

Averbo [*awärbo*; *lat.*] *das*; -s, -s: die Stammformen des Verbs (Sprachw.)

avernalisch u. **avernisch** [*awär...*; nach dem lat. Wort für „Unterwelt" *Avernus*]: höllisch, qualvoll

Avers [*awärß*, österr.: *awär*; *lat.-fr.*] *der*; -es, -e: Vorderseite einer Münze od. einer Medaille; Ggs. → Revers (II). **Aversalsumme** *die*; -, -n: = Aversum. **Aversion** *die*; -, -en: Abneigung, Widerwille. **Aversionalsumme** *die*; -, -n: = Aversum. **aversionieren** [*lat.-nlat.*]: (veraltet) abfinden. **Aversum** *das*; -s, ...sa: (veraltet) Abfindungssumme, Ablösung. **avertieren** [*lat.-vulgärlat.-fr.*]: (veraltet) a) benachrichtigen; b) warnen.

Avertin ⓦ [*awär...*; Kunstw.] *das*; -s: ein → rektal anzuwendendes Narkosemittel. **Avertissement** [*awärtißᵉmang*; *lat.-vulgärlat.-fr.*] *das*; -s, -s: (veraltet) a) Benachrichtigung, Nachricht; b) Warnung

Aviarium [*awi...*; *lat.*] *das*; -s, ...ien [...*iᵉn*]: großes Vogelhaus (z. B. in zoologischen Gärten). **Aviatik** [*lat.-nlat.*] *die*; -: (veraltet) Flugtechnik, Flugwesen. **Aviatiker** *der*; -s, -: (veraltet) Flugtechniker, Kenner des Flugwesens

Avil ⓦ [...*wil*; Kunstw.] *das*; -s: ein → Antihistaminikum

avirulent [...*wi*; *gr.*; *lat.*]: nicht ansteckend (von Mikroorganismen gesagt; Med.); Ggs. → virulent

Avis [*awi*; *lat.-fr.*] *der* od. *das*; -, - od. [*awiß*; *lat.-it.*] *der* od. *das*; -es, -e: 1. Ankündigung [einer Sendung an den Empfänger]. 2. Mitteilung des Wechselausstellers an den, der den Wechsel zu bezahlen hat, über die Deckung der Wechselsumme. **avisieren** [*lat.-it.* u. *fr.*]: 1. ankündigen. 2. (veraltet) benachrichtigen

Aviso

I. [*lat.-fr.-span.-(fr.)*] *der*; -s, -s: (veraltet) leichtes, schnelles, wenig bewaffnetes Kriegsschiff.

II. [*lat.-it.*] *das*; -s, -s: (österr.) → Avis (1)

a vista [*a wißta*; *lat.-it.*; „bei Sicht"]: bei Vorlage zahlbar (Hinweis auf Sichtwechseln); Abk.: a v.; vgl. a prima vista u. Vista. **Avistawechsel** *der*; -s, -: Wechsel, der bei Vorlage (innerhalb eines Jahres) fällig ist; Sichtwechsel

Avit|aminose [...*wi...*; *nlat.*] *die*; -, -n: Vitaminmangelkrankheit (z. B. → Beriberi; Med.)

Avivage [*awiwaseh*ᵉ; *lat.-vulgärlat.-fr.*] *die*; -, -n: Behandlung von Fäden u. Garnen aus Chemiefasern mit fetthaltigen Stoffen zur Verbesserung von Griff, Weichheit u. Geschmeidigkeit. **avivieren**: Glanz u. Geschmeidigkeit von Geweben u. Garnen aus Chemiefasern durch Nachbehandlung mit fetthaltigen Mitteln erhöhen

Avocado [*awo...*; *indian.-span.*] *die*; -, -s: dunkelgrüne bis braunrote birnenförmige, eßbare Steinfrucht eines südamerik. Baumes, deren Fleisch man z. B. – entsprechend zubereitet – zum Essen verzehrt. **Avocato** *die*; -, -s: = Avocado

Avoirdupois [bei franz. Aussprache: *awoardüpoa*, bei engl. Aussprache: *äwᵉrdᵉpeus*; *fr.(-engl.)*] *das*; -: engl. u. nordamerik. Handelsgewicht (16 Ounces); Zeichen: avdp

Avokado u. **Avokato** *die*; -, -s: = Avocado

Avunkulat [*awu...*; *lat.-nlat.*] *das*; -[e]s, -e: Vorrecht des Bruders der Mutter eines Kindes gegenüber dessen Vater in mutterrechtlichen Kulturen (z. B. bei Pflanzervölkern)

AWACS [*awaks* od. *eʲwäks*; *amerik.*; Kurzw. für: *A*irborne early *w*arning *a*nd *c*ontrol *s*ystem]

I. (ohne Artikel) Frühwarnsystem der Nato-Staaten bei feindlichen Überraschungsangriffen.

II. *die* (Plural) fliegende Radarstationen

Awesta [*pers.*; „Grundtext"] *das*; -: Sammelbezeichnung für die heiligen Schriften der → Parsen; vgl. Zendawesta. **awestisch**: das Awesta betreffend; -e Sprache: altostiranische Sprache, in der das Awesta geschrieben ist

Axel [nach dem norweg. Eisläufer Axel Paulsen] *der*; -s, -: schwieriger Sprung im Eis- u. Rollkunstlauf

Axero|phthol [Kunstw.] *das*; -s: Vitamin A_1

axial [*lat.-nlat.*]: 1. in der Achsenrichtung, [längs]achsig, achsrecht. 2. zum zweiten Halswirbel gehörend (Med.). **Axia|lität** *die*; -, -en: das Verlaufen von Strahlen eines optischen Systems in unmittelbarer Nähe der optischen Achse; Achsigkeit

axillar [*lat.-nlat.*]: 1. zur Achselhöhle gehörend, in ihr gelegen (Med.). 2. unmittelbar über einer Blattansatzstelle hervorbrechend od. gewachsen; achselständig (Bot.)

Axinit [auch: ...*it*; *gr.*] *der*; -s, -e: Silikatmineral von unterschiedlicher Färbung (für Schmucksteine verwendet)

Axiologie [*gr.-nlat.*] *die*; -, ...ien: Wertlehre (Philos.). **axiologisch**: die Axiologie betreffend. **Axiom** [*gr.-lat.*] *das*; -s, -e: 1. als absolut richtig anerkannter Grundsatz, gültige Wahrheit, die keines Beweises bedarf. 2. nicht abgeleitete Aussage eines Wissenschaftsbereiches, aus der andere Aussagen → deduziert werden. **Axiomatik** [*gr.-nlat.*] *die*; -: Lehre vom Definieren u. Beweisen mit Hilfe von Axiomen. **axiomatisch**: 1. auf Axiomen beruhend. 2. unanzweifelbar, gewiß. **axiomatisieren**: 1. zum Axiom erklären. 2. axiomatisch festlegen. **Axiometer** *das*; -s, -: Richtungsweiser für das Steuerruder von Schiffen

Axminsterteppich [*äkß...*; nach der engl. Stadt Axminster] *der*; -s, -e: Florteppich mit → Chenillen als Schuß (Querfäden)

Axolotl [*aztekisch*] *der*; -s, -: mexikan. Schwanzlurch

Axonome|trie [*gr.-nlat.*] *die*; -, ...ien: geometrisches Verfahren, räumliche Gebilde durch Parallelprojektion auf eine Ebene darzustellen (Math.). **axonometrisch**: auf dem Verfahren der Axonometrie beruhend (Math.)

Ayatollah *der*; -[s], -s: = Ajatollah

Ayuntamiento [*ajun...*; *span.*] *der* od. *das*; -[s], -s: Gemeinderat spanischer Gemeinden

Azalee [*gr.-nlat.*], auch: **Azalie** [...*iᵉ*] *die*; -, -n: Felsenstrauch, Zierpflanze aus der Familie der Heidekrautgewächse

Azarolapfel [*arab.-span.*; *dt.*] *der*; -s, ...äpfel: Frucht der (zu den Rosengewächsen gehörenden) mittelmeerischen Mispel. **Azarole** *die*; -, -n: = Azarolapfel

azentrisch [*gr.*; *gr.-lat.-nlat.*]: kein Zentrum aufweisend (z. B. von einem astronomischen Weltbild)

azeo|trop [*gr.-nlat.*]: einen bestimmten, konstanten Siedepunkt besitzend (von einem Flüssigkeitsgemisch, das aus zwei od. mehr Komponenten besteht)

azephal vgl. akephal. **Azephale** [*gr.-nlat.*] *der* od. *die*; -n, -n: Mißgeburt ohne Kopf. **Azephalen** *die* (Plural): (veraltet) Muscheln (Biol.). **Azephalie** *die*; -, ...ien: das Fehlen des Kopfes (bei Mißgeburten; Med.)

Azeriden [*gr.*; *lat.*] *die* (Plural): Arzneimittel, bes. Salben, die kein Wachs enthalten

Azetaldehyd vgl. Acetaldehyd. **Azetale** vgl. Acetale. **Azetat** usw. vgl. Acetat usw. **Azeton** usw. vgl. Aceton usw. **Azetyl** usw. vgl. Acetyl usw.

Azid [*gr.-fr.-nlat.*] *das*; -[e]s, -e: Salz der Stickstoffwasserstoffsäure (Chem.)

Azilien [*asiliäng*; *fr.*; nach dem Fundort Le Mas-d'Azil (*l^e maßdasil*) in Frankreich] *das*; -[s]: Stufe der Mittelsteinzeit

Azimut [*arab.*] *das*, (auch:) *der*; -s, -e: Winkel zwischen der Vertikalebene eines Gestirns u. der Südhälfte der Meridianebene, gemessen von Süden über Westen, Norden u. Osten. **azimutal** [*arab.-nlat.*]: das Azimut betreffend

Azine [*gr.-fr.-nlat.*] *die* (Plural): stickstoffhaltige Verbindungen des → Benzols, Grundstoff der Azinfarbstoffe (Chem.)

azinös [*lat.*]: traubenförmig, beerenartig (von Drüsen; Med.)

Azobenzol [*gr.-fr.*] *das*; -s: orangerote organische Verbindung, Grundstoff der Azofarbstoffe (Chem.). **Azofarbstoff** *der*; -[e]s, -e: Farbstoff der wichtigsten Gruppe der Teerfarbstoffe (Chem.). **Azoikum** [*gr.-nlat.*] *das*; -s: Erdzeitalter ohne Spuren organischen Lebens; vgl. Archaikum (Geol.). **azoisch**: 1. zum Azoikum gehörend (Geol.). 2. ohne Spuren von Lebewesen (Geol.). **Azoo|spermie** [*azo-o...*] *die*; -, ...ien: das Fehlen von beweglichen → Spermien in der Samenflüssigkeit (Med.). **Azotämie** [*gr.-fr.*; *gr.-nlat.*] *die*; -, ...ien: Stickstoffüberschuß im Blut (Med.). **Azote** [*asot*; *gr.-fr.*] *der*; -: franz. Bez. für: Stickstoff. **azotieren**: Stickstoff in eine chem. Verbindung einführen (Chem.). **Azotobakter** [*gr.-fr.*; *gr.-nlat.*] *der* od. *das*; -s, -: frei im Boden lebende Knöllchen-(Stickstoff-)Bakterie. **Azotobakterin** *das*; -s: Düngemittel, das → Azotobakter enthält. **Azotor|rhö**[1] *die*; -, -en u. **Azotor|rhöe** [*...rö*] *die*; -, -n [*...rö^en*]: gesteigerte Ausscheidung stickstoffhaltiger Verbindungen (z. B. Harnstoff) im Stuhl (Med.). **Azot|urie** *die*; -, ...ien: stark gesteigerte Ausscheidung von Stickstoff (Harnstoff) im Harn (Med.)

Azulejos [*aßulęchoß*; *span.*] *die* (Plural): bunte, bes. blaue Fayenceplatten (vgl. Fayence) aus Spanien

Azulen [*pers.-arab.-span.-nlat.*] *das*; -s, -e: ein Kohlenwasserstoff; keimtötender Bestandteil des ätherischen Öls der Kamille.

Azur [*pers.-arab.-mlat.-fr.*] *der*; -s: (dichter.) 1. das Blau des Himmels (intensiver Blauton). 2. der blaue Himmel. **Azureelinien** [*fr.*; *lat.*] *die* (Plural): waagerechtes, meist wellenförmiges Linienband auf Vordrucken (z. B. auf Wechseln od. Schecks) zur Erschwerung von Änderungen od. Fälschungen. **azuriert** [*fr.*]: mit Azureelinien versehen. **Azurit** [auch: *...it*; *fr.-nlat.*] *der*; -s: ein Mineral (Kupferlasur). **azurn** [*fr.*]: himmelblau

Azyan|opsie [*gr.-nlat.*] *die*; -, ...ien: Farbenblindheit für blaue Farben (Med.)

Azygie [*gr.*] *die*; -: 1. Ungepaartheit, das Nichtverschmelzen von → Gameten (Biol.). 2. einfaches Vorhandensein eines Organs (Unpaarigkeit; z. B. Leber, Milz; Med.). **azygisch**: 1. ungepaart. 2. unpaarig

azy|klisch [*gr.-nlat.*]: 1. nicht kreisförmig. 2. zeitlich unregelmäßig. 3. spiralig angeordnet (von Blütenblättern; Bot.). 4. (chem. fachspr.:) acyclisch: mit offener Kohlenstoffkette im Molekül (von organ. chem. Verbindungen)

Azyma [*gr.-lat.*] *die* (Plural): 1. ungesäuertes Brot, → Matze. 2. umschreibende Bezeichnung für das Passahfest (vgl. Passah 1)

Azzurri, (meist:) **Azzurris** [*pers.-arab.-it.*; „die Blauen"] *die* (Plural): Bezeichnung für Sportmannschaften in Italien

B

Baal [*bal*; *hebr.*] *der*; -s, -e u. -im: altorientalische Gottesbezeichnung, biblisch meist für heidnische Götter. **Baalsdienst** *der*; -[e]s: Verehrung eines Baals; Götzendienst

Baas [*baß*; *niederl.*] *der*; -es, -e: (bes. Seemannsspr.) Herr, Meister, Aufseher, Vermittler (in Holland u. Norddeutschland)

Baba
I. **Baba** [*türk.*; „Vater"] *der*; -: türkischer Ehrentitel von Geistlichen u. Frommen.
II. **Baba** [*slaw.*] *die*; -, -s: (landsch.) Großmutter

Babbitt [*bäbit*; *engl.*]
I. *das*; -s, -s: Sammelbez. für: Blei- u. Zinnbronzen.
II. *der*; -s, -s: nordamerik. Durchschnittsmensch (nach dem Titelhelden eines Romans von Sinclair Lewis)

Babel [*gr.-lat.-hebr.*] *das*; -s, -: 1. vom Sittenverfall gekennzeichneter Ort. 2. Stadt, in der nicht nur die Landessprache, sondern verwirrend viele andere Sprachen zu hören sind, gesprochen werden

Babesien [*...i^en*; *nlat.*; nach dem rumän. Arzt V. Babes] *die* (Plural): Einzeller aus der Klasse der Sporentierchen, Erreger von verschiedenen Tierkrankheiten, die durch Zecken übertragen werden

Babirussa [*malai.*] *der*; -[s], -s: Hirscheber auf Celebes

Babismus [*pers.-nlat.*] *der*; -: religiöse Bewegung des persischen Islams im 19. Jh. (ging dem → Bahaismus voraus). **Babist** *der*; -en, -en: Anhänger der Lehre des islamischen Babismus

Babouvismus [*babuwiß...*; *fr.-nlat.*] *der*; -: Lehre des franz. Jakobiners u. Sozialisten Babeuf [*baböf*]

Babu [*Hindi*; „Fürst"] *der*; -s, -s: a) (ohne Plural) indischer Titel für gebildete Inder, entsprechend unserem „Herr"; b) Träger dieses Titels

Babusche u. Pampusche [auch: *...usch^e*; *pers.-arab.-fr.*] *die*; -, -n (meist Plural): (landsch.) Stoffpantoffel

Babuschka [*poln.*] *die*; -, -s: (landsch.) alte Frau, Großmutter; vgl. Baba (II)

Baby [*bebi*; *engl.*] *das*; -s, -s: 1. Säugling, Kleinkind. 2. Kosebezeichnung für ein Mädchen, im Sinne von Liebling (als Anrede). **Babyboom** [*bebi...*; *engl.*] *der*; -s, -s: Anstieg der Geburtenzahlen. **Babydoll** [*be^i...*, auch: *...ol*; nach der Titelfigur des gleichnamigen amerikan. Films] *das*; -[s], -s: Damenschlafanzug aus leichtem Stoff mit kurzem Höschen u. weitem Oberteil

Babylon *das*; -s, -s: = Babel. **babylonisch:** in den Wendungen: eine -e Sprachverwirrung, ein -es Sprachengewirr: verwirrende Vielfalt von Sprachen, die an einem Ort zu hören sind, gesprochen werden

Babylook [*be^ibiluk*; „Kinderaussehen"] *der*; -s, -s: Make-up, das

---

[1] Vgl. die Anmerkung zu Diarrhö.

dem Gesicht ein junges, kindliches Aussehen gibt (Kosmetik). **Baby-Pro** [*be̠ⁱ...; engl.; lat.*] *die* od. *der*; -, -: (Jargon) bes. junger, sich prostituierender weiblicher bzw. männlicher Minderjähriger. **babysitten** [*be̠bißitᵉn*, auch: *...sitᵉn*]: (ugs.) während der Abwesenheit z. B. der Eltern auf das kleine Kind, die kleinen Kinder aufpassen, sie betreuen, sich um sie kümmern. **Babysitter** [*be̠bi...*] *der*; -s, -: jmd., der auf ein kleines Kind, kleine Kinder während der Abwesenheit z. B. der Eltern [gegen Entgelt] aufpaßt, sie betreut, sich um sie kümmert. **babysittern** [*be̠bi...*]: = babysitten

Ba̤ccarat *das*; -s: = Bakkarat

Bac|chanal [*bachanal*, österr. auch: *baka...; gr.-lat.*].

I. *das*; -s, -ien [*...iᵉn*]: altröm. Fest zu Ehren des griech.-röm. Weingottes Bacchus.

II. *das*; -s, -e: ausschweifendes Trinkgelage

Bac|cha̤nt [*bach...*, österr. auch: *baka̤nt; gr.-lat.*] *der*; -en, -en: 1. (dicht.) Trinkbruder; trunkener Schwärmer. 2. fahrender Schüler im Mittelalter. **Bac|cha̤ntin** *die*; -, -nen: = Mänade. **bac|cha̤ntisch:** ausgelassen, trunken, überschäumend. **Bac|chius** [*bachius*] *der*; -, ...i̱en: dreisilbige antike rhythmische Einheit (Versfuß) von der Grundform ⏑– –. **Bac|chus** [*ba̤ch...*, österr. auch: *ba̤kus*]: gr.-röm. Gott des Weins; [dem] - huldigen: Wein trinken (dichterisch)

Bachelor [*ba̤tschᵉlᵉr; kelt.-mlat.-fr.-engl.*] *der*; -[s], -s: niedrigster akademischer Grad in England, den USA u. anderen englischsprachigen Ländern; Abk.: B.; vgl. Bakkalaureus

Bachti̱ari *der*; -[s], -[s]: von dem iran. Bergvolk der Bachtiaren geknüpfter Teppich

Bacile [*batschi̱le; mlat.-it.*] *das*; -, ...li: beckenartige große [Majolika]schale

Bacillus [*...zi̱l...; lat.*] *der*; -, ...lli: 1. (meist Plural) Arzneistäbchen zur Einführung in enge Kanäle. 2. = Bazillus

Back [*bä̤k; engl.*] *der*; -s, -s: (veraltet, aber noch österr. u. schweiz.) Verteidiger (Fußball). **Backgammon** [*bäkgämᵉn; engl.*] *das*; -s: Würfelbrettspiel. **Background** [*bä̤kgraunt*; „Hintergrund"] *der*; -s, -s: 1. Filmprojektion od. stark vergrößertes Foto als Hintergrund einer Filmhandlung. 2. vom Ensemble gebildeter harmonischer Klanghintergrund, vor dem ein Solist improvisiert (Jazz). 3. geistige Herkunft, Milieu. 4. Berufserfahrung, Kenntnisse. **Backhand** [*bä̤khänt*] *die*; -, -s, (auch:) *der*; -[s], -s: Rückhand[schlag] im [Tisch]tennis, Federball u. [Eis]hockey; Ggs. → Forehand. **Backspring** [*bä̤kßpring*] *der*; -s, -s: Sprung nach rückwärts, um dem Schlag des Gegners auszuweichen (Boxen)

Bacon [*be̠ⁱkᵉn; german.-fr.-engl.*] *der*; -s: durchwachsener, leicht gesalzener u. angeräucherter Speck. **Baconschwein** *das*; -s, -e: Schwein mit zartem Fleisch u. dünner Speckschicht

Badi̱a [*aram.-gr.-lat.-it.*] *die*; -, ...i̱en: ital. Bezeichnung für: Abtei[kirche]

Badinage [*...asch*ᵉ; *fr.*] *die*; -, -n u. **Badinerie̱** *die*; -, ...i̱en: scherzhaft tändelndes Musikstück, Teil der Suite im 18. Jh.

Badlands [*bä̤dländs; engl.*; „schlechte Ländereien"; nach dem gleichnamigen Gebiet in Süddakota] *die* (Plural): vegetationsarme, durch Rinnen, Furchen o. ä. zerschnittene Landschaft (Geogr.)

Badminton [*bä̤dmintᵉn; engl.*; Besitztum des Herzogs von Beaufort in England] *das*; -: Wettkampfform des Federballspiels

Bad Trip [*bä̤d...; engl.*; „schlechte Reise"] *der*; - -s, - -s: = Horrortrip

Ba̤fel u. **Bo̤fel** u. **Pa̤fel** [*hebr.-jidd.*] *der*; -s, -: 1. (ohne Plural) Geschwätz. 2. Ausschußware

Bag [*bä̤k; germ.-engl.*] *das*; -[s], -[s]: Sack als Maß (in Kanada 1 - Kartoffeln = 40,8 kg)

Bagage [*bagasch*ᵉ; *fr.*] *die*; -, -n: 1. (veraltet) Gepäck, Troß. 2. (abwertend) Gesindel, Pack

Baga̤sse [*lat.-galloroman.-fr.*] *die*; -, -n: Preßrückstand bei der Zuckergewinnung aus Rohrzucker. **Bagasso̱se** [*fr.*] *die*; -, -n: Staublungenerkrankung bei Zuckerrohrarbeitern

Bagate̱lldelikt *das*; -[e]s, -e: Delikt, bei dem die Schuld des Täters gering ist u. kein öffentliches Interesse an einer Strafverfolgung besteht. **Bagate̱lle** [*lat.-it.-fr.*] *die*; -, -n: 1. unbedeutende Kleinigkeit. 2. kurzes Instrumentalstück ohne bestimmte Form (Mus.). **bagatellisi̱eren:** als Bagatelle behandeln, als geringfügig u. unbedeutend hinstellen, verniedlichen

Baggings [*bä̤gingß; engl.*] *die* (Plural): Bastfasergewebe (Jute), bes. für Wandbespannungen, Verpackungsstoffe usw.

Ba|gno [*ba̤njo; gr.-lat.-it.*; „Bad"] *das*; -s, -s u. ...gni: (hist.) Strafanstalt, Strafverbüßungsort [für Schwerverbrecher] (in Italien u. Frankreich)

Baguette [*bagä̤t; lat.-it.-fr.*] *die*; -, -n [*...tᵉn*]: 1. besondere Art des Edelsteinschliffs. 2. franz. Stangenweißbrot

Bahai̱ [auch: *baha̱i; pers.*] *der*; -, -[s]: Anhänger des Bahaismus. **Bahai̱smus,** Behai̱smus [*pers.-nlat.*; von *pers.* Baha Ullah „Glanz Gottes", dem Ehrennamen des Gründers Mirsa Husain Ali] *der*; -: aus dem → Babismus entstandene universale Religion

Ba̤har [*arab.*] *der* od. *das*; -[s], -[s]: Handelsgewicht in Ostindien

Baha̤sa Indone̤sia *die*; - -: amtl. Bezeichnung der modernen indonesischen Sprache

Ba̤th [*Thai*] *der*; -, -: Währungseinheit in Thailand; Abk.: B

Bahu|wri̱hi [*sanskr.*; „viel Reis (habend)"] *das*; -, -: Zusammensetzung, die eine Sache nach einem charakteristischen Merkmal benennt; → exozentrisches Kompositum, Possessivkompositum (z. B. Langbein, Dickkopf, Löwenzahn; Sprachw.)

Ba̤i [*mlat.-span.-fr.-niederl.*] *die*; -, -en: Meeresbucht

Bai̤ao [*lateinamerik.*] *der*; -: moderner lateinamerikan. Gesellschaftstanz in offener Tanzhaltung u. lebhaftem $^2/_4$- od. $^4/_8$-Takt

Baigneuse [*bänjö̱sᵉ; fr.*; „Badehaube"] *die*; -, -n: (hist.) Spitzenhaube (etwa 1780–1785)

Bailiff [*be̠ⁱlif; lat.-fr.-engl.*] *der*; -s, -s: engl. Form von: Bailli. **Bailli** [*baji̱; lat.-fr.*] *der*; -[s], -s: mittelalterl. Titel für bestimmte Verwaltungs- und Gerichtsbeamte in England, Frankreich u. bei den Ritterorden. **Bailliage** [*bajasch*ᵉ] *die*; -, -n: a) Amt eines Bailli; b) Bezirk eines Bailli; vgl. Ballei

Bain-marie̱ [*bäng...; fr.*] *das*; -, Bains-marie [*bäng...*]: Wasserbad (zum Warmhalten von Speisen)

Baira̤m [*türk.*] *der*; -[s], -s: türk. Name zweier großer Feste des Islams

Baiser [*bäse̱; lat.-fr.*; „Kuß"] *das*; -s, -s: feines, aus Eiweiß und Zucker bestehendes porös-sprödes, weißes Schaumgebäck

Baisse [*bäß*ᵉ; *lat.-vulgärlat.-fr.*] *die*; -, -n: [starkes] Fallen der Börsenkurse od. Preise; Ggs. → Hausse. **Baisseklausel** *die*; -, -n: Vereinbarung zwischen Käufer u. Verkäufer, daß der Käufer von einem Vertrag zurücktreten darf, wenn er von anderer Seite billiger beziehen kann. **Baissespekulant** *der*; -en, -en: = Baissier. **Baissier**

[*bäßie*] *der;* -s, -s: jmd., der auf Baisse spekuliert; Ggs. → Haussier

Bait [*arab.*; „Haus"] *das;* -[s], -s: Verspaar des → Gasels; vgl. Königsbait

Bajadere [*gr.-lat.-port.-niederl.-fr.*] *die;* -, -n: indische Tempeltänzerin

Bajazzo [*lat.-it.*] *der;* -s, -s: Possenreißer (des italien. Theaters)

Bajonett [*fr.*; vom Namen der Stadt Bayonne in Südfrankr.] *das;* -[e]s, -e: auf das Gewehr aufsetzbare Hieb-, Stoß- u. Stichwaffe mit Stahlklinge für den Nahkampf; Seitengewehr. **bajonettieren**: mit dem Bajonett fechten. **Bajonettverschluß** *der;* ...usses, ...üsse: leicht lösbare Verbindung von rohrförmigen Teilen (nach der Art, wie das Bajonett auf das Gewehr gesteckt wird)

Bakel [*lat.*] *der;* -s, -: (veraltet) Schulmeisterstock

Bakelit Ⓦ [auch: ...*it*; Kunstw.; nach dem belg. Chemiker Baekeland] *das;* -s: Kunstharz

Bakkalaureat [*mlat.-fr.*] *das;* -[e]s, -e: 1. unterster akademischer Grad (in England u. Nordamerika). 2. (in Frankreich) Abitur, Reifeprüfung. **Bakkalaureus** [...*re-uß*; *mlat.*] *der;* -, ...rei [...*re-i*]: Inhaber des Bakkalaureats

Bakkarat [*bakara*, auch: ...*ra*; *fr.*] *das;* -s: ein Kartenglücksspiel

Bakken [*norw.*] *der;* -[s], -: Sprunghügel, -schanze (Skisport)

Bakschisch [*pers.*] *das,* (auch:) *der;* - u. -[e]s, -e: 1. Almosen; Trinkgeld. 2. Bestechungsgeld

Bakteri|ämie [*gr.-nlat.*] *die;* -, ...ien: Auftreten von Bakterien im Blut in sehr großer Anzahl. **Bakterie** [...*i*^e^; *gr.-lat.*; „Stäbchen, Stöckchen"] *die;* -, -n: einzelliges Kleinstlebewesen (Spaltpilz), oft Krankheitserreger. **bakteriell**: a) Bakterien betreffend; b) durch Bakterien hervorgerufen. **Bakteriologe** [*gr.-nlat.*] *der;* -n, -n: Wissenschaftler und Forscher auf dem Gebiet der Bakteriologie. **Bakteriologie** *die;* -: Wissenschaft von den Bakterien. **bakteriologisch**: die Bakteriologie betreffend. **Bakteriolyse** *die;* -, -n: Auflösung, Zerstörung von Bakterien durch spezifische → Antikörper. **Bakteriolysin**: *das;* -s, -e (meist Plural): im Blut entstehender Schutzstoff, der bestimmte Bakterien zerstört. **bakteriolytisch**: Bakterien zerstörend. **Bakteriophage** *der;* -n, -n (meist Plural): virenähnliches (vgl. Virus) Kleinstlebewesen, das Bakterien zerstört. **Bakteriose** *die;* -, -n: durch Bakterien verursachte Pflanzenkrankheit. **Bakteriostase** *die;* -, -n: Hemmung des Wachstums u. der Vermehrung von Bakterien. **bakteriostatisch**: Wachstum u. Vermehrung von Bakterien hemmend. **Bakteriotherapie** *die;* -, ...ien: Erzeugung einer → Immunität gegen ansteckende Krankheiten durch Schutzimpfung. **Bakterium** [*gr.-lat.*] *das;* -s, ...ien [...*i*^e^*n*]: (veraltet) Bakterie. **Bakteri|urie** [*gr.-nlat.*; *lat.*; *gr.*] *die;* -: Vorkommen von Bakterien im Harn. **bakterizid** [*gr.*; *lat.*]: keimtötend. **Bakterizid** *das;* -s, -e: keimtötendes Mittel

Balalaika [*russ.*] *die;* -, -s u. ...ken: mit der Hand oder einem → Plektron geschlagenes, dreisaitiges russ. Instrument

Balance [*balangß*^e^; *lat.-vulgärlat.-fr.*] *die;* -, -n: Gleichgewicht. **Balancé** [*balangße*] *das;* -s, -s: Schwebeschritt (Tanzk.). **Balanceakt** *der;* -[e]s, -e: Vorführung eines Balancierkünstlers, Seilkunststück. **Balancement** [...*mang*] *das;* -s: Bebung (leichtes Schwanken der Tonhöhe) bei Saiteninstrumenten (Mus.). **Balance of power** [*bäl*^e^*nß* ^e^*w pau*^e^*r*; *engl.*; „Gleichgewicht der Kräfte"] *die;* - - -: Grundsatz der Außenpolitik, die Vorherrschaft eines einzigen Staates zu verhindern (Pol.). **balancieren** [*balangßir*^e^*n*]: (in bezug auf eine Situation, Lage, in der es schwierig ist, Mühe macht, das Gleichgewicht nicht zu verlieren) das Gleichgewicht halten, sich im Gleichgewicht fortbewegen

Balanitis, **Balanopos|thitis** [*gr.-nlat.*] *die;* -, ...itiden: Entzündung im Bereich der Eichel, Eicheltripper (Med.)

Balata [auch: ...*lata*; *indian.-span.*] *die;* -: kautschukähnliches Naturerzeugnis. **Balatum** Ⓦ [auch: ...*latum*] *das;* -s: Fußbodenbelag aus Wollfilz, mit Kautschuklösung getränkt

Balban [*russ.*] *der;* -s, -e: (veraltet) künstlicher Lockvogel (Jagdw.)

balbieren: = barbieren

Balboa [span. Entdecker] *der;* -[s], -[s]: Währungseinheit in Panama

Baldachin [auch: ...*chin*; *it.*; von Baldacco, der früheren italien. Form des Namens der irakischen Stadt Bagdad] *der;* -s, -e: 1. eine Art Dach, Himmel aus Stoff u. in prunkvoller Ausführung, der sich über etw. (z. B. Thron, Altar, Kanzel, Bett) drapiert befindet. 2. steinerner Überbau über einem Altar, über Statuen usw.

baldowern: (landsch.) nachforschen, ausbaldowern

Balenit [auch: ...*it*; *gr.-nlat.*] *das;* -s: Versteifungsplättchen aus vulkanisiertem Kautschuk (Ersatz für Fischbein)

Balester [*gr.-lat.-mlat.*] *der;* -s, -: (hist.) Kugelarmbrust

Bale|stra [*it.*] *die;* -, ...ren: (beim Fechten) Sprung vorwärts mit Ausfall, eine Angriffsbewegung, bei der sich der bewaffnete Arm u. das entsprechende Bein nach vorn bewegen

Balge, **Balje** [*lat.-gallorom.-fr.-niederd.*] *die;* -, -n: (nordd.) 1. Waschfaß, Kufe. 2. Wasserlauf im Watt

balkanisieren [*türk.-nlat.*]: staatlich zersplittern u. in verworrene politische Verhältnisse bringen (wie sie früher auf dem Balkan herrschten). **Balkanistik** *die;* -: = Balkanologie. **Balkanologe** [*türk.*; *gr.*] *der;* -n, -n: Wissenschaftler auf dem Gebiet der Balkanologie. **Balkanologie** *die;* -: wissenschaftl. Erforschung der Balkansprachen u. -literaturen

Balkon [*balkong*, (fr.:) ...*kong*, (auch, bes. südd., österr. u. schweiz.:) ...*kon*; *germ.-it.-fr.*] *der;* -s, -s u. (bei nichtnasalierter Ausspr.:) -e: 1. offener Vorbau an einem Haus, auf den man hinaustreten kann. 2. höher gelegener Zuschauerraum im Kino u. Theater. 3. (salopp, scherzh.) üppiger, stark vorspringender Busen

Ball [*gr.-lat.-fr.*] *der;* -[e]s, Bälle: Tanzfest. **Ballade** [*gr.-lat.-it.-fr.-engl.*; „Tanzlied"] *die;* -, -n: episch-dramatisch-lyrisches Gedicht in Strophenform. **balladesk**: in der Art einer Ballade, balladenhaft. **Ballad-opera** [*bäl*^e^*dop*^e^*r*^e^; *engl.*] *die;* -, -s: engl. Singspiel des 18. Jh.s mit volkstümlichen Liedern

Ballawatsch vgl. Pallawatsch

Ballei [*lat.-mlat.*] *die;* -, -en: [Ritter]ordensbezirk, Amtsbezirk

Ballerina, **Ballerine** [*gr.-lat.-it.*] *die;* -, ...nen: [Solo]tänzerin im Ballett. **Ballerino** *der;* -s, -s: [Solo]tänzer im Ballett. **Balleron** [*fr.*] *der;* -s, -s: (schweiz.): eine dicke Aufschnittwurst. **Ballett** *das;* -[e]s, -e: 1. a) (ohne Plural) [klassischer] Bühnentanz; b) einzelnes Werk dieser Gattung. 2. Tanzgruppe für [klassischen] Bühnentanz. **Ballettanz** *der;* -es, ...tänze: [klassischer] Bühnentanz einer Gruppe von Tänzern u. Tänzerinnen. **Balletteuse** [*balätös*^e^; französierende Ableitung von *Ballett*] *die;* -, -n: Ballettänzerin. **Ballett-**

korps [...kor] das; -, -: → Corps de ballet; Gruppe der nichtsolistischen Balletttänzer, die auf der Bühne den Rahmen u. Hintergrund für die Solisten bilden

ballhornisieren [nach dem Lübekker Buchdrucker J. Ballhorn]: (selten) verballhornen

Ballismus [*gr.-nlat.*] *der*; -: plötzliche krankhafte Schleuderbewegungen der Arme (Med.).

Balliste [*gr.-lat.*] *die*; -, -n: antikes Wurfgeschütz. **Ballistik** [*gr.-nlat.*] *die*; -: Lehre von der Bewegung geschleuderter od. geschossener Körper. **Ballistiker** *der*; -s, -: Forscher auf dem Gebiet der Ballistik. **ballistisch**: die Ballistik betreffend; -e Kurve: Flugbahn eines Geschosses; -e Rakete: Rakete, die sich in einer Geschoßbahn bewegt; -es Pendel: Vorrichtung zur Bestimmung von Geschoßgeschwindigkeiten.

Ballistokardio|graphie *die*; -, ...ien: Aufzeichnung der Bewegungskurven, die die Gliedmaßen auf Grund der Herztätigkeit u. des damit verbundenen stoßweisen Füllens der Arterien ausführen (Med.)

Ballit [auch: ...it; Kunstw.] *das*; -s: ein plastisches Holz aus knetbarer Paste

Ballo|elek|trizität [*nlat.*] *die*; -: Wasserfallelektrizität, elektrische Aufladung der in der Luft schwebenden Tröpfchen beim Zerstäuben von Wasser (Phys.)

Ballon [*balong*, (fr.:) *...long*, (auch, bes. südd., österr. u. schweiz.:) *...lon*; *germ.-it.-fr.*] *der*; -s, -s u. (bei nichtnasalierter Ausspr.:) -e: 1. ballähnlicher, mit Luft od. Gas gefüllter Gegenstand. 2. von einer gasgefüllten Hülle getragenes Luftfahrzeug. 3. große Korbflasche. 4. Glaskolben (Chem.). 5. (salopp) Kopf. **Ballon d'essai** [*balong däße*; *fr.*; „Versuchsballon"] *der*; - -, -s -: Nachricht, Versuchsmodell o. ä., womit man die Meinung eines bestimmten Personenkreises erkunden will.

Ballonett [*germ.-it.-fr.*] *das*; -[e]s, -e u. -s: Luft-(Gas-)Kammer im Innern von Fesselballons u. Luftschiffen. **Ballonmütze** [*germ.-it.-fr.*; *dt.*] *die*; -, -n: hohe, runde Mütze [mit Schirm]. **Ballonreifen** *der*; -s, -: Niederdruckreifen für Kraftfahrzeuge u. Fahrräder. **Ballonsegel** *das*; -s, -: leichtes, sich stark wölbendes Vorsegel auf Jachten

Ballot

I. [*balo*; *germ.-fr.*] *das*; -s, -s: 1. kleiner Warenballen. 2. Stückzählmaß im Glashandel.

II. [*bälet*; *germ.-it.-fr.-engl.*] *das*; -s, -s: engl.-amerikan. Bezeichnung für: geheime Abstimmung

Ballotade [*germ.-it.-fr.*] *die*; -, -n: ein Sprung des Pferdes bei der Hohen Schule. **Ballotage** [...*tasch*] *die*; -, -n: geheime Abstimmung mit weißen od. schwarzen Kugeln. **ballotieren**: mit Kugeln abstimmen. **Ballotine** [*fr.*] *die*; -, -n: a) Vorspeise, die aus Fleisch, Wild, Geflügel od. Fisch besteht; b) von Knochen befreite, gebratene u. gefüllte Geflügelkeule (Gastr.)

Ballyhoo [*bälihu* u. *bälihu*; *engl.*] *das*; -: marktschreierische Propaganda

Balme [*kelt.?-mlat.*] *die*; -, -n: Gesteinsnische od. Höhle unter einer überhängenden Wand, bes. in Juraschichten

Balneographie [*gr.-nlat.*] *die*; -, ...ien: Beschreibung von Heilbädern. **Balneologie** *die*; -: Bäderkunde, Heilquellenkunde. **balneologisch**: die Bäderkunde betreffend. **Balneophysiologie** *die*; -: Physiologie der innerlichen u. äußerlichen Anwendung von Heilquellen beim Menschen. **Balneotherapie** *die*; -: Heilbehandlung durch Bäder (Med.)

Bal paré [*bal pare*; *fr.*] *der*; - -, -s -s [*bal pare*]: besonders festlicher Ball

Balsa [*span.*]

I. *das*; -: sehr leichtes Nutzholz des mittel- u. südamerik. Balsabaumes (u. a. im Floßbau verwendet).

II. *die*; -, -s: floßartiges Fahrzeug aus Binsenbündeln (urspr. aus dem leichten Holz des Balsabaumes) bei den Indianern Südamerikas

Balsam [*hebr.-gr.-lat.*] *der*; -s, -e: 1. dickflüssiges Gemisch aus Harzen u. ätherischen Ölen, bes. in der Parfümerie u. (als Linderungsmittel) in der Medizin verwendet. 2. Linderung, Labsal, z. B. das war - für seine Ohren. **balsamieren**: einsalben, → einbalsamieren. **Balsamine** [*hebr.-gr.-lat.-nlat.*] *die*; -, -n: = Impatiens. **balsamisch** [*hebr.-gr.-lat.*]: 1. wohlriechend. 2. wie Balsam, lindernd

Baltistik [*lat.-mlat.-nlat.*] *die*; -: = Baltologie. **Baltologe** [*lat.-mlat.*; *gr.*] *der*; -n, -n: Wissenschaftler auf dem Gebiet der Baltologie. **Baltologie** *die*; -: wissenschaftl. Erforschung der baltischen Sprachen u. Literaturen

Baluster [*gr.-lat.-it.-fr.*] *der*; -s, -: kleine Säule als Geländerstütze. **Balu|strade** *die*; -, -n: Brüstung, Geländer mit Balustern

Balyk [*russ.*] *der*; -: getrockneter Störrücken (russ. Delikatesse)

Bambina [*it.*] *die*; -, -s: (ugs.) a) kleines Mädchen; b) junges Mädchen, Backfisch; c) Freundin. **Bambino** *der*; -s, ...ni u. (ugs.) -s: 1. das Jesuskind in der ital. Bildhauerei u. Malerei. 2. (ugs.) a) kleines Kind; b) kleiner Junge. 3. (Plural: -s) (Jargon) → Amphetamin- od. → Weckamintablette. **Bambocciade** [...*botscha*...; nach dem Niederländer Pieter van Laer (um 1595–1642), der als erster Genreszenen in Italien malte u. seiner Mißgestalt wegen den Namen „Bamboccio" (= Knirps) trug] *die*; -, -n: genrehafte, derbkomische Darstellung des Volkslebens

Bambule [*Bantuspr.-fr.*; „Negertrommel; Negertanz"] *die*; -, -n: Protesthandlung aufgebrachter Häftlinge (z. B. Demolieren der Zelleneinrichtung)

Bambus [*malai.-niederl.*] *der*; -[ses], -se: vor allem in tropischen u. subtropischen Gebieten vorkommende, bis 40 m hohe, verholzende Graspflanze. **Bambusvorhang** *der*; -s: weltanschauliche Grenze zwischen dem kommunistischen u. nichtkommunistischen Machtbereich in Südostasien

Bami-goreng [*malai.*] *das*; -[s], -s: indonesisches Nudelgericht

Ban

I. Ban [*serbokroat.*; „Herr"] *der*; -s, -e u. Banus *der*; -, -: a) ungarischer und serbokroatischer Würdenträger (10. u. 11. Jh.); b) im 12.–15. Jh. Titel der Oberbeamten mehrerer südlicher Grenzmarken Ungarns.

II. Ban [*Thai*] *das*; -, -: thailänd. Getreidemaß (1472 Liter).

III. Ban [*rumän.*] *der*; -[s], Bani: rumän. Münze (100 Bani = 1 Leu)

banal [*germ.-fr.*]: [in enttäuschender Weise] nichts Besonderes darstellend, bietend. **banalisieren**: ins Banale ziehen, verflachen. **Banalität** *die*; -, -en: 1. (ohne Plural) Plattheit, Fadheit. 2. banale Bemerkung, Feststellung

Banane [*afrik.-port.*] *die*; -, -n: eine wohlschmeckende, länglichgebogene tropische Frucht mit dicker, gelber Schale. **Bananenrepublik** [*amerik.* banana republic] *die*; -, -en: kleines Land in den tropischen Gebieten Amerikas, das fast nur vom Südfrüchteexport lebt u. von fremdem, meist US-amerikanischem Kapital abhängig ist. **Bananensplit** [*afrik.-port.*; *engl.*; zu to split = zerschneiden, halbieren] *das*; -s, -s: Eisspeise, bestehend aus einer längs durchgeschnittenen Banane, Eis, Schlagsahne [Schokoladensoße]

Banause [*gr.*] *der*; -n, -n: (abwertend) jmd., der ohne Kunstverständnis ist und sich entsprechend verhält; Mensch ohne feineren Lebensstil, der Dinge, denen von Kennern eine entsprechende Wertschätzung entgegengebracht wird, unangemessen behandelt od. verwendet. **banausisch**: (abwertend) ohne Verständnis für geistige u. künstlerische Dinge; ungeistig

Band [*bänt*; *germ.-fr.-engl.-amerik.*] *die*; -, -s: moderne Tanz- od. Unterhaltungskapelle, z. B. Jazzband, Beatband. **Banda** [*germ.-it.*] *die*; -, ...de [*...de*]: Blasorchester. **Bandage** [*bandasch*[e]; *germ.-fr.*] *die*; -, -n: 1. Stützverband. 2. Schutzverband (z. B. der Hände beim Boxen). **bandagieren** [*...schir*[e]*n*]: mit Bandagen versehen, umwickeln. **Bandagist** [*...schißt*] *der*; -en, -en: Hersteller von Bandagen u. Heilbinden

Bandanadruck [*Hindi*; *dt.*] *der*; -s, -e: 1. Zeugdruckverfahren zur Herstellung weißer Muster auf farbigem Grund. 2. Ergebnis dieses Verfahrens

Bande [*germ.-fr.*] *die*; -, -n: Rand, Einfassung, besonders beim Billard, bei Eis- u. Hallenhockey u. in der Reitbahn. **Bandeau** [*bangdo*] *das*; -s, -s: (veraltet) Stirnband. **Bandelier** [*germ.-span.-fr.*] *das*; -s, -e: (veraltet) breiter Schulterriemen als Patronengurt, Degengurt (Wehrgehänge), Patronentaschenriemen der berittenen Truppen. **Bandenspek|trum** *das*; -s, ...tren u. ...tra: Viellinienspektrum; besonders linienreiches, zu einzelnen Bändern verschmolzenes, von Molekülen ausgesandtes Spektrum (Phys.)

Banderilla [*...rilja*; *germ.-span.*] *die*; -, -s: mit Fähnchen geschmückter kleiner Spieß, den der Banderillero dem Stier in den Nacken setzt. **Banderillero** [*...riljero*] *der*; -s, -s: Stierkämpfer, der den Stier mit den Banderillas reizt. **Banderole** [*germ.-roman.-it.-fr.*] *die*; -, -n: 1. mit einem Steuervermerk versehener Streifen, mit dem eine steuer- od. zollpflichtige Ware versehen u. gleichzeitig verschlossen wird (z. B. Tabakwaren). 2. ornamental stark verschlungenes, mit einer Erklärung versehenes Band auf Gemälden, Stichen o. ä. (Kunstw.). 3. (im Mittelalter) a) Wimpel an Speer od. Lanze; b) Quastenschnur um die Trompete der Spielleute u. Heerestrompeter. **banderolieren**: mit einer Banderole versehen

Bandit [*germ.-it.*] *der*; -en, -en: 1. [Straßen]räuber. 2. (abwertend) jmd., der sich anderen gegenüber unmenschlich, verbrecherisch verhält. 3. (familiär) zu Streichen aufgelegter Junge

Bandleader [*bäntlid*[e]*r*; *engl.*] *der*; -s, -: 1. im traditionellen Jazz der die Führungsstimme (→ Lead) im Jazzensemble übernehmende Kornett- oder Trompetenbläser. 2. [Jazz]kapellmeister

Bandola *die*; -, ...len: = Bandura

Bandoneon, Bandonion [nach dem dt. Erfinder des Instruments H. Band] *das*; -s, -s: Handharmonika mit Knöpfen zum Spielen an beiden Seiten

Bandura [*gr.-lat.-it.-poln.-russ.*] *die*; -, -s: lauten- od. gitarrenähnliches ukrain. Saiteninstrument.

Bandurria [*gr.-lat.-span.*] *die*; -, -s: mandolinenähnliches, zehnsaitiges span. Zupfinstrument

Bandy [*bändi*; *germ.-fr.-engl.*] *das*; -, ...dies [*...diß*]: heute veraltete Abart des Eishockeyspiels, bei dem mit einem Ball gespielt wurde

Bani: *Plural* von → Ban (III)

Banjan [*sanskr.-Hindi-engl.*] *die* (Plural): Kaste der Kaufleute in Indien, bes. in den ehemaligen Provinzen Bombay u. Bengalen

Banjo [auch: *bändscho*; *amerik.*] *das*; -s, -s: fünf- bis neunsaitige, langhalsige Gitarre

Bank [*germ.-it.-fr.*] *die*; -, -en: Kreditanstalt, Anstalt zur Abwicklung des Zahlungs- und des Devisenverkehrs. **...bank**: in Zusammensetzungen auftretendes Grundwort mit der Bedeutung „zentrale Stelle, wo das im Bestimmungswort Genannte für den Gebrauchsfall bereitgehalten wird", z. B. Augen-, Blut-, Datenbank. **Bankakzept** *das*; -s, -e: auf eine Bank gezogener und von dieser zur Gutschrift → akzeptierter Wechsel

Bankazinn [nach der Sundainsel Banka] *das*; -s: Zinn, das aus besonders reinen Erzen Indonesiens gewonnen wird (1710 entdeckt)

Banker [auch: *bängk*[e]*r*; *engl.*] *der*; -s, -: [führender] Bankfachmann.

bankerott usw. vgl. bankrott usw.

Bankett *das*; -s, -e

I. [*germ.-it.*]: Festmahl, -essen.

II. [*germ.-fr.*] (auch:) **Bankette** *die*; -, -n: 1. etwas erhöhter [befestigter] Randstreifen einer [Auto]straße. 2. unterster Teil eines Gebäudefundaments (Bauw.)

bankettieren [*germ.-it.*]: (veraltet) ein Bankett halten, festlich tafeln. **Bankier** [*...kie*; *germ.-it.-fr.*] *der*; -s, -s: 1. Inhaber einer Bank. 2. Vorstandsmitglied einer Bank. **Ban|king** [*bäng...*; *engl.*] *das*; -[s]: Bankwesen, Bankgeschäft, Bankverkehr. **Ban|king|theo|rie** [*bäng...*] *die*; -: Geldtheorie, nach der die Ausgabe von Banknoten nicht an die volle Edelmetalldekkung gebunden zu sein braucht. **Bankkonto** *das*; -s, ...ten (auch: -s): 1. Soll-und-Haben-Aufstellung eines Kunden bei einer Bank. 2. Bankguthaben. **Banknote** *die*; -, -n: von einer Notenbank ausgegebener Geldschein. **Banko** [*germ.-it.*] *das*; -s, -s: (veraltet) bankmäßige Währung. **Bankomat** [aus *Bank* u. (Aut)*omat*] *der*; -en, -en: Geldautomat eines Geldinstituts, bei dem ein Kunde auch außerhalb der Schalterstunden Geldbeträge bis zu einer bestimmten Höhe unter Anwendung bestimmter Bedienungsvorschriften erhalten kann. **bank|rott** [*it.* banca rotta (bzw. banco rotto) = „zerbrochener Tisch (des Geldwechslers)"]: finanziell, wirtschaftlich am Ende; zahlungsunfähig. **Bank|rott** *der*; -s, -e: finanzieller, wirtschaftlicher Zusammenbruch; Zahlungsunfähigkeit. **Bank|rotteur** [*...tör*; französierende Bildung] *der*; -s, -e: jmd., der Bankrott gemacht hat. **bank|rottieren**: Bankrott machen

bansai vgl. banzai

Banschaft [*serbokroat.*; *dt.*] *die*; -, -en: (hist.) Verwaltungsbezirk (in Jugoslawien)

Bantamgewicht [*engl.*; nach dem zum Hahnenkampf verwendeten Bantamhuhn, einem Zwerghuhn]: *das*; -[e]s: leichtere Körpergewichtsklasse in der Schwerathletik. **Bantamhuhn** [nach der javanischen Provinz Bantam] *das*; -[e]s, ...hühner: ein [in England gezüchtetes] Zwerghuhn

Banus vgl. Ban (I)

banzai! [*...sai*; *jap.*]: lebe hoch! 10000 Jahre [lebe er]! (japan. Glückwunschruf)

Baobab [*afrik.*] *der*; -s, -s: Affenbrotbaum, zu den Malvengewächsen gehörender afrikan. Steppenbaum

Baptismus [*gr.-lat.*] *der*; -: Lehre evangel. (kalvinischer) Freikirchen, nach der nur die Erwachsenentaufe zugelassen ist. **Baptist** *der*; -en, -en: Anhänger des Baptismus. **Baptisterium** *das*; -s, ...ien [*...i*[e]*n*]: 1. a) Taufbecken, -stein;

b) Taufkapelle; c) [frühmittelalterl.] Taufkirche. 2. Tauch- u. Schwimmbecken eines Bades in der Antike. **baptịstisch:** die Baptisten, den Baptismus betreffend

Bạr

I. [*gr.* báros = „Schwere, Gewicht"] *das*; -s, -s (aber: 5 Bar): Maßeinheit des [Luft]drucks; Zeichen: bar (in der Meteorologie nur: b).

II. [*fr.-engl.*] *die*; -, -s: 1. erhöhter Schanktisch. 2. intimes Nachtlokal

Barạber [*it.*] *der*; -s, -: (österr. ugs.) schwer arbeitender Hilfs-, Bauarbeiter. **barạbern**: (österr. ugs.) schwer arbeiten

Barạcke [*span.-fr.*] *die*; -, -n: behelfsmäßige Unterkunft, einstöckiger, nicht unterkellerter leichter Bau, bes. aus Holz.

Baratterie [*it.*] *die*; -, ...ien: Unredlichkeit der Schiffsbesatzung gegenüber Reeder od. Frachteigentümer (im Seerecht). **barattieren:** [Ware] gegen Ware tauschen

Barbakạne [*roman.*] *die*; -, -n: bei mittelalterl. Befestigungswerken ein dem Festungstor vorgelagertes Außenwerk

Barbar [*gr.-lat.*; „Ausländer, Fremder"] *der*; -en, -en: roher, ungesitteter u. ungebildeter Mensch; Wüstling, Rohling. **Barbarei** *die*; -, -en: Roheit, Grausamkeit; Unzivilisiertheit. **barbarisch:** 1. in einer Weise, die allen Vorstellungen von Gesittung, Bildung, Kultiviertheit widerspricht. 2. (ugs.) sehr [groß, stark], z. B. eine -e Kälte. **Barbarịsmus** *der*; -, ...men: 1. a) in das klassische Latein oder Griechisch übernommener fremder Ausdruck; b) grober sprachlicher Fehler im Ausdruck. 2. Anwendung von Ausdrucksformen der Primitiven in der modernen Kunst u. Musik

Bạrbe [*lat.*] *die*; -, -n: 1. ein Fisch aus der Familie der Karpfenfische. 2. (hist.) Spitzenband an Frauenhauben

Barbecue [*bá^{r}bikju*; *engl.-amerik.*] *das*; -[s], -s: 1. in Amerika beliebtes Gartenfest, bei dem ganze Tiere (Rinder, Schweine) am Spieß gebraten werden. 2. a) Bratrost; b) auf dem Rost gebratenes Fleisch

Barbẹtte [*fr.*; nach der Schutzpatronin der Artilleristen, der heiligen Barbara] *die*; -, -n: 1. (hist.) Geschützbank, Brustwehr von Schiffsgeschützen. 2. ringförmiger Panzer um die Geschütztürme auf Kriegsschiffen

Barbier [*lat.-mlat.-roman.*] *der*; -s, -e: (veraltet) Friseur. **barbieren**: (veraltet) rasieren

Bạrbiton [*gr.-lat.*] *das*; -s, -s u. **Bạrbitos** *die*; -, -: altgriech., der Lyra (1) ähnliches Musikinstrument

Barbiturat [Kunstw.] *das*; -s, -e (meist Plural): Medikament auf der Basis von Barbitursäure, das als Schlaf- und Beruhigungsmittel verwendet wird. **Barbitursäure** *die*; -: Grundstoff der meisten Schlafmittel

Barchan [*...chan*; *russ.*] *der*; -s, -e: bogenförmige Binnendüne

Bạrchent [*arab.-mlat.*] *der*; -s, -e: Baumwollflanell

Bạrches [*...ch^{e}ß*; *hebr.*] *der*; -, -: weißes Sabbatbrot der Juden

Bạrde

I. [*kelt.-lat.-fr.*] *der*; -n, -n: keltischer Sänger u. Dichter des Mittelalters.

II. [*arab.-span.-fr.*] *die*; -, -n: Speckscheibe um gebratenes Geflügel

bardieren [*arab.-span.-fr.*]: mit Speck umwickeln

Bardiet [von → Barditus in Anlehnung an → Barde (I)] *das*; -[e]s, -e: 1. von Klopstock geschaffene Bezeichnung für ein vaterländisches Gedicht. 2. = Barditus.

Barditus u. Barritus [*lat.*] *der*; -, - [*...ítuß*]: Schlachtgeschrei der Germanen vor dem Kampf

Barège [*baräsch^e*; nach dem franz. Ort Barèges (*baräsch*)] *der*; -s: durchsichtiges Seidengewebe

Barẹtt [*gall.-lat.-mlat.*] *das*; -[e]s, -e (auch: -s): flache, schirmlose, kappenartige Kopfbedeckung, meist als Teil der Amtstracht von Geistlichen, Richtern u. a.; vgl. Birett

Bạrgaining [*...gin...*; *engl.*] *das*; -[s]: a) das Verhandeln (Wirtsch.); b) [Vertrags]abschluß (Wirtsch.)

Bạribal [Herkunft unbekannt] *der*; -s, -s: nordamerik. Schwarzbär

Barile [*it.*] *das*; -, ...li: älteres italien. Flüssigkeitsmaß

Barilla [*...rilja*; *span.*] *die*; -: sodahaltige Asche aus verbrannten Meeres- oder Salzsteppenpflanzen

Bạrinas [auch: *bari...*] vgl. Varinas

Bariolage [*bariolasch^e*; *fr.*] *die*; -, -n: besonderer Effekt beim Violinspiel (wiederholter rascher Saitenwechsel mit der Absicht einer Klangfarbenänderung; höherer Ton auf tieferer Saite)

bạrisch [*gr.*]: den Luftdruck betreffend, auf den Luftdruck bezüglich; vgl. Bar (I)

Bạriton [*gr.-lat.-it.*]

I. *der*; -s, -e: a) Männerstimme in der mittleren Lage zwischen Baß u. Tenor; b) solistische Baritonpartie in einem Musikstück; c) Sänger mit Baritonstimme.

II. *das*; -s, -e: = Baryton

baritonal [*nlat.*]: in der Art, Klangfarbe des Baritons. **Baritonịst** *der*; -en, -en: Baritonsänger. **Bạrium** [*gr.-nlat.*] *das*; -s: chem. Grundstoff, Metall; Zeichen: Ba. **Bariumsulfat** *das*; -[e]s: schwefelsaures Barium

Bạrk [*kopt.-gr.-lat.-provenzal.-fr.-engl.-niederl.*] *die*; -, -en: Segelschiff mit zwei größeren und einem kleineren Mast. **Barkane,** Barkone [*kopt.-gr.-lat.-it.*] *die*; -, -n: Fischerfahrzeug

Barkarole, Barkerole

I. *die*; -, -n: a) Gondellied im 6/8- oder 12/8-Takt; b) gondelliedähnliches Instrumentalstück; c) früher auf dem Mittelmeer verwendetes Ruderboot.

II. *der*; -n, -n: Schiffer auf einer Barkarole (c)

Barkạsse [*kopt.-gr.-lat.-it.-span.-niederl.*] *die*; -, -n: 1. größtes Beiboot auf Kriegsschiffen. 2. größeres Motorboot. **Bạrke** [*kopt.-gr.lat.-provenzal.-fr.-niederl.*] *die*; -, -n: kleines Boot ohne Mast, Fischerboot, Nachen

Barkeeper [*bárkip^{e}r*; *engl.*] *der*; -s, -: 1. Inhaber einer Bar. 2. Schankkellner einer Bar

Barkerole vgl. Barkarole. **Barkẹtte** [*kopt.-gr.-lat.-provenzal.-fr.*] *die*; -, -n: kleines Ruderboot. **Barkone** vgl. Barkane

Bạrmixer *der*; -s, -: jmd., der in einer Bar Getränke, Cocktails mixt

Bar-Mizwa [*hebr.*; „Sohn der Verpflichtung"]

I. *der*; -s, -s: jüdischer Junge, der das 13. Lebensjahr vollendet hat.

II. *die*; -, -s: Akt der Einführung des jüdischen Jungen in die jüdische Glaubensgemeinschaft

Bạrn [*engl.*] *das*; -s, -s: Maßeinheit für die [angenäherte] Querschnittsfläche eines Atomkerns (Zeichen: b; 1 b = 10^{-24} cm^2)

Barnabit [*it.*; nach dem Kloster S. Barnaba in Mailand] *der*; -en, -en: Angehöriger eines kath. Männerordens

barọck [*port.-it.-fr.*; „schief, unregelmäßig"]: 1. zum Barock gehörend, im Stil des Barocks. 2. a) verschnörkelt, überladen; b) seltsam-grotesk, eigenartig. **Barọck** *das* od. *der*; -[s]: a) Kunststil von etwa 1600 bis 1750 in Europa, charakterisiert durch Formenreichtum u. üppige Verzierungen; b) Barockzeitalter. **barockal** [*port.-it.-fr.-nlat.*]: dem Barock entsprechend. **barockisieren:** den

Barockstil nachahmen. **Barockperle** *die*; -, -n: unregelmäßig geformte Perle. **Barockstil** *der*; -[e]s: = Barock (a)

Baro|gramm [*gr.-nlat.*] *das*; -s, -e: Aufzeichnung des Barographen. **Baro|graph** *der*; -en, -en: selbstaufzeichnender Luftdruckmesser, Luftdruckschreiber (Meteor.). **Barometer** *das* (österr. u. schweiz. auch: *der*); -s, -: Luftdruckmesser (Meteor.). **Barometrie** *die*; -: Luftdruckmessung. **barome|trisch**: die Luftdruckmessung betreffend

Baron [*germ.-fr.*] *der*; -s, -e: Freiherr. **Baronat** *das*; -[e]s, -e: 1. Besitz eines Barons. 2. Freiherrenwürde. **Baroneß** *die*; -, ...essen u. **Baronesse** [französierende Bildung] *die*; -, -n: Freifräulein, Freiin. **Baronet** [*bärᵉnit*; *germ.-fr.-engl.*] *der*; -s, -s: bei der männlichen Linie erblicher englischer Adelstitel (die Baronets stehen innerhalb des niederen Adels an erster Stelle). **Baronie** [*germ.-fr.*] *die*; -, ...ien: 1. Besitz eines Barons. 2. Freiherrenwürde. **Baronin** *die*; -, -nen: Freifrau. **baronisieren**: in den Freiherrenstand erheben

Barothermo|graph *der*; -en, -en: Verbindung von → Barograph u. → Thermograph zur Aufzeichnung von Kurven des atmosphärischen Zustands (Meteor.)

Barrage [*baraschᵉ*; *fr.*] *die*; -, -n: (veraltet) 1. Abdämmung, Sperrung. 2. Schlagbaum. 3. Bodenquerhölzer zur festen Verwahrung von Fässern

Barrakuda [*span.*] *der*; -s, -s: Pfeilhecht (ein Seefisch)

Barras [Herkunft unsicher] *der*; -: Militär, Militärdienst (Soldatenspr.)

Barré [*...re*; *galloroman.-fr.*] *das*; -s, -s: Quergriff eines Fingers über mehrere Saiten beim Lautenspiel

Barrel [*bärᵉl*; *fr.-engl.*] *das*; -s, -s: engl. Hohlmaß verschiedenen Umfangs, Faß, Tonne

Barretter [*fr.-engl.*] *der*; -s, -: 1. ein von der Temperatur abhängender elektrischer Widerstand. 2. = Barretteranordnung. **Barretteranordnung** *die*; -, -en: auf dem Prinzip des → Bolometers beruhende Brückenschaltung zur Messung kleiner Wechselströme (Elektrot.)

Barriere [*galloroman.-fr.*] *die*; -, -n: etwas, was sich trennend, hindernd zwischen Dingen od. Personen befindet; Schranke, Schlagbaum, Sperre. **Barrikade** [*galloroman.-it.-fr.*] *die*; -, -n: Straßensperre zur Verteidigung, bes. bei Straßenkämpfen. **barrikadieren**: (selten) verbarrikadieren. **Barring** [*galloroman.-fr.-niederl.*] *die*; -, -s: Gerüst auf Schiffen zwischen Fock- u. Großmast zur Aufstellung größerer Boote. **Barrister** [*bä...*; *galloroman.-fr.-engl.*] *der*; -s, -: Rechtsanwalt bei den engl. Obergerichten

Barritus vgl. Barditus

Barsoi [*...seu*; *russ.*] *der*; -s, -s: russischer Windhund

Barsortiment *das*; -[e]s, -e: Buchhandelsbetrieb, der zwischen Verlag u. Einzelbuchhandel vermittelt

Barutsche u. Birutsche [*lat.-it.*] *die*; -, -n: (veraltet) zweirädrige Kutsche, zweirädriger Wagen

Baryme|trik [*gr.-nlat.*] *die*; -: Errechnung von Viehgewichten aus dem Volumen des Rumpfes (Landwirtsch.). **Baryon** *das*; -s, ...onen: Elementarteilchen, dessen Masse mindestens so groß ist wie die eines Protons (Phys.); vgl. Lepton, Meson, Tachyon. **Barysphäre** *die*; -: innerster Teil der Erde, Erdkern. **Baryt** [auch: *...rüt*] *der*; -[e]s, -e: Schwerspat, Bariumsulfat. **Barythymie** *die*; -: Melancholie (Med.). **Baryton** *das*; -s, -e: tiefgestimmtes Streichinstrument des 18. Jh.s in der Art der → Viola d'amore. **Barytonese** [*gr.*] *die*; -, -n: Verschiebung des Akzents vom Wortende weg (z. B. lat. Themistocles gegenüber griech. Themistokles). **Barytonon** [*gr.-lat.*] *das*; -s, ...na: Wort mit unbetonter letzter Silbe (Sprachw.). **Barytweiß** [auch: *...rüt...*] *das*; -[es]: aus Bariumsulfat hergestellte Malerfarbe. **baryzen|trisch** [*gr.-nlat.*]: auf das Baryzentrum bezüglich. **Baryzen|trum** *das*; -s, ...tren: Schwerpunkt (Phys.)

Barzelletta [*it.*] *die*; -, ...tten u. -s: volkstüml. nordital. Tanzlied (im 15. u. 16. Jh. auch als literarisch-musikalische Gattung)

basal [*gr.-nlat.*]: a) die Basis bildend; b) auf, an der Basis, Grundfläche (z. B. eines Organs) befindlich. **Basaliom** *das*; -s, -e: ein [meist lange Zeit gutartiges] Hautgewächs, Basalzellenkrebs

Basalt [*gr.-lat.*] *der*; -s, -e: dunkles Ergußgestein (bes. im Straßen- und Molenbau verwendet)

Basaltemperatur [*gr.*; *lat.*] *die*; -, -en: Ausgangstemperatur, bes. die morgens bei der Frau zur Beobachtung des → Zyklus (3) gemessene Körpertemperatur

basalten, basaltig, basaltisch [*gr.-lat.*]: aus Basalt bestehend

Basane [*arab.-span.-provenzal.-fr.*] *die*; -, -n: für Bucheinbände verwendetes Schafleder

Basar u. Bazar [*...sar*; *pers.-fr.*] *der*; -s, -e: 1. Händlerviertel in oriental. Städten. 2. Warenverkauf zu Wohltätigkeitszwecken. 3. (DDR) a) Verkaufsstätte; b) Ladenstraße

Baschlik [*turkotat.*] *der*; -s, -s: kaukasische Wollkapuze

Base

I. [*basᵉ*; *gr.-lat.*; „Grundlage"] *die*; -, -n: Metallhydroxyd; Verbindung, die mit Säuren Salze bildet.

II. [*beʲß*; *gr.-lat.-fr.-engl.*] *das*; -, -s [*...ßis*, auch: *...ßiß*]: Eckpunkt des Malquadrats (einer markierten Stelle) im Spielfeld des Baseballspiels.

III. [*beʲß*; *gr.-lat.-fr.-engl.*] *die*; -, -s [*...sis*, auch: *...siß*] = Basis (2)

Baseball [*beʲßbål*; *engl.*] *der*; -s, -s 1. (ohne Plural) amerikanisches Schlagballspiel. 2. der beim Baseballspiel verwendete Ball. **Baseballer** [*beʲßbålᵉr*] *der*; -s, -: Baseballspieler. **Baseman** [*beʲßmᵉn*] *der*; -s, ...men: Spieler der Fängerpartei, der ein → Base (II) bewacht (Baseball). **Basement** [*beʲßmᵉnt*] *das*; -s, -s: Tiefparterre, Souterrain. **Basementstore** [*beʲßmᵉntstor*] *der*; -s, -s: Ladengeschäft oder Kaufhausabteilung im Tiefparterre

Basen: *Plural* von → Basis

Basic English [*beʲßik inggl̦isch*; Kurzw. aus: *B*ritish-*A*merican *s*cientific *i*nternational *c*ommercial *English* = britisch-amerikanisches wissenschaftliches internationales geschäftliches Englisch, gleichzeitig = „Grundenglisch"] *das*; -: vereinfachte Form des Englischen mit einem Grundwortschatz von 850 Wörtern u. wenig Sprachlehre (von dem engl. Psychologen C. K. Ogden zur besseren Verbreitung des Englischen geschaffen)

Basidie [*...diᵉ*; *gr.-nlat.*] *die*; -, -n: Sporenträger bestimmter Pilze, auf dem sich bis zu vier Sporen abgliedern. **Basidio|spore** *die*; -, -n: an einer Basidie befindliche Spore. **basieren** [*gr.-lat.-fr.*]: 1. auf etwas beruhen, fußen; sich auf etwas gründen, stützen, z. B. der Roman basiert auf einer wahren Begebenheit. 2. etwas auf etwas aufbauen, z. B. Argumente auf bestimmten Tatsachen -. **basi|klin** [*gr.-nlat.*]: häufiger auf alkalischem als auf saurem Boden vorkommend (von Pflanzenarten und -gesellschaften)

Basil [*arab.-span.-provenzal.-fr.-engl.*] *das*; -s, -s: halbgares (halbgegerbtes) austr. und ind. Schafleder

basilar: = basal

Basilianer [nach dem hl. Basilius] *der*; -s, -: Mönch der griech.-orthodoxen od. griech.-unierten Kirche, der nach der Regel des hl. Basilius lebt

Basilie [...*li*ᵉ; *gr.-nlat.*] *die*; -, -n u. **Basilienkraut** [*gr.-nlat.*; *dt.*] *das*; -s, ...kräuter: (selten) = Basilikum. **Basilika** [*gr.-lat.*; „Königshalle"] *die*; -, ...ken: 1. altröm. Markt- und Gerichtshalle. 2. [altchristl.] Kirchenbauform mit überhöhtem Mittelschiff. **basilikal** [*gr.-lat.-nlat.*]: zur Form der Basilika gehörend. **Basilikum** *das*; -s, -s u. ...ken: Gewürz- u. Heilpflanze aus Südasien. **Basilisk** [*gr.-lat.*] *der*; -en, -en: 1. Fabeltier mit todbringendem Blick. 2. tropische Eidechse, mittelamerik. Leguanart. **Basiliskenblick** [*gr.-lat.*; *dt.*] *der*; -s, -e: böser, stechender Blick. **Basion** [*gr.-nlat.*] *das*; -s: Meßpunkt am Schädel, vorderster Punkt des Hinterhauptloches. **basipetal** [*gr.-nlat.*; „abwärts strebend"]: absteigend (von den Verzweigungen einer Pflanze; der jüngste Sproß ist unten, der älteste oben; Bot.); Ggs. → akropetal. **basiphil** [*gr.-nlat.*]: fast ausschließlich auf alkalischem (kalkreichem) Boden vorkommend (von Pflanzenarten u. -gesellschaften). **Basis** [*gr.-lat.*] *die*; -, ...sen: 1. Grundlage, auf der man aufbauen, auf die man sich stützen kann; Ausgangspunkt. 2. militärischer Stützpunkt [in fremdem Hoheitsgebiet] (z. B. Flottenbasis, Raketenbasis). 3. a) die ökonomische Struktur der Gesellschaft als Grundlage menschlicher Existenz (Marxismus); b) die breiten Volksmassen als Ziel politischer Aktivität (Marxismus). 4. (Math.) a) Grundlinie einer geometrischen Figur; b) Grundfläche eines Körpers; c) Grundzahl einer Potenz oder eines Logarithmus. **basisch:** sich wie eine → Base (I) verhaltend; -e Gesteine: kieselsäurearme Gesteine; -e Reaktion: = alkalische Reaktion. **Basisdemo|kratie** *die*; -, -n: demokratisches System, bei dem die Basis (3 b) selbst aktiv ist u. entscheidet. **basisdemokratisch:** a) Basisdemokratie ausübend; b) auf der Grundlage der Basisdemokratie zustande gekommen. **Basisfraktur** *die*; -, -en: Bruch der Schädelbasis. **Basisgruppe** *die*; -, -n: politisch aktiver Arbeitskreis, bes. von Studenten, der auf einem bestimmten [Fach]gebiet progressive Ideen durchzusetzen versucht. **Basiskurs** *der*; -es, -e: (im Prämiengeschäft) Tageskurs eines Wertpapiers (Börsenw.). **Basiswort** *das*; -[e]s, ...wörter: Wort, das einem abgeleiteten Wort zugrunde liegt (z. B. *Mensch* in un*mensch*lich). **Basizität** [*gr.-lat.-nlat.*] *die*; -: 1. Zahl der Wasserstoffatome im Molekül einer Säure, die bei Salzbildung durch Metall ersetzt werden können; danach ist eine Säure einbasisch, zweibasisch usw. 2. = Alkalität

Baskerville [...*wil*; engl. Buchdrucker] *die*; -: Antiqua- u. Kursivdruckschrift

Basketball [*engl.*] *der*; -s, ...bälle: 1. (auch: *das*; ohne Plural, meist ohne Artikel): Korbballspiel. 2. der beim Korbballspiel verwendete Ball

Baskine vgl. Basquine

Basküle [*fr.*] *die*; -, -n: 1. Treibriegelverschluß für Fenster u. Türen, der zugleich [seitlich] oben u. unten schließt. 2. nach oben gewölbte Hals- und Rückenlinie des Pferdes beim Sprung (Reitsport). **Basküleverschluß** *der*; ...usses, ...üsse = Basküle (1)

basophil [*gr.-nlat.*]: 1. mit basischen Farbstoffen färbbar (von Gewebeteilen; Med., Biol.). 2. zur basischen Reaktion neigend (Chem.). **Basophobie** *die*; -, ...ien: krankhafte Angst zu gehen; Zwangsvorstellung, nicht gehen zu können (Med.)

Basquine [...*kin*ᵉ] u. Baskine [*span.-fr.*; „baskischer Rock"] *die*; -, -n: 1. nach unten spitz auslaufendes, steifes Oberteil der Frauentracht im 16./17. Jh. 2. reich verzierte, lose Frauenjacke um 1850

Basrelief [*bareliäf*, auch: ...*äf*; *fr.*] *das*; -s, -s u. -e: Flachrelief, flacherhabenes → Relief. **Baß** [*lat.-it.*] *der*; Basses, Bässe: 1. a) tiefe Männer[sing]stimme; b) (ohne Plural) Gesamtheit der tiefen Männerstimmen in einem Chor. 2. (ohne Plural) [solistische] Baßpartie in einem Musikstück. 3. Sänger mit Baßstimme. 4. Streichinstrument, → Kontrabaß

Bassa: früher in Europa verwendete Form von → Pascha (I)

Baßbariton *der*; -s, -e: Sänger mit Baritonstimme in Baßtönung. **Baßbuffo** *der*; -s, -s u. ...ffi: Opernsänger mit einer Stimme, die sich besonders für komische Baßrollen eignet. **Basse danse** [*baß dangß*; *fr.*; „tiefer Tanz"] *die*; - -, -s -s [*baß dangß*]: Schritttanz des 15. u. 16. Jh.s (in Spanien, Italien u. Frankreich)

Basselisse [*baßliß* u. *baßliß*; *fr.*] *die*; -, ...lissen: gewirkter Bildteppich mit waagerecht geführter Kette; Ggs. → Hautelisse. **Basselissestuhl** *der*; -s, ...stühle: bes. zur Teppichherstellung verwendeter Flachwebstuhl mit waagerechter Kettenführung

Bassena [*vulgärlat.-it.-(fr.)*] *die*; -, -s: (ostösterr.) Wasserbecken im Flur eines alten Wohnhauses, von dem mehrere Wohnparteien das Wasser holen

Basset [*franz.*: *baße*, *engl.*: *bäßit*; *fr.-(engl.)*] *der*; -s, -s: Hund einer kurzbeinigen Rasse mit kräftigem Körper u. Hängeohren. **Bassett** [*lat.-it.*; „kleiner Baß"] *der*; -s, -e u. -s: (veraltet) Violoncello. **Bassetthorn** *das*; -s, ...hörner: Altklarinette, Holzinstrument (seit dem 18. Jh. gebräuchlich)

Bassiafette [nach der ostindischen Pflanzengattung Bassia, die nach dem ital. Botaniker Ferdinando Bassi benannt ist] *die* (Plural): aus den Samen der Bassia gewonnene u. zur Seifen- u. Kerzenherstellung verwendete Fette

Bassin [*baßäng*; *vulgärlat.-fr.*] *das*; -s, -s: künstlich angelegtes Wasserbecken

Bassist [*lat.-it.-nlat.*] *der*; -en, -en: 1. Sänger mit Baßstimme. 2. Kontrabaßspieler. **Baßklarinette** *die*; -, -n: Klarinette, die eine Oktave tiefer als die gewöhnliche Klarinette gestimmt ist. **Basso** [*lat.-it.*] *der*; -, Bassi: Baß (Abk.: B); - continuo = Generalbaß (Abk. b. c., B. c.); - ostinato: sich ständig „hartnäckig" wiederholendes Baßmotiv; - seguente: Orgelbaß, der der tiefsten Gesangstimme folgt

Bassotti [*it.*] *die* (Plural): dünne → Makkaroni

basta! [*gr.-vulgärlat.-it.*]: (ugs.) genug!, Schluß! (mit Nachdruck gesprochenes Wort, das zum Ausdruck bringen soll, daß keine Einwände mehr gemacht werden sollen)

Bastaard [*baßtart*; *fr.-niederl.-afrikaans*] *der*; -[s], -s: (veraltet) → Baster. **Bastard** [*fr.*] *der*; -s, -e: 1. Mischling, durch Rassen- od. Artkreuzung entstandenes Tier od. entstandene Pflanze (Biol.). 2. a) (hist.) uneheliches Kind eines hochgestellten Vaters und einer Mutter aus niedrigerem Stand; b) Schimpfwort für: minderwertiger Mensch. **Ba-**

starda [*fr.-it.*] *die*; -: Druckschrift zwischen Gotisch u. Antiqua (→ Bastardschrift). **bastardieren**: [verschiedene Rassen od. Arten] kreuzen. **Bastardierung** [*fr.*] *die*; -, -en: Artkreuzung, Rassenmischung. **Bastardin** *die*; -, -nen: weiblicher Bastard. **Bastardisierung** *die*; -, -en: = Hybridisierung (1). **Bastardschrift** *die*; -, -en: Druckschrift, die Eigenarten zweier Schriftarten vermischt, bes. die von Fraktur u. Antiqua

Baste [*span.*] *die*; -, -n: Trumpfkarte (Treffas in verschiedenen Kartenspielen)

Bastei [*fr.-it.*] *die*; -, -en: vorspringender Teil an alten Festungsbauten, Bollwerk, → Bastion

Baster [*fr.-niederl.-afrikaans*] *der*; -s, -: Nachkomme von Mischlingen zwischen Europäern und Hottentottenfrauen in SW-Afrika (bes. in Rehoboth)

Bastille [*baßtije*, auch: *baßtilje*; *fr.*] *die*; -, -n: feste Schloßanlage in Frankreich. **Bastion** [*fr.-it.-fr.*] *die*; -, -en: 1. vorspringender Teil an alten Festungsbauten. 2. Bollwerk. **bastionieren**: (veraltet) eine Festung mit Bollwerken versehen

Bastonade [*it.-fr.*] *die*; -, -n: bis ins 19. Jh. im Orient übliche Prügelstrafe, bes. durch Stock- od. Riemenschläge auf die Fußsohlen

Bataille [*bataje*; *gall.-lat.-vulgärlat.-fr.*] *die*; -, -n: (veraltet) Schlacht, Kampf. **Bataillon** [*bataljon*; *gall.-lat.-vulgärlat.-it.-fr.*] *das*; -s, -e: Truppenverband aus mehreren Kompanien od. Batterien

Batate [*indian.-span.*] *die*; -, -n: stärkereiche, süßschmeckende, kartoffelartige Knolle eines tropischen Windengewächses

Batch processing [*bätsch prouBäßing*; *engl.-amerik.*] *das*; - -[s], - -s: Schub- od. Stapelverarbeitung (stapelweise Verarbeitung von während eines bestimmten Zeitabschnitts angesammelten gleichartigen Daten; EDV)

Bathik [*gr.*] *die*; -: niedrige, vulgäre Art des Schreibens od. Redens. **bathisch**: die Bathik betreffend; niedrig; vulgär schreibend, redend. **Batholith** [auch: ...*it*; *gr.-nlat.*] *der*; -s u. -en, -e[n]: in der Tiefe erstarrter, meist granitischer Gesteinskörper. **Bathometer**, Bathymeter *das*; -s, -: Tiefseelot. **Bathophobie** *die*; -, ...ien: mit Angst verbundenes Schwindelgefühl beim Anblick großer Höhen od. Tiefen (Med., Psychol.)

Ba|throkephalie, **Ba|throzephalie** [*gr.-nlat.*] *die*; -, ...ien: stufenartige Ausbildung des Schädels (Med.)

bathyal [*gr.-nlat.*]: zum Bathyal gehörend. **Bathyal** *das*; -s: lichtloser Bereich des Meeres zwischen 200 u. 800 m Tiefe. **Bathygraphie** *die*; -: Tiefseeforschung. **bathy|graphisch**: tiefseekundlich. **Bathymeter** vgl. Bathometer. **Bathy|scaphe** [...*ßkaf*; *gr.-fr.*] *der* od. *das*; -[s], - [...*ßkafe*] u. **Bathy|skaph** *der*; -en, -en: (von A. Piccard entwickeltes) Tiefseetauchgerät. **Bathy|sphäre** [*gr.-nlat.*] *die*; -: tiefste Schicht des Weltmeeres

Batik [*malai.*] *der*; -s, -en, (auch:) *die*; -, -en: 1. altes Verfahren zur Herstellung gemusterter Stoffe, bes. zum Färben von Seide und Baumwolle, mit Hilfe von Wachs. 2. unter Verwendung von Wachs hergestelltes gemustertes Gewebe. **batiken**: unter Verwendung von Wachs einen Stoff mit einem Muster versehen, färben

Batist [*fr.*; angeblich nach einem Fabrikanten namens Baptiste aus Cambrai, der als erster diesen Stoff hergestellt haben soll] *der*; -[e]s, -e: sehr feinfädiges, meist dichtgewebtes, leichtes Gewebe aus Baumwolle, Leinen, Zellwolle, Seide od. Chemiefasern. **batisten**: aus Batist [hergestellt]

Battaglia [*bataljа*; *gall.-lat.-vulgärlat.-it.*] *die*; -, ...ien [...*jen*]: Komposition, die Kampf, Schlachtenlärm, Siegesmusik schildert. **Batterie** [*gall.-lat.-vulgärlat.-fr.*] *die*; -, ...ien: 1. der Kompanie entsprechende militärische Grundeinheit, kleinste Einheit bei der Artillerie u. der Heeresflugabwehrtruppe. 2. a) Stromquelle, die aus mehreren elektrochemischen Elementen besteht (z. B. Taschenlampenbatterie); b) Gruppe von gleichartigen techn. Vorrichtungen, Dingen; c) regulierbares Gerät, das Warm- u. Kaltwasser in der gewünschten Temperatur für ein gemeinsames Zapfrohr mischt. 3. die Schlaginstrumente einer Band od. eines Orchesters. 4. auf den feindl. König ausgerichtete Figurengruppe, bestehend aus einem Langschrittler als Hinterstück u. einer weiteren Figur der gleichen Farbe, die als Vorderstück die Wirkungslinie des Langschrittlers verstellt u. Abzugsschach droht (Kunstschach). **Batteur** [...*tör*] *der*; -s, -e: Schlagmaschine in der Spinnerei zur Auflockerung der Baumwollklumpen.

Battuta, **Battute** [*gall.-lat.-vulgärlat.-it.*] *die*; -, ...ten: 1. a) Taktschlag; b) Schlag nach unten am Anfang des Taktes; a battuta: nach vorheriger freier Partie im Takt [spielen] (Mus.). 2. beim Stoßfechten starker Schlag mit der ganzen Stärke der Klinge längs der Klinge des Gegners

Baud [auch: *bot*; nach dem franz. Erfinder des Schnelltelegraphen, Baudot] *das*; -[s], -: Einheit der Telegraphiergeschwindigkeit

Baumé|grad [*bome*...; nach dem franz. Chemiker A. Baumé] *der*; -[e]s, -e (aber: 5 -): Maßeinheit für das spezifische Gewicht von Flüssigkeiten; Zeichen: ° Bé (fachspr.: °Bé)

Bautastein [*altnord.*] *der*; -s, -e: Gedenkstein der Wikingerzeit in Skandinavien

Bauxit [auch: ...*it*; *nlat.*; nach dem ersten Fundort Les Baux (*le bo*) in Frankreich] *der*; -s, -e: wichtigstes Aluminiumerz

Bavaria [...*wa*...; *nlat.*] *die*; -: Frauengestalt als Sinnbild Bayerns

Baxterianismus [*bäxter*...; *engl.-nlat.*; nach dem engl. Geistlichen Baxter, † 1691] *der*; -: gemäßigte Form des engl. → Puritanismus

Bazar vgl. Basar

bazillär [*lat.-nlat.*]: a) Bazillen betreffend; b) durch Bazillen verursacht. **Bazille** *die*; -, -n: (ugs.) Bazillus. **Bazillurie** *die*; -: = Bakteriurie. **Bazillus** [*lat.*; „Stäbchen"] *der*; -, ...llen: Vertreter einer Gattung stäbchenförmiger sporenbildender [Krankheiten hervorrufender] → Bakterien

Bazooka [*basuka*; *amerik.*] *die*; -, -s: amerik. Panzerabwehrwaffe

Bé = Baumé; vgl. Baumégrad

Beach-la-mar [*bitsch*...] *das*; -: engl. Form von → Bêche-de-mer

Beagle [*bigel*; *engl.*] *der*; -[s], -s: Hund einer in Großbritannien gezüchteten kurzbeinigen Rasse, der zur Fuchsjagd mit der Meute verwendet wird

Beamantenne [*bim*...; *engl.*] *die*; -, -n: Strahlantenne mit besonderer Richtwirkung

Bear [*bär*; *engl.*; „Bär"] *der*; -s, -s: englische umgangssprachliche Bez. für: → Baissier; Ggs. → Bull

Béarnaisesoße [...*näß*...] *die*; -, -n u. **Béarner Soße** *die*; - -, - -n: = Sauce Béarnaise

Beat [*bit*; *engl.* „Schlag"] *der*; -[s]: 1. Kurzform für → Beatmusik. 2. durchgehender gleichmäßiger Grundschlag der Rhythmusgruppe einer Jazzband; vgl. Off-Beat

Beata Maria Virgo [- - *wi*...; *lat.*]; *die*; - - - od. (ohne Artikel) ...tae

[...*tä*] ...iae [...*iä*] ...ginis: selige Jungfrau Maria, kath. Bezeichnung für die Mutter Jesu; Abk.: B. M. V. **beatae memoriae** [...*ä* ...*ä*; *lat.*]: seligen Angedenkens (von Verstorbenen); Abk.: b. m.

beaten [*bi*...; *engl.*]: a) → Beatmusik machen; b) nach Beatmusik tanzen. **Beatfan** [*bitfän*] *der*; -s, -s: jemand, der sich für Beatmusik begeistert. **Beat generation** [*bit dschänerrėschen*; *engl.-amerik.*] *die*; - -: eine Gruppe amerikan. Schriftsteller (1955–1960), die, von Walt Whitman u. der franz. Romantik beeinflußt, neue Ausdrucksformen suchte, die kommerzialisierte Gesellschaft u. alle bürgerl. Bindungen ablehnte u. durch gesteigerte Lebensintensität (Sexualität, Jazz, Drogen) eine Bewußtseinserweiterung und metaphysische Erkenntnisse zu erlangen suchte

Beatifikation [...*zion*; *lat.-nlat.*] *die*; -, -en: Seligsprechung. **beatifizieren**: seligsprechen

Beatle [*bitel*; *engl.*; nach den Beatles, den Mitgliedern eines Liverpooler Quartetts der Beatmusik, die lange Haare („Pilzköpfe") trugen] *der*; -s, -s: (veraltend) langhaariger Jugendlicher. **Beatmusik** [*bit*...] *die*; -: stark rhythmisch bestimmte Form der → Popmusik. **Beatnik** [*bit*...; *amerik.*] *der*; -s, -s: 1. Angehöriger der → Beat generation. 2. jmd., der sich durch unkonventionelles Verhalten gegen die bürgerliche Norm wendet. **Beatpad** [*bitpät*] *der*; -s, -s: (Jargon) Stelle, wo man Rauschdrogen kaufen kann

Beau [*bo*; *lat.-fr.*] *der*; -, -s: (iron.) bes. gut aussehender [ausgesucht gekleideter] Mann, der mit einer gewissen Eitelkeit sein gutes Aussehen selbst genießt; Stutzer

Beaufort|skala [*bofert*...; nach dem engl. Admiral] *die*; -: ursprünglich zwölf-, jetzt 17teilige Skala zur Bestimmung der Windstärken

Beau geste [*bo schäßt*; *fr.*] *die*; - -, -x -s [*bo*...]: höfliche Geste, freundliches Entgegenkommen

Beaujolais [*boscholä*; *fr.*] *der*; -, -: Rotwein aus dem Gebiet der Monts du Beaujolais [*mong dü* -] in Mittelfrankreich

Beaune [*bon*; *fr.*] *der*; -[s], -s [*bon*]: Qualitätswein aus der südfranzös. Stadt Beaune (Burgund)

Beauté [*bote*; *lat.-vulgärlat.-fr.*] *die*; -, -s: = Beauty. **Beauty** [*bjuti*; *lat.-vulgärlat.-fr.-engl.*] *die*; -, -s: schöne Frau, Schönheit. **Beauty-case** [*bjuti keiß*; *engl.*] *das* od. *der*; -, - u. -s [...*ßis*]: kleiner Koffer für Schönheitsutensilien [der Dame]. **Beauty-Center** *das*; -s, -: a) Geschäft od. Teil eines Geschäftes, in dem Kosmetikartikel ausprobiert und gekauft werden können; b) Geschäft, in dem Schönheitspflege betrieben wird, Schönheitssalon. **Beautyfarm** *die*; -, -en: eine Art Klinik [in landschaftlich hübscher Umgebung], in der vor allem Frauen ihre Schönheit durch entsprechende Behandlung zu erhalten, zu verbessern od. wiederherzustellen versuchen

Bébé [*bebe*; *fr.*] *das*; -s, -s: (schweiz.) kleines Kind, Püppchen

Bebop [*bibop*; *amerik.*; lautnachahmend] *der*; -[s], -s: 1. (ohne Plural) kunstvoller nordamerik. Jazz um 1940. 2. Tanz in diesem Stil

Béchamelkartoffeln [*beschamäl*...; *fr.-dt.*] *die* (Plural): Kartoffelscheiben in → Béchamelsoße. **Béchamelsoße** [*beschamäl*...; *fr.*] *die*; -, -n: weiße, nach dem franz. Marquis L. de Béchamel benannte Rahmsoße

Bêche-de-mer [*bäschdemär*; *fr.*] *das*; -: vereinfachte Verkehrssprache zwischen Eingeborenen u. Europäern im westlichen Stillen Ozean

becircen [*bezirzen*; nach der in der griech. Sage vorkommenden Zauberin Circe]: (ugs.) bezaubern, betören, auf verführerische Weise für sich gewinnen

Becquereleffekt [*bäkeräl*...; nach dem franz. Physiker Henri Becquerel] *der*; -s: Unterschied in der Elektrodenspannung, der auftritt, wenn die eine von zwei gleichen, in einen Elektrolyten getauchten Elektroden belichtet wird

Bed and Breakfast [*bed end bräkfest*; *engl.*; „Bett u. Frühstück"]: (Angebot der Übernachtung in anglo-amerikanischen Ländern) Zimmer mit Frühstück

Beduine [*arab.-fr.*; „Wüstenbewohner"] *der*; -n, -n: arabischer Nomade; vgl. Fellache

Beefburger [*bifbörger*; *engl.*; *dt.*] *der*; -s, -: 1. deutsches Beefsteak (Beefsteak aus Hackfleisch). 2. mit Hackfleisch belegtes Brötchen. **Beefeater** [*bif-iter*; *engl.*; „Rindfleischesser"] *der*; -s, -s (meist Plural): (scherzh.) Angehöriger der königl. Leibwache im Londoner Tower (eigtl. Yeoman of the Guard [*jo"men ew dhe gard*]). **Beefsteak** [*bifßtek*; *engl.*] *das*; -s, -s: kurzgebratenes Rinds[lenden]stück; - à la tatare [- - - *tatar*] = Tatar[beefsteak]. **Beeftea** [*bifti*] *der*; -s, -s: kräftige Rindfleischbrühe

Be|elzebub [auch: *bel*..., *bäl*...; *hebr.-gr.-kirchenlat.*; eigentl. „Herr der Fliegen"] *der*; -: [oberster] Teufel

Beg [*türk.*; „Herr"] *der*; -[s], -s u. **Bei** *der*; -[s], -e u. -s: höherer türkischer Titel, oft hinter Namen, z. B. Ali-Bei; vgl. Beglerbeg

Begard [*niederl.*] *der*; -en, -en u. **Begarde** *der*; -n, -n: Mitglied einer halbklösterl. Männervereinigung im Mittelalter; vgl. Begine

Begasse vgl. Bagasse

Begine [*niederl.*] *die*; -, -n: Mitglied einer halbklösterlichen Frauenvereinigung in Belgien u. den Niederlanden; vgl. Begard

Beglerbeg [*türk.*; „Herr der Herren"] *der*; -s, -s: Provinzstatthalter in der alten Türkei

Begonie [...*ie*; *nlat.*; nach dem Franzosen M. Bégon, Gouverneur von San Domingo († 1710)] *die*; -, -n: Zier- u. Gartenpflanze, die große leuchtende Blüten, saftige Stengel u. gezackte, unsymmetrisch geformte, meist bunte Blätter hat

Beguine [*begin*; *niederl.-fr.-kolonialfr.*] *der*; -s, -s (fachspr.: *die*; -, -s): lebhafter volkstüml. Tanz aus Martinique u. Santa Lucia, ähnlich der Rumba

Begum [auch: *begam*; *türk.-Hindi-engl.*] *die*; -, -en: Titel indischer Fürstinnen

Behaismus vgl. Bahaismus

Behaviorismus [*bihewieriß*...; *engl.-nlat.*, von engl. behavio(u)r „Benehmen, Verhalten"] *der*; -: amerikanische sozialpsychologische Forschungsrichtung, die durch das Studium des Verhaltens von Lebewesen deren seelische Merkmale zu erfassen sucht. **behavioristisch**: a) den Behaviorismus betreffend; b) nach der Methode des Behaviorismus verfahrend

Behemoth [*hebr.-lat.*; „Großtier" (*Plural von hebr.* behema = Tier)] *der*; -[e]s, -s: 1. im alten Testament Name des Nilpferdes. 2. in der → Apokalyptik mythisches Tier der Endzeit

Behennuß, Bennuß [*pers.-arab.-span.*; *dt.*] *die*; -, ...nüsse: ölhaltige Frucht eines ostind. Baumes

Bei vgl. Beg

beige [*bäsche*, auch: *besch*; *fr.*]: sandfarben. **Beige** *das*; -, - u. (ugs.) -s: der beige Farbton

Bei|gnet [*bänje*; *fr.*] *der*; -s, -s: Schmalzgebackenes mit Füllung, Krapfen

Beiram vgl. Bairam

bekalmen [*engl.*]: (einem anderen Segelschiff durch Vorbeifahren) den Fahrtwind nehmen

Bekassine [*vulgärlat.-provenzal.-fr.*] *die*; -, -n: vor allem in Sümpfen lebender Schnepfenvogel

Bektaschi [nach dem legendären Haddschi Bektasch] *der*; -[s], -[s]: Angehöriger eines im 13. Jh. entstandenen, vornehmlich in der Türkei verbreiteten → synkretistischen Derwischordens

Bel [nach dem Amerikaner A. G. Bell, dem Erfinder des Telefons] *das*; -s, -: Kennwort bei Größen, die als dekadischer Logarithmus des Verhältnisses zweier physikal. Größen gleicher Art angegeben werden; Zeichen: B

Bel|ami [*fr.*; „schöner Freund"] *der*; -[s], -s: Frauenliebling (nach der Titelgestalt eines Romans von Maupassant)

belcantieren u. belkantieren [*lat.-it.-dt.*]: im Stil des → Belcantos singen. **Belcantist** u. Belkantist *der*; -en, -en: Sänger, der die Kunst des → Belcantos beherrscht. **Belcanto,** (auch:) Belkanto [*lat.-it.*; „der schöne Gesang"] *der*; -s: italienischer virtuoser Gesangsstil

Belemnit [auch: *...it*; *gr.*] *der*; -en, -en: 1. ein ausgestorbener, tintenfischähnlicher Kopffüßer. 2. Donnerkeil, Teufelsfinger (fossiler Schalenteil dieser Tiere)

Bel|es|prit [*bäläßpri*; *fr.*] *der*; -s, -s: (veraltet, oft spöttisch) Schöngeist. **Bel|etage** [*...tasch^e*] *die*; -, -n: (veraltend) erster Stock, Stockwerk über dem Erdgeschoß

belkantieren usw. vgl. belcantieren usw.

Belladonna [*it.-nlat.*] *die*; -, ...nnen: 1. Tollkirsche (giftiges Nachtschattengewächs). 2. aus der Tollkirsche gewonnenes Arzneimittel. **Belladonnin** *das*; -s: ein Alkaloid

Belle Époque [*bälepok*; *lat.-frz.*; *gr.-mlat.-fr.*] *die*; -: Bezeichnung für die Zeit des gesteigerten Lebensgefühls in Frankreich zu Beginn des 20. Jh.s. **Belle mère** [*bäl mär*; *fr.*] *die*; - -, -s [*bäl*] -s: (scherzh.) Schwiegermutter. **Belle|trist** *der*; -en, -en: Schriftsteller der schöngeistigen od. unterhaltenden Literatur. **Belletristik** *die*; -: erzählende, schöngeistige Literatur, Unterhaltungsliteratur (im Unterschied zu wissenschaftlicher Literatur). **belle|tristisch**: a) die Belletristik betreffend; b) schöngeistig, literarisch

Bellevue [*bälwü*; *fr.*; „schöne Aussicht"]
I. *die*; -, -n: [*...wü^en*]: (veraltet) Aussichtspunkt.
II. *das*; -[s], -s: Name von Schlössern od. Gaststätten mit schöner Aussicht; vgl. Belvedere

Bellizist [*lat.-nlat.*] *der*; -en, -en: Anhänger u. Befürworter des Krieges; Kriegstreiber

Bel-Paese [*it.*] *der*; -: Butterkäse, ein italienischer Weichkäse

Beluga [*russ.*]
I. *die*; -, -s: 1. russischer Name für den Hausen (einen Störfisch). 2. ältere Bezeichnung für den Weißwal.
II. *der*; -s: der aus dem Rogen des Hausens bereitete → Kaviar

Belutsch *der*; -[e]s, -e: handgeknüpfter, meist langfransiger Orientteppich aus dem Gebiet des iran. Hirtenvolkes der Belutschen

Belvedere [*...we...*; *lat.-it.*; „schöne Aussicht"] *das*; -[s], -s: 1. (veraltet) Aussichtspunkt. 2. = Bellevue (II)

Bema [*gr.*; „Stufe"] *das*; -s, -ta: a) = Almemar; b) erhöhter Altarraum in orthodoxen Kirchen

bémol [*bemol*; *fr.*]: franz. Bezeichnung für das Erniedrigungszeichen in der Notenschrift

Ben [*hebr.* u. *arab.*]: Teil hebräischer u. arabischer Familiennamen mit der Bedeutung „Sohn" od. „Enkel", z. B. Ben Akiba

bene [auch: *bäne*; *lat.* (-*it.*)]: gut!

benedeien: segnen, lobpreisen.

Benedictionale [*...kzio...*; *lat.*] *das*; -, ...lien [*...li^en*]: liturg. Buch für die → Benediktion. **Benedictus** [*lat.*] *das*; -, -: 1. Anfangswort u. Bezeichnung des Lobgesangs des Zacharias nach Lukas 1,67 ff. (liturgischer Hymnus). 2. zweiter Teil des → Sanctus (II). **Benediktenkraut** [*lat.*; *dt.*] *das*; -[e]s, ...kräuter: 1. Bitterdistel (gelbblühender Korbblütler). 2. Echte Nelkenwurz (Rosengewächs). **Benediktiner** [*lat.-nlat.*] *der*; -s, -: 1. Mönch des nach der Regel des hl. Benedikt (6. Jh.) lebenden Benediktinerordens (Ordinis Sancti Benedicti = „vom Orden des hl. Benedikt"; Abk.: OSB). 2. ein feiner Kräuterlikör. **Benediktion** [*...zion*; *lat.*] *die*; -, -en: Segen, Segnung, kath. kirchl. Weihe. **Benediktus** vgl. Benedictus. **benedizieren**: segnen, weihen. **Benefiz** *das*; -es, -e: 1. (veraltet) Lehen. 2. (veraltet) Wohltat. 3. Vorstellung zugunsten eines Künstlers oder für einen wohltätigen Zweck; Ehrenvorstellung. **Benefiziant** [*lat.-nlat.*] *der*; -en, -en: von einem Benefiz (3) begünstigter Künstler. **Benefiziar** [*lat.*] *der*; -s, -e u. **Benefiziat** *der*; -en, -en: Inhaber eines [kirchlichen] Benefiziums. **Benefizium** *das*; -s, ...ien [*...i^en*]: 1. (veraltet) Wohltat, Begünstigung. 2. mittelalterl. Lehen (zu [erblicher] Nutzung verliehenes Land od. Amt). 3. mit einer Pfründe (Landnutzung od. Dotation) verbundenes Kirchenamt; vgl. Offizium. **Benefizvorstellung** *die*; -, -en: = Benefiz (3)

Benelux [auch: *...lux*]: Kurzw. für die in einer Zoll- u. Wirtschaftsunion zusammengeschlossenen Länder *Be*lgique (Belgien), *Ne*derland (Niederlande) u. *Lux*embourg (Luxemburg). **Beneluxstaaten** [auch: *...lux...*] *die* (Plural) = Benelux

Bengaline [*bengga...*] *die*; -: nach der Landschaft Bengalen in Vorderindien benannter ripsbindiger (nach Ripsart gewebter) Halbseidenstoff. **bengalisch**: in ruhig-gedämpften Farben leuchtend (in bezug auf Beleuchtung), z. B. -es Feuer (beim Feuerwerk)

benigne [*lat.*]: gutartig (z. B. in bezug auf Tumoren); Ggs. → maligne. **Benignität** *die*; -: 1. Gutartigkeit einer Krankheit (Med.); Ggs. → Malignität. 2. (veraltet) Güte, Milde, Gutherzigkeit

Benjamin [*hebr.*; jüngster Sohn Jakobs im A. T.] *der*; -s, -e: (scherzh.) Jüngster einer Gruppe oder Familie

ben marcato [*bän markato*; *it.*]: gut betont, scharf markiert, akzentuiert (Mus.)

Benne [*gall.-lat.*] *die*; -, -n: (schweiz. mdal.) Schubkarren

Bennettitee [*nlat.*; nach dem engl. Botaniker J. J. Bennett] *die*; -, -n (meist Plural): Ordnung fossiler Pflanzen der → Trias u. der Kreidezeit

Bennuß vgl. Behennuß

ben tenuto [*it.*]: gut gehalten (Mus.)

Benthal [*gr.-nlat.*] *das*; -s: Region des Gewässergrundes od. Meeresbodens (Biol.). **benthonisch**: das Benthos betreffend. **Benthos** [*gr.*; „Tiefe"] *das*; -: die Tier- u. Pflanzenwelt des Meeresbodens; vgl. Aerobios

Bentonit [auch: *...it*; *nlat.*; nach den ersten Funden in der Gegend von Fort Benton in Montana, USA] *der*; -s, -e: ein Ton mit starkem Quellungsvermögen

Benz|aldehyd [Kurzw. aus: *Ben*zoesäure u. *Aldehyd*] *der*; -s, -e: künstliches Bittermandelöl. **Benzidin** [*arab.-it.-mlat.-nlat.*] *das*; -s: Ausgangsstoff der Benzidinfarbstoffe. **Benzin** *das*; -s, -e: Gemisch aus gesättigten Kohlenwasserstoffen, bes. verwendet als: a) Treibstoff für Vergasermotoren; b) Lösungs- u. Reinigungsmittel. **Benzoat** *das*; -[e]s, -e: Salz der Benzoesäure. **Benzoe** [*bänzo-e*; *arab.-it.-mlat.*] *die*; - u. **Benzoeharz** *das*; -es: wohlriechendes Harz bestimmter ostindischer u. indochinesischer Benzoebaumarten (Verwendung als Räuchermittel, in der Parfümherstellung u. als Heilmittel). **Benzoesäure**, (auch:) Benzolcarbonsäure *die*; -: ein Konservierungsmittel. **Benzol** [Kurzw. aus: *Benzo*... u. Alkoho*l*] *das*; -s, -e: Teerdestillat [aus Steinkohlen], einfachster aromatischer Kohlenwasserstoff (Ausgangsmaterial vieler Verbindungen; Zusatz zu Treibstoffen; Lösungsmittel). **Benzolcarbonsäure** *die*; -: = Benzoesäure. **Benzoyl** [Kunstw. aus: *Benzo*... u. *gr. hýlę* „Materie"] *das*; -s: Restgruppe des Moleküls der Benzoesäure. **benzoylieren**: eine Benzoylgruppe in eine chem. Verbindung einführen. **Benzpyren** [*arab.*; *gr.*] *das*; -s: ein krebserzeugender Kohlenwasserstoff (in Tabakrauch, Auspuffgasen u. a.). **Benzyl** *das*; -s: einwertige Restgruppe des → Toluols (Bestandteil zahlreicher Verbindungen). **Benzylalkohol** *der*; -s: in vielen Blütenölen vorkommender aromatischer Alkohol (Grundstoff für Parfüme)

Berber [nordafrikan. Volk] *der*; -s, -: 1. ein wollener Knüpfteppich. 2. jmd., der keinen festen Wohnsitz hat; Nichtseßhafter, Landstreicher

Berberin [*mlat.-nlat.*] *das*; -s: aus der Wurzel der Berberitze gewonnenes → Alkaloid (gelber Farbstoff u. Bittermittel). **Berberitze** [*mlat.*] *die*; -, -n: Zierstrauch der Gattung Sauerdorn

Berceuse [*bärßöse*; *fr.*] *die*; -, -n: 1. Wiegenlied (Mus.). 2. (veraltet) Schaukelstuhl

Béret [*berä*; *mlat.-fr.*] *das*; -s, -s: (schweiz., auch luxemburgisch) Baskenmütze

Bergama *der*; -[s], -s: handgeknüpfter, streng geometrisch gemusterter Orientteppich aus der türkischen Stadt Bergama

Bergamasca [...*ßka*; *it.*] *die*; -, -s: fröhlicher italienischer Volkstanz

Bergamotte [*türk.-it.-fr.*] *die*; -, -n: 1. eine Zitrusfrucht. 2. eine Birnensorte. **Bergamottelikör** *der*; -s, -e: gelbgrüner Likör aus den Schalen der → Bergamotte (1). **Bergamott|öl** *das*; -[e]s, -e: aus den Schalen der Bergamotte (1) gewonnenes Öl für Parfüms u. Liköre

Bergenie [...*ie*; *nlat.*; nach dem deutschen Botaniker K. A. v. Bergen] *die*; -, -n: immergrünes Steinbrechgewächs (beliebte Zierstaude)

Bergere [*bärseher*; *lat.-galloroman.-fr.*] *die*; -, -n: (veraltet) bequemer, gepolsterter Lehnsessel. **Bergerette** [*bärseherät*] *die*; -, -n: Hirten-, Schäferstück (Mus.)

Beriberi [*beriberi*; *singhal.*] *die*; -: Vitamin-B_1-Mangel-Krankheit (bes. in ostasiat. Ländern) mit Lähmungen u. allgemeinem Kräfteverfall

Berkelium [*nlat.*; nach der nordamerik. Universitätsstadt Berkeley] *das*; -s: chem. Grundstoff (ein Transuran); Zeichen: Bk

Berlinale [Neubildung nach dem Vorbild von → Biennale] *die*; -, -n: Bezeichnung für die alljährlich in Berlin stattfindenden Filmfestspiele. **Berline** [nach dem ersten Herstellungsort Berlin] *die*; -, -n: (im 17. u. 18. Jh.) viersitziger Reisewagen mit einem Verdeck, das zurückgeschlagen werden konnte

Berlocke [*fr.*] *die*; -, -n: kleiner Schmuck an [Uhr]ketten (Mode im 18. u. 19. Jh.)

Bermudahosen, Bermudas, Bermudashorts [...*schorz*; nach der Inselgruppe im Atlantik] *die* (Plural): a) enganliegende, fast knielange → Shorts; b) enganliegende knielange Badehose

Bernardon [...*dong*; *german.-fr.*] *der*; -s, -s: komische Figur des Wiener Volkstheaters im 18. Jh.

Berolina [*nlat.*] *die*; -: 1. Frauengestalt als Sinnbild Berlins. 2. (berlinisch, scherzh.) große, kräftig gebaute Frau. **Berolinismus** *der*; -, ...men: der Berliner Umgangssprache eigentümlicher Ausdruck

Bersa|gliere [*bärsaljere*; *it.*] *der*; -[s], ...ri (meist Plural): Angehöriger der italienischen Scharfschützentruppe

Berserker [auch: *bär*...; *altnord.*; „Bärenfell, Krieger im Bärenfell"] *der*; -s, -: 1. wilder Krieger der altnord. Sage. 2. a) kampfwütiger, sich wild gebärdender Mann; b) kraftstrotzender Mann

Berthe [*fr.*] *die*; -, -n: kragenartige Einfassung des Halsausschnittes (Damenmode um 1850)

Bertillonage [*bärtijonasehe*; *fr.*; vom Namen des franz. Anthropologen A. Bertillon, † 1914] *die*; -: überholtes Verfahren zur Wiedererkennung rückfälliger Verbrecher durch Registrierung unveränderlicher Körpermerkmale

Beryll [*drawid.-mittelind.-gr.-lat.*] *der*; -[e]s, -e: ein Edelstein. **Berylliose** [*nlat.*] *die*; -, -n: durch → Beryllium hervorgerufene Staublungenerkrankung. **Beryllium** *das*; -s: chem. Grundstoff, Metall; Zeichen: Be

Besan [*lat.-it.-span.-niederl.*] *der*; -s, -e: a) Segel am hintersten Mast; b) der hinterste Mast; Besanmast

Beschir [*turkmen.*] *der*; -[s], -[s]: rotgrundiger turkmenischer Teppich mit Blüten- od. Wolkenbandmuster

Beschmet [*tatar.*] *der*; -: umhangartiges Kleidungsstück kaukasischer u. türkischer Völker

Besemschon [*niederl.*; „besenrein"] *das*; -s: Vergütung für die an der Verpackung hängenbleibenden Warenteilchen

Bésigue [*besik*; *fr.*] *das*; -s: ein Kartenspiel. **Besik** *das*; -s: = Bésigue

Bessemerbirne [nach dem engl. Erfinder] *die*; -, -n: birnenförmiger Behälter zur Stahlherstellung. **bessemern**: Stahl nach dem Verfahren Bessemers herstellen

bestialisch [*lat.*]: 1. (abwertend) unmenschlich, viehisch, teuflisch. 2. (ugs.) fürchterlich, unerträglich, z. B. hier stinkt es -. **Bestialität** *die*; -, -en: a) (ohne Plural) Unmenschlichkeit, grausames Verhalten; b) grausame Handlung, Tat. **Bestiarium** *das*; -s, ...ien [...*ien*]: Titel mittelalterl. Tierbücher. **Bestie** [...*ie*] *die*; -, -n: sich wild, brutal, grausamroh gebärdendes Tier. **Bestienkapitell** *das*: -s, -e: romanisches → Kapitell mit symbolischen Tiergestalten. **Bestiensäule** *die*; -, -n: Säule mit reliefartigen Darstellungen miteinander kämpfender Tiere (roman. Kunst)

Bestseller [*engl.*] *der*; -s, -: etwas (bes. ein Buch), was [einige Zeit] sehr gut verkauft wird; vgl. Longseller, Steadyseller

Beta [*gr.*] *das*; -[s], -s: griech. Buchstabe: *Β*, *β* (der zweite im Alphabet). **Betabion**Ⓦᶻ [Kunstw. aus griech. Wortelementen] *das*; -s: Vitamin-B_1-Präparat

Betain [*lat.-nlat.*] *das*; -s: aus Rübenmelasse gewonnene Aminosäure (inneres Ammoniumsalz; Arzneimittel bei fehlender Magensäure)

Betastrahlen [*gr.*; *dt.*], ***β*-Strahlen** *die* (Plural): radioaktive Strahlen, die aus Elektronen bestehen. **Betateilchen, *β*-Teilchen** *die* (Plural): beim radioaktiven Zerfall → emittierte Elektronen. **Beta-**

tron [Kurzwort aus: *Beta*strahlen u. Elek*tron*] *das*; -s, ...one (auch: -s): Gerät zur Beschleunigung von Elektronen, Elektronenschleuder. **Betaxin** Ⓦ [Kunstw.] *das*; -s: Vitamin-B_1-Präparat; vgl. Betabion

bête [*bät*; *lat.-vulgärlat.-fr.*] **sein**: [im Spiel] verloren haben

Betel [*Malayalam-port.*] *der*; -s: indisch-malaiisches Kau- u. Genußmittel aus der Frucht der Betelnußpalme

Betise [*be...*; *lat.-vulgärlat.-fr.*] *die*; -, -n: Dummheit

Beton [*betong*, (fr.:) *betong*, (auch, österr. nur:) *beton*; *lat.-fr.*] *der*; -s, -s u. (bei nichtnasalierter Ausspr.:) -e: Baustoff aus einer Mischung von Zement, Wasser und Zuschlagstoffen (Sand, Kies u. a.). **Beton...**: in Zusammensetzungen auftretendes Bestimmungswort, mit dem Unpersönlichkeit, Häßlichkeit u. ä. emotional-abwertend charakterisiert werden soll, z. B. in Betonbrutalität, -bunker (für Hochhaus), -burg, -dschungel, -getto, -klotz, -wüste

Betonie [*...ie*; *lat.-vulgärlat.*] *die*; -, -n: eine rote Wiesenblume

betonieren [*lat.-fr.*]: mit einem Betonbelag versehen. **Betonkosmetiker** *der*; -s, -: Arbeiter, der Schäden am Beton beseitigt

Bevatron [*bewa...*, auch: *...tron*; Kunstw. aus *b*illion *e*lectron *v*olts und synchro*tron*; *amerik.*] *das*; -s, -s od. ...trone: Teilchenbeschleuniger (Phys.)

Bey *der*; -s, -e u. -s: = Beg

bezirzen vgl. becircen

Bezoar [*pers.-arab.-span.*; „Gegengift"] *der*; -s, -e u. **Bezoarstein** *der*; -s, -e: Magenstein von Wiederkäuern (z. B. der asiat. Bezoarziege; in der Volksmedizin gebraucht). **Bezoarwurzel** *die*; -, -n: Wurzel eines südamerik. Maulbeergewächses (gegen Schlangenbiß). **Bezoarziege** *die*; -, -n: eine asiatische Wildziege

Bhagawadgita [*sanskr.*; „Gesang des Glückseligen"] *die*; -: altindisches religionsphilosophisches Lehrgedicht in 18 Gesängen (Teil des → Mahabharata)

Bhakti [*bakti*; *sanskr.*] *die*; -: liebende Hingabe an Gott, der wichtigste Heilsweg des → Hinduismus

Bhikku [*biku*; *sanskr.*; „Bettler"] *der*; -s, -s: buddhist. Bettelmönch. **Bhikschu** *der*; -s, -s: → brahmanischer Bettelmönch (vierte Stufe des Brahmanentums)

bi [*lat.*]: (Jargon) kurz für: bisexuell

Bi|archie [*lat.*; *gr.*] *die*; -, ...ien: Doppelherrschaft

Bias [*baiᵉß*; *fr.-engl.-amerik.*; „Vorurteil"] *das*; -, -: durch falsche Untersuchungsmethoden (z. B. durch Suggestivfragen) verzerrte Repräsentativerhebung (Meinungsforschung)

Bi|athlon [*lat.*; *gr.*] *das*; -s, -s: Kombination aus Skilanglauf u. Scheibenschießen als neue wintersportl. Disziplin

biaural vgl. binaural

Bibel [*gr.-mlat.*] *die*; -, -n: 1. die Heilige Schrift des Alten u. Neuen Testaments. 2. (ugs. scherzh.) a) maßgebendes Buch, maßgebende Schrift; Buch, das Gedanken o. ä. enthält, die jmdm. oder einer Gruppe als Richtschnur dienen; b) dickes, großes Buch.

Bibelkonkordanz *die*; -, -en: alphabetische Zusammenstellung von biblischen Wörtern u. Begriffen mit Stellenangabe

Bibelot [*bibᵉlo*; *fr.*]: *der*; -s, -s: Nippsache, Kleinkunstwerk

Bibelregal *das*; -s, -e: kleine tragbare Orgel des 16.–18. Jh.s (Größe einer Bibel)

Biberette [französierende Neubildung zu *dt.* Biber] *die*; -, -n: 1. Kaninchenfell, das durch Veredlung biberähnlich gemacht worden ist. 2. plüschartiger Stoff

Bibernelle *die*; -, -n: = Pimpernell

Bi|blia pauperum [*mlat.*; „Armenbibel"] *die*; - -, ...ae [*...ä*] -: 1. mittelalterl. Bezeichnung für einfache Kurzfassungen lat. Bibeltexte. 2. spätmittelalterl. Bilderbibel, die die wichtigsten Stationen der Heilsgeschichte als Zusammenschau von Neuem Testament u. Altem Testament darstellt. **Bi|blio|graphie** *die*; -, ...ien: = Biobibliographie. **Bi-blio|gnosie** [*gr.-nlat.*] *die*; -: (veraltet) Bücherkenntnis, -kunde.

Bi|blio|graph [*gr.*] *der*; -en, -en: a) Bearbeiter einer Bibliographie; b) jmd., der eine Bibliographie schreibt. **Bi|blio|graphie** *die*; -, ...ien: 1. Bücherverzeichnis; Zusammenstellung von Büchern u. Schriften, die zu einem bestimmten Fachgebiet od. Thema erschienen sind. 2. Wissenschaft von den Büchern. **bi|blio-graphieren**: a) den Titel einer Schrift bibliographisch verzeichnen; b) den Titel eines bestellten Buches genau feststellen (Buchhandel). **bi|blio|graphisch**: die Bibliographie (1, 2) betreffend. **Bi|blio|klast** [*gr.-nlat.*] *der*; -en, -en: jmd., der aus Sammelleidenschaft Bücher zerstört, indem er bestimmte Seiten herausreißt.

Bi|bliola|trie *die*; -: a) übermäßige Verehrung heiliger Bücher, insbes. der → Bibel; b) Buchstabengläubigkeit. **Bi|blio-lithen** *die* (Plural): Handschriften der Antike, die bei Vulkanausbrüchen halb verkohlten u. das Aussehen von Steinen erhielten. **Bi|bliomane** *der*; -n, -n: jmd., der aus krankhafter Leidenschaft Bücher sammelt; Büchernarr. **Bi|bliomanie** *die*; -: krankhafte Bücherliebe. **bi-bliomanisch**: a) sich wie ein Bibliomane verhaltend; b) die Bibliomanie betreffend. **Bi|blio-mantie** *die*; -: das Wahrsagen aus zufällig aufgeschlagenen Buchstellen, bes. aus der Bibel. **Bi|bliophage** [„Bücherfresser"] *der*; -n, -n: leidenschaftlicher Bücherleser. **bi|bliophil**: 1. [schöne u. kostbare] Bücher liebend. 2. für Bücherliebhaber wertvoll, kostbar ausgestattet (von Büchern). **Bi|bliophile** *der* u. *die*; -n, -n (zwei -[n]): jmd., der in besonderer Weise [schöne u. kostbare] Bücher schätzt, erwirbt. **Bi|blio-philie** *die*; -: Bücherliebhaberei. **Bi|bliophobe** *der* u. *die*; -n, -n (zwei -[n]): Bücherfeind[in]. **Bibliophobie** *die*; -: Bücherfeindlichkeit. **Bibliosophie** *die*; -: (veraltet) Lehre vom Zweck des Büchersammelns. **Bi|bliotaph** [„Büchergrab"] *der*; -en, -en: jmd., der seine Bücher an geheimen Stellen aufbewahrt u. nicht verleiht. **Bi-bliothek** [*gr.-lat.*] *die*; -, -en: 1. Aufbewahrungsort für eine systematisch geordnete Sammlung von Büchern, [wissenschaftliche] Bücherei. 2. [große] Sammlung von Büchern, größerer Besitz an Büchern. **Bi|bliothekar** *der*; -s, -e: [wissenschaftlicher] Verwalter einer Bibliothek. **bi|bliothekarisch**: den Beruf, das Amt eines Bibliothekars betreffend. **Bi|bliotheko-graphie** [*gr.-nlat.*] *die*; -, ...ien: Beschreibung der Geschichte u. der Bücherbestände einer Bibliothek. **Bi|bliothekonomie** *die*; -: Wissenschaft von den Aufgaben u. der Verwaltung einer Bibliothek. **Bi|bliotherapie** *die*; -: 1. Wiederherstellung alter od. beschädigter Bücher. 2. Förderung der [seelischen] Gesundung von Patienten durch ausgewählte Lektüre. **bi|blisch** [*gr.-nlat.*]: a) die Bibel betreffend; b) aus der Bibel stammend; -es Alter: sehr hohes Alter. **Bi|blizismus** [*gr.-nlat.*] *der*; -: christl., meist → pietistische Art des Bibelverständnisses, die alle biblischen Aussagen wörtlich nimmt u. als unmittelbare Lebensnorm wertet. **Biblizist** *der*; -en, -en: Vertreter des Biblizismus

Bicarbonat vgl. Bikarbonat

bi|chrom [*bikrom*; *lat.*; *gr.*]: zweifarbig. **Bi|chromat** *das*; -[e]s, -e: = Dichromat. **Bi|chromie** *die*; -: Zweifarbigkeit

Bicinium [*bizi*...; *lat.*] *das*; -s, ...ien [...*iᵉn*]: = Bizinie

bicyclisch vgl. bizyklisch

Bidet [*bide*; *fr.*] *das*; -s, -s: längliches Becken für Scheidenspülungen, für die Reinigung im körperlichen Intimbereich

Bidjar vgl. Bidschar

Bidon [*bidong*; *it.-fr.*] *der*; -s, -s: (schweiz.) Eimer, Kanne mit Verschluß, [Benzin]kanister. **Bidonville** [*bidongwil*; *fr.*; „Kanisterstadt"] *das*; -s, -s: a) aus Kanistern, Wellblech u. ä. aufgebautes Elendsviertel in den Randzonen der nordafrikan. Großstädte; b) Elendsviertel

Bidschar, (auch:) Bidjar *der*; -s, -s u. -e: schwerer, fest geknüpfter Teppich mit Blüten- u. Rankenmuster aus der gleichnamigen iranischen Stadt

bien [*biäng*; *lat.-fr.*]: gut, wohl (als Zustimmung)

bi|enn [*lat.*]: zweijährig (von Pflanzen mit zweijähriger Lebensdauer, die erst im zweiten Jahr blühen u. Frucht tragen; Bot.). **bi|ennal**: a) von zweijähriger Dauer; b) alle zwei Jahre [stattfindend]. **Biennale** [*lat.-it.*] *die*; -, -n: alle zwei Jahre stattfindende Ausstellung od. Schau, bes. in der bildenden Kunst u. im Film. **Bi|enne** *die*; -, -n: zweijährige (erst im zweiten Jahr blühende) Pflanze. **Biennium** [*lat.*] *das*; -s, ...ien [...*iᵉn*]: Zeitraum von zwei Jahren

bifilar [*lat.-nlat.*]: zweifädig, zweidrähtig (Techn.). **Bifilarpendel** *das*; -s, -: an zwei Fäden od. Drähten aufgehängtes Pendel. **Bifilarwicklung** *die*; -, -en: Doppeldrahtwicklung zur Herabsetzung der → Induktivität (Elektrot.)

Bifokalglas [*lat.-nlat.*; *dt.*] *das*; -es, ...gläser (meist Plural): Zweistärkenglas, Brillenglas mit zwei Brennpunkten (oberer Abschnitt zum Weitsehen, unterer Abschnitt zum Nahsehen); vgl. Trifokalglas

Biforium [*lat.*] *das*; -s, ...ien [...*iᵉn*]: zweiflügeliges, durch eine Mittelsäule gegliedertes Fenster (gotische Baukunst)

biform [*lat.*]: doppelgestaltig. **Biformität** *die*; -, -en: Doppelgestaltigkeit

Bifurkation [...*zion*; *lat.-nlat.*] *die*; -, -en: 1. Gabelung (bes. der Luftröhre u. der Zahnwurzeln) in zwei Äste (Med.). 2. Flußgabelung, bei der das Wasser eines Armes in ein anderes Flußgebiet abfließt (Geogr.)

Biga [*lat.*] *die*; -, Bigen: von zwei Pferden gezogener Renn- oder Prunkwagen im alten Rom

Bigamie [*lat.*; *gr.*] *die*; -, ...ien: Doppelehe. **bigamisch**: in einer Doppelehe lebend. **Bigamist** *der*; -en, -en: jmd., der mit zwei Frauen verheiratet ist. **bigamistisch**: a) die Doppelehe betreffend; b) in Bigamie lebend

Big-apple-walk [*big äpᵉl ᵘok*; *engl.-amerik.*] *der*; -[s], -s: in Reihen getanzter Modetanz

Bigarade [*fr.*] *die*; -, -n: 1. bittere Pomeranze (Zitrusfrucht). 2. Entenbratensoße mit Orangensaft

Big Band [*bik bänd*; *engl.-amerik.*; „große Kapelle"] *die*; - -, - -s: in Instrumentalgruppen gegliedertes großes Jazz- od. Tanzorchester mit [vielfach] verschiedener Besetzung; vgl. Small Band

Big Business [- *bisniß*; *engl.-amerik.*; „großes Geschäft"] *das*; - -: 1. monopolartige Ballung von Großkapital u. Industrieorganisationen. 2. Geschäftswelt der Großunternehmer

Bigeminie [*lat.*] *die*; -, ...ien: Doppelschlägigkeit des Pulses (Herzrhythmusstörung; Med.)

Bi|gnonie [...*iᵉ*; *nlat.*; nach dem franz. Abbé Bignon] *die*; -, -n: tropische Kletter- u. Zierpflanze, Gattung der Trompetenbaumgewächse

bigott [*fr.*]: (abwertend) a) äußerlich Frömmigkeit zur Schau tragend, scheinheilig; b) übertrieben glaubenseifrig. **Bigotterie** *die*; -, ...ien: (abwertend) 1. (ohne Plural) bigottes Wesen. 2. bigotte Handlungsweise, Äußerung

bijektiv [auch: ...*tif*; *lat.*]: bei der Abbildung einer mathematischen Menge jedem Urbild nur einen Bildpunkt u. umgekehrt zuordnend (Math.)

Bijou [*bischu*; *breton.-fr.*] *der* od. *das*; -s, -s: Kleinod, Schmuckstück. **Bijouterie** *die*; -, ...ien: 1. Schmuckstück, -gegenstand. 2. (ohne Plural) Handel mit Schmuckwaren, Edelsteinhandel. **Bijoutier** [...*tie*] *der*; -s, -s: (schweiz.) Schmuckwarenhändler, Juwelier

Bikarbonat, (chem. fachspr.:) Bicarbonat [...*ka*...; *nlat.*] *das*; -s, -e: doppeltkohlensaures Salz

Bike [*baik*; *engl.*] *das*; -s, -s: kleines motorisiertes Fahrrad für den Stadtverkehr

Bikini [Phantasiebez.; nach dem → Atoll in der Ralikgruppe der Marshallinseln] *der*, (schweiz.) *das*; -s, -s: zweiteiliger Damenbadeanzug

bikollaterale [*lat.-nlat.*; „von zwei Seiten her"] **Leitbündel** *das*; -n -s, -n -: strangartiges Gewebebündel im Gefäßsystem einer Pflanze, das sowohl innen als auch außen einen Siebteil (zur Leitung der Assimilationsprodukte) besitzt; vgl. Leptom, Phloem; vgl. Hadrom, Xylem

Bikompositum *das*; -s, ...ta u. ...iten: Verb od. Verbalsubstantiv mit zwei Vorsilben (z. B. an-erkennen, Rück-an-sicht; Sprachw.)

bikonkav [*lat.-nlat.*]: beiderseits hohl [geschliffen]; Ggs. → bikonvex

bikonvex [...*wäkß*; *lat.-nlat.*]: beiderseits gewölbt [geschliffen]; Ggs. → bikonkav

Bikuspidatus [*lat.-nlat.*; „zwei Höcker aufweisend"] *der*; -, ...ti od. ...ten: = Prämolar

bilabial [auch: *bi*...; *lat.-nlat.*]: mit beiden Lippen gebildet (vom Laut). **Bilabial** [auch: *bi*...] *der*; -s, -e: mit beiden Lippen gebildeter Laut (z. B. b; Sprachw.)

Bilanz [*lat.-vulgärlat.-it.*] *die*; -, -en: 1. Gegenüberstellung von Vermögen (→ Aktiva) u. Kapital u. Schulden (→ Passiva) für ein Geschäftsjahr. 2. Ergebnis, → Fazit, abschließender Überblick (über Ereignisse). **bilanzieren**: 1. sich ausgleichen, sich aufheben. 2. eine Bilanz (1) abschließen. **Bilanzierung** *die*; -, -en: Kontoausgleich, Bilanzaufstellung

bilateral [auch: ...*al*; *lat.-nlat.*]: zweiseitig; zwei Seiten, Partner betreffend, von zwei Seiten ausgehend; Ggs. → multilateral. **Bilateralia** *die* (Plural): = Bilateria. **Bilateralismus** *der*; -: System von zweiseitigen völkerrechtlichen Verträgen, insbesondere von Handels- u. Zahlungsabkommen. **bilateral-symmetrisch**: durch eine Symmetrieebene in zwei äußerlich spiegelbildliche Hälften teilbar (in bezug auf Menschen und Tiere); Ggs. → radiär-symmetrisch. **Bilateria** *die* (Plural): bilateral-symmetrisch gebaute vielzellige Tiere mit zentralem Nervensystem (Biol.)

Bilboquet [...*ke*; *fr.*] *das*; -s, -s: Spiel, bei dem eine Kugel in einem Fangbecher aufgefangen werden muß

Bilge [*engl.*] *die*; -, -n: Kielraum ei-

nes Schiffes, in dem sich Leckwasser sammelt (Seemannsspr.)
Bilharzie [*...zi^e*; *nlat.*; nach dem dt. Arzt Bilharz, † 1862] *die*; -, -n: (veraltet) Schistosoma. **Bilharziose** *die*; -, -n: [ägyptische] Wurmkrankheit, durch Bilharzien hervorgerufen
biliär [*lat.-nlat.*]: (Med.) a) die Galle betreffend; b) durch Galle bedingt, Gallen... **bilifer**: Galle (Gallenflüssigkeit) leitend (von Körperkanälen; Med.)
bilineare [*lat.-nlat.*] **Form** *die*; -n -, -n -en: eine algebraische Form, in der zwei Gruppen von Veränderlichen nur im 1. Grad (also nicht quadratisch und nicht kubisch) auftreten
bilingual [auch: *...al*; *lat.-nlat.*]: 1. zwei Sprachen sprechend, verwendend; zweisprachig. 2. zwei Sprachen betreffend, auf zwei Sprachen bezogen. **Bilingualismus** [auch: *bi...*] *der*; -: Zweisprachigkeit, bes. die [kompetente] Anwendung von zwei Sprachen durch eine Person; → Diglossie. **bilingue** [*bilinggu^e*]: = bilinguisch. **Bilingue** *die*; -, -n: zweischriftige od. zweisprachige Inschrift od. Handschrift. **bilinguisch**, bilingue: in zwei Sprachen [geschrieben], zweisprachig. **Bilinguismus** [auch: *bi...*] *der*; - u. **Bilinguität** [auch: *bi...*] *die*; -: = Bilingualismus
biliös [*lat.*]: gallig, gallehaltig (Med.). **Bilirubin** [*lat.-nlat.*] *das*; -s: gelbbraun-rötlicher Farbstoff der Galle. **Bilirubin|urie** [*lat.-gr.*] *die*; -, ...ien: Auftreten von → Bilirubin im Harn. **Bilis** [*lat.*] *die*; -: von der Leber gebildetes, für die Fettverdauung wichtiges Sekret; Galle. **Biliverdin** [*...wär...*; *lat.*; *lat.-roman.*] *das*; -s: grüner Farbstoff der Galle
Bill [*engl.*] *die*; -, -s: englische Bez. für: a) Gesetz; b) Gesetzentwurf
Billard [*biljart*; österr.: *bijar*; *fr.*] *das*; -s, -e (auch, österr. nur -s): 1. Spiel, bei dem nach bestimmten Regeln Kugeln mit Hilfe eines Stabes (Queue) auf einer Art Tisch mit einem Rand (Bande), dessen Platte mit Stoff, Tuch bezogen ist, gestoßen werden. 2. Billardtisch. **billardieren**: in unzulässiger Weise stoßen (beim Billard). **Billardkarambol** *das*; -s: = Karambolagebillard. **Billardqueue** [*biljartkö*] *das*; -s, -s: = Queue (I)
Billbergie [*...i^e*; *nlat.*; nach dem schwed. Botaniker Billberg] *die*; -, -n: Zimmerpflanze aus dem trop. Amerika, ein Ananasgewächs
Billetdoux [*bijedu*; *fr.*] *das*; -, -[*...duß*]: (veraltet, noch scherzh.) kleiner Liebesbrief
Billeteur [*mlat.-fr.*] *der*; -s, -e: I. [*bijätör*] (österr.) Platzanweiser. II. [*biljätör*] (schweiz.) Schaffner
Billett [*biljät*; *fr.*] *das*; -[e]s, -s u. -e: 1. a) Einlaßkarte, Eintrittskarte; b) Fahrkarte. 2. (veraltet) Zettel, Briefchen
Billiarde [*fr.*] *die*; -, -n: 10^{15} (1 mit 15 Nullen) tausend Billionen. **Billion** [*fr.*] *die*; -, -en: 10^{12} (1 mit 12 Nullen) eine Million Millionen (in Deutschland u. Großbritannien; 10^9 = 1 mit 9 Nullen in UdSSR, USA, Frankreich)
Billon [*biljong*; *fr.*] *der* od. *das*; -s: Silberlegierung mit hohem Kupfer-, Zinn- od. Zinkgehalt
Billrothbatist [nach dem Chirurgen Billroth] *der*; -s: gelber, wasserdichter Verbandstoff
Bi|lokation [*...zion*; *lat.-nlat.*] *die*; -, -en: gleichzeitige körperliche Gegenwart an zwei verschiedenen Stellen (z. B. in Heiligenlegenden)
Biluxlampe ® [*lat.*; *gr.-lat.-fr.*] *die*; -, -n: Fern- und Abblendlampe in Autoscheinwerfern
bimanuell [auch: *bi...*; *lat.-nlat.*]: zweihändig
bimaxillär [*lat.-nlat.*]: Ober- u. Unterkiefer betreffend
Bimester [*lat.*] *das*; -s, -: Zeitraum von 2 Monaten als Teil eines größeren Zeitraums
Bimetall *das*; -s, -e: Streifen aus zwei miteinander verbundenen, verschiedenen Metallen, der sich bei Erwärmung auf Grund der unterschiedlichen Ausdehnung krümmt (bei Auslösevorrichtungen u. Meßinstrumenten in der Elektrotechnik). **bimetallisch**: a) auf zwei Metalle bezüglich; b) aus zwei Metallen bestehend. **Bimetallismus** [*nlat.*] *der*; -: Doppelwährung; Währung, bei der zwei Metalle (meist Gold und Silber) Zahlungsmittel sind
binar, **binär**, **binarisch** [*lat.*]: aus 2 Einheiten oder Teilen bestehend, Zweistoff... (Fachspr.); binäre Einheit: = Bit. **Binärcode** *der*; -s, -s: aus einem Zeichenvorrat von nur zwei Zeichen bestehender → Code (1). **Binarismus** *der*; -: sprachwissenschaftliche Theorie, wonach sich Sprachsysteme auf eine begrenzte Anzahl binärer → Oppositionen (5) zurückführen lassen. **Binärsystem** *das*; -s: = Dualsystem. **Binärziffer** *die*; -, -n: Ziffer 0 od. 1 od. eine Folge aus diesen Ziffern (z. B. 10, 111; EDV)
Bination [*...zion*; *lat.-nlat.*] *die*; -, -en: zweimaliges Lesen der Messe an einem Tage durch denselben Priester
binational [*...zion...*; *lat.-nlat.*]: zwei Nationen od. Staaten gemeinsam betreffend
bin|aural, (auch:) biaural [*lat.-nlat.*]: 1. beide Ohren betreffend, für beide Ohren (z. B. von einem Stethoskop od. einem Kopfhörer; Med. u. Techn.). 2. zweikanalig (von elektroakustischer Schallübertragung)
Bingo [*binggo*; *engl.*] *das*; -[s]: englisches Glücksspiel (eine Art Lotto). **Bingo-card** [*...ka'd*; *engl.*] *die*; -, -s: Antwortkarte, bei der man seine Wünsche durch Ankreuzen von Zahlen in einem Zahlenfeld angeben kann
binieren [*lat.-nlat.*]: die Messe zweimal an einem Tage lesen; vgl. Bination
Biniou [*biniu*; *breton.-fr.*] *der*; -s, -s: Sackpfeife in der bretonischen Volksmusik
Bin|ode [*lat.*; *gr.*] *die*; -, -n: Elektronenröhre mit zwei Röhrensystemen in einem Glaskolben; Verbundröhre
Bin|okel [auch: *...ok^el*; *lat.-fr.*] *das*; -s, -: 1. (veraltet) a) Brille; b) Fernrohr. 2. Mikroskop für beide Augen. 3. (auch:) *der* (ohne Plural) schweizerisches Kartenspiel. **bin|okeln**: Binokel (3) spielen. **bin|okular** [*lat.-nlat.*]: 1. beidäugig; -es Sehen: Fähigkeit, mit beiden Augen, also plastisch, zu sehen. 2. für beide Augen bestimmt, zum Durchblicken für beide Augen zugleich. **Bin|okular** *das*; -s, -e: Lupe, die für das Sehen mit beiden Augen eingerichtet ist. **Bin|okularmikro|skop** *das*; -s, -e: für beide Augen eingerichtetes → Mikroskop
Binom [*lat.*; *gr.*] *das*; -s, -e: jede Summe aus zwei Gliedern (Math.). **Binomialko|effizienten** [*lat.*; *gr.*; *lat.*] *die* (Plural): → Koeffizienten der einzelnen Glieder einer binomischen Reihe. **binomisch** [*lat.*; *gr.*]: zweigliedrig; -er Lehrsatz: math. Formel zur Berechnung von Potenzen eines Binoms
bio..., **Bio...** [*gr.*]: in Zusammensetzungen auftretendes Bestimmungswort mit der Bedeutung 1. „leben..., Leben...; Lebensvorgänge; Lebewesen; Lebensraum", z. B. biologisch, Biochemie. 2. „gesund..., natürlich..., ohne chemische Zusätze", z. B. Bioladen, Biogärtner
bioaktiv [auch: *bi...*]: biologisch aktiv, → biologisch (2)

Bioastronautik [auch: ...*nau*...] *die*; -: Erforschung der Lebensmöglichkeiten im Weltraum

Biobi|blio|graphie *die*; -, ...ien: → Bibliographie, die das über eine Person erschienene Schrifttum verzeichnet

Biochemie [auch: *bi*...] *die*; -: 1. Wissenschaft von den chem. Vorgängen in Lebewesen. 2. homöopathisches Heilverfahren (nach dem Arzt Wilh. Heinrich Schüßler). **Biochemiker** [auch: *bi*...] *der*; -s, -: Wissenschaftler auf dem Gebiet der Biochemie

Biochor [...*kor*; *gr.-nlat.*] *das*; -s, -en: = Biochore. **Biochore** *die*; -, -n u. **Biochorion** *das*; -s, ...ien [...*iᵉn*]: eng umschriebener Lebensbereich innerhalb eines → Biotops (Biol.)

Biodynamik [auch: ...*na*...] *die*; -: Wissenschaft von den Wirkungen verschiedener Außeneinflüsse auf Organismen; vgl. Biochemie (1) u. Biophysik. **biodynamisch** [auch: ...*na*...]: 1. die Biodynamik betreffend. 2. nur mit organischen Düngemitteln gedüngt (in bezug auf Nahrungsmittel)

Bioelek|trizität [auch: ...*tät*] *die*; -: Gesamtheit der elektrischen Vorgänge in lebenden Organismen

Bio-Element *das*; -s, -e: Spurenelement; wichtiges, nur in sehr kleiner Menge im Körper vorhandenes u. wirksames chemisches Element (z. B. Kupfer, Jod)

Bio|energetik [auch: ...*ge*...] *die*; -: 1. philosophische Lehre von der Anwendung der Energiegesetze auf die Lebensvorgänge. 2. Form der Psychotherapie, deren Ziel es ist, dem Menschen Körper- u. Bewegungsgefühl u. positive Formen von Aggressionen zu vermitteln u. ihn von falschen Hemmungen zu befreien

Biofeedback-Methode [...*fitbäk*, auch: ...*bäk*...] *die*; -: Methode, suggestives Verfahren zur Kontrolle autonomer, vom Menschen sonst kaum wahrgenommener Körperfunktionen (z. B. Blutdruck, Herzfrequenz, Hirnwellen), das über Apparate erfolgt, an denen der Patient seine Funktionen ablesen u. entsprechend beeinflussen kann (z. B. willentlich den Blutdruck senken, den Puls verlangsamen), was wiederum durch Signale angezeigt wird

Biogas *das*; -es, -e: Gas, das sich z. B. aus Kuhmist bildet (als alternative Energiequelle)

biogen [*gr.-nlat.*]: durch Tätigkeit von Lebewesen entstanden, aus abgestorbenen Lebewesen gebildet. **Biogenese** *die*; -, -n: Entwicklung[sgeschichte] der Lebewesen; vgl. Ontogenese u. Phylogenese. **biogenetisch**: zur Biogenese gehörend; -es Grundgesetz: Gesetz, wonach die Entwicklung des Einzelwesens (→ Ontogenese) eine Wiederholung der stammesgeschichtl. Entwicklung (→ Phylogenese) ist. **Biogenie** *die*; -: Entwicklungsgeschichte der Lebewesen

Biogeo|graphie [auch: ...*fi*] *die*; -: Wissenschaft von der geographischen Verbreitung der Tiere u. Pflanzen. **biogeo|graphisch** [auch: ...*gra*...]: die Biogeographie betreffend. **Biogeozönose** [*gr.-nlat.*] *die*; -: System der Wechselbeziehungen zwischen Pflanzen u. Tieren einerseits u. der unbelebten Umwelt andererseits

Bio|gramm [*gr.-nlat.*] *das*; -s, -e: Aufzeichnung des Lebensablaufs von Individuen einer zusammenlebenden Gruppe (Verhaltensforschung). **Bio|graph** [*gr.-nlat.*] *der*; -en, -en: Verfasser einer Lebensbeschreibung. **Bio|graphie** [*gr.*] *die*; -, ...ien: 1. Lebensbeschreibung. 2. Lebens[ab]lauf, Lebensgeschichte eines Menschen. **bio|graphisch**: 1. die Biographie (1) betreffend. 2. den Lebenslauf [eines Menschen] betreffend

Biokatalysator *der*; -s, ...oren: Wirkstoff (z. B. Hormon), der die Stoffwechselvorgänge steuert

Bio|klimatologie [auch: ...*gi*] *die*; -: Wissenschaft von den Einwirkungen des → Klimas auf das Leben.

Biokurve *die*; -, -n: individueller, von der Geburt an in bestimmten Intervallen verlaufender Rhythmus positiver u. negativer Konstellationen, Umstände in bezug auf Körper, Psyche u. Geist

Biokybernetik [auch: ...*ne*...; *gr.-nlat.*] *die*; -: Wissenschaft, die die Steuerungs- und Regelungsvorgänge in biologischen Systemen (Mensch, Tier, Pflanze) untersucht

Biolinguistik *die*; -: Wissenschaftszweig, bei dem man sich mit dem Problem von Sprache u. dem biologisch bedingten Verhalten des Menschen im Kommunikationsprozeß befaßt

Biolith [auch: ...*it*; *gr.-nlat.*] *der*; -s od. -en, -e[n] (meist Plural): aus abgestorbenen Lebewesen entstandenes → Sediment (Geol.)

Biologe [*gr.-nlat.*] *der*; -n, -n: Wissenschaftler auf dem Gebiet der Biologie, Erforscher der Lebensvorgänge in der Natur. **Biologie** *die*; -: 1. Wissenschaft von der belebten Natur u. den Gesetzmäßigkeiten im Ablauf des Lebens von Pflanze, Tier u. Mensch. 2. biologische, der Natur entsprechende Beschaffenheit, z. B. viel -, weniger Chemie; die Frau ist noch stärker der - verhaftet. **biologisch**: 1. die Biologie betreffend, auf ihr beruhend. 2. auf natürlicher Grundlage, naturbedingt, unter Verzicht auf Chemie. **biologisch-dynamische Wirtschaftsweise**: Landwirtschaft u. Gärtnerei auf natürlicher Grundlage ohne künstliche Düngung, nach der Lehre R. Steiners (→ Anthroposophie); vgl. biodynamisch. **Biologismus** *der*; -: einseitige u. ausschließliche Anwendung biologischer Gesichtspunkte auf andere Wissensgebiete. **biologistisch**: den Biologismus betreffend, im Sinne des Biologismus

Biolumineszenz [*gr.*; *lat.-nlat.*] *die*; -: auf biochemischen Vorgängen beruhende Lichtausstrahlung vieler Lebewesen (Bakterien, Tiefseefische u. a.)

Biolyse [*gr.-nlat.*] *die*; -, -n: chem. Zersetzung organischer Substanz durch lebende Organismen. **biolytisch**: die Biolyse betreffend, auf Biolyse beruhend

Biom [*gr.-nlat.*] *das*; -s, -e: Lebensgemeinschaft von Tieren u. Pflanzen in einem größeren geographischen Raum (tropischer Regenwald, Savanne u. a.)

Biomant [*gr.-nlat.*] *der*; -en, -en: jmd., der sich mit Biomantie befaßt. **Biomantie** *die*; -: Voraussage des Lebensschicksals aus biologischen Zeichen (z. B. aus den Linien der Hand)

Biomasse [*gr.*; *dt.*] *die*; -: Gesamtheit aller lebenden u. toten Organismen u. die daraus resultierende organische Substanz

Biomechanik [auch: ...*cha*...] *die*; -: Teilgebiet der → Biophysik, auf dem man sich mit den mechanischen Vorgängen in den Organismen befaßt. **biomechanisch** [auch: ...*cha*...]: die Biomechanik betreffend

Biometeorologie [auch: ...*gi*] *die*; -: Wissenschaft vom Einfluß des Wetters auf die Lebewesen, insbesondere auf den Menschen (Biol., Med.). **biometeorologisch** [auch: *lo*...]: 1. die Biometeorologie betreffend. 2. den Einfluß des Wetters auf Lebewesen betreffend

Biome|trie, **Biome|trik** [*gr.-nlat.*] *die*; -: a) Wissenschaft von der Zählung u. [Körper]messung an Lebewesen; biologische → Statistik; b) Zählung u. [Körper]messung an Lebewesen. **biome|trisch**: die Biometrie betreffend

biomorph [*gr.-nlat.*]: von den Kräften des natürlichen Lebens geformt, geprägt. **Biomorphose** *die*; -: die durch die Lebensvorgänge bewirkte Veränderung im Erscheinungsbild eines Lebewesens (z. B. das Altern). **biomorphotisch**: die Biomorphose betreffend

Biomotor [*gr.*; *lat.*] *der*; -s, ...oren: Apparatur zur künstlichen Beatmung der Lunge

bionegativ [auch: ... *tif*; *gr.*; *lat.*]: lebensschädlich, lebensfeindlich

Bionik [nach *engl.-amerik.* bionics; Kurzw. aus *bio...* u. electro*nics*] *die*; -: Wissenschaft, die technische, bes. elektronische Probleme nach dem Vorbild der Funktionen von Körperorganen zu lösen sucht (Wärmespürgeräte, nervengesteuerte → Prothesen u. a.); vgl. Biotechnik. **bionisch**: die Bionik betreffend, auf ihr beruhend

Bionomie [*gr.-nlat.*] *die*; -: Wissenschaft von den Gesetzen des Lebens

Bi|ontologie [*gr.-nlat.*] *die*; -: (veraltet) Wissenschaft von den Lebewesen

Biophonetik [auch: *...ne...*; *gr.-nlat.*] *die*; -: Wissenschaft, die sich mit den biologischen Grundlagen für die Entstehung u. Aufnahme der Sprachlaute u. den dabei stattfindenden Vorgängen im Zentralnervensystem befaßt

Biophor [*gr.-nlat.*; „Lebensträger"] *der*; -s, -e: früher angenommene Elementareinheit des Zellplasmas

Biophysik [auch: *...sik*] *die*; -: 1. Wissenschaft von den → physikalischen Vorgängen in u. an Lebewesen. 2. heilkundlich angewendete Physik (z. B. Strahlenbehandlung u. -schutz). **biophysikalisch** [auch: *...ka...*]: die Biophysik betreffend

Bi|opsie [*gr.-nlat.*] *die*; -, ...ien: Untersuchung von Material (Gewebe u. a.), das dem lebenden Organismus entnommen ist

Bio|psychismus [*gr.-nlat.*] *der*; -: philosophische Anschauung, nach der jedem organischen Geschehen ein psychischer Prozeß zuzuordnen ist

bi|optisch [*gr.-nlat.*]: die Biopsie betreffend

Bio|rheuse, (auch:) Bior|rheuse [*gr.-nlat.*; „Lebensfluß"] *die*; -: Bezeichnung für den natürlichen Prozeß des Alterns u. die damit zusammenhängenden Veränderungen im Organismus

Bio|rhythmik [auch: *...rüt...*; *gr.-nlat.*] *die*; -: Art, Charakter des Biorhythmus. **Bio|rhythmus** [auch: *...rüt...*] *der*; -: 1. der rhythmische, periodische Ablauf des Lebens von Organismen (z. B. jahreszeitl. Veränderungen, weibl. Zyklus). 2. Theorie, nach der das Leben des Menschen vom Tag der Geburt an in wellenförmigen Phasen von 23 (physische Aktivität), 28 (Gefühlsleben) u. 33 (intellektuelle Leistungen) Tagen verläuft

Biorisator [*gr.-nlat.*] *der*; -s, ...oren: Zerstäubungsgerät zur Herstellung keimfreier Milch. **biorisieren**: keimfreie Milch mit dem Biorisator herstellen

Bior|rheuse vgl. Biorheuse

Bios [*gr.*] *der*; -: 1. das Leben; die belebte Welt als Teil des → Kosmos. 2. = Biosstoff

Biosatellit [*gr.*; *lat.*] *der*; -en, -en: mit Tieren [und Pflanzen] besetztes kleines Raumfahrzeug zur Erforschung der Lebensbedingungen in der Schwerelosigkeit

Bi|ose [*lat.-nlat.*] *die*; -, -n: einfacher Zucker mit zwei Sauerstoffatomen im Molekül

Biosensor [*gr.*; *lat.*] *der*; -s, ...oren: Gerät zur elektronischen Messung physikal. u. chem. Lebensvorgänge am u. im Körper

Bio|skop [*gr.-nlat.*] *das*; -s, -e: alter, 1891 von dem Franzosen Demeny erfundener kinematographischer Apparat

Biosoziologie [auch: *...gi*; *gr.*; *lat.*; *gr.*] *die*; -: Wissenschaft von den Wechselbeziehungen zwischen biologischen u. soziologischen Gegebenheiten

Bio|sphäre [auch: *...är^e*; *gr.-nlat.*] *die*; -: Gesamtheit des von Lebewesen besiedelten Teils der Erde. **bio|sphärisch** [auch: *...är...*]: zur Biosphäre gehörend

Biosstoff *der*; -s, -e: lebensnotwendiger pflanzlicher Wirkstoff nach Art der → Vitamine; unterschieden als Bios I, Bios II usw.

Biosthetik [aus: *Bio*logie u. *Ästhetik*] *die*; -: eine der Natur besonders verbundene Form der Schönheits- u. Haarpflege

Bio|strati|graphie *die*; -: Festlegung der geologischen Gliederung u. ihres Alters mit Hilfe der → Fossilien

Biosynthese [auch: *...te...*; *gr.*] *die*; -, -n: 1. der Aufbau chem. Verbindungen in den Zellen des lebenden Organismus. 2. Herstellung organischer Substanzen mit Hilfe von Mikroorganismen (z. B. von Penicillin aus niederen Pilzen)

Biotar [Kunstw.] *das*; -s, -e: fotografisches Objektiv mit größerem Öffnungsverhältnis

Biotechnik [auch: *...te...*] *die*; -, -en: technische Nutzbarmachung biologischer Vorgänge (z. B. der Hefegärung); vgl. Bionik. **biotechnisch** [auch: *...te...*]: auf die Biotechnik bezogen, lebenstechnisch. **Biotechnologie** [auch: *...gi*] *die*; -: Wissenschaft von der Biotechnik

Bioteleme|trie [*gr.*] *die*; -: Funkübermittlung von biolog. Meßwerten, die ein → Biosensor aufgenommen hat (Luft- u. Raumfahrt; Verhaltensforschung)

Biotin [*gr.-nlat.*] *das*; -s: Vitamin H (in Leber und Hefe auftretend)

biotisch [*gr.*]: auf Lebewesen, auf Leben bezüglich

Biotit [auch: *...it*; *nlat.*; nach dem französ. Physiker Biot, † 1862] *der*; -s, -e: dunkler Glimmer. **Biotitgranit** [auch: *...it...*] *der*; -s: ein Tiefengestein

Biotonus [*gr.-nlat.*] *der*; -: Lebensspannkraft (Psychol.)

Biotop [*gr.-nlat.*] *der* od. *das*; -s, -e: 1. durch bestimmte Pflanzen- u. Tiergesellschaften gekennzeichneter Lebensraum. 2. Lebensraum einer einzelnen Art

bio|trop [*gr.-nlat.*]: durch physikalische u. klimatische Reize auf die Verfassung u. Leistungsfähigkeit eines Organismus einwirkend; -e Faktoren: Kräfte (wie Sonnenschein, Luftdruck), die auf die Lebewesen bestimmend einwirken. **Bio|tropie** *die*; -, ...ien: wetterbedingte Empfindlichkeit des Organismus (z. B. bei plötzlichen Luftdruckschwankungen)

Biotyp *der*; -s, -en u. **Biotypus** *der*; -, ...pen: reiner Typ, reine Linie (Gruppe od. Generationsfolge von Individuen mit gleicher Erbanlage)

Biowissenschaften [*gr.*; *dt.*] *die* (Plural): Gesamtheit der zur Biologie gehörenden Wissenschaftszweige

biozen|trisch: das Leben, seine Steigerung u. Erhaltung in den Mittelpunkt aller Überlegungen stellend, z. B. -e Weltanschauung; Ggs. → logozentrisch

Biozid [*gr.*; *lat.*] *das*; -[e]s, -e: = Pestizid

Biozönologe [*gr.-nlat.*] *der*; -n, -n: Erforscher von biologischen Lebensgemeinschaften. **Biozönologie** *die*; -: Wissenschaft von den biologischen Lebensgemeinschaften. **Biozönose** *die*; -, -n: Lebensgemeinschaft, Gesellschaft von Pflanzen u. Tieren in einem → Biotop (1). **biozönotisch**: die Lebensgemeinschaft in Biotopen betreffend

biped [*lat.*]: = bipedisch; vgl. ...isch/-. **Bipede** [*lat.*] *der*; -n, -n: Zweifüßer; zweifüßiges Tier. **bipedisch:** zweifüßig. **Bipedie** u. **Bipedität** [*lat.-nlat.*] *die*; -: Zweifüßigkeit

bipolar [auch: ...*ar*; *gr.-lat.-nlat.*]: zweipolig. **Bipolarität** [auch: ...*tät*] *die*; -, -en: Zweipoligkeit, Vorhandensein zweier entgegengesetzter Pole

Biqua|drat *das*; -[e]s, -e: Quadrat des Quadrats, vierte Potenz (Math.). **bi|qua|dratisch**: in die vierte Potenz erhoben; -e Gleichung: Gleichung 4. Grades

Biquet [*bike*; *fr.*] *der*; -s, -s: Schnellwaage für Gold- u. Silbermünzen. **biquetieren**: Münzen abwiegen

Birdie [*bö^r di*; *engl.*; „Vögelchen"] *das*; -s, -s: Gewinn eines Lochs mit einem Schlag weniger als festgesetzt (Golf); vgl. Par

Bireme [*lat.*] *die*; -, -n: Zweiruderer (antikes Kriegsschiff mit zwei übereinanderliegenden Ruderbänken)

Birett [*lat.-mlat.*] *das*; -s, -e: aus dem Barett entwickelte viereckige Kopfbedeckung kathol. Geistlicher

Birutsche vgl. Barutsche

bis [*lat.*; „zweimal"]: a) wiederholen, noch einmal (Anweisung in der Notenschrift); b) in einer musikalischen Aufführung als Zuruf die Aufforderung zur Wiederholung

Bisam [*hebr.-mlat.*] *der*; -s, -e u. -s: 1. (ohne Plural) = Moschus. 2. Handelsbezeichnung für Bisamrattenpelz

Biseauschliff [*biso*...; *fr.*; *dt.*] *der*; -s, -e: schrägkantiger Schliff an Edelsteinen

Bisek|trix [*lat.-nlat.*] *die*; -, ...trizes: Halbierende (Kristallphysik)

biserial [*lat.-nlat.*]: (veraltet) zweireihig, zweizeilig

biserierte Ma|gnesia [*lat.*; *gr.*] *die*; -n -: doppelt gebrannte Magnesia (Heilmittel)

Bisexualität [auch: ...*tät*] *die*; -: 1. a) Doppelgeschlechtigkeit (Biol.); b) angeborene Disposition von Männern u. Frauen, psychische Merkmale des anderen Geschlechts zu entwickeln. 2. das Nebeneinanderbestehen von hetero- u. homosexuellen Neigungen u. Beziehungen, von sexuellen Antrieben u. Handlungen zu bzw. mit Partnern des anderen wie des eigenen Geschlechts. **bisexuell** [auch: ...*äl*]: 1. doppelgeschlechtig. 2. ein sowohl auf Personen des anderen als auch auf die des eigenen Geschlechts gerichtetes Sexualempfinden, sexuelles Verlangen habend

Biskotte [*lat.-it.*] *die*; -, -n: (österr.) längliches Biskuit, Löffelbiskuit.

Biskuit [...*kwit*; *lat.-fr.*; „zweimal Gebackenes"] *das* (auch: *der*); -[e]s, -s (auch: -e): 1. Feingebäck aus Mehl, Eiern, Zucker. 2. = Biskuitporzellan. **Biskuitporzellan** *das*; -s, -e: gelbliches, unglasiertes Weichporzellan

bismillah [*arab.*]: im Namen Gottes (mohammedan. Eingangsformel für Gebete, Schriftstücke o. ä.)

Bismutit [auch: ...*it*; *dt.-nlat.*] *der*; -s: Mineral. **Bismutum** *das*; -s: lat. Bezeichnung für: Wismut (ein Metall); chem. Zeichen: Bi

Bison [*germ.-lat.*] *der*, (auch:) *das*; -s, -s: nordamerikan. Büffel

bistabil: zwei stabile Zustände aufweisend (vor allem bei elektronischen Bauelementen)

Bister [*fr.*] *der* od. *das*; -s: aus Holzruß hergestellte bräunliche Wasserfarbe

Bistouri [*bißturi*; *fr.*] *der* od. *das*; -s, -s: 1. langes, schmales → Skalpell mit auswechselbarer Klinge. 2. früher benutztes Operationsmesser mit einklappbarer Klinge

Bi|stro [*fr.*]

I. *das*; -s, -s: kleine französische Gastwirtschaft.

II. *der*; -s, -s: französische Bezeichnung für: Schankwirt

Bi|stronnet [...*ne*; *fr.*] *das*; -s, -s: Lokal mit [französischer] Schnellkost

Bisulfat *das*; -s, -e: (veraltet) = → Hydrogensulfat. **Bisulfit** *das*; -s, -e: (veraltet) = → Hydrogensulfit

bisyllabisch [auch: *bi*...]: (veraltet) zweisilbig

Bit *das*; -[s], -[s]

I. [*engl.*; Kurzw. aus: *b*asic *i*ndissoluble *i*nformation uni*t* (*be^isik indißoljubl informe^isch^en junit*) = „unauflösliche Informationsgrundeinheit"]: Einheit für den Informationsgehalt einer Nachricht; Zeichen: bt

II. [*engl.*; Kurzw. aus: *bi*nary digi*t* (*bain^eri didschit*) = „Zweierstelle, Zweierzahl"]: a) binäre Einheit, Binärzeichen (Einheit für die Anzahl von Zweierschritten, d. h. Alternativentscheidungen in der Datenverarbeitung u. Nachrichtentechnik; Zeichen: bit; b) der einzelne Zweierschritt; vgl. Byte

Bitok [*russ.*] *der*; -s, -s u. Bitki: kleiner, runder gebratener Fleischkloß

bitonal [auch: ...*al*]: 1. auf zwei verschiedene Tonarten zugleich bezogen (Mus.). 2. doppeltönend (z. B. vom Husten; Med.). **Bitonalität** [auch: ...*tät*] *die*; -: gleichzeitige Anwendung zweier verschiedener Tonarten in einem Musikstück

Bitter lemon [*bit^er läm^en*; *engl.*] *das*; - -[s], -: milchig-trüb aussehendes Getränk aus Zitronen- u. Limettensaft mit geringem Chiningehalt

Bitumen [*gall.-lat.*; „Erdharz, Erdpech"] *das*; -s, - (auch: ...mina): aus organischen Stoffen natürlich entstandene teerartige Masse (Kohlenwasserstoffgemisch), auch bei der Aufarbeitung von Erdöl als Destillationsrückstand gewonnen (verwendet u. a. als Abdichtungs- u. Isoliermasse). **bitumig**: Bitumen enthaltend, dem Bitumen ähnlich. **bituminieren**: mit Bitumen behandeln od. versetzen. **bituminös**: Bitumen enthaltend

Biuret|reaktion [...*zion*: *lat.*; *gr.*; *lat.*] *die*; -: Nachweis von Eiweißkörpern mit Kupfersulfat

bivalent [...*wa*...; *lat.-nlat.*]: zweiwertig (Chem.). **Bivalenz** *die*; -, -en: Zweiwertigkeit (Chem.)

Bivalve [*baiwälf*; *lat.-fr.-engl.*] *der*; -[s], -s: Sperrwechsel für Linien verschiedener Figuren (Thema im Kunstschach); vgl. Valve.

Bivalven, Bivalvia [...*walw*...; *lat.-nlat.*, „Zweitürige"] *die* (Plural): Bezeichnung für: Muscheln (Zool.)

Biwa [*jap.*] *die*; -, -s: vier- bis sechssaitiges japanisches Lauteninstrument

Biwak [*niederd.-fr.*; „Beiwacht"] *das*; -s, -s u. -e: behelfsmäßiges Nachtlager im Freien (Mil., Bergsteigen). **biwakieren**: im Freien übernachten (Mil., Bergsteigen)

bizarr [*it.-fr.*]: von absonderlicher, eigenwillig schroff-verzerrter, fremdartig-phantastischer Form, Gestalt. **Bizarrerie** *die*; -, ...ien: Absonderlichkeit [in Form u. Gestalt]

Bizeps [*lat.*] *der*; -[es], -e: zweiköpfiger Oberarmmuskel (Beugemuskel)

Bizinie [...*zini^e*; *lat.*] *die*; -, -n: zweistimmiges Musikstück (auch Gesang) des 16. u. 17. Jh.s

bizonal [*lat.*; *gr.*]: die Bizone betreffend. **Bizone** *die*; -: Bezeichnung für die amerikanische u. die britische Besatzungszone, die sich 1947 zu einem einheitlichen Wirtschaftsgebiet zusammenschlossen (Gesch.)

bizy|klisch, (chem. fachspr.:) bicyclisch [auch: ...zü...; *lat.*; *gr.*]: einen Kohlenstoffdoppelring enthaltend (von Molekülen)

Blackband [*bläkbänt*; *engl.*] *das*; -s: weniger wertvolles Eisenerz, Kohleneisenstein

Black-Bottom [*bläkbot^e m*; *engl.-amerik.*] *der*; -s, -s: nordamerikan. Gesellschaftstanz

Black box [*bläk* -; *engl.*; „schwarzer Kasten (des Zauberers)"] *die*; - -, - -es (...*is*, auch: ...*iß*): Teil eines → kybernetischen Systems, dessen Aufbau u. innerer Ablauf aus den Reaktionen auf eingegebene Signale erst erschlossen werden muß. **Black-box-Methode** *die*; -: Verfahren zum Erkennen noch unbekannter Systeme (Kybernetik)

Black Jack [*bläk dsehäk*; *amerik.*] *das*; - -, - -: amerikanisches Kartenspiel als Variante des Siebzehnundvier

Blackmail [*bläkme^i l*; *engl.*] *das*; -[s]: Erpressung [durch Androhung der Bloßstellung]. **Blackout** [*bläkaut*; auch: ...*aut*; *engl.*; „Verdunklung"] *das* (auch: *der*); -[s], -s: 1. a) plötzliches Abdunkeln der Szene bei Bildschluß im Theater; b) kleinerer → Sketch, bei dem ein solcher Effekt die unvermittelte Schlußpointe setzt. 2. a) Verdunklung in Kriegszeiten; b) nächtlicher Stromausfall [in einer Stadt]. 3. plötzlicher, vorübergehender Ausfall von Funktionen. **Black Panther** [*bläk pänth^e r*; *amerik.*] *der*; - -s, - -: Angehöriger der Black Panther Party [...*pa'ti*], einer afroamerikanischen Organisation, deren Mitglieder die soziale Benachteiligung der Schwarzen zu beseitigen versuchen. **Black Power** [*bläk pau^e r*; *engl.*; „schwarze Gewalt"] *die*; - -: Bewegung nordamerikanischer Neger gegen die Rassendiskriminierung, die u. a. die Schaffung eines unabhängigen Staates der Schwarzen auf dem Territorium der USA anstrebt, und zwar nicht mehr durch Gewaltlosigkeit od. passiven Widerstand, sondern durch bewaffneten Aufstand. **Black tongue** [*bläk tang*; *engl.*; „schwarze Haarzunge"] *die*; - -: 1. krankhafte braune Verfärbung der Zunge[nmitte] (Med.). 2. Schwarzzungenkrankheit des Hundes. **Blacky** [*bläki*; *engl.*]: Kosename für ein Wesen, das durch ein od. mehrere schwarze od. dunkle Merkmale gekennzeichnet ist

Blaffert [*germ.-mlat.*] *der*; -s, -e: groschenartige Silbermünze des 14.–16. Jh.s

blagieren [*fr.*]: (veraltet) 1. prahlen. 2. sich lustig machen. **Blageur** [...*gör*] *der*; -s, -e: (veraltet) Prahlhans

blamabel [*gr.-lat.-vulgärlat.-fr.*]: beschämend. **Blamage** [*blamasch^e*] *die*; -, -n: etwas, was für den Betreffenden peinlich, beschämend, bloßstellend ist. **blamieren**: jmdm., sich eine Blamage bereiten

Blanc fixe [*blang fikß*; *fr.*] *das*; - -: = Permanentweiß. **blanchieren** [*blangschi*...; *germ.-fr.*]: Fleisch, Gemüse, Reis, Mandeln u. a. kurz mit heißem Wasser überbrühen.

Blancmanger [*blangmangsche*; *fr.*] *das*; -s, -s: Mandelgelee

bland [*lat.*]: 1. mild, reizlos (z. B. von einer Diät). 2. (Med.) a) ruhig verlaufend (von Krankheiten); b) nicht auf Ansteckung beruhend (von Krankheiten)

Blank [*blängk*; *germ.-fr.-engl.*] *das*; -s, -s: Leerstelle, Zwischenraum zwischen zwei geschriebenen Wörtern (Sprachw.; EDV).

Blanket [*blänkit*; *engl.*] *das*; -s, -s: Brutzone, Zone außerhalb od. innerhalb der Spaltzone eines Kernreaktors, der als schneller Brüter arbeitet. **Blankett** [französierende Bildung zu *dt.* blank] *das*; [e]s, -e: a) Wertpapiervordruck, zu dessen Rechtsgültigkeit noch wichtige Eintragungen fehlen (Wirtsch.); b) Schriftstück mit Blankounterschrift, das der Empfänger absprachegemäß ausfüllen soll. **blanko** [*germ.-it.*]: leer od. nicht vollständig ausgefüllt (von unterschriebenen Schriftstücken, Urkunden, Schecks u. dgl.). **Blankoakzept** *das*; -[e]s, -e: Wechsel, der → akzeptiert wird, ehe er vollständig ausgefüllt ist. **Blankoscheck** *der*; -s, -s: Scheck, der nur teilweise ausgefüllt, aber unterschrieben ist. **Blankovollmacht** [*germ.-it.*; *dt.*] *die*; -, -en: unbeschränkte Vollmacht. **Blankvers** [*engl.*] *der*; -es, -e: meist reimloser fünffüßiger (fünf betonte Silben aufweisender) Jambenvers

Blanquismus [*blangkiß*...; nach dem franz. Sozialisten L. A. Blanqui, 1805–1881] *der*; -: revolutionäre sozialistische Bewegung des 19. Jh.s in Frankreich. **Blanquist** *der*; -en, -en: Anhänger des Blanquismus

blasiert [*fr.*]: überheblich, eingebildet, hochnäsig, hochmütig

Blason [*blasong*; *fr.*] *der*; -s, -s: 1. Wappenschild. 2. Wappenkunde. 3. französisches Preisgedicht des 16. Jh.s, das in detaillierter Beschreibung von Frauen od. Pferden, Waffen, Wein u. a. handelt. **blasonieren**: 1. ein Wappen kunstgerecht ausmalen. 2. ein Wappen entsprechend den Regeln der → Heraldik beschreiben, erklären

Blasphemie [*gr.-lat.*] *die*; -, ...ien: Gotteslästerung, verletzende Äußerung über etwas Heiliges. **blasphemieren**: lästern, etwas Heiliges beschimpfen. **blasphemisch**, blasphemistisch: Heiliges lästernd, verhöhnend; eine Gotteslästerung enthaltend. **Blasphemist** [*gr.-nlat.*] *der*; -en, -en: Gotteslästerer. **blasphemistisch** vgl. blasphemisch

Blastem [*gr.*; „Keim, Sproß"] *das*; -s: aus undifferenzierten Zellen bestehendes Gewebe, aus dem sich schrittweise die Körpergestalt entwickelt (Biol.). **Blastoderm** [*gr.-nlat.*] *das*; -s: Keimhaut, Zellwand der → Blastula. **Blastogenese** *die*; -: ungeschlechtliche Entstehung eines Lebewesens (z. B. eines → Polypen 2) durch Sprossung od. Knospung. **Blastom** *das*; -s, -e: krankhafte Gewebsneubildung, echte (nicht entzündliche) Geschwulst (Med.). **Blastomere** *die*; -, -n: durch Furchung entstandene Zelle. **Blastomykose** *die*; -, -n: durch Sproßpilze verursachte Erkrankung (zunächst) der Haut u. Schleimhaut (Med.). **Blastomyzet** *der*; -en, -en: Sproßpilz, Hefepilz. **Blasto|phthorie** *die*; -: Keimschädigung. **Blastoporus** *der*; -: Urmund (Öffnung des Urdarms). **Blastozöl** *das*; -s: die Furchungshöhle der Blastula. **Blastozyten** *die* (Plural): noch undifferenzierte → embryonale Zellen. **Blastula** *die*; -, ...lae [...*lä*]: Blasenkeim, frühes Entwicklungsstadium des → Embryos

Blazer [*ble^i s^e r*; *engl.*] *der*; -s, -: sportlich-elegantes [Herren]jakkett [mit aufgesetzten Taschen, blanken Metallknöpfen, Klubabzeichen]

Blend [*engl.*] *der* od. *das*; -s, -s: (meist Plural) Verschmelzung zweier Wörter zu einer neuen absichtlichen Kontamination (z. B. Schwabylon aus: *Schwabing* u. *Babylon*, Sexperte aus: *Sex* u. *Experte*, Demokratur aus: *Demokratie* u. *Diktatur*; Sprachw.)

Blenn|adenitis [*gr.-nlat.*] *die*; -, ...itiden: Schleimhautdrüsenentzündung (Med.). **Blennor|rhagie** *die*; -, ...ien, **Blennor|rhö**[1] *die*; -, -en u. **Blennor|rhöe** [...*rö*] *die*; -, -n [...*rö^e n*]: eitrige Schleimhaut-

[1] Vgl. die Anmerkung zu Diarrhö.

absonderung, bes. eitrige Augenbindehautentzündung (Med.)
Blepharitis [*gr.-nlat.*] *die*; -, ...itiden: Augenlid-, insbes. Lidrandentzündung (Med.). **Blepharochalasis** *die*; -: Erschlaffung [u. Herabhängen] der Augenlidhaut (Med.). **Blepharo|klonus** *der*; -, -se u. ...klonen u. **Blepharospasmus** *der*; -, ...men: Augenlidkrampf (Med.)
blessieren [*germ.-galloroman.-fr.*]: (fam.) verwunden, verletzen. **Blessur** *die*; -, -en: (fam.) Verwundung, Verletzung
bleu [*blö*; *germ.-fr.*]: blaßblau, bläulich (mit einem leichten Stich ins Grüne). **Bleu** *das*; -s, -[s]: bleu Farbe
Blimp [*engl.*] *der*; -s, -s: Schallschutzgehäuse für eine Kamera [zur Dämpfung der Eigengeräusche]
Blindage [*blängdasche*; *dt.-fr.*] *die*; -, -n: (hist.) Deckwand gegen Splitter im Festungsbau
Blini [*russ.*] *die* (Plural): russische Pfannkuchen bes. aus Buchweizenmehl
Blister [*engl.*] *der*; -s, -: 1. (ohne Plural; früher) scharfes Einreibemittel zur Behandlung von Beinschäden bei Pferden. 2. durchsichtige, der Verpackung dienende Kunststoffolie, in die das zu verpackende Objekt eingeschweißt ist. **blistern**: mit Blister (1) einreiben
Bliz|zard [*blisərt*; *engl.*] *der*; -s, -s: Schneesturm (in Nordamerika)
Blockade [mit roman. Endung zu → blockieren gebildet] *die*; -, -n: 1. a) Maßnahme, mit der der Zugang zu etwas verhindert werden soll; b) vorübergehender Ausfall bestimmter Funktionen. 2. im Satz durch ▮ gekennzeichnete Stelle (Druckw.). **blockieren** [*niederl.-fr.*]: 1. den Zugang zu etwas versperren. 2. als Hindernis im Wege sein. 3. die Funktion hemmen (bei Rädern, Bremsen o. ä.). 4. in seiner Funktion gehindert sein. 5. fehlenden Text durch eine Blockade (2) kennzeichnen (Druckw.). **Blocking** [*engl.*] *das*; -s, -s: = Blockade (1 b)
Blonde [auch: *blongt*; *germ.-fr.*] *die*; -, -n: feine Seidenspitze mit Blumen- u. Figurenmuster. **blondieren**: aufhellen (von Haaren). **Blondine** *die*; -, -n: blonde Frau
Blouson [*blusong*; *fr.*] *das* (auch: *der*); -[s], -s: a) über dem Rock getragene, an den Hüften enganliegende Bluse; b) kurze Windjacke mit Bund am unteren Ende [u. Reißverschluß]. **Blouson noir** [*blusong noar*; *fr.*] *der*; - -, -s -s [*...song noar*]: franz. Bezeichnung für: Halbstarker in schwarzer Lederkleidung
Blow-out [*bloᵘaut*; *engl.*] *der*; -s, -s: unkontrollierter Ausbruch von Erdöl od. Erdgas aus einem Bohrloch
Blow-up [*bloᵘap*; *engl.*] *das*; -s, -s: Vergrößerung einer Fotografie od. eines Fernsehbildes
Blue baby [*blu beⁱbi*; *engl.*] *das*; - -s, - ...bies [*...bis*]: Kind mit ausgeprägter Blausucht bei angeborenem Herzfehler. **Blueback** [*blubäk*; *engl.*] *der*; -s, -s: Pelz aus dem blaugrauen Fell jüngerer Mützenrobben. **Blue box** [*blu -*; *engl.*] *die*; - -, - -es: Gerät für ein Projektionsverfahren, bei dem künstliche Hintergründe in Aufnahmestudios geschaffen werden können, wobei ein Bildgeber ein Bild auf eine blaue Spezialleinwand wirft, die das auftreffende Bild in die elektronische Kamera zurückwirft (Fernsehen). **Blue chips** [*blu tschipß*; *engl.-amerik.*; „blaue Spielmarken" (beim Pokerspiel)] *die* (Plural): erstklassige Wertpapiere (Spitzenwerte an der Börse). **Bluejeans**, (auch:) **Blue jeans** [*bludschinß*; *engl.-amerik.*] *die* (Plural): blaue [Arbeits]hose aus Baumwollgewebe in Köperbindung (eine Webart). **Blue Movie** [*blu muwi*; *engl.*] *der* od. *das*; - -s, - -s: Film erotischen, pornographischen Inhalts. **Blue notes** [*blu noᵘz*] *die* (Plural): der erniedrigte 3. u. 7. Ton der Durtonleiter im Blues. **Blues** [*bluß*] *der*; -, -: 1. a) zur Kunstform entwickeltes schwermütiges Volkslied der nordamerikanischen Neger; b) daraus entstandene älteste Form des → Jazz, gekennzeichnet durch den erniedrigten 3. u. 7. Ton der Tonleiter (vgl. Blue notes); c) langsamer nordamerikanischer Tanz im $^{4}/_{4}$-Takt. 2. (ohne Plural) Trübsinn, Schwermut, Depression. **Blue screen** [*blu ßkrin*; *engl.*] *der*; - -[s], - -s: = Blue box
Blüette, (auch:) **Bluette** [*blüä...*; *fr.*] *die*; -, -n: kleines, witzig-geistreiches Bühnenstück
Bluff [auch: *blaf*, *blöf*; *engl.*] *der*; -s, -s: dreistes, täuschendes Verhalten, das darauf abzielt, daß jmd. zugunsten des Täuschenden etwas od. jmdn. falsch einschätzt. **bluffen** [auch: *blafᵉn*, *blöfᵉn*]: durch dreistes o. ä. Verhalten od. durch geschickte Täuschung eine falsche Einschätzung von jmdm./etwas zugunsten des Täuschenden hervorrufen od. hervorzurufen versuchen
blümerant [*fr.*; „sterbend blau"]: (ugs.) schwindelig, flau
Boa [*lat.*] *die*; -, -s: 1. Riesenschlange einer bes. südamerikanischen Gattung. 2. schlangenförmiger, modischer Halsschmuck (für Frauen) aus Pelz od. Federn
Boardinghouse [*boʳdinghauß*; *engl.*] *das*; -, -s [*...hausis*, auch: *...siß*]: engl. Bez. für: Pension, Gasthaus. **Boardingschool** [*boʳdingßkul*] *die*; -, -s: engl. Bezeichnung für: Internatsschule mit familienartigen Hausgemeinschaften
Boat people [*boᵘt pipᵉl*; *engl.*] *die* (Plural): [vietnamesische] Flüchtlinge, die ihre Flucht auf Booten, Schiffen unternommen haben
Bob [*engl.-amerik.*; Kurzform von Bobsleigh] *der*; -s, -s: verkleideter Stahlsportschlitten (für zwei od. vier Fahrer) mit Sägebremse u. zwei Kufenpaaren, von denen das vordere durch Seil- od. Radsteuerung lenkbar ist. **bobben**: beim Bobfahren eine gleichmäßige ruckweise Oberkörperbewegung zur Beschleunigung der Fahrt ausführen
Bobby [*bobi*; *engl.*] *der*; -s, -s u. Bobbies: (ugs.) engl. Polizist
Bobine [*fr.*] *die*; -, -n: 1. Garnspule in der [Baum]wollspinnerei. 2. fortlaufender Papierstreifen zur Herstellung von Zigarettenhülsen. 3. schmale Trommel, bei der sich das flache Förderseil in mehreren Lagen übereinander aufwickelt (Bergw.). **Bobinet** [auch: *...nät*; *fr.-engl.*] *der*; -s, -s: durchsichtiges Gewebe mit meist drei sich umschlingenden Fadensystemen, englischer Tüll. **Bobinoir** [*...noar*; *fr.*] *der*; -s, -s: Spulmaschine in der Baumwollspinnerei
Bobo [*span.*] *der*; -s, -s: Possenreißer, Narr im spanischen Theater
Bob|sleigh [*bobßleⁱ*; *engl.-amerik.*] *der*; -s, -s: = Bob
Bobtail [*bobteⁱl*; *engl.*] *der*; -s, -s: altenglischer Schäferhund (mittelgroßer, langzottiger grauer Hütehund)
Bocage [*bokasch*; *fr.*] *der*; -, -s: Landschaftstyp im Nordwesten Frankreichs mit schachbrettartig angelegten kleinen Feldern, die durch Hecken od. Baumreihen begrenzt sind
Boc|cia [*botscha*; *it.*] *das*; -[s] u. *die*; -: ein ital. Kugelspiel
Bochara vgl. Buchara
Boche [*bosch*; *fr.*] *der*; -, -s: abwertende Bezeichnung der Franzosen für: Deutscher
Bodega [*gr.-lat.-span.*] *die*; -, -s: 1. a) span. Weinkeller; b) span.

Weinschenke. 2. Warenlager in Seehäfen

Bo|dhisatt|wa [*sanskr.*] *der*; -, -s: werdender → Buddha, der den Schritt in die letzte Vollkommenheit hinauszögert, um den Frommen zu helfen

Bodoni [italien. Stempelschneider u. Buchdrucker, 1740–1813] *die*; -: bekannte Antiquaschrift

Bodybuilder [*bodibild^er*; *engl.*] *der*, -s, -: jmd., der Bodybuilding betreibt. **Bodybuilding** [*bodibil...*; *engl.*] *das*; -[s]: Methode der Körperbildung u. Vervollkommnung der Körperformen durch gezieltes Muskeltraining mit besonderen Geräten. **Bodycheck** [*...tschäk*] *der*; -s, -s: hartes, aber nach den Regeln in bestimmten Fällen erlaubtes Rempeln des Gegners beim Eishockey. **Bodyguard** [*...ga'd*] *der*; -s, -s: Leibwächter. **Bodystocking** [*...ßtok...*] *der*; -[s], -s: = Bodysuit. **Bodysuit** [*bódißjut*] *der*; -[s], -s: enganliegende, einteilige Unterkleidung [mit angearbeiteten Strümpfen]

Boerde [*bu...*; *niederl.*] *die*; -, -n: Bezeichnung für eine mittelniederländische Erzählung mit erotisch-satirischem Inhalt

Bofel vgl. Bafel

Bofese vgl. Pafese

Bogey [*bo^ugi*; *engl.*] *das*; -s, -s: ein Schlag mehr als die für das Loch festgesetzte Einheit (Golf); vgl. Par

Bogheadkohle [*boghäd...*; nach dem schottischen Ort Boghead] *die*; -: dunkelbraune Abart der → Kännelkohle

Bogomile [*slaw.*; nach dem Gründer Bogomil] *der*; -n, -n: Anhänger einer mittelalterlichen → gnostischen Sekte auf dem Balkan, die die Welt als Teufelsschöpfung verwarf

Bogomolez-Serum [nach dem russ. Physiologen Bogomolez, 1881 bis 1946] *das*; -s: → Antikörper enthaltendes Serum gegen Alterungsprozesse (Verjüngungsserum), Rheuma, Störungen der inneren Sekretion u. a.

Boheme [*...ähm*; *mlat.-fr.*] *die*; -: Künstlerkreise außerhalb der bürgerlichen Gesellschaft; ungebundenes Künstlertum, unkonventionelles Künstlermilieu. **Bohemien** [*...emiäng*] *der*; -[s], -s: Angehöriger der Boheme; unbekümmerte, leichtlebige u. unkonventionelle Künstlernatur. **Bohemist** [*mlat.-nlat.*] *der*; -en, -en: Wissenschaftler auf dem Gebiet der tschechischen Sprache u. Literatur. **Bohemistik** *die*; -: Wissenschaft von der tschechischen Sprache u. Literatur. **bohemistisch**: die Bohemistik betreffend

Boiler [*beul^er*; *lat.-fr.-engl.*] *der*; -s, -: Gerät zur Bereitung u. Speicherung von heißem Wasser

boisieren [*boasir^en*; *germ.-fr.*]: (veraltet) täfeln, mit Holz bekleiden

Bojar [*russ.*] *der*; -en, -en: 1. Angehöriger des nichtfürstlichen Adels, der gehobenen Schicht in der Gefolgschaft der Fürsten u. Teilfürsten im mittelalterl. Rußland. 2. adliger Großgrundbesitzer in Rumänien bis 1864

Bokmål [*búkmol*; *norw.*; „Buchsprache"] *das*; -[s]: vom Dänischen beeinflußte norweg. Schriftsprache (früher → Riksmål genannt); Ggs. → Nynorsk

Bol vgl. Bolus

Bola [*lat.-span.* „Kugel"] *die*; -, -s: südamerikanisches Wurf- u. Fanggerät. **Bolero** *der*; -s, -s: 1. stark rhythmischer span. Tanz mit Kastagnettenbegleitung. 2. a) kurzes, offen getragenes Herrenjäckchen der spanischen Nationaltracht; b) kurzes, modisches Damenjäckchen. 3. der zu dem spanischen Jäckchen getragene rund aufgeschlagene Hut

Boletus [*gr.-lat.*] *der*; -, ...ti: Pilz aus der Gattung der Dickröhrlinge

Bolid [*gr.-lat.*] *der*; -s u. -en, -e[n]: 1. großer, sehr heller Meteor, Feuerkugel. 2. schwerer Rennwageneinsitzer mit verkleideten Rädern. **Bolide** *der*; -n, -n: = Bolid

Bolivar [*...war*; nach dem südamerik. Staatsmann] *der*; -[s], -[s]: Währungseinheit in Venezuela (1 Bolivar = 100 Céntimo). **Boliviano** [*...wi...*; *span.*] *der*; -[s], -[s]: bolivian. Münzeinheit (100 Centavos)

Bollandist [nach dem Jesuiten J. Bolland, 1596–1665] *der*; -en, -en: Mitglied der jesuitischen Arbeitsgemeinschaft zur Herausgabe der → Acta Sanctorum

Bolle|trieholz [*engl.*; *dt.*] *das*; -es: Pferdefleischholz (nach dem Aussehen), Spezialholz für Violinbogen u. a.

Bollette [*it.*] *die*; -, -n: (österr. Amtsspr.) Zoll-, Steuerbescheinigung

Bolo|gneser [*bolonjes^er*; nach der ital. Stadt Bologna]: dem → Malteser (2) ähnlicher Zwerghund

Bolometer [*gr.-nlat.*] *das*; -s, -: Strahlungsmeßgerät mit temperaturempfindlichem elektrischem Widerstand. **bolome|trisch**: mit Hilfe des Bolometers

Bolo|skop [*gr.-nlat.*] *das*; -s, -e: Gerät zum Aufsuchen von Fremdkörpern im Körper (Med.)

Bolschewik [*russ.*; „Mehrheitler"] *der*; -en, -i (abwertend: -en): 1. Mitglied der von Lenin geführten revolutionären Fraktion in der Sozialdemokratischen Arbeiterpartei Rußlands vor 1917. 2. (bis 1952) Mitglied der Kommunistischen Partei Rußlands bzw. der Sowjetunion. 3. (abwertend) Kommunist. **bolschewikisch**: bolschewistisch (1). **bolschewisieren**: 1. nach der Doktrin des Bolschewismus gestalten, einrichten. 2. (abwertend) gewaltsam kommunistisch machen. **Bolschewismus** *der*; -: 1. Theorie u. Taktik des revolutionären marxistischen Flügels der russischen Arbeiterbewegung mit dem Ziel, die Diktatur des Proletariats zu verwirklichen. 2. (abwertend) Sozialismus, Kommunismus. **Bolschewist** *der*; -en, -en: 1. = Bolschewik (1, 2). 2. (abwertend) jmd., der Kultur, geltende Ordnung usw. zerstören will; Sozialist, Kommunist. **bolschewistisch**: 1. a) den Bolschewismus betreffend; b) die Bolschewisten betreffend. 2. (abwertend) die Kultur, geltende Ordnung usw. zerstörend; sozialistisch, kommunistisch

Bolson [*span.*] *der* od. *das*; -s, -e: ein in Trockengebieten gelegenes, abflußloses, → intramontanes Becken

Bolus u. Bol [*gr.-nlat.*] *der*; -: 1. ein Tonerdesilikat (z. B. → Terra di Siena). 2. a) Bissen, Klumpen (Med.); b) große Pille (Tiermed.). **Bolustod** *der*; -es: Tod durch Ersticken an einem verschluckten Fremdkörper (z. B. zu großen Bissen)

Bomätsche [*tschech.*] *der*; -n, -n: Schiffszieher (an der Elbe). **bomätschen**: Lastkähne stromaufwärts ziehen, treideln

Bombage [*...basch^e*; *gr.-lat.-it.-fr.*] *die*; -, -n: 1. das Biegen von Glastafeln im Ofen. 2. das Umbördeln oder Biegen von Blech. 3. Aufwölbung des Deckels bei Konservenbüchsen, wenn sich der Inhalt zersetzt. 4. elastisches Material als schonende Unterlage od. Umhüllung von Maschinenwalzen. **Bombarde** [*gr.-lat.-fr.*] *die*; -, -n: 1. Belagerungsgeschütz (Steinschleudergeschütz) des 15.–17. Jh.s. 2. schalmeiartiges Blasinstrument in der bretonischen Volksmusik; → Bomhart (1). **Bombardement** [*bombard^emang*, österr.: *...dmang*, schweiz. auch: *...mänt*] *das*; [illegible]

-e: 1. anhaltende Beschießung durch schwere Artillerie. 2. massierter Abwurf von Fliegerbomben. **bombardieren:** 1. mit Artillerie beschießen. 2. Fliegerbomben auf etwas abwerfen. 3. (ugs.) mit [harten] Gegenständen bewerfen. **Bombardon** [*...dong; gr.-lat.-fr.-it.-fr.*] *das*; -s, -s: Baßtuba mit 3 oder 4 Ventilen

Bombast [*pers.-gr.-lat.-fr.-engl.*] *der*; -[e]s: (abwertend) [Rede]schwulst, Wortschwall. **bombastisch:** durch entsprechend auffallend-aufwendige Effekte auf Wirkung, Beeindruckung anderer hin angelegt; auffallend viel äußeren Aufwand aufweisend; hochtrabend, schwülstig

Bombe [*gr.-lat.-it.-fr.*] *die*; -, -n: 1. a) mit Sprengstoff od. Brandsätzen gefüllter Hohlkörper; b) (ugs.) Atombombe; c) Gegenstand von bombenähnlicher Form, z. B. Eisbombe, Geldbombe (geschlossene Kassette). 2. (ugs.) wuchtiger, knallharter Schuß od. Wurf (Fußball u. a. Sportarten). 3. von einem Vulkan ausgeworfene, in der Luft erstarrte Lavamasse. 4. Eisenkugel mit Griff, die im Kunstkraftsport als Jongliergewicht benutzt wird. 5. (ugs.) steifer, runder Herrenhut. **bomben:** (ugs.) = bombardieren (2). **Bomber** *der*; -s, -: 1. Bombenflugzeug. 2. (ugs.) Fuß-, auch Handballspieler mit überdurchschnittlicher Schußkraft. **bombieren:** 1. Glasplatten im Ofen biegen. 2. Blech umbördeln od. biegen, z. B. bombiertes Blech (Wellblech). 3. den Deckel durch Gasdruck u. ä. nach außen wölben (von Konservendosen); vgl. Bombage. **Bombilla** [*...bilja; span.*] *die*; -, -s: Saugrohr aus Silber oder Rohrgeflecht, an einem Ende siebartig (in Südamerika zum Trinken des Matetees verwendet)

Bombus [*gr.-lat.*; „dumpfes Geräusch"] *der*; -: (Med.) 1. Ohrensausen. 2. Darmkollern

Bombykometer [*gr.-nlat.*] *das*; -s, -: Umrechnungstafel zur Ermittlung der Fadenfeinheit auf Grund des Fadengewichtes (Textilindustrie)

Bomhard u. **Bomhart** [*gr.-lat.-fr.*] *der*; -s, -e: 1. mittelalterliches Holzblasinstrument aus der Schalmeienfamilie. 2. Zungenstimme bei der Orgel

Bon [*bong* od. *bong*; *lat.-fr.*] *der*; -s, -s: 1. Gutschein für Speisen od. Getränke. 2. Kassenzettel. **bona fide** [*lat.*]: guten Glaubens, auf Treu u. Glauben; vgl. mala fide

Bonapartismus [nach Napoleon Bonaparte I. u. III.] *der*; -: autoritäre Herrschaftstechnik in Frankreich [bes. im 19. Jh.] (Gesch.). **Bonapartist:** *der*; -en, -en: a) Anhänger des Bonapartismus; b) Anhänger der Familie Bonaparte

Bonbon [*bongbong*, meist: *bongbong*; *lat.-fr.*] *der* od. *das*; -s, -s: 1. geformtes Stück Zuckerware mit aromatischen Zusätzen. 2. (ugs. scherzhaft) [rundes] Parteiabzeichen. **Bonbonniere** [*bongboniär*ᵉ] *die*; -, -n: 1. Behälter (aus Kristall, Porzellan o. ä.) für Bonbons, Pralinen o. ä. 2. hübsch aufgemachte Packung mit Pralinen od. Fondants

Bond [*engl.*] *der*; -s, -s: Schuldverschreibung mit fester Verzinsung

Bondage [*bonditsch*; *engl.*] *das*; -: das Fesseln zur Steigerung der geschlechtlichen Erregung (im sexuell-masochistischen Bereich)

Bonder ⓦ [Kunstw.] *der*; -s, -: Phosphorsäurebeize zur Oberflächenbehandlung metallischer Werkstoffe. **bondern:** gegen Rost mit einer Phosphatschicht überziehen; vgl. parkerisieren. **Bondur** ⓦ [Kunstw.] *das*; -s: Legierung aus Aluminium, Kupfer u. Magnesium

Bonfest [*jap.*; *dt.*] *das*; -es: Allerseelenfest, das Hauptfest des japan. → Buddhismus

bongen [*lat.-fr.*]: (ugs.) [an der Registrierkasse] einen → Bon tippen, bonieren

Bongo [*bonggo*]

I. [*afrik.*] *der*; -s, -s: leuchtend rotbraune Antilope mit weißen Streifen (Äquatorialafrika).

II. [*span.*] *das*; -[s], -s od. *die*; -, -s (meist Plural): einfellige, paarweise verwendete Trommel kubanischen Ursprungs (Jazzinstrument)

Bongosi [*bonggosi*; *afrik.*] *das*; -[s] u. **Bongosiholz** *das*; -es: schweres, sehr widerstandsfähiges Holz des westafrikanischen Bongosibaums

Bonhomie [*bonomi*; *fr.*] *die*; -, ...ien: Gutmütigkeit, Einfalt, Biederkeit. **Bonhomme** [*bonom*] *der*; -[s], -s: gutmütiger, einfältiger Mensch. **bonieren:** = bongen. **Bonifikation** [*...zion*; *lat.-nlat.*] *die*; -, -en: 1. Vergütung für schadhafte Teile einer Ware. 2. a) Gutschrift am Ende des Jahres (Jahresbonus) im Großhandel; b) Zeitgutschrift [im Radsport]. **bonifizieren:** 1. vergüten. 2. gutschreiben. **Bonität** [*lat.*] *die*; -, -en: 1. (ohne Plural) [einwandfreier] Ruf einer Person od. Firma im Hinblick auf ihre Zahlungsfähigkeit u. -willigkeit. 2. Güte, Wert eines Bodens (Forst- u. Landwirtschaft). **bonitieren** [*lat.-nlat.*]: abschätzen, einstufen (von Böden, auch von Waren). **Bonitierung** *die*; -, -en: Abschätzung u. Einstufung (von Böden, auch von Waren). **Bonito** [*lat.-span.*] *der*; -s, -s: Makrelenart tropischer Meere, besonders in japan. Gewässern (wichtiger Speisefisch). **Bonitur** [*lat.-nlat.*] *die*; -, -en: = Bonitierung. **Bonmot** [*bongmo*; *fr.*] *das*; -s, -s: treffender geistreich-witziger Ausspruch. **Bonne** [*lat.-fr.*] *die*; -, -n: Kindermädchen, Erzieherin

Bonnet [*bone*; *mlat.-fr.*; „Mütze"] *das*; -s, -s: 1. Damenhaube des 18. Jh.s. 2. Beisegel, Segeltuchstreifen (Seemannsspr.). **Bonneterie** [*...ätᵉri*] *die*; -, ...ien: (schweiz.) Kurzwarenhandlung

Bonsai [*jap.*]

I. *der*; -s, -s: japanischer Zwergbaum (durch besondere, kunstvolle Behandlung niedrig gehalten).

II. *das*; -s: die japanische Kunst, Zwergbäume zu ziehen

Bonsaibaum *der*; -[e]s, ...bäume: = Bonsai (I)

Bonus [*lat.-engl.*] *der*; - u. -ses, - u. -se (auch: ...ni): 1. Sondervergütung [bei Aktiengesellschaften]. 2. etw., was jmdm. gutgeschrieben wird, was ihm als Vorteil, Vorsprung vor anderen angerechnet wird; Ggs. → Malus

Bonvivant [*bongwiwang*; *lat.-fr.*] *der*; -s, -s: Lebemann

Bonze [*jap.-port.-fr.*] *der*; -n, -n: 1. (abwertend) jmd., der die Vorteile seiner Stellung genießt [u. sich nicht um die Belange anderer kümmert]; höherer, dem Volk entfremdeter Funktionär. 2. buddhistischer Mönch, Priester. **Bonzokratie** [*jap.-port.-fr.*; *gr.*] *die*; -, ...ien: (abwertend) Herrschaft, übermäßiger Einfluß der Bonzen (1)

Boogie-Woogie [*bugiᵘugi*; *amerik.*] *der*; -[s], -s: 1. vom Klavier gespielter → Blues mit → ostinaten Baßfiguren u. starkem → Offbeat. 2. zu (1) entwickelte Form des Gesellschaftstanzes (z. B. → Jitterbug, → Rock and Roll)

Booklet [*buklit*; *engl.*] *das*; -[s], -s: [Werbe]broschüre [ohne Umschlag, Einband]

Boom [*bum*; *engl.*] *der*; -s, -s: Phase, in der etw. (z. B. die Nachfrage nach etw.) bes. stark angestiegen ist; [plötzlicher] wirtschaftlicher Aufschwung, Hochkonjunktur

Booster [*bußtᵉr*; *engl.*; „Förderer,

Unterstützer"] *der*; -s, -: 1. a) Hilfstriebwerk; Startrakete (Luftfahrt); b) Zusatztriebwerk; erste Stufe einer Trägerrakete (Raumfahrt). 2. Kraftverstärker in der Flugzeugsteuerung. **Boosterdiode** *die*; -, -n: Gleichrichter zur Rückgewinnung der Spannung bei der Zeilenablenkung (Fernsehtechnik). **Boostereffekt** *der*; -s, -e: Auffrischungseffekt (vermehrte Bildung von → Antikörpern im Blut nach erneuter Einwirkung des gleichen → Antigens; Med.)

Böotier [*...ziᵉr*; nach der altgriech. Landschaft Böotien] *der*; -s, -: (veraltet) denkfauler, schwerfälliger Mensch. **böotisch**: (veraltet) denkfaul, unkultiviert

Bootlegger [*but...*; *engl.-amerik.*] *der*; -s, -: = (hist.) Alkoholschmuggler; jmd., der illegal Schnaps brennt (in den USA zur Zeit der → Prohibition 2)

Boots [*buz*; *engl.*] *die* (Plural): 1. bis über den Knöchel reichende Wildlederschuhe. 2. Gummiglocken; Überzüge aus Gummi für die Hufe von Trabrenn- u. Springpferden

Bop [*amerik.*] *der*; -[s], -s: = Bebop

Bor [*pers.-arab.-mlat.*] *das*; -s: chem. Grundstoff, Nichtmetall; Zeichen: B

Bora [*gr.-lat.-it.*] *die*; -, -s: trockenkalter Fallwind an der dalmatinischen Küste. **Borac|cia** [*...ratscha*] *die*; -, -s: besonders heftige Bora

Borago [*arab.-mlat.*] *der*; -s: ein Rauhblattgewächs, bes. → Borretsch (Bot.)

Boran [*pers.-arab.-mlat.-nlat.*] *das*; -s, -e (meist Plural): Borwasserstoff. **Borat** *das*; -s, -e: Salz der Borsäure. **Borax** [*pers.-arab.-mlat.*] *der* (österr.: *das*); -[es]: in großen Kristallen vorkommendes Natriumsalz der Tetraborsäure. **Borazit** [auch: *...it*; *pers.-arab.-mlat.-nlat.*] *der*; -s: zu den Boraten gehörendes Mineral. **Bor|azol** [*nlat.*] *das*; -s, -e: anorganisches Benzol, benzolähnliche Flüssigkeit (Chem.)

Bordcase [*...keⁱß*; *dt.*; *engl.*] *das* od. *der*; -, - u. -s [*...ßis*]: kleines, kofferähnliches Gepäckstück, das man bei Flugreisen unter den Sitz legen kann

bordeaux [*bordo*; *fr.*]: weinrot, bordeauxrot. **Bordeaux** *der*; -, (Sorten:) -[*bordoß*]: Wein aus der weiteren Umgebung der franz. Stadt Bordeaux (Departement Gironde)

Bordelaiser Brühe [*bordᵉläsᵉr* -; nach der franz. Landschaft Bordelais (*...lä*) bei Bordeaux] *die*; - -: 2–4proz. Kupfervitriollösung zum Bespritzen der Weinstöcke u. Obstbäume gegen Pilzkrankheiten

Bordell [*germ.-roman.-niederl.*; „Bretterhüttchen"] *das*; -s, -e: Haus, Räumlichkeiten, in denen Prostituierte ihr Gewerbe ausüben. **Bordereau** [*bordᵉro*; *germ.-fr.*], (auch:) **Bordero** *der* od. *das*; -s, -s: Verzeichnis eingelieferter Wertpapiere, bes. von Wechseln

Borderpreis [*engl.*; *dt.*] *der*; -es, -e: Preis frei Grenze (z. B. bei Erdgaslieferungen; Wirtsch.)

Bor|diamant *der*; -en, -en: einem Diamanten an Härte, Glanz und Lichtbrechung gleichkommender Stoff aus Aluminium u. Bor

bordieren [*germ.-fr.*]: einfassen, [mit einer Borte] besetzen

Bordun [*it.*] *der*; -s, -e: 1. Register der tiefsten Pfeifen bei der Orgel. 2. in gleichbleibender Tonhöhe gezupfte, gestrichene od. in Resonanz mitschwingende Saite. 3. gleichbleibender Baß- od. Quintton beim Dudelsack. 4. = Orgelpunkt

Bordüre [*germ.-fr.*] *die*; -, -n: Einfassung, Besatz, farbiger Geweberand. **Bordüreform** *die*; -, -en: runde Kuchenform aus Blech (Kochkunst)

Bore [*altnord.-engl.*] *die*; -, -n: stromaufwärts gerichtete Flutwelle in rasch sich verengenden Flußmündungen (vor allem beim Ganges)

boreal [*gr.-lat.*]: nördlich; dem nördlichen Klima Europas, Asiens u. Amerikas zugehörend. **Boreal** *das*; -s: Wärmeperiode der Nacheiszeit. **Boreas** *der*; -: a) Nordwind im Gebiet des Ägäischen Meeres (in der Antike als Gott verehrt); b) (dichter. veraltet) kalter Nordwind

Boretsch vgl. Borretsch

Borgis [verstümmelt aus *fr.* (lettre) bourgeoise] *die*; -: Schriftgrad von 9 Punkt (Druckw.)

Borid [*pers.-arab.-mlat.-nlat.*] *das*; -s, -e: Verbindung aus Bor u. einem Metall (Chem.)

Borneol [nach der Sundainsel Borneo] *das*; -s: aromatischer Alkohol, der in den Ölen bestimmter Bäume auf den Sundainseln vorkommt (von kampfer- u. pfefferminzähnlichem Geruch)

borniert [*fr.*]: a) geistig beschränkt, eingebildet-dumm; b) engstirnig

Bornit [auch: *...it*; *nlat.*; nach dem österr. Mineralogen I. von Born, † 1791] *der*; -s, -e: Buntkupfererz

Borrelie [*...liᵉ*; *nlat.*; nach dem franz. Bakteriologen A. Borrel] *die*; -, -n (meist Plural): [als Krankheitserreger auftretende] Bakterie einer Gattung der → Spirochäten. **Borreliosen** *die* (Plural): durch Borrelien verursachte Krankheiten

Borretsch, auch: Boretsch [*arab.-mlat.-it.* (*-fr.*)] *der*; -s: Gurkenkraut (Gewürzpflanze)

Borromäerin [nach dem hl. Karl Borromäus, † 1584] *die*; -, -nen: Mitglied einer kath. Frauenkongregation

Borsalino ® *der*; -s, -s: nach dem Namen des ital. Herstellers benannter Herrenfilzhut

Borschtsch [*russ.*] *der*; -: russ. Kohlsuppe mit Fleisch, verschiedenen Kohlsorten, roten Rüben u. etwas → Kwaß

Börsianer [*gr.-lat.-niederl.-nlat.*] *der*; -s, -: (ugs.) a) Börsenmakler; b) Börsenspekulant

Borussia [*nlat.*] *die*; -: Frauengestalt als Sinnbild Preußens

Bosatsu [*sanskr.-jap.*] *der*; -: Titel buddhist. Heiliger in Japan, entspricht dem Titel → Bodhisattwa

Boskett [*germ.-mlat.-it.-fr.*] *das*; -s, -e: Lustwäldchen, Gruppe von beschnittenen Büschen u. Bäumen (bes. in Gärten der Renaissance- u. Barockzeit)

Boskop, (schweiz. meist:) **Boskoop** [nach dem niederl. Ort Boskoop] *der*; -s, -: eine Apfelsorte

Boson [*nlat.*; vom Namen des indischen Physikers S. N. Bose] *das*; -s, ...onen: Elementarteilchen mit ganzzahligem od. verschwindendem → Spin (Phys.)

Boß [*niederl.-engl.-amerik.*] *der*; Bosses, Bosse: derjenige, der in einem Unternehmen, in einer Gruppe die Führungsrolle innehat, der bestimmt, was getan wird; Chef; Vorgesetzter

Bossa Nova [- *...wa*; *port.*] *der*; - -, - -s: ein südamerikanischer Modetanz

Bosse [*fr.*] *die*; -, -n: 1. die rohe od. nur wenig bearbeitete Form eines Werksteins (z. B. einer Skulptur) 2. erhabene Verzierung, bes. in der Metallkunst. **bosselieren** vgl. bossieren. **bosseln**: 1. sich an einem Gegenstand mit einer gewissen Liebe zu ihm arbeitend betätigen, ihn mit kleinen Arbeiten zustande bringen, verbessern. 2. = bossieren. **Bossenquader** *der*; -s, - (auch: *die*; -, -n): Naturstein, dessen Ansichtsfläche roh bearbeitet ist. **Bossenwerk** *das*; -[e]s: Mauerwerk, das aus Bossenquadern besteht. **bossieren**, bosselieren, bosseln; 1. die Rohform einer Figur aus Stein herausschlagen. 2. roh gebrochene Mauersteine mit dem Bossiereisen behauen. 3. in Ton, Gips od. Wachs (Bossierwachs) modellieren. **Bossierwachs** *das*; -es, -e: Modellierwachs für die Bildhauerei

Bostella vgl. La Bostella

Boston [*boßtᵉn*; Stadt in den USA]. I. *das*; -s: amerikan. Kartenspiel. II. *der*; -s, -s: langsamer amerikan. Walzer mit sentimentalem Ausdruck

Botanik [*gr.-nlat.*] *die*; -: Teilgebiet der Biologie, auf dem man die Pflanzen erforscht. **Botaniker** *der*; -s, -: Wissenschaftler u. Forscher auf dem Gebiet der Botanik. **botanisch**: pflanzenkundlich, pflanzlich; -er Garten: Anlage, in der Bäume u. andere Pflanzen nach einer bestimmten Systematik zu Schau- u. Lehrzwekken kultiviert werden. **botanisieren**: Pflanzen zu Studienzwecken sammeln

Botel [Kurzwort aus *B*oot u. *Ho*tel] *das*; -s, -s: schwimmendes Hotel, als Hotel ausgebautes verankertes Schiff

Botokude [nach dem Indianerstamm in Südostbrasilien] *der*; -n, -n: (veraltet abwertend) Mensch mit schlechtem Benehmen

Bo|tryomykose [*gr.-nlat.*] *die*; -, -n: Traubenpilzkrankheit (bes. der Pferde)

Bottega *die*; -, -s: ital. Form von → Bodega

Bottelier [*lat.-fr.-niederl.*] *der*; -s, -s u. Bottler *der*; -s, -: (Seemannsspr.) Kantinenverwalter auf Kriegsschiffen

Botter [*niederl.*] *der*; -s, -: flachgehendes, holländisches Segelfahrzeug

Botticelli-Frisur [*...tschä...*; nach dem Maler] *die*; -: längeres, welliges Haar [eines jungen Mannes]

Bottine [*fr.*] *die*; -, -n: Damenhalbstiefel (bes. im 19. Jh.)

Bottleneck [*botᵉlnäk*; *engl.-amerik.*] *der*; -s, -s: (ursprünglich abgeschlagener Flaschenhals, heute) Metallaufsatz, der auf einen Finger gesteckt wird u. mit dem dann auf den Gitarrensaiten entlanggeglitten wird, so daß ein hoher, singender Ton erzielt wird (Gitarrenspielweise im → Blues b; Mus.). **Bottle-Party** [*botᵉlpa'ti*; *engl.*] *die*; -, ...ties [*tis*]: Party, zu der die geladenen Gäste die alkoholischen Getränke mitbringen.

Bottler vgl. Bottelier

Bottoms [*botᵉms*; *engl.*] *die* (Plural): Überschwemmungsgebiete nordamerik. Flüsse

Botulismus [*lat.-nlat.*] *der*; -: bakterielle Lebensmittelvergiftung (insbes. Wurst-, Fleisch-, Konservenvergiftung)

Bouchée [*busche*; *fr.*; „Mundvoll"] *die*; -, -s: Appetithäppchen (gefülltes Pastetchen als warme Vorspeise)

boucherisieren [*busch...*; nach dem franz. Chemiker A. Boucherie]: den Saft frischen Holzes durch Einführen bestimmter Lösungen verdrängen (Holzschutzverfahren)

Bou|clé [*bukle*; *lat.-fr.*] I. *das*; -s, -s: Garn mit Knoten u. Schlingen. II. *der*; -s, -s: 1. Gewebe aus Bouclegarn, Noppengewebe. 2. Haargarnteppich mit nicht aufgeschnittenen Schlingen

Boudoir [*budoar*; *fr.*] *das*; -s, -s: elegantes, privates Zimmer einer Dame

Bouffonnerie [*bufonᵉri*; *it.-fr.*] *die*; -, ...ien: Spaßhaftigkeit, Schelmerei

Bougie [*busehi*; *fr.*] *die*; -, -s: Dehnsonde (zur Erweiterung enger Körperkanäle, z. B. der Harnröhre); vgl. Bacillus (1). **bougieren** [*busehirᵉn*]: mit der Dehnsonde untersuchen, erweitern. **Bougierohr** [*busehi...*] *das*; -s, -e: Kabelschutzüberzug

Bou|gram, (auch:) **Bou|gran** [*bugrang*; *fr.*] *der*; -s, -s: Steifleinwand, steifer Baumwollstoff, der als Zwischenfutter verwendet wird

Bouillabaisse [*bujabäß*; *fr.*] *die*; -, -s [*bujabäß*]: würzige provenzal. Fischsuppe. **Bouillon** [*buljong*, *buljong*, *bujong*; *lat.-fr.*] *die*; -, -s: 1. Kraft-, Fleischbrühe. 2. bakteriologisches Nährsubstrat. **Bouillondraht** *der*; -s, ...drähte: = Kantille. **bouillonieren**: (veraltet) raffen, reihen

Boulangerit [*bulangschᵉ...*; auch: *...it*; *nlat.*, nach dem franz. Geologen C. L. Boulanger] *der*; -s: ein Mineral (Antimonbleiblende)

Boule [*bul*; *lat.-fr.*] *das*; -[s], -s, (auch: *die*; -, -s): französisches Kugelspiel

Boulette [*bulätᵉ*; *fr.*] *die*; -, -n: = Bulette

Boulevard [*bulᵉwar*; *germ.-niederl.-fr.*] *der*; -s, -s: breite [Ring-]straße. **Boulevardier** [*...die*] *der*; -[s], -s: Verfasser von reißerischen Bühnenstücken. **boulevardisieren**: das Wichtigste (eines Artikels o. ä.) zusammenfassen u. verdeutlichen (z. B. durch einen speziellen Druck). **Boulevardpresse** *die*; -: sensationell aufgemachte, in großen Auflagen erscheinende u. daher billige Zeitungen, die überwiegend im Straßenverkauf angeboten werden

Boullearbeiten [*bul...*; nach dem franz. Kunsttischler A. Ch. Boulle] *die* (Plural): Einlegearbeiten aus Elfenbein, Kupfer od. Zinn (18. Jh.)

Boulonnais [*bulonä*; *fr.*; historische Landschaft um Boulogne-sur-Mer] *der*; -, -, (auch:) **Boulonnaise** [*...näs*] *der*; -n, -n: edles Kaltblutpferd aus den nordfranz. Departements Pas-de-Calais u. Somme

Bounce [*baunß*; *engl.*] *der* od. *die*; -: rhythmisch betonte Spielweise im Jazz (Mus.). **Bounce-light** [*baunßlait*; *engl.*] *das*; -, -s: Beleuchtungstechnik bei Blitzaufnahmen, bei der das Blitzlicht nicht gegen das Motiv gerichtet wird, sondern gegen reflektierende Flächen in dessen Umgebung (meist die Zimmerdecke), wodurch eine gleichmäßige Ausleuchtung erzielt wird. **bouncen** [*baunßᵉn*]: das Bounce-light anwenden

Bouquet [*buke*] *das*; -s, -s: = Bukett

Bouquinist [*bu...*] u. Bukinist [*niederl.-fr.*] *der*; -en, -en: Straßenbuchhändler, bes. am Seineufer in Paris, der an einem Stand antiquarische Bücher verkauft

Bourbon [*börbᵉn*; *engl.-amerik.*; Kurzform von *Bourbon*whiskey] *der*; -s, -s: amerik. Whisky; vgl. Scotch

Bourdon [*burdong*; *fr.*] *der*; -s, -s: = Bordun

Bourette [*burätᵉ*; *lat.-fr.*] *die*; -, -n: = Bourrette

bourgeois [*bursehoa*, in attributiver Verwendung: *bursehoas...*; *germ.-fr.*]: a) zur Bourgeoisie gehörend; b) die Bourgeoisie betreffend. **Bourgeois** *der*; -, -: Angehöriger der Bourgeoisie. **Bourgeoisie** [*bursehoasi*] *die*; -, ...ien: 1. wohlhabender Bürgerstand, Bürgertum. 2. herrschende Klasse der kapitalistischen Gesellschaft, die im Besitz der Produktionsmittel ist (Marxismus)

Bourrée [*bure*; *fr.*] *die*; -, -s: a) heiterer bäuerlicher Tanz aus der Auvergne; b) von 1650 an Satz der → Suite (4)

Bourrette [*burätᵉ*; *lat.-fr.*] *die*; -, -n: rauhes Gewebe in Taftbindung aus Abfallseide; Seidenfrottee

Bousouki vgl. Busuki

Bouteille [*butäjᵉ*; *lat.-fr.*] *die*; -, -n: (veraltend) Flasche. **Bouteillenstein** [*butäjᵉn...*] *der*; -[e]s, -e: glasiges Gestein (ein → Tektit)

Boutique [*butik*; *fr.*] *die*; -, -n [*...kᵉn*], (selten:) -s [*...tikß*]: kleiner

Laden für [exklusive] modische Neuheiten

Bouton [*butong*; *germ.-fr.*; „Knospe; Knopf"] *der*; -s, -s: Schmuckknopf für das Ohr. **Boutonniere** [*butoniär*] *die*; -, -n: äußerer Harnröhrenschnitt (Med.)

Bouzouki vgl. Busuki

bovin [*bowin*; *lat.*]: zum Rind gehörend (Tiermed.). **Bovovakzin** [*bowowak...*; *lat.-nlat.*] *das*; -s: ein früher gebräuchlicher Impfstoff gegen Rindertuberkulose

Bowdenzug [*baudᵉn...*; *engl.*; *dt.*, nach dem engl. Erfinder Bowden] *der*; -s, ...züge: Drahtkabel zur Übertragung von Zugkräften, bes. an Kraftfahrzeugen

Bowiemesser [*bowi...*; *engl.*; *dt.*, nach dem Amerikaner James Bowie, † 1836] *das*; -s, -: nordamerikan. Jagdmesser

Bowle [*bolᵉ*; *engl.*] *die*; -, -n: 1. Getränk aus Wein, Schaumwein, Zucker u. Früchten. 2. Gefäß zum Bereiten und Auftragen dieses Getränks

bowlen [*boᵘlᵉn*; *engl.*]: Bowling spielen

Bowler [*boᵘlᵉr*] *der*; -s -: runder, steifer [Herren]hut; vgl. Melone (2)

Bowling [*boᵘling*] *das*; -s, -s: 1. engl. Kugelspiel auf glattem Rasen. 2. amerik. Art des Kegelspiels mit 10 Kegeln. **Bowling-green** [*...grin*] *das*; -s, -s: Spielrasen für Bowling (1)

Bow|stringhanf [*boᵘßtring...*; *engl.*; *dt.*] *der*; -[e]s: von afrikan. Eingeborenen als Bogensehne verwendeter Hanf aus Blattfasern; vgl. Sansevieria

Box [*lat.-vulgärlat.-engl.*; „Büchse, Behälter"] *die*; -, -en, (auch:) Boxe *die*; -, -n: 1. von anderen gleichartigen Räumen abgeteilter kastenförmiger Raum innerhalb einer größeren Einheit, der dazu bestimmt ist, daß etw. in ihn hineingebracht werden kann. 2. (nur Box) einfache Rollfilmkamera in Kastenform. 3. kastenförmiger Behälter od. Gegenstand; oft in Zusammensetzungen, z. B. Kühlbox, Musikbox. **Boxcalf** [*bóxkaf*] vgl. Boxkalf. **Boxe** vgl. Box

boxen [*engl.*]: [nach bestimmten sportlichen Regeln] mit den Fäusten kämpfen. **Boxer** [*engl.*] *der*; -s, -: 1. Sportler, der Boxkämpfe austrägt; vgl. boxen. 2. (bes. südd., österr.) Faustschlag. 3. Hund einer mittelgroßen Rasse mit kräftiger Schnauze (Wach- u. Schutzhund). **boxerisch**: den Boxsport betreffend, zu ihm gehörend, für ihn charakteristisch. **Boxermotor** [*engl.*; *lat.*] *der*; -s, -en: Verbrennungsmotor mit einander gegenüberliegenden Zylindern, deren Kolben scheinbar gegeneinanderarbeiten

Boxkalf [*...kalf*; in engl. Aussprache auch: *bóxkaf*; *engl.*] *das*; -s: Kalbleder

Boy [*beu*; *engl.*] *der*; -s, -s: 1. Laufjunge, Diener, Bote. 2. (ugs.) junger Mann. **Boyfriend** [*beufränd*] *der*; -[s], -s: (ugs.) der Freund eines jungen Mädchens

Boykott [*beu...*; *engl.*; nach dem in Irland geächteten englischen Hauptmann und Gutsverwalter Boycott] *der*; -s, -s (auch: -e): das Boykottieren. **boykottieren**: jmdn. od. stellvertretend seine Pläne o. ä. als Reaktion auf dessen Verhalten, das nicht gebilligt wird, in eine schwierige Lage zu bringen versuchen, indem man dessen wirtschaftliche u. a. Angebote, Leistungen ignoriert, davon keinen Gebrauch macht, womit man ihn zur Korrektur seines Verhaltens zwingen will

Boy-Scout [*beußkaut*; *engl.*] *der*; -[s], -s: engl. Bezeichnung für: Pfadfinder

Brabançonne [*brabangßon*; *fr.*; nach der belgischen Provinz Brabant] *die*; -: belg. Nationalhymne

Braça [*braßa*; *gr.-lat.-port.*] *die*; -, -s (aber: 5-): portugies. Längenmaß. **brachial** [*brach...*; *gr.-lat.*]: 1. zum Oberarm gehörend (Med.). 2. mit roher Körperkraft. **Brachialgewalt** *die*; -: rohe körperliche Gewalt als Mittel zur Durchsetzung von Zielen. **Brachi|algie** [*gr.-lat.*; *gr.*] *die*; -, ...ien: Schmerzen im [Ober]arm. **Brachiatoren** [*lat.-nlat.*] *die* (Plural): Gruppe der → Primaten mit stark verlängerten Armen (Schwingkletterer, z. B. der → Gibbon). **Brachiopode** *der*; -n, -n: Armfüßer (muschelähnliches, festsitzendes Meerestier). **Brachiosaurus** [*lat.*; *gr.*] *der*; -, ...rier [*...iᵉr*]: pflanzenfressender, sehr großer → Dinosaurier mit langen Vorderbeinen (aus der Kreidezeit, bes. in Nordamerika)

Brachisto|chrone [*...kronᵉ*; *gr.-nlat.*] *die*; -, -n: Kurve, auf der ein der Schwerkraft unterworfener Massenpunkt bzw. Körper am schnellsten zu einem tiefer gelegenen Punkt gelangt (Phys.). **brachydaktyl**: kurzfingerig (Med.). **Brachydaktylie** [*gr.-nlat.*] *die*; -, ...ien: angeborene Kurzfingerigkeit (Med.). **Brachygenie** *die*; -, ...ien: = Brachygnathie. **Brachy|gnathie** *die*; -, ...ien: abnorme Kleinheit des Unterkiefers (Med.). **Brachygraphie** *die*; -: (veraltet) Kurzschrift, Stenographie. **brachykatalektisch** [*gr.-lat.*]: am Versende um einen Versfuß (eine rhythmische Einheit) bzw. um zwei Silben verkürzt (von antiken Versen); vgl. katalektisch, akatalektisch u. hyperkatalektisch. **Brachykatalexe** [*gr.*] *die*; -, -n: Verkürzung eines Verses um den letzten Versfuß (die letzte rhythmische Einheit) oder die letzten zwei Silben. **brachykephal** usw. vgl. brachyzephal usw. **Brachylalie** [*gr.-nlat.*] *die*; -: Aussprache abgekürzter Zusammensetzungen od. Wortgruppen mit den Namen der Abkürzungsbuchstaben (z. B. USA [gesprochen: *u-äß-a*]). **Brachylogie** [*gr.*] *die*; -, ...ien: knappe, prägnante Ausdrucksweise (Rhet., Stilk.). **Brachy|pnoe** [*...oᵉ*] *die*; -: (veraltet) Kurzatmigkeit; Engbrüstigkeit; vgl. Dyspnoe. **brachystyl** [*gr.-nlat.*]: kurzgriffelig (von Pflanzenblüten). **Brachysyllabus** [*gr.-lat.*] *der*; -, ...syllaben u. ...syllabi: antiker Versfuß (rhythmische Einheit), der nur aus kurzen Silben besteht (z. B. → Pyrrhichius, → Tribrachys, → Prokeleusmatikus). **brachyzephal** [*gr.-nlat.*] u. brachykephal: kurzköpfig, rundschädelig (Med.). **Brachyzephale** u. Brachykephale *der* u. *die*; -n, -n: Kurzköpfige[r], Kurzkopf (Med.). **Brachyzephalie** u. Brachykephalie *die*; -, ...ien: Kurzköpfigkeit (Med.)

Brady|ar|thrie [*gr.-nlat.*] u. Brady|lalie *die*; -, ...ien: schleppende, buchstabierende Sprache (Med.). **Bradykardie** *die*; -, ...ien: langsame Herztätigkeit (Med.). **Bradykinesie** *die*; -, ...ien: allgemeine Verlangsamung der Bewegungen (Med.). **Bradykinin** *das*; -s, -e: Gewebshormon, das durch lokale Gefäßerweiterung eine fördernde Wirkung auf die Speichel- u. Schweißdrüsen ausübt (Med.). **Bradylalie** vgl. Bradyarthrie. **Brady|phrasie** *die*; -, ...ien: langsames Sprechen (Med.). **Brady|phrenie** *die*; -, ...ien: Verlangsamung der psychomotorischen Aktivität, Antriebsmangel (Med.). **Brady|pnoe** [*...pnoᵉ*] *die*; -: verlangsamte Atmung (Med.)

Brahma [*sanskr.*] *der*; -s: höchster Gott des → Hinduismus, Personifizierung des Brahmans. **Brahmahuhn** vgl. Brahmaputrahuhn. **Brahmaismus** *der*; -: = Brahmanismus. **Brahman** [illegible]

Weltseele, magische Kraft der indischen Religion, die der Brahmane im Opferspruch wirken läßt. **Brahmanas** *die* (Plural): altindische Kommentare zu den → Weden, die Anwendung und Wirkung des Opfers erläutern. **Brahmane** *der*; -n, -n: Angehöriger der indischen Priesterkaste. **brahmanisch**: die Lehre od. die Priester des Brahmanentums betreffend. **Brahmanismus** [*sanskr.-nlat.*] *der*; -: 1. eine der Hauptreligionen Indiens, aus dem → Wedismus hervorgegangen. 2. (selten) Hinduismus. **Brahmapu|trahuhn**, (auch:) Brahmahuhn [nach dem indischen Strom Brahmaputra] *das*; -s, ...hühner: Huhn einer schweren Haushuhnrasse. **Brahmine** vgl. Brahmane

Brailleschrift [*braj*...; nach dem franz. Erfinder Braille, † 1852] *die*; -: Blindenschrift

Brain-Drain [*breindrein*; *engl.-amerik.*; „Abfluß von Intelligenz"] *der*; -s: Abwanderung von Wissenschaftlern ins Ausland. **Brainstorming** [...*ßt*...; brainstorm „Geistesblitz"] *das*; -s: Verfahren, um durch Sammeln von spontanen Einfällen [der Mitarbeiter] die beste Lösung eines Problems zu finden. **Brain-Trust** [...*traßt*; „Gehirntrust"] *der*; -[s], -s: [wirtschaftlicher] Beratungsausschuß; Expertengruppe. **Braintruster** *der*; -s, -: Mitglied eines Brain-Trust, Unternehmensberater

Braise [*bräs^e*; *fr.*] *die*; -, -n: [säuerliche] gewürzte Brühe zum Dämpfen von Fleisch od. Fischen. **braisieren**: in der Brühe dämpfen

Brakteat [*lat.*; „mit Goldblättchen überzogen"] *der*; -en, -en: 1. Goldblechabdruck einer griechischen Münze (4.–2. Jh. v. Chr.). 2. einseitig geprägte Schmuckscheibe der Völkerwanderungszeit. 3. einseitig geprägte mittelalterl. Münze. **Braktee** [„dünnes Blatt, Blättchen"] *die*; -, -n: Deckblatt, in dessen Winkel ein Seitensproß od. eine Blüte entsteht (Bot.). **brakteoid** [*lat.*; *gr.*]: deckblattartig (Bot.). **Brakteole** [*lat.*] *die*; -, -n: Vorblatt, erstes Blatt eines Seiten- od. Blütensprosses (Bot.)

Bram [*niederl.*] *die*; -, -en: (Seemannsspr.) oberste Verlängerung der Masten sowie deren Takelung (meist als Bestimmungswort von Zusammensetzungen wie Bramsegel, → Bramstenge)

Bramahschloß [nach dem engl. Erfinder J. Bramah, † 1814] *das*; ...schlosses, ...schlösser: Schloß mit Steckschlüssel

Bramarbas [literar. Figur des 18. Jh.s] *der*; -, -se: Prahlhans, Aufschneider. **bramarbasieren**: aufschneiden, prahlen

Bramburi [*tschech.*; „Brandenburger"] *die* (Plural): (österr., scherzh.) Kartoffeln

Bramstenge [*niederl.*; *dt.*] *die*; -, -n: (Seemannsspr.) oberste Verlängerung eines Mastes

Branche [*brangsch^e*; *lat.-galloroman.-fr.*] *die*; -, -n: Wirtschafts-, Geschäftszweig

Branchiat [*gr.-nlat.*] *der*; -en, -en: durch Kiemen atmendes Wirbel- od. Gliedertier. **Branchie** [...*i^e*; *gr.-lat.*] *die*; -, -n (meist Plural): Kieme. **branchiogen** [*gr.-nlat.*]: von den Kiemengängen ausgehend (Biol.). **Branchiosaurier** *der*; -s, - u. **Branchiosaurus** *der*; -, ...saurier [...*ri^er*]: Panzerlurch des → Karbons u. → Perms (I). **Branchiostoma** [*gr.*] *das*; -: = Amphioxus

Brand Manager [*bränd mänidsch^er*; *engl.*] *der*; - -s, - -: Angestellter eines Unternehmens, der für → Marketing u. Werbung eines Markenartikels verantwortlich ist; Markenbetreuer (Wirtsch.).

Brandy [*brändi*; *niederl.-engl.*] *der*; -s, -s: engl. Bezeichnung für: Weinbrand

Branflakes [*bränfleikß*; *engl.*] *die* (Plural): (DDR) Kleieflockennahrungsmittel

Branle [*brangl^e*; *galloroman.-fr.*] *der*; -: a) ältester franz. Rundtanz (im 16. u. 17. Jh. Gesellschaftstanz); b) Satz der → Suite (4)

Brasil [vom Namen des südamerikan. Staates Brasilien]

I. *der*; -s, -e u. -s: a) dunkelbrauner, würziger südamerikan. Tabak; b) eine Kaffeesorte.

II. *die*; -, -[s]: Zigarre aus Brasiltabak

Brasilein [*span.-nlat.*] *das*; -s: ein Naturfarbstoff; vgl. Brasilin. **Brasilettoholz** [*span.*; *dt.*] *das*; -es: westindisches Rotholz. **Brasilholz** u. **Brasilienholz** *das*; -es: südamerik. Holz, das rote Farbstoffe liefert. **Brasilin** [*span.-nlat.*] *das*; -s: für die Stoffärberei wichtiger Bestandteil des brasilian. Rotholzes; wird durch → Oxydation zum Farbstoff Brasilein

Brasselett [*gr.-lat.-fr.*] *das*; -s, -e: 1. Armband. 2. (Gaunerspr.) Handschelle

Brasserie [*fr.*] *die*; -, ...ien: Bierlokal

Brassière [...*iär^e*; *fr.*] *die*; -, -n: knappes, taillenfreies Oberteil; Leibchen

Bratsche [*gr.-lat.-it.*; „Armgeige"] *die*; -, -n: Streichinstrument, das eine Quint tiefer als die Violine gestimmt ist. **Bratschenschlüssel** *der*; -s, -: Altschlüssel (c[1] auf der Mittellinie; Mus.): **Bratscher** *der*; -s, - u. **Bratschist** *der*; -en, -en: Musiker, der Bratsche spielt

Bravade [...*wa*...; *gr.-lat.-vulgärlat.-it.-fr.*] *die*; -, -n: (veraltet) a) Prahlerei; b) Trotz. **bravissimo**! [...*wiß*...; *gr.-lat.-vulgärlat.-it.*]: sehr gut! (Ausruf od. Zuruf, durch den Beifall u. Anerkennung ausgedrückt werden). **bravo**! [...*wo*]: gut!, vortrefflich! (Ausruf od. Zuruf, durch den Beifall u. Anerkennung ausgedrückt werden)

Bravo

I. *das*; -s, -s: Beifallsruf.

II. *der*; -s, -s u. ...vi [...*wi*]: italien. Bezeichnung für: Meuchelmörder, Räuber

Bravour [...*wur*; *gr.-lat.-vulgärlat.-it.-fr.*] *die*; -, -en: sichtbar forsche, gekonnte Art u. Weise, etw. zu bewältigen. **Bravour|arie** [...*wur*...] *die*; -, -n: auf virtuose Wirkung abzielende, mit perlenden Läufen und schwierigen Intervallschritten ausgestattete Arie (meist für Frauenstimme). **Bravourleistung** *die*; -, -en: Glanz-, Meisterleistung. **bravourös**: mit Bravour. **Bravourstück** *das*; -[e]s, -e: Glanznummer

break! [*breik*; *engl.*]: „geht auseinander!" (Kommando des Ringrichters beim Boxkampf)

Break [*breik*; *engl.*; „Durchbruch"]

I. *der* od. *das*; -s, -s: 1. a) plötzlicher u. unerwarteter Durchbruch aus der Verteidigung heraus; Überrumpelung aus der Defensive, Konterschlag (Sportspr.); b) Gewinn eines Punktes bei gegnerischem Aufschlag (im Tennis). 2. kurzes Zwischensolo im Jazz

II. *das*; -s: Hobbyfunk

Breake [*breik^e*] *die*; -, -s: Hobbyfunkgerät. **breaken** [*breik^en*]: Hobbyfunk betreiben

Brec|cie [*brätsche*; *germ.-fr.-it.*] u. Brekzie [...*zi^e*] *die*; -, -n: Sedimentgestein aus kantigen, durch ein Bindemittel verkitteten Gesteinstrümmern

Bredouille [*bredulj^e*; *fr.*] *die*; -, -n: unangenehm-schwierige Situation, in der man nicht so recht weiß, wie man aus ihr herauskommen kann

Breeches [*britsch^eß*, auch: *bri*...; *engl.*] *die* (Plural) u. **Breecheshose** *die*; -, -n: kurze, oben weite, an den Knien anliegende Sport- u. Reithose

Bregma [*gr.*] *das*; -s: (Med.) a) Gegend der großen Fontanelle am Schädel, in der die beiden Stirnbeinhälften u. die beiden Scheitelbeine zusammenstoßen; b) Punkt am Schädel, in dem die Pfeilnaht auf die Kranznaht stößt

Brekzie vgl. Breccie

Bretesche [*altengl.-mlat.-fr.*] *die*; -, -n: Erker an Burgmauern u. Wehrgängen zum senkrechten Beschuß des Mauerfußes

Breton [*bretong*; *fr.*] *der*; -s, -s: [Stroh]hut mit hochgerollter Krempe (aus der Volkstracht der Bretagne übernommen)

Breve [*brewe*; *lat.*; „kurz"] *das*; -s, -n u. -s: päpstlicher Erlaß in einfacherer Form. **Brevet** [*brewe*; *lat.-fr.*] *das*; -s, -s: 1. (hist.) „kurzer" Gnadenbrief des französischen Königs (mit Verleihung eines Titels u. ä.). 2. Schutz-, Verleihungs-, Ernennungsurkunde (bes. in Frankreich). **brevetieren**: ein Brevet ausstellen. **Breviar** [*lat.*] *das*; -s, -e: = Breviarium (1). **Breviarium** *das*; -s, ...ien [...*ien*]: 1. (veraltet) kurze Übersicht; Auszug aus einer Schrift. 2. = Brevier (1). **Brevier** *das*; -s, -e: 1. a) Gebetbuch des kath. Klerikers mit den Stundengebeten; b) tägliches kirchliches Stundengebet. 2. kurze Sammlung wichtiger Stellen aus den Werken eines Dichters od. Schriftstellers, z. B. Schillerbrevier. **Breviloquenz** [*brewi*...] *die*; -, -en: = Brachylogie. **brevi manu**: kurzerhand (Abk.: b. m., br. m.). **Brevis** [*brewi*...] *die*; -, ...ves: Doppelganze, Note im Notenwert von zwei ganzen Noten (Notierung: querliegendes Rechteck; Mus.); vgl. alla breve. **Brevität** *die*; -: (selten) Kürze, Knappheit

Briard [*briar*; *fr.*; nach der franz. Landschaft Brie] *der*; -[s], -s: Schäferhund einer franz. Rasse

Bric-à-brac [*brikabrak*; *fr.*] *das*; -[s]: a) Trödel, Wertloses; b) Ansammlung kleiner Kunstgegenstände

Bridge [*britsch*; *engl.*; „Brücke"] *das*; -: ein Kartenspiel

bridieren [*fr.*]: dem Fleisch od. Geflügel vor dem Braten die gewünschte Form geben

Brie vgl. Briekäse

Briefing [*engl.-amerik.*] *das*; -s, -s: 1. kurze Einweisung od. Lagebesprechung (Mil.) 2. Informationsgespräch zwischen Werbefirma u. Auftraggeber über die Werbeidee

Briekäse *der*; -s, - u. **Brie** *der*; -[s], -s: nach der französ. Landschaft Brie benannter Weichkäse mit Schimmelbildung

Brigade [*it.-fr.*] *die*; -, -n: 1. größere Truppenabteilung. 2. Gesamtheit der in einem Restaurationsbetrieb beschäftigten Köche u. Küchengehilfen (Gastr.). 3. (DDR) kleinste Arbeitsgruppe in einem Produktionsbetrieb. **Brigadier** [...*die*] *der*; -s, -s: 1. Befehlshaber einer Brigade (1). 2. [auch: ...*dir*, Plural: -e]: (DDR) Leiter einer Brigade (3). **Brigadierin** *die*; -, -nen: (DDR) Leiterin einer Brigade (3). **Brigant** [*it.*] *der*; -en, -en: (hist.) a) Freiheitskämpfer; b) Straßenräuber in Italien. **Brigantine** *die*; -, -n: 1. (hist.) leichte Rüstung aus Leder od. starkem Stoff. 2. = Brigg. **Brigg** [*it.-fr.-engl.*] *die*; -, -s: (hist.) zweimastiges Segelschiff

Bri|ghella [...*gäla*; *it.*] *der*; -, -s od. ...lle: Figur des verschmitzten, Intrigen spinnenden Bedienten in der ital. → Commedia dell'arte

Bri|gnole [*brinjol*; *lat.-provenzal.-fr.*] *die*; -, -s (meist Plural): geschälte u. an der Luft getrocknete Pflaume; vgl. Prünelle

Brikett [*niederl.-fr.*] *das*; -s, -s (auch noch: -e): aus kleinstückigem oder staubförmigem Gut (z. B. Steinkohlenstaub) durch Pressen gewonnenes festes Formstück (bes. Preßkohle). **brikettieren**: zu Briketts formen

Brikole [*provenzal.-fr.*] *die*; -, -n: Rückprall des Billardballes von der Bande. **brikolieren**: durch Rückprall [von der Billardbande] treffen

brillant [*briljant*; *drawid.-mittelind.-gr.-lat.-it.-fr.*]: von einer Art, die sich z. B. durch bestechende, faszinierende Kunstfertigkeit, glänzende Form, gekonnte Beherrschung der Mittel auszeichnet; hervorragend

Brillant [*briljant*]

I. *der*; -en, -en: geschliffener Diamant.

II. *die*; -: Schriftgrad von drei → Punkt (2)

brillante [*brilante*; *it.*]: perlend, virtuos, bravourös (Mus.). **brillantieren** [*brilj*...; *fr.*]: glänzende Oberflächen herstellen (z. B. bei Messingplatten durch Beizen). **Brillantin** *das*; -s, -e: (österr.) = Brillantine. **Brillantine** *die*; -, -n: Haarpomade. **Brillantschliff** *der*; -s, -e: Schliffform von Edelsteinen. **Brillanz** *die*; -: 1. glänzende, meisterhafte Technik bei der Darbietung von etw.; Virtuosität. 2. a) Bildschärfe (Fotogr.); b) unverfälschte Wiedergabe, bes. von hohen Tönen; Tonschärfe (Akustik). **brillieren** [*briljiren*]: glänzen (in einer Fertigkeit). **Brillonette** [*briljo*...] *die*; -, -n (meist Plural): Halbbrillant (flacher Brillant ohne Unterteil)

Brimborium [*lat.-fr.*] *das*; -s: (abwertend) etw., was in aufwendiger Weise u. unnötig um etw., in bezug auf etw. gemacht wird; unverhältnismäßiges Aufheben

Brimsen [*tschech.*] *der*; -s, -: (österr.) ein Schafkäse

Brinellhärte [nach dem schwed. Ingenieur J. A. Brinell, † 1925] *die*; -: Maß der Härte eines Werkstoffes (eine gehärtete Stahlkugel wird mit einer bestimmten Kraft in das Prüfstück eingedrückt); Zeichen: HB

Brinkmanship [*brinkmenschip*; *engl.*] *die*; -: Politik des äußersten Risikos

Brio [*kelt.-it.*] *das*; -s: Feuer, Lebhaftigkeit, Schwung; Ekstatik, Leidenschaft (Mus.); vgl. brioso

Brioche [*briosch*; *normann.-fr.*] *die*; -, -s [*briosch* u. ...*oschß*]: feines Hefegebäck in Brötchenform

Briolets, (auch:) **Briolletten** [*fr.*] *die* (Plural): Doppelrosen (birnenförmiges Ohrgehänge aus ringsum facettierten Diamanten)

brioso [*kelt.-it.*]: mit Feuer, mit Schwung; zügig (Vortragsanweisung; Mus.)

brisant [*fr.*]: 1. hochexplosiv; sprengend, zermalmend (Waffentechnik). 2. hochaktuell; viel Zündstoff enthaltend (z. B. von einer [politischen] Rede). **Brisanz** *die*; -, -en: 1. Sprengkraft. 2. (ohne Plural) brennende, erregende Aktualität. **Brisanzgeschoß** *das*; ...geschosses, ...geschosse: Geschoß mit hochexplosivem Sprengstoff

Brisesoleil [*brisßolej*; *fr.*; „Sonnenbrecher"] *der*; -[s], -s: Sonnenschutz an der Außenseite von Fenstern

Brisolett [*fr.*] *das*; -s, -e u. **Brisolette** *die*; -, -n: gebratenes Klößchen aus gehacktem Kalbfleisch

Brissago [Ort in der Schweiz] *die*; -, -[s]: Zigarrensorte aus der Schweiz

Bristolkarton [*brißtel*...; nach der engl. Stadt] *der*; -s, -s: glattes, rein weißes Kartonpapier zur Aquarellmalerei u. zum Kreidezeichnen

Brisur [*fr.*] *die*; -, -en: feines Gelenk an Ohrgehängen

Britanniametall [nach „Britannia", dem *lat.* Namen der britischen Inseln] *das*; -s, -e: wie Silber glänzende Legierung aus Zinn u. Antimon, bisweilen auch

Kupfer. **Britizismus** [*nlat.*] *der*; -, ...men: 1. sprachliche Besonderheit des britischen Englisch. 2. Entlehnung aus dem britischen Englisch ins Deutsche; vgl. Anglizismus

Britschka [*poln.*] *die*; -, -s: leichter offener Reisewagen

Broadcasting [*brǫdkaßting*; *engl.*]: Rundfunk (in England u. Amerika). **Broad-Church** [*brǫdtschö'tsch*; „breite Kirche"] *die*; -: liberale Richtung der → anglikanischen Kirche im 19. Jh.

Broadside-Technik [*brǫdßaid...*] *die*; -, -en: bestimmte Art, eine Kurve zu durchfahren (beim Automobilrennen)

Broccoli vgl. Brokkoli

Broché [*brosche*; *gall.-galloroman.-fr.*] *der*; -s, -s: Stoff mit eingewebten, stickereiartig wirkenden Mustern. **brochieren**: Muster einweben

Broderie [*fr.*] *die*; -, ...ien: (veraltet) a) Stickerei; b) Einfassung. **brodieren**: (veraltet) a) sticken; b) einfassen, ausnähen

Broika [*breuka*; Kurzw. aus *Broi*ler u. *Ka*ninchen] *der*; -, -s: (DDR) industriemäßig gezüchtetes u. gemästetes Schlachtkaninchen.

Broiler [*breul'r*; *engl.*] *der*; -s, -: a) zum Grillen gemästetes Hähnchen; b) (DDR) Brathähnchen, gegrilltes Hähnchen

Brokat [*gall.-galloroman.-it.*] *der*; -[e]s, -e: 1. kostbares, meist mit Gold- od. Silberfäden durchwirktes, gemustertes [Seiden]gewebe. 2. pulverisierte Zinn- od. Zinkbronze für Bronzefarben. **Brokatell** *der*; -s, -e u. **Brokatelle** *die*; -, -n: mittelschweres Baumwoll- od. Halbseidengewebe mit plastisch hervortretenden Mustern. **Brokatello**, Brokatmarmor *der*; -s: Marmor mit blumigen Mustern. **Brokatglas** *das*; -es, ...gläser: Glasgefäß mit eingelegten Gold- u. Silberfäden. **Brokatmarmor** vgl. Brokatello. **Brokatpapier** *das*; -s, -e: mit Klebstoff bestrichenes, dann mit Gold- und Silberpulver bestäubtes Papier

Broker [*engl.*] *der*; -s, -: engl. Bezeichnung für: Makler

Brokkoli [*gall.-galloroman.-it.*] *die* (Plural): Spargelkohl (Abart des Blumenkohls)

Brom [*gr.-lat.*; „Gestank"] *das*; -s: chem. Element, Nichtmetall (Zeichen: Br). **Brom|akne** *die*; -, -n: durch Brom hervorgerufener akneartiger Hautausschlag (→ Akne). **Bromat** [*gr.-lat.-nlat.*] *das*; -[e]s, -e: Salz der Bromsäure

Bromelie [...*i*ᵉ; *nlat.*; nach dem schwed. Botaniker Olaf Bromel, † 1705] *die*; -, -n: Ananasgewächs aus dem trop. Amerika

Bromid [*gr.-lat.-nlat.*] *das*; -[e]s, -e: Salz des Bromwasserstoffs, Verbindung eines Metalls od. Nichtmetalls mit Brom. **bromieren**: Brom in eine organische Verbindung einführen. **Bromismus** *der*; -: Vergiftungserscheinungen nach [übermäßiger] Einnahme von Brom (Med.)

Bromit [auch: ...*it*]
I. *der*; -s: ein Mineral.
II. *das*; -s, -e: Salz der bromigen Säure

Bromkalium *das*; -s: = Kaliumbromid. **Bromkalzium** vgl. Kalziumbromid. **Bromoderma** *das*; -s: Hautausschlag nach [übermäßiger] Bromeinnahme. **Bromsilber**, Silberbromid *das*; -s: äußerst lichtempfindliche Schicht auf Filmen u. Platten. **Bromural** ⓦ [Kunstw.] *das*; -s: ein leichtes Beruhigungsmittel

Bronche [*gr.-lat.*] *die*; -, -n: = Bronchie. **bronchial** [*gr.-lat.-nlat.*]: a) zu den Bronchien gehörend; b) die Bronchien betreffend. **Bronchialasthma** *das*; -s: in kurzen Anfällen auftretende Atemnot infolge krampfartiger Verengung der Bronchiolen. **Bronchialbaum** *der*; -s, ...bäume: die gesamte baumartige Verästelung eines Bronchus; die Gesamtheit der Bronchien. **Bronchialkatarrh** *der*; -s, -e: = Bronchitis. **Bronchie** [...*i*ᵉ; *gr.-lat.*] *die*; -, -n (meist Plural): Luftröhrenast. **Bronchi|ektasie** [*gr.-nlat.*] *die*; -, ...ien: krankhafte Erweiterung der Bronchien. **Bronchiole** [*gr.-lat.-nlat.*] *die*; -, -n (meist Plural): feinere Verzweigung der Bronchien in den Lungenläppchen. **Bronchitis** [*gr.-nlat.*] *die*; -, ...itiden: Entzündung der Bronchialschleimhäute, Luftröhrenkatarrh. **Broncho|gramm** *das*; -s, -e: Röntgenbild der Luftröhrenäste. **Broncho|graphie** *die*; -: Aufnahme der (mit einem Kontrastmittel gefüllten) Bronchien mittels Röntgenstrahlen. **Broncho|pneumonie** *die*; -, ...ien: katarrhalische od. herdförmige Lungenentzündung. **Bronchoskop** *das*; -s, -e: Spiegelgerät mit elektr. Lichtquelle zur Untersuchung der Bronchien. **Bronchoskopie** *die*; -, ...ien: Untersuchung der Bronchien mit Hilfe des Bronchoskops (Med.). **Bronchotomie** *die*; -, ...ien: operative Öffnung der Bronchien (Med.).

Bronchus [*gr.-lat.*] *der*; -, ...chen (fachspr. auch: ...chi): a) [rechter od. linker] Hauptast der Luftröhre; b) (in fachspr. Fügungen) = Bronchie

Brontosaurus [*gr.-nlat.*] *der*; -, ...rier [...*i*ᵉ*r*]: pflanzenfressender, riesiger → Dinosaurier der Kreidezeit Nordamerikas

Bronze [*brongß*ᵉ; *it.(-fr.)*] *die*; -, -n: 1. gelblichbraune Kupfer-Zinn-Legierung [mit ganz geringem Zinkanteil]. 2. Kunstgegenstand aus einer solchen Legierung. 3. (ohne Plural) gelblichbraune, metallische Farbe, gelblichbrauner Farbton. **Bronzekrankheit** *die*; -: schwere Erkrankung der Nebennieren mit Braunverfärbung der Haut (Addisonsche Krankheit). **bronzen**: 1. aus Bronze. 2. wie Bronze [aussehend]. **bronzieren**: mit Bronze überziehen. **Bronzit** [*bron...*; auch: ...*it*; *nlat.*] *der*; -s: faseriges, oft bronzeartig schillerndes Mineral

Broom [*brum*; phonetische Umsetzung von gleichbed. *engl.* brougham (gesprochen: *brum*), dem der Name des Staatsmannes Lord Brougham zugrunde liegt] *der*; -s, -s: eine früher gebräuchliche vierrädrige Kutsche

Brosche [*gall.-galloroman.-fr.*; „Spitze; Spieß; Nadel"] *die*; -, -n: Anstecknadel, Spange. **broschieren** [„aufspießen; durchstechen"]: [Druck]bogen in einen Papier- od. Kartonumschlag heften od. leimen (Buchw.). **broschiert**: geheftet, nicht gebunden (Abk.: brosch.). **Broschur** *die*; -, -en: 1. (ohne Plural) das Einheften von Druckbogen in einen Papier- od. Kartonumschlag. 2. in einen Papier- od. Kartonumschlag geheftete Druckschrift. **Broschüre** *die*; -, -n: leicht geheftete Druckschrift geringeren Umfangs, Druckheft, Flugschrift

Brossage [...*asch*ᵉ; *fr.*] *die*; -: in der Tuchherstellung das Bürsten des → Flors (II, 2). **brossieren**: [Flor] bürsten

Brotophilie [*gr.*] *die*; -: sexueller Kontakt zu jmdm., wobei dessen Alter keine Rolle spielt, weil das sexuelle Verlangen dominiert

Brougham [*brum*; *engl.*] *der*; -s, -s: = Broom

Brouillerie [*bruj*ᵉ*ri*; *fr.*] *die*; -, -n: (veraltet) Mißhelligkeit, Zerwürfnis. **brouillieren** [*brujir*ᵉ*n*]: a) in Verwirrung bringen; b) entzweien, Unfrieden stiften.

Brouillon [*brujong*] *das*; -s, -s: erster schriftl. Entwurf, Skizze

Browning [*braun...*; nach dem amerik. Erfinder J. M. Browning, † 1926] *der*; -s, -s: Pistole mit Selbstladevorrichtung

Brucella [...*zäl*...; *nlat.*; nach dem engl. Arzt D. Bruce (*bruß*, † 1931] *die*; -, ...llen (meist Plural): eine Bakteriengattung. **Brucellose** *die*; -, -n: durch Brucellen hervorgerufene Krankheit

Brucin [...*zin*], (auch:) Bruzin [*nlat.*; nach dem schott. Afrikaforscher J. Bruce (*bruß*, † 1794)] *das*; -s: ein mit dem sehr giftigen Strychnin verwandtes Alkaloid

Brü|gnole [*brünjol*[e]; *fr.*] *die*; -, -n: Pfirsichsorte mit schwer ablösbarem Fruchtfleisch u. glatter Haut

Bruitismus [*brüi*...; *fr.-nlat.*; von *fr.* bruit „Lärm, Geräusch"] *der*; -: Richtung der neuen Musik, die in der Komposition auch außermusikal. Geräusche verwendet

Brumaire [*brümär*; *lat.-fr.*; „Nebelmonat"] *der*; -[s], -s: zweiter Monat im französischen Revolutionskalender (22. Oktober bis 20. November)

Brunch [*bran(t)sch*; engl. Bildung aus *engl. br*eakfast „Frühstück" und l*unch* „Mittagsmahlzeit"] *der*; -[e]s od. -, -[e]s od. -e: spätes, ausgedehntes u. reichliches Frühstück, das das Mittagessen ersetzt. **brunchen** [*bran(t)sch*[e]*n*]: einen Brunch einnehmen

Brunelle [*roman.*] *die*; -, -n: 1. Braunelle (ein Wiesenkraut, Lippenblütler). 2. Kohlröschen (Orchideengewächs der Alpen)

Brünelle vgl. Prünelle

brünett [*germ.-fr.*]: a) braunhaarig; b) braunhäutig. **Brünette** *die*; -, -n (aber: zwei -[n]): braunhaarige Frau. **brünieren**: Metallteile durch ein bes. Verfahren bräunen

brüsk [*it.-fr.*; „stachlig, rauh"]: in deutlich unhöflich-verletzender, Ablehnung ausdrückender Weise; barsch, schroff. **brüskieren**: sich jmdm. gegenüber unhöflichschroff verhalten, so daß dieser sich [öffentlich] bloßgestellt, verletzt, herausgefordert fühlt

brut [*brü*; *fr.*]: herb (Bez. für den niedrigsten Trockenheitsgrad des Champagners)

brutal [*lat.*]: roh u. gefühllos; ohne Rücksicht zu nehmen, sein Vorhaben o. ä. [auf gewaltsame Art] durchsetzend, etw. ausführend. **brutalisieren** [*lat.-nlat.*]: brutal, gewalttätig machen; verrohen. **Brutalismus** *der*; -: Baustil, bei dem die Bauten von dem Material u. der Funktion der Bauelemente bestimmt sein sollen, was dadurch erreicht wird, daß Material, Konstruktion u. a. in ihrer ursprünglichen Beschaffenheit sichtbar sind (Archit.). **Brutalität** [*lat.-mlat.*] *die*; -, -en: a) (ohne Plural) brutales Verhalten; b) brutale Tat, Gewalttätigkeit.

brutto [*lat.-it.*]: a) mit Verpakkung; b) ohne Abzug [der Steuern]; roh, insgesamt gerechnet; Abk.: btto.; - für netto: der Preis versteht sich für das Gewicht der Ware einschließlich Verpackung (Handelsklausel; Abk.: bfn.). **Bruttogewicht** *das*; -[e]s, -e: Gewicht einer Ware einschließlich der Verpackung. **Bruttogewinn** *der*; -[e]s, -e: 1. Rohgewinn (ohne Abzug der Kosten). 2. Deckungsbeitrag (der Teil des Verkaufserlöses, der die Stückkosten übersteigt; Wirtsch.). **Bruttonationalprodukt** *das*; -[e]s, -e: (österr.) Bruttosozialprodukt. **Bruttoregistertonne** *die*; -, -n: Einheit zur Berechnung des Rauminhalts eines Schiffes; Abk.: BRT. **Bruttosozialprodukt** *das*; -[e]s, -e: das gesamte Ergebnis des Wirtschaftsprozesses in einem Staat während eines Jahres; Abk.: BSP

Bruxismus [*gr.*] *der*; -: das nächtliche Zähneknirschen (Med.); vgl. Bruxomanie. **Bruxomanie** *die*; -: abnormes Knirschen, Pressen u. Mahlen mit den Zähnen, und zwar außerhalb des Kauaktes; vgl. Bruxismus

Bruyèreholz [*brüjär*...; *fr.*; *dt.*] *das*; -es, ...hölzer: Wurzelholz der mittelmeerischen Baumheide (wird hauptsächl. für Tabakspfeifen verwendet)

Bruzin vgl. Brucin

Bryologie [*gr.-nlat.*] *die*; -: Mooskunde; Wissenschaft u. Lehre von den Moosen. **Bryonie** [...*i*[e]; *gr.-lat.*] *die*; -, -n: Zaunrübe aus der Familie der Kürbisgewächse (Kletterpflanze). **Bryophyt** [*gr.-nlat.*] *der*; -en, -en (meist Plural): Moospflanze. **Bryozoon** *das*; -s, ...zoen: Moostierchen (in Kolonien festsitzende kleine Wassertiere)

Bubble-gum [*bab*[e]*lgam*; *amerik.*] *der* od. *das*; -s, -s: Kaugummi

Bubo [*gr.*] *der*; -s, ...onen: entzündliche Lymphknotenschwellung (bes. in der Leistenbeuge)

Buc|chero [*bukero*; *span.-it.*] *der*; -s, -s u. ...ri od. **Buccherovase** [*span.-it.*; *lat.-fr.*] *die*; -, -n: schwarzes Tongefäß mit Reliefs aus etruskischen Gräbern

Buccina [*bukzina*] vgl. Bucina

Buchara, Bochara *der*; -[s], -s: handgeknüpfter turkmenischer Teppich mit sehr tiefem Rot (als Grundfarbe) und einem Reihenmuster aus abgerundeten Achtecken (aus dem Gebiet um die sowjetruss. Stadt Buchara in Usbekistan)

Bucina [*buzi*...; *lat.*], (auch:) Buccina [*bukzi*...] *die*; -, ...nae [...*nä*]: altröm. Blasinstrument (Metall- od. Tierhorn)

Bucintoro [*butschin*...; *gr.-lat.-venez.-it.*] *der*; -s, (auch relatinisiert:) Buzentaur *der*; -en: die nach einem Untier der griech. Sage benannte Prunkbarke der venezian. Dogen (12.–18. Jh.)

Buckram [*engl.*] *der* (auch: *das*); -s: Buchbinderleinwand (grob gewebter u. geglätteter Bezugsstoff aus Leinen, Baumwolle u. ä.)

Buck|skin [*engl.*; „Bocksfell"] *der*; -s, -s: gewalktes u. gerauhtes Wollgewebe [meist in Köperbindung] für Herrenanzüge

Bud|dha [*sanskr.*; „der Erleuchtete": Beiname des ind. Prinzen Siddharta (um 500 v. Chr.)] *der*; -[s], -s: Name für frühere od. spätere Verkörperungen des histor. Buddha, die göttlich verehrt werden. **Bud|dhismus** [*sanskr.-nlat.*] *der*; -: die von Buddha begründete indisch-ostasiatische Heilslehre. **Bud|dhist** *der*; -en, -en: Anhänger des Buddhismus. **buddhistisch**: den Buddhismus betreffend, zu ihm gehörend

buddisieren: Milch nach dem Verfahren des Dänen Budde keimfrei machen

Buddleja [*engl.*; *nlat.*] *die*; -, -s u. ...jen: Schmetterlingsstrauch (Bot.)

Budget [*büdsche*, auch engl. *badschit*; *gall.-lat.-fr.-engl.-fr.*] *das*; -s, -s: Haushaltsplan, Voranschlag von öffentl. Einnahmen u. Ausgaben. **budgetär**: das Budget betreffend, z. B. einem Land -e Hilfe leisten. **Budgetbetrag** *der*; -s, ...träge: Posten im Haushaltsplan. **budgetieren**: ein Budget aufstellen. **Budgetierung** *die*; -, -en: Aufstellung eines Budgets

Budike vgl. Butike. **Budiker** vgl. Butiker

Budo [*jap.*] *das*; -s: Sammelbez. für Judo, Karate u. ä. Sportarten. **Budoka** *der*; -s, -s: jmd., der Budo als Sport betreibt

Buen Retiro [*span.*; „gute Zuflucht"; ein span. Schloßname] *das*; --s, --s: Ruhe-, Zufluchtsort

Büfett [*fr.*] *das*; -s, -s u. -e u. Buffet [*büfe*, schweiz.: *büfä*] *das*; -s, -s, (österr. auch:) Büffet [*büfe*] *das*; -s, -s: 1. Geschirrschrank, Anrichte. 2. a) Schanktisch in einer Gaststätte; b) Verkaufstisch in einem Restaurant od. Café; kaltes Buffet, (auch:) Büfett: auf einem Tisch zur Selbstbedienung zusammengestellte, meist kunstvoll arrangierte kalte Speisen (Salate, Fleisch, Pasteten u. ä.)

Büfettier [...*ie*; *fr.*] *der*; -s, -s: jmd., der das Bier zapft, am Büfett ausschenkt

Buffa [*vulgärlat.-it.*] *die*; -, -s: Posse; vgl. Opera buffa

Buffet, **Büffet** [*büfe*] vgl. Büfett

Buffo [*vulgärlat.-it.*] *der*; -s, -s u. ...ffi: Sänger komischer Rollen. **buffonesk**: in der Art eines Buffos

Buggy [*bagi*; *engl.*] *der*; -s, -s u. ...ies: leichter, ungedeckter, einspänniger Wagen mit zwei oder vier hohen Rädern (früher bei Trabrennen benutzt). 2. geländegängiges Freizeitauto mit offener Kunststoffkarosserie

bugsieren [*lat.-port.-niederl.*]: 1. (Seemannsspr.) [ein Schiff] ins Schlepptau nehmen u. zu einem bestimmten Ziel befördern. 2. (ugs.) jmdn./etwas mühevoll irgendwohin bringen, lotsen. **Bugsierer** *der*; -s, -: (Seemannsspr.) kleiner Schleppdampfer

Buhurt [*fr.*] *der*; -s, -e: mittelalterliches Ritterkampfspiel, Turnier

Bu|ia|trik, (auch) **Bu|ia|trie** [*gr.-nlat.*] *die*; -: Wissenschaft u. Lehre von den Rinderkrankheiten

Builder [*bild^er*; *engl.*; „Erbauer"] *die* (Plural): wichtige, waschaktive Bestandteile von Waschmitteln (z. B. Waschphosphate)

Bukanier [...*ni^er*; *fr.*(*-engl.*)] *der*; -s, -, (auch:) **Bukanier** *der*; -s, -e: westindischer Seeräuber im 17. Jh.

Bukett [*germ.-fr.*] *das*; -s, -s (auch: -e): 1. Blumenstrauß. 2. Duft u. Geschmacksstoffe (sog. Blume) des Weines od. Weinbrands. **Bukettvirus** *das* (auch: *der*); -, ...viren: Virus der Tabakringfleckengruppe, das bei Kartoffelpflanzen bukettartigen, gedrängten Wuchs hervorruft

Bukinist vgl. Bouquinist

bukkal [*lat.-nlat.*]: zur Backe, Wange gehörend (Med.)

Bukolik [*gr.-lat.*] *die*; -: Hirten- od. Schäferdichtung (Dichtung mit Motiven aus der einfachen, naturnahen, friedlichen Welt der Hirten). **Bukoliker** *der*; -s, -: Vertreter der Bukolik; Hirtenlieddichter. **bukolisch**: a) die Bukolik betreffend; b) in der Art der Bukolik. **Bu|kranion** [*gr.-lat.*; „Ochsenschädel"] *das*; -s, ...ien [...*i^en*]: [Fries mit] Nachbildung der Schädel von Opfertieren an griech. Altären, Grabmälern u. → Metopen

bulbär [*gr.-lat.-nlat.*]: das verlängerte Mark betreffend, von ihm ausgehend (Med.). **Bulbärparalyse** *die*; -, -n: Lähmung des verlängerten Rückenmarks (Med.). **Bulbärsprache** *die*; -: Sprachstörung (langsame, verwaschene Sprache; Med.). **Bulbi**: *Plural* von → Bulbus. **bulboid** u. **bulbös** [*gr.-lat.*]: zwiebelförmig, knollig (Med.)

Bülbül [*arab.-pers.*] *der*; -s, -s: persische Nachtigall (in der pers.-türk. Dichtung Sinnbild der gottsuchenden Seele)

Bulbus [*gr.-lat.*] *der*; -, ...bi u. ...ben: 1. a) Zwiebel, Pflanzenknolle; b) (Plural: Bulben) Luftknollen an tropischen Orchideen. 2. (Med.) a) zwiebelförmiges, rundliches Organ (z. B. Augapfel); b) Anschwellung

Bule [*gr.-lat.*] *die*; -: Ratsversammlung (wichtiges Organ des griech. Staates, besonders im alten Athen)

Bulette [*lat.-fr.*] *die*; -, -n: (landsch.) flacher, gebratener Kloß aus gehacktem Fleisch, deutsches Beefsteak

Bulimie [*gr.*] *die*; -: Heißhunger, Gefräßigkeit (Med.)

Bulkcarrier [*balkkäri^er*; *engl.*] *der*; -s, -: Massengutfrachter (Frachtschiff zur Beförderung loser Massengüter); vgl. Carrier. **Bulkladung** *die*; -, -en: lose u. unverpackt zur Verschiffung gelangende Schiffsladung (z. B. Kohle, Getreide)

Bull [*engl.*; „Bulle"] *der*; -s, -s: engl. umgangssprachliche Bez. für: → Haussier; Ggs. → Bear

Bulla [*lat.*] *die*; -, ...llae [...*lä*]: Blase (Med.). **Bullarium** [*lat.-mlat.*] *das*; -s, ...ien [...*i^en*]: Sammlung päpstl. → Bullen u. → Breven

Bulldog ® [*engl.*] *der*; -s, -s: eine Zugmaschine. **Bulldogge** *die*; -, -n: Hunderasse. **Bulldozer** [*búldos^er*] *der*; -s, -: schweres Raupenfahrzeug für Erdbewegungen (z. B. als → Planierraupe)

Bulle [*lat.*; „Wasserblase; Siegelkapsel"] *die*; -, -n: 1. Siegel[kapsel] aus Metall (Gold, Silber, Blei) in kreisrunder Form (als Urkundensiegel, bes. im Mittelalter gebräuchlich). 2. a) mittelalterl. Urkunde mit Metallsiegel (z. B. die Goldene Bulle Kaiser Karls IV.); b) feierlicher päpstlicher Erlaß. **Bulletin** [*bültäng*; *lat.-fr.*] *das*; -s, -s: 1. amtl. Bekanntmachung, Tagesbericht. 2. Krankenbericht. 3. Titel von Sitzungsberichten u. wissenschaftl. Zeitschriften

Bullfinch [...*fintsch*; *engl.*; „Bullenzaun"] *der*; -s, -s: hohe Hecke als Hindernis bei Pferderennen

Bullion [*bulj^en*; *engl.*] *das*; -s, -s: ungeprägtes Gold od. Silber

bullös, **bullosus** [*lat.-nlat.*]: blasig (Med.)

Bullterrier [...*i^er*; *engl.*] *der*; -s, -: engl. Hunderasse

Bully [...*li*; *engl.*] *das*; -s, -s: das von zwei Spielern ausgeführte Anspiel im [Eis]hockey

Bumerang [auch: *bu*...; *austral.-engl.*] *der*; -s, -s u. -e: gekrümmtes Wurfholz, das beim Verfehlen des Zieles zum Werfer zurückkehrt. **Bumerangeffekt** [auch: *bu*...; nach dem Bild des Bumerangs, der den Werfer treffen kann] *der*; -[e]s, -e: unbeabsichtigte negative Auswirkung eines Unternehmens, die sich gegen den Urheber richtet

Buna ® [Kurzw. aus: *Bu*tadien u. *Na*trium] *der* od. *das*; -[s]: synthetischer Kautschuk

Bunda [*ung.*] *die*; -, -s: Schaffellmantel ungar. Bauern, bei dem das bestickte Leder nach außen getragen wird

Bundesliga *die*; -: in Deutschland die höchste, über den Regionalverbänden stehende Spielklasse im Fußball, Eishockey u. anderen Sportarten; vgl. Oberliga, Regionalliga. **Bundesligist** *der*; -en, -en: Mitglied[sverein] einer Bundesliga

Bungalow [*bunggalo*; *Hindi-engl.*] *der*; -s, -s: frei stehendes, geräumiges eingeschossiges Wohn- od. Sommerhaus mit flachem od. flach geneigtem Dach

Bunker [*engl.*] *der*; -s, -: 1. Behälter zur Aufnahme von Massengut (Kohle, Erz). 2. a) Betonunterstand [im Krieg]; b) Schutzbau aus Stahlbeton für militärische Zwecke od. für die Zivilbevölkerung. 3. Sandloch als Hindernis beim Golf. **bunkern**: Massengüter wie Kohle, Erz usw. in Sammelbehälter einlagern

Bunny [*bani*; *engl.*; „Häschen"] *das*; -s, ...ies: mit Hasenohren u. -schwänzchen herausgeputztes Mädchen, das in bestimmten Klubs als Bedienung arbeitet

Buph|thalmie *die*; -, ...ien: krankhafte Vergrößerung des Augapfels (Med.). **Buph|thalmus** *der*: -, ...mi: = Hydrophthalmus

Buran [*russ.*] *der*; -s, -e: lang andauernder winterlicher Nordoststurm mit starkem Schneefall in Nordasien

Burattino [*lat.-it.*] *der*; -s, -s u. ...ni: italien. Bezeichnung für: Gliederpuppe, Marionette

Burberry ® [*bö^rb^əri*] *der*; -, ...ries: sehr haltbares englisches Kammgarngewebe

Burdo [*lat.*; „Maultier"] *der*; -s, ...donen (meist Plural): Pflanzenbastard, der durch Verschmelzen artfremder Zellen beim Pfropfen entstanden sein soll (heute überholte Theorie)

Bureau [*bürọ*] *das*; -s, -s u. -x: franz. Schreibung von → Büro

Bürẹtte [*germ.-fr.*] *die*; -, -n: Glasrohr mit Verschlußhahn u. Volumenskala (wichtiges Arbeitsgerät bei der Maßanalyse)

Burgụnder *der*; -s: Weinsorte aus der Landschaft Burgund

Burl̲ak [*russ.*] *der*; -en, -en: Schiffsknecht, Schiffszieher (im zarist. Rußland)

burlẹsk [*it.-fr.*]: possenhaft. **Burlẹske** *die*; -, -n: 1. Schwank, Posse. 2. derb-spaßhaftes Musikstück. **Burlẹtta** [*it.*] *die*; -, ...tten u. -s: kleines Lustspiel

Burn|out [*börnaut*; *engl.*; „Ausbrennen"] *das*; -s: 1. a) Brennschluß; Zeitpunkt, in dem das Triebwerk einer Rakete abgeschaltet wird u. der antriebslose Flug beginnt; b) = Flame-out. 2. Durchbrennen von Brennstoffelementen bei Überhitzung (Kerntechnik)

Bụrnus [*arab.-fr.*] *der*; - u. -ses, -se: Kapuzenmantel der Beduinen

Bürọ [*lat. vulgärlat.-fr.*] *das*; -s, -s: 1. Arbeitsraum; Dienststelle, wo die verschiedenen schriftlichen od. verwaltungstechnischen Arbeiten eines Betriebes od. bestimmter Einrichtungen des öffentlichen Lebens erledigt werden. 2. die zu der Dienststelle gehörenden Angestellten od. Beamten; z. B. das ganze - gratulierte. **Büro|kr̲at** [*fr.*] *der*; -en, -en: (abwertend) jmd., der sich ohne Rücksicht auf besondere Umstände nur pedantisch an seine Vorschriften hält. **Bürokrat̲ie** *die*; -, ...i̲en: 1. (abwertend; ohne Plural) bürokratisches Handeln. 2. (veraltend) Beamtenapparat. **büro|kr̲atisch**: 1. (abwertend) sich übergenau an die Vorschriften haltend [ohne den augenblicklichen Gegebenheiten Rechnung zu tragen]. 2. die Bürokratie (2) betreffend. **bürokratis̲ieren**: den Ablauf, die Verwaltung von etwas einer schematischen, bürokratischen (1) Ordnung unterwerfen. **Bürokratịsmus** *der*; -: (abwertend) bürokratisches Handeln, engstirnige Auslegung von Vorschriften (als Ausdruck einer entsprechenden inneren Einstellung). **Bürokr̲atius** *der*; -: (scherzhaft) „Heiliger" des Bürokratismus. **Bürol̲ịst** *der*; -en, -en: (schweiz.) Büroangestellter. **Bürotẹl** [Kurzw. aus *Büro* u. *Hotel*] *das*; -s, -s: Hotel, das Wohnräume mit Büros vermietet

Bụrsa [*gr.-lat.*] *die*; -, ...sae [...*sä*]: 1. Gewebetasche, taschen- od. beutelförmiger Körperhohlraum (Med.). 2. Tasche an liturgischen Gewändern (Rel.). **Bụrse** *die*; -, -n: Studentenwohnheim.

Burs̲itis [*gr.-nlat.*] *die*; -, ...iti̲den: Schleimbeutelentzündung (Med.)

Burst [*bọ̈rßt*; *engl.*] *der*; -[s], -s: bei einer Sonneneruption auftretender Strahlungsausbruch im Bereich der Radiowellen

Bụs *der*; -ses, -se: Kurzform für: Autobus, Omnibus

Busch̲ido [auch *bụ...*, *jap.*; „Weg des Kriegers"] *das*; -[s]: Ehrenkodex des japan. Militäradels aus der Feudalzeit

Bu|shel [*bụschᵉl*; *kelt.-mlat.-fr.-engl.*] *der*; -s, -s (aber: 6 -[s]): engl.-amerikan. Getreidemaß

Busineß [*bịsⁱ⁾niß*; *engl.*] *das*; -: vom Profitstreben bestimmtes Geschäft, profitbringender Geschäftsabschluß. **Businessman** [...*mᵉn*] *der*; -[s], ...men: auf Profit bedachter Geschäftsmann

Bụsing vgl. Bussing

Bụssard [*lat.-fr.*] *der*; -s, -e: ein Tagraubvogel

Bussing [*baßing*; *engl.-amerik.*] *das*; -[s]: Beförderung von farbigen Schulkindern in Omnibussen in vorwiegend von nichtfarbigen Kindern besuchte Schulen anderer Bezirke, um Rassentrennung zu verhindern

Bussọle [*lat.-vulgärlat.-it.*] *die*; -, -n: Kompaß mit Kreisteilung u. Ziellinie zur Festlegung von Richtungen u. Richtungsänderungen in unübersichtlichem Gelände u. unter Tage

Bu|strophedọn [*gr.-lat.*; „sich wendend wie der Ochse beim Pflügen"] *das*; -s: Schreibrichtung, bei der die Schrift abwechselnd nach rechts u. nach links („furchenwendig") läuft (bes. in frühgriech. Sprachdenkmälern)

Busụki [*gr.*] *die*; -, -s: griechisches, in der Volksmusik verwendetes Lauteninstrument

Butadiẹn [Kurzw. aus: *Buta*n u. *di-* u. *-en*] *das*; -s: ungesättigter gasförmiger Kohlenwasserstoff (Ausgangsstoff für synthetisches Gummi). **Butạn** [*gr.-nlat.*] *das*; -s, -e: gesättigter gasförmiger Kohlenwasserstoff, in Erdgas u. Erdöl enthalten. **Butanọl** [*gr.-nlat.*; *arab.*] *das*; -s, -e: = Butylalkohol

butch [*bụtsch*; *engl.*]: ausgeprägt männlich (im Aussehen usw.)

Butẹn [*gr.-nlat.*] *das*; -s: = Butylen

But̲ike, Bud̲ike [*gr.-lat.-provenzal.-fr.*] *die*; -, -n: 1. kleiner Laden. 2. kleine Kneipe. **But̲iker**, Bud̲iker *der*; -s, -: Besitzer einer Butike

Butị̲n [*gr.-nlat.*] *das*; -s: vom Butan abgeleiteter, dreifach ungesättigter Kohlenwasserstoff

Butler [*bạtlᵉr*; *lat.-fr.-engl.*] *der*; -s, -: ranghöchster Diener in vornehmen engl. Häusern

Butterfly [*bạtᵉrflai*; *engl.*; „Schmetterling"] *der*; -s, -: 1. bestimmter Spreizsprung im Eiskunstlaufen. 2. frei gesprungener Salto, bei dem der Körper, am höchsten Punkt fast waagerecht in der Luft befindlich, eine halbe bis dreiviertel Drehung um die eigene Längsachse ausführt. 3. (ohne Plural) Butterflystil. **Butterflystil** *der*; -[e]s: Schmetterlingsstil (im Schwimmsport)

Button [*bạtᵉn*; *engl.*; „Knopf"] *der*; -s, -s: runde Plastikplakette mit Inschrift, die die Meinung des Trägers zu bestimmten Fragen kennzeichnen soll. **Button-down-Hemd** [*bạtᵉndaun...*] *das*; -s, -en: sportliches Oberhemd, dessen Kragenspitzen festgeknöpft sind

Butỵl [*gr.-nlat.*] *das*; -s: Kohlenwasserstoffrest mit 4 Kohlenstoffatomen (meist als Bestimmungswort von Zusammensetzungen). **Butỵlalkohol** *der*; -s, -e: Alkohol mit 4 Kohlenstoffatomen (Lösungsmittel, Riechstoff). **Butylẹn** *das*; -s: ungesättigter gasförmiger Kohlenwasserstoff (aus Erdöl gewonnener Ausgangsstoff für Buna, Nylon u. a.). **Butyr̲at** *das*; -s, -e: Salz od. Ester der Buttersäure. **Butyromẹter** *das*; -s, -: Meßrohr zur Bestimmung des Fettgehaltes der Milch

Buvette [*büwạ̈tᵉ*; *fr.*] *die*; -, -n: Trinkstübchen, kleine Weinstube

Bụxus [*lat.*] *der*; -: Buchsbaum (Bot.)

Buzent̲aur vgl. Bucintoro

bye-bye! [*baib̲ai*; *engl.*]: auf Wiedersehen!

Byl̲ine [*russ.*] *die*; -, -n: episches Heldenlied der russischen Volksdichtung

Bypass [*b̲aipaß*; *engl.*] *der*; -[es], -es [...*ßis*] u. ...pässe: 1. a) Umführung [einer Strömung], Nebenleitung (Techn.); b) Kondensator (1) zur Funkentstörung (Elektrot.). 2. (Med.) a) Umleitung der Blutbahn; b) Ersatzstück, durch das die Umleitung der Blutbahn verläuft

Byronịsmus [*bairon...*; *nlat.*] *der*; -: literarische Richtung des 19. Jh.s, die sich an der satirisch-melancholischen Weltschmerzdichtung des engl. Dichters Byron († 1824) orientiert (z. B. Platen, Grabbe, Puschkin, Musset)

Byssus [*gr.-lat.*] *der*; -: 1. kostbares, zartes Leinen- od. Seidengewebe des Altertums (z. B. ägypt. Mumienbinden). 2. (Wz) feines Baumwollgewebe für Leibwäsche. 3. Haftfäden mehrerer Muschelarten (als Muschelseide verarbeitet)

Byte [*bait*; *engl.*] *das*; -[s], -: Zusammenfassung (Speicherstelle) von 8 Binärstellen; vgl. Bit (Informationstechnik)

Byzantiner [nach Byzanz, dem alten Namen von Istanbul/Konstantinopel] *der*; -s, -: (veraltet, abwertend) Kriecher, Schmeichler. **byzantinisch**: 1. zu Byzanz gehörend, z. B. -e Kunst. 2. (veraltet, abwertend) kriecherisch, unterwürfig. **Byzantinismus** [*nlat.*] *der*; -: (abwertend) Kriecherei, unwürdige Schmeichelei. **Byzantinist** *der*; -en, -en: Wissenschaftler [u. Lehrer] auf dem Gebiet der Byzantinistik. **Byzantinistik** *die*; -: Wissenschaft, die sich mit der Erforschung der byzantin. Kultur u. Geschichte befaßt. **Byzantinologie** *die*; -: = Byzantinistik

C

Vgl. auch **K**, **Sch** und **Z**

Ca. = Carcinoma; vgl. Karzinom

Cab [*käp*; *engl.*] *das*; -s, -s: einspännige engl. Droschke

Cabaletta [*ka...*; *it.*] *die*; -, -s u. ...tten: kleine Arie; vgl. Kavatine

Caballero [*kabaljero*, auch: *kaw...*; *lat.-span.*] *der*; -s, -s: 1. (hist.) spanischer Edelmann, Ritter. 2. Herr (span. Titel)

Caban [*kabang*; *fr.*] *der*; -s, -s: a) kurzer sportlicher Herrenmantel; b) längere Damenjacke

Cabanossi vgl. Kabanossi

Cabaret [*kabare*, auch: *ka...*] vgl. Kabarett

Cabcart [*käpka'rt*; *engl.*] *das*; -[s], -s: einspänniger, zweirädriger Wagen

Cable-transfer [*ke'bltränßför*; *engl.*] *der*; -s, -s: telegrafische Überweisung von Geldbeträgen nach Übersee; Abk.: CT

Cabochon [*kaboschong*; *fr.*] *der*; -s, -s: a) Schliff, bei dem die Oberseite des Schmucksteins kuppelförmig gewölbt erscheint; b) Schmuckstein mit Cabochonschliff

Cabo|clo [*kaboklu*; *indian.-port.*] *der*; -s, -s: Nachkomme aus den Mischehen zwischen den ersten portugies. Siedlern u. eingeborenen Frauen in Brasilien

Cabotage [*kabotasch^e*] vgl. Kabotage

Ca|bretta [*span.*] *das*; -s: sehr feines Nappaleder aus den Häuten spanischer Bergziegen

Ca|brio [*ka...*] vgl. Kabrio. **Cabriolet** [*kabriole*] vgl. Kabriolett

Cac|cia [*katscha*; *lat.-vulgärlat.-it.*; „Jagd"] *die*; -, -s: Kanon von zwei Solostimmen mit Instrumentalstütze in der ital. → Ars nova

Cache-cache [*kaschkasch*; *fr.*] *das*; -: Versteckspiel

Cachelot [*kasch^{e}lot*] vgl. Kaschelott

Cachemire [*kaschmir*] vgl. Kaschmir

Cachenez [*kasch^{e}ne*; *fr.*] *das*; - [*...ne(ß)*], - [*...neß*]: [seidenes] Halstuch. **Cachet** [*kaschä*; *lat.-galloroman.-fr.*] *das*; -s, -s: (veraltet) 1. Siegel. 2. Eigenart, Gepräge, Eigentümlichkeit; vgl. Lettres de cachet. **Cache-sex** [*kaschßäx*; *fr.-amerik.*] *das*; -, -: Slip.

Cachetage [*kaschtasch^e*; *fr.*] *die*; -, -n: (Kunstw.) 1. (ohne Plural) Verfahren der Oberflächengestaltung in der modernen Kunst, bei dem Münzen, Schrauben u. ä. in reliefartig erhöhte Farbschichten wie Siegel eingedrückt werden. 2. ein nach diesem Verfahren gefertigtes Bild

Cachetero [*katsch...*; *lat.-vulgärlat.-span.*] *der*; -s, -s: Stierkämpfer, der dem vom → Matador (1) verwundeten Stier den Gnadenstoß gibt

cachieren [*kaschir^{e}n*] vgl. kaschieren

Cachot [*kascho*; *lat.-galloroman.-fr.*] *das*; -s, -s: (veraltet) 1. finsteres [unterirdisches] Gefängnis. 2. strenger Arrest

Cachou [*kaschu*; *drawid.-port.-fr.*] *das*; -s, -s: 1. = Gambir. 2. Hustenmittel (Salmiakpastillen)

Cachucha [*katschutscha*; *span.*] *die*; -: andalusischer Solotanz im 3/4-Takt mit Kastagnettenbegleitung

Cäcilianismus [*zäzi...*; *nlat.*; nach der heiligen Cäcilia, seit dem 15. Jh. Schutzpatronin der Musik] *der*; -: kirchenmusikalische Reformbewegung (in bezug auf die Hinwendung zur mehrstimmigen → Vokalmusik) im 19. u. beginnenden 20. Jh. (Mus.)

Caciocavallo [*katschokawalo*; *lat.-it.*] *der*; -[s], -s: [geräucherter] südital. Hartkäse

Cactaceae [*kaktazeä*; *gr.-lat.-nlat.*] *die* (Plural): wissenschaftl. Ordnungsbezeichnung für → Kaktazeen

Cadaverin [*kadawe-*] vgl. Kadaverin

Caddie [*kädi*; *lat.-provenzal.-gaskogn.-fr.-engl.*] *der*; -s, -s: 1. Junge, der dem Golfspieler die Schläger trägt. 2. zweirädriger Wagen zum Transportieren der Golfschläger. 3. (Wz) Einkaufswagen [in einem Supermarkt]

Cadett [*k...*], Kadett [*fr.*] *der*; -[s]: dunkelblau u. weiß gestreifter fester, drillich- bzw. drellartiger Baumwollstoff

Cadmium [*ka...*] vgl. Kadmium

Cadre [*kadr^e*; *lat.-it.-fr.*] *das*; -s, -s: Kennzeichnung bestimmter Cadrepartien beim Billard (in Verbindung mit zwei Zahlen; z. B. Cadre 47/2. **Cadrepartie** *die*; -, -n: = Kaderpartie

Caduceus [*kaduze-uß*; *lat.*] *der*; -, ...cei [*...ze-i*]: Heroldsstab des altröm. Gottes Merkur

Caecum [*zäkum*] vgl. Zäkum u. Zökum

Caeremoniale [*zä...*; *lat.*] *das*; -, ...lien [*...i^{e}n*] u. ...lia: amtliches Buch der katholischen Kirche mit Anweisungen für das → Zeremoniell feierlicher Gottesdienste

Cafard [*kafar*; *fr.*] *das*; -[s]: (veraltet) tiefe Niedergeschlagenheit, Apathie

Café [*kafe*; *arab.-türk.-it.-fr.*] *das*; -s, -s: Gaststätte, die vorwiegend Kaffee u. Kuchen anbietet, Kaffeehaus; vgl. Kaffee. **Café complet** [*kafekongplä*] *der*; - -, -s -s [*kafekongplä*]: Kaffee mit Milch, Brötchen, Butter u. Marmelade. **Café crème** [*kafekräm*] *der*; - -, -s - [*kafekräm*]: Kaffee mit Sahne. **Cafeteria** [*arab.-türk.-it.-amerik.-span.*] *die*; -, ...ien u. -s: Imbißstube, Restaurant mit Selbstbedienung. **Cafetier** [*...ie*; *arab.-türk.-it.-fr.*] *der*; -s, -s: (veraltet) Kaffeehausbesitzer. **Cafetiere** [*...tiär^e*] *die*; -, -n: (veraltet) 1. Kaffeehauswirtin. 2. Kaffeekanne

Cafuso [*ka...*; *port.*] *der*; -s, -s: Mischling in Brasilien

Cahier [*kaje*; *fr.*; „Schreibheft"] *das*; -s, -s: (hist.) Wünsche od. Beschwerden enthaltendes Schreiben, das dem König von den Ständevertretern überreicht wurde

Caisson [*käßong*; *lat.-it.-fr.*] *der*; -s, -s: Senkkasten für Bauarbeiten unter Wasser. **Caissonkrankheit** *die*; -: Druckluftkrankheit (Stickstoffembolie; Med.)

Cakewalk [*ke'k"ok*; *engl.*; „Kuchentanz"] *der*; -[s], -s: um 1900

entstandener afroamerik. Gesellschaftstanz

cal [*kal*] = Kalorie

Calamus [*ka...*; *gr.-lat.*] *der*; -, ...mi: 1. antikes Schreibgerät aus Schilfrohr. 2. hohler Teil des Federkiels bei Vogelfedern (Spule)

calando [*ka...*; *gr.-lat.-it.*]: an Tonstärke u. Tempo gleichzeitig abnehmend (Vortragsanweisung; Mus.)

Calcaneus [*kalkane-uß*; *lat.*] *der*; -, ...nei [*...ne-i*]: Fersenbein, hinterster Fußwurzelknochen (Med., Biol.)

Calceolaria [*kalz...*] vgl. Kalzeolarie

Calces: *Plural* von → Calx. **Calciferol** [*kalzi...*; Kurzw. aus: nlat. *calciferus* „kalktragend" u. → Ergosterol] *das*; -s: Vitamin D_2 [mit antirachitischer Wirkung]. **Calcination** [*...zion*] vgl. Kalzination. **calcinieren** vgl. kalzinieren. **Calcipot** ⓦ [Kunstw.] *das*; -s: ein Kalkpräparat. **Calcispongiae** [*...iä*; *lat.*] *die* (Plural): Kalkschwämme. **Calcit** vgl. Kalzit. **Calcium** vgl. Kalzium. **Calculus** [*kalku...*] *der*; -, ...li: 1. in der Antike der Rechenstein für den → Abakus (1). 2. = Konkrement

Caldarium [*kal...*] vgl. Kaldarium

Caldera, Kaldera [*kal...*; *lat.-span.*] *die*; -, ...ren: durch Explosion od. Einsturz entstandener kesselartiger Vulkankrater (Geol.)

Calembour, Calembourg [*kalangbur*; *fr.*] *der*; -s, -s: (veraltet) Wortspiel; vgl. Kalauer. **Calembourdier** [*kalangburdie*] *der*; -s, -s: geistreicher Schöpfer von → Calembours. **Calembourg** [*kalangbur*] vgl. Calembour

Calendae [*kaländä*; *lat.*] vgl. Kalenden u. ad calendas graecas. **Calendula** [*lat.-nlat.*] *die*; -, ...lae [*...lä*]: Ringelblume (Korbblütler)

Calf [*kalf* u. in engl. Ausspr.: *kaf*; *engl.*] *das*; -s: Kalbsleder, das bes. zum Einbinden von Büchern verwendet wird

Calgon ⓦ [*ka...*; Kunstw.] *das*; -s: Wasserenthärtungsmittel

Caliban [*ka...*; auch in engl. Aussprache: *kälibän*] vgl. Kaliban

Caliche [*kalitsche*; *span.*] *die*; -: ungereinigter Chilesalpeter

Californium [*ka...*; *nlat.*; nach dem USA-Staat Kalifornien] *das*; -s: stark radioaktives, künstlich hergestelltes Metall aus der Gruppe der → Transurane; Zeichen: Cf

Calina [*ka...*; *span.*] *die*; -, -s: Hitzenebel in Innerspanien, der aus den mitgeführten Staubmassen der aufsteigenden Luft entsteht

Calit [*ka...*, auch: *kalit*; Kunstw.] *das*; -s: ein Isolierstoff

Calla [*ka...*; *gr.-nlat.*] *die*; -, -s: ein Aronstabgewächs (Schlangenwurz)

Callboy [*kolbeu*; *engl.*] *der*; -s, -s: junger Mann, der auf telefonischen Anruf hin Besuche macht od. Besucher empfängt u. gegen Bezahlung deren [homo]sexuelle Wünsche befriedigt. **Callcar** [*kolka'*; *engl.*] *der*; -s, -s: Mietauto, das nur telefonisch bestellt werden kann. **Callgirl** [*kolgö'l*; *engl.*] *das*; -s, -s: Prostituierte, die auf telefonischen Anruf hin Besucher empfängt od. Besuche macht

Callus [*ka...*] vgl. Kallus

calmato [*ka...*; *gr.-lat.-it.*]: beruhigt (Vortragsanweisung; Mus.)

Calme vgl. Kalme

Calmetteverfahren [*kalmät...*; nach dem franz. Bakteriologen Calmette] *das*; -s: Schutzimpfung gegen Tuberkulose mit einem in Zusammenarbeit mit Guérin entwickelten Impfstoff

Calo [*ka...*] vgl. Kalo

Calor [*ka...*; *lat.*] *der*; -s: Wärme, Hitze (als Symptom einer Entzündung; Med.)

Calo|yos [*kalojos*; *span.*] *die* (Plural): wollige Felle des span. od. südamerikan. Merinolammes

Calumet [*kalümä*] vgl. Kalumet

Calu|tron [*ka...*; Kurzw. aus: *Cali*fornia *U*niversity Cyclo*tron*] *das*; -s, ...one (auch: -s): Trennanlage für → Isotope

Calva [*kalwa*] vgl. Kalva

Calvados [*kalw...*; *fr.*; franz. Departement] *der*; -, -: franz. Apfelbranntwein

Calvaria [*kalwa...*; *lat.*] *die*; -, ...riae [*...ä*]: knöchernes Schädeldach (Med.)

calvinisch [*kalwi...*] usw. vgl. kalvinisch usw.

Calvities [*kalwiziäß*; *lat.*] *die*; -: Kahlköpfigkeit (Med.)

Calx

I. [*kalx*; *lat.*] *die*; -, Calces [*kalzeß*]: Ferse.

II. [*gr.-lat.*] *die*; -, Calces: Kalk

Calyces [*kalüzeß*]: *Plural* von → Calyx. **calycinisch** [*kalüzi...*; *gr.-nlat.*]: kelchartig (von Blütenhüllen; Bot.)

Calypso [*kali...*; Herkunft unsicher] *der*; -[s], -s: 1. volkstümliche Gesangsform der afroamerikanischen Musik Westindiens. 2. figurenreicher Modetanz im Rumbarhythmus

Calyp|tra [*kalü...*] vgl. Kalyptra

Calyx [*kalüx*; *gr.-lat.*] *der*; -, ...lyces [*kalüzeß*]: 1. Blütenkelch (Bot.). 2. Körperteil der Seelilien (Zool.)

Cama|ieu [*kamajö*; *fr.*] *die*; -: 1. aus einem Stein mit verschieden gefärbten Schichten (z. B. aus Onyx) herausgearbeitete → Kamee. 2. Gemälde auf Holz, Leinwand, Porzellan, Glas, das in mehreren Abtönungen einer Farbe gehalten ist, bes. häufig grau in grau; vgl. Grisaille (1b). **Camaieumalerei** *die*; -: besondere Art der Porzellanmalerei (Ton-in-Ton-Bemalung)

Camarera [*ka...*; *gr.-lat.-span.*] *die*; -, -s: span. Bezeichnung für: Kellnerin. **Camarero** *der*; -[s], -s: span. Bezeichnung für: Kellner

Camber [*kämbe'r*; *engl.*] *der*; -s, -: weicher Herrenfilzhut

Cambiata [*ka...*; *lat.-it.*] *die*; -, ...ten: vertauschte Note, Wechselnote (Mus.). **Cambio** usw. vgl. Kambio usw. **Cambium** vgl. Kambium

Cambric [*ka...*] vgl. Kambrik

Camelot [*ka...*] vgl. Kamelott (II)

Camembert [*kamangbär*, auch: *kämembär*; *fr.*; franz. Stadt in der Normandie] *der*; -s, -s: vollfetter Weichkäse

Camera ob|scura [*ka... opßkura*; *lat.*; „dunkle Kammer"] *die*; -, ...rae [*...rä*] ...rae [*...rä*]: innen geschwärzter Kasten mit transparenter Rückwand, auf der eine an der Vorderseite befindliche Sammellinse ein kopfstehendes, seitenverkehrtes Bild erzeugt (Urform der fotografischen Kamera). **Camerlengo** [*ka...*; *it.*] *der*; -s, -s: Schatzmeister des Kardinalskollegiums, Kämmerer

Camion [*kamiong*; *fr.*] *der*; -s, -s: (schweiz.) Lastkraftwagen. **Camionnage** [*kamionasch*] *die*; -: (schweiz.) 1. Spedition. 2. Gebühr für die Beförderung von Frachtgut durch den Rollfuhrdienst (das Speditionsunternehmen), Rollgeld. **Camionneur** [*kamionör*] *der*; -s, -e: (schweiz.) Spediteur

Camorra [*ka...*] vgl. Kamorra

Camou|flage [*kamuflasche*; *fr.*] *die*; -, -n: 1. (veraltet) Tarnung von Befestigungsanlagen. 2. (abwertend) Tarnung von [politischen] Absichten. **camou|flieren** [*kamu...*; *it.-fr.*]: (veraltet) tarnen, verbergen

Camp [*kämp*]

I. [*lat.-it.-fr.-engl.*] *das*; -s, -s: 1. [Zelt]lager, Ferienlager (aus Zelten od. einfachen Häuschen). 2. Gefangenenlager.

II. [*engl.*; Herkunft unsicher] *der*; -s, -s: männliche Person mit extravaganten [homosexuellen] Verhaltens- u. Erlebnisweisen, eine Art → Dandy

Campanile [*kam...*] vgl. Kampanile. **Campanula** [*lat.-mlat.*] *die*; -, ...lae [*...lä*]: Glockenblume

Campari ⓦ [*kampari*; *it.*] *der*; -s, -s (aber: 2 Campari): ein Bitterlikör

Campecheholz [*kampätsch^e...*] *das*; -es: = Kampescheholz

campen [*kämp^en*; *lat.-it.-fr.-engl.*]: am Wochenende od. während der Ferien im Zelt od. Wohnwagen leben. **Camper** [*kämp^er*] *der*; -s, -: jmd., der am Wochenende od. während der Ferien im Zelt od. Wohnwagen lebt. **Campesino** [*ka...*; *lat.-span.*] *der*; -s, -s: Landarbeiter, Bauer (in Spanien u. Südamerika)

Campher [*kamf^er*] vgl. Kampfer

Campi|gnien [*kangpiniäng*; nach der Fundstelle Campigny in Frankreich] *das*; -[s]: Kulturstufe der Mittelsteinzeit

Campilit [*gr.*] *das*; -s: starkes Nervengift

Camping [*kämping*; *lat.-it.-fr.-engl.*] *das*; -s: das Leben im Freien [auf Campingplätzen], im Zelt od. Wohnwagen, während der Ferien od. am Wochenende. **Campingplatz** *der*; -es, ...plätze: Gelände, auf dem gegen Gebühr gezeltet bzw. der Wohnwagen abgestellt werden darf. **Campmeeting** [*kämpmiting*; *engl.-amerik.*] *das*; -s, -s: [→ methodistische] Versammlung zur Abhaltung von Gottesdiensten im Freien od. in einem Zelt (bes. in den USA); Zeltmission. **Campo** [*kampo*; *lat.-span.* u. *port.*] *der*; -s, -s (meist Plural): 1. brasilian. → Savanne mit weiten Grasflächen. 2. Rinderhaut aus Eigenschlachtungen südamerik. Viehzüchter. **Composanto** u. Kamposanto [*kam...*; *lat.-it.*] *der*; -s, -s od. ...ti: ital. Bezeichnung für: Friedhof. **Campus** [*ka...*; in engl. Aussprache: *kämp^eß*; *lat.-engl.-amerik.*] *der*; -, -: Gesamtanlage einer Hochschule, Universitätsgelände

campy [*kämpi*; *engl.*]: extravagant, theatralisch, manieristisch in der Art eines → Camps (II)

Canadienne [*kanadiän*; *fr.*] *die*; -, -s: lange, warme, sportliche Jacke mit Gürtel

Canaille [*kanalj^e*] *die*; -, -n: = Kanaille

Canale [*ka...*; *babylon.-assyr.-gr.-lat.-it.*] *der*; -, ...li: ital. Bezeichnung für: Kanal. **Canalis** [*lat.*] *der*; -, ...les: röhrenförmiger Durchgang, Körperkanal (z. B. Verdauungskanal; Med.)

Canarie [*ka...*; *fr.*; nach den Kanarischen Inseln] *die*; -: Paartanz im $^3/_4$ od. $^3/_8$-Takt (vom 16. bis 18. Jh. Gesellschaftstanz), eine Art schneller → Courante od. → Gigue. **Canary** [*k^enäri*] *der*; -: engl. Form von → Canarie

Canasta [*ka...*; *lat.-span.*; „Korb"] *das*; -s: (aus Uruguay stammendes) Kartenspiel

Cancan [*kangkang*; *lat.-fr.*] *der*; -s, -s: galoppartiger Tanz im $^2/_4$-Takt, heute vor allem Schautanz in Varietés u. Nachtlokalen

Cancer [*kanz^er*; *lat.*] *der*; -s, -: = Karzinom. **Cancer en cuirasse** [*kangß^er-angku^iraß*; *fr.*] *der*; - -, - - -: Brustdrüsenkrebs mit harten Ausläufern, die in angrenzende Teile des Brustkorbs eindringen (Med.). **Cancerologe** [*lat.*; *gr.*] *der*; -n, -n: = Karzinologe

Canción [*kanthion*; *lat.-span.*] *das*; -s, -s: span. lyr. Gedicht. **Cancioneiro** [*kanß^iune^iru*]: portug. Form von Cancionero. **Cancionero** [*kanthionero*] *der*; -s, -s: in der port. u. span. Literatur eine Sammlung lyrischer Gedichte

cand. vgl. Kandidat (2). **Candela** [*kan...*; *lat.*; „Wachslicht, Kerze"] *die*; -, -: Einheit der Lichtstärke; Zeichen: cd. **Candida** *die*; -: 1. Antiquadruckschrift. 2. [krankheitserregender] Sproßpilz auf Haut u. Schleimhaut. **candidatus [reverendi] ministerii** [- ...*we*... -] *der*; - - -, ...ti - -: Kandidat des [lutherischen] Predigtamts; Abk.: cand. [rev.] min. od. c. r. m.

Caninus [*ka...*; *lat.*] *der*; -, ...ni: Eckzahn (Zahnmed.)

Canities [*kanizìäß*; *lat.*] *die*; -: das Ergrauen der Haare (Med.)

Canna [*ka...*; *sumer.-babylon.-gr.-lat.*] *die*; -, -s: in tropischen Gebieten wild wachsende, als Zierpflanze kultivierte hohe Staude mit roten, gelben od. rosa Blüten

Cannabis [*ka...*; *gr.-lat.-engl.*] *der*; -: a) Hanf; b) andere Bezeichnung für → Haschisch

Cannae [*ka...*] vgl. Kannä

Cannelé [*kan^ele*; *fr.*] *der*; -[s]: Ripsgewebe mit Längsrippen verschiedener Stärke

Cannelkohle [*kä...*] vgl. Kännelkohle

Cannelloni [*ka...*; *it.*] *die* (Plural): mit Fleisch gefüllte u. mit Käse überbackene Nudelteigröllchen

Canning [*käning*; *engl.*] *das*; -s, -s: Umhüllung des Brennstoffes in Kernreaktoren

Cannon-Notfallreaktion [*kän^en-*...; nach dem amerik. Physiologen Cannon] *die*; -: Sofortreaktion des menschlichen Organismus auf plötzliche schwere physische od. psychische Belastungen

Canoe [*kanu*, auch: *kanu*] vgl. Kanu

Canon [*ka...*] vgl. Kanon

Cañon [*kanjon* od. *kanjon*; *lat.-span.*] *der*; -s, -s: enges, tief eingeschnittenes, steilwandiges Tal, bes. im westlichen Nordamerika.

Canonicus [*kanonikuß*] vgl. Kanoniker

Canossa [*kano...*] vgl. Kanossa

Canotier [*kanotie*; *fr.*] *der*; -[s], -s: steifer, flacher Strohhut mit gerader Krempe

Cant [*känt*; *lat.-engl.*] *der*; -s: a) heuchlerische Sprache, Scheinheiligkeit; b) Rotwelsch. **cantabile** [*kan...*; *lat.-it.*]: gesangartig, ausdrucksvoll (Vortragsanweisung; Mus.). **cantando**: singend (Vortragsanweisung; Mus.)

Cantaro [*ka...*] *der*; -s, ...ari: = Kantar

Cantate [*kanta...*] vgl. Kantate

Canter [*ka...*] usw. vgl. Kanter usw.

Cantharidin [*ka...*] vgl. Kantharidin

Cantica [*kantika*; *lat.*] *die* (Plural): 1. die gesungenen Teile der altröm. Komödie; Ggs. → Diverbia. 2. zusammenfassende Bezeichnung der biblischen Gesänge u. Gebete nach den Psalmen in → Septuaginta u. → Vulgata, Bestandteil der Stundengebete. **Canto** [*lat.-it.*] *der*; -s, -s: Gesang. **Cantus** [*lat.*] *der*; -, -: Gesang, Melodie, melodietragende Oberstimme bei mehrstimmigen Gesängen; - choralis [- *ko*...]: einstimmiger Gregorianischer Gesang; - figuralis: mehrstimmige Musik des 15. bis 17. Jh.s; - firmus: [choralartige] Hauptmelodie eines polyphonen Chor- od. Instrumentalsatzes; Abk.: c. f.; - mensurabilis od. - mensuratus: in der Gregorianischen Kirchenmusik Choralnoten mit Bezeichnung der Tondauer; - planus: in der Gregorianischen Kirchenmusik Choralnoten ohne Bezeichnung der Tondauer; vgl. Kantus

Canvassing [*känw^eßing*; *engl.*; „Klinkenputzen"] *das*; -[s]: Wahl-, Propagandafeldzug; Wahlstimmenwerbung durch Gehen von Haus zu Haus

Canzone [*ka...*] *die*; -, -n: italienische Form von → Kanzone

Cao-Dai [*kaodai*; *annamit.*; „höchster Palast"] *der*; - u. **Caodaismus** *der*; -: 1926 begründete → synkretistische Religion mit buddhistischen, christlichen u. a. Bestandteilen in Vietnam

Capa [*ka...*; *lat.-span.*] *die*; -, -s: farbiger Umhang der Stierkämpfer. **Cape** [*kep*; *lat.-roman.-engl.*] *das*; -s, -s: ärmelloser Umhang [mit Kapuze]. **Capeador** [*ka*...; *lat.-span.*] *der*; -s, -es, (eindeutschend auch:) Kapeador *der*; -s, -e: Stierkämpfer, der den Stier mit der Capa reizt

Capi|strum [*ka*...; *lat.*] *das*; -s, ...stra: besondere Art eines Kopfverbandes um Schädel u. Unterkiefer (Halfterbinde; Med.)

Capita [*ka*...]: *Plural* von → Caput. **Capitium** [*kapizium*; *lat.*] *das*; -s, ...tia [...*zia*]: mützenartiger Kopf[tuch]verband (Med.)

capito? [*ka*...; *lat.-it.*]: verstanden?

Capitulum *das*; -s, ...la: Köpfchen, Gelenkköpfchen (Med.).

Capotasto [*ka*...; *it.*] *der*; -, ...sti: = Kapodaster

Cappuccino [*kaputschino*; *it.*] *der*; -[s], -[s] (aber: 3 Cappuccino): heißes Kaffeegetränk, das mit geschlagener Sahne u. ein wenig Kakaopulver serviert wird

Ca|priccio, (auch:) Kapriccio [*kapritscho*; *lat.-it.*] *das*; -s, -s: scherzhaftes, launiges Musikstück (Mus.). **ca|priccioso** [*kapritschoso*]: eigenwillig, launenhaft, kapriziös, scherzhaft (Vortragsanweisung; Mus.). **Ca|price** [*kapriße*; *lat.-it.-fr.*] *die*; -, -n: 1. franz. Form von → Capriccio. 2. = Kaprice

Caps. [*lat.*; „capsula"] Abkürzung auf Rezepten für: Kapsel.

Capsicum [*ka*...] vgl. Kapsikum

Capsien [*kapßiäng*; *fr.*; nach dem Fundort Gafsa (altröm. Capsa) in Tunesien] *das*; -[s]: Kulturstufe der Alt- u. Mittelsteinzeit

Captatio benevolentiae [*kaptazio benewolänziä*; *lat.*] *die*; - -: das Werben um die Gunst des Publikums mit bestimmten Redewendungen; vgl. Kaptation

Capuchon [*kapüschong*; *lat.-provenzal.-fr.*] *der*; -s, -s: Damenmantel mit Kapuze

Caput [*ka*...; *lat.*; „Haupt, Kopf"] *das*; -, Capita: 1. Hauptstück, Kapitel eines Buches. 2. a) Kopf; b) Gelenk- od. Muskelkopf (Med.). **Caput mortuum** [- ...*tuum*; „toter Kopf"] *das*; - -: 1. rotes Eisen-III-Oxyd, Englischrot (Malerfarbe, Poliermittel). 2. (veraltet) Wertloses

Caquelon [*kakelong*; *fr.*] *das*; -s, -s: Topf aus Steingut od. Keramik mit Stiel (z. B. zum Schmelzen von Käse für ein → Fondue)

Car [*kar*; *fr.*] *der*; -s, -s: (schweiz.) Kurzform für → Autocar

Carabiniere [*karabiniäre*] vgl. Karabiniere

Caracalla [*karakala*; *gall.-lat.*] *die*; -, -s: langer Kapuzenmantel (Kleidungsstück in der Antike)

Caracho [*karacho*] vgl. Karacho

caramba! [*ka*...; *span.*]: (ugs.) Teufel!, Donnerwetter!

Caravan [*karawan*, auch: *karawan*, seltener: *käre wän* od. *kärewän*; *pers.-it.-engl.*] *der*; -s, -s: 1. a) Ⓦ Wagen, der sowohl als Freizeitfahrzeug wie auch als Fahrzeug für Transporte benutzt werden kann; b) Reisewohnwagen. 2. Verkaufswagen. **Caravaner** [*kärewäner*] *der*; -s, -: jmd., der im Caravan (1 b) lebt. **Caravaning** [*kärewäning*] *das*; -s: das Leben im Caravan (1 b)

Caravelle [*karawäl*] *die*; -, -s: Passagierflugzeug

Carbazol [*kar*...] vgl. Karbazol.

Carbid vgl. Karbid. **Carbo** [*lat.*] *der*; -[s]: Kohle; - medicinalis: [- ...*zi*...]: medizinische Kohle, Tierkohle (Heilmittel bei Darmkatarrh u. Vergiftungen). **carbocyclisch** [...*zük*...] vgl. karbozyklisch. **Carbolineum** vgl. Karbolineum. **Carbolsäure** vgl. Karbolsäure. **Carbonado** vgl. Karbonado. **Carbonat** vgl. Karbonat. **Carboneum** [*lat.-nlat.*] *das*; -s: in Deutschland veraltete Bezeichnung für Kohlenstoff; Zeichen: C. **Carbonyl** [*lat.*; *gr.*] *das*; -s, -e: jede flüssige od. feste anorganische Verbindung, die Kohlenoxyd u. ein Metall in chem. Bindung enthält (Chem.).

Carbonylgruppe u. Ketogruppe: zweiwertige CO-Gruppe, bes. reaktionsfähige Atomgruppe (z. B. der Ketone). **Carborundum** vgl. Karborund

Carcino... [*karzino*...] vgl. Karzino...

Cardigan [*kardigan*, engl. *kardigen*; *engl.*; nach J. Th. Brudenell, 7. Earl of Cardigan (1797–1868)] *der*; -s, -s: lange, wollene Strickweste für Damen

Cardi[o]... [*kar*...] vgl. Kardi[o]...

Card-jam [*kardschäm*; *engl.*] *der*; -s, -s: (Jargon) Störung infolge Kartenverklemmung o. ä.; „Kartensalat" (EDV)

CARE [*kär*; *engl.*; „Sorge", zugleich Abk. für: Cooperative for American Remittances to Europe [*kouoperetiw fe emärikein rimitenßis tu jurep*)]: 1946 in den USA entstandene Hilfsorganisation, die sich um die Milderung wirtschaftlicher Not in Europa nach dem 2. Weltkrieg bemühte

care of [*kär* -; *engl.*]: wohnhaft bei... (Zusatz bei der Adressenangabe auf Briefumschlägen); Abk.: c/o

carezzando [*ka*...] u. **carezzevole** [...*zewole*; *lat.-it.*]: zärtlich, schmeichelnd, liebkosend (Vortragsanweisung; Mus.)

Caries [*kariäß*] vgl. Karies

Carillon [*karijong*; *lat.-vulgärlat.-fr.*] *das*; -[s], -s: 1. mit Klöppeln geschlagenes, mit einer Tastatur gespieltes od. durch ein Uhrwerk mechanisch betriebenes Glokkenspiel. 2. Musikstück für Glockenspiel od. Instrumentalstück mit glockenspielartigem Charakter

Carina [*ka*...; *lat.*; „Kiel"] *die*; -, ...nae [...*nä*]: 1. kielartiger Vorsprung an Organen (Med., Biol.). 2. Brustbeinkamm der Vögel (Zool.). 3. Gehäuseteil (Rückenplatte) gewisser Rankenfüßer (z. B. der Entenmuschel) aus der Ordnung der niederen Krebse

carinthisch [latinisierend; nach der alten römischen Provinz „provincia Cartana", dem heutigen Kärnten]: Kärntner; z. B. -er Sommer

Carioca [*karioka*; *indian.-port.*] *die*; -, -s: um 1930 nach Europa eingeführter lateinamerikan. Modetanz im 4/4-Takt, eine Abart der → Rumba

Caritas [*ka*...] *die*; -: Kurzbezeichnung für den Deutschen Caritasverband der katholischen Kirche; vgl. Karitas. **caritativ** vgl. karitativ

Carma|gnole [*karmanjole*; nach der piemontesischen Stadt Carmagnola] *die*; -, -n: 1. (ohne Plural) ein franz. Revolutionslied aus dem 18. Jh. 2. ärmellose Jacke [der → Jakobiner (1)]

Carmen [*kar*...; *lat.*] *das*; -s, ...mina: [Fest-, Gelegenheits]gedicht

Carnallit [*kar*...] vgl. Karnallit

Carnet [de passages] [*karnä* (*de paßasche*); *fr.*] *das*; - - -, -s [*karnä*] - -: Sammelheft von → Triptiks, Zollpassierscheinheft für Kraftfahrzeuge

Carol [*kärel*; *gr.-lat.-fr.-engl.*] *das*; -s, -s: englisches volkstümliches [Weihnachts]lied

Carotin [*ka*...] vgl. Karotin. **Carotinoid** vgl. Karotinoid

Carotis [*ka*...] vgl. Karotis

Carpalia [*ka*...; *gr.-nlat.*] *die* (Plural): Sammelbezeichnung für die acht Handwurzelknochen (Med.)

carpe diem! [*ka*... -; *lat.*; „pflücke den Tag!"; Spruch aus Horaz, Oden I, 11, 8]: a) nutze den Tag!; b) koste den Tag voll aus!

Carpenterbremse [*kar*...] vgl. Karpenterbremse

Carpus [*kar*...; *gr.-nlat.*] *der*; -, ...pi: Handwurzel (Med.)

Carrara [*ka...*; Ort in Oberitalien] *der*; -s: Marmor aus Carrara. **carrarisch**: Carrara betreffend, aus Carrara stammend; -er Marmor: = Carrara

Carrel [*kärᵉl*; *engl.*] *das*; -s, -s: Arbeitsnische, kleiner Raum für wissenschaftliche Arbeiten (in einer Bibliothek)

Carrier [*käriᵉr*; *engl.*] *der*; -s, -s: Unternehmen od. Organisation, die Personen od. Güter zu Wasser, zu Land u. in der Luft befördert

Carte blanche [*kart blangsch*; *fr.*; „weiße Karte"] *die*; - -, -s -s [*kart blangsch*]: unbeschränkte Vollmacht

Carthamin [*kar...*] vgl. Karthamin

Cartilago [*kar...*; *lat.*] *die*; -, ...gines [*...lágineß*]: Knorpel (Med.); vgl. kartilaginös

Cartoon [*kaʳtun*; *gr.-lat.-it.-engl.*] *der* od. *das*; -[s], -s: 1. parodistische Zeichnung, Karikatur; gezeichnete od. gemalte [satirische] Geschichte in Bildern. 2. (Plural) = Comic strips. **Cartoonist** *der*; -en, -en: Künstler, der Cartoons zeichnet

Casanova [*kasanowa*; ital. Abenteurer] *der*; -[s], -s: jmd., der es versteht, auf verführerische Weise die Liebe der Frauen zu gewinnen; Frauenheld

Cäsar [*zä...*; *lat.*; nach dem röm. Feldherrn u. Staatsmann] *der*; Cäsaren, Cäsaren: (ehrender Beiname für einen röm.) Kaiser, Herrscher. **cäsarisch**: 1. kaiserlich. 2. selbstherrlich. **Cäsarismus** [*lat.-nlat.*] *der*; -: unbeschränkte, meist despotische Staatsgewalt. **Cäsaropapismus** *der*; -: Staatsform, bei der der weltliche Herrscher zugleich auch geistliches Oberhaupt ist

Cascadeur [*kaßkadör*] vgl. Kaskadeur

Cascara sa|grada [*kaßkara* -; *span.*] *die*; - -: Rinde des amerik. Faulbaums (Abführmittel)

Casco [*kaßko*; *span.*] *der*; -[s], -[s]: Mischling in Südamerika

Case-history [*keⁱßhistoʳi*; *engl.*] *die*; -, ...ries: a) Fallgeschichte; ausführliche Beschreibung einer Werbeaktion (Wirtsch.); b) Beschreibung sämtlicher erfaßbaren Lebensdaten, Umweltverhältnisse u. deren Einflüsse auf die Entwicklung eines Individuums (Psychol.)

Casein [*ka...*] vgl. Kasein

Cash [*käsch*; *lat.-it.-fr.-engl.*] *das*; -: Bargeld, Barzahlung. **cash and carry** [*käsch ᵉnd käri*]: bar bezahlen u. mitnehmen (Vertriebsform des Groß- u. Einzelhandels, die auf Bedienung u. besondere Präsentation der Waren verzichtet u. die dadurch bewirkten Kostenersparnisse an die Abnehmer weitergibt); vgl. Discountgeschäft. **Cash-and-carry-Klausel** *die*; -: 1. Vertragsklausel im Überseehandel, wonach der Käufer die Ware bar bezahlen u. im eigenen Schiff abholen muß. 2. Bestimmung der nordamerik. Neutralitätsgesetzgebung von 1937, daß an kriegführende Staaten Waffen nur gegen Barzahlung u. auf Schiffen des Käufers geliefert werden dürfen. **cash before delivery** [*käsch bifoʳ diliwᵉri*]: bar bezahlen vor Auslieferung (Handelsklausel, nach der der Kaufpreis vor der Warenlieferung zu zahlen ist)

Cashewnuß [*käschu...*, auch: *kᵉschu...*; *Tupi-port.-engl.*; *dt.*] *die*; -, ...nüsse: wohlschmeckende Frucht des Nierenbaums aus dem trop. Amerika

Cash-flow [*käschflo^u*; *engl.*] *der*; -s: Kassenzufluß (Überschuß, der einem Unternehmen nach Abzug aller Unkosten verbleibt u. die Kennziffer zur Beurteilung der finanziellen Struktur eines Unternehmens ergibt). **cash on delivery** [*käsch on diliwᵉri*; *engl.*]: bar bezahlen bei Auslieferung (Handelsklausel, nach der der Kaufpreis bei Übergabe der Ware zu zahlen ist)

Casino [*ka...*] vgl. Kasino

Cäsium [*zä...*; *lat.*] *das*; -s: chem. Grundstoff, Metall; Zeichen: Cs

Cassa [*kaßa*; *lat.-it.*] *die*; -: 1. ital. Bez. für: Kasse; vgl. per cassa u. Kassa. 2. Trommel; gran cassa: große Trommel (Mus.)

Cassapanca [*kaßapangka*; *it.*] *die*; -, -s: ein ital. Möbelstück des Mittelalters u. der → Renaissance (Verbindung von Truhe und Bank mit Rück- und Seitenlehnen)

Cassata [*kaßata*; *arab.-it.*] *die*; -, -[s] od. *das*; -[s], -[s]: italienische Eisspezialität mit kandierten Früchten

Cassava [*kaßawa*] vgl. Kassawa

Cassetten-Recorder [*kaß...*] vgl. Kassettenrecorder

Cassinet [*käßinᵉt*], (eindeutschend auch:) Kassinett [*fr.-engl.*] *der*; -[s], -s: halbwollener Streichgarnstoff in Leinen- od. Köperbindung (eine Webart)

Cassiopeium [*ka...*], (eindeutschend auch:) Kassiopeium [*nlat.*; nach dem Sternbild Kassiopeia] *das*; -s: (veraltet) Bezeichnung für den chem. Grundstoff → Lutetium; Zeichen: Cp

Cassis [*kaßiß*; *lat.-fr.*] *der*; -, -: a) französischer Likör aus Johannisbeeren; b) französischer Branntwein aus Johannisbeeren

Cassone [*k...*; *lat.-it.*] *der*; -, ...ni: wertvolles ital. Möbelstück der → Renaissance; langgestreckter, gradflächiger Kasten, mit Malerei, Schnitzerei u. Einlegearbeiten verziert

Cast [*kaßt*; *amerik.*] *das*; -: (bes. amerik.) der gesamte Stab von Mitwirkenden an einem Film.

Casting [*engl.*] *das*; -[s]: (in der Sportfischerei) Wettkampf, der darin besteht, daß man die Angel weit od. auf ein bestimmtes Ziel hin auswirft

Castize [*ka...*; *span.*] *der*; -n, -n: Mischling zwischen Mestizen u. Weißen in Südamerika

Castle [*kaßᵉl*; *lat.-engl.*] *das*; -, -s: engl. Bezeichnung für: Schloß, Burg

Castor [*ka...*; *gr.-lat.*; „Biber"] *der*; -[s]: weiches, langhaariges Tuch aus bestem Wollstreichgarn. **Castoreum** *das*; -s: Drüsenabsonderung des Bibers (Bibergeil)

Ca|strismus u. **Ca|stroismus** [*ka...*; *nlat.*] *der*; -: Bezeichnung für die politischen Ideen u. das politische System des kubanischen Ministerpräsidenten F. Castro innerhalb des Weltkommunismus; vgl. Fidelismo

Casuarina [*ka...*] vgl. Kasuarina

Cäsur [*z...*] vgl. Zäsur

Casula [*ka...*] vgl. Kasel

Casus [*ka...*] vgl. Kasus; - belli: Kriegsfall, kriegsauslösendes Ereignis; - foederis [- *fö...*]: Ereignis, das die Bündnispflicht eines Staates auslöst; - obliquus (Plural: - [*kásuß*] ...qui): abhängiger Fall (z. B. Genitiv, Dativ, Akkusativ); - rectus (Plural: - [*kásuß*] recti): unabhängiger Fall (Nominativ)

Catalpa [*ka...*] vgl. Katalpa

Cataracta [*katarakta*] vgl. Katarakta

Catboot [*kät...*; *engl.*] *das*; -[e]s, -e: kleines einmastiges Segelboot

Catch [*kätsch*; *lat.-vulgärlat.-fr.-engl.*]

I. *der*; -, -es [*...is*, auch: *...iß*]: geselliges, englisches Chorlied (urspr. in Kanonform) mit derbkomischen, spaßhaften Texten (17. u. 18. Jh.).

II. *das*; -: Abk. für **Catch-as-catch-can** [*kätschᵉskätschkän*; *amerik.*] *das*; -: von Berufsringern ausgeübte Art des Freistilringens, bei der fast alle Griffe erlaubt sind

catchen [*kätschᵉn*]: im Stil des

Catch-as-catch-can ringen. **Catcher** [*kätschᵉr*] *der*; -s, -: Freistilringkämpfer. **Catcherpromoter** [*kätschᵉrpromoᵘtᵉr*] *der*; -s, -: Veranstalter eines Freistilringkampfes

Cat|chup [*kätschap*] vgl. Ketchup

Catechine [*ka*...; nlat. Bildung zu → Catechu] *die* (Plural): farblose, kristallisierte organische Verbindungen (Grundlage natürlicher Gerbstoffe). **Catechu** vgl. Katechu

Catenaccio [*katenatscho*; *lat.-it.*; „Sperrkette, Riegel"] *der*; -[s]: besondere Verteidigungstechnik im Fußballspiel, bei der sich bei einem gegnerischen Angriff die gesamte Mannschaft kettenartig vor dem eigenen Strafraum zusammenzieht

Catene [*ka*...] vgl. Katene

Catering [*keᵗtᵉring*; *lat.-it.-fr.-engl.*] *das*; -[s]: Beschaffung von Lebensmitteln, Verpflegung; Verpflegungswesen

Caterpillar [*kätᵉrpilᵉr*; *engl.*] *der*; -s, -[s]: Raupenschlepper (bes. im Straßenbau)

Catgut [*kätgat*] vgl. Katgut

Ca|thc|dra [*ka*...; *gr.-lat.*] *die*; -, ...rae [...*ä*]: 1. [Lehr]stuhl (vgl. Katheder). 2. Ehrensitz, bes. eines Bischofs od. des Papstes, - Petri: der Päpstliche Stuhl

Catinga [*ka*...; *indian.-port.*] *die*; -, -s: savannenartige Zone mit lichten Wäldern, Kaktusgewächsen u. a. in Brasilien

Catlinit [*ka*...; auch: ...*it*; *nlat.*, nach dem amerik. Forscher George Catlin] *der*; -s: nordamerik. Pfeifenstein (Tonschiefer), aus dem der Kopf der indian. Friedenspfeife besteht

Catsup [*käzᵉp*] vgl. Ketchup

Cattleya [*katlaia*; *nlat.*; nach dem engl. Züchter Cattley (*kätli*)] *die*; -, ...leyen: Orchideengattung aus dem tropischen Amerika

Cauda [*kauda*; *lat.*] *die*; -: 1. Schwanz; Endstück eines Organs od. Körperteils (Med.). 2. Schleppe, bes. an den liturgischen Gewändern hoher Geistlicher (Rel.). 3. der nach oben od. unten gerichtete Hals einer Note od. → Ligatur (2) (Mus.).

caudalis vgl. kaudal

Caudex [*kau*...; *lat.*] *der*; -, ...dices [*kaudizeß*]: 1. [nicht verholzender] Stamm der Palmen u. Baumfarne. 2. die tieferen Teile des Gehirns bei Säugetieren u. beim Menschen (im Gegensatz zu Groß- u. Kleinhirn)

Caudillo [*kaudiljo*; *span.*] *der*; -[s], -s: Titel des früheren span. Staatschefs Franco

Causa [*lat.*] *die*; -, ...sae [...*sä*]: Grund, Ursache [eines Schadens, einer Vermögensänderung usw.], Rechtsgrund. **Cause célèbre** [*kosßeläbr*; *lat.-fr.*] *die*; - -, -s -s [*kosßeläbr*]: berühmter Rechtsstreit, berüchtigte Angelegenheit. **Causerie** [*kosᵉri*] *die*; -, ...ien: unterhaltsame Plauderei. **Causeur** [*kosör*] *der*; -s, -e: [amüsanter] Plauderer. **Causeuse** [*kosösᵉ*] *die*; -, -n: 1. (veraltet) unbekümmertmunter plaudernde Frau. 2. kleines Sofa

Causticum [*k*...] vgl. Kaustikum

Cauxbewegung [*ko*...] *die*; -: = Moral Rearmament

Cavaliere [*kawaliärᵉ*...; *lat.-it.*] *der*; -, ...ri: ital. Adelstitel; Abk.: Cav.; vgl. Chevalier

cave canem! [*kawᵉ kanäm*; *lat.*; „hüte dich vor dem Hund!"]: Inschrift auf Tür od. Schwelle altröm. Häuser

Cavität [*ka*...] vgl. Kavität

Cavum [*kaw*...; *lat.*] *das*; -s, ...va: Hohlraum (Med.)

Cayennepfeffer [*kajän*...; nach der Hauptstadt von Französisch-Guayana, Cayenne] *der*; -s: vorwiegend aus → Chili hergestelltes scharfes Gewürz

Cebion ® [*ze*...; Kunstw.] *das*; -s: Vitamin-C-Präparat

Cecidie vgl. Zezidie

Cedi [*ße*...; *afrik.*] *der*; -, -s (aber: 5 -): Währungseinheit in Ghana

Cedille [*ßedijᵉ*; *span.-fr.*; von span. zedilla = kleines z] *die*; -, -n: kommaartiges, → diakritisches Zeichen [unterhalb eines Buchstabens] mit verschiedenen Funktionen (z. B. franz. ç [*ß*] vor a, o, u od. rumän. ş [*sch*])

Ceilometer [*zai*...; *lat.-fr.-engl.*; *gr.*] *das*; -s, -: Wolkenhöhenmesser

Ceinturon [*ßängtürong*; *lat.-fr.*] *das*; -s, -s: (schweiz.) Lederriemen des Soldaten

Celebret [*ze*...] vgl. Zelebret

Celesta [*tsche*...; *lat.-it.*; „die Himmlische"] *die*; -, -s u. ...ten: ein zartklingendes Tasteninstrument, das zur Tonerzeugung Stahlplatten u. röhrenförmige → Resonatoren verwendet

Cella, (eindeutschend auch:) Zella [*zäla*; *lat.*] *die*; -, Cellae [...*ä*]: 1. der Hauptraum im antiken Tempel, in dem das Götterbild stand. 2. a) (veraltet) Mönchszelle; b) = → Kellion (Rel.). 3. kleinste Einheit eines Organismus, Zelle (Med.). **Cellerar** [*zäl*...] *der*; -s, -e u. **Cellerarius** *der*; -, ...rii: Wirtschaftsverwalter eines Klosters

Cellist [(*t*)*schä*...; *it.*] *der*; -en, -en: Musiker, der Cello spielt. **cellistisch**: 1. das Cello betreffend. 2. celloartig. **Cello** *das*; -s, -s u. ...lli: Kurzform für → Violoncello

Cellon ® [*zälon*; *lat.-nlat.*] *das*; -[s]: Kunststoff aus Zelluloseacetat. **Cellophan** ® [...*fan*; *lat.*; *gr.*] *das*; -s u. **Cellophane** ® *die*; -: durchsichtige, leicht dehnbare u. weiche, aber konsistente Folie (als Verpackungsmaterial). **cellophanieren**: eine Ware in Cellophan verpacken. **Cellula** [*zäl*...; *lat.*] *die*; -, ...lae [...*lä*]: kleine Körperzelle (Med.). **Cellulitis** vgl. Zellulitis. **Cellulose** vgl. Zellulose

Celsius [*zäl*...; schwed. Astronom]: Gradeinheit auf der Celsiusskala; Zeichen: C; fachspr. °C. **Celsiusskala** *die*; -, ...len: Temperaturskala, bei der der Abstand zwischen dem Gefrier- u. Siedepunkt des Wassers in 100 gleiche Teile unterteilt ist

Celtium [*zä*...; *lat.-nlat.*] *das*; -s: (veraltet) → Hafnium

Cembalist [*tschäm*...; *gr.-lat.-it.*] *der*; -en, -en: Musiker, der Cembalo spielt. **cembalistisch**: 1. das Cembalo betreffend. 2. cembaloartig. **Cembalo** [Kurzw. für: Clavicembalo] *das*; -s, -s u. ...li: Tasteninstrument des 14. bis 18. Jh.s (alte Form des Klaviers, bei dem die Saiten aber angerissen, nicht angeschlagen werden)

Cenoman [*zeno*...; nach dem Siedlungsgebiet der Cenomanen, eines keltischen Volksstamms] *das*; -s: Stufe der Kreideformation (Geol.)

Cent [*ßänt*, *zänt*; *lat.-fr.-engl.*] *der*; -[s], -[s] (aber: 5 -): Untereinheit der Währungseinheiten verschiedener Länder (z. B. USA, Niederlande); Abk.: c u. ct, im Plural: cts. **Cental** [*ßäntᵉl*; *engl.*] *der*; -s, -s: in Großbritannien verwendete Gewichtseinheit (= 45,359 kg). **Centavo** [*ßäntawo*; *lat.-port.-span.*] *der*; -[s], -[s] (aber: 5 -): Untereinheit der Währungseinheiten verschiedener südamerikanischer Länder (z. B. Argentinien, Brasilien). **Centenar...** vgl. Zentenar...

Center [*ßäntᵉr*; *gr.-lat.-fr.-engl.*; „Mittelpunkt"] *das*; -s, -: [entsprechend angelegter] Bereich, der Mittelpunkt für bestimmte Tätigkeiten o. ä. ist; meist in Zusammensetzungen wie Einkaufs-, Gartencenter

Centesimo [*tschän*...; *lat.-it.*] *der*; -[s], ...mi: Untereinheit der Währungseinheiten verschiedener Länder (z. B. Italien, Somali). **Centésimo** [*ßänte*...; *lat.-span.*] *der*; -[s], -[s] (aber: 5 -): Untereinheit der Währungseinheiten verschiedener Länder (z. B. Panama, Chile). **Centime** [*ßangtim*; *lat.-fr.*] *der*; -[s], -s [...*tim(ß)*] (aber: 5 -): Untereinheit der Währungseinheiten verschiedener Länder (z. B. Frankreich, Schweiz); Abk.: c u. ct, Plural: ct[s], schweiz. nur: Ct. **Céntimo** [*ßän*...; *lat.-span.*] *der*; -[s], -[s] (aber: 5 -): Untereinheit der Währungseinheiten bestimmter Länder (z. B. Spanien, Costa Rica)

Cento [*zänto*; *lat.*] *der*; -s, -s u. Centones: Gedicht, das aus einzelnen Versen bekannter Dichter zusammengesetzt ist

Cen|tral Intelligence Agency [*ßäntr^el intälidsch^enß e^idsch^enßi*; *engl.*] *die*; - - -: US-amerikanischer Geheimdienst; Abk. CIA.

Centrosom vgl. Zentrosom

Centurie usw. vgl. Zenturie usw.

Centurium vgl. Zenturium

Cephal[o]... vgl. Kephal[o]...

Cer, (eindeutschend auch:) Zer [*zer*; *lat.-nlat.*; nach dem 1801 entdeckten Asteroiden Ceres] *das*; -s: chem. Grundstoff, Metall; Zeichen: Ce

Cera [*ze*...; *lat.*] *die*; -, ...ren: 1. [Bienen]wachs (Pharm.). 2. weiche Hautverdickung am Schnabel vieler Vögel (Zool.)

Cer|cle [*ßärk^el*; *lat.-fr.*] *der*; -s, -s: 1. a) Empfang [bei Hofe]; b) vornehmer Gesellschaftskreis. 2. (österr.) die ersten Reihen im Theater od. Konzertsaal. **Cerclesitz** *der*; -es, -e: (österr.) Sitz in den vordersten Reihen im Theater u. Konzertsaal

Cerealien [*zerealien*; *lat.*] *die* (Plural): altrömisches Fest zu Ehren der Ceres, der Göttin des Ackerbaus; vgl. aber: Zerealie

Cerebella: *Plural* von → Cerebellum. **cerebellar** vgl. zerebellar. **Cerebellum** [*ze*...; *lat.*] *das*; -s, ...bella: Kleinhirn (Med.). **Cerebra**: *Plural* von → Cerebrum. **Cere|brum** [*ze*...] *das*; -s, ...bra: [Groß]hirn, Gehirn (Med.)

Cereolus [*ze*...; *lat.*] *der*; -, ...li: Arzneistäbchen (aus Wachs)

Ceresin vgl. Zeresin

Cereus [*zere-uß*; *lat.*] *der*; -: Säulenkaktus

cerise [*ß^eris*; *gr.-lat.-vulgärlat.-fr.*]: kirschrot

Cerit vgl. Zerit. **Cerium** [*ze*...] *das*; -s: in Deutschland chem. fachspr. nicht mehr übliche latinisierte Form für → Cer

Cermets [*ßö^rmäz*; Kunstwort aus: *engl.* ceramic u. metals] *die* (Plural): metallkeramische Werkstoffe, die aus einem Metall u. einer keramischen Komponente bestehen

Cerotinsäure vgl. Zerotinsäure

Certosa [*tschär*...; *it.*; „Kartause"] *die*; -, ...sen: Kloster der → Kartäuser in Italien. **Certosamosaik** *das*; -s, -en: geometrisch gemustertes Elfenbeinmosaik orientalischen Charakters der nordital. Renaissance

Cerumen vgl. Zerumen. **Cerussit** vgl. Zerussit

Cervelat [*ßärw^ela*; *fr.*] *der*; -s, -s: (schweiz.) Brühwurst aus Rindfleisch mit Schwarten u. Speck; vgl. Servela, Zervelatwurst

Cervix [*zärw*...; *lat.*] *die*; -, ...ices [*zärwizeß*]: (Anat.) a) Hals, Nacken; b) halsförmiger Abschnitt eines Organs (z. B. der Gebärmutter)

c'est la guerre! [*ßälagär*; *fr.*; „das ist der Krieg"]: so ist es nun einmal [im Krieg], da kann man nichts machen!

c'est la vie! [*ßälawi*; *fr.*; „das ist das Leben"]: so ist das [Leben] nun einmal!

Cestodes [*zä*...; *gr.-nlat.*] vgl. Zestoden

Cetaceum [*zetaze-um*; *gr.-lat.-nlat.*] *das*; -s: aus dem Kopf von Pottwalen gewonnene fettartige, spröde Substanz (Walrat)

ceteris paribus [*ze*... -; *lat.*]: unter [sonst] gleichen Umständen (methodologischer Fachausdruck der Wirtschaftstheorie).

Ceterum censeo [*zeterum zänseo*; *lat.* „übrigens meine ich" (daß Karthago zerstört werden muß); Schlußsatz jeder Rede Catos im röm. Senat] *das*; - -: hartnäckig wiederholte Forderung

Ćevapčići [*tschewaptschitschi*; *serbokroat.*] *die* (Plural): gegrillte Röllchen aus Hackfleisch

Cha|blis [*schabli*; *fr.*; franz. Stadt] *der*; -, -: Weißwein aus Niederburgund

Cha-Cha-Cha [*tschatschatscha*; *span.*] *der*; -[s], -s: dem → Mambo ähnlicher Modetanz aus Kuba

Chaconne [*schakon*; *span.-fr.*] *die*; -, -s u. -n [...*n^en*] u. Ciacona [*tschakona*; *span.-it.*] *die*; -, -s: 1. span. Tanz im $^3/_4$-Takt. 2. Instrumentalstück im $^3/_4$-Takt mit zugrunde liegendem achttaktigem → ostinatem Baßthema (Mus.)

chacun à son goût [*schakäng a song gu*; *fr.*]: jeder nach seinem Geschmack, wie es jedem gefällt

Chagas-Krankheit [*schagaß*...; nach dem brasilianischen Arzt u. Bakteriologen Carlos Chagas]: tropische Infektionskrankheit

Cha|grin [*schagräng*].

I. [*türk.-fr.*] *das*; -s: Leder aus Pferde- od. Eselshäuten mit Erhöhungen auf der Narbenseite.

II. [*germ.-fr.*] *der*; -s, -s: Kummer, Verdruß

cha|grinieren [*schagrinir^en*; *türk.-fr.*]: ein Narbenmuster auf Leder aufpressen

Chahut [*schaü*; *fr.*] *der*; -, -s: = Cancan

Chaine [*schän^e*; *lat.-fr.*] *die*; -, -n: 1. Kettfaden. 2. Kette (beim Tanz)

Chairleder [*schär*...; *lat.-fr.*; *dt.*] *das*; -s, -: pflanzlich nachgegerbtes → Glacéleder

Chairman [*tschärm^en*; *lat.-engl.*; *engl.*] *der*; -, ...men: in England u. Amerika der Vorsitzende eines politischen od. wirtschaftlichen Gremiums, bes. eines parlamentarischen Ausschusses

Chaise [*schäs^e*; *lat.-fr.*] *die*; -, -n: 1. (veraltet) Stuhl, Sessel. 2. a) (veraltet) halbverdeckter Wagen; b) (abwertend) altes, ausgedientes Fahrzeug. 3. (veraltet) = Chaiselongue. **Chaiselongue** [*schäs^elongk*; „Langstuhl"] *die*; -, -n [*schäs^elongg^en*] u. -s (ugs. auch: [...*long*] *das*; -s, -s): gepolsterte Liege mit Kopflehne (ähnlich dem Sofa, aber ohne Rückenlehne)

Chalaza *die*; -, ...lazen, (auch:) **Chalaze** [*cha*...; *gr.-nlat.*] *die*; -, -n: 1. bei Blütenpflanzen die Stelle, von der die Hüllen der Samenanlage mit dem Knospenkern (→ Nucellus) ausgehen (Knospengrund; Bot.). 2. zweispiralig gedrehter Eiweißstrang im Ei der Vögel (Hagelschnur; Zool.). **Chalazion** u. **Chalazium** *das*; -s, ...ien [...*i^en*]: entzündliche Anschwellung am Augenlid (Hagelkorn; Med.). **Chalazogamie** *die*; -, ...ien: Form der → Aporogamie; Befruchtungsvorgang bei den Blütenpflanzen, bei dem der Weg des Pollenschlauchs über die → Chalaza (1) zur Eizelle führt (Bot.)

Chalcedon vgl. Chalzedon

Chalet [*schalä*; *schweiz.-fr.*] *das*; -s, -s: 1. Sennhütte. 2. Ferien-, Landhaus [in den Bergen]

Chalikose [*cha*...; *gr.-nlat.*] *die*; -, -n: Kalk[staub]lunge (Med.)

Chalkochemi|graphie [*chal*...; *gr.*; *arab.*; *gr.*] *die*; -: Metallgravierung. **Chalkogene** [*gr.-nlat.*] *die* (Plural): Sammelbezeichnung für die Elemente der sechsten Hauptgruppe des periodischen Systems (Chem.). **Chalkograph** *der*; -en, -en: Kupferstecher. **Chalko|graphie** *die*; -, ...ien: (veraltet) 1. (ohne Plural) Kupferstechkunst. 2. Kupferstich. **chalkographisch**: die Chalkographie betreffend. **Chal-**

treffend. **Chalkolith** [auch: *...it*] *der*; -s u. -en: ein Mineral. **Chalkolithikum** [auch: *...it...*] *das*; -s: jungsteinzeitliche Stufe, in der bereits Kupfergegenstände auftreten. **chalkophil**: sich mit Chalkogenen verbindend (von [metallischen] Elementen). **Chalkose** *die*; -, -n: Ablagerung von Kupfer od. Kupfersalzen im Gewebe, bes. im Augapfel (Med.)

Chaly [*tschali*; *engl.*] *der*; -[s]: dem → Musselin ähnlicher taftbindiger Kleiderstoff aus Seide u. Wolle

Chalzedon, (auch:) Chalcedon [*kalz...*; wahrsch. nach der altgriech. Stadt Kalchedon (lat. = Chalcedon) am Bosporus] *der*; -s, -e: ein Mineral (Quarzabart)

Chamade [*scha...*] vgl. Schamade

Chamäleon [*ka...*; *gr.-lat.*; „Erdlöwe"] *das*; -s, -s: [auf Bäumen lebende] kleine Echse, die ihre Hautfarbe bei Gefahr rasch ändert. **Chamäleonecho** *das*; -s, -s: Farbwechselecho, Echomatt (-patt) auf Feldern verschiedener Farbe (Kunstschach). **Chamäphyt** [*chamä...*; *gr.-nlat.*] *der*; -en, -en (meist. Plural): Zwergstrauch; Lebensform von Pflanzen, deren Erneuerungsknospen in Bodennähe liegen u. darum ungünstige Jahreszeiten relativ geschützt (z. B. unter einer Schneedecke) überdauern (Bot.). **Chamäzephalie** [*cha...*] *die*; -, ...ien: Schädeldeformierung mit niedriger Gesichtsform (Med.)

Chambertin [*schangbärtäng*; *fr.*] *der*; -[s]: burgundischer Spitzenwein aus Gevrey-Chambertin

Cham|bre des Députés [*schangbr^e de depüte*; *fr.*] *die*; - - -: franz. Abgeordnetenkammer der Dritten Republik (1875 bis 1940). **Chambre garnie** *das*; - -, -s -s [*schangbr^e garni*]: (veraltet) möbliertes Zimmer zum Vermieten. **Cham|bre séparée** [*schangbr^e ßepare*] *das*; - -, -s -s [*schangbr^e ßepare*]: (veraltet) kleiner Nebenraum in Restaurants für ungestörte Zusammenkünfte. **Cham|briere** [*schangbriär^e*] *die*; -, -n: Abrichtepeitsche eines Bereiters (jmd., der Pferde zureitet) u. Stallmeisters

chamois [*schamoa*; *fr.*]: gemsfarben, gelbbräunlich. **Chamois** *das*; -: 1. bes. weiches Gemsen-, Ziegen-, Schafleder. 2. chamois Farbe. **Chamoispapier** *das*; -s, -e: gelbbräunliches Kopierpapier (Fot.)

champa|gner [*schampanj^er*; *lat.-fr.*]: zart gelblich. **Champa|gner** *der*; -s, -: in Frankreich hergestellter weißer od. roter Schaumwein [aus Weinen der Champagne]. **Champi|gnon** [*schangpinjong*, meist: *schampinjong*; *lat.-vulgärlat.-fr.*] *der*; -s, -s: ein eßbarer Pilz (auch gärtnerisch angebaut). **Champion** [*tschämpj^en*, auch: *schangpiong*; *lat.-galloroman.-fr.-engl.*] *der*; -s, -s: 1. der jeweilige Meister (bzw. die jeweilige Meistermannschaft) in einer Sportart, Spitzensportler. 2. (österr., veraltet) Aufsatz auf dem Rauchfang. **Championat** [*scham...*; *fr.*] *das*; -[e]s, -e: Meisterschaft in einer Sportart

Chamsin [*kamsin*] vgl. Kamsin

Chan [*kan*], Han

I. [*pers.-arab.*] *der*; -s, -s u. -e: Herberge im Vorderen Orient.

II. *der*; -s, -e: = Khan

Chance [*schangß^e*, österr. auch: *schangß*; *lat.-vulgärlat.-fr.*] *die*; -, -n: 1. a) Glückswurf, Glücksfall; b) günstige Gelegenheit. 2. [gute] Aussicht; bei jmdm. -n haben: bei jmdm. Erfolg haben, bei jmdm. auf Grund von Sympathie mit Entgegenkommen rechnen können. **Chancengleichheit** *die*; -: individueller Anspruch eines Kindes od. Jugendlichen auf eine Schulbildung, die seinen Anlagen u. Fähigkeiten gerecht wird; gleiche Möglichkeit des sozialgesellschaftlichen Weiterkommens ohne Rücksicht auf Herkunft o. ä. (Bildungspolitik)

Chancellor [*tschanß^el^er*; *lat.-fr.-engl.*] *der*; -s, -s: Bezeichnung für den Kanzler in England

Chang [*tschang*; *chin.*] *das*; -[s], -[s]: chines. Längenmaß

Change [franz. Ausspr.: *schangsch*, engl. Ausspr.: *tsche^indsch*; *lat.-fr.* u. *engl.*] *die*; - (bei franz. Ausspr.) u. *der*; - (bei engl. Ausspr.): Tausch, Wechsel [von Geld]. **changeant** [*schangschang*; *lat.-fr.*]: in mehreren Farben schillernd (von Stoffen). **Changeant** *der*; -[s], -s: 1. [taftbindiges] Gewebe mit verschiedenfarbigen Kett- u. Schußfäden, das bei Lichteinfall verschieden schillert. 2. Schmuckstein mit schillernder Färbung. **Changement** [*schangsch^emang*] *das*; -s, -s: (veraltet) Vertauschung, Wechsel, Änderung. **Changer** [*tsche^indsch^er*] *der*; -s, -: automatischer Schallplattenwechsler. **changieren** [*schangschir^en*]: 1. (veraltet) wechseln, tauschen, verändern. 2. [verschieden]farbig schillern (von Stoffen). 3. (veraltet) vom Rechts- zum Linksgalopp übergehen (Reiten). 4. die Fährte wechseln

Chanoyu [*tschanoju*] vgl. Tschanoju

Chanson [*schangßong*; *lat.-fr.*]

I. *die*; -, -s: a) in der frühen franz. Dichtung episches od. lyrisches Lied, das im Sprechgesang vorgetragen wurde (z. B. Chanson de geste); b) Liebes- od. Trinklied des 15.–17. Jh.s.

II. *das*; -s, -s: witzig-freches, geistreiches rezitativisches Lied mit oft zeit- od. sozialkritischem Inhalt. **Chanson de geste** [*- d^eschäßt*] *die*; - - -, -s [*schangßong*] - -: vgl. Chanson (I a). **Chansonette**, (nach franz. Schreibung auch:) **Chansonnette** *die*; -, -n: 1. kleines Lied komischen od. frivolen Inhalts. 2. Chansonsängerin. **Chansonnier** [*schangßonie*] *der*; -s, -s: 1. franz. Liederdichter des 12.–14. Jh.s; vgl. Troubadour. 2. Liedersammlung mit provenzalischen Troubadourliedern. 3. Chansonsänger od. -dichter. **Chansonniere** [*...iär^e*] *die*; -, -n: = Chansonette (2). **Chantage** [*schangtasch^e*] *die*; -: Androhung von Enthüllungen zum Zweck der Erpressung. **Chanteuse** [*schangtös^e*] *die*; -, -n: Sängerin

Chantillyspitze [*schangtiji...*; nach dem franz. Ort Chantilly in der Picardie] *die*; -, -n: Klöppelspitze

Chanukka [*cha...*; *hebr.*; „Weihe"] *die*; -: jüdisches Fest der Tempelweihe im Dezember

Chaos [*kaoß*; *gr.-lat.*] *das*; -: totale Verwirrung, Auflösung aller Ordnungen, völliges Durcheinander. **Chaot** *der*; -en, -en u. **Chaote** *der*; -n, -n: a) (meist Plural) jmd., der seine Forderung nach einer Veränderung der bestehenden Gesellschaftsordnung in Gewaltaktionen u. gezielten Zerstörungsmaßnahmen demonstriert; b) (ugs.) jmd., der durch seine Art u. Weise (als jmd. empfunden wird, der) Unruhe u. Verwirrung stiftet. **Chaotik** *die*; -: chaotische Art u. Weise. **chaotisch** [*gr.-nlat.*]: wirr, ungeordnet

Chapada [*scha...*; *port.*] *die*; -, -s: terrassenförmige, trockene Hochebene in Zentralbrasilien

Chapeau [*schapo*; *lat.-vulgärlat.-fr.*] *der*; -s, -s: (veraltet, aber noch scherzhaft) Hut. **Chapeau claque** [*- klak*; *fr.*] *der*; - -, -x -s [*schapoklak*]: zusammenklappbarer Zylinderhut. **Chaperon** [*schap^erong*] *der*; -[s], -s: 1. im Mittelalter von Männern u. Frauen getragene enganschließende Kapuze mit kragenartigem Schulterstück. 2. (veraltet) ältere Dame, die eine jüngere als Beschützerin begleitet. **chaperonieren**: (veraltet) eine junge Dame zu ihrem Schutz begleiten

Chapetones [*tscha...; span.*] *die* (Plural): Bezeichnung für die noch unerfahrenen Neueinwanderer nach Spanisch-Südamerika

Chapiteau [*schapito; lat.-fr.*] *das*; -, -x [*...to*]: Zirkuszelt, -kuppel

Chaplinade [*tscha...*; nach dem engl. Filmschauspieler Ch. Chaplin] *die*; -, -n: komischer Vorgang, burlesk-groteskes Vorkommnis (wie in den Filmen Chaplins). **chaplinesk:** in der Art Chaplins, burlesk-grotesk

chaptalisieren [*schap...*; nach dem franz. Forscher Chaptal]: Wein durch Zusatz von Zucker verbessern

Character indelebilis [*karak...* -; *gr.-lat.*; *lat.*] *der*; - -: das unzerstörbare Merkmal od. Siegel, das nach kath. Lehre Taufe, Firmung u. Priesterweihe der Seele einprägen

Charade vgl. Scharade

Charakter [*ka...*; *gr.-lat.*; „eingekerbtes, eingeprägtes (Schrift)-zeichen"] *der*; -s, ...ere: 1. a) Gesamtheit der geistig-seelischen Eigenschaften eines Menschen, seine Wesensart; b) der Mensch als Träger bestimmter Wesenszüge. 2. (ohne Plural) a) charakteristische Eigenart, Gesamtheit der einer Personengruppe od. einer Sache eigentümlichen Merkmale u. Wesenszüge; b) die einer künstlerischen Äußerung od. Gestaltung eigentümliche Geschlossenheit der Aussage. 3. (nur Plural) Schriftzeichen, Buchstaben. 4. (veraltet) Rang, Titel. **Charakterdrama** *das*; -s, ...men: Drama, dessen Schwerpunkt nicht in der Verknüpfung des Geschehens, sondern in der Darstellung der Charaktere liegt. **charakterisieren** [*gr.-lat.-fr.*]: 1. jmdn./etwas in seiner Eigenheit darstellen, kennzeichnen, treffend schildern. 2. für jmdn./etwas kennzeichnend sein. **Charakteristik** [*gr.-nlat.*] *die*; -, -en: 1. Kennzeichnung, treffende Schilderung einer Person oder Sache. 2. graphische Darstellung einer physikalischen Gesetzmäßigkeit in einem Koordinatensystem (Kennlinie). 3. Kennziffer eines → Logarithmus (Math.). **Charakteristikum** *das*; -s, ...ka: bezeichnende, hervorstechende Eigenschaft. **charakteristisch**: bezeichnend, kennzeichnend für jmdn./etwas. **Charakterkomödie** *die*; -, -n: Komödie, deren komische Wirkung weniger auf Verwicklungen der Handlung als auf der Darstellung eines komischen Charakters beruht. **charakterlich**: den Charakter (1a) eines Menschen betreffend. **Charakterologe** *der*; -n, -n: Erforscher der menschlichen Persönlichkeit. **Charakterologie** *die*; -: Persönlichkeitsforschung, Charakterkunde. **charakterologisch**: die Charakterologie betreffend, charakterkundlich. **Charakteropathie** *die*; -, ...ien: erworbene charakterliche Abnormität (Psychol.). **Charakterrolle** *die*; -, -n: Rollenfach im Theater (Darstellung eines komplexen u. widersprüchlichen Charakters). **Charakterstück** *das*; -s, -e: romantisches Klavierstück, dessen Gehalt durch den Titel bezeichnet ist (z. B. „Nocturnes"). **Charaktertragödie** [*...iᵉ*] *die*; -, -n: Tragödie, die sich aus den besonderen Charaktereigenschaften des Helden entwickelt

Charcuterie [*scharkütᵉri*; *fr.*] *die*; -, ...ien: (südd., veraltet) [Schweine]schlächterei. **Charcutier** [*...ie*] *der*; -s, -s: (südd., veraltet) [Schweine]schlächter

Chardonnetseide [*schardone...*; nach dem franz. Chemiker Chardonnet] *die*; -: die erste, heute nicht mehr hergestellte Art von Kunstseide

Char|dschit [*cha...*; *arab.*; „Ausziehender"] *der*; -en, -en: Mitglied einer islamischen Sekte

Charge [*scharschᵉ*; *lat.-vulgärlat.-fr.*; „Last"] *die*; -, -n: 1. Amt, Würde, Rang. 2. (Mil.) a) Dienstgrad; b) Vorgesetzter. 3. = Chargierter. 4. Ladung, Beschickung (Techn.). 5. Nebenrolle mit meist einseitig gezeichnetem Charakter (Theat.). 6. Serie, z. B. von Arzneimitteln, die während eines Arbeitsabschnitts u. mit den gleichen Rohstoffen gefertigt u. verpackt werden (Med.). **Chargé d'affaires** [*scharsche dafär*; *fr.*] *der*; - -, -s - [*scharsche* -]: Geschäftsträger, Chef einer diplomatischen Mission od. dessen Vertreter. **chargieren** [*lat.-vulgärlat.-fr.*]: 1. in der studentischen Festtracht erscheinen (von Chargierten). 2. einen → Reaktor mit Brennstoff beschicken. 3. eine Nebenrolle spielen (Theat.). **Chargierte** *der*; -n, -n: einer der drei Vorsitzenden einer student. Verbindung

Charis [auch: *chariß*; *gr.*] *die*; -, ...riten: 1. (ohne Plural) Anmut. 2. (meist Plural) Göttin der Anmut. **Charisma** [auch: *cha...*; *gr.-lat.*; „Gnadengabe"] *das*; -s, ...rismen u. ...rismata: 1. die durch den Geist Gottes bewirkten Gaben und Befähigungen des Christen in der Gemeinde (Theol.). 2. besondere Ausstrahlungskraft eines Menschen. **charismatisch**: a) das Charisma betreffend; b) Charisma besitzend.

charitativ [*ka...*] vgl. karitativ.

Charité [*scharite*; *lat.-fr.*] *die*; -, -s: (veraltet) Krankenhaus, Pflegeanstalt

Chariten: *Plural* von → Charis (2).

Charitin [*cha...*; *gr.*] *die*; -, -nen: = Charis (2)

Charivari [*schariwari*; *gr.-spätlat.-fr.*] *das*; -s, -s: 1. (veraltet) Durcheinander. 2. (veraltet) Katzenmusik. 3. (veraltet) alle vier Damen (beim Kartenspiel) in einer Hand. 4. a) Uhrkette; b) Anhänger an einer Uhrkette

Charles|ton [*tschaʳlßtᵉn*; Stadt in South Carolina, USA] *der*; -, -s: Modetanz der 20er Jahre im schnellen, stark synkopierten Foxtrottrhythmus

Charlière [*scharliärᵉ*; *fr.*; nach dem franz. Physiker J. A. C. Charles] *die*; -, -n: Luftballon; vgl. Montgolfiere

Charlotte [*schar...*; *fr.*] *die*; -, -n: warme od. kalte Süßspeise aus Biskuits, Makronen u. Früchten

Charly [*tscha'li*; *engl.*] *der*; -[s]: (Jargon) Kokain

charmant [*scharmant*; *lat.-fr.*]: bezaubernd, von liebenswürdig-gewinnender Wesensart. **Charme** [*scharm*] *der*; -s: liebenswürdig-gewinnende Wesensart. **Charmelaine** [*scharmᵉlän*; *fr.*] *der*; -[s] od. *die*; -: schmiegsamer Kammgarnwollstoff in Köper- od. Atlasbindung (besondere Webart). **Charmeur** [*...ör*; *lat.-fr.*] *der*; -s, -s u. -e: ein Mann, der [Frauen gegenüber] besonders liebenswürdig ist u. [diese] darum leicht für sich einzunehmen vermag. **Charmeuse** [*...ös*] *die*; -: maschenfeste Wirkware aus synthetischen Fasern.

charming [*tscharming*; *engl.*]: liebenswürdig, gewinnend

Chäromanie [*chä...*; *gr.-nlat.*] *die*; -, ...ien: krankhafte Heiterkeit (Med.)

Chart [*tscha't*; *engl.*] *die*; -, -s: (meist Plural) Zusammenstellung der [zum gegenwärtigen Zeitpunkt] beliebtesten Schlager, Liste mit Spitzenschlagern

Charta [*karta*; *ägypt.-gr.-lat.*] *die*; -, -s: Verfassungsurkunde, Staatsgrundgesetz; vgl. Magna Charta. **Charte** [*schartᵉ*; *lat.-fr.*] *die*; -, -n: wichtige Urkunde im Staats- u. Völkerrecht. **Charter** [(*t*)*schar...*; *lat.-fr.-engl.*] *die*; -, -, (auch:) *der*; -s, -s: 1. Urkunde,

Freibrief. 2. Frachtvertrag im Seerecht. **Charterer** *der*; -s, -: jmd., der etwas chartert, gechartert hat. **Chartermaschine** *die*; -, -n: von einer privaten Gesellschaft o. ä. [für eine Flugreise] gemietetes Flugzeug, keine Linienmaschine. **chartern:** durch entsprechende eigene Bemühungen erreichen, daß man über ein Flugzeug o. ä. zur Beförderung von Personen od. Gütern verfügt. **Chartismus** [*engl.-nlat.*] *der*; -: erste organisierte Arbeiterbewegung in England. **Chartist** *der*; -en, -en: Anhänger des Chartismus

Char|treuse [*schartrö̱sᵉ*; *fr.*; Kloster in der Dauphiné].
I. Ⓦᴢ *der*; -: von fr. Kartäusermönchen hergestellter Kräuterlikör.
II. *die*; -, -n: ein Gericht aus Gemüse od. Teigwaren u. Fleisch

Chartularia [*kar...*; *ägypt.-gr.-lat.-mlat.*] *die* (Plural): gesammelte Abschriften von Urkunden in Buchform

Charybdis [*cha...*; *gr.-lat.*] *die*; -: gefährlicher Meeresstrudel der griech. Sage; vgl. Szylla

Chasan [*cha...*; *hebr.*] *der*; -s, -e: Vorbeter in der Synagoge

Chase [*tschẹⁱß*; *lat.-vulgärlat.-fr.-engl.-amerik.*; „Jagd"] *das* od. *die*; -: eine Form der Improvisation, in der sich zwei od. mehrere Solisten ständig abwechseln

Chasma [*chạ...*; *gr.-lat.*] *das*; -s, ...men u. **Chasmus** [*chạ...*; *gr.-nlat.*] *der*; -, -se u. ...men: Gähnkrampf (Med.). **chasmogam**: offenblütig, der Fremdbestäubung zugänglich (von Pflanzen; Bot.); Ggs. → kleistogam. **Chasmogamie** *die*; -, ...ien: Fremdbestäubung bei geöffneter Blüte (Bot.); Ggs. → Kleistogamie

Chasse [*schạß*; *lat.-vulgärlat.-fr.*; „Jagd"] *die*; -: 1. Billardspiel mit 15 Bällen. 2. dreistimmiger, gesungener Kanon in der franz. Musik des 14. Jh.s. (Mus.)

Chassepotgewehr [*schaßᵉpo̱...*; nach dem franz. Gewehrkonstrukteur]: franz. Hinterlader im Krieg 1870–71

Chasseur [*schaßö̱r*; *lat.-vulgärlat.-fr.*] *der*; -s, -e (meist Plural): Angehöriger eines Jägertruppenteils der franz. Armee

Chassidim [*cha...*; *hebr.*; „die Frommen"] *die* (Plural): Anhänger des Chassidismus. **Chassidismus** [*hebr.-nlat.*] *der*; -: im 18. Jh. entstandene religiöse Bewegung des osteuropäischen Judentums, die der starren Gesetzeslehre eine lebendige Frömmigkeit entgegensetzt

Chassis [*schaßi̱*; *lat.-fr.*] *das*; - [...*ßi̱(ß)*], - [...*ßi̱ß*]: 1. Fahrgestell von Kraftfahrzeugen. 2. Montagerahmen elektronischer Apparate (z. B. eines Rundfunkgerätes)

Chasuble [*schasü̱bᵉl*, auch in engl. Aussprache: *tschạ̈sjubl*; *lat.-fr.-(-engl.)*] *das*; -s, -s: ärmelloses Überkleid für Damen nach Art einer Weste

Château [*schato̱*; *lat.-fr.*] *das*; -s, -s: Schloß, Herrenhaus, Landgut, Weingut. **Chateau|briand** [...*briang*; nach F. R. Vicomte de Chateaubriand] *das*; -[s], -s: doppelt dick geschnittene Rinderlende, die gegrillt od. in der Pfanne gebraten wird (Gastr.)

Chatelaine [*schatᵉlä̱n*; *lat.-fr.*] *die*; -, -s od. *das*; -s, -s: 1. ein aus Metallgliedern zusammengesetzter Frauengürtel, an dem im 16. Jh. Gebetbuch, Schlüssel usw. hingen. 2. (veraltet) kurze verzierte Uhrkette, Uhranhänger

Chatonfassung [*schatong...*; *fr.*; *dt.*] *die*; -, -en: Kastenfassung aus Gold- od. Silberblech für Edelsteine

Chaudeau [*schodo̱*; *lat.-fr.*] *das*; -[s], -s: Weinschaumsauce. **Chaudfroid** [*schofro̱*] *das*; -[s], -s: Vorspeise aus Fleisch- u. Fischstückchen, die mit einer geleeartigen Sauce überzogen sind. **Chauffeur** [*schofö̱r*; *lat.-vulgärlat.-fr.*; „Heizer"] *der*; -s, -e: jmd., der berufsmäßig andere Personen im Auto fährt, befördert. **chauffieren:** (veraltend) 1. ein Kraftfahrzeug lenken. 2. jmdn. [berufsmäßig] in einem Kraftfahrzeug transportieren

Chaulmoo|graöl [*tscholmu̱gra...*; *Bengali*; *gr.-lat.*] *das*; -s: gelbbraunes, fettes Öl aus dem Samen eines birmanischen Baumes, Arzneimittel gegen bösartige Hautkrankheiten

Chaussee [*schoße̱*; *lat.-galloroman.-fr.*] *die*; -, ...sse̱en: mit Asphalt, Beton od. Steinpflaster befestigte u. ausgebaute Landstraße. **chaussieren:** (veraltend) mit einer festen Fahrbahndecke versehen, asphaltieren, betonieren

Chauvi [*scho̱wi*; *fr.*] *der*; -[s], -s: (ugs. abwertend) Mann, der sich durch Mentalität u. Verhalten als Vertreter des männlichen Chauvinismus erweist. **Chauvinismus** [*schowi...*; *fr.*] *der*; -, ...men: (abwertend) 1. a) (ohne Plural) exzessiver Nationalismus militaristischer Prägung; extrem patriotische, nationalistische Haltung; b) einzelne chauvinistische (1) Äußerung, Handlung. 2. in der Verbindung: männlicher - [*engl.-amerik.*]: selbstgefällige, überhebliche Art von Männern auf Grund eines gesteigerten Selbstwertgefühls u. die damit verbundene gesellschaftliche Bevorzugung der Angehörigen des eigenen Geschlechts. **Chauvinist** *der*; -en, -en: (abwertend) a) Vertreter des Chauvinismus (1 a); b) Vertreter des männlichen Chauvinismus. **chauvinistisch:** (abwertend) 1. a) von Chauvinismus erfüllt; b) dem Chauvinismus entsprechend. 2. a) von männlichem Chauvinismus erfüllt; b) dem männlichen Chauvinismus entsprechend

Chawer [*chawe̱r*; *hebr.*] *der*; -[s], -n: 1. rabbinischer Ehrentitel (für Gelehrte). 2. Freund, Kamerad, Partner (als Anrede bes. von Organen der zionistischen Arbeiterpartei im Sinne von „Genosse" gebraucht)

Check *der*; -s, -s
I. [*tschạ̈k*; *pers.-arab.-fr.-engl.*]: jede Behinderung des Spielverlaufs im Eishockey.
II. [*schạ̈k*]: (schweiz.) Scheck

checken [*tschạ̈kᵉn*; *engl.*]: 1. behindern, [an]rempeln (Eishockey). 2. nachprüfen, kontrollieren. 3. (ugs.) merken, begreifen, verstehen. **Checker** *der*; -s, -: Kontrolleur (Techn.). **Check-in** *das*; -[s], -s: Abfertigung des Fluggastes vor Beginn des Fluges. **Checking** *das*; -s, -s: das Checken. **Checklist** *die*; -, -s: Kontrolliste, mit deren Hilfe das einwandfreie Funktionieren komplizierter technischer Apparate überprüft od. das Vorhandensein notwendiger Ausrüstungsgegenstände festgestellt wird. **Checkliste** *die*; -, -n: 1. = Checklist. 2. a) Liste der Flugpassagiere, die abgefertigt worden sind; b) Kontrolliste [zum Abhaken]. **Checkout** [...*aut*] *das*; -[s], -s: Durchführung automatischer Kontrollmaßnahmen bei der Herstellung u. Prüfung von technischen Geräten. **Checkpoint** [*tschạ̈kpeunt*; *engl.*] *der*; -s, -s: Kontrollpunkt an Grenzübergangsstellen (z. B. die Übergänge von West-Berlin nach Ost-Berlin). **Check-up** [...*ap*] *das*; -[s], -s: umfangreiche med. Vorsorgeuntersuchung

Cheddarkäse [*tschạ̈dᵉr...*; nach der engl. Ortschaft Cheddar] *der*; -s, -: ein fetter Hartkäse

Chederschule [*chä̱...*; *hebr.*; *dt.*]: traditionelle jüdische Grundschule für Jungen vom vierten Lebensjahr an

cheerio! [*tschirio^u*, auch: *tschirio*; *engl.*]: (ugs.) 1. prost!, zum Wohl! 2. auf Wiedersehen!

Cheeseburger [*tschisbö^rg^er*; *engl.*; *dt.*] *der*; -s, -: eine Art → Hamburger, der zusätzlich zu den übrigen Zutaten eine Scheibe Käse enthält

Chef [*schäf*, (österr.) auch: *schef*; *lat.-galloroman.-fr.*] *der*; -s, -s: 1. a) Leiter, Vorgesetzter, Geschäftsinhaber; b) (ugs.) Anführer. 2. (ugs.) saloppe Anrede (als Aufforderung o. ä.) an einen Unbekannten. **Chefarzt** *der*; -es, ...ärzte: leitender Arzt in einem Krankenhaus. **Chefberater** *der*; -s, -: erster Berater. **Chef de mission** [- *d^e mißjong*; *fr.*] *der*; - - -, -s - - [- *d^e mißjong*]: Leiter einer sportlichen Delegation (z. B. bei den Olympischen Spielen). **Chef de rang** [- *d^e rang*] *der*; - - -, -s - - [- *d^e rang*]: Abteilungskellner in großen Hotels. **Chef d'œuvre** [*schädöw^er*; *fr.*] *das*; - -, -s - [*schädöw^er*]: Hauptwerk, Meisterwerk. **Chefdolmetscher** *der*; -s, -: erster Dolmetscher. **Chefetage** *die*; -, -n: Etage in einem Geschäftshaus, in der sich die Räume der Geschäftsleitung, des Chefs befinden. **Chefideologe** *der*; -n, -n: maßgeblicher Theoretiker einer politischen Richtung. **Chefkoch** *der*; -[e]s, ...köche: erster Koch. **Cheflektor** *der*; -s, -en: Leiter eines Verlagslektorats. **Chefredakteur** *der*; -s, -e: Leiter einer Redaktion. **Chefse|kretärin** *die*; -, -nen: Sekretärin des Chefs

Cheilitis [*chai...*; *gr.-nlat.*] *die*; -, ...itiden: Lippenentzündung (Med.). **Cheiloplastik** *die*; -, -en: Lippenplastik, Bildung einer künstlichen Lippe (Med.). **Cheiloschisis** [*...ß-chi...*] *die*; -, ...schisen: Lippenspalte, Hasenscharte (Med.). **Cheilose** u. Cheilosis *die*; -: entzündliche Schwellung der Lippen (mit Borkenbildung u. Faulecken; Med.)

Cheirologie vgl. Chirologie. **Cheironomie** u. Chironomie [*gr.*] *die*; -: 1. mimische Bewegung u. Gebärdensprache der Hände zum Ausdruck von Handlung, Gedanke u. Empfindung (Tanzkunst). 2. Chorleitung durch Handbewegungen, mit denen dem Sängerchor melodischer Verlauf, Rhythmus u. Tempo eines Gesangs angezeigt werden (altgriech. u. frühchristl. Musik). **cheironomisch** u. chironomisch: a) die Cheironomie betreffend; b) mit Mitteln der Cheironomie gestaltet. **Cheiro|skop** *das*; -s, -e: Gerät zur Behandlung von Schielstörungen (Med.). **Cheirospasmus** u. Chiro|spasmus [*gr.-nlat.*] *der*; -, ...men: Schreibkrampf (Med.). **Cheirotonie** [*gr.*; „Handausstreckung"] *die*; -, ...ien: 1. Abstimmungsart durch Heben der Hand in Institutionen altgriech. Staatsverwaltung. 2. Handauflegung [bei der kathol. Priesterweihe] (Rel.)

Chelidonin [*che...*; *gr.-nlat.*] *das*; -s: Alkaloid aus dem Schellkraut von beruhigender Wirkung. **Chelizere** [*gr.*] *die*; -, -n: die ersten Gliedmaßenpaare des Mundes der Spinnentiere, die zum Zerkleinern der Nahrung dienen; Kieferfühler (Zool.)

Chelléen [*schäleäng*; nach dem franz. Ort Chelles (*schäl*)] *das*; -[s]: Kulturstufe der älteren Altsteinzeit

Chelonia [*che...*; *gr.-lat.*] *die*; -, ...niae [*...ä*]: Suppenschildkröte

Chelseaporzellan [*tschälßi...*; nach dem Londoner Stadtteil Chelsea]: im 18. Jh. hergestelltes englisches Weichporzellan mit bunter Bemalung; vgl. Sèvresporzellan

Chemcor ⓦ [*chemkor*; Kunstw.] *das*; -s: eine hochfeste Glassorte.

Chem|ia|trie [*arab.-roman.*; *gr.*] *die*; -: = Iatrochemie. **Chemie** [*arab.-roman.*] *die*; -: 1. Naturwissenschaft, die die Eigenschaften, die Zusammensetzung u. die Umwandlung der Stoffe u. ihrer Verbindungen erforscht; heiße -: (Jargon) radioaktive Chemie. 2. alles, was an chemischen, also nicht mehr natürlichen u. somit meist auch der Gesundheit abträglichen Bestandteilen in etwas enthalten, vorhanden ist; z. B. ich lasse keine - an meinen Körper; nur soviel - wie unbedingt nötig. **Chemi|graph** [*arab.-roman.*; *gr.*] *der*; -en, -en: jmd., der Druckplatten mit chemischen Mitteln herstellt. **Chemi|graphie** *die*; -: Herstellung von Druckplatten durch Ätzen od. Gravieren. **chemigraphisch**: a) die Chemigraphie betreffend; b) mit chemischen Mitteln hergestellt (von Druckplatten). **Chemikal** [*arab.-roman.-nlat.*] *das*; -s, -ien [*...i^en*] u. -e u. **Chemikalie** *die*; -, -n [*...i^en*] (meist Plural): industriell hergestellter chemischer Stoff. **Chemikant** *der*; -en, -en: Chemiefacharbeiter. **Chemiker** *der*; -s, -: Wissenschaftler auf dem Gebiet der Chemie. **Chemilumineszenz** [*arab.-roman.*; *lat.-nlat.*] u. Chemolumineszenz *die*; -: durch chem. Vorgänge bewirkte Lichtausstrahlung (z. B. bei Leuchtkäfern)

Cheminée [*schmine*; *fr.*] *das*; -s, -s: (schweiz.) offener Kamin in einem modernen Haus

chemisch [*arab.-roman.*]: a) die Chemie betreffend, mit der Chemie zusammenhängend; auf den Erkenntnissen der Chemie basierend; in der Chemie verwendet; b) den Gesetzen der Chemie folgend, nach ihnen erfolgend, ablaufend; durch Stoffumwandlung entstehend; c) mit Hilfe von [giftigen, schädlichen] Chemikalien erfolgend, [giftige, schädliche] Chemikalien verwendend; -e Keule [*engl.*]: Reizstoffsprühgerät als eine Art Kampfmittel bei polizeilichen Einsätzen; -e Verbindung: Stoff, der durch chemische Vereinigung mehrerer Elemente entstanden ist

Chemise [*sch^emis^e*; *lat.-fr.*; „Hemd"] *die*; -, -n: a) (veraltet) Hemd, Überwurf; b) hochgegürtetes Kleid in hemdartigem Schnitt aus leichtem Stoff (um 1800). **Chemisett** *das*; -[e]s, -s u. -e u. **Chemisette** *die*; -, -n: a) gestärkte Hemdbrust an Frack- u. Smokinghemden; b) heller Einsatz an Damenkleidern

chemisieren [*che...*; *arab.-roman.-nlat.*]: (DDR) auf technischem Gebiet verstärkt die Chemie anwenden

Chemisierkleid [*sch^emisie...*; *lat.-fr.*; *dt.*] *das*; -[e]s, -er: (bes. schweiz.) Kittelkleid, Damenkleid mit blusenartigem Oberteil

Chemisierung *die*; -, -en: das Chemisieren. **Chemismus** [*che...*; *arab.-roman.-nlat.*] *der*; -: Gesamtheit der chemischen Vorgänge bei Stoffumwandlungen (bes. im Tier- od. Pflanzenkörper). **Chemoauto|trophie** [*arab.*; *gr.-nlat.*] *die*; -: → autotrophe Ernährungsweise bestimmter Mikroorganismen (Biol.). **Chemokeule** *die*; -, -n: = chemische Keule. **Chemolumineszenz** vgl. Chemilumineszenz. **Chemonastie** [*arab.-roman*; *gr.*] *die*; -, ...ien: durch chemische Reize ausgelöste Bewegung von Pflanzenteilen, die keine deutliche Beziehung zur Richtung des Reizes hat (z. B. Krümmungsbewegungen der Drüsenhaare des Sonnentaus). **Chemo|plaste** *die* (Plural): härtbare Kunstharze. **Chemoresistenz** [*arab.-roman*; *lat.*] *die*; -: bei der Behandlung von Infektionen entstehende Unempfindlichkeit mancher Krankheitserreger gegen vorher wirksame → Chemotherapeutika (Med.). **Chemorezeptoren** *die* (Plural): Sinneszellen od. Sinnesorgane, die der Wahrnehmung chemischer Reize dienen (Med.). **Chemose** u. **Chemosis** [*gr.*] *die*; -, ...sen: entzündl. → Ödem der Augenbindehaut. **Chemosynthese** [*arab.-roman*; *gr.*] *die*; -: Fähigkeit mancher Bakterien, ohne Sonnenlicht körperfremde Stoffe in körpereigene umzuwandeln. **chemotaktisch**: die Chemotaxis betreffend. **Chemotaxis** *die*; -, ...xen: durch chemische Reize ausgelöste Orientierungsbewegung von Tieren und Pflanzen. **Chemotechnik** *die*; -: die Gesamtheit der Maßnahmen, Einrichtungen u. Verfahren, die dazu dienen, chemische Erkenntnisse praktisch nutzbar zu machen. **Chemotechniker** *der*; -s, -: Fachkraft der chem. Industrie. **Chemotherapeutikum** *das*; -s, ...ka (meist Plural): aus chemischen Substanzen hergestelltes Arzneimittel, das Krankheitserreger in ihrem Wachstum hemmt u. abtötet. **chemotherapeutisch**: a) die Chemotherapie betreffend; b) nach den Methoden der Chemotherapie verfahrend. **Chemotherapie** *die*; -: Behandlung von Infektionskrankheiten mit chemischen Mitteln. **Chemo|tropismus** *der*; -, ...men: durch chemische Reize ausgelöste Wachstumsbewegung bei Pflanzen. **Chem|urgie** *die*; -: Gewinnung chemischer Produkte aus land- u. forstwirtschaftl. Erzeugnissen

Cheney-Loyd [*tschinileud*; nach den Namen zweier Problemkomponisten] *der*; -: → kritische Schnittpunktkombination im Kunstschach mit → Kritikus u. nachfolgender Verstellung, aber ohne Abzugsschach durch die verstellte Figur

Chenille [*scheniljе*; auch: *schenije*; *lat.-fr.*] *die*; -, -n: Garn, dessen Fasern in dichten Büscheln seitlich vom Faden abstehen

cherchez la femme! [*schärsche la fam*; *fr.*; „sucht die Frau!"]: dahinter steckt bestimmt eine Frau!

Cherry Brandy [(*t*)*schäri brändi*; *engl.*] *der*; - -s, - -s: feiner Kirschlikör

Cherub [*che*...; *heb.-gr.-lat.*] (ökum.: Kerub) *der*; -s, -im u. -inen (auch: -e): [biblischer] Engel (mit Flügeln u. Tierfüßen), himmlischer Wächter (z. B. des Paradieses). **cherubinisch**: von der Art eines Cherubs, engelgleich

Chesterfield [*tschäßterfilt*; englischer Lord, der 1889 den betreffenden Mantel kreierte] *der*; -[s], -s: eleganter Herrenmantel mit verdeckter Knopfleiste. **Chesterkäse** [nach der engl. Stadt Chester] *der*; -s, -: ein fetter Hartkäse

chevaleresk [*schewal(e)*...; *lat.-it.-fr.*]: ritterlich. **Chevalerie** [*schewalri*; *lat.-fr.*] *die*; -: 1. Ritterschaft, Rittertum. 2. Ritterlichkeit. **Chevalier** [...*lie*; „Ritter"] *der*; -s, -s: franz. Adelstitel; vgl. Cavaliere. **Chevauleger** [*schewolesehe*; *fr.*] *der*; -s, -s: (veraltet) Angehöriger der leichten Kavallerie (einer bis ins 19. Jh. bestehenden Truppengattung)

chevillieren [*schewiji*...; *lat.-fr.*]: [Kunst]seide nachbehandeln, um sie glänzender zu machen

Cheviot [(*t*)*schäwiot* od. *sche*..., österr. nur: *schä*...; *engl.*] *der*; -s, -s: aus der Wolle der Cheviotschafe hergestelltes, dauerhaftes Kammgarngewebe [in Köperbindung (eine Webart)]

Che|vreau [*schewro*, auch: *schäw*...; *lat.-fr.*] *das*; -s: Ziegenleder. **Che|vrette** [...*rät*] *die*; -, -n [...*ten*]: mit Chromsalzen gegerbtes Schafleder. **Che|vron** [...*rong*] *der*; -s, -s: 1. Wollgewebe mit Fischgrätmusterung. 2. nach unten offener Winkel, Sparren (Wappenkunde). 3. franz. Dienstgradabzeichen

Chevy-Chase-Strophe [*tschäwitscheiß*...; *engl.*; nach der Ballade von der Jagd (chase) auf den Cheviot Hills] *die*; -, -n: Strophenform englischer Volksballaden

Chewing-gum [*tschuinggam*; *engl.*] *der*; -[s], -s: Kaugummi

Chi [*chi*; *gr.*] *das*; -[s], -s: zweiundzwanzigster Buchstabe des griech. Alphabets: X, χ

Chianti [*ki*...; ital. Landschaft] *der*; -[s]: ein ital. Rotwein, der in bauchigen Korbflaschen in den Handel kommt

Chiar|oscuro [*kiaroßkuro*; *it.*] *das*; -[s]: Helldunkelmalerei

Chiasma [*chi*...; *gr.-lat.*] *das*; -s, ...men: Überkreuzung zweier Halbchromosomen eines Chromosomenpaares während der → Reduktionsteilung (Biol.); - opticum [...*ikum*]: Sehnervenkreuzung (Med.). **Chiasmage** [*chiasmasche*; *gr.-lat.*; *fr.*] *die*; -, -n: Kunstwerk, das aus in Fetzen zerrissenen u. wieder zusammengeklebten Texten od. Bildern besteht, die mit anderem derartig verarbeiteten Papier kombiniert od. als Hintergrund verwendet werden. **Chiasmus** [*gr.-nlat.*; vom griech. Buchstaben Chi = X (= kreuzweise)] *der*; -: kreuzweise syntaktische Stellung von aufeinander bezogenen Wörtern od. Redeteilen (z. B. groß war der Einsatz, der Gewinn war klein; Rhet.; Stilk.); Ggs. → Parallelismus (2). **chiastisch**: in der Form des Chiasmus

Chiavette [*kiawäte*; *lat.-it.*] *die*; -, -n: in der Vokalmusik des 15.–17. Jh.s Notenschlüssel, der zur leichteren Lesbarkeit entfernt liegender Tonarten gegenüber den üblichen Schlüsseln um eine Terz höher od. tiefer geschoben wurde (Mus.)

chic [*schik*] usw. = schick usw.

Chicago-Jazz [*schikago*...; nach der Stadt in den USA] *der*; -: von Chicago ausgehende Stilform des Jazz in den Jahren nach dem ersten Weltkrieg; vgl. New-Orleans-Jazz

Chicha [*tschitscha*; *indian.-span.*] *die*; -: süßes südamerik. Getränk mit geringem Alkoholgehalt

Chichi [*schischi*; *fr.*] *das*; -[s], -[s]: 1. (ohne Plural) Getue, Gehabe. 2. verspieltes → Accessoire

Chicken [*tschiken*; *engl.*; „Huhn"] *das*; -[s], -: (Jargon) Junge, der sich prostituiert

Chicle [*tschikle*; *indian.-span.*] *der*; -[s]: aus Rindeneinschnitten des Sapotillbaumes gewonnener Milchsaft, der zur Herstellung von Kaugummi dient

Chico [*tschiko*; *span.*] *der*; -[s], -s: span. Bez. für: kleiner Junge

Chicorée [*schikore*; *gr.-lat.-it.-fr.*] *der*; -s, (auch:) *die*; -: die gelblichweißen Blätter der Salatzichorie, die als Gemüse od. Salat gegessen werden

Chief [*tschif*; *lat.-galloroman.-fr.-engl.*] *der*; -s, -s: engl. Bezeichnung für: Haupt, Oberhaupt

Chiffon [*schifong*, *schifong*, österr.: ...*fon*; *fr.*; „Lumpen"] *der*; -s, -s (österr.: -e): feines, schleierartiges Seidengewebe in Taftbindung (eine Webart). **Chiffonade** [...*ongde*] *die*; -, -n: in feine Streifen geschnittenes Gemüse, als Suppeneinlage verwendet. **Chiffonnier** [...*onie*] *der*; -s, -s: 1. Lumpensammler. 2. Schrank mit aufklappbarer Schreibplatte, hinter der sich Schubladen u. Fächer befinden. **Chiffonniere** [...*iäre*] *die*; -, -n: 1. Nähtisch, hohe Schubladenkommode. 2. (schweiz.) Kleiderschrank

Chif|fre [*schifre*, auch: *schifer*; *arab.-mlat.-fr.*] *die*; -, -n: 1. Ziffer. 2. geheimes Schriftzeichen, Geheimzeichen, Zeichen einer Geheimschrift. 3. Kennziffer einer Zeitungsanzeige. 4. Stilfigur [der modernen Lyrik] (Literaturw.). **Chif|freur** [*schifrör*] *der*; -s, -e: jmd., der Chiffren (2) dekodiert. **chif|frieren:** verschlüsseln, in einer Geheimschrift abfassen; Ggs. → dechiffrieren

Chi|gnon [*schinjong*; *lat.-galloroman.-fr.*] *der*; -s, -s: im Nacken getragener Haarknoten

Chihuahua [*tschi-ug-ua*; *span.*] *der*; -s, -s: kleinster, dem Zwergpinscher ähnlicher Hund mit übergroßen, fledermausartigen Ohren

Chilana [Kurzw. aus: *Chi*na u. *lat. lana* = „Wolle"] *die*; -: aus China stammende Wolle mittlerer Qualität

Chili [*tschili*; *indian.-span.*] *der*; -s: 1. mittelamerik. Paprikaart, die den → Cayennepfeffer liefert. 2. mit Cayennepfeffer scharf gewürzte Tunke

Chiliade [*chi...*; *gr.*] *die*; -, -n: (veraltet) Reihe, Zahl von Tausend. **Chiliasmus** [*gr.-nlat.*] *der*; -: [Lehre von der] Erwartung des Tausendjährigen Reiches Christi auf Erden nach seiner Wiederkunft vor dem Weltende (Offenbarung 20, 4f.). **Chiliast** [*gr.-lat.*] *der*; -en, -en: Anhänger des → Chiliasmus. **chiliastisch:** den Chiliasmus betreffend

Chiller [*tschil^er*; *engl.*] *der*; -s, -: Erzählung od. Theaterstück mit einer gruselig-schauerlichen Handlung

Chil[l]ies [*tschiliß*; *indian.-span.*; *engl.*] *die* (Plural): Früchte des → Chilis (1), die getrocknet den → Cayennepfeffer liefern

Chimära [*chi...*; *gr.-lat.*; „Ziege"] *die*; -: Ungeheuer der griech. Sage (Löwe, Ziege u. Schlange in einem). **Chimäre** *die*; -, -n: 1. = Schimäre. 2. a) Organismus od. einzelner Trieb, der aus genetisch verschiedenen Zellen aufgebaut ist (Biol.); b) Lebewesen, dessen Körper Zellen mit abweichender Chromosomenstruktur besitzt (Med.)

Chinacracker [*chinakräk^er*; nach dem ostasiat. Land; *engl.*] *der*; -s, -[s]: ein Feuerwerkskörper. **Chinagras** [*ind.-port.*; *dt.*] *das*; -es, ...gräser: = Ramie. **Chinakohl** *der*; -[e]s: als Gemüse od. Salat verwendete Kohlart mit geschlossenem, keulenförmigem Kopf. **Chinakrepp** *der*; -s: ein → Crêpe de Chine aus Kunstseide od. Chemiefasergarnen. **Chinaleinen** *das*; -s: Grasleinen, Gewebe aus → Ramie

Chinampas [*tschi...*; *indian.-span.*] *die* (Plural): Gemüsebeete im alten Mexiko, die durch rundumlaufende Wassergräben die Vorstellung von schwimmenden Gärten erweckten

Chinarinde [*chi...*; *indian.-span.*; *dt.*] *die*; -: chininhaltige Rinde bestimmter südamerik. Bäume. **Chinatinktur** [*indian.-span.*; *lat.*] *die*; -: Alkoholauszug aus gemahlener Chinarinde

Chinaware [*china...*; *ind.-port.*; *dt.*] *die*; -: kunstgewerbliche Arbeiten aus China, bes. Porzellan

China-white [*tschain^e|^uait*; *amerik.*] *das*; -[s]: sehr stark wirkendes Rauschmittel, bei dem schon eine geringe Mehrdosis tödlich wirkt

Chinchilla [*tschintschila*, seltener in span. Ausspr.: *...ilja*; *indian.-span.*] I. *die*; -, -s: südamerik. Nagetier mit wertvollem Pelz, Wollmaus. II. *das*; -s, -s: 1. deutsche Kaninchenrasse mit bläulich-aschgrauem Fell. 2. Fell der Chinchilla (I)

chin-chin! [*tschintschin*; *engl.*]: (ugs.) prost!, zum Wohl!

Chiné [*schine*; *fr.*] *der*; -[s], -s: [Kunst]seidengewebe mit abgeschwächter, verschwommener Musterung. **chiniert**: in Zacken gemustert (von Geweben)

Chinin [*chi...*; *indian.-span.-it.*] *das*; -s: → Alkaloid der → Chinarinde, als Fieber-, bes. Malariamittel verwendet

Chino [*tschino*; *span.*] *der*; -[s], -s: Mischling zwischen Indianer u. Negerin od. zwischen Neger u. Indianerin

Chinois [*schinoa*; *fr.*] *die* (Plural): kleine kandierte, unreife → Pomeranzen od. Zwergorangen. **Chinoiserie** [*schinoas^eri*] *die*; -, ...ien: kunstgewerblicher Gegenstand in chinesischem Stil (z. B. Porzellan, Lackmöbel)

Chinolin [*chi...*; *indian.-span.*; *lat.*] *das*; -s: gelbliche Flüssigkeit, ein → Antiseptikum (Med.). **Chinone** [*indian.-span.-nlat.*] *die* (Plural): umfangreiche Gruppe gelb bis rot gefärbter Verbindungen mit hoher Reaktionsbereitschaft (Chem.)

Chinook [*tschinuk*; nach dem nordamerik. Indianerstamm] *der*; -s: warmer, trockener u. föhnartiger Fallwind an der Ostseite der Rocky Mountains

Chintz [*tschinz*; *Hindi-engl.*] *der*; -[es], -e: buntbedrucktes Gewebe aus Baumwolle od. Chemiefasergarnen in Leinenbindung mit spiegelglatter, glänzender Oberfläche; vgl. Ciré

Chiono|graph [*chi...*; *gr.-nlat.*] *der*; -en, -en: Gerät zur Aufzeichnung der Fallmenge von Niederschlägen in fester Form, bes. von Schnee. **chionophil**: schneeliebend (von Pflanzen, die im Winter eine langanhaltende u. dicke Schneedecke als Kälteschutz benötigen; Bot.)

Chip [*tschip*; *engl.*] *der*; -s, -s: 1. Spielmarke (bei Glücksspielen). 2. (meist Plural) in Fett gebackenes Scheibchen roher Kartoffeln. 3. sehr kleines, meist aus Silicium bestehendes Plättchen, das einen integrierten Schaltkreis od. eine Gruppe solcher Schaltungen trägt u. auf dem Informationen gespeichert werden können (Mikroelektronik)

Chippendale [*(t)schip^end^el*; engl. Tischler] *das*; -[s]: englischer Möbelstil des 18. Jh.s, der in sich Elemente des englischen Barocks, des französischen Rokokos, chinesische u. gotische Formen mit der Tendenz zum Geraden u. Flachen vereinigt (in erster Linie Sitzmöbel, die dem Körper angepaßt sind; bevorzugt Mahagoni, verzichtet wird auf Beschläge u. Einlagen)

Chippy [*tschipi*; *engl.*] *der*; -s, ...ies: jmd., der Rauschgift nur in kleinen Dosierungen nimmt; Anfänger (in bezug auf Rauschgift)

Chir|agra [*chi...*; *gr.-lat.*] *das*; -s: Gicht in den Hand- u. Fingergelenken (Med.)

Chirimoya [*tschirimoja*; *indian.-span.*] *die*; -, -s: Honig- od. Zimtapfel, wohlschmeckende Frucht eines [sub]tropischen Baumes

Chiro|gnomie [*chi...*; *gr.-nlat.*] *die*; -: = Chirologie. **Chirogrammatomantie** *die*; -, ...ien: Handschriftendeutung. **Chirograph** [*gr.-lat.*] *das*; -s, -en u. **Chiro|graphum** *das*; -s, ...graphen u. ...rographa: 1. Vertragsurkunde, deren Beweiskraft nicht auf Zeugen, sondern auf der Handschrift des Verpflichteten beruht (röm. Recht). 2. besondere Urkundenart im mittelalterlichen Recht. 3. päpstliche Verlautbarung in Briefform mit eigenhändiger Unterschrift des Papstes. **Chirologie** u. Cheirologie [*gr.-nlat.*] *die*; -: 1. Lehre von der Deutung der Handlinien, die Ausdruck innerer Wesenseigenschaften sein sollen. 2. die Hand- u. Fingersprache der Taubstummen. **Chiromant** *der*; -en, -en: Handliniendeuter. **Chiromantie** *die*; -: Handlesekunst

Chironja [*tschirongcha*; *span.*] *die*; -, -s: Zitrusfrucht aus Puerto Rico mit gelber, leicht zu lösender Schale

Chironomie usw. vgl. Cheironomie usw. **Chiropädie** *die*; -: Handfertigkeitsunterricht. **Chiro|praktik** *die*; -: manuelles Einrenken verschobener Wirbelkörper u. Bandscheiben. **Chiro|praktiker** *der*; -s, -: Fachmann auf dem Gebiet der Chiropraktik. **Chiro|ptera** *die* (Plural): Fledermäuse. **Chiro|pterit** *das*; -s: phosphorsäurehaltige Erde aus allmählich fossil werdendem Kot von Fledermäusen. **Chiropterogamie** *die*; -: Bestäubung von Blüten durch Fledermäuse. **Chirospasmus** vgl. Cheirospasmus. **Chirotherapie** *die*; -: von einem Arzt ausgeführte Chiropraktik. **Chirotherium** [„Handtier"] *das*; -s, ...ien [...i^en]: Saurier aus der Buntsandsteinzeit, von dem nur die Fußabdrücke bekannt sind. **Chir|urg** [*gr.-lat.*] *der*; -en, -en: Facharzt [u. Wissenschaftler] auf dem Gebiet der Chirurgie (1). **Chir|urgie** *die*; -, ...ien: 1. Teilgebiet der Medizin, Lehre von der operativen Behandlung krankhafter Störungen u. Veränderungen im Organismus. 2. chirurgische Abteilung eines Krankenhauses. **chirurgisch**: a) die Chirurgie betreffend; b) operativ

Chitarrone [*ki...*; *gr.-lat.-it.*] *der*; -[s], -s u. ...ni (auch: *die*; -, -n): ital. Baßlaute, Generalbaßinstrument im 17. Jh. (Mus.)

Chitin [*chi...*; *semit.-gr.-nlat.*] *das*; -s: stickstoffhaltiges → Polysaccharid, Hauptbestandteil der Körperhülle von Krebsen, Tausendfüßern, Spinnen, Insekten, bei Pflanzen in den Zellwänden von Flechten u. Pilzen. **chitinig**: chitinähnlich. **chitinös**: aus Chitin bestehend. **Chiton** [*semit.-gr.*] *der*; -s, -e: Leibrock, Kleidungsstück im Griechenland der Antike. **Chitonen** [*semit.-gr.-nlat.*] *die* (Plural): Gattung aus der Familie der Käferschnecken

Chlaina [*chl...*; *gr.*] u. Chläna [*gr.-lat.*] *die*; -, ...nen: ungenähter wollener Überwurf für Männer im Griechenland der Antike

Chlamydobakterien [*chla...*; *gr.*] *die* (Plural): Fadenbakterien, die eine Schicht auf Gewässern bilden. **Chlamys** [auch: *chla...*] *die*; -, -: knielanger, mantelartiger Überwurf für Reiter u. Krieger im Griechenland der Antike

Chläna [*chläna*] vgl. Chlaina

Chloanthit [*klo...*, auch: *...it*; *gr.-nlat.*] *der*; -s, -e: Arsennickelkies, ein weißes od. graues Mineral. **Chloasma** *das*; -s, ...men: brauner Hautfleck, Leberfleck (Med.)

Chlor [*klor*; *gr.*; „gelblichgrün"] *das*; -s: chem. Grundstoff, Nichtmetall; Zeichen: Cl. **Chloral** [Kurzw. aus: *Chlor* u. → *Aldehyd*] *das*; -s: Chlorverbindung, stechend riechende, ätzende Flüssigkeit. **Chloralhy|drat** *das*; -s: ein Schlafmittel. **Chloralismus** [*nlat.*] *der*; -, ...men: Chloralvergiftung. **Chlor|amin** *das*; -s: Bleich- u. Desinfektionsmittel. **Chlorat** *das*; -s, -e: Salz der Chlorsäure. **Chloration** [...*zion*] *die*; -: Verfahren zur Goldgewinnung aus goldhaltigen Erzen. **Chloratit** [auch: *...it*] *das*; -s, -e: [reibungsempfindlicher] Chloratsprengstoff. **Chlordioxyd**, (chem. fachspr.:) Chlordi|oxid *das*; -s: Chlorverbindung, Desinfektions- u. Mehlbleichmittel. **Chlorella** *die*; -, ...llen: Vertreter der weltweit verbreiteten Grünalgengattung. **chloren**: = chlorieren (2). **Chlorid** *das*; -s, -e: chem. Verbindung des Chlors mit Metallen od. Nichtmetallen. **chlorieren**: 1. in den Molekülen einer chemischen Verbindung bestimmte Atome od. Atomgruppen durch Chloratome ersetzen. 2. mit Chlor keimfrei machen (z. B. Wasser). **chlorig**: chlorhaltig, chlorartig

Chlorit

I. [*klorit*] *das*; -s, -e: Salz der chlorigen Säure.

II. [*...it*, auch: *...it*] *der*; -s: ein grünes, glimmerähnliches Mineral

chloritisieren: in ein Salz der chlorigen Säure umwandeln. **Chlorkalk** *der*; -[e]s: Bleich- u. Desinfektionsmittel. **Chlornatrium** = Natriumchlorid. **Chloroform** [*gr.*; *lat.*] *das*; -s: süßlich riechende, farblose Flüssigkeit (früher ein Betäubungsmittel, heute nur noch als Lösungsmittel verwendet). **chloroformieren**: durch Chloroform betäuben. **Chlorom** [*gr.-nlat.*] *das*; -s, -e: bösartige Geschwulst mit eigentümlich grünlicher Färbung (Med.). **Chloromycetin** Ⓦⓩ [*...müze...*] *das*; -s: ein → Antibiotikum. **Chlorophan** *der*; -s, -e: smaragdgrüner → Korund (II). **Chlorophyll** [„Blattgrün"] *das*; -s: magnesiumhaltiger, grüner Farbstoff in Pflanzenzellen, der die → Assimilation (2b) ermöglicht. **Chlorophytum** *das*; -s, ...ten: Grünlilie, eine Zierpflanze aus Südafrika. **Chlorophyzee** *die*; -, -n (meist Plural): Grünalge. **Chloroplast** *der*; -en, -en (meist Plural): kugeliger Einschluß der Pflanzenzellen, der Chlorophyll enthält. **Chlor|opsie** *die*; -: das Grünschen (als Folgeerscheinung bei bestimmten Vergiftungen; Med.). **Chlorose** *die*; -, -n: 1. mangelnde Ausbildung von Blattgrün (Pflanzenkrankheit). 2. Bleichsucht bei Menschen infolge Verminderung des Blutfarbstoffes (Med.). **chlorsaure Kalium** *das*; -n -s: = Kaliumchlorat. **Chlorstickstoff** [*gr.*; *dt.*] *der*; -s: eine hochexplosive, ölige Chlorverbindung. **Chlorür** [*gr.-fr.*] *das*; -s, -e: frühere Bezeichnung für ein → Chlorid mit niedriger Wertigkeitsstufe des zugehörigen Metalls

Chlyst [*chlüßt*; *russ.*; „Geißler"] *der*; -en, -en: Anhänger einer russischen Sekte (seit dem 17. Jh.)

Choane [*ko...*; *gr.*] *die*; -, -n (meist Plural): hintere Öffnung der Nase zum Rachenraum

Choc [*schok*] vgl. Schock

Choke [*tscho^u^k*] u. Choker [*tscho^u^k^e^r*; *engl.*] *der*; -s, -s: Luftklappe im Vergaser (Kaltstarthilfe; Kfz-Technik). **Chokebohrung** [*engl.*; *dt.*] *die*; -, -en: kegelförmige Verengung an der Mündung des im übrigen zylindrischen Laufes von Jagdgewehren. **Choker** [*tscho^u^k^e^r*] vgl. Choke

chokieren [*schoki...*] vgl. schockieren

Chol|agogum [*cho...*; *gr.-lat.*] *das*; -s, ...ga: galletreibendes Mittel, zusammenfassende Bezeichnung für Cholekinetikum u. Choleretikum (Med.). **Chol|ämie** [*gr.-nlat.*] *die*; -, ...ien: Übertritt von Galle ins Blut (Med.). **Chol|angiom** *das*; -s, -e: [bösartige] Geschwulst im Bereich der Gallenwege (Med.). **Chol|angitis** *die*; -, ...itiden: Entzündung der Gallengänge (einschließlich der Gallenblase; Med.). **Cholansäure** [*gr.-nlat.*; *dt.*] *die*; -: Grundsubstanz der Gallensäuren. **Cholekinetikum** *das*; -s, ...ka: Mittel, das die Entleerung der Gallenblase anregt (Med.). **Cholelith** [auch: *...it*; *gr.-nlat.*] *der*; -[e]s u. -en, -e[n]: Gallenstein (Med.). **Cholelithiasis** *die*; -: Gallensteinleiden, -kolik (Med.). **Cholera** [*ko...*; *gr.-lat.*; „Gallenbrechdurchfall"] *die*; -: schwere (epidemische) Infektionskrankheit (mit heftigen Brechdurchfällen; Med.). **Cholerese** [*cho...*; *gr.-nlat.*] *die*; -, -n: Gallenabsonderung (Med.). **Choleretikum** *das*; -s, ...ka: Mittel, das die Gallenabsonderung in der Leber anregt (Med.). **choleretisch**: die Gallenabsonderung anregend (Med.). **Choleriker** [*ko...*; *gr.-lat.*] *der*; -s, -: (nach dem von Hippokrates aufgestellten Temperamentstyp) reizbarer, jähzorniger Mensch; vgl. Melancholiker, Phlegmatiker, Sanguiniker. **Cholerine** [*gr.-*

nlat.] *die*; -, -n: abgeschwächte Form der Cholera (Med.). **cholerisch** [*gr.-lat.*]: jähzornig, aufbrausend; vgl. melancholisch, phlegmatisch, sanguinisch. **Cholestase** vgl. Cholostase. **Cholestea|tom** [*cho...*; *gr.-nlat.*] *das*; -s, -e: (Med.) 1. besondere Art der chronischen Mittelohrknocheneiterung. 2. gutartige Perlgeschwulst an der Hirnrinde. **Cholesterin** [auch: *ko...*] *das*; -s: wichtigstes, in allen tierischen Geweben vorkommendes → Sterin, Hauptbestandteil der Gallensteine. **Cholezystitis** [*cho...*] *die*; -, ...itiden: Gallenblasenentzündung (Med.). **Cholezystopathie** *die*; -, ...ien: Gallenblasenleiden (Med.)

Chol|iambus [*chol...*; *gr.-lat.*; „Hinkjambus"] *der*; -, ...ben: ein aus Jamben bestehender antiker Vers, in dem statt des letzten → Jambus ein → Trochäus auftritt

Cholin [*cho...*; *gr.-nlat.*] *das*; -s: Gallenwirkstoff, in Arzneimitteln verwendet

Cholo [*tscholo*; *span.*] *der*; -[s], -s: Mischling zwischen Indianer u. Mestize in Südamerika

Cholostase u. Cholestase [*cho...*; *gr.-nlat.*] *die*; -, -n: Stauung der Gallenflüssigkeit in der Gallenblase. **cholostatisch**: durch Gallenstauung entstanden (Med.). **Chol|urie** *die*; -, ...ien: Auftreten von Gallenbestandteilen im Harn (Med.)

Chomageversicherung [*schomasehᵉ...*; *gr.-vulgärlat.-fr.*; *dt.*] *die*; -, -en: Ausfallversicherung bei Betriebs-od. Mietunterbrechung

Chon [*tschon*; *korean.*] *der*; -, -: Währungseinheit in Süd-Korea

Chon|dren [*chon...*; *gr.*] *die* (Plural): kleine Körner (Kristallaggregate), aus denen die Chondrite aufgebaut sind. **Chon|drin** [*gr.-nlat.*] *das*; -s: aus Knorpelgewebe gewonnene Substanz, die als Leim verwendet wird. **Chondriosomen** *die* (Plural): = Mitochondrien. **Chon|drit** [auch: *...it*] *der*; -s, -e: 1. aus Chondren aufgebauter Meteorstein. 2. pflanzlichen Verzweigungen ähnelnder Abdruck in Gesteinen (Geol.). **Chon|dritis** *die*; -, ...itiden: Knorpelentzündung (Med.). **chondritisch**: die Struktur des Chondrits betreffend. **Chon|dro|blast** *der*; -en, -en (meist Plural): Bindegewebszelle, von der die Knorpelbildung ausgeht (Med.). **Chondro|blastom** *das*; -s, -e: gutartige Geschwulst aus Knorpelgewebe (Med.). **Chon|drodystrophie** *die*; -: erbbedingte Knorpelbildungsstörung bei Tier u. Mensch. **Chondrom** *das*; -s, -e: = Chondroblastom. **Chon|dromatose** *die*; -, -n: Bildung zahlreicher Knorpelgewebsgeschwülste im Körper (Med.). **Chon|drosarkom** *das*; -s, -e: vom Knorpelgewebe ausgehende bösartige Geschwulst (Med.). **Chon|drulen** [*gr.-engl.*] *die* (Plural): erbsengroße Steinchen in Meteoriten (Mineral.)

Chopper [*tschopᵉr*; *engl.*; „Hakker"] *der*; -s, -[s]: 1. vorgeschichtliches Hauwerkzeug, aus einem Steinbrocken o. ä. geschlagen. 2. Vorrichtung zum wiederholten, zeitweisen Unterbrechen („Zerhacken") einer Strahlung, wodurch getrennte Impulse entstehen (Phys.). 3. = Easy-rider (2)

Chor [*kor*; *gr.-lat.*]

I. *der* (seltener: *das*); -[e]s, -e u. Chöre: 1. erhöhter Kirchenraum mit [Haupt]altar (urspr. für das gemeinsame Chorgebet der → Kleriker). 2. Platz der Sänger auf der Orgelempore.

II. *der*; -[e]s, Chöre: (Mus.) 1. Gruppe von Sängern, die sich zu regelmäßigem, gemeinsamem Gesang zusammenschließen. 2. gemeinsamer [mehrstimmiger] Gesang von Sängern. 3. Musikstück für gemeinsamen [mehrstimmigen] Gesang. 4. Verbindung der verschiedenen Stimmlagen einer Instrumentenfamilie. 5. gleichgestimmte Saiten (z. B. beim Klavier, bei der Laute o. ä.). 6. die zu einer Taste gehörenden Pfeifen der gemischten Stimmen bei der Orgel; im -: gemeinsam (sprechend o. ä.).

III. *der* od. *das*; -s, -e: die für ein Muster erforderliche Abteilung im Kettsystem des Webgeschirrs (Weberei)

Choral [*ko...*; *gr.-nlat.*] *der*; -s, ...räle: a) kirchlicher Gemeindegesang; b) Lied mit religiösem Inhalt. **Choralkantate** *die*; -, -n: Kantate, der ein evangelisches Kirchenlied in mehreren Sätzen zugrunde liegt. **Choralnotation** [*...zion*] *die*; -, -en: mittelalterliche Notenschrift, die nur die relativen, nicht die → mensurierten Tonhöhenunterschiede angibt. **Choralpassion** *die*; -, -en: gesungener Passionsbericht im einstimmigen Gregorianischen Choralton

Chorda u. Chorde [*kor...*; *gr.-lat.*] *die*; -, ...den: 1. Sehnen-, Knorpel- od. Nervenstrang (Anat.). 2. knorpelähnlicher Achsenstab als Vorstufe der Wirbelsäule (bei Schädellosen, Mantel- u. Wirbeltieren; Biol.). **Chordaphon** [„Saitentöner"] *das*; -s, -e: Instrument mit Saiten als Tonerzeugern. **Chordaten** [*gr.-nlat.*] *die* (Plural): zusammenfassende Bezeichnung für diejenigen Tiergruppen, die eine Chorda besitzen (Schädellose, Wirbeltiere, Lanzettfischchen, Manteltiere; Biol.). **Chorde** vgl. Chorda. **Chorditis** *die*; -, ...itiden: Entzündung der Stimmbänder (Med.). **Chordom** *das*; -s, -e: [bösartige] Geschwulst an der Schädelbasis (Med.). **Chordotonalorgane** *die* (Plural): Sinnesorgane der Insekten (primitive Hörorgane; Biol.)

Chorea [*ko...*; *gr.-lat.*] *die*; -: Veitstanz (Med.). **choreaform** u. choreiform [*...re-i...*; *gr.-nlat.*]: veitstanzartig. **Chorege** [*cho...*, auch: *ko...*; *gr.*] *der*; -n, -n: Chorleiter im altgriech. Theater. **choreiform** [*kore-i...*] vgl. choreaform. **Choreo|graph** [*gr.-nlat.*] *der*; -en, -en: jmd., der [als Leiter eines Balletts] eine Tanzschöpfung kreiert u. inszeniert. **Choreographie** *die*; -, ...ien: a) künstlerische Gestaltung u. Festlegung der Schritte u. Bewegungen eines Balletts; b) (früher) graphische Darstellung von Tanzbewegungen u. -haltungen. **choreographieren**: ein Ballett einstudieren, inszenieren. **choreographisch**: die Choreographie betreffend. **Choreomanie** u. Choromanie *die*; -, ...ien: krankhaftes Verlangen, zu tanzen od. rhythmische Bewegungen auszuführen (Med.). **Choreus** [*cho...*, auch: *ko...*; *gr.-lat.*] *der*; -, ...een: = Trochäus. **Choreut** [*ko...*; *gr.*] *der*; -en, -en: 1. Chorsänger. 2. Chortänzer. **Choreutik** *die*; -: altgriech. Lehre vom Chorreigentanz. **choreutisch**: a) die Choreutik betreffend; b) im Stil eines altgriech. Chorreigentanzes ausgeführt.

Chorfrau [*kor...*] *die*; -, -en: 1. → Kanonissin. 2. a) Angehörige einer religiösen, nach der Augustinerregel lebenden Gemeinschaft; b) Angehörige des weiblichen Zweiges eines Ordens (z. B. Benediktinerin). **Chorhaupt** *das*; -[e]s, ...häupter: Abschluß des Chors (I) als halbkreisförmige → Apsis (1). **Chorherr** *der*; -[e]n, -en: 1. Mitglied eines Domkapitels. 2. Angehöriger einer Ordensgemeinschaft, die nicht nach einer Ordensregel, sondern nach anderen Richtlinien lebt (z. B. Prämonstratenser). **Choriambus** [*chor...*, auch: *kor...*; *gr.-lat.*] *der*; -, ...ben: aus einem → Choreus u. einem → Jambus bestehender Versfuß (–◡◡–)

Chorioidea [*ko...*; *gr.-nlat.*] *die*; -: Aderhaut des Auges (Med.). **Chorion** [*gr.*] *das*; -s: 1. Zottenhaut, embryonale Hülle vieler Wirbeltiere u. des Menschen (Biol.). 2. hartschalige Hülle vieler Insekteneier (Zool.)

Choriozönose [*cho...*; *gr.*] *die*; -, -n: = Biochore

choripetal [*ko...*; *gr.-nlat.*]: getrenntblättrig (von Pflanzen, deren Blumenkronblätter nicht miteinander verwachsen sind; Bot.)

chorisch [*ko...*; *gr.-lat.*]: den Chor (II) betreffend, durch den Chor auszuführen. **Chorist** [*gr.-lat.-mlat.*] *der*; -en, -en: Mitglied eines [Opern]chors. **Chorkantate** *die*; -, -n: Kantate mit Instrumentalbegleitung, die vom Chor allein (ohne Solisten) gesungen wird. **Chörlein** [*kör...*] *das*; -s, -: halbrunder od. vieleckiger Erker an mittelalterlichen Wohnbauten

Choro|graphie [*cho...*; *gr.-lat.*] *die*; -, ...ien: = Chorologie. **chorographisch**: = chorologisch. **Chorologie** [*gr.-nlat.*] *die*; -, ...ien: 1. Raum- od. Ortswissenschaft, bes. Geographie u. Astronomie. 2. = Arealkunde. **chorologisch**: die Chorologie betreffend

Choromanie vgl. Choreomanie.

Chorregent [*kor...*] *der*; -en, -en: (südd.) Leiter eines katholischen Kirchenchors. **Chorton** *der*; -s: Normalton für die Chor- u. Orgelstimmung. **Chorus** [*gr.-lat.*] *der*; -, -se; 1. das einer Komposition zugrundeliegende Form- u. Akkordschema, das die Basis für Improvisationen bildet (Jazz). 2. Hauptteil od. Refrain eines Stükkes aus der Tanz- od. Unterhaltungsmusik

Chose [*schos^e*, bei franz. Aussprache: *schos*] *die*; -, -n: (ugs.) [unangenehme] Sache, Angelegenheit

Chow-Chow [*tschautschau*; *chin.-engl.*] *der*; -s, -s: Vertreter einer in China gezüchteten Hunderasse

Chrematistik [*kre...*; *gr.*] *die*; -: (hist.) gewerbsmäßiges Betreiben einer Erwerbswirtschaft mit dem Ziel, sich durch Tauschen u. Feilschen zu bereichern. **Chrestomathie** [*kräß...*; „das Erlernen von Nützlichem"] *die*; -, ...ien: für den Unterricht bestimmte Sammlung ausgewählter Texte od. Textauszüge aus den Werken bekannter Autoren. **Chrie** [*chri^e*; *gr.-lat.*] *die*; -, -n: 1. praktische Lebensweisheit, moralisches Exempel. 2. (veraltet) Anweisung für Schulaufsätze

Chrisam [*chri...*; *gr..-lat.*] *das* od. *der*; -s u. **Chrisma** [*chriß...*] *das*; -s: geweihtes Salböl, in der katholischen u. orthodoxen Kirche bei Taufe, Firmung, Bischofs- u. Priesterweihe verwendet. **Chrismale** [*gr.-nlat.*] *das*; -s, ...lien [*...li^{e}n*] u. ...lia: (kath. Rel.) 1. Tuch od. Kopfbinde zum Auffangen des Salböls. 2. ein mit Wachs getränktes Altartuch. 3. Gefäß zur Aufbewahrung des Chrisams. **Chrismon** [*gr.-mlat.*] *das*; -s, ...ma: der reich verzierte Buchstabe C am Anfang vieler mittelalterlicher Urkunden (urspr. das → Christogramm)

Christ [*kr...*; *gr.-lat.*]

I. *der*; -en, -en: Anhänger [u. Bekenner] des Christentums; Getaufter.

II. *der*; -: = Christus; der Heilige -: das Christkind; zum Heiligen -: zu Weihnachten

Christdemo|krat *der*; -en, -en: Anhänger einer christlich-demokratischen Partei. **Christe eleison!**: Christus, erbarme dich! vgl. Kyrie eleison. **Christentum** *das*; -s: die auf Jesus Christus, sein Leben u. seine Lehre gegründete Religion. **christianisieren** (die Bevölkerung eines Landes) zum Christentum bekehren. **Christianitas** *die*; -: Christlichkeit als Geistes- u. Lebenshaltung. **Christian Science** [*krißtsch^{e}n ßai^{e}nß*; *engl.*; „christl. Wissenschaft"] *die*; - -: (von Mary Baker-Eddy um 1870 in den USA begründete) christliche Gemeinschaft, die durch enge [Gebets]verbindung mit Gott menschliche Unzulänglichkeit überwinden will; vgl. Szientismus. **christkatholisch**: (schweiz.) altkatholisch. **Christkatholizismus** (schweiz.) *der*; -: Lehre der altkatholischen Kirche, die den Primat des Papstes ablehnt; Altkatholizismus. **christlich** [*gr.-lat.*; *dt.*]: a) auf Christus und seine Lehre zurückgehend; der Lehre Christi entsprechend; b) im Christentum verwurzelt, begründet; c) kirchlich; christliches Hospiz: Hotel der evangelischen Inneren Mission in Großstädten. **Christmas-Carol** [*krißm^{e}ßkär^{e}l*; *engl.*] *das*; -s, -s: volkstümliches englisches Weihnachtslied; vgl. Carol. **Christmas-Pantomimes** [*krißm^{e}ß-pänt^{e}maims*; „Weihnachtsspiele"] *die* (Plural): in England zur Weihnachtszeit aufgeführte burleske Ausstattungsstücke nach Themen aus Märchen, Sage u. Geschichte. **Christmette** *die*; -, -n: Mitternachtsgottesdienst in der Christnacht.

Christo|gramm [*gr.-nlat.*] *das*; -s, -e: = Christusmonogramm. **Christola|trie** *die*; -: die Verehrung Christi als Gott. **Christologie** *die*; -, ...ien: Lehre der christlichen Theologie von der Person Christi. **christologisch**: die Christologie betreffend. **Christophanie** *die*; -, ...ien: Erscheinung Jesu Christi, bes. des auferstandenen Christus. **Christozen|trik** *die*; -: die Betonung der zentralen u. einzigartigen Stellung Jesu Christi in der Schöpfungs- u. Heilsgeschichte. **christozen|trisch**: auf Christus als Mittelpunkt bezogen. **Christus** [*gr.*] *der*; - (ohne Artikel: Genitiv ...sti, Dativ: ...sto, Akkusativ: ...stum): Ehrenname von Jesus, der Messias; nach -/Christo/Christi Geburt: nach dem Jahr null unserer Zeitrechnung. **Christusmono|gramm** *das*; -s, -e: Symbol für den Namen Christus, das aus den griech. Anfangsbuchstaben des Namens Christus X (Chi) u. P (Rho) zusammengefügt ist; vgl. IHS

Chrom [*krom*; *gr.-lat.-fr.*; „Farbe"] *das*; -s: chem. Grundstoff, Metall (Zeichen: Cr). **chromaffin**: mit Chromsalzen anfärbbar (von Zellen u. Zellteilen; Biochem.); -es System: eine Gruppe hormonliefernder Zellen, die sich bei Behandlung mit bestimmten chemischen Substanzen braun färben. **Chroman** Ⓦ [*nlat.*] *das*; -s: Chrom-Nickel-Legierung. **Chromat** *das*; -s, -e: Salz der Chromsäure. **Chromatiden** [*gr.-nlat.*] *die* (Plural): Chromosomenspalthälften, aus denen bei der Zellteilung die Tochterchromosomen entstehen (Biol.). **Chromatie** *die*; -, ...ien: Projektionsverfahren beim Fernsehen, durch das künstliche Hintergründe in Aufnahmestudios geschaffen werden können; vgl. Blue screen, Blue box. **chromatieren**: die Oberfläche von Metallen mit einer Chromatschicht zum Schutz gegen → Korrosion (1) überziehen. **Chromatik** [*gr.-lat.*] *die*; -: 1. Veränderung („Färbung") der sieben Grundtöne durch Versetzungszeichen um einen Halbton nach oben od. unten; Ggs. → Diatonik (Mus.). 2. Farbenlehre (Phys.). **Chromatin** [*gr.-nlat.*] *das*; -s, -e: der mit bestimmten Stoffen anfärbbare Bestandteil des Zellkerns, der das Erbgut der Zelle enthält. **chromatisch** [*gr.-lat.*]: 1. in Halbtönen fortschreitend (Mus.). 2. die Chromatik (2) betreffend; -e Aberration: Abbildungsfehler von Linsen durch Farbzerstreuung. **chromatisieren** [*gr.-nlat.*]: = chromatieren. **Chromatodys|opsie** *die*; -, ...ien: Farbenblindheit (Med.). **Chromato|gramm** *das*; -s, -e: Darstellung des Analysenergebnisses einer Chromatographie [durch Farbbild]. **Chromato|graphie** *die*; -: Verfahren zur Trennung chemisch nahe verwandter Stoffe. **chromato|graphieren**: eine Chromatographie durchführen. **chromato|graphisch**: a) die Chromatographie betreffend; b) das Verfahren der Chromatographie anwendend. **Chromatometer** *das*; -s, -: Gerät zur Bestimmung des Anteils der Grundfarben in einer Farbmischung. **chromatophil**: leicht färbbar (bes. von Textilfasern). **Chromatophor** [„Farbstoffträger"] *das*; -s, -en (meist Plural): 1. farbstofftragende → Organelle der Pflanzenzelle (Bot.). 2. Farbstoffzelle bei Tieren, die den Farbwechsel der Haut ermöglicht (z. B. Chamäleon; Zool.). **Chromat|opsie** u. Chrom|opsie *die*; -: Sehstörung, bei der ungefärbte Gegenstände in bestimmten Farbtönen od. Farbtöne bei geschlossenen Augen wahrgenommen werden (Med.). **Chromat|optometer** u. Chrom|optometer *das*; -s, -: Apparat zur Messung der Farbwahrnehmungsfähigkeit (Med.). **Chromatose** *die*; -, -n: abnorme Farbstoffablagerung in der Haut (Med.); vgl. Dyschromie. **Chroma|tron** *das*; -s, ...one (auch: -s): spezielle Bildröhre für das Farbfernsehen. **Chromgelb** *das*; -s: deckkräftige Malerfarbe, Bleichromat. **Chromgrün** *das*; -s: Deckgrün, Mischfarbe aus Berliner Blau u. Chromgelb. **Chromidien** [*kromidi*[e]*n*] *die* (Plural): (veraltet) → Mikrosomen. **chromieren**: Wolle nach dem Färben mit Chromverbindungen beizen; vgl. aber: verchromen

Chromit

I. [auch: ...*it*] *der*; -s, -e: Chrom[eisen]erz, ein Mineral.

II. *das*; -s, -e: ein Chromsalz

Chromleder [*gr.-lat. fr.*; *dt.*] *das*; -s: mit Chromverbindungen gegerbtes Leder. **chromogen** [*gr.-nlat.*]: Farbstoff bildend. **Chromolith** [auch: ...*it*] *der*; -s u. -en, -e[n]: unglasiertes Steinzeug mit eingelegten farbigen Verzierungen. **Chromolitho|graphie** *die*; -, ...ien: Mehrfarben[stein]druck. **Chromomer** *das*; -s, -en (meist Plural): stark anfärbbare Verdichtung der Chromosomenlängsachse, Träger bestimmter Erbfaktoren (Biol.). **Chromonema** *das*; -s, ...men (meist Plural): spiralig gewundener Faden, der mit 2–4 anderen ein Chromosom bildet (Biol.). **Chromonika** *die*; -, -s u. ...ken: eine → diatonische u. chromatische Mundharmonika. **Chromopapier** *das*; -s, -e: [einseitig] mit Kreide gestrichenes glattes Papier für → Offset- u. Steindruck. **Chromophor** [„Farbträger"] *der*; -s, -e: Atomgruppe organischer Farbstoffe, die für die Farbe des betreffenden Stoffes verantwortlich ist (Chem.). **Chromo|plast** *der*; -en, -en (meist Plural): gelber od. roter kugeliger Farbstoffträger bestimmter Pflanzenzellen, der die Färbung der Blüten od. Früchte bestimmt. **Chromo|proteide** *die* (Plural): Eiweißstoffe, die Farbstoffe enthalten (z. B. Hämoglobin, Chlorophyll; Chem.). **Chromopsie** vgl. Chromatopsie. **Chromoptometer** vgl. Chromatoptometer. **Chromo|skop** *das*; -s, -e: Vorrichtung zur Untersuchung u. Projektion von Farben mit Hilfe von Farbfiltern (Optik). **Chromosom** *das*; -s, -en (meist Plural): in jedem Zellkern in artspezifischer Anzahl u. Gestalt vorhandenes, das Erbgut eines Lebewesens tragendes, fadenförmiges Gebilde, Kernschleife (Biol.). **chromosomal**: das Chromosom betreffend. **Chromosomenaberration** [...*zion*] *die*; -, -en: Veränderung in der Chromosomenstruktur vor einer Aufteilung der Chromosomen in Chromatiden. **Chromosomenanomalie** *die*; -, -n: durch Chromosomenmutation entstandene Veränderung in der Zahl od. Struktur der Chromosomen. **Chromosomenmutation** [...*zion*] *die*; -, -en: Strukturänderung eines Chromosoms, die zu einer Änderung des Erbguts führt. **Chromosomenreduktion** [...*zion*] *die*; -, -en: Halbierung der Chromosomenzahl durch → Reduktionsteilung. **Chromo|sphäre** *die*; -: glühende Gasschicht um die Sonne. **Chromotypie** *die*; -: Farbendruck. **Chromoxydgrün**, (chem. fachspr.:) Chromoxidgrün [*gr.-nlat.*; *dt.*] *das*; -s: dunkelgrüne deckende Malerfarbe. **Chromozen|trum** *das*; -s, ...zentren: stark anfärbbarer Chromosomenabschnitt (Biol.). **Chromrot** *das*; -s: Malerfarbe (basisches Bleichromat)

Chronik [*kro...*; *gr.-lat.*] *die*; -, -en: 1. Aufzeichnung geschichtlicher Ereignisse in zeitlich genauer Reihenfolge. 2. (ohne Plural) Bezeichnung für zwei geschichtliche Bücher des Alten Testaments. **Chronika** *die* (Plural): = Chronik (2). **chronikalisch** [*gr.-nlat.*]: in Form einer Chronik abgefaßt. **Chronique scandaleuse** [*kronik ßkangdalös*; *fr.*] *die*; - -, -s -s [...*nik* ...*lös*]: Sammlung von Skandal- u. Klatschgeschichten einer Epoche od. eines bestimmten Milieus. **chronisch** [*gr.-lat.*]: 1. sich langsam entwickelnd, langsam verlaufend (von Krankheiten; Med.); Ggs. → akut. 2. (ugs.) dauernd, ständig, anhaltend. **Chronist** [*gr.-nlat.*] *der*; -en, -en: Verfasser einer Chronik. **Chronistik** *die*; -: Gattung der Geschichtsschreibung. **Chronizität** *die*; -: chronischer Verlauf einer Krankheit; Ggs. → Akuität (Med.). **Chronobiologie** *die*; -: Fachgebiet der Biologie, auf dem die zeitlichen Gesetzmäßigkeiten im Ablauf von Lebensvorgängen erforscht werden. **Chronodistichon** [*gr.-nlat.*] *das*; -s, ...chen: → Chronogramm in der Form eines → Distichons. **Chronogramm** *das*; -s, -e: 1. ein Satz od. eine Inschrift (in lat. Sprache), in der hervorgehobene Großbuchstaben als Zahlzeichen die Jahreszahl eines geschichtlichen Ereignisses ergeben, auf das sich der Satz bezieht. 2. Aufzeichnung eines Chronographen. **Chronograph** *der*; -en, -en: Gerät zum Übertragen der Zeitangabe einer Uhr auf einen Papierstreifen. **Chrono|graphie** [*gr.-lat.*] *die*; -, ...ien: Geschichtsschreibung nach der zeitlichen Abfolge. **chrono|graphisch**: die Chronographie betreffend. **Chronologe** [*gr.*] *der*; -n, -n: Wissenschaftler, der auf dem Gebiet der Chronologie arbeitet. **Chronologie** *die*; -: 1. Wissenschaft u. Lehre von der Zeitmessung u. -rechnung. 2. Zeitrechnung. 3. zeitliche Abfolge (von Ereignissen). **chronologisch**: zeitlich geordnet. **Chronometer** [*gr.-nlat.*; „Zeitmesser"] *das*; -s, -: transportable Uhr mit höchster Ganggenauigkeit, die bes. in der Astronomie u. Schifffahrt eingesetzt wird. **Chronometrie** *die*; -, ...ien: Zeitmessung. **chronome|trisch**: auf genauer Zeitmessung beruhend. **Chronopathologie** *die*; -: Lehre vom gestörten zeitlichen Ablauf der Lebensvorgänge unter krankhaften Bedingungen. **Chronophotographie** *die*; -: Vorstufe der → Kinematographie, bei der die Bewegung fotografisch in Einzelbilder zerlegt wurde. **Chronophysiologie** *die*; -: Lehre vom zeitlichen Ablauf der normalen Lebensvorgänge bei Mensch u. Tier (z. B. Schlaf-Wach-Rhythmus). **Chrono|skop** *das*; -s, -e: genaugehende Uhr mit einem Stoppuhrmechanismus, mit dem Zeitabschnitte gemessen werden können, ohne daß der normale Gang der Uhr dadurch beeinflußt wird. **Chronostichon** *das*; -s, ...chen: → Chronogramm in Versform. **Chronotherm** Ⓦ *das*; -s, -e: mit einer Uhr verbundener Temperaturregler an einer Wärmequelle in Versuchsräumen. **Chronotron** *das*; -s, -en: Gerät zur Messung der Zeitdifferenz zweier Impulse im Nanosekundenbereich

Chrotta [*krota*; *kelt.-lat.*] *die*; -, -s u. ...tten: = Crwth

Chrysalide [*chrü...*; *gr.-lat.*] *die*; -, -n: mit goldglänzenden Flecken bedeckte Puppe mancher Schmetterlinge (Zool.). **Chrysantheme** [*krü...*] *die*; -, -n u. **Chrysanthemum** *das*; -s, ...emen: Zierpflanze mit größeren strahlenförmigen Blüten. **chrys|elephantin** [*chrü...*; *gr.-nlat.*]: in Goldelfenbeintechnik gearbeitet (von antiken Figuren, bei denen die nackten Teile des Körpers mit Elfenbein, die bekleideten Teile u. die Haare mit Gold belegt sind). **Chrysoberyll** [*gr.-lat.*] *der*; -s, -e: ein grüner Edelstein. **Chrysochalk** u. Chrysokalk [*gr.-nlat.*] *der*; -[e]s: goldfarbige Bronze. **Chrysoderma** *das*; -s, -ta: = Chrysose. **Chrysographie** *die*; -: die Kunst, mit Goldtinktur zu schreiben od. zu malen bzw. Schriftzeichen u. ä. mit Blattgold zu belegen. **Chrysoidin** [*...o-i...*] *das*; -s: orange- bis braunroter Farbstoff. **Chrysokalk** vgl. Chrysochalk. **Chrysolith** [auch: *...it*; *gr.-lat.*] *der*; -s u. -en, -e[n]: ein Mineral. **Chryso|pras** *der*; -es, -e: ein Halbedelstein. **Chrysose** u. Chrysosis *die*; -: Ablagerung von Gold in der Haut u. damit verbundene Gelbfärbung der Haut nach längerer Behandlung mit goldhaltigen Arzneimitteln. **Chrysotil** *der*; -s, -e: ein farbloses, feinfaseriges Mineral

chthonisch [*chto...*; *gr.*]: der Erde angehörend, unterirdisch; -e Götter: Erdgottheiten; in der Erde wohnende u. wirkende Götter (z. B. Pluto, die Titanen)

Chubb|schloß Ⓦ [*tschab...*; nach dem englischen Erfinder] *das*; ...schlosses, ...schlösser: ein Sicherheitsschloß

Church-Army [*tschö'tsch-a'mi*; *engl.*; „Kirchenarmee"] *die*; -: kirchlich-soziale Laienbewegung der englischen Staatskirche, die ihre Aufgabe in sozialer Fürsorge u. Volksmission sieht

Chutney [*tschatni*; *Hindi-engl.*] *das*; -[s], -s: Paste aus zerkleinerten Früchten mit Gewürzzusätzen

Chuzpe [*chuz...*; *hebr.-jidd.*] *die*; -: (salopp abwertend) Unverfrorenheit, unbekümmerte Dreistigkeit, Unverschämtheit

chylös [*chü...*; *gr.-nlat.*]: (Med.) a) aus Chylus bestehend; b) milchig getrübt. **Chyl|urie** *die*; -, ...ien: Ausscheidung von Chylus im Harn (Med.). **Chylus** [*gr.-lat.*] *der*; -: milchig-trüber Inhalt der Darmlymphgefäße (Med.)

Chymosin [*chü...*; *gr.-nlat.*] *das*; -s: Absonderung des Labmagens im Kälbermagen, Labferment (Biol.). **Chymus** [*gr.-lat.*] *der*; -: nicht zu Ende verdauter (angedauter) Speisebrei im Magen, der von dort aus in den Darm gelangt (Med.)

Chy|pre [*schipr*ᵉ; nach der franz. Bezeichnung der Insel Zypern] *das*; -: ein Parfüm

CIA [*ßi-ai-e'i*] = Central Intelligence Agency [*ßäntr*ᵉ*l intälidsch*ᵉ*nß e'dsch*ᵉ*nßi*; *amerik.*] *der*; -: US-amerikanischer Geheimdienst

Ciacona [*tschakona*] vgl. Chaconne

ciao! [*tschau*; *lat.-it.*]: tschüs!, hallo! (salopp-kameradschaftlicher Gruß zum Abschied [od. zur Begrüßung]); vgl. tschau!

Cibazol Ⓦ [Kunstw.] *das*; -s: ein → Sulfonamid

Ciborium vgl. Ziborium

CIC: 1. [*ßi-ai-ßi*] = Counter Intelligence Corps. 2. [*tse-i-tse*] = Codex Juris Canonici

Cicero [*zizᵉro*; röm. Redner] *die* (schweiz.: *der*); -: Schriftgrad von 12 Punkt (ungefähr 4,5 mm Schrifthöhe; Druckw.). **Cicerone** [*tschitscheronᵉ*; *lat.-it.*; auf Grund eines scherzhaften Vergleichs mit dem röm. Redner Cicero] *der*; -[s], -s u. ...ni: [sehr viel redender] Fremdenführer. **Ciceronianer** [*ziz...*; *lat.*] *der*; -s, -: Vertreter des Ciceronianismus. **ciceronianisch**: 1. a) nach Art des Redners Cicero; b) mustergültig, stilistisch vollkommen. 2. a) den Ciceronianer betreffend; b) den Ciceronianismus betreffend. **Ciceronianismus** [*lat.-nlat.*] *der*; -: in der Renaissancezeit einsetzende Bewegung in Stilkunst u. Rhetorik, die sich den Stil des röm. Redners u. Schriftstellers Cicero zum Vorbild nimmt

Cicisbeo [*tschitschiß...*; *it.*] *der*; -[s], -s: [vom Ehemann anerkannter] Liebhaber der Ehefrau

Ci|dre [*ßidᵉr*] [*hebr.-gr.-lat.-vulgärlat.-fr.*] *der*; -[s]: franz. Apfelwein aus der Normandie od. Bretagne

cif [*zif, ßif*; Abk. für *engl.*: cost, insurance, freight]: = Kosten, Versicherung u. Fracht (Rechtsklausel im Überseehandelsgeschäft, wonach im Warenpreis Verladekosten, Versicherung u. Fracht bis zum Bestimmungshafen enthalten sind)

Cilia vgl. Zilie

Cimbal u. Cymbal u. Zymbal [*z...*] vgl. Zimbal

Cinchona [*ßintschona*; Gemahlin des Grafen Chinchón, des Vizekönigs von Peru im 17. Jahrh.] *die*; -, ...nen: Chinarindenbaum (Südamerika). **Cinchonin** [*nlat.*] *das*; -s: ein → Alkaloid der → Chinarinde

Cinderellakomplex *der*; -es: heimliche Angst der Frau[en] vor der Unabhängigkeit

Cineast [*ßi...*; *gr.-fr.*] *der*; -en, -en: a) Filmschaffender; b) Filmkenner, begeisterter Kinogänger. **Cineastik** *die*; -: Filmkunst. **cineastisch**: die Cineastik betreffend

Cinelli [*tschi...*] vgl. Tschinellen

Cinema [*tschinema*; *gr.-it.*; Kurzform von *cinema*tografo] u. **Cinéma** [*ßinema*; *gr.-fr.*; Kurzform von *cinéma*tographe] *das*; -s, -s: Filmtheater, Kino. **Cinemagic** [*ßinᵉmädschik*; *gr.-engl.*; Kunstw. aus: *Cine*ma u. *magic*] *das*; -: Verfahren der Trickfilmtechnik, bei dem Real- u. Trickaufnahmen gemischt werden (Filmw.). **Cinemascope** Ⓦ [*ßinᵉmaßkop*; *gr.-engl.*] *das*; -: besonderes Projektionsverfahren (Filmw.). **Cinemathek** [*ßi...*; *gr.-fr.*; *gr.*] vgl. Kinemathek. **Cinephile** [*ßi...*; *fr.*; *gr.*] *der*; -n, -n: jmd., dessen Interessen u. Aktivitäten sich ganz auf die Filmkunst richten. **Cinerama** Ⓦ [*ßi...*; *gr.-fr.-engl.*] *das*; -: besonderes Projektionsverfahren

Cingulum [*zi...*] vgl. Zingulum

Cinquecentist [*tschinkwetschän...*; *lat.-it.*] *der*; -en, -en: Künstler des Cinquecento. **Cinquecento** *das*; -[s]: Kultur u. Kunst des 16. Jh.s in Italien (Hochrenaissance, → Manierismus 1)

Cinvatbrücke [*tschinwat...*; *iran.*; *dt.*; „Trennungsbrücke"] *die*; -: die Totenbrücke der alten irani-

schen u. der → parsischen Religion, von der die Bösen in die Hölle stürzen
Cinzano ⓦ [*tschinzano*] *der*; -[s], -s (aber: 3 Cinzano): italienischer Wermutwein
CIO [*ßi-ai-ó^u*] = Congress of Industrial Organizations
Cipollata [*tschi*...; *lat.-it.*; „Zwiebelgericht"] *die*; -, -s u. ...ten: a) ein Gericht aus Bratwürstchen, Zwiebeln, Maronen, Karotten u. Speck; b) kleines, in der Zusammensetzung der Weißwurst ähnliches Würstchen. **Cipollin** u. **Cipollino** *der*; -s: Zwiebelmarmor, Marmor mit Kalkglimmerschiefer durchsetzt
Cippus [*zi*...] *der*; -, -: = Zippus
circa [*lat.*]: = zirka; Abk.: ca. **circadian** [*lat.-engl.*]: = zirkadian. **Circarama** [*ßirka*...; (*lat.*; *gr.*) *engl.*] *das*; -: Filmwiedergabetechnik, bei der der Film so projiziert wird, daß sich für den Zuschauer von der Mitte des Saales aus ein Rundbild ergibt
Circe [*zirz^e*; Zauberin der griech. Sage] *die*; -, -n: verführerische Frau, die es darauf anlegt, Männer zu betören
circensisch [*zirzän*...]: = zirzensisch
Circolation [*ßirkolaßiong*; *lat.-fr.*] *die*; -, -s: Kreisstoß beim Fechten
Circuittraining [*ßö^rkit*...; *engl.*] *das*; -s: moderne, zur Verbesserung der allgemeinen → Kondition (2b) geschaffene Trainingsmethode, die in einer pausenlosen Aufeinanderfolge von Kraftübungen an verschiedenen, im Kreis aufgestellten Geräten besteht
Circulus [*zirk*...; *lat.*] *der*; -, ...li: [kleiner] Kreis, Ring (Med.). **Circulus vitiosus** [- *wiz*...] *der*; - -, ...li ...si: 1. Zirkelschluß, bei dem das zu Beweisende in der Voraussetzung enthalten ist. 2. gleichzeitig bestehende Krankheitsprozesse, die sich gegenseitig ungünstig beeinflussen (Med.). 3. Versuch, aus einer unangenehmen o. ä. Lage herauszukommen, der aber nur in eine andere unangenehme Sache führt, u. der daraus sich ergebende Kreis von gleichbleibend unangenehmen o. ä. Situationen; Teufelskreis, Irrkreis
Circus [*zirkuß*] *der*; -, -se: = Zirkus
Ciré [*ßire*; *lat.-fr.*; „gewachst"] *der*; -[s], -s: Seidengewebe mit harter Glanzschicht; vgl. Chintz. **Cire perdue** [*ßir pärdü*; „verlorenes Wachs"] *die*; - -: die beim Bronzeguß über einem tönernen Kern modellierte u. beim Guß wegschmelzende Wachsform
Cisiojanus [*zi*...; *lat.-nlat.*] *der*; -, ...ni: kalendarischer Merkvers des Mittelalters in lat. Sprache, der das Datum eines bestimmten Festes angibt (so bedeutet cisio = „Beschneidung" in Anfangsstellung vor Janus (Januarius), daß das Fest Christi Beschneidung auf den 1. Januar fällt)
Cislaweng [*zißlawäng*; *fr.*]: = Zislaweng
Cista vgl. Zista
citato loco [*zi*... *loko*; *lat.*]: an der angeführten Stelle; Abk.: c.l.; vgl. loco citato
citissime [*zi*...; *lat.*]: sehr eilig. **cito**: eilig
Citoy|en [*ßitoajäng*; *lat.-mlat.-fr.*] *der*; -s, -s: franz. Bez. für: Bürger
Citral [*zi*...] vgl. Zitral. **Citrat** vgl. Zitrat. **Citrin** vgl. Zitrin. **Citrusfrucht** vgl. Zitrusfrucht. **Citruspflanze** vgl. Zitruspflanze
City [*ßiti*; *lat.-fr.-engl.*] *die*; -, -s, (auch:) Cities [...*tis*]: Geschäftsviertel einer Großstadt, Innenstadt. **City-Bike** [...*baik*; *engl.*] *das*; -s, -s: kleines Motorrad für den Stadtverkehr; vgl. Bike. **Citybildung** [*engl.*; *dt.*] *die*; -, -en: Konzentration von Geschäften u. Unternehmungen im Stadtzentrum bei gleichzeitig dünnster Wohnbesiedlung dieses Gebietes (Soziol.)
Civet [*ßiwä*; *lat.-fr.*] *das*; -s, -s: → Ragout von Hasen u. Wildkaninchen
Civitas Dei [*ziw*...; *lat.*] *die*; - -: der Staat Gottes, der dem Staat des Teufels gegenübergestellt wird (geschichtsphilosophischer Begriff aus dem Hauptwerk des Augustinus)
Clactonien [*kläktoniäng*; nach dem Fundort Clacton on Sea in England] *das*; -[s]: Kulturstufe der älteren Altsteinzeit
Cladocera [*kla*...] vgl. Kladozeren
Claim [*kle^im*; *lat.-fr.-engl.*] *das*; -[s], -s: 1. Anrecht, Rechtsanspruch, Patentanspruch (Rechtsw.). 2. Anteil (z. B. an einem Goldgräberunternehmen; Wirtsch.). 3. Behauptung, die von der Werbung aufgestellt wird
Clairet [*kläre*; *lat.-vulgärlat.-fr.*] *der*; -s, -s: franz. Rotwein, der wenig Gerbstoff enthält. **Clairette** [*klärät*; *lat.-fr.*] *die*; -: leichter franz. Weißwein. **Clair-ob|scur** [*kläropßkür*] *das*; -[s]: Helldunkelmalerei (Stil in Malerei u. Graphik). **Clair|obscurschnitt** *der*; -[e]s, -e: Helldunkelschnitt in der Holzschnittkunst. **Clairon** [...*rong*] *das*; -s, -s: 1. Bügelhorn, Signalhorn. 2. = Clarino (1). 3. = Clarino (2).
Clairvoyance [...*woajangß*] *die*; -: die menschliche Fähigkeit, im → somnambulen od. Trancezustand die Zukunft vorauszusehen; Hellsehen
Clan [*klan*; bei engl. Aussprache: *klän*; *kelt.-engl.*] *der*; -s, -e u. (bei engl. Aussprache:) -s: 1. schottischer Lehns- u. Stammesverband. 2. (iron. abwertend) durch gemeinsame Interessen od. verwandtschaftliche Beziehungen verbundene Gruppe
Claque [*klak*; *fr.*] *die*; -: eine bestellte, mit Geld od. Freikarten bezahlte Gruppe von Beifallklatschern. **Claqueur** [...*kör*] *der*; -s, -e: bestellter Beifallklatscher
Claret *der*; -[s], -s
I. [*klär^et*; *lat.-fr.-engl.*]: engl. Bezeichnung für: roter Bordeauxwein.
II. [*klare*; *lat.-fr.*]: leichter Rotwein
Clarino [*lat.-it.*] *das*; -s, -s u. ...ni: 1. hohe Trompete (Bachtrompete); Ggs. → Prinzipal (II, 2). 2. Zungenstimme der Orgel
Clarkia u. **Clarkie** [...*i^e*] [*nlat.*; nach dem amerik. Forscher William Clark, 1770–1838] *die*; -, ...ien: Zierpflanze aus Nordamerika (Nachtkerzengewächs)
Clausula [*lat.*] *die*; -, ...lae [...*ä*]: = Klausel. **Clausula rebus sic stantibus**: Vorbehalt, daß ein Schuldversprechen od. ein Geschäft bei Veränderung der Verhältnisse seine bindende Wirkung verliert (Rechtsw.)
Clavecin [*klaw^eßäng*; (*lat.*; *gr.*) *mlat.-fr.*] *das*; -s, -s: franz. Bezeichnung für → Cembalo. **Clavecinisten** [...*w^eßin*...] *die* (Plural): franz. Komponisten u. Spieler des Clavecins im 17. u. 18. Jh. **Claves** [*lat.-span.*] *die* (Plural): Hartholzstäbchen als Rhythmusinstrument. **Clavicembalo** [*klawitschäm*...; (*lat.*; *gr.*) *mlat.-it.*] *das*; -s, -s u. ...li: = Cembalo. **Clavicula** [*lat.*] *die*; -, ...lae [...*ä*]: Schlüsselbein (Med.). **Clavis** *die*; -, - u. ...ves: 1. (Mus.) a) Orgeltaste; b) Notenschlüssel. 2. (veraltet) lexikographisches Werk zur Erklärung antiker Schriften od. der Bibel. **Clavus** *der*; -, ...vi: 1. Purpur- od. Goldstreifen am Gewand altröm. Würdenträger. 2. (Med.) a) Hornzellenwucherung der Haut; b) Hühnerauge
clean [*klin*; *engl.*]: von Drogen nicht mehr abhängig
Clear-air-Turbulenz [*klir-är*..; *lat.-fr.-engl.*] *die*; -, -en: → Turbulenz (2) im wolkenfreien Raum (Meteor.)

Clearing [*kliring*] *das*; -s, -s: Verrechnung; Verrechnungsverfahren

Clematis vgl. Klematis

Clementine [wohl nach dem ersten Züchter, dem franz. Trappistenmönch Père Clément] *die*; -, -n: süße [kernlose] mandarinenähnliche Frucht

Clerihew [*klări(h)ju*; nach dem ersten Verfasser E. Clerihew Bentley (*bäntli*)] *das*; -[s], -s: vierzeilige humoristische Gedichtform

Clerk [*klɑrk*; *gr.-lat.-fr.-engl.*] *der*; -s, -s: 1. kaufmännischer Angestellter (in England od. Amerika). 2. britischer od. amerikanischer Verwaltungsbeamter [beim Gericht]

clever [*kläwer*; *engl.*]: in taktisch schlau-geschickter Weise vorgehend. **Cleverness,** (eindeutschend auch:) Cleverneß *die*; -: clevere Art u. Weise

Clianthus [*kli...*; *gr.-nlat.*] *der*; -: aus Australien stammender Zierstrauch

Cliché [*klische*] vgl. Klischee

Clinch [*klin(t)sch*; *engl.*] *der*; -[e]s: das Umklammern u. Festhalten des Gegners im Boxkampf

Clinomobil [*kli...*] vgl. Klinomobil

Clip vgl. Klipp, Klips. **Clipper** Ⓦ [*engl.*] *der*; -s, -: auf Überseestrecken eingesetztes amerikanisches Langstreckenflugzeug

Clique [*klike*, auch: *klike*; *fr.*] *die*; -, -n: a) (abwertend) Personengruppe, die vornehmlich ihre eigenen Gruppeninteressen verfolgt; b) Freundes-, Bekanntenkreis

Clivia [*kliwia*] u. (eindeutschend:) Klivie [*...wie*; *nlat.*; nach einer engl. Herzogin, Lady Clive (klaiw)] *die*; -, ...vien [*...ien*]: Zimmerpflanze mit orangefarbenen Blüten

Clochard [*kloschar*; *fr.*] *der*; -[s], -s: Stadtstreicher (bes. in Frankreich)

Clog [*klok*; *engl.*] *der*; -s, -s (meist Plural): modischer Holzpantoffel

Cloisonné [*kloasone*; *lat.-vulgärlat.-fr.*] *das*; -s, -s: bestimmte Technik bei Goldemailarbeiten, Zellenschmelz

Cloning [*klo...*; *engl.*] *das*; -s, -s: künstliches Erzeugen von Leben, einem Lebewesen durch genetische Manipulation. **Clonus** [*klo...*; *engl.-nlat.*] *der*; -, -se: ohne natürliche Zeugung aus Lebendzellen entwickelter künstlicher Mensch

Cloqué [*kloke*; *fr.*] *der*; -[s], -s: modisches Kreppgewebe mit welliger Oberfläche; Blasenkrepp

Clos [*klo*; *lat.-fr.*] *das*; -, - [*kloß*]: von einer Mauer od. Hecke eingefriedeter Weinberg od. -garten in Frankreich. **Closed Shop** [*klo"sd schop*; *engl.*] *der*; - -[s], - -s: 1. Betriebsart eines Rechenzentrums, bei der der Benutzer die Daten anliefert u. die Resultate abholt, jedoch zur Datenverarbeitungsanlage selbst keinen Zutritt hat (EDV); Ggs. → Open Shop (1). 2. Unternehmen, das ausschließlich Gewerkschaftsmitglieder beschäftigt (in England u. den USA); Ggs. → Open Shop (2)

Clo|stridium [*gr.-nlat.*] *das*; -s: Gattung sporenbildender [krankheitserregender] → Bakterien

Cloth [*kloth*; *engl.*; „Tuch"] *der* od. *das*; -: glänzender [Futter]stoff aus Baumwolle od. Halbwolle in Atlasbindung (einer besonderen Webart)

Clou [*klu*; *lat.-fr.*; „Nagel"] *der*; -s, -s: etw., was der Höhepunkt (im Ablauf) von etw. ist

Clown [*klaun*; *lat.-fr.-engl.*] *der*; -s, -s: Spaßmacher [im Zirkus od. Varieté]. **Clownerie** *die*; -, ...ien: Spaßmacherei, spaßige Geste. **clownesk**: nach Art eines Clowns. **Clownismus** [*nlat.*] *der*; -: groteske Körperverrenkungen bei einem hysterischen Anfall (Med.)

Club [*klup*] vgl. Klub

Clumberspaniel [*klambərßpänjel*; nach dem engl. Landsitz Clumber] *der*; -s, -s: englische Jagdhundrasse

Cluniazenser [*klu...*] usw. vgl. Kluniazenser usw.

Cluster [*klaßter*; *engl.*] *der*; -s, -[s]: 1. eine als einheitliches Ganzes zu betrachtende Menge von Einzelteilchen (Kernphysik). 2. Klanggebilde, das durch Übereinanderstellen kleiner → Intervalle (2) entsteht; Klangfeld (Mus.). 3. (Sprachw.) a) Folge von aufeinanderfolgenden ungleichen Konsonanten; b) ungeordnete Menge semantischer Merkmale eines Begriffs

Coach [*ko"tsch*; *engl.*]

I. *der*; -[s], -s: Sportlehrer, Trainer u. Betreuer eines Sportlers od. einer Sportmannschaft.

II. *die*; -, -s: im 19. Jh. verwendete vierrädrige Kutsche für vier Personen

coachen [*ko"tschen*]: einen Sportler od. eine Sportmannschaft betreuen u. trainieren

Coagulum [*ko...*] vgl. Koagulum

Coat [*ko"t*; *germ.-fr.-engl.*] *der*; -[s], -s: dreiviertellanger Mantel. **Coating** [*ko"ting*] *der*; -[s], -s: 1. (ohne Plural) tuchartiger Kammgarnstoff in Köperbindung (eine Webart). 2. schützende Beschichtung, Überzug (gegen Abrieb usw.). 3. Überzug aus (natürlichen od. synthetischen) Wachsen u. Harzen, der z. B. auf Lebensmittel zum Schutz gegen Wasseraufnahme od. -abgabe sowie gegen schädigende Einwirkungen aus der Lageratmosphäre aufgebracht wird

Cob [*kop*; *engl.*] *der*; -s, -s: kleines, starkes, für Reiten u. Fahren gleichermaßen geeignetes englisches Gebrauchspferd

Cobaea [*kobäa*; *nlat.*; nach dem span. Naturforscher B. Cobo, 1582–1657] *die*; -, -s: mexikanische Zierpflanze (Rankende Glockenrebe)

Cobbler [*k...*; *engl.*] *der*; -s, -s: → Cocktail aus Likör, Weinbrand od. Weißwein, Fruchtsaft, Früchten u. Zucker

COBOL [Kurzw. aus: *Co*mmon *b*usiness *o*riented *l*anguage; *engl.*] *das*; -s: Programmiersprache zur problemorientierten Formulierung von Programmen der kommerziellen Datenverarbeitung (EDV)

Coca [*koka*] *die*; -, -s od. *das*, -[s], -s (aber: 3 Coca): (ugs. kurz für) [Flasche] Coca-Cola

Coca-Cola Ⓦ [*kokakola*; Herkunft unsicher] *das*; -[s] od. *die*; - (5 [Flaschen] -): koffeinhaltiges Erfrischungsgetränk. **Cocain** vgl. Kokain

Cocarcinogene [*kokarzinogene*; *lat.*] *die* (Plural): Krebsverstärker; Gruppe krebsauslösender Stoffe

Coccus [*kok...*] vgl. Kokke

Cochenille [*koschenilje*] vgl. Koschenille

Cochlea [*ko...*; *gr.-lat.*] *die*; -, ...eae [*...eä*]: 1. Teil des Innenohrs 2. Gehäuse der Schnecken

Cochon [*koschong*; *fr.*; „Schwein"] *der*; -s, -s: unanständiger Mensch. **Cochonnerie** [*koschoneri*] *die*; -, ...ien: Schweinerei, Unflätigkeit, Zote

Cockerspaniel [*kokerschpaniäl*, auch in engl. Ausspr.: *kokerßpänjel*; *engl.*] *der*; -s, -s: englische Jagdhundrasse

Cockney [*kokni*; *engl.*]

I. *das*; -[s]: (als Zeichen der Unbildung angesehene) Mundart der alteingesessenen Londoner Bevölkerung.

II. *der*; -s, -s: jmd., der Cockney spricht

Cockpit [*kok...*; *engl.*; „Hahnengrube"] *das*; -s, -s: 1. Pilotenkabine in [Düsen]flugzeugen. 2. Fahrersitz in einem Rennwagen. 3.

vertiefter, ungedeckter Sitzraum für die Besatzung in Segel- u. Motorbooten. **Cocktail** [*kǫkteˈl*; „Hahnenschwanz"] *der*; -s, -s: 1. a) alkoholisches Mischgetränk aus verschiedenen Spirituosen, Früchten, Fruchtsaft u. anderen Zutaten; b) Mischung (z. B. von Speisen). 2. a) = Cocktailparty; b) (DDR) Form des diplomatischen Empfangs. **Cọcktailkleid** *das*; -[e]s, -er: elegantes, modisches, kurzes Gesellschaftskleid. **Cocktailparty** [*kǫkteˈlpa'ti*] *die*; -, -s u. ...parties: zwanglose Geselligkeit in den frühen Abendstunden, bei der Cocktails (1 a) serviert werden

Coda [*kǫ...*] vgl. Koda

Code [*kǫt*; *lat.-fr.-engl.*] *der*; -s, -s: 1. Zeichensystem als Grundlage für Kommunikation, Nachrichtenübermittlung u. Informationsverarbeitung (Techn.); vgl. elaborierter u. restringierter Code. 2. = Kode (1). **Code civil** [*kǫd ßiwịl*; *fr.*] *der*; - -: franz. Zivilgesetzbuch

Codein [*ko...*] vgl. Kodein

Code Napoléon [*kǫd napoleǫng*; *fr.*] *der*; - -: Bezeichnung des Code civil zwischen 1807 u. 1814.

Code-swit|ching [*kǫᵘdßᵘitsching*; *engl.*] *das*; -[s], -s: das Übergehen von einer Sprachvarietät in eine andere (z. B. von der Standardsprache zur Mundart) innerhalb eines Gesprächs (Sprachw.). **Codex** [*kǫ...*] vgl. Kodex. **Cọdex argẹnteus** [...*e-uß*; *lat.*; „Silberkodex"] *der*; - -: ältestes → Evangeliar in gotischer Sprache, in Silberschrift auf Purpurpergament geschrieben. **Cọdex aureus** [- ...*e-uß*] *der*; - -, Codices aurei [*kǫdizeß* ...*e-i*]: kostbare, mittelalterliche Handschrift mit Goldschrift od. goldenem Einband. **Cọdex Jụris Canonici** (auch: - Iụris -) [- - *kanǫnizi*] *der*; - - -: das Gesetzbuch des kath. Kirchenrechts (seit 1918); Abk.: CIC. **Codicillus** [...*zịl...*] *der*; -, ...lli: kleiner Kodex, Notizbüchlein; vgl. Kodizill. **codieren** [*lat.-fr.*] vgl. kodieren

Coecum [*zǫkum*] vgl. Zökum

Coelin[blau] [*zö...*; *lat.* (; *dt.*)] *das*; -s: eine lichtblaue Malerfarbe

Coemetẹrium [*zö...*] vgl. Zömeterium

co|etan [*ko...*] usw. vgl. koätan usw.

Cœur [*kǫ̈r*; *lat.-fr.*] *das*; -[s], -[s]: durch ein rotes Herz gekennzeichnete Spielkarte

Coffee-Shop [*kọfischop*; *amerik.*] *der*; -s, -s: kleines Restaurant (meist innerhalb eines Hotels), in dem Erfrischungen u. kleine Mahlzeiten serviert werden

Coffein [*kofeịn*] vgl. Koffein

Coffeynagel [*kǫfe...*; *engl.*; *dt.*] u. Koffinnagel *der*; -s, ...nägel: hölzerner od. metallener Dorn zur Befestigung von leichtem Tauwerk auf Segelschiffen

Coffinit [*kof...*; auch: ...*ịt*; nach dem amerik. Geologen R. C. Coffin] *das*; -s: ein stark radioaktives Mineral

cọgito, ẹrgo sụm [*k...* - -; *lat.*; „Ich denke, also bin ich"]: Grundsatz des französischen Philosophen Descartes

cognac [*kọnjak*; *fr.*]: = goldbraun. **Cognac** Ⓦⓩ [nach der franz. Stadt] *der*; -[s], -s (aber: 3 -) (aus Weinen des Gebietes um Cognac hergestellter) franz. Weinbrand

Cognọmen [*kog...*] vgl. Kognomen

Coiffeur [*koafǫ̈r*; schweiz.: *kọaför*; *fr.*] *der*; -s, -e: (bes. schweiz.) Friseur. **Coiffeuse** [...*ǫ̈sᵉ*] *die*; -, -n: (schweiz.) Friseuse. **Coiffure** [...*fụ̈r*] *die*; -, -n [...*rᵉn*]: 1. (gehoben) Frisierkunst. 2. (schweiz.) Frisiersalon. 3. (veraltet) kunstvoll gestaltete Frisur

Coil [*keul*; *engl.*] *das*; -s: dünnes, aufgewickeltes Walzblech

Co|incidentia oppositọrum [*koinzidạ̈nzia* -; *lat.*; „Zusammenfall der Gegensätze"] *die*; - -: Aufhebung der irdischen Widersprüche im Unendlichen, im göttlichen All (bei Nikolaus von Kues u. Giordano Bruno)

Cointreau Ⓦⓩ [*kᵘätrọ*; *fr.*] *der*; -s, -: französischer Orangenlikör

Coir [*koịr*; *Malayalam-engl.*] *das*; -[s] od. *die*; -: Faser der Kokosnuß

Coitus [*kọ-i...*] usw. vgl. Koitus usw.

Coke Ⓦⓩ [*kǫᵘk*; *amerik.*] *das*; -[s], -s = Coca-Cola

Cola [*kǫla*] *die*; -, -s od. *das*; -[s], -s (aber: 5 Cola): (ugs. kurz für) → Coca-Cola

Colani [*kolạ...*] *der*; -s, -s: = Kolani

Cola|scione [*kolaschǫnᵉ*; *it.*] *der*; -, ...ni: südital. Lauteninstrument mit langem Hals u. wechselnder Saitenzahl

col bạsso [*k...*; *it.*]: mit dem Baß od. der Baßstimme [zu spielen] (Spielanweisung); Abk.: c. b. (Mus.)

Colchicin [*kolchizịn*] vgl. Kolchizin

Colchicum [*kọlchikum*; *nlat.*; nach der antiken Landschaft Kolchis am Schwarzen Meer] *das*; -s: Herbstzeitlose (ein Liliengewächs)

Cold Cream [*kǫᵘld krịm*; *engl.*] *die*; - -, - -s od. *das*; - -[s], - -s: pflegende, kühlende Hautcreme.

Cold Rubber [- *rạbᵉr*; „kaltes Gummi"] *der*; - -[s]: ein Kunstkautschuk

Coleo|pter [*ko...*; *gr.*] *der*; -s, -: senkrecht startendes u. landendes Flugzeug mit einem Ringflügel; vgl. Koleoptere

Coelestịn [*zö...*] vgl. Zölestin

Coleus [*kǫle-uß*; *gr.-lat.*] *der*; -: tropische Zimmerpflanze (Buntnessel)

colla dẹ|stra [*kǫ...* -; *it.*]: mit der rechten Hand [zu spielen] (Spielanweisung); Abk.: c. d. (Mus.); vgl. colla sinistra

Collage [*kolạschᵉ*; *fr.*] *die*; -, -n: etw., was aus ganz Verschiedenartigem, aus vorgegebenen Dingen verschiedenen Ursprungs, Stils zusammengesetzt, -gestellt ist (z. B. ein Klebebild aus Papier, Gewebe, Fotos). **collagieren**: als Collage zusammensetzen, -stellen

colla pạrte [*ko...* -; *lat.-it.*]: mit der Hauptstimme [gehend] (Spielanweisung; Mus.). **coll' arco** [*kǫlạ́rko*]: [wieder] mit dem Bogen [zu spielen] (Spielanweisung für Streicher nach vorausgegangenem → Pizzikato; Mus.); Abk.: c. a.

Collargol Ⓦⓩ [*ko...*] *das*; -s: ein bakterientötendes Heilmittel in Salbenform; vgl. Kollargol

cọlla sinịstra [*it.*]: mit der linken Hand [zu spielen] (Mus.); Abk.: c. s.; vgl. colla destra

collé [*kolẹ*; *gr.-vulgärlat.-fr.*; „angeleimt"]: dicht anliegend (vom Billardball, der an der Bande liegt)

Collectạnea: lat. Form von → Kollektaneen

College [*kọlidsch*; *lat.-fr.-engl.*] *das*; -[s], -s: a) private höhere Schule mit Internat in England; b) einer Universität angegliederte Lehranstalt mit Wohngemeinschaft von Dozenten u. Studenten; c) Eingangsstufe der Universität; die ersten Universitätsjahre in den USA. **Collège** [*kolạ̈sch*; *lat.-fr.*] *das*; -[s], -s: höhere Schule in Frankreich, Belgien u. der französischsprachigen Schweiz. **Collegemappe** [*kọlidsch...*; *lat.-fr.-engl.*; *dt.*] *die*; -, -n: kleine, schmale Aktentasche [mit Reißverschluß]. **Collẹgium mụsicum** [- ...*kum*; *lat.*; *gr.-lat.*] *das*; - -, ...gia ...ca: freie Vereinigung von Musikliebhabern [an Universitäten]. **Collẹgium pụblicum** [- ...*kum*; *lat.*] *das*; - -, ...gia ...ca: öffentliche Vorlesung an einer Universität

col legno [*kǫl lạ̈njo*; *lat.-it.*]: mit

dem Holz des Bogens [zu spielen] (Spielanweisung für Streicher; Mus.)

Collico® [*ko*...; Kunstw.] *der*; -s, -s: zusammenlegbare, [bundes]-bahneigene Transportkiste aus Metall

Collie [*koli*; *engl.*] *der*; -s, -s: schottischer Schäferhund

Collier [*kolie*] vgl. Kollier (1). **Collier de Vénus** [- *d^e wenüß*; *lat.-fr.*] *das*; - - -, -s [*kolie*] - -: (veraltet) = Leukoderma (Med.)

Colloquium vgl. Kolloquium

Collum [*lat.*] *das*; -s, ...lla: (Med.) 1. Hals. 2. sich verjüngender Teil eines Organs, Verbindungsteil

Colon [*ko*...] vgl. Kolon

Colón [*k*...; nach der span. Namensform von Kolumbus] *der*; -[s], -[s]: Währungseinheit in Costa Rica u. El Salvador

Colonel [*kolonäl*; in engl. Ausspr.: *kö^rn^el*; *lat.-it.-fr.* (*-engl.*)] *der*; -s, -s: im franz., engl. u. span. Sprachgebrauch Dienstgrad eines Stabsoffiziers im Range eines Obersten

Colonia [*ko*...; *lat.*; „Ansiedlung"] *die*; -, ...iae [...*iä*]: in der Antike eine Siedlung außerhalb Roms u. des römischen Bürgergebiets (z. B. Colonia Raurica, heute: Augst)

Coloradoit [*kolorado-it*; auch: ...*it*; nach dem USA-Staat Colorado] *das*; -s: ein seltenes Mineral. **Coloradokäfer** [*ko*...] vgl. Koloradokäfer

Colorbild [*kolor*..., auch: *kolor*...; *lat.*; *dt.*] *das*; -[e]s, -er: 1. Fernsehbild in Farbe. 2. Farbfoto. **Colorfilm** *der*; -[e]s, -e: Farbfilm. **Colorgerät** *das*; -[e]s, -e: Farbfernsehgerät

Colo|skopie *die*; -, ...ien: = Koloskopie

Colt® [*kolt*; amerik. Industrieller u. Erfinder] *der*; -s, -s: Revolver

Columbarium [*ko*...] vgl. Kolumbarium

Columbium [*ko*...; *nlat.*; nach dem poetischen Namen Columbia für Amerika] *das*; -s: veraltete, in angelsächsischen Ländern noch übliche Bezeichnung für das chemische Element → Niob; Zeichen: Cb

Combi [*kombi*] vgl. Kombi

Combine [*kombain*] vgl. Kombine. **Combine-painting** [*kombainpe^intìng*; *engl.*] *das*; -: amerikanische Kunstrichtung, bei der der Künstler Gegenstände des täglichen Lebens und/oder vorgefundene Materialien zu Bildern zusammensetzt

Combo [*kom*...; Kurzw. aus amerik. combination = Zusammenstellung] *die*; -, -s: kleines Jazz- od. Tanzmusikensemble, in dem die einzelnen Instrumente solistisch besetzt sind

Comeback [*kambäk*; *engl.*; „Rückkehr"] *das*; -[s], -s: erfolgreiches Wiederauftreten, neuerliches Sichbetätigen eines bekannten Künstlers, Politikers, Sportlers nach längerer Pause als Neubeginn od. Fortsetzung seiner früheren Karriere, Aktivität

COMECON, Comecon [*komekon*; Kurzwort aus: *Co*uncil for *M*utual *Econ*omic Assistance/Aid [*kaunß^el fo^r mjutju^el ik^enómik ^eßißt^enß/e^id* (engl. Bez. für: Sowjet ekonomitscheskoi wsaimopomoschtschi)] *der* od. *das*; -: Wirtschaftsorganisation der Ostblockstaaten, Rat für Gegenseitige Wirtschaftshilfe; Abk.: RGW

Comédie larmoyante [*komedi larmoajangt*; *fr.*] *die*; - -: Rührstück der franz. Literatur des 18. Jh.s (Literaturw.)

Come-down [*kamdaun*; *engl.*] *das*; -s, -s: Nachlassen der Rauschwirkung (bei Drogen)

Come quick, danger! [*kam k^uik de^indsch^er*; *engl.*; „kommt schnell, Gefahr!"]: ehemaliges Seenotfunksignal; Abk.: CQD

Comes [*komäß*; *lat.*; „Begleiter"] *der*; -, - u. Comites: 1. a) im antiken Rom hoher Beamter im kaiserlichen Dienst; b) im Mittelalter ein Gefolgsmann od. Vertreter des Königs in Verwaltungs- u. Gerichtsangelegenheiten; Graf. 2. Wiederholung des Fugenthemas in der zweiten Stimme (Mus.)

come so|pra [*ko*... -; *lat.-it.*]: wie oben, wie zuvor (Spielanweisung; Mus.)

Comesti|bles [*komäßtibl*; *lat.-fr.*] *die* (Plural): (schweiz.) Feinkost, Delikatessen; vgl. Komestibilien

Coemeterium [*zö*...] vgl. Zömeterium

Comic [*komik*; Kurzw. für Comic strip; *amerik.*] *der*; -s, -s (meist Plural): Bilderzählung. **Comic strip** [*komik ßtrip*; „drolliger Streifen"] *der*; - -[s], - -s: mit Textengekoppelte Bilderfortsetzungsgeschichte abenteuerlichen, grotesken od. utopischen Inhalts (z. B. Donald Duck, Asterix)

Coming man [*kaming män*; *engl.*; „kommender Mann"] *der*; - -: jmd., von dem angenommen wird, daß er eine große Karriere macht (z. B. von einem Sportler od. Politiker)

Coming-out [*kaming-aut*; *engl.*] *das*; -[s], -s: das öffentliche Sichbekennen zu seiner homosexuellen Veranlagung, das Öffentlichmachen von etw. (als bewußtes Handeln)

comme ci, comme ça [*komßi komßa*; *fr.*]: nicht besonders [gut]

Commedia dell|'arte [*ko*... -; *it.*] *die*; - -: volkstümliche ital. Stegreifkomödie des 16. bis 18. Jh.s

comme il faut [*kom il fo*; *fr.*]: wie sich's gehört, mustergültig

Commis voya|geur [*komi woajaschör*; *fr.*] *der*; - -, - -s [- ...*schör*]: (veraltet) Handlungsreisender

Common Law [*kom^en lo*; *engl.*] *das*; - -: (Rechtsw.) a) das für alle Personen im englischen Königreich einheitlich geltende Recht im Unterschied zu den örtlichen Gewohnheitsrechten; b) das in England entwickelte gemeine Recht im Unterschied zu den aus dem römischen Recht abgeleiteten Rechtsordnungen; vgl. Statute Law. **Common Prayer-Book** [- *prä^erbuk*; „Allgemeines Gebetbuch"] *das*; - -: Bekenntnis- u. Kirchenordnungsgrundlage der anglikanischen Kirche. **Common sense** [- *ßänß*] *der*; - -: gesunder Menschenverstand. **Commonwealth** [...*^uälth*] *das*; -: Staatenbund, [britische] Völkergemeinschaft; - of Nations [*ne^isch^ens*]: Staatengemeinschaft des ehemaligen britischen Weltreichs. **Commune Sanctorum** [*ko*... -; *lat.*; „das den Heiligen Gemeinsame"] *das*; - -: Sammlung von Meß- u. Breviergebeten in der kath. Liturgie für die Heiligenfeste, die keine [vollständigen] Texte besitzen. **Communio Sanctorum** *die*; - -: die Gemeinschaft der Heiligen, d. h. der Gott Angehörenden (im christlichen Glaubensbekenntnis). **Communiqué** [*komünike*] vgl. Kommuniqué. **Communis opinio** *die*; - -: allgemeine Meinung, herrschende Auffassung [der Gelehrten]

comodo [*lat.-it.*]: gemächlich, behaglich, ruhig (Vortragsanweisung; Mus.)

Compagnie [*kongpanji*] vgl. Kompanie. **Compagnon** [*kongpanjong*] vgl. Kompagnon

Compiler [*kompail^er*; *engl.*] *der*; -s, -: Computerprogramm, das ein in einer problemorientierten Programmiersprache geschriebenes Programm in die Maschinensprache der jeweiligen Rechenanlage übersetzt (EDV)

Composé [*kongpose*; *lat.-fr.*; „zusammengesetzt"]

I. *der*; -[s], -[s]: zweifarbig gemustertes Gewebe, bei dem Muster- u. Grundfarbe wechseln.
II. *das*; -[s], -s: a) zwei od. mehrere farblich u. im Muster aufeinander abgestimmte Stoffe; b) aus Composé (a) hergestellte, mehrteilige Damenoberbekleidung
Composer [*kompoᵘsᵉr*; *lat.-fr.-engl.*] *der*; -s, -: elektrische Schreibmaschine mit automatischem Randausgleich u. auswechselbarem Kugelkopf, die druckfertige Vorlagen liefert (Druckw.). **Compositae** [*...tä*] *die* (Plural) vgl. Komposite. **Compoundkern** [*kompaunt...*; *lat.-fr.-engl.*; *dt.*] *der*; -s, -e: der bei Beschuß eines Atomkerns mit energiereichen Teilchen entstehende neue Kern (Kernphysik). **Compoundmaschine** *die*; -, -n: a) Kolbenmaschine, bei der das Antriebsmittel nacheinander verschiedene Zylinder durchströmt; b) Gleichstrommaschine (Elektrot.). **Compoundöl** *das*; -s, -e: Mineralöl mit Fettölzusatz zur Erhöhung der Schmierfähigkeit. **Compoundtriebwerk** *das*; -s, -e: Verbindung eines Flugmotors mit einer Abgasturbine zur Leistungssteigerung
comptant [*kongtang*]: = kontant. **Comptoir** [*kongtoar*; *lat.-fr.*] *das*; -s, -s: (veraltet) Kontor
Comptoneffekt [*komtᵉn...*; nach dem amerik. Physiker Compton] *der*; -[e]s: mit einer Änderung der Wellenlänge verbundene Streuung elektromagnetischer Wellen (Physik)
Compur ⓌⓏ [*kom...*; Kunstw.] *der*; -s, -e: Objektivverschluß (Fot.)
Computer [*kompjutᵉr*; *lat.-engl.*] *der*; -s, -: programmgesteuerte, elektronische Rechenanlage. **Computerdiagnostik** *die*; -: Teilgebiet der → Diagnostik, das u. a. mit der Anwendung statistischer Methoden u. der Einbeziehung von Datenverarbeitungsanlagen eine Objektivierung u. Automatisierung der diagnostischen Befunde erreichen will. **Computergeneration** [*...zion*] *die*; -, -en: Zeitabschnitt in der Entwicklung der Datenverarbeitung, der durch eine vollkommen neue Konzeption in der Konstruktion einer Rechenanlage bestimmt ist (EDV). **computerisieren**: a) Informationen u. Daten für einen Computer lesbar machen; b) Informationen in einem Computer speichern. **Computerkriminalistik** *die*; -: Aufklärung u. Bekämpfung von Verbrechen mit Hilfe von Computern. **Computerkriminalität** *die*; -: Kriminalität in bezug auf Computeranlagen (Datenmißbrauch, Informationsdiebstahl usw.). **Computerkunst** *die*; -: ein Verfahren moderner Kunstproduktion, bei dem mit Hilfe von Computern Grafiken, Musikkompositionen, Texte u. a. hergestellt werden. **Computerlinguistik** *die*; -: Bez. für linguistische Forschungen, bei denen man elektronische Rechenanlagen für die Bearbeitung u. Beschreibung sprachlicher Probleme verwendet. **Computersimulation** [*...zion*] *die*; -: das Durchrechnen eines in der Zeit ablaufenden Prozesses durch einen Computer, um ausgewählte Eigenschaften des Prozeßablaufs sichtbar zu machen. **Computertomo|graphie** *die*; -: Röntgenuntersuchungstechnik, bei der aus den von einem Computer aufbereiteten Meßergebnissen ein Dichteverteilungsgrad der untersuchten Schichten rekonstruiert wird. **Computistik** [*kompu...*] vgl. Komputistik
Comte [*kongt*; *lat.-fr.*] *der*; -, -s [*kongt*]: Graf [in Frankreich]. **Comtesse** [*kongtäß*] vgl. Komteß
con affetto [*kon -*; *lat.-it.*]: = affetuoso. **con amore** = amoroso. **con anima**: mit Seele, mit Empfindung (Vortragsanweisung; Mus.)
con|axial [*kon...*] = koaxial
con brio [*kon -*; *lat.-it.*]: = brioso. **con calore** [*- ka...*]: mit Wärme (Vortragsanweisung; Mus.)
Concelebratio [*konzelebrazio*] vgl. Konzelebration
Concentus [*konz...*; *lat.*] *der*; -, -: Gesang mit ausgeprägt melodischer Gestaltung in der Liturgie der katholischen u. protestantischen Kirche; Ggs. → Accentus
Concept-art [*konßäpt-aʳt*; *engl.*] *die*; -: moderne Kunstrichtung, in der das Konzept das fertige Kunstwerk ersetzt. **Conceptio immaculata** [*konzäpzio ...ku...*] vgl. Immaculata conceptio. **Conceptual art** [*konßäptuᵉl aʳt*; *engl.*] *die*; - -: = Concept-art
concert: → in concert. **Concertante** [bei franz.Ausspr.: *kongßärtangt*; bei ital. Ausspr.: *kontschärtantᵉ*; *lat.-it.* u. *fr.*] *die*; -, -n [*...tᵉn*]: Konzert für mehrere Soloinstrumente od. Instrumentengruppen. **Concertino** [*kontschär...*; *lat.-it.*] *das*; -s, -s: 1. kleines Konzert. 2. Gruppe von Instrumentalsolisten im Concerto grosso. **Concerto grosso** [„großes Konzert"] *das*; - -, ...ti ...ssi: 1. das Gesamtorchester im Gegensatz zum solistisch besetzten Concertino (2). 2. Hauptgattung des barocken Instrumentalkonzerts (für Orchester u. Soloinstrumente). **Concerts spirituels** [*kongßär ßpiritüäl*; *lat.-fr.*] *die* (Plural): erste öffentliche Konzerte mit zumeist geistl. Werken in Paris (18. Jh.)
Concetti [*kontschäti*] vgl. Konzetti
Concha usw. vgl. Koncha usw.
Concierge [*kongßiärsch*; *lat.-vulgärlat.-fr.*] *der* (od. *die*); -, -s [*...iärsch*], (auch:) -n [*...iärschᵉn*]: franz. Bez. für: Hausmeister[in], Portier[sfrau]. **Conciergerie** [*...schᵉri*] *die*; -: (hist.) Pariser Untersuchungsgefängnis, in dem zahlreiche prominente Opfer der Franz. Revolution inhaftiert waren
concitato [*kontschi...*; *lat.-it.*]: erregt, aufgeregt (Vortragsanweisung; Mus.)
Conclusio [*kon...*] vgl. Konklusion
Concordia [*kon...*] vgl. Konkordia
Concours hippique [*kongkur ipik*; *lat.-fr.*; *gr.-fr.*] *der*; - -, - -s [*- ipik*]: franz. Bez. für: Reit- u. Fahrturnier
Condensa [*kon...*; *lat.*] *das*; -: keramischer Isolierstoff (Elektrot.). **Condensite** ⓌⓏ [*lat.-nlat.*] *das*; -: flüssiges Binde- u. Imprägniermittel
con dis|crezione [*kon -*; *lat.-it.*]: mit Takt, mit Zurückhaltung, in gemäßigtem Vortrag (Vortragsanweisung; Mus.)
Conditionalis [*kondizio...*]: lat. Form von → Konditional. **Conditio sine qua non** [*lat.*] *die*; - - - -: 1. notwendige Bedingung, ohne die etwas anderes nicht eintreten kann, unerläßliche Voraussetzung (Philos.). 2. = Äquivalenztheorie (1)
con dolore [*kon -*]: = doloroso
Condor [*kon...*] *der*; -[s], -[s]: Münzeinheit in Chile
Condottiere [*kondotiärᵉ*] vgl. Kondottiere
Conductus [*k...*] u. Konduktus [*lat.*] *der*; -, -: (Mus.) a) einstimmiges lat. Lied des Mittelalters; b) eine Hauptform der mehrstimmigen Musik des Mittelalters neben → Organum (1) u. → Motette
Conduite [*konduitᵉ*] vgl. Konduite
Condylus [*ko...*; *gr.-lat.*] *der*; -, ...li: Gelenkkopf, -fortsatz (Med.)
con effetto [*kon -*]: = effettuoso. **con espressione** = espressivo
Confédération Française des Travailleurs Chrétiens [*kongfederaßjong frangßäsᵉ de trawajör kretjäng*; *fr.*] *die*; - - - - -: Spitzenorganisation der franz. christlichen

Gewerkschaften; Abk.: CFTC. **Confédération Générale du Travail** [- *schenergl dü trawaj*] *die*; - - - -: Spitzenorganisation der franz. sozialistischen Gewerkschaften; Abk.: CGT. **Confédération Internationale des Sociétés d'Auteurs et Compositeurs** [- *ängtärnaßjongl de ßoßjetę dotör e kongpositör*] *die*; - - - - - - -: internationale Vereinigung zum Schutz der Urheberrechte; Abk.: CISAC

confer! [*kon...*; *lat.*]: vergleiche!; Abk.: cf., cfr., conf. **Conférence** [*kongferangß*; *lat.-mlat.-fr.*] *die*; -: Ansage eines Conférenciers. **Conférencier** [*...ßię*] *der*; -s, -s: [witzig unterhaltender] Ansager im Kabarett od. Varieté, bei öffentlichen u. privaten Veranstaltungen. **conferieren** vgl. konferieren (2)

Confęssio [*ko...*; *lat.*] *die*; -, ...ones: 1. a) Sünden-, Glaubensbekenntnis; b) Bekenntnisschrift [der Reformationszeit], z. B. - Augustana, - Helvetica; vgl. Konfession. 2. Vorraum eines Märtyrergrabes unter dem Altar in altchristlichen Kirchen. **Confęssio Augustana** vgl. Augustana. **Confęssio Bęlgica** [- *...ka*] *die*; - -: Bekenntnisschrift der reformierten Gemeinden in den spanischen Niederlanden (1561). **Confęssio Gallicana** [*...kana*] *die*; - -: Bekenntnisschrift der reformierten Gemeinden Frankreichs (1559). **Confęssio Helvetica** [- *...wętika*] vgl. Helvetische Konfession. **Confęssor** [„Bekenner"] *der*; -s, ...ores: Ehrenname für die verfolgten Christen [der römischen Kaiserzeit]. **Confiserie** [*kon...*] vgl. Konfiserie. **Confiteor** [„ich bekenne"] *das*; -: allgemeines Sündenbekenntnis im christlichen Gottesdienst; vgl. Konfitent

Confoederatio Helvetica [*konfödergzio ...wętika*; *lat.*] *die*; - -: Schweizerische Eidgenossenschaft; Abk.: CH

con forza [*kon* -; *lat.-it.*]: mit Kraft, mächtig, wuchtig (Vortragsanweisung; Mus.)

Confrater [*kon...*] vgl. Konfrater

con fuoco [*kon ...ko*; *lat.-it.*; „mit Feuer"]: heftig, schnell (Vortragsanweisung; Mus.)

Confutatio [*konfutazio*; *lat.*; „Widerlegung"] *die*; -: die Erwiderung von katholischer Seite auf die → Confessio Augustana (verfaßt 1530)

Conga [*kongga*; *span.*] *die*; -, -s: 1. kubanischer Volkstanz im $^4/_4$-Takt. 2. große Handtrommel in der kubanischen Negermusik, auch im modernen Jazz verwendet

con grazia [*kon* -] = grazioso

Con|gress of Indu|strial Organizations [*konggräß ᵉw indaßtriᵉl oᵉgᵉnaiséⁱschᵉns*; *engl.*] *der*; - - - -: Spitzenorganisation der amerik. Gewerkschaften; Abk.: CIO

Con|grevedruck [*kongriw...*; nach dem engl. General u. Ingenieur W. Congreve] *der*; -s: (veraltet) ein Farbdruckverfahren

Coniferae [*koniferä*] vgl. Konifere

con impeto [*kon* -]: = impetuoso

Conjunctiva [*kon...*] vgl. Konjunktiva. **Conjunctivitis** vgl. Konjunktivitis

con leggierezza [*kon lädseher...*; *it.*]: mit Leichtigkeit, ohne Schwere (Vortragsanweisung; Mus.)

con moto [*kon* -; *lat.-it.*]: mit Bewegung, etwas beschleunigt (Vortragsanweisung; Mus.)

Connaisseur [*konäßör*; *lat.-fr.*] *der*; -s, -s: Kenner, Sachverständiger, Feinschmecker

Coenobit [*zö...*] usw. vgl. Zönobit usw.

con passione [*kon* -]: = passionato, appassionato

con pietà [*kon pi-eta*]: = pietoso

Consciousness-raising [*konschᵉßnißreⁱsing*; *engl.*] *das*; -[s], -s: Form der → Psychotherapie (2), die dem Behandelten zur Bewußtseinserweiterung verhilft

Consecutio temporum [*konsekuzio* -; *lat.*] *die*; - -: Zeitenfolge in Haupt- u. Gliedsätzen (Sprachw.)

Conseil [*kongßej*; *lat.-fr.*] *der*; -s, -s: Rat, Ratsversammlung (als Bezeichnung für verschiedene Staats- u. Justizinstitutionen in Frankreich, z. B. Conseil d'État = Staatsrat); vgl. Konseil

Consensus [*kon...*; *lat.*; „Übereinstimmung"] *der*; -, -: Zustimmung; - communis: allgemeine Übereinstimmung der katholischen Gläubigen in einer Lehrfrage (Beweismittel für die Richtigkeit eines katholischen → Dogmas); - gentium [*...zium*; „Übereinstimmung der Völker"]: Schluß von der allgemeinen Geltung eines Satzes auf dessen begründeten Charakter (Philos.). - omnium: die Übereinstimmung aller Menschen in bestimmten Anschauungen u. Ideen (z. B. von der Gültigkeit der Menschenrechte u. a.), die oft auch als Beweis für die Richtigkeit einer Idee gewertet wird; vgl. Konsens

con sentimento [*kon* -; *lat.-it.*]: mit Gefühl (Vortragsanweisung; Mus.)

Consilium ab|eundi [*k...* -; *lat.*] *das*; - -: der [einem Schüler od. einem Studenten förmlich erteilte] Rat, die Lehranstalt zu verlassen, um ihm den Verweis von der Anstalt zu ersparen

Consistency [*konsißtänßi*; *lat.-engl.*] *die*; -, ...cies: Widerspruchsfreiheit, Stimmigkeit der Angaben von Befragten (in der Markt- u. Meinungsforschung)

Consolatio [*konsolazio*; *lat.*] *die*; -, ...iones: Trostgedicht, -schrift (Gattung der altröm. Literatur); vgl. Konsolation

Consommé, (veraltet:) Konsommee [*kong...*; *lat.-fr.*] *die*; -, -s od. *das*; -s, -s: Kraftbrühe [aus Rindfleisch u. Suppengemüse]

con sordino [*kon* -; *lat.-it.*]: mit dem Dämpfer (Spielanweisung für Streichinstrumente)

con spirito [*kon* -]: = spirituoso

Consta|ble [*kanßtᵉbᵉl*; *lat.-engl.*] *der*; -, -s: = Konstabler

Constituante [*kongßtitüangt*; *lat.-fr.*] *die*; -, -s [*...tüangt*], (eingedeutscht auch:) Konstituante *die*; -, -n: grundlegende verfassunggebende [National]versammlung (besonders die der Französischen Revolution von 1789)

Constructio ad sensum [*kon...* - -; *lat.*] *die*; - - -: Satzkonstruktion, bei der sich das Prädikat od. Attribut nicht nach der grammatischen Form des Subjekts, sondern nach dessen Sinn richtet (z. B. eine Menge *Äpfel fielen* vom Baum [statt: eine *Menge* Äpfel *fiel* ...]; Sprachw.); vgl. Synesis. **Constructio apo koinu** [- - *keu...*; *lat.*; *gr.*] *die*; - - -: = Apokoinu. **Constructio kata synesin** *die*; - - -: = Synesis

Contactlinse [*kontakt...*] vgl. Kontaktlinse

Contagion [*kon...*] usw. vgl. Kontagion usw.

Container [*kontęⁱnᵉr*; *lat.-fr.-engl.*] *der*; -s, -: 1. der rationelleren u. leichteren Beförderung dienender Großbehälter in standardisierter [quaderförmiger] Größe, mit dem Güter durch mehrere Verkehrsmittel ohne Umpacken der Ladung transportiert werden können. 2. Schachtel, Karton in einer gewissen Größe zum Versand von Büchern. **containerisieren:** in Containern verschicken (von Waren od. Fluggepäck). **Containerschiff** *das*; -[e]s, -e: Spezialfrachtschiff zum Transport von Containern. **Containerterminal** [*...törminᵉl*; *engl.*] *der* (auch: *das*);

-s, -s: Hafen, in dem Container verladen werden. **Containment** [*k^entę^inm^ent*] *das*; -s, -s: 1. [Schutz]umhüllung für Atomreaktoren. 2. (ohne Plural) engl.-amerikan. Bezeichnung für die Politik der Stärke innerhalb des westlichen Verteidigungsbündnisses

Contango [*kon...*; bei engl. Ausspr.: *k^entänggo^u*; *engl.*] *der*; -s, -s: = Report (2)

Contarex ⓦ [*kon...*; Kunstw.] *die*; -, -: ein Fotoapparat

Conte

I. [*kongt*; *lat.-fr.*] *die*; -, -s [*kongt*]: Erzählform in der franz. Literatur, die ungefähr zwischen Roman u. Novelle steht.

II. [*kont^e*; *lat.-it.*] *der*; -, -s u. ...ti: hoher ital. Adelstitel (ungefähr dem Grafen entsprechend)

Conteben ⓦ [*kon...*; Kunstw.] *das*; -s: ein Tuberkuloseheilmittel (Med.)

Contenance [*kongt^enangß*; *lat.-vulgärlat.-fr.*] *die*; -: Fassung, Haltung (in schwieriger Lage), Gelassenheit

con tenerezza [*kon* -]: = teneramente

Contergan ⓦ [*kon...*; Kunstw.] *das*; -s: Handelsname für das Schlafmittel → Thalidomid. **Contergankind** *das*; -[e]s, -er: (ugs.) mißgebildet geborenes Kind, dessen Mutter während der Schwangerschaft Contergan eingenommen hatte

Contessa [*k...*; *lat.-it.*] *die*; -, ...ssen: hoher ital. Adelstitel (ungefähr der Gräfin entsprechend). **Contessina** *die*; -, -s: ital. Adelstitel (ungefähr der Komtesse entsprechend)

Contest [*kontäst*; *lat.-fr.-engl.*] *der*; -[e]s, -s u. -e: Wettbewerb (im Bereich der Unterhaltungsmusik)

Continuo, Kontinuo [*lat.-it.*] *der*; -s, -s: Kurzform von → Basso continuo

Conto de Reis [bei port. Ausspr.: *kontu dh^e raisch*; bei bras. Ausspr.: *- di rę^jß*] *der*; - - -: portugies. (1000 Escudos) u. brasilian. (1000 Cruzeiros) Rechnungseinheit

con|tra [*kon...*; *lat.*]: lat. Schreibung von → kontra. **Con|tra** vgl. Kontra. **Con|tradictio in adiecto** *die*; - - -: Widerspruch zwischen der Bedeutung eines Substantivs u. dem hinzugefügten Adjektiv, Sonderform des → Oxymorons (z. B. der arme Krösus; Rhet., Stilk.). **con|tra legem**: gegen den [reinen] Wortlaut des Gesetzes (Rechtsw.); Ggs. → intra legem. **con|traria con|trariis**: „Entgegengesetztes mit Entgegengesetztem" [bekämpfen] (Grundsatz des Volksglaubens); vgl. similia similibus. **Con|trasto** [*lat.-it.*] *der*; -s, -s: eine ital. Variante des mittelalterlichen Streitgedichts. **Contratenor** [*kontratenor*] *der*; -s ...öre: die dem → Tenor (I, 1) u. dem → Diskant (1) hinzugefügte Stimme in der Musik des 14. u. 15. Jh.s. **con|tre cœur** [*kongtr^ekör*; „gegen das Herz"]: zuwider. **Contrecoup** [*kongtr^eku*; *fr.*] *der*; -s, -s: bei einem heftigen Aufprall entstehende Gegenkraft, die ihrerseits Verletzungen auch an der der Aufprallstelle gegenüberliegenden Seite hervorruft (Med.). **Con|tredanse** [*...dangß*] vgl. Kontertanz. **Con|trol[l]er** [*k^entro^ul^er*; *fr.-engl.*] *der*; -s, -: Fachmann für Kostenrechnung u. Kostenplanung in einem Betrieb. **Control-Tower** [*k^entro^ultau^er*] vgl. Tower

Con|urbation [*kono^rbe^isch^en*; *lat.-engl.*] die; -, -s u. Kon|urbation [*...zion*] *die*; -, -en: besondere Form städtischer → Agglomeration, die sich durch geschlossene Bebauung u. hohe Bevölkerungsdichte auszeichnet; Stadtregion

Conus [*ko...*; *gr.-lat.*; „Kegel"] *der*; -, ...ni: 1. Zapfen der → Koniferen. 2. kegelförmige Anschwellung eines Organs (Med.). 3. Gattung aus der Familie der Kegelschnecken mit kegelförmigem Gehäuse (Zool.); vgl. Konus

Convenience-goods [*k^enwini^enß guds*; *engl.*; convenience = Bequemlichkeit] *die* (Plural): a) Lebensmittel, die schon für den Verbrauch weitgehend zubereitet sind u. daher eine Arbeitserleichterung bedeuten (z. B. tiefgefrorene Fertiggerichte, kochfertige Suppen); b) Güter des täglichen Bedarfs, die der Verbraucher – der Bequemlichkeit u. des geringen Zeitaufwandes wegen – in der unmittelbaren Nachbarschaft kauft u. bei denen keine nennenswerten Qualitäts- u. Preisunterschiede bestehen (z. B. Brot, Gemüse, Zigaretten); Ggs. → Shopping-goods

Convent [*kon...*] vgl. Konvent

Converter vgl. Konverter. **Converti|ble Bonds** [*...wö^rt^ebl* -; *engl.*] *die* (Plural): in England u. den USA übliche Schuldverschreibungen, die sich auf Wunsch des Inhabers in Aktien der Gesellschaft umwandeln lassen

Conveyer [*...we^er*; *lat.-vulgärlat.-fr.-engl.*] *der*; -s, -: Becherwerk, Förderband

Convoi [*konweu*, auch: *kon...*] vgl. Konvoi

cool [*kul*; *engl.*; „kühl"]: (Jargon) 1. leidenschaftslos, nüchtern-sachlich u. kühl im Handeln od. Einschätzen einer Situation. 2. sehr gut (z. B. in bezug auf den von Drogen hervorgerufenen Zustand). **Cool Jazz** [*kul dsehäs*; *amerik.*] *der*; - -: Jazzstil der 50er Jahre, entstanden als Reaktion auf den → Bebop

Cop [*kop*; Kurzform von *engl.* copper = Polizist] *der*; -s, -s: (ugs.) amerik. Verkehrspolizist

Copilot [*ko...*] vgl. Kopilot. **Co|produktion** [*...zion*] vgl. Koproduktion. **co|produzieren** vgl. koproduzieren

Copyright [*kopirait*; *engl.*] *das*; -s, -s: das Urheberrecht des britischen u. amerik. Rechts. **Copytest** [*kopi...*] *der*; -[e]s, -s: eine nach dem Copy-testing-Verfahren durchgeführte Untersuchung. **Copy-testing** *das*; -[s]: werbepsychologische Untersuchungsmethode, die die Qualität eines Werbemittels feststellen will, indem sie prüft, wie eine Personengruppe auf ein vorgelegtes Muster reagiert

Coquille [*kokij^e*; *gr.-lat.-vulgärlat.-fr.*] *die*; -, -n (meist Plural): a) Muschelschale; b) in einer Muschelschale angerichtetes Ragout

Cor [*kor*; *lat.*] *das*; -: Herz (Med.)

coram pu|blico [*ko... ...ko*; *lat.*]: vor aller Welt, öffentlich

Cord [*kort*; *gr.-lat.-fr.-engl.*] *der*; -[e]s, -e u. -s: hochgeripptes, sehr haltbares [Baumwoll]gewebe

Cordial Médoc [*k...* -; *fr.*] *der*; - -, - -: Likör aus Destillaten franz. Weine

Córdoba [*kordoba*; span. Forscher] *der*; -[s], -[s]: Münzeinheit in Nicaragua

Cordon bleu [*kordong blö*; *fr.*] *das*; - -, -s -s [*...dong blö*]: mit einer Käsescheibe u. gekochtem Schinken gefülltes Kalbsschnitzel (Gastr.). **Cordon sanitaire** [-*ßanitär*] *der*; - -, -s -s [*kordong ßanitär*]: 1. Sperrgürtel zum Schutz gegen das Einschleppen epidemischer Krankheiten. 2. Grenzposten an einer Militärgrenze

Core [*ko^r*; *engl.*; „Kern, Innerstes"] *das*; -[s], -s: der wichtigste Teil eines Kernreaktors, in dem die Kernreaktion abläuft (Kernphysik)

Corfam ⓦ [*kor...*; Kunstw.] *das*; -[s]: in den USA entwickeltes synthetisches Material, das ähnliche Eigenschaften wie Leder aufweist

Coriolis-Kraft [*ko...*; nach dem franz. Physiker u. Ingenieur G. G. Coriolis] *die*; -: in einem rotierenden Bezugssystem auf einen sich bewegenden Körper einwirkende Trägheitskraft (Phys.)
Corium [*ko...*; *gr.-lat.*] *das*; -s: Lederhaut (zwischen Oberhaut [→ Epidermis] u. Unterhautgewebe; Med.)
Cornamusa [*kor...*; *it.*] *die*; -, -s: = Cornemuse. **Cornea** [*kor...*; *lat.*], (eindeutschend auch:) Kornea *die*; -, ...neae [*...e-ä*]: Hornhaut des Auges
Corned beef [*ko'n*^(e)*d bif*; *engl.*] *das*; - -: zerkleinertes u. gepökeltes Rindfleisch [in Dosen]. **Corned pork** [*- po'k*] *das*; - -: zerkleinertes u. gepökeltes Schweinefleisch in Dosen
Cornemuse [*korn*^e*müs*^e; (*lat.*; *galloroman.*) *fr.*] *die*; -, -s [*...müs*^e]: Dudelsack, Sackpfeife. **Corner** [*ko'n*^e*r*; *lat.-fr.-engl.*] *der*; -s, -: 1. Ringecke (beim Boxen). 2. (eindeutschend auch: Korner) planmäßig herbeigeführter Kursanstieg an Effekten- u. Warenbörsen, um die Baissepartei in Schwierigkeiten zu bringen (Börsenwesen). 3. (österr., sonst veraltet) Ecke, Eckball beim Fußballspiel. **Cornet à pistons** [*kornä a pißtong*; *fr.*] *das*; - - -, -s - - [*kornäsa...*]: = Kornett (II, 2). **Cornetto** [*it.*] *das*; -s, -s u. ...ti: kleines Grifflochhorn, Zink (ein altes Holzblasinstrument; Mus.)
Corn-flakes ⓦ [*ko'nfle'kß*; *engl.*] *die* (Plural): geröstete Maisflokken
Cornichon [*kornischong*; *lat.-fr.*] *das*; -s, -s: kleine, in Gewürzessig eingelegte Gurke, Pfeffergürkchen. **Corno** [*lat.-it.*] *das*; -, ...ni: Horn; - da caccia [*- - katscha*]: Waldhorn, Jagdhorn; - di bassetto: Bassetthorn (Mus.)
Corolla [*ko...*] vgl. Korolla. **Corona** [*ko...*] vgl. Korona. **Coroner** [*kor*^e*n*^e*r*; *lat.-fr.-engl.*] *der*; -s, -s: (in England u. in den USA) ein Beamter, der plötzliche u. unter verdächtigen Umständen eingetretene Todesfälle untersucht
Corpora: *Plural* von → Corpus. **Corporate identity** [*ko'p*^e*re't aidäntiti*; *engl.*] *die*, - -, - ...tities [*...tis*]: das Erscheinungsbild einer Firma in der Öffentlichkeit (Warenzeichen, Form- u. Farbgebung der Produkte, Verpakkungen u. ä.). **Corps** [*kor*] vgl. Korps. **Corps de ballet** [*kor d*^e *balä*; *fr.*] *das*; - - -, - - -: Ballettgruppe, -korps. **Corps diplomatique** [*- diplomatik*] *das*; - -, - -s [*- ...tik*]: diplomatisches Korps; Abk.: CD. **Corpsier** [*korie*] vgl. Korpsier. **Corpus** [*lat.*] *das*; -, ...pora: 1. Hauptteil eines Organs od. Körperteils (Med.). 2. der zentrale Strang des → Vegetationskegels einer Pflanze (Bot.); Ggs. → Tunica (1). 3. Korpus (II). **Corpus Christi** *das*; - -: das → Altarsakrament in der kath. Kirche; - - mysticum [*- - ...kum*]: [die Kirche als] der mystische Leib Christi. **Corpusculum** [*...kulum*; „Körperchen"] *das*; -s, ...la (meist Plural): kleines Gebilde im Organismus (Med.). **Corpus delicti** *das*; - -, ...pora -: etw., was als Gegenstand für eine kriminelle, belastende Tat gedient hat u. Beweisstück für die Überführung des Täters ist. **Corpus In|scriptionum Latinarum** *das*; - - -: maßgebliche Sammlung der lateinischen Inschriften der Römerzeit. Abk.: CIL. **Corpus juris**, (eingedeutscht auch:) Korpus juris *das*; - -: Gesetzbuch, -sammlung. **Corpus Juris Canonici**, (auch:) - Iuris - [*- - kanonizi*] *das*; - - -: die bis 1918 allein gültige Sammlung des kath. Kirchenrechts; vgl. Codex Juris Canonici. **Corpus Juris Civilis** [*- - ziwi...*] *das*; - - -: die von dem oström. Kaiser Justinian im 6. Jh. n. Chr. veranlaßte Sammlung der damals geltenden Rechtsvorschriften. **Corpus luteum** [*...e-um*] *das*; - -: Gelbkörper des Eierstocks; Corpus-luteum-Hormon: weibliches Keimdrüsenhormon (Med.). **Corpus Reformatorum** *das*; - -: Gesamtausgabe der Schriften der → Reformatoren (außer Luther); Abk.: CR
Corregedor [*...sehe...*; *lat.-port.*], **Corregidor**, (eindeutschend auch:) Korregidor [*...chidor*; *lat.-span.*] *der*; -s u. -en, -en: hoher Verwaltungsbeamter in Spanien u. Portugal
Corrente [*kor...*; *lat.-it.*] *die*; -, -n: ital. Form von → Courante
Corrida [de toros] [*kor... - -*; *span.*] *die*; - [- -], -s [- -]: span. Bezeichnung für Stierkampf
Corrigenda [*kor...*] vgl. Korrigenda. **Corrigens** [*kor...*] vgl. Korrigens. **corriger la fortune** [*korisehe la fortün*; *lat.-fr.*]: durch nicht ganz korrekte, geschickt-betrügerische Manipulationen „dem Glück nachhelfen", machen, daß etwas zu seinen Gunsten ausgeht, daß man Gewinner ist
Corsage [*korsaseh*^e] vgl. Korsage
Corso [*korso*] vgl. Korso
Cortège [*kortäseh*^e] vgl. Kortege. **Cortes** [*kortäß*; *lat.-span.* u. *port.*] *die* (Plural): Volksvertretung in Spanien u. früher auch in Portugal
Cortex [*kor...*] vgl. Kortex. **Corticosteron** vgl. Kortikosteron. **Cortine** vgl. Kortine
Corti-Organ [*kor...*; nach dem italien. Arzt Corti] *das*; -s: die Sinneszellenschicht im Innenohr (Med.)
Cortisol [*kor...*; Kunstw.] *das*; -s: = Hydrokortison. **Cortison** [*kor...*] vgl. Kortison
Corydalis [*ko...*] vgl. Korydalis
Coryfin ⓦ [*ko...*; Kunstw.] *das*; -s: ein Mittel gegen Erkältungskrankheiten. **Coryza** vgl. Koryza
cos = Kosinus
Cosa No|stra [*ko...*; *it.*] *die*; - -: kriminelle Organisation in den USA, deren Mitglieder vor allem Italiener od. Italoamerikaner sind
cosec = Kosekans
Cosmaten [*kos...*; nach dem ital. Vornamen Cosmas] *die* (Plural): Bez. für mehrere ital. Künstlerfamilien (12. bis 14. Jh.), in denen der Vorname Cosmas häufig war
Cosmea [*koß...*; *gr.-nlat.*] *die*; -, ...een: eine Gartenpflanze (Korbblütler). **Cosmotron** [*kos...*] vgl. Kosmotron
Costa [*kosta*; *lat.*] *die*; -, ...tae [*...ä*]: Rippe (Med.)
cost and freight [*koßt* ^e*nd fre't*; *engl.*]: „Kosten u. Fracht" (Klausel im Überseehandel, nach der Fracht- u. Versandkosten im Preis eingeschlossen sind); Abk.: cf. **cost, insurance, freight** [*-, inschur*^e*nß, fre't*]: „Kosten, Versicherung u. Fracht" (Klausel im Überseehandel, nach der Fracht-, Versicherungs- u. Verladekosten im Preis eingeschlossen sind); Abk.: cif
cot = Kotangens
Côtelé [*kot*^e*le*; *fr.*] *der*; -[s], -s: Kleider- od. Mantelstoff mit feinen Rippen. **Coteline** [*kot*^e*lin*; *fr.*] *der*; -[s], -s: Möbelbezugsstoff mit kordartigen Rippen
Cotillon [*kotijong*] vgl. Kotillon
Cottage [*kotidseh*; *fr.-engl.*] *das*; -, -s: 1. Landhaus, Häuschen. 2. (österr.) Villenviertel im Vorstadtbereich. **Cottagesystem** *das*; -s: System in der englischen Industrie, bei dem die Firma den Betriebsangehörigen Wohnungen stellt, die durch teilweise Einbehaltung des Lohns in deren Eigentum übergehen
Cotton [*kot*^e*n*; *semit.-arab.-fr.-engl.*] *der* od. *das*; -s: engl. Bez.

für: [Gewebe aus] Baumwolle, Kattun; vgl. Koton. **cottonisieren** [*ko*...] vgl. kotonisieren

Cottonmaschine *die*; -, -n, Cottonstuhl [*kot*ᵉ*n*...; nach dem engl. Erfinder W. Cotton] *der*; -[e]s, ...stühle: Wirkmaschine zur Herstellung von Damenstrümpfen

Cottonöl [*kot*ᵉ*n*...] *das*; -[e]s: aus Baumwollsamen gewonnenes Öl, das in Technik u. Heilkunde verwendet wird

Cottonstuhl vgl. Cottonmaschine

Cottonwood [*kot*ᵉ*nwud*; *engl.*] *das*; -[s]: Holz der amerikanischen Pappel

Couch [*kautsch*; *lat.-fr.-engl.*] *die* (schweiz. auch: *der*); -, -[e]s [...(*i*)*s*] u. -en: breiteres Liegesofa mit niedriger Rückenlehne

Coué|ismus [*ku-e-iß*...; *nlat.*, nach dem franz. Apotheker Coué] *der*; -: Entspannung durch → Autosuggestion (ein Heilverfahren)

Coulage [*kulasch*ᵉ; *lat.-fr.*] *die*; -: franz. Bez. für: Leckage (Gewichtsverlust bei flüssigen Waren durch Aussickern, Verdunsten od. eine Leckstelle)

Couleur [*kulör*; *lat.-fr.*] *die*; -, -en u. -s: 1. (innerhalb einer gewissen Vielfalt) bestimmte geistig-weltanschauliche Prägung (einer Person), z. B. Politiker aller -. 2. Trumpf (im Kartenspiel). 3. Band u. Mütze einer studentischen Verbindung

Coulis [*kuli*; *lat.-fr.*] *die*; -, -: weiße od. braune Soßengrundlage

Couloir [*kuloar*; *lat.-fr.*] *der*; -s, -s: 1. Verbindungsgang. 2. (schweiz. nur *das*) Schlucht, schluchtartige Rinne (Alpinistik). 3. eingezäunter, ovaler Sprunggarten zum Einspringen junger Pferde ohne Reiter

Coulomb [*kulong*; franz. Physiker] *das*; -s, -: Maßeinheit für die Elektrizitätsmenge (1 C = 1 Amperesekunde); Zeichen: C

Count [*kaunt*; *lat.-fr.-engl.*] *der*; -s, -s: engl. Titel für einen Grafen von nichtbritischer Herkunft

Countdown [*kauntdaun*; *engl.*; „Herunterzählen"] *der* od. *das*; -[s], -s: 1. a) bis zum Zeitpunkt Null (Startzeitpunkt) zurückschreitende Ansage der Zeiteinheiten als Einleitung eines Startkommandos [beim Abschuß einer Rakete]; b) die Gesamtheit der vor einem [Raketen]start auszuführenden letzten Kontrollen. 2. letzte technische Vorbereitungen vor einem Unternehmen.

Counter [*kaunt*ᵉ*r*; *engl.*] *der*; -s, -: (Jargon) a) Schalter, an dem die Flugreisenden abgefertigt werden (Luftf.); b) Theke (in Reisebüros u. ä.; Touristik)

Counter-Dis|play [...*dißple*ⁱ] *das*; -s, -s: Thekenaufsteller (bildl. Darstellung einer Ware für den Ladentisch; Werbung)

Counter Intelligence Corps [*kaunt*ᵉ*r intälidsch*ᵉ*nß ko*ʳ; *engl.*] *das*; - - -: ehemaliger militärischer Abwehrdienst der Amerikaner; Abk.: CIC. **Counterpart** [*kaunt*ᵉ*rpa*ʳ*t*; *engl.*] *der*; -s, -s: 1. passendes Gegenstück, → Komplement (1). 2. jmd., der einem Entwicklungsexperten in einem Land der dritten Welt (projektbezogen) als Fach-, Führungskraft zugeordnet ist

Countess, (eindeutschend auch:) Counteß [*kauntiß*; *lat.-fr.-engl.*] *die*; -, ...tessen u. ...tesses [...*tißis*]: engl. Titel für eine Gräfin

Country-music [*kántrimjusik*; *amerik.*] *die*; -: Volksmusik [der Südstaaten der USA]. **Country of the Commonwealth** [*kantri* ᵉ*w dh*ᵉ *kom*ᵉ*n*ᵘ*älth*; *engl.*]: ein der Verwaltung nach selbständiges Land des ehemal. britischen Weltreichs, früher: → Dominion

County [*kaunti*; *lat.-fr.-engl.*; „Grafschaft"] *die*; -, -s (auch: Counties): Gerichts- u. Verwaltungsbezirk in England u. in den USA

Coup [*ku*; *gr.-lat.-vulgärlat.-fr.*; „Faustschlag; Ohrfeige"] *der*; -s, -s: überraschend durchgeführte, verwegen-erfolgreiche Unternehmung

Coupage [*kupasch*ᵉ; *galloroman.-fr.*] *die*; -: Weinbrandverschnitt, Beimischung von [Brannt]wein in andere [Brannt]weine

Coup d'État [*ku deta*; *fr.*] *der*; - -, -s - [*ku* -]: Staatsstreich. **Coup de main** [*ku d*ᵉ *mäng*] *der*; - - -, -s - - [*ku* - -]: Handstreich, rascher gelungener Angriff

Coupé, (eindeutschend auch:) Kupee [*kupe*; *galloroman.-fr.*] *das*; -s, -s: 1. (veraltet) Abteil in einem Eisenbahnwagen. 2. geschlossene zweisitzige Kutsche. 3. geschlossener [zweisitziger] Personenwagen mit versenkbaren Seitenfenstern

Cou|plet [*kuple*; *lat.-fr.*] *das*; -s, -s: a) Strophe in Liedern (mit wechselndem Text) od. Instrumentalstücken (mit wechselnder Musik), die einen wiederkehrenden Teil (Refrain) haben; b) kleines Lied mit witzigem, satirischem od. pikantem Inhalt, der häufig auf aktuelle [politische] Ereignisse Bezug nimmt

Coupon, (eindeutschend auch:) Kupon [*kupong*; *galloroman.-fr.*] *der*; -s, -s: 1. Gutschein, Abschnitt. 2. abgeschnittenes Stück Stoff für ein Kleidungsstück. 3. Zinsschein bei festverzinslichen Wertpapieren

Cour [*kur*; *lat.-vulgärlat.-fr.*] *die*; -: a) franz. Bez. für: Hof, Hofhaltung; jmdm. die - machen: jmdm. den Hof machen; b) Gerichtshof (als Bezeichnung für verschiedene Justizinstitutionen in Frankreich, z. B. Cour Constitutionelle = Verfassungsgericht)

Courage [*kurasch*ᵉ; *lat.-fr.*] *die*; -: Beherztheit, Schneid, Mut (in bezug auf eine nur ungern vorgenommene Handlung). **couragiert** [...*schirt*]: beherzt

courant [*ku*...] vgl. kurant. **Courant** vgl. Kurant

Courante [*kurangt*⁽ᵉ⁾; *lat.-fr.*] *die*; -, -n: 1. alter franz. Tanz in raschem, ungeradem Takt. 2. zweiter Satz der Suite in der Musik des 18. Jh.s (Mus.)

Courbette [*kurbät*] usw. vgl. Kurbette usw.

Course [*ko*ʳ*s*; *lat.-engl.*] *der*; -, -s [...*siß*]: Golfplatz

Court [*ko*ʳ*t*; *lat.-altfr.-engl.*] *der*; -s, -s: Spielfeld des Tennisplatzes

Courtage, (eindeutschend auch:) Kurtage [*kurtasch*ᵉ; *fr.*] *die*; -, -n: Maklergebühr bei Börsengeschäften. **Courtier** [*kurtie*] *der*; -s, -s: (veraltet) freiberuflicher Handelsmakler

Courtoisie [*kurtoasi*; *lat.-vulgärlat.-fr.*] *die*; -, ...ien: 1. feines, ritterliches Benehmen, Höflichkeit. 2. (ohne Plural) Einhaltung gewisser Gebräuche des völkerrechtlichen Verkehrs zwischen Staaten

Couscous [*kußkuß*; *arab.-fr.*] *das*; -, -: tunesisches Gericht aus Hirse od. grobem, in Wasserdampf gegartem Weizengrieß, mit verschiedenen gesondert gekochten Fleischsorten, bes. Hammelfleisch, angerichtet

Cousin [*kusäng*; *lat.-vulgärlat.-fr.*] *der*; -s, -s: Vetter. **Cousine** [*kusin*ᵉ], (eindeutschend auch:) Kusine *die*; -, -n: Base

Couture [*kutür*; *lat.-fr.*] *die*; -: = Haute Couture. **Couturier** [...*rie*] *der*; -s, -s: häufig gebrauchte Kurzform von → Haute Couturier

Couvade [*kuwad*ᵉ; *lat.-fr.*] *die*; -, -n: Männerkindbett (Sitte bei bestimmten Naturvölkern, nach der der Vater das Verhalten der Wöchnerin nachahmt). **Couvert** [*kuwär*; *lat.-fr.*] *das*; -s, -s: 1. Bettbezug. 2. vgl. Kuvert. **Couveuse** [...*ös*ᵉ] *die*; -, -n: Wärmebett (Brutschrank für Frühgeburten; Med.)

Cover [*kawer*; *engl.*] *das*; -s, -s: a) Titel[bild]; b) Plattenhülle. **Coverboy** [*...beu*] *der*; -s, -s: a) auf der Titelseite einer Illustrierten abgebildeter [junger] Mann; b) = Dressman. **Covercoat** [*...kout*] *der*; -[s], -s: 1. feinmeliertes [Woll]gewebe, ähnlich dem → Gabardine. 2. dreiviertellanger Mantel aus Covercoat. **Covergirl** [*...gö'l*] *das*; -s, -s: auf der Titelseite einer Illustrierten abgebildetes Mädchen. **Coverstory** *die*; -, -s (auch: ...ies): Titelgeschichte. **Cover-up** [*...ap*] *das*; -: volle Körperdeckung beim Boxen

Cowboy [*kaubeu*; *engl.*; „Kuhjunge"] *der*; -s, -s: berittener amerik. Rinderhirt (der gleichzeitig als Verkörperung sogenannten männlichen Lebensstils gilt u. Assoziationen wie Draufgängertum, Revolver, ausgezeichneter Reiter, Ehrenkodex hervorruft)

Cowper [*kaup*e*r*; engl. Ingenieur] *der*; -s, -s: Winderhitzer für Hochöfen

Coxa [*kokßa*; *lat.*] *die*; -, ...xae [*...ä*]: Hüfte (Med.). **Cox|algia** vgl. Koxalgie. **Coxitis** vgl. Koxitis

Cox' Orange [*kokß orangsch*e; nach dem engl. Züchter R. Cox] *die*; - -, - -n, (eindeutschend auch:) Cox Orange *der*; - -, - -: aromatischer, feiner Winterapfel mit goldgelber bis orangefarbener [rot marmorierter] Schale

Coyote [*kojote*] vgl. Kojote

Crabmeat [*kräbmit*; *engl.*] *das*; -s: engl. Bez. für: Krabben[fleisch]

Crack [*kräk*; *engl.*] *der*; -s, -s: 1. hervorragender Sportler [in einem sportlichen Wettkampf]. 2. bestes Pferd eines Rennstalls. **cracken** vgl. kracken. **Cracker**, (eindeutschend auch:) Kräcker *der*; -s, -[s] (meist Plural): 1. ungesüßtes, keksartiges Kleingebäck. 2. Knallkörper, Knallbonbon

Cracovienne [*krakowiän*; *fr.*] *die*; -, -s = Krakowiak

Crampus [*kram...*] vgl. Krampus (I)

Crani... [*krani*] vgl. Krani...

Cranium [*gr.-mlat.*] *das*; -[s], ...ia: der menschliche Schädel (Hirn- u. Gesichtsschädel; Med.)

Craquelé, (eindeutschend auch:) Krakelee [*krak*e*le*; *fr.*] *das*; -s, -s: 1. (auch: *der*) Kreppgewebe mit rissiger, narbiger Oberfläche. 2. feine Haarrisse in der Glasur von Keramiken od. auf Glas. **Craquelure** [*...lür*] vgl. Krakelüre

Crash [*kräsch*; *engl.*] *der*; -[s], -s: Zusammenstoß, Unfall (bes. bei Autorennen)

crassus [*kras...*; *lat.*]: dick, stark (Med.)

Crawl [*krol*] vgl. Kraul

Crayon [*kräjong*] usw. vgl. Krayon usw.

Cream [*krim*]: engl. Form von → Creme; vgl. Cold Cream

Creas [*kreaß*] vgl. Kreas

Création [*kreaßjong*; *lat.-fr.*] *die*; -, -s [*...jong*] = Kreation (1)

Credo [*kre...*] vgl. Kredo. **credo, quia absurdum [est]** [*lat.*]: „ich glaube, weil es widersinnig ist" (Charakterisierung eines bestimmten Verständnisses göttlicher Offenbarung). **credo, ut intelligam**: „ich glaube, damit ich erkenne" (Satz des Scholastikers Anselm von Canterbury, nach dem die wahre Erkenntnis Gottes nur im christlichen Glauben möglich ist)

Creek [*krik*; *altnord.-engl.*] *der*; -s, -s: 1. nur zur Regenzeit wasserführender Fluß [in Australien]. 2. durch Landsenkung aus ehemaligen Flußtälern entstandene Meeresbucht an der afrikanischen Ostküste

creme [*kräm*, auch: *krem*; *fr.*]: mattgelb. **Creme** *die*; -, -s (schweiz.: -n): 1. a) pasten-, salbenartige Masse aus Fetten u. Wasser zur Pflege der Haut; b) weiche, süße [stark fetthaltige] Masse als Füllung in Pralinen od. als Schicht bei Torten. 2. (landsch.) [Kaffee]sahne. 3. dickflüssige od. schaumige, lockere Süßspeise. 4. (ohne Plural) a) das Feinste, Erlesenste; b) gesellschaftliche Oberschicht; vgl. Krem. **Crème de la crème** [*kräm d*e *la kräm*] *die*; - - - -: die höchsten Vertreter der gesellschaftlichen Oberschicht

Cremor tartari [*nlat.*] *der*; - -: Weinstein

Crêpe [*kräp*; *fr.*]

I. *die*; -, -s: sehr dünner Eierkuchen (den man z. B. mit Puderzucker bestreut od. den man mit Konfitüre bestreicht u. rollt).

II. *der*; -[s], -s: vgl. Krepp

Crêpe de Chine [- *d*e *schin*; *fr.*] *der*; - - -, -s - - [*kräp* - -]: feinnarbiges Gewebe aus Natur- od. Kunstseide. **Crêpe Georgette** [- *schorschät*] *der*; - -, -s - [*kräp* -]: zartes, durchsichtiges Gewebe aus Kreppgarn. **Crêpe lava|ble** [- *lawab*e*l*] *der*; - -, -s -s [*kräp lawab*e*l*]: weiches Kreppgewebe aus [Kunst]seide für Damenwäsche. **Crepeline** [*...lin*] vgl. Krepeline. **Crêpe marocain** [- *marokäng*] *der*; - -, -s -s [*kräp marokäng*]: feingeripptes [Kunst]seidengewebe in Taftbindung (eine Webart). **Crêpe Satin** [- *ßatäng*] *der*; - -, -s - [*kräp* -]: [Kunst]seidenkrepp mit einer glänzenden u. einer matten Seite in Atlasbindung (eine Webart). **Crêpe Suzette** [- *ßüsät*] *die*; - -, -s - [*kräp* -] (meist Plural): dünner Eierkuchen, mit Weinbrand od. Likör flambiert. **Crepon** [*...ong*] vgl. Krepon

cresc. = crescendo. **cre|scendo** [*kräschändo*; *lat.-it.*]: allmählich lauter werdend, im Ton anschwellend; Abk.: cresc.; (Vortragsanweisung; Mus.); Ggs. → decrescendo. **Cre|scendo**, (eindeutschend auch:) Krescendo *das*; -s, -s u. ...di: allmähliches Anwachsen der Tonstärke (Vortragsanweisung; Mus.); Ggs. → Decrescendo

Creticus [*kretikuß*] vgl. Kretikus

Cretonne, (eindeutschend auch:) Kretonne [*kreton*; *fr.*] *die* od. *der*; -, -s: Baumwollgewebe in Leinenbindung (eine Webart); vgl. Kreton u. Kretonne

Crevette [*krewät*(e)] vgl. Krevette

Crew [*kru*; *lat.-engl.*] *die*; -, -s: Mannschaft; Gruppe von Personen, die zusammen eine bestimmte Aufgabe erfüllen (z. B. auf Schiffen, Flugzeugen, im Sport)

Cribbage [*kribitsch*; *engl.*] *das*; -: ein altes englisches Kartenspiel

Cricket [*kri...*] vgl. Kricket

Crime [*kraim*; *engl.*; „Verbrechen"]: → Sex and Crime

Crinis [*krinis*; *lat.*] *der*; -, ...nes [*krineß*]: Haar (Med.)

Criollismo [*...ljiß...*; *span.*; „Kreolentum"] *der*; -: geistig-literarische Strömung in Lateinamerika mit der Tendenz, eine Synthese indianischer, iberoamerikanischer u. europäischer Kultur zu schaffen. **Criollo** [*krioljo*] *der*; -[s], -s: = Kreole

Crispinaden [nach den Heiligen Crispinus u. Crispinianus] *die* (Plural): Geschenke, die auf Kosten anderer gemacht werden

Crista [*lat.*] *die*; -, ...stae [*...ä*]: Leiste, Knochenkamm, kammartiger Teil eines Organs (Med.)

Cristobalit, (eindeutschend auch:) Kristobalit [auch: *...it*; *nlat.*; nach dem Fundort San Cristóbal in Mexiko] *der*; -s, -e: ein Mineral

Crofter [*krof...*; *engl.*] *der*; -s, -s: kleinbäuerlicher, auf Nebenerwerb angewiesener Pächter in Schottland

Croisé [*kroase*; *lat.-fr.*; „gekreuzt"] *das*; -[s], -s: 1. Baumwoll- od. Kammgarngewebe in Köperbindung (eine Webart). 2. ein Tanzschritt. **Croisébindung** *die*; -: Köperbindung (besondere Webart). **croisiert**: geköpert (in einer besonderen Weise gewebt)

Croissant [*kroaßang*; *lat.-fr.*] *das*;

-[s], -s: Gebäck aus Hefe- od. Blätterteig in Form eines Hörnchens

Croma|gnonrasse [*kromanjong...*; nach dem Fundort Cro-Magnon in Frankreich] *die*; -: Menschenrasse in der jüngeren Altsteinzeit

Crom|argan ⓌⓏ [Kunstw.] *das*; -s: hochwertiger rostfreier Chrom-Nickel-Stahl für Tafelbestecke u. Küchengeräte

Cromlech [*krom...*] vgl. Kromlech

Crookesglas [*krukß...*; nach dem engl. Physiker Crookes] *das*; -es, ...gläser: Brillenglas, das für infrarote u. ultraviolette Strahlen undurchlässig ist

Crooner [*krun^e^r*; *engl.*; „Wimmerer"] *der*; -s, -: engl. Bez. für: Schlagersänger

Croquet [*krokät*, ...*k^e^t*, *krokät*] vgl. Krocket

Croquette [*krokät*] vgl. Krokette

Croquis [*kroki*] vgl. Kroki

Cross [*kroß*; *lat.-altfr.-engl.*] *der*; -, -: diagonal über den Platz geschlagener Ball (beim Tennis). **Cross-Country**, (auch:) **Croß-Country** [*kroßkantri*; *engl.*] *das*; -[s], -s: Wettkampf, bei dem es querfeldein, über wechselnde Bodenverhältnisse geht. **Crossing-symme|trie** *die*; -: Symmetrie bzw. Äquivalenz von Reaktionen bei der Wechselwirkung von Elementarteilchen (Kernphysik). **Cross-over** u. Crossing-over [...*o^u^w^e^r*] *das*; -: Erbfaktorenaustausch zwischen homologen Chromosomen (Biol.). **Cross-rate** [*kroßre^i^t*] *die*; -: Mittel zur Feststellung des echten Wertes einer Währung im Vergleich zur amtlich festgesetzten Parität unter Bezug auf den Dollarkurs. **Crosstalk** *der*; -s, -s: das der Klangqualität abträgliche Sichvermischen der beiden Lautsprecherinformationen bei stereophoner Wiedergabe

Croupade [*kru...*] vgl. Kruppade. **Croupier** [*krupie*; *germ.-fr.*] *der*; -s, -s: Angestellter einer Spielbank, der den äußeren Ablauf des Spiels überwacht. **Croupon** [...*ong*] *der*; -s, -s: Kern-, Rückenstück einer [gegerbten] Haut. **crouponieren**: aus einer [gegerbten] Haut herausschneiden

Croûton [*kruton̶g̶*; *lat.-fr.*] *der*; -[s], -s (meist Plural): aus Brötchen geschnittene u. in Fett gebackene Würfel, Scheibchen o. ä. zum Garnieren von Speisen od. als Suppeneinlage

Cru [*krü*; *lat.-fr.*] *das*; -[s], -s: Wachstum, Lage (Qualitätsbezeichnung für franz. Weine)

Cruciferae [*kruzi...*] vgl. Kruzifere

Crudum [*kru...*; *lat.*] *das*; -s: Rohstoff für die Antimongewinnung

Cruise-Missile [*krusmißail*; *engl.-amerik.*] *das*; -[s], -s: unbemannter Flugkörper mit Düsenantrieb (zusätzlich Startraketen) u. konventionellem od. nuklearem Gefechtskopf

Cruising [*krusing*; *engl.*] *das*; -[s]: das Suchen nach einem Sexualpartner

Crumblage [*kramblitsch*; *engl.*] *die*; -, -s [...*itschis*]: a) (ohne Plural) künstlerische Technik, bei der ein reproduziertes Bild angefeuchtet, zerknüllt o. ä. u. auf diese Weise deformiert wieder aufgeklebt wird; b) Produkt dieser Technik

Crus [*kruß*; *lat.*] *das*; -, Crura: (Med.) 1. [Unter]schenkel. 2. schenkelartiger Teil eines Organs od. Körperteils

Crusta [*kru...*; *lat.*] *die*; -, ...stae [...*ä*]: Kruste, Schorf (Med.)

Crux [*lat.*; „Kreuz"] *die*; -: etw. (eine Situation), was man als recht schwierig, als eine belastende Aufgabe, als kompliziert empfindet, weil das eine mit dem anderen kollidiert, schlecht zu vereinen ist; - [interpretum]: unerklärte Textstelle; unlösbare Frage. **Cruzeiro** [*kruse^i^ru*; *lat.-port.*] *der*; -s, -s (aber: 10 Cruzeiro): Währungseinheit in Brasilien

Crwth [*kruth*; *kelt.*] *die*; -, -: altkeltisches, lyraähnliches Saiteninstrument der Barden

Cryo|tron [*krü...*] vgl. Kryotron

Csárda [*tscharda*, auch: *tschardo*; *ung.*], (eindeutschend auch:) Tscharda *die*; -, -s: Pußtaschenke. **Csárdás** [*tschardas*, auch: *tschárdasch*] *der*; -, -, (eindeutschend:) Tschardasch *der*; -[e]s, -e: ungarischer Nationaltanz

Csikós [*tschikosch*, auch: *tschíkosch*; *ung.*] *der*; -, -, (eindeutschend:) Tschikosch *der*; -[e]s, -e: ungarischer Pferdehirt

Cubanit [*ku...*; auch: ...*it*; nach der Insel Kuba] *der*; -s: ein stark magnetisches Mineral

Cubiculum [*kubik...*; *lat.*] *das*; -s, ...la: 1. Schlafraum im altrömischen Hause. 2. Grabkammer in den → Katakomben. **Cubitus** *der*; -, ...ti: Ellenbogen (Med.); vgl. kubital

Cucurbita [*kukur...*; *lat.*] *die*; -, ...tae [...*tä*]: Zierkürbis mit verschiedenfarbigen Früchten

Cueva [*kuewa*; *lateinamerik.*] *die*; -: ein sehr schneller lateinamerikanischer Tanz

cui bono? [*kui* -; *lat.*; Zitat aus einer Rede von Cicero]: wem nützt es?, wer hat einen Vorteil davon? (Kernfrage der Kriminalistik nach dem Tatmotiv bei der Aufklärung eines Verbrechens)

Cuiteseide u. Cuitseide [*küit...*; *fr.*; *dt.*] *die*; -: durch Seifenbad entbastete, daher sehr weiche Seide

cuius regio, eius religio [*kujuß...*; *lat.*]: wessen das Land, dessen [ist] die Religion (Grundsatz des Augsburger Religionsfriedens von 1555, nach dem der Landesfürst die Konfession der Untertanen bestimmte)

Cul de Paris [*küdpari*; *fr.*; „Pariser Gesäß"] *der*; - - -, -s - - [*küd...*]: ein um die Jahrhundertwende unter dem Kleid getragenes Gesäßpolster. **Culotte** [*külot*; *lat.-fr.*] *die*; -, -n [...*t^e^n*]: im 17. u. 18. Jh. von der [franz.] Aristokratie getragene Kniehose; vgl. Sansculotte

Culdo|skop usw. vgl. Kuldoskop usw.

Culpa [*kulpa*; *lat.*] *die*; -: Schuld, Verschulden; Fahrlässigkeit; - lata: grobe Fahrlässigkeit (Rechtsw.); - levis [- ...*wiß*]: leichte Fahrlässigkeit (Rechtsw.)

Culteranist [*kul...*] vgl. Kulteranist. **Cultismo** vgl. Kultismus. **Cultural lag** [*kaltsch^e^r^e^l läg*; *engl.*] *das*; - -, - -s: verspätete soziokulturelle Anpassung von Personen[gruppen] an die vom technischen Fortschritt gesteuerte Entwicklung (Soziol.)

Cumarin [*ku...*] vgl. Kumarin

Cumaron [*ku...*] vgl. Kumaron

Cumberlandsauce, -soße [*kamb^e^rländ...*; *engl.*; *fr.*]: aus Johannisbeergelee, Senf u. verschiedenen anderen Zutaten hergestellte pikante Soße

cum grano salis [*kum* - -; *lat.*; „mit einem Körnchen Salz"]: mit entsprechender Einschränkung, nicht ganz wörtlich zu nehmen

cum infamia [*kum* -; *lat.*]: mit Schimpf u. Schande

cum laude [*kum* -; *lat.*; „mit Lob"]: drittbeste Note in der Doktorprüfung (= gut)

cum tempore [*kum* -; *lat.*; „mit Zeit"]: eine Viertelstunde nach der angegebenen Zeit (mit akademischem Viertel); Abk.: c. t.

Cumulonimbus [*ku...*] usw. vgl. Kumulonimbus usw.

Cunctator [*kungk...*; *lat.*] vgl. Kunktator

Cunnilingus, (eindeutschend auch:) Kunnilingus [*ku...*; *lat.*] *der*; -, ...gi: sexuelle Stimulierung durch Reizung des weiblichen Geschlechtsorgans mit der Zunge; vgl. Fellatio

Cup [*kap*; *lat.-roman.-engl.*] *der*; -s, -s: 1. Pokal, Ehrenpreis. 2. Körbchen beim Büstenhalter

Cupal [*ku...*; Kurzw. aus: *Cu*prum u. *Al*uminium] *das*; -s: kupferplattiertes Aluminium, Werkstoff der Elektrotechnik
Cupido [*ku...*] vgl. Kupido
Cuppa [*kupa*; *lat.*] *die*; -, Cuppae [*...ä*]: Schale eines [Abendmahls]kelches
Cu|pralon ® [*ku...*; Kunstw.] *das*; -s: Mischgarn aus → Perlon u. → Cuprama (Textilchemie). **Cuprama** ® [Kunstw.] *die*; -: wollartige, aus Zellulose hergestellte Kunstfaser. **Cu|prein** [*lat.-nlat.*] *das*; -s: eine organische Verbindung, Grundstoff von Chinin. **Cu|presa** ® [Kunstw.] *die*; -: eine nach dem Kupferoxyd-Ammoniak-Verfahren aus Baumwollfasern hergestellte Chemiefaser. **Cu|pro** [Kunstw.] *das*; -s: Sammelbezeichnung für synthetische Fäden, die nach dem Kupferoxyd-Ammoniak-Verfahren auf Zellulosebasis hergestellt werden (Textilchemie). **Cu|prum** *das*; -s: Kupfer; chem. Grundstoff; Zeichen: Cu
Cupula, (eindeutschend auch:) Kupula [*ku...*; *lat.*] *die*; -, ...lae [*...ä*]: 1. Fruchtbecher bei Buchengewächsen. 2. gallertartige Substanz in den Gleichgewichtsorganen der Wirbeltiere u. des Menschen (Med.)
Curaçao ® [*küraßao*; nach der Insel im Karibischen Meer] *der*; -[s], -s (aber: 2 Curaçao): Likör aus der Schale der Pomeranze
Cura posterior [*kura-*; *lat.*; „spätere Sorge"] *die*; - -: Angelegenheit, Überlegung, die im Augenblick noch nicht akut ist, mit der man sich erst später zu beschäftigen hat
Curare [*ku...*] vgl. Kurare. **Curarin**, (eindeutschend auch:) Kurarin [*indian.-span.-nlat.*] *das*; -s: wirksamer Bestandteil des Kurare (Chem.)
Curcuma [*kurkuma*] vgl. Kurkuma
Curé [*küre*; *lat.-fr.*] *der*; -s, -s: katholischer Geistlicher in Frankreich
Curettage [*küretasch*] vgl. Kürettage. **Curette** [*...rät*] vgl. Kürette. **curettieren** vgl. kürettieren
Curie [*küri*; franz. Physikerehepaar] *das*; -, -: Maßeinheit der Radioaktivität; Zeichen: Ci (älter: c). **Curium** [*ku...*; *fr.-nlat.*] *das*; -s: radioaktiver, künstlicher chemischer Grundstoff; Zeichen: Cm
Curling [*kö^{r}ling*; *engl.*] *das*; -s: ein Eisspiel
currentis [*ku...*; *lat.*]: (veraltet) [des] laufenden [Jahres, Monats]; Abk.: cr. **curricular**: a) die Theorie des Lehr- u. Lernablaufs betreffend; b) den Lehrplan betreffend. **Curriculum** [*...ku...*; *lat.-engl.*] *das*; -s, ...cula: 1. Theorie des Lehr- u. Lernablaufs. 2. Lehrplan, Lehrprogramm. **Curriculum vitae** [- *witä*; *lat.*] *das*; - -: Lebenslauf
Curry [*köri*, selten: *kari*; *angloind.*] *das*; -s, -s: 1. (ohne Plural; auch: *der*) scharf-pikante, dunkelgelbe Gewürzmischung indischer Herkunft. 2. indisches Gericht aus Fleisch od. Fisch mit einer Soße aus Currypulver, dazu Reis [u. Gemüse]
Curtain-wall [*kört^{e}nwol*; *engl.*] *der*; -s, -s: Außenwand eines Gebäudes, der keine tragende Funktion zukommt (Archit.)
Custard [*kaßt^{e}rt*; *engl.*] *der*; -, -s: eine englische Süßspeise
Custodian [*kaßto^{u}di^{e}n*; *lat.-engl.*] *der*; -s, -s: englische Bez. für: Treuhänder eines unter fremdstaatliche Verwaltung gestellten Vermögens
Cut [*kat* oder *köt*; *engl.*] *der*; -s, -s: 1. = Cutaway. 2. Riß der Haut, bes. rund um die Augenpartien (beim Boxen). **Cutaway** [*kat^e ^{u}e^i* oder *köt^e ^{u}e^i*] *der*; -s, -s: vorn abgerundet geschnittener Sakko des offiziellen Vormittagsanzuges mit steigenden Revers
Cuticula [*kutik...*] vgl. Kutikula. **Cutis** vgl. Kutis
cutten [*kat^{e}n*; *engl.*]: Filmszenen od. Tonbandaufnahmen für die endgültige Fassung schneiden u. zusammenkleben. **Cutter** [*kat^{e}r*; *engl.*] *der*; -s, -: 1. Schnittmeister; Mitarbeiter bei Film, Funk u. Fernsehen, der Filme od. Tonbandaufnahmen in Zusammenarbeit mit dem Regisseur für die endgültige Fassung zusammenschneidet u. montiert. 2. Fleischschneidemaschine zur Wurstbereitung. **Cutterin** *die*; -, -nen: Schnittmeisterin bei Film, Funk u. Fernsehen. **cuttern**: = cutten
Cuvée [*küwe*; *lat.-fr.*] *die*; -, -s (auch: *das*; -s, -s): Verschnitt (Mischung) verschiedener Weine
Cy: veraltete Bezeichnung für das Cyanradikal CN
Cyan [*zü...*; *gr.-lat.*] *das*; -s: giftige Kohlenstoff-Stickstoff-Verbindung mit Bittermandelgeruch. **Cyanat** [*gr.-lat.-nlat.*] *das*; -[e]s, -e: Salz der Cyansäure. **Cyanid** *das*; -s, -e: Salz der Blausäure. **Cyanradikal** *das*; -s: eine einwertige Atomgruppe aus Kohlenstoff u. Stickstoff, die nur in chemischen Verbindungen od. als elektrisch negativ geladenes Ion vorkommt
Cyborg [*ßaibo^{r}g*; *engl.*; Kunstw. aus: *cy*bernetic *org*anism] *der*; -s, -s: [geplante] Integrierung technischer Geräte in den Menschen als Ersatz od. zur Unterstützung nicht ausreichend leistungsfähiger Organe (z. B. bei langen Raumflügen)
Cy|clamen [*zükla...*] vgl. Zyklamen
cy|clisch [*zük...*, auch: *zük...*] vgl. zyklisch
Cy|clonium [*zü...*; *gr.-nlat.*] *das*; -s: erstmals im → Zyklotron erzeugtes → Isotop des chem. Grundstoffes Promethium. **Cy|clops** [*zük...*, auch: *zük...*; *gr.-lat.*] *der*; -, ...piden: niederer Krebs (Ruderfüßer)
Cymbal vgl. Zimbal
cyrillisch [*kü...*] vgl. kyrillisch
Cytobion ® [Kunstw.] *das*; -s: Vitamin-B_{12}-Präparat

D

da capo [- *kapo*; *lat.-it.*; „vom Kopf an"]: wiederholen, noch einmal vom Anfang an (Mus.); Abk.: d. c.; - - **al fine**: vom Anfang bis zum Schlußzeichen (wiederholen). **Dacapo** vgl. Dakapo
d'accord [*dakor*; *lat.-vulgärlat.-fr.*]: einverstanden
Da|cron ® [Kunstw.] *das*; -s: synthetische Faser (Chem.)
Dadaismus [*fr.-nlat.*] *der*; -: nach dem kindersprachlichen Stammellaut „dada" benannte Kunstrichtung nach 1916, die die absolute Sinnlosigkeit u. einen konsequenten Irrationalismus in der Kunst proklamierte. **Dadaist** *der*; -en, -en: Vertreter des Dadaismus. **dadaistisch**: in der Art des Dadaismus
Dädaleum [*gr.-nlat.*; nach Dädalus, dem Baumeister u. Erfinder in der griech. Sage] *das*; -s, ...leen: 1833 erfundene, trommelförmige Vorrichtung, in der durch Drehen filmartige Bewegungsbilder erzeugt werden (primitive Vorstufe eines kinematographischen Apparates), spezielle Art eines → Stroboskops. **dädalisch**: (veraltet) erfinderisch; -e **Kunst**: Bezeichnung für die griech. Klein- u. Großplastik des 7. Jh.s v. Chr.
Daddy [*dädi*; *engl.*] *der*; -s, -s od. Daddies [*...dis*]: engl. ugs. Bez. für: Vater

Dagestan [eine Sowjetrepublik] *der*; -, -: schafwollener, geknüpfter Teppich

Dagoba [*singhal.*] *die*; -, ...ben: 1. buddhistischer Reliquienschrein. 2. Raum, in dem ein Reliquienschrein aufbewahrt u. verehrt wird

Daguerreotyp [*dagäro...*; *fr.*; *gr.*; nach dem Erfinder der Fotografie, dem Franzosen Daguerre (*dagär*)] *das*; -s, -e: Fotografie auf Metallplatte. **Daguerreotypie** *die*; -, ...ien: 1. (ohne Plural) ältestes praktisch verwendbares fotograf. Verfahren. 2. Fotografie auf Metallplatten, Vorstufe der heutigen Fotografie

Dahabije [*arab.*; „die Goldene"] *die*; -, -n: langes, schmales, altertümliches Nilschiff mit Segel, Verdeck u. Kajüte

Dahlie [*...ie*; *nlat.*; nach dem schwed. Botaniker A. Dahl] *die*; -, -n: Blütenpflanze (Korbblütler); vgl. Georgine

Dail Eireann [*dailäern*; *irisch*] *der*; - -: das Abgeordnetenhaus der Republik Irland

Daimio u. Daimyo [*chin.-jap.*] *der*; -, -s: Name für ehemalige japanische Territorialfürsten

Daimonion: griech. Form von: Dämonium

Daimyo vgl. Daimio

Daina [*lett.*] *die*; -, -s: weltliches lettisches Volkslied lyrischen Charakters. **Daina** [*lit.*] *die*; -, Dainos: weltliches litauisches Volkslied lyrischen Charakters

Dakapo [*lat.-it.*] *das*; -s, -s: Wiederholung (Mus.); vgl. da capo. **Dakapo|arie** *die*; -, -n: dreiteilige Arie (im 18. Jh.)

Dakhma [*awest.-pers.*; „Scheiterhaufen"] *der*; -, -s: „Turm des Schweigens", auf dem die → Parsen ihre Toten den Geiern zum Fraße überlassen, um Erde u. Feuer nicht zu verunreinigen

Da|kryo|adenitis [*gr.-nlat.*] *die*; -, ...itiden: Tränendrüsenentzündung (Med.). **Da|kryolith** *der*; -s u. -en, -e[n]: harte Ablagerung in den Tränenkanälen (Med.). **Da|kryon** *das*; -s: vordere obere Spitze des Tränenbeins (anthropologischer Meßpunkt). **Dakryops** *der*; -, ...open: von einer Tränendrüse ausgehende Zyste unter dem oberen Augenlid Med.). **Da|kryor|rhö**[1] *die*; -, -en u. **Da|kryor|rhöe** [*...rö*] *die*; -, -n [*...röen*]: Tränenfluß (Med.). **Dakryozystitis** *die*; -, ...itiden: Entzündung des Tränensacks (Med.)

[1] Vgl. die Anmerkung zu Diarrhö.

Daktylen: *Plural* von → Daktylus. **daktylieren**: in der Finger- u. Gebärdensprache reden; vgl. Daktylologie. **Daktyliomantie** [*gr.-nlat.*] *die*; -: das Wahrsagen mit Hilfe eines Pendels, bes. mit einem am Faden schwingenden Fingerring. **Daktyliothek** [*gr.-lat.*] *die*; -, -en: Ringbehältnis, Ringkästchen, bes. eine Sammlung von Gemmen, Kameen u. geschnittenen Steinen (vor allem im Altertum u. in der Renaissance). **daktylisch**: aus → Daktylen bestehend. **Daktylitis** [*gr.-nlat.*] *die*; -, ...itiden: Fingerentzündung (Med.). **Daktylo** *die*; -, -s, Kurzform von: Daktylographin. **Daktylo|epi|trit** [*gr.*] *der*; -en, -en: aus dem → Hemiepes u. dem → Epitriten zusammengesetztes altgriech. Versmaß. **Daktylogramm** [*gr.-nlat.*] *das*; -s, -e: Fingerabdruck. **Daktylo|graph** *der*; -en, -en: (schweiz.) Maschinenschreiber. **Daktylo|graphie** *die*; -: (schweiz.) das Maschinenschreiben. **daktylo|graphieren**: (schweiz.) maschineschreiben. **Daktylo|graphin** *die*; -, -nen: (schweiz.) Maschinenschreiberin. **Daktylo|gryposе** *die*; -, -n: Verkrümmung der Finger od. Zehen (Med.). **Daktylologie** *die*; -, ...ien: Finger- u. Gebärdensprache der Taubstummen u. Gehörlosen. **Daktylolyse** *die*; -, -n: das Absterben von Fingern. **Daktylomegalie** *die*; -, ...ien: krankhafter Großwuchs der Finger od. Zehen. **Daktylo|skop** *der*; -en, -en: Fachmann auf dem Gebiet der Daktyloskopie. **Daktyloskopie** *die*; -, ...ien: Fingerabdruckverfahren. **Daktylus** [*gr.-lat.*; „Finger"] *der*; -, ...ylen: Versfuß (rhythmische Einheit) aus einer Länge u. zwei Kürzen (–◡◡)

Dalai-Lama [*tibet.*] *der*; -[s], -s: weltliches Oberhaupt des → Lamaismus in Tibet

Dalbe: Kurzform von → Duckdalbe

Dalbergia [*nlat.*; nach dem schwed. Botaniker Dalberg] *die*; -, ...ien [*...ien*]: indischer Rosenholzbaum

Dalk [*pers.*] *der*; -[e]s, -e: Mönchs-, Derwischkutte

Dalleochin [*...chin*; Kunstw.] u. Thalleiochin [*...laiochin*] *das*; -s: ein grüner Farbstoff, Chinagrün

Dalles [*hebr.-jidd.*] *der*; -: (ugs.) vorübergehende Geldnot; in bestimmten Fügungen, z. B. im - sein

dalli! [*poln.*]: (ugs.) schnell!

Dalmatik, Dalmatika [*lat.*] *die*; -, ...ken: 1. spätrömisches Oberkleid (aus weißer dalmatischer Wolle). 2. liturgisches Gewand, bes. der kath. → Diakone. **Dalmatiner** *der*; -s, -: 1. schwere alkoholreiche Weinsorte aus Dalmatien. 2. weißer Wachhund mit schwarzen od. braunen Tupfen

dal segno [*- ßänjo*; *lat.-it.*]: vom Zeichen an wiederholen (Vortragsanweisung; Mus.); Abk.: d. s.

Daltonismus [*nlat.*; nach dem engl. Physiker John Dalton, † 1844] *der*; -: angeborene Farbenblindheit (Med.)

Damassé [*...ße*; *fr.*; vom Namen der kleinasiat. Stadt Damaskus] *der*; -[s], -s: damastartige Futterseide mit großer Musterung. **Damassin** [*damaßäng*; *fr.*] *der*; -[s], -s: Halbdamast. **Damast** [auch: *da...*; *it.*] *der*; -[e]s, -e: einfarbiges [Seiden]gewebe mit eingewebten Mustern. **damasten**: 1. aus Damast. 2. wie Damast. **damaszieren** [*nlat.*]: 1. glatte Wappenflächen mit Ornamenten verzieren. 2. Stahl od. Eisen mit feinen Mustern versehen

Dame

I. [*dame*; *lat.-fr.*] *die*; -, -n: 1. a) höfliche Bezeichnung für ‚Frau' od. in höflicher Anrede (ohne Namensnennung) an eine Frau, z. B. meine Dame; b) elegante, vornehme Frau. 2. (ohne Plural) ein altes Brettspiel (Damespiel). 3. a) die Königin im Schachspiel; b) Doppelstein im Damespiel. 4. Spielkarte.

II. [*deim*; *engl.*] engl. Adelstitel, der an eine Frau verliehen wird; vgl. Sir

Dammar [*malai.*] *das*; -s: = Dammarharz. **Dammarafichte** *die*; -, -n: harzreiche → Araukarie der malai. Inseln u. Australiens. **Dammarharz** *das*; -es: hellgelbes, durchsichtiges Harz südostasiatischer Bäume (techn. vielfach verwendet)

damnatur [*lat.*; „(das Buch) wird verdammt"]: (hist.) lat. Formel der Zensur, die besagte, daß ein Buch nicht gedruckt werden durfte. **Damno** [*lat.-it.*] *der* od. *das*; -s, -s u. **Damnum** [*lat.*; „Schaden, Nachteil"] *das*; -s, ...na: Abzug vom Nennwert eines Darlehens als Vergütung für die Darlehensgewährung (Wirtsch.)

Damo|klesschwert [nach dem Günstling des älteren Dionysios von Syrakus] *das*; -[e]s: stets drohende Gefahr; meist in Fügungen, z. B. etwas hängt wie ein - über jmdm.

Dämon [*gr.-lat.*] *der*; -s, ...onen: geisterhaftes, suggestive u. unheimliche Macht über jmdn. besitzendes Wesen, das den Willen des Betroffenen bestimmt. **Dämonie** [*gr.-nlat.*] *die*; -, ...ien: unerklärbare, bedrohliche Macht, die von jmdm./etwas ausgeht od. die das ihr unentrinnbar ausgelieferte Objekt vollkommen beherrscht; Besessenheit. **dämonisch** [*gr.-lat.*]: eine suggestive u. unheimliche Macht ausübend. **dämonisieren**: mit dämonischen Kräften erfüllen, zu einem Dämon machen. **Dämonismus** [*gr.-nlat.*] *der*; -: Glaube an Dämonen (primitive Religionsform). **Dämonium** [*gr.-lat.*] *das*; -s, ...ien [...*i*ᵉ*n*]: die warnende innere Stimme [der Gottheit] bei Sokrates. **Dämonologie** [*gr.-nlat.*] *die*; -, ...ien: Lehre von den Dämonen. **Dämonomanie** u. **Dämonopathie** *die*; -, ...ien: [krankhafter] Wahn, von einem Dämon besessen zu sein (Med.)

Dan [*jap.*; „Stufe, Meistergrad"] *der*; -, -: Leistungsgrad für Fortgeschrittene in allen Budosportarten; vgl. Kyu

Danaergeschenk [...*na*ᵉ*r*...; *gr.*; *dt.*; nach der Bez. Homers für die Griechen] *das*; -[e]s, -e: etw., was sich im nachhinein für den, der es als Gabe o. ä. bekommt, als unheilvoll, schadenbringend erweist (bezogen auf das → Trojanische Pferd). **Danaidenarbeit** [nach der griech. Sage, in der die Töchter des Danaos in der Unterwelt ein Faß ohne Boden mit Wasser füllen sollten] *die*; -: vergebliche, qualvolle Arbeit; sinnlose Mühe

Dancing [*danßing*; *engl.*] *das*; -s, -s: Tanz[veranstaltung]

Dandy [*dändi*; *engl.*] *der*; -s, -s: 1. Mann, der sich übertrieben modisch kleidet. 2. Vertreter des → Dandyismus. **dandyhaft**: nach der Art eines Dandys. **Dandyismus** *der*; -: Lebensstil reicher junger Leute, für den Exklusivität, z. B. in der Kleidung, zur bewußten Unterscheidung von der Masse sowie ein geistreich-zynischer Konversationston u. eine gleichgültig-arrogante Haltung gegenüber der Umwelt typisch ist (soziologisch-gesellschaftliche Erscheinung in der Mitte des 18. Jh.s in England u. später auch in Frankreich).

Dandyroller *der*; -s, -: = Egoutteur

Dane|brog [*dän.*] *der*; -s: die dänische Flagge. **danisieren, dänisieren**: dänisch machen, gestalten

Danse maca|bre [*dangß makab*ᵉ*r*; *fr.*] *der*; - -, -s -s [*dangß makab*ᵉ*r*]: Totentanz

Dantes, Tantes [*lat.-span.*] *die* (Plural): (veraltet) Spielmarken

dantesk [nach dem it. Dichter Dante Alighieri (1265–1321)]: in der Art, von der Größe Dantes; die für Dante kennzeichnenden Merkmale enthaltend

Daphne [*gr.-lat.*; „Lorbeer[baum]"] *die*; -, -n: Seidelbast (frühblühender Zierstrauch). **Daphnia, Daphnie** [...*i*ᵉ; *gr.-nlat.*] *die*; -, ...nien [...*i*ᵉ*n*]: Wasserfloh (zu den niederen Krebsen gehörend). **Daphnin** *das*; -s: Bestandteil einer Seidelbastrinde, vielfach als Arznei verwendet

Darabukka [*arab.*] *die*; -, ...ken: arab. Trommel

d'Arcets Metall [*darßeß* -; nach dem franz. Technologen d'Arcet (*darße*)] *das*; - -s, - -e: leicht schmelzende Legierung aus Wismut, Zinn u. Blei

Dari [*arab.*] *das*; -s: = Sorgho

Dark horse [*da*ʳ*k ho*ʳ*ß*; *engl.*; „dunkles Pferd"] *das*; - -, - -s [*ho*ʳ*ßis*]: noch nicht bekanntes Rennpferd

Darling [*engl.*] *der*; -s, -s: Liebling

Darts [*da*ʳ*ts*; *germ.-altfr.-engl.*] *das*; -: engl. Wurfspiel

Darwinismus [*nlat.*] *der*; -: von dem engl. Naturforscher Charles Darwin begründete Lehre von der stammesgeschichtlichen Entwicklung durch Auslese; vgl. Selektionstheorie. **Darwinist** *der*; -en, -en: Anhänger der Lehre Darwins. **darwinistisch**: die Selektionstheorie Darwins betreffend, auf ihr beruhend

Dash [*däsch*; *engl.*] *der*; -s, -s: Spritzer, kleinste Menge (bei der Bereitung eines → Cocktails)

Dasymeter [*gr.-nlat.*] *das*; -s, -: Gerät zur Bestimmung der Gasdichte

Datarie [*lat.-nlat.*] *die*; -: (hist.) päpstliche Behörde zur Erledigung von Gnadenakten u. Vergebung von Pfründen. **Date** [*de*ⁱ*t*; *amerik.*] *das*; -[s], -s: Verabredung, Treffen (z. B. zwischen Freund u. Freundin). **Datei** [*lat.*] *die*; -, -en: nach zweckmäßigen Kriterien geordneter, zur Aufbewahrung geeigneter Bestand an sachlich zusammengehörenden Belegen od. anderen Dokumenten, bes. in der Datenverarbeitung. **Daten** [*lat.*] *die* (Plural): 1. *Plural* von → Datum. 2. a) Angaben, Tatsachen, Informationen; b) kleinste, in Form von Ziffern, Buchstaben o. ä. vorliegende Informationen über reale Gegenstände, Gegebenheiten, Ereignisse usw., die zum Zwecke der Auswertung kodiert wurden. **Datenbank** *die*; -, -en: technische Anlage, in der große Datenbestände zentralisiert gespeichert sind. **Datentypistin** [*lat.*; *gr.*; Neubildung in Anlehnung an → Stenotypistin] *die*; -, -nen: Angestellte, die Daten (2) auf Lochkarten überträgt. **datieren** [*lat.-fr.*]: 1. einen Brief o. ä. mit dem Datum (1) versehen. 2. den Zeitpunkt der Niederschrift feststellen (z. B. von alten Urkunden). 3. aus einer bestimmten Zeit stammen, von einem Ereignis herrühren, z. B. etwas datiert von/aus dieser Zeit.

Dating [*de*ⁱ*t*...; *lat.-engl.*] *das*; -s, -s: (als soziologisches Phänomen in den USA) das Sichverabreden mit möglichst vielen wechselnden [allseits beliebten] Partnern aus Prestigegründen (wozu vielfach gewisse sexuelle Spiele od. Praktiken gehören). **Dativ** [*lat.*] *der*; -s, -e [...*w*ᵉ]: Wemfall, dritter Fall; Abk.: Dat. **Dativobjekt** *das*; -[e]s, -e: Ergänzung eines Verbs im → Dativ (z. B. er gibt *ihm* das Buch).

Dativus ethicus [...*iwuß* ...*kuß*; *lat.*; *gr.-lat.*] *der*; - -, ...vi ...ci [...*wi* ...*zi*]: freier Dativ, drückt persönliche Anteilnahme u. Mitbetroffensein des Sprechers aus (z. B. Du bist *mir* ein geiziger Kerl!).

dato [*lat.*]: heute; bis -: bis heute

Datolith [auch: ...*it*; *gr.-nlat.*] *der*; -s u. -en, -e[n]: ein Mineral von körniger Struktur

Datowechsel *der*; -s, -: Wechsel, der zu einem bestimmten Zeitpunkt nach dem Ausstellungstage eingelöst werden kann

Datscha [*russ.*] *die*; -, -s od. ...schen u. **Datsche** *die*; -, -n: (DDR) Holzhaus, Sommerhaus, Wochenendhaus, Landhaus

Dattel [*gr.-lat.-vulgärlat.-roman.*] *die*; -, -n: süße, pflaumenförmige Frucht der Dattelpalme

datum [*lat.*]: gegeben, geschrieben; Abk.: dat. **Datum** *das*; -s, ...ten: 1. Zeitangabe. 2. Zeitpunkt; vgl. Daten

Datura [*sanskr.-Hindi-nlat.*] *die*; -: Stechapfel (giftiges Nachtschattengewächs)

Dau, Dhau [*dau*; *arab.*] *die*; -, -en: Zweimastschiff mit Trapezsegeln (an der ostafrikanischen und arabischen Küste)

daubieren [*dob*...; *fr.*]: (veraltet) dämpfen, dünsten (von Fleisch u. a.)

Dauphin [*dofäng*; *gr.-lat.-galloroman.-fr.*] *der*; -s, -s: (hist.) Titel des franz. Thronfolgers

Davis-Cup [*de*ⁱ*wißkap*] u. **Davis-Pokal** [nach dem amerik. Stifter D. F. Davis] *der*; -s: internationaler Tenniswanderpreis

Davit [*de'wit*; *engl.*] *der*; -s, -s: drehbarer Schiffskran
dawai [*russ.*]: los!
Dawesplan [*dos*...; *engl.*; *dt.*; nach dem amerik. Politiker C. G. Dawes] *der*; -[e]s: Plan für die Reparationszahlungen Deutschlands nach dem ersten Weltkrieg
Daycruiser [*de'kruseᵉr*; *engl.*; „Tageskreuzer"] *der*; -s, -: Sportmotorboot mit geringerem Wohnkomfort
Day-Verfahren [*de'*...; *engl.*; *dt.*] *das*; -s, -: Verfahren, bei dem eine Filmszene durch eine Glasscheibe gefilmt wird, auf deren oberem Teil Berge, Wolken o. ä. aufgemalt sind, die eine Landschaft vortäuschen sollen
Dazit [auch: ...*it*] *der*; -s, -e: ein Quarzgestein
D-Day [*dide'*; aus *engl.* Day-Day] *der*; -s, -s: (als Deckname gedachte) Bez. für den Tag, an dem ein größeres militärisches Unternehmen beginnt (z. B. 6. Juni 1944: Beginn der Invasion der Alliierten in Frankreich)
Dead heat [*däd hit*; *engl.*] *das*; - -[s], - -s: totes Rennen (wenn zwei od. mehr Teilnehmer zur gleichen Zeit durchs Ziel gehen). **Deadline** [*dädlain*; *engl.*] *die*; -, -s: äußerster Termin (für etw.), Frist[ablauf]. **Deadweight** [*däd"e't*] *das*; -[s], -s: Gesamttragfähigkeit eines Schiffes
de|ag|gressivieren [...*wi*...; *lat.-nlat.*]: [Emotionen] die Aggressivität nehmen, z. B. Liebe, Haß
De|akzentuierung *die*; -, -en: bestimmte Art der Entzerrung beim Empfang (Funkw.)
Deal [*dil*; *engl.*] *der* (auch: *das*); -s, -s: Handel, Geschäft. **dealen**: mit Rauschgift handeln. **Dealer** *der*; -s, -: 1. jmd., der mit Rauschgift, „weichen" Drogen handelt; vgl. Pusher. 2. = Jobber (1)
Dean [*din*; *lat.-fr.-engl.*] *der*; -s, -s, engl. Bezeichnung für: Dekan
De|aspiration [auch: ...*zion*; *lat.*] *die*; -, -en: Verwandlung eines aspirierten Lautes in einen nichtaspirierten (z. B. b^h zu b; Sprachw.)
Debakel [*fr.*] *das*; -s, -: Zusammenbruch, Niederlage, unglücklicher, unheilvoller Ausgang
Debardage [...*dasehᵉ*; *fr.*] *die*; -, -n: das Ausladen, Löschen einer [Holz]fracht
Debardeur [...*dör*]
I. *der*; -s, -e: Schiffs- od. Holzauslader.
II. *das*; -s, -s: rund ausgeschnittenes Trägerhemdchen
debardieren: eine Fracht ausladen, eine Ladung löschen
debarkieren [*fr.*]: (veraltet) aus einem Schiff ausladen, ausschiffen
Debatte [*lat.-vulgärlat.-fr.*] *die*; -, -n: Erörterung, Aussprache, die zu einem bestimmten, festgelegten Thema geführt wird, wobei die verschiedenen Meinungen dargelegt, die Gründe des Für u. Wider vorgebracht werden. **Debattenschrift** *die*; -: (veraltet) Eil-, Redeschrift in der Stenographie. **Debatter** [*engl.*] *der*; -s, -: jemand, der debattiert. **debattieren** [*fr.*]: eine Debatte führen, erörtern
Debauche [*debosch*; *fr.*] *die*; -, -n [...ᵉ*n*]: Ausschweifung. **debauchieren**: ausschweifend leben
Debellation [...*zion*; *lat.*; „Besiegung, Überwindung"] *die*; -, -en: Beendigung eines Krieges durch die völlige Vernichtung des feindlichen Staates (Völkerrecht)
Debet [*lat.*] *das*; -s, -s: die linke Seite (Sollseite) eines Kontos; Ggs. → Kredit (II)
debil [*lat.*]: leicht schwachsinnig (Med.). **Debilität** *die*; -: leichtester Grad des Schwachsinns (Med.)
Debit [auch: ...*bi*; *mittelniederd.-fr.*] *der*; -s: (veraltet) Warenverkauf, Ausschank. **debitieren**: eine Person od. ein Konto belasten. **Debitor** [*lat.*] *der*; -s, ...oren (meist Plural): Schuldner, der Waren von einem Lieferer auf Kredit bezogen hat
de|blockieren [*fr.*]: → blockierten (5) Text durch den richtigen ersetzen (Druckw.)
debouchieren [*debuschirᵉn*; *fr.*]: (veraltet) aus einem Engpaß hervorrücken (Mil.)
De|brecziner [...*bräz*...] u. **Debreziner** *die* (Plural): nach der ung. Stadt Debreczin benannte, stark gewürzte Würstchen
Debugging [*dibaging*; *engl.-amerik.*] *das*; -[s], -s: Vorgang bei der Programmherstellung, bei dem das Programm getestet wird u. die entdeckten Fehler beseitigt werden (EDV)
Debunking [*dibangking*; *engl.*] *das*; -[s], -s: das Entlarven eines Helden od. eines Mythos im Film, Theater od. Roman
Debüt [*debü*; *fr.*] *das*; -s, -s: erstes [öffentliches] Auftreten (z. B. eines Künstlers, Sportlers u. ä.). **Debütant** *der*; -en, -en: erstmalig Auftretender. **Debütantin** *die*; -, -nen: 1. weiblicher Debütant. 2. junges Mädchen, das in die gesellschaftliche Oberschicht [auf dem Debütantinnenball] eingeführt wird. **Debütantinnenball** *der*; -[e]s, ...bälle: Ball, auf dem die Debütantinnen (2) vorgestellt werden. **debütieren**: zum erstenmal [öffentlich] auftreten
Decay [*dike'*; *engl.*] *das*; -[s]: Zeit des Abfallens des Tons vom Maximum bis 0 beim → Synthesizer
Dechanat [*dächa*...] u. Dekanat [*lat.-mlat.*] *das*; -[e]s, -e: Amt od. Amtsbereich (Sprengel) eines → Dechanten (Dekans). **Dechanei** u. Dekanei *die*; -, -en: Wohnung eines → Dechanten. **Dechant** [auch, bes. österr.: *däch*...; *lat.*] *der*; -en, -en u. Dekan *der*; -s, -e: höherer kath. Geistlicher, Vorsteher eines Kirchenbezirks innerhalb der → Diözese, auch eines → Domkapitels u. a.
Dechantei *die*; -, -en: (österr.) Amtsbereich eines → Dechanten
Decharge [*deschar̲sehᵉ*; *fr.*] *die*; -, -n: (veraltet) Entlastung (von Vorstand u. Aufsichtsrat bei Aktiengesellschaften). **dechargieren**: (veraltet) entlasten
Decher [*lat.*] *das* od. *der*; -s, -: (hist.) deutsches Maß für Felle u. Rauchwaren
Dechet [*desche*; *lat.-vulgärlat.-fr.*] *der*; -s, -s (meist Plural): Spinnereiabfälle verschiedener Art
dechif|frieren [*deschifrirᵉn*; auch: *de*...; *fr.*]: entziffern, den wirklichen Text einer verschlüsselten Nachricht herausfinden bzw. herstellen; Ggs. → chiffrieren. **Dechif|frierung** *die*; -, -en: Entschlüsselung eines Textes, einer Nachricht
Decidua [...*zi*...; *lat.*] *die*; -: die aus der Schleimhaut der Gebärmutter entwickelte Siebhaut (Schicht der Eihäute; Med.)
deciso [*detschiso*; *lat.-it.*]: entschlossen, entschieden (Vortragsanweisung; Mus.)
Decoder [*diko"dᵉr*; *engl.*] *der*; -s, -: Datenentschlüßler in einem → Computer, Stereorundfunkgerät, Nachrichtenübertragungssystem; Ggs. → Encoder. **decodieren** vgl. dekodieren. **Decodierung** vgl. Dekodierung. **Decoding** [*diko"ding*] *das*; -[s], -s: Entschlüsselung einer Nachricht (Kommunikationsforschung); Ggs. → Encoding
Decollage [*dekolasehᵉ*; *fr.*] *die*; -, -n: Bild, das durch die destruktive Veränderung von vorgefundenen Materialien entsteht (z. B. Zerstörung der Oberfläche durch Abreißen, Zerschneiden od. Ausbrennen, bes. von → Collagen). **Decollagist** *der*; -en, -en: jmd., der Decollagen herstellt
Décollement [*dekolmang*; *lat.-fr.*] *das*; -s, -s: Ablösung der Haut von der Muskulatur durch

stumpfe Gewalteinwirkung (z. B. bei Quetschverletzungen; Med.)
Décolleté [*dekolte*] vgl. Dekolleté
Decorated style [*däkereⁱtid ßtail*; *engl.*] *der*; - -: Epoche der gotischen Baukunst in England im 13. u. 14. Jh.
Découpage [*dekupasche*; *fr.*] *die*; -, -n: franz. Bezeichnung für: Drehbuch
decouragieren [*dekuraschirᵉn*; *lat.-fr.*]: entmutigen. **decouragiert**: mutlos, verzagt
Decourt [*dekur*] *der*; -s, -s: = Dekort
Découvert [*dekuwär*] vgl. Dekuvert. **decouvrieren** vgl. dekuvrieren
de|cresc. = descrescendo. **de|crescendo** [*dekräschändo*, auch: *de...*; *lat.-it.*]: an Tonstärke geringer werdend, im Ton zurückgehend, leiser werdend (Vortragsanweisung; Mus.); Abk.: decresc.; Ggs. → crescendo. **Decre|scendo**, (eindeutschend auch:) De|kre|scendo *das*; -s, -s u. ...di: das Abnehmen, Schwächerwerden der Tonstärke (Mus.); Ggs. → Crescendo
Decubitus [*...ku...*] vgl. Dekubitus
de dato [*lat.*]: (veraltet) vom Tag der Ausstellung an (auf Urkunden); Abk.: d. d.
Dederon [Kunstw.] *das*; -s: (DDR) eine Kunstfaser
Dedikation [*...zion*; *lat.*] *die*; -, -en: 1. Widmung. 2. Gabe, die jmdm. gewidmet, geschenkt worden ist (z. B. vom Autor); Schenkung. **Dedikationstitel** *der*; -s, -: besonderes Blatt des Buches, das die Widmung (Dedikation) trägt
deditieren [*lat.*]: eine Schuld tilgen
dedizieren [*lat.*]: jmdm. etw. zueignen, für ihn bestimmen
Deduktion [*...zion*; *lat.*] *die*; -, -en: a) Ableitung des Besonderen u. Einzelnen vom Allgemeinen; Erkenntnis des Einzelfalls durch ein allgemeines Gesetz (Philos.); Ggs. → Induktion (1); b) logische Ableitung von Aussagen aus anderen Aussagen mit Hilfe logischer Schlußregeln (Kybern.). **deduktiv** [auch: *de...*]: das Besondere, den Einzelfall aus dem Allgemeinen ableitend; Ggs. → induktiv (1). **deduzieren**: das Besondere, den Einzelfall aus dem Allgemeinen ableiten; Ggs. → induzieren (1)
De|emphasis [(*lat.*; *gr.*)-*engl.*] *die*; -: Ausgleich der Vorverzerrung (Funkw.); vgl. Preemphasis
Deep-freezer [*dipfrisᵉr*; *engl.-amerik.*] *der*; -s, -: Tiefkühlvorrichtung, Tiefkühltruhe
De|esis [*gr.*; „Bitte"] *die*; -, ...esen: → byzantinische Darstellung des [im Jüngsten Gericht] thronenden Christus zwischen Maria u. Johannes dem Täufer, den ‚Fürbittern'
De|eskalation [*...zion*, auch: *de...*; *fr.-engl.*] *die*; -, -en: stufenweise Verringerung od. Abschwächung eingesetzter [militärischer] Mittel; Ggs. → Eskalation. **de|eskalieren** [auch: *de...*]: die eingesetzten [militär.] Mittel stufenweise verringern od. abschwächen; Ggs. → eskalieren
de facto [- ...*kt...*; *lat.*]: tatsächlich [bestehend]; Ggs. → de jure. **Defaitismus** vgl. Defätismus
Defäkation [*...zion*; *lat.*] *die*; -, -en: 1. Reinigung, Klärung (insbes. von Flüssigkeiten). 2. Stuhlentleerung (Med.). **defäkieren**: Kot ausscheiden (Med.)
Defatigation [*...zion*; *lat.*] *die*; -, -en: Ermüdung, Überanstrengung (Med.)
Defätismus [*lat.-vulgärlat.-fr.-nlat.*] *der*; -: geistig-seelischer Zustand der Mutlosigkeit, Hoffnungslosigkeit u. Resignation; Schwarzseherei. **Defätist** [*lat.-vulgärlat.-fr.*] *der*; -en, -en: jmd., der mut- u. hoffnungslos ist u. die eigene Sache für aussichtslos hält; Schwarzseher; Pessimist. **defätistisch**: sich im Zustand der Mutlosigkeit u. Resignation befindend; pessimistisch, ohne Hoffnung
defäzieren [*lat.*]: = defäkieren
defekt [*lat.*]: schadhaft, fehlerhaft, nicht in Ordnung. **Defekt** *der*; -[e]s, -e: 1. Schaden, Fehler. 2. (nur Plural) a) zur Ergänzung einer vorhandenen Schrift von der Schriftgießerei bezogene Drucktypen; b) im Setzereimagazin aufbewahrte, zeitweilig überzählige Drucktypen. 3. (nur Plural) a) Bücher mit Fehlern, die repariert werden; b) zum Aufbinden einer Auflage an der Vollzahl fehlende Bogen od. Beilagen. **Defektar** [*lat.-nlat.*] *der*; -s, -e: Apotheker, der speziell mit der Herstellung bestimmter, in größeren Mengen vorrätig zu haltender Arzneimittel betraut ist. **Defektex|em|plar** *das*; -s, -e: Buch mit Herstellungsmängeln od. Beschädigungen (Buchw.). **defektiv** [auch: *de...*]: mangelhaft, fehlerhaft, unvollständig. **Defektivität** [*...wi...*; *lat.-nlat.*] *die*; -: Fehlerhaftigkeit, Mangelhaftigkeit. **Defektivum** [*...iwum*; *lat.*] *das*; -s, ...va [*...wa*]: nicht in allen Formen auftretendes od. nicht an allen syntaktischen Möglichkeiten seiner Wortart teilnehmendes Wort (z. B. *Leute* ohne entsprechende Einzahlform; Sprachw.). **Defektmutation** *die*; -, -en: spontane oder durch → Mutagene hervorgerufene Erbänderung, die teilweisen oder völligen Ausfall bestimmter Körperfunktionen bewirkt (Biol.). **Defektur** [*lat.-nlat.*] *die*; -, -en: ergänzende Herstellung von Arzneimitteln, die in größeren Mengen vorrätig gehalten werden sollen (in Apotheken)
Defemination [*...zion*; *lat.-nlat.*] *die*; -, -en: (Med.). 1. (veraltet) physische u. psychische Umwandlung der Frau zum männl. Geschlecht hin 2. Verlust der typisch weiblichen Geschlechtsempfindungen, Frigidität
Défense musculaire [*defangß müßkülär*; *fr.*] *die*; - -: Abwehrspannung der Muskeln (Med.). **Defensionale** [*lat.*] *das*; -s: (hist.) erste umfassende Heeresordnung der Schweizer Eidgenossenschaft. **defensiv** [auch: *de...*; *lat.-mlat.*]: a) verteidigend, abwehrend; Ggs. → offensiv; b) auf Sicherung od. Sicherheit bedacht, z. B. -es Fahren (rücksichtsvolle, Risiken vermeidende Fahrweise, bei der die eigenen Rechte der Verkehrssicherheit untergeordnet werden); Ggs. → aggressiv. **Defensivallianz** *die*; -, -en: Verteidigungsbündnis. **Defensive** [*...wᵉ*] *die*; -, -n: Verteidigung, Abwehr; Ggs. → Offensive. **Defensivität** [*...wi...*; *nlat.*] *die*; -: Neigung zu abwehrender Haltung. **Defensor fidei** [- *fide-i*; *lat.*; „Verteidiger des Glaubens"] *der*; - -: (seit Heinrich VIII.) Ehrentitel des engl. Königs
Deferentitis [*lat.-nlat.*] *die*; -, ...itiden: Entzündung des Samenleiters (Med.). **deferieren** [*lat.*]: (veraltet) 1. jmdm. einen Eid vor einem Richter auferlegen. 2. einem Antrag stattgeben
Deferveszenz [*...wäß...*; *lat.-nlat.*] *die*; -: Nachlassen des Fiebers, Entfieberung (Med.)
Defi|brator [*lat.-nlat.*] *der*; -s, ...oren: Maschine, die durch Dampf aufgeweichte Holzschnitzel zerfasert (z. B. für die Herstellung von Holzfaserplatten). **Defi|breur** [*...brör*; *lat.-fr.*] *der*; -s, -e: (veraltet) Defibrator. **Defi|brillation** [*...zion*; *lat.-fr.*] *die*; -, -en: Beseitigung von bestimmten Herzmuskelstörungen durch Medikamente od. Elektroschocks (Med.). **Defi|brillator** *der*; -s, ...oren: Gerät, das Herzmuskelstörungen durch ei-

nen Stromstoß bestimmter Stärke beseitigt (Med.)
defi|brinieren [*lat.-nlat.*]: → Fibrin auf mechanische Weise aus frischem Blut entfernen u. es dadurch ungerinnbar machen (Med.)
deficiendo [*defitschạndo*; *lat.-it.*]: Tonstärke u. Tempo zurücknehmend; nachlassend, abnehmend (Vortragsanweisung; Mus.). **Deficit-spending** [*dạfißit-ßpä...*; *engl.*] *das*; -[s]: Defizitfinanzierung; Finanzierung öffentlicher Investitionen u. Subventionen durch später eingehende Haushaltsmittel
Defiguration [*...ziọn*; *lat.-nlat.*] *die*; -, -en: (veraltet) Verunstaltung, Entstellung. **defigurieren** [*lat.*]: (veraltet) verunstalten, entstellen
Defilee [*lat.-fr.*] *das*; -s, -s (veraltet: ...leen): 1. (veraltet) Enge, Engpaß (Geogr.). 2. parademäßiger Vorbeimarsch, das Vorüberziehen an jmdm. **defilieren**: parademäßig an jmdm. vorüberziehen
Definiendum [*lat.*] *das*; -s, ...da: Begriff, der bestimmt werden soll, über den etwas ausgesagt werden soll; das, was definiert wird (Sprachw.). **Definiens** [*...niänß*] *das*; -, ...nientia [*...zia*]: Begriff, der einen anderen Begriff bestimmt, der über diesen anderen Begriff etwas aussagt; das Definierende (Sprachw.). **definieren** [*lat.*; „abgrenzen, bestimmen"]: 1. den Inhalt eines Begriffs auseinanderlegen, feststellen. 2. von jmdm./etwas her seine Bestimmung, Prägung erfahren, seinen existentiellen Inhalt erhalten; z. B. sich selbst definieren Väter nicht über ihre Rolle in der Familie, sondern über Beruf und Erfolg; er wurde von den Zwängen der Firma definiert; sie hatte sich total über ihn definiert. **definit**: bestimmt; -e Größen: Größen, die immer das gleiche Vorzeichen haben (Math.). **Definition** [*...ziọn*] *die*; -, -en: 1. genaue Bestimmung [des Gegenstandes] eines Begriffes durch Auseinanderlegung u. Erklärung seines Inhaltes. 2. als unfehlbar geltende Entscheidung des Papstes od. eines → Konzils über ein Dogma (Rel.). **definitiv**: (in bezug auf eine Entscheidung, Festlegung, auf ein abschließendes Urteil) endgültig. **Definitivum** [*...wum*] *das*; -s, ...va [*...wa*]: endgültiger Zustand. **Definitor** *der*; -s, ...oren: 1. Verwaltungsbeamter der kath. Kirche in einem Bistum od. Dekanat. 2. Rat, Visitator od. gewählter Leiter des Generalkapitels (im Mönchswesen). **definitorisch**: a) die Definition betreffend; b) durch Definition festgelegt
Defixion [*lat.-nlat.*; „Festheftung"] *die*; -, -en: Versuch, einen persönlichen Feind zu vernichten, indem man sein Bild (Rachepuppe) od. seinen geschriebenen Namen mit Nadeln od. Nägeln durchbohrt (Völkerk.)
defizient [*lat.*]: unvollständig (z. B. ohne Vokalzeichen; von Schriftsystemen). **Defizient** *der*; -en, -en: 1. (veraltet) Dienstunfähiger. 2. (bes. südd. u. österr.) durch Alter od. Krankheit geschwächter kath. Geistlicher. **Defizit** [*lat.-fr.*] *das*; -s, -e: 1. Fehlbetrag. 2. Mangel. **defizitär**: a) mit einem Defizit belastet; b) zu einem Defizit führend. **Defizitfinanzierung** *die*; -, -en: = Deficit-spending
De|fla|gration [*...ziọn*; *lat.*; „Niederbrennen, gänzliche Vernichtung"] *die*; -, -en: verhältnismäßig langsam erfolgende Explosion (Verpuffung) von Sprengstoffen (Bergw.). **De|fla|grator** [*lat.-nlat.*] *der*; -s, ...oren: elektrisches → Voltaelement für große Stromstärken (Phys.).
De|flation [*...ziọn*; *lat.-nlat.*] *die*; -, -en: 1. Verminderung des Geldumlaufs, um den Geldwert zu steigern u. die Preise zu senken (Wirtsch.); Ggs. → Inflation (a). 2. Ausblasen u. Abtragen von lockerem Gestein durch Wind (Geol.). **de|flationär**: die Deflation (1) betreffend. **deflationieren**: den Geldumlauf herabsetzen. **de|flationistisch** u. de|flatorisch: die Deflation (1) betreffend, sich auf sie beziehend; Ggs. → inflationistisch, → inflatorisch. **De|flationswanne** *die*; -, -n: vom Wind ausgeblasene Vertiefung, meist in Trockengebieten (Geol.). **de|flatorisch**: = deflationistisch
De|flektor [*lat.-nlat.*] *der*; -s, ...oren: 1. Saug-, Rauchkappe, Schornsteinaufsatz (Techn.). 2. Vorrichtung im Beschleuniger zur Ablenkung geladener Teilchen aus ihrer Bahn (Kernphysik). **De|flexion** [*lat.*] *die*; -, -en: (veraltet) Ablenkung (z. B. von Lichtstrahlen)
De|floration [*...ziọn*; *lat.*; „Entblütung"] *die*; -, -en: Zerstörung des → Hymens [beim ersten Geschlechtsverkehr]; Entjungferung (Med.). **de|florieren**: den Hymen [beim ersten Geschlechtsverkehr] zerstören
deform [*lat.*]: entstellt, verunstaltet. **Deformation** [*...ziọn*] *die*; -, -en: 1. Formänderung, Verformung. 2. Verunstaltung, Mißbildung (bes. von Organen lebender Wesen); vgl. ...[at]ion/...ierung. **deformieren**: 1. verformen. 2. (den Körper) verunstalten, entstellen. **Deformierung** *die*; -, -en: das Deformieren; vgl. ...[at]ion/...ierung. **Deformität** *die*; -, -en: 1. Mißbildung (von Organen od. Körperteilen). 2. (ohne Plural) Zustand der Mißbildung
De|fraudant [*lat.*] *der*; -en, -en: jmd., der eine → Defraudation begeht. **De|fraudation** [*...ziọn*] *die*; -, -en: Betrug; Unterschlagung, Hinterziehung (bes. von Zollabgaben). **de|fraudieren**: betrügen; unterschlagen, hinterziehen
De|froster [*difroßt^er*; *engl.*] *der*; -s, -: 1. a) Vorrichtung in Kraftfahrzeugen, die das Beschlagen od. Vereisen der Scheiben verhindern soll; b) Abtauvorrichtung in Kühlschränken. 2. [Sprüh]mittel zum Enteisen von Kraftfahrzeugscheiben
Degagement [*degasch^emang*; *fr.*] *das*; -s, -s: 1. Zwanglosigkeit. 2. Befreiung [von einer Verbindlichkeit]. 3. das Degagieren (2). **degagieren**: 1. von einer Verbindlichkeit befreien. 2. die Klinge von einer Seite auf die andere bringen, wobei die Hand des Gegners mit der Waffe umkreist wird (Fechten). **degagiert**: zwanglos, frei
Degeneration [*...ziọn*; *lat.-nlat.*; „Entartung"] *die*; -, -en: 1. Verfall von Zellen, Geweben od. Organen (Biol., Med.). 2. vom Üblichen abweichende negative Entwicklung, Entartung; körperlicher od. geistiger Verfall, Abstieg (z. B. durch Zivilisationsschäden). **Degenerations|psychose** *die*; -, -n: durch Degenerationsvorgänge (z. B. Altern) hervorgerufener geistiger Abbau mit psychischer Fehlhaltung (Med.). **degenerativ**: mit Degeneration zusammenhängend. **degenerieren** [*lat.*]: 1. verfallen, verkümmern (Biol., Med.). 2. vom Üblichen abweichend sich negativ entwickeln, entarten; körperlich od. geistig verfallen
De|glutination [*...ziọn*; *lat.-nlat.*] *die*; -, -en: falsche Abtrennung eines Wortanlauts, der als Artikel verstanden wird (z. B. ostmitteld. „ein nōter = eine Natter" ergibt hochd. „eine Otter"; Sprachw.)
De|glutition [*...ziọn*; *lat.-nlat.*] *die*; -, -en: Schlingbewegung, Schluckakt (Med.)

Degorgement [*degorsch^emang*; *lat.-fr.*] *das*; -s, -s: Entfernung der Hefe im Flaschenhals (bei der Schaumweinherstellung). **degorgieren**: 1. die Hefe bei der Schaumweinherstellung aus dem Flaschenhals entfernen. 2. Fleisch wässern, um das Blut zu entfernen (Gastr.)

Degout [*degu*; *lat.-fr.*] *der*; -s: Ekel, Widerwille, Abneigung. **degoutant**: ekelhaft, abstoßend. **degoutieren**: anekeln, anwidern

De|gradation [...*zion*; *lat.* „Herabsetzung"] *die*; -, -en: das [Zurück]versetzen in eine niedere Position (z. B. als Strafe für ein die Ehrauffassungen verletzendes Handeln); vgl. ...[at]ion/...ierung. **degradieren**: 1. in eine niedere Position [zurück]versetzen (z. B. als Strafe für ein die Ehrauffassungen verletzendes Handeln). 2. Energie in Wärme umwandeln (Phys.). 3. einen Boden verschlechtern; vgl. Degradierung (2). **De|gradierung** *die*; -, -en: 1. das Degradieren. 2. Veränderung eines guten Bodens zu einem schlechten (durch Auswaschung, Kahlschlag u. a.; Landw.); vgl. ...[at]ion/...ierung

de|graissieren [...*gräß*...; *lat.-fr.*]: das Fett von Soßen u. Fleischbrühen abschöpfen (Gastr.). **De|gras** [*degra*] *das*; -: Gerberfett (Abfallfett in der Gerberei)

De|gression [*lat.*] *die*; -, -en: 1. Verminderung der Stückkosten mit steigender Auflage (Fachwort der Kostenrechnung). 2. Verminderung des jährlichen Abschreibungsbetrages (Steuerrecht). **degressiv** [*lat.-nlat.*]: abfallend, sich stufenweise od. kontinuierlich vermindernd (z. B. von Schulden)

Degustation [...*zion*; *lat.*] *die*; -, -en: (bes. schweiz.) Prüfung; das Kosten von Lebensmitteln in bezug auf Geruch u. Geschmack. **de gustibus non est disputandum** [„über Geschmäcker ist nicht zu streiten"]: über Geschmack läßt sich nicht streiten (weil jeder ein eigenes ästhetisches Urteil hat). **degustieren**: (bes. schweiz.) Lebensmittel in bezug auf Geruch u. Geschmack prüfen, kosten

Dehiszenz [*lat.-nlat.*; „das Aufklaffen"] *die*; -: 1. besondere Art des Aufspringens kapselartiger Organe bei Pflanzen (z. B. von Staubblättern u. Früchten; Bot.)

Dehors [*d^eor(ß)*; *lat.-fr.*] *die* (Plural): äußerer Schein, gesellschaftlicher Anstand; fast nur in der Wendung: die D. wahren

Dehumanisation [...*zion*; *lat.-nlat.*] *die*; -: Entmenschlichung, Herabwürdigung

Dehy|drase u. Dehy|drogenase [*lat.*; *gr.*] *die*; -, -n: → Enzym, das Wasserstoff abspaltet. **Dehydratation** [...*zion*] *die*; -, -en: Entzug von Wasser, Trocknung (z. B. von Lebensmitteln). **Dehydration** [...*zion*] *die*; -, -en: Entzug von Wasserstoff; vgl. ...[at]ion/...ierung. **dehy|dratisieren**: Wasser entziehen. **dehy|drieren**: einer chem. Verbindung Wasserstoff entziehen. **Dehy|drierung** *die*; -, -en: = Dehydration; vgl. ...[at]ion/...ierung. **Dehy|drogenase** *die*; -, -n: = Dehydrase

Deifikation [*de-ifikazion*; *lat.-nlat.*] *die*; -, -en: Vergottung eines Menschen od. Dinges. **deifizieren** [*lat.*]: zum Gott machen, vergotten. **Dei gratia** [„von Gottes Gnaden"]: Zusatz zum Titel von Bischöfen, früher auch von Fürsten; Abk.: D. G.

deiktisch [auch: *de-ik*...; *gr.*]: 1. hinweisend (als Eigenschaft bestimmter sprachl. Einheiten, z. B. von → Demonstrativpronomen; Sprachw.). 2. von der Anschauung ausgehend (als Lehrverfahren)

Deismus [*lat.-nlat.*] *der*; -: Gottesauffassung der Aufklärung des 17. u. 18. Jh.s, nach der Gott die Welt zwar geschaffen hat, aber keinen weiteren Einfluß mehr auf sie ausübt. **Deist** *der*; -en, -en: Anhänger des Deismus. **deistisch**: der Lehre des Deismus folgend, sich auf sie beziehend

Deixis [*gr.*] *die*; -: hinweisende → Funktion von Wörtern (z. B. Pronomen wie *dieser, jener,* Adverbien wie *hier, heute*) in einem Kontext (Sprachw.)

Déjà-vu-Erlebnis [*desehawü*...; *fr.*; *dt.*; „schon gesehen"] *das*; -ses, -se: Meinung, Gegenwärtiges schon einmal erlebt zu haben (Psychol.)

Dejekt [*lat.*] *das*; -[e]s, -e: (selten) Auswurf; Kot (Med.). **Dejektion** [...*zion*] *die*; -, -en: Auswurf; Kotentleerung (Med.)

Dejeuner [*desehöne*; *lat.-vulgärlat.-fr.*] *das*; -s, -s: 1. (veraltet) Frühstück. 2. kleines Mittagessen. 3. Frühstücksgedeck (aus Keramik od. Holz) für zwei Personen. **dejeunieren**: (veraltet) frühstücken

de jure [*lat.*]: von Rechts wegen, rechtlich betrachtet; Ggs. → de facto

Deka *das*; -[s], -[s]: (österr.) Kurzform von → Dekagramm. **Dekabrist** [*gr.-russ.*] *der*; -en, -en: Teilnehmer an dem Offiziersaufstand für eine konstitutionelle Verfassung in Rußland im Jahre 1825. **Dekade** [*gr.-lat.*] *die*; -, -n: 1. Satz od. Serie von 10 Stück. 2. Zeitraum von 10 Tagen, Wochen, Monaten od. Jahren. 3. Einheit von 10 Gedichten od. 10 Büchern (Literaturw.)

dekadent [*lat.-mlat.*]: infolge kultureller Überfeinerung entartet u. ohne Kraft od. Widerstandsfähigkeit. **Dekadenz** *die*; -: Verfall, Entartung, sittlicher u. kultureller Niedergang

dekadisch [*gr.*]: zehnteilig; auf die Zahl 10 bezogen; -er Logarithmus: Zehnerlogarithmus, Logarithmus einer Zahl zur Basis 10 (Formelzeichen: $\log_{10}$ oder lg); -es System: Zahlensystem mit der Grundzahl 10; Dezimalsystem. **Deka|eder** [*gr.-nlat.*] *das*; -s, -: ein Körper, der von zehn Vielecken (Flächen) begrenzt ist. **Deka|gramm** [auch: *de*..., österr. auch: *dä*...] *das*; -s, -e (aber: 5 -): 10 g; Zeichen: Dg, (österr.:) dkg; vgl. Deka. **Dekaliter** [auch: *de*..., österr. auch: *dä*...] *der* od. *das*; -s, -: 10 l; Zeichen: Dl, dkl

Dekalkierpapier [*lat.-fr.*; *gr.-lat.*] *das*; -s: zur Herstellung von Abziehbildern verwendetes saugfähiges Papier

Dekalo [*it.*] *der* od. *das*; -, ...li: (veraltet) Gewichts- od. Maßverlust (von Waren)

Dekalog [*gr.-lat.*; „zehn Worte"] *der*; -s: die Zehn Gebote. **Dekameron** [*gr.-it.*] *das*; -s: Boccaccios Erzählungen der „zehn Tage"; vgl. Heptameron. Hexameron. **Dekameter** [auch: *de*..., österr. auch: *dä*...; *gr.-nlat.*] *das*; -s, -: 10 m; Zeichen: dam, (veraltet:) dkm, Dm. **Dekan** [*lat.*; „Führer von 10 Mann"] *der*; -s, -e: 1. in bestimmten evang. Landeskirchen → Superintendent. 2. Dechant. 3. Vorsteher einer → Fakultät (1). **Dekanat** [*lat.-mlat.*] *das*; -[e]s, -e: 1. Amt, Bezirk eines Dekans; vgl. Dechanat. 2. Fakultätsverwaltung. 3. Unterteilung des Tierkreises in Abschnitte von je zehn Grad (Astrol.). **Dekanei** *die*; -, -en: Wohnung eines Dekans (1 u. 2); vgl. Dechanei

dekantieren [*mlat.-fr.*]: eine Flüssigkeit abklären, vom Bodensatz abgießen (z. B. bei älteren Rot- u. Portweinen)

dekapieren [*fr.*]: a) Eisenteile durch chem. Lösungsmittel von Farbresten reinigen; b) Metallteile od. Blech beizen u. dadurch von dünnen Anlauf- bzw. Oxydationsschichten befreien

Dekapitation [*...zion; lat.-mlat.*; „Enthauptung"] *die*; -, -en: das Leben der Mutter rettende Abtrennung des kindl. Kopfes während der Geburt (Med.). **dekapitieren** u. dekaptieren: eine → Dekapitation ausführen (Med.)

Dekapode [*gr.-nlat.*] *der*; -n, -n (meist Plural): Zehnfußkrebs

Dekapsulation [*...zion; lat.-nlat.*] *die*; -, -en: operative Abtragung der Nierenkapsel (Med.)

dekaptieren vgl. dekapitieren

Dek|ar [*lat.-nlat.*] *das*; -s, -e u. (schweiz.:) **Dek|are** *die*; -, -n: 10 Ar

dekartellisieren [*fr.*], (seltener:) dekartellieren: wirtschaftliche Unternehmungszusammenschlüsse, → Kartelle auflösen, die eine Beschränkung des Wettbewerbs zum Ziel haben

Deka|ster [*gr.-fr.*] *der*; -s, -e u. -s: 10 Kubikmeter. **Dekasyllabus** [*gr.-lat.*] *der*; -, ...bi: zehnsilbiger Vers aus → Jamben

Dekateur [*...tör; lat.-fr.*] *der*; -s, -e: Fachmann, der dekatiert. **dekatieren**: [Woll]stoffe mit Wasserdampf behandeln, um nachträgliches Einlaufen zu vermeiden. **Dekatierer** *der*; -s, -: = Dekateur

Deka|tron [*gr.*] *das*; -s, -e: 1. Gasentladungsröhre mit zehn → Kathoden. 2. elektronisches Schaltelement in Rechen- u. Zählschaltungen zur Darstellung u. Verarbeitung der Ziffern 0 bis 9

Dekatur [*lat.-fr.*] *die*; -, -en: Vorgang des → Dekatierens

De|klamation [*...zion; lat.*] *die*; -, -en: 1. etw. (z. B. Dichtung), was man in einer der Vortragskunst entsprechenden, rhetorisch wirkungsvollen Weise spricht; das ausdrucksvolle, auf Wirkung abzielende Vortragen von etw. 2. Hervorhebung u. → Artikulation einer musikalischen Phrase od. des Sinn- u. Ausdrucksgehalts eines vertonten Textes (Mus.). **Deklamator** *der*; -s, ...oren: Vortragskünstler. **De|klamatorik** [*lat.-nlat.*] *die*; -: Vortragskunst. **de|klamatorisch**: 1. ausdrucksvoll im Vortrag, z. B. eines Textes. 2. beim Gesang auf Wortverständlichkeit Wert legend. **deklamieren** [*lat.*]: 1. [kunstgerecht] vortragen. 2. das entsprechende Verhältnis zwischen der sprachlichen u. musikalischen Betonung im Lied herstellen

De|klaration [*...zion; lat.*] *die*; -, -en: 1. Erklärung [die etwas Grundlegendes enthält]. 2. a) abzugebende Meldung gegenüber den Außenhandelsbehörden (meist Zollbehörden) über Einzelheiten eines Geschäftes; b) Inhalts-, Wertangabe (z. B. bei einem Versandgut). **de|klarativ**: in Form einer Deklaration (1). **deklarieren**: 1. eine Deklaration (2) abgeben. 2. als etwas bezeichnen, z. B. Hemden als pflegeleicht -. **de|klariert**: offenkundig, ausgesprochen, z. B. ein -er Favorit

de|klassieren [*lat.-fr.*]: 1. einem Gegner eindeutig überlegen sein u. ihn überraschend hoch besiegen (Sport). 2. von einer bestimmten sozialen od. ökonomischen Klasse in eine niedrigere gelangen (z. B. durch eine Wirtschaftskrise; Soziol.)

de|klinabel [*lat.*]: beugbar (von Wörtern bestimmter Wortarten). **De|klination** [*...zion*] *die*; -, -en: 1. Formenabwandlung (Beugung) des Substantivs, Adjektivs, Pronomens und Numerales; vgl. Konjugation. 2. Abweichung, Winkelabstand eines Gestirns vom Himmelsäquator (Astron.). 3. Abweichung der Richtungsangabe der Magnetnadel [beim Kompaß] von der wahren (geographischen) Nordrichtung. **De|klinator** [*lat.-nlat.*] *der*; -s, ...oren u. **De|klinatorium** *das*; -s, ...ien [*...iᵉn*]: Gerät zur Bestimmung [zeitlicher Änderungen] der Deklination (2). **de|klinieren** [*lat.*]: Substantive, Adjektive, Pronomen und Numeralia in ihren Formen abwandeln, beugen; vgl. konjugieren. **De|klinometer** [*lat.; gr.*] *das*; -s, -: = Deklinator

dekodieren, (in der Techn. meist:) decodieren [auch: *de...; fr.*]: [eine Nachricht] mit Hilfe eines → Kodes entschlüsseln; Ggs. → kodieren (1), enkodieren. **Dekodierung** *die*; -, -en: das Dekodieren

Dekokt [*lat.*] *das*; -[e]s, -e: Abkochung, Absud (von Arzneimitteln)

Dekolleté, (schweiz.:) Décolleté [*dekolte; lat.-fr.*] *das*; -s, -s: tiefer Ausschnitt an Damenkleidern, der Schultern, Brust od. Rücken frei läßt. **dekolletieren**: sich -: (ugs.) sich bloßstellen. **dekolletiert**: tief ausgeschnitten

Dekolonisation [*...zion*, auch: *de...; lat.-nlat.*] *die*; -, -en: Entlassung einer → Kolonie aus der wirtschaftlichen, militärischen u. politischen Abhängigkeit vom Mutterland

dekolorieren [*lat.-fr.*]: entfärben, ausbleichen

Dekompensation [*...zion; lat.-nlat.*] *die*; -, -en: das Offenbarwerden einer latenten Organstörung durch Wegfall einer Ausgleichsfunktion (Med.)

dekomponieren [*lat.-nlat.*]: zerlegen, auflösen [in die Grundbestandteile]. **Dekomposition** [*...zion*] *die*; -, -en: 1. Auflösung. 2. a) das Nachlassen einer Organfunktion; b) Organschwund u. allgemeiner körperlicher Verfall bei Säuglingen infolge schwerer Ernährungsstörung (Med.). **dekompositorisch**: (geistig) zersetzend, zerstörend. **Dekompositum** [*lat.*] *das*; -s, ...ta: Neu- od. Weiterbildung aus einer Zusammensetzung (→ Kompositum), entweder in Form einer Ableitung, z. B. *wetteifern* von *Wetteifer*, od. in Form einer mehrgliedrigen Zusammensetzung, z. B. Armbanduhr, Eisenbahnfahrplan

Dekom|pression [*lat.*] *die*; -, -en: 1. Druckabfall in einem technischen System. 2. [allmähliche] Druckentlastung für den Organismus nach längerem Aufenthalt in Überdruckräumen (z. B. Taucherglocken). **Dekom|pressionskammer** *die*; -, -n: geschlossener Raum, in dem der Organismus nach längerem Aufenthalt in Überdruckräumen allmählich vom Überdruck entlastet wird. **dekom|primieren**: den Druck von etwas verringern

Dekonditionation [*...zionazion; lat.-nlat.*] *die*; -, -en: Verminderung der körperlichen Leistungsfähigkeit (bes. bei Raumflügen) infolge Schwerelosigkeit

Dekontamination [*...zion*; auch: *de...; lat.-nlat.*] *die*; -: a) Entgiftung, Entfernung von → Neutronen absorbierenden Spaltprodukten aus dem Reaktor; b) Sammelbezeichnung für alle Maßnahmen, durch die für ein von atomaren, biol. od. chem. Kampfstoffen verseuchtes Objekt die Voraussetzungen geschaffen werden, daß Menschen und Tiere ohne Schutzvorkehrungen wieder mit ihm in Berührung kommen dürfen; vgl. ...[at]ion/...ierung; Ggs. → Kontamination (2). **dekontaminieren** [auch: *de...*]: eine Dekontamination (b) vornehmen; Ggs. → kontaminieren (2). **Dekontaminierung** [auch: *de...*] *die*; -, -en: das Dekontaminieren; vgl. ...[at]ion/...ierung

Dekonzen|tration [*...zion*, auch: *de...; nlat.*] *die*; -, -en: Zerstreuung, Zersplitterung, Auflösung, Verteilung; Ggs. → Konzentration (1). **dekonzen|trieren** [auch: *de...*]: zerstreuen, zersplittern, auflösen, verteilen; Ggs. → konzentrieren (1)

Dekor [*lat.-fr.*] *der* (auch: *das*); -s, -s u. -e: 1. farbige Verzierung, Ausschmückung, Vergoldung, Muster auf etwas. 2. Ausstattung [eines Theaterstücks od. Films], Dekoration. **Dekorateur** [...*tör*] *der*; -s, -e: Fachmann, der die Ausschmückung von Innenräumen, Schaufenstern usw. besorgt. **Dekoration** [...*zion*] *die*; -, -en: 1. (ohne Plural) das Ausschmücken, Ausgestalten. 2. etw., was als Schmuck, Ausschmückung an, in etw. angebracht ist. 3. Bühnenausstattung, Bühnenbild, [Film]kulisse. 4. a) Ordensverleihung, Dekorierung; b) Orden, Ehrenzeichen; vgl. ...[at]ion/...ierung. **dekorativ:** a) schmückend, (als Schmuck) wirkungsvoll; b) die Theater-, Filmdekoration betreffend. **dekorieren:** 1. ausschmücken, künstlerisch ausgestalten. 2. jmdm. einen Orden verleihen. **Dekorierung** *die*; -, -en: 1. a) das Ausschmücken; b) Ausschmückung [eines Raumes]. 2. a) Verleihung von Orden o. ä. an Personen auf Grund besonderer Verdienste; b) **Orden**; vgl. ...[at]ion/...ierung

Dekorit ® [auch: ...*it*; *lat.-nlat.*] *das*; -s: ein Kunststoff

Dekort [*dekor*, auch: *dekort*; *lat.-fr.*] *der*; -s, -s u. (bei dt.Ausspr.:) -e: 1. Abzug vom Rechnungsbetrag, z. B. wegen schlechter Verpackung, Mindergewicht, Qualitätsmangel. 2. Preisnachlaß [im Exportgeschäft]. **dekortieren**: einen bestimmten Betrag von der Rechnung wegen schlechter Beschaffenheit der Ware abziehen

Dekorum [*lat.*] *das*; -s: äußerer Anstand, Schicklichkeit. **Dekostoff** *der*; -[e]s, -e: Kurzw. aus: Dekorationsstoff

De|krement [*lat.*] *das*; -[e]s, -e: 1. Verminderung, Verfall. 2. das Abklingen von Krankheitserscheinungen. 3. → logarithmisches Dekrement

de|krepit [*lat.-fr.*]: (veraltet) heruntergekommen, verlebt. **De|krepitation** [...*zion*; *lat.-nlat.*] *die*; -, -en: das Zerplatzen von Kristallen beim Erhitzen, verbunden mit Knistern und Austritt von Wasserdampf. **de|krepitieren**: unter Austritt von Wasserdampf zerplatzen (von Kristallen)

De|kre|scendo [*dekräschęndo*] vgl. Decrescendo. **De|kreszenz** [*lat.*] *die*; -, -en: 1. Abnahme. 2. allmähliche Tonabschwächung (Mus.)

De|kret [*lat.*] *das*; -[e]s, -e: Beschluß, Verordnung, behördliche, richterliche Verfügung. **De|kretale** [*lat.-mlat.*] *das*; -, ...lien [...*i*[e]*n*] od. *die*; -, -n (meist Plural): päpstl. Entscheidung in kirchlichen Einzelfragen (bis 1918 Hauptquelle des kath. Kirchenrechts, heute nur in bezug auf das kath. → Dogma u. die → Kanonisation). **De|kretalist** u. De|kretist [*lat.-nlat.*] *der*; -en, -en: mittelalterl. Lehrer des [kath.] Kirchenrechts. **de|kretieren** [*lat.-fr.*]: verordnen, anordnen. **De|kretist** vgl. Dekretalist

de|kryptieren [*lat.-gr.*]: einen Geheimtext ohne Kenntnis des Schlüssels in den Klartext umzusetzen versuchen

Dekubitus u. Decubitus [*lat.-nlat.*] *der*; -: das Wundliegen, Druckbrand (Med.)

Dekumat[en]land [*lat.*; *dt.*] *das*; -[e]s: vom → Limes (1) eingeschlossenes altröm. Kolonialgebiet zwischen Rhein, Main und Neckar

dekupieren [*fr.*]: aussägen, ausschneiden (z. B. Figuren mit der Laubsäge). **Dekupiersäge** *die*; -, -n: Schweif-, Laubsäge

Dekurie [...*i*[e]; *lat.*] *die*; -, -n: a) [Zehner]gruppe als Untergliederung des Senats od. des Richterkollegiums im Rom der Antike; b) Unterabteilung von zehn Mann in der altrömischen Reiterei. **Dekurio** *der*; -s u. ...onen, ...onen: a) Mitglied einer Dekurie (a); b) Anführer einer Dekurie (b)

dekussiert [*lat.*]: kreuzweise gegenständig, d. h. sich kreuzweise abgestuft in Paaren gegenüberstehend (von der Blattstellung bei Pflanzen)

Dekuvert [...*wär*; *lat.-fr.*] *das*; -s, -s: Wertpapiermangel an der Börse (Wirtsch.). **deku|vrieren:** machen, daß etw./jmd. in seiner von anderen nicht erkannten [negativen] Art nicht mehr länger verborgen, unerkannt bleibt, sondern als solches, solcher zum Vorschein kommt, enthüllt wird

Delamination [...*zion*; *lat.-nlat.*] *die*; -, -en: Entstehung des inneren Keimblattes (bei der tierischen Entwicklung) durch Querteilung der Blastulazellen und damit Abspaltung einer zweiten Wandzellschicht (Biol.)

Delat [*lat.*] *der*; -en, -en: (veraltet) jmd., der zu einer Eidesleistung verpflichtet wird. **Delation** [...*zion*] *die*; -, -en: (veraltet) 1. [verleumderische] Anzeige. 2. Übertragung, Anfall einer Erbschaft. 3. (hist.) durch das Gericht auferlegte Verpflichtung zur Eidesleistung vor einem Richter (Rechtsw.); Ggs. → Relation (4). **delatorisch**: (veraltet) verleumderisch

deleatur [*lat.*; „es möge getilgt werden"]: Korrekturanweisung, daß etwas gestrichen werden soll; Abk.: del.; Zeichen: ₰ (Druckw.). **Deleatur** *das*; -s, -: das Tilgungszeichen (Druckw.)

Delegat [*lat.*] *der*; -en, -en: Bevollmächtigter; bes. Apostolischer -: Bevollmächtigter des Papstes ohne diplomatische Rechte; vgl. Nuntius. **Delegation** [...*zion*] *die*; -, -en: 1. Abordnung von Bevollmächtigten, die meist zu [polit.] Tagungen, zu Konferenzen usw. entsandt wird. 2. Übertragung von Zuständigkeiten, Leistungen, Befugnissen (Rechtsw., Wirtsch.); vgl. ...[at]ion/...ierung. **Delegatur** [*lat.-nlat.*] *die*; -, -en: Amt od. Amtsbereich eines Apostolischen Delegaten

de lege ferenda [*lat.*]: vom Standpunkt des zukünftigen Rechts aus. **de lege lata**: vom Standpunkt des geltenden Rechts aus

delegieren [*lat.*]: 1. jmdn. abordnen. 2. a) Zuständigkeiten, Leistungen, Befugnisse übertragen (Rechtsw.); b) eine Aufgabe auf einen anderen übertragen. **Delegierte** *der* u. *die*; -n, -n: Mitglied einer Delegation (1). **Delegierung** *die*; -, -en: = Delegation (2); vgl. ...[at]ion/...ierung

delektabel [*lat.*]: (selten) genußreich, ergötzlich. **delektieren**: ergötzen; sich -: sich gütlich tun

deletär [*lat.-nlat.*]: tödlich, verderblich (Med.). **Deletion** [...*zion*; *lat.*] *die*; -, -en: 1. Verlust eines mittleren Chromosomenstückes (Biol.). 2. Tilgung sprachlicher Elemente im Satz, z. B. die Weglaßprobe zur Feststellung der → Valenz von Verben (Sprachw.)

Deliberation [...*zion*; *lat.*] *die*; -, -en: Beratschlagung, Überlegung. **Deliberationsfrist** *die*; -, -en: Bedenkzeit, Überlegungsfrist; bes. im röm. Recht die dem Erben gesetzte Frist zur Entscheidung über Annahme oder Ablehnung einer Erbschaft. **Deliberativstimme** *die*; -, -n: eine nur beratende, aber nicht abstimmungsberechtigte Stimme in einer politischen Körperschaft; Ggs. → Dezisivstimme. **deliberieren**: überlegen, beratschlagen

Delicious [*dilisch*[e]*ß*; *engl.*], **Delicius** *der*; -, -; = Golden Delicious

delikat [*lat.-fr.*]: 1. auserlesen fein; lecker, wohlschmeckend; Ggs. → indelikat. 2. zart[fühlend], zurückhaltend, behutsam; Ggs. →

indelikat. 3. wählerisch, anspruchsvoll. 4. Diskretion erfordernd, nur mit Zurückhaltung, mit Takt zu behandeln, durchzuführen. **Delikatesse** *die*; -, -n: 1. Leckerbissen; Feinkost. 2. (ohne Plural) Zartgefühl

Delikt [*lat.*] *das*; -[e]s, -e: Vergehen, Straftat

Delimitation [...*zion*; *lat.*] *die*; -, -en: (veraltet) Grenzberichtigung. **delimitativ**: zur Abgrenzung dienend, bes. zur Abgrenzung von → Morphemen gegenüber Wörtern. **delimitieren**: (veraltet) Grenzen berichtigen

delineavit [...*wit*; *lat.*; „hat [es] gezeichnet"] in Verbindung mit dem Namen Angabe des Künstlers, Zeichners, bes. auf Kupferstichen; Abk.: del., delin.

delinquent [*lat.*]: straffällig, verbrecherisch. **Delinquent** *der*; -en, -en: jmd., der gegen geltende Normen [des Rechts] verstoßen hat; Übeltäter. **Delinquenz** *die*; -: Straffälligkeit

Delir [*lat.*] *das*; -s, -e: Kurzform von → Delirium. **delirant:** das Delirium betreffend; in der Art des Deliriums; -er Zustand = Delirium. **delirieren:** irre sein, irrereden (Med.). **deliriös** [*lat.-nlat.*]: mit Delirien verbunden (Med.). **Delirium** [*lat.*] *das*; -s, ...ien [...*i*^e*n*]: Bewußtseinstrübung (Verwirrtheit), verbunden mit Erregung, Sinnestäuschungen u. Wahnideen. **Delirium tremens** *das*; - -: Säuferwahn; durch Alkoholentzug (bei Trinkern) ausgelöste Psychose, die durch Bewußtseinstrübung, Halluzinationen o. ä. gekennzeichnet ist

delische Problem [nach einem würfelförmigen Altar des Apollon auf Delos, der auf Grund eines Orakels von den Griechen als Sühne verdoppelt werden sollte] *das*; -n -s: die nicht lösbare Aufgabe, nur mit Hilfe von Zirkel u. Lineal die Kantenlänge eines Würfels zu bestimmen, der das doppelte Volumen eines gegebenen Würfels haben soll

deliziös [*lat.-fr.*]: sehr schmackhaft. **Delizius:** = Golden Delicious

Del|kredere [*lat.-it.*] *das*; -, -: 1. Haftung für den Eingang einer Forderung. 2. Wertberichtigung für voraussichtliche Ausfälle von Außenständen. **Del|kredere-fonds** [...*fong*] *der*; - [...*fong*(*ß*)], - [...*fongß*]: Rücklage zur Deckung möglicher Verluste durch ausstehende Forderungen

delogieren [...*schi*...; *fr.*]: 1. (bes. österr.) jmdn. zum Auszug aus einer Wohnung veranlassen. 2. (veraltet) abmarschieren, aufbrechen. **Delogierung** *die*; -, -en (bes. österr.): Ausweisung aus einer Wohnung

Del|phin [*gr.-lat.*]
I. *der*; -s, -e: eine Walart.
II. *das*; -s: Delphinschwimmen (spezieller Schwimmstil)

Del|phinarium [*gr.-lat.-nlat.*] *das*; -s, ...ien [...*i*^e*n*]: Anlage mit großem Wasserbecken, in dem Delphine gehalten u. vorgeführt werden. **Del|phinin** *das*; -s: → Alkaloid aus dem Samen einer Ritterspornart, das zu Arzneizwecken verwendet wird. **Delphinologe** *der*; -n, -n: Fachmann, der das Verhalten der Delphine wissenschaftlich untersucht

del|phisch [*gr.-lat.*; nach der altgriech. Orakelstätte Delphi]: doppelsinnig, rätselhaft [dunkel]

Delta [*gr.-lat.*]
I. *das*; -[s], -s: vierter Buchstabe des griech. Alphabets: Δ, δ.
II. *das*; -s, -s u. ...ten: fächerförmiges, mehrarmiges Mündungsgebiet eines Flusses

Deltametall *das*; -s, -e: besondere, im Maschinenbau verwendete Messinglegierung von hoher Festigkeit. **Deltastrahl** u. δ-Strahl [*gr.-lat.*; *dt.*] *der*; -[e]s, -en (meist Plural): beim Durchgang von radioaktiver Strahlung durch Materie freigesetzter Elektronenstrahl. **Deltoid** [*gr.-nlat.*] *das*; -[e]s, -e: a) konkaves Viereck aus zwei Paaren gleich langer benachbarter Seiten, von denen ein Paar einen überstumpfen Winkel bildet u. dessen Diagonalenschnittpunkt außerhalb des Vierecks liegt; b) Drachenviereck. **Deltoiddodeka|eder** *der*; -s, -: Kristallform mit 12 → Deltoiden

Delusion [*lat.*] *die*; -, -en: a) Verspottung; b) Hintergehung, Täuschung. **delusorisch** [*lat.-nlat.*]: a) verspottend; b) jmdn. hintergehend, täuschend

de Luxe [*d*^e *lükß*; *fr.*]: hervorragend ausgestattet, mit allem Luxus

Delysid [Kunstw.] *das*; -s: Handelsname für Lysergsäurediäthylamid (LSD)

Dem|agoge [*gr.*; „Volksführer"] *der*; -n, -n: (oft abwertend) jmd., der andere politisch aufhetzt, durch leidenschaftliche Reden verführt; Volksverführer. **Demagogie** *die*; -: (abwertend) Volksaufwieglung, Volksverführung, politische Hetze. **dem|agogisch:** (abwertend) aufwiegelnd, hetzerisch, Hetzpropaganda treibend

Demant [*gr.-lat.-vulgärlat.-fr.*] *der*; -[e]s, -e: (dichterisch) Diamant. **demanten:** (dichterisch) diamanten. **Demantoid** [*nlat.*] *der*; -[e]s, -e: ein Mineral

Dem|arch [*gr.-lat.*] *der*; -en, -en: Vorsteher des → Demos in altgriech. Gemeinden

Demarche [*demarsch*^(e); *fr.*] *die*; -, -n: diplomatischer Schritt, mündlich vorgetragener diplomatischer Einspruch

Demarkation [...*zion*; *fr.*] *die*; -, -en: a) Abgrenzung; b) scharfe Abgrenzung kranken Gewebes von gesundem (Med.). **Demarkationslinie** *die*; -, -n: zwischen Staaten vereinbarte vorläufige Grenzlinie. **demarkieren:** abgrenzen

demaskieren [*fr.*]: a) die Maske abnehmen; sich -: seine Maske abnehmen; b) jmdn. entlarven (z. B. in bezug auf dessen schlechte Absichten); sich -: sein wahres Gesicht zeigen

Dematerialisation [...*zion*; *lat.-nlat.*; „Entstofflichung"] *die*; -, -en: Auflösung eines körperhaften Gegenstandes bis zur Unsichtbarkeit (Parapsychol.); → Rematerialisation

Demelee [*lat.-vulgärlat.-fr.*] *das*; -[s], -s: (veraltet) Streit, Händel

Demen: *Plural* von → Demos

Dementi [*lat.-fr.*] *das*; -s, -s: offizielle Berichtigung od. Widerruf einer Behauptung od. Nachricht. **Dementia** [...*zia*; *lat.*] *die*; -, ...tiae [...*ziä*]: = Demenz. **Dementia praecox** [-*präk*...] *die*; - -: Jugendirresein (Med.). **Dementia senilis** *die*; - -: Altersschwachsinn (Med.). **dementieren** [*lat.-fr.*]: eine Behauptung od. Nachricht offiziell berichtigen od. widerrufen. **Demenz** [*lat.*] *die*; -, -en: erworbener Schwachsinn, auf organischen Hirnschädigungen beruhende dauernde Geistesschwäche

Demerit [*lat.-fr.*] *der*; -en, -en: straffällig gewordener Geistlicher, der wegen dieses Vergehens für einige Zeit od. für immer sein kirchliches Amt nicht ausüben kann

Demijohn [*dämidschon*; *engl.*] *der*; -s, -s: Korbflasche

demilitarisieren [*lat.-fr.*]: entmilitarisieren

Demimonde [*d*^e*mimongd*^(e); *fr.*] *die*; -: Halbwelt

Demineralisation [...*zion*; *nlat.*] *die*; -: 1. Verarmung des Körpers an Mineralien (z. B. Kalk-, Salzverlust; Med.). 2. das Demineralisieren. **demineralisieren:** die Minerale aus etwas entfernen

deminutiv usw. = diminutiv usw.

demi-sec [*d^emißäk; fr.*]: halbtrokken (Gradangabe für franz. Schaumwein)

Demission [*lat.-fr.*] *die*; -, -en: a) Rücktritt eines Ministers od. einer Regierung; b) (veraltet) Entlassung eines Ministers od. einer Regierung. **Demissionär** *der*; -s, -e: (schweiz., sonst veraltet) entlassener, verabschiedeter Beamter. **demissionieren**: 1. a) von einem Amt zurücktreten, seine Entlassung einreichen (von Ministern od. Regierungen); b) (schweiz.) kündigen. 2. (veraltet) jmdn. entlassen (von Ministern)

Demiurg [*gr.-lat.*] *der*; -en u. -s: Weltbaumeister, Weltenschöpfer (bei Platon u. in der → Gnosis)

Demi-vierge [*d^emiwiärseh; lat.-fr.*; „Halbjungfrau", Wortschöpfung des franz. Romanschriftstellers Marcel Prévost] *die*; -: (in der Sexualwissenschaft) Mädchen, das zwar sexuelle Kontakte, aber keinen Geschlechtsverkehr hat

Demo [auch: *dä...*] *die*; -, -s: (ugs.) Kurzform von → Demonstration (1)

Demobilisation [*...zion*; auch: *de...*; *lat.-fr.*] *die*; -, -en: a) Rückführung des Kriegsheeres auf den Friedensstand; Ggs. → Mobilisation (2); b) Umstellung der Industrie von Kriegs- auf Friedensproduktion; vgl. ...[at]ion/...ierung. **demobilisieren** [auch: *de...*] a) aus dem Kriegszustand in Friedensverhältnisse überführen; Ggs. → mobilisieren (1); b) die Kriegswirtschaft abbauen; c) (veraltet) jmdn. aus dem Kriegsdienst entlassen. **Demobilisierung** *die*; -, -en: das Demobilisieren; vgl. ...[at]ion/...ierung; Ggs. → Mobilisierung (3)

démodé [*fr.*]: aus der Mode, nicht mehr aktuell

Demodulation [*...zion*; auch: *de...*; *lat.-nlat.*] *die*; -, -en: Abtrennung der durch einen modulierten hochfrequenten Träger übertragenen niederfrequenten Schwingung in einem Empfänger; Gleichrichtung. **Demodulator** *der*; -s, ...oren: Bauteil in einem Empfänger, der die Demodulation bewirkt; Gleichrichter. **demodulieren** [auch: *de...*]: eine Demodulation vornehmen; gleichrichten

Demo|graph [*gr.-nlat.*] *der*; -en, -en: jmd., der berufsmäßig Demographie betreibt. **Demographie** *die*; -, ...ien: 1. Beschreibung der wirtschafts- u. sozialpolitischen Bevölkerungsbewegung. 2. Bevölkerungswissenschaft. **demo|graphisch**: die Demographie betreffend

Demoiselle [*d^emoasäl; lat.-galloroman.-fr.*] *die*; -, -n [*...l^en*]: (veraltet) junges Mädchen, Fräulein

Dem|ökologie [*gr.-nlat.*] *die*; -: Teilgebiet der → Ökologie, auf dem die Umwelteinflüsse auf ganze → Populationen (2) einer bestimmten Tier- u. Pflanzenwelt erforscht werden

Demo|krat [*gr.-mlat.-fr.*] *der*; -en, -en: 1. Vertreter demokratischer Grundsätze; Mensch mit demokratischer Gesinnung; jmd., der den Willen der Mehrheit respektiert. 2. Mitglied einer bestimmten, sich auch im Namen als demokratisch bezeichnenden Partei. **Demo|kratie** [*gr.-mlat.*; „Volksherrschaft"] *die*; -, ...ien: 1. a) (ohne Plural) politisches Prinzip, nach dem das Volk durch freie Wahlen an der Machtausübung im Staat teilhat; b) Regierungssystem, in dem die vom Volk gewählten Vertreter die Herrschaft ausüben. 2. Staat mit demokratischer Verfassung, demokratisch regiertes Volkswesen. 3. (ohne Plural) Prinzip der freien u. gleichberechtigten Willensbildung u. Mitbestimmung in gesellschaftlichen Gruppen. **demokratisch**: 1. in der Art einer Demokratie, die Demokratie betreffend, sich auf sie beziehend. 2. in einer Weise, die dem Volkswillen entspricht; den Interessen des Volkes gemäß. **demo|kratisieren**: demokratische Prinzipien in einem bestimmten Bereich einführen u. anwenden. **Demo|kratismus** [*gr.-nlat.*] *der*; -: übertriebene Anwendung demokratischer Prinzipien

demolieren [*lat.-fr.*]: etwas gewaltsam abreißen, zerstören, beschädigen. **Demolition** [*...zion*] *die*; -, -en: (veraltet) Zerstörung einer Festung

demonetisieren [*lat.-fr.*]: einziehen, aus dem Umlauf ziehen (von Münzen). **Demonetisierung** *die*; -, -en: Außerkurssetzung eines Zahlungsmittels (meist von Münzen)

demonomisch [*gr.*]: die soziale Organisation in tierischen Gemeinschaften betreffend (z. B. die Kastenbildung im Insektenstaat)

Demon|strant [*lat.*] *der*; -en, -en: Teilnehmer an einer Demonstration (1). **Demon|stration** [*...zion*; *lat.* (*-engl.*)] *die*; -, -en: 1. Massenprotest, Massenkundgebung. 2. sichtbarer Ausdruck einer bestimmten Absicht; eindringliche, nachdrückliche Bekundung (für od. gegen etw./jmdn.). 3. [wissenschaftl.] Vorführung (z. B. mit Lichtbildern) im Unterricht od. bei Veranstaltungen. **Demonstrationsschachbrett** *das*; -[e]s, -er: großes, meist an der Wand hängendes Schachbrett zu Lehrzwekken. **demon|strativ** [*lat.*]: 1. in auffallender, oft auch provozierender Weise seine Einstellung bekundend; betont auffallend, herausfordernd. 2. anschaulich, verdeutlichend, aufschlußreich. 3. hinweisend (Sprachw.). **Demonstrativ** *das*; -s, -e [*...w^e*]: hinweisendes Fürwort; Demonstrativpronomen. **Demon|strativadverb** *das*; -s, -ien [*...i^en*]: demonstratives → Pronominaladverb (z. B. da, dort). **Demon|strativpronomen** *das*; -s, - u. ...mina: hinweisendes Fürwort (z. B. dieser, jener). **Demon|strativum** [*...iwum*] *das*; -s, ...va [*...wa*]: (veraltet) → Demonstrativpronomen. **Demon|strator** *der*; -s, ...oren: Beweisführer, Vorführer. **demon|strieren**: 1. an einer Demonstration (1) teilnehmen. 2. öffentlich zu erkennen geben. 3. in anschaulicher Form darlegen, vorführen; ad homi nem -: jmdm. etwas so widerlegen od. beweisen, daß die Rücksicht auf seine Eigenart u. die Bezugnahme auf ihm geläufige Vorstellungen, nicht aber die Sache selbst die Methode bestimmt

demontabel [*lat.-fr.*]: zerlegbar, zum Wiederabbau geeignet. **Demontage** [*...tgseh^e*] *die*; -, -n: Abbau, Abbruch (bes. von Industrieanlagen). **demontieren**: abbauen, abbrechen

Demoralisation [*...zion*; *lat.-fr.*] *die*; -, -en: 1. das Demoralisieren. 2. das Demoralisiertsein. **demoralisieren**: a) jmds. Moral untergraben; einer Person od. Gruppe durch bestimmte Handlungen, Äußerungen o. ä. die sittlichen Grundlagen für eine entsprechende Gesinnung, ein Verhalten nehmen; b) jmds. Kampfgeist untergraben, mutlos machen, entmutigen

de mortuis ni[hi]l nisi bene [*lat.*]: „von den Toten [soll man] nur gut [sprechen]"

Demos [*gr.-lat.*] *der*; -, Demen: 1. Gebiet u. Volksgemeinde eines altgriech. Stadtstaates. 2. in Griechenland Bezeichnung für den kleinsten staatl. Verwaltungsbezirk. **Demo|skop** [*gr.-nlat.*] *der*; -en, -en: Meinungsforscher. **Demo|skopie** *die*; -, ...ien: Meinungsumfrage, -forschung. **demoskopisch**: a) durch Meinungsumfragen [ermittelt]; b) auf Meinungsumfragen bezogen. **demotisch** [*gr.*]: volkstümlich; -e Schrift: altägypt. volkstüml. Schrägschrift; vgl. hieratisch. **Demotistik** [*gr.-nlat.*] *die*; -: Wissenschaft von der demotischen Schrift

Demotivation [...*wazion*; auch: *de*...; *lat.-mlat.-nlat.*] *die*; -, -en: 1. das Demotivieren. 2. das Demotiviertsein; Ggs. → Motivation (3). **demotivieren** [...*wiren*; auch: *de*...]: jmds. Interesse an etw. schwächen; bewirken, daß jmds. Motivation, etw. zu tun, nachläßt, vergeht; Ggs. → motivieren (2)

Demulgator [*lat.-nlat.*] *der*; -s, ...oren: Stoff, der eine → Emulsion (1) entmischt. **demulgieren**: eine → Emulsion (1) entmischen

Demulzentia [...*zia*] u. **Demulzenzien** [...*ien*; *lat.*] *die* (Plural): lindernde Mittel (Med.)

Denar [*lat.*] *der*; -s, -e: a) Name einer altröm. Münze; b) (seit dem 7. Jh. n. Chr.) Name einer fränk. Münze; Abk.: d

Denaturalisation [...*zion*; *lat.-nlat.*] *die*; -, -en: Entlassung aus der bisherigen Staatsangehörigkeit. **denaturalisieren**: aus der bisherigen Staatsangehörigkeit entlassen, ausbürgern. **denaturieren** [*lat.-mlat.*]: 1. Stoffe durch Zusätze so verändern, daß sie ihre ursprünglichen Eigenschaften verlieren. 2. vergällen, ungenießbar machen. 3. Eiweißstoffe chem. → irreversibel verändern

denazifizieren: entnazifizieren

Den|drit [*gr.-nlat.*] *der*; -en, -en: 1. moos-, strauch- od. baumförmige Eisen- u. Manganabsätze auf Gesteinsflächen (Geol.). 2. verästelter Protoplasmafortsatz (vgl. Protoplasma) einer Nervenzelle (Med.). **den|dritisch**: verzweigt, verästelt (von Nervenzellen). **Den|drobios** *der*; -: Gesamtheit der auf Baumstämmen lebenden → Organismen (1 b). **Den|dro|chronologie** *die*; -, ...ien: Jahresringforschung, Verfahren zur Bestimmung des Alters vorgeschichtlicher Funde mit Hilfe der Jahresringe mitgefundener Holzreste. **Den|drologe** *der*; -n, -n: Wissenschaftler, der auf dem Gebiet der Baum- und Gehölzkunde arbeitet. **Den|drologie** *die*; -: wissenschaftliche Baumkunde, Gehölzkunde. **den|drologisch**: gehölzkundlich. **Den|drometer** *das*; -s, -: Gerät zur Messung der Höhe u. Dicke stehender Bäume

Denervierung [*lat.-nlat.*] *die*; -, -en: Ausschaltung der Verbindung zwischen Nerv und dazugehörigem Organ (Med.)

Denguefieber [*dänggе*...; *span.*; *lat.*] *das*; -s: schnell u. heftig verlaufende Infektionskrankheit in den Tropen u. Subtropen

Denier [*denie*; *lat.-fr.*] *das*; -[s], -: Einheit für die Fadenstärke bei Seide u. Chemiefasern

Denim ⓦ [Kunstw. aus *fr.* serge *de Nîmes*; „Serge aus (der fr. Stadt) Nîmes"] *der* od. *das*; -[s]: blauer Jeansstoff

deni|trieren [*nlat.*]: → Nitrogruppen aus einer Verbindung entfernen (Chem.). **Deni|trifikation** [...*zion*] *die*; -: das Freimachen von Stickstoff aus Salzen der Salpetersäure (z. B. im Kunstdünger) durch Bakterien. **deni|trifizieren**: eine Denitrifikation durchführen

Denobilitation [...*zion*; *lat.-nlat.*] *die*; -, -en: Entzug des Adelsprädikats (der Bezeichnung des Adelsstandes). **denobilitieren**: jmdm. das Adelsprädikat (die Bezeichnung des Adelsstandes) entziehen

Denomination [...*zion*] *die*; -, -en: 1. [*lat.*] a) Ernennung, Benennung; b) Ankündigung, Anzeige; c) Aktienabstempelung, Herabsetzung des Nennbetrags einer Aktie (Wirtsch.). 2. [*lat.-engl.*] (amerik. Bezeichnung für) christl. Religionsgemeinschaft (Kirche od. Sekte)

Denominativ *das*; -s, -e [...*we*] u. **Denominativum** [...*iwum*] *das*; -s, ...va [...*wa*]: Ableitung von einem Substantiv od. Adjektiv (vgl. Nomen; z. B. *tröstlich* von *Trost*, *bangen* von *bang*). **denominieren**: ernennen, benennen

Denotat [*lat.*] *das*; -s, -e: (Sprachw.) 1. vom Sprecher bezeichneter Gegenstand od. Sachverhalt in der außersprachlichen Wirklichkeit; Ggs. → Konnotat (1). 2. begrifflicher Inhalt eines sprachlichen Zeichens im Gegensatz zu den emotionalen Nebenbedeutungen; Ggs. → Konnotat (2). **Denotation** [...*zion*] *die*; -, -en: 1. Inhaltsangabe eines Begriffs (Logik). 2. a) die auf den mit dem Wort gemeinten Gegenstand hinweisende Bedeutung (z. B. ist die denotative Bedeutung von Mond „Erdtrabant, der durch das von ihm reflektierte Sonnenlicht oft die Nächte erhellt" im Gegensatz zur → konnotativen Bedeutung von Mond, mit der sich Gedankenverbindungen einstellen wie „Nacht, romantisch, kühl, Liebe"); Ggs. → Konnotation; b) die formale Beziehung zwischen dem Zeichen (→ Denotator) u. dem bezeichneten Gegenstand od. Sachverhalt in der außersprachlichen Wirklichkeit (→ Denotat; Sprachw.); Ggs. → Konnotation. **denotativ** [auch: *de*...]: nur den begrifflichen Inhalt eines sprachlichen Zeichens betreffend, ohne Berücksichtigung von Nebenbedeutungen, die das Zeichen als Begleiterscheinungen beim Sprecher od. Hörer wachruft (Sprachw.); Ggs. → konnotativ. **Denotator** *der*; -s, ...oren: sprachliches Zeichen, das einen Gegenstand od. Sachverhalt in der außersprachlichen Wirklichkeit bezeichnet (Sprachw.)

Dens [*lat.*] *der*; -, Dentes [*däntеß*]: Zahn (Med.)

Densimeter [*lat.*; *gr.*] *das*; -s, -: Gerät zur Messung des → spezifischen (1) Gewichts (vorwiegend von Flüssigkeiten). **Densität** [*lat.*] *die*; -: 1. Dichte, Dichtigkeit (Phys.). 2. Maß für den Schwärzegrad fotografischer Schichten. **Densitometer** [*lat.*; *gr.*] *das*; -s, -: Schwärzungsmesser für fotografische Schichten. **Densitometrie** *die*; -: Messung der Dichte von Stoffen (Phys.). **Denso|graph** *der*; -en, -en: = Densitometer. **Densometer** *das*; -s, -: = Densitometer

Dent|agra *das*; -s: = Dentalgie. **dental** [*lat.-nlat.*]: 1. die Zähne betreffend, zu ihnen gehörend (Med.). 2. mit Hilfe der Zähne gebildet (von Lauten; Sprachw.). **Dental** *der*; -s, -e: Zahnlaut (z. B. d, l). **Dent|algie** [*lat.*; *gr.*] *die*; -, ...ien, Dent|agra *das*; -s: Zahnschmerz (Med.). **Dentalis** [*lat.-nlat.*] *die*; -, ...les: (veraltet) Dental. **Dentalisierung** *die*; -, -en: Verwandlung eines nichtdentalen Lautes in einen dentalen, meist unter Einfluß eines benachbarten Dentals (Sprachw.). **dentelieren** [*dangte*...; *lat.-fr.*]: auszacken (von Spitzen). **Dentelles** [*dangtäl*] *die* (Plural): [geklöppelte] Spitzen. **Dentes**: *Plural* von → Dens. **Dentifikation** [...*zion*; *lat.-nlat.*] *die*; -: Zahnbildung (Med.). **Dentikel** [*lat.*; „Zähnchen"] *der*; -s, -: kleine Neubildung aus Dentin im Zahninnern (Med.). **Dentin** [*lat.-nlat.*] *das*; -s: 1. Zahnbein; knochenähnliche, harte Grundsubstanz des Zahnkörpers (Med.). 2. Hartsubstanz der Haischuppen (Biol.). **Dentist** *der*; -en, -en: frühere Berufsbezeichnung für einen Zahnarzt ohne Hochschulprüfung. **Dentition** [...*zion*] *die*; -, -en: Zahndurchbruch, das Zahnen (Med.). **dentogen** [*lat.*;

gr.]: von den Zähnen ausgehend (Med.). **Dentologie** *die*; -: Zahnheilkunde

Denudation [*...zion*; *lat.*; „Entblößung"] *die*; -, -en: 1. flächenhafte Abtragung der Erdoberfläche durch Wasser, Wind u. a. (Geol.). 2. Fehlen bzw. Entfernung einer natürlichen Hülle (z. B. das Fehlen von Zahnfleisch an einer Zahnwurzel; Med.)

Denu|klearisierung [*lat.-nlat.*] *die*; -: Abrüstung von Atomwaffen

Denunziant [*lat.*] *der*; -en, -en: jmd., der einen anderen denunziert. **Denunziat** *der*; -en, -en: (veraltet) der Angezeigte, Verklagte, Beschuldigte. **Denunziation** [*...zion*] *die*; -, -en: Anzeige eines Denunzianten. **denunziatorisch** [*lat.-nlat.*]: 1. denunzierend, einer Denunziation gleichkommend. 2. etwas brandmarkend, öffentlich verurteilend. **denunzieren** [*lat.*]: a) (abwertend) jmdn. [aus persönlichen, niedrigen Beweggründen] anzeigen; b) [*lat.-engl.*] etwas als negativ hinstellen, etwas brandmarken, öffentlich verdammen, verurteilen, rügen, z. B. eine Anschauung als nationalistisch ; ein Buch, eine Meinung -

Deo *das*; -s, -s: Kurzform von → Deodorant. **De|odorant** *engl.*] *das*; -s, -s (auch: -e): Mittel zur Körperpflege; geruchtilgendes Mittel, bes. zur Beseitigung von Körpergeruch. **De|odorantspray** [*...ßpre'*] *das*; -s, -s: → Spray mit deodorierender Wirkung. **deodorieren, de|odorisieren,** (auch:) des|odorieren, des|odorisieren: schlechten, unangenehmen [Körper]geruch hemmen, beseitigen, überdecken

Deo gratias! [- *...ziaß*; *lat.*]: Gott sei Dank!

de|ontische [*gr.*] **Logik** *die*; -n -: spezielle Form der → Modallogik, die exakte sprachliche Grundlagen für den Aufbau einer systematischen → Ethik (1 a) liefern soll. **De|ontologie** *die*; -: Ethik als Pflichtenlehre

Deo optimo maximo [*lat.*; Gott, dem Besten u. Größten]: Einleitung kirchl. Weihinschriften; vgl. Iovi optimo maximo; Abk.: D. O. M.

Deo|spray [*deoßpre'*; *engl.*] *das*; -s, -s: Kurzform von → Deodorantspray

Departement [*...mang*, schweiz. auch: *...mänt*; *lat.-fr.*] *das*; -s, -s u. (schweiz.) -e: 1. Verwaltungsbezirk (in Frankreich). 2. (schweiz.) Ministerium (beim Bund und in einigen Kantonen der Schweiz). 3. Abteilung, Geschäftsbereich. **Department** [*dipa'tm^ent*; *lat.-fr.-engl.*] *das*; -s, -s: Fachbereich (an amerik. u. engl. Universitäten). **Departure** [*dipa'tsch^er*] *die*; -: 1. Abflugstelle (auf Hinweisschildern auf Flughäfen). 2. Abflugzeit

Dependance [*depangdangß*; *lat.-fr.*] *die*; -, -n [*...ß^en*]: 1. Niederlassung, Zweigstelle. 2. Nebengebäude [eines Hotels]. **Dépendance**: franz. Schreibung für → Dependance. **dependentiell** [*...ziäl*; *lat.-nlat.*]: (Sprachw.) a) auf die Dependenzgrammatik bezüglich; b) nach der Methode der Dependenzgrammatik vorgehend. **Dependenz** [*lat.*] *die*; -, -en: Abhängigkeit (Philos.; Sprachw.). **Dependenzgrammatik** *die*; -, -en: Abhängigkeitsgrammatik; Forschungsrichtung der modernen → Linguistik, die die hinter der linearen Erscheinungsform der gesprochenen od. geschriebenen Sprache verborgenen strukturellen Beziehungen zwischen den einzelnen Elementen im Satz untersucht od. darstellt, vor allem die Abhängigkeit der Satzglieder vom Verb (Sprachw.)

Depersonalisation [*...zion*; *lat.-nlat.*] *die*; -, -en: Verlust des Persönlichkeitsgefühls (bei geistig-seelischen Störungen)

Depesche [*lat.-fr.*] *die*; -, -n: (veraltet) Telegramm, Funknachricht. **depeschieren**: (veraltet) ein Telegramm schicken

De|phlegmation [*...zion*; (*lat.*; *gr.-lat.*) *nlat.*] *die*; -, -en: Rückflußkühlung bei der [Spiritus]destillation. **De|phlegmator** *der*; -s, *...oren*: Apparat, der die Dephlegmation bewirkt. **de|phlegmieren**: der Dephlegmation unterwerfen

depigmentieren [*lat.-nlat.*]: [Haut]farbstoff entfernen. **Depigmentierung** *die*; -, -en: Entfernung od. Verlust des [Haut]farbstoffes

Depilation [*...zion*; *lat.-nlat.*] *die*; -, -en: Enthaarung (Med.). **Depilatorium** *das*; -s, *...ien* [*...i^en*]: Enthaarungsmittel (Med.). **depilieren** [*lat.*]: enthaaren (Med.)

De|placement [*deplaßmang*; *fr.*] *das*; -s, -s: Wasserverdrängung eines Schiffes. **deplacieren** [*...ßir^en*]: (veraltet) verrücken, verdrängen. **de|placiert** [*...ßirt*], (eindeutschend:) deplaziert: fehl am Platz, unangebracht. **Deplacierung** *die*; -, -en: (veraltet) Verrückung, Verdrängung

de|plorabel [*lat.-fr.*]: beklagens-, bedauernswert

Depolarisation [*...zion*; (*lat.*; *gr.*) *nlat.*] *die*; -, -en: Vermeidung elektrischer → Polarisation (2) in → galvanischen Elementen; vgl. Depolarisator; - des Lichts: Rückumwandlung → polarisierten Lichts in natürliches Licht [beim Durchgang durch trübe Medien]; vgl. Medium (3). **Depolarisator** *der*; -s, *...oren*: Sauerstoff od. Chlor abgebende Chemikalie, die in → galvanischen Elementen den Wasserstoff bindet, durch den sich die positive Elektrode polarisiert. **depolarisieren**: eine Depolarisation vornehmen

Depolymerisation [*...zion*; [(*lat.*; *gr.*) *nlat.*] *die*; -, -en: Zerlegung von → polymeren Stoffen

Deponat [*lat.*] *das*; -[e]s, -e: etw., was jmd. deponiert hat, was deponiert worden ist. **Deponens** [*lat.*] *das*; -, *...nentia* [*...zia*] u. *...nenzien* [*...i^en*]: lat. Verb mit passivischen Formen u. aktivischer Bedeutung. **Deponent** *der*; -en, -en: jmd., der etwas hinterlegt, in Verwahrung gibt. **Deponie** [*lat.-fr.*] *die*; -, *...ien*: Müllabladeplatz. **deponieren**: niederlegen, hinterlegen, in Verwahrung geben. **Deponierung** *die*; -, -en: Speicherung, Lagerung

Depopulation [*...zion*; auch: *de...*; *lat.*] *die*; -, -en: (veraltet) Entvölkerung

Deport [auch: *depor*; *lat.-fr.*] *der*; -s, -e u. (bei franz. Musspr.:) -s: Kursabzug im Deportgeschäft (Verlängerungsgeschäft für das Leihen von Effekten); Ggs. → Report (2). **Deportation** [*...zion*; *lat.*] *die*; -, -en: Zwangsverschickung, Verschleppung, Verbannung (von Verbrechern, politischen Gegnern). **deportieren**: (Verbrecher od. politische Gegner) zwangsweise verschicken, verschleppen, verbannen

Depositar [*lat.*] u. **Depositär** [*lat.-fr.*] *der*; -s, -e: Verwahrer von Wertgegenständen, -papieren u.a. **Depositen**: *Plural* von → Depositum. **Depositenbank** *die*; -, -en: Kreditbank, die sich oft auf Depositenannahme, Gewährung von kurzfristigen Lombardkrediten, von Wechseldiskontierungen u. teilweise ungedeckten Kontokorrentkrediten beschränkt. **Deposition** [*...zion*] *die*; -, -en: 1. Hinterlegung. 2. Absetzung eines kath. Geistlichen ohne Wiederverwendung im Kirchendienst (Rel.). 3. die bis ins 18. Jh. übliche derb-feierliche Aufnahme eines neuen Studenten in die akademische

Gemeinschaft (depositio cornuum = Ablegung der Hörner). **Depositorium** *das*; -s, ...ien [...*iᵉn*]: Aufbewahrungsort, Hinterlegungsstelle. **Depositum** *das*; -s, ...siten: 1. etw., was hinterlegt, in Verwahrung gegeben worden ist. 2. (Plural) Gelder, die als kurz- od. mittelfristige Geldanlage bei einem Kreditinstitut gegen Verzinsung eingelegt u. nicht auf ein Spar- od. Kontokorrentkonto verbucht werden

depossedieren [*lat.-fr.*]: (veraltet) enteignen, entrechten, entthronen

Depot [*depo*; *lat.-fr.*] *das*; -s, -s: 1. a) Aufbewahrungsort für Sachen; b) Abteilung einer Bank, in der Wertsachen und -schriften verwahrt werden; c) aufbewahrte Gegenstände. 2. Bodensatz in Getränken, bes. im Rotwein (Gastr.). 3. Ablagerung (Med.). 4. = Depotbehandlung. 5. Fahrzeugpark, Sammelstelle für Straßenbahnen u. Omnibusse. **Depotbehandlung** *die*; -, -en: Einspritzung von Medikamenten in schwer löslicher Form zur Erzielung länger anhaltender Wirkungen (z. B. von Depot-Insulin)

depotenzieren [*lat.-nlat.*]: des eigenen Wertes, der eigenen Kraft, → Potenz berauben

Depotfund [*depo*...; *lat.-fr.*; *dt.*] *der*; -s, -e: archäologischer Sammelfund aus vorgeschichtl. Zeit (bei Ausgrabungen). **Depotpräparat** *das*; -s, -e: Arzneimittel in schwer löslicher Form, das im Körper langsam abgebaut wird u. dadurch anhaltend wirksam bleibt. **Depotwechsel** *der*; -s, -: als Sicherung für einen Bankkredit hinterlegter Wechsel

De|pravation [...*wazion*; *lat.*] *die*; -, -en: 1. Wertminderung, bes. im Münzwesen. 2. Verschlechterung eines Krankheitszustands (Med.). 3. Entartung. **depravieren**: 1. etwas im Wert herabsetzen, bes. von Münzen. 2. jmdn./etwas verderben

De|prekation [...*zion*; *lat.*] *die*; -, -en: (veraltet) Abbitte; vgl. deprezieren

De|pression [*lat.*] *die*; -, -en: 1. Niedergeschlagenheit, traurige Stimmung. 2. Einsenkung, Einstülpung, Vertiefung (z. B. im Knochen; Med.). 3. Niedergangsphase im Konjunkturverlauf (Wirtsch.). 4. Landsenke; Festlandgebiet, dessen Oberfläche unter dem Meeresspiegel liegt (Geogr.). 5. Tief, Tiefdruckgebiet (Meteor.). 6. (Astron.) a) negative Höhe eines Gestirns, das unter dem Horizont steht; b) Winkel zwischen der Linie Auge–Horizont u. der waagerechten Linie, die durch das Auge des Beobachters verläuft. 7. vorübergehendes Herabsetzen des Nullpunktes [eines Thermometers] durch Überhöhung der Temperatur u. unmittelbar folgende Abkühlung auf 0° (Phys.). 8. Unterdruck, der durch das Saugen der Ventilatoren bei der Zufuhr von Frischluft im Bergwerk entsteht (Bergw.). **de|pressiv**: 1. traurig, niedergeschlagen, gedrückt. 2. durch einen Konjunkturrückgang bestimmt (Wirtsch.). **Depressivität** *die*; -: Zustand der Niedergeschlagenheit

De|pretiation [...*ziazion*; *lat.-nlat.*] *die*; -, -en: (veraltet) 1. Entwertung. 2. Herabsetzung. **depretiativ**: abschätzig, pejorativ. **de|pretiieren** [*lat.*]: (veraltet) 1. unterschätzen. 2. entwerten. 3. (im Preis) herabsetzen

de|prezieren [*lat.*]: (Studentenspr.) Abbitte leisten; vgl. Deprekation

de|primieren [*lat.-fr.*]: niederdrükken, entmutigen. **de|primiert**: entmutigt, niedergeschlagen, gedrückt; schwermütig

De|privation [...*wazion*; *lat.-nlat.*; „Beraubung"] *die*; -, -en: 1. Mangel, Verlust, Entzug von etwas Erwünschtem (z. B. fehlende Zuwendung der Mutter, Liebesentzug u. ä.; Psychol.). 2. Absetzung eines kath. Geistlichen. **Deprivationssyn|drom** *das*; -s, -e: leibseelischer Entwicklungsrückstand bei Kindern (bes. in Heimen), die die Mutter od. eine andere Bezugsperson entbehren müssen (→ Hospitalismus). **deprivieren**: die Mutter od. eine andere Bezugsperson entbehren lassen

De profundis [*lat.*; „Aus der Tiefe (rufe ich, Herr, zu dir)"] *das*; -, -: Anfangsworte u. Bezeichnung des 130. (129.) Psalms nach der → Vulgata (1)

Depurans [*lat.-nlat.*] *das*; -, ...antia [...*zia*] u. ...anzien [...*iᵉn*] (meist Plural): Abführmittel (Med.)

Deputant [*lat.*] *der*; -en, -en: jmd., der auf ein Deputat Anspruch hat. **Deputat** *das*; -[e]s, -e: 1. zum Gehalt od. Lohn gehörende Sachleistungen. 2. Anzahl der Pflichtstunden, die eine Lehrkraft zu geben hat. **Deputation** [...*zion*] *die*; -, -en: Abordnung, die im Auftrage einer Versammlung einer politischen Körperschaft Wünsche od. Forderungen überbringt. **deputieren** [*lat.-fr.*]: einen Bevollmächtigten od. eine Gruppe von Bevollmächtigten abordnen. **Deputierte** *der* u. *die*; -n, -n: 1. Mitglied einer Deputation. 2. Abgeordnete[r] (z. B. in Frankreich)

Dequalifizierung [auch: *de*...; *lat.-mlat.*] *die*; -, -en: verminderte Nutzung, Entwertung vorhandener beruflicher Fähigkeiten im Zuge von Rationalisierungs- u. Automatisierungsmaßnahmen in der Wirtschaft

Derangement [*derangschᵉmang*; *fr.*] *das*; -s, -s: Störung, Verwirrung, Zerrüttung. **derangieren**: stören, verwirren. **derangiert** [...*schirt*]: völlig in Unordnung, zerzaust

Derby [*dårbi*; *engl.*; nach dem Begründer, dem 12. Earl of Derby] *das*; -[s], -s: 1. alljährliche Zuchtprüfung für die besten dreijährigen Vollblutpferde in Form von Pferderennen. 2. bedeutendes sportliches Spiel von besonderem Interesse (z. B. Lokalderby)

Derealisation [...*zion*; auch: *de*...; *lat.-amerik.*] *die*; -, -en: der Wirklichkeit nicht entsprechende subjektive Ausdeutung u. nachträgliche Rechtfertigung des eigenen Verhaltens (Psychol.)

dereierend [*nlat.*] u. **dereistisch** [*nlat.-engl.*]: die Erkenntnis durch unreflektierte Emotionen beeinflussend

Dereliktion [...*zion*; *lat.*] *die*; -, -en: Besitzaufgabe (Rechtsw.). **derelinquieren**: [das Eigentum an] eine[r] bewegliche[n] Sache aufgeben (Rechtsw.)

de rigueur [*dᵉ rigör*; *lat.-fr.*]: (veraltet) unerläßlich, streng

Derivans [...*wans*; *lat.*] *das*; -, ...antia u. ...anzien [...*iᵉn*] (meist Plural): ableitendes Mittel; Hautreizmittel; Mittel, das eine bessere Durchblutung von Organen bewirkt; Med.). **Derivat** [...*wat*] *das*; -[e]s, -e: 1. abgeleitetes Wort (z. B. *Schönheit* von *schön*; Sprachw.). 2. Organ, das sich auf ein anderes, entwicklungsgeschichtlich älteres Organ zurückführen läßt (z. B. die Haut als Derivat des äußeren Keimblattes; Biol.). 3. chem. Verbindung, die aus einer anderen entstanden ist (Chem.). **Derivation** [...*zion*] *die*; -, -en: 1. Bildung neuer Wörter aus einem Ursprungswort; Ableitung (Sprachw.). 2. seitliche Abweichung eines Geschosses von der Visierlinie. **Derivationsrechnung** *die*; -: (veraltet) → Differentialrechnung. **Derivationswinkel** *der*; -s, -: 1. Winkel der Kiellinie eines drehenden Schiffes mit der an den Drehkreis gelegten Tangente (Schiffahrt). 2. Winkel zwischen Seelenachse (d. i. eine gedachte Längsachse im Hohlraum eines Gewehrlaufs od. Geschützes) u. Visierlinie (Artillerie). **derivativ**: durch Ableitung entstanden (Sprachw.). **Derivativ** *das*; -s, -e [...w^e]: abgeleitetes Wort, Ableitung (z. B. *täglich* von *Tag*; Sprachw.). **Derivativum** [...*tiwum*] *das*; -s, ...va [...*wa*]: (veraltet) Derivativ. **Derivator** [*lat.-nlat.*] *der*; -s, ...oren: Differenziergerät (Math.). **derivieren** [*lat.*]: 1. von der Visierlinie abweichen (von Geschossen); vgl. Derivation (2). 2. [ein Wort] ableiten (z. B. *Verzeihung* von *verzeihen*). **Derivierte** *die*; -n, -n: mit Hilfe der Differentialrechnung abgeleitete Funktion einer Funktion. (Math.)

Derma [*gr.*] *das*; -s, -ta: Haut (Med.). **dermal** u. dermatisch [*gr.-nlat.*]: die Haut betreffend, von ihr stammend, an ihr gelegen (Med.). **Derm|algie** *die*; -, ...ien: Hautnervenschmerz (Med.). **Dermatikum** *das*; -s, ...ka: Hautmittel (Med.). **dermatisch**: = dermal. **Dermatitis** *die*; -, ...itiden: Hautentzündung (Med.). **Dermatogen** *das*; -s: Zellschicht, die den → Vegetationskegel der Pflanzen überzieht (Bot.). **Dermatoid** ⓦ *das*; -s, -e: abwaschbares, strapazierfähiges Kunstleder (bes. für Büchereinbände). **Dermatol** ⓦ [Kunstw.] *das*; -s: keimtötendes Arzneimittel zur Wundbehandlung u. gegen Darmkatarrh. **Dermatologe** *der*; -n, -n: Hautarzt. **Dermatologie** *die*; -: Lehre von den Hautkrankheiten. **Dermatolysis** *die*; -: angeborene Hautschlaffheit (Med.). **Dermatom** *das*; -s, -e: 1. Hautgeschwulst (Med.). 2. Hautsegment (Med.); vgl. Segment (2). 3. chirurg. Instrument zur Ablösung von Hautlappen für Transplantationszwecke. **Dermatomyiasis** *die*; -: Madenkrankheit der Haut (Med.). **Dermatomykose** *die*; -, -n: Pilzflechte der Haut (Med.). **Dermatomyom** *das*; -s, -e: gutartige Hautgeschwulst (Med.). **Dermatophyten** *die* (Plural): Haut- u. Haarpilze (Med.). **Dermato|plastik** *die*; -, -en: operativer Ersatz von kranker od. verletzter Haut durch gesunde (Med.). **Dermat|opsie** *die*; -: Hautlichtsinn; Fähigkeit, mit der Haut bzw. mit der Körperoberfläche Licht wahrzunehmen (Zool.). **dermat|optisch**: die Dermatopsie betreffend. **Dermatose** *die*; -, -n: Hautkrankheit (Med.). **Dermatozoon** *das*; -s, ...zoen: Hautschmarotzer (Med.). **Dermatozoonose** [...*zo-o*...] *die*; -, -n: durch Dermatozoen verursachte Hautkrankheit (Med.). **Dermograph** *der*; -en, -en: Fettstift für Markierungen auf der Haut (Med.). **Dermo|graphie** *die*; -, ...ien, **Dermo|graphismus** [„Hautschrift"] *der*; -, ...men: Streifen- od. Striemenbildung auf gereizten Hautstellen (Med.). **Dermoid** *das*; -s, -e: hautartige Fehlbildung an Schleimhäuten (Med.). **Dermo|plastik** *die*; -, -en: 1. = Dermatoplastik. 2. Präparationsverfahren zur möglichst naturgetreuen Darstellung von Wirbeltieren. **dermo|trop**: die Haut beeinflussend, auf sie wirkend, auf sie gerichtet (Med.)

Dernier cri [*därnjekri*; *fr.*; „letzter Schrei"] *der*; - -, -s -s [...*jekri*]: allerletzte Neuheit (bes. in der Mode)

Derogation [...*zion*; *lat.*] *die*; -, -en: Teilaufhebung, teilweise Außerkraftsetzung [eines Gesetzes]. **derogativ** u. **derogatorisch**: aufhebend, beschränkend. **derogieren**: außer Kraft setzen; schmälern, beeinträchtigen

Deroute [*derut*; *lat.-fr.*] *die*; -, -n [...t^en]: 1. Kurs-, Preissturz. 2. (veraltet) wilde Flucht einer Truppe. **deroutieren**: Preisverfall bewirken (Wirtsch.)

Derrickkran [nach einem engl. Henker des 17. Jh.s namens Derrick] *der*; -[e]s, ...kräne (fachspr.: -e): Mastenbaukran, Montagekran für Hoch- u. Tiefbau

Derris [*gr.*] *die*; -: getrocknete u. gemahlene Wurzeln einiger ostasiatischer Blütenpflanzen (Rohstoff für die Schädlingsbekämpfung)

Derutaware [nach der ital. Stadt Deruta in der Provinz Perugia] *die*; -, -n: Tonware des 16. Jh.s

Derwisch [*pers.-türk.*; „Bettler"] *der*; -[e]s, -e: Mitglied eines islamischen religiösen Ordens, zu dessen Riten Musik u. rhythmische Tänze gehören

des|aminieren [Kunstw.]: die Aminogruppe aus organischen Verbindungen abspalten (Chem.)

Des|annexion [*lat.-fr.*] *die*; -, -en: das Rückgängigmachen einer → Annexion (franz. Schlagwort im 1. Weltkrieg in bezug auf Elsaß-Lothringen)

des|armieren [*lat.-fr.*]: 1. (veraltet) entwaffnen. 2. dem Gegner die Klinge aus der Hand schlagen (Fechtsport)

De|saster [*it.-fr.*; „Unstern"] *das*; -s, -: Mißgeschick, Unheil; Zusammenbruch

des|avouieren [...*awuir*^{e}*n*; *lat.-fr.*]: 1. im Stich lassen, bloßstellen. 2. nicht anerkennen, verleugnen, in Abrede stellen. **Des|avouierung** *die*; -, -en: Bloßstellung, Brüskierung

Descort [*dekor*; *lat.-fr.*] *das*; -, -s: altfranz.-provenzal. Gedichtgattung mit ungleichen Strophen

Des|engagement [*desangaseh*^{e}*mang*; *fr.*] *das*; -s, -s: = Disengagement

Desensibilisation [...*zion*; auch: *de*...] u. Desensibilisierung [*lat.-nlat.*] *die*; -, -en: 1. Verringerung der Lichtempfindlichkeit von belichteten fotografischen Schichten mit Hilfe von Desensibilisatoren. 2. Schwächung od. Aufhebung der allergischen Reaktionsbereitschaft eines Organismus durch stufenweise gesteigerte Zufuhr des anfallauslösenden Allergens; vgl. Allergen (Med.); vgl. ...[at]ion/...ierung. **Desensibilisator** *der*; -s, ...oren: Farbstoff, der Filme → desensibilisiert (2). **desensibilisieren** [auch: *de*...]: 1. unempfindlich machen (Med.). 2. Filme mit Hilfe von → Desensibilisatoren weniger lichtempfindlich machen (Fot.). **Desensibilisierung** [auch: *de*...] *die*; -, -en: = Desensibilisation

Deserteur [...*tör*; *lat.-fr.*] *der*; -s, -e: Fahnenflüchtiger, Überläufer. **desertieren**: fahnenflüchtig werden; zur Gegenseite überlaufen

Desertifikation [...*zion*; *lat.-nlat.*] *die*; -, -en: Verwüstung; Vordringen der Wüste in bisher noch von Menschen genutzte Räume auf Grund einer zu starken Nutzung der Wüstenrandgebiete durch den Menschen

Desertion [...*zion*; *lat.-fr.*] *die*; -, -en: Fahnenflucht

Déshabillé [*desabije*; *lat.-fr.*] *das*; -[s], -s: a) Bezeichnung für ein elegantes Haus- u. Morgenkleid, das bes. im 18. Jh. in Mode war; b) eleganter, dekolletierter Morgenrock

desiderabel [*lat.*]: wünschenswert. **desiderat**: eine Lücke füllend, einem Mangel abhelfend; dringend nötig (von etwas Fehlendem). **Desiderat** [„Gewünschtes"] *das*; -[e]s, -e u. Desideratum *das*; -s, ...ta: 1. ein vermißtes u. zur Anschaffung in Bibliotheken vorgeschlagenes Buch. 2. etw., was fehlt, was nötig gebraucht wird; Erwünschtes. **Desiderativum** [...*iwum*] *das*; -s, ...va

[*...wa*]: Verb, das einen Wunsch ausdrückt (z. B. lat. „scripturio" = ich will gern schreiben). **Desideratum** *das*; -s, ...ta: = Desiderat. **Desiderium** *das*; -s, ...ien [*...iᵉn*] u. ...ia: 1. Wunsch, Forderung, Verlangen. 2. (meist Plural) zur Anschaffung in Bibliotheken vorgeschlagenes Buch

Design [*disain*; *lat.-fr.-engl.*] *das*; s, -s: 1. zeichnerischer od. plastischer Entwurf, Skizze, Modell (bes. zur Gestaltung industriell gefertigter Gegenstände). 2. die nach Design (1) entstandene Form von etw. **Desi|gnat** [*lat.*] *das*; -[e]s, -e: Bezeichnung für das → Signifikat in einem → bilateralen Zeichenmodell der Sprache (beim sprachlichen Zeichen „Kamm" beispielsweise ist der Sinn od. Inhalt das Signifikat, das Bezeichnete, während der Lautkörper bzw. das Schriftbild, der Name also, der Signifikant, das Bezeichnende ist; Sprachw.); Ggs. → Designator. **Desi|gnation** [*...zion*; *lat.*] *die*; -, -en: 1. Bestimmung, Bezeichnung. 2. vorläufige Ernennung. **Desi|gnator** *der*; -s, ...oren: Bez. für den → Signifikanten in einem → bilateralen Zeichenmodell der Sprache (beim sprachlichen Zeichen „Kamm" beispielsweise ist der Sinn od. Inhalt das Signifikat, das Bezeichnete, während der Lautkörper bzw. das Schriftbild, der Name also, der Signifikant, das Bezeichnende ist; Sprachw.); Ggs. → Designat. **desi|gnatus:** im voraus ernannt, vorgesehen (Abk.: des.). **Desi|gner** [*disainᵉr*; *lat.-fr.-engl.*] *der*; -s, -: Formgestalter für Gebrauchs- u. Verbrauchsgüter. **desi|gnieren** [*lat.*]: bestimmen, bezeichnen; für ein [noch nicht besetztes] Amt vorsehen

Des|illusion [auch: *däß...*; *lat.-fr.*] *die*; -, -en: 1. (ohne Plural) Enttäuschung, Ernüchterung. 2. enttäuschendes Erlebnis; Erfahrung, die eine Hoffnung zerstört. **des|illusionieren**: enttäuschen, ernüchtern. **Des|illusionismus** [*lat.-fr.-nlat.*] *der*; -: Hang zu illusionsloser, schonungslos nüchterner Betrachtung der Wirklichkeit

Des|infektion [*...zion*, auch: *däß...*; *nlat.*] *die*; -, -en: 1. Abtötung von Erregern ansteckender Krankheiten durch physikalische od. chemische Verfahren bzw. Mittel. 2. (ohne Plural) Zustand, in dem sich etwas nach dem Desinfizieren befindet, z. B. die - hielt nicht lange vor; vgl. ...[at]ion/...ierung. **Des|infektor** *der*; -s, ...oren: 1. Fachmann für Desinfektionen. 2. Gerät zur Desinfizierung von Kleidungsstücken u. ä. **Des|infiziens** [*...ziänß*] *das*; -, ...zienzien [*...ziänziᵉn*] u. ...zientia [*...ziänzia*]: keimtötendes Mittel. **des|infizieren**: Krankheitserreger abtöten. **Des|infizierung** *die*; -, -en: = Desinfektion (1); vgl. ...[at]ion/...ierung

Des|information [auch: *...zion*; *nlat.*] *die*; -, -en: bewußt falsche Information, die ein Geheimdienst zur Täuschung u. falschen Schlußfolgerung verbreiten läßt

Des|inte|gration [*...zion*, auch: *däß...*; *nlat.*] *die*; -, -en: (Pol.; Soziol.) 1. Spaltung, Auflösung eines Ganzen in seine Teile; Ggs. → Integration (2). 2. (ohne Plural) Zustand, in dem sich etwas nach der Auflösung o. ä. befindet, z. B. die - beibehalten; Ggs. → Integration (3); vgl. ...[at]ion/...ierung. **Des|inte|grator** *der*; -s, ...oren: Maschine, die nichtfaserige Materialien zerkleinert. **des|inte|grierend:** nicht unbedingt notwendig, nicht wesentlich. **Des|inte|grierung** *die*; -, -en: = Desintegration (1); Ggs. → Integrierung; vgl. ...[at]ion/...ierung

Des|inter|esse u. **Des|inter|essement** [*desängtᵉräßmang*; *lat.-fr.*] *das*; -s: Unbeteiligtsein, innere Unbeteiligtheit, Gleichgültigkeit gegenüber jmdm./etwas; Ggs. → Interesse (1). **des|inter|essiert**: an etwas nicht interessiert; uninteressiert; Ggs. → interessiert

Des|involture [*desängwoltür*; *lat.-fr.*] *die*; -: ungezwungene Haltung, Ungeniertheit [im Stil] (bes. im → Expressionismus 1)

desistieren [*lat.*]: (veraltet) von etwas abstehen; Ggs. → insistieren

Desjatine [*russ.*] *die*; -, -n: alte russ. Flächeneinheit (entspricht ungefähr einem Hektar)

Desk-Research [*engl.*] *das*: -[s], -s: „Schreibtischforschung"; Auswertung statistischen Materials zum Zweck der Markt- u. Meinungsforschung; Ggs. → Field-Research

de|skribieren [*lat.*]: beschreiben (z. B. sprachliche Erscheinungen). **De|skription** [*...zion*] *die*; -, -en: Beschreibung. **de|skriptiv:** beschreibend; Ggs. → präskriptiv. **De|skriptivismus** *der*; -: Richtung der modernen Sprachwissenschaft (vor allem in Amerika), die nicht von abstrakten Theorien, sondern beschreibend von der konkreten Sprache ausgeht. **de|skriptivistisch**: nach Art, nach der Methode des Deskriptivismus. **De|skriptor** *der*; -s, ...oren: Kenn- od. Schlüsselwort, durch das der Inhalt einer Information charakterisiert wird u. das zur Bestimmung von → Daten im Speicher eines → Computers dient

Desmin [*gr.-nlat.*] *der*; -s, -e: Mineral aus der Gruppe der → Zeolithe. **Desmitis** *die*; -, ...itiden: Sehnen- od. Bänderentzündung (Med.). **Desmodont** *das*; -s: Wurzelhaut [des Zahnes] (Med.). **Desmoid** *das*; -s, -e: harte Bindegewebsgeschwulst (Med.). **Desmolasen** *die* (Plural): veraltete Sammelbezeichnung für → Enzyme, die chem. Verbindungen abbauen (Chem.). **Desmologie** *die*; -: Lehre von der Bedeutung der Antriebshemmung für die Entstehung neurotischen Fehlverhaltens (Psychoanalyse)

Des|odorant *das*; -s, -s (auch: -e) = Deodorant. **des|odorieren:** schlechten, unangenehmen [Körper]geruch beseitigen od. überdecken. **Des|odorierung** *die*; -, -en: Beseitigung, Milderung, Überdeckung unangenehmen [Körper]geruchs. **des|odorisieren:** = desodorieren. **Des|odorisierung** *die*; -, -en: = Desodorierung

desolat [*lat.*]: 1. trostlos, traurig (in bezug auf einen Zustand, in dem sich etw. befindet). 2. vereinsamt

Des|or|dre [*desordrᵉ*; *lat.-fr.*] *der*; -s, -s: Unordnung, Verwirrung

Des|organisation [auch: *...zion*; *fr.*] *die*; -, -en: 1. Auflösung, Zerrüttung. 2. fehlende, mangelhafte Planung, Unordnung; vgl. ...[at]ion/...ierung. **desorganisieren** [auch: *...sir...*]: etwas zerstören, zerrütten, auflösen. **Desorganisierung** [auch: *...sir...*] *die*; -, -en: = Desorganisation; vgl. ...[at]ion/...ierung

des|orientiert [*fr.*]: nicht od. falsch unterrichtet, nicht im Bilde. **Des|orientierung** *die*; -: Störung des normalen Zeit- u. Raumempfindens (Med.)

Des|ornamentadostil [*lat.-span.*; *lat.*] *der*; -s: span. Baustil der Renaissance von geometrischer Strenge (Archit.)

Desorption [*...zion*; *lat.-nlat.*] *die*; -, -en: 1. das Austreiben eines → adsorbierten od. → absorbierten Stoffes (Phys.). 2. das Entweichen → adsorbierter Gase (Chem.)

Des|oxydation, (chem. fachspr.:) **Des|oxidation** [*...zion*; *nlat.*] *die*; -, -en: Entzug von Sauerstoff aus einer chem. Verbindung; vgl.

Oxydation (1). **des|oxydieren,** (chem. fachspr.:) des|oxidieren: einer chem. Verbindung Sauerstoff entziehen; vgl. oxydieren. **Des|oxyribose** *die*; -: in der Desoxyribo[se]nukleinsäure (DNS) enthaltener Zucker. **Des|oxyribo[se]nukleinsäure** *die*; -: wichtiger Bestandteil der Zellkerne aller pflanzlichen, tierischen u. menschlichen Organismen (Biochemie); Abk.: DNS

de|spektieren [*lat.*]: jmdn. geringschätzen, verachten. **despektierlich**: geringschätzig, abschätzig, abfällig

De|sperado [*lat.-span.-engl.*; „Verzweifelter"] *der*; -s, -s: ein zu jeder Verzweiflungstat Entschlossener; politischer Abenteurer. **des|perat** [*lat.*]: verzweifelt, hoffnungslos. **De|speration** [*...zion*] *die*; -, -en: Verzweiflung

Despot [*gr.*] *der*; -en, -en: 1. Gewaltherrscher. 2. herrischer Mensch, Tyrann. **Despotie** *die*; -, ...ien: Gewalt-, Willkürherrschaft. **despotisch**: 1. rücksichtslos, herrisch. 2. willkürlich, tyrannisch. **despotisieren**: jmdn. gewalttätig behandeln, willkürlich vorgehen gegen jmdn. **Despotismus** [*gr.-nlat.*] *der*; -: System der Gewaltherrschaft

De|squamation [*...zion*; *lat.-nlat.*; „Abschuppung"] *die*; -, -en: a) schuppen- od. schalenförmiges Abspringen von Teilchen der Gesteinsoberfläche, bes. bei Massengesteinen wie Granit (Geol.); b) Abstoßung von abgestorbenen, verhornten Hautschichten bei Säugetieren u. beim Menschen (Med., Biol.); c) Abstoßung der Gebärmutterschleimhaut bei der → Menstruation (Med.)

Dessert [*däßär* (österr. nur so) od. *däßärt*; *lat.-fr.*] *das*; -s, -s: Nachtisch, Nachspeise. **Dessertwein** *der*; -s, -e: Wein mit hohem Alkohol- u. Zuckergehalt; Süßwein, Südwein

Dessin [*däßäng*; *lat.-it.-fr.*] *das*; -s, -s: 1. Plan, Zeichnung, [Web]muster. 2. Weg des gestoßenen Balles beim → Billard. **Dessinateur** [*däßinatör*] *der*; -s, -e: Musterzeichner [im Textilgewerbe]; vgl. Designer. **dessinieren**: Muster entwerfen, zeichnen. **dessiniert**: gemustert. **Dessinierung** *die*; -, -en: Muster, Musterung

Dessous [*däßu*; *lat.-fr.*] *das*; - [*däßu* od. *däßuß*], - [*däßuß*] (meist Plural): Damenunterwäsche

Destillat [*lat.*] *das*; -[e]s, -e: Produkt einer → Destillation (1). **Destillateur** [*...tör*; *lat.-fr.*] *der*; -s, -e: 1. Branntweinbrenner. 2. Gastwirt, der Branntwein ausschenkt. **Destillation** [*...zion*; *lat.*] *die*; -, -en: 1. Reinigung u. Trennung meist flüssiger Stoffe durch Verdampfung u. anschließende Wiederverflüssigung. 2. Branntweinbrennerei. 3. kleine Schankwirtschaft. **destillativ** [*lat.-nlat.*]: durch Destillation bewirkt, gewonnen. **Destille** *die*; -, -n: (ugs.) 1. [kleinere] Gastwirtschaft, in der Branntwein ausgeschenkt wird. 2. Brennerei, die Branntwein herstellt. **destillieren** [*lat.*]: eine Destillation (1) durchführen

Destinatar [*lat.-nlat.*] u. **Destinatär** [*lat.-fr.*] *der*; -s, -e: 1. diejenige [natürliche od. juristische] Person, der [vom Gesetzgeber her] die Steuerlast zugedacht ist. 2. Empfänger von Frachten, bes. im Seefrachtverkehr. 3. die durch eine Stiftung begünstigte Person. **Destination** [*...zion*; *lat.*] *die*; -, -en: Bestimmung, Endzweck

destituieren [*lat.*]: (veraltet) absetzen. **Destitution** [*...zion*] *die*; -, -en: (veraltet) Absetzung von einem Posten, Amtsenthebung

Destose [Kunstw.] *die*; -: aus rohem Stärkesirup gewonnener Süßstoff

destra mano vgl. mano destra

de|struieren [*lat.*]: zerstören. **Destruktion** [*...zion*] *die*; -, -en: 1. Zerstörung. 2. Abtragung der Erdoberfläche durch Verwitterung (Geol.). **Destruktionstrieb** *der*; -s: das auf Zerstörung gerichtete Verhalten (Psychol.). **destruktiv**: 1. zersetzend, zerstörend. 2. bösartig, zum Zerfall [von Geweben] führend (Med.)

desultorisch [*lat.*]: (veraltet) sprunghaft, unbeständig, ohne Ausdauer

de|szendent [*lat.*]: nach unten sinkend (von Wasser od. wäßrigen Lösungen); Ggs. → aszendent; -e Lagerstätten: Erzlagerstätten, die sich aus nach unten gesikkerten Lösungen gebildet haben. **De|szendent** *der*; -en, -en: 1. Nachkomme, Abkömmling; Ggs. → Aszendent (1). 2. (Astron.) a) Gestirn im Untergang; b) Untergangspunkt eines Gestirns; Ggs. → Aszendent (2 a, b). 3. der im Augenblick der Geburt am Westhorizont absteigende Punkt der → Ekliptik (Astrol.); Ggs. → Aszendent (3). **De|szendenz** [*lat.-mlat.*] *die*, -, -en: 1. (ohne Plural) Verwandtschaft in absteigender Linie; Ggs. → Aszendenz (1). 2. Untergang eines Gestirns; Ggs. → Aszendenz (2). **De|szendenz|theorie** *die*; -, -n: Abstammungstheorie, nach der die höheren Lebewesen aus niederen hervorgegangen sind. **de|szendieren** [*lat.*]: absteigen, absinken (z. B. von Gestirnen, von Wasser); vgl. deszendent. **de|szendierend** = deszendent. **De|szensus** [*lat.*; „das Herabsteigen"] *der*; -: 1. Verlagerung der Keimdrüsen von Säugetieren im Laufe der embryonalen od. fetalen Entwicklung nach unten bzw. hinten (Biol.). 2. das Absinken eines Organs infolge Bindegewebsschwäche (Med.)

détaché [*...sche*; *fr.*]: kurz, kräftig, zwischen Auf- u. Abstrich abgesetzt (vom Bogenstrich eines Streichinstruments; Mus.). **Détaché** *das*; -s, -s: kurzer, kräftiger, zwischen Auf- u. Abstrich abgesetzter Bogenstrich (Mus.). **Detachement** [*...mang*, schweiz. auch: *...mänt*] *das*; -s, -s u. schweiz. -e: 1. (veraltet) für besondere Aufgaben abkommandierte Truppenabteilung (Mil.). 2. [auf Absonderung bedachte] kühle Distanzhaltung

Detacheur [*fr.*; *...schör*] *der*; -s, -e:
I. Fachmann auf dem Gebiet der Fleckenentfernung.
II. Müllereimaschine, die die im Walzenstuhl entstandenen Mehlplättchen zu Mehl zerkleinert

detachieren [*fr.*; *...schiren*]
I. 1. (veraltet) eine Truppenabteilung für besondere Aufgaben abkommandieren (Mil.). 2. das Mahlgut zerbröckeln (Techn.); vgl. Detacheur (II).
II. von Flecken reinigen

detachiert [*fr.*]: sachlich-kühl, losgelöst von persönlicher Anteilnahme

Detachur [*fr.*; *...schur*] *die*; -, -en: Fleckenbeseitigung aus Geweben mit Hilfe verschiedener chem. Mittel

Detail [*detaj*; *lat.-fr.*] *das*; -s, -s: Einzelheit; Einzelteil; Einzelding. **Detailhandel** *der*; -s: (veraltet) Klein-, Einzelhandel. **detaillieren** [*...jiren*]: 1. etwas im einzelnen darlegen. 2. (Kaufmannsspr.) eine Ware in kleinen Mengen verkaufen. **detailliert**: in allen Einzelheiten, in die Einzelheiten gehend, genau. **Detail|list** [*...jißt*] *der*; -en, -en: (veraltet) Einzelhandelsunternehmer

Detektei [*lat.*] *die*; -, -en: Detektivbüro, Ermittlungsbüro. **Detektiv** [*lat.-engl.*] *der*; -s, -e [*...we*]: 1. Privatperson [mit polizeilicher Lizenz], die berufsmäßig Ermittlungen aller Art anstellt. 2. Geheimpolizist, Ermittlungsbeamter, z. B. die -e von Scotland Yard. **detektivisch** [*...wisch*]: in der Art eines Detektivs. **Detektivkamera** *die*; -, -s: sehr kleine Kamera, mit der man unbeobachtet fotografieren kann. **Detektivroman** *der*; -s, -e: Roman, in dessen Mittelpunkt die Aufdeckung eines Verbrechens durch einen Detektiv steht. **Detektor** *der*; -s, ...oren: 1. Hochfrequenzgleichrichter, → Demodulator (Funkw.). 2. Gerät zur Auffindung von Wasseradern (z. B. Wünschelrute)

Détente [*detangt*; *lat.-fr.*] *die*; -: Entspannung zwischen Staaten.

Detention [*...zion*; *lat.*; „das Zurückbehalten"] *die*; -, -en: 1. Besitz einer Sache ohne Rechtsschutz (röm. Recht). 2. (veraltet) Haft, Gewahrsam

Detergens [*lat.*] *das*; -, ...gentia [*...zia*] u. ...genzien [*...iᵉn*]: reinigendes, desinfizierendes Mittel (Med.). **Detergentia** [*...zia*] u. **Detergenzien** [*...iᵉn*; *lat.-engl.*] *die* (Plural): 1. seifenfreie, hautschonende Wasch-, Reinigungs- u. Spülmittel; in Waschmitteln o. ä. enthaltene Stoffe, die die Oberflächenspannung des Wassers herabsetzen. 2. *Plural* von → Detergens

Deterioration [*...zion*; *lat.-fr.*; „Verschlechterung"] *die*; -, -en: Wertminderung einer Sache (Rechtsw.); vgl. ...[at]ion/...ierung. **Deteriorativum** [*...iwum*; *lat.-nlat.*] *das*; -s, ...va [*...wa*]: = Pejorativum. **deteriorieren** [*lat.-fr.*; „verschlechtern"]: im Wert mindern (Rechtsw.). **Deteriorierung** *die*; -, -en: = Deterioration; vgl. ...[at]ion/...ierung

Determinante [*lat.*; „abgrenzend, bestimmend"] *die*; -, -n: 1. Rechenausdruck in der Algebra zur Lösung eines Gleichungssystems. 2. im Aufbau u. in der chem. Zusammensetzung noch nicht näher bestimmbarer Faktor der Keimentwicklung, der für die Vererbung und Entwicklung bestimmend ist (Biol.). **Determination** [*...zion*; „Abgrenzung"] *die*; -, -en: 1. Bestimmung eines Begriffs durch einen nächstuntergeordneten, engeren (Philos.). 2. das Festgelegtsein eines Teils des Keims für die Ausbildung eines bestimmten Organs (Entwicklungsphysiologie). 3. Bestimmung, Zuordnung. 4. das Bedingtsein aller psychischen Phänomene durch äußere (z. B. soziale) od. innerseelische (z. B. Motivation) Gegebenheiten (Psychol.). **determinativ** [*lat.-nlat.*]: 1. bestimmend, begrenzend, festlegend. 2. entschieden, entschlossen. **Determinativ** *das*; -s, -e [*...wᵉ*]: 1. Zeichen in der ägyptischen u. sumerischen Bilderschrift, das die Zugehörigkeit eines Begriffs zu einer bestimmten Kategorie festlegt. 2. sprachliches Element als Weiterbildung od. Erweiterung der Wurzel eines indogermanischen Wortes ohne [wesentlichen] Bedeutungsunterschied (z. B. *m* bei Hel*m*, Qual*m*; Sprachw.); Ggs. → Formans. 3. besondere Art des Demonstrativpronomens (z. B. dasjenige, dieselbe). **Determinativkompositum** *das*; -s, ...ta: Zusammensetzung, bei der das erste Glied das zweite näher bestimmt (z. B. Kartoffelsuppe = Suppe aus Kartoffeln; Sprachw.). **Determinativum** [*...iwum*] *das*; -s, ...va [*...wa*]: = Determinativ. **determinieren** [*lat.*]: 1. begrenzen; abgrenzen. 2. bestimmen; entscheiden. **Determiniertheit** *die*; -: Bestimmtheit, Abhängigkeit des (unfreien) Willens von inneren od. äußeren Ursachen (Philos.). **Determinismus** [*lat.-nlat.*] *der*; -: 1. Lehre von der kausalen [Vor]bestimmtheit alles Geschehens. 2. die der Willensfreiheit widersprechende Lehre von der Bestimmung des Willens durch innere od. äußere Ursachen (Ethik); Ggs. → Indeterminismus. **Determinist** *der*; -en, -en: Vertreter des Determinismus. **deterministisch**: den Determinismus betreffend; [Willens]freiheit verneinend. **Determinologisierung** [auch: *de...*] *die*; -, -en: Übergang des fachsprachlichen Wortgutes in die Gemeinsprache (Sprachw.)

detestabel [*lat.-fr.*]: verabscheuungswürdig. **detestieren**: verabscheuen, verwünschen

Detonation [*...zion*] *die*; -, -en:
I. [*lat.-fr.*]: eine stoßartig erfolgende, extrem schnelle chem. Reaktion von explosiven Gas- bzw. Dampfgemischen od. brisanten Sprengstoffen mit starker Gasentwicklung.
II. [*gr.-lat.-fr.*]: das unreine Singen od. Spielen (Mus.)

Detonator [*lat.-nlat.*] *der*; -s, ...oren: Hilfsmittel zur Übertragung der Zündung vom Zündmittel auf die Sprengladung eines Geschosses

detonieren
I. [*lat.-fr.*]: knallen, explodieren.
II. [*gr.-lat.-fr.*]: unrein singen od. spielen (Mus.)

De|traktion [*...zion*; *lat.*] *die*; -, -en: das Ausheben größerer Gesteins- od. Bodenpartien aus dem Untergrund eines Gletschers durch das Eis (Geol.)

De|triment [*lat.*] *das*; -[e]s, -e: (veraltet) Schaden, Nachteil. **detritogen** [*lat.*; *gr.*]: durch → organischen (1) Detritus (2) entstanden (von Kalkbänken u. Kalkablagerungen in Rifflücken; Geol.). **De|tritus** [*lat.*; „das Abreiben"] *der*; -: 1. zerriebenes Gesteinsmaterial, Gesteinsschutt (Geol.). 2. Schwebe- u. Sinkstoffe in den Gewässern, deren Hauptanteil abgestorbene → Mikroorganismen bilden (Biol.). 3. Überrest zerfallener Zellen od. Gewebe (Med.)

detto [*it.*]: (bayr., österr.) dito

Detumeszenz [*lat.-nlat.*] *die*; -: Abschwellung, Abnahme einer Geschwulst (Med.). **Detumeszenztrieb** *der*; -[e]s: Drang zur geschlechtlichen Befriedigung (eine Teilkomponente des Sexualtriebs; Med.)

Deus abs|conditus [- *...ko...*; *lat.*; „der verborgene Gott"] *der*; - -: der trotz Offenbarung letztlich unerkennbare Gott (Rel.). **Deus ex machina** [- *-mąchina*; „der Gott aus der [Theater]maschine", d. h. von der Höhe (im altgriech. Theater)] *der*; - - -: unerwarteter Helfer aus einer Notlage; überraschende, in keinem unmittelbaren Zusammenhang stehende Lösung einer Schwierigkeit

Deuter|agonist [*gr.*] *der*; -en, -en: zweiter Schauspieler auf der altgriech. Bühne; vgl. Protagonist u. Tritagonist. **Deuter|an|omalie** u. Deutero|an|omalie *die*; -, ...ien: Rotsichtigkeit, Grünschwäche (Med.). **Deuter|an|opie** u. Deutero|an|opie [*gr.-nlat.*] *die*; -, ...ien: Rotgrünblindheit (Med.). **Deuterium** *das*; -s: schwerer Wasserstoff, Wasserstoffisotop; chem. Zeichen: D; vgl. Isotop. **Deuteriumoxyd**, (chem. fachspr.:) Deuteriumoxid *das*; -s: schweres Wasser. **Deutero|an|omalie** vgl. Deuteranomalie. **Deutero|an|opie** vgl. Deuteranopie. **Deuterojesaja** *der*; -: der unbekannte, der Zeit des babylonischen → Exils angehörende Verfasser von Jesaja 40–50; vgl. Tritojesaja. **Deuteron** *das*; -s, ...onen: aus einem → Proton u. einem → Neutron bestehender → Atomkern des Deuteriums; Abk.: d. **deuteronomisch** [*gr.-lat.*]: zum 5. Buch Mose gehörend. **Deuteronomist** [*gr.-lat.-nlat.*] *der*; -en: Verfasser des Deuteronomiums u. Bearbeiter der alttest. Geschichtsbücher (Rel.). **Deuteronomium** [*gr.-lat.*; „zweite Gesetzgebung"] *das*; -s: das 5. Buch Mose. **Deuterostomier** [...*i*[e]*r*; *gr.-nlat.*] *der*; -s, - (meist Plural): systematische zusammenfassende Bezeichnung der Tierstämme, bei denen sich der bleibende Mund neu bildet u. der Urmund zum After wird (Zool.). **Deuto|plasma** *das*; -s, ...men: die im → Protoplasma der Zelle vorhandenen Reservestoffe (z. B. der Dotter der Eizelle; Biol.)

Deutzie [...*i*[e]; *nlat.*; nach dem Holländer J. van der Deutz] *die*; -, -n: ein Zierstrauch aus Ostasien, Steinbrechgewächs

Deux-pièces [*dö-piäß*; *fr.*] *das*; -, -: aus zwei Teilen bestehendes Damenkleid

Devaluation [...*zion*; *lat.-engl.*] *die*; -, -en: Abwertung einer Währung. **Devalvation** [*dewalwazion*; *lat.-nlat.*] *die*; -, -en: Abwertung einer Währung. **devalvatorisch** u. **devalvationistisch**: abwertend (bes. in bezug auf eine Währung). **devalvieren**: [eine Währung] abwerten

Devastation [...*waßtazion*; *lat.*] *die*; -, -en: (veraltet) Verwüstung, Verheerung. **devastieren**: (veraltet) zerstören, verwüsten

Developer [*diwäl*[e]*p*[e]*r*; *engl.*] *der*; -s, -: 1. Entwicklerflüssigkeit (Fotogr.). 2. a) Kosmetikum zur Entwicklung u. Formung der weiblichen Brust; b) Gerät zur Entwicklung u. Formung der weiblichen Brust

Deverbativ [...*wär*...; *lat.-nlat.*] *das*; -s, -e [...*w*[e]] u. **Deverbativum** [...*iwum*] *das*; -s, ...va [...*wa*]: von einem Verb abgeleitetes Substantiv od. Adjektiv (z. B. *Eroberung* von *erobern*, *tragbar* von *tragen*; Sprachw.)

devestieren [...*wäßt*...; *lat.*; „entkleiden"]: die Priesterwürde od. (im Mittelalter) das Lehen entziehen. **Devestitur** [*lat.-nlat.*] *die*; -, -en: Entziehung der Priesterwürde od. (im Mittelalter) des Lehens

deviant [*dewi*...; *lat.-nlat.*]: von der Norm sozialen Verhaltens, vom Üblichen abweichend (Soziol.). **Devianz** *die*; -, -en: Abweichung (von der Norm; Soziol.). **Deviation** [...*zion*] *die*; -, -en: Abweichung. **Deviationist** *der*; -en, -en: jmd., der von der vorgezeichneten [Partei]linie abweicht, Abweichler. **deviieren** [*lat.*]: von der [Partei]linie abweichen

Devise [...*wi*...; *lat.-vulgärlat.-fr.*] *die*; -, -n: 1. Wahl-, Leitspruch. 2. (meist Plural) a) im Ausland zahlbare Zahlungsanweisung in fremder Währung; b) ausländisches Zahlungsmittel

devital [...*wi*...; *lat.-nlat.*]: leblos, abgestorben (z. B. von Zähnen mit abgestorbener → Pulpa; (Med.). **Devitalisation** [...*zion*] *die*; -, -en: Abtötung [der → Pulpa] (Med.). **devitalisieren**: [die → Pulpa] abtöten (Med.)

Devolution [...*woluzion*; *lat.-nlat.*] *die*; -, -en: 1. (veraltet) Übergang eines Rechtes od. einer Sache an einen anderen (Rechtsw.). 2. die Befugnis einer höheren Stelle, ein von der nachgeordneten Stelle nicht od. fehlerhaft besetztes Amt [neu] zu besetzen (kath. Kirchenrecht). **devolvieren** [...*wolwi*...; *lat.*]: (veraltet) zufallen, übergehen an jmdn. (von einem Recht od. einer Sache; Rechtsw.)

Devon [*dewon*; *nlat.*; nach der engl. Grafschaft Devonshire (*däw*[e]*nsch*[e]*r*)] *das*; -[s]: eine → Formation (5 a) des → Paläozoikums (Geol.). **devonisch**: das Devon betreffend

devorieren [...*wo*...; *lat.*]: verschlucken (Med.)

devot [*dewot*; *lat.*]: 1. sich übertrieben ergeben jmdm. gegenüber verhaltend, zeigend. 2. andächtig-ergeben. **Devotio moderna** [...*wo*... -; „neuartige Frömmigkeit"] *die*; - -: eine der deutschen Mystik verwandte religiöse Erneuerungsbewegung des 14.–16. Jh.s. **Devotion** [...*zion*] *die*; -, -en: 1. Andacht. 2. Unterwürfigkeit. **devotional** [*lat.-nlat.*]: ehrfurchtsvoll. **Devotionalien** [...*i*[e]*n*] *die* (Plural): der Andacht dienende Gegenstände (z. B. Statuen, Rosenkränze; Rel.)

Dewadasi [*sanskr.*; „Dienerin der Götter"] *die*; -, -s: Tempeltänzerin; vgl. Bajadere. **Dewanagari** *die*; -: indische Schrift, in der das Sanskrit geschrieben u. gedruckt ist

Dexio|graphie [*gr.-nlat.*] *die*; -: das Schreiben von links nach rechts. **dexio|graphisch**: von links nach rechts geschrieben. **Dex|tran** ® [Kunstw. aus: *lat.* dexter „rechts"] *das*; -s: medizinisch u. technisch vielfach verwendeter, durch Bakterien aus Traubenzucker → synthetisierter Blutplasmaersatz. **Dex|trin** *das*; -s, -e: 1. Stärkegummi, Klebemittel. 2. ein wasserlösliches Abbauprodukt der Stärke (Med., Chem.). **dex|trogyr** [*lat.*; *gr.*]: die Ebene → polarisierten Lichts nach rechts drehend (Physik; Chemie); Zeichen: d; Ggs. → lävogyr. **Dex|trokardie** *die*; -, ...ien: Lage des Herzens in der rechten Brusthöhle (Med.). **Dex|tropur** ® [Kunstw. aus: → *Dextrose* u. *lat. purus* „rein"] *das*; -s: Präparat aus reinem Traubenzucker. **Dex|trose** [Kunstw. aus: *lat.* dexter „rechts"] *die*; -: Traubenzucker

Dezem [*lat.*] *der*; -s, -s: (hist.) vom Mittelalter bis ins 19. Jh. die Abgabe des zehnten Teils vom Ertrag eines Grundstücks an die Kirche (Zehnt). **Dezember** *der*; -[s], -: zwölfter Monat im Jahr (benannt nach dem 10. Monat des röm. Kalenders); Abk.: Dez. **Dezemvir** [...*wir*] *der*; -n u. -s, -n: (hist.) Mitglied des Dezemvirats. **Dezemvirat** *das*; -[e]s, -e: (hist.) aus 10 Mitgliedern bestehendes Beamten- od. Priesterkollegium im antiken Rom zur Entlastung der Magistrate. **Dezennium** *das*; -s, ...ien [...*i*[e]*n*]: Jahrzehnt, Zeitraum von 10 Jahren

dezent [*lat.*]: a) vornehm-zurückhaltend, taktvoll, feinfühlig; b) unaufdringlich, nicht [als störend] auffallend; Ggs. → indezent

dezen|tral [auch: *de*...; *lat.-nlat.*]: vom Mittelpunkt entfernt; Ggs. → zentral (a). **Dezen|tralisation** [...*zion*; auch: *de*...] *die*; -, -en: 1. organisatorische Verteilung von Funktionen u. Aufgaben auf verschiedene Stellen in der Weise, daß gleichartige Aufgaben nicht zusammengefaßt, sondern stellenmäßig getrennt werden; Ggs. → Zentralisation (1). 2. (ohne Plural) Zustand, in dem sich etwas nach dem Dezentralisieren befindet; Ggs. → Zentralisation (2); vgl. ...[at]ion/...ierung. **dezen|tralisieren**: eine Dezentralisation (1) durchführen; Ggs. → zentralisieren. **Dezen|tralisierung** *die*; -, -en: = Dezentralisation; vgl. ...[at]ion/...ierung

Dezenz [*lat.*] *die*; -: 1. vornehme Zurückhaltung; Unaufdringlichkeit; Ggs. → Indezenz. 2. unauffällige Eleganz

Dezernat [*lat.*; „es soll entscheiden..."] *das*; -[e]s, -e: Geschäftsbereich eines Dezernenten. **Dezernent** [*lat.*; „Entscheidender"] *der*; -en, -en: Sachbearbeiter mit Entscheidungsbefugnis bei Behörden u. Verwaltungen; Leiter eines Dezernats

Dezett [*lat.-it.*] *das*; -[e]s, -e: Musikstück für zehn Soloinstrumente (Mus.)

Dezi|ar [*lat.*] *das*; -s, -e (aber: 5 -): $^1/_{10}$ Ar; Zeichen: da. **Dezi|are** *die*; -, -n: (schweiz.) Deziar. **Dezibel**

das; -s, -: der 10. Teil des Bel; Zeichen: dB; vgl. Bel

dezidieren [*lat.*]: entscheiden. **dezidiert:** entschieden, bestimmt, energisch

Dezidua vgl. Decidua

Dezi|gramm [auch: *dezi...*] *das*; -s, -[e] (aber: 5 -): $^1/_{10}$ Gramm; Zeichen: dg. **Deziliter** [auch: *dezi...*] *der* (auch: *das*); -s, -: $^1/_{10}$ Liter; Zeichen: dl. **dezimal** [*lat.-mlat.*]: auf die Grundzahl 10 bezogen. **Dezimalbruch** *der*; -[e]s, ...brüche: ein Bruch, dessen Nenner 10 od. eine → Potenz (4) von 10 ist (z. B. 0,54 = $^{54}/_{100}$). **Dezimale** *die*; -[n], -n: eine Ziffer der Ziffernfolge, die rechts vom Komma eines Dezimalbruchs steht. **dezimalisieren**: auf das Dezimalsystem umstellen (z. B. eine Währung). **Dezimalklassifikation** [*...zion*] *die*; -: Ordnungssystem für Karteien, Register u. ä., das das gesamte Wissensgebiet in 10 Hauptabteilungen einteilt, diese wieder in 10 Unterabteilungen usw.; Abk.: DK. **Dezimalmaß** *das*; -es, -e: Maß, das auf das Dezimalsystem bezogen ist. **Dezimalpotenz** *die*; -, -en: die im Verhältnis 1:10 fortschreitenden Verdünnungsstufen der homöopathischen Arzneien. **Dezimalsystem** *das*; -s: = dekadisches System. **Dezimalwaage** *die*; -, -n: eine Waage, bei der die Last zehnmal so schwer ist wie die Gewichtsstücke, die beim Wiegen aufgelegt werden. **Dezimation** [*...zion*; *lat.*; „Zehntung"] *die*; -, -en: 1. (hist.) Hinrichtung jedes zehnten Mannes (ehemaliger Kriegsbrauch). 2. (veraltet) Erhebung des Zehnten. **Dezime** [*lat.-mlat.*] *die*; -, -n: 1. → Intervall (2) von zehn → diatonischen Stufen (Mus.). 2. aus zehn Zeilen bestehende [span.] Strophenform. **Dezimeter** [auch: *de...*; (*lat.*; *gr.*) *fr.*] *der* od. *das*; -s, -: $^1/_{10}$ Meter; Zeichen: dm. **dezimieren** [*lat.*]: 1. jmdm. große Verluste beibringen, etwas durch Gewalteinwirkung in seinem Bestand stark vermindern. 2. (hist.) jeden zehnten Mann mit dem Tod bestrafen

Dezisionismus *der*; -: rechtsphilosophische Anschauung, nach der das als Recht anzusehen ist, was die Gesetzgebung zum Recht erklärt. **dezisiv** [*lat.-mlat.-fr.*]: entscheidend, bestimmt. **Dezisivstimme** *die*; -, -n: eine abstimmungsberechtigte Stimme in einer politischen Körperschaft; Ggs. → Deliberativstimme

Dezi|ster [auch: *dezi...*; (*lat.*; *gr.*) *fr.*] *der*; -s, -e u. -s (aber: 5 Dezister): $^1/_{10}$ Ster ($^1/_{10}$ cbm)

Dharma [*darma*; *sanskr.*] *das*; -[s], -s: 1. (ohne Plural) Gesetz, Lehre (in indischen Religionen u. indischer Philosophie, bes. die ewige Lehre Buddhas. 2. Grundbestandteil der Welt (z. B. der Raum, das → Nirwana)

Dhau vgl. Dau

d'Hondtsche System [nach V. d'Hondt, † 1907, Professor der Rechtswissenschaft in Gent] *das*; -n -s: Berechnungsmodus für die Verteilung der Sitze in Vertretungskörperschaften (z. B. in Parlamenten) bei der Verhältniswahl

Dhoti [*doti*; *Hindi-engl.*] *der*; -[s], -s: Lendentuch der Inder

Dia [*gr.*] *das*; -s, -s: Kurzform von → Diapositiv

Diabas [*gr.-nlat.*] *der*; -es, -e: Grünstein (ein Ergußgestein)

Diabetes [*gr.-lat.*] *der*; -: (Med.) a) Harnruhr; b) Kurzbezeichnung für: Diabetes mellitus; - m e l l i t u s: Zuckerharnruhr, Zuckerkrankheit; - r e n a l i s: auf einer Störung der Nierenfunktion beruhende Zuckerausscheidung im Harn. **Diabetiker** *der*; -s, -: Zuckerkranker (Med.). **diabetisch**: zuckerkrank (Med.). **Diabetologe** *der*; -n, -n: Wissenschaftler, der sich mit der Erforschung der Zuckerkrankheit beschäftigt. **Diabetologie** *die*; -: wissenschaftliche Erforschung der Zuckerkrankheit

Diabolie [*gr.*] *die*; -: teuflische Bosheit, abgründiges Bösesein. **Diabolik** [*gr.-lat.*] *die*; -: teuflisch-boshaftes Wesen. **diabolisch:** teuflisch. **Diabolo** [*gr.-lat.-it.*] *das*; -s, -s: ein Geschicklichkeitsspiel mit einem Doppelkreisel. **Diabolus** [*gr.-lat.*; „Verleumder"] *der*; -: der Teufel

Diabon ⓦⓩ [Kunstw.] *das*; -s: säure-, hitze- u. korrosionsbeständiger Werkstoff aus porösem Graphit

Dia|brosis [*gr.*; „das Durchfressen"] *die*; -: Zerstörung, das Durchbrechen (z. B. einer Gefäßwand; Med.)

dia|chron [*...kr...*; *gr.-nlat.*]: a) die Diachronie betreffend; b) geschichtlich, entwicklungsmäßig betrachtet; Ggs. → synchron (3). **Dia|chronie** *die*; -: Darstellung der geschichtlichen Entwicklung einer Sprache (Sprachw.); Ggs. → Synchronie. **dia|chronisch:** = diachron (a); Ggs. → synchronisch (1)

Diadem [*gr.-lat.*; „Umgebundenes"] *das*; -s, -e: Stirn- od. Kopfreif aus Edelmetall, meist mit Edelsteinen od. Perlen besetzt

Diadochen [*gr.*; „Nachfolger"] *die* (Plural): um den Vorrang streitende Nachfolger einer bedeutenden, einflußreichen Persönlichkeit

Diagenese [*gr.-nlat.*] *die*; -, -n: nachträgliche Veränderung eines → Sediments (1) durch Druck u. Temperatur (Geol.)

Dia|glyphe [*gr.-nlat.*] *die*; -, -n: in eine Fläche vertieft geschnittene, gemeißelte od. gestochene Figur. **dia|glyphisch**: vertieft geschnitten, gemeißelt, gestochen

Dia|gnose [*gr.-fr.*; „unterscheidende Beurteilung, Erkenntnis"] *die*; -, -n: 1. auf Grund genauerer Beobachtungen, Untersuchungen abgegebene Feststellung, Beurteilung über den Zustand, die Beschaffenheit von etw. (z. B. von einer Krankheit). 2. zusammenfassende Beschreibung der wichtigsten Merkmale für die Bestimmung der systematischen Stellung einer Pflanzen- od. Tierart (bzw. Gattung, Familie, Ordnung; Bot.; Zool.). **Dia|gnosezentrum** *das*; -s, ...ren: Klinik, die auf die Früherkennung von Krankheiten u. Organstörungen spezialisiert ist. **Dia|gnostik** *die*; -: Fähigkeit u. Lehre, Krankheiten zu erkennen (Med.; Psychol.). **Diagnostiker** *der*; -s, -: jmd., der eine Diagnose stellt. **Dia|gnostikon** u. **Dia|gnostikum** *das*; -s, ...ka: Erkennungsmerkmal (bes. einer Krankheit). **dia|gnostisch:** 1. durch Diagnose festgestellt. 2. die Diagnose betreffend. **diagnostizieren:** eine Krankheit [durch eingehende Untersuchung des Patienten] feststellen

diagonal [*gr.-lat.*; „durch die Winkel führend"]: a) zwei nicht benachbarte Ecken eines Vielecks verbindend (Geom.); b) schräg, quer verlaufend; -es L e s e n: das [oberflächliche] nicht alle Einzelheiten eines Textes beachtende Lesen, durch das man sich einen allgemeinen Überblick verschafft. **Diagonal** *der*; -[s], -s: schräggestreifter Kleiderstoff in Köperbindung (eine Webart). **Diagonale** *die*; -, -n: Gerade, die zwei nicht benachbarte Ecken eines Vielecks miteinander verbindet (Geom.)

Dia|gramm [*gr.-lat.*] *das*; -s, -e: 1. zeichnerische Darstellung von Größenverhältnissen in anschaulicher, leicht überblickbarer Form. 2. schematische Darstellung von Blütengrundrissen (Bot.). 3. Stellungsbild beim

Schach. 4. magisches Zeichen (Drudenfuß); vgl. Pentagramm. **Dia|grammstempel** *der*; -s, -: Stempel zur Aufzeichnung eines Stellungsbildes im Schach. **Diagraph** [*gr.-nlat.*] *der*; -en, -en: 1. Gerät zum Zeichnen von [Schädel]umrissen u. Kurven. 2. = Diphthong

Diahyp|onym *das*; -s, -e: = Inkonym

Diakaustik [*gr.-nlat.*] *die*; -, -en: die beim Durchgang von → parallelem (1) Licht bei einer Linse entstehende Brennfläche (die im Idealfall ein Brennpunkt ist). **diakaustisch**: auf die Diakaustik bezogen

Diakon [südd. u. österr. auch: *dia...*; *gr.-lat.*; „Diener"] *der*; -s u. -en, -e[n]: 1. kath., anglikan. od. orthodoxer Geistlicher, der um einen Weihegrad unter dem Priester steht. 2. in der evang. Kirche Krankenpfleger, Pfarrhelfer od. Prediger ohne Hochschulausbildung; vgl. Diakonus. **Diakonat** *das* (auch: *der*); -[e]s, -e: 1. a) Amt eines Diakons; b) Wohnung eines Diakons. 2. Pflegedienst (in Krankenhäusern). **Diakonie** *die*; -: [berufsmäßiger] Dienst an Armen u. Hilfsbedürftigen (Krankenpflege, Gemeindedienst) in der evang. Kirche. **Diakonikon** [*gr.*] *das*; -[s], ...ka: 1. der Sakristeiraum der orthodoxen Kirche. 2. Südtür in der → Ikonostase; vgl. Parakonikon. **diakonisch** [*gr.-mlat.*]: die Diakonie betreffend. **Diakonisse** [*gr.-lat.*] *die*; -, -n u. **Diakonissin** *die*; -, -nen: evang. Kranken- u. Gemeindeschwester. **Diakonus** [*gr.-lat.*] *der*; -, ...one[n]: (veraltet) zweiter od. dritter Pfarrer einer evang. Gemeinde; Hilfsgeistlicher

Dia|krise u. **Dia|krisis** [*gr.*; „Unterscheidung; Entscheidung"] *die*; -, ...isen: 1. = Differentialdiagnose. 2. entscheidende Krise einer Krankheit. **dia|kritisch**: unterscheidend; -es Zeichen: Zeichen, das die besondere Aussprache eines Buchstabens anzeigt (z. B. die → Cedille [ç])

di|aktin [*gr.-nlat.*]: Röntgenstrahlen durchlassend (Med.)

Dialekt [*gr.-lat.*] *der*; -[e]s, -e: Mundart, örtlich od. landschaftl. begrenzte sprachliche Sonderform; regionale Variante einer Sprache. **dialektal** [*gr.-lat.-nlat.*]: den Dialekt betreffend, mundartlich. **Dialektgeo|graphie** *die*; -: Mundartforschung, die die geographische Verbreitung von Dialekten u. ihren Sprachformen untersucht. **Dialektik** [*gr.-lat.*] *die*; -: 1. innere Gegensätzlichkeit. 2. a) philosophische Arbeitsmethode, die ihre Ausgangsposition durch gegensätzliche Behauptungen (→ These u. → Antithese 1) in Frage stellt u. in der → Synthese (4) beider Positionen eine Erkenntnis höherer Art zu gewinnen sucht; b) die sich in antagonistischen Widersprüchen bewegende Entwicklung von Geschichte, Ökonomie u. Gesellschaft (dialekt. Materialismus). 3. die Fähigkeit, den Diskussionspartner in Rede u. Gegenrede zu überzeugen; vgl. Sophistik (2). **Dialektiker** *der*; -s, -: 1. ein in der Dialektik (3) Erfahrener; jmd., der geschickt zu argumentieren versteht. 2. ein Vertreter der dialektischen (3) Methode. **dialektisch**: 1. = dialektal. 2. die Dialektik (1) betreffend, gegensätzlich. 3. in Gegensätzen, entsprechend der Methode der Dialektik (2a) denkend; -er Materialismus: wissenschaftliche Lehre des Marxismus von den allgemeinen Bewegungs-, Entwicklungs- u. Strukturgesetzen der Natur u. der Gesellschaft; Abk.: DIAMAT. 4. haarspalterisch, spitzfindig. **Dialektismus** *der*; -, ...men: dialektale → Variante (1) einer hochsprachlichen Form (z. B. österr. Karfiol = binnendeutsch Blumenkohl). **Dialektologie** [*gr.-nlat.*] *die*; -: Mundartforschung. **dialektologisch**: die Dialektologie betreffend

Di|allag [*gr.-nlat.*] *der*; -s, -e: ein Mineral

Di|allele [*gr.*] *die*; -, -n: die sich im Kreis bewegende Art des Denkens; Fehlschluß; vgl. Circulus vitiosus (1)

Dialog [*gr.-lat.-fr.*] *der*; -[e]s, -e: a) von zwei Personen abwechselnd geführte Rede u. Gegenrede, Wechselrede; Ggs. → Monolog (b); b) Gespräch, das zwischen zwei Gruppierungen geführt wird, um sich u. die gegenseitigen Standpunkte kennenzulernen. **dialogisch**: in Dialogform. **dialogisieren**: in Dialogform gestalten. **Dialogismus** [*gr.-lat.-nlat.*] *der*; -: rhetor. Figur in Form von Fragen, die ein Redner gleichsam im Selbstgespräch an sich selbst richtet u. auch selbst beantwortet (Rhet.; Stilk.). **Dialogist** *der*; -en, -en: Bearbeiter der Dialoge im Drehbuch

Dialypetale [*gr.-nlat.*] *die*; -, -n (meist Plural): Pflanze mit einer in Kelch u. [freiblättrige] Krone gegliederten Blüte. **Dialysat** *das*; -[e]s, -e: durch → Dialyse gewonnener → Extrakt (1) aus frischen Pflanzen. **Dialysator** *der*; -s, ...oren: Gerät zur Durchführung der Dialyse. **Dialyse** [*gr.*; „Auflösung, Trennung"] *die*; -, -n: a) Blutreinigung mittels einer künstlichen Niere; Blutwäsche; b) Verfahren zur Trennung niedermolekularer von höhermolekularen Stoffen mittels tierischer, pflanzlicher od. künstlicher Membranen, die nur für erstere durchlässig sind. **Dialyseapparat** *der*; -[e]s, -e: Gerät zur Reinigung des Blutes von Giftstoffen, das bei einem Versagen der Nieren deren Funktion übernimmt, künstliche Niere. **dialysieren**: eine Dialyse durchführen. **dialytisch**: a) auf Dialyse beruhend; b) auflösend; zerstörend

diama|gnetisch [*gr.-nlat.*]: den Diamagnetismus betreffend. **Diama|gnetismus** *der*; -: a) Eigenschaft von Stoffen, deren → Moleküle kein magnetisches Moment enthalten; b) Wissenschaft von den Eigenschaften diamagnetischer Stoffe

Diamant [*gr.-lat.-vulgärlat.-fr.*; „Unbezwingbarer"]
I. *der*; -en, -en: aus reinem Kohlenstoff bestehender wertvoller Edelstein von sehr großer Härte.
II. *die*; -: kleinster Schriftgrad (4 Punkt; Druckw.)

diamanten: a) aus Diamant; b) fest wie Diamant; -e Hochzeit: der 60., mancherorts auch der 75. Jahrestag der Hochzeit. **Diamantine** *die*; - u. **Diamantit** [auch: ...*it*] *das*; -s: ein Poliermittel

DIAMAT u. **Diamat** *der*; -[s]: = dialektischer Materialismus

Diameter [*gr.-lat.*] *der*; -s, -: Durchmesser eines Kreises od. einer Kugel. **diame|tral**: völlig entgegengesetzt. **diame|trisch** [*gr.*]: dem Durchmesser entsprechend

Di|amid [Kunstw.] *das*; -s: = Hydrazin. **Di|amin** [Kunstw.] *das*; -s, -e: organische Verbindung mit zwei Aminogruppen (Chem.)

Dianetik [*gr.*] *die*; -: med. Theorie, daß menschliche → Komplexe u. Hemmungen durch vorgeburtliche, im als Computer gedachten Gehirn gespeicherte Erlebnisse entstanden sind u. mit psychotherapeutischen Mitteln geheilt werden können. **Dianoetik** *die*; -: die Lehre vom Denken; die Kunst des Denkens (Philos.). **dianoetisch**: denkend, den Verstand betreffend (Philos.)

Diapason [*gr.-lat.*; „durch alle (Töne)"] *der* (auch: *das*); -s, -s u.

...one: urspr. Name der altgriech. Oktave

Diapause [*gr.*; „das Dazwischenausruhen"] *die*; -, -n: in seinem Verlauf meist erblich festgelegter, jedoch durch äußere Einflüsse ausgelöster Ruhezustand während der Entwicklung vieler Tiere (Biol.)

Diapedese [*gr.*] *die*; -, -n: Durchtritt von Blutkörperchen durch eine unverletzte Gefäßwand (Med.)

diaphan [*gr.*]: durchscheinend, durchsichtig. **Diaphanie** *die*; -, ...ien: durchscheinendes Bild. **Diaphanität** [*gr.-nlat.*] *die*; -: Durchlässigkeit in bezug auf Lichtstrahlen (Meteor.). **Diaphano|skop** *das*; -s, -e: Instrument zum Durchführen einer Diaphanoskopie (Med.). **Diaphanoskopie** *die*; -, ...ien: Untersuchung, bei der Körperteile u. Körperhöhlen (z. B. die Nasennebenhöhle) durch eine dahintergehaltene Lichtquelle durchleuchtet werden, um krankhafte Veränderungen an Hand von Schatten festzustellen (Med.)

Diaphonie [*gr.-lat.*] *die*; -, ...ien: 1. Mißklang, Dissonanz in der altgriech. Musik. 2. = Organum (1)

Diaphora [*gr.*; „Verschiedenheit"] *die*; -: 1. Darlegung, Betonung des Unterschieds zweier Dinge (Rhet.). 2. Hervorhebung der Bedeutungsverschiedenheit eines im Text wiederholten Satzgliedes durch Emphase der Zweitsetzung (z. B. O Kind, meine Seele und nicht mein Kind!; Shakespeare; Rhet.). **Diaphorese** [*gr.-lat.*] *die*; -, -n: Schweißabsonderung (Med.). **Diaphoretikum** *das*; -s, ...ka: schweißtreibendes Mittel. **diaphoretisch**: schweißtreibend

Dia|phragma [*gr.-lat.*] *das*; -s, ...men: 1. Zwerchfell (Med.). 2. durchlässige Scheidewand bei Trennverfahren (z. B. bei → Osmose u. → Filtration). 3. mechanisches Empfängnisverhütungsmittel. 4. Austrittsstelle des Dampfstrahls bei → Vakuumpumpen. 5. (veraltet) Blende (in der Optik)

Dia|phthorese [*gr.-nlat.*] *die*; -, -n: Umbildung durch rückschreitende → Metamorphose (4) (Geol.). **Dia|phthorit** [auch: ...*it*] *der*; -s, -e: Gestein, das durch Diaphthorese entstanden ist (Geol.)

Diaphyse [*gr.*] *die*; -, -n: Teil der Röhrenknochen zwischen den beiden → Epiphysen (2; Med.)

Diapir [*gr.-nlat.*] *der*; -s, -e: pfropfen- od. pilzförmige Gesteinskörper, meist Salz. **Diapirfaltung** *die*; -, -en: Verfaltung u. Durchknetung des Gesteins beim Emporsteigen eines Diapirs (Geol.)

Diapositiv [auch: ...*tif*; *gr.*; *lat.*] *das*; -s, -e [...*w*[e]]: durchsichtiges fotograf. Bild (zum → Projizieren auf eine weiße Fläche). **Diaprojektor** *der*; -s, -en: Gerät zum Vorführen von Diapositiven

Di|ärese u. **Di|äresis** [*gr.-lat.*] *die*; -, ...resen: 1. getrennte Aussprache zweier Vokale, die nebeneinander stehen u. eigentlich einen → Diphthong ergäben (z. B. Deismus, naiv). 2. Einschnitt im Vers, an dem das Ende des Wortes u. des Versfußes (der rhythmischen Einheit) zusammenfallen (z. B. Du siehst, wohin Du siehst || nur Eitelkeit auf Erden; Gryphius). 3. Aufgliederung eines Hauptbegriffs in mehrere Unterbegriffe (Rhet.). 4. Begriffszerlegung, Teilung eines Begriffs bis zum Unteilbaren (Philos.). 5. Zerreißung eines Gefäßes mit Blutaustritt in die Umgebung (Med.)

Diarium [*lat.*] *das*; -s, ...ien [...*i*[e]*n*]: stärkeres Heft, eine Art Buch für Eintragungen

Diar|rhö[1] [*gr.-lat.*; „Durchfluß"] *die*; -, -en u. **Diar|rhöe** [...*rö*] *die*; -, -n [...*rö*[e]*n*]: Durchfall. **diarrhöisch** [*gr.*]: mit Durchfall verbunden

Di|ar|throse [*gr.*; „Vergliederung, Gliederbildung"] *die*; -, -n: Kugelgelenk (Med.)

dia|schist [...*ßchi*... u. ...*schi*...; *gr.-nlat.*]: in der chemischen Zusammensetzung von der verwandter Gesteine abweichend (bei bestimmten Gesteinen; Geol.)

Dia|skeuast [*gr.*] *der*; -en, -en: Bearbeiter eines literarischen Werkes, bes. der Homerischen Epen

Dia|skop *das*; -s, -e: = Diaprojektor. **Dia|skopie** *die*; -, ...ien: 1. Röntgendurchleuchtung (Med.). 2. medizinische Methode zur Untersuchung der Haut

Dia|spor [*gr.-nlat.*] *der*; -s, -e: ein Mineral. **Dia|spora** [*gr.*; „Zerstreuung"] *die*; -: a) Gebiet, in dem die Anhänger einer Konfession (auch Nation) gegenüber einer anderen in der Minderheit sind; b) eine konfessionelle (auch nationale) Minderheit

Diastase [*gr.*; „Auseinanderstehen; Spaltung"] *die*; -, -n: 1. (ohne Plural) = Amylase. 2. anatomische Lücke zwischen Knochen od. Muskeln, die durch Auseinanderklaffen zweier Gelenkflächen od. zweier Muskeln entsteht (Med.). **Diastema** [*gr.-lat.*; „Zwischenraum, Abstand"] *das*; -s, ...stemata: angeborene Zahnlücke (bes. zwischen den oberen Schneidezähnen; Med.)

Diastole [*diáßtole*, auch: ...*ßtol*[e]; *gr.-lat.*] *die*; -, ...olen: Ggs. → Systole: 1. die mit der Zusammenziehung rhythmisch abwechselnde Erweiterung des Herzens (Med.). 2. Dehnung eines kurzen Vokals aus Verszwang (Metrik). **diastolisch**: die Diastole betreffend, auf ihr beruhend, zur Diastole gehörend

diastrat[isch] [*gr.*; *lat.*]: die schichtenspezifischen Unterschiede einer Sprache betreffend (Sprachw.); vgl. ...isch/-.

Diasystem [*gr.*; *gr.-lat.*] *das*; -s, -e: [übergeordnetes] System, in dem verschiedene Systeme in Abhängigkeit voneinander funktionieren (Sprachw.)

diät [*gr.-lat.*]: den Vorschriften einer Schonkost folgend. **Diät** [*gr.*; „Lebensweise"] *die*; -: Krankenkost, Schonkost; auf die Bedürfnisse eines Kranken abgestimmte Ernährungsweise; vgl. aber: Diäten

Diätar [*lat.-nlat.*] *der*; -s, -e: (veraltet) [bei Behörden] auf Zeit Angestellter, Hilfsarbeiter. **diätarisch**: gegen Tagegeld. **Diäten** [*lat.-mlat.-fr.*] *die* (Plural): a) Bezüge der Abgeordneten [im Bundestag] in Form von Tagegeld, Aufwandsentschädigung u. a.; b) Einkommen bestimmter außerplanmäßiger Lehrkräfte (Diätendozenten) an Hochschulen

Diät|assistentin *die*; -, -nen: = Diätistin. **Diätetik** [*gr.-lat.-nlat.*] *die*; -, -en: Ernährungs-, Diätlehre (Med.). **Diätetikum** *das*; -s, ...ka: für eine → Diät geeignetes Nahrungsmittel. **diätetisch**: der Diätetik gemäß

Diathek [*gr.*] *die*; -, -en: Sammlung von → Diapositiven

diatherman [*gr.-nlat.*]: wärmedurchlässig, Wärmestrahlen nicht absorbierend (z. B. Glas, Eis; Meteor.; Phys.; Med.). **Diathermanität** u. **Diathermansie** *die*; -: Durchlässigkeit (für Wärmestrahlen; Meteor.). **Diathermie** *die*; -: Heilverfahren, bei dem Hochfrequenzströme Gewebe

---

[1] In Übereinstimmung mit der Arbeitsgruppe für medizin. Literaturdokumentation in der Deutschen Gesellschaft für Dokumentation u. mit führenden Fachverlagen wurde die Form auf -oe zugunsten der Form auf -ö aufgegeben.

im Körperinnern durchwärmen (Med.)

Diathese [*gr.*] *die*; -, -n: 1. besondere Bereitschaft des Organismus zu bestimmten krankhaften Reaktionen (z. B. zu Blutungen); Veranlagung für bestimmte Krankheiten. 2. = Genus verbi

diätisch [*gr.-lat.-nlat.*]: die Ernährung betreffend. **Diätistin** *die*; -, -nen: ausgebildete weibliche Fachkraft, die bei der Aufstellung von Diätplänen beratend mitwirkt

Diatomee [*gr.-nlat.*] *die*; -, ...meen (meist Plural): Kieselalge (einzelliger pflanzlicher Organismus). **Diatomeenerde** *die*; -: Kieselgur, Ablagerung von Diatomeen im Süßwasser bei niederen Temperaturen. **Diatomit** [auch: ...*it*] *der*; -s: Sedimentgestein aus verfestigtem Diatomeenschlamm

Diatonik [*gr.-nlat.*] *die*; -: Dur-Moll-Tonleitersystem mit 7 Stufen (Ganz- u. Halbtöne); Ggs. → Chromatik (1). **diatonisch**: [*gr.-lat.*]: in der Tonfolge einer Dur- od. Molltonleiter folgend; Ggs. → chromatisch (1)

diatopisch [*gr.*]: die landschaftlich bedingten Unterschiede sprachlicher Formen betreffend (Sprachw.)

Dia|tribe [*gr.-lat.*] *die*; -, -n: moralische Schrift, die durch Dialoge auf Einwände eines (fiktiven) Zuhörers eingeht

Diavolo [...*wo*...; *gr.-lat.-it.*] *der*; -, ...li: ital. Bezeichnung für: Teufel

Diazedpa|trone Ⓦ [Kurzw. aus: → *dia*metral, → zentrisch u. *Ed*isonstöpsel] *die*; -, -n: Schmelzsicherungspatrone

Di|azin [Kunstw.] *das*; -s, -e: sechsgliedrige Ringverbindung (Verbindung mit ringförmiger Anordnung der → Atome im → Molekül) mit zwei Stickstoffatomen im Ring (Chem.). **Diazotypie** [Kunstw.] *die*; -: Lichtpausverfahren (Fototechnik)

Dibbelmaschine [*engl.*; *gr.-lat.-fr.*] *die*; -, -n: eine Sämaschine, die dibbelt. **dibbeln** [*engl.*]: in Reihen mit größeren Abständen säen

Dibbuk [*hebr.*; „das Anhaften"] *der*; -[s], -s: (in der Kabbalistik) sündige Seele eines Toten, die als böser Geist von einem Menschen Besitz ergreift u. ihn quält

Dibo|thriocephalus [...*zefa*...; *gr.-nlat.*] *der*; -, ...li: Fischbandwurm (auf Menschen übertragbar)

Di|brachys [*gr.-lat.*] *der*; -, -: = Pyrrhichius

Dicen|tra [...*zän*...; *gr.-nlat.*] *die*; -, ...rae [...*rä*]: Gattung aus der Familie der Mohngewächse (z. B. die Gartenpflanze Tränendes Herz)

Dichasium [...*cha*...; *gr.-nlat.*] *das*; -s, ...ien [...*i*ᵉ*n*]: zweigabeliger → zymöser (trugdoldiger) Blütenstand (vom Hauptsproß entspringen zwei Seitenzweige, die sich ihrerseits auf die gleiche Weise verzweigen; Bot.)

Dichogamie [...*cho*...; *gr.-nlat.*] *die*; -: zeitlich getrennte Reife der weiblichen u. männlichen Geschlechtsorgane, wodurch die Selbstbestäubung bei Zwitterblüten verhindert wird (Bot.)

Dichoreus [...*cho*...; *gr.-lat.*] *der*; -, ...een: doppelter → Trochäus (– ◡ – ◡)

dichotom [...*cho*...; *gr.*; „zweigeteilt"] u. dichotomisch: 1. gegabelt (von Pflanzensprossen). 2. in Begriffspaare eingeteilt; vgl. Dichotomie (2); vgl. ...isch/-. **Dichotomie** *die*; -, ...ien: 1. Zweiteilung des Pflanzensprosses (die Hauptachse gabelt sich in zwei gleich starke Nebenachsen). 2. a) Zweiteilung, Gliederung (z. B. eines Gattungsbegriffs in zwei Arten); b) Gliederung eines Oberbegriffs in einen darin enthaltenen Begriff u. dessen Gegenteil. **dichotomisch** vgl. dichotom

Di|chroismus [...*kro*...; *gr.-nlat.*] *der*; -: Eigenschaft vieler → Kristalle (I), Licht nach verschiedenen Richtungen in zwei Farben zu zerlegen; vgl. Pleochroismus. **di|chroitisch**: in verschiedenen Richtungen zwei Farben zeigend. **Di|chromasie** u. Dichromat|opsie *die*; -, ...ien: Farbenblindheit, bei der nur zwei der drei Grundfarben erkannt werden (Med.). **Di|chromat** *das*; -[e]s, -e: Salz der Dichromsäure. **dichromatisch**: zweifarbig. **Dichromat|opsie** vgl. Dichromasie. **Di|chromie** *die*; -, ...ien: verschiedene Färbung von zwei Tieren der gleichen Art (meist in Abhängigkeit vom Geschlecht). **Dichromsäure** *die*; -, -n: Säure mit zwei Atomen Chrom im Molekül. **Di|chro|skop** *das*; -s, -e: besondere Lupe zur Erkennung des → Diod. → Pleochroismus bei Kristallen. **di|chro|skopisch**: a) das Dichroskop betreffend; b) mit Hilfe des Dichroskops

Dictionnaire [*dikßionär*] *das* (auch: *der*); -s, -s: = Diktionär

Didaktik [*gr.-nlat.*] *die*; -, -en: 1. (ohne Plural) Lehre vom Lehren u. Lernen, Unterrichtslehre, -kunde. 2. a) Theorie der Bildungsinhalte, Methode des Unterrichtens; b) Abhandlung, Darstellung einer didaktischen Theorie. **Didaktiker** *der*; -s, -: a) Fachvertreter der Unterrichtslehre; b) jmd., der einer Gruppe von Personen einen Lehrstoff vermittelt (z. B. ein guter, schlechter - sein). **didaktisch** [*gr.*]: a) die Vermittlung von Lehrstoff, das Lehren u. Lernen betreffend; b) für Unterrichtszwecke geeignet; c) belehrend, lehrhaft (z. B. -es Spielzeug). **didaktisieren**: einen Lehrstoff didaktisch aufbereiten. **Didaktisierung** *die*; -, -en: das Didaktisieren. **Didaskalien** [...*i*ᵉ*n*] *die* (Plural): 1. Regieanweisungen altgriech. Dramatiker für die Aufführung ihrer Werke. 2. in der Antike die urkundlichen Verzeichnisse der aufgeführten Dramen mit Angaben über Titel, Dichter, Schauspieler, Ort u. Zeit der Aufführung usw. **Didaxe** die; -, -n: Lehre, Lehrhaftigkeit, → Didaktik

Didot|antiqua [*didoan*...] *die*; -: von den franz. Buchdruckern François Ambroise u. Firmin Didot geschaffenene Druckschrift. **Didotsystem** *das*; -s: von dem franz. Buchdrucker François Ambroise Didot wesentlich verbessertes typographisches Maßsystem

Didym [*gr.-nlat.*] *das*; -s: eine seltene Erde (Gemisch aus den chem. Grundstoffen → Praseodym u. → Neodym). **Didymitis** *die*; -, ...itiden: Hodenentzündung (Med.)

didynamisch [*gr.-nlat.*]: zwei lange u. zwei kurze Staubblätter aufweisend (bei Zwitterblüten; Bot.)

Di|egese [*gr.*] *die*; -, -n: (veraltet) weitläufige Erzählung, Ausführung, Erörterung. **di|egetisch**: (veraltet) erzählend, erörternd

Diehard [*daihaʳd*; *engl.*; nach dem Ausruf „die hard!" = verkaufe dein Leben teuer!, dem Wahlspruch des 57. engl. Regiments zu Fuß] *der*; -s, -s: Anhänger des äußersten rechten Flügels der Konservativen in England

Di|elek|trikum [*gr.-nlat.*] *das*; -s, ...ka: luftleerer Raum od. isolierende Substanz, in der ein → elektromagnetisches Feld ohne Ladungszufuhr erhalten bleibt. **di|elek|trisch**: elektrisch nicht leitend (von bestimmten Stoffen). **Di|elek|trizitätskonstante** *die*; -[n], -n: Wert, der die elektrischen Eigenschaften eines Stoffes kennzeichnet; Zeichen: ε

Dien [*nlat.*] *das*; -s, -e: ein ungesättigter Kohlenwasserstoff (Chem.)

Dies [*lat.*] *der*; -: Kurzform von →

Dies academicus. **Dies academicus** [- *akademikuß*; *lat.*; *gr.-lat.*] *der*; - -: vorlesungsfreier Tag an der Universität, an dem aus besonderem Anlaß eine Feier od. Vorträge angesetzt sind. **Dies ater** [*lat.*; „schwarzer Tag"] *der*; - -: Unglückstag

Diese vgl. Diesis

Dies irae [- *irä*; *lat.*; „Tag des Zorns"] *das*; - -: Bezeichnung u. Anfang der Sequenz der Totenmesse

Diesis u. Diese [*gr.-lat.*] *die*; -, Diesen: (veraltet) Erhöhungszeichen um einen halben Ton (Mus.)

Dieu le veut! [*diö lᵉ wö*; *fr.*; „Gott will es!"]: Kampfruf der Kreuzfahrer auf dem ersten Kreuzzug (1096–99)

Diffalco [*...ko*; *it.*] *der*; -[s]: (veraltet) Preisnachlaß, Rabatt; vgl. Dekort (2)

Diffamation [*...zion*; *lat.-nlat.*] *die*; -, -en: = Diffamierung; vgl. ...[at]ion/...ierung. **diffamatorisch**: ehrenrührig, verleumderisch. **Diffamie** [*lat.-fr.*] *die*; -, ...ien: 1. (ohne Plural) verleumderische Bosheit. 2. Beschimpfung, verleumderische Äußerung. **diffamieren**: jmdn. in seinem Ansehen, etwas in seinem Wert herabsetzen, verunglimpfen; jmdn./etwas in Verruf bringen. **Diffamierung** *die*; -, -en: Verleumdung, Verbreitung übler Nachrede; vgl. ...[at]ion/...ierung

different [*lat.*]: verschieden, ungleich. **differential** u. differentiell [*...zi...*; *lat.-nlat.*]: einen Unterschied begründend od. darstellend. **Differential** *das*; -s, -e: 1. Zuwachs einer → Funktion (2) bei einer [kleinen] Änderung ihres → Arguments (3) (Math.). 2. Kurzform von → Differentialgetriebe. **Differentialanalysator** *der*; -s, -en: mechanische od. elektrische Rechenmaschine zur Lösung von Differentialgleichungen. **Differentialdia|gnose** *die*; -, -n: a) Krankheitsbestimmung durch unterscheidende, abgrenzende Gegenüberstellung mehrerer Krankheitsbilder mit ähnlichen Symptomen; b) jede der bei der Differentialdiagnostik konkurrierenden → Diagnosen (1). **Differentialdia|gnostik** *die*; -: = Differentialdiagnose (a). **Differentialgeome|trie** *die*; -: Gebiet der Mathematik, in dem die Differentialrechnung auf Flächen u. Kurven angewandt wird. **Differentialgetriebe** *das*; -s, -: Ausgleichsgetriebe bei Kraftwagen. **Differentialgleichung** *die*; -, -en: Gleichung, in der Differentialquotienten auftreten. **Differentialquotient** *der*; -en, -en: a) Grundgröße der Differentialrechnung; b) Grenzwert des → Quotienten, der den Tangentenwinkel bestimmt. **Differentialrechnung** *die*; -: Teilgebiet der höheren Mathematik. **Differentialrente** *die*; -, -n: Einkommen, das unter Voraussetzung unterschiedlicher Produktionskosten allen Produzenten mit niedrigeren Produktionskosten zufließt. **Differentiat** *das*; -s, -e: durch Differentiation (1b) entstandenes Mineral u. Gestein. **Differentiation** [*...zion*] *die*; -, -en: 1. (Geol.) a) Aufspaltung einer Stammschmelze in Teilschmelzen; b) Abtrennung von Mineralien aus Schmelzen während der Gesteinswerdung. 2. die Anwendung der Differentialrechnung. **Differentiator** *der*; -s, ...oren; = Derivator. **differentiell** vgl. differential; -e Psychologie: Erforschung des individuellen Seelenlebens (nach Geschlecht, Alter, Beruf, Rasse, Typ) von allgemeinen Gesetzen her (W. Stern). **Differenz** [*lat.*]: *die*; -, -en: 1. [Gewichts-, Preis]unterschied. 2. das Ergebnis einer → Subtraktion (z. B. ist 7 die Differenz zwischen 20 u. 13; Math.). 3. (meist Plural) Meinungsverschiedenheit, Unstimmigkeit, Zwist. **Differenzenquotient** *der*; -en, -en: → Quotient aus der Differenz zweier Funktionswerte (vgl. Funktion 2) u. der Differenz der entsprechenden → Argumente (3); (Math.). **Differenzgeschäft** *das*; -[e]s, -e: Börsentermingeschäft, bei dem nicht Lieferung u. Bezahlung des Kaufobjekts, sondern nur die Zahlung der Kursdifferenz zwischen Vertragskurs u. Kurs am Erfüllungstag an den gewinnenden Partner vereinbart wird. **Differenzierbarkeit** *die*; -: Eignung einer → Funktion (2) zur → Differentiation (2). **differenzieren** [*lat.-nlat.*]: 1. a) trennen, unterscheiden; b) sich -: sich aufgliedern, Konturen gewinnen. 2. eine → Funktion (2) nach den Regeln der Differentialrechnung behandeln (Math.). 3. eine Überfärbung von mikroskopischen Präparaten (Einzellern, Gewebsschnitten) mit Hilfe von Alkohol od. Säuren auf unterschiedliche Intensitätsstufen zurückführen zum Zwecke besserer Unterscheidbarkeit einzelner Strukturen. 4. (DDR) landwirtschaftliche Erzeugnisse bei der Pflichtablieferung unterschiedlich veranlagen (Landw.). **differenziert**: aufgegliedert, vielschichtig, in die Einzelheiten gehend. **Differenzierung** *die*; -, -en: 1. Unterscheidung, Sonderung, Abstufung, Abweichung, Aufgliederung. 2. a) Bildung verschiedener Gewebe aus ursprünglich gleichartigen Zellen; b) Aufspaltung → systematischer Gruppen im Verlauf der Stammesgeschichte (Biol.). 3. (DDR) unterschiedliche Veranlagung bei der Pflichtablieferung landwirtschaftlicher Erzeugnisse (Landw.). **Differenzton** *der*; -[e]s, ...töne: = Kombinationston. **differieren** [*lat.*]: verschieden sein, voneinander abweichen

diffizil [*lat.-fr.*]: schwierig, schwer zu behandeln, zu bewältigen, zu handhaben auf Grund der komplizierten Gegebenheiten

Dif|fluenz [*lat.*] *die*; -, -en: Gabelung eines Gletschers (Geol.); Ggs. → Konfluenz

difform [*lat.-nlat.*]: mißgestaltet. **Difformität** *die*; -, -en: Mißbildung, Mißgeburt

dif|frakt [*lat.*]: zerbrochen (Bot.). **Dif|fraktion** [*...zion*; *lat.-nlat.*] *die*; -, -en: Beugung der Lichtwellen und anderer Wellen (Phys.)

diffundieren [*lat.*]: 1. eindringen, verschmelzen (Chem.). 2. zerstreuen (von Strahlen; Phys.). **diffus**: 1. zerstreut, ohne genaue Abgrenzung (Chem.; Phys.); -es Licht: Streulicht, Licht ohne geordneten Strahlenverlauf; -e Reflexion: Lichtbrechung an rauhen Oberflächen. 2. unklar, verschwommen. **Diffusat** [*lat.-nlat.*] *das*; -s, -e: durch Diffusion entstandene Mischung; Produkt einer Verschmelzung verschiedener Stoffe (Chem.). **Diffusion** [*lat.*; „das Auseinanderfließen"] *die*; -, -en: 1. a) ohne äußere Einwirkung eintretender Ausgleich von Konzentrationsunterschieden (Chem.); b) Streuung des Lichts (Phys.). 2. Wetteraustausch (Bergw.). 3. Auslaugung (bei der Zuckerherstellung). **Diffusor** [*lat.-nlat.*] *der*; -s, ...oren: 1. Rohrleitungsteil, dessen Querschnitt sich erweitert (Strömungstechnik). 2. transparente, lichtstreuende Plastikscheibe zur Erweiterung des Meßwinkels bei Lichtmessern (Fotogr.)

Digamma [*gr.-lat.*] *das*; -[s], -s: Buchstabe im ältesten griech. Alphabet (Ϝ)

digen [*gr.-nlat.*]: durch Verschmelzung zweier Zellen gezeugt (Biol.)

digerieren [*lat.*; „auseinandertragen, zerteilen“]: 1. lösliche Drogenanteile auslaugen, ausziehen (Chem.). 2. verdauen (Med.)
Digest [*daidsehäßt*; *lat.-engl.*] *der* od. *das*; -[s], -s: a) bes. in den angelsächs. Ländern übliche Art von Zeitschriften, die Auszüge aus Büchern, Zeitschriften usw. bringen; b) Auszug [aus einem Buch od. Bericht]. **Digesten** [*lat.*; „Geordnetes“] *die* (Plural): Gesetzsammlung des Justinian, Bestandteil des → Corpus Juris Civilis. **Digestion** *die*; -, -en: 1. Auslaugung, Auszug (Chem.). 2. Verdauung (Med.). **digestiv** [*lat.-mlat.*]: a) die Verdauung betreffend; b) die Verdauung fördernd (Med.). **Digestivum** [...*iwum*] *das*; -s, ...va [...*wa*]: verdauungsförderndes Mittel. **Digestor** [*lat.-nlat.*] *der*; -s, ...oren: 1. Raum od. Einrichtung mit erhöhtem Luftaustausch in einem → Laboratorium. 2. (veraltet) Dampfkochtopf. 3. Gefäß zum → Digerieren (1)
Digimatik [*lat.*; *gr.*] *die*; -: elektronische Zähltechnik; Wissenschaft von der → digitalen Informationsverarbeitung. **Digit** [*didsehit*; *lat.-engl.*] *das*; -[s], -s: Ziffer, Stelle (in der Anzeige eines elektronischen Geräts; Techn.)
digital
I. [*lat.*] mit dem Finger (Med.).
II. [*lat.-engl.*] Daten u. Informationen in Ziffern darstellend (bei → Computern; Techn.); Ggs. → analog (2)
Digital-Analog-Konverter [...*wär*...] *der*; -s, -: elektronische Schaltung, die digitale Eingangssignale in analoge Ausgangssignale umsetzt (EDV); Ggs. → Analog-Digital-Konverter
Digitalis [*lat.*]
I. *die*; -, -: Fingerhut.
II. *das*; -: aus den Blättern des Fingerhutes gewonnenes starkes Herzmittel (Med.)
digitalisieren [*lat.-engl.*]: 1. Daten u. Informationen in Ziffern darstellen (Techn.). 2. ein Analogsignal in ein Digitalsignal umsetzen (z. B. um einen sauberen Klang zu erreichen). **Digitalrechner** *der*; -s, -: mit nicht zusammenhängenden Einheiten (Ziffern, Buchstaben) arbeitende Rechenanlage; elektronischer Rechner, der mit → Binärziffern arbeitet; Ggs. → Analogrechner. **Digitaltechnik** *die*; -: Umsetzung von Zeigerausschlägen in Ziffern. **Digitaluhr** *die*; -, -en: Uhr, die die Uhrzeit nicht mit Zeigern angibt, sondern als Zahl (z. B. 18.20); Ggs. → Analoguhr. **Digitoxin** *das*; -s: wirksamster u. giftigster Bestandteil der Digitalisblätter. **Digitus** [*lat.*] *der*; -, ...ti: (Med.) 1. Finger. 2. Zehe
Di|glossie [*gr.*] *die*; -, ...ien: Form der intra- od. interlingualen Zweisprachigkeit, bei der die eine Sprachform die Standard- od. Hochsprache darstellt, während die andere im täglichen Gebrauch, in informellen Texten auftritt
Di|glyph [*gr.*; „Zweischlitz“] *der*; -s, -e: Platte mit zwei Schlitzen als Verzierung am Fries; eine bes. in der ital. Renaissance beliebte Abart des → Triglyphs
Di|gnitar [*lat.-nlat.*] u. **Di|gnitär** [*lat.-fr.*] *der*; -s, -e: geistl. Würdenträger der kath. Kirche. **Dignität** [*lat.*] *die*; -, -en: a) (ohne Plural) Wert, hoher Rang, Würde; b) Amtswürde eines höheren kath. Geistlichen
Di|gramm [*gr.*] *das*; -s, -e: = Digraph. **Di|graph** *das* (auch: *der*); -s, -e[n]: Verbindung von zwei Buchstaben zu einem Laut (z. B. dt. ‚ng‘ od. gotisch ‚ei‘ [gesprochen: i])
Di|gression [*lat.*] *die*; -, -en: 1. Abweichung, Abschweifung. 2. Winkel zwischen dem Meridian u. dem Vertikalkreis, der durch ein polnahes Gestirn geht
dihy|brid [auch: ...*it*; *gr.-lat.*]: sich in zwei erblichen Merkmalen unterscheidend (Biol.). **Dihy|bride** [auch: ...*ide*] *der*; -n, -n: → Bastard (1); Individuum, dessen Eltern zwei verschiedene Erbmerkmale haben, die das Individuum nun selbst in sich trägt (z. B. Vater schwarzhaarig, Mutter blond, so daß schwarzhaariger Sohn blonde Kinder bekommen kann)
Dijambus [*gr.-lat.*] *der*; -, ...ben: doppelter → Jambus (◡–◡–)
dijudizieren [*lat.*]: entscheiden, urteilen (Rechtsw.)
Dikaryont [*gr.-nlat.*] *das*; -s: Zweikernstadium (Zelle enthält einen männlichen u. einen weiblichen → haploiden Kern) vor der Befruchtung bei den höheren Pilzen
Dikasterium [*gr.-nlat.*] *das*; -s, ...ien [...*i*ᵉ*n*]: altgr. Gerichtshof
di|klin [*gr.-nlat.*]: eingeschlechtige Blüten aufweisend (von Pflanzen; Bot.)
dikotyl [*gr.*]: zweikeimblättrig. **Dikotyle** u. **Dikotyledone** [*gr.-nlat.*] *die*; -, -n: zweikeimblättrige Pflanze
Di|krotie [*gr.-nlat.*] *die*; -, ...ien: Zweigipfeligkeit (das doppelte Schlagen) des Pulses (Med.)
Dikta: *Plural* von → Diktum
Diktam [*gr.-lat.*] *der*; -s: = Diptam
diktando [*lat.*]: diktierend, beim Diktieren. **Diktant** *der*; -en, -en: jmd., der diktiert. **Diktantenseminar** *das*; -s, -e: Seminar, Übungskurs, in dem man sich mit der Ansagetechnik beim Phonodiktat beschäftigt. **Diktaphon** [*lat.*; *gr.*] *das*; -s, -e: Diktiergerät, Tonbandgerät zum Diktieren. **Diktat** [*lat.*] *das*; -[e]s, -e: 1. a) das Diktieren; b) das Diktierte; c) Nachschrift; vom Lehrer diktierte Sätze als Rechtschreibeübung in der Schule. 2. etw., was jmdm. von einem andern als Verpflichtung vorgeschrieben, auferlegt worden ist, etw., was er zu machen hat. **Diktator** *der*; -s, ...oren: 1. unumschränkter Machthaber an der Spitze eines Staates; Gewaltherrscher. 2. (abwertend) herrischer, despotischer Mensch. 3. (hist.) röm. Beamter, dem auf bestimmte Zeit die volle Staatsgewalt übertragen wurde (z. B. Cäsar). **diktatorial**: a) gebieterisch, autoritär; b) absolut, unumschränkt. **diktatorisch**: 1. unumschränkt, einem unumschränkten Gewaltherrscher unterworfen. 2. (abwertend) gebieterisch, keinen Widerspruch duldend. **Diktatur** *die*; -, -en: 1 (ohne Plural) a) auf unbeschränkte Vollmacht einer Person od. Gruppe gegründete Herrschaft in einem Staat, z. B. - des Militärs; - des Proletariats: politische Herrschaft der Arbeiterklasse im Übergangsstadium zwischen der kapitalistischen u. der klassenlosen Gesellschaftsform (Marxismus); b) autoritär, diktatorisch regiertes Staatswesen. 2. (abwertend) autoritäre Führung, autoritärer Zwang, den eine Einzelperson, eine Gruppe od. Institution auf andere ausübt; Willkürherrschaft.
diktieren: 1. jmdm. etwas, was er [hin]schreiben soll, Wort für Wort sagen. 2. zwingend vorschreiben, festsetzen; auferlegen. **Diktiergerät** *das*; -[e]s, -e: Gerät zur Aufnahme u. Wiedergabe eines gesprochenen Textes. **Diktion** [...*zion*] *die*; -, -en: mündliche od. schriftliche Ausdrucksweise; Stil (1). **Diktionär** [*lat.-mlat.-fr.*] *das* (auch: *der*); -s, -e: (veraltet) Wörterbuch. **Diktum** [*lat.*; „Gesagtes“] *das*; -s, ...ta: Ausspruch
Diktyogenese [*gr.-nlat.*] *die*; -, -n: Gerüstbildung, Bezeichnung für → tektonische Bewegungsformen (Geol.)
dilatabel [*lat.-nlat.*]: dehnbar. **Dilatabiles** *die* (Plural): hebräische

Buchstaben, die zum Ausfüllen der Zeilen in die Breite gezogen wurden. **Dilatation** [...*zion*] *die*; -, -en: 1. Ausdehnung, → spezifische (1) Volumenänderung, Verlängerung eines elastisch gedehnten Körpers (Phys.). 2. Erweiterungswachstum der Baumstämme (Bot.). 3. krankhafte od. künstliche Erweiterung von Hohlorganen (z. B. von Gefäßen des Herzens; Med.). **Dilatationsfuge** *die*; -, -n: Dehnungsfuge in Betonstraßen, Brücken, Talsperren usw., die Spannungen bei Temperatursteigerung verhindert. **Dilatator** *der*; -s, ...oren: 1. erweiternder Muskel (Med.). 2. Instrument zur Erweiterung von Höhlen u. Kanälen des Körpers (Med.). **dilatieren**: ein Hohlorgan mechanisch erweitern (Med.). **Dilation** [...*zion*] *die*; -, -en: Aufschub, Aufschubfrist (Rechtsw.). **Dilatometer** [*lat.*; *gr.*] *das*; -s, -: 1. Apparat zur Messung der Ausdehnung von Körpern bei Temperaturerhöhung (Phys.). 2. Apparat zur Bestimmung des Alkoholgehalts einer Flüssigkeit auf der Grundlage der sog. Schmelzausdehnung. **dilatorisch** [*lat.*]: aufschiebend, verzögernd; -e Einrede: aufschiebende Einrede bei Gericht; Ggs. → peremptorische Einrede (Rechtswissenschaft)

Dildo *der*; -[s], -s: Penis aus Latex

Dilemma [*gr.-lat.*] *das*; -s, -s u. -ta: Wahl zwischen zwei [gleich unangenehmen] Dingen, Zwangslage, -entscheidung. **dilemmatisch**: zwei alternativ verbundene [sich gegenseitig ausschließende] Lösungen enthaltend

Dilettant [*lat.-it.*] *der*; -en, -en: 1. (oft abwertend) Nichtfachmann; jmd., der sich ohne fachmännische Schulung in Kunst od. Wissenschaft betätigt; Laie mit fachmännischem Ehrgeiz. 2. (veraltet) Kunstliebhaber. **dilettantisch**: (oft abwertend) unfachmännisch, laienhaft, unzulänglich. **Dilettantismus** [*nlat.*] *der*; -: (oft abwertend) Betätigung in Kunst od. Wissenschaft ohne Fachausbildung. **dilettieren** [*lat.-it.*]: sich als Dilettant betätigen, sich versuchen

Diligence [*dilischangß*; *lat.-fr.*] *die*; -, -n [...*ßen*]: (hist.) [Eil]postwagen. **Diligenz** [*lat.*] *die*; -: (veraltet) Sorgfalt, Fleiß

diluieren [*lat.-nlat.*]: verdünnen (z. B. eine Säure durch Zusatz von Wasser; Med.). **Dilution** [...*zion*] *die*; -, -en: Verdünnung (Med.). **diluvial** [...*wi*...; *lat.*]: das Diluvium betreffend, aus ihm stammend. **Diluvium** [„Überschwemmung, Wasserflut"] *das*; -s: frühere Bez. für → Pleistozän

Dimafon [Kurzw. aus: *Di*ktier-*Ma*gneto*f*(ph)*on*] *das*; -s, -e: mit Magnetton arbeitendes Diktiergerät

Dime [*daim*; *lat.-fr.-engl.*] *der*; -s, -s (aber: 10 Dime): Silbermünze der USA im Werte von 10 Cents

Dimension [*lat.*] *die*; -, -en: Ausdehnung, Ausmaß, Abmessung (eines Körpers nach Länge, Breite, Höhe). **dimensional** [*lat.-nlat.*]: die Ausdehnung betreffend. **dimensionieren**: die Maße eines Gegenstandes festlegen

dimer [*gr.*]: zweiteilig, zweigliedrig (Chem.; Med.). **Dimerisation** [...*zion*; *gr.-nlat.*] *die*; -, -en: Vereinigung zweier gleicher Teilchen (z. B. Atome, Moleküle; Chem.)

Dimeter [*gr.-lat.*] *der*; -s, -: aus zwei gleichen Metren bestehender antiker Vers; vgl. Metrum (1)

diminuendo [*lat.-it.*]: in der Tonstärke abnehmend, schwächer werdend; Abk.: dim. (Vortragsanweisung; Mus.). **Diminuendo** *das*; -s, -s u. ...di: allmähliches Nachlassen der Tonstärke (Mus.). **diminuieren** [*lat.*]: verkleinern, verringern, vermindern. **Diminution** [...*zion*] *die*; -, -en: 1. Verkleinerung, Verringerung. 2. (Mus.) a) Verkleinerung des Themas durch Verwendung kürzerer Notenwerte; Ggs. → Augmentation (a); b) variierende Verzierung durch Umspielen der Melodienoten; c) Tempobeschleunigung durch Verkürzung der Noten. **diminutiv**: (in bezug auf den Inhalt eines Wortes) verkleinernd (Sprachw.). **Diminutiv** *das*; -s, -e [...*w*e], **Diminutivform** *die*; -, -en u. **Diminutivum** [...*iwum*] *das*; -s, ...va [...*wa*]: Ableitungsform eines Substantivs, die im Vergleich zur Bedeutung des Grundwortes eine Verkleinerung ausdrückt, oft emotionale Konnotationen hat u. auch als Koseform gebraucht wird (z. B. Öfchen, Gärtlein, noch ein Pfeifchen rauchen; Sprachw.); Ggs. → Augmentativum

Dimission [*lat.*] *die*; -, -en: (veraltet) Demission. **Dimissionär** *der*; -s, -e: (veraltet) Demissionär. **Dimissoriale** [*lat.-nlat.*] *das*; -s, ...alien [...*ien*]: Genehmigung, mit der der zuständige Amtsträger einen anderen Geistlichen zu Amtshandlungen (Taufe, Trauung o. ä.) ermächtigt. **dimittieren** [*lat.*]: (veraltet) entlassen, verabschieden

Dimmer [*germ.-engl.*] *der*; -s, -: schalterähnliche Vorrichtung, mit der die Intensität des elektrischen Lichts (von fast dunkel bis sehr hell) in fließenden Übergängen reguliert werden kann

di molto vgl. molto

dimorph [*gr.*]: 1. zweigestaltig. 2. in zwei Kristallsystemen auftretend (von Kristallen). **Dimorphie** [*gr.-nlat.*] *die*; -, ...ien u. **Dimorphismus** *der*; -, ...men: Zweigestaltigkeit; das Nebeneinanderbestehen zweier verschiedener Formen (z. B. der gleichen Tier- od. Pflanzenart; z. B. → Polyp (1) u. → Meduse)

Din = (jugoslaw.) Dinar

DIN ®: 1. Kurzw. für: *D*eutsche *I*ndustrie-*N*orm[en] (später gedeutet als: Das Ist Norm); Verbandszeichen des Deutschen Instituts für Normung e. V. (früher: Deutscher Normenausschuß): Schreibweise: mit einer Nummer zur Bez. einer Norm, z. B. DIN 16511. 2. Maßeinheit für die Lichtempfindlichkeit eines Films

Dinanderie [*fr.*; nach der belg. Stadt Dinant (*dinang*)] *die*; -, ...ien: Messingarbeiten aus dem Maastal, aus Brabant u. Flandern

Dinar [*lat.-mgr.-arab.*] *der*; -s, -e (aber: 6 Dinar): Währungseinheit in verschiedenen Ländern (z. B. Jugoslawien, Abk.: Din; Iran, Abk.: D)

di|narisch [nach den Dinarischen Alpen]: einem bestimmten Menschentyp aus dem → europiden Rassenkreis angehörend

Diner [*dine*; *lat.-vulgärlat.-fr.*] *das*; -s, -s: 1. festliches Mittag- od. Abendessen. 2. (in Frankreich) Hauptmahlzeit des Tages, die am Abend eingenommen wird

DIN-Format *das*; -[e]s, -e: nach DIN festgelegtes Papierformat

Dingi u. **Dinghi** [*Hindi-engl.*] *das*; -s, -s: a) kleines Sportsegelboot; b) kleinstes Beiboot auf Kriegsschiffen

Dingo [*austr.*] *der*; -s, -s: austr. Wildhund von der Größe eines kleinen deutschen Schäferhunds

DIN-Grad *der*; -[e]s, -e: (früher für) DIN (2)

dinieren [*lat.-vulgärlat.-fr.*]: [festlich] speisen. **Diningcar** [*daining-ka*r; *engl.*] *der*; -s, -s: Speisewagen (in England). **Dining-room** [*dainingrum*] *der*; -s, -s: Speisezimmer (in England). **Dinner** *das*; -s, -: 1. Festmahl. 2. Hauptmahlzeit am Abend in England. **Dinnerjakket** [...*dschäkit*] *das*; -s, -s: Herrenjackett für halboffizielle gesellschaftliche Anlässe

Dinosaurier [...*iᵉr*; *gr.-nlat.*] *der*; -s, - u. **Dinosaurus** *der*; -, ...rier [...*iᵉr*]: ausgestorbene Riesenechse. **Dinotherium** *das*; -s, ...ien [...*iᵉn*]: ausgestorbenes riesiges Rüsseltier

DIN-Sensitometer *das*; -s, -: → Sensitometer zum Messen von → DIN-Graden

Di|ode [*gr.-nlat.*] *die*; -, -n: Zweipolröhre, Gleichrichterröhre (Elektrot.)

Diolefin [*nlat.*] *das*; -s, -e: = Dien. **Diolen** ® [Kunstw.] *das*; -s: eine synthetische Textilfaser aus → Polyester; vgl. Trevira

Di|on *die*; -, -en: (österr.) kurz für a) Direktion; b) Division

Dionysien [...*iᵉn*; *gr.-lat.*] *die* (Plural): altgriech. Fest zu Ehren des Wein- u. Fruchtbarkeitsgottes Dionysos. **dionysisch**: 1. dem Dionysos zugehörend, ihn betreffend. 2. wildbegeistert, rauschhaft dem Leben hingegeben (nach Nietzsche); Ggs. → apollinisch; -es Fest: rauschhaft-ekstatisches Fest

diophantische Gleichung [nach dem gr. Mathematiker Diophantos aus Alexandria; 3. Jh. v. Chr.] *die*; -n -: eine Gleichung mit mehreren Unbekannten, für die ganzzahlige Lösungen zu finden sind (Math.)

Di|opsid [*gr.-nlat.*] *der*; -s, -e: ein Mineral. **Di|optas** *der*; -, -e: ein Mineral. **Di|opter** [*gr.-lat.*] *das*; -s, -: 1. Zielgerät (bestehend aus Lochblende u. Zielmarke). 2. (veraltet) Sucher an Fotoapparaten. **Di|op|trie** [*gr.-nlat.*] *die*; -, ...ien: Einheit des Brechwertes optischer Systeme; Abk.: dpt, Dptr. u. dptr. (Physik). **Di-op|trik** *die*; -: (veraltet) Lehre von der Brechung des Lichts. **di|op|trisch**: a) zur Dioptrie gehörend, lichtbrechend; durchsichtig; b) nur lichtbrechende Elemente enthaltend (z. B. dioptrische Fernrohre). **Di-op|trometer** *das*; -s, -: Gerät für die Bestimmung der Dioptrien. **Di|orama** [„Durchschaubild"] *das*; -s, ...men: plastisch wirkendes Schaubild, bei dem Gegenstände vor einem gemalten od. fotografierten Rundhorizont aufgestellt sind u. teilweise in diesen übergehen

Diorid ® [Kunstw.] *das*; -s: eine Kunstfaser. **Di|orismus** [*gr.-nlat.*] *der*; -, ...men: Begriffsbestimmung. **Diorit** [auch: ...*it*] *der*; -s, -e: ein körniges Tiefengestein (aus Plagioklas u. Amphibol)

Dioskuren [*gr.*; „Söhne des Zeus"; nämlich: Kastor u. Pollux] *die* (Plural): unzertrennliches Freundespaar

Dioxid [auch: ...it] vgl. Dioxyd

Dioxsil ® [Kunstw.] *das*; -s: säurefester Werkstoff aus geschmolzenem Quarzsand. **Di-oxyd** [auch: ...*üt*; *gr.-nlat.*], (chem. fachspr.:) Dioxid *das*; -s, -e: anorganische Verbindung von einem Atom Metall od. Nichtmetall mit zwei Sauerstoffatomen (Chem.)

di|özesan [*gr.-lat.*]: zu einer Diözese gehörend, die Diözese betreffend. **Di|özesan** *der*; -en, -en: Angehöriger einer Diözese. **Di|özese** *die*; -, -n: a) Amtsgebiet eines katholischen Bischofs; b) (früher auch:) evangel. Kirchenkreis; vgl. Dekanat. **Di|özie** [*gr.-nlat.*] *die*; -: Zweihäusigkeit bei Pflanzen (männliche u. weibliche Blüten stehen auf verschiedenen Individuen). **di|özisch**: zweihäusig (von Pflanzen). **Di|özismus** *der*; -: = Diözie

Dip [*engl.*] *der*; -s, -s: kalte, dickflüssige Soße zum Eintunken von kleinen Happen (z. B. Cracker 1, Chips 2), Fleischstücken od. geschnittenem Obst, Gemüse o. ä.

Dipeptid [*gr.-nlat.*] *das*; -s, -e: ein aus zwei beliebigen → Aminosäuren aufgebauter Eiweißkörper (Chem.). **Dipeptidase** *die*; -, -n: → Enzym, das Dipeptide spaltet (Chem.)

Diph|therie [*gr.-nlat.*] *die*; -, ...ien: Infektionskrankheit im Hals- u. Rachenraum mit Bildung häutiger Beläge auf den Tonsillen u. Schleimhäuten. **diph|therisch**: durch Diphtherie hervorgerufen. **Diph|theritis** *die*; -: (ugs.) Diphtherie. **diph|theroid**: 1. diphtherieähnlich. 2. die Diphtherie betreffend

Di|phthong [*gr.-lat.*] *der*; -s, -e: aus zwei Vokalen gebildeter Laut, Doppellaut, Zwielaut (z. B. ei, au; Sprachw.); Ggs. → Monophthong. **Di|phthongie** [*gr.-nlat.*] *die*; -, ...ien: gleichzeitige Bildung von zwei verschiedenen Tönen (bei Stimmbanderkrankungen; Med.). **di|phthongieren** [*gr.-lat.*]: einen Vokal zum Diphthong entwickeln (z. B. das i in mittelhochd. *wip* zu ei in neuhochd. *Weib*; Sprachw.); Ggs. → monophthongieren. **di-phthongisch**: (Sprachw.) a) einen Diphthong enthaltend; b) als Diphthong lautend; Ggs. → monophthongisch

diphyletisch [*gr.-nlat.*]: stammesgeschichtlich von zwei Ausgangsformen ableitbar (von Tier- od. Pflanzeneinheiten)

Diphyllobo|thrium [*gr.-nlat.*] *das*; -s, ...rien [...*riᵉn*]: = Dibothriocephalus

diphy|odont: einen Zahnwechsel durchmachend (von Lebewesen; Med.)

Di|plakusis [*gr.-nlat.*; „Doppelhören"] *die*; -: das Hören verschiedener Töne auf beiden Ohren beim Erklingen eines einzigen Tones (Med.)

Di|plegie [*gr.-nlat.*] *die*; -, ...ien: doppelseitige Lähmung (Med.). **Di|plexbetrieb** vgl. Duplexbetrieb

Di|plodokus [*gr.-nlat.*] *der*; -, ...ken: ausgestorbene Riesenechse

Di|ploe [*gr.*] *die*; -: die zwischen den beiden Tafeln des Schädeldachs liegende schwammige Knochensubstanz (Med.). **di-ploid** [*gr.-nlat.*]: einen doppelten (d. h. vollständigen) Chromosomensatz aufweisend; Ggs. → haploid. **Di|ploidie** [...*o-i*...] *die*; -: das Vorhandensein des vollständigen, d. h. des normalen (doppelten) Chromosomensatzes im Zellkern (Biol.). **Di|plokokkus** *der*; -, ...kken: paarweise zusammenhängende → Kokken (Krankheitserreger; Med.)

Di|plom [*gr.-lat*; eigtl. „zweifach Gefaltetes", dann „Handschreiben auf zwei zusammengelegten Blättern"] *das*; -[e]s, -e: Urkunde über eine Auszeichnung od. über eine abgelegte Prüfung bes. an einer Hochschule od. bei der Handwerkskammer; Abk.: Dipl. **Di|plomand** [*gr.-lat.-nlat.*] *der*; -en, -en: jmd., der sich auf eine Diplomprüfung vorbereitet. **Di|plomat** [*gr.-lat.-nlat.-fr.*] *der*; -en, -en: 1. jmd., der im auswärtigen Dienst eines Staates steht u. bei anderen Staaten als Vertreter dieses Staates beglaubigt ist. 2. jmd., der geschickt u. klug taktiert, um seine Ziele zu erreichen, ohne andere zu verärgern, z. B. ein guter (schlechter) - sein. **Di|plomatie** *die*; -: 1. völkerrechtliche Regeln für außenpolitische Verhandlungen, Verhandlungstaktik. 2. Gesamtheit der Diplomaten, die in einer Hauptstadt, in einem Land → akkreditiert (1) sind. 3. kluge Berechnung. **Di-plomatik** *die*; -: Urkundenlehre. **Di|plomatiker** *der*; -s, -: Urkundenforscher u. -kenner. **di-plomatisch**: 1. die Diplomatik betreffend, urkundlich. 2. a) die Diplomatie betreffend, auf ihr beruhend; b) den Diplomaten betreffend. 3. klug-berechnend. **di-**

plomieren [*gr.-lat.-nlat.*]: jmdm. auf Grund einer Prüfung ein Diplom erteilen

Di|plont [*gr.-nlat.*] *der*; -en, -en: tierischer od. pflanzlicher → Organismus (1 b), dessen Körperzellen zwei Chromosomensätze aufweisen. **Di|plopie** *die*; -: gleichzeitiges Sehen zweier Bilder von einem einzigen Gegenstand (Med.). **di|plostemon**: mit zwei Staubblattkreisen versehen (von Blüten, deren äußerer zu dem nächststehenden Blütenhüllkreis versetzt steht; Bot.)

Di|pnoi [*...no-i*; *gr.-nlat.*] *die* (Plural): kiemen-. u. lungenatmende Knochenfische

Dipodie [*gr.-lat.*; „Doppelfüßigkeit"] *die*; -, ...ien: Verbindung zweier Versfüße (rhythmischer Einheiten) zu einem Verstakt; vgl. Monopodie u. Tripodie. **dipodisch** [*gr.*]: Dipodie u. damit einen Wechsel von Hauptton-Senkung-Nebenton-Senkung usw. aufweisend (von Versen)

Dipol [*gr.-nlat.*] *der*; -s, -e: 1. Anordnung zweier gleich großer elektrischer Ladungen od. magnetischer → Pole (I, 5) entgegengesetzter → Polarität (1) in geringem Abstand voneinander. 2. = Dipolantenne. **Dipolantenne** *die*; -, -n: Antennenanordnung mit zwei gleichen, elektrisch leitenden Teilen

dippen [*engl.*]: (Seemannsspr.) die Flagge zum Gruß halb niederholen u. wieder aufziehen

Dip|somane [*gr.-nlat.*; „Trinksüchtiger"] *der* od. *die*; -n, -n: jmd., der von periodischer Trunksucht befallen ist; Quartalssäufer[in]. **Dip|somanie** *die*; -, ...ien: periodisches Auftreten von Trunksucht

Diptam [*gr.-lat.-mlat.*] *der*; -s: zu den Rautengewächsen gehörende Staude, deren an → ätherischen Ölen reiche Blätter entzündbar sind (Brennender Busch; Bot.)

Di|pteren [*gr.-nlat.*; „Zweiflügler"] *die* (Plural): Insektenordnung der Mücken u. Fliegen. **Di|pteros** [*gr.-lat.*] *der*; -, ...roi [*...reu*]: griech. Tempel, der von einer doppelten Säulenreihe umgeben ist

Di|ptychon [*gr.-lat.*] *das*; -s, ...chen u. ...cha: 1. im Altertum eine zusammenklappbare Schreibtafel. 2. im Mittelalter ein zweiflügeliges Altarbild; vgl. Triptychon, Polyptychon

Dipylonkultur [*gr.-lat.*; nach der Fundstelle vor dem Dipylon, dem „Doppeltor", in Athen] *die*; -: eisenzeitliche Kultur in Griechenland. **Dipylonstil** [nach den Dipylonvasen] *der*; -s: geometrischer Stil der frühgriech. Vasenmalerei. **Dipylonvasen** *die* (Plural): Tongefäße der griech. Vasenmalerei in der späteren → archaischen Zeit

Dirae [*dirä*; *lat.*] *die* (Plural): Verwünschungsgedichte u. Schmähverse (altröm. Literaturgattung); vgl. Arai

Direct costing [*dairäkt koßting*; *engl.*] *das*; - -[s]: Sammelbez. für verschiedene Verfahren der Teilkostenrechnung (Wirtsch.). **Direct-Mailing** [*dairäktme'ling*; *engl.*] *das*; -[s], -s: Form der Direktwerbung, bei der Werbematerial (Briefumschlag u. Prospekt mit Rückantwortkarte) an eine bestimmte Zielgruppe mit der Post geschickt wird. **Directoire** [*diräktoar*; *lat.-fr.*] *das*; -[s]: franz. Kunststil zwischen → Louis-seize u. → Empire (I b). **direkt** [*lat.*]: 1. unmittelbar, ohne Umweg od. Verzögerung o. ä., ohne daß etw. anderes dazwischenliegt od. unternommen wird (in bezug auf das Verhältnis zwischen räumlichem od. zeitlichem Ausgangspunkt u. dem Zielpunkt; -e Rede: in Anführungsstrichen stehende, wörtliche, unabhängige Rede (z. B.: Er sagte: „Ich gehe nach Hause"); Ggs. → indirekte Rede. 2. geradezu, ausgesprochen, regelrecht, z. B. es ist - ein Glück, daß ich dich getroffen habe. **Direktion** [*...zion*] *die*; -, -en: 1. [Geschäfts]leitung, Vorstand. 2. (veraltet) Richtung. **direktiv**: Verhaltensregeln gebend. **Direktive** [*...w*ᵉ; *lat.-nlat.*] *die*; -, -n: Weisung; Verhaltensregel. **Direktkandidat** *der*; -en, -en: Politiker, der sich um ein Direktmandat bewirbt. **Direktmandat** *das*; -[e], -e: → Mandat (2) eines durch Persönlichkeitswahl direkt, d. h. nicht über eine Wahlliste, gewählten Abgeordneten. **Direktor** [*lat.*] *der*; -s, ...oren: 1. a) Leiter (einer Schule); b) jmd., der einem Unternehmen, einer Behörde vorsteht; Vorsteher. 2. Zusatzelement für die → Dipolantenne mit Richtwirkung. **Direktorat** [*lat.-nlat.*] *das*; -[e]s, -e: 1. a) Leitung; b) Amt eines Direktors od. einer Direktorin. 2. Dienstzimmer eines Direktors od. einer Direktorin. **direktorial**: a) einem Direktor od. einer Direktorin zustehend; b) von einem Direktor od. einer Direktorin veranlaßt; c) einem Direktor [in der Art des Benehmens] ähnelnd, entsprechend. **Direktorin** [auch: *diräk...*; *lat.*] *die*; -, -nen: Leiterin, bes. einer Schule. **Direktorium** *das*; -s, ...ien [*...i*ᵉ*n*]: 1. Vorstand, Geschäftsleitung, leitende Behörde. 2. (ohne Plural) = Directoire. **Direk|trice** [*...triß*ᵉ; *lat.-fr.*] *die*; -, -n: leitende Angestellte, bes. in der Bekleidungsindustrie. **Direk|trix** [*lat.*] *die*; -: Leitlinie von Kegelschnitten, Leitkurve von gekrümmten Flächen (Math.). **Direktstudent** *der*; -en, -en: (DDR) Student, der im Gegensatz zum Fernstudenten am Universitätsort Lehrveranstaltungen besucht. **Direktstudium** *das*; -s, ...ien [*...i*ᵉ*n*]: (DDR) Studium, das im Gegensatz zum Fernstudium unmittelbar an einer Universität durchgeführt wird. **Direttissima** [*ital.*] *die*; -, -s: Route, die ohne Umwege zum Gipfel eines Berges führt. **direttissimo**: den direkten Weg zum Gipfel nehmend. **Direx** [*lat.*] *der*; -, -e u. *die*; -, -en: (Schülerspr.) Kurzw. für: Direktor (1 a) u. Direktorin

Dirge [*dö'dsch*; *lat.-engl.*; nach dem lat. Anfangswort einer Totenklage „Dirige, Domine" = Leite, Herr...] *das*; -, -s: engl. Bezeichnung für: Trauer-, Klagegedicht, Klagelied

Dir|ham u. **Dir|hem** [*gr.-arab.*] *der*; -s, -s (aber: 5 Dirham): 1. Währungseinheit in Marokko; Abk.: DH. 2. Gewichtseinheit in den islamischen Ländern

Dirigat [*lat.*] *das*; -[e]s, -e: 1. Orchesterleitung, Dirigentschaft. 2. Tätigkeit, [öffentliches] Auftreten eines Dirigenten. **Dirigent** *der*; -en, -en: Leiter eines Chors, Orchesters, einer musikalischen Aufführung. **dirigieren**: 1. einen Chor, ein Orchester od. eine musikalische Aufführung (Konzert, Oper) leiten. 2. dafür sorgen, daß jmd., etwas in einer bestimmten Richtung abläuft, verläuft, sich entwickelt, eine bestimmte Richtung einschlägt; Anweisungen geben in bezug auf Richtung, Entwicklung, Verlauf von jmdm., etw. **Dirigismus** [*lat.-nlat.*] *der*; -: staatliche Lenkung der Wirtschaft. **dirigistisch**: 1. den Dirigismus betreffend. 2. reglementierend, in der Bewegungsfreiheit einengend, Vorschriften machend

dirimieren [*lat.-fr.*]: trennen, entfremden, sich lösen

Dirt-Track-Rennen [*dö'tträk...*; *engl.*; *dt.*] *das*; -s, -: Motorrad- od. Fahrradrennen auf Schlakken- od. Aschenbahnen

Di|sac|charid u. Di|sacharid [*...saeha...*; *gr.*; *sanskr.-gr.-lat.-*

nlat.] *das*; -s, -e: → Kohlehydrat, das aus zwei Zuckermolekülen aufgebaut ist

Dis|agio [*...adseho*; *lat.-fr.-it.*] *das*; -s, -s u. ...ien [*...ien*]: Abschlag, um den der Preis od. Kurs hinter dem Nennwert od. der → Parität (2) eines Wertpapiers od. einer Geldsorte zurückbleibt

dis|ambiguieren [*lat.*]: die → Ambiguität eines sprachlichen Ausdrucks durch Zuordnung mehrerer syntaktischer Strukturen od. semantischer Interpretationen aufheben, ihn eindeutig machen (Sprachw.)

Discantus [*...kantus*; *lat.-mlat.*] *der*; -, - [*...kantuß*]: = Diskant

Dis|ci|ples of Christ [*dißaipls ew kraißt*; *engl.*; „Jünger Christi"] *die* (Plural): Zweig der Baptisten in den USA u. Kanada

Discjockey [*dißk...*] vgl. Diskjockey. **Disco** vgl. Disko. **Discofox** vgl. Diskofox. **Discoqueen** vgl. Diskoqueen. **Discoroller** vgl. Diskoroller. **Discosound** vgl. Diskosound

Discount [*dißkaunt*; *lat.-fr.-engl.*] *der*; -s, -s: Einkaufsmöglichkeit, bei der man in Selbstbedienung Waren verbilligt einkaufen kann. **Discounter** *der*; -s, -: 1. jmd., der eine Ware mit Preisnachlaß verkauft. 2. = Discountgeschäft. **Discountgeschäft** *das*; -[e]s, -e u. **Discountladen** *der*; -s, ...läden: Einzelhandelsgeschäft, in dem Markenartikel u. andere Waren zu einem hohen Rabattsatz (mitunter zu Großhandelspreisen) verkauft werden

disculpieren [*...kulp...*] vgl. diskulpieren

Dis|engagement [*dißingedschmᵉnt*; *engl.*] *das*; -s: das militärische Auseinanderrücken [der Machtblöcke in Europa]

Diseur [*disör*; *lat.-fr.*] *der*; -s, -e: Sprecher, Vortragskünstler, bes. im Kabarett. **Diseuse** [*...öse*] *die*; -, -n: Vortragskünstlerin, bes. im Kabarett

dis|gruent [auch: *dis...*; *lat.-nlat.*]: nicht übereinstimmend; Ggs. → kongruent (1)

Disharmonie [auch: *diß...*; [*lat.*; *gr.-lat.*] *die*; -, ...ien: 1. Mißklang (Mus.). 2. Uneinigkeit, Unstimmigkeit, Mißton. **disharmonieren** [auch: *diß...*]: nicht zusammenstimmen, uneinig sein. **disharmonisch** [auch: *diß...*]: 1. einen Mißklang bildend (Mus.). 2. eine Unstimmigkeit aufweisend; uneinig. 3. unterschiedlich verformt (bei der Faltung von Gesteinen; Geol.)

Disjektion [*...zion*; *lat.*] *die*; -, -en: Persönlichkeitsspaltung als Traumerlebnis, bei dem ein Trauminhalt in doppelter Gestalt erscheint (z. B. man sieht sich selbst u. ist zugleich als Zuschauer anwesend; Psychol.)

disjunkt [*lat.*]: getrennt, geschieden (von gegensätzlichen Begriffen, die zu einem Gattungsbegriff gehören). **Disjunktion** [*...zion*] *die*; -, -en: 1. a) Trennung, Sonderung; b) Verknüpfung zweier Aussagen durch das ausschließende „entweder-oder" (Logik); c) Verknüpfung zweier Aussagen durch das nicht ausschließende „oder" (Logik). 2. (Biol.) a) Trennung eines pflanzen- od. tiergeographischen Verbreitungsgebietes in mehrere nicht zusammenhängende Teilgebiete (z. B. die Verbreitung der Robben im Ozean u. in Binnenseen); b) Trennungsvorgang bei → Chromosomen. **disjunktiv**: a) einander ausschließend, aber zugleich eine Einheit bewirkend (von Urteilen od. Begriffen); Ggs. → konjunktiv; b) eine Wahlmöglichkeit zwischen mehreren sprachlichen Formen aufweisend (die aber nicht frei ist, sondern von der jeweiligen Umgebung abhängt, z. B. Vergangenheitsform der schwachen Verben: er wend-*et*-e, er lach-*t*-e; Sprachw.); -e [*...wᵉ*] Konjunktion: ausschließendes Bindewort (z. B. oder)

Diskant [*lat.-mlat.*] *der*; -s, -e: 1. die dem → Cantus firmus hinzugefügte Gegenstimme; oberste Stimme, → Sopran (Mus.). 2. sehr hohe, schrille Stimmlage beim Sprechen. 3. obere Hälfte der Tastenreihe beim Klavier. **Diskantschlüssel** *der*; -s: Sopranschlüssel, C-Schlüssel auf der untersten der fünf Notenlinien

Diskette [*gr.-lat.-fr.-engl.*] *die*; -, -n: = Floppy disk

Diskjockey u. Discjockey [*dißkdschoke*, engl. Ausspr.: *...i*; *engl.*] *der*; -s, -s: jmd., der in Rundfunk od. Fernsehen u. bes. in Diskotheken Schallplatten präsentiert. **Disko** [*engl.*] *die*; -, -s: 1. Lokal, in dem man zu Schallplatten mit Popmusik tanzen kann. 2. Tanzveranstaltung mit Schallplattenmusik od. einer Magnetbandanlage. **Diskofox** *der*; -[es], -e: moderne Form des → Foxtrotts, der in Diskotheken getanzt wird u. dementsprechend dem engen Raum angepaßt ist. **Disko|graphie** [*gr.-nlat.*] *die*; -, ...ien: Schallplattenverzeichnis, das (mehr od. weniger vollständig u. mit genauen Daten) die Plattenaufnahmen eines bestimmten → Interpreten (2) od. → Komponisten enthält. **diskoidal** [*...koi...*]: scheibenförmig; -e Furchung: Furchungsvorgang bei dotterreichen Eizellen, bei dem sich nur der Teilbezirk des Eies im Bereich des Zellkerns in → Blastomeren teilt, die dann scheibenartig der unzerlegten Masse des Dotters aufliegen (Biol.). **Diskologie** *die*; -: Aufgabengebiet, auf dem man sich mit Möglichkeiten u. Grenzen der Musik u. ihrer Interpretation im Bereich der Tonträger befaßt. **Diskomyzet** *der*; -en, -en (meist Plural): Scheibenpilz (gehört zur Gruppe der Schlauchpilze)

Diskont [*lat.-it.*] *der*; -s, -e u. Diskonto *der*; -[s], -s u. ...ti: 1. der von einer noch nicht fälligen Summe bei der Verrechnung im voraus abgezogene Betrag; Betrag (z. B. 20,– DM), den der Käufer (z. B. die Bank) beim Kauf einer erst später fälligen Summe (z. B. eines Wechsels über 1000,– DM) abzieht (so daß der Verkäufer des Wechsels nur 980,– DM erhält). 2. = Diskontsatz, Diskontierung. **Diskonten** *die* (Plural): inländische Wechsel. **Diskontgeschäft** *das*; -[e]s, -e: Wechselgeschäft. **diskontieren**: eine später fällige Forderung unter Abzug von Zinsen ankaufen, z. B. einen Wechsel -

diskontinuierlich [*lat.-nlat.*]: aussetzend, unterbrochen, zusammenhangslos; Ggs. → kontinuierlich; -e Konstituente: sprachl. Konstruktion, die in der → linearen Redekette nicht als geschlossene, sondern als eine von anderen → Konstituenten unterbrochene Einheit auftritt (z. B. sie macht das Fenster auf; Sprachw.). **Diskontinuität** *die*; -, -en: 1. Ablauf von Vorgängen mit zeitlichen u./od. räumlichen Unterbrechungen; Ggs. → Kontinuität. 2. Grundsatz, nach dem im Parlament eingebrachte Gesetzesvorlagen, die nicht mehr vor Ablauf einer Legislaturperiode behandelt werden konnten, vom neuen Parlament neu eingebracht werden müssen

Diskonto [*lat.-it.*] vgl. Diskont. **Diskontsatz** *der*; -es, ...sätze: Zinsfuß, der bei der Diskontberechnung zugrunde gelegt wird; vgl. Lombardsatz

Diskopathie [*gr.-nlat.*] *die*; -, ...ien: Bandscheibenleiden, degenerative Veränderung an der Zwischenwirbelscheibe; vgl. Degeneration (1) (Med.). **Diskoqueen** [*dißkokwin*; *engl.*] *die*; -, -s: 1. höchst erfolgreiche Interpretin von Liedern im Diskosound. 2. junge Frau, die in einer Diskothek durch ihr anziehendes Äußeres, durch ihre modisch schicke Kleidung u. durch ihr Tanzen auffällt u. von allen bewundert wird

diskordant [*lat.*]: ungleichförmig zueinander gelagert (von Gesteinen; Geol.); vgl. akkordant, konkordant. **Diskordanz** [*lat.-mlat.*] *die*; -, -en: 1. Uneinigkeit, Mißklang. 2. (meist Plural) Unstimmigkeit in der Komposition od. in der Wiedergabe eines musikalischen Werkes. 3. ungleichförmige Lagerung zweier Gesteinsverbände (Geol.); vgl. Akkordanz, Konkordanz

Diskoroller [*dißkoroᵘlᵉr*; *engl.*] *der*; -[s], -: besonders schneller Rollschuh mit daran befindlichen Schuhen. **Diskosound** [*dißkoßaund*; *engl.*] *der*; -s: → Sound eines Liedes, der durch Einfachheit des → Arrangements (3b) u. durch verstärkte Betonung einer einfachen Rhythmik gekennzeichnet ist u. der sich deshalb bes. als Tanzmusik eignet. **Diskothek** [*gr.-nlat.*] *die*; -, -en: 1. a) (bes. beim Rundfunk) Schallplattensammlung, -archiv; b) Räumlichkeiten, in denen ein Schallplatten-, Tonbandarchiv untergebracht ist. 2. = Disko (1). **Diskothekar** *der*; -s, -e: Verwalter einer Diskothek (1a) [beim Rundfunk]

Dis|kredit [*lat.-it.-fr.*] *der*; -[e]s: übler Ruf. **dis|kreditieren:** dem Ruf, Ansehen einer Person od. Sache schaden, abträglich sein

dis|krepant [*lat.*]: [voneinander] abweichend, zwiespältig. **Diskrepanz** *die*; -, -en: Widersprüchlichkeit, Mißverhältnis zwischen zwei Sachen

dis|kret [*lat.-mlat.-fr.*]: 1. a) so unauffällig behandelt, ausgeführt o.ä., daß es von anderen kaum od. gar nicht bemerkt wird; vertraulich; b) taktvoll, rücksichtsvoll; Ggs. → indiskret. 2. a) (von sprachlichen Einheiten) abgegrenzt, abgetrennt, abgrenzbar, z.B. durch Substitution (Sprachw.); b) in einzelne Punkte zerfallend, vereinzelt, abzählbar (bezogen auf eine Folge von Ereignissen od. Symbolen; Techn.); -e Zahlenwerte: Zahlenwerte, die durch endliche → Intervalle (4) voneinander getrennt stehen (Math., Phys.). **Diskretion** [*...zion*; *lat.-fr.*] *die*; -: a) Rücksichtnahme, taktvolle Zurückhaltung; b) Vertraulichkeit, Verschwiegenheit. **diskretionär:** dem Ermessen des Partners anheimstellend

Dis|kriminante [*lat.*] *die*; -, -n: mathematischer Ausdruck, der bei Gleichungen zweiten u. höheren Grades die Eigenschaft der Wurzel angibt (Math.). **Dis|krimination** [*...zion*] *die*; -, -en: = Diskriminierung; vgl. ...[at]ion/...ierung. **Dis|kriminator** [*lat.-nlat.*] *der*; -s, ...oren: Schaltung von Elektronenröhren zur Ermittlung der Größenverteilung von elektrischen → Impulsen (2a; Elektrot.). **dis|kriminieren** [*lat.*; „trennen, absondern"]: 1. durch [unzutreffende] Äußerungen, Behauptungen in der Öffentlichkeit jmds. Ansehen, Ruf schaden, ihn herabsetzen. 2. (durch unterschiedliche Behandlung) benachteiligen, zurücksetzen. 3. (sprachliche Einheiten) gegeneinander abgrenzen (Sprachw.). **Diskriminierung** *die*; -, -en: das Diskriminieren: vgl. ...[at]ion/...ierung

diskulpieren [*lat.-fr.*]: (veraltet) entschuldigen, rechtfertigen

diskurrieren [*lat.*]: a) [heftig] erörtern; verhandeln; b) sich unterhalten. **Diskurs** *der*; -es, -e: 1. methodisch aufgebaute Abhandlung über ein bestimmtes [wissenschaftliches] Thema. 2. a) Gedankenaustausch, Unterhaltung; b) heftiger Wortstreit, Wortwechsel. 3. die von einem Sprachteilhaber auf der Basis seiner sprachlichen Kompetenz tatsächlich realisierten sprachlichen Äußerungen (Sprachw.). **diskursiv** [*lat.-mlat.*]: von einer Vorstellung zur anderen mit logischer Notwendigkeit fortschreitend (Philos.); Ggs. → intuitiv

Diskus [*gr.-lat.*] *der*; - u. -ses, ...ken u. -se: 1. scheibenförmiges Wurfgerät aus Holz mit Metallreifen u. Metallkern (Sport). 2. wulstförmige Verdickung des Blütenbodens, bes. bei Doldenblütlern (Bot.). 3. in der orthodoxen Kirche der Opferteller (vgl. Patene) für das geweihte Brot. **Diskushernie** [*...iᵉ*] *die*; -, -n: Bandscheibenvorfall (Med.)

Diskussion [*lat.*] *die*; -, -en: Erörterung, Aussprache, Meinungsaustausch. **diskutabel** [*lat.-fr.*]: so, daß man es in Erwägung ziehen, daß man es unter Umständen akzeptieren kann; erwägenswert; Ggs. → indiskutabel. **Diskutant** [*lat.-nlat.*] *der*; -en, -en: Teilnehmer an einer Diskussion. **diskutieren** [*lat.*]: a) etwas eingehend mit anderen erörtern, besprechen; b) Meinungen austauschen

Dislokation [*...zion*; *lat.-nlat.*] *die*; -, -en: 1. räumliche Verteilung von Truppen. 2. Lageveränderung, Verschiebung der Bruchenden gegeneinander bei Knochenbrüchen (Med.). 3. Störung der normalen Lagerung von Gesteinsverbänden durch Faltung od. Bruch (Geol.); vgl. ...[at]ion/...ierung. **Dislokationsbeben** *das*; -s, -: Erdbeben, das durch → tektonische Bewegungen verursacht wird (Geol.)

disloyal [auch: *dīß...*; *lat.*; *lat.-fr.*]: gegen die Regierung eingestellt; Ggs. → loyal (a)

dislozieren [*lat.-nlat.*]: 1. (veraltet) Truppen räumlich verteilen. 2. (schweiz.) umziehen. **Dislozierung** *die*; -, -en: = Dislokation; vgl. ...[at]ion/...ierung

Dismem|bration [*...zion*; *lat.-nlat.*] *die*; -, -en: 1. Zerschlagung, Zerstückelung, bes. von Ländereien bei Erbschaften. 2. Zerfall eines Staates in verschiedene Teile (z. B. Österreich-Ungarn 1918). **Dismem|brator** *der*; -s, ...oren: Maschine zur Zerkleinerung halbharter Materialien (z. B. Ton, Gips) durch mit Stiften besetzte rotierende Scheiben

Dispache [*dißpaschᵉ*; *it.-fr.*] *die*; -, -n: Schadensberechnung u. -verteilung auf die Beteiligten bei Seeschäden. **Dispacheur** [*...ör*] *der*; -s, -e: Sachverständiger für Seeschadensberechnung u. -verteilung. **dispachieren** [*...irᵉn*]: den Seeschadenanteil berechnen

disparat [*lat.*]: ungleichartig, unvereinbar, sich widersprechend. **Disparität** [*lat.-nlat.*] *die*; -, -en: Ungleichheit, Verschiedenheit

Dispatcher [*dißpätschᵉr*; *lat.-it.-engl.*] *der*; -s, -: a) leitender Angestellter in der Industrie, der den Produktionsablauf überwacht; b) (DDR) jmd., der für die zentrale Lenkung u. Kontrolle des Arbeitsablaufs in der Produktion u. im Verkehrswesen verantwortlich ist [u. die Planerfüllung eines Betriebes überwacht]

Dispens [*lat.-mlat.*; „Erlaß"] *der*; -es, -e od. (österr. u. im kath. Kirchenrecht nur so:) *die*; -, -en: a) Aufhebung einer Verpflichtung, Befreiung; b) Ausnahme[bewilligung], bes. die kirchliche Befreiung von Ehehindernissen. **dispensabel** [*lat.-nlat.*]: (veraltet) verzeihlich. **Dispensaire|methode** [*...pangßär...*; *lat.-fr.*; *gr.-lat.*] *die*; -, -n: vorbeugendes Verfahren der Erfassung u. medizinischen Betreuung bestimmter gesundheitlich gefährdeter Bevölkerungsgruppen (z. B. von Versehrten im Zuge der Wiedereingliederung in den Arbeitsprozeß; Med., Sozialpsychol.). **Dispensarium** *das*; -s, ...ien [...*iᵉn*]: = Dispensatorium. **Dispensation** [...*zion*; *lat.*] *die*; -, -en: = Dispensierung; vgl. ...[at]ion/...ierung. **Dispensatorium** *das*; -s, ...ien [...*iᵉn*]: Arzneibuch. **Dispens|ehe** *die*; -, -n: Ehe, die mit kirchlichem Dispens [von bestehenden Ehehindernissen] geschlossen wird. **Dispenser** [*lat.-engl.*] *der*; -s, -: 1. etw., was verkaufsunterstützend eingesetzt wird (z. B. Leerpackungen, Verkaufsständer, Warenautomaten). 2. Fahrzeug zur Betankung von Luftfahrzeugen. **dispensieren:** 1. jmdn. von etwas befreien, beurlauben. 2. Arzneien bereiten u. abgeben. **Dispensierung** *die*; -, -en: 1. Befreiung von einer Verpflichtung. 2. Bereitung u. Abgabe einer Arznei; vgl. ...[at]ion/...ierung

Di|spergens [*lat.*] *das*; -, ...enzien [...*iᵉn*] u. ...entia [...*zia*]: gasförmiges od. flüssiges Lösungsmittel, in dem ein anderer Stoff in feinster Verteilung enthalten ist. **di|spergieren**: zerstreuen, verbreiten, fein verteilen

Di|spermie [*gr.-nlat.*] *die*; -, ...ien: das Eindringen zweier → Spermatozoen in dieselbe Eizelle (Med.)

di|spers [*lat.*]: zerstreut; feinverteilt; -e Phase: der in einer Flüssigkeit verteilte Stoff, je nach seiner Größe grob-, fein- u. feinstverteilt (Phys., Chem.); vgl. Phase (3). **Di|spersants** [*dißpöʳßᵉnz*; *lat.-engl.*] *die* (Plural): dem Schmieröl zugefügte → Additive, die die Fremdkörper im Öl in der Schwebe halten u. verhindern sollen, daß sie sich im Motor absetzen. **Di|spersion** *die*; -, -en: 1. feinste Verteilung eines Stoffes in einem anderen in der Art, daß seine Teilchen in dem anderen schweben. 2. (Phys.) a) Abhängigkeit der Fortpflanzungsgeschwindigkeit einer Wellenbewegung (z. B. Licht, Schall) von der Wellenlänge bzw. der Frequenz; b) Zerlegung von weißem Licht in ein farbiges → Spektrum. 3. Streuung der Einzelwerte vom Mittelwert (Statistik). **Dispersität** [*lat.-nlat.*] *die*; -, -en: Verteilungsgrad bei der Dispersion. **Di|spersoid** [*lat.*; *gr.*] *das*; -s, -e: disperses System aus Dispergens u. Dispersum; Gesamtheit einer Flüssigkeit u. des darin verteilten (→ dispersen) Stoffes (Phys., Chem.). **Di|spersum** *das*; -s, -s: Stoff in feinster Verteilung, der in einem → Dispergens schwebt

Dis|placed person [*dißpleⁱßt pöʳßᵉn*; *engl.*] *die*; - -, - -s: Bezeichnung für eine nichtdeutsche Person, die im zweiten Weltkrieg nach Deutschland verschleppt wurde; ausländischer Zwangsarbeiter; Abk.: D. P.

Dis|play [*dißpleⁱ*; *engl.*] *das*; -s, -s: 1. a) werbewirksames Auf-, Ausstellen von Waren; b) Dekorationselement, das den ausgestellten Gegenstand in den Blickpunkt rücken soll. 2. Schirmbildgerät, das Daten optisch darstellt (EDV). **Dis|player** [*dißpleⁱᵉr*] *der*; -s, -: Entwerfer von Dekorationen u. Verpackungen

Di|spondeus [*gr.-lat.*] *der*; -, ...een: doppelter → Spondeus (––––)

Disponende [*lat.*] *die*; -, -n (meist Plural): vom Sortimentsbuchhändler bis zum vereinbarten Abrechnungstermin nicht verkauftes Buch, das er mit Genehmigung des Verlages weiter bei sich lagert. **Disponent** *der*; -en, -en: 1. kaufmännischer Angestellter, der mit besonderen Vollmachten ausgestattet ist u. einen größeren Unternehmensbereich leitet. 2. (Theat.) künstlerischer Vorstand, der für den Vorstellungs- u. Probenplan, für die Platzmieten u. für den Einsatz der Schauspieler u. Sänger verantwortlich ist. **disponibel** [*lat.-nlat.*]: verfügbar. **Disponibilität** *die*; -: Verfügbarkeit. **disponieren** [*lat.*]: 1. auf Grund der Gegebenheiten planen, kalkulieren, sich über zukünftige Möglichkeiten, über den ferneren Einsatz von jmdm./etw. Gedanken machen u. entsprechende Aktivitäten in Aussicht nehmen. 2. (veraltet) ordnen, einteilen. **disponiert:** 1. aufgelegt, gestimmt zu ...; empfänglich [für Krankheiten]. 2. aus einer Anzahl von Orgelregistern kombiniert (beim Orgelbau). **Disposition** [...*zion*] *die*; -, -en: 1. a) Anordnung, Gliederung, Planung; b) Verfügung über die Verwendung od. den Einsatz einer Sache. 2. a) Anlage zu einer immer wieder durchbrechenden Eigenschaft od. zu einem typischen Verhalten (Psychol.); b) Empfänglichkeit, Anfälligkeit für Krankheiten (Med.). 3. Anzahl u. Art der Register bei der Orgel. **dispositionsfähig:** geschäftsfähig. **Dispositionsfonds** [...*fong*] *der*; - [...*fong(ß)*], - [...*fongß*]: Posten des Staatshaushalts, über dessen Verwendung die Verwaltung selbst bestimmen kann. **Dispositionskredit** *der*; -[e]s, -e: Kredit, der dem Inhaber eines Lohn- od. Gehaltskontos erlaubt, sein Konto in bestimmter Höhe zu überziehen; Überziehungskredit. **dispositiv** [*lat.-nlat.*]: anordnend, verfügend; -es [...*iw*...] Recht: rechtlich vorgeschriebene Regelung, die durch die daran Beteiligten geändert werden kann. **Dispositor** *der*; -s, ...oren: Planet, der die in einem Tierkreiszeichen befindlichen Himmelskörper beherrscht (Astrol.)

Dis|proportion [...*zion*; auch: *diß*...; *lat.-nlat.*] *die*; -, -en: Mißverhältnis. **Dis|proportionalität** [auch: *diß*...] *die*; -, -en: Mißverhältnis, bes. in der Konjunkturtheorie. **dis|proportioniert** [auch: *diß*...]: schlecht proportioniert, ungleich

Disput [*lat.-fr.*] *der*; -[e]s, -e: [erregtes] Gespräch, in dem widerstreitende Meinungen aufeinanderstoßen; Wortwechsel, Streitgespräch. **disputabel** [*lat.*]: strittig; Ggs. → indisputabel. **Disputant** *der*; -en, -en: jmd., der an einem Disput teilnimmt. **Disputation** [...*zion*] *die*; -, -en: [wissenschaftliches] Streitgespräch. **disputieren:** ein [wissenschaftliches] Streitgespräch führen, seine Meinung einem anderen gegenüber vertreten. **Disputierer** *der*; -s, -: jmd., der gern u. oft disputiert

Disqualifikation [...*zion*; *lat.-engl.*] u. Disqualifizierung *die*; -, -en: 1. Ausschließung vom Wettbewerb bei sportlichen Kämpfen wegen Verstoßes gegen eine sportliche Regel; vgl. ...[at]ion/...ierung. 2. Untauglichkeit. **disqualifizieren**: a) einen Sportler wegen groben Verstoßes gegen eine sportliche Regel vom Kampf ausschließen; b) für untauglich erklären. **Disqualifizierung** *die*; -, -en: Disqualifikation; vgl. ...[at]ion/...ierung

Diss *die*; -: (Jargon) Kurzform von → Dissertation

dissecans [...*ka*...; *lat.*]: trennend, durchschneidend spaltend (Med.)

Dissemination [...*zion*; *lat.*; „Aussaat"] *die*; -, -en: (Med.) a) Verbreitung (z. B. von Krankheitserregern im Körper); b) Ausbreitung einer Seuche. **disseminiert**: ausgestreut, über ein größeres Gebiet hin verbreitet (von Krankheitserregern od. -erscheinungen; Med.)

Dissens [*lat.*] *der*; -es, -e: Meinungsverschiedenheit [der Beteiligten bei Abschluß eines Vertrages]; Ggs. → Konsens. **Dissenter** [*lat.-engl.*; „Andersdenkender"] *der*; -s, -[s] (meist Plural): (in England) der nicht der → anglikanischen Kirche angehörende Gläubige einer evangelischen Sekte od. der römisch-katholischen Kirche. **dissentieren** [*lat.*]: abweichender Meinung sein

Dissepiment [*lat.*] *das*; -s, -e: Scheidewand im Innern von Blumentieren, Regenwürmern u. Armfüßern (Biol.)

Dissertant [*lat.*] *der*; -en, -en: jmd., der eine Dissertation schreibt. **Dissertation** [*...zion*; *lat.*; „Erörterung"] *die*; -, -en: schriftliche wissenschaftliche Abhandlung zur Erlangung des Doktorgrads. **dissertieren**: eine Dissertation schreiben, an einer Dissertation arbeiten

dissident [*lat.-engl.*]: andersdenkend, mit seinen Ansichten außerhalb der Gemeinschaft stehend, von der herrschenden Meinung abweichend. **Dissident** [*lat.*; „Getrennter"] *der*; -en, -en: 1. jmd., der außerhalb einer staatlich anerkannten Religionsgemeinschaft steht; Konfessionsloser. 2. jmd., der mit der offiziellen [politischen] Meinung nicht übereinstimmt; Andersdenkender, Abweichler. **Dissidien** [*...i^en*] *die* (Plural): Streitpunkte. **dissidieren**: a) anders denken; b) [aus der Kirche] austreten

Dissimilation [*...zion*; *lat.*; „Entähnlichung"] *die*; -, -en: 1. Änderung eines von zwei gleichen od. ähnlichen Lauten in einem Wort od. Unterdrückung des einen von ihnen (z. B. Wechsel von *t* zu *k* in Kartoffel, aus früherem Tartüffel) od. Ausfall eines *n* in König, aus früherem kuning); Ggs. → Assimilation (1 b). 2. Abbau u. Verbrauch von Körpersubstanz unter Energiegewinnung; Ggs. → Assimilation (2 a). 3. Wiedergewinnung einer eigenen Volks- od. Gruppeneigenart (Soziol.). **dissimilieren**: 1. zwei ähnliche od. gleiche Laute in einem Wort durch den Wandel des einen Lautes unähnlich machen, stärker voneinander abheben (Sprachw.); vgl. Dissimilation (1). 2. höhere organische Verbindungen beim Stoffwechsel unter Freisetzung von Energie in einfachere zerlegen (Biol.). **Dissimulation** [*...zion*] *die*; -, -en: bewußte Verheimlichung von Krankheiten od. Krankheitssymptomen. **dissimulieren**: verbergen, verheimlichen (z. B. eine Krankheit od. ihre Symptome)

Dissipation [*...zion*; *lat.*; „Zerstreuung, Zerteilung"] *die*; -, -en: Übergang einer umwandelbaren Energieform in Wärmeenergie

Dissipationssphäre *die*; -: äußerste Schicht der Atmosphäre in über 800 km Höhe; vgl. Exosphäre. **dissipieren**: (Fachspr.) 1. zerstreuen. 2. umwandeln

dissolubel [*lat.*]: löslich, auflösbar, zerlegbar. **dissolut**: zügellos, haltlos. **Dissolution** [*...zion*] *die*; -, -en: 1. Auflösung, Trennung (Med.). 2. Zügellosigkeit. **Dissolvens** [*...wänß*] *das*; -, ...ventia [*...zia*] u. ...venzien [*...i^en*]: auflösendes, zerteilendes [Arznei]mittel (Med.). **dissolvieren**: auflösen, schmelzen

dissonant [*lat.*]: 1. mißtönend, nach Auflösung strebend (Musik). 2. unstimmig, unschön. **Dissonanz** *die*; -, -en: Zusammenklang von Tönen, der als Mißklang empfunden wird u. nach der überlieferten Harmonielehre eine Auflösung fordert (Mus.). **dissonieren**: 1. dissonant klingen, mißtönen; nicht gut, harmonisch zusammenklingen. 2. nicht übereinstimmen

Dissousgas [*dißu...*; *lat.-fr.*; *gr.-niederl.*] *das*; -es: in druckfester Stahlflasche aufbewahrtes, in → Aceton gelöstes → Acetylen

dissozial [auch: *...al*; *lat.*; *lat.-fr.-engl.*]: auf Grund bestimmten Fehlverhaltens nicht od. nur bedingt in der Lage, sich in die Gesellschaft einzuordnen (Psychol.). **Dissozialität** [auch: *...tät*] *die*; -: dissoziales Verhalten (Psychol.). **Dissoziation** [*...zion*; *lat.*; „Trennung"] *die*; -, -en: 1. krankhafte Entwicklung, in deren Verlauf zusammengehörende Denk-, Handlungs- od. Verhaltensabläufe in Einzelheiten zerfallen, wobei deren Auftreten weitgehend der Kontrolle des einzelnen entzogen bleibt (z. B. Gedächtnisstörungen, → Halluzinationen; Psychol.). 2. Störung des geordneten Zusammenspiels von Muskeln, Organteilen od. Empfindungen (Med.). 3. Zerfall von → Molekülen in einfachere Bestandteile (Chem.). **Dissoziationskonstante** *die*; -[n]: Gleichgewichtskonstante (vgl. Konstante) einer Aufspaltung von → Molekülen in → Ionen od. → Atome (Chem.). **dissoziativ** [*lat.-nlat.*]: a) die Dissoziation betreffend; b) durch Dissoziation bewirkt. **dissoziieren** [*lat.*]: 1. trennen, auflösen. 2. (Chem.) a) in → Ionen od. → Atome aufspalten; b) in Ionen zerfallen

Dis|suasion [*lat.-fr.*] *die*; -, -en: Abhaltung, Abschreckung

distal [*lat.-nlat.*]: weiter von der Körpermitte (bei Blutgefäßen: vom Herzen) entfernt liegend als andere Körperteile (in bezug auf Körperregionen od. Gliedmaßen; Med.); vgl. proximal. **Distanz** [*lat.*] *die*; -, -en: 1. Abstand, Entfernung. 2. a) zurückzulegende Strecke (Leichtathletik, Pferderennsport); b) Gesamtzeit der angesetzten Runden (Boxsport). 3. (ohne Plural) Reserviertheit, abwartende Zurückhaltung. **Distanzgeschäft** *das*; -s, -e: Kaufvertrag, bei dem der Käufer die Ware nicht an Ort u. Stelle einsehen kann, sondern auf Grund eines Musters od. Katalogs bestellt; Ggs. → Lokogeschäft. **distanzieren** [*lat.-fr.*]: 1. jmdn. [im Wettkampf] überbieten, hinter sich lassen. 2. sich -: von etwas od. jmdm. abrücken; jmds. Verhalten nicht billigen. **distanziert**: Zurückhaltung wahrend; auf [gebührenden] Abstand bedacht. **Distanzkomposition** [*...zion*] *die*; -, -en: unfeste Zusammensetzung bei Verben (z. B.: einsehen – er sieht es ein; Sprachw.). **Distanzrelais** [*...r^elä*] *das*; - [*...r^eläß*], - [*...r^eläß*]: → Relais (1), das bei Kurzschluß den Wechselstromwiderstand u. damit die Entfernung zwischen seiner Einbaustelle u. der Kurzschlußstelle mißt. **Distanzritt** *der*; -s, -e: Dauerritt, Ritt über eine sehr lange Strecke. **Distanzwechsel** *der*; -s, -: Wechsel, bei dem Ausstellungs- u. Zahlungsort verschieden sind (Wirtsch.). **Distarlinse** [*lat.*; *dt.*] *die*; -, -n: zerstreuende Vorsatzlinse zur Vergrößerung der Brennweite von fotografischen → Objektiven

Di|sthen [*gr.-nlat.*] *der*; -s, -e: ein Mineral

distich [*gr.-lat.*]: in zwei einander gegenüberstehenden Reihen angeordnet (von Blättern, z. B. bei den Farnen; Bot.). **Distichias** [*gr.-nlat.*] *die*; -, ...iasen u. **Distichie** *die*; -, ...ien: → Anomalie (1 b) des Augenlids in Form einer Art Doppelwuchs der Wimpern (hinter den Wimpern bildet sich eine zweite Reihe von kleinen Härchen; Med.). **distichisch** u. **distichitisch**: 1. das Distichon betreffend. 2. aus metrisch ungleichen Verspaaren bestehend; Ggs. → monostichisch. **Distichomythie** *die*; -, ...ien: aus zwei

Verszeilen (vgl. Distichon) bestehende Form des → Dialogs im Versdrama; vgl. Stichomythie. **Distichon** [*gr.-lat.*] *das*; -s, ...chen: aus zwei Verszeilen, bes. aus → Hexameter u. → Pentameter bestehende Verseinheit; vgl. Elegeion

Distingem [*dißtinggem*; *lat.*] *das*; -s, -e: distinktives Sprachzeichen (z. B. ein Phonem, eine Phonemgruppe) im Unterschied zum signifikativen (Sprachw.). **distinguieren** [*dißtinggiren*, auch: ...*tingg^u^ir^e^n*]: unterscheiden, in besonderer Weise abheben. **distinguiert** [*dißtinggirt*, auch: ...*tingg^u^irt*]: vornehm; sich durch betont gepflegtes Auftreten o. ä. von anderen abhebend. **distinkt** [*lat.*]: klar u. deutlich [abgegrenzt]. **Distinktion** [...*zion*; *lat.-fr.*] *die*; -, -en: 1. a) Auszeichnung, [hoher] Rang; b) (österr.) Rangabzeichen. 2. Unterscheidung. **distinktiv**: unterscheidend; -e Merkmale: bedeutungsunterscheidende Eigenschaften einer sprachlichen Einheit, die durch Vergleich mit anderen sprachlichen Einheiten festgestellt werden (Sprachw.)

Dis|torsion [*lat.*] *die*; -, -en: 1. Verstauchung eines Gelenks (Med.); vgl. Luxation. 2. Bildverzerrung, -verzeichnung (Optik)

dis|trahieren [*lat.*]: a) auseinanderziehen, trennen; b) zerstreuen. **Dis|traktion** [...*zion*] *die*; -, -en: 1. (veraltet) Zerstreuung. 2. Zerrung von Teilen der Erdkruste durch → tektonische Kräfte. 3. das Auseinanderziehen von ineinander verschobenen Bruchenden (zur Einrichtung von Knochenbrüchen; Med.). **Dis|traktor** [*lat.-engl.*] *der*; -s, ...oren: (beim → Multiple-choice-Verfahren) eine von den zur Auswahl angebotenen Antworten, die aber nicht richtig ist (z. B. bei den zur Wahl stehenden Antworten für die Erklärung des Wortes „Rappe" die Antworten „Schweizer Münze" u. „Verrücktheit")

Di|streß [*gr.*; *engl.*] *der*; ...sses, ...sse: = Streß (1); Ggs. → Eustreß

Dis|tribuent [*lat.*] *der*; -en, -en: Verteiler. **dis|tribuieren**: verteilen, austeilen. **Dis|tribution** [...*zion*; *lat.-(engl.)*] *die*; -, -en: 1. Verteilung. 2. verallgemeinerte Funktion, die sich durch Erweiterung des mathematischen Funktionsbegriffs ergibt (Math.). 3. Summe aller Umgebungen, in denen eine sprachliche Einheit vorkommt im Gegensatz zu jenen, in denen sie nicht erscheinen kann (Sprachw.). **dis|tributional** u. **distributionell**: durch Distribution (3) bedingt; vgl. ...al/...ell. **distributiv**: 1. a) eine sich wiederholende Verteilung angebend (Sprachw.); b) in bestimmten Umgebungen vorkommend. 2. nach dem Distributivgesetz verknüpft (Math.). **Dis|tributivgesetz** *das*; -es: die Verknüpfungen mathematischer Größen bei Addition u. Multiplikation regelndes Gesetz. **Dis|tributivum** [...*iwum*] *das*; -s, ...va [...*wa*]: Numerale, das das Verteilen einer bestimmten Menge auf gleichbleibende kleinere Einheiten ausdrückt; Verteilungszahlwort (im Deutschen durch „je" wiedergegeben; z. B. je drei; Sprachw.). **Distributivzahl** *die*; -, -en: = Distributivum

Di|strikt [*lat.(-fr.-engl.-amerik.)*] *der*; -[e]s, -e: Bezirk, abgeschlossener Bereich

Diszession [*lat.*] *die*; -, -en: Weggang; Abzug; Übertritt zu einer anderen Partei

Diszi|plin [*lat.*] *die*; -, -en: 1. (ohne Plural) auf Ordnung bedachtes Verhalten; Unterordnung, bewußte Einordnung. 2. a) Wissenschaftszweig, Spezialgebiet einer Wissenschaft; b) Teilbereich, Unterabteilung einer Sportart. **disziplinär** [*lat.-mlat.*]: die Disziplin betreffend. **Diszi|plinargewalt** *die*; -: Ordnungsgewalt. **disziplinarisch**: a) der Dienstordnung gemäß; b) streng. **Disziplinarstrafe** *die*; -, -n: auf Grund einer Disziplinarordnung verhängte Strafe. **diszi|plinell**: = disziplinarisch (a). **diszi|plinieren**: 1. a) zur bewußten Einordnung erziehen; b) sich -: sich einer → Disziplin (1) unterwerfen. 2. maßregeln. **diszi|pliniert**: a) an bewußte Einordnung gewöhnt; b) zurückhaltend, beherrscht, korrekt; sich nicht gehenlassend. **Diszi|plinierung** *die*; -, -en: das Disziplinieren, Diszipliniertwerden. **disziplinlos**: ohne Disziplin (1)

Di|szission [*lat.*] *die*; -, -en: operative Spaltung bzw. Zerteilung eines Organs od. Gewebes (Med.)

Dit [*di*; *lat.-fr.*] *das*; -s, -s: belehrendes Gedicht mit eingeflochtener Erzählung im Altfranzösischen

Dite|trode [*gr.-nlat.*] *die*; -, -n: Doppelvierpolröhre, Elektronenröhre mit zwei → Tetroden

Di|thyrambe [*gr.-lat.*] *die*; -, -n u. Dithyrambus *der*; -, ...ben: a) kultisches Weihelied auf Dionysos; b) Loblied, begeisternde Würdigung. **di|thyrambisch**: begeistert. **Di|thyrambos** *der*; -, ...ben: griech. Form von: Dithyrambus. **Dithyrambus** *der*; -, ...ben: = Dithyrambe

dito [*lat.-it.-fr.*; „besagt"]: dasselbe, ebenso (in bezug auf ein vorher gerade Genanntes); Abk.: do., dto.; vgl. detto. **Dito** *das*; -s, -s: Einerlei

Di|trochäus [*gr.-lat.*] *der*; -, ...äen: doppelter → Trochäus (–⏑–⏑)

Ditto|graphie [*gr.-nlat.*; „Doppelschreibung"] *die*; -, ...ien: 1. fehlerhafte Wiederholung von Buchstaben od. Buchstabengruppen in geschriebenen od. gedruckten Texten; Ggs. → Haplographie. 2. doppelte Lesart od. Fassung einzelner Stellen in antiken Texten. **Dittologie** *die*; -, ...ien: fehlerhaftes, doppeltes Aussprechen eines od. mehrerer Laute, bes. beim Stottern

Di|urese [*gr.-nlat.*] *die*; -, -n: Harnausscheidung (Med.). **Diuretikum** [*gr.-lat.*] *das*; -s, ...ka: harntreibendes Mittel. **Di|uretin** ⓦ [*gr.-nlat.*] *das*; -s: ein wichtiges harntreibendes Arzneimittel. **diuretisch** [*gr.-lat.*]: harntreibend (Med.)

Diurnal [*lat.-mlat.*; „das Tägliche"] *das*; -s, -e u. **Diurnale** *das*; -, ...lia: Gebetbuch der kath. Geistlichen mit den Tagesgebeten; Auszug aus dem → Brevier (1 a). **Diurnum** [*lat.*] *das*; -s, ...nen: (österr.) Tagegeld

Diva [*diwa*; *lat.-it.*; „die Göttliche"] *die*; -, -s u. ...ven [...*w^e^n*]: 1. Titel der röm. Kaiserinnen nach ihrem Tode. 2. a) Frau die als öffentlichkeitsbezogene Künstlerin (Sängerin, Schauspielerin) von Erfolg u. Publikumsbegeisterung verwöhnt ist; b) jmd., der durch besondere Empfindlichkeit, durch eine gewisse Exzentrik o. ä. auffällt

Divan vgl. Diwan

Diverbia [*diwär*...; *lat.*] *die* (Plural): die gesprochenen Teile der altröm. Komödie (Dialog, Wechselgespräch); Ggs. → Cantica (1)

divergent [*diwär*...; *lat.-nlat.*]: 1. entgegengesetzt, unterschiedlich; Ggs. → konvergent; vgl. divergierend. 2. nicht einem endlichen Grenzwert zustrebend (Math.). **Divergenz** *die*; -, -en: das Auseinandergehen, das Auseinanderstreben; Ggs. → Konvergenz (1). **divergieren**: auseinandergehen, -streben; Ggs. → konvergieren (b). **divergierend**: auseinandergehend, in entgegengesetzter Richtung verlaufend; Ggs. → konvergierend

divers... [*diwärß...*; *lat.*]: einige, mehrere [verschiedene]. **Diversa** u. Diverse *die* (Plural): Vermischtes, Allerlei. **Diversant** [*lat.-russ.*] *der*; -en, -en: (bes. DDR) Saboteur; jmd., der Diversionsakte verübt. **Diverse** *die* (Plural): = Diversa. **Diverses:** einiges, verschiedenes (z. B. er hatte - zu beanstanden). **Diversifikation** [...*zion*] u. Diversifizierung *die*; -, -en: 1. [*lat.-nlat.*] Veränderung, Abwechslung, Vielfalt. 2. [*lat.-engl.*] Programm einer gezielten Unternehmenspolitik, die unter Berücksichtigung der Produktions- u. Absatzstruktur neue Produkte auf neuen Märkten einführen u. damit die Zukunft eines Unternehmens sichern will (Wirtsch.). **diversifizieren:** ein Unternehmen auf neue Produktions- bzw. Produktbereiche umstellen. **Diversifizierung** *die*; -, -en: = Diversifikation. **Diversion** *die*; -, -en: 1. [*lat.*] (veraltet) Angriff von der Seite, Ablenkung. 2. [*lat.-russ.*] (DDR) Störmanöver gegen den Staat mit Mitteln der → Sabotage. **divertieren** [...*wär...*; *lat.-fr.*]: (veraltet) ergötzen. **Divertikel** [...*wär...*; *lat.*] *das*; -s, -: Ausbuchtung eines Hohlorgans (z. B. am Darm; Med.). **Divertikulitis** [*lat.-nlat.*] *die*; -, ...itiden: Entzündung eines Divertikels. **Divertikulose** *die*; -, -n: vermehrtes Auftreten von Divertikeln im Darm (Med.). **Divertimento** [...*wär...*; *lat.-it.*] *das*; -s, -s u. ...ti u. **Divertissement** [*diwärtiß'mang*; *lat.-fr.*] *das*; -s, -s: 1. einer Suite ähnliche lose Folge von Instrumentalsätzen. 2. in der Fuge eine freier gearbeitete Episode zwischen den streng thematischen Teilen. 3. Tanzeinlage in Opern. 4. → Potpourri (1). 5. musikalisches Zwischenspiel

divide et impera! [*diwide - -*; *lat.*; „teile und herrsche!"]: säe Zwietracht, stifte Unfrieden unter deinen Gegnern durch unterschiedliche Behandlung, um sie einzeln leichter beherrschen zu können (legendäres, sprichwörtlich gewordenes Prinzip der altrömischen Außenpolitik). **Dividend** *der*; -en, -en: Zahl, die durch eine andere geteilt werden soll (bei der Rechnung 21 : 7 ist 21 der Dividend; Math.); Ggs. → Divisor. **Dividende** [*lat.-fr.*] *die*: -, -n: der jährlich auf eine Aktie entfallende Anteil am Reingewinn. **dividieren:** teilen; Ggs. → multiplizieren

Dividivi [*diwidiwi*; *indian.-span.*] *die* (Plural): sehr gerbstoffreiche Schoten des amerik. Schlehdorns

Divination [*diwinazion*; *lat.*] *die*; -, -en: Ahnung, bes. die Voraussage von in der Zukunft liegenden Ereignissen; Wahrsagekunst. **divinatorisch** [*lat.-nlat.*]: vorahnend, seherisch. **Divinität** [*lat.*] *die*; -: Göttlichkeit, göttliches Wesen

Divis [*diwiß*; *lat.*] *das*; -es, -e: 1. (veraltet) Teilungszeichen. 2. Bindestrich (Druckw.). **divisi** [...*wi*...; *lat.-it.*]: musikalisches Vortragszeichen, das Streichern bei mehrstimmigen Stellen vorschreibt, daß diese nicht mit Doppelgriffen, sondern geteilt zu spielen sind; Abk.: div. **Division** [...*wi*...] *die*; -, -en: 1. [*lat.*] Teilung (Math.); Ggs. → Multiplikation (a). 2. [*lat.-fr.*] militärische Einheit. **Divisionär** [*lat.-fr.*] *der*; -s, -e: (bes. schweiz.) Befehlshaber einer Division. **Divisionismus** *der*; -: Richtung der modernen franz. Malerei (Zerteilung der Farben in einzelne Tupfen), Vorstufe des → Pointillismus. **Divisionist** *der*; -en, -en: Vertreter des Divisionismus. **Divisor** [*lat.*] *der*; -s, ...oren: Zahl, durch die eine andere geteilt wird (bei der Rechnung 21 : 7 ist 7 der Divisor; Math.); Ggs. → Dividend. **Divisorium** [*lat.-nlat.*] *das*; -s, ...ien [...*i'n*]: gabelförmige Blattklammer des Setzers zum Halten der Vorlage (Druckw.)

Divulgator [...*wu*...; *lat.*] *der*; -s, ...oren: Verbreiter, Propagandist

Divulsion [...*wu*...; *lat.*] *die*; -, -en: gewaltsame Trennung, Zerreißung (Med.)

Divus [*diwuß*; *lat.*; „der Göttliche"]: Titel röm. Kaiser

Diwan [*pers.-türk.-roman.*] *der*; -s, -e: 1. niedrige gepolsterte Liege ohne Rückenlehne. 2. (hist.) türk. Staatsrat. 3. orientalische Gedichtsammlung

Dixie *der*; -[s]: (ugs.) Kurzform von Dixieland. **Dixieland** [*dikßiländ*; *amerik.*] *der*; -[s] u. **Dixieland-Jazz** *der*; -: eine Variante des Jazz

dizygot [*gr.*]: zweieiig; aus zwei befruchteten Eizellen stammend (von Zwillingen); vgl. monozygot

Djo|shegan [*dsehosch*...] vgl. Dschuschegan

DNS-Körper [*de-än-äß*...] *der*; -s, -: = Nukleoide

do [*it.*]: Silbe, auf die man den Ton c singen kann; vgl. Solmisation

docendo discimus [*dozändo dißzi*...; *lat.*]: durch Lehren lernen wir

dochmisch: den Dochmius betreffend; -er Vers = Dochmius. **Dochmius** [*gr.-lat.*; „der Krumme, der Schiefe"] *der*; -, ...ien [...*i'n*]: altgriech. Versfuß (rhythmische Einheit) (⏑––⏑–; mit vielen Varianten)

Dock [*niederl.* od. *engl.*] *das*; -s, -s: Anlage zum Ausbessern von Schiffen. **docken**: 1. a) ein Schiff ins Dock bringen; b) im Dock liegen. 2. ein Raumfahrzeug an ein anderes ankoppeln. **Docking** [*engl.*] *das*; -s, -s: Ankoppelung eines Raumfahrzeugs an ein anderes (z. B. der Mondfähre an das Raumschiff)

Doctor iuris utriusque [*lat.*] *der*; - - -, -es - -: Doktor beider Rechte (des weltlichen u. Kanonischen Rechts); Abk.: Dr. j. u.

Dodekadik [*gr.-nlat.*] *die*; -: = Duodezimalsystem. **dodekadisch** = duodezimal. **Dodeka|eder** [*gr.*] *das*; -s, -: 1. ein von 12 Flächen begrenzter Körper. 2. kurz für → Pentagondodekaeder. **Dodekalog** [*gr.-nlat.*] *der*; -s: das Zwölfgebot (5. Mose 27, 15–26). **Dodekaphonie** *die*; -: Zwölftonmusik. **dodekaphonisch:** die Dodekaphonie betreffend. **Dodekaphonist** *der*; -en, -en: Komponist od. Anhänger der Zwölftonmusik

Doelenstück [*dul'n*...; *niederl.*] *das*; -[e]s, -e: Gemälde eines niederl. Malers des 16. u. 17. Jh.s (bes. Hals, Rembrandt u. van der Helst) mit der Darstellung einer festlichen Schützengesellschaft

Doe|skin ® [*doßkin*; *engl.*; „Rehfell"] *der*; -[s]: kräftiger, glatter Wollstoff

Dogaressa [*lat.-it.*] *die*; -, ...ssen: Gemahlin des → Dogen

Dogcart [*dógka'rt*, *dokart*; *engl.*; „Hundekarren"] *der*; -s, -s: zweirädriger Einspänner [für die Jagd]

Doge [*dosehe*; *lat.-it.*; „Herzog"] *der*; -n, -n: (hist.) a) Titel des Staatsoberhauptes in Venedig u. Genua; b) Träger dieses Titels

Dogge [*engl.*] *die*; -, -n: Vertreter einer Gruppe von großen, schlanken Hunderassen

Dogger

I. [*niederl.*] *der*; -s, -: niederl. Fischerfahrzeug.

II. [*engl.*] *der*; -s: mittlere → Formation (5 a) des Juras; Brauner Jura; vgl. Jura (II)

Dogma [*gr.-lat.*] *das*; -s, ...men: fester, als Richtschnur geltender [religiöser, kirchlicher] Lehr-, Glaubenssatz. **Dogmatik** [*gr.-nlat.*] *die*; -, -en: wissenschaftliche Darstellung der [christl.] Glaubenslehre. **Dogmatiker** *der*; -s, -: 1. starrer Verfechter einer

Ideologie, Anschauung od. Lehrmeinung. 2. Lehrer der Dogmatik. **dogmatisch** [*gr.-lat.*]: starr an eine Ideologie od. Lehrmeinung gebunden bzw. daran festhaltend. **dogmatisieren:** zum Dogma erheben. **Dogmatismus** [*gr.-nlat.*] *der*; -: starres Festhalten an Anschauungen od. Lehrmeinungen. **dogmatistisch:** in Dogmatismus befangen

Dog|skin [*engl.*; „Hundefell"] *das*; -s: Leder aus kräftigem Schaffell

do it yourself! [*du it ju'ßälf*; *engl.*]: mach es selbst! **Do-it-yourself-Bewegung** *die*; -: von den USA ausgehende Bewegung, die sich als eine Art Hobby die eigene Ausführung handwerklicher Arbeiten zum Ziel gesetzt hat

Doket [*gr.-nlat.*] *der*; -en, -en (meist Plural): Anhänger des Doketismus. **doketisch**: auf dem Anschein beruhend. **Doketismus** *der*; -: [frühchristliche] Sektenlehre, die Christus nur einen Scheinleib zuschreibt u. seinen persönlichen Kreuzestod leugnet. **Dokimasie** [*gr.*] *die*; -: 1. im alten Griechenland die Prüfung aller Personen, die im Staatsdienst tätig sein wollten. 2. = Dokimastik. **Dokimasiologie** [*gr.-nlat.*] *die*; -: = Dokimastik. **Dokimastik** *die*; -: Prüfung eines Stoffes auf seinen Gehalt an [Edel]metall. **dokimastisch**: die Dokimastik betreffend; -e Analyse = Dokimastik

Doktor [lat.-mlat.; „Lehrer"] *der*; -s, ...oren: 1. a) höchster akademischer Grad; Abk.: Dr.; b) jmd., der den Doktortitel hat; Abk.: Dr., im Plural: Dres. 2. (ugs.) Arzt. **Doktorand** *der*; -en, -en: jmd., der sich mit einer Dissertation auf seine Promotion vorbereitet; Abk.: Dd. **Doktorat** *das*; -[e]s, -e: 1. Doktorprüfung. 2. Doktorgrad. **doktorieren:** 1. den Doktorgrad erlangen. 2. an der → Dissertation arbeiten. **Dok|trin** *die*; -, -en: etw., was als Grundsatz, programmatische Festlegung gilt. **dok|trinär** [*lat.-fr.*]: 1. a) auf einer Doktrin beruhend; b) in der Art einer Doktrin. 2. (abwertend) unduldsam eine Theorie verfechtend, gleich ob sie haltbar ist od. nicht. **Dok|trinär** *der*; -s, -e: Verfechter, Vertreter einer Doktrin. **Dok|trinarismus** [*nlat.*] *der*; -: (abwertend) wirklichkeitsfremdes, starres Festhalten an bestimmten Theorien od. Meinungen

Dokument [*lat.*] *das*; -[e]s, -e: 1. Urkunde, Schriftstück. 2. Beweisstück, Beweis. 3. (DDR) = Parteidokument. **Dokumentalist** [*lat.-nlat.*] *der*; -en, -en u. Dokumentar *der*; -s, -e: Fachmann, der bei einer Dokumentationsstelle arbeitet. **Dokumentalistik** *die*; -: fachwissenschaftliche Disziplin, die sich mit den Problemen bei der Mechanisierung des Prozesses der Informationssammlung, -speicherung u. -abrufung befaßt. **Dokumentar** *der*; -s, -e: jmd., der nach einer wissenschaftlichen Fachausbildung in einem Dokumentationszentrum od. in einer Spezialbibliothek tätig ist (Berufsbez.). **Dokumentarfilm** *der*; -[e]s, -e: Film, der Begebenheiten u. Verhältnisse möglichst genau, den Tatsachen entsprechend, zu schildern versucht. **dokumentarisch:** amtlich, urkundlich. **Dokumentarist** *der*; -en, -en: Autor von Dokumentarberichten, -filmen, -spielen, -literatur. **Dokumentarspiel** *das*; -[e]s, -e: besondere Produktion des Fernsehens, in der ein historisches od. geschichtliches Ereignis in einer Spielhandlung nachgestaltet wird. **Dokumentation** [*...zion*] *die*; -, -en: 1. a) Zusammenstellung, Ordnung u. Nutzbarmachung von Dokumenten u. [Sprach]materialien jeder Art (z. B. Urkunden, Akten, Zeitschriftenaufsätze); b) das Zusammengestellte; c) aus dokumentarischen Texten, Originalaufnahmen bestehende Sendung o. ä. 2. beweiskräftiges Zeugnis, anschaulicher Beweis. **Dokumentator** *der*; -s, ...oren: = Dokumentarist. **dokumentieren:** 1. zeigen. 2. [durch Dokumente] beweisen

Dokus vgl. Tokus

Dol [Kurzform von lat. *dolor* „Schmerz"] *das*; -[s], -: Meßeinheit für die → Intensität einer Schmerzempfindung; Zeichen: dol (Med.)

Dolan [Kunstw.] *das*; -[s]: synthetische Faser, die bes. für Berufs- u. Schutzkleidung verwendet wird

Dolantin Ⓦᶻ [Kunstw.] *das*; -s: krampflösendes u. schmerzstillendes Mittel, das bei längerem Gebrauch suchtbildend wirkt

Dolby u. **Dolby-System** Ⓦᶻ *das*; -s: elektronisches Verfahren zur Rauschunterdrückung bei Tonbandaufnahmen

dolce [*doltsche*; *lat.-it.*]: sanft, lieblich, süß, weich (Vortragsanweisung; Mus.). **dolce far niente**: „süß ist's, nichts zu tun". **Dolcefarniente** *das*; -: süßes Nichtstun. **Dolce stil nuovo** [- *ßtil nuowo*; *„süßer neuer Stil"*] *der*; - - -: besondere Art des Dichtens, durch die der provenzal.-sizilian. Minnesang im 13. Jh. in Mittel- u. Oberitalien unter dem Einfluß → platonischer (1) u. → scholastischer Elemente sowie der sozialen Umschichtung durch den Aufstieg des Bürgertums weiterentwickelt wurde. **Dolce vita** [- *wi...*; „süßes Leben"] *das* od. *die*; - -: ausschweifendes u. übersättigtes Müßiggängertum. **Dolcian** [*...zian*] vgl. Dulzian. **dolcissimo** [*doltschißimo*]: überaus sanft, süß, lieblich

Dol|drums [*engl.*] *die* (Plural): (Seemannsspr.) Windstillen, bes. der → äquatoriale Windstillengürtel; vgl. Kalmenzone

dolente, dolendo: = doloroso

Dolerit [auch: *...it*; *gr.-nlat.*] *der*; -s, -e: eine bestimmte Basaltart

dolichokephal usw. = dolichozephal usw. **dolichozephal** [*gr.-nlat.*]: langköpfig (Biol.; Med.). **Dolichozephale** *der* u. *die*; -n, -n: jmd., der einen [abnorm] langen Kopf hat (Biol.; Med.). **Dolichozephalie** *die*; -: [abnorme] Langköpfigkeit (Biol.; Med.)

dolieren vgl. dollieren

Doline [*slowen.*] *die*; -, -n: trichterförmige Vertiefung der Erdoberfläche, bes. im → Karst (Geogr.)

Dollar [*niederd.-engl.-amerik.*] *der*; -[s], -s (aber: 30 Dollar): Währungseinheit in den USA, Kanada u. anderen Ländern (1 Dollar = 100 Cents); Zeichen: $. **Dollarscrips** *die* (Plural): Spezialgeld für die amerik. Besatzungstruppe nach 1945; vgl. Scrip

dollieren [*lat.-fr.*]: Leder abschaben, abschleifen

Dolly [*...li*; *engl.*] *der*; -[s], -s: a) fahrbares Stativ für eine Filmkamera; b) fahrbarer Kamerawagen mit aufmontierter Kamera

Dolma [*türk.*] *das*; -[s], -s (meist Plural): türk. Nationalgericht aus Kohl- u. Weinblättern, die mit gehacktem Hammelfleisch u. Reis gefüllt sind

Dolman [*türk.(-ung.)*] *der*; -s, -e: 1. geschnürte Jacke der alttürk. Tracht. 2. mit Schnüren besetzte Jacke der Husaren. 3. kaftanartiges Frauengewand in den ehemals türk. Gebieten des Balkans

Dolmen [*bret.-fr.*; „Steintisch"] *der*; -s, -: tischförmig gebautes Steingrab der Jungsteinzeit u. frühen Bronzezeit

Dolmetsch [*Mitanni-türk.-ung.*] *der*; -[e]s, -e: a) = Dolmetscher; b) Fürsprecher, z. B. sich zum - machen. **dolmetschen**: etwas, was in fremder Sprache gesprochen od. geschrieben worden ist, übersetzen, damit es ein anderer versteht. **Dolmetscher** *der*; -s, -: jmd., der [in Ausübung seines Berufes] Äußerungen in einer fremden Sprache übersetzt u. auf diese Weise die Verständigung zwischen zwei od. mehr Personen herstellt

Dolomit [auch: ...*it*; *fr.-nlat.*; nach dem franz. Mineralogen Dolomieu (...*miö*)] *der*; -s, -e: 1. ein Mineral. 2. ein Sedimentgestein

doloros u. **dolorös** [*lat.*(-*fr.*)]: schmerzhaft, schmerzerfüllt. **Dolorosa** [*lat.*] *die*; -: = Mater dolorosa. **doloroso** [*lat.-it.*]: schmerzlich, klagend, betrübt, trauervoll (Vortragsanweisung; Mus.)

dolos [*lat.*]: arglistig, mit bösem Vorsatz (Rechtsw.). **Dolus** *der*; -: Arglist, böser Vorsatz (Rechtsw.); - directus [- ...*räkt*...]: Vorsatz im vollen Bewußtsein der Folgen einer Tat u. ihrer strafrechtlich erfaßten Verwerflichkeit; - eventualis [- *ewän*...]: bedingter Vorsatz, d. h. das Inkaufnehmen einer (wenn auch unerwünschten) Folge einer Tat

Dom

I. [*lat.-it.-fr.*; „Haus (der Christengemeinde)"] *der*; -[e]s, -e: Bischofs-, Haupt-, Stiftskirche mit ausgedehntem → Chor (I, 1).

II. [*gr.-provenzal.-fr.*] *der*; -[e]s, -e: 1. Kuppel, gewölbte Decke. 2. gewölbter Aufsatz (Dampfsammler) eines Dampfkessels od. Destillierapparats; vgl. destillieren.

III. [*lat.-port.*; „Herr"] *der*; -: vor den Taufnamen gesetzter portugies. Titel.

IV. [*sanskr.-Hindi*] *die* (Plural): eine der niedersten → Kasten in Nordindien

Doma [*gr.-lat.*] *das*; -s, ...men: Kristallfläche, die zwei Kristallachsen schneidet

Domäne [*lat.-fr.*; „Herrschaftsgebiet"] *die*; -, -n: 1. Staatsgut, -besitz. 2. Arbeits-, Wissensgebiet, auf dem jmd. bes. gut Bescheid weiß, auf dem er sich speziell u. bes. intensiv betätigt, das ihm dafür vorbehalten ist

Domatium [...*zium*; *gr.-nlat.*; „Wohnung"] *das*; -s, ...ien [...*i*ᵉ*n*]: entsprechende Bildung an Pflanzenteilen (z. B. ein Hohlraum, ein Haarbüschel), die von anderen Organismen (z. B. Milben) bewohnt wird

Domestik [*lat.-fr.*] *der*; -en, -en: 1. (meist Plural): (veraltet) Dienstbote. 2. Radrennfahrer, der dem besten Fahrer einer Mannschaft im Straßenrennen Hilfsdienste leistet (z. B. Getränke beschafft). **Domestikation** [...*zion*] *die*; -, -en: Zähmung u. [planmäßige] Züchtung von Haustieren u. Kulturpflanzen aus Wildtieren bzw. Wildpflanzen. **Domestike** *der*; -n, -n: = Domestik. **Domestikin** *die*; -, -nen: (Jargon) Masochistin, die sadistische Handlungen an sich vornehmen läßt. **domestizieren**: 1. Haustiere u. Kulturpflanzen aus Wildformen züchten. 2. zähmen, heimisch machen. **Domina** [*lat.*] *die*; -, ...nä u. -s: 1. Stiftsvorsteherin. 2. (Pl. -s) Prostituierte, die sadistische Handlungen an einem Masochisten vornimmt. **dominal**: in der Art einer Domina (2). **dominant**: 1. vorherrschend, überdeckend (von Erbfaktoren; Biol.); Ggs. → rezessiv (1). 2. a) beherrschend, bestimmend; b) = dominierend (b). **Dominantakkord** u. Dominantenakkord *der*; -[e]s, -e: Dreiklang auf der fünften Stufe (Dominante) der → diatonischen Tonleiter (Mus.)

Dominante *die*; -, -n

I. [*lat.*] vorherrschendes Merkmal.

II. [*lat.-it.*] 1. fünfte Stufe (= Quint) der → diatonischen Tonleiter. 2. = Dominantakkord

Dominantenakkord vgl. Dominantakkord. **Dominantseptakkord** u. **Dominantseptimenakkord** [*lat.*] *der*; -[e]s, -e: Dreiklang auf der Dominante (Quint) mit kleiner → Septime (Mus.). **Dominanz** [*lat.-nlat.*] *die*; -, -en: Eigenschaft von Erbfaktoren, sich gegenüber schwächeren (→ rezessiven) sichtbar durchzusetzen (Biol.); Ggs. → Rezessivität. **Dominat** [*lat.*] *der* od. *das*; -[e]s, -e: absolutes Kaisertum seit Diokletian; vgl. Prinzipat (2). **Domination** [...*zion*] *die*; -, -en: das Dominieren, Beherrschung, Vormachtstellung. **Dominica** [Kurzform von dominica dies = der Tag des Herrn] *die*; -: Sonntag; -in albis: Weißer Sonntag (erster Sonntag nach Ostern, nach den bis dahin getragenen weißen Kleidern der Neugetauften in der alten Kirche). **dominieren**: a) bestimmen, herrschen, vorherrschen; b) jmdn./etwas beherrschen. **dominierend**: a) an Stärke, Gewichtigkeit andere überragend, sie bestimmend; b) (Jargon) sadistische Handlungen an einem Masochisten (mit dessen Einverständnis) vornehmend

Dominikaner [*mlat.*] *der*; -s, -: Angehöriger des vom hl. Dominikus im Jahre 1215 gegründeten Predigerordens; Abk.: O. P. od. O. Pr. **dominikanisch**: die Dominikaner betreffend

Dominion [*dominj*ᵉ*n*; *lat.-fr.-engl.*] *das*; -s, -s u. ...nien [...*i*ᵉ*n*]: (hist.) Bezeichnung für ein der Verwaltung nach selbständiges Land des Brit. Reiches; jetzt: → Country of the Commonwealth. **Dominium** [*lat.*] *das*; -s, ...nien [...*i*ᵉ*n*]: (veraltet) Herrschaft, Herrschaftsgebiet

Domino [*lat.-it.-fr.*]

I. *der*; -s, -s: a) langer [seidener] Maskenmantel mit Kapuze u. weiten Ärmeln; b) Träger eines solchen Kostüms; c) (österr.) Dominostein.

II. *das*; -s, -s: a) Anlegespiel mit rechteckigen Steinen, die nach einem bestimmten System aneinandergelegt werden müssen; b) (österr.) Dominostein

Dominus [*lat.*] *der*; -, ...ni: Herr, Gebieter. **Dominus vobiscum** [- *wobißkum*; „der Herr sei mit euch!"] liturg. Gruß

Domizellar [*lat.-mlat.*] *der*; -s, -e: (veraltet) junger → Kanoniker, der noch keinen Sitz u. keine Stimme im → Kapitel (2) hat. **Domizil** [*lat.*] *das*; -s, -e: 1. Wohnsitz, Wohnhaus. 2. Zahlungsort [von Wechseln]. 3. einem bestimmten Planeten zugeordnetes Tierkreiszeichen (Astrol.). **domizilieren** [*lat.-nlat.*]: 1. ansässig sein. 2. [Wechsel] an einem andern Ort als dem Wohnort des Bezogenen (= dessen, der den Scheck od. Wechsel zahlen muß) zur Zahlung anweisen. **Domizilwechsel** *der*; -s, -: 1. Wechsel, der nicht am Wohnort des Ausstellers eingelöst wird. 2. Wechsel, der am Wohnort des Ausstellers bei einem Dritten (Bank) eingelöst wird (daher meist die Bezeichnung Zahlstellenwechsel). **Domkapitel** *das*; -s, -: Gemeinschaft von Geistlichen an bischöflichen Kirchen, die für die Gestaltung des Gottesdienstes verantwortlich sind u. den Bischof beraten. **Domkapitular** *der*; -s, -e: Mitglied des Domkapitels

Dompteur [...*tör*; *lat.-fr.*] *der*; -s, -e: Tierbändiger. **Dompteuse** [...*töse*] *die*; -, -n: Tierbändigerin

Domra [*russ.*] *die*; -, -s u. ...ren: altes russ. Saiteninstrument in Form einer Laute

Don [*lat.-span.* u. *lat.-it.*] (ohne Artikel): a) höfliche, auf eine männliche Person bezogene Anrede; nur vor Vornamen gebraucht (in Spanien); b) Titel der Priester u. der Angehörigen bestimmter

Adelsfamilien in Italien, nur vor Vornamen gebraucht; z. B. Don Camillo. **Doña** [*donja; lat.-span.*] (ohne Artikel): höfliche, auf eine weibliche Person bezogene Anrede (in Spanien); vgl. Don (a)

Donarit [auch: *...it; nlat.*; nach dem germ. Gewittergott Donar] *der*; -s: Sprengstoff, der → Ammoniumnitrat enthält

Donatar [*lat.-nlat.*] *der*; -s, -e: der Beschenkte (Rechtsw.). **Donation** [*...zion; lat.*] *die*; -, -en: Schenkung (Rechtsw.). **Donatismus** [*nlat.*; nach dem Bischof Donatus von Karthago] *der*; -: → rigoristische Richtung in der nordafrik. Kirche des 4. u. 5. Jh.s. **Donatist** *der*; -en, -en: Anhänger des Donatismus. **Donator** [*lat.*; „Spender"] *der*; -s, ...oren: 1. (veraltet) Stifter, Geber, bes. eines Buches. 2. → Atom od. → Molekül, das → Elektronen (I) od. → Ionen abgibt (Phys., Chem.)

Donegal *der*; -[s], -s: nach einer irischen Grafschaft benannter, locker gewebter Mantelstoff aus Noppenstreichgarn in Köper- od. Fischgratbindung (eine Webart)

Donja [*lat.-span.*; „Herrin"] *die*; -, -s: (scherzhaft-familiär) weibliche Person (z. B. Freundin, Dienstmädchen); vgl. Doña

Donjon [*dongsehong*; *fr.*] *der*; -s, -s: Hauptturm einer mittelalterlichen Burg in Frankreich

Don Juan [*don chuan*, seltener: *dong schuan* od. *don schuang*, selten auch noch: *don juan*; Figur aus der span. Literatur] *der*; -s, -s: Verführer, Frauenheld. **Donjuanismus** *der*; -: Störung im männlichen Sexualverhalten, die sich in hemmungslosem Verlangen, dem Zwang, häufig den Partner zu wechseln, äußert (aus neurotischer Angst vor der Bindung; Psychoanalyse)

Donkey [*dongki*; *engl.*; „Esel"] *der*; -s, -s: Hilfskessel zum Betrieb der Lade- u. Transportvorrichtungen auf Handelsschiffen

Donna [*lat.-it.*] *die*; -, -s u. Donnen: 1. (ohne Artikel) weibl. Form der Anrede für Angehörige bestimmter italien. Adelsfamilien, jeweils nur vor Vornamen gebraucht, z. B. Donna Maria. 2. (ugs. abwertend) Hausangestellte, Dienstmädchen; vgl. Donja. **Don Quichotte** [*don kischot*, auch: *dong* -; *span.-fr.*; Romanheld bei Cervantes] *der*; - -s, - -s: lächerlich wirkender Schwärmer, dessen Tatendrang an den realen Gegebenheiten scheitert. **Donquichotterie**, (österr. auch:) Donquichoterie *die*; -, ...ien: törichtes Unternehmen, das von Anfang an aussichtslos ist. **Donquichottiade** *die*; -, -n: Erzählung im Stil des „Don Quichotte" von Cervantes.

Don Quijote, Don Quixote [*don kiehot*[e]; *span.*]: = Don Quichotte

Dontgeschäft [*dong...*; *fr.*; *dt.*] *das*; -[e]s, -e: Börsengeschäft, bei dem die Erfüllung des Vertrages erst zu einem späteren Termin, aber zum Kurs des Abschlußtages erfolgt (Börsenwesen)

Donum [*lat.*] *das*; -s, Dona: Schenkung [eines Buches]

doodeln [*dud*[e]*ln*; *engl.*]: nebenher in Gedanken kleine Männchen o. ä. malen, kritzeln (z. B. während man telefoniert)

Dope [*do*[u]*p*; *niederl.-engl.*] *das*; -s: Rauschgift, bes. Haschisch. **dopen** [auch: *do...*]: jmdn. durch (verbotene) Anregungsmittel zu einer vorübergehenden sportlichen Höchstleistung zu bringen versuchen (Sport). **Doping** [auch: *do...*] *das*; -s, -s: (unerlaubte) Anwendung von Anregungsmitteln zur vorübergehenden Steigerung der sportlichen Leistung

Doppelnelson [nach einem amerik. Sportler] *der*; -[s], -[s]: doppelter Nackenhebel, Griff beim Ringen u. Rettungsschwimmen. **Doppik** [Kunstw.] *die*; -: doppelte Buchführung. **doppio movimento** [-...*wi*...; *it.*]: doppelte Bewegung, doppelt so schnell wie bisher (Vortragsanweisung; Mus.)

Dorade [*lat.-fr.*] *die*; -, -n: Goldmakrele (Speisefisch). **Dorado** vgl. Eldorado

Dorant [*mlat.*] *der*; -[e]s, -e: Name verschiedener Pflanzen (z. B. Löwenmaul, Sumpfschafgarbe)

dorisch [nach dem altgriech. Stamm der Dorer]: a) die [Kunst der] Dorer betreffend; b) aus der Landschaft Doris stammend; -e Tonart: eine der drei altgriech. Stammtonleitern, aus der sich die Kirchentonarten des Mittelalters entwickelten (Mus.)

Dormeuse [*...möse*; *lat.-fr.*] *die*; -, -n: 1. elegante Haube der Rokokozeit zum Schutz der kunstvollen Frisur. 2. bequemer Lehnstuhl [zum Schlafen]. **Dormitorium** [*lat.*] *das*; -s, ...ien [...*i*[e]*n*]: a) Schlafsaal in Klöstern; b) Teil des Klostergebäudes mit den Einzelzellen der Mönche

Doromanie [*gr.*] *die*; -: krankhafte Sucht, Dinge zu verschenken (Med.; Psychol.)

Doronicum [...*kum*; *arab.-mlat.*] *das*; -s, -: Gemswurz (gelbblühende Staude; Bot.)

dorsal [*lat.-mlat.*]: 1. (Med.) a) zum Rücken, zur Rückseite gehörend; b) am Rücken, an der Rückseite gelegen; zur Rückseite, zum Rükken hin; rückseitig. 2. mit dem Zungenrücken gebildet (von Lauten; Sprachw.). **Dorsal** *der*; -s, -e: mit dem Zungenrücken gebildeter Laut (Sprachw.). **Dorsale** *das*; -s, -: Rückwand des Chorgestühls. **Dorsallaut** *der*; -[e]s, -e: = Dorsal. **dorsiven|tral** [*...wän...*; *lat.-nlat.*]: einachsig → symmetrisch (2), d. h. mit spiegelbildlich gleichen Flanken, aber verschiedener Rücken- u. Bauchseite (von Pflanzenteilen u. Tieren). **dorsoven|tral**: vom Rücken zum Bauch hin gelegen (anatom. u. biol. Richtungsbezeichnung)

Doryphoros [*gr.*; „Speerträger"] *der*; -: berühmte Statue des griech. Bildhauers Polyklet

Dos [*lat.*] *die*; -, Dotes [*dóteß*]: Mitgift (Rechtsw.)

dos à dos [*dosado*; *lat.-vulgärlat.-fr.*]: Rücken an Rücken (Ballett)

dosieren [*gr.-mlat.-fr.*]: [eine bestimmte Menge] ab-, zumessen. **Dosierung** *die*; -, -en: Abgabe, Abmessung einer bestimmten Menge [eines Medikaments]. **Dosimeter** [*gr.-nlat.*] *das*; -s, -: Gerät zur Messung der vom Menschen aufgenommenen Menge an → radioaktiven Strahlen. **Dosime|trie** *die*; -: Messung der Energiemenge von Strahlen (z. B. von Röntgenstrahlen). **Dosis** [*gr.-mlat.*] *die*; -, ...sen: zugemessene [Arznei]menge; kleine Menge

Dossier [*doßie*; *lat.-vulgärlat.-fr.*] *das* (veraltet: *der*); -s, -s: etw., was alle zu einer Sache, einem Vorgang gehörenden Schriftstücke enthält, umfaßt. **dossieren**: abschrägen. **Dossierung** *die*; -, -en: flache Böschung

Dotalsystem [*lat.*; *gr.-lat.*] *das*; -s: (hist.) System des ehelichen Güterrechts im röm. Recht, nach dem das Vermögen der Frau nach der Hochzeit in das des Mannes übergeht; vgl. Dos. **Dotation** [*...zion*; *lat.-mlat.*] *die*; -, -en: 1. Ausstattung mit Vermögenswerten. 2. Mitgift; vgl. ...[at]ion/...ierung. **Dotes**: *Plural* von → Dos. **dotieren** [*lat.(-fr.)*]: 1. für etw. (z. B. für einen Preis, eine bestimmte gehobene Position od. Funktion) eine bestimmte Geldsumme ansetzen, geben. 2. (zur gezielten Veränderung der elektrischen Leitfähigkeit) Fremdatome in Halbleitermaterial einbauen (Phys.). **Dotierung** *die*; -, -en: 1. das Dotieren. 2. Entgelt, Gehalt, bes. in gehobeneren Angestelltenpositionen; vgl. ...[at]ion/...ierung **doubeln** [*dub^eln*; *lat.-fr.*]: a) die Rolle eines Filmschauspielers bei gefährlichen Szenen übernehmen; b) eine Szene mit einem Double (1 a) besetzen. **Dou|blage** [*dublasch^e*] *die*; -, -n: 1. Vorgang des filmischen → Synchronisierens (3). 2. das durch Synchronisieren (3) hergestellte Werk. **Dou|ble** [*dub^el*] *das*; -s, -s: 1. a) Ersatzmann, der für den eigentlichen Darsteller eines Films bei Filmaufnahmen gefährliche Rollenpartien spielt; vgl. Stuntman, Stuntwoman; b) Doppelgänger. 2. Variation eines Satzes der → Suite (4) durch Verdopplung der Notenwerte u. Verzierung der Oberstimme (Mus.). 3. = Doubleface (b). 4. Gewinn der Meisterschaft u. des Pokalwettbewerbs durch dieselbe Mannschaft in einem Jahr (Sport). **Dou|blé** [*duble*] vgl. Dublee. **Double-bind** [*dablbaind*; *engl.*] *das*; -: [Verwirrung u. Orientierungslosigkeit hervorrufende] „Doppelbindung" an widersprüchliche Informationen (Psychol.). **Dou|bleface** [*dúb^elfaß*, auch: *dab^elfe^iß*; „Doppelgesicht"] *der* od. *das*; -, -s [*dúb^elfaß* u. *dab^elfe^ißis*]: a) Gewebe aus [Halb]seide oder Chemiefasern mit verschiedenfarbigen Seiten, die beide nach außen getragen werden können; b) dickes Doppelgewebe aus Streichgarn für Wintermäntel. **dou|blieren** vgl. dublieren. **Doublure** [*dublür*] vgl. Dublüre

Douceur [*dußör*; *lat.-fr.*] *das*; -s, -s: (veraltet) 1. Süßigkeit. 2. Geschenk, Trinkgeld

Dou|glasie [*duglaßi^e*; *nlat.*; nach dem schott. Botaniker David Douglas (*dagl^eß*)] *die*; -, -n u. **Dou|glasfichte** [*duglaß...*] *die*; -, -n: schnellwachsender Nadelbaum Nordamerikas

Douglasraum [*dagl^eß...*; nach dem schott. Arzt J. Douglas] *der*; -s: Bauchfellgrube zwischen Mastdarm u. Blase bzw. Gebärmutter. **Douglas|skop** *das*; -s, -e: → Endoskop zur Betrachtung des Douglasraums. **Douglas|skopie** *die*; -, ...ien: Untersuchung des Douglasraums mittels → Endoskops von der Scheide her

Doupion [*dupiong*; *fr.*] *der* od. *das*; -[s]: naturseidenähnliches Noppengewebe

Dourine [*durin^e*; *arab.-fr.*] u. (eingedeutscht:) Durine *die*; -, -n: durch → Trypanosomen verursachte Geschlechtskrankheit von Pferd u. Esel; Beschälseuche

do ut des [*lat.*; „ich gebe, damit du gibst"]: 1. altröm. Rechtsformel für gegenseitige Verträge od. Austauschgeschäfte. 2. man gibt etwas, damit man mit einer Gegengabe oder mit einem Dienst rechnen kann

doux [*du*; *lat.-fr.*]: lieblich

Dowlas [*daul^eß*; *engl.*] *das*; -: dichtes, gebleichtes Baumwollgewebe für Wäsche u. Schürzen

down [*daun*; *engl.*]: 1. (ugs.) a) niedergeschlagen, bedrückt; b) erschöpft, zerschlagen (nach einer Anstrengung). 2. nieder!, leg dich! (Befehl an Hunde)

Downing Street [*dauning ßtrit*; Straße in London, nach dem englischen Diplomaten Sir George Downing] *die*; - -: Amtssitz des britischen Premierministers u. des Außenministeriums

Down-Syndrom [*daun* -; nach dem brit. Arzt J. L. H. Down] *das*; -s: = Mongolismus

Doxa [*gr.*] *die*; -: die überweltliche Majestät Gottes; die göttliche Wirklichkeit (Rel.)

Doxale [*mlat.*] *das*; -s, -s: Gitter zwischen Chor u. Mittelschiff, bes. in barocken Kirchen

Doxo|graph [*gr.-nlat.*] *der*; -en, -en: einer der griech. Gelehrten, die die Lehren der Philosophen nach Problemen geordnet sammelten. **Doxologie** [*gr.-mlat.*] *die*; -, ...ien: Lobpreisung, Verherrlichung Gottes od. der Dreifaltigkeit, bes. im → Gloria (II)

Doyen [*doajäng*; *lat.-fr.*] *der*; -s, -s: Leiter u. Sprecher des diplomatischen Korps

Dozent [*lat.*; „Lehrender"] *der*; -en, -en: a) Lehrbeauftragter an hochschulähnlichen, nicht allgemeinbildenden Schulen; b) Lehrbeauftragter an einer Universität [der sich habilitiert hat, aber noch nicht zum Professor ernannt ist]. **Dozentur** [*lat.-nlat.*] *die*; -, -en: a) akademischer Lehrauftrag; b) Stelle für einen Dozenten. **dozieren** [*lat.*]: a) an einer Hochschule lehren; b) in belehrendem Ton reden

Drachme [*gr.-lat.*] *die*; -, -n: 1. griech. Währungseinheit. 2. (hist.) Apothekergewicht

Dragée, Dragee [*...sche*; *gr.-lat.-fr.*] *das*; -s, -s: 1. mit einem Glanzüberzug versehene Süßigkeit, die eine feste oder flüssige Masse enthält. 2. linsenförmige Arznei, die aus einem Arzneimittel mit einem geschmacksverbessernden Überzug besteht. **Drageur** [*...schör*] *der*; -s, -e: jmd., der Dragées herstellt. **dragieren** [*...sch...*]: Dragées herstellen. **Dragist** [*...sch...*] *der*; -en, -en: = Drageur

Dragoman [auch: *...man*; *arab.-mgr.-it.*] *der*; -s, -e: (hist.) Dolmetscher, Übersetzer im Nahen Osten, bes. für Arabisch, Türkisch u. Persisch

Dragon u. Dragun [*arab.-roman.*] *der* od. *das*; -s: = Estragon

Dragonade [*gr.-lat.-fr.*] *die*; -, -n: a) (hist.) durch einquartierte Dragoner ausgeführte, von Ludwig XIV. angeordnete Gewaltmaßnahme zur Bekehrung der franz. Protestanten; b) gewaltsame Maßregel. **Dragoner** *der*; -s, -: 1. a) (hist.) Kavallerist auf leichterem Pferd, leichter Reiter; b) (ugs.) stämmige, energische Frau. 2. (österr.) Rückenspange am Rock od. am Mantel

Dragun vgl. Dragon

Drain [*dräng*; *engl.-fr.*] u. Drän *der*; -s, -s: 1. Röhrchen aus Gummi od. anderem Material mit seitlichen Öffnungen (Med.); vgl. Drainage (2). 2. = Drän (1). **Drainage** u. Dränage [*...asch^e*] *die*; -, -n: 1. = Dränung. 2. Ableitung von Wundabsonderungen (z. B. Eiter) durch Drains od. einfache Gazestreifen (Med.). **drainieren** u. dränieren: Wundabsonderungen durch Drains oder einfache Gazestreifen ableiten (Med.)

Draisine [*drai...*, ugs. auch: *drä...*; nach dem dt. Erfinder Drais] *die*; -, -n: 1. Vorläufer des Fahrrads, Laufrad. 2. kleines Schienenfahrzeug zur Streckenkontrolle

drakonisch [nach dem altgriech. Gesetzgeber Drakon]: sehr streng, hart (in bezug auf Maßnahmen u. ä., die von einer Instanz ausgehen). **Drakontiasis** [*gr.-nlat.*] *die*; -: = Drakunkulose. **Drakunkulose** *die*; -, -n: Wurmkrankheit des Menschen, die durch einen (im Unterhautbindegewebe schmarotzenden) Fadenwurm hervorgerufen wird

Dralon ® [Kunstw.] *das*; -[s]: synthetische Faser

Drama [*gr.-lat.*; „Handlung, Geschehen"] *das*; -s, ...men: 1. a) (ohne Plural) Bühnendichtung (Lustspiel, Trauerspiel) als literarische Kunstform; b) ernstes Schauspiel mit spannungsreichem Geschehen. 2. erschütterndes od. trauriges Geschehen. **Dramatik** *die*; -: 1. dramatische Dichtkunst; vgl. Epik, Lyrik. 2. Spannung, innere Bewegtheit. **Dramatiker** *der*; -s, -: dramatischer Dichter, Verfasser eines Dramas (1b); vgl. Epiker, Lyriker. **dramatisch**: 1. a) im Drama vorkommend; b) in Dramenform abgefaßt; c) das Drama

(1a) betreffend; vgl. episch, lyrisch. 2. aufregend, spannend. **dramatisieren** [*nlat.*]: 1. einen literarischen Stoff als Drama für die Bühne bearbeiten. 2. etwas lebhafter, aufregender darstellen, als es in Wirklichkeit ist. **dramatis personae** [-...*nä*; *lat.*] *die* (Plural): die Personen, die in einem Drama (1b) auftreten. **Dramaturg** [*gr.*; „Schauspielmacher, -dichter"] *der*; -en, -en: literarischer Berater am Theater, bei Funk u. Fernsehen, zuständig für die Auswahl u. die Realisierung der Stücke. **Dramaturgie** *die*; -, ...ien: 1. Lehre von der äußeren Bauform u. den Gesetzmäßigkeiten der inneren Struktur des Dramas, bes. im Hinblick auf die praktische Realisierung. 2. Bearbeitung u. Gestaltung eines Dramas, Hörspiels, [Fernseh]films o.ä. 3. Abteilung der beim Theater, Funk od. Fernsehen beschäftigten Dramaturgen. **dramaturgisch**: die Bearbeitung eines Dramas betreffend. **Dramma per musica** [*it.*] *das*; - - -, ...me - -: ital. Bezeichnung für: Oper, musikalisches Drama. **Dramolett** [*gr.-lat.-fr.*] *das*; -s, -e (auch: -s): kurzes, dramenartiges Theaterstück

Drän [*engl.-fr.*] *der*; -s, -s u. -e: 1. Entwässerungsgraben, -röhre. 2. = Drain (1). **Dränage** [...*nasch^e*] *die*; -, -n: 1. = Dränung. 2. = Drainage (2). **dränieren**: 1. Boden durch Dränung entwässern. 2. = drainieren. **Dränierung** *die*; -, -en: = Dränung. **Dränung** *die*; -, -en: Entwässerung des Bodens durch Röhren- od. Grabensysteme, die das überschüssige Wasser sammeln u. ableiten

Drap [*dra*; *vulgärlat.-fr.*] *der*; -: festes Wollgewebe

Drapa [*altnord.*] *die*; -, Drapur: altnord. Gedichtform (Lobgedicht) des 10.–13. Jh.s

Drapé [...*pe*; *vulgärlat.-fr.*] *der*; -s, -s: Herrenanzugstoff aus Kammgarn od. Streichgarn in Atlasbindung (eine Webart). **Drapeau** [*drapo*] *das*; -s, -s: (veraltet) Fahne, Banner. **Draperie** *die*; -, ...ien: 1. künstlerische Gestaltung des Faltenwurfs bei Stoffen, Vorhängen u. Gewändern. 2. strahlenförmiges Nordlicht. **drapieren**: 1. kunstvoll in Falten legen. 2. mit kunstvoll gefaltetem Stoff behängen, schmücken. **drappfarbig**: sandfarbig (von Stoffen)

Drapur: *Plural* von → Drapa

Drastik [*gr.*] *die*; -: derbe Anschaulichkeit u. Direktheit. **Drastikum** [*gr.-nlat.*] *das*; -s, ...ka: starkes Abführmittel. **drastisch** [*gr.*]: a) anschaulich-derb [und auf diese Weise sehr wirksam]; b) sehr stark, deutlich in seiner [negativen] [Aus]wirkung spürbar

Drawback [*drobäk*; *engl.*] *das*; -[s], -s: Rückvergütung von zuviel bezahltem Zoll

drawidisch: zu der Völkergruppe der Drawida in Mittel- u. Südindien gehörend

Drawing-room [*droingrum*; *engl.*; „Zimmer, in das man sich zurückzieht"] *der*; -s, -s: Empfangs- u. Gesellschaftszimmer in England

Drazäne [*gr.-nlat.*] *die*; -, -n: Drachenbaum, zu den Liliengewächsen gehörende Zimmerblattpflanze

Dreadlocks [*drädlokß*; *engl.*] *die* (Plural): aus dünnen Haarsträhnen geflochtene kleine Zöpfchen.

Dreadnought [*drädnot*; *engl.*; „Fürchtenichts"] *der*; -s, -s: (hist.) engl. Großkampfschiff

Dreß [*lat.-vulgärlat.-fr.-engl.*] *der*; Dresses, Dresse, (österr.:) *die*; -, Dressen: besondere Kleidung (z. B. Sportkleidung)

Dressat [*lat.-vulgärlat.-fr.-nlat.*] *das*; -[e]s, -e: 1. Ergebnis einer Tierdressur. 2. zur automatischen Gewohnheit gewordene anerzogene Verhaltens-, Reaktionsweise (Psychol.). **Dresseur** [...*ßör*; *lat.-vulgärlat.-fr.*] *der*; -s, -e: jmd., der Tiere dressiert, abrichtet. **dressieren**: 1. a) Tiere abrichten; b) (abwertend) jmdn. durch → Disziplinierung zu einer bestimmten Verhaltensweise bringen. 2. Speisen, bes. Fleischgerichte, kunstvoll anrichten. 3. Hüte unter Dampf in der Hutpresse formen. 4. Schappeseide kämmen (Spinnerei). 5. nachwalzen (Technik). 6. (ugs.) drängeln. **Dressing** [*lat.-vulgärlat.-fr.-engl.*] *das*; -s, -s: 1. Soße od. [würzige] Zutat für bestimmte Gerichte (z. B. Salate). 2. Kräuter- od. Gewürzmischung für [Geflügel]bratenfüllungen. **Dressing-gown** [-*gaun*; *engl.*] *der*, auch: *das*; -s, -s: Morgenrock. **Dressman** [*dräßm^en*; *dt.* Bildung aus *engl. dress* u. *man*] *der*; -s, ...men: 1. a) männliche Person, die auf Modeschauen Herrenkleidung vorführt; vgl. Mannequin; b) männliches Fotomodell. 2. (verhüllend in Anzeigen) junger Mann, der sich homosexuell prostituiert.

Dressur [*lat.-vulgärlat.-fr.-nlat.*] *die*; -, -en: 1. das Abrichten von Tieren. 2. Kunststück des dressierten Tieres

Dribbel [*engl.*] *das*; -s, -: = Dribbling. **dribbeln**: den Ball, die Scheibe (beim Hockey) durch kurze Stöße [über größere Strecken] vorwärts treiben [u. dabei zur Täuschung des Gegners die Richtung ändern, um den Gegner zu umspielen] (Sport). **Dribbler** *der*; -s, -: Spieler, der [gut] zu dribbeln versteht. **Dribbling** *das*; -s, -s: das Dribbeln

Drink [*engl.*] *der*; -[s], -s: alkoholisches [Misch]getränk

Drive [*draif*; *engl.*] *der*; -s, -s: 1. a) Schwung, Lebendigkeit, Dynamik; b) Neigung, starker Drang, Tendenz. 2. besonderer Schlag (Treibschlag) beim Golfspiel u. Tennis. 3. Steigerung der rhythmischen Intensität u. Spannung im Jazz mittels Beat od. Break. **Drive-in-Kino** *das*; -s, -s: = Autokino. **Drive-in-Restaurant** *das*; -s, -s: Schnellgaststätte für Autofahrer mit Bedienung am Fahrzeug. **driven** [*draiw^en*]: einen Treibball spielen (bes. Golf). **Driver** [*draiw^er*] *der*; -s, -: Golfschläger für Abschlag u. Treibschlag

Droge [*niederd.-fr.*] *die*; -, -n: 1. Rauschgift. 2. (durch Trocknen haltbar gemachter) pflanzlicher od. tierischer Stoff, der als Arznei-, Gewürzmittel u. für technische Zwecke verwendet wird. **Drogerie** *die*; -, ...ien: Einzelhandelsgeschäft zum Verkauf von bestimmten, nicht apothekenpflichtigen Heilmitteln, Chemikalien u. kosmetischen Artikeln. **Drogist** *der*; -en, -en: Besitzer od. Angestellter einer Drogerie mit spezieller Ausbildung

Drolerie [*fr.*] *die*; -, ...ien: lustige Darstellung von Menschen, Tieren u. Fabelwesen in der → Gotik

Dromedar [auch: *drome...*; *gr.-lat.-fr.*; „Renner, Rennkamel"] *das*; -s, -e: einhöckeriges Kamel in Nordafrika u. Arabien

Dronte [*indones.*] *die*; -, -n: (im 17. Jh. ausgestorbener) flugunfähiger Kranichvogel

Dropkick [*engl.*] *der*; -s, -s: Schuß (bes. beim Fußball), bei dem der Ball in dem Augenblick gespielt wird, in dem er auf den Boden aufprallt. **Drop-out** [...*aut*; *engl.*] *der*; -[s], -s: 1. jmd., der aus der sozialen Gruppe ausbricht, in die er integriert war (z. B. Studienabbrecher od. Jugendliche, die die elterliche Familie verlassen). 2. a) Signalausfall bei der Datenspeicherung auf Magnetband (EDV); b) durch unbeschichtete Stellen im Magnettonband od. Schmutz zwischen Band u. Tonkopf verursachtes Aussetzen in der Schallaufzeichnung (Techn.). **droppen:** einen neuen Ball ins Spiel bringen, indem man ihn in bestimmter Weise fallen läßt (Golf). **Dropper** *der*; -s, -: = Dropshot. **Drops** [*engl.*; „Tropfen"] *der*; -, - u. -e: 1. (auch: *das*; meist Plural): [ungefüllter] kleiner, flacher, runder u. säuerlicher Fruchtbonbon. 2. (ugs.) jmd., der durch sein Wesen, Benehmen auffällt, z. B. das ist ein ulkiger -. **Dropshot** [*...schot*; *engl.*] *der*; -[s], -s: in Netznähe ausgeführter Schlag beim [Tisch]tennis, bei dem sich der Schläger leicht rückwärts bewegt, so daß der Ball kurz hinter dem Netz fast senkrecht herunterkommt

Droschke [*russ.*] *die*; -, -n: 1. (hist.) leichtes ein- oder zweispänniges Mietfuhrwerk, das Personen befördert. 2. (veraltet) Taxe, Autodroschke

Drosera [*gr.-nlat.*] *die*; -, ...rae [*...rä*]: Sonnentau (fleischfressende Pflanze). **Droso|graph** *der*; -en, -en: automatisches Taumeßgerät (Meteor.). **Drosometer** *das*; -s, -: Taumeßgerät (Meteor.). **Drosophila** *die*; -, ...lae [*...lä*]: Gattung der Fliegen (bekannteste Art: Taufliege, Versuchstier für die Vererbungsforschung)

Drugstore [*dràkßtor*; *engl.-amerik.*] *der*; -[s], -s: (in den USA) Verkaufsgeschäft mit Schnellgaststätte, Schreibwaren-, Tabak- u. Kosmetikabteilung

Druide [*kelt.-lat.*] *der*; -n, -n: kelt. Priester der heidnischen Zeit. **Druidenorden** *der*; -s: nach Art einer → Loge (3 a) aufgebauter, 1781 in England gegründeter Orden mit humanen, weltbürgerlichen Zielen

Drum [*dram*; *engl.*] *die*; -, -s: a) Trommel; b) (nur Plural): Schlagzeug (bes. im Jazz); Abk.: dm

Drumlin [selten: *dramlin*; *kelt.-engl.*] *der*; -s, -s: eiszeitliche Ablagerung aus Moränenmaterial (vgl. Moräne) in Form eines elliptisch geformten, langgestreckten Hügels, in der Fließrichtung des Eises angeordnet (Geol.)

Drummer [*dramer*; *engl.*] *der*; -s, -: Schlagzeuger in einer Band

Drums [selten: *dramß*]: = die Drumlins

Druschina [*russ.*; „Kriegsschar, Leibwache"] *die*; -: (hist.) Schutztruppe russ. Fürsten

Druse [*arab.*; nach dem Gründer Ad Darasi, 1017 n. Chr.] *der*; -n, -n: Mitglied einer kleinasiatisch-syrischen → Sekte des Islams

dry [*drai*; *engl.*; „trocken"]: herb, trocken (von [Schaum]weinen u. anderen alkohol. Getränken)

Dryade [*gr.-lat.*] *die*; -, -n (meist Plural): weiblicher Baumgeist, Waldnymphe im alten Griechenland. **Dryas** *die*; -: Silberwurz (Rosengewächs)

Dryfarming [*drai...*; *engl.*] *das*; -[s]: Nutzbarmachung des Brachlandes zur Wasserspeicherung in trockenen Ländern

Dryo|pithekus [*gr.-nlat.*] *der*; -: ausgestorbener Menschenaffe des → Tertiärs

Dschaina u. Dschina [*sanskr.*; „Sieger"] *der*; -[s], -[s]: Anhänger des Dschainismus. **Dschainismus** u. Dschinismus [*sanskr.-nlat.*] *der*; -: streng asketische, auf die Zeit Buddhas zurückgehende indische Religion. **dschainistisch** u. dschinistisch: den Dschainismus betreffend

Dschebel [*arab.*] *der*; -[s]: Berg, Gebirge (in arabischen erdkundlichen Namen)

Dschellaba [*arab.*] *die*; -, -s: weites arabisches Männergewand aus Wolle

Dschiggetai [*mong.*] *der*; -s, -s: wilder Halbesel in Asien

Dschihad [*arab.*] *der*; -: der Heilige Krieg der → Mohammedaner zur Verteidigung u. Ausbreitung des → Islams

Dschina vgl. Dschaina. **Dschinismus** vgl. Dschainismus. **dschinistisch** vgl. dschainistisch

Dschinn [*arab.*] *der*; -s, - u. -en: böser Geist, Teufel (im [vor]islamischen Volksglauben)

Dschiu-Dschitsu vgl. Jiu-Jitsu

Dschodo [*jap.*; „Reich ohne Makel"] *das*; -: ideales Reich der Wiedergeburt im → Buddhismus des → Mahajana

Dschonke vgl. Dschunke

Dschungel [*Hindi-engl.*] *der* (selten: *das*); -s, -, (selten auch noch:) *die*; -, -n: undurchdringlicher tropischer Sumpfwald

Dschunke [*malai.-port.*] *die*; -, -n: chin. Segelschiff

Dschu|sche|ghan u. Djo|she|ghan [*dschosch...*; *pers.*] *der*; -[s], -s: handgeknüpfter rot-, blau- oder elfenbeingrundiger Orientteppich aus der gleichnamigen iran. Stadt

dual [*lat.*]: eine Zweiheit bildend. **Dual** *der*; -s, Duale u. **Dualis** *der*; -, Duale: 1. neben Singular u. Plural eine eigene sprachliche Form für zwei Dinge od. Wesen (heute nur noch in den slaw. u. balt. Sprachen; Sprachw.). 2. vom Verfasser nicht beabsichtigte [Teil]nebenlösung eines Schachproblems (Kunstschach). **dualisieren** [*lat.-nlat.*]: verzweifachen, verdoppeln. **Dualismus** *der*; -: 1. a) Zweiheit; b) Gegensätzlichkeit; Polarität zweier Faktoren. 2. philosophisch-religiöse Lehre, nach der es nur zwei voneinander unabhängige ursprüngliche Prinzipien im Weltgeschehen gibt (z. B. Gott–Welt; Leib–Seele; Geist–Stoff); Ggs. → Monismus. 3. Rivalität zweier Staaten od. zwischen zwei Parteien. **Dualist** *der*; -en, -en: Vertreter des Dualismus (2). **dualistisch:** 1. den Dualismus betreffend. 2. zwiespältig, gegensätzlich. 3. eine [Teil]nebenlösung aufweisend (von Schachproblemen). **Dualität** [*lat.*] *die*; -: 1. Zweiheit, Doppelheit; wechselseitige Zuordnung zweier Begriffe. 2. Eigenschaft zweier geometrischer Gebilde, die es gestattet, aus Kenntnissen über das eine Sätze über das andere abzuleiten (Math.). **Dualitätsprinzip** *das*; -s, -ien [*...ien*]: Anwendung der Dualität (2). **Dualsystem** *das*; -s, -e: 1. (ohne Plural) Zahlensystem, das nicht wie das → Dezimalsystem mit zehn, sondern mit zwei Ziffern auskommt; Dyadik. 2. zweiseitiges Abstammungs-, Verwandtschaftsverhältnis (Soziol.)

Dubasse [*russ.*] *die*; -, -n: flaches, barkenähnliches Ruderboot in Polen u. Rußland

Dubia u. **Dubien**: *Plural* von → Dubium. **dubios** u. **dubiös** [*lat.* (*-fr.*)]: von der Art, daß man in bezug auf die Solidität Zweifel hegt; fragwürdig. **Dubiosa** u. **Dubiosen** [*lat.*] *die* (Plural): zweifelhafte Forderungen (Wirtsch.). **Dubitatio** [*...zio*] *die*; -, ...tiones: die Darstellung einleitende zweifelnde Frage (Rhet.). **dubitativ:** zweifelhaft, Zweifel ausdrükkend. **Dubitativ** *der*; -s, -e [*...we*]: Konjunktiv mit dubitativer Bedeutung (Sprachw.). **Dubium** *das*; -s, Dubia u. Dubien [*...ien*]: Zweifelsfall

Du|blee u. Dou|blé [*duble*; *lat.-fr.*] *das*; -s, -s: 1. Metall mit Edelmetallüberzug. 2. Stoß beim Billardspiel. **Du|blette** *die*; -, -n: 1. doppelt Vorhandenes, Doppelstück. 2. Doppelschuß, -treffer (Jagd). 3. Edelstein aus zwei verkitteten Teilen. **du|blieren:** 1. Metall mit einem dünnen Überzug aus Edelmetall (bes. aus Gold) versehen. 2. zusammendrehen, doppeln (bes. von Garnen). 3. abschmieren (abfärben, wenn der Druckbogen aus der Maschine auf den Auslegetisch gelangt; Druckw.). 4. bei der Restaurierung eines Gemäldes die Rückseite durch ein Gewebe od. eine Holztafel verstärken (Kunstw.). **Du|bliermaschine** *die*; -, -n: Maschine, die vor dem Zwirnen die Garne verdoppelt od. vervielfacht (Spinnerei). **Du|blone** [*lat.-span.-fr.*] *die*; -, -n: frühere span. Goldmünze. **Du|blüre** [*lat.-fr.*] *die*; -, -n: 1. a) Unterfutter; b) Aufschlag an Uniformen. 2. verzierte Innenseite des Buchdeckels, Spiegel (Buchw.)

Duc [*dük*; *lat.-fr.*; „Herzog"] *der*; -[s], -s: höchste Rangstufe des Adels in Frankreich. **Duca** [*...ka*; *lat.-it.*; „Herzog"] *der*; -, -s: ital. Adelstitel

Ducento [*dutschänto*] vgl. Duecento

Duces [*duzeß*]: *Plural* von → Dux. **Duchesse** [*düschäß*; *lat.-fr.*] *die*; -, -n: [*...ßᵉn*]: 1. Herzogin (in Frankreich). 2. (ohne Plural) schweres [Kunst]seidengewebe mit glänzender Vorder- u. matter Rückseite in Atlasbindung. **Duchessespitze** *die*; -, -n: Spitze, bei der die einzelnen geklöppelten Muster aneinandergenäht sind

Duchoborze [*ducho...*; *russ.*; „Geisteskämpfer"] *der*; -n, -n: Anhänger einer im 18. Jh. in Rußland entstandenen rein → rationalistischen Sekte (ohne Priesterstand)

Duckdalbe, (seltener:) **Dückdalbe** [*niederl.*; nach dem Herzog von Alba (Duc d'Albe)] *die*; -, -n (meist Plural), (auch:) **Duckdalben**, **Dückdalben** *der*; -s, - (meist Plural): eingerammte Pfahlgruppe zum Festmachen von Schiffen im Hafen

Ductus [*lat.*; „Führung, Leitung"] *der*; -, - [*duktuß*]: Gang, Kanal, Ausführungsgang von Drüsen (Med.); vgl. Duktus

due [*lat.-it.*]: zwei (Mus.); a due (zu zweit). **Duecento** [*duetschänto*], Dugento [*dudsehänto*] u. Ducento [*dutschänto*] *das*; -[s]: das 13. Jh. in Italien als Stilbegriff

Duell [*lat.-fr.*] *das*; -s, -e: Zweikampf. **Duellant** [*lat.-mlat.*] *der*; -en, -en: jmd., der sich mit einem anderen duelliert. **duellieren**, sich: ein Duell austragen

Duenja [eingedeutschte Form von *span.* dueña = „Herrin"] *die*; -, -s: (veraltet) Anstandsdame, Erzieherin

Duett [*lat.-it.*] *das*; -[e]s, -e: a) Komposition für zwei Singstimmen; b) zweistimmiger musikalischer Vortrag (Mus.); vgl. Duo

Dufflecoat [*daflkoᵘt*; anglisierende Neubildung zum Namen der belg. Stadt Duffel (*düfᵉl*) u. engl. *coat* = „Mantel"] *der*; -s, -s: dreiviertellanger, meist mit Knebeln zu schließender Sportmantel

Dufourkarte [*düfur...*; nach dem schweiz. General Dufour] *die*; -, -n: topographische Landeskarte der Schweiz

Dugento [*dudsehänto*] vgl. Duecento

Dugong [*malai.*] *der*; -s, -e u. -s: Seekuh der australischen u. philippinischen Küstengewässer u. des Roten Meeres

du jour [*düsehur*; *lat.-fr.*; „vom Tage"]: (veraltet) vom Dienst; - - sein (mit dem für einen bestimmten, immer wiederkehrenden Tag festgelegten Dienst an der Reihe sein)

Dukaten [*lat.-mlat.-it.*] *der*; -s, -: frühere Goldmünze

Duk-Duk [*melanes.*] *der*; -: geheimer Männerbund auf den Inseln des Bismarckarchipels

Duke [*djuk*; *lat.-fr.-engl.*; „Herzog"] *der*; -, -s: höchste Rangstufe des Adels in England. **duktil** [*lat.-engl.*]: gut dehn-, streckbar, verformbar, plastisch (Techn.). **Duktilität** *die*; -: Dehnbarkeit, Verformbarkeit (Techn.). **Duktor** [*lat.*] *der*; -s, ...oren: Stahlwalze in der Schnellpresse, durch die die Regulierung der Farbe erfolgt (Druckw.). **Duktus** *der*; -: a) Schriftzug, Linienführung der Schriftzeichen; b) charakteristische Art der [künstlerischen] Formgebung; vgl. Ductus

Dulcin [*...zin*] u. Dulzin [Kunstw. aus: *lat.* dulcis „süß"] *das*; -s: künstlicher Süßstoff (auch für Zuckerkranke). **Dulzian** u. Dolcian [*...zian*; *lat.-it.*] *das*; -s, -e: 1. ein Doppelrohrblattinstrument im 16. u. 17. Jh., Frühform des → Fagotts. 2. nasal klingendes Zungenregister der Orgel; vgl. Lingualpfeife. **Dulzin** vgl. Dulcin. **Dulzinea** [*lat.-span.*; Geliebte des Don Quichotte] *die*; -, ...een u. -s: (scherzh.) Freundin, Geliebte; vgl. Donja

Duma [*russ.*] *die*; -, -s: 1. (hist.) Rat der fürstlichen Gefolgsleute in Rußland. 2. russ. Stadtverordnetenversammlung seit 1870. 3. russ. Parlament (1906–1917)

Dumb show [*dam schoᵘ*; *engl.*; „stumme Schau"] *die*; - -, - -s: → Pantomime (I) im älteren engl. Drama, die vor der Aufführung die Handlung erläuterte

Dumdum [*angloind.*] *das*; -[s], -[s]: (völkerrechtlich verbotenes) wie ein Sprenggeschoß wirkendes Infanteriegeschoß mit abgekniffener Spitze u. dadurch freiliegendem Bleikern, das große Wunden verursacht

Dumka [*tschech.*] *die*; -, ...ki: schwermütiges slaw. Volkslied, meist in Moll

Dummy [*dami*; *engl.*; „Attrappe; Schaufensterpuppe"] *der*; -s, -s u. Dummies [*damis*]: a) lebensgroße, bei Unfalltests in Kraftfahrzeugen verwendete [Kunststoff]puppe; b) Attrappe, Schaupackung (für Werbezwecke). **Dummy-head-Stereophonie** [*...häd...*] *die*; -: Kunstkopfstereophonie, bei der zur Erzielung naturgetreuer Wiedergabe hochwertige Mikrophone innerhalb eines nachgebildeten menschlichen Kopfes verwendet werden

Dumper [*dampᵉr*; *engl.*] *der*; -s, -: Kippwagen, -karren für Erdtransport. **Dumping** [*damping*] *das*; -s: Preisunterbietung auf Auslandsmärkten mit dem Ziel, die Machtstellung der ausländischen Konkurrenz zu brechen

Dumpling [*damp...*; *engl.*] *der*; -s, -s: Kloß, Knödel

Dumy [*russ.*] *die* (Plural): ukrainische Volkslieder, die historische Ereignisse od. volkstümliche Helden besingen

Dunciade [*...ziadᵉ*; *engl.*; nach der Satire „Dunciad" (*danßjᵉd*) von Pope] *die*; -, -n: literarisch-satirisches Spottgedicht

Dunit [auch: *...it*; *nlat.*; nach den neuseeländ. Bergen *Dun* Mountains (*dan mauntins*)] *der*; -s: ein Tiefengestein

Duo [*lat.-it.*] *das*; -s, -s: 1. Komposition für zwei nicht gleiche Klangquellen, meist instrumental. 2. a) zwei gemeinsam musizierende Solisten; b) (iron.) zwei Personen, die eine [strafbare] Handlung gemeinsam ausführen, z. B. ein Gaunerduo; vgl. Duett

duodenal: zum Duodenum gehörend, es betreffend (Med.). **Duodenal|ulkus** [*lat.-nlat.*] *das*; -, ...ulzera: Zwölffingerdarmgeschwür (Med.). **Duodenitis** *die*; -, ...itiden: Entzündung des Zwölffingerdarms (Med.). **Duodenum** [*lat.*] *das*; -s, ...na: Zwölffingerdarm (Med.). **Duodez** *das*; -[es]: Zwölftelbogengröße (Buchformat); Zeichen: 12⁰. **Duodezfürst** *der*; -en, -en: (iron.) Herrscher eines sehr kleinen Fürstentums. **Duodezfürstentum** *das*; -s, ...tümer: (iron.) sehr kleines Fürstentum, dem weder Wichtigkeit noch Bedeutung beigemessen wird; vgl. Duodezstaat. **duodezimal** [*lat.-nlat.*]: auf das Duodezimalsystem bezogen. **Duodezimalsystem** *das*; -s: Zahlensystem, bei dem die Einheiten nach → Potenzen (4) von 12 (statt 10, wie beim

Dezimalsystem) fortschreiten. **Duodezime** [auch: ...*zim*ᵉ; *lat.-it.*] *die*; -, -n: zwölfter Ton einer → diatonischen Tonleiter vom Grundton an. **Duodezstaat** *der*; -[e]s, -en: sehr kleiner Staat, Ländchen in der Epoche des → Territorialstaates; vgl. Duodezfürstentum

Duodiode [*lat.*; *gr.*] *die*; -, -n: Doppelzweipolröhre, zwei vereinigte → Dioden

Duo|drama *das*; -s, ...men: Drama, in dem nur zwei Personen auftreten; vgl. Monodrama

Duokultur *die*; -, -en: Doppelanbau von Kulturpflanzen auf demselben Feldstück (Landw.)

Duole [*lat.-it.*] *die*; -, -n: Folge von zwei Noten, die für drei Noten gleicher Gestalt bei gleicher Zeitdauer eintreten (Mus.)

Duolit ⓦ [auch: ...*it*; Kunstw.] *das*; -s: Mittel gegen Ungeziefer

dupen [Kurzw. aus: → *dupl*izie*ren*]: von einer Positivkopie eine Negativkopie herstellen (Fotografie)

düpieren [*fr.*]: foppen, täuschen

Du|pla: *Plural* von → Duplum. **Du|plet** [*duple*] u. Du|plett [*lat.-fr.*] *das*; -s, -s: Lupe aus zwei Linsen. **Du|plex|autotypie** *die*; -, ...ien: doppelte Rasterätzung (vgl. Autotypie) für Zweifarbendruck. **Du|plexbetrieb** [*lat.*; *dt.*] *der*; -[e]s, -e: 1. Telegrafieverfahren, bei dem zu gleicher Zeit über die gleiche Leitung in verschiedenen Richtungen telegrafiert wird. 2. Betrieb eines Computersystems in der Weise, daß bei seinem Ausfallen auf ein bereitstehendes gleichartiges System ausgewichen werden kann. **du|plieren**: verdoppeln. **Du|plik** [...*ik* u. ...*ik*; *lat.-fr.*] *die*; -, -en: (veraltet) Gegenerklärung des Beklagten auf eine → Replik (1 b; Rechtsw.). **Duplikat** [*lat.*] *das*; -[e]s, -e: Zweitausfertigung, Zweitschrift, Abschrift. **Du|plikation** [...*zion*] *die*; -, -en: Verdoppelung. **Du|plikatur** [*lat.-nlat.*] *die*; -, -en: Verdoppelung, Doppelbildung (Med.). **duplizieren** [*lat.*]: verdoppeln. **Duplizität** *die*; -, -en: 1. Doppelheit; doppeltes Vorkommen, Auftreten; z. B. - der Ereignisse. 2. (veraltet) Zweideutigkeit. **Du|plum** *das*; -s, ...pla: = Duplikat

Du|pren [*dü*...; Kunstw.] *das*; -s: synthetischer Kautschuk

Dur [*lat.*] *das*; -, -: „harte" Tonart mit großer Terz (1); Ggs. → Moll (I). **Dura** *die*; -: = Dura mater. **durabel**: dauerhaft, bleibend. **Dur|akkord** *der*; -[e]s, -e: Dreiklang mit großer → Terz (1). **dural** [*lat.-nlat.*]: zur Dura gehörend. **Dural** [Kunstw.] *das*; -s: (österr.) Duralumin. **Dur|alumin** ⓦ *das*; -s: sehr feste Aluminiumlegierung. **Dura mater** [*lat.*] *die*; -: harte (äußere) Hirnhaut (Med.). **durativ** [auch: ...*tif*; *lat.-nlat.*]: verlaufend, dauernd; -e [...*w*ᵉ] Aktionsart: → Aktionsart eines Verbs, die die Dauer eines Seins od. Geschehens ausdrückt (z. B. schlafen); vgl. imperfektiv. **Durax** ⓦ [Kunstw.] *das*; -: härtbares Phenolharz

Durbar [*pers.-angloind.*] *der* od. *das*; -s, -s: offizieller Empfang bei indischen Fürsten u. bei dem ehemaligen Vizekönig von Indien

Durianbaum [*malai.*; *dt.*] *der*; -[e]s, ...bäume: malai. Wollbaumgewächs, dessen kopfgroße, stachelige, gelbbraune Kapselfrüchte kastaniengroße Samen mit weichem, weißlichem, wohlschmekkendem, aber übelriechendem Samenmantel enthalten

Durine vgl. Dourine

Durit [auch: ...*it*; Kunstw.] *der*; -s, -e: streifige Steinkohle mit hohem Ascherückstand. **Durochromgalvano** *das*; -s, -s: nach einem bestimmten Verfahren verchromtes → Galvano. **Duro|plast** [*lat.*; *gr.*] *der* (auch: *das*); -[e]s, -e (meist Plural): in Hitze härtbarer, aber nicht schmelzbarer Kunststoff

Durra [*arab.*] *die*; -: afrikanische Hirseart, die als Brotgetreide verwendet wird

Durumweizen [*lat.*; *dt.*] *der*; -s: Hart- od. Glasweizen, Weizenart bes. des Mittelmeergebietes

Dust [*daßt*; *engl.*] *der*; -[s]: Teestaub

Dutchman [*datschm*ᵉ*n*; *engl.*] *der*; -s, ...men: 1. Niederländer. 2. Schimpfwort Englisch sprechender Matrosen für deutsche Seeleute

Duty-free-Shop [*djuti fri schop*; *engl.*] *der*; -s, -s: ladenähnliche Einrichtung im Bereich eines Flughafens o. ä., wo man Waren zollfrei kaufen kann

Duumvir [...*wir*; *lat.*] *der*; -n, -n (auch: -i; meist Plural): (hist.) röm. Titel für die Beamten verschiedener Zweimannbehörden in Rom bzw. in römischen Kolonien u. → Munizipien. **Duumvirat** *das*; -[e]s, -e: Amt u. Würde der Duumvirn

Duvet [*düwe*; *altnord.-fr.*] *das*; -s, -s: (schweiz.) Daunendecke, Federbett. **Duvetine** [*düftin*; *fr.*] *der*; -s, -s: Samtimitation aus Wolle, Baumwolle od. Chemiefaser

Dux [*lat.*] *der*; -, Duces [*duzeß*]: meist einstimmiges Fugenthema in der Haupttonart, das im → Comes (2) mündet (Mus.)

Dwaita [*sanskr.*; „Zweiheit"] *der*; -: Lehre der ind. Wedantaphilosophie (vgl. Wedanta), die, alle Einheit negierend, nur die Zweiheit von Gott u. Welt gelten läßt

Dwan|dwa [*sanskr.*; „Paar"] *das*; -[s], -[s]: = Additionswort

Dyade [*gr.-lat.*; „Zweiheit"] *die*; -, -n: 1. Zusammenfassung zweier Einheiten (Begriff aus dem Gebiet der Vektorrechnung; Math.). 2. Paarverhältnis (Soziol.). **Dyadik** [*gr.*] *die*; -: auf dem Zweier- u. nicht auf dem Zehnersystem aufgebaute Arithmetik; vgl. Dualsystem. **dyadisch**: dem Zweiersystem zugehörend. **Dyarchie** *die*; -, ...ien: von zwei verschiedenen Gewalten bestimmte Staatsform. **Dyas** [*gr.-lat.*] *die*; -: (veraltet) Perm (I). **dyassisch**: die Dyas betreffend

Dybbuk, Dybuk vgl. Dibbuk

dyn [Kurzform von *gr.* dýnamis = „Kraft"]: Zeichen für die Einheit der Kraft im → CGS-System. **Dyn** *das*; -s, -: = Newton. **Dynameter** [*gr.-nlat.*] *das*; -s, -: Instrument zur Bestimmung der Vergrößerungsleistung von Fernrohren. **Dynamik** [*gr.-lat.*] *die*; -: 1. Teilgebiet der → Mechanik, auf dem die Bewegungsvorgänge von Körpern auf einwirkende Kräfte zurückgeführt werden. 2. Schwung, Triebkraft, Bewegtheit in positiv empfundener Weise. 3. → Differenzierung (1) der Klangfülle (Tonstärke) in der Musik u. Akustik. **Dynamis** *die*; -: Kraft, Vermögen, Möglichkeit, Fähigkeit (Philos.); vgl. Energeia. **dynamisch** [*gr.*]: 1. die von Kräften erzeugte Bewegung betreffend; Ggs. → statisch (2); -e Geologie: Wissenschaft von den Kräften, die das geogr. Bild der Erde bestimmten u. bestimmen. 2. voll innerer Kraft; kraftgespannt; triebkräftig, bewegt, schwungvoll; -e Rente: Rente, deren Höhe nicht auf Lebenszeit festgesetzt, sondern periodisch der Entwicklung des Sozialprodukts angepaßt wird. 3. Veränderungen der Tonstärke betreffend (Mus.). **dynamisieren**: a) etwas vorantreiben; b) bestimmte Leistungen an die Veränderungen [der allgemeinen Bemessensgrundlage] anpassen, z. B. Renten -. **Dynamismus** [*gr.-nlat.*] *der*; -, ...men: 1. (ohne Plural) philos. Lehre, nach der alle Wirklichkeit auf Kräfte u. deren Wirkungen zurückgeführt werden kann. 2. (ohne Plural) Glaube mancher Naturvölker an die Wirkung unpersönlicher übernatürlicher Kräfte in Menschen u. Dingen. 3. a) (ohne Plural) Dynamik (2); b) dynamisches (2) Element, dynamischer Zug. **dynamistisch**: den Dynamismus betreffend. **Dynamit** [auch: *...it*] *das*; -s: auf der Grundlage des → Nitroglyzerins hergestellter Sprengstoff. **Dynamo** [auch: *dü...*; *gr.-engl.*] *der*; -s, -s: Kurzform von → Dynamomaschine. **Dynamo|graph** [*gr.-nlat.*] *der*; -en, -en: registrierendes Dynamometer. **Dynamomaschine** [auch: *dü...*] *die*; -, -n: Maschine zur Erzeugung elektrischen Stroms. **dynamometamorph**: durch Druck umgeformt (Geologie). **Dynamometamorphismus** *der*; -: = Dynamometamorphose. **Dynamometamorphose** *die*; -: durch Druck verursachte Umformung von Mineralien u. Gesteinen. **Dynamometer** [„Kraftmesser"] *das*; -s, -: 1. Vorrichtung zum Messen von Kräften und mechanischer Arbeit. 2. Meßgerät für Ströme hoher Frequenzen (Phys.). **Dynast** [*gr.-lat.*] *der*; -en, -en: (hist.) Herrscher, [kleiner] Fürst. **Dynastie** [*gr.*] *die*; -, ...ien: Herrschergeschlecht, Herrscherhaus. **dynastisch**: die Dynastie betreffend. **Dyna|tron** [*gr.-nlat.*] *das*; -s, ...one (auch: -s): → Triode, bei der am Gitter eine höhere → positive (4) Spannung liegt als an der → Anode. **Dyn|ode** *die*; -, -n: zusätzliche, mehrfach eingebaute → Elektrode einer Elektronenröhre zur Beeinflussung des Stromes (Elektrot.)

Dyophysit [*gr.-nlat.*] *der*; -en, -en: Vertreter des Dyophysitismus. **dyophysitisch**: den Dyophysitismus betreffend. **Dyophysitismus** *der*; -: Zweinaturenlehre, nach der Christus wahrer Gott u. wahrer Mensch zugleich ist; vgl. Monophysitismus. **Dy|opson** [*gr.*] *das*; -s: einfachste Form des → Oligopsons, bei der auf einem Markt nur zwei Nachfrager vorhanden sind

Dys|akusis [*gr.-nlat.*] *die*; -: (Med.) 1. krankhafte Überempfindlichkeit des Gehörs (gegen bestimmte Töne). 2. Schwerhörigkeit

Dys|ar|thrie [*gr.-nlat.*] *die*; -, ...ien: mühsames Sprechen; Stammeln, Stottern (Med.). **Dys|ar|throsis** *die*; -: krankhafte Verformung od. Veränderung eines Gelenks (Med.)

Dys|äs|thesie [*gr.*] *die*; -: 1. der Wirklichkeit nicht entsprechende Wahrnehmung einer Sinnesempfindung (Physiol.). 2. das Erleben aller äußeren Eindrücke als unangenehm (Psychol.)

Dys|autonomie [*gr.-nlat.*] *die*; -, ...ien: angeborene Entwicklungsstörung des → vegetativen (3) Nervensystems (Med.)

Dys|bakterie [*gr.-nlat.*] *die*; -, ...ien: Störung der normalen Bakterienflora des Darms (Med.)

Dys|basie [*gr.-nlat.*] *die*; -, ...ien: Gehstörung, durch eine Durchblutungsstörung der Beine verursachtes erschwertes Gehen (Med.)

Dys|bulie [*gr.-nlat.*] *die*; -: Willensschwäche, krankhafte Fehlgerichtetheit des Willens (Psychol.)

Dys|cholie [*...cho...*; *gr.-nlat.*] *die*; -: krankhaft veränderte Zusammensetzung der Galle (Med.)

Dys|chromie [*...kro...*; *gr.-nlat.*] *die*; -, ...ien: Hautverfärbung, Störung der normalen Hautpigmentation (bei bestimmten Krankheiten; Med.); vgl. Chromatose

Dys|enterie [*gr.-lat.*] *die*; -, ...ien: Durchfall, Ruhr (Med.). **dysenterisch**: ruhrartig

Dys|ergie [*gr.-nlat.*] *die*; -: verminderte Widerstandskraft; ungewöhnliche Krankheitsbereitschaft des Organismus gegenüber → Infekten (Med.)

Dysfunktion [*...zion*; *gr.*; *lat.*] *die*; -, -en: gestörte Tätigkeit (eines Organs; Med.)

Dysgrammatismus [*gr.-lat.*] *der*; -: Sprachstörung, Unfähigkeit eines Sprechers, grammatisch richtige Sätze zu bilden

Dyshi|drosis [*gr.-nlat.*] *die*; -, ...osen: Störung der Schweißabsonderung (verminderte od. vermehrte Schweißabsonderung; Med.)

Dys|keratose [*gr.-nlat.*] *die*; -, -n: anomale Verhornung der Haut (Med.)

Dys|kinese vgl. Dyskinesie. **Dyskinesie** u. Dyskinese [*gr.-nlat.*] *die*; -: schmerzhafte Fehlfunktion beim Ablauf von Bewegungsvorgängen (Med.)

Dys|kolie [*gr.*] *die*; -: Verdrießlichkeit; Unzufriedenheit; Schwermut (Psychol.)

Dys|kranie [*gr.-nlat.*] *die*; -, ...ien: Schädelmißbildung (Med.)

Dys|krasie [*gr.*] *die*; -, ...ien: fehlerhafte Zusammensetzung der Körpersäfte, bes. des Blutes (Med.)

Dyslalie [*gr.-nlat.*] *die*; -, ...ien: Stammeln (Med.)

Dyslexie [*gr.-nlat.*] *die*; -, ...ien: organisch od. seelisch bedingte Lesestörung: Minderung der Fähigkeit, Geschriebenes zu erfassen, geistig aufzunehmen u. zusammenhängend vorzulesen (Med.; Psychol.)

dysmel [*gr.*]: mit angeborenen Mißbildungen der Gliedmaßen behaftet (Med.). **Dysmelie** [*gr.-nlat.*] *die*; -, ...ien: angeborene Mißbildung der Gliedmaßen (Med.)

Dysmenor|rhö[1] [*gr.-nlat.*] *die*; -, -en [*...rö^en*] u. **Dysmenor|rhöe** [*...rö*] *die*; -, -n [*...rö^en*]: gestörte, schmerzhafte Monatsblutung (Med.)

Dys|odil [*gr.-nlat.*] *das*; -s, -e: Blätter-, Papierkohle (Faulschlammgestein des → Tertiärs)

Dys|ontogenie [*gr.-nlat.*] *die*; -, ...ien: fehlerhafte Entwicklung, Fehlbildung (Med.)

Dys|osmie [*gr.-nlat.*] *die*; -, ...ien: Störung od. Beeinträchtigung des Geruchssinns (Med.). **Dysos|phresie** *die*; -, ...ien: Störung des Geruchssinns (Med.)

Dys|ostose [*gr.-nlat.*] *die*; -, -n: Störung des Knochenwachstums, mangelhafte Verknöcherung bzw. Knochenbildung

Dys|par|eunie [*gr.-nlat.*] *die*; -, ...ien: a) körperliches od. seelisches Nichtzusammenpassen von Geschlechtspartnern; b) Störung des sexuellen Verhaltens der Frau, insbes. das Ausbleiben des Orgasmus (Med.)

Dys|pepsie [*gr.-lat.*] *die*; -, ...ien: Verdauungsstörung, -schwäche (Med.). **dys|peptisch** [*gr.*]: a) schwer verdaulich; b) schwer verdauend

Dys|phagie [*gr.-nlat.*] *die*; -, ...ien: schmerzhafte Störung des normalen Schluckvorgangs (Med.)

Dys|phasie [*gr.-nlat.*] *die*; -, ...ien: Störung, Erschwerung des Sprechens; vgl. Aphasie (1; Med.)

Dys|phonie [*gr.*] *die*; -, ...ien: Stimmstörung (z. B. bei Heiserkeit; Med.)

Dys|phorie [*gr.*] *die*; -, ...ien: krankhafte Verstimmung allgemeiner Art, Übellaunigkeit, Gereiztheit (Med.; Psychol.); Ggs. → Euphorie (b). **dys|phorisch**: bedrückt, freudlos, gereizt u. leicht reizbar (in bezug auf die Gemütslage); Ggs. → euphorisch

dys|photisch [*gr.-nlat.*]: lichtarm (von tieferen Gewässerschichten)

---

[1] Vgl. die Anmerkung zu Diarrhö.

Dys|phrasie [*gr.-nlat.*] *die*; -, ...ien: durch eine Störung der Intelligenzfunktionen bedingte Sprachhemmung (Psychol.)

Dys|phrenie [*gr.-nlat.*] *die*; -, ...ien: seelische Störung (Med.)

Dys|plasie [*gr.-nlat.*] *die*; -, ...ien: Fehl-, Unterentwicklung (Med.). **dys|plastisch**: fehlentwickelt, von den normalen Körperwachstumsformen stark abweichend (Med.)

Dys|pnoe [...*pnoe*; *gr.-lat.*] *die*; -: gestörte Atmung mit vermehrter Atemarbeit, Atemnot, Kurzatmigkeit (Med.)

Dys|prosium [*gr.-nlat.*] *das*; -s: chem. metallischer Grundstoff aus der Gruppe der → Lanthanide; Zeichen: Dy

Dys|regulation [...*zion*; *gr.*; *lat.-nlat.*] *die*; -, -en: Regulationsstörung (vgl. Regulation), z. B. Störung im Blutkreislauf (Med.)

Dys|teleologie [*gr.-nlat.*] *die*; -: philos. Lehre von der Unzweckmäßigkeit u. Ziellosigkeit biol. Bildungskräfte in der Natur (Philos.)

Dys|thymie [*gr.*] *die*; -, ...ien: Neigung Gemütskranker zu traurigen Verstimmungen (Med.)

Dys|thyreose [*gr.-nlat.*] *die*; -, -n: gestörte Schilddrüsenfunktion (Med.)

Dys|tokie [*gr.*] *die*; -, ...ien: erschwerte Geburt (Med.); Ggs. → Eutokie

Dys|tonie [*gr.-nlat.*] *die*; -, ...ien: Störung des normalen Spannungszustandes der Muskeln u. Gefäße; Ggs. → Eutonie; vegetative -: zusammenfassende Bezeichnung für alle durch Erkrankung des vegetativen Nervensystems (des Eingeweidenervensystems) bedingten Symptomenkomplexe (Med.)

Dys|topie [*gr.-nlat.*] *die*; -, ...ien: Fehllagerung; das Vorkommen von Organen an ungewöhnlichen Stellen; Ggs. → Eutopie (Med.). **dys|topisch**: an ungewöhnlichen Stellen vorkommend (von Organen; Med.)

dys|troph [*gr.-nlat.*]: die Ernährung störend (Med.). **Dys|trophie** *die*; -, ...ien: (Med.) a) Ernährungsstörung; Ggs. → Eutrophie (a); b) mangelhafte Versorgung eines Organs mit Nährstoffen; Ggs. → Eutrophie (b). **Dystrophiker** *der*; -s, -: jmd., der an Dystrophie leidet (Med.)

Dys|urie [*gr.-lat.*] *die*; -, ...ien: schmerzhafte Störung der Harnentleerung (Med.)

Dys|zephalie [*gr.-nlat.*] *die*; -, ...ien: Sammelbezeichnung für die verschiedenen Formen der Schädelmißbildung (Med.).

Dytiscus [...*kuß*; *gr.-nlat.*] *der*; -, ...ci [...*zi*]: Gelbrandkäfer (Gattung der Schwimmkäfer)

Dy|tron Ⓦ [Kunstw.] *das*; -s: Kunststoff (Phenolharz mit Baumwollgewebe; vgl. Phenoplaste)

E

Eagle [*igl*; *lat.-fr.-engl.*; „Adler"] *der*; -s, -s: 1. Goldmünze der USA mit dem Adler als Prägebild, meist zu 10 Dollar. 2. das Treffen des Loches mit zwei Schlägen weniger als durch → Par vorgesehen (Golf)

EAN-Code [Abk. für: *E*uropäische *A*rtikel-*N*umerierung] *der*; -s: [an Kassen praktiziertes] Verfahren, bei dem man mit einem Stift über auf Waren aufgedruckte Striche fährt, wodurch die Daten an die Kasse übermittelt werden, die dann den Preis anzeigt

Earl [*ö'l*; *engl.*] *der*; -s, -s: Graf (bis in die Mitte des 14. Jh.s höchste Stufe des engl. Adels)

Early English [*ö'li inglisch*; *engl.*] *das*; - -: Frühstufe der engl. Gotik (etwa 1170 bis 1270)

East [*ißt*; *engl.*]: Osten; Abk.: E

Easy-going Girl [*isi go"ing gö'l*; *engl.*] *das*; -s, -s: Mädchen od. junge Frau, die sich nicht durch moralische od. gesellschaftliche Konventionen gebunden fühlt

Easy-rider [*isi raid'r*; *amerik.*] *der*; -s, -[s]: 1. Motorrad mit hohem, geteiltem Lenker u. einem Sattel mit hoher Rückenlehne. 2. Jugendlicher, der auf einem Easy-rider (1) fährt

Eat-art [*it a't*; *engl.*] *die*; -: Kunstrichtung, die Kunstobjekte als Gegenstände zum Verzehr produziert

Eau de Colo|gne [*o d' kolonj'*; *fr.*] *das* od. *die*; - - -, -x [*o*] - -: Kölnischwasser. **Eau de Javel** [- - *schawäl*; von Javel bei Paris] *das* od. *die*; - - -, -x[*o*] - -: Bleich- u. Desinfektionsmittel. **Eau de Labarraque** [- - *labarak*; nach dem franz. Chemiker] *das* od. *die*; - - -, -x [*o*] - -: Bleichmittel. **Eau de parfum** [- - *parföng*] *das*; - - -, -x[*o*] - -: Duftwasser, dessen Duftstärke zwischen Kölnischwasser u. Parfüm liegt. **Eau de toilette** [- - *toalät*] *das*; - - -, -x [*o*] - -: Duftwasser, dessen Duftstärke zwischen → Eau de parfum u. Kölnischwasser liegt. **Eau de vie** [- - *wi*; „Wasser des Lebens"] *das* od. *die*; - - -: Weinbrand, Branntwein.

Eau forte [- *fort*] *das* od. *die*; - -: (selten) Salpetersäure

ebenieren [*ägypt.-gr.-lat.-nlat.*]: kunsttischlern; vgl. Ebenist. **Ebenist** *der*; -en, -en: Kunsttischler des 18. Jh.s, der Möbel mit Ebenholz- u. anderen Einlagen anfertigte

Ebionit [*hebr.-mlat.*; „der Arme"] *der*; -en, -en: Anhänger einer judenchristlichen Sekte des 1. u. 2. nachchristlichen Jh.s, die am mosaischen Gesetz festhielt

Ebonit [auch: ...*it*; *ägypt.-gr.-lat.-fr.-engl.*] *das*; -s: Hartgummi aus Naturkautschuk

Ebullio|skop [*lat.*; *gr.*] *das*; -s, -e: Gerät zur Durchführung der Ebullioskopie. **Ebullio|skopie** *die*; -: Bestimmung des → Molekulargewichts aus der → molekularen Siedepunktserhöhung (Dampfdruckerniedrigung einer Lösung gegenüber dem reinen Lösungsmittel). **ebullioskopisch**: auf dem Verfahren der Ebullioskopie beruhend

Eburneation [...*zion*] u. **Eburnifikation** [...*zion*; *lat.-nlat.*] *die*; -, -en: Verknöcherung, übermäßige elfenbeinartige Verhärtung der Knochen (Med.)

Ecaillemalerei [*ekaj*...; *fr.*; = „Schuppe"] *die*; -, -en: schuppenartige Malerei auf Porzellan

Ecart [*ekar*] vgl. Ekart. **Ecarté** [*ekarte*] vgl. Ekarté

ecce! [*äkz'*; *lat.*]: siehe da! **Ecce** [nach Jesaja 57, 1: ecce, quomodo moritur iustus = „sieh, wie der Gerechte stirbt"] *das*; -, -: (veraltet) jährliches Totengedächtnis eines Gymnasiums. **Ecce-Homo** [nach dem Ausspruch des Pilatus, Joh. 19, 5: „Sehet, welch ein Mensch!"] *das*; -[s], -[s]: Darstellung des dornengekrönten Christus in der Kunst

Ec|clesia [*gr.-lat.*] *die*; -: 1. = Ekklesia. 2. in der bildenden Kunst die Verkörperung des Neuen Testaments in Gestalt einer Frau mit Krone, Kelch u. Kreuzstab (immer zusammen mit der → Synagoge 3 dargestellt; Kunstw.); - militans [*lat.*]: die in der Welt kämpfende Kirche, die Kirche auf Erden; - patiens: die leidende Kirche, die Seelen der Verstorbenen im Fegefeuer; - triumphans: die triumphierende Kirche, die Kirche im Stande der Vollendung, die Heiligen im Himmel (entsprechend der [kath.] Ekklesiologie)

Ecdyson vgl. Ekdyson

Echappement [*eschapmang*; *lat.-vulgärlat.-fr.*] *das*; -s, -s: 1. (veraltet) das Entweichen, Flucht. 2. Ankerhemmung der Uhr. 3. Mechanik zum Zurückschnellen der angeschlagenen Hämmerchen beim Klavier. **echappieren**: (veraltet) entweichen, entwischen

Echarpe [*escharp*; *fr.*] *die*; -, -s: a) Schärpe, Schal (im 19. Jh.); b) (bes. schweiz.) gemustertes Umschlagtuch

echauffieren, sich [*eschofir^en*; *lat.-vulgärlat.-fr.*]: a) sich erhitzen; b) sich aufregen. **echauffiert**: a) erhitzt; b) aufgeregt

Echec [*eschäk*; *pers.-arab.-mlat.-fr.*] *der*; -s, -s: a) franz. Bezeichnung für: Schach; b) Niederlage

Echelle [*eschäl*; *lat.-fr.*] *die*; -, -n [...*l^en*]: (veraltet) 1. Leiter. 2. a) Maßstab; b) gleitende Lohnskala. 3. Tonleiter. **Echelon** [*esch^elong*] *der*; -s, -s: (veraltet) Staffelstellung (von Truppen; Mil.). **echelonieren**: (veraltet) gestaffelt aufstellen (von Truppen; Mil.)

Echeveria [*etschewəria*; *nlat.*; nach dem mex. Pflanzenzeichner Echeverría (*etschewäria*)] *die*; -, ...ien [...*i^en*]: dickfleischiges, niedriges Blattgewächs (beliebte Zimmerpflanze aus Südamerika)

Echinit [auch: ...*it*; *gr.-nlat.*] *der*; -s u. -en, -e[n]: versteinerter Seeigel. **Echinoderme** *der*; -n, -n (meist Plural): Stachelhäuter (z. B. Seestern, Seeigel, Seelilie, Seegurke, Schlangenstern). **Echinokaktus** *der*; -, ...teen: Igelkaktus. **Echinokokkose** *die*; -, -n: Echinokokkenkrankheit; vgl. Echinokokkus. **Echinokokkus** *der*; -, ...kken: Hundebandwurm, Finne (Frühstadium des Hülsenbandwurms). **Echinus** [*gr.-lat.*] *der*; -, -: 1. Seeigel (Zool.). 2. Wulst des → Kapitells einer → dorischen Säule zwischen der Deckplatte u. dem Säulenschaft

Echo [*gr.-lat.*] *das*; -s, -s: 1. Widerhall. 2. Resonanz, Reaktion auf etwas (z. B. auf einen Aufruf); oft in Verbindungen: ein - (= Anklang, Zustimmung) finden, kein - haben. 3. Wiederholung eines kurzen → Themas (3) in geringerer Tonstärke (Mus.). **Echoeffekt** *der*; -[e]s, -e: 1. [fehlerhafte] Wiederholung od. [unbeabsichtigter] Nachhall auf Grund bestimmter technischer [Neben]effekte (Techn.). 2. [Stil]effekt durch echoartige Wirkung (Mus.). **echoen** [...*o^en*]: 1. widerhallen. 2. wiederholen. **Echo|graphie** *die*; -, ...ien: → elektroakustische Prüfung u. Aufzeichnung der Dichte eines Gewebes mittels Schallwellen (Med.). **Echokinesie** [*gr.-nlat.*] *die*; -, ...ien: Trieb gewisser Geisteskranker, gesehene Bewegungen mechanisch nachzuahmen (Med.). **Echolalie** *die*; -, ...ien: 1. sinnlos-mechanisches Nachsprechen vorgesprochener Wörter oder Sätze bei Geisteskranken (Med.). 2. Wiederholung eines Wortes od. von Wortteilen bei Kindern vom 9. bis 12. Lebensmonat (Sprachpsychol.). **Echolot** [*gr.-lat.*; *dt.*] *das*; -[e]s, -e: Apparat zur Messung von Meerestiefen durch → akustische Methoden. **Echomatt** *das*; -s, -s: parallel od. spiegelbildlich verschobene Wiederholung einer Mattstellung in Schachproblemen. **Echomimie** *die*; -: nachahmendes Gebärdenspiel. **Echopatt** *das*; -s, -s: parallel od. spiegelbildlich verschobene Wiederholung einer Pattstellung in Schachproblemen. **Echophrasie** *die*; -, ...ien: = Echolalie (1, 2). **Echo|praxie** *die*; -, ...ien: = Echokinesie. **Echo|thymie** *die*; -: Fähigkeit des Gefühls, die Gefühle u. → Affekte anderer Menschen mitzuempfinden (Psychol.)

Eclair [*eklär*; *lat.-vulgärlat.-fr.*] *das*; -s, -s: mit Krem gefülltes u. mit Zucker od. Schokolade überzogenes, längliches Gebäck

Economiser [*ikon^emais^er*; *gr.-lat.-fr.-engl.*; „Sparer"] *der*; -s, -: Wasservorwärmer bei Dampfkesselanlagen. **Economyklasse** [*ikon^emi*...; *engl.*; „Sparsamkeit"] *die*; -, -n: billigste Tarifklasse im Flugverkehr

e contrario [*e ko*...; *lat.*]: auf Grund eines Umkehrschlusses, eines Schlusses aus einem gegenteiligen Sachverhalt auf entsprechend gegenteilige Folgen (Rechtsw.)

Ecossais [*ekoßä*; *fr.*; „schottisch"] *der*; -: großkarierter Kleider- u. Futterstoff. **Ecossaise** [...*ßäs^e*] *die*; -, -n: a) schottischer Volkstanz im Dreiertakt; b) Gesellschaftstanz des 18. u. 19. Jh.s in raschem $^2/_4$-Takt (auch als Komposition der klassisch-romantischen Klaviermusik)

Ecraséleder [*ekrase*...; *fr.*; *dt.*] *das*; -s, -: farbiges, pflanzlich gegerbtes, grobnarbiges Ziegenleder. **écrasez l'infâme!** [*ekrase längfam*; *fr.*; „Rottet den niederträchtigen [Aberglauben] aus!"] Schlagwort Voltaires gegen die kath. Kirche

ecru = ekrü

Ecu [*ekü*; *fr.*; Abk. für: European Currency Unit (*jur^epi^en kar^enßi junit*)] *der*; -[s], -[s]: europäische Rechnungseinheit

edaphisch [*gr.-nlat.*]: a) auf den Erdboden bezüglich; b) bodenbedingt. **Edaphon** *das*; -s: Gesamtheit der in u. auf dem Erdboden lebenden Kleinlebewesen (Pflanzen u. Tiere; Biol.)

Eden [*hebr.*; „Wonne"] *das*; -s: das Paradies [der Bibel], meist in der Fügung: der Garten -

Edentate [*lat.*] *der*; -n, -n: zahnarmes Säugetier (Gürtel-, Schuppen-, Faultier u. Ameisenbär; Zool.)

edieren [*lat.*]: Bücher herausgeben, veröffentlichen

Edikt [*lat.*] *das*; -[e]s, -e: a) amtlicher Erlaß von Kaisern u. Königen (Gesch.); b) (österr.) [amtliche] Anordnung, Vorschrift

Editio castigata [...*zio ka*...; *lat.*] *die*; - -, Editiones castigatae [- ...*ä*]: Buchausgabe, bei der religiös, politisch od. erotisch anstößige Stellen vom Herausgeber od. von der Zensur gestrichen wurden. **Edition** [...*zion*] *die*; -, -en: 1. a) Ausgabe von Büchern, bes. Neuherausgabe von älteren klassischen Werken; b) Verlag. 2. Herausgabe von → Musikalien, bes. in laufenden Sammlungen; Abk.: Ed. **Editio princeps** [- ...*zäpß*] *die*; - -, Editiones principes: Erstausgabe alter [wiederentdeckter] Werke. **Editor** [auch: *edi*...] *der*; -s, ...oren: Herausgeber eines Buches. **Editorial** [auch: ...*tori^el*; *lat.-engl.*] *das*; -[s], -s: 1. Vorwort des Herausgebers in einer [Fach]zeitschrift. 2. Leitartikel des Herausgebers od. des Chefredakteurs einer Zeitung. 3. a) Redaktionsverzeichnis, -impressum; b) Verlagsimpressum. **editorisch**: a) die Herausgabe eines Buches betreffend, ihr eigentümlich; b) verlegerisch

Edukation [...*zion*; *lat.*] *die*; -, -en: Erziehung. **Edukt** *das*; -[e]s, -e: 1. aus Rohstoffen abgeschiedener Stoff (z. B. Öl aus Sonnenblumenkernen). 2. Ausgangsgestein bei der → Metamorphose (4; Geol.)

Efendi u. Effendi [*gr.-ngr.-türk.*; „Herr"] *der*; -s, -s: (veraltet) ein türkischer Anredetitel für höhere Beamte

Effekt [*lat.*] *der*; -[e]s, -e: a) Wirkung, Erfolg; b) (meist Plural) auf Wirkung abzielendes Ausdrucks- u. Gestaltungsmittel; c) Ergebnis, sich aus etwas ergebender Nutzen. **Effekten** [*lat.-fr.*] *die* (Plural): Wertpapiere, die an der Börse gehandelt werden (z. B. → Obligationen 2 u. → Aktien). **Effektenbörse** *die*; -, -n: Börse, an der Effekten gehandelt werden. **effektiv** [*lat.*]: a) tatsächlich, wirklich; b) wirkungsvoll (im Verhältnis zu den aufgewendeten Mitteln); c) (ugs.) überhaupt, ganz u. gar, z. B. - nichts leisten; d) lohnend. **Effektiv** *das*; -s, -e [...*w*ᵉ]: Verb des Verwandelns (z. B. knechten = zum Knecht machen; Sprachw.); vgl. Faktitiv. **Effektivdosis** *die*; -, ...dosen: diejenige Menge von Substanzen (z. B. Medikamenten, Gift), die bei einem Menschen od. bei Versuchstieren wirksam ist (Med.). **Effektivität** *die*; -: Wirksamkeit, Durchschlagskraft, Leistungsfähigkeit. **Effektivlohn** *der*; -s, ...löhne: der im Verhältnis zur jeweiligen Kaufkraft des Geldes tatsächliche Lohn. **Effektivwert** *der*; -[e]s, -e: der tatsächlich wirkende Durchschnittswert des von Null bis zum Maximalwert (Scheitelwert) dauernd wechselnden Stromwertes (bes. bei Wechselstrom; Elektrot.). **Effektkohle** *die*; -: Dochtkohle von Bogenlampen mit Leuchtsalzzusatz. **Effektor** *der*; -s, ...oren (meist Plural): 1. (Physiol.) a) Nerv, der einen Reiz vom Zentralnervensystem zu den Organen weiterleitet u. dort eine Reaktion auslöst; b) Körperorgan, das auf einen aufgenommenen u. weitergeleiteten Reiz ausführend reagiert. 2. Stoff, der eine Enzymreaktion (vgl. Enzym) hemmt od. fördert, ohne an deren Auslösung mitzuwirken (Biol.). **effektuieren** [*lat.-mlat.-fr.*]: einen Auftrag ausführen, eine Zahlung leisten

Effemination [...*zion*; *lat.*; „Verweiblichung"] *die*; -, -en: (Med.) a) das Vorhandensein → psychisch u. → physisch weiblicher Eigenschaften beim Mann; b) höchster Grad entgegengesetzter Geschlechtsempfindung beim Mann (passive → Homosexualität). **effeminiert**: verweichlicht, weiblich in seinen Empfindungen u. seinem Verhalten (in bezug auf einen Mann gesagt)

Effendi vgl. Efendi

efferent u. efferens [*lat.*]: herausführend, von einem Organ herkommend (Med.); Ggs. → afferent. **Efferenz** *die*; -, -en: Erregung, die über die efferenten Nervenfasern vom Zentralnervensystem zur Peripherie geführt wird u. die → Motorik (1 a) in Gang setzt; Ggs. → Afferenz

efferveszieren [...*wäß*...; *lat.*]: aufbrausen, aufwallen (Phys.)

Effet [*äfe*, auch: *äfä*; *lat.-fr.*; „Wirkung"] *der* (auch: *das*); -s, -s: der einer [Billard]kugel od. einem Ball beim Stoßen, Schlagen, Treten u. ä. durch seitliches Anschneiden verliehene Drall. **effettuoso** [*lat.-it.*]: effektvoll, mit Wirkung (Mus.). **Efficiency** [*ifischᵉnßi*; *lat.-engl.*] *die*; -: 1. Wirtschaftlichkeit, bestmöglicher Wirkungsgrad (wirtschaftspolitisches Schlagwort, bes. in den USA u. in England). 2. Leistungsfähigkeit

effilieren [*lat.-fr.*]: die Haare beim Schneiden ausdünnen, gleichmäßig herausschneiden [wenn sie sehr dicht sind]. **Effilochés** [...*losche*] *die* (Plural): Reißbaumwolle

effizient [*lat.*]: besonders wirtschaftlich, leistungsfähig; Wirksamkeit habend; Ggs. → ineffizient. **Effizienz** *die*; -, -en: 1. Wirksamkeit, Wirkkraft; Ggs. → Ineffizienz. 2. = Efficiency (1, 2). **effizieren**: hervorrufen, bewirken. **effiziert**: bewirkt; -es Objekt: Objekt, das durch das im Verb ausgedrückte Verhalten hervorgerufen oder bewirkt wird (z. B. Kaffee kochen; Sprachw.); Ggs. → affiziertes Objekt

Ef|flation [...*zion*; *lat.-nlat.*] *die*; -, -en: das Aufstoßen (Med.); vgl. Eruktation

Ef|floreszenz [*lat.-nlat.*; „das Aufblühen"] *die*; -, -en: 1. krankhafte Hautveränderung (z. B. Pusteln, Bläschen, Flecken; Med.). 2. Bildung von Mineralüberzügen auf Gesteinen u. Böden (Ausblühung; Geol.); vgl. Exsudation (2). **ef|floreszieren** [*lat.*; „aufblühen"]: 1. krankhafte Hautveränderungen zeigen (Med.). 2. Mineralüberzüge bilden (von Gesteinen; Geol.)

ef|fluieren [*lat.*]: ausfließen (Med.). **Ef|fluvium** [...*wi*...] *das*; -s, ...vien [...*iᵉn*]: Erguß, Ausfluß, Ausdünstung (Med.)

Effusiometer [*lat.*; *gr.*] *das*; -s, -: Apparat zur Messung der Gasdichte. **Effusion** [*lat.*; „das Ausgießen; das Herausströmen"] *die*; -, -en: das Ausfließen von → Lava (Geol.). **effusiv** [*lat.-nlat.*]: durch Ausfließen von → Lava gebildet (Geol.). **Effusivgestein** *das*; -s: Ergußgestein, das sich bei der Erstarrung des → Magmas an der Erdoberfläche bildet (Geol.)

EFTA [Kurzw. aus European Free Trade Association (*jurᵉpiᵉn fri treʲd ᵉßoᵘschieʲschᵉn*); *engl.*] *die*; -: Europäische Freihandelsassoziation (Freihandelszone)

egal [*lat.-fr.*]:

I. egal: 1. gleich, gleichartig, gleichmäßig. 2. (ugs.) gleichgültig, einerlei.

II. egal: (landsch.) immer [wieder, noch], z. B. er kommt - zu spät

egalisieren [*lat.-fr.*]: 1. etwas Ungleichmäßiges ausgleichen, gleichmachen. 2. den Vorsprung des Gegners aufholen, ausgleichen; (einen Rekord) einstellen (Sport). **egalitär**: auf politische, bürgerliche od. soziale Gleichheit gerichtet. **Egalitarismus** [*lat.-fr.-nlat.*] *der*; -: Sozialtheorie von der [möglichst] vollkommenen Gleichheit in der menschlichen Gesellschaft bzw. von ihrer Verwirklichung. **Egalität** *die*; -: Gleichheit. **Égalité** [...*te*; *lat.-fr.*] *die*; -: Gleichheit (eines der Schlagworte der Franz. Revolution); vgl. Fraternité, Liberté

Egesta [*lat.*] *die* (Plural): Körperausscheidungen (z. B. das Erbrochene, Kot; Med.). **Egestion** *die*; -, -en: Stuhlgang (Med.)

Egghead [*äghäd*; *engl.-amerik.*; „Eierkopf"] *der*; -s, -s: (meist abwertend) Intellektueller

eglomisieren [*fr.*; nach dem franz. Kunsthändler J.-B. Glomi (18. Jh.)]: eine Glastafel o. ä. auf der Rückseite so mit Lack bemalen, daß Aussparungen entstehen, die mit spiegelnder Materie hinterlegt werden

Ego [auch: *ägo*; *lat.*] *das*; -: das Ich (Philos.); vgl. Alter ego. **Ego-Ideal** *das*; -s, -e: ein für die eigene Person gültiges Leitbild, das durch seinen Grundsatzcharakter zur Persönlichkeitsentwicklung beiträgt (Psychol.). **Ego|ismus** [*lat.-fr.*] *der*; -, ...men: 1. (ohne Plural) Selbstsucht, Eigenliebe, Ichsucht, Eigennutz; Ggs. → Altruismus. 2. (Plural) selbstsüchtige Handlungen o. ä. **Ego|ist** *der*; -en, -en: jmd., der sein Ich u. seine persönlichen Interessen in den Vordergrund stellt; Ggs. → Altruist. **ego|istisch**: ichsüchtig, nur sich selbst gelten lassend; Ggs. → altruistisch. **Egotismus** [*lat.-engl.*] *der*; -: philosophisch begründete Form des Egoismus, die das Glück der Menschheit dadurch herbeizuführen trachtet, daß der einzelne (einer Elite) auf ein Höchstmaß persönlichen diesseitigen Glücks hinarbeitet. **Egotist** *der*; -en, -en: 1. Anhänger des Egotismus. 2. Autor eines →

autobiographischen Romans in der Ich-Form. **Egotrip** *der*; -s, -s: (Jargon) jmds. augenblickliche Lebenshaltung, -gestaltung, bei der das Denken u. Verhalten fast ausschließlich auf die eigene Person, die eigene Erlebensweise gerichtet ist

Egoutteur [*egutör*; *lat.-fr.*] *der*; -s, -e: Vorpreßwalze bei der Papierherstellung (auch zur Erzeugung der Wasserzeichen)

Egozen|trik [(*lat.*; *gr.-lat.*) *nlat.*] *die*; -: Einstellung od. Verhaltensweise, die die eigene Person als Zentrum allen Geschehens betrachtet und alle Ereignisse nur in ihrer Bedeutung für u. in ihrem Bezug auf die eigene Person wertet. **Egozen|triker** *der*; -s, -: jmd., der egozentrisch ist. **egozen|trisch:** ichbezogen; sich selbst in den Mittelpunkt stellend, im Unterschied zu egoistisch aber nicht auf das Handeln zielend, sondern Ausdruck einer Weltauffassung, die alles in bezug auf die eigene Person wertet. **Egozen|trizität** *die*; -: = Egozentrik

egrenieren [*lat.-fr.*]: Baumwollfasern von den Samen trennen. **Egreniermaschine** *die*; -, -n: Maschine, die die Baumwollfasern vom Samen trennt

egressiv [auch: *e...*; *lat.*]: 1. das Ende eines Vorgangs od. Zustands ausdrückend (von Verben; z. B. verblühen, platzen; Sprachw.) Ggs. → ingressiv (1). 2. den Luftstrom bei der Artikulation nach außen richtend (Phonetik); Ggs. → ingressiv (2)

Egyptienne [*eschipßiän*; *fr.*; „Ägypterin"] *die*; -: besondere Art der Antiquaschrift

Eidetik [*gr.-nlat.*] *die*; -: 1. Fähigkeit, sich Objekte od. Situationen so anschaulich vorzustellen, als ob sie realen Wahrnehmungscharakter hätten. 2. = Eidologie (Psychol.). **Eidetiker** *der*; -s, -: jmd., der die Fähigkeit hat, sich Objekte od. Situationen anschaulich, wie wirklich vorhanden vorzustellen. **eidetisch**: a) die Eidetik betreffend; b) anschaulich, bildhaft. **Eidologie** *die*; -, ...ien: Theorie, auf dem Weg der Gestaltbeschreibung das Wesen eines Dinges zu erforschen (Philos.). **Eidolon** [*gr.*] *das*; -[s], ...la: Abbild, kleines Bild, Nach-, Spiegel-, Trugbild (Philos.); vgl. Idol. **Eidophor** [*gr.-nlat.*; „Bildträger"] *das*; -s, -e: Fernsehgroßbild-Projektionsanlage. **Eidophorverfahren** *das*; -s: Verfahren, bei dem an einen Fernsehempfänger ein Projektor angeschlossen ist, der das Bild auf die Größe einer Kinoleinwand bringt (z. B. bei gemeinsamem Fernsehempfang auf einer Großveranstaltung). **Eidos** [*gr.*] *das*; -: 1. Gestalt, Form, Aussehen. 2. Idee (bei Plato). 3. Gegensatz zur Materie (bei Aristoteles). 4. Art im Gegensatz zur Gattung (Logik). 5. Wesen (bei Husserl)

einbalsamieren [*dt.*; *hebr.-gr.-lat.*]: (einen Leichnam) mit bestimmten konservierenden Mitteln behandeln, um ihn vor Verwesung zu schützen

einchecken [*...tschäk^en*; *dt.*; *engl.*]: (Flugw.) a) abfertigen (z. B. Passagiere od. Gepäck); b) sich abfertigen lassen

Einherier [*...i^er*; *altnord.*] *der*; -s, -: gefallener Kämpfer (nord. Mythologie)

einquartieren [*dt.*; *lat.-fr.*]: [Soldaten] in einem → Quartier (1) unterbringen

Einsteinium [*nlat.*; nach dem Physiker A. Einstein († 1955)] *das*; -s: chem. Element; Zeichen: Es

Eizes vgl. Ezzes

Ejaculatio praecox [*...zio*-; lat.] *die*; - -: vorzeitig (entweder vor od. unmittelbar nach Einführung des → Penis in die → Vagina) erfolgender Samenerguß (Med.). **Ejakulat** *das*; -[e]s, -e: bei der Ejakulation ausgespritzte Samenflüssigkeit (Med.). **Ejakulation** [*...zion*; *lat.-nlat.*] *die*; -, -en: Ausspritzung [der Samenflüssigkeit beim → Orgasmus]; Samenerguß (Med.). **ejakulieren** [*lat.*; „hinauswerfen"]: Samenflüssigkeit ausspritzen (Med.). **Ejektion** [*...zion*] *die*; -, -en: 1. explosionsartiges Ausschleudern von Materie (Schlacken, Asche) aus einem Vulkan (Geol.). 2. (veraltet) das Hinauswerfen; das Vertreiben [aus dem Besitz]. **Ejektiv** *der*; -s, -e [*...w^e*] u. **Ejektivlaut** *der*; -[e]s, -e: Verschlußlaut, bei dem Luft aus der Mundhöhle strömt; Ggs. → Injektiv. **Ejektor** [*lat.-nlat.*] *der*; -s, ...oren: 1. automatisch arbeitender Patronenauswerfer bei Jagdgewehren. 2. Strahlpumpe mit Absaugvorrichtung. **ejizieren:** 1. (Materie) ausschleudern (Phys.). 2. (veraltet) jmdn. hinauswerfen, [aus dem Besitz] vertreiben

ejusdem mensis [*lat.*]: (veraltet) desselben Monats; Abk.: e. m.

Ekart [*ekar*; *lat.-fr.*] *der*; -s, -s: Unterschied zwischen → Basiskurs (Tageskurs) u. Prämienkurs (Basiskurs + Prämie)

Ekarté
I. [*...te*; *fr.* carte = „(Spiel)karte"] *das*; -s, -s: franz. Kartenspiel.
II. [*...te*; *fr. écarter* = „auseinandertreiben"] *das*; -s, -s: (im klassischen Ballett) Position schräg zum Zuschauer

Ekchon|drom [*äkchon...*; *gr.-nlat.*] *das*; -s, -e: Knorpelgeschwulst (Med.). **Ekchon|drose** *die*; -, -n: gutartige Wucherung von Knorpelgewebe (Med.)

Ekchymose [*äkchü...*; *gr.*] *die*; -, -n: flächenhafter Bluterguß, blutunterlaufene Stelle in der Haut (Med.)

ekdemisch [*gr.*]: (veraltet) auswärts befindlich, abwesend

Ekdyson [*gr.*] *das*; -s: Häutungshormon der Insekten (Zool.)

Ek|klesia [*gr.-lat.*] *die*; -: Kirche; vgl. Ecclesia. **Ek|klesiastes** *der*; -: griech. Bezeichnung des alttest. Buches „Prediger Salomo". **Ek|klesiastik** *die*; -: = Ekklesiologie. **Ek|klesiastikus** *der*; -: Titel des alttest. Buches „Jesus Sirach" in der → Vulgata (1). **ek|klesiogen:** durch Einfluß von Kirche u. Religion entstanden (z. B. Neurosen). **Ek|klesiologie** [*gr.-nlat.*] *die*; -: die theologische Lehre von der christlichen Kirche

ekkrin [*gr.-nlat.*]: = exokrin

Ekky|klema [*gr.*] *das*; -s, ...emen: kleine fahrbare Bühne des altgriech. Theaters für Szenen, die sich eigtl. innerhalb eines Hauses abspielten

Eklaireur [*eklärör*; *lat.-vulgärlat.-fr.*] *der*; -s, -e: (veraltet) Kundschafter, Aufklärer (im Krieg)

Ek|lampsie [*gr.-nlat.*] *die*; -, ...ien: plötzlich auftretende, lebensbedrohende Krämpfe während der Schwangerschaft, Geburt od. im Wochenbett (Med.). **Eklampsismus** *der*; -: Bereitschaft des Organismus für eine Eklampsie (Med.). **ek|lamptisch**: die Eklampsie betreffend, auf ihr beruhend (Med.)

Eklat [*ekla*; *fr.*] *der*; -s, -s: Aufsehen, Knall, Skandal; [in der Öffentlichkeit] starkes Aufsehen erregender Vorfall. **eklatant:** 1. offenkundig. 2. aufsehenerregend; auffallend

Ek|lektiker [*gr.*; „auswählend, auslesend"] *der*; -s, -: a) jmd., der weder ein eigenes philos. System aufstellt noch ein anderes übernimmt, sondern aus verschiedenen Systemen das ihm Passende auswählt; b) (abwertend) jmd., der (z. B. in einer Theorie) fremde Ideen nebeneinanderstellt, ohne eigene Gedanken dazu zu entwickeln. **ek|lek**

tisch: a) (abwertend) in unschöpferischer Weise nur Ideen anderer (z. B. in einer Theorie) verwendend; b) aus bereits Vorhandenem auswählend u. übernehmend. **Ek|lektizismus** [*gr.-nlat.*] *der*; -: 1. (abwertend) unoriginelle, unschöpferische geistige Arbeitsweise, bei der Ideen anderer übernommen od. zu einem System zusammengetragen werden. 2. Rückgriff auf die Stilmittel verschiedener Künstler früherer Epochen mangels eigenschöpferischer Leistung (in der bildenden Kunst u. Literatur). **eklektizistisch**: nach der Art des Eklektizismus (1, 2) verfahrend

Ek|lipse [*gr.*; „Ausbleiben, Verschwinden"] *die*; -, -n: Verfinsterung (in bezug auf Mond od. Sonne; Astron.). **Ek|liptik** [*gr.-nlat.*] *die*; -, -en: der größte Kreis, in dem die Ebene der Erdbahn um die Sonne die als unendlich groß gedachte Himmelskugel schneidet (Astron.). **ek|liptikal**: auf die Ekliptik bezogen, mit ihr zusammenhängend. **ek|liptisch** [*gr.*]: auf die Eklipse bezogen

Ek|loge [*gr.-lat.*; „Auswahl"] *die*; -, -n: a) altröm. Hirtenlied; vgl. Idylle; b) kleineres, ausgewähltes Gedicht. **Ek|logit** [auch: ...*it*; *gr.-nlat.*] *der*; -s, -e: durch → Metamorphose (4) erzeugtes Gestein (Geol.). **Ek|logitschale** [auch: ...*it*...] *die*; -: tiefere Zone des → Simas (II; Geol.)

Ek|mnesie [*gr.-nlat.*] *die*; -, ...ien: krankhafte Vorstellung, in einen früheren Lebensabschnitt zurückversetzt zu sein (Med.)

Ek|noia [...*neua*; *gr.*; „Sinnlosigkeit"] *die*; -: krankhaft gesteigerte Erregbarkeit im Pubertätsalter (Med.)

Ekonomiser [*ikonᵉmaisᵉr*] vgl. Economiser

Ekossaise [*ekoßäsᵉ*] vgl. Ecossaise

Ekphorie [*gr.-nlat.*] *die*; -, ...ien: durch Reizung des Zentralnervensystems hervorgerufene Reproduktion von Dingen oder Vorgängen, Vorgang des Sicherinnerns (Med.)

Ekphym [*gr.*] *das*; -s, -e: Auswuchs, Höcker (Med.)

Ekpyrosis [*gr.-lat.*; „das Ausbrennen"] *die*; -: Weltbrand, Wiederauflösung der Welt in Feuer, das Urelement, aus dem sie entstand (philos. Lehre bei Heraklit u. den Stoikern)

Ekrasit [auch: ...*it*; *fr.-nlat.*] *das*; -s: Sprengstoff, der → Pikrinsäure enthält

ekrü [*lat.-fr.*]: a) ungebleicht; b) weißlich, gelblich. **Ekrüseide** *die*; -: nicht vollständig entbastete Naturseide von gelblicher Farbe

Ek|stase [*gr.-lat.*; „Aussichherausgetretensein"] *die*; -, -n: [religiöse] Verzückung, rauschhafter Zustand, in dem der Mensch der Kontrolle des normalen Bewußtseins entzogen ist. **Ek|statik** [*gr.*] *die*; -: Ausdruck[sform] der Ekstase. **Ek|statiker** *der*; -s, -: jmd., der in Ekstase geraten ist; verzückter, rauschhafter Schwärmer. **ek|statisch**: in Ekstase, außer sich, schwärmerisch, rauschhaft

Ek|strophie [*gr.-nlat.*] *die*; -, ...ien: = Ektopie

Ektase [*gr.-lat.*] *die*; -, -n: Dehnung eines Vokals (antike Metrik). **Ektasie** [*gr.-nlat.*] *die*; -, ...ien: Erweiterung, Ausdehnung eines Hohlorgans (Med.). **Ektasis** *die*; -: = Ektase

Ektenie [*gr.*] *die*; -, ...ien: das große Fürbittegebet im Gottesdienst der orthodoxen Kirchen

Ek|thlipsis [*gr.-lat.*] *die*; -, ...ipsen: = Elision

Ek|thym [*gr.*] *das*; -s, -e: Hauteiterung mit nachfolgender Geschwürbildung (Med.)

Ektoderm [*gr.-nlat.*; „Außenhaut"] *das*; -s, -e: die äußere Hautschicht des tierischen und menschlichen Keims, die bei der Gastrulabildung (vgl. Gastrula) entsteht (Med.); vgl. Entoderm. **ektodermal**: vom äußeren Keimblatt abstammend bzw. ausgehend (Med.); vgl. entodermal. **Ektodermose** *die*; -, -n: Erkrankung von Organen, die aus dem Ektoderm hervorgegangen sind (bes. Erkrankung der Haut; Med.)

Ektodesmen [*gr.-nlat.*] *die* (Plural): die Außenwände von Epidermiszellen durchziehende Plasmastränge, die zur Reizleitung u. vermutlich auch als Transportbahnen zwischen Außenwelt u. Pflanzeninnerem dienen (Bot.)

Ektohormon [*gr.-nlat.*] *das*; -s, -e: = Pheromon

Ektomie [*gr.-nlat.*] *die*; -, ...ien: das operative Herausschneiden, die vollständige Entfernung eines Organs im Unterschied zur → Resektion (Med.)

ektomorph [*gr.-nlat.*]: eine hagere, hoch aufgeschossene Konstitution aufweisend (Anat.). **Ektomorphie** *die*; -: Konstitution eines bestimmten Menschentyps, der ungefähr dem → Leptosomen entspricht; vgl. Endomorphie u. Mesomorphie

Ektoparasit [*gr.-nlat.*] *der*; -en, -en: pflanzlicher od. tierischer Schmarotzer, der auf der Körperoberfläche lebt (z. B. blutsaugende Insekten; Biol.; Med.); Ggs. → Entoparasit

ektophytisch [*gr.-nlat.*]: nach außen herauswachsend (Med.)

Ektopie [*gr.-nlat.*] *die*; -, ...ien: meist angeborene Lageveränderung eines Organs (z. B. Wanderniere; Med.). **ektopisch**: an falscher Stelle liegend (von Organen; Med.)

Ekto|plasma [*gr.-nlat.*] *das*; -s, ...men: die äußere Schicht des → Protoplasmas bei Einzellern (Biol.); Ggs. → Entoplasma

Ektosit [*gr.-nlat.*] *der*; -en, en: Ektoparasit

Ekto|skelett *das*; -[e]s, -e: den Körper umschließendes Skelett bei wirbellosen und Wirbeltieren, Außen-, Hautskelett (z. B. die → chitinöse Hülle der Insekten); Ggs. → Endoskelett

Ekto|skopie [*gr.-nlat.*] *die*; -, ...ien: Untersuchung u. Erkennung von Krankheitserscheinungen mit bloßem Auge (Med.)

Ektotoxin *das*; -s, -e: von lebenden Bakterien ausgeschiedenes Stoffwechselprodukt, das im Körper von Mensch und Tier als Gift wirkt (Med.)

ekto|troph [*gr.-nlat.*; „sich außen ernährend"]: außerhalb der Wirtspflanze lebend (von → symbiotisch an Pflanzenwurzeln lebenden Pilzen, bei denen die Pilzfäden nicht ins Innere der Wurzelzellen eindringen, sondern auf den Wurzeln bleiben; Bot.)

Ek|trodaktylie [*gr.-nlat.*] *die*; -, ...ien: angeborene Mißbildung der Hände u. Füße, gekennzeichnet durch Fehlen von Fingern od. Zehen (Med.). **Ektromelie** *die*; -, ...ien: angeborene Mißbildung mit Verstümmelung der Gliedmaßen (Med.)

Ek|tropion [*gr.*] u. **Ek|tropium** [*gr.-nlat.*] *das*; -s, ...ien [...*iᵉn*]: Auswärtskehrung, Umstülpung einer Schleimhaut (z. B. der Lippen, des Augenlides; Med.). **ektropionieren**: die Augenlider zur Untersuchung od. Behandlung des Auges nach außen umklappen (Med.)

Ek|typus [auch: ...*tü*...; *gr.*] *der*; -, ...pen [...*üpᵉn*]: Nachbildung, Abbild, Kopie (Fachspr.); Ggs. → Prototyp (1)

Ekzem [*gr.*] *das*; -s, -e: nicht ansteckende, in vielen Formen auftretende juckende Entzündung der Haut (Med.). **Ekzematiker** [*gr.-nlat.*] *der*; -s, -: jmd., der zu

Ekzemen neigt (Med.). **Ekzematoid** *das*; -s, -e: ekzemartige Hauterkrankung (Med.). **ekzematös:** von einem Ekzem befallen, hervorgerufen (Med.)

El [*semit.*] *der*; -, Elim: semit. Bezeichnung für: Gott; vgl. Eloah

Elaborat [*lat.*] *das*; -[e]s, -e: a) (abwertend) flüchtig zusammengeschriebene Arbeit, die weiter keine Beachtung verdient; Machwerk; b) (selten) schriftliche Arbeit, Ausarbeitung. **elaboriert:** differenziert ausgebildet; -er Code: hochentwickelter sprachlicher → Code (1) eines Sprachteilhabers (Sprachw.); Ggs. → restringierter Code

Ela|idin [*gr.-nlat.*] *das*; -s, -e: fettartige chem. Verbindung, die durch Einwirkung → salpetriger Säuren auf Elain entsteht (Chem.). **Elain** *das*; -s: in tierischen u. nicht trocknenden pflanzlichen Fetten u. Ölen vorkommende chem. Verbindung (Chem.). **Elainsäure** *die*; -: Ölsäure. **Elaiosom** [*elai...*] *das*; -s, -en (meist Plural): besonders fett- u. eiweißreiches Gewebeanhängsel an pflanzlichen Samen (Bot.)

Elan [bei franz. Ausspr.: *elang*; *lat.-fr.*] *der*; -s: innerer, zur Ausführung von etwas vorhandener Schwung, Spannkraft, Begeisterung. **Elan vital** [*elang wi...*] *der*; --: die schöpferische Lebenskraft bzw. die metaphysische Urkraft, die die biologischen Prozesse steuert, die die Entwicklung der Organismen vorantreibende Kraft (nach H. Bergson; Philos.)

Eläolith [auch: *...it*; *gr.-nlat.*] *der*; -s, -e: ein Mineral. **Eläo|plast** *der*; -en, -en: Ölkörperchen in pflanzlichen Zellen (Bot.)

Elaste [*gr.-nlat.*] *die* (Plural): Sammelbezeichnung für Kunststoffe von gummiartiger Elastizität. **Elastik** *das*; -s, -s od. -e. 1. (ohne Plural) Zwischenfutterstoff aus Rohleinen. 2. (auch: *die*; -, -en) Gewebe aus sehr dehnbarem Material. **elastisch**: 1. dehnbar. 2. kraftvoll gespannt, federnd, beweglich, geschmeidig (in bezug auf den menschlichen Körper). **Elastizität** *die*; -: 1. Fähigkeit eines Körpers, eine aufgezwungene Formänderung nach Aufhebung des Zwangs rückgängig zu machen (Phys.). 2. Spannkraft [eines Menschen], Beweglichkeit, Geschmeidigkeit. **Elastizitätskoeffizient** *der*; -en, -en: Meßgröße der Elastizität. **Elastizitätsmodul** *der*; -s, -n: Meßgröße der Elastizität. **Elastomer** *das*; -s, -e u. **Elastomere** *das*; -n, -n (meist Plural): → synthetischer (2) Kautschuk u. gummiähnlicher Kunststoff. **Elatere** *die*; -, -n (meist Plural): Schleuderzellen bei Lebermoosen, die die Sporen aus den Kapseln befördern (Bot.)

Elativ [*lat.*] *der*; -s, -e [*...w*]: (Sprachw.) 1. absoluter → Superlativ (ohne Vergleich) (z. B. modernste Maschinen = sehr moderne Maschinen, höflichst = sehr höflich). 2. in den finno-ugrischen Sprachen der Kasus zur Bezeichnung der räumlichen Entfernung von einem Ort weg

Eldorado, Dorado [*lat.-span.*; „das vergoldete (Land)"] *das*; -s, -s: Gebiet, das ideale Gegebenheiten, Voraussetzungen für jmdn. bietet (z. B. in bezug auf eine bestimmte Betätigung); Traumland, Wunschland, Paradies, das jmdm. ausreichende Entfaltungsmöglichkeiten bietet

Elea|te [*gr.-lat.*] *der*; -n, -n (meist Plural): Vertreter der von Xenophanes um 500 v. Chr. in Elea (Unteritalien) gegründeten griech. Philosophenschule. **eleatisch**: die Eleaten betreffend. **Eleatismus** [*gr.-lat.-nlat.*] *der*; -: philosophische Lehre, die von einem absoluten, nur durch Denken zu erfassenden Sein ausgeht u. ihm das Werden u. die sichtbare Welt als Schein entgegensetzt

Elefantiasis u. Elephantiasis [*gr.-lat.*] *die*; -, ...iasen: durch Lymphstauungen bedingte, unförmige Verdickung des Haut- u. Unterhautzellgewebes mit Bindegewebswucherung (Med.). **elefantös:** (ugs. scherzh.) außergewöhnlich, großartig

elegant [*lat.-fr.*]: a) (von der äußeren Erscheinung) durch Vornehmheit, erlesenen Geschmack, bes. der Kleidung od. ihrer Machart, auffallend; b) in gewandt u. harmonisch wirkender Weise ausgeführt, z. B. eine -e Lösung; c) so, daß es hohe Ansprüche in vollendeter Weise erfüllt, z. B. ein -er Salat, Wein; sie sprach ein -es Französisch. **Elegant** [*elegang*] *der*; -s, -s: (meist abwertend) auffällig modisch gekleideter Mann. **Eleganz** *die*; -: a) (in bezug auf die äußere Erscheinung) geschmackvolle Vornehmheit; b) äußerlich sichtbare Art könnerhafter Gewandtheit

Elegeion [*gr.*] *das*; -s: elegisches Versmaß, d. h. Verbindung von → Hexameter u. → Pentameter; vgl. Distichon. **Elegie** [*gr.-lat.*] *die*; -, ...ien: 1. a) im → Elegeion abgefaßtes Gedicht; b) wehmütiges Gedicht, Klagelied. 2. Schwermut. **Elegiker** [*gr.*] *der*; -s, -; 1. Elegiendichter. 2. jmd., der zu elegischen, schwermütigen Stimmungen neigt. **elegisch**: 1. a) die Gedichtform der Elegie betreffend; b) in Elegieform gedichtet. 2. voll Wehmut, Schwermut; wehmütig. **Eleg|iambus** [*gr.-mlat.*] *der*; -, ...ben: aus dem → Hemiepes u. dem jambischen → Dimeter bestehendes altgriech. Versmaß (antike Metrik)

Eleison [*gr.*; „erbarme dich"] *das*; -s, -s: gottesdienstlicher Gesang; vgl. Kyrie eleison

Elektion [*...zion*; *lat.*] *die*; -, -en: Auswahl, Wahl; vgl. Selektion. **elektiv**: auswählend; vgl. selektiv (1). **Elektor** *der*; -s, ...oren: 1. Wähler, Wahlherr (z. B. Kurfürst bei der Königswahl). 2. [Aus]wählender. **Elektorat** [*lat.-nlat.*] *das*; -[e]s, -e: (hist.) a) Kurfürstentum; b) Kurfürstenwürde

Elektrakomplex [nach der griech. Sagengestalt Elektra] *der*; -es: bei weiblichen Personen auftretende, zu starke Bindung an den Vater (Psychol.); vgl. Ödipuskomplex

Elek|tret [*gr.-engl.*] *der* (auch: *das*); -s, -e: elektrischer → Isolator mit entgegengesetzten elektrischen Ladungen an zwei gegenüberliegenden Flächen. **Elektrifikation** [*...zion*; *gr.-nlat.*] *die*; -, -en: (schweiz.) = Elektrifizierung; vgl. ...[at]ion/...ierung. **elektrifizieren**: etwas auf elektr. Betrieb umstellen, bes. Eisenbahnen. **Elek|trifizierung** *die*; -, -en: Umstellung auf elektrischen Betrieb [bei Eisenbahnen]; vgl. ...[a]tion/...ierung. **Elek|trik** *die*; -: a) Gesamtheit einer elektrischen Anlage od. Einrichtung (z. B. Autoelektrik); b) (ugs.) Elektrizitätslehre. **Elek|triker** *der*; -s, -: Handwerker im Bereich der Elektrotechnik, Elektroinstallateur, -mechaniker. **elek|trisch:** 1. auf der Anziehungs- bzw. Abstoßungskraft geladener Elementarteilchen beruhend; durch [geladene] Elementarteilchen hervorgerufen. 2. a) die Elektrizität betreffend, sie benutzend; b) durch elektrischen Strom angetrieben; mit Hilfe des elektrischen Stroms erfolgend; -e Induktion: Erscheinung, bei der durch ein sich änderndes Magnetfeld in einem Leiter eine elektrische Spannung erzeugt wird. **Elek|trische** *die*; -n, -n: (ugs., veraltet) Straßenbahn. **elek|trisieren:** 1. elektrische Ladungen erzeugen, übertragen. 2. den Organismus mit elektrischen Stromstößen behandeln. 3. sich -: seinen Körper unabsichtlich mit einem Stromträger in Kontakt bringen u. dadurch einen elektrischen Schlag bekommen. **Elek|trisiermaschine** *die*; -, -n: Maschine, die den elektrischen Strom zum Elektrisieren durch Reibungselektrizität erzeugt. **Elek|trizität** *die*; -: 1. auf der Anziehung bzw. Abstoßung elektrisch geladener Teilchen beruhendes Grundphänomen der Natur. 2. elektrische Energie. **Elek|tro|akustik** [auch: ...*akustik*] *die*; -: Wissenschaft, die sich mit der Umwandlung der Schallschwingungen in elektrische Spannungsschwankungen u. umgekehrt befaßt. **elek|tro|akustisch** [auch: ...*aku*...]: die Elektroakustik betreffend. **Elek|tro|analyse** [auch: ...*analüs*[e]] *die*; -: chem. Untersuchungsmethode mit Hilfe der → Elektrolyse. **Elek|tro|auto** *das*; -s, -s: Auto, das nicht mit Benzin, sondern mit einer Batterie angetrieben wird. **Elek|trochemie** [auch: ...*chemi*] *die*; -: die Wissenschaft von den Zusammenhängen zwischen elektrischen Vorgängen und chemischen Reaktionen. **elek|trochemisch** [auch: ...*chemisch*]: die Elektrochemie betreffend. **Elek|trochirurgie** [auch: ...*urgi*] *die*; -: Sammelbezeichnung für die verschiedenen Formen der Anwendung elektrischer Energie zu chirurgischen Zwecken. **Elektrochord** [...*ko*..., auch: *elek*...; *gr.-nlat.*] *das*; -s, -e: elektrisches Klavier. **Elek|trocolorverfahren** [auch: ...*kolor*...; *gr.*; *lat.*; *dt.*] *das*; -s: elektrolytisches Verfahren zum Färben von Metallen. **Elek|trode** [*gr.-nlat.*] *die*; -, -n: elektrisch leitender, meist metallischer Teil, der den Übergang des elektrischen Stromes in ein anderes Leitermedium (Flüssigkeit, Gas u. a.) vermittelt. **Elek|trodialyse** [auch: ...*lüs*[e]] *die*; -: Verfahren zur Entsalzung wäßriger Lösungen nach dem Prinzip der → Dialyse (z. B. Entsalzen von Wasser). **Elek|trodynamik** [auch: ...*düna*...] *die*; -: im allgemeinsten Sinne die Theorie der Elektrizität bzw. sämtlicher elektromagnetischer Erscheinungen; Wissenschaft von der bewegten (strömenden) Elektrizität u. ihren Wirkungen. **elek|trodynamisch** [auch: ...*düna*...]: die Elektrodynamik betreffend. **Elektrodynamometer** *das*; -s, -: Meßgerät für elektrische Stromstärke u. Spannung. **Elek|tro|end|osmose** u. Elektroosmose *die*; -, -n: durch elektrische Spannung bewirkte → osmotische Flüssigkeitswanderung. **Elek|tro|enzephalo|gramm** *das*; -s, -e: Aufzeichnung des Verlaufs der Hirnaktionsströme; Abk.: EEG (Med.). **Elek|tro|enzephalo|graphie** *die*; -: Verfahren, die Aktionsströme des Gehirns zu → diagnostischen Zwecken graphisch darzustellen (Med.); vgl. Enzephalogramm. **Elek|tro|erosion** *die*; -, -en: spanloses Bearbeitungsverfahren für Hartmetalle u. gehärtete Werkstoffe, bei dem durch Erzeugung örtlich sehr hoher Temperaturen durch elektrische Lichtbogen od. periodische Funkenüberschläge kleine Teilchen vom Werkstück abgetragen werden (Techn.). **Elektroingenieur** *der*; -s, -e: auf dem Gebiet der Elektronik ausgebildeter Ingenieur (Berufsbez.). **Elek|trojet** [...*dschät*; *gr.*; *engl.*] *der*; -s, -s: gebündelter elektrischer Ringstrom, der dem normalen Stromsystem der ionisierten (vgl. Ion) hohen Atmosphäre überlagert ist. **elek|trokalorisch** [auch: ...*lorisch*] [*gr.*; *lat.-nlat.*]: die Wärmeerzeugung durch elektrischen Strom betreffend. **Elek|trokardiogramm** [*gr.-nlat.*] *das*; -s, -e: Aufzeichnung des Verlaufs der Aktionsströme des Herzens; Abk.: EKG u. Ekg (Med.). **Elek|trokardio|graph** *der*; -en, -en: Gerät zur Aufzeichnung eines Elektrokardiogramms. **Elektrokardio|graphie** *die*; -: Verfahren, die Aktionsströme des Herzens zu diagnostischen Zwecken graphisch darzustellen. **Elek|trokarren** *der*; -s, -: kleines, durch → Akkumulatoren (1) gespeistes Transportfahrzeug. **Elek|trokatalyse** *die*; -, -n: durch elektrischen Strom bewirkte Aufnahme von Arzneimitteln durch die Haut. **Elek|trokaustik** *die*; -: Operationsmethode mit Hilfe des Elektrokauters. **Elek|trokauter** *der*; -s, -: chirurgisches Instrument zur elektrischen Verschorfung kranken Gewebes. **Elek|troko|agulation** [...*zion*] *die*; -, -en: chirurgische Behandlung (Zerstörung) von Gewebe durch Hochfrequenzströme (Med.). **Elek|trolumineszenz** [*gr.*; *lat.*] *die*; -, -en: Leuchterscheinung unter der Einwirkung elektrischer Entladungen. **Elek|trolyse** *die*; -, -n: durch elektrischen Strom bewirkte chem. Zersetzung von Salzen, Säuren od. Laugen. **Elek|trolyseur** [...*sör*; *gr.-fr.*] *der*; -s, -e: Vorrichtung zur Gasgewinnung durch Elektrolyse. **elek|trolysieren:** eine chem. Verbindung durch elektrischen Strom aufspalten. **Elektrolyt** [*gr.-nlat.*] *der*; -en (selten: -s), -e (selten: -en): den elektrischen Strom leitende und sich durch ihn zersetzende Lösung, z. B. Salz, Säure, Base. **elek|trolytisch**: den elektr. Strom leitend u. sich durch ihn zersetzend (von [wäßrigen] Lösungen). **Elek|trolytmetall** *das*; -s, -e: durch Elektrolyse gereinigtes Metall. **Elektroma|gnet** [auch: ...*magnet*] *der*; -[e]s u. -en, -e[n]: Spule mit einem Kern aus Weicheisen, durch die elektr. Strom geschickt u. ein Magnetfeld erzeugt wird. **elektroma|gnetisch** [auch: ...*magnetisch*] den Elektromagnetismus betreffend, auf ihm beruhend; -e Induktion: Entstehung eines elektrischen Stromes durch das Bewegen eines Magnetpols. **Elek|troma|gnetismus** [auch: ...*magnetißmuß*] *der*; -: durch Elektrizität erzeugter → Magnetismus (1). **Elek|tromechanik** [auch: ...*chanik*] *die*; -: Teilgebiet der Elektrotechnik bzw. Feinmechanik, bei der man sich mit der Umsetzung von elektrischen Vorgängen in mechanische u. umgekehrt befaßt. **Elek|tromechaniker** [*auch: ...chani...*] *der*; -s, -: Handwerker od. Industriearbeiter, der aus Einzelteilen elektromechanische Anlagen u. Geräte montiert (Berufsbez.). **elek|tromechanisch** [auch: ...*mechanisch*]: die durch Elektrizität erzeugte mechanische Energie betreffend. **Elektrometall** *das*; -s, -e: durch Elektrolyse gewonnenes Metall. **Elektrometall|urgie** *die*; -: Anwendung der Elektrolyse bei der Metallgewinnung. **Elek|trometer** *das*; -s, -: Gerät zum Messen elektrischer Ladungen u. Spannungen. **Elek|tromobil** *das*; -s, -e: = Elektroauto. **Elek|tromotor** *der*; -s, ...oren (auch: -e): Motor, der elektrische Energie in mechanische Energie umwandelt. **elektromotorisch:** auf den Elektromotor bezüglich; -e Kraft: die durch magnetische, elektrostatische, thermoelektrische od. elektrochemische Vorgänge hervorgerufene Spannung. **Elektromyogramm** *das*; -s, -e: Registrierung der Aktionsströme der Muskeln

Elek|tron [auch: *elą...*; *gr.*; „Bernstein"]
I. *das*; -s, ...onen: negativ elektrisches Elementarteilchen; Abk.: *e* od. *e⁻*.
II. *das*; -s: 1. natürlich vorkommende Gold-Silber-Legierung. 2. Ⓦⓩ Magnesiumlegierung [mit wechselnden Zusätzen]
Elek|tronarkose [auch: *...narkose*] [*gr.-nlat.*] *die*; -, -n: Narkose mittels elektrischen Stroms (Med.). **Elek|tronenakzeptor** [*gr.*; *lat.*] *der*; -s, -en: Atom, das auf Grund seiner Ladungsverhältnisse ein Elektron (I) aufnehmen kann. **Elek|tronendonator** *der*; -s, -en: Atom, das auf Grund seiner Ladungsverhältnisse ein Elektron (I) abgeben kann. **Elek|tronenkonfiguration** [*...zion*] *die*; -, -en: Gesamtheit der Elektronenanordnung innerhalb eines Atoms od. Moleküls. **Elek|tronenmi|kroskop** *das*; -s, -e: Mikroskop, das nicht mit Lichtstrahlen, sondern mit Elektronen arbeitet. **elek|tronenmikro|skopisch**: a) mittels eines Elektronenmikroskops durchgeführt (von Vergrößerungen); b) die Elektronenmikroskopie betreffend. **Elek|tronenoptik** *die*; -: Abbildung mit Hilfe von Elektronenlinsen (z. B. beim Elektronenmikroskop). **elek|tronenoptisch:** a) mittels Elektronenlinsen abgebildet; b) die Elektronenoptik betreffend. **Elektronenorgel** *die*; -, -n: elektronisch betriebenes Orgelinstrument. **Elek|tronenradius** *der*; -, ...ien: die bei der Annahme einer kugelförmigen, räumlichen Ausdehnung des Elektrons sich ergebende Größe für den Radius des Elektrons; halber Durchmesser des Elektrons. **Elek|tronenröhre** *die*; -, -n: luftleeres Gefäß mit Elektrodenanordnung zum Gleichrichten, zur Verstärkung u. Erzeugung von elektromagnetischen Schwingungen. **Elektronenspin** [*...ßp...*] *der*; -s: [Meßgröße für den] Eigendrehimpuls eines Elektrons. **Elek|tronenstoß** *der*; -es, ...stöße: Stoß eines Elektrons auf Atome. **Elektronentheorie** *die*; -, ...ien: Theorie vom Wesen u. der Wirkung des Elektrons. **Elek|tronenvolt** vgl. Elektronvolt. **Elek|tronenwelle** *die*; -, -n: elektromagnetische Welle beim bewegten Elektron; den Elektronen zugeordnete Materiewelle. **Elektronik** [*gr.-nlat.*] *die*; -: Zweig der Elektrotechnik, der sich mit der Entwicklung u. Verwendung von Geräten mit Elektronenröhren, Photozellen, Halbleitern u. ä. befaßt. **Elektroniker** *der*; -s, -: Techniker der Elektronik. **elek|tronisch**: die Elektronik betreffend; -e **Fernsehkamera**: Fernsehkamera, die Lichtwerte in elektrische Signale umwandelt und an einen Sender oder eine Aufzeichnungsanlage weitergibt; -e **Musik**: Sammelbegriff für jede Art von Musik, bei deren Entstehung, Wiedergabe od. Interpretation elektronische Hilfsmittel eingesetzt werden. **Elek|tronium** Ⓦⓩ *das*; -s, ...ien [*...iᵉn*]: Instrument mit elektronischer Klangerzeugung. **Elek|tronvolt** [auch: *elek...*] *das*; -s, -: Energieeinheit der Kernphysik; Abk.: eV. **Elek|tro|osmose** vgl. Elektroendosmose. **elek|trophil**: zur Anlagerung elektrischer Ladungen neigend (Eigenschaft kleinster Teilchen, z. B. in → Kolloiden); Ggs. → elektrophob. **elek|trophob**: nicht zur Anlagerung elektrischer Ladungen neigend (Eigenschaft kleinster Teilchen, z. B. in → Kolloiden); Ggs. → elektrophil. **Elek|trophon** *das*, -s, -e: ein elektrisches Musikinstrument. **Elek|trophor** *der*; -s, -e: Elektrizitätserzeuger; vgl. Influenzmaschine. **Elek|trophorese** *die*; -: Bewegung elektrisch geladener Teilchen in nichtleitender Flüssigkeit unter dem Einfluß elektrischer Spannung. **elek|trophoretisch**: die Elektrophorese betreffend. **elektropolieren**: Metallteile bei gleichzeitiger Oberflächenaktivierung im → galvanischen Bad reinigen (Techn.). **Elek|tropunktur** [*gr.*; *lat.*] *die*; -, -en: Ausführung der → Akupunktur mit Hilfe einer nadelförmigen Elektrode. **Elek|trorezeptoren** *die* (Plural): Sinnesorgane, die Veränderungen in einem bestimmte Tiere (z. B. elektrische Fische) umgebenden elektrischen Feld anzeigen (Biol.). **Elek|troschock** *der*; -s, -s: durch elektrische Stromstöße erzeugter künstlicher Schock zur Behandlung gewisser Gemüts- u. Geisteskrankheiten (z. B. Schizophrenie). **Elek|tro|skop** [*gr.-nlat.*] *das*; -s, -e: Gerät zum Nachweis geringer elektrischer Ladungen. **Elektrostatik** *die*; -: Wissenschaft von den unbewegten elektrischen Ladungen. **elek|trostatisch**: die Elektrostatik betreffend. **Elektro|striktion** [*...zion*] *die*; -, -en: Dehnung od. Zusammenziehung eines Körpers durch Anlegung einer elektrischen Spannung. **Elek|trotechnik** [auch: *...täch...*] *die*; -: Technik, die sich mit Erzeugung u. Anwendung der Elektrizität befaßt. **Elektrotechniker** [auch: *...täch...*] *der*; -s, -: a) Elektroingenieur; b) Facharbeiter auf dem Gebiet der Elektrotechnik. **elek|trotechnisch** [auch: *...täch...*]: die Elektrotechnik betreffend. **Elek|trotherapie** [auch: *...pi*] *die*; -: Heilbehandlung mit Hilfe elektrischer Ströme. **Elek|trothermie** *die*; -: 1. Wissenschaft von der Erwärmung mit Hilfe der Elektrizität. 2. Erwärmung mit Hilfe der Elektrizität. **elek|trothermisch**: die Elektrothermie betreffend. **Elek|trotomie** *die*; -, ...ien: Entfernung von Gewebswucherungen mit der elektrischen Schneidschlinge (Med.). **Elek|trotonus** *der*; -: veränderter Zustand eines vom elektrischen Strom durchflossenen Nervs. **Elek|trotypie** *die*; -: = Galvanoplastik
Elek|trum [*gr.-lat.*] *das*; -s: = Elektron (II, 1)
Element [*lat.*] *das*; -[e]s, -e: 1. [Grund]bestandteil, Komponente; typisches Merkmal, Wesenszug. 2. (ohne Pl.) Kraft, Faktor. 3. (Plural) Grundbegriffe, Grundgesetze, Anfangsgründe. 4. (ohne Plural) [idealer] Lebensraum; Umstände, in denen sich ein Individuum [am besten] entfalten kann. 5. a) (in der antiken u. mittelalterlichen Naturphilosophie) einer der vier Urstoffe Feuer, Wasser, Luft u. Erde; b) (meist Pl.) Naturgewalt, Naturkraft. 6. mit chemischen Mitteln nicht weiter zerlegbarer Stoff (Chemie). 7. Stromquelle, in der chemische Energie in elektrische umgewandelt wird (Elektrot.). 8. (meist Pl.) (abwertend) Person als Bestandteil einer nicht geachteten od. für schädlich angesehenen sozialen od. politischen Gruppe. 9. eines von mehreren Einzelteilen, aus denen sich etw. zusammensetzt, aus denen etw. konstruiert, aufgebaut wird; Bauteil. **elementar:** 1. a) grundlegend, wesentlich; b) selbst einem Anfänger, einem Unerfahrenen bekannt, geläufig [u. daher einfach, primitiv]. 2. naturhaft[-ungebändigt], ungestüm. 3. als reines Element vorhanden (z. B. -er Schwefel; Chem.). **Elementaranalyse** *die*; -, -n: mengenmäßige Bestimmung der Elemente von organischen Substanzen. **Elementargedanke** *der*; -ns, -n: Begriff der

Völkerkunde für gleichartige Grundvorstellungen im Glauben u. Brauch verschiedener Völker ohne gegenseitige Beeinflussung (nach A. Bastian, † 1905). **Elementargeister** *die* (Plural): die in den vier Elementen (Erde, Wasser, Luft, Feuer) nach Meinung des Volksglaubens vorkommenden Geister. **elementarisch:** naturhaft; vgl. -isch/-. **Elementarladung** *die*; -, -en: kleinste nachweisbare elektrische Ladung; Zeichen: *e*. **Elementarmagnet** *der*; -[e]s u. -en, -e[n]: → hypothetisch angenommener kleiner Magnet mit konstantem magnetischem Moment als Baustein magnetischer Stoffe. **Elementarmathematik** *die*; -: unterste Stufe der Mathematik. **Elementarquantum** *das*; -s: kleinste quantenhaft auftretende Wirkung; Zeichen: *h*. **Elementarteilchen** *das*; -s, -: Sammelbezeichnung für alle Sorten von kleinsten nachweisbaren geladenen u. ungeladenen Teilchen, aus denen Atome aufgebaut sind. **Elementarunterricht** *der*; -[e]s: a) Anfangs-, Einführungsunterricht; b) Grundschulunterricht (Päd.). **Elementenpaar** *das*; -[e]s, -e: zwei sich gegeneinander bewegende Teile eines mechanischen Getriebes, die miteinander verbunden sind

Elemi [*arab.-span.*] *das*; -s: Harz einer bestimmten Gruppe tropischer Bäume

Elenchus [*gr.-lat.*] *der*; -, ...chi od. ...chen: Gegenbeweis, Widerlegung (Philos.). **Elenktik** *die*; -: Kunst des Beweisens, Widerlegens, Überführens (Philos.)

Elephantiasis vgl. Elefantiasis

Eleudron [Kunstw.] *das*; -s: ein → Sulfonamid

Eleusinien [*...iᵉn*; *gr.-lat.*; nach dem altgriech. Ort Eleusis bei Athen] *die* (Plural): altgriech. Fest mit → Prozession zu Ehren der griech. Fruchtbarkeitsgöttin Demeter. **eleusinisch**: aus Eleusis stammend; Eleusinische Mysterien: nur Eingeweihten zugängliche kultische Feiern zu Ehren der griech. Fruchtbarkeitsgöttin Demeter

Eleutheronomie [*gr.-nlat.*] *die*; -: das Freiheitsprinzip der inneren Gesetzgebung (Kant)

Elevation [*...wazion*; *lat.*; „Aufheben, Hebung"] *die*; -, -en: 1. Erhöhung, Erhebung. 2. Höhe eines Gestirns über dem Horizont. 3. das Emporheben der Hostie u. des Kelches [vor der Wandlung] in der Messe. 4. [physikalisch unerklärbare] Anhebung eines Gegenstandes in Abhängigkeit von einem Medium (Parapsychol.). **Elevationswinkel** *der*; -s, -: Erhöhungswinkel (Math.; Ballistik). **Elevator** [*lat.-nlat.*] *der*; -s, ...oren: Fördereinrichtung, die Güter weiterbefördert (z. B. Getreide, Sand, Schotter). **Eleve** [*...wᵉ*; *lat.-vulgärlat.-fr.*; „Schüler"] *der*; -n, -n: jmd., der sich als Anfänger in der praktischen Ausbildungszeit, z. B. am Theater od. als Forst-, Landwirt, befindet.

elidieren [*lat.*]: a) eine → Elision vornehmen; b) etwas streichen, tilgen

Elimination [*...zion*; *lat.*] *die*; -, -en: 1. Ausschaltung, Beseitigung, Entfernung. 2. rechnerische Beseitigung einer unbekannten Größe, die in mehreren Gleichungen vorkommt (Math.). 3. das Verlorengehen bestimmter Erbmerkmale im Laufe der stammesgeschichtlichen Entwicklung (Biol.). **eliminieren:** a) aus einem größeren Komplex herauslösen u. auf diese Weise beseitigen, unwirksam werden lassen; b) etwas aus einem größeren Komplex herauslösen, um es isoliert zu behandeln

elisabethanisch: aus dem Zeitalter Elisabeths I. von England stammend, sich darauf beziehend

Elision [*lat.*] *die*; -, -en: 1. Ausstoßung eines unbetonten Vokals im Inneren eines Wortes (z. B. Wand[e]rung; Sprachw.). 2. Ausstoßung eines Vokals am Ende eines Wortes vor einem folgenden mit Vokal beginnenden Wort (z. B. Freud[e] und Leid, sagt[e] er; Sprachw.).

elitär [französierende Ableitung von Elite]: a) einer Elite angehörend, auserlesen; b) auf die [vermeintliche] Zugehörigkeit zu einer Elite begründet [u. daher dünkelhaft-eingebildet]. **Elite** [österr. auch: *...lit*; *lat.-vulgärlat.-fr.*] *die*; -, -n: 1. a) Auslese der Besten; b) Führungsschicht. 2. (ohne Plural) genormte Schriftgröße bei Schreibmaschinen (früher Perlschrift). **Elitisierung** *die*; -, -en: a) Aufwertung als zur Elite gehörend; b) Entwicklung, die dahin geht, daß etwas nur von einer Elite getragen wird

Elixier [*gr.-arab.-mlat.*] *das*; -s, -e: Heiltrank; Zaubertrank; Verjüngungsmittel (Lebenselixier)

elizitieren [*lat.-engl.*]: jmdm. etwas entlocken, jmdn. zu einer Äußerung bewegen

eljen! [*ung.*]: er lebe hoch!

...ell/...al vgl. ...al/...ell

Ellipse [*gr.-lat.*] *die*; -, -n: 1. Kegelschnitt; geometrischer Ort aller Punkte, die von zwei festen Punkten, den Brennpunkten, die gleiche Summe der Abstände haben (Math.). 2. a) Ersparung, Auslassung von Redeteilen, die für das Verständnis entbehrlich sind, z. B. der [Täter] oder die Täter sollen sich melden; Karl fährt nach Italien, Wilhelm [fährt] an die Nordsee; b) Auslassungssatz; Satz, in dem Redeteile erspart sind, z. B. keine Zeit (= ich habe keine Zeit)! **ellipsoid** [*gr.-nlat.*]: ellipsenähnlich. **Ellipsoid** *das*; -s, -e: Körper, der von einer Ebene in Form einer Ellipse geschnitten wird; geschlossene Fläche zweiter Ordnung (bzw. der von ihr umschlossene Körper), deren ebene Schnittflächen Ellipsen sind, im Grenzfall Kreise. **elliptisch** [*gr.-nlat.*]: 1. in der Form einer Ellipse (1) (Math.); -e Geometrie: → nichteuklidische Geometrie. 2. die Ellipse (2) betreffend, unvollständig (Sprachw.). **Elliptizität** [*gr.-nlat.*] *die*; -: Abplattung, Unterschied zwischen dem Äquatordurchmesser u. dem Poldurchmesser eines Planeten

Eloah [*semit.*] *der*; -[s], Elohim: alttest. Bezeichnung für: Gottheit, Gott; vgl. Elohim

Elodea u. Helodea [*gr.-nlat.*] *die*; -: Wasserpest (Froschbißgewächs)

Eloge [*elosehᵉ*; *gr.-(m)lat.-fr.*] *die*; -, -n: an einen anderen gerichtete Äußerung, mit der jmd. in betonter [überschwenglicher] Weise Lob u. Anerkennung zum Ausdruck bringt; Lobeserhebung. **Elogium** [*gr.-lat.*] *das*; -s, ...ia: 1. in der römischen Antike Inschrift auf Grabsteinen, Statuen u. a. 2. Lobrede

Elohim [*semit.*] *der*; -s, -: 1. (ohne Plural) alttest. Bezeichnung für: → Jahwe. 2. (nur Plural): alttest. Bezeichnung für: Heidengötter. **Elohist** [*hebr.-nlat.*] *der*; -en: eine der Quellenschriften des → Pentateuchs (nach ihrem Gebrauch von Elohim für: Gott); vgl. Jahwist

Elongation [*...zion*; *lat.-nlat.*] *die*; -, -en: 1. Winkel zwischen Sonne u. Planet. 2. der Betrag, um den ein Körper aus einer stabilen Gleichgewichtslage entfernt wird (z. B. bei Schwingung um diese Lage)

eloquent [*lat.*]: beredsam, beredt. **Eloquenz** *die*; -: Beredsamkeit

Eloxal Ⓦᶻ [Kurzw. aus: *el*ektrisch *ox*ydiertes *Al*uminium] *das*; -s: Schutzschicht aus Aluminiumoxyd. **eloxieren**: mit Eloxal überziehen

Eluat [*lat.-nlat.*] *das*; -[e]s, -e: durch Elution herausgelöster Stoff. **eluieren** [*lat.*; „auswaschen, ausspülen"]: einen Stoff von einem → Adsorbens ablösen (Chem.)

Eluku|bration [*...zion*; *lat.-nlat.*] *die*; -, -en: (veraltet) a) wissenschaftliche Nachtarbeit; b) gelehrte, in der Nacht bei Lampenlicht geschaffene Arbeit

Elution [*...zion*; *lat.*] *die*; -, -en: das Herauslösen von adsorbierten Stoffen (vgl. adsorbieren) aus festen Adsorptionsmitteln (Chem.)

Eluvialhorizont [*...wi...*; *lat.-nlat.*; *gr.-lat.*] *der*; -[e]s: Verwitterungsboden, der sich unmittelbar aus dem darunter noch zutage liegenden Gestein entwickelt hat; Oberboden, oberste Schicht; Auslaugungshorizont (vgl. Horizont 3) eines Bodenprofils (Geol.). **Eluvium** [*lat.-nlat.*] *das*; -s: = Eluvialhorizont

elysäisch [*gr.-nlat.*] u. elysisch [*gr.-lat.*]: paradiesisch, himmlisch. **Elysee** [*...li...*; *gr.-lat.-fr.*] *das*; -s: Kurzform von Elysee-Palast. **Elysee-Palast** *der*; -[e]s: Sitz des Präsidenten der Franz. Republik

elysieren [Kunstw. aus: → *E*lektro*lys*e u. der Verbalendung *-ieren*]: Hartmetalle elektrolytisch schleifen (Techn.)

elysisch vgl. elysäisch. **Elysium** [*gr.-lat.*] *das*; -s: in der griech. Sage das Land der Seligen in der Unterwelt

Ely|tron [*gr.-nlat.*] *das*; -s, ...tren (meist Plural): zur Schutzdecke umgewandelter Vorderflügel der Käfer, Wanzen, Grillen u. a.

Elzevir [*älsᵉwir*; Name einer holländ. Buchdruckerfamilie des 17. Jh.s] *die*; -: eine Antiquadruckschrift. **Elzeviriana** [*nlat.*] *die* (Plural): von der holländ. Buchdruckerfamilie Elzevir herausgegebene röm. u. griech. Klassikerausgaben im Duodezformat; vgl. Duodez

Email [*emaj*; *germ.-fr.*] *das*; -s, -s: glasharter, korrosions- u. temperaturwechselbeständiger Schmelzüberzug als Schutz auf metallischen Oberflächen od. als Verzierung. **Email brun** [*- bröng*] *das*; - -: Firnisbrand, eine im 12. u. 13. Jh. geübte Technik, Kupfer teilweise zu vergolden. **Emaille** [*emaljᵉ* u. *emaj*] *die*; -, -n [*...ᵉn*]: = Email. **Emailleur** [*...aljör* u. *...ajör*] *der*; -s, -e: Emaillierer; jmd., der Schmuck, Industriewaren usw. mit Emailglasurfarben überzieht. **emaillieren** [*...aljirᵉn*, *...ajirᵉn*]: mit Email überziehen. **Emailmalerei** *die*; -, -en: das Malen mit farbigem Glas, das als flüssige Masse auf Metall, zuweilen auch auf Glas od. Ton, aufgetragen u. eingebrannt wird

Eman [*lat.*] *das*; -s, -[s] (aber: 5 Eman): Maßeinheit für den radioaktiven Gehalt, bes. im Quellwasser (1 Eman = 10^{-10} Curie/Liter = $^1/_{3,64}$ Mache). **Emanation** [*...zion*; *lat.*; „Ausfluß"] *die*; -, -en: 1. das Hervorgehen aller Dinge aus dem unveränderlichen, vollkommenen, göttlichen Einen (bes. in der neuplatonischen u. gnostischen Lehre). 2. Ausstrahlung psychischer Energie (Psychol.). 3. (veraltet) Bezeichnung für das chem. Element → Radon; Zeichen: Em. **Emanatismus** [*lat.-nlat.*] *der*; -: ein durch die Idee der Emanation (1) bestimmtes Denken der spätgriech. Philosophen. **emanieren** [*lat.*]: ausströmen; durch natürliche od. künstliche Radioaktivität Strahlen aussenden. **Emanometer** [*lat.*; *gr.*] *das*; -s, -: Gerät zum Messen des Radongehaltes der Luft (Meteor.)

Emanze *die*; -, -n: (iron.) [junge] Frau, die sich bewußt emanzipiert gibt u. sich aktiv für die Emanzipation (2) einsetzt. **Emanzipation** [*...zion*; *lat.*; „Freilassung"] *die*; -, -en: 1. Befreiung aus einem Zustand der Abhängigkeit, Verselbständigung. 2. rechtliche u. gesellschaftliche Gleichstellung [der Frau mit dem Mann]. **emanzipativ**: die Emanzipation betreffend. **emanzipatorisch** [*lat.-nlat.*]: auf Emanzipation (1, 2) gerichtet; vgl. ...iv/...ovisch. **emanzipieren** [*lat.*]: a) (selten) jmdn. aus einer bestehenden Abhängigkeit lösen, selbständig, unabhängig machen; b) sich -: sich aus einer bestehenden, die eigene Entfaltung hemmenden Abhängigkeit lösen, sich selbständig, unabhängig machen. **emanzipiert**: a) die traditionelle Rolle [der Frau] nicht akzeptierend, Gleichberechtigung anstrebend, selbständig, frei, unabhängig; b) (veraltend, abwertend) betont vorurteilsfrei, selbständig und daher nicht in herkömmlicher Weise fraulich, sondern männlich wirkend (in bezug auf Frauen), z. B. sie ist sehr -

Emaskulation [*...zion*; *lat.-nlat.*; „Entmannung"] *die*; -, -en: 1. a) operative Entfernung von Penis u. Hoden; b) Entfernung der Keimdrüsen; vgl. Kastration. 2. a) Verweichlichung; b) Verwässerung; vgl. ...[at]ion/...ierung. **Emaskulator** *der*; -s, ...oren: Gerät zum Kastrieren von Hengsten. **emaskulieren**: 1. entmannen. 2. verweichlichen. **Emaskulierung** *die*; -, -en: = Emaskulation; vgl. ...[at]ion/...ierung

Emballage [*angbalaschᵉ*; *germ.-fr.*] *die*; -, -n: Umhüllung od. Verpackung einer Ware. **emballieren**: [ver]packen, einpacken

Embargo [*galloroman.-span.*] *das*; -s, -s: 1. Beschlagnahme od. das Zurückhalten fremden Eigentums (meist von Schiffen od. Schiffsladungen) durch einen Staat. 2. staatliches Waren- u. Kapitalausfuhrverbot, Auflage- u. Emissionsverbot für ausländische Kapitalanleihen. **Embarras** [*angbara*; *galloroman.-fr.*] *der* od. *das*; -, -: (veraltet) Verlegenheit, Verwirrung, Hindernis. **embarassieren**: (veraltet) 1. hindern. 2. in Verlegenheit, Verwirrung setzen

Embaterien [*...iᵉn*; *gr.*] *die* (Plural): Marschlieder der spartanischen Soldaten

embetieren [*ang...*; *lat.-fr.*]: (veraltet) dumm machen, langweilen

Em|blem [bei franz. Aussprache: *angblem*; *gr.-lat.-fr.*] *das*; -s, -e (bei dt. Aussprache auch: -ata): 1. Kennzeichen, Hoheitszeichen [eines Staates]. 2. Sinnbild (z. B. Schlüssel u. Schloß für Schlosserhandwerk, Ölzweig für Frieden). **Em|blematik** *die*; -: Forschungsrichtung, die sich mit der Herkunft u. Bedeutung von Emblemen (2) befaßt. **em|blematisch**: sinnbildlich

Emboli: *Plural* von → Embolus. **Embolie** [*gr.-nlat.*] *die*; -, ...ien: Verstopfung eines Blutgefäßes durch in die Blutbahn geratene körpereigene oder körperfremde Substanzen (Embolus; Med.). **emboliform** [*gr.*; *lat.*]: pfropfenförmig, -artig. **Embolus** [*gr.-lat.*] *der*; -, ...li: Gefäßpfropf; in der Blutbahn befindlicher Fremdkörper (z.B. Blutgerinnsel, Fetttropfen, Luftblase; Med.)

Embonpoint [*angbongpoäng*; *fr.*] *das* od. *der*; -s: a) Wohlbeleibtheit, Körperfülle; b) (scherzh.) dicker Bauch

Embouchure [*angbuschürᵉ*; *fr.*] *die*; -, -n: a) Mundstück von Blasinstrumenten; b) Mundstellung, Ansatz beim Blasen eines Blasinstruments (Mus.)

em|brassieren [*angbra...*; *lat.-fr.*]: (veraltet) umarmen, küssen

Embros [*roman.*] *das*; -: Lammfell aus Italien od. Spanien

em|brouillieren [*angbrujiren*; *fr.*]: (veraltet) verwirren

Em|bryo [*gr.-lat.*] *der*, (österr. auch: *das*) -s, ...onen u. -s: 1. im Anfangsstadium der Entwicklung befindlicher Keim; in der Keimesentwicklung befindlicher Organismus, beim Menschen die Leibesfrucht von der vierten Schwangerschaftswoche bis zum Ende des vierten Schwangerschaftsmonats (oft auch gleichbedeutend mit → Fetus gebraucht). 2. Teil des Samens der Samenpflanzen, der aus Keimachse, Keimwurzel u. Keimblättern besteht (Bot.). **Embryogenese** u. **Em|bryogenie** [*gr.-nlat.*] *die*; -: Keimesentwicklung, Entstehung und Entwicklung des Embryos (Med.). **Em|bryologie** *die*; -: Lehre u. Wissenschaft von der vorgeburtlichen Entwicklung der Lebewesen (Med.). **embryonal** u. **em|bryonisch**: a) zum Keimling gehörend; im Keimlingszustand, unentwickelt; b) unreif; c) ungeboren. **Embryopathie** *die*; -: Krankheiten und Defekte, die für den Embryo charakteristisch sind; durch Erkrankung der Mutter in den ersten Schwangerschaftsmonaten eingetretene Schädigung des Keimlings u. daraus entstandene Organmißbildung. **Em|bryosack** *der*; -s, ...säcke: innerer Teil der Samenanlage einer Blüte (Biol.). **Em|bryotomie** *die*; -: operative Zerstückelung des Kindes während der Geburt bei unüberwindlichen Geburtshindernissen

Emendation [*...zion*; *lat.*] *die*; -, -en Verbesserung, Berichtigung (bes. von Texten). **emendieren**: verbessern, berichtigen

Emergenz [*lat.-mlat.* (*-engl.*)]: *die*; -, -en: 1. (ohne Plural) Begriff der neueren engl. Philosophie, wonach höhere Seinsstufen durch neu auftauchende Qualitäten aus niederen entstehen. 2. Auswuchs einer Pflanze, an dessen Aufbau nicht nur die → Epidermis, sondern auch tieferliegende Gewebe beteiligt sind (z. B. Stachel der Rose). **emergieren** [*lat.*]: (veraltet) auftauchen, emporkommen, sich hervortun

Emerit [*lat.*; „Ausgedienter"] *der*; -en, -en: im Alter dienstunfähig gewordener Geistlicher (im kath. Kirchenrecht). **emeritieren** [*lat.-nlat.*]: jmdn. in den Ruhestand versetzen, entpflichten (z. B. einen Professor). **emeritiert**: in den Ruhestand versetzt (in bezug auf Hochschullehrer). **Emeritierung** *die*; -, -en: Entbindung eines Hochschullehrers von der Verpflichtung, Vorlesungen abzuhalten entsprechend der Versetzung in den Ruhestand bei anderen Beamten. **emeritus** [*lat.*]: (in Verbindung mit dem davorstehenden Titel) von seiner Lehrtätigkeit entbunden. **Emeritus** *der*; -, ...ti: im Ruhestand befindlicher, entpflichteter Hochschullehrer; Abk.: em.

emers [*lat.*]: über der Wasseroberfläche lebend (z. B. in bezug auf Organe einer Wasserpflanze, die über das Wasser hinausragen); Ggs. → submers. **Emersion** [*lat.-nlat.*] *die*; -, -en: 1. Heraustreten eines Mondes aus dem Schatten seines Planeten. 2. durch → Epirogenese verursachtes Aufsteigen des Landes bei Rückzug des Meeres

Emesis [*gr.*] *die*; -: Erbrechen; vgl. Vomitus. **Emetikum** [*gr.-lat.*] *das*; -s, ...ka: Brechmittel. **emetisch**: Brechreiz erregend

Emeute [*emöt*; *lat.-fr.*] *die*; -, -n [*...ten*]: (veraltet) Aufstand, Meuterei, Aufruhr

Emi|grant [*lat.*] *der*; -en, -en: Auswanderer; jmd., der [aus politischen, wirtschaftlichen oder religiösen Gründen] sein Heimatland verläßt; Ggs. → Immigrant. **Emi|gration** [*...zion*] *die*; -, -en: 1. Auswanderung (bes. aus politischen, wirtschaftlichen od. religiösen Gründen); Ggs. → Immigration. 2. = Diapedese. **emigrieren**: [aus politischen, wirtschaftlichen od. religiösen Gründen] auswandern; Ggs. → immigrieren

eminent [*lat.-fr.*]: außerordentlich, äußerst [groß] (bes. in bezug auf eine als positiv empfundene Qualität, Eigenschaft, die in hohem Maße vorhanden ist). **Eminenz** [*lat.*] *die*; -, -en: Hoheit (Titel der Kardinäle); g r a u e -: nach außen kaum in Erscheinung tretende, aber einflußreiche [politische] Persönlichkeit

Emir [auch: *...ir*; *arab.*] *der*; -s, -e: Befehlshaber, Fürst, Gebieter (bes. in islamischen Ländern). **Emirat** [*arab.-nlat.*] *das*; -[e]s, -e: orientalisches Fürstentum

emisch [*engl.*]: bedeutungsunterscheidend, distinktiv (Sprachw.); Ggs. → etisch

Emissär [*lat.-fr.*] *der*; -s, -e: Abgesandter mit einem bestimmten Auftrag. **Emission** [*lat.*(*-fr.*)] *die*; -, -en: 1. Ausgabe von Wertpapieren (Bankwesen). 2. Aussendung von elektromagnetischen Teilchen oder Wellen (Phys.). 3. Entleerung (z. B. der Harnblase; Med.). 4. das Ausströmen luftverunreinigender Stoffe in die Außenluft; Luftverunreinigung; vgl. Immission. 5. (schweiz.) Rundfunksendung. **Emissionskataster** *der* od. *das*; -s, -: Bestandsaufnahme der Luftverschmutzung in einem Gebiet. **Emissionsspek|trum** *das*; -s, ...spektren u. ...spektra: Spektrum eines Atoms od. Moleküls, das durch Anregung zur Ausstrahlung gebracht wird. **Emissionsstopp** *der*; -s, -s: Ausgabestopp von Aktien u. Wertpapieren (Wirtsch.). **Emissionstheorie** *die*; -: Theorie, nach der das Licht nicht eine Wellenbewegung ist, sondern aus ausgesandten Teilchen besteht. **Emi|tron** [*lat.*; *gr.*] *das*; -s, ...one (auch: -s): Teil des Fernsehaufnahmegerätes. **Emittent** [*lat.*] *der*; -en, -en: jmd., der Wertpapiere ausstellt und ausgibt (Bank). **Emitter** [*lat.-engl.*] *der*; -s, -: Emissionselektrode eines → Transistors. **emittieren** [*lat.* (*-fr.*)]: 1. ausgeben, in Umlauf setzen (von Wertpapieren). 2. aussenden (z. B. Elektronen; Phys.). 3. Luftverunreinigungen durch Abgase verursachen

Emmen|agogum [*gr.-nlat.*] *das*; -s, ...ga (meist Plural): den Eintritt der Monatsregel förderndes Mittel (Med.)

Emme|tropie [*gr.-nlat.*] *die*; -: Normalsichtigkeit (Med.)

Emolliens [*...iänß*; *lat.*] *das*; -, ...ienzien [*...ien*] u. ...ientia [*...zia*]: Arzneimittel, das die Haut weich u. geschmeidig macht (z. B. Leinsamenumschlag)

Emolument [*lat.*] *das*; -s, -e: (veraltet) 1. Nutzen, Vorteil. 2. Nebeneinnahme

Emotion [*...zion*; *lat.*] *die*; -, -en: Gemütsbewegung, seelische Erregung, Gefühlszustand; vgl. Affekt. **emotional** u. emotionell [*lat.-nlat.*]: mit Emotionen verbunden; aus einer Emotion, einer inneren Erregung erfolgend; gefühlsmäßig; vgl. affektiv; vgl. ...al/...ell. **Emotionale** *das*; -n: das dem Gefühl Zugehörende, das Gefühlsmäßige. **emotionalisieren**: Emotionen wecken, Emotionen einbauen (z. B. in ein Theaterstück). **Emotionalismus** *der*; -: Auffassung, nach der alle seelischen u. geistigen Tätigkeiten durch → Affekt u. Gefühl bestimmt sind (Vorherrschaft des Emotionalen vor dem Rationalen). **Emotionalität** *die*; -: inneres, gefühlsmäßiges Beteiligtsein an etwas; vgl. Affektivität. **emotionell** vgl. emotional; ...al/...ell. **emotiv** [*lat.-engl.*] vgl. emotional. **Emotivität** *die*; -, -en: erhöhte Gemütserregbarkeit (Psychol.)

Empathie [*gr.-engl.*] *die*; -: Bereitschaft u. Fähigkeit, sich in die Einstellung anderer Menschen einzufühlen (Psychol.)

Emphase [*gr.-lat.*] *die*; -, -n: Nachdruck, Eindringlichkeit [im Reden]. **emphatisch**: mit Nachdruck, stark, eindringlich (Rhet., Sprachw.)

Emphysem [*gr.*; „das Eingeblasene, die Aufblähung"] *das*; -s, -e: Luftansammlung im Gewebe; Aufblähung von Organen od. Körperteilen, bes. bei einem vermehrten Luftgehalt in den Lungen (Med.). **emphysematisch** [*gr.-nlat.*]: durch eingedrungene Luft aufgebläht (Med.)

Emphyteuse [*gr.-lat.*] *die*; -, -n: spätrömischer, der dt. Erbpacht ähnlicher Rechtsbegriff

Empire

I. [*angpir*; *lat.-fr.*] *das*; -[s]: a) (hist.) franz. Kaiserreich unter Napoleon I. (Premier -, 1804-1815) u. unter Napoleon III. (Second -, 1852–1870); b) Stil[epoche] zur Zeit Napoleons I. u. der folgenden Jahre (etwa 1809–1830)

II. [*ämpaiᵉr*; *lat.-fr.-engl.*] *das*; -[s]: das brit. Weltreich

Empirem [*gr.-nlat.*] *das*; -s, -e: Erfahrungstatsache. **Empirie** [*gr.*] *die*; -: [wissenschaftliche] Erfahrung im Unterschied zur → Theorie, Erfahrungswissen. **Empiriker** [*gr.-lat.*] *der*; -s, -: jmd., der auf Grund von Erfahrung denkt u. handelt; jmd., der die Empirie als einzige Erkenntnisquelle gelten läßt. **Empiriokritizismus** [*gr.-nlat.*] *der*; -: (die von R. Avenarius begründete) erfahrungskritische Erkenntnistheorie, die sich unter Ablehnung der Metaphysik allein auf die kritische Erfahrung beruft. **Empirio|kritizist** *der*; -en, -en: Vertreter der Lehre des Empiriokritizismus. **empirisch** [*gr.-lat.*]: erfahrungsgemäß; aus der Erfahrung, Beobachtung [erwachsen]; dem Experiment entnommen. **Empirismus** [*gr.-nlat.*] *der*; -: philos. Lehre, die als einzige Erkenntnisquelle die Sinneserfahrung, die Beobachtung, das Experiment gelten läßt. **Empirist** *der*; -en, -en: Vertreter der Lehre des Empirismus. **empiristisch**: den Grundsätzen des Empirismus entsprechend

Em|placement [*angplaßmang*; *fr.*] *das*; -s, -s: Aufstellung; [Geschütz]stand (Mil.)

Em|plastrum [*gr.-lat.*] *das*; -[s], ...stra: medizin. Pflaster

Em|ployé [*angploaje*; *lat.-vulgärlat.-fr.*] *der*; -s, -s: (veraltet) Angestellter, Gehilfe. **em|ployieren** [*...jirᵉn*]: (veraltet) anwenden

Emporium [*gr.-lat.*] *das*; -s, ...ien [*...iᵉn*]: (in der Antike) zentraler Handelsplatz, Markt

Em|pressement [*angpräßᵉmang*; *lat.-fr.*] *das*; -s: Eifer, Bereitwilligkeit, Diensteifer

Empyem [*gr.*] *das*; -s, -e: Eiteransammlung in natürlichen Körperhöhlen (Med.)

empyreisch [*gr.-nlat.*]: zum Empyreum gehörend; lichtstrahlend, himmlisch. **Empyreum** *das*; -s: im Weltbild der antiken u. scholastischen Philosophie der oberste Himmel, der sich über der Erde wölbt, der Bereich des Feuers od. des Lichtes, die Wohnung der Seligen. **empyreumatisch**: durch Verkohlung entstanden

Emu [*port.*] *der*; -s, -s: in Australien beheimateter großer straußähnlicher Laufvogel

Emulation [*...zion*; *lat.-engl.*] *die*; -: 1. Wetteifer. 2. Eifersucht, Neid

Emulgator [*lat.-nlat.*] *der*; -s, ...toren: Mittel (z. B. → Gummiarabikum), das die Bildung einer → Emulsion (1) erleichtert. **emulgieren** [*lat.*]: a) eine Emulsion herstellen; b) einen [unlöslichen] Stoff in einer Flüssigkeit verteilen. **Emulsin** [*lat.-nlat.*] *das*; -s: ein in bitteren Mandeln enthaltenes → Ferment. **Emulsion** *die*; -, -en: 1. → kolloide Verteilung zweier nicht miteinander mischbarer Flüssigkeiten (z. B. Öl in Wasser). 2. lichtempfindliche Schicht fotografischer Platten, Filme u. Papiere

Emundantia [*...zia*; *lat.*] *die* (Plural): äußerlich anzuwendende Reinigungsmittel (Med.)

Enakiter u. **Enakskinder** u. **Enakssöhne** [nach dem riesengestaltigen Volk in Kanaan, 5. Mose 1, 28 u. öfter] *die* (Plural): riesenhafte Menschen

En|allage [auch: *en-alage*; *gr.-lat.*] *die*; -: Setzung eines beifügenden Adjektivs vor ein anderes Substantiv, als zu dem es logisch gehört (z. B. mit einem blauen Lächeln seiner Augen, statt: mit einem Lächeln seiner blauen Augen; Sprachw.)

En|anthem [*gr.-nlat.*] *das*; -s, -e: dem → Exanthem der Haut entsprechender Schleimhautausschlag (Med.)

en|antio|trop [*gr.-nlat.*]: zur Enantiotropie fähig. **En|antio|tropie** *die*; -: wechselseitige Überführbarkeit eines Stoffes von einer Zustandsform in eine andere (z. B. von → rhombischem zu → monoklinem (1) Schwefel), eine Form der → Allotropie

En|ar|thron [*gr.-nlat.*] *das*; -s, ...thren: Fremdkörperchen im Gelenk (Med.). **En|ar|throse** *die*; -, -n: Nußgelenk (eine Form des Kugelgelenks, bei der die Gelenkpfanne mehr als die Hälfte des Gelenkkopfes umschließt, z. B. Hüftgelenk; Med.)

Enation [*...zion*; *lat.-nlat.*] *die*; -, -en: Bildung von Auswüchsen auf der Oberfläche pflanzlicher Organe (Bot.)

en avant! [*angnawang*; *lat.-fr.*]: vorwärts!

en bloc [*ang blok*; *fr.*]: im ganzen, in Bausch u. Bogen

en cabochon [*ang kaboschong*; *fr.*]: glattgeschliffen mit gewölbter Oberseite u. flacherer Unterseite (von Edelsteinen); vgl. Cabochon

en canaille [*ang kanaj*; *fr.*]: verächtlich, wegwerfend. **encanaillieren** [*angkanajirᵉn*], sich: (abwertend) sich mit Menschen der unteren sozialen Schicht abgeben, sich zu ihnen hinunterbegeben

en carrière [*ang kariär*; *fr.*]: in vollem Laufe

Enceinte [*angßängt*; *lat.-fr.*] *die*; -, -n [*...tᵉn*]: (hist.) Umwallung, Außenwerk einer Festung (Mil.)

Encephalitis [*...ze...*] vgl. Enzephalitis. **Encephalon** [*...zefa...*; *gr.-nlat.*] *das*; -s, ...la: = Cerebrum

enchantiert [*angschangt...*; *lat.-fr.*]: (veraltet) bezaubert, entzückt

enchassieren [*angscha...*; *lat.-fr.*]: (veraltet) einen Edelstein einfassen. **Enchassure** [*...ßürᵉ*] *die*; -, -n: (veraltet) Einfassung von Edelsteinen

Encheirese [*gr.*] *die*; -, -n: Handgriff; Operation (Med.). **Encheiresis naturae** [*- ...rä*; *gr.*; *lat.*] *die*; - -: Handhabung, Bezwingung der Natur (Goethes „Faust"). **Enchiridion** [*gr.-lat.*] *das*; -s, ...ien [*...iᵉn*]: (veraltet) kurzgefaßtes Handbuch

enchon|dral u. endochon|dral [*gr.-nlat.*]: im Knorpel liegend (Med.). **Enchon|drom** *das*; -s, -e: Knorpelgeschwulst (Med.)

Encoder [*inkoᵘdᵉr*; *lat.-fr.-engl.*] *der*; -s, -: Einrichtung zum Verschlüsseln von Daten usw.; [Daten]verschlüsseler in einem → Computer; Ggs. → Decoder. **en-**

codieren vgl. enkodieren. **Encodierung** vgl. Enkodierung. **Encoding** [*inkoᵘding*; *engl.*] *das*; -[s], -s: Verschlüsselung einer Nachricht (Techn.; Kommunikationsforschung); Ggs. → Decoding

Encounter [*inkaunt*ᵉ*r*; *roman.-fr.-engl.*] *das* od. *der*: 1. Begegnung, Zusammenstoß. 2. Gruppentraining zur Steigerung der → Sensitivität (Sensitivitätstraining), bei dem die spontane Äußerung von → Aggressionen, → Sympathien u. → Antipathien eine besondere Rolle spielt (Psychol.)

encouragieren [*angkuraschir*ᵉ*n*; *lat.-fr.*]: ermutigen, anfeuern

En|crinus [*gr.-nlat.*] *der*; -, ...ni: ausgestorbene Gattung der Seelilien

End|aortitis [*gr.-nlat.*] *die*; -, ...itiden: Entzündung der inneren Gefäßwandschicht der → Aorta (Med.)

End|arteriitis [*gr.-nlat.*] *die*; -, ...itiden: Entzündung der innersten Gefäßwandschicht der Schlagadern (Med.)

Endecasillabo [...*ka*...; *gr.-lat.-it.*] *der*; -[s], ...bi: ital. elfsilbiger Vers (des → Sonetts, der → Stanze u. der → Terzine); vgl. Hendekasyllabus

Endecha [*ändätscha*; *lat.-span.*] *die*; -, -s: span. Strophenform, bes. in Klageliedern u. Trauergedichten

Endemie [*gr.-nlat.*] *die*; -, ...ien: örtlich begrenztes Auftreten einer Infektionskrankheit (z. B. der Malaria in [sub]tropischen Sumpfgebieten; Med.); vgl. Epidemie. **endemisch**: a) [ein]heimisch; b) örtlich begrenzt auftretend (von Infektionskrankheiten; Med.); c) in einem bestimmten Gebiet verbreitet (Biol.). **Endemismus** *der*; -: Vorkommen von Tieren u. Pflanzen in einem bestimmten begrenzten Bezirk (Biol.). **Endemiten** *die* (Plural): Pflanzen- bzw. Tiergruppe, die in einem begrenzten Lebensraum vorkommt (Biol.)

endermal [*gr.-nlat.*]: in der Haut [befindlich], in die Haut [eingeführt] (Med.)

endesmal [*gr.-nlat.*]: im Bindegewebe [vorkommend, liegend] (Med.)

en détail [*ang detaj*; *lat.-fr.*]: im kleinen, einzeln, im Einzelverkauf; Ggs. → en gros

Endivie [...*wi*ᵉ; *ägypt.-gr.-lat.-vulgärlat.-roman.*] *die*; -, -n: eine Salatpflanze (Korbblütler)

Endobiont [*gr.*] *der*; -en, -en: Partner bei der Endobiose; Ggs. → Epibiont. **Endobiose** *die*; -, -n: Gemeinschaft meist verschiedenartiger Lebewesen, von denen ein Partner im anderen lebt (z. B. Bakterien im Darm; Biol.); Ggs. → Epibiose

Endocarditis [...*kardi*...] vgl. Endokarditis. **Endocardium** [...*kar*...] *das*; -s, ...dia: = Endokard

endochondral vgl. enchondral

Endo|cranium [...*kra*...] vgl. Endokranium

Endodermis [*gr.-nlat.*] *die*; -, ...men: innerste Zellschicht der Pflanzenrinde, hauptsächlich bei Wurzeln (Bot.)

Endo|enzym [*gr.-nlat.*] *das*; -s, -e: → Enzym, das im → Protoplasma lebender Zellen entsteht u. den organischen Stoffwechsel steuert (Biol.)

Endogamie [*gr.-nlat.*] *die*; -: Heiratsordnung, nach der nur innerhalb eines bestimmten sozialen Verbandes (z. B. Stamm eines Naturvolkes, Kaste) geheiratet werden darf; Ggs. → Exogamie

endogen [*gr.*]: 1. a) im Körper selbst, im Körperinnern entstehend, von innen kommend (von Stoffen, Krankheitserregern od. Krankheiten; Med.); Ggs. → exogen (1a); b) innen entstehend (von Pflanzenteilen, die nicht aus Gewebeschichten der Oberfläche, sondern aus dem Innern entstehen u. die unbeteiligten äußeren Gewebeschichten durchstoßen; Bot.); Ggs. → exogen (1b). 2. von Kräften im Erdinneren erzeugt (Geol.); Ggs. → exogen (2)

Endokannibalismus [*gr.*; *span.-nlat.*] *der*; -: Verzehren von Angehörigen des eigenen Stammes; Ggs. → Exokannibalismus

Endokard [*gr.-nlat.*] *das*; -[e]s, -e: Herzinnenhaut (Med.). **Endokarditis** *die*; -, ...itiden: Herzinnenhautentzündung, bes. an den Herzklappen (Med.). **Endokardose** *die*; -, -n: Entartungserscheinung an der Herzinnenhaut (Med.)

Endokarp [*gr.-nlat.*] *das*; -[e]s, -e: bei Früchten die innerste Schicht der Fruchtwand (z. B. der Stein bei Pfirsichen od. Aprikosen; Bot.); Ggs. → Exokarp u. → Mesokarp

Endo|kranium u. Endo|cranium [...*kra*...; *gr.-nlat.*] *das*; -s, ...ien [...*i*ᵉ*n*]: = Dura

endo|krin [*gr.-nlat.*]: mit innerer → Sekretion verbunden (von Drüsen; Medizin); Ggs. → exokrin. **Endo|krinie** *die*; -: durch Störung der inneren → Sekretion verursachter Krankheitszustand (Med.). **Endo|krinologe** *der*; -n, -n: Wissenschaftler auf dem Gebiet der Endokrinologie. **Endokrinologie** *die*; -: Lehre von den endokrinen Drüsen (Med.)

Endolymphe [*gr.-nlat.*] *die*; -, -n: Flüssigkeit im häutigen Labyrinth des Innenohrs der Wirbeltiere u. des Menschen (Biol.; Med.)

Endolysine [*gr.-nlat.*] *die* (Plural): weißen Blutkörperchen entstammende bakterienabtötende Stoffe

Endome|triose [*gr.-nlat.*] *die*; -, -n: das Auftreten verschleppten Gebärmutterschleimhautgewebes außerhalb der Gebärmutter (Med.). **Endome|tritis** *die*; -, ...itiden: Entzündung der Gebärmutterschleimhaut (Med.). **Endometrium** *das*; -s, ...trien [...*i*ᵉ*n*]: Gebärmutterschleimhaut (Med.)

endomorph [*gr.-nlat.*]: 1. die Endomorphose betreffend, durch sie hervorgerufen (Geol.); Ggs. → exomorph. 2. die Endomorphie betreffend, → pyknisch. **Endomorphie** *die*; -: Konstitution eines bestimmten Menschentyps, der ungefähr dem → Pykniker entspricht; vgl. Ektomorphie u. Mesomorphie. **Endomorphismus** *der*; -, ...men: Abbildung einer algebraischen Struktur in sich, Sonderform des → Homomorphismus. **Endomorphose** *die*; -, -n: innere Umwandlung eines Erstarrungsgesteins unter Einfluß der Umgebung (Geol.)

Endomyces [...*müzeß*; *gr.-nlat.*] u. **Endomyzes** *die* (Plural): den Hefen nahestehende Pilzgattung (Krankheitserreger; Med.)

Endo|phlebitis [*gr.-nlat.*] *die*; -, ...itiden: Entzündung der Innenhaut einer Vene (Med.)

Endo|phyt [*gr.-nlat.*] *der*; -en, -en: in anderen Pflanzen oder Tieren wachsende Schmarotzerpflanze. **endo|phytisch**: nach innen wachsend (Med.)

Endo|plasma [*gr.-nlat.*] *das*; -s, ...men: = Entoplasma. **endoplasmatisch**: innerhalb des Zellplasmas gelegen: -es Retikulum: mit → Ribosomen besetzte Netzstruktur in einer Zelle (Biol.)

Endo|prothese [*gr.*] *die*; -, -n: aus Kunststoff, Metall o. ä. gefertigtes Ersatzstück, das im → Organismus den geschädigten Körperteil ganz od. teilweise ersetzt (Med.)

End|orphin [Kunstw. aus *Endo-* u. *Morphin*] *das*; -s, -e: körpereigener Eiweißstoff (Hormon), der schmerzstillend wirkt

Endo|skelett *das*; -[e]s, -e: knorpeliges oder aus Knochen bestehendes Innenskelett der Wirbeltiere (Biol.); Ggs. → Ektoskelett

Endo|skop [*gr.-nlat.*]
I. *das*; -s, -e: in eine Lichtquelle eingeschlossenes optisches Instrument zur Untersuchung von Hohlorganen u. Körperhöhlen sowie zur gezielten Gewebsentnahme (Med.).
II. *der*; -en, -en: (selten) Facharzt für Endoskopie (Med.)

Endo|skopie *die*; -, ...ien: Ausleuchtung u. Ausspiegelung einer Körperhöhle mit Hilfe des Endoskops (Med.). **endo|skopisch**: a) das Endoskop betreffend; b) die Endoskopie betreffend; c) mittels Endoskop

End|osmose [*gr.-nlat.*] *die*; -, -n: = Kataphorese

endosomatisch [*gr.-nlat.*]: innerhalb des Körpers (Med.)

Endo|sperm [*gr.-nlat.*] *das*; -s, -e: Nährgewebe im Pflanzensamen (Bot.). **Endo|spore** *die*; -, -n: im Innern eines Sporenbehälters entstehende → Spore (1) (bes. bei Pilzen; Bot.)

End|ost [*gr.-nlat.*] *das*; -[e]s: faserige Haut über dem Knochenmark an der Innenfläche der Knochenhöhlen (Med.)

Endothel [*gr.-nlat.*] *das*; -s, -e: Zellschicht an der Innenfläche der Blut- u. Lymphgefäße (Med.). **Endotheliom** *das*; -s, -e: geschwulstförmige Neubildung aus Endothelzellen (Med.). **Endotheliose** *die*; -, -n: = Retikulose. **Endothelium** *das*; -s, ...ien [...*i*ᵉ*n*]: = Endothel

endotherm [*gr.-nlat.*]: wärmebindend; ...e Prozesse: Vorgänge, bei denen von außen Wärme zugeführt werden muß (Phys.; Chem.)

endothym [*gr.-nlat.*]: die Schicht des Psychischen betreffend, die das Unbewußte, die Affekte, die Gefühle umfaßt (Psychol.)

Endotoxine [*gr.-nlat.*] *die* (Plural): Bakteriengifte, die erst mit dem Zerfall der Bakterien frei werden

endo|troph [*gr.-nlat.*]: sich innen ernährend (Eigenschaft von Pilzen, deren Wurzelfäden in das Innere der Wurzelzellen höherer Pflanzen eindringen; Bot.)

endozentrisch [*gr.*]: zur gleichen Formklasse gehörend (von einer sprachlichen Konstruktion, die der gleichen Kategorie angehört wie eines ihrer konstituierenden Glieder; z. B. großes Haus – Haus; Sprachw.); Ggs. → exozentrisch

Energeia [*gr.*] *die*; -: (in der Aristotelischen Philosophie gleichbedeutend mit) Tätigkeit, Tatkraft, Bereitschaft zum Handeln; vgl. Dynamis. **Energetik** *die*; -: philosophische Lehre, die die Energie als Wesen u. Grundkraft aller Dinge erklärt (W. Ostwald). **Energetiker** *der*; -s, -: Vertreter der Lehre der Energetik. **energetisch**: die Energetik betreffend; -er Imperativ: „Verschwende keine Energie, verwerte sie!" (Grundsatz der Philosophie von W. Ostwald); -e Sprachbetrachtung: Auffassung, die Sprache nicht als einmal Geschaffenes, sondern als ständig wirkende Kraft zu betrachten (Sprachw.). **energico** [...*dsch̶iko*; *gr.-it.*]: energisch, entschlossen (Vortragsanweisung; Mus.).

Energide [*gr.-nlat.*] *die*; -, -n: die Funktionseinheit eines einzelnen Zellkerns mit dem ihn umgebenden und von ihm beeinflußten Zellplasma (Biol.). **Energie** [*gr.-lat.-fr.*] *die*; -, ...ien: 1. (ohne Plural) a) mit Nachdruck, Entschiedenheit [u. Ausdauer] eingesetzte Kraft, um etw. durchzusetzen; b) starke geistige u. körperliche Spannkraft. 2. Fähigkeit eines Stoffes, Körpers od. Systems, Arbeit zu verrichten, die sich aus Wärme, Bewegung o. ä. herleitet (Phys.). **Energiekrise** *die*; -, -n: → Krise (2) in der Versorgung mit Energie (2). **Energieprinzip** *das*; -s: Prinzip von der Erhaltung der Energie (Phys.). **Energieversorgung** *die*; -: Einrichtungen und Vorgänge, die der Erzeugung und Verteilung von Energie, bes. elektrischer Energie, dienen. **energisch**: a) starken Willen u. Durchsetzungskraft habend u. entsprechend handelnd, zupackend, tatkräftig; b) von starkem Willen und Durchsetzungskraft zeugend; c) entschlossen, nachdrücklich. **energochemisch** [*gr.*; *arab.*]: durch chemische Reaktionen erzeugt (Energie)

Enervation [...*wazion*; *lat.*] *die*; -, -en: = Enervierung; vgl. ...[at]ion/...ierung. **enervieren** [...*wi*...]: 1. jmds. Nerven überbeanspruchen, auf Nerven und seelische Kräfte zerstörerisch wirken. 2. die Verbindung zwischen Nerv und dazugehörigem Organ ausschalten (Med.). **Enervierung** *die*; -, -en: 1. Überbeanspruchung der Nerven, Belastung der seelischen Kräfte. 2. Ausschaltung der Verbindung zwischen Nerv und dazugehörendem Organ (Med.)

en face [*ang faß*; *lat.-fr.*]: von vorn [gesehen], in gerader Ansicht (bes. von Bildnisdarstellungen)

en famille [*ang famij*; *lat.-fr.*; „in der Familie"]: in engem, vertrautem Kreise

Enfant terri|ble [*angfang täribᵉl*; *lat.-fr.*; „schreckliches Kind"]: *das*; --, -s -s [*angfang teribl*]: jmd., der seine Umgebung durch unangebrachte Offenheit in Verlegenheit bringt od. sie durch sein Verhalten schockiert

enfilieren [*angfi*...; *lat.-fr.*]: 1. (veraltet) einfädeln, aneinanderreihen. 2. ein Gelände [in seiner ganzen Ausdehnung] beschießen (Mil.)

en|flammieren [*ang*...; *lat.-fr.*]: (veraltet) entflammen, begeistern, entzücken

Enfle [*angfᵉl*; *lat.-fr.*] *das*; -s, -s: franz. Kartenspiel (6 Spieler mit je 8 Blättern)

En|fleurage [*angflöraschᵉ*; *lat.-fr.*] *die*; -: Verfahren zur Gewinnung feiner Blumendüfte in der Parfümindustrie

Engagement
I. [*anggaschᵉmang*; *germ.-fr.*] *das*; -s, -s: 1. (ohne Plural) weltanschauliche Verbundenheit mit etwas; innere Bindung an etwas, Gefühl des inneren Verpflichtetsein zu etwas; persönlicher Einsatz. 2. Anstellung, Stellung, bes. eines Künstlers. 3. Aufforderung zum Tanz. 4. Verpflichtung, zur festgesetzten Zeit gekaufte Papiere abzunehmen, zu bezahlen oder die für diesen Tag verkauften zu liefern (Börsenw.).
II. [*ingeˈdschmᵉnt*; *germ.-fr.-engl.*] *das*; -s, -s: politische u./od. militärische Verpflichtung, Interessiertheit an etw. (Pol.)

engagieren: 1. jmdn. (bes. einen Künstler) unter Vertrag nehmen, für eine Aufgabe verpflichten. 2. (veraltend) zum Tanz auffordern. 3. sich -: sich binden, sich verpflichten; einen geistigen Standort beziehen. 4. die Klingen aneinander anlehnen, den Kontakt zwischen den Klingen herstellen (Fechten). **engagiert**: a) entschieden für etwas eintretend; b) ein starkes persönliches Interesse an etwas habend

en garde! [*anggard*; *fr.*]: Kommando, mit dem die Fechter aufgefordert werden, Fechtstellung einzunehmen

Enga|strimant [*än-ga*...; *gr.*] *der*; -en, -en: ein mit Hilfe des Bauchredens Wahrsagender

Engi|schiki [*jap.*] *das*; -[s]: wichtigstes Ritualbuch des japan. → Schintoismus aus dem 10. Jh.

English spoken [*inggli̱sch ßpoᵘkᵉn*; *engl.*; „Englisch gesprochen"]:

hier wird Englisch gesprochen, hier spricht man Englisch (als Hinweis z. B. für Kunden in einem Geschäft). **English-Waltz** [*inggli sch"olz*] *der*; -, -: langsamer Walzer. **englisieren**: 1. etwas nach engl. Art umgestalten; vgl. anglisieren (1). 2. einem Pferd die niederziehenden Schweifmuskeln durchschneiden, damit es den Schwanz hoch trägt

Engobe [*anggob^e*; *fr.*] *die*; -, -n: dünne keramische Überzugsmasse. **engobieren**: Tonwaren mit einer keramischen Gußmasse überziehen

Engorgement [*anggorsch^emang*; *lat.-fr.*] *das*; -s, -s: Stockung im Wirtschaftsleben

En|gramm [*gr.-nlat.*] *das*; -s, -e: die im Zentralnervensystem hinterlassene Spur eines Reiz- oder Erlebniseindrucks, die dessen Reproduktion zu einem späteren Zeitpunkt möglich macht; Erinnerungsbild (Med.)

en gros [*ang gro*; *lat.-fr.*]: im großen; Ggs. → en détail. **Engroshandel** *der*; -s: Großhandel. **En|grossist** *der*; -en, -en: (österr.) Grossist

Enharmonik [*gr.-nlat.*] *die*; -: verschiedene Notierung u. Benennung von Tönen u. Akkorden bei gleichem Klang (z. B. cis = des; Mus.). **enharmonisch**: mit einem anders benannten u. geschriebenen Ton den gleichen Klang habend, harmonisch vertauschbar (in bezug auf die Tonhöhe; Mus.); -e Verwechslung: Vertauschung u. musikalische Umdeutung enharmonisch gleicher Töne od. Akkorde

Enigma usw. vgl. Änigma usw.

Enjambement [*angschangb^emang*; *fr.*] *das*; -s, -s: Übergreifen des Satzes in den nächsten Vers; Nichtzusammenfall von Satz- u. Versende (Metrik)

enkaustieren [*gr.-nlat.*]: das Malverfahren der Enkaustik anwenden. **Enkaustik** [*gr.*] *die*; -: Malverfahren, bei dem die Farben durch Wachs gebunden sind. **enkaustisch**: die Enkaustik betreffend, mit dieser Technik arbeitend, nach diesem Verfahren ausgeführt

En|klave [*...w^e*; *lat.-vulgärlat.-fr.*] *die*; -, -n: vom eigenen Staatsgebiet eingeschlossener Teil eines fremden Staatsgebietes; Ggs. → Exklave (1)

En|klise, En|klisis [*gr.*; „das Hinneigen"] *die*; -, ...isen: Verschmelzung eines unbetonten Wortes [geringeren Umfangs] mit einem vorangehenden betonten (z. B. ugs. „denkste" aus: denkst du od. „zum" aus: zu dem; Sprachw.); Ggs. → Proklise. **En|klitikon** *das*; -s, ...ka: unbetontes Wort, das sich an das vorhergehende betonte anlehnt (z. B. ugs. „kommste" aus: kommst *du*; Sprachw.). **en|klitisch** [*gr.-lat.*]: sich an ein vorhergehendes betontes Wort anlehnend (Sprachw.); Ggs. → proklitisch

enkodieren: [eine Nachricht] mit Hilfe eines → Kodes verschlüsseln; Ggs. → dekodieren. **Enkodierung** *die*; -, -en: Verschlüsselung [einer Nachricht] mit Hilfe eines → Kodes

Enkolpion [*gr.*] *das*; -s, ...pien [*...i^en*]: 1. auf der Brust getragene Reliquienkapsel; vgl. Amulett. 2. Brustkreuz kirchlicher Würdenträger der orthodoxen Kirche; vgl. Pektorale (1)

Enkomiast [*gr.*] *der*; -en, -en: Lobredner. **Enkomiastik** *die*; -: die Kunst, bedeutende u. verdiente Männer in einer Lobrede od. einem Lobgedicht zu preisen. **Enkomion** u. **Enkomium** [*gr.-lat.*] *das*; -s, ...ien [*...i^en*]: Lobrede, -schrift

Enkulturation [*...zion*; *lat.*] *die*; -: das Hineinwachsen des einzelnen in die Kultur der ihn umgebenden Gesellschaft; vgl. Akkulturation

en masse [*ang maß*; *fr.*; „in Masse"]: (ugs. emotional) in großer Menge, Zahl [vorhanden, vorkommend]; überaus viel

en miniature [*ang miniatür*; *fr.*]: in kleinem Maßstab; einem Vorbild in kleinerem Ausmaß ungefähr entsprechend, im kleinen dargestellt, vorhanden, und zwar in bezug auf etwas, was eigentlich als Größeres existiert, z. B. das ist Schloß Sanssouci - -

Ennui [*angnüi*; *lat.-vulgärlat.-fr.*] *der* od. *das*; -s: a) Langeweile; b) Verdruß; Überdruß. **ennu|yant** [*...jant*]: a) langweilig; b) verdrießlich, lästig. **ennu|yieren** [*...jir^en*]: a) langweilen; b) ärgern; lästig werden

en|oph|thalmisch [*gr.-nlat.*]: den Enophthalmus betreffend (Med.). **En|oph|thalmus** *der*; -: abnorme Tieflage des Augapfels in der Augenhöhle (Med.)

enorm [*lat.-fr.*]: von außergewöhnlich großem Ausmaß, außerordentlich; erstaunlich. **Enormität** *die*; -, -en: erstaunliche Größe, Übermaß

En|ostose [*gr.-nlat.*] *die*; -, -n: Knochengeschwulst, die vom Knocheninnern ausgeht (Med.)

en passant [*ang paßang*; *fr.*; „im Vorübergehen"]: nebenher (in bezug auf etw., was neben dem Eigentlichen mehr am Rande noch mit erledigt, gemacht wird); - - schlagen: einen gegnerischen Bauern, der aus der Grundstellung in einem Zug zwei Felder vorrückt u. neben einem eigenen Bauern zu stehen kommt, im nächsten Zug so schlagen, als ob er nur ein Feld vorgerückt wäre (Schach)

en pleine carrière [*ang plän kariär*; *fr.*]: in gestrecktem Galopp

en profil [*ang profil*; *fr.*]: im Profil, von der Seite

Enquete [*angkät*; *lat.-fr.*] *die*; -, -n [*...t^en*]: 1. amtliche Untersuchung, Erhebung, die bes. zum Zweck der Meinungs-, Bevölkerungs-, Wirtschaftsforschung u. ä. durchgeführt wird. 2. (österr.) Arbeitstagung

enragiert [*angraschirt*; *fr.*]: a) leidenschaftlich für etwas eingenommen; b) leidenschaftlich erregt

en|rhümiert [*angrü...*; *fr.*]: (veraltet) verschnupft, erkältet

enrollieren [*angrolir^en*; *fr.*]: anwerben (von Truppen; Mil.)

en route [*ang rut*; *fr.*]: unterwegs

Ens [*lat.*] *das*; -: das Seiende, Sein, Wesen, Idee (Philos.)

Ensem|ble [*angßangb^el*; *lat.-fr.*] *das*; -s, -s: 1. zusammengehörende, aufeinander abgestimmte Gruppe von Schauspielern, Tänzern, Sängern od. Orchestermusikern. 2. kleine Besetzung in der Instrumental- u. Unterhaltungsmusik. 3. Szene mit mehreren Solostimmen oder mit Solo u. Chor. 4. Kleid mit passender Jacke od. passendem Mantel. 5. künstlerische Gruppierung städtischer Bauten. **Ensem|blemusik** *die*; -: Unterhaltungs- u. Tanzmusik. **Ensemblemusiker** *der*; -s, -: Unterhaltungs- u. Tanzmusikspieler

Ensilage [*angßilasch^e*]. Silage [*fr.*] *die*; -: 1. Gärfutter. 2. Bereitung von Gärfutter

Enstatit [auch: *...it*; *gr.-nlat.*] *der*; -s, -e: ein Mineral

en suite [*ang ßwit*; *lat.-fr.*]: 1. im folgenden, demzufolge. 2. ununterbrochen

...ent [*lat.*]: bei Adjektiven und Substantiven auftretende Endung, die die Bedeutung des 1. Partizips ausdrückt, z. B. indifferent, Referent (= der Referierende)

Ent|amöben [*gr.-nlat.*] *die* (Plural): → Amöben, die im Innern des menschlichen od. tierischen Körpers → parasitisch leben

Entari [*türk.*] *das*; -[s], -s: altes orientalisches, dem → Kaftan ähnliches langes Gewand

Entase, Entasis [*gr.*] *die*; -, ...asen: das kaum merkliche Dickerwerden des sich bogenförmig verjüngenden Schaftes antiker Säulen nach der Mitte zu (Archit.)

Entelechie [*gr.-lat.*] *die*; -, ...ien: etwas, was sein Ziel in sich selbst hat; die sich im Stoff verwirklichende Form (Aristoteles); die im Organismus liegende Kraft, die seine Entwicklung u. Vollendung bewirkt (Philos.). **entelechisch** [*gr.-nlat.*]: die Entelechie betreffend, auf ihr beruhend, durch sie bewirkt

Entente [*angtangt*; *lat.-fr.*] *die*; -, -n [...*t^e n*]: Einverständnis, Bündnis; - c o r d i a l e [*-kordial*; „herzliches Einverständnis"]: das französisch-englische Bündnis nach 1904 (Pol.)

enteral [*gr.-nlat.*]: auf den Darm bzw. die Eingeweide bezogen (Med.). **Enter|algie** [*gr.-nlat.*] *die*; -, ...ien: = Enterodynie. **Enteramin** [Kunstw. aus: *gr. éntera* „Eingeweide" u. → *Amin*] *das*; -s, -e: = Serotonin. **Enteritis** [*gr.-nlat.*] *die*; -, ...itiden: Entzündung des Dünndarms, Darmkatarrh (Med.). **Entero|anastomose** *die*; -, -n: künstlicher, operativ hergestellter Verbindungsweg zwischen zwei Darmstücken (Med.). **Enterodynie** *die*; -, ...ien: Darmschmerz, Leibschmerz. **enterogen**: im Darm entstanden, von ihm ausgehend (Med.). **Enterokinase** *die*; -: in der Darmschleimhaut gebildetes → Enzym, das inaktive → Proenzyme der Bauchspeicheldrüse in aktive Enzyme umwandelt. **Entero|klyse** *die*; -, -n u. **Entero|klysma** *das*; -s, ...men u. ...mata: Darmspülung (Med.). **Enterokokken** *die* (Plural): zur normalen Darmflora des Menschen gehörende Darmbakterien (Med.). **Enterokolitis** *die*; -, ...itiden: Entzündung des Dünn- u. Dickdarms (Med.). **Enterolith** [auch: ...*it*] *der*; -s u. -en, -e[n]: krankhaftes, festes Gebilde (Konkrement) im Darm aus verhärtetem Kot oder aus Ablagerungen, die sich um Fremdkörper (z. B. verschluckte Knochensplitter) herum gebildet haben; Kotstein (Med.). **Enteromyiase** *die*; -, -n: Madenkrankheit des Darmes (Med.). **Enteron** [*gr.*; „das Innere"] *das*; -s, ...ra: Darm (bes. Dünndarm), Eingeweide (Med.). **Enteroneurose** [*gr.-nlat.*] *die*; -, -n: nervöse Darmstörung (Med.). **Enteroptose** *die*; -, -n: Eingeweidesenkung durch verminderte Spannung der Gewebe (z. B. bei Abmagerung; Med.). **Enterorrhagie** *die*; -, -ien: Darmblutung (Med.). **Enterosit** *der*; -en, -en: Darmschmarotzer (Med.). **Entero|skop** *das*; -s, -e: mit elektrischer Lichtquelle u. Spiegel versehenes Instrument zur Untersuchung des Dickdarms (Med.). **Entero|skopie** *die*; -, ...ien: Untersuchung mit dem Enteroskop (Med.). **Enterostomie** *die*; -, ...ien: Anlegung eines künstlichen Afters (Med.). **Enterotomie** *die*; -, ...ien: operatives Öffnen des Darms, Darmschnitt (Med.). **Enterovirus** [...*wi*...; *gr.*; *lat.*] *das* (auch: *der*); -, ...viren (meist Plural): Erreger von Darmkrankheiten (Med.). **Enterozele** [*gr.-lat.*] *die*; -, -n: Darmbruch; Eingeweidebruch (Med.). **Enterozoon** [*gr.-nlat.*] *das*; -s, ...zoen u. ...zoa (meist Plural): tierischer Darmschmarotzer

Entertainer [*änt^e rte^i n^e r*; *engl.*] *der*; -s, -: Unterhalter; jmd., dessen Beruf es ist, andere auf angenehme, heitere Weise zu unterhalten (z. B. als Conférencier, Diskjockey). **Entertainment** [*änt^e rte^i nm^e nt*] *das*; -s: berufsmäßig gebotene leichte Unterhaltung

entetiert [*angtätirt*; *lat.-fr.*]: starrköpfig, eigensinnig

En|thalpie [*gr.-nlat.*] *die*; -: a) bei konstantem Druck vorhandene Wärme (Phys.); b) die gesamte in der feuchten Luft vorhandene Wärmeenergie (Meteor.)

Ent|helminthen [*gr.-nlat.*] *die* (Plural): Eingeweidewürmer (Med.)

en|thusiasmieren [*gr.-fr.*]: begeistern, in Begeisterung versetzen, entzücken. **En|thusiasmus** [*gr.-nlat.*] *der*; -: leidenschaftliche Begeisterung, Schwärmerei. **Enthusiast** *der*; -en, -en: begeisterter, leidenschaftlicher Bewunderer, Schwärmer. **en|thusiastisch**: begeistert, schwärmerisch

En|thymem [*gr.-lat.*] *das*; -s, -e: Wahrscheinlichkeitsschluß, unvollständiger Schluß (bei dem eine Prämisse fehlt, aber in Gedanken zu ergänzen ist; Philos.)

Entität [*lat.-mlat.*] *die*; -, -en: 1. Dasein im Unterschied zum Wesen eines Dinges (Philos.). 2. [gegebene] Größe

entmilitarisieren [*dt.*; *lat.*]: aus einem Gebiet die Truppen abziehen u. die militärischen Anlagen abbauen. **Entmilitarisierung** *die*; -, -en: das Entmilitarisieren

entnazifizieren [*dt.*; *nlat.*]: 1. Maßnahmen zur Ausschaltung nationalsozialistischer Einflüsse aus dem öffentlichen Leben durchführen. 2. einen ehemaligen Nationalsozialisten politisch überprüfen u. ihn [durch Sühnemaßnahmen] entlasten

Ento|blast, Entoderm [*gr.-nlat.*] *das*; -s, -e: das innere Keimblatt in der Entwicklung der Vielzeller (Med.); vgl. Ektoderm. **entodermal**: aus dem inneren Keimblatt entstehend (Med.); vgl. ektodermal

entomogam [*gr.-nlat.*]: insektenblütig, auf die Bestäubung durch Insekten eingerichtet (von Pflanzen; Bot.). **Entomogamie** *die*; -: Insektenblütigkeit; Art der Beschaffenheit von Blüten, die auf Übertragung des Pollens durch Insekten eingerichtet sind (Bot.). **Entomologe** *der*; -n, -n: Insektenforscher. **Entomologie** *die*; -: Insektenkunde. **entomologisch**: die Entomologie betreffend

Entoparasit [*gr.-nlat.*] *der*; -en, -en: → Parasit (1), der im Innern anderer Tiere u. Pflanzen lebt (Biol., Med.); Ggs. → Ektoparasit

entopisch [*gr.*]: am Ort befindlich, einheimisch, örtlich

Ento|plasma [*gr.-nlat.*] *das*; -s, ...men: innere Schicht des → Protoplasmas bei Einzellern (Biol.); Ggs. → Ektoplasma

ent|optisch [*gr.-nlat.*]: im Augeninnern [gelegen] (Med.)

Ento|skopie vgl. Endoskopie

ent|otisch [*gr.-nlat.*]: im Ohr entstehend, im Ohr gelegen (Med.)

Entourage [*angturasch^e*; *fr.*] *die*; -: Umgebung, Gefolge

En-tout-cas [*angtuka*; *lat.-fr.*; „in jedem Fall"] *der*; - [...*ka(ß)*], - [...*kaß*]: 1. großer Schirm gegen Sonne u. Regen. 2. überdeckter Tennisplatz, auf dem bei Sonne u. Regen gespielt werden kann

Entoxismus [*gr.-nlat.*] *der*; -, ...men: 1. (ohne Plural) Vergiftung (Med.). 2. Vergiftungserscheinung (Med.)

Entozoon [*gr.-nlat.*] *das*; -s, ...zoen u. ...zoa: tierischer Schmarotzer im Körperinneren (Med.)

Entrada vgl. Intrada

En|tre|akt [*angtrakt*; *lat.-fr.*] *der*; -[e]s, -e: (auch selbständig aufgeführte) Zwischenaktmusik von Opern u. Schauspielen

En|trechat [*angtr^e scha*; *fr.*] *der*; -s, -s: Kreuzsprung, bei dem man die Füße sehr schnell über- u. aneinanderschlägt (Ballett)

En|trecote [*angtr^e kot*; *lat.-fr.*] *das*; -[s], -s: Rippenstück beim Rind

En|tree [*angtre*; *lat.-fr.*] *das*; -s, -s:

1. Eintrittsgeld. 2. a) Eintritt, Eingang; b) Eingangsraum, Vorzimmer. 3. Vorspeise od. Zwischengericht. 4. a) Eröffnungsmusik bei einem → Ballett; b) Eintrittslied od. -arie, bes. in Singspiel u. Operette (Mus.)

En|trefilet [*angtr^efile*; *lat.-fr.*] *das*; -s, -s: eingeschobene [halbamtliche] Zeitungsnachricht

En|trelacs [*angtr^ela*; *fr.*] *das*; -, - (meist Plural) Flechtwerk, einander kreuzende od. ineinander verschlungene Linien u. Bänder im Kunstgewerbe u. in der Baukunst

En|tremés [*lat.-it.-fr.-span.*; „Zwischenspiel"] *das*; -, -: (ursprünglich possenhafter) Einakter des span. Theaters, der zwischen zwei Aufzügen eines Schauspiels aufgeführt wurde. **En|tremetier** [*angtr^emetie*] *der*; -s, -s: Spezialkoch für Suppen u. kleinere Zwischengerichte (Gastr.). **Entremets** [*...me*; *lat.-fr.*; „Zwischengericht"] *das*; -, - [*...meß*]: [leichtes] Zwischengericht

en|tre nous [*angtr^e nu*; *lat.-fr.*; „unter uns"]: ohne die Gegenwart eines Fremden u. daher in der nötigen Atmosphäre der Vertraulichkeit; z. B. das müssen wir einmal - - besprechen

En|trepot [*angtr^epo*; *lat.-fr.*] *das*; -, -s: zollfreier Stapelplatz, Speicher

En|tre|preneur [*angtr^epr^enör*; *lat.-fr.*] *der*; -s, -e: Unternehmer, Veranstalter, Agent (z. B. von Konzerten, Theateraufführungen). **En|tre|prise** [*angtr^epris*] *die*; -, -n [*...s^en*]: Unternehmung

En|tresol [*angtr^eßol*; *lat.-fr.*] *das*; -s, -s: Zwischengeschoß, Halbgeschoß

En|trevue [*angtr^ewü*; *lat.-fr.*] *die*; -, -n [*...wü^en*]: Zusammenkunft, Unterredung (bes. von Monarchen)

en|trieren [*angtrir^en*; *lat.-fr.*; „eintreten"]: (veraltet) a) beginnen, einleiten; b) versuchen

En|tropie [*gr.-nlat.*] *die*; -, ...ien: 1. physikalische Größe, die die Verlaufsrichtung eines Wärmeprozesses kennzeichnet. 2. Größe des Nachrichtengehalts einer nach statistischen Gesetzen gesteuerten Nachrichtenquelle; mittlerer Informationsgehalt der Zeichen eines bestimmten Zeichenvorrats (Informationstheorie). 3. Maß für den Grad der Ungewißheit über den Ausgang eines Versuchs. **En|tropium** *das*; -s, ...ien [*...i^en*]: krankhafte Umstülpung des Augenlides nach innen (Med.)

Enu|kleation [*...zion*; *lat.-nlat.*] *die*; -, -en: operative Ausschälung (z. B. einer Geschwulst od. des Augapfels; Med.). **enukleieren** [*lat.*; „aus-, entkernen"]: 1. entwickeln, erläutern. 2. eine Enukleation ausführen (Med.)

Enumeration [*...zion*; *lat.*] *die*; -, -en: Aufzählung. **Enumerationsprinzip** *das*; -s: Beschränkung der Zuständigkeit, bes. der Verwaltungsgerichte auf die vom Gesetz ausdrücklich aufgeführten Fälle; vgl. Generalklausel (2). **enumerativ**: aufzählend. **enumerieren**: aufzählen

Enunziation [*...zion*; *lat.*] *die*; -, -en: Aussage, Erklärung; Satz

En|urese [*gr.-nlat.*] *die*; -, -n: unwillkürliches Harnlassen, Bettnässen, bes. bei Kindern (Med.)

Enveloppe [*angw^elop^e*; *fr.*] *die*; -, -n: 1. (veraltet) a) Hülle; b) Futteral; c) Decke; d) [Brief]umschlag. 2. bestimmte (einhüllende) Kurve einer gegebenen Kurvenschar; Kurve, die alle Kurven einer gegebenen Schar (einer Vielzahl von Kurven) berührt u. umgekehrt in jedem ihrer Punkte von einer Kurve der Schar berührt wird (Math.). 3. Anfang des 19. Jh.s übliches schmales, mantelähnliches Kleid

Envers [*angwär*; *lat.-fr.*] *der*; -, - [*...wärß*]: (veraltet) Kehrseite

Environment [*änwai^(e)r^enm^ent*; *engl.*] *das*; -s, -s: mit Hilfe von Objekten aus dem Alltagsleben künstlerisch gestalteter Raum, der den Betrachter umgibt u. dessen aktive Teilnahme wecken soll. **environmental**: in der Form, Art eines Environments. **Environtologie** [*änwi...*; *fr.-engl.*; *gr.*] *die*; -: Umweltforschung

en vogue [*angwog*; *fr.*]: zur Zeit gerade beliebt, modern, in Mode, im Schwange; vgl. Vogue

Envoyé [*angwoaje*; *lat.-galloroman.-fr.*] *der*; -s, -s: Gesandter

Enzephalitis [*gr.-nlat.*] *die*; -, ...itiden: Gehirnentzündung (Med.). **Enzephalo|gramm** *das*; -s, -e: Röntgenbild der Gehirnkammern (Med.). **Enzephalo|graphie** *die*; -, ...ien: (Med.) 1. = Elektroenzephalographie. 2. → Röntgenographie des Gehirns. **Enzephalomalazie** *die*; -, ...ien: Gehirnerweichung (Med.). **Enzephalor|rhagie** *die*; -, ...ien: Hirnblutung (Med.). **Enzephalozele** *die*; -, -n: Hirnbruch, das Hervortreten von Hirnteilchen durch Lücken des Schädels

Enzy|klika [auch: *änzü...*; *gr.-nlat.*] *die*; -, ...ken: [päpstliches] Rundschreiben. **enzy|klisch** [auch: *änzü...*]: einen Kreis durchlaufend; -e Bildung: die Bildung, die sich der Mensch des Mittelalters durch das Studium der Sieben Freien Künste erwarb, des → Triviums u. des → Quadriviums. **Enzy|klopädie** [*gr.-nlat.*] *die*; -, ...ien: übersichtliche u. umfassende Darstellung des gesamten vorliegenden Wissensstoffs aller Disziplinen od. nur eines Fachgebiets in alphabetischer od. systematischer Anordnung; vgl. Konversationslexikon. **Enzy|klopädiker** *der*; -s, -: Verfasser einer Enzyklopädie. **enzy|klopädisch**: 1. a) allumfassende Kenntnisse habend; b) allumfassende Kenntnisse vermittelnd. 2. nach Art der Enzyklopädie. **Enzyklopädist** *der*; -en, -en: Herausgeber u. Mitarbeiter der großen franz. „Encyclopédie", die unter Diderots und d'Alemberts Leitung 1751–1780 erschien

Enzym [*gr.-nlat.*] *das*; -s, -e: in der lebenden Zelle gebildete organische Verbindung, die den Stoffwechsel des Organismus steuert (Med.); vgl. Ferment. **enzymatisch**: von Enzymen bewirkt. **Enzymologie** *die*; -: Teilbereich der Medizin, in dem man die Wirkungsweise von Enzymen untersucht

enzystieren [*gr.-nlat.*]: eine → Zyste (2) bilden, sich einkapseln (Biol.)

Eobiont [*gr.*] *der*; -en, -en: Urzelle als erstes Lebewesen mit Zellstruktur (Biol.)

eo ipso [*lat.*]: 1. eben dadurch. 2. von selbst, selbstverständlich

Eolienne [*eoliän*; *gr.-lat.-fr.*] *die*; -: [Halb]seidengewebe in Taftbindung (einer Webart)

Eolith [auch: *...it*; *gr.-nlat.*] *der*; -s u. -en, -e[n]: Feuerstein mit natürlichen Absplitterungen, die an vorgeschichtliche Steinwerkzeuge erinnern. **Eolithikum** [auch: *...it...*] *das*; -s: vermeintliche, auf Grund der Eolithenfunde (vgl. Eolith) angenommene früheste Periode der Kulturgeschichte. **Eos** [nach der gr. Göttin] *die*; -: (dichter.) Morgenröte. **Eosin** *das*; -s: roter Farbstoff. **eosinieren**: mit Eosin rot färben. **eosinophil**: mit Eosin färbbar. **eozän**: das Eozän betreffend. **Eozän** *das*; -s: zweitälteste Stufe des → Tertiärs (Geol.). **Eozoen**: *Plural* von → Eozoon. **Eozoikum** *das*; -s: = Archäozoikum. **eozoisch**: das Eozoikum betreffend. **Eozoon** *das*; -s, Eozoen (meist Plural): eigenartige Form aus unreinem Kalk als Einschluß in Gesteinen der Urzeit, die man früher irrtümlich für Reste tierischen Lebens hielt

Ep|agoge [*gr.*; „Hinaufführung"] *die*; -: Denkvorgang vom Einzelnen zum Allgemeinen (Logik); vgl. Induktion (1). **ep|agogisch**: zum Allgemeinen führend (Logik); vgl. induktiv (1); -er Beweis: Beweis, der die Wahrheit eines Satzes dadurch zeigt, daß die Folgen des Satzes als wahr bewiesen werden (Logik)

Ep|akris [*gr.-nlat.*] *die*; -: Pflanzengattung mit beliebten Zierpflanzen (hauptsächlich aus Australien und dem Kapland)

Ep|akme [*gr.*] *die*; -, -en [...*gen*]: in der Stammesgeschichte der Anfang der Entwicklung einer Organismengruppe (z. B. der Saurier; Zool.); Ggs. → Akme u. → Parakme

Ep|akte [*gr.-lat.*] *die*; -, -n: Anzahl der Tage, die vom letzten Neumond des alten Jahres bis zum Beginn des neuen Jahres vergangen sind

Ep|analepse [*gr.-lat.*] u. **Ep|analepsis** [*gr.*] *die*; -, ...epsen: (Rhet.; Stilk.) a) Wiederholung eines gleichen Wortes od. einer Wortgruppe im Satz; b) = Anadiplose

Ep|anaphora [*gr.*] *die*; -, ...rä: = Anapher

Ep|an|odos [*gr.*; „Rückweg"] *die*; -, ...doi [...*deu*]: Wiederholung eines Satzes, aber in umgekehrter Wortfolge (z. B. Ich preise den Herrn, den Herrn preise ich; Rhet.; Stilk.)

Ep|arch [*gr.*] *der*; -en, -en: (hist.) Statthalter einer Provinz im Byzantinischen Reich. **Ep|archie** *die*; -, ...ien: 1. (hist.) byzantinische Provinz. 2. → Diözese der Ostkirche

Epaulett [*epolät*; *lat.-fr.*] *das*; -s, -s u. **Epaulette** [*epolät^e*] *die*; -, -n: Achsel-, Schulterstück auf Uniformen

Epave [...*w^e*; *lat.-fr.*] *die*; -: (veraltet) Trümmer, Überreste, Strandgut

Epeirogenese vgl. Epirogenese. **Epeirophorese** [*gr.-nlat.*] *die*; -, -n: horizontale Verschiebung der Kontinente (Geol.)

Epeisodion [*gr.*] *das*; -s, ...ia: Dialogszene des altgriech. Dramas, die zwischen zwei Chorliedern eingeschaltet war; vgl. Stasimon

Epen: *Plural* von → Epos

Ep|endym [*gr.*; „Oberkleid"] *das*; -s: feinhäutige Auskleidung der Hirnhöhlen u. des Rückenmarkkanals (Med.). **Ep|endymom** [*gr.-nlat.*] *das*; -s, -e: Hirntumor aus Ependymzellen (Med.)

Ep|enthese u. **Ep|enthesis** [*gr.-lat.*; „Einschiebung"] *die*; -, ...thesen: Einschub von Lauten, meist zur Erleichterung der Aussprache (z. B. *t* in namen*t*lich; Sprachw.); vgl. Anaptyxe u. Epithese

Ep|ex|egese [*gr.-lat.*] *die*; -, -n: in der Art einer → Apposition (1) hinzugefügte Erklärung (z. B. drunten *im Unterland* (Rhet.; Stilk.). **ep|ex|egetisch** [*gr.*]: in Form einer Epexegese abgefaßt

Ephebe [*gr.-lat.*] *der*; -n, -n: (hist.) wehrfähiger junger Mann im alten Griechenland. **Ephebie** *die*; -: Pubertät [des jungen Mannes] (Med.). **ephebisch**: in der Art eines Epheben. **ephebophil**: eine homosexuelle Neigung zu jungen Männern empfindend (Med.; Psychol.). **Ephebophilie** *die*; -: homosexuelle Neigung zu jungen Männern (Med.; Psychol.)

Ephe|dra [*gr.-lat.*] *die*; -, ...drae [...*ä*] u. ...edren: eine schachtelhalmähnliche Pflanze, aus der Ephedrin gewonnen wird (Meerträubchen). **Ephe|drin** ® [*gr.-lat.-nlat.*] *das*; -s: dem → Adrenalin verwandtes → Alkaloid, als Heilmittel vielfältig verwendet

Eph|eliden [*gr.-lat.*] *die* (Plural): Sommersprossen (Med.)

eph|emer [*gr.-lat.*; „für einen Tag"]: 1. nur kurze Zeit bestehend, flüchtig, rasch vorübergehend [u. daher ohne bleibende Bedeutung]. 2. (von kurzlebigen Organismen) nur einen Tag lang lebend, bestehend (Bot., Zool.)

Eph|emera *die* (Plural): Eintagsfieber (Med.)

Eph|emeride *die*; -, -n
I. [*gr.-nlat.*]: Eintagsfliege (Zool.).
II. [*gr.-lat.*]: 1. (meist Plural) Tafel, in der die täglichen Stellungen von Sonne, Mond u. Planeten vorausberechnet sind; Tabelle des täglichen Gestirnstandes (Astron., Astrol.). 2. (nur Plural) Tagebücher, periodische Schriften, Zeitschriften

eph|emerisch = ephemer. **Eph|emerophyt** [*gr.-nlat.*] *der*; -en, -en: Pflanze, die nur vorübergehend u. vereinzelt in einem Gebiet vorkommt (z. B. verwilderte Gartenpflanzen; Bot.)

Eph|idrose *die*; -, -n = Hyperidrose

Eph|ippium [*gr.-lat.*; „Satteldekke"] *das*; -s, ...pien [...*i^en*]: sattelähnliche Schutzhülle der Wintereier von Wasserflöhen (Biol.)

Ephor [*gr.-lat.*; „Aufseher"] *der*; -en, -en: (hist.) einer der fünf jährlich gewählten höchsten Beamten im antiken Sparta. **Ephorat** [*gr.-nlat.*] *das*; -[e]s, -e: 1. (hist.) Amt eines Ephoren. 2. Amt eines Ephorus. **Ephorie** [*gr.*] *die*; -, ...ien: [kirchlicher] Aufsichtsbezirk, Amtsbezirk. **Ephorus** [auch: *äf*...; *gr.-lat.*] *der*; -, ...oren: a) → Dekan (1) in der reformierten Kirche; b) Leiter eines evangelischen Predigerseminars od. Wohnheims

Epibiont [*gr.*] *der*; -en, -en: Partner bei der Epibiose; Ggs. → Endobiont. **Epibiose** *die*; -: Gemeinschaft meist verschiedenartiger Lebewesen, von denen ein Partner auf dem anderen lebt (z. B. Wachstum von Bakterien auf der Haut des Menschen) (Biol.); Ggs. → Endobiose

Epibolie [*gr.-nlat.*] *die*; -: Umwachsung von Zellschichten bei der Keimentwicklung (Biol.)

Epicedium [...*ze*...; *gr.-nlat.*] *das*; -s, ...dia: lat. Schreibung von → Epikedeion

Epicondylus [...*ko*...; *gr.-nlat.*] *der*; -, ...li: Knochenvorsprung od. Knochenfortsatz, der auf einem → Condylus liegt (Med.)

Epicönum [...*zö*...; *gr.-lat.*] *das*; -s, ...na: Substantiv, das ein Wesen mit natürlichem Geschlecht (ein Tier) bezeichnet, aber mit einem Genus sowohl vom männlichen als vom weiblichen Tier gebraucht wird (z. B. Affe, Giraffe)

Epideiktik [*gr.*] *die*; -: Prunk-, Festrede; bei Fest- u. Gelegenheitsreden üblicher Redestil (Rhet.; Stilk.). **epideiktisch**: die Epideiktik betreffend, in den Vordergrund stellend; prahlend, prunkend

Epidemie [*gr.-mlat.*] *die*; -, ...ien: zeitlich u. örtlich in besonders starkem Maße auftretende Infektionskrankheit; Seuche, ansteckende Massenerkrankung in einem begrenzten Gebiet. **Epidemiologe** [*gr.-nlat.*] *der*; -n, -n: Wissenschaftler, der auf dem Gebiet der Epidemiologie arbeitet. **Epidemiologie** *die*; -: medizinische Forschungsrichtung, bei der man sich mit der Entstehung, Verbreitung u. Bekämpfung von Krankheiten u. Epidemien befaßt. **epidemisch** [*gr.-mlat.*]: in Form einer Epidemie auftretend

epidermal [*gr.-nlat.*]: von der Oberhaut stammend, zu ihr gehörend (Med.). **Epidermis** [*gr.-lat.*] *die*; -, ...men: Oberhaut, äußere Schicht der Haut (Med.). **Epidermoid** [*gr.-nlat.*] *das*; -s, -e: → Zyste (1) mit oberhautähnlicher Auskleidung (Med.). **epidermoidal** [...*o-i*...]: = epidermal.

Epidermophyt *der*; -en, -en: krankheitserregender Hautpilz (Med.). **Epidermophytie** *die*; -, ...ien: Pilzkrankheit der Haut (Med.)

Epidia|skop [*gr.-nlat.*] *das*; -s, -e: optisches Gerät, das als → Diaskop u. → Episkop verwendet werden kann

Epididymis [*gr.*] *die*; -, ...didymiden: Nebenhoden (Med.). **Epididymitis** [*gr.-nlat.*] *die*; -, ...mitiden: Nebenhodenentzündung (Med.)

Epidot [*gr.-nlat.*] *der*; -s, -e: ein Mineral

Epigaion [*gr.*] *das*; -s: Lebensraum der auf dem Erdboden lebenden Organismen. **epigäisch**: oberirdisch (von Keimblättern, die bei der Keimung aus der Erde hervortreten u. grün werden; Bot.)

Epiga|strium [*gr.-nlat.*] *das*; -s, ...ien [...*i*ᵉ*n*]: Oberbauchgegend, Magengrube (Med.)

Epigenese [*gr.-nlat.*] *die*; -, -n: Entwicklung eines jeden Organismus durch aufeinanderfolgende Neubildungen (nach der Entwicklungstheorie von C. F. Wolff, 1759); vgl. Präformationstheorie. **epigenetisch**: 1. auf die Epigenese bezogen, durch Epigenese entstanden (Biol.). 2. später entstanden, jünger als das Nebengestein (von geologischen Lagerstätten); Ggs. → syngenetisch (2); -es Tal: Tal, das durch Einsenkung eines Flusses entstanden ist, der sich in altes Gestein eingeschnitten hat u. das darüberliegende jüngere Gestein nachträglich völlig ausgeräumt hat

Epi|glottis [*gr.*] *die*; -, ...ttiden: Kehlkopfdeckel. **Epi|glottitis** [*gr.-nlat.*] *die*; -, ...itiden: Entzündung des Kehlkopfdeckels (Med.)

epigonal [*gr.-nlat.*]: epigonenhaft, nachgemacht

Epigonation [...*ation*; *gr.-ngr.*] *das*; -s, ...ien [...*i*ᵉ*n*]: auf die Knie herabhängendes Tuch in der Bischofstracht der orthodoxen Kirche

Epigone [*gr.*; „Nachgeborener"] *der*; -n, -n: unschöpferischer, unbedeutender Nachfolger bedeutender Vorgänger; Nachahmer ohne eigene Ideen (bes. in Literatur u. Kunst). **epigonenhaft**: in der Art eines Epigonen, nachahmend. **Epigonentum** *das*; -s: epigonenhafte Art u. Weise

Epi|gramm [*gr.-lat.*; „Aufschrift"] *das*; -s, -e: Sinn-, Spottgedicht, meist in Distichen (vgl. Distichon) abgefaßt. **Epi|grammatik** [*gr.-nlat.*] *die*; -: Kunst des Verfassens von Epigrammen. **Epigrammatiker** *der*; -s, -: Verfasser von Epigrammen. **epigrammatisch** [*gr.-lat.*]: a) das Epigramm betreffend; b) kurz, treffend, witzig, geistreich, scharf pointiert. **Epi|grammatist** *der*; -en, -en: (veraltet) Epigrammatiker. **Epi|graph** [*gr.*; „Aufschrift"] *das*; -s, -e: antike Inschrift: **Epigraphik** [*gr.-nlat.*] *die*; -: Inschriftenkunde (als Teil der Altertumswissenschaft). **Epigraphiker** *der*; -s, -: Inschriftenforscher

epigyn [*gr.-nlat.*]: über dem Fruchtknoten stehend (von Blüten; Bot.); Ggs. → hypogyn

Epik [*gr.-lat.*] *die*; -: erzählende Dichtung; vgl. Lyrik, Dramatik (1)

Epikanthus [*gr.-nlat.*] *der*; -: Hautfalte am inneren Rand des oberen Augenlids (Med.)

Epikard [*gr.-nlat.*] *das*; -[e]s: dem Herzen der Wirbeltiere u. des Menschen aufliegendes Hautblatt des Herzbeutels (Med.)

Epikarp [*gr.-nlat.*] *das*; -[e]s, -e: äußerste Schicht der Fruchtschale von Pflanzen. **Epikarpium** *das*; -s, ...ien [...*i*ᵉ*n*]: (veraltet) Epikarp

Epikedeion [*gr.*] *das*; -s, ...deia: [antikes] Trauer- u. Trostgedicht; vgl. Epicedium

Epiker [*gr.-lat.*] *der*; -s, -: Dichter, der sich der Darstellungsform der → Epik bedient; vgl. Lyriker, Dramatiker

Epikie [*gr.*; „Angemessenheit, Nachsichtigkeit"] *die*; -: Prinzip der katholischen Moraltheologie zur Interpretation menschlicher Gesetze, das besagt, daß ein menschliches (auch kirchliches) Gesetz nicht unbedingt in jedem Fall verpflichtend ist

Epi|klese [*gr.*; „Anrufung"] *die*; -, -n: Anrufung des Heiligen Geistes in der Liturgie der orthodoxen Kirche

Epikondylitis [*gr.*] *die*; -, ...itiden: Entzündung eines → Epicondylus (Tennisarm; Med.)

epikontinental [*gr*; *lat.-nlat.*]: in der → kontinentalen Randzone liegend (von Epikontinentalmeeren; Geol.). **Epikontinentalmeer** *das*; -[e]s, -e: ein festländisches Gebiet einnehmendes Meer, Überspülungsmeer, Flachmeer (Geol.)

Epikotyl [*gr.-nlat.*] *das*; -s, -e: erster, blattloser Sproßabschnitt der Keimpflanze (Bot.)

Epi|krise [*gr.*; „Beurteilung; Entscheidung"] *die*; -, -n: abschließende kritische Beurteilung eines Krankheitsverlaufs von seiten des Arztes (Med.)

Epikureer [*gr.-lat.*] *der*; -s, -: 1. Vertreter der Lehre des griech. Philosophen Epikur. 2. jmd., der die materiellen Freuden des Daseins unbedenklich genießt. **epikureisch** u. epikurisch: 1. nach der Lehre des griech. Philosophen Epikur lebend. 2. genießerisch; auf Genuß gerichtet; die materiellen Freuden des Daseins unbedenklich genießend. **Epikureismus** [*gr.-nlat.*] *der*; -: 1. Lehre des griech. Philosophen Epikur. 2. auf Genuß der materiellen Freuden des Daseins gerichtetes Lebensprinzip. **epikurisch** vgl. epikureisch

Epilation [...*zion*; *lat.-nlat.*] *die*; -, -en: Entfernung von Körperhaaren (Med.)

Epilepsie [*gr.-lat.-fr.*; „Anfassen; Anfall"] *die*; -, ...ien: Sammelbezeichnung für eine Gruppe erblicher od. traumatisch bedingter od. auf organ. Schädigungen beruhender Erkrankungen mit meist plötzlich einsetzenden starken Krämpfen u. kurzer Bewußtlosigkeit (Med.). **epileptiform** [*gr.*; *lat.*]: einem epileptischen Anfall od. seinen Erscheinungsformen vergleichbar (Med.). **Epileptiker** [*gr.-lat.*] *der*; -s, -: jmd., der an Epilepsie leidet. **epileptisch**: a) durch Epilepsie verursacht; b) zur Epilepsie neigend, an Epilepsie leidend. **epileptoid** [*gr.-nlat.*]: epileptiform

epilieren [*lat.-nlat.*]: Körperhaare entfernen (Med.)

Epilimnion u. **Epilimnium** [*gr.-nlat.*] *das*; -s, ...ien [...*i*ᵉ*n*]: obere Wasserschicht eines Sees mit → thermischen Ausgleichsbewegungen

Epilog [*gr.-lat.*] *der*; -[e]s, -e: a) Schlußrede, Nachspiel im Drama; Ggs. → Prolog (1 a); b) abschließendes Nachwort [zur Erläuterung eines literarischen Werkes]; Ggs. → Prolog (1 b)

epimetheisch [*gr.*; nach Epimetheus, dem Bruder des Prometheus; „der zu spät Denkende"]: a) erst später mit dem Denken einsetzend; b) erst handelnd, dann denkend; unbedacht; vgl. prometheisch

Epinastie [*gr.-nlat.*] *die*; -, ...ien: verstärktes Wachstum der Blattoberseite gegenüber der -unterseite bei Pflanzen. **epinastisch**: ein verstärktes Wachstum der Blattoberseite zeigend

Epine|phritis [*gr.-nlat.*] *die*; -, ...tiden: Entzündung der Nierenfettkapsel (Med.)

Epin|glé [*epänggle*; *lat.-fr.*] *der*; -[s], -s: 1. Ripsgewebe mit abwechselnd starken u. schwachen Schußrippen. 2. Möbelbezugsstoff, dessen Schlingen nicht aufgeschnitten sind

Epinikion [*gr.*] *das*; -s, ...ien [...*iᵉn*]: altgriech. Siegeslied zu Ehren eines Wettkampfsiegers

Epipaläolithikum [*gr.-nlat.*] *das*; -s: = Mesolithikum

Epiphania vgl. Epiphanie. **Epiphanias** [*gr.*] *das*; - u. **Epiphanienfest** [...*iᵉn*...; *gr.*; *dt.*] *das*; -es, -e: Fest der „Erscheinung des Herrn" am 6. Januar, Dreikönigsfest. **Epiphanie** u. Epiphania [*gr.-lat.*] *die*; -: Erscheinung einer Gottheit (bes. Christi) unter den Menschen. **Epiphänomen** [*gr.-nlat.*] *das*; -s, -e: Begleiterscheinung (Philos.)

Epipharynx [*gr.-nlat.*] *der*; -: der nasale Abschnitt des Rachenraumes, Nasenrachenraum (Med.)

Epipher *die*; -, -n: = Epiphora (2). **Epiphora** [*gr.-lat.*] *die*; -, ...rä: 1. Tränenfluß (Med.). 2. Wiederholung eines od. mehrerer Wörter am Ende aufeinanderfolgender Sätze od. Satzteile; Ggs. → Anapher (Rhet.; Stilk.)

Epiphyllum [*gr.-nlat.*] *das*; -s, ...llen: Blätterkaktus aus Brasilien

Epiphyse [*gr.*; „Zuwuchs, Ansatz"] *die*; -, -n: (Med.; Biol.) 1. Zirbeldrüse der Wirbeltiere. 2. Gelenkstück der Röhrenknochen von Wirbeltieren u. vom Menschen. **Epiphyt** [*gr.-nlat.*] *der*; -en, -en: Pflanze, die auf anderen Pflanzen wächst, sich aber selbständig ernährt; Überpflanze (Bot.)

Epi|ploon [...*o-on*; *gr.*] *das*; -s, ...ploa: = Omentum

epirogen [*gr.-nlat.*]: durch Epirogenese entstanden. **Epirogenese** u. Epeirogenese *die*; -, -n: langsame, in großen Zeiträumen ablaufende Hebungen u. Senkungen größerer Erdkrustenteile (Geol.). **epirogenetisch**: = epirogen

Epir|rhem u. **Epir|rhema** [*gr.*; „das Dazugesprochene"] *das*; -s, ...emata: Dialogverse des Chors in der attischen Komödie; Ggs. → Antepirrhem

episch [*gr.-lat.*]: a) die Epik betreffend; vgl. lyrisch, dramatisch; b) erzählerisch, erzählend; c) sehr ausführlich [berichtend]; nichts auslassend, alle Einzelheiten enthaltend

Episem [*gr.*] *das*; -s, -e: die Inhaltsseite eines → Grammems (Sprachw.). **Episemem** *das*; -s, -e: die Bedeutung eines → Tagmems, der kleinsten bedeutungstragenden grammatischen Form (Sprachw.)

Episiotomie [*gr.-nlat.*] *die*; -, ...ien: Scheidendammschnitt (operativer Eingriff bei der Entbindung zur Vermeidung eines Dammrisses; Med.)

Episit [*gr.-nlat.*] *der*; -en, -en: räuberisches Tier, das sich von anderen Tieren ernährt (z. B. Raubvögel; Zool.)

Epi|skleritis [*gr.-nlat.*] *die*; -, ...itiden: Entzündung des Bindegewebes an der → Sklera (Med.)

Epi|skop [*gr.-nlat.*] *das*; -s, -e: Bildwerfer für nichtdurchsichtige Bilder (z. B. aus Büchern)

epi|skopal [*gr.-lat.*]: bischöflich. **Epi|skopale** *der*; -n, -n: Anhänger einer der protestantischen Kirchengemeinschaften mit bischöflicher Verfassung in England od. Amerika. **Epi|skopalismus** [*gr.-lat.-nlat.*] *der*; -: kirchenrechtliche Auffassung, nach der das → Konzil der Bischöfe über dem Papst steht; Ggs. → Kurialismus u. → Papalismus. **Epi|skopalist** *der*; -en, -en: Verfechter des Episkopalismus. **Epi|skopalkirche** *die*; -: 1. nichtkatholische Kirche mit bischöflicher Verfassung u. → apostolischer Sukzession (z. B. die → orthodoxe u. die anglikanische Kirche). 2. jede nichtkatholische Kirche mit bischöflicher Leitung (z. B. die lutherischen Landeskirchen). **Epi|skopat** [*gr.-lat.*] *der* od. *das*; -[e]s; -e: a) Gesamtheit der Bischöfe [eines Landes]; b) Amt u. Würde eines Bischofs. **epi|skopisch**: = episkopal. **Epi|skopus** *der*; -, ...pi: Bischof

Epi|sode [*gr.-fr.*] *die*; -, -n: 1. a) Begebenheit, Ereignis von kurzer Dauer innerhalb eines größeren Zeitabschnitts; b) kleinerer Zeitabschnitt innerhalb eines größeren in bezug auf das darin enthaltene Geschehen. 2. literarische Nebenhandlung. 3. eingeschobener Teil zwischen erster u. zweiter Durchführung des Fugenthemas (Mus.). 4. = Epeisodion. **episodisch**: dazwischengeschaltet, vorübergehend, nebensächlich

Epi|spadie [*gr.-nlat.*] *die*; -, ...ien: Mißbildung der Harnröhre mit Öffnung an der Penisoberseite (Med.). **Epi|spastikum** *das*; -s, ...ka: (Med.) a) Hautreizmittel; b) Mittel, um Eiter od. Gewebeflüssigkeit nach außen abzuleiten (Zugmittel)

Epistase [*gr.*] *die*; -, -n: das Zurückbleiben in der Entwicklung bestimmter Merkmale bei einer Art od. einer Stammeslinie gegenüber verwandten Formen (Biol.). **Epistasie** *die*; -, ...ien u. **Epistasis** *die*; -, ...asen: Überdeckung der Wirkung eines Gens durch ein anderes, das nicht zum gleichen Erbanlagenpaar gehört; vgl. Hypostase (5) (Med.). **epistatisch**: die Wirkung eines Gens durch ein anderes überdeckend (Med.)

Epistaxis [*gr.*] *die*; -: Nasenbluten (Med.)

Epistel [*gr.-lat.*] *die*; -, -n: 1. Sendschreiben, Apostelbrief im Neuen Testament. 2. vorgeschriebene gottesdienstliche Lesung aus den neutestamentlichen Briefen u. der Apostelgeschichte; vgl. Perikope (1). 3. (ugs.) [kunstvoller] längerer Brief. 4. (ugs.) kritisch ermahnende Worte, Strafpredigt

epistemisch [*gr.-engl.*]: = epistemologisch. **Epistemologie** [*gr.-nlat.*] *die*; -: Wissenschaftslehre, Erkenntnistheorie (bes. in der angelsächsischen Philosophie). **epistemologisch**: die Epistemologie betreffend, erkenntnistheoretisch

Epistolae ob|scurorum virorum [...*lä* ...*ßkur*... *wi*...; *lat.*] *die* (Plural): Dunkelmännerbriefe (Sammlung erdichteter mittellat. Briefe ungenannter Verfasser, z. B. Ulrich v. Huttens, die zur Verteidigung des Humanisten Reuchlin das Mönchslatein u. die scholastische Gelehrsamkeit verspotteten). **Epistolar** [*gr.-lat.*] *das*; -s, -e u. **Epistolarium** *das*; -s, ...ien [...*iᵉn*]: 1. liturgisches Buch (→ Lektionar (1)) mit den gottesdienstlichen → Episteln (2) der Kirche. 2. Sammlung von Briefen bekannter Personen. **Epistolo|graphie** [*gr.-nlat.*] *die*; -, ...ien: Kunst des Briefschreibens

epi|stomatisch [*gr.*]: auf der Oberseite mit Spaltöffnungen versehen (von bestimmten Pflanzenöffnungen; Bot.)

Epi|stropheus [*gr.*; „der Umdreher"] *der*; -: zweiter Halswirbel bei Reptilien, Vögeln, Säugetieren u. Menschen (Med.; Zool.)

Epistyl [*gr.-lat.*] *das*; -s, -e u. **Epistylion** [*gr.*] *das*; -s, ...ien [...*iᵉn*]: = Architrav

Epitaph [*gr.-lat.*] *das*; -s, -e u. **Epitaphium** *das*; -s, ...ien [...*iᵉn*]: 1. a) Grabschrift; b) Gedenktafel mit Inschrift für einen Verstorbenen an einer Kirchenwand od. an einem Pfeiler. 2. in der orthodoxen Kirche das am Karfreitag aufgestellte Christusbild

Epitasis [*gr.-lat.*; „Anspannung"] *die*; -, ...asen: Steigerung der

Handlung zur dramatischen Verwicklung, bes. im dreiaktigen Drama

Epitaxie [*gr.-nlat.*] *die*; -, ...ien: Kristallabscheidung einer Kristallart auf einem gleichartigen anderen Kristall (Chem.)

Epithalamion u. **Epithalamium** [*gr.-lat.*] *das*; -s, ...ien [...*ien*]: [antikes] Hochzeitslied, -gedicht

Epithel [*gr.-nlat.*] *das*; -s, -e: oberste Zellschicht des tierischen u. menschlichen Haut- u. Schleimhautgewebes. **epithelial**: zum Epithel gehörend. **Epithelien** [...*ien*] *die* (Plural): abgeschuppte Schleimhautepithelzellen (Med.). **Epitheliom** *das*; -s, -e: Hautgeschwulst aus Epithelzellen (Med.). **Epithelisation** [...*zion*] *die*; -: Bildung von Epithelgewebe (Med.). **Epithelium** *das*; -s, ...ien [...*ien*]: = Epithel. **Epithelkörperchen** *die* (Plural): Nebenschilddrüsen

Epithem [*gr.*] *das*; -s, -e: pflanzliches Gewebe (unterhalb der → Hydathoden). **Epithese** [„das Darauflegen"] *die*; -, -n: Anfügung eines Lautes an ein Wort, meist aus Gründen der Sprecherleichterung (z. B. eines d in niemand; mittelhochd. *nieman*); vgl. Epenthese. **Epitheta ornantia**: *Plural* von → Epitheton ornans.

Epitheton [*gr.-lat.*; „Hinzugefügtes"] *das*; -s, ...ta: 1. als Attribut gebrauchtes Adjektiv od. Partizip (z. B. das *große* Haus; Sprachw.). 2. in der biologischen Systematik der zweite Teil des Namens, der die Unterabteilungen der Gattung bezeichnet. **Epitheton ornans** [*gr.-lat.*; *lat.*] *das*; -, ...ta ...antia: nur schmückendes, d. h. typisierendes, formelhaftes, immer wiederkehrendes Beiwort (z. B. *grüne* Wiese, *rotes* Blut)

epitok [*gr.-nlat.*]: durch Epitokie verwandelt. **Epitokie** *die*; -: Umwandlung mancher Borstenwürmer zu anders gestalteten geschlechtsreifen Individuen

Epitomator [*gr.-nlat.*] *der*; -s, ...oren: Verfasser einer Epitome. **Epitome** [*epitome*; *gr.-lat.*] *die*; -, ...omen: Auszug aus einem Schriftwerk; wissenschaftlicher od. geschichtlicher Abriß (in der altröm. u. humanistischen Literatur)

Epi|trachelion [*gr.-mgr.*] *das*; -s, ...ien [...*ien*]: stolaartiges Band, das Priester und Bischöfe der Ostkirche beim Gottesdienst um den Hals tragen; vgl. Stola

Epi|trit [*gr.-lat.*] *der*; -en, -en: aus sieben Moren (vgl. Mora II, 1) bestehender altgriech. Versfuß (rhythmische Einheit, z. B. –◡– –)

Epi|trope [*gr.*] *die*; -, -n: 1. a) Vollmacht; b) das Erlauben, Anheimgeben. 2. scheinbares Zugeben, einstweiliges Einräumen (Rhet.). **epi|tropisch**: 1. die Vormundschaft, die Erlaubnis betreffend. 2. scheinbar zugestehend (Rhet.)

Epizen|tralentfernung [*gr.-nlat.*; *dt.*] *die*; -, -en: Entfernung zwischen Beobachtungsort u. Epizentrum. **Epizen|trum** [*gr.-nlat.*] *das*; -s, ...ren: senkrecht über einem Erdbebenherd liegendes Gebiet der Erdoberfläche

Epizeuxis [*gr.-lat.*] *die*; -, ...xes: = Epanalepse

epizoisch [*gr.-nlat.*]: (Biol.) a) auf Tieren vorkommend, lebend (von Schmarotzern); b) sich durch Anheften an Menschen u. Tiere verbreitend (von Samen)

Epizone [*gr.-nlat.*] *die*; -: obere Tiefenzone bei der → Metamorphose (4) der Gesteine (Geol.)

Epizoon [*gr.-nlat.*] *das*; -s, ...zoen u. ...zoa: Schmarotzer, der auf Tieren vorkommt. **Epizoonose** [...*zo-o*...] *die*; -, -n: durch Epizoen hervorgerufene Hautkrankheit. **Epizootie** [...*zo-o*...] *die*; -, ...ien: 1. a) = Epidemie; b) epidemisches Auftreten seuchenhafter Erkrankungen bei Tieren. 2. Hautkrankheit, die durch tierische Parasiten hervorgerufen wird (Med.)

Epizykel [*gr.*; „Nebenkreis"] *der*; -s, -: ein Kreis, dessen Mittelpunkt sich auf einem anderen Kreis bewegt od. der auf einem anderen Kreis abrollt (in der Antike u. von Kopernikus zur Erklärung der Planetenbahnen benutzt). **Epizy|kloide** [*gr.-nlat.*] *die*; -, -n: Kurve, die von einem Punkt auf dem Umfang eines auf einem festen Kreis rollenden Kreises beschrieben wird

epochal [*gr.-mlat.-nlat.*]: 1. a) über den Augenblick hinaus bedeutsam, in die Zukunft hineinwirkend; b) (ugs.) aufsehenerregend; bedeutend. 2. die einzelnen Fächer nicht nebeneinander, sondern nacheinander zum Gegenstand habend (Päd.)

Epoche

I. [*epoche*; *gr.-mlat.*; „das Anhalten (in der Zeit)"] *die*; -, -n: 1. größerer Zeitabschnitt. 2. Zeitpunkt des Standortes eines Gestirns (Astron.).

II. [*epoche*; *gr.*] *die*; -: 1. das Ansichhalten, Zurückhalten des Urteils (bei den Skeptikern). 2. Abschaltung der Außenwelteinflüsse (bei dem Philosophen Husserl)

Ep|ode [*gr.-lat.*; „Nach-, Schlußgesang"] *die*; -, -n: 1. [antike] Gedichtform, bei der auf einen längeren Vers ein kürzerer folgt. 2. in antiken Gedichten u. bes. in den Chorliedern der altgriech. Tragödie der auf → Strophe (1) u. → Antistrophe (2) folgende dritte Kompositionsteil, der Abgesang. **ep|odisch** [*gr.*]: die Epode (1, 2) betreffend

Ep|onym [*gr.*] *das*; -s, -e: Gattungsbezeichnung, die auf einen Personennamen zurückgeht (z. B. *Zeppelin* für Luftschiff)

Epopöe [*gr.*] *die*; -, -n: (veraltet) Epos

Ep|opt [*gr.-lat.*; „Schauender"] *der*; -en, -en: höchster Grad der Eingeweihten in den → Eleusinischen Mysterien

Epos [*gr.-lat.*] *das*; -, Epen: erzählende Versdichtung; Heldengedicht, das häufig Stoffe der Sage od. Geschichte behandelt

Ep|oxyd [auch: ...*üt*; *gr.-nlat.*] u. (chem. fachspr.:) **Ep|oxid** *das*; -s, -e: durch Anlagerung von Sauerstoff an → Olefine gewonnene chem. Verbindung

Eprouvette [*epruwät*^e; *lat.-fr.*] *die*; -, -n: (österr.) Glasröhrchen (z. B. für chem. Versuche)

Epsilon [*gr.*] *das*; -[s], -s: fünfter Buchstabe des griech. Alphabets (kurzes e): *Ε, ε*

Ep|ulis [*gr.*] *die*; -, ...iden: Zahnfleischgeschwulst (Med.)

Equalizer [*ikw*^e*lais*^e*r*; *lat.-engl.*] *der*; -s, -: Zusatzgerät an elektroakustischen Übertragungssystemen, das aus einer speziellen Kombination von Filtern besteht u. durch das man gezielt das Klangbild verändern kann

Equerre [*ekär*; *lat.-vulgärlat.-fr.*] *die*; -, -s: (schweiz.) Geodreieck

Eque|strik [*lat.-nlat.*] *die*; -: Reitkunst (bes. im Zirkus). **Equidae** [...*ä*] u. **Equiden** *die* (Plural): pferdeartige Tiere (Pferd, Esel u. a.)

equili|brieren usw. vgl. äquilibrieren usw.

Equipage [*ek(w)ipasch*^e; *altnord.-fr.*] *die*; -, -n: 1. elegante Kutsche. 2. (veraltet) Schiffsmannschaft. 3. (veraltet) Ausrüstung [eines Offiziers]. **Equipe** [*ekip*] *die*; -, -n [...*p*^e*n*]: a) Reitermannschaft; b) [Sport]mannschaft. **equipieren**: ausrüsten, ausstatten. **Equipment** [*ikwipm*^e*nt*; *engl.*] *das*; -s, -s: Ausrüstung einer Band

Equisetum [*lat.*] *das*; -s, ...ten: Schachtelhalm (einzige heute noch vorkommende Gattung der Schachtelhalmgewächse)

Erbium [*nlat.*; nach dem schwed.

Ort Ytterby] *das*; -s: chem. Grundstoff aus der Gruppe der seltenen Erdmetalle; Zeichen: Er
Erebos [*gr.*] u. **Erebus** [*gr.-lat.*] *der*; -: Unterwelt, Reich der Toten in der griech. Sage
erektil [*lat.-nlat.*]: schwellfähig, erektionsfähig (Med.). **Erektion** [...*zion*; *lat.*; „Aufrichtung"] *die*; -, -en: durch Blutstauung entstehende Versteifung u. Aufrichtung von Organen, die mit Schwellkörpern versehen sind (wie z. B. das männliche Glied). **Erektometer** *das*; -s, -: Gerät, das die Erektion des männlichen Gliedes aufzeichnet (Med., Psychol.)
Eremit [*gr.-lat.*] *der*; -en, -en: a) aus religiösen Motiven von der Welt abgeschieden lebender Mensch, Klausner, Einsiedler; Ggs. → Zönobit. **Eremitage** [...*tasch*[e]; *gr.-lat.-fr.*] *die*; -, -n: a) Einsiedelei; b) Nachahmung einer Einsiedelei in Parkanlagen des 18. Jh.s; einsam gelegenes Gartenhäuschen; intimes Lustschlößchen. **Eremitei** [*gr.-lat.*] *die*; -, -en: Einsiedelei. **Eremurus** [*gr.-nlat.*] *der*; -: Lilienschweif (Liliengewächs, asiatische Zierpflanze)
Erepsin [Kunstw.] *das*; -s: eiweißspaltendes Enzymgemisch des Darm- u. Bauchspeicheldrüsensekrets
erethisch [*gr.-nlat.*]: reizbar, leicht erregbar (Med.). **Erethismus** *der*; -: Gereiztheit, krankhaft gesteigerte Erregbarkeit (Med.)
Erf|tal ⓦ [Kunstw.] *das*; -s: Markenbezeichnung einer sehr reinen Aluminiumqualität (Chem.)
Erg [*gr.*] *das*; -s, -: physikal. Einheit der Energie; Zeichen: erg. **Ergasiolipophyt** [*gr.-nlat.*] *der*; -en, -en (meist Plural): ehemalige Kulturpflanze, die Teil der natürlichen Flora geworden ist. **Ergasiophygophyt** *der*; -en, -en (meist Plural): verwilderte Kulturpflanze. **Ergasiophyt** *der*; -en, -en (meist Plural): Kulturpflanze. **Ergasto|plasma** *das*; -s, ...men: Bestandteil des Zellplasmas einer Drüsenzelle, in dem intensive Eiweißsynthesen stattfinden. **Ergativ** [auch: ...*tif*] *der*; -s, -e [...*w*[e]]: Kasus, der bei zielenden Verben den Handelnden bezeichnet (bes. in den kaukasischen Sprachen)
ergo [*lat.*]: also, folglich. **ergo bibamus!**: also laßt uns trinken! (Kehrreim von [mittelalt.] Trinkliedern)
Ergo|graph [*gr.-nlat.*] *der*; -en, -en Gerät zur Aufzeichnung der Muskelarbeit (Med.). **Ergographie** *die*; -: Aufzeichnung der Arbeitsleistung von Muskeln mittels eines Ergometers (Med.). **Ergologie** *die*; -: a) Arbeits- u. Gerätekunde; b) Erforschung der volkstümlichen Arbeitsbräuche u. Arbeitsgeräte sowie deren kultureller Bedeutung. **ergologisch**: die Ergologie betreffend. **Ergometer** *das*; -s, -: Apparat zur Messung der Arbeitsleistung von Muskeln (Med.). **Ergome|trie** *die*; -: Messung der körperlichen Leistungsfähigkeit eines Menschen mittels eines Ergometers (Med.). **ergome|trisch**: a) die Ergometrie betreffend; b) zum Ergometer gehörend. **Ergon** *das*; -s, -e (meist Plural): hochwirksamer biologischer Wirkstoff (Hormon, Vitamin, Enzym). **Ergonom** *der*; -en, -en: jmd., der sich wissenschaftlich mit Ergonomie befaßt. **Ergonomie** u. **Ergonomik** [*gr.-nlat.-engl.*] *die*; -: Wissenschaft von den Leistungsmöglichkeiten u. -grenzen des arbeitenden Menschen sowie der besten wechselseitigen Anpassung zwischen dem Menschen u. seinen Arbeitsbedingungen. **ergonomisch**: die Ergonomie betreffend. **Ergostat** *der*; -en, -en: = Ergometer
Ergosterin [Kurzw. aus: franz. *ergot* „Mutterkorn" u. Chole*sterin*] *das*; -s: Vorstufe des Vitamins D_2. **Ergosterol** *das*; -s: engl. Bezeichnung für: Ergosterin. **Ergot|amin** [Kurzw. aus: franz. *ergot* „Mutterkorn" u. → *Am*monium u. *-in*] *das*; -s: → Alkaloid des Mutterkorns (eines Getreideparasiten), bes. bei der Geburtshilfe verwendet
Ergotherapeut [*gr.*] *der*; -en, -en: jmd., der mit einer ärztlich verordneten Ergotherapie betraut ist. **Ergotherapie** *die*; -, ...ien: die um einen Teil der Arbeitstherapie erweiterte Beschäftigungstherapie (Soziol.; Med.)
Ergotin ⓦ [*fr.-nlat.*] *das*; -s: Präparat aus dem Mutterkorn (einem Getreideparasiten), bei der Geburtshilfe verwendet; vgl. Ergotren. **Ergotismus** *der*; -: Vergiftung durch Mutterkorn (einen Getreideparasiten), Kribbelkrankheit. **Ergotoxin** [*fr.*; *gr.-nlat.*] *das*; -s: → Alkaloid des Mutterkorns (eines Getreideparasiten); vgl. Ergotamin. **Ergo|tren** ⓦ [Kunstw.] *das*; -s: aus dem Ergotin weiterentwickeltes Präparat (zur raschen Blutstillung bei der Geburtshilfe)
ergotrop [*gr.-nlat.*]: leistungssteigernd (Med.)
erigibel [*lat.-nlat.*]: = erektil. **erigieren** [*lat.*]: a) sich aufrichten, versteifen (von Organen, die mit Schwellkörpern - wie der Penis - versehen sind); vgl. Erektion; b) eine Erektion haben, z. B. ich erigiere leicht; c) sich -: dabei sein, eine Erektion zu bekommen, sich aufzurichten, z. B. sein Glied erigiert sich
Erika [*gr.-lat.*]: *die*; -, -s u. ...ken: Heidekraut. **Erikazee** [*gr.-lat.-nlat.*] *die*; -, ...zeen (meist Plural): Vertreter der Familie der Heidekrautgewächse (Heidekraut, Alpenrose, Azalee)
Erinnophilie [*dt*; *gr.*] *die*; -: das Sammeln nichtpostalischer Gedenkmarken (Teilgebiet der → Philatelie)
Erinnye [...*ü*[e]] u. **Erinnys** [*gr.-lat.*] *die*; -, ...yen [...*ü*[e]*n*] (meist Plural): griechische Rachegöttin; vgl. Furie (1)
Eris|apfel [nach Eris, der griech. Göttin der Zwietracht] *der*; -s: Zankapfel, Gegenstand des Streites. **Eristik** [*gr.*] *die*; -: Kunst u. Technik des [wissenschaftlichen] Redestreites. **Eristiker** *der*; -s, - (meist Plural): Philosoph aus der Schule des Eukleides von Megara mit dem Hang zum Disputieren, wissenschaftlichen Streiten. **eristisch**: die Eristik betreffend
eritis sic|ut Deus [- *sikut* -; *lat.*]: ihr werdet sein wie Gott (Worte der Schlange beim Sündenfall, 1. Mose 3, 5)
erodieren [*lat.*; „aus-, wegnagen"]: auswaschen u. zerstören (Geol.)
erogen [*gr.-nlat.*]: a) geschlechtliche Erregung auslösend; b) erotisch reizbar (z. B. erogene Körperstellen). **Erogenität** *die*; -: Eigenschaft, erogen zu sein
eroi|co [*gr.-lat.-it.*]: heldisch, heldenmäßig (Vortragsanweisung; Mus.)
Eros [auch: *ároß*; *gr.-lat.*; griech. Gott der Liebe] *der*; -: 1. das der geschlechtlichen Liebe innewohnende Prinzip [ästhetisch-]sinnlicher Anziehung. 2. (verhüllend) Sexualität, geschlechtliche Liebe; pädagogischer -: eine das Verhältnis zwischen Erzieher u. Schüler beherrschende geistig-seelische Liebe (Päd.); philosophischer -: Drang nach Erkenntnis u. schöpferischer geistiger Tätigkeit; vgl. Eroten. **Eros-Center** [...*ßänt*[e]*r*; *gr.*; *gr.-lat.-fr.-engl.*] *das*; -s, -: Haus, moderne Anlage für Zwecke der Prostitution
Erosion [*lat.*] *die*; -, -en: 1. Zerstörungsarbeit von Wasser, Eis u. Wind an der Erdoberflä-

che. 2. (Med.) a) Gewebeschaden an der Oberfläche der Haut u. der Schleimhäute (z. B. Abschürfung); b) das Fehlen od. Abschleifen des Zahnschmelzes. 3. mechanische Zerstörung feuerfester Baustoffe (Techn.). **Erosionsbasis** *die*; -, ...sen: tiefster Punkt eines Flusses bei seiner Mündung. **erosiv** [*lat.-nlat.*]: a) die Erosion betreffend; b) durch Erosion entstanden

Erostess [Kunstw. aus: → *Eros* u. → Hos*tess*] *die*; -, -en: → Prostituierte

Erotema [*gr.*] *das*; -s, ...temata: Frage, Fragesatz. **Erotematik** *die*; -: a) Kunst der richtigen Fragestellung; b) Unterrichtsform, bei der gefragt u. geantwortet wird. **erotematisch**: hauptsächlich auf Fragen des Lehrers beruhend (vom Unterricht); vgl. akroamatisch (3)

Eroten [*gr.*] *die* (Plural): kleine Erosfiguren, die in der Kunst in dekorativem Sinne verwendet wurden; → allegorische Darstellungen geflügelter Liebesgötter, meist in Kindergestalt; vgl. Eros. **Erotical** [...*k*ᵉ*l*; Kunstw. aus: *Erotik* u. Mus*ical*] *das*; -s, -s: Bühnenstück, Film mit erotischem Inhalt. **Erotik** [*gr.-fr.*] *die*; -: a) mit sensorischer Faszination erlebte, den geistig-seelischen Bereich einbeziehende sinnliche Liebe; b) (verhüllend) Sexualität. **Erotika**: *Plural* von → Erotikon. **Erotiker** *der*; -s, -: a) Verfasser von Erotika; b) sinnlicher Mensch. **Erotikon** [*gr.*] *das*; -s, ...ka u. ...ken: 1. Werk, Dichtung mit erotischem Inhalt. 2. erotischer Gegenstand. **erotisch** [*gr.-fr.*]: a) die Liebe betreffend in ihrer [ästhetisch-]sinnlichen Anziehungskraft; b) (verhüllend) sexuell. **erotisieren** [*gr.-nlat.*]: durch ästhetisch-sinnliche Reize Sinnlichkeit, zärtlich-sinnliches Verlangen hervorrufen, wecken. **Erotismus** u. **Erotizismus** *der*; -: Überbetonung des Erotischen. **Erotologie** *die*; -: a) wissenschaftliche Beschäftigung mit den verschiedenen Erscheinungsformen der Erotik u. ihren inneren Voraussetzungen; b) Liebeslehre. **Erotomane** [*gr.*] *der*; -n, -n: männliche Person, die an Erotomanie leidet (Med.; Psychol.). **Erotomanie** *die*; -: krankhaft übersteigertes sexuelles Verlangen (Med.; Psychol.). **Erotomanin** *die*; -, -nen: weibliche Person, die an Erotomanie leidet

errare humanum est [*lat.*]: Irren ist menschlich (als eine Art Entschuldigung, wenn jmd. irrtümlich etw. Falsches gemacht hat). **Errata**: *Plural* von → Erratum. **erratisch** [*lat.*; „verirrt, zerstreut"]: vom Ursprungsort weit entfernt; -er Block: Gesteinsblock (Findling) in ehemals vergletscherten Gebieten, der während der Eiszeit durch das Eis dorthin transportiert wurde (Geol.). **Erratum** [„Irrtum"] *das*; -s, ...ta: Druckfehler

Er|rhinum [*gr.*] *das*; -s, ...rhina (meist Plural): Nasen-, Schnupfenmittel

Erudition [...*zion*; *lat.*] *die*; -: (veraltet) Gelehrsamkeit

eruieren [*lat.*; „herausgraben, zutage fördern"]: a) durch Überlegen feststellen, erforschen; b) jmdn./etwas herausfinden; ermitteln. **Eruierung** *die*; -, -en: das Eruieren

Eruktation [...*zion*; *lat.*] *die*; -, -en: [nervöses] Aufstoßen, Rülpsen (Med.); vgl. Efflation. **eruktieren**: aufstoßen, rülpsen (Med.)

eruptieren [*lat.*; „hervorbrechen"]: ausbrechen (z. B. von Asche, Lava, Gas, Dampf; Geol.). **Eruption** [...*zion*] *die*; -, -en: 1. a) vulkanischer Ausbruch von Lava, Asche, Gas, Dampf (Geol.); b) Gasausbruch auf der Sonne. 2. (Med.) a) Ausbruch eines Hautausschlages; b) Hautausschlag. **eruptiv** [*lat.-nlat.*]: 1. durch Eruption entstanden (Geol.). 2. aus der Haut hervortretend (Med.). **Eruptivgestein** *das*; -[e]s, -e: Ergußgestein (Geol.)

Erycin Ⓦᶻ [...*zin*] *das*; -s: = Erythromycin. **Erysipel** [*gr.-lat.*] *das*; -s u. **Erysipelas** *das*; -: Rose, Wundrose (Med.). **Erysipeloid** [*gr.-nlat.*] *das*; -s: [Schweine-]rotlauf (Hauterkrankung; Med.)

Ery|thea [*nlat.*; nach der aus der griech. Heraklessage bekannten Insel Erytheia (Südspanien)] *die*; -, ...theen: Palmengattung aus Mittelamerika (auch als Zimmerpflanze)

Erythem [*gr.*; „Röte"] *das*; -s, -e: Hautröte infolge → Hyperämie, oft auch krankheitsbedingt, mit vielen, z. T. infektiösen Sonderformen (Med.). **Erythematodes** [*gr.-nlat.*] *der*; -: Zehrrose, Schmetterlingsflechte (erythemähnliche entzündliche Hauterkrankung; Med.). **Ery|thrämie** *die*; -, ...ien: schwere Blutkrankheit (Med.). **Ery|thrasma** *das*; -s, ...men: Zwergflechte (Pilzerkrankung der Haut; Med.)

Erythrin

I. *das*; -s, -e: 1. ein organischer Farbstoff. 2. in verschiedenen Flechtenarten vorkommender → Ester des → Erythrits.

II. *der*; -s: Kobaltblüte, pfirsichblütenrotes Mineral

Ery|thrismus *der*; -, ...men: 1. Rotfärbung bei Tieren. 2. Rothaarigkeit beim Menschen (Med.). **Erythrit** [auch: ...*it*] *der*; -[e]s, -e: einfachster vierwertiger Alkohol. **Ery|thro|blast** *der*; -en, -en: kernhaltige Jugendform (unreife Vorstufe) der roten Blutkörperchen (Med.). **Ery|thro|blastose** *die*; -, -n: auf dem Auftreten von Erythroblasten im Blut beruhende Erkrankung (bei → Anämie, → Leukämie; Med.). **Ery|throdermie** *die*; -, ...ien: länger dauernde, oft schwere, ausgedehnte Hautentzündung mit Rötung, Verdikkung u. Schuppung (Med.). **Erythrokonten** *die* (Plural): bei schwerer → Anämie nachweisbare stäbchenförmige Gebilde in roten Blutkörperchen. **Ery|throlyse** *die*; -: Auflösung der roten Blutkörperchen (Med.). **Erythromelalgie** *die*; -, ...ien: schmerzhafte Schwellung u. Rötung der Gliedmaßen, bes. der Füße (Med.). **Ery|thromelie** *die*; -, ...ien: mit Venenerweiterung verbundene Hautentzündung (Med.). **Ery|thromit** *der*; -en, -en (meist Plural): bei schwerer → Anämie in roten Blutkörperchen nachweisbares fadenförmiges Gebilde (Med.). **Ery|thromycin** Ⓦᶻ [...*zin*], *das*; -s: → Antibiotikum mit breitem Wirkungsbereich. **Ery|thropathie** *die*; -, ...ien (meist Plural): Krankheit des Blutes, bes. die → hämolytische (allgemeine Bezeichnung; Med.). **Ery|throphage** *der*; -n, -n (meist Plural): den Abbau der roten Blutkörperchen einleitender → Makrophage (Med.). **Ery|throphobie** *die*; -: 1. krankhafte Angst zu erröten (Psychol.). 2. krankhafte Angst vor roten Gegenständen (Med.). **Ery|throplasie** *die*; -, ...ien: auf Wucherung beruhende rötlichbraune Verdikkung mit höckeriger, zur Verhornung neigender Oberfläche, die auf verschiedenen Schleimhäuten auftreten kann (Med.). **Ery|thropoese** *die*; -: Bildung od. Entstehung der roten Blutkörperchen (Med.). **ery|thropoetisch**: die Bildung od. Entstehung der roten Blutkörperchen betreffend (Med.). **Ery|thropsie** *die*; -, ...ien: das Rotsehen, krankhaftes Wahrnehmen roter Farberscheinungen (Med.). **Erythrosin** *das*; -s: künstlicher Farbstoff, der als → Sensibilisator verwendet wird. **Ery|throzyt** *der*; -en, -en: rotes Blutkörperchen (Med.). **Ery|throzytolyse** *die*; -: = Erythrolyse. **Ery|throzytose** *die*; -: krankhafte Vermehrung der roten Blutkörperchen (Med.)

Escalopes [*äßkalǫp*, auch: *...ǫpß*; *fr.*] *die* (Plural): dünne, gebratene Fleisch-, Geflügel- od. Fischscheibchen

Es|chatologie [*...cha...*; *gr.-nlat.*] *die*; -: Lehre von den Letzten Dingen, d. h. vom Endschicksal des einzelnen Menschen u. der Welt. **es|chatologisch**: die Letzten Dinge, die Eschatologie betreffend

Eschscholtzia [*nlat.*; nach dem deutschbaltischen Naturforscher J. F. Eschscholtz, † 1831] *die*; -, ...ien [*...iᵉn*]: Goldmohn (Mohngewächs)

Escudo [*...kudo*; *port.*] *der*; -[s], -[s]: port. u. chilen. Währungseinheit; Abk.: Es, Esc

Eskader [*lat.-vulgärlat.-it.-fr.*] *die*; -, -s: (veraltet) [Schiffs]geschwader, -verband. **Eska|dra** [*lat.-vulgärlat.-it.-fr.-russ.*] *die*; -: die sowjetische Flotte im Mittelmeer. **Eska|dron** *die*; -, -en: = Schwadron

Eskalade [*fr.*] *die*; -, -n: Erstürmung einer Festung mit Sturmleitern. **eskaladieren**: 1. eine Festung mit Sturmleitern erstürmen. 2. eine Eskaladierwand überwinden. **Eskaladierwand** *die*; -, ...wände: Hinderniswand für Kletterübungen. **Eskalation** [*...zion*; *fr.-engl.*] *die*; -, -en: der jeweiligen Notwendigkeit angepaßte allmähliche Steigerung, Verschärfung, insbesondere beim Einsatz militärischer od. politischer Mittel; Ggs. → Deeskalation; vgl. ...[at]ion/...ierung. **eskalieren**: a) stufenweise steigern, verschärfen; b) sich ausweiten, an Umfang od. Intensität zunehmen auf Grund der Tatsache, daß die Beteiligten in ihren Maßnahmen rigoroser werden, z. B. der Arbeitskampf eskaliert; c) sich steigern, z. B. die Musik eskaliert; sich -: das hat sich immer weiter eskaliert; Ggs. → deeskalieren. **Eskalierung** *die*; -, -en: = Eskalation; vgl. ...[at]ion/...ierung

Eskamotage [*...tasch*ᵉ; *lat.-span.-fr.*] *die*; -, -n: Taschenspielertrick, Zauberkunststück. **Eskamoteur** [*...tör*] *der*; -s, -e: Taschenspieler, Zauberkünstler. **eskamotieren**: [etwas, was einem gewünschten Denksystem nicht entspricht] heimlich verschwinden lassen; wegzaubern

Eskapade [*lat.-it.-fr.*] *die*; -, -n: 1. falscher Sprung eines Schulpferdes. 2. mutwilliger Streich, Seitensprung, Abenteuer, abenteuerlich-eigenwillige Unternehmung. **Eskapismus** [*lat.-vulgärlat.-fr.-engl.*] *der*; -: (Psychol.) a) [Hang zur] Flucht vor der Wirklichkeit u. den realen Anforderungen des Lebens in eine imaginäre Scheinwirklichkeit; b) Zerstreuungs- u. Vergnügungssucht, bes. in der Folge einer bewußten Abkehr von eingefahrenen Gewohnheiten u. Verhaltensmustern. **eskapistisch**: (Psychol.) a) vor der Wirklichkeit u. den realen Anforderungen des Lebens in eine imaginäre Scheinwelt flüchtend; b) zerstreuungs- u. vergnügungssüchtig im Sinne des Eskapismus (b)

Eskariol [*lat.-it.-fr.*] *der*; -s: Winterendivie (Bot.)

Eskarpe [*fr.*] *die*; -, -n: innere Grabenböschung bei Befestigungen. **eskarpieren**: steil machen (von Böschungen bei Befestigungen)

Eskarpin [*...pǟng*; *it.-fr.*] *der*; -s, -s: leichter Schuh, bes. der zu Seidenhosen u. Strümpfen getragene Schnallenschuh der Herren im 18. Jh.

Esker [*ir.*] *der*; -s, -: = Ås

Eskimo [*indian.-engl.*] *der*; -s, -s: 1. Angehöriger eines Mongolenstammes im arktischen Norden u. auf der Tschuktschenhalbinsel. 2. (ohne Plural) schwerer Mantelstoff. 3. Getränk aus Milch, Ei, Zucker u. Weinbrand. **eskimoisch** [*...o-i...*]: nach Art der Eskimos (1). **eskimotieren**: nach Art der Eskimos im Kajak unter dem Wasser durchdrehen u. in die aufrechte Lage zurückkehren

Eskompte [*äßkongt*; *lat.-it.-fr.*] *der*; -s, -s: 1. Rabatt, Preisnachlaß bei Barzahlung. 2. = Diskont. **eskomptieren**: 1. Preisnachlaß gewähren. 2. den Einfluß eines Ereignisses auf den Börsenkurs im voraus einkalkulieren u. den Kurs entsprechend gestalten

Eskorialschaf [nach dem span. Schloß Escorial] *das*; -[e]s, -e: span. Tuchwollschaf, von dem die bekannten Merino- u. Negrettischafe abstammen

Eskorte [*lat.-vulgärlat.-it.-fr.*] *die*; -, -n: Geleit, [militärische] Schutzwache, Schutz, Gefolge. **eskortieren**: als Schutz[wache] begleiten, geleiten

Eskudo vgl. Escudo

Esmeralda [*span.*] *die*; -, -s: spanischer Tanz

Esoterik [*gr.*] *die*; -: 1. esoterische Geisteshaltung, esoterisches Denken. 2. esoterische Beschaffenheit einer Lehre o. ä. **Esoteriker** *der*; -s, -: jmd., der in die Geheimlehren einer Religion, Schule od. Lehre eingeweiht ist; Ggs. → Exoteriker. **esoterisch**: a) nur für Eingeweihte, Fachleute bestimmt u. verständlich; b) geheim; Ggs. → exoterisch

Espada [*lat.-span.*; „Degen"] *der*; -s, -s: spanischer Stierkämpfer

Espa|drille [*...drij*; *gr.-lat.-span.-fr.*] *die*; -, -s (meist Plural): Leinenschuh mit einer Sohle aus Espartogras, der mit Bändern kreuzweise um den unteren Teil der Waden geschnürt wird

Espa|gnole [*äßpanjolᵉ*; *fr.*] *die*; -, -n: spanischer Tanz. **Espa|gnolette** [*äßpanjolätᵉ*] *die*; -, -n u. **Espagnoletteverschluß** [*...lät...*; *fr.*; *dt.*] *der*; ...schlusses, ...schlüsse: Drehstangenverschluß für Fenster

Esparsette [*lat.-provenzal.-fr.*] *die*; -, -n: kleeartige Futterpflanze auf kalkreichen Böden

Esparto [*span.*] *der*; -s, -s u. **Espartogras** *das*; -es, ...gräser: a) in Spanien u. Algerien wild wachsendes Steppengras; b) das zähe Blatt des Espartograses, das bes. zur Papierfabrikation verwendet wird; vgl. Alfa, Halfa

Espérance [*äßperangß*; *lat.-fr.*] *die*; -, -n [*...ßᵉn*]: Glücksspiel mit zwei Würfeln. **Esperantist** [*lat.-nlat.*] *der*; -en, -en: jmd., der Esperanto sprechen kann. **Esperanto** [nach dem Pseudonym „Dr. Esperanto" (= der Hoffende) des poln. Erfinders Zamenhof] *das*; -[s]: übernationale, künstliche Weltsprache. **Esperantologe** *der*; -n, -n: Wissenschaftler, der sich mit Sprache und Literatur des Esperanto beschäftigt. **Esperantologie** *die*; -: Wissenschaft von Sprache und Literatur des Esperanto

Espinela [*span.*; nach dem span. Dichter Espinel] *die*; -, -s: span. Gedichtform (Form der → Dezime 2)

espirando [*lat.-it.*]: verhauchend, ersterbend, verlöschend (Vortragsanweisung; Mus.)

Es|planade [*lat.-it.-fr.*] *die*; -, -n: freier Platz, meist durch Abtragung alter Festungswerke entstanden

Es|pressi: *Plural* von → Espresso (I). **es|pressivo** [*...wo*; *lat.-it.*]: ausdrucksvoll (Vortragsanweisung; Mus.). **Es|pressivo** *das*; -s, -s od. ...vi [*...wi*]: ausdrucksvolle Gestaltung in der Musik

Es|presso

I. *der*; -[s], -s od. ...ssi: 1. (ohne

Plural) sehr dunkel gerösteter Kaffee. 2. in einer Spezialmaschine zubereiteter, sehr starker Kaffee.
II. *das*; -[s], -s: kleine Kaffeestube, kleines Lokal, in dem [u. a.] dieses Getränk zubereitet wird und getrunken werden kann

Es|prit [*...pri*; *lat.-fr.*] *der*; -s: geistreiche Art; feine, witzig-einfallsreiche Geistesart. **Es|prit de corps** [- *d^e^ kor*] *der*; - - -: Korpsgeist, Standesbewußtsein

Esquire [*ißkwai^e^r*; *lat.-fr.-engl.*] *der*; -s, -s: englischer Höflichkeitstitel; Abk.: Esq.

Essäer *die* (Plural): = Essener

Essai [*äßé*; *lat.-fr.*]: franz. Form von: Essay. **Essay** [*äße^i^*, auch: *äße^i^*, *äße* u. *äße*; *lat.-fr.-engl.*] *der* od. *das*; -s, -s: Abhandlung, die eine literarische od. wissenschaftliche Frage in knapper u. anspruchsvoller Form behandelt. **Essay|ist** *der*; -en, -en: Verfasser von Essays. **Essay|istik** *die*; -: Kunstform des Essays. **essay|istisch**: a) den Essay betreffend; b) für den Essay charakteristisch; in der Form, Art eines Essays

Esse [*lat.*] *das*; -: Sein, Wesen (Philos.)

Essener [*hebr.-gr.*] *die* (Plural): altjüdische Sekte (etwa von 150 v. Chr. bis 70 n. Chr.) mit einem Gemeinschaftsleben nach Art von Mönchen

Essentia [*...zia*; *lat.*] *die*; -: Essenz (4); Ggs. → Existentia. **essential** [*...zial*; *lat.-mlat.*] (bes. Philos.): vgl. essentiell. **Essential** [*ißänsch^e^l*; *lat.-engl.*] *das*; -s, -s (meist Plural): das Wesentliche. **Essentialien** [*...i^e^n*; *lat.-mlat.*] *die* (Plural): Hauptpunkte bei einem Rechtsgeschäft; Ggs. → Akzidentalien. **essentiell** [*lat.-fr.*]: 1. a) wesentlich, hauptsächlich; b) wesensmäßig (Philos.). 2. lebensnotwendig (Chem.; Biol.). 3. (von Krankheitserscheinungen, die nicht symptomatisch für bestimmte Krankheiten sind, sondern ein eigenes Krankheitsbild darstellen) selbständig (Med.). **Essenz** [*lat.*] *die*; -, -en: 1. wesentlichster Teil, Kernstück. 2. konzentrierter Duft- od. Geschmacksstoff aus pflanzlichen od. tierischen Substanzen. 3. stark eingekochte Brühe von Fleisch, Fisch od. Gemüse zur Verbesserung von Speisen. 4. Wesen, Wesenheit einer Sache

Essexit [auch: *...it*; *nlat.*; nach der Landschaft Essex County in Massachusetts/USA] *der*; -s, -e: ein Tiefengestein

Essigäther *der*; -s: technisch vielfach verwendete organische Verbindung (Äthylacetat), eine angenehm u. erfrischend riechende, klare Flüssigkeit

Essiv [*lat.-nlat.*] *der*; -s: Kasus in den finnougrischen Sprachen, der ausdrückt, daß sich etwas in einem Zustand befindet

Est [*äßt*; *fr.*] (ohne Artikel): Osten; Abk.: E

Esta|blish|ment [*ißtäblischm^e^nt*, auch: *äßt...*; *engl.*] *das*; -s, -s: a) Oberschicht der politisch, wirtschaftlich od. gesellschaftlich einflußreichen Personen; b) (abwertend) etablierte bürgerliche Gesellschaft, die auf Erhaltung des → Status quo bedacht ist

Estafette [*germ.-it.-fr.*] *die*; -, -n: (veraltet) [reitender] Eilbote

Estakade [*germ.-roman.*] *die*; -, -n: 1. Rohr-, Gerüstbrücke. 2. Pfahlwerk zur Sperrung von Flußeingängen od. Häfen

Estamin *das*; -[s]: = Etamin

Estaminet [*...minä*; *fr.*] *das*; -[s], -s: a) kleines Kaffeehaus; b) Kneipe

Estampe [*äßtangp^(e)^*; *germ.-it.-fr.*] *die*; -, -n [*...p^e^n*]: von einer Platte gedruckte Abbildung

Estanzia [*lat.-span.*] *die*; -, -s: südamerikan. Landgut [mit Viehwirtschaft]

Ester [Kunstw. aus: *Essigäther*] *der*; -s, -: organische Verbindung aus der Vereinigung von Säuren mit Alkoholen unter Abspaltung von Wasser (Chem.). **Esterase** [*nlat.*] *die*; -, -n: fettspaltendes → Enzym (Chem.)

Estil Ⓦⓩ [Kunstw.] *das*; -s: intravenöses Kurznarkotikum

estinguendo [*...g^u^ä...*; *lat.-it.*]: verlöschend, ausgehend, ersterbend (Vortragsanweisung; Mus.). **estinto**: erloschen, verhaucht (Vortragsanweisung; Mus.)

Estomihi [*lat.*]: Name des letzten Sonntags vor der Passionszeit (nach dem Eingangsvers des Gottesdienstes, Psalm 31, 3: Sei mir [ein starker Fels]); Quinquagesima

Estrade [*lat.-it.-fr.*; „gepflasterter Weg"] *die*; -, -n: 1. erhöhter Teil des Fußbodens (z. B. vor einem Fenster). 2. (DDR) volkstümliche künstlerische Veranstaltung mit gemischtem musikalischem u. artistischem Programm. **Estradenkonzert** *das*; -[e]s, -e: = Estrade (2)

Estragon [*arab.-mlat.-fr.*] *der*; -s: Gewürzpflanze (Korbblütler)

Estrangelo [*gr.-syr.*] *die*; -: alte kursive syr. Schrift

Estremaduragarn [nach der span. Landschaft Estremadura] *das*; -s: glattes Strick- od. Häkelgarn aus Baumwolle

et [*lat.*]: und: &; vgl. Et-Zeichen

Eta [*gr.*] *das*; -[s], -s: siebenter Buchstabe des griech. Alphabets (langes E): *H*, *η*

eta|blieren [*lat.-fr.*]: 1. einrichten, gründen (z. B. eine Fabrik). 2. sich -: a) sich niederlassen, sich selbständig machen (als Geschäftsmann); b) sich irgendwo häuslich einrichten; sich eingewöhnen; c) einen sicheren Platz innerhalb einer Ordnung od. Gesellschaft einnehmen, sich breitmachen (z. B. von politischen Gruppen). **Eta|blissement** [*...ß^e^mang*; schweiz.: *...mänt*] *das*; -s, -s u. (schweiz.:) -e: 1. Unternehmen, Niederlassung, Geschäft, Betrieb. 2. a) kleineres, gepflegtes Restaurant; b) Vergnügungsstätte, [zweifelhaftes] [Nacht]lokal; c) (verhüllend) Bordell

Etage [*etasch^e^*; *lat.-vulgärlat.-fr.*] *die*; -, -n: Stockwerk, [Ober]geschoß. **Etagere** [*...är^e^*] *die*; -, -n: 1. a) Gestell für Bücher od. für Geschirr; b) aus meist drei übereinander befindlichen Schalen in unterschiedlicher Größe bestehender Gegenstand, durch den in der Mitte ein Stab verläuft, an dem die Schalen befestigt sind. 2. aufhängbare, mit Fächern versehene Kosmetiktasche

Etalage [*etalasch^e^*; *germ.-fr.*] *die*; -, -n: (veraltet) das Ausstellen, Aufbauen von Ware [im Schaufenster]. **etalieren**: (veraltet) ausstellen. **Etalon** [*...long*; *fr.*] *der*; -s, -s: Normalmaß, Eichmaß. **Etalonnage** [*...nasch^e^*] *die*; -, -n: Steuerung der Stärke u. der Zusammensetzung des Kopierlichtes in der Kopiermaschine (Filmw.)

Etamin [*lat.-vulgärlat.-fr.*] *das* (bes. österr. auch: *der*); -[s] u. **Etamine** *die*; -: gitterartiges, durchsichtiges Gewebe [für Vorhangstoffe]

Etappe [*niederl.-fr.*; „Warenniederlage"] *die*; -, -n: 1. a) Teilstrecke, Abschnitt eines Weges; b) [Entwicklungs]stadium, Stufe. 2. [Nachschub]gebiet hinter der Front (Mil.). **Etappenschwein** *das*; -[e], -e: (derb, abwertend) Angehöriger einer militärischen Einheit, der in der Etappe statt an der Front ist

Etat [*eta*; *lat.-fr.*] *der*; -s, -s: 1. a) [Staats]haushaltsplan; b) [Geld]mittel, die über einen begrenzten Zeitraum für bestimmte Zwecke zur Verfügung stehen. 2.

durch einen Probedruck festgehaltener Zustand der Platte während der Entstehung eines Kupferstiches. **etatisieren**: einen Posten in den Staatshaushalt aufnehmen. **Etatismus** *der*; -: 1. bestimmte Form der Planwirtschaft, in der die staatliche Kontrolle nur in den wichtigsten Industriezweigen (z. B. Tabakindustrie) wirksam wird. 2. eine ausschließlich auf das Staatsinteresse eingestellte Denkweise. 3. (schweiz.) Stärkung der Zentralgewalt des Bundes gegenüber den Kantonen. **etatistisch**: a) den Etatismus betreffend; b) in der Art des Etatismus. **États généraux** [*eta schenero*] *die* (Plural): (hist.) die franz. Generalstände (Adel, Geistlichkeit, Bürgertum) bis zum 18. Jh.

Etazismus [*gr.-nlat.*] *der*; -: Aussprache des griech. Eta wie langes e

et cetera [*ät ze...*; *lat.*]: und so weiter; Abk.: etc. **et cetera pp.** [- - *pepe* = - - perge perge]: (verstärkend) und so weiter fahre fort, fahre fort. **et cum spiritu tuo** [- *kum* - -; *lat.*; „und mit deinem Geiste"]: Antwort der Gemeinde im katholischen Gottesdienst auf den Gruß → Dominus vobiscum

etepetete [*niederd.*; *fr.*]: (ugs.) a) geziert, zimperlich, übertrieben empfindlich; b) steif u. konventionell, nicht ungezwungen-aufgeschlossen

eternisieren [*lat.-fr.*]: verewigen, in die Länge ziehen. **Eternit** Ⓦⓩ [auch: *...nit*; *lat.-nlat.*] *das* od. *der*; -s: wasserundurchlässiges u. feuerfestes Material (bes. im Baugewerbe verwendet)

Etesien [*...iᵉn*; *gr.-lat.*] *die* (Plural): von April bis Oktober gleichmäßig wehende, trockene Nordwestwinde im östlichen Mittelmeer. **Etesienklima** *das*; -s, -s u. ...mate: Klima mit trockenem, heißem Sommer u. mildem Winter mit Niederschlägen

Ethanograph [*gr.-nlat.-engl.*] *der*; -en, -en: Gerät zum Messen des Alkoholspiegels im Blut

Ether vgl. Äther (2)

Ethik [*gr.-lat.*] *die*; -, -en: 1. a) Lehre vom sittlichen Wollen u. Handeln des Menschen in verschiedenen Lebenssituationen (Philos.); b) die Ethik (1 a) darstellendes Werk. 2. (ohne Plural) [allgemeingültige] Normen u. Maximen der Lebensführung, die sich aus der Verantwortung gegenüber anderen herleiten. **Ethiker** *der*; -s, -: a) Lehrer der philosophischen Ethik; b) Begründer od. Vertreter einer ethischen Lehre; c) jmd., der in seinem Wollen u. Handeln von ethischen Grundsätzen ausgeht. **ethisch** [*gr.-lat.*]: 1. die Ethik betreffend. 2. die von Verantwortung u. Verpflichtung anderen gegenüber getragene Lebensführung, -haltung betreffend, auf ihr beruhend; sittlich; -e Indikation: → Indikation für einen Schwangerschaftsabbruch aus ethischen Gründen (z. B. nach einer Vergewaltigung)

Ethnarch [*gr.*] *der*; -en, -en: 1. (hist.) subalterner Fürst (in röm. Zeit, bes. in Syrien u. Palästina). 2. Führer der griech. Volksgruppe auf Zypern.

Ethnie [*gr.-nlat.*] *die*; -, ...ien: Menschengruppe mit einheitlicher Kultur. **Ethnikon** [*gr.*] *das*; -s, ...ka: Völkername, Personengruppenname. **ethnisch** [*gr.-lat.*]: a) einer sprachlich u. kulturell einheitlichen Volksgruppe angehörend; b) die Kultur- u. Lebensgemeinschaft einer Volksgruppe betreffend. **Ethno|graph** [*gr.-nlat.*] *der*; -en, -en: = Ethnologe. **Ethno|graphie** *die*; -: Disziplin, in der man sich ohne ausgeprägte theoretische Erkenntnisinteressen der Beschreibung primitiver Gesellschaften widmet; beschreibende Völkerkunde. **ethnographisch**: die Ethnographie betreffend. **Ethnologe** *der*; -n, -n: Fachmann auf dem Gebiet der Ethnologie, Völkerkundler. **Ethnologie** *die*; -: 1. Völkerkunde; Ethnographie. 2. Wissenschaft, die sich mit Sozialstruktur und Kultur der primitiven Gesellschaften beschäftigt. 3. in den USA betriebene Wissenschaft, die sich mit Sozialstruktur und Kultur aller Gesellschaften beschäftigt. **ethnologisch**: völkerkundlich. **Ethnozen|trismus** *der*; -: eine besondere Form des → Nationalismus, bei der das eigene Volk (die eigene Nation) als Mittelpunkt u. zugleich als gegenüber anderen Völkern überlegen angesehen wird

Ethologe [*gr.*] *der*; -n, -n: Verhaltensforscher; Wissenschaftler auf dem Gebiet der Ethologie. **Ethologie** *die*; -: Wissenschaft vom Verhalten der Tiere; Verhaltensforschung. **ethologisch**: die Ethologie betreffend. **Ethos** [*gr.-lat.*] *das*; -: moralische Gesamthaltung; sittliche Lebensgrundsätze eines Menschen od. einer Gesellschaft, die die Grundlage des Wollens u. Handelns bilden; Gesamtheit ethisch-moralischer Normen, Ideale usw. als Grundlage subjektiver Motive u. innerer Maßstäbe

Ethyl usw.: = fachspr. für → Äthyl usw.

Etienne [*etiän*; nach der franz. Buchdruckerfamilie Estienne] *die*; -: eine Antiquadruckschrift

Etikett [*niederl.-fr.*] *das*; -[e]s, -e[n] (auch: -s): mit einer Aufschrift versehenes [Papier]schildchen [zum Aufkleben]. **Etikette** *die*; -, -n: 1. a) zur bloßen Förmlichkeit erstarrte offizielle Umgangsform; b) Gesamtheit der allgemein od. in einem bestimmten Bereich geltenden gesellschaftlichen Umgangsformen. 2. = Etikett. **etikettieren**: mit einem Etikett versehen

Etiolement [*etiolᵉmang*; *lat.-fr.*] *das*; -s: übernormales Längenwachstum von Pflanzenteilen bei Lichtmangel, verbunden mit nicht grüner, sondern nur gelblich-blasser Färbung. **etiolieren**: im Dunkeln od. bei zu geringem Licht wachsen u. dadurch ein nicht normales Wachstum (z. B. zu lange, dünne, bleichgrüne Stiele) zeigen (Gartenbau)

etisch [*engl.*]: nicht bedeutungsunterscheidend, nicht → distinktiv (Sprachw.); Ggs. → emisch

Etüde [*lat.-fr.*] *die*; -, -n: Übungs-, Vortrags-, Konzertstück, das spezielle Schwierigkeiten enthält

Etui [*ätwi*; *fr.*] *das*; -s, -s: kleiner, flacher Gegenstand zum Aufbewahren kostbarer od. empfindlicher Gegenstände (z. B. von Schmuck, einer Brille)

etymisch [*gr.*]: das Etymon, die wahre, eigentliche Bedeutung betreffend. **Etymologe** [*gr.-lat.*] *der*; -n, -n: Wissenschaftler, der die Herkunft u. Geschichte von Wörtern untersucht. **Etymologie** *die*; -, ...ien: a) (ohne Plural) Wissenschaft von der Herkunft, Geschichte u. Grundbedeutung der Wörter; b) Herkunft, Geschichte u. Grundbedeutung eines Wortes. **etymologisch**: die Etymologie (b) betreffend. **etymologisieren**: nach Herkunft u. Wortgeschichte untersuchen. **Etymon** [„das Wahre"] *das*; -s, ...ma: die sogenannte ursprüngliche Form u. Bedeutung eines Wortes; Wurzelwort, Stammwort (Sprachw.)

Et-Zeichen *das*; -s, -: Und-Zeichen (&)

Eubiotik [*gr.-nlat.*] *die*; -: Lehre vom gesunden [körperlichen u. geistigen] Leben

Eubulie [*gr.*] *die*; -: Vernunft, Einsicht

Eucharistie [...*cha*...; *gr.-lat.*; „Danksagung"] *die*; -, ...ien: a) (ohne Plural) das → Sakrament des Abendmahls, Altar[s]sakrament; b) die Feier des heiligen Abendmahls als Mittelpunkt des christlichen Gottesdienstes; c) die eucharistische Gabe (Brot u. Wein). **Eucharistiefeier** *die*; -, -n: die katholische Feier der Messe. **eucharistisch** [*gr.-nlat.*]: auf die Eucharistie bezogen; Eucharistischer Kongreß: [internationale] katholische Tagung zur Feier u. Verehrung der Eucharistie

Eudämonie [*gr.*] *die*; -: Glückseligkeit, seelisches Wohlbefinden (Philos.). **Eudämonismus** [*gr.-nlat.*] *der*; -: philosophische Lehre, die im Glück des einzelnen od. der Gemeinschaft die Sinnerfüllung menschlichen Daseins sieht. **Eudämonist** *der*; -en, -en: Vertreter des Eudämonismus. **eudämonistisch**: a) auf den Eudämonismus bezogen; b) dem Eudämonismus entsprechend

Eudiometer [*gr.-nlat.*] *das*; -s; -: Glasröhre zum Abmessen von Gasen. **Eudiome|trie** *die*; -: Messung des Sauerstoffgehaltes der Luft als Güteprobe

Eudoxie [*gr.*] *die*; -, ...ien: 1. guter Ruf. 2. richtiges Urteil

Euergie [*gr.-nlat.*] *die*; -: unverminderte Leistungsfähigkeit u. Widerstandskraft des gesunden Organismus (Med.)

Eugenetik [*gr.-nlat.*] *die*; -: = Eugenik. **eugenetisch**: = eugenisch. **Eugenik** *die*; -: Erbgesundheitsforschung, -lehre, -pflege mit dem Ziel, erbschädigende Einflüsse u. die Verbreitung von Erbkrankheiten zu verhüten. **eugenisch**: die Eugenik betreffend

Eu|gnathie [*gr.-nlat.*] *die*; -: normale Ausbildung u. Funktion des Kausystems (Kiefer u. Zähne)

euhe|dral [*gr.-nlat.*]: = idiomorph

Euhemerismus [*nlat.*; nach dem griech. Philosophen Euhemeros, um 300 v. Chr.] *der*; -: [rationalistische] Deutung von Mythen u. Religionen. **euhemeristisch**: Religion u. Götterverehrung im Sinne des Euhemerismus deutend

Eukalyptus [*gr.-nlat.*] *der*; -, ...ten u. -: aus Australien stammende Gattung immergrüner Bäume u. Sträucher

Eukaryonten [*gr.*] *die* (Plural): zusammenfassende Bez. für alle Organismen, deren Zellen durch einen typischen Zellkern charakterisiert sind (Biol.); Ggs. → Prokaryonten

Eukinetik [*gr.-nlat.*] *die*; -: Lehre von der schönen u. harmonischen Bewegung (Tanzkunst)

eu|klidische Geome|trie *die*; -n -: Geometrie, die auf den von Euklid festgelegten Axiomen beruht (Math.)

Eukolie [*gr.*] *die*; -: heitere, zufriedene Gemütsverfassung

Eu|krasie [*gr.*; „gute Mischung"] *die*; -: normale Zusammensetzung der Körpersäfte (Med.)

Eulan ® [Kurzw. aus: → *eu*- u. lat. *lana* „Wolle"] *das*; -s: Mittel, das verwendet wird, um Wolle, Federn od. Haare vor Motten zu schützen. **eulanisieren**: durch Eulan vor Motten schützen

Eulogie [*gr.-lat.*] *die*; -, ...ien: 1. kirchlicher Segensspruch, Weihegebet. 2. in der orthodoxen Kirche das nicht zur → Eucharistie benötigte Brot, das als „Segensbrot" nach dem Gottesdienst verteilt wird

Eumenide [*gr.-lat.*; „die Wohlwollende"] *die*; -, -n (meist Plural): verhüllender Name der → Erinnye

Eunuch [*gr.-lat.*; „Betthalter, -schützer"] *der*; -en, -en: durch → Kastration (1) zeugungsunfähig gemachter Mann [als Haremswächter]. **Eunuchismus** *der*; -: Gesamtheit der charakteristischen Veränderungen im Erscheinungsbild eines Mannes nach der → Kastration (1). **Eunuchoidismus** [...*cho-i*...; *gr.-nlat.*] *der*; -: auf Unterfunktion der Keimdrüsen beruhende Form des → Infantilismus mit unvollkommener Ausbildung der Geschlechtsmerkmale (Med.)

Euonymus vgl. Evonymus

Eupathe[o]skop [*gr.-nlat.*] *das*; -s, -e: Klimameßgerät, das Temperatur, Strahlung u. Ventilation berücksichtigt

eupelagisch [*gr.-nlat.*]: dauernd im freien Seewasser lebend (von Pflanzen u. Tieren; Biol.)

Euphemismus [*gr.-nlat.*] *der*; -, ...men: mildernde od. beschönigende Umschreibung für ein anstößiges od. unangenehmes Wort (z. B. verscheiden = sterben). **euphemistisch**: beschönigend, verhüllend

Euphonie [*gr.-lat.*] *die*; -, ...ien: sprachlicher Wohlklang, Wohllaut (bes. Sprachw.; Mus.); Ggs. → Kakophonie. **euphonisch**: a) wohllautend, -klingend (bes. Sprachw.; Mus.); b) die Aussprache erleichternd (von Lauten, z. B. t in eigentlich). **Euphonium** [*gr.-nlat.*] *das*; -s, ...ien [...*iᵉn*]: 1. Glasröhrenspiel, das durch Bestreichen mit den Fingern zum Klingen gebracht wird. 2. Baritonhorn

Euphorbia u. **Euphorbie** [...*iᵉ*; *gr.-lat.*] *die*; -, ...ien [...*iᵉn*]: Gattung der Wolfsmilchgewächse (Zierstaude). **Euphorbium** [*gr.-nlat.*] *das*; -s: Gummiharz einer marokkanischen Euphorbiapflanze (in der Tierheilkunde verwendet)

Euphorie [*gr.*] *die*; -, ...ien: a) augenblickliche, heiter-zuversichtliche Gemütsstimmung; Hochgefühl, Hochstimmung; b) (ohne Plural) subjektives Wohlbefinden Schwerkranker; Ggs. → Dysphorie (Med.; Psychol.) **Euphorikum** *das*; -s, ...ka: Rauschmittel mit euphorisierender Wirkung. **euphorisch**: a) in heiterer Gemütsverfassung, hochgestimmt; b) die Euphorie (b) betreffend; Ggs. → dysphorisch. **euphorisieren**: [durch Drogen u. Rauschmittel] ein inneres Glücks- od. Hochgefühl erzeugen

euphotisch [*gr.-nlat.*]: lichtreich (in bezug auf die obersten Schichten von Gewässern; Ggs. → aphotisch

Euphuismus [*engl.*; nach dem Roman „Euphues" des Engländers Lyly von 1579] *der*; -: Schwulststil in der engl. Literatur der Barockzeit. **euphuistisch**: in der Art des Euphuismus

eu|ploid [*gr.-nlat.*]: ausschließlich vollständige Chromosomensätze (vgl. Chromosom) aufweisend (von den Zellen eines Organismus; Biol.); Ggs. → aneuploid. **Eu|ploidie** [...*plo-i*...] *die*; -: das Vorliegen ausschließlich vollständiger Chromosomensätze in den Zellen von Organismen, wobei jedes → Chromosom jeweils einmal vorhanden ist (Biol.)

Eu|pnoe [...*gᵉ*; *gr.*] *die*; -: regelmäßiges ruhiges Atmen (Med.)

Eu|praxie [*gr.*] *die*; -: das sittlich richtige Handeln

eur|afrikanisch [Kurzw. aus: *euro*päisch u. *afrikanisch*]: Europa u. Afrika gemeinsam betreffend. **eurasiatisch** [Kurzw. aus: *euro*päisch u. *asiatisch*]: über das Gesamtgebiet Europas und Asiens verbreitet (z. B. von Tieren und Pflanzen). **Eurasien** (ohne Artikel); -s (in Verbindung mit Attributen: *das*; -[s]): Festland von Europa u. Asien, größte zusammenhängende Landmasse der Erde. **Eurasier** *der*; -s, -: 1. Bewohner Eurasiens. 2. europäisch-indischer Mischling in Indien. **eurasisch**: a) Eurasien betreffend; b) die Eurasier betreffend. **Euratom** [Kurzw. aus: *Euro*päische *Atom*(energie)-

gemeinschaft] *die*; -: gemeinsame Organisation der Länder der Europäischen Gemeinschaft zur friedlichen Ausnutzung der Atomenergie u. zur Gewährleistung einer friedlichen Atomentwicklung

Eu|rhythmie [*gr.-lat.*] *die*; -: 1. Gleichmaß von Bewegungen. 2. Regelmäßigkeit des Pulses (Med.). 3. = Eurythmie. **Eurhythmik** [*gr.-nlat.*] *die*; -: = Eurhythmie (1)

Eurocheque [*...schäk*; Kurzw. aus: *euro*päisch u. franz. *cheque*] *der*; -s, -s: offizieller, bei den Banken fast aller europäischen Länder einlösbarer Scheck. **Eurocontrol** [*...kontrol*; Kurzbez. aus *Euro*pa und *engl.* to *control* „überwachen, prüfen" für engl.: European Organization for the Safety of Air Navigation] *die*; -: europäische Organisation zur Sicherung des Luftverkehrs im oberen Luftraum. **Eurodollars** [Kurzw. aus: *euro*päisch u. → *Dollar*] *die* (Plural): Dollarguthaben bei nichtamerikanischen Banken, die von diesen an andere Banken od. Wirtschaftsunternehmen ausgeliehen werden (Wirtsch.). **Eurokommunismus** *der*; -: [in den kommunistischen Parteien Frankreichs, Italiens u. a. vertretene] politische Richtung, die den sowjetischen Führungsanspruch nicht akzeptiert u. nationalen Sonderformen des Kommunismus Platz einzuräumen versucht (Pol.). **Eurokommunist** *der*; -en, -en: Vertreter des Eurokommunismus. **Europacup** [*...kap*; *engl.*] *der*; -s, -s: 1. Wettbewerb im Sport für Mannschaften aus europäischen Ländern um einen Pokal als Siegestrophäe. 2. die Siegestrophäe dieses Wettbewerbs. **europäid** [*gr.-nlat.*]: den Europäern ähnlich (Rassenkunde). **Europäide** *der* u. *die*; -n, -n: dem Europäer ähnliche[r] Angehörige[r] einer nichteuropäischen Rasse. **europäisieren**: nach europäischem Vorbild umgestalten.

European Recovery Program [*jurᵉpiᵉn rikawᵉri proᵘgräm*; *engl.*] *das*; - - -: → Marshallplan, US-amerikanisches Wiederaufbauprogramm für Europa nach dem 2. Weltkrieg; Abk.: ERP. **europid** [*gr.-nlat.*]: zum europäisch-südeurasischen Rassenkreis gehörend, dessen Angehörige z. B. durch helle Hautfarbe, Schlankwüchsigkeit, hohe schmale Nase gekennzeichnet sind. **Europide** *der* u. *die*; -n, -n: Angehörige[r] des europiden Rassenkreises.

Europium *das*; -s: chem. Grundstoff aus der Gruppe der Metalle der seltenen Erden (eine Gruppe chemischer Elemente); Zeichen: Eu. **Europol** [Kurzw. für: Europa-Polizei] *die*; -: (geplantes) europäisches Kriminalamt. **eurosibirisch** [Kurzw. aus: *euro*päisch u. *sibirisch*]: über Europa u. die Nordhälfte Asiens verbreitet (von Tieren u. Pflanzen). **Eurovision** [Kurzw. aus: *euro*päisch u. → Tele*vision*] *die*; -: Zusammenschluß westeuropäischer Rundfunk- u. Fernsehorganisationen zum Zwecke des Austauschs von Fernsehprogrammen; vgl. Intervision

eurychor [*...kor*; *gr.-nlat.*]: = eurytop. **euryhalin**: gegen Schwankungen des Salzgehaltes im Boden u. im Wasser unempfindlich (von Pflanzen u. Tieren); Ggs. → stenohalin. **euryök**: gegen größere Schwankungen der Umweltfaktoren unempfindlich (von Pflanzen u. Tieren); Ggs. → stenök. **euryoxybiont**: gegen Schwankungen des Sauerstoffgehalts unempfindlich (von Pflanzen u. Tieren). **euryphag**: nicht auf bestimmte Nahrung angewiesen (von Pflanzen u. Tieren); Ggs. → stenophag. **Euryprosopie** *die*; -: Breitgesichtigkeit (Med.). **eurysom**: breitwüchsig (Med.). **eurytherm**: unabhängig von Temperaturschwankungen (von Lebewesen); Ggs. → stenotherm

Eurythmie [*gr.-lat.*; vom Begründer der → Anthroposophie, R. Steiner, gebrauchte Schreibung] *die*; -: in der → Anthroposophie gepflegte Bewegungskunst u. -therapie, bei der Gesprochenes, Vokal- u. Instrumentalmusik in Ausdrucksbewegungen umgesetzt werden

eurytop [*gr.-nlat.*]: weit verbreitet (von Pflanzen u. Tieren)

Eusebie [*gr.*] *die*; -: Gottesfurcht, Frömmigkeit; Ggs. → Asebie

Eustachische Röhre u. **Eustachische Tube** [fachspr.: Eustachi-Röhre; nach dem it. Arzt Eustachio (*...akio*)] *die*; -n -: Ohrtrompete (Verbindungsgang zwischen Mittelohr u. Rachenraum; Med.; Biol.)

Eustasie [*gr.-nlat.*] *die*; -, ...ien: durch Veränderungen im Wasserhaushalt der Erde hervorgerufene Meeresspiegelschwankung. **eustatisch**: durch → Tektonik (1) räumlich verändert (z. B. von Meeresbecken)

Eu|streß [gebildet aus *gr.* eu = gut u. Streß] *der*; ...esses, ...esse: anregender, leistungs- u. lebensnotwendiger → Streß; Ggs. → Distreß

Eutektikum [*gr.-nlat.*] *das*; -s, ...ka: feines kristallines Gemisch zweier od. mehrerer Kristallarten, das aus einer erstarrten, einheitlichen Schmelze entstanden ist u. den niedrigsten möglichen Schmelz- bzw. Erstarrungspunkt (eutektischer Punkt) zeigt. **eutektisch**: dem Eutektikum entsprechend, auf das Eutektikum bezüglich; -er Punkt: tiefster Schmelz- bzw. Erstarrungspunkt von Gemischen. **Eutektoid** *das*; -s, -e: Stoff, der aus zwei od. mehreren im eutektischen Punkt zusammengeschmolzenen Stoffen besteht

Euthanasie [*gr.*; „leichter Tod"] *die*; -: 1. Erleichterung des Sterbens, bes. durch Schmerzlinderung mit Narkotika (Med.). 2. beabsichtigte Herbeiführung des Todes bei unheilbar Kranken durch Anwendung von Medikamenten (Med.)

Euthymie [*gr.*] *die*; -: Heiterkeit, Frohsinn

Eutokie [*gr.*] *die*; -: leichte Geburt (Med.); Ggs. → Dystokie

Eutonie *die*; -: normaler Spannungszustand der Muskeln u. Gefäße (Med.); Ggs. → Dystonie

Eutopie [*gr.-nlat.*] *die*; -: normale Lage [von Organen] (Med.); Ggs. → Dystopie

eu|troph [*gr.*; „gut nährend"]: a) nährstoffreich (von Böden od. Gewässern); -e Pflanzen: an nährstoffreichen Boden gebundene Pflanzen; b) zuviel Nährstoffe enthaltend, überdüngt (von Gewässern). **Eu|trophie** *die*; -: a) guter Ernährungszustand des Organismus (bes. von Säuglingen); Ggs. → Dystrophie (a); b) regelmäßige u. ausreichende Versorgung eines Organs mit Nährstoffen; Ggs. → Dystrophie (b). **eu|trophieren**: eutroph (b) machen. **Eu|trophierung** *die*; -, -en: unerwünschte Zunahme eines Gewässers an Nährstoffen u. damit verbundenes nutzloses u. schädliches Pflanzenwachstum

Euzone [auch: *äf...*; *gr.-ngr.*] Evzone [*äf...*] *der*; -n, -n: Soldat einer Infanterieelitetruppe der griech. Armee

Evakuation [*ewa...zion*; *lat.*] *die*; -, -en: = Evakuierung; vgl. ...[at]ion/...ierung. **evakuieren**: 1. a) die Bewohner eines Gebietes oder Hauses [vorübergehend] aussiedeln, wegbringen; b) wegen einer drohenden Gefahr ein Gebiet [vorübergehend] von seinen Bewohnern räumen. 2. ein → Vakuum herstellen; luftleer machen (Techn.). 3. (veraltet) ausleeren, entleeren. **Evakuierung** *die*; -, -en: 1. a) Gebietsräumung; b) Aussiedlung von Bewohnern. 2. Herstellung eines → Vakuums; vgl. ...[at]ion/...ierung

Evaluation [*ewa...zion*; *lat.-fr.-engl.*] *die*; -, -en: a) Bewertung, Bestimmung des Wertes; b) Beurteilung [von Lehrplänen und Unterrichtsprogrammen] (Päd.); vgl. ...[at]ion/...ierung. **evaluativ**: wertend. **evaluieren**: a) bewerten; b) [Lehrpläne, Unterrichtsprogramme] beurteilen. **Evaluierung** *die*; -, -en: Auswertung; vgl. ...[at]ion/...ierung

Evalvation [*ewalwazion*; *lat.-fr.*] *die*; -, -en: Schätzung, Wertbestimmung; vgl. ...[at]ion/...ierung. **evalvieren**: abschätzen

Evangele [*ew...*, auch: *ef...*; *gr.-mlat.*] *der*; -n, -n: (ugs. abwertend) → Protestant (1); vgl. Kathole. **Evangeliar** *das*; -s, -e u. -ien [...*i^en*] u. **Evangeliarium** *das*; -s, ...ien [...*i^en*]: liturgisches Buch (→ Lektionar) mit dem vollständigen Text der vier Evangelien u. meist einem Verzeichnis der bei der Messe zu lesenden Abschnitte. **Evangelienharmonie** *die*; -, ...ien: eine vor allem im Altertum u. Mittelalter vorkommende, aus dem Wortlaut der vier Evangelien zusammengefügte Erzählung vom Leben u. Wirken Jesu. **evangelikal** [*gr.-mlat.-engl.*]: 1. dem Evangelium gemäß. 2. zur englischen → Low-Church gehörend. 3. die unbedingte Autorität des Neuen Testaments im Sinne des → Fundamentalismus vertretend (von der Haltung evangelischer Freikirchen). **Evangelikale** *der*; -n, -n: jmd., der der evangelikalen (vgl. evangelikal 3) Richtung angehört. **Evangelisation** [...*zion*; *gr.-lat.-nlat.*] *die*; -, -en: das Evangelisieren. **evangelisch** [*gr.-lat.*]: 1. das Evangelium betreffend, auf dem Evangelium fußend; e v a n g e l i s c h e R ä t e: nach der katholischen Moraltheologie die drei Ratschläge Christi zu vollkommenem Leben (Armut, Keuschheit, Gehorsam), Grundlage der Mönchsgelübde. 2. = protestantisch; Abk.: ev. **evangelisch-lutherisch** [auch: ...*lute*...]: einer protestantischen Bekenntnisgemeinschaft angehörend, die sich ausschließlich an Dr. Martin Luther (1483–1546) u. seiner Theologie orientiert; Abk.: ev.-luth. **evangelisch-reformiert**: einer protestantischen Bekenntnisgemeinschaft angehörend, die auf die schweizerischen → Reformatoren Ulrich Zwingli (1484–1531) u. Johann Calvin (1509–1564) zurückgeht; Abk.: ev.-ref. **evangelisieren** [*gr.-lat.-nlat.*]: dem christlichen Leben bzw. Glauben Fernstehende mit dem Evangelium (1, 2a) vertraut machen, ihnen das Evangelium (1) verkünden, nahebringen, sie für das Evangelium (1) gewinnen, sie dazu bekehren. **Evangelisierung** *die*; -, -en: das Evangelisieren. **Evangelist** [*gr.-lat.*] *der*; -en, -en: 1. Verfasser eines der vier Evangelien (2a). 2. der das Evangelium verlesende Diakon. 3. evangelisierender [Wander]prediger, bes. einer evangelischen Freikirche. **Evangelistar** [*gr.-lat.-nlat.*] *das*; -s, -e u. **Evangelistarium** *das*; -s, ...ien [...*i^en*]: liturgisches Buch, das die in der Messe zu lesenden Abschnitte aus den Evangelien (2a) enthält; vgl. Evangeliar. **Evangelistensymbole** *die* (Plural): die den Darstellungen der vier Evangelisten beigegebenen od. sie vertretenden Sinnbilder Engel od. Mensch (Matthäus), Löwe (Markus), Stier (Lukas), Adler (Johannes). **Evangelium** [*gr.-lat.*; „gute Botschaft"] *das*; -s, ...ien [...*i^en*]: 1. (ohne Plural) die Frohe Botschaft von Jesus Christus, Heilsbotschaft Christi. 2. a) von einem der vier Evangelisten (1) verfaßter Bericht über das Leben u. Wirken Jesu (eins der vier Bücher des Neuen Testaments; Abk.: Ev.; b) für die gottesdienstliche Lesung vorgeschriebener Abschnitt aus einem Evangelium (2a)

Evaporation [*ewa...zion*; *lat.*; „Ausdampfung"] *die*; -, -en: Verdampfung, Verdunstung, Ausdünstung [von Wasser]. **Evaporator** [*lat.-nlat.*] *der*; -s, ...oren: Gerät zur Gewinnung von Süßwasser [aus Meerwasser]. **evaporieren**: a) verdunsten; b) Wasser aus einer Flüssigkeit (bes. Milch) verdampfen lassen u. sie auf diese Weise eindicken. **Evaporimeter** [*lat.*; *gr.*] *das*; -s, -: Verdunstungsmesser (Phys.; Meteor.). **Evaporo|graphie** [„Verdampfungsaufzeichnung"] *die*; -: fotografisches Verfahren, das zur Abbildung eines Gegenstandes die von diesem ausgehenden Wärmestrahlen benutzt

Evasion [*ewa...*; *lat.*] *die*; -, -en: 1. das Entweichen, Flucht; vgl. Invasion (1). 2. Ausflucht. **evasiv** [*lat.-nlat.*]: Ausflüchte enthaltend; vgl. ...iv/...orisch. **evasorisch**: ausweichend, Ausflüchte suchend; vgl. ...iv/...orisch

Evektion [...*zion*; *lat.*] *die*; -: durch die Sonne hervorgerufene Störung der Mondbewegung (Astron.)

Evenement [*ewän^emang*; *lat.-fr.*] *das*; -s, -s: 1. Begebenheit, Ereignis. 2. Erfolg, Ausgang einer Sache

Eventail [*ewangtaj*; *lat.-fr.*] *das*; -s, -s: Fächermuster auf Bucheinbänden

Even|tration [*ew...zion*; *lat.-nlat.*] *die*; -, -en: 1. das Heraustreten der Baucheingeweide nach operativem Bauchschnitt od. nach schwerer Verletzung der Bauchdecken; größerer Bauchbruch (Med.). 2. = Eviszeration

eventual [*ewä...*; *lat.-mlat.*]: = eventuell. **Eventualantrag** *der*; -[e]s, ...anträge: Neben-, Hilfsantrag, der für den Fall gestellt wird, daß der Hauptantrag abgewiesen wird (Rechtsw.). **Eventualdolus** vgl. Dolus eventualis. **Eventualität** *die*; -, -en: Möglichkeit, möglicher Fall. **eventualiter**: vielleicht, eventuell (2). **eventuell** [*lat.-mlat.-fr.*]: 1. möglicherweise eintretend. 2. gegebenenfalls, unter Umständen, vielleicht; Abk.: evtl.

Ever|glaze Ⓦⓩ [*äw^ergle^is*; *engl.*; „Immerglanz"] *das*; -, -: durch bestimmtes Verfahren krumpf- u. knitterfrei gemachtes [Baumwoll]gewebe mit erhaben geprägter Kleinmusterung. **Ever|green** [*äw^ergrin*; *engl.*; „immergrün"] *der* (auch: *das*); -s, -s: 1. ein Schlager od. ein Musikstück, das längere Zeit hindurch beliebt ist u. daher immer wieder gespielt wird. 2. einstudiertes Stück, Repertoirestück des modernen Jazz

Everte|brat [*ewär...*; *lat.-nlat.*] *der*; -en, -en (meist Plural): zusammenfassende systematische Bezeichnung für alle Gruppen wirbelloser Tiere; Ggs. → Vertebrat

Evidement [*ewid^emang*; *lat.-vulgärlat.-fr.*] *das*; -s, -s: Auskratzung von Knochenteilen od. der Gebärmutterschleimhaut (Med.)

evident [*ewi...*; *lat.*]: offenkundig u. klar ersichtlich; offen zutage liegend; überzeugend, offenbar. **Evidenz** *die*; -: Deutlichkeit; vollständige, überwiegende Gewißheit; einleuchtende Erkenntnis; e t w a s i n - h a l t e n: (österr.) etwas im Auge behalten

Eviktion [*ewikzion*; *lat.*] *die*; -, -en: Entziehung eines Besitzes durch richterliches Urteil, weil ein anderer ein größeres Recht darauf hat (Rechtsw.). **evinzieren**: jmdm. durch richterliches Urteil einen Besitz entziehen, weil ein anderer ein größeres Recht darauf hat (Rechtsw.)

Eviration [*ewi...zion*; *lat.*; „Entmannung"] *die*; -: Verlust des männlichen Gefühlslebens u. Charakters u. deren Ersatz durch entsprechende weibliche Eigenschaften (Psychol.)

Eviszeration [*ewiß...zion*; *lat.*] *die*; -, -en: Entleerung des Körpers von Brust- u. Baucheingeweiden (bei der Leibesfrucht im Rahmen einer → Embryotomie; Med.)

Evokation [*ewo...zion*; *lat.*; „Herausrufen, Aufforderung"] *die*; -, -en: 1. Erweckung von Vorstellungen od. Erlebnissen bei der Betrachtung eines Kunstwerkes. 2. (hist.) das Recht des Königs u. des Papstes, eine nicht erledigte Rechtssache unter Umgehung der Instanzen vor sein [Hof]gericht zu bringen. 3. Vorladung eines Beklagten vor ein Gericht. 4. (hist.) Herausrufung der Götter einer belagerten Stadt, um sie auf die Seite der Belagerer zu ziehen (altröm. Kriegsbrauch). **evokativ**: bestimmte Vorstellungen enthaltend; vgl. ...iv/...orisch. **evokatorisch**: bestimmte Vorstellungen erweckend; vgl. ...iv/...orisch

Evolute [*ewo...*; *lat.*] *die*; -, -n: Kurve, die aus einer aufeinanderfolgenden Reihe von Krümmungsmittelpunkten einer anderen Kurve (der Ausgangskurve) entsteht. **Evolution** [...*zion*] *die*; -, -en: a) allmählich fortschreitende Entwicklung; Fortentwicklung im Geschichtsablauf; b) die stammesgeschichtliche Entwicklung der Lebewesen von niederen zu höheren Formen. 3. = Präformation. **evolutionär** [*lat.-nlat.*]: a) auf Evolution beruhend; b) sich allmählich u. stufenweise entwickelnd. **Evolutionismus** *der*; -: naturphilosophische Richtung des 19. Jh.s, in deren Mittelpunkt der Evolutionsgedanke stand. **Evolutionist** *der*; -en, -en: Anhänger des Evolutionismus. **evolutionistisch**: auf dem Evolutionismnus beruhend. **Evolutionstheorie** *die*; -, -n: Theorie von der Entwicklung aller Lebewesen aus niederen, primitiven Organismen. **Evolvente** [*ewolw*...; *lat.*; „Abwicklungslinie"] *die*; -, -n: Ausgangskurve einer Evolute. **Evolventenverzahnung** *die*; -, -en: Verzahnungsart von Zahnrädern, bei denen das Zahnprofil als Evolvente ausgebildet ist. **evolvieren**: entwickeln, entfalten; entfaltend, entwickelnd darstellen; vgl. involvieren

Evonymus [*ewon...*; *gr.-lat.*] *der* (auch: *die*); -: Gattung der Spindelbaumgewächse (Ziersträucher; bekanntester Vertreter: Pfaffenhütchen)

Evorsion [*ewor...*; *lat.-nlat.*] *die*; -, -en: a) wirbelnde Bewegung des Steine u. Sand mitführenden Wassers, wodurch Strudellöcher (z. B. in Bächen) entstehen (Geol.); b) ein durch diese wirbelnde Bewegung des Wassers entstandenes Strudelloch (Geol.)

evozieren [*ew...*; *lat.*]: 1. durch → Evokation (1) hervorrufen, bewirken. 2. [einen Beklagten] vorladen

evviva! [*äwiwa*; *lat.-it.* „er lebe hoch"]: ital. Hochruf

Evzone vgl. Euzone

ex [*lat.*; „aus"]: 1. Aufforderung, ein Glas ganz zu leeren, auszutrinken. 2. (ugs.) vorbei, aus, zu Ende. 3. (salopp) tot. 4. ehemalig...; als häufige Vorsilbe, z. B. Exgattin, Exminister. **Ex** *das*; -, -: (bayr., schweiz. Schülerspr.) Kurzform von → Extemporale

ex ab|rupto [*lat.*]: unversehens

ex aequo [- *ä...*; *lat.*]: in derselben Weise, gleichermaßen

Ex|aggeration [...*zion*; *lat.*] *die*; -, -en: unangemessen übertriebene Darstellung von Krankheitserscheinungen (Med.). **exaggerieren**: Krankheitserscheinungen unangemessen übertrieben darstellen (Med.)

Ex|airese vgl. Exhärese

ex|akt [*lat.*]: 1. genau [u. sorgfältig]. 2. pünktlich; -e Wissenschaften: Wissenschaften, deren Ergebnisse auf logischen od. mathematischen Beweisen od. auf genauen Messungen beruhen (z. B. Mathematik, Physik). **Exaktheit** *die*; -: Genauigkeit, Sorgfältigkeit

Ex|altation [...*zion*; *lat.-fr.*] *die*; -, -en: a) Zustand des Exaltiertseins; b) Vorgang des Exaltiertseins. **ex|altieren**, sich: 1. sich überschwenglich benehmen. 2. sich hysterisch erregen. **ex|altiert**: 1. aufgeregt. 2. überspannt

Ex|amen [*lat.*] *das*; -s, - u. ...mina: Prüfung (bes. als Studienabschluß). **Ex|aminand** *der*; -en, -en: Prüfling. **Ex|aminator** *der*; -s, ...oren: Prüfer. **Ex|aminatorium** *das*; -s, ..ien [...*iᵉn*]: (veraltet) 1. Prüfungskommission. 2. Vorbereitung auf eine Prüfung. **examinieren**: 1. im Rahmen eines Examens prüfen, befragen. 2. prüfend ausfragen, ausforschen. 3. prüfend untersuchen

Ex|anie [*lat.-nlat.*] *die*; -, ...ien: Mastdarmvorfall (Med.)

ex ante [*lat.*]: im vorhinein (Wirtsch.); Ggs. → ex post (2)

Ex|anthem [*gr.-lat.*; „das Aufgeblühte"] *das*; -s, -e: ausgedehnter, meist entzündlicher Hautausschlag (Med.). **exanthematisch** [*gr.-nlat.*]: mit einem Exanthem verbunden (Med.)

Ex|an|thropie [*gr.-nlat.*] *die*; -: Menschenscheu

Ex|aration [...*zion*; *lat.*; „Auspflügung"] *die*; -, -en: durch die schleifende Wirkung vordringenden Gletschereises bewirkte Gesteinsabtragung (Geol.); vgl. Erosion (1)

Ex|arch [*gr.-lat.*] *der*; -en, -en: 1. (hist.) byzantinischer (oströmischer) Statthalter. 2. in der orthodoxen Kirche der Vertreter des → Patriarchen (3) für ein bestimmtes Gebiet (→ Diaspora a). **Ex|archat** [*gr.-mlat.*] *das* (auch: *der*); -[e]s, -e: Amt u. Verwaltungsgebiet eines Exarchen

Ex|artikulation [...*zion*; *lat.-nlat.*] *die*; -, -en: operative Abtrennung eines Gliedes im Gelenk (Med.)

Ex|audi [*lat.*; „erhöre!"]: in der evangelischen Kirche Bezeichnung des 6. Sonntags nach Ostern (nach dem Eingangsvers des Gottesdienstes, Psalm 27, 7: Herr, höre meine Stimme, wenn ich rufe!)

Ex|azerbation [...*zion*; *lat.*] *die*; -: Verschlimmerung, zeitweise Steigerung, Wiederaufleben einer Krankheit (Med.)

ex cathe|dra [- *ka...*; *lat.*; *gr.-lat.*; „vom (Päpstlichen) Stuhl"]: a) aus päpstlicher Vollmacht u. daher unfehlbar; b) von maßgebender Seite, so daß etwas nicht angezweifelt werden kann; vgl. Infallibilität u. Katheder

Exceptio [*äkßzäpzio*; *lat.*] *die*; -, ...tiones: Einspruch, Einrede (aus dem antiken römischen Zivilprozeßrecht; Rechtsw.); - doli: Einrede der Arglist; vgl. Dolus; - plurium: Einrede des Vaters eines unehelichen Kindes, daß die Mutter in der Zeit der Empfängnis mit mehreren Männern verkehrt habe; vgl. Exzeption

Exchange [*ikßtschéⁱndsch*; *lat.-vulgärlat.-fr.-engl.*] *die*; -, -n [...*dschᵉn*]: 1. Tausch, Kurs (im Börsengeschäft). 2. a) Börsenkurs; b) Börse

Exchequer [*ikßtschäkᵉr*; *fr.-engl.*] *das*; -: Schatzamt, Staatskasse in England

excudit [*äkßk...*; *lat.*; „hat es gebildet, verlegt od. gedruckt“]: Vermerk hinter dem Namen des Verlegers (Druckers) bei Kupferstichen; Abk.: exc. u. excud

ex definitione [*...zion*; *lat.*]: schon, allein nach der Definition

Ex|edra [*gr.-lat.*] *die*; -, Exedren: 1. halbrunder od. rechteckiger nischenartiger Raum als Erweiterung eines Saales od. einer Säulenhalle (in der antiken Architektur). 2. Apsis (1) in der mittelalt. Baukunst

Ex|egese [*gr.*] *die*; -, -n: Wissenschaft der Erklärung u. Auslegung eines Textes, bes. der Bibel. **Ex|eget** *der*; -en, -en: Fachmann für Bibelauslegung. **Ex|egetik** [*gr.-lat.*] *die*; -: (veraltet) Wissenschaft der Bibelauslegung (Teilgebiet der Theologie). **ex|egetisch** [*gr.*]: [die Bibel] erklärend. **exegieren**: (veraltet) [die Bibel] erklären

Exe|kration [*...zion*] usw. vgl. Exsekration usw.

Exe|kutant [*lat.*] *der*; -en, -en: jmd., der etwas ausübt, vollzieht, durchführt. **exe|kutieren** [*lat.-nlat.*]: 1. a) an jmdm. ein Urteil vollstrecken, vollziehen, jmdn. hinrichten; b) (veraltet) jmdn. bestrafen. 2. (österr.) pfänden. **Exekution** [*...zion*] *die*; -, -en: 1. a) Vollstreckung eines Todesurteils, Hinrichtung; b) (veraltet) Vollziehung einer Strafe. 2. Durchführung einer besonderen Aktion. 3. (österr.) Pfändung. **Exe|kutionskommando** *das*; -s, -s: → Kommando (3), das die Exekution (1 a) durchführt. **exe|kutiv** [*lat.-nlat.*]: ausführend; vgl. ...iv/...orisch. **Exe|kutive** [*...we*] *die*; -, -n: 1. vollziehende, vollstreckende Gewalt im Staat; vgl. Judikative, Legislative (a). 2. (österr.) Gesamtheit der Organe zur Ausübung der vollziehenden Gewalt, bes. Polizei u. Gendarmerie. **Exe|kutor** [*lat.*] *der*; -s, ...oren: 1. Vollstrecker [einer Strafe]. 2. (österr.) Gerichtsvollzieher. **exe|kutorisch**: (selten) durch [Zwangs]vollstreckung erfolgend; vgl. ...iv/...orisch

Ex|empel [*lat.*] *das*; -s, -: 1. [abschreckendes] Beispiel, Lehre. 2. kleine Erzählung mit sittlicher od. religiöser Nutzanwendung im Rahmen einer Rede od. Predigt. 3. [Rechen]aufgabe. **Exem|plar** [„Abbild, Muster“] *das*; -s, -e: [durch besondere Eigenschaften od. Merkmale auffallendes] Einzelstück (bes. Schriftwerk) od. Einzelwesen aus einer Reihe von gleichartigen Gegenständen od. Lebewesen; Abk.: Expl. **ex|em|plarisch**: a) beispielhaft, musterhaft; b) warnend, abschreckend; hart u. unbarmherzig vorgehend, um abzuschrekken. **Ex|em|plarismus** [*lat.-nlat.*] *der*; -: 1. Lehre, nach der alle Geschöpfe – was ihre Inhaltlichkeit betrifft – Spiegelbilder ihres göttlichen Urbildes sind (Philos.). 2. Lehre, daß die Erkenntnis der Dinge durch ihre in Gott seienden Urbilder ermöglicht wird (Philos.). **ex|em|pli causa** [- *kau...*; *lat.*]: beispielshalber; Abk.: e.c. **Ex|em|plifikation** [*...zion*; *lat.-mlat.*] *die*; -, -en: Erläuterung durch Beispiele. **ex|em|plifikatorisch** [*lat.-nlat.*]: zum Zwecke der Erläuterung an Beispielen. **ex|em|plifizieren** [*lat.-mlat.*]: an Beispielen erläutern

ex|emt [*lat.*]: von bestimmten allgemeinen Lasten od. gesetzlichen Pflichten befreit, ausgenommen. **Ex|emtion** [*...zion*] *die*; -, -en: Befreiung, Ausnahme in bezug auf bestimmte allgemeine Lasten od. gesetzliche Pflichten

exen [zu *lat.* ex]: 1. (Schülerspr., Studentenspr.) von der [Hoch]schule weisen. 2. (Schülerspr.) eine Unterrichtsstunde unentschuldigt versäumen

Ex|enteration [*...zion*; *gr.-lat.-nlat.*] *die*; -, -en: (Med.) 1. vorübergehende Vorverlagerung von Organen, bes. der Eingeweide bei Bauchoperationen. 2. Entfernung des Augapfels od. der Eingeweide. **ex|enterieren** [*gr.-lat.*]: (Med.) 1. die Eingeweide [bei Operationen] vorverlagern. 2. den Augapfel od. die Eingeweide entfernen

Exe|quatur [*lat.*; „er vollziehe“!] *das*; -s, ...uren: 1. Zulassung eines ausländischen Konsuls, Bestätigung im Amt. 2. staatliche Genehmigung zur Publikation kirchlicher Akte. **Exe|quien** [*...i^e^n*] *die* (Plural): a) katholische Begräbnisfeier, Totenmesse; b) Musik bei Begräbnisfeiern. **exequieren**: (veraltet) Schulden eintreiben, pfänden

Ex|ercitium [*...zizium*] vgl. Exerzitium

Ex|ergie [*gr.-nlat.*] *die*; -, ...ien: der Anteil der Energie, der in die gewünschte, wirtschaftlich verwertbare Form (z. B. elektrische Energie) umgewandelt wird (Phys.). **ex|ergon** u. **ex|ergonisch**: Energie abgebend; exergonische Reaktion: chem. Reaktion, in deren Verlauf Energie freigesetzt wird (Chem.)

ex|erzieren [*lat.*]: 1. militärische Übungen machen. 2. etwas [wiederholt] einüben. **Ex|erzitien** [*...zi^e^n*], (österr. auch:) Exerzizien *die* (Plural): geistl. Übungen des Katholiken (nach dem Vorbild des hl. Ignatius v. Loyola). **Exerzitium** [*...zium*] *das*; -s, ...ien [*...i^e^n*]: (veraltet) Übung[sstück]; Hausarbeit

ex est [*lat.*]: es ist aus

ex falso quodlibet [- - *kwot...*; *lat.*; „aus Falschem (folgt) Beliebiges“]: aus einer falschen Aussage darf jede beliebige Aussage logisch gefolgert werden (Grundsatz der scholastischen Logik)

Exfoliation [*...zion*; *lat.-nlat.*] *die*; -: Abblätterung, Abstoßung abgestorbener Gewebe u. Knochen (Med.)

Ex|hairese vgl. Exhärese

Exhalation [*...zion*; *lat.*] *die*; -, -en: 1. Ausatmung, Ausdünstung (Med.). 2. das Ausströmen vulkanischer Gase u. Dämpfe (Geol.). **exhalieren**: 1. ausatmen, ausdünsten (Med.). 2. vulkanische Gase u. Dämpfe ausströmen

Ex|härese, Ex|airese u. Ex|hairese [*gr.*] *die*; -, -n: operative Entfernung od. Herausschneidung von Organteilen, bes. von Nerven

Exhaustion [*lat.*; „Ausschöpfung“] *die*; -: Erschöpfung (Med.). **Exhaustionsmethode** [*lat.*; *gr.*] *die*; -: ein antikes Rechenverfahren, mathematische Probleme der Integralrechnung ohne → Integration (4) zu lösen. **exhaustiv** [*lat.-nlat.*]: vollständig. **Exhaustor** *der*; -s, ...oren: Entlüfter; Gebläse zum Absaugen von Dampf, Staub, Spreu

Exheredation [*...zion*; *lat.*] *die*; -, -en: (veraltet) Enterbung. **exheredieren**: (veraltet) enterben

exhibieren [*lat.*]: a) zur Schau stellen, vorzeigend darbieten; b) exhibitionistisch (a) zur Schau stellen. **Exhibition** [*...zion*] *die*; -, -en: Zurschaustellung, bes. das Entblößen der Geschlechtsteile in der Öffentlichkeit. **exhibitionieren**: = exhibieren. **Exhibitionismus** [*lat.-nlat.*] *der*; -: [bei Männern auftretende] Neigung zur Entblößung u. Zurschaustellung der Geschlechtsteile in Gegenwart einer anderen od. anderer Personen zum Zwecke sexueller Befriedigung, oft in Verbindung mit Masturbation. **Exhibitionist** *der*; -en, -en: jmd., der an Exhibitionismus leidet. **exhibitionistisch**: a) an Exhibitionismus leidend; b) den Exhibitionismus betreffend

Exhorte [*lat.-nlat.*] *die*; -, -n: (veraltet) Ermahnungsrede

Exhumation [*...zion*; *lat.-mlat.*] *die*; -, -en: das Wiederausgraben einer bestatteten Leiche od. von Leichenteilen (z. B. zum Zwecke einer gerichtsmedizinischen Untersuchung); vgl. ...[at]ion/...ierung. **exhumieren**: eine bestattete Leiche wieder ausgraben. **Exhumierung** *die*; -, -en: das Exhumieren; vgl. ...[at]ion/...ierung

Exi *der*; -[s], -[s]: 1. (im Sprachgebrauch der Rocker; abwertend) Kurzform von → Existentialist, Jugendlicher, der auf übliche bürgerliche Weise → existiert (2). 2. (ugs.) Kurzform von → Exhibitionist

Ex|igenz [*lat.*] *die*; -: (veraltet) Bedarf, Erfordernis. **ex|igieren**: (veraltet) fordern; [eine Schuld] eintreiben. **Ex|iguität** *die*; -: (veraltet) Geringfügigkeit

Exil [*lat.*] *das*; -s, -e: a) Verbannung; b) Verbannungsort. **exilieren**: ins Exil schicken, verbannen. **exilisch**: a) während des Exils geschehen; b) vom Geist der Exilzeit geprägt. **Exilliteratur** *die*; -, -en: während eines aus politischen od. religiösen Gründen erzwungenen od. freiwilligen Exils verfaßte Literatur, bes. zur Zeit des → Nationalsozialismus in Deutschland. **Exilregierung** *die*; -, -en: eine Regierung, die gezwungen ist, ihren Sitz ins Ausland zu verlegen, od. die sich dort gebildet hat

ex|imieren [*lat.*]: von einer Verbindlichkeit, bes. von der Gerichtsbarkeit eines anderen Staates, befreien; vgl. exemt, Exemtion

Exine [*lat.-nlat.*] *die*; -, -n: die äußere, derbe Zellwand der Sporen der Moose u. Farnpflanzen sowie des Pollenkorns der Blütenpflanzen (Bot.); Ggs. → Intine

exi|stent [*lat.*]: wirklich, vorhanden. **Exi|stentia** [*...zia*] *die*; -: Vorhandensein, Dasein; Ggs. → Essentia. **exi|stential** [*...zial*; *lat.-nlat.*]: die Existenz, das [menschliche] Dasein hinsichtlich seines Seinscharakters betreffend; vgl. existentiell. **Exi|stential** *das*; -s, -ien [*...iᵉn*]: (einzelner) Seinscharakter des [menschlichen] Daseins (Philos.). **Existentialismus** *der*; -: a) (bes. auf Sartre zurückgehende) Form der Existenzphilosophie, die u. a. von der Absurdität des Daseins, von der Existenzangst sowie Vereinzelung des Menschen u. der Freiheit des Menschen, sich selbst zu entwerfen, ausgeht u. Begriffe wie Freiheit, Tod, Entscheidung in den Mittelpunkt stellt; b) vom Existentialismus (a) geprägte nihilistische Lebenseinstelung. **Existentialist** *der*; -en, -en: a) Vertreter des Existentialismus; b) Anhänger einer von der Norm abweichenden Lebensführung außerhalb der geltenden bürgerlichen, gesellschaftlichen u. moralischen Konvention. **existentialistisch**: die philosophische Richtung des Existentialismus vertretend. **Exi|stentialphilosophie** *die*; -: = Existenzphilosophie. **exi|stentiell** [*lat.-fr.*]: auf das unmittelbare und wesenhafte Dasein bezogen, daseinsmäßig; vgl. existential. **Exi|stenz** [*lat.*] *die*; -, -en: 1. a) (Plural selten) Dasein, Leben; b) Vorhandensein, Wirklichkeit. 2. (Plural selten) materielle Lebensgrundlage, Auskommen, Unterhalt. 3. (in Verbindung mit einem Attribut; meist abwertend) Mensch, z. B. eine verkrachte, dunkle -. **Exi|stenzanalyse** *die*; -, -n: → psychoanalytisches Verfahren, bei der die Geschichte eines → Individuums (1) unter dem Gesichtspunkt von Sinn- u. Wertbezügen durchforscht wird (Psychol.). **Exi|stenzbeweis** *der*; -es, -e: Beweis für das tatsächliche Vorhandensein einer mathematisch festgelegten Größe. **Exi|stenzial...** usw. vgl. Existential... usw. **Existenzminimum** *das*; -s, ...ma: Mindesteinkommen, das zur Lebenserhaltung eines Menschen erforderlich ist. **Exi|stenzphilosophie** *die*; -: neuere philosophische Richtung, die das Dasein des Menschen in einer von ihm nicht gewählten Weise zum Thema hat. **exi|stieren**: 1. vorhanden sein, dasein, bestehen. 2. leben

Ex|itus [*lat.*] *der*; -: 1. Tod, tödlicher Ausgang eines Krankheitsfalles od. Unfalls (Med.). 2. Ausgang (Anat.)

ex juvantibus [- ...wan...; *lat.*]: Erkennung einer Krankheit aus der Wirksamkeit der → spezifischen Mittel (Med.)

Exkardination [*...zion*; *lat.-mlat.*] *die*; -, -en: Entlassung eines katholischen Geistlichen aus seiner → Diözese

Exkavation [*...wazion*; *lat.*] *die*; -, -en: 1. Aushöhlung, Ausbuchtung [eines Organs] (krankhaft od. normal; Med.). 2. Entfernung → kariösen Zahnbeins mit dem Exkavator (2; Zahnmed.). 3. Ausschachtung, Ausbaggerung, Auswaschung (Fachspr.). **Exkavator** [*lat.-nlat.*] *der*; -s, ...oren: 1. Maschine für Erdarbeiten. 2. löffelartiges Instrument zur Entfernung kariösen Zahnbeins (Zahnmed.). **exkavieren** [*lat.*]: 1. aushöhlen, ausschachten. 2. kariöses Zahnbein mit dem Exkavator entfernen (Zahnmed.)

Ex|klamation [*...zion*; *lat.*] *die*; -, -en: Ausruf. **ex|klamatorisch** [*lat.-nlat.*]: ausrufend; marktschreierisch. **ex|klamieren** [*lat.*]: ausrufen

Ex|klave [*...wᵉ*; Analogiebildung zu → Enklave] *die*; -, -n: 1. von fremdem Staatsgebiet eingeschlossener Teil eines eigenen Staatsgebietes; Ggs. → Enklave. 2. gelegentliches Auftreten einer Pflanzen- od. Tierart außerhalb ihres üblichen Verbreitungsgebietes

ex|kludieren [*lat.*]: ausschließen; Ggs. → inkludieren. **Ex|klusion** *die*; -, -en: Ausschließung. **exklusiv** [*lat.-mlat.-engl.*]: 1. a) sich gesellschaftlich abschließend, abgrenzend, abhebend [u. daher hochstehend in der allgemeinen Wert-, Rangeinschätzung]; b) den Ansprüchen der vornehmen Gesellschaft, höchsten Ansprüchen genügend, [vornehm u.] vorzüglich, anspruchsvoll. 2. ausschließlich einem bestimmten Personenkreis od. bestimmten Zwecken, Dingen vorbehalten, anderen [Dingen] nicht zukommend, z. B. einer Zeitung e. über etw. berichten. **Ex|klusivbericht** *der*; -[e]s, -e: Bericht, der nur von einer Zeitschrift o. ä. veröffentlicht wird, für den nur die eine Zeitschrift o. ä. das Recht der Veröffentlichung hat. **ex|klusive** [*...wᵉ*; *lat.-mlat.*]: ohne, ausschließlich; Abk.: exkl.; Ggs. → inklusive. **Ex|klusive** *die*; -: (hist.) das von katholischen Monarchen beanspruchte Recht, unerwünschte Bewerber von der Papstwahl auszuschließen. **Ex|klusivfoto** *das*; -s, -s: nur einem bestimmten Fotografen gestattete, nur einer einzigen Zeitung usw. zur Veröffentlichung freigegebene Aufnahme. **Ex|klusivinterview** *das*; -s, -s: nur einer bestimmten Person (z. B. einem Reporter) gewährtes → Interview. **Ex|klusivität** [*lat.-mlat.-engl.*] *die*; -: das Exklusivsein, exklusiver Charakter, exklusive Beschaffenheit

Exkommunikation [*...zion*; *lat.*] *die*; -, -en: Ausschluß aus der Gemeinschaft der katholischen Kirche; Kirchenbann. **exkommunizieren**: aus der katholischen Kirchengemeinschaft ausschließen

Exkoriation [*...zion; lat.-nlat.*] *die*; -, -en: Hautabschürfung (Med.)

Ex|krement [*lat.*] *das*; -[e]s, -e (meist Plural): Ausscheidung (Kot, Harn)

Ex|kreszenz [*lat.*] *die*; -, -en: krankhafter Auswuchs, Gewebewucherung (Med.)

Ex|kret [*lat.*] *das*; -[e]s, -e: Stoffwechselprodukt, das vom Körper nicht weiter zu verwerten ist u. daher ausgeschieden wird, z. B. Schweiß, Harn, Kot; vgl. Sekret (I, 1), Inkret. **Ex|kretion** [*..zion; lat.-nlat.*] *die*; -, -en: Ausscheidung nicht weiter verwertbarer Stoffwechselprodukte (Med.). **exkretorisch:** ausscheidend, absondernd (Med.)

Exkulpation [*...zion; lat.-mlat.*] *die*; -, -en: Rechtfertigung, Entschuldigung, Schuldbefreiung (Rechtsw.). **exkulpieren:** rechtfertigen, entschuldigen, von einer Schuld befreien (Rechtsw.)

Exkurs [*lat.*; „das Herauslaufen, der Streifzug"] *der*; -es, -e: a) kurze Erörterung eines Spezial- od. Randproblems im Rahmen einer wissenschaftlichen Abhandlung; b) vorübergehende Abschweifung vom Hauptthema (z. B. während eines Vortrags). **Exkursion** [*lat.-fr.*] *die*; -, -en: wissenschaftlich vorbereitete u. unter wissenschaftlicher Leitung durchgeführte Lehr- od. Studienfahrt

Exkusation [*...zion; lat.*] *die*; -, -en: (veraltet) Entschuldigung

exlex [*lat.*]: (veraltet) recht- u. gesetzlos, vogelfrei, geächtet

Ex|li|bris [*lat.*; „aus den Büchern"] *das*; -, -: meist kunstvoll ausgeführter, auf die Innenseite des vorderen Buchdeckels geklebter Zettel mit dem Namen od. Monogramm des Eigentümers

Exma|trikel [*lat.-nlat.*] *die*; -, -n: Bescheinigung über das Verlassen der Hochschule. **Exma|trikulation** [*...zion*] *die*; -, -en: Streichung aus dem Namenverzeichnis einer Hochschule; Ggs. → Immatrikulation. **exmatrikulieren:** jmdn. aus dem Namenverzeichnis einer Hochschule streichen; Ggs. → immatrikulieren

Exmission [*lat.-nlat.*] *die*; -, -en: gerichtl. Ausweisung aus einer Wohnung od. einem Grundstück. **exmittieren:** zwangsweise aus einer Wohnung od. von einem Grundstück weisen (Rechtsw.). **Exmittierung** *die*; -, -en: Ausweisung aus einer Wohnung; vgl. ...[at]ion/...ierung

ex nunc [*lat.*; „von jetzt an"]: Zeitpunkt für den Eintritt der Wirkung einer Bestimmung od. Vereinbarung (Rechtsw.); vgl. ex tunc

Exobiologe *der*; -n, -n: Wissenschaftler auf dem Gebiet der Exobiologie. **Exobiologie** *die*; -: Wissenschaft vom außerirdischen Leben

Exodermis [*gr.-nlat.*] *die*; -, ...men: äußeres [verkorktes] Abschlußgewebe der Pflanzenwurzel

Ex|odos [*gr.*; „Ausgang, Auszug"] *der*; -, -: a) Schlußlied des Chors im altgriech. Drama; Ggs. → Parodos; b) Schlußteil des altgriech. Dramas. **Ex|odus** [*gr.-lat.*; nach dem 2. Buch Mose, das den Auszug der Juden aus Ägypten schildert] *der*; -, -se: Auszug, das Verlassen eines Raumes usw. (in bezug auf eine größere Anzahl von Menschen)

ex officio [- *...zio; lat.*]: von Amts wegen, amtlich (Rechtsw.)

Exogamie [*gr.-nlat.*] *die*; -: Heiratsordnung, nach der nur außerhalb des eigenen sozialen Verbandes (z. B. Stamm, Sippe) geheiratet werden darf; Ggs. → Endogamie

exogen [*gr.-nlat.*]: 1. a) außerhalb des Organismus entstehend; von außen her in den Organismus eindringend (von Stoffen, Krankheitserregern od. Krankheiten; Med.); Ggs. → endogen (1 a); b) außen entstehend (vor allem in bezug auf Blattanlagen u. Seitenknospen; Bot.); Ggs. → endogen (1 b). 2. von Kräften ableitbar, die auf die Erdoberfläche einwirken, wie Wasser, Atmosphäre, Organismen u. a. (Geol.); Ggs. → endogen (2)

Exokannibalismus *der*; -: das Verzehren von Angehörigen eines fremden Stammes; Ggs. → Endokannibalismus

Exokarp [*gr.-nlat.*] *das*; -s, -e: äußerste Wandschicht einer pflanzlichen Frucht (z. B. der Haarüberzug bei Pfirsich u. Aprikose; Bot.); Ggs. → Mesokarp u. → Endokarp

exo|krin [*gr.-nlat.*]: nach außen absondernd (von Drüsen; Med.) Ggs. → endokrin

exomorph [*gr.-nlat.*]: das Nebengestein beeinflussend (bei Erstarrung einer Schmelze; Geol.) Ggs. → endomorph (1)

Ex|oneration [*...zion; lat.*] *die*; -, -en: (veraltet) Entlastung. **exonerieren**: (veraltet) entlasten

Ex|onym *das*; -s, -e u. **Ex|onymon** [*gr.-nlat.*] *das*; -s, ...ma: von dem amtlichen Namen abweichende, aber in anderen Ländern gebrauchte Ortsnamenform (z. B. dt. *Mailand* für ital. *Milano*)

ex opere operato [*lat.*; „durch die vollzogene Handlung"]: Ausdruck der katholischen Theologie für die Gnadenwirksamkeit der Sakramente, unabhängig von der sittlichen → Disposition des spendenden Priesters

Exophorie [*gr.*] *die*; -: äußerlich nicht wahrnehmbare, latente Veranlagung zum Auswärtsschielen (Med.). **exophorisch**: verweisend

ex|oph|thalmisch [*gr.*]: aus der Augenhöhle heraustretend (Med.). **Ex|oph|thalmus** [*gr.-nlat.*] *der*; -: krankhaftes Hervortreten des Augapfels aus der Augenhöhle (Med.)

exophytisch vgl. ektophytisch

ex|orbitant [*lat.*]: außergewöhnlich; übertrieben; gewaltig. **Exorbitanz** [*lat.-nlat.*] *die*; -, -en: Übermaß; Übertreibung

Ex|ordium [*lat.*; „Anfang, Einleitung"] *das*; -s, ...ia: [kunstgerechte] Einleitung [einer Rede] (Rhet.)

ex oriente lux [*lat.*]: aus dem Osten (kommt) das Licht (zunächst auf die Sonne bezogen, dann übertragen auf Christentum u. Kultur)

ex|orzieren u. **ex|orzisieren** [*gr.-lat.*]: Dämonen u. Geister durch Beschwörung austreiben. **Exorzismus** *der*; -, ...men: Beschwörung von Dämonen u. Geistern durch Wort [u. Geste]. **Ex|orzist** *der*; -en, -en: 1. Geisterbeschwörer. 2. (veraltet) jmd., der den dritten Grad der katholischen niederen Weihen besitzt

Exoskelett vgl. Ektoskelett

Ex|osmose [*gr.-nlat.*] *die*; -, -n: → Osmose von Orten höherer zu Orten geringerer Konzentration (Chem.)

Exo|sphäre [*gr.-nlat.*] *die*; -: oberste Schicht der → Atmosphäre (1b); vgl. Dissipationssphäre

Ex|ostose [*gr.-nlat.*] *die*; -, -n: sich von der Knochenoberfläche aus entwickelnder knöcherner Zapfen (Med.)

Exot, (auch:) **Exote** [*gr.-lat.*] *der*; ...ten, ...ten: 1. Mensch, Tier od. Pflanze aus fernen, meist überseeischen, tropischen Ländern; 2. (nur Plural) überseeische Wertpapiere, die im Telefonhandel od. ungeregelten Freiverkehr gehandelt werden. **Exotarium** [*gr.-nlat.*] *das*; -s, ...ien [*...i^e n*]: Anlage, in der exotische Tiere zur Schau gestellt werden. **Exoteriker** [*gr.-lat.*] *der*; -s, -: der Außen-

stehende, Nichteingeweihte; Ggs. → Esoteriker. **exotẹrisch**: für Außenstehende, für die Öffentlichkeit bestimmt; allgemein verständlich; Ggs. → esoterisch
exothẹrm [*gr.-nlat.*]: mit Freiwerden von Wärme verbunden, unter Freiwerden von Wärme ablaufend (von chem. Vorgängen)
Exọtik [*gr.-lat.*] *die*; -: Anziehungskraft, die vom Fremdländischen od. von etw., was in seiner Art als ungewöhnlich u. daher selten empfunden wird, ausgeht. **Exọtika** *die* (Plural): aus fernen Ländern stammende Kunstwerke. **exọtisch:** a) fremdländisch, überseeisch; b) einen fremdartigen Zauber habend od. ausstrahlend; aus dem Üblichen herausfallend u. daher auffallend, bestaunenswert. **Exotịsmus** [*gr.-lat.-nlat.*] *der*; -, ...men: fremdsprachiges Wort, das auf einen Begriff der fremdsprachigen Umwelt beschränkt bleibt (z. B. Kolchos, Lord, Cowboy)
ẹx ovo [- *ọwo*] vgl. ab ovo
Exozẹn|trikum [*gr.-nlat.*] *das*; -s, ...ka: exozentrisches Kompositum. **exozẹn|trisch**: nicht zur gleichen Formklasse gehörend (von einer sprachlichen Konstruktion, die nicht zur Kategorie eines ihrer konstituierenden Glieder gehört (z. B. auf dich; weder die Präposition „auf" noch das Pronomen „dich" können die Funktion der Fügung „auf dich" übernehmen; Sprachw.); Ggs. → endozentrisch; -es Kompositum: Zusammensetzung, bei der das Bezeichnete außerhalb der Zusammensetzung liegt, d. h., es wird nicht von den einzelnen Kompositionsgliedern genannt (z. B. „Löwenmäulchen" = Blume mit Blüten, die wie kleine Löwenmäuler aussehen); vgl. Bahuwrihi
Expạnder [*lat.-engl.*] *der*; -s, -: Trainingsgerät zur Kräftigung der Arm- u. Oberkörpermuskulatur (Sport). **expandieren** [*lat.*]: [sich] ausdehnen. **expansibel** [*lat.-fr.*]: ausdehnbar. **Expansiọn** *die*; -, -en: das Expandieren, räumliche Ausdehnung [verbunden mit mehr Einfluß u. Macht]. **Expansionist** *der*; -en, -en: jmd., der auf stärkeres wirtschaftlich-materielles Wachstum (mit Großtechnologie) ausgerichtet ist, ohne Rücksicht auf die Beeinträchtigung der natürlichen u. sozialen Lebensgrundlagen. **Expansiọnsmaschine** *die*; -, -n: Kraftmaschine, die ihre Energie aus der Expansion des Energieträgers gewinnt (z. B. die Kolbendampfmaschine). **Expansiọnspolitik** *die*; -: 1. auf Erweiterung des Macht- od. Einflußbereichs gerichtete Politik. 2. auf eine kräftige Steigerung des Umsatzes u. des Marktanteils gerichtete Unternehmensführung (Wirtsch.). **expansiv**: sich ausdehnend, auf Ausdehnung u. Erweiterung bedacht od. gerichtet, starke Expansion aufweisend
Expa|triation [...*ziọn*; *lat.-mlat.*] *die*; -, -en: Ausbürgerung, Verbannung; vgl. ...[at]ion/...ierung. **expa|triieren**: ausbürgern, verbannen. **Expa|triierung** *die*; -, -en: das Expatriieren; vgl. ...[at]ion/...ierung
Expediẹnt [*lat.*] *der*; -en, -en: a) Abfertigungsbeauftragter in der Versandabteilung einer Firma; b) Angestellter in einem Reisebüro, Reisebürokaufmann. **expedieren** [„losmachen"]: absenden, abfertigen, befördern (von Gütern u. Personen). **Expedit** *das*; -[e]s, -e: (österr.) Versandabteilung (z. B. in einem Kaufhaus). **Expedition** [...*ziọn*] *die*; -, -en: 1. a) Forschungsreise [in unbekannte Gebiete]; b) Personengruppe, die eine Expedition (1 a) unternimmt; c) (veraltet) Kriegszug, militärisches Unternehmen. 2. Gruppe zusammengehörender Personen, die von einem Land, einem Verband od. einem Unternehmen zur Wahrnehmung bestimmter (bes. sportlicher) Aufgaben ins Ausland geschickt werden. 3. a) Versand- od. Abfertigungsabteilung (z. B. einer Firma); b) das Expedieren. 4. (veraltet) Anzeigenabteilung. **expeditiv**: zur Expedition gehörend. **Expeditor** [*lat.-nlat.*] *der*; -s, ...ọren: = Expedient
Expẹktorans [*lat.*] *das*; -, ...rạnzien [...*iᵉn*] u. ...rạntia [...*zia*]: Expektorantium. **Expektorạntium** [...*zium*; *lat.-nlat.*] *das*; -s, ...tia [...*zia*]: schleimlösendes Mittel, Hustenmittel (Med.). **Expektoration** [...*ziọn*] *die*; -, -en: 1. das Sichaussprechen, Erklärung [von Gefühlen]. 2. Auswurf (Med.). **expektorieren** [*lat.*]: 1. seine Gefühle aussprechen. 2. Schleim auswerfen, aushusten (Med.)
expellieren [*lat.*]: (veraltet) austreiben, verjagen
Expẹnsen [*lat.*] *die* (Plural): [Gerichts]kosten. **expensiv** [*lat.-nlat.*]: kostspielig
Experimẹnt [*lat.*] *das*; -[e]s, -e: 1. wissenschaftlicher Versuch, durch den etw. entdeckt, bestätigt od. gezeigt werden soll. 2. [gewagter] Versuch, Wagnis; gewagtes, unsicheres Unternehmen; Unternehmung, von der man noch nicht weiß, wie sie ausgehen wird, ob gut od. schlecht. **experimentạl** [*lat.-nlat.*]: (selten) experimentell; vgl. ...al/...ell. **Experimentạlfilm** *der*; -s, -e: = Studiofilm. **Experimentạlphysik** *die*; -: Teilgebiet der Physik, auf dem mit Hilfe von Experimenten die Naturgesetze erforscht werden. **Experimentạtor** *der*; -s, ...ọren: jmd., der Experimente macht od. vorführt. **experimentẹll** [französierende Bildung]: auf Experimenten beruhend; vgl. ...al/...ell. **experimentieren** [*lat.-mlat.*]: Experimente anstellen. **Experimẹntum crucis** [-*krụziß*; *lat.*] *das*; - -: Experiment, dessen Ausgang eine endgültige Entscheidung über mehrere Möglichkeiten herbeiführt.
expẹrt [*lat.-fr.*]: (veraltet) erfahren, sachverständig. **Expẹrte** *der*; -n, -n: jmd., der auf dem in Frage kommenden Gebiet besonders gut Bescheid weiß; Sachverständiger, Kenner. **Expertise** *die*; -, -n: Untersuchung, Gutachten, Begutachtung durch Sachverständige. **expertisieren**: (selten) sachverständig prüfen, beurteilen, begutachten
Ex|planation [...*ziọn*; *lat.*] *die*; -, -en: Auslegung, Erläuterung, Erklärung von Texten in sachlicher Hinsicht (Literaturw.). **ex|planativ**: auslegend, erläuternd. **ex|planieren**: auslegen, erläutern
Ex|plantation [...*ziọn*; *lat.-nlat.*] *die*; -, -en: Auspflanzung; Entnahme von Zellen, Geweben od. Organen aus dem lebenden Organismus zum Zwecke der Weiterzüchtung des Gewebes in Nährflüssigkeiten od. der Übertragung auf einen anderen Organismus (Med.; Zool.)
Ex|pletiv [*lat.*; „ergänzend"] *das*; -s, -e [...*wᵉ*]: für den Sinn des Satzes entbehrliches Wort, Gesprächspartikel (früher: Füll-, Flick-, Würzwort genannt), z. B. „Ob er *wohl* Zeit hat?"
ẹx|plicit [...*zit*; *lat.*]: „es ist vollzogen, es ist zu Ende" (gewöhnlich am Ende von Handschriften u. Frühdrucken); Ggs. → incipit; vgl. explizit. **Ẹx|plicit** *das*; -s, -s: die Schlußworte einer mittelalt. Handschrift od. eines Frühdrucks. **Ex|plikation** [...*ziọn*] *die*; -, -en: (selten) Darlegung, Erklärung, Erläuterung. **ex|plizieren**: darlegen, erklären, erläutern. **explizit:** a) ausdrücklich, deutlich; Ggs. → implizit (1); b) ausführ-

lich u. differenziert dargestellt; vgl. explicit; -e Funktion: math. Funktion, deren Werte sich unmittelbar (d.h. ohne Umformung der Funktion) berechnen lassen. **ex|plizite:** in aller Deutlichkeit

ex|plodieren [*lat.*]: 1. durch heftigen inneren [Gas]druck plötzlich auseinandergetrieben werden, mit Knall [zer]platzen, bersten. 2. einen heftigen Gefühlsausbruch zeigen

Ex|ploitation [*...ploatazion; lat.-fr.*] *die*; -, -en: (veraltet) 1. Ausbeutung. 2. Nutzbarmachung (z. B. eines Bergwerks). **Ex|ploiteur** [*...tör*] *der*; -s, -e: (veraltet) jmd., der eine Sache od. Person exploitiert. **ex|ploitieren**: (veraltet) 1. aus der Arbeitskraft eines andern Gewinn ziehen, dessen Arbeitskraft für sich ausnutzen, ausbeuten. 2. [Bodenschätze] nutzbar machen

Ex|plorand [*lat.*] *der*; -en, -en: jmd., der exploriert wird. **Ex|ploration** [*...zion*] *die*; -, -en: Untersuchung u. Befragung; Nachforschung; das Explorieren. **Ex|plorator** *der*; -s, ...oren: jmd., der exploriert. **Ex|ploratorenverfahren** [*lat.; dt.*] *das*; -s, -: Erforschung der Volkskultur (Sprache, Brauchtum, Geräte u.a.) durch persönl. Befragung von Gewährsleuten. **exploratorisch** [*lat.*]: [aus]forschend, prüfend. **ex|plorieren** [*lat.*]: 1. erforschen, untersuchen, erkunden (z. B. Boden, Gelände). 2. [Personen]gruppen zu Untersuchungs-, Erkundungszwecken befragen, ausforschen; (Verhältnisse) durch Befragung u. Gespräche untersuchen, erkunden (Psychol.; Med.)

ex|plosibel [*lat.-nlat.*]: 1. explosionsfähig, -gefährlich. 2. zu unvermittelten Gewalthandlungen u. plötzlichen Kurzschlußreaktionen neigend (von → Psychopathen; Med., Psychol.). **Explosibilität** *die*; -: Fähigkeit zu explodieren (1). **Ex|plosion** [*lat.*] *die*; -, -en: 1. mit einem heftigen Knall verbundenes Zerplatzen u. Zerbersten eines Körpers. 2. heftiger Gefühlsausbruch, bes. Zornausbruch. **Ex|plosions|krater** *der*; -s, -: durch explosionsartige Vulkanausbrüche entstandener Krater (z.B. Maar). **Explosionsmotor** *der*; -s, -en (auch: -e): Motor, der seine Energie aus der Explosion eines Treibstoff-Luft-Gemisches gewinnt. **explosiv** [*lat.-nlat.*]: 1. a) leicht explodierend (1); b) zu Gefühlsausbrüchen neigend. 2. a) explosionsartig; b) sehr temperamentvoll, heftig. **Ex|plosiv** *der*; -s, -e [*...w*[e]] u. **Ex|plosiva** [*...wa*] *die*; -, ...vä. = Explosivlaut. **Explosivität** [*...wi...*] *die*; -: explosive Beschaffenheit, Art [u. Weise]. **Ex|plosivlaut** *der*; -[e]s, -e: Laut, der durch die plötzliche Öffnung eines Verschlusses entsteht (z. B. b, k); vgl. Tenuis u. Media

Exponat [*lat.-russ.*] *das*; -[e]s, -e: Ausstellungsstück, Museumsstück. **Exponent** [*lat.*] *der*; -en, -en: 1. herausgehobener Vertreter einer Richtung, einer Partei usw. 2. Hochzahl, bes. in der Wurzel- u. Potenzrechung (z. B. ist *n* bei a^n der Exponent). **Exponentialfunktion** [*...zial...zion; lat.-nlat.; lat.*] *die*; -, -en: math. Funktion, bei der die unabhängige Veränderliche als → Exponent (2) einer konstanten Größe meist e) auftritt. **Exponentialgleichung** [*lat.-nlat.; dt.*] *die*; -, -en: eine Gleichung mit einer Unbekannten im Exponenten. **Exponentialröhre** *die*; -, -n: Röhre, die in Rundfunkempfängern automatisch den Schwund regelt. **exponentiell** [*...ziäl; lat.*]: gemäß einer (speziellen) Exponentialfunktion verlaufend, z. B. -er Abfall einer physikalischen Größe. **exponieren:** 1. a) darstellen, zur Schau stellen; b) (veraltet) belichten (Fotogr.). 2. sich -: die Aufmerksamkeit auf sich lenken, sich durch sein Handeln sichtbar herausheben, herausstellen [u. sich dadurch auch der Kritik, Angriffen aussetzen]. **exponiert**: herausgehoben u. dadurch Gefährdungen od. Angriffen in erhöhtem Maß ausgesetzt

Export [*lat.-engl.*]

I. (Ggs. → Import) *der*; -[e]s, -e: 1. Ausfuhr, Absatz von Waren im Ausland. 2. das Ausgeführte.

II. *das*; -, -: Kurzform von → Exportbier

Exportbier [urspr. das für den Export nach Übersee stärker eingebraute Bier von besonderer Haltbarkeit] *das*; -[e]s, -e: ein qualitativ gutes, geschmacklich abgerundetes (nicht sehr bitteres) Bier. **Exporten** *die* (Plural): Ausfuhrwaren. **Exporteur** [*...tör*; französierende Bildung] *der*; -s, -e: jmd. (auch ein Unternehmen), der exportiert. **exportieren** [*lat.-engl.*]: Waren ins Ausland ausführen

Exposé [*lat.-fr.*] *das*; -s, -s: a) Denkschrift, Bericht, Darlegung, zusammenfassende Übersicht; b) Entwurf, Plan, Handlungsskizze (bes. für ein Filmdrehbuch). **Exposition** [*...zion; lat.*] *die*; -, -en: 1. Darlegung, Erörterung. 2. einführender, vorbereitender Teil des Dramas (meist im 1. Akt od. als → Prolog). 3. a) erster Teil des Sonatensatzes mit der Aufstellung der Themen; b) Kopfteil bei der Fuge mit der ersten Themadurchführung. 4. Ausstellung, Schau. 5. in der katholischen Kirche im Mittelalter aufgekommener Brauch, das Allerheiligste in der → Monstranz od. im → Ziborium zur Anbetung zu zeigen. 6. Lage eines bewachsenen Berghanges in bezug auf die Einfallsrichtung der Sonnenstrahlen (Biol.). 7. (veraltet) Belichtung (Fotogr.). 8. Grad der Gefährdung für einen Organismus, der sich aus der Häufigkeit u. Intensität aller äußeren Krankheitsbedingungen ergibt, denen der Organismus ausgesetzt ist (Med.). **expositorisch** [*lat.-engl.*]: erklärend, darlegend (z. B. -e Texte). **Expositur** [*lat.-nlat.*] *die*; -, -en: 1. abgegrenzter selbständiger Seelsorgebezirk einer Pfarrei. 2. (österr.) a) in einem anderen Gebäude untergebrachter Teil einer Schule; b) auswärtige Zweigstelle eines Geschäftes. **Expositus** [*lat.*] *der*; -, ...ti: Geistlicher als Leiter einer Expositur (1)

ex post [*lat.*]: 1. nach geschehener Tat; hinterher. 2. im nachhinein (Wirtsch.); Ggs. → ex ante. **ex post facto** [*...kto*]: = ex post (1)

ex|preß [*lat.*]: 1. eilig, Eil... 2. (landsch.) eigens, ausdrücklich, zum Trotz. **Ex|preß** [*lat.-engl.*] *der*; ...presses, ...presse: (veraltet) Schnellzug. **...Ex|press:** bahnamtliche Schreibung von → Expreß, z. B. Hellas-Express. **Ex|preßbote** [*lat.-engl.; dt.*] *der*; -n, -n: (veraltet) Eilbote (Postw.). **Ex|preßgut** *das*; -[e]s, ...güter: Versandgut, das auf dem schnellsten Weg zum Bestimmungsort gebracht wird. **Ex|pression** [*lat.*] *die*; -, -en: 1. Ausdruck. 2. besonderes Register beim Harmonium. 3. das Herauspressen (z. B. der Nachgeburt; Med.). **Ex|pressionismus** [*lat.-nlat.*] *der*; -: 1. Ausdruckskunst, Kunstrichtung des frühen 20. Jh.s, die im bewußten Gegensatz zum → Impressionismus (1 u. 2) steht. 2. musikalischer Ausdrucksstil um 1920. **Ex|pressionist** *der*; -en, -en: Vertreter des Expressionismus; b) den Expressionismus betreffend. **ex|pressis verbis** [*- wär...; lat.*]: ausdrücklich, mit ausdrücklichen Worten. **expressiv** [*lat.-nlat.*]: ausdrucksstark, mit Ausdruck, ausdrucksbetont. **Ex|pressivität** [...*wi*...] *die*; -: 1. Fülle des Ausdrucks, Ausdrucksfähigkeit. 2. Ausprägungsgrad einer Erbanlage im Erscheinungsbild (Biol.)

ex professo [*lat.*]: berufsmäßig, von Amts wegen, absichtlich

Ex|promission [*lat.-nlat.*] *die*; -, -en: den ursprünglichen Schuldner befreiende Schuldübernahme durch einen Dritten (Rechtsw.)

Ex|pro|priateur [...*tör*; *lat.-fr.*] *der*; -s, -e: Enteigner, Ausbeuter (Marxismus). **Ex|pro|priation** [...*zion*; *lat.-nlat.*] *die*; -, -en: Enteignung (Marxismus). **ex|pro|priieren**: enteignen (Marxismus)

Expulsion [*lat.*] *die*; -, -en: Entfernung, Abführung (z. B. von Eingeweidewürmern; Med.). **expulsiv** [*lat.-nlat.*]: die Expulsion betreffend (Med.).

exquisit [*lat.*]: ausgesucht, erlesen, vorzüglich

Exse|kration [...*zion*] u. Exekration [*lat.*] *die*; -, -en: 1. Entweihung. 2. feierliche Verwünschung, Fluch (kath. Kirche). **exse|krieren** u. exe|krieren: 1. entweihen. 2. verwünschen, verfluchen (kath. Kirche)

Exsikkans [*lat.-nlat.*] *das*; -, ...kkanzien [...*i*ᵉ*n*] u. ...kkantia [...*zia*]: austrocknendes, Flüssigkeit → absorbierendes Mittel (Med.). **Exsikkat** *das*; -[e]s, -e: getrocknete Pflanzenprobe (Bot.). **Exsikkation** [...*zion*; *lat.*] *die*; -, -en: das Austrocknen, die Austrocknung (Chem.). **exsikkativ** [*lat.-nlat.*]: austrocknend (Chem.). **Exsikkator** *der*; -s, ...oren: Gerät zum Austrocknen od. zum trockenen Aufbewahren von Chemikalien. **Exsikkose** *die*; -, -n: Austrocknung des Körpers bei starkem Flüssigkeitsverlust (z. B. Erbrechen od. Durchfall; Med.)

ex silentio [-...*zio*; *lat.*]: = ex tacendo

Ex|spektant [*lat.*] *der*; -en, -en: (hist.) jmd., der eine Exspektanz besitzt, Anwärter. **Ex|spektanz** [*lat.-nlat.*] *die*; -, -en: (hist.) Anwartschaft auf noch besetzte Stellen im Staat od. in der Kirche. **ex|spektativ**: 1. eine Exspektanz gewährend. 2. abwartend (von einer Krankheitsbehandlung; Med.)

Ex|spiration [...*zion*; *lat.*] *die*; -: Ausatmung (Med.). **exspiratorisch** [*lat.-nlat.*]: auf Exspiration beruhend, mit ihr zusammenhängend; Ggs. → inspiratorisch (2); -e Artikulation: Lautbildung beim Ausatmen; -er Akzent: den germ. Sprachen eigentümlicher Akzent, der auf der Tonstärke des Gesprochenen beruht, Druckakzent. **ex|spirieren** [*lat.*]: ausatmen (Med.)

Ex|spoliation [...*zion*; *lat.*] *die*; -, -en: (veraltet) Beraubung. **exspoliieren**: (veraltet) ausrauben, plündern

Ex|stirpation [...*zion*; *lat.*; „Ausrottung"] *die*; -, -en: völlige Entfernung [eines erkrankten Organs] (Med.). **Ex|stirpator** *der*; -s, ...oren: besondere Art eines → Grubbers. **ex|stirpieren**: ein erkranktes Organ od. eine Geschwulst völlig entfernen (Med.)

Exsudat [*lat.*] *das*; -[e]s, -e: 1. entzündliche Ausschwitzung (eiweißhaltige Flüssigkeit, die bei Entzündungen aus den Gefäßen austritt; Med.). 2. Drüsenabsonderung bei Insekten (Biol.). **Exsudation** [...*zion*] *die*; -, -en: 1. Ausschwitzung, Absonderung eines Exsudats (Med., Biol.). 2. Ausscheidung von Mineralstoffen aus → kapillar aufsteigenden u. verdunstenden Bodenlösungen; vgl. Effloreszenz (2). **exsudativ** [*lat.-nlat.*]: mit der Exsudation (1) zusammenhängend, auf ihr beruhend

ex tacendo [-...*zä*...; *lat.*]: aus dem Nichtvorkommen (von Belegen etwas schließen)

Extemporale [*lat.*] *das*; -s, ...lien [...*i*ᵉ*n*]: unvorbereitet anzufertigende [Klassen]arbeit (bes. in den alten Sprachen). **ex tempore**: aus dem Stegreif. **Extempore** *das*; -s, -[s]: a) improvisierte Einlage [auf der Bühne]; b) Stegreifspiel, Stegreifrede. **extemporieren** [*lat.-nlat.*]: a) eine improvisierte Einlage [auf der Bühne] geben; b) aus dem Stegreif reden, schreiben, musizieren usw.

Extended [*ikßtändid*; *lat.-engl.*] *die*; -: aus England stammende, breite Antiquadruckschrift (Druckw.). **extendieren** [*lat.*]: (veraltet) ausweiten, ausdehnen, erweitern. **extensibel** [*lat.-nlat.*]: (veraltet) ausdehnbar. **Extensibilität** *die*; -, -en: (veraltet) Ausdehnbarkeit. **Extension** [*lat.*] *die*; -, -en: 1. Ausdehnung, Streckung. 2. Umfang eines Begriffs; Gesamtheit der Gegenstände, die unter diesen Begriff fallen z. B. Obst = Äpfel, Birnen ...; (Logik); Ggs. → Intension (2). **extensional**: 1. auf die Extension (2) bezogen; Ggs. → intensional (1). 2. (bes. in der Mengenlehre) umfangsgleich; vgl. intensional (2). **Extensität** u. **Extensivität** [...*wi*...; *lat.-nlat.*] *die*; -: Ausdehnung, Umfang. **extensiv** [auch: *äx*...; *lat.*]: 1. ausgedehnt, umfassend, in die Breite gehend (z. B. -e Beeinflussung). 2. auf großen Flächen, aber mit verhältnismäßig geringem Aufwand betrieben (z. B. -e Nutzung des Bodens). 3. ausdehnend, erweiternd (von der Auslegung eines Gesetzes; Rechtsw.). **extensivieren** [...*w*...]: ausdehnen, in die Breite gehen od. wirken lassen. **Extensivität** vgl. Extensität. **Extensor** *der*; -s, ...oren: Streckmuskel (Med.)

Exterieur [...*iör*; *lat.-fr.*] *das*; -s, -s u. -e: 1. Äußeres; Außenseite; Erscheinung. 2. die Körperform eines Tieres im Hinblick auf einen bestimmten Zweck (z. B. beim Pferd als Zug- od. Reittier; Landwirtsch.). **Exteriorität** [*lat.-nlat.*] *die*; -, -en: (veraltet) Äußeres, Außenseite, Oberfläche

Extermination [...*zion*; *lat.*] *die*; -, -en: (veraltet) a) Vertreibung; Landesverweisung; b) Zerstörung. **exterminieren**: (veraltet) ausrotten, vertreiben

extern [*lat.*]: 1. auswärtig, fremd; draußen befindlich. 2. nicht im Internat wohnend; vgl. Externe. **Externa**: *Plural* von → Externum. **externalisieren**: etwas nach außen verlagern (z. B. Ängste; Psychol.); vgl. internalisieren. **Externalisation** [...*zion*] *die*; -, -en: das Externalisieren; vgl. Projektion (4). **Externat** [*lat.-nlat.*; Gegenbildung zu → Internat] *das*; -[e]s, -e: Lehranstalt, deren Schüler außerhalb der Schule wohnen. **Externe** [*lat.*] *der* u. *die*; -n, -n: 1. Schüler[in], der bzw. die nicht im Internat wohnt. 2. Schüler[in], der bzw. die die Abschlußprüfung an einer Schule ablegt, ohne diese zuvor besucht zu haben. **Externist** [*lat.-nlat.*] *der*; -en, -en: (österr.) = Externe (1, 2). **Externum** [*lat.*] *das*; -s, ...na: äußerlich anzuwendendes Arzneimittel (Med.)

extero|zeptiv [*lat.*]: Reize wahrnehmend, die von außerhalb des Organismus kommen (z. B. mittels Augen, Ohren; Psychol.; Med.); Ggs. → propriozeptiv

exterritorial [auch: *äx*...; *lat.-nlat.*]: außerhalb der Landeshoheit stehend. **exterritorialisieren**: jmdm. Exterritorialität gewähren. **Exterritorialität** *die*; -: a) Unabhängigkeit bestimmter ausländischer Personen (z. B. Gesandter) von der Gerichtsbarkeit des Aufenthaltsstaates; b) Unverletzlichkeit u. Unantastbarkeit von Diplomaten im Gastland

Extinkteur [...*tör*; *lat.-fr.*] *der*; -s, -e: (veraltet) Feuerlöscher. **Extinktion** [...*zion*; *lat.*] *die*; -, -en: 1. (veraltet) Auslöschung, Tilgung. 2. Schwächung einer Wellenbewegung (Strahlung) beim Durchgang durch ein → Medium (I, 3) (Phys.; Astron.; Meteor.). **Extinktionsko|effizient** *der*; -en: Maß für die Extinktion (2)

extorquieren [*lat.*]: (veraltet) abpressen, erzwingen. **Extorsion** *die*; -, -en: (veraltet) Erpressung

ex|tra [*lat.*]: a) besonders, für sich, getrennt; b) zusätzlich, dazu; c) ausdrücklich; d) absichtlich; e) zu einem bestimmten Zweck; f) besonders, ausgesucht. **Ex|tra** *das*; -s, -s (meist Plural): Zubehörteile (speziell zu Autos), die über die übliche Ausstattung hinausgehen

Ex|trablatt *das*; -[e]s, ...blätter: Sonderausgabe einer Zeitung mit besonders aktuellen Nachrichten

ex|tra dry [- *drai*]: trocken, herb, nicht süß (von Sekt u. Schaumweinen)

ex|tra ec|clesiam nulla salus [*lat.*]: „außerhalb der Kirche [ist] kein Heil" (Ausspruch des hl. Cyprian, † 258)

ex|tra|floral [*lat.-nlat.*]: außerhalb der Blüte befindlich (Bot.)

ex|tragalaktisch [*lat.*; *gr.*]: außerhalb der Milchstraße (vgl. Galaxie) liegend (Astron.)

ex|tragenital [*lat.-nlat.*]: (Med.) 1. außerhalb der Geschlechtsteile. 2. unabhängig von den Geschlechtsteilen (bes. in bezug auf die Übertragung von Geschlechtskrankheiten)

Ex|trahent [*lat.*] *der*; -en, -en: (veraltet) jmd., auf dessen Antrag eine gerichtl. Verfügung erlassen wird (Rechtsw.). **ex|trahieren**: 1. [einen Zahn] herausziehen. 2. eine Extraktion (1) vornehmen. 3. (veraltet) eine Vollstreckungsmaßregel erwirken (Rechtsw.)

ex|trakorporal [*lat.*]: außerhalb des Körpers erfolgend, verlaufend (Med.)

Ex|trakt [*lat.*] *der* (naturwiss. fachsprachlich auch: *das*); -[e]s, -e: 1. Auszug aus tierischen od. pflanzlichen Stoffen. 2. konzentrierte Zusammenfassung der wesentlichsten Punkte eines Buches, Schriftstücks od. einer Rede. **Ex|trakteur** [...*tör*; *lat.-fr.*] *der*; -s, -e: Gerät zur Vornahme einer Extraktion (2). **Ex|traktion** [...*zion*; *lat.-nlat.*] *die*; -, -en: 1. Herauslösung einzelner Bestandteile aus einem flüssigen od. festen Stoffgemisch mit einem geeigneten Lösungsmittel (Chem.). 2. das Ziehen eines Zahnes (Med.). **ex|traktiv**: ausziehend; auslaugend; löslich ausziehbar. **Ex|traktivstoffe** *die* (Plural): in Pflanzen od. Tieren vorkommende Stoffe, die durch Wasser od. Alkohol ausgezogen werden können (Biol.)

ex|tralingual [*lat.-nlat.*]: außersprachlich, nicht zur Sprache gehörend (Sprachw.); Ggs. → intralingual

ex|tramundan [*lat.*]: außerweltlich, → transzendent (1; Philos.)

ex|tramural [*lat.-nlat.*]: 1. außerhalb der Stadtmauern befindlich. 2. außerhalb der Wand eines Hohlraums (z. B. des Darmes) gelegen (Med.). **ex|tra muros** [*lat.*]: außerhalb der Mauern

ex|tran [*lat.-nlat.*]: (veraltet) ausländisch, fremd. **Ex|traneer** [...*ne^er*] *der*; -s, - u. **Ex|traneus** [...*e-uß*; *lat.*] *der*; -, ...neer [...*e^er*]: = Externe

ex|traordinär [*lat.-fr.*]: außergewöhnlich, außerordentlich. **Extraordinariat** [*lat.-nlat.*] *das*; -[e]s, -e: Amt eines Extraordinarius. **Ex|traordinarium** [*lat.*] *das*; -s, ...ien [...*i^en*]: der außerordentliche Haushalt[splan] eines Staates. **Ex|traordinarius** *der*; -, ...ien [...*i^en*]: außerordentlicher, nicht ordentlicher, nicht planmäßiger Professor. **ex|tra ordinem** [- ...*näm*]: außerhalb der Reihe

ex|traperitoneal [(*lat.*; *gr.*) *nlat.*]: außerhalb des Bauchfells gelegen (Med.)

ex|tra|pleural [(*lat.*; *gr.*) *nlat.*]: außerhalb des Brustfellraums gelegen (Med.)

Ex|trapolation [...*zion*; *lat.-nlat.*] *die*; -, -en: näherungsweise Bestimmung von Funktionswerten außerhalb eines → Intervalls (4) auf Grund der Kenntnis von Funktionswerten innerhalb dieses Intervalls. **ex|trapolieren**: aus dem Verhalten einer Funktion innerhalb eines mathematischen Bereichs auf ihr Verhalten außerhalb dieses Bereichs schließen

Ex|traposition [...*zion*; *lat.-nlat.*] *die*; -, -en: Herausstellung eines Gliedsatzes (Subjekt- od. Objektsatz) an das Ende des Satzgefüges, wobei ein stellvertretendes „es" vorangestellt wird, z. B. „Es ist schön, daß du kommst" für: „Daß du kommst, ist schön" (Sprachw.)

Ex|tra|profit *der*; -[e]s, -e: Über-, [Zusatz]verdienst (Marxismus)

Ex|trapunitivität [...*wi*...; *lat.-nlat.*] *die*; -, -en: der Wunsch od. Wille, andere Personen für eigene moralische Unzulänglichkeit od. eigene Schuld büßen zu lassen (Sozialpsychol.)

Ex|trasystole [auch: ...*tol^e*] *die*; -, -n: auf einen ungewöhnlichen Reiz hin erfolgende vorzeitige Zusammenziehung des Herzens innerhalb der normalen Herzschlagfolge (Med.)

ex|tratensiv [*lat.-nlat.*]: = extensiv (2)

Ex|traterre|strik [*lat.-nlat.*] *die*; -: Fachgebiet der Physik, auf dem die physikalischen Vorgänge u. Gegebenheiten untersucht werden, die sich außerhalb der Erde u. ihrer Atmosphäre abspielen. **ex|traterre|strisch**: außerhalb der Erde (einschließlich ihrer Atmosphäre) gelegen (Astron.; Phys.)

Ex|tratour *die*; -, -en: (ugs.) eigenwilliges u. eigensinniges Verhalten od. Vorgehen innerhalb einer Gruppe

ex|tra|uterin [*lat.-nlat.*]: außerhalb der Gebärmutter (Med.). **Ex|tra|uterin|gravidität** *die*; -, -en: = Abdominalgravidität

ex|travagant [auch: ...*wagant*; *lat.-mlat.-fr.*]: 1. a) ausgefallenen Geschmack habend, zeigend; b) von ungewöhnlichem u. ausgefallenem Geschmack zeugend u. dadurch auffallend. 2. überspannt, verstiegen, übertrieben. **Ex|travaganz** [auch: ...*ganz*] *die*; -, -en: 1. etwas, was aus dem Rahmen des Üblichen herausfällt; ausgefallenes Verhalten, Tun. 2. (ohne Plural) Ausgefallenheit. 3. Überspanntheit, Verstiegenheit. **ex|travagieren** [*lat.-mlat.*]: (veraltet) überspannt handeln

Ex|travasat [...*wa*...; *lat.-nlat.*] *das*; -[e]s, -e: aus einem Gefäß ins Gewebe ausgetretene Flüssigkeit wie Blut od. Lymphe (Med.). **Ex|travasation** [...*zion*] *die*; -, -en: Blut- od. Lympherguß in das Zellgewebe (Med.)

Ex|traversion [...*wär*...; *lat.-nlat.*] *die*; -, -en: seelische Einstellung, die durch Konzentration der Interessen auf äußere Objekte gekennzeichnet ist; Ggs. → Introversion. **ex|travertiert** u. ex|trovertiert [auch: *äx*...]: nach außen gerichtet, für äußerere Einflüsse leicht empfänglich; Ggs. → introvertiert (Psychol.)

ex|trazellulär [*lat.-nlat.*]: außerhalb der Zelle (Med.)

ex|trem [*lat.*]: 1. äußerst [hoch, niedrig]; ungewöhnlich. 2. radikal; -er Wert: a) Hoch- od. Tiefpunkt einer Funktion od. einer Kurve; b) größter od. kleinster Wert einer Meßreihe. **Ex|trem** *das*; -s, -e: 1. höchster Grad, äußerster Standpunkt. 2. Übertreibung. **ex|tremisieren** [*lat.-nlat.*]: zu einer extremen Haltung bringen, gelangen lassen, ins Extrem treiben. **Ex|tremisierung** *die*; -: die Neigung, Gedanken u. Taten bis zum Äußersten zu treiben. **Extremismus** *der*; -, ...men: 1. (ohne Plural) extreme, radikale [politische] Haltung od. Richtung. 2. einzelne radikale Handlung. **Extremist** *der*; -en, -en: radikal eingestellter Mensch. **ex|tremistisch**: eine extreme, radikale [politische] Einstellung zeigend; den Extremismus verfechtend. **Ex|tremität** [*lat.*] *die*; -, -en: 1. (meist Plural) Gliedmaße (Med.). 2. äußerstes Ende. Extremsein (z. B. einer Idee oder eines Planes). **Extremum** *das*; -s, ...ma u. **Extremwert** *der*; -[e]s, -e: a) höchster od. tiefster Wert einer Funktion od. einer Kurve; b) größter od. kleinster Wert einer Meßreihe

ex|trinsisch [*lat.-fr.-engl.*]: von außen her [angeregt], nicht aus eigenem inneren Anlaß erfolgend, sondern auf Grund äußerer Antriebe; Ggs. → intrinsisch (Psychol.); -e Motivation: durch äußere Zwänge, Strafen verursachte → Motivation (1); Ggs. → intrinsische Motivation

Ex|trophie [*gr.-nlat.*] *die*; -, ...ien: = Ektopie

ex|trors [*lat.*]: nach außen gewendet (in bezug auf die Stellung der Staubblätter zur Blütenachse; Bot.). **ex|trovertiert** vgl. extravertiert

Ex|truder [*lat.-engl.*] *der*; -s, -: Maschine zur Herstellung von Formstücken (Rohre, Drähte, Bänder usw.) aus → thermoplastischem Material, das im formbaren Zustand durch Düsen gepreßt wird (Techn.). **extrudieren**: Formstücke aus → thermoplastischem Material mit dem Extruder herstellen (Techn.). **Ex|trusion** [*lat.-nlat.*] *die*; -, -en: 1. Ausfluß von Lava u. Auswurf von Lockermaterial an Vulkanen (Geol.). 2. das Überstehen eines Zahnes über die Bißebene (Zahnmed.). **extrusiv**: an der Erdoberfläche erstarrt (von Gesteinen; Geol.). **Ex|trusivgestein** *das*; -s: an der Erdoberfläche erstarrtes Ergußgestein (Geol.)

ex tunc [*lat.*; „von damals an"]: Zeitpunkt für den Eintritt der Rückwirkung einer Bestimmung od. Vereinbarung; vgl. ex nunc

ex|uberans [*lat.*]: stark wuchernd (Med.). **ex|uberant**: (veraltet) überschwenglich, üppig. **Exuberanz** *die*; -, -en: (veraltet) Üppigkeit, Überfluß, Überschwenglichkeit

Exulant [*lat.*] *der*; -en, -en: (veraltet) Verbannter, Vertriebener, bes. Bezeichnung der um ihres Glaubens willen vertriebenen Böhmen (17. Jh.) u. Salzburger (18. Jh.). **exulieren**: (veraltet) in der Verbannung leben

Ex|ulzeration [...*zion*; *lat.*] *die*; -, -en: Geschwürbildung, Verschwärung (Med.). **exulzerieren**: schwären (Med.)

Ex|undation [...*zion*; *lat.*] *die*; -, -en: (veraltet) Überschwemmung. **ex|undieren**: (veraltet) über die Ufer treten

ex ungue leonem [- *unggwe* -; *lat.*; „den Löwen nach der Klaue (malen)"]: aus einem Glied od. Teil auf die ganze Gestalt, auf das Ganze schließen

ex usu [*lat.*; „aus dem Gebrauch heraus"]: aus der Erfahrung, durch Übung, nach dem Brauch

Ex|uvie [...*uwie*; *lat.*] *die*; -, -n: 1. tierische Körperhülle, die beim Wachstumsprozeß von Zeit zu Zeit abgestreift wird (z. B. Schlangenhaut). 2. (Plural; veraltet) Siegesbeute

ex voto [- *woto*; *lat.*]: auf Grund eines Gelübdes (Inschrift auf → Votivgaben). **Exvoto** *das*; -s, -s od. Exvoten: Weihegabe, Votivbild od. -tafel

Exzedent [*lat.*] *der*; -en, -en: 1. (veraltet) Übeltäter, Unfugstifter. 2. der über eine selbstgewählte Versicherungssumme hinausgehende Betrag (Versicherungswesen). **Exzedentenvertrag** *der*; -s, ...verträge: Vertrag, in dem der Erstversicherer den Rückversicherer nur an einzelnen, über ein gewisses Maß hinausgehenden Objekten beteiligt (Versicherungswesen). **exzedieren**: (veraltet) a) Unfug stiften; b) ausschweifen, übertreiben

exzellent [*lat.-fr.*]: hervorragend, ausgezeichnet, vortrefflich. **Exzellenz** [„Vortrefflichkeit, Erhabenheit"] *die*; -, -en: 1. Anrede im diplomatischen Verkehr. 2. (hist.) Titel der Minister u. hoher Beamter; Abk.: Exz. **exzellieren** [*lat.*]: hervorragen, glänzen. **Exzelsiormarsch** *der*; -es, ...märsche: Vorrücken eines Bauern vom Ausgangs- zum Umwandlungsfeld (Kunstschach)

Exzenter [*gr.-nlat.*] *der*; -s, -: auf einer Welle angebrachte Steuerungsscheibe, deren Mittelpunkt exzentrisch, d. h. außerhalb der Wellenachse liegt (Techn.). **Exzenterpresse** *die*; -, -n: Werkzeugmaschine, bes. zum Stanzen u. Pressen von Blechen, Kunststoffen usw., bei der die Auf- u. Abwärtsbewegung durch einen auf der Antriebswelle sitzenden Exzenter erzeugt wird. **Exzentrik** *die*; -: 1. von üblichen Verhaltensweisen abweichendes, überspanntes Benehmen. 2. mit stark übertriebener Komik dargebotene → Artistik. **Exzentriker** *der*; -s, -: 1. überspannter, verschrobener Mensch. 2. Artist in der Rolle eines Clowns. **exzentrisch**: 1. überspannt, verschroben. 2. außerhalb des Mittelpunktes liegend. **Exzen|trizität** *die*; -, -en: 1. das Abweichen, Abstand vom Mittelpunkt. 2. Überspanntheit; vgl. lineare Exzentrizität; numerische Exzentrizität

Exzeption [...*pzion*; *lat.*] *die*; -, -en: (veraltet) 1. Ausnahme. 2. juristische Einrede; vgl. Exceptio. **Exzeptionalismus** [*lat.-nlat.*] *der*; -, ...men: 1. (ohne Plural) Lehrmeinung, daß bestimmte Gesteine, Gebirge u. a. durch außergewöhnliche, heute nicht mehr beobachtbare Prozesse gebildet worden sind (Geol.). 2. außergewöhnlicher Prozeß der Bildung bestimmter Gesteine, Gebirge u. a. **exzeptionell** [*lat.-fr.*]: ausnahmsweise eintretend, außergewöhnlich. **exzeptiv** [*lat.-nlat.*]: (veraltet) ausschließend, ausnehmend. **Exzeptivsatz** *der*; -es, ...sätze: bedingender Gliedsatz, der eine Ausnahme ausdrückt (z. B. es sei denn)

exzerpieren [*lat.*; „herausklauben, auslesen"]: ein Exzerpt anfertigen. **Exzerpt** *das*; -[e]s, -e: schriftlicher, mit dem Text der Vorlage übereinstimmender Auszug aus einem Werk. **Exzerption** [...*zion*] *die*; -, -en: 1. das Exzerpieren. 2. (selten) das Exzerpierte. **Exzerptor** *der*; -s, ...oren: jmd., der Exzerpte anfertigt

Exzeß [*lat.*] *der*; ...zesses, ...zesse: Ausschreitung; Ausschweifung; Maßlosigkeit. **exzessiv** [*lat.-nlat.*]: außerordentlich; das Maß überschreitend; ausschweifend; -es [...*weß*] Klima: Landklima mit jährlichen Temperaturschwankungen über 40 °C

exzidieren [*lat.*]: Gewebe (z. B. eine Geschwulst) aus dem Körper herausschneiden (Med.)

exzipieren [*lat.*]: (veraltet) ausnehmen, als Ausnahme hinstellen

Exzision [*lat.*] *die*; -, -en: das Herausschneiden von Gewebe (z. B. einer Geschwulst; Med.)

exzitabel [*lat.-nlat.*]: reizbar, erregbar, nervös (Med., Psychol.). **Exzitabilität** *die*; -: Reizbarkeit, Erregbarkeit, Nervosität (Med., Psychol.). **Exzitans** [*lat.*] *das*; -, ...tanzien [...*i^e n*] u. ...tantia [...*zia*]: Herz, Kreislauf, Atmung od. Nerven anregendes, belebendes Arzneimittel (Med.). **Exzitation** [...*zion*] *die*; -, -en: Erregungszustand des Organismus (Med.). **exzitativ** [*lat.-nlat.*]: erregend (Med.). **exzitieren** [*lat.*]: anregen (Med.)

Eyecatcher [*aikätsch^e r*; *engl.*] *der*; -s, -: Blickfang (z. B. in der Werbung). **Eyeliner** [*ailain^e r*; *engl.*] *der*; -s, -[s]: flüssiges Kosmetikum zum Ziehen eines Lidstriches. **Eye-word** [*ai^u ö^r d*; *engl.*; „Augenwort"] *das*; - -s, - -s: Fremdwort mit schwieriger Aussprache u. Schreibung, das hauptsächlich in der geschriebenen Sprache vorkommt (Sprachw.); vgl. Hard word

Eyrir [*ai*...; *isländ.*] *der* od. *das*; -s, Aurar: isländ. Währungseinheit

Ezzes, Eizes [*jidd.*] *die* (Plural): (österr. ugs.) Tips, Ratschläge

F

fa [*it.*]: Silbe, auf die man den Ton f singen kann; vgl. Solmisation

Fabian Society [*fe'bi^e n ß^e ßai^e ti*; *lat.-engl.*; nach dem röm. Feldherrn Fabius Cunctator (d. h. der Zauderer)] *die*; - -: Vereinigung linksliberaler englischer Intellektueller, die Ende des 19. Jh.s durch friedliche soziale Reformarbeit eine klassenlose Gesellschaft u. soziale Gleichheit anstrebten. **Fabier** *der*; -s, -: Mitglied der Fabian Society

Fabismus [*lat.-nlat.*] *der*; -: Erkrankung nach dem Genuß von Bohnen od. infolge Einatmung ihres Blütenstaubs (Med.)

Fa|bleau [*fablo*; *it.-fr.*] *das*; -, -x [*fablo*]: = Fabliau. **Fa|ble convenue** [*fabl^e kongw^e nü*; „verabredete Fabel"] *die*; - -, -s -s [*fabl^e kongw^e nü*]: etwas Erfundenes, das man als wahr gelten läßt. **Fabliau** [*fablio*] *das*; -, -x [*fablio*]: altfranz. Verserzählung mit komischem, vorwiegend erotischem Inhalt

Fa|brik [*lat.-fr.*] *die*; -, -en: a) gewerblicher, mit Maschinen ausgerüsteter Produktionsbetrieb; b) Gebäude[komplex], in dem ein Industriebetrieb untergebracht ist; c) (ohne Plural) (ugs.) die Belegschaft eines Industriebetriebs. **Fa|brikant** *der*; -en, -en: a) Besitzer einer Fabrik; b) Hersteller einer Ware. **Fa|brikat** [*lat.-nlat.*] *das*; -[e]s, -e: 1. fabrikmäßig hergestelltes Erzeugnis der Industrie. 2. bestimmte Ausführung eines Fabrikats (1), Marke. **Fabrikation** [...*zion*; *lat.-fr.*] *die*; -, -en: Herstellung von Gütern in einer Fabrik. **fa|brikatorisch** [*lat.*]: herstellungsmäßig. **fa|brizieren** [*lat.*]: 1. (ugs. scherzhaft od. abwertend) a) etwas zusammenbasteln; b) etwas anstellen, anrichten. 2. (veraltet) serienmäßig in einer Fabrik herstellen

fabula docet [...*zät*; *lat.*; „die Fabel lehrt"]: die Moral von der Geschichte ist ..., diese Lehre soll man aus der Geschichte ziehen.

Fabulant *der*; -en, -en: a) Erfinder od. Erzähler von Fabeln, von phantastisch ausgeschmückten Geschichten; b) Schwätzer; Schwindler. **fabulieren**: a) phantastische Geschichten erzählen; b) munter drauflosplaudern; schwätzen; c) schwindeln. **Fabulist** [*lat.-nlat.*] *der*; -en, -en: (veraltet) Fabeldichter. **fabulös** [*lat.-fr.*]: (ugs., scherzh.) 1. märchenhaft. 2. unwirklich, unwahrscheinlich

Faburden [*fäbö^r d^e n*; *fr.-engl.*] *der*; -s, -s: eine improvisierte Unterstimme in der englischen mehrstimmigen Musik des 15. u. 16. Jh.s (Mus.)

fac [*fak*; *lat.*]: mach! (auf Rezepten). **Face** [*faß*; *lat.-fr.*] *die*; -, -n [...*ß^e n*]: (veraltet) 1. Gesicht, Vorderseite; vgl. en face. 2. = Avers.

Facelifting [*fe'ß*...; *amerik.*] *das*; -s, -s: Gesichtsoperation, bei der altersbedingte Hautfalten durch Herausschneiden von Hautstreifen operativ beseitigt werden

Facette [*faßät^e*; *lat.-fr.*] *die*; -, -n: 1. kleine eckige Fläche, die durch das Schleifen eines Edelsteins od. eines Körpers aus Glas od. Metall entsteht. 2. abgeschrägte Kante an → Klischees (1) u. Ätzungen (Druckw.). 3. Verblendteil bei Zahnersatz (z. B. bei einer Brücke). **Facettenauge** *das*; -s, -n: Sehorgan der Insekten u. anderer Gliederfüßer, das aus zahlreichen Einzelaugen zusammengesetzt ist (Zool.). **facettieren**: mit Facetten versehen

Fachidiot *der*; -en, -en: (abwertend) Wissenschaftler, der sich nur mit seinem Fachgebiet befaßt u. sich mit Problemen u. Fragen aus anderen Bereichen nicht auseinandersetzt

Facialis [*faz*...] vgl. Fazialis. **Facies** [*faziäß*; *lat.*] *die*; -, -: 1. (Med.) a) Gesicht; b) Außenfläche an Organen u. Knochen; c) ein für bestimmte Krankheiten typischer Gesichtsausdruck. 2. = Fazies; - abdominalis [*lat.*; *lat.-nlat.*], - hippocratica [-...*ka*; *lat.*; *gr.-lat.*]: ängstlicher, verfallener Gesichtsausdruck bei Sterbenden; - leonina [„Löwengesicht"]: das entstellte Gesicht mancher Leprakranker.

Façon [*faßong*] vgl. Fasson. **Façon de parler** [- *d^e parle*; *fr.*] *die*; - - -, -s - - [*faßong* - -]: (veraltet) a) eine bestimmte Art zu reden; b) bloße Redensart, leere Worte.

Façonné [*faßone*] *der*; -[s], -s: modisches Gewebe mit kleiner Musterung, die durch verschiedene Bindung zustande kommt. **Fact** [*fäkt*; *lat.-engl.*] *der*; -s, -s (meist Plural): Tatsache[nmaterial]. **Faction-Prosa** [*fäksch^e n*...; *engl.*] *die*; -: zu dokumentarischer Darstellung neigendes Erzählen in der amerik. Nachkriegsliteratur. **Factoring** [*fäkt^e ring*] *das*; -s: aus den USA stammende Methode der Absatzfinanzierung, bei der die Lieferfirma ihre Forderungen aus Warenlieferungen einem Finanzierungsinstitut verkauft, das meist auch das volle Kreditrisiko übernimmt (Wirtsch.). **Facture** [*faktür^e*] *die*; -, -n: = Faktur (2 b).

Facultas docendi [*faku... dozändi*; *lat.*] *die*; - -: a) Lehrauftrag an einer höheren Schule im Angestelltenverhältnis; b) (veraltet) Lehrbefähigung

Fadaise [...*däs^e*; *fr.*] *die*; -, -n: (veraltet) Albernheit, Geschmacklosigkeit. **Fadesse** [...*däß*] *die*; -: (österr., ugs.) langweiliges Benehmen

Fadenmolekül *das*; -s, -e: ein langgestrecktes → Makromolekül

Fading [*fe'ding*; *engl.*] *das*; -s, -s (Plural selten): 1. das An- u. Abschwellen der Empfangsfeldstärke elektromagnetischer Wellen (Schwund; Elektrot.). 2. das Nachlassen der Bremswirkung bei Kraftfahrzeugen infolge Erhitzung der Bremsen

fadisieren: (österr., ugs.) sich langweilen

Faeces [*fäzeß*] vgl. Fäzes

Faenzamajoliken [nach der ital. Stadt Faenza] *die* (Plural): besonders behandelte Tonware; vgl. Fayence

Fagaraseide [*arab.-mlat.*; *dt.*] *die*; -: eine Wildseide

Fagott [*it.*] *das*; -s, -e: Holzblasinstrument in tiefer Tonlage mit U-förmig geknickter Röhre u.

Doppelrohrblatt. **Fagottist** *der*; -en, -en: Fagottbläser, -spieler
Fai|ble [*fäbᵉl; lat.-galloroman.-fr.*] *das*; -s, -s: Vorliebe, Neigung
Faille [*faj* od. *falje*; *fr.*] *die*; -: Seidengewebe mit feinen Querrippen (Ripsseide)
fair [*fär*; *engl.*]: a) anständig, ehrlich, gerecht; b) den [Spiel]regeln entsprechend, sie beachtend, kameradschaftlich (Sport). **Fairneß** *die*; - u. **Fair play** [- *pleⁱ*] *das*; - -: 1. (Sport) ehrliches, anständiges Verhalten in einem sportlichen Wettkampf. 2. gerechtes, anständiges Verhalten [im Geschäftsleben]. **Fairway** [...*weⁱ*] *das*; -s, -s: kurz gemähte Spielbahn zwischen Abschlag u. Grün beim Golf
Fairy chess [*färi tschäß*; *engl.*; „Märchenschach"] *das*; - -: modernes Teilgebiet des → Problemschachs (z. B. Hilfsmatt, Selbstmatt usw.) mit z. T. neuerfundenen Figuren (wie Nachtreiter, Kamelreiter, Grashüpfer) od. mit verändertem Schachbrett (Kunstschach)
Faiseur [*fäsör*; *lat.-fr.*; „Macher"] *der*; -s, -e: jmd., der ein geplantes [übles] Unternehmen durchführt, Anstifter. **Fait accom|pli** [*fätakongpli*] *das*, - -, -s -s [*fäsakongpli*]: vollendeter Tatbestand, Tatsache
Faith and Order [*feⁱth ᵉnd oʳdᵉr*; *engl.*; „Glaube und Ordnung"]: ökumenische Einigungsbewegung, deren Ziel es ist, die Trennung der Christenheit → dogmatisch u. rechtlich zu überwinden
fäkal [*lat.-nlat.*]: kotig (Med.). **Fäkaldünger** *der*; -s, -: Dünger aus menschlichen Ausscheidungsstoffen. **Fäkalien** [...*iᵉn*] *die* (Plural): der von Menschen u. Tieren ausgeschiedene Kot u. Harn (Med.). **Fäkalstase** [*lat.-nlat.*; *gr.*] *die*; -, -n: = Koprostase
Fakir [österr.: ...*ir*; *arab.*; „der Arme"] *der*; -s, -e: a) Bettelmönch, frommer Asket [in islamischen Ländern]; b) Gaukler, Zauberkünstler [in Indien]
Faksimile [*lat.-engl.*; „mache ähnlich!"] *das*; -s, -s: die mit einem Original in Größe u. Ausführung genau übereinstimmende Nachbildung oder → Reproduktion (2b; z. B. einer alten Handschrift). **faksimilieren**: eine Vorlage getreu nachbilden. **Fakt** *das* (auch: *der*); -[e]s, -en, (auch: -s) (meist Plural): = Faktum. **Fakta**: *Plural* von → Faktum. **Faktage** [...*tasch*ᵉ; *lat.-fr.*] *die*; -, -n: Beförderungsgebühr. **Fakten**: *Plural* von → Faktum. **Faktion** [...*zion*; *lat.*; „Tatgemeinschaft"] *die*; -, -en: [kämpferische] parteiähnliche Gruppierung; sezessionistisch tätige, militante Gruppe, die sich innerhalb einer Partei gebildet hat und deren Ziele u. Ansichten von der Generallinie der Partei abweichen. **faktiös** [...*ziöß*; *lat.-fr.*]: vom Parteigeist beseelt; aufrührerisch, aufwiegelnd
Faktis [Kunstw.] *der*; -: künstlich hergestellter, kautschukähnlicher Füllstoff
faktisch [*lat.*]: a) tatsächlich, wirklich, auf Tatsachen gegründet; b) (österr. ugs.) praktisch, quasi. **faktitiv** [*lat.-nlat.*]: a) das Faktitiv betreffend; b) bewirkend. **Faktitiv** [auch: *fak...*] *das*; -s, -e [...*wᵉ*]: abgeleitetes Verb, das ein Bewirken zum Ausdruck bringt (z. B. schärfen = scharf machen), → Kausativ. **Faktitivum** [...*wum*] *das*; -s, ...va [...*wa*]: → Faktitiv. **Faktizität** *die*; -, -en: Tatsächlichkeit, Gegebenheit, feststellbare Wirklichkeit; Ggs. → Logizität (Philos.). **Fakto|graphie** [*lat.*; *gr.*]: *die*; -: = Faction-Prosa. **faktologisch**: die Fakten betreffend. **Faktor** [*lat.*; „Macher"] *der*; -s, ...oren: 1. wichtiger Umstand; mitwirkende, mitbestimmende Ursache, Gesichtspunkt. 2. technischer Leiter einer Setzerei, Buchdruckerei, Buchbinderei. 3. Zahl od. Größe, die mit einer anderen multipliziert wird (Vervielfältigungszahl). **Faktorei** [*lat.-mlat.*] *die*; -, -en: größere Handelsniederlassung in Übersee. **Faktorenanalyse** *die*; -, -n: statistische Forschungsmethode zur Ermittlung der Faktoren, die einer großen Menge verschiedener Eigenschaften zugrunde liegen (Psychol.). **faktoriell**: nach Faktoren aufgeschlüsselt, in Faktoren zerlegt. **Faktotum** [„mache alles!"] *das*; -s, -s u. ...ten: jmd., der in einem Haushalt od. Betrieb alle nur möglichen Arbeiten und Besorgungen erledigt, ein „Mädchen für alles". **Faktum** [*lat.*] *das*; -s, ...ta u. ...ten: [nachweisbare] Tatsache, Ereignis. **Faktur** *die*; -, -en: 1. [*lat.-it.*] Warenrechnung; Lieferschein. 2. [*lat.-fr.*] a) handwerkliche Arbeit; b) kunstgerechter Aufbau [einer Komposition]. **Faktura** [*lat.-it.*] *die*; -, ...ren: (österr., sonst veraltet) → Faktur. **fakturieren**: Fakturen ausschreiben, Waren berechnen. **Fakturiermaschine** *die*; -, -n: Büromaschine zum Erstellen von Rechnungen in einem Arbeitsgang. **Fakturist** *der*; -en, -en: Angestellter eines kaufmännischen Betriebes, der mit der Aufstellung und Prüfung von Fakturen betraut ist
fäkulent [*lat.-nlat.*]: kotartig, kotig (Med.). **Fäkulom** *das*; -s, -e: = Koprom
Fakultas [*lat.*; „Fähigkeit, Vermögen"] *die*; -: Lehrbefähigung; vgl. Facultas docendi. **Fakultät** [*lat.-(mlat.)*] *die*; -, -en: 1. a) eine Gruppe zusammengehörender Wissenschaften umfassende Abteilung an einer Universität od. Hochschule (z. B. Philosophie, Medizin); b) die Gesamtheit der Lehrer u. Studenten, die zu einer Fakultät gehören. 2. = Fakultas. 3. die Rechte, die eine höhere kirchliche Stelle einer untergeordneten überträgt (kath. Kirchenrecht). 4. → Produkt, dessen Faktoren (3) durch die Gliederung der natürlichen Zahlenreihe, von 1 beginnend, gebildet werden, z. B. 1·2·3·4·5 (geschrieben = 5!, gesprochen: 5 Fakultät; Math.). **fakultativ** [*lat.-nlat.*]: freigestellt, wahlfrei; dem eigenen Ermessen, Belieben überlassen; Ggs. → obligatorisch
Falaises [*faläs*; *fr.*], (auch:) **Falaisen** [*faläsᵉn*] *die* (Plural): Steilküsten [der Normandie u. Picardie]
Falange [*falangge*, auch: *falangche*; *gr.-span.*] *die*; -: (1977 im Zuge der Demokratisierung aufgelöste) faschistische, totalitäre Staatspartei Spaniens unter Franco. **Falangist** *der*; -en, -en: Mitglied der Falange
Faldistorium [*germ.-mlat.*; „Faltstuhl"] *das*; -s, ...ien [...*iᵉn*]: [faltbarer] Armlehnstuhl des Bischofs od. Abtes für besondere kirchliche Feiern
Falerner [*lat.*] *der*; -s, -: ein schwerer, trockener, weißer od. roter Tischwein aus Kampanien
Falkonett [*vulgärlat.-it.*] *das*; -s, -e: im 16. und 17. Jh. übliches Feldgeschütz von kleinem Kaliber
Fallazien [...*iᵉn*; *lat.*] *die* (Plural): Täuschungen; formal unrichtige Schlüsse, Fehl- u. Trugschlüsse (Philos.). **fallibel** [*lat.-nlat.*]: (veraltet) dem Irrtum unterworfen. **Fallibilismus** *der*; -: Anschauung der kritisch-rationalistischen Schule, nach der es keine unfehlbare Erkenntnisinstanz gibt (Philos.). **Fallibilität** *die*; -, -en: (veraltet) Fehlbarkeit. **fallieren** [*lat.-it.*]: 1. in Konkurs gehen. 2. (landsch.) mißraten, mißlingen. **Falliment** *das*; -s, -e u. **Fallissement** [*falißᵉmang*; *lat.-fr.*] *das*; -s,

-s: (veraltet) Bankrott, Zahlungseinstellung. **fallit** [*lat.-it.*]: (veraltet) zahlungsunfähig. **Fallit** *der*; -en, -en: (veraltet) jmd., der zahlungsunfähig ist

Fall|out [*fol-aut*; *engl.*] *der*; -s, -s: radioaktiver Niederschlag [aus Kernwaffenexplosionen]

Falot u. **Fallot** [*fr.*] *der*; -en, -en: (österr.) Gauner, Betrüger

Falsa: *Plural* von → Falsum.

Falsett [*lat.-it.*] *das*; -[e]s, -e: [durch Brustresonanz verstärkte] Kopfstimme bei Männern; vgl. Fistelstimme. **falsettieren**: Falsett singen. **Falsettist** *der*; -en, -en: Sänger für Diskant- od. Altpartien [im 15. u. 16. Jh.]. **Falsettstimme** *die*; -, -n: = Fistelstimme. **Falsifikat** [*lat.*; „Gefälschtes"] *das*; -[e]s, -e: Fälschung, gefälschter Gegenstand. **Falsifikation** [...*zion*; *lat.-mlat.*] *die*; -, -en: 1. Widerlegung einer wissenschaftlichen Aussage durch ein Gegenbeispiel (Wissenschaftstheorie). 2. (veraltet) Fälschung. **falsifizieren**: 1. eine Hypothese durch empirische Beobachtung widerlegen; Ggs. → verifizieren. 2. (veraltet) [ver]fälschen. **Falso bordone** [*it.*] *der*; - -, ...si ...ni: = Fauxbourdon

Falstaff [eine komische Dramenfigur bei Shakespeare] *der*; -s, -s: dicker Prahlhans, Schlemmer

Falsum [*lat.*] *das*; -s, ...sa: (veraltet) Betrug, Fälschung

Fama [*lat.*] *die*; -: etw., was gerüchtweise über jmdn., etw. verbreitet, erzählt wird; Gerücht

familial [*lat.*]: die Familie als soziale Gruppe betreffend. **familiär**: a) die Familie betreffend; b) ungezwungen, vertraulich. **Familiare** *der* od. *die*; -n, -n (meist Plural): 1. Mitglied des päpstlichen Hauses. 2. Bedienstete[r] eines Klosters, die (der) zwar in der Hausgemeinschaft lebt, aber nicht zum betreffenden Orden gehört. **familiarisieren**, sich [*lat.-fr.*]: (veraltet) sich vertraut machen. **Familiarität** [*lat.*] *die*; -, -en: familiäres (b) Verhalten, Vertraulichkeit. **Familie** [...*ie*] *die*; -, -n: 1. a) Gemeinschaft der in einem gesetzlichen Eheverhältnis lebenden Eltern u. ihrer Kinder; b) Gruppe der nächsten Verwandten; Sippe. 2. systematische Kategorie, in der näher verwandte Gattungen zusammengefaßt werden (Biol.). **Familismus** [*lat.-fr.-engl.*] *der*; -: bestimmte Sozialstruktur, bei der das Verhältnis von Familie u. Gesellschaft durch weitgehende Identität gekennzeichnet ist (z. B. die chinesischen Großfamilien; Soziol.)

famos [*lat.*; „viel besprochen"]: 1. (ugs.) durch seine frische o. ä. Art (den Sprecher) beeindruckend, Gefallen, Bewunderung erweckend; großartig, prächtig, ausgezeichnet. 2. (veraltet) berüchtigt, verrufen; vgl. Famosschrift. **Famosschrift** *die*; -, -en: (hist.) Schmähschrift im Zeitalter des Humanismus u. der Reformation

Famulant [*lat.*] *der*; -en, -en: 1. = Famulus (a). 2. bei einer Universität o. ä. angestellter Student. **Famulatur** [*lat.-nlat.*] *die*; -, -en: Krankenhauspraktikum, das ein Medizinstudent im Rahmen der klinischen Ausbildung ableisten muß. **famulieren** [*lat.*]: als Medizinstudent[in] das Krankenhauspraktikum ableisten. **Famulus** [„Diener"] *der*; -, -se u. ...li: (veraltet) a) Medizinstudent, der sein Krankenhauspraktikum ableistet; b) Student, der einem Hochschullehrer assistiert

Fan [*fän*; *engl.-amerik.* Kurzw. aus: engl. *fan*atic „Fanatiker"] *der*; -s, -s: a) jmd., der sich für etwas (bes. für Musik od. Sport)/jmdn. sehr begeistert; b) jmd., der eine besondere Vorliebe für etw. hat; in Zusammensetzungen wie *Autofan, Blumenfan*

Fanal [*gr.-arab.-it.-fr.*] *das*; -s, -e: 1. (hist.) Feuer-, Flammenzeichen. 2. Ereignis, Tat, Handlung als weithin erkennbares u. wirkendes, Aufmerksamkeit erregendes Zeichen, das eine Veränderung, den Aufbruch zu etw. Neuem ankündigt

Fanatiker [*lat.(-fr.)*] *der*; -s, -: jmd., der sich für eine Überzeugung, eine Idee fanatisch einsetzt, sie fanatisch verficht; Eiferer; dogmatischer Verfechter einer Überzeugung od. einer Idee; vgl. Fan. **fanatisch**: sich mit Fanatismus, mit einer Art Verbohrtheit, blindem Eifer [u. rücksichtslos] für etw. einsetzend. **fanatisieren** [*lat.-fr.*]: jmdn. aufhetzen, fanatisch machen. **Fanatismus** *der*; -: rigoroses, unduldsames Eintreten für eine Sache od. Idee als Ziel, das kompromißlos durchzusetzen versucht wird

Fancy [*fänßi*; *gr.-lat.-fr.-engl.*; „Phantasie"]

I. *der* od. *das*; -[s]: beidseitig gerauhter → Flanell in Leinen- od. Köperbindung (einer Webart).

II. *die*; -, ...ies: kurze Instrumentalfantasie (Mus.)

Fancy-dress [*fänßi*...; *gr.-lat.-fr.-engl.*] *der*; -, -es [...*is*, auch: ...*iß*] Maskenkostüm. **Fancy-work** [...*wörk*] *das*; -s, -s: aus Tauwerk hergestellte Zierknoten u. Flechtereien

Fandango [...*danggo*; *span.*] *der*; -s, -s: schneller span. Volkstanz im $^3/_4$- od. $^6/_8$-Takt mit Kastagnetten- u. Gitarrenbegleitung

Fandarole vgl. Farandole

Fanfare [*fr.*] *die*; -, -n: 1. Dreiklangstrompete ohne Ventile. 2. Trompetensignal. 3. kurzes Musikstück [für Trompeten u. Pauken] in der Militär- u. Kunstmusik. **Fanfareneinband** *der*; -s, ...bände: bestimmte Form des Bucheinbands im 16. u. 17. Jh. **Fanfaron** [*fangfarong*] *der*; -s, -s: (veraltet) Großsprecher, Prahler. **Fanfaronade** *die*; -, -en: (veraltet) Großsprecherei, Prahlerei

Fan|glomerat [*lat.-engl.*; *lat.*] *das*; -[e]s, -e: ungeschichtete Ablagerung aus Schlammströmen zeitweilig Wasser führender Flüsse in Trockengebieten (Geol.)

Fango [*fanggo*; *germ.-it.*] *der*; -s: ein vulkanischer Mineralschlamm, der zu Heilzwecken verwendet wird

Fanklub [*fän*...] *der*; -s, -s: → Klub (a) für die Fans von jmdm. (z. B. einem Schlagersänger)

Fannings [*fän*...; *engl.*] *die* (Plural): durch Sieben gewonnene kleinblättrige, feine handelsübliche Teesorte (in Deutschland fast ausschließlich für Aufgußbeutel verwendet); vgl. Dust

Fanon [*fanong*; *germ.-fr.*] *der*; -s, -s u. **Fanone** [*germ.-fr.-it.*] *der*; -[s], ...oni: zweiteiliger → liturgischer Schulterkragen des Papstes

Fantasia [*gr.-lat.-it.*] *die*; -, -s: 1. wettkampfartiges Reiterspiel [der Araber u. Berber]. 2. ital. Bezeichnung für: Fantasie (Mus.). **Fantasie** *die*; -, ...ien: Instrumentalstück mit freier, improvisationsähnlicher Gestaltung ohne formale Bindung (Mus.); vgl. Phantasie

Farad [nach dem engl. Physiker M. Faraday (*färᵉdi*)] *das*; -[s], -: physikalische Maßeinheit für → Kapazität; Zeichen: F (Phys.). **Faradaykäfig** [*färᵉdi*...] *der*; -s, -e: → metallene Umhüllung zur Abschirmung eines begrenzten Raumes gegen äußere → elektrische (1) Felder u. zum Schutz empfindlicher [Meß]geräte gegen elektrische Strömung (Phys.). **Faradisation** [...*zion*; *nlat.*] *die*; -: Anwendung des faradischen Stroms zu Heilzwecken (Med.). **faradischer Strom** *der*; -n -[e]s: unsymmetrischer, durch Unterbrecherschaltung erzeugter

Wechselstrom. **faradisieren:** mit faradischem Strom behandeln (Med.). **Faradotherapie** [*engl.*; *gr.*] *die*; -: = Faradisation

Farandole u. Fandarole [*provenzal.-fr.*] *die*; -, -n: ein schneller Paartanz aus der Provence

Farce [*farße*, österr. *farß*; *lat.-vulgärlat.-fr.*] *die*; -, -n: 1. derb-komisches Lustspiel. 2. abgeschmacktes Getue, billiger Scherz. 3. Füllung für Fleisch od. Fisch [aus gehacktem Fleisch] (Gastr.). **Farceur** [...*ßör*] *der*; -s, -e: (veraltet) Possenreißer. **farcieren** [...*ßiren*]: mit einer Farce (3) füllen (Gastr.)

Fareghan [iranische Landschaft] *der*; -s, -e: ein rot- od. blaugrundiger Teppich mit dichter Musterung

farewell [*fäuäl*; *engl.*]: **leb[t] wohl!** (engl. Abschiedsgruß)

Farin [*lat.*] *der*; -s: a) gelblichbrauner, feuchter Zucker; b) Puderzucker

Farm [*lat.-fr.-engl.*] *die*; -, -en: 1. größerer landwirtschaftlicher Betrieb in angelsächsischen Ländern. 2. ein Landwirtschaftsbetrieb mit Geflügel- od. Pelztierzucht. **Farmer** *der*; -s, -: Besitzer einer Farm

Faro [*gr.-lat.-it.*] *der*; -s, -s: = Pharus

Fas [*lat.*] *das*; -: (hist.) in der röm. Antike das von den Göttern Erlaubte; **Ggs. → Nefas; vgl. per** nefas

Fasan [*gr.-lat.-fr.*; nach dem Fluß Phasis, dem antiken Namen für den russ. Fluß Rioni am Schwarzen Meer] *der*; -[e]s, -e[n]: ein Hühnervogel. **Fasanerie** *die*; -, ...ien: a) Gartenanlage zur Aufzucht von Fasanen; b) (bes. im 17. u. 18. Jh.) Gebäude in einer Fasanerie (a)

Fasces [*fáßzeß*] vgl. Faszes

Fasche [*lat.-it.*] *die*; -, -n: (österr.) 1. lange Binde zum Umwickeln verletzter Gliedmaßen o. ä. 2. weiße Umrandung an Fenstern u. Türen (bei bunt verputzten Häusern). 3. Eisenband zum Befestigen von Angeln an einer Tür, von Haken o. ä. **faschen:** (österr.) mit einer Fasche (1) umwickeln

faschieren [*lat.-fr.*]: (österr.) durch den Fleischwolf drehen. **Faschierte** *das*; -n: (österr.) Hackfleisch

Faschine [*lat.-it.-fr.*] *die*; -, -n: Reisiggeflecht für [Ufer]befestigungsbauten. **Faschisierung** [*lat.-it.*] *die*; -, -en: das Eindringen faschistischer Tendenzen [in eine Staatsform]. **Faschismus** *der*; -: 1. (hist.) das von Mussolini geführte Herrschaftssystem in Italien (1922–1945). 2. (abwertend) eine nach dem Führerprinzip organisierte, nationalistische, antidemokratische, antisozialistische u. antikommunistische rechtsradikale Bewegung, Herrschaftsform. **Faschist** *der*; -en, -en: Anhänger des Faschismus. **faschistisch**: a) den Faschismus betreffend; zum Faschismus gehörend; b) vom Faschismus geprägt. **faschistoid**: dem Faschismus ähnlich, faschistische Züge zeigend.

Fascismus usw. [*faßziß...*] *der*; -: schweiz. für → Faschismus usw.

Fa|shion [*fäschen*; *lat.-fr.-engl.*] *die*; -: a) Mode; b) Vornehmheit; gepflegter Lebensstil. **fa|shionabel** [*faschionabel*] u. **fa|shionable** [*fäschenebel*]: modisch, elegant, vornehm. **Fa|shionable novels** [*fäschenebel nowels*; „Moderomane"] *die* (Plural): engl. Romane in der Übergangszeit zw. Romantik u. Realismus im 19. Jh., die die Welt des Dandyismus [kritisch] behandelten

Fassade [*lat.-vulgärlat.-it.-fr.*] *die*; -, -n: Vorderseite, Stirnseite [eines Gebäudes, die oft ansprechend, z. B. mit Ornamenten, geschmückt ist]

Fassion [*lat.-mlat.*] *die*; -, -en: (veraltet) 1. Bekenntnis, Geständnis. 2. Steuererklärung

Fasson

I. [*faßong*, schweiz. u. österr. meist: *faßon*; *lat.-fr.*] *die*; -, -s (schweiz. u. österr.: -en): die bestimmte Art u. Weise (des Zuschnitts, Sitzes usw.) von etw.

II. [*faßong*] *das*; -s, -s: Revers

fassonieren [*faßoniren*]: 1. in Form bringen, formen (bes. von Speisen). 2. (österr.) die Haare im Fassonschnitt schneiden. **Fassonudeln** [*faßong*...] *die* (Plural): Teigwaren in Form von Sternchen, Buchstaben o. ä. **Fassonschnitt** *der*; -[e]s, -e: mittellanger Haarschnitt für Herren, bei dem die Haare an der Seite u. im Nakken stufenlos geschnitten werden

Fastage [...*asche*] vgl. Fustage

Fastback [*faßtbäk*; *engl.*] *das*; -s, -s

I. [„schneller Rücken"]: Autodach, das in ein schräg abfallendes Heck übergeht, Fließheck.

II. [*engl.*; „schnell rückwärts, schnell zurück"]: Filmtrick, mit dem ein eben gezeigter Vorgang in umgekehrter Reihenfolge vorgeführt werden kann

Fast Break [*fast bre'k*; *engl.-amerik.*] *der* od. *das*; - -, - -s: äußerst schnell ausgeführter Durchbruch aus der Verteidigung, Steilangriff (beim → Basketball)

Fasti [*lat.*; „Spruchtage"] *die* (Plural): Tage des altröm. Kalenders, an denen staatliche u. gerichtliche Angelegenheiten erledigt werden durften

fastidiös [*lat.-fr.*]: (veraltet) widerwärtig, langweilig. **Fastidium** [*lat.*] *das*; -s: Abneigung, Widerwille (z. B. gegen Essen; Med.)

Faszes [*fáßzeß*; *lat.*] *die* (Plural): (hist.) Rutenbündel mit Beil (Abzeichen der altröm. Liktoren als Symbol der Amtsgewalt der höchsten Staatsbeamten). **faszial** [*lat.-nlat.*]: bündelweise. **Fasziation** [...*zion*] *die*; -, -en: 1. Bildung von bandähnlichen Querschnittsformen bei Pflanzenwurzeln (Verbänderung; Bot.). 2. das Anlegen eines Verbandes (Med.). **Faszie** [...*ie*; *lat.*] *die*; -, -n: (Med.) 1. dünne, sehnenartige Muskelhaut. 2. Binde, Bindenverband. **Faszikel** *der*; -s, -: 1. [Akten]bündel, Heft. 2. kleines Bündel von Muskel- od. Nervenfasern (Med.). **faszikulieren** [*lat.-nlat.*]: (veraltet) aktenmäßig bündeln, heften

Faszination [...*zion*; *lat.*; „Beschreiung, Behexung"] *die*; -, -en: fesselnde Wirkung, die von einer Person od. Sache ausgeht. **faszinieren**: eine fesselnde Wirkung auf jmdn. ausüben. **Faszinosum** *das*; -s: auf seltsame, geheimnisvolle Weise Faszinierendes, Fesselndes, Anziehendes

Fasziolose [*nlat.*] *die*; -, -n: Erkrankung der Gallenwege (Leberegelkrankheit; Med.)

Fata *die* (Plural): 1. = Parzen u. = Moiren. 2. *Plural* von: Fatum. **fatal** [*lat.*; „vom Schicksal bestimmt"]: a) sehr unangenehm u. peinlich; Unannehmlichkeiten, Ärger verursachend; in Verlegenheit bringend; mißlich; b) unangenehme, schlimme Folgen nach sich ziehend, verhängnisvoll, verderblich, folgenschwer. **Fatalismus** [*lat.-nlat.*] *der*; -: völlige Ergebenheit in die als unabänderlich hingenommene Macht des Schicksals; Schicksalsgläubigkeit. **Fatalist** *der*; -en, -en: jmd., der sich dem Schicksal ohnmächtig ausgeliefert fühlt; Schicksalsgläubiger. **fatalistisch**: sich dem Schicksal ohnmächtig ausgeliefert fühlend, schicksalsgläubig. **Fatalität** [*lat.-mlat.*] *die*; -, -en: Verhängnis, Mißgeschick, peinliche Lage

Fata Morgana [*it.*] *die*; - -, - ...nen u. - -s: durch Luftspiegelung hervorgerufene Sinnestäuschung, bes. in Wüstengebieten, bei der entfernte Teile einer Landschaft nä-

hergerückt scheinen od. bei der man Wasserflächen zu sehen meint
Fathom [*fädh*ᵉ*m*; *engl.*; „Faden"] *das*; -s, -[s]: engl. Längenmaß (1,828 m), bes. bei der Schiffahrt
fatieren [*lat.*]: 1. (veraltet) bekennen, angeben. 2. (österr.) eine Steuererklärung abgeben
fatigant [*lat.-fr.*]: (veraltet) ermüdend, langweilig; lästig. **Fatige** u. Fatigue [*fatig*] *die*; -, -n [...*g*ᵉ*n*]: (veraltet) Ermüdung. **fatigieren**: (veraltet) ermüden; langweilen. **Fatigue** [*fatig*] vgl. Fatige
Fatimiden [*nlat.*; nach Fatima, einer Tochter Mohammeds] *die* (Plural): (hist.) im 10.–12. Jh. regierende mohammedanische Dynastie in Ägypten
Fatsia [*jap.-nlat.*] *die*; -, ...ien [...*i*ᵉ*n*]: ein Araliengewächs (eine Zimmerpflanze)
Fatuität [*lat.*; „Albernheit, Einfalt"] *die*; -: Blödsinn (Med.)
Fatum [*lat.*] *das*; -s, ...ta: Schicksal, Geschick, Verhängnis; vgl. Fata
Faubourg [*fobur*; *fr.*] *der*; -s, -s: Vorstadt [einer franz. Stadt]
Faun [*lat.*; nach dem altröm. Feld- u. Waldgott Faunus] *der*; -[e]s, -e: geiler, lüsterner Mensch. **Fauna** [altröm. Fruchtbarkeitsgöttin] *die*; -, ...nen: 1. Tierwelt eines bestimmten Gebiets (z. B. eines Erdteils, eines Landes). 2. systematische Zusammenstellung der in einem bestimmten Gebiet vorkommenden Tierarten. **Faunenkunde** *die*; -: = Faunistik. **faunisch**: lüstern, geil. **Faunist** [*lat.-nlat.*] *der*; -en, -en: Zoologe, der auf dem Gebiet der Faunistik arbeitet. **Faunistik** *die*; -: Teilbereich der Zoologie, der sich auf die Erforschung der Tierwelt eines bestimmten Gebiets beschränkt. **faunistisch**: die Tierwelt od. ihre Erforschung betreffend
Fausse [*foß*; *lat.-fr.*] *die*; -, -n: = Foße. **faute de mieux** [*fotd*ᵉ*miö*]: in Ermangelung eines Besseren; im Notfall
Faustfucking [...*faking*; *dt.*; *engl.*] *das*; -s, -s: (Jargon) homosexuelle Praktik, bei der jmdm. zuerst die Fingerspitzen, dann die Faust u. schließlich der ganze Arm in den After eingeführt wird, um den Betreffenden zum Orgasmus zu bringen
Fauteuil [*fotöj*; *germ.-fr.*] *der*; -s, -s: Armstuhl, Lehnsessel
Fautfracht [*fr.*; *dt.*] *die*; -: a) abmachungswidrig nicht genutzter [Schiffs]frachtraum; b) Abstandssumme, die ein Befrachter an eine Spedition od. Reederei bei Rücktritt vom Frachtvertrag zahlen muß
Fauvismus [*fowiß*...; *germ.-fr.-nlat.*; nach franz. fauves (*fow*) „wilde Tiere", wie eine Gruppe Pariser Maler scherzhaft genannt wurde] *der*; -: Richtung innerhalb der franz. Malerei des frühen 20. Jh.s, die im Gegensatz zum → Impressionismus steht (Kunstw.). **Fauvist** *der*; -en, -en: Vertreter des Fauvismus. **fauvistisch**: a) den Fauvismus betreffend, zu ihm gehörend; b) im Stil des Fauvismus gestaltet
Faux ami [*fo ami*; *fr.*; „falscher Freund"] *der*; - -, - -s [*fosami*]: a) in einer Sprache gebräuchliches Fremdwort, das, auf Grund äußerer Übereinstimmung od. Ähnlichkeit mit einem Wort einer anderen Sprache aus Unkenntnis od. Unachtsamkeit leicht falsch (in der Bedeutung, in der Schreibung od. im Genus verschieden) gebraucht, zu Interferenzfehlern führen kann (z. B. *aktuell* für engl. *actually* statt *tatsächlich*; dt. *aggressiv*, aber fr. *agressif*; dt. *ein Alarm*, aber fr. *une alarme*); b) Fehler, der durch einen Faux ami (a) entstanden ist
Fauxbourdon [*foburdong*; *fr.*] *der*; -s, -s: 1. franz. Bezeichnung für: → Faburden. 2. Tonsatz mit einfachem Kontrapunkt in konsonanten → Akkorden (Mus.). 3. Sprechton in der → Psalmodie.
Fauxpas [*fopa*; „Fehltritt"] *der*; - [...*pa*(*ß*)], - [...*paß*]: Taktlosigkeit, Verstoß gegen gesellschaftliche Umgangsformen
Favela [...*wä*...; *port.*] *die*; -, -s: Elendsquartier, Slum [in südamerik. Großstädten]
Faven [*faw*ᵉ*n*]: *Plural* von → Favus (2)
Faverolleshuhn [*fawrol*...; *fr.*; *dt.*; nach dem franz. Ort Faverolles] *das*; -s, ...hühner: eine Haushuhnrasse
Favi [*fawi*]: *Plural* von → Favus (2)
favorabel [*faw*...; *lat.-fr.*]: (veraltet) günstig, geneigt; vorteilhaft. **Favoris** [*fawori*; *lat.-it.-fr.*] *die* (Plural): (veraltet) schmaler, knapp bis an das Kinn reichender Backenbart. **favorisieren**: 1. begünstigen, bevorzugen. 2. als voraussichtlichen Sieger in einem sportlichen Wettbewerb ansehen, nennen; zum Favoriten erklären. **Favorit** [*lat.-it.-fr.*(*-engl.*)] *der*; -en, -en: 1. a) jmd., der bevorzugt, anderen vorgezogen wird; begünstigte Person; b) (veraltet) Günstling, Geliebter. 2. jmd. (z. B. ein Teilnehmer an einem sportlichen Wettbewerb), der die größten Aussichten hat, den Sieg davonzutragen. **Favorite** [...*it*; *lat.-it.-fr.*] *die*; -, -n [...ᵉ*n*]: 1. Name mehrerer Lustschlösser des 18. Jh.s. 2. (veraltet) Favoritin (1 b). **Favoritin** *die*; -, -nen: 1. a) weibliche Person, die bevorzugt, anderen vorgezogen wird; begünstigte Person; b) Geliebte [eines Herrschers]. 2. weibliche Person (z. B. eine Wettkampfteilnehmerin, die die größten Erfolgsaussichten hat
Favus [...*wuß*; *lat.*] *der*; -, ...ven [...*w*ᵉ*n*] u. ...vi [...*wi*]: 1. (ohne Plural) eine ansteckende Hautkrankheit (Erbgrind). 2. Wachsscheibe im Bienenstock
Fay|ence [*fajangß*; *it.-fr.*; nach der ital. Stadt Faenza] *die*; -, -n [...*ß*ᵉ*n*]: eine mit Zinnglasur bemalte Tonware; vgl. Majolika. **Fay|encerie** *die*; -, ...ien: Fabrik, in der Fayencen hergestellt werden
Fazelet u. **Fazenet** [*lat.-it.*] *das*; -s, -s: (veraltet) [Zier]taschentuch
Fazenda [*fasända*; *port.*; „Besitz, Vermögen"] *die*; -, -s: Landgut in Brasilien
Fäzes u. Faeces [*fäzeß*; *lat.*] *die* (Plural): Stuhlentleerung, Kot (Med.)
Fazetie [...*i*ᵉ; *lat.*] *die*; -, -n 1. (meist Plural) witzige Erzählung erotischen od. satirischen Inhalts [im Italien des 15. u. 16. Jh.s]. 2. (nur Plural) drollige Einfälle, Spottreden
fazial [*lat.-mlat.*]: zum Gesicht gehörend (Med.). **Fazialis** [eigtl. Nervus facialis] *der*; -: Gesichtsnerv (Med.). **faziell** [französierende Bildung]: die verschiedenartige Ausbildung gleichaltriger Gesteinsschichten betreffend (Geol.). **Fazies** [...*iäß*; *lat.*] *die*; -, -: 1. die verschiedene Ausbildung von Sedimentgesteinen gleichen Alters (Geol.); vgl. Facies. 2. kleinste Einheit einer Pflanzengesellschaft (Bot.). **Fazilität** [*lat.*(*-engl.*)] *die*; -, -en: 1. (veraltet) Leichtigkeit, Gewandtheit; Umgänglichkeit. 2. Kreditmöglichkeit, die bei Bedarf in Anspruch genommen werden kann; Erleichterung von Zahlungsbedingungen (Wirtsch.).
Fazit [*lat.*; „es macht"] *das*; -s, -s: 1. [Schluß]summe einer Rechnung. 2. Ergebnis; Schlußfolgerung
Feature [*fitsch*ᵉ*r*; *lat.-fr.-engl.*; „Aufmachung"] *das*; -s, -s, (auch:) *die*; -, -s: 1. a) Sendung in Form eines aus Reportagen,

Kommentaren u. Dialogen zusammengesetzten [Dokumentar]berichtes; b) zu einem aktuellen Anlaß herausgegebener, besonders aufgemachter Text- od. Bildbeitrag. 2. Hauptfilm einer Filmvorstellung

fe|bril [*lat.-nlat.*]: fieberhaft, fiebrig (Med.). **Fe|bris** *die*; -: Fieber (Med.)

Fe|bruar [*lat.*; „Reinigungsmonat"] *der*; -[s], -e: der zweite Monat des Jahres (Hornung); Abk.: Febr.

fecit [*fezit*; *lat.*]: „hat (es) gemacht" (häufige Aufschrift auf Kunstwerken hinter dem Namen des Künstlers); Abk.: f. od. fec.; vgl. ipse fecit

Fedajin [*arab.*; „die sich Opfernden"] *der*; -[s], -: a) arabischer Freischärler; b) Angehöriger einer arabischen politischen Untergrundorganisation

Feedback [*fidbäk*; *engl.*; „Rückfütterung"] *das*; -s, -s: 1. zielgerichtete Steuerung eines technischen, biologischen od. sozialen Systems durch Rückmelden der Ergebnisse, wobei die Eingangsgröße durch Änderung der Ausgangsgröße beeinflußt werden kann (Kybernetik). 2. sinnlich wahrnehmbare Rückmeldung (z. B. durch Gestik od. Mimik), die dem Kommunikationspartner anzeigt, daß ein Verhalten od. eine sprachliche Äußerung verstanden wurde (Psychol.). **Feeder** [*fider*; *engl.*; „Fütterer"] *der*; -s, -: elektrische Leitung, die der Energiezuführung dient (bes. die von einem Sender zur Sendeantenne führende Speiseleitung; Funkw.)

Feelie [*fili*; *engl.*] *das*; -[s], -s: ein Kunstobjekt, das der Betrachter sehen, hören, betasten u. schmecken kann. **Feeling** [*filing*; *engl.*] *das*; -s, -s: a) Gefühl, Empfindung; b) gehobenes Gefühl (beim Genuß von Rauschgift); c) Stimmung, Atmosphäre

Feerie [*feeri*; *lat.-vulgärlat.-fr.*] *die*; -, ...ien: szenische Aufführung einer Feengeschichte unter großem bühnentechnischem u. ausstattungsmäßigem Aufwand

Feet [*fit*]: *Plural* von → Foot

fekund [*lat.*]: fruchtbar (Biol.). **Fekundation** [...*zion*; *lat.-nlat.*] *die*; -, -en: Befruchtung. **Fekundität** [*lat.*] *die*; -: Fruchtbarkeit

Felbel [*it.*] *der*; -s, -: hochfloriger [Kunst]seidenplüsch mit glänzender Oberfläche [für Zylinderhüte]

Feldmeeting [*fältmiting*; *dt.*; *engl.*] *das*; -s, -s: (DDR) → Manöver (1)

Feliden [*lat.-nlat.*] *die* (Plural): Familie der Katzen u. katzenartigen Raubtiere

Fellache [*arab.*] *der*; -n, -n: Angehöriger der ackerbautreibenden Landbevölkerung in den arabischen Ländern; vgl. Beduine. **Fellachin** *die*; -, -nen: weibliche Form zu Fellache. **fellachisch**: in der Art der Fellachen. **Fellah** *der*; -s, -s: = Fellache

Fellatio [...*azio*; *lat.*] *die*; -, ...ones: Form des oral-genitalen Kontaktes, bei der der Penis mit Lippen, Zähnen u. Zunge gereizt wird; vgl. Cunnilingus. **fellationieren** [...*zio*...]: einen Geschlechtspartner durch Fellatio befriedigen. **Fella|trix** *die*; -, ...trizen: weibliche Person, die Fellatio ausübt. **fellieren**: = fellationieren

Fellow [*fälou*; *engl.*; „Geselle, Bursche"] *der*; -s, -s: 1. in Großbritannien: a) ein mit Rechten u. Pflichten ausgestattetes Mitglied eines → College (a); b) Inhaber eines Forschungsstipendiums; c) Mitglied einer wissenschaftlichen Gesellschaft. 2. in den USA: Student höheren Semesters. **Fellow|ship** [...*schip*] *die*; -, -s: 1. Status eines Fellows (1). 2. Stipendium für graduierte Studenten an engl. u. amerik. Universitäten. **Fellow-traveller** [...*träwel'r*; „Mitreisender"] *der*; -s, -[s]: a) Anhänger u. Verfechter [kommunistischer] politischer Ideen, der nicht eingeschriebenes Parteimitglied ist; b) politischer Mitläufer

Felonie [*mlat.-fr.*] *die*; -, ...ien: (hist.) vorsätzlicher Bruch des Treueverhältnisses zwischen Lehnsherr u. Lehnsträger im Mittelalter

Feluke [*arab.-span.-fr.*] *die*; -, -n: a) zweimastiges Küstenfahrzeug des Mittelmeers mit einem dreieckigen Segel (Lateinsegel); b) früher verwendetes kleines Kriegsschiff in Galeerenform

Femel, u. Fimmel [*lat.*] *der*; -s, -: männliche Pflanze bei Hanf u. Hopfen. **Femelbetrieb** *der*; -[e]s, -e: forstwirtschaftliche Form des Hochwaldbetriebs, die durch gezieltes Abholzen möglichst viele Altersstufen im Baumbestand erhalten will. **femeln** u. fimmeln: die reife männliche Hanfpflanze ernten. **feminieren**: infolge eines Eingriffs in den Hormonhaushalt verweiblichen (von Männern bzw. männlichen Tieren; Med., Biol.). **feminin**: 1. a) für die Frau charakteristisch, weiblich; b) (selten) das Weibliche betonend; c) (abwertend) (als Mann) nicht die charakteristischen Eigenschaften eines Mannes habend, nicht männlich, zu weich, weibisch. 2. mit weiblichem Geschlecht (Sprachw.). **Femininum** *das*; -s, ...na: (Sprachw.) a) das weibliche Geschlecht eines Substantivs; b) ein weibliches Substantiv (z. B. *die* Uhr); Abk.: f., F., Fem. **Feminisation** [...*zion*] *die*; -, -en: = Feminisierung; vgl. ...[a]tion/...ierung. **feminisieren**: (eine männliche Person) verweiblichen. **Feminisierung** *die*; -, -en: a) das Feminisieren; b) das Feminisiertsein; vgl. ...[a]tion/...ierung. **Feminismus** [*lat.-nlat.*] *der*; -, ...men: 1. (ohne Plural) Richtung der Frauenbewegung, die, von den Bedürfnissen der Frau ausgehend, eine grundlegende Veränderung der gesellschaftlichen → Normen (1a) (z. B. der traditionellen Rollenverteilung) u. der → patriarchalischen Kultur anstrebt. 2. das Vorhandensein od. die Ausbildung weiblicher Geschlechtsmerkmale beim Mann od. bei männlichen Tieren (Med., Biol.). **Feminist** *der*; -en, -en: jmd., der sich zu den Überzeugungen u. Forderungen des Feminismus (1) bekennt. **Feministin** *die*; -, -nen: Vertreterin des Feminismus (1). **feministisch**: 1. den Feminismus (1) betreffend. 2. den Feminismus (2) betreffend, weibisch

femisch [Kunstw. aus: *lat. fe*rrum „Eisen" u. → *M*agnesium]: reich an Eisen u. Magnesium (von gesteinsbildenden Mineralien wie → Olivin, → Biotit u. a.); Ggs. → salisch

Femme fatale [*fam fatal*; *fr.*] *die*; --, -s -s [*fam fatal*]: (veraltet, aber noch ugs. scherzh.) verführerische Frau mit Charme u. Intellekt, die durch ihren extravaganten Lebenswandel u. ihr verführerisches Wesen ihren Partnern häufig zum Verhängnis wird

femoral [*lat.-nlat.*]: zum Oberschenkel gehörend (Med.)

Femto... [*skand.*; „fünfzehn"]: Vorsatz vor physikalischen Einheiten zur Bezeichnung des 10^{-15}fachen (des 10^{15}ten Teils) der betreffenden Einheit (z. B. Femtofarad); Zeichen: f

Femur [*lat.*] *das*; -s, Femora: 1. Oberschenkel[knochen] (Med.). 2. drittes Glied eines Insekten- od. Spinnenbeins (Zool.)

Fench u. Fennich [*lat.*] *der*; -[e]s, -e: eine Hirseart

Fenchel [*lat.*] *der*; -s: 1. ein Gemüse. 2. eine Gewürz- u. Heilpflanze (Doldengewächs)

Fendant [*fangdang*, schweiz.: *fangdang*; *fr.*] *der*; -s: Weißwein aus dem Kanton Wallis (Schweiz)

Fender [*engl.*; „Abwehrer, Verteidiger"] *der*; -s, -: mit Kork od. Tauwerk gefülltes Kissen zum Schutz der Schiffsaußenseite beim Anlegen am Kai u. ä.

Fenek vgl. Fennek

Fenier [*feni*^{e}*r*; *ir.-engl.*] *der*; -s, -s: (hist.) Mitglied eines irischen Geheimbundes, der Ende des 19. u. Anfang des 20. Jh.s für die Trennung Irlands von Großbritannien kämpfte

Fennek u. Fenek [*arab.*] *der*; -s, -s u. -e: Wüstenfuchs

Fennich vgl. Fench

Fennosarmatia [...*zia*; *nlat.*; aus lat. *Fenni* „Finnen" u. lat. *Sarmatia* „polnisch-russisches Tiefland"] *die*; -: → präkambrischer gefalteter Kontinentkern (Ureuropa; Geol.). **fennosarmatisch**: Fennosarmatia betreffend (Geol.). **Fenno|skandia** [aus lat. *Fenni* „Finnen" u. lat. *Scandia* „Schweden"] *die*; -: (Geol.) 1. zusammenfassende Bez. für die skandinavischen Länder u. Finnland. 2. zusammenfassende Bez. für den Baltischen Schild u. die → Kaledoniden. **fennoskandisch**: Fennoskandia betreffend (Geol.)

Fenz [*lat.-fr.-engl.*] *die*; -, -en: [von Deutschamerikanern verwendete Bezeichnung für] Zaun, Einfriedung. **fenzen**: mit einer Fenz umgeben, einfrieden

Feralien [...*i*^{e}*n*; *lat.*] *die* (Plural): (hist.) öffentliche Totenfeier am Schlußtage der altröm. → Parentalien

Feria [*lat.*] *die*; -, ...iae [...*ä*]: Wochentag im Gegensatz zum Sonn- u. Feiertag in der katholischen → Liturgie. **ferial**: (österr.) zu den Ferien gehörend, frei, unbeschwert. **Ferialtag** [*lat.-mlat.*; *dt.*] *der*; -[e]s, -e: (österr.) Ferientag. **Ferien** [...*i*^{e}*n*; *lat.*] *die* (Plural): a) mehrere zusammenhängende Tage od. Wochen dauernde, der Erholung dienende, turnusmäßig wiederkehrende Arbeitspause einer Institution (z. B. der Schule, Hochschule, des Gerichts, Parlaments); b) Urlaub

ferm vgl. firm. **fermamente** [*lat.-it.*]: sicher, fest, kräftig (Vortragsanweisung; Mus.)

Ferman [*pers.-türk.*] *der*; -s, -e: (hist.) Erlaß islamischer Herrscher

Fermate [*lat.-it.*; „Halt, Aufenthalt"] *die*; -, -n: 1. Haltezeichen, Ruhepunkt (Mus.); Zeichen: ⌒ über der Note (Mus.). 2. Dehnung der [vor]letzten Silbe eines Verses, die das metrische Schema sprengt. **Ferme** [*färm*; *lat.-fr.*] *die*; -, -n [...*m*^{e}*n*]: [Bauern]hof, Pachtgut (in Frankreich)

Ferment [*lat.*; „Gärung; Gärstoff"] *das*; -s, -e: (veraltet) Enzym. **Fermentation** [...*zion*; *lat.-nlat.*] *die*; -, -en: 1. chem. Umwandlung von Stoffen durch Bakterien u. → Enzyme (Gärung). 2. biochem. Verarbeitungsverfahren zur Aromaentwicklung in Lebens- u. Genußmitteln (z. B. Tee, Tabak; Biochemie). **fermentativ**: durch Fermente hervorgerufen. **Fermenter** [*lat.-engl.*] *der*; -s, -: Anlage für die Massenkultur von Mikroorganismen in Forschung u. Industrie. **fermentieren** [*lat.*]: durch Fermentation (2) veredeln

Fermion [*nlat.*; nach dem ital. Physiker E. Fermi] *das*; -s, ...ionen: Elementarteilchen mit halbzahligem → Spin (Phys.). **Fermium** *das*; -s: chem. Grundstoff, ein Transuran; Zeichen: Fm

Fernambukholz vgl. Pernambukholz

feroce [*ferotsch*^{e}; *lat.-it.*]: wild, ungestüm, stürmisch (Vortragsanweisung; Mus.)

Ferrit [auch: ...*it*; *lat.-nlat.*] *der*; -s, -e (meist Plural): 1. reine, weiche, fast kohlenstofffreie Eisenkristalle (α-Eisen). 2. einer der magnetischen (1), zur Herstellung nachrichtentechnischer Bauteile verwendeten Werkstoffe. **Ferritantenne** [auch: ...*it*...] *die*; -, -n: Richtantenne mit hochmagnetischem Ferritkern (z. B. in Rundfunkempfängern). **Ferrocart** (Wz) [...*kart*; Kunstw.] *das*; -s: Handelsname eines Hochfrequenzeisens für Massekerne. **Ferro|elektrizität** *die*; -: dem Ferromagnetismus analoges Verhalten einiger weniger Stoffe auf Grund bestimmter → elektrischer (1) Eigenschaften. **Ferro|graph** [*lat.*; *gr.*] *der*; -en, -en: Gerät zur Messung der magnetischen Eigenschaften eines Werkstoffs. **Ferrolegierung** *die*; -, -en: Eisenlegierung mit Begleitelementen. **Ferroma|gnetikum** [*lat.*; *gr.-lat.*] das; -s, ...ka: eine ferromagnetische Substanz. **ferroma|gnetisch**: sich wie Eisen magnetisch verhaltend. **Ferroma|gnetismus** *der*; -: Magnetismus des Eisens (Kobalts, Nickels u. a.), der durch eine besonders hohe → Permeabilität (2) gekennzeichnet ist. **Ferromangan** [*lat.*] *das*; -s: Legierung des Eisens mit → Mangan. **Ferrosilit** [auch: ...*it*; *lat.*] *das*; -s: ein Mineral. **Ferro|skop** [*lat.*; *gr.*] *das*; -s, -e: tiermedizinisches Instrument, mit dem verschluckte Metallteile nachgewiesen werden können (z. B. im Vormagen des Rindes). **Ferrotypie** *die*; -, ...ien: fotografisches Verfahren zur Herstellung von Bildern auf lichtempfindlich beschichteten, schwarzgelackten Eisenblechen.

Ferrum [*lat.*] *das*; -s: Eisen, chem. Grundstoff; Zeichen: Fe

fertil [*lat.*]: fruchtbar (Biol.; Med.); Ggs. → steril. **Fertilität** *die*; -: Fähigkeit von Organismen, Nachkommen hervorzubringen; Fruchtbarkeit (Biol.; Med.); Ggs. → Sterilität

fervent [...*wänt*; *lat.*]: (veraltet) hitzig, glühend, eifrig

Fes [*türk.*; marokkanische Stadt] *der*; -[es], -[e]: bes. in mohammedan. Ländern getragene kegelstumpfförmige rote Filzkappe

fesch [*fäsch*, österr.: *fesch*; *engl.*]: a) (österr. u. ugs.) schick, schneidig, flott, elegant; b) (österr.) nett, freundlich. **Feschak** *der*; -s, -s: (österr. ugs.) fescher [junger] Mann. **Feschaktum** *das*; -s: (österr.) Benehmen, Lebensform eines Feschaks, → Snobismus (2)

festina lente! [*lat.*]: „Eile mit Weile" (nach Sueton ein häufiger Ausspruch des röm. Kaisers Augustus)

Festival [*fäßtiw*^{e}*l* u. *fäßtiwal*; *lat.-fr.-engl.*(-fr.)] *das* (schweiz. auch: *der*); -s, -s: 1. [in regelmäßigen Abständen wiederkehrende] kulturelle Großveranstaltung. 2. (DDR) Weltfestspiele der Jugend. **Festivalier** [...*walie*] *der*; -s, -s (meist Plural): Teilnehmer an einem [Film]festival. **Festivität** [...*wi*...; *lat.*] *die*; -, -en: (ugs.) Festlichkeit. **festivo** [...*iwo*; *lat.-it.*]: festlich, feierlich (Vortragsanweisung; Mus.). **Feston** [*fäßtong*; *lat.-vulgärlat.-it.-fr.*] *das*; -s, -s: 1. Schmuckmotiv von bogenförmig durchhängenden Gewinden aus Blumen, Blättern od. Früchten an Gebäuden od. in der Buchkunst. 2. mit Zierstichen gestickter bogen- od. zackenförmiger Rand eines Stück Stoffs. **festonieren** [...*ton*...]: 1. mit Festons (1) versehen. 2. Stoffkanten mit Festonstich versehen. **festoso** [*lat.-it.*]: = festivo

Feszenninen [*lat.*; wahrscheinlich nach der etrusk. Stadt Fescennium] *die* (Plural): altitalische Festlieder voll derben Spotts

fetal u. fötal [*lat.*]: zum → Fetus gehörend, den Fetus betreffend (Med.)

Fete [auch: *fät*^{e}; *lat.-vulgärlat.-fr.*]

die; -, -n: (ugs.) Fest, Party, ausgelassene Feier

Fetialen [*lat.*] *die* (Plural): Priesterkollegium im alten Rom, das die für den völkerrechtlichen Verkehr bestehenden Vorschriften überwachte

fetieren [*lat.-vulgärlat.-fr.*]: (veraltet) jmdn. durch ein Fest ehren

Fetisch [*lat.-port.-fr.*] *der*; -s, -e: Gegenstand, dem helfende od. schützende Zauberkraft zugeschrieben wird (Völkerk.); vgl. Amulett u. Talisman. **fetischisieren**: etwas zum Fetisch, Abgott machen. **Fetischismus** [*nlat.*] *der*; -: 1. Glauben an einen Fetisch, Fetischverehrung [in primitiven Religionen] (Völkerk.). 2. sexuelle Fehlhaltung, bei der bestimmte Körperteile od. Gegenstände (z. B. Strümpfe, Wäschestücke) von Personen des gleichen od. anderen Geschlechts als einzige od. bevorzugte Objekte sexueller Erregung u. Befriedigung dienen (Psychol.). **Fetischist** *der*; -en, -en: 1. Fetischverehrer (Völkerk.). 2. Person mit fetischistischen Neigungen (Psychol.). **fetischistisch**: den Fetischismus (1, 2) betreffend

Fetus u. Fötus [*lat.*] *der*; - u. -ses, -se u. ...ten: [menschliche] Leibesfrucht vom dritten Schwangerschaftsmonat an (Med.)

Fetwa [*arab.*] *das*; -s, -s: Rechtsgutachten des → Muftis, in dem festgestellt wird, ob eine Handlung mit den Grundsätzen des islamischen Rechts vereinbar ist

feudal [*germ.-mlat.*]: 1. das Lehnswesen betreffend. 2. a) aristokratisch, vornehm, herrschaftlich; b) reichhaltig ausgestattet. 3. (DDR, abwertend) reaktionär. **Feudalherrschaft** *die*; -: = Feudalismus. **feudalisieren**: in ein Feudalsystem mit einbeziehen. **Feudalismus** [*nlat.*] *der*; -: 1. auf dem Lehnsrecht aufgebaute Wirtschafts- u. Gesellschaftsform, in der alle Herrschaftsfunktionen von der über den Grundbesitz verfügenden aristokratischen Oberschicht ausgeübt werden. 2. a) System des Lehnswesens im mittelalterlichen Europa; b) Zeit des Feudalismus (2a). **feudalistisch**: zum Feudalismus gehörend. **Feudalität** *die*; -: 1. Lehnsverhältnis im Mittelalter. 2. herrschaftliche Lebensform. **Feudalsystem** *das*; -s: = Feudalismus

Feuillage [*föjasche*; *lat.-vulgärlat.-fr.*] *die*; -, -n: geschnitztes od. gemaltes Laub- od. Blattwerk.

Feuillanten [*föjanten*] u. **Feuillants** [*...jang*; nach der Abtei Feuillant bei Toulouse] *die* (Plural): 1. → Kongregation französischer → Zisterzienser. 2. Mitglieder eines gemäßigt-monarchistischen Klubs während der Franz. Revolution, die im Kloster der Feuillanten in Paris tagten. **Feuilleton** [*...etong*; „Beiblättchen"] *das*; -s, -s: 1. kultureller Teil einer Zeitung. 2. literarischer Beitrag im Feuilletonteil einer Zeitung. 3. (österr.) populärwissenschaftlicher, im Plauderton geschriebener Aufsatz. **feuilletonisieren**: einen nicht zum Feuilleton gehörenden Beitrag in der Zeitung feuilletonistisch gestalten. **Feuilletonismus** [*nlat.*] *der*; -: (oft abwertend) in der literarischen Form des Feuilletons ausgeprägte Sprach- u. Stilhaltung; vgl. ...ismus/...istik. **Feuilletonist** *der*; -en, -en: jmd., der Feuilletons schreibt. **Feuilletonistik** *die*; -: Feuilletonismus; vgl. ...ismus/...istik. **feuilletonistisch**: a) das Feuilleton betreffend; b) im Stil eines Feuilletons geschrieben

Fez *der*; -es, -e

I. [*fr.*] (ohne Plural; ugs.) Spaß, Vergnügen, Ulk, Unsinn.

II. [*fez* od. *feß*; *türk.*] = Fes

Fiaker [*fr.*] *der*; -s, -: (österr.) a) [zweispännige] Pferdedroschke; b) Kutscher, der einen Fiaker fährt

Fiale [*gr.-lat.-it.*] *die*; -, -n: schlankes, spitzes Türmchen an gotischen Bauwerken, das als Bekrönung von Strebepfeilern dient (Archit.)

fianchettieren [*fiankätiren*; *it.*]: die Schachpartie mit einem Fianchetto eröffnen. **Fianchetto** [*...käto*] *das*; -[s], ...etti (auch: -s): Schacheröffnung mit einem od. mit beiden Springerbauern zur Vorbereitung eines Flankenangriffs der Läufer (Schach)

fiant vgl. fiat (II)

Fiasko [*germ.-it.*; „Flasche"] *das*; -s, -s: 1. Mißerfolg, Reinfall. 2. Zusammenbruch

fiat [*lat.*]

I. [nach dem Schöpfungsspruch „fiat lux!" = es werde Licht, 1. Mose 1, 3]: ‚es geschehe!'

II. man verarbeite zu... (auf Rezepten; Med.); Abk.: f.

Fiat [*lat.*] *das*; -s, -s: (veraltet) Zustimmung, Genehmigung. **fiat justitia, et pereat mundus**: „Das Recht muß seinen Gang gehen, und sollte die Welt darüber zugrunde gehen" (angeblicher Wahlspruch Kaiser Ferdinands I.)

Fibel *die*; -, -n

I. [*gr.-lat.*]: 1. bebildertes Lesebuch für Schulanfänger. 2. Lehrbuch, das das Grundwissen eines Fachgebietes vermittelt.

II. [*lat.*]: frühgeschichtliche Spange od. Nadel aus Metall zum Zusammenstecken der Kleidungsstücke

Fiber [*lat.*] *die*; -, -n: 1. [Muskel]faser. 2. (ohne Plural) künstlich hergestellter Faserstoff. **fi|brillär** [*lat.-nlat.*]: aus Fibrillen bestehend, faserig (Med.). **Fi|brille** *die*; -, -n: sehr feine Muskel- od. Nervenfaser (Med.). **fi|brillieren**: Papierrohstoff zerfasern u. mahlen. **Fi|brin** *das*; -s: Eiweißstoff des Blutes, der bei der Blutgerinnung aus Fibrinogen entsteht (Med.). **Fi|brinogen** [*lat.-nlat.*; *gr.*] *das*; -s: im Blut enthaltener Eiweißstoff, die lösliche Vorstufe des Fibrins (Med.). **Fi|brinolyse** *die*; -, -n: Auflösung eines Fibringerinnsels durch Enzymeinwirkung (Med.). **fi|brinolytisch**: die Fibrinolyse betreffend (Med.). **fibrinös** [*lat.-nlat.*]: fibrinhaltig, fibrinreich (z. B. von krankhaften Ausscheidungen; Med.). **Fi|brinurie** [*lat.-nlat.*; *gr.*] *die*; -: das Auftreten von Fibrin im Harn (Med.). **Fi|bro|blast** [*lat.*; *gr.*] *der*; -en, -en (meist Plural): Bildungszelle des faserigen Bindegewebes (Med.). **Fi|brocartilago** [*lat.-nlat.*] *die*; -, ...gines: Faserknorpel, Bindegewebe aus Faserknorpel (Med.). **Fi|brochondrom** *das*; -s, -e: gutartige Knorpelgeschwulst (Med.). **Fi|broelastose** *die*; -, -n: übermäßiges Wachstum des faserigen u. elastischen Bindegewebes (Med.). **Fi|broin** *das*; -s: Eiweißstoff der Naturseide. **Fi|brolipom** *das*; -s, -e: gutartige Geschwulst aus Binde- u. Fettgewebe (Med.). **Fi|brom** *das*; -s, -e: gutartige Geschwulst aus Bindegewebe (Med.). **Fibromatose** *die*; -, -n: (Med.) 1. geschwulstartige Wucherung des Bindegewebes. 2. das gehäufte Auftreten von Fibromen. **Fibromyom** [*lat.*; *gr.*] *das*; -s, -e: gutartige Geschwulst aus Binde- u. Muskelgewebe (Med.). **fi|brös** [*lat.-nlat.*]: aus derbem Bindegewebe bestehend; faserreich (Med.). **Fi|brosarkom** [*lat.*; *gr.*] *das*; -s, -e: bösartige Form des Fibroms (Med.). **Fi|brozyt** *der*; -en, -en (meist Plural): spindelförmige Zelle im lockeren Bindegewebe (Med.)

Fibula [*lat.*]

I. *die*; -, Fibuln: = Fibel (II).

II. *die*; -, ...lae [*...ä*]: Wadenbein (der hinter dem Schienbein gelegene Unterschenkelknochen

Ficaria [...*ka*...; *lat.*] *die*; -, ...iae [...*iä*]: Scharbockskraut (Hahnenfußgewächs)

Fiche [*fisch*]
I. [*lat.-vulgärlat.-fr.*] *die*; -, -[s]: 1. Spielmarke. 2. (veraltet) Pflock zum Lagerabstecken.
II. [*lat.-vulgärlat.-fr.-engl.*] *das* od. *der*; -s, -s: mit einer lichtempfindlichen Schicht überzogene Karte, auf der in Form fotografischer Verkleinerungen Daten von Originalen gespeichert sind, die mit speziellen Lesegeräten gelesen werden

Fichu [*fischü*; *fr.*] *das*; -s, -s: großes dreieckiges, auf der Brust gekreuztes Schultertuch, dessen Enden vorn od. auf dem Rücken verschlungen werden

Ficus [...*kuß*; *lat.*] *der*; -, ...ci [...*zi*]: Feigenbaum (Maulbeergewächs)

Fideikommiß [*fide-i*..., auch: *fide-i*...; *lat.*] *das*; ...misses, ...misse: (hist.) unveräußerliches u. unteilbares Vermögen einer Familie (Rechtsw.). **Fideismus** [*lat.-nlat.*] *der*; -: 1. erkenntnistheoretische Haltung, die den Glauben als einzige Erkenntnisgrundlage betrachtet u. ihn über die Vernunft setzt (Philos.). 2. evangelisch-reformierte Lehre, nach der nicht der Glaubensinhalt, sondern nur der Glaube an sich entscheidend sei. **Fideist** *der*; -en, -en: Anhänger des Fideismus. **fideistisch**: kirchlich gläubig

fidel [*lat.*; „treu"]: lustig, heiter, gut gelaunt, vergnügt

Fidel [Herkunft unsicher] *die*; -, -n: Saiteninstrument des Mittelalters

Fidelismo [nach dem kubanischen Ministerpräsidenten Fidel Castro] *der*; -[s]: revolutionäre politische Bewegung in Kuba [u. in Südamerika] auf marxistisch-leninistischer Grundlage; vgl. Castrismus. **Fidelist** *der*; -en, -en: Anhänger Fidel Castros; Vertreter, Anhänger des Fidelismos

Fidelitas u. **Fidelität** [*lat.*] *die*; -: = Fidulität. **Fides** *die*; -: im alten Rom das Treueverhältnis zwischen → **Patron (I, 1) u. Klient**

Fidibus [Herleitung unsicher] *der*; - u. -ses, - u. -se: Holzspan od. gefalteter Papierstreifen zum Feuer- od. Pfeifeanzünden

FIDO, Fido [*faido*[u]; amerik. Kurzwort aus: *F*og *I*nvestigation *D*ispersal *O*perations (*fog inwäßtigé*[i]*sch*[e]*n dißpö*[r]*ß*[e]*l op*[e]*re*[i]*sch*[e]*ns*) = Verfahren zur Untersuchung und Auflösung von Nebelfeldern] *die*; -, -s: Entnebelungsanlage auf Flugplätzen

Fidulität [*lat.*] *die*; -, -en: der inoffizielle, zwanglosere zweite Teil eines studentischen → Kommerses. **Fiduz** *das*; -es: (ugs.) üblich in der Wendung: kein - zu etw. haben: 1. keinen Mut zu etw. haben. 2. keine Lust zu etw. haben. **Fiduziant** *der*; -en, -en: Treugeber bei einem → fiduziarischen Geschäft (Rechtsw.). **Fiduziar** *der*; -s, -e: Treuhänder bei einem → fiduziarischen Geschäft (Rechtsw.). **fiduziarisch**: (Rechtsw.) als Treuhänder auftretend; -es Geschäft: Treuhandgeschäft, bei dem der Fiduziant dem Fiduziar ein Mehr an Rechten überträgt, als er selbst aus einer vorher getroffenen schuldrechtlichen Vereinbarung hat. **fiduzit**! [aus lat. *fiducia sit* = vertraue darauf!]: Antwort des Studenten auf den Bruderschafts- u. Trinkzuruf „Schmollis!" **Fiduzit** *das*; -: der Zuruf „fiduzit!"

Field|istor [*fild*..., auch: *fildist*[e]*r*; *engl.*] *der*; -s, ...oren: Feldtransistor, bei dem das elektrische Feld den Stromfluß steuert. **Field-Research** [*fildrißö'tsch*] *das*; -[s]: Verfahren in der Markt- u. Meinungsforschung zur Erhebung statistischen Materials durch persönliche Befragung od. durch Fragebogen (Soziol.); Ggs. → Desk-Research. **Field-Spaniel** [*fildspänj*[e]*l*] *der*; -s, -s: kleiner engl. Jagdhund. **Field-work** [*fildwö'k*] *das*; -s: Verfahren in der Markt- u. Meinungsforschung zur Erhebung statistischen Materials durch persönliche Befragung von Testpersonen durch Interviewer (Soziol.). **Field-worker** [*fildwö'k*[e]*r*] *der*; -s, -: → Interviewer, der zur Erhebung statistischen Materials Befragungen durchführt

Fierant [*fi*[e]...; *lat.-it.*] *der*; -en, -en: (österr.) Markthändler

fiero [*lat.-it.*]: stolz, wild, heftig (Vortragsanweisung; Mus.)

Fiesta [*lat.-span.*] *die*; -, -s: spanisches [Volks]fest

fifty-fifty [*fifti fifti*; *engl.-amerik.*; „fünfzig-fünfzig"]: (ugs.); üblich in den Verbindungen - machen: so teilen, daß jeder die Hälfte erhält; - ausgehen/stehen: unentschieden ausgehen, stehen

Figaro [Bühnengestalt in Beaumarchais' Lustspiel „Der Barbier von Sevilla"] *der*; -s, -s: a) (scherzh.) Friseur; b) (selten) gewitzter, redegewandter Mann

Fight [*fait*; *engl.*] *der*; -s, -s: Kampf, Wettkampf (bes. beim Boxen). **fighten** [*fait*[e]*n*] (Partizip II: gefightet): kämpfen, angreifen (bes. beim Boxen). **Fighter** [*fait*[e]*r*] *der*; -s, -: offensiver Kämpfer (bes. beim Boxen)

Figur [*lat.-fr.*] *die*; -, -en: 1. Körperform, Gestalt, äußere Erscheinung eines Menschen im Hinblick auf ihre Proportioniertheit. 2. [künstlerische] Darstellung eines menschlichen, tierischen od. abstrakten Körpers. 3. Spielstein, bes. beim Schachspiel. 4. a) [geometrisches] Gebilde aus Linien od. Flächen, Umrißzeichnung o. ä.; b) Abbildung, die als Illustration einem Text beigegeben ist. 5. a) Persönlichkeit, Person (in ihrer Wirkung auf ihre Umgebung, auf die Gesellschaft; b) (ugs.) Person, Mensch (meist männlichen Geschlechts), Typ, z. B. an der Theke standen ein paar -en; c) handelnde Person, Gestalt in einem Werk der Dichtung. 6. (beim Tanz, Eistanz, Kunstflug, Kunstreiten u. a.) in sich geschlossene [tänzerische] Bewegungsfolge, die Teil eines größeren Ganzen ist. 7. in sich geschlossene Tonfolge als schmückendes u. vielfach zugleich textausdeutendes Stilmittel (Mus.). 8. von der normalen Sprechweise abweichende sprachliche Form, die als Stilmittel eingesetzt wird (Sprachw.); → Allegorie, → Anapher, → Chiasmus. **Figura** [*lat.*] *die*; -: Bild, Figur; wie - zeigt: wie klar vor Augen liegt, wie an diesem Beispiel klar zu erkennen ist. **Figura etymologica** [- ...*ka*; *lat.*; *gr.-lat.*] *die*; - -, ...rae [...*rä*] ...cae [...*zä*]: Redefigur, bei der sich ein intransitives Verb mit einem Substantiv gleichen Stamms od. verwandter Bedeutung als Objekt verbindet (z. B. einen [schweren] Kampf kämpfen; Rhet.; Stilk.). **figural** [*lat.-nlat.*]: mit Figuren versehen. **Figuralität** *die*; -: figürliche Beschaffenheit, Form (Kunstw.). **Figuralmusik** *die*; -: mehrstimmiger → kontrapunktischer Tonsatz in der Kirchenmusik des Mittelalters; Ggs. → Gregorianischer Choral. **Figurant** [*lat.*] *der*; -en, -en: 1. (veraltet) Gruppentänzer im Gegensatz zum Solotänzer (Ballett). 2. (veraltet) Statist, stumme [Neben]rolle (Theat.). 3. Nebenperson, Lückenbüßer. **Figuration** [...*zion*] *die*; -, -en: 1. Auflösung einer Melodie od. eines Akkords in rhythmische [melodisch untereinander gleichartige] Notengruppen (Mus.). 2. (Kunstw.) a) figürliche Darstellung; b) Formgebilde; vgl. ...[at]ion/...ierung. **figurativ**: 1. a) graphisch od. als Figur wiedergebend od. wiedergegeben; b) (etwas Abstraktes) gegenständlich wiedergebend. 2. (veraltend) figürlich (3). **Figurenkapitell** *das*; -s, -e: ein mit Figuren geschmücktes → Kapitell [an romanischen Bauwerken] (Archit.). **figurieren**: 1. eine Rolle spielen; in Erscheinung treten. 2. einen Akkord mit einer Figuration versehen (Mus.). **Figurierung** *die*; -, -en: = Figuration; vgl. ...[at]ion/...ierung. **Figurine** [*lat.-it.-fr.*] *die*; -, -n: 1. kleine Figur, kleine Statue. 2. Nebenfigur auf [Landschafts]gemälden. 3. Kostümzeichnung od. Modellbild für Theateraufführungen. **figürlich** [*lat.*; *dt.*]: 1. in bezug auf die Figur (1). 2. eine Figur (2), Figuren (2) darstellend (Kunstw.). 3. (veraltend) (von Wortbedeutungen) in einem bildlichen, übertragenen Sinn gebraucht

Fikh [*fik*; *arab.*] *das*; -: die Rechtswissenschaft des Islams

Fiktion [*...zion*; *lat.*] *die*; -, -en: 1. etw., was nur in der Vorstellung existiert; etw. Vorgestelltes, Erdachtes. 2. bewußt gesetzte widerspruchsvolle od. falsche Annahme als methodisches Hilfsmittel bei der Lösung eines Problems (Philos.). **fiktional** [*lat.-nlat.*]: auf einer Fiktion beruhend. **fiktionalisieren**: als Fiktion darstellen. **Fiktionalismus** *der*; -: philosophische Theorie der Fiktionen (Philos.). **fiktiv**: eingebildet, erdichtet; angenommen, auf einer Fiktion (1) beruhend

Fil-à-fil [*filafil*; *lat.-fr.*; „Faden an Faden"] *das*; -: Kleiderstoff mit karoähnlichem Gewebebild. **Filage** [*...asche*] *die*; -, -n: 1. das Zusammendrehen von Seidenfäden. 2. das Abziehen der gezinkten Karten beim Falschspiel. **Filament** [*lat.*] *das*; -s, -e: 1. Staubfaden der Blüte (Bot.). 2. (meist Plural) dunkles, fadenförmiges Gebilde in der → Chromosphäre (Astron.). 3. auf chemisch-technischem Wege erzeugte, fast endlose Faser als Bestandteil von Garnen u. Kabeln. **Filanda** [*lat.-it.*] *die*; -, ...den: (veraltet) Seidenspinnerei. **Filaria** [*lat.-nlat.*] *die*; -, ...iae [*...ä*] u. ...ien [*...iᵉn*] (meist Plural): Fadenwurm (Krankheitserreger). **Filarienkrankheit** *die*; -, -en: = Filariose. **filar il tuono** [*it.*]: den Ton gleichmäßig ausströmen, sich entwickeln lassen (Vortragsanweisung bei Gesang u. Streichinstrumenten; Mus.). **Filariose** [*lat.-nlat.*] *die*; -, -n: durch Filariaarten hervorgerufene Krankheit (Med.)

fil di voce [- - *wotsche*; *it.*]: mit schwacher, dünner Stimme (Vortragsanweisung beim Gesang; Mus.)

Filet [*...le*; *lat.-fr.*] *das*; -s, -s: 1. netzartig gewirkter Stoff. 2. a) Handarbeitstechnik, bei der ein Gitterwerk aus quadratisch verknüpften Fäden hergestellt wird; b) Handarbeit, die durch Filet (2a) entstanden ist. 3. a) Lendenstück von Schlachtvieh u. Wild; b) Geflügelbrust[fleisch]; c) entgrätetes Rückenstück bei Fischen. 4. Abnehmerwalze an der Auflokkerungsmaschine (Krempel) in der Baumwollspinnerei. **Filetarbeit** *die*; -, -en: Handarbeit, die aus dem Knüpfen eines Filetgrundes (eine Art Netzknüpfen) u. dem Besticken dieses Grundes besteht. **Filete** [*lat.-roman.*] *die*; -, -n: a) Stempel der Buchbinder mit bogenförmiger Prägefläche zum Aufdrucken von Goldverzierungen; b) mit der Filete hergestellte Verzierung auf Bucheinbänden. **filetieren** u. **filieren**: aus Fleisch Filetstücke herauslösen. **Filetspitze** *die*; -, -n: Spitze mit geknüpftem Netzgrund

Filia hospitalis [*lat.*] *die*; - -, ...ae [*...ä*] ...les: (scherzh.) Tochter der Wirtsleute des Studenten. **Filiale** [*lat.-mlat.-fr.*] *die*; -, -n: Zweiggeschäft eines Unternehmens. **Filialgeneration** [*...zion*] *die*; -, -en: die direkten Nachkommen eines Elternpaares bzw. eines sich durch → Parthenogenese (2) fortpflanzenden Lebewesens (Genetik). **Filialist** *der*; -en, -en: 1. Leiter einer Filiale (Wirtsch.). 2. Seelsorger einer Filialgemeinde. **Filialkirche** *die*; -, -n: von der Pfarrkirche der Hauptgemeinde aus betreute Kirche mit einer Filialgemeinde; vgl. Expositus. **Filial|prokura** *die*; -, ...ren: → Prokura, die auf eine od. mehrere Filialen eines Unternehmens beschränkt ist. **Filial|regression** *die*; -, -en: Angleichung an den durchschnittlichen Arttypus bei den Nachkommen extremer Elterntypen (Genetik). **Filiation** [*...zion*; *lat.-nlat.*] *die*; -, -en: (hist.) Verhältnis von Mutter- u. Tochterkloster im Ordenswesen des Mittelalters (Rel.). 2. [Nachweis der] Abstammung einer Person von einer anderen (Geneal.). 3. legitime Abstammung eines Kindes von seinen Eltern (Rechtsw.). 4. Gliederung des Staatshaushaltsplanes

Filibuster
I. [*...bu...*] vgl. Flibustier.
II. [*filibaßtᵉr*; *amerik.*] *das*; -[s], -: im amerikanischen Senat von Minderheiten geübte Praktik, durch Marathonreden die Verabschiedung eines Gesetzes zu verhindern

filieren [*lat.-fr.*]: 1. eine → Filetarbeit anfertigen. 2. vgl. filetieren. 3. Karten beim Kartenspielen unterschlagen; vgl. Filage (2). **filiform** [*lat.-nlat.*]: fadenförmig (Med.). **fili|gran**: aus Filigran bestehend; filigranähnliche Formen aufweisend; sehr fein, feingliedrig. **Fili|gran** [*lat.-it.*] *das*; -s, -e u. **Fili|granarbeit** *die*; -, -en: Goldschmiedearbeit aus feinem Gold-, Silber- od. versilbertem Kupferdraht. **Fili|granglas** *das*; -es: durch eingeschmolzene, Gitter u. Muster bildende weiße Glasfäden verziertes Kunstglas; Fadenglas. **Fili|granpapier** *das*; -s: feines Papier mit netz- od. linienförmigen Wasserzeichen

Filius [*lat.*] *der*; -, ...lii [*...li-i*] u. -se: (scherzh.) Sohn

Fillér [*filer*, auch: *filᵉr*; *ung.*] *der*; -[s], -: ungarische Währungseinheit (= 0,01 Forint)

Filmgroteske *die*; -, -n: = Groteskfilm. **filmogen**: als Filmstoff für eine Verfilmung, eine filmische Darstellung geeignet. **Filmographie** *die*; -, ...ien: Verzeichnis, Zusammenstellung aller Filme eines → Regisseurs, Schauspielers o.ä. **Filmothek** [*germ.-engl.*; *gr.*] *die*; -, -en: = Kinemathek

Filo [*lat.-it.*] *der*; -s, -s: Art des Fechtangriffs, bei dem die angreifende Klinge die gegnerische aus der Stoßrichtung zu drängen sucht, indem sie an ihr entlanggleitet

Filou [*filu*; *engl.-fr.*] *der* (auch: *das*); -s, -s: (scherzh.) jmd., der andere mit Schläue, Raffinesse [in harmloser Weise] zu übervorteilen versteht

Fils [*arab.*] *der*; -, -: irakische Währungseinheit (= 0,001 Dinar)

Fil|trat [*mlat.*] *das*; -[e]s, -e: die bei der Filtration anfallende geklärte Flüssigkeit. **Fil|tration** [*...zion*] *die*; -, -en: Verfahren zum Trennen von festen Stoffen u. Flüssigkeiten. **fil|trieren** [*germ.-mlat.*] u. filtern: eine Flüssigkeit od. ein Gas von darin enthaltenen Bestandteilen mit Hilfe eines Filters trennen. **Fil|trierpapier** *das*; -s: ungeleimtes, saugfähiges Papier [in Trichterform] zum Filtrieren

Filüre [*lat.-fr.*] *die*; -, -n: (veraltet) Gewebe, Gespinst

Filzo|kratie [*dt.*; *gr.*] *die*; -, ...ien: verfilzte, ineinander verflochtene Machtverhältnisse, die durch Begünstigung o. ä. bei der Ämterverteilung zustande kommen

Fimbulwinter [*altnord.*] *der*; -s: dreijähriger schrecklicher Winter der german. Sage vom Weltuntergang

Fimmel usw. vgl. Femel usw.

final [*lat.*]: 1. das Ende, den Schluß von etwas bildend. 2. die Absicht, den Zweck angebend (Sprachw.; Rechtsw.); -e Konjunktion: den Zweck, die Absicht angebendes Bindewort (z. B. damit; Sprachw.). **Final** [*fainel*; *lat.-engl.*] *das*; -s, -s: engl. Bezeichnung für: Finale (2). **Final decay** [- *dike'*] *das*; - -s: Zeit des Abfallens des Tons im Maximum bis zu einem vorbestimmbaren Niveau u. endgültiges Abfallen von diesem Niveau auf 0 nach Loslassen der Taste (beim Synthesizer). **Finale** [*lat.-it.* (*-fr.*)] *das*; -s, -: 1. einen besonderen Höhepunkt darstellender, glanzvoller, aufsehenerregender Abschluß von etwas; Ende, Schlußteil. 2. a) Endkampf, Endspiel, Endrunde eines aus mehreren Teilen bestehenden sportlichen Wettbewerbs; b) Endspurt. 3. (Mus.) a) der letzte (meist vierte) Satz eines größeren Instrumentalwerkes; b) Schlußszene der einzelnen Akte eines musikalischen Bühnenwerks. **Finalis** [*lat.-mlat.*] *die*; -, ...les [*fináleß*]: Schlußnote; Endton in den Kirchentonarten (Mus.). **Finalismus** [*lat.-nlat.*] *der*; -: philosophische Lehre, nach der alles Geschehen von Zwecken bestimmt ist bzw. zielstrebig verläuft (Philos.). **Finalist** [*lat.-it.-fr.*] *der*; -en, -en: 1. Teilnehmer an einem Finale (2a). 2. (DDR) der für ein Erzeugnis dem Käufer gegenüber verantwortliche Handelsbetrieb. **Finalität** [*lat.*] *die*; -, -en: Bestimmung eines Geschehens od. einer Handlung nicht durch ihre Ursachen, sondern durch ihre Zwecke; Ggs. → Kausalität. **Finalsatz** *der*; -es, ...sätze: Gliedsatz, der die Absicht, den Zweck eines Verhaltens angibt, z. B. er beeilte sich, *damit/daß er pünktlich war* (Sprachw.). **Financier** [*finangßie*] vgl. Finanzier. **Finanz** [*lat.-mlat.-fr.*] *die*; -: a) Geldwesen; b) Gesamtheit der Geld- u. Bankfachleute; vgl. Finanzen. **Finanzausgleich** *der*; -[e]s: Aufteilung bestimmter Steuerquellen od. Steuererträge zwischen verschiedenen Gebietskörperschaften. **Finanzen** *die* (Plural): 1. Geldwesen. 2. a) Einkünfte od. Vermögen des Staates bzw. einer Körperschaft des öffentlichen Rechts; b) (ugs.) private Geldmittel, Vermögensverhältnisse. **Finanzer** [*lat.-mlat.-fr.-it.*] *der*; -s, -: (österr. ugs.) Zollbeamter. **finanziell** [französierende Bildung]: geldlich, wirtschaftlich. **Finanzier** [*finanzie*], (auch:) Financier [*finangßie*; *lat.-mlat.-fr.*] *der*; -s, -s: jmd., der über ein Vermögen verfügt, das ihm Einfluß verleiht u. ihm erlaubt, als Geldgeber aufzutreten, bestimmte Dinge zu finanzieren. **finanzieren**: 1. die für die Durchführung eines Unternehmens nötigen Geldmittel bereitstellen. 2. a) mit Hilfe eines Kredits kaufen, bezahlen; b) einen Kredit aufnehmen. **Finanzpolitik** *die*; -: Gesamtheit aller staatlichen Maßnahmen, die unmittelbar auf die Finanzwirtschaft einwirken. **Finanzwirtschaft** *die*; -: Wirtschaft der öffentlichen Körperschaften, bes. des Bundes, der Länder u. Gemeinden. **Finanzwissenschaft** *die*; -: Gebiet der Wirtschaftswissenschaften, bei dem man sich mit der Wirtschaft der öffentlichen Körperschaften u. deren Beziehungen zu anderen Bereichen der Volkswirtschaft beschäftigt

finassieren [*lat.-fr.*]: Ränke schmieden, Kniffe, Tricks, Kunstgriffe anwenden

Finca [*...ka*; *span.*] *die*; -, -s: Landhaus mit Garten, Landgut in Südamerika, → Hazienda

Fin de siècle [*fängdßjäkl*; *fr.*; „Jahrhundertende"; nach einem Lustspieltitel von Jouvenot u. Micard, 1888] *das*; - - -: Epochenbegriff als Ausdruck eines dekadenten bürgerlichen Lebensgefühls in der Gesellschaft, Kunst und Literatur am Ende des letzten Jahrhunderts. **Fine** [*lat.-it.*] *das*; -s, -s: Schluß eines Musikstückes (Mus.); vgl. al fine

Fines herbes [*finsärb*; *fr.*; „feine Kräuter"] *die* (Plural): fein gehackte Kräuter [mit Champignons od. Trüffeln] (Gastr.). **Finesse** [*lat.-fr.*] *die*; -, -n: 1. a) (meist Plural) Kunstgriff, Trick, besondere Technik in der Arbeitsweise; b) Schlauheit, Durchtriebenheit. 2. (meist Plural) [dem neuesten Stand der Technik entsprechende] Besonderheit, Feinheit in der Beschaffenheit. 3. (ohne Plural) reiches → Bukett (2) (von Weinen). **Finette** [*finät*] *die*; -: feiner Baumwollflanell mit angerauhter linker Seite

fingieren [*fingg...*; *lat.*]: a) erdichten; b) vortäuschen, unterstellen

Finimeter [*lat.*; *gr.*] *das*; -s, -: Apparat, der bei Gasschutzgeräten zur Überwachung des Sauerstoffvorrats dient

Finis [*lat.*; „Ende"] *das*; -, -: (veraltet) Schlußvermerk in Druckwerken. **Finish** [*finisch*; *lat.-fr.-engl.*] *das*; -s, -s: 1. letzter Arbeitsgang, der einem Produkt die endgültige Form gibt; letzter Schliff, Vollendung. 2. Endkampf, Endspurt; letzte entscheidende Phase eines sportlichen Wettkampfs. **finishen**: bei einem Pferderennen im Finish das Letzte aus einem Pferd herausholen. **Finisseur** [*...ßör*; *lat.-fr.*] *der*; -s, -e: Rennsportler (Läufer, Radfahrer u. a.) mit starkem Endspurt. **finit** [*lat.*]: bestimmt (Sprachw.); -e Form: Verbform, die Person u. Numerus angibt u. die grammatischen Merkmale von Person, Numerus, Tempus u. Modus trägt; z. B. wir *kämen*; Ggs. → infinite Form. **Finitismus** [*lat.-nlat.*] *der*; -: Lehre von der Endlichkeit der Welt u. des Menschen (Philos.)

Finn-Dingi, (auch:) **Finn-Dinghi** [*...dinggi*; *schwed.*; *Hindi-engl.*; „finnisches Dingi"] *das*; -s, -s: kleines Einmannboot für den Rennsegelsport. **Finnlandisierung** *die*; -: (abwertend) zunehmende sowjetische Einflußnahme auf ein nach außen hin von der Sowjetunion unabhängiges, scheinbar völlig selbständig Politik treibendes Land entsprechend dem Abhängigkeitsverhältnis, in dem Finnland zu der Sowjetunion steht (Pol.). **Finnmark** *die*; -, -: finnische Währungseinheit; Abk.: Fmk; vgl. Markka. **finno|ugrisch** [*...no-u...*]: die Sprachfamilie betreffend, deren Sprecher heute auf der finnischen Halbinsel, dem nordwestlichen Sibirien u. der ungarischen Steppe beheimatet sind. **Finno|ugrist** [*...no-u...*] *der*; -en, -en: Fachmann für finnougrische Sprachen

Finte [*lat.-it.*] *die*; -, -n: 1. Vorwand, Lüge, Ausflucht. 2. Scheinhieb beim Boxen; Scheinhieb od. -stoß beim Fechten. **fintieren**: eine Finte (2) ausführen

Fioretten u. **Fiorituren** [*lat.-it.*; „Blümchen"] *die* (Plural): Gesangsverzierungen in Opernarien des 18. Jh.s (Mus.); vgl. Koloratur

Firlefanz [Herkunft unsicher] *der*; -es, -e: (ugs., abwertend) 1. überflüssiges Zubehör. 2. Unsinn, Torheit. 3. (selten) jmd., der nur Torheiten im Sinn hat, mit dem nicht viel anzufangen ist. **Firlefanzerei** *die*; -, -en: Possenreißerei

firm [*lat.*], (österr. auch:) ferm [*lat.*

it.]: bes. in der Verbindung: in etw. - sein: [in einem bestimmten Fachgebiet, Bereich] sicher, sattelfest, beschlagen sein. **Firma** [*lat.-it.*] *die*; -, ...men: kaufmännischer Betrieb, gewerbliches Unternehmen; Abk.: Fa. **Firmament** [*lat.*] *das*; -[e]s, -e: der sichtbare Himmel, das Himmelsgewölbe. **Firmelung** *die*; -, -en: = Firmung. **firmen**: jmdm. die Firmung erteilen. **firmieren** [*lat.-it.*]: (von Firmen o. ä.) unter einem bestimmten Namen bestehen, einen bestimmten Namen führen [u. mit diesem unterzeichnen]. **Firmung** *die*; -, -en: vom Bischof durch Salbung u. Handauflegen vollzogenes katholisches Sakrament, das der Kräftigung im Glauben dienen u. Standhaftigkeit verleihen soll. **Firmware** [*fö'm"ä'; engl.*] *die*; -, -s: die einem Rechner fest zugeordnete u. nicht mehr veränderliche → Software

Firnis [*fr.*] *der*; -[ses], -se: Schutzanstrich für Metall, Holz u. a. **firnissen**: einen Gegenstand mit Firnis behandeln

first class [*fö'ßt klaß; engl.*]: der ersten Klasse, Spitzenklasse zugehörend, von hohem → Niveau (2)

First-day-Cover [*fö'ßt de' kaw'r; engl.*] *der*; -, -: Ersttagsbrief (Liebhaberstück für Briefmarkensammler)

First Lady [*fö'ßt le'di; engl.*] *die*; - -, - -s (auch:) - ...dies [*...dis*, auch: *...diß*]: die Frau eines Staatsoberhauptes

Fisettholz [Herkunft unsicher] *das*; -es: das einen gelben Farbstoff enthaltende Holz des Färbermaulbeerbaumes u. des Perückenstrauches

Fisimatenten [Herkunft unsicher] *die* (Plural): Versuche, einer unangenehmen Sache auszuweichen, das Eintreten von etw., das Beginnen von od. mit etw. hinauszögern; Ausflüchte, Winkelzüge

Fiskal [*lat.*] *der*; -s, -e: (veraltet) Vertreter der Staatskasse. **fiskalisch**: den Fiskus betreffend; Rechtsverhältnisse des Staates betreffend, die nicht nach öffentlichem, sondern nach bürgerlichem Recht zu beurteilen sind. **Fiskus** [„Korb; Geldkorb"] *der*; -, ...ken u. -se: der Staat als Eigentümer des Staatsvermögens; Staatskasse

Fisole [*gr.-lat.-roman.*] *die*; -, -n: (österr.) Bohne

fissil [*lat.*]: spaltbar. **Fissilität** [*lat.-nlat.*] *die*; -: Spaltbarkeit. **Fission** *die*; -, -en: 1. [*lat.*]: Teilung einzelliger pflanzlicher u. tierischer Organismen in zwei gleiche Teile (Biol.). 2. [*lat.-engl.*]: Atomkernspaltung (Kernphysik). **Fissur** [*lat.*] *die*; -, -en: Spalt, Furche; Hauteinriß, Knochenriß (Med.)

Fistel [*lat.*; „Röhre"] *die*; -, -n u. Fistula *die*; -, ...lae [*...ä*]: 1. durch Gewebszerfall entstandener od. operativ angelegter röhrenförmiger Kanal, der ein Organ mit der Körperoberfläche od. einem anderen Organ verbindet (Med.). 2. = Fistelstimme. **Fistelstimme** [*lat.*; *dt.*] *die*; -, -n: Kopfstimme (ohne Brustresonanz); vgl. Falsett. **Fistula** [*lat.*] *die*; -, ...ae [*...ä*]: 1. Hirtenflöte, Panflöte. 2. ein Orgelregister. 3. vgl. Fistel

fit [*engl.-amerik.*]: tauglich, gut trainiert, in Form, fähig zu Höchstleistungen. **Fitness**, (eingedeutscht auch:) **Fitneß** *die*; -: gute körperliche Gesamtverfassung, Bestform (besonders von Sportlern). **Fitnesscenter, Fitneßcenter** *das*; -s, -: mit Sportgeräten ausgestattete Einrichtung zur Erhaltung od. Verbesserung der körperlichen Leistungsfähigkeit. **Fitnesstraining, Fitneßtraining** *das*; -s, -s: sportliches → Training zur Erhaltung od. Verbesserung der körperlichen Leistungsfähigkeit. **fitten**: anpassen (bes. eine mathematische Kurve an Meßwerte; Techn.). **Fitting** *das*; -s, -s (meist Plural): Verbindungsstück bei Rohrleitungen

Fiumara u. **Fiumare** [*lat.-it.*] *die*; -, ...re[n]: Flußlauf, der im regenlosen Sommer kaum od. kein Wasser führt (Geogr.)

Five o'clock [*faiw'klok; engl.*] *der*; - -, - -s: Kurzform von Five o'clock tea. **Five o'clock tea** [- - *ti*] *der*; - - -, - - -s: Fünfuhrtee. **Fives** [*faiws*] *das*; -: engl. Ballspiel, bei dem der gegen eine Wand geworfene Ball vom Gegner aufgefangen werden muß

fix [*lat.*; „angeheftet, fest"]: 1. fest, feststehend; -e Idee: Zwangsvorstellung. 2. (ugs.) a) geschickt, anstellig, gewandt, pfiffig; b) flink, schnell. **Fixa**: *Plural* von → Fixum. **Fixage** [*...asch*'; *lat.-fr.*] *die*; -, -n: fototechnisches Verfahren, bei dem das entwickelte Bild mit Hilfe von Chemikalien lichtbeständig gemacht wird (Fotogr.). **Fixateur** [*...tör*; *lat.-fr.*] *der*; -s, -e: 1. Mittel zum Haltbarmachen von Parfümdüften. 2. Zerstäuber zum Auftragen eines Fixativs. **Fixation** [*...zion*; *lat.-nlat.*] *die*; -, -en: 1. gefühlsmäßige Bindung an jmdn., an etwas (Psychol.). 2. = Fixierung. 3. (veraltet) Festigung; vgl. ...[a]tion/...ierung. **Fixativ** *das*; -s, -e [*...w*']: Mittel, das Zeichnungen in Blei, Kohle, Kreide usw. unverwischbar macht. **Fixator** *der*; -s, ...toren: = Fixateur (1). **Fixe** *die*; -, -n: (Jargon) Spritze, mit der eine Droge gespritzt wird. **fixen** [*lat.-fr.-engl.*]: 1. ein Spekulationsgeschäft vornehmen in der Weise, daß man Papiere verkauft, die man noch nicht besitzt, von denen man aber hofft, sie vor dem Termin der Vertragserfüllung billiger, als man sie verkauft hat, zu bekommen (Börsenw.). 2. (Jargon) dem Körper durch Injektionen Rauschmittel zuführen.

Fixer *der*; -s, -: 1. Börsenspekulant, der mit Kursrückgang rechnet, den er durch Abschluß von Fixgeschäften auszunutzen sucht. 2. (Jargon) jmd., der harte Drogen (z. B. Opium od. Heroin) spritzt. **Fixgeschäft** [*lat.*; *dt.*] *das*; -[e]s, -e: Vertrag mit genau festgelegter Leistungszeit od. -frist (Rechtsw.). **fixieren** [*lat.-(fr.)*]: 1. a) schriftlich niederlegen, in Wort od. Bild dokumentarisch festhalten; b) [schriftlich] festlegen, formulieren; verbindlich bestimmen. 2. a) an einer Stelle befestigen, festmachen, -heften; b) das Gewicht mit gestreckten Armen über dem Kopf halten u. damit die Beherrschung des Gewichts demonstrieren (Gewichtheben); c) den Gegner so festhalten, daß er sich nicht befreien kann (Ringen). 3. sich emotional an jmdn., etw. binden [in einer Weise, die die Überwindung einer bestimmten frühkindlichen Entwicklungsstufe nicht mehr zuläßt] (Psychol., Verhaltensforschung). 4. a) die Augen fest auf ein Objekt richten, heften [um es genau zu erkennen]; b) in für den Betroffenen unangenehmer, irritierender Weise mit starrem Blick unverwandt ansehen, anstarren, mustern. 5. a) (fotografisches Material) im Fixierbad lichtbeständig machen (Fotogr.); b) etw. mit einem Fixativ behandeln, um es unempfindlich, bes. um es wischfest zu machen (Fachspr.); c) (pflanzliche od. organische Gewebeteile) zum Zwecke mikroskopischer Untersuchung o. ä. mit geeigneten Stoffen haltbar machen (Fachspr.). **Fixiernatron** *das*; -s u. **Fixiersalz** *das*; -es: Natriumthiosulfat, das in der Fotografie zum Fixieren verwendet wird. **Fixierung** *die*; -, -en: das Steckenbleiben in einer bestimmten Entwicklungsphase, das zu nicht altersgemäßen Verhaltensweisen führt·

vgl. ...[a]tion/...ierung. **Fixing** *das;* -s, -s: an der Börse (dreimal täglich) erfolgende Feststellung der Devisenkurse (Börsenw.). **Fixismus** *der;* -: wissenschaftliche Theorie, die besagt, daß die Erdkruste als Ganzes od. in ihren Teilen fest mit ihrem Untergrund verbunden ist (Geol.); Ggs. → Mobilismus. **Fixlaudon**: (österr. ugs.) verflucht! **Fixpunkt** *der;* -[e]s, -e: fester Bezugspunkt für eine Messung, Beobachtung o.ä. **Fixstern** *der;* -[e]s, -e: scheinbar feststehender u. gegen einen anderen Fixstern nicht verrükkender, selbststrahlender Stern (Astron.). **Fixum** [*lat.*] *das;* -s, ...xa: festes Gehalt, festes Einkommen

Fizz [*fiß; engl.*] *der;* -[es], -e: alkoholisches Mischgetränk mit Früchten od. Fruchtsäften

Fjäll [*schwed.*] u. Fjell [*norw.*] *der;* -s, -s: weite, baumlose Hochfläche in Skandinavien oberhalb der Waldgrenze

Fjärd [*skand.*] *der;* -[e]s, -e: tief ins Land eingreifender Meeresarm an der schwed. u. finn. Küste; vgl. Fjord

Fjeld [*norw.*] *der;* -[e]s, -s: (veraltet) Fjell. **Fjell** vgl. Fjäll

Fjord [*skand.*] *der;* -[e]s, -e: [an einer Steilküste] tief ins Landinnere hineinreichender, langgestreckter Meeresarm

Flacon [*...kong*] vgl. Flakon

Flagellant [*lat.;* „Geißler"] *der;* -en, -en (meist Plural): 1. (hist.) Angehöriger religiöser Bruderschaften des Mittelalters, die durch Selbstgeißelung Sündenvergebung erreichen wollten. 2. sexuell abnorm veranlagter Mensch, der in Züchtigung u. Geißelung geschlechtliche Erregung u. Triebbefriedigung sucht (Med.; Psychol.) **Flagellantismus** [*lat.-mlat.*] *der;* -: abnormer Trieb zur sexuellen Lustgewinnung durch Flagellation. **Flagellat** [*lat.*] *der;* -en, -en (meist Plural): Einzeller mit einer od. mehreren Fortbewegungsgeißeln am Vorderende; Geißeltierchen (Biol.). **Flagellation** [*...zion*] *die;* -: aktive od. passive geschlechtliche Erregung u. Triebbefriedigung durch Züchtigung u. Geißelung mittels einer Riemen- od. Strickpeitsche (Med.); vgl. Masochismus, Sadismus. **Flagelle** vgl. Flagellum. **Flagellomanie** [*lat.; gr.*] *die;* -: = Flagellantismus. **Flagellum** [*lat.*] *das;* -s, ...llen u. Flagelle *die;* -, -n: 1. Fortbewegungsorgan vieler einzelliger Tiere u. Pflanzen. 2. Riemen- od. Strickpeitsche eines Flagellanten

Flageolett [*flascholät; lat.-vulgärlat.-fr.*] *das;* -s, -e od. -s: (Mus.) 1. besonders hohe Flöte, kleinster Typ der Schnabelflöte. 2. Flötenton bei Streichinstrumenten u. Harfen. 3. Flötenregister der Orgel

fla|grant [*lat.-fr.*]: deutlich u. offenkundig [im Gegensatz zu etw. stehend], ins Auge fallend; vgl. in flagranti

Flair [*flär; lat.-fr.*] *das;* -s: 1. die einen Menschen od. eine Sache umgebende, als positiv, angenehm empfundene persönliche Note, Atmosphäre, Fluidum. 2. (bes. schweiz.) feiner Instinkt, Gespür

Flakon [*flakong; germ.-galloroman.-fr.*] *das* od. *der;* -s, -s: Fläschchen [zum Aufbewahren von Parfum]

Flambeau [*flangbo; lat.-fr.*] *der;* -s, -s: a) Fackel; b) mehrarmiger Leuchter mit hohem Fuß

Flamberg [*germ.-fr.*] *der;* -[e]s, -e: (hist.) mit beiden Händen zu führendes Landsknechtsschwert mit wellig-geflammter Klinge, Flammenschwert

Flambee [*flangbe; lat.-fr.*] *das;* -s, -s: flambierte Speise. **flambieren** [*flam...*]: 1. Speisen (z. B. Früchte, Eis o.ä.) mit Alkohol (z. B. Weinbrand) übergießen u. brennend auftragen. 2. (veraltet) absengen, abflammen. **flamboyant** [*flangboajant*]: 1. a) flammend, geflammt; b) farbenprächtig, grellbunt. 2. heftig, energisch. **Flamboyant** [*flangboajang*] *der;* -s, -s: in den Tropen u. Subtropen vorkommender, prächtig blühender Zierbaum (Bot.). **Flamboyantstil** [*flangboajang...; lat.-fr.; lat.*]: der spätgotische Baustil in England u. Frankreich

Flamen [*lat.*] *der;* -, ...mines [*flámineß*] (meist Plural): (hist.) eigener Priester eines einzelnen Gottes im Rom der Antike

Flamenco [*...ko; span.*] *der;* -[s], -s: Zigeunertanz u. Tanzlied aus Andalusien

Flamenga u. **Flamengo** u. Flamingo [*span.*] *der;* -s, -: Stoff in Leinwandbindung (Webart), eine Art → Crêpe marocain

Flame-out [*flei maut; engl.*] *der;* -, -s: durch Treibstoffmangel bedingter Ausfall eines Flugzeugstrahltriebwerks

Flamingo [*span.*] *der;* -s, -s: 1. rosafarbener Wasserwatvogel. 2. vgl. Flamengo

Flamisol [Kunstw.] *der;* -s: Kreppgewebe aus Mischfasern

Flammeri [*kelt.-engl.*] *der;* -[s], -s: eine kalte Süßspeise

Flanell [*kelt.-engl.-fr.*] *der;* -s, -e: [gestreiftes od. bedrucktes] gerauhtes Gewebe in Leinen- od. Köperbindung (Webart). **flanellen**: aus, wie Flanell

Flaneur [*flanör; altisl.-fr.*] *der;* -s, -e: Müßiggänger. **flanieren**: umherschlendern

flankieren [*germ.-fr.*]: a) in einer bestimmten Ordnung um etwas herumstehen, etwas begrenzen; b) von der Seite decken, schützen

Flap [*fläp; engl.*] *das;* -s, -s: an der Unterseite der Tragflächen von Flugzeugen anliegender klappenähnlicher Teil als Start- u. Landehilfe

Flapper [*fläpᵉr; engl.*] *der;* -s, -: in England u. Nordamerika Bezeichnung für ein selbstbewußtes junges Mädchen

Flare [*flä'; engl.*] *das;* -s, -s: ein in einem Störungsgebiet der Sonne plötzlich auftretender Temperaturanstieg (Astron.)

Flash [*fläsch; engl.;* „Blitz"] *der;* -s, -s: 1. (Film) a) kurze Einblendung in eine längere Bildfolge; b) Rückblick, Rückblende. 2. = Flashlight. 3. (Jargon) Augenblick, in dem sich das gespritzte Rauschmittel mit dem Blut verbindet. **Flashback** [*fläschbäk*] *der* od. *das;* -[s], -s: durch → Konditionierung bedingter Rauschzustand wie nach der Einnahme von Drogen, ohne daß eine Einnahme von Drogen erfolgte. **Flashlight** [*...lait*] *das;* -s, -s: 1. aufeinanderfolgende Lichtblitze, aufblitzendes Licht (z. B. in Diskotheken). 2. Anlage, die Flashlights (1) erzeugt

flat [*flät; engl.*]: das Erniedrigungszeichen in der Notenschrift, z. B. a flat (= as; Jazz). **Flat** *das;* -s, -s: [Klein]wohnung

Flatterie [*germ.-fr.*] *die;* -, ...ien: (veraltet) Schmeichelei. **Flatteur** [*...tör*] *der;* -s, -e: (veraltet) Schmeichler. **flattieren**: (veraltet) schmeicheln

Flatulenz [*lat.-nlat.*] *die;* -, -en: (Med.) 1. Gasbildung im Magen od. Darm, Blähsucht. 2. Abgang von Blähungen. **Flatus** [*lat.*] *der;* -, - [*flátuß*]: Blähung (Med.).

flautando u. **flautato** [*it.*]: Vorschrift für Streicher, nahe am Griffbrett zu spielen, um eine flötenartige Klangfarbe zu erzielen (Mus.). **Flauto** *der;* -, ...ti: [Block- od. Schnabel]flöte. **Flauto traverso** [- ...*wärßo*] *der;* - -, ...ti ...si: Querflöte (Mus.)

Flavon [...*won;* lat.-nlat.] das; -s, -e: ein gelbl. Pflanzenfarbstoff

flektieren [*lat.*]: ein Wort → deklinieren od. → konjugieren; -de Sprachen: Sprachen, die die Beziehungen der Wörter im Satz zumeist durch → Flexion der Wörter ausdrücken (Sprachw.); Ggs. → agglutinierende u. → isolierende Sprachen

flętschern [nach dem amerik. Soziologen H. Fletcher]: Speisen langsam u. gründlich kauen, wodurch eine bessere Ausnutzung der Nahrung erreicht werden soll

Fleur [*flör*; *lat.-fr.*; „Blume, Blüte"] *die*; -, -s: das Beste von etwas, Zierde, Glanz. **Fleuret** [...*rẹ*] vgl. Florett. **Fleurette** [...*ät*; *lat.-fr.*] *die*; -: durchsichtiges Kunstseidengewebe mit Kreppeffekt. **Fleurin** [Kunstw.] *der*; -s, -[s]: Verrechnungseinheit der internationalen Organisation der Blumengeschäfte. **Fleurist** [*lat.-fr.*] *der*; -en, -en: (veraltet) Blumenfreund, Blumenkenner. **Fleuron** [...*ong*; *lat.-it.-fr.*] *der*; -s, -s: 1. Blumenverzierung [in der Baukunst u. im Buchdruck]. 2. (nur Plural) zur Garnierung von Speisen verwendete ungesüßte Blätterteigstückchen.

Fleute [*flöt*ᵉ] vgl. Flüte

flexibel [*lat.*]: 1. biegsam, elastisch. 2. beweglich, anpassungsfähig, geschmeidig. 3. beugbar (von einem Wort, das man → flektieren kann; Sprachw.). **Flexibilität** *die*; -: 1. Biegsamkeit. 2. Fähigkeit des Menschen, sich im Verhalten u. Erleben wechselnden Situationen rasch anzupassen (Psychol.). **Flexiole** Ⓦ [Kunstw.] *die*; -, -n: Tropfflasche od. -ampulle aus unzerbrechlichem Kunststoff (Med.). **Flexion** *die*; -, -en: 1. →Deklination od. → Konjugation eines Wortes (Sprachw.). 2. Beugung, Abknikkung (z.B. der Gebärmutter; Med.). 3. = Flexur (2). **Flexiv** *das*; -s, -e [...*w*ᵉ]: Flexionsmorphem; → Morphem, das zur Beugung eines Wortes verwendet wird (z.B. die Endung -e bei: die Flexive; Sprachw.). **flexivisch** [...*iwisch*; *lat.-nlat.*]: die Flexion (1) betreffend, Flexion zeigend (Sprachw.). **Flexodruck** *der*; -[e]s: besonderes Druckverfahren, bei dem die flexiblen Druckformen auf dem Druckzylinder befestigt werden (Druckw.). **Flexor** *der*; -s, ...oren: Beugemuskel (Med.). **Flexur** [*lat.*] *die*; -, -en: 1. Biegung, gebogener Abschnitt eines Organs (z.B. des Dickdarms; Med.). 2. bruchlose Verbiegung von Gesteinsschichten (Geol.)

Flibustier [...*i*ᵉ*r*; *engl.-fr.*] u. Filibuster *der*; -s, -: (hist.) Angehöriger einer westind. Seeräubervereinigung in der zweiten Hälfte des 17. Jh.s

Flic [*flik*; *fr.*] *der*; -s, -s: (ugs.) franz. Polizist

Flic|flac u. **Flick|flack** [*fr.*; „klipp klapp"] *der*; -s, -s: [in schneller Folge geturnter] Handstandüberschlag rückwärts (Sport)

Flieboot [*niederl.*] *das*; -s, -e: a) kleines Fischerboot; b) Beiboot

Fliffis [Herkunft unsicher] *der*; -, -: zweifacher → Salto mit Schraube (beim Trampolinturnen)

Flip [*engl.*] *der*; -s, -s: 1. alkoholisches Mischgetränk mit Ei. 2. nach dem Einstechen mit der Zacke des Schlittschuhs ausgeführter Sprung mit einer vollen Drehung u. Landung auf dem gleichen Bein, mit dem abgesprungen wurde (Eis-, Rollkunstlauf). **Flip-chart** [*fliptscha'rt*] *das*; -s, -s: Gestell mit einem großen Papierblock, dessen Blätter umgeschlagen werden können. **Flipflop** *das*; -s, -s u. **Flipflopschaltung** [*engl.*; *dt.*] *die*; -, -en: besondere Art der Schaltung in elektronischen Geräten (Kybernetik). **flippen** vgl. flippern. **Flipper** [*engl.*] *der*; -s, -: Spielautomat. **flippern**: an einem Flipper spielen

Flirt [*flö'rt*; *engl.*] *der*; -s, -s: 1. Bekundung von Zuneigung durch das Verhalten, durch Blicke u. Worte in scherzender, verspielter Form. 2. unverbindliches Liebesabenteuer, Liebelei. **flirten**: jmdm. durch sein Verhalten, durch Blicke u. Worte scherzend u. verspielt seine Zuneigung zu erkennen geben; in netter, harmloser Form ein Liebesverhältnis anzubahnen suchen

floaten [*flo*ᵘ*t*ᵉ*n*; *engl.*]: durch Freigabe des Wechselkurses schwanken (vom Außenwert einer Währung; Wirtsch.). **Floating** *das*; -s, -s: durch die Freigabe des Wechselkurses eingeleitetes Schwanken des Außenwertes einer Währung in einem System fester Wechselkurse

Flobertgewehr [auch: *flobär*...; nach dem franz. Waffentechniker N. Flobert († 1894)] *das*; -s, -e: Kleinkalibergewehr

Flockprint [*dt.*; *engl.*] *der*; -[s]: Flockdruck, bei dem das Muster durch aufgeklebten Faserstaub gebildet wird (Textilkunde)

Floconné [...*kone*; *lat.-fr.*] *der*; -[s], -s: weicher Mantelstoff mit flokkiger Außenseite

Flokati [*griech.*] *der*; -[s], -s: heller, schaffellartig zottiger Teppich [aus Schurwolle] in Art der griechischen Hirtenteppiche

Flokkulation [...*zion*; *lat.-engl.*] *die*; -, -en: Zusammenballung u. Ausfällung von Pigmentpartikeln

Flop [*engl.*] *der*; -s, -s: 1. Kurzw. für → Fosbury-Flop. 2. Angelegenheit od. Sache, die keinen Anklang findet u. deshalb nicht den erwarteten [finanziellen] Erfolg bringt. **floppen**: im Fosbury-Flop springen. **Floppy** *die*; -, ...pies [...*pis*]: Kurzbez. für Floppy disk. **Floppy disk** *die*; - -, - -s: beidseitig beschichtete, als Datenspeicher dienende Magnetplatte; Diskette

Flor *der*; -s, -e

I. [*lat.*]: 1. Blumen-, Blütenfülle, Blütenpracht; b) Menge blühender [schöner] Blumen [der gleichen Art]; Fülle von Blüten [einer Pflanze]. 2. Wohlstand, Gedeihen.

II. [*lat.-provenzal.-fr.-niederl.*]: 1. a) feines, zartes durchsichtiges Gewebe; b) Trauerflor; schwarzes Band, das als Zeichen der Trauer am Ärmel od. Rockaufschlag getragen wird. 2. aufrechtstehende Faserenden bei Samt, Plüsch u. Teppichen

Flora [*lat.*; altitalische Frühlingsgöttin] *die*; -, ...ren: 1. a) Pflanzenwelt eines bestimmten Gebietes; b) Bestimmungsbuch für die Pflanzen eines bestimmten Gebietes. 2. Gesamtheit der natürlich vorkommenden Bakterien in einem Körperorgan, z. B. Darmflora (Med.). **floral**: a) mit Blumen, geblümt; b) Blüten betreffend, darstellend. **Floreal** [*lat.-fr.*; „Blütenmonat"] *der*; -, -s: der achte Monat des franz. Revolutionskalenders (20. April bis 19. Mai). **Florenelement** *das*; -[e]s, -e: Gruppe von Pflanzenarten, -gattungen usw., die bestimmte Gemeinsamkeiten besitzen, insbesondere Artengruppe etwa gleicher geographischer Verbreitung, die am Aufbau der Pflanzendecke eines bestimmten Gebietes beteiligt ist

Florentiner [nach der ital. Stadt Florenz] *der*; -s, -: 1. Damenstrohhut mit breitem, schwingendem Rand. 2. ein Mandelgebäck. **Florentinum** [*nlat.*] *das*; -s: (veraltet) Promethium

flore pleno [*lat.*]: mit gefüllter Blüte; mit üppigem Blütenstand (von Blumen; Gartenbau); Abk.: fl. pl. **Flores** [„Blumen, Blüten"] *die* (Plural): 1. getrocknete Blüten[teile] als Bestandteile von → Drogen. 2. in der Musik des Mittelalters Bezeichnung für gesungene, meist improvisierte

Verzierungen; vgl. Fioretten. **Floreszenz** [*lat.-nlat.*] *die*; -, -en: (Bot.) a) Blütezeit; b) Gesamtheit der Blüten einer Pflanze, Blütenstand. **Florett** [*lat.-it.-fr.*] *das*; -[e]s, -e u. Fleuret [*flöre*] *das*; -s, -s: Stoßwaffe zum Fechten. **florettieren**: mit dem Florett fechten. **Florettseide** *die*; -: Abfall der Naturseide. **florid** [*lat.-nlat.*]: voll entwickelt, stark ausgeprägt, rasch fortschreitend (von Krankheiten; Med.). **florieren** [*lat.*]: sich [geschäftlich] günstig entwickeln, gedeihen. **Florileg** *das*; -s, -e u. **Florilegium** [*lat.-mlat.*; „Blütenlese"] *das*; -s, ...ien [...*ien*]: 1. = Anthologie. 2. a) (hist.) Auswahl aus den Werken von Schriftstellern der Antike; b) Sammlung von Redewendungen. **Florin** *der*; -s, -e u. -s: niederl. Gulden. **Florist** [*lat.-nlat.*] *der*; -en, -en: 1. Kenner u. Erforscher der → Flora (1a). 2. Blumenbinder. **Floristik** *die*; -: Zweig der Pflanzengeographie, der sich mit den verschiedenen Florengebieten der Erde befaßt. **floristisch**: die Flora od. die Floristik betreffend

Florpostpapier [zu → Flor II] *das*; -: dünnes, durchsichtiges, aber festes u. glattes Papier für Luftpostbriefe u. a.

Floskel [*lat.*; „Blümchen"] *die*; -, -n: nichtssagende Redensart, formelhafte Redewendung

Flotation [...*zion*; *engl.*] *die*; -, -en: Aufbereitungsverfahren zur Anreicherung von Mineralien, Gesteinen u. chem. Stoffen (Techn.). **flotativ**: die Flotation betreffend. **flotieren**: Erz aufbereiten (Techn.). **Flotigol** u. Flotol [Kunstw.] *das*; -s, -e: Flotationszusatz (Mittel, um die Oberflächenspannung herabzusetzen)

Flotol vgl. Flotigol

Flotte [*germ.-roman.*] *die*; -, -n: 1. a) Gesamtheit der Schiffe eines Staates (Handels- od. Kriegsflotte); b) größerer [Kriegs]schiffsverband. 2. Flüssigkeit, in der Textilien gebleicht, gefärbt od. imprägniert werden. **flottieren**: 1. schwimmen, schweben, schwanken. 2. sich verwickeln (von Kettfäden in der Weberei); - der Faden: im Gewebe freiliegender Kett- od. Schußfaden; -de Schuld: schwebende, nicht fundierte Schuld (Rechtsw.). **Flottille** [auch: *flotilje*; *germ.-fr.-span.*] *die*; -, -n: Verband kleinerer Kriegsschiffe

Flower-Power [*flauerpauer*; *engl.*] *die*; -: Schlagwort der → Hippies, die in der Konfrontation mit dem bürgerlichen → Establishment Blumen als Symbol für ihr Ideal einer humanisierten Gesellschaft verwenden

Fluat [Kurzw. für: *Fluorsilikat*] *das*; -[e]s, -e: Mittel zur Härtung von Baustoffen gegen Verwitterung (Fluorsilikat). **fluatieren**: mit Fluaten behandeln. **Flud** vgl. Fluid (2). **fluid** [*lat.*]: flüssig, fließend (Chem.). **Fluid** *das*; -s, -a: 1. flüssiges Mittel, Flüssigkeit (Chem.). 2. (auch: Flud) Getriebeflüssigkeit, die Druckkräfte übertragen kann. **Fluida**: *Plural* von Fluid u. Fluidum. **fluidal** [*lat.-nlat.*]: Fließstrukturen aufweisend (vom Gefüge erstarrter Schmelzen; Geol.). **Flui|dalstruktur** u. **Flui|daltextur** *die*; -, -en: Fließgefüge von Mineralien, die in Fließrichtung der → Lava erstarrt sind (Geol.). **Fluidics** [...*dikß*; *lat.-engl.*] *die* (Plural): nach den Gesetzen der Hydromechanik arbeitende Steuerelemente in technischen Geräten. **Fluidum** [*lat.*] *das*; -s, ...da: besondere von einer Person od. Sache ausgehende Wirkung, die eine bestimmte [geistige] Atmosphäre schafft. **Fluktuation** [...*zion*] *die*; -, -en: 1. Schwanken, Schwankung, Wechsel. 2. das mit dem Finger spürbare Schwappen einer Flüssigkeitsansammlung unter der Haut (Med.). **fluktuieren**: 1. schnell wechseln, schwanken. 2. hin- u. herschwappen (von abgekapselten Körperflüssigkeiten)

Fluor

I. *das*; -s: chem. Grundstoff, Nichtmetall; Zeichen: F.

II. *der*; -: Ausfluß aus der Scheide u. der Gebärmutter (Med.)

Fluorescein u. **Fluorescin** [...*äßz*...; *lat.-nlat.*] *das*; -s: gelbroter Farbstoff, dessen verdünnte Lösung stark grün fluoresziert. **Fluoreszenz** *die*; -: Eigenschaft bestimmter Stoffe, bei Bestrahlung durch Licht-, Röntgen- od. Kathodenstrahlen selbst zu leuchten. **fluoreszieren**: bei Bestrahlung (z. B. mit Licht) aufleuchten (von Stoffen). **Fluorid** *das*; -[e]s, -e: Salz der Flußsäure. **fluorieren** u. **fluoridieren** u. **fluorisieren**: a) Fluor in chem. Verbindungen einführen (Chem.); b) etwas mit Fluor anreichern (z. B. Trinkwasser). **Fluorit** [auch: ...*it*] *der*; -s, -e: ein Mineral (Flußspat). **fluorogen** [*lat.*; *gr.*]: die Eigenschaft der Fluoreszenz besitzend; -e Gruppen: organische Gruppen, die in fluoreszierenden Stoffen als Träger der Fluoreszenz angesehen werden; vgl. Fluorophor. **Fluorometer** *das*; -s, -: Gerät zur Messung der Fluoreszenz. **Fluorometrie** *die*; -: Fluoreszenzmessung. **fluorome|trisch**: durch Fluorometrie ermittelt. **fluorophor**: = fluorogen; -e Gruppen: = fluorogene Gruppen. **Fluorophor** *der*; -s, -e: Fluoreszenzträger; vgl. fluorogen. **Fluorose** *die*; -: Gesundheitsschädigung durch Fluor[verbindungen]. **Fluorsilikat** *das*; -[e]s, -e: = Fluat. **Fluortest** *der*; -s, -s: chem. Verfahren zur Bestimmung des relativen Alters von → Fossilien (vgl. Fossil) nach ihrem Fluorgehalt

Flush [*flasch*; *engl.*] *der* (auch: *das*); -s, -s: anfallsweise auftretende Hitzewallung mit Hautrötung (Med.)

Flüte u. Fleute [*flöte*; *niederl.* (*-fr.*)] *die*; -, -n: Dreimaster des 17. u. 18. Jh.s

fluvial [...*wi*...; *lat.*] u. **fluviatil**: von fließendem Wasser abgetragen od. abgelagert (Geol.). **fluvioglazial** [*lat.-nlat.*]: von eiszeitlichem Schmelzwasser abgetragen od. abgelagert (Geol.). **Fluviograph** [*lat.*; *gr.*] *der*; -en, -en: selbstregistrierender Pegel. **Fluxion** [*lat.*; „das Fließen"] *die*; -, -en: Blutandrang (Med.). **Fluxionenrechnung** u. **Fluxionsrechnung** *die*; -: (früher) = Differentialrechnung

Flyer [*flaier*; *engl.*] *der*; -s, -: 1. Vorspinn-, Flügelspinnmaschine. 2. Arbeiter an einer Vorspinnmaschine. **Flying Dutchman** [*flaiing datschmen*; engl.; „fliegender Holländer"] *der*; - -, - ...men: Zweimann-Sportsegelboot. **Flymobil** [*flai*...; *engl.*, Kurzw. für: *flying* **auto***mobile*] *das*; -s, -e: Kleinflugzeug, das nach einfachem Umbau auch als Auto verwendet werden kann. **Fly-over** [*flaiouwer*] *der*; -s, -s: Straßenüberführung [in Form einer Stahlbrücke]

fob = free on board. **Fobklausel** *die*; -: → Klausel (1), die in der Bestimmung → fob besteht

föderal [*lat.-fr.*] = föderativ. **föderalisieren**: die Form einer Föderation geben. **Föderalismus** *der*; -: das Streben nach Errichtung od. Erhaltung eines Bundesstaates mit weitgehender Eigenständigkeit der Einzelstaaten; Ggs. → Zentralismus. **Föderalist** *der*; -en, -en: Anhänger des Föderalismus. **föderalistisch**: den Föderalismus erstrebend, fördernd, erhaltend. **Föderat** *der*; -en, -en: Bündnispartner. **Föderation**

[...ziọn; *lat.*] *die*; -, -en: a) Verband; b) Verbindung, Bündnis [von Staaten]. **föderativ** [*lat.-fr.*]: bundesmäßig. **Föderativsystem** *das*; -s, -e: föderative Gliederung, Verfassung eines Staates. **föderieren**: sich verbünden. **Föderierte** *der* u. *die*; -n, -n (meist Plural): der verbündete Staat, die verbündete Macht

Fog [*engl.*] *der*; -s: dichter Nebel

Fogosch [*ung.*] *der*; -[e]s, -e: (österr.) eine Fischart (Schill, Zander)

fokal [*lat.-nlat.*]: 1. den Brennpunkt betreffend, Brenn... (Phys.). 2. von einem infektiösen Krankheitsherd ausgehend, ihn betreffend (Med.). **Fokaldistanz** *die*; -, -en: Brennweite (Phys.). **Fokalinfektion** [...*zion*] *die*; -, -en: von einer Stelle im Körper dauernd od. zeitweise ausgehende → Infektion (Med.). **Fokometer** [*lat.*; *gr.*] *das*; -s, -: Gerät zur Bestimmung der Brennweite (Phys.). **Fokus** [*lat.*] *der*; -, -se: 1. Brennpunkt (Phys.). 2. Streuherd einer → Infektion (Med.). **fokussieren**: 1. (Phys.) a) optische Linsen ausrichten; b) [Licht]strahlen in einem Punkt vereinigen. 2. Strahlen, die aus geladenen Teilchen bestehen, durch geeignete elektrische od. magnetische Felder sammeln

Folder [*fo*ᵘ*ld*ᵉ*r*; *germ.-engl.*] *der*; -s, -: Faltprospekt, Faltbroschüre

Folia

I. Fọlia [*lat.*]: *Plural* von → Folium.

II. Folịa [*span.*] *die*; -, -s u. ...ịen: a) span. Tanzmelodie im ³/₄-Takt; b) Variation über ein solches Tanzthema

Foliant [*lat.-nlat.*] *der*; -en, -en: 1. Buch im Folioformat. 2. (ugs.) großes, unhandliches [altes] Buch

Folie

I. Fọlie [...*i*ᵉ; *lat.-vulgärlat.*] *die*; -, -n: 1. aus Metall od. Kunststoff in Bahnen hergestelltes, sehr dünnes Material zum Bekleben od. Verpacken. 2. auf einer dünnen Haut aufgebrachte u. auf Buchdecken aufgepreßte Farbschicht (Druckw.). 3. Hintergrund (von dem sich etwas abhebt).

II. Foli̱e [*fr.*] *die*; -, ...i̱en: (veraltet) Torheit, Narrheit, Tollheit

Folien: *Plural* von → Folie (I), → Folio u. → Folium. **foliieren** [*lat.-nlat.*]: 1. die Blätter eines Druckbogens numerieren. 2. etwas mit einer Folie unterlegen. 3. gegenüberliegende Bogenseiten gleich beziffern (in Geschäftsbüchern; Wirtsch.)

Folinsäure vgl. Folsäure

folio: auf dem Blatt [einer mittelalterlichen Handschrift]; Abk. fol., z. B. fol. 3b. **Folio** [*lat.*] *das*; -s, ...ien [...*i*ᵉ*n*] u. -s: 1. (veraltet) Buchformat in der Größe eines halben Bogens (gewöhnlich mehr als 35 cm); Zeichen: 2°; Abk.: fol., Fol. 2. Doppelseite des Geschäftsbuches. **Folium** *das*; -s, ...ia u. ...ien [...*i*ᵉ*n*] (meist Plural): Pflanzenblatt (bes. als Bestandteil von Drogen u. Heilmitteln; Pharm.)

Folk [*fo*ᵘ*k*; *engl.*] *der*; -: Kurzbez. für Folkmusic. **Folketing** [*folk*ᵉ*ting*; *dän.*] *das*; -s: a) bis 1953 die zweite Kammer des dänischen Reichstags; b) ab 1953 das dänische Parlament. **Folkevise** [...*wis*ᵉ; „Volksweise"] *die*; -, -r (meist Plural): skandinavische Ballade des Mittelalters (13.–16. Jh.); vgl. Kämpevise. **Folkmusic** [*fo*ᵘ*kmjusik*; *engl.*] *die*; -: moderne Musik, die ihre Elemente aus der traditionellen Volksmusik bezieht, deren Textinhalte jedoch zeitgenössisch [u. zeitkritisch] sind. **Folk|lore** [„Wissen des Volkes"] *die*; -: 1. a) Sammelbezeichnung für die Volksüberlieferungen (z. B. Lied, Tracht, Brauchtum) als Gegenstand der Volkskunde; b) Volkskunde. 2. a) Volkslied, -tanz u. -musik [als Gegenstand der Musikwissenschaft]; b) volksmusikalische Züge in der Kunstmusik. 3. Moderichtung, der volkstümliche Trachten u. bäuerliche Kleidung (auch anderer Länder) als Vorlage dienen. **Folk|lorist** *der*; -en, -en: Kenner der Folklore, Volkskundler. **Folk|loristik** *die*; -: Wissenschaft von den Volksüberlieferungen, bes. Volksliedforschung. **folk|loristisch**: 1. die Folklore betreffend. 2. volksliedhaft, nach Art der Volksmusik (von Werken der Kunstmusik). **Folksong** [*fo*ᵘ*kßong*; „Volkslied"] *der*; -s, -s: Lied in Art u. Stil eines Volkslieds

Follette [...*lät*ᵉ; *fr.*] *die*; -, -n: großes Halstuch in Dreieckform in der Mode des 18. Jh.s

Follikel [*lat.*; „kleiner Ledersack, -schlauch"] *der*; -s, -: (Med.) 1. Drüsenbläschen, kleiner [Drüsen]schlauch, Säckchen (z. B. Haarbalg, Lymphknötchen). 2. Zellhülle des gereiften Eis des Eierstocks. **Follikelepithel** *das*; -s, -e u. -ien [...*i*ᵉ*n*]: Zellschicht, die die Eizelle im Eierstock umgibt (Med.). **Follikelhormon** *das*; -s, -e: weibliches Geschlechtshormon. **Follikelsprung** *der*; -s, ...sprünge: = Ovulation. **follikular** u. **follikulär** [*lat.-nlat.*]: (Med.) a) follikelartig, schlauchartig; b) den Follikel betreffend; von einem Follikel ausgehend. **Follikulitis** *die*; -, ...iti̱den: Entzündung der Haarbälge (Med.)

Folsäure u. Folinsäure [Kunstw.] *die*; -: zum Vitamin-B-Komplex gehörendes Vitamin (z. B. in Hefe, Leber, Niere, Milch vorkommend)

Foment [*lat.*] *das*; -[e]s, -e u. **Fomentation** [...*ziọn*] *die*; -, -en: warmer Umschlag um einen erkrankten Körperteil (Med.)

foncé [*fongße*; *lat.-fr.*]: (veraltet) dunkel (von einer Farbe). **Fond** [*fong*] *der*; -s, -s: 1. Rücksitz im Auto. 2. a) Hintergrund (z. B. eines Gemäldes od. einer Bühne). b) Stoffgrund, von dem sich ein Muster abhebt. 3. Grundlage, Hauptsache. 4. beim Braten od. Dünsten zurückgebliebener Fleischsaft (Gastr.)

Fondaco [...*ko*; *gr.-arab.-it.*] *der*; -, ...chi [...*ki*] u. -s: Kaufhaus im Orient u. im Mittelmeergebiet

Fondant [*fongdang*; *lat.-fr.*; „schmelzend"] *der* (österr.: *das*) -s, -s: unter Zugabe von Farb- u. Geschmacksstoffen hergestellte Zuckermasse od. -ware

Fonds [*fong*; *lat.-fr.*] *der*; - [*fong(ß)*], - [*fongß*]: 1. a) Geld- od. Vermögensreserve für bestimmte Zwecke; b) (DDR) Gesamtheit der im gesellschaftlichen Interesse verwendbaren materiellen u. finanziellen Mittel eines sozialistischen Betriebes. 2. Schuldverschreibungen öffentlicher Körperschaften

Fondue [*fongdü*, schweiz.: *fongdü*; *lat.-fr.*; „geschmolzen"] *das*; -s, -s (selten: *die*; -, -s): 1. Schweizer Spezialgericht aus geschmolzenem Käse, Wein u. Gewürzen. 2. Fleischgericht, bei dem das in Würfel geschnittene Fleisch am Tisch in heißem Öl gegart wird

Fono... vgl. Phono...

Fontäne [*lat.-fr.*] *die*; -, -n: aufsteigender [Wasser]strahl (bes. eines Springbrunnens). **Fontanelle** [*lat.-mlat.-fr.*] *die*; -, -n: Knochenlücke am Schädel von Neugeborenen (Med.)

Fontange [*fongtangsch*ᵉ; franz. Herzogin] *die*; -, -n: hochgetürmte, mit Schmuck u. Bändern gezierte Haartracht des ausgehenden 17. Jh.s

Foot [*fut*; *engl.*] *der*; -, Feet [*fit*]: Fuß (engl. Längenmaß von ¹/₃ Yard, geteilt in 12 Zoll = 0,3048 m); Abk.: ft. **Football** [*fútbol*] *der*; -[s]: in Amerika aus dem → Rugby entwickeltes Kampfspiel; vgl. Soccer. **Foot-candle** [*...kändl*] *die*; -, -s: physikalische Einheit der Beleuchtungsstärke (10,76 Lux; Phys.). **Footing** [*futing*] *das*; -[s], -s: Dauerlaufgeschwindigkeit, bei dem die Pulsfrequenz gleichbleibend bei 130/min liegt

Fora: *Plural* von → Forum

Foramen [*lat.*] *das*; -s, - u. ...mina: Loch, Lücke, Öffnung (Med.). **Foraminifere** [*lat.-nlat.*] *die*; -, -n (meist Plural): einzelliges Wassertier mit Kalkschale (Wurzelfüßer)

Force [*forß*; *lat.-vulgärlat.-fr.*] *die*; -, -n [*...ß^e n*]: (veraltet) Stärke, Gewalt, Zwang; vgl. par force; - majeure [- *masehör*]: höhere Gewalt. **Force de frappe** [- *d^e frap*; *fr.*] *die*; - - -: die Gesamtheit der mit Atomwaffen eigener Herstellung ausgerüsteten [geplanten] franz. militärischen Einheiten

Forceps [*...zäpß*] vgl. Forzeps

forcieren [*forßir^en*; *lat.-vulgärlat.-fr.*]: etwas mit Nachdruck betreiben, vorantreiben, beschleunigen, steigern. **forciert** [*...ßirt*]: gewaltsam, erzwungen, gezwungen, unnatürlich; -er Marsch: (veraltet) Eilmarsch

Fordismus [*nlat.*; nach dem amerik. Großindustriellen H. Ford] *der*; -: industriepolitische Konzeption (Rationalisierung der Fertigungskosten durch Massenproduktion, sogenannte Fließfertigung)

Forecaddie [*fo'kädi*; *engl.*] *der*; -s, -s: → Caddie (1), der den Flug des Balles beobachten soll od. der vorausgeschickt wird, um ein Zeichen zu geben, daß der Platz frei ist (Golf)

Före [*skand.*] *die*; -: Eignung des Schnees zum [Ski]fahren, Geführigkeit

Forechecking [*fo^r tschäking*; *engl.*] *das*; -s, -s: das Stören des gegnerischen Angriffs in der Entwicklung, besonders bereits im gegnerischen Verteidigungsdrittel (Eishockey). **Fore|hand** [*fo^r hänt*] *die*; -, -s, (auch:) *der*; -[s], -s: Vorhandschlag im Tennis, Tischtennis, Federball und [Eis]hockey; Ggs. → Backhand

Foreign Office [*forin ofiß*; *engl.*] *das*; - -: Britisches Auswärtiges Amt. **forensisch** [*lat.*]: 1. (veraltet) zur wortgewandten Rede gehörend, → rhetorisch. 2. die Gerichtsverhandlung betreffend, gerichtlich; -e Chemie: Teilgebiet der Chemie im Bereich der Gerichtsmedizin, das sich mit dem Nachweis von Vergiftungen u. der Aufklärung von Verbrechen durch eine chem. Spurenanalyse beschäftigt; -e Pädagogik: zusammenfassende Bezeichnung für die Bereiche Kriminalpädagogik, Gefängniserziehung u. Jugendstrafvollzug; -e Psychologie: a) in der Rechtspflege angewandte psychologische Erkenntnisse; b) psychologische Vernehmungstechnik bei Gericht

forfaitieren [*...fä...*; *lat.-fr.*]: (eine Forderung) nach überschlägiger Berechnung verkaufen

Forfeit [*fo^r fit*; *engl.*; „Strafe, Buße"] *das*; -[s], -s: (Kaufmannsspr.) Abstandssumme bei Vertragsrücktritt, Reuegeld

Forint [bes. österr. auch: *...rint*; *ung.*] *der*; -[s], -s (österr.: -e) (aber: 10 Forint): ungarische Währungseinheit; Abk.: Ft.

Forlana u. **Forlane** u. Furlana u. Furlane [*it.*] *die*; -, ...nen: alter, der → Tarantella ähnlicher ital. Volkstanz im 6/8-(6/4-Takt, in der Kunstmusik (z. B. Bach) der Gigue ähnlich

Formaggio [*...madseho*; *lat.-vulgärlat.-it.*; eigtl. „Formkäse"] *der*; -[s]: ital. Bezeichnung für: Käse. **formal** [*lat.*]: 1. die äußere Form, die Anlage o. ä. von etw. betreffend; auf die äußere Form, Anlage o. ä. bezüglich. 2. nur der Form nach [vorhanden], ohne eigentliche Entsprechung in der Wirklichkeit

Formal [Kurzw. für: → *Formal*dehyd] *das*; -s: = Formaldehyd

formaläs|thetisch [*lat.*; *gr.-nlat.*]: die reine Form eines Kunstwerks in Betracht ziehend

Form|aldehyd [auch: *...hüt*; Kurzw. aus *nlat.* Acidum *formi*cum „Ameisensäure" u. → *Aldehyd*] *der*; -s: zur Desinfektion von Räumen verwendetes, farbloses, stechend riechendes Gas

Formalie [*...i^e*; *lat.*] *die*; -, -n (meist Plural): Formalität, Förmlichkeit, Äußerlichkeit

Formalin ® [Kunstw. aus *Formal*dehyd u. *-in*] *das*; -s: gesättigte Lösung von → Formaldehyd in Wasser (ein Konservierungs- u. Desinfektionsmittel)

formalisieren [*lat.-nlat.*]: 1. etwas in bestimmte [strenge] Formen bringen; sich an gegebene Formen halten. 2. ein [wissenschaftliches] Problem mit Hilfe von Formeln allgemein formulieren u. darstellen. 3. a) zur bloßen bzw. festen, verbindlichen Form machen; b) sich -: (selten) zur bloßen bzw. festen, verbindlichen Form werden. **Formalismus** *der*; -, ...men: 1. a) (ohne Plural) Bevorzugung der Form vor dem Inhalt, Überbetonung des rein Formalen, übertriebene Berücksichtigung von Äußerlichkeiten; b) etwas mechanisch Ausgeführtes; c) (DDR abwertend) → subjektivistische (a) Kunstauffassung in Literatur u. Kunst. 2. Auffassung der Mathematik als Wissenschaft von rein formalen → Strukturen (1) (Zusammenhängen zwischen Zeichen). **Formalist** *der*; -en, -en: Anhänger des Formalismus. **formalistisch**: das Formale überbetonend. **Formalität** [*lat.-mlat.*] *die*; -, -en: 1. Förmlichkeit, Äußerlichkeit, Formsache. 2. [amtliche] Vorschrift. **formaliter** [*lat.*]: der äußeren Form nach. **formaljuristisch**: der Form nach das Recht, das Gesetz betreffend

Form|amid [Kurzw. aus *nlat.* Acidum *form*icum „Ameisensäure" u. → *Amid*] *das*; -[e]s: als Lösungsmittel verwendete farblose Flüssigkeit, das → Amid der Ameisensäure

Formans [*lat.*] *das*; -, ...anzien [*...i^e n*] u. ...antia [*...anzia*]: grammatisches Bildungselement, das sich mit der Wurzel eines Wortes verbindet, gebundenes Morphem (z. B. lieb*lich*); Ggs. → Determinativ (2); vgl. → Affix und → Infix. **Formant** *der*; -en, -en: 1. = Formans (Sprachw.). 2. einer der charakteristischen Teiltöne eines Lautes (Akustik). **Formantia** [*...anzia*] u. **Formanzien** [*...i^e n*]: *Plural* von → Formans. **Format** [„Geformtes; Genormtes"] *das*; -[e]s, -e: 1. [genormtes] Größenverhältnis eines (Handels)gegenstandes nach Länge u. Breite (bes. bei Papierbogen). 2. außergewöhnlicher Rang, besonderes Niveau von jmdm./etw., z. B. ein Politiker, eine Theateraufführung von -. 3. aus dem beim Schließen einer Buchdruckform zwischen die einzelnen Schriftkolumnen gelegten Eisen od. Kunststoffstegen (Formatstegen) gebildeter Rahmen, der den gleichmäßigen Abstand der Druckseiten voneinander sichert (Druckw.). **formatieren**: (von Daten) genau bestimmen, ihre Struktur von vornherein festlegen, fest zuordnen (EDV). **Formation** [*...zion*; *lat.(-fr.)*] *die*; -, -en: 1. Herausbildung durch Zusammenstellung. 2. a) bestimmte Anordnung, Aufstellung, Verteilung; b) für einen bestimmten militärischen Zweck od. Auftrag gebildete Truppe, Gruppe, Verband. 3. a) Gruppe, zu der man sich zusammengeschlossen hat; b) in bestimmter Weise strukturiertes, soziales, ökonomisches o.ä. Gebilde. 4. Pflanzengesellschaft ohne Berücksichtigung der Artenzusammensetzung (z.B. Laubwald, Steppe). 5. (Geol.) a) Zeitabschnitt in der Erdgeschichte, der sich hinsichtlich → Fauna oder → Flora von anderen unterscheidet; b) Folge von Gesteinsschichten, die sich in einem größeren erdgeschichtlichen Zeitraum gebildet hat. **Formationsgruppe** *die*; -, -n: Gruppe einander nahestehender Formationen (5a) (z.B. Kreide, Jura, Trias; Geol.). **formativ** [*lat.-nlat.*]: die Gestaltung betreffend, gestaltend. **Formativ** *das*; -s, -e [*...w^e*]: (Sprachw.) 1. = Formans. 2. kleinstes Element mit syntaktischer Funktion innerhalb einer Kette. 3. Zeichenform, -gestalt (im Unterschied zum bezeichneten Inhalt). **Forme fruste** [*form früßt*; *fr.*] *die*; - -: nicht voll ausgeprägtes Krankheitsbild, milder Verlauf einer Krankheit (Med.). **Formel** [*lat.*] *die*; -, -n: 1. feststehender Ausdruck, ausdrücklich vorgeschriebene Wendung od. Redensart. 2. Folge von Buchstaben, Zahlen od. Worten zur verkürzten Bez. eines mathematischen, chemischen od. physikalischen Sachverhalts (z.B. H_2O = Wasser). 3. kurzgefaßter Satz od. Ausdruck, in dem sich ein gedanklicher Zusammenhang erhellend fassen läßt. 4. durch eine Kommission des Internationalen Automobilverbandes od. durch einen Motorsportverband festgelegte Merkmale des Rennwagens einer bestimmten Klasse; Rennformel (z.B. Formel I, II, III, V, Super-V). **Formel-I-Klasse** (... *ainß...*) *die*; -: Klasse von Rennwagen der Formel I. **formell** [*lat.-fr.*]: 1. a) dem Gesetz od. der Vorschrift nach, offiziell; b) bestimmten gesellschaftlichen Formen, den Regeln der Höflichkeit genau entsprechend. 2. a) auf Grund festgelegter Ordnung, aber nur äußerlich, ohne eigentlichen Wert, um dem Anschein zu genügen; b) auf Distanz haltend, engeren persönlichen Kontakt meidend u. sich nur auf eine unverbindliche Umgangsform beschränkend

Formiat [*lat.-nlat.*] *das*; -[e]s, -e: Salz der Ameisensäure. **Formicatio** [*...kazio*] vgl. Formikatio

formidabel [*lat.-fr.*]: 1. außergewöhnlich, erstaunlich; großartig. 2. (veraltet) furchtbar

formieren [*lat.(-fr.)*]: 1. a) bilden, gestalten; b) sich -: sich zusammenschließen, sich nach einem bestimmten Plan organisieren. 2. a) jmdn. od. etwas in einer bestimmten Reihenfolge aufstellen; b) sich -: sich in einer bestimmten Weise ordnen

Formikarium [*lat.-nlat.*] *das*; -s, ...ien [*...i^en*]: zum Studium des Verhaltens der Tiere künstlich angelegtes Ameisennest. **Formikatio** [*...gazio*; *lat.*] *die*; -: Hautjucken, Hautkribbeln (Med.).

Formol ⓦ [Kunstw. aus *nlat.* Acidum *form*icum „Ameisensäure" u. → Alkoh*ol*] *das*; -s: = Formalin

Formular [*lat.*] *das*; -s, -e: [amtlicher] Vordruck; Formblatt, Muster. **formulieren** [*lat.-fr.*]: etwas in eine sprachliche Form bringen, ausdrücken; etwas aussprechen, abfassen

Formyl [*lat.*; *gr.*] *das*; -s: Säurerest der Ameisensäure (Chem.)

Fornix [*lat.*] *der*; -, ...nices [*fórnizeß*]: Gewölbe, Bogen (in bezug auf die Form von Organen od. Organteilen; Med.)

Forsythie [*forsüzi^e*; auch *...ti^e*; österr.: *forsizi^e*; *nlat.*; nach dem engl. Botaniker Forsyth (*forßaith*)] *die*; -, -n: frühblühender Strauch (Ölbaumgewächs, Zierstrauch) mit vor den Blättern erscheinenden leuchtendgelben, viergeteilten Blüten

Fort [*for*; *lat.-fr.*] *das*; -s, -s: abgeschlossenes, räumlich begrenztes Festungswerk. **forte** [*lat.-it.*]: laut, stark, kräftig (Vortragsanweisung; Mus.); Abk.: f. **Forte** *das*; -s, -s u. ...ti: große Lautstärke, starke Klangfülle (Mus.). **fortepiano**: laut u. sofort danach leise (Vortragsanweisung; Mus.); Abk.: fp. **Fortepiano** *das*; -s, -s u. ...ni: 1. die laute u. sofort danach leise Tonstärke (Mus.). 2. (veraltet) Klavier, → Pianoforte. **Fortes**: *Plural* von → Fortis. **fortes fortuna adiuvat** [- - ...*wat*; *lat.*]: den Mutigen hilft das Glück (lat. Sprichwort). **Forti**: *Plural* von → Forte. **Fortifikation** [*...zion*] *die*; -, -en: (veraltet) a) Befestigung, Befestigungswerk; b) Befestigungskunst. **fortifikatorisch** [*lat.-nlat.*]: (veraltet) die Fortifikation betreffend. **fortifizieren**: (veraltet) befestigen. **Fortis** [*lat.*] *die*; -, Fortes [*forteß*]: mit großer Intensität gesprochener u. mit gespannten Artikulationsorganen gebildeter Konsonant (z.B. p, t, k, ß; Sprachw.): Ggs. → Lenis (I). **fortissimo** [*lat.-it.*]: sehr laut, äußerst stark u. kräftig (Vortragsanweisung; Mus.); Abk.: ff. **Fortissimo** *das*; -s, -s u. ...mi: sehr große Lautstärke, sehr starke Klangfülle (Mus.)

FORTRAN [Kurzw. für: *engl. for*mula *tran*slator] *das*; -s: problemorientierte Programmiersprache für vorwiegend technische u. mathematisch-wissenschaftliche Aufgaben (EDV)

Fortuna [*lat.*; röm. Glücksgöttin] *die*; -: Erfolg, Glück. **Fortune** [*...ün*], (eingedeutscht:) **Fortüne** [*lat.-fr.*] *die*; -: Glück, Erfolg

Forum [*lat.*] *das*; -s, ...ren, ...ra u. -s: 1. Markt- u. Versammlungsplatz in den römischen Städten der Antike (bes. im alten Rom). 2. öffentliche Diskussion, Aussprache. 3. geeigneter Ort für etwas, Plattform. 4. geeigneter Personenkreis, der eine sachverständige Erörterung von Problemen od. Fragen garantiert. **Forumsdiskussion** *die*; -, -en: öffentliche Diskussion, bei der ein anstehendes Problem von Sachverständigen u. Betroffenen erörtert wird

Forward [*fo'w^ed*; *engl.*] *der*; -[s], -s: engl. Bezeichnung für: Stürmer (Fußball)

forzando vgl. sforzando. **forzato** vgl. sforzato

Forzeps u. Forceps [*...zä...*; *lat.*] *der* od. *die*; -, ...zipes u. ...cipes: [geburtshilfliche] Zange (Med.)

Fosbury-Flop [*foßb^eriflop*; nach dem amerik. Leichtathleten D. Fosbury] *der*; -s, -s: besondere Sprungtechnik beim Hochsprung

Fossa [*lat.*] *die*; -, Fossae [*...ä*] u. Fovea [*fowea*] *die*; -, ...eae [*...ä*]: Grube, Vertiefung (Med.)

Foße [*lat.-fr.*] *die*; -, -n: Fehlfarbe, leere Karte (im Kartenspiel)

fossil [*lat.*; „ausgegraben"]: a) vorweltlich, urzeitlich; als Versteinerung erhalten; Ggs. → rezent (1); b) in früheren Zeiten entstanden [u. von jüngeren Ablagerungen überlagert], z.B. -e Brennstoffe. **Fossil** *das*; -s, -ien [*...i^en*]: als Abdruck, Versteinerung o.ä. erhaltener Überrest von Tieren od. Pflanzen aus früheren Epochen der Erdgeschichte. **Fossilisation** [*...zion*; *lat.-nlat.*] *die*; -, -en: Vorgang des Entstehens von Fossilien. **fossilisieren**: versteinern, zu Fossilien werden. **Fossula** [*lat.*] *die*; -, ...lae [*...ä*] u. Foveola [*fowe...*; *lat.-nlat.*] *die*; -, ...lae [*...ä*]: Grübchen, kleine Vertiefung (Med.)

fötal vgl. fetal

fötid [*lat.*]: übelriechend, stinkend (Med.)

Foto *das*; -s, -s (schweiz. *die*; -,

-s): Kurzform von Fotografie (2). **foto..., Foto...**: in Zusammensetzungen auftretendes Bestimmungswort mit der Bedeutung „Licht, Lichtbild“, z. B. fotogen, Fotogenität; vgl. photo..., Photo... **Fotofinish** [...*nisch*] *das*; -s, -s: Zieleinlauf, bei dem der Abstand zwischen den Wettkämpfern so gering ist, daß der Sieger durch eine Fotografie des Einlaufs ermittelt werden muß (Sport). **fotogen** [*gr.-engl.*]: zum Filmen od. Fotografieren besonders geeignet, bildwirksam (bes. von Personen). **Fotogenität** *die*; -: Bildwirksamkeit (z. B. eines Gesichts). **Foto|graf** [*gr.-engl.*] *der*; -en, -en: jmd., der [berufsmäßig] Fotografien macht. **Foto|grafie** *die*; -, ...ien: 1. (ohne Plural) Verfahren zur Herstellung dauerhafter, durch elektromagnetische Strahlen od. Licht erzeugter Bilder. 2. einzelnes Lichtbild, Foto. **fotografieren**: mit dem Fotoapparat Bilder machen. **foto|grafisch**: a) mit Hilfe der Fotografie [erfolgend], die Fotografie betreffend; b) das Forografieren betreffend. **Foto|gramm** *das*; -s, -e: durch bestimmte fotografische Techniken erfolgte direkte Abbildung von Gegenständen auf lichtempfindlichem Material. **Fotokopie** *die*; -, ...ien: fotografisch hergestellte Kopie eines Schriftstücks, einer Druckseite od. eines Bildes, Ablichtung. **fotokopieren**: ein Schriftstück, eine Druckseite o. ä. fotografisch vervielfältigen, ablichten. **Fotomodell** *das*; -s, -e: fotogene Person, die als → Modell (8) für [Mode]fotos od. Kurzfilme tätig ist. **Fotomontage** [*fótomontasch*ᵉ]: 1. Zusammensetzung verschiedener Bildausschnitte zu einem neuen Gesamtbild. 2. ein durch Fotomontage hergestelltes Bild. **Fotoobjektiv** *das*; -s, -e [...*w*ᵉ]: Linsenkombination an Fotoapparaten zur Bilderzeugung. **Fotooptik** *die*; -, -en: Kameraobjektiv. **Fotorealismus** *der*; -: 1. Stilrichtung in der künstlerischen Fotografie (1), die Welt kritisch-realistisch zu erfassen. 2. Stilrichtung in der [modernen] Malerei, bei der dem Maler Fotografien als Vorlagen für seine Bilder dienen. **Fotorealist** *der*; -en, -en: Maler, der seine Bilder nach fotografischen Vorlagen malt. **Fotosafari** *die*; -, -s: [Gesellschafts]reise bes. nach Afrika, um Tiere zu beobachten u. zu fotografieren. **Fototermin** *der*; -s, -e: festgesetzter Zeitpunkt (für Fotografen u. ä.) zum Fotografieren, z. B. bei Treffen von Persönlichkeiten aus der Politik. **Fotothek** *die*; -, -en: geordnete Sammlung von Fotografien (2) od. Lichtbildern. **fototrop**: sich unter Lichteinwirkung (UV-Licht) verfärbend (von Brillengläsern)

Fötor [*lat.*] *der*; -s: übler Geruch (Med.)

Foto|zinko|grafie [*gr.*; *dt.*; *gr.*] *die*; -, ...ien: Herstellung von Strichätzungen mit Hilfe der Fotografie. **Fotosetter** *der*; -s, -: = Intertype-Fotosetter

Fötus vgl. Fetus

fou|droyant [*fudroajang*; *lat.-fr.*]: blitzartig entstehend, schnell u. heftig verlaufend (Med.)

foul [*faul*; *engl.*]: regelwidrig, gegen die Spielregeln verstoßend (Sport). **Foul** *das*; -s, -s: regelwidrige Behinderung eines gegnerischen Spielers, Regelverstoß (Sport)

Foulard [*fular*; schweiz.: *fúlar*; *lat.-vulgärlat.-fr.*]

I. *der*; -s, -s: 1. a) Maschine zum Färben, → Appretieren u. → Imprägnieren von Geweben; b) leichtes [Kunst]seidengewebe mit kleinen Farbmustern (bes. für Krawatten u. Schals).

II. *das*; -s, -s: (schweiz.) Halstuch aus Kunstseide

Foulardine [...*din*] *die*; -: bedrucktes, feinfädiges Baumwollgewebe in Atlasbindung (Webart). **Foulé** [*fule*] *der*; -[s], -s: weicher, kurz gerauhter Wollstoff

foulen [*faul*ᵉ*n*; *engl.*]: einen gegnerischen Spieler regelwidrig behindern (Sport)

Fourage vgl. Furage

Fourgon [*furgong*; schweiz.: *furgong*; *lat.-galloroman.-fr.*] *der*; -s, -s: 1. (veraltet) Packwagen, Vorratswagen. 2. (schweiz.) Militärlastwagen. 3. (österr., veraltet) Leichenwagen

Fourier [*furir*; *fr.*] *der*; -s, -e: 1. (österr.) a) Unteroffiziersdienstgrad; b) Inhaber von 1a). 2. (schweiz.) a) höherer Unteroffiziersdienstgrad; b) Inhaber von 2a); c) Rechnungsführer. 3. = Furier

Four-letter-word [*forlät*ᵉ*r*ᵘ*ö*ʳ*d*; *engl.*; nach *engl.* to fuck = Geschlechtsverkehr ausüben] *das*; -s, -s: vulgäres [Schimpf]wort [aus dem Sexualbereich]

Fourniture [*furnitür*; *germ.-fr.*] *die*; -, -n [...*r*ᵉ*n*]: Speisezutat, bes. Kräuter u. Gewürze

Fourrure [*furür*; *germ.-fr.*] *die*; -: (veraltet) Pelzwerk

Fovea [*fowea*] vgl. Fossa. **Foveola** [*fowe*...] vgl. Fossula

fow = free on waggon

Fox [*engl.*] *der*; -[es], -e: Kurzform von: Foxterrier u. Foxtrott. **Foxhound** [...*haund*; „Fuchshund“] *der*; -s, -s: schneller, großer engl. Jagdhund, bes. für Fuchsjagden verwendet. **Foxterrier** [...*ri*ᵉ*r*] *der*; -s, -: rauhhaariger engl. Jagd- u. Erdhund. **Foxtrott** [*engl.-amerik.*; „Fuchsschritt“] *der*; -[e]s, -e u. -s: Gesellschafts- u. Turniertanz im $^4/_4$-Takt (um 1910 in Nordamerika entstanden)

Foyer [*foaje*; *lat.-vulgärlat.-fr.*] *das*; -s, -s: Wandelhalle, Wandelgang [im Theater]

Fracas [*fraka*; *lat.-it.-fr.*] *der*; -: (veraltet) Lärm, Getöse

Frack [*fr.-engl.*] *der*; -[e]s, -s u. Fräcke: a) festlicher Gesellschaftsanzug für Herren u. Berufskleidung der Kellner (vorn kurz, hinten mit langen Schößen); b) das Jackett des Gesellschaftsanzugs

fragil [*lat.*]: zerbrechlich; zart. **Fragilität** *die*; -: Zartheit, Zerbrechlichkeit. **Fragment** *das*; -[e]s, -e: 1. Bruchstück, Überrest. 2. unvollständiges [literarisches] Werk. 3. Knochenbruchstück (Med.). **fragmentär**: (selten) fragmentarisch. **fragmentarisch**: bruchstückhaft, unvollendet. **Fragmentation** [...*zion*; *lat.-nlat.*] *die*; -, -en: (Bot.) 1. direkte Kernteilung (Durchschnürung des Kerns ohne genaue Chromosomenverteilung). 2. ungeschlechtliche Vermehrung von Pflanzen aus Pflanzenteilen (z. B. durch Zerteilung einer Mutterpflanze). **fragmentieren**: (veraltet) in Bruchstücke zerlegen

frais, fraise [*fräs*; *lat.-galloroman.-fr.*]: erdbeerfarbig

Fraise [*fräs*ᵉ]

I. (eingedeutscht auch:) Fräse *die*; -, -n: 1. im 16. u. 17. Jh. getragene Halskrause. 2. Backenbart.

II. *das*; -, -: der erdbeerfarbige Farbton

Fraktion [...*zion*; *lat.-fr.*] *die*; -, -en: 1. a) → organisatorische Gliederung im Parlament, in der alle Abgeordneten einer Partei od. befreundeter Parteien zusammengeschlossen sind; b) Zusammenschluß einer Sondergruppe innerhalb einer Organisation; c) (österr.) [einzeln gelegener] Ortsteil. 2. bei einem Trenn- bzw. Reinigungsverfahren anfallender Teil eines Substanzgemischs (Chem.). **fraktionell**: a) eine Fraktion betreffend; b) eine Fraktion bildend. **Fraktionierapparat** *der*; -[e]s, -e: Gerät zur Ausführung einer fraktionierten Destillation (Chem.). **fraktionieren**: Flüssigkeitsgemische aus Flüssigkeiten mit verschiedenem Siedepunkt durch Verdampfung isolieren (Chem.). **Fraktionierung** *die*; -, -en: 1. Zusammenschluß zu Fraktionen (1a, b). 2. Zerlegung eines chemischen Prozesses in mehrere Teilabschnitte (Chem.). **Fraktions|chef** *der*; -s, -s: Vorsitzender einer → Fraktion (1a). **Fraktionszwang** *der*; -[e]s: Pflicht der Mitglieder einer Fraktion, einheitlich zu stimmen. **Fraktur** [*lat.*; „Bruch"] *die*; -, -en: 1. Knochenbruch (Med.). 2. eine Schreib- u. Druckschrift; - reden: deutlich u. unmißverständlich seine Meinung sagen

Frambösie [*fr.*] *die*; -, ...ien: ansteckende Hautkrankheit der Tropen mit himbeerartigem Hautausschlag (Med.)

Frame [*frem*; *engl.*] *der*; -n, -n u. -s: Rahmen, Träger [in Eisenbahnfahrzeugen]

Frana [*it.*] *die*; -, Frane: Erdrutsch [im Apennin] (Geol.)

Franc [*frang*; *germ.-mlat.-fr.*] *der*; -, -s (aber: 100 -): Währungseinheit verschiedener europäischer Länder; Abk.: fr, Plural: frs; französischer -; Abk.: FF, (franz.:) F; belgischer -; Abk.: bfr, Plural: bfrs; Luxemburger -; Abk.: lfr, Plural: lfrs; Schweizer -; Abk.: sfr, Plural: sfrs. **Française** [*frangßäse*] *die*; -, -n: älterer franz. Tanz im $^6/_8$-Takt. **Français fondamental** [*frangßä fongdamangtal*; *fr.*] *das*; - -: Grundwortschatz der französischen Sprache (Sprachw.)

Franchise

I. [*...schise*; *germ.-mlat.-fr.*] *die*; -, -n: 1. (veraltet) Freiheit, Freimütigkeit. 2. Abgaben-, Zollfreiheit. 3. Haftungseintritt einer Versicherung beim Überschreiten einer bestimmten Schadenshöhe.

II. [*fräntschais*; *germ.-mlat.-fr.-engl.*] *das*; -: Vertriebsform im Einzelhandel, bei der ein Unternehmer seine Produkte durch einen Einzelhändler in Lizenz verkaufen läßt

Franchising [*fräntschaising*] *das*; -s: = Franchise (II)

Francium [*...zium*; *nlat.*; vom mlat. Namen Francia für Frankreich] *das*; -s: radioaktives Element aus der Gruppe der Alkalimetalle; Zeichen: Fr. **franco** [*...ko*] vgl. franko

Frane: *Plural* von → Frana

Frankatur [*germ.-mlat.-it.*] *die*; -, -en: a) das Freimachen einer Postsendung; b) die zur Frankatur (a) bestimmten Briefmarken. **frankieren**: Postsendungen freimachen

franko u. franco [*...ko*; *germ.-mlat.-it.*]: frei (d. h. die Transportkosten, bes. im Postverkehr, werden vom Absender bezahlt). **Frankokanadier** [*...ier*]: französisch sprechender Bewohner Kanadas. **Frankomane** *der*; -n, -n: jmd., der mit einer Art von Besessenheit alles Französische liebt, bewundert u. nachahmt. **Frankomanie** *die*; -: Nachahmung alles Französischen mit einer Art von Besessenheit. **frankophil** [*germ.-mlat.*; *gr.*]: Frankreich, seinen Bewohnern u. seiner Kultur besonders aufgeschlossen gegenüberstehend. **Frankophilie** *die*; -: Vorliebe für Frankreich, seine Bewohner u. seine Kultur. **frankophob**: Frankreich, seinen Bewohnern u. seiner Kultur ablehnend gegenüberstehend. **Frankophobie** *die*; -: Abneigung gegen Frankreich, seine Bewohner u. seine Kultur. **frankophon**: französischsprachig. **Frankophone** *der*; -n, -n: jmd., der Französisch (als seine Muttersprache) spricht. **Frankophonie** *die*; -: Französischsprachigkeit. **Franktireur** [*frangtirör*, auch: *frank...*; *fr.*; „Freischütze"] *der*; -s, -e u. (bei franz. Aussprache:) -s: (veraltet) Freischärler

Franziskaner [nach dem Ordensgründer Franziskus] *der*; -s, -: Angehöriger des vom hl. Franz v. Assisi 1209/10 gegründeten Bettelordens (Erster Orden, Abk.: O. F. M.); vgl. Kapuziner, Konventuale, Klarisse, Terziar. **Franziskanerbruder** *der*; -s, ...brüder: Laienbruder des klösterlichen Dritten Ordens (→ Terziar) des hl. Franz. **Franziskanerin** *die*; -, -nen: 1. Angehörige des Zweiten Ordens des hl. Franz, → Klarisse. 2. Angehörige des Dritten Ordens (vgl. Terziar), klösterlich lebende Schul- u. Missionsschwester

französieren: a) auf franz. Art, nach franz. Geschmack gestalten; b) französisch, zu französisch Sprechenden machen

frappant [*germ.-fr.*]: schlagend, treffend, überraschend

Frappé [*...pe*]

I. *der*; -s, -s: Gewebe mit eingepreßter Musterung.

II. *das*; -s, -s: 1. ein mit kleingeschlagenem Eis serviertes alkoholisches Getränk. 2. leichtes, schnelles Anschlagen der Ferse des Spielbeins gegen das Standbein vor u. hinter dem Spann des Fußes (Ballett)

frappieren: 1. jmdn. überraschen, in Erstaunen versetzen. 2. Wein od. Sekt in Eis kalt stellen

Fräse vgl. Fraise

Frate [*lat.-it.*]: *der*; -, ...ti: Anrede und Bezeichnung italienischer Klosterbrüder (meist vor vokalisch beginnenden Namen, z. B. Frate Elia, Frat' Antonio). **Frater** [*lat.*] *der*; -s, Fra|tres: 1. [Kloster]bruder vor der Priesterweihe; vgl. Pater. 2. Laienbruder eines Mönchsordens; Abk.: Fr. **Fraterherren** *die* (Plural): katholische Schulgenossenschaft des späten Mittelalters, deren Gelehrtenschulen durch die der → Jesuiten abgelöst wurden. **Fraternisation** [*...zion*; *lat.-fr.*] *die*; -, -en: Verbrüderung. **fraternisieren**: sich verbrüdern, vertraut werden. **Fraternität** [*lat.*] *die*; -, -en: 1. a) Brüderlichkeit; b) Verbrüderung. 2. [kirchliche] Bruderschaft. **Fraternité** [*...te*; *lat.-fr.*] *die*; -: Brüderlichkeit (eines der Schlagworte der Franz. Revolution); vgl. Égalité, Liberté. **Fratres**: *Plural* von → Frater. **Fratres minores** [*lat.*] *die* (Plural): = Franziskaner

Frawaschi [*awest.*] *die*; -, -s (meist Plural): im → Parsismus der persönliche Schutzgeist (auch die Seele) eines Menschen

Freak [*frik*; *engl.-amer.*] *der*; -s, -s: 1. jmd., der sich nicht in das normale bürgerliche Leben einfügt. 2. jmd., der sich in übertriebener Weise für etwas begeistert

free alongside ship [*fri elongßaid schip*; *engl.*]: frei längsseits Schiff (Klausel, die dem Verkäufer auferlegt, alle Kosten u. Risiken bis zur Übergabe der Ware an das Seeschiff zu tragen); Abk.: f. a. s. **Free clinic** [*fri klinik*] *die*; - -, - -s: Zentrum für die medizinische u. psychotherapeutische Behandlung von Drogensüchtigen. **Freeholder** [*frihouldér*] *der*; -s, -s: lehnsfreier Grundeigentümer in England. **Free Jazz** [*- dschäs*] *der*; - -: auf freier Improvisation beruhendes Spielen von Jazzmusik. **Freelance** [*frilanß*] *der*; -, -s [*...ßis*]: engl. Bezeichnung für: a) freier Musiker (ohne Bindung an ein bestimmtes Ensemble); b) freier Schriftsteller, freier Journalist; c) freier Mitarbeiter. **free on board** [*- on bo'd*]: frei an Bord (Klausel, die besagt, daß der Verkäufer die Ware auf dem Schiff zu übergeben u. bis dahin alle Kosten u. Risiken zu tragen hat); Abk.: fob. **free on waggon** [*- - "äg'n*]: frei Waggon; vgl. free on board; Abk.: fow

Freesie [...*si*ᵉ; *nlat.*; nach dem Kieler Arzt F. H. Th. Freese] *die*; -, -n: als Schnittblume (Schwertliliengewächs aus Südafrika) beliebte Zierpflanze mit großen, glockigen, duftenden Blüten

Freeze [*fris*; *engl.*] *das*; -: das Einfrieren aller atomaren Rüstung

Fregatte [*roman.*] *die*; -, -n: schwerbewaffnetes, ursprünglich dreimastiges, heute hauptsächlich zum Geleitschutz eingesetztes Kriegsschiff. **Fregattenkapitän** *der*; -s, -e: Marineoffizier im Range eines Oberstleutnants. **Fregattvogel** *der*; -s, ...vögel: Raubvogel in tropischen Küstengebieten (Ruderfüßer)

Frelimo [Kurzw. aus: *Fre*nte de *Li*bertaçao de*Mo*çambique; *port.*] I. die, (auch:) der; -: Befreiungsbewegung in Moçambique. II. der; -[s], -s: Angehöriger der Frelimo

Fremitus [*lat.*; „Rauschen; Dröhnen"] *der*; -: beim Sprechen fühlbare, schwirrende Erschütterung des Brustkorbes über verdichteten Lungenteilen (Med.)

frenetisch [*gr.-lat.-fr.*]: stürmisch, rasend, tobend (bes. von Beifall, Applaus); vgl. phrenetisch

Frenulum [*lat.*] *das*; -s, ...la: (Med.) 1. kleines Bändchen, kleine Haut-, Schleimhautfalte. 2. die Eichel des männlichen Gliedes mit der Vorhaut verbindende Hautfalte; Vorhautbändchen

frequent [*lat.*]: 1. (veraltet) häufig, zahlreich. 2. beschleunigt (vom Puls; Med.). 3. häufig vorkommend, häufig gebraucht (Sprachw.). **Frequenta** ⓌⓏ [Kunstw.] *das*; -[s]: keramischer Isolierstoff der Hochfrequenztechnik. **Frequentant** [*lat.*] *der*; -en, -en: (veraltet) regelmäßiger Besucher. **Frequentation** [...*zion*] *die*; -, -en: (veraltet) häufiges Besuchen. **Frequentativ** *das*; -s, -e [...*w*ᵉ] u. **Frequentativum** [...*wum*] *das*; -s, ...va: = Iterativ[um]. **frequentieren**: zahlreich besuchen, aufsuchen; häufig stark in Anspruch nehmen. **Frequenz** [„zahlreiches Vorhandensein"] *die*; -, -en: 1. Höhe der Besucherzahl; Zustrom, Verkehrsdichte. 2. Schwingungs-, Periodenzahl von Wellen in der Sekunde (Phys.). 3. Anzahl der Atemzüge od. der Herz- bzw. Pulsschläge in der Minute (Med.). **Frequenzmodulation** [...*zion*] *die*; -, -en: Änderung der Frequenz der Trägerwelle entsprechend dem Nachrichteninhalt (Funkw.); Abk.: FM. **Frequenzmodulator** *der*; -s, -en: Gerät zur Frequenzmodulation

Freske [*germ.-it.-fr.*] *die*; -, -n: = Fresko (I)

Fresko [*germ.-it.*; „frisch"] I. *das*; -s, ...ken: auf frischem, noch feuchtem Kalkmörtel ausgeführte Malerei (Kunstw.). II. *der*; -s: poröses, im Griff hartes Wollgewebe

Freskomalerei *die*; -: Malerei auf feuchtem Putz; Ggs. → Seccomalerei

Fresnel-Linse [*fränäl*; nach A. J. Fresnel] *die*; -, -n: aus Teilstücken zusammengesetzte Linse für Beleuchtungszwecke

Fret [*niederl.-fr.*] Schiffsfracht. **Freteur** [...*tör*] *der*; -s, -e: ein Reeder, der Frachtgeschäfte abschließt. **fretieren**: Frachtgeschäfte (für Schiffe) abschließen

Frett [*lat.-vulgärlat.-fr.-niederl.*] *das*; -[e]s, -e u. **Frettchen** *das*; -s, -: Vertreter einer halbzahmen Art des Iltis, die zum Kaninchenfang verwendet wird. **frettieren**: mit dem Frett[chen] jagen

friderizianisch [zu Fridericus, der latinisierten Form von Friedrich]: auf die Zeit König Friedrichs II. von Preußen bezogen

frigid, frigide [*lat.*]: 1. in bezug auf sexuelle Erregbarkeit ohne Empfindung, „geschlechtskalt" (von Frauen; Med.). 2. (gehoben veraltend) kühl, nüchtern. **Frigidaire** ⓌⓏ [...*där*, bei franz. Ausspr.: *frischidär*, ugs. u. österr. auch: *fridschi*...; *lat.-fr.*] *der*; -s, -[s]: Kühlschrank[marke]. **Frigidarium** [*lat.*] *das*; -s, ...ien [...*i*ᵉ*n*]: 1. Abkühlungsraum in altröm. Bädern. 2. kaltes Gewächshaus. **frigide** vgl. frigid. **Frigidität** *die*; -: Empfindungslosigkeit der Frau in bezug auf den Geschlechtsverkehr.

Frigorimeter [*lat.*; *gr.*] *das*; -s, -: Gerät zum Bestimmen der Abkühlungsgröße (Wärmemenge, die ein Körper unter dem Einfluß bestimmter äußerer Bedingungen abgibt; Meteor.)

Frikadelle [*lat.-vulgärlat.-it.*] *die*; -, -n: gebratener Kloß aus Hackfleisch, „deutsches Beefsteak". **Frikandeau** [...*kando*; *lat.-vulgärlat.-fr.*] *das*; -s, -s: zarter Fleischteil an der inneren Seite der Kalbskeule (Kalbsnuß). **Frikandelle** [Mischbildung aus → Frikadelle u. → Frikandeau] *die*; -, -n: 1. Schnitte aus gedämpftem Fleisch. 2. = Frikadelle. **Frikassee** [...*ße*, auch: *fri*...; *fr.*] *das*; -s, -s: Ragout aus weißem Geflügel-, Kaninchen-, Lamm- od. Kalbfleisch. **frikassieren**: als Frikassee zubereiten

frikativ [*lat.-nlat.*]: durch Reibung hervorgebracht (von Lauten; Sprachw.). **Frikativ** *der*; -s, -e [...*w*ᵉ]: Reibelaut (z. B. sch. f; Sprachw.). **Frikativum** [...*iwum*] *das*; -s, ...iva: (veraltet) Frikativ.

Friktiograph [...*zio*...; *lat.*; *gr.*] *der*; -en, -en: physikalisches Gerät zur Messung der Reibung. **Friktion** [...*zion*; *lat.*] *die*; -, -en: 1. Reibung. 2. (Med.) a) Einreibung (z. B. mit Salben); b) eine Form der Massage (kreisförmig reibende Bewegung der Fingerspitzen). 3. Widerstand, Verzögerung, die der sofortigen Wiederherstellung des wirtschaftlichen Gleichgewichts beim Überwiegen von Angebot od. Nachfrage entgegensteht (Wirtsch.). **Friktionskalander** *der*; -s, -: Walzwerk zur → Satinage des Papiers

Frimaire [*frimär*; *germ.-fr.*; „Reifmonat"] *der*; -[s], -s: der dritte Monat im franz. Revolutionskalender (21. Nov. bis 20. Dez.)

Frisbee ⓌⓏ [*frisbi*; *engl.*] *das*; -, -s: kleine, runde Wurfscheibe aus Plastik (Sportgerät)

Frisé [...*se*; *fr.*] *das*; -: Kräusel- od. Frottierstoff aus [Kunst]seide.

Friseur [...*sör*; französierende Bildung zu → frisieren], (eingedeutscht:) Frisör *der*; -s, -e: jmd. (ein Mann), dessen Beruf es ist, Kunden die Haare zu schneiden, zu pflegen, zu rasieren, das Haar zu behandeln, zu frisieren. **Friseurin** [...*örin*], (eingedeutscht:) Frisörin *die*; -, -nen: Friseuse. **Friseuse** [...*söse*], (eingedeutscht:) Frisöse *die*; -, -n: weibliche Person, die anderen in Ausübung ihres Berufs das Haar pflegt u. schneidet. **frisieren** [*fr.*]: 1. jmdn. od. sich kämmen; jmdm. od. sich selbst die Haare [kunstvoll] herrichten. 2. (ugs.) etwas [in betrügerischer Absicht] so herrichten, daß es eine [unerlaubte] Veränderung der vorgegebenen Ware od. Sache bewirkt, z. B. einen Motor, eine Bilanz -. **Frisör** vgl. Friseur. **Frisörin** vgl. Friseurin. **Frisöse** vgl. Friseuse. **Frisur** [*nlat.* Bildung zu → frisieren] *die*; -, -en: 1. Art und Weise, in der das Haar gekämmt, gelegt, gesteckt, geschnitten, frisiert ist. 2. das Frisieren (2). 3. gekräuselter Kleiderbesatz

Friteuse [...*ös*ᵉ; französierende Bildung zu → fritieren] *die*; -, -n: elektrisches Gerät zum Fritieren von Speisen. **fritieren** [*lat.-fr.*]: Speisen od. Gebäck in heißem Fett schwimmend garen (Gastr.)

Fritillaria [*lat.-nlat.*] *die*; -, ...ien [...*i*ᵉ*n*]: Kaiserkrone (Liliengewächs)

Frittate [*lat.-it.*] *die*; -, -n: [kleiner]

Eierkuchen, süß gefüllt od. auch geschnitten als Suppeneinlage. **Fritte** [*lat.-fr.*; „Gebackenes"] *die*; -, -n: 1. aus dem Glasur- od. Emaillegemenge hergestelltes Zwischenprodukt bei der Glasfabrikation. 2. (nur Plural) Kurzbez. für: Pommes frites. **fritten**: 1. eine pulverförmige Mischung bis zum losen Aneinanderhaften der Teilchen erhitzen. 2. sich durch Hitze verändern (von Sedimentgesteinen beim Emporsteigen von → Magma [1]; Geol.). 3. (ugs.) fritieren. **Fritter** [*lat.-fr.-engl.*] *der*; -s, -: = Kohärer. **Frittung** *die*; -, -en: das Umschmelzen von Sedimentgesteinen durch Hitzeeinwirkung von aufsteigendem → Magma (1) (Geol.). **Fritüre** [*lat.-fr.*] *die*; -, -n: 1. heißes Fett- od. Ölbad zum Ausbacken von Speisen. 2. eine in heißem Fett ausgebackene Speise. 3. = Friteuse

frivol [*...wol*; *lat.-fr.*]: 1. a) leichtfertig, bedenkenlos; b) das sittliche Empfinden, die geltenden Moralbegriffe verletzend; schamlos, frech. 2. (veraltet) eitel, nichtig. **Frivolität** *die*; -, -en: 1. a) Bedenkenlosigkeit, Leichtfertigkeit; b) Schamlosigkeit, Schlüpfrigkeit. 2. (nur Plural): Schiffchenspitze, → Okkispitze (eine Handarbeit)

froissieren [*froa...*; *lat.-fr.*]: (veraltet) kränken, verletzen

Fromage [*fromasch*; *lat.-vulgärlat.-fr.*] *der*; -, -s: franz. Bezeichnung für: Käse. **Fromage de Brie** [- *d^e-bri*; nach der franz. Landschaft Brie] *der*; - - -, -s [*fromasch*] - -: ein Weichkäse

Fronde [*frongd^e*; *lat.-vulgärlat.-fr.*] *die*; -: 1. a) Oppositionspartei des franz. Hochadels im 17. Jh.; b) der Aufstand des franz. Hochadels gegen das → absolutistische Königtum (1648–1653). 2. scharfe politische Opposition, oppositionelle Gruppe innerhalb einer politischen Partei od. einer Regierung

Frondeszenz [*lat.-nlat.*] *die*; -: das Auswachsen gewisser Pflanzenorgane (z. B. Staubblätter) zu Laubblättern (Bot.)

Frondeur [*frongdör*; *lat.-vulgärlat.-fr.*] *der*; -s, -e: 1. Anhänger der Fronde (1). 2. scharfer politischer Opponent u. Regierungsgegner. **frondieren**: 1. als Frondeur tätig sein. 2. sich heftig gegen etwas auflehnen, sich widersetzen

frondos [*lat.*]: zottenreich (z. B. von der Darmschleimhaut

Front [*lat.-fr.*] *die*; -, -en: 1. a) Vorder-, Stirnseite; b) die ausgerichtete vordere Reihe einer angetretenen Truppe. 2. Gefechtslinie, an der feindliche Streitkräfte miteinander in Feindberührung kommen; Kampfgebiet. 3. geschlossene Einheit, Block. 4. (meist Plural) Trennungslinie, gegensätzliche Einstellung. 5. Grenzfläche zwischen Luftmassen von verschiedener Dichte u. Temperatur (Meteor.). **frontal** [*nlat.*]: a) an der Vorderseite befindlich, von der Vorderseite kommend, von vorn; b) unmittelbar nach vorn gerichtet. **Frontale** [*lat.*] *das*; -[s], ...lien [*...i^en*]: = Antependium. **Frontalität** [*lat.-nlat.*] *die*; -: eine in der archaischen, ägypt. u. vorderasiat. Kunst beobachtete Gesetzmäßigkeit, nach der jeder menschliche Körper unabhängig von seiner Stellung od. Bewegung stets frontal dargestellt ist. **Fronti|spiz** [*lat.-mlat.-fr.*] *das*; -es, -e: 1. Giebeldreieck [über einem Gebäudevorsprung] (Archit.). 2. Verzierung eines Buchtitelblatts (Buchw.). **Frontogenese** [*lat.-fr.*; *gr.*] *die*; -, -n: Bildung von Fronten (5) (Meteor.). **Frontolyse** *die*; -, -n: Auflösung von Fronten (5) (Meteor.). **Fronton** [*frongtong*; *fr.*] *das*; -s, -s: = Frontispiz (1)

Froster [anglisierende Bildung zu *dt.* Frost] *der*; -s, -: Tiefkühlteil eines Kühlapparats

Frottage [*...asch*; *fr.*] *die*; -, -n [*...^en*]: 1. Erzeugung sexueller Lustempfindungen durch Reiben der Genitalien am [bekleideten] Partner (Med., Psychol.). 2. a) (ohne Plural) graphisches Verfahren, bei dem Papier auf einen prägenden Untergrund (z. B. Holz) gedrückt wird, um dessen Struktur sichtbar zu machen, Durchreibung; b) Graphik, die diese Technik aufweist. **Frottee** [*...te*] *das* od. *der*; -[s], -s: stark saugfähiges [Baum]wollgewebe mit noppiger Oberfläche. **Frotteur** [*...tör*] *der*; -s, -e: 1. jmd., der auf Grund einer psychischen Fehlhaltung nur durch Reiben der Genitalien am [bekleideten] Partner sexuelle Lustempfindung erlebt (Med.; Psychol.). 2. (veraltet) Reiber, Bohner. **frottieren**: 1. die Haut [nach einem Bad] mit Tüchern od. Bürsten [ab]reiben. 2. (veraltet) bohnern

Frottola [*it.*] *die*; -, -s u. ...olen: weltliches Lied der zweiten Hälfte des 15. Jh.s u. des frühen 16. Jh.s [in Norditalien]

Frou|frou [*frufru*; *fr.*, lautmalende Bildung] *der* od. *das*; -: das Rascheln u. Knistern der eleganten (bes. für die Zeit um 1900 charakteristischen) weiblichen Unterkleidung

Fructose, (eingedeutscht): Fruktose [*lat.-nlat.*] *die*; -: Fruchtzukker. **frugal** [*lat.-fr.*; „zu den Früchten gehörend, aus Früchten bestehend"]: 1. einfach, mäßig, (von Speisen). 2. (öfter – aus Unkenntnis – auch im gegenteiligen Sinn) vorzüglich u. reichlich. **Frugalität** *die*; -: Genügsamkeit, Einfachheit (von Speisen). **Frugivore** [*...wor^e*; *lat.-nlat.*] *der*; -n, -n (meist Plural): Früchtefresser (Zool.). **Fruktidor** [*früktidor*; (*lat.*; *gr.*) *fr.*; „Fruchtmonat"] *der*; -[s], -s: der zwölfte Monat des franz. Revolutionskalenders (18. Aug. bis 16. Sept.). **Fruktifikation** [*...zion*] u. Fruktifizierung [*lat.*] *die*; -, -en: 1. (veraltet) Nutzbarmachung, Verwertung. 2. Ausbildung von Fortpflanzungskörpern in besonderen Behältern (z. B. Ausbildung der Sporen bei Farnen; Bot.); vgl. ...[a]tion/...ierung. **fruktifizieren**: 1. (veraltet) aus etwas Nutzen ziehen. 2. Früchte ansetzen od. ausbilden (Bot.). **Fruktifizierung** vgl. Fruktifikation. **Fruktivore** [*...wor^e*] *der*; -n, -n: sich hauptsächlich von Früchten ernährendes Tier, Früchtefresser (Zool.). **Fruktose** vgl. Fructose

Frust *der*; -[e]s, -e: (ugs.) 1. (ohne Plural) das Frustriertsein; Frustration. 2. frustrierendes Erlebnis. **fru|stran**: a) vergeblich, irrtümlich, z. B. -e Herzkontraktion (Herzkontraktion, die zwar zu hören ist, deren Puls aber wegen zu geringer Stärke nicht gefühlt werden kann; Med.); b) zur Frustration führend, Frustration bewirkend

fruste [*früßt*; *lat.-it.-fr.*]: unvollkommen, wenig ausgeprägt (von Symptomen einer Krankheit; Med.); vgl. Forme fruste

Fru|stration [*...zion*; *lat.*] *die*; -, -en: Erlebnis einer wirklichen od. vermeintlichen Enttäuschung u. Zurücksetzung durch erzwungenen Verzicht od. Versagung von Befriedigung (Psychol.). **Frustrationstoleranz** *die*; -: Umleitung einer Frustration in Wunschvorstellungen; [erlernbare] → Kompensation, → Sublimierung einer Frustration ohne Aggressionen od. Depressionen (Psychol.). **fru|stratorisch**: (veraltet) auf Täuschung bedacht. **frustrieren**: 1. die Erwartung von jmdm. enttäuschen, jmdm. bewußt od. unbewußt ein Bedürfnis versagen. 2. (veraltet) vereiteln, täuschen

Frutti di mare [*it.*; „Früchte des Meeres"] *die* (Plural): mit dem Netz gefangene kleine Meerestiere (z. B. Muscheln, Austern)

Fuchsie [*...iᵉ*; *nlat.*, nach dem Botaniker L. Fuchs, 16. Jh.] *die*; -, -n: Pflanze (Nachtkerzengewächs) in Form eines [Halb]-strauchs od. kleinen Bäumchens mit hängenden, krugförmigen, mehrfarbig gefärbten roten, rosa, weißen od. violetten Blüten, die als Park-, Balkon- od. Zimmerpflanze gehalten wird. **Fuchsin** [Kurzw. aus *Fuchsie* u. der Endung *-in*] *das*; -s: synthetisch hergestellter roter Farbstoff

fudit [*lat.*; „hat (es) gegossen"]: Aufschrift auf gegossenen Kunstwerken u. Glocken hinter dem Namen des Künstlers od. Gießers; Abk.: fud.

Fuero [*lat.-span.*; „Forum"] *der*; -[s], -s: Gesetzessammlung, Grundgesetz, Satzung im spanischen Recht

fugal [*lat.-it.-nlat.*]: fugenartig, im Fugenstil (Mus.). **fugato** [*lat.-it.*]: fugenartig, frei nach der Fuge komponiert. **Fugato** *das*; -s, -s u. ...ti: Fugenthema mit freien kontrapunktischen Umspielungen ohne die Gesetzmäßigkeit der Fuge (Mus.). **Fuge** *die*; -, -n: nach strengen Regeln durchkomponierte kontrapunktische Satzart (mit nacheinander in allen Stimmen durchgeführtem, festgeprägtem Thema; Mus.). **Fugette** u. **Fughetta** [*fugäta*] *die*; -, ...tten: nach Fugenregeln gebaute, aber in allen Teilen verkürzte kleine Fuge. **fugieren**: ein Thema nach Fugenart durchführen (Mus.)

Fukazeen [*lat.-nlat.*] *die* (Plural): zu den Braunalgen gehörende Blasentange

Fulgurant [*lat.*; „glänzend"] *der*; -[s] u. **Fulgurante** *die*; -: Atlasgewebe mit glänzender rechter Seite. **Fulgurit** [auch: *...it*; *lat.-nlat.*] *der*; -s, -e: 1. durch Blitzschlag röhrenförmig zusammengeschmolzene Sandkörner (Blitzröhre). 2. ein Sprengstoff. 3. Ⓦz Asbestzementbaustoff

Fuligo [*lat.*; „Ruß"] *die* (auch: *der*); -[s], ...gines: bräunlichschwarzer Belag der Mundhöhle bei schwer Fiebernden

Full dress [*engl.*; „volle Kleidung"] *der*; - -: großer Gesellschaftsanzug, Gesellschaftskleidung. **Full house** [*- hauß*; „volles Haus"] *das*; - -, - -s [*hausis*, auch: *hausiß*]: Kartenkombination beim → Poker. **Full Service** [*- ßöʳwiß*; „volle Dienstleistung"] *der*; - -: Kundendienst, der alle anfallenden Arbeiten übernimmt. **Full speed** [*-ßpid*; „volle Geschwindigkeit"] *die*; - -: das Entfalten der Höchstgeschwindigkeit [eines Autos]. **Full-time-Job** [*fultaimdsehob*] *der*; -s, -s: Tätigkeit, Beschäftigung, die die ganze Arbeitszeit beansprucht; Ganztagsarbeit. **fully fashioned** [*-fäschᵉnd*]: formgestrickt, formgearbeitet (von Kleidungsstücken)

fulminant [*lat.*]: sich in seiner außergewöhnlichen Wirkung od. Qualität in auffallender Weise mitteilend; glänzend, großartig, ausgezeichnet. **Fulminat** [*lat.-nlat.*] *das*; -[e]s, -e: hochexplosives Salz der Knallsäure

Fumarole [*lat.-it.*] *die*; -, -n: das Ausströmen von Gas u. Wasserdampf aus Erdspalten in vulkanischen Gebieten. **Fumé** [*füme*; *lat.-fr.*] *der*; -[s], -s: 1. Rauch- od. Rußabdruck beim Stempelschneiden. 2. erster Druck, Probeabzug eines Holzschnittes mit Hilfe feiner Rußfarbe. **Fumoir** [*fümoar*] *das*; -s, -s: franz. Bezeichnung für: Rauchzimmer, Raucherabteil eines Zuges

Funda [*lat.*] *die*; -, ...dae [*...ä*]: Bindenverband für Teilabdeckungen am Kopf (Med.)

Fundament [*lat.*] *das*; -[e]s, -e: 1. Unterbau, Grundbau, Sockel (Bauw.). 2. die Druckform tragende Eisenplatte bei einer Buchdruckerschnellpresse (Druckw.). 3. a) Grund, Grundlage; b) Grundbegriff, Grundlehre (Philos.). **fundamental**: grundlegend; schwerwiegend. **Fundamentalbaß** *der*; ...basses: der ideelle Baßton, der zwar die Harmonie aufbaut, aber nicht selbst erklingen muß (Mus.). **Fundamentalismus** [*lat.-engl.-amerik.*] *der*; -: eine streng bibelgläubige, theologische Richtung im Protestantismus in den USA, die sich gegen Bibelkritik u. moderne Naturwissenschaft wendet. **Fundamentalontologie** *die*; -: → Ontologie des menschlichen Daseins. **Fundamentalphilosophie** *die*; -: Philosophie als Prinzipienlehre. **Fundamentalpunkt** *der*; -es, -e: = Fixpunkt. **Fundamentaltheologie** *die*; -: Untersuchung der Grundlagen, auf denen die katholische Lehre aufbaut; vgl. Apologetik. **fundamentieren** [*lat.-nlat.*]: ein Fundament (1) legen; gründen. **Fundation** [*...zion*; *lat.*] *die*; -, -en: 1. (schweiz.) Fundament[ierung] (Bauw.). 2. [kirchliche] Stiftung. **fundieren** [„den Grund legen (für etwas)"]: 1. etwas mit dem nötigen Fundus (2) ausstatten, mit den nötigen Mitteln versehen. 2. [be]gründen, untermauern (z. B. von Behauptungen). **Fundus** [„Boden, Grund, Grundlage"] *der*; -, -: 1. Grund u. Boden, Grundstück; - dotalis: (hist.) Grundstück im Rom der Antike, das zu einer Mitgift gehörte; - instructus: (hist.) mit Geräten u. Vorräten ausgestattetes Landgut im Rom der Antike. 2. Grundlage, Unterbau, Bestand, Mittel. 3. Gesamtheit der Ausstattungsmittel in Theater u. Film. 4. Grund, Boden eines Hohlorgans (Med.)

fune|bre [*fünäbrᵉ*; *lat.-fr.*] u. **funerale** [*lat.-it.*]: traurig, ernst (Vortragsanweisung; Mus.). **Funeralien** [*...iᵉn*; *lat.*] *die* (Plural): Feierlichkeiten bei einem Begräbnis

Fünfliber [*dt.*; *lat.-fr.*] *der*; -s, -: (schweiz., mdal.) Fünffrankenstück

Fun-fur [*fánföʳ*; *engl.*] *der*; -s, -s: Kleidungsstück aus einem od. mehreren weniger kostspieligen [Imitat]pelzen

Fungi [*lat.*; „Erdschwämme"] *die* (Plural): Bezeichnung der echten Pilze in der Pflanzensystematik (Bot.)

fungibel [*lat.-nlat.*]: 1. austauschbar, ersetzbar (Rechtsw.); fungible Sache: vertretbare Sache, d. h. eine bewegliche Sache, die im Verkehr nach Maß, Zahl u. Gewicht bestimmt zu werden pflegt (Rechtsw.). 2. in beliebiger Funktion einsetzbar; ohne festgelegten Inhalt u. daher auf verschiedene Weise verwendbar. **Fungibilien** [*...iᵉn*] *die* (Plural): = fungible Sachen. **Fungibilität** *die*; -: 1. Austauschbarkeit, Ersetzbarkeit (Rechtsw.). 2. die beliebige Einsetzbarkeit, Verwendbarkeit. **fungieren** [*lat.*]: eine bestimmte Funktion ausüben, eine bestimmte Aufgabe haben, zu etw. dasein

Fungistatikum [*lat.*; *gr.*] *das*; -s, ...ka: Wachstum u. Vermehrung von [krankheitserregenden] Kleinpilzen hemmendes Mittel (Med.). **fungistatisch**: Wachstum u. Vermehrung von [krankheitserregenden] Kleinpilzen hemmend. **fungizid** [*lat.-nlat.*]: pilztötend (von chemischen Mitteln; Med.). **Fungizid** *das*; -[e]s, -e: im Garten- u. Weinbau verwendetes Mittel zur Bekämpfung pflanzenschädigender Pilze. **fungös** [*lat.*]: schwammig (z. B. von Gewebe, von einer Entzündung; Med.). **Fungosität** [*lat.-nlat.*] *die*;

-: schwammige Wucherung tuberkulösen Gewebes (bes. im Kniegelenk; Med.). **Fungus** [*lat.*] *der*; -, ...gi: 1. lat. Bezeichnung für: Pilz. 2. (Med.) a) schwammige Geschwulst; b) (veraltet) Kniegelenkstuberkulose

Funi vgl. Skifuni. **Funiculus** [...*ku*...; *lat.*] *der*; -, ...li: 1. Stiel, durch den die Samenanlage mit dem Fruchtblatt verbunden ist (Bot.). 2. Gewebestrang (z. B. Samenstrang, Nabelschnur; Med.). **funikulär**: einen Gewebestrang betreffend, zu einem Gewebestrang gehörend. **Funikularbahn** [*lat.-it.* od. *lat.-fr.*; vgl. *it.* funicolare, *fr.* funiculaire] *die*; -, -en: (veraltet) Drahtseilbahn. **Funikulitis** [*lat.-nlat.*] *die*; -, ...itiden: Entzündung des Samenstrangs (Med.)

Funkie [...*kiᵉ*; *nlat.*, nach dem dt. Apotheker H. Chr. Funk]: Gartenzierpflanze (Liliengewächs) mit weißen, blauen od. violetten Blütentrauben

Funk [*fank*; *amerik.*] *der*; -s: a) bluesbetonte u. auf Elemente der Gospelmusik zurückgreifende Spielweise im Jazz; b) meist von Schwarzen in Amerika gespielte Popmusik, die eine Art Mischung aus Rock u. Jazz darstellt. **Funkart** [*fank-aᵉt*] *die*; -: → environmentale Kunst, bei der Kitschiges, Schäbiges o. ä. benutzt wird, um beim Betrachter Ekel an der eigenen kleinbürgerlich-schäbigen Existenz hervorzurufen

Funkkolleg [*dt.*; *lat.*] *das*; -s, -s u. -ien: wissenschaftliche Vorlesungsreihe im Hörfunk

Funktiolekt [...*zio*...; *lat.*; *gr.*]: *der*; -[e]s, -e: Sprache als Ausdrucksweise mit bestimmter Funktion (z. B. in Predigten). **Funktion** [*lat.*] *die*; -, -en: 1. a) (ohne Plural) Tätigkeit, das Arbeiten (z. B. eines Organs); b) Amt, Stellung (von Personen); c) [klar umrissene] Aufgabe innerhalb eines größeren Zusammenhanges, Rolle. 2. veränderliche Größe, die in ihrem Wert von einer anderen abhängig ist (Math.). 3. auf die drei wesentlichen Hauptakkorde → Tonika (I), → Dominante, → Subdominante zurückgeführte harmonische Beziehung (Mus.). **funktional** [*lat.-nlat.*]: die Funktion betreffend, auf die Funktion bezogen, der Funktion entsprechend; vgl. ...al/...ell; -e Grammatik: Richtung innerhalb der Sprachwissenschaft, die grammatische Formen nicht nur formal, sondern auch hinsichtlich ihrer Funktion im Satz untersucht (Sprachw.); -e Satzperspektive: Gliederung des Satzes nicht nach der formalen, sondern nach der informationstragenden Struktur (Sprachw.). **Funktional** *das*; -s, -e: eine → Funktion (2) mit beliebigem Definitionsbereich, deren Werte → komplexe od. → reelle Zahlen sind (Math.). **funktionalisieren**: dem Gesichtspunkt der Funktion entsprechend gestalten.

Funktionalismus *der*; -: 1. ausschließliche Berücksichtigung des Gebrauchszweckes bei der Gestaltung von Gebäuden unter Verzicht auf jede zweckfremde Formung (Archit.). 2. philosophische Lehre, die das Bewußtsein als Funktion der Sinnesorgane u. die Welt als Funktion des Ich betrachtet. 3. Richtung in der Psychologie, die die Bedeutung psychischer Funktionen für die Anpassung des Organismus an die Umwelt betont. **Funktionalist** *der*; -en, -en: Vertreter u. Verfechter des Funktionalismus. **funktionalistisch**: den Funktionalismus betreffend. **Funktionalstil** *der*; -[e]s, -e: Verwendungsweise sprachlicher Mittel, die je nach gesellschaftlicher Tätigkeit od. sprachlich kommunikativer Funktion differieren (Sprachw.). **Funktionär** *der*; -s, -e: (schweiz.) Funktionär. **Funktionär** [*lat.-fr.*] *der*; -s, -e: offizieller Beauftragter eines wirtschaftlichen, sozialen od. politischen Verbandes od. einer Sportorganisation. **funktionell**: 1. a) auf die Leistung bezogen, durch Leistung bedingt; b) wirksam; c) die Funktion (1c) erfüllend, im Sinne der Funktion wirksam, die Funktion betreffend. 2. die Beziehung eines Tones (Klanges) hinsichtlich der drei Hauptakkorde betreffend. 3. die Leistungsfähigkeit eines Organs betreffend; -e Erkrankung: Erkrankung, bei der nur die Funktion eines Organs gestört, nicht aber dieses selbst krankhaft verändert ist (Med.); -e Gruppen: Atomgruppen in organischen → Molekülen, bei denen charakteristische Reaktionen ablaufen können (Chem.). **Funktionentheorie** *die*; -: allgemeine Theorie der Funktionen (2) (Math.). **funktionieren** [*lat.-fr.*]: in [ordnungsgemäßem] Betrieb sein; reibungslos ablaufen; vorschriftsmäßig erfolgen. **Funktionspsychologie** *die*; -: Wissenschaft von den Erscheinungen u. Funktionen der seelischen Erlebnisse. **Funktionsverb** *das*; -s, -en: ein Verb, das in einer festen Verbindung mit einem Substantiv gebraucht wird, wobei das Substantiv den Inhalt der Wortverbindung bestimmt (z. B. in Verbindung *treten*; in Gang *bringen*; (Sprachw.). **Funktionsverbgefüge** *das*; -s, -: Verbalform, die aus der festen Verbindung von Substantiv u. Funktionsverb besteht (z. B. *in Verbindung treten*; *in Betrieb sein*; Sprachw.). **Funktiv** [*lat.-nlat.*] *das*; -s, -e [...*wᵉ*]: jedes der beiden Glieder einer Funktion (in der → Glossematik L. Hjelmslevs). **Funktor** *der*; -s, ...oren: 1. ein Ausdruck, der einen anderen Ausdruck näher bestimmt (moderne Logik). 2. Ergänzung einer Leerstelle im Satz (Sprachw.)

Fuor|uscito [*fuoruschito*; *lat.-it.*] *der*; -[s], ...ti: italienischer politischer Flüchtling während der Zeit des → Risorgimento u. → Faschismus

Furage [*furaschᵉ*; *germ.-fr.*] *die*; -: a) Lebensmittel, Mundvorrat (für die Truppe); b) Futter der Militärpferde. **furagieren**: Furage beschaffen (Mil.)

Furca [...*ka*; *lat.*; „Gabel"] *die*; -, ...cae [...*zä*]: letzter, gegabelter Hinterleibsteil mancher Krebse (Zool.)

Furlant [*lat.-tschech.*] *der*; -[s], -s: böhmischer Nationaltanz im schnellen ¾-Takt mit scharfen rhythmischen Akzenten. **furibund** [*lat.*]: rasend, tobsüchtig (Med.). **Furie** [...*iᵉ*] *die*; -, -n: 1. römische Rachegöttin; vgl. Erinnye. 2. eine in Wut geratene Frau

Furier [*germ.-fr.*] *der*; -s, -e: der für Verpflegung u. Unterkunft einer Truppe sorgende Unteroffizier; vgl. Fourier.

furios [*lat.*]: a) wütend, hitzig; b) mitreißend, glänzend. **furioso** [*lat.-it.*]: wild, stürmisch, leidenschaftlich (Vortragsanweisung; Mus.). **Furioso** *das*; -[s], ...si u. -s: einsätziges Musikstück od. musikalischer Satz von wild-leidenschaftlichem Charakter (Mus.)

Furlana u. **Furlane** vgl. Forlana

Furnier [*germ.-fr.*] *das*; -s, -e: dünnes Deckblatt (aus gutem, meist auch gut gemasertem Holz), das auf weniger wertvolles Holz aufgeleimt wird. **furnieren**: mit Furnier belegen

Furor [*lat.*] *der*; -s: Wut, Raserei. **Furore** [*lat.-it.*] *die*; -, od. *das*; -s: rasender Beifall; Leidenschaftlichkeit; - machen: Aufsehen erregen, Beifall erringen. **Furor poeticus** [- ...*kuß*; *lat.*; *gr.-lat.*] *der*; - -: dichterische Begeisterung. **Furor teutonicus** [- ...*kuß*; *lat.*; *germ.-lat.*] *der*; - -: 1. germanischer Angriffsgeist. 2. Aggres-

sivität als den Deutschen unterstelltes Wesensmerkmal
Furunkel [*lat.*; „kleiner Dieb"] *der* (auch: *das*); -s, -: akut-eitrige Entzündung eines Haarbalgs u. seiner Talgdrüse, Eitergeschwür (Med.). **Furunkulose** [*lat.-nlat.*] *die*; -, -n: ausgedehnte Furunkelbildung (Med.)
Fusa [*lat.-it.*] *die*; -, ...ae [...*ä*] u. ...sen: Achtelnote in der → Mensuralnotenschrift
Fusariose [*lat.-nlat.*] *die*; -, -n: durch Fusarium erzeugte Pflanzenkrankheit (Bot.). **Fusarium** *das*; -s, ...ien [...*i*^e*n*]: ein Schlauchpilz (Pflanzenschädling; Bot.)
Füsilier [*lat.-vulgärlat.-fr.*] *der*; -s, -e: (schweiz., sonst veraltet) Infanterist. **füsilieren**: standrechtlich erschießen. **Füsillade** [...*ijad*^e] *die*; -, -n: [massenweise] standrechtliche Erschießung von Soldaten
Fusion [*lat.*; „Gießen, Schmelzen"] *die*; -, -en: 1. Vereinigung, Verschmelzung (z. B. zweier od. mehrerer Unternehmen od. politischer Organisationen). 2. Vereinigung der Bilder des rechten u. des linken Auges zu einem einzigen Bild (Optik; Med.). **fusionieren** [*lat.-nlat.*]: verschmelzen (von zwei od. mehreren [großen] Unternehmen). **Fusionsreaktor** *der*; -s, -en: → Reaktor zur Energiegewinnung durch Atomkernfusion
Fusit [auch: ...*it*; *lat.-nlat.*] *der*; -s, -e: Steinkohle, deren einzelne Lagen aus verschieden zusammengesetztem Material bestehen
Fustage u. Fastage [...*tasch*^e; französierende Bildung zu *frz.* fût (älter *frz.* fust) „Baumstamm; Schaft; Weinfaß"] *die*; -, -n: 1. Frachtverpackung (Kisten, Säkke u. anderes Leergut). 2. Preis für Leergut
Fustanella [*ngr.-it.*] *die*; -, ...llen: kurzer Männerrock der griechischen Nationaltracht (Albaneserhemd)
Fusti [*lat.-it.*] *die* (Plural): [Vergütung für] Unreinheiten einer Ware
Fustikholz [*arab.-roman.-engl.*; *dt.*] *das*; -es: tropische, zur Farbstoffgewinnung geeignete Holzart (Gelbholz)
Fu|thark [*futhark*; nach den ersten sechs Runenzeichen] *das*; -s, -e: das älteste germanische Runenalphabet
futieren [*lat.-fr.*]: (schweiz.) 1. jmdn. beschimpfen, tadeln. 2. sich -: sich um etwas nicht kümmern, sich über etwas hinwegsetzen
futil [*lat.*]: (veraltet) nichtig, unbedeutend, läppisch. **Futilität** *die*; -, -en: (veraltet) Nichtigkeit, Unbedeutendheit
Futteral [*germ.-mlat.*] *das*; -s, -e: [eng] der Form angepaßte Hülle für einen Gegenstand (z. B. für eine Brille)
Futur [*lat.*] *das*; -s, -e: 1. Zeitform, mit der ein verbales Geschehen od. Sein aus der Sicht des Sprechers als Vorhersage, Vermutung, als fester Entschluß, als Aufforderung o. ä. charakterisiert wird. 2. Verbform des Futurs (1). **Futura** *die*; -: eine Schriftart (Druckw.). **futurisch**: (Sprachw.) a) das Futur betreffend; b) im Futur auftretend. **Futurismus** [*lat.-nlat.*] *der*; -: von Italien ausgehende literarische, künstlerische u. politische Bewegung des beginnenden 20. Jh.s, die den völligen Bruch mit der Überlieferung u. ihren Traditionswerten forderte. **Futurist** *der*; -en, -en: Anhänger des Futurismus. **Futuristik** *die*; -: = Futurologie. **futuristisch**: zum Futurismus gehörend. **Futurologe** [*lat.*; *gr.*] *der*; -n, -n: Wissenschaftler auf dem Gebiet der Futurologie. **Futurologie** *die*; -: moderne Wissenschaft, die sich mit den erwartbaren zukünftigen Entwicklungen auf technischem, wirtschaftlichem u. sozialem Gebiet beschäftigt. **futurologisch**: die Futurologie betreffend. **Futurum** [*lat.*] *das*; -s, ...ra: (veraltet) = Futur. **Futurum exaktum** *das*; - -, ...ra ...ta: vollendetes Futur (z. B. er *wird gegangen sein*; Sprachw.)
Fylgja [*altnord.*] *die*; -, ...jur: der persönliche Schutzgeist eines Menschen in der altnord. Religion (Folgegeist)
Fylke [*norw.*] *das*; -[s], -r: norweg. Bezeichnung für: Provinz. Verwaltungsgebiet

G

Gabardine [*gabardin*, auch: ...*din*(^e); *fr.*] *der*; -s, (Sorten:) [...*dine*], auch: *die*; -, (Sorten:) [...*dine*]: Gewebe mit steillaufenden Schrägrippen (für Kleider, Mäntel u. Sportkleidung)
Gab|bro [*it.*] *der*; -s: ein Tiefengestein (Geol.)
Gabelle [*arab.-it.-fr.*] *die*; -, -n: Steuer, Abgabe, bes. Salzsteuer in Frankreich 1341–1790
Gadget [*gädschit*; *engl.*] *das*; -s, -s: kleine Werbebeigabe
Gadolinit [auch: ...*it*; *nlat.*; nach dem finn. Chemiker J. Gadolin, † 1852] *der*; -s, -e: ein Mineral. **Gadolinium** *das*; -s: zu den seltenen Erdmetallen gehörender chem. Grundstoff; Zeichen: Gd
Gag [*gäg*; *engl.-amerik.*] *der*; -s, -s: 1. (im Theater, Film, Kabarett) [durch technische Tricks herbeigeführte] komische Situation, witziger Einfall. 2. etw., was als eine überraschende Besonderheit angesehen wird, z. B. dieser Apparat hat einige -s
gaga [*fr.*]: trottelig
Gagaku [*jap.*] *das*; -s: aus China übernommene Kammer-, Orchester- od. Chormusik am japan. Kaiserhof (8.–12. Jh. n. Chr.)
Gagat [*gr.-lat.*] *der*; -[e]s, -e: als Schmuckstein verwendete Pechkohle
Gage [*gasch*^e; *germ.-fr.*] *die*; -, -n: Bezahlung, Gehalt von Künstlern. **Gagist** [...*schist*] *der*; -en, -en: 1. jmd., der Gage bezieht 2. (österr. veraltet) Angestellter des Staates od. des Militärs (in der österr.-ungar. Monarchie)
Gagger [*gäg*^e*r*; *engl.-amerik.*] *der*; -s, -: = Gagman
Gagliarde [*galjard*^e] vgl. Gaillarde
Gagman [*gägm*^e*n*; *engl.-amerik.*] *der*; -[s], ...men [...*m*^e*n*]: jmd., der Gags erfindet
Gahnit [auch: ...*it*; *nlat.*; nach dem schwedischen Chemiker J. G. Gahn, † 1818] *der*; -s, -e: dunkelgrünes bis schwarzes metamorphes Mineral
gaiement [*gämang*] vgl. gaîment
Gail|lard [*gajar*; *fr.*] *der*; -s, -s: franz. Bezeichnung für: Bruder Lustig. **Gail|larde** [...*ard*^e] *die*; -, -n: 1. (früher) lebhafter, gewöhnlich als Nachtanz zur → Pavane getanzter Springtanz im 3/4-Takt. 2. bestimmter Satz der → Suite (4) (bis etwa 1600)
Gail|lardia [*gajar*...; *nlat.*; nach dem franz. Botaniker Gaillard de Marentonneau (*gajar d*^e *marangtong*)] *die*; -, ...ien [...*i*^e*n*]: Kokardenblume (Korbblütler; Zierstaude)
gaîment [*gämang*; *germ.-provenzal.-fr.*]: lustig, fröhlich, heiter (Vortragsanweisung; Mus.). **gaio** [*gajo*; *germ.-provenzal.-fr.-it.*]: = gaîment
Gaita [*span.*] *die*; -, -s: Bezeichnung für verschiedenartige span. Blasinstrumente (z. B. Dudelsack aus Ziegenleder, Hirtenflöte). **Gajda** [*span.-türk.*] *die*; -, -s: türk. Sackpfeife
Gal [Kurzw. für den Namen Galileo Galilei] *das*; -s, -: physikal. Einheit der Beschleunigung
Gala [auch: *gala*; *span.*] *die*; -, -s: 1. (ohne Plural) für einen besonde-

ren Anlaß vorgeschriebene festliche Kleidung; großer Gesellschaftsanzug. 2. (hist.) Hoftracht. 3. in festlichem Rahmen stattfindende Theater-, Opernaufführung o. ä.; Galavorstellung

Galabiya [*...bija*; *arab.*] *die*; -, -s: weites wollenes Gewand, das von den ärmeren Schichten der arabischsprachigen Bevölkerung des Vorderen Orients getragen wird

Galakt|agogum [*gr.*] *das*; -s, ...ga: milchtreibendes Mittel für Wöchnerinnen (Med.). **galaktisch** [*gr.-lat.*]: zum System der Milchstraße (→ Galaxis) gehörend; -e Koordinaten: ein astronomisches Koordinatensystem; -es Rauschen: im Ursprung nicht lokalisierbare Radiowellen aus dem Milchstraßensystem. **Galaktologie** [*gr.-nlat.*] *die*; -: Wissenschaft von der Zusammensetzung u. Beschaffenheit der Milch u. ihrer Verbesserung. **Galaktometer** *das*; -s, -: Meßgerät zur Bestimmung des spezifischen Gewichts der Milch. **Galaktor|rhö**[1] *die*; -, -en u. **Galaktor|rhöe** [*...rö*] *die*; -, -n [*...röen*]: Milchabsonderung, die nach dem Stillen od. auch bei Hypophysenerkrankungen eintritt (Med.). **Galaktose** *die*; -, -n: Bestandteil des Milchzuckers. **Galaktosidase** *die*; -: milchzukkerspaltendes → Enzym. **Galaktostase** *die*; -, -n: Milchstauung (z. B. bei Brustdrüsenentzündung od. Saugschwäche des Neugeborenen; Med.). **Galaktos|urie** *die*; -, ...ien: das Auftreten von Milchzucker im Harn (Med.). **Galaktozele** *die*; -, -n: Milchzyste (der Brustdrüse); → Hydrozele mit milchigem Inhalt (Med.). **Galalith** ⓦ [auch: *...it*; „Milchstein"] *das*; -s: harter, hornähnlicher, nicht brennbarer Kunststoff

Galan [*span.*] *der*; -s, -e: a) Mann, der sich mit besonderer Höflichkeit, Zuvorkommenheit um seine Dame bemüht; b) (iron.) Liebhaber, Freund. **galant** [*fr.-span.*]: a) (von Männern) betont höflich u. gefällig gegenüber Damen; b) ein Liebeserlebnis betreffend; amourös; vgl. Roman (galanter Roman), Stil (galanter Stil); -e Dichtung: geistreich-spielerische Gesellschaftspoesie als literarische Mode in Europa 1680–1720. **Galanterie** [*fr.*] *die*; -, ...ien: a) sich bes. in geschmeidigen Umgangsformen ausdrückendes höfliches, zuvorkommendes Verhalten gegenüber dem weiblichen Geschlecht; b) galantes → Kompliment. **Galanterien** *die* (Plural): = Galanteriewaren. **Galanteriewaren** *die* (Plural): (veraltet) Mode-, Putz-, Schmuckwaren; modisches Zubehör wie Tücher, Fächer usw.

Galant|homme [*galantom*] *der*; -s, -s: Ehrenmann, Mann von feiner Lebensart, bes. gegenüber dem weiblichen Geschlecht

Galantine [*fr.*] *die*; -, -n: Pastete aus Fleisch od. Fisch, die mit Aspik überzogen ist u. kalt aufgeschnitten wird

Galant|uomo [*it.*] *der*; -s, ...mini: ital. Bezeichnung für: Ehrenmann

Galaxias [*gr.*] *die*; -: (veraltet) = Milchstraße. **Galaxie** [*gr.-lat.-mlat.*] *die*; -, ...ien: (Astron.) a) großes Sternsystem außerhalb der Milchstraße; b) Spiralnebel. **Galaxis** *die*; -, ...xien: (Astron.) a) (ohne Plural) die Milchstraße; b) = Galaxie

Galban u. **Galbanum** [*semit.-gr.-lat.*] *das*; -s: Galbensaft (Heilmittel aus dem Milchsaft pers. Doldenblütler)

Galeasse [*gr.-mgr.-mlat.-it.*] u. Galjaß [*gr.-mgr.-mlat.-it.-fr.-niederl.*] *die*; -, ...assen: 1. Küstenfrachtsegler mit Kiel u. plattem Heck, mit Großmast u. kleinem Besanmast (vgl. Besan). 2. größere Galeere. **Galeere** [*gr.-mgr.-mlat.-it.*] *die*; -, -n: mittelalterliches zweimastiges Ruderschiff des Mittelmeerraums mit 25 bis 50 Ruderbänken, meist von Sklaven, Sträflingen gerudert

Galenik [nach dem altgr. Arzt Galen (129–199 n. Chr.)] *die*; -: Lehre von den natürlichen (pflanzlichen) Arzneimitteln. **Galenikum** [*nlat.*] *das*; -s, ...ka: in der Apotheke aus → Drogen (2) zubereitetes Arzneimittel (im Gegensatz zum chem. Fabrikerzeugnis). **galenisch**: aus Drogen zubereitet; vgl. Galenikum

Galenit [auch: *...it*; *lat.-nlat.*] *der*; -s, -e: Bleiglanz, wichtiges Bleierz

Galeone u. Galione [*gr.-mgr.-mlat.-span.-niederl.*] *die*; -, -n: großes span. u. port. Kriegs- u. Handelssegelschiff des 15.–18. Jh.s mit 3–4 Decks übereinander.

Galeot [*gr.-mgr.-mlat.-roman.*] *der*; -en, -en: Galeerensklave.

Galeote u. Galiote *die*; -, -n u. Galjot *die*; -, -en: der Galeasse (1) ähnliches kleineres Küstenfahrzeug. **Galera** [*gr.-mgr.-mlat.-span.*] *die*; -, -s: größerer span. Planwagen als Transport- u. Reisefahrzeug

Galerie [*it.*] *die*; -, ...ien: 1. (Archit.) a) mit Fenstern, Arkaden u. ä. versehener Gang als Laufgang an der Fassade einer romanischen od. gotischen Kirche; b) umlaufender Gang, der auf der Innenhofseite um das Obergeschoß eines drei- od. vierflügeligen Schlosses, Palastes o. ä. geführt ist; c) außen an Bauernhäusern angebrachter balkonartiger Umgang. 2. in den alten Schlössern ein mehrere Räume verbindender Gang od. ein großer langgestreckter, für Festlichkeiten od. auch zum Aufhängen od. Aufstellen von Bildwerken benutzter Raum (Archit.). 3. a) kurz für Gemäldegalerie; b) Kunst-, insbes. Gemäldehandlung, die auch Ausstellungen veranstaltet. 4. a) Empore [in einem Saal, Kirchenraum]; b) (veraltend, noch scherzh.) oberster Rang im Theater; c) (veraltend, noch scherzh.) das auf der Galerie sitzende Publikum. 5. Orientteppich in der Form eines Läufers. 6. (bes. österr., schweiz.) Tunnel an einem Berghang mit fensterartigen Öffnungen nach der Talseite. 7. (hist.) mit Schießscharten versehener, bedeckter Gang im Mauerwerk einer Befestigungsanlage. 8. (selten) glasgedeckte Passage mit Läden. 9. (veraltend) um das Heck laufender Rundgang an [alten Segel]schiffen (Seemannsspr.). 10. (meist scherzh.) größere Anzahl gleichartiger Dinge, Personen, z. B. sie besitzt eine ganze - schöner Hüte. 11. (österr. veraltend) Unterwelt, Verbrecherwelt. **Galerieton** *der*; -[e]s: durch → Oxydation des Öls entstandene dunkelbräunliche Tönung alter Ölgemälde. **Galeriewald** *der*; -[e]s, ...wälder: schmaler Waldstreifen an Flüssen u. Seen afrikanischer Savannen u. Steppengebiete. **Galerist** *der*; -en, -en: Besitzer einer Galerie (3b). **Galeristin** *die*; -, -nen: Besitzerin einer Galerie (3b)

Galette [*fr.*] *die*; -, -n: flacher Kuchen [aus Blätterteig]

Galgantwurzel [*arab.-mlat.*; *dt.*] *die*; -, -n: zu Heilzwecken u. als Gewürz verwendete Wurzel eines ursprünglich südchines. Ingwergewächses

Galimathias [*fr.*] *der* od. *das*; -: sinnloses, verworrenes Gerede

Galion [*gr.-mgr.-mlat.-span.-niederl.*] *das*; -s, -s: Vorbau am Bug älterer Schiffe. **Galione** vgl. Galeone. **Galionsfigur** *die*; -, -en: aus Holz geschnitzte Verzierung des Schiffsbugs (meist in Form einer

---

[1] Vgl. die Anmerkung zu Diarrhö.

Frauengestalt) [auf die der Blick fällt, die die Blicke auf sich lenkt]. **Galiote** vgl. Galeote

Galipot [...*po*; *fr.*] *der*; -s: franz. Bezeichnung für: Fichtenharz

Galium [*gr.-lat.*] *das*; -s: Labkraut (Gattung der Rötegewächse mit etwa 200 Arten kahler od. rauhhaariger Kräuter mit sehr kleinen Blüten, die als Zierpflanzen od. Unkräuter vorkommen)

Galivaten [...*wa*...; *engl.*] *die* (Plural): indische Transportschiffe

Galjaß *die*; -, ...assen: = Galeasse. **Galjon** vgl. Galion. **Galjonsfigur** vgl. Galionsfigur. **Galjot** *die*; -, -en: = Galeote

Gallat [*lat.-nlat.*] *das*; -s, -e: Salz der → Gallussäure (Chem.)

Galléglas [*gale*...; nach dem franz. Kunsthandwerker Gallé] *das*; -es, ...gläser: ein Kunstglas

Gallert [auch: *galärt*; *lat.-mlat.*] *das*; -s, -e u. **Gallerte** *die*; -, -n: steif gewordene, durchsichtige, gelatineartige Masse aus eingedickten pflanzl. u. tierischen Säften

Galliarde [*gajard*[e]] vgl. Gaillarde

gallieren [*lat.-nlat.*]: ein Textilgewebe für die Aufnahme von Farbstoff mit Flüssigkeiten behandeln, die Tannin od. Galläpfelauszug enthalten (Färberei)

gallikanisch [*mlat.*; vom lat. Namen Gallia für Frankreich]: dem Gallikanismus entsprechend; -e Kirche: die mit Sonderrechten ausgestattete kath. Kirche in Frankreich vor 1789; -e Liturgie: Sonderform der vorkarolingischen → Liturgie in Gallien; vgl. Confessio Gallicana. **Gallikanismus** [*mlat.-fr.*] *der*; -: a) franz. Staatskirchentum mit Sonderrechten gegenüber dem Papst (vor 1789); b) nationalkirchliche Bestrebungen in Frankreich bis 1789

Gallion vgl. Galion. **Gallionsfigur** vgl. Galionsfigur

gallisieren [*nlat.*; vom Namen des dt. Chemikers L. Gall]: bei der Weinherstellung dem Traubensaft Zuckerlösung zusetzen, um den Säuregehalt abzubauen od. den Alkoholgehalt zu steigern

Gallium [*lat.-nlat.*] *das*; -s: chem. Grundstoff, Metall (Zeichen: Ga)

Gallizismus [*lat.-nlat.*] *der*; -, ...men: Übertragung einer für das Französische charakteristischen sprachlichen Erscheinung auf eine nichtfranzösische Sprache im lexikalischen od. syntaktischen Bereich, sowohl fälschlicherweise als auch bewußt; vgl. Interferenz (3)

Galljambus [*gr.-lat.*] *der*; -, ...ben: antiker Vers aus → katalektischen ionischen → Tetrametern

Gallomane [*lat.*; *gr.*] *der*; -n, -n: jmd., der alles Französische in einer Art von Besessenheit bewundert, liebt u. nachahmt. **Gallomanie** *die*; -: Nachahmung alles Französischen in einer Art von Besessenheit

Gallon [*gäl*[e]*n*] *der* od. *das*; -[s], -s: = Gallone. **Gallone** [*fr.-engl.*] *die*; -, -n: a) engl. Hohlmaß (= 4,546 l); Abk.: gal; b) amerik. Hohlmaß (= 3,785 l); Abk.: gal

gallophil [*lat.*; *gr.*]: = frankophil; Ggs. → gallophob. **Gallophilie** *die*; -: = Frankophilie; Ggs. → Gallophobie. **gallophob**: = frankophob; Ggs. → gallophil. **Gallophobie** *die*; -: = Frankophobie; Ggs. → Gallophilie. **galloromanisch** [*lat.-nlat.*]: das Galloromanische betreffend. **Galloromanisch** *das*; -[en]: der aus dem Vulgärlatein hervorgegangene Teil des Westromanischen, der sprachgeographisch auf das ehemalige römische Gallien beschränkt ist u. die unmittelbare Vorstufe des Altprovenzalischen u. Altfranzösischen bildet

Gallup-Institut [auch: *gäl*[e]*p*...] *das*; -s: nach ihrem Begründer, dem amerik. Statistiker G. H. Gallup (20. Jh.), benanntes amerik. Forschungsinstitut zur Erforschung der öffentlichen Meinung

Gallussäure [*lat.-nlat.*; *dt.*] *die*; -: in zahlreichen Pflanzenbestandteilen (z. B. Galläpfeln, Teeblättern, Rinden) vorkommende organische Säure

Galmei [auch: *ga*...; *gr.-lat.-mlat.-fr.*] *der*; -s, -e: Zinkspat, wichtiges Zinkerz (Geol.)

Galon [*galong*; *fr.*] *der*; -s, -s u. **Galone** [*fr.-it.*] *die*; -, -n: Tresse, Borte, Litze. **galonieren** [*fr.*]: a) mit Borten u. dgl. versehen; b) langhaarige, dichte Felle durch Dazwischensetzen schmaler Lederstreifen o. ä. verlängern

Galopin [...*päng*; *germ.-fr.*] *der*; -s, -s: (veraltet) 1. Ordonnanzoffizier. 2. heiterer, unbeschwerter junger Mensch. **Galopp** [*germ.-fr.(-it.)*] *der*; -s, -s u. -e: 1. Gangart, Sprunglauf des Pferdes; im G.: (ugs.) sehr schnell, in großer Eile, z. B. er hat den Aufsatz im - geschrieben. 2. um 1825 aufgekommener schneller Rundtanz im $^2/_4$-Takt. **Galoppade** [*germ.-fr.*] *die*; -, -n: (veraltet) = Galopp. **Galopper** [*germ.-fr.-engl.*] *der*; -s, -: Rennpferd. **galoppieren** [*germ.-fr.-it.*]: (von Pferden) im Sprunglauf gehen; -d: sich schnell verschlimmernd, negativ entwickelnd, z. B. galoppierende Schwindsucht, eine galoppierende Geldentwertung

Galosche [*fr.*] *die*; -, -n: Gummiüberschuh

Galtonie [...*i*[e]; nach dem engl. Naturforscher u. Schriftsteller Sir Francis Galton (1822–1911)] *die*; -, -n: südafrik. Liliengewächs mit hängenden, glockenförmigen Blüten (Bot.)

Galvanisation [...*wanisazion*; *it.-nlat.*; nach dem ital. Anatomen L. Galvani, 1737–1798] *die*; -, -en: Anwendung des elektr. Gleichstroms zu Heilzwecken. **galvanisch**: auf der elektrolytischen Erzeugung von elektrischem Strom beruhend; -e Polarisation: elektrische Gegenspannung bei galvanischen Vorgängen; -es Element: Vorrichtung zur Erzeugung von elektrischem Strom auf galvanischer Grundlage; -e Hautreaktion: Veränderung der elektrischen Leitfähigkeit, des Widerstandes der Haut (z. B. bei gefühlsmäßigen Reaktionen; Psychol.). **Galvaniseur** [...*sör*; *it.-fr.*] *der*; -s, -e: Facharbeiter für Galvanotechnik. **galvanisieren**: durch Elektrolyse mit Metall überziehen. **Galvanismus** [*it.-nlat.*] *der*; -: Lehre vom galvanischen Strom. **Galvano** [*it.*] *das*; -s, -s: auf galvanischem Wege hergestellte Abformung von einer → Autotypie, einer Strichätzung, einem Schriftsatz u. a. **Galvano|graphie** [*it.*; *gr.*] *die*; -: Verfahren zur Herstellung von Kupferdruckplatten. **Galvanokaustik** *die* -: das Ausbrennen kranken Gewebes mit dem Galvanokauter (Med.). **Galvanokauter** *der*; -s: ärztl. Instrument mit einem durch galvanischen Strom erhitzten Platindraht zur Vornahme von Operationen. **Galvano|klischee** *das*; -s, -s: = Galvanoplastik

Galvanometer *das*; -s, -: elektromagnetisches Meßinstrument für elektrischen Strom. **galvanometrisch**: mit Hilfe des Galvanometers erfolgend. **Galvanonarkose** *die*; -, -n: Narkoseverfahren, bei welchem mit Hilfe von elektrischem Gleichstrom die Erregbarkeit des Rückenmarkes vollständig ausgeschaltet wird. **Galvanoplastik** *die*; -: Verfahren zum Abformen von Gegenständen durch galvanisches Auftragen dicker, abziehbarer Metallschichten, wobei man von den Originalen

Wachs- od. andere Negative anfertigt, die dann in Kupfer, Nikkel od. anderem Metall abgeformt werden können, wodurch z. B. Preßformen für die Schallplattenherstellung erzeugt, Druckplatten (Galvanos) usw. hergestellt werden. **Galvanoplastiker** *der*; -s, -: jmd., der galvanoplastische Arbeiten ausführt. **galvano|plastisch**: die Galvanoplastik betreffend, auf ihr basierend. **Galvanopunktur** [*it.*; *lat.*] *die*; -, -en: elektrische Entfernung von Haaren. **Galvano|skop** [*it.*; *gr.*] *das*; -s, -e: elektrisches Meßgerät. **Galvanostegie** *die*; -: galvanisches (elektrolytisches) Überziehen von Metallflächen mit Metallüberzügen. **Galvanotaxis** *die*; -, ...xen: durch elektrische Reize ausgelöste Bewegung bei Tieren, die positiv (zur Reizquelle hin) oder negativ (von der Reizquelle weg) verlaufen kann. **Galvanotechnik** *die*; -: Technik des → Galvanisierens. **Galvanotherapie** *die*; -: = Galvanisation. **Galvanotropismus** *der*; -, ...men: durch elektrischen Strom experimentell beeinflußte Wachstumsbewegung bei Pflanzen. **Galvanotypie** *die*; -: (veraltet) Galvanoplastik

Gamander [*gr.-mlat.*] *der*; -s, -: bes. auf kalkhaltigem Boden vorkommendes Kraut od. Strauch, dessen Arten z. T. als Heilpflanzen gelten; Teucrium (Gattung der Lippenblütler)

Gamasche [*arab.-span.-provenzal.-fr.*] *die*; -, -n: über Strumpf u. Schuh getragene [knöpfbare] Beinbekleidung aus Stoff od. Leder; aus Bändern gewickelte Beinbekleidung. **Gamaschendienst** *der*; -[e]s: (abwertend) pedantischer, sinnloser [Kasernen]drill (wegen der zahlreichen Knöpfe an den Militärgamaschen des 18. Jh.s)

Gamasidiose [*nlat.*] *die*; -, -n: auf Menschen übertragbare Vogelmilbenkrätze

Gambade [auch: *gangbad^e*; *vulgärlat.-it.-fr.*] *die*; -, -n: 1. a) Luftsprung; b) Kapriole, närrischer Einfall. 2. schneller Entschluß. **Gambe** [*vulgärlat.-it.*] *die*; -, -n: → Viola da gamba, mit den Knien gehaltenes Streichinstrument des 16. bis 18. Jh.s

Gambir [*malai.*] *der*; -s: als Gerb- u. Heilmittel verwendeter Saft eines ostasiatischen Kletterstrauches

Gambist [*vulgärlat.-it.*] *der*; -en, -en: Musiker, der Gambe spielt

Gambit [*vulgärlat.-it.-span.*] *das*; -s, -s: Schacheröffnung mit einem Bauernopfer zur Erlangung eines Stellungsvorteils

Gamelan [*malai.*] *das*; -s, -s: auf einheimischen Schlag-, Blas- u. Saiteninstrumenten spielendes Orchester auf Java u. Bali, das vor allem Schattenspiele und rituelle Tänze musikalisch begleitet. **Gamelang** vgl. Gamelan

Gamelle [*lat.-span.-it.-fr.*] *die*; -, -n: (schweiz.) Koch- u. Eßgeschirr der Soldaten

Gamet [*gr.-nlat.*] *der*; -en, -en: geschlechtlich differenzierte Fortpflanzungszelle von Pflanze, Tier u. Mensch. **Gamet|angiogamie** *die*; -: bei Pilzen vorkommende Art der Befruchtung, bei der die Gametangien verschmelzen, ohne Geschlechtszellen zu entlassen (Bot.) **Gamet|angium** *das*; -s, ...ien [...*i^en*]: Pflanzenzelle, in der sich die Geschlechtszellen in Ein- od. Mehrzahl bilden. **Gametogamie** *die*; -, ...ien: Vereinigung zweier verschiedengeschlechtiger Zellen. **Gametogenese** *die*; -, -n: Entstehung der Gameten u. ihre Wanderung im Körper bis zur Befruchtung (Biol.). **Gametopathie** *die*; -, ...ien: Keimschäden, die von der Zeit der Reifung der Gameten bis zur Befruchtung auftreten (Med.). **Gametophyt** *der*; -en, -en: Pflanzengeneration, die sich geschlechtlich fortpflanzt (im Wechsel mit dem → Sporophyten). **Gametozyt** *der*; -en, -en: noch undifferenzierte Zelle, aus der im Verlauf der Gametenbildung die Gameten hervorgehen

Gamin [*gamäng*; *fr.*] *der*; -s, -s: (veraltet) Straßen-, Gassenjunge, Bursche

Gamma [*semit.-gr.-lat.*] *das*; -[s], -s: griech. Buchstabe: Γ, γ (der dritte im Alphabet). **Gammaastronomie** vgl. Röntgenastronomie. **Gammafunktion** [...*zion*] *die*; -: Verallgemeinerung des mathemat. Ausdrucks → Fakultät auf nichtnatürliche Zahlen. **Gammaglobulin** *das*; -s: Eiweißbestandteil des Blutplasmas (zur Vorbeugung u. Behandlung bei verschiedenen Krankheiten verwendet; Med.). **Gammametall** *das*; -s: Legierung aus Kupfer u. Zinn. **Gammaquant** u. γ-Quant *das*; -s, -en: den → Gammastrahlen zugeordnetes Elementarteilchen

Gammarus [*gr.-lat.*] *der*; -: Flohkrebs

Gammaspek|trometer *das*; -s, -: Gerät zur Aufzeichnung der Linien eines Gammaspektrums. **Gammaspek|trum** *das*; -s, ...tren u. ...tra: Energiespektrum der Gammastrahlen. **Gammastrahlen** u. γ-Strahlen [*semit.-gr.-lat.*; *dt.*] *die* (Plural): vom Ehepaar Curie entdeckte radioaktive Strahlung, physikal. eine kurzwellige Röntgenstrahlung. **Gammazismus** [*semit.-gr.-lat.-nlat.*] *der*; -: Schwierigkeit bei der Aussprache von g u. k, die fälschlich wie j, d od. t ausgesprochen werden (häufig in der Kindersprache, als Dialektfehler od. auch infolge Krankheit). **Gamme** [*gr.-lat.-fr.*] *die*; -, -n: Tonleiter, Skala

Gamone [*gr.-nlat.*] *die* (Plural): von den Geschlechtszellen abgegebene (für den Befruchtungsvorgang wichtige) chem. Stoffe. **Gamont** *der*; -en, -en: Abschnitt im Entwicklungszyklus einzelliger Tiere u. Pflanzen, in dem der einzellige Organismus durch Vielfachteilung Geschlechtszellen bildet (Biol.). **gamophob**: eheschеu. **gamo|trop**: auf den Schutz der Geschlechtsorgane gerichtet (Bot.); -e Bewegungen: Bewegungen der Blüten zum Schutz od. zur Unterstützung der Geschlechtsorgane (z. B. Schließen vor Regenfällen)

Gampsodaktylie [*gr.-nlat.*] *die*; -, ...ien: Unfähigkeit, den kleinen Finger zu strecken (Med.)

Ganache [...*nasch*; *fr.*] *die*; -: cremige Nachspeise, die hauptsächlich aus einer Mischung von süßer Sahne u. geriebener Schokolade hergestellt wird. **Ganachecreme** [...*naschkrem*] *die*; -, -s u. (schweiz., österr.:) -n: = Ganache

Ganasche [*gr.-it.-fr.*] *die*; -, -n: breiter Seitenteil des Pferdeunterkiefers

Gan|dharakunst [...*dara*...] *die*; -: griech.-buddhistische Kunst aus der Schule der in Afghanistan gelegenen Landschaft Gandhara

Gan|dharwa [...*darwa*; *sanskr.*] *die* (Plural): Halbgötter (in Luft u. Wasser) des → Hinduismus

Ganeff [*jidd.*; aus der Gaunerspr.] *der*; -[s], -e: = Ganove

Gang [*gäng*; *engl.-amerik.*] *die*; -, -s: organisierte Gruppe von [jungen] Menschen, die sich kriminell, gewalttätig verhält. **Gangchef** [*gängschäf*] *der*; -s, -s: Anführer einer Gang

Gan|glien: *Plural* von → Ganglion. **Gan|glienblocker** [*gr.-lat.*; *niederl.-fr.-dt.*] *der*; -s, -: die Reizübertragung im Nervensystem hemmendes Mittel (Med.). **Ganglienzelle** *die*; -, -n: Nervenzelle. **Gan|gliom** *das*; -s, -e: bösartige Geschwulst, die von Ganglien des → Sympathikus ihren Ausgang nimmt (Med.). **Gan|glion** [*gr.-lat.*] *das*; -s, ...ien [...*iᵉn*]: 1. Nervenknoten (Anhäufung von Nervenzellen). 2. Überbein (Med.). **Gan|glionitis** vgl. Ganglitis. **Gan|glio|plegikum** [*gr.-nlat.*] *das*; -s, ...ka (meist Plural): Ganglienblocker (Med.). **Gan|glitis** u. Gan|glionitis *die*; -, ...itiden: Nervenknotenentzündung

Gan|grän [*gr.-lat.*] *die*; -, -en, (auch:) *das*; -s, -e u. (selten:) **Gan|gräne** *die*; -, -n: [bes. feuchter] Brand, Absterben des Gewebes (Med.). **gan|gräneszieren** [*gr.-lat.-nlat.*]: brandig werden (Med.). **gan|gränös**: mit Gangränbildung einhergehend (Med.)

Gangspill [*niederl.*] *das*; -[e]s, -e: Ankerwinde

Gangster [*gängßtᵉr*; *engl.-amerik.*] *der*; -s, -: (meist in einer Gruppe organisierter) [Schwer]verbrecher

Gangway [*gängᵘeⁱ*; *engl.*] *die*; -, -s: an ein Schiff od. Flugzeug heranzuschiebender Laufgang od. -treppe, über die die Passagiere ein- u. aussteigen

Gano|blast [*gr.-nlat.*] *der*; -en, -en (meist Plural): zahnschmelzbildende Zelle (Med.). **Ganoiden** *die* (Plural): Schmelzschupper (zusammenfassende Bez. für Störe, Hechte u. → Kaimanfische). **Ganoidschuppe** [*gr.-nlat.*; *dt.*] *die*; -, -n: rhombenförmige Fischschuppe (charakt. für die Ganoiden). **Ganoin** [*gr.-nlat.*] *das*; -s: perlmutterglänzender Überzug der Ganoidschuppen. **Ganosis** [*gr.*; „das Schmücken; der Glanz"] *die*; -, ...osen: Imprägnierung von Bildwerken aus Gips od. Marmor

Ganove [...*owᵉ*; *jidd.*; aus der Gaunerspr.] *der*; -n, -n: (ugs., abwertend) jmd., der in betrügerischer Absicht u. mehr im verborgenen andere zu täuschen, zu schädigen sucht; Gauner, Spitzbube, Dieb

Ganymed [auch: *ga*...; Mundschenk des Zeus in der griech. Sage] *der*; -s, -e: junger Kellner, Diener

Garage [*garaschᵉ*; *germ.-fr.*] *die*; -, -n: 1. Einstellraum für Kraftfahrzeuge. 2. Autowerkstatt. **garagieren**: (österr. u. schweiz.) in einer Garage einstellen. **Garagist** *der*; -en, -en: (schweiz.) Besitzer einer Reparaturwerkstatt

Garamond [...*mong*; franz. Stempelschneider] *die*; -: eine Antiquadruckschrift; vgl. Garmond

Garant [*germ.-fr.*] *der*; -en, -en: eine Person, Institution o. ä., die (durch ihr Ansehen) Gewähr für die Sicherung, Erhaltung o. ä. von etw. bietet. **Garantie** *die*; -, ...ien: 1. Gewähr, Sicherheit. 2. vom Hersteller schriftlich gegebene Zusicherung, innerhalb eines bestimmten begrenzten Zeitraums auftretende Defekte an einem gekauften Gegenstand kostenlos zu beheben. 3. a) einen bestimmten Sachverhalt betreffende verbindliche Zusage, [vertraglich festgelegte] Sicherheit; b) Haftungsbetrag, Sicherheit, Bürgschaft (Bankw.). **garantieren**: bürgen, verbürgen, gewährleisten. **garantiert**: (ugs.) mit Sicherheit, bestimmt

Garçon [*garßong*; *germ.-fr.*] *der*; -s, -s: 1. franz. Bezeichnung für: Kellner. 2. (veraltet) junger Mann; Junggeselle. **Garçonne** [...*on*] *die*; -, -n [...*nᵉn*]: 1. (veraltet) ledige Frau, Junggesellin. 2. (ohne Plural) knabenhafte Mode um 1925 u. wieder um 1950. **Garçonnière** [*garßoniär*] *die*; -, -n: (österr.) Einzimmerwohnung

Garde [*germ.-fr.*] *die*; -, -n: 1. Leibwache eines Fürsten. 2. Kern-, Elitetruppe. 3. Fastnachtsgarde; [meist friderizianisch] uniformierte, in Karnevalsvereinen organisierte [junge] Frauen u. Männer. **Gardedukorps** [*garddükor*; *fr.*] *das*; -: 1. Leibgarde eines Monarchen. 2. früher in Potsdam stationiertes Gardekavallerieregiment. **Gardekorps**: Gesamtheit der Garden (2). **Gardemanger** [*gardmangschē*] *der*; -s, -s: 1. (veraltet) Speisekammer. 2. Spezialkoch für kalte Speisen (Gastr.)

Gardenie [...*iᵉ*; nlat.; nach dem schott. Botaniker A. Garden (18. Jh.)] *die*; -, -n: immergrüner trop. Strauch mit duftenden Blüten

Gardenparty [*gáʳdᵉnpaʳti*; *engl.*] *die*; -, -s: [sommerliches] Fest im Garten

Garderobe [*germ.-fr.*] *die*; -, -n: 1. gesamter Kleiderbestand einer Person. 2. Kleiderablage[raum]. 3. Ankleideraum (z. B. von Schauspielern). **Garderobier** [...*bie*] *der*; -s, -s: 1. männl. Person, die im Theater Künstler ankleidet u. ihre Garderobe in Ordnung hält (Theat.). 2. (veraltet) Angestellter, der in der Kleiderablage tätig ist, der auf die Garderobe achtet. **Garderobiere** [...*biärᵉ*] *die*; -, -n: 1. weibl. Person, die im Theater Künstler ankleidet u. ihre Garderobe in Ordnung hält (Theat.). 2. (veraltend) Garderobenfrau, Angestellte, die in der Garderobe tätig ist.

gardez! [*garde*; „schützen Sie (Ihre Dame)!"]: ein (von Laien bei privaten Schachpartien manchmal verwendeter) höflicher Hinweis für den Gegner, daß seine Dame geschlagen werden kann

Gardine [*lat.-vulgärlat.-fr.-niederl.*] *die*; -, -n: [durchsichtiger] Fenstervorhang

Gardist [*germ.-fr.*] *der*; -en, -en: Angehöriger der Garde

gargarisieren [*gr.-lat.-fr.*]: gurgeln (Med.). **Gargarisma** [*gr.-lat.*] *das*; -s, -ta: Gurgelmittel (Med.)

Garigue u. Garrigue [...*ig*; *provenzal.-fr.*] *die*; -, -s: strauchige, immergrüne Heide in Südfrankreich

Garmond [*garmong*; nach dem franz. Stempelschneider Garamond] *die*; -: (südd., österr.) Korpus (III); vgl. Garamond

Garnele [*niederl.*] *die*; -, -n: seitl. abgeflachtes Krebstier (mehrere Arten von wirtschaftl. Bedeutung, z. B. Krabbe, → Granat II)

garni vgl. Hotel garni. **Garnier** *das*; -s: Boden- u. Seitenverkleidung der Laderäume eines Frachtschiffs. **garnieren** [*germ.-fr.*]: 1. a) mit Zubehör, Zutat versehen; b) schmücken, verzieren. 2. mit Garnier versehen

Garnierit [...*ni-e*..., auch: ...*ni-erit*; *nlat.*; nach dem franz. Geologen J. Garnier, 1839–1904] *der*; -s, -e: hellgrünes Mineral, das zur Nickelgewinnung dient

Garnison [*germ.-fr.*] *die*; -, -en: 1. Standort militärischer Verbände u. ihrer Einrichtungen. 2. Gesamtheit der Truppen eines gemeinsamen Standorts. **garnisonieren**: in der Garnison [als Besatzung] liegen. **Garnitur** *die*; -, -en: 1. a) mehrere zu einem Ganzen gehörende Stücke (z. B. Wäsche-, Polster-, Schreibtischgarnitur); die erste, zweite Garnitur: (ugs.) die besten, weniger guten Vertreter aus einer Gruppe; b) zu einem Eisenbahnzug zusammengestellte Wagen, die mehrere Fahrten gemeinsam machen. 2. Verzierung, Besatz

Garotte usw. vgl. Garrotte usw.

Garouille [*garujᵉ*; *fr.*] *die*; -: Wurzelrinde der Kermeseiche aus Algerien (Gerbmittel)

Garrigue [...*ig*] vgl. Garigue

Garrotte [*span.*] *die*; -, -n: Halseisen, Würgschraube, mit der in Spanien die Todesstrafe (durch Erdrosselung) vollstreckt wird. **garrottieren**: mit der Garrotte erdrosseln

Garúa [*span.*] *die*; -: dichter Küstennebel im Bereich des kalten Perustroms an der mittleren Westküste Südamerikas (Meteor.). **Garúaklima** *das*; -s: Klima im Einflußbereich kalter Meere

Gasel [*arab.*] *das*; -s, -e u. **Gasele** *die*; -, -n: [oriental.] Gedichtform mit wiederkehrenden gleichen od. „rührenden" Reimen; vgl. Bait

gasieren [*gr.-niederl.-nlat.*]: Garne durch Absengen über Gasflammen von Faserenden befreien. **gasifizieren** [*gr.-niederl.*; *lat.*]: für Gasbetrieb herrichten

Gaskonade [*fr.*] *die*; -, -n: (veraltet) Prahlerei, Aufschneiderei

Gas|ödem *das*; -s, -e: durch Gasbrandbazillen erregte schwere Infektion. **Gasolin** (Wz) [Kunstw.] *das*; -s: ein Kraftstoff. **Gasometer** [*gr.-niederl.*; *gr.*] *der*; -s, -: Behälter für Leuchtgas

Ga|sträa [*gr.-nlat.*] *die*; -, ...äen: hypothetisches Urdarmtier. **Gasträatheorie** *die*; -: von Haeckel aufgestellte Theorie über die Abstammung aller Tiere, die eine → Gastrulation durchlaufen, von einer gemeinsamen Urform, der Gasträa. **ga|stral**: zum Magen gehörend, den Magen betreffend (Med.). **Ga|stralgie** *die*; -, ...ien: Magenkrampf (Med.). **Ga|strektasie** *die*; -, ...ien: Magenerweiterung (Med.). **Gastrektomie** *die*; -, ...ien: operative Entfernung des Magens (Med.). **ga|strisch**: zum Magen gehörend, vom Magen ausgehend (Med.). **Ga|stritis** *die*; -, ...itiden: Magenschleimhautentzündung, Magenkatarrh. **Ga|strizismus** *der*; -: Magenverstimmung (Med.). **Ga|stro|anastomose** *die*; -, -n: operative Verbindung zweier getrennter Magenabschnitte. **Ga|strodiaphanie** *die*; -, ...ien: Magendurchleuchtung (Med.). **ga|stroduodenal** [*gr.*; *lat.*]: Magen u. Zwölffingerdarm betreffend (Med.). **Ga|stroduodenitis** *die*; -, ...itiden: Entzündung der Schleimhaut von Magen u. Zwölffingerdarm (Med.). **Gastrodynie** [*gr.-nlat.*] *die*; -, ...ien: Magenschmerzen, Magenkrampf (Med.). **ga|stroenterisch**: Magen u. Darm betreffend (Med.). **Ga|stro|enteritis** *die*; -, ...itiden: Magen-Darm-Entzündung (Med.). **Ga|stroenterokolitis** *die*; -, ...itiden: Entzündung des gesamten Verdauungskanals vom Magen bis zum Dickdarm (Med.). **Ga|stroenterologe** *der*; -n, -n: Arzt mit speziellen Kenntnissen auf dem Gebiet der Magen- u. Darmkrankheiten (Med.). **Gastroenterologie** *die*; -: Wissenschaft von den Krankheiten des Magens u. Darms (Med.). **Gastroenterostomie** *die*; -, ...ien: operativ geschaffene Verbindung zwischen Magen u. Dünndarm (Med.). **ga|strogen**: vom Magen ausgehend (Med.). **gastro|intestinal** [*gr.*; *lat.*]: Magen u. Darm betreffend (Med.). **Gastrolith** [auch: ...*it*; *gr.-nlat.*] *der*; -s u. -en, -e[n]: Magenstein (Med.). **Ga|strologie** *die*; -: Teilgebiet der Gastroenterologie (Med.). **Ga|strolyse** *die*; -, -n: operatives Herauslösen des Magens aus Verwachsungssträngen (Med.). **Gastromalazie** *die*; -, ...ien: Magenerweichung (infolge Selbstverdauung des Magens; Med.). **Ga|stromant** [*gr.*] *der*; -en, -en: = Engastrimant. **Ga|stromegalie** [*gr.-nlat.*] *die*; -, ...ien: abnorme Vergrößerung des Magens (Med.). **Ga|stromyzet** *der*; -en, -en (meist Plural): Bauchpilz (z. B. Bofist). **Ga|stronom** [*gr.-fr.*] *der*; -en, -en: Gastwirt mit besonderen Kenntnissen auf dem Gebiet der Kochkunst. **Gastronomie** *die*; -: 1. Gaststättengewerbe. 2. feine Kochkunst. **gastronomisch**: 1. das Gaststättengewerbe betreffend. 2. die feine Kochkunst betreffend. **Gastroparese** [*gr.-nlat.*] *die*; -, -n: Erschlaffung des Magens (Med.). **Ga|stropathie** *die*; -, ...ien: Magenleiden (Med.). **Ga|stropexie** *die*; -, ...ien: Annähen des Magens an die Bauchwand (bei Magensenkung; Med.). **Gastroplegie** *die*; -, ...ien: Magenlähmung (Med.). **Ga|stropode** *der*; -n, -n (meist Plural): Schnekke als Gattungsbezeichnung (eine Klasse der Weichtiere od. → Mollusken; Zool.). **Ga|stro|ptose** *die*; -, -n: Magensenkung (Med.). **Ga|stror|rhagie** *die*; -, ...ien: Magenbluten (Med.). **Ga|strose** *die*; -, -n: (veraltend) nicht entzündliche → organische (1a) u. → funktionelle Veränderung des Magens (Med.). **Ga|stro|skop** *das*; -s, -e: mit Spiegel versehenes, durch die Speiseröhre eingeführtes Metallrohr zur Untersuchung des Mageninneren (Med.). **Gastro|skopie** *die*; -, ...ien: Magenspiegelung mit dem Gastroskop (Med.). **Ga|strosoph** *der*; -en, -en: Anhänger der Gastrosophie. **Ga|strosophie** *die*; -: Kunst, Tafelfreuden [weise] zu genießen. **ga|strosophisch**: Tafelfreuden [weise] genießend. **Ga|strospasmus** *der*; -, ...men: Magensteifung, -krampf, bretthatre Zusammenziehung der Magenmuskeln (Med.). **Ga|strostomie** *die*; -, ...ien: operatives Anlegen einer Magenfistel (bes. zur künstl. Ernährung; Med.). **Ga|strotomie** *die*; -, ...ien: Magenschnitt, operative Öffnung des Magens (Med.). **Ga|stro|trichen** *die* (Plural): mikroskopisch kleine, wurmähnliche, bewimperte Tiere (Wasserbewohner; Zool.). **Gastrozöl** *das*; -s, -e: Darmhöhle, der von Darm u. Magen umschlossene Hohlraum (Med.; Biol.). **Ga|strula** *die*; -: zweischichtiger Becherkeim (Entwicklungsstadium vielzelliger Tiere; Zool.). **Ga|strulation** [...*zion*] *die*; -: Bildung der → Gastrula aus der → Blastula in der Entwicklung mehrzelliger Tiere

Gate [*geⁱt*; *engl.*; „Tor, Pol"] *das*; -s, -s: spezielle Elektrode zur Steuerung eines Elektronenstroms. **Gatefold** [*geⁱtfo^uld*; *engl.*; „Klappe, falten"] *das*; -s, -s: Seite in einem Buch, einer Zeitschrift o. ä., die größer ist als die anderen u. daher in die passende Form gefaltet ist

Gathas [*awest.*] *die* (Plural): ältester Teil des → Awesta, von Zarathustra selbst stammende strophische Lieder

gattieren [*dt.*, mit *roman.* Endung]: Ausgangsstoffe für Gießereiprodukte (z. B. Roheisen, Stahlschrott, Gußbruch) in bestimmten Mengenverhältnissen fachgemäß mischen

Gauchismus [*goschiß...*; zu *fr.* gauche: links, Linke] *der*; -: (links von der Kommunistischen Partei Frankreichs stehende) linksradikale politische Bewegung, Ideologie in Frankreich. **Gauchist** [*gosch...*; *fr.*] *der*; -en, -en: Anhänger des Gauchismus. **gauchistisch**: den Gauchismus betreffend, dazu gehörend, darauf beruhend

Gaucho [*gautscho*; *indian.-span.*] *der*; -[s], -s: berittener südamerik. Viehhirt

Gaudeamus [*lat.*; eigentlich: - igitur: „Freuen wir uns denn!"] *das*; -: Anfang eines mittelalterlichen Studentenliedes (Neufassung 1781 von Kindleben). **Gaudi** *das*; -s, auch (österr. nur): *die*; -: (ugs.) = Gaudium. **gaudieren**: (veraltet) sich freuen. **Gaudium** *das*; -s: etw., was andere belustigt, woran andere ihren Spaß haben

Gau|frage [*gofrasch^e*; *fr.*] *die*; -, -n: Narbung od. Musterung von Papier u. Geweben. **Gau|fré** [...*re*] *das*; -[s], -s: Gewebe mit eingepreßtem Muster. **gau|frieren**: mit dem Gaufrierkalander prägen od. mustern. **Gau|frierkalander**

der; -s, -: → Kalander zur Narbung od. Musterung von Papier u. Geweben

Gauge [*gę'dsch*; *fr.-engl.*] *das*; -: in der Strumpffabrikation Maß zur Angabe der Maschenzahl u. damit zur Feinheit des Erzeugnisses; Abk.: gg

Gaullismus [*goliß...*; *fr.*] *der*; -: nach dem franz. Staatspräsidenten General Ch. de Gaulle [*gol*] benannte politische Bewegung, die eine autoritäre Staatsführung u. die führende Rolle Frankreichs in Europa zum Ziele hat. **Gaullist** *der*; -en, -en: Verfechter u. Anhänger des Gaullismus. **gaullistisch**: den Gaullismus betreffend, zu ihm gehörend

Gault [*golt*; *engl.*] *der*; -[e]s: zweitälteste Stufe der Kreide (Geol.)

Gaultheria [*gol...*; *nlat.*; nach dem französisch-kanadischen Botaniker J.-F. Gaultier (*gotie*), 1708–1756] *die*; -, ...ien [...*ien*]: Gattung der Erikagewächse, aus deren Blättern das als Heilmittel verwendete Gaultheriaöl gewonnen wird

Gaur [*Hindi*] *der*; -[s], -[s]: ind. Wildrind

Gavial [...*wial*; *Hindi*] *der*; -s, -e: Schnabelkrokodil

Gavotte [*gawot*; *provenzal.-fr.*] *die*; -, -n [...*ten*]: Tanz im $^2/_4$-Takt; in der Suite (4) nach der Sarabande gespielt

gay [*gei*; *engl.*; „fröhlich"]: homosexuell. **Gay** *der*; -s, -s: Homosexueller. **Gaya ciencia** [*gaja ßjänßia*; *provenzal.*; „fröhliche Wissenschaft"] *die*; - -: Dichtung der Toulouser Meistersingerschule im 14. Jh. (vorwiegend Mariendichtung)

Gayal [*gajal*, auch: *gajal*; *Hindi*] *der*; -s, -s: hinterindisches leicht zähmbares Wildrind (Haustierform des → Gaur)

Gaze [*gase*; *pers.-arab.-span.-fr.*] *die*; -, -n: 1. [als Stickgrundlage verwendetes] weitmaschiges [gestärktes] Gewebe aus Baumwolle, Seide o. ä. 2. Verbandmull

Gazelle [*arab.-it.*] *die*; -, -n: Antilopenart der Steppengebiete Nordafrikas und Asiens

Gazette [auch: *gasät(e)*; *venezian.-it.-fr.*] *die*; -, -n: (oft iron.) Zeitung

Gazi [*gasi*] vgl. Ghasi

Gazpacho [*gaßpatscho*; *span.*] *der*; -[s], -s: a) kalt angerichtete Salatsuppe in Spanien; b) als Brotbelag verwendetes Gericht aus Bröckchen eines in der Asche od. auf offenem Feuer gebackenen Eierkuchens

Ge|antiklinale vgl. Geoantiklinale

Gecko [*malai.-engl.*] *der*; -s, -s u. ...onen: tropisches u. subtropisches eidechsenartiges Kriechtier (Insektenvertilger)

Gegenkonditionierung [...*zion...*; *dt.*; *lat.-nlat.*] *die*; -: Lernvorgang mit dem Ergebnis der Umkehrung eines → konditionierten Verhaltens (z. B. wenn Furchtreaktionen bei einem harmlosen Reiz abgebaut werden, indem man den Reiz gleichzeitig mit der Auslösung positiver Spontanreaktionen erfolgen läßt; Psychol.); vgl. Konditionierung

Gegenkultur [*dt.*; *lat.*] *die*; -, -en: Kulturgruppierung, die in Ablehnung der bürgerlichen Gesellschaft eigene Kulturformen entwickelt (Soziol.); vgl. Subkultur

Gegenreformation [...*zion*; *dt.*; *lat.*] *die*; -: innere Erneuerung u. neue Ausbreitung des Katholizismus im 16. u. 17. Jh. als Gegenbewegung gegen die → Reformation

gehandikapt [*gehändikäpt*; *engl.*]: durch etwas behindert, benachteiligt; vgl. handikapen

Gehenna [*hebr.-gr.-lat.*, nach Ge-Hinnom (= Tal Hinnoms) bei Jerusalem] *die*; -: spätjüd.-neutest. Bezeichnung für: Hölle

Gein [*gr.-nlat.*] *das*; -s: 1. der (schwarzbraune) Hauptbestandteil der Ackererde. 2. → Glykosid aus der Wurzel der Nelkenwurz (Bot.)

Geisa: *Plural* von → Geison

Geiser [*isländ.*] *der*; -s, -: = Geysir

Gei|sha [*gescha*; *jap.-engl.*] *die*; -, -s: in Musik u. Tanz ausgebildete Gesellschafterin, die zur Unterhaltung der Gäste in japanischen Teehäusern o. ä. beiträgt

Geison [*gr.*] *das*; -s, -s u. ...sa: Kranzgesims des antiken Tempels

Geitonogamie [*gr.-nlat.*] *die*; -: Übertragung von Blütenstaub zwischen Blüten, die auf derselben Pflanze stehen (Bot.)

gekantert [auch: *gekäntert*] vgl. kantern

Gel [Kurzform von *Gel*atine] *das*; -s, -e: gallertartiger Niederschlag aus kolloider (vgl. kolloid) Lösung

Gelar [Kunstw.] *das*; -s: agarähnliches (vgl. Agar-Agar) Präparat aus Ostseealgen

Gelasma [*gr.*; „das Lachen"] *das*; -s, ...asmata u. ...asmen: Lachkrampf (Med.)

Gelatine [*sche...*; *lat.-it.-fr.*] *die*; -: geschmack- u. farblose, aus Knochen u. Häuten hergestellte leimartige Substanz, die vor allem zum Eindicken u. Binden von Speisen Verwendung findet. **Gelatinekapsel** *die*; -, -n: dünnwandige Kapsel aus Gelatine u. → Glyzerin, die sich erst im Magen auflöst. **gelatinieren**: a) zu Gelatine erstarren; b) eine feinzerteilte Lösung in Gelatine verwandeln. **gelatinös**: gelatineartig. **Gelatit** [*sche...*, auch: ...*it*; Kunstw.] *das*; -s: Gesteinssprengstoff. **Gelcoat** [*gelkout*; *engl.*] *das*; -s: oberste Schicht der Außenhaut eines Bootes, das aus glasfaserverstärktem Kunststoff gebaut ist. **Gelee** [*schele*, auch: *schele*; *lat.-vulgärlat.-fr.*] *das* od. *der*; -s, -s: a) süßer Brotaufstrich aus gallertartig eingedicktem Fruchtsaft; b) gallertartige, halbsteife Masse, z. B. aus Fleisch- od. Fischsaft. **Gelidium** [*lat.*] *das*; -s: Gattung meist fiederig verzweigter Rotalgen mit in allen Meeren verbreiteten Arten. **gelieren** [*sche*..., auch: *sche*...; *lat.-vulgärlat.-fr.*]: zu Gelee werden

Geli|fraktion [...*zion*; *lat.-nlat.*] *die*; -, -en: Frostsprengung, durch Spaltenfrost verursachte Gesteinszerkleinerung

Gelolepsie [*gr.-nlat.*] u. **Gelo|plegie** *die*; -, ...ien: mit Bewußtlosigkeit verbundenes, plötzliches Hinstürzen bei Affekterregungen (z. B. Lachkrampf; Med.)

Gelo|tripsie [*lat.*; *gr.*] *die*; -, ...ien: punktförmige Massage zur Behebung von Muskelhärten (Med.)

Gemara [*aram.*] *die*; -: zweiter Teil des → Talmuds, Erläuterung der → Mischna

Gema|trie [*gr.-hebr.*] *die*; -: Deutung u. geheime Vertauschung von Wörtern mit Hilfe des Zahlenwertes ihrer Buchstaben (bes. in der → Kabbala)

Gemellus [*lat.*] *der*; -, ...lli u. Geminus *der*; -, ...ni: Zwilling (Med.). **Geminata** *die*; -, ...ten u. ...tä: Doppelkonsonant, dessen Bestandteile auf zwei Sprechsilben verteilt werden (z. B. it. freddo, gesprochen: fred-do; im Deutschen nur noch orthograph. Mittel). **Gemination** [...*zion*] *die*; -, -en: 1. Konsonantenverdoppelung; vgl. Geminata. 2. = Epanalepse. **geminieren**: einen Konsonanten od. ein Wort verdoppeln. **Gemini|pro|gramm** [(*lat.*; *gr.*) *amerik.*] *das*; -s: amerikan. Programm des Zweimannraumflugs (auf Bahnen um die Erde). **Geminus** vgl. Gemellus

Gemme [*lat.(-it.)*] *die*; -, -n: 1. bes. im Altertum beliebter Edelstein mit vertieft od. erhaben eingeschnittenen Figuren. 2. Brutkörper niederer Pflanzen (Form der ungeschlechtlichen Vermehrung; Biol.). **Gemmo|glyptik**

[*lat.*; *gr.*] *die*; -: = Glyptik. **Gemmologe** *der*; -en, -en: Edelsteinprüfer. **Gemmologie** *die*; -: Edelsteinkunde. **gemmologisch**: die Edelsteinkunde betreffend. **Gemmula** [*lat.*] *die*; -, ...lae [...*lä*] (meist Plural): widerstandsfähiger Fortpflanzungskörper der Schwämme, der ein Überdauern ungünstiger Lebensverhältnisse ermöglicht (Biol.)

Gen [*gr.*] *das*; -s, -e (meist Plural): in den → Chromosomen lokalisierter Erbfaktor

genant [*seh*...; *germ.-fr.*]: a) lästig, unangenehm, peinlich; b) (landsch.) gehemmt u. unsicher, schüchtern; leicht durch belanglose Dinge in Verlegenheit zu bringen; etw., bes. Nacktheit, als peinlich empfindend

Genantin ⓦ [Kunstw.] *das*; -s: = Glysantin

Genchirurgie *die*; -: → Genmanipulation

Gendarm [*schan*...; auch: *schang* ...; *fr.*] *der*; -en, -en: Angehöriger des Polizeidienstes (bes. auf dem Lande). **Gendarmerie** *die*; -, ...ien: staatl. Polizei in Landbezirken

Gene

I. [*schän*; *germ.-fr.*] *die*; -: (veraltet) [selbstauferlegter] Zwang; Unbehagen, Unbequemlichkeit; vgl. sans gêne.

II. [*gene*]: *Plural* von → Gen

Genealoge [*gr.*] *der*; -n, -n: Forscher auf dem Gebiet der Genealogie. **Genealogie** *die*; -, ...ien: Wissenschaft von Ursprung, Folge u. Verwandtschaft der Geschlechter; Ahnenforschung. **genealogisch**: die Genealogie betreffend

Genera: *Plural* von → Genus

General [*lat.*(-*fr.*)] *der*; -s, -e u. ...räle: 1. a) (ohne Plural) [höchster] Dienstgrad der höchsten Rangklasse der Offiziere; b) Offizier dieses Dienstgrades. 2. a) oberster Vorsteher eines katholischen geistlichen Ordens od. einer → Kongregation; b) oberster Vorsteher der Heilsarmee. **Generalabsolution** [...*zion*] *die*; -, -en: (kath. Rel.) 1. sakramentale Lossprechung ohne Einzelbeichte (in Notfällen). 2. vollkommener Ablaß, Nachlaß der Sündenstrafe in Verbindung mit den Sakramenten der Buße u. → Eucharistie (für Sterbende od. Ordensmitglieder). **Generaladmiral** *der*; -s, -e u. ...räle: 1. Offizier der Kriegsmarine im Range eines Generalobersten. 2. (hist.) (ohne Plural) Titel der ältesten Admirale (im 17. u. 18. Jh.). **Generalagent** *der*; -en, -en: Hauptvertreter. **Generalagentur** *die*; -, -en: Hauptgeschäftsstelle. **Generalamnestie** *die*; -, ...ien: eine größere Anzahl von Personen betreffende Amnestie. **Generalat** [*lat.-nlat.*] *das*; -[e]s, -e: 1. Generalswürde. 2. a) Amt eines katholischen Ordensgenerals (vgl. General 2a); b) Amtssitz eines katholischen Ordensgenerals (vgl. General 2a). **Generalbaß** *der*; ...basses, ...bässe: unter einer Melodiestimme stehende fortlaufende Baßstimme mit den Ziffern der für die harmonische Begleitung zu greifenden Akkordtöne (in der Musik des 17. u. 18. Jh.s). **Generalbeichte** *die*; -, -n: Beichte über das ganze Leben od. einen größeren Lebensabschnitt vor wichtigen persönlichen Entscheidungen. **Generaldirektor** *der*; -s, -en: Leiter eines größeren Unternehmens. **Generale** [*lat.*] *das*; -s, ...ien [...*ien*] (auch: ...lia): allgemein Gültiges; allgemeine Angelegenheiten. **Generalgouvernement** [...*guwärnemang*] *das*; -s, -s: 1. Statthalterschaft. 2. größeres → Gouvernement. 3. das Verwaltungsgebiet, das von 1939–1944 aus dem besetzten Polen gebildet wurde. **Generalgouverneur** [...*nör*] *der*; -s, -e: 1. Statthalter. 2. Leiter eines Generalgouvernements. **Generalia** und **Generalien** [...*ien*]: *Plural* von → Generale. **Generalinspekteur** [...*tör*] *der*; -s, -e: unmittelbar dem Verteidigungsminister unterstehender ranghöchster Soldat und höchster militärischer Repräsentant der Bundeswehr; vgl. Inspekteur (2). **Generalinspektion** *die*; -, -en: gründliche, umfassende → Inspektion (1). **Generalintendant** *der*; -en, -en: Leiter mehrerer Theater, eines Staatstheaters od. einer Rundfunkanstalt. **Generalisation** [...*zion*; *lat.-nlat.*] *die*; -, -en: 1. Gewinnung des Allgemeinen, der allgemeinen Regel, des Begriffs, des Gesetzes durch → Induktion aus Einzelfällen (Philos.). 2. Vereinfachung bei der Verkleinerung einer Landkarte (Geogr.). 3. = Generalisierung (2); vgl. ...[at]ion/...ierung. **generalisieren**: verallgemeinern, aus Einzelfällen das Allgemeine (Begriff, Satz, Regel, Gesetz) gewinnen. **generalisiert**: über den ganzen Körper verbreitet (bes. von Hautkrankheiten; Med.). **Generalisierung** *die*; -, -en: 1. das Generalisieren; Verallgemeinerung. 2. Fähigkeit, eine ursprünglich an einen bestimmten Reiz gebundene Reaktion auch auf nur ähnliche Reize folgen zu lassen (Psychol.); vgl. ...[at]ion/...ierung. **Generalissimus** [*lat.-it.*] *der*; -, ...mi u. ...musse: oberster Befehlshaber (Titel Stalins, Francos u. a.). **Generalist** *der*; -en, -en: jmd., der in seinen Interessen nicht auf ein bestimmtes Gebiet festgelegt ist. **Generalität** [*lat.*(-*fr.*)] *die*; -: 1. Gesamtheit der Generale. 2. (veraltet) Allgemeinheit. **generaliter** [*lat.*]: im allgemeinen, allgemein betrachtet. **Generalkapitel** *das*; -s, -: Versammlung der Oberen u. Bevollmächtigten eines katholischen Ordens, bes. zur Neuwahl des Vorstehers. **Generalklausel** *die*; -, -n: 1. allgemeine, nicht mit bestimmten Tatbestandsmerkmalen versehene Rechtsbestimmung. 2. Übertragung aller öffentlich-rechtlichen Streitigkeiten an die Verwaltungsgerichte (soweit vom Gesetz nichts anderes bestimmt ist); vgl. Enumerationsprinzip. **Generalkommando** *das*; -s, -s: oberste Kommandostelle u. Verwaltungsbehörde eines Armeekorps. **Generalkongregation** [...*zion*] *die*; -, -en: Vollsitzung einer kirchlichen Körperschaft (z. B. → Konzil, → Synode). **Generalkonsul** *der*; -s, -n: ranghöchster → Konsul (2). **Generalkonsulat** *das*; -s, -e: a) Amt eines Generalkonsuls; b) Sitz eines Generalkonsuls. **Generalleutnant** *der*; -s, -s: a) (ohne Plural) zweithöchster Dienstgrad in der Rangklasse der Generale; b) Inhaber dieses Dienstgrades. **Generallinie** [...*nie*] *die*; -, -n: allgemeingültige Richtlinie. **Generalmajor** *der*; -s, -e: a) (ohne Plural) dritthöchster Dienstgrad in der Rangklasse der Generale; b) Inhaber dieses Dienstgrades. **Generalmusikdirektor** *der*; -s, -en: a) erster Dirigent; b) (ohne Plural) Amt u. Titel des leitenden Dirigenten (z. B. eines Opernhauses); Abk.: GMD. **Generalpardon** [...*pardong*] *der*; -s, -s: a) (veraltet) allgemeiner Straferlaß; b) pauschale Vergebung, Nachsicht gegenüber jmds. Verfehlungen. **Generalpause** *die*; -, -n: für alle Sing- u. Instrumentalstimmen geltende Pause; Abk.: G. P. **Generalprävention** [...*wän-*

zion] *die*; -, -en: allgemeine Abschreckung von der Neigung zur strafbaren Tat durch Strafandrohung; vgl. Spezialprävention. **Generalprobe** *die*; -, -n: letzte Probe vor der ersten Aufführung eines Musik- od. Bühnenwerkes. **Generalprofos** *der*; -es u. -en, -e[n]: (hist.) 1. mit Polizeibefugnissen u. dem Recht über Leben u. Tod ausgestatteter Offizier (in den mittelalterlichen Söldnerheeren). 2. Leiter der Militärpolizei in Österreich (bis 1866). **Generalprokurator** *der*; -s, -en: Vertreter eines geistlichen Ordens beim → Vatikan. **Generalquartiermeister** *der*; -s, -: 1. (hist.) wichtigster → Adjutant des Feldherrn; engster Mitarbeiter des Generalstabschefs. 2. Verantwortlicher für die Verpflegung aller Fronttruppen im 2. Weltkrieg. **Generalresident** *der*; -en, -en: (hist.) oberster Vertreter Frankreichs in Marokko u. Tunis. **Generalse|kretär** *der*; -s, -e: mit → exekutiven Vollmachten ausgestatteter hoher amtlicher Vertreter [internationaler] politischer, militärischer u. ä. Vereinigungen (z. B. der UNO od. NATO). **Generalse|kretariat** *das*; -s, -e: a) Amt eines Generalsekretärs; b) Sitz eines Generalsekretärs. **Generalstaaten** *die* (Plural): 1. das niederländische Parlament. 2. (hist.) im 15. Jh. der vereinigte Landtag der niederl. Provinzen. 3. (hist.) 1593–1795 die Abgeordnetenversammlung der sieben niederl. Nordprovinzen. **Generalstab** *der*; -s, ...stäbe: zur Unterstützung des obersten militärischen Befehlshabers eingerichtetes zentrales Gremium, in dem besonders ausgebildete Offiziere (aller Ränge) die Organisation der militärischen Kriegsführung planen u. durchführen. **Generalstäbler** *der*; -s, -: Offizier im Generalstab. **Generalstände** *die* (Plural): (hist.) die franz. Reichsstände (Adel, Geistlichkeit u. Bürgertum). **Generalstreik** *der*; -s, -s: Streik, an dem sich die meisten Arbeitnehmer eines Landes beteiligen. **Generalsuperintendent** *der*; -en, -en: dem Bischof od. → Präses rangmäßig entsprechender leitender Geistlicher einer evangelischen Kirchenprovinz od. Landeskirche (heute noch in Berlin-Brandenburg). **Generalsynode** [...*sün*...] *die*; -, -n: 1. oberste → Synode der evangelischen Kirche. 2. (veraltet) allgemeines → Konzil der römisch-katholischen Kirche. **Generalvertrag** *der*; -[e]s: 1952 abgeschlossener Vertrag, der das Besatzungsstatut in der Bundesrepublik ablöste. **Generalvikar** [...*wi*...] *der*; -s, -e: Stellvertreter des katholischen [Erz]bischofs für die Verwaltungsaufgaben. **Generalvikariat** *das*; -s, -e: Verwaltungsbehörde einer katholischen → Diözese od. Erzdiözese

Generatianismus [...*zia*...; *lat.-nlat.*] *der*; -: Lehre im altchristlichen → Traduzianismus von der Entstehung der menschlichen Seele durch elterliche Zeugung; vgl. Kreatianismus. **Generatio aequivoca** [...*zio äkwiwoka*; *lat.*; „mehrdeutige Zeugung"] *die*; - -: Urzeugung (Hypothese von der Entstehung des Lebens auf der Erde ohne göttlichen Schöpfungsakt). **Generation** [...*zion*] *die*; -, -en: 1. a) die einzelnen Glieder der Geschlechterfolge (Eltern, Kinder, Enkel usw.); vgl. Parentalgeneration u. Filialgeneration; b) in der Entwicklung einer Tier- od. Pflanzenart die zu einem Fortpflanzungs- od. Wachstumsprozeß gehörenden Tiere bzw. Pflanzen. 2. ungefähr die Lebenszeit eines Menschen umfassender Zeitraum. 3. alle innerhalb eines bestimmten kleineren Zeitraumes geborenen Menschen, bes. im Hinblick auf ihre Ansichten zu Kultur, Moral u. Weltanschauung. 4. Gesamtheit der durch einen bestimmten Stand in der technischen Entwicklung o. ä. gekennzeichneten Geräte. **Generationenkon|flikt** u. **Generationskon|flikt** *der*; -[e]s, -e: Konflikt zwischen Angehörigen verschiedener Generationen, bes. zwischen Jugendlichen u. Erwachsenen, der aus den unterschiedlichen Auffassungen in bestimmten Lebensfragen erwächst. **Generationswechsel** *der*; -s: Wechsel zwischen geschlechtlicher u. ungeschlechtlicher Fortpflanzung bei Pflanzen u. wirbellosen Tieren (Biol.). **Generatio primaria** [...*zio* -; „ursprüngliche Zeugung"] u. **Generatio spontanea** [„freiwillige Zeugung"] *die*; - -: = Generatio aequivoca. **generativ** [*lat.-nlat.*]: die geschlechtliche Fortpflanzung betreffend (Biol.); -ve [...*w*ᵉ] Grammatik: sprachwissenschaftliche Forschungsrichtung, die das Regelsystem beschreibt, durch dessen unbewußte Beherrschung der Sprecher in der Lage ist, alle in der betreffenden Sprache vorkommenden Äußerungen zu bilden u. zu verstehen. **Generativist** *der*; -en, -en: Vertreter der generativen Grammatik. **Generativität** *die*; -: Fortpflanzungs-, Zeugungskraft. **Generator** [*lat.*] *der*; -s, ...oren: 1. Gerät zur Erzeugung einer elektrischen Spannung od. eines elektrischen Stromes. 2. Schachtofen zur Erzeugung von Gas aus Kohle, Koks od. Holz. **Generatorgas** *das*; -es: Treibgas (Industriegas), das beim Durchblasen von Luft durch glühende Kohlen entsteht. **generell** [auch: *ge*...; *lat.*; französierende Neubildung]: allgemein, allgemeingültig, im allgemeinen, für viele Fälle derselben Art zutreffend; Ggs. → speziell. **generieren**: a) erzeugen, produzieren; b) (sprachliche Äußerungen) in Übereinstimmung mit einem grammatischen Regelsystem erzeugen, bilden (Sprachw.). **Generierung** *die*; -: das Generieren (von sprachlichen Äußerungen; Sprachw.). **generisch** [*lat.-nlat.*]: das Geschlecht od. die Gattung betreffend. **generös** [auch: *sche*...; *lat.-fr.*; „von (guter) Art, Rasse"]: a) großzügig, nicht kleinlich im Geben, im Gewähren von etw.; b) edel, großmütig denkend u. handelnd; von großherziger Gesinnung [zeugend]. **Generosität** *die*; -, -en: a) Freigebigkeit; b) Großmut. **Genese** [*gr.-lat.*] *die*; -, -n: Entstehung, Entwicklung; vgl. Genesis. **Genesis** [auch: *gen*...] *die*; -: 1. das Werden, Entstehen, Ursprung; vgl. Genese. 2. das 1. Buch Mosis mit der Schöpfungsgeschichte. **Genethliakon** [*gr.*] *das*; -s, ...ka: antikes Geburtstagsgedicht. **Genetik** [*gr.-nlat.*] *die*; -: Vererbungslehre. **Genetiker** *der*; -s, -: Wissenschaftler auf dem Gebiet der Genetik. **genetisch**: a) die Entstehung, Entwicklung der Lebewesen betreffend, entwicklungsgeschichtlich; b) auf der Genetik beruhend, zu ihr gehörend; -e Philologie: Erforschung der [sprachlichen] Entstehung von Werken der Dichtkunst; -er Unterricht: entwickelnder Unterricht, der die Darstellung des neuen Stoffes mit eingestreuten Fragen verbindet. **Genetiv** *der*; -s, -e: (selten) Genitiv

Genette [*sch*ᵉ*nät* u. *sche*...; *arab.-span.-fr.*] *die*; -, -s u. -n [...*t*ᵉ*n*]: Ginsterkatze; Schleichkatze der afrik. Steppen (auch in Südfrankreich u. den Pyrenäen)

Genever [*genew*ᵉ*r* od. *sche*...; *lat.-fr.*] *der*; -s, -: niederl. Wacholderbranntwein; vgl. Gin

genial [*lat.*]: a) hervorragend begabt; b) großartig, vollendet; vgl.

...isch/-. **genialisch**: nach Art eines Genies, genieähnlich; vgl. ...isch/-. **Genialität** *die*; -: schöpferische Veranlagung des Genies. **Genie** [*sch*...; *lat.-fr.*]
I. *das*; -s, -s: 1. überragende schöpferische Geisteskraft. 2. hervorragend begabter, schöpferischer Mensch.
II. *die*; -, ...-s: (schweiz., ugs.) = Genietruppe

Genien [*geniᵉn*]: *Plural* von → Genius. **Genieoffizier** *der*; -s, -e: (schweiz.) Offizier der → Genietruppen. **Genieperiode** *die*; -: zeitgenössische Bezeichnung der → Geniezeit

genieren [*sch*...; *germ.-fr.*]: a) sich -: gehemmt sein, sich unsicher fühlen, sich schämen; b) stören, verlegen machen, z. B. ihre Anwesenheit genierte ihn

Genietruppe *die*; -, -n: (schweiz.) technische Kriegstruppe, → Pioniere (eine der Truppengattungen, aus denen sich die schweiz. Armee zusammensetzt). **Geniewesen** *das*; -s: (schweiz.) militärisches Ingenieurwesen. **Geniezeit** *die*; -: die Sturm-und-Drang-Zeit (Zeitabschnitt der dt. Literaturgeschichte von 1767 bis 1785; Literaturw.)

Genisa u. Geniza [...*sa*; *hebr.*] *die*; -, -s: Raum in der → Synagoge zur Aufbewahrung schadhaft gewordener Handschriften u. Kultgegenstände

Genista [*lat.*] *die*; -: Ginster (gelbblühender Strauch; Schmetterlingsblütler)

genital [*lat.*]: zu den Geschlechtsorganen gehörend, von ihnen ausgehend, sie betreffend (Med.); vgl. ...isch/-. **Genitale** *das*; -s, ...lien [...*iᵉn*] (meist Plural): das männl. od. weibl. Geschlechtsorgan (Med.). **genitalisch**: sich auf das Genitale beziehend, dazu gehörend; vgl. ...isch/-. **Genitalität** *die*; -: mit dem Eintreten des Menschen in die genitale Phase beginnende Stufe der Sexualität (Psychol.). **Genitiv** [auch: *gä*..., auch: ...*tif*] *der*; -s, -e [...*wᵉ*]: 1. zweiter Fall, Wesfall; Abk.: Gen. 2. Wort, das im Genitiv (1) steht. **genitivisch** [...*wisch*]: zum Genitiv gehörend. **Genitivkompositum** *das*; -s, ...ta: zusammengesetztes Substantiv, dessen Bestimmungswort aus einem Substantiv im Genitiv besteht (z. B. *Bundes*kanzler). **Genitivobjekt** *das*; -[e]s, -e: Ergänzung eines Verbs im 2. Fall (z. B. ich bedarf *seines Rates*). **Genitivus** [...*iwuß*, auch: *gen*...] *der*; -, ...vi: lat. Form von: Genitiv; - definitivus [...*iwuß*, auch: *de*...] u. - explicativus [...*katiwuß*, auch: *ex*...]: bestimmender, erklärender Genitiv (z. B. das Vergehen des *Diebstahls* [Diebstahl = Vergehen]); - obiectivus [...*iwuß*; auch: *op*...]: Genitiv als Objekt einer Handlung (z. B. der Entdecker *des Atoms* [er entdeckte das Atom]); - partitivus [...*iwuß*; auch: *par*...]: Genitiv als Teil eines übergeordneten Ganzen (z. B. die Hälfte *seines Vermögens*); - possessivus [...*iwuß*, auch: *poß*...]: Genitiv des Besitzes, der Zugehörigkeit (z. B. das Haus *des Vaters*); - qualitatis: Genitiv der Eigenschaft (z. B. ein Mann *mittleren Alters*); - subiectivus [...*iwuß*, auch: *sup*...]: Genitiv als Subjekt eines Vorgangs (z. B. die Ankunft *des Zuges* [der Zug kommt an]). **Genius** [*lat.*; eigtl. „Erzeuger"] *der*; -, ...ien [...*iᵉn*]: 1. (hist.) im röm. Altertum Schutzgeist, göttliche Verkörperung des Wesens eines Menschen, einer Gemeinschaft, eines Ortes; - epidemicus [...*kuß*; *lat.*; *gr.-nlat.*]: vorherrschender Charakter einer [gerade herrschenden] Epidemie; - loci [- *lozi*; *lat.*]: [Schutz]geist eines Ortes; - morbi: Charakter einer Krankheit. 2. a) (ohne Plural) schöpferische Kraft eines Menschen; b) schöpferisch begabter Mensch, Genie. 3. (meist Plural) geflügelt dargestellte niedere Gottheit der röm. Mythologie (Kunstw.)

Geniza [...*sa*] vgl. Genisa

Genmanipulation [...*zion*] *die*; -, -en: Neukombination von Genen durch direkten Eingriff in die Erbsubstanz mit biochemischem Verfahren, durch Übertragung von Genen durch Einpflanzung von Trägern eines bestimmten Erbgutes (z. B. Gene für Insulin) in einen neuen Organismus, wo diese entsprechend ihrem Erbgut zu → produzieren beginnen (Biol.; Med.). **Genmutation** [...*zion*] *die*; -, -en: erbliche Veränderung eines → Gens. **gennematisch** u. **gennemisch** [*gr.-nlat.*]: Sprachlaute als akustische Erscheinung betreffend (Sprachw.).

Gen|ökologie *die*; -: die Lehre von den Beziehungen zwischen → Genetik u. → Ökologie. **Genom** [*gr.-nlat.*] *das*; -s, -e: der einfache Chromosomensatz einer Zelle, der deren Erbmasse darstellt. **genospezifisch**: charakteristisch für das Erbgut. **Genommutation** [...*zion*] *die*; -, -en: erbliche Veränderung eines → Genoms. **genotypisch**: auf den Genotyp bezogen. **Genotyp** [auch: *ge*...] *der*; -s, -en u. **Genotypus** *der*; -, ...pen: die Gesamtheit der Erbfaktoren eines Lebewesens; vgl. Phänotyp.

Genozid [*gr.*; *lat.*] *der* (auch: *das*); -[e]s, -e u. -ien [...*iᵉn*]: Mord an nationalen, rassischen od. religiösen Gruppen. **Genre** [*schangrᵉ*; *lat.-fr.*] *das*; -s, -s: Gattung, Wesen, Art. **Genrebild** *das*; -[e]s, -er: Bild im Stil der Genremalerei. **genrehaft**: im Stil, in der Art der Genremalerei gestaltet. **Genremalerei** *die*; -: Malerei, die typische Zustände aus dem täglichen Leben einer bestimmten Berufsgruppe od. einer sozialen Klasse darstellt

Genro [*jap.*; „Älteste"] *der*; -: (hist.) vom jap. Kaiser eingesetzter Staatsrat

Gens [*lat.*; „Geschlechtsverband, Sippe"] *die*; -, Gentes [*ganteß*]: (hist.) altröm. Familienverband

Gent [*dschänt*; *engl.* Kurzform von: Gentleman] *der*; -s, -s: (iron.) Geck, feiner Mann

Gentechnologie *die*; -, -n [...*iᵉn*]: die gesamten Kenntnisse u. Verfahren in bezug auf die Technik zur Untersuchung der Gene, bes. von Nutzpflanzen u. Tieren sowie für Genmanipulationen

Gentes: *Plural* von → Gens

Gentiana [*illyrisch-lat.*] *die*; -: Enzian

gentil [*schäntil* od. *schangtil*; *lat.-fr.*]: (veraltet) fein, nett, wohlerzogen. **Gentilen** [*lat.*] *die* (Plural): (hist.) die Angehörigen der altröm. Gentes (vgl. Gens). **Gentilhomme** [*schangtijom*; *lat.-fr.*] *der*; -s, -s: franz. Bezeichnung für: Mann von vornehmer Gesinnung, Gentleman. **Gentle|man** [*dschäntlmᵉn*; *engl.*] *der*; -s, ...men [...*mᵉn*]: Mann von Lebensart u. Charakter; → Gentilhomme; vgl. Lady. **gentle|manlike** [...*laik*]: nach Art eines Gentlemans, vornehm, höchst anständig. **Gentleman's** od. **Gentlemen's Agreement** [*dschäntlmᵉns ᵉgrimᵉnt*] *das*; - -, - -s: [diplomatisches] Übereinkommen ohne formalen Vertrag; Übereinkunft auf Treu u. Glauben. **Gentry** [*dschäntri*; *lat.-fr.-engl.*] *die*; -: niederer engl. Adel u. die ihm sozial Nahestehenden

Genua [nach dem erstmaligen Auftauchen dieses Segels 1927 bei einer Regatta in Genua] *die*; -, -: großes, den Mast u. das Großsegel stark überlappendes Vorsegel. **Genuakord** u. **Genuasamt** [nach der ital. Stadt Genua] *der*; -[e]s: Rippensamt f. Möbelbezüge

genuin [*lat.*]: 1. echt, naturgemäß, rein, unverfälscht. 2. angeboren, erblich (Med.; Psychol.)

Genu recurvatum [...*kur*...; *lat.*] *das*; - -; überstreckbares Knie, das einen nach vorne offenen Winkel bildet (Med.)

Genus [auch: *ge*...; *lat.*] *das*; -, Genera: 1. Art, Gattung; - proximum: nächsthöherer Gattungsbegriff. 2. eine der verschiedenen Klassen (männlich, weiblich, sächlich), in die die Substantive (danach Adjektive u. Pronomen) eingeteilt sind; grammatisches Geschlecht; - verbi [-*wärbi*]: Verhaltensrichtung des Verbs; vgl. Aktiv, Medium, Passiv u. Verbum. **Genuskauf** *der*; -[e]s, ...käufe: Kaufvertrag, bei dem nur die Gattungsmerkmale der zu liefernden Sache, nicht aber ihre Besonderheiten bestimmt werden (Rechtsw.)

geo|anti|klinal [auch: *geo*...; *gr.-nlat.*]: die Geoantiklinale betreffend. **Geo|anti|klinale** u. Geantiklinale [auch: *geo*...] *die*; -, -n: weiträumiges Aufwölbungsgebiet der Erdkruste (Geol.)

Geobiologie [auch: *geo*...] *die*; -: Wissenschaft, die sich mit den Beziehungen zwischen → Geosphäre u. Menschen befaßt

Geobiont *der*; -en, -en: Lebewesen im Erdboden

Geobotanik [auch: *geo*...] *die*; -: Pflanzengeographie (Wissenschaft von der geographischen Verbreitung der Pflanzen). **geobotanisch** [auch: *geo*...]: die Geobotanik betreffend

Geochemie [auch: *geo*...] *die*; -: Wissenschaft von der chem. Zusammensetzung der Erde als Ganzes. **geochemisch** [auch: *geo*...]: die Geochemie betreffend

Geo|chronologie [auch: *geo*...] *die*; -: Wissenschaft von der absoluten geologischen Zeitrechnung (Geol.)

Geodäsie [*gr.*] *die*; -: [Wissenschaft von der] Erdvermessung; Vermessungswesen. **Geodät** [*gr.-nlat.*] *der*; -en, -en: Landvermesser. **geodätisch**: die Geodäsie betreffend

Geode [*gr.-nlat.*] *die*; -, -n: 1. Blasenhohlraum (= Mandel) eines Ergußgesteins, der mit Kristallen gefüllt sein kann (z. B. Achatmandel; Geol.). 2. = Konkretion (3)

Geode|pression [auch: *geo*...; *gr.-nlat.*] *die*; -, -en: = Geosynklinale

Geodreieck [Kunstw. aus *Geo*metrie u. *Dreieck*] *das*; -s, -e (ugs.: -s): mathematisches Hilfsmittel in Form eines (transparenten) Dreiecks zum Ausmessen u. Zeichnen von Winkeln, Parallelen o. ä.

Geodynamik [auch: *geo*...] *die*; -: allgemeine Geologie, die die → exogenen (2) u. → endogenen (2) Kräfte behandelt

Geo|fraktur [auch: *geo*...] *die*; -, -en: alte, innerhalb der Erdgeschichte immer wieder aufbrechende Schwächezone der Erdkruste (Geol.)

Geogenese [auch: *geo*...] u. **Geogenie** u. Geogonie [*gr.-nlat.*] *die*; -: Wissenschaft von der Entstehung der Erde

Geo|gnosie [*gr.-nlat.*] *die*; -: (veraltet) Geologie. **Geo|gnost** *der*; -en, -en: (veraltet) Geologe. **geognostisch**: (veraltet) geologisch

Geogonie vgl. Geogenie

Geo|graph [*gr.-lat.*] *der*; -en: -en: Wissenschaftler auf dem Gebiet der Geographie. **Geo|graphie** *die*; -: a) Erdkunde; b) geographische Lage, Beschaffenheit; [örtliche] Gegebenheit, z. B. die Sorgfalt wächst, je westlicher die -; die - der großen Räume beeinträchtigt die Fahndung. **geo|graphisch**: a) die Geographie betreffend, erdkundlich; b) die Lage, das Klima usw. eines Ortes, Gebietes betreffend; c) sich auf einen bestimmten Punkt o. ä. der Erdoberfläche beziehend

Geoid [*gr.-nlat.*] *das*; -[e]s: der von der tatsächlichen Erdgestalt abweichende theoretische Körper, dessen Oberfläche die Feldlinien der Schwerkraft überall im rechten Winkel schneidet

Geo|isotherme [auch: *geo*...] *die*; -, -n: Kurve, die Bereiche gleicher Temperatur des Erdinnern verbindet

geokarp [*gr.-nlat.*]: unter der Erde reifend (von Pflanzenfrüchten). **Geokarpie** *die*; -: das Reifen von Pflanzenfrüchten unter der Erde

Geokorona [auch: *geo*...] *die*; -: überwiegend aus Wasserstoff bestehende Gashülle der Erde oberhalb 1 000 km Höhe

Geo|kratie [*gr.-lat.*] *die*; -, ...ien: Erdperiode, in denen die Festländer größere Ausdehnung hatten als die Meere (Geol.)

Geologe [*gr.-nlat.*] *der*; -n, -n: Wissenschaftler auf dem Gebiet der Geologie. **Geologie** *die*; -: Wissenschaft von der Entwicklung[sgeschichte] u. vom Bau der Erde. **geologisch**: die Geologie betreffend; -e Formation [...*zion*]: bestimmter Zeitraum der Erdgeschichte

Geomantie [*gr.-lat.*] u. **Geomantik** [*gr.-nlat.*] *die*; -: Kunst (bes. der Chinesen u. Araber), aus Linien u. Figuren im Sand wahrzusagen

Geomedizin [auch: *geo*...] *die*; -: Wissenschaft von den geographischen u. klimatischen Bedingtheiten der Krankheiten u. ihrer Verbreitung auf der Erde

Geometer [*gr.-lat.*] *der*; -s, -: = Geodät. **Geome|trie** *die*; -, ...ien: Zweig der Mathematik, der sich mit den Gebilden der Ebene u. des Raumes befaßt. **geometrisch**: die Geometrie betreffend, durch Begriffe der Geometrie darstellbar; -er Ort: geometrisches Gebilde, dessen sämtliche Punkte die gleiche Bedingung erfüllen; -er Stil: nach seiner Linienornamentik benannter Stil der griech. Vasenmalerei; -es Mittel: n-te Wurzel aus dem Produkt von n Zahlen

Geomorphologe [auch: *geo*...] *der*; -n, -n: Wissenschaftler auf dem Gebiet der Geomorphologie. **Geomorphologie** [auch: *geo*...] *die*; -: Wissenschaft von den Formen der Erdoberfläche u. deren Veränderungen (Geol.). **geomorphologisch** [auch: *geo*...]: die Geomorphologie betreffend

Ge|onym [*gr.-nlat.*] *das*; -s, -e: Deckname, der aus einem geographischen Namen od. Hinweis besteht (z. B. Stendhal)

Geo|ökonomie [auch: *geo*...] *die*; -: geographische Produktenkunde

geopathisch [auch: *geo*...]: in Zusammenhang mit geographischen, klimatischen, meteorologischen Bedingungen Krankheiten verursachend

Geophage [*gr.-nlat.*] *der* u. *die*; -n, -n: a) jmd., der Erde ißt; vgl. Geophagie (a); b) jmd., der an Geophagie (b) leidet. **Geophagie** *die*; -: a) Sitte, bes. bei Naturvölkern, tonige od. fette Erde zu essen; b) krankhafter Trieb, Erde zu essen

Geophon [*gr.-nlat.*] *das*; -s, -e: Instrument für geophysikalische Untersuchungen

Geophysik [auch: *geo*...] *die*; -: Wissenschaft von den physikalischen Vorgängen u. Erscheinungen auf, über u. in der Erde. **geophysikalisch** [auch: *geo*...]: die Geophysik betreffend. **Geophysiker** [auch: *geo*...] *der*; -s, -: Wissenschaftler auf dem Gebiet der Geophysik

Geophyt [*gr.-nlat.*] *der*; -en, -en (meist Plural): Erdpflanze, die Trocken- u. Kältezeiten mit unterirdischen Knospen überdauert (Bot.)

Geo|plastik [auch: *geo*...] *die*; -, -en: räumliche Darstellung von Teilen der Erdoberfläche

Geopolitik [auch: *geo...*] *die*; -: Wissenschaft von der Einwirkung geographischer Faktoren auf politische Vorgänge u. Kräfte. **geopolitisch** [auch: *geo...*]: die Geopolitik betreffend

Geo|psychologie [auch: *geo...*] *die*; -: Wissenschaft von der Beeinflussung der Psyche (1a) durch Klima, Wetter, Jahreszeiten u. Landschaft

Georgette [*schorschät*; *fr.*] *der*; -s, -s: = Crêpe Georgette

Georgine [*nlat.*; nach dem russ. Botaniker J. G. Georgi, † 1802] *die*; -, -n: Seerosendahlie (Korbblütler)

Geo|sphäre [auch: *geo...*] *die*; -: Raum, in dem die Gesteinskruste der Erde, die Wasser- u. Lufthülle aneinandergrenzen

Geostatik *die*; -: Erdgleichgewichtslehre

geostationär [*...zio...*; auch: *geo...*]: immer über dem gleichen Punkt des Erdäquators stehend u. dabei über dem Äquator mit der Erdrotation mitlaufend (von bestimmten Satelliten od. Synchronsatelliten)

geo|strophische Wind [*gr.-nlat.*; *dt.*] *der*; -n -[e]s: Wind in hohen Luftschichten bei geradlinigen → Isobaren (Meteor.)

Geosutur [auch: *geo...*] *die*; -, -en: = Geofraktur

geosyn|klinal [auch: *geo...*; *gr.-nlat.*]: die Geosynklinale betreffend (Geol.). **Geosyn|klinale** [auch: *geo...*] u. **Geosyn|kline** [auch: *geo...*] *die*; -, -n: weiträumiges Senkungsgebiet der Erdkruste (Geol.)

Geotaxis [auch: *geo...*] *die*; -, ...taxen: Orientierungsbewegung bestimmter Pflanzen u. Tiere, die in der Richtung durch die Erdschwerkraft bestimmt ist

Geotechnik [auch: *geo...*] *die*; -: = Ingenieurgeologie

Geotektonik [auch: *geo...*] *die*; -: Lehre von den allgemeinen Gesetzmäßigkeiten in der Entwicklung der gesamten Erdkruste (Geol.) **geotektonisch** [auch: *geo...*]: die Geotektonik betreffend (Geol.)

Geotherapie [auch: *geo...*] *die*; -: klimatische Heilbehandlung (Med.)

geothermal [auch: *geo...*]: die Erdwärme betreffend. **Geothermik** *die*; -: Wissenschaft von der Temperaturverteilung u. den Wärmeströmen innerhalb des Erdkörpers. **geothermisch**: die Erdwärme betreffend; -e Tiefenstufen: Stufen der Wärmezunahme in der Erde (normal um 1° C auf 33 m). **Geothermometer** *das*; -s, -: Meßgerät zur Bestimmung der Temperatur in verschieden tiefen Erdschichten

geo|trop u. **geo|tropisch** [*gr.-nlat.*]: auf die Schwerkraft ansprechend (von Pflanzen). **Geo|tropismus** *der*; -: Erdwendigkeit; Vermögen der Pflanzen, sich in Richtung der Schwerkraft zu orientieren. **Geo|tropo|skop** *das*; -s, -e: = Gyroskop

Geotumor *der*; -s, ...oren: = Geoantiklinale

Geowissenschaften [*gr.*; *dt.*] *die* (Plural): alle sich mit der Erforschung der Erde befassenden Wissenschaften

Geozen|trik [auch: *geo...*; *gr.-nlat.*] *die*; -: Weltsystem, das die Erde als Mittelpunkt betrachtet (z. B. bei dem griech. Astronomen Ptolemäus). **geozen|trisch** [auch: *geo...*]: 1. auf die Erde als Mittelpunkt bezogen; Ggs. → heliozentrisch. 2. auf den Erdmittelpunkt bezogen; vom Erdmittelpunkt aus gerechnet, z. B. der -e Ort eines Gestirns

Geozoologie [*...zo-o...*; auch: *geo...*] *die*; -: Wissenschaft von der geographischen Verbreitung der Tiere, Zoogeographie. **geozoologisch** [auch: *geo...*]: die Geozoologie betreffend, zu ihr gehörend, auf ihr beruhend

geozy|klisch [auch: *...zü*; auch: *geo...*]: den Umlauf der Erde um die Sonne betreffend

Gepard [auch: *...part*; *mlat.-fr.*] *der*; -s, -e: sehr schlankes, hochbeiniges, katzenartiges schnelles Raubtier (in Indien u. Afrika)

Gephyrophobie [*gr.-nlat.*] *die*; -, ...ien: Angst vor dem Betreten einer Brücke (Med.)

Ger|agogik *die*; -: Erziehung als Gesamtprozeß während eines ganzen Lebens (in der Alternsforschung)

Geranie [*...ie*; *gr.-lat.*] *die*; -, -n u. Geranium *das*; -s, ...ien [*...ien*]: Storchschnabel; Zierstaude mit zahlreichen Arten. **Geraniol** [Kurzw. aus: → *Geranium* u. → Alkoh*ol*] *das*; -s: aromatische, in zahlreichen Pflanzenölen (z. B. Rosenöl) enthaltene Alkohollösung. **Geranium** vgl. Geranie. **Geraniumöl** *das*; -s: ätherisches Öl mit feinem Rosenduft (aus Pelargonienblättern)

Gerant [*sche...*; *lat.-fr.*] *der*; -en, -en: (veraltet) Geschäftsführer, Herausgeber einer Zeitung od. Zeitschrift

Gerbera [*nlat.*; nach dem dt. Arzt u. Naturforscher T. Gerber, 1823–1891] *die*; -, -[s]: margeritenähnliche Schnittblume in roten u. gelben Farbtönen (Korbblütler)

gerbulieren [*mlat.-it.*]: (veraltet) aus trockener Ware Verunreinigungen auslesen. **Gerbulur** *die*; -, -en: (veraltet) 1. aus trockener Ware ausgelesene Verunreinigungen. 2. Abzug wegen Verunreinigung der Ware

Gerenuk [*Somali*] *der*; -[s], -s: eine Gazellenart (im Buschwald von Äthiopien bis Tansania)

Ger|iater [*gr.-nlat.*] *der*; -s, -: Arzt mit Spezialkenntnissen auf dem Gebiet der Geriatrie. **Ger|ia|trie** *die*; -: Altersheilkunde, Zweig der Medizin, der sich mit den Krankheiten des alternden u. alten Menschen beschäftigt. **Ger|ia|trikum** *das*; -s, ...ka: Mittel zur Behandlung von Alterserscheinungen. **ger|ia|trisch**: die Geriatrie betreffend

gerieren, sich [*lat.*]: sich benehmen, auftreten als ...

Germania [*lat.*] *die*; -: Frauengestalt [im Waffenschmuck], die das ehemalige Deutsche Reich (Germanien) symbolisch verkörpert.

Germanin Ⓦⓩ [*lat.-nlat.*] *das*; -s: Mittel gegen die Schlafkrankheit. **germanisieren**: eindeutschen. **Germanismus** *der*; -, ...men: 1. sprachliche Besonderheit des Deutschen. 2. Übertragung einer für die deutsche Sprache charakteristischen Erscheinung auf eine nichtdeutsche Sprache im lexikalischen od. syntaktischen Bereich, sowohl fälschlicherweise (z. B. die Übersetzung von *dt.* „bekommen" als *engl.* „to become" statt „to get") als auch bewußt (z. B. le leitmotiv); vgl. Interferenz (3). **Germanist** *der*; -en, -en: 1. jmd., der sich wissenschaftlich mit der Germanistik befaßt (z. B. Hochschullehrer, Student). 2. (veraltet) Jurist auf dem Gebiet des deutschen u. germ. Rechts. **Germanistik** *die*; -: 1. Wissenschaft von den germanischen Sprachen. 2. deutsche Sprach- u. Literaturwissenschaft, Deutschkunde im weiteren Sinne (unter Einschluß der deutschen Volkskunde u. Altertumskunde). **germanistisch**: die Germanistik betreffend. **Germanium** *das*; -s: chem. Grundstoff, Metall; Zeichen: Ge. **germanophil** [*lat.*; *gr.*]: deutschfreundlich. **Germanophilie** *die*; -: Deutschfreundlichkeit. **germanophob**: deutschfeindlich. **Germanophobie** *die*; -: Deutschfeindlichkeit. **germanotyp**: einen für Mitteldeutschland kennzeichnenden Typ der Gebirgsbildung betreffend, bei dem der → orogenetische Druck nicht zur Faltung, sondern zur Bruchbildung führt (Geol.)

germinal [*lat.-nlat.*]: den Keim betreffend. **Germinal** [*schär...*; *lat.-fr.*; „Keimmonat"] *der*; -[s], -s: siebenter Monat des franz. Revolutionskalenders (21. März bis 19. April). **Germinaldrüsen** [*ger...*] *die* (Plural): Keim- od. Geschlechtsdrüsen. **Germinalie** [*...iᵉ*; *lat.-nlat.*] *die*; -, -n (meist Plural): Germinaldrüse. **Germination** [*...zion*; *lat.*; „das Sprossen"] *die*; -, -en: Keimungsperiode der Pflanzen. **germinativ** [*lat.-nlat.*]: die Keimung betreffend

Geroderma [*gr.-nlat.*] *das*; -s, -ta: schlaffe, welke, runzlige Haut (Med.). **Gerohygiene** *die*; -: Hygiene im Alter (Med.). **Geront** [*gr.*] *der*; -en, -en: Mitglied der → Gerusia. **Geronto|kratie** [*gr.-nlat.*] *die*; -, ...ien: Herrschaft des Rates der Alten (Gesch.; Völkerk.). **Gerontologe** *der*; -n, -n: Forscher od. Arzt mit Spezialkenntnissen auf dem Gebiet der Gerontologie. **Gerontologie** *die*; -: (Med.) a) Teilgebiet der Medizin, das sich mit den Alterungsvorgängen im menschlichen Körper befaßt; b) Teilgebiet der Medizin, das sich mit dem verschiedenen Krankheitsverlauf in den einzelnen Lebensaltern befaßt

Gerundium [*lat.*] *das*; -s, ...dien [*...iᵉn*]: gebeugter Infinitiv des lat. Verbs (z. B. lat. *gerendi* = „des Vollziehens"). **gerundiv** [*lat.-mlat.*]: = gerundivisch. **Gerundiv** *das*; -s, -e [*...wᵉ*]: Partizip des Passivs des Futurs, das die Notwendigkeit eines Verhaltens ausdrückt (z. B. lat. laudandus = der zu Lobende, jmd., der gelobt werden muß). **gerundivisch** [*...iwisch*]: das Gerundiv betreffend, in der Art des Gerundivs. **Gerundivum** *das*; -s, ...va [*...wa*]: (veraltet) Gerundiv

Gerusia u. **Gerusie** [*gr.*] *die*; -: (hist.) Rat der Alten (in Sparta)

Gervais Ⓦᶻ [*schärwä*; nach dem franz. Hersteller Gervais] *der*; -[*...wä(ß)*], -[*...wäß*]: ein Frischkäse

Gesarol [Kunstw.] *das*; -s: ein Pflanzenschutzmittel gegen Insekten

Geseier u. **Geseire** [*jidd.*] *das*; -s u. **Geseires** (ohne Artikel): (ugs.) wehleidiges Klagen, überflüssiges Gerede

Ge|span [*ung.*] *der*; -[e]s, -e: (hist.) Verwaltungsbeamter in Ungarn. **Ge|spanschaft** *die*; -, -en: (hist.) Grafschaft, Amt[sbereich] eines Gespans

Gessopainting [*dsehäßopeⁱnting*; *engl.*] *das*; -s: von engl. Malern des 19. Jh.s aufgenommene Maltechnik des Mittelalters, die eine Verbindung von Malerei u. Flachrelief darstellt

Gestagen [*lat.*; *gr.*] *das*; -s, -e (meist Plural): weibliches Keimdrüsenhormon des → Corpus luteum, das der Vorbereitung u. Erhaltung der Schwangerschaft dient (Biol.; Med.). **Gesta Romanorum** [*lat.*; „Taten der Römer"] *die* (Plural) Titel eines lat. Novellenbuches aus dem Mittelalter. **Gestation** [*...zion*] *die*; -, -en: = Gravidität. **Geste** *die*; -, -n: Gebärde, die Rede begleitende Ausdrucksbewegung des Körpers, bes. der Arme u. Hände. **Gestik** [*lat.-nlat.*] *die*; -: Gesamtheit der Gesten als Ausdruck der Psyche. **Gestikulation** [*...zion*; *lat.*] *die*; -, -en: Gebärde, Gebärdenspiel, Gebärdensprache. **gestikulieren**: Gebärden machen. **Gestion** *die*; -, -en: Führung, Verwaltung. **gestisch**: die Gestik betreffend. **Gestose** [*lat.-nlat.*] *die*; -, -n: krankhafte Schwangerschaftsstörung jeder Art (Med.). **Gestus** *der*; -: a) = Gestik; b) Ausdruck, geistiges Gebaren

Getter [*engl.*] *der*; -s, -: Fangstoff zur Bindung von Gasen (bes. in Elektronenröhren zur Aufrechterhaltung des Vakuums verwendet). **gettern**: Gase durch Getter binden; mit einem Getter versehen. **Getterung** *die*; -, -en: Bindung von Gasen durch Getter

Getto [*it.*] *das*; -s, -s: von den übrigen Vierteln der Stadt [durch Mauern usw.] abgetrenntes Wohnviertel, Lebensbereich, in dem die jüdische Bevölkerung (im Anfang freiwillig, später zwangsweise) lebte. **gettoi|sieren**: 1. zu einem Getto machen. 2. in ein Getto bringen

Geuse [*fr.-niederl.*; „Bettler"] *der*; -n, -n: niederl. Freiheitskämpfer in der Zeit der spanischen Herrschaft (im 16. Jh.)

Geysir [*gai...*; *isländ.*] *der*; -s, -e: durch Vulkanismus entstandene heiße Springquelle; vgl. Geiser

Ghasel u. **Ghasele** vgl. Gasel u. Gasele

Ghasi [*gasi* od. *chasi*; *arab.*] u. Gazi [*gasi*; *arab.-türk.*; „Kämpfer im heiligen Krieg"] *der*; -: Ehrentitel türkischer Herrscher

Ghetto vgl. Getto

Ghibelline vgl. Gibelline

Ghibli vgl. Gibli

Ghillyschnürung [*...li*; *gäl.-engl.*] *die*; -, -en: Schuhschnürung, bei der der Schnürsenkel nicht durch Ösen, sondern durch Lederschlaufen gezogen wird

Ghostword [*goᵘßtᵘöʳd*; *engl.*; „Geisterwort"] *das*; -s, -s: Wort, das seine Entstehung einem Schreib-, Druck- od. Aussprachefehler verdankt, → Vox nihili (z. B. der Name Hamsun aus dem eigtl. Pseudonym Hamsund). **Ghost|writer** [*...raitᵉr*; „Geisterschreiber"] *der*; -s, -: Autor, der für eine andere Person schreibt u. nicht als Verfasser genannt wird

G. I. u. **GI** [*dsehiai*; *amerik.*] *der*; -[s], -[s]: (ugs.) amerikan. Soldat

Giaur [*pers.-türk.*] *der*; -s, -s: Ungläubiger (im Islam übliche Bezeichnung für die Nichtmohammedaner)

Gibbon [*fr.*] *der*; -s, -s: südostasiat. schwanzloser Langarmaffe

Gibbus [*lat.*] *der*; -: Buckel (Med.)

Gibelline [*it.*] *der*; -n, -n: Anhänger der Hohenstaufenkaiser in Italien, Gegner der → Guelfen

Gi|bli [*arab.-it.*] *der*; -: trockenheißer, staub- u. sandführender Wüstenwind in Libyen (bes. an der Küste); vgl. Kamsin u. Schirokko

Gien [*engl.*] *das*; -s, -e: (Seemannsspr.) schweres Takel. **gienen**: (Seemannsspr.) mit dem Gien schleppen, heben

Gig [*engl.*]

I. *die*; -, -s, (seltener:) *das*; -s, -s: Sportruderboot, Beiboot.

II. *das*; -s, -s: (früher) leichter, offener zweirädriger Wagen.

III. *der*; -s, -s: bezahlter Auftritt einer → Band od. eines Einzelmusikers in einem Konzert, einem [Nacht]lokal, einem Plattenstudio

Gigaelek|tronenvolt [*gr.*] *das*; - u. -[e]s, -: eine Milliarde Elektronenvolt; Zeichen: GeV (Phys.). **Gigahertz** [*gr.*] *das*; -, -: 1 Milliarde Hertz; Zeichen: GHz (Phys.). **Gigant** [*gr.-lat.*, nach den riesenhaften Söhnen der Gäa (= Erde) in der griech. Sage] *der*; -en, -en: jmd., der riesig, hünenhaft, beeindruckend groß in seinen Ausmaßen u. in seiner [Leistungs]kraft ist. **gigantesk**: ins Riesenhafte übersteigert; übertrieben groß, riesig. **Gig|anthropus** [*gr.-nlat.*] *der*; -, ...pi: Urmenschenform mit übergroßen Körpermaßen. **gigantisch** [*gr.-lat.*]: riesenhaft, außerordentlich, von ungeheurer Größe. **Gigantismus**

[*gr.-nlat.*] *der*; -: 1. krankhafter Riesenwuchs (Med.). 2. Gesamtheit der Erscheinungsformen, in denen → Gigantomanie offenbar wird. **Giganto|graphie** *die*; -, ...ien: Verfahren zur Vergrößerung von Bildern für Plakate durch Rasterübertragung [auf ein Offsetblech], wobei ungewöhnliche Rasterweiten entstehen. **Gigantomachie** [*...chi*; *gr.-lat.*] *die*; -: der Kampf der Giganten gegen Zeus in der griech. Mythologie (dargestellt im Fries am Pergamonaltar). **Gigantomanie** *die*; -: Sucht, Bestreben, alles ins Riesenhafte zu übersteigern, mit riesenhaften Ausmaßen zu gestalten (z. B. in der Baukunst). **gigantomanisch**: die Gigantomanie betreffend, auf ihr beruhend

Gigolo [*schi...*; *fr.*] *der*; -[s], -s: 1. Eintänzer. 2. (ugs.) junger Mann, der sich von Frauen aushalten läßt. **Gigot** [*schigo*] *das*; -s, -s: 1. (schweiz.) Hammelkeule. 2. im 19. Jh. der sog. Schinken- od. Hammelkeulenärmel. **Gigue** [*schig*; *fr.-engl.-fr.*] *die*; -, -n [*...g^en*]: (Mus.) a) nach 1600 entwickelter heiterer Schreittanz im Dreiertakt; b) seit dem 17. Jh. Satz einer Suite (4)

Gilatier [*hil^e...*; *engl.*; nach dem Fluß Gila River in Arizona] *das*; -[e]s, -e: eine sehr giftige Krustenechse

Gildensozialismus *der*; -: in England entstandene Lehre von der Verwirklichung des praktischen Sozialismus (Anfang des 20. Jh.s)

Gilet [*schile*; *türk.-arab.-span.-fr.*] *das*; -s, -s: (veraltet) Weste

Gilka ⓦ [Kunstw.] *der*; -s, -s: ein Kümmellikör

Gillette ⓦ [*schilät*; amerik. Erfinder, 1855–1932] *die*; -, -s: eine Rasierklinge

Gimmick [*engl.-amerik.*] *der* (auch: *das*); -s, -s: etwas möglichst Ungewöhnliches, Auffallendes, was die Aufmerksamkeit auf etw. lenken soll, z. B. auf ein bestimmtes → Produkt, auf eine wichtige Aussage der Werbung für ein Produkt (z. B. ein Werbegeschenk) od. in der Musik z. B. durch elektronische Verfremdung, Einblendung von Geräuschen

Gin [*dschin*; *lat.-fr.-niederl.-engl.*] *der*; -s, -s: engl. Wacholderbranntwein; vgl. Genever. **Gin-Fizz** [*...fiß*; *engl.-amer.*] *der*; -, -: Mischgetränk aus gespritztem Gin, Zitrone u. Zucker

Gingan [*malai.*] *der*; -s, -s: gemustertes Baumwollgewebe in Leinenbindung (Webart)

Ginger [*dschindsch^er*; *lat.-engl.*] *der*; -s, -: = Ingwer. **Ginger-ale** [*...e^il*] *das*; -s, -s (aber: 3 -): alkoholfreies Erfrischungsgetränk mit Ingwergeschmack. **Ginger-beer** [*...bi^r*] *das*; -s, -s (aber: 3 -): Ingwerbier

Gingham [*ging^em*; *malai.-engl.*] *der*; -s, -s: = Gingan

Gingivitis [*...wi...*; *lat.-nlat.*] *die*; -, ...itiden: Zahnfleischentzündung

Ginkgo [*gingko*; *jap.*], (auch:) **Ginkjo** [*gingkjo*] *der*; -s, -s: den Nadelhölzern verwandter, in Japan u. China heimischer Zierbaum mit fächerartigen Blättern

Ginseng [auch: *schin...*; *chin.*] *der*; -s, -s: Wurzel eines ostasiatischen Araliengewächses (Anregungsmittel; Allheilmittel der Chinesen, das als lebensverlängernd gilt)

giocoso [*dschokoso*; *lat.-it.*]: scherzend, spaßhaft, fröhlich, lustig (Vortragsanweisung; Mus.)

Gipüre [*germ.-fr.*] *die*; -, -n: Klöppelspitze aus Gimpen (mit Seide übersponnenen Baumwollfäden)

Gi|raffe [*arab.-It.*] *die*; -, -n: Säugetier der mittelafrik. Steppe mit 2 bis 3 m langem Hals (Wiederkäuer)

Giralgeld [*schiral...*; *gr.-lat.-it.*; *dt.*] *das*; -[e]s, -er: [Buch]geld des Giroverkehrs, des bargeldlosen Zahlungsverkehrs der Banken. **Girandola** [*dsch...*; *gr.-lat.-it.*] u. **Girandole** [*sch...*; *it.-fr.*] *die*; -, ...olen: 1. Feuergarbe beim Feuerwerk. 2. mehrarmiger Leuchter. 3. mit Edelsteinen besetztes Ohrgehänge. **Girant** [*gr.-lat.-it.*] *der*; -en, -en: jmd., der einen Wechsel od. ein sonstiges Orderpapier durch → Indossament überträgt (Wirtsch.); vgl. Indossant

Girardihut [*schi...*] *der*; -[e]s, ...hüte: [nach dem Wiener Schauspieler Girardi, um 1900]: flacher Herrenstrohhut; vgl. Canotier

Girat [*schi...*; *gr.-lat.-it.*] *der*; -en, -en u. **Giratar** *der*; -s, -e: jmd., für den bei der Übertragung eines Orderpapiers ein → Indossament erteilt wurde (Wirtsch.); vgl. Indossat. **girieren**: einen Wechsel od. ein sonstiges Orderpapier mit einem → Giro (I, 2) versehen

Girl [*gö^rl*; *engl.*] *das*; -s, -s: junges Mädchen

Girlande [*it.-fr.*] *die*; -, -n: langes, meist in durchhängenden Bogen angeordnetes Gebinde aus Blumen, Blättern, Tannengrün o. ä. od. aus buntem Papier zur Dekoration an Gebäuden, in Räumen usw.

Giro [*gr.-lat.-it.*; „Kreis"]
I. [*schiro*] *das*; -s, -s (österr. auch: Giri): 1. Überweisung im bargeldlosen Zahlungsverkehr. 2. Indossament; Vermerk, durch den ein Wechsel od. ein sonstiges Orderpapier auf einen anderen übertragen wird.
II. [*dschiro*] *der*; -: Kurzform von: → Giro d'Italia

Girobank [*sch...*] *die*; -, -en u. **Girokasse** *die*; -, -n: Bank, die den Giroverkehr betreibt. **Giro d'Italia** [*dschiro-*] *der*; - -: Etappenrennen in Italien für Berufsfahrer im Radsport

Girondist [*schirongdißt*; *fr.*; nach dem franz. Departement Gironde (*schirongd*)] *der*; -en, -en: Anhänger der Gironde, des gemäßigten Flügels der Republikaner zur Zeit der Französischen Revolution

Giroscheck [*sch...*] *der*; -s, -s: Scheck, der durch Belastung des Girokontos des Ausstellers u. durch Gutschrift auf dem Konto des Zahlungsempfängers beglichen wird

Gitana [*ch...*; *span.*] *die*; -: feuriger Zigeunertanz mit Kastagnettenbegleitung

Gitarre [*gr.-arab.-span.*] *die*; -, -n: sechssaitiges Zupfinstrument mit flachem Klangkörper, offenem Schalloch, Griffbrett u. 12 bis 22 Bünden. **Gitarrist** *der*; -en, -en: Musiker, der Gitarre spielt

Giuoco piano [*dschuoko -*; *lat.-it.*] *das*; - -, Giuochi piani [*dschuoki -*]: eine bestimmte Eröffnung im Schachspiel

giusto [*dschußto*; *lat.-it.*]: richtig, angemessen (Vortragsanweisung; Mus.); allegro -: in gemäßigtem Allegro

Givrine [*schiwrin*; Kunstw. aus: *fr. givre* „Rauhreif"] *der*; -[s]: kreppartiges Ripsgewebe für Damenmäntel

Glabella [*lat.-nlat.*] *die*; -, ...llen: 1. als → anthropologischer Meßpunkt geltende unbehaarte Stelle zwischen den Augenbrauen. 2. Kopfmittelstück der → Trilobiten

Glace [*glaß*; *lat.-vulgärlat.-fr.* „Eis, Gefrorenes"] *die*; -, -s [*glaß*] u. -n [*glaß^en*]: 1. (Plural: -s) a) aus Zucker hergestellte → Glasur (1); b) → Gelee aus Fleischsaft. 2. (Plural: -n, schweiz.) Speiseeis, Gefrorenes. **Glacé** [*...ße*] *der*; -[s], -s: 1. glänzendes, → changierendes Gewebe aus Naturseide od. Reyon. 2. Glacéleder. **Glacéleder** *das*; -s, -: feines, glänzendes Zickel- od. Lammleder. **glacieren**: 1. (veraltet) zum Gefrieren bringen. 2. mit geleeartigem Fleischsaft überziehen, überglänzen (Kochk.). **Glacis** [*glaßi*] *das*; - [*glaßi(ß)*], - [*glaßiß*]: Erdaufschüttung vor einem Festungsgraben, die keinen toten Winkel entstehen läßt

Gladiator [*lat.*] *der*; -s, ...oren: im alten Rom Fechter, Schwertkämpfer, der in Zirkusspielen auf Leben u. Tod gegen andere Gladiatoren od. gegen wilde Tiere kämpfte. **Gladiole** [„kleines Schwert"] *die*; -, -n: als Schnittblume beliebte Gartenpflanze mit hohem Stiel, breiten, schwertförmigen Blättern u. trichterförmigen Blüten, die in einem dichten Blütenstand auf eine Seite ausgerichtet sind

glagolitisch [*slaw.*]: altslawisch; -es Alphabet: auf die griech. Minuskel zurückgehendes altslaw. Alphabet, in dem kirchenslaw. Texte geschrieben sind; vgl. kyrillisch. **Glagoliza** *die*; -: die glagolitische Schrift

Glamour [*glämᵉr*; *engl.-schott.*; „Blendwerk, Zauber"] *der* od. *das*; -s: blendender Glanz; auffällige, betörende Aufmachung. **Glamourgirl** [*...göˈl*] *das*; -s, -s: auffällig anreizendes, die Blicke auf sich ziehendes, aufgemachtes Mädchen; Film-, Reklameschönheit. **glamourös**: bezaubernd aufgemacht; von äußerlicher, blendender Schönheit

Glandel *die*; -, -n: vgl. Glandula. **Glandes**: *Plural* von Glans. **glando|trop** [*lat.*; *gr.*]: auf eine Drüse einwirkend (Med.). **Glandula** [*lat.*] *die*; -, ...lae [*...lä*] u. Glandel *die*; -, -n: Drüse (Med.). **glandulär** [*lat.-nlat.*]: zu einer Drüse gehörend (Med.). **Glans** [*lat.*] *die*; -, Glandes: Eichel; vorderer verdickter Teil des → Penis, der → Klitoris (Med.)

Glasharmonika [*dt.*; *gr.-lat.-nlat.*] *die*; -, -s u. ...ken: Instrument, bei dem eine Anzahl von drehbaren Glasschalen, mit feuchten Fingern berührt, zartklingende Töne erzeugt. **glasieren** [mit *roman.* Endung gebildete Ableitung von *dt.* Glas]: mit Glasur überziehen. **Glasur** *die*; -, -en: 1. Zuckerguß. 2. glasartige Masse als Überzug auf Tonwaren

Glauko|chroit [*...kro...*, auch: *...it*; *gr.-nlat.*] *der*; -s, -e: Mineral. **Glaukodot** *das*; -[e]s, -e: Mineral. **Glaukom** *das*; -s, -e: grüner Star (Augenkrankheit; Med.). **Glaukonit** [auch: *...it*] *der*; -s, -e: Mineral. **Glaukonitsand** [auch: *...it...*] *der*; -[e]s: Grünsand. Ablagerung im Schelfmeer (Geol.). **Glaukophan** *der*; -s, -e: Mineral

Gläve [*gläfᵉ*] vgl. Gleve

glazial [*lat.*]: a) eiszeitlich; b) Eis, Gletscher betreffend. **Glazial** *das*; -s, -e: Eiszeit. **Glazialerosion** *die*; -, -en: die abtragende Wirkung eines Gletschers (Geol.). **Glazialfauna** *die*; -: Tierwelt der unvereisten Nachbargebiete der eiszeitlichen Gletscher. **Glazialflora** *die*; -: Pflanzenwelt der unvereisten Nachbargebiete der eiszeitlichen Gletscher. **Glazialkosmogonie** *die*; -: Welteislehre; kosmogonische Hypothese, nach der durch den Zusammenprall von riesenhaften Eis- u. Glutmassen die Gestirne entstanden sein sollen. **Glaziallandschaft** *die*; -, -en: Landschaft, deren Oberfläche weitgehend durch Eis- u. Gletschereinwirkung gestaltet wurde (z. B. das Norddeutsche Tiefland). **Glazialrelikte** *die* (Plural): durch die Eiszeit verdrängte Tier- u. Pflanzengruppen, die auch nach Rückzug der Gletscher in wärmeren Gebieten verblieben. **Glazialzeit** *die*; -, -en: = Glazial. **glaziär**: = glazigen. **glazigen** [*lat.*; *gr.*]: unmittelbar vom Eis geschaffen (Geol.). **Glaziologe** *der*; -n, -n: Wissenschaftler auf dem Gebiet der Glaziologie. **Glaziologie** *die*; -: Wissenschaft von der Entstehung u. Wirkung des Eises u. der Gletscher. **glaziologisch**: die Glaziologie betreffend

Gleditschie [*...iᵉ*; *nlat.*; nach dem dt. Botaniker J. G. Gleditsch, † 1786] *die*; -, -n: Christusdorn; zu den Hülsenfrüchten gehörender akazienähnlicher Zierbaum mit dornigen Zweigen

Glee [*gli*; *engl.*] *der*; -s, -s: geselliges Lied für drei oder mehr Stimmen (meist Männerstimmen) in der engl. Musik des 17. bis 19. Jh.s

Glefe [*gläfᵉ*] vgl. Gleve

Glencheck [*gläntsch...*; *engl.*] *der*; -[s], -s: [Woll]gewebe mit großer Karomusterung

Gleve [*gläfᵉ*; *lat.-fr.*] *die*; -, -n: 1. einschneidiges mittelalterliches Stangenschwert. 2. kleinste Einheit der mittelalterlichen Ritterheere. 3. obere Hälfte einer Lilie (in der Heraldik)

Glia *die*; -: = Neuroglia. **Gliadin** [*gr.-nlat.*] *das*; -s: einfacher Eiweißkörper im Getreidekorn (bes. im Weizen)

Glider [*glaidᵉr*; *engl.*] *der*; -s, -: Lastensegler (ohne eigenen motorischen Antrieb)

Glima [*isländ.*] *die*; -: alte, noch heute übliche Form des Ringkampfes in Island

Glio|blastom [*gr.-nlat.*] *das*; -s, -e: bösartiges Gliom des Großhirns (Med.). **Gliom** *das*; -s, -e: Geschwulst im Gehirn, Rückenmark od. Auge (Med.). **Gliosarkom** *das*; -s, -e: (veraltet) Glioblastom

Glissade [*fr.*] *die*; -, -n: Gleitschritt in der Tanzkunst (im Bogen nach vorn od. hinten). **glissando** [*fr.-it.*]: (Mus.) a) schnell mit der Nagelseite des Fingers über die Klaviertasten gleitend; b) bei Saiteninstrumenten mit dem Finger auf einer Saite gleitend. **Glissando** *das*; -s, -s u. ...di: der Vorgang des Glissandospieles (Mus.)

Glissonschlinge [*glißᵉn...*; nach dem engl. Anatomen Glisson (*glißᵉn*), 1597–1677]: Zugvorrichtung zur Streckung der Wirbelsäule bei der Behandlung von Wirbelsäulenerkrankungen (Med.)

global [*lat.-nlat.*]: 1. auf die gesamte Erdoberfläche bezüglich; Erd...; weltumspannend. 2. a) umfassend, gesamt; b) allgemein, ungefähr. **Globalstrahlung** *die*; -: Summe aus Sonnen- u Himmelsstrahlung (Meteor.).

Globetrotter [auch: *gloptr...*; *engl.*] *der*; -s, -: Weltenbummler.

Globigerine [*lat.-nlat.*] *die*; -, -n (meist Plural): freischwimmendes Meerestierchen, dessen Gehäuse aus mehreren [stachligen] Kugeln besteht. **Globigerinenschlamm** *der*; -[e]s, -e u. ...schlämme: aus den Schalen der Globigerinen entstandenes kalkreiches → Sediment (1) in der Tiefsee.

Globin *das*; -s, -e: Eiweißbestandteil des → Hämoglobins. **Globoid** [*lat.*; *gr.*] *das*; -s, -e 1. (meist Plural) glasiges Kügelchen, das bei der Bildung des → Aleurons entsteht (Biol.). 2. Fläche, die von einem um eine beliebige Achse rotierenden Kreis erzeugt wird (Math.). **Globularia** [*lat.-nlat.*] *die*; -, ...ien [*...iᵉn*]: Kugelblume; niedrige blaublühende Voralpen- u. Alpenpflanze. **Globulin** *das*; -s, -e: wichtiger Eiweißkörper des menschlichen, tierischen u. pflanzlichen Organismus (vor allem in Blut, Milch, Eiern u. Pflanzensamen; Med.; Biol.).

Globulus [*lat.*] *der*; -, ...li: kugelförmiges Arzneimittel (Med.). **Globus** [„Kugel"] *der*; - u. ...busses, ...ben u. ...busse: Kugel mit dem Abbild der Erdoberfläche od. der scheinbaren Himmelskugel auf ihrer Oberfläche

Glochidium [*...chi...*; *gr.-nlat.*] *das*; -s, ...ien [*...iᵉn*]: 1. Larve der Flußmuschel. 2. (meist Plural) borstenartiger Stachel bei Kaktusgewächsen

glomerulär [*lat.-nlat.*]: den Glomerulus betreffend. **Glomerulus** *der*; -, ...li: Blutgefäßknäuelchen der Nierenrinde (Med.). **Glomus** [*lat.*] *das*: -, ...mera: Knäuel, Knoten, Anschwellung, Geschwulst (Med.)

Gloria

I. [*lat.*] *das*; -s od. *die*; -: (iron.) Ruhm, Herrlichkeit; (ugs.; iron.) mit Glanz und -: völlig, eindeutig.

II. *das*; -s: nach dem Anfangswort bezeichneter Lobgesang in der christlichen Liturgie; - in excelsis [- - ...*zäl*...] Deo: Ehre sei Gott in der Höhe (großes Gloria, Luk. 2,14); - Patri et Filio et Spiritu Sancto: Ehre sei dem Vater und dem Sohne und dem Hl. Geiste (kleines Gloria); vgl. Doxologie.

III. [Phantasiebezeichnung] *das* od. *der*; -s, -s: süßer, starker Kaffee, auf dem ein Löffel Kognak abgebrannt wird (Gastr.)

Gloriaseide *die*; -: feiner Futter- u. Schirmstoff in Leinenbindung. **Glorie** [...*i*[e]; *lat.*] *die*; -, -n: 1. Ruhm, Herrlichkeit [Gottes]. 2. Lichtkreis, Heiligenschein. 3. helle farbige Ringe um den Schatten eines Körpers (z. B. Flugzeug, Ballon) auf einer von Sonne od. Mond beschienenen Nebelwand od. Wolkenoberfläche, die durch Beugung des Lichtes an den Wassertröpfchen od. Eiskristallen der Wolken entstehen. **Glorienschein** *der*; -s, -e: Heiligenschein. **Gloriette** [*gloriät*[e]; *lat.-fr.*] *die*; -, -n: offener Gartenpavillon im barocken od. klassizistischen Park. **Glorifikation** [...*zion*; *lat.*] *die*; -, -en: Verherrlichung; vgl. Glorifizierung u. -[at]ion/-ierung. **glorifizieren**: verherrlichen. **Glorifizierung** *die*; -, -en: das Glorifizieren; Verherrlichung; vgl. -[at]ion/-ierung. **Gloriole** *die*; -, -n: Heiligenschein. **glorios**: 1. glorreich, ruhmvoll, glanzvoll. 2. (veraltet) großsprecherisch, prahlerisch

Glossa [*gr.-lat.*] *die*; -: Zunge (Med.). **Gloss|algie** vgl. Glossodynie. **Gloss|an|thrax** [*gr.-nlat.*] *der*; -: Milzbrandkarbunkel der Zunge (Med.). **Glossar** [*gr.-lat.*] *das*; -s, -e: 1. Sammlung von Glossen (1). 2. Wörterverzeichnis [mit Erklärungen]. **Glossarium** *das*; -s, ...ien [...*i*[e]*n*]: (veraltet) Glossar. **Glossator** [*gr.-nlat.*] *der*; -s, ...oren: Verfasser von Glossen (1, 4). **glossatorisch**: die Glossen (1, 4) betreffend. **Glosse** [fachspr.: *glo*...; *gr.-lat.*; „Zunge; Sprache"] *die*; -, -n: 1. Erläuterung eines erklärungsbedürftigen Ausdrucks (als → Interlinearglosse zwischen den Zeilen, als → Kontextglosse im Text selbst od. als → Marginalglosse am Rand). 2. a) spöttische Randbemerkung; b) kurzer Kommentar in Tageszeitungen mit [polemischer] Stellungnahme zu Tagesereignissen. 3. span. Gedichtform, bei der jede Zeile eines vorangestellten vierzeiligen Themas als jeweiliger Schlußvers von vier Strophen wiederkehrt. 4. erläuternde Randbemerkung zu einer Gesetzesvorlage (im Mittelalter bes. die den Inhalt aufhellenden Anmerkungen im → Corpus juris civilis). **Glossem** [*gr.(-engl.)*] *das*; -s, -e: 1. (nach der Kopenhagener Schule) aus dem → Plerem u. dem → Kenem bestehende kleinste sprachliche Einheit, die nicht weiter analysierbar ist (Sprachw.). 2. (veraltet) Glosse (1). **Glossematik** [*gr.-nlat.*] *die*; -: Richtung des → Strukturalismus (1; der Kopenhagener Schule), bei der unter Einbeziehung formallogischer u. wissenschaftsmethodologischer Grundsätze die Ausdrucks- u. Inhaltsseite der Sprache untersucht wird (Sprachw.). **Glossematist** *der*; -en, -en: Anhänger der Glossematik (Sprachw.). **glossieren** [*gr.-lat.*]: 1. durch Glossen (1) erläutern. 2. mit spött. Randbemerkungen versehen, begleiten. **Glossina** [*gr.-nlat.*] *die*; -, ...nae [...*ä*]: Vertreter einer Fliegengattung mit z. T. durch Seuchenübertragung gefährlichen Stechfliegenarten; - palpalis: = Tsetsefliege. **Glossitis** *die*; -, ...itiden: Zungenentzündung (Med.). **Gloss|odynie** [*gr.-nlat.*] u. Gloss|algie *die*; -, ...ien: brennender od. stechender Zungenschmerz (Med.). **Glossograph** [*gr.*] *der*; -en, -en: antiker od. mittelalterlicher Verfasser von Glossen (1). **Glosso|graphie** *die*; -: das Erläutern durch Glossen (1) in der Antike u. im Mittelalter. **Glossolale** [*gr.-nlat.*], Glottolale *der* u. *die*; -n, -n: Zungenredner[in]. **Glossolalie**, Glottolalie *die*; -: a) Zungenreden, ekstatisches Reden in fremden Sprachen in der Urchristengemeinde (Apostelgesch. 2; 1. Kor. 14); b) Hervorbringung von fremdartigen Sprachlauten u. Wortneubildungen, bes. in der → Ekstase (Psychol.). **Glosso|plegie** *die*; -, ...ien: Zungenlähmung (Med.). **Glosso|pterisflora** [*gr.*; *lat.*] *die*; -: farnähnliche Flora des → Gondwanalandes (nach der das alte Festland rekonstruiert wurde). **Glosso|ptose** [*gr.-nlat.*] *die*; -, -n: Zurücksinken der Zunge bei tiefer Bewußtlosigkeit (Med.). **Glosso|schisis** [...*ß-chi*...] *die*; -, ...sen: Spaltzunge (Med.). **Glosso|spasmus** *der*; -: Zungenkrampf (Med.). **Glossozele** *die*; -, -n: das Hervortreten der Zunge aus dem Mund bei krankhafter Zungenvergrößerung (Med.). **glottal**: durch die Stimmritze im Kehlkopf erzeugt (von Lauten). **Glottal** *der*; -s, -e: Kehlkopf-, Stimmritzenlaut. **Glottis** [*gr.*] *die*; -, Glottides [*glótideß*]: a) das aus den beiden Stimmbändern bestehende Stimmorgan im Kehlkopf; b) die Stimmritze zwischen den beiden Stimmbändern im Kehlkopf. **Glottisschlag** *der*; -[e]s, ...schläge: beim Gesang als harter, unschöner Tonansatz empfundener Knacklaut vor Vokalen. **Glottochronologie** [...*kro*...] *die*; -: Wissenschaft (Teilgebiet der → diachronischen Linguistik), die anhand etymologisch nachweisbarer Formen das Tempo sprachlicher Veränderungen, die Trennungszeiten von miteinander verwandten Sprachen zu bestimmen sucht (Sprachw.). **glottogon** [*gr.-nlat.*]: den Ursprung der Sprache betreffend; vgl. ...isch/-. **Glottogonie** *die*; -: (veraltend) wissenschaftliche Erforschung der Entstehung einer Sprache, insbesondere ihrer → formalen Ausdrucksmittel. **glottogonisch** vgl. glottogon; vgl. ...isch/-. **Glottolale** vgl. Glossolale. **Glottolalie** vgl. Glossolalie

Gloxinie [...*i*[e]; nach dem elsässischen Arzt Benj. Peter Gloxin, 18. Jh.] *die*; -, -n: 1. im tropischen Südamerika vorkommende Pflanze mit glocken- bis röhrenförmigen Blüten. 2. aus Südbrasilien stammende Zierpflanze mit großen, glockenförmigen, leuchtenden Blüten

Glucinium [...*zi*...; *gr.-nlat.*] *das*; -s: franz. Bezeichnung für: → Beryllium

Glucose [...*ko*...; *gr.*] *die*; -: Traubenzucker. **Glucoside** *die* (Plural): → Glykoside des Traubenzuckers. **Glukose** vgl. Glucose. **Glukoside** vgl. Glucoside. **Glukos|urie** *die*; -, ...ien: Ausscheidung von Traubenzucker im Harn (Med.); vgl. Glykosurie

Glut|amat [*lat.*; *gr.*] *das*; -[e]s, -e:

Salz der Glutaminsäure. **Glutamin** *das*; -s, -e: bes. im Pflanzenreich weitverbreitete, vor allem beim Keimen auftretende → Aminosäure. **Glutaminsäure** [*lat.*; *gr.*; *dt.*] *die*; -: in sehr vielen Eiweißstoffen enthaltene → Aminosäure, die sich u. a. reichlich in der Hirnsubstanz findet u. daher therapeutisch zur Erhöhung der geistigen Leistungsfähigkeit verwendet wird (Med.). **Gluten** [*lat.*; „Leim"] *das*; -s: Eiweißstoff der Getreidekörner, der für die Backfähigkeit des Mehles wichtig ist; Kleber. **Glutin** [*lat.-nlat.*] *das*; -s: Eiweißstoff, Hauptbestandteil der → Gelatine

Glycerid [*glüze...*; *gr.-nlat.*] *das*; -s, -e: Ester des → Glyzerins (Chem.). **Glycerin** vgl. Glyzerin. **Glycin** [*...zin*] *das*; -s: 1. = Glykokoll. 2. Ⓦein fotografischer Entwickler. **Glyklämie** [*gr.-nlat.*] *die*; -: normaler Zuckergehalt des Blutes (Med.). **Glykocholie** [*...cho...* od. *...ko...*] *die*; -: Auftreten von Zucker in der Gallenflüssigkeit. **Glykogen** *das*; -s: tierische Stärke, energiereiches → Kohlehydrat in fast allen Körperzellen (bes. in Muskeln u. in der Leber; Med.; Biol.). **Glykogenie** *die*; -: Aufbau des Glykogens in der Leber (Med.; Biol.). **Glykogenolyse** *die*; -: Abbau des Glykogens im Körper (Med.; Biol.). **Glykogenose** *die*; -, -n: Glykogenspeicherkrankheit; Stoffwechselerkrankung im Kindesalter mit übermäßiger Ablagerung von Glykogen bes. in Leber u. Niere (Med.). **Glykokoll** *das*; -s: Aminoessigsäure, einfachste → Aminosäure, Leimsüß (Chem.). **Glykol** [Kurzw. aus: *gr.* *glykýs* „süß" u. → Alkoh*ol*] *das*; -s, -e: 1. zweiwertiger giftiger Alkohol von süßem Geschmack. 2. Äthylenglykol, ein Frostschutz- u. Desinfizierungsmittel. **Glykolsäure** *die*; -: in der Gerberei verwendete Oxyessigsäure, die u. a. in unreifen Weintrauben vorkommt. **Glykolyse** [*gr.-nlat.*] *die*; -, -n: Aufspaltung des Traubenzuckers in Milchsäure. **Glykoneogenie** *die*; -: Zuckerneubildung aus Nichtzuckerstoffen

Glykoneus [*gr.-lat.*, nach dem altgriech. Dichter Glykon] *der*; -, ...neen: achtsilbiges antikes Versmaß

Glykose [*gr.-nlat.*] *die*; -: außerhalb der chem. Fachsprache vorkommende, ältere Form für: Glucose. **Glykosid** *das*; -[e]s, -e (meist Plural): Pflanzenstoff, der in Zucker u. a. Stoffe, bes. Alkohole, spaltbar ist. **Glykos|urie** *die*; -, ...ien: Ausscheidung von Zucker im Harn (Med.); vgl. Glukosurie

Glyphe vgl. Glypte. **Glyphik** [*gr.-nlat.*] *die*; -: (veraltet) Glyptik. **Glyphographie** vgl. Glyptographie. **Glypte**, Glyphe [*gr.*] *die*; -, -n: geschnittener Stein; Skulptur. **Glyptik** *die*; -: die Kunst, mit Meißel od. Grabstichel in Stein od. Metall zu arbeiten; Steinschneidekunst; das Schneiden der Gemmen; vgl. Glyphik u. Gemmoglyptik. **Glyptographie** [*gr.-nlat.*] u. Glyphographie *die*; -: Beschreibung der Glypten, Gemmenkunde. **Glyptothek** *die*; -, -en: Sammlung von Glypten

Glysantin Ⓦ [Kunstw.] *das*; -s: Gefrierschutzmittel aus → Glykol u. Glyzerin

Glyzerid vgl. Glycerid. **Glyzerin**, (chem. fachspr.:) Glycerin [*...ze...*; *gr.-nlat.*] *das*; -s: Ölsüß, dreiwertiger, farbloser, siruppartiger Alkohol. **Glyzine, Glyzinie** [*...iᵉ*] *die*; -, -n: hochwindender Zierstrauch mit blauvioletten Blütentrauben, → Wistaria. **Glyzyr|rhizin** *das*; -s: Süßholzzucker; Glykosid mit farblosen, sehr süß schmeckenden Kristallen, die sich in heißem Wasser u. Alkohol lösen

G-man [*dsehimän*; *engl.-amerik.*; Kurzw. für: government *man* (*gawᵉrnmᵉnt män*); „Regierungsmann"] *der*; -[s], G-men: Sonderagent des FBI

Gnatho|schisis [*...ß-chi...*; *gr.-nlat.*] *die*; -, ...sen: angeborene [Ober]kieferspalte (Med.). **Gnatho|stomen** *die* (Plural): alle Wirbeltiere mit Kiefern

Gnocchi [*njoki*; *it.*] *die* (Plural): Klößchen, Nockerln

Gnom [auf Paracelsus zurückgehende Wortneuschöpfung, ohne sichere Deutung] *der*; -en, -en: jmd., der sehr klein ist; Kobold, Zwerg

Gnome [*gr.-lat.*] *die*; -, -n: lehrhafter [Sinn-, Denk]spruch in Versform od. in Prosa, → Sentenz (1b). **Gnomiker** [*gr.*] *der*; -s, -: Verfasser von Gnomen. **gnomisch**: die Gnome betreffend, in der Art der Gnome; -er A o r i s t: in Gnomen zeitlos verwendeter → Aorist (Sprachw.); -es P r ä s e n s: in Sprichwörtern u. Lehrsätzen zeitlos verwendetes Präsens (z. B. Gelegenheit *macht* Diebe; Sprachw.). **Gnomologie** [*gr.*] *die*; -, ...ien: Sammlung von Weisheitssprüchen u. Anekdoten; vgl. Florilegium (1). **gnomologisch**: die Gnomologie betreffend. **Gnomon** [*gr.-lat.*] *der*; -s, ...mone: senkrecht stehender Stab, dessen Schattenlänge zur Bestimmung der Sonnenhöhe gemessen wird (für Sonnenuhren). **gnomonisch**: Zentral...; g n o m o n i s c h e P r o j e k t i o n: = Zentralprojektion.

Gnoseologie [*gr.-nlat.*] *die*; -: Erkenntnislehre, -theorie. **gnoseologisch**: die Gnoseologie betreffend. **Gnosis** *die*; -: [Gottes]erkenntnis; in der Schau Gottes erfahrene Welt des Übersinnlichen (→ hellenistische, jüdische u. bes. christliche Versuche der Spätantike, die im Glauben verborgenen Geheimnisse durch philosophische → Spekulation zu erkennen u. so zur Erlösung vorzudringen); vgl. Gnostizismus u. Pneumatiker. **Gnostik** [*gr.-lat.*] *die*; -: (veraltet) die Lehre der Gnosis. **Gnostiker** *der*; -s, -: Vertreter der Gnosis od. des Gnostizismus. **gnostisch**: die Gnosis od. den Gnostizismus betreffend. **Gnostizismus** [*gr.-nlat.*] *der*; -: 1. alle religiösen Richtungen, die die Erlösung durch [philosophische] Erkenntnis Gottes u. der Welt suchen. 2. → synkretistische religiöse Strömungen u. Sekten (→ Gnosis) der späten Antike. **Gnotobiologie** [*gr.-nlat.*] *die*; -: Forschungsrichtung, die sich mit der keimfreien Aufzucht von Tieren für die Immunologie beschäftigt

Gnu [*hottentott.*] *das*; -s, -s: süd- und ostafrikanische → Antilope

Go [*jap.*] *das*; -: japanisches Brettspiel

Goal [*gol*; *engl.*] *das*; -s, -s: (österr. u. schweiz.) Tor, Treffer (z. B. beim Fußballspiel). **Goalgetter** [*golgätᵉr*; anglisierende Bildung zu *engl.* to get a goal „ein Tor schießen"] *der*; -s, -: besonders erfolgreicher Torschütze (Sport). **Goalkeeper** [*gólkipᵉr*; *engl.*] *der*; -s, -: (bes. österr. u. schweiz.) Torhüter (Sport)

Gobelet [*gobᵉlä*; *fr.*] *der*; -s, -s: Becher od. Pokal auf einem Fuß aus Gold, Silber od. Glas (vom Mittelalter bis zum 18. Jh.)

Gobelin [*gobᵉläng*; *fr.*; franz. Färberfamilie] *der*; -s, -s: Wandteppich mit eingewirkten Bildern. **Gobelinmalerei** *die*; -: Nachahmung gewirkter Gobelins durch Malerei

Go-cart [*goᵘkaʳt*; *engl.*] vgl. Go-Kart

Gode [*altnord.*] *der*; -n, -n: Priester u. Gauvorsteher im alten Island u. in Skandinavien

Godemiché [*godmische*; *fr.*] *der*; -, -s: künstliche Nachbildung des erigierten Penis, die von Frauen zur Selbstbefriedigung od. bei der Ausübung gleichgeschlechtlichen Verkehrs benutzt wird

Godet [*godä*; *fr.*] *das*; -s, -s: in einem Kleidungsstück eingesetzter Keil

Go|dron [*godrong*; *fr.*] *das*; -s, -s: ausgeschweifter Rand, Buckel an Metallgegenständen. **godronnieren:** ausschweifen, fälteln

Goetheana [*nlat.*] *die* (Plural): Werke von u. über Goethe

Go-go-Boy [*gogobeu*; *amerik.*] *der*; -s, -s: Vortänzer in einem Beat- od. anderen Tanzlokal. **Go-go-Funds** [*gogofands*] *die* (Plural): bes. gewinnbringende → Investmentfonds (Wirtsch.). **Go-go-Girl** [*gogogöl*; *amerik.*] *das*; -s, -s: Vortänzerin in einem Beat- od. anderen Tanzlokal. **Go-go-Show** [*gogoscho*ᵘ; *amerik.*] die; -, -s: von Go-go-Girls od. Go-go-Boys getanzte Show. **Go-go-Stil** [*amerik.*; *lat.*] u. **Go-go-Style** [*gogoßtail*; *amerik.*] *der*; -s: Tanzstil der Go-go-Girls od. Go-go-Boys

Gog und Magog: barbarisches Volk der Bibel, das in der Endzeit herrscht u. untergeht (Offenb. 20, 8; eigtl. der König Gog von Magog, Hesekiel 38f.)

Goi [*hebr.*] *der*; -[s], Gojim [auch: *gojim*]: jüd. Bez. für: Nichtjude

Go-in [*go*ᵘ*in*; *engl.*] *das*; -s, -s: unbefugtes [gewaltsames] Eindringen demonstrierender Gruppen in einen Raum od. ein Gebäude [um eine Diskussion zu erzwingen]. **Go-Kart** [*gó*ᵘ*ka*ʳ*t*; *engl.-amerik.*; „Laufwagen"] *der*; -[s], -s: niedriger, unverkleideter kleiner Sportrennwagen

Golatsche vgl. Kolatsche

Golden Deli|cious [*go*ᵘ*ld*ᵉ*n dilisch*ᵉ*ß*; *engl.*] *der*; - -, - -: eine Apfelsorte. **Golden Twenties** [*go*ᵘ*ld*ᵉ*n t*ᵘ*äntis*; *engl.*] *die* (Plural): die [goldenen] zwanziger Jahre

Golem [*hebr.*] *der*; -s: durch Zauber zum Leben erweckte menschl. Tonfigur (→ Homunkulus) der jüd. Sage

Golf

I. [*gr.-lat.-it.*] *der*; -[e]s, -e: größere Meeresbucht, Meerbusen.

II. [*schott.-engl.*] *das*; -s: (schottisch-englisches) Rasenspiel mit Hartgummiball u. Schläger

Golfer *der*; -s, -: Golfspieler

Golgatha [*hebr.-gr.-kirchenlat.*; nach der Kreuzigungsstätte Christi] *das*; -[s]: tiefster Schmerz, tiefstes Leid, das jmd. zu erleiden hat

Golgi-Apparat [*goldschi...*; nach dem ital. Histologen C. Golgi, 1844–1926] *der*; -[e]s: am Zellstoffwechsel beteiligte Lamellen- od. Bläschenstruktur in der tierischen u. menschlichen Zelle

Goliard[e] [*fr.*] *der*; ...den, ...den: umherziehender franz. Kleriker u. Scholar, bes. des 13. Jh.s; vgl. Vagant

Goliath [riesenhafter Vorkämpfer der Philister, 1. Sam. 17] *der*; -s, -s: Riese, riesiger Mensch

Golilla [*golilja*; *span.*] *die*; -, -s: kleiner, runder, steifer Männerkragen des 17. Jh.s

Gon [*gr.*] *das*; -s, -e (aber: 5 -): Maßeinheit für [ebene] Winkel, der 100. Teil eines rechten Winkels (auch Neugrad genannt); Zeichen: gon (Geodäsie)

Gonade [*gr.-nlat.*] *die*; -, -n: Geschlechts-, Keimdrüse (Med.; Biol.). **gonado|trop**: auf die Keimdrüsen wirkend (bes. von Hormonen; Med.; Biol.)

Gon|agra [*gr.-nlat.*] *das*; -s: Kniegicht. **Gon|ar|thritis** u. Gonitis *die*; -, ...itiden: Kniegelenkentzündung (Med.)

Gondel [*venezian.-it.*] *die*; -, -n: 1. langes, schmales venezianisches Boot. 2. Korb am Ballon; Kabine am Luftschiff. 3. längerer, von allen Seiten zugänglicher Verkaufsstand in einem Kaufhaus. 4. Hängegefäß für Topfpflanzen. 5. (landsch.) einem Hocker ähnlicher Stuhl mit niedrigen Armlehnen. **Gondoletta** *die*; -, -s: in bestimmtem Abstand zu anderen über ein Band laufendes, kleines, überdachtes Boot (z. B. auf Parkseen). **gondeln**: (ugs.) gemächlich fahren. **Gondoliera** *die*; -, ...ren: ital. Schifferlied im 6/8- od. 12/8-Takt (auch in die Kunstmusik übernommen). **Gondoliere** *der*; -, ...ri: Führer einer Gondel (1)

Gondwanafauna [nach der ind. Provinz] *die*; -: für das Gondwanaland typische Fauna. **Gondwanaflora** *die*; -: für das Gondwanaland typische Flora, → Glossopterisflora. **Gondwanaland** *das*; -[e]s: großer Kontinent der Südhalbkugel im → Paläozoikum u. → Mesozoikum

Gonfaloniere [*germ.-it.*] *der*; -s, ...ri: in Italien bis 1859, in den Provinzhauptstädten des Kirchenstaates bis 1870 gebräuchliche Bezeichnung für das Stadtoberhaupt; - della chiesa [*kiäsa*]: „Bannerträger der Kirche", vom Papst an einen Fürsten verliehener Titel; - della giustizia [*dsehustizia*]: „Bannerträger der Gerechtigkeit", Beamter in den ital. Städten des Mittelalters

Gong [*malai.-engl.*] *der* (selten *das*); -s, -s: mit einem Klöppel geschlagener, an Schnüren aufgehängter, dickwandiger Metallteller. **gongen**: a) ertönen (vom Gong); b) den Gong schlagen

Gongorismus [*span.*; nach dem span. Dichter Luis de Góngora y Argote] *der*; -: span. literarischer Stil des 17. Jh.s, der durch häufige Verwendung von Fremdwörtern, Nachbildungen der lat. Syntax, durch bewußt gesuchte u. überraschende Metaphern, rhetorische Figuren u. zahlreiche Anspielungen auf die antike Mythologie gekennzeichnet ist; vgl. Euphuismus u. Marinismus. **Gongorist** *der*; -en, -en: Vertreter des Gongorismus

Goniatit [auch: *...it*; *gr.-nlat.*] *der*; -en, -en: versteinerter Kopffüßler (wichtig als Leitfossil im → Silur). **Goniometer** *das*; -s, -: 1. Gerät zum Messen der Winkel zwischen [Kristall]flächen durch Anlegen zweier Schenkel. 2. Winkelmesser für Schädel u. Knochen. **Goniome|trie** *die*; -: Winkelmessung; Teilgebiet der → Trigonometrie, das sich mit den Winkelfunktionen befaßt (Math.). **goniome|trisch**: das Messen mit dem Goniometer, die Goniometrie betreffend: zur Goniometrie gehörend, für sie charakteristisch (Math.). **Gonitis** *die*; -, ...itiden: vgl. Gonarthritis

Gono|blennor|rhö[1] [*gr.-nlat.*] *die*; -, -en u. **Gono|blennor|rhöe** [*...rö*] *die*; -, -n [*...rö*ᵉ*n*]: eitrige, durch Gonokokken hervorgerufene Bindehautentzündung; Augentripper (Med.). **Gonochorismus** [*...ko...*] *der*; -: Getrenntgeschlechtigkeit (Biol.). **Gonochoristen** *die* (Plural): getrenntgeschlechtige Tiere. **Gonokokkus** *der*; -, ...kken: Trippererreger (Bakterienart). **Gonophor** *das*; -s, -en: männliches Geschlechtsindividuum bei Röhrenquallen. **Gonor|rhö**[1] *die*; -, -en u. **Gonorrhöe** [*...rö*] *die*; -, -n [*...rö*ᵉ*n*]: Tripper (Geschlechtskrankheit). **gonor|rhoisch**: a) den Tripper betreffend; b) auf Tripper beruhend

good bye! [*gud bai*; *engl.*]: engl. Gruß (= leb[t] wohl!)

Goodwill [*gud*ᵘ*il*, auch: *gud...*; *engl.*] *der*; -s: a) ideeller Firmenwert, Geschäftswert; b) Ansehen, guter Ruf einer Institution o. ä.; c) Wohlwollen, freundliche Gesinnung. **Goodwillreise** [*engl.*; *dt.*] *die*; -, -n: Reise eines Politikers,

[1] Vgl. die Anmerkung zu Diarrhö.

einer einflußreichen Persönlichkeit od. Gruppe, um freundschaftliche Beziehungen zu einem anderen Land herzustellen od. zu festigen. **Goodwilltour** [*engl.*; *fr.*] *die*; -, -en: = Goodwillreise

Gopak [*russ.*], Hopak [*ukrainisch*] *der*; -s, -s: bes in der Ukraine u. in Weißrußland üblicher, schneller Tanz im 2/4-Takt für einen od. mehrere Tänzer

gordische Knoten [nach der gr. Sage am Streitwagen des Gordios in Gordion; die Herrschaft über Asien war dem verheißen, der ihn lösen könne; Alexander der Große durchhieb ihn mit dem Schwert] *der*; -n -s: schwieriges Problem, z. B. den -n - durchhauen (eine schwierige Aufgabe verblüffend einfach lösen)

Gorgonenhaupt [nach dem weiblichen Ungeheuer Gorgo in der griech. Sage] *das*; -[e]s, ...häupter: unheilabwehrendes [weibliches] Schreckgesicht, bes. auf Waffen u. Geräten der Antike (z. B. auf der → Ägis)

Gorgonzola [*it.*] *der*; -s, -s: (nach dem gleichnamigen ital. Ort benannter) in Laibform hergestellter, mit Schimmelpilzen durchsetzter Weichkäse

Gorilla [*afrik.-gr.-engl.*] *der*; -s, -s: 1. größter Menschenaffe (in Kamerun u. im Kongogebiet). 2. (Jargon) Leibwächter (der üblicherweise - entsprechend seinen Aufgaben - von kräftig-robuster Statur ist)

Gorodki [*russ.*] *die* (Plural): eine Art Kegelspiel in Rußland

Gosain [*sanskr.-Hindi*] *der*; -s, -s: in religiöser → Meditation lebender Mensch in Indien

Gösch [*fr.-niederl.*] *die*; -, -en: a) kleine rechteckige (an Feiertagen im Hafen gesetzte) Landesflagge; b) andersfarbige obere Ecke am Flaggenstock als Teil der Landesflagge

Go-slow [*goslo^u*; *engl.*] *der* od. *das*; -s, -s: Bummelstreik, Dienst nach Vorschrift [im Flugwesen]

Gospel [*engl.*] *das*; -s, -s: = Gospelsong. **Gospelsänger** *der*; -s, - u. **Gospelsinger** [*...ßing^er*] *der*; -s, -[s]: jmd., der Gospelsongs vorträgt. **Gospelsong** [*...ßong*] *der*; -s, -s: jüngere, seit 1940 bestehende verstädterte Form des → Negro Spirituals, bei der die jazzmäßigen Einflüsse zugunsten einer europäischen Musikalität zurückgedrängt sind

Gospodar vgl. Hospodar

Gospodin [*russ.*] *der*; -s, ...dą: Herr (russ. Anrede)

Gossypium [*gr.-lat.-nlat.*] *das*; -: Malvengewächs, das die Baumwolle liefert

Gotik [*fr.*] *die*; -: a) europ. Kunststil von der Mitte des 12. bis zum Ende des 15. Jh.s; b) Zeit des gotischen Stils. **gotisch**: 1. den (german.) Stamm der Goten betreffend. 2. die Gotik betreffend; -e Schrift: (seit dem 12. Jh. aus der karolingischen → Minuskel gebildete) Schrift mit spitzbogiger Linienführung u. engem Zusammenschluß der Buchstaben (Druckw.). 3. eine Faltungsphase der obersilurischen Gebirgsbildung betreffend. **Gotisch** *das*; -[s]: 1. gotische (1) Sprache. 2. gotische Schrift. **Gotische** *das*; -n: a) die gotische Sprache im allgemeinen; b) das die Gotik Kennzeichnende. **Gotizismus** [*fr.-nlat.*] *der*; -, ...men: 1. Übertragung einer für das Gotische charakteristischen sprachlichen Erscheinung auf eine nichtgotische Sprache (Sprachw.). 2. Nachahmung des gotischen (2) Stils. **gotizistisch**: den gotischen (2) Stil nachahmend

Gotlandium [*nlat.*, nach der schwed. Insel Gotland] *das*; -[s]: a) Unterabteilung des → Silurs (Obersilur); b) selbständige erdgeschichtliche Formation (Silur; Geol.)

Gouache [*guasch*; *lat.-it.-fr.*] *die*; -, -n [*...sch^en*]: 1. (ohne Plural) dekkende Malerei mit Wasserfarben in Verbindung mit Bindemitteln u. Deckweiß, deren dicker Farbauftrag nach dem Trocknen eine dem → Pastell ähnliche Wirkung ergibt. 2. Bild in der Technik der Gouache

Gouda [*gauda*; nach der niederländ. Stadt Gouda (*chauda*)] *der*; -s, -s: ein [holländischer] Hartkäse. **Goudakäse** [*niederländ.*; *dt.*] *der*; -s, -: = Gouda

Gou|dron [*gudrong*; *arab.-fr.*] *der* (auch: *das*); -s: wasserdichter Anstrich

Goulasch [*gu...*] vgl. Gulasch

Gourde [*gurd*; *fr.*] *der*; -, -s [*gurd*] (aber: 10 -): Währungseinheit in Haiti (= 100 Centimes)

Gourmand [*gurmang*; *fr.*] *der*; -s, -s: 1. jmd., der gern gut u. zugleich viel ißt, Schlemmer. 2. = Gourmet. **Gourmandise** [*...dis^e*] *die*; -, -n: besondere → Delikatesse; Leckerbissen. **Gourmet** [*...mä*, auch: *...me*] *der*; -s, -s: jmd., der ein Kenner in bezug auf Speisen u. Getränke ist u. gern ausgesuchte → Delikatessen ißt; Feinschmecker; vgl. Gourmand

Gout [*gu*; *lat.-fr.*] *der*; -s, -s: Geschmack, Wohlgefallen; vgl. Hautgout. **goutieren** [*gutir^en*; „kosten, schmecken"]: Geschmack an etwas finden, gutheißen

Gouvernante [*guw...*; *lat.-fr.*] *die*; -, -n: [altjüngferliche, bevormundende, belehrende] Erzieherin, Hauslehrerin. **gouvernantenhaft**: in der Art einer Gouvernante.

Gouvernement [*guwärn^emang*] *das*; -s, -s: a) Regierung; Verwaltung; b) Verwaltungsbezirk (militärischer od. ziviler Behörden).

gouvernemental: (veraltet) regierungsfreundlich; Regierungs...

Gouverneur [*...nör*] *der*; -s, -e: 1. Leiter eines Gouvernements; Statthalter (einer Kolonie). 2. Befehlshaber einer größeren Festung. 3. oberster Beamter eines Bundesstaates in den USA

Graaf-Follikel [nach einem holländ. Anatomen des 17. Jh.s] *der*; -s, -: sprungreifes, das reife Ei enthaltendes Bläschen im Eierstock (Biol.; Med.)

Gracioso [*graß...*; *lat.-span.*] *der*; -s, -s: die komische Person im span. Lustspiel (der lustige, seinen Herrn parodierende Bediente)

gradatim [*lat.*]: (veraltet) schritt-, stufenweise, nach u. nach. **Gradation** [*...zion*] *die*; -, -en: a) Steigerung, stufenweise Erhöhung; Abstufung; b) Aneinanderreihung steigernder (vgl. Klimax 1) od. abschwächender (vgl. Antiklimax) Ausdrucksmittel (z. B.: Goethe, groß als Forscher, größer als Dichter, am größten als Mensch). **Gradient** *der*; -en, -en: 1. Steigungsmaß einer Funktion (2) in verschiedenen Richtungen; Abk.: grad (Math.). 2. Gefälle (z. B. des Luftdruckes od. der Temperatur) auf einer bestimmten Strecke (Meteor.). **Gradiente** *die*; -, -n: von Gradienten gebildete Neigungslinie. **Gradientwind** *der*; -[e]s, -e: Wind der freien Atmosphäre, der eigentlich in Richtung des Luftdruckgradienten weht, jedoch infolge der → Corioliskraft nahezu parallel zu den → Isobaren verläuft (Meteor.). **gradieren**: verstärken, auf einen höheren Grad bringen, insbes. Salzsolen in Gradierwerken allmählich (gradweise) konzentrieren. **Gradierwerk** *das*; -[e]s, -e: Rieselwerk, luftiger Holzgerüstbau mit Reisigbündeln zur Salzgewinnung. **gradual** [*lat.-mlat.*]: den Grad, Rang betreffend. **Graduale** *das*; -s, ...lien [*...i^en*]: 1. kurzer Psalmgesang nach der → Epistel in der kath. Messe (urspr. auf den Stufen des → Ambos [II]). 2. liturg. Gesangbuch mit den Meßgesängen. **Gradualllied** *das*; -[e]s, -er: anbetendes u. lobpreisendes Gemeindelied zwischen den Schriftlesungen im evangelischen Gottesdienst. **Gradualpsalm** *der*; -s, -en: = Granduale (1). **Gradualsystem** *das*; -s: Erbfolge nach dem Grade der Verwandtschaft zum Erblasser durch Eintritt der übrigen Erben der gleichen Ordnung in die Erbfolge eines ausfallenden Erben (gesetzlich geregelt für Erben vierter u. höherer Ordnung); vgl. Parentelsystem. **Graduation** [*...zion*] *die*; -, -en: Gradeinteilung auf Meßgeräten, Meßgefäßen u. dgl.; vgl. ...[at]ion/...ierung. **graduell** [*lat.-mlat.-fr.*]: grad-, stufenweise, allmählich. **graduieren** [*lat.-mlat.*]: 1. mit Graden versehen (z. B. ein Thermometer). 2. a) einen akademischen Grad verleihen; b) einen akademischen Grad erwerben. **graduiert**: a) mit einem akademischen Titel versehen; b) mit dem Abschlußzeugnis einer Fachhochschule versehen; Abk.: grad., z. B. Ingenieur (grad.), Betriebswirt (grad.). **Graduierte** *der* u. *die*; -n, -n: Träger[in] eines akademischen Titels. **Graduierung** *die*; -, -en: a) das Graduieren; b) = Graduation; vgl. ...[at]ion/...ierung. **Gradus ad Parnassum** [*lat.*; „Stufe zum Parnaß" (dem altgriech. Musenberg u. Dichtersitz)] *der*; - - -, - - - [*grádųß* - -]: a) (hist.) Titel von Werken, die in die lat. od. griech. Verskunst einführen; b) (nach dem Titel der Kontrapunktlehre von J. J. Fux aus dem Jahr 1725) Titel von Etüdenwerken

Graecum [*gräk...*; *gr.-lat.*] *das*; -s: a) an einem humanistischen Gymnasium vermittelter Wissensstoff der griech. Sprache; b) durch eine Prüfung nachgewiesene, für ein bestimmtes Studium vorgeschriebene Kenntnisse in der griech. Sprache; vgl. Latinum

Graffiato u. Sgraffiato [*germ.-it.*] *der*; -s, ...ti: Verzierung von Tonwaren durch Anguß einer Farbschicht, in die ein Ornament eingegraben wird. **Graffito** [„Schraffierung"] *der* (auch: *das*); -[s], ...ti: a) in Stein geritzte Inschrift; b) in eine Marmorfliese eingeritzte zweifarbige ornamentale od. figurale Dekoration; c) auf Wände, Mauern, Fassaden usw. meist mit Spray gesprühte, gespritzte od. gemalte Parole, Spruch od. Figur mit kämpferischem od. witzigem Charakter (z. B. wer ARD sagt, muß auch BRD sagen); vgl. Sgraffito

Grafik usw.: eindeutschende Schreibung von: Graphik usw.

Grafothek vgl. Graphothek

Grahambrot [nach dem Amerikaner S. Graham (*grę^iᵉm*), 1794–1851, dem Verfechter einer auf Diät abgestellten Ernährungsreform] *das*; -[e]s, -e: ohne Gärung aus Weizenschrot hergestelltes Brot

Grain

I. [*gręⁱn*; *lat.-fr.-engl.*; „Korn"] *der*; -s, -s (aber: 10 -): älteres Gewicht für feine Wiegungen (Gold, Silber, Diamanten u. Perlen).

II. [*gräng*; *lat.-fr.*] *das*; -s, -s: bes. für Kleider verwendetes, zweischüssiges Ripsgewebe

grainieren [*grä...*]: (Fachspr.) Papier, Karton, Pappe einseitig narben, aufrauhen

Gräkomane [*gr.-nlat.*] *der*; -n, -n: jmd., der mit einer Art von Besessenheit alles Griechische liebt, bewundert u. nachahmt. **Gräkomanie** *die*; -: Nachahmung alles Griechischen mit einer Art von Besessenheit. **Gräkum**: eindeutschend für: Graecum

Gral [*fr.*] *der*; -s: in der mittelalterlichen Dichtung (in Verbindung mit den Sagen des Artus- u. Parzivalkreises) wundertätiger Stein od. Gefäß mit heilender Wirkung, in dem Christi Blut aufgefangen worden sein soll

Gramineen [*lat.*] *die* (Plural): zusammenfass. systematische Bezeichnung der Gräser

Gramm|äquivalent [*gr.*; *lat.-nlat.*] *das*; -s, -e: Einheit der Stoffmenge (Chem.); 1 Grammäquivalent ist die dem → Äquivalentgewicht zahlenmäßig entsprechende Grammenge; Zeichen: → Val.

Grammatik [*gr.-lat.*]: *die*; -, -en: 1. a) Beschreibung der Struktur einer Sprache als Teil der Sprachwissenschaft: inhaltbezogene -: primär auf das Feststellen der sprachlichen Inhalte abgestellte Grammatik; vgl. Dependenzgrammatik, deskriptiv (deskriptive Grammatik), funktional (funktionale Grammatik), generativ (generative Grammatik), Konstituentenstrukturgrammatik, kontrastiv (kontrastive Grammatik), stratifikationell (stratifikationelle Grammatik), Stratifikationsgrammatik, transformationell (transformationelle Grammatik), Transformationsgrammatik; b) das einer Sprache zugrunde liegende Regelsystem. 2. Werk, in dem Sprachregeln aufgezeichnet sind; Sprachlehre. 3. etw., was zu jmdm./etw. als etw. Gesetzmäßiges, Wesensbestimmendes, als eine innewohnende Struktur gehört, z. B. die - der Gefühle. **Grammatikalisation** [*...zion*; *gr.-lat.-nlat.*] *die*; -, -en: das Absinken eines Wortes mit selbständigem Bedeutungsgehalt zu einem bloßen grammatischen Hilfsmittel (bes. bei den Bindewörtern); vgl. ...[at]ion/...ierung. **grammatikalisch** a) die Grammatik betreffend; vgl. grammatisch (a); b) sprachkundlich. **grammatikalisieren**: der Grammatikalisation unterwerfen. **Grammatikalisierung** *die*; -, -en: a) das Grammatikalisieren; b) = Grammatikalisation; vgl. ...[at]ion/...ierung. **Grammatikalität** *die*; -: grammatikalische Korrektheit, Stimmigkeit der Segmente eines Satzes; vgl. Akzeptabilität (b). **Grammatiker** [*gr.-lat.*] *der*; -s, -: Wissenschaftler auf dem Gebiet der Grammatik. **grammatisch**: a) die Grammatik betreffend; vgl. grammatikalisch; b) der Grammatik gemäß, sprachrichtig; nicht ungrammatisch. **Grammatizität** *die*; -: das Grammatische in der Sprache. **Gramm|atom** *das*; -s, -e: so viele Gramm eines chem. Elementes, wie dessen Atomgewicht angibt. **Grammem** *das*; -s, -e: nach Zierer die aus → Episem u. → Tagmem bestehende kleinste grammatische Einheit. **Grammkalorie** vgl. Kalorie. **Grammol** u. **Grammolekül** [*gr.*; *lat.*] u. **Mol** [*lat.*] *das*; -s, -e: so viele Gramm einer chem. Verbindung, wie deren Molekulargewicht angibt. **Grammophon** Ⓦⓩ [*gr.-nlat.*] *das*; -s, -e: Schallplattenapparat. **Grammy** [*grämi*; *amerik.*] *der*; -s, -s: amerikanischer Schallplattenpreis

gramnegativ [nach dem dän. Bakteriologen Gram, 1853–1938]: nach dem Gramschen Färbeverfahren sich rot färbend (von Bakterien; Med.); vgl. grampositiv

Gramolata [*it.*] *die*; -, -s: ital. Bez. für: halbgefrorene Limonade

grampositiv [nach dem dän. Bakteriologen Gram]: nach dem Gramschen Färbeverfahren sich dunkelblau färbend (von Bakterien; Med.); vgl. gramnegativ

Grana [*lat.*] *die* (Plural): farbstoffhaltige Körnchen in der farbstofflosen Grundsubstanz der → Chromatophoren (Biol.). **Granadille** vgl. Grenadille. **Granalien** [*...iᵉn*; *lat.-nlat.*] *die* (Plural): durch Granulieren (Körnen) gewonnene [Metall]körner

Granat
I. [*lat.-mlat.*] *der*; -[e]s, -e, (österr.:) *der*; -en, -en: Mineral, das in mehreren Abarten u. verschiedenen Farben vorkommt (am bekanntesten als dunkelroter Halbedelstein).
II. [*niederl.*] *der*; -[e]s, -e: kleines Krebstier (Garnelenart)

Granatapfel [*lat.*; *dt.*] *der*; -s, ...äpfel: apfelähnliche Beerenfrucht des Granatbaums. **Granatbaum** *der*; -s, ...bäume: zu den Myrtenpflanzen gehörender Strauch od. Baum des Orients (auch eine Zierpflanzenart). **Granate** [*lat.-it.*] *die*; -, -n: 1. mit Sprengstoff gefülltes, explodierendes Geschoß. 2. eine warme Pastete (Gastr.)

Grand [*grang*, ugs. auch: *grang*; *lat.-fr.*] *der*; -s, -s: höchstes Spiel im Skat, bei dem nur die Buben Trumpf sind; - Hand: Grand aus der Hand, bei dem der Skat nicht aufgenommen werden darf (verdeckt bleibt). **Grande** [*lat.-span.*] *der*; -n, -n: bis 1931 mit besonderen Privilegien u. Ehrenrechten verbundener Titel der Angehörigen des höchsten Adels in Spanien. **Grande Armée** [*grangdarmé*; *lat.-fr.*] *die*; - -: [die] Große Armee (Napoleons I.). **Grande Nation** [- *naßjong*] *die*; - -: [die] Große Nation (seit Napoleon I. Selbstbezeichnung des franz. Volkes). **Grandeur** [*grangdör*] *die*; -: strahlende Größe; Großartigkeit. **Grandezza** [*lat.-span.*] *die*; -: feierlich-hoheitsvolle Art u. Weise, in der jmd. (bes. ein Mann) etwas ausführt. **Grand Fleet** [*gränd flit*; *engl.*] *die*; - -: die im 1. Weltkrieg in der Nordsee eingesetzte engl. Flotte. **Grandhotel** [*grang*...; *fr.*] *das*; -s, -s: großes, komfortables Hotel. **grandig** [*lat.-roman.*]: (mundartlich) groß, stark; großartig. **grandios** [*lat.-it.*]: großartig, überwältigend, erhaben. **Grandiosität** *die*; -: Großartigkeit, überwältigende Pracht. **grandioso**: großartig, erhaben (Mus.). **Grand lit** [*grangli*; *fr.*] *das*; - -, -s -s [*grangli* od. *grangliß*]: breiteres Bett für zwei Personen. **Grand mal** [*grang* -; *lat.-fr.*] *das*; - -: Typ des epileptischen Anfalls mit schweren Krämpfen, Bewußtlosigkeit u. Gedächtnisverlust (auch Haut mal genannt; Med.). **Grand Old Lady** [*gränd oʷld le̱di*; *engl.*; „große alte Dame"] *die*; - - -, - - Ladies [*le̱dis*]: älteste bedeutende weibliche Persönlichkeit auf einem bestimmten Gebiet. **Grand Old Man** [*gränd oʷld män*; *engl.*; „großer alter Mann"] *der*; - - -, - - Men: älteste bedeutende männliche Persönlichkeit auf einem bestimmten Gebiet. **Grand ouvert** [*grang uwer* od. ...*uwär*] *der*; - -[s] [- ...*uwer(ß)* od. ...*uwär(ß)*, -s -s [- ...*uwerß* od. ...*uwärß*]: Grand aus der Hand, bei dem der Spieler seine Karten offen hinlegen muß. **Grand Prix** [*grang pri*; *lat.-fr.*] *der*; - -: franz. Bezeichnung für: großer Preis, Hauptpreis. **Grandseigneur** [...*ßänjör*; *fr.*] *der*; -s, -s u. -e: vornehmer, weltgewandter Mann. **Grand-Tourisme-Rennen** [...*turißmᵉ*...] *das*; -s, -: internationales Sportwagenrennen mit Wertungsläufen, Rundrennen, Bergrennen u. → Rallyes

granieren [*lat.-nlat.*]: 1. die Platte beim Kupferstich aufrauhen. 2. Papier körnen, aufrauhen. 3. (selten) = granulieren. **Granierstahl** *der*; -s: bogenförmiges, mit gezähnter Schneide versehenes Stahlinstrument („Wiege"), mit dem beim Kupferstich die Platte aufgerauht („gewiegt") wird. **Granit** [auch: ...*it*; *lat.-it.*] *der*; -s, -e: sehr hartes Gestein aus körnigen Teilen von Feldspat, Quarz u. Glimmer. **Granita** vgl. Gramolata. **graniten** [auch: ...*it*...]: 1. granitisch. 2. hart wie Granit. **Granitisation** [...*zion*; *lat.-it.-nlat.*] *die*; -, -en: Entstehung der verschiedenen → Granite; vgl. ...[at]ion/ ...ierung. **granitisch** [auch: ...*it*...]: den Granit betreffend. **Granitisierung** *die*; -, -en: = Granitisation. **Granitit** [auch: ...*it*] *der*; -s, -e: eine Art des → Granits, die hauptsächlich dunklen Glimmer enthält. **Granitporphyr** [auch: ...*it*...] *der*; -s: eine Art des → Granits mit großen Feldspatkristallen in der feinkörnigen Grundmasse

Granny Smith [*gräni smith*; *engl.*] *der*; - -, - -: glänzender grüner, saftiger Apfel aus Australien

Granodiorit [auch: ...*it*; *lat.*; *gr.*] *der*; -s, -e: ein kieselsäurereiches Tiefengestein (Geol.). **Granula**: *Plural* von → Granulum. **granulär** [*lat.-nlat.*]: = granulös. **Granularatrophie** [*lat.*; *gr.*] *die*; -, ...ien: = Zirrhose. **Granulat** [*lat.-nlat.*] *das*; -[e]s, -e: durch Granulieren in Körner zerkleinerte Substanz. **Granulation** [...*zion*] *die*; -, -en: 1. Herstellung u. Bildung einer körnigen [Oberflächen]struktur. 2. körnige [Oberflächen]struktur; vgl. ...[at]ion/...ierung. **Granulationsgewebe** [...*zionß*...] *das*; -s: a) sich bei der Heilung von Wunden u. Geschwüren neu bildendes gefäßreiches Bindegewebe, das nach einiger Zeit in Narbengewebe übergeht; b) Gewebe, das sich bei bestimmten Infektionen u. chronischen Entzündungen im Gewebsinneren bildet (Med.). **Granulator** *der*; -s, ...oren: Vorrichtung zum Granulieren (1). **Granulen** *die* (Plural): auf der nicht gleichmäßig hellen Oberfläche der Sonne als körnige Struktur sichtbare auf- u. absteigende Gasmassen, deren Anordnung sich innerhalb weniger Minuten ändert u. deren helle Elemente eine Ausdehnung von etwa 1000 km haben. **granulieren**: 1. [an der Oberfläche] körnig machen, in körnige, gekörnte Form bringen (Fachsp.). 2. Körnchen, Granulationsgewebe bilden (Med.). **granuliert**: körnig zusammmengeschrumpft (z. B. bei Schrumpfniere; Med.). **Granulierung** *die*; -, -en: 1. das Granulieren. 2. die Granulation; vgl. ...[at]ion/...ierung. **Granulit** [auch: ...*it*...] *der*; -s, -e: Weißstein, hellfarbiger kristalliner Schiefer aus Quarz, Feldspat, Granat u. Rutil. **granulitisch** [auch: ...*it*...]: den Granulit betreffend: **Granulom** *das*; -s, -e: Granulationsgeschwulst (bes. an der Zahnwurzelspitze; vgl. Granulationsgewebe (b; Med.). **granulomatös**: mit der Bildung von Granulomen einhergehend; zu einer Granulomatose gehörend. **Granulomatose** *die*; -, -n: Bildung zahlreicher Granulome; Erkrankung, die mit der Bildung von Granulomen einhergeht. **Granulome|trie** *die*; -: Gesamtheit der Methoden zur prozentualen Erfassung des Kornaufbaus von Sand, Kies, Böden od. Produkten der Grob- u. Feinzerkleinerung mit Hilfe von Sichtung, Siebung od. → Sedimentation (1). **granulös**: körnig, gekörnt. **Granulose** *die*; -, -n: = Trachom. **Granulozyt** [*lat.*; *gr.*] *der*; -en, -en (meist Plural): weißes Blutkörperchen von körniger Struktur. **Granulozytopenie** [*gr.*] *die*; -, ...ien: Mangel an Granulozyten im Blut als Krankheitssymptom. **Granulum** [*lat.*] *das*; -s, ...la: 1. Arzneimittel in Körnchenform, Arzneikügelchen (Med.). 2. Teilchen der mikroskopischen Kornstruktur der lebenden Zelle (Med.). 3. beim → Trachom vorkommende körnige Bildung unter dem Oberlid (Med.). 4. Gewebeknötchen im Granulationsgewebe (a u. b; Med.)

Grape|fruit [*gre̱pfrut*; *engl.*] *die*; -, -s: eine Art → Pampelmuse

Graph [*gr.*]

I. *der*; -en, -en: graphische Darstellung, bes. von Relationen [von Funktionen] in Form von Punktmengen, bei denen gewisse Punktpaare durch Kurven (meist Strecken) verbunden sind (Math.; Phys.; EDV).

II. *das*; -s, -e: Schriftzeichen, kleinste, nicht bedeutungskennzeichnende Einheit in schriftl. Äußerungen (Sprachw.)

Graphem [*gr.*] *das*; -s, -e: kleinstes bedeutungsunterscheidendes graphisches Symbol, das ein od. mehrere → Phoneme wiedergibt (Sprachw.). **Graphematik** *die*; -: = Graphemik (Sprachw.). **graphematisch**: die Graphematik betreffend (Sprachw.). **Graphemik** *die*; -: Wissenschaft von den Graphemen unter dem Aspekt ihrer Unterscheidungsmerkmale u. ihrer Stellung im Alphabet (Sprachwissenschaft). **graphemisch**: die Graphemik betreffend (Sprachwissenschaft). **Grapheologie** *die*; -: 1. Wissenschaft von der Verschriftung von Sprache und von den Schreibsystemen. 2. = Graphemik. **grapheologisch**: die Grapheologie betreffend. **Graphie** *die*; -, ...ien: Schreibung, Schreibweise (Sprachw.). **Graphik**[1] [*gr.-lat.*; „Schreib-, Zeichenkunst"] *die*; -, -en: 1. (ohne Plural) Kunst u. Technik des Holzschnitts, Kupferstichs, der → Radierung, → Lithographie, Handzeichnung. 2. einzelner Holzschnitt, Kupferstich, einzelne Radierung, Lithographie, Handzeichnung. **Graphiker**[1] *der*; -s, -: Künstler u. Techniker auf dem Gebiet der Graphik (1). **graphisch**[1]: a) die Graphik betreffend; b) durch Graphik dargestellt; -e Künste: vgl. Graphik (1). **Graphit** [auch: ...*it*; *gr.-nlat.*] *der*; -s, -e: vielseitig in der Industrie verwendetes, weiches schwarzes Mineral aus reinem Kohlenstoff. **graphitieren**: mit Graphit überziehen. **graphitisch** [auch: ...*it*...]: aus Graphit bestehend. **Graphologe** *der*; -n, -n: Wissenschaftler auf dem Gebiet der Graphologie. **Graphologie** *die*; -: Wissenschaft von der Deutung der Handschrift als Ausdruck des Charakters. **graphologisch**: die Graphologie betreffend. **Graphomanie** *die*; -: Schreibwut. **Grapho|spasmus** *der*; -, ...men: Schreibkrampf (Med.). **Graphostatik** *die*; -: zeichnerische Methode zur Lösung statischer Aufgaben. **Graphothek** [Kunstw. aus *Grapho*... u. ...*thek*; vgl. Bibliothek] *die*; -, -en: Kabinett, das graphische Originalblätter moderner Kunst ausleiht. **Graphotherapie** *die*; -: Befreiung von Erlebnissen od. Träumen durch Aufschreiben (Psychol.)

Grappa [*it.*] *die*; -: italienisches alkoholisches Getränk aus Trestern (Traubenpreßrückständen)

Graptolith [auch: ...*it*; *gr.-nlat.*] *der*; -s u. -en, -en: koloniebildendes, → fossiles, sehr kleines Meerestier aus dem Silur

Grass [*engl.-amer.*; „Gras"] *das*; -: (ugs.; verhüllend) = Marihuana

grassieren [*lat.*]: um sich greifen, wüten, sich ausbreiten (z. B. von Seuchen)

Gratial [...*zial*; *lat.-mlat.*] *das*; -s, -e u. Gratiale *das*; -s, ...lien [...*i^e n*]: (veraltet) a) Dankgebet; b) Geschenk (Trinkgeld). **Gratias** [*lat.*; gratias agamus Deo = laßt uns Gott danken] *das*; -, -: nach dem Anfangswort bezeichnetes (urspr. klösterliches) Dankgebet nach Tisch. **Gratifikation** [...*zion*; „Gefälligkeit"] *die*; -, -en: zusätzliches [Arbeits]entgelt zu besonderen Anlässen (z. B. zu Weihnachten). **gratifizieren**: (veraltet) vergüten

gratinieren [*germ.-fr.*]: (Speisen) heiß mit einer Kruste überbakken (Gastr.); vgl. au gratin

gratis [*lat.*]: unentgeltlich, frei, unberechnet. **Gratulant** *der*; -en, -en: Glückwünschender. **Gratulation** [...*zion*] *die*; -, -en: 1. das Gratulieren. 2. Glückwunsch. **Gratulationscour** [...*kur*; *lat.*; *lat.-fr.*] *die*; -, -en: Glückwunschzeremoniell zu Ehren einer hochgestellten Persönlichkeit, speziell eines führenden Politikers od. Staatsmannes. **gratulieren** [*lat.*]: beglückwünschen, Glück wünschen

Gravamen [...*wa*...; *lat.*] *das*; -s, ...mina (meist Plural): Beschwerde, bes. die Vorwürfe gegen Kirche u. Klerus im 15. u. 16. Jh. **Gravation** [...*zion*] *die*; -, -en: (veraltet) Beschwerung, Belastung. **grave** [...*w^e*; *lat.-it.*]: schwer, feierlich, ernst (Vortragsanweisung; Mus.). **Grave** *das*; -s, -s: langsamer Satz od. Satzteil von ernstem, schwerem, majestätischem Charakter seit dem frühen 17. Jh. (Mus.)

Gravettien [*grawätiäng*; nach der Felsnische La Gravette in Frankreich] *das*; -[s]: Kulturstufe der jüngeren Altsteinzeit

Graveur [...*wör*; *niederd.-niederl.-fr.*] *der*; -s, -e: Metall-, Steinschneider, Stecher

gravid [...*wit*; *lat.*; „beschwert"]: schwanger (Med.). **Gravida** *die*; -, ...dae [...*dä*]: schwangere Frau (Med.). **gravide** vgl. gravid. **Gravidität** *die*; -, -en: Schwangerschaft (Med.)

gravieren [...*wir^e n*]

I. [*niederd.-niederl.-fr.*]: in Metall, Stein [ein]schneiden.

II. [*lat.*]: (veraltet) beschweren, belasten

gravierend [...*wi*...; *lat.*]: ins Gewicht fallend, schwerwiegend u. sich nachteilig auswirken könnend. **Gravierung** *die*; -, -en: 1. das Gravieren. 2. eingravierte Schrift, Verzierung o. ä. **Gravimeter** [*lat.*; *gr.*] *das*; -s, -: Instrument zur Messung der Veränderlichkeit der Schwerkraft (Geol.). **Gravime|trie** *die*; -: 1. Meßanalyse, Verfahren zur quantitativen Bestimmung von Elementen u. Gruppen in Stoffgemischen (Chem.). 2. Messung der Veränderlichkeit der Schwerkraft (Geol.). **gravime|trisch**: die Erdschwere betreffend. **Gravis** [*lat.*] *der*; -, -: Betonungszeichen für den „schweren", fallenden Ton (z. B. à); vgl. Accent grave. **Gravi|sphäre** [*lat.*; *gr.*] *die*; -, -n: Bereich des Weltraums, in dem die Schwerkraft eines Weltkörpers die Schwerkraft anderer Weltkörper überwiegt. **Gravität** [*lat.*; „Schwere"] *die*; -: (veraltet) [steife] Würde. **Gravitation** [...*zion*; *lat.-nlat.*] *die*; -: Schwerkraft, Anziehungskraft, bes. die zwischen der Erde u. den in ihrer Nähe befindlichen Körpern. **Gravitationsdifferentiation** *die*; -: das Absinken von Kristallen durch die Schwerkraft bei Erstarrung einer Schmelze (Geol.). **Gravitationsenergie** *die*; -: die durch die Schwerkraft aufbringbare Energie. **gravitätisch** [*lat.*]: ernst, würdevoll, gemessen. **gravitieren** [*lat.-nlat.*]: a) vermöge der Schwerkraft auf einen Punkt hinstreben; b) sich zu etwas hingezogen fühlen. **Graviton** *das*; -s, ...onen: Feldquant, Elementarteilchen des Gravitationsfeldes; vgl. Quant

Gravur [...*wur*; mit lateinischer Endung zu → Gravüre] *die*; -, -en: Darstellung, Zeichnung auf Metall od. Stein. **Gravüre** [*niederd.-niederl.-fr.*] *die*; -, -n: a) Erzeugnis der Gravierkunst (Kupfer-, Stahlstich); b) auf photomechanischem Wege hergestellte Tiefdruckform; c) Druck von ei-

---

[1] Häufig in eindeutschender Schreibung Grafik, Grafiker, grafisch

ner auf photomechanischem Wege hergestellten Tiefdruckform

Grazie [...*i*^e^; *lat.*] *die*; -, -n: 1. (ohne Plural) Anmut, Liebreiz. 2. (meist Plural) (in der röm. Mythologie) eine der drei (den Chariten in der griechischen Mythologie entsprechenden) Göttinnen der Anmut u. Schönheit

grazil [*lat.*]: fein gebildet, zartgliedrig, zierlich. **Grazilität** *die*; -: feine Bildung, Zartgliedrigkeit, Zierlichkeit

graziös [*lat.-fr.*]: anmutig, mit Grazie. **grazioso** [*lat.-it.*]: anmutig, mit Grazie (Vortragsanweisung; Mus.). **Grazioso** *das*; -s, -s u. ...si: Satz von anmutigem, graziösem Charakter (Mus.)

gräzisieren [*gr.-lat.*]: nach altgriech. Muster formen; die alten Griechen nachahmen. **Gräzismus** [*gr.-nlat.*] *der*; -, ...men: altgriech. Spracheigentümlichkeit in einer nichtgriech. Sprache, bes. in der lateinischen; vgl. ...ismus/...istik. **Gräzist** *der*; -en, -en: jmd., der sich wissenschaftlich mit dem Altgriechischen befaßt [hat] (z. B. Hochschullehrer, Student). **Gräzistik** *die*; -: Wissenschaft von der altgriechischen Sprache [u. Kultur]; vgl. ..ismus/...istik. **gräzistisch**: a) das Gebiet des Altgriechischen betreffend; b) in der Art, nach dem Vorbild des Altgriechischen. **Gräzität** [*gr.-lat.*] *die*; -: Wesen der altgriech. Sprache u. Sitte

Green|ager [*grin|e^i^dseh^e^r*; Kunstw. aus *Green*horn u. Teen*ager*] *der*; -s, -: Kind zwischen Kleinkind- u. Teenageralter. **Greenback** [*grinbäk*; *engl.-amerik.*] *der*; -[s], -s: a) 1862 ausgegebene amerikanische Schatzanweisung mit Banknotencharakter mit grünem Rückseitenaufdruck; b) (volkstümlich in den USA) US-Dollarnote. **Greenhorn** [*grin*...; *engl.*] *das*; -s, -s: jmd., der auf einem für ihn neuen Gebiet zu arbeiten begonnen hat u. noch ohne einschlägige Erfahrungen ist; Neuling, Unerfahrener, Grünschnabel. **Greenpeace** [*grinpiß*; *engl.*] *der*; -: (in mehreren Ländern bestehende) Gruppe von Menschen, die sich aktiv-gewaltfrei mit spektakulären, das eigene Leben u. die Gesundheit dabei mit einsetzenden Aktionen gegen Walfischfang, Umweltverschmutzung u. ä. zur Wehr setzen, z. B. indem sie mit Schiffen in die Schußlinie der Harpunen fahren od. sich an Giftmüllschiffe anhängen

Greenwicher Zeit [*grinidseh^e^r* -] *die*; - -: westeurop. Zeit, bezogen auf den Nullmeridian, der durch Greenwich (Vorort von London) geht

Gregarinen [*lat.-nlat.*] *die* (Plural): einzellige tierische Schmarotzer im Innern von wirbellosen Tieren (Zool.)

Grège [*gräsch*; *it.-fr.*] *die*; -: Rohseide[nfaden] aus 3–8 Kokonfäden, nur durch den Seidenleim zusammengehalten

Gregorianik [*nlat.*] *die*; -: a) die Kunst des Gregorianischen Gesangs; b) die den Gregorianischen Choral betreffende Forschung. **Gregorianisch**: von Gregor[ius] herrührend; -er Choral od. Gesang: einstimmiger, rhythmisch freier, unbegleiteter liturg. Gesang der kath. Kirche (benannt nach Papst Gregor I., 590–604); Ggs. → Figuralmusik; -er Kalender: der von Papst Gregor XIII. 1582 eingeführte, noch heute gültige Kalender. **gregorianisieren**: in der Manier des Gregorianischen Gesangs komponieren. **Gregorsmesse** *die*; -: eine im Spätmittelalter häufige Darstellung in der bildenden Kunst, auf der Christus dem vor dem Altar knieenden Papst Gregor I. erscheint

Grelots [*gr^e^lo*; *fr.*] *die* (Plural): [als Randverzierung angebrachte] plastische Posamentenstickerei in Form von Knötchen u. kleinen Schlingen

Gremiale [*lat.-mlat.*] *das*; -s, ...lien [...*i^e^n*]: Schoßtuch des kath. Bischofs beim Messelesen. **Gremium** [*lat.*; „Schoß; Armvoll, Bündel"] *das*; -s, ...ien [...*i^e^n*]: a) Gemeinschaft, beratende oder beschlußfassende Körperschaft; Ausschuß; b) (österr.) Berufsvereinigung

Grenadier [*lat.-it.-fr.*; „Handgranatenwerfer"] *der*; -s, -e: a) Soldat der Infanterie (besonderer Regimenter); b) unterster Dienstgrad eines Teils der Infanterie. **Grenadille** [*lat.-span.-fr.*] u. **Granadille** [*lat.-span.*] *die*; -, -n: eßbare Frucht verschiedener Arten von Passionsblumen

Grenadin [...*däng*; *lat.-it.-fr.*] *das* od. *der*; -s, -s: kleine gebratene Fleischschnitte

Grenadine *die*; -

I. [*lat.-it.-fr.*]: Saft aus Granatäpfeln [Orangen u. Zitronen].

II. [nach der span. Stadt Granada]: a) hart gedrehter Nature seidenzwirn; b) durchbrochenes Gewebe aus Grenadine (II a) in Leinenbindung (Webart)

Greyhound [*gre^i^haund*; *engl.*] *der*; -[s], -s: 1. engl. Windhund. 2. Kurzwort für: Greyhoundbus. **Greyhoundbus** *der*; -ses, -se: → Omnibus des amerikanischen Konzerns The Greyhound Corp., der in den Vereinigten Staaten das wichtigste öffentliche Verkehrsmittel im Überlandverkehr darstellt

Gri|blette [...*lät*^e^; *fr.*] *die*; -, -n: (veraltet) kleine, gespickte Fleischschnitte

griechisch-katholisch: 1. (auch:) griechisch-uniert: einer mit Rom → unierten orthodoxen Nationalkirche angehörend (die bei eigenen Gottesdienstformen in Lehre u. Verfassung den Papst anerkennt). 2. (veraltet) = griechisch-orthodox. **griechisch-orthodox**: der von Rom (seit 1054) getrennten morgenländischen od. Ostkirche od. einer ihrer → autokephalen Nationalkirchen angehörend. **griechisch-römisch**: 1. (beim Ringen) nur Griffe oberhalb der Gürtellinie gestattend. 2. = griechisch-katholisch. **griechisch-uniert** = griechisch-katholisch

Grieve vgl. James Grieve

Griffon [...*fong*; *fr.*] *der*; -s, -s: als Jagd- od. Schutzhund gehaltener, mittelgroßer, kräftiger Vorstehhund mit rauhem bis struppigem Fell

gri|gnardieren [*grinjar*...; nach dem franz. Chemiker Grignard, 1871–1935]: nach einem bestimmten Verfahren → Synthesen organischer Stoffe bilden

Grill [*lat.-fr.-engl.*] *der*; -s, -s: Bratrost. **Grillade** [*grijad*^e^; *lat.-fr.*] *die*; -, -n: gegrilltes Fleischstück. **grillen** [*lat.-fr.-engl.*], **grillieren** [auch: *grijir^e^n*]: auf dem Grill braten. **Grillroom** [*grílrum*; *engl.*] *der*; -s, -s: Restaurant od. Speiseraum in einem Hotel, in dem hauptsächlich Grillgerichte [zubereitet u.] serviert werden

Grimasse [*germ.-fr.*] *die*; -, -n: eine bestimmte innere Einstellung, Haltung o. ä. durch verzerrte Züge wiedergebender Gesichtsausdruck; Fratze. **grimassieren**: das Gesicht verzerren, Fratzen schneiden

Grimshaw [*grímscho*; *engl.*; Name des Erstdarstellers] *der*; -[s], -s: durch Lenkung erzwungene Verstellung eines [schwarzen] Langschrittlers (Dame, Turm o. ä.) als thematische Idee in Schachaufgaben

Gringo [*gr.-lat.-span.*; „griechisch" (= unverständlich)] *der*; -s, -s: (abwertend) Bez. des Nichtromanen im span. Südamerika

Griot [*grio*; *fr.*] *der*; -s, -s: eine Art Zauberer in Westafrika
grippal: a) die Grippe betreffend; b) von einer Grippe herrührend; mit Fieber u. → Katarrh verbunden. **Grippe** [*germ.-fr.*; „Grille, Laune"] *die*; -, -n: mit Fieber u. Katarrh verbundene [epidemisch auftretende] Virusinfektionskrankheit. **Grippe|pneumonie** *die*; -, -n: gefährliche, durch Grippe hervorgerufene Lungenentzündung (Med.). **grippoid** = grippös. **grippös** [*germ.-fr.-nlat.*]: grippeartig (Med.)
Grisaille [*grisaj*; *germ.-fr.*] *die*; -, -n [*...j^e n*]: 1. a) Malerei in grauen (auch braunen od. grünen) Farbtönen; b) Gemälde in grauen (auch braunen od. grünen) Farbtönen. 2. (ohne Plural) Seidenstoff aus schwarzem u. weißem Garn. **Grisette** [„Graukleid"] *die*; -, -n: 1. a) junge [Pariser] Näherin, Putzmacherin; b) leichtfertiges junges Mädchen. 2. eine Pastetenart
Grislybär [*...li...*; *engl.*; *dt.*] *der*; -en, -en: dunkelbrauner amerik. Bär (bis 2,30 m Körperlänge).
Grison [*grisong*; *fr.*] *der*; -s, -s: in Mittel- u. Südamerika heimischer, einem Dachs ähnlicher Marder
Grit [*engl.*] *der*; -s, -e: [Mühlen]sandstein
Grizzlybär [*grisli...*]: vgl. Grislybär
grobianische Dichtung [*dt.-nlat.*; *dt.*] *die*; -n -: Dichtung des 15. u. 16. Jh.s, die grobes, unflätiges Verhalten (bes. bei Tisch) ironisch u. satirisch darstellte. **Grobianismus** *der*; -: grobianische Dichtung
Grog [*engl.*; nach dem Spitznamen des engl. Admirals Vernon: „Old Grog"] *der*; -s, -s: heißes Getränk aus Rum (auch Arrak od. Weinbrand), Zucker u. Wasser. **groggy** [*...gi*; „vom Grog betrunken"]: schwer angeschlagen, nicht mehr zu etw. (z. B. zum Kämpfen) fähig
grolieresk [*groli^e...*; *fr.*; nach dem Bibliophilen Grolier de Servières (*grolie d^e ßärwjär*)]: in der Art eines Grolier-Einbandes
Groom [*grum*; *engl.*] *der*; -s, -s: engl. Bezeichnung für: a) Reitknecht; b) junger Diener, Page
Grooving [*gruw...*; *engl.*] *das*; -[s]: Herstellung einer aufgerauhten Fahrbahn mit Rillen (auf Startpisten, Autobahnen)
Gros
I. [*gro*; *lat.-fr.*] *das*; - [*gro(ß)*], - [*groß*]: überwiegender Teil einer Personengruppe.
II. [*groß*; *lat.-fr.-niederl.*] *das*; Grosses, Grosse (6 -): 12 Dutzend = 144 Stück
Großalmosenier [*...ir*; *dt.*; *gr.-mlat.*] *der*; -s, -e: oberster Geistlicher (→ Almosenier) des → Klerus am franz. Hof (seit dem 15. Jh.)
Großdyn [*dt.*; *gr.*] *das*; -s, -: = Dyn
Grossesse nerveuse [*groß*ä*ß närwös*; *fr.*] *die*; - -, -s -s [*groß*ä*ß närwös*]: eingebildete Schwangerschaft (Med.)
Großinquisitor [*dt.*; *lat.*] *der*; -s, -en: oberster Richter der span. → Inquisition
Grossist [*lat.-fr.*] *der*; -en, -en: Großhändler
Großkophta [*...kofta*; angeblicher Gründer der ägypt. Freimaurerei; Herkunft unsicher] *der*; -s: Leiter des von Cagliostro [*kaljo...*] gestifteten Freimaurerbundes (um 1770). **Großkordon** [*...kordong*; *dt.*; *fr.*] *der*; -s: höchste Klasse der Ritter- u. Verdienstorden. **Großmogul** [*dt.*; *pers.-Hindi-port.-fr.*]: 1. *der*; -s, -n: Titel nordindischer Herrscher (16. bis 19. Jh.). 2. *der*; -s: einer der größten Diamanten.
Großmufti [*dt.*; *arab.*] *der*; -s, -s: Titel des Rechtsgelehrten (→ Mufti) Husaini von Jerusalem
Grossohandel [*lat.-it*; *dt.*]: (veraltet) Großhandel. **grosso modo** [*lat.*]: im großen ganzen
Grossular [*germ.-fr.-nlat.*] *der*; -s, -e: grüne u. gelbgrüne Abart des → Granats (I)
Großwesir [*dt.*; *arab.*] *der*; -s, -e: 1. (hist.) hoher islam. Beamter, der nur dem Sultan unterstellt ist. 2. Titel des türk. Ministerpräsidenten (bis 1922)
Grosz [*grosch*; *dt.-poln.*] *der*; -, -e (aber: 10 -): 0,01 Zloty (poln. Währungseinheit)
grotesk [*gr.-lat.-vulgärlat.-it.-fr.*]: a) durch eine Übersteigerung od. Verzerrung bestimmte Ordnungen umkehrend u. absonderlich, phantastisch wirkend; b) absurd, lächerlich. **Grotesk** *die*; -: gleichmäßig starke Antiquaschrift ohne → Serifen. **Groteske** *die*; -, -n: 1. phantastisch geformtes Tier- u. Pflanzenornament der Antike u. Renaissance. 2. Erzählform, die Widersprüchliches, z. B. Komisches u. Grauenerregendes, verbindet. 3. = Grotesktanz. **Groteskfilm** *der*; -s, -e: Lustspielfilm mit oft völlig sinnloser → Situationskomik (z. B. Pat u. Patachon). **Grotesktanz** *der*; -es, ...tänze: karikierender Tanz mit drastischen Übertreibungen u. verzerrenden Bewegungen
Grotte [*gr.-lat.-vulgärlat.-it.*] *die*; -, -n: malerische, oft in Renaissance- u. Barockgärten künstlich gebildete Felsenhöhle. **Grotto** *das*; -s, ...ti (auch: -s): Tessiner Weinschenke
Groundhostess [*graundhoßtäß*; *engl.*] *die*; -, ...tessen: Angestellte einer Fluggesellschaft, der die Betreuung der Fluggäste auf dem Flughafen obliegt
Groupie [*grupi*; *engl.*] *das*; -s, -s: a) weiblicher → Fan, der immer wieder versucht, in möglichst engen Kontakt mit der von ihm bewunderten Person zu kommen; b) zu einer Gruppe, Organisation außerhalb der etablierten Gesellschaft gehörendes Mädchen
Growl [*graul*; *engl.*] *der* od. *das*; -s, -s: (im Jazz) spezieller Klangeffekt, bei dem vokale Ausdrucksmittel auf Instrumenten nachgeahmt werden
grubben, grubbern [*engl.*]: mit dem Grubber pflügen. **Grubber** *der*; -s, -: mit einer ungeraden Anzahl von Zinken versehenes, auf vier Rädern laufendes Gerät zur Bodenbearbeitung (Eggenpflug); vgl. Kultivator. **grubbern** vgl. grubben
Grundbaß [*dt.*; *lat.-it.*] *der*; ...basses: 1. Reihe der tiefsten Töne eines Musikwerkes als Grundlage seiner Harmonie. 2. = Fundamentalbaß
Grupp [*it.-fr.*] *der*; -s, -s: aus Geldrollen bestehendes, zur Versendung bestimmtes Paket
Gruppendynamik [*dt.*; *gr.-lat.*] *die*; -: Teilgebiet der Sozialpsychologie, auf dem das koordinierte Zusammenwirken, die wechselseitige Steuerung des Verhaltens der Mitglieder einer Gruppe bzw. das Verhältnis des Individuums zur Gruppe erforscht werden (umfaßt u. a. die Fragen nach Kontakt u. sozialer Distanz, Führerrolle, Verhaltensnormen u. Team)
Grusical [*grusik^e l*; anglisierende Neubildung zu *gruseln* nach dem Vorbild von → Mus*ical*] *das*; -s, -s: nach Art eines Musicals aufgemachter Gruselfilm
Gruyère [*grüjär*] *der*; -s: nach der gleichnamigen Schweizer Landschaft benannter Hartkäse. **Gruyèrekäse** [*fr.*; *dt.*] *der*; -s, -: = Gruyère
G-String [*dschißtring*; *engl.-amerik.*; „G-Saite"] *die*; -, -s od. *der*; -s, -s: oft von [Stripteasel]tänzerinnen als Slip getragenes Kleidungsstück, das aus einem nur die Geschlechtsteile bedeckenden Stoffstreifen besteht, der an

einer um die Hüften geschlungenen Schnur befestigt ist

Guajakharz [*indian.-span.*; *dt.*] *das*; -es: als Heilmittel verwendetes Harz des Guajakbaumes (Vorkommen: Zentralamerika).

Guajakol [Kurzw. aus: *Guajak* u. Alkoh*ol*] *das*; -s: ein aromatischer Alkohol, der als → Antiseptikum u. → Expektorans verwendet wird. **Guajakprobe** *die*; -, -n: Untersuchung auf Blut in Stuhl, Urin und Magensaft (Med.)

Guajave, (auch:) Guave [...*w*[e]; *indian.-span.*] *die*; -, -n: tropische Frucht in Apfel- od. Birnenform

Guanako [*indian.-span.*] u. Huanaco [*indian.*] *das* (älter: *der*); -s, -s: Stammform des → Lamas, zur Familie der Kamele gehörendes Tier mit langem, dichtem Haarkleid (in Südamerika)

Guanidin [*indian.-span.-nlat.*] *das*; -s: Imidoharnstoff; vgl. Imid. **Guanin** *das*; -s: Bestandteil der → Nukleinsäuren. **Guano** [*indian.-span.*] *der*; -s: an den regenarmen Küsten von Peru u. Chile abgelagerter Vogelmist, der als Phosphatdünger verwendet wird

Guarani (offizielle Schreibung: Guaraní) *der*; -, -: Währungseinheit in Paraguay

Guardia civil [- ...*thiwil*; *span.*] *die*; - -: spanische → Gendarmerie.

Guardian [*germ.-mlat.*; „Wächter"] *der*; -s, -e: Vorsteher eines Konvents der → Franziskaner u. → Kapuziner

Guarneri *die*; -, -s u. Guarnerius *die*; -, ...rii: Geige aus der Werkstatt der Geigenbauerfamilie Guarneri aus Cremona

Guasch vgl. Gouache

Guave vgl. Guajave

Gubernium *das*; -s, ...ien [...*i*[e]*n*]: (veraltet) → Gouvernement

Gudscharati [*gudsch*...; *Hindi*] *das*; -s: moderne indische Sprache

Guelfe [*germ.-it.*; „Welfe"] *der*; -n, -n: (hist.) Anhänger päpstl. Politik, Gegner der → Gibellinen

Guerilla [*gerilja*; *germ.-span.*] I. *die*; -, -s: a) Kleinkrieg, den irreguläre Einheiten der einheimischen Bevölkerung gegen eine Besatzungsmacht od. im Rahmen eines Bürgerkriegs führen; b) einen Kleinkrieg führende Einheit. II. *der*; -[s], -s (meist Plural): Angehöriger einer Guerilla (Ib); Partisan; Freischärler

Guerillero [*geriljero*; *germ.-span.*] *der*; -s, -s: Untergrundkämpfer in Südamerika. **Guerrigliero** [*g*[u]*äriljäro*; *germ.-span.-it.*] *der*; -, ...*ri*: ital. Partisan (des 2. Weltkriegs)

Guide [franz. Ausspr.: *gid*, engl. Ausspr.: *gaid*; *germ.-fr.* (*-engl.*)] *der*; -s, -s: 1. Reisebegleiter; jmd., der Touristen führt. 2. Reiseführer, -handbuch

Guidonische Hand [*guidon*... -; *it.*; *dt.*] *die*; -n -: Guido von Arezzo (980–1050) zugeschriebene Darstellung der Solmisationssilben (vgl. Solmisation) durch Zeigen auf bestimmte Stellen der offenen linken Hand zur optischen Festlegung einer Melodie (Mus.)

Gui|gnol [*ginjol*; *fr.*] *der*; -s, -s: Kasperle des französischen Puppentheaters, Hanswurst des Lyoner Puppenspiels

Guildhall [*gíldhol*; *engl.*; „Gildenhalle"] *die*; -: Rathaus in England (bes. in London)

Guilloche [*gi(l)josch*; *fr.*] *die*; -, -n [...*sch*[e]*n*]: 1. verschlungene Linienzeichnung auf Wertpapieren od. zur Verzierung auf Metall, Elfenbein, Holz. 2. Werkzeug zum Anbringen verschlungener [Verzierungs]linien. **Guillocheur** [...*schör*] *der*; -s, -e: Linienstecher. **guillochieren** [...*schir*[e]*n*]: Guillochen stechen

Guillotine [*gijotin*[e]; *fr.*] *die*; -, -n: nach dem franz. Arzt Guillotin [*gijotäng*] benanntes, mit einem Fallbeil arbeitendes Hinrichtungsgerät. **guillotinieren**: durch die Guillotine hinrichten

Guinea [*gini*; *engl.*] *die*; -, -s u. **Guinee** [*gine*[(e)]; *engl.-fr.*] *die*; -, ...een: a) frühere engl. Goldmünze; b) englische Rechnungseinheit von 21 Schilling

Guipurespitze [*gipür*...; *germ.-fr.*; *dt.*] *die*; -, -n: reliefartiger Spitzenstoff; vgl. Gipüre

Guirlande [*gir*...] vgl. Girlande

Guitarre [*gi*...] vgl. Gitarre

Gujarati [*gudsch*...] vgl. Gudscharati

Gulasch [auch: *gu*...; *ung.*] *das* (auch: *der*); -[e]s, -e u. -s: scharf gewürztes Fleischgericht. **Gulaschkanone** *die*; -, -n: (scherzh.) Feldküche

Gully [*lat.-fr.-engl.*] *der* (auch: *das*); -s, -s: in die Fahrbahndecke eingelassener abgedeckter kastenförmiger Schacht, durch den das Straßenabwasser in die Kanalisation abfließen kann

Gulyás [*gúljasch*] *das* (auch: *der*), -, -: = Gulasch

Gumma [*ägypt.-gr.-lat.-nlat.*] *das*; -s, Gummata u. Gummen: gummiartige Geschwulst im Tertiärstadium der Syphilis (Med.)

Gummi [*ägypt.-gr.-lat.*] I. *das* (auch: *der*); -s, -[s]: a) Vulkanisationsprodukt aus → Kautschuk; b) aus schmelzbaren Harzen gewonnener Klebstoff, z. B. → Gummiarabikum. II. *der*; -s, -s: Radiergummi

Gummi|arabikum [*nlat.*] *das*; -s: bereits erhärteter Milchsaft nordafrikan. Gummiakazien, der für Klebstoff, Aquarellfarben u. a. verwendet wird. **Gummibaum** [*ägypt.-gr.-lat.*; *dt.*] *der*; -[e]s, ...bäume: Maulbeergewächs Ostindiens (wichtigster Kautschuklieferant; in Europa beliebte Zimmerpflanze).

Gummi|elastikum [*nlat.*] *das*; -s: = Kautschuk. **gummieren**: mit Gummi[arabikum] bestreichen.

Gummigutt [*ägypt.-gr.-lat.*; *malai.*] *das*; -s: giftiges Harz südasiat. Pflanzen, das gelbe Aquarellfarbe liefert. **Gummilinse** [*ägypt.-gr.-lat.*; *dt.*] *die*; -, -n: fotograf. Objektiv mit stetig veränderbarer Brennweite, Zoomobjektiv. **Gummipara|graph** *der*; -en, -en: (ugs.) Gesetzesvorschrift, die so allgemein od. unbestimmt formuliert ist, daß sie die verschiedensten Auslegungen zuläßt. **gummös** [*ägypt.-gr.-lat.-nlat.*]: gummiartig, Gummen bildend (Med.). **Gummose** *die*; -, -n: Gummifluß, krankhafter Harzfluß bei Steinobstgewächsen (Bot.)

Gun [*gan*; *engl.-amerik.*] *die*; -, -s (auch:) *das* od. *der*; -s, -s: (Jargon) Spritze, mit der Rauschgift in die → Vene gespritzt wird.

Gunman [*ganm*[e]*n*; *engl.-amerik.*] *der*; -s, ...men [...*m*[e]*n*]: bewaffneter Gangster, Killer

Guppy [...*pi*; engl.-westind. Naturforscher] *der*; -s, -s: zu den Zahnkarpfen gehörender beliebter Aquarienfisch

Gurde [*lat.-fr.*] *die*; -, -n: Pilgerflasche im Mittelalter (aus getrocknetem Kürbis, dann auch aus Glas, Ton od. Metall)

Gur|kha [*angloind.*; ostindisches Volk in Nepal] *der*; -[s], -[s]: Soldat einer nepalesischen Spezialtruppe in der indischen bzw. in der britischen Armee

Guru [*Hindi*] *der*; -s, -s: a) [als Verkörperung eines göttlichen Wesens verehrter] religiöser Lehrer im → Hinduismus; b) Idol; von einer Anhängerschaft als geistiger Führer verehrte u. anerkannte Persönlichkeit

Gusla [*serbokroat.*] *die*; -, -s u. ...len: südslawisches Streichinstrument mit einer Roßhaarsaite, die über eine dem Tamburin ähnliche Felldecke gespannt ist. **Guslar** *der*; -en, -en: Guslaspieler.

Gusle *die*; -, -s u. -n: = Gusla.

Gusli [*russ.*] *die*; -, -s: ein im 18. Jh. in Rußland gebräuchl. harfenähnliches Klavichord mit 5 bis 32 Saiten

gustieren [*lat.-it.*]: (ugs.) = goutieren

gustiös [*lat.-it.*]: (österr.) lecker, appetitanregend (von Speisen). **Gusto** *der*; -s, -s: Geschmack, Neigung; nach jmds. - sein (nach jmds. Geschmack sein, jmdm. gefallen). **Gustometer** [*lat.*; *gr.*] *das*; -s, -: Gerät zur Prüfung des Geschmackssinnes (Med.). **Gustome|trie** *die*; -: Prüfung des Geschmackssinnes

Guttapercha [*...cha*; *malai.*] *die*; - od. *das*; -[s]: kautschukähnlicher Milchsaft einiger Bäume Südostasiens, der technisch vor allem für Kabelumhüllungen verwendet wird

Guttation [*...zion*; *lat.-nlat.*] *die*; -, -en: Wasserausscheidung von Pflanzen durch Spaltöffnungen

Gutti [*malai.*] *das*; -s = Gummigutt

guttieren [*lat.-nlat.*]: Wasser ausscheiden (von Pflanzen)

Guttiferen [*malai.*; *lat.*] *die* (Plural): Guttibaumgewächse, Pflanzenfamilie, zu der z. B. der Butterbaum gehört

Guttiole Ⓦ [*lat.*] *die*; -, -n: Fläschchen, mit dem man Medizin einträufeln kann; Tropfflasche

guttural [*lat.-nlat.*]: die Kehle betreffend, Kehl... (Sprachw.). **Guttural** *der*; -s, -e: Gaumen-, Kehllaut, zusammenfassende Bezeichnung für → Palatal, → Velar u. → Labiovelar (Sprachw.). **Gutturalis** *die*; -, ...les: (veraltet) = Guttural

Guyot [*güjo*; amerikan. Geograph u. Geologe schweizerischer Abstammung, 1807–1884] *der*; -s, -s: tafelbergähnliche Tiefseekuppe

Gym|khana [*angloind.*] *das*; -s, -s: Geschicklichkeitswettbewerb (bes. für Kraftwagen)

Gymnae|strada [*...nä...*; *gr.*; *span.*] *die*; -, -s: internationales Turnfest (ohne Wettkämpfe) mit gymnastischen u. turnerischen Schaudarbietungen. **gymnasial** [*gr.-nlat.*]: das Gymnasium betreffend. **Gymnasiarch** [*gr.-lat.*] *der*; -en, -en: Leiter eines antiken Gymnasiums (2). **Gymnasiast** [*gr.-nlat.*] *der*; -en, -en: Schüler eines Gymnasiums (1). **Gymnasium** [*gr.-lat.*] *das*; -s, ...ien [*...i^en*]: 1. a) zur Hochschulreife führende höhere Schule; b) (früher) höhere Schule mit Latein- und Griechischunterricht (= humanistisches Gymnasium); c) das Gebäude dieser Schulen. 2. im Altertum, bes. in Griechenland, eine öffentliche Anlage, in der Jünglinge u. Männer nackt (griech. *gymnós*) ihren Körper unter der Leitung von Gymnasiarchen ausbildeten. **Gymnast** [*gr.*] *der*; -en, -en: Trainer der Athleten in der altgriech. Gymnastik. **Gymnastik** [*gr.-nlat.*] *die*; -: rhythmische Bewegungsübungen zu sportlichen Zwecken, zur Körperertüchtigung od. zur Heilung bestimmter Körperschäden. **Gymnastiker** *der*; -s, -: jmd., der körperliche Bewegungsübungen ausführt. **Gymnastin** *die*; -, -nen: Lehrerin der Heilgymnastik. **gymnastisch**: die Gymnastik betreffend. **gymnastizieren**: die Muskeln des Pferdes [u. Reiters] für höchste Anforderungen systematisch durchbilden. **Gymnologie** *die*; -: Wissenschaft der Leibeserziehung, des Sports, der Bewegungsrekreation u. der Bewegungstherapie. **Gymnosophist** [*gr.-lat.*; „nackter Weiser"] *der*; -en, -en: griech. Bezeichnung für einen indischen → Asketen (→ Jogi). **Gymnosperme** [*gr.-nlat.*] *die*; -, -n (meist Plural): nacktsamige Pflanze (deren Samen nicht von einem Fruchtknoten umschlossen sind; Bot.)

Gynaeceum [*...äze...*; *gr.-nlat.*] *das*; -s, ...ceen: Gynäzeum (2). **Gynäkeion** [*gr.*] *das*; -s, ...eien: Frauengemach des altgriech. Hauses. **Gynäkokratie** [„Frauenherrschaft"] *die*; -, ...ien: = Matriarchat. **Gynäkologe** [*gr.-nlat.*] *der*; -n, -n: Frauenarzt, Wissenschaftler auf dem Gebiet der Frauenheilkunde (Med.). **Gynäkologie** *die*; -: Frauenheilkunde (Med.); Ggs. → Andrologie. **gynäkologisch**: die Frauenheilkunde betreffend (Med.). **Gynäkomastie** *die*; -, ...ien: weibl. Brustbildung bei Männern (Med.). **Gynäkophobie** *die*; -: Abneigung gegen alles Weibliche (Psychol.). **Gynäkospermium** *das*; -s, ...ien [*...i^en*]: Samenfaden, der ein X-Chromosom enthält u. damit das Geschlecht als weiblich bestimmt; vgl. Androspermium. **Gyn|ander** *der*; -s, -: Tier mit der Erscheinung des Gynandromorphismus. **Gyn|an|drie** *die*; -: 1. Verwachsung der männlichen u. weiblichen Blütenorgane (Bot.). 2. Scheinzwittrigkeit bei Tieren (durch Auftreten von Merkmalen des andern Geschlechtes; Zool.). 3. Ausbildung von Körpermerkmalen des weiblichen Geschlechts bei männlichen Personen; vgl. Androgynie (1). **gyn|an|drisch**: scheinzwitterartig (von Tieren). **Gyn|an|drismus** *der*; -: (selten) = Gynandrie. **Gyn|andromorphismus** *der*; -, ...men: bei Insekten [u. Vögeln] auftretendes Scheinzwittertum, wobei weder die männl. noch die weibl. Geschlechtsorgane voll ausgebildet sind. **Gyn|an|thropos** [„Fraumann"] *der*; -, ...thropen u. ...poi [*...peu*]: (veraltet) menschl. Zwitter. **Gyn|atresie** *die*; -, ...ien: angeborenes Fehlen der weibl. Geschlechtsöffnung od. Verschluß der Mündungen einzelner Geschlechtsorgane (Med.). **Gynäzeum** *das*; -s, ...een: 1. [*gr.-lat.*] = Gynäkeion. 2. [*gr.-nlat.*]: Gesamtheit der weiblichen Blütenorgane einer Pflanze. **Gyn|ergen** Ⓦ [(*gr.*; *fr.*) *nlat.*] *das*; -s: vielfach (z. B. in der → Gynäkologie, bei Migräne) verwendetes Präparat aus dem Mutterkorn (Med.). **Gynogamet** [*gr.-nlat.*] *der*; -en, -en (meist Plural): Eizelle, weibliche Geschlechtszelle; Ggs. → Androgamet. **Gynogenese** *die*; -, -n: Eientwicklung durch Scheinbefruchtung, bei der der männliche → Gamet zwar in die Eizelle eindringt, eine Verschmelzung der Geschlechtskerne aber unterbleibt u. die Eizelle sich → parthenogenetisch zum → Embryo weiterentwickelt. **Gynophor** *der*; -s, -en: Verlängerung der Blütenachse zwischen → Gynäzeum (2) u. Blütenhülle (Bot.). **Gynostemium** *das*; -s, ...ien [*...i^en*]: Griffelsäule der Orchideenblüte

Gyrobus [*gr.*; *lat.-fr.*] *der*; -ses, -se: bes. in der Schweiz verwendeter Bus, der durch Speicherung der kinet. Energie seines rotierenden Schwungrades angetrieben wird. **gyroma|gnetisch** [*gr.-nlat.*]: kreiselmagnetisch, auf der Wechselwirkung von Drehimpuls u. magnetischem Moment beruhend (Phys.). **Gyrometer** *das*; -s, -: Drehungsmesser für Drehgeschwindigkeit, Tourenschreiber. **Gyros** *das*; -, -: griech. Gericht aus Schweine-, Rind- u. Hackfleisch, das – an einem senkrecht stehenden Spieß angebracht – außen geröstet u. von oben nach unten in Schichten abgeschabt wird (Gastr.). **Gyro|skop** *das*; -s, -e: Meßgerät für den Nachweis der Achsendrehung der Erde. **Gyrovage** [*...wa...*; *gr.*; *lat.*] *der*; -n, -n: (veraltet) a) Landstreicher; b) Bettelmönch. **Gyrus** [*gr.-lat.*; „Kreis"] *der*; -, ...ri: Gehirnwindung (Med.)

Gyttja [*schwed.*] *die*; -, ...jen: in Seen u. Mooren abgelagerter Faulschlamm organischer Herkunft (Geol.)

H

Habaner [Herkunft unsicher] *die* (Plural): Nachkommen deutscher Wiedertäufer des 16. Jh.s in der Slowakei u. in Siebenbürgen (später katholisiert); vgl. Habanerfayencen

Habanera [auch *aba...*; *span.*; vom Namen der kuban. Hauptstadt Havanna (span. *La Habana*)] *die*; -, -s: kubanischer Tanz in ruhigem $^2/_4$-Takt (auch in Spanien heimisch)

Habanerfayencen [*...fajangßen*] *die* (Plural): volkstümliche → Fayencen, die bes. im 17. u. 18. Jh. von den → Habanern hergestellt wurden

Habdala [*hebr.*] *die*; -, -s: vom jüdischen Hausherrn in der häuslichen Feier am Ausgang des → Sabbats od. eines Feiertags gesprochenes lobpreisendes Gebet

Habeas corpus [*lat.*; „du habest den Körper"]: Anfangsworte des mittelalterl. Haftbefehls. **Habeaskorpusakte** *die*; -: 1679 vom engl. Oberhaus erlassenes Gesetz zum Schutze der persönlichen Freiheit (kein Mensch darf ohne richterl. Haftbefehl verhaftet od. in Haft gehalten werden); rechtsstaatl. Prinzip (auch im Grundgesetz der Bundesrepublik verankert). **habemus Papam** [„wir haben einen Papst"]: Ausruf nach vollzogener Papstwahl. **habent sua fata libelli**: „Bücher haben [auch] ihre Schicksale" (nach Terentianus Maurus). **habil**: fähig, gewandt. **habil.**: Abk. für: habilitatus = habilitiert (vgl. habilitieren a); Dr. habil. = doctor habilitatus: habilitierter Doktor. **Habilitand** [*lat.-mlat.*] *der*; -en, -en: jmd., der zur Habilitation zugelassen ist. **Habilitation** [*...zion*] *die*; -, -en: Erwerb der Lehrberechtigung an Hochschulen u. Universitäten durch Anfertigung einer schriftlichen Arbeit. **habilitatus**: mit Lehrberechtigung (an Hochschule u. Universität); Abk.: habil. **habilitieren**: a) sich -: die Lehrberechtigung an einer Hochschule od. Universität erwerben; b) jmdm. die Lehrberechtigung erteilen

Habit

I. [*...bit*; *lat.-fr.*] *das* (auch: *der*); -s, -e: Kleidung, die einer beruflichen Stellung, einer bestimmten Gelegenheit od. Umgebung entspricht.

II. [*häbit*; *lat.-fr.-engl.*] *das* (auch: *der*); -s, -s: Gewohnheit, Erlerntes, Anerzogenes, Erworbenes (Psychol.)

Habitat 1. [*lat.*] *das*; -s, -e: a) Standort, an dem eine Tier- od. Pflanzenart regelmäßig vorkommt; b) Wohnplatz von Ur- u. Frühmenschen. 2. [*lat.-engl.*]: a) Wohnstätte, Wohnraum, Wohnplatz; b) kapselförmige Unterwasserstation, in der die → Aquanauten wohnen können.

habitualisieren [*lat.-mlat.-nlat.*]: 1. zur Gewohnheit werden. 2. zur Gewohnheit machen. **Habitualisierung** *die*; -, -en: das Habitualisieren. **Habituation** [*...zion*; *lat.*] *die*; -, -en: a) Gewöhnung (Med., Psychol.); b) physische u. psychische Gewöhnung an Drogen. **Habitué** [*(h)abitüe*; *lat.-fr.*] *der*; -s, -s: ständiger Besucher, Stammgast. **habituell**: 1. gewohnheitsmäßig; ständig; 2. verhaltenseigen; zur Gewohnheit geworden, zum Charakter gehörend (Psychol.); -e Krankheiten: ständig vorkommende od. häufig wiederkehrende Krankheiten (Med.). **Habitus** [*lat.*] *der*; -: 1. Erscheinung; Haltung; Gehaben. 2. Besonderheiten im Erscheinungsbild eines Menschen, die einen gewissen Schluß auf Krankheitsanlagen zulassen (Med.). 3. Aussehen, Erscheinungsbild (von Lebewesen u. Kristallen). 4. auf einer Disposition aufgebaute, erworbene sittliche Haltung, z. B. guter - (Tugend), böser - (Laster; kath. Theologie)

Haboob [*hᵉbub*] u. **Habub** [*arab.-engl.*] *der*; -[s]: heftiger Sandsturm in Nordafrika u. Indien

Habutai [*jap.*] *der*; -[s], -s: zartes Gewebe aus Japanseide in Taftbindung (einer Webart); vgl. Japon

Háček [*hatschäk*; *tschech.*; „Häkchen"], (auch eingedeutscht:) Hatschek *das*; -s, -s: → diakritisches Zeichen in Form eines Häkchens, das, bes. in den slawischen Sprachen, einen Zischlaut od. einen stimmhaften Reibelaut angibt, z. B. tschech. č [*tsch*], ž [*sch*]

Haché vgl. Haschee

Hachi-Dan [*hatschi...*; *jap.*] *der*; -, -: achter → Dan

Hacienda [*aßiända*, *athjenda*] *die*; -, -s: vgl. Hazienda. **Haciendero** [*aßiändero*, *athjendero*] *der*; -s, -s: vgl. Haziendero

Hack [*häk*; Kurzform von *engl.* hackney; „Kutschpferd"] *der*; -[s], -s: keiner bestimmten Rasse angehörendes Reitpferd

Haddock [*hädᵉk*; *engl.*] *der*; -[s], -s: kaltgeräucherter Schellfisch ohne Kopf u. Gräten

Hades [griech. Gott der Unterwelt] *der*; -: 1. Unterwelt, Totenreich. 2. jenseits des Pluto vermuteter Planet

Hadith [*arab.*; „Rede; Bericht"] *der* (auch: *das*); -, -e: Überlieferung angeblicher Aussprüche Mohammeds, Hauptquelle der islam. Religion neben dem → Koran

Ha|drom [*gr.-nlat.*] *das*; -s, -e: das leitende u. speichernde Element des wasserleitenden Gefäßbündels bei Pflanzen (Holzfaser)

Hadron [*gr.*] *das*; -s, ...onen: Elementarteilchen, das starker Wechselwirkung mit anderen Elementarteilchen unterliegt

hadrozen|trisch: konzentrisch um ein leitendes Gefäßbündel angeordnet (Bot.)

Hadsch [*arab.*] *der*; -: Wallfahrt nach Mekka zur → Kaaba, die jeder freie, volljährige Mohammedaner einmal unternehmen soll

Ha|dschar [*arab.*; „Stein"] *der*; -s: der schwarze Stein an der → Kaaba, den die Mekkapilger küssen

Ha|dschi [*arab.-türk.*] *der*; -s, -s: 1. Mekkapilger. 2. christlicher Jerusalempilger im Orient

Haemanthus [*hä...*; *gr.-nlat.*] *der* -, ...thi: ein Narzissengewächs (Blutblume). **Haem|occult-Test** Ⓦ [*gr.*; *lat.*; *engl.*] *der*; -[e]s, -s, (auch -e): besonderes Verfahren zur Früherkennung von Darmkrebs, bei dem Stuhlproben auf das Vorhandensein von Blut im Stuhl untersucht werden (Med.)

Hafis [*arab.*; „Hüter, Bewahrer"] *der*; -: Ehrentitel eines Mannes, der den → Koran auswendig weiß

Hafnium [*nlat.*; von Hafnia, dem lat. Namen für Kopenhagen] *das*; -s: chem. Grundstoff, Metall; Zeichen: Hf

Haftara [*hebr.*; „Abschluß"] *die*; -, ...roth: Lesung aus den Propheten beim jüdischen Gottesdienst als Abschluß des Wochenabschnitts; vgl. Parasche

Hagana [*hebr.*; „Schutz, Verteidigung"] *die*; -: jüdische militärische Organisation in Palästina zur Zeit des britischen Mandats (1920–48), aus der sich die reguläre Armee Israels entwickelte

Haggada [*hebr.*; „Erzählung"] *die*; -, ...doth: erbaulich-belehrende Erzählung biblischer Stoffe in der → talmudischen Literatur; vgl. Midrasch

Hagiasmos [*gr.*; „Heiligung, Weihe"] *der*; -: Wasserweihe der orthodoxen Kirche (zur Erinnerung an die Taufe Jesu). **Hagiograph** [*gr.-mlat.*] *der*; -en, -en: Verfasser von Heiligenleben. **Hagio|grapha** u. **Hagio|graphen** [*gr.*; „heilige Schriften"] *die* (Plural): griech. Bezeichnung des dritten (vor allem poetischen) Teils des Alten Testaments; vgl. Ketubim. **Hagio|graphie** [*gr.-nlat.*] *die*; -, ...ien: Erforschung u. Beschreibung von Heiligenleben; vgl. Bollandisten. **hagio|graphisch**: die Hagiographie betreffend. **Hagiola|trie** *die*; -, ...ien: Verehrung der Heiligen. **Hagiologie** *die*; -: Lehre von den Heiligen. **Hagiologion** [*gr.-mgr.*] *das*; -, ...ien [...*ien*]: liturgisches Buch mit Lebensbeschreibungen der Heiligen in der orthodoxen Kirche. **hagiologisch** vgl. hagiographisch. **Hagi|onym** [*gr.-nlat.*] *das*; -s, -e: Deckname, der aus dem Namen eines Heiligen od. einer kirchlichen Persönlichkeit besteht

Hahnium [*nlat.*; nach dem Physiker O. Hahn, dem Entdecker der Kernspaltung] *das*; -s: chem. Grundstoff; Zeichen: Ha

Hai [*altnord.-isländ.-niederl.*] *der*; -[e]s, -e: spindelförmiger, meist räuberischer Knorpelfisch

Haiduck vgl. Heiduck

Haik [*arab.*] *das* od. *der*; -[s], -s: in Nordafrika mantelartiger Überwurf, bes. der Berber[frauen]

Haikai u. **Haiku** u. Hokku [*jap.*] *das*; -[s], -s: aus drei Zeilen mit zusammen 17 Silben bestehende japanische Gedichtform

Haitienne [*a-itiän*; *fr.*; nach der Insel Haiti] *die*; -: taftartiger Seidenrips

Hajime [*hadschime*; *jap.*]: Kommando des Kampfrichters (beim → Budo), mit dem er die Kämpfer auffordert, den Kampf zu beginnen

Hakama [*jap.*] *der*; -[s], -s: schwarzer Hosenrock (beim → Aikido u. → Kendo)

Hakaphos ⓦ [Kurzw. aus: *Har*nstoff, *Ka*li, *Phos*phor] *das*; -: Düngemittel für Topf- u. Gartenpflanzen

Hakim [*arab.*] *der*; -s, -s

I. [*hakim*]: Arzt; Weiser, Philosoph (im Orient).

II. [*hakim*] Herrscher; Gouverneur; Richter

Halacha [...*cha*; *hebr.*; eigtl. „Weg"] *die*; -, ...choth: 1. rabbinische Gesetzesbelehrung in Anlehnung an die → Thora. 2. die danach von Schriftgelehrten verfaßten Einzelvorschriften der → Mischna u. → Tosefta. **halachisch**: a) die Halacha betreffend; b) der Halacha gemäß

Halali [*fr.*] *das*; -s, -[s]: Jagdruf am Ende einer Treibjagd

Halbaffix [*dt.*; *lat.*] *das*; -es, -e: als Wortbildungsmittel in der Art eines Präfixes od. Suffixes verwendetes, weitgehend noch als selbständig empfundenes, wenn auch semantisch verblaßtes Wort; Präfixoid od. Suffixoid (z. B. *stein-* in *stein*reich, *-geil* in erfolgs*geil*; Sprachw.). **Halbfabrikat** *das*; -s, -e: zwischen Rohstoff u. Fertigerzeugnis stehendes → Produkt. **Halbfinale** *das*; -s, -: vorletzte Spielrunde in einem sportlichen Wettbewerb (z. B. im Fußball; Sport). **Halbformat** *das*; -s, -e: ein Bildformat in der Größe 18 × 24 mm (Fotogr.). **Halbnelson** [...*nälßen*; nach einem nordamerik. Sportler] *der*; -[s], -[s]: Nackenhebel (Spezialgriff), bei dem nur ein Arm eingesetzt wird (Ringen). **halbpart** [*dt.*; *lat.*]: zu gleichen Teilen. **Halbpräfix** *das*; -es, -e: → Präfixoid; vgl. Halbaffix. **Halbsuffix** *das*; -es, -e: → Suffixoid; vgl. Halbaffix. **Halbvokal** *der*; -s, -e: (Sprachw.) 1. unsilbisch gewordener, als → Konsonant gesprochener Vokal (z. B. j). 2. unsilbischer → Vokal (z. B. das i in dem → Diphthong ai)

Haléř [*hálärsch*; *dt.-tschech.*] *der*; -, - (aber: 2 Haléře, 10 Haléřů): 0,01 tschech. Krone (Währungseinheit der Tschechoslowakei)

Half [*haf*; *engl.*; „halb"] *der*; -s, -s: (österr.) Läufer in einer [Fuß]ballmannschaft

Halfa [*arab.*] *die*; -: = Esparto

Half-Back [*hafbäk*; *engl.*] *der*; -s, -s: (schweiz.) = Half. **Halfcourt** [*hafko'rt*; *engl.*] *der*; -s, -s: zum Netz hin gelegener Teil des Spielfeldes beim Tennis. **Halfpenny** [*he'pni*] *der*; -[s], ...nies: engl. Münze (0,5 p). **Halfreihe** [*haf*...; *engl.*; *dt.*; „Halbreihe"]: (österr.) Läuferreihe in einer [Fuß]ballmannschaft. **Half-Time** [*haftaim*; *engl.*] *die*; -, -s: Halbzeit (Sport). **Halfvolley** [*hafwoli*] *der*; -s, -s u. **Halfvolleyball** *der*; -[e]s, ...bälle: (beim [Tisch]tennis) im Augenblick des Abprallens (z. B. vom Boden) geschlagener Ball

Halid *das*; -[e]s, -e: = Halogenid.

Halisterese [*gr.-nlat.*] *die*; -: Abnahme der Kalksalze in den Knochen, Knochenerweichung (Med.). **Halit** [auch: ...*it*] *der*; -s, -e: 1. Steinsalz (ein Mineral). 2. Salzgestein

Halitus [*lat.*] *der*; -: Hauch, Atem, Ausdünstung, Geruch (Med.)

halkyonisch vgl. alkyonisch

Hallel [*hebr.*; „preiset!"] *das*; -s: jüdischer Lobgesang an hohen Festtagen (Psalm 113–118). **halleluja!** u. alleluja!: „lobet den Herrn!" (aus den Psalmen übernommener) gottesdienstlicher Freudenruf. **Halleluja** u. Alleluja *das*; -s, -s: liturgischer Freudengesang

Hällristningar vgl. Helleristninger

Halluzinant [*lat.*] *der*; -en, -en: jmd., der an Halluzinationen leidet. **Halluzination** [...*zion*] *die*; -, -en: Sinnestäuschung, Trugwahrnehmung; Wahrnehmungserlebnis, ohne daß der wahrgenommene Gegenstand in der Wirklichkeit existiert. **halluzinativ** [*lat.-nlat.*] u. **halluzinatorisch** [*lat.*]: auf Halluzination beruhend, in Form einer Halluzination. **halluzinieren**: a) eine Halluzination haben, einer Sinnestäuschung unterliegen; b) Nichtexistierendes als existierend vortäuschen, sich vorstellen, z. B. Onanie halluziniert Geschlechtsverkehr. **halluzinogen** [*lat.*; *gr.*]: Halluzinationen hervorrufend, zu Halluzinationen führend. **Halluzinogen** *das*; -s, -e: Medikament od. Droge, die halluzinationsartige Erscheinungen hervorruft (Med.)

Halma [*gr.*; „Sprung"] *das*; -s: ein Brettspiel für 2 bis 4 Personen

halmyrogen [*gr.-nlat.*]: aus dem Meerwasser ausgeschieden (z. B. von Salzlagerstätten; Geol.). **Halmyrolyse** *die*; -: Verwitterung von Gestein auf dem Meeresgrund unter dem Einfluß von Meerwasser (Geol.)

Halo [*gr.-lat.*] *der*; -[s], -s od. Halonen: 1. Hof um eine Lichtquelle, hervorgerufen durch Reflexion, Beugung u. Brechung der Lichtstrahlen an kleinsten Teilchen. 2. Ring um die Augen (Med.). 3. Warzenhof (Med.)

halobiont [*gr.-nlat.*]: = halophil. **Halobiont** *der*; -en, -en: Lebewesen, das vorzugsweise in salzreicher Umgebung gedeiht (Biol.)

Haloeffekt [auch: *he'lo*...; (*gr.*; *nlat.*) *engl.*] *der*; -[e]s, -e: positive od. negative Beeinflussung bei der Beurteilung bestimmter Einzelzüge einer Person durch den ersten Gesamteindruck od. die bereits vorhandene Kenntnis von anderen Eigenschaften (Psychol.)

halogen: salzbildend. **Halogen** *das*; -s, -e: Salzbildner (Fluor, Chlor, Brom, Jod), chem. Grundstoff, der ohne Beteiligung von Sauerstoff mit Metallen Salze bildet. **Halogenid** *das*; -[e]s, -e: Verbindung aus einem Halogen u. einem chem. Grundstoff (meist Metall), Salz einer Halogenwasserstoffsäure. **halogenieren**: ein Halogen in eine organische Verbindung einführen, Salz bilden. **Halogenlampe** *die*; -, -n: sehr helle Glühlampe mit einer Füllung aus Edelgas, der eine geringe Menge von Halogen beigemischt ist. **Halogenwasserstoffe** *die* (Plural): Kohlenwasserstoffe, bei denen die Wasserstoffatome ganz od. teilweise durch Halogene ersetzt sind. **Halogenwasserstoffsäuren** *die* (Plural): Säuren, die aus einem Halogen u. Wasserstoff bestehen (z. B. Salzsäure). **Haloid** *das*; -[e]s, -e: = Halogenid. **Halometer** *das*; -s, -: Meßgerät zur Bestimmung der Konzentration von Salzlösungen

Halonen: *Plural* von → Halo. **halo|niert** [*gr.-lat.-nlat.*]: von einem Hof umgeben, umrändert (z. B. vom Auge; Med.)

Halopege [*gr.*] *die*; -, -n: kalte Salzquelle. **halophil** [*gr.-nlat.*]: salzreiche Umgebung bevorzugend (von Lebewesen; Biol.). **Halophyt** *der*; -en, -en: Pflanze auf salzreichem Boden (vor allem an Meeresküsten), Salzpflanze. **Halotherme** *die*; -, -n: warme Salzquelle. **Halotrichit** [auch: ...*it*] *der*; -s, -e: ein Mineral. **haloxen**: salzreiche Umgebung als Lebensraum duldend (von Lebewesen; Biol.)

Halteren [*gr.-lat.*] *die* (Plural): 1. [beim Weitsprung zur Steigerung des Schwunges benutzte] hantelartige Stein- oder Metallgewichte im alten Griechenland. 2. zu Schwingkölbchen umgewandelte Hinterflügel der Zweiflügler und Vorderflügel der Männchen der Fächerflügler (Zool.)

Halunke [*tschech.*; „nackter Bettler"] *der*; -n, -n: a) (abwertend) jmd., dessen Benehmen od. Tun als gemein od. hinterhältig angesehen wird; b) (scherzh.) kleiner, frecher Junge

Halwa [*arab.*] *das*; -[s]: orientalische Süßigkeit, bestehend aus einer flockigen Mischung von zerstoßenem Sesamsamen u. Honig od. Sirup

Häm [*gr.*; „Blut"] *das*; -s: der Farbstoffanteil im → Hämoglobin

Hamada vgl. Hammada

Hamadan [iran. Stadt] *der*; -[s], -s: dauerhafter handgeknüpfter Teppich [aus Kamelwolle] mit stilisierter Musterung

Hama|dryade [*gr.-lat.*] *die*; -, -n: = Dryade

Häm|ag|glutination [...*zion*; *gr.*; *lat.*] *die*; -, -en: Zusammenballung, Verklumpung von roten Blutkörperchen (Med.). **Häm|agglutinin** *das*; -s, -e: Schutzstoff des Serums, der eine → Agglutination von roten Blutkörperchen bewirkt (Med.). **Häm|agogum** [*gr.-nlat.*] *das*; -s, ...ga: Mittel, das Blutungen herbeiführt od. fördert (Med.). **Hämal|ops** [*gr.-nlat.*] *der*; -: Bluterguß ins Auge (Med.)

Hamam [*türk.*] *der*; -[s], -s: türkisches Bad

Hamamelis [*gr.*] *die*; -: haselnußähnliches Gewächs (in Amerika u. Asien), aus dessen Rinde ein zu pharmazeutischen u. kosmetischen Präparaten verwendeter Extrakt gewonnen wird u. dessen Äste als Wünschelruten verwendet werden; Zaubernuß

Ham and eggs [*häm ᵉnd ägs*; *engl.*; „Schinken u. Eier"] *die* (Plural): engl. Bezeichnung für: gebratene Schinkenscheiben mit Spiegeleiern

Häm|angiom [*gr.-nlat.*] *das*; -s, -e: gutartige Blutgefäßgeschwulst, Blutschwamm (Med.). **Häm|arthrose** *die*; -, -n: Bluterguß in ein Gelenk (Med.)

Hamartie [*gr.*] *die*; -, ...ien

I. (ohne Plural) Irrtum, Sünde als Ursache für die Verwicklungen in der altgriech. Tragödie (Aristoteles).

II. örtlicher Gewebsdefekt als Folge einer embryonalen Fehlentwicklung des Keimgewebes (Med.)

Hamartom [*gr.-nlat.*] *das*; -s, -e: geschwulstartige Wucherung defekten Gewebes, das durch eine → Hamartie (II) entstanden ist (Med.)

Hamasa [*arab.*] *die*; -, -s: Titel berühmter arab. Anthologien

Hämatein *das*; -s: = Hämatoxylin. **Hämat|emesis** [*gr.-nlat.*] *die*; -: Blutbrechen (z. B. bei Magengeschwüren; Med.). **Hämat[h]idrose** *die*; -, -n: = Hämidrose. **Hämatin** *das*; -s: eisenhaltiger Bestandteil des roten Blutfarbstoffs. **Hämatinon** *das*; -s: in der Antike häufig verwendete kupferhaltige rote Glasmasse, deren Färbung erst nach öfterem Erwärmen u. Kühlen auftritt. **Hämatit** [auch: ...*it*] *der*; -s, -e: wichtiges Eisenerz. **Hämatoblast** *der*; -en, -en (meist Plural) = Hämoblast. **Hämatochyl|urie** *die*; -, ...ien: Auftreten von Blut u. Darmlymphe im Harn (Med.). **hämatogen**: 1. aus dem Blut stammend (Med.). 2. blutbildend (Med.). **Hämato|gramm** *das*; -s, -e: Blutbild, tabellarische Zusammenfassung der zur Beurteilung eines Blutbildes wichtigen Befunde (Med.). **Hämatoidin** [...*to-i*...] *das*; -s: sich bei Blutaustritt aus Gefäßen bildender eisenfreier Farbstoff des → Hämoglobins. **Hämatokokkus** *der*; -, ...kken: eine Grünalgengattung, von der einige Arten rot gefärbte → Plastiden haben (Biol.). **Hämatokolpos** *der*; -: Ansammlung von Menstrualblut in der Scheide (bei Scheidenverschluß; Med.). **Hämatokonien** [...*iᵉn*] *die* (Plural): = Hämokonien. **Hämato|krit** *der*; -en, -en: Glasröhrchen mit Gradeinteilung zur Bestimmung des Verhältnisses von roten Blutkörperchen zum Blutplasma. **Hämato|kritwert** *der*; -[e]s, -e: prozentualer Volumenanteil der Blutzellen an der Gesamtblutmenge (Med.). **Hämatologe** *der*; -n, -n: Arzt mit Spezialkenntnissen auf dem Gebiet der Blutkrankheiten (Med.). **Hämatologie** *die*; -: Teilgebiet der Medizin, auf dem man sich mit dem Blut u. den Blutkrankheiten befaßt (Med.). **hämatologisch**: die Hämatologie betreffend. **Hämatom** *das*; -s, -e: Ansammlung von Blut außerhalb der Blutbahn in den Weichteilen, Blutbeule, Bluterguß (Med.). **Hämatome|tra** *die*; -: Ansammlung von Menstrualblut in der Gebärmutter bei Verschluß des Muttermundes (Med.). **Hämatomyelie** *die*; -, ...ien: Rückenmarksblutung (Med.). **Hämatophagen** *die* (Plural): blutsaugende Parasiten (Biol.). **Hämatophobie** *die*; -, ...ien: krankhafte Angst vor Blut (Psychol.). **Hämatopneumothorax** *der*; -[es]: Bluterguß u. Luftansammlung im Brustfellraum (Med.). **Hämatopoese** *die*; -: Blutbildung, bes. Bildung der roten Blutkörperchen (Med.). **hämatopoetisch**: blutbildend (Med.). **Hämator|rhö**[1] *die*; -, -en u. **Hämator|rhoe** [...*rö*] *die*; -, -n [...*röᵉn*]: Blutsturz (Med.). **Hämatose** *die*, -, -en: = Hämatopoese. **Hämato|skopie** *die*; -, ...ien: Blutuntersuchung (Med.). **Hämato|spermie** *die*; -: Hämospermie. **Hämatothorax** *der*; -[es]: Bluterguß in die Brusthöhle (Med.). **Hämatotoxikose** *die*; -, -n: = Hämotoxikose. **Hämato-**

---

[1] Vgl. die Anmerkung zu Diarrhö.

xylin *das*; -s: in der → Histologie zur Zellkernfärbung verwendeter Farbstoff aus dem Holz des südamerik. Blutholzbaumes. **Hämatozele** *die*; -, -n: geschwulstartige Ansammlung von geronnenem Blut in einer Körperhöhle, bes. in der Bauchhöhle (z. B. als Folge einer Verletzung; Med.). **Hämatozephalus** *der*; -: Bluterguß im Gehirn (Med.). **Hämatozoon** *das*; -s, ...zoen (meist Plural): tierische → Parasiten, die im Blut anderer Tiere od. des Menschen leben (Biol.; Med.). **Hämatozyt** *der*; -en, -en (meist Plural): Hämozyt (Med.). **Hämatozytolyse** *die*; -: Auflösung der roten Blutkörperchen (Med.). **Hämat|urie** *die*; -, ...ien: Ausscheidung nicht zerfallener (nicht aufgelöster) roter Blutkörperchen mit dem Urin (Med.)

Häm||h|idrose u. **Häm||h|idrosis** [*gr.*] *die*; -: Absonderung rot gefärbten Schweißes (Blutschwitzen; Med.). **Hämi|globin** *das*; -s: = Methämoglobin. **Hämin** *das*; -s, -e: Porphyrin-Eisenkomplexsalz, ein Oxydationsprodukt des Häms (Med.)

Hammada u. Hamada [*arab.*] *die*; -, -s: Stein- u. Felswüste, die dadurch entstanden ist, daß lockeres Gestein vom Wind weggetragen wurde; vgl. Deflation (2) (Geogr.)

Hammal [*arab.*] *der*; -s, -s: Lastträger im Vorderen Orient

Hammam [*arab.*] *der*; -[s], -s: Badehaus im Vorderen Orient

Hammondorgel [*hämᵉnd...*; nach dem amerik. Erfinder Hammond] *die*; -, -n: elektroakustische Orgel

Hämo|blast [*gr.-nlat.*] *der*; -en, -en (meist Plural): blutbildende Zelle im Knochenmark (Stammzelle; Med.) **Hämo|chromatose** [*...kro...*] *die*; -, -n: bräunliche Verfärbung von Haut u. Gewebe durch eisenhaltige → Pigmente infolge Zerstörung roter Blutkörperchen (Med.). **Hämo|chromometer** *das*; -s, -: = Hämometer. **Hämo|dia|lyse** *die*; -, -n: Reinigung des Blutes von krankhaften Bestandteilen (z. B. in der künstlichen Niere). **Hämodynamik** *die*; -: Lehre von den physikalischen Grundlagen der Blutbewegung. **hämodynamisch**: die Bewegung des Blutes betreffend. **Hämodynamometer** *das*; -s, -: Blutdruckmeßapparat (Med.). **Hämo|globin** [*gr.*; *lat.*] *das*; -s: Farbstoff der roten Blutkörperchen; Zeichen: Hb. **hämoglobinogen** [*gr.*; *lat.*; *gr.*]: aus Hämoglobin entstanden, Hämoglobin bildend (Med.). **Hämo|globinometer** *das*; -s, -: = Hämometer. **Hämo|globin|urie** *die*; -, ...ien: Ausscheidung von rotem Blutfarbstoff im Harn (Med.). **Hämo|gramm** [*gr.-nlat.*] *das*; -s, -e: tabellarische Zusammenfassung der zur Beurteilung eines Blutbildes wichtigen Befunde (Med.). **Hämokonien** [*...iᵉn*] *die* (Plural): kleinste Kern- od. Fetteilchen im Blut (Med.). **Hämolymphe** *die*; -, -n: Blutflüssigkeit wirbelloser Tiere mit offenem Blutgefäßsystem (Biol.). **Hämolyse** *die*; -, -n: Auflösung der roten Blutkörperchen durch Austritt des roten Blutfarbstoffs; Abbau des roten Blutfarbstoffs (Med.). **Hämolysin** *das*; -s, -e: → Antikörper, der artfremde Blutkörperchen auflöst (Med.). **hämolytisch**: roten Blutfarbstoff auflösend, mit Hämolyse verbunden (Med.). **Hämometer** *das*; -s, -: Gerät zur Bestimmung des Hämoglobingehaltes des Blutes (Med.). **Hämopathie** *die*; -, ...ien: Blutkrankheit (Med.). **Hämoperikard** *das*; -[e]s, -e: Bluterguß in den Herzbeutel (Med.). **Hämophilie** *die*; -, ...ien: Bluterkrankheit (Med.). **Häm|ophthalmus** *der*; -: = Hämalops. **Hämo|ptoe** u. **Hämo|ptyse** u. **Hämo|ptysis** *die*; -: Bluthusten, Blutspukken infolge Lungenblutung (Med.). **Hämor|rhagie** *die*; -, ...ien: Blutung (Med.). **hämorrhagisch**: zu Blutungen führend, mit ihnen zusammenhängend (Med.). **hämor|rhoidal** [*...ro-i...*]: die Hämorrhoiden betreffend, durch sie hervorgerufen. **Hämor|rhoide** [*gr.-lat.*] *die*; -, -n (meist Plural): knotenförmig hervortretende Erweiterung der Mastdarmvenen um den After herum (Med.). **Hämosiderin** [*gr.-nlat.*] *das*; -s: eisenhaltiger, gelblicher Blutfarbstoff, der aus zerfallenden (sich auflösenden) roten Blutkörperchen stammt (Med.). **Hämosiderose** *die*; -, -n: vermehrte Ablagerung von Hämosiderin in inneren Organen (Med.). **Hämosit** *der*; -en, -en (meist Plural): Blutparasit. **Hämo|spasie** *die*; -: [trockenes] Schröpfen (örtliche Ansaugung des Blutes in die Haut mittels einer luftleer gemachten Glas- od. Gummiglocke; Med.). **Hämo|spermie** *die*; -: Entleerung von blutiger Samenflüssigkeit (Med.). **Hämo|sporidium** *das*; -s, ...ien [*...iᵉn*] u. ...ia (meist Plural): einzelliger Blutparasit (Biol.; Med.). **Hämostase** *die*; -, -n: (Med.) 1. Blutstockung. 2. Blutstillung. **Hämostaseologie** *die*; -: interdisziplinäre Wissenschaft, die sich mit der Physiologie u. Pathologie der Gerinnung, der Blutstillung, der Fibrinolyse u. der Gefäßwandung beschäftigt (Med.). **Hämostatikum** *das*; -s, ...ka: = Hämostyptikum. **hämostatisch**: = hämostyptisch. **Hämostyptikum** *das*; -s, ...ka: blutstillendes Mittel (Med.). **hämostyptisch**: blutstillend (Med.). **Hämotherapie** *die*; -, ...ien: Form der Reizkörpertherapie, bei der eine bestimmte Menge körpereigenes Blut nach Entnahme wieder in einen Muskel injiziert wird (Med.). **Hämothorax** *der*; -[es]: = Hämatothorax. **Hämotoxikose** *die*; -, -n: auf Vergiftung beruhende Schädigung der blutbildenden Zentren im Knochenmark (Med.). **Hämotoxin** *das*; -s, -e (meist Plural): die roten Blutkörperchen schädigendes bakterielles od. chemisches Blutgift (Med.). **Hämozyanin** *das*; -s: blauer Blutfarbstoff mancher wirbelloser Tiere (Biol.). **Hämozyt** *der*; -en, -en (meist Plural): Blutkörperchen (Med.). **Hämozyto|blast** *der*; -en, -en (meist Plural): Stammzelle der Hämozyten

Han vgl. Chan (I)

Handicap, (eingedeutscht auch:) **Handikap** [*händikäp*; *engl.*] *das*; -s, -s: 1. etw., was für jmdn., etw. eine Behinderung od. ein Nachteil ist. 2. der durch eine Vorgabe für den leistungsschwächeren Spieler, für das weniger leistungsfähige Pferd entstehende Ausgleich gegenüber dem Stärkeren (Sport). **handicapen,** (eingedeutscht auch:) **handikapen** [*...käpᵉn*]: 1. eine Behinderung, einen Nachteil für jmdn., etw. darstellen. 2. jmdm ein Handicap auferlegen; vgl. gehandikapt. **Handicapper,** (eingedeutscht auch:) **Handikapper** [*...käpᵉr*] *der*; -s, -: jmd., der bei Rennen mit der Festsetzung der Handicaps (2) beauftragt ist; Ausgleicher (Sport). **handicapieren** [*...käpiren*]: (schweiz.) handicapen

Handkommunion [*dt.*; *lat.*] *die*; -,

-en: → Kommunion (1), bei der die → Hostie dem Gläubigen in die Hand, nicht in den Mund gelegt wird. **Handling** [*händling*; *germ.-engl.*] *das*; -[s]: Handhabung, Gebrauch. **Hand|out** [*händaut*, auch: *händaut*, *engl.*] *das*; -s, -s: ausgegebene Informationsunterlage, Informationsschrift (z. B. bei Tagungen, Sitzungen). **Hands** [*händs*; *germ.-engl.*] *das*; -, -: (österr.) Handspiel (beim Fußball)

Han|dschar u. Kandschar [*arab.*] *der*; -s, -e: messerartige Waffe der Orientalen

Handyman [*händimän*; *amerik.*] *der*; -s, ...men: Bastler, Heimwerker

Hanefite [nach dem Gründer Abu Hanifa] *der*; -n, -n (meist Plural): Anhänger einer der Rechtsschulen im sunnitischen Islam, die in den ostarabischen Ländern, der Türkei, den mittelasiatischen Sowjetrepubliken, Afghanistan u. Pakistan verbreitet ist u. in der Auslegung des Moralgesetzes am großzügigsten verfährt

Hangar [auch: ...*gar*; *germ.-fr.*] *der*; -s, -s: Flugzeug-, Luftschiffhalle

Hängepartie [*dt.*; *lat.-fr.*] *die*; -, ...ien: abgebrochene Schachpartie, die zu einem späteren Zeitpunkt fortgesetzt wird

Hangotainer [*hänggote'ner*; *engl.*] *der*; -s, -: fahrbarer Behälter, in dem Kleidungsstücke hängend transportiert werden.

Hang-over [*hängo"wer*; *engl.*] *der*; -s: Katerstimmung nach dem Genuß von Alkohol od. Drogen

Hangul [*Hindi*] *der*; -s, -s: Kaschmirhirsch (nordindischer Hirsch mit fünfendigem Geweih)

Hannibal ad (fälschlich meist: ante) **portas**! [*lat.*; „Hannibal an (vor) den Toren"; Schreckensruf der Römer im 2. Punischen Krieg]: (scherzh.) Achtung! Sei[d] vorsichtig! (jetzt kommt der gerade, von dem etw. Unangenehmes o. ä. unmittelbar zu erwarten ist)

Hansom [*hänsem*; engl. Erfinder] *der*; -s, -s: zweirädrige englische Kutsche mit zwei Sitzplätzen u. Verdeck, bei der sich der Kutschbock erhöht hinter den Sitzen befindet

hantieren [*fr.-niederl.*]: (mit einem Gegenstand in der Hand) sichtbar, hörbar tätig, beschäftigt sein

Hanum [*türk.* u. *pers.*; „Dame"] *die*; -: Anrede an Frauen in Persien u. in der Türkei

Haoma u. **Hauma** [*awest.*] *der*; -: heiliges Opfergetränk (Pflanzensaft) der → Parsen; vgl. Soma (I)

hapax|anth u. **hapax|anthisch** [*gr.-nlat.*]: nur einmal blühend u. dann absterbend (von Pflanzen; Bot.); Ggs. → pollakanth. **Hapax|legomenon** [*gr.*] *das*; -s, ...mena: nur einmal belegtes, in seiner Bedeutung oft nicht genau zu bestimmendes Wort einer [heute nicht mehr gesprochenen] Sprache

Haph|algesie [*gr.-nlat.*] *die*; -: übermäßige Schmerzempfindlichkeit der Haut bei jeder Berührung (z. B. bei → Hysterie; Med.)

ha|plodont [*gr.-nlat.*]: wurzellos u. kegelförmig (in bezug auf die Zähne niederer Wirbeltiere u. einiger Nagetiere) (Biol.). **Ha|plodont** *der*; -en, -en: einfacher kegelförmiger Zahn (vermutlich die Urform des Zahns; Med.). **Ha|plo|graphie** *die*; -, ...ien: fehlerhafte Auslassung eines von zwei gleichen od. ähnlichen Lauten od. Silben in geschriebenen od. gedruckten Texten; Ggs. → Dittographie. **ha|ploid**: nur einen einfachen Chromosomensatz enthaltend (in bezug auf Zellkerne; Biol.); Ggs. → diploid. **ha|plokaulisch** [*gr.*; *lat.*]: einachsig (von Pflanzen, bei denen der Stengel mit einer Blüte abschließt; Bot.). **Haplologie** [*gr.-nlat.*] *die*; -, ...ien: Verschmelzung zweier gleicher od. ähnlicher Silben (z. B. Zauberin statt Zaubererin, Adaption statt Adaptation; Sprachw.). **Ha|plont** *der*; -en, -en: Lebewesen, dessen Zellen einen einfachen Chromosomensatz aufweisen (Biol.). **Ha|plophase** *die*; -, -n: die beim geschlechtlichen Fortpflanzungsprozeß regelmäßig auftretende Phase mit nur einem einfachen Chromosomensatz (Biol.). **ha|plo|stemon**: nur einen Staubblattkreis habend (von Blüten; Bot.)

Happening [*häpening*; *engl.*] *das*; -s, -s: [öffentliche] Veranstaltung von Künstlern, die – unter Einbeziehung des Publikums – ein künstlerisches Erlebnis [mit überraschender od. schockierender Wirkung] vermitteln will. **Happenist** *der*; -en, -en: Künstler, der Happenings veranstaltet

happy [*häpi*; *engl.*]: in glückseliger, zufriedener Stimmung. **Happy-End,** (österr. auch.) **Happyend** [*häpiänd*; „glückliches Ende"] *das*; -[s], -s: [unerwarteter] glücklicher Ausgang eines Konfliktes, einer Liebesgeschichte. **happyenden:** (ugs.) [doch noch] einen glücklichen Ausgang nehmen, ein Happy-End finden. **Happy-few** [*häpifju*] *die* (Plural): glückliche Minderheit

Hapten [*gr.*] *das*; -s, -e (meist Plural): organische, eiweißfreie Verbindung, die die Bildung von → Antikörpern im Körper verhindert, Halbantigen; vgl. Antigen. **Haptere** [*gr.-nlat.*] *die*; -, -n (meist Plural): Haftorgan bei Pflanzen. **Haptik** *die*; -: Lehre vom Tastsinn (Psychol.). **haptisch** [*gr.*; „greifbar"]: den Tastsinn betreffend; vgl. taktil. **Haptonastie** [*gr.-nlat.*] *die*; -, ...ien: durch Berührungsreiz ausgelöste Pflanzenbewegung (Bot.). **Hapto|tropismus** *der*; -, ...men: durch Berührungsreiz ausgelöste Krümmungsbewegung, bes. bei Kletterpflanzen (Bot.)

Harakiri [*jap.*] *das*; -[s], -s: ritueller Selbstmord durch Bauchaufschlitzen (in Japan); Seppuku

Haram [*arab.*] *der*; -s, -s: heiliger, verbotener Bezirk im islamischen Orient; vgl. Harem

harangieren [*germ.-it.-fr.*]: (veraltet) 1. a) eine langweilige, überflüssige Rede halten; b) jmdn. mit einer Rede, mit einer Unterhaltung langweilen. 2. anreden, ansprechen

Haraß [*fr.*] *der*; ...rasses, ...rasse: Lattenkiste od. Korb zum Verpacken zerbrechlicher Waren wie Glas, Porzellan o. ä.

Hardangerarbeit [nach der norw. Landschaft Hardanger] *die*; -, -en: Durchbrucharbeit (Stickerei, bei der Fäden aus dem Gewebe gezogen werden u. die entstandenen Löcher umstickt werden) in grobem Gewebe mit quadratischer Musterung (Textil). **Hardangerfiedel** *die*; -, -n: volkstümliches norwegisches Streichinstrument mit vier Griff- u. vier Resonanzsaiten

Hardbop [*ha'dbop*; *amerik.*] *der*; -[s], -s: (zu Beginn der 1950er Jahre entstandener) Jazzstil, der stilistisch eine Fortsetzung, gleichzeitig jedoch eine Glättung u. z. T. Verflachung des → Bebop darstellt (Mus.). **Hardcore** [*ha'dko'*...; *engl.*; „harter Kern"] *der*; -s, -s: harter innerer Kern von Elementarteilchen. **Hardcorefilm** vgl. Hardcoreporno. **Hardcoreporno** [*ha'dko'*...] *der*; -s, -s: pornographischer Film, in dem geschlechtliche Vorgänge z. T. in Großaufnahme u. mit genauen physischen Details gezeigt werden. **Hard co-**

ver [*ha'd kaw^e r; engl.-amerik.*] *das*; - -s, - -s: Buch mit festem Einbanddeckel; Ggs. → Paperback. **Hard Drink** *der*; - -s, - -s: ein hochprozentiges alkoholisches Getränk. **Hard edge** [- *ädseh*; „harte Kante"] *die*; - -: Richtung in der modernen Malerei, die klare geometrische Formen u. kontrastreiche Farben verwendet. **Hard Rock** *der*; - -[s]: Stilbereich der Rockmusik, der durch eine sehr einfache harmonische Struktur, durch starke Hervorhebung des Rhythmus, durch ausgiebige Verwendung von Verzerrern u. Überlautstärke gekennzeichnet ist (Mus.). **Hard selling** *das*; - -: Anwendung von aggressiven Verkaufsmethoden. **Hard stuff** [- *ßtaf*] *der*; - -s, - -s: starkes Rauschgift (z. B. Heroin, LSD); Ggs. → Soft drug. **Hardtop** [*ha'd*...; *engl.*] *das* od. *der*; -s, -s: 1. abnehmbares Verdeck von [Sport]wagen. 2. Sportwagen mit einem Hardtop (1). **Hardware** [...*"ä'*; *engl.*; „harte Ware"] *die*; -, -s: alle technisch-physikalischen Teile einer Datenverarbeitungsanlage unter dem speziellen Gesichtspunkt der unveränderlichen, konstruktionsbedingten Eigenschaften; die durch die Technik zur Verfügung gestellten Möglichkeiten eines Rechners (EDV); Ggs. → Software. **Hard word** [*ha'd wö'd*] *das*; - -s, - -s: Wort, das aus dem einheimischen, angestammten Wortschatz nicht abgeleitet werden kann u. deshalb schwerer erlernbar ist u. dem Gedächtnis eher entfällt (z. B. engl. Mund „mouth", mündlich „oral"; Sprachw.)

Hardybremse [...*di*...; nach dem engl. Ingenieur J. G. Hardy]: *die*; -, -n: Saugluftbremse für Eisenbahnfahrzeuge

Harem [*arab.-türk.*; „das Verbotene"] *der*; -s, -s: 1. (in den Ländern des Islams) die abgetrennte Frauenabteilung der Wohnhäuser, zu der kein fremder Mann Zutritt hat. 2. a) große Anzahl von Ehefrauen eines reichen orientalischen Mannes; b) alle im Harem (1) wohnenden Frauen

Häresiarch [*gr.*] *der*; -en, -en: Begründer u. geistliches Oberhaupt einer [altkirchlichen] Häresie (1). **Häresie** [*gr.-nlat.*] *die*; -, ...ien: von der offiziellen Kirchenmeinung abweichende Lehre, Irrlehre, Ketzerei. **Häretiker** [*gr.-lat.*] *der*; -s, -: jmd., der von der offiziellen Lehre abweicht; Ketzer. **häretisch**: vom Dogma abweichend, ketzerisch

Hari|dschan u. **Harijan** [*sanskr.*; „Gotteskinder"] *der*; -s, -s: Inder, der keiner Kaste angehört; vgl. Paria (1)

Harlekin [*hárlekin*; *fr.-it.-fr.*] *der*; -s, -e: 1. Hanswurst, Narrengestalt [der ital. Bühne]. 2. Bärenschmetterling (ein lebhaft gefärbter Nachtfalter). 3. Sprungspinne. 4. Zwergpinscher. **Harlekinade** *die*; -, -n: Possenspiel. **harlekinisch** [auch: ...*ki*...] nach Art eines Harlekins, [lustig] wie ein Harlekin

Harmattan [*afrik.*] *der*; -s: trockener, von der Sahara zur atlantischen Küste Afrikas wehender Nordostwind (Meteor.)

Harmonie [*gr.-lat.*; „Fügung"] *die*; -, ...ien: 1. als wohltuend empfundene innere u. äußere Übereinstimmung; Einklang; Eintracht, Einmütigkeit, Einigkeit. 2. ausgewogenes, ausgeglichenes, gesetzmäßiges Verhältnis der Teile zueinander; Ebenmaß (Archit.; bild. Kunst). 3. wohltönender Zusammenklang mehrerer Töne od. Akkorde; schöner, angenehmer Klang (Mus.). **Harmonielehre** *die*; -, -n: a) (ohne Plural) Teilgebiet der Musikwissenschaft, das sich mit den harmonischen Verbindungen von Tönen u. Akkorden im musikalischen Satz befaßt; b) von einem Musikwissenschaftler od. Komponisten aufgestellte Theorie, die sich mit den harmonischen Verbindungen von Tönen u. Akkorden befaßt. **Harmoniemusik** *die*; -: 1. nur durch Blasinstrumente ausgeführte Musik. 2. aus Blasinstrumenten bestehendes → Orchester (1). **Harmonieorchester** *das*; -s, -: Blasorchester. **harmonieren**: gut zu jmdm. od. zu etwas passen, so daß keine Unstimmigkeiten entstehen; gut zusammenpassen, übereinstimmen. **Harmonik** *die*; -: Lehre von der Harmonie (3) (Mus.). **Harmonika** [*gr.-lat.-nlat.*] *die*; -, -s u. ...ken: Musikinstrument, dessen Metallzungen durch Luftzufuhr (durch den Mund bzw. einen Balg) in Schwingung versetzt werden (z. B. Mund-, Zieh- od. Handharmonika). **harmonikal**: den (festen) Gesetzen der Harmonie folgend, entsprechend (Mus.). **Harmonikatür** *die*; -, -en: besonders konstruierte Tür, die wie eine Ziehharmonika zusammengeschoben werden kann; Falttür. **Harmoniker** [*gr.-lat.*] *der*; -s, -: (hist.) Musiktheoretiker im alten Griechenland (Mus.). **harmonisch**: 1. übereinstimmend, ausgeglichen, gut zusammenpassend. 2. den Harmoniegesetzen entsprechend; schön, angenehm klingend (Mus.); -e Teilung: Teilung einer Strecke durch einen Punkt auf der Strecke u. einen außerhalb, so daß gleiche Teilungsverhältnisse entstehen (Math.). **Harmonische** *die*; -n, -n: Schwingung, deren → Frequenz ein ganzzahliges Vielfaches einer Grundschwingung ist (Phys.). **harmonisieren** [*gr.-lat.-nlat.*]: 1. in Einklang, in Übereinstimmung mit jmdm. bringen, harmonisch gestalten. 2. eine Melodie mit passenden Akkorden od. Figuren begleiten (Mus.). **Harmonisierung** *die*; -, -en: Abstimmung verschiedener Dinge aufeinander, gegenseitige Anpassung (z. B. von der Wirtschaftspolitik verschiedener Länder). **harmonistisch**: 1. die gegenseitige Anpassung, Harmonisierung betreffend; nach einem Harmonisierungsplan in Einklang bringend. 2. nach den Gesetzen der Harmonielehre gestaltet. **Harmonium** *das*; -s, ...ien [...*i^e n*] od. -s: Tasteninstrument, dessen Töne von saugluftbewegten Durchschlagzungen erzeugt werden. **Harmono|gramm** *das*; -s, -e: graphische Darstellung von zwei oder mehr voneinander abhängigen Arbeitsabläufen, als Hilfe zur Koordination (Wirtsch.)

Harpagon [*fr.*; Bühnengestalt von Molière] *der*; -s, -s: Geizhals

Harpolith [auch: ...*it*; *gr.-nlat.*] *der*; -s u. -en, -e[n]: Sichelstock, konvex- und konkav gekrümmter subvulkanischer Gesteinskörper (von Tiefengesteinskörpern; Geol.)

Harpsichord [...*kort*; *engl.*] *das*; -[e]s, -e: engl. Bezeichnung für: Cembalo

Harpune [*germ.-fr.-niederl.*] *die*; -, -n: 1. zum [Wal]fischfang benutzter Wurfspeer od. pfeilartiges Geschoß mit Widerhaken u. Leine. 2. an Webautomaten Hilfsmittel zum Einweben der Querfäden (Textiltechnik). **Harpunenkanone** *die*; -, -n: kanonenartiges Gerät zum Abschießen von Harpunen. **Harpunier** *der*; -s, -e: Harpunenwerfer. **harpunieren**: mit der Harpune fischen

Harpyie [...*püj^e*; *gr.-lat.*] *die*; -, -n: 1. (meist Plural) Sturmdämon in Gestalt eines Mädchen mit Vogelflügeln in der griech. Mythologie. 2. großer süd- und mittelamerik. Raubvogel. 3. Jung-

frauenadler; Wappentier, das den Oberkörper einer Frau hat
Harris-Tweed [*hărißtwid*; *engl.*] *der*; -s: handgesponnener und handgewebter → Tweed
Harry [*häri*; *engl.*] *der*; -[s]: (Jargon) Heroin
Hartebeest [*niederl.-Afrikaans*] *das*; -s, -e u. -er: Kuhantilope der südafrikan. Steppe
Hartschier [*lat.-it.*; „Bogenschütze"] *der*; -s, -e: Leibwächter
Haru|spex [*lat.*] *der*; -, -e u. Haruspizes: jmd., der aus den Eingeweiden von Opfertieren wahrsagt (bei Etruskern u. Römern). **Haru|spizium** *das*; -s, ...ien [...*i*ᵉ*n*]: Wahrsagung aus den Eingeweiden
Hasard [*arab.-span.-fr.*] *das*; -s: = Hasardspiel. **Hasardeur** [...*dör*] *der*; -s, -e: (abwertend) jmd., der leichtsinnig Risiken im Vertrauen auf sein Glück in Kauf nimmt u. alles aufs Spiel setzt ohne Rücksicht auf andere. **hasardieren**: alles aufs Spiel setzen, wagen. **Hasardspiel** *das*; -[e]s: Glücksspiel [bei dem ohne Rücksicht auf andere od. sich selbst alles aufs Spiel gesetzt wird]
Hasch *das*; -s: (ugs.) Haschisch
Haschee [...*sche*; *germ.-fr.*] *das*; -s, -s: Gericht aus feingehacktem Fleisch
Haschemiten vgl. Haschimiden
haschen [*arab.*]: (ugs.) Haschisch rauchen od. in anderer Form zu sich nehmen. **Hascher** [*arab.*] *der*; -s, -: (ugs.) jmd., der [gewohnheitsmäßig] Haschisch zu sich nimmt
haschieren [*fr.*] fein hacken, zu → Haschee verarbeiten
Haschimiden u. Haschemiten [*arab.*] *die* (Plural): von Mohammed abstammende arab. Dynastie im Irak u. in Jordanien
Haschisch [*arab.*] *das* (auch: *der*); -[s]: aus dem Blütenharz des indischen Hanfs gewonnenes Rauschgift. **Haschjoint** [...*dscheunt*; *arab.*; *engl.-amerik.*] *der*; -s, -s: selbstgedrehte Zigarette, deren Tabak mit Haschisch vermischt ist
Haselant [*lat.-vulgärlat.-fr.*] *der*; -en, -en: Spaßmacher, Narr. **haselieren**: Possen machen; lärmen, toben
Häsitation [...*zion*; *lat.*] *die*; -: Zögern, Zaudern. **häsitieren** [„hängenbleiben"]: zögern, zaudern
Hatschek vgl. Háček
Hat-Trick [*hät-trik*; *engl.*], (auch:) **Hat|trick** [*hätrik*] *der*; -s, -s: dreimaliger Erfolg, z. B. drei in unmittelbarer Folge vom gleichen Spieler im gleichen Spielabschnitt erzielte Tore
Haubitze [*tschech.*; „Steinschleuder"] *die*; -, -n: Flach- und Steilfeuergeschütz
Hauma vgl. Haoma
Hausa [nach dem Volk im mittleren Sudan] *das*; -: afrikanische Sprache, die in West- u. Zentralafrika als Verkehrssprache verwendet wird
hausieren [zu *Haus* mit französierender Endung]: [mit etw.] handeln, indem man von Haus zu Haus geht u. Waren zum Kauf anbietet
Haussa = Hausa
Hausse [(*h*)*oß*; *lat.-vulgärlat.-fr.*] *die*; -, -n [...*ß*ᵉ*n*]: 1. a) allgemeiner Aufschwung [in der Wirtschaft]; b) Steigen der Börsenkurse; Ggs. → Baisse. 2. Griff am unteren Bogenende bei Streichinstrumenten, Frosch. **Haussier** [...*ie*] *der*; -s, -s: Börsenspekulant, der mit Kurssteigerungen rechnet u. deshalb Wertpapiere ankauft; Ggs. → Baissier. **haussieren**: im Kurswert steigen (von Wertpapieren)
Haustorium [*lat.-nlat.*] *das*; -s, ...ien [...*i*ᵉ*n*] (meist Plural): 1. Saugwarze od. -wurzel pflanzlicher Schmarotzer. 2. zu einem Saugorgan umgewandelte Zelle im Embryosack der Samenpflanze, die Nährstoffe zum wachsenden → Embryo (2) leitet (Bot.)
Hautbois [(*h*)*oboá*; *fr.*] *die*; -, -: franz. Bezeichnung für: Oboe.
Haute Coiffure [(*h*)*ot koafür*] *die*; - -: Frisierkunst, die für die Mode tonangebend ist (bes. in Paris u. Rom). **Haute Couture** [- *kutür*] *die*; - -: Schneiderkunst, die für die elegante Mode tonangebend ist (bes. in Paris und Rom). **Haute Couturier** [- ...*rie*] *der*; - -s, - -s: Modeschöpfer. **Hautefinance** [(*h*)*otfinangß*] *die*; -: Hochfinanz; Finanzgruppe, die politische u. wirtschaftliche Macht besitzt. **Hautelisse** [(*h*)*otlíß*] *die*; -, -n: [...*ß*ᵉ*n*]: 1. Webart mit senkrechter Kette (Längsfäden). 2. Wand- oder Bildteppich, der mit senkrechter Kette (Längsfäden) gewebt ist. **Hautelissestuhl** *der*; -s, ...stühle: Webstuhl für Gobelins u. Teppiche, auf dem die Kette (Längsfäden) senkrecht läuft; Hochwebstuhl. **Hauterivien** [(*h*)*otriwiäng*; nach dem Ort Hauterive im Kanton Neuenburg] *das*; -[s]: Stufe der unteren Kreide (Erdzeitalter; Geol.). **Hautevolee** [(*h*)*otwolé*; *fr.*] *die*; -: (oft iron.) gesellschaftliche Oberschicht; die feine, bessere Gesellschaft. **Hautgout** [(*h*)*ogú*] *der*; -s: 1. eigentümlich scharfer, würziger Geschmack u. Geruch, den das Fleisch von Wild nach dem Abhängen annimmt. 2. Anrüchigkeit. **Haut mal** [(*h*)*o mal*] *das*; - -: = Grand mal. **Hautrelief** [(*h*)*orelíäf*] *das*; -s, -s u. -e: Hochrelief (stark aus der Fläche heraustretendes Relief). **Haut-Sauternes** [*oßotärn*; nach der südwestfranz. Stadt Sauternes] *der*; -: weißer Bordeauxwein
Havamal [*háwamal*; *altnord.*; „Rede des Hohen"] *das*; -s: Sammlung von Lebensregeln in Sprüchen Odins (Teil der → Edda)
Havanna [...*wa*...; kuban. Hauptstadt]
I. *der*; -s: kubanische Tabaksorte.
II. *die*; -, -s: Zigarre aus einer bestimmten kubanischen Tabaksorte
Havarie [*hawa*...; *arab.-it.-fr.-niederl.*] *die*; -, ...ien: 1. a) durch Unfall verursachter Schaden oder Beschädigung an Schiffen od. ihrer Ladung u. an Flugzeugen; b) (österr.) Schaden, Unfall bei einem Kraftfahrzeug. 2. Beschädigung an Maschinen und technischen Anlagen. **havarieren**: a) durch Aufprall beschädigt (von Schiffen). **havariert**: a) durch Aufprall beschädigt (von Schiffen od. deren Ladung); b) (österr.) durch einen Unfall beschädigt (von Kraftfahrzeugen). **Havarist** *der*; -en, -en: 1. der Eigentümer eines havarierten Schiffes. 2. beschädigtes Schiff
Havelock [*haw*ᵉ*lok*; engl. General] *der*; -s, -s: langer Herrenmantel ohne Ärmel, aber mit pelerineartigem Umhang
have, pia anima! [(*h*)*awe* - -; *lat.*; „sei gegrüßt, fromme Seele!"]: Inschrift auf Grabsteinen o. ä.; vgl. Ave
Haverei *die*; -, -en: = Havarie
Hawaiigitarre [nach den Hawaii-Inseln] *die*; -, -n: große Gitarre mit leicht gewölbter Decke u. 6–8 Stahlsaiten; vgl. Ukulele
Hawthorne-Effekt [*hóthon*...; nach einer zwischen 1927 u. 1932 durchgeführten Untersuchung in den Hawthorne-Werken, Chicago] *der*; -[e]s, -e: Einfluß, den die bloße Teilnahme an einem Experiment auf die Versuchsperson u. damit auf das Experimentsergebnis auszuüben vermag (Soziol.; Psychol.)
Hazienda [*lat.-span.*] *die*; -, -s (auch: ...den): Landgut, Farm in Süd- und Mittelamerika. **Haziendero** *der*; -s, -s: Besitzer einer Hazienda

Head [*häd*; *engl.*] *der*; -[s], -s: Wort als Trägerelement einer [Satz]-konstruktion (Sprachw.). **Headline** [*hädlain*] *die*; -, -s: Schlagzeile; Überschrift in einer Zeitung, Anzeige o. ä.

Hearing [*hiring*; *engl.*] *das*; -[s], -s: öffentliche [parlamentarische] Anhörung verschiedener Ansichten durch Ausschüsse o. ä.

He|auto|gnomie [*gr.-nlat.*] *die*; -: Selbsterkenntnis (Philos.). **Heautonomie** *die*; -: Selbstgesetzgebung (Philos.). **He|auto|skopie** *die*; -: Doppelgängerwahn

Heavisideschicht [*häwißaid...*; nach dem engl. Physiker]: *die*; -: elektrisch leitende Schicht in der Atmosphäre in etwa 100 km Höhe über dem Erdboden, die mittellange u. kurze elektrische Wellen reflektiert

Heavy metal [*häwi mät^el*; *engl.* „Schwermetall"] *das*; - -[s] u. **Heavy Rock** [*häwi rok*; *engl.*] *der*; - -[s]: = Hard Rock

Hebdomadar [*gr.-lat.*] *der*; -s, -e u. **Hebdomadarius** *der*; -, ...ien [*...i^en*]: katholischer Geistlicher, der im → Kapitel (2a) od. Kloster den Wochendienst hat

Hebe|phrenie [*gr.-nlat.*] *die*; -, ...ien: Jugendirresein, Form der → Schizophrenie, die in der Pubertät auftritt (Med.; Psychol.).

Hebo|ido|phrenie *die*; -, ...ien: leichte Form des Jugendirreseins (Med.). **Heb[oste]otomie** *die*; -, ...ien: = Pubeotomie

He|braicum [*...ik...*; *gr.-lat.*] *das*; -s: Nachweis bestimmter Hebräischkenntnisse, die für das Theologiestudium erforderlich sind. **He|braika** [*gr.-lat.*] *die* (Plural): Werke über die hebräische Geschichte u. Kultur. **he|bräisch**: die hebräische Sprache und Kultur betreffend; etwas lernt Hebräisch: (ugs., scherzh.) ein Gegenstand befindet sich im Pfandhaus. **He|braismus** [*nlat.*] *der*; -, ...men: stilistisches u. syntaktisches Charakteristikum der hebräischen Sprache in einer anderen Sprache, bes. im griechischen Neuen Testament; vgl. ...ismus/...istik. **Hebraist** *der*; -en, -en: jmd., der sich wissenschaftlich mit der hebräischen Geschichte u. Sprache beschäftigt. **He|braistik**: *die*; -: Wissenschaft von der hebräischen Sprache [u. Kultur], bes. als wissenschaftliche Beschäftigung christlicher Gelehrter mit der hebräischen Sprache des Alten Testaments; vgl. ...ismus/...istik. **he|braistisch**: die Erforschung der hebräischen Sprache u. Kultur betreffend

Hedgegeschäft [*hädsch...*; *engl.*; *dt.*] *das*; -[e]s, -e: besondere Art eines Warentermingeschäfts (z. B. Rohstoffeinkauf), das zur Absicherung gegen Preisschwankungen mit einem anderen, auf den gleichen Zeitpunkt terminierten Geschäft (z. B. Produktverkauf) gekoppelt wird

Hedonik [*gr.*] *die*; -: = Hedonismus. **Hedoniker** *der*; -s, -: = Hedonist. **Hedonismus** [*gr.-nlat.*] *der*; -: in der Antike begründete philosophische Lehre, nach welcher das höchste ethische Prinzip das Streben nach Sinnenlust u. Genuß ist. **Hedonist** *der*; -en, -en: Vertreter der Lehre des Hedonismus. **hedonistisch**: 1. den Hedonismus betreffend, auf ihm beruhend. 2. das Lustprinzip befolgend (Psychol.)

He|drozele [*gr.-nlat.*] *die*; -, -n: Bruch, der durch eine Lücke im Beckenboden zwischen After und → Skrotum bzw. → Vagina (1b) austritt (Med.)

He|dschra [*arab.*; „Loslösung"] *die*; -: Übersiedlung Mohammeds im Jahre 622 von Mekka nach Medina (Beginn der islam. Zeitrechnung)

Hegemon [*gr.*] *der*; -en, -en: Fürst, der über andere Fürsten herrscht. **hegemonial** [*gr.-nlat.*]: a) die Vormachtstellung habend; b) die Vormachtstellung erstrebend. **Hegemonie** [*gr.*; „Oberbefehl"] *die*; -, ...ien: Vorherrschaft [eines Staates]; Vormachtstellung, Überlegenheit [kultureller, wirtschaftlicher, politischer u. a. Art]. **Hegemonikon** [*gr.-lat.*] *das*; -: (Philos.) 1. der herrschende Teil der Seele, die Vernunft (stoische Lehre). 2. Gott (stoische Lehre). **hegemonisch** [*gr.*]: die Hegemonie betreffend. **Hegumenos** *der*; -, ...oi [*...eu*] u. Igumen [*ngr.*] *der*; -s, -: Vorsteher eines orthodoxen Klosters

Heiduck u. Haiduck [*ung.*] *der*; -en, -en: 1. ungarischer Söldner, Grenzsoldat. 2. ungarischer Gerichtsdiener. 3. (hist.) (auf dem Balkan) Freischärler im Kampf gegen die Türken

Heil|an|ästhesie [*dt.*; *gr.-nlat.*] *die*; -, -n: örtliche Betäubung bestimmter Körperregionen zur Linderung rheumatischer u. neuralgischer Schmerzen

Heimarmene [*...mene*; *gr.*] *die*; -: das unausweichliche Verhängnis, Schicksal (in der griech. Philosophie); vgl. Moira

Heimtrainer [*dt.*; *engl.*; *...trän^er* od. *...tren^er*] *der*; -s, - = Hometrainer

Heiti [*altnord.*] *das*; -[s], -s: in der altnord. Dichtung die bildliche Umschreibung eines Begriffes durch eine einfache eingliedrige Benennung (z. B. „Renner" statt „Roß"); Ggs. → Kenning

Hekatombe [*gr.-lat.*] *die*; -, -n: einem unheilvollen Ereignis o. ä. zum Opfer gefallene, erschütternd große Zahl, Menge von Menschen. **Hekt|ar** [auch: *...tar*; (*gr.*; *lat.*) *fr.*] *das* (auch: *der*); -s, -e (aber: 4 -): Flächen-, bes. Feldmaß (= 100 Ar = 10000 Quadratmeter); Zeichen: ha. **Hekt|are** *die*; -, -n: (schweiz.) Hektar

Hektik [*gr.-mlat.*] *die*; -: 1. übersteigerte Betriebsamkeit, fieberhafte Eile. 2. (veraltet) krankhafte Abmagerung mit fortschreitendem Kräfteverfall (bes. bei Schwindsucht; Med.). **Hektiker** *der*; -s, -: 1. (ugs.) jmd., der voller Hektik (1) ist. 2. (veraltet) Lungenschwindsüchtiger (Med.). **hektisch**: 1. fieberhaft-aufgeregt, von unruhig-nervöser Betriebsamkeit. 2. (veraltend) in Begleitung der Lungentuberkulose auftretend (Med.); -e Röte: [fleckige] Wangenröte des Schwindsüchtigen

Hekto|gramm *das*; -s, -e (aber: 5 -): 100 Gramm; Zeichen: hg. **Hektograph** [*gr.-nlat.*] *der*; -en, -en: ein Vervielfältigungsgerät. **Hektographie** *die*; -, ...ien: 1. ein Vervielfältigungsverfahren. 2. eine mit dem Hektographen hergestellte Vervielfältigung. **hektographieren**: [mit dem Hektographen] vervielfältigen. **Hektoliter** [auch: *häk...*; *gr.-fr.*] *der* (auch: *das*); -s, -: 100 Liter; Zeichen: hl. **Hektometer** [auch: *häk...*] *der* (auch: *das*); -s, -: 100 Meter; Zeichen: hm. **Hekto|ster** [auch: *häk...*] *der*; -s, -e u. -s (aber: 10 -): Raummaß (bes. für Holz): 100 Kubikmeter; Zeichen: hs. **Hektowatt** [auch: *häk...*] *das*; -s, -: 100 Watt

Hekuba [*gr.-lat.*]: griech. mythologische Gestalt (Gemahlin des Königs Priamos, Mutter von Hektor): in der Wendung: jmd. - sein, werden: jmdm. gleichgültig sein, werden; jmdn. nicht [mehr] interessieren (nach Shakespeares „Hamlet", in dem auf die Stelle bei Homer angespielt wird, wo Hektor zu seiner Gattin Andromache sagt, ihn bekümmere seiner Mutter Hekuba Leid weniger als das ihre)

Helanca ® [*...ka*; Kunstw.] *das*; -: hochelastisches Kräuselgarn aus Nylon

heliakisch [*gr.-lat.*] u. helisch [*gr.*-

nlat.]: zur Sonne gehörend; -er Aufgang: Aufgang eines Sternes in der Morgendämmerung; -er Untergang: Untergang eines Sternes in der Abenddämmerung. **Heli|anthemum** *das*; -s, ...themen: Sonnenröschen (Zierstaude mit zahlreichen Arten; Bot.). **Heli|anthus** *der*; -, ...then: Sonnenblume (Korbblütler mit großen Blüten). **Heliar** Ⓦz [Kunstw.] *das*; -s, -e: fotografisches Objektiv

Helikes [*gr.-lat.*] *die* (Plural): Volutenranken des korinth. → Kapitells, die nach innen eingerollt sind. **Helikogyre** [*gr.*] *die*; -, -n: Schraubenachse; symmetr. Form der Kristallbildung (Kristallographie). **Helikon** [*gr.-nlat.*] *das*; -s, -s: Musikinstrument; Kontrabaßtuba mit kreisrunden Windungen (bes. in der Militärmusik verwendet). **Heliko|pter** [*gr.-nlat.*] *der*; -s, -: Hubschrauber

Helio|biologie *die*; -: Teilbereich der Biologie, bei dem man sich mit dem Einfluß der Sonne auf die → Biosphäre befaßt. **Heliodor** [*gr.-nlat.*] *der*; -s, -e: Mineral (Edelstein der Beryllgruppe). **Heliograph** *der*; -en, -en: 1. astronomisches Fernrohr mit fotografischem Gerät für Aufnahmen von der Sonne. 2. Blinkzeichengerät zur Nachrichtenübermittlung mit Hilfe des Sonnenlichtes.

Helio|graphie *die*; -: 1. ein Druckverfahren, das sich der Fotografie bedient. 2. das Zeichengeben mit dem Heliographen (2). **helio|graphisch**: den Heliographen betreffend. **Helio|gravüre**, Photogravüre [...*wür*ᵉ; *gr.-fr.*] *die*; -, -n: 1. (ohne Plural) ein Tiefdruckverfahren zur hochwertigen Bildreproduktion auf fotografischer Grundlage. 2. im Heliogravüreverfahren hergestellter Druck. **Heliometer** [*gr.*] *das*; -s, -: Spezialfernrohr zur Bestimmung bes. kleiner Winkel zwischen zwei Gestirnen. **heliophil**: sonnenliebend; photophil (von Tieren od. Pflanzen; Biol.); Ggs. → heliophob. **heliophob**: den Sonnenschein meidend; photophob (von Tieren od. Pflanzen; Biol.); Ggs. → heliophil. **Heliosis** *die*; -: 1. Sonnenstich, Übelkeit und Kopfschmerz infolge längerer Sonnenbestrahlung (Med.). 2. Hitzschlag, Wärmestau im Körper (Med.). **Helioskop** *das*; -s, -e: Gerät zur direkten Sonnenbeobachtung, das die Strahlung abschwächt (Astron.). **Heliostat** *der*; -[e]s u. -en, -e[n]: Gerät mit Uhrwerk u. Spiegel, das dem Sonnenlicht für Beobachtungszwecke stets die gleiche Richtung gibt (Astron.). **Heliotherapie** *die*; -: Heilbehandlung mit Sonnenlicht u. -wärme (Med.). **heliotrop**: von der Farbe des Heliotrops (I, 1)

Helio|trop [*gr.*]

I. *das*; -s, -e: 1. (Plural: -e) Sonnenwende, Zimmerpflanze, deren Blüten nach Vanille duften. 2. (ohne Plural) blauviolette Farbe (nach den Blüten des Heliotrops). 3. Sonnenspiegel zur Sichtbarmachung von Geländepunkten.

II. *der*; -s, -e: Edelstein (Abart des Quarzes)

Helio|tropin [*gr.*] *das*; -s: organ. Verbindung, die zur Duftstoff- u. Seifenherstellung verwendet wird. **helio|tropisch**: (veraltet) phototropisch, lichtwendig (von Pflanzen). **Helio|tropismus** *der*; -: (veraltet) Phototropismus. **heliozen|trisch**: die Sonne als Weltmittelpunkt betrachtend; Ggs. → geozentrisch; -es Weltsystem: von Kopernikus entdecktes u. aufgestelltes Planetensystem mit der Sonne als Weltmittelpunkt. **Heliozoon** *das*; -s, ...zoen (meist Plural): Sonnentierchen (einzelliges, wasserbewohnendes Lebewesen)

Heliport [*gr.-lat.*; Kurzw. aus → *Heli*kopter u. → Air*port*] *der*; -s, -s: Landeplatz für Hubschrauber

helisch: = heliakisch

Heli-Skiing [...*ski-ing*; Kunstw. aus *engl. heli*copter u. *skiing*] *das*; -[s]: Skilauf nach Inanspruchnahme eines Hubschraubers, der den Skiläufer auf den Berggipfel gebracht hat

Helium *das*; -s: chem. Grundstoff, Edelgas; Zeichen: He. **Heliumion** *das*; -s, ...ionen: Ion des Heliumatoms

Helix [*gr.-lat.*; „spiralig Gewundenes"] *die*; -, ...ices: 1. der umgebogene Rand der menschlichen Ohrmuschel (Med.). 2. Schnirkelschnecke (z. B. Weinbergschnecke; Zool.). 3. spiralige Molekülstruktur (Chem.)

helkogen [*gr.-nlat.*]: aus einem Geschwür entstanden (Med.). **Helkologie** *die*; -: Wissenschaft u. Lehre von den Geschwüren (Med.). **Helkoma** [*gr.*] *das*; -[s], ...komata: Geschwür, Eiterung (Med.). **Helkose** *die*; -, -n: Geschwürbildung (Med.)

Helladikum [*gr.-lat.*] *das*; -s: bronzezeitliche Kultur auf dem griech. Festland. **helladisch**: das Helladikum betreffend

Helleborus [*gr.-lat.*] *der*; -, ...ri: Vertreter der Gattung der Hahnenfußgewächse (mit Christrose u. Nieswurz; Bot.)

hellenisch [*gr.*] a) das antike Hellas (Griechenland) betreffend; b) griechisch (in bezug auf die heutige Republik). **hellenisieren** [*gr.-nlat.*]: nach griech. Vorbild gestalten; griech. Sprache u. Kultur nachahmen. **Hellenismus** *der*; -: 1. Griechentum; (nach J. G. Droysen:) die Kulturepoche von Alexander dem Gr. bis Augustus (Verschmelzung des griech. mit dem oriental. Kulturgut). 2. die griech. nachklass. Sprache dieser Epoche; Ggs. → Attizismus (1).

Hellenist *der*; -en, -en: 1. jmd., der sich wissenschaftlich mit dem nachklassischen Griechentum befaßt. 2. im N. T. griech. sprechender, zur hellenist. Kultur neigender Jude der Spätantike.

Hellenistik *die*; -: Wissenschaft, die sich mit der hellenischen Sprache u. Kultur befaßt. **hellenistisch**: den Hellenismus (1, 2) betreffend. **Hellenophilie** *die*; -: Vorliebe für die hellenistische Kultur

Helleristninger [*norweg.*] *die* (Plural): Felsenzeichnungen, -bilder der Jungstein- u. Bronzezeit in Schweden u. Norwegen

Helminth|agogum [*gr.-nlat.*] *das*; -s, ...ga: Mittel gegen Wurmkrankheiten (Med.). **Helminthe** *die*; -, -n (meist Plural): Eingeweidewurm (Med.). **Helminthiasis** *die*; -, ...thiasen u. Helminthose *die*; -, -n: Wurmkrankheit (Med.). **Helminthologie** *die*; -: Wissenschaft von den Eingeweidewürmern (Med.). **Helminthose** *die*; -, -n: = Helminthiasis

Helobiae [...*biä*; *gr.-nlat.*] *die* (Plural): Pflanzenordnung der Sumpflilien (mit Froschlöffel, Wasserpest u. a.; Biol.). **Helodea** vgl. Elodea. **Helodes** *die*; -: Sumpffieber, Malaria (Med.). **Helophyt** *der*; -en, -en: Sumpfpflanze (unter Wasser wurzelnde, aber über die Wasseroberfläche herausragende Pflanze)

Helot [*gr.*] *der*; -en, -en u. **Helote** *der*; -n, -n: Staatssklave im alten Sparta. **Helotismus** [*gr.-nlat.*] *der*; -: Ernährungssymbiose, aus der ein Tier (od. Pflanze) mehr Nutzen hat als das andere

Helvet [...*wet*] *das*; -s u. **Helvetien** [...*weßiäng*; *lat.-fr.*] *das*; -s: mittlere Stufe des → Miozäns (Erdzeitalter; Geol.). **Helvetika** [*lat.*] *die* (Plural): Werke über die Schweiz (= Helvetien). **helvetisch** [*lat.*]: schweizerisch;

Helvetische Konfession, Helvetisches Bekenntnis: Bekenntnis[schriften] der evangelisch-reformierten Kirche von 1536 und bes. 1562/66; Abk.: H. B. **Helvetismus** [*lat.-nlat.*] *der*; -, ...men: eine innerhalb der deutschen Sprache nur in der Schweiz (= Helvetien) übliche sprachliche Ausdrucksweise (z. B. Blocher = Bohnerbesen)

He-man [*himän*; *engl.-amerik.*] *der*; -[s], He-men: Mann, der sehr männlich aussieht u. sich so gibt u. daher auch eine entsprechende Wirkung auf seine Umgebung in bezug auf die Erotik ausübt

hemer|adiaphor [*gr.*]: kulturindifferent, menschlichen Kultureinflüssen gegenüber unbeeinflußbar (von Lebewesen)

Hemer|al|opie [*gr.-nlat.*] *die*; -: Nachtblindheit (Med.). **Hemerocallis** [*...ka...*; *gr.*] *die*; -: Gattung der Taglilien

hemerophil [*gr.*]: kulturliebend; von Tieren und Pflanzen, die Kulturbereiche bevorzugen. **hemerophob**: kulturmeidend (von Tieren und Pflanzen, die nur außerhalb des menschlichen Kulturbereichs optimal zu leben vermögen. **Hemerophyt** *der*; -en, -en: Pflanze, die nur im menschlichen Kulturbereich richtig gedeiht

Hemi|algie [*gr.-nlat.*] *die*; -, ...ien: Kopfschmerz auf einer Kopfseite, Migräne (Med.). **Hemi|an|äs|thesie** [*gr.-nlat.*] *die*; -, ...ien: Empfindungslosigkeit einer Körperhälfte (Med.). **Hemi|an|op[s]ie**, Hemi|op[s]ie *die*; -, ...ien: Halbsichtigkeit, Ausfall einer Hälfte des Gesichtsfeldes (Med.). **Hemi|ataxie** *die*; -, ...ien: Bewegungsstörungen einer Körperhälfte (Med.). **Hemi|atrophie** *die*; -, ...ien: Schwund von Organen, Geweben u. Zellen der einen Körperhälfte (Med.). **Hemi|edrie** *die*; -: Kristallklasse, bei der nur die Hälfte der möglichen Flächen ausgebildet ist (Mineral.). **Hemiepes** [*...i-epeß*; *gr.*] *der*; -, -: [unvollständiger] halber Hexameter. **Hemi|gnathie** [*gr.-nlat.*] *die*; -, ...ien: Fehlen einer Kieferhälfte (Mißbildung; Med.). **Hemi|kranie** [*gr.-lat.*] *die*; -, ...ien: = Hemialgie. **Hemi|kraniose** *die*; -, -n: halbseitige Schädelvergrößerung (Mißbildung; Med.). **Hemi|kryptophyt** *der*; -en: -en: Pflanze, deren Überwinterungsknospen am Erdboden od. an Erdsprossen sitzen (z. B. Erdbeeren, Alpenveilchen; Bot.). **Hemimelie** *die*; -, ...ien: Mißbildung, bei der die Gliedmaßen der einen Körperhälfte mehr od. weniger verkümmert sind (Med.). **Hemimetabolen** *die* (Plural): Insekten mit unvollständiger Verwandlung (→ Metamorphose 2; Zool.). **Hemimetabolie** *die*; -: Verwandlung der Insektenlarve zum fertigen Insekt ohne die sonst übliche Einschaltung eines Puppenstadiums (Zool.). **hemimorph**: an zwei entgegengesetzten Enden verschieden ausgebildet (von Kristallen; Mineral.). **Hemimorphit** *der*; -s, -e: = Kalamin. **Hemiole** *die*; -, -n: 1. in der → Mensuralnotation die Einführung schwarzer Noten zu den seit dem 15. Jh. üblichen weißen (zum Ausdruck des Verhältnisses 2 : 3; Mus.). 2. das Umschlagen des zweimal dreiteiligen Taktes in den dreimal zweiteiligen Takt (Mus.). **Hemi|op[s]ie** vgl. Hemianopsie. **Hemiparese** [*gr.-nlat.*] *die*; -, -n: halbseitige leichte Lähmung (Med.). **hemipelagisch**: 1. dem 200 bis 2 700 m tiefen Meer entstammend (von Meeresablagerungen, z. B. Blauschlick). 2. nicht immer freischwimmend (von Wassertieren, die im Jungstadium das Wasser bewohnen und sich später am Meeresgrund ansiedeln; Zool.). **Hemi|plegie** *die*; -, ...ien: Lähmung einer Körperseite (z. B. bei Schlaganfall; Med.); vgl. Monoplegie. **Hemi|plegiker** *der*; -s, - u. **Hemi|plegische** *der* u. *die*; -n, -n: halbseitig Gelähmte[r] (Med.). **Hemi|pteren** *die* (Plural): Halbflügler (Insekten, z. B. Wanzen; Zool.). **Hemi|spasmus** *der*; -, ...men: halbseitiger Krampf (Med.). **Hemi|sphäre** [*gr.-lat.*] *die*; -, -n: a) eine der beiden bei einem gedachten Schnitt durch den Erdmittelpunkt entstehenden Hälften der Erde; Erdhälfte, Erdhalbkugel; b) Himmelshalbkugel; c) rechte bzw. linke Hälfte des Großhirns u. des Kleinhirns (Med.). **hemi|sphärisch**: die Hemisphäre betreffend. **Hemistichion** [*gr.*], **Hemi|stichium** [*gr.-lat.*] *das*; -s, ...ien [*...i^e^n*]: Halbzeile eines Verses, Halb-, Kurzvers in der altgriech. Metrik. **Hemistichomythie** [*gr.-nlat.*] *die*; -: aus Hemistichien bestehende Form des Dialogs im Versdrama; vgl. Stichomythie. **Hemitonie** [*gr.*] *die*; -, ...ien: halbseitiger Krampf mit schnellem Wechsel des Muskeltonus (Med.). **hemitonisch**: mit Halbtönen versehen (Mus.). **Hemizellulose**[1] *die*; -, -n: Kohlenhydrat (Bestandteil pflanzlicher Zellwände). **hemizyklisch** [auch: *...zü...*]: kreisförmig od. spiralig (von der Anordnung der [Blüten]blätter bei Pflanzen)

Hemlocktanne [*engl.*; *dt.*] *die*; -, -n: = Tsuga

Henade [*gr.*] *die*; -, -n: Einheit im Gegensatz zur Vielheit, → Monade (Philos.). **Hendekagon** [*gr.-nlat.*] *das*; -s, -e: Elfeck. **Hendekasyllabus** [*gr.-lat.*] *der*; -, ...syllaben u. ...syllabi: elfsilbiger Vers; vgl. Endecasillabo. **Hendiadyoin** [*...dieun*; *gr.-mlat.*; „eins durch zwei"] *das*; -[s], - u. (seltener:) **Hendiadys** *das*; -, -: (Stilk.) 1. die Ausdruckskraft verstärkende Verbindung zweier synonymer Substantive od. Verben, z. B. bitten u. flehen. 2. das bes. in der Antike beliebte Ersetzen einer Apposition durch eine reihende Verbindung mit „und" (z. B. die Masse *und die hohen Berge*, statt die Masse *der hohen Berge*)

Hending [*altnord.*] *die*; -, -ar: Silbenreim der nord. Skaldendichtung, zunächst als Binnenreim neben dem Stabreim, später Endreim (bei den isländ. Skalden)

Henismus [*gr.-nlat.*] *der*; -: Weltdeutung von einem Urprinzip aus (Philos.)

Henna [*arab.*] *das*; -[s] (auch: *die*; -): 1. Kurzform für: Hennastrauch (in Asien u. Afrika heimischer Strauch mit gelben bis ziegelroten Blüten). 2. aus Blättern u. Stengeln des Hennastrauches gewonnenes rotgelbes Färbemittel für kosmetische Zwecke

Hennin [*änäng*; *fr.*] *der* (auch: *das*); -s, -s: (bis ins 15. Jh. von Frauen getragene) hohe, kegelförmige Haube, von deren Spitze ein Schleier herabhing; burgundische Haube

Henotheismus [*gr.-nlat.*] *der*; -: religiöse Haltung, die die Hingabe an nur einen Gott fordert, ohne allerdings die Existenz anderer Götter zu leugnen od. ihre Verehrung zu verbieten; vgl. Monotheismus. **henotheistisch**: den Henotheismus betreffend

Henri-deux-Stil [*angridö...*; *fr.*] *der*; -[e]s: zweite Stilperiode der französischen Renaissance während der Regierung Heinrichs II. (1547–59). **Henriqua|tre** [*angrikatr*] *der*; -[s] [*...katr*], -s [*...katr*]: nach Heinrich IV. von Frankreich benannter Spitzbart. **Henry** [*hänri*; nach dem nordamerik.

[1] Zur Schreibung vgl. Zellulose.

Physiker J. Henry, † 1878] *das*; -, -: physikal. Maßeinheit für Selbstinduktion (1 Voltsekunde/ Ampere); Zeichen: H

Heortologie [*gr.-nlat.*] *die*; -: die kirchlichen Feste betreffender Teil der → Liturgik. **Heortologium** *das*; -s, ...ien [...*i^e n*]: kirchlicher Festkalender

Hepar [*gr.-lat.*] *das*; -s, Hepata: Leber (Med.). **Heparin** [*gr.-nlat.*] *das*; -s: aus der Leber gewonnene, die Blutgerinnung hemmende Substanz (Med.). **Heparprobe** *die*; -, -n: Verfahren zum Nachweis von Schwefel in Schwefelverbindungen. **Hepat|algie** *die*; -, ...ien: Leberschmerz, Leberkolik (Med.). **hepatalgisch**: die Hepatalgie betreffend; mit Leberschmerzen verbunden (Med.). **Hepat|argie** *die*; -, ...ien: Funktionsschwäche der Leber mit Bildung giftiger Stoffwechselprodukte (Med.). **Hepaticae** [...*zä*] *die* (Plural): zusammenfassende systemat. Bezeichnung für die Lebermoose (Bot.). **Hepatika** *die*; -, ...ken: Leberblümchen (Bot.). **Hepatisation** [...*zion*] *die*; -, -en: leberähnliche Beschaffenheit der Lunge bei entzündlichen Veränderungen in der Lunge (Med.). **hepatisch** [*gr.-lat.*]: (Med.) a) zur Leber gehörend; b) die Leber betreffend. **Hepatitis** [*gr.-nlat.*] *die*; -, ...itiden: Leberentzündung (Med.). **Hepato|blastom** [*gr.*] *das*; -s, -e: Mißbildungsgeschwulst der Leber (Med.). **hepatogen** [*gr.-nlat.*]: (Med.) 1. in der Leber gebildet (z. B. von der Gallenflüssigkeit). 2. von der Leber ausgehend (von Krankheiten). **Hepato|graphie** *die*; -: röntgenologische Darstellung der Leber nach Injektion von Kontrastmitteln (Med.). **Hepatolith** [auch: ...*it*] *der*; -s u. -en, -e[n]: Gallenstein in den Gallengängen der Leber, Leberstein (Med.). **Hepatologe** *der*; -n, -n: Arzt mit speziellen Kenntnissen auf dem Gebiet der Leberkrankheiten (Med.). **Hepatologie** *die*; -: Lehre von der Leber (einschließlich der Gallenwege), ihren → Funktionen (1a) u. Krankheiten (Medizin). **Hepatomegalie** *die*; -, ...ien: Lebervergrößerung (Medizin). **Hepatopan|kreas** *das*; -: Anhangdrüse des Darms, die bei manchen Wirbellosen die Funktion der Leber u. Bauchspeicheldrüse gleichzeitig ausübt (Zool.). **Hepatopathie** *die*; -, ...ien: Leberleiden (Med.). **Hepato|phlebitis** *die*; -, ...itiden: Entzündung der Venen in der Leber (Med.). **Hepato|ptose** *die*; -, -n: Senkung der Leber; Wanderleber (Med.). **Hepatose** *die*; -, -n: Erkrankung mit degenerativer Veränderung der eigentlichen Leberzellen (Med.). **Hepatotox|ämie** *die*; -, ...ien: Blutvergiftung durch Zerfallsprodukte der erkrankten Leber

Hephäst [griech. Gott des Feuers u. der Schmiedekunst] *der*; -s, -e: (scherzh.) kunstfertiger Schmied

Hephth|emimeres [*gr.*] *die*; -, -: Einschnitt (→ Zäsur) nach sieben Halbfüßen bzw. nach der ersten Hälfte des vierten Fußes im → Hexameter; vgl. Penthemimeres, Trithemimeres. **Heptachord** [...*kort*; *gr.-lat.*] *der* od. *das*; -[e]s, -e: Folge von sieben → diatonischen Tonstufen (große Septime; Mus.). **Heptagon** *das*; -s, -e: Siebeneck. **Heptameron** [*gr.-fr.*] *das*; -s: dem → Dekameron nachgebildete Erzählungen der „Sieben Tage" der Margarete von Navarra; vgl. Hexameron. **Heptameter** [*gr.-nlat.*] *der*; -s, -: siebenfüßiger Vers. **Heptan** *das*; -s, -e: Kohlenwasserstoff mit sieben Kohlenstoffatomen im Molekül. **Hept|archie** *die*; -: (hist.) Staatenbund der sieben angelsächsischen Kleinkönigreiche (Essex, Sussex, Wessex, Northumberland, Ostanglien, Mercien, Kent). **Heptateuch** [*gr.-mlat.*] *der*; -s: die ersten sieben Bücher des Alten Testaments (1.–5. Buch Mose, Josua, Richter); vgl. Pentateuch. **Heptatonik** [*gr.-nlat.*] *die*; -: System der Siebentönigkeit (Mus.). **Heptode** *die*; -, -n: Elektronenröhre mit sieben Elektroden. **Heptosen** *die* (Plural): einfache Zuckerarten mit sieben Sauerstoffatomen im Molekül (Biochem.)

Heraion [...*raion*; *gr.*] u. Heräon *das*; -s, -s: Tempel, Heiligtum der griech. Göttin Hera, bes. in Olympia u. auf Samos

Hera|klide [*gr.-lat.*] *der*; -n, -n: Nachkomme des Herakles. **Herakliteer** *der*; -s, -: Schüler u. Anhänger des altgriech. Philosophen Heraklit

Hera|klith Ⓦz [auch: ...*it*; Kunstwort] *der*; -s: Material für Leichtbauplatten

Heraldik [*germ.-mlat.-fr.*] *die*; -: Wappenkunde, Heroldskunst (von den Herolden (1) entwikkelt). **Heraldiker** *der*; -s, -: Wappenforscher, -kundiger. **heraldisch**: die Heraldik betreffend

Heräon vgl. Heraion

Herat [afghanische Stadt] *der*; -[s], -s: dichter, kurz geschorener Teppich in Rot od. Blau. **Heratimuster** *das*; -s, -: aus Rosetten, Blüten u. Blättern in geometrischer Anordnung bestehendes Teppichmuster

Herbalist [*lat.*] *der*; -en, -en: Heilkundiger, der auf Kräuterheilkunde spezialisiert ist. **Herbar**, **Herbarium** [*lat.*] *das*; -s, ...rien [...*i^e n*]: systematisch angelegte Sammlung gepreßter u. getrockneter Pflanzen u. Pflanzenteile. **herbikol**: kräuterbewohnend (von Tieren, die auf grünen Pflanzen leben). **herbivor** [...*wor*; *lat.-nlat.*]: kräuterfressend (von Tieren, die nur von pflanzlicher Nahrung leben). **Herbivore** [...*wor^e*] *der*; -n, -n: Tier, das nur pflanzliche Nahrung zu sich nimmt. **herbizid**: pflanzentötend. **Herbizid** *das*; -s, -e: chem. Mittel zur Abtötung von Pflanzen

heredieren [*lat.*]: erben. **hereditär**: 1. die Erbschaft, das Erbe, die Erbfolge betreffend. 2. erblich, die Vererbung betreffend (Biol.; Med.). **Heredität** *die*; -, -en: (veraltet) 1. Erbschaft. 2. Erbfolge (Rechtsw.). **Heredodegeneration** [...*zion*; *lat.-nlat.*] *die*; -: erbliche → Degeneration (2) in bestimmten Geschlechterfolgen (Med.). **Heredopathie** [*lat.*; *gr.*] *die*; -, ...ien: Erbkrankheit (Med.)

Hereke [türk. Ort] *der*; -s, -s: türkischer Knüpfteppich

Heris *der*; -, -: Sammelbezeichnung für verschiedenartige, handgeknüpfte Gebrauchsteppiche aus dem gleichnamigen Bezirk im iran. Aserbeidschan

Herkogamie [*gr.-nlat.*] *die*; -: besondere Anordnung der Staubblätter u. Narben zur Verhinderung der Selbstbestäubung bei Pflanzen (Bot.)

Herkules [Halbgott der griech. Sage] *der*; -, -se: Mensch mit großer Körperkraft. **Herkulesarbeit** *die*; -, -en: anstrengende, schwere Arbeit. **herkulisch**: riesenstark (wie Herkules)

Hermandad [bei span. Ausspr.: *ärmandadh*; *lat.-span.*; „Bruderschaft"] *die*; -: a) im 13.–15. Jh. Bündnis kastilischer u. aragonesischer Städte gegen Übergriffe des Adels u. zur Wahrung des Landfriedens; b) seit dem 16. Jh. eine spanische Gendarmerie; die heilige -: (veraltet, iron.) Polizei

Hermäon [*gr.*; „Geschenk des Hermes"] *das*; -s:

(veraltet) Fund, Glücksfall. **Herm|aphrodit** [*gr.-lat.*; zum Zwitter gewordener Sohn der griech. Gottheiten Hermes u. Aphrodite] *der*; -en, -en: Zwitter; Individuum (Mensch, Tier od. Pflanze) mit Geschlechtsmerkmalen von beiden Geschlechtern (Biol.; Med.). **herm|aphroditisch**: zweigeschlechtig, zwittrig. **Herm|aphrod[it]ismus** [*gr.-lat.-nlat.*] *der*; -: Zweigeschlechtigkeit, Zwittrigkeit (Biol.; Med.); psychischer - : Bisexualität. **Herme** [*gr.-lat.*] *die*; -, -n: Pfeiler od. Säule, die mit einer Büste gekrönt ist (urspr. des Gottes Hermes)

Hermeneutik [*gr.*] *die*; -: 1. wissenschaftliches Verfahren der Auslegung u. Erklärung von Texten, Kunstwerken od. Musikstücken. 2. metaphysische Methode des Verstehens menschlichen Daseins (Existenzphilosophie). **hermeneutisch**: einen Text o. ä. erklärend, auslegend

Hermetik [*gr.-nlat.-engl.*] *die*; -: 1. (veraltend) → Alchimie (1,2) u. → Magie (1,3). 2. luftdichte → Apparatur. **Hermetiker** [*gr.-nlat.*] *der*; -s, -: 1. Anhänger des Hermes Trismegistos, des ägypt.-spätantiken Gottes der Magie u. Alchimie. 2. Schriftsteller mit vieldeutiger, dunkler Ausdrucksweise (bes. in der alchimistischen, astrologischen u. magischen Literatur). **hermetisch**: 1. a) dicht verschlossen, so daß nichts ein- od. herausdringen kann, z. B. - verschlossene Ampullen; b) durch eine Maßnahme od. einen Vorgang so beschaffen, daß nichts od. niemand eindringen od. hinausgelangen kann, z. B. ein Gebäude - abriegeln. 2. vieldeutig, dunkel, eine geheimnisvolle Ausdrucksweise bevorzugend; nach Art der Hermetiker; -e Literatur: die philosophisch-okkultistische Literatur der Hermetiker (2). **hermetisieren**: dicht verschließen, luft- u. wasserdicht machen. **Hermetismus** *der*; -: 1. Richtung der modernen italienischen Lyrik. 2. Dunkelheit, Vieldeutigkeit der Aussage als Wesenszug der modernen Poesie

Hermitage [*(h)ärmitasch*[e]; *fr.*] *der*; -: franz. Wein (vorwiegend Rotwein) aus dem Anbaugebiet um die Gemeinde Train-l'*Ermitage* im Rhonetal

Hernie [*...i*[e]; *lat.*] *die*; -, -n: 1. Eingeweidebruch (Med.). 2. krankhafte Veränderungen an Kohlpflanzen (durch Algenpilze hervorgerufen; Bot.). **Herniotomie** [*lat.*; *gr.*] *die*; -, ...ien: Bruchoperation (Med.)

Heroa: *Plural* von → Heroon. **Heroen** vgl. Heros. **Heroenkult** *der*; -[e]s, -e (Plural selten): Heldenverehrung. **Heroide** *die*; -, -n (meist Plural): Heldenbrief, von Ovid geschaffene Literaturgattung (Liebesbrief eines Heroen od. einer Heroin). **Heroik** *die*; -: Heldenhaftigkeit

Heroin

I. [*...oin*; *gr.-lat.*] *die*; -, -nen: 1. Heldin. 2. Heroine (Theat.).

II. [*...oin*; *gr.-nlat.*] *das*; -s: aus einem weißen, pulverförmigen Morphinderivat bestehendes, sehr starkes, süchtig machendes Rauschgift

Heroine [*gr.-lat.*] *die*; -, -n: Darstellerin einer Heldenrolle auf der Bühne

Heroinismus [*...o-i*] *der*; -: Heroinsucht

heroisch [*gr.-lat.*]: heldenmütig, heldenhaft; -e Landschaft: 1. großes Landschaftsbild mit Gestalten der antiken Mythologie (17. Jh.). 2. Bild, das eine dramatisch bewegte, monumentale Landschaft darstellt (19. Jh.); -er Vers: Vers des Epos; vgl. Hexameter, Alexandriner (II), Endecasillabo, Blankvers. **heroisieren** [*...ro-i...*; *gr.-lat.-nlat.*]: jmdn. als Helden verherrlichen, zum Helden erheben. **Heroismus** *der*; -: Heldentum, Heldenmut

Herold [*germ.-fr.*] *der*; -[e]s, -e: 1. jmd., der eine Botschaft überbringt, der etw. verkündet. 2. wappenkundiger Hofbeamter im Mittelalter. **Heroldskunst** *die*; -: (veraltet) = Heraldik. **Heroldsliteratur** *die*; -: mittelalterliche Literatur, in der die Beschreibung fürstlicher Wappen mit der Huldigung ihrer gegenwärtigen od. früheren Träger verbunden wird; Wappendichtung (Literaturw.)

Heronsball [nach dem altgriech. Mathematiker Heron] *der*; -s, ...bälle: Gefäß mit Röhre, in dem Wasser mit Hilfe des Druckes zusammengepreßter Luft hochgetragen od. ausgespritzt wird (z. B. ein Parfümzerstäuber)

Heroon [*gr.*] *das*; -s, ...roa: Grabmal u. Tempel eines Heros. **Heros** [*gr.-lat.*] *der*; - u. ...oen, ...roen: 1. Held in der griech. Mythologie, der a) ein Halbgott (Sohn eines Gottes u. einer sterblichen Mutter od. umgekehrt) ist oder b) wegen seiner Taten als Halbgott verehrt wird. 2. heldenhafter Mann, Held

Hero|strat [nach dem Griechen Herostratos, der 356 v. Chr. den Artemistempel zu Ephesus in Brand steckte, um berühmt zu werden] *der*; -en, -en: Verbrecher aus Ruhmsucht. **Herostratentum** *das*; -s: durch Ruhmsucht motiviertes Verbrechertum. **hero|stratisch**: aus Ruhmsucht Verbrechen begehend

Hero-Trickster [*hiro...*; *gr.-engl.*; „Held-Gauner"] *der*; -s, -: 1. listiger, oft selbst betrogener Widersacher des Himmelsgottes in vielen Religionen. 2. der Teufel im Märchen

Herp|angina [*gr.-nlat.*] *die*; -, ...nen: Entzündung der Mundhöhle mit Bläschenbildung (Med.). **Herpes** [*gr.-lat.*] *der*; -: Bläschenausschlag (Med.). **Herpes zoster** [*gr.-nlat.*] *der*; - - u. Zoster *der*; -: Viruserkrankung mit Hautbläschen in der Gürtelgegend; Gürtelrose (Med.). **herpetiform** [*gr.*; *lat.*]: einem Bläschenausschlag ähnlich, herpesartig (Med.). **herpetisch**: a) den Herpes betreffend; b) die für einen Herpes charakteristischen Bläschen aufweisend. **Herpetologie** [*gr.-nlat.*] *die*; -: Kriechtierkunde (Wissenschaft von den → Amphibien u. → Reptilien; Biol.)

Herzinfarkt [*dt.*; *lat.-nlat.*] *der*; -[e]s, -e = Myokardinfarkt. **Herzinsuffizienz** [*dt.*; *lat.*] *die*; -: Herz[muskel]schwäche (Med.). **Herztamponade** [*dt.*; *germ.-fr.*] *die*; -: Bluterguß in den Herzbeutel mit Herzstillstand als Folge (Med.)

herzynisch [nach dem antiken Namen *Hercynia silva* = „Herzynischer Wald" für das deutsche Mittelgebirge]: parallel zum Harznordrand von NW nach SO verlaufend (von → tektonischen Strukturen; Geogr.)

He|speretin [*gr.*] *das*; -s: zu den Flavonen gehörender Pflanzenfarbstoff. **He|speriden** [*gr.*] *die* (Plural): 1. weibliche Sagengestalten in der griech. Mythologie. 2. Dickkopffalter (Biol.). **He|speridin** [*gr.*] *das*; -s: Glykosid aus [unreifen] Orangenschalen. **Hesperien** [*...i*[e]*n*; *gr.-lat.*] *die* (Plural): (im Altertum dichterisch) Land gegen Abend (= Westen, bes. Italien u. Spanien). **He|speros** u. **He|sperus** *der*; -: der Abendstern in der griech. Mythologie

Hessian [*häßj*[e]*n*; *engl.*] *das*; -[s]: grobes, naturfarbenes Jutegewebe in Leinenbindung für Säcke u. a.

Hesychasmus [*...chas...*; *gr.-nlat.*] *der*; -: im orthodoxen Mönchtum der Ostkirche eine mystische Bewegung, die durch stille Konzentration das göttliche Licht (→ Taborlicht) zu schauen sucht. **Hesychast** *der*; -en, -en: Anhänger des Hesychasmus

Hetäre [*gr.*; „Gefährtin"] *die*; -, -n: a) in der Antike [hochgebildete, politisch einflußreiche] Freundin, Geliebte bedeutender Männer; b) → Prostituierte, Freudenmädchen. **Hetärie** [*gr.-lat.*] *die*; -, ...ien: [alt]griech. (meist geheime) polit. Verbindung; - der Befreundeten: gr. Geheimbund zur Befreiung von den Türken

hetero [*gr.*]: Kurzform von → heterosexuell; Ggs. → homo. **Hetero** (abwertende Ausspr.: *hetero*) *der*; -s, -s: heterosexueller Mann; Ggs. → Homo. **Hetero|auxin** [*gr.-nlat.*] *das*; -s: *β*-Form der Indolylessigsäure, wichtigster Wuchsstoff der höheren Pflanzen. **heteroblastisch**: 1. unterschiedlich ausgebildet (von Jugend- und Folgeformen von Blättern; Bot.). 2. unterschiedlich entwikkelt (in bezug auf die Korngröße bei metamorphen Gesteinen). **hetero|chlamydeisch** [...*chla*...]: verschieden ausgebildet (von Blüten mit verschiedenartigen Blütenhüllblättern, d. h. mit einem Kelch u. andersfarbigen Kronenblättern; Bot.). **Heterochromie** [...*kro*...] *die*; -, ...ien: verschiedene Färbung, z. B. der Iris der Augen (Biol.). **Heterochromosom** *das*; -s, -en: geschlechtsbestimmendes → Chromosom. **Hetero|chylie** [...*chü*...] *die*; -: wechselnder Salzsäuregehalt des Magensaftes (Med.). **heterocyclisch** [...*zük*..., auch: ...*zük*...] vgl. heterozyklisch. **heter|odont**: 1. mit verschieden gestalteten Zähnen (vom Gebiß der Säugetiere mit Schneide-, Eck- u. Backenzähnen); Ggs. → homodont. 2. Haupt- u. Nebenzähne besitzend (vom Schalenverschluß mancher Muscheln). **Heter|odontie** *die*; -: das Ausgestattetsein mit verschieden gestalteten Zähnen (z. B. beim Gebiß des Menschen; Biol.; Med.). **heterodox** [*gr.-mlat.*]: 1. andersgläubig, von der herrschenden [Kirchen]lehre abweichend. 2. Schachprobleme betreffend, die nicht den normalen Spielbedingungen entsprechen, dem Märchenschach (vgl. Fairy chess) angehörend. **Heterodoxie** [*gr.*] *die*; -, ...ien: Lehre, die von der offiziellen, kirchlichen abweicht (Rel.). **heterodynamisch** [*gr.-nlat.*]: ungleichwertig in bezug auf die Entwicklungstendenz (von zwittrigen Blüten, deren weibliche od. männliche Organe so kräftig entwickelt sind, daß sie äußerlich wie eingeschlechtige Blüten erscheinen; Bot.). **heterofinal** [*gr.*; *lat.*]: durch einen anderen als den ursprünglichen Zweck bestimmt (Philos.). **heterogametisch** [*gr.-nlat.*]: verschiedengeschlechtige → Gameten bildend (Biol.). **Heterogamie** *die*, -, ...ien: Ungleichartigkeit der Gatten bei der Partnerwahl (z. B. in bezug auf Alter, Gesellschaftsklasse, Konfession; Soziol.); Ggs. → Homogamie. **heterogen** [auch: *hä*...]: einer anderen Gattung angehörend; uneinheitlich, aus Ungleichartigem zusammengesetzt; Ggs. → homogen. **Heterogenese** *die*; -: anormale, gestörte Gewebebildung (Med.). **Heterogenität** [auch: *hä*...] *die*; -: Ungleichartigkeit, Verschiedenartigkeit, Uneinheitlichkeit. **Heterogonie** *die*; -: 1. die Entstehung aus Andersartigem; Ggs. → Homogonie (Philos.). 2. das Entstehen von anderen Wirkungen als den ursprünglich beabsichtigten, die wiederum neue Motive verursachen können (nach Wundt; Philos.). 3. besondere Form des → Generationswechsels bei Tieren (z. B. bei Wasserflöhen): auf eine sich geschlechtlich fortpflanzende Generation folgt eine andere, die sich aus unbefruchteten Eiern entwickelt (Biol.). **hetero|grad**: auf → quantitative Unterschiede gerichtet (Statistik); Ggs. → homograd. **Hetero|gramm** *das*; -s, -e: Schreibweise mit andersartigen Schriftzeichen (z. B. Zahlzeichen an Stelle des ausgeschriebenen Zahlwortes). **hetero|graph**: → orthographisch verschieden geschrieben, besonders bei gleichlautender Aussprache (z. B. viel–fiel; Sprachw.). **Heterohypnose** [auch: *hä*...] *die*; -, -n: Versenkung in → Hypnose durch Fremde; Ggs. → Autohypnose. **Heterokarpie** *die*; -: das Auftreten verschiedengestalteter Früchte bei einem Pflanzenindividuum (Bot.). **hetero|klin**: sich durch Fremdbestäubung fortpflanzend (von Pflanzen; Bot.). **Hetero|klisie** *die*; -: → Deklination (1) eines → Substantivs mit wechselnden Stämmen (z. B. griech. *hēpar*, Genitiv: *-atos* „Leber"; Sprachw.). **hetero|klitisch** [*gr.*]: in den Deklinationsformen verschiedene Stämme aufweisend (von Substantiven; Sprachw.). **Hetero|kliton** [*gr.-lat.*] *das*; -s, ...ta: Nomen, das eine, mehrere oder alle Kasusformen nach mindestens zwei verschiedenen Deklinationstypen bildet oder bei dem sich verschiedene Stammformen zu einem Paradigma ergänzen, z. B. der Staat, des Staates (stark), die Staaten (schwach); vgl. Heteroklisie (Sprachw.). **Heterokotylie** [*gr.-nlat.*] *die*; -: Einkeimblättrigkeit bei Pflanzen (durch Rückbildung des zweiten Keimblattes; Bot.); Ggs. → Synkotylie. **heterolog**: abweichend, nicht übereinstimmend, artfremd (Med.); -e Insemination: künstliche Befruchtung mit nicht vom Ehemann stammendem Samen; Ggs. → homologe Insemination. **heteromer**: verschieden gegliedert (von Blüten, in deren verschiedenen Blattkreisen die Zahl der Glieder wechselt; Bot); Ggs. → isomer. **heteromesisch**: in verschiedenen Medien (I, 3) gebildet (von Gestein; Geol.); Ggs. → isomesisch. **Heterometabolie** *die*; -, ...ien: schrittweise → Metamorphose bei Insekten ohne Puppenstadium. **heteromorph** [*gr.*]: anders-, verschiedengestaltig, auf andere od. verschiedene Weise gebildet, gestaltet (Chem., Phys.). **Heteromorphie** [*gr.-nlat.*] *die*; - u. **Heteromorphismus** *der*; -: 1. Eigenschaft mancher Stoffe, verschiedene Kristallformen zu bilden (Chem.). 2. das Auftreten verschiedener Lebewesen innerhalb einer Art: a) bei einem Tierstock (z. B. Freß-, Geschlechts- und Schwimmpolypen bei Nesseltieren); b) bei einem Tierstaat (z. B. Königin, Arbeiterin, Soldat bei Ameisen); c) im → Generationswechsel. **Heteromorph|opsie** *die*; -, ...ien: Wahrnehmungsstörung, bei der ein Gegenstand von jedem Auge anders wahrgenommen wird (Med.). **Heteromorphose** *die*; -, -n: Form der → Regeneration, bei der an Stelle eines verlorengegangenen Organs ein anderes Organ gebildet wird (z. B. ein Fühler an Stelle eines Augenstiels bei Zehnfußkrebsen; Biol.). **heteronom**: 1. fremdgesetzlich, von fremden Gesetzen abhängend (Philos.). 2. ungleichwertig (von den einzelnen Abschnitten bei Gliedertieren, z. B. Insekten; Zool.); Ggs. → homonom. **He-**

teronomie *die*; -: 1. Fremdgesetzlichkeit, von außen her bezogene Gesetzgebung. 2. Abhängigkeit von anderer als der eigenen sittl. Gesetzlichkeit; Ggs. → Autonomie (2; Philos.). 3. Ungleichwertigkeit, Ungleichartigkeit (z. B. der einzelnen Abschnitte bei Gliedertieren; Zool.); Ggs. → Homonomie. **heter|onym**: die Heteronymie (1, 2) betreffend. **Heter|onym** *das*; -s, -e: 1. Wort, das von einer anderen Wurzel (einem anderen Stamm) gebildet ist als das Wort, mit dem es (sachlich) eng zusammengehört, z. B. *Schwester* : *Bruder* im Gegensatz zu griech. *adelphé* „Schwester" : *adelphós* „Bruder"; vgl. Heteronymie (1). 2. Wort, das in einer anderen Sprache, Mundart od. einem anderen Sprachsystem dasselbe bedeutet (z. B. dt. *Bruder* / franz. *frère*, südd. *Samstag* / nordd. *Sonnabend*). **Heter|onymie** [*gr.*] *die*; -: 1. Bildung sachlich zusammengehörender Wörter von verschiedenen Wurzeln (Stämmen). 2. das Vorhandensein mehrerer Wörter aus verschiedenen Sprachen, Mundarten od. Sprachsystemen bei gleicher Bedeutung. **heterophag**: 1. sowohl pflanzliche wie tierische Nahrung fressend (von Tieren; Biol.). 2. auf verschiedenen Wirtstieren od. Pflanzen schmarotzend (von Parasiten; Biol.); Ggs. → homophag. **Heterophemie** *die*; -: = Paraphasie. **Heterophobie** *die*; -, ...ien: Angst vor dem anderen Geschlecht. **heterophon**: 1. im Charakter der Heterophonie (Mus.). 2. verschieden lautend, besonders bei gleicher Schreibung (z. B. *Schoß* = Mitte des Leibes gegenüber *Schoß* = junger Trieb; Sprachw.). **Heterophonie** *die*; -: auf der Grundlage eines bestimmten → Themas → improvisiertes Zusammenspiel von zwei oder mehreren Stimmen, die tonlich und rhythmisch völlig selbständig spontan durch bestimmte Verzierungen vom Thema abweichen (Musik); Ggs. → Unisono. **Heterophorie** [*gr.-nlat.*] *die*; -: Neigung zum Schielen infolge einer Veränderung in der Spannung der Augenmuskeln (Med.). **Heterophyllie** *die*; -: das Auftreten verschiedengestalteter Laubblätter bei einem Pflanzenindividuum (Bot.). **heter|opisch**: in verschiedener → Fazies vorkommend (von Gestein; Geol.); Ggs. → isopisch. **Hetero|plasie** *die*; -, ...ien: Neubildung von Geweben von anderer Beschaffenheit als der des Ursprungsgewebes, bes. bei bösartigen Tumoren (Med.). **Hetero|plastik** *die*; -, -en: Überpflanzung von artfremdem (tierischem) Gewebe auf den Menschen (Med.); Ggs. → Homöoplastik. **hetero|ploid** [...*o-it*]: abweichend (von Zellen, deren Chromosomenzahl von der einer normalen, → diploiden Zelle abweicht; Biol.). **heteropolar**: entgegengesetzt elektrisch geladen; -e Bindung: Zusammenhalt zweier Molekülteile durch entgegengesetzte elektr. Ladung (Anziehung) beider Teile (Phys.). **Hetero|ptera** *die* (Plural) u. **Hetero|pteren** *die* (Plural): Wanzen. **Hetero|rhizie** *die*; -: Verschiedenwurzeligkeit, das Auftreten verschiedenartiger Wurzeln mit verschiedenen Funktionen an einer Pflanze (Bot.). **Heterosemie** *die*; -, ...ien: abweichende, unterschiedliche Bedeutung des gleichen Wortes in verschiedenen Sprachsystemen (z. B. bedeutet *schnuddelig* im Obersächsischen *unsauber*, im Berlinischen *lecker*; Sprachw.). **Heterosexualität** [auch: *hä*...] *die*; -: das sich auf das andere Geschlecht richtende Geschlechtsempfinden; Ggs. → Homosexualität (Med.). **heterosexuell** [auch: *hä*...]: geschlechtlich auf das andere Geschlecht bezogen; Ggs. → homosexuell (Med.). **Heterosis** [*gr.*; „Veränderung"] *die*; -: das Auftreten einer im Vergleich zur Elterngeneration [in bestimmten Merkmalen] leistungsstärkeren → Filialgeneration (Biol.). **Heterosom** [*gr.-nlat.*] *das*; -s, -en: = Heterochromosom. **Heterospermie** *die*; -: verschiedenartige Samenausbildung bei derselben Art (z. B. bei Schnecken; Biol.). **Hetero|sphäre** [auch: *hä*...] *die*; -: der obere Bereich der → Atmosphäre (1b) (etwa ab 100 km Höhe); Ggs. → Homosphäre. **Hetero|sporen** [*gr.*; *dt.*] *die* (Plural): der Größe u. dem Geschlecht nach ungleich differenzierte Sporen (Biol.). **Hetero|sporie** [*gr.-nlat.*] *die*; -: Ausbildung von Heterosporen (Biol.). **Heterostereotyp** [auch: *hä*...; *gr.-engl.*] *das*; -s, -e[n] (meist Plural): Vorstellung, Vorurteil, das Mitglieder einer Gruppe od. Gemeinschaft von anderen Gruppen besitzen; vgl. Autostereotyp (Soziol.) **Heterostylie** [*gr.-nlat.*] *die*; -: das Vorkommen mehrerer Blütentypen auf verschiedenen Pflanzenindividuen derselben Art (Bot.); Ggs. → Homostylie. **Heterotaxie** *die*; -, ...ien: spiegelbildliche Umlagerung der Eingeweide im Bauch (Med.). **Heteroteleologie** u. **Heterotelie** *die*; -: Unterordnung unter fremde, durch anderes bestimmte Zwekke (Philos.). **heterotherm**: wechselwarm, die eigene Körpertemperatur der Temperatur der Umgebung angleichend (von Kriechtieren; Biol.). **Heterotonie** *die*; -, ...ien: ständiges Schwanken des Blutdrucks zwischen normalen und erhöhten Werten (Med.). **Heterotopie** *die*; -, ...ien: Entstehung von Geweben am falschen Ort (z. B. von Knorpelgewebe im Hoden; Med.). **heterotopisch**: in verschiedenen Räumen gebildet (von Gestein; Geol.); Ggs. → isotopisch. **Hetero|trans|plantation** [...*zion*; auch: *hä*...] *die*; -, -en = Heteroplastik. **hetero|trop**: = anisotrop. **hetero|troph**: auf organische Nahrung angewiesen (in bezug auf nichtgrüne Pflanzen, Tiere und den Menschen; Biol.); Ggs. → autotroph. **Hetero|trophie** *die*; -: Ernährungsweise durch Aufnahme organischer Nahrung (Biologie). **heterozerk**: ungleich ausgebildet (von der Schwanzflosse bei Haien und Stören; Biol.). **Heterozetesis** *die*; -: 1. falsche Beweisführung mit beweisfremden Argumenten. 2. Frage mit verschiedenen Antwortmöglichkeiten (Fangfrage). **heter|özisch**: zweihäusig (in bezug auf Pflanzen, bei denen sich männliche und weibliche Blüten auf verschiedenen Individuen befinden), diözisch; -e Parasiten: Schmarotzer, die eine Entwicklung auf verschiedenen Wirtsorganismen durchmachen (Biol.). **heterozygot**: mischerbig, ungleicherbig (in bezug auf die Erbanlagen von Eizellen oder Individuen, die durch Artkreuzung entstanden sind; z. B. rosa Blüte, entstanden aus einer roten und einer weißen; Biol.); Ggs. → homozygot. **Heterozygotie** *die*; -: Mischerbigkeit, Ungleicherbigkeit einer befruchteten Eizelle oder eines Individuums, das durch Artkreuzung entstanden ist (Biol.); Ggs. → Homozygotie. **heterozy|klisch** [auch: ...*zü*...]: 1. verschiedenquirlig (von Blüten, deren Blattkreise unterschiedlich viele Blätter enthalten; Bot.). 2. (chem. fachspr.:) heterocy|clisch [auch: ...zü...]: im Kohlenstoffring auch andere Atome enthaltend (Chem.)

Hethitologe [*hebr.*; *gr.*] *der*; -n, -n: Wissenschaftler auf dem Gebiet der Hethitologie. **Hethitologie** *die*; -: Wissenschaft von den Hethitern u. den Sprachen u. Kulturen des alten Kleinasiens

Hetman [*dt.-slaw.*; „Hauptmann"] *der*; -s, -e (auch: -s): 1. Oberhaupt der Kosaken. 2. in Polen (bis 1792) der vom König eingesetzte Oberbefehlshaber

heureka! [...*re*...; *gr.*; „ich habe [es] gefunden" (angebl. Ausruf des griech. Mathematikers Archimedes bei der Entdeckung des hydrostatischen Grundgesetzes, d.h. des Auftriebs)]: freudiger Ausruf bei Lösung eines schweren Problems. **Heuristik** [*gr.-nlat.*] *die*; -: Lehre, Wissenschaft von den Verfahren, Probleme zu lösen; methodische Anleitung, Anweisung zur Gewinnung neuer Erkenntnisse. **heuristisch**: die Heuristik betreffend; -es Prinzip: Arbeitshypothese als Hilfsmittel der Forschung, vorläufige Annahme zum Zweck des besseren Verständnisses eines Sachverhalts

Hevea [*hewea*; *indian.-span.-nlat.*] *die*; -, ...veae [...*we-ä*] u. ...veen: tropischer Baum, aus dem Kautschuk gewonnen wird (Wolfsmilchgewächs; Bot.)

Hexachord [...*kort*; *gr.-lat.*; „sechssaitig, -stimmig"] *der* od. *das*; -[e]s, -e: Aufeinanderfolge von sechs Tönen der → diatonischen Tonleiter (nach G. v. Arezzo als Grundlage der → Solmisation benutzt; Mus.). **hexadaktyl** [*gr.*]: sechs Finger bzw. Zehen an einer Hand bzw. an einem Fuß aufweisend (Med.). **Hexadaktylie** [*gr.-nlat.*] *die*; -: Mißbildung der Hand bzw. des Fußes mit sechs Fingern bzw. Zehen (Med.). **Hexadezimalsystem** *das*; -s, -e: Dezimalsystem mit der Grundzahl 16 (Math.; EDV). **hexadisch** [*gr.*]: auf der Zahl Sechs als Grundzahl aufbauend (Math.). **Hexa|eder** [*gr.-nlat.*] *das*; -s, -: Sechsflächner, Würfel. **hexaedrisch**: sechsflächig. **Hexaemeron** [*gr.-lat.*] *das*; -s: Sechstagewerk der Schöpfung (1. Mose, 1ff.); vgl. Hexameron. **Hexagon** *das*; -s, -e: Sechseck. **hexagonal** [*gr.-nlat.*]: sechseckig. **Hexagramm** *das*; -s, -e: sechsstrahliger Stern aus zwei gekreuzten gleichseitigen Dreiecken; Sechsstern (Davidsstern der Juden). **hexamer**: sechsteilig, sechszählig (z. B. von Blüten). **Hex|ameron** *das*; -s, -s: Titel für Sammlungen von Novellen, die an sechs Tagen erzählt werden; vgl. Hexaemeron, Dekameron u. Heptameron. **Hexameter** [*gr.-lat.*] *der*; -s, -: aus sechs → Versfüßen (meist → Daktylen) bestehender epischer Vers (letzter Versfuß um eine Silbe gekürzt). **hexame|trisch** [*gr.*]: in Hexametern verfaßt, auf den Hexameter bezüglich. **Hexamin** [*gr.-nlat.*] *das*; -s: hochexplosiver Sprengstoff. **Hexan** *das*; -s, -e: Kohlenwasserstoff mit sechs Kohlenstoffatomen, der sich leicht verflüchtigt (Bestandteil des Benzins u. des Petroleums; Chem.). **hexangulär** [*gr.*; *lat.*]: sechswinklig. **Hexa|pla** [*gr.*] *die*; -: Ausgabe des Alten Testaments mit hebräischem Text, griech. Umschrift u. vier griech. Übersetzungen in sechs Spalten. **hexa|ploid** [*gr.-nlat.*]: sechszählig, einen sechsfachen Chromosomensatz habend (von Zellen; Biol.). **Hexapode** [*gr.*] *der*; -n, -n (meist Plural): Sechsfüßer, ein Insekt. **Hexastylos** *der*; -, ...stylen: Tempel mit sechs Säulen [an der Vorderfront]. **Hexateuch** [*gr.-nlat.*] *der*; -s: die ersten sechs Bücher des Alten Testaments (1.–5. Buch Mose, Buch Josua); vgl. Pentateuch

Hexis [*gr.*] *die*; -: das Haben, Beschaffenheit, Zustand (z. B. bei Aristoteles die Tugend als Hexis der Seele; Philos.)

Hexit [*gr.-nlat.*] *der*; -s, -e: sechswertiger Alkohol, der Hexose verwandt (Chem.). **Hexode** *die*; -, -n: Elektronenröhre mit 6 Elektroden. **Hexogen** *das*; -s: explosiver Sprengstoff. **Hexose** *die*; -, -n: → Monosaccharid mit sechs Kohlenstoffatomen im Molekül (Chem.). **Hexyl** *das*; -s: = Hexamin

Hiat [*lat.*] *der*; -s, -e: = Hiatus. **Hiatus** [„Kluft"] *der*; -, - [...*átuß*]: 1. Öffnung, Spalt in Knochen od. Muskeln (Med.). 2. a) das Aufeinanderfolgen zweier Vokale in der Fuge zwischen zwei Wörtern, z. B. sag*te e*r (Sprachw.); b) das Aufeinanderfolgen zweier verschiedenen Silben angehörender Vokale im Wortinnern, z. B. K*oo*peration (Sprachw.). 3. zeitliche Lücke bei der → Sedimentation eines Gesteins (Geol.). **Hiatushernie** [...*nie*] *die*; -, -n: Zwerchfellbruch (Med.)

Hiawatha [*haiᵉwoth*; *engl.*; sagenhafter nordamerik. Indianerhäuptling] *der*; -[s], -s: Gesellschaftstanz in den zwanziger Jahren

Hibernakel [*lat.*; „Winterlager"] *das*; -s, -[n] (meist Plural): im Herbst gebildete Überwinterungsknospen zahlreicher Wasserpflanzen (Bot.). **hibernal**: winterlich; den Winter, die Wintermonate betreffend. **Hibernation** [...*zion*] u. **Hibernisierung** *die*; -, -en: künstl. herbeigeführter Winterschlaf (als Narkoseergänzung od. Heilschlaf; Med.); vgl. Hypothermie

Hibiskus [*gr.-lat.*] *der*; -, ...ken: Eibisch; Malvengewächs, das viele Arten von Ziersträuchern u. Sommerblumen aufweist

hic et nunc [*lat.*; „hier und jetzt"]: sofort, im Augenblick, augenblicklich, ohne Aufschub, auf der Stelle (in bezug auf etwas, was getan werden bzw. geschehen soll oder ausgeführt wird)

Hickory [*indian.-engl.*]

I. *der*; -s, -s, (auch: *die*; -, -s): nordamerikanischer Walnußbaum mit glatten, eßbaren Nüssen u. wertvollem Holz.

II. *das*; -s: Holz des Hickorybaumes

hic Rhodus, hic salta! [*lat.*; „Hier ist Rhodus, hier springe!"; nach einer Äsopischen Fabel]: hier gilt es; hier zeige, was du kannst

Hidalgo [*span.*; „jemandes Sohn"]: 1. *der*; -s, -s: (hist.) Mitglied des niederen iberischen Adels. 2. *der*; -[s], -[s]: mexikan. Goldmünze

Hi|dradenitis u. Hi|dro[s]|adenitis [*gr.-nlat.*] *die*; -, ...itiden: Entzündung einer Schweißdrüse (Med.). **Hi|droa** *die* (Plural): Schwitzbläschen, Lichtpocken (Med.). **Hi|dro[s]adenitis** vgl. Hidradenitis. **Hi|drose** u. **Hi|drosis** *die*; -: 1. Schweißbildung u. -ausscheidung. 2. Erkrankung der Haut infolge krankhafter Schweißabsonderung. **Hidrotikum** *das*; -s, ...ka: schweißtreibendes Mittel (Med.). **hidrotisch**: schweißtreibend (Med.). **Hi|drozysten** *die* (Plural): blasenartige Erweiterungen von Schweißdrüsen (Med.)

Hi|dschra vgl. Hedschra

hiemal [*hi-emal*; *lat.*]: = hibernal

Hienfong-Essenz Ⓦ [*hiänfong*...; *chin.*; *lat.*] *die*; -: kampferhaltiges, alkoholisches Hausmittel (Auszug aus Lorbeerblättern mit ätherischen Ölen)

Hier|arch [*hi-er*..., auch: *hir*...; *gr.*] *der*; -en, -en: oberster Priester im antiken Griechenland. **Hierarchie** [*hi-er...*, auch: *hir...*] *die*; -, ...ien: 1. [pyramidenförmige] Rangordnung, Rangfolge, Über- u. Unterordnungsverhältnisse. 2. Gesamtheit derer, die in der kirchlichen Rangordnung stehen. **hier|archisch** [*hi-er...*, auch: *hir...*]: 1. einer pyramidenförmigen Rangordnung entsprechend, in der Art einer Hierarchie streng gegliedert. 2. den Priesterstand u. seine Rangordnung betreffend. **hier|archisieren** [*hi-er...*, auch: *hir...*; *gr.-nlat.*]: Rangordnungen entwickeln (Soziol.). **hieratisch** [*hi-era...*; *gr.-lat.*]: priesterlich, heilige Gebräuche od. Heiligtümer betreffend; -e Schrift: von den Priestern vereinfachte Hieroglyphenschrift, die beim Übergang vom Stein zum Papyrus (als Schreibmaterial) entstand; vgl. demotische Schrift.

Hierodule [*hi-ero...*; *gr.-lat.*]

I. *der*; -n, -n: Tempelsklave des griech. Altertums.

II. *die*; -, -n: Tempelsklavin (des Altertums), die der Gottheit gehörte u. deren Dienst u. a. in sakraler Prostitution bestand; bes. im Kult der Göttinnen Astarte u. Aphrodite

Hiero|glyphe [*hi-ero...*, auch: *hiro...*; *gr.*] *die*; -, -n: 1. Zeichen der altägypt., altkret. u. hethit. Bilderschrift. 2. (nur Plural; iron.) schwer od. nicht lesbare Schriftzeichen. **Hiero|glyphik** [*hi-ero...*, auch: *hiro...*; *gr.-lat.*] *die*; -: Wissenschaft von den Hieroglyphen. **hiero|glyphisch** [*hi-ero...*, auch: *hiro...*]: 1. in der Art der Hieroglyphen. 2. die Hieroglyphen betreffend. **Hiero|gramm** [*hi-ero...*; *gr.-nlat.*; „heilige Schrift"] *das*; -s, -e: Zeichen einer geheimen altägypt. Priesterschrift, die ungewöhnliche Hieroglyphen aufweist. **Hiero|kratie** [*hi-ero...*] *die*; -, ...ien: Priesterherrschaft, Regierung eines Staates durch Priester (z. B. in Tibet vor der chines. Besetzung). **Hieromant** [*hi-ero...*] *der*; -en, -en: jmd., der aus Opfern (bes. geopferten Tieren) weissagt; vgl. Haruspex. **Hieromantie** [*hi-ero...*] *die*; -: Weissagung aus Opfern. **Hieromonachos** [*hi-ero ...choß*; *gr.-mgr.*] *der*; -, ...choi [*...cheu*]: zum Priester geweihter Mönch in der orthodoxen Kirche. **Hieronym** [*hi-ero...*; *gr.-nlat.*] *das*; -s, -e: heiliger Name, der jmdm. beim Eintritt in eine Kultgemeinschaft gegeben wird. **Hier|onymie** [*hiero...*] *die*; -: Namenswechsel beim Eintritt in eine Kultgemeinschaft. **Hierophant** [illegible] *lat.*] *der*; -en, -en: Oberpriester u. Lehrer der heiligen Bräuche, bes. in den → Eleusinischen Mysterien. **Hiero|skopie** [*hi-ero...*; *gr.*] *die*; -: = Hieromantie

Hi-Fi [*haifi*, *haifi*, auch: *haifai*]: = High-Fidelity

high [*hai*; *engl.-amerik.*]: (Jargon) in einem rauschhaften Zustand, in begeisterter Hochstimmung, z. B. nach dem Genuß von Rauschgift. **Highball** [*háibol*; *engl.-amerik.*] *der*; -s, -s: → Longdrink auf der Basis von Whisky mit zerkleinerten Eisstücken, Zitronenschale u. anderen Zusätzen. **Highboard** [*haibo'd*; *engl.*] *das*; -s, -s: halbhohes Möbelstück mit Schubfach- u. Vitrinenteil; vgl. Sideboard. **High-brow** [*haibrau*; „hohe Stirn"] *der*; -s, -s: Intellektueller; jmd., der sich übertrieben intellektuell gibt; vgl. Egghead. **High-Church** [*haitschö'tsch*] *die*; -: Hochkirche, Richtung der engl. Staatskirche, die eine Vertiefung der liturgischen Formen anstrebt; vgl. Broad-Church, Low-Church. **High-Fidelity** [*haifidäliti*] *die*; -: 1. größtmögliche Wiedergabetreue bei Qualitätsschallplatten (Abk.: Hi-Fi). 2. Lautsprechersystem, das eine originalgetreue Wiedergabe ermöglichen soll (Abk.: Hi-Fi). **High-jacker** [*háidsehäk^er*] vgl. Hijacker. **Highlife** [*hailaif*; *dt.* Bildung aus engl. *high* u. *life*]: *das*; -s: 1. das exklusive Leben der vornehmen Gesellschaftsschicht. 2. Hochstimmung, Ausgelassenheit. **Highlight** [*hailait*; *engl.*] *das*; -s, -s: 1. Höhepunkt, Glanzpunkt eines [kulturellen] Ereignisses. 2. Lichteffekt auf Bildern od. Fotografien (bild. Kunst). **High-noon** [*háinún*; *amerik.*] *der*; -[s], -s: spannungsgeladene Atmosphäre (wie im Wildwestfilm). **High-riser** [*hairais^er*] *der*; -s, -: Fahrrad od. Moped mit hohem, geteiltem Lenker u. Sattel mit Rückenlehne. **High-School** [*háißkul*; *engl.-amerik.*] *die*; -, -s: die amerik. höhere Schule. **High-Snobiety** [*haißnobái^eti*; scherzh. Bildung aus engl.-amerik. *high*, *snob* u. *society*] *die*; -: → snobistische, sich vornehm gebärdende Gruppe in der Gesellschaft. **High-Society** [*haiß^eßái^eti*] *die*; -: die vornehme Gesellschaft, die oberen Zehntausend. **High-Tech** [*haitäk*; Kunstw. aus *engl. High-Style* u. *Technology*] *der*; -[s]: Stil der Innenarchitektur, bei dem industrielle Materialien u. Einrichtungsgegenstände für das Wohnen verwendet werden. **Highway** [*hai^ue^i*; *engl.*] *der*; -s, -s: Haupt-, Landstraße; [amerik.] Autobahn

Hijacker [*háidsehäk^er*; *engl.-amerik.*] *der*; -s, -: jmd., der ein Flugzeug o. ä. während des Fluges in seine Gewalt bringt u. den Piloten zu einer Kursänderung zwingt; Luftpirat. **Hijacking** [*háidsehäking*] *das*; -[s], -s: Flugzeugentführung

Hila: *Plural* von → Hilum

Hilarität [*lat.*] *die*; -: (veraltet) Heiterkeit, Fröhlichkeit

Hili: *Plural* von → Hilus. **Hilitis** [*lat.-nlat.*] *die*; -, ...itiden: Entzündung der Lungenhilusdrüsen (Med.)

Hillbilly [*hilbili*; *amerik.*] *der*; -s, ...billies [*...lis*, auch: *...liß*]: (abwertend) Hinterwäldler [aus den Südstaaten der USA]. **Hillbilly-music** [*hilbilimjusik*] *die*; -: 1. ländliche Musik der nordamerik. Südstaaten. 2. kommerzialisierte volkstümliche Musik der Cowboys

Hilum [*lat.-nlat.*] *das*; -s, ...la: „Nabel" des Pflanzensamens; Stelle, an der der Same angewachsen war (Bot.). **Hilus** *der*; -, Hili: vertiefte Stelle an der Oberfläche eines Organs, wo Gefäße, Nerven u. Ausführungsgänge strangförmig ein- od. austreten (Med.)

Himation [*gr.*] *das*; -[s], ...ien [*...i^en*]: mantelartiger Überwurf der Griechen in der Antike, der aus einem rechteckigen Stück Wollstoff bestand

Hina|jana, Hina|yana [*sanskr.*; „kleines Fahrzeug (der Erlösung)"] *das*; -: strenge, nur mönchische Richtung des → Buddhismus; vgl. Mahajana, Wadschrajana

Hindi [*pers.*] *das*; -: Amtssprache in Indien. **Hindu** *der*; -[s], -s: Anhänger des Hinduismus. **Hinduismus** [*pers.-nlat.*] *der*; -: 1. aus dem → Brahmanismus entwickelte indische Volksreligion. 2. (selten) Brahmanismus. **hinduistisch**: den Hinduismus betreffend

Hinkjambus [*dt.*; *gr.-lat.*] *der*; -, ...ben = Choliambus

Hiobsbotschaft [nach der Titelgestalt des biblischen Buches Hiob] *die*; -, -en: Unglücksbotschaft

Hipp|an|thropie [*gr.-nlat.*] *die*; -, ...ien: Wahnvorstellung, ein Pferd zu sein (Psychol.; Med.). **Hipparch** [*gr.*] *der*; -en, -en: Befehlshaber der Reiterei in der griechischen Antike. **Hipparion** [*gr.-nlat.*] *das*; -s, ...ien [*...i^en*]: ausgestorbene dreizehige Vorform des heutigen Pferdes (Biol.). **Hippiatrie** u. **Hipp|ia|trik** [*gr.*] *die*; -: Pferdeheilkunde

Hippie [*hipi*; *amerik.*] *der*; -s, -s: [jugendlicher] Anhänger einer bes. in den USA u. Großbritannien ausgebildeten, betont antibürgerlichen u. pazifistischen Lebensform; Blumenkind. **Hippie-Look** [...*luk*] *der*; -s: unkonventionelle Kleidung, die derjenigen der Hippies ähnelt

Hippocampus [...*ka*...; *gr.-lat.*] *der*; -, ...pi: 1. Teil des Großhirns bei Säugetieren u. beim Menschen; Ammonshorn (Anatom., Zool.). 2. Seepferdchen (Fisch mit pferdekopfähnlichem Schädel); vgl. Hippokamp. **Hippo|drom** *der* od. *das*; -s, -e: 1. (hist.) Pferde- und Wagenrennbahn. 2. Reitbahn. **Hippo|gryph** [*it.*] *der*; -s u. -en, -e[n]: von Ariost u. Bojardo (ital. Dichtern der Renaissancezeit) erfundenes geflügeltes Fabeltier mit Pferdeleib u. Greifenkopf; bei neueren Dichtern = Pegasus. **Hippokamp** [*gr.-lat.*] *der*; -en, -en: fischschwänziges Seepferd der antiken Sage; vgl. Hippocampus. **Hippokratiker** [nach dem altgriech. Arzt Hippokrates] *der*; -s, -: Anhänger des altgriech. Arztes Hippokrates u. seiner Schule. **hippokratisch**: 1. auf den altgriech. Arzt Hippokrates bezüglich, seiner Lehre gemäß; -er Eid: a) moralisch-ethische Grundlage des Arzttums (z. B., immer zum Wohle des Kranken zu handeln); b) (hist.) Schwur auf die Satzung der Ärztezunft; -es Gesicht: Gesichtsausdruck Schwerkranker u. Sterbender (Med.). 2. den altgriechischen Mathematiker Hippokrates betreffend, seiner Lehre entsprechend; -e Möndchen: zwei mondsichelförmige Flächen, entstanden aus den drei Halbkreisen über den Seiten eines rechtwinkligen Dreiecks (die Flächen haben zusammen den gleichen Inhalt wie das Dreieck). **Hippo|kratismus** [*gr.-nlat.*] *der*; -: Lehre des altgriech. Arztes Hippokrates. **Hippo|krene** [*gr.-lat.*; „Roßquelle"] *die*; -: Quelle der Inspiration für den Dichter im alten Griechenland (nach der Sage durch den Hufschlag des → Pegasus entstanden). **Hippologe** [*gr.-nlat.*] *der*; -n, -n: jmd., der sich [wissenschaftlich] mit der Hippologie befaßt. **Hippologie** *die*; -: [wissenschaftl.] Pferdekunde. **hippologisch**: die Pferdekunde betreffend. **Hippomanes** [*gr.*] *das*; -, -: Masse auf der Stirn neugeborener Pferde od. Schleim aus der Scheide von Stuten (wurde im Altertum als → Aphrodisiakum verwendet). **Hipponakteus** [*gr.-lat.*; nach dem altgriech. Dichter Hipponax] *der*; -, ...teen: antiker Vers, Sonderform des → Glykoneus. **Hippopotamus** *der*; -, -: großes Fluß- od. Nilpferd (Paarhufer; Biol.). **Hippurit** [...*it*; *gr.-nlat.*] *der*; -en, -en: ausgestorbene Muschel der Kreidezeit. **Hippursäure** [*gr.-nlat.*; *dt.*] *die*; -: eine organische Säure, Stoffwechselprodukt von Pflanzenfressern. **Hippus** [*gr.-nlat.*] *der*; -: plötzlich auftretende, rhythmische Schwankungen der Pupillenweite; Blinzeln (Med.)

Hipster [*engl.*] *der*; -[s], -: (Jargon) 1. Jazzmusiker, -fan. 2. jmd., der über alles, was modern ist, Bescheid weiß u. eingeweiht ist

Hiragana [*jap.*] *das*; -[s] od. *die*; -: japanische Silbenschrift, die zur Darstellung grammatischer Beugungsendungen verwendet wird; vgl. Katakana

Hirsuties [...*iäß*; *lat.-nlat.*] *die*; -: abnorm starke Behaarung (Med.). **Hirsutismus** *der*; -: übermäßig starker Haar-, bes. Bartwuchs (Med.)

Hirudin [*lat.-nlat.*] *das*; -[s]: aus den Speicheldrüsen der Blutegel gewonnener, die Blutgerinnung hemmender Stoff

Hi|spanidad [*ißpanidhadh*; *span.*] *die*; -: = Hispanität. **hispanisieren** [*lat.-nlat.*]: spanisch machen, gestalten. **Hi|spanismus** *der*; -, ...men: fälschlicherweise oder bewußt vorgenommene Übertragung einer für die spanische Sprache charakteristischen Erscheinung auf eine nichtspanische Sprache im lexikalischen od. syntaktischen Bereich; vgl. Germanismus, Interferenz. **Hispanist** *der*; -en, -en: jmd., der sich wissenschaftlich mit der Hispanistik befaßt. **Hi|spanistik** *die*; -: Wissenschaft von der spanischen Sprache u. Literatur (Teilgebiet der → Romanistik 1). **Hi|spanität** *die*; -: Spaniertum: das Bewußtsein aller Spanisch sprechenden Völker von ihrer gemeinsamen Kultur; vgl. Hispanidad. **Hi|spanomoreske** [*lat.*; *span.*] *die*; -, -n: span.-maurische → Majolika mit Goldglanzüberzug (spätes Mittelalter u. Renaissance)

Hist|amin [Kurzw. aus: → *Histi*din u. → *Amin*] *das*; -s: Gewebehormon (Med.). **Histidin** [*gr.-nlat.*] *das*; -s: eine → Aminosäure. **histioid** u. histoid: gewebeähnlich, gewebeartig (Med.). **Histiozyt** *der*; -en, -en: Wanderzelle des Bindegewebes, Blutzelle (Med.). **Histochemie** [*gr.*; *arab.*] *die*; -: Wissenschaft vom chem. Aufbau der Gewebe u. von den chem. Vorgängen darin. **histochemisch**: die Histochemie betreffend. **histogen** [*gr.-nlat.*]: vom Gewebe herstammend. **histogenetisch**: die Histogenese (a) betreffend. **Histogenese** u. **Histogenie** *die*; -: Entstehung von Gewebe: a) Ausbildung des Organgewebes aus undifferenziertem Embryonalgewebe (Biol.; Med.). b) Entstehung von krankhaftem Gewebe bei Tumoren (Med.)

Histo|gramm [*gr.-lat.*; *gr.*] *das*; -s, -e: graphische Darstellung einer Häufigkeitsverteilung in Form von Säulen, die den Häufigkeiten der Meßwerte entsprechen

histoid vgl. histioid. **Histologe** [*gr.-nlat.*] *der*; -n, -n: Forscher u. Lehrer auf dem Gebiet der Histologie. **Histologie** *die*; -: Wissenschaft von den Geweben des Körpers (Med.). **histologisch**: die Histologie betreffend, zu ihr gehörend (Med.). **Histolyse** *die*; -: Auflösung (Einschmelzung) des Gewebes unter Einwirkung von → Enzymen (bei eitrigen Prozessen; Med.). **Histone** *die* (Plural): zu den → Proteinen gehörende Eiweißkörper. **Histopathologie** *die*; -: Wissenschaft von den krankhaften Gewebeveränderungen. **Historadio|graphie** [*gr.*; *lat.*; *gr.*] *die*; -, ...ien: Röntgenaufnahme von mikroskopisch dünnen Gewebeschnitten bzw. Präparaten

Historie [...*i*ᵉ] *die*; -, -n: 1. (ohne Plural) [Welt]geschichte. 2. (veraltet) (ohne Plural) Geschichtswissenschaft. 3. (veraltet) [abenteuerliche, erdichtete] Erzählung, Bericht. **Historienbibel** *die*; -, -n: im Mittelalter volkstümlich bebilderte Darstellung der biblischen Erzählungen. **Historienmalerei** [*gr.-lat.*; *dt.*] *die*; -, -en: Geschichtsmalerei (bildliche Darstellung von Ereignissen aus der Geschichte, der → Mythologie u. der Dichtung). **Historik** [*gr.-lat.*] *die*; -: a) Geschichtswissenschaft; b) Lehre von der historischen Methode der Geschichtswissenschaft. **Historiker** *der*; -s, -: Geschichtsforscher, -kenner, -wissenschaftler. **Historio|graph** [*gr.*] *der*; -en, -en: Geschichtsschreiber. **Historio|graphie** *die*; -: Geschichtsschreibung. **Historiologie** [*gr.-nlat.*] *die*; -: Studium und Kenntnis der Geschichte. **historisch** [*gr.-lat.*] 1. geschichtlich, der Geschichte gemäß, überliefert. 2. der Vergangenheit angehörend; -e Geologie: Wissenschaft von der geschichtl. Entwicklung der Gesteine, Pflanzen u. Tiere; -e Grammatik: Sprachlehre, die die geschichtl. Entwicklung einer Sprache untersucht u. beschreibt; -er Materialismus: die von Marx u. Engels begründete Lehre, nach der die Geschichte von den ökonomischen Verhältnissen bestimmt wird (Philos.); -es Präsens: Präsensform des Verbs, die zur Schilderung eines vergangenen Geschehens eingesetzt wird. **historisieren** [*gr.-lat.-nlat.*]: in geschichtlicher Weise darstellen, geschichtliche Elemente in stärkerem Maße mit einbeziehen, Historisches stärker hervorheben, ein historisches Aussehen geben, in ein historisches Gewand kleiden. **Historịsmus** *der*; -, ...men: 1. (ohne Plural) eine Geschichtsbetrachtung, die alle Erscheinungen aus ihren geschichtl. Bedingungen heraus zu verstehen u. zu erklären sucht. 2. Überbewertung des Geschichtlichen. 3. = Eklektizismus (Kunstw.). **Historịst** *der*; -en, -en: Vertreter des Historismus. **historịstisch**: a) den Historismus betreffend; b) in der Art des Historismus. **Historizịsmus** *der*; -, ...men: = Historismus (2). **Historizität** *die*; -: Geschichtlichkeit, Geschichtsbewußtsein

Histotherapie [*gr.-nlat.*] *die*; -, ...ien: = Organotherapie

Hi|striọne [*lat.*] *der*; -n, -n: Schauspieler im Rom der Antike

Hịt [*engl.*] *der*; -[s], -s: 1. etw., was sehr erfolgreich, beliebt, begehrt ist, bes. ein Schlager. 2. (Jargon) (in bezug auf Rauschgift) die für einen Trip (2) vorgesehene Menge

Hitchcock [*hịtschkok*; nach dem engl. Regisseur u. Autor Alfred Hitchcock (1899–1980)] *der*; -, -s: spannender, Angst u. Schauder hervorrufender Film [von Hitchcock]; Thriller

hitchhiken [*hịtschhaik^e^n*; *amerik.*]: (ugs.) Autos anhalten u. sich umsonst mitnehmen lassen. **Hịtchhiker** *der*; -s, -: (ugs.) jmd., der Autos anhält u. sich umsonst mitnehmen läßt

Hịtliste [*engl.*] *die*; -, -n: Verzeichnis der (innerh. eines best. Zeitraums) beliebtesten od. meistverkauften Schlager[aufnahmen]

Hịtparade *die*; -, -n: 1. = Hitliste. 2. Radio-, Fernsehsendung o. ä., in der Hits vorgestellt werden

Họbbock [wohl nach der engl. Firma *Hubbuck*] *der*; -s, -s: Gefäß zum Versand von Fetten, Farben o. ä.

Họbby [*...bi*; *engl.*] *das*; -s, -s: Beschäftigung, der man aus Freude an der Sache [u. zum Ausgleich für die Berufs- od. Tagesarbeit] in seiner Freizeit nachgeht. **Hobbyịst** *der*; -en, -en: jmd., der ein Hobby hat

Hobo [*họ^u^bo^u^*; *amerik.*] *der*; -s, -[e]s: herumwandernder Arbeiter in den USA zu Beginn des 20. Jh.s

Hoboe usw.: (veraltet) → Oboe usw.

học ạnno [*lat.*]: in diesem Jahre; Abk.: h. a.

học ẹst [*lat.*]: (veraltet) das ist; Abk.: h. e.

Hochepot [*oschpọ*; *fr.*] *das*; -, -s [*...pọ*]: Eintopfgericht; vgl. Hotchpotch

họchfrequent [*dt.*; *lat.*]: aus dem Bereich der Hochfrequenz. **Họchfrequenz** *die*; -, -en: Gebiet der elektrischen Schwingungen oberhalb der Mittelfrequenz (etwa 20 000 Hertz) bis zum Gebiet der Höchstfrequenz (etwa ab 100 Millionen Hertz); Abk.: HF

họchstilisieren: einer Sache durch übertriebenes Lob, unverdiente Hervorhebung o. ä. unangemessene Wichtigkeit od. übermäßigen Wert verleihen od. zu etwas Besserem machen, als sie in Wirklichkeit ist

Hockey [*họki*, auch: *họke^i^*; *engl.*] *das*; -s: zwischen zwei Mannschaften ausgetragenes Ballspiel, bei dem ein kleiner Ball nach bestimmten Regeln mit gekrümmten Schlägern in das gegnerische Tor zu spielen ist

học lọco [*lat.*]: (veraltet) hier, an diesem Ort; Abk.: h. l.

Hod|egẹsis, **Hod|egẹtik** [*gr.*] *die*; -: (veraltet) Anleitung zum Studium eines Wissens- od. Arbeitsgebietes. **Hod|egẹ|tria** [„Wegführerin"] *die*; -, ...trien [*...tri^e^n*]: stehende Muttergottes (auch als Halbfigur) mit dem Kind auf dem linken Arm (byzantinischer Bildtypus). **Hodo|grạph** [*gr.-nlat.*] *der*; -en, -en: graphische Darstellung der Geschwindigkeitsvektoren bei einem Bewegungsablauf. **Hodomẹter** *das*; -s, -: Wegmesser, Schrittzähler

Họ|dscha [*pers.-türk.*] *der*; -[s], -s: 1. [geistl.] Lehrer. 2. (nur Plural) Zweig der → Ismailiten (unter dem → Aga Khan)

hofieren [zu *Hof* mit französierender Endung]: sich [mit dem Ziel, etw. Bestimmtes zu erreichen] mit besonderer [unterwürfiger] Höflichkeit u. Dienstbarkeit um jmds. Gunst bemühen

Hojal|dre [*oehal...*; *span.*] *der*; -[s], -s: span. Mürbeteigkuchen

Hokẹtus u. Hoquẹtus [*mlat.*] *der*; -: Kompositionsart vom 12. bis 15. Jh. (Verteilung der Melodie auf verschiedene Stimmen, so daß bei Pausen der einen die andere die Melodie übernimmt)

Họkku [*jap.*] *das*; -[s], -s: = Haikai

Hokuspọkus [*engl.*] *der*; -: 1. Zauberformel der Taschenspieler. 2. etw., bei dem hinter viel äußerem Aufwand nichts weiter steckt

Hol|ạrktis [*gr.-nlat.*] *die*; -: pflanzen- u. tiergeographisches Gebiet, das die ganze nördliche gemäßigte u. kalte Zone bis zum nördlichen Wendekreis umfaßt. **hol|ạrktisch**: die Holarktis betreffend

Holding [*họ^u^l...*; *engl.*] *die*; -, -s u. **Holdinggesellschaft** [*họ^u^l...*; *engl.*; *dt.*]: *die*; -, -en: Gesellschaft, die nicht selbst produziert, die aber Aktien anderer Gesellschaften besitzt u. diese dadurch beeinflußt oder beherrscht

Hole [*họ^u^l*; *engl.*; „Loch"] *das*; -s, -s: Golfloch (Sport)

Holidays [*họlide^i^ß*; *germ.-engl.*] *die* (Plural): Ferien, Urlaub

holistisch [*gr.-nlat.*]: das Ganze betreffend (z. B. die Wand mit Farbe *beschmieren* im Ggs. zu: Farbe auf die Wand *schmieren*)

Họlk vgl. Hulk

hollerithieren [nach dem deutsch-amerik. Erfinder H. Hollerith]: auf Hollerithkarten bringen. **Hollerịthkarte** [auch: *họl...*] *die*; -, -n: Karte, auf der Informationen durch bestimmte Lochungen festgehalten sind; Lochkarte. **Hollerịthmaschine** [auch: *họl...*]: Lochkartenmaschine zum Buchen kaufmännischer, technischer, statistischer, wirtschaftlicher u. wissenschaftlicher Daten, die eine maschinelle Sortierung zulassen

Hollywoodschaukel [*họliwud...*; nach der amerik. Filmstadt] *die*; -, -n: Gartenmöbel in Form einer breiten, gepolsterten [u. überdachten] Bank, die frei aufgehängt ist u. wie eine Schaukel hin u. her schwingen kann

Họlmium [*nlat.*; nach Họlmia, dem latinisierten Namen der Stadt Stockholm] *das*; -s: chem. Grundstoff, seltenes Erdmetall; Zeichen: Ho

holoarktisch vgl. holarktisch.

Họlocaust [*...kaußt*; *gr.-lat.-*

engl.] *der*; -, -s: durch Entsetzen, Unterdrückung, Schrecken, Zerstörung u. [Massen]vernichtung gekennzeichnetes Geschehen, Tun, bes. die Judenvernichtung während des Nationalsozialismus. **Holo|eder** [*gr.-nlat.*] *der*; -s, -: holoedrischer Kristall. **Holo|edrie** *die*; -: Vollflächigkeit, volle Ausbildung aller Flächen eines Kristalls. **holoedrisch**: vollflächig (von Kristallen). **Holo|enzym** *das*; -s, -e: vollständiges, aus → Apoenzym u. → Koenzym zusammengesetztes → Enzym. **Holoferment** *das*; -s, -e = Holoenzym. **Holo|gramm** *das*; -s, -e: Speicherbild; dreidimensionale Aufnahme eines Gegenstandes, die bei der Holographie entsteht. **Holo|graphie** *die*; -: Technik zur Speicherung u. Wiedergabe von Bildern in dreidimensionaler Struktur, die (in zwei zeitlich voneinander getrennten Schritten) durch das kohärente Licht von Laserstrahlen erzeugt sind; akustische -: dreidimensional wiedergegebene Musik, die die Unzulänglichkeiten der → Stereophonie beseitigen soll, die praktisch ein zweidimensionales Hören geblieben ist, weil sie die einzelnen Musikinstrumente im Raum nicht deutlich auffächert, also ohne Tiefenstaffelung ist. **Holo|graphiegenerator** *der*; -s, -en: Generator (1), der die im herkömmlichen Stereoverfahren aufgenommene Musik als dreidimensionalen Raumklang wiedergibt. **holo|graphieren**: 1. (veraltet) völlig eigenhändig schreiben. 2. mit Holographie ausrüsten. **holo|graphisch**: 1. völlig eigenhändig geschrieben (Bibliothekswesen). 2. mit der Technik der Holographie hergestellt. **Holo|graphon** [*gr.*] u. **Holo|graphum** [*gr.-lat.*] *das*; -s, ...pha: (veraltet) völlig eigenhändig geschriebene Urkunde. **holo|krin** [*gr.-nlat.*]: Sekrete absondernd, in denen sich die Zellen der Drüse völlig aufgelöst haben; Ggs. → merokrin (Biol.; Med.). **holokristallin**: ganz kristallin (von Gesteinen; Geol.). **Holometabolen** *die* (Plural): Insekten mit vollständiger → Metamorphose (2; Biol.). **Holometabolie** *die*; -: die vollkommene → Metamorphose (2) in der Entwicklung der Insekten (unter Einschaltung eines Puppenstadiums; Biol.). **Holoparasit** [*gr.-lat.*] *der*; -en, -en: Vollschmarotzer; Pflanzen ohne Blattgrün, die sämtliche Nährstoffe von der Wirtspflanze beziehen. **holo|phrastisch** [*gr.-lat.*]: aus einem Wort bestehend (von Sätzen); -e Rede: Einwortsatz (z. B. *Komm*! oder *Feuer*!). **Holosiderit** [auch: ...*it*; *gr.-nlat.*] *der*; -s, -e: → Meteorit, der ganz aus Nickeleisen besteht. **Holothurie** [...*iᵉ*; *gr.-lat.*] *die*; -, -n: Seewalze od. Seegurke (Stachelhäuter des Atlantiks und des Mittelmeers; Zool.). **holotisch**: ganz, völlig, vollständig. **Holotopie** [*gr.-nlat.*] *die*; -: Lage eines Organs in Beziehung zum Gesamtkörper (Med.). **Holotypus** *der*; -, ...pen: in der zoologischen Nomenklatur das Einzelstück einer Tierart, nach dem diese erstmals wissenschaftlich beschrieben wurde. **holozän**: zum Holozän gehörend, es betreffend. **Holozän** *das*; -s: = Alluvium

Holster [*mittelniederd.-niederl.-engl.*] *das*; -s, -: 1. offene Ledertasche für eine griffbereit getragene Handfeuerwaffe. 2. Jagdtasche (Jägerspr.)

Homa vgl. Haoma

Hom|atropin [*gr.*] *das*; -s: dem → Atropin verwandter chem. Stoff aus Mandelsäure u. Tropin (zur kurzfristigen Pupillenerweiterung verwendet; Med.)

Homebase [*hoᵘmbeˈs*; *engl.-amerik.*] *das*; -, -s [...*siß*]: im Baseball Markierung („Mal") zwischen den beiden Schlägerboxen. **Homedreß** [*hoᵘmdräß*; *engl.*] *der*; - u. ...dresses, ...dresse: Hauskleidung, Hausanzug. **Homefighter** [*hoᵘmfaitᵉr*; *engl.-amerik.*] *der*; -s, -: im heimischen Boxring, vor heimischem Publikum besonders starker u. erfolgreicher → Boxer. **Homeland** [*hoᵘmländ*; *engl.*] *das*; -[s], -s: (meist Plural) in der Republik Südafrika den verschiedenen farbigen Bevölkerungsgruppen zugewiesenes Siedlungsgebiet. **Homeplate** [*hoᵘmpleˈt*; *engl.*] *das*; -[s], -s: = Homebase

Homeride [*gr.-lat.*] *der*; -n, -n: 1. Angehöriger einer altgriech. Rhapsodengilde auf der Insel Chios, die sich von Homer herleitete. 2. Rhapsode, der die Homerischen Gedichte vortrug. **homerisch**: typisch für den griech. Dichter Homer, in seinen Werken häufig anzutreffen; -es Gelächter: schallendes Gelächter (nach Stellen bei Homer, wo von dem „unauslöschlichen Gelächter der seligen Götter" die Rede ist). **Homerisch**: zum dichterischen Werk Homers gehörend, von Homer stammend. **Homeris|mus** *der*; -, ...men: homerischer Ausdruck, homerisches Stilelement im Werk eines anderen Dichters

Homerule [*hoᵘmrul*; *engl.*; „Selbstregierung"] *die*; -: Schlagwort der irischen Unabhängigkeitsbewegung. **Homerun** [...*ran*] *der*; -[s], -s: im Baseball Treffer, der es dem Schläger ermöglicht, nach Berühren der ersten, zweiten u. dritten Base das Schlagmal wieder zu erreichen (Sport). **Home|spun** [...*ßpan*; aus engl. *home* = „Haus" u. *spun* = „gesponnen"; „hausgesponnen"] *das*; -s, -s: grobfädiger, früher handgesponnener noppiger Wollstoff. **Home|trainer** [...*tränᵉr* od. ...*trenᵉr*] *der*; -s, -: feststehendes Heimübungsgerät (in der Art eines Fahrrades, Rudergerätes) zum Konditions- u. Ausgleichstraining od. für heilgymnastische Zwecke. **Home|wear** [*hoᵘmᵘäˈ*; *engl.*] *der*; -s, -s: = Homedreß

Homilet [*gr.*] *der*; -en, -en: 1. Fachmann auf dem Gebiet der Homiletik. 2. Prediger. **Homiletik** *die*; -: Geschichte u. Theorie der Predigt. **homiletisch** [*gr.-lat.*]: die Gestaltung der Predigt betreffend. **Homiliar** u. (seltener:) **Homiliarium** [*gr.-lat.-mlat.*] *das*; -s, ...ien [...*iᵉn*]: mittelalterliche Predigtsammlung. **Homilie** *die*; -, ...ien: erbauliche Bibelauslegung; Predigt über einen Abschnitt der Hl. Schrift. **Homilopathie** u. **Homilophobie** [*gr.-nlat.*] *die*; -: krankhafte Angst beim Umgang mit Menschen, meist als Folge einer Isolierung (Psychol.; Med.)

Homines: *Plural* von → Homo (I). **Hominide**, (auch:) **Hominid** [*lat.-nlat.*] *der*; ...den, ...den: Vertreter der Familie der Menschenartigen (der heute lebenden wie der ausgestorbenen Menschenrassen; Biol.). **Hominisation** [...*zion*] *die*; -: Menschwerdung (im Hinblick auf die Stammesgeschichte). **hominisieren**: zum Menschen entwickeln. **Hominismus** *der*; -: philos. Lehre, die alle Erkenntnis u. Wahrheit nur in bezug auf den Menschen u. nicht an sich gelten läßt. **hominịstisch**: 1. den Hominismus betreffend. 2. auf den Menschen bezogen, nur für den Menschen geltend

Hommage [*omasch*; *lat.-fr.*] *die*; -, -n [...*schᵉn*]: Huldigung, Ehrerbietung; - à ...: Huldigung für ...

Homme à femmes [*om afam*; *fr.*; „Mann für Frauen"] *der*; - - -, -s - - [*om* ...]: Mann, der von Frauen geliebt wird, bei ihnen sehr beliebt ist; Frauentyp. **Homme de lettres** [*om dᵉlätrᵉ*; *fr.*] *der*; - - -, -s - - [*om* ...]: → Literat

homo [*gr.*]: Kurzform von → homosexuell; Ggs. → hetero

Homo

I. [*lat.*] *der*; -, ...mines [*hóminęß*]: Frühform des Menschen; der Mensch selbst als Angehöriger einer Gattung der Hominiden (Biologie); - erectus: Vertreter einer ausgestorbenen Art der Gattung Homo (I); - faber [„Verfertiger"]: der Mensch mit seiner Fähigkeit, für sich Werkzeuge und technische Hilfsmittel zur Naturbewältigung herzustellen; - ludens: der Mensch als Spielender; - novus [...*wuß*]: Neuling; Emporkömmling; - oeconomicus [- *ökonomikuß*]: der ausschließlich von wirtschaftlichen Zweckmäßigkeitserwägungen geleitete Mensch; gelegentlich Bezeichnung des heutigen Menschen schlechthin (Psychol.; Soziol.); - sapiens [- *sapiänß*; „vernunftbegabter Mensch"]: wissenschaftl. Bezeichnung des heutigen Menschen.

II. [*gr.*] *der*; -s, -s: homosexueller Mann; Ggs. → Hetero

Homöl|arkton [*gr.-nlat.*; „ähnlich anfangend"] *das*; -s, ...ta: Redefigur, bei der die Anfänge zweier aufeinanderfolgender Wörter gleich oder ähnlich lauten, z. B. *Mä*dchen *mä*hen... (Rhet.). **Homo|chronie** [...*kro*...] *die*; -, ...ien: gleichzeitiges Auftreten oder Einsetzen einer Erscheinung an verschiedenen Punkten der Erde (z. B. das gleichzeitige Eintreten der Flut in räumlich getrennten Gebieten; Geogr.; Meteor.; Meereskunde). **homodont**: mit gleichartigen Zähnen ausgestattet (vom Gebiß der Amphibien, Reptilien u. a. Wirbeltierklassen; Biol.); Ggs. → heterodont. **Homo|emotionalität** [...*ziona*...] *die*; -: das emotionale Sichhingezogenfühlen zum gleichen Geschlecht. **Homo|erot** [auch: ...*erot*] *der*; -en, -en: = Homoerotiker, Homosexueller. **Homoerotik** [auch: ...*ero*...] *die*; -: auf das eigene Geschlecht gerichtete → Erotik; vgl. Homosexualität. **Homo|erotiker** [auch: ...*ero*...] *der*; -s, -: jmd., dessen erotisch-sexuelle Empfindungen auf Partner des gleichen Geschlechts gerichtet sind. **homo|erotisch** [auch: ...*ero*...]: a) sich zum gleichen Geschlecht auf Grund sinnlich-ästhetischer Reize hingezogen fühlend; b) = homosexuell. **Homo|erotismus** [auch: ...*tiß*...] *der*; -: Empfindungsweise, deren libidinöse Wünsche gleichgeschlechtlich bezogen, aber oft so gut sublimiert sind, daß sie unbewußt, latent bleiben. **Homogamie** *die*; -: 1. gleichzeitige Reife von männlichen u. weiblichen Blütenorganen bei einer zwittrigen Blüte (Bot.). 2. Gleichartigkeit der Gatten bei der Partnerwahl (z. B. in bezug auf Alter, Klasse, Konfession; Soziol.); Ggs. → Heterogamie. **homogen** [auch: *hom*...]: gleich[artig]; gleichmäßig aufgebaut, einheitlich, aus Gleichartigem zusammengesetzt; Ggs. → heterogen; -e Gleichung: Gleichung, in der alle Glieder mit der Unbekannten gleichen Grades sind u. auf einer Seite der Gleichung stehen (die andere Seite hat den Wert Null; Math.). **homogenisieren**: 1. nicht mischbare Flüssigkeiten (z. B. Fett u. Wasser) durch Zerkleinerung der Bestandteile mischen (Chem.). 2. Metall glühen, um ein gleichmäßiges Gefüge zu erhalten. 3. Organe od. Gewebe zerkleinern (Physiol.). **Homogenisierung** *die*; -, -en: Vermischung von prinzipiell verschiedenen Elementen oder Teilen. **Homogenität** *die*; -: Gleichartigkeit, Einheitlichkeit, Geschlossenheit. **Homogonie** *die*; -: Entstehung aus Gleichartigem (Philos.); Ggs. → Heterogonie. **homo|grad**: auf qualitative Unterschiede gerichtet (Statistik); Ggs. → heterograd. **Homo|gramm** (selten) u. **Homo|graph** *das*; -s, -e: Wort, das sich in der Aussprache von einem anderen gleichgeschriebenen unterscheidet, z. B. Tenor „Haltung" neben Tenor „hohe Männerstimme"; vgl. Homonym (1b)

homo homini lupus [*lat.*; der Mensch (ist) dem Menschen ein Wolf]: der Mensch ist der gefährlichste Feind des Menschen (Grundvoraussetzung der Staatstheorie des engl. Philosophen Th. Hobbes im „Leviathan")

Homoi|onym vgl. Homöonym. **homolog** [*gr.*]: gleichliegend, gleichlautend; übereinstimmend; entsprechend; -e Insemination: künstliche Befruchtung mit vom Ehemann stammendem Samen (Medizin); Ggs. heterologe Insemination; -e Organe: Organe von entwicklungsgeschichtlich gleicher Herkunft, aber mit verschiedener Funktion (z. B. Schwimmblase der Fische u. Lunge der Landwirbeltiere; Biol.); -e Stücke: sich entsprechende Punkte, Seiten oder Winkel in kongruenten oder ähnlichen geometrischen Figuren (Math.); -e Reihe: Gruppe chemisch nahe verwandter Verbindungen, für die sich eine allgemeine Reihenformel aufstellen läßt. **Homolog** *das*; -s, -e: chem. Verbindung einer → homologen Reihe. **Homologation** [...*zion*] *die*; -, -en: (vom Internationalen Automobil-Verband festgelegtes) Reglement, wonach ein Wagenmodell für Wettbewerbszwecke in bestimmter Mindeststückzahl gebaut sein muß, um in eine bestimmte Wettbewerbskategorie eingestuft zu werden. **Homologie** *die*; -, ...ien: 1. Übereinstimmung des Handelns mit der Vernunft und damit mit der Natur (stoische Lehre). 2. Übereinstimmung, Entsprechung von biolog. Organen hinsichtlich ihrer Entwicklungsgeschichte, nicht aber hinsichtlich der Funktion. 3. Übereinstimmung von Instinkten und Verhaltensformen bei verschiedenen Tieren od. Tier u. Mensch. **homologieren** [*gr.-nlat.*]: 1. einen Serienwagen in die internationale Zulassungsliste zur Klasseneinteilung für Rennwettbewerbe aufnehmen (Automobilsport). 2. eine Skirennstrecke nach bestimmten Normen anlegen (Skisport). **Homologumenon** [*gr.*; „das Übereinstimmende"] *das*; -s, ...mena (meist Plural): unbestritten zum → Kanon (5) gehörende Schrift des Neuen Testaments; vgl. Antilegomenon. **homomorph** [*gr.-nlat.*]: Homomorphismus aufweisend (von algebraischen Strukturen; Math.). **Homomorphismus** *der*; -, ...men: spezielle Abbildung einer → algebraischen Struktur in od. auf eine andere (Math.). **homonom**: gleichwertig (hinsichtlich der einzelnen Abschnitte bei Gliedertieren, z. B. Regenwürmern; Zool.); Ggs. → heteronom. **Homonomie** *die*; -: gleichartige Gliederung eines Tierkörpers mit gleichwertigen Segmenten (Biol.); Ggs. → Heteronomie

hom|onym [*gr.-lat.*]: (in bezug auf zwei Wörter) in Lautung u. Schreibung übereinstimmend, aber mit stark abweichender Bedeutung; ein Homonym darstellend (Sprachw.); vgl. ...isch/-. **Hom|onym** *das*; -s, -e: 1. (Sprachw.) a) Wort, das ebenso wie ein anderes geschrieben u. gesprochen wird, aber verschiedene Bedeutung hat u. sich grammatisch, z. B. durch Genus, Plural, Konjugation, von diesem unterscheidet, z. B. der/das Gehalt; die Bänke/Banken; *hängen* mit den starken od. schwachen Formen *hing/hängte*; sieben (Verb)/ sieben (Zahl); vgl. Polysem; Homograph; Homophon; b) (früher) Wort, das ebenso wie ein anderes lautet u. geschrieben wird, aber einen deutlich anderen Inhalt [u. eine andere Herkunft] hat, z. B. Schloß (Türschloß u. Gebäude), Ball (Spielzeug u. Tanzveranstaltung). 2. Deckname, der aus einem klassischen Namen besteht, z. B. Cassandra = William Neil Connor (Literaturw.). **Hom|onymie** *die*; -: die Beziehung zwischen Wörtern, die Homonyme sind (Sprachw.). **hom|onymisch**: auf die Homonymie bezogen; vgl. ...isch/-. **Homöomerien** [*gr.-lat.*] *die* (Plural): gleichartige, qualitativ fest bestimmte ähnliche Teilchen der Urstoffe (bei dem altgriech. Philosophen Anaxagoras). **homöomorph** [*gr.-nlat.*]: gleichgestaltig, von gleicher Form u. Struktur (von Organen bzw. Organteilen; Med.). **Homöonym** *das*; -s, -e: 1. ähnlich lautendes Wort od. ähnlich lautender Name, z. B. Schmied–Schmidt. 2. Wort, das mit einem anderen partiell synonym ist, das die gleiche Sache wie ein anderes bezeichnet, im Gefühlswert aber verschieden ist (z. B. Haupt/ Kopf; Sprachw.); vgl. Homonym. **Homöopath** *der*; -en, -en: homöopathisch behandelnder Arzt. **Homöopathie** *die*; -: Heilverfahren, bei dem die Kranken mit solchen Mitteln in hoher Verdünnung behandelt werden, die in größerer Menge bei Gesunden ähnliche Krankheitserscheinungen hervorrufen; Ggs. → Allopathie. **homöopathisch**: die Homöopathie anwendend. **Homöo|plasie** *die*; -: organähnliche Neubildung (Med.). **Homöo|plastik** u. Homo|plastik *die*; -, -en: operativer Ersatz verlorengegangenen Gewebes durch arteigenes (z. B. Verpflanzen von einem Menschen auf den anderen; Med.); Ggs. → Heteroplastik; vgl. Autoplastik. **homöopolar**: gleichartig elektrisch geladen; -e Bindung: Zusammenhalt von Atomen in Molekülen, der nicht auf der Anziehung entgegengesetzter Ladung beruht (Phys.). **Homöoprophoron** [*gr.-lat.*] *das*; -s, ...ra: Redefigur, bei der aufeinanderfolgende Wörter ähnlich- od. gleichklingende Laute haben (z. B. O *du da*, *die du die* Tugend liebst; Rhet.). **Homöo|ptoton** [„gleichdekliniert"] *das*; -s, ...ta: Redefigur, bei der ein Wort mit anderen aufeinanderfolgenden in der Kasusendung übereinstimmt, z. B. lat. omn*ibus* vir*ibus* (Rhet.). **Homö|osmie** [*gr.-nlat.*] *die*; -: das Gleichbleiben des → osmotischen Druckes im Innern eines Organs bei schwankendem osmotischem Druck der Umgebung. **Homöostase** *die*; -, -n, **Homöostasie** *die*; -, ...ien u. **Homöostasis** *die*; -, ...sen: Gleichgewicht der physiologischen Körperfunktionen; (u. a. durch Regulationshormone der Nebennierenrinde aufrechterhaltene) Stabilität des Verhältnisses von Blutdruck, Körpertemperatur, pH-Wert des Blutes u. a. **Homöostat**: *der*; -en, -en: technisches System, das sich der Umwelt gegenüber in einem stabilen Zustand halten kann (Kybernetik). **homöostatisch**: die Homöostase betreffend, dazu gehörend. **Homöoteleuton** [*gr.-lat.*; „ähnlich endend"] *das*; -s, ...ta: Redefigur, bei der aufeinanderfolgende Wörter oder Wortgruppen gleich klingen, (z. B. tr*au*, sch*au* [wem]). **homöotherm** [*gr.-nlat.*]: warmblütig, gleichbleibend warm (von Tieren, deren Körpertemperatur bei Schwanken der Umwelttemperatur gleich bleibt, z. B. Vögel u. Säugetiere). **Homöothermie** *die*; -: Warmblütigkeit (Zool.). **homophag**: a) nur pflanzliche od. tierische Nahrung fressend (von Tieren); b) auf nur einem Wirtsorganismus schmarotzend (von Parasiten; Biol.); Ggs. → heterophag. **homophil**: = homosexuell. **Homophilie** *die*; -: = Homosexualität. **homophob**: die Homophobie betreffend. **Homophobie** *die*; -, ...ien: krankhafte Angst vor u. Abneigung gegen → Homosexualität. **homophon** [*gr.*]: 1. gleichstimmig, melodiebetont, in der Kompositionsart der Homophonie; Ggs. → polyphon (2). 2. gleichlauten (von Wörtern od. Wortsilben; Sprachwissenschaft); vgl. ...isch/-. **Homophon** *das*; -s, -e: Wort, das mit einem anderen gleich lautet, aber verschieden geschrieben wird (z. B. Lehre–Leere); vgl. Homograph, Homonym. **Homophonie** *die*; -: Satztechnik, bei der die Melodiestimme hervortritt, alle anderen Stimmen begleitend zurücktreten (Musik); Ggs. → Polyphonie; vgl. Harmonie u. Monodie. **homophonisch**: auf die Homophonie bezogen; vgl. ...isch/-. **Homo|plasie** *die*; -: falsche → Homologie (2); Übereinstimmung von Organen, die auf gleichartiger Anpassung an ähnliche Lebensbedingungen beruht. **Homo|plastik** vgl. Homöoplastik. **homorgan** [*gr.-nlat.*]: mit dem gleichen Artikulationsorgan gebildet (von Lauten, z. B. b, p). **Homorganität** *die*; -: → Assimilation (1), Angleichung der Artikulation eines Lautes an die eines folgenden, z. B. mittelhochdt. *in*biʒ gegenüber neuhochdt. *Im*biß. **Homor|rhizie** *die*; -: Bildung der ersten Wurzeln seitlich am Sproß (Hauptwurzel wird nicht gebildet; bei Farnpflanzen; Bot.); Ggs. → Allorrhizie. **Homoseiste** *die*; -, -n (meist Plural): Linie, die Orte gleichzeitiger Erschütterung an der Erdoberfläche (bei Erdbeben) verbindet. **homosem**: = synonym. **Homosexualität** [auch: *ho...*; *gr.*; *lat.-nlat.*] *die*; -: sich auf das eigene Geschlecht richtendes Geschlechtsempfinden, gleichgeschlechtl. Liebe (bes. von Männern); Ggs. → Heterosexualität. **homosexuell** [auch: *ho...*]: a) gleichgeschlechtlich empfindend (bes. von Männern), zum eigenen Geschlecht hinneigend; Ggs. → heterosexuell; b) für Homosexuelle u. deren Interessen bestimmt, z. B. eine -e Bar, -e Bücher. **Homosexuelle** *der*; -n, -n: Mann, der homosexuell veranlagt ist. **Homosphäre** [auch: *ho...*] *die*; -: sich von den darüberliegenden Luftschichten abgrenzende untere Erdatmosphäre, die durch eine nahezu gleiche Zusammensetzung der Luft gekennzeichnet ist (Meteor.); Ggs. → Heterosphäre. **Homostylie** [*gr.-nlat.*] *die*; -: Blütenausbildung, bei der die Narben der Blüten aller Individuen einer Art immer auf der gleichen Höhe wie die Staubbeutel stehen (Bot.); Ggs. → Heterostylie. **homothetisch**: = synthetisch. **Homo|trans|plantation** [...*zion*; *gr.*; *lat.-nlat.*] *die*; -, -en: = Homöoplastik. **Homo|tropie** [*gr.-nlat.*] *die*; -: das homoerotische, homosexuelle Hingewendetsein zum eigenen Geschlecht (Fachspr.). **Homo|usianer** *der*; -s, -: Anhänger der Homousie. **Homöusianer** *der*; -s, -: Anhänger der Homöusie. **Homousie** [*gr.*; „wesensgleich"] *die*; -: Wesensgleichheit von Gottvater u. Gott Sohn. **Homö|usie** [„wesensähnlich"] *die*; -: Wesensähnlichkeit zwischen Gottvater u. Gott Sohn (Kompromißformel im Streit gegen den → Arianismus). **homozen|trisch** [*gr.-nlat.*]: von einem Punkt ausgehend od. in einem Punkt zusammenlaufend (von Strahlenbündeln). **homozygot**: mit gleichen Erbanlagen versehen, reinerbig (von Individuen, bei denen gleichartige mütterliche u. väterliche Erbanlagen zusammentreffen; Biol.); Ggs. → heterozygot. **Homozygotie** *die*; -: Erbgleicheit von Organismen, die aus einer → Zygote von Keimzellen mit gleichen Erbfaktoren hervorgegangen sind (Biol.); Ggs. → Heterozygotie

Homunkulus [*lat.*; „Menschlein"] *der* ; -, ...lusse od. ...li: künstlich erzeugter Mensch

Honanseide [nach der chines. Provinz Honan] *die*; -, -n: Rohseide, Seidengewebe aus Tussahseide mit leichten Fadenverdickungen

honen [*engl.*]: ziehschleifen (Verfahren zur Feinbearbeitung von zylindrischen Bohrungen, das die Oberfläche bei hoher Meß- u. Formgenauigkeit glättet)

honett [*lat.-fr.*]: anständig, ehrenhaft, rechtschaffen

Honey [*hani*; *engl.*; „Honig"] *der*; -[s], -s: Schätzchen, Liebling, Süße[r]. **Honeymoon** [*hanimun*; *engl.*; „Honigmond"] *der*; -s, -s: Flitterwochen

honi (auch: honni, honny) **soit qui mal y pense** [*oni ßoa ki maligangß*; *fr.-engl.*; „Verachtet sei, wer Arges dabei denkt"]: Wahlspruch des Hosenbandordens, des höchsten engl. Ordens

Honneur [*(h)onör*; *lat.-fr.*] *der*; -s, -s: 1. Ehrenbezeigung, Ehre; die -s machen: die Gäste willkommen heißen (bei Empfängen). 2. das Umwerfen der mittleren Kegelreihe beim Kegeln. 3. die [4 bzw. 5] höchsten Karten bei → Whist u. → Bridge

honni (auch: **honny**) **soit qui mal y pense** vgl. honi soit...

honorabel [*lat.*]: (veraltet) ehrenvoll, ehrbar. **Honorant** *der*; -en, -en: jmd., der einen Wechsel an Stelle des Bezogenen annimmt od. zahlt (vgl. honorieren); vgl. Intervention. **Honorar** [„Ehrensold"] *das*; -s, -e: Vergütung für frei- od. nebenberufliche wissenschaftliche, künstlerische o. ä. Tätigkeit. **Honorarprofessor** *der*; -s, -en: a) (ohne Plural) Ehrentitel für einen nichtbeamteten Universitätsprofessor; Abk.: Hon.-Prof.; b) Träger dieses Titels. **Honorat** *der*; -en, -en: jmd., für den ein Wechsel bezahlt wird; vgl. Intervention. **Honoratior** [*...zior*] *der*; ...oren, ...oren (meist Plural): 1. Person, die unentgeltlich Verwaltungsaufgaben übernimmt u. auf Grund ihres sozialen Status Einfluß ausübt. 2. angesehener Bürger, bes. in kleineren Orten. **Honoratiorendemo|kratie** *die*; -: Demokratie (bes. im 19. Jh.), in der die Politiker vorwiegend dem Besitz- bzw. dem Bildungsbürgertum entstammten. **Honoratiorenpartei** *die*; -: (im 19. Jh. in Deutschland) politische Partei, deren Mitglieder od. maßgebliche Führungsgruppen vorwiegend dem Besitz- bzw. Bildungsbürgertum entstammten. **honorieren** [„ehren; belohnen"]: 1. ein Honorar zahlen; vergüten. 2. anerkennen, würdigen, durch Gegenleistungen abgelten. 3. einen Wechsel annehmen, bezahlen (Wechselrecht). **honorig**: ehrenhaft, freigebig. **honoris causa** [-*kau*...]: ehrenhalber; Abk.: h.c.; Doktor - -: Doktor ehrenhalber; Abk.: Dr. h. c. (z.B. Dr. phil. h.c.). **Honorität** *die*; -, -en: 1. (ohne Plural) Ehrenhaftigkeit. 2. Ehrenperson. **Honoura|ble** [*onᵉrᵉbl*; *lat.-fr.-engl.*; „ehrenwert"]: Hochwohlgeboren (engl. Ehrentitel); Abk.: Hon.

Honved u. **Honvéd** [*honwed*; ung.; „Vaterlandsverteidiger"]

I. *der*; -s, -s: ungarischer (freiwilliger) Landwehrsoldat.

II. *die*; -: (von 1919–1945) die ungarische Armee

Hook [*huk*; *engl.*] *der*; -s, -s: 1. a) Haken (im Boxsport); b) Schlag, bei dem der Ball in einer der Schlaghand entgegengesetzten Kurve fliegt (Golf). 2. hakenartiges Ansatzstück an Kunstarmen zum Greifen u. Halten (Med.). **hooked** [*hukd*]: (Jargon) von einer harten → Droge (1) abhängig. **hooken** [*hukᵉn*]: einen Hook (1b) spielen. **Hooker** [*hukᵉr*] *der*; -s, -: 1. Golfspieler, dessen Spezialität der Hook (1b) ist. 2. der zweite u. dritte Stürmer (beim → Rugby), der beim Gedränge in der vorderen Reihe steht. **Hookshot** [*hukschot*] *der*; -s, -s: meist im Sprung ausgeführter Korbwurf (beim → Basketball 1), bei dem der Ball mit seitlich ausgestrecktem Arm über dem Kopf aus dem Handgelenk geworfen wird

Hooligan [*huligᵉn*; *engl.*] *der*; -s, -s: Halbstarker (in Amerika, England, Polen u. in der UdSSR). **Hooliganismus** *der*; -: Rowdytum

Hootenanny [*hutᵉnäni*; *engl.-amerik.*] *die*; -, -s, (auch:) *der* od. *das*; -[s], -s: [improvisiertes] gemeinsames Volksliedersingen

Hop

I. [*engl.*] *der*; -s, -s: in der Leichtathletik erster Sprung beim Dreisprung; vgl. Jump (1), Step (1).

II. [*engl.-amerik.*] *das*; -[s], -s: Dosis → Morphium od. → Heroin (II)

Hopak [*ukrain.*] *der*; -s, -s: = Gopak

Ho|plit [*gr.-lat.*; „Schildträger"] *der*; -en, -en: schwerbewaffneter Fußsoldat im alten Griechenland. **Ho|plites** [*nlat.*] *der*; -, ...ten: versteinerter → Ammonit (wichtiges Leitfossil der Kreidezeit; Geol.)

Hoquetus vgl. Hoketus

Hora

I. [*hora*], (auch:) Hore [*lat.*] *die*; -, Horen (meist Plural): a) Gebetsstunde, bes. eine der acht Gebetszeiten des Stundengebets in der kath. Kirche; vgl. Brevier; b) kirchliches Gebet zu verschiedenen Tageszeiten.

II. [*hora*; *gr.*; „Reigen"] *die*; -, -s: 1. jüdischer Volkstanz. 2. a) rumänischer Volkstanz; b) ländliche Tanzveranstaltung mit rumänischen Volkstänzen

Horarium [*lat.*] *das*; -s, ...ien: Stundenbuch, Gebetbuch für Laien

Hordein [*lat.-nlat.*] *das*; -s: Eiweißkörper in der Gerste. **Hordenin** *das*; -s: bes. in Malzkeimen enthaltenes Alkaloid (Herzanregungsmittel). **Hordeolum** *das*; -s, ...la: Gerstenkorn; Drüsenabszeß am Augenlid (Med.)

Hore vgl. Hora (I). **Horen** [*gr.-lat.*] *die* (Plural): 1. *Plural* von → Hora (I). 2. griech. Göttinnen der Jahreszeiten u. der [sittlichen] Ordnung

Horizont [*gr.-lat.*; „Grenzlinie; Gesichtskreis"] *der*; -[e]s, -e: 1. Begrenzungslinie zwischen dem Himmel u. der Erde; wahrer -: Schnittlinie einer senkrecht zum Lot am Beobachtungsort durch den Erdmittelpunkt gelegten Ebene mit der (unendlich groß gedachten) Himmelskugel (Astron.); natürlicher -: sichtbare Grenzlinie zwischen Himmel u. Erde; künstlicher -: spiegelnde Fläche (Quecksilber) zur Bestimmung der Richtung zum Zenit (Astron.). 2. Gesichtskreis; geistiges Fassungsvermögen. 3. kleinste Einheit innerhalb einer → Formation (5), räumlich die kleinste Schichteinheit, zeitlich die kleinste Zeiteinheit (Geol.). 4. Schnittgerade der vertikalen Zeichenebene mit der Ebene, die zur abzubildenden horizontalen Ebene parallel verläuft (in der Perspektive). **horizontal** [*gr.-lat.-nlat.*]. 1. waagerecht; 2. liegend; das -e Gewerbe; (ugs.) Prostitution. **Horizontale** *die*; -, -n (drei -n, auch: -): 1. a) waagerechte Gerade; Ggs. → Vertikale; b) waagerechte Lage. 2. (ugs.) Prostituierte. **Horizontalfrequenz** *die*; -, -en: Anzahl der in einer Sekunde übertragenen Zeilen (Fernsehtechnik). **Horizontalintensität** *die*; -: Stärke des Erdmagnetfeldes in waagerechter Richtung. **Horizontalkonzern** *der*; -s, -e: Konzern, der Unternehmen der gleichen Produktionsstufe umfaßt; Ggs. → Vertikalkonzern. **Horizontalpendel** *das*; -s, -: Pendel, das um eine nahezu vertikale Drehachse in einer nahezu horizontalen Ebene schwingt. **horizontieren**: 1. die verschiedene Höhenlage eines Horizonts einmessen (Geol.). 2. die Achsen von geodätischen Meßinstrumenten in waagerechte u./od. senkrechte Lage bringen (Geodäsie)

hormisch [*gr.-engl.*]: triebhaft zielgerichtet, zweckgeleitet (vom menschlichen u. tierischen Verhalten; Psychol.). **Hormon** [*gr.-nlat.*] *das*; -s, -e: körpereigener, von den Drüsen mit innerer Sekretion gebildeter u. ins Blut abgegebener Wirkstoff (Med.); vgl. Inkret. **hormonal**, (auch:) **hormonell**: aus Hormonen bestehend, auf sie bezüglich (Med.); vgl. ...al/...ell. **Hormonim|plantation** [*...zion*] *die*; -, -en: Einpflanzung kleiner Hormontabletten unter die Haut (Med.). **Hormonpräparat** *das*; -s, -e: Medikament aus künstlich gewonnenem Hormon (Med.). **Hormontherapie** *die*; -, -n: medizinische Behandlung mit Hormonpräparaten zum Ausgleich überschüssiger od. mangelnder eigener Hormone, auch bei Entzündungen u. a.

Hornback [*hoʳnbäk*; *engl.*] *das* od. *der*; -s, -s: verhornter Rücken einer Krokodilhaut, der durch Abschleifen eine besonders ausgeprägte Maserung zutage treten läßt u. hauptsächlich für Luxusartikel der Lederwarenindustrie verwendet wird

Hornito [*span.*] *der*; -s, -s: kegelförmige Aufwölbung über Austrittsstellen dünnflüssiger Lava

Hornpipe [*hoʳnpaip*; *engl.*] *die*; -, -s: 1. Schalmeienart. 2. alter englischer Tanz im 3/4- oder 4/4-Takt

Horolog [*gr.-lat.*] *das*; -s, -e: (veraltet) Uhr. **Horologion** = Horologium (1). **Horologium** *das*; -s, ...ien [*...iᵉn*]: 1. liturgisches Buch mit den Texten für die Stundengebete der orthodoxen Kirche. 2. = Horolog

Hor|opter [*gr.-nlat.*] *der*; -s: kreisförmige horizontale Linie, auf der alle Punkte liegen, die bei gegebener Augenstellung mit beiden Augen nur einfach gesehen werden (Med.)

Horo|skop [*gr.-lat.*; „Stundenseher"] *das*; -s, -e: (Astrol.) a) schematische Darstellung der Stellung der Gestirne zu einem bestimmten Zeitpunkt als Grundlage zur Schicksalsdeutung; b) Voraussage über kommende Ereignisse auf Grund von Sternkonstellationen; c) Aufzeichnung des Standes der Sterne bei der Geburt, Kosmogramm. **horoskopieren**: ein Horoskop stellen. **horo|skopisch**: das Horoskop betreffend, darauf beruhend

Horra: = Hora (II, 1)

horrend [*lat.*]: 1. jedes normale Maß überschreitend, so daß es emotionale Kritik hervorruft. 2. (veraltet) durch seinen geistigen Gehalt Entsetzen erregend. **horribel**: (veraltet) 1. als Erlebnis, Mitteilung grauenerregend, grausig, furchtbar. 2. = horrend (1). **horribile dictu** [*- dik...*]: es ist furchtbar, dies sagen zu müssen; Gott sei's geklagt. **Horribilität** *die*; -, -en (Plural selten): (veraltet) Schrecklichkeit, Furchtbarkeit. **Horror** *der*; -s: auf Erfahrung beruhender, schreckerfüllter Schauder, Abscheu, Widerwille [sich mit etw. zu befassen]. **Horrorfilm** *der*; -[e]s, -e: Kinofilm mit sehr grausamem od. gruseligem Inhalt. **Horrorliteratur** *die*; -, -en: literarische Werke aller Gattungen, die Unheimliches, Greueltaten u. ä. darstellen. **Horror|trip** *der*; -s, -s: 1. a) Reise voller Schrecken, Schreckensfahrt; b) schrecklicher Vorgang, schreckliches Ereignis. 2. Drogenrausch nach dem Genuß von starken Drogen (LSD, Heroin o. ä.) mit Angst- u. Panikgefühlen. **Horror vacui** [*- waku-i*] *der*; - -: Scheu vor dem Leeren (von Aristoteles ausgehende Annahme, die Natur sei überall um Auffüllung eines leeren Raumes bemüht; Philos.)

hors concours [*(h)or kongkur*; *lat.-fr.*]: außer Wettbewerb.

Horsd'œu|vre [*...döwrᵉ*; *fr.*] *das*; -s, -s: appetitanregendes kaltes od. warmes Vor- od. Beigericht

Horse [*hoʳs*; *engl.*] *das*; -: (Jargon) Heroin. **horsepower** [*hoʳspauᵉr*]: in Großbritannien verwendete Einheit der Leistung (= 745,7 Watt), Pferdestärke; Abk.: h. p. (früher: HP)

Hortativ *der*; -s, -e [*...wᵉ*]: = Adhortativ

Hortensie [*...iᵉ*; *nlat.*, nach Hortense Lepaute (*ortangß lᵉpot*), der Reisegefährtin des franz. Botanikers Commerson (*komärßong*), 18. Jh.] *die*; -, -n: als Strauch- u. Topfpflanze verbreitetes Steinbrechgewächs mit kleinen weißen, grünlichen, roten od. blauen Blüten in Rispen od. [kugeligen] doldenähnlichen Blütenständen

Hortikultur [*lat.*] *die*; -: Gartenbau

Hortulus animae [*- ...mä*; *lat.*; „Seelengärtlein"] *der*; - -, ...li -: häufiger Titel von spätmittelalterlichen Gebetbüchern

hosanna usw. = hosianna usw. **hosianna**! [*hebr.-gr.-mlat.*; „hilf doch!"]: alttestamentl. Gebets- u. Freudenruf, der in die christliche Liturgie übernommen wurde. **Hosianna** *das*; -s, -s: mit dem → Sanctus (II) verbundener Teil des christlichen Gottesdienstes vor der → Eucharistie. **Hosiannaruf** *der*; -[e]s, -e: lauter öffentlicher Beifall; Sympathiekundgebung, die einer prominenten Persönlichkeit zuteil wird

Hospital [*lat.*] *das*; -s, -e u. ...täler: 1. [kleineres] Krankenhaus. 2. (veraltet) Armenhaus, Altersheim. **hospitalisieren**: in ein Krankenhaus oder Pflegeheim einliefern. **Hospitalisierung** *die*; -, -en: das Hospitalisieren. **Hospitalismus** [*lat.-nlat.*] *der*; -: 1. das Auftreten körperlicher oder seelischer Veränderungen nach einem längeren Krankenhausaufenthalt (Psychologie; Medizin). 2. das Auftreten von Entwicklungsstörungen u. -rückständen bei Kindern als Folge von Heimaufenthalt im Säuglingsalter (Psychol.; Päd.); vgl. → Deprivation. 3. Infektion von Krankenhauspatienten od. -personal durch im Krankenhaus resistent gewordene Keime (Med.). **Hospitalit** *der*; -en, -en: in ein Hospital Aufgenommener. **Hospitalität** [*lat.*] *die*; -: (veraltet) Gastfreundschaft. **Hospitaliter** [*lat.-nlat.*] *der*; -s, -: Mitglied einer mittelalterlichen religiösen

Genossenschaft (von Laienbrüdern, Mönchen oder Ordensrittern) für Krankenpflege. **Hospitant** [*lat.*] *der;* -en, -en: a) Gasthörer an Hochschulen u. Universitäten; b) unabhängiger od. einer kleinen Partei angehörender Abgeordneter, der als Gast Mitglied einer nahestehenden parlamentarischen Fraktion ist. **Hospitanz** *die;* -: Gastmitgliedschaft in einer parlamentarischen Fraktion. **Hospitation** [...*zion*] *die;* -: das Teilnehmen am Unterricht u. der Besuch von pädagogischen Einrichtungen als Teil der praktischen pädagogischen Ausbildung (Päd.). **Hospitesse** *die;* -, -n: Frau mit einer Ausbildung als Krankenschwester u. zugleich als Sozialarbeiterin, die im Krankenhaus zur Betreuung bestimmter Patientengruppen eingesetzt wird. **hospitieren**: als Gast zuhören od. teilnehmen. **Hospiz** *das;* -es, -e: 1. großstädtisches Gasthaus od. Hotel mit christlicher Hausordnung. 2. von Mönchen errichtete Unterkunft für Reisende od. wandernde Mönche im Mittelalter (z. B. auf dem St.-Bernhard-Paß)

Hospodar, Gospodar [*slaw.*; „Herr"] *der;* -s u. -en, -e[n]: (hist.) slaw. Fürstentitel in Montenegro

Hostess, (eingedeutscht auch:) **Hosteß** [*hoßtäß*, auch: *hoßtäß*; *lat.-fr.-engl.*; „Gastgeberin"] *die;* -, ...tessen: 1. a) junge weibliche Person, die auf Messen o. ä. zur Betreuung od. Beratung der Besucher angestellt ist; b) Angestellte einer Fluggesellschaft, die im Flugzeug od. auf dem Flughafen die Reisenden betreut. 2. (verhüllend) → Prostituierte, die ihre Dienste bes. über Zeitungsannoncen anbietet

Hostie [...*i^e*; *lat.*; „Opfer, Opfertier"] *die;* -, -n: beim Abendmahl in der lutherischen Kirche od. bei der → Kommunion (1) in der katholischen Kirche dem Gläubigen gereichte → Oblate (I, 1), die den Leib Christi darstellt

hostil [*lat.*]: feindlich. **Hostilität** *die;* -, -en: Feindseligkeit

Hot [*engl.-amerik.*] *der;* -s: scharf akzentuierende u. synkopierende Spielweise im Jazz. **Hot dog** [*amerik.*] *das* (auch: *der*); - -s, - -s: in ein aufgeschnittenes Brötchen gelegtes heißes Würstchen mit Ketchup o. ä.

Hotchpotch [*hotschpotsch*; *fr.-engl.*; „Mischmasch"] *das;* -, -es [...*is*]: Eintopfgericht; vgl. Hochepot

Hotel [*lat.-fr.*] *das;* -s, -s: Beherbergungs- u. Verpflegungsbetrieb gehobener Art mit einem gewissen Mindestkomfort. **Hotel garni** [*lat.-fr.*; *germ.-fr.*] *das;* - -, -s -s [*hotäl garni*]: Hotel[betrieb], in dem es nur Frühstück gibt. **Hotelier** [...*lie*; *lat.-fr.*] *der;* -s, -s: Hotelbesitzer. **Hotellerie** *die;* -: Gast-, Hotelgewerbe

Hot Jazz [- *dschäs*] *der;* - -, - -: = Hot

Hot money [*hot mani*; *engl.-amerik.*; „heißes Geld"] *das;* - -: Geld, das kurzfristig von Land zu Land transferiert wird, um Währungsgewinne zu erzielen

Hot pants [*hot pänz*; *engl.*; „heiße Hosen"] *die* (Plural): sehr kurze u. enge Damenshorts, die als Straßenkleidung getragen wird

hotten [*engl.*]: 1. (ugs.) zu Jazzmusik tanzen. 2. Hot Jazz spielen

Hottonia [*nlat.*, nach dem holländ. Botaniker Peter Hotton, † 1709] *die;* -, ...ien [...*i^en*]: Wasserprimel; Zierpflanze für Aquarien u. Uferbepflanzungen

Houppelande [*uplangd*; *fr.*] *die;* -, -s [...*langd*]: im 14. Jh. aufgekommenes langes, glockenförmig geschnittenes Obergewand des Mannes

Hourdi [*urdi*; *fr.*] *der;* -s, -s: Hohlstein aus gebranntem Ton mit ein- od. zweireihiger Lochung, der bes. für Decken u. zwischen Stahlträgern verwendet wird

House of Commons [*hauß ^ew kom^ens*; *engl.*] *das;* - - -: das engl. Unterhaus. **House of Lords** [- - *lo^rds*; „Haus der Lords"] *das;* - - -: das engl. Oberhaus

Hover|craft [*how^erkraft*; *engl.*; „Schwebefahrzeug"] *das;* -[s], -s: Luftkissenfahrzeug (Auto, Schiff)

Howea [*nlat.*; nach der austr. Lord-Howe-Insel (*lo^rdhau*...)] *die;* -, ...ween: ein Palmengewächs, Zierpalme (Bot.)

Huanaco [...*nako*] vgl. Guanako

Huerta [*uärta*; *lat.-span.*; „Garten"] *die;* -, -s: fruchtbare, künstlich bewässerte Ebene in Spanien

Hugenotte [*dt.-fr.*; „Eidgenosse"] *der;* -n, -n: 1. Anhänger des Kalvinismus in Frankreich. 2. Nachkomme eines zur Zeit der Verfolgung aus Frankreich geflohenen Kalvinisten

Hughes|tele|graf [*hjus*...; nach dem engl. Physiker D. E. Hughes, 1831–1900] *der;* -en, -en: Telegraf, der am Empfänger direkt Buchstaben druckt

huius anni [*lat.*]: dieses Jahres; Abk.: h. a. **huius mensis**: dieses Monats; Abk.: h. m.

Huk [*niederl.*] *die;* -, -en: Landzunge, die den geradlinigen Verlauf einer Küste unterbricht (Seemannsspr.)

Huka [*arab.*] *die;* -, -s: orientalische Wasserpfeife

Hukboot [*niederl.*] *das;* -[e]s, -e: kleines Beiboot des Hukers. **Huker** *der;* -s, -: breites, flaches Segelschiff, das in der Hochseefischerei eingesetzt wurde

Hukka = Huka

Hula [*hawaiisch*] *die;* -, -s, (auch:) *der;* -s, -s: [→ kultischer] Gemeinschaftstanz der Eingeborenen auf Hawaii. **Hula-Hoop** [...*hup*] u. **Hula-Hopp** [*hawaiisch*; *engl.*] *der* od. *das;* -s: Reifenspiel, bei dem man einen Reifen um die Hüfte kreisen läßt. **Hula-Hoop-Reifen** [...*hup*...] *der;* -s, -: größerer Reifen, den man um die Hüften durch kreisende Bewegungen des Körpers schwingen läßt

Hulk, Holk [*engl.*] *die;* -, -e[n] od. *der;* -[e]s, -e[n]: abgetakelter, für Kasernen- u. Magazinzwecke verwendeter Schiffskörper

human [*lat.*]: 1. a) die Menschenwürde achtend, menschenwürdig; Ggs. → inhuman; b) ohne Härte, nachsichtig, nicht streng im Umgang mit anderen. 2. zum Menschen gehörend, ihn betreffend. **Humanbiologe** *der;* -n, -n: Wissenschaftler auf dem Gebiet der Humanbiologie. **Humanbiologie** *die;* -: Teilgebiet der naturwissenschaftlichen Anthropologie, auf dem man sich bes. mit der Entstehung der menschlichen Rassen beschäftigt. **humanbiologisch**: die Humanbiologie betreffend. **Human counter** [*hjum^en kaunt^er*; *engl.*] *der;* - -[s], - -[s]: in einem abgeschirmten Raum aufgestelltes Meßgerät zur Bestimmung der Strahlenmenge, die vom menschlichen Körper aufgenommen u. wieder abgestrahlt wird (bei der Strahlenschutzüberwachung). **Human engineering** [- *ändschini^ering*; *engl.-amerik.*] *das;* - -: Berücksichtigung der psychologischen u. sozialen Voraussetzungen des Menschen bei der Gestaltung u. Einrichtung von Arbeitsplätzen u. maschinellen Einrichtungen; Sozialtechnologie (Sozialpsychol.). **Humangenetik** [*lat.*; *gr.-nlat.*] *die;* -: Teilgebiet der Genetik, auf dem man sich bes. mit der Erblichkeit der körperlichen Merkmale u. der geistig-seelischen Eigenschaften des Menschen befaßt. **Humangenetiker** *der;* -s, -: Wissenschaftler auf dem Gebiet der Humangenetik. **humangenetisch**: die Humangenetik betreffend. **Humaniora** *die* (Plural): (veraltet) das griechisch-römische Altertum als Grundlage der Bildung u. als Lehr- u. Prüfungsfächer. **humanisieren** [*lat.-nlat.*]: (bes. in bezug auf die Lebens- u. Arbeitsbedingungen des Menschen) humaner, menschenwürdiger, menschlicher, sozialer gestalten. **Humanisierung** *die*; -, -en: das Humanisieren. **Humanismus** *der*; -: 1. (auf das Bildungsideal der griechisch-römischen Antike gegründetes) Denken u. Handeln im Bewußtsein der Würde des Menschen; Streben nach einer echten Menschlichkeit. 2. literarische u. philologische Neuentdeckung u. Wiedererweckung der antiken Kultur, ihrer Sprachen, ihrer Kunst u. Geisteshaltung vom 13. bis zum 16. Jh. **Humanist** *der*; -en, -en: 1. jmd., der die Ideale des Humanismus (1) in seinem Denken u. Handeln zu verwirklichen sucht, vertritt. 2. Vertreter des Humanismus (2). 3. jmd., der über eine humanistische [Schul]bildung verfügt; Kenner der alten Sprachen. **humanistisch**: 1. a) im Sinne des Humanismus (1) handelnd; b) am klassischen Altertum orientiert. 2. altsprachlich gebildet; -es Gymnasium: höhere Schule mit vorwiegend altsprachlichen Lehrfächern. **humanitär**: menschenfreundlich, wohltätig, speziell auf das Wohl des Menschen gerichtet. **Humanitarismus** [nach dem Namen einer nach dem „Journal humanitaire" benannten, in Frankreich seit 1839 bestehenden Gruppe] *der*; -: menschenfreundliche Gesinnung, Denkhaltung. **Humanitas** [*lat.*] *die*; -: vollkommene Menschlichkeit. **Humanität** *die*; -: Menschlichkeit, die auf die Würde des Menschen u. auf Toleranz gegenüber anderen Gesinnungen ausgerichtet ist; edle Gesinnung im Verhalten zu den Mitmenschen u. zur Kreatur. **Humanitätsapostel** *der*; -s, -: (iron.) jmd., der die Ideen u. Inhalte der Humanität mit rigorosem Engagement durchzusetzen, zu verwirklichen trachtet. **Humanmedizin** *die*; -: Bereich der medizinischen Wissenschaft, der den Menschen u. dessen Krankheiten betrifft. **Humanmediziner** *der*; -s, -: Arzt der Humanmedizin. **humanmedizinisch**: die Humanmedizin betreffend, auf ihr beruhend, zu ihr gehörend. **Humanökologe** *der*; -n, -n: Wissenschaftler auf dem Gebiet der Humanökologie. **Humanökologie** *die*; -: Teilgebiet der Ökologie, auf dem man die Beziehungen zwischen Mensch u. Umwelt untersucht. **humanökologisch**: die Humanökologie betreffend, auf ihr beruhend. **Humanphysiologie** *die*; -: Wissenschaft von den normalen Lebensvorgängen beim Menschen. **Humanpsychologe** *der*; -n, -n: Wissenschaftler auf dem Gebiet der Humanpsychologie. **Humanpsychologie** *die*; -: Wissenschaft, die sich mit der → Psyche (1) des Menschen befaßt. **humanpsychologisch**: die Humanpsychologie betreffend, auf ihr beruhend. **Human Relations** [*hjumᵉn rileˈschᵉns*; *engl.-amerik.*] *die* (Plural): (in den 1930er Jahren von den USA ausgegangene) Richtung der betrieblichen Personal- u. Sozialpolitik, die die Bedeutung der zwischenmenschlichen Beziehungen im Betrieb betont. **Humanwissenschaft** *die*; -, -en: Wissenschaft, bei der man sich mit dem Menschen beschäftigt (z. B. Anthropologie, Soziologie, Psychologie)

Humbug [*engl.*] *der*; -s: etw., was als unsinnig, töricht angesehen wird

Humerale [*lat.-mlat.*] *das*; -s, ...lien [...*iᵉn*] u. ...lia: 1. in der Liturgie der Eucharistie verwendetes Schultertuch des katholischen Priesters, Amikt. 2. am Vorderende gelegener Hornschild des Bauchpanzers bei Schildkröten (Zool.). **Humerus** [*lat.*] *der*; -, ...ri: Oberarmknochen (Med.)

humid, humide [*lat.*]: feucht, naß; -e Gebiete: Landstriche mit einer jährlichen Niederschlagsmenge von über 600 l pro m^2 (Meteor.). **Humidität** [*lat.-nlat.*] *die*; -: Feuchtigkeit

Humifikation [...*zion*; *lat.-nlat.*] *die*; -: Vermoderung, Humusbildung (bes. durch Bakterien, Pilze, Würmer u. a.). **humifizieren**: zu Humus umwandeln; vermodern. **Humifizierung** *die*; -: = Humifikation. **humil** [*lat.*]: (veraltet) niedrig, demütig. **humiliant**: (veraltet) demütigend. **Humiliaten** *die* (Plural): Anhänger einer Bußbewegung des 11. u. 12. Jh.s. **Humiliation** [...*zion*] *die*; -, -en: (veraltet) Demütigung. **Humilität** *die*; -: (veraltet) Demut. **Huminsäure** [*lat.-nlat.*; *dt.*] *die*; -, -n: aus Resten abgestorbener Lebewesen sich im Boden bildende Säure. **Humit** [auch: ...*it*] *der*; -s, -e u. **Humolith** [auch: ...*it*; *lat.*; *gr.*] *der*; -s u. -en, -e[n]: Humuskohle, → Sediment pflanzlicher Herkunft (Torf, Braun- u. Steinkohle)

Humor

I. [*humor*; *lat.-fr.-engl.*] *der*; -s, (selten:) -e: 1. (ohne Plural) Fähigkeit, Gabe eines Menschen, der Unzulänglichkeit der Welt u. der Menschen, den Schwierigkeiten u. Mißgeschicken des Alltags mit heiterer Gelassenheit zu begegnen, sie nicht so tragisch zu nehmen u. über sie u. sich lachen zu können. 2. sprachliche, künstlerische o. ä. Äußerung einer von Humor (1) bestimmten Geisteshaltung, Wesensart, z. B. der rheinische -; schwarzer -: das Grauen einbeziehender Humor.

II. [*humor*; *lat.*] *der*; -s, -es [...*moreß*]: Körperflüssigkeit (Med.)

humoral [*lat.-nlat.*]: den Humor (II), die Körperflüssigkeiten betreffend, auf sie bezüglich. **Humoraldia|gnostik** *die*; -: medizinische Methode der Krankheitserkennung durch Untersuchung der Körperflüssigkeiten. **Humoralpathologie** *die*; -: antike Lehre, nach der alle Krankheiten auf die fehlerhafte Zusammensetzung des Blutes u. anderer Körpersäfte zurückzuführen seien; Säftelehre; vgl. Solidarpathologie. **Humoreske** [*dt.* Bildung aus → Humor (I) u. roman. Endung analog zu Groteske, Burleske] *die*; -, -n: 1. kleine humoristische Erzählung. 2. Musikstück von komischem od. erheiterndem Charakter. **humorig** [von → Humor (I) abgeleitet]: launig, mit Humor. **Humorist** [*lat.-fr.-engl.*] *der*; -en, -en: 1. jmd. (Schriftsteller, Künstler), dessen Werke sich durch eine humoristische Behandlungsweise des Stoffes auszeichnen. 2. Vortragskünstler, der witzige Sketche o. ä. darbietet. **Humoristikum** [*nlat.*] *das*; -s, ...ka: etwas Humorvolles. **humoristisch**: den Humor (I) betreffend; scherzhaft, launig, heiter

humos [*lat.-nlat.*]: reich an Humus

Humulus [*germ.-mlat.*] *der*; -: Hopfen (Hanfgewächs; Brauerei- u. Heilpflanze)

Humus [*lat.*; „Erde, Erdboden"] *der*; -: fruchtbarer Bodenbestandteil, der sich in einem ständigen Umbauprozeß befindet

Hun|dredweight [*hạndrᵉdweᵢt*; *engl.*] *das*; -[s], -s: engl. Handelsgewicht; Abk.: cwt. (eigtl.: *c*ent-weigh*t*)

Hungarika [*nlat.*] *die* (Plural): Werke über Ungarn. **Hungaristik** *die*; -: Wissenschaft von der ungarischen Sprache u. Literatur

Hunter [*han*...; *engl.*] *der*; -s, -: 1. Jagdpferd. 2. Jagdhund

Huri [*arab.-pers.*] *die*; -, -s: schönes Mädchen im Paradies des → Islams

Hurling [*hö'ling*; *engl.*] *das*; -s: dem Hockey verwandtes, in Irland noch gespieltes Schlagballspiel (Sport)

Huron [nach dem Huronsee in Nordamerika] *das*; -s: das mittlere → Algonkium in Nordamerika (Geol.)

Hurrikan [auch: *harik^en*; *indian.-span.-engl.*] *der*; -s, -e u. (bei engl. Musspr.:) -s: Orkan; heftiger tropischer mittelamerik. Wirbelsturm; vgl. Taifun

Husar [*lat.-mlat.-it.-serbokroat.-ung.*] *der*; -en, -en: (hist.) Angehöriger der leichten Reiterei in ungar. Nationaltracht

Husky [*haßki*; *engl.*] *der*; -s, ...kies [...*kis*] od. ...kys: Eskimohund (mittelgroße, spitzähnliche Hunderasse)

Husle [*slaw.*] *die*; -, -n: altertümliche Geige der Lausitzer Wenden; vgl. Gusla

Hussit [*nlat.*; nach dem tschech. Reformator Johannes Hus, † 1415] *der*; -en, -en: Anhänger der religiös-sozialen Aufstandsbewegung im 15. u. 16. Jh. in Böhmen, die durch die Verbrennung des Reformators Hus auf dem Konzil zu Konstanz, 1415, hervorgerufen wurde. **Hussitismus** *der*; -: Lehre u. Bewegung der Hussiten

Hustle [*haß^el*; *germ.-engl.*] *der*; -[s], -s: a) moderner Linientanz, bei dem die Tänzer in Reihen stehen u. bestimmte Schrittfolgen ausführen; b) = Diskofox. **Hustler** [*haßl^er*] *der*; -s, -: jmd., der Hustle tanzt

Hwan *der*; -[s], -[s]: südkorean. Währungseinheit (= 100 Chon)

Hyaden [*gr.*; Herkunft unsicher] *die* (Plural): 1. Gruppe von Nymphen in der griech. Mythologie. 2. Sternanhäufung im Sternbild Stier (Astron.)

hya|lin [*gr.-lat.*]: durchscheinend, glasartig, glasig (Med.). **Hya|lin** *das*; -s, -e: aus Geweben umgewandelte glasige Eiweißmasse. **Hya|linose** [*gr.-nlat.*] *die*; -, -n: Ablagerung von Hyalin in Geweben u. an Gefäßwänden (Med.). **Hyalit** [auch: ...*it*] *der*; -s, -e: Glasopal (Geol.). **Hya|litis** *die*; -, ...itiden: Entzündung des Glaskörpers des Auges (Med.). **Hyalographie** *die*; -: Glasradierung. **hyaloid** [*gr.-lat.*]: a) glasartig; b) den Glaskörper des Auges betreffend (Med.). **Hyalophan** [*gr.-nlat.*] *der*; -s, -e: Mineral. **Hyalo|plasma** *das*; -s: flüssige, klare, fein granulierte Grundsubstanz des Zellplasmas (Med.)

Hyäne [*gr.-lat.*] *die*; -, -n: (in Afrika u. Asien heimisches) hundeähnliches, sehr gefräßiges Raubtier

Hyazinth

I. [*gr.-lat.*] *der*; -[e]s, -e: Edelstein, Abart des Zirkons.

II. [nach der gr. Sagengestalt] *der*; -s, -e: schöner Jüngling

Hyazinthe *die*; -, -n: winterharte Zwiebelpflanze (Liliengewächs) mit stark duftenden, farbenprächtigen Blüten

hy|brid

I. [*gr.*]: hochmütig, überheblich, übersteigert, vermessen.

II. [*lat.*] gemischt, von zweierlei Herkunft, aus Verschiedenem zusammengesetzt; durch Kreuzung, Mischung entstanden; -e Bildung: Zwitterbildung, Mischbildung, zusammengesetztes od. abgeleitetes Wort, dessen Teile verschiedenen Sprachen angehören (z. B. Auto-mobil [*gr.*; *lat.*], Büro-kratie [*fr.*; *gr.*], Intelligenz-ler [*lat.*; *dt.*]; Sprachw.); vgl. ...isch/-.

Hy|bride [*lat.*] *die*; -, -n (auch: *der*; -n, -n): Bastard (aus Kreuzungen hervorgegangenes pflanzliches od. tierisches Individuum, dessen Eltern sich in mehreren erblichen Merkmalen unterscheiden; Biol.). **hy|bridisch**: sich auf Mischung, Kreuzung beziehend, sie betreffend; vgl. ...isch/-. **Hybridisierung** *die*; -, -en: 1. Hybridzüchtung; Kreuzung von durch Inzucht geprägten Pflanzen od. Tieren, um Steigerungen des Wachstums u. der Leistung zu erzielen (Biol.); vgl. Heterosis. 2. bei der chem. Bindung eintretender quantenmechanischer Vorgang, bei dem sich die → Orbitale der beteiligten Axiome zu neuen, durch ihre besondere räumliche Ausrichtung für die Bindungen im Molekül günstigeren Orbitalen umordnen (Chem.). **Hy|bridrakete** *die*; -, -n: Rakete, die zum Antrieb sowohl feste als auch flüssige Brennstoffe verwendet. **Hy|bridrechner** *der*; -s, -: elektronische Rechenanlage, die eine Mischung aus → Analogrechner und → Digitalrechner darstellt

Hy|bris [*gr.*] *die*; -: [in der Antike] frevelhafter Übermut, Selbstüberhebung (besonders gegen die Gottheit); Vermessenheit

Hyd|ar|throse [*gr.-nlat.*] u. Hydrar|throse *die*; -, -n: krankhafte Ansammlung von Flüssigkeit in Gelenken; Gelenkerguß (Med.).

Hydathode *die*; -, -n (meist Plural): Blattspalte bei Pflanzen zur Abgabe von Wasser (Bot.).

Hydatide *die*; -, -n: 1. (meist Plural) Finne der Hülsenbandwürmer (Biol.). 2. Bläschen am oberen Pol des Hodens (Med.).

Hydatochorie *die*; - = Hydrochorie. **hydatogen**: (Geol.) 1. aus einer wässerigen Lösung gebildet (von Mineralien). 2. durch Wasser zusammengeführt od. aus Wasser abgeschieden (von Schichtgesteinen). 3. = hydatopyrogen. **hydatopyrogen**: aus einer mit Wasserdampf gesättigten Schmelze entstanden (von Gesteinen; Geol.). **Hy|dra** [*gr.-lat.*] *die*; -, ...dren: 1. (in der griech. Mythologie von Herakles getötetes) neunköpfiges Seeungeheuer, dessen abgeschlagene Köpfe doppelt nachwuchsen. 2. Süßwasserpolyp. **hy|dragogisch**: stark abführend (von Arzneimitteln; Medizin). **Hy|dragogum** [*gr.-nlat.*] *das*; -s, ...ga: Arzneimittel, das dem Körper (durch erhöhte Ausscheidung) Wasser entzieht (Med.). **Hydrämie** *die*; -, ...ien: erhöhter Wassergehalt des Blutes (Med.). **Hydramnion** *das*; -s, ...ien [...*i^en*]: übermäßige Fruchtwassermenge (Med.). **Hy|drangea** *die*; -, ...eae [...*ä*]: wissenschaftliche Bezeichnung für: → Hortensie. **Hy|drant** *der*; -en, -en: größere Zapfstelle zur Wasserentnahme aus Rohrleitungen. **Hy|dranth** *der*; -en, -en: Einzelpolyp eines Polypenstokkes (z. B. bei Korallen; Zool.). **Hy|drapulper** [...*palp^er*; *gr.*; *engl.*] *der*; -s, -: Stofflöser, in der Papierherstellung Maschine zur Aufbereitung (zum Auflösen) von Altpapier u. Rohstoffen. **Hydrargillit** [auch: ...*it*] *der*; -s, -e: farbloses, weißes oder grünliches, glasig glänzendes Mineral, das besonders bei der Gewinnung von → Aluminium u. zur Herstellung feuerfester Steine verwendet wird. **Hy|drargyrose** [*gr.-nlat.*] *die*; -, -n: Quecksilbervergiftung; Vergiftung durch eingeatmete Quecksilberdämpfe (Med.). **Hy|drargyrum** *das*; -s: Quecksilber, chem. Grundstoff; Zeichen: Hg. **Hy|drarthrose** vgl. Hydarthrose. **Hydrasystem** *das*; -s: Verkaufsverfahren, bei dem der Verkauf der Ware gegen Anzahlung u. die Verpflichtung des Käufers erfolgt, die Restschuld durch Ratenzahlung u. Vermittlung neuer

Kunden abzutragen; Schneeballsystem. **Hy|drat** *das*; -[e]s, -e: Verbindung von Oxyden od. wasserfreien Säuren mit Wasser (Chemie). **Hy|dratation** [...*zion*] u. **Hy|dration** [...*zion*] *die*; -, -en: 1. Bildung von Hydraten (Chem.). 2. durch Absorption von Wasser verursachte Quellung u. Volumenvergrößerung von Mineralien u. die dadurch hervorgerufene Sprengung der Gesteine (Geol.). **hy|dratisieren**: Hydrate bilden (Chem.). **Hy|draulik** *die*; -: 1. Theorie u. Wissenschaft von den Strömungen der Flüssigkeiten (z. B. im Wasserbau). 2. Gesamtheit der Steuer-, Regel-, Antriebs- und Bremsvorrichtungen eines Fahrzeugs, Flugzeugs od. Geräts, dessen Kräfte mit Hilfe des Drucks einer Flüssigkeit erzeugt od. übertragen werden. **hydraulisch**: mit Flüssigkeitsdruck arbeitend, mit Wasserantrieb; -e Arbeitsmaschine: mit Druckwasser angetriebene Arbeitsmaschine; -e Bremse: Vorrichtung zum Abbremsen rotierender Räder durch flüssigkeitsgefüllte Druckzylinder, die über Bremsbacken einen Druck auf das Bremsgehäuse (und damit auf das Rad) ausüben; -e Presse: Wasserdruckpresse, Vorrichtung zur Erzeugung hohen Druckes, bei der die Erscheinung der allseitigen Ausbreitung des Drucks in einer Flüssigkeit genutzt wird; -er Abbau: Gold- und Silbergewinnung durch Wasserschwemmung; -er Mörtel: besondere Art von Mörtel, die auch unter Wasser erhärtet; -er Wandler: = hydraulisches Getriebe; -er Widder: mit Wasserdruck getriebene Hebevorrichtung; -es Gestänge: Flüssigkeitsgestänge zur Druckübertragung durch Flüssigkeitssäule; -es Getriebe: Getriebe, in dem Flüssigkeiten zur Übertragung von Kräften u. Bewegungen dienen; -e Zuschläge = Hydraulite. **Hydraulit** [auch: ...*lit*] *der*; -[e]s, -e: Zusatzstoff zur Erhöhung der Bindefähigkeit von Baustoffen. **Hy|drazide** [*gr.*; *gr.-fr.*] *die* (Plural): Salze des Hydrazins. **Hydrazin** *das*; -s: chem. Verbindung von Stickstoff mit Wasserstoff (Diamid), farblose, stark rauchende Flüssigkeit. **Hy|drazine** *die* (Plural) organische Basen des Hydrazins, als Reduktions- u. Lösemittel in der chem. Industrie verwendete Verbindungen. **Hydrazingelb** *das*; -s: gelber Teerfarbstoff. **Hy|drazone** *die* (Plural): chemische Verbindungen von Hydrazin mit → Aldehyden od. → Ketonen. **Hydrazoverbindungen** *die* (Plural): = Hydrazine. **Hy|dria** [*gr.-lat.*] *die*; -, ...ien [...*iᵉn*]: altgriech. Wasserkrug. **Hy|dria|trie** [*gr.-nlat.*] *die*; -: = Hydrotherapie. **Hy|drid** *das*; -[e]s, -e: chemische Verbindung des Wasserstoffs mit einem od. mehreren anderen chemischen Elementen, wobei diese Verbindungspartner metallischen od. nichtmetallischen Charakters sein können. **hy|drieren**: Wasserstoff an ungesättigte Verbindungen anlagern (Chemie). **Hy|drobienschichten** [...*iᵉn*...; *gr.*; *dt.*] *die* (Plural): versteinerungsreiche, bituminöse Mergelschiefer im Oberrheingebiet (aus dem Tertiär stammend). **Hy|drobiologe** *der*; -n, -n: Wissenschaftler, der sich mit den im Wasser lebenden Organismen befaßt. **Hy|drobiologie** [*gr.-nlat.*] *die*; -: Teilgebiet der Biologie, auf dem man sich mit den im Wasser lebenden Organismen befaßt. **Hy|drochinon** [*gr.*; *indian.*] *das*; -s: stark → reduzierende organische Verbindung, die als fotografischer Entwickler verwendet wird. **Hy|drochorie** [...*ko*...; *gr.-nlat.*] *die*; -: Verbreitung von Pflanzenfrüchten u. -samen durch das Wasser (Bot.). **Hy|drocopter** [...*ko*...] *der*; -s, -: Fahrzeug, das mit einem Propeller angetrieben wird u. sowohl im Wasser als auch auf dem Eis eingesetzt werden kann. **Hy|drocortison** vgl. Hydrokortison. **Hydrodynamik** *die*; -: Wissenschaft von den Bewegungsgesetzen der Flüssigkeiten (Strömungslehre; Phys.). **hy|drodynamisch**: sich nach den Gesetzen der → Hydrodynamik verhaltend. **hy|dro|elektrisch**: elektrische Energie mit Wasserkraft erzeugend. **Hy|droelek|trostation** [...*zion*] *die*; -, -en: Station, in der elektrische Energie durch Wasserkraft erzeugt wird. **hy|dro|energetisch**: vom Wasser angetrieben. **hy|drogam**: wasserblütig, die Pollen durch Wasser übertragend (Bot.). **Hydrogamie** *die*; -: Wasserblütigkeit (Bestäubung von Blüten unter Wasser bzw. Übertragung des Pollens durch Wasser; Bot.). **Hy|drogel** [*gr.*; *lat.*] *das*; -s, -e: aus wässeriger → kolloidaler Lösung ausgeschiedener Stoff. **Hydrogen** u. **Hy|drogenium** [*gr.-nlat.*] *das*; -s: Wasserstoff, chem. Grundstoff; Zeichen: H. **Hy|drogenbombe** *die*; -, -n: Wasserstoffbombe. **Hy|drogenkarbonat** *das*; -s, -e: doppeltkohlensaures Salz mit Säurewasserstoffrest. **Hydrogensalz** *das*; -s, -e: Salz mit Säurewasserstoff im Molekül. **Hy|drogeologe** *der*; -n, -n: Wissenschaftler, der auf dem Gebiet der Hydrogeologie arbeitet. **Hy|drogeologie** *die*; -: Teilgebiet der angewandten Geologie, auf dem man sich mit dem Wasserhaushalt des Bodens u. der Wasserversorgung befaßt (Geol.). **hy|drogeologisch**: die Hydrogeologie betreffend; -e Karten: Gewässerkarten, die die Grundwasserverhältnisse eines bestimmten Gebietes darstellen. **Hy|dro|graph** *der*; -en, -en: Wissenschaftler, der auf dem Gebiet der Hydrographie arbeitet. **Hy|dro|graphie** *die*; -: Teilgebiet der Hydrologie, auf dem man sich mit den Gewässern im natürlichen Wasserkreislauf zwischen dem Niederschlag auf das Festland u. dem Rückfluß ins Meer befaßt (Gewässerkunde). **hy|dro|graphisch**: die Hydrographie betreffend. **Hy|drohonen** [*gr.*; *engl.*] *das*; -s: Verfahren zur Oberflächenveredelung von Metallen; vgl. honen. **Hy|drokarbongas** *das*; -es, -e: Schwelgas. **Hy|drokarpie** *die*; -: das Ausreifen von Früchten im Wasser (Bot.). **Hydrokineter** *der*; -s, -: Dampfstrahlapparat, der Kesselwasser durch Einführen von Dampf aus einem anderen Kessel erwärmt. **Hy|drokortison** u. Hy|drocortison *das*; -s: Hormon der Nebennierenrinde (Med.). **Hy|dro|kultur** *die*; -, -en: Kultivierung von Nutz- u. Zierpflanzen in Nährlösung statt auf natürlichem Boden. **Hydrolasen** *die* (Plural): → Enzyme, die Verbindungen durch Anlagerung von Wasser spalten. **Hydrologe** *der*; -n, -n: Wissenschaftler, der auf dem Gebiet der Hydrologie arbeitet. **Hy|drologie** *die*; -: Wissenschaft vom Wasser, seinen Arten, Eigenschaften u. seiner praktischen Verwendung. **hy|drologisch**: die Hydrologie betreffend. **Hy|drologium** *das*; -s, ...ien [...*iᵉn*]: Wasseruhr (bis ins 17. Jh. in Gebrauch). **Hy|drolyse** *die*; -, -n: Spaltung chemischer Verbindungen durch Wasser (meist unter Mitwirkung eines → Katalysators od. → Enzyms). **hydrolytisch**: die Hydrolyse betreffend, auf sie bezogen. **Hy-**

dromanie *die*; -: (Med.) 1. krankhafter Durst. 2. krankhafter Trieb, sich zu ertränken. **Hy|dromantie** [*gr.-lat.*] *die*; -: Zukunftsdeutung aus Erscheinungen in u. auf glänzendem Wasser (bes. im Vorderen Orient). **Hy|dromechanik** *die*; -: Mechanik der Flüssigkeiten, aufgeteilt in → Hydrodynamik u. → Hydrostatik. **hy|dromechanisch**: die Hydromechanik betreffend. **Hy|dromeduse** [*gr.-nlat.*] *die*; -, -n: Qualle aus der Gruppe der → Hydrozoen. **Hy|drometall|urgie** *die*; -: [Technik der] Metallgewinnung aus wäßrigen Metallsalzlösungen. **Hy|drometeore** *die* (Plural): durch Verdichtung von Wasserdampf in der → Atmosphäre entstehende Niederschläge (z. B. Regen, Schnee, Tau). **Hy|drometeorologie** *die*; -: Wissenschaft vom Verhalten des Wasserdampfs in der → Atmosphäre (Meteor.). **Hy|drometer** *das*; -s, -: Gerät zur Messung der Geschwindigkeit fließenden Wassers, des Wasserstandes od. des spezifischen Gewichts von Wasser. **Hy|drome|trie** *die*; -: Wassermessung. **hy|drome|trisch**: die Flüssigkeitsmessung betreffend. **Hy|dromonitor** [*gr.*; *lat.*] *der*; -s, ...oren: Gerät für Erdarbeiten mit Wasserstrahl. **Hy|dromorphie** *die*; -: besondere Ausbildung von Organen, die unter Wasser vorkommen (z. B. Stengel u. Blätter bei Wasserpflanzen). **Hy|dromyelie** [*gr.-nlat.*] *die*; -: angeborene Erweiterung des mit Flüssigkeit gefüllten Zentralkanals im Rückenmark (Med.). **hy|dronalisieren** [Kunstw.]: mit → Hydronalium überziehen. **Hy|dronalium** *das*; -s: eine wasserbeständige Aluminium-Magnesium-Legierung. **Hy|dronaut** *der*; -en, -en: = Aquanaut. **Hy|drone|phrose** [*gr.-nlat.*] *die*; -, -n: durch Harnstauung verursachte Erweiterung des Nierenbekkens (Sackniere, Stauungsniere; Med.). **Hy|dronfarbstoff** [*gr.*; *dt.*] *der*; -[e]s, -e: Schwefelfarbstoff (z. B. Hydronblau). **Hy|dronymie** *die*; -: Gewässernamen; vorhandener Bestand an Namen von Gewässern, bes. von Flüssen. **Hy|dropath** [*gr.-nlat.*] *der*; -en, -en: Wasserheilkundiger. **Hy|dropathie** *die*; -: = Hydrotherapie. **hy|dropathisch**: auf die Wasserheilkunde bezogen, sie betreffend. **Hy|droperikard** *das*; -[e]s, -e u. **Hy|droperikardium** *das*; -s, ...ien [...i^{e}n]: Ansammlung größerer Flüssigkeitsmengen im Herzbeutelraum (Med.). **Hy|drophan** *der*; -s, -e: Abart des Opals, Schmuckstein. **hy|drophil**: 1. wasserliebend u. im Wasser lebend (von Pflanzen u. Tieren; Bot.; Zool.); Ggs. → hydrophob. 2. wasseranziehend, -aufnehmend (Chem.); Ggs. → hydrophob. **Hy|drophilie** *die*; -: Bestreben, Wasser aufzunehmen (von Stoffen; Chem.). **hy|drophob** [*gr.-lat.*]: 1. wassermeidend (von Pflanzen u. Tieren; Bot.; Zool.); Ggs. → hydrophil. 2. wasserabstoßend, nicht in Wasser löslich (Chem.); Ggs. → hydrophil. **Hy|drophobie** *die*; -, ...ien: 1. krankhafte Wasserscheu (von Menschen u. Tieren, bes. als Begleitsymptom bei Tollwut; Med.). 2. das Meiden des Wassers bei Pflanzen u. Tieren (Biol.). **hy|drophobieren** [*gr.-lat.-nlat.*]: Textilien wasserabweisend machen. **Hy|drophor** [*gr.-nlat.*] *der*; -s, -e: Druckkessel in Wasserversorgungsanlagen u. Feuerspritzen. **Hy|drophoren** [*gr.*] *die* (Plural): Wasserträger[innen] (häufiges Motiv der griech. Kunst). **Hy|droph|thalmus** [*gr.-nlat.*; „Wasserauge"] *der*; -, ...mi: Vergrößerung des Augapfels infolge übermäßiger Ansammlung von Kammerflüssigkeit, vergrößerter Augapfel; Ochsenauge (Medizin). **Hy|drophyt** *der*; -en, -en: Wasserpflanze (Bot.). **hy|dropi|gen**: Wassersucht erzeugend (von Krankheiten; Medizin). **hy|dropisch** [*gr.-lat.*]: wassersüchtig, an Wassersucht leidend (Med.). **Hy|dro|plan** [*gr.-nlat.*] *der*; -s, -e: 1. Wasserflugzeug. 2. Gleitboot. **hy|dro|pneumatisch**: gleichzeitig durch Luft u. Wasser angetrieben. **Hy|droponik** *die*; -: = Hydrokultur. **hy|droponisch**: die Hydroponik betreffend, auf ihr beruhend, zu ihr gehörend, mit ihrer Hilfe. **Hy|drops** [*gr.-lat.*] *der*; - u. **Hy|dropsie** [*gr.-nlat.*] *die*; -: Wassersucht; → Ödem (Med.). **Hy|dropulsator** [*gr.*; *lat.*] *der*; -s, ...oren u. **Hy|dropulsor** [*gr.*; *lat.*] *der*; -s, ...oren: Pumpe, bei der ein Treibflüssigkeitsstrom die Pumpleistung erbringt. **Hy|dror|rhachie** *die*; -, ...ien: = Hydromyelie. **Hy|dror|rhö**[1] [*gr.-nlat.*] *die*; -, -en u. **Hy|dror|rhöe** [...rö] *die*; -, -n [...rö^{e}n]: wässeriger Ausfluß (z. B. bei Schwangeren; Med.).

[1] Vgl. die Anmerkung zu Diarrhö.

Hy|drosalz *das*; -es, -e: = Hydrogensalz. **Hy|drosol** [*gr.*; *lat.*] *das*; -s, -e: kolloidale Lösung mit Wasser als Lösungsmittel (Chem.). **Hy|dro|sphäre** [*gr.-nlat.*] *die*; -: Wasserhülle der Erde (Meere, Binnengewässer, Grundwasser). **Hy|drostatik** *die*; -: Wissenschaft von den Gleichgewichtszuständen bei ruhenden Flüssigkeiten (Phys.). **hy|drostatisch**: sich nach den Gesetzen der Hydrostatik verhaltend; -er Druck: Druck einer ruhenden Flüssigkeit gegen die von ihr berührten Flächen (z. B. gegen eine Gefäßwand); -es Paradoxon: Phänomen, daß in → kommunizierenden Gefäßen die Wasserstandshöhe unabhängig von der Gefäßform ist; -e Waage: Waage, bei der durch den Auftrieb einer Flüssigkeit sowohl das Gewicht der Flüssigkeit als auch das des Eintauchkörpers bestimmt werden kann (Phys.). **Hy|drotechnik** *die*; -: Technik des Wasserbaues. **hy|drotechnisch**: die Hydrotechnik betreffend, auf ihr beruhend; mit den Mitteln der Hydrotechnik. **hy|drotherapeutisch**: zur Wasserbehandlung gehörend (Med.). **Hy|drotherapie** *die*; -: Wasserheilkunde, -verfahren (Med.). **hy|drothermal**: aus verdünnten Lösungen ausgeschieden (von Erzlagerstätten u. anderen Mineralien). **Hy|drothorax** *der*; -[es]: Ansammlung einer serös-wäßrigen Flüssigkeit im Brustfellraum (Med.). **Hy|droxyd**, (chem., fachspr.:) Hy|droxid *das*; -[e]s, -e: anorganische Verbindung, die eine oder mehrere Hydroxydionen (OH^-) enthält. **Hy|droxyd|ion**, (chem. fachspr.:) Hy|droxid|ion *das*; -s, -en: in Hydroxyden enthaltenes einwertiges → Anion. **hy|droxydisch**, (chem. fachspr.:) hy|droxidisch: Hydroxyde enthaltend (von chem. Verbindungen). **Hy|droxyl|amin** *das*; -s: Oxyammoniak, ein stark wirkendes Reduktionsmittel. **Hy|droxylgruppe** [*gr.*; *dt.*] *die*; -, -n: OH-Gruppe (Wasserstoff-Sauerstoff-Gruppe) in chem. Verbindungen. **Hy|drozele** [*gr.-lat.*] *die*; -, -n: (Med.) 1. Ansammlung seröser Flüssigkeit zwischen Gewebsschichten. 2. Wasserbruch (seröse Flüssigkeitsansammlung am Hoden). **Hy|drozephale** [*gr.-nlat.*] *der*; -n, -n u. **Hy|drozephalus** *der*; -, ...alen od. ...li: Wasserkopf abnorm vergrößerter Schädel infolge übermäßiger Flüssigkeitsansammlung in den Hirnhöhlen (Med.). **Hy|drozoen** *die* (Plural): Klasse der Hohltiere (z. B. → Hydra). **Hy|drozy|klon** *der*; -s, -e: Vorrichtung zur Abwasserreinigung (Wirbelsichter; Techn.). **Hy|drurie** *die*; -: vermehrter Wassergehalt des Urins (Med.)

Hyeto|graph [*hü-eto...*; *gr.-nlat.*] *der*; -en, -en: (veraltet) Regenmesser (Meteor.). **Hyeto|graphie** *die*; -: Messung der Menge u. Verteilung von Niederschlägen (Meteor.). **hyeto|graphisch**: die Niederschlagsverhältnisse auf der Erde betreffend (Meteor.). **Hyetometer** *das*; -s, -: (veraltet) Regenmesser (Meteor.)

Hygiene [*gr.-nlat.*] *die*; -: 1. Bereich der Medizin, der sich mit der Erhaltung u. Förderung der Gesundheit (der einzelnen Menschen od. der gesamten Bevölkerung) u. ihren natürlichen u. sozialen Vorbedingungen befaßt sowie mit der Vorbeugung, der Entstehung u. Ausbreitung von Krankheiten; Gesundheitslehre. 2. Gesamtheit der [privaten u.] öffentlichen Maßnahmen in den verschiedensten Bereichen (wie dem der Ernährung, der Arbeit, des Städtebaus, des Verkehrs, der Landschaft, des Klimas u. a.) zur Erhaltung u. Hebung des Gesundheitsstandes u. zur Verhütung u. Bekämpfung von Krankheiten; Gesundheitspflege. 3. Sauberkeit, Reinlichkeit; Maßnahmen zur Sauberhaltung. **Hygieniker** *der*; -s, -: 1. Mediziner, der sich auf Hygiene (1) spezialisiert hat. 2. Fachmann für einen Bereich der Hygiene (2). **hygienisch**: 1. die Hygiene (1, 2) betreffend, ihr entsprechend, auf ihr beruhend, zu ihr gehörend. 2. hinsichtlich der Sauberkeit, Reinlichkeit einwandfrei; den Vorschriften über Sauberkeit entsprechend; sehr sauber, appetitlich. **hygienisieren** [*...i-e...*]: sich -: (ugs. scherzh.) sich säubern, waschen

Hy|grochasie [*...cha...*; *gr.-nlat.*] *die*; -: das Sichöffnen von Fruchtständen bei Befeuchtung durch Regen oder Tau, das die Verbreitung der Sporen oder Samen ermöglicht (Bot.). **Hy|gro|gramm** *das*; -s, -e: Aufzeichnung eines Hygrometers (Meteor.). **Hy|gro|graph** vgl. Hygrometer. **Hy|grom** *das*; -s, -e: Wasser- od. Schleimgeschwulst in Schleimbeuteln u. Sehnenscheiden (Med.). **Hy|grometer** *das*; -s, - u. Hy|gro|graph *der*; -en, -en: Luftfeuchtigkeitsmesser (Meteor.). **Hy|grometrie** *die*; -: Luftfeuchtigkeitsmessung (Meteor.). **hy|grometrisch**: a) die Hygrometrie betreffend, zu ihr gehörend; b) mit Hilfe eines Hygrometers. **Hy|gromorphie** *die*; -: besondere Ausgestaltung von Pflanzenteilen zur Förderung der → Transpiration (2). **Hy|gromorphose** *die*; -: Anpassung von Teilen feucht wachsender Pflanzen an die feuchte Umgebung (Bot.). **Hy|gronastie** *die*; -: Krümmungsbewegungen bei Pflanzen auf Grund von Luftfeuchtigkeit (Bot.). **hy|grophil**: feuchtigkeitsliebend (von Pflanzen; Bot.). **Hy|grophilie** *die*; -: Vorliebe von Pflanzen für feuchte Standorte (Bot.). **Hy|grophyt** *der*; -en, -en: Landpflanze an feuchten Standorten mit hohem Wasserverbrauch (Bot.). **Hy|gro|skop** *das*; -s, -e: Gerät zur annäherungsweisen Bestimmung des Luftfeuchtigkeitsgehaltes (Meteor.). **hy|gro|skopisch**: 1. Wasser an sich ziehend, bindend (von Stoffen; Chem.). 2. sich auf Grund von Quellung od. Entquellung bewegend (von toten Pflanzenteilen; Bot.). **Hy|gro|skopizität** *die*; -: Fähigkeit mancher Stoffe, Luftfeuchtigkeit aufzunehmen u. an sich zu binden (Chem.). **Hy|grostat** *der*; -[e]s u. -en, -e[n]: Gerät zur Aufrechterhaltung einer bestimmten Luftfeuchtigkeit. **Hy|grotaxis** *die*; -: Fähigkeit mancher Tiere (z. B. Schildkröten, Asseln), [über weite Entfernungen] Wasser, das ihnen zuträgliche feuchte Milieu zu finden (Biol.)

Hyläa [*gr.-nlat.*] *die*; -: tropisches Regenwaldgebiet am Amazonas. **Hyle** [*hüle*; *gr.-lat.*; „Gehölz, Wald; Stoff"] *die*; -: Stoff, Materie, der formbare Urstoff (bes. bei den ionischen Naturphilosophen). **Hylemorphismus** [*gr.-nlat.*] *der*; -: philosophische Lehre, nach der alle körperlichen Substanzen aus Stoff u. Form bestehen (Aristoteles). **Hyliker** [*gr.*] *der*; -s, -: in der → Gnosis ein Angehöriger der niedersten, stoffgebundenen, der Erlösung verschlossenen Menschenklasse; vgl. Pneumatiker (2), Psychiker. **hylisch**: materiell, stofflich, körperlich (Philos.). **Hylismus** [*gr.-nlat.*] *der*; -: philosophische Lehre, nach der der Stoff die einzige Substanz der Welt ist. **hylo|trop**: bei gleicher chemischer Zusammensetzung in andere Formen überführbar. **Hylotropie** *die*; -: Überführbarkeit eines Stoffes in einen anderen ohne Änderung der chemischen Zusammensetzung. **Hylozoismus** *der*; -: Lehre der ionischen Naturphilosophen, die als Substanz aller Dinge einen belebten Urstoff, die → Hyle, annahmen, Lehre von der Beseeltheit der Materie. **hylozoistisch**: den Hylozoismus betreffend

Hymen

I. [*gr.-lat.*; „Häutchen"]: *das* (auch: *der*); -s, -: dünnes Häutchen am Scheideneingang bei der Frau, das im allgemeinen beim ersten Geschlechtsverkehr (unter leichter Blutung) zerreißt; Jungfernhäutchen (Med.).

II. [*gr.-lat.*] *der*; -s, -: altgriechisches, der Braut von einem [Mädchen]chor gesungenes Hochzeitslied

Hymenaios [auch: *hümänai-oß*; *gr.*] *der*; -, ...aioi [auch: *...mänai-eu*]: = Hymen (II)

hymenal [*gr.-lat.-nlat.*]: zum Hymen (I) gehörend, es betreffend (Med.)

Hymenäus [*...äuß*; *gr.-lat.*] *der*; -, ...äi: = Hymen (II)

Hymenium [*gr.-nlat.*] *das*; -s, ...ien [*...i^e n*]: Fruchtschicht der Ständerpilze (Bot.). **Hymenomyzeten** *die* (Plural): Ordnung der Ständerpilze, zu der die meisten eßbaren Wald- u. Wiesenpilze gehören (Bot.). **Hymeno|pteren** *die* (Plural): Hautflügler (Insektenordnung)

Hymnar [*gr.-lat.-mlat.*] *das*; -s, -e u. -ien [*...i^e n*] u. **Hymnarium** *das*; -s, ...ien [*...i^e n*]: liturgisches Buch mit den kirchlichen Hymnen. **Hymne** [*gr.-lat.*] *die*; -, -n u. Hymnus *der*; -, ...nen: 1. feierlicher Festgesang; Lobgesang [für Gott], Weihelied. 2. kirchliches od. geistliches Gesangs- u. Instrumentalwerk von betont feierlichem Ausdruck. 3. Preisgedicht. 4. kurz für Nationalhymne. **Hymnik** [*gr.-nlat.*] *die*; -: Kunstform der Hymne. **Hymniker** *der*; -s, -: Hymnendichter. **hymnisch**: in der Form od. Art der Hymne abgefaßt. **Hymnode** [*gr.*] *der*; -n, -n: altgriech. Verfasser und Sänger von Hymnen. **Hymnodie** *die*; -: Hymnendichtung. **Hymno|graph** *der*; -en, -en: altgriech. Hymnenschreiber. **Hymnologe** [*gr.-nlat.*] *der*; -n, -n: Wissenschaftler auf dem Gebiet der Hymnologie. **Hymnologie** *die*; -: Wissenschaft von den [christlichen] Hymnen, Hymnenkunde. **hymnologisch**: die Hymnologie betreffend. **Hymnos** [*gr.*] *der*; -, ...nen: = Hymne. **Hymnus** *der*; -, ...nen: = Hymne

Hyos|zyamin, (chem. fachspr.:) Hyos|cyamin [...*ßzü*...; *gr.-nlat.*] *das*; -s: → Alkaloid einiger Nachtschattengewächse, Arzneimittel (vgl. Atropin)

hyp|abyssisch [*gr.*]; in geringer Tiefe zwischen schon festen Gesteinen erstarrt (von magmatischen Schmelzen; Geol.)

Hyp|acidität [...*azi*...] u. Hypazidität *die*; -: = Subacidität

Hyp|akusis [*gr.-nlat.*] *die*; -: [nervös bedingte] Schwerhörigkeit (Med.)

Hyp|albuminose [*gr.*; *lat.*] *die*; -: verminderter Eiweißgehalt des Blutes (Med.)

Hyp|algator [*gr.-nlat.*] *der*; -s, ...oren: Narkosegerät. **Hypalgesie** *die*; -: verminderte Schmerzempfindlichkeit (Med.). **hyp|algetisch**: unterempfindlich für Schmerzreize (Med.)

Hyp|allage [*gr.-lat.*; „Vertauschung"] *die*; -: 1. = Enallage. 2. = Metonymie. 3. Vertauschung eines attributiven Genitivs mit einem attributiven Adjektiv u. umgekehrt (z. B. „jagdliche Ausdrücke" statt „Ausdrücke der Jagd"; Sprachw.)

Hyp|äs|thesie [*gr.-nlat.*] *die*; -, ...ien: herabgesetzte Empfindlichkeit, bes. gegen Berührung (Med.). **hyp|äs|thetisch**: unterempfindlich für Berührungsreize

hyp|äthral [*gr.*]: unter freiem Himmel, nicht überdacht. **Hypäthraltempel** [*gr.*; *lat.*] *der*; -s, -: großer antiker Tempel mit nicht überdachtem Innenraum

Hyp|azidität vgl. Hypacidität

Hyper|acidität u. Hyperazidität *die*; -: = Superacidität

Hyper|akusie [*gr.-nlat.*] *die*; -: krankhaft verfeinertes Gehör infolge gesteigerter Erregbarkeit des Hörnervs (Med.)

Hyper|algesie [*gr.-nlat.*] *die*; -: gesteigertes Schmerzempfinden (Med.). **hyper|algetisch**: schmerzüberempfindlich (Med.)

Hyper|ämie [*gr.-nlat.*] *die*; -: vermehrte Blutfülle in einem begrenzten Körperbezirk; Wallung (Med.). **hyper|ämisch**: vermehrt durchblutet (Med.). **hyperämisieren**: erhöhte Durchblutung bewirken (Med.)

Hyper|äs|thesie [*gr.-nlat.*] *die*; -, ...ien: Überempfindlichkeit (bes. der Gefühls- u. Sinnesnerven; Med.). **hyper|äs|thetisch**: überempfindlich (Med.)

Hyper|azidität vgl. Hyperacidität

hyperbar [*gr.*]: ein größeres spezifisches Gewicht habend als eine andere Flüssigkeit (von Flüssigkeiten); -e Sauerstofftherapie: Überdruckbeatmung eines Patienten mit reinem Sauerstoff (z. B. bei einem Herzinfarkt; Med.). **Hyperbasis** [*gr.*] *die*; -, ...basen u. **Hyperbaton** [*gr.-lat.*] *das*; -s, ...ta: jede Abweichung von der üblichen Wortstellung (z. B.: Wenn er ins Getümmel mich von Löwenkriegern reißt... [Goethe]; Sprachw.)

Hyperbel [*gr.-lat.*; „Darüberhinauswerfen"] *die*; -, -n: 1. mathematischer Kegelschnitt, geometrischer Ort aller Punkte, die von zwei festen Punkten (Brennpunkten) gleichbleibende Differenz der Entfernungen haben. 2. Übertreibung des Ausdrucks (z. B. himmelhoch; Rhet.; Stilk.). **Hyperbelfunktion** *die*; -, -en: eine aus Summe od. Differenz zweier Exponentialfunktionen entwickelte Größe (Math.). **Hyperboliker** *der*; -s, -: jmd., der zu Übertreibungen im Ausdruck neigt. **hyperbolisch**: 1. hyperbelartig, hyperbelförmig, als Hyperbel darstellbar; -e Geometrie: = nichteuklidische Geometrie. 2. im Ausdruck übertreibend. **Hyperboloid** [*gr.-nlat.*] *das*; -[e]s, -e: Körper, der durch Drehung einer Hyperbel (1) um ihre Achse entsteht (Math.)

Hyperboreer [*gr.-lat.*] *die* (Plural): (nach der griech. Sage) ein Volk in Thrazien, bei dem sich der griech. Gott Apoll im Winter aufhielt. **hyperboreisch**: (veraltet) im hohen Norden gelegen, wohnend

Hyperbulie [*gr.-nlat.*] *die*; -: krankhafter Betätigungsdrang; Ggs. → Hypobulie

Hypercharakterisierung *die*; -, -en: Charakterisierung durch mehr als nur ein Element, z. B. die dreifache Pluralkennzeichnung in *die Männer* (Artikel, Umlaut, -er-Endung; Sprachw.)

Hyper|chlor|hy|drie [*gr.-nlat.*] *die*; -: = Superacidität

Hypercholie [...*cho*...; *gr.-nlat.*] *die*; -, ...ien: krankhaft gesteigerte Gallensaftbildung (Med.)

hyper|chrom [...*krom*; *gr.-nlat.*]: zuviel Blutfarbstoff besitzend; überstark gefärbt (Med.); Ggs. → hypochrom. **Hyper|chromatose** *die*; -: vermehrte → Pigmentation der Haut (Med.). **Hyperchromie** *die*; -, ...ien: vermehrter Farbstoffgehalt der roten Blutkörperchen (Med.); Ggs. → Hypochromie

Hyperdaktylie [*gr.-nlat.*] *die*; -, ...ien: angeborene Mißbildung der Hand oder des Fußes mit mehr als je fünf Fingern od. Zehen (Med.)

Hyper|emesis [*gr.-nlat.*] *die*; -: übermäßig starkes Erbrechen

Hyper|ergie [*gr.-nlat.*; Kurzw. aus: *Hyper*... u. All*ergie*] *die*; -, ...ien: allergische Überempfindlichkeit des Körpers gegen Bakteriengifte (Med.)

Hyper|erosie [*gr.-nlat.*] *die*; -, ...ien: Liebeswahn; krankhafte Steigerung des Geschlechtstriebes (Med.); vgl. Erotomanie

Hyper|fragment *das*; -[e]s, -e: Atomkern, bei dem eines der normalerweise in ihm enthaltenen → Neutronen durch ein → Hyperon ersetzt ist (Kernphys.)

Hyperfunktion [...*zion*] *die*; -, -en: Überfunktion, gesteigerte Tätigkeit eines Organs (Med.); Ggs. → Hypofunktion

Hypergalaktie [*gr.-nlat.*] *die*; -, ...ien: übermäßige Milchabsonderung bei stillenden Frauen (Med.); Ggs. → Hypogalaktie

Hypergamie *die*; -: Heirat einer Frau aus einer niederen Schicht od. Kaste mit einem Mann aus einer höheren (Soziol.); Ggs. → Hypogamie

Hypergenitalismus [*gr.*; *lat.-nlat.*] *der*; -: übermäßige u. frühzeitige Entwicklung der Geschlechtsorgane (Med.)

Hypergeusie [*gr.-nlat.*] *die*; -, ...ien: krankhaft verfeinerter Geschmackssinn (Med.); Ggs. → Hypogeusie

Hyper|globulie *die*; -, ...ien: = Polyglobulie

Hyper|glyk|ämie [*gr.-nlat.*] *die*; -: vermehrter Blutzuckergehalt (Med.); Ggs. → Hypoglykämie

hypergol[isch] [*gr.*; *lat.-nlat.*]: spontan u. unter Flammenbildung miteinander reagierend (von zwei chem. Substanzen); -er Treibstoff: [Raketen]treibstoff, der spontan zündet, wenn er mit einem Sauerstoffträger in Berührung kommt

Hyper|hedonie [*gr.-nlat.*] *die*; -: übersteigertes Wollustgefühl (Psychol.)

Hyper|hi|drosis u. **Hyper|idrose** u. **Hyper|idrosis** [*gr.-nlat.*] *die*; -: übermäßige Schweißabsonderung (Med.)

Hyper|insulinismus [*gr.*; *lat.-nlat.*] *der*; -: vermehrte Insulinbildung (vgl. Insulin) u. dadurch bewirkte Senkung des Blutzuckers (Med.)

Hyper|involution [...*zion*; *gr.*; *lat.-nlat.*] *die*; -, -en: = starke Rückbildung eines Organs (Med.)

Hyperkalz|ämie [*gr.*; *lat.*; *gr.*] *die*; -, ...ien: Erhöhung des Kalziumgehaltes des Blutes (Med.)
hyperkatalektisch [*gr.-lat.*]: am Schluß um eine od. mehrere überzählige Silben verlängert (von Versen); vgl. katalektisch, brachykatalektisch u. akatalektisch. **Hyperkatalexe** [*gr.*] *die*; -, -n: das Verlängern des Verses um eine od. mehrere Silben
Hyperkeratose [*gr.-nlat.*] *die*; -, -n: übermäßig starke Verhornung der Haut (Med.)
Hyperkinese [*gr.-nlat.*] *die*; -, -n: motorischer Reizzustand des Körpers mit Muskelzuckungen u. unwillkürlichen Bewegungen (Med.). **hyperkinetisch**: die Hyperkinese betreffend, auf ihr beruhend; mit Muskelzuckungen u. unwillkürlichen Bewegungen einhergehend
hyperkorrekt [*gr.*; *lat.*]: a) übertrieben korrekt; b) [bes. von Mundartsprechern] irrtümlich für korrekt gehalten und daher gewählt, z. B. in bezug auf die Aussprache: für das Berliner Gebäck *Knüppel, Schrippe* fälschlich *Knüpfel, Schripfe*, weil *pp (Kopp* für *Kopf)* als nichthochsprachlich gilt (Sprachw.)
Hyper|krinie [*gr.-nlat.*] *die*; -, ...ien: übermäßige Drüsenabsonderung (z. B. von Speichel; Med.)
hyper|kritisch [*gr.*]: überstreng, tadelsüchtig
Hyperkultur [*gr.*; *lat.*] *die*; -, -en: Überfeinerung, Überbildung
Hypermastie [*gr.*] *die*; -, ...ien: abnorm starke Entwicklung der weiblichen Brust; vgl. Polymastie
Hypermenor|rhö[1] [*gr.-nlat.*] *die*; -, -en u. **Hypermenor|rhöe** [...*rö*] *die*; -, -n [...*rö*^e*n*]: verstärkte Regelblutung (Med.); Ggs. → Hypomenorrhö
Hypermetabolie [*gr.-nlat.*] *die*; -, ...ien: eine Form der → Holometabolie, wobei dem Puppenstadium ein Scheinpuppenstadium vorausgeht (Biol.)
Hypermeter [*gr.*] *der*; -s, -: Vers, dessen letzte, auf einen Vokal ausgehende überzählige Silbe mit der mit einem Vokal beginnenden Anfangssilbe des nächsten Verses durch → Elision des Vokals verbunden wird (antike Metrik). **Hyperme|trie** [*gr.-nlat.*] *die*; -: Bewegungsübermaß, das Hinausschießen der Bewegung über das angestrebte Ziel hinaus (Med.). **hyperme|trisch** [*gr.*]: in Hypermetern verfaßt, den Hypermeter betreffend. **Hypermetron** *das*; -s, ...tra: = Hypermeter. **Hyperme|tropie** [*gr.-nlat.*] *die*; -: Über-, Weitsichtigkeit (Med.); Ggs. → Myopie. **hyperme|tropisch**: weitsichtig (Med.); Ggs. → myop
Hyper|mnesie [*gr.-nlat.*] *die*; -: abnorm gesteigerte Gedächtnisleistung (z. B. in Hypnose; Med.); Ggs. → Amnesie
hypermodern [*gr.*; *lat.-fr.*]: übermodern, übertrieben neuzeitlich
hypermorph [*gr.*]: (das Merkmal) verstärkt ausprägend (von einem → mutierten [1] Gen; Biol.); Ggs. → hypomorph
Hypermotilität [*gr.*; *lat.-nlat.*] *die*; -: = Hyperkinese
Hyperne|phritis [*gr.-nlat.*] *die*; -, ...itiden: Entzündung der Nebennieren (Med.). **Hypernephrom** *das*; -s, -e: Nierentumor, dessen Gewebestruktur der des Nebennierengewebes ähnlich ist (Med.)
Hyper|odontie [*gr.-nlat.*] *die*; -: das Vorhandensein von überzähligen Zähnen (Med.)
Hyperon [*gr.-nlat.*] *das*; -s, ...onen: Elementarteilchen, dessen Masse größer ist als die eines → Nukleons (Kernphys.)
Hyper|onychie [...*chi*; *gr.-nlat.*] *die*; -, ...ien: abnorm starke Nagelbildung an Händen u. Füßen (Med.)
Hyper|onym [auch: *hü*...; *gr.-nlat.*] *das*; -s, -e: übergeordneter Begriff; Wort, Lexem, das in einer übergeordneten Beziehung zu einem bzw. mehreren anderen Wörtern, Lexemen steht, aber inhaltlich allgemeiner, weniger merkmalhaltig ist, z. B. *zu sich nehmen* zu *essen, Medikament* zu *Pille, Tablette, Dragee, Kapsel*; Superonym (Sprachw.); Ggs. → Hyponym. **Hyper|onymie** [auch: *hü*...] *die*; -, ...ien: in Übergeordnetheit sich ausdrückende semantische Relation, wie sie zwischen Hyperonym u. Hyponym besteht (Sprachw.); Ggs. → Hyponymie
Hyper|opie *die*; -, ...ien: = Hypermetropie
Hyper|orexie [*gr.-nlat.*] *die*; -, ...ien: Heißhunger (Med.)
Hyper|osmie [*gr.-nlat.*] *die*; -: abnorm feiner Geruchssinn (Med.)
Hyper|ostose [*gr.-nlat.*] *die*; -, -n: Wucherung des Knochengewebes (Med.)
Hyperphysik [*gr.-nlat.*] *die*; -: Erklärung von Naturerscheinungen vom Übersinnlichen her. **hyperphysisch**: übernatürlich
Hyper|plasie [*gr.-nlat.*] *die*; -, ...ien: Vergrößerung von Geweben u. Organen durch abnorme Vermehrung der Zellen (Med.; Biol.); vgl. Hypertrophie
hyperpyretisch [*gr.-nlat.*]: abnorm hohes Fieber habend (Med.). **Hyperpyrexie** *die*; -: übermäßig hohes Fieber (Med.)
Hypersekretion [...*zion*; *gr.*; *lat.*] *die*; -, -en: vermehrte Absonderung von Drüsensekret (Med.)
hypersensibel [auch: ...*si*...; *gr.*; *lat.*]: überaus sensibel (1, 2), empfindsam. **hypersensibilisieren**: 1. die Empfindlichkeit, Sensibilität stark erhöhen. 2. die Empfindlichkeit von fotografischem Material durch bestimmte Maßnahmen vor der Belichtung erhöhen (Fotogr.)
Hypersomie [*gr.-nlat.*] *die*; -: Riesenwuchs (Med.); Ggs. → Hyposomie; vgl. Gigantismus (1)
Hypersomnie [*gr.-nlat.*] *die*; -: Schlafsucht
hypersonisch [*gr.*; *lat.*]: Überschallgeschwindigkeit betreffend
Hyper|spermie [*gr.-nlat.*] *die*; -, ...ien: vermehrte Samenbildung (Med.)
Hypersteatosis [*gr.-nlat.*] *die*; -, ...osen: (Med.) 1. übermäßige Talgdrüsenausscheidung. 2. abnorme Fettsucht
Hyper|sthen [*gr.-nlat.*] *der*; -s, -e: ein Mineral
Hypertelie [*gr.-nlat.*] *die*; -: Überentwicklung eines Körperteils (Biol.)
Hypertension [*gr.*; *lat.*] *die*; -, -en: = Hypertonie
Hyperthelie [*gr.-nlat.*] *die*; -, ...ien: Ausbildung überzähliger Brustwarzen bei Frauen u. Männern (Med.); vgl. Polymastie
Hyperthermie [*gr.-nlat.*] *die*; -: (Med.) 1. Wärmestauung im Körper, ungenügende Abfuhr der Körperwärme bei hoher Außentemperatur. 2. sehr hohes Fieber
Hyperthymie [*gr.-nlat.*] *die*; -: ungewöhnlich gehobene seelische Stimmung, erhöhte Betriebsamkeit (Psychol.)
Hyperthyreoidismus [...*re-oid*...; *gr.-nlat.*] *der*; - u. **Hyperthyreose** *die*; -: Überfunktion der Schilddrüse (Med.)
Hypertonie [*gr.-nlat.*] *die*; -, ...ien (Med.) 1. gesteigerte Muskelspannung; Ggs. → Hypotonie (1). 2. erhöhter Blutdruck; Ggs. → Hypotonie (2). 3. erhöhte Spannung im Augapfel; Ggs. → Hypotonie (3). **Hypertoniker** *der*; -s, -: jmd., der an zu hohem Blutdruck leidet (Med.); Ggs. → Hy-

[1] Vgl. die Anmerkung zu Diarrhö.

potoniker. **hypertonisch**: 1. Hypertonie zeigend; Ggs. → hypotonisch (1). 2. höheren → osmotischen Druck als das Blutplasma besitzend (Med.); Ggs. → hypotonisch (2)

Hyper|trichose [*gr.-nlat.*] *die*; -, -n u. **Hyper|trichosis** *die*; -, ...oses: übermäßig starke Behaarung (Med.); Ggs. → Hypotrichose

hyper|troph [*gr.-nlat.*]: 1. durch Zellenwachstum vergrößert (von Geweben u. Organen; Med.). 2. überspannt, überzogen; vgl. ...isch/-. **Hypertrophie** *die*; -: übermäßige Vergrößerung von Geweben u. Organen infolge Vergrößerung der Zellen, meist bei erhöhter Beanspruchung (Med.; Biol.); Ggs. → Hypothrophie; vgl. Hyperplasie. **hyper|trophiert** vgl. hypertroph. **hypertrophisch** vgl. hypertroph; vgl. ...isch/-

Hyper|urbanismus [*gr.*; *lat.-nlat.*] *der*; -, ...men: = hyperkorrekte Bildung (Sprachw.)

Hyper|urik|ämie [*gr.-nlat.*] *die*; -: Harnsäurevermehrung im Blut (Med.)

Hyperventilation [...*wäntilazion*; *gr.*; *lat.*] *die*; -: übermäßige Steigerung der Atmung, zu starke Beatmung der Lunge (Med.)

Hypervit|aminose[...*wi*...; *gr.*; *lat.*; *gr.*] *die*; -: Schädigung des Körpers durch zu reichliche Vitaminzufuhr (Med.); Ggs. → Hypovitaminose

Hyph|äma [*gr.-nlat.*] *das*; -s, -ta: Bluterguß in der vorderen Augenkammer (Med.)

Hyph|ärese [*gr.*] *die*; -, -n: Ausstoßung eines kurzen Vokals vor einem anderen Vokal (Sprachw.); vgl. Aphärese

Hyphe [*gr.*] *die*; -, -n: Pilzfaden, fadenförmige, oft zellig gegliederte Grundstruktur der Pilze (Bot.)

Hyph|en [*gr.-lat.*; „in eins (zusammen)"] *das*; -[s], -: 1. in der antiken Grammatik die Zusammenziehung zweier Wörter zu einem → Kompositum. 2. der bei einem Kompositum verwendete Bindestrich

Hyph|idrose [*gr.-nlat.*] *die*; -, -n: verminderte Schweißabsonderung (Med.)

hypnagog, hypnagogisch [*gr.-nlat.*]: a) zum Schlaf führend, einschläfernd; b) den Schlaf betreffend; vgl. ...isch/-. **Hypnagogum** *das*; -s, ...ga: Schlafmittel (Med.). **Hypnalgie** [*gr.-nlat.*] *die*; -, ...ien: Schmerz, der nur im Schlaf auftritt (Med.). **Hypnoanalyse** [*gr.-nlat.*] *die*; -: Psychoanalyse mit vorausgehender Hypnose. **hypnoid**: dem Schlaf bzw. der Hypnose ähnlich (von Bewußtseinszuständen). **Hypnonarkose** *die*; -, -n: durch Hypnose geförderte od. eingeleitete Narkose (Med.). **Hypnopädie** *die*; -: Erziehung od. Unterricht im Schlaf od. schlafähnlichem Zustand. **hypnopädisch**: die Hypnopädie betreffend, auf ihr beruhend. **Hypnose** *die*; -, -n: schlafähnlicher, eingeschränkter Bewußtseinszustand, der vom Hypnotiseur durch Suggestion herbeigeführt werden kann u. in dem die Willens- u. teilweise auch die körperlichen Funktionen leicht zu beeinflussen sind (Med.; Psychol.). **Hypnosie** *die*; -, ...ien: (Med.) 1. Schlafkrankheit. 2. krankhafte Schläfrigkeit. **Hypnotherapeut** *der*; -en, -en: jmd., der Hypnotherapie anwendet. **Hypnotherapie** *die*; -, ...ien: → Psychotherapie, bei der die Hypnose zu Hilfe genommen wird. **Hypnotik** *die*; -: Wissenschaft von der Hypnose. **Hypnotikum** [*gr.-lat.*] *das*; -s, ...ka: = Hypnagogum. **hypnotisch**: 1. a) zur Hypnose gehörend; b) zur Hypnose führend; einschläfernd. 2. den Willen lähmend. **Hypnotiseur** [...*sör*; *gr.-lat.-fr.*] *der*; -s, -e: jmd., der andere hypnotisieren kann. **hypnotisieren**: in Hypnose versetzen. **Hypnotismus** [*gr.-nlat.*] *der*; -: 1. Wissenschaft von der Hypnose. 2. Beeinflussung

Hypo|acidität [...*azi*...] u. **Hypoazidität** *die*; -: = Subacidität

Hypo|bromit *das*; -s, -e: Salz der unterbromigen Säure (Chem.)

Hypobulie [*gr.-nlat.*] *die*; -: herabgesetzte Willenskraft, Willensschwäche (bei versch. psych. Krankheiten); Ggs. → Hyperbulie

Hypo|chlor|ämie [...*klor*...; *gr.-nlat.*] *die*; -, ...ien: Chlor- bzw. Kochsalzmangel im Blut (Med.). **Hypo|chlor|hy|drie** *die*; -, ...ien: verminderte Salzsäureabsonderung des Magens (Med.). **Hypochlorit** *das*; -s, -e: Salz der unterchlorigen Säure (Chem.)

Hypochonder [...*chon*...; *gr.-nlat.*] *der*; -s, -: Mensch, der aus ständiger Angst, krank zu sein od. zu werden, sich fortwährend selbst beobachtet u. schon geringfügige Beschwerden als Krankheitssymptome deutet; eingebildeter Kranker. **Hypochon|drie** *die*; -, ...ien: Gefühl einer körperlichen od. seelischen Krankheit ohne pathologische Grundlage. **hypochon|drisch** [*gr.*]: an Hypochondrie leidend; schwermütig, trübsinnig

hypo|chrom [...*krom*; *gr.-nlat.*]: zu wenig Blutfarbstoff besitzend; zu schwach gefärbt (Med.); Ggs. → hyperchrom. **Hypo|chromie** *die*; -, ...ien: Mangel an Blutfarbstoff (Med.); Ggs. → Hyperchromie

Hypochylie [...*chü*...; *gr.-nlat.*] *die*; -, ...ien: Mangel an Magensaft

Hypodaktylie [*gr.-nlat.*] *die*; -, ...ien: angeborenes Fehlen von Fingern od. Zehen (Med.)

Hypoderm [*gr.-nlat.*] *das*; -s, -e: 1. unter der Oberhaut gelegene Zellschicht bei Sprossen u. Wurzeln von Pflanzen (Biol.). 2. Lederhaut der Wirbeltiere. 3. äußere einschichtige Haut der Gliederfüßer, die den Chitinpanzer ausscheidet (Biol.). **hypodermatisch**: unter der Haut gelegen

Hypodochmius [*gr.-nlat.*] *der*; -, ...ien [...*iᵉn*]: antiker Versfuß, umgedrehter → Dochmius (– ⏑ – ⏑ –)

Hyp|odontie [*gr.-nlat.*] *die*; -, ...ien: angeborenes Fehlen von Zähnen (Med.)

Hypo|drom [*gr.-nlat.*] *das*; -s, -e: überdachter Platz zum Spazierengehen

Hypofunktion [...*zion*; *gr.*; *lat.*] *die*; -, -en: Unterfunktion, verminderte Tätigkeit, Arbeitsleistung eines Organs (Med.); Ggs. → Hyperfunktion

hypogäisch [*gr.-lat.*]: unterirdisch (von Keimblättern, die während der Keimung des Samens unter der Erde bleiben u. als Reservestoffbehälter dienen; Bot.)

Hypogalaktie [*gr.-nlat.*] *die*; -, ...ien: zu geringe Milchabsonderung der weiblichen Brustdrüsen in der Stillzeit, vorzeitig aufhörende Sekretion der Brustdrüsen (Med.); Ggs. → Hypergalaktie; vgl. Agalaktie

Hypogamie [*gr.-nlat.*] *die*; -: Heirat einer Frau aus einer höheren Schicht od. Kaste mit einem Mann aus einer niederen (Soziol.); Ggs. → Hypergamie

Hypogastrium [*gr.-nlat.*] *das*; -s, ...ien [...*iᵉn*]: Unterleibsregion (Med.)

Hypogäum [*gr.-lat.*] *das*; -s, ...gäen: unterirdisches Gewölbe, unterirdischer Kultraum (z. B. in der pers.-röm. Mithrasreligion); vgl. Mithräum

Hypogenitalismus [*gr.*; *lat.-nlat.*] *der*; -: Unterentwicklung u. -funktion der Geschlechtsdrüsen u. -organe (Med.)

Hypogeusie [*gr.-nlat.*] *die*; -: das Herabgesetztsein der Geschmacksempfindung (Med.); Ggs. → Hypergeusie

Hypo|glyk|ämie [*gr.-nlat.*] *die*; -, ...ien: abnorm geringer Zuckergehalt des Blutes (Med.); Ggs. → Hyperglykämie

Hypo|gnathie [*gr.-nlat.*] *die*; -; ...ien: Unterentwicklung des Unterkiefers (Med.)

Hypogonadismus [*gr.-nlat.*] *der*; -: Unterentwicklung, verminderte Funktion der männlichen Geschlechtsdrüsen (Med.)

hypogyn [*gr.-nlat.*]: unter dem Fruchtknoten stehend (von Blüten; Bot.); Ggs. → epigyn. **hypogynisch** vgl. hypogyn

Hypoidgetriebe [*gr.*; *dt.*] *das*; -s, -: Kegelradgetriebe, dessen Wellen sich in geringem Abstand kreuzen (Technik)

Hypo|insulinismus [*gr.*; *lat.-nlat.*] *der*; -: verminderte Insulinbildung u. dadurch bedingte Steigerung des Blutzuckergehalts

Hypokalz|ämie [*gr.*; *lat.*; *gr.*] *die*; -: herabgesetzter Kalziumgehalt des Blutes (Med.)

Hypokapnie [*gr.-nlat.*] *die*; -, ...ien: verminderter Kohlensäuregehalt des Blutes (Med.)

hypokaustisch [*gr.-lat.*]: durch Bodenheizung erwärmt. **Hypokaustum** *das*; -s, ...sten: antike Bodenheizanlage

Hypokeimenon [*gr.*] *das*; -: 1. in der altgriech. Philosophie das Zugrundeliegende, die Substanz. 2. altgriech. Bezeichnung für das → Subjekt (Satzgegenstand)

Hypokinese [*gr.-nlat.*] *die*; -, -n: verminderte Bewegungsfähigkeit bei bestimmten Krankheiten

Hypokorismus [*gr.-nlat.*] *der*; -, ...men: Veränderung eines Namens in eine Kurz- od. Koseform. **Hypokoristikum** *das*; -s, ...ka: Kosename, vertraute Kurzform eines Namens (z. B. Fritz statt Friedrich)

Hypokotyl [*gr.-nlat.*] *das*; -s, -e: Keimstengel der Samenpflanzen, Übergang von der Wurzel zum Sproß (Bot.)

Hypo|krisie [*gr.-lat.*] *die*; -, ...ien: Heuchelei, Verstellung

hypo|kristallin [*gr.*; *gr.-lat.-mlat.*] halbkristallin (von Gesteinen)

Hypo|krit [*gr.-lat.*] *der*; -en, -en: Heuchler. **hypo|kritisch** scheinheilig, heuchlerisch

hypoleptisch [*gr.*]: etwas dünn, fein, zart

Hypolimnion [*gr.-nlat.*] *das*; -s, ...ien [...*iᵉn*]: Tiefenschicht eines Sees (Geogr.)

hypologisch [*gr.*]: unterhalb des Logischen liegend; -es Denken: das vorsprachliche Denken des noch nicht sprachfähigen Kleinkindes u. der höheren Tiere

Hypomanie [*gr.-nlat.*] *der*; -, ...ien: leichte Form der → Manie in Form von gehobener, heiterer Stimmungslage, Lebhaftigkeit, unter Umständen im Wechsel mit leicht → depressiven Stimmungen (Med.). **Hypomaniker** *der*; -s, -: an Hypomanie Leidender (Med.). **hypomanisch**: an Hypomanie leidend (Med.)

Hypomenor|rhö[1] [*gr.-nlat.*] *die*; -, -en u. **Hypomenor|rhöe** [...*rö*] *die*; -, -n [...*röᵉn*]: zu schwache Regelblutung (Med.); Ggs. → Hypermenorrhö

Hypo|mnema [*gr.-lat.*] *das*; -s, ...mnemata: (veraltet) Nachtrag, Zusatz; Bericht, Kommentar. **Hypo|mnesie** [*gr.-nlat.*] *die*; -, ...ien: mangelhaftes Erinnerungsvermögen, Gedächtnis (Med.)

Hypomobilität vgl. Hypokinese

Hypomochlion [*gr.*] *das*; -s: 1. Unterstützungs- bzw. Drehpunkt eines Hebels. 2. Drehpunkt eines Gelenks (Med.)

hypomorph [*gr.*]: (das Merkmal) schwächer ausprägend (von einem → mutierten [1] Gen; Biol.); Ggs. → hypermorph

Hypomotilität [*gr.*; *lat.-nlat.*] *die*; -: = Hypokinese

Hyponastie [*gr.-nlat.*] *die*; -: Krümmungsbewegung durch verstärktes Wachstum der Blattunterseite gegenüber der Blattoberseite bei Pflanzen (Biol.)

Hyponi|trit *das*; -s, -e: Salz der untersalpetrigen Säure (Chem.)

Hyp|onym [auch: *hü*...; *gr.-lat.*] *das*; -s, -e: Wort, Lexem, das in einer untergeordneten Beziehung zu einem anderen Wort, Lexem steht, aber inhaltlich differenzierter, merkmalhaltiger ist, z. B. *essen* zu *zu sich nehmen, Tablette* zu *Medikament* (Sprachw.); Ggs. → Hyperonym. **Hyp|onymie** [auch: *hü*...] *die*; -, ...ien: in Untergeordnetheit sich ausdrückende semantische Relation, wie sie zwischen Hyponym u. Hyperonym besteht (Sprachw.); Ggs. → Hyperonymie

Hypophosphit *das*; -s, -e: Salz der unterphosphorigen Säure (Chem.)

hypo|phrenisch [*gr.-nlat.*]: unterhalb des Zwerchfells gelegen (Med.)

Hypophyse [*gr.*] *die*; -, -n: 1. Hirnanhang[sdrüse] (Med.). 2. Keimanschluß; Zelle, die im Pflanzensamen Embryo u. Embryoträger verbindet (Bot.)

Hypo|plasie [*gr.-nlat.*] *die*; -, ...ien: unvollkommene Anlage; Unterentwicklung von Geweben od. Organen (Med.; Biol.). **hypo|plastisch**: Hypoplasie zeigend

Hypopyon [*gr.-nlat.*] *das*; -s: Eiteransammlung in der vorderen Augenkammer (Med.)

Hyp|orchem [...*chem*; *gr.*] *das*; -s, -en u. **Hyp|orchema** *das*; -s, ...chemata: altgriech. Tanz- u. Chorlied

Hyposem [*gr.*] *das*; -s, -e: das einzelne Wort, das nur als ein Bestandteil des Satzes zu einer Einheit mit einem semantischen Wert wird; „Unterzeichnen"

Hyp|osmie [*gr.-nlat.*] *die*; -, ...ien: herabgesetzter Geruchssinn (Med.)

hyposom [*gr.-nlat.*]: von zu kleinem Wuchs (Med.). **Hyposomie** *die*; -: krankhaftes Zurückbleiben des Körperwachstums hinter dem Normalmaß (Kleinwuchs; Med.); Ggs. → Hypersomie

Hypo|spadie [*gr.-nlat.*] *die*; -, ...ien: untere Harnröhrenspalte (Mißbildung; Med.)

Hypo|sphagma [*gr.*] *das*; -s, ...mata: flächenhafter Blutaustritt unter die Augenbindehaut (Med.)

Hypostase [*gr.-lat.*] *die*; -, -n; 1. Unterlage, Substanz; Verdinglichung, Vergegenständlichung eines bloß in Gedanken existierenden Begriffs. 2. a) Personifizierung göttlicher Eigenschaften od. religiöser Vorstellungen zu einem eigenständigen göttlichen Wesen (z. B. die Erzengel in der Lehre Zarathustras); b) Wesensmerkmal einer personifizierten göttlichen Gestalt. 3. vermehrte Anfüllung tiefer liegender Körperteile mit Blut (z. B. bei Bettlägerigen in den hinteren unteren Lungenpartien; Med.). 4. Verselbständigung eines Wortes als Folge einer Veränderung der syntaktischen Funktion (z. B. die Beugung eines Adverbs [zufrieden – ein *zufriedener* Mensch] od. der Übergang eines Substantivs im Genitiv zum Adverb [z. B. *mittags*]). 5. die Unterdrückung der Wirkung eines Gens durch ein anderes, das nicht zum gleichen Erbanlagenpaar gehört; vgl. Epistase. **Hypostasie** vgl. Hypostase. **hypostasieren** [*gr.-nlat.*]: a) verdinglichen, vergegenständlichen; b) personifizieren. **Hypostasierung** *die*; -, -en: = Hypostase (1). **Hypostasis** *die*; -, ...asen: = Hypostase (5). **hypostatisch**: a) vergegenständlichend, gegenständlich; b) durch Hypostase hervorgerufen; -e Union: Vereinigung

[1] Vgl. Anmerkung zu Diarrhö.

göttlicher u. menschlicher Natur in der Person Christi zu einer einzigen → Hypostase (2 a)
Hypo|sthenie [*gr.-nlat.*] *die;* -, ...ien: leichter Kräfteverfall
hypostomatisch [*gr.-nlat.*]: nur auf der Unterseite Spaltöffnungen habend (von den Blättern vieler Laubbäume; Bot.); vgl. amphistomatisch
Hypostylon [*gr.*] *das;* -s, ...la u. **Hypostylos** *der;* -, ...loi [...*leu*]: gedeckter Säulengang; Säulenhalle; Tempel mit Säulengang
hypotaktisch [*gr.*]: der Hypotaxe (2) unterliegend, unterordnend (Sprachw.); Ggs. → parataktisch. **Hypotaxe** *die;* -, -n: 1. Zustand herabgesetzter Willens- u. Handlungskontrolle, mittlerer Grad der Hypnose (Med.). 2. Unterordnung, → Subordination, z. B. *Mutters* Schwester, zwischen Sätzen, z. B. er sagte, *daß er krank sei* (Sprachw.); Ggs. → Parataxe. **Hypotaxis** *die;* -, ...taxen: = Hypotaxe (2)
Hypotension [*gr.; lat.*] *die;* -, -en: = Hypotonie
Hypotenuse [*gr.-lat.*] *die;* -, -n: im rechtwinkligen Dreieck die dem rechten Winkel gegenüberliegende Seite; Ggs. → Kathete
Hypothalamus [*gr.; gr.-lat.*] *der;* -, ...mi: unter dem → Thalamus liegender Teil im Zwischenhirn
Hypothek [*gr.-lat.;* „Unterlage; Unterpfand"] *die;* -, -en: a) (zu den Grundpfandrechten gehörendes) Recht an einem Grundstück, einem Wohnungseigentum o. ä. zur Sicherung einer Geldforderung, das (im Gegensatz zur Grundschuld) mit dieser Forderung rechtlich verknüpft ist; b) durch eine Hypothek (a) entstandene finanzielle Belastung eines Grundstücks, eines Wohnungseigentums o. ä.; c) durch eine Hypothek (a) gesicherte Geldmittel, die jmdm. zur Verfügung gestellt werden. **Hypothekar** *der;* -s, -e: Pfandgläubiger, dessen Forderung durch eine Hypothek (a) gesichert ist. **hypothekarisch**: eine Hypothek betreffend. **Hypothekarkredit** *der;* -[e]s, -e: durch Hypothek (a) gesicherter Kredit. **Hypothekenbrief** *der;* -[e]s, -e: Urkunde, die die Rechte aus einer Hypothek (a) enthält
Hypothermie [*gr.-nlat.*] *die;* -, ...ien: (Med.) 1. (ohne Plural) abnorm niedrige Körpertemperatur. 2. künstliche Unterkühlung des Körpers zur Reduktion der Stoffwechsel- u. Lebensvorgänge im Organismus; vgl. Hibernation
Hypothese [*gr.-lat.*] *die;* -, -n: 1. a) zunächst unbewiesene Annahme von Gesetzlichkeiten od. Tatsachen, mit dem Ziel, sie durch Beweise zu → verifizieren (1) od. zu → falsifizieren (1) (als Hilfsmittel für wissenschaftliche Erkenntnisse); Vorentwurf für eine Theorie; b) Unterstellung, unbewiesene Voraussetzung. 2. Vordersatz eines hypothetischen Urteils (wenn A gilt, gilt auch B.). **hypothetisch**: nur angenommen, auf einer unbewiesenen Vermutung beruhend, fraglich, zweifelhaft; -er Imperativ: nur unter gewissen Bedingungen notwendiges Sollen; vgl. kategorischer Imperativ; -es Konstrukt: gedankliche Hilfskonstruktion zur Beschreibung von Dingen od. Eigenschaften, die nicht konkret beobachtbar, sondern nur aus Beobachtbarem erschließbar sind
Hypothyreoidismus [...*re-oid*...; *gr.-nlat.*] *der;* - u. **Hypothyreose** *die;* -: herabgesetzte Tätigkeit der Schilddrüse (Med.)
Hypotonie [*gr.-nlat.*] *die;* -, ...ien: (Med.) 1. herabgesetzte Muskelspannung; Ggs. → Hypertonie (1). 2. zu niedriger Blutdruck; Ggs. → Hypertonie (2). 3. Verminderung des Drucks im Auge; Ggs. → Hypertonie (3). **Hypotoniker** *der;* -s, -: jmd., der an zu niedrigem Blutdruck leidet (Med.); Ggs. → Hypertoniker. **hypotonisch**: 1. die Hypotonie betreffend; Ggs. → hypertonisch (1). 2. geringeren osmotischen Druck besitzend als das Blut (von Lösungen); Ggs. → hypertonisch (2)
Hypo|trachelion [...*che*...; *gr.*] *das;* -s, ...ien [...*i*[e]*n*]: Säulenhals (unter dem → Kapitell befindlich)
Hypo|trichose [*gr.-nlat.*] *die;* -, -n und **Hypo|trichosis** *die;* -, ...oses: spärlicher Haarwuchs, mangelhafte Behaarung des Körpers (Med.); Ggs. → Hypertrichose
Hypo|trophie [*gr.-nlat.*] *die;* -, ...ien: 1. unterdurchschnittliche Größenentwicklung eines Gewebes oder Organs (Med.); Ggs. → Hypertrophie. 2. Unterernährung
Hypovit|aminose [*gr.; lat.; gr.*] *die;* -, -n: Vitaminmangelkrankheit (Med.); Ggs. → Hypervitaminose
Hyp|ox|ämie [*gr.-nlat.*] *die;* -, ...ien: Sauerstoffmangel im Blut (Med.). **Hyp|oxie** *die;* -: Sauerstoffmangel in den Geweben (Med.)
Hypozen|trum *das;* -s, ...tren; Erdbebenherd; Stelle im Erdinnern, von der ein Erdbeben ausgeht (Geol.)
Hypozy|kloide [*gr.-nlat.*] *die;* -, -n: Kurve, die ein Peripheriepunkt eines Kreises beschreibt, wenn dieser Kreis auf der inneren Seite eines anderen, festen Kreises abrollt (Math.)
Hypsiphobie [*gr.-nlat.*] *die;* -, ...ien: Höhenangst, Höhenschwindel (Med.). **Hypsizephalie** *die;* -, ...ien: Schädeldeformation (Turmschädel; Med.). **Hypsometer** *das;* -s, -: zur Höhenmessung dienendes Luftdruckmeßgerät. **Hypsome|trie** *die;* -: Höhenmessung. **hypsome|trisch**: die Hypsometrie betreffend. **Hypsothermometer** *das;* -s, -: mit einem Hypsometer gekoppeltes Thermometer
Hyster|algie [*gr.-nlat.*] *die;* -, ...ien: Gebärmutterschmerz (Med.). **Hyster|ektomie** *die;* -, ...ien: operative Entfernung der Gebärmutter (Med.)
Hysterese u. **Hysteresis** [*gr.*] *die;* -: das Zurückbleiben einer Wirkung hinter dem jeweiligen Stand der sie bedingenden veränderlichen Kraft; tritt als magnetische Hysterese (auch Trägheit od. Reibung genannt) auf
Hysterie [*gr.-nlat.*] *die;* -, ...ien: auf psychotischer Grundlage beruhende od. aus starken Gemütserregungen entstehende, abnorme seelische Verhaltensweise mit vielfachen Symptomen ohne genau umschriebenes Krankheitsbild (Med.). **Hysteriker** [*gr.-lat.*] *der;* -s, -: jmd., der Symptome der Hysterie in Charakter od. Verhalten zeigt (Med.). **hysterisch**: 1. auf Hysterie beruhend. 2. an Hysterie leidend, zu nervöser Aufgeregtheit neigend, übertrieben leicht erregbar; übertrieben nervös, erregt; überspannt. 3. (veraltet) an der Gebärmutter erkrankt (Med.). **hysterisieren**: hysterisch (2) machen. **hysterogen** [*gr.-nlat.*]: (Med.) 1. auf hysterischen Ursachen beruhend. 2. eine Hysterie auslösend; -e Zonen: Körperstellen, deren Berührung hysterische Zustände hervorrufen kann (Med.). **Hystero|gramm**: *das;* -s, -e: Röntgenbild der Gebärmutter (Med.). **hysteroid**: hysterieähnlich. **Hysterographie** *die;* -, ...ien: röntgenologische Untersuchung u. Darstellung der Gebärmutter
Hysterologie [*gr.*] *die;* -, ...ien: = Hysteron-Proteron (2)
Hysteromanie [*gr.-nlat.*] *die;* -, ...ien: = Nymphomanie
Hysteron-Proteron [*gr.;* „das Spä-

tere (ist) das Frühere"] *das*; -s, Hystera-Protera: 1. Scheinbeweis aus einem selbst erst zu beweisenden Satz (Philos.). 2. Redefigur, bei der das begrifflich od. zeitlich Spätere zuerst steht (z. B. bei Vergil: Laßt uns sterben und uns in die Feinde stürzen!; Rhet.)

Hystero|ptose [*gr.-nlat.*] *die*; -: Gebärmuttervorfall (Med.). **Hystero|skop** *das*; -s, -e: → Endoskop zur Untersuchung der Gebärmutterhöhle. **Hystero|skopie** *die*; -: Untersuchung der Gebärmutterhöhle mit einem Hysteroskop (Med.). **Hysterotomie** *die*; -: operative Eröffnung der Gebärmutter, Gebärmutterschnitt (Med.)

I

Iambe usw. vgl. Jambe usw.

Ia|trik [*gr.*] *die*; -: Heilkunst, ärztl. Kunst (Med.). **ia|trisch**: zur Heilkunst gehörend (Med.). **Iatrochemie** [*gr.*; *arab.*] *die*; -: von Paracelsus begründete [chemische] Heilkunst (im 16. u. 17. Jh.). **ia|trogen** [*gr.-nlat.*]: durch ärztliche Einwirkung entstanden (Med.). **Ia|trologie** *die*; -: ärztliche Lehre, Lehre von der ärztlichen Heilkunst (Med.)

Iberis [*gr.-lat.*] *die*; -, -: Schleifenblume (Kreuzblütler; Zierpflanze mit zahlreichen Arten). **iberisch**: die Pyrenäenhalbinsel betreffend. **Iberoamerika,** ohne Artikel; -s (in Verbindung mit Attributen: *das*; -[s]): das von der Iberischen Halbinsel aus kolonisierte u. durch Sprache u. Kultur mit ihr verbundene → Lateinamerika. **iberoamerikanisch**: Iberoamerika betreffend. **ibero-amerikanisch**: zwischen Spanien, Portugal u. Lateinamerika bestehend

Ibia|tron [*gr.*] *das*; -s, -e (auch: -s): Gerät zur Blutbestrahlung (Med.)

ibidem [auch: *ib..., ib...*; *lat.*]: ebenda, ebendort (Hinweiswort in wissenschaftlichen Werken zur Ersparung der wiederholten vollständigen Anführung eines bereits zitierten Buches; Abk.: ib., ibd., ibid.)

Ibis [*ägypt.-gr.-lat.*] *der*; Ibisses, Ibisse: Storchvogel der Tropen u. Subtropen mit sichelförmigem Schnabel (heiliger Vogel der ägypt. Göttin Isis)

Ibn [auch: *ibn*; *arab.*]: Sohn (Teil arab. Personennamen, z. B. Ibn Saud, Ibn Al Farid)

Ibrik [*pers.*] *der* od. *das*; -s, -s: [im Orient] Wasserkanne mit dünnem Hals u. ovalem Bauch

IC-Analyse [*ize...*; Zusammensetzung aus der Abk. von *engl. Im*mediate *C*onstituents [*imidiᵉt kᵉnßtitjuᵉnz*] u. *Analyse*] *die*; -, -n: = Konstituentenanalyse

Ichneumon [*gr.-lat.*; „Spürer"] *der* od. *das*; -s, -e u. -s: Pharaonenratte, von Ratten lebende Schleichkatze Nordafrikas. **Ichneumoniden** [*gr.-nlat.*] *die* (Plural): Schlupfwespen. **Ichno|gramm** *das*; -s, -e: Fußspur, Fußabdruck

Ichor [auch: *ichor*; *gr.*] *der*; -s: 1. Blut der Götter (bei Homer). 2. blutig-seröse Absonderung → gangränöser Geschwüre (Med.). 3. beim Absinken von Gesteinen in große Tiefen durch teilweises Aufschmelzen dieser Gesteine entstandene granitische Lösung (Geol.)

Ich|thy|odont [*gr.-nlat.*] *der*; -en, -en: fossiler Fischzahn (früher als Amulett verwendet). **Ich|thyol** Ⓦ [*gr.*; *lat.*] *das*; -s: aus Ölschiefer mit fossilen Fischresten gewonnenes Mittel gegen Furunkel, rheumatische Beschwerden, Frostschäden u. a. **Ich|thyolith** [auch: *...it*; *gr.-nlat.*] *der*; -s u. -en, -e[n]: versteinerter Fisch[rest]. **Ich|thyologe** *der*; -n, -n: Wissenschaftler auf dem Gebiet der Ichthyologie. **Ich|thyologie** *die*; -: Fischkunde. **ich|thyologisch**: die Fischkunde betreffend. **Ich|thyophage** [*gr.-lat.*; „Fischesser"] *der*; -n, -n (meist Plural): Angehöriger von Küstenvölkern, die sich nur od. überwiegend von Fischen ernähren. **Ich|thy|ophthalm** [*gr.-nlat.*] *der*; -s, -e: ein Mineral (Fischaugenstein). **Ich|thyophthi|rius** *der*; -, ...ien [*...iᵉn*]: Wimpertierchen, das eine gefährliche Fischkrankheit, bes. bei Aquarienfischen, verursacht (Zool.). **Ich|thyopterygium** *das*; -s: Fischflossenskelett, aus dem sich das Fuß- u. Handskelett der übrigen Wirbeltiere ableitet (Biol.). **Ich|thyosaurier** [*...iᵉr*] *der*; -s, - u. **Ich|thyo|saurus** *der*; -, ...rier [*...iᵉr*]: Fischechse (ausgestorbenes Meereskriechtier der Jura- u. Kreidezeit). **Ich|thyose** u. **Ichthyosis** *die*; -, ...osen: Fischschuppenkrankheit (Verhornung der trockenen, schuppenden Haut; Med.). **Ich|thyo|toxin** *das*; -s, -e: im Blutserum des Aales enthaltenes Gift (nach Erwärmung über 60° unschädlich)

Icing [*aißing*; *engl.-amerik.*] *das*; -s, -s: unerlaubter Weitschuß, Befreiungsschlag (beim Eishokkey)

Icterus [*ik...*] vgl. Ikterus

Ictus [*ik...*] vgl. Iktus

Id

I. [Kurzform von: *Id*ioplasma] *das*; -[s], -e: kleinster Bestandteil des → Idioplasmas (Biol.).

II. [*arab.*] *das*; -[s], -: mit der Fastenzeit → Ramadan in zeitlichem Zusammenhang stehendes höchstes mohammedanisches Fest

idea|gen [*gr.-nlat.*] u. ideogen: durch Vorstellungen ausgelöst, auf Grund von Vorstellungsbildern (Psychol.). **ideal** [*gr.-lat.*]: 1. den höchsten Vorstellungen entsprechend, vollkommen. 2. nur gedacht, nur in der Vorstellung so vorhanden, der Idee entsprechend. 3. (veraltet) ideell, geistig, vom Ideellen bestimmt; vgl. ...isch/-. **Ideal** *das*; -s, -e: 1. jmd., etw. als Verkörperung von etw. Vollkommenem; Idealbild. 2. als eine Art höchster Wert erkanntes Ziel; Idee, nach deren Verwirklichung man strebt. **idealisch**: einem Ideal entsprechend od. angenähert; vgl. ...isch/-. **idea|lisieren** [*gr.-lat.-fr.*]: jmdn., etw. vollkommener sehen, als die betreffende Person od. Sache ist; verklären, verschönern. **Idea|lismus** [*gr.-lat.-nlat.*] *der*; -: 1. philosophische Anschauung, die die Welt u. das Sein als Idee, Geist, Vernunft, Bewußtsein bestimmt u. die Materie als deren Erscheinungsform versteht; Ggs. → Materialismus (1). 2. [mit Selbstaufopferung verbundenes] Streben nach Verwirklichung von Idealen ethischer u. ästhetischer Natur; durch Ideale bestimmte Weltanschauung, Lebensführung. **Idea|list** *der*; -en, -en: 1. Vertreter des Idealismus (1); Ggs. → Materialist (1). 2. jmd., der selbstlos, dabei aber auch die Wirklichkeit etwas außer acht lassend, nach der Verwirklichung bestimmter Ideale strebt; Ggs. → Realist (1). **idealistisch**: 1. in der Art des Idealismus (1); Ggs. → materialistisch (1). 2. an Ideale glaubend u. nach deren Verwirklichung strebend, dabei aber die Wirklichkeit etwas außer acht lassend; Ggs. → realistisch (1). **Idea|lität** *die*; -: 1. das Sein als Idee od. Vorstellung, ideale Seinsweise. 2. Seinsweise des Mathematischen, der Werte. **Idealkonkurrenz** *die*; -, -en: Tateinheit, Erfüllung mehrerer strafrechtlicher Tatbestände durch eine strafwürdige Handlung (Rechtsw.). **Ideal speaker** [*aidiᵉl ßpikᵉr; engl.*] *der;* - -: im Rahmen der → generativen Grammatik entwickeltes Modell eines idealen (2) Sprecher-Hörers, der eine Sprache perfekt beherrscht u. keine psychologisch bedingten Fehler macht (Sprachw.). **Idealtyp** *der;* -s, -en: Individuum, das ausschließlich alle die Merkmale aufweist, auf Grund deren es einer bestimmten Gruppe zuzuordnen ist. **Idea|tion** [*...zion*] *die;* -, -en: terminologische Bestimmung von Grundtermini der → Geometrie, der → Kinematik u. der → Dynamik (1). **Idee** [*gr.-lat.(-fr.)*] *die;* -, Ideen: 1. a) Gedanke od. Vorstellung, nach der man handeln kann; b) geistreicher, witziger Einfall als Ausdruck eines bewegten u. phantasievollen Geistes u. nach dem man etw. ausführen kann. 2. Gedanke, der jmdn. in seinem Denken, Handeln bestimmt; Leitbild. **Idée fixe** [*ide fix; fr.*] *die;* - -, -s -s [*ide fix*]: a) Zwangsvorstellung; b) der über einem ganzen musikalischen Werk stehende Grundgedanke (z. B. in der Symphonie fantastique von H. Berlioz). **ideell** [französierende Bildung zu → ideal]: auf einer Idee beruhend, von ihr bestimmt; gedanklich, geistig. **Ideen|assoziation** [*...zion*] *die;* -, -en: unwillkürlich sich einstellende Vorstellungs- und Gedankenverbindung. **Ideendrama** *das;* -s, ...men: Drama, dessen Handlung von einer allgemeingültigen Idee (Weltanschauung) bestimmt wird (z. B. Goethes „Pandora"). **Ideenflucht** *die;* -: krankhafte Beschleunigung u. Zusammenhanglosigkeit des Gedankenablaufes (z. B. als Symptom des → manisch-depressiven Irreseins)

idem

I. idem [*lat.*]: derselbe (Hinweiswort in wissenschaftlichen Werken zur Ersparung der wiederholten vollen Angabe eines Autorennamens; Abk.: id.).

II. idem: dasselbe; Abk.: id.

Iden u. Idus [*iduß; lat.*] *die* (Plural): der 13. od. 15. Monatstag des altröm. Kalenders; die - des März: 15. März (Tag der Ermordung Cäsars im Jahre 44 v. Chr.)

Identifikation [*...zion; lat.-nlat.*] *die;* -, -en: 1. das Identifizieren. 2. emotionales Sichgleichsetzen mit einer anderen Person od. Gruppe u. Übernahme ihrer Motive u. Ideale in das eigene Ich (Psychol.); vgl. ...[at]ion/...ierung. **identifizieren**: 1. genau wiedererkennen; die Identität, Echtheit einer Person od. Sache feststellen. 2. a) mit einem anderen als dasselbe betrachten, gleichsetzen, z. B. man kann seine Meinung nicht mit ihrer -; b) sich -: jmds. Anliegen o. ä. zu seiner eigenen Sache machen; aus innerer Überzeugung ganz mit jmdm., etw. übereinstimmen; c) sich -: sich mit einer anderen Person od. Gruppe emotional gleichsetzen u. ihre Motive u. Ideale in das eigene Ich übernehmen (Psychol.). **Identifizierung** *die;* -, -en: das Identifizieren; vgl. ...[at]ion/...ierung. **identisch**: ein u. dasselbe [bedeutend], völlig gleich; wesensgleich; gleichbedeutend; -er Reim: Reim mit gleichem Reimwort; rührender Reim (z. B. freien/freien); -e Zwillinge: eineiige Zwillinge (Med.). **Identität** [*lat.*] *die;* -: a) vollkommene Gleichheit od. Übereinstimmung (in bezug auf Dinge od. Personen); Wesensgleichheit; das Existieren von jmdm., etw. als ein Bestimmtes, Individuelles, Unverwechselbares; b) die als „Selbst" erlebte innere Einheit der Person (Psychol.). **Identitätsausweis** *der;* -es, -e: (österr.) Personalausweis. **Identitätsnachweis** *der;* -es, -e: Nachweis, daß eine aus den Händen der Zollbehörde entlassene Ware, die aber noch mit Zoll belastet ist, unverändert wieder vorgeführt wird (Wirtsch.). **Identitätspapiere** *die* (Plural): Schriftstücke, die jmdn. als bestimmte Person od. als einen in einer bestimmten Angelegenheit Berechtigten ausweisen (Rechtsw.). **Identitätsphilosophie** *die;* -: Philosophie, in der die Differenz von Denken u. Sein, Geist u. Natur, Subjekt u. Objekt aufgehoben ist (bei Parmenides, Spinoza, im deutschen Idealismus, bes. bei Schelling, der den Ausdruck geprägt hat)

ideo|gen vgl. ideagen. **Ideo|gramm** [*gr.-nlat.*] *das;* -s, -e: Schriftzeichen, das einen ganzen Begriff darstellt; vgl. Logogramm; Piktogramm. **Ideographie** *die;* -, ...ien (Plural selten): aus Ideogrammen gebildete Schrift, Begriffsschrift. **ideographisch**: die Ideographie betreffend. **Ideokinese** *die;* -, -n: Bewegung, die zwar aus einer richtigen Vorstellung heraus entsteht, aber bei krankhaft geschädigten Nervenbahnen falsch ausgeführt, z. B. mit einer anderen verwechselt wird (Med.; Psychol.). **Ideo|kratismus** *der;* -: (veraltet) Herrschaft der Vernunftbegriffe u. vernünftiger [Rechts]verhältnisse. **Ideologe** *der;* -n, -n: 1. [exponierter] Vertreter od. Lehrer einer Ideologie. 2. (veraltet) weltfremder Schwärmer, Träumer. **Ideologem** *das;* -s, -e: Gedankengebilde; Vorstellungswert. **Ideologie** [*gr.-fr.;* „Lehre von den Ideen"] *die;* -, ...ien: a) an eine soziale Gruppe, eine Kultur o. ä. gebundenes System von Weltanschauungen, Grundeinstellungen u. Wertungen; b) weltanschauliche Konzeption, in der Ideen (2) der Erreichung politischer u. wirtschaftlicher Ziele dienen. **Ideologiekritik** *die;* -: a) das Aufzeigen der materiellen Bedingtheit einer Ideologie (Soziol.); b) Kritik der gesellschaftlichen → Prämissen bei der Textinterpretation. **ideologisch**: a) eine Ideologie betreffend; b) (veraltet) weltfremd, schwärmerisch. **ideologisieren**: 1. mit einer bestimmten Ideologie durchdringen. 2. zu einer Ideologie machen. **Ideologisierung** *die;* -, -en: das Ideologisieren. **ideomotorisch** [*gr.; lat.*]: ohne Mitwirkung des Willens, unbewußt ausgeführt, nur durch Vorstellungen ausgelöst (in bezug auf Bewegungen od. Handlungen; Psychol.). **Ideo|realgesetz** [*gr.; lat.; dt.*] *das;* -es: für die Ausdruckskunde (Vorgänge der Nachahmung, Suggestion, Hypnose u. a.) bedeutsame Erscheinung, daß subjektive Erlebnisinhalte den Antrieb zu ihrer objektiven Verwirklichung einschließen (Psychol.)

id est [*lat.*]: das ist, das heißt; Abk.: i. e.

Idio|blast [*gr.-nlat.*] *der;* -en, -en (meist Plural): Pflanzeneinzelzelle od. Zellgruppe von spezifischer Gestalt u. mit besonderer Funktion, die in einen größeren andersartigen Zellverband eingelagert ist (Biol.). **idiochromatisch** [*...kro...*]: eigenfarbig, ohne Färbung durch fremde Substanzen (in bezug auf Mineralien; Geol.); Ggs. → allochromatisch. **Idio|gramm** *das;* -s, -e: graphische Darstellung der einzelnen → Chromosomen eines Chromosomensatzes (Biol.). **idio|graphisch**: das Eigentümliche, Einmalige, Singuläre beschreibend (in bezug auf die Geschichtswissenschaft). **Idiokinese** *die;* -, -n: Erbänderung, wobei die Erbmasse durch Umwelteinflüsse verändert u. eine → Mutation bewirkt wird. **Idio|krasie** *die*; -, ...ien: = Idiosynkrasie. **Idiolatrie** *die*; -: Selbstvergötterung, Selbstanbetung. **Idiolekt** [*gr.*] *der*; -[e]s, -e: Sprachbesitz u. Sprachverhalten, Wortschatz u. Ausdrucksweise eines einzelnen Sprachteilhabers (Sprachw.); vgl. Soziolekt. **idiolektal**: a) den Idiolekt betreffend; b) in der Art eines Idiolekts (Sprachw.). **Idiom** [*gr.-lat.-fr.*] *das*; -s, -e: (Sprachw.) 1. die einer kleineren Gruppe od. einer sozialen Schicht eigentümliche Sprechweise od. Spracheigentümlichkeit (z. B. Mundart, Jargon). 2. → lexikalisierte feste Wortverbindung, Redewendung (z. B. die Schwarze Kunst, ins Gras beißen). **Idiomatik** [*nlat.*] *die*; -: 1. Teilgebiet der Sprachwissenschaft, auf dem man sich mit den Idiomen (1) befaßt. 2. Gesamtbestand der Idiome (2) in einer Sprache. **idiomatisch**: die Idiomatik betreffend; -er Ausdruck: Redewendung, deren Gesamtbedeutung nicht aus der Bedeutung der Einzelwörter erschlossen werden kann. **idiomatisieren**, sich: zu einem Idiom (2) werden u. damit die semantisch-morphologische Durchsichtigkeit verlieren (Sprachw.). **Idiomatisierung** *die*; -, -en: [teilweiser] Verlust der semantisch-morphologischen Durchsichtigkeit eines Wortes od. einer Wortverbindung (Sprachw.). **Idiom Neutral** *das*; - -: im Jahre 1902 als Ersatz für → Volapük geschaffene Welthilfssprache. **idiomorph** [*gr.-nlat.*]: von eigenen echten Kristallflächen begrenzt (von Mineralien; Geol.); Ggs. → allotriomorph. **idiopathisch**: selbständig, von sich aus entstanden (von Krankheiten; Med.); Ggs. → traumatisch (1). **Idiophon** *das*; -s, -e: selbstklingendes Musikinstrument (Becken, Triangel, Gong, Glocken). **Idio|plasma** *das*; -s: Keimplasma, die Gesamtheit der im Zellplasma vorhandenen Erbpotenzen (Biol.). **Idior|rhythmie** [*gr.*] *die*; -: freiere Form des orthodoxen Mönchstums; vgl. idiorrhythmische Klöster. **idiorrhythmisch**: nach eigenem [Lebens]maß; -e Klöster: freiere Form des orthodoxen Klosterwesens, die dem Mönch, vom gemeinsamen Gottesdienst abgesehen, die private Gestaltung seines Lebens gestattet. **Idiosom** [*gr.-nlat.*] *das*; -s, -en (meist Plural): 1. = Chromosom. 2. stark granulierte Plasmazone (vgl. Plasma 1) um das → Zentrosom (Biol.). **Idiosyn|krasie** *die*; -, ...ien: a) [angeborene] Überempfindlichkeit gegen bestimmte Stoffe (z. B. Nahrungsmittel) u. Reize (Med.); b) besonders starke Abneigung u. Überempfindlichkeit gegenüber bestimmten Personen, Lebewesen, Gegenständen, Reizen, Anschauungen u. ä. (Psychol.). **idiosyn|kratisch**: a) überempfindlich gegen bestimmte Stoffe u. Reize (Med.); b) von unüberwindlicher Abneigung erfüllt u. entsprechend auf jmdn., etw. reagierend (Psychol.). **Idiot** [*gr.-lat.*; „Privatmann, einfacher Mensch; ungeübter Laie, Stümper"] *der*; -en, -en: 1. (selten) ein an Idiotie Leidender; Blöder. 2. a) (veraltet) Laie, Ungelehrter; b) (abwertend) Dummkopf. **Idiotie** [*gr.*] *die*; -, ...ien: 1. (selten) hochgradiger Schwachsinn; vgl. Debilität u. Imbezillität. 2. (abwertend) Dummheit, Einfältigkeit. **Idiotikon** [*gr.-nlat.*] *das*; -s, ...ken (auch: ...ka): Mundartwörterbuch, auf eine Sprachlandschaft begrenztes Wörterbuch. **idiotisch** [*gr.-lat.*]: 1. (selten) schwachsinnig. 2. (abwertend) dumm, einfältig. **Idiotismus** [*gr.-nlat.*] *der*; -, ...men: 1. (Med.) a) Idiotie (1); b) Äußerung der Idiotie (1). 2. kennzeichnender, eigentümlicher Ausdruck eines Idioms, Spracheigenheit (Sprachw.). **idiotypisch**: durch die Gesamtheit des Erbgutes festgelegt (Biol.). **Idiotypus** *der*; -, ...pen: das gesamte Erbgut, das sich aus → Genom, → Plasmon u. (bei grünen Pflanzen) → Plastom zusammensetzt (Biol.). **Idiovariation** [*...zion*; *gr.*; *lat.*] *die*; -, -en: eine → Genmutation

Ido [Kunstw.; nach dem unter dem Stichwort „Ido" eingereichten Vorschlag des Franzosen L. de Beaufort] *das*; -[s]: künstliche, aus dem → Esperanto weiterentwickelte Weltsprache

Ido|kras [*gr.-nlat.*] *der*; -, -e: ein Mineral. **Idol** [*gr.-lat.*; „Gestalt, Bild; Trugbild, Götzenbild"] *das*; -s, -e: 1. a) jmd., etw. als Gegenstand bes. großer Verehrung, meist als Wunschbild Jugendlicher; b) (veraltend, abwertend) falsches Ideal; Leitbild, dessen Zugkraft im vordergründig Äußerlichen liegt. 2. Gottes-, Götzenbild [in Menschengestalt] (Rel.). **Idola|trie**, Idolola|trie *die*; -, ...ien: Bilderverehrung, -anbetung, Götzendienst. **idolisieren** [*gr.-lat.-nlat.*]: zum Idol (1) machen. **Idolisierung** *die*; -, -en: das Idolisieren. **Idolola|trie** vgl. Idolatrie

Idoneität [*...e-i...*; *lat.-mlat.*] *die*; -: (veraltet) a) Geeignetheit, Tauglichkeit; b) passender Zeitpunkt

Idria|lit [auch: *...it*; *nlat.*; nach der jugoslaw. Bergwerksstadt Idrija (ital.: Idria)] *der*; -s, -e: ein Mineral

Idschma [*arab.*] *die*; -: Übereinstimmung der Gelehrten als Grundlage für die Deutung der islamischen Gesetze

Idus vgl. Iden

Idyll [*gr.-lat.*; eigtl. „Bildchen"] *das*; -s, -e: Bild, Zustand eines friedlichen u. einfachen Lebens in meist ländlicher Abgeschiedenheit. **Idylle** *die*; -, -n: a) Schilderung eines Idylls in Literatur (Vers, Prosa) u. bildender Kunst; b) = Idyll. **Idyllik** *die*; -: idyllischer Charakter, idyllische Atmosphäre. **Idylliker** *der*; -s, -: jmd., der einen Hang zum Idyll hat. **idyllisch**: a) das Idyll, die Idylle betreffend; b) beschaulich-friedlich

...ierung/...[at]ion [*...(az)ion*] vgl. ...[at]ion/...ierung

Igelit ® [auch: *...it*; Kunstw.] *das*; -s, -e: polymeres Vinylchlorid (ein Kunststoff)

Iglu [*eskim.*] *der* od. *das*; -s, -s: runde Schneehütte der Eskimos

Ignipunktur [*lat.-nlat.*] *die*; -, -en: das Aufstechen einer Zyste mit dem → Thermokauter (z. B. bei einer Zystenniere; Med.). **Ignitron** [*lat.*; *gr.*] *das*; -s, ...one (auch: -s): als Gleichrichter (Gerät zur Umwandlung von Wechselstrom in Gleichstrom) für hohe Stromstärken verwendete Röhre mit Quecksilberkathode

ignoramus et ignorabimus [*lat.* „wir wissen (es) nicht u. werden (es auch) nicht wissen"]: Schlagwort für die Unlösbarkeit der Welträtsel. **ignorant**: (abwertend) von Unwissenheit, Kenntnislosigkeit zeugend. **Ignorant** *der*; -en, -en: (abwertend) unwissender, kenntnisloser Mensch; Dummkopf. **Ignoranz** *die*; -: (abwertend) Unwissenheit, Dummheit. **ignorieren**: nicht wissen wollen; absichtlich übersehen, nicht beachten. **Ignoszenz** *die*; -: (veraltet) Verzeihung. **ignoszieren**: (veraltet) verzeihen

Igo [*jap.*] *das*; -: = Go

Iguana [*indian.-span.*] *die*; -, ...nen: in tropischen Gebieten Amerikas vorkommender großer → Leguan mit sichelförmigem Kamm

Iguan|odon [*indian.-span.*; *gr.*] *das*; -s, -s od. ...odonten: urzeitlicher, pflanzenfressender → Dinosaurier (Biol.)
Igumen vgl. Hegumenos
Ikako|pflaume [*indian.-span.*; *dt.*] *die*; -, -n: Goldpflaume, wohlschmeckende Steinfrucht eines Rosengewächses (tropisches Westafrika u. Amerika)
Ikarier [...*iͤr*; nach der griech. Sagengestalt Ikarus] *der*; -s, -: (veraltet) Artist, der Luftsprünge zeigt
Ikebana [*jap.*] *das*; -[s]: die japanische Kunst des Blumensteckens, des künstlerischen, symbolischen Blumenarrangements
Ikon [*gr.*] *das*; -s, -e: stilisierte Abbildung eines Gegenstandes; Zeichen, das mit dem Gegenstand, den es darstellt, Ähnlichkeit aufweist. **Ikone** [*gr.-mgr.-russ.*; „Bild"] *die*; -, -n: Kultbild, geweihtes Tafelbild der orthodoxen Kirche (thematisch u. formal streng an die Überlieferung gebunden). **ikonisch**: 1. in der Art der Ikonen. 2. bildhaft, anschaulich. **Ikonismus** *der*; -, ...men: anschauliches Bild (z. B. in den natürlichen Sprachen). **Ikonodule** [*gr.-nlat.*] *der*; -n, -n: Bilderverehrer. **Ikonodulie** *die*; -: Bilderverehrung. **Ikono|graph** *der*; -en, -en: 1. Wissenschaftler auf dem Gebiet der Ikonographie. 2. dem Storchschnabel ähnliche Vorrichtung zur Bildabzeichnung für → Lithographen. **Ikono|graphie** [*gr.-lat.*] *die*; -: 1. wissenschaftliche Bestimmung von Bildnissen des griech. u. röm. Altertums. 2. a) Beschreibung, Form- u. Inhaltsdeutung von [alten] Bildwerken; b) = Ikonologie. **ikono|graphisch**: die Ikonographie betreffend. **Ikonoklasmus** [*gr.-nlat.*] *der*; -, ...men: Bildersturm; Abschaffung u. Zerstörung von Heiligenbildern (bes. der Bilderstreit in der byzantinischen Kirche des 8. u. 9. Jh.s). **Ikono|klast** [*gr.-mgr.*] *der*; -en, -en: Bilderstürmer, Anhänger des Ikonoklasmus. **ikonoklastisch**: den Ikonoklasmus betreffend, bilderstürmerisch. **Ikonola|trie** [*gr.-nlat.*] *die*; -: = Ikonodulie. **Ikono|logie** *die*; -: Lehre vom Sinngehalt alter Bildwerke; vgl. Ikonographie (2 a). **Ikonometer** *das*; -s, -: Rahmensucher an einem fotografischen Apparat. **Ikono|skop** *das*; -s, -e: speichernde Fernsehaufnahmeröhre. **Ikonostas** [*gr.-mgr.*] *der*; -, -e u. **Ikonostase** *die*; -, -n u. **Ikonostasis** *die*; -, ...sen: dreitürige Bilderwand zwischen Gemeinde- u. Altarraum in der orthodoxen Kirche
Ikosa|eder [*gr.-nlat.*] *das*; -s, -: regelmäßiger Zwanzigflächner (von 20 gleichseitigen Dreiecken begrenzt; Math.). **Ikosite|traeder** *das*; -s, -: Kristallform, die aus 24 symmetrischen Vierecken besteht
ikterisch [*gr.-lat.*]: die Gelbsucht betreffend; mit Gelbsucht behaftet, gelbsüchtig (Med.). **Ikterus** *der*; -: Gelbsucht (Med.)
Iktus [*lat.*; „Stoß, Schlag"] *der*; -, - [*iktuß*] u. Ikten: 1. [nachdrückliche] Betonung der Hebung im Vers, Versakzent (Sprachw.). 2. unerwartet u. plötzlich auftretendes Krankheitszeichen (Med.). 3. Stoß, stoßförmige Erschütterung (Med.)
Ilang-Ilang-Öl vgl. Ylang-Ylang-Öl
Ilchan [*ilkan*; *mong.-türk.*] *der*; -s: (hist.) Titel der mongolischen Herrscher in Persien (13. u. 14. Jh.)
Ileen [...*eͤn*]: *Plural* von → Ileus
Ileitis [*lat.-nlat.*] *die*; -, ...itiden: Entzündung des Ileums (Med.). **Ileum** [...*e-u*...; *lat.*] *das*; -s: Krummdarm, unterer Teil des Dünndarms (Med.)
Ileus [...*e-u*...; *gr.-lat.*] *der*; -, Ileen [...*eͤn*]: Darmverschluß (Med.)
Ilex [*lat.*] *die* (auch: *der*); -: Gattung der Stechpalmengewächse (immergrüne Sträucher und Bäume, z. B. Mate)
illativ [auch: ...*tif*; *lat.-nlat.*]: (veraltet) folgernd, konsekutiv (Sprachw.). **Illativ** *der*; -s, -e [...*wͤ*]: 1. Kasus zur Bezeichnung der Bewegung od. Richtung in etw. hinein (in den finnougrischen Sprachen; Sprachw.). 2. (veraltet) konsekutive Konjunktion (z. B. deshalb; Sprachw.).
Illatum [*lat.*] *das*; -s, Illaten u. ...ta (meist Plural): (veraltet) von der Frau in die Ehe eingebrachtes Vermögen (Rechtsw.)
illegal [*lat.-mlat.*]: gesetzwidrig, ungesetzlich, ohne behördliche Genehmigung; Ggs. → legal. **Illegalität** *die*; -, -en: 1. a) (ohne Plural) Ungesetzlichkeit, Gesetzwidrigkeit; b) illegaler Zustand, illegale Lebensweise. 2. einzelne illegale Handlung. **illegitim** [*lat.*]: a) unrechtmäßig, im Widerspruch zur Rechtsordnung [stehend], nicht im Rahmen bestehender Vorschriften [erfolgend]; Ggs. → legitim (1a); b) unehelich; außerehelich; Ggs. → legitim (1b). **Illegitimität** [*lat.-nlat.*] *die*; -: unrechtmäßiges Verhalten
illiberal [*lat.*]: engherzig, unduldsam. **Illiberalität** *die*; -: Engherzigkeit, Unduldsamkeit
illimitiert [auch: *il*...; *lat.*]: unbegrenzt, unbeschränkt
Illinium [*nlat.*; nach dem nordamerik. Bundesstaat Illinois] *das*; -s: (veraltet) = Promethium
illiquid [*lat.-nlat.*]: zahlungsunfähig. **Illiquidität** *die*; -: Zahlungsunfähigkeit, Mangel an flüssigen [Geld]mitteln
Illit [auch: ...*it*; *nlat.*; nach dem Vorkommen im nordamerik. Bundesstaat Illinois] *der*; -s, -e: ein glimmerartiges Tonmineral
illiterat [*lat.*]: ungelehrt, nicht wissenschaftlich gebildet. **Illiterat** [*lat.*] *der*; -en, -en: Ungelehrter, nicht wissenschaftlich Gebildeter
Illokution [...*zion*; *lat.-nlat.*] *die*; -, -en u. **illokutionäre/illokutive Akt** *der*; -n -[e]s, -n -e: der Sprechakt im Hinblick auf seine → kommunikative Funktion, z. B. Aufforderung, Frage (Sprachw.); vgl. lokutiver Akt, perlokutiver Akt. **illokutive Indikator** *der*; -n -s, -n ...oren: Partikelwort od. kurze Phrase, die die Funktion hat, einen nicht eindeutigen Satz eindeutig zu machen, z. B. du kannst *ja* noch überlegen (als Rat)
illoy|al [*iloajal*; *lat.-fr.*]: a) den Staat, eine Instanz nicht respektierend; b) vertragsbrüchig, gegen Treu und Glauben; c) einem Partner, der Gegenseite gegenüber übelgesinnt; Ggs. → loyal (b). **Illoy|alität** *die*; -, -en: illoyales Verhalten
Illuminat [*lat.*; „der Erleuchtete"] *der*; -en, -en (meist Plural): Angehöriger einer geheimen Verbindung, bes. des Illuminatenordens. **Illuminatenorden** *der*; -s: (hist.) aufklärerisch-freimaurerische geheime Gesellschaft des 18. Jh.s. **Illumination** [...*zion*; *lat.* (-*fr.*)] *die*; -, -en: 1. farbige Festbeleuchtung vor allem im Freien (von Gebäuden, Denkmälern). 2. göttliche Erleuchtung des menschlichen Geistes (nach der theologischen Lehre Augustins). 3. das Ausmalen von → Kodizes, Handschriften, Drucken mit → Lasurfarben. 4. Leuchtschrift.
Illuminator [*lat.-mlat.*] *der*; -s, ...oren: 1. Hersteller von Malereien in Handschriften u. Büchern des Mittelalters. 2. = Monochromator. **illuminieren** [*lat.*-(*fr.*)]: 1. festlich erleuchten. 2. Handschriften ausmalen, Buchmalereien herstellen (von Künstlern des Mittelalters). 3. erhellen.
illuminiert: (scherzh. veraltend)

alkoholisiert. **Illuminist** [*lat.-nlat.*] *der*; -en, -en: = Illuminator (1)

Illusion [*lat.-fr.*] *die*; -, -en: 1. (dem eigenen Wunschdenken entsprechende) schöne Vorstellung in bezug auf etw., was in Wirklichkeit nicht od. nicht so ist; Wunschvorstellung. 2. falsche Deutung von tatsächlichen Sinneswahrnehmungen (im Unterschied zur Halluzination; Psychol.). 3. Täuschung durch die Wirkung des Kunstwerks, das Darstellung als Wirklichkeit erleben läßt (Ästhetik). **illusionär** [*lat.-nlat.*]: 1. auf Illusionen beruhend. 2. = illusionistisch (1). **illusionieren** [*lat.-fr.*]: in jmdm. eine Illusion erwecken, jmdm. etwas vormachen, vorgaukeln, jmdn. täuschen. **Illusionismus** [*lat.-nlat.*] *der*; -: 1. die die Objektivität der Wahrheit, Schönheit, Sittlichkeit als Schein erklärende philosophische Anschauung. 2. in der wedischen u. brahmanischen Philosophie die Lehre, nach der die Welt nur in der Vorstellung bestehe, die reale Außenwelt nur Schein sei („Schleier der Maja"; vgl. Maja). 3. illusionistische [Bild]wirkung. **Illusionist** *der*; -en, -en: 1. Schwärmer, Träumer. 2. Zauberkünstler. **illusionistisch**: 1. durch die künstlerische Darstellung Scheinwirkungen erzeugend (bildende Kunst). 2. = illusionär (1). **illusorisch** [*lat.-fr.*]: a) nur in der Illusion bestehend, trügerisch; b) vergeblich, sich erübrigend

illuster [*lat.-fr.*]: glanzvoll, vornehm, erlaucht. **Illu|stration** [*...zion*; *lat.*] *die*; -, -en: a) Bebilderung, erläuternde Bildbeigabe; b) Veranschaulichung, Erläuterung. **illu|strativ** [*lat.-nlat.*]: veranschaulichend, erläuternd. **Illu|strator** [*lat.*] *der*; -s, ...oren: Künstler, der ein Buch mit Bildern ausgestaltet. **illustrieren**: a) ein Buch mit Bildern ausgestalten, bebildern; b) veranschaulichen, erläutern. **Illustrierte** *die*; -n, -n (2 -, auch: -n): periodisch erscheinende Zeitschrift, die überwiegend Bildberichte u. Reportagen aus dem Zeitgeschehen veröffentlicht

illuvial [*...wi...*; *lat.-nlat.*]: den Illuvialhorizont betreffend. **Illuvialhorizont** *der*; -[e]s: (Geol.) a) Unterboden; b) Ausfällungszone des Bodenprofils; c) Bodenschicht, in der bestimmte Stoffe aus einer anderen Schicht ausgeschieden werden

Illyrist [*lat.-nlat.*] *der*; -en, -en: Wissenschaftler auf dem Gebiet der Illyristik. **Illyristik** *die*; -: Wissenschaft, die sich mit den illyrischen Sprachresten im europäischen Namengut befaßt

Ilmenit [auch: *...it*; *nlat.*; nach dem russ. Ilmengebirge] *der*; -s, -e: ein Mineral (Titaneisen)

Image [*imidsch*; *lat.-fr.-engl.*] *das*; -[s], -s [*...dschis*]: Vorstellung, [positives] Bild, das ein einzelner od. eine Gruppe von einer Einzelperson od. einer anderen Gruppe (od. einer Sache) hat; Persönlichkeits-, Charakterbild. **Image|orthikon** [*imidsch...*; *lat.-fr.-engl.*; *gr.*] *das*; -[s], ...one (auch: -s): speichernde Fernsehaufnahmeröhre. **imaginabel** [*lat.-fr.-engl.*]: vorstellbar, erdenkbar (Philos.). **imaginal**: das fertig ausgebildete Insekt betreffend (Biol.). **Imaginalstadium** *das*; -s: Stadium der Insekten nach Abschluß der → Metamorphose (2) (Biol.). **imaginär** [*lat.-fr.*; „bildhaft"]: nur in der Vorstellung vorhanden, nicht wirklich, nicht real; -e Zahl: durch eine positive od. negative Zahl nicht darstellbare Größe, die durch das Vielfache von i (der Wurzel von −1) gegeben u. nicht auf → reelle Zahlen rückführbar ist (Math.). **Imagination** [*...zion*] *die*; -, -en: Phantasie, Einbildungskraft, bildhaft anschauliches Denken. **imaginativ** [*lat.-nlat.*]: a) die Imagination betreffend; b) auf Imagination beruhend. **imaginieren** [*lat.*]: sich vorstellen; bildlich, anschaulich machen, ersinnen. **Imagismus** [*lat.-engl.*] *der*; -: engl.-amerik. lyrische Bewegung von etwa 1912–1917, die für die Lyrik den Wortschatz der Alltagssprache forderte u. dabei höchste Präzision u. Knappheit des Ausdrucks u. Genauigkeit des dichterischen Bildes erstrebte. **Imagist** *der*; -en, -en: Vertreter des Imagismus. **imagistisch**: den Imagismus betreffend, zum Imagismus gehörend. **Imago** [*lat.*] *die*; -, ...gines: 1. im Unterbewußtsein existierendes Bild einer anderen Person, das Handlungen u. Lebenseinstellung bestimmen kann (Psychol.). 2. das fertig ausgebildete, geschlechtsreife Insekt; Vollinsekt (Biol.). 3. (im antiken Rom) wächserne Totenmaske von Vorfahren, die im Atrium des Hauses aufgestellt wurde. **Imago Dei** [„Ebenbild Gottes"] *die*; - -: die Gottebenbildlichkeit des Menschen als christliche Lehre (1. Mose 1,27)

Imam [*arab.*; „Vorsteher"] *der*; -s, -s u. -e: 1. a) Vorbeter in der → Moschee; b) (ohne Plural) Titel für verdiente Gelehrte des Islams. 2. religiöses Oberhaupt (Nachkomme Mohammeds) der → Schiiten. 3. (hist.) Titel der Herrscher von Jemen (Südarabien). **Imamiten** *die* (Plural): große Gruppe der → Schiiten, die nur 12 Imame (2) anerkennt u. den zwölften als → Mahdi wiedererwartet

Iman [*arab.*] *das*; -s: der Glaube als Voraussetzung für die Zugehörigkeit zur islamischen Gemeinde

Imariporzellan *das*; -s: = Aritaporzellan

imbezil u. **imbezill** [*lat.*]: mittelgradig schwachsinnig (Med.). **Imbezillität** *die*; -: mittelgradiger Schwachsinn (Med.); vgl. Debilität u. Idiotie

imbibieren [*lat.*; „einsaugen"]: quellen (bes. in bezug auf Pflanzenteile). **Imbibition** [*...zion*; *lat.-nlat.*] *die*; -, -en: 1. Quellung von Pflanzenteilen (z. B. von Samen; Bot.). 2. das Durchtränken des Nebengesteins mit Gasen od. wäßrigen Lösungen beim Erstarren einer → magmatischen Schmelze (Geol.)

Im|bro|glio [*imbroljo*; *it.*] *das*; -s, ...gli [*...lji*] u. -s: rhythmische Taktverwirrung durch Übereinanderschichtung mehrerer Stimmen in verschiedenen Taktarten (Mus.)

Imid u. **Imin** [Kunstw.] *das*; -s, -e: chem. Verbindung, die die NH-Gruppe (Imido-, Iminogruppe) enthält

Imitat [*lat.*] *das*; -[e]s, -e: Kurzform von → Imitation (1b). **Imitatio Christi** [„Nachahmung Christi"; Titel eines lat. Erbauungsbuchs des 14. Jh.s] *die*; - -: Nachfolge Christi, christliches Leben im Gehorsam gegen das Evangelium (als Lebensideal bes. in religiösen Gemeinschaften des 14. u. 15. Jh.s). **Imitation** [*...zion*] *die*; -, -en: 1. a) das Nachahmen; Nachahmung; b) [minderwertige] Nachbildung eines wertvollen → Materials (1) oder eines Kunstgegenstandes. 2. genaue Wiederholung eines musikalischen Themas in anderer Tonlage (in Kanon u. Fuge). **imitativ** [*...tif*]: auf Imitation beruhend; nachahmend. **Imitativ** *das*; -s, -e [*...w*^e]: Verb des Nachahmens, (z. B. büffeln = arbeiten wie ein Büffel;

Sprachw.). **Imitator** *der*; -s, ...oren: Nachahmer. **imitatorisch**: nachahmend. **imitieren**: 1. nachahmen; nachbilden. 2. ein musikalisches Thema wiederholen. **imitiert**: nachgeahmt, künstlich, unecht (bes. von Schmuck)

Immaculata [...*kulata*; *lat.*; „die Unbefleckte", d. h. die unbefleckt Empfangene] *die*; -: Beiname Marias in der katholischen Lehre. **Immaculata conceptio** [-...*konzäpzio*] *die*; - -: „die unbefleckte Empfängnis" Marias (d.h. ihre Bewahrung vor der Erbsünde im Augenblick der Empfängnis durch ihre Mutter Anna)

immanent [auch: *im*...; *lat.*; „darin bleibend"]: 1. innewohnend, in etw. enthalten. 2. die Grenzen möglicher Erfahrung nicht übersteigend, innerhalb dieser Grenzen liegend, bleibend; den Bereich des menschlichen Bewußtseins nicht überschreitend; Ggs. → transzendent. **Immanenz** [auch: *im*...; *lat.-nlat.*] *die*; -: 1. das, was innerhalb einer Grenze bleibt u. sie nicht überschreitet. 2. (Philos.) a) Beschränkung auf das innerweltliche Sein; b) Einschränkung des Erkennens auf das Bewußtsein od. auf Erfahrung; vgl. Transzendenz. **Immanenzphilosophie** *die*; -: Lehre von W. Schuppe, wonach alles Sein in das Bewußtsein verlegt ist u. nicht darüber hinausgeht. **immanieren** [*lat.*]: innewohnen, enthalten sein

Immanuel [*hebr.*] *der*; -s, -s: symbolischer Name des Sohnes einer jungen Frau (bzw. Jungfrau), dessen Geburt Jesaja weissagt (Jes. 7, 14); später bezogen auf Jesus Christus (Rel.)

Immaterialgüterrecht [*lat.-nlat.*; *dt.*] *das*; -[e]s: das Recht auf freie Verfügung über eigene geistige Produkte (z. B. Patent-, Warenzeichen-, Urheberrecht; Rechtsw.). **Immaterialismus** [auch: *im*...; *lat.-nlat.*] *der*; -: Lehre, die die Materie als selbständige Substanz leugnet u. dagegen ein geistig-seelisches Bewußtsein setzt (Philos.). **Immaterialität** [auch: *im*...] *die*; -: unkörperliche Beschaffenheit, stoffloses Dasein. **immateriell** [auch: *im*...; *lat.-fr.*]: unstofflich, unkörperlich; -es Güterrecht = Immaterialgüterrecht; Ggs. → materiell (1)

Imma|trikulation [...*zion*; *lat.-mlat.*] *die*; -, -en: Einschreibung in die Liste der Studierenden, Aufnahme an einer Hochschule; Ggs. → Exmatrikulation. **immatrikulieren**: 1. a) in die Matrikel (1) einer Hochschule aufnehmen; Ggs. → exmatrikulieren; b) sich -: seine endgültige Anmeldung im → Sekretariat (1) einer Universität abgeben; Ggs. → exmatrikulieren. 2. (schweiz.) (ein Motorfahrzeug) anmelden

immatur [*lat.*]: unreif, nicht voll entwickelt (Med.)

immediat [*lat.*]: unmittelbar [dem Staatsoberhaupt unterstehend]. **Immediatgesuch** *das*; -[e]s, -e: unmittelbar an die höchste Behörde gerichtetes Gesuch. **immediatisieren** [*lat.-nlat.*]: (hist.) [reichs]-unmittelbar, frei machen (in bezug auf Fürsten od. Städte bis 1806)

immens [*lat.*]: in Staunen, Bewunderung erregender Weise groß o. ä.; unermeßlich [groß]. **Immensität** *die*; -: (veraltet) Unermeßlichkeit. **immensurabel**: unmeßbar. **Immensurabilität** [*lat.-nlat.*] *die*; -: Unmeßbarkeit

Immersion [*lat.*; „Eintauchung"] *die*; -, -en: 1. a) das Einbetten eines Objekts in eine Flüssigkeit, um sein optisches Verhalten zu beobachten; b) bei einem Mikroskop die Einbettung des Objektivs zur Vergrößerung des Auflösungsvermögens. 2. das Eintreten eines Mondes in den Schatten eines Planeten oder das scheinbare Eintreten eines Mondes in die Planetenscheibe. 3. = Inundation. 4. Dauerbad als therapeutische Maßnahme bei Hautkrankheiten (Med.). **Immersionstaufe** *die*; -, -n: ältere (von den → Baptisten noch geübte) Form der christlichen Taufe durch Untertauchen des Täuflings; vgl. Aspersion

Immi|grant [*lat.*] *der*; -en, -en: Einwanderer (aus einem anderen Staat); Ggs. → Emigrant. **Immigration** [...*zion*; *lat.-nlat.*] *die*; -, -en: 1. Einwanderung; Ggs. → Emigration (1). 2. besondere Art der → Gastrulation, bei der sich Einzelzellen vom → Blastoderm ins → Blastozöl abgliedern u. eine neue Zellschicht ausbilden (Biol.). **immi|grieren** [*lat.*]: einwandern; Ggs. → emigrieren

imminent [*lat.*]: drohend, nahe bevorstehend (z. B. von Fehlgeburten; Med.)

Immission [*lat.*] *die*; -, -en (meist Plural): 1. das Einwirken von Luftverunreinigungen, Schadstoffen, Lärm, Strahlen u. ä. auf Menschen, Tiere u. Pflanzen. 2. Einsetzung in eine Position (Amt od. Besitzstand). 3. kurz für: Immissionskonzentration. **Immissionskonzentration** [...*zion*] *die*; -, -en: Menge eines verunreinigten Spurenstoffes, die in der Volumeneinheit (Kubikmeter) Luft enthalten ist. **Immissionsschutz** *der*; -es: (gesetzlich festgelegter) Schutz vor Immissionen (1)

immobil [auch: ...*bil*; *lat.*]: 1. unbeweglich; Ggs. → mobil (1 a). 2. nicht für den Krieg bestimmt od. ausgerüstet, nicht kriegsbereit (in bezug auf Truppen); Ggs. → mobil (2). **Immobiliarkredit** [*lat.-nlat.*; *lat.-it.*] *der*; -[e]s, -e: Kredit, der durch Pfandrecht an bebauten od. unbebauten Grundstücken gesichert ist. **Immobiliarversicherung** [*lat.-nlat.*; *dt.*] *die*; -, -en: Versicherung von Gebäuden od. Grundstücken gegen Schäden. **Immobilien** [...*i*ᵉ*n*; *lat.*] *die* (Plural): unbewegliches Vermögen, Gebäude, Grundstücke (einschließlich fest verbundener Sachen); Ggs. → Mobilien (2). **Immobilisation** [...*zion*; *lat.-nlat.*] *die*; -, -en: Ruhigstellung von Gliedern od. Gelenken (z. B. durch Verbände; Med.); vgl. ...[at]ion/...ierung. **Immobilisator** *der*; -s, ...oren: Gerät zur Ruhigstellung von Gliedern od. Gelenken. **immobilisieren**: durch einen Verband od. durch Schienen ruhigstellen (in bezug auf Glieder od. Gelenke; Med.). **Immobilisierung** *die*; -, -en: das Immobilisieren (Med.); vgl. ...[at]ion/...ierung. **Immobilismus** *der*; -: Unbeweglichkeit als geistige Haltung. **Immobilität** [*lat.*] *die*; -: Unbeweglichkeit; der Zustand fehlender Kriegsausrüstung u. Kriegsbereitschaft (von Truppen)

immoralisch [auch: ...*al*...; *lat.-nlat.*]: unmoralisch, unsittlich (Philos.). **Immoralismus** *der*; -: Ablehnung der Verbindlichkeit moralischer Grundsätze u. Werte (Philos.). **Immoralist** *der*; -en, -en: jmd., der die Geltung der herrschenden Moral leugnet. **Immoralität** *die*; -: Gleichgültigkeit gegenüber moralischen Grundsätzen u. Werten

Immortalität [*lat.*] *die*; -: Unsterblichkeit. **Immortelle** [*lat.-fr.* „Unsterbliche"] *die*; -, -n: Sommerblume mit strohtrockenen, gefüllten Blüten (Korbblütler); Strohblume

Immum coeli [- *zöli*; *lat.*] *das*; - -: Schnittpunkt der → Ekliptik u. des unter dem Ortshorizont gelegenen Halbbogens des Ortsmeridians; Spitze des IV. Hauses,

Himmelstiefe; Abk.: I.C. (Astrol.)
immun [*lat.*; „frei von Leistungen"]: 1. für Krankheiten unempfänglich, gegen Ansteckung gefeit (Med.). 2. unter dem Rechtsschutz der → Immunität (2) stehend (in bezug auf Parlamentsangehörige). 3. unempfindlich, nicht zu beeindrukken. **Immunbiologie** *die*; -: = Immunologie. **Immunchemie** *die*; -: Teilgebiet der → physiologischen Chemie, bei dem man sich mit Fragen der Immunität (1) befaßt. **immungenetisch**: die Entstehung einer Immunität betreffend. **immunisieren** [*lat.-nlat.*]: (gegen Bakterien u.ä.) immun (1) machen. **Immunisierung** *die*; -, -en: Bewirkung von Immunität (1). **Immunisierungseinheit** [*lat.-nlat.*; *dt.*] *die*; -, -en: die Menge Gegengift, die die Wirkung einer entsprechenden Gifteinheit aufhebt; Abk.: I. E. (Med.). **Immunität** [*lat.*] *die*; -: 1. angeborene od. (durch Impfung, Überstehen einer Krankheit) erworbene Unempfänglichkeit für Krankheitserreger od. deren → Toxine (Med.; Biol.). 2. verfassungsrechtlich garantierter Schutz der Bundes- u. Landtagsabgeordneten vor behördlicher Verfolgung wegen einer Straftat (nur mit Genehmigung des Bundes- bzw. Landtages aufhebbar); vgl. Indemnität. 3. = Exterritorialität. **Immunitätseinheit** [*lat.*; *dt.*] *die*; -, -en: = Immunisierungseinheit. **Immunkörper** *der*; -s, -: Antikörper. **immunogenetisch** vgl. immungenetisch. **Immunologe** [*lat.*; *gr.*] *der*; -n, -n: Wissenschaftler auf dem Gebiet der Immunologie (Med.). **Immunologie** *die*; -: Wissenschaft von der Immunität (1) u. den damit zusammenhängenden biologischen Reaktionen des Organismus. **immunologisch**: a) die Immunologie betreffend; b) die Immunität (1) betreffend. **Immunosup|pression** vgl. Immunsuppression. **immunosup|pressiv** vgl. immunsuppressiv. **Immunsup|pression** *die*; -, -en: Unterdrückung einer immunologischen (b) Reaktion (z. B. bei Transplantationen). **immunsuppressiv**: eine immunologische (b) Reaktion unterdrückend (z. B. in bezug auf Arzneimittel)
Immutabilität [*lat.*] *die*; -: (veraltet) Unveränderlichkeit
Impact [*impäkt*; *lat.-engl.*] *der*; -s, -s: 1. Stärke der von einer Werbemaßnahme ausgehenden Wirkung (Werbespr.). 2. Moment, in dem der Schläger den Ball trifft (Golf)
impair [*ängpär*; *lat.-fr.*]: ungerade (in bezug auf Zahlen beim Roulett); Ggs. → pair
Impakt [*lat.-engl.*] *der*; -s, -e: 1. Meteoriteneinschlag. 2. (auch: *das*) = Impact. **Impaktit** [auch: *...it*] *der*; -s, -e: Kraterglas, Glasbildung, die mit einem Meteoriteneinschlag in Beziehung steht. **impaktiert** [*lat.-nlat.*]: eingeklemmt, eingekeilt (z. B. von Zähnen; Med.)
Impala [*afrik.*] *die*; -, -s: Schwarzfersenantilope (lebt in den afrikanischen Wäldern u. Steppen südlich der Sahara)
Imparität [*lat.*] *die*; -: (veraltet) Ungleichheit
Impasse [*ängpaß*; *fr.*] *die*; -, -s [*...paß*]: Ausweglosigkeit, Sackgasse
impastieren [*it.*]: (in der Malerei) Farbe [mit dem Spachtel] dick auftragen. **Impasto** *das*; -s, -s u. ...sti: dicker Farbauftrag auf einem Gemälde (Malerei)
Impatiens [*...ziänß*; *lat.*] *die*; -: Springkraut, Balsamine (beliebte Topfpflanze)
Impeachment [*impitschmᵉnt*; *engl.*] *das*; -[s], -s: (in England, in den USA) gegen einen hohen Staatsbeamten (vom Parlament bzw. vom Repräsentantenhaus) erhobene Anklage wegen Amtsmißbrauchs o.ä., die im Falle der Verurteilung die Amtsenthebung zur Folge hat
Impedanz [*lat.-nlat.*] *die*; -, -en: elektr. Scheinwiderstand, Wechselstromwiderstand eines Stromkreises (Phys.). **Impedanzrelais** [*...rᵉlä*] *das*; - [*...rᵉläß*], - [*...rᵉläß*]: = Distanzrelais
Impediment [*lat.*] *das*; -[e]s, -e: (veraltet) rechtliches Hindernis (z. B. Ehehindernis)
impene|trabel [*lat.*]: (veraltet) undurchdringlich
imperativ [*lat.*]: befehlend, zwingend, bindend; -es [*...wᵉß*] Mandat: → Mandat (2), das den Abgeordneten an den Auftrag seiner Wähler bindet; vgl. ...isch/-. **Imperativ** [auch: *...tif*] *der*; -s, -e [*...wᵉ*]: 1. Befehlsform (z. B. geh!; Sprachw.). 2. Pflichtgebot (Philos.); vgl. kategorischer Imperativ. **imperativisch** [*...iw...*, auch: *im...*]: in der Art des Imperativs (1); vgl. ...isch/-. **Imperator** *der*; -s, ...oren: 1. im Rom der Antike Titel für den Oberfeldherrn. 2. von Kaisern gebrauchter Titel zur Bezeichnung ihrer kaiserlichen Würde; Abk.: Imp.; - Rex: Kaiser u. König (Titel Wilhelms II.); Abk.: I. R. **imperatorisch**: 1. den Imperator betreffend. 2. in der Art eines Imperators, gebieterisch. **Imperatrix** *die*; -, ...trices [*...trizeß*]: weibliche Form zu → Imperator, Kaiserin
Imperfekt [auch: *...fäkt*; *lat.*] *das*; -s, -e: 1. (ohne Plural) Zeitform, mit der ein verbales Geschehen od. Sein aus der Sicht des Sprechers als [unabgeschlossene, „unvollendete"] Vergangenheit charakterisiert wird. 2. Verbform des Imperfekts (1), → Präteritum (z. B. rauchte, fuhr). **imperfektibel** [*lat.-fr.*]: vervollkommnungsunfähig, unbildsam. **Imperfektibilität** *die*; -: Unfähigkeit zur Vervollkommnung, Unbildsamkeit. **imperfektisch** [auch: *...fäkt...*; *lat.*]: das Imperfekt betreffend. **imperfektiv** [auch: *...tif*; *lat.-nlat.*]: 1. = imperfektisch. 2. unvollendet, einen Vorgang in seinem Verlauf darstellend; -e [*...wᵉ*] Aktionsart: → Aktionsart eines Verbs, die das Sein od. Geschehen als zeitlich unbegrenzt, als unvollendet, als dauernd (→ durativ) kennzeichnet (z. B. wachen). **Imperfektum** [*lat.*] *das*; -s, ...ta = Imperfekt
imperforabel [*lat.-nlat.*]: nicht durchbohrbar. **Imperforation** [*...zion*] *die*; -, -en: angeborene Verwachsung einer Körperöffnung (z. B. des Afters), → Atresie (Med.)
imperial [*lat.*]: das Imperium betreffend, kaiserlich
Imperial
I. *das*; -[s]: vor den DIN-Formaten übliches Papierformat (57 × 78).
II. *der*; -s, -e: 1. kleine italienische Silbermünze (12.–15. Jh.). 2. frühere russ. Goldmünze.
III. *die*; -: (veraltet) Schriftgrad zu 9 → Cicero
Imperialismus [*lat.-fr.*] *der*; -: Bestrebung einer Großmacht, ihren politischen, militärischen u. wirtschaftlichen Macht- u. Einflußbereich ständig auszudehnen. **Imperialist** *der*; -en, -en: Vertreter des Imperialismus. **imperialistisch**: dem Imperialismus zugehörend. **Imperium** [*lat.*] *das*; -s, ...ien [*...iᵉn*]: 1. [röm.] Kaiserreich, Weltreich, Weltmacht. 2. sehr großer Herrschafts-, Macht- u. Einflußbereich
impermeabel [*lat.-nlat.*]: undurchlässig, undurchdringlich (Med.). **Impermeabilität** *die*; -: Undurchlässigkeit, Undurchdringlichkeit
Impersonale [*lat.*] *das*; -s, ...lia u.

...lien [...i^e^n]: unpersönliches Verb, das nur in der 3. Pers. Singular vorkommt (z. B. es schneit od. lat. pluit = „es regnet"); Ggs. → Personale (1)
impertinent [*lat.*; „nicht dazu (zur Sache) gehörig"]: in herausfordernder Weise ungehörig, frech, unverschämt. **Impertinenz** [*lat.-mlat.*] *die*; -, -en: 1. (ohne Plural) dreiste Ungehörigkeit, Frechheit, Unverschämtheit. 2. impertinente Äußerung, Handlung
imperzeptibel [*lat.*]: nicht wahrnehmbar (Philos.)
impetiginös [*lat.*]: borkig, grindig (Med.). **Impetigo** *die*; -: Eitergrind, -flechte, entzündliche [ansteckende] Hautkrankheit mit charakteristischer Blasen-, Pustel- u. Borkenbildung (Med.)
impetuoso [*lat.-it.*]: stürmisch, ungestüm, heftig (Vortragsanweisung; Mus.). **Impetus** [*lat.*] *der*; -: a) [innerer] Antrieb, Anstoß, Impuls; b) Schwung[kraft], Ungestüm
Impie|tät [*...i-e...*; *lat.*] *die*; -: (veraltet): Mangel an → Pietät, Gottlosigkeit, Lieblosigkeit
Im|plantat [*lat.-nlat.*] *das*; -[e]s, -e: dem Körper eingepflanztes Gewebestück (Med.). **Im|plantation** [*...zion*] *die*; -, -en: 1. Einpflanzung von Gewebe (z. B. Haut), Organteilen (z. B. Zähnen) od. sonstigen Substanzen in den Körper; Organeinpflanzung (Med.). 2. Einnistung der befruchteten Eizelle in der Gebärmutterschleimhaut (Biol.; Med.). **im|plantieren**: eine Implantation vornehmen. **Im|plantologie** *die*; -: Lehre von den [Möglichkeiten der] Implantationen (Med.)
Im|plement [*lat.*] *das*; -[e]s, -e: (veraltet) Ergänzung, Erfüllung [eines Vertrages]
Im|plikat [*lat.*] *das*; -[e]s, -e: etwas, was in etwas anderes einbezogen ist. **Im|plikation** [*...zion*; *lat.*; „Verflechtung"] die; -, -en: a) Einbeziehung einer Sache in eine andere; b) Bezeichnung für die logische „wenn–so"-Beziehung (Philos.; Sprachw.). **im|plizieren**: a) einbeziehen, einschließen, enthalten; b) zur Folge haben, mit sich bringen. **im|plizit**: 1. nicht ausdrücklich, nicht deutlich, nur mitenthalten, mitgemeint; Ggs. → explizit (a). 2. als Anlage vorhanden (Med.). **im|plizite**: mit inbegriffen, einschließlich
im|plodieren [*lat.-nlat.*]: durch eine Implosion zertrümmert werden, z. B. Fernsehröhren. **Im|plosion** *die*; -, -en: schlagartige, plötzliche Zertrümmerung eines [luftleeren] Gefäßes durch äußeren Überdruck. **Implosiv** *der*; -s, -e [*...w^e^*] u. **Implosivlaut** *der*; -[e]s, -e: Verschlußlaut, bei dem keine Öffnung des Verschlusses stattfindet (z. B. das erste t in „Bettuch", das b in „abputzen")
Im|pluvium [*...wi...*; *lat.*] *das*; -s, ...ien [*...i^e^n*] u. ...ia: (in altröm. Häusern) rechteckiges Sammelbecken für Regenwasser im Fußboden des → Atriums (1)
imponderabel [*lat.-nlat.*]: (veraltet) unwägbar. **Imponderabilien** [*...i^e^n*] *die* (Plural): Unwägbarkeiten; Gefühls- u. Stimmungswerte; Ggs. → Ponderabilien. **Imponderabilität** *die*; -: Unwägbarkeit
imponieren [*lat.(-fr.)*]: a) Achtung einflößen, [großen] Eindruck machen; b) (veraltet) sich geltend machen. **Imponiergehabe[n]** [*lat.(-fr.)*; *dt.*] *das*; -s: von [meist männlichen] Tieren vor der Paarung od. einem Rivalen gegenüber gezeigtes kraftvolles Auftreten (mit gesträubten Federn, hochgestelltem Schwanz o. ä.), das der Werbung od. Drohung dient (Verhaltensforschung)
Import [*lat.-fr.-engl.*] *der*; -[e]s, -e: Einfuhr; Ggs. → Export. **important** [*lat.-fr.*]: (veraltet) wichtig, bedeutend. **Importanz** *die*; -: (veraltet) Wichtigkeit, Bedeutung. **Importe** [*lat.-fr.-engl.*] *die*; -, -n (meist Plural): 1. Einfuhrware. 2. Zigarre, die im Ausland hergestellt worden ist. **Importeur** [*...tör*; französierende Ableitung von → importieren] *der*; -s, -e: Kaufmann, der Waren aus dem Ausland einführt. **importieren** [*lat.(-fr.-engl.)*]: Waren aus dem Ausland einführen
importun [*lat.*]: (selten) ungeeignet; ungelegen
imposant [*lat.-fr.*]: durch Größe, Bedeutsamkeit od. Ungewöhnlichkeit ins Auge fallend; einen bedeutenden Eindruck hinterlassend; eindrucksvoll, großartig, überwältigend
impossibel [*lat.*]: (veraltet) unmöglich. **Impossibilität** *die*; -, -en: (veraltet) Unmöglichkeit
Impost [*lat.-mlat.*] *der*; -[e]s: (veraltet) Warensteuer
impotent [auch: *...tänt*; *lat.*]: 1. Ggs. → potent (2). a) (vom Mann) unfähig zum Geschlechtsverkehr; b) zeugungsunfähig; unfähig, Kinder zu bekommen, auf Grund der Unfruchtbarkeit des Mannes. 2. nicht schöpferisch, leistungsschwach, unfähig, untüchtig. **Impotenz** [auch: *...tänz*] *die*; -, -en: 1. a) Unfähigkeit (des Mannes) zum Geschlechtsverkehr; b) Zeugungsunfähigkeit, Unfruchtbarkeit (des Mannes). 2. Unvermögen, Schwäche
Im|prä|gnation [*...zion*; *lat.-vulgärlat.*] *die*; -, -en: 1. feine Verteilung von Erdöl od. Erz auf Spalten od. in Poren eines Gesteins (Geol.). 2. das Eindringen der Samenfäden in das reife Ei, Befruchtung (Med.). 3. das Imprägnieren. **im|prä|gnieren** [*lat.*; „schwängern"]: 1. feste Stoffe mit Flüssigkeiten zum Schutz vor Wasser, Zerfall u. a. durchtränken. 2. einem Wein Kohlensäure zusetzen, um ihm → moussierende Eigenschaften zu verleihen
im|praktikabel [*lat.*; *gr.-mlat.*]: (selten) a) unausführbar, unanwendbar; b) unzweckmäßig
Im|presario [*lat.-it.*] *der*; -s, -s u. ...ri (auch: ...rien [*...ri^e^n*]): (veraltend) Theater-, Konzertagent, der für einen Künstler die Verträge abschließt u. die Geschäfte führt
Im|pression [*lat.-fr.*; „Eindruck"] *die*; -, -en: 1. Sinneseindruck, Empfindung, Wahrnehmung, Gefühlseindruck; jeder unmittelbar empfangene Bewußtseinsinhalt (Hume). 2. a) Einbuchtung od. Vertiefung an Organen od. anderen Körperteilen (Anat.); b) durch Druck od. Stoß verursachte → pathologische Eindellung eines Körperteils (Med.). **impressionabel** [*lat.-nlat.*]: für Impressionen besonders empfänglich; reizbar (Psychol.). **Im|pressionismus** [*lat.-fr.*] *der*; -: 1. 1860–70 in der franz. Malerei entstandene Stilrichtung (Freilichtmalerei), die den zufälligen Ausschnitt aus der Wirklichkeit darstellt u. bei der Farbe u. Komposition vom subjektiven Reiz des optischen Eindrucks unter der Einwirkung des Lichts bestimmt ist. 2. Stilrichtung in der Literatur (etwa 1890 bis 1910), die (bes. in Lyrik, Prosaskizzen u. Einaktern) eine betont subjektive, möglichst differenzierte Wiedergabe persönlicher Umwelteindrücke mit Erfassung der Stimmungen, des Augenblickhaften u. Flüchtigen erstrebt. 3. Kompositionsstil in der Musik (1890–1920), bes. von Debussy, mit der Neigung zu Kleinformen, Tonmalerei, in der → Harmonik zur Reihung von Parallelakkorden, wobei die → Tonalität gemieden wird. **Im|pressionist** *der*; -en, -en: Vertreter des Impressionismus. **im|pressionistisch**: a) im Stil des Impressionismus gestal-

tet; b) den Impressionismus betreffend. **Im|pressum** [*lat.*] *das*; -s, ...ssen: Angabe über Verleger, Drucker, Redakteure u. a. in Zeitungen, Zeitschriften, Büchern u. ä. **im|primatur** [„es werde gedruckt"]: Vermerk des Autors od. Verlegers auf dem letzten Korrekturabzug, daß der Satz zum Druck freigegeben ist; Abk.: impr., imp. **Im|primatur** *das*; -s u. (österr. auch:) **Im|primatur** *die*; -: 1. Druckerlaubnis (allg.). 2. am Anfang od. Ende eines Werks vermerkte, nach kath. Kirchenrecht erforderliche bischöfliche Druckerlaubnis für Bibelausgaben u. religiöse Schriften; vgl. approbatur. **Im|primé** [*ängprime*; *lat.-fr.*] *der*; -[s], -s: 1. bedrucktes Seidengewebe mit ausdrucksvollem Muster. 2. Drucksache (Postw.). **im|primieren** [*lat.-nlat.*]: das Imprimatur erteilen

Im|promptu [*ängprongtü*; *lat.-fr.*] *das*; -s, -s: Klavierstück der Romantik, meist in 2- od. 3teiliger Liedform in der Art einer Improvisation

Im|properien [*...iᵉn*; *lat.*; „Vorwürfe"] *die* (Plural): die Klagen des Gekreuzigten über das undankbare Volk Israel darstellende Gesänge der kath. Karfreitagsliturgie

Im|provisateur [*...wisatör*; *lat.-fr.*] *der*; -s, -e: jmd., der am Klavier [zur Unterhaltung] improvisiert. **Im|provisation** [*...zion*; *lat.-it.*] *die*; -, -en: 1. das Improvisieren, Kunst des Improvisierens. 2. ohne Vorbereitung, aus dem Stegreif Dargebotenes; Stegreifschöpfung, [an ein Thema gebundene] musikalische Stegreiferfindung u. -darbietung. **Improvisator** *der*; -s, ...oren: jmd., der etwas aus dem Stegreif darbietet; Stegreifkünstler. **im|provisatorisch**: in der Art eines Improvisators. **im|provisieren**: 1. etwas ohne Vorbereitung, aus dem Stegreif tun; mit einfachen Mitteln herstellen, verfertigen. 2. a) Improvisationen (2) spielen; b) während der Darstellung auf der Bühne seinem Rollentext frei Erfundenes hinzufügen

Impuls [*lat.*; „Anstoß"] *der*; -es, -e: 1. a) Anstoß, Anregung; b) Antrieb, innere Regung. 2. a) Strom- od. Spannungsstoß von relativ kurzer Dauer; b) Anstoß, Erregung, die von den Nerven auf entsprechende Zellen, Muskeln o. ä. übertragen wird (Med.). 3. (Physik) a) Produkt aus Kraft u. Dauer eines Stoßes; b) Produkt aus Masse u. Geschwindigkeit eines Körpers. **Impulsgenerator** *der*; -s, -en: Gerät zur Erzeugung elektrischer Impulse in gleichmäßiger Folge. **impulsiv** [*lat.-nlat.*]: aus einem plötzlichen, augenblicklichen Impuls heraus handelnd, einer Eingebung sogleich folgend, spontan. **Impulsivität** [*...wi...*] *die*; -: impulsives Wesen. **Impulsmodulation** [*...zion*] *die*; -: Modulationsverfahren, bei dem der Träger keine hochfrequente kontinuierliche Schwingung ist, sondern aus einer Folge von Impulsen (2a) besteht (Nachrichtentechnik). **Impulstechnik** *die*; -: Teilgebiet der → Elektrotechnik, auf dem man sich mit der Erzeugung, Verbreitung u. Anwendung elektrischer Impulse befaßt

Imputabilität [*lat.-nlat.*] *die*; -: Zurechnungsfähigkeit, geistige Gesundheit (Med.). **Imputation** [*...zion*; *lat.*] *die*; -, -en: 1. von Luther bes. betonter Grundbegriff der christl. Rechtfertigungs- u. Gnadenlehre, nach der dem sündigen Menschen als Glaubendem die Gerechtigkeit Christi angerechnet u. zugesprochen wird. 2. (veraltet) [ungerechtfertigte] Beschuldigung. **imputativ**: (veraltet) eine [ungerechtfertigte] Beschuldigung enthaltend; -e [*...wᵉ*] Rechtfertigung: = Imputation (1). **imputieren**: (veraltet) [ungerechtfertigt] beschuldigen

in [*engl.*]: in der Verbindung: in sein: (ugs.) 1. (bes. von Personen im Showgeschäft o. ä.) im Brennpunkt des Interesses stehen, gefragt sein; Ggs. → out (sein 1). 2. sehr in Mode sein, von vielen begehrt sein, betrieben werden; Ggs. → out (sein 2)

in absentia [*...zia*; *lat.*]: in Abwesenheit [des Angeklagten]

in ab|stracto [*lat.*]: im allgemeinen, ohne Berücksichtigung der besonderen Lage [betrachtet]; Ggs. → in concreto; vgl. abstrakt

In|acidität [*...zi...*; *lat.*; *nlat.*] *die*; -: = Anacidität

in|ad|äquat [auch: *...kwat*; *lat.-nlat.*]: unangemessen, nicht passend, nicht entsprechend; Ggs. → adäquat. **In|ad|äquatheit** *die*; -, -en: a) (ohne Plural) Unangemessenheit; Ggs. → Adäquatheit; b) etwas Unangemessenes; Beispiel, Fall von Unangemessenheit

in aeternum [*- ä...*; *lat.*]: auf ewig

in|akkurat [auch: *...rat*; *lat.-nlat.*]: ungenau, unsorgfältig, nicht → akkurat

in|aktiv [auch: *...tif*; *lat.-nlat.*]: 1. untätig, sich passiv verhaltend; Ggs. → aktiv (1 a). 2. a) außer Dienst; sich im Ruhestand befindend, verabschiedet, ohne Amt; b) (Studentenspr.) zur Verbindung in freierem Verhältnis stehend; Ggs. → aktiv (6). 3. a) chemisch unwirksam (in bezug auf chemische Substanzen, → Toxine o. ä., deren normale Wirksamkeit durch bestimmte Faktoren wie z. B. starke Hitze ausgeschaltet wurde); Ggs. → aktiv (5); b) vorübergehend keine Krankheitssymptome zeigend (in bezug auf Krankheitsprozesse wie z. B. Lungentuberkulose). **In|aktive** [*...wᵉ*] *der*; -n, -n: von den offiziellen Veranstaltungen weitgehend befreites Mitglied (älteren Semesters) einer studentischen Verbindung. **in|aktivieren** [*...wirᵉn*]: 1. in den Ruhestand versetzen, von seinen [Amts]pflichten entbinden. 2. einem Stoff, einem Mikroorganismus (z. B. einem Virus), einem Serum (z. B. dem Blutserum) o. ä. durch bestimmte chemische od. physikalische Verfahren, z. B. starke Erhitzung, seine spezifische Wirksamkeit nehmen (Med.). **In|aktivität** [auch: *...tät*] *die*; -: 1. Untätigkeit, passives Verhalten; Ggs. → Aktivität (1). 2. chemische Unwirksamkeit. 3. das Ruhen eines krankhaften → Prozesses (1; Med.). **in|aktuell** [auch: *...äl*]: nicht im augenblicklichen Interesse liegend, nicht zeitgemäß, nicht zeitnah; Ggs. → aktuell (1)

in|akzeptabel [auch: *...ta...*; *lat.-nlat.*]: unannehmbar, nicht → akzeptabel. **In|akzeptabilität** [auch: *...tät*] *die*; -: Unannehmbarkeit

in albis [*lat.*; „in weißen (Bogen)"]: (veraltet) in Rohbogen, nicht gebunden (in bezug auf Bücher); vgl. Dominica in albis

in|alienabel [*...li-e...*; *lat.-nlat.*]: unveräußerlich, nicht übertragbar (Rechtsw.)

inan [*lat.*]: nichtig, leer, hohl, eitel (in der atomistischen Philosophie). **Inanität** *die*; -: Nichtigkeit, Leere, Eitelkeit. **Inanition** [*lat.-nlat.*] *die*; -: Abmagerung mit völliger Entkräftung u. Erschöpfung als Folge unzureichender Ernährung od. bei auszehrenden Krankheiten wie der Tuberkulose (Med.)

in|apparent [auch: *...ränt*; *lat.-engl.*]: nicht sichtbar, nicht wahrnehmbar (von Krankheiten; Med.); Ggs. → apparent

in|appellabel [*lat.-nlat.*]: (veraltet) keine Möglichkeit mehr bietend, ein Rechtsmittel einzulegen, durch Berufung nicht anfechtbar

(von gerichtlichen Entscheidungen)
In|appetenz [auch: ...änz; *lat.-nlat.*] *die*; -: fehlendes Verlangen (z. B. nach Nahrung; Med.)
in|äqual [*lat.-nlat.*]: (veraltet) ungleich, verschieden; Ggs. → äqual
in|artikuliert [auch: ...lirt; *lat.-nlat.*]: nicht artikuliert (vgl. artikulieren), ohne deutliche Gliederung gesprochen
In|auguraldissertation [...*zion*; *lat.-nlat.*] *die*; -, -en: wissenschaftl. Arbeit (→ Dissertation) zur Erlangung der Doktorwürde. **In|auguration** [...*zion*; *lat.*] *die*; -, -en: feierliche Einsetzung in ein akademisches Amt od. eine akademische Würde. **in|augurieren**: a) feierlich in ein akademisches Amt od. eine akadem. Würde einsetzen; b) einführen, einleiten, schaffen, ins Leben rufen; c) (österr., selten) einweihen
In|azidität vgl. Inacidität
Inbetween [*inbitwin*; *engl.*] *der*; -s, -s: halbdurchsichtiger, in seiner Dichte zwischen Gardinen- u. Vorhangstoff liegender Stoff zur Raumausstattung
in blanko [*it.*]: unausgefüllt, leer (von Schecks o. ä.)
in bond [*engl.*]: unverzollt, aber unter Zollaufsicht stehend (in bezug auf gelagerte Waren; Wirtsch.)
in brevi [-*brewi*; *lat.*]: (veraltet) in kurzem
Inbusschlüssel Ⓦⓩ [Herkunft unsicher] *der*; -s, -: meist sechskantiger Stiftschlüssel für Inbusschrauben. **Inbusschraube** Ⓦⓩ *die*; -, -n: Schraube mit meist sechskantiger Aussparung im Kopf, die mit einem Inbusschlüssel angezogen od. gelockert wird
Incentive [*inzäntiw*; *lat.-engl.*] *das*; -s, -s: a) = Inzentiv; b) (Plural) durch wirtschaftspolitische (meist steuerliche) Maßnahmen ausgelöste Anreizeffekte zu erhöhter → ökonomischer (a) Leistungsbereitschaft
Inch [*intsch*; *engl.*] *der*; -, -es [...*schiß*] (4 Inch[es]): angelsächsisches Längenmaß (= 2,54 cm) Abk.: in.; Zeichen: ″
inchoativ [*inko*...; *lat.*]: einen Beginn ausdrückend (in bezug auf Verben, z. B. aufstehen, erklingen; Sprachw.); -e [...*w*ᵉ] Aktionsart: → Aktionsart eines Verbs, die den Beginn eines Geschehens ausdrückt, (z. B. erwachen). **Inchoativ** [auch: ...*tif*] *das*; -s, -e [...*w*ᵉ]: Verb mit → inchoativer Aktionsart. **Inchoativum** [...*iwum*] *das*; -s, ...va [...*wa*]: – Inchoativ
in|chromieren [...*kro*...; *gr.-nlat.*]: auf Metalle eine Oberflächenschutzschicht aus Chrom auf nichtgalvanischem Wege aufbringen
incidentell [...*zi*...] vgl. inzidentell
incidit [...*zi*...; *lat.*]: „(dies) hat geschnitten" (vor dem Namen des Stechers auf Kupferstichen); Abk.: inc.
incipit [*inz*...; *lat.*]: „(es) beginnt" (am Anfang von Handschriften u. Frühdrucken); Ggs. → explicit. **Incipit** *das*; -s, -s: 1. Anfangsformel, Anfangsworte einer mittelalterlichen Handschrift od. eines Frühdruckes. 2. (Mus.) a) Bezeichnung eines Liedes, einer Arie mit den Anfangsworten ihres Textes; b) Anfangstakte eines Musikstücks in einem thematischen Verzeichnis
inclusive [*inklusiw*ᵉ] vgl. inklusive
in concert [- *konßᵉrt*; *engl.*]: (Werbespr.) a) in einem öffentlichen Konzert, in öffentlicher Veranstaltung (im Unterschied zu einer Tonträgeraufnahme), z. B. Udo Lindenberg i. c.; b) in einem Mitschnitt eines öffentlichen Konzerts (im Unterschied zu einer Studioaufnahme), z. B. (auf einer Platte) Fischer-Dieskau i. c.
in con|creto [- *konkreto*, auch: - *kong*...; *lat.*]: auf den vorliegenden Fall bezogen; im Einzelfall; in Wirklichkeit; Ggs. → in abstracto; vgl. konkret
Incontro vgl. Inkontro
in contumaciam [- *kontumaz*...; *lat.*; „wegen Unbotmäßigkeit"]; - - urteilen: in (wegen, trotz) Abwesenheit des Beklagten ein Urteil fällen; - - verurteilen: gegen jmdn. wegen Nichterscheinens vor Gericht (trotz ergangener Vorladung) ein Versäumnisurteil fällen; vgl. Kontumaz
incorporated [*inkoʳpᵉreⁱtid*; *engl.-amerik.*]: engl.-amerik. Bezeichnung für: eingetragen (von Vereinen, Körperschaften, Aktiengesellschaften); Abk.: Inc.
in corpore [-*ko*...; *lat.*]: in Gesamtheit, alle gemeinsam (Rechtsw.)
In|croya|ble [*ängkroajabl*; *lat.-fr.*; „der Unglaubliche"] *der*; -[s], -s [...*abl*]: (scherzh.) a) großer, um 1800 in Frankreich getragener Zweispitz; b) stutzerhafter Träger eines großen Zweispitzes
Incubus [*ink*..., auch: *ingk*...] vgl. Inkubus
Incus [*ingkuß*; *lat.*] *der*; -, Incudes: Amboß, mittleres Knöchelchen des Gehörorgans (Biol.; Med.)
Indagation [...*zion*; *lat.*] *die*; -, -en: (veraltet) Aufspürung, Untersuchung
ind|an|thren: (in bezug auf gefärbte Textilien) licht- u. farbecht. **Ind|an|thren** Ⓦⓩ [Kurzw. aus: *Ind*igo u. *Anthrazen*] *das*; -s, -e: Sammelname für eine Gruppe der beständigsten, völlig licht- u. waschechten synthet. → [Küpen]farbstoffe (Chem.). **Ind|azin** Ⓦⓩ [Kurzw. aus: → *Ind*igo u. → *Azin*] *das*; -s: Farbstoff
indebite [...*debite*; *lat.*]: irrtümlich u. ohne rechtlichen Grund geleistet (von Zahlungen). **Indebitum** *das*; -s, ...ta: (veraltet) Zahlung, die irrtümlich u. ohne rechtlichen Grund geleistet wurde
indeciso [...*tschiso*; *lat.-it.*]: unbestimmt (Vortragsanweisung; Mus.)
indefinibel [*lat.*]: nicht definierbar, nicht begrifflich abgrenzbar, unerklärbar. **indefinit**: unbestimmt; -es Pronomen = Indefinitpronomen. **Indefinitpronomen** *das*; -s, - u. (älter:) ...mina: unbestimmtes Fürwort, z. B. jemand, kein. **Indefinitum** *das*; -s, ...ta: (selten) Indefinitpronomen
inde|klinabel [auch: ...*na*...; *lat.*]: nicht beugbar (z. B. rosa: ein rosa Kleid; Sprachw.). **Inde|klinabile** *das*; -, ...bilia: indeklinables Wort
indelikat [auch: ...*at*; *lat.-fr.*]: unzart; unfein; Ggs. → delikat (1, 2)
indemnisieren [*lat.-fr.*]: (veraltet) entschädigen, vergüten; Indemnität erteilen (Rechtsw.). **Indemnität** *die*; -: 1. nachträgliche Billigung eines Regierungsaktes, den das Parlament zuvor [als verfassungswidrig] abgelehnt hatte. 2. Straflosigkeit der Abgeordneten für alle im Parlament getätigten Äußerungen mit Ausnahme verleumderischer Beleidigungen (besteht im Gegensatz zur → Immunität nach Beendigung des Mandates fort)
indemon|strabel [auch: ...*ßtra*...; *lat.*]: nicht demonstrierbar, nicht beweisbar; in der Anschauung nicht darstellbar (Philos.)
Indentgeschäft [*engl.*; *dt.*] *das*; -[e]s, -e: Warengeschäft im Überseeverkehr, bei dem der Warenlieferer den Vertrag erst dann als gültig anzusehen hat, wenn ihm der Einkauf zu angemessenen Bedingungen möglich ist
Independence Day [*indipändᵉnß deⁱ*; *engl.-amerik.*] *der*; - -: nordamerik. Unabhängigkeitstag (4. Juli). **Independenten** [*lat.-fr.-engl.*] *die* (Plural): a) engl. puritan. Richtung des 17. Jh.s, die die Unabhängigkeit der Einzelgemeinde vertrat; b) = Kongregationalisten. **Independent Labour Party** [*indipandᵉnt leⁱbᵉr*

pa'ti; engl.] *die*; - - -: a) Name der → Labour Party bis 1906; b) 1914 von der Labour Party abgespaltene Partei mit pazifistischer Einstellung. **Independenz** [*lat.-nlat.*] *die*; -: (veraltet) Unabhängigkeit

Inder *der*; -s, -: Schnittpunktkombination im Kunstschach mit → kritischem Zug; vgl. Anderssen

indeterminabel [auch: *in...*; *lat.*]: unbestimmt, unbestimmbar (Philos.). **Indetermination** [*...zion*, auch: *in...*; *lat.-nlat.*] *die*; -: 1. Unbestimmtheit (Philos.). 2. (veraltet) Unentschlossenheit. **indeterminiert** [auch: *in...*; *lat.*]: unbestimmt, nicht festgelegt (abgegrenzt), frei (Philos.). **Indeterminismus** [*lat.-nlat.*] *der*; -: Lehre von der Nichtbestimmbarkeit der Ursache bei physischen Vorgängen od. der Motive bei Handlungen (= Lehre von der Willensfreiheit; Philos.); Ggs. → Determinismus (2)

Index [*lat.*; „Anzeiger; Register, Verzeichnis"] *der*; - u. -es, -e u. ...dizes [*indizeß*]: 1. alphabet. [Stichwort]verzeichnis (von Namen, Sachen, Orten u. a.); auf dem - stehen: verboten sein (von Büchern). 2. (Plural Indexe) Liste von Büchern, die nach päpstlichem Entscheid von den Gläubigen nicht gelesen werden durften (auch: - li|brorum prohibitorum; 1966 aufgehoben). 3. (Plural Indizes) statistischer Meßwert, durch den eine Veränderung bestimmter wirtschaftlicher Tatbestände (z. B. Preisentwicklung in einem bestimmten Bereich) ausgedrückt wird (Wirtsch.). 4. (Plural Indizes) a) Buchstabe od. Zahl, die zur Kennzeichnung od. Unterscheidung gleichartiger Größen an diese (meist tiefer stehend) angehängt wird (z. B. a_1, a_2, a_3 od. allgemein a_i, a_n, a_i; Math.); b) hochgestellte Zahl (die → Homographen o. ä. zum Zwecke der Unterscheidung vorangestellt wird (Lexikographie). 5. Zeigefinger (Med.). 6. Verhältnis der Schädelbreite zur Schädellänge in Prozenten (Meßwert der → Anthropologie). **indexieren** [*lat.-nlat.*]: a) Speicheradressen ermitteln, indem man den Wert im Adreßfeld einer Instruktion zum Inhalt eines → Indexregisters hinzuzählt (EDV); vgl. Adresse (II, 2); b) einen Index, eine Liste von Gegenständen od. Hinweisen anlegen; vgl. indizieren. **Indexierung** *die*; -, -en: 1. das Indexieren (a, b). 2. Dynamisierung (vgl. dynamisieren b) eines Betrages durch Knüpfung an eine Indexklausel. **Indexklausel** *die*; -, -n: Wertsicherungsklausel, nach der die Höhe eines geschuldeten Betrages vom Preisindex der Lebenshaltung abhängig gemacht wird (z. B. beim Indexlohn). **Indexregister** *das*; -s, -: Anlageteil in elektronischen Rechenmaschinen, in dem unabhängig vom Rechenwerk mit Zahlen gerechnet werden kann, die in der Position eines Adressenteils stehen (EDV); vgl. Adresse (II, 2). **Indexwährung** [*lat.*; *dt.*] *die*; -, -en: Währung, bei der die Kaufkraft des Geldes durch Regulierung der umlaufenden Geld- u. Kreditmenge stabil gehalten wird u. bestimmte Indexziffern (meist Preisindizes) als Orientierungsmittel dienen. **Indexziffer** *die*; -, -n: Ziffer, die die Veränderung von Zahlenwerten zum Ausdruck bringt (z. B. Preisindex)

indezent [*lat.*]: unschicklich, unanständig; nicht feinfühlig; Ggs. → dezent. **Indezenz** *die*; -, -en: (veraltet) Unschicklichkeit; Ggs. → Dezenz (1)

Indiaca Ⓦⓩ [*...ka*; Kunstw.]
I. *das*; -: von den südamerik. Indianern stammendes, dem → Volleyball (1) verwandtes Mannschaftsspiel, bei dem an Stelle des Balles eine Indiaca (II) verwendet wird.
II. *die*; -, -s: für das Indiaca (I) verwendeter, mit Federn versehener Lederball mit elastischer Füllung

Indian [kurz für: „indianischer Hahn"] *der*; -s, -e: (bes. österr.) Truthahn. **Indianapolis-Start** [nach der Hauptstadt des US-Bundesstaates Indiana, Indianapolis, einer Stadt mit bekanntem Autorennen] *der*; -[e]s, -s (selten: -e): Form des Starts bei Autorennen, bei der die Fahrzeuge nach einer Einlaufrunde im fliegenden → Start über die Startlinie fahren. **Indianerfalte** *die*; -, -n: für die amerik. Indianer typische Hautverbindung zwischen Oberlidrand u. Nasenhaut; vgl. Mongolenfalte. **indianisch**: a) die Indianer betreffend; b) zu den Indianern gehörend. **Indianist** [*nlat.*] *der*; -en, -en: 1. (veraltet) Indologe. 2. (selten) Wissenschaftler auf dem Gebiet der Indianistik. **Indianistik** *die*; -: Wissenschaft, die sich mit der Erforschung der indianischen Sprachen u. Kulturen beschäftigt

Indicator [*...ka...*; *lat.-nlat.*] *der*; -s: Gattung der Honiganzeiger (spechtartige Vögel des afrik. Urwaldes)

indifferent [auch: *...ränt*; *lat.*]: unbestimmt; gleichgültig, teilnahmslos, unentschieden; -es Gleichgewicht: Gleichgewicht, bei dem eine Verschiebung die Energieverhältnisse nicht ändert (Mech.); -e Stoffe: feste, flüssige od. gasförmige Substanzen, die entweder gar nicht od. unter extremen Bedingungen nur sehr geringfügig mit Chemikalien reagieren. **Indifferentismus** [*lat.-nlat.*] *der*; -: Gleichgültigkeit gegenüber bestimmten Dingen, Meinungen, Lehren; Uninteressiertheit, Verzicht auf eigene Stellungnahme. **Indifferenz** [auch: *...ränz*; *lat.*] *die*; -, -en: 1. (ohne Plural) Gleichgültigkeit, Uninteressiertheit. 2. (von chem. Stoffen [in Arzneimitteln]) Neutralität (Chem.; Med.)

indigen [*lat.*]: (veraltet) eingeboren, einheimisch (Rechtsw.). **Indigenat** [*lat.-nlat.*] *das*; -[e]s; -e: (veraltet) a) Heimat-, Bürgerrecht; b) Staatsangehörigkeit

Indigestion [*lat.*] *die*; -, -en: Verdauungsstörung (Med.)

Indi|gnation [*...zion*; *lat.*] *die*; -: Unwille, Entrüstung. **indignieren**: Unwillen, Entrüstung hervorrufen. **indi|gniert**: unwillig, entrüstet. **Indi|gnität** *die*; -: 1. (veraltet) Unwürdigkeit. 2. Erbunwürdigkeit (Rechtsw.)

Indigo [*gr.-lat.-span.*] *der* od. *das*; -s, (Indigoarten:) -s: ältester u. wichtigster organischer, heute synthetisch hergestellter blauer → [Küpen]farbstoff (Chem.). **Indigoblau** *das*; -s, - (ugs.: -s): = Indigo. **indigoid** [*gr.-lat.-span.*; *gr.*]: indigoähnlich. **Indigolith** [auch: *...it*] *der*; -s u. -en, -e[n]: ein Mineral. **Indigotin** [*nlat.*] *das*; -s: = Indigo. **Indik** [*gr.-lat.*] *der*; -s: Indischer Ozean

Indikation [*...zion*; *lat.*] *die*; -, -en: (aus der ärztlichen Diagnose sich ergebende) Veranlassung, Grund, ein bestimmtes Heilverfahren anzuwenden, ein Medikament zu verabreichen (Med.); Ggs. → Kontraindikation; vgl. indizieren (2), ...[at]ion/...ierung; (Umstände in bezug auf einen Schwangerschaftsabbruch:) a) ethische - (bei Vergewaltigung); b) eugenische - (wegen möglicher Schäden des Kindes); c) medizinische - (bei Gefahr für das Leben der Mutter); d) soziale - (bei einer Notlage). **Indikationenmodell, Indikationsmodell** *das*; -s, -e: Modell zur Freigabe des Schwangerschaftsabbruchs unter bestimmten medizinischen, ethischen od. sozialen Voraussetzungen

Indikativ [auch: ...*tif*] **I.** [*lat.*] *der*; -s, -e [...*w^e*]: Wirklichkeitsform des Verbs (z. B. fährt); Abk.: Ind.; Ggs. → Konjunktiv. **II.** [*lat.-fr.*] *das*; -s, -s: Erkennungsmelodie; bestimmtes Musikstück, das immer wiederkehrende Radio- u. Fernsehsendungen einleitet

indikativisch [...*wisch*, auch: ...*iwisch*]: den Indikativ betreffend, im Indikativ [stehend]. **Indikator** [*lat.-nlat.*] *der*; -s, ...oren: 1. Umstand od. Merkmal, das als [beweiskräftiges] Anzeichen od. als Hinweis auf etwas anderes dient. 2. (veraltet) Liste der ausleihbaren Bücher einer Bibliothek. 3. Gerät zum Aufzeichnen des theoretischen Arbeitsverbrauches u. der → indizierten Leistung einer Maschine (z. B. Druckverlauf im Zylinder von Kolbenmaschinen). 4. Stoff (z. B. Lackmus), der durch Farbwechsel das Ende einer chemischen Reaktion anzeigt. **Indikatrix** *die*; -: mathematisches Hilfsmittel zur Feststellung der Krümmung einer Fläche in einem ihrer Punkte. **Indiktion** [...*zion*; *lat.*; „Ansage, Ankündigung"] *die*; -, -en: mittelalterliche Jahreszählung (Römerzinszahl) mit 15jähriger → Periode (1), von 312 n. Chr. an gerechnet (nach dem alle 15 Jahre aufgestellten röm. Steuerplan)

Indio [*span.*] *der*; -s, -s: süd- od. mittelamerikan. Indianer

indirekt [auch: ...*räkt*; *lat.-mlat.*]: 1. nicht durch eine unmittelbare Äußerung, Einflußnahme o. ä.; nicht persönlich; über einen Umweg; Ggs. → direkt; -e Rede: abhängige Rede (z. B.: Er sagte, *er sei nach Hause gegangen*); Ggs. → direkte Rede; -e Steuern: Steuern, die durch den gesetzlich bestimmten Steuerzahler auf andere Personen (meist Verbraucher) abgewälzt werden können; -e Wahl: Wahl [der Abgeordneten, des Präsidenten] durch Wahlmänner u. nicht [direkt] durch die Urwähler. 2. (in bezug auf räumliche Beziehungen) nicht unmittelbar, nicht auf einem direkten Weg; -e Beleuchtung: Beleuchtung, bei der die Lichtquelle unsichtbar ist

indis|kret [auch: ...*kret*]: ohne den gebotenen Takt od. die gebotene Zurückhaltung in bezug auf die Privatsphäre eines anderen; Ggs → diskret. **Indis|kretion** [...*zion*] *die*; -, -en: a) Mangel an Verschwiegenheit; Vertrauensbruch; b) Taktlosigkeit

indiskutabel [auch: ...*ab^el*]: nicht der Erörterung wert; Ggs. → diskutabel

indispensabel [auch: ...*ab^el*]: (veraltet) unerläßlich

indisponibel [auch: ...*ib^el*]: a) nicht verfügbar; festgelegt; b) (selten) unveräußerlich. **indisponiert** [auch: ...*irt*]: unpäßlich; nicht zu etwas aufgelegt; in schlechter Verfassung. **Indisponiertheit** [auch: ...*irt*...] *die*; -: Zustand des Indisponiertseins. **Indisposition** [...*zion*] *die*; -, -en: Unpäßlichkeit; schlechte körperlich-seelische Verfassung

indisputabel [auch: ...*ab^el*; *lat.*]: (veraltet) nicht strittig, unbestreitbar; Ggs. → disputabel

Indiszi|plin [auch: ...*in*]: *die*; -: (selten) Mangel an Ordnung u. Zucht. **indiszi|pliniert** [auch: ...*irt*]: keine → Disziplin haltend

Indium [*nlat.*; von lat. indicum „Indigo", so benannt auf Grund der zwei indigoblauen Linien im Spektrum des Indiums] *das*; -s: chem. Grundstoff, Metall; Zeichen: In

Individualdia|gnose *die*; -, -n: Methode zur Erfassung der Persönlichkeit eines Menschen mit Hilfe von Tests sowie der → differentiellen u. Tiefenpsychologie. **Individualdistanz** *die*; -, -en: der spezifische Abstand, auf den sich Tiere bestimmter Arten (außer bei der Brutpflege) untereinander annähern (Zool.). **Individualethik** *die*; -: 1. Teilgebiet der → Ethik (1 a), das insbesondere die Pflichten des einzelnen gegen sich selbst berücksichtigt. 2. Ethik, in der der Wille od. die Bedürfnisse des einzelnen als oberster Maßstab zur Bewertung von Handlungen angesehen werden. **Individualisation** [...*zion*; *lat.-nlat.*] *die*; -, -en: = Individualisierung; vgl. ...[at]ion/...ierung. **individualisieren** [*lat.-mlat.-fr.*]: die Individualität eines Gegenstandes bestimmen; das Besondere, Einzelne, Eigentümliche [einer Person, eines Falles] hervorheben. **Individualisierung** *die*; -, -en: das Individualisieren; vgl. ...[at]ion/...ierung. **Individualismus** [*lat.-mlat.-nlat.*] *der*; -: 1. Anschauung, die dem Individuum u. seinen Bedürfnissen den Vorrang vor der Gemeinschaft einräumt. 2. Hervorhebung bestimmter persönlicher Merkmale u. Interessen. **Individualist** *der*; -en, -en: 1. Vertreter des Individualismus. 2. jmd., der einen ganz persönlichen, eigenwilligen Lebensstil entwikkelt hat u. sich dadurch von anderen, ihren Verhaltens- u. Denkweisen unterscheidet, der von einer Gruppe od. Gemeinschaft unabhängig ist [u. sein möchte]. **individualistisch**: 1. dem Individualismus entsprechend. 2. der Haltung, Eigenart eines Individualisten entsprechend. **Individualität** [*lat.-mlat.-fr.*] *die*; -, -en: 1. (ohne Plural) persönliche Eigenart; Eigenartigkeit, Einzigartigkeit. 2. Persönlichkeit. **Individualpotenz** *die*; -, -en: 1. [sexuelle] Leistungsfähigkeit männlicher Individuen (Biol.). 2. Ausmaß der Erbtüchtigkeit eines Zuchttieres (Biol.). **Individualprävention** [...*wänzion*] *die*; -, -en: = Spezialprävention. **Individualpsyche** *die*; -, -n: Einzelseele (Psychol.). **Individualpsychologie** *die*; -: 1. psychologische Auffassung von den Unterschieden der seelischen Anlagen der Individuen. 2. Lehre von der Beziehung zwischen dem Ich eines Menschen u. den ihn konstituierenden Teilen (Körper, Seele, Geist). 3. Psychologie des Unbewußten (A. Adler), nach der alles Verhalten aus dem Streben nach Geltung u. Macht zu verstehen ist. **individualpsychologisch**: die Individualpsychologie betreffend. **Individuation** [...*zion*; *lat.-nlat.*] *die*; -, -en: Prozeß der Selbstwerdung des Menschen, in dessen Verlauf sich das Bewußtsein der eigenen Individualität bzw. der Unterschiedenheit von anderen zunehmend verfestigt; Ggs. → Sozialisation; vgl. ...[at]ion/...ierung. **individuell** [*lat.-mlat.-fr.*]: 1. a) auf das Individuum, den einzelnen Menschen, seine Bedürfnisse, speziellen Verhältnisse u. ä. zugeschnitten, ihnen angemessen, ihnen entsprechend; b) durch die Eigenart, Besonderheit u. ä. der Einzelpersönlichkeit geprägt; je nach persönlicher Eigenart [verschieden]. 2. [als persönliches Eigentum] einem einzelnen gehörend, nicht gemeinschaftlich, öffentlich genutzt o. ä. 3. als Individuum, als Persönlichkeit zu respektieren; als Einzelpersönlichkeit hervortretend o. ä. **Individuen**: *Plural* von → Individuum. **individuieren**: eine individuelle, akzentuierte [Persönlichkeits]struktur gewinnen. **Individuierung** *die*; -, -en: = Individuation; vgl. ...[at]ion/...ierung. **Individuum** [...*u-um*; *lat.*; „das Unteilbare"] *das*; -s, ...duen: 1. der Mensch als Einzelwesen [in seiner jeweiligen Besonderheit]. 2. (abwertend) Mensch von zweifelhaftem Charakter; in irgendeiner Hinsicht negativ eingeschätzte Person. 3. Pflanze, Tier als Einzelexemplar (Biol.). 4. kleinstes chemisches Teilchen jeglicher Art (Chem.). **indivisibel**: unteilbar

Indiz [*lat.*; „Anzeige; Anzeichen"] *das*; -es, -ien [...*iᵉn*]: 1. Hinweis, Anzeichen. 2. (meist Plural) Umstand od. realer Gegenstand, dessen Vorhandensein mit großer Wahrscheinlichkeit auf einen bestimmten Sachverhalt (vor allem auf eine Täterschaft) schließen läßt; Verdachtsmoment (Rechtsw.). **Indizes**: *Plural* von → Index. **Indizien**: *Plural* von → Indiz. **Indizienbeweis** *der*; -es, -e: Tatzuordnung auf Grund zwingender mittelbarer, aber nicht bewiesener Tatanzeichen u. -umstände (Rechtsw.). **indizieren**: 1. anzeigen, auf etwas hinweisen. 2. etwas als angezeigt (vgl. Indikation) erscheinen lassen (Med.). 3. auf den → Index (1) setzen. 4. a) = indexieren (a, b); b) zum Zwecke der Unterscheidung mit einer hochgestellten Zahl versehen [z. B. Homonyme: [1]Bank (Bänke), [2]Bank (Banken)]. **indiziert**: 1. angezeigt, ratsam. 2. ein bestimmtes Heilverfahren nahelegend (Med.); Ggs. → kontraindiziert; -e Leistung: die durch den → Indikator (3) angezeigte, von der Maschine aufgenommene Leistung. **Indizierung** *die*; -, -en: das Indizieren; vgl. ...[at]ion/...ierung. **Indizium** *das*; -s, ...ien [...*iᵉn*]: (veraltet) = Indiz

indo|arisch: die von den → Ariern hergeleiteten Völker Vorderindiens betreffend, z. B. -e Sprachen. **Indo|europäer** *die* (Plural): außerhalb Deutschlands, bes. in England u. Frankreich übliche Bezeichnung für: Indogermanen. **indo|europäisch**: die Indoeuropäer betreffend; Abk.: i.-e. **Indo|europäist** *der*; -en, -en: = Indogermanist. **Indo|europäistik** *die*; -: = Indogermanistik. **Indogermanen** *die* (Plural): bes. in Deutschland übliche Sammelbezeichnung für die Völker, die das → Indogermanische als Grundsprache haben. **indogermanisch**: die Indogermanen od. das Indogermanische betreffend; Abk.: idg. **Indogermanische** *das*; -n: erschlossene Grundsprache der Indogermanen (benannt nach den räumlich am weitesten voneinander entfernten Vertretern, den Indern im Südosten u. den Germanen im Nordwesten). **Indogermanist** [*nlat.*] *der*; -en, -en: Wissenschaftler auf dem Gebiet der Indogermanistik. **Indogermanistik** *die*; -: Wissenschaft, die die einzelnen Sprachzweige des Indogermanischen u. die Kultur der Indogermanen erforscht

Indok|trination [...*zion*; *lat.*] *die*; -, -en: [massive] psychologische Mittel nutzende Beeinflussung im Hinblick auf die Bildung einer bestimmten Meinung od. Einstellung; vgl. ...[at]ion/...ierung. **indok|trinativ**: auf indoktrinierende Weise. **indok|trinieren**: in eine bestimmte Richtung drängen, beeinflussen. **Indok|trinierung** *die*; -, -en: a) das Indoktrinieren; b) das Indoktriniertwerden; vgl. ...[at]ion/...ierung

Indol [Kurzw. aus *lat. indicum* „Indigo" u. → ...*ol*] *das*; -s: chem. Verbindung

indolent [auch: ...*änt*; *lat.*]: 1. geistig träge u. gleichgültig; keine Gemütsbewegung erkennen lassend. 2. a) schmerzunempfindlich; gleichgültig gegenüber Schmerzen; b) (vom Organismus od. von einzelnen Körperteilen) schmerzfrei; c) (von krankhaften Prozessen) keine Schmerzen verursachend. **Indolenz** [auch: ...*änz*] *die*; -: das Indolentsein

Indologe [*gr.-nlat.*] *der*; -n, -n: Wissenschaftler auf dem Gebiet der Indologie. **Indologie** *die*; -: Wissenschaft von der indischen Sprache u. Kultur. **indopazifisch**: um den Indischen und Pazifischen Ozean gelegen

indossabel [*lat.-it.*]: durch Indossament übertragbar (Wirtsch.). **Indossament** *das*; -[e]s, -e: Wechselübertragung, Wechselübertragungsvermerk (Wirtsch.). **Indossant** u. Indossent *der*; -en, -en: jmd., der die Rechte an einem Wechsel an einen anderen überträgt; Wechselüberschreiber (Wirtsch.). **Indossat** *der*; -en, -en u. **Indossatar** *der*; -s, -e: durch Indossament ausgewiesener Wechselgläubiger (Wirtsch.). **Indossent** vgl. Indossant. **indossieren**: einen Wechsel durch Indossament übertragen (Wirtsch.). **Indosso** *das*; -s, -s u. ...ssi: Übertragungsvermerk eines Wechsels

in dubio [*lat.*]: im Zweifelsfalle; in dubio pro reo: im Zweifelsfall für den Angeklagten (alter Rechtsgrundsatz, nach dem in Zweifelsfällen ein Angeklagter mangels Beweises freigesprochen werden soll)

Induktanz [*lat.-nlat.*] *die*; -: rein → induktiver Widerstand (Elektrot.). **Induktion** [...*zion*; *lat.*; „das Hineinführen"] *die*; -, -en: 1. wissenschaftliche Methode, vom besonderen Einzelfall auf das Allgemeine, Gesetzmäßige zu schließen; Ggs. → Deduktion (a). 2. Erzeugung elektr. Ströme u. Spannungen in elektr. Leitern durch bewegte Magnetfelder (Elektrot.). 3. von einem bestimmten Keimteil ausgehende Wirkung, die einen anderen Teil des Keimes zu bestimmten Entwicklungsvorgängen zwingt (Biol.). **Induktionsapparat** [*lat.-nlat.*] *der*; -[e]s, -e: Transformator zur Erzeugung hoher Spannung, der durch Gleichstromimpulse betrieben wird. **Induktionskrankheit** *die*; -, -en: unechte, bes. psychotische Krankheit, die alle Symptome einer echten Krankheit zeigt u. die durch ständigen persönlichen Kontakt mit einem Kranken auf psychischem, suggestivem Weg übertragen wird (Med.). **Induktionsofen** *der*; -s, ...öfen: elektr. Schmelzofen, Ofen für hohe Temperaturen, der durch niedergespannten Strom induktiv (2) elektrisch geheizt wird. **Induktionsstrom** *der*; -[e]s, ...ströme: durch Induktion (2) erzeugter Strom. **induktiv** [*lat.*]: 1. in der Art der Induktion (1) vom Einzelnen zum Allgemeinen hinführend; Ggs. → deduktiv. 2. durch Induktion (2) wirkend od. entstehend; -er [...*wᵉr*] Widerstand: durch die Wirkung der Selbstinduktion bedingter Wechselstromwiderstand. **Induktivität** [...*wi*...; *lat.-nlat.*] *die*; -, -en: Verhältnis zwischen induzierter Spannung u. Änderung der Stromstärke pro Zeiteinheit. **Induktor** *der*; -s, ...oren: = Induktionsapparat

in dulci jubilo [- *dulzi* -; *lat.*; „in süßem Jubel", Anfang eines mittelalterl. Weihnachtsliedes mit gemischtem lateinischem u. deutschem Text (dt.: Nun singet u. seid froh!)]: (ugs.) herrlich u. in Freuden

indulgent [*lat.*]: nachsichtig. **Indulgenz** *die*; -, -en: 1. Nachsicht. 2. Straferlaß (Rechtswissenschaft). 3. Ablaß, Nachlaß der zeitlichen Sündenstrafen; vgl. Purgatorium

Indulin [Kunstw.] *das*; -s, -e (meist Plural): blaugrauer Teerfarbstoff (Chem.)

Indult [*lat.*] *der* od. *das*; -[e]s, -e: 1. Fristeinräumung, wenn der Schuldner im Verzug ist (Wirtsch.). 2. Frist bei Kriegsausbruch, innerhalb deren die feindlichen Handelsschiffe sich in Sicherheit bringen können (Völkerrecht). 3. vorübergehende Befreiung von einer gesetzlichen Verpflichtung (kath. Kirchenrecht)

in du|plo [*lat.*]: (veraltet) in zweifacher Ausfertigung, doppelt; vgl. Duplum

Induration [*...zion*; *lat.-nlat.*] *die*; -, -en: Gewebe- od. Organverhärtung (Med.). **indurieren** [*lat.*]: sich verhärten (in bezug auf Haut, Muskeln od. Gewebe; Med.)

Indusi [Kurzw. für *indu*ktive Zug*si*cherung] *die*; -: elektromagnetische Anlage an Geleisen u. Triebfahrzeugen, die der Zugsicherung auf stark befahrenen Schnellstrecken dient (bewirkt bei möglichen Fehlhandlungen des Lokführers z. B. eine Geschwindigkeitsminderung od. Zwangsbremsung)

Indusienkalk [*...iᵉn...*; *lat.*; *dt.*] *der*; -[e]s: Kalkbänke aus Röhren von Köcherfliegenlarven des Tertiärs. **Indusium** [*lat.*] *das*; -s, ...ien [*...iᵉn*]: häutiger Auswuchs der Blattunterseite von Farnen, der die Sporangien überdeckt (Bot.)

Indu|strial Design [*indaßtriᵉl disain*; *lat.-engl.*] *das*; - -s: Formgebung der Gebrauchsgegenstände, Gestaltung von Erzeugnissen, die für einen praktischen Zweck konstruiert wurden (z. B. Maschinen, Werkzeuge, Fahrzeuge, Hausrat). **Indu|strial Desi|gner** [- *disainᵉr*] *der*; - -s, - -: Formgestalter für Gebrauchsgegenstände. **Indu|strial engineer** [*indaßtriᵉl ändsehiniᵉr*; *lat.-engl.*] *der*; - -s, - -s: jmd., der über Spezialkenntnisse auf dem Gebiet der Rationalisierung von Arbeitsprozessen in der Industrie verfügt. **Industrial engineering** [- *...ändsehiniᵉring*] *das*; - -s: Rationalisierung von Arbeitsprozessen in der Industrie nach technischen u. wirtschaftswissenschaftlichen Prinzipien. **indu|stria|lisieren** [*lat.-fr.*]: a) mit Industrie versehen, Industrie ansiedeln; b) industrielle Herstellungsmethoden in einem Produktionsbereich, einem Betrieb o. ä. einführen. **Indu|strialisierung** *die*; -, -en: Errichtung von Industriebetrieben, d. h. von Produktionsstätten, die unter Einsatz von Maschinen gewerbliche (nicht land- od. forstwirtschaftliche) Stoffgewinnung bzw. mechanische od. chemische Be- od. Verarbeitung von Stoffen betreiben. **Indu|stria|lismus** *der*; -: Prägung einer Volkswirtschaft durch die Industrie. **Indu|strie** [„Fleiß, Betriebsamkeit"] *die*; -, ...ien: 1. Verarbeitung von Rohstoffen u. Halbfabrikaten auf chem. od. mechan. Weg zu Konsum- od. Produktionsgütern unter Verwendung von Lohnarbeitern, Maschinen u. Kapital. 2. Gesamtheit der Betriebe [eines Gebietes], die auf maschinellem Weg Konsum- u. Produktionsgüter herstellen. **Indu|striearchäologie** *die*; -: Bemühungen, die Ziele u. Methoden von Archäologie u. Denkmalschutz auf Objekte der Industrie (Bauwerke, Maschinen und Produkte industrieller Fertigung) auszudehnen, alte technische Anlagen usw. zu erhalten, zu restaurieren, zu erforschen. **Indu|striekapitän** *der*; -s, -e: (ugs.) erfolgreicher Leiter eines großen Industriebetriebes. **Industriekombinat** *das*; -[e]s, -e: (DDR) → Kombinat von Industriebetrieben. **Indu|striekonzern** *der*; -s, -e: Konzern, in dem mehrere Industriebetriebe zusammengeschlossen sind. **indu|striell**: a) die Industrie betreffend; b) mit Hilfe der Industrie (1) hergestellt. **Industrielle** *der*; -n, -n: Unternehmer, Eigentümer eines Industriebetriebs. **Indu|striema|gnat** *der*; -en, -en: Eigentümer großer, in Industriebetrieben investierter Kapitalien. **Industrieob|ligation** *die*; -, -en (meist Plural): Anleihe eines [Industrie]unternehmens. **Industriesoziologie** *die*; -: Teilgebiet der → Soziologie, bei dem man sich mit den Institutionen, Organisationen, Verhaltensmustern u. Einstellungen in Industriegesellschaften befaßt. **industriesoziologisch**: die Industriesoziologie betreffend

induzieren [*lat.*]: 1. vom besonderen Einzelfall auf das Allgemeine, Gesetzmäßige schließen; Ggs. → deduzieren. 2. elektr. Ströme u. Spannungen in elektr. Leitern durch bewegte Magnetfelder erzeugen (Elektrot.). 3. bewirken (Fachspr.); -de Reaktion: Umsetzung von zwei Stoffen durch Vermittlung eines dritten Stoffes (Chem.); induziertes Irresein: psychot. Zustand, der durch Übertragung von Wahnideen od. hysterischen Erscheinungen eines Geisteskranken auf Personen seiner Umgebung entsteht (Psychol.)

In|editum [*lat.*] *das*; -s, ...ta: noch nicht herausgegebene Schrift

in effectu [*lat.*]: (veraltet) in der Tat, wirklich. **in|effektiv** [auch: *...if*; *lat.-nlat.*]: unwirksam; Ggs. → effektiv. **in|effizient** [auch: *...änt*]: nicht wirksam, keine Wirksamkeit habend, sich als Kraft nicht auswirkend; Ggs. → effizient. **In|effizienz** [auch: *...änz*] *die*; -, -en: Unwirksamkeit, Wirkungslosigkeit; Ggs. → Effizienz

in effigie [- *...gi-e*; *lat.*; „im Bilde"]: bildlich; - - hängen od. verbrennen: (veraltet) an einer bildlichen Darstellung eines entflohenen Verbrechers dessen Hinrichtung → symbolisch vollziehen

in|egal [auch: *...al*; *lat.-fr.*]: (selten) ungleich

in|ert [*lat.*]: (veraltet) untätig, träge; unbeteiligt; -e Stoffe: reaktionsträge Stoffe, die sich an gewissen chem. Vorgängen nicht beteiligen (z. B. Edelgase; Chem.). **In|ertialsystem** [*...zial...*; *lat.-nlat.*; *gr.-lat.*] *das*; -s, -e: Koordinatensystem, das sich geradlinig mit konstanter Geschwindigkeit bewegt (Phys.). **In|ertie** *die*; -: Trägheit, Langsamkeit (z. B. eines Körperorgans hinsichtlich seiner Arbeitsleistung; Med.)

in|essentiell [auch: *...ziäl*]: nicht wesensmäßig, unwesentlich (Philos.); Ggs. → essentiell

In|essiv [*lat.-nlat.*] *der*; -s, -e [*...wᵉ*]: lokaler Kasus in den finnougrischen Sprachen

in|ex|akt [auch: *...akt*; *lat.*]: ungenau

in|existent [auch: *...änt*; *lat.*]: (selten) nicht vorhanden, nicht bestehend; Ggs. → existent

In|existenz [auch: *...änz*] *die*; -:

I. [*spätlat.* inex(s)istens „nicht vorhanden"] das Nichtvorhandensein.

II. [*spätlat.* inexsistens „darin vorhanden"] das Enthaltensein in etwas (Philos.)

in|ex|plosibel [auch: *...sibᵉl*; *lat.-nlat.*]: (selten) nicht explodierend, ohne Anlage zum Explodieren; Ggs. → explosibel

in extenso [*lat.*]: ausführlich; vollständig

in ex|tremis [*lat.*]: in den letzten Zügen [liegend] (Med.)

in facto [*lat.*]: in der Tat, in Wirklichkeit, wirklich; vgl. Faktum

infallibel [*lat.-nlat.*]: unfehlbar (vom Papst). **Infallibilist** *der*; -en, -en: Anhänger des kath. Unfehlbarkeitsdogmas. **Infallibilität** *die*; -: Unfehlbarkeit, bes. die des Papstes in Dingen der Glaubenslehre (kath. Dogma seit 1870)

infam [*lat.*; „berüchtigt, verrufen"]: 1. bösartig u. jmdm. auf durchtriebene, schändliche Weise schadend. 2. (ugs.) a) in beeinträchtigender, schädigender Weise stark, z. B. -e Schmerzen; b) in beeinträchtigend, schädigend hohem Maße; sehr, z. B. - übertrieben. **Infamie** *die*; -, ...ien: 1. a) (ohne Plural) infame Art, Niedertracht; b) infame Äußerung, Handlung o. ä.; Unverschämtheit. 2. Verlust der kirchlichen Ehrenhaftigkeit [als Folge richterlicher Ehrloserklärung] (kath. Kirchenrecht). **infamieren**: (veraltet) verleumden, für ehrlos erklären

Infant [*lat.-span.*; „Kind, Knabe; Edelknabe"] *der*; -en, -en: (hist.) Titel span. u. port. Prinzen. **Infanterie** [auch: *in*...; *lat.-it.-(-fr.)*] *die*; -, ...ien: a) auf den Nahkampf spezialisierte Waffengattung der Kampftruppen, die die meist zu Fuß mit der Waffe in der Hand kämpfenden Soldaten umfaßt; b) (ohne Plural) Soldaten der Infanterie (a). **Infanterist** [auch: *in*...] *der*; -en, -en: Soldat der Infanterie, Fußsoldat. **infanteristisch**: zur Infanterie gehörend. **infantil** [*lat.*]: a) (abwertend) auf kindlicher Entwicklungsstufe stehengeblieben, geistig od. körperlich unterentwikkelt; kindisch; b) der kindlichen Entwicklungsstufe entsprechend, einem Kind angemessen, kindlich (Fachspr.). **infantilisieren**: geistig unselbständig, zum Kind machen; bevormunden. **Infantilisierung** *die*; -: a) das Infantilisieren; b) das Infantilwerden. **Infantilismus** [*lat.-nlat.*] *der*; -, ...men: 1. (ohne Plural) körperliches u./od. geistiges Stehenbleiben auf kindlicher Entwicklungsstufe (Psychol.; Med.). 2. Äußerung des Infantilismus (1). **Infantilist** *der*; -en, -en: jmd., der auf der kindlichen Entwicklungsstufe stehengeblieben ist. **Infantilität** *die*; -: a) kindisches Wesen, Unreife; b) Kindlichkeit, kindliches Wesen. **infantizid**: den Kindesmord betreffend. **Infantizid** *der*; -[e]s, -e: Kindesmord

Infarkt [*lat.-nlat.*] *der*; -[e]s, -e: a) Absterben eines Gewebestücks od. Organteils nach längerer Blutleere infolge Gefäßverschlusses (Med.); b) plötzliche Unterbrechung der Blutzufuhr in den Herzkranzgefäßen; Herzinfarkt (Med.). **Infarktpersönlichkeit** *die*; -, -en: jmd., der auf Grund seiner körperlich-psychischen Voraussetzungen zum Infarkt → disponiert (1) ist (Med.). **infarzieren** [*lat.*]: ein Gewebestück od. einen Organteil infarktähnlich verändern (Med.)

infaust [*lat.*]: ungünstig (z. B. in bezug auf den angenommenen Verlauf einer Krankheit; Med.)

Infekt *der*; -[e]s, -e: (Med.) 1. Infektionskrankheit. 2. = Infektion. **Infektion** [...*zion*; *lat.*] *die*; -, -en: (Med.) 1. Ansteckung [durch Krankheitserreger]. 2. (ugs.) Infektionskrankheit, Entzündung. 3. (Jargon) Infektionsabteilung (in einem Krankenhaus o. ä.). **Infektionspsychose** *die*; -, -n: Psychose bei u. nach Infektionskrankheiten (Med.). **infektiös** [...*ziöß*; *lat.-fr.*]: ansteckend; auf Ansteckung beruhend (Med.). **Infektiosität** [*lat.-nlat.*] *die*; -: Ansteckungsfähigkeit [eines Krankheitserregers] (Med.)

Infel vgl. Inful

inferior [*lat.*]: 1. untergeordnet. 2. a) jmdm. unterlegen; b) (österr.) (im Vergleich mit einem andern) äußerst mittelmäßig. 3. minderwertig, gering. **Inferiorität** [*lat.-nlat.*] *die*; -: 1. untergeordnete Stellung. 2. Unterlegenheit. 3. Minderwertigkeit. **infernal, infernalisch** [*lat.*; „unterirdisch"]: a) höllisch, teuflisch; Vorstellungen von der Hölle weckend; b) schrecklich, unerträglich; vgl. ...isch/-. **Infernalität** [*lat.-nlat.*] *die*; -: (veraltet) höllisches Wesen, teuflische Verruchtheit. **Inferno** [*lat.-it.*] *das*; -s: 1. Unterwelt, Hölle. 2. a) schreckliches, unheilvolles Geschehen, von dem viele Menschen gleichzeitig betroffen sind; b) Ort eines unheilvollen Geschehens; c) Zustand entsetzlicher Qualen von unvorstellbarem Ausmaß

infertil [*lat.*]: 1. unfruchtbar. 2. unfähig, eine Schwangerschaft auszutragen (Med.). **Infertilität** *die*; -: Unfruchtbarkeit (Med.)

Infight [*infait*; *engl.*] *der*; -[s], -s u. **Infighting** [*infaiting*] *das*; -[s], -s: Nahkampf, bei dem man den Gegner durch kurze Haken zu treffen sucht (Boxsport)

Infil|trant [*lat.*; *germ.-mlat.*] *der*; -en, -en: jmd., der sich zum Zwecke der → Infiltration (2) in einem Land aufhält. **Infil|trat** *das*; -[e]s, -e: in normales Gewebe eingelagerte fremdartige, insbes. krankheitserregende Zellen, Gewebe od. Flüssigkeiten (Med.). **Infil|tration** [...*zion*] *die*; -, -en: 1. das Eindringen, Einsickern, Einströmen (z. B. von Flüssigkeiten). 2. ideologische Unterwanderung; vgl. ...[at]ion/...ierung. **Infiltrations|an|äs|thesie** *die*; -, ...ien: örtliche Betäubung durch Einspritzungen (Med.). **infil|trativ**: 1. sich in der Art einer Infiltration ausbreitend. 2. auf eine Infiltration (2) abzielend, in der Art einer Infiltration (2) wirkend. **Infiltrator** [*lat.-engl.*] *der*; -s, ...toren: = Infiltrant. **infil|trieren**: 1. a) eindringen, einsickern; b) einflößen. 2. in fremdes Staatsgebiet eindringen, um es ideologisch zu unterwandern. **Infil|trierung** *die*; -, -en: das Infiltrieren; vgl. ...[at]ion/...ierung

infinit [auch: ...*nit*; *lat.*]: unbestimmt (Sprachw.); -e Form: Form des Verbs, die keine Person oder Zahl bezeichnet (z. B. erwachen [Infinitiv] erwachend [1. Partizip], erwacht [2. Partizip]); Ggs. → finite Form. **infinitesimal** [*lat.-nlat.*]: zum Grenzwert hin unendlich klein werdend (Math.). **Infinitesimalrechnung** *die*; -: → Differential- u. → Integralrechnung. **Infinitismus** *der*; -: Lehre von der Unendlichkeit der Welt, des Raumes u. der Zeit (Philos.). **Infinitiv** [auch: ...*tif*; *lat.*] *der*; -s, -e [...*w*e]: Grundform, Nennform, durch Person, Numerus u. Modus nicht näher bestimmte Verbform (z. B. wachen). **Infinitivkonjunktion** [...zion] *die*; -, -en: die im Deutschen vor dem Infinitiv stehende → Konjunktion „zu"

Infirmität [*lat.*] *die*; -: Gebrechlichkeit (Med.)

Infix [*lat.*] *das*; -es, -e: in den Wortstamm eingefügtes Sprachelement (→ Formans) (z. B. das n in *lat.* fundo [Präs.] gegenüber fudi [Perf.])

infizieren [*lat.*]: (Med.) a) eine Krankheit, Krankheitserreger übertragen; anstecken; b) sich -: Krankheitskeime aufnehmen, sich anstecken

in fla|granti [eigtl.: - - crimine (*kri*...); *lat.*] auf frischer Tat; - - ertappen: bei Begehung einer Straftat überführen

in|flammabel [*lat.-mlat.*]: entzündbar. **In|flammabilität** *die*; -: Entzündbarkeit, Brennbarkeit. **In|flammation** [...*zion*; *lat.*] *die*; -, -en: 1. (veraltet) Feuer, Brand. 2. Entzündung (Med.). **inflammieren**: (veraltet) entflammen, in Begeisterung versetzen

in|flatieren [*lat.-nlat.*]: die Geldentwertung vorantreiben, durch eine Inflation entwerten (Wirtsch.). **In|flation** [...*zion*; *lat.*; „das Sich-Aufblasen; das Aufschwellen"] *die*; -, -en: a) Geldentwertung, starke Erhöhung der umlaufenden Geldmenge gegenüber dem Güterumlauf, wesentliche Erhöhung des Preisniveaus (Wirtsch.); Ggs.

→ Deflation (1); b) Zeit, in der eine Inflation (a) stattfindet. **in|flationär**: die Geldentwertung vorantreibend, auf eine Inflation hindeutend. **in|flationieren**: = inflatieren. **In|flationierung** *die*; -, -en: das Inflationieren. **Inflationismus** *der*; -: Form der Wirtschaftspolitik, bei der die Wirtschaft durch Vermehrung des umlaufenden Geldes bei Vollbeschäftigung beeinflußt wird. **in|flationistisch**: 1. den Inflationismus betreffend. 2. = inflationär; Ggs. → deflationistisch. **in|flatorisch**: 1. = inflationär. 2. eine Inflation darstellend

in|flexibel [auch: ...*xib*[e]*l*; *lat.*]: 1. (selten) unbiegsam, unelastisch. 2. nicht beugbar. 3. nicht anpassungsfähig. **In|flexibile** *das*; -s, ...bilia: inflexibles (2) Wort. **Inflexibilität** [*lat.-nlat.*] *die*; -: (selten) Unbiegsamkeit; starre Geisteshaltung

In|floreszenz [*lat.-nlat.*] *die*; -, -en: Blütenstand (Bot.). **in floribus** [*lat.*; „in Blüten"]: in Blüte, im Wohlstand

In|fluenz [*lat.-mlat.*; „Einfluß"] *die*; -, -en: die Beeinflussung eines elektrisch ungeladenen Körpers durch die Annäherung eines geladenen (z. B. die Erzeugung von Magnetpolen in unmagnetisiertem Eisen durch die Annäherung eines Magnetpoles od. die Erzeugung einer elektr. Ladung auf einem ungeladenen Metall durch die Annäherung einer elektrischen Ladung). **In|fluenza** [*lat.-mlat.-it.*] *die*; -: (veraltend) Grippe. **in|fluenzieren** [*lat.-mlat.-nlat.*]: einen elektrisch ungeladenen Körper durch die Annäherung eines geladenen beeinflussen; vgl. Influenz. **In|fluenzmaschine** *die*; -, -n: Maschine zur Erzeugung hoher elektrischer Spannung. **In|fluenzmine** *die*; -, -n: Mine (I, 4), die durch die (elektrische od. magnetische) Beeinflussung eines sich nähernden Körpers explodiert. **In|fluxus physicus** [- ...*kuß*; *lat.*; *gr.-lat.*] *der*; - -: 1. Beeinflussung der Seele durch den Leib (Scholastik). 2. Wechselwirkung von Leib–Seele, Körper–Geist (17. u. 18. Jh.)

Info [Kurzform von *Inf*ormation] *das*; -s, -s: über ein aktuelles Problem informierendes [Flug]blatt

in folio [*lat.*]: in Folioformat (in bezug auf Bücher)

Infomobil [auch: ...*il*; Kunstw. aus *Info*rmation u. Auto*mobil*] *das*; -s, -e: (ugs.) Fahrzeug, meist Omnibus, als fahrbarer Informationsstand

Informalismus [*lat.*] *der*; -: = informelle Kunst. **Informand** [„der zu Unterrichtende"] *der*; -en, -en: a) jmd., der [im Rahmen einer praktischen Ausbildung] mit den Grundfragen eines bestimmten Tätigkeitsbereiches vertraut gemacht werden soll; b) Ingenieur, der sich in verschiedenen Abteilungen [über deren Aufgaben u. Arbeitsweise] informieren soll. **Informant** *der*; -en, -en: jmd., der [geheime] Informationen liefert, Gewährsmann. **Informatik** [*lat.-nlat.*] *die*; -: Wissenschaft von den elektronischen Datenverarbeitungsanlagen und den Grundlagen ihrer Anwendung. **Informatiker** *der*; -s, -: Wissenschaftler auf dem Gebiet der Informatik. **Information** [...*zion*; *lat.*] *die*; -, -en: 1. a) Nachricht; Auskunft; Belehrung, Aufklärung; b) Kurzform für: Informationsstand. 2. als räumliche od. zeitliche Folge physikalischer Signale, die mit bestimmten Wahrscheinlichkeiten od. Häufigkeiten auftreten, sich zusammensetzende Mitteilung, die beim Empfänger ein bestimmtes [Denk]verhalten bewirkt (Kybernetik); vgl. ...[at]ion/...ierung. **informationell**: die Information (2) betreffend. **Informationsäs|thetik** *die*; -: moderne → Ästhetik (1), die → ästhetische (1) → Produkte (1) als Summe informativer Zeichen betrachtet u. sie mit mathematisch-informationstheoretischen Mitteln beschreibt. **informations|theoretisch**: die Informationstheorie betreffend. **Informations|theorie** *die*; -: 1. Forschungszweig der Psychologie, der die Abhängigkeit menschlicher Entscheidungen vom Umfang der für eine sichere Entscheidung erforderlichen Informationen zu ermitteln versucht. 2. mathematische Theorie, die sich mit der quantitativen u. strukturellen Erforschung der Information (2) befaßt; Theorie der elektronischen Nachrichtenübertragung. **informativ** [*lat.-nlat.*]: belehrend; Einblicke, Aufklärung bietend, aufschlußreich; vgl. ...iv/ ...orisch. **Informative label[l]ing** [*info*ʳ*m*ᵉ*tiw le*ⁱ*b*⁽ᵉ⁾*ling*; *engl.*] *das*; - -[s], - -s: Warenetikett, das über Material, Herstellungsart, Herkunft usw. unterrichtet (Wirtsch.). **Informator** [*lat.*] *der*; -s, ...oren: jmd., der andere informiert (1), von dem man Informationen bezieht. **informatorisch** [*lat.-nlat.*]: dem Zwecke der Information dienend, einen allgemeinen Überblick verschaffend; vgl. ...iv/...orisch. **Informel** [*ängformäl*; *lat.-fr.*] *das*; -: = informelle Kunst; vgl. Tachismus

informell [auch: *in*...; *lat.-fr.*] I. (selten) a) informatorisch; b) in der Absicht, sich zu informieren (2).
II. ohne [formalen] Auftrag; ohne Formalitäten, nicht offiziell; -e Kunst: Bezeichnung für eine Richtung der modernen Malerei, die frei von allen Regeln unter Verwendung von Stoffetzen, Holz, Abfall o. ä. zu kühnen u. phantastischen Bildern gelangt; -e Gruppe: sich spontan bildende Gruppe innerhalb einer festen Organisation

Informelle *der*; -n, -n: Vertreter der informellen Kunst

informieren [*lat.*]: 1. Nachricht, Auskunft geben, in Kenntnis setzen; belehren. 2. sich -: Auskünfte, Erkundigungen einziehen, sich unterrichten. **Informierung** *die*; -, -en: das Informieren (1 u. 2); vgl. ...[at]ion/...ierung. **Info|thek** [Kunstw.] *die*; -, -en: stationäre Speicheranlage für Verkehrsinformationen

In|fragrill ⓦ [Kunstw.] *der*; -s, -s: Grill, der durch → Infrarot erhitzt wird. **in|fra|krustal** [*lat.-nlat.*]: unterhalb der Erdkruste befindlich (Geol.)

In|fraktion [...*zion*; *lat.-nlat.*] *die*; -, -en: Knickungsbruch ohne vollständige Durchtrennung der Knochenstruktur (Med.)

in|frarot: zum Bereich des Infrarots gehörend. **In|frarot** *das*; -s: unsichtbare Wärmestrahlen, die im → Spektrum (1) zwischen dem roten Licht u. den kürzesten Radiowellen liegen (Phys.). **In|frarotfilm** [auch: ...*rot*...] *der*; -[e]s, -e: für infrarote Strahlen empfindlicher Film. **In|fraschall** *der*; -[e]s: Schall, dessen Frequenz unter 20 Hertz liegt; Ggs. → Ultraschall. **In|frastruktur** *die*; -, -en: 1. notwendiger wirtschaftl. u. organisatorischer Unterbau einer hochentwickelten Wirtschaft (Verkehrsnetz, Arbeitskräfte u. a.). 2. militärische Anlagen (Kasernen, Flugplätze usw.). **in|frastrukturell**: die Infrastruktur betreffend

Inful [*lat.*] *die*; -, -n: 1. altröm. weiße Stirnbinde der Priester u. der kaiserlichen Statthalter. 2. katholisches geistliches Würdezeichen; vgl. Mitra. **infuliert**: 1. zum Tragen der Inful od. Mitra berechtigt, mit der Inful ausgezeichnet. 2. mit einer Mitra gekrönt (von geistlichen Wappen)

infundieren [*lat.*; „hineingießen"]: eine Infusion vornehmen (Med.). **Infus** *das*; -es, -e: Aufguß, wäßriger Pflanzenauszug. **Infusion** *die*; -, -en: Einführung größerer Flüssigkeitsmengen (z. B. physiologische Kochsalzlösung) in den Organismus, bes. über die Blutwege (→ intravenös), über das Unterhautgewebe (→ subkutan) od. durch den After (→ rektal; Med.). **Infusionstierchen** *das*; -s, -: = Infusorium. **Infusorienerde** [...*ien*...; *lat.-nlat.*; *dt.*] *die*; -: Kieselgur, → Diatomeenerde. **Infusorium** [*lat.-nlat.*] *das*; -s, ...ien [...*ien*] (meist Plural): Aufgußtierchen (einzelliges Wimpertierchen). **Infusum** *das*; -s, ...sa: = Infus

in genere [*lat.*]: im allgemeinen, allgemein. **ingeneriert**: angeboren (Med.). **Ingenieur** [*insehenjör*; *lat.-fr.*] *der*; -s, -e: auf einer Hoch- od. Fachhochschule ausgebildeter Techniker; Abkürzungen: Ing. (grad.), Dipl.-Ing., Dr.-Ing. **Ingenieurgeologe** *der*; -n, -n: jmd., der in Ingenieurgeologie ausgebildet ist (Berufsbez.). **Ingenieurgeologie** *die*; -: Teilgebiet der angewandten → Geologie, das die → geologische Vorarbeit u. Beratung bei Bauingenieuraufgaben umfaßt. **Ingenieurökonom** *der*; -en, -en: (DDR) → Ökonom (b) mit Hochschulausbildung, der auch die Grundlagen der Technologie eines Industriezweigs beherrscht. **ingenieurtechnisch**: die Arbeit des Ingenieurs betreffend, damit befaßt. **ingeniös** [*in-g*...]: erfinderisch, kunstvoll erdacht; scharfsinnig, geistreich. **Ingenio|sität** *die*; -: a) Erfindungsgabe, Scharfsinn; b) von Ingenium zeugende Beschaffenheit. **Ingenium** [*lat.*] *das*; -s, ...ien [...*ien*]: natürliche Begabung, [schöpferische] Geistesanlage, Erfindungskraft, Genie. **Ingenui|tät** *die*; -: 1. (hist.) Stand eines Freigeborenen, Freiheit. 2. (veraltet) Freimut, Offenheit, Natürlichkeit im Benehmen

Ingerenz [*in-g*...; *lat.-nlat.*] *die*; -, -en: 1. (veraltet) Einmischung; Einflußbereich, Wirkungskreis. 2. strafbares Herbeiführen einer Gefahrenlage durch den Täter, der es dann unterläßt, die Schädigung abzuwenden (z. B. Unterlassung der Sicherung einer Straßenbaustelle; Rechtsw.). **Ingesta** [*lat.*] *die* (Plural): aufgenommene Nahrung (Med.). **Ingestion** *die*; -: Nahrungsaufnahme (Med.)

in globo [*lat.*]: im ganzen, insgesamt

Ingot [*ingg*...; *engl.*] *der*; -s, -s: 1. Form, in die Metall gegossen wird. 2. Barren (Gold, Silber); [Stahl]block

In|grainpapier [*in-gre'n*...; *lat.-fr.-engl.*; *gr.-lat.*] *das*; -s: Zeichenpapier von rauher Oberfläche mit farbigen od. schwarzen Wollfasern

In|grediens [...*diänß*; *lat.*; „Hineinkommendes"] *das*; -, ...ienzien [...*ien*] u. **In|gredienz** *die*; -, -en (meist Plural): 1. Zutat (Pharm.; Gastr.). 2. Bestandteil (z. B. einer Arznei)

In|gremiation [...*zion*; *lat.-mlat.*] *die*; -, -en: (veraltet) Aufnahme in eine geistliche Körperschaft

In|grespapier [*änggr*...; nach dem franz. Maler Ingres (1780–1867)] *das*; -s: farbiges Papier für Kohle- u. Kreidezeichnungen

In|greß [*lat.*] *der*; ...esses, ...esse: (veraltet) Eingang, Zutritt. **Ingression** *die*; -, -en: kleinräumige Meeresüberflutung des Festlandes (Geogr.). **in|gressiv** [auch: ...*ßif*; *lat.-nlat.*]: 1. einen Beginn ausdrückend (in bezug auf Verben; z. B. entzünden, erblassen; Sprachw.) Ggs. → egressiv (1); -e [...*we*] Aktionsart: = inchoative Aktionsart; -er Aorist: den Eintritt einer Handlung bezeichnender → Aorist. 2. bei der Artikulation von Sprachlauten den Luftstrom von außen nach innen richtend; Ggs. → egressiv (2) (Sprachw.). **In|gressivum** [...*iwum*] *das*; -s, ...va [...*wa*]: Verb mit ingressiver Aktionsart

in grosso [*lat.-it.*]: = en gros

Ingroup [*in-grup*; *engl.*] *die*; -, -s: [soziale] Gruppe, zu der man gehört u. der man sich innerlich stark verbunden fühlt; Eigengruppe, Wir-Gruppe (Soziol.); Ggs. → Outgroup

ingui|nal [*ingg*...; *lat.*]: zur Leistengegend gehörend (Med.)

Ingwäonismus [*ingg*...; *nlat.*] *der*; -, ...men: sprachlicher Einfluß des Nordseegermanischen (auf das Altsächsische; Sprachw.)

Ingwer [*sanskr.-griech.-lat.*] *der*; -s, -: 1. (ohne Plural) tropische u. subtropische Gewürzpflanze. 2. (ohne Plural) a) eßbarer, aromatischer, brennend scharf schmeckender Teil des Wurzelstocks des Ingwers (1); b) aus dem Wurzelstock der Ingwerpflanze gewonnenes aromatisches, brennend scharfes Gewürz. 3. mit Ingweröl gewürzter Likör

Inhalation [...*zion*; *lat.*] *die*; -, -en: Einatmung von Heilmitteln (z. B. in Form von Dämpfen). **Inhalator** [*lat.-nlat.*] *der*; -s, ...oren: Inhalationsgerät (Med.). **Inhalatorium** *das*; -s, ...ien [...*ien*]: mit Inhalationsgeräten ausgestatteter Raum. **Inhaler** [*inhe'ler*; *lat.-engl.*] *der*; -s, -: Inhalationsgerät, Inhalationsfläschchen (bes. von Homosexuellen bei sexuellem Kontakt verwendet). **inhalieren** [*lat.*]: a) eine Inhalation vornehmen; b) (ugs.) [Zigaretten] über die Lunge rauchen

inhärent [*lat.*]: an etwas haftend, ihm innewohnend; das Zusammengehören von Ding u. Eigenschaft betreffend (Philos.). **Inhärenz** [*lat.-mlat.*] *die*; -: die Verknüpfung (das Anhaften) von Eigenschaften (→ Akzidenzien) mit den Dingen (→ Substanzen), zu denen sie gehören (Philos.). **inhärieren** [*lat.*]: an etwas hängen, anhaften (Philos.)

inhibieren [*lat.*]: (veraltet) Einhalt tun, verhindern. **Inhibin** [*lat.-nlat.*] *das*; -s, -e: Stoff im Speichel, der auf die Entwicklung von Bakterien hemmend wirkt (Med.). **Inhibition** [...*zion*; *lat.*] *die*; -, -en: (veraltet) Einhalt, gerichtliches Verbot, einstweilige Verfügung. **Inhibitor** [*lat.-nlat.*] *der*; -s ...oren: Hemmstoff, der chem. Vorgänge einschränkt od. verhindert (Chem.). **inhibitorisch**: (veraltet) verhindernd, verbietend (durch Gerichtsbeschluß; Rechtsw.)

in hoc si|gno [*lat.*; eigtl.: in hoc signo vinces (- *hok - winzeß*)]: „in diesem Zeichen [wirst du siegen]" (Inschrift eines Kreuzes, das nach der Legende dem röm. Kaiser Konstantin im Jahre 312 n. Chr. am Himmel erschien); Abk.: I. H. S. od. IHS

inhomogen [auch: ...*gen*; *lat.*; *gr.*]: nicht gleich[artig]; -e Gleichung: Gleichung, bei der mindestens zwei Glieder verschiedenen Grades auftreten; vgl. heterogen. **Inhomogenität** [auch: *in*...] *die*; -: Ungleichartigkeit; vgl. Homogenität

in honorem [*lat.*]: zu Ehren

inhuman [auch: ...*man*; *lat.*]: nicht menschenwürdig, unmenschlich; Ggs. → human (1 a). **Inhumanität** [auch: *in*...] *die*; -, -en: Nichtachtung der Menschenwürde, Unmenschlichkeit; Ggs. → Humanität

in infinitum: = ad infinitum

in inte|grum restituieren [*lat.*]: in den vorigen [Rechts]stand wiedereinsetzen, den früheren Rechtszustand wiederherstellen (Rechtsw.); vgl. Restitutio in integrum

in|intelligibel [*lat.*]: (veraltet) un-

verständlich, nicht erkennbar; Ggs. → intelligibel
In|iquität [*lat.*] *die*; -: (veraltet) Unbilligkeit, Härte
in|itial [...*zial*; *lat.*]: anfänglich, beginnend, Anfangs... (meist in zusammengesetzten Substantiven). **In|itial** *das*; -s, -e u. **In|itiale** *die*; -, -n: großer, meist durch Verzierung u. Farbe ausgezeichneter Anfangsbuchstabe [in alten Büchern od. Handschriften]. **Initialsprengstoff** *der*; -s, -e: explosiver Zündstoff für Sprengstofffüllung. **In|itialwort** *das*; -[e]s, ...wörter: Kurzwort (→ Akronym), das aus zusammengerückten Anfangsbuchstaben gebildet ist (z. B. Hapag aus: *H*amburg-*A*merikanische *P*acketfahrt-*A*ctien-*G*esellschaft). **In|itialzellen** *die* (Plural): Spitzen- od. Bildungszellen, durch Gestalt u. Größe ausgeglichene Zellen an der Spitze von Pflanzensprossen, aus denen sämtliche Zellen des ganzen Pflanzenkörpers hervorgehen (Bot.). **In|itialzündung** *die*; -, -en: Sprengstoffexplosion mit → Initialsprengstoff. **In|itiand** *der*; -en, -en: jmd., der in etwas eingeweiht werden soll; Anwärter für eine Initiation. **In|itiant** *der*; -en, -en: 1. jmd., der die → Initiative ergreift. 2. (schweiz.) a) jmd., der das Initiativrecht hat; b) jmd., der das Initiativrecht ausübt. **In|itiation** [...*zion*] *die*; -, -en: [durch bestimmte Bräuche geregelte] Aufnahme eines Neulings in eine Standes- od. Altersgemeinschaft, einen Geheimbund o. ä., bes. die Einführung der Jugendlichen in den Kreis der Männer od. Frauen bei Naturvölkern; vgl. ...[at]ion/...ierung. **Initiationsriten** *die* (Plural): Bräuche bei der Initiation (Völkerk.); vgl. Deposition (3). **in|itiativ** [*lat.-fr.*]: a) die Initiative (1) ergreifend; Anregungen gebend; erste Schritte in einer Angelegenheit unternehmend, z. B. - werden; b) Unternehmungsgeist besitzend. **In|itiativantrag** *der*; -[e]s, ...anträge: die parlamentarische Diskussion eines bestimmten Problems (z. B. einer Gesetzesvorlage) einleitender Antrag. **Initiative** [...*w*[e]] die; -, -n: 1. a) erster tätiger Anstoß zu einer Handlung, der Beginn einer Handlung; b) Entschlußkraft, Unternehmungsgeist. 2. Recht zur Einbringung einer Gesetzesvorlage (in der Volksvertretung). 3. (schweiz.) Volksbegehren. **Initiativrecht** *das*; -[e]s: das Recht, Gesetzentwürfe einzubringen (z. B. einer Fraktion, der Regierung). **In|itiator** [*lat.*] *der*; -s, ...oren: jmd., der etwas veranlaßt u. dafür verantwortlich ist; Urheber, Anreger. **in|itiatorisch** [*lat.-nlat.*]: einleitend; veranlassend; anstiftend. **In|itien** [...*zi*[e]*n*; *lat.*] *die* (Plural): Anfänge, Anfangsgründe. **in|itiieren** [...*ziir*[e]*n*]: 1. a) den Anstoß geben; b) die Initiative (1) ergreifen. 2. jmdn. [in ein Amt] einführen, einweihen; vgl. Initiation. **In|itiierung** *die*; -, -en: das Initiieren (1); vgl. ...[at]ion/...ierung
Injektion [...*zion*; *lat.*] *die*; -, -en: 1. Einspritzung von Flüssigkeiten in den Körper zu therapeutischen od. diagnostischen Zwekken, u. zwar → intravenös, → subkutan od. → intramuskulär (Med.). 2. starke Füllung u. damit Sichtbarwerden kleinster Blutgefäße im Auge bei Entzündungen (Med.). 3. Einspritzung von Verfestigungsmitteln (z. B. Zement) in unfesten Baugrund. 4. das Eindringen → magmatischer Schmelze in Fugen u. Spalten des Nebengesteins (Geol.). 5. das Einbringen von [Elementar]teilchen (Ladungsträgern) in einen Halbleiterbereich von bestimmter elektrischer Leitfähigkeit bzw. in der Hochenergie- u. Kernphysik in einen Teilchenbeschleuniger (Phys.). **Injektionsmetamorphose** *die*; -, -n: starke Injektion (4), die Mischgesteine erzeugt (Geol.). **injektiv**: bei der Abbildung einer Menge verschiedenen Urbildern verschiedene Bildpunkte zuordnend (Math.). **Injektiv** *der*; -s, -e [...*w*[e]] u. **Injektivlaut** *der*; -[e]s, -e: Verschlußlaut, bei dem Luft in die Mundhöhle strömt; Ggs. → Ejektiv. **Injektomane** [*lat.*; *gr.*] *der*; -n, -n: jmd., der sich in krankhafter Sucht Injektionen (1) zu verschaffen sucht (Psychol.); vgl. Injektomanie. **Injektomanie** *die*; -: Sucht nach Injektionen (1), wobei der Akt des Einspritzens als Koitussymbol verstanden wird. **Injektor** [*lat.-nlat.*] *der*; -s, ...oren: 1. Preßluftzubringer in Saugpumpen. 2. Dampfstrahlpumpe zur Speisung von Dampfkesseln. **injizieren** [*lat.*]: einspritzen (Med.)
injungieren [*lat.*]: (veraltet) anbefehlen, zur Pflicht machen, einschärfen. **Injunktion** [...*zion*] *die*; -, -en: (veraltet) Einschärfung, Vorschrift, Befehl
Injuriant [*lat.*] *der*; -en, -en: (veraltet) Beleidiger, Ehrabschneider. **Injuriat** *der*; -en, -en: (veraltet) Beleidigter. **Injurie** [...*i*[e]] *die*; -, -n: Unrecht, Beleidigung durch Worte od. Taten. **injuriieren**: (veraltet) beleidigen, die Ehre abschneiden. **injuriös**: (veraltet) beleidigend, ehrenrührig
Inka [*Ketschua*; „König"] *der*; -[s], -[s]: (hist.) Angehöriger der ehemaligen indian. Herrscher- u. Adelsschicht in Peru, bes. der König des Inkareiches
Inkantation [...*zion*; *lat.*] *die*; -, -en: Bezauberung, Beschwörung [durch ein Zauberlied] (Volksk.)
Inkardination [...*zion*; *lat.-mlat.*] *die*; -, -en: Eingliederung eines katholischen Geistlichen in eine bestimmte → Diözese od. einen Orden [nach voraufgegangener → Exkardination]
inkarnat [*lat.*]: fleischfarben, fleischrot. **Inkarnat** *das*; -[e]s: Fleischton (auf Gemälden). **Inkarnation** [...*zion*] *die*; -, -en: 1. Fleischwerdung, Menschwerdung eines göttlichen Wesens (Christus nach Joh. 1, 14; Buddha). 2. Verkörperung. **inkarnieren**, sich: sich verkörpern. **inkarniert**: 1. fleischgeworden. 2. verkörpert
Inkarzeration [...*zion*; *lat.-nlat.*] *die*; -, -en: Einklemmung (z. B. eines Eingeweidebruches; Med.). **inkarzerieren**: sich einklemmen (z. B. in bezug auf einen Bruch; Med.)
Inkassant [*lat.-it.*] *der*; -en, -en: (österr.) Kassierer. **Inkasso** *das*; -s, -s (auch, österr. nur: ...ssi): Beitreibung, Einziehung fälliger Forderungen. **Inkassobüro** *das*; -s, -s: Unternehmen, das sich mit der Einziehung fälliger Forderungen befaßt. **Inkassoindossament** *das*; -s, -e: → Indossament mit dem Zweck, den Wechselbetrag durch den → Indossatar auf Rechnung des Wechselinhabers einziehen zu lassen
In|klination [...*zion*; *lat.*] *die*; -, -en: 1. Neigung, Hang. 2. Neigung einer frei aufgehängten Magnetnadel zur Waagrechten (Geogr.). 3. Neigung zweier Ebenen od. einer Linie u. einer Ebene gegeneinander (Math.). 4. Winkel, den eine Planeten- od. Kometenbahn mit der → Ekliptik bildet (Astron.). **in|klinieren**: (veraltet) eine Neigung, Vorliebe für etwas haben
in|kludieren [*lat.*]: (veraltet) einschließen; Ggs. → exkludieren. **In|klusen** [„Eingeschlossene"]

die (Plural): (hist.) Männer u. Frauen, die sich zur → Askese einmauern ließen. **In|klusion** *die*; -, -en: (selten) Einschließung, Einschluß. **in|klusive** [...*w*ᵉ; *lat.-mlat.*]: einschließlich, inbegriffen; Abk.: inkl.; Ggs. → exklusive

inko|gnito [*lat.-it.*; „unerkannt"]: unter fremdem Namen [auftretend, lebend]. **Inko|gnito** *das*; -s, -s: Verheimlichung der → Identität (1) einer Person, das Auftreten unter fremdem Namen

inkohärent [auch: ...*ränt*; *lat.*]: unzusammenhängend; Ggs. → kohärent. **Inkohärenz** [auch: ...*ränz*; *lat.-nlat.*] *die*; -, -en: mangelnder Zusammenhang; Ggs. → Kohärenz (1)

inkohativ vgl. inchoativ

Inkolat [*lat.*] *das*; -s, -e: = Indigenat

inkommensurabel [*lat.*]: nicht meßbar; nicht vergleichbar; ...rable Größen: Größen, deren Verhältnis irrational ist (Math.); Ggs. → kommensurabel. **Inkommensurabilität** [*lat.-mlat.*] *die*; -: Unvergleichbarkeit von Stoffen mit Meßwerten wegen fehlender zum Vergleich geeigneter Eigenschaften (Phys.); Ggs. → Kommensurabilität

inkommodieren [*lat.*]: (veraltet) a) bemühen, Unbequemlichkeiten bereiten; belästigen; b) sich -: sich Mühe, Umstände machen. **Inkommodität** *die*; -, -en: (veraltet) Unbequemlichkeit, Lästigkeit

inkomparabel [auch: ...*rab*ᵉ*l*; *lat.*]: 1. (veraltet) unvergleichbar. 2. (veraltet) nicht steigerungsfähig (in bezug auf Adjektive, z. B. *väterlich* als Relativadjektiv in: das väterliche Haus, nicht: das väterlichere Haus; Sprachw.). **Inkomparabile** *das*; -s, ...bilia u. ...bilien [...*i*ᵉ*n*]: (veraltet) inkomparables Adjektiv

inkompatibel [auch: ...*tib*ᵉ*l*; *lat.-mlat.*]: 1. unverträglich (in bezug auf Medikamente od. Blutgruppen; Med.); Ggs. → kompatibel (4). 2. unvereinbar (von mehreren Ämtern in einer Person; bes. Rechtsw.). 3. syntaktisch-semantisch od. lexikalisch nicht vereinbar, nicht verträglich, nicht sinnvoll zusammenstimmend (z. B. die Maus frißt die Katze; der blonde Himmel; Sprachw.); Ggs. → kompatibel (1). **Inkompatibilität** *die*; -, -en: 1. Unverträglichkeit (verschiedener Medikamente od. Blutgruppen; Med.); Ggs. → Kompatibilität (4). 2. Unvereinbarkeit (bes. Rel.; Rechtsw.). 3. nicht mögliche syntaktisch-semantische Verknüpfung einzelner → Lexeme im Satz; Ggs. → Kompatibilität (3) (Sprachw.); vgl. Komplementarität (3)

inkompetent [auch: ...*tänt*; *lat.*]: 1. Ggs. → kompetent a) nicht zuständig, nicht befugt, eine Angelegenheit zu behandeln (bes. Rechtsw.); b) nicht maßgebend, nicht urteilsfähig, nicht über den nötigen Sachverstand verfügend. 2. tektonisch verformbar (in bezug auf Gesteine); Ggs. → kompetent (2). **Inkompetenz** [auch: ...*tänz*; *lat.-nlat.*] *die*; -, -en: a) das Nichtzuständigsein, Nichtbefugnis; Ggs. → Kompetenz; b) Unfähigkeit, Unvermögen

inkom|plett [auch: ...*plät*; *lat.-fr.*]: unvollständig; Ggs. → komplett

inkom|prehensibel [auch: ...*sib*ᵉ*l*; *lat.*]: unbegreiflich; Ggs. → komprehensibel

inkom|pressibel [auch: ...*ßib*ᵉ*l*; *lat.-nlat.*]: nicht zusammenpreßbar (von Körpern; Phys.). **Inkompressibilität** [auch: ...*tät*] *die*; -: Nichtzusammenpreßbarkeit (Phys.)

inkon|gruent [...*u-ä*..., auch: ...*u-änt*; *lat.*]: nicht übereinstimmend, nicht passend, nicht deckungsgleich; Ggs. → kongruent. **Inkongruenz** [auch: ...*u-änz*] *die*; -, -en: Nichtübereinstimmung, Nichtdeckung; Ggs. → Kongruenz

inkonsequent [auch: ...*kwänt*; *lat.*]: nicht folgerichtig; widersprüchlich [in seinem Verhalten]; Ggs. → konsequent. **Inkonsequenz** [auch: ...*kwänz*] *die*; -, -en: mangelnde Folgerichtigkeit; Widersprüchlichkeit [in seinem Verhalten]; Ggs. → Konsequenz

inkonsistent [auch: ...*tänt*; *lat.-nlat.*]: a) keinen Bestand habend; Ggs. → konsistent; b) widersprüchlich, unzusammenhängend in der Gedankenführung; Ggs. → konsistent. **Inkonsistenz** [auch: ...*tänz*] *die*; -: a) Unbeständigkeit; Ggs. → Konsistenz (3); b) Widersprüchlichkeit; Ggs. → Konsistenz (2)

inkonstant [auch: ...*tant*; *lat.*]: nicht feststehend, unbeständig; Ggs. → konstant. **Inkonstanz** [auch: ...*tanz*] *die*; -: Unbeständigkeit

Inkontinenz [auch: ...*nänz*; *lat.*] *die*; -, -en: Unvermögen, Harn od. Stuhl willkürlich zurückzuhalten (Med.); Ggs. → Kontinenz (2)

Inkontro [*it.*] *das*; -s, -s u. ...ri: (beim Fechten) Doppeltreffer, bei dem ein Fechter gegen die Regeln verstößt, so daß dem Gegner ein Treffer gutgeschrieben wird

inkonvenabel [...*we*..., auch: ...*wenab*ᵉ*l*; *lat.-fr.*]: (veraltet) unpassend, ungelegen; unschicklich; Ggs. → konvenabel. **inkonvenient** [...*we*..., auch: ...*weniänt*; *lat.*]: (veraltet) 1. unpassend, unschicklich. 2. unbequem. **Inkonvenienz** [auch: ...*weniänz*] *die*; -, -en: (veraltet) 1. Ungehörigkeit, Unschicklichkeit; Ggs. → Konvenienz (1). 2. Unbequemlichkeit, Ungelegenheit; Ggs. → Konvenienz (2a)

inkonvertibel [...*wär*..., auch: ...*wärtib*ᵉ*l*; *lat.*]: 1. (veraltet) unbekehrbar; unwandelbar. 2. nicht austauschbar (in bezug auf Währungen; Wirtsch.)

Ink|onym [auch: *in*...; *gr.*] *das*; -s, -e: → Kohyponym, das zu einem anderen Kohyponym in einer → kontradiktorischen Beziehung steht (z. B. *Hahn* zu *Henne* unter dem → Hyperonym Huhn; Sprachw.). **Ink|onymie** [auch: *in*...] *die*; -, ...ien: in Nebengeordnetheit sich ausdrückende semantische Relation, wie sie zwischen Inkonymen besteht (Sprachw.)

inkonziliant [auch: ...*ant*; *lat.*]: nicht umgänglich; unverbindlich; Ggs. → konziliant

inkonzinn [auch: ...*zin*; *lat.*]: 1. (veraltet) unangemessen, nicht gefällig; Ggs. → konzinn (1). 2. ungleichmäßig, unharmonisch im Satzbau; Ggs. → konzinn (2) (Rhet.; Stilk.). **Inkonzinnität** *die*; -: 1. Unangemessenheit, mangelnde Gefälligkeit; Ggs. → Konzinnität (1). 2. Unebenmäßigkeit im Satzbau; Ggs → Konzinnität (2) (Rhet.; Stilk.)

Inko|ordination [...*zion*, auch: ...*zion*; *lat.-nlat.*] *die*; -, -en: das Fehlen des Zusammenwirkens bei Bewegungsmuskeln (Med.). **inko|ordiniert** [auch: ...*nirt*]: nicht aufeinander abgestimmt (Med.)

inkorporal [*lat.*]: im Körper [befindlich] (Med.). **Inkorporation** [...*zion*] *die*; -, -en: 1. Einverleibung. 2. Eingemeindung; rechtliche Einverleibung eines Staates durch einen anderen Staat (Rechtsw.). 3. Aufnahme in eine Körperschaft od. studentische Verbindung. 4. Angliederung (z. B. einer Pfarrei an ein geistliches Stift, um dieses wirtschaftlich besser zu stellen (bes. im Mittelalter); vgl. ...[at]ion/...ierung. **inkorporieren**: 1. einverleiben. 2. eingemeinden, einen Staat in einen andern eingliedern. 3. in eine Körperschaft od. studentische Verbindung aufnehmen. 4. angliedern, eine → Inkorporation

(4) durchführen; -de Sprachen: indian. Sprachen, die das Objekt in das Verb aufnehmen; vgl. polysynthetisch. **Inkorporierung** *die*; -, -en: das Inkorporieren; vgl. ...[at]ion/...ierung

inkorrekt [auch: *...räkt*; *lat.*]: ungenau, unrichtig; fehlerhaft, unangemessen [im Benehmen]; unordentlich; Ggs. → korrekt. **Inkorrektheit** [auch: *...räkt...*] *die*; -, -en: 1. (ohne Plural; Ggs. → Korrektheit) a) inkorrekte Art, Fehlerhaftigkeit; b) Unangemessenheit. 2. a) Fehler, einzelne Unrichtigkeit in einer Äußerung usw.; b) Beispiel, einzelner Fall inkorrekten Verhaltens

In|krement [*lat.*; „Zuwachs"] *das*; -[e]s, -e: Betrag, um den eine Größe zunimmt (Math.); Ggs. → Dekrement

In|kret [*lat.*] *das*; -[e]s, -e: von den Blutdrüsen in den Körper abgegebener Stoff (Hormon); vgl. Exkret, Synkret (I, 1). **In|kretion** [*...zion*; *lat.-nlat.*] *die*; -: innere Sekretion. **in|kretorisch**: der inneren Sekretion zugehörend, ihr dienend (Med.)

in|kriminieren [*lat.-mlat.*]: jmdn. (eines Verbrechens) beschuldigen, anschuldigen (Rechtsw.). **inkriminiert**: (als Verstoß, Vergehen o. ä.) zur Last gelegt, zum Gegenstand einer Strafanzeige, einer öffentlichen Beschuldigung gemacht

In|krustation [*...zion*; *lat.*] *die*; -, -en: 1. farbige Verzierung von Flächen durch Einlagen (meist nur Steineinlagen in Stein; Kunstw.). 2. Krustenbildung durch chem. Ausscheidung (z. B. Wüstenlack; Geol.). 3. eingesetzter Besatzteil, Blende, Ornament; Inkrustierung (Schneiderhandwerk); vgl. ...[at]ion/...ierung. **in|krustieren**: 1. mit einer Inkrustation (1) verzieren. 2. durch chem. Ausscheidung Krusten bilden (Geol.). 3. mit einer Inkrustation (3) versehen. **In|krustierung** *die*; -, -en: = Inkrustation (3); vgl. ...[at]ion/...ierung

Inkubant [*lat.*] *der*; -en, -en: jmd., der sich einer Inkubation (3) unterzieht. **Inkubation** [*...zion*] *die*; -, -en: 1. Bebrütung von Vogeleiern (Biol.). 2. (Med.) a) das Sichfestsetzen von Krankheitserregern im Körper; b) das Aufziehen von Frühgeborenen in einem Inkubator (1); c) kurz für: Inkubationszeit. 3. (hist.) Tempelschlaf in der Antike (um Heilung od. Belehrung durch den Gott zu erfahren). **Inkubationszeit** *die*; -, -en: Zeit von der Ansteckung bis zum Ausbruch einer Krankheit (Med.). **Inkubator** *der*; -s, ...toren: 1. Brutkasten für Frühgeburten (Med.). 2. Behälter mit Bakterienkulturen. **Inkubus** *der*; -, Inkuben: 1. a) nächtlicher Dämon, Alp im röm. Volksglauben; b) Teufel, der mit einer Hexe geschlechtlich verkehrt (im Volksglauben des Mittelalters). 2. (ohne Plural) Alpdrücken, während des Schlafs auftretende Atembeklemmung mit Angstzuständen (Med.); vgl. Sukkubus

inkulant [auch: *...lant*]: ungefällig (im Geschäftsverkehr), die Gewährung von Zahlungs- od. Lieferungserleichterungen ablehnend; Ggs. → kulant. **Inkulanz** [auch: *...lanz*] *die*; -, -en: Ungefälligkeit (im Geschäftsverkehr); Ggs. → Kulanz

Inkulpant [*lat.*] *der*; -en, -en: (veraltet) Ankläger, Beschuldiger (Rechtsw.). **Inkulpat** *der*; -en, -en: (veraltet) Angeklagter, Angeschuldigter (Rechtsw.)

Inkulturation [*...zion*; *lat.*] *die*; -, -en: das Eindringen einer Kultur in eine andere

Inkunabel [*lat.*; „Windeln; Wiege"] *die*; -, -n (meist Plural): Wiegendruck, Frühdruck, Druck-Erzeugnis aus der Frühzeit des Buchdrucks (vor 1500). **Inkunabulist** [*lat.-nlat.*] *der*; -en, -en: Wissenschaftler auf dem Gebiet der Inkunabelkunde

inkurabel [auch: *...rab^el*; *lat.*]: unheilbar (Med.)

inkurant [auch: *...rant*; *lat.-fr.*]: a) nicht im Umlauf; b) schwer verkäuflich

Inkursion [*lat.*] *die*; -, -en: Übergriff, Eingriff

Inkurvation [*...wazion*; *lat.*] *die*; -, -en: (veraltet) Krümmung

Inlaid [*engl.*] *der*; -s, -e: (schweiz.) durchgemustertes Linoleum. **Inlay** [*inle^i*; *engl.*; „Einlegestück"] *das*; -s, -s: aus Metall od. Porzellan gegossene Zahnfüllung

in maiorem Dei gloriam [*in majo...*; *lat.*] = ad maiorem Dei gloriam

in medias res [*lat.*; „mitten in die Dinge hinein"]: ohne Einleitung u. Umschweife zur Sache

in memoriam [*lat.*]: zum Gedächtnis, zum Andenken; z. B. - - des großen Staatsmannes ...; aber: - - Maria Theresia

in natura [*lat.*; „in Natur"]: 1. leibhaftig, wirklich, persönlich. 2. (ugs.) in Waren, in Form von Naturalien (bezahlen)

Inneration [*...zion*; *nlat.*] *die*; -, -en: = Internalisation

Inner-space-Forschung [*.. ßpe^iß...*; *amerik.*; *dt.*] *die*; -: Meereskunde, Meeresforschung; vgl. Outer-space-Forschung

Innervation [*...wazion*; *lat.-nlat.*] *die*; -: 1. Versorgung [eines Körperteils] mit Nerven. 2. Leitung der Reize durch die Nerven zu den Organen (Med.). **innervieren** [*...wi...*]: 1. mit Nerven od. Nervenreizen versehen (Med.). 2. anregen

innocente [*inotschänt^e*; *lat.-it.*; „unschuldig"] anspruchslos; ursprünglich (Vortragsanweisung; Mus.)

in nomine Dei [*lat.*]: im Namen Gottes (unter Berufung auf Gott); Abk.: I. N. D.; - - Domini: im Namen des Herrn; Abk.: I. N. D. (Eingangsformel alter Urkunden)

Innovation [*...wazion*; *lat.-nlat.*] *die*; -, -en: Einführung von etw. Neuem, Erneuerung, Neuerung. **Innovationssproß** [*lat.-nlat.*; *dt.*] *der*; ...sprosses, ...sprosse: Erneuerungssproß bei mehrjährigen Pflanzen, Jahrestrieb. **innovativ** [*lat.-nlat.*]: Innovationen schaffend, beinhaltend; vgl. ...iv/...orisch. **innovatorisch**: Innovationen zum Ziel habend; vgl. ...iv/...orisch

in nuce [- *nuz^e*; *lat.*; „in der Nuß"]: im Kern; in Kürze, kurz u. bündig

Innuendo [*lat.-engl.*] *das*; -s, -s: versteckte Andeutung, Anspielung

in|offiziell [auch: *...ziäl*]: 1. Ggs. → offiziell (1) a) nicht in amtlichem, offiziellem Auftrag; nicht amtlich, außerdienstlich; b) einer amtlichen, offiziellen Stelle nicht bekannt, nicht von ihr bestätigt, anerkannt, nicht von ihr ausgehend. 2. nicht förmlich, nicht feierlich, nicht in offiziellem Rahmen; Ggs. → offiziell (2)

In|okulation [*...zion*; *lat.*] *die*; -, -en: 1. Impfung (als vorbeugende u. therapeutische Maßnahme; Med.). 2. unbeabsichtigte Übertragung von Krankheitserregern bei Blutentnahmen, Injektionen od. Impfungen (Med.). 3. das Einbringen von Krankheitserregern, Gewebe, Zellmaterial in einen Organismus od. in Nährböden. **in|okulieren**: 1. eine Inokulation (1) vornehmen (Med.). 2. Krankheitserreger im Sinne einer Inokulation (2) übertragen (Med.). **In|okulum** *das*; -s, ...la: Impfkultur, Menge einer Reinkultur von Mikroorganismen, die zur Auf- und Weiterzucht verwendet werden (Biol.; Pharm.)

in|operabel [auch: *...rab^el*]: nicht

operierbar; durch Operation nicht heilbar (Med.); Ggs. → operabel

in|opportun [auch: ...*tun*; *lat.*]: nicht angebracht, nicht zweckmäßig, unpassend; Ggs. → opportun. **In|opportunität** [auch: ...*tät*] *die*; -, -en: das Unangebrachtsein, Unzweckmäßigkeit, Ungünstigkeit; Ggs. → Opportunität

in optima forma [*lat.*]: in bester Form; einwandfrei; wie sich's gehört

Inosin [*gr.-nlat.*] *das*; -s, -e: kristallisierende Nukleinsäure, die im Fleisch, in Hefe u. a. enthalten ist (Chem.)

Inosit [*gr.-nlat.*] *der*; -s, -e: wichtiger Wirkstoff, vor allem Wuchsstoff der Hefe (kristalliner, leicht süßlich schmeckender und in Wasser löslicher Stoff; Chem.). **Inosit|urie** u. **Inos|urie** *die*; -: vermehrte Ausscheidung von Inosit im Harn (Med.)

in|oxydieren [*lat.*; *gr.*]: eine Rostschutzschicht aus Oxyden auf eine Metalloberfläche aufbringen

in partibus infidelium [*lat.*; „im Gebiet der Ungläubigen"]: (hist.) Zusatz zum Titel von Bischöfen in wieder heidnisch gewordenen Gebieten; Abk.: i. p. i.

in pectore [*lat.*]: unter Geheimhaltung (z. B. bei der Ernennung eines Kardinals, dessen Namen der Papst aus bestimmten [politischen] Gründen zunächst nicht bekanntgibt); vgl. in petto

in perpetuum [*lat.*]: auf immer, für ewige Zeiten

in persona [*lat.*]: in Person, persönlich, selbst

in petto [*lat.-it.*; „in der Brust"]: beabsichtigt, geplant; etwas - - haben: etwas im Sinne, bereit haben, etwas vorhaben, etwas im Schilde führen; vgl. in pectore

in pleno [*lat.*]: in voller Versammlung; vollzählig; vgl. Plenum

in pontificalibus [- ...*ka*...; *lat.*; „in priesterlichen Gewändern"]: (scherzh.) im Festgewand, [höchst] feierlich

in praxi [*lat.*; *gr.-lat.*]: a) in der Praxis, im wirklichen Leben; tatsächlich; b) in der Rechtsprechung (im Gegensatz zur Rechtslehre); vgl. Praxis (1)

in puncto [*lat.*]: in dem Punkt, hinsichtlich; - - puncti sexti: (veraltet, scherzh.) hinsichtlich [des sechsten Gebotes] der Keuschheit

Input [*engl.*; „Zugeführtes"] *der*; (auch: *das*); -s, -s: 1. die in einem Produktionsbetrieb eingesetzten, aus anderen Teilbereichen der Wirtschaft bezogenen Produktionsmittel; Ggs. → Output (1) (Wirtsch.). 2. Eingabe von Daten od. eines Programms in eine Rechenanlage (EDV); Ggs. → Output (2b). **Input-Output-Analyse** [...*aut*...; *engl.*] *die*; -, -n: 1. Methode zur Untersuchung der produktionsmäßigen Beziehungen zwischen den Teilbereichen der Wirtschaft. 2. Untersuchung der wechselseitigen Zusammenhänge zwischen Inputs (2) u. → Outputs (2b)

Inquilin [*lat.*] *der*; -en, -en (meist Plural): Insekt, das in Körperhohlräumen od. Behausungen anderer Lebewesen als Mitbewohner lebt (Zool.)

Inquirent [*lat.*] *der*; -en, -en: (veraltet) Untersuchungsführer. **inquirieren**: nachforschen; [gerichtlich] untersuchen, verhören. **Inquisit** *der*; -en, -en: (veraltet) Angeklagter. **Inquisition** [...*zion*; „Untersuchung"] *die*; -, -en: 1. (hist.) Untersuchung durch Institutionen der katholischen Kirche u. daraufhin durchgeführte staatliche Verfolgung der → Häretiker zur Reinerhaltung des Glaubens (bis ins 19. Jh., bes. während der → Gegenreformation). 2. = Inquisitionsprozeß. **Inquisitionsmaxime** *die*; -: strafprozessualer Grundsatz, nach dem der Richter selbst ein Strafverfahren einleitet (Rechtsw.). **Inquisitionsprozeß** *der*; ...zesses, ...zesse: gerichtliche Eröffnung u. Durchführung eines Strafprozesses auf Grund der → Inquisitionsmaxime (Rechtsw.). **inquisitiv**: [nach]forschend, neugierig, wißbegierig; vgl. ...iv/...orisch. **Inquisitor** *der*; -s, ...oren: 1. (hist.) jmd., der ein Inquisitionsverfahren leitet od. anstrengt. 2. [strenger] Untersuchungsrichter. **inquisitorisch** [*lat.-nlat.*]: nach Art eines Inquisitors, peinlich ausfragend; vgl. ...iv/...orisch

Inro [*jap.*] *das*; -s, -s: reich verziertes od. geschnitztes japan. Döschen aus Elfenbein od. gelacktem Holz

in saldo [*lat.-it.*]: (veraltet) im Rest, im Rückstand; - - bleiben: schuldig bleiben

in salvo [- ...*wo*; *lat.*]: (veraltet) in Sicherheit

Insalivation [...*zion*; *lat.-nlat.*] *die*; -, -en: Einspeichelung, Vermischung der aufgenommenen Speise mit Speichel, speziell beim Kauakt im Mund (Med.)

insan [*lat.*]: geistig krank (Med.). **Insania** *die*; -: Wahnsinn (Med.)

insatiabel [*lat.*]: (veraltet) unersättlich

inschallah [*arab.*]: wenn Allah will

Insekt [*lat.*] *das*; -[e]s, -en: Kerbtier (geflügelter, luftatmender Gliederfüßer). **Insektarium** [*lat.-nlat.*] *das*; -s, ...ien [...*i*[e]*n*]: der Aufzucht u. dem Studium von Insekten dienende Anlage. **insektivor** [...*wor*]: insektenfressend. **Insektivoren** *die* (Plural): insektenfressende Tiere und Pflanzen. **insektizid**: insektenvernichtend (in bezug auf chem. Mittel). **Insektizid** *das*; -s, -e: insektentötendes Mittel. **Insektologe** [*lat.*; *gr.*] *der*; -n, -n: = Entomologe

Insemination [...*zion*; *lat.-nlat.*] *die*; -, -en: 1. künstliche Befruchtung; vgl. heterologe Insemination u. homologe Insemination. 2. das Eindringen der Samenfäden in das reife Ei (Med.). **Inseminator** *der*; -s, ...toren: jmd., der auf einer Tierbesamungsstation als Fachmann Methoden für die künstliche Befruchtung der Tiere entwickelt u. durchführt. **inseminieren**: eine Insemination (1) durchführen

insensibel [auch: ...*sib*[e]*l*; *lat.*]: unempfindlich gegenüber Schmerzen u. Reizen von außen. **Insensibilität** [auch: ...*tät*] *die*; -: Unempfindlichkeit gegenüber Schmerzen u. Reizen von außen

Inseparables [*ängßeparabl*; *lat.-fr.*; „Unzertrennliche"] *die* (Plural): kleine, kurzschwänzige Papageien (Käfigvögel)

insequent [auch: ...*kwänt*; *lat.*]: keine Beziehung zum Schichtenbau der Erde habend (in bezug auf Flußläufe; Geol.); Ggs. → konsequent (3)

Inserat [*lat.-nlat.*] *das*; -[e]s, -e: Anzeige (in einer Zeitung, Zeitschrift o. ä.). **Inserent** [*lat.*] *der*; -en, -en: jmd., der ein Inserat aufgibt. **inserieren**: a) ein Inserat aufgeben; b) durch ein Inserat anbieten, suchen, vermitteln. **Insert** [*lat.-engl.*] *das*; -s, -s: 1. Inserat, bes. in einer Zeitschrift, in Verbindung mit einer beigehefteten Karte zum Anfordern weiterer Informationen od. zum Bestellen der angebotenen Ware. 2. in einen Kunststoff zur Verstärkung eingelassenes Element. 3. graphische Darstellung, Schautafel für den Zuschauer, die als Einschub [zwischen zwei Programmbestandteile] eingeblendet wird. **Insertion** [...*zion*] *die*; -, -en: 1. das Aufgeben einer Anzeige. 2. das Einfügen sprachlicher Einheiten in einen vorgegebenen Satz (als Verfahren zur Gewinnung von Kernsätzen; Sprachw.). 3. das Einfügen einer Urkunde in vollem Wortlaut in eine neue Urkunde als Form der Bestätigung, Transsumierung. 4. Ansatz, Ansatzstelle (z. B. einer Sehne am Knochen od. eines Blattes am Sproß; Med.; Biol.; Bot.)

Inside [*inßaid*; *engl.*] *der*; -[s], -s: (schweiz.) Innenstürmer, Halbstürmer (Fußball). **Insider** *der*; -s, -: jmd., der bestimmte Dinge, Verhältnisse als ein Dazugehörender, Eingeweihter kennt. **Inside-Story** *die*; -, -s: aus interner Sicht, von einem Beteiligten selbst verfaßter Bericht

Insidien [*...iᵉn*; *lat.*] *die* (Plural): (veraltet) Nachstellungen. **insidiös** heimtückisch, schleichend (in bezug auf Krankheiten; Med.)

Insi|gne [*lat.*; „Abzeichen"] *das*; -s, ...nien [*...iᵉn*] (meist Plural): Zeichen staatlicher od. ständischer Macht u. Würde (z. B. Krone, Rittersporen)

Insimulation [*...zion*; *lat.*] *die*; -, -en: (veraltet) Verdächtigung, Anschuldigung. **insimulieren**: (veraltet) verdächtigen, anschuldigen

Insinuant [*lat.*] *der*; -en, -en: 1. jmd., der Unterstellungen, Verdächtigungen äußert. 2. jmd., der andern etwas zuträgt, einflüstert. 3. jmd., der sich bei andern einschmeichelt. **Insinuation** [*...zion*] *die*; -, -en: 1. a) Unterstellung, Verdächtigung; b) Einflüsterung, Zuträgerei; c) Einschmeichelung. 2. (veraltet) Eingabe eines Schriftstückes an ein Gericht. **Insinuationsdokument** *das*; -[e]s, -e: Bescheinigung über eine Insinuation (2). **Insinuationsmandatar** *der*; -s, -e: zur Entgegennahme von Insinuationen (2) Bevollmächtigter. **insinuieren**: 1. a) unterstellen; b) einflüstern, zutragen; c) sich -: sich einschmeicheln. 2. (veraltet) ein Schriftstück einem Gericht einreichen

insipid[e] [*lat.*]: (veraltet) schal, fade; albern, töricht

insistent [*lat.*]: (selten) auf etwas bestehend, dringend. **Insistenz** *die*; -: Beharrlichkeit, Hartnäkkigkeit. **insistieren**: auf etwas bestehen, beharren, dringen

in situ [*lat.*]: a) (von Organen, Körperteilen, Geweben o. ä.) in der natürlichen, richtigen Lage (Med.); vgl. Situs; b) (von ausgegrabenen Gegenständen, Fundstücken) in → originaler (1) Lage (Archäol.)

in|skribieren [*lat.*]: (österr.) a) sich an einer Universität einschreiben; b) (ein Studienfach, eine Vorlesung, Übung o. ä.) belegen. **In|skription** [*...zion*] *die*; -, -en: (österr.) a) Einschreibung an einer Universität; b) Anmeldung zur Teilnahme an einer Vorlesung, Übung o. ä.

Insolation [*...zion*; *lat.-nlat.*] *die*; -, -en: 1. Strahlung der Sonne auf die Erde, Sonneneinstrahlung (Meteor.). 2. Sonnenstich

insolent [auch: *...änt*; *lat.*]: anmaßend, unverschämt. **Insolenz** *die*; -, -en: Anmaßung, Unverschämtheit

insolieren [*lat.-nlat.*]: (veraltet) sich der Sonne aussetzen, sich sonnen; vgl. Insolation

insolubel [*lat.*]: unlöslich, unlösbar (Chem.). **insolvent** [auch: *...wänt*; *lat.-nlat.*]: zahlungsunfähig (Wirtsch.); Ggs. → solvent. **Insolvenz** [auch: *...wänz*] *die*; -, -en: Zahlungsunfähigkeit (Wirtsch.); Ggs. → Solvenz

Insomnie [*lat.*] *die*; -: Schlaflosigkeit (Med.)

in spe [- *ßpe*; *lat.*; „in der Hoffnung"]: zukünftig, baldig

In|spekteur [*...tör*; *lat.-fr.*] *der*; -s, -e: 1. Leiter einer Inspektion (2). 2. Dienststellung der ranghöchsten, aufsichtführenden Offiziere der einzelnen Streitkräfte der Bundeswehr. **In|spektion** [*...zion*; *lat.*; „Besichtigung, Untersuchung"] *die*; -, -en: 1. a) Prüfung, Kontrolle; b) regelmäßige Untersuchung u. Wartung eines Kraftfahrzeugs (gegebenenfalls mit Reparaturen). 2. Behörde, der die Prüfung od. Aufsicht [über die Ausbildung der Truppen] obliegt. **In|spektor** *der*; -s, ...oren: 1. Verwaltungsbeamter des gehobenen mittleren Dienstes (bei Bund, Ländern u. Gemeinden). 2. jmd., der etw. inspiziert, dessen Amt es ist, Inspektionen durchzuführen. **In|spektorat** *das*; -[e]s, -e: (veraltet) a) Amt eines Inspektors (1); b) Wohnung eines Inspektors (1). **In|spektorin** *die*; -, -nen: weibliche Form zu → Inspektor

In|spiration [*...zion*; *lat.*; „Einhauchung"] *die*; -, -en: 1. schöpferischer Einfall, Gedanke; plötzliche Erkenntnis, erhellende Idee, die jmdn., bes. bei einer geistigen Tätigkeit, weiterführt; Erleuchtung, Eingebung. 2. (ohne Plural) Einatmung; das Einsaugen der Atemluft (Med.); Ggs. → Exspiration. **in|spirativ**: durch Inspiration wirkend; vgl. ...iv/...orisch. **In|spirator** *der*; -s, ...oren: jmd., der einen anderen inspiriert, zu etw. anregt. **in|spiratorisch** [*lat.-nlat.*]: 1. = inspirativ. 2. die Inspiration (2) betreffend (Med.); Ggs. → exspiratorisch; vgl. ...iv/...orisch. **in|spirieren** [*lat.*]: zu etw. anregen, animieren; jmdm., einer Sache Impulse geben. **In|spirierte** *der* u. *die*; -n, -n (meist Plural): Anhänger einer Sekte des 18. Jh.s, die an göttliche Eingebung bei einzelnen Mitgliedern glaubte (bes. in der Wetterau; später in den USA)

In|spizient [*lat.*] *der*; -en, -en: 1. für den reibungslosen Ablauf von Proben und Aufführungen beim Theater oder von Sendungen beim Rundfunk und Fernsehen Verantwortlicher. 2. aufsichtführende Person. **in|spizieren** [„besichtigen"]: be[auf]sichtigen; prüfen. **In|spizierung** *die*; -, -en: genaue Prüfung

instabil [auch: *...bil*; *lat.*]: unbeständig; Ggs. → stabil; -es Atom: Atom, dessen Kern durch radioaktiven Prozeß von selbst zerfällt (Phys.); -e Schwingungen: Flatterschwingungen bei Flugzeugtragflügeln; angefachte, durch äußere Einwirkung entstandene Schwingungen bei Hängebrükken u. schlanken Bauwerken. **Instabilität** *die*; -, -en (Plural selten): Unbeständigkeit, Veränderlichkeit, Unsicherheit

Installateur [*...tör*; französierende Bildung zu → installieren] *der*; -s, -e: Handwerker, der die technischen Anlagen eines Hauses (Rohre, Gas-, Elektroleitungen o. ä.) verlegt, anschließt, repariert (Berufsbez.). **Installation** [*...zion*; *lat.-mlat.*] *die*; -, -en: 1. a) Einbau, Anschluß (von technischen Anlagen); b) technische Anlage. 2. (schweiz., sonst veraltet) Einweisung in ein [geistliches] Amt. **installieren**: 1. technische Anlagen einrichten, einbauen, anschließen. 2. in ein [geistliches] Amt einweisen. 3. a) irgendwo einrichten, in etwas unterbringen; b) sich -: sich in einem Raum, einer Stellung einrichten

instant [auch: *inßtᵉnt*; *lat.-engl.*]: sofort, ohne Vorbereitung zur Verfügung (als nachgestelltes Attribut gebraucht), z. B. Haferflocken -. **instantan** [*lat.-mlat.*]: unverzüglich einsetzend, sich sofort auswirkend, augenblicklich. **Instantgetränk** [auch: *inßtᵉnt...*; *lat.-engl.*; *dt.*] *das*; -[e]s, -e: Schnellgetränk, Getränk, das ohne Vorbereitung aus pulveriger Substanz schnell zubereitet werden kann. **instantisieren**: pulverförmige Extrakte herstellen. **Instanz** [*lat.-mlat.*] *die*; -, -en: zuständige Stelle (bes. bei Behörden od

Gerichten). **Instanzenweg** *der*; -[e]s: Dienstweg. **Instanzenzug** *der*; -[e]s: Übergang einer Rechtssache an das nächsthöhere, zuständige Gericht (Rechtsw.). **instationär** [*lat.-nlat.*]: nicht gleichbleibend, schwankend, z. B. bei veränderlichen Stromröhren (Hydraulik). **in statu nascendi** [- - *naßzändi*; *lat.*]: im Zustand des Entstehens. **in statu quo**: im gegenwärtigen Zustand, unverändert; vgl. Status quo. **in statu quo ante**: im früheren Zustand; vgl. Status quo ante

Instauration [...*zion*; *lat.*] *die*; -, -en: (veraltet) Erneuerung; Wiedereröffnung. **instaurieren**: (veraltet) erneuern, wiederherstellen

instigieren [*lat.*]: anregen, anstacheln

Instillation [...*zion*; *lat.*] *die*; -, -en: Einträufelung, tropfenweise Verabreichung [von Arzneimitteln] unter die Haut, in die Blutbahn od. in Körperhöhlen (Med.). **instillieren**: Flüssigkeiten in den Organismus einträufeln (Med.)

Instinkt [*lat.-mlat.*; instinctus naturae „Anreizung der Natur, Naturtrieb"] *der*; -[e]s, -e: 1. a) angeborene, keiner Übung bedürfende Verhaltensweise u. Reaktionsbereitschaft der Triebsphäre, meist im Interesse der Selbst- u. Arterhaltung (bes. bei Tieren); b) (meist Plural) schlechter, zum Schlechten neigender Trieb im Menschen. 2. sicheres Gefühl für etwas. **instinktiv** [*lat.-fr.*]: 1. instinktbedingt, durch den Instinkt geleitet. 2. von einem Gefühl geleitet, gefühlsmäßig, unwillkürlich. **instinktuell**: = instinktiv (1)

instituieren [*lat.*]: 1. einrichten, errichten. 2. (veraltet) anordnen, unterweisen; stiften. **Institut** *das*; -[e]s, -e: 1. a) Einrichtung, Anstalt, die [als Teil einer Hochschule] wissenschaftlichen Arbeiten, der Forschung, der Erziehung o. ä. dient; b) Institutsgebäude. 2. durch positives (gesetzlich verankertes) Recht geschaffenes Rechtsgebilde (z. B. Ehe, Familie, Eigentum o. ä.). **Institution** [...*zion*] *die*; -, -en: 1. einem bestimmten Bereich zugeordnete öffentliche [staatliche, kirchliche] Einrichtung, die dem Wohl od. Nutzen des einzelnen od. der Allgemeinheit dient. 2. (veraltet) Einsetzung in ein [kirchl.] Amt. **institutionalisieren** [*lat.-nlat.*]: a) in eine gesellschaftlich anerkannte, feste [starre] Form bringen; b) sich -: in eine [gesellschaftlich anerkannte] feste [starre] Form bringen; zu einer Institution (1) werden. **Institutionalisierung** *die*; -: das Institutionalisieren. **Institutionalismus** *der*; -: sozialökonomische Lehre von Th. Veblen. **institutionell** [*lat.-fr.*]: 1. die Institution betreffend; -e Garantie: Unantastbarkeit bestimmter Einrichtungen (z. B. der Ehe, der Familie o. ä.; Rechtsw.). 2. ein Institut (1 a, 2) betreffend, zu einem Institut gehörend

in|stradieren [*lat.-it.*]: 1. a) (veraltet) Soldaten in Marsch setzen; b) den Weg eines Briefes o. ä. bestimmen. 2. (schweiz.) über eine bestimmte Straße befördern, leiten. **In|stradierung** *die*; -, -en: das Instradieren (1, 2)

in|struieren [*lat.*; „herrichten; ausrüsten; unterweisen"]: 1. in Kenntnis setzen; unterweisen, lehren, anleiten. 2. (veraltet) eine Rechtssache zur Entscheidung vorbereiten. **In|strukteur** [...*tör*; *lat.-fr.*] *der*; -s, -e: jmd., der andere unterrichtet, [zum Gebrauch von Maschinen, zur Auslegung von Vorschriften, Richtlinien o. ä.] anleitet. **In|struktion** [...*zion*; *lat.*] *die*; -, -en: Anleitung; Vorschrift, Richtschnur, Dienstanweisung. **in|struktiv** [*lat.-fr.*]: lehrreich, aufschlußreich. **Instruktiv** *der*; -s, -e [...*w*[e]; *lat.-nlat.*]: finnougrischer Kasus zur Bezeichnung der Art und Weise. **In|struktor** [*lat.-mlat.*] *der*; -s, ...oren: 1. (veraltet) Lehrer; Erzieher (bes. von Einzelpersonen). 2. (österr.) = Instrukteur. **In|strument** [*lat.*; „Ausrüstung"] *das*; -[e]s, -e: 1. Gerät, feines Werkzeug [für technische od. wissenschaftliche Arbeiten]. 2. kurz für: Musikinstrument. **in|strumental** [*lat.-nlat.*]: 1. a) durch Musikinstrumente ausgeführt, Musikinstrumente betreffend; Ggs. → vokal; b) wie Instrumentalmusik klingend. 2. als Mittel od. Werkzeug dienend. 3. das Mittel od. Werkzeug bezeichnend; -e Konjunktion: das Mittel angebendes Bindewort (z. B. indem; Sprachw.); vgl. ...al/...ell. **In|strumental** *der*; -s, -e: das Mittel od. Werkzeug bezeichnender Fall (im Deutschen durch Präpositionalfall ersetzt, im Slaw. noch erhalten; Sprachw.). **In|strumentalis** *der*; -, ...les: = → Instrumental. **instrumentalisieren**: [in der Unterhaltungsmusik] ein Gesangsstück zu einem Instrumentalstück umschreiben; vgl. instrumentieren (1b). **In|strumentalisierung** *die*; -, -en: 1. (ohne Plural) Neigung der deutschen Gegenwartssprache, „bei der sprachlichen Einordnung Sachen, über die der Mensch verfügt, in Form und Rolle des sprachlichen ‚Instrumentalis' zu bringen" (L. Weisgerber; z. B. „den Kunden *mit Waren* beliefern" statt „dem Kunden Waren liefern"). 2. das Instrumentalisieren (Mus.). **Instrumentalismus** *der*; -: amerik. Ausprägung des → Pragmatismus, in der Denken u. Begriffsbildung (Logik, Ethik, Metaphysik) nur Werkzeuge zur Beherrschung von Natur u. Mensch sind (Philos.). **In|strumentalist** *der*; -en, -en: 1. jmd., der [berufsmäßig] bes. in einem → Ensemble (2) ein Instrument (2) spielt; Ggs. → Vokalist. 2. Anhänger, Vertreter des Instrumentalismus. **Instrumentalmusik** *die*; -, -en: nur mit Instrumenten ausgeführte Musik; Ggs. → Vokalmusik. **Instrumentalsatz** [*lat.-nlat.*; *dt.*] *der*; -es, ...sätze: Umstands[glied]satz des Mittels od. Werkzeuges; z. B. er vernichtete das Ungeziefer, *indem er Spray darauf sprühte*. **Instrumentalsolist** *der*; -en, -en: jmd., der innerhalb eines Orchesters, Ensembles o. ä. ein Instrument (2) als → Solist (a) spielt. **instrumentarisieren** [*lat.-nlat.*]: zu einem Instrumentarium (1) machen. **In|strumentarisierung** *die*; -, -en: das Instrumentarisieren. **Instrumentarium** *das*; -s, ...ien [...*i*[e]*n*]: 1. alles, was zur Durchführung einer Tätigkeit o. ä. gebraucht wird. 2. Instrumentensammlung. 3. Gesamtzahl der in einem Klangkörper für eine bestimmte musikalische Aufführung vorgesehenen Musikinstrumente. **In|strumentation** [...*zion*] *die*; -, -en: a) Besetzung der einzelnen Stimmen einer mehrstimmigen → Komposition (2 b) mit bestimmten Instrumenten (2) eines Orchesters zwecks bestimmter Klangwirkungen; b) Einrichtung einer (ursprünglich nicht für [verschiedene] Instrumente geschriebenen) Komposition für mehrere Instrumente, für ein Orchester; vgl. ...[at]ion/...ierung. **In|strumentativ** *das*; -s, -e [...*w*[e]]: Verb des Benutzens (z. B. hämmern = „mit dem Hammer arbeiten"). **In|strumentator** *der*; -s, ...oren: jmd., der die → Instrumentation durchführt. **instrumentatorisch**: die → Instrumentation betreffend. **in|strumentell**: Instrumente (1) betreffend, mit Instrumenten versehen, unter Zuhilfenahme von Instrumenten; vgl. ...al/...ell. **instrumentieren:** 1. a) eine Komposition [nach der Klavierskizze] für die einzelnen Orchesterinstrumente ausarbeiten u. dabei bestimmte Klangvorstellungen realisieren; b) eine Komposition für Orchesterbesetzung umschreiben, eine Orchesterfassung von etwas herstellen. 2. mit [techn.] Instrumenten ausstatten. 3. als Operationsschwester einem operierenden Arzt die chirurg. Instrumente zureichen. **In|strumentierung** *die*; -, -en: das Instrumentieren (1, 2); vgl. ...[at]ion/...ierung

Insub|ordination [...*zion*, auch: *in*...; *lat.-nlat.*] *die*; -, -en: mangelnde Unterordnung; Ungehorsam gegenüber [militär.] Vorgesetzten

insuffizient [...*iänt*, auch: *iänt*; *lat.*]: 1. unzulänglich, unzureichend. 2. (von der Funktion, Leistungsfähigkeit eines Organs) ungenügend, unzureichend, geschwächt (Med.). **Insuffizienz** [auch: ...*iänz*] *die*; -, -en: 1. Unzulänglichkeit; Schwäche. 2. ungenügende Leistung, schwäche eines Organs (Med.); Ggs. → Suffizienz (2). 3. Vermögenslage eines Schuldners, bei der die Gläubiger nicht ausreichend befriedigt werden können (Rechtsw.)

Insulaner [*lat.*] *der*; -s, -: Inselbewohner. **insular**: die Insel od. Inseln betreffend; inselartig; Insel... **Insularität** [*lat.-nlat.*] *die*; -: Insellage, geographische Abgeschlossenheit. **Insulin** *das*; -s: 1. Hormon der Bauchspeicheldrüse. 2. ⓌⓏArzneimittel für Zukkerkranke. **Insulinde** [*lat.-niederl.*] *die*; -: (veraltet) Inselwelt des Malaiischen Archipels. **Insulinschock** *der*; -s, -s (selten: -e): 1. bei Diabetikern durch hohe Insulingaben [nach Diätfehlern] ausgelöster Schock. 2. durch Einspritzung von Insulin künstlich erzeugter Schock zur Behandlung von → Schizophrenie

Insult [*lat.-mlat.*] *der*; -[e]s, -e: 1. [schwere] Beleidigung, Beschimpfung. 2. Anfall (z. B. Schlaganfall; Med.). **Insultation** [...*zion*; *lat.*] *die*; -, -en: = Insult (1). **insultieren**: [schwer] beleidigen, verhöhnen

in summa [*lat.*]: im ganzen, insgesamt

Insurgent [*lat.*] *der*; -en, -en: Aufständischer. **insurgieren**: 1. zum Aufstand reizen. 2. einen Aufstand machen. **Insurrektion** [...*zion*] *die*; -, -en: Aufstand; Volkserhebung

in suspenso [*lat.*]: (veraltet) unentschieden, in der Schwebe

In|szenator [*lat.*; *gr.-lat.-fr.*] *der*; -s, ...oren: (selten) Leiter einer Inszenierung. **in|szenatorisch**: die Inszenierung betreffend. **inszenieren**: 1. (ein Stück beim Theater, Fernsehen, einen Film) vorbereiten, bearbeiten, einstudieren, künstlerisch gestalten; bei einem Bühnenstück, Fernsehspiel, Film Regie führen. 2. (oft abwertend) geschickt ins Werk setzen, organisieren, vorbereiten, einfädeln. **In|szenierung** *die*; -, -en: 1. das Inszenieren. 2. das inszenierte Stück

Intabulation [...*zion*; *lat.-nlat.*] *die*; -, -en: 1. (veraltet) Einschreibung in eine Tabelle. 2. Eintragung ins Grundbuch (früher in Ungarn). **intabulieren**: (veraltet) [in eine Tabelle] eintragen

Inta|glio [*intaljo*; *lat.-mlat.-it.*] *das*; -s, ...ien [...*j^{e}n*]: Gemme mit eingeschnittenen Figuren

intakt [*lat.*]: a) unversehrt, unberührt, heil; b) [voll] funktionsfähig, ohne Störungen funktionierend

Intarseur [...*sör*; französierende Bildung] *der*; -s, -e: = Intarsiator. **Intarsia** [(*lat.*; *arab.*) *it.*] *die*; -, ...ien [...*i^{e}n*] (meist Plural): Einlegearbeit (andersfarbige Hölzer, Elfenbein, Metall usw. in Holz). **Intarsiator** [(*lat.*; *arab.*) *it.-nlat.*] *der*; -s, ...oren: Kunsthandwerker, Künstler, der Intarsien herstellt. **Intarsiatur** [(*lat.*; *arab.*) *it.*] *die*; -, -en: (selten) Intarsia. **Intarsie** [...*si^e*] *die*; -, -n: = Intarsia. **intarsieren**: Intarsien herstellen

integer [*lat.*]: 1. unbescholten; ohne Makel; unbestechlich. 2. (veraltet) neu; sauber, unversehrt. **inte|gral** [*lat.-mlat.*]: ein Ganzes ausmachend; für sich bestehend. **Inte|gral** *das*; -s, -e: 1. Rechensymbol der Integralrechnung; Zeichen: ∫. 2. mathematischer Summenausdruck über die → Differentiale eines endlichen od. unendlichen Bereiches. **Integralgleichung** [*lat.-mlat.*; *dt.*] *die*; -, -en: mathematische Gleichung, bei der die Unbekannte in irgendeiner Form unter dem Integralzeichen auftritt. **Integralhelm** *der*; -[e]s, -e: mit einem durchsichtigen → Visier (1b) zum Schutz des Gesichts versehener Sturzhelm für Motorradfahrer u. a., der infolge seiner Größe (im Unterschied zu anderen Sturzhelmen) auch Hals u. Kinnpartie schützt. **Inte|gralismus** [*lat.-mlat.-nlat.*] *der*; -: zeitweilige kath. Bestrebung, alle Lebensbereiche nach kirchlichen Maßstäben zu gestalten. **Integralist** *der*; -en, -en: Anhänger des Integralismus. **Integralrechnung** *die*; -: Teilgebiet der → Infinitesimalrechnung (Umkehrung der Differentialrechnung). **Inte|grand** [*lat.*] *der*; -en, -en: das zu Integrierende, was unter dem Integralzeichen steht (Math.). **Inte|graph** [*lat.*; *gr.*] *der*; -en, -en: ein → Integriergerät. **Inte|gration** [...*zion*; *lat.*; „Wiederherstellung eines Ganzen"] *die*; -, -en: 1. [Wieder]herstellung einer Einheit [aus Differenziertem]; Vervollständigung. 2. Einbeziehung, Eingliederung in ein größeres Ganzes; Ggs. → Desintegration (1). 3. Zustand, in dem sich etwas befindet, nachdem es integriert worden ist; Ggs. → Desintegration (2). 4. Berechnung eines Integrals; vgl. ...[at]ion/...ierung. **Inte|grationist** [*lat.-nlat.*] *der*; -en, -en: Anhänger der Aufhebung der Rassentrennung in den USA. **inte|grationistisch**: 1. die Integration (1, 2, 3) zum Ziele habend, im Sinne der Integration. 2. im Sinne der → Integrationisten. **Inte|grationspsychologie** und **Inte|grationstypologie** *die*; -: Typenlehre, die die Einheit im Aufbau der Persönlichkeit u. ihrer Beziehung zur Umwelt annimmt, je nach dem Grade des Zusammenwirkens u. Sichdurchdringens der einzelnen physischen u. psychischen Funktionen (E. R. Jaensch). **inte|grativ**: eine Integration (1, 2, 3) darstellend, in der Art einer Integration, auf eine Integration hindeutend. **Integrator** [*lat.*] *der*; -s, ...oren: Rechenmaschine zur zahlenmäßigen Darstellung von Infinitesimalrechnungen. **Inte|grieranlage** [*lat.*; *dt.*] *die*; -, -n: auf dem Dualsystem aufgebauter Integrator [größeren Ausmaßes]. **integrieren** [*lat.*; „wiederherstellen; ergänzen"]: 1. a) in ein übergeordnetes Ganzes aufnehmen; b) sich -: sich in ein übergeordnetes Ganzes einfügen. 2. ein Integral berechnen (Math.). **inte|grierend**: zu einem Ganzen notwendig gehörend; wesentlich, unerläßlich. **Inte|grierer** *der*; -s, -: Rechenanlage, in der die Ausgangswerte u. das Ergebnis einer Rechenaufgabe als physikalische Größen dargestellt werden; Analogrechner (EDV). **Inte|griergerät** [*lat.*; *dt.*] *das*; -[e]s, -e: Integrator [für spezielle Zwecke]. **inte|griert**

[*lat.*]: durch Integration (1) entstanden, z. B. -e Gesamt[hoch]schule; integrierter Typus: die durch ganzheitliche Auffassungs-, Reaktions- u. Erlebnisweise gekennzeichnete Persönlichkeit (Psychol.). **Inte|grierung** *die*; -, -en: das Integrieren (1, 2); Ggs. → Desintegrierung; vgl. ...[at]ion/...ierung. **Inte|grimeter** [*lat.*; *gr.*] *das*; -s, -: spezielle Vorrichtung zur Lösung von Integralen. **Inte|grität** [*lat.*] *die*; -: 1. Makellosigkeit, Unbescholtenheit, Unbestechlichkeit. 2. Unverletzlichkeit [eines Staatsgebietes] (Rechtsw.)

Integument [*lat.*; „Bedeckung, Hülle"] *das*; -s, -e: 1. Gesamtheit der Hautschichten der Tiere u. des Menschen einschließlich der in der Haut gebildeten Haare, Federn, Stacheln, Kalkpanzer usw. (Biol.). 2. Hülle um den → Nucellus der Samenanlage (Bot.). **Integumentum** *das*; -s, ...ta: = Integument

Intellectus archetypus [...*läk*... -; *lat.*; *gr.-lat.*; „urbildlicher Verstand"] *der*; - -: das Urbild prägendes, göttliches, schauendschaffendes Denken im Unterschied zum menschlichen, diskursiven Denken (Scholastik). **Intellekt** [*lat.*; „das Innewerden, Wahrnehmung; Erkenntnis(vermögen)"] *der*; -[e]s: Fähigkeit, Vermögen, unter Einsatz des Denkens Erkenntnisse, Einsichten zu erlangen; Denk-, Erkenntnisvermögen; Verstand. **intellektual**: (selten) vom Intellekt ausgehend, zum Intellekt gehörend; vgl. ...al/...ell. **intellektualisieren** [*lat.-nlat.*]: einer intellektuellen Betrachtung unterziehen. **Intellektualismus** *der*; -: 1. philosophische Lehre, die dem Intellekt den Vorrang gibt. 2. übermäßige Betonung des Verstandes; einseitig verstandesmäßiges Denken. **intellektualistisch**: die Bedeutung des Verstandes einseitig betonend. **Intellektualtät** [*lat.*] *die*; -: Verstandesmäßigkeit. **intellektuell** [*lat.-fr.*]: a) den Intellekt betreffend; geistig-begrifflich; b) einseitig, betont verstandesmäßig; auf den Intellekt ausgerichtet; c) die Intellektuellen betreffend; vgl. ...al/...ell. **Intellektuelle** *der* u. *die*; -n, -n: jmd. mit akademischer Ausbildung, der in geistig schöpferischer, kritischer Weise Themen problematisiert u. sich mit ihnen auseinandersetzt. **intelligent** [*lat.*]: Intelligenz (1) besitzend; verständig; klug; begabt. **Intelligenz** *die*; -, -en: 1. [besondere] geistige Fähigkeit; Klugheit. 2. (ohne Plural) Schicht der wissenschaftlich Gebildeten. 3. (meist Plural; veraltend) Vernunftwesen, mit Intelligenz (1) ausgestattetes Lebewesen. **Intelligenzbestie** [...*ßtie*] *die*; -, -n: a) (ugs.) ungewöhnlich intelligenter Mensch; b) (abwertend) jmd., der seine Intelligenz zur Schau stellt. **Intelligenzblatt** [*lat.*; *dt.*] *das*; -[e]s, ...blätter: Nachrichten- u. Inseratenblatt des 18. u. 19. Jh.s (mit staatl. Monopol für Inserate). **Intelligenzija** [*lat.-russ.*] *die*; -: a) alte russ. Bez. für die Gebildeten; b) (in Ostblockstaaten) Schicht der Hochschulabsolventen. **Intelligenzler** *der*; -s, -: (abwertend) Anghöriger der Intelligenz (2). **Intelligenzquotient** [...*ziänt*] *der*; -en, -en: Grad der Intelligenz im Sinn eines altersangemessenen Verhaltens, ausgedrückt in einem Zahlenwert, der sich aus dem Verhältnis des Intelligenzalters zum Lebensalter ergibt (W. Stern); Abk.: IQ. **Intelligenztest** *der*; -[e]s, -s (auch: -e): psychologischer Test zur Messung der Intelligenz (1). **intelligibel**: nur durch den → Intellekt im Gegensatz zur sinnlichen Wahrnehmung, Erfahrung erkennbar (Philos.); ...ibler Charakter: der freie Wille des Menschen als Ding an sich; der Charakter als Kausalität aus Freiheit (Kant); ...ible Welt: 1. die nur geistig wahrnehmbare Ideenwelt Platos (Philo von Alexandrien). 2. Gesamtheit des objektiv Geistigen, des nur Gedachten (Scholastik). 3. die unerkennbare u. unerfahrbare Welt des Seienden an sich (Kant). **intelligo, ut credam** [- - *kr*...]: ich gebrauche den Verstand, um zum Glauben zu kommen (zusammenfassende Formel für die Lehren P. Abälards, 1079–1142); vgl. credo, ut intelligam

Intendant [*lat.-fr.*] *der*; -en, -en: künstlerischer u. geschäftlicher Leiter eines Theaters, einer Rundfunk- od. Fernsehanstalt. **Intendantur** *die*; -, -en: (veraltet) 1. Amt eines Intendanten. 2. (veraltet) Verwaltungsbehörde eines Heeres. **Intendanz** *die*; -, -en: a) Amt eines Intendanten; b) Büro eines Intendanten. **intendieren** [*lat.*]: auf etwas hinzielen; beabsichtigen, anstreben, planen. **Intensimeter** [*lat.*; *gr.*] *das*; -s, -: Meßgerät, bes. für Röntgenstrahlen. **Intension** [*lat.*] *die*; -, -en: 1. Anspannung; Eifer; Kraft. 2. Sinn, Inhalt einer Aussage (Logik); Ggs. → Extension (2). **intensional**: 1. auf die Intension (2) bezogen; Ggs. → extensional (1). 2. (in der Mathematik) inhaltsgleich, obwohl äußerlich verschieden; vgl. extensional (2). **Intensität** [*lat.-nlat.*] *die*; -: [konzentrierte] Stärke, [besonders gesteigerte] Kraft. **Intensitätsgenitiv** vgl. paronomastischer Intensitätsgenitiv. **intensiv** [*lat.-fr.*]: 1. gründlich u. auf die betreffende Sache konzentriert. 2. stark, kräftig, durchdringend (in bezug auf Sinneseindrücke). 3. auf kleinen Flächen, aber mit verhältnismäßig großem Aufwand betrieben (Landw.); Ggs. → extensiv (2); -e [...*we*] Aktionsart: → Aktionsart, die den größeren oder geringeren Grad, die Intensität eines Geschehens kennzeichnet (z. B. schnitzen = kräftig u. ausdauernd schneiden). **intensivieren** [...*wiren*; *lat.-fr.*]: verstärken, steigern; gründlicher durchführen. **Intensivkurs** *der*; -es, -e: → Kurs (2a), bei dem Kenntnisse durch intensiven (1) Unterricht in vergleichsweise kurzer Zeit vermittelt werden. **Intensivstation** [...*zion*] *die*; -, -en: Krankenhausstation zur Betreuung akut lebensgefährlich erkrankter Personen (z. B. bei Herzinfarkt) unter Anwendung bestimmter lebenserhaltender Sofortmaßnahmen (Sauerstoffzelt, Tropfinfusion, ständige ärztliche Überwachung; Med.). **Intensivum** [*nlat.*] *das*; -s, ...va: Verb mit intensiver Aktionsart. **Intention** [...*zion*; *lat.*] *die*; -, -en: 1. Absicht; Vorhaben; Anspannung geistiger Kräfte auf ein bestimmtes Ziel. 2. Wundheilung (Med.). **intentional** [*lat.-nlat.*]: mit einer Intention (1) verknüpft, zielgerichtet, zweckbestimmt; vgl. ...al/...ell. **Intentionalismus** *der*; -: philosophische Lehre, nach der jede Handlung nur nach ihrer Absicht, nicht nach ihrer Wirkung zu beurteilen ist. **Intentionalität** *die*; -: Lehre von der Ausrichtung aller psychischen Akte auf ein reales od. ideales Ziel. **intentionell**: = intentional; vgl. ...al/...ell. **Intentionspsychosen** *die* (Plural): geistige Störungen, in deren Verlauf Hemmungen die Ausführung bestimmter Handlungen unterbinden (Med.; Psychol.). **Intentionstremor** *der*; -s: krankhaftes Zittern bei Beginn u. Verlauf willkürlicher, gezielter Bewegungen (Med.; Psychol.)

inter|agieren [*lat.-nlat.*]: in Interaktion sein (Soziol.). **Inter-**

aktion [...zion; *lat.-nlat.*] *die;* -, -en: aufeinander bezogenes Handeln zweier od. mehrerer Personen, Wechselbeziehung zwischen Handlungspartnern (Psychol.; Soziol.). **Inter|aktionsgrammatik** *die;* -: Forschungsrichtung der modernen Linguistik, die Sprechhandlungen im Hinblick auf ihren dialogischen u. interaktiven Charakter untersucht u. darstellt (Sprachw.). **inter|aktiv:** Interaktion betreibend (Psychol.; Soziol.)

inter|alliiert: mehrere Alliierte gemeinsam betreffend

Interbrigadist *der;* -en, -en: Angehöriger der Interbrigaden, d.h. der internationalen → Brigaden (1), die im spanischen Bürgerkrieg auf republikanischer Seite kämpften

Intercarrierverfahren [...kärier...; *engl.; dt.*] *das;* -s: Verfahren zur Gewinnung des zum Fernsehbild gehörenden Tones im Fernsehempfänger

Interceptor [...zäp...] vgl. Interzeptor

Intercity [...ßiti; *engl.*] *der;* -s, -s: kurz für: Intercity-Zug. **Intercity-Zug** [...ßiti...; *engl.; dt.*] *der;* -[e]s, -Züge: mit besonderem → Komfort ausgestatteter Schnellzug, der nur an wichtigen Bahnhöfen hält, wo ein wechselseitiges Umsteigen in andere Intercity-Züge möglich ist, wodurch kürzere Fahrzeiten erreicht werden; Abk.: IC

interdental: zwischen den Zähnen gebildet od. liegend, den Zahnzwischenraum betreffend (Med.). **Interdental** *der;* -s, -e: Zwischenzahnlaut, stimmloser od. stimmhafter → dentaler Reibelaut (z. B. th im Englischen). **Interdentalis** *die;* -, ...les: = Interdental

interdependent [*lat.-nlat.*]: voneinander abhängend. **Interdependenz** *die;* -: gegenseitige Abhängigkeit (bes. in bezug auf die Abhängigkeit der Preise voneinander od. die Politik eines Landes von der anderer Länder)

Interdikt [*lat.*] *das;* -[e]s, -e: Verbot aller kirchl. Amtshandlungen (mit wenigen Ausnahmen) als Strafe für eine bestimmte Person od. einen bestimmten Bezirk (kath. Kirchenrecht). **Interdiktion** [...zion] *die;* -, -en: (veraltet) Untersagung, Entmündigung

interdiszi|plinär [*lat.-nlat.*]: mehrere Disziplinen (2) umfassend, die Zusammenarbeit mehrerer Disziplinen betreffend; vgl. multidisziplinär. **Interdiszi|plinarität** *die;* -: Zusammenarbeit mehrerer Disziplinen (2)

interdiurn [*lat.-nlat.*]: (veraltet) einen Tag lang; -e Veränderlichkeit: Mittelwert des Temperatur- od. Luftdruckunterschiedes zweier aufeinanderfolgender Tage (Meteor.)

interdizieren [*lat.*]: (veraltet) 1. untersagen, verbieten. 2. (veraltet) entmündigen

inter|essant [*lat.-mlat.-fr.*]: 1. geistige Teilnahme, Aufmerksamkeit erweckend; fesselnd. 2. vorteilhaft (Kaufmannsspr.). **Interesse** [*lat.-mlat.(-fr.)*] *das;* -s, -n: 1. (ohne Plural) geistige Anteilnahme, Aufmerksamkeit; Ggs. → Desinteresse. 2. a) (meist Plural) Vorliebe, Neigung; b) Neigung zum Kauf. 3. a) (meist Plural) Bestrebung, Absicht; b) das, woran jmdm. sehr gelegen ist, was für jmdn. od. etw. wichtig od. nützlich ist; Vorteil, Nutzen. 4. (nur Plural; veraltet) Zinsen. **Interessengemeinschaft** [*lat.-mlat.(-fr.); dt.*] *die;* -, -en: 1. Zusammenschluß mehrerer Personen, Gruppen o.ä. zur Wahrung od. Förderung gemeinsamer Interessen. 2. Zusammenschluß mehrerer selbständig bleibender Unternehmen o.ä. zur Wahrung wirtschaftlicher Interessen. **Inter|essensphäre** *die;* -, -n: durch Verträge mit den Vertretern der eingeborenen Bevölkerung od. mit anderen Staaten geschaffenes Einflußgebiet. **Inter|essent** [*lat.-mlat.-nlat.*] *der;* -en, -en: a) jmd., der an etwas Interesse zeigt, hat; b) potentieller Käufer. **inter|essieren** [*lat.-mlat.-(-fr.)*]: 1. sich -: a) Interesse zeigen, Anteilnahme bekunden; b) sich nach etwas erkundigen; etwas beabsichtigen, anstreben; an jmdm., an etwas interessiert sein (Interesse bekunden; haben wollen). 2. jmdn. -: a) jmds. Interesse wekken; b) jmdn. zu gewinnen suchen. **inter|essiert**: [starken] Anteil nehmend; geistig aufgeschlossen; aufmerksam; Ggs. → desinteressiert. **Inter|essiertheit** *die;* -: das Interessiertsein an etwas, das Habenwollen, bekundetes Interesse; materielle -: (DDR) Interesse an der Verbesserung des eigenen Lebensstandards, das durch größere Leistungen befriedigt werden kann

interfaszikulär [*lat.-nlat.*]: den Kambiumstreifen (vgl. Kambium) innerhalb der Markstrahlen betreffend (Bot.)

Interferenz [*lat.-nlat.*] *die;* -, -en: 1. Erscheinung des → Interferierens, Überlagerung, Überschneidung. 2. Hemmung eines biologischen Vorgangs durch einen gleichzeitigen u. gleichartigen anderen (z.B. Hemmung des Chromosomenaustausches in der Nähe eines bereits erfolgten Chromosomenbruchs, einer Virusinfektion durch ein anderes Virus o.ä.; Biol.; Med.). 3. a) Einwirkung eines sprachlichen Systems auf ein anderes, die durch die Ähnlichkeit von Strukturen verschiedener Sprachen od. durch die Vertrautheit mit verschiedenen Sprachen entsteht; b) falsche Analogie beim Erlernen einer Sprache von einem Element der Fremdsprache auf ein anderes (z. B. die Verwechslung ähnlich klingender Wörter); c) Verwechslung von ähnlich klingenden [u. semantisch verwandten] Wörtern innerhalb der eigenen Sprache (Sprachw.). **Interferenzfarbe** [*lat.-nlat.; dt.*] *die;* -, -n: von Dikke u. Doppelbrechung eines Kristalls abhängige Farbe, die beim Lichtdurchgang durch eine Kristallplatte auftritt u. durch die Interferenz der beiden polarisierten Wellen bedingt ist. **interferieren** [*lat.-nlat.*]: sich überlagern, überschneiden. **Interferometer** [*lat.; gr.*] *das;* -s, -: Gerät, mit dem man unter Ausnutzung der Interferenz Messungen ausführt (z.B. die Messung von Wellenlängen, der Konzentration bei Gasen, Flüssigkeiten o.ä.). **Interferometrie** *die;* -: Meßverfahren mit Hilfe des → Interferometers. **interferome|trisch**: unter Ausnutzung der Interferenz messend. **Interferon** [*lat.-nlat.*] *das;* -s, -e: von Körperzellen gebildeter Eiweißkörper, der als Abwehrsubstanz bei der → Interferenz (2) von Infektionen wirksam ist u. deshalb als Mittel zur Krebsbekämpfung angewendet wird (Med.)

Interferrikum [*lat.-nlat.*] *das;* -s: Luftspalt zwischen den Polen eines Elektromagneten mit Eisenkern

Inter|flora [*lat.-nlat.*] *die;* -: internationale Organisation der Blumengeschäfte zur Vermittlung von Blumengeschenken

interfoliieren [*lat.-nlat.*]: hinter jeder Blattseite eines Buches ein leeres weißes Blatt folgen lassen, „durchschießen" (Druckw.)

Inter|fraktionell [...zio...]: zwischen den Fraktionen bestehend (in bezug auf Vereinbarungen), allen Fraktionen gemeinsam

intergalaktisch: zwischen den verschiedenen Milchstraßensystemen gelegen; vgl. Galaxie

inter|glazial: zwischeneiszeitlich; warmzeitlich. **Inter|glazial** *das*; -s, -e u. **Inter|glazialzeit** *die*; -, -en: Zwischeneiszeit (Stadium zwischen zwei Eiszeiten, in dem höhere Temperaturen das Gletschereis schmelzen ließen)

inter|gruppal: die Beziehungen u. Spannungen zwischen verschiedenen sozialen Gruppen betreffend (Soziol.)

Interhotel [Kunstw. aus *inter*national u. *Hotel*] *das*; -s, -s: (DDR) gut ausgestattetes Hotel (für ein internationales Publikum)

Interieur [*ängteriör*; *lat.-fr.*] *das*; -s, -s u. -e: 1. a) das Innere [eines Raumes]; b) die Ausstattung eines Innenraumes. 2. einen Innenraum darstellendes Bild, bes. in der niederl. Malerei des 17. Jh.s

Interim [*lat.*; „inzwischen, einstweilen"] *das*; -s, -s: 1. Zwischenzeit. 2. vorläufige Regelung, Übergangslösung (vor allem im politischen Bereich). **interimistisch** [*lat.-nlat.*]: vorläufig, einstweilig. **Interims|konto** *das*; -s, ...ten: Zwischenkonto; vorläufig eingerichtetes Konto, das zwischen endgültigen Konten eingeschaltet wird. **Interim|sprache** *die*; -: beim Erlernen einer Fremdsprache erreichter Entwicklungsstand zwischen Unkenntnis u. Beherrschung der zu erlernenden Sprache (Sprachw.)

interindividuell: zwischen zwei od. mehreren Individuen ablaufend, mehrere Individuen betreffend

Interjektion [*...zion*; *lat.*; „Dazwischenwurf"] *die*; -, -en: Ausrufe-, Empfindungswort (z. B. au, bäh). **interjektionell**: die Interjektion betreffend, in der Art einer Interjektion, eine Interjektion darstellend

interkalar [*lat.*]: 1. eingeschaltet (in bezug auf Schaltjahre). 2. auf bestimmte Zonen des Sprosses beschränkt (in bezug auf das Streckungswachstum der Pflanzen; Bot.). **Interkalare** *die* (Plural): Zwischenknorpel im Fuß- u. Handskelett (Biol.). **Interkalarfrüchte** u. **Interkalarien** [*...i^e n*] *die* (Plural): Einkünfte einer unbesetzten katholischen Kirchenpfründe

interkategorial: zwischen → Kategorien bestehend

interkantonal: (schweiz.) zwischen den Kantonen bestehend, allgemein

Interkolumnie [*...i^e*; *lat.*] *die*; -, -n u. **Interkolumnium** *das*; -s, ...ien [*...i^e n*]: Abstand zwischen zwei Säulen eines antiken Tempels

interkommunal [*lat.-nlat.*]: zwischen Städten bestehend (in bezug auf Vereinbarungen, Finanzabkommen o. ä.). **Interkommunion** [„gegenseitige Gemeinschaft"] *die*; -: Abendmahlsgemeinschaft zwischen Angehörigen verschiedener christlicher → Konfessionen (teilweise in der → ökumenischen Bewegung)

Interkonfessionalismus *der*; -: das Streben nach Zusammenarbeit der christlichen → Konfessionen über bestehende Glaubensgegensätze hinweg, Bemühung um (bes. politische u. soziale) Zusammenarbeit zwischen ihnen. **interkonfessionell**: das Verhältnis verschiedener Konfessionen zueinander betreffend; über den Bereich einer Konfession hinausgehend; zwischenkirchlich

interkontinental: a) zwischen die Erdteile eingeschaltet (in bezug auf Meere); b) von einem Kontinent aus einen anderen erreichend, z. B. -e Raketen. **Interkontinentalrakete** *die*; -, -n: Rakete, die auf einen anderen Erdteil geschossen werden kann

interkostal: zwischen den Rippen liegend (Med.). **Interkostalneuralgie** *die*; -, -n [*...ßtál...gi^e n*]: → Neuralgie im Bereich der Zwischenrippennerven (Med.)

inter|kranial: im Schädelinnern gelegen, vorkommend (Med.)

inter|krustal [*lat.-nlat.*]: in der Erdkruste gebildet od. liegend (in bezug auf Gesteine; Geol.)

interkulturell: die Beziehungen zwischen den verschiedenen Kulturen betreffend

interkurrent u. **interkurrierend** [*lat.*]: hinzukommend (z. B. in bezug auf eine Krankheit, die zu einer anderen hinzukommt)

interlinear: zwischen die Zeilen des fremdsprachigen Urtextes geschrieben (in bezug auf Übersetzungen, bes. in frühen mittelalterlichen Handschriften). **Interlinear|glosse** *die*; -, -n: → Glosse (1), die zwischen die Zeilen geschrieben ist (bes. in frühen mittelalterlichen Handschriften). **Interlinearversion** *die*; -, -en: wörtliche Übersetzung, die zwischen die Zeilen geschrieben wurde (bes. in frühen mittelalterlichen Handschriften)

Interlingua [*...ngg...*; *lat.-nlat.*] *die*; -: 1. von Bodmer vereinfachte Welthilfssprache des ital. Mathematikers G. Peano, die auf dem Latein u. den roman. Sprachen fußt. 2. von der IALA vorgeschlagene Welthilfssprache. **interlingual**: zwei od. mehrere Sprachen betreffend, zwei od. mehreren Sprachen gemeinsam. **Interlingue** *die*; -: neuer Name für die von O. Wahl geschaffene Welthilfssprache → Occidental. **Interlinguist** *der*; -en, -en: 1. jmd., der Interlingua (2) spricht. 2. Wissenschaftler auf dem Gebiet der Interlinguistik. **Interlinguistik** *die*; -: 1. Plansprachenwissenschaft, Wissenschaft von den künstlichen Welthilfssprachen. 2. die Mehrsprachigkeit, die Linguistik der Übersetzung, Sozio- u. Psycholinguistik umfassende → synchrone vergleichende Sprachwissenschaft. **interlinguistisch**: die Interlinguistik betreffend

Interlockware [*engl.*; *dt.*] *die*; -, -n: feinmaschige Rundstrickware für Herren- u. Damenwäsche

Interludium [*lat.-nlat.*] *das*; -s, ...ien [*...i^e n*]: musikalisches Zwischenspiel (bes. in der Orgelmusik)

Interlunium [*lat.*] *das*; -s, ...ien [*...i^e n*]: Zeit des Neumonds

Intermaxillarknochen [*lat.-nlat.*; *dt.*] *der*; -s, -: Zwischenkieferknochen

Intermédiaire [*ängtärmediär*; *lat.-fr.*] *das*; -, -s [*...är*]: eine Dressuraufgabe im internationalen Reitsport. **intermediär** [*in...*; *lat.-nlat.*]: in der Mitte liegend, dazwischen befindlich, ein Zwischenglied bildend; -er Stoffwechsel: Zwischenstoffwechsel, Gesamtheit der Abbau- u. Umbauvorgänge der Stoffe im Körper nach ihrer Aufnahme (Med.); -es Gestein: neutrales, weder saures noch basisches Eruptivgestein (Geol.). **Intermedin** *das*; -s: Hormon, das den Farbwechsel bei Fischen u. Fröschen beeinflußt. **Intermedio** [*lat.-it.*] *das*; -s, -s u. **Intermedium** [*lat.*] *das*; -s, ...ien [*...i^e n*]: kleines musikalisches Zwischenspiel (ursprünglich zur Erheiterung des Publikums bei Schauspielaufführungen, bei Fürstenhochzeiten o. ä. Ende des 16. Jh.s). **intermedius** [*lat.*]: in der Mitte liegend (Med.)

intermen|strual u. **intermen|struell** [*lat.-nlat.*]: zwischen zwei → Menstruationen liegend, den Zeitraum zwischen zwei Menstruationen betreffend (Med.); vgl. ...al/...ell. **Intermen|struum** *das*; -s, ...ua: Zeitraum zwischen zwei → Menstruationen (Med.)

Intermezzo [*lat.-it.*] *das*; -s, -s u. ...zzi: 1. a) Zwischenspiel im Drama, in der ernsten Oper; b) kürzeres Klavier- od. Orchesterstück. 2. lustiger Zwischenfall; kleine,

unbedeutende Begebenheit am Rande eines Geschehens
interministeriell [*lat.-mlat.-fr.*]: die Zusammenarbeit zwischen den einzelnen Ministerien betreffend
Intermission [*lat.*] *die*; -: [zeitweiliges] Zurücktreten von Krankheitserscheinungen (Med.). **intermittieren**: [zeitweilig] zurücktreten (in bezug auf Krankheitserscheinungen; Med.). **intermittierend**: zeitweilig aussetzend; wechselnd, z. B. -er Strom (Elektrot.); -es Fieber (Med.)
intermolekular: zwischen den Molekülen bestehend, stattfindend (Chem.; Phys.)
Intermundien [...*i*[e]*n*; *lat.*] *die* (Plural): die von Epikur zwischen den unendlich vielen Welten angenommenen Zwischenräume
intern [*lat.*; „inwendig"]: 1. innerlich, inwendig. 2. die inneren Organe betreffend (Med.). 3. a) innerhalb (einer Fraktion); b) im engsten Kreise; nur die eigenen Verhältnisse (einer Familie) angehend. 4. im Internat wohnend.
Interna: *Plural* von → Internum.
internal: innerlich, verinnerlicht.
Internalisation [...*zion*; *lat.-engl.*] *die*; -, -en: = Internalisierung; vgl. ...[at]ion/...ierung. **internalisieren**: Werte, Normen, Auffassungen o. ä. übernehmen u. sich zu eigen machen; verinnerlichen. **Internalisierung** *die*; -, -en: das Internalisieren; vgl. ...[at]ion/...ierung. **Internat** *das*; -[e]s, -e: 1. [höhere] Lehranstalt, in der die Schüler zugleich wohnen u. verpflegt werden; vgl. Externat. 2. an eine [höhere] Lehranstalt angeschlossenes Heim, in dem die Schüler wohnen u. verpflegt werden
international [...*zional*; auch: *in*...; *lat.-nlat.*]: 1. zwischen mehreren Staaten bestehend. 2. über den Rahmen eines Staates hinausgehend, nicht national begrenzt, überstaatlich, weltweit
Internationale [*lat.-nlat.*]
I. *die*; -, -n: 1. [Kurzform von „Internationale Arbeiterassoziation"]: Vereinigung von Sozialisten u. Kommunisten (I., II. u. III. Internationale) unter dem Kampfruf: „Proletarier aller Länder, vereinigt euch!" 2. (ohne Plural) Kampflied der internationalen Arbeiterbewegung („Wacht auf, Verdammte dieser Erde").
II. *der* u. *die*; -n, -n: jmd., der als Mitglied einer Nationalmannschaft internationale Wettkämpfe bestreitet (Sport)
internationalisieren [*lat.-nlat.*]: 1. die Gebietshoheit eines Staates über ein bestimmtes Staatsgebiet zugunsten mehrerer Staaten od. der ganzen Völkerrechtsgemeinschaft beschränken. 2. international (2) machen. **Internationalisierung** *die*; -, -en: das Internationalisieren. **Internationalismus** *der*; -, ...men: 1. (ohne Plural) das Streben nach zwischenstaatlichem Zusammenschluß. 2. Wort, das in gleicher Bedeutung u. gleicher od. ähnlicher Form in verschiedenen Kultursprachen vorkommt (z. B. Container; Sprachw.). **Internationalist** *der*; -en, -en: Anhänger des Internationalismus (1). **Internationalität** *die*; -: Überstaatlichkeit
Interne [*lat.*] *der* u. *die*; -n, -n: Schüler[in] eines Internats; vgl. Externe. **internieren** [*lat.-fr.*]: 1. a) Angehörige eines gegnerischen Staates während des Krieges in staatlichen Gewahrsam nehmen, in Lagern unterbringen; b) jmdn. in einem Lager festsetzen. 2. einen Kranken isolieren, in einer geschlossenen Anstalt unterbringen. **Internierungslager** *das*; -s, -: Lager, in dem Zivilpersonen [während des Krieges] gefangengehalten werden. **Internist** [*lat.-nlat.*] *der*; -en, -en: 1. Facharzt für innere Krankheiten. 2. (veraltet) = Interne. **internistisch**: die innere Medizin betreffend
Internodium [*lat.*] *das*; -s, ...ien [...*i*[e]*n*]: zwischen zwei Blattansatzstellen od. Blattknoten liegender Sproßabschnitt einer Pflanze (Bot.)
Internum [*lat.*] *das*; -s, ...na: 1. Gebiet, das einer bestimmten Person, Gruppe od. Behörde vorbehalten u. Dritten gegenüber abgeschlossen ist. 2. nur die eigenen inneren Verhältnisse angehende Angelegenheit
Internuntius [...*zius*; *lat.*] *der*; -, ...ien [...*i*[e]*n*]: diplomatischer Vertreter des Papstes in kleineren Staaten; vgl. Nuntius
inter|orbital: zwischen den → Orbits befindlich; für den Raum zwischen den Orbits bestimmt
inter|ozeanisch: Weltmeere verbindend
interparlamentarisch: die Parlamente der einzelnen Staaten umfassend; Interparlamentarische Union: Vereinigung von Parlamentariern verschiedener Länder; Abk.: IPU
Interpellant [*lat.*] *der*; -en, -en: Parlamentarier, der eine Interpellation (1) einbringt. **Interpellation** [...*zion*; „Unterbrechung"] *die*; -, -en: 1. parlamentarische Anfrage an die Regierung. 2. (veraltet; Rechtsw.) a) Einrede; das Recht, die Erfüllung eines Anspruchs ganz od. teilweise zu verweigern; b) Einspruchsrecht gegen Versäumnisurteile, Vollstreckungsbefehle o. ä.; c) Mahnung des Gläubigers an den Schuldner. 3. (veraltet) Unterbrechung, Zwischenrede. **interpellieren**: 1. eine Interpellation einbringen. 2. (veraltet) unterbrechen, dazwischenreden, ins Wort fallen
interpersonal: zwischen zwei od. mehreren Personen ablaufend, mehrere Personen betreffend. **interpersonell**: = interpersonal
Interpetiolar|stipel [...*zio*...; *lat.*] *die*; -, -n: Verwachsungsprodukt der Nebenblätter bei Pflanzen mit gegenständigen (einander gegenüberstehenden) Blättern (Bot.)
inter|planetar u. **inter|planetarisch**: zwischen den Planeten befindlich; vgl. ...isch/-. **Interplanetosen** [*lat.*; *gr.*] *die* (Plural): beim Weltraumflug drohende Krankheiten (bes. als Folge der starken Beschleunigung, der Schwerelosigkeit u. der veränderten Umweltbedingungen; Med.)
Inter|pluvial [...*wi*...; *lat.-nlat.*] *das*; -s, -e u. **Inter|pluvialzeit** *die*; -, -en: regenärmere Zeit in den heutigen Tropen u. Subtropen während der → Interglazialzeiten
inter pocula [- *pok*...; *lat.*; „zwischen den Bechern"]: (veraltet) beim Wein, beim Trinken
Interpol [Kurzw. aus: *Inter*nationale Kriminal*pol*izeiliche Organisation] *die*; -: zentrale Stelle (mit Sitz in Paris) zur internationalen Koordination der Ermittlungsarbeit in der Verbrechensbekämpfung
Interpolation [...*zion*; *lat.*] *die*; -, -en: 1. das Errechnen von Werten, die zwischen bekannten Werten einer → Funktion (2) liegen (Math.). 2. spätere unberechtigte Einschaltung in den Text eines Werkes. **Interpolator** *der*; -s, ...oren: jmd., der eine Interpolation (2) vornimmt. **interpolieren**: 1. Werte zwischen bekannten Werten einer → Funktion (2) errechnen. 2. eine Interpolation (2) vornehmen
interponieren [*lat.*]: (veraltet) 1. [etwas] vermitteln. 2. ein Rechtsmittel [gegen einen Bescheid] einlegen. **Interposition** [...*zion*] *die*; -, -en: Lagerung von Weichteilen zwischen Knochenbruchstücken
Inter|pret [*lat.*] *der*; -en, -en: 1.

jmd., der etwas in einer bestimmten Weise entsprechend einer Konzeption auslegt. 2. ein Künstler, der Lieder od. andere Musikkompositionen einem Publikum vermittelt (z. B. Musiker, Sänger). **Inter|pretament** *das*; -[e]s, -e: Deutungsmittel, Verständigungsmittel, Kommunikationsmittel. **Interpretant** *der*; -en, -en: jmd., der sich um die Interpretation (1) von etwas bemüht. **Interpretation** [*...zion*] *die*; -, -en: 1. Auslegung, Erklärung, Deutung [von Texten]. 2. künstlerische Wiedergabe von Musik. **Interpretatio romana** *die*; - -: (hist.) 1. röm. Deutung u. Benennung nichtröm. Götter (z. B. Donar als Jupiter). 2. Deutung u. Übernahme germanischer religiöser Bräuche u. Vorstellungen durch die katholische Kirche. **interpretativ** [*...tif*; *lat.-nlat.*]: auf Interpretation beruhend; erklärend, deutend, erhellend; vgl. ...iv/...orisch. **Inter|pretator** [*lat.*] *der*; -s, ...oren: = Interpret (1). **inter|pretatorisch**: den Interpreten, die Interpretation betreffend; vgl. ...iv/...orisch. **interpretieren**: 1. [einen Text] auslegen, erklären, deuten. 2. Musik künstlerisch wiedergeben

Inter|psychologie *die*; -: Psychologie der zwischenmenschlichen Beziehungen

interpungieren [*lat.*]: = interpunktieren. **interpunktieren** [*lat.-nlat.*]: Satzzeichen setzen. **Interpunktion** [*...zion*; *lat.*] *die*; -: Setzung von Satzzeichen, Zeichensetzung

Interradius *der*; -, ...ien [*...iᵉn*] (meist Plural): Linie, welche den Winkel zwischen den Körperachsen strahlig symmetrischer Tiere halbiert

Interrailkarte [*...reⁱl...*; Kunstw. aus *inter*national u. engl. *rail* = Eisenbahn] *die*; -, -n: verbilligte Jugendfahrkarte für Fahrten in Europa innerhalb eines bestimmten Zeitraums

Interre|gnum [auch: *...re...*; *lat.*] *das*; -s, ...nen u. ...na: 1. Zwischenregierung, vorläufige Regierung. 2. Zeitraum, in dem eine vorläufig eingesetzte Regierung die Regierungsgeschäfte wahrnimmt. 3. (ohne Plural) (hist.) die kaiserlose Zeit zwischen 1254 u. 1273

Interrenalismus [*lat.-nlat.*] *der*; -: Beeinflussung von Körperbau u. Geschlechtsmerkmalen durch Überproduktion von Nebennierenhormonen (Biol.; Med.)

interrogativ [*lat.*]: fragend (Sprachw.). **Interrogativ** *das*; -s, -e [*...wᵉ*]: = Interrogativpronomen. **Interrogativadverb** *das*; -s, ...bien [*...biᵉn*]: Frageumstandswort (z. B. wo?, wann?). **Interrogativpronomen** *das*; -s, - u. ...mina: fragendes Fürwort, Fragefürwort (z. B. wer?, welcher?). **Interrogativsatz** *der*; -es, ...sätze: Fragesatz: a) direkter (z. B. *Wo warst du gestern?*); b) indirekter (von einem Hauptsatz abhängiger; z. B. Er fragte mich, *wo ich gewesen sei*). **Interrogativum** [*...iwum*] *das*; -s, ...va [*...wa*]: = Interrogativpronomen

Interruption [*...zion*; *lat.*] *die*; -, -en: 1. [künstliche] Unterbrechung (z. B. einer Schwangerschaft od. des → Koitus; Med.). 2. Unterbrechung; Störung. **Interruptus** *der*; -, -: kurz für: Coitus interruptus; vgl. Koitus

Intersektion [*...zion*; *lat.*] *die*; -, -en: Durchschnittsmenge zweier Mengen, deren Elemente in beiden Mengen vorkommen (z. B. bilden die Mengen „Frauen" u. „Ärzte" die Intersektion „Ärztinnen")

Interseptum [*lat.*] *das*; -s, ...ta: (veraltet) = Septum

Interserie [*...iᵉ*; *lat.-nlat.*] *die*; -, -n: europäische Wettbewerbsserie mit Rundstreckenrennen für Sportwagen, zweisitzige Rennwagen o. ä. (Motorsport)

Intersex [auch: *in...*; *lat.-nlat.*] *das*; -es, -e: Individuum, das die typischen Merkmale der Intersexualität zeigt (Biol.). **Intersexualität** *die*; -: krankhafte Mischung von männlichen u. weiblichen Geschlechtsmerkmalen u. Eigenschaften in einem Individuum, das normalerweise getrenntgeschlechtig sein müßte (eine Form des Scheinzwittertums; Biol.). **intersexuell**: eine geschlechtliche Zwischenform im Sinn der Intersexualität zeigend (von Individuen; Biol.)

Intershop [*...schop*; Kunstw. aus *inter*national u. *Shop*] *der*; -[s], -s u. ...läden: (DDR) Geschäft, in dem ausländische Waren u. Spitzenerzeugnisse aus der Produktion der DDR nur gegen frei konvertierbare Währung verkauft werden

interstadial [*lat.-nlat.*]: die Ablagerungen während eines Interstadials betreffend (Geol.). **Interstadial** *das*; -s, -e: Wärmeschwankung während einer Glazialzeit (Geol.)

interstellar [*lat.-nlat.*]: zwischen den Fixsternen befindlich; -e Materie: nicht genau lokalisierbare, wolkenartig verteilte Materie zwischen den Fixsternen

interstitiell [*...ziäl*; *lat.-nlat.*]: in den Zwischenräumen liegend (z. B. in bezug auf Gewebe, Gewebeflüssigkeiten o. ä.; Biol.). **Interstitium** [*...zium*; *lat.*] das; -s, ...ien [*...iᵉn*]: 1. Zwischenraum (z. B. zwischen Organen). 2. (nur Plural) vorgeschriebene Zwischenzeit zwischen dem Empfang zweier geistlicher Weihen (kath. Kirchenrecht)

intersubjektiv: verschiedenen Personen gemeinsam, von verschiedenen Personen nachvollziehbar

interterritorial: zwischenstaatlich (in bezug auf Abkommen od. Vereinbarungen)

Inter|trigo [*lat.*] *die*; -, ...gines: Wundsein, Hautwolf (Med.).

Inter|tritur [*lat.-nlat.*] *die*; -, -en: (veraltet) Abnutzung durch Reibung (z. B. bei Münzen)

inter|trochantär [*lat.*; *gr.*]: zwischen den beiden Rollhügeln (Knochenvorsprüngen) am Oberschenkelknochen liegend (Anat.)

Intertype Ⓦⓩ [*...taip*; *engl.*] *die*; -, -s u. **Intertype-Fotosetter** [*engl.*] *der*; -s, -: eine Intertype-Setzmaschine, bei der an Stelle einer Gießvorrichtung eine Kamera eingebaut ist. **Intertype-Setzmaschine** *die*; -, -n: eine amerik. Zeilenguß-Setzmaschine, der → Linotype ähnlich

inter|urban [*lat.-nlat.*; „zwischenstädtisch"]: (veraltet) Überland...

Inter|usurium [*lat.*] *das*; -s, ...ien [*...iᵉn*]: Zwischenzinsen, die sich als Vorteil des Gläubigers bei vorzeitiger Leistung des Schuldners einer unverzinslichen Geldsumme ergeben

Intervall [*...wal*; *lat.*] *das*; -s, -e: 1. Zeitabstand, Zeitspanne; Frist; Pause. 2. Abstand zweier zusammen od. nacheinander klingender Töne (Mus.). 3. (Med.) a) symptom- od. schmerzfreie Zwischenzeit im Verlauf einer Krankheit; b) Zeit zwischen den → Menstruationen. 4. der Bereich zwischen zwei Punkten einer Strecke od. Skala (Math.). **Intervalltraining** [*...tre...*; *lat.*; *engl.*] *das*; -s, -s: moderne Trainingsmethode, bei der ein Trainingsprogramm stufenweise so durchgeführt wird, daß die einzelnen Übungen in einem bestimmten Rhythmus von kürzeren Entspannungspausen unterbrochen werden (Sport)

intervalutarisch [...*wa*...; *lat.*; *lat.-it.*]: im Währungsaustausch stehend
Intervenient [...*we*...; *lat.*] *der*: -en, -en: jmd., der sich in [Rechts]streitigkeiten [als Mittelsmann] einmischt. **intervenieren** [*lat.-fr.*]: 1. dazwischentreten; vermitteln; sich einmischen (von einem Staat in die Verhältnisse eines anderen). 2. einem Prozeß beitreten, sich vermittelnd in eine Rechtssache einschalten (Rechtsw.). 3. als hemmender Faktor in Erscheinung treten. **Intervent** [*lat.-russ.*] *der*; -en, -en: russ. Bezeichnung für: kriegerischer → Intervenient. **Intervention** [...*zion*; *lat.-fr.*] *die*; -, -en: 1. Vermittlung; diplomatische, wirtschaftliche, militärische Einmischung eines Staates in die Verhältnisse eines anderen. 2. Ehreneintritt eines Dritten zum Schutze eines Rückgriffschuldners (Wechselrecht); vgl. Honorant, Honorat. 3. Maßnahme zur Verhinderung von Kursrückgängen bestimmter → Effekten. **Interventionismus** [*lat.-nlat.*] *der*; -: [unsystematisches] Eingreifen des Staates in die [private] Wirtschaft. **Interventionist** *der*; -en, -en: Anhänger des Interventionismus. **interventionistisch**: den Interventionismus betreffend. **Interventionsklage** *die*; -, -n: Widerspruchs-, Anfechtungsklage gegen Zahlungsbefehle, einstweilige Verfügungen u. Arrestbefehle (Rechtsw.). **interventiv**: (veraltet) dazwischentretend, vermittelnd
Interversion [...*wär*...; *lat.*] *die*; -, -en: = Interlinearversion. **interverte|bral** [*lat.-nlat.*]: zwischen den Wirbeln liegend (Med.)
Interview [...*wju*, auch: *in*...; *lat.-fr.-engl.*] *das*; -s, -s: 1. Befragung einer meist bekannten Persönlichkeit zu bestimmten Themen od. zur eigenen Person, die von einem Journalisten vorgenommen u. dann veröffentlicht wird. 2. a) gezielte Befragung beliebiger od. ausgewählter Personen zu statistischen Zwecken (Soziol.); b) → methodische (2) Befragung eines Patienten zur Aufnahme einer → Anamnese u. zur Diagnose (Med.; Psychol.). **interviewen** [...*wju^e n*]: 1. mit jmdm. ein Interview führen. 2. (ugs.) jmdn. in einer bestimmten Angelegenheit befragen, ausfragen. **Interviewer** [...*wju^e r*] *der*; -s, -: jmd., der mit jmdm. ein Interview macht. **Intervision** [...*wi*...; Kurzw. aus: *international* u. *Television*] *die*; -: Zusammenschluß osteuropäischer Fernsehanstalten zum Zwecke des Austausches von Fernsehprogrammen; vgl. Eurovision
interzedieren [*lat.*]: dazwischentreten (zwischen Schuldner u. Gläubiger); sich verbürgen, für jmdn. eintreten
interzellular u. **interzellulär** [*lat.-nlat.*]: zwischen den Zellen gelegen (Med.; Biol.). **Interzellulare** *die*; -, -n (meist Plural): Zwischenzellraum (Med.; Biol.)
Interzeption [...*zion*; *lat.*] *die*; -, -en: 1. Verdunstungsverlust bei Niederschlägen durch Abgabe von Feuchtigkeit an die Außenluft, bes. im Wald. 2. (veraltet) Wegnahme, Unterschlagung (Rechtsw.). **Interzeptor** [*lat.-engl.*] *der*; -s, ...oren: Abfangjäger; Jagdflugzeug mit Überschallgeschwindigkeit, das dazu dient, Flugzeuge des Gegners vor Erreichung ihres Zieles abzufangen
Interzession [*lat.*] *die*; -, -en: 1. das Eintreten für die Schuld eines andern (z. B. Bürgschaftsübernahme). 2. (veraltet) Intervention (1)
interzonal: zwischen zwei Bereichen (z. B. von Vereinbarungen, Verbindungen o. ä.). **Interzonenturnier** *das*, -s, -e: Schachturnier der Sieger u. Bestplazierten aus den einzelnen Zonenturnieren zur Ermittlung der Teilnehmer am → Kandidatenturnier (Schach).
intestabel [*lat.*]: unfähig, ein Testament zu machen od. als Zeuge aufzutreten (Rechtsw.). **Intestaterbe** [*lat.*; *dt.*] *der*; -n, -n: gesetzlicher Erbe eines Erblassers, der kein Testament hinterlassen hat. **Intestaterbfolge** *die*; -: gesetzliche Erbfolge
intestinal [*lat.-nlat.*]: zum Darmkanal gehörend (Med.). **Intestinum** [*lat.*] *das*; -, ...nen u. ...na: Darmkanal, Eingeweide (Med.)
In|thronisation [...*zion*; (*lat.*; *gr.*-) *mlat.*] *die*; -, -en: a) Thronerhebung eines Monarchen; b) feierliche Einsetzung eines neuen Abtes, Bischofs od. Papstes; vgl. ...[at]ion/...ierung. **in|thronisieren**: a) einen Monarchen auf den Thron erheben; b) einen neuen Abt, Bischof od. Papst feierlich einsetzen. **In|thronisierung** *die*; -, -en: = Inthronisation; vgl. ...[at]ion/...ierung
intim [*lat.*; „innerst; vertrautest"]: 1. innig; vertraut, eng [befreundet]. 2. a) (verhüllend) sexuell; mit jmdm. - sein: mit jmdm. geschlechtlich verkehren; b) den Bereich der Geschlechtsorgane betreffend. 3. ganz persönlich, verborgen, geheim. 4. gemütlich. 5. genau, bis ins Innerste. **Intima** *die*; -: 1. innerste Haut der Gefäße (Med.). 2. Vertraute; [eng] Befreundete, Busenfreundin (eines Mädchens). **Intimation** [...*zion*] *die*; -, -en: (veraltet) gerichtliche Ankündigung, Aufforderung, Vorladung. **Intimhygiene** [...*i-e*...] *die*; -: Körperpflege im Bereich der Geschlechtsteile. **Intimi**: *Plural* von → Intimus
Intimidation [...*zion*; *lat.-nlat.*] *die*; -, -en: (veraltet) Einschüchterung. **intimidieren**: (veraltet) einschüchtern; Furcht, Schrecken einjagen; abschrecken
intimieren [*lat.*]: jmdm. eine → Intimation zustellen. **Intimität** [*lat.-nlat.*] *die*; -, -en: 1. (ohne Plural) a) vertrautes, intimes Verhältnis; Vertrautheit; b) Vertraulichkeit; vertrauliche Angelegenheit. 2. (meist Plural) sexuelle, erotische Handlung, Berührung, Äußerung. 3. (ohne Plural) gemütliche, intime Atmosphäre. 4. (ohne Plural) = Intimsphäre. **Intimmassage** *die*; -, -n: (verhüllend) → stimulierende → Massage unter Einbeziehung der Geschlechtsteile. **Intim|sphäre** *die*; -: innerster persönlicher Bereich. **Intim|spray** [...*ßpre^i*; *lat.*; *engl.*] *der*; -s, -s: Deodorant für den Intimbereich. **Intimus** [*lat.*] *der*; -, ...mi: Vertrauter; [eng] Befreundeter, engster Freund
Intine [*lat.-nlat.*] *die*; -, -n: innere Zellwand der Sporen der Moose u. Farnpflanzen u. der Pollenkörner der Blütenpflanzen (Bot.); Ggs. → Exine
Intitulation [...*zion*; *lat.-nlat.*] *die*; -, -en: (veraltet) Betitelung, Überschrift
intolerabel [*lat.*]: (veraltet) unerträglich; unleidlich, unausstehlich. **intolerant** [*lat.-fr.*]: 1. unduldsam; [eine andere Meinung, Haltung, Weltanschauung] auf keinen Fall gelten lassend; Ggs. → tolerant. 2. bestimmte Stoffe (bes. Nahrungsmittel od. Alkohol) nicht vertragend (Med.). **Intoleranz** *die*; -, -en: 1. Unduldsamkeit (gegenüber einer anderen Meinung, Haltung, Weltanschauung usw.); Ggs. → Toleranz (1). 2. auf Unverträglichkeit beruhende Abneigung des Organismus gegen bestimmte Stoffe (bes. gegen bestimmte Nahrungsmittel od. Alkohol; mangelnde Widerstandsfähigkeit des Organismus gegen schädigende äußere Einwirkungen (Med.); Ggs. → Toleranz (2)

Intonation [...zion; *lat.-mlat.*; „Einstimmung"] *die*; -, -en: 1. Veränderung des Tones nach Höhe u. Stärke beim Sprechen von Silben od. ganzen Sätzen, Tongebung (Sprachw.). 2. in der Gregorianik die vom Priester, Vorsänger od. Kantor gesungenen Anfangsworte eines liturgischen Gesangs, der dann vom Chor od. von der Gemeinde weitergeführt wird. 3. präludierende Einleitung in größeren Tonsätzen; kurzes Orgelvorspiel. (Mus.). 4. Art der Tongebung bei Sängern u. Instrumentalisten, z.B. eine reine, unsaubere, weiche - (Mus.). 5. im Instrumentenbau, bes. bei Orgeln, der Ausgleich der Töne u. ihrer Klangfarben (Mus.). **Intonem** [*lat.*; *gr.*] *das*; -s, -e: Einzelsegment aus der Tonkurve, in der ein gesprochener Textabschnitt verläuft (Sprachw.). **intonieren** [*lat.*]: 1. beim Sprechen od. Singen die Stimme auf eine bestimmte Tonhöhe einstellen (Physiol.). 2. a) anstimmen, etwas zu singen od. zu spielen beginnen; b) den Ton angeben; c) Töne mit der Stimme od. auf einem Instrument in einer bestimmten Tongebung hervorbringen

in toto [*lat.*]: im ganzen (etwas ablehnen od. annehmen); im großen u. ganzen

Intourist [*intu...*; *russ.*] *die* od. *der*; - (oft ohne Artikel gebraucht): staatliches Reisebüro für Auslandstouristik der Sowjetunion

Intoxikation [...zion; *gr.-nlat.*] *die*; -, -en: Vergiftung; schädigende Einwirkung von chemischen, tierischen, pflanzlichen, bakteriellen od. sonstigen Giftstoffen auf den Organismus (Med.)

in|tra|abdominal u. **in|tra-abdominell**: innerhalb des Bauchraums gelegen od. erfolgend (Med.); vgl. ...al/...ell

in|tra|alveolar [...we...]: innerhalb der → Alveolen liegend (Med.)

In|trabilität [*lat.-nlat.*] *die*; -: Eintritt von Stoffen in das Zellplasma (vgl. Plasma) durch die äußere Plasmahaut (Biol.)

In|trada u. En|trada *die*; -, ...den: = Intrade. **In|trade** [*lat.-it.*] *die*; -, -n: festliches, feierliches Eröffnungs- od. Einleitungsstück (z. B. der Suite; Mus.)

in|tra|glutäal: a) in den großen Gesäßmuskel erfolgend (z. B. in bezug auf Injektionen; Med.); b) innerhalb des großen Gesäßmuskels [gelegen] (Med.)

in|tra|gruppal: die Beziehungen u. Spannungen innerhalb einer sozialen Gruppe betreffend (Soziol.)

in|tra|individuell: innerhalb eines Individuums ablaufend

in|trakardial: innerhalb des Herzens gelegen, unmittelbar ins Herz hinein erfolgend (Med.)

in|trakontinental: in einen Kontinent eingesenkt (in bezug auf Einbruchs- u. Ingressionsmeere; Geol.)

in|tra|kraniell [*lat.*; *gr.-nlat.*]: innerhalb des Schädels lokalisiert (z. B. von Tumoren; Med.)

in|tra|krustal [*lat.-nlat.*]: = interkrustal

in|trakutan [*lat.-nlat.*]: in der Haut [gelegen]; in die Haut hinein (z. B. von Injektionen; Med.)

in|tra legem [*lat.*]: innerhalb, im Rahmen des Gesetzes (Rechtsw.)

in|tralingual: innersprachlich, innerhalb einer Sprache auftretend; Ggs. → extralingual

in|tralumbal: im Lendenwirbelkanal [gelegen], in ihn hinein erfolgend (Med.)

in|tramerkuriell [*lat.-nlat.*]: innerhalb der vom Planeten Merkur beschriebenen Bahn befindlich

in|tramolekular: sich innerhalb der Moleküle vollziehend (Chem.)

in|tramontan: im Gebirge eingesenkt (in bezug auf Becken; Geol.)

in|tramundan [*lat.*]: innerhalb dieser Welt, innerweltlich (Philos.); Ggs. → extramundan

in|tramural [*lat.-nlat.*]: innerhalb der Wand eines Hohlorgans gelegen (Med.). **in|tra muros** [*lat.*; „innerhalb der Mauerwände"]: nicht öffentlich, geheim

in|tramuskulär: im Innern eines Muskels gelegen; ins Innere des Muskels hinein erfolgend (von Injektionen; Med.); Abk.: i. m.

in|transigent [*lat.-nlat.*]: unversöhnlich, zu keinen Konzessionen od. Kompromissen bereit (bes. in der Politik). **In|transigent** *der*; -en, -en: 1. starr an seinen Prinzipien festhaltender Parteimann. 2. (nur Plural) extreme politische Parteien. **In|transigenz** *die*; -: Unversöhnlichkeit; mangelnde Bereitschaft zu Konzessionen

in|transitiv [*lat.*]: nichtzielend (in bezug auf Verben, die kein Akkusativobjekt nach sich ziehen u. kein persönliches Passiv bilden; z. B. danken; Sprachw.); Ggs. → transitiv. **In|transitiv** *das*; -s, -e [...w^e]: intransitives Verb. **Intransitivum** [...iwum] *das*; -s, ...va [...iwa]: = Intransitiv

in|tra|okular: innerhalb des Auges gelegen (z. B. von Tumoren od. Fremdkörpern; Med.)

in|tra|oral: a) in die Mundhöhle hinein erfolgend (Med.); b) innerhalb der Mundhöhle lokalisiert (von krankhaften Prozessen; Med.)

in|tra|ossär [*lat.-nlat.*]: innerhalb des Knochens lokalisiert (von Tumoren; Med.)

in|tra partum [*lat.*]: während der Geburt (Med.)

in|traperitoneal: innerhalb des Bauchfellraumes gelegen bzw. erfolgend (Med.)

in|trapersonal, intrapersonell: innerhalb einer Person ablaufend, stattfindend; nur eine Person betreffend

in|tra|pleural: innerhalb der Pleurahöhle (vgl. Pleura) gelegen bzw. erfolgend (Med.)

in|trapulmonal: innerhalb des Lungengewebes liegend (Med.)

in|trasubjektiv: innerhalb des einzelnen Subjekts, des Ich bleibend

in|tratellurisch: 1. innerhalb der von der Erde beschriebenen Bahn befindlich (Astron.). 2. im Erdkörper liegend od. entstehend (Geol.)

in|tra|thorakal: innerhalb der Brusthöhle gelegen (Med.)

in|tra|uterin: innerhalb der Gebärmutter liegend bzw. erfolgend. **In|tra|uterinpessar** *das*; -s, -e: in die Gebärmutter eingelegtes Pessar, das der Empfängnisverhütung dient (Med.)

in|travaginal [...wa...]: innerhalb der Scheide gelegen (Med.)

in|travasal [...wa...; *lat.-nlat.*]: innerhalb der Blutgefäße gelegen (Med.)

in|travenös [...we...]: innerhalb einer Vene gelegen bzw. vorkommend; in die Vene hinein erfolgend (in bezug auf Injektionen); Abk.: i. v. (Med.)

in|travital [...wi...]: während des Lebens vorkommend, auftretend (Med.)

in|trazellular u. **in|trazellulär**: innerhalb der Zelle[n] gelegen (Med.; Biol.)

in|trigant [*lat.-it.-fr.*]: ständig auf Intrigen sinnend, ränkesüchtig; hinterlistig. **In|trigant** *der*; -en, -en: jmd., der intrigiert; Ränkeschmied. **In|triganz** *die*; -: intrigantes Verhalten. **In|trige** *die*; -, -n: hinterlistig angelegte Verwicklung, Ränkespiel. **intrigieren**: Ränke schmieden, hinterlistig Verwicklungen inszenieren, einen gegen den anderen ausspielen. **in|trikat** [*lat.*]: (veraltet) verwickelt, verworren; heikel; verfänglich

in|trịnsisch [*lat.-fr.-engl.*]: von innen her, aus eigenem Antrieb durch Interesse an der Sache erfolgend, durch in der Sache liegende Anreize bedingt (Psychol.); Ggs. → extrinsisch; -e Motivation: durch die von einer Aufgabe ausgehenden Anreize bedingte → Motivation (1); Ggs. → extrinsische Motivation.

ịn tri|plo [*lat.*]: (selten) [in] dreifach[er Ausfertigung]; vgl. Triplum

Ịntro [*lat.*] *das*; -s, -s: a) einleitender Musiktitel; b) Vorbemerkung, einleitender Artikel einer Zeitschrift o. ä.

In|troduktion [*...zi̱on*; *lat.*] *die*; -, -en: 1. (veraltet) Einleitung, Einführung. 2. a) freier Einleitungssatz vor dem Hauptsatz einer Sonate, einer Sinfonie od. eines Konzerts; b) erste Gesangsnummer einer Oper. 3. Einführen des → Penis in die → Vagina beim Geschlechtsverkehr (Med.). **introduzi̱eren**: einleiten, einführen. **In|troduzi̱one** [*lat.-it.*] *die*; -, ...ni: = Introduktion (2)

In|troi̱tis [*lat.-nlat.*] *die*; -, ...iti̱den: Entzündung des Scheideneinganges (Med.). **In|tro̱itus** [*lat.*] *der*; -, -: 1. Eingang in ein Hohlorgan des Körpers (z. B. Scheideneingang; Med.). 2. a) Eingangsgesang [im Wechsel mit Psalmversen] in der Messe; b) [im Wechsel gesungene] Eingangsworte od. Eingangslied im evangelischen Gottesdienst

In|trojektion [*...zi̱on*; *lat.-nlat.*] *die*; -, -en: unbewußte Einbeziehung fremder Anschauungen, Motive o. ä. in das eigene Ich, in den subjektiven Interessenkreis (Psychol.); **in|trojizi̱eren**: fremde Anschauungen, Ideale o. ä. in die eigenen einbeziehen (Psychol.)

In|tromissi̱on [*lat.-nlat.*] *die*; -, -en: das Intromittieren. **intromitti̱eren**: a) hineinstecken, hineinschieben; b) eindringen.

in|tro̱rs [*lat.*]: nach innen gewendet (in bezug auf Staubbeutel, die der Blütenachse zugewendet sind; Bot.); Ggs. → extrors

In|tro|spektion [*...zi̱on*; *lat.-nlat.*; „Hineinsehen"] *die*; -, -en: Selbstbeobachtung, Beobachtung der eigenen seelischen Vorgänge zum Zwecke psychologischer Selbsterkenntnis (Psychol.). **in|tro|spekti̱v**: auf dem Weg der Innenschau, der psychologischen Selbsterkenntnis

In|troversi̱on [*...wär...*; *lat.-nlat.*] *die*; -, -en: Konzentration des Interesses (von der Außenwelt weg) auf innerseelische Vorgänge, meist in Verbindung mit Kontakthemmung od. -scheu (C. G. Jung; Psychol.); Ggs. → Extraversion. **in|troversiv** [*...si̱f*]: zur Introversion fähig. **in|troverti̱ert** [auch: *i̱n...*] nach innen gewandt, zur Innenverarbeitung der Erlebnisse veranlagt (Psychol.); Ggs. → extravertiert

In|tru̱der [*lat.-engl.*] *der*; -s, -[s]: militärisches Schutz- u. Aufklärungsflugzeug, speziell im Schnellwarndienst zur Unterstützung von Flugzeugträgern. **in|trudi̱eren** [*lat.-nlat.*]: eindringen (von Schmelzen in Gestein; Geol.). **In|trusi̱on** *die*; -, -en: Vorgang, bei dem Magma zwischen die Gesteine der Erdkruste eindringt u. erstarrt (Geol.). **intrusi̱v**: durch Intrusion entstanden (Geol.). **In|trusi̱va** [*...wa*] *die* (Plural): = Intrusivgestein. **Intrusi̱vgestein** *das*; -s, -e: Tiefengestein (in der Erdkruste erstarrtes Magma; Geol.)

Intubation [*...zi̱on*; *lat.-nlat.*] *die*; -, -en: Einführung eines [Metall]rohrs vom Mund aus in den Kehlkopf bei drohender Erstikkungsgefahr, zum Einbringen von Medikamenten in die Luftwege od. zu Narkosezwecken (Med.). **intubi̱eren**: eine Intubation vornehmen (Med.)

Intui|tion [*...zi̱on*; *lat.-mlat.*] *die*; -, -en: a) das unmittelbare, nicht diskursive, nicht auf Reflexion beruhende Erkennen, Erfassen eines Sachverhalts od. eines komplizierten Vorgangs; b) Eingebung, [plötzliches] ahnendes Erfassen. **Intui|tioni̱smus** [*lat.-mlat.-nlat.*] *der*; -: 1. Lehre, die der Intuition den Vorrang vor der Reflexion, vor dem diskursiven Denken gibt. 2. Lehre von der ursprüngl. Gewißheit des Unterschiedes von Gut u. Böse (Ethik). 3. bei der Begründung der Mathematik entwickelte Theorie, die mathematische Existenz mit Konstruierbarkeit gleichsetzt. **intui|tioni̱stisch**: den Intuitionismus betreffend. **intui|ti̱v** [*lat.-mlat.*]: a) auf Intuition (a) beruhend; Ggs. → diskursiv; b) mit Intuition (b)

Intumeszẹnz u. **Inturgeszẹnz** [*lat.-nlat.*] *die*; -, -en: Anschwellung (Med.)

ịntus [*lat.*]: innen, inwendig; etwas - haben: (ugs.) etwas begriffen haben; sich etwas einverleibt haben, etwas gegessen od. getrunken haben; einen - haben: (ugs.) angetrunken, beschwipst sein. **Intus|krustation** [*...zi̱on*] *die*; -, -en: → Fossilisation toter Organismen durch Ausfüllen mit mineralischen Stoffen (Geol.). **Intus|suszeption** [*...zi̱on*] *die*; -, -en: 1. Einlagerung neuer Teilchen zwischen bereits vorhandene (besondere Form des Pflanzenwachstums; Biol.); Ggs. → Apposition (2). 2. Einstülpung eines Darmabschnitts in einen anderen (Med.)

Ịnuit [*eskim.*; „Menschen"] *die* (Plural): Selbstbezeichnung der Eskimos

Ịnula [*gr.-lat.*] *die*; -, ...lae [*...lä*]: Alant, Vertreterin der Gattung der Korbblütler mit zahlreichen Arten von Gewürz- u. Heilkräutern. **Inuli̱n** [*gr.-lat.-nlat.*] *das*; -s: aus gewissen Pflanzenknollen (z. B. denen der Dahlie) gewonnenes → Polysaccharid, das zur Herstellung von Brot für Zuckerkranke verwendet wird

In|undation [*...zi̱on*; *lat.*] *die*; -, -en: völlige Überflutung des Landes bei → Transgression des Meeres (Geogr.). **In|undati̱onsgebiet** *das*; -[e]s, -e: Hochflutbett eines seichten Stromes (Geogr.)

In|unktion [*...zi̱on*; *lat.*] *die*; -, -en: Einreibung (von Arzneimitteln in flüssiger od. Salbenform; Med.)

ịn u̱sum Delphi̱ni = ad usum Delphini

invadi̱eren [*lat.*]: in fremdes Gebiet einfallen; vgl. Invasion

Invagination [*...wa...zi̱on*; *lat.-nlat.*] *die*; -, -en: 1. Darmeinstülpung (Med.). 2. (in der Keimesentwicklung) Einstülpungsvorgang mit Ausbildung der → dorsalen (1) u. der → ventralen (1) Urmundlippe (Biol.; Med.)

Invalidation [*...wa...zi̱on*; *lat.-fr.*] *die*; -, -en: (veraltet) Ungültigmachung. **invali̱d[e]**: [dauernd] arbeits-, dienst-, erwerbsunfähig (infolge einer Verwundung, eines Unfalles, einer Krankheit o. ä.). **Invali̱de** *der* od. *die*; -n, -n: [dauernd] Arbeits-, Dienst-, Erwerbsunfähige[r] (infolge von Unfall, Verwundung, Krankheit o. ä.). **invalidi̱eren**: (veraltet) ungültig machen, umstoßen. **invalidisi̱eren**: 1. für invalide erklären. 2. jmdm. eine Alters- od. Arbeitsunfähigkeitsrente gewähren. **Invalidi̱tät** *die*; -: [dauernde] erhebliche Beeinträchtigung der Arbeits-, Dienst-, Erwerbsfähigkeit.

Ịnvar ⓌⓏ [*...wa'*; von engl. *invariable*] *das*; -s: Eisen-Nickel-Legierung, die bes. zur Herstellung unempfindlicher Meßgeräte verwendet wird (Chem.). **invariabel** [*...wa...*, auch: *...abel*; *lat.*-

nlat.]: unveränderlich; ...ble Erdschicht: Erdschicht, in der sich die Temperaturschwankungen der Erdoberfläche nicht mehr auswirken (Geol.). **invariant** [auch: ...*ant*]: unveränderlich (in bezug auf Meßgrößen in der Mathematik). **Invariante** *die*; -, -n: Größe, die bei Eintritt gewisser Veränderungen unveränderlich bleibt (Math.). **Invariantentheorie** *die*; -: mathematische Theorie, die die [geometrischen] Größen untersucht, die bei einzelnen → Transformationen unverändert bleiben. **Invarianz** *die*; -: Unveränderlichkeit (z. B. von Größen in der Mathematik). **Invarstahl** Ⓦ [...*wa*'...; *lat.-nlat.*; *dt.*] *der*; -[e]s: Eisen-Nickel-Legierung mit besonders niedrigem Wärmeausdehnungskoeffizienten

Invasion [...*wa*...; *lat.-fr.*] *die*; -, -en: 1. Einfall; feindliches Einrücken von Truppen in fremdes Gebiet; vgl. Evasion (1). 2. das Eindringen von Krankheitserregern in die Blutbahn (Med.). **invasiv**: in das umgebende Bindegewebe wuchernd hineinwachsend (in bezug auf Krebszellen; Med.). **Invasor** [*lat.*] *der*; -s, ...oren (meist Plural): Eroberer; eindringender Feind

Invektive [...*wäktiwe*; *lat.*] *die*; -, -n: Schmährede od. -schrift; beleidigende Äußerung; Beleidigung

invenit [...*we*...; *lat.*]: hat [es] erfunden (auf graphischen Blättern vor dem Namen des Künstlers, der die Originalzeichnung schuf); Abk.: inv. **Inventar** *das*; -s, -e: 1. die Gesamtheit der zu einem Betrieb, Unternehmen, Haus, Hof o. ä. gehörenden Einrichtungsgegenstände u. Vermögenswerte (einschließlich Schulden). 2. Verzeichnis des Besitzstandes eines Unternehmens, Betriebs, Hauses [das neben der → Bilanz jährlich zu erstellen ist]. 3. Verzeichnis der Vermögensgegenstände u./o. Verbindlichkeiten aus einem Nachlaß **Inventarisation** [...*zion*; *lat.-nlat.*] *die*; -, -en: Bestandsaufnahme [des Inventars]; vgl. ...[at]ion/...ierung. **Inventarisator** *der*; -s, ...oren: mit einer Bestandsaufnahme betraute Person. **inventarisieren**: ein Inventar, den Bestand von etwas aufnehmen. **Inventarisierung** *die*; -, -en: das Inventarisieren; vgl. ...[at]ion/...ierung. **Inventarium** [*lat.*] *das*; -s, ...ien [...*ien*]: (veraltet) Inventar. **inventieren** [*lat.-nlat.*]: (veraltet) 1. erfinden. 2. Bestandsaufnahme machen. **Invention** [...*zion*; *lat.*] *die*; -, -en: 1. (veraltet) Erfindung. 2. kleines zwei- od. dreistimmiges Klavierstück in kontrapunktisch imitierendem Satzbau mit nur einem zugrundeliegenden Thema (J. S. Bach). **Inventor** *der*; -s, ...oren: Erfinder, Urheber. **Inventur** [*lat.-mlat.*] *die*; -, -en: Bestandsaufnahme der Vermögensteile u. Schulden eines Unternehmens zu einem bestimmten Zeitpunkt durch Zählen, Messen o. ä. anläßlich der Erstellung der → Bilanz; vgl. Skontro

in verba magistri [- *wärba* -; *lat.*]: auf des Meisters Worte [schwören], d. h. die Lehrsätze eines Lehrers nachsprechen (nach Horaz); vgl. jurare in verba...

invers [*inwärß*; *lat.*]: umgekehrt; -e Funktion: durch Vertauschung der unabhängigen u. der abhängigen Variablen gewonnene Umkehrfunktion der ursprünglichen Funktion (Math.). **Inversion** [„Umkehrung"] *die*; -, -en: 1. Umkehrung der üblichen Wortstellung (Subjekt–Prädikat), d. h. die Stellung Prädikat–Subjekt. 2. a) Darstellung von Kaliumnitrat aus einem Lösungsgemisch von Natriumnitrat u. Kaliumchlorid; b) Umwandlung von Rohrzucker in ein Gemisch aus Traubenzucker u. Fruchtzucker (Chem.). 3. Berechnung der inversen Funktion (Umkehrfunktion; Math.). 4. a) Umkehrung des Geschlechtstriebs; vgl. Homosexualität; b) Umlagerung od. Umstülpung eines Organs (z. B. der Eingeweide od. der Gebärmutter; Med.). 5. Form der Chromosomenmutation, bei der ein herausgebrochenes Teilstück sich unter Drehung um 180° wieder an der bisherigen Stelle einfügt (Biol.). 6. Reliefumkehr; durch unterschiedliche Widerstandsfähigkeit der Gesteine hervorgerufene Nichtübereinstimmung von → tektonischem Bau u. Landschaftsbild, so daß z. B. eine geologische Grabenzone landschaftlich als Erhebung erscheint (Geol.). 7. Temperaturumkehr an einer Sperrschicht, an der die normalerweise mit der Höhe abnehmende Temperatur sprunghaft zunimmt (Meteor.). 8. Umkehrung der Notenfolge der Intervalle (Mus.). **Invertase** *die*; -: = Saccharase. **Inverte|brat** *der*; -en, -en (meist Plural): = Evertebrat. **Inverter** [...*wär*...; *lat.-engl.*] *der*; -s, -: Sprachumwandlungsgerät zur Wahrung des Fernsprechgeheimnisses auf Funkverbindungen. **invertieren** [*lat.*]: umkehren, umstellen, eine Inversion vornehmen. **invertiert**: 1. umgekehrt. 2. zum eigenen Geschlecht hin empfindend (Med.); vgl. homosexuell. **Invertierte** *der*; -n, -n: jmd., der zur Inversion (4 a) neigt. **Invertin** *das*; -s: = Saccharase. **Invertzucker** [...*wärt*...; *lat.*; *dt.*] *der*; -s: das bei der → Inversion (2 b) entstehende Gemisch aus Traubenzucker u. Fruchtzucker (z. B. im Bienenhonig)

investieren [...*wä*...; *lat.*; „einkleiden"]: 1. mit den Zeichen der Amtswürde bekleiden, in ein Amt einsetzen; vgl. Investitur (1). 2. a) Kapital langfristig in Sachgütern anlegen; b) etwas in jmdn./etwas -: etwas (z. B. Geld, Arbeit, Zeit, Gefühl) auf jmdn./etwas [in reichem Maße] verwenden. **Investierung** *die*; -, -en: das Investieren (2); vgl. Investition

Investigation [...*wä*...*zion*; *lat.*] *die*; -, -en: (veraltet) Untersuchung, Nachforschung. **Investigator** *der*; -s, ...oren: (selten) jmd., der Nachforschungen anstellt. **investigieren**: (veraltet) nachforschen, nachspüren, untersuchen

Investition [...*wäßtizion*; *lat.-nlat.*] *die*; -, -en: 1. Überführung von Finanzkapital in Sachkapital (Anlageinvestition). 2. Erhöhung des Bestandes an Gütern für späteren Bedarf. **Investitionsgüter** *die* (Plural): Güter, die der → Produktion dienen (z. B. Maschinen, Fahrzeuge, Werkhallen). **Investitur** [*lat.-mlat.*] *die*; -, -en: 1. a) Einweisung in ein niederes geistliches Amt (katholisches Pfarramt); b) im Mittelalter feierliche Belehnung mit dem Bischofsamt durch den König. 2. abschließender Akt der Eigentumsübertragung (im älteren dt. Recht). 3. Bestätigung des Ministerpräsidenten durch die Nationalversammlung (in Frankreich). **investiv**: als Investition, in Form von Investitionen, zur produktiven Verwendung; Ggs. → konsumtiv. **Investivlohn** [*inwäßtif*...; *lat.-nlat.*; *dt.*] *der*; -[e]s, ...löhne: Lohnanteil, der nicht dem Konsum zufließt, sondern zwangsweise investiv verwendet wird. **Investment** [*inwäßtment*; *lat.-engl.*] *das*; -s, -s: Kapitalanlage in Investmentzertifikaten. **Investmentfonds** [...*fong*; *lat.-engl.*; *lat.-fr.*] *der*; -, - [...*fongß*]: Sondervermögen einer Kapitalanlagegesellschaft, das in Wertpapieren od. Grundstücken angelegt wird (Wirtsch.). **Investmentgeschäft** *das*; -[e]s: Geschäft einer Investmentgesellschaft (Anlage u. Beschaffung des Fondskapitals). **Investmentpapier** *das*; -s, -e: = Investmentzertifikat. **Investmenttrust** [*...traßt*] *der*; -s, -s: Investmentgesellschaft; Kapitalanlage- u. Beteiligungsgesellschaft, die Investmentgeschäfte betreibt. **Investmentzertifikat** *das*; -[e]s, -e: Schein über einen Anteil am Vermögen eines Investmentfonds. **Investor** [*...wọ...*; *lat.-nlat.*] *der*; -s, ...oren: Kapitalanleger

Inveteration [*...we...zion*; *lat.*] *die*; -, -en: (veraltet) Verjährung (Rechtsw.). **inveterieren**: (veraltet) verjähren (Rechtsw.)

in vino veritas [- *wino we...*; *lat.*; im Wein [ist] Wahrheit]: jmd., der etw. getrunken hat, spricht Wahrheiten aus, die man im nüchternen Zustand sonst eher für sich behält

invisibel [*...wi...*, auch: *...sibᵉl*; *lat.*]: (selten) unsichtbar

Invitation [*inwitazion*; *lat.*] *die*; -, -en: (selten) Einladung. **Invitatorium** [*inwi...*; *lat.-mlat.*] *das*; -s, ...ien [*...iᵉn*]. Einleitungsgesang der → Matutin mit der Aufforderung zum Gebet (Psalm 95). **invitieren** [*lat.*]: (veraltet) 1. einladen, zu Gast bitten. 2. ersuchen

in vi|tro [- *wi...*; *lat.*; „im Glas"]: im Reagenzglas [durchgeführt] (von wissenschaftlichen Versuchen); vgl. aber: in vivo

in vivo [- *wiwo*; *lat.*; „im Leben"] am lebenden Objekt [beobachtet od. durchgeführt] (von wissenschaftlichen Versuchen); vgl. aber: in vitro

Invokation [*inwokazion*; *lat.*] *die*; -, -en: Anrufung Gottes [u. der Heiligen] (z. B. am Anfang von mittelalterlichen Urkunden). **Invokavit** [*inwokawit*]: Bezeichnung des ersten Fastensonntags nach dem alten → Introitus (2) des Gottesdienstes (Psalm 91, 15: „Er rief [mich] an, [so will ich ihn erhören]")

Involution [*inwoluzion*; *lat.*; „Windung"] *die*; -, -en: 1. Darstellung des Verhältnisses zwischen Punkten, Geraden oder Ebenen in der → projektiven Geometrie. 2. normale Rückbildung eines Organs (z. B. der Gebärmutter nach der Entbindung) od. des ganzen Organismus (als Alterungsvorgang; Med.). 3. a) Verfall eines sozialen Organismus; b) Rückentwicklung demokratischer Systeme u. Formen in vor- od. antidemokratische. **involvieren** [*...wolw...*]: einschließen, in sich begreifen, enthalten (den Sinn eines Ausdrucks); vgl. evolvieren

Inzens [*lat.*] *der*; -es, -e od. *die*; -, -ationen [*...zio...*] u. **Inzensation** [*...zion*; *lat.-nlat*] *die*; -, -en: das Beräuchern mit Weihrauch (kath. Kirche). **inzensieren** [*lat.-mlat.*]: mit Weihrauch beräuchern. **Inzensorium** *das*; -s, ...ien [*...iᵉn*]: (veraltet) Räucherfaß

inzentiv [*lat.-engl.*]: anspornend, anreizend, antreibend. **Inzentiv** [*lat.*] *das*; -s, -e [*...wᵉ*]: Anreiz, Ansporn

Inzest [*lat.*] *der*; -[e]s, -e: a) Geschlechtsverkehr zwischen Blutsverwandten, zwischen Geschwistern od. zwischen Eltern u. Kindern; Blutschande (Med.); b) Paarung von engverwandten Tieren. **inzestuös** [*lat.-fr.*]: blutschänderisch, einen Inzest bedeutend, in der Art eines Inzests. **Inzestzucht** [*lat.*; *dt.*] *die*; -: 1. bei Tieren die Paarung nächster Blutsverwandter zur Herauszüchtung reiner Linien. 2. züchterisch vorgenommene Selbstbestäubung bei fremdbestäubenden Pflanzen

inzident [*lat.*]: (veraltet) im Verlauf einer Angelegenheit nebenbei auffallend; zufällig. **inzidentell**: überwiegend an den Details einer Sache interessiert. **inzidenter**: beiläufig, am Rande. **Inzidenz** [*lat.-mlat.*] *die*; -, -en: 1. (veraltet) Eintritt (eines Ereignisses), Vorfall. 2. Eigenschaft, gemeinsame Punkte zu besitzen; Beziehung zwischen einem Punkt u. einer Geraden, wobei der Punkt auf der Geraden liegt bzw. die Gerade durch den Punkt geht (Geometrie). 3. Einfall von [atomaren] Teilchen in ein bestimmtes Raumgebiet (Astron.). 4. Umstand, daß öffentliche Subventionen od. Steuern nicht die Wirtschaftssubjekte begünstigen od. belasten, denen sie vom Gesetzgeber zugedacht sind (Wirtsch.)

inzidieren [*lat.*]: einen Einschnitt machen (Med.)

inzipient [*lat.*]: beginnend (Med.)

Inzision [*lat.*] *die*; -, -en: 1. Einschnitt (Med.). 2. → Zäsur, bes. des Pentameters. **Inzisiv** [*lat.-nlat.*] *der*; -s, -en [*...wᵉn*] u. **Inzisivus** [*...iwuß*] *der*; -, ...vi [*...wi*]: Schneidezahn (Med.). **Inzisur** [*lat.*] *die*; -, -en: Einschnitt, Einbuchtung, Einsenkung an Knochen u. Organen des menschlichen u. tierischen Körpers (Anat.)

...ion/...ierung vgl. ...[at]ion/...ierung

Iod vgl. Jod

Ion [auch: *ion*; *gr.*; „Gehendes, Wanderndes"] *das*; -s, Ionen: elektrisch geladenes Teilchen, das aus neutralen Atomen od. Molekülen durch Anlagerung od. Abgabe (Entzug) von Elektronen entsteht (Phys.). **Ionenhy|dratation** u. **Ionenhy|dration** [*...zion*] *die*; -: Anlagerung von Wassermolekülen an Ionen (Hydratwolke). **Ionenreaktion** [*...zion*] *die*; -, -en: chemische Reaktion, deren Triebkraft durch die Anwesenheit von Ionen maßgeblich beeinflußt wird. **Ionenstrahlen** *die* (Plural): aus [rasch bewegten] geladenen materiellen Teilchen (Ionen) bestehende Strahlen. **Ionentherapie** *die*; -: Heilmethode zur Beeinflussung des Ionenhaushalts des menschlichen Körpers (Med.)

Ioniker [*gr.-lat.*] *der*; -s, - u. **Ionicus** [*...kuß*] *der*; -, ...ci [*...zi*]: antiker Versfuß (rhythmische Einheit); Ionicus a maiore: Ionicus mit meist zwei Längen u. zwei Kürzen (– – ◡ ◡); Ionicus a minore: Ionicus mit meist zwei Kürzen u. zwei Längen (◡ ◡ – –)

Ionisation [*...zion*; *gr.-nlat.*] *die*; -, -en: Versetzung von Atomen od. Molekülen in elektrisch geladenen Zustand; vgl. ...[at]ion/...ierung. **Ionisator** *der*; -s, ...oren: Gerät, das Ionisation bewirkt

ionisch [*gr.-lat.*]: den altgriech. Dialekt u. die Kunst der Ionier betreffend; -er Dimeter: aus zwei → Ionici bestehendes antikes Versmaß. **Ionisch** *das*; - u. **Ionische** *das*; -n: altgriech. (ionische) Tonart; in der alten Kirchenmusik die dem heutigen C-Dur entsprechende Tonart

ionisieren [*gr.-nlat.*]: Ionisation bewirken. **Ionisierung** *die*; -, -en: das Ionisieren; vgl. ...[at]ion/...ierung. **Ionium** *das*; -s: radioaktives Zerfallsprodukt des Urans, Ordnungszahl 90; Zeichen: Io. **Ionometer** *das*; -s, -: Meßgerät zur Bestimmung der Ionisation eines Gases (meist der Luft), um Rückschlüsse auf vorhandene Strahlung zu ziehen

Ionon vgl. Jonon

Ionophorese *die*; -, -n: = Iontophorese. **Iono|sphäre** [*gr.-nlat.*] *die*; -: äußerste Hülle der Erdatmosphäre (in einer Höhe von 80 bis 800 km). **Iontophorese** *die*; -, -n: Einführung von Ionen mit Hilfe des → galvanischen Stroms durch die Haut in den Körper zu therapeutischen Zwecken

(bes. bei Erkrankungen des Bewegungsapparates, ferner bei Haut- u. Schleimhautkrankheiten; Med.)

Iota usw. vgl. Jota usw.

Iovi optimo maximo [*lat.*]: Jupiter, dem Besten u. Größten (Eingangsformel röm. Weihinschriften); Abk.: I. O. M.; vgl. Deo optimo maximo

Ipekakuanha [*...anja*; *indian.-port.*] *die*; -: Brechwurz, Wurzel einer südamerik. Pflanze (Husten- u. Brechmittel)

Ipsation [*...zion*; *lat.-nlat.*] *die*; -, -en: Selbstbefriedigung, Onanie. **ipse fecit** [- *fezit*; *lat.*]: er hat [es] selbst gemacht (auf Kunstwerken vor od. hinter der Signatur des Künstlers; Abk.: i. f.). **Ipsismus** *der*; -, ...men: = Ipsation. **ipsissima verba** [- *wärba*]: völlig die eigenen Worte (einer Person, die sie gesprochen hat). **ipso facto** [*fak...*; „durch die Tat selbst"]: Rechtsformel, die besagt, daß die Folgen einer Tat von selbst eintreten. **ipso jure** [„durch das Recht selbst"]: Rechtsformel, die besagt, daß die Rechtsfolgen einer Tat von selbst eintreten

IQ [*i-ku*, auch: *ai-kju*] *der*; -s, -s: = Intelligenzquotient

Irade [*arab.-türk.*; „Wille"] *der* od. *das*; -s, -n: (hist.) Erlaß des Sultans (der Kabinettsorder des absoluten Herrschers entsprechend)

iranisch: die auf dem Hochland von Iran lebenden Völker betreffend; -e Sprachen: Sprachen der von den → Ariern hergeleiteten Völker auf dem Hochland von Iran. **Iranist** [*nlat.*] *der*; -en, -en: Wissenschaftler auf dem Gebiet der Iranistik. **Iranistik** *die*; -: Wissenschaft, in der man sich mit der Sprache u. Kultur des Irans beschäftigt; Irankunde

Irbis [*mong.-russ.*] *der*; -ses, -se: Schneeleopard (in den Hochgebirgen Zentralasiens)

Irenik [*gr.*] *die*; -: das Bemühen um eine friedliche interkonfessionelle Auseinandersetzung mit dem Ziel der Aussöhnung. **irenisch**: friedliebend, friedfertig

Irid|ektomie [*gr.-nlat.*] *die*; -, ...ien: Ausschneidung [eines Teils] der Regenbogenhaut (Med.). **Iridium** *das*; -s: chem. Grundstoff, Edelmetall (Zeichen: Ir). **Iridologe** *der*; -n, -n: Augendiagnostiker. **Iridologie** *die*; -: Augendiagnose. **Iridotomie** *die*; -, ...ien: = Iridektomie. **Iris** [*gr.-lat.*; „Regenbogen"] *die*; -, -: 1. Regenbogen (Meteor.). 2. (Plural auch: Iriden od. Irides) Regenbogenhaut des Auges (Med.). 3. Schwertlilie. **Irisblende** *die*; -, -n: verstellbare Blende (bes. bei fotogr. Apparaten), deren Öffnung in der Größe kontinuierlich verändert werden kann. **Irisdia|gnose** *die*; -: = Iridologie

Irish coffee [*airisch kofi*; *engl.*] *der*; - -, - -s: Kaffee mit einem Schuß Whiskey u. Schlagsahne. **Irish Cream** [*airisch krim*; *engl.*] *der*; - -, - -s: Likör aus Sahne u. Whiskey. **Irish-Stew** [*...ßtju*] *das*; -[s], -s: Eintopfgericht aus Weißkraut mit Hammelfleisch u. a.

irisieren [*gr.-lat.-nlat.*]: in Regenbogenfarben schillern; -de Wolken: Wolken, deren Ränder perlmutterfarbene Lichterscheinungen zeigen (Meteor.). **Iritis** *die*; -, ...itiden: Regenbogenhautentzündung; vgl. Iris (2)

Ironie [*gr.-lat.*] *die*; -, ...ien (Plural ungebräuchlich): a) feiner, verdeckter Spott, mit dem man etwas dadurch zu treffen sucht, daß man es unter dem auffälligen Schein der eigenen Billigung lächerlich macht; b) paradoxe Konstellation, die einem als frivoles Spiel einer höheren Macht erscheint, z. B. eine - des Schicksals, der Geschichte. **Ironiker** *der*; -s, -: Mensch mit ironischer Geisteshaltung. **ironisch**: voller Ironie; mit feinem, verstecktem Spott; durch übertriebene Zustimmung seine Kritik zum Ausdruck bringend. **ironisieren** [*gr.-lat.-fr.*]: einer ironischen Betrachtung unterziehen. **Ir|onym** [*gr.-nlat.*] *das*; -s, -e: ironische Wendung als Deckname (z. B.: Von einem sehr Klugen)

Irradiation [*...zion*; *lat.-nlat.*] *die*; -, -en: 1. Ausbreitung von Erregungen od. von Schmerzen im Bereich → peripherer Nerven (Med.). 2. das Übergreifen von Gefühlen od. → Affekten auf neutrale Bewußtseinsinhalte od. → Assoziationen (Psychol.). 3. Überbelichtung von fotografischen Platten. 4. optische Täuschung, durch die ein heller Fleck auf dunklem Grund dem Auge größer erscheint als ein dunkler Fleck auf hellem Grund. **irradiieren** [*lat.*]: ausstrahlen, als eine Irradiation (1 u. 2) wirken

irrational [auch: *...zional*; *lat.*]: a) mit der → Ratio, dem Verstand nicht faßbar, dem logischen Denken nicht zugänglich; b) vernunftwidrig; -e Zahlen: alle Zahlen, die sich nicht durch Brüche ganzer Zahlen ausdrücken lassen, sondern nur als nichtperiodische Dezimalbrüche mit unbegrenzter Stellenzahl dargestellt werden können (Math.); Ggs. → rational; vgl. ...al/...ell. **Irrationalismus** [auch: *ir...*; *lat.-nlat.*] *der*; -, ...men: 1. (ohne Plural) Vorrang des Gefühlsmäßigen vor der Verstandeserkenntnis. 2. (ohne Plural) metaphysische Lehre, nach der Wesen u. Ursprung der Welt dem Verstand (der Ratio) unzugänglich sind. 3. irrationale Verhaltensweise, Geschehen o. ä. **Irrationalität** *die*; -: die Eigenschaft des Irrationalen. **irrationell** [auch: *...näl*]: dem Verstand nicht zugänglich, außerhalb des Rationalen; vgl. ...al/...ell

irreal: nicht wirklich, unwirklich; Ggs. → real (2). **Irreal** *der*; -s, -e: = Irrealis. **Irrealis** *der*; -, ...les [*irealeß*]: → Modus des unerfüllbaren Wunsches, einer als unwirklich hingestellten Annahme (z. B. Wenn ich ein Vöglein *wär'...*, *Hättest* du es doch nicht getan!). **Irrealität** *die*; -, -en: die Nicht- od. Unwirklichkeit; Ggs. → Realität

Irredenta [*lat.-it.*] *die*; -, ...ten: 1. (ohne Plural) ital. Unabhängigkeitsbewegung im 19. Jh. 2. politische Unabhängigkeitsbewegung, die den Anschluß abgetrennter Gebiete an das Mutterland anstrebt. **Irredentismus** [*lat.-it.-nlat.*] *der*; -: Geisteshaltung der Irredenta. **Irredentist** *der*; -en, -en: Angehöriger der Irredenta, Verfechter des Irredentismus. **irredentistisch**: den Irredentismus betreffend

irreduktibel [auch: *...tibel*; *lat.-nlat.*]: nicht zurückführbar, nicht wiederherstellbar. **irreduzibel** [auch: *...zibel*]: nicht zurückführbar, nicht ableitbar (Philos.; Math.); Ggs. → reduzibel. **Irreduzibilität** *die*; -: Nichtableitbarkeit (Philos.; Math.)

irregulär [auch: *...lär*]: 1. a) nicht regelgemäß, nicht der Regel entsprechend; b) nicht dem Gesetz entsprechend, ungesetzlich, regelwidrig; Ggs. → regulär; -e Truppen: außerhalb des regulären Heeres aufgebotene Verbände (Freikorps, Partisanen o. ä.). 2. vom Empfang der katholischen geistlichen Weihen ausgeschlossen (wegen geistiger od. körperlicher Mängel od. einer kirchlichen Straftat). **Irreguläre** *der*; -n, -n: Angehöriger → irregulärer Truppen. **Irregularität** *die*; -, -en: 1. a) Regellosigkeit; mangelnde Gesetzmäßigkeit; Ggs. → Regularität (a); b) vom üblichen Sprachgebrauch abweichende Erscheinung (Sprachw.); Ggs. → Regularität (b). 2. kirchenrechtliches Hindernis, das vom Empfang der geistlichen Weihen ausschließt (kath. Kirchenrecht)

irrelevant [*...want*, auch: *...want*]: unerheblich, belanglos; Ggs. → relevant. **Irrelevanz** [auch: *...wanz*] *die*; -, -en: Unwichtigkeit, Bedeutungslosigkeit; Ggs. → Relevanz

irreligiös [auch: *...giöß*; *lat.*]: nicht religiös (2); Ggs. → religiös (2). **Irreligiosität** *die*; -: Religionslosigkeit; Ggs. → Religiosität

irreparabel [auch: *...rab*ᵉ*l*; *lat.*]: Ggs. → reparabel a) sich nicht durch eine Reparatur instand setzen lassend; b) sich nicht ersetzen, beheben lassend; c) nicht heilbar, in der Funktion nicht wiederherzustellen (Med.). **Irreparabilität** *die*; -: Unmöglichkeit, einen Schaden, Fehler o.ä. wieder auszugleichen

irreponibel [auch: *...nib*ᵉ*l*]: nicht wieder in die normale Lage zurückzubringen (z.B. von eingeklemmten Bruchinhalten o.ä.; Med.); Ggs. → reponibel

irre|spirabel [auch: *...rab*ᵉ*l*; *lat.*]: nicht atembar, zum Einatmen untauglich (Med.)

irreversibel [*...wär...*, auch: *...sib*ᵉ*l*; *lat.-fr.*]: nicht umkehrbar, nicht rückgängig zu machen (z.B. von technischen, chemischen, biologischen Vorgängen); Ggs. → reversibel (1). **Irreversibilität** *die*; -: Unumkehrbarkeit; Ggs. → Reversibilität

irrevisibel [*...wi...*, auch: *...sib*ᵉ*l*]: (veraltet) nicht mit Rechtsmitteln anfechtbar (in bezug auf Urteile); Ggs. → revisibel; vgl. Revision

Irrigation [*...zion*; *lat.*; „Bewässerung"] *die*; -, -en: 1. Ausspülung (bes. des Darms bei Verstopfung), Einlauf (Med.). 2. (selten) Bewässerung (Fachspr.). **Irrigator** *der*; -s, ...oren: Spülapparat (der z.B. zur Darmspülung verwendet wird; Med.). **irrigieren**: (selten) bewässern

irritabel [*lat.*]: reizbar, erregbar, empfindlich (z. B. von Nerven; Med.). **Irritabilität** *die*; -: Reizbarkeit, Empfindlichkeit (z.B. eines Gewebes; Med.). **Irritation** [*...zion*] *die*; -, -en: a) auf jmdn., etw. ausgeübter Reiz, Reizung; b) das Erregtsein; c) Verwirrung, Zustand der Verunsichertheit. **irritieren**: a) [auf]reizen, erregen; b) unsicher machen, verwirren, beunruhigen, beirren; c) stören, lästig sein; d) (veraltend) ärgern

Irvingianer [*irw...*; nach dem Volksprediger Edward Irving (*ö*ᵉ*wing*)] *der*; -s, -: Angehöriger einer schwärmerischen katholisch-apostolischen Sekte des 19. Jh.s [in England], die die baldige Wiederkunft Christi erwartete. **Irvingianismus** [*nlat.*] *der*; -: Lehre der Irvingianer

Isabelle [angeblich nach der Farbe des Hemdes, das die span. Erzherzogin Isabelle von 1601 bis 1604 getragen haben soll] *die*; -, -n: Pferd mit isabellfarbenem Fell u. gleichfarbenem od. hellerem Mähnen- u. Schweifhaar. **isabellfarben** u. **isabellfarbig**: graugelb

Is|agoge [*gr.-lat.*] *die*; -, -n: in der Antike Einführung in eine Wissenschaft. **Is|agogik** [*gr.*] *die*; -: Kunst der Einführung in eine Wissenschaft, bes. die Lehre von der Entstehung der biblischen Bücher

Is|akuste [*gr.-nlat.*] *die*; -, -n: Verbindungslinie zwischen Orten gleicher Schallstärke (bei Erdbeben)

Is|allobare [*gr.-nlat.*] *die*; -, -n: Linie, die Orte gleicher Luftdruckveränderung verbindet (Meteor.). **Is|allotherme** *die*; -, -n: Linie, die Orte gleicher Temperaturveränderung verbindet (Meteor.)

Is|anabase [*gr.-nlat.*] *die*; -, -n: Verbindungslinie zwischen Orten gleicher Hebung (bei → tektonischer Bewegung der Erdkruste)

Is|anemone [*gr.-nlat.*] *die*; -, -n: Linie, die Orte gleicher Windgeschwindigkeit verbindet (Meteor.)

Is|anomale [*gr.-nlat.*] *die*; -, -n: Linie, die Orte gleicher Abweichung von einem Normalwert verbindet (Meteor.)

ISA-System *das*; -s: die von der *I*nternational Federation of the National *S*tandardizing *A*ssociations [*int*ᵉ*rnäsch*ᵉ*n*ᵉ*l fäd*ᵉ*re'sch*ᵉ*n* ᵉ*w dh*ᵉ *näsch*ᵉ*n*ᵉ*l ßtänd*ᵉ*rdaising* ᵉ*ßo*ᵘ*ßiesch*ᵉ*ns*] festgelegten Normzahlen, Toleranzen, Passungen bei einander zugeordneten Maschinenteilen

Isatin [*gr.-lat.-nlat.*] *das*; -s: bei der Oxydation von Indigo mit Salpetersäure entstehendes Zwischen- u. Ausgangsprodukt in der pharmazeutischen u. Farbstoffindustrie. **Isatis** [*gr.-lat.*] *die*; -: Waid (Gattung der Kreuzblütler, z. B. der Färberwaid)

Isba [*russ.*] *die*; -, Isbi: russ. Bezeichnung für: Holzhaus, Blockhütte (bes. der Bauern)

-isch/-: bei → Adjektiven aus fremden Sprachen → konkurrieren des öfteren endungslose Adjektive mit solchen, die auf -isch enden; die endungslosen haben dabei mehr die → Qualität eines Eigenschaftswortes; die auf -isch endenden dagegen sind → Relativadjektive, d.h., sie drükken eine allgemeine Beziehung aus, z.B. analoges (entsprechendes) Handeln, aber: analogischer (durch Analogie herbeigeführter) Ausgleich; synonyme (sinngleiche) Wörter, aber: synonymische (in bezug auf die Synonymie bestehende) Reihen, Annäherungen, Konkurrenzen

Isch|ämie [*iß-ch...*; *gr.-nlat.*] *die*; -, ...ien: örtl. Blutleere, mangelnde Versorgung einzelner Organe mit Blut (Med.). **isch|ämisch**: blutleer (Med.)

Ische [*hebr.-jidd.*] *die*; -, -n: Mädchen (aus der Sicht eines [jungen] Mannes)

Is|chiadikus [*iß-ch...*; *gr.-lat.*] *der*; -, ...izi (Plural selten): Ischias-, Hüftnerv. **is|chiadisch** [*iß-chi...*]: den Ischias betreffend. **Is|chialgie** [*iß-chi...*; *gr.-nlat.*] *die*; -: = Ischias. **Is|chias** [*iß-chiaß*, *isch...*; *gr.-lat.*] *der* od. *das*, (fachspr. auch:) *die*; -: Hüftschmerzen; [anfallsweise auftretende] Neuralgie im Ausbreitungsbereich des → Ischiadikus (Med.). **Is|chium** [*iß-chium*] *das*; -s, ...ia: Hüfte, Gesäß (Med.)

Isch|urie [*iß-ch...*; *gr.-nlat.*] *die*; -, ...ien: Harnverhaltung; Unmöglichkeit, Harn zu entleeren (Med.)

is|en|trop u. **is|en|tropisch** [*gr.-nlat.*]: bei gleichbleibender → Entropie verlaufend

Isfahan [nach der iranischen Stadt] *der*; -[s], -s: feiner, handgeknüpfter Teppich mit Blüten-, Ranken- od. Arabeskenmusterung auf meist beigefarbenem Grund

Islam [auch: *iß...*; *arab.*; „Hingebung"] *der*; -[s]: von Mohammed zwischen 610 u. 632 gestiftete Religion mit bestimmten politischen, sozialen u. kulturellen Auswirkungen. **Islamisation** [*...zion*; *arab.-nlat.*] *die*; -, -en: Bekehrung zum Islam; vgl. ...[at]ion/...ierung. **islamisch**: zum Islam gehörend, mohammedanisch. **islamisieren**: a) zum Islam bekehren; b) dem Herrschaftsbereich des Islams einverleiben. **Islamisierung** *die*; -, -en: das Islamisieren; vgl. ...[at]ion/...ierung. **Islamismus** *der*; -: = Islam. **Islamit** *der*; -en, -en: = Mohammedaner. **islamitisch**: = islamisch

Ismaelit [*...ma-e...*] *der*; -en, -en: a) Angehöriger alttestamentlicher nordarabischer Stämme, die Ismael (nach dem A. T. Sohn Abrahams, der nach Isaaks Geburt mit seiner Mutter Hagar verstoßen wurde) als ihren Stammvater ansehen; b) = Ismailit. **Ismailit** [*...ma-i...*; nach Ismail, einem Nachkommen Mohammeds (8. Jh.)] *der*; -en, -en: Angehöriger einer → schiitischen Glaubensgemeinschaft, in der nur sieben → Imame (2), als letzter Ismail, anerkannt werden

Ismus *der*; -, Ismen: abwertende Bezeichnung für eine bloße Theorie, eine von den vielen auf ...ismus endenden Lehrmeinungen u. Systemen. **...ismus/...istik**: beide Endungen → konkurrieren des öfteren miteinander; dabei drücken die Wörter auf ...ismus mehr eine Tendenz, Richtung, Geisteshaltung aus; die Wörter auf ...istik dagegen beziehen sich mehr auf die Erscheinung, die Äußerungsform (z. B. Tourismus/ Touristik, Realismus/Realistik)

Iso|am|plitude *die*; -, -n: Linie, die Orte gleicher mittlerer Temperaturschwankungen verbindet (Meteor.)

isobar [*gr.-nlat.*]: 1. eine gleiche Anzahl → Neutronen u. verschiedene Anzahl → Protonen aufweisend (in bezug auf Atomkerne). 2. gleichen Druck habend (Phys.); -er Vorgang: ohne Druckänderung verlaufender Vorgang (Phys.). **Isobar** *das*; -s, -e: Atomkern mit isobaren Eigenschaften. **Isobare** *die*; -, -n: Verbindungslinie zwischen Orten gleichen Luftdrucks

Isobase [*gr.-nlat.*] *die*; -, -n: = Isanabase

Isobathe [*gr.-nlat.*] *die*; -, -n: Verbindungslinie zwischen Orten gleicher Wassertiefe

Iso|bronte [*gr.-nlat.*] *die*; -, -n: Linie gleicher Uhrzeit des ersten Donners, der den Beginn eines Gewitters angibt (Meteor.)

Isobutan *das*; -s: gesättigter Kohlenwasserstoff; farbloses, brennbares Gas

Isochasme [*...ehaß...*; *gr.-nlat.*] *die*; -, -n: Verbindungslinie zwischen Orten gleich häufigen Auftretens von Polarlicht (Meteor.)

Isochimene [*...chi...*; *gr.-nlat.*] *die*; -, -n: Verbindungslinie zwischen Orten gleicher mittlerer Wintertemperatur (Meteor.)

Isochione [*...chi...*; *gr.-nlat.*] *die*; -, -n: Verbindungslinie zwischen Orten gleichen Schneefalls (Meteor.)

isochor [*...kor*; *gr.-nlat.*]: gleiches Volumen habend; -er Vorgang: Vorgang ohne Änderung des Volumens. **Isochore** *die*; -, -n: Linie in → Diagrammen, die Punkte konstanten Volumens verbindet

iso|chrom [*...krom*; *gr.-nlat.*]: = isochromatisch. **Iso|chromasie** *die*; -: gleiche Farbempfindlichkeit, Farbtonrichtigkeit, bes. bei fotografischen Emulsionen. **Isochromaten** *die* (Plural): Kurven gleichen Gangunterschiedes (gleicher → Interferenzfarbe) bei Doppelbrechung nichtkubischer Kristalle. **iso|chromatisch**: verschiedene Farben gleich behandelnd, für alle → Spektralfarben gleich empfindlich, farbtonrichtig; -e Platte: für den gesamten Spektralbereich gleich empfindliche fotografische Platte

iso|chron [*...kron*; *gr.-nlat.*]: gleich lang dauernd (Phys.). **Iso|chrone** *die*; -, -n: Verbindungslinie zwischen Orten gleichzeitigen Auftretens bestimmter Erscheinungen (z. B. einer Erdbebenwelle). **Iso|chronismus** *der*; -: gleichzeitiges Ablaufen von Uhren

isocyclisch vgl. isozyklisch

is|odont [*gr.-nlat.*]: = homodont

Isodyname [*gr.-nlat.*] *die*; -, -n: Verbindungslinie zwischen Orten gleicher magnetischer Stärke. **Isodyne** *die*; -, -n: Linie, die Punkte gleicher Kraft verbindet (Phys.)

iso|elek|trisch: die gleiche Anzahl positiver wie negativer Ladungen aufweisend (bei → amphoteren → Elektrolyten): -er Punkt: bei organischen Kolloiden auf der Kurve, die den Ladungsüberschuß der positiven Wasserstoffionen angibt, der Punkt, bei dem durch Zugabe von Laugen od. Säuren die negativen Ionen die freien Wasserstoffionen gerade neutralisieren

Iso|erge [*gr.-nlat.*] *die*; -, -n: auf volkskundlichen Karten Linie, die Gebiete gleicher Erscheinungen begrenzt

Isogameten [*gr.-nlat.*] *die* (Plural): männliche u. weibliche Geschlechtszellen, die keine → morphologischen Unterschiede aufweisen (Biol.). **Isogamie** *die*; -, ...ien: Vereinigung gleichgestalteter Geschlechtszellen (Biol.)

Isogamme [*gr.-nlat.*] *die*; -, -n: Verbindungslinie zwischen Orten gleicher Abweichung von dem Normalfeld der Schwerkraft

isogen [*gr.-nlat.*]: → genetisch identisch (in bezug auf pflanzliche od. tierische Organismen)

Isogeotherme [*gr.-nlat.*] *die*; -, -n: Verbindungslinie zwischen Orten gleicher Erdbodentemperatur (Meteor.)

Iso|glosse [auch: *...gloße*; *gr.-nlat.*] *die*; -, -n: auf Sprachkarten Linie, die Gebiete gleichen Wortgebrauchs begrenzt (Sprachw.)

Isogon [*gr.-nlat.*] *das*; -s, -e: regelmäßiges Vieleck. **isogonal**: winkelgetreu (bes. bei geometr. Figuren u. bei Landkarten), gleichwinklig. **Isogonalität** *die*; -: Winkeltreue (bes. bei Landkarten). **Isogone** *die*; -, -n: Verbindungslinie zwischen Orten gleicher → Deklination od. gleichen Windes (Meteor.)

Isohaline [*gr.-nlat.*] *die*; -, -n: Verbindungslinie zwischen Orten gleichen Salzgehalts (Geol.)

Isohelie [*...ie*; *gr.-nlat.*] *die*; -, -n: Verbindungslinie zwischen Orten mit gleich langer Sonnenbestrahlung (Meteor.)

Isohyete [*gr.-nlat.*] *die*; -, -n: Verbindungslinie zwischen Orten mit gleicher Niederschlagsmenge (Meteor.)

Isohypse [*gr.-nlat.*] *die*; -, -n: Verbindungslinie zwischen Orten gleicher Meereshöhe (Geogr.)

Isokatabase [*gr.-nlat.*] *die*; -, -n: Verbindungslinie zwischen Orten gleicher Senkung (Geol.)

Isokat|anabare [*gr.-nlat.*] *die*; -, -n: Linie, die Orte mit gleicher monatlicher Luftdruckschwankung verbindet (Meteor.)

Isokephalie [*gr.-nlat.*] *die*; -: gleiche Kopfhöhe aller Gestalten eines Gemäldes od. → Reliefs (meist mit dem Prinzip der Reihung verbunden)

Isokeraune [*gr.-nlat.*] *die*; -, -n: Verbindungslinie zwischen Orten gleicher Häufigkeit, Stärke od. der Gleichzeitigkeit von Gewittern (Meteor.)

iso|klinal [*gr.-nlat.*]: nach der gleichen Richtung einfallend (Geol.). **Iso|klinale** *die*; -, -n u. **Iso|klinalfalte** *die*; -, -n: Gesteinsfalte, deren beide Schenkel parallel zusammengeklappt wurden. **Iso|kline** *die*; -, -n: Verbindungslinie zwischen Orten gleicher → Inklination (Geogr.)

Isokolon [*gr.*] *das*; -s, ...la: Satzteil, der innerhalb einer Periode mit anderen koordinierten Satzteilen in der Länge gleich ist (antike Rhet.); vgl. Kolon (2)

Iso|kryme [*gr.-nlat.*] *die*; -, -n: 1. Verbindungslinie zwischen Orten mit gleichzeitiger Eisbildung auf Gewässern (Meteor.). 2. Verbindungslinie zwischen Orten gleicher Minimaltemperatur

Isolani [in Anlehnung an den Grafen Isolani aus Schillers Wallenstein zu dem Verb → isolieren gebildet] *der*; -[s], -[s]: (scherzh.) alleinstehender, isolierter Bauer (Schach). **Isolarplatte** [*lat.-it.-fr.-nlat.*; *dt.*] *die*; -, -n: lichthoffreie fotogr. Platte. **Isolat** [*lat.-it.-fr.-nlat.*] *das*; -s, -e: (für die Herausbildung von Rassen wichtige) isolierte Gruppe von Lebewesen mit einem Gengehalt, der von dem anderer vergleichbarer Gruppen abweicht (Biol.). **Isolation** [...*zion*; *lat.-it.-fr.*] *die*; -, -en: 1. Absonderung, Getrennthaltung [von Infektions- od. Geisteskranken, Häftlingen]. 2. a) Vereinzelung, Vereinsamung (eines → Individuums innerhalb einer Gruppe); Abkapselung; b) Abgeschnittenheit eines Gebietes (vom Verkehr, von der Kultur o. ä.). 3. a) Verhinderung des Durchgangs von Strömen (Gas, Wärme, Elektrizität, Wasser u. a.) mittels nichtleitender Stoffe; b) Isoliermaterial (Techn.); vgl. ...[at]ion/...ierung. **Isolationismus** [*lat.-it.-fr.-nlat.*] *der*; -: politische Tendenz, sich vom Ausland abzuschließen (sich nicht einzumischen u. keine Bündnisse abzuschließen). **Isolationist** *der*; -en, -en: Verfechter des Isolationismus. **isolationistisch**: den Isolationismus betreffend, dem Isolationismus entsprechend. **Isolationshaft** *die*; -: Haft, bei der die → Kontakte des Häftlings zur Außenwelt eingeschränkt od. unterbunden werden. **isolativ** [*lat.-it.-fr.*]: eine Isolation (1, 2, 3) darstellend, beinhaltend. **Isolator** *der*; -s, ...oren: 1. Stoff, der Energieströme schlecht od. gar nicht leitet. 2. a) Material zum Abdichten, Isolieren; b) zur Verhinderung von Kurzschlüssen o. ä. verwendetes Material als Umhüllung u. Stütze für unter Spannung stehende elektrische Leitungen

Isolexe [*gr.-nlat.*] *die*; -, -n: = Isoglosse

isolezithal [*gr.-nlat.*]: einen gleichmäßig in der ganzen Zelle verteilten Dotter aufweisend (in bezug auf Eizellen; Biol.); vgl. telolezithal, zentrolezithal

isolieren [*lat.-it.-fr.*]: 1. absondern; vereinzeln; abschließen; -de Sprachen: Sprachen, die die Beziehungen der Wörter im Satz nur durch die Wortstellung ausdrücken (z. B. das Chinesische); Ggs. → agglutinierende, → flektierende Sprachen; isolierte Bildung: von einer Gruppe od. einer bestimmten Funktion losgelöste, erstarrte sprachliche Form (z. B. verschollen; lebt nicht mehr als 2. Partizip zu „verschallen", sondern ist zum Adjektiv geworden). 2. Kranke von Gesunden getrennt halten (Med.). 3. eine Figur von ihren Mitstreitkräften abschneiden (Schach.). 4. einen → Isolator anbringen (Techn.). **Isolierstation** *die*; -, -en: Abteilung eines Krankenhauses, in der Patienten mit Infektionskrankheiten, seltener auch psychisch Kranke untergebracht werden. **Isolierung** *die*; -, -en: a) das Isolieren; b) die Isolation (3b); vgl. ...[at]ion/...ierung

Isolinien [...*ni*[e]*n*] *die* (Plural): Sammelbezeichnung für alle Linien auf geogr., meteorol. u. sonstigen Karten, die Punkte gleicher Wertung od. gleicher Erscheinungen verbinden

isomagnetisch: gleiche erdmagnetische Werte aufweisend; -e Kurve: Verbindungslinie zwischen Punkten gleicher erdmagnetischer Werte

isomer [*gr.*; „von gleichen Teilen"]: 1. gleich gegliedert in bezug auf die Blattkreise einer Blüte, die alle gleich viele Glieder aufweisen (Bot.), Ggs. → heteromer. 2. die Eigenschaft der Isomeren aufweisend (Chem.). **Isomer** *das*; -s, -e (meist Plural) u. **Isomere** *das*; -n, -n (ein -s; meist Plural): 1. chemische Verbindung, die trotz der gleichen Anzahl gleichartiger Atome im Molekül durch deren Anordnung von einer entsprechenden anderen Verbindung hinsichtlich ihrer chemischen u. physikalischen Eigenschaften unterschieden ist. 2. Atomkern, der die gleiche Anzahl → Protonen u. → Neutronen wie ein anderer Atomkern hat, aber unterschiedliche kernphysikalische Eigenschaften aufweist. **Isomerie** [*gr.-nlat.*] *die*; -: 1. gleiche Gliederung in bezug auf die Blattkreise einer Blüte, die alle gleich viele Glieder aufweisen (Bot.). 2. die Verhaltensweise der Isomeren. **Isomerisation** [...*zion*] *die*; -: Umwandlung einer chemischen Verbindung in eine andere von gleicher Summenformel u. gleicher Molekülgröße; vgl. ...[at]ion/...ierung. **Isomerisierung** *die*; -, -en: = Isomerisation; vgl. ...[at]ion/...ierung

isomesisch [*gr.*]: im gleichen → Medium (I, 3) gebildet (in bezug auf Gesteine; (Geol.); Ggs. → heteromesisch

Isometrie [*gr.*; „gleiches Maß"] *die*; -: 1. Längengleichheit, Längentreue, bes. bei Landkarten. 2. mit dem Gesamtwachstum übereinstimmendes, gleichmäßig verlaufendes Wachstum von Organen od. Organsystemen (Biol.); Ggs. → Allometrie. **Isometrik** *die*; -: isometrisches Muskeltraining. **isometrisch**: die gleiche Längenausdehnung beibehaltend; -es Muskeltraining: rationelle Methode des Krafttrainings, bei der die Muskulatur ohne Änderung der Längenausdehnung angespannt wird; -es Wachstum: Isometrie (2).

isometrop [*gr.-nlat.*]: gleichsichtig (auf beiden Augen; Med.). **Isometropie** *die*; -: gleiche Sehkraft auf beiden Augen (Med.)

isomorph [*gr.-nlat.*]: 1. von gleicher Gestalt (bes. bei Kristallen; Phys.; Chem.). 2. in der algebraischen Struktur einen Isomorphismus enthaltend (Math.). 3. die gleiche sprachliche Struktur (die gleiche Anzahl von → Konstituenten mit den gleichen Beziehungen zueinander, z. B. unbezähmbar, unverlierbar) aufweisend (Sprachw.). **Isomorphie** *die*; -: isomorpher Zustand. **Isomorphismus** *der*; -: 1. Eigenschaft gewisser chem. Stoffe, gemeinsam dieselben Kristalle (Mischkristalle) zu bilden. 2. spezielle, umkehrbar eindeutige Abbildung einer → algebraischen Struktur auf eine andere (Math.)

Isonephe [*gr.-nlat.*] *die*; -, -n: Verbindungslinie zwischen Orten mit gleich starker Bewölkung (Meteor.)

Isonomie [*gr.*] *die*; -: (veraltet) a) Gleichheit vor dem Gesetz; b) [politische] Gleichberechtigung

Isombre [*gr.-nlat.*] *die*; -, -n: Verbindungslinie zwischen Orten mit gleicher Wasserverdunstung (Meteor.)

Isopache [*gr.-nlat.*] *die*; -, -n: Verbindungslinie zwischen Orten gleicher Schichtmächtigkeit (von Gesteinsverbänden; Geol.)

Isopage [*gr.-nlat.*] *die*; -, -n: Verbindungslinie zwischen Orten mit zeitlich gleich langer Eisbildung auf Gewässern (Meteor.)

Isopathie [*gr.-nlat.*] *die*; -: Behandlung einer Krankheit mit Stoffen, die durch die Krankheit im Organismus gebildet werden (z. B. Antikörper, Vakzine; Med.)

isoperimetrisch [*gr.-nlat.*]: von gleichem Ausmaß (von Flächen u. Körpern; Math.)

Isoperm [*gr.*; *lat.*] *das*; -s: magnetisches Material mit möglichst konstanter → Permeabilität bei verschiedenen Magnetfeldstärken (Phys.)

Isophane [*gr.-nlat.*] *die*; -, -n: Linie, die Orte mit gleichem Vegetationsbeginn verbindet (Meteor.)

Isophone [*gr.-nlat.*] *die*; -, -n: Linie auf Sprachkarten, die Gebiete gleicher Laute begrenzt

Isophote [*gr.-nlat.*] *die*; -, -n: Verbindungslinie zwischen Orten gleicher Energiestrahlung

is|opisch [*gr.-nlat.*]: in der gleichen → Fazies vorkommend (in bezug auf Gesteine (Geol.); Ggs. → heteropisch

Iso|plethe [*gr.-nlat.*] *die*; -, -n: Verbindungslinie zwischen Orten gleicher Zahlenwerte (hauptsächlich zur → graphischen Darstellung der täglichen u. jährlichen Temperaturänderungen; Meteor.)

Isopode [*gr.-nlat.*] *der*; -n, -n (meist Plural): Assel (kleines, flaches Krebstier in Süßwasser, im Meer u. auf dem Land

Iso|pren [Kunstw.] *das*; -s: flüssiger, ungesättigter Kohlenwasserstoff

Iso|ptera [*gr.-nlat.*] *die* (Plural) = Termiten

Isoquante [*gr.*; *lat.*] *die*; -, -n: graphische Darstellung des Verhältnisses der einzelnen für die → Produktion (1) notwendigen → Faktoren (z. B. Arbeit, Boden, Kapital) zur Feststellung u. Planung von Produktmenge, Kosten u. a.

Isor|rhachie [...*chi*^e; *gr.-nlat.*] *die*; -, -n: Verbindungslinie zwischen Orten mit gleichzeitigem Fluteintritt

iso|rhythmisch [*gr.*]: (Mus.) a) unabhängig von Tonhöhe u. Text rhythmisch sich wiederholend (in Kompositionen des ausgehenden Mittelalters); b) in allen Stimmen eines Satzes rhythmisch gleichbleibend (in kontrapunktischen Sätzen)

Isoseiste [*gr.-nlat.*] *die*; -, -n: Verbindungslinie zwischen Orten gleicher Erdbebenstärke

Iso|skop [*gr.-nlat.*] *das*; -s, -e: Bildaufnahmevorrichtung beim Fernsehen

is|osmotisch: = isotonisch

Iso|spin [*gr.*; *engl.*] *der*; -s, -s: Quantenzahl zur Klassifizierung von Elementarteilchen (Kernphys.)

Isostasie [*gr.-nlat.*] *die*; -: Gleichgewichtszustand zwischen einzelnen Krustenstücken der Erdrinde u. der darunter befindlichen unteren Zone der Erdkruste. **isostatisch**: die Isostasie betreffend

Isotache [*gr.-nlat.*] *die*; -, -n: Verbindungslinie zwischen Orten gleicher Fließgeschwindigkeit (von Flüssen)

Isotalantose [*gr.-nlat.*] *die*; -, -n: Verbindungslinie zwischen Orten mit gleicher jährlicher Temperaturschwankung (Meteor.)

Isothere [*gr.-nlat.*] *die*; -, -n: Verbindungslinie zwischen Orten mit gleich starker Sommersonnenbestrahlung (Meteor.)

isotherm [*gr.-nlat.*]: gleiche Temperatur habend (Meteor.); -er Vorgang: Vorgang, der ohne Temperaturveränderung verläuft. **Isotherme** *die*; -, -n: Verbindungslinie zwischen Orten mit gleicher Temperatur (Meteor.). **Isothermie** *die*; -, ...ien: 1. gleichbleibende Temperaturverteilung (Meteor.). 2. Erhaltung der normalen Körpertemperatur (Med.)

Isotomie [*gr.-nlat.*] *die*; -: gleichmäßiges Wachstum der Triebe einer → dichotomen Verzweigung bei Pflanzen

Isoton [*gr.-nlat.*] *das*; -s, -e (meist Plural): Atomkern, der die gleiche Anzahl Neutronen wie ein anderer, aber eine von diesem verschiedene Protonenzahl enthält (Kernphys.). **isotonisch**: gleichen → osmotischen Druck habend (in bezug auf Lösungen)

isotop [*gr.-nlat.*]: gleiche Kernladungszahl, gleiche chemische Eigenschaften, aber verschiedene Masse besitzend; vgl. ...isch/-. **Isotop** *das*; -s, -e (meist Plural): Atom od. Atomkern, der sich von einem andern des gleichen chem. Elements nur in seiner Massenzahl unterscheidet. **Isotopendiagnostik** *die*; -: Verwendung von → radioaktiven Isotopen zu medizinisch-diagnostischen Zwekken (Med.). **Isotopentherapie** *die*; -: Verwendung von → radioaktiven Isotopen zu therapeutischen Zwecken (Med.). **Isotopie** *die*; -: 1. a) isotoper Zustand; b) das Vorkommen von Isotopen. 2. Einheitlichkeit von Rede u. Realitätsebene (Sprachw.). **isotopisch**: im gleichen Raum gebildet (in bezug auf Gesteine; Geol.); Ggs. → heterotopisch; vgl. ...isch/-

Iso|tron [*gr.-nlat.*] *das*; -s, ...trone (auch: -s): Gerät zur Isotopentrennung, das die unterschiedliche Geschwindigkeit verschiedener → Isotope gleicher Bewegungsenergie ausnutzt

iso|trop [*gr.*]: nach allen Richtungen hin gleiche Eigenschaften aufweisend (Phys.); Ggs. → anisotrop. **Iso|tropie** [*gr.-nlat.*] *die*; -: isotrope Eigenschaft

Isotypie [*gr.-nlat.*] *die*; -: 1. Übereinstimmung von Stoffen in Zusammensetzung u. Kristallgitter, ohne daß sie Mischkristalle miteinander bilden können (Chem.). 2. phänotypische Gleichheit der F_1-Generation (Biol.)

isozy|klisch [*gr.-nlat.*]: 1. = isomer (1). 2. (chem. fachspr.: isocyclisch) als organisch-chemische Verbindung ringförmig angeordnete Moleküle aufweisend, wobei im Ring nur Kohlenstoffatome auftreten

Ispahan [nach der iran. Stadt Isfahan (früher: Ispahan)]: *der*; -[s], -s: feiner, handgeknüpfter Teppich mit Blüten-, Ranken- od. Arabeskenmusterung

Iste [*lat.*] *der*; -: (selten) → Penis

Isth|mien [...*mi*^e*n*; *gr.-lat.*] *die* (Plural): in der Antike auf dem Isthmus von Korinth zu Ehren des Poseidon alle zwei Jahre veranstaltete panhellenistische Spiele mit sportlichen Wettkämpfen u. Wettbewerben in Musik, Vortrag u. Malerei. **Isthmus** *der*; -, ...men: 1. Landenge (z. B. die von Korinth od. Sues). 2. (Plural ...mi od. ...men) enger Durchgang, verengte Stelle, schmale Verbindung (zwischen zwei Hohlräumen; Anat.)

Isti|klal [*arab.*; „Unabhängigkeit"] *der*; -: 1. nationale Partei in Marokko. 2. nationale Partei im Irak (1946–1954). **Isti|qlal** vgl. Istiklal

Itai-Itai-Krankheit [*jap.*; *dt.*; nach *jap.* itai = „schmerzhaft"] *die*; -: an der Ostküste der japanischen Insel Hondo bei → Multiparen in der → Menopause auftretende → Osteomalazie

Itaker *der*; -s, -: (ugs.) Italiener

Itakolumit [auch: ...*it*; nach dem brasilian. Berg Pico Itacolomi] *der*; -s, -e: Gelenksandstein aus verzahnten, nicht verwachsenen Quarzkörnern

Itala [*lat.*] *die*; -: a) wichtige Gruppe unter den ältesten, der → Vulgata vorausgehenden lat. Bibelübersetzungen; b) (fälschlich) Bezeichnung für: → Vetus Latina. **italianisieren** [*nlat.*]: italienisch machen, gestalten. **Italianismus** *der*; -, ...men: 1. Übertragung einer für das Italienische charakteristischen sprachlichen Erscheinung auf eine nichtitalienische Sprache. 2. Entlehnung aus dem Italienischen (z. B. in der deutschen Schriftsprache in Südtirol). **Italianist** *der*; -en, -en: Romanist, der sich auf die italienische Sprache u. Literatur spezialisiert hat. **italianistisch**: das Gebiet der italienischen Sprache u. Literatur betreffend. **Italianität** *die*; -: italienische Wesensart, italienischer Volkscharakter. **Italiener** *die* (Plural): sehr gut Eier legende Rasse von schlanken, kräftigen Hühnern mit häufig graubrauner od. goldfarbiger Färbung. **italienisieren** [*...i-e...*]: = italianisieren. **Italiennne** [*...liän*; *lat.-fr.*] *die*; -: eine Druckschrift, Antiqua mit fetten Querstrichen. **Italique** [*...lik*] *die*; -: franz. Bezeichnung für: Kursive. **italisch**: das antike Italien betreffend. **Italowestern** *der*; -[s], -: [von italienischen Regisseuren gedrehter] Film, Filmgattung im Stil des amerikanischen Western mit einer Mischung aus zynischer Gesellschaftskritik, Action, neurotischer Brutalität u. Komik

Itamaraty [*...ti*; *bras.*] *das*; -[s]: brasilianisches Außenministerium

Itazismus [*gr.-nlat.*; nach der Aussprache des griech. Eta wie Ita] *der*; -: heute aufgegebene Aussprache der altgriech. e-Laute wie langes i

item [*lat.*]: (veraltet) ebenso, desgleichen, ferner; Abk.: it.

Item

I. Item [*lat.*] *das*, -s, -s: (veraltet) das Fernere, Weitere, ein weiterer [Frage]punkt.

II. Item [*aitᵉm*; *lat.-engl.*]: (fachspr.) a) etwas einzeln Aufgeführtes; Einzelangabe, Posten, Bestandteil, Element, Einheit; b) einzelne Aufgabe innerhalb eines → Tests

ite, missa est [*lat.*; „geht, (die gottesdienstliche Versammlung) ist entlassen!"]: Schlußworte der kath. Meßfeier (ursprüngl. zur Entlassung der → Katechumenen vor dem Abendmahl; vgl. Messe I)

Iteration [*...zion*; *lat.*; „Wiederholung"] *die*; -, -en: 1. schrittweises Rechenverfahren zur Annäherung an die exakte Lösung (Math.). 2. a) Verdoppelung einer Silbe od. eines Wortes, z. B. soso (Sprachw.); b) Wiederholung eines Wortes od. einer Wortgruppe im Satz (Rhet.; Stilk.). 3. zwanghafte u. gleichförmige ständige Wiederholung von Wörtern, Sätzen u. einfachen Bewegungen (bes. bei bestimmten Geistes- u. Nervenkrankheiten; Psychol.). **iterativ**: 1. wiederholend; -e [*...wᵉ*] Aktionsart: → Aktionsart, die eine häufige Wiederholung von Vorgängen ausdrückt (z. B. sticheln = immer wieder stechen). 2. sich schrittweise in wiederholten Rechengängen der exakten Lösung annähernd (Math.). **Iterativ** *das*; -s, -e [*...wᵉ*]: Verb mit → iterativer Aktionsart. **Iterativum** [*...iwum*] *das*; -s, ...wa [*...wa*]: = Iterativ. **iterieren**: wiederholen, eine Iteration (1) vornehmen

Ithyphallicus [*...kuß*; *gr.-lat.*] *der*; -, ...ci [*...zi*]: dem Dionysoskult entstammender dreifüßiger trochäischer Kurzvers der Antike. **ithyphallisch**: mit aufgerecktem männlichem Glied (in bezug auf antike Götterbilder; Sinnbild der Fruchtbarkeit)

Itinerar [*lat.*] *das*; -s, -e u. **Itinerarium** *das*; -s, ...ien [*...iᵉn*]: 1. Straßen- und Stationenverzeichnis der röm. Kaiserzeit. 2. Verzeichnis der Wegeaufnahmen bei Forschungsreisen

...iv/...orisch [*lat.(-fr.)/lat.-dt.*]: gelegentlich miteinander konkurrierende Adjektivendungen, von denen im allgemeinen die ...iv-Bildungen besagen, daß das im Basiswort Genannte ohne ausdrückliche Absicht in etwas enthalten ist (z. B. informativ = Information enthaltend, informierend), während die ...orisch-Bildungen den im Basiswort genannten Inhalt auch zum Ziel haben (z. B. informatorisch = zum Zwecke der Information [verfaßt], den Zweck habend zu informieren)

Iwan [*russ.*] *der*; -[s], -s: (scherzh.) a) russischer Soldat, Russe; b) (ohne Plural) die russischen Soldaten, die Russen

Iwrit, Iwrith [auch: *...it*; *neuhebr.*] *das*; -[s]: Neuhebräisch; Amtssprache in Israel

ixothym [*gr.-nlat.*]: von schwerfälligem Temperament, zäh u. beharrlich (Psychol.). **Ixothymie** *die*; -: schwerfälliges, zähes, beharrliches Temperament (Psychol.)

J

Jab [*dschäb*; *engl.*] *der*; -s, -s: kurz geschlagener Haken (Boxen)

Jaborandiblatt [auch: *sch...*; *indian.-port*; *dt.*] *das*; -[e]s, ...blätter (meist Plural): giftiges Blatt brasilianischer Sträucher, aus dem das → Pilokarpin gewonnen wird

Jabot [*schabo*; *fr.*] *das*; -s, -s: am Kragen befestigte Spitzen- od. Seidenrüsche (früher zum Verdecken des vorderen Verschlusses an Damenblusen, im 18. Jh. an Männerhemden)

Jacketkrone [*dschäkit...*; *engl.*; *dt.*] *die*; -, -n: Zahnmantelkrone aus Porzellan od. Kunstharz (Med.). **Jackett** [*scha...*, ugs.: *ja...*; *fr.*] *das*; -s, -s (seltener: -e): Jacke als Teil eines Herrenanzugs

Jackpot [*dschäkpot*; *engl.*] *der*; -[s], -s: 1. Grundeinsatz beim Kauf von Pokerkarten. 2. (bei Toto, Lotto) bes. hohe Gewinnquote, die dadurch entsteht, daß es in dem vorausgegangenen Spiel od. Spielen keinen Gewinner im ersten Rang gegeben hat

Jack|stag [*dschäk...*; *engl.*; *niederd.*] *das*; -[e]s, -e[n]: Schiene zum Festmachen von Segeln

Jacon[n]et [*schak...*, auch: *...nät*; *engl.*] u. Jakonett *der*; -[s], -s: weicher baumwollener Futterstoff

Jac|quard [*schakar*, auch: *schakart*; franz. Seidenweber, 1752–1834, Erfinder dieses Webverfahrens] *der*; -[s], -s: Gewebe, dessen Musterung mit Hilfe von Lochkarten (Jacquardkarten) hergestellt wird

Jac|querie [*schakᵉri*; *lat.-fr.*; vom Spitznamen Jacques Bonhomme (*schak bonom*) für den franz. Bauern] *die*; -: Bauernaufstand in Frankreich im 14. Jh.

jade [*lat.-span.-fr.*]: blaßgrün. **Jade** *der*; -[s], (auch:) *die*; -: Mineral (blaßgrüner [chinesischer] Schmuckstein). **Jadeit** [auch: *...it*] *der*; -s, -e: weißlichgrünes, dichtes, körniges bis faseriges Mineral (zu geschliffenen jungsteinzeitlichen Beilen u. Äxten verarbeitet, auch als Schmuckstein verwendet); vgl. Jade. **jaden**: aus Jade bestehend

j'adoube [*schadub*; *fr.*; „ich stelle zurecht"]: international gebräuchlicher Schachausdruck, der besagt, daß man eine berührte Schachfigur nicht ziehen, sondern nur an den richtigen Platz stellen will; vgl. aber: pièce touchée, pièce jouée

Jaffaapfelsine [nach Jaffa, Teil der Stadt Tel Aviv-Jaffa in Israel] *die*; -, -n: a) eine im Vorderen Orient angebaute helle Apfelsinensorte; b) Einzelstück dieser Sorte

Jaguar [*indian.-port.*] *der*; -s, -e: südamerik. katzenartiges Raubtier

Jahve vgl. Jahwe. **Jahvist** vgl. Jahwist. **Jahwe**, (auch:) Jahve [*jawe*; *hebr.*]: Name Gottes im A. T.; vgl. Jehova. **Jahwist**, (auch:) Jahvist [*...wißt*; *hebr.-nlat.*] *der*; -en: Quellenschrift des → Pentateuchs, die den Gottesnamen Jahwe gebraucht; vgl. Elohist

Jaina [*dschaina*] u. Jina [*dschina*] vgl. Dschaina. **Jainismus** u. Jinismus vgl. Dschainismus. **jainistisch** u. jinistisch vgl. dschainistisch

Jak [*tibet.*] *der*; -s, -s u. -e: asiatisches Hochgebirgsrind (Haustier u. Wild); vgl. Yak

Jakaranda [*indian.-port.*]
I. *die*; -, -s: in den Tropen heimisches, als Zimmerpflanze gehaltenes Gewächs mit blauen od. violetten Blüten.
II. *das*; -s, -s u. **Jakarandaholz** [*indian.-port*; *dt.*] *das*; -es, ...hölzer: = Palisander

Jako [*fr.*] *der*; -s, -s: Graupapagei, Papageienvogel des trop. Afrikas

Jakobi [nach dem Apostel Jakobus d. Ä.] *das*; -: Jakobstag (25. Juli), an dem nach altem Brauch die Ernte beginnt

Jakobiner [nach dem Dominikanerkloster St. Jakob in Paris] *der*; -s, -: 1. Mitglied des radikalsten u. wichtigsten polit. Klubs während der Franz. Revolution. 2. (selten) französischer → Dominikaner. **Jakobinermütze** *die*; -, -n: rote Wollmütze der Jakobiner (als Symbol der Freiheit). **jakobinisch**: a) zu den Jakobinern gehörend; b) die Jakobiner betreffend

Jakobit [nach dem Bischof Jakob Baradäus, 6. Jh.] *der*; -en, -en: Anhänger der syrischen → monophysitischen Nationalkirche

Jakonett vgl. Jacon[n]et

Jaktation [*...zion*; *lat.*] *die*; -: krankhafte Ruhelosigkeit (bes. Bettlägeriger), das Sichherumwälzen; Gliederzucken (Med.)

Jalape [*span.*; nach der mexikan. Stadt Jalapa (*cha...*)] *die*; -, -n: tropisches Windengewächs, das ein als Abführmittel verwendetes Harz liefert

Jaleo [*cha...*; *span.*] *der*; -[s], -s: lebhafter span. Tanz im $^3/_8$-Takt

Jalon [*schalong*; *fr.*] *der*; -s, -s: Absteckpfahl, Meßlatte, Fluchtstab (für Vermessungen)

Jalousette [*schalu...*; französierende Verkleinerungsbildung zu → Jalousie] *die*; -, -n: Jalousie aus Leichtmetall- od. Kunststofflamellen. **Jalousie** [*gr.-lat.-vulgärlat.-fr.*] *die*; -, ...ien: [hölzerner] Fensterschutz, Rolladen. **Jalousieschweller** [*gr.-lat.-vulgärlat.-fr.*; *dt.*] *der*; -s, -: Schwellwerk der Orgel, das eine Schwellung od. Dämpfung des Tons ermöglicht

Jam [*dschäm*; *engl.*] *das*; -s, -s, (auch:) *die*; -, -s: engl. Bezeichnung für: Marmelade

Jamaikapfeffer [nach der Antilleninsel] *der*; -s: von Jamaika stammendes, dem Pfeffer ähnliches Gewürz; → Piment. **Jamaikarum** *der*; -s: auf Jamaika od. einer anderen Antilleninsel aus vergorenem Zuckerrohrsaft durch mehrmaliges Destillieren hergestellter hochprozentiger → Rum

Jambe *die*; -, -n: = Jambus. **Jambelegus** [*gr.-lat.*] *der*; -, ...gi: aus einem → Jambus u. einem → Hemiepes bestehendes → antikes Versmaß. **Jamben**: *Plural* von → Jambus. **Jambiker** *der*; -s, -: Dichter, der vorwiegend Verse in Jamben schreibt. **jambisch**: den Jambus betreffend, nach der Art des Jambus. **Jambo|graph** *der*; -en, -en: Vertreter der altgriech. Jambendichtung

Jamboree [*dschämberi*; *engl.*] *das*; -[s], -s: 1. internationales Pfadfindertreffen. 2. Zusammenkunft mit Unterhaltungsprogramm

Jambus [*gr.-lat.*] *der*; -, ...ben: antiker Versfuß (rhythmische Einheit; ◡–)

Jambuse [*angloind.*] *die*; -, -n: apfel- od. aprikosenartige Frucht tropischer Obstbäume

James Grieve [*dschejms griw*; *engl.*; Name des Züchters] *der*; - -, - -: a) (ohne Plural) hellgrüne, hellgelb u. hellrot geflammte Apfelsorte; b) Apfel dieser Sorte

Jam Session [*dschäm ßäschen*; *engl.*] *die*; - -, - -s: zwanglose Zusammenkunft von [Jazz]musikern, bei der aus dem Stegreif, → improvisierend (2 a) (od. auch öffentlich mit bestimmtem → Programm 1 b) gespielt wird

Jamswurzel [*afrik.-port.-engl.*; *dt.*] *die*; -, -n: a) in tropischen Gebieten angebaute kletternde Pflanze mit eßbaren Wurzelknollen; b) der Kartoffel ähnliche, sehr große Knolle der Jamswurzel (a), die in tropischen Gebieten ein wichtiges Nahrungsmittel ist

Jang vgl. Yang

Jangada [*tamul.-port.*] *die*; -, -s: Floßboot der Fischer Nordostbrasiliens. **Jangadeiro** [*...dero*] *der*; -[s], -s: zur Besatzung einer Jangada gehörender Fischer

Jani|tschar [*türk.*; „neue Streitmacht"] *der*; -en, -en: (hist.) Soldat der türkischen Kerntruppe (14.–17. Jh.). **Jani|tscharenmusik** [*türk.*; *dt.*] *die*; -, -en: [türkische] Militärmusik mit den charakteristischen Trommeln, dem Becken mit Triangel und dem Schellenbaum

Jan Maat [*niederl.*] *der*; - -[e]s, - -e u. - -en u. **Janmaat** *der*; -[e]s, -e u. -en: (scherzh.) Matrose

Jänner [*lat.-vulgärlat.*] *der*; -[s], -: (südd., österr. u. schweiz.) = Januar

Jansenismus [*nlat.*, nach dem niederl. Theologen Cornelius Jansen, † 1638] *der*; -: romfeindliche, auf Augustin zurückgreifende katholisch-theologische Richtung des 17.–18. Jh.s in Frankreich. **Jansenist** *der*; -en, -en: Anhänger des Jansenismus. **jansenistisch**: den Jansenismus betreffend

Januar [*lat.*, nach dem römischen Gott der Tür, Janus, der gleichzeitig Ein- u. Ausgang, Beginn u. Ende bedeutet u. mit einem zweigesichtigen Kopf, der vorwärts u. rückwärts blickt, dargestellt wird] *der*; -[s], -e: erster Monat im Jahr, Eismond, Hartung; Abk.: Jan.; vgl. Jänner. **Janusgesicht** *das*; -[e]s, -er: = Januskopf. **Januskopf** [*lat.*; *dt.*] *der*; -[e]s, ...köpfe: Bild eines zweigesichtigen Männerkopfs (oft als Sinnbild des Zwiespalts, des Ja u. Nein)

Japanologe [*jap.*; *gr.*] *der*; -n, -n: Wissenschaftler auf dem Gebiet der Japanologie. **Japanologie** *die*; -: Wissenschaft von der japanischen Sprache u. Literatur, Japankunde. **japanologisch**: die Japanologie betreffend. **Japanpapier** [*jap.*; *dt.*] *das*; -s, -e: weiches, biegsames, handgeschöpftes Papier, das aus Bastfasern jap. Pflanzen hergestellt wird

Japhetitologe [nach Japhet, dem dritten Sohn Noahs u. Stammvater bes. der kleinasiatischen Völker] *der*; -n, -n: Wissenschaftler auf dem Gebiet der Japhetitologie. **Japhetitologie** *die*; -: wissenschaftliche Anschauung des russ. Sprachwissenschaftlers N. Marr von einer vorindogermanischen (japhetitischen) Sprachfamilie

Japon [*schapong*; *fr.*; „Japan"] *der*; -[s], -s: Gewebe in Taftbindung (Webart) aus Japanseide; vgl. Habutai

Jardiniere [*schardiniäre*; *germ.-fr.*] *die*; -, -n: Schale für Blumenpflanzen; vgl. à la Jardiniere

Jargon [*schargong*; *fr.*] *der*; -s, -s: a) umgangssprachliche Ausdrucksweise (für Eingeweihte) innerhalb einer Berufsgruppe od. einer sozialen Gruppe; b) (abwertend) saloppe, ungepflegte Ausdrucksweise. **Jargonismus** *der*; -, ...men: bestimmter, in den Bereich des Jargons gehörender Ausdruck

Jarl [*altnord.*] *der*; -s, -s: 1. normannischer Edelmann. 2. Statthalter in Skandinavien (im Mittelalter)

Jarmulke [*poln.-jidd.*] *die*; -, -s u. ...ka: Samtkäppchen der Juden

Jarowisation [...zion; *russ.-nlat.*] *die*; -, -en: künstliche Kältebehandlung von Samen u. Keimlingen, um eine Entwicklungsbeschleunigung zu erzielen; vgl. Vernalisation. **jarowisieren**: Saatgut einer künstlichen Kältebehandlung aussetzen; vgl. vernalisieren

Jaschmak [*türk.*] *der*; -[s], -s: (nur noch selten getragener) Schleier der wohlhabenden Türkinnen

Jasmin [*pers.-arab.-span.*] *der*; -s, -e: 1. zu den Ölbaumgewächsen gehörender Zierstrauch mit stark duftenden Blüten. 2. zu den Steinbrechgewächsen gehörender Zierstrauch mit stark duftenden Blüten; Falscher Jasmin, Pfeifenstrauch

Jaspégarn [*semit.-gr.-lat.-fr.*; *dt.*] *das*; -[e]s, -e: aus zwei od. drei verschiedenfarbigen Vorgarnen gesponnenes Garn. **Jasperware** [*dsehäßpᵉr...*; *semit.-gr.-lat.-fr.-engl.*; *dt.*] *die*; -, -en: engl. Steingut aus Jaspermasse (Töpferton u. Feuersteinpulver). **jaspieren** [*semit.-gr.-lat.-fr.*]: wie Jaspis mustern; jaspierte Stoffe: aus Jaspégarn hergestellte Woll- u. Baumwollstoffe mit marmoriertem Aussehen. **Jaspis** [*semit.-gr.-lat.*] *der*; - u. -ses, -se: ein Mineral (Halbedelstein)

Jastik u. Yastik [auch: *ja...*; *türk.*; „Polster"] *der*; -[s], -s: kleiner orientalischer Gebrauchsteppich (meist Vorleger od. Sitzbelag)

Jatagan [*türk.*] *der*; -s, -e: [doppelt] gekrümmter Türkensäbel (auch ostindisch)

Ja|trochemie vgl. Iatrochemie

Jause [*slowen.*] *die*; -, -n: (österr.) Zwischenmahlzeit, Vesper. **jausen**: (seltener für:) jausnen. **jausnen**: a) eine Jause einnehmen; b) (etwas Bestimmtes) zur Jause essen, trinken

Jazz [*dsehäs*, auch: *dsehäß*, *jaz*; *amerik.*] *der*; -: a) zeitgenössischer Musikstil, der sich aus der Volksmusik der amerikan. Neger entwickelt hat (aufgekommen etwa 1917); vgl. auch: Jazzband; b) Musik im Stil des Jazz (a). **Jazzband** [*dsehäsbänd*] *die*; -, -s: in der Besetzung den Erfordernissen der verschiedenen Jazzstile angepaßte Kapelle. **jazzen** [*dsehäsᵉn*, auch: *dsehäßᵉn*, *jazᵉn*]: Jazzmusik spielen. **Jazzer** *der*; -s, -: Jazzmusiker. **Jazzfan** [*dsehäsfän*] *der*; -s, -s: Jazzanhänger, -freund. **Jazzgymnastik** [*dsehäs...*] *die*; -: → Gymnastik zu Jazzmusik od. anderer moderner Musik. **jazzoid** [*amerik.*; *gr.*]: jazzähnlich. **Jazzrock** [*dsehäs...*] *der*; -s: Musikstil, bei dem → Elemente (1) des Jazz (a) u. des → Rocks (II) miteinander verschmolzen sind

Jean Potage [*schang potasch*; *fr.* „Hans Suppe"]: franz. Bez. für: Hanswurst

Jeans [*dsehins*; *amerik.*]
I. *die* (Plural), (auch Singular:) *die*; -, -: a) saloppe Hose [aus Baumwollstoff] im Stil der → Bluejeans; b) Kurzform von → Bluejeans.
II. *das*; -: (ugs.) verwaschener blauer Farbton, der der Farbe der → Bluejeans entspricht

Jeep (Wz) [*dsehip*; *amerik.*] *der*; -s, -s: (bes. als Militärfahrzeug, aber auch in Land- u. Forstwirtschaft usw. gebrauchtes) kleineres, meist offenes, geländegängiges Fahrzeug mit starkem Motor u. Vierradantrieb

Jehova [...*wa*; *hebr.*]: alte, aber unrichtige Lesung für → Jahwe (entstanden durch Vermischung mit den im hebr. Text dazugeschrieben Vokalzeichen von → Adonai, dem Ersatzwort für den aus religiöser Scheu vermiedenen Gottesnamen). **Jehovist** [...*wißt*; *hebr.-nlat.*] *der*; -en: unbekannter Redaktor, der die Werke des → Jahwisten u. des → Elohisten zusammenfaßte

Jejunitis [*lat.-nlat.*] *die*; -, ...itiden: Entzündung des Leerdarms (Teil des Dünndarms; Med.)

jemine! [entstellt aus: Jesu domine: „o Herr Jesus!"]: (ugs.) du lieber Himmel! (Schreckensruf)

Jen vgl. Yen

jenisch [*zigeunerisch*; „klug, gescheit"]: wandernde Volksstämme (außer den Zigeunern) betreffend; -e Sprache: Gaunersprache, Rotwelsch

Jeremiade [nach dem biblischen Propheten Jeremia] *die*; -, -n: Klagelied, Jammerrede

Jerez [*cheräß*, span. Ausspr.: *cherath*; nach der span. Stadt Jerez de la Frontera] *der*; -: alkoholreicher, bernsteingelber Süßwein; vgl. Sherry

Jerichobeule *die*; -, -n: = Orientbeule. **Jerichorose** *die*; -, -n: Pflanze des Mittelmeerraums, die bei Trockenheit ihre Zweige in der Weise nach innen rollt, daß ein kugeliges Gebilde entsteht, das sich erst unter Einfluß von Feuchtigkeit wieder entrollt

Jerk [*dsehö'k*; *engl.*] *der*; -[s], -s: (beim Golf) scharf vollführter Schlag, bei dem der Schläger in dem Moment, in dem er den Ball trifft, plötzlich abgebremst wird

Jersey [*dsehö'si*; *engl.*; brit. Kanalinsel]:
I. *der*; -[s], -s: Sammelbezeichnung für Kleiderstoffe aus gewirkter Maschenware.
II. *das*; -s, -s: Trikot eines Sportlers

Jeschiwa [*hebr.*] *die*; -, -s od. ...wot: jüd. Talmudschule

jesuanisch: auf Jesus bezüglich, zurückgehend. **Jesuit** [*nlat.*] *der*; -en, -en: 1. Angehöriger des Jesuitenordens. 2. männliche Person, die rabulistisch geschickt zu argumentieren versteht. **Jesuitendichtung** *die*; -, -en (Plural selten): (vom 16. bis 18. Jh.) hauptsächlich in lateinischer Sprache verfaßte Dichtungen (bes. Dramen u. geistliche Lieder) von Angehörigen des Jesuitenordens. **Jesuitendrama** *das*; -s, ...men: a) (ohne Plural) von Angehörigen des Jesuitenordens geschaffene Dramendichtung aus der Zeit der Gegenreformation (16. u. 17. Jh.); b) zur Jesuitendichtung gehörendes → Drama (1b). **Jesuitengeneral** *der*; -s, -e u. ...räle: oberster Ordensgeistlicher der Jesuiten. **Jesuitenorden** *der*; -s: vom hl. Ignatius v. Loyola 1534 gegründeter Orden ([klösterl.] Gemeinschaft), der bes. durch die Einrichtung von Schulen einen bedeutenden Einfluß gewann; Abk.: SJ (Societas Jesu). **Jesuitenstil** [*nlat.*; *lat.*] *der*; -[e]s: prunkvolle Form des → Barocks, bes. in südamerik. Kirchen des 17. Jh.s. **Jesuitentum** *das*; -s: Geist u. Wesen des Jesuitenordens. **jesuitisch**: 1. die Jesuiten betreffend. 2. einem Jesuiten (2) entsprechend. **Jesuitismus** *der*; -: 1. = Jesuitentum. 2. Wesens-, Verhaltensart eines Jesuiten (2). **Jesus hominum salvator** [...*wa*...]: Jesus, der Menschen Heiland (Deutung des latinisierten Monogramms Christi, → IHS). **Jesus Nazarenus Rex Judaeorum** [*lat.*]: Jesus von Nazareth, König der Juden (Inschrift am Kreuz; Joh. 19, 19); Abk.: I. N. R. I. **Jesus People** [*dsehisᵉß pipl*; *engl.*] *der*; - -, - - (meist Plural): Angehöriger der Jesus-People-Bewegung. **Jesus-People-Bewegung** [*dsehisᵉßpipl...*] *die*; -: (um 1967 in Amerika) unter Jugendlichen entstandene ekstatisch-religiöse Bewegung, die einen neuen Zugang zum Glauben fand, u. a. durch eine spontane Form gemeinschaftlichen Betens u. bes. durch die Überzeugung von einem unmittelbaren Wirken des göttlichen Geistes in den Menschen

Jet [*dsehät*]
I. vgl. Jett.

II. [*engl.*] *der*; -[s], -s: (ugs.) Flugzeug mit Strahlantrieb, Düsenflugzeug
Jetliner [*dsehätlain^er*] *der*; -s, -: Düsenverkehrsflugzeug
Jeton [*sch^etong*; *lat.-vulgärlat.-fr.*] *der*; -s, -s: a) Spielmünze, Spielmarke; b) Automatenmarke, Telefonmarke (z. B. in Italien)
Jet-Pilot [*dsehät...*] *der*; -en, -en: → Pilot (1a) eines → Jets (II). **Jetschwung** [*dsehät...*] *der*; -[e]s, ...schwünge: Drehschwung beim Skifahren, der durch Vorschieben der Füße vor den Körper (beim Tiefgehen) eingeleitet wird u. fahrtbeschleunigend wirkt. **Jetset** [*dsehätßät*; *engl.*] *der*; -s, -s: internationale Gesellschaftsschicht, die über genügend Geld verfügt, um sich – unter Benutzung eines [Privat]jets – mehr od. weniger häufig an den verschiedensten exklusiven Urlaubsorten od. entsprechenden Treffpunkten zu vergnügen. **Jet|stream** [*dsehätßtrim*; „Strahlstrom"] *der*; -[s], -s: starker Luftstrom in der Tropo- od. Stratosphäre (Meteor.)
Jett [*dsehät*, auch: *jät*; *gr.-lat.-fr.-engl.*], (fachspr.:) Jet [*dsehät*] *der* od. *das*; -[e]s: = Gagat
Jettatore [*dsehätatore*; *lat.-it.*] *der*; -, ...ri: ital. Bezeichnung für: Mensch mit dem bösen Blick
jetten [*dsehät^en*; *engl.*]: a) mit dem → Jet (II) fliegen; b) mit dem → Jet (II) bringen [lassen]; c) (von einem → Jett II) einen Flug machen
Jeu [*schö*; *lat.-fr.*] *das*; -s, -s: Spiel, Kartenspiel. **jeuen**: in einer Spielbank spielen
Jeunesse dorée [*schönäß dore*; *lat.-fr.*] *die*; - -: 1. leichtlebige, elegante Jugend der reichen Familien. 2. monarchisch gesinnte, modisch elegante Jugend von Paris nach dem Sturz Robespierres. **Jeunesses Musicales** [- *müsikal*] *die* (Plural): Organisation der an der Musik interessierten Jugend (1940 in Belgien entstanden)
Jeux floraux [*schö floro*; *lat.-fr.*; „Blumenspiele"] *die* (Plural): jährlich in Toulouse (Frankreich) veranstaltete Dichterwettkämpfe (seit 1323)
Jiddist [*nlat.*] *der*; -en, -en: Wissenschaftler auf dem Gebiet der Jiddistik. **Jiddistik** *die*; -: Wissenschaft von der jiddischen (dt.-jüd.) Sprache u. Literatur
Jigger [*dsehig...*; *engl.*] *der*; -s, -[s]: 1. ⓦ Färbereimaschine. 2. Golfschläger für den Annäherungsschlag. 3. Segel am hintersten Mast eines Viermasters
Ji-Jitsu vgl. Jiu-Jitsu
Jimenes [*chi...*, span. Ausspr.: *chimenäth*; *span.*] *der*; -: = Pedro Ximénez
Jin vgl. Yin
Jina [*dsehina*] vgl. Jaina
Jingle [*dsehingl*; *engl.*] *der*; -[s], -[s]: kurze, einprägsame Melodie, Tonfolge als Bestandteil eines [gesungenen] Werbespots
Jingo [*dsehinggo*; *engl.*] *der*; -s, -s: engl. Bezeichnung für: Chauvinist, Nationalist. **Jingoismus** *der*; -: engl. Bezeichnung für: Chauvinismus
Jinismus [*dsehiniß...*] vgl. Jainismus. **jinistisch** vgl. jainistisch
Jirmilik [*türk.*] *der*; -s, -s: (hist.) türk. Silbermünze
Jitterbug [*dsehit^erbag*; *amerik.*] *der*; -: um 1920 in Amerika entstandener Jazztanz
Jiu-Jitsu [*dsehiudsehizu*; *jap.*; „sanfte Kunst"], (auch:) Dschiu-Dschitsu *das*; -[s]: in Japan entwickelte Technik der Selbstverteidigung ohne Waffen od. Gewalt; vgl. Judo, Kendo
Jive [*dsehaiw*; *amerik.*] *der*; -: 1. eine Art Swingmusik; vgl. Swing. 2. Fachjargon des Jazz. 3. Blues-Boogie als Tanz
Job [*dsehop*; *engl.-amerik.*] *der*; -s, -s: 1. (ugs.) a) [Gelegenheits]arbeit, vorübergehende einträgliche Beschäftigung, Verdienstmöglichkeit; b) berufliche Tätigkeit, Stellung, Arbeit. 2. bestimmte Aufgabenstellung für den → Computer (EDV). **jobben**: (ugs.) einen Job (1 a) haben; Gelegenheitsarbeit verrichten. **Jobber** *der*; -s, -: 1. a) Händler an der Londoner Börse, der nur in eigenem Namen Geschäfte abschließen darf; b) Börsenspekulant. 2. (ugs. abwertend) skrupelloser Geschäftemacher. 3. (ugs.) jmd., der jobbt. **jobbern** (ugs. abwertend): sich als Jobber (2) betätigen
Jobeljahr [*hebr.*; *dt.*; „Jahr des Widderhorns", „Halljahr"]: nach 3. Mose 25, 8 ff. alle 50 Jahre von den Juden zu feierndes Jahr mit Sklavenfreigabe, Pfand- u. Landrückgabe u. allgemeinem Schuldenerlaß für jüdische Mitbürger; vgl. Jubeljahr
Jobhopping [*dsehop...*] *das*; -s, -s: häufig u. in kürzeren Abständen vorgenommener Stellungs-, Firmenwechsel [um sich in höhere Positionen zu bringen]. **Jobrotation** [*dsehop-rote^isch^en*] *die*; -, -s: (von einem Mitarbeiter zum Zweck der Vorbereitung auf eine Führungsaufgabe) das Durchlaufen der verschiedensten Arbeitsbereiche eines Unternehmens.
Jobsharing [*dsehopschäring*; *engl.*] *das*; -[s]: Aufteilung eines Vollzeitarbeitsplatzes unter zwei od. mehrere Personen
Jockei [*dsehoke*, ugs. auch: *jokai*; *engl.*] *der*; -s, -s: jmd., der berufsmäßig Pferderennen reitet. **Jockette** [*dsehokät^e*] *die*; -, -n: weiblicher Jockei. **Jockey** [*dsehoki*; *engl.*] *der*; -s, -s: = Jockei
Jod [*gr.-fr.*], (chem. fachspr.:) Iod *das*; -[e]s: chem. Grundstoff, Nichtmetall; schwarzbraune kristalline Substanz, die u. a. in Chilesalpeter vorkommt u. in der Medizin, Fotografie, analytischen Chemie u. a. verwendet wird; Zeichen: J (J). **Jodat** [*gr.-fr.-nlat.*] *das*; -[e]s, -e: Salz der Jodsäure
Jodhpur [*schodpu^r*; *engl.*; nach der indischen Stadt] *die*; -, -s u. **Jodhpurhose** *die*; -, -n: oben weite, von den Knien an enge Reithose
Jodid *das*; -[e]s, -e: Salz der Jodwasserstoffsäure. **jodieren**: a) Jod zusetzen (z. B. bei Speisesalz); b) mit Jod bestreichen (z. B. eine Operationsstelle; Med.). **Jodismus** *der*; -: Jodvergiftung mit Auftreten von Reizerscheinungen (Fieber, Bindehautentzündung u. a.) nach längerem Gebrauch von Jod (Med.). **Jodit** [auch: *...it*] *das*; -s, -e: ein Mineral (Jodsilber)
Jodo [*jap.*] *das*; -: = Dschodo
Jodoform [Kunstw. aus → *Jod* u. → *Formyl*] *das*; -s: früher verwendetes Mittel zur Wunddesinfektion (Med.). **Jodome|trie** [*gr.-fr.*; *gr.*] *die*; -: maßanalytisches Verfahren zur quantitativen Bestimmung verschiedener Stoffe, die mit Jod reagieren oder Jod aus Verbindungen frei machen
Joga [*sanskr.*; „Anschirrung"] *der* od. *das*; -[s]: a) indische philosophische Lehre, deren Ziel es ist, durch Meditation, Askese u. bestimmte körperliche Übungen den Menschen von dem Gebundensein an die Last der Körperlichkeit zu befreien; b) Gesamtheit der Übungen, die aus dem Joga (a) herausgelöst wurden u. die zum Zweck einer gesteigerten Beherrschung des Körpers, der Konzentration u. Entspannung ausgeführt werden. **Jogamatik** *die*; -: (DDR) körperliche Betätigung unter → Konzentration (2)
joggen [*dsehog^en*; *engl.*]: zur Hebung des Allgemeinbefindens in mäßigem → Tempo (1) locker u. gelöst laufen. **Jogger** [*dsehog^er*] *der*; -s, -: jmd., der joggt. **Jogging** [*dsehoging*] *das*; -s: das Joggen; als Freizeitsport u. zur Fitneß betriebener Dauerlauf

Jo|ghurt [*türk.*] *das* od. *der*; -[s], (österr. auch:) *die*; -, -[s]: durch Zusetzen bestimmter Bakterien gewonnene Art Dickmilch

Jogi u. **Jogin** [*sanskr.*] *der*; -s, -s: Name indischer Büßer → brahmanischen Glaubens, die die → Praxis (3) des → Joga (b) ausüben

Johanni[s] [nach Johannes dem Täufer] *das*; -: Johannistag (24. Juni). **Johannisbrot** *das*; -[e]s, -e: getrocknete Schotenfrucht des im Mittelmeergebiet heimischen Johannisbrotbaumes. **Johannistrieb** *der*; -[e]s, -e: 1. der zweite Trieb vieler Holzgewächse im Juni/Juli (Bot.). 2. (ohne Plural; scherzh.) neuerliches, gesteigertes Bedürfnis nach Sex bei Männern im vorgerückten Alter. **Johanniter** *der*; -s, -: Angehöriger des Johanniterordens. **Johanniterkreuz** *das*; -es, -e: achtspitziges [weißes Ordens]kreuz [der Johanniter]; vgl. Malteserkreuz. **Johanniterorden** *der*; -s: (um 1100 in Jerusalem urspr. zur Pflege kranker Pilger gegründeter) geistlicher Ritterorden (Gemeinschaft geistlicher Krieger zur Bekämpfung von Glaubensfeinden)

John Bull [*dsehon bul*; *engl.*; „Hans Stier"]: (scherzh.) Spitzname des Engländers, des englischen Volkes

Joint [*dseheunt*; *engl.*] *der*; -s, -s: a) selbstgedrehte Zigarette, deren Tabak mit Haschisch od. Marihuana vermischt ist; b) (salopp, bes. Jugendsprache) Zigarette. **Joint-venture** [*dseheuntwäntschᵉr*; *engl.-amerik.*] *das*; -[s], -[s]: vorübergehender od. dauernder Zusammenschluß von Unternehmen zum Zweck der gemeinsamen Ausführung von → Projekten, die von einem Unternehmen allein nicht → realisiert (1) werden könnten (Wirtsch.)

Jo-Jo [*amerik.*] *das*; -s, -s: Geschicklichkeitsspiel mit elastischer Schnur u. daran befestigter Holzscheibe

Joker [auch: *dseho...*; *lat.-engl.*] *der*; -s, -: für jede andere Karte einsetzbare zusätzliche Spielkarte mit der Abbildung eines Narren. **jokos** [*lat.*]: (veraltet) scherzhaft, spaßig. **Jokulator** *der*; -s, ...oren: = Jongleur (2). **Jokus** *der*; -, -se: (ugs.) Scherz, Spaß

Jom Kippur [*hebr.*] *der*; - -: Versöhnungstag (höchstes jüd. Fest; 3. Mose 16)

Jonathan [nach dem amerikanischen Juristen Jonathan Hasbrouck] *der*; -s, -: Winterapfel mit mattglänzender, gelb bis purpurrot gefleckter Schale

Jon|gleur [*schonggl̲ör*; *lat.-fr.*] *der*; -s, -e: 1. Artist, Geschicklichkeitskünstler im Werfen u. Auffangen von Gegenständen. 2. Spielmann u. Possenreißer des Mittelalters. 3. jmd., der die Sportart des Jonglierens (2) ausübt (Kunstkraftsport). **jonglieren**: 1. mit artistischem Können mehrere Gegenstände gleichzeitig spielerisch werfen u. auffangen. 2. mit Gewichten o. ä. bestimmte Geschicklichkeitsübungen ausführen (Kunstkraftsport)

Jonikus vgl. Ionicus

Jonny [*dsehoni*; *engl.*] *der*; -[s], -s: (salopp) → Penis

Jonon [*gr.-nlat.*] *das*; -s: nach Veilchen riechender Duftstoff

Joruri [*dseho...*; *jap.*] *das*; -[s]: altes japan. Puppenspiel

Josephinismus [*nlat.*; nach Kaiser Joseph II., † 1790] *der*; -: aufgeklärte kath. Staatskirchenpolitik im Österreich des 18. u. 19. Jh.s, die auch noch die Staatsauffassung der österreichischen Beamten u. Offiziere des 19. Jh.s bestimmte

Jot [*semit.-gr.-lat.*] *das*; -, -: ein Buchstabe

Jota

I. [*jota*] *das*; -[s], -s: neunter Buchstabe des griechischen Alphabets: *J*, *j*; kein -: nicht das geringste.

II. [*ehota*; *span.*] *die*; -, -s: schneller span. Tanz im $^3/_8$- od. $^3/_4$-Takt mit Kastagnettenbegleitung

Jotazismus *der*; -: = Itazismus

Joule [von DIN u. anderen Organisationen festgelegte Aussprache nur: *dsehul* (sonst auch: *dsehaul*), nach dem englischen Physiker J. P. Joule] *das*; -[s], -: Maßeinheit für die Energie (z. B. den Energieumsatz des Körpers; 1 cal = 4,186 Joule); Zeichen: J

Jour [*sehur*; *lat.-vulgärlat.-fr.*] *der*; -s, -s: (veraltet) Dienst-, Amts-, Empfangstag; - haben: mit dem für einen bestimmten, immer wiederkehrenden Tag festgelegten Dienst an der Reihe sein; - fixe: 1. für ein regelmäßiges Treffen fest vereinbarter Tag. 2. (veraltet) Tag, an dem jmd. Dienst hat, mit Dienst an der Reihe ist; vgl. auch: du jour u. à jour. **Journaille** [*sehurnaljᵉ*] *die*; -: hinterhältig-gemeine, skrupellose Presse u. ihre Journalisten. **Journal** [*sehurnal*] *das*; -s, -e: 1. a) (veraltet) Tageszeitung; b) [Mode]zeitschrift. 2. Tagebuch, z. B. bei der Buchführung. **Journalismus** *der*; -: 1. a) Tätigkeit, Arbeit des Journalisten; b) (salopp, häufig abwertend) charakteristische Art der Zeitungsberichterstattung; typischer journalistischer Schreibstil. 2. Pressewesen; vgl. ...ismus/...istik. **Journalist** *der*; -en, -en: jmd., der beruflich für die Presse, den Rundfunk, das Fernsehen schreibt, publizistisch tätig ist. **Journalistik** *die*; -: a) Zeitungswesen; b) Zeitungswissenschaft; vgl. ...ismus/...istik. **journalistisch**: a) die Journalistik betreffend; b) in der Art des Journalismus (1)

jovial [*...wi...*; *lat.-mlat.*]: betont wohlwollend; leutselig. **Jovialität** *die*; -: joviale Art, joviales Wesen, Leutseligkeit. **jovianisch** [*lat.-nlat.*]: den Jupiter betreffend, zum Jupiter gehörend

Juan vgl. Yuan

Jubeljahr [*hebr.-vulgärlat.*; *dt.*]: 1. = Jobeljahr; alle -e: selten. 2. Heiliges Jahr mit besonderen Ablässen in der katholischen Kirche (alle 25 Jahre). **Jubilar** [*(hebr.-) vulgärlat.-mlat.*] *der*; -s, -e: Gefeierter; jmd., der ein Jubiläum begeht. **Jubilate** [*lat.-vulgärlat.*]: Name des 3. Sonntags nach Ostern nach dem alten → Introitus des Gottesdienstes, Psalm 66,1: „Jauchzet (Gott, alle Lande)!". **Jubilatio** [*...gzio*] u. **Jubilation** [*...zion*] *die*; -: im Gregorianischen Choral eine jubelnde, auf einem Vokal (z. B. auf der letzten Silbe des Alleluja) gesungene Tonfolge. **Jubiläum** [*(hebr.-) lat.-vulgärlat.*] *das*; -s, ...äen: festlich begangener Jahrestag eines bestimmten Ereignisses (z. B. Firmengründung, Eintritt in eine Firma), Fest-, Gedenkfeier, Ehren-, Gedenktag. **Jubilee** [*dsehubili*; *lat.-vulgärlat.-fr.-engl.*] *das*; -[s], -s: religiöser Hymnengesang der nordamerikanischen Neger. **jubilieren** [*lat.*]: 1. jubeln, frohlocken. 2. ein Jubiläum feiern. **Jubilus** [*lat.-vulgärlat.-mlat.*] *der*; -: = Jubilatio

juchten [*russ.*]: aus Juchten. **Juchten** *der* od. *das*; -s: 1. feines [Kalbs]leder, das mit Birkenteeröl wasserdicht gemacht wird u. dadurch seinen besonderen Geruch erhält. 2. aus Birkenteeröl gewonnenes Parfüm mit dem charakteristischen Duft des Juchtenleders

Judaika [*hebr.-gr.-lat.*] *die* (Plural): jüdische Schriften, Bücher über das Judentum. **judaisieren** [*...a-i...*]: jüdisch machen, unter jüdischen Einfluß bringen. **Judaisierung** *die*; -, -en: das Judaisieren. **Judaismus** *der*; -: judenchristliche gesetzestreue Richtung im Urchristentum; jüdische

Religion, Judentum. **Judaistik** [*nlat.*] *die*; -: Wissenschaft von der jüdischen Geschichte u. Kultur. **judaistisch**: die Judaistik betreffend. **Judas** [nach Judas Ischariot im Neuen Testament] *der*; -, Judasse: [heimtückischer] Verräter

Judika [*lat.*]: Name des 2. Sonntags vor Ostern nach dem alten → Introitus des Gottesdienstes, Psalm 43,1: „Richte (mich, Gott)!". **Judikat** *das*; -[e]s, -e: (veraltet) Rechtsspruch, richterlicher Entscheid. **Judikation** [*...zion*] *die*; -, -en: (veraltet) richterliche Untersuchung, Beurteilung, Aburteilung (Rechtsw.). **Judikative** [*lat.-nlat.*] *die*; -, -n: richterliche Gewalt im Staat; Ggs. → Exekutive, → Legislative. **judikatorisch** [*lat.*]: (veraltend) richterlich (Rechtsw.). **Judikatur** [*lat.-nlat.*] *die*; -, -en: Rechtsprechung. **Judikum** [eigentlich: Judicum liber „Buch der Richter"] *das*; -s: siebentes Buch des Alten Testaments. **Judiz** *das*; -es, ...ien [*...iᵉn*]: = Judizium. **judiziell**: die Rechtsprechung betreffend, richterlich. **judizieren** [*lat.*]: (veraltet) das Amt eines Richters verwalten, Recht sprechen. **Judizium** *das*; -s, ...ien [*...iᵉn*]: 1. (veraltet) a) Rechtspflege, Richteramt, richterliche Untersuchung; b) Rechtsspruch. 2. aus langjähriger Gerichtspraxis sich entwickelndes Rechtsfindungsvermögen

Judo [*jap.*] *das*; -[s]: sportliche Form des → Jiu-Jitsu mit festen Regeln. **Judoka** *der*; -[s], -[s]: Judosportler

Jug [*dsehag*; *engl.-amerik.*] *der*; -[s], -s: primitives Blasinstrument der Negerfolklore (irdener Krug mit engem Hals)

Juga [*sanskr.*] *das*; -[s]: in der indischen Lehre von den Weltzeitaltern einer der vier Abschnitte der → Kalpa

jugular [*lat.-nlat.*]: das Jugulum betreffend. **Jugulum** [*lat.*] *das*; -s, ...la: Drosselgrube, natürliche Einsenkung an der Vorderseite des Halses zwischen den Halsmuskeln, der Schultermuskulatur u. dem Schlüsselbein (Med.)

Juice [*dsehuß*; *lat.-fr.-engl.*] *der* od. *das*; -, -s [*...ßis*, auch: *...ßiß*]: Obst- od. Gemüsesaft

Jujube [*gr.-lat.-fr.*] *die*; -, -n: 1. Gattung der Kreuzdorngewächse, Sträucher u. Bäume mit dornigen Zweigen u. mit Steinfrüchten. 2. Brustbeere, Frucht der Kreuzdorngewächse

Jukebox [*dsehuk...*; *engl.*] *die*; -, -es [*...xis*, auch: *...xiß*] od. -en: Musikautomat, der nach Einwurf entsprechender Geldmünzen Schallplatten mit Unterhaltungsmusik abspielt

Jul [*altnord.*] *das*; -[s]: a) (hist.) germanisches Fest der Wintersonnenwende; b) in Skandinavien Weihnachtsfest. **Julbock** [*schwed.*] *der*; -[e]s, ...böcke: 1. in Skandinavien bei weihnachtlichen Umzügen auftretende, mit Fellen u. einem gehörnten Ziegenkopf maskierte Gestalt. 2. aus Stroh geflochtene bocksähnliche → Figur (2), die in Skandinavien um die Weihnachtszeit im Haus aufgestellt wird. 3. Gebäck, das die Form einer bocksähnlichen Figur hat

Julep [*dsehuläp*; *pers.-arab.-fr.-engl.*] *das* od. *der*; -[s], -s: in England u. Amerika beliebtes alkoholisches Erfrischungsgetränk

Juli [*lat.*; nach Julius Cäsar] *der*; -[s], -s: der siebente Monat im Jahr. **Julianische Kalender** *der*; -n, -s: der von Julius Cäsar eingeführte Kalender

Julienne [*schüliän*; *fr.*] *die*; -: in schmale Streifen geschnittenes Gemüse (od. Fleisch) als Suppeneinlage

Julius|turm [nach einem Turm der früheren Zitadelle in Spandau, in dem sich bis 1914 ein Teil der von Frankreich an das Deutsche Reich gezahlten Kriegsentschädigung befand] *der*; -[e]s: vom Staat angesparte, als → Reserve (2) zurückgelegte Gelder

Jul|klapp [*altnord.*] *der*; -s: [scherzhaft mehrfach verpacktes] kleines Weihnachtsgeschenk, das man im Rahmen einer Feier von einem unbekannten Geber erhält

Jumbo [auch: *dsehambo*] *der*; -s, -s: kurz für: Jumbo-Jet. **Jumbo-Jet** [*...dsehät*; *engl.-amerik.*; „Düsenriese"] *der*; -s, -s: Großraumdüsenflugzeug

Jumelage [*schümᵉlasch*; *fr.*] *die*; -, -n [*...schᵉn*]: Städtepartnerschaft zwischen Städten verschiedener Länder

Jump [*dsehamp*; *engl.-amerik.*] *der*; -[s], -s: 1. dritter Sprung beim Dreisprung (Leichtathletik); vgl. Hop (I), Step (1). 2. (ohne Plural) in Harlem entwickelter Jazzstil. **jumpen** [*dsehampᵉn*, auch: *jum...*; *engl.*]: (ugs.) springen

Jumper [engl. Ausspr.: *dsehampᵉr*, auch (südd., österr.): *dsehäm...*; *engl.*] *der*; -s, -: (selten) [Damen]-strickbluse, Pullover. **Jumpsuit** [*dsehampßjut*; *engl.*] *der*; -[s], -s: einteiliger Hosenanzug

jungieren [*lat.*]: (veraltet) verbinden, zusammenlegen

Jungle-Stil [*dsehanggᵉl...*; *engl.-amerik.*] *der*; -: Spielweise mit Dämpfern o. ä. zur Erzeugung von Groll- oder Brummeffekten (Growl) bei den Blasinstrumenten im Jazz (von Duke Ellington eingeführt)

Juni [*lat.*, nach der altrömischen Göttin Juno] *der*; -[s], -s: der sechste Monat des Jahres

junior [*lat.*; „jünger"] (nur unflektiert hinter dem Personennamen): der jüngere... (z. B. Krause -; Abk.: jr. u. jun.); Ggs. → senior. **Junior** *der*; -s, ...oren: 1. (ugs.) a) (ohne Plural) = Juniorchef; b) Sohn (im Verhältnis zum Vater); Ggs. → Senior (1). 2. der Jüngere, der junge Mann (im Unterschied zum älteren, alten Mann), bes. beim Sport der Jungsportler (vom 18. bis zum vollendeten 23. Lebensjahr); Ggs. → Senior (2). **Juniorat** *das*; -[e]s, -e: = Minorat. **Juniorchef** *der*; -s, -s: Sohn des Geschäftsinhabers. **Juniorpartner** *der*; -s, -: mit weniger Rechten ausgestatteter [jüngerer] Geschäftspartner (Wirtsch.). **Juniorpaß** *der*; ...passes, ...pässe: für Jugendliche bis zu einem bestimmten Alter erwerbbarer Ausweis, auf den sie bei Reisen mit der Bundesbahn innerhalb der Bundesrepublik Deutschland Fahrpreisermäßigungen erhalten

Juniperus [*lat.*] *der*; -, -: Wacholder (über die ganze Erde verbreitetes Zypressengewächs; Bot.)

Junk-art [*dsehangk-aʳt*; *engl.*] *die*; -: moderne Kunstrichtung, bei der vor allem Abfälle als → Materialien (1) für Bilder u. Plastiken verwendet werden. **Junk-food** [*dsehangkfud*] *der*; -[s]: Nahrung von geringem Nährwert, aber von hoher Kalorienzahl (z. B. Süßigkeiten, Pommes frites). **Junkie** [*dsehangki*; *engl.*] *der*; -s, -s: Drogenabhängiger, Rauschgiftsüchtiger

Junktim [*lat.*; „vereinigt"] *das*; -s, -s: wegen innerer Zusammengehörigkeit notwendige Verbindung zwischen zwei Verträgen od. Gesetzesvorlagen. **junktimieren**: (bes. österr.) in einem Junktim verknüpfen, festlegen. **Junktor** *der*; -s, ...oren: logische Partikel, durch die Aussagen zu neuen Aussagen verbunden werden (z. B. *und, oder*; Logistik). **Junktur** *die*; -, -en: 1. (veraltet) Verbindung, Fuge. 2. Verbindung zwischen benachbarten Knochen des Skeletts (Med.). 3. Grenze zwischen aufeinanderfolgenden

sprachlichen Einheiten, die sich als Sprechpause niederschlägt (z. B. bei ver-eisen statt verreisen; Sprachw.)
junonisch [nach der altröm. Göttin Juno]: (geh.) wie eine Juno, von stattlicher, erhabener Schönheit
Junta [chunta, auch: jun...; *lat.-span.*; „Vereinigung; Versammlung"] *die*; -, ...ten: 1. Regierungsausschuß, bes. in Spanien, Portugal u. Lateinamerika. 2. kurz für: Militärjunta
Jupe [schüp; *arab.-it.-fr.*] *die*; -, -s: 1. (auch: *der*; -s, -s) (schweiz.) Damenrock. 2. (veraltet) knöchellanger Damenunterrock; vgl. Jupon
Jupiterlampe (Wz) [nach der Berliner Firma „Jupiterlicht"] *die*; -, -n: sehr starke elektrische Bogenlampe für Film- u. Fernsehaufnahmen
Jupon [schüpong; *arab.-it.-fr.*] *der*; -[s], -s: 1. (früher) eleganter, knöchellanger Damenunterrock. 2. (schweiz.) Unterrock
Jura
I. [*lat.*; „die Rechte"] (ohne Artikel): Rechtswissenschaft; vgl. Jus (I).
II. [nach dem franz.-schweiz.-südd. Gebirge] *der*; -s: erdgeschichtliche Formation des → Mesozoikums (umfaßt → Lias, → Dogger (II) u. → Malm; Geol.)
Juraformation [...*zion*] *die*; -: = Jura (II). **Jurament** [Kurzw. aus *Jura* (II) u. *Zement*] *der*; -s, -e: Kunststein aus Kalkzement u. Schlackenrückständen von Ölschiefer
jura novit curia [- nowit ku...; *lat.*; „das Gericht kennt das (anzuwendende) Recht"]: alte, im deutschen Zivilprozeß gültige Rechtsformel, die besagt, daß das geltende Recht dem Gericht von den streitenden Parteien nicht vorgetragen werden muß, es sei denn, daß es sich um dem Gericht unbekanntes fremdes (ausländisches) Recht handelt.
jurare in verba magi|stri [- - *wärba* -; „auf des Meisters Worte schwören"; nach Horaz]: die Meinung eines anderen nachbeten
jurassisch [*fr.*]: a) zum Jura (II) gehörend; b) aus dem Gebirge Jura stammend
Jurator [*lat.*] *der*; -s, ...oren: (veraltet; Rechtsw.) 1. vereidigter Schätzer, Wertsachverständiger. 2. jmd., der mit seinem Eid die Wahrheit des Eides des Angeklagten beschwört; Eideshelfer. **juridisch**: der Rechtswissenschaft entsprechend, juristisch. **jurieren**: a) Werke für eine Ausstellung, Filmfestspiele o. ä. zusammenstellen; b) in einer Jury (1) mitwirken. **Jurierung** *die*; -, -en: das Jurieren. **Jurisconsultus** [...*kon*...; *lat.*] *der*; -, ...ti: (veraltet) Rechtsgelehrter, -berater. **Jurisdiktion** [...*zion*] *die*; -, -en: 1. weltliche u. geistliche Gerichtsbarkeit, Rechtsprechung. 2. Vollmacht, Recht des → Klerus zur Leitung der Mitglieder der Kirche (mit den Funktionen Gesetzgebung, Rechtsprechung, Verwaltung). **Jurisprudenz** *die*; -: Rechtswissenschaft. **Jurist** [*lat.-mlat.*] *der*; -en, -en: jmd., der Rechtswissenschaft mit Ablegung der staatlichen Referendar- u. Assessorprüfung studiert [hat]. **Juristerei** [dt. Bildung zu → Jurist] *die*; -: (ugs.) Rechtswissenschaft. **juristisch** [*lat.-mlat.*]: a) rechtswissenschaftlich, das Recht betreffend; b) mit den Mitteln des Rechts, der Rechtswissenschaft. -e Person: mit der Rechtsfähigkeit einer natürlichen Person, eines Individuums ausgestattete Organisation (Körperschaft, Anstalt, Stiftung). **Juror** [*lat.-engl.*] *der*; -s, ...oren: Mitglied einer Jury
Jurte [*türk.*] *die*; -, -n: runde Filzhütte mittelasiatischer Nomaden
Jürük u. Yürük *der*; -[s], -s: nach einem kleinasiat. Nomadenvolk benannter langfloriger türk. Teppich aus glanzreicher Wolle
Jury [schüri, auch: schüri; fr. Ausspr.: schüri; engl. Ausspr.: dschu^eri; *lat.-fr.-engl.*(*-fr.*)] *die*; -, -s: 1. Ausschuß von Sachverständigen, der über etw. zu entscheiden, zu befinden hat, z. B. über die Verleihung eines Preises. 2. Schwurgericht, ein bes. in England u. Amerika bei Kapitalverbrechen zur Urteilsfindung verpflichtetes Gremium von Laien.
juryfrei: nicht von Fachleuten zusammengestellt
Jus
I. [juß; *lat.*] *das*; -, Jura: Recht, Rechtswissenschaft; (österr.) - (Jura) studieren; - ad rem: Recht auf die Sache (Eigentums-, Nutzungsanspruch); - divinum [...wi...]: göttliches Recht; - gentium: Völkerrecht; - naturale: Naturrecht; - primae [...ä] noctis: im Mittelalter gelegentlich bezeugtes Recht des Grundherrn auf die erste Nacht mit der Neuvermählten eines Hörigen; - strictum: strenges, gesetzlich festgelegtes, bindendes Recht.
II. [schü; *lat.-fr.*] *die*; - (auch, bes. südd. u. schweiz.: *das*; - u. bes. schweiz.: *der*; -): 1. Bratensaft. 2. (schweiz.) Fruchtsaft
jusqu'au bout [schüßko bu; *fr.*; „bis zum Ende"]: franz. Schlagwort während des 1. Weltkriegs für das bedingungslose Aushalten bis zum Sieg
Jussiv [*lat.-nlat.*] *der*; -s, -e [...w^e]: imperativisch gebrauchter Konjunktiv (z. B. er lebe hoch!; Sprachw.)
just [*lat.*]: eben, gerade (in bezug auf eine Situation in gewissem Sinne passend). **justament** [*lat.-fr.*]: (veraltet) a) gerade, genau; b) nun gerade, erst recht. **Justemilieu** [schüßtmiliö; *fr.*; „die rechte Mitte"] *das*; -: 1. nach 1830 Schlagwort für die den Ausgleich suchende, kompromißbereite Politik von Louis Philippe von Frankreich. 2. (selten) laue Gesinnung. **justieren** [*lat.-mlat.*; „berichtigen"]: 1. Geräte od. Maschinen, bei denen es auf genaue Einstellung ankommt, vor Gebrauch einstellen. 2. a) Druckstöcke auf Schrifthöhe u. Winkelständigkeit bringen; b) Fahnensatz auf Seitenhöhe bringen (umbrechen; Druckw.). 3. das gesetzlich vorgeschriebene Gewicht einer Münze kontrollieren. **Justierer** *der*; -s, -: jmd., der mit dem Justieren betraut ist. **Justierung** *die*; -, -en: das Justieren (1, 2 u. 3). **Justierwaage** [*lat.-mlat.*; *dt.*] *die*; -, -n: Münzkontrollwaage. **Justifikation** [...*zion*; *lat.*] *die*; -, -en: 1. Rechtfertigung. 2. = Justifikatur. **Justifikatur** [*lat.-nlat.*] *die*; -, -en: Rechnungsgenehmigung nach erfolgter Prüfung. **justifizieren**: 1. rechtfertigen. 2. eine Rechnung nach Prüfung genehmigen. **Justitia** [...*zia*; *lat.*] *die*; -: altröm. Göttin des Rechts; Verkörperung der Gerechtigkeit. **justitiabel** [*lat.-mlat.*]: vom Gericht abzuurteilen, richterlicher Entscheidung zu unterwerfen. **Justitiar** *der*; -s, -e: 1. ständiger, für alle Rechtsangelegenheiten zuständiger Mitarbeiter eines Unternehmens, einer Behörde o. ä. 2. (hist.) in der → Patrimonialgerichtsbarkeit Gerichtsherr, Gerichtsverwalter. **Justitiariat** *das*; -[e]s, -e: Amt des Justitiars (1 u. 2). **Justitiarius** *der*; -, ...ien [...i^en] = Justitiar (1 u. 2). **justitiell**: die Justiz betreffend. **Justitium** [...*zium*; *lat.*] *das*; -s, ...ien [...i^en]: Unterbrechung der Rechtspflege durch Krieg od. höhere Gewalt. **Justiz** *die*; -: 1. Rechtswesen, -pflege; Rechtsprechung. 2. Behörde, Gesamtheit

der Behörden, die für die Ausübung der Justiz (1), für Einhaltung der Rechtsordnung verantwortlich ist, sie gewährleistet. **Justizministerium** *das*; -s, ...ien [...*iᵉn*]: für die Rechtspflege zuständiges Ministerium. **Justizmord** [*lat.*; *dt.*] *der*; -[e]s, -e: (emotional) Vollziehung eines auf Rechtsirrtum beruhenden Todesurteils

Jute [*bengal.-engl.*] *die*; -: 1. Gattung der Lindengewächse mit zahlreichen tropischen Arten (z. T. wichtige Faserpflanzen). 2. Bastfaser der besonders in Indien angebauten Jutepflanzen

juvenalisch [...*we*...; nach dem röm. Satiriker Juvenal]: beißend, spöttisch, satirisch

juvenalisieren [...*we*...; *lat.-nlat.*]: am Stil, Geschmack der Jugend orientieren. **Juvenalisierung** *die*; -, -en: Orientierung am Stil, Geschmack der Jugend. **Juvenat** *das*; -[e]s, -e: kath. Schülerheim. **juvenil** [*lat.*]: 1. jugendlich, für junge Menschen charakteristisch. 2. direkt aus dem Erdinnern stammend, aufgestiegen; vgl. vados (Geol.). **Juvenilismus** [*lat.-nlat.*] *der*; -: 1. Entwicklungsstufe des Jugendstadiums. 2. Form seelischer Undifferenziertheit, bei der die seelische Entwicklung auf einer jugendlichen Stufe stehengeblieben ist (Psychol.). **Juvenilität** [*lat.*] *die*; -: Jugendlichkeit. **Juvenilwasser** [*lat.*; *dt.*] *das*; -s: = juveniles (2) Wasser

Juwel [*lat.-vulgärlat.-fr.-niederl.*]
I. *der* od. *das*; -s, -en: Edelstein, Schmuckstück.
II. *das*; -s, -e: etwas Wertvolles, bes. hoch Gehaltenes (auch in bezug auf Personen)

Juwelier [*lat.-vulgärlat.-fr.-niederl.*] *der*; -s, -e: Goldschmied, Schmuckhändler

Jux [durch Entstellung aus lat. iocus = „Scherz" entstanden] *der*; -es, -e: (ugs.) Scherz, Spaß, Ulk. **juxen**: (ugs.) ulken, Spaß machen

Juxta u. (österr.:) Juxte [*lat.-nlat.*] *die*; -, ...ten: sich meist an der linken Seite von kleinen Wertpapieren (Lottozetteln) befindender Kontrollstreifen. **Juxtakompositum** *das*; -s, ...ta: = Juxtapositum. **Juxtaposition** [...*zion*] *die*; -, -en: 1. (Sprachw.) a) Zusammenrückung der Glieder einer syntaktischen Fügung als besondere Form der Wortbildung; vgl. Juxtapositum; b) bloße Nebeneinanderstellung im Ggs. zur Komposition (z. B. engl. *football game* = „Fußballspiel"). 2. Ausbildung von zwei miteinander verwachsenen Kristallen, die eine Fläche gemeinsam haben. **Juxtapositum** *das*; -s, ...ta: durch → Juxtaposition (1a) entstandene Zusammensetzung (z. B. zufrieden, Dreikäsehoch; Sprachw.). **Juxte** vgl. Juxta

K

Vgl. auch **C** und **Z**

Kaaba [*arab.*; „Würfel"] *die*; -: Steinbau in der großen Moschee von Mekka, Hauptheiligtum des Islams, Ziel der Mekkapilger; vgl. Haddsch u. Hadschar

Kabache u. **Kabacke** [*russ.*] *die*; -, -n: a) primitive Hütte; b) anrüchige Kneipe

Kabale [*hebr.-fr.*] *die*; -, -n: → Intrige, hinterhältiger Anschlag. **kabalieren** u. **kabalisieren**: (veraltet) Ränke schmieden, intrigieren. **Kabalist** *der*; -en, -en: (veraltet) heimtückischer Gegner, → Intrigant; vgl. aber: Kabbalist

Kaban vgl. Caban

Kabanossi [Herkunft unsicher] *die*; -, -: [fingerdicke] stark gewürzte grobe Wurstsorte

Kabarett [auch: *ka*..., österr.: ...*re*; *fr.*] *das*; -s, -s od. -e: 1. a) (ohne Plural) zeit- u. sozialkritische Darbietungen; b) kleines Theater, in dem zeit- u. sozialkritische Darbietungen gegeben werden; c) Ensemble der Künstler, die an den Darstellungen einer Kleinkunstbühne beteiligt sind. 2. meist drehbare, mit kleinen Fächern od. Schüsselchen versehene Salat- od. Speiseplatte. **Kabarettier** [...*tie*] *der*; -s, -s: Besitzer od. Leiter eines Kabaretts (1b). **Kabarettist** *der*; -en, -en: Künstler an einem Kabarett (1b). **kabarettistisch**: in der Art eines Kabaretts (1a)

Kabbala [auch: ...*la*; *hebr.*; „Überlieferung"] *die*; -: a) stark mit Buchstaben- und Zahlendeutung arbeitende jüdische Geheimlehre und Mystik vor allem im Mittelalter; b) esoterische u. theosophische Bewegung im Judentum. **Kabbalist** [*hebr.-nlat.*] *der*; -en, -en: Anhänger der Kabbala; vgl. aber Kabalist. **Kabbalistik** *die*; -: Lehre der Kabbala, bes. → Magie mit Buchstaben u. Zahlen. **kabbalistisch**: a) auf die Kabbala bezüglich; b) hintergründig, geheimnisvoll

Kabeljau [*niederl.*] *der*; -s, -e u. -s: zur Familie der Schellfische gehörender Speisefisch der Nord- u. Ostsee u. des Nordatlantiks, Dorsch

Kabelvision [...*wi*...] *die*; -: Fernsehübertragung auf dem Kabelwege

Kabine [*lat.-provenzal.-fr.-engl.* (*-fr.*)] *die*; -, -n: 1. kleiner, meist abgeteilter, für verschiedene Zwecke bestimmter Raum (z. B. zum Umkleiden). 2. a) Wohn- u. Schlafraum auf Schiffen für Passagiere; b) Fahrgastraum eines Passagierflugzeugs

Kabinett [*fr.*; „kleines Gemach, Nebenzimmer"] *das*; -s, -e: 1. (veraltet) abgeschlossener Beratungs- od. Arbeitsraum (bes. an Fürstenhöfen). 2. (veraltet) engster Beraterkreis eines Fürsten. 3. kleinerer Museumsraum. 4. Kreis der die Regierungsgeschäfte eines Staates wahrnehmenden Minister. 5. (österr.) kleines, einfenstriges Zimmer. 6. (DDR) Lehr- u. Beratungszentrum. **Kabinettformat** *das*; -[e]s: Format von fotografischen Platten (10 × 14 cm). **Kabinettmalerei** [*fr.*; *dt.*] *die*; -: Verfahren der Glasmalerei, bei dem mit Schmelzfarben gearbeitet wird; vgl. musivische Arbeit. **Kabinettscheibe** *die*; -, -n: in der Kabinettmalerei runde od. viereckige Glasscheibe mit Darstellung eines Wappens od. einer Szene. **Kabinettsfrage** *die*; -, -n: Vertrauensfrage, die das Kabinett an das Parlament richtet u. von deren positiver od. negativer Beantwortung das Verbleiben der Regierung im Amt abhängt. **Kabinettsjustiz** *die*; -: a) (hist.) Rechtsprechung od. Einflußnahme auf die Justiz durch einen Herrscher; b) [unzulässige] Einwirkung der Regierung auf die Rechtsprechung; vgl. Amnestie. **Kabinetts|order** *die*; -, -n: (veraltet) [unmittelbarer] Befehl des Fürsten. **Kabinett|stück** [*fr.*; *dt.*] *das*; -s, -e: etwas in seiner Art Einmaliges. **Kabinettwein** *der*; -s, -e: ein besonders edler Wein

Kabis [*lat.-mlat.*] *der*; -: (südd., schweiz.) Kohl; vgl. Kappes

Kabotage [...*tasch*ᵉ; *lat.-span.-fr.*] *die*; -: die meist den Bewohnern eines Landes vorbehaltene Beförderung von Gütern u. Personen innerhalb des Landes od. Hoheitsgebiets (z. B. Küstenschifffahrt, Binnenflugverkehr). **kabotieren**: (im Rahmen bestimmter Abkommen) Güter od. Personen innerhalb eines Landes od. Hoheitsgebiets befördern

Ka|brio [auch: *ka...*] *das*; -[s], -s: Kurzw. für: Kabriolett. **Kabriolett**, Cabriolet [*kabriole*; *lat.-it.-fr.*] *das*; -s, -s: 1. Auto mit zurückklappbarem Stoffverdeck. 2. (veraltet) leichter, zweirädriger Einspänner. **Ka|briolimousine** [Kurzw. aus: *Kabrio*lett u. → *Limousine*] *die*; -, -n: a) Auto mit Schiebedach; b) → Limousine mit abnehmbarem Verdeck

Kabuki [*jap.*] *das*; -: im 17. Jh. aus Singtanzpantomimen entstandenes japanisches Volkstheater in übersteigert realistischem Stil

Kach|ektiker [*kach...*; *gr.-lat.*] *der*; -s, -: jmd., der an Kachexie leidet (Med.). **kach|ektisch**: hinfällig (Med.). **Kach|exie** *die*; -, ...ien: mit allgemeiner Schwäche u. Blutarmut verbundener starker Kräfteverfall [als Begleiterscheinung schwerer Krankheiten] (Med.)

Kadaver [*...wer*; *lat.*; „gefallener (tot daliegender) Körper"] *der*; -s, -: toter, in Verwesung übergehender Tierkörper; Aas. **Kadavergehorsam** [*lat.*; *dt.*] *der*; -s: blinder, willenloser Gehorsam unter völliger Aufgabe der eigenen Persönlichkeit. **Kadaverin** u. Cadaverin [*...we...*; *lat.-nlat.*] *das*; -s: bei Fäulnis aus der Aminosäure Lysin entstehender Wuchsstoff für gewisse Bakterien; Leichengift. **Kadavermehl** [*lat.*; *dt.*] *das*; -s: Knochen- od. Fleischrückstände verendeter Tiere, die als Futter od. Dünger verwendet werden

Kaddisch [*aram.*] *das*; -s: ein jüdisches Gebet

Kadenz [*lat.-vulgärlat.-it.*] *die*; -, -en: 1. Akkordfolge als Abschluß eines Tonsatzes oder -abschnittes (Mus.). 2. das auf den drei Hauptharmonien (→ Tonika I, 3, → Dominante II, 2, → Subdominante b) beruhende harmonische Grundgerüst der Akkordfolge (die sieben Grundakkorde; Mus.). 3. vor dem Schluß eines musikalischen Satzes (od. einer Arie) virtuose Paraphrasierung der Hauptthemen (bzw. virtuose Auszierung des dem Schluß vorausgehenden Tons) durch den Solisten ohne instrumentale Begleitung (Mus.). 4. Schlußfall der Stimme (Sprachw.). 5. metrische Form des Versschlusses. 6. = Klausel (2). 7. Maß für die Leistung einer Feuerwaffe, angegeben in Schußzahl pro Minute; Feuergeschwindigkeit. **kadenzieren**: (Mus.) a) durch eine Kadenz (1) zu einem harmonischen Abschluß leiten; b) eine Kadenz (3) ausführen

Kader

I. [*lat.-it.-fr.*] *der* (schweiz.: *das*); -s, -: 1. erfahrener Stamm eines Heeres (bes. an Offizieren u. Unteroffizieren). 2. erfahrener Stamm einer Sportmannschaft.

II. [*lat.-it.-fr.-russ.*] *der*; -s, -: (DDR) 1. Gruppe leitender Personen mit wichtigen Funktionen in Partei, Staat u. Wirtschaft. 2. einzelner Angehöriger eines Kaders (II, 1)

Kaderarmee *die*; -, -n: → Armee (a), die in Friedenszeiten nur aus Kadern (I, 1) besteht u. im Kriegsfalle mit Wehrpflichtigen aufgefüllt wird. **Kaderpartie** *die*; -, -n: bestimmte Partie im → Billard

Kadett [*lat.-provenzal.-fr.*]

I. *der*; -en, -en: 1. (hist.) Zögling eines militärischen Internats für Offiziersanwärter. 2. (schweiz.) Mitglied einer [Schul]organisation für militärischen Vorunterricht. 3. (ugs.) Bursche, Kerl.

II. *der*; -s, -s: blau-weiß od. schwarz-weiß gestreiftes Baumwollgewebe für Berufskleidung

Kadetten [*russ.*; nach den Anfangsbuchstaben *K* u. *D* der russischen Konstitutionellen Demokratischen (Partei)] *die* (Plural): (hist.) Mitglieder einer russischen Partei (1905–1917) mit dem Ziel einer konstitutionellen Monarchie

Kadettenkorps [*...kor*] *das*; - [*...korß*], - [*...korß*]: (hist.) Gesamtheit der in Kadettenanstalten befindlichen Zöglinge

Kadi [*arab.*; „Richter"] *der*; -s, -s: Richter (in islamischen Ländern)

kadmieren u. verkadmen [*gr.-lat.-nlat.*]: Metalle zum Schutz gegen → Korrosion auf → galvanischem Wege mit einer Kadmiumschicht überziehen. **Kadmierung** *die*; -, -en: Vorgang des Kadmierens. **Kadmium**, (chem. fachspr.:) Cadmium [*k...*] *das*; -s: chem. Grundstoff, ein Metall; Zeichen: Cd. **Kadmiumgelb** u. **Kadmiumrot** [*gr.-lat.-nlat.*; *dt.*] *das*; -s: Kadmiumsulfid (Malerfarbe)

kaduk [*lat.*]: (veraltet) hinfällig, gebrechlich, verfallen. **kaduzieren** [*lat.-nlat.*]: geleistete Einlagen als verfallen erklären (Rechtsw.). **Kaduzierung** *die*; -, -en: Verfallserklärung hinsichtlich bereits geleisteter Einlagen eines Aktionärs od. Gesellschafters, der mit seinen satzungsgemäßen Einzahlungen im Verzug ist (Rechtsw.)

Kaf [*arab.*] *das* od. *der*; -[s]: nach islamischen Anschauungen legendäres Gebirge als Grenze der Erde u. Sitz der Götter u. Dämonen

Kaff [*zigeunerisch*] *das*; -s, -s u. -e: (ugs.) armselige Ortschaft, langweiliger kleiner Ort

Kaffee [auch, österr. nur: *kafe*; *arab.-türk.-it.-fr.*] *der*; -s: 1. Kaffeepflanze, Kaffeestrauch. 2. a) bohnenförmige Samen des Kaffeestrauchs; b) geröstete [gemahlene] Kaffeebohnen. 3. aus den Kaffeebohnen bereitetes Getränk. 4. a) kleine Zwischenmahlzeit am Nachmittag, bei der Kaffee getrunken wird; b) Morgenkaffee, Frühstück. 5. eindeutschende Schreibung für → Café. **Kaffee-Ex|trakt** *der*; -s, -e: pulverisierter, [gefrier]getrockneter Auszug aus starkem Kaffeeaufguß. **Kaffeesieder** [*arab.-türk.-it.-fr.*; *dt.*] *der*; -s, -: (österr., sonst abwertend): Cafébesitzer. **Kaffee|valorisation** [*...walorisazion*] *die*; -, -en: Lagerung, Zurückhaltung von Kaffee zur Erhaltung der Preisstabilität (Wirtsch.). **Kaffein** vgl. Koffein

Kaffer [*hebr.-jidd.*; „Bauer"] *der*; -s, -: (ugs.) jmd., der (nach Ansicht des ärgerlichen Sprechers) dumm, ungebildet o. ä. ist

Kafiller [*hebr.-jidd.*] *der*; -s, -: (Gaunerspr.) Schinder, Abdekker. **Kafillerei** *die*; -: Abdeckerei

Kafir [*arab.*] *der*; -s, -n: (abwertend) Nichtmohammedaner

kafkaesk [*...aä...*; nach dem österr. Schriftsteller F. Kafka (1883–1924)]: in der Art der Schilderungen Kafkas; auf rätselvolle Weise unheimlich, bedrohlich

Kaftan [*pers.-arab.-türk.-slaw.*; „[militär.] Obergewand"] *der*; -s, -e: aus Asien stammendes langes Obergewand, das früher in Osteuropa zur Tracht der orthodoxen Juden gehörte

Kagu [*polynes.*] *der*; -s, -s: Rallenkranich (Urwaldvogel Neukaledoniens)

Kai [österr.: *ke*; *gall.-fr.-niederl.*] *der*; -s, -e u. -s: durch Mauern befestigtes Ufer zum Beladen u. Löschen von Schiffen

Kaik u. Kajik [*türk.*] *der*; -s, -s u. -e: leichtes türkisches Küstenfahrzeug, Ruderboot

Kaiman [*indian.-span.*] *der*; -s, -e: Krokodil im tropischen Südamerika. **Kaimanfisch** [*indian.-span.*; *dt.*] *der*; -[e]s, -e: hechtartiger Knochenfisch mit → Ganoidschuppen, dessen Kiefer zu einer Krokodilschnauze verlängert ist

Kainit [*ka-i...*, auch: *...it*; *gr.-nlat.*] *der*; -s, -e: ein Mineral (ein Kalidüngemittel)

Kainsmal [auch: *kainß*...; nach 1. Mose 4, 15 Zeichen, das Kain nach dem Brudermord an Abel erhalten haben soll u. das ihn als nur von Gott zu Richtenden kennzeichnen sollte; später erst als Zeichen der Schuld verstanden] *das*; -[e]s, -e: Mal, Zeichen der Schuld, das jmd. [sichtbar] trägt, mit dem jmd. gezeichnet ist. **Kainszeichen** *das*; -s, -: = Kainsmal

Kairophobie [*gr.*] *die*; -, ...ien: Situationsangst (Med.; Psychol.). **kairophob**: Situationsangst empfindend (Med.; Psychol.). **Kairos** *der*; -, ...roi [...*eu*]: 1. günstiger Zeitpunkt, entscheidender Augenblick (Philos.). 2. Zeitpunkt der Entscheidung (z. B. zwischen Glauben u. Unglauben; Rel.)

Kajak [*eskim.*] *der* (auch: *das*); -s, -s: a) einsitziges Männerboot bei den Eskimos (vgl. Umiak); b) ein- od. mehrsitziges Sportpaddelboot

Kajal [*sanskr.*] *das*; -[s]: als Kosmetikmittel verwendete [schwarze] Farbe zum Umranden der Augen

Kaje [*niederl.*] *die*; -, -n: (landsch.) [Schutz]deich, Uferbefestigung

Kajeputbaum [*malai.*; *dt.*] *der*; -s, ...bäume: ein Myrtengewächs in Indonesien u. Australien, dessen junge Triebe ein schmerzlinderndes Öl liefern

Kajik vgl. Kaik

kajolieren [*kaseh*...; *fr.*]: (veraltet) schmeicheln, liebkosen

Kajüte [*niederd.*, weitere Herkunft unsicher] *die*; -, -n: Wohn- u. Schlafraum auf Booten u. Schiffen

Kakadu [*österr.*: ...*du*; *malai.-niederl.*] *der*; -s, -s: in Indien u. Australien vorkommender Papagei

Kakao [...*kau* od. ...*kao*, südd. auch: *kaka-o*; *mex.-span.*] *der*; -s: 1. Samen des Kakaobaums. 2. aus dem Samen des Kakaobaumes hergestelltes Pulver. 3. aus Kakaopulver bereitetes Getränk; jmdn. durch den - ziehen: (ugs.) spöttisch-abfällig über jmdn. reden

Kakemono [*jap.*] *das*; -s, -s: ostasiat. Gemälde im Hochformat auf einer Rolle aus Seide od. Papier; vgl. Makimono

Kakerlak [Herkunft unsicher] *der*; -s u. -en, -en: 1. Küchenschabe. 2. (lichtempfindlicher) → Albino (1)

Kaki vgl. Khaki

Kakibaum [*jap.*; *dt.*] *der*; -s, ...bäume: ein ostasiatisches Ebenholzgewächs (Obstbaum mit tomatenähnlichen Früchten)

Kak|idrose u. **Kak|idrosis** [*gr.-nlat.*] *die*; -: übelriechende Schweißabsonderung (Med.)

Kakirit [auch: ...*it*; *nlat.*; nach dem Kakirsee in Schwedisch-Lappland] *der*; -s, -e: ein durch schwache Bewegungen zertrümmertes u. von Kluftflächen durchzogenes Gestein

Kakodylverbindungen [*gr.*; *dt.*] *die* (Plural): organische Verbindungen des Arsens (Chem.).

Kakogeusie [*gr.-nlat.*] *die*; -: übler Geschmack im Mund (Med.). **Kakophonie** [*gr.*] *die*; -, ...ien: 1. Mißklang, → Dissonanz (Mus.). 2. schlecht klingende Folge von Lauten (Sprachw.); Ggs. → Euphonie. **Kakophoniker** *der*; -s, -: ein Komponist, der häufig die → Kakophonie (1) anwendet. **kakophonisch**: die Kakophonie betreffend, mißtönend, schlecht klingend. **Kak|osmie** *die*; -: subjektive Empfindung eines tatsächlich [nicht] vorhandenen üblen Geruchs (Med.). **Kakostomie** [*gr.-nlat.*] *die*; -: übler Geruch aus dem Munde (Med.)

Kaktazeen [*gr.-lat.-nlat.*] *die* (Plural): Kaktusgewächse (Pflanzenfamilie). **Kaktee** *die*; -, -n: = Kaktus (1). **Kaktus** [*gr.-lat.*] *der*; - (ugs. u. österr. auch: -ses), ...teen (ugs. u. österr. auch: -se): 1. Pflanze mit dickfleischigem Stamm als Wasserspeicher u. meist rückgebildeten Blättern, aus den trokken-heißen Gebieten Amerikas stammend (auch als Zierpflanze). 2. (ugs. scherzh.) Kothaufen

kakuminal [*lat.-nlat.*]: (veraltet) = retroflex. **Kakuminal** *der*; -s, -e: = Retroflex

Kala-Azar [*Hindi*; „schwarze Krankheit"] *die*; -: eine schwere tropische Infektionskrankheit

Kalabasse vgl. Kalebasse

Kala|breser [nach der ital. Landschaft Kalabrien] *der*; -s, -: breitrandiger Filzhut mit spitz zulaufendem Kopfteil

Kalamaika [*slaw.*] *die*; -, ...ken: ein slaw.-ungarischer Nationaltanz im $^2/_4$-Takt

Kalamarien [...*iᵉn*; *gr.-nlat.*] *die* (Plural): mit den → Kalamiten verwandte → fossile Schachtelhalme

Kalamin [*gr.-lat.-mlat.*] *der*; -s: Zinkspat

Kalamität [*lat.*] *die*; -, -en: 1. [schlimme] Verlegenheit, mißliche Lage. 2. durch Schädlinge, Hagel, Sturm o. ä. hervorgerufener schwerer Schaden in Pflanzenkulturen (Biol.)

Kalamiten [*gr.-nlat.*] *die* (Plural): ausgestorbene baumhohe Schachtelhalme des → Karbons

Kalander [*fr.*] *der*; -s, -: Maschine mit Preßwalzen zum Glätten, Bemustern, Prägen von Papier, Textilien u. Werkstoffen

Kalanderlerche [*gr.-vulgärlat.*; *dt.*] *die*; -, -n: Lerchenart der Mittelmeerländer

kalandern u. **kalan|drieren** [*fr.*]: einen Werkstoff mit dem → Kalander bearbeiten

Kalandsbrüder [*lat.-mlat.*; *dt.*; nach lat. *calendae* = „erster Tag eines Monats"] *die* (Plural): religiös-soziale Bruderschaften des 13.–16. Jh.s, die sich am Monatsersten versammelten

Kalasche [*russ.*] *die*; -, -n: (landsch.) [Tracht] Prügel. **kalaschen**: (landsch.) prügeln

Kalasiris [*ägypt.-gr.*] *die*; -, -: im alten Ägypten u. in Griechenland getragenes Gewand für Männer u. Frauen

Kalathos [*gr.*] *der*; -, ...thoi [...*teu*]: 1. aus Weiden geflochtener, lilienkelchförmiger Korb, der den Frauen im antiken Griechenland zum Transport von Gegenständen (z. B. von Blumen, Früchten) diente. 2. Kopfschmuck bes. der weiblichen griechischen Gottheiten. 3. Kernstück des korinthischen → Kapitells (Kunstw.)

Kalauer [aus franz. *calembour* = „Wortspiel", in Anlehnung an den Namen der Stadt Calau bei Cottbus umgebildet] *der*; -s, -: als nicht sehr geistreich empfundener, meist auf einem vordergründigen Wortspiel beruhender Witz, „fauler Witz", z. B. statt: *ich trinke auf dein Wohl, Marie,* die Umkehrung: *ich trinke auf deine Marie* (= Geldbesitz, Geldbörse), *mein Wohl*; oder wenn Händels „Feuerwerksmusik" bei Regen gespielt wird u. jmd. sagt, daß man besser Händels „Wassermusik" spielen sollte; vgl. Calembour. **kalauern**: Kalauer erzählen

Kaldarium u. Caldarium [*lat.*; „Warmzelle"] *das*; -s, ...ien [...*iᵉn*]: 1. altröm. heißes Bad (→ apsidialer kuppelüberwölbter Rundbau, meist Zentrum der Thermenanlage). 2. (veraltet) warmes Gewächshaus

Kaldaune [*lat.-mlat.*] *die*; -, -n (meist Plural): (landsch.) Innereien, Eingeweide (bes. des Schlachtviehs; von Menschen nur in salopper Redeweise)

Kaldera vgl. Caldera

Kalebasse u. Kalabasse [*arab.-span.-fr.*] *die*; -, -n: dickbauchiges, aus einem Flaschenkürbis od. der Frucht des Kalebassenbaumes hergestelltes Gefäß mit langem Hals. **Kalebassenbaum** *der*; -[e]s, ...bäume: tropischer Baum mit sehr großen, hartschaligen Früchten

Kaledoniden [*nlat.*; nach dem lat. Namen Caledonia für Nordschottland] *die* (Plural): die im älteren → Paläozoikum entstandenen Gebirge (Geol.). **kaledonisch**: die Kaledoniden u. ihre Bildungsära betreffend (Geol.)

Kaleido|skop [*gr.-nlat.*; „Schönbildschauer"] *das*; -s, -e: 1. fernrohrähnliches Spielzeug, bei dem sich beim Drehen bunte Glassteinchen zu verschiedenen Mustern u. Bildern anordnen. 2. lebendig-bunte [Bilder]folge, bunter Wechsel. **kaleido|skopisch**: 1. das Kaleidoskop betreffend. 2. in bunter Folge, ständig wechselnd (z. B. von Bildern od. Eindrücken)

Kaleika [*poln.*] *das*; -s: (landsch.) Aufheben, Umstand

kalendarisch [*lat.*]: nach dem Kalender. **Kalendarium** *das*; -s, ...ien [*...iᵉn*]: 1. Verzeichnis kirchlicher Gedenk- u. Festtage. 2. [Termin]kalender. 3. altröm. Verzeichnis von Zinsen, die am Ersten des Monats fällig waren. **Kalenden** u. Calendae [*ka...ä*] *die* (Plural): der erste Tag des altröm. Monats

Kalesche [*poln.*] *die*; -, -n: leichte vierrädrige Kutsche

Kalevala u. (eingedeutscht:) **Kalewala**) [*finn.*] *die* od. *das*; -: finn. Nationalepos

Kalfakter [*lat.-mlat.*; „Einheizer"] *der*; -s, - u. **Kalfaktor** *der*; -s, ...oren: 1. a) (veraltend, oft leicht abwertend) jmd., der für jmdn. die verschiedensten gerade anfallenden Arbeiten, Besorgungen, untergeordnete Hilfsdienste verrichtet; b) (oft abwertend) Gefangener, der in der Strafanstalt den Gefängniswärtern Hilfsdienste leistet. 2. (landsch. abwertend) jmd., der andere aushorcht, verleumdet, denunziert, anderen schmeichelt u. hinter ihrem Rükken Schlechtes über sie verbreitet; Zuträger

kalfatern [*arab.-mgr.-roman.-niederl.*]: (die hölzernen Wände, das Deck eines Schiffes) in den Fugen mit Werg u. Teer od. einem dafür vorgesehenen Kitt abdichten (Seemannsspr.)

Kali [*arab.*] *das*; -s, -s: 1. zusammenfassende Bezeichnung für die natürlich vorkommenden Kalisalze (wichtige Ätz- u. Düngemittel). 2. Kurzform von Kalium[verbindungen]

Kalian u. Kaliun [*pers.*] *der* od. *das*; -s, -e: persische Wasserpfeife

Kaliban [nach Caliban, einer Gestalt in Shakespeares Drama „Tempest" („Sturm")] *der*; -s, -e: roher, grobschlächtiger, primitiver Mensch

Kaliber [*gr.-arab.-fr.*] *das*; -s, -: 1. a) innerer Durchmesser von Rohren u. Bohrungen; b) äußerer Durchmesser eines Geschosses. 2. Gerät zum Messen des inneren od. äußeren Durchmessers an Werkstücken. 3. a) Form eines Uhrwerks; b) Durchmesser eines Uhrgehäuses. 4. Aussparung, Abstand zwischen zwei Walzen bei einem Walzwerk. 5. (ugs.) Art, Schlag, Sorte. **Kalibermaß** [*gr.-arab.-fr.*; *dt.*] *das*; -es, -e: = Kaliber (1b). **Kali|bration** [*...zion*] *die*; -, -en: 1. Messung des Kalibers (1a). 2. das Eichen von Meßinstrumenten. 3. das Ausrichten von Werkstücken auf ein genaues Maß; vgl. ...[at]ion/...ierung. **Kalibreur** [*...brör*] *der*; -s, -e: jmd., der eine Kalibration vornimmt. **kalibrieren**: 1. das Kaliber (1a) messen. 2. Werkstücke auf genaues Maß bringen. 3. Meßinstrumente eichen. **Kali|brierung** *die*; -, -en: = Kalibration; vgl. ...[at]ion/...ierung

Kalif [*arab.*; „Nachfolger, Stellvertreter"] *der*; -en, -en: (hist.) Titel mohammedanischer Herrscher als Nachfolger Mohammeds. **Kalifat** [*arab.-nlat.*] *das*; -[e]s, -e: (hist.) Amt, Herrschaft, Reich eines Kalifen

Kaliko [*fr.-niederl.*; nach der ostindischen Stadt Kalikut] *der*; -s, -s: feines, dichtes Baumwollgewebe, bes. für Bucheinbände

Kalilauge [*arab.*; *dt.*] *die*; -, -n: Lösung von Kaliumhydroxyd in Wasser, bes. zur Seifenherstellung verwendet. **Kalisalpeter** *der*; -s: ein Mineral (Bestandteil des Schießpulvers). **Kalisalz** [*arab.*; *dt.*] *das*; -es, -e (meist Plural): Salz aus Verbindungen von Kalium, Kalzium, Magnesium u. Natrium (Düngemittel). **Kalium** [*arab.-nlat.*] *das*; -s: chem. Grundstoff, ein Metall; Zeichen: K. **Kalium|bromid** *das*; -[e]s, -e: halogenhaltiges Kaliumsalz (für Arzneimittel verwendet). **Kaliumchlorat** [*...klorat*] *das*; -s, -e: chlorsaures Kalium, Kaliumsalz der Chlorsäure. **Kaliumchlorid** *das*; -[e]s, -e: chem. Verbindung aus Kalium u. Chlor, die bes. zur Herstellung von Kalidüngemitteln verwendet wird. **Kaliumhydroxyd**[1] *das*; -[e]s, -e: Ätzkali. **Kaliumkarbonat** *das*; -[e]s, -e: Pottasche. **Kaliumni|trat** *das*; -[e]s, -e: = Kalisalpeter. **Kaliumpermanganat** *das*; -[e]s, -e: tiefpurpurrote, metallisch glänzende Kristalle (starkes, fäulniswidriges Oxidationsmittel); übermangansaures Kali[um]. **Kaliumsulfat** *das*; -[e]s, -e: aus Kalium u. Schwefelsäure entstehendes Salz, das bes. als Düngemittel verwendet wird. **Kaliumzyanid** *das*; -s: = Zyankali

Kaliun vgl. Kalian

Kalixtiner [*lat.-nlat.*] *der*; -s, - (meist Plural): (hist.) Anhänger der gemäßigten Richtung der Hussiten, die 1420 den Laienkelch beim Abendmahl forderten; vgl. Utraquist

Kalkant [*lat.*] *der*; -en, -en: Blasebalgtreter an der Orgel

Kalkari|urie [*lat.*; *gr.*] *die*; -, ...ien: vermehrte Ausscheidung von Kalksalzen im Urin (Med.).

Kalk|oolith [*...o-o...*]: Gestein aus fischrogenartigen Kalkkörnern (Geol.). **Kalksalpeter** [*lat.*] *der*; -s: Kalziumsalz der → Salpetersäure, Stickstoffdüngemittel (Chem.)

Kalkül [*lat.-fr.*]

I. *das* (auch: *der*); -s, -e: Berechnung, Überlegung.

II. *der*; -s, -e: System von Regeln zur schematischen Konstruktion von Figuren (Math.)

Kalkulation [*...zion*; *lat.*; „Berechnung"] *die*; -, -en: Kostenermittlung, [Kosten]voranschlag. **Kalkulator** *der*; -s, ...oren: Angestellter des betrieblichen Rechnungswesens. **kalkulatorisch**: rechnungsmäßig. **kalkulieren**: 1. [be]rechnen, veranschlagen. 2. abschätzen, überlegen

Kalla [*gr.-nlat.*] *die*; -, -s: = Calla

Kalle [*hebr.-jidd.*] *die*; -, -n: (Gaunerspr.) 1. Braut; Geliebte. 2. Prostituierte

Kalli|graph [*gr.*] *der*; -en, -en: (veraltet) Schönschreiber. **Kalligraphie** *die*; -: Schönschreibkunst. **kalli|graphisch**: die Kalligraphie betreffend

kallös [*lat.-nlat.*]: 1. von Kallus (1) überzogen. 2. schwielig (Med.). **Kallose** *die*; -: zelluloseähnlicher pflanzlicher Stoff, der den Stoffaustausch zwischen benachbarten Zellen od. zwischen Pflanze u. Außenwelt verhindert (Bot.). **Kallus** [*lat.*] *der*; -, ...usse: 1. an Wundrändern von Pflanzen durch vermehrte Teilung entstehendes Gewebe (Bot.). 2. (Med.) a) Schwiele; b) nach Knochenbrüchen neugebildetes Gewebe

Kalmar [*gr.-lat.-fr.*] *der*; -s, ...are: zehnarmiger Tintenfisch

[1] Zur Schreibung vgl. Oxyd.

Kalme [*gr.-vulgärlat.-it.-fr.*] *die*; -, -n: völlige Windstille. **Kalmengürtel** [*gr.-vulgärlat.-it.-fr.*; *dt.*] *der*; -s, -: Gebiet schwacher, veränderlicher Winde u. häufiger Windstillen [über den Meeren] (Meteor.). **Kalmenzone** *die*; -: Zone völliger Windstille in der Nähe des Äquators (Meteor.). **kalmieren**: (veraltet) beruhigen, besänftigen

Kalmuck [nach dem westmongolischen Volk der Kalmücken] *der*; -[e]s, -e: beidseitig gerauhtes, tuchartiges [Baum]wollgewebe

Kalmus [*gr.-lat.*] *der*; -, -se: ein Aronstabgewächs (Zierstaude u. Heilpflanze)

Kalo [*gr.-lat.-it.*] *der*; -s, -s: (veraltet) Schwund, Gewichtsverlust von Waren od. Material durch Auslaufen, Eintrocknen u. a.

Kalobiotik [*gr.*] *die*; -: die im antiken Griechenland geübte Kunst, ein der sinnlichen u. geistigen Natur des Menschen entsprechendes harmonisches Leben zu führen. **Kaloikagathoi** [*kaleukagateu*] *die* (Plural): die Angehörigen der Oberschicht im antiken Griechenland. **Kalokagathie** *die*; -: körperliche u. geistige Vollkommenheit als Bildungsideal im antiken Griechenland. **Kalomel** [*gr.-fr.*] *das*; -s: Quecksilber-I-Chlorid (ein Mineral)

Kalorie [*lat.-nlat.*] u. Grammkalorie *die*; -, ...ien: 1. physikalische Maßeinheit für die Wärmemenge, die 1 Gramm Wasser von 14,5° auf 15,5° Celsius erwärmt; Zeichen: cal. 2. (meist Plural): frühere Maßeinheit für den Energiewert (Nährwert) von Lebensmitteln; Zeichen: cal. **Kalorifer** [„Wärmeträger"] *der*; -s, -s u. -en: (veraltet) Heißluftofen. **Kalorik** *die*; -: Wärmelehre. **Kalorimeter** [*lat.*; *gr.*] *das*; -s, -: Gerät zur Bestimmung von Wärmemengen, die durch chemische od. physikalische Veränderungen abgegeben od. aufgenommen werden. **Kalorime|trie** *die*; -: Lehre von der Messung von Wärmemengen. **kalorime|trisch**: die Wärmemessung betreffend; -e Geräte: = Kalorimeter. **kalorisch** [*lat.-nlat.*]: die Wärme betreffend; -e Maschine: → Generator mit Wärmeantrieb. **kalorisieren**: auf Metallen eine Schutzschicht durch Glühen in Aluminiumpulver herstellen

Kalotte [*fr.*] *die*; -, -n: 1. gekrümmte Fläche eines Kugelabschnitts (Math.). 2. flache Kuppel (Archit.). 3. Schädeldach ohne Schädelbasis (Anthropol.; Med.). 4. Käppchen katholischer Geistlicher. 5. wattierte Kappe unter Helmen. 6. anliegende Kopfbedeckung der Frauen im 16. Jh.

Kalpa [*sanskr.*] *der*; -[s]: (in der indischen Lehre von den Weltzeitaltern die zusammenfassende Bez. für) eine große Zahl von → Perioden (1)

Kalpak u. Kolpak [*türk.*] *der*; -s, -s: 1. a) tatarische Lammfellmütze; b) Filzmütze der Armenier. 2. [Tuchzipfel an der] Husarenmütze

Kaltkaustik [*dt*; *gr.*] *die*; -: Verfahren in der Chirurgie zur → Elektrotomie od. → Elektrokoagulation von Geweben mittels hochfrequenter Ströme

Kalumbin [*Bantuspr.-nlat.*] *das*; -s: Bitterstoff der Kolombowurzel (Pharm.)

Kalumet [auch franz. Ausspr.: *kalümä*; *gr.-lat.-fr.*] *das*; -s, -s: Friedenspfeife der nordamerikanischen Indianer

Kalumniant [*lat.*] *der*; -en, -en: (veraltet) Verleumder

Kalupe [*tschech.*] *die*; -, -n: (landsch.) baufälliges, altes Haus

Kalva [*...wa*; *lat.*] *die*; -, ...ven: = Kalotte (3). **Kalvarienberg** [*lat.*; *dt.*] *der*; -[e]s, -e: (bes. an katholischen Wallfahrtsorten als Nachbildung Golgathas) hügelartige Erhöhung mit plastischer Darstellung einer Kreuzigungsgruppe, zu der Kreuzwegstationen hinaufführen

Kalvill [*...wil*; *fr.*] *der*; -s, -en (fachspr.: -) u. **Kalville** *die*; -, -n: feiner Tafelapfel

kalvinisch [*...wi...*; *nlat.*; nach dem Genfer Reformator J. Calvin, 1509–64]: die Lehre Calvins betreffend; nach der Art Calvins. **Kalvinismus** *der*; -: evangelisch-reformierter Glaube; Lehre Calvins. **Kalvinist** *der*; -en, -en: Anhänger des Kalvinismus. **kalvinistisch**: zum Kalvinismus gehörend, ihn betreffend

Kalym [*turkotat.*] *der*; -s, -s: Brautkaufpreis bei den Kirgisenstämmen

Kalyp|tra [*gr.*; „Hülle, Decke"] *die*; -, ...tren: (Bot.) 1. Wurzelhaube der Farn- u. Samenpflanzen. 2. Hülle der Sporenkapsel bei Laubmoosen. **Kalyp|trogen** [*gr.-nlat.*] *das*; -s: Gewebeschicht, aus der sich die Kalyptra (1) entwickelt (Bot.)

Kalzeolarie [*...iᵉ*; *lat.-nlat.*] u. Calceolaria [*kalz...*] *die*; -, ...larien [*...iᵉn*]: Pantoffelblume (Zimmerpflanze mit pantoffelförmigen Blüten)

kalzifizieren [*nlat.*]: Kalke bilden, verkalken. **kalzifug** [*lat.-nlat.*]: kalkhaltigen Boden meidend (von Pflanzen); Ggs. → kalziphil. **Kalzination** [*...zion*], (chem. fachspr.:) Calcination [*kalzi...*] *die*; -: (Chem.) a) Zersetzung einer chem. Verbindung durch Erhitzen; b) das Austreiben von Wasser aus Kristallen; c) Umwandlung in kalkähnliche Substanz. **kalzinieren**, (chem. fachspr.:) calcinieren [*kalzi...*]: aus einer chem. Verbindung durch Erhitzen Wasser od. Kohlendioxyd austreiben. **Kalzinose** *die*; -: Verkalkung von Gewebe infolge vermehrter Ablagerung von Kalksalzen (Med.). **kalziphil** [*lat.*; *gr.*]: kalkhaltigen Boden bevorzugend (von Pflanzen); Ggs. → kalzifug. **Kalzit**, (chem. fachspr.:) Calcit [*kalzit*, auch: *...it*; *lat.-nlat.*] *der*; -s, -e: Kalkspat. **Kalzium**, (chem. fachspr.:) Calcium [*kalz...*] *das*; -s: chem. Grundstoff, ein Metall; Zeichen: Ca. **Kalzium|bromid** *das*; -[e]s u. Bromkalzium[1] *das*; -s: eine Bromverbindung. **Kalziumchlorid**[1] *das*; -[e]s, -e: u. a. als Trockenmittel, Frostschutzmittel, in der Med. verwendete Verbindung aus Kalzium u. Chlor. **Kalziumhydroxyd**[1,2] *das*; -[e]s, -e: gelöschter Kalk. **Kalziumkarbid**[1] vgl. Karbid. **Kalziumkarbonat**[1] *das*; -[e]s, -e: kohlensaurer Kalk (z. B. Kalkstein, Kreide). **Kalziumoxyd**[1,2] *das*; -[e]s, -e: gebrannter Kalk, Ätzkalk. **Kalziumphosphat**[1] *das*; -[e]s, -e: u. a. als Düngemittel verwendetes Kalziumsalz der Phosphorsäure. **Kalziumsulfat**[1] *das*; -[e]s, -e: Gips, Alabaster

Kamaldulenser [nach dem Kloster Camaldoli bei Arezzo] *der*; -s, - (meist Plural): Angehöriger eines katholischen Ordens

Kamaraderie vgl. Kameraderie

Kamaresvasen [nach dem Fundort Kamares auf der Insel Kreta] *die* (Plural): schwarz- od. braungrundig glasierte, bunte Keramikscherben aus minoischer Zeit (um 2000 v. Chr.)

Kamarilla [*...rilja*, auch: *...rila*; *lat.-span.*; „Kämmerchen"] *die*; -, ...llen: Hofpartei od. → Clique (a) in unmittelbarer Umgebung eines Herrschers, die auf diesen einen unkontrollierbaren Einfluß ausübt

kambial [*gall.-lat.-mlat.-it.*]: (veraltet) den Kambio betreffend,

---

[1] Zur Schreibung vgl. Kalzium.
[2] Zur Schreibung vgl. Oxyd.

sich auf diesen beziehend. **kambieren**: (veraltet) Wechselgeschäfte betreiben. **Kambio** *der*; -s, ...bi od. -s: (veraltet) Wechsel (Geldw.). **Kambium** [*gall.-lat.-mlat.-nlat.*] *das*; -s, ...ien [...*i^e^n*]: ein teilungsfähig bleibendes Pflanzengewebe (Bot.)

Kam|brik [engl. Ausspr.: *ke^i^m*...; nach der franz. Stadt Cambrai (*kangbre*)] *der*; -s: ein feinfädiges Zellwoll- od. Makogewebe

kam|brisch [*nlat.*; nach dem *kelt.-mlat.* Namen Cambria für Nordwales]: das Kambrium betreffend. **Kam|brium** *das*; -s: älteste Stufe des → Paläozoikums (Geol.)

Kamee [*it.-fr.*] *die*; -, -n: [Edel]stein mit erhabener figürlicher Darstellung

Kamel [*semit.-gr.-lat.*] *das*; -[e]s, -e: 1. a) (in Wüsten- u. Steppengebieten beheimatetes) langbeiniges Tier mit einem od. zwei Höckern, das als Last- u. Reittier verwendet wird (u. dessen zottiges Haar für Wolle genutzt wird); b) Trampeltier. 2. (derb) jmd., der sich dumm verhalten, benommen hat; vgl. Alpaka (1, 1), Lama (I, 1), Guanako, Vikunja, Dromedar

Kamelie [...*i^e^*; *nlat.*; nach dem aus Mähren stammenden Jesuiten G. J. Camel, † 1706] *die*; -, -n: eine Zierpflanze mit zartfarbigen Blüten

Kamelott [*fr.*]

I. *der*; -s, -e: 1. feines Kammgarngewebe. 2. [Halb]seidengewebe in Taftbindung (Webart).

II. *der*; -s, -s: franz. Zeitungsverkäufer

Kamera [Kurzform von: Camera obscura] *die*; -, -s: 1. Aufnahmegerät für Filme u. Fernsehübertragungen; vgl. Camera obscura. 2. Fotoapparat. **Kameraderie** [*gr.-lat.-it.-fr.*] *die*; -: (meist abwertend) in entsprechenden Verhaltensweisen anderen bewußt vor Augen geführte Kameradschaft, Cliquengeist. **Kameralien** [...*i^e^n*; *gr.-lat.-nlat.*] *die* (Plural): Staatswissenschaft, Staats- u. Volkswirtschaftslehre. **Kameralismus** *der*; -: Lehre von der ertragsreichsten Gestaltung der Staatseinkünfte; vgl. ...ismus/...istik. **Kameralist** *der*; -en, -en: 1. Fachmann auf dem Gebiet der Kameralistik (2). 2. (hist.) Beamter einer fürstlichen Kammer. **Kameralistik** *die*; -: 1. (veraltet) Finanzwissenschaft. 2. auf den Nachweis von Einnahmen u. Ausgaben sowie den Vergleich mit dem Haushaltsplan ausgerichtete Rechnungsführung; vgl. ...ismus/...istik. **kameralistisch**: staatswirtschaftlich, staatswissenschaftlich.

Kameralwissenschaft: *die*; -: = Kameralismus

Kameruner [auch: ...*ru*...; nach der afrikanischen Republik Kamerun]

I. *die*; -, -: (landsch.) Erdnuß.

II. *der*; -s, -: (landsch.) in Fett gebackenes, auf einer Seite mit Zukker bestreutes Hefegebäck (in der Form einer Acht ähnlich)

Kames [bei engl. Ausspr.: *ke^i^ms*; *engl.*] *die* (Plural): Hügelgelände aus Sand u. Geröll von eiszeitlicher Herkunft (Geol.)

Kami [*jap.*; „Gott"] *der*; -, - (meist Plural): schintoistische Gottheit

kamieren u. kaminieren [*it.*]: die gegnerische Klinge umgehen (Fechten)

Kamikaze [*jap.*] *der*; -, -: japanischer Flieger im 2. Weltkrieg, der sich mit seinem Bomber auf das feindliche Ziel stürzte u. dabei sein eigenes Leben opferte

Kamilavkion [...*laf*...; *gr.-ngr.*] *das*; -s, ...ien [...*i^e^n*]: randloser zylinderförmiger Hut der orthodoxen Geistlichen

Kamille [*gr.-lat.-mlat.*] *die*; -, -n: eine Heilpflanze

Kamillianer [nach dem Vornamen des Ordensgründers Camillo de Lellis (1550–1614)] *der*; -s, -: Angehöriger des Kamillianerordens. **Kamillianerorden** *der*; -s: 1582 gegründeter katholischer Krankenpflegeorden

Kamin [*gr.-lat.*] *der* (schweiz.: *das*); -s, -e: 1. offene Feuerstelle in Wohnräumen. 2. steile, enge Felsenspalte (Alpinistik). 3. (landsch.) Schornstein. **kaminieren**: 1. im Kamin, zwischen überhängenden Felsen klettern (Alpinistik). 2. vgl. kamieren. **Kaminkleid** [*gr.-lat.*; *dt.*] *das*; -s, -er: langes [festliches] Kleid

Kamisarden [*fr.*; „Hemden-, Kittelträger"] *die* (Plural): (hist.) hugenottische Bauern in den franz. Cevennen, die sich gegen Ludwig XIV. erhoben. **Kamisol** [*fr.*] *das*; -s, -e: im 16. Jh. getragenes Wams od. Mieder, [Unter]jacke

Kamöne [*lat.*] *die*; -, -n: altitalische Quellnymphe, Muse

Kamorra [*it.*] *die*; -: (hist.) Geheimbund im ehemaligen Königreich Neapel

Kamp [*lat.*] *der*; -[e]s, Kämpe: 1. (landsch.) eingefriedigtes Feld, Grasplatz; Feldstück. 2. Pflanzgarten zur Aufzucht von Forstpflanzen. **Kampa|gne** [...*panj^e^*; *lat.-it. fr.*] *die*; -, -n: 1. (veraltet) militärischer Feldzug. 2. gemeinschaftliche, großangelegte, aber zeitlich begrenzte → Aktion, Aktivität in bezug auf jmdn., etw.

Kampanile u. Campanile [*ka*...; *lat.-it.*] *der*; -, -: frei stehender Glockenturm [in Italien]. **Kampanje** [*lat.-it.-fr.-niederl.*] *die*; -, -n: in früherer Zeit der hintere Aufbau auf dem Schiffsoberdeck.

Kampanula vgl. Campanula

Kampescheholz [nach dem Staat Campeche (*kampätsch^e^*) in Mexiko] *das*; -es: ein tropischer Baum, der das → Hämatoxylin liefert (Blauholz)

Kämpevise [...*wis^e^*; *dän.*; „Heldengedicht"] *die*; -, -r (meist Plural): epische, lyrische u. dramatische altdänische u. altschwedische Ballade in Dialog- u. Kehrreimform (13. u. 14. Jh.), Gattung der → Folkevise

Kampfer, (chem. fachspr.:) Campher [*kamf^e^r*] *der*; -s: aus dem Holz des in Japan, China u. auf Taiwan vorkommenden Kampferbaums destillierte, auch synthetisch hergestellte harzartige Verbindung, die bes. in Medizin u. Technik verwendet wird

kampieren [*lat.-it.-fr.*]: a) an einem bestimmten Ort (im Freien) für einige Zeit sein Lager aufschlagen, sich lagern; b) (ugs.) irgendwo behelfsmäßig untergebracht sein, wohnen, eine notdürftige Unterkunft haben

Kampong [*malai.*] *der* od. *das*; -s, -s: malaiische Dorfsiedlung

Kamposanto vgl. Camposanto

kampylo|trop [*gr.-nlat.*]: im Verhältnis zum → Funiculus in verschiedener Weise gekrümmt (von der Achse einer Samenanlage; Bot.)

Kamsin u. Chamsin [*arab.*] *der*; -s, -e: trockenheißer Sandwind in der ägyptischen Wüste (Meteor.); vgl. Gibli u. Schirokko

Kanadabalsam [nach dem Staat in Nordamerika] *der*; -s: farbloses Harz nordamerik. Tannen, das zum Verkitten optischer Linsen u. als Einschlußmittel für mikroskopische Präparate dient. **Kanadier** [...*i^e^r*] *der*; -s, -: 1. offenes, mit einseitigem Paddel fortbewegtes Sportboot. 2. (österr.) Polstersessel

Kanaille [*kanalj^e^*; *lat.-it.-fr.*] *die*; -, -n: (abwertend) 1. bösartiger Mensch, der es darauf abgesehen hat, anderen zu schaden, sie zu übervorteilen o. ä. 2. (ohne Plural) [Sorte von] Menschen, die es darauf abgesehen haben, anderen zu schaden, sie zu übervorteilen o. ä.; Gesindel

Kanake [*polynes.*; „Mensch"] *der*; -n, -n u. -r: 1. (Plural: -n) Eingeborener in Polynesien u. der Südsee. 2. (Plural: -n; ugs. abwertend) ungebildeter, ungehobelter Mensch. 3. (ugs. abwertend) ausländischer (bes. türkischer) Arbeitnehmer

Kanal [*gr.-lat.-it.*] *der*; -s, ...äle: 1. a) [künstlich angelegte] Wasserstraße als Verbindungsweg für Schiffe zwischen Flüssen od. Meeren; b) [unterirdischer] Graben zum Ableiten von Abwässern. 2. röhrenförmiger Durchgang (Med.). 3. bestimmter Frequenzbereich eines Senders (Techn.). **Kanalisation** [...*zion*] *die*; -, -en: 1. a) System von [unterirdischen] Rohrleitungen u. Kanälen zum Abführen der Abwässer; b) der Bau von [unterirdischen] Rohrleitungen u. Kanälen zum Abführen der Abwässer. 2. Ausbau von Flüssen zu schiffbaren Kanälen; vgl. ...[at]ion/...ierung. **kanalisieren**: 1. eine Ortschaft, einen Betrieb o. ä. mit einer Kanalisation (1 a) versehen. 2. einen Fluß schiffbar machen. 3. etwas gezielt lenken, in eine bestimmte Richtung leiten (z. B. von politischen od. geistigen Bewegungen). **Kanalisierung** *die*; -, -en: 1. = Kanalisation. 2. gezielte Lenkung (z. B. von politischen od. geistigen Bewegungen); vgl. ...[at]ion/...ierung

Kanamycin ® [...*müzin*; Kunstwort] *das*; -s: ein → Antibiotikum

Kanapee [österr. auch: ...*pe*; *gr.-lat.-mlat.-fr.*] *das*; -s, -s: 1. (veraltet) Sofa mit Rücken- u. Seitenlehne. 2. (meist Plural) pikant belegtes u. garniertes [getoastetes] Weißbrothäppchen

Kanari [*fr.*; nach den Kanarischen Inseln] *der*; -s, -: (südd., österr.) Kanarienvogel. **Kanarie** [...*i^e*] *die*; -, -n: (fachspr.) Kanarienvogel

Kanaster [*gr.-span.*] *der*; -s, -: (veraltet) = Knaster

Kandahar-Rennen [nach dem engl. Lord F. R. of Kandahar] *das*; -s, -: ein jährlich stattfindendes alpines Skirennen

Kandare [*ung.*] *die*; -, -n: zum Zaumzeug gehörende Gebißstange im Maul des Pferdes

Kandelaber [*lat.-fr.*] *der*; -s, -: a) mehrarmiger Leuchter für Lampen od. Kerzen; b) mehrarmiger, säulenartiger Ständer für die Straßenbeleuchtung

Kandelzucker *der*; -s: (landsch.) Kandis[zucker]

Kandidat [*lat.*; „Weißgekleideter"] *der*; -en, -en: 1. jmd., der sich um etw., z. B. um ein Amt, bewirbt. 2. a) Student höheren Semesters, der sich auf sein Examen vorbereitet; b) Prüfling. **Kandidatenturnier** *das*; -s, -e: Turnier der im → Interzonenturnier bestplazierten Spieler zur Ermittlung des Herausforderers des jeweiligen Schachweltmeisters. **Kandidatur** [*lat.-nlat.*] *die*; -, -en: Anwartschaft, das Aufgestelltsein als Kandidat für etw. **kandidieren**: sich z. B. um ein Amt bewerben

kandieren [*arab.-it.-fr.*]: Früchte mit einer Zuckerlösung überziehen u. dadurch haltbar machen.

Kandis [*arab.-it.*] *der*; - u. **Kandiszucker** *der*; -s: in großen Stücken an Fäden auskristallisierter Zukker. **Kanditen** *die* (Plural): (bes. österr.) überzuckerte Früchte

Kan|dschar vgl. Handschar

Kan|dschur [*tibet.*; „übersetztes Wort (Buddhas)"] *der*; -[s]: die heilige Schrift des → Lamaismus; vgl. Tandschur

Kaneel [*sumer.-babylon.-gr.-lat.-mlat.-fr.*] *der*; -s, -e: qualitativ hochwertige Zimtsorte

Kane|phore [*gr.-lat.*] *die*; -, -n (meist Plural): im antiken Griechenland aus vornehmer Familie stammende Jungfrau, die bei religiösen Festen u. Umzügen geweihtes Gerät im Korb auf dem Kopf trug

Kanevas [...*^ewaß*; *fr.*] *der*; - u. -ses, - u. -se: 1. leinwandbindiges, gitterartiges Gewebe für Handarbeiten. 2. Einteilung des Stoffes in Akte u. Szenenbilder in der ital. Stegreifkomödie. **kanevassen**: aus Kanevas (1)

Kang [*chin.*] *der* od. *das*; -s, -s: 1. altchinesisches Halsbrett zur Kennzeichnung u. Bestrafung eines Verbrechers. 2. gemauerte, von außen heizbare Schlafbank in nordchinesischen Häusern

Känguruh [*kängg...*; *austr.*] *das*; -s, -s: australisches Springbeuteltier mit stark verlängerten Hinterbeinen

Kaniden [*lat.-nlat.*] *die* (Plural): zusammenfassende Bezeichnung für: Hunde u. hundeartige Tiere (z. B. Fuchs, Schakal, Wolf)

Kanin [*iber.-lat.-fr.*] *das*; -s, -e: Fell der Wild- u. Hauskaninchen

Kanister [*sumer.-babylon.-gr.-lat.-engl.*] *der*; -s, -: tragbarer Behälter für Flüssigkeiten

Kan|kroid [*lat.*; *gr.*] *das*; -[e]s, -e: (veraltet) = Spinaliom. **kankrös**: = kanzerös

Kanna vgl. Canna

Kannä [nach dem altröm. Ort Cannae, bei dem Hannibal 216 v. Chr. ein Römerheer völlig vernichtete] *das*; -, -: katastrophale Niederlage; vgl. kannensisch

Kannabinol [*lat.-nlat.*] *das*; -s: wichtigster Bestandteil des → Haschischs (Chem.)

kannelieren [*sumer.-babylon.-gr.-lat.-fr.*]: [eine Säule] mit senkrechten Rillen versehen. **Kannelierung** *die*; -, -en: 1. Rinnen- u. Furchenbildung auf der Oberfläche von Kalk- u. Sandsteinen (verursacht durch Wasser od. Wind; Geol.). 2. Gestaltung der Oberfläche einer Säule od. eines Pfeilers mit → Kannelüren

Kännelkohle u. Cannelkohle [*engl.*; *dt.*] *die*; -: eine Steinkohlenart

Kannelüre [*sumer.-babylon.-gr.-lat.-fr.*] *die*; -, -n: senkrechte Rille am Säulenschaft

kannensische Niederlage [nach dem altröm. Ort Cannae] *die*; -n -, -n -n: völlige Niederlage, Vernichtung; vgl. Kannä

Kannibale [*span.*; nach dem Stammesnamen der Kariben] *der*; -n, -n: 1. Menschenfresser. 2. roher, ungesitteter Mensch. **kannibalisch**: 1. in der Art eines Kannibalen. 2. roh, grausam, ungesittet. 3. (ugs.) ungemein, sehr groß, überaus. **Kannibalismus** [*span.-nlat.*] *der*; -: 1. Menschenfresserei. 2. das gegenseitige Auffressen [von Artgenossen bei Tieren]. 3. unmenschliche Roheit

Kannuschi [*jap.*] *der*; -, -: → schintoistischer Priester

Kanon [*sumer.-babylon.-gr.-lat.*] I. *der*; -s, -s: 1. Richtschnur, Leitfaden. 2. Gesamtheit der für ein bestimmtes [Fach]gebiet geltenden Regeln u. Vereinbarungen. 3. Musikstück, bei dem verschiedene Stimmen in bestimmten Abständen nacheinander mit derselben Melodie einsetzen (Mus.). 4. [von den alexandrinischen Grammatikern aufgestelltes] Verzeichnis mustergültiger Schriftsteller [der Antike]. 5. a) unabänderliche Liste der von einer Religionsgemeinschaft anerkannten Schriften; b) die im Kanon (5 a) enthaltenen Schriften. 6. (Plural: Kanones) Einzelbestimmung des katholischen Kirchenrechts. 7. das Hochgebet der Eucharistie in der kath. Liturgie. 8. kirchenamtliches Verzeichnis der Heiligen. 9. Regel von den [richtigen] Proportionen (z. B. in der bildenden Kunst). 10. (hist.) jährlicher Grundzins, Abgabe des Lehnsmannes an den Lehnsherrn. 11. allgemeine Lösung einer mathematischen Aufgabe, nach der

dann besondere Probleme gelöst werden können (Math.). 12. (Astron.) a) Tafel für die Bewegungen der Himmelskörper; b) Zusammenstellung aller Mond- und Sonnenfinsternisse.
II. *die*; -: (veraltet) ein Schriftgrad (Druckw.)

Kanonade [*sumer.-babylon.-gr.-lat.-it.-fr.*] *die*; -, -n: [anhaltendes] Geschützfeuer, Trommelfeuer. **Kanone** [*sumer.-babylon.-gr.-lat.-it.*] *die*; -, -n: 1. [schweres] Geschütz. 2. (ugs.) jmd., der auf seinem Gebiet Bedeutendes leistet, [Sport]größe; unter aller -: (ugs.) sehr schlecht, unter aller Kritik. 3. (salopp, scherzh.) → Revolver (1). **Kanonenboot** *das*; -[e]s, -e: kleines Kriegsschiff im Küstendienst od. auf Binnengewässern. **Kanonenfutter** *das*; -s: (ugs., abwertend) im Krieg sinnlos u. gewissenlos geopferte Soldaten.

Kanones: *Plural* von → Kanon (6). **Kanonier** [*sumer.-babylon.-gr.-lat.-it.-fr.*] *der*; -s, -e: Soldat, der ein Geschütz bedient. **kanonieren**: 1. (veraltet) mit Kanonen [be]schießen. 2. (ugs.) einen kraftvollen Schuß auf das Tor abgeben (z. B. Fuß-, Handball).

Kanonik [*sumer.-babylon.-gr.-lat.*] *die*; -: Name der Logik bei Epikur. **Kanonikat** [*sumer.-babylon.-gr.-lat.-nlat.*] *das*; -[e]s, -e: Amt u. Würde eines Kanonikers. **Kanoniker** *der*; -s, - u. **Kanonikus** [*sumer.-babylon.-gr.-lat.*] *der*; -, ...ker: Mitglied eines → Kapitels (2), → Chorherr (1). **Kanonisation** [*...zion*; *sumer.-babylon.-gr.-lat.-mlat.*] *die*; -, -en: Aufnahme in den Kanon (8), Heiligsprechung (kath. Rel.). **Kanonisationskongregation** [*...zion*] *die*; -: → Kurienkongregation für die Heilig- u. Seligsprechungsprozesse. **kanonisch** [*sumer.-babylon.-gr.-lat.*]: 1. als Vorbild dienend. 2. den kirchlichen [Rechts]bestimmungen gemäß (kath. Rel.). 3. den → Kanon (3) betreffend, ihm entsprechend, nach den musikalischen Gesetzen des Kanons gestaltet (Mus.). **kanonisieren** [*sumer.-babylon.-gr.-lat.-mlat.*]: in den Kanon (8) aufnehmen, heiligsprechen. **Kanonisse** *die*; -, -n u. **Kanonissin** [*sumer.-babylon.-gr.-lat.-mlat.*] *die*; -, -nen: Stiftsdame; vgl. Chorfrau (1). **Kanonist** [*sumer.-babylon.-gr.-lat.-nlat.*] *der*; -en, -en: Lehrer des kanonischen (2) Rechts. **Kanonistik** *die*; -: Lehre vom kanonischen (2) Recht.

Kanontafeln *die* (Plural): 1. reich ausgemalte Tafeln mit Abschnittsnummern u. → Konkordanzen in Evangelienbüchern des Mittelalters. 2. drei früher auf dem Altar aufgestellte Tafeln mit bestimmten unveränderlichen Texten aus der Messe (kath. Rel.); vgl. Kanon (7)

Kanope [nach der altägyptischen Stadt Kanobos] *die*; -, -n: 1. dickbauchiger altägyptischer Krug mit Menschen- od. Tierkopf zur Bestattung von Eingeweiden. 2. etruskische Urne

Känophytikum [*gr.-nlat.*] *das*; -s: durch neuzeitliche Pflanzenentwicklung gekennzeichneter Abschnitt der Erdgeschichte, der Oberkreide, → Tertiär u. → Quartär umfaßt (Geol.)

Kanossa [nach Canossa, einer Burg in Norditalien, in der Papst Gregor VII. 1077 die Demütigung Heinrichs IV. entgegennahm] *das*; -s, -s: tiefe Demütigung; nach - gehen: sich demütigen, sich erniedrigen

Känozoikum [*gr.-nlat.*] *das*; -s: die erdgeschichtliche Neuzeit, die → Tertiär u. → Quartär umfaßt (Geol.). **känozoisch**: das Känozoikum betreffend

kantabel [*spätlat.-it.*]: gesanglich, singbar (Mus.). **Kantabile** *das*; -, -: ernstes, getragenes Tonstück (Mus.). **Kantabilität** [*lat.-it.-nlat.*] *die*; -: die Singbarkeit, gesanglicher Ausdruck, melodische Schönheit (Mus.)

Kantala [*nlat.*; Herkunft unbekannt] *die*; -: Pflanzenfaser einer mexikanischen → Agave (für Taue u. Bindfäden verwendet)

Kantar [*lat.-mgr.-arab.*] *der* od. *das*; -s, -e (aber: 5 Kantar): heute nicht mehr gebräuchliches Handelsgewicht Italiens u. der östlichen Mittelmeerländer; vgl. Cantaro

Kantate
I. [*lat.*]: der 4. Sonntag nach Ostern (nach dem alten → Introitus Psalm 98, 1: „Singet [dem Herrn ein neues Lied]").
II. [*lat.*] *das*; -, -n: am Sonntag Kantate abgehaltene jährliche Zusammenkunft der dt. Buchhändler.
III. [*lat.-it.*] *die*; -, -n: mehrteiliges, vorwiegend lyrisches Gesangsstück im → monodischen Stil für Solisten od. Chor mit Instrumentalbegleitung (Mus.)

Kantele [*finn.*] *die*; -, -n: ein finnisches Saiteninstrument mit 5–30 Saiten

Kanter [bei engl. Ausspr.: *känt^er*; *engl.*, Kurzform vom Namen der engl. Stadt Canterbury (*...b^eri*)] *der*; -s, -: kurzer, leichter Galopp (Reiten). **kantern**: kurz u. leicht galoppieren (Pferdesport). **Kantersieg** *der*; -s, -e: müheloser [hoher] Sieg (bei Sportwettkämpfen)

Kantharide [*gr.-lat.*] *der*; -n, -n (meist Plural): Weichkäfer, ein Käfer mit weicher, lederartiger Körperbedeckung (z. B. spanische Fliege). **Kantharidin**, (chem. fachspr.:) Cantharidin [*ka...*; *gr.-lat.-nlat.*] *das*; -s: Drüsenabsonderung der Ölkäfer u. spanischen Fliegen (früher zur Herstellung von blasenziehenden Pflastern verwendet)

Kantharos [*gr.-lat.*] *der*; -, ...roi [*...reu*]: altgriech. Trinkgeschirr, weitbauchiger, doppelhenkliger Becher, Kanne

Kantilene [*lat.-it.*] *die*; -, -n: gesangartige, meist getragene Melodie (Mus.)

Kantille [auch: *...tilj^e*; *sumer.-babylon.-gr.-lat.-roman.*] *die*; -, -n: schraubenförmig gedrehter, vergoldeter od. versilberter Draht zur Herstellung von Borten u. Tressen

Kantine [*gall.-it.-fr.*] *die*; -, -n: Speiseraum in Betrieben, Kasernen u. ä. **Kantinier** [*...nie*] *der*; -s, -s: (scherzh.) Kantinenwirt

Kanton [*lat.-it.-fr.*] *der*; -s, -e: 1. Bundesland der Schweiz; Abk.: Kt. 2. Bezirk, Kreis in Frankreich u. Belgien. 3. (hist.) Wehrverwaltungsbezirk (in Preußen). **kantonal**: den Kanton betreffend, zu einem Kanton gehörend. **Kantonalaktuar** *der*; -s, -e: (schweiz.) am Kantonsgericht (höchstes ordentliches Gericht eines Kantons) angestellter Schriftführer. **Kantonese** *der*; -n, -n: (schweiz.) → Partikularist. **Kantoniere** [*lat.-it.*] *die*; -, -n: Straßenwärterhaus in den ital. Alpen. **kantonieren** [*lat.-it.-fr.*]: (veraltet) Truppen unterbringen, in Standorte legen. **Kantonist** *der*; -en, -en: (veraltet) ausgehobener Rekrut; unsicherer -: (ugs.) unzuverlässiger Mensch. **Kantonnement** [*...mang*; schweiz.: *...mänt*] *das*; -s, -s u. (schweiz.:) -e: (veraltet) a) Bezirk, in dem Truppen → kantoniert werden; b) Truppenunterkunft. **Kantonsystem** *das*; -s: (hist.) System der Heeresergänzung (Mil.)

Kantor [*lat.*; „Sänger"] *der*; -s, ...oren: 1. Vorsänger u. Leiter der → Schola im → Gregorianischen Choral. 2. Leiter des Kirchenchores, Organist, Dirigent der Kirchenmusik. **Kantorat** [*lat.-mlat.*] *das*; -[e]s, -e: Amt[szeit] eines Kantors. **Kantorei** *die*; -, -en:

1. Singbruderschaft, Gesangschor [mit nur geistlichen Mitgliedern] im Mittelalter. 2. fürstliche Kapellinstitution im 15. u. 16. Jh. 3. kleine Singgemeinschaft, Schulchor. 4. ev. Kirchenchor

Kan|tschu [*türk.-slaw.*] *der*; -s, -s: Riemenpeitsche

Kantus [*lat.*] *der*; -, -se: (Studentenspr.) Gesang; vgl. Cantus

Kanu [auch, österr. nur: *kanu*; *karib.-span.-fr.-engl.*] *das*; -s, -s: 1. als Boot benutzter ausgehöhlter Baumstamm. 2. zusammenfassende Bezeichnung für → Kajak u. → Kanadier (1)

Kanüle [*sumer.-babylon.-gr.-lat.-fr.*] *die*; -, -n: (Med.) 1. Röhrchen zum Einführen od. Ableiten von Luft od. Flüssigkeiten. 2. Hohlnadel an einer Injektionsspritze

Kanut u. Knut [*lat.*] *der*; -s, -e: isländischer Strandläufer (eine Schnepfenart)

Kanute [*karib.-span.-fr.-engl.*] *der*; -n, -n: Kanufahrer (Sport)

Kanzellariat [*lat.-mlat.*] *das*; -[e]s, -e: (veraltet) 1. Kanzlerwürde. 2. Kanzleistube. **Kanzelle** *die*; -, -n: Chorschranke in der altchristlichen Kirche. 2. der die Zunge enthaltende Kanal beim Harmonium, bei Hand- u. Mundharmonika. 3. die den Wind verteilende Abteilung der Windlade bei der Orgel. **kanzellieren**: (veraltet) Geschriebenes mit sich gitterförmig kreuzenden Strichen (× × ×) ungültig machen

kanzerogen [*lat.*; *gr.*]: krebserzeugend (Med.). **Kanzerologe** *der*; -n, -n: Facharzt für Kanzerologie (Med.). **Kanzerologie** *die*; -: Lehre von der Erkennung u. Behandlung bösartiger → Tumoren (Med.). **Kanzerophobie** *die*; -, ...ien: Furcht, an Krebs erkrankt zu sein (Med.). **kanzerös** [*lat.*]: krebsartig (Med.)

Kanzlei [*lat.-mlat.*] *die*; -, -en: Büro [bei einem Rechtsanwalt od. bei Behörden]. **Kanzleiformat** *das*; -[e]s: ein früher übliches Papierformat (33 × 42 cm). **Kanzleistil** *der*; -[e]s: die altertümliche u. schwerfällige Sprache der Kanzleien; Amtssprache. **Kanzlist** *der*; -en, -en: (veraltet) Schreiber, Angestellter in einer Kanzlei

Kanzone [*lat.-it.*] *die*; -, -n: 1. eine romanische Gedichtform. 2. leichtes, heiteres, empfindungsvolles Lied. 3. kontrapunktisch gesetzter A-cappella-Chorgesang im 14. u. 15. Jh. (Mus.). 4. seit dem 16. Jh. liedartige Instrumentalkomposition für Orgel, Laute, Klavier u. kleine Streicherbesetzung (Mus.).

Kanzonetta u. **Kanzonette** *die*; -, ...etten: kleines Gesangs- od. Instrumentalstück (Mus.)

Kaolin [*chin.-fr.*; nach dem chines. Berg Kaoling] *das* od. *der* (fachspr. nur so); -s, -e: weicher, formbarer Ton, der durch Zersetzung von Feldspaten entstanden ist (Porzellanerde). **kaolinisieren**: Kaolin bilden. **Kaolinit** [auch: ...*it*; *nlat.*] *der*; -s, -e: Hauptbestandteil des Kaolins

Kap [*lat.-vulgärlat.-provenzal.-fr.-niederl.*] *das*; -s, -s: Vorgebirge; vorspringender Teil einer Felsenküste

kapabel [*lat.-fr.*]: (veraltet, aber noch mdal.) befähigt, fähig

Kapaun [*lat.-vulgärlat.-fr.*] *der*; -s, -e: kastrierter Masthahn. **kapaunen** u. **kapaunisieren**: einen Hahn kastrieren

Kapazitanz [*lat.*] *die*; -, -en: Wechselstromwiderstand einer Kapazität (1b) (Elektrot.). **Kapazität** *die*; -, -en: 1. (ohne Plural) a) Fassungs- od. Speicherungsvermögen eines technischen Geräts od. Bauteils; b) → Kondensator (1) od. ähnlich wirkendes Element einer elektrischen Schaltung. 2. a) Produktions- od. Leistungsvermögen einer Maschine od. Fabrik; b) (meist Plural) Produktionsstätte u. Gesamtheit aller Einrichtungen, die zur Herstellung von Industriegütern nötig sind. 3. a) räumliches Fassungsvermögen [eines Gebäudes]; b) geistiges Leistungs- od. Fassungsvermögen. 4. hervorragender Fachmann. **kapazitativ** [*lat.-nlat.*]: = kapazitiv: -er [...*w*ᵉ*r*] Widerstand: Wechselstromwiderstand eines Kondensators (Elektrot.). **Kapazitätsreserve** *die*; -, -n: freie, unausgenutzte Betriebskapazität. **kapazitiv** [*lat.-engl.*]: die Kapazität eines Kondensators betreffend

Kapeador vgl. Capeador

Kapee [mit französierender Endung zu → kapieren gebildet]; (ugs., mdal.) in der Redewendung: schwer von - sein: begriffsstutzig sein

Kapelan [*lat.-mlat.-provenzal-fr.*] *der*; -s, -e: kleiner Lachsfisch des nördlichen Atlantischen Ozeans

Kapelle

I. [*lat.-mlat.*] *die*; -, -n: 1. kleines [privates] Gotteshaus ohne Gemeinde. 2. abgeteilter Raum für Gottesdienste in einer Kirche od. einem Wohngebäude.

II. [*lat.-mlat.-it.*] *die*; -, -n: a) im Mittelalter ein Sängerchor in der Kirche, der die reine Gesangsmusik pflegte; vgl. a cappella; b) Musikergruppe, Instrumentalorchester.

III. (auch:) Kupelle [*lat.-mlat.-fr.*] *die*; -, -n: Tiegel aus Knochenasche zum Untersuchen von silberhaltigem Blei, in dem das Silber nach dem Schmelzen des Bleis zurückbleibt

kapellieren u. kupellieren: Silber mit Hilfe der Kapelle (III) von Blei trennen

Kapellmeister *der*; -s, -: a) Leiter einer Kapelle (II, b), eines Orchesters; b) nach dem → [General]-musikdirektor rangierender Orchesterdirigent

Kaper

I. [*gr.-lat.-roman.*] *die*; -, -n (meist Plural): [in Essig eingemachte] Blütenknospe des Kapernstrauches (ein Gewürz).

II. [*lat.-niederl.*] *der*; -s, -: (hist.) 1. bewaffnetes Schiff, das an Handelskriegen teilnahm, ohne der Kriegsmarine anzugehören. 2. Freibeuter, Seeräuber

Kaperbrief *der*; -s, -e: (hist.) staatliche Vollmacht, die private Unternehmer zur Teilnahme am Handelskrieg auf See ermächtigte. **Kaperei** *die*; -, -en: (hist.) das Erbeuten feindlicher Handelsschiffe durch private Unternehmer aufgrund des Kaperbriefes. **kapern**: 1. (hist.) als Freibeuter ein Schiff aufbringen. 2. (ugs.) a) jmdn. [wider seinen Willen] für etwas gewinnen; b) sich einer Sache bemächtigen

kapieren [*lat.*]: (ugs.) begreifen, verstehen

kapillar [*lat.*]: haarfein (z. B. von Blutgefäßen; Med.). **Kapillaranalyse** *die*; -, -n: chem. Analyse, bei der die Geschwindigkeiten u. Erscheinungen beim Aufsteigen von Lösungen in senkrecht aufgehängten Filterpapierstreifen zu Trennung u. Unterscheidung benutzt werden (Chem.). **Kapillare** *die*; -, -n: 1. Haargefäß, kleinstes Blutgefäß (Biol.; Med.). 2. ein Röhrchen mit sehr kleinem Querschnitt (Phys.). **Kapillarität** [*lat.-nlat.*] *die*; -: das Verhalten von Flüssigkeiten in engen Röhren (Phys.). **Kapillarmi|kro|skopie** *die*; -: mikroskopische Untersuchung der feinsten Blutgefäße der Haut am lebenden Menschen (Med.). **Kapillärsirup** *der*; -s: ein Stärkesirup, bes. zur Herstellung billiger Zuckerwaren. **Kapillitium** [...*izium*; *lat.*; „Haarwerk"] *das*; -s, ...ien [...*i*ᵉ*n*]: röhren- od. fadenartiges Gerüstwerk in den Fruchtkörpern von Schleimpilzen (Bot.)

kapital [*lat.*]: a) von solcher Art, daß die betreffende Person od. Sache alles Vergleichbare übersteigt; b) außerordentlich groß, stark (Jägerspr.). **Kapital** [*lat.-it.*] *das*; -s, -e u. -ien [...*iᵉn*] (österr. nur so): 1. a) (ohne Plural) alle Geld- u. Sachwerte, die zu einer Produktion verwendet werden, die Gewinn abwirft; b) Wert des Vermögens eines Unternehmens; Vermögen[sstamm]. 2. a) verfügbare Geldsumme, die bei entsprechendem Einsatz Gewinn erbringt; - aus etwas schlagen: Nutzen, Gewinn aus etwas ziehen; b) verfügbarer kleinerer Betrag an Bargeld. 3. (ohne Plural) Gesamtheit der kapitalkräftigen Unternehmen [eines Landes]. 4. gewebtes [buntes] Band, das vom Buchbinder an die Ober- u. Unterkante des Buchblockrückens geklebt wird (Buchw.). **Kapitäl** vgl. Kapitell. **Kapitalband** u. Kaptalband *das*; -[e]s, ...bänder: Kapital (4). **Kapitälchen** [*lat.*; *dt.*] *das*; -s, -: Großbuchstabe in der Größe der kleinen Buchstaben (Druckw.). **Kapitale** [*lat.-fr.*] *die*; -, -n: 1. (veraltet) Hauptstadt. 2. Majuskelschrift. **Kapitalexport** *der*; -[e]s, -e: → Export von Kapital (1) ins Ausland. **Kapitalflucht** *die*; -: das Fortbringen von Kapital (1) ins Ausland bei politischer → Instabilität, ungünstigen Steuergesetzen u. ä. **Kapitalis** [*lat.*] *die*; -: altröm. Monumentalschrift [auf Bauwerken]. **Kapitalisation** [...*zion*; *lat.-nlat.*] *die*; -, -en: Umwandlung eines laufenden Ertrags od. einer Rente in einen einmaligen Kapitalbetrag; vgl. ...[at]ion/...ierung. **kapitalisieren**: in eine Geldsumme umwandeln. **Kapitalisierung** *die*; -, -en: = Kapitalisation; vgl. ...[at]ion/...ierung. **Kapitalismus** *der*; -: Wirtschaftssystem, das auf dem freien Unternehmertum basiert u. dessen treibende Kraft das Gewinnstreben einzelner ist, während die Arbeiter keinen Besitzanteil an den Produktionsmitteln haben. **Kapitalist** *der*; -en, -en: 1. Kapitalbesitzer. 2. Person, deren Einkommen überwiegend aus Zinsen, Renten od. Gewinnen besteht. 3. (ugs., abwertend) jmd., der über viel Geld verfügt. **kapitalistisch**: den Kapitalismus betreffend. **Kapitalma|gnat** *der*; -en, -en: Eigentümer großer Kapitalien. **Kapitalverbrechen** *das*; -s, -: bes. schwere Straftat (z. B. Mord). **Kapitän** [*lat.-it.*(*-fr.*)] *der*; -s, -e: 1. Kommandant eines Schiffes; - zur See: Seeoffizier im Range eines Obersts. 2. Kommandant eines Flugzeuges, Chefpilot. 3. Anführer, Spielführer einer Sportmannschaft. **Kapitänleutnant** *der*; -s, -s (selten: -e): Offizier der Bundesmarine im Range eines Hauptmanns. **Kapitänspatent** *das*; -[e]s, -e: amtliches Zeugnis, das jmdn. zur Führung eines Schiffes berechtigt. **Kapitel** [*lat.*; „Köpfchen; Hauptabschnitt"] *das*; -s, -: 1. Hauptstück, Abschnitt in einem Schrift- od. Druckwerk; Abk.: Kap. 2. a) Körperschaft der Geistlichen einer Dom- od. Stiftskirche od. eines Kirchenbezirks (Landkapitel); b) Versammlung eines [geistlichen] Ordens. **kapitelfest**: a) über genaue Kenntnisse in etw. verfügend u. daher bei entsprechenden Fragen o. ä. ganz sicher; b) bibelfest. **Kapitell** [eigtl. „Köpfchen"] *das*; -s, -e: oberer Abschluß einer Säule, eines Pfeilers od. → Pilasters. **kapiteln**: (landsch.) jmdn. zurechtweisen, schelten. **Kapitelsaal** *der*; -[e]s, ...säle: Sitzungssaal im Kloster. **Kapitol** *das*; -s: 1. (hist.) Stadtburg im alten Rom, Sitz des → Senats (1). 2. Sitz des amerik. → Senats (2), Parlamentsgebäude der Vereinigten Staaten in Washington. **Kapitulant** [*lat.-mlat.*] *der*; -en, -en: 1. (veraltet) Soldat, der sich verpflichtet, über die gesetzliche Dienstzeit hinaus zu dienen. 2. (DDR) jmd., der vor → Argumenten (1) [politischer Gegner] kapituliert (2). **Kapitular** *der*; -s, -e: Mitglied eines Kapitels (2 a) (z. B. ein Domherr). **Kapitularien** [...*iᵉn*] *die* (Plural): (hist.) Gesetze u. Verordnungen der fränkischen Könige. **Kapitulation** [...*zion*; *lat.-mlat.-fr.*] *die*; -, -en: 1. a) das Kapitulieren (1); b) Vertrag über die Kapitulation (1a). 2. resignierendes Nachgeben, Aufgeben. 3. (veraltet) Vertrag, der den Dienst eines Soldaten verlängert. **kapitulieren**: 1. sich dem Feind ergeben; sich für besiegt erklären u. sich dem Gegner unterwerfen. 2. (angesichts einer Sache) resignierend aufgeben, nachgeben, die Waffen strecken. 3. (veraltet) eine Kapitulation (3) abschließen

Kaplaken u. Kapplaken [*niederl.-niederd.*] *das*; -s, -: (Seemannsspr.) Sondervergütung für den Schiffskapitän über das vertraglich vereinbarte Entgelt hinaus

Ka|plan [*lat.-mlat.*; „Kapellengeistlicher"] *der*; -s, ...läne: a) dem Pfarrer untergeordneter katholischer Geistlicher; b) Geistlicher mit besonderen Aufgaben (z. B. in einem Krankenhaus od. beim Heer)

Ka|planturbine [nach dem österr. Ingenieur V. Kaplan, † 1934] *die*; -, -n: eine Überdruckwasserturbine (vgl. Turbine) mit verstellbaren Laufschaufeln (Techn.)

Kapo [Kurzform von *fr. caporal*; „Hauptmann, Anführer; Korporal"] *der*; -s, -s: 1. (Soldatenspr.) Unteroffizier. 2. (Jargon) Häftling eines Straf- od. Konzentrationslagers, der die Aufsicht über andere Häftlinge führt

Kapodaster [*it.*] *der*; -s, -: ein über alle Saiten reichender, auf dem Griffbrett sitzender verschiebbarer Bund bei Lauten u. Gitarren; vgl. Capotasto

Kapok [auch: *ka*...; *malai.*] *der*; -s: Samenfaser des Kapokbaumes (ein Füllmaterial für Polster)

Kaponniere [*lat.-span.-it.-fr.*] *der*; -, -n: (veraltet) bombensicherer Gang in einer Festung

kapores [*hebr.-jidd.*]: (ugs.) entzwei, kaputt

Kapotte [*lat.-provenzal.-fr.*] *die*; -, -n u. **Kapotthut** *der*; -s, ...hüte: im 19. Jh. u. um 1900 modischer, unter dem Kinn gebundener kleiner, hochsitzender Damenhut

Kappa [*gr.*] *das*; -[s], -s: zehnter Buchstabe des griechischen Alphabets: *Κ, κ*

Kappes u. Kappus [*lat.-mlat.*] *der*; -: 1. (landsch.) Weißkohl. 2. (landsch., ugs.) a) dummes Zeug, törichtes Geschwätz; - reden: Unsinn reden; b) unbrauchbare Pfuscharbeit; vgl. Kabis

Kapplaken vgl. Kaplaken

Kappus vgl. Kappes

Ka|priccio [...*pritscho*] vgl. Capriccio. **Ka|price** [*kapriße*; *lat.-it.-fr.*] *die*; -, -n: Laune; vgl. Kaprize

Ka|prifikation [...*zion*; *lat.*] *die*; -: ein Verfahren zur Verbesserung der Befruchtungsbedingungen beim Feigenbaum. **Ka|prifoliazeen** [*lat.-nlat.*] *die* (Plural): eine Pflanzenfamilie (Geißblattgewächse; z. B. Holunder, Schneeball). **Ka|priole** [*lat.-it.*; „Bocksprung"] *die*; -, -n: 1. Luftsprung. 2. launenhafter, toller Einfall; übermütiger Streich. 3. ein Sprung in der Reitkunst. **kapriolen**: Kapriolen machen

Ka|prize (österr.) → Kaprice. **kaprizieren** [*lat.-it.-fr.*]: sich auf etw. -: eigensinnig auf etwas bestehen. **ka|priziös**: launenhaft, eigenwillig. **Ka|prizpolster** *der*; -s, -: (österr. ugs., veraltet) ein kleines Polster

Ka|prolaktam, (chem. fachspr.:)

Caprolactam [*lat.*; *gr.*] *das*; -s: fester, weißer Stoff, der als Ausgangsmaterial für Kunststoffe dient (Chem.). **Ka|pronat,** (chem. fachspr.:) Capronat [*lat.*; *gr.*] *das*; -[e]s, -e: (meist Plural) → Ester der → Kapronsäure, der zur Herstellung von Fruchtessenzen verwendet wird (Chem.). **Kapronsäure,** (chem. fachspr.:) Capronsäure [*lat.*; *gr.*; *dt.*] *die*; -, -n: gesättigte Fettsäure von unangenehm ranzigem Geruch

Ka|protinenkalk [*lat.*] *der*; -s: Kalkstein der alpinen Kreideformation mit Resten der Muschelgattung der Kaprotinen

Kapsikum [*lat.-nlat.*] *das*; -s: aus den Schoten eines mittelamerik. Strauches gewonnenes scharfes Gewürz (span. Pfeffer)

Kaptal *das*; -s, -e: = Kapitalband. **Kaptalband** vgl. Kapitalband. **kaptalen** [*lat.-nlat.*]: ein → Kapitalband anbringen

Kaptation [...*zion*; *lat.*] *die*; -, -en: (veraltet) Erschleichung; Erbschleicherei. **kaptatorisch**: (veraltet) erschleichend; -e Verfügung: auf eine Gegenleistung des Bedachten zielende testamentarische Verfügung (Rechtsw.). **Kaption** [...*zion*] *die*; -, -en: (veraltet) verfängliche Art zu fragen; verfänglicher Trugschluß, Fehlschluß. **kaptiös**: (veraltet) verfänglich. **Kaptivation** [...*wazion*] *die*; -, -en: (veraltet) Gefangennahme. **kaptivieren** [...*wi*...]: (veraltet) a) gefangennehmen; b) für sich gewinnen. **Kaptivität** *die*; -: (veraltet) Gefangenschaft. **Kaptur** *die*; -, -en: (veraltet) Beschlagnahme, Aneignung eines feindlichen Schiffes

Kapu [*türk.*; „Pforte"] *das*; -, -s: (früher) Amtsgebäude in der Türkei

Kapusta u. **Kapuster** [*slaw.*] *der*; -s: (ostdeutsch) Kohl

Kaput [*lat.-roman.*] *der*; -s, -e: (schweiz.) [Soldaten]mantel

kaputt [*fr.*]: (ugs.) a) entzwei, zerbrochen; b) verloren, bankrott [im Spiel]; c) in Unordnung, aus der Ordnung gekommen; - sein: a) matt, erschöpft sein; b) auf Grund von körperlicher od. seelischer Zerrüttung od. wegen schlechter sozialer Bedingungen sich nicht mehr den gesellschaftlichen Anforderungen u. Zwängen unterwerfen können

Kapuze [*lat.-it.*] *die*; -, -n: an einen Mantel od. eine Jacke angearbeitete Kopfbedeckung, die sich ganz über den Kopf ziehen läßt. **Kapuzinade** [*lat.-it.-fr.*] *die*; -, -n: (veraltet) Kapuzinerpredigt, [derbe] Strafrede. **Kapuziner** [*lat.-it.*] *der*; -s, -: 1. Angehöriger eines katholischen Ordens; Abk.: O. F. M. Cap. 2. (österr.) → Kaffee (3) mit etwas Milch. 3. Kapuzineraffe. 4. (landsch.) Birkenröhrling

Kapwein *der*; -[e]s, -e: aus der Kapprovinz (Südafrika) kommender Wein

Karabach u. **Karabagh** *der*; -[s], -s: handgeknüpfter, meist rot- od. blaugrundiger, vielfach gemusterter Orientteppich aus der gleichnamigen Landschaft in der Sowjetrepublik Aserbeidschan

Karabiner [*fr.*] *der*; -s, -: 1. kurzes Gewehr. 2. (österr.) = Karabinerhaken. **Karabinerhaken** *der*; -s, -: federnder Verschlußhaken. **Karabinier** [...*ie*] *der*; -s, -s: 1. [mit einem Karabiner (1) ausgerüsteter] Reiter. 2. Jäger zu Fuß. **Karabiniere** [*fr.-it.*] *der*; -[s], ...ri: italienischer Polizist

Karaburan [*turkotat.*] *der*; -s: anhaltender Sommersandsturm in Turkestan (Meteor.)

Karacho [...*cho*; *span.*; eigtl. Penis] *das*; -: (ugs.) große Geschwindigkeit, Rasanz; mit -: mit großer Geschwindigkeit, mit Schwung

Karäer [*hebr.*; „Schriftkundiger"] *der*; -s, -: Angehöriger einer [ost]jüdischen Sekte (seit dem 8. Jh.), die den → Talmud verwirft

Karaffe [*arab.-span.-it.-fr.*] *die*; -, -n: geschliffene, bauchige Glasflasche [mit Glasstöpsel]. **Karaffine** *die*; -, -n: (veraltet, aber noch mdal.) kleine Karaffe

Karagös [*türk.*] *der*; -: a) Hanswurst im türk.-arab. Schattenspiel; b) das nach dem Karagös (a) benannte Schauspiel

Karait [*hebr.-nlat.*] *der*; -en, -en = Karäer

Karakal [*türk.-roman.*] *der*; -s, -s: Wüstenluchs Afrikas u. Vorderasiens

karakolieren [*span.-fr.*]: (veraltet) herumtummeln (von Pferden)

Karakulschaf [nach einem See im Hochland von Pamir] *das*; -s, -e: Fettschwanzschaf (die Lämmer liefern den wertvollen Persianerpelz)

Karambolage [...*asche*; *fr.*] *die*; -, -n: 1. Zusammenstoß, Zusammenprall. 2. das Anstoßen des Spielballes an die beiden anderen Bälle im Billardspiel. 3. Zusammenstoß zweier od. mehrerer Spieler bei Sportwettkämpfen. **Karambolagebillard** *das*; -s: besondere Art des Billardspiels. **Karambole** *die*; -, -n: der Spielball (roter Ball) im Billardspiel. **karambolieren**: 1. zusammenstoßen. 2. mit dem Spielball die beiden anderen Bälle treffen (Billardspiel)

karamel [*gr.-lat.-span.-fr.*]: bräunlichgelb. **Karamel** *der*; -s: gebrannter Zucker. **Karamelbonbon** *der* od. *das*; -s, -s: aus Karamel u. Milch od. Sahne hergestellte bonbonartige, weich-zähe Süßigkeit. **karamelieren**: (von Zucker) zu Karamel werden, sich bräunen. **karamelisieren**: 1. Zucker zu Karamel brennen. 2. Speisen (bes. Früchte) mit gebranntem Zucker übergießen od. in Zucker rösten. **Karamelle** *die*; -, -n (meist Plural): = Karamelbonbon

Karat [*gr.-arab.-mlat.-fr.*; nach dem Samen des Johannisbrotbaumes] *das*; -[e]s, -e (aber: 5 Karat): 1. Einheit für die Gewichtsbestimmung von Edelsteinen (1 Karat = etwa 205 mg, 1 metrisches Karat = 200 mg). 2. Maß der Feinheit einer Goldlegierung (reines Gold = 24 Karat)

Karate [*jap.*; eigtl. „leere Hand"] *das*; -[s]: System waffenloser Selbstverteidigung. **Karateka** *der*; -[s], -[s]: Karatekämpfer

Karausche [*russ.-lit.*] *die*; -, -n: ein karpfenartiger Fisch

Karavelle [...*wäle*; *gr.-lat.-port.-fr.-niederl.*] *die*; -, -n: ein mittelalterliches Segelschiff (14. bis 16. Jh.)

Karawane [*pers.-it.*] *die*; -, -n: 1. durch unbewohnte Gebiete [Asiens od. Afrikas] ziehende Gruppe von Reisenden, Kaufleuten, Forschern o. ä. 2. größere Anzahl von Personen od. Fahrzeugen, die sich in einem langen Zug hintereinander fortbewegen. **Karawanserei** *die*; -, -en: Unterkunft für Karawanen (1)

Karb|amid [Kurzw. aus → *Karbo*nyl u. → *Amid*] *das*; -[e]s: Harnstoff

Karbatsche [*türk.-ung.-tschech.*] *die*; -, -n: Riemenpeitsche. **karbatschen**: mit der Karbatsche schlagen

Karb|azol (chem. fachspr.:) Carbazol [*ka*...; *lat.*; *gr.-fr.*; *arab.*] *das*; -s: eine organische Verbindung (wichtiges Ausgangsmittel zur Herstellung von Kunststoffen; Chem.). **Karbid** [*lat.-nlat.*] *das*; -[e]s, -e: 1. (ohne Plural) Kalziumkarbid (ein wichtiger Rohstoff der chemischen Industrie). 2. chem. fachspr.: Carbid: chemische Verbindung aus Kohlenstoff u. einem Metall od. Bor (Borcarbid) od. Silicium (Siliciumcarbid). **karbidisch**: die Eigenschaften eines Karbids aufweisend. **Karbinol** *das*; -s: = Methylalkohol. **Karbohy-**

drase [*lat.*; *gr.*] *die*; -, -n: kohlenhydratspaltendes Enzym. **Karboid** *das*; -[e]s, -e: zusammengepreßte u. scharf gebrannte Mischung aus Graphit und Speckstein (Techn.). **Karbol** *das*; -s: (ugs.) = Karbolsäure. **Karbolineum** [*lat.-nlat.*] *das*; -s: ein Imprägnierungs- u. Schädlingsbekämpfungsmittel für Holz u. Bäume. **Karbolsäure** *die*; -: = Phenol. **Karbon** *das*; -s: erdgeschichtliche Formation des → Paläozoikums (Geol.). **Karbonade** [*lat.-it.-fr.*] *die*; -, -n: 1. (landsch.) Kotelett, [gebratenes] Rippenstück. 2. (österr., veraltet) Frikadelle. **Karbonado** [*lat.-span.*] *der*; -s, -s u. Karbonat [*lat.-nlat.*] *der*; -[e]s, -e: eine grauschwarze Abart des Diamanten. **Karbonari** [*lat.-it.*; „Köhler"] *die* (Plural): Mitglieder einer geheimen politischen Gesellschaft in Italien (Anfang des 19. Jh.s) mit dem Ziel der Befreiung von der franz. Herrschaft

Karbonat [*lat.-nlat.*]
I. vgl. Karbonado.
II. chem. fachspr.: Carbonat [*k...*] *das*; -[e]s, -e: kohlensaures Salz

karbonatisch: von Karbonat (II) abgeleitet, Karbonat (II) enthaltend. **Karbonisation** [*...zion*] *die*; -, -en: 1. Verbrennung vierten Grades, schwerster Grad eines Hitzeschadens (Med.). 2. Umwandlung in Karbonat (II). **karbonisch**: das → Karbon betreffend. **karbonisieren**: 1. a) verkohlen lassen; b) in Karbonat (II) umwandeln. 2. Zellulosereste in Wolle durch Schwefelsäure od. andere Chemikalien zerstören. **karboni|trieren**: durch einen bestimmten chemischen Prozeß härten. **Karbonyl** vgl. Carbonyl. **Karborund** [Kurzw. aus → *Karbo...* u. → *Korund*] *das*; -[e]s u. Carborundum ⓦ *das*; -s: ein Schleifmittel. **karbozy|klisch**, (chem. fachspr.:) carbocy|clisch [*k...*]: Kohlenstoffringe enthaltend (Chem.). **Karbunkel** [*lat.*] *der*; -s, -: Häufung dicht beieinander liegender → Furunkel (Med.). **karburieren** [*lat.-nlat.*]: die Leuchtkraft von Gasgemischen durch Zusatz von Ölgas heraufsetzen

Kardamom [*gr.-lat.*] *der* od. *das*; -s, -e[n]: die reifen Samen indischer u. afrikanischer Ingwergewächse, die als Gewürz verwendet werden

Kardan|antrieb [nach dem ital. Erfinder Cardano, † 1576] *der*; -s: Antrieb über ein Kardangelenk. **Kardangelenk** *das*; -s, -e: Verbindungsstück zweier Wellen, das durch wechselnde Knickung Kraftübertragung unter einem Winkel gestattet. **kardanische Aufhängung**: eine nach allen Seiten drehbare Aufhängung, für Lampen, Kompasse u. a., die ein Schwanken der aufgehängten Körper ausschließt. **kardanische Formel**: math. Ausdruck zur Lösung kubischer Gleichungen (Math.). **Kardanwelle** *die*; -, -n: Antriebswelle mit Kardangelenk für Kraftfahrzeuge (z. B. auch bei Motorrädern)

Kardätsche [*lat.-vulgärlat.-it.*] *die*; -, -n: 1. grobe Pferdebürste. 2. (Weberei veraltet) Wollkamm. **kardätschen**: [Pferde] striegeln. **Karde** [*lat.-vulgärlat.*] *die*; -, -n: 1. Maschine zum Aufteilen von Faserbüscheln u. -flocken (Spinnerei). 2. eine distelähnliche, krautige Pflanze mit scharf zugespitzten Spreublättern

Kardeel [*gr.-lat.-fr.-niederl.*] *das*; -s, -e: (Seemannsspr.) Strang eines starken Taus, einer Trosse

karden u. kardieren [*lat.-nlat.*]: rauhen, kämmen (von Wolle)

Kardia [*gr.*] *die*; -: (Med.) 1. Herz. 2. Magenmund. **Kardiakum** [*gr.-nlat.*] *das*; -s, ...ka: herzstärkendes Arzneimittel (Med.). **kardial**: das Herz betreffend, von ihm ausgehend (Med.). **Kardi|algie** [*gr.*] *die*; -, ...ien: (Med.) 1. Schmerzen im Bereich des Herzens. 2. = Kardiospasmus

kardieren vgl. karden

kardinal [*lat.-mlat.*]: grundlegend, wichtig; Haupt... **Kardinal** *der*; -s, ...näle: 1. höchster katholischer Würdenträger nach dem Papst (kath. Rel.). 2. zu den → Tangaren gehörender, häufig als Stubenvogel gehaltener Singvogel. 3. eine Apfelsorte. 4. eine Art → Bowle, meist mit Pomeranzen[schalen] angesetzt. **Kardinalat** *das*; -[e]s, -e: Amt u. Würde eines Kardinals (1). **Kardinale** *das*; -[s], ...lia (meist Plural): (veraltet) Kardinalzahl. **Kardinalprotektor** *der*; -s, -en: mit der geistlichen Schutzherrschaft über einen Orden od. eine katholische Einrichtung beauftragter Kardinal (1). **Kardinalpunkt** *der*; -[e]s, -e: 1. Hauptpunkt. 2. (nur Plural) drei wichtige Stufen im Hinblick auf die Temperaturverträglichkeit der Lebewesen: die niedrigste, günstigste u. höchste ertragbare Temperatur (Biol.). **Kardinalskollegium** *das*; -s, ...ien [*...iᵉn*]: Körperschaft der katholischen Kardinäle. **Kardinalskon|gregation** ...[*zion*] *die*; -: oberste Behörde der römischen → Kurie (1), vorwiegend mit Verwaltungsaufgaben, aber auch mit gesetzgebenden Kompetenzen, deren Mitglieder Kardinäle, seit 1967 aber auch Diözesanbischöfe sind; vgl. Kurienkongregation. **Kardinalstaatsse|kretär** *der*; -s, -e: erster Berater des Papstes, bes. in politischen Fragen. **Kardinaltugend** *die*; -, -en (meist Plural): Haupttugend (z. B. die vier Grundtugenden der altgriech. Philosophie: Weisheit, Gerechtigkeit, Besonnenheit, Tapferkeit). **Kardinalvikar** *der*; -s, -e: Stellvertreter des Papstes als Bischof von Rom. **Kardinalzahl** *die*; -, -en: Grundzahl, ganze Zahl (z. B. zwei, zehn). **Kardinalzeichen** *das*; -s, -: Hauptzeichen (die Tierkreiszeichen Widder, Krebs, Waage, Steinbock; Astrol.)

Kardio|gramm [*gr.-nlat.*] *das*; -s, -e: (Med.) 1. = Elektrokardiogramm. 2. graphische Darstellung der Herzbewegungen. **Kardio|graph** *der*; -en, -en: (Med.) 1. = Elektrokardiograph. 2. Gerät zur Aufzeichnung eines Kardiogramms (2). **Kardio|ide** *die*; -, -n: eine Form der → Epizykloide (Herzlinie; Math.). **Kardio|loge** *der*; -n, -n: Facharzt mit Spezialkenntnissen auf dem Gebiet der Kardiologie, Herzspezialist (Med.). **Kardiologie** *die*; -: Teilgebiet der Medizin, das sich mit der Funktion u. den Erkrankungen des Herzens befaßt (Med.). **Kardio|lyse** *die*; -: operative Ablösung der knöchernen Brustwand bei Herzbeutelverwachsungen (Med.). **Kardiomegalie** *die*; -, ...ien: Herzvergrößerung (Med.). **Kardiopathie** *die*; -, ...ien: Herzleiden, Herzerkrankung (Med.). **Kardioplegie** *die*; -: (Med.) 1. plötzliche Herzlähmung, Herzschlag. 2. künstliche Ruhigstellung des Herzens für Herzoperationen. **Kardio|ptose** *die*; -, -n: Senkung des Herzens ohne krankhaften organischen Befund (Wanderherz; Med.). **Kardio|spasmus** *der*; -, ...men: Krampf der Mageneingangsmuskulatur (Med.). **Kardio|thymie** *die*; -, ...ien: funktionelle Herzstörung ohne organische Veränderung des Herzens (Herzneurose; Med.). **Kardiotoko|graph** *der*; -en, -en: Gerät zum gleichzeitigen → Registrieren (1 b) der kindlichen Herztöne u. der Wehen während des Geburtsvorgangs (Med.). **kardio-**

vaskulär [...*wa*...; *gr.*; *lat.-nlat.*]: Herz u. Gefäße betreffend (Med.). **Karditis** *die*; -, ...itiden: Entzündung des Herzens; vgl. Pankarditis

Kardone [*lat.-spätlat.-it.*] *die*; -, -n: (als Gemüse angebaute) der → Artischocke ähnliche Pflanze, deren Blattstiele u. Rippen gegessen werden

Karenz [*lat.*; „Nichthaben, Entbehren"] *die*; -, -en: 1. = Karenzzeit. 2. Enthaltsamkeit, Verzicht (z. B. auf bestimmte Nahrungsmittel; Med.). **Karenzjahr** *das*; -s, -e: Jahr, in dem ein neuer Pfründeninhaber auf seine Einkünfte ganz od. teilweise verzichten muß (kath. Kirchenrecht). **Karenzzeit** *die*; -, -en: Wartezeit, Sperrfrist, bes. in der Krankenversicherung

karessieren [*lat.-it.-fr.*]: (veraltet, aber noch mdal.) a) liebkosen, schmeicheln; b) eine [geheime] Liebschaft haben

Karette [*span.-fr.*] u. **Karettschildkröte** *die*; -, -n: eine Meeresschildkröte

Karezza [*lat.-it.*] *die*; -: Form des → Koitus, bei dem der Samenerguß absichtlich vermieden wird

Karfiol [*it.*] *der*; -s: (südd., österr.) Blumenkohl

Karfunkel [*lat.*] *der*; -s, -: 1. feurigroter Edelstein (z. B. → Granat (I), → Rubin). 2. = Karbunkel

Kargadeur [...*dör*; *gall.-lat.-vulgärlat.-span.-fr.*] u. **Kargador** [*gall.-lat.-vulgärlat.-span.*] *der*; -s, -e: Begleiter einer Schiffsladung, der den Transport der Ladung bis zur Übergabe an den Empfänger zu überwachen hat.

Kargo *der*; -s, -s: Ladung eines Schiffes

Karibu [*indian.-fr.*] *der* od. *das*; -s, -s: nordamerikanisches Ren

karieren [*lat.-fr.*]: mit Würfelzeichnung mustern, kästeln. **kariert**: 1. gewürfelt, gekästelt. 2. (ugs., abwertend) wirr, ohne erkennbaren Sinn

Karies [...*iäß*; *lat.*; „Morschheit, Fäulnis"] *die*; -: 1. akuter od. chronischer Zerfall der harten Substanz der Zähne; Zahnkaries (Zahnmed.). 2 entzündliche Erkrankung des Knochens mit Zerstörung von Knochengewebe, bes. bei Knochentuberkulose (Med.)

karikativ [*gall.-lat.-vulgärlat.-it.*]: in der Art einer Karikatur, verzerrt komisch. **Karikatur** [eigtl. „Überladung"] *die*; -, -en: 1. a) komisch-übertreibende Zeichnung o. ä., die eine Person, eine Sache od. ein Ereignis durch humoristische od. satirische Hervorhebung u. Überbetonung bestimmter charakteristischer Merkmale der Lächerlichkeit preisgibt; b) das Karikieren; Kunst der Karikatur (1a). 2. Zerr-, Spottbild. **Karikaturist** *der*; -en, -en: Karikaturenzeichner. **karikaturistisch**: in der Art einer Karikatur. **karikieren**: verzerren, zur Karikatur machen, als Karikatur darstellen

Karinth vgl. Karn

karjolen vgl. karriolen

kario|gen [*lat.*; *gr.*]: Karies hervorrufend (Med.). **kariös** [*lat.*]: von → Karies befallen, angefault (Med.)

Karitas [*lat.*] *die*; -: [christliche] Nächstenliebe, Wohltätigkeit; vgl. Fides, Caritas. **karitativ** u. caritativ [*lat.-nlat.*]: mildtätig, Wohltätigkeits...

Karkasse [*fr.*; „Gerippe"] *die*; -, -n: 1. im Mittelalter eine Brandkugel mit eisernem Gerippe. 2. Unterbau [eines Gummireifens]. 3. Rumpf von Geflügel (Gastr.)

Karlist *der*; -en, -en: Anhänger einer ehemal. spanischen Partei, (seit 1833), die in den sog. Karlistenkriegen die Thronansprüche der drei Prätendenten mit Namen Carlos verfocht

Karma [*sanskr.*] *das*; -s: im Buddhismus das die Form der Wiedergeburten eines Menschen bestimmende Handeln bzw. das durch ein früheres Handeln bedingte gegenwärtige Schicksal (Rel.). **Karmamarga** *der*; -s: im → Hinduismus der „Weg der Tat" zur glücklichen Wiedergeburt nach dem Tode. **Karman** *das*; -s: = Karma

Karmelit [nach dem Berg Karmel in Palästina] *der*; -en, -en u. (ugs.:) **Karmeliter** *der*; -s, -: Angehöriger eines katholischen Mönchsordens. **Karmelitergeist** *der*; -[e]s, -er: ein Heilkräuterdestillat. **Karmeliterin** (ugs.) u. **Karmelitin** *die*; -, -nen: Angehörige des weiblichen Zweiges der Karmeliten

Karmen vgl. Carmen

Karmesin [*pers.-arab.-roman.*] u. **Karmin** [*fr.*] *das*; -s: roter Farbstoff

karminativ [*lat.-nlat.*]: blähungstreibend (Med.). **Karminativum** [...*wum*] *das*; -s, ...va: Mittel gegen Blähungen (Med.)

karmosieren [*arab.*]: einen Edelstein mit weiteren kleinen Steinen umranden

Karn u. Karinth [nach dem nlat. Namen Carinthia für Kärnten] *das*; -s: eine Stufe der alpinen → Trias (1) (Geol.)

Karnallit [auch: ...*it*; *nlat.*, nach dem dt. Oberbergrat R. v. Carnall] *der*; -s: ein Mineral

Karnat *das*; -[e]s u. **Karnation** [...*zion*] *die*; -: vgl. Inkarnat

Karnaubawachs [*indian.-port.*; *dt.*] *das*; -es: wertvolles Pflanzenwachs einer brasilian. Palme (für Bohnerwachs u. a. verwendet)

Karneol [*lat.-it.*] *der*; -s, -e: ein Schmuckstein

Karneval [...*wal*; *it.*] *der*; -s, -e u. -s: Fastnacht[sfest]. **Karnevalist** *der*; -en, -en: aktiver Teilnehmer am Karneval, bes. Vortragender (Büttenredner, Sänger usw.) bei Karnevalsveranstaltungen. **karnevalistisch**: den Karneval betreffend

Karnies [*roman.*] *das*; -es, -e: Kranzleiste od. Gesims mit S-förmigem Querschnitt (Archit.). **Karniese** u. Karnische *die*; -, -n: (österr. mdal.) Vorhangstange

Karnifikation [...*zion*; *lat.-nlat.*] *die*; -: Umwandlung von entzündlichem Lungengewebe in Bindegewebe anstelle einer normalerweise erfolgenden Rückbildung (Med.)

karnische Stufe *die*; -n -: = Karn

Karnische vgl. Karniese

karnivor [...*wor*; *lat.*]: fleischfressend (von Tieren u. Pflanzen). **Karnivore** *der* u. *die*; -n, -n: Fleischfresser (Tier od. Pflanze)

Karo [*lat.-galloroman.-fr.*] *das*; -s, -s: 1. Raute, [auf der Spitze stehendes] Viereck. 2. (ohne Artikel) a) (ohne Plural) niedrigste Farbe im Kartenspiel; Eckstein; b) (Plural: Karo) Spiel mit Karten, bei dem Karo (2a) Trumpf ist; c) (Plural: Karo) Spielkarte mit Karo (2a) als Farbe; - trocken: (ugs.) Brotschnitte, die nicht mit Butter o. a. bestrichen, also „trocken" ist

Karobe [*arab.-mlat.-fr.*] *die*; -, -n: (veraltet) = Karube

Karosse [*gall.-lat.-it.-fr.*] *die*; -, -n: von Pferden gezogener Prunkwagen; Staatskutsche. **Karosserie** *die*; -, ...ien: Wagenoberbau, -aufbau [von Kraftwagen]. **Karossier** [...*ßie*] *der*; -s, -s: 1. (veraltet) Kutschpferd. 2. Karosseriebauer; Karosserieentwerfer. **karossieren**: [ein Auto] mit einer Karosserie versehen

Karotide vgl. Karotis

Karotin (chem. fachspr.:) Carotin [*k*...; *gr.-lat.-nlat.*] *das*; -s: ein [pflanzlicher] Farbstoff, eine Vorstufe des Vitamins A. **Karotinoid,** (chem. fachspr.:) Carotinoid [*gr.-lat.-nlat.*; *gr.*] *das*; -[e]s, -e (meist Plural): in organischen Fetten vorkommender gelbroter Farbstoff

Karotis [*gr.*] *die*; -, ...tiden u. **Karotide** *die*; -, -n: Kopf-, Halsschlagader (Med.)

Karotte [*gr.-lat.-fr.-niederl.*] *die*; -, -n: 1. Mohrrübe. 2. (landsch.) rote Rübe, rote Bete. 3. Bündel von ausgerippten, gebeizten Tabakblättern. **Karottieren** [*gr.-lat.-fr.*] *das*; -s: 1. das Entfernen der Rippen aus den Tabakblättern. 2. eine besondere Art des Verteidigungsspiels beim Billard

Karpell[um] [*gr.-nlat.*] *das*; -s, ...pelle u. ...pella: Fruchtblatt (Bot.)

Karpenterbremse [nach dem amerik. Erfinder Carpenter (*kaʳpintᵉr*), † 1901] *die*; -, -n: eine Druckluftbremse für Eisenbahnzüge

Karpogon [*gr.-nlat.*] *das*; -s, -e: weibliches Geschlechtsorgan der Rotalgen (Bot.). **Karpolith** [auch: ...*it*] *der*; -s u. -en, -e[n]: (veraltet) Versteinerung von Früchten u. Samen. **Karpologie** *die*; -: Teilgebiet der Botanik, auf dem man sich mit den Pflanzenfrüchten befaßt. **Karpophor** *der*; -s, -e: Fruchtträger auf dem Blütenstiel der Doldenblütler

Karra|g[h]een [...*gen*; nach dem irischen Ort Carragheen (*kärᵉgin*)] *das*; -[s]: Irländisches Moos (getrocknete Rotalgen, die als Heilmittel verwendet werden)

Karrara usw. vgl. Carrara usw.

Karree [*lat.-fr.*] *das*; -s, -s: 1. Viereck. 2. gebratenes od. gedämpftes Rippenstück vom Kalb, Schwein od. Hammel (Gastr.). 3. eine Schlifform für → Diamanten (I)

Karrete [*gall.-lat.-mlat.-it.*] *die*; -, -n: (landsch., bes. ostmitteld.) schlechter Wagen. **Karrette** *die*; -, -n: 1. (schweiz.) Schubkarren; zweirädriger Karren. 2. schmalspuriges, geländegängiges Transport- u. Zugmittel der Gebirgstruppen. 3. zweirädriger, kleiner Einkaufswagen. **Karriere** [...*iärᵉ*; *gall.-lat.-provenzal.-fr.*; „Rennbahn; Laufbahn"] *die*; -, -n: 1. schnellste Gangart des Pferdes. 2. [bedeutende, erfolgreiche] Laufbahn. **Karrierefrau** *die*; -, -en: Frau, die beruflich eine wichtige Stellung innehat u. auf eine erfolgreiche Laufbahn bedacht ist. **Karrierismus** *der*; -: (abwertend) rücksichtsloses Karrierestreben. **Karrierist** [*nlat.*] *der*; -en, -en: (abwertend) rücksichtsloser Karrieremacher. **karrieristisch**: nach Art eines Karrieristen. **Karriol** [*gall.-lat.-mlat.-it.-fr.*] *das*; -s, -s u. **Karriole** *die*; -, -n: 1. leichtes, zweirädriges Fuhrwerk mit Kasten. 2. (veraltet) Briefpostwagen. **karriolen**: 1. (veraltet) mit der Briefpost fahren. 2. (landsch., ugs.) herumfahren, unsinnig fahren

Karruformation [...*zion*; nach einer Steppenlandschaft in Südafrika] *die*; -: mächtige Schichtenfolge in Südafrika vom Alter der oberen Karbon- bis unteren Juraformation (vgl. Karbon u. Jura II; Geol.)

Karst [Hochfläche nordöstl. von Triest] *der*; -es, (Plural:) Karsterscheinungen: Gesamtheit der durch die Wirkung von Oberflächen- u. Grundwasser in löslichen Gesteinen (Kalk, Gips) entstehenden typischen Oberflächenformen (Geol.); vgl. Doline, Ponor

Kart [*kaʳt*; *engl.-amerik.*] *der*; -s, -s: Kurzform von → Go-Kart

Kartätsche [*ägypt.-gr.-lat.-it.(-fr.-engl.)*] *die*; -, -n: 1. (hist.) mit Bleikugeln gefülltes Artilleriegeschoß. 2. ein Brett zum Verreiben des Putzes (Bauw.). **kartätschen**: 1. mit Kartätschen (1) schießen. 2. den Putz mit der Kartätsche (2) verreiben

Kartaune [*lat.-it.*] *die*; -, -n: ein schweres Geschütz des 16. u. 17. Jh.s

Kartause [nach dem südfranz. Kloster Chartreuse (*schartrös*)]: *die*; -, -n: Kloster (mit Einzelhäusern) der Kartäusermönche. **Kartäuser** *der*; -s, -: 1. Angehöriger eines katholischen Einsiedlerordens (Abk.: O. Cart.). 2. (ohne Plural) ein Kräuterlikör; vgl. Chartreuse (I)

Kartell [*ägypt.-gr.-lat.-it.-fr.*] *das*; -s, -e: Zusammenschluß, bes. von wirtschaftlichen Unternehmen (die rechtlich u. wirtschaftlich weitgehend selbständig bleiben). **kartellieren**: in Kartellen zusammenfassen. **Kartellträger** *der*; -s, -: (hist.) Überbringer einer Herausforderung zum → Duell mit Waffen

kartesianisch u. kartesisch [*nlat.*, nach dem latinisierten Namen des franz. Philosophen Descartes (*dekart*) = Cartesius]: von Cartesius eingeführt, nach ihm benannt. **Kartesianismus** *der*; -: die Philosophie von Descartes u. seinen Nachfolgern, die durch Selbstgewißheit des Bewußtseins, Leib-Seele-Dualismus u. mathematischen Rationalismus gekennzeichnet ist. **kartesisch**: = kartesianisch

Karthamin, (chem. fachspr.:) Carthamin) [*ka*...; *arab.-nlat.*] *das*; -s: ein roter Farbstoff, der aus der Färberdistel gewonnen wird

kartieren [*ägypt.-gr.-lat.-fr.*]: 1. (ein vermessenes Gebiet o. ä.) auf einer Karte darstellen (Geogr.). 2. in eine Kartei einordnen

kartilaginär [*lat.*]: knorpelig (Med.)

Karting [*kaʳting*; *engl.-amerik.*] *das*; -s: das Ausüben des Go-Kart-Sports; vgl. Go-Kart

Karto|gramm [*ägypt.-gr.-lat.-fr.*; *gr.*] *das*; -s, -e: Darstellung → statistischer Daten auf Landkarten (Geogr.). **Karto|graph** *der*; -en, -en: Zeichner od. wissenschaftlicher Bearbeiter einer Landkarte. **Karto|graphie** *die*; -: Wissenschaft u. Technik von der Herstellung von Land- u. Seekarten. **karto|graphieren**: auf Karten aufnehmen, karthographisch darstellen. **karto|graphisch**: die Kartographie betreffend. **Kartomantie** *die*; -: die Kunst des Kartenlegens. **Kartometer** *das*; -s, -: Kurvenmesser. **Kartome|trie** *die*; -: das Übertragen geometrischer Größen (Längen, Flächen, Winkel) auf Karten. **kartome|trisch**: die Kartometrie betreffend. **Karton** [...*tong*, auch: ...*tong* u. bei dt. Ausspr.: ...*ton*; *ägypt.-gr.-lat.-it.-fr.*] *der*; -s, -s u. (bei dt. Ausspr. u. österr.:) -e (aber: 5 - Seife): 1. [leichte] Pappe, Steifpapier. 2. Schachtel aus [leichter] Pappe. 3. Vorzeichnung zu einem [Wand]gemälde. 4. Ersatzblatt, das nachträglich für ein fehlerhaftes Blatt in ein Buch eingefügt wird. **Kartonage** [*kartonasch*ᵉ] *die*; -, -n: 1. Pappverpackung. 2. Einbandart, bei der Deckel u. Rücken eines Buches nur aus starkem Karton bestehen. **kartonieren**: [ein Buch] in Pappe [leicht] einbinden, steif heften. **kartoniert**: in Karton geheftet; Abk.: kart. **Kartothek** [*ägypt.-gr.-lat.-fr.*; *gr.*] *die*; -, -en: Kartei, Zettelkasten. **Kartusche** [*ägypt.-gr.-lat.-it.-fr.*] *die*; -, -n: 1. (bes. in der → Architektur, der → Graphik, dem Kunstgewerbe der → Renaissance u. des Barocks) aus einer schildartigen Fläche (zur Aufnahme von Inschriften, Wappen, → Initialen o. ä.) u. einem → ornamental geschmückten Rahmen bestehende Verzierung (Kunstw.). 2. Metallhülse für Pulver, Hülse mit Pulver als Treibladung von Artilleriegeschossen. 3. Patronentasche berittener Truppen

Karube [*arab.-mlat.-fr.*] *die*; -, -n: Johannisbrot

Karunkel [*lat.*; „Stückchen Fleisch"] *die*; -, -n: von der Haut od. Schleimhaut ausgehende klei-

ne Warze aus gefäßreichem Bindegewebe (Med.)
Karussell [*it.-fr.*] *das*; -s, -s u. -e: auf Jahrmärkten od. Volksfesten aufgestellte, sich im Kreis drehende große runde Holzscheibe, auf der sich hölzerne od. metallene Pferde, Autos u. ä. befinden u. auf der bes. Kinder fahren
Karya|tide [*gr.-lat.*] *die*; -, -n: (in der Architektur der Antike) weibliche Statue mit langem Gewand, die an Stelle einer Säule das Gebälk eines Bauwerks trägt; vgl. Atlant, Herme
Karyo|gamie [*gr.-nlat.*] *die*; -, ...ien: Verschmelzung zweier Zellkerne (Biol.). **Karyo|kinese** *die*; -, -n: = Mitose. **karyokinetisch**: = mitotisch. **Karyologie** *die*; -: Wissenschaft vom Zellkern, bes. der in ihm enthaltenen → Chromosomen (Biol.). **Karyo|lymphe** *die*; -, -n: Grundsubstanz des Zellkerns, Kernsaft (Biol.). **Karyo|lyse** *die*; -, -n: 1. scheinbares Verschwinden des Zellkerns bei der Kernteilung (Biol.). 2. Auflösung des Zellkerns (z. B. nach dem Absterben der Zelle; Biol.). **karyo|phag**: den Zellkern zerstörend (Med.). **Karyo|plasma** *das*; -s: Kernplasma (Biol.). **Kary|opse** *die*; -, -n: Frucht der Gräser (Bot.)
Karzer [*lat.*] *der*; -s, -: (hist.) 1. Ort, an dem Schüler od. Studenten den Arrest absitzen mußten. 2. (ohne Plural) Haftstrafe an Schulen u. Universitäten; Arrest
karzinogen [*gr.-nlat.*]: = kanzerogen. **Karzinogen** *das*; -s, -e: Substanz, Strahlung o. ä., von der eine krebserzeugende Wirkung ausgeht (Med.). **Karzinoid** *das*; -[e]s, -e: (Med.) 1. gutartige Schleimhautgeschwulst im Magen-Darm-Bereich. 2. → abortiver Hautkrebs. **Karzinologe** *der*; -n, -n: Spezialist für Krebskrankheiten, Krebsforscher (Med.). **Karzinologie** *die*; -: 1. Wissenschaft von den Krebserkrankungen, ihrer Entstehung, Bekämpfung u. Behandlung (Med.). 2. Lehre von den Krebsen (Zool.). **karzinologisch**: die Karzinologie betreffend (Med.). **Karzinom** [*gr.-lat.*] *das*; -s, -e: bösartige Krebsgeschwulst, Krebs; Abk.: Ca. **karzinomatös** [*gr.-lat.-nlat.*]: krebsartig, von Krebs befallen (Med.). **Karzinophobie** *die*; -, ...ien: krankhafte Angst, an Krebs zu erkranken bzw. erkrankt zu sein. **Karzinosarkom** [Kurzw. aus: *Karzinom* u. → *Sarkom*] *das*; -s, -e: eine bösartige Geschwulst (Med.). **Karzinose** [*gr.-nlat.*] *die*; -, -n: über den ganzen Körper verbreitete Krebsbildung (Med.)
Kasach u. Kasak [nach dem mittelasiatischen Nomadenvolk der Kasachen] *der*; -[s], -s: ein handgeknüpfter kaukasischer Gebrauchsteppich mit fast ausschließlich geometrischen Musterformen
Kasack [*fr.*] *der*; -s, -s (österr. *die*; -, -s): dreiviertellange Damenbluse, die über Rock od. langer Hose getragen wird
Kasak vgl. Kasach
Kasa|tschok [*russ.*] *der*; -s, -s: ein russischer Volkstanz
Kasba[h] [*arab.*] *die*; -, -s od. Ksabi: 1. Sultanschloß in Marokko. 2. arabisches Viertel in nordafrikanischen Städten
Kasch [*russ.*] *der*; -s u. **Kascha** *die*; -: [Buchweizen]grütze
Käsch [Herkunft unsicher] *das*; -[s], -[s] od. -e: ostasiatische, bes. chinesische Nichtedelmetallmünze
Kaschan vgl. Keschan
Kaschelott [*port.-fr.*] *der*; -s, -e: Pottwal
Kaschemme [*zigeunerisch*] *die*; -, -n: (abwertend) zweifelhaftes, schlechtes Lokal mit fragwürdigen Gästen
Kascheur [*...schör*; *lat.-galloroman.-fr.*] *der*; -s, -e: jmd., der plastische Teile der Bühnendekoration (mit Hilfe von Holz, Pappe, Gips o. ä.) herstellt (Berufsbez.; Theat.). **kaschieren**: 1. so darstellen, verändern, daß eine positivere Wirkung erzielt, bestimmte Mängel nicht erkennbar, nicht sichtbar werden; verhüllen, verbergen, verheimlichen. 2. plastische Teile mit Hilfe von Leinwand, Papier u. Leim oder Gips herstellen (Theat.). 3. [Bucheinband]pappe mit buntem od. bedrucktem Papier überkleben (Druckw.). 4. zwei Gewebe mit Hilfe eines Klebstoffs miteinander verbinden
Kaschiri [*indian.*] *das*; -: berauschendes Getränk der Indianer, gewonnen aus den Wurzelknollen des → Manioks
Kaschmir [*fr.*, Himalajalandschaft] *der*; -s, -e: feines Kammgarngewebe in Köper- od. Atlasbindung (Webart)
Kascholong [*mong.-fr.*] *der*; -s, -s: ein Halbedelstein (Abart des → Opals (1))
Kaschott vgl. Cachot
Kaschube [nach dem in Pommern u. Westpreußen lebenden slawischen Volksstamm] *der*; -n, -n: (landsch.) bäurischer Mensch, Hinterwäldler
Kaschurpapier [*lat.-galloroman.-fr.*; *gr.-lat.*] *das*; -s: Schmuckpapier zum Überkleben von Pappe, Karton usw.
Kasein, (chem. fachspr.:) Casein [*k...*; *lat.-nlat.*] *das*; -s: wichtigster Eiweißbestandteil der Milch (Käsestoff)
Kasel [*lat.-mlat.*] *die*; -, -n, (auch:) Casula [*k...*] *die*; -, ...lae [*...lä*]: seidenes Meßgewand, das über den anderen Gewändern zu tragen ist
Kasematte [*gr.-mgr.-it.-fr.*] *die*; -, -n: 1. gegen feindlichen Beschuß gesicherter Raum in Festungen (Mil.). 2. durch Panzerwände geschützter Geschützraum eines Kriegsschiffes. **kasemattieren**: (veraltet) [eine Festung, ein Schiff] mit Kasematten versehen
Kaserne [*lat.-vulgärlat.-provenzal.-fr.*] *die*; -, -n: Gebäude zur ortsfesten u. ständigen Unterbringung von Soldaten, einer militärischen Einheit; Truppenunterkunft in Friedenszeiten. **Kasernement** [*...mang*; *fr.*] *das*; -s, -s: 1. Gesamtheit der zum Bereich einer Kaserne gehörenden Gebäude. 2. (veraltet) das Kasernieren. **kasernieren**: [Truppen] in Kasernen unterbringen
Kasha ⓦ [*...scha*; wahrscheinlich eine verstümmelte Wortbildung aus Kaschmir] *der*; -[s], -s: weicher, dem → Kaschmir ähnlicher Kleiderstoff
Kasino u. Casino [*lat.-it.*] *das*; -s, -s: 1. Gebäude mit Räumen für gesellige Zusammenkünfte. 2. Speiseraum, z. B. für Offiziere. 3. öffentliches Gebäude, in dem Glücksspiele stattfinden; Spielkasino
Kaskade [*lat.-vulgärlat.-it.-fr.*] *die*; -, -n: 1. [künstlicher] stufenförmiger Wasserfall. 2. wagemutiger Sprung in der Artistik (z. B. Salto mortale). 3. Anordnung hintereinander geschalteter, gleichartiger Gefäße (chemische Technik). 4. = Kaskadenschaltung. **Kaskadenbatterie** *die*; -, -n: hintereinandergeschaltete Batterien, die bes. für → Kondensatoren verwendet werden. **Kaskadengenerator** *der*; -s, -en: Gerät zur Erzeugung elektrischer Hochspannung durch eine Reihenschaltung von → Kondensatoren (1) u. Gleichrichtern (Elektrot.). **Kaskadenschaltung** *die*; -, -en: Reihenschaltung gleichgearteter Teile, z. B. → Generatoren (Elektrot.). **Kaskadeur** [*...dör*] *der*; -s, -e: Artist, der eine Kaskade (2) ausführt
Kaskarillrinde [*span.*; *dt.*] *die*; -:

ein (angenehm riechendes) westindisches Gewürz

Kaskett [*lat.-vulgärlat.-span.-fr.*] *das*; -s, -e: (veraltet) einfacher Visierhelm, leichter Lederhelm

Kasko [*lat.-vulgärlat.-span.*]
I. *der*; -s, -s: 1. Schiffsrumpf. 2. Fahrzeug (im Unterschied zur Ladung). 3. Spielart des → Lombers.
II. *die*; -, -s: Kurzform von → Kaskoversicherung

Kaskoversicherung *die*; -, -en: Versicherung gegen Schäden an Beförderungsmitteln des Versicherungsnehmers

Kassa [*lat.-it.*] *die*; -, Kassen: (österr.) Kasse; vgl. per cassa. **Kassageschäft** *das*; -s, -e: Geschäft, das sofort od. kurzfristig erfüllt werden soll (bes. im Börsenverkehr). **Kassakurs** *der*; -es, -e: Kurs der → per cassa gehandelten Wertpapiere an der Börse

Kassan|dra [nach der Seherin Kassandra in der griech. Sage] *die*; -, ...dren: weibliche Person, die gegenüber etwas Bevorstehendem eine pessimistische Grundhaltung zeigt u. davor warnt. **Kassandra|ruf** *der*; -[e]s, -e: unheilkündende Warnung

Kassation [...*zion*]
I. [*lat.-nlat.*] *die*; -, -en: 1. Ungultigkeitserklärung (von Urkunden). 2. Aufhebung eines Gerichtsurteils durch die nächsthöhere Instanz. 3. (veraltet) bedingungslose Entlassung aus dem Militärdienst od. aus dem Beamtenverhältnis; vgl. ...[at]ion/...ierung.
II. [Herkunft unsicher] *die*; -, -en: ein mehrsätziges Tonwerk für mehrere Instrumente in der Musik des 18. Jh.s

Kassationshof *der*; -[e]s, ...höfe: der oberste Gerichtshof in manchen Ländern (z. B. Belgien, Frankreich). **kassatorisch**: die Kassation (I) betreffend; -e Klausel: a) Vertragsklausel, die das Recht des Gläubigers, vom Vertrag zurückzutreten, für den Fall gewährleistet, daß der Schuldner seine Verbindlichkeiten nicht erfüllt (Rechtsw.); b) die Vereinbarung der Fälligkeit der Gesamtschuld bei teilweisem Verzug (z. B. bei Teilzahlungsgeschäften)

Kassawa [*indian.-span.*] *die*; -, -s: = Maniok

Kassazahlung [*lat.-it.*; *dt.*] *die*; -, -en: Barzahlung. **Kasse** [*lat.-it.*] *die*; -, -n: 1. verschließbarer Behälter zur Aufbewahrung von Geld. 2. (ohne Plural) zur Verfügung stehendes Geld, Barmittel. 3. Zahlungsraum, Bankschalter, an dem Geld aus- od. einbezahlt wird. 4. (ugs.) a) Kurzform für Sparkasse; b) Kurzform für Krankenkasse; vgl. Kassa

Kasserolle [*vulgärlat.-provenzal.-fr.*] *die*; -, -n: flacher Topf mit Stiel oder Henkeln zum Kochen und Schmoren

Kassette [*lat.-it.-fr.*] *die*; -, -n: 1. verschließbares Holz- od. Metallkästchen zur Aufbewahrung von Geld u. Wertsachen. 2. flache, feste Schutzhülle für Bücher, Schallplatten o. ä. 3. lichtundurchlässiger Behälter in einem Fotoapparat od. in einer Kamera, in den der Film od. die Fotoplatte eingelegt wird (Fotogr.). 4. vertieftes Feld [in der Zimmerdecke] (Archit.). 5. Magnetband u. zwei kleine Spulen, die fest in ein kleines, flaches rechteckiges Gehäuse aus Kunststoff eingebaut sind. **Kassettendeck** *das*; -s, -s: Teil einer Stereoanlage, das zum Abspielen von Kassetten (5) dient. **Kassettendecke** *die*; -, -n: in Kassetten (4) aufgeteilte Zimmerdecke. **Kassettenrecorder** [...*rekord^er*, auch: ...*riko^rd^er*] *der*; -s, -: kleines Tonbandgerät, bei dem für Aufnahme u. Wiedergabe Kassetten (5) verwendet werden. **kassettieren**: die Decke eines Raums mit Kassetten (4) versehen, täfeln

Kassia [*semit.-gr.-lat.*] u. **Kassie** [...*i^e*] *die*; -, ...ien [...*i^en*]: eine Heil- u. Gewürzpflanze

Kassiber [*hebr.-jidd.*] *der*; -s, -: (Gaunerspr.) heimliches Schreiben od. unerlaubte schriftliche Mitteilung eines Häftlings an einen anderen od. an Außenstehende. **kassibern**: einen Kassiber abfassen

Kasside [*arab.*] *die*; -, -n: eine arabische Gedichtgattung

Kassie [...*i^e*] vgl. Kassia

Kassier [*lat.-it.*] *der*; -s, -e: (österr., schweiz., südd.) = Kassierer

kassieren
I. [*lat.-it.*]: 1. Geld einnehmen, einziehen, einsammeln. 2. (ugs.) a) etwas an sich nehmen; b) etwas hinnehmen; c) jmdn. gefangennehmen.
II. [*lat.*]: a) jmdn. seines Amtes entheben, jmdn. aus seinem Dienst entlassen; b) etwas für ungültig erklären, ein Gerichtsurteil aufheben

Kassierer [*lat.-it.*] *der*; -s, -: Angestellter eines Unternehmens od. Vereins, der die Kasse führt. **Kassierung** *die*; -, -en: 1. = Kassation (I). 2. das Einziehen von Geldbeträgen; vgl. ...[at]ion/...ierung

Kassinett vgl. Cassinet

Kassiopeium vgl. Cassiopeium

Kassiterit [auch: ...*it*; *gr.-nlat.*] *der*; -s, -e: Zinnerz

Kasta|gnette [...*tanjät^e*; *gr.-lat.-span.(-fr.)*] *die*; -, -n: kleines Rhythmusinstrument aus zwei ausgehöhlten Hartholzschälchen, die durch ein über den Daumen oder die Mittelhand gestreiftes Band gehalten und mit den Fingern gegeneinandergeschlagen werden

Kastalische Quelle [nach der griechischen Nymphe Kastalia] *die*; -n -: Sinnbild für dichterische Begeisterung

Kastanie [...*i^e*; *gr.-lat.*] *die*; -, -n: 1. ein Laubbaum mit eßbaren Früchten (Edelkastanie). 2. ein Laubbaum, dessen Früchte zu Futterzwecken verwendet werden (Roßkastanie). 3. die Frucht von Edel- u. Roßkastanie. 4. Wulst von Haaren an den Hinterläufen des Wildes (Jägerspr.)

Kaste [*lat.-port.-fr.*] *die*; -, -n: a) Gruppe innerhalb der hinduistischen Gesellschaftsordnung; b) (abwertend) sich gegenüber anderen Gruppen streng absondernde Gesellschaftsschicht, deren Angehörige ein übertriebenes Standesbewußtsein pflegen

Kastell [*lat.*] *das*; -s, -e: 1. (hist.) a) militärische Befestigungsanlage; b) Burg, Schloß. 2. (veraltet) Aufbau auf dem Vorder- und Hinterdeck eines Kriegsschiffes.

Kastellan [*lat.-mlat.*] *der*; -s, -e: 1. (hist.) Burg-, Schloßvogt. 2. Aufsichtsbeamter in Schlössern u. öffentlichen Gebäuden. **Kastellanei** *die*; -, -en: Schloßverwaltung

Kastigation [...*zion*; *lat.*] *die*; -, -en: (veraltet) Züchtigung. **Kastigator** *der*; -s, ...oren: (hist.) Korrektor in der Frühzeit des Buchdrucks. **kastigieren**: (veraltet) züchtigen

Kastize [*span.*] *der*; -n, -n: Mischling zwischen Indianer u. Mestize in Lateinamerika

Kastor [*gr.-lat.*] *der*; -[s]: weiches, langhaariges, aus hochwertiger Wolle gewebtes Tuch. **Kastor|öl** [*gr.-lat.*; *dt.*] *das*; -[e]s: Handelsbezeichnung für → Rizinusöl

Kastor und Pollux [Zwillingsbrüder der griech. Sage]: (scherzh.) zwei engbefreundete [jüngere] Männer

Ka|strat [*lat.-it.*] *der*; -en, -en: 1. ein Mann, dem die Keimdrüsen entfernt wurden, Entmannter. 2. in der Jugend entmannter, daher mit Knabenstimme, aber großem u. beweglichem Stimmapparat singender Bühnensänger (17. u.

18. Jh.). **Ka|stration** [...*zion*; *lat.*] *die*; -, -en: 1. Ausschaltung od. Entfernung der Keimdrüsen (Hoden od. Eierstöcke) bei Menschen u. Tieren; Verschneidung. 2. das Entfernen der Staubblätter bei Pflanzen (aus züchterischen Gründen). **Ka|strationsangst** *die*; -, ...ängste: in der Kindheit durch den Vergleich zwischen Jungen u. Mädchen auftretende Angst, das Geschlechtsorgan zu verlieren (Psychol.). **Ka|strationskom|plex** *der*; -es, -e: Gesamtheit der Phantasien u. Ängste, die sich um den Begriff der Kastration (1) gruppieren (Psychol.). **ka|strieren**: eine Kastration vornehmen; kastrierte Ausgabe: = Editio castigata. **Ka|strierte** *die*; -n, -n: (ugs. scherzh.) Filterzigarette

kasual [*lat.*]: (veraltet) zufällig, nicht voraussehbar. **Kasualien** [...*i^e^n*; „Zufälligkeiten"] *die* (Plural): [Vergütung für] geistliche Amtshandlungen aus besonderem Anlaß (Taufe, Trauung u. a.); vgl. Stolgebühren. **Kasualismus** [*lat.-nlat.*] *der*; -: [altgriech.] philosophische Lehre, nach der die Welt durch Zufall entstanden sei u. sich zufällig entwickelt habe (Philos.)

Kasuar [*malai.-niederl.*] *der*; -s, -e: Straußvogel Australiens. **Kasuarina** u. **Kasuarine** [*malai.-niederl.-nlat.*] *die*; -, ...nen: Baum od. Strauch Indonesiens u. Australiens mit federartigen Zweigen, der Hartholz u. Gerbrinde liefert

kasuell [*lat.-fr.*]: den Kasus betreffend. **Kasuist** [*lat.-nlat.*] *der*; -en, -en: 1. Vertreter der Kasuistik. 2. Wortverdreher, Haarspalter. **Kasui|stik** *die*; -: 1. Teil der Sittenlehre, der für mögliche Fälle des praktischen Lebens im voraus an Hand eines Systems von Geboten das rechte Verhalten bestimmt (bei den Stoikern u. in der katholischen Moraltheorie). 2. Versuch u. Methode einer Rechtsfindung, die nicht von allgemeinen, umfassenden, sondern spezifischen, für möglichst viele Einzelfälle gesetzlich geregelten Tatbeständen ausgeht (Rechtsw.). 3. Beschreibung von Krankheitsfällen (Med.). 4. Wortverdreherei, Haarspalterei. **kasui|stisch**: 1. Grundsätze bzw. Methoden der Kasuistik (1, 2) befolgend. 2. spitzfindig, haarspalterisch. **Kasus** [*lat.*] *der*; -, - [*kásuß*]: 1. Fall, Vorkommnis. 2. Fall, Beugungsfall (z. B. Dativ, Akkusativ; Sprachw.); vgl. Casus. **Kasusgrammatik** *die*; -: → Grammatik (1a), die davon ausgeht, daß der → propositionale Kern des einfachen Satzes aus einem „Prädikator" (dem Verb) besteht, mit dem eine od. mehrere Kategorien mit der semantischen Funktion von „Tiefenstruktur-Kasus" verbunden sind (Sprachw.). **Kasussyn|kretismus** *der*; -: Zusammenfall zweier od. mehrerer Fälle (Kasus) in einer Form, z. B. Patienten (Gen., Dat., Akk. Sing. u. in allen Fällen des Plurals; Sprachw.)

Kata [*jap.*] *das*; -[s]: stilisierte Form der Vorführungstechnik von Übungen mit u. ohne Partner (Budo)

katabatisch [*gr.*]: absteigend, abfallend; in der Fügung: -er Wind: (Abwind; Meteor.); Ggs. → anabatisch

katabol [*gr.-nlat.*]: den Abbaustoffwechsel betreffend (Biol.; Med.). **Katabolie** *die*; - u. **Katabolismus** *der*; -: Abbau der Stoffe im Körper durch den Stoffwechsel; Ggs. → Anabolismus

Katabo|thre [*gr.-ngr.*] *die*; -, ...thren: = Ponor

Kata|chrese u. **Kata|chresis** [*gr.*; „Mißbrauch"] *die*; -, ...chresen: 1. verblaßte Bildlichkeit, gelöschte → Metapher (z. B. Bein des Tisches; Rhet.; Stilk.). 2. Bildbruch, d. h. Vermengung von nicht zusammengehörenden → Metaphern (z. B.: Das schlägt dem Faß die Krone ins Gesicht; Rhet.; Stilk.). **kata|chrestisch**: in Form einer Katachrese

Katadynverfahren [*gr*; *dt.*] *das*; -s: Wasserentkeimung mit Hilfe fein verteilten Silbers

Katafalk [(*gr*; *lat.*) *vulgärlat.-it.-fr.*] *der*; -s, -e: schwarz verhängtes Gestell, auf dem der Sarg während der Trauerfeierlichkeit steht

Katakana [*jap.*] *das*; -[s] od. *die*; -: japanische Silbenschrift, die auf bestimmte Anwendungsbereiche (Fremdwörter, fremde Namen) begrenzt ist; vgl. Hiragana

Katakaustik [*gr.-nlat.*] *die*; -: die beim Einfall von parallelem Licht auf einen Hohlspiegel entstehende Brennfläche, die im Idealfall ein Brennpunkt ist (Optik). **katakaustisch**: einbrennend; -e Fläche: Brennfläche eines Hohlspiegels (Optik)

Kata|klase [*gr.*] *die*; -, -n: das Zerbrechen u. Zerreiben einzelner Mineralkomponenten eines Gesteins durch → tektonische Kräfte (Geol.). **Kata|klasstruktur** [*gr.*; *lat.*] *die*; -, -en: kataklastische → Struktur (1) eines Gesteins (Geol.). **kata|klastisch**: die Kataklase betreffend

Kata|klysmentheorie [*gr.*] *die*; -: geologische Theorie, die die Unterschiede der Tier- u. Pflanzenwelt der verschiedenen Erdzeitalter als Folge von Vernichtung u. Neuschöpfung erklärt (Geol.). **Kata|klysmus** [*gr.-lat.*] *der*; -, ...men: erdgeschichtliche Katastrophe; plötzliche Vernichtung, Zerstörung (Geol.). **kataklystisch**: den Kataklysmus betreffend; vernichtend, zerstörend

Katakombe [*lat.-it.*] *die*; -, -n (meist Plural): (in frühchristlicher Zeit) unterirdische Anlage zur Beisetzung von Toten

kata|krot [*gr.*]: mehrgipflig (vom Pulsschlag; Med.). **Kata|krotie** *die*; -: anormale Mehrgipfligkeit des Pulsschlags (Med.)

Kat|akustik [*gr.-nlat.*] *die*; -: Lehre vom → Echo (1)

Katalase [*gr.-nlat.*] *die*; -, -n: ein → Enzym, das das Zellgift Wasserstoffperoxyd durch Spaltung in Wasser u. Sauerstoff unschädlich macht

Katalekten [*gr.*] *die* (Plural): (veraltet) → Fragmente alter Werke. **katalektisch** [*gr.-lat.*]: mit einem unvollständigen Versfuß endend (von Versen; antike Metrik); vgl. akatalektisch, brachy-, hyperkatalektisch

Katalepsie [*gr.*] *die*; -, ...ien: Starrkrampf der Muskeln (Med.). **kataleptisch** [*gr.-lat.*]: von Muskelstarre befallen; -e Totenstarre: seltene Art der Totenstarre bereits bei Eintritt des Todes

Katalexe u. **Katalexis** [*gr.-lat.*] *die*; -, ...lexen: Unvollständigkeit des letzten Versfußes (antike Metrik)

Katalog [*gr.-lat.*] *der*; -[e]s, -e: (ein nach einem bestimmten System angelegtes) Verzeichnis, z. B. für Bücher, für eine Ausstellung. **katalogisieren** [*gr.-lat.-nlat.*]: a) zu einem Katalog zusammenstellen; b) in einen Katalog aufnehmen

Katalpa u. **Katalpe** [*indian.-nlat.*] *die*; -, ...pen: ein Zierstrauch mit kastanienähnlichen Blättern (Trompetenbaum; Bot.)

Katalysator [*gr.-nlat.*] *der*; -s, ...oren: Stoff, der durch seine Anwesenheit chemische Reaktionen herbeiführt od. in ihrem Verlauf beeinflußt, selbst aber unverändert bleibt (Chem.). **Katalyse** [*gr.-lat.*] *die*; -, -n: Herbeiführung, Beschleunigung od. Verlangsamung einer Stoffumsetzung durch einen Katalysator (Chem.). **katalysieren** [*gr.-nlat.*]: eine chemische Reaktion durch einen Katalysator herbeiführen, verlangsamen od. beschleunigen.

katalytisch: durch eine Katalyse od. einen Katalysator bewirkt.

Katalytofen [*gr.*; *dt.*] *der*; -s, ...öfen: kleiner Sicherheitsofen für feuergefährdete Räume (Garagen usw.), in dem Benzin od. Öl katalytisch ohne Flamme verbrannt wird

Katamaran [*tamil.-engl.*] *der* (auch: *das*); -s, -e: a) schnelles, offenes Segelboot mit Doppelrumpf; b) Boot mit doppeltem Rumpf

Katamenien [...*i*^e*n*; *gr.*] *die* (Plural): = Menstruation

Kata|mnese [*gr.-nlat.*] *die*; -, -n: abschließender Krankenbericht des behandelnden Arztes über einen Patienten (Med.)

Kataphasie [*gr.-nlat.*] *die*; -: Sprachstörung mit mechanischer Wiederholung der gleichen Wörter od. Sätze (Med.)

Kataphorese [*gr.-nlat.*; Kurzw. aus: *kata*... u. → Elektro*phorese*] *die*; -, -n: → Elektrophorese positiv geladener Teilchen in Richtung der → Kathode. **kataphorisch**: vorausweisend (von sprachlichen Formen); Ggs. → anaphorisch (Rhet.; Stilk.)

Kata|phrakt [*gr.-lat.*] *der*; -en, -en: schwer gepanzerter Reiter auf gepanzertem Pferd in den Reiterheeren der Antike

Kata|plasie [*gr.-nlat.*] *die*; -, ...ien: rückläufige Umbildung eines Körpergewebes unter gleichzeitiger Herabsetzung der Differenzierung (Med.). **Kata|plasma** [*gr.-lat.*] *das*; -s, ...men: heißer Breiumschlag zur Schmerzlinderung [bei → Koliken] (Med.). **kata|plektisch** [*gr.*]: vor Schreck starr, gelähmt (Med.). **Kataplexie** *die*; -, ...ien: Schrecklähmung, Schreckstarre (Med.)

Katapult [*gr.-lat.*] *der* od. *das*; -[e]s, -e: 1. Wurf-, Schleudermaschine im Altertum. 2. gabelförmige Schleuder mit zwei Gummibändern, mit der Kinder Steine o. ä. schleudern oder schießen. 3. Schleudervorrichtung zum Starten von Flugzeugen, Startschleuder. **Katapultflugzeug** *das*; -s, -e: für den Katapultstart geeignetes Flugzeug. **katapultieren** [*gr.-lat.-nlat.*]: [mit einem Katapult] wegschnellen, [weg]schleudern

Katarakt [*gr.-lat.*]
I. *der*; -[e]s, -e: a) Stromschnelle; b) Wasserfall.
II. *die*; -, -e: Trübung der Augenlinse, grauer Star (Med.)

Katarakta *die*; -, ...ten: = Katarakt (II)

Katarrh [*gr.-lat.*; eigtl. „Herabfluß"] *der*; -s, -e: Schleimhautentzündung [der Atmungsorgane] mit meist reichlichen Absonderungen (Med.). **katarrhalisch** [*gr.-lat.-nlat.*]: zum Erscheinungsbild eines Katarrhs gehörend

Katastase u. **Katastasis** [*gr.*] *die*; -, ...stasen: Höhepunkt, Vollendung der Verwicklung vor der → Katastrophe (2) im [antiken] Drama

Kataster [*it.*] *der* (österr. nur so) od. *das*; -s, -: amtliches Grundstücksverzeichnis, das als Unterlage für die Bemessung der Grundsteuer geführt wird

Kat|asterismus [*gr.-nlat.*] *der*; -: alter Glaube, nach dem Tiere u. Menschen [nach dem Tode] in Sterne verwandelt werden können u. als neues Sternbild am Himmel erscheinen

Kata|stralgemeinde [*it.*; *dt.*] *die*; -, -n: (österr.) in einem Grundbuch zusammengefaßte Verwaltungseinheit, Steuergemeinde. **Kata|straljoch** *das*; -s: (österr.) ein Feldmaß (= 5 755 m²). **katastrieren** [*it.*]: in ein → Kataster eintragen

kata|strophal [*gr.-lat.-nlat.*]: einer Katastrophe gleichkommend, verhängnisvoll, entsetzlich, furchtbar, schlimm. **Kata|strophe** [*gr.-lat.*; „Umkehr, Wendung"] *die*; -, -n: 1. Unglück von großen Ausmaßen u. entsetzlichen Folgen. 2. entscheidende Wendung [zum Schlimmen] als Schlußhandlung im [antiken] Drama. **Kata|strophenmedizin** *die*; -: Einsatz von Ärzten, Geräten usw. im Falle einer [atomaren] Katastrophe. **Kata|strophentheorie** *die*; -: 1. eine Theorie über die Entstehung der Planeten. 2. = Kataklysmentheorie. **kata|strophisch**: unheilvoll, verhängnisvoll

Katasyllogismus [*gr.-nlat.*] *der*; -, ...men: Gegenschluß, Gegenbeweis (Logik)

Katathermometer [*gr.-nlat.*] *das*; -s, -: Gerät für raumklimatische Messungen

katathym [*gr.-nlat.*]: affektbedingt, wunschbedingt, durch Wahnvorstellungen entstanden

Katatonie [*gr.-nlat.*] *die*; -, ...ien: eine Form der Schizophrenie mit Krampfzuständen der Muskulatur u. Wahnideen (Spannungsirresein; Med.). **Katatoniker** *der*; -s, -: jmd., der an Katatonie leidet. **katatonisch**: die Katatonie betreffend

Katavo|thre [...*wo*...; *gr.-ngr.*] *die*; -, ...thren: = Ponor

Katawert [*gr.*; *dt.*] *der*; -[e]s, -e: Maß für die in der Temperatur eines Raumes auftretende Kühlwirkung, die sich aus Raumlufttemperatur u. Luftgeschwindigkeit ergibt (Techn.)

Katazone [*gr.-nlat.*] *die*; -, -n: unterste Tiefenzone bei der → Metamorphose (4) der Gesteine (Geol.)

Katechese [...*che*...; *gr.-lat.*; „mündlicher Unterricht"] *die*; -, -n: a) die Vermittlung der christlichen Botschaft [an Ungetaufte]; b) Religionsunterricht. **Katechet** [*gr.-nlat.*] *der*; -en, -en: Religionslehrer, bes. für die kirchliche Christenlehre außerhalb der Schule. **Katechetik** *die*; -: die wissenschaftliche Theorie der Katechese. **katechetisch**: die kirchliche Unterweisung betreffend. **Katechisation** [...*zion*] *die*; -, -en: = Katechese. **katechisieren**: [Religions]unterricht erteilen. **Katechismus** [*gr.-mlat.*] *der*; -, ...men: 1. Lehrbuch für den christlichen Glaubensunterricht. 2. Glaubensunterricht für die → Katechumenen (1). **Katechist** *der*; -en, -en: einheimischer Laienhelfer in der katholischen Heidenmission

Katechu [*katächu*; *malai.-port.*] *das*; -s, -s: = Gambir

Katechumenat [...*chu*...; *gr.-nlat.*] *das* (fachspr. auch: *der*); -[e]s: a) die Vorbereitung der [erwachsenen] Taufbewerber; b) kirchliche Stellung der Taufbewerber während des Katechumenats (a); c) der kirchliche Glaubensunterricht in Gemeinde, Schule u. Elternhaus. **Katechumene** [auch: *katechu*...; *gr.-mlat.*] *der*; -n, -n: 1. der [erwachsene] Taufbewerber im Vorbereitungsunterricht. 2. Konfirmand, bes. im 1. Jahr des Konfirmandenunterrichts

kategorial [*gr.-nlat.*]: in Kategorienart, Kategorien betreffend; vgl. ...al/...ell. **Kategorie** [*gr.-lat.*; „Grundaussage"] *die*; -, ...ien: 1. Gruppe, in die etw. oder jmd. eingeordnet wird, Klasse, Gattung. 2. eine der zehn möglichen Arten von Aussagen über einen realen Gegenstand, Aussageweise (nach Aristoteles; Philos.). 3. eines der → Prädikamente der scholastischen Logik u. Ontologie (Philos.). 4. einer der zwölf reinen Verstandesbegriffe Kants, die die Erkenntnis u. denkende Erfassung von Wahrnehmungsinhalten erst ermöglichen (Philos.). **kategoriell**: 1. = kategorial. 2. = kategorisch; vgl. ...al/...ell. **kategorisch**: 1. einfach aussagend, behauptend; - es Urteil: einfache, nicht an Bedingungen geknüpfte Aussage (A ist B). 2. unbedingt gültig; Ggs. → hypothetisch; -er Imperativ: unbedingt gültiges ethisches Gesetz, Pflichtgebot. 3. keinen Widerspruch duldend, bestimmt, mit Nachdruck. **kategorisieren** [*gr.-nlat.*]: etw. nach Kategorien (1) ordnen, einordnen. **Kategorisierung** *die*; -, -en: 1. Einordnung nach Kategorien (1) 2. Schlagwortbildung

Katene [*lat.*; „Kette, Reihe"] *die*; -, -n (meist Plural): Sammlung von Auslegungen der Kirchenväter zu Bibelstellen. **Katenoid** [*lat.*; *gr.*] *das*; -[e]s, -e: Drehfläche, deren → Meridiane Kettenlinien (parabelähnliche Kurven) sind (Math.)

kat|exochen [*...chen*; *gr.*]: vorzugsweise; schlechthin, im eigentlichen Sinne

Katfisch [*engl.*; *dt.*] *der*; -[e]s, -e: Seewolf. **Katgut** [*engl.*] *das*; -s: Faden für chirurgisches Nähen aus tierischen Därmen od. aus synthetischem Material, der sich nach der Operation im Körper auflöst (Med.)

Katharer [auch: *kat...*; *gr.-mlat.*; „der Reine"] *der*; -s, - (meist Plural): Angehöriger verschiedener mittelalterlicher strenger Sekten, bes. der → Albigenser. **katharob** [*gr.-nlat.*]: nicht durch Abfallstoffe verunreinigt (z. B. von Gewässern; Biol.). **Katharobie** [*...i^e*] *die*; -, -n u. **Katharobiont** *der*; -en, -en (meist Plural): in sauberem, nicht schlammigem Wasser lebender Organismus; Ggs. → Saprobie. **Katharsis** [*gr.*; „(kultische) Reinigung"] *die*; -: 1. Läuterung der Seele von Leidenschaften als Wirkung des [antiken] Trauerspiels (Literaturw.). 2. das Sichbefreien von seelischen Konflikten u. inneren Spannungen durch eine emotionale Abreaktion (Psychol.). **kathartisch**: die Katharsis betreffend

Katheder [*gr.-lat.(-mlat.)*] *das* (auch: *der*); -s, -: 1. [Lehrer]pult, Podium. 2. Lehrstuhl [eines Hochschullehrers]; vgl. ex cathedra. **Kathedersozialismus** *der*; -: (hist.) Richtung innerhalb der deutschen Volkswirtschaftslehre am Ende des 19. Jh.s mit sozialreformerischen Zielen, die das Eingreifen des Staates in das soziale Leben forderte, um die Klassengegensätze abzubauen. **Kathedersozialist** *der*; -en, -en: Vertreter des Kathedersozialismus. **Kathe|drale** [*gr.-lat.-mlat.*] *die*; -, -n: a) [erz]bischöfliche Hauptkirche, bes. in Spanien, Frankreich u. England; b) → Dom (I), Münster. **Kathe|dralentscheidung** *die*; -, -en: eine Unfehlbarkeit beanspruchende Lehrentscheidung des Papstes; vgl. ex cathedra. **Kathe|dralglas** *das*; -es: ein undurchsichtiges Schmuckglas

Kath|epsin [*gr.-nlat.*] *das*; -s: ein eiweißspaltendes → Enzym (Med.; Biol.)

Kathete [*gr.-lat.*] *die*; -, -n: eine der beiden Seiten, die die Schenkel des rechten Winkels eines Dreiecks bilden (Math.); Ggs. → Hypotenuse. **Katheter** *der*; -s, -: Röhrchen zur Einführung in Körperorgane (z. B. in die Harnblase) zu deren Entleerung, Füllung, Spülung od. Untersuchung (Med.). **katheterisieren** [*gr.-nlat.*]: einen Katheter in Körperorgane einführen (Med.). **Katheterismus** *der*; -, ...men: (ungenaue Bez. für) Einführung eines Katheters (Med.). **kathetern**: = katheterisieren. **Kathetometer** *das*; -s, -: Gerät zum Messen kleiner Höhenunterschiede

Ka|thode, (fachsprachlich auch:) Ka|tode [*gr.*; „Hinabweg"] *die*; -, -n: mit dem → negativen (4) → Pol (I, 5) einer Stromquelle verbundene → Elektrode; Ggs. → Anode. **Ka|thodenfall**, (fachsprachlich auch:) Ka|toden...: *der*; -s, ...fälle: Spannungsabfall an der Kathode bei Gasentladungsröhren. **Ka|thodenstrahl**, (fachsprachlich auch:) Katoden... *der*; -s, -en (meist Plural): Elektronenstrahl, der von der Kathode ausgeht. **Kathodenstrahloszillo|graph**, (fachsprachlich auch:) Ka|toden... *der*; -en, -en: Gerät, das auf einem Fluoreszenzschirm Formen von elektrischen Schwingungen anzeigt. **Ka|thodenzerstäubung**, (fachsprachlich auch:) Katoden... *die*; -, -en: Bildung feinster Metallschichten auf der → Anode durch Zerstäuben des Kathodenmaterials im Hochvakuum. **ka|thodisch**, (fachsprachlich auch:) ka|todisch: die Kathode betreffend, an ihr erfolgend. **Ka|thodophon** [*gr.-nlat.*] *das*; -s, -e: veraltetes, heute durch das Mikrophon ersetztes Gerät zur Umwandlung von Schall in elektrischen Strom (Tonfilm)

Kathole [*gr.-nlat.*] *der*; -n, -n: (ugs. abwertend) Katholik; vgl. Evangele. **Katholik** [*gr.-mlat.*] *der*; -en, -en: Angehöriger der katholischen Kirche. **Katholikos** [*gr.-mgr.*] *der*; -: Titel des Oberhauptes einer unabhängigen orientalischen Nationalkirche (z. B. der armenischen). **katholisch** [*gr.-mlat.*; „das Ganze, alle betreffend; allgemein"]: 1. zur katholischen Kirche gehörend; die katholische Kirche betreffend. 2. allgemein, [die ganze Erde] umfassend (von der Kirche Christi); Katholische Aktion: Laienbewegung in kirchlichem Auftrag, die katholisches Gedankengut im weltanschaulichen, sozialen u. politischen Bereich verbreitet; -e Briefe: die nicht an bestimmte Empfänger gerichteten neutestamentlichen Briefe des Jakobus, Petrus, Johannes u. Judas. **katholisch-apostolisch**: zur Sekte der → Irvingianer gehörend. **katholisieren** [*gr.-mlat.-nlat.*]: a) für die katholische Kirche gewinnen; b) zum Katholizismus neigen. **Katholizismus** *der*; -: Geist u. Lehre des katholischen Glaubens. **Katholizität** *die*; -: Rechtgläubigkeit im Sinne der katholischen Kirche

Ka|tholyt, (fachsprachlich auch:) Katolyt [Kurzw. aus → *Katho*de u. → Elektro*lyt*] *der*; -s od. -en, -e[n]: der → Elektrolyt im Kathodenraum (bei Verwendung von zwei getrennten Elektrolyten; Phys.)

katilinarische Existenz [*lat.-nlat.*, nach dem röm. Verschwörer Catilina, † 62 v. Chr.] *die*; -n -, -n -en: heruntergekommener, zu verzweifelten Schritten neigender Mensch, der nichts mehr zu verlieren hat

Kat|ion [*gr.-nlat.*] *das*; -s, ...en: positiv geladenes Ion, das bei der → Elektrolyse zur Kathode wandert

Katode usw. vgl. Kathode usw.

katogen [*gr.-nlat.*]: von oben nach unten entstanden (von der Ablagerung der Sedimentgesteine; Geol.). **katohalin**: im Salzgehalt nach der Tiefe zunehmend (von Meeren; Geogr.)

Katolyt vgl. Katholyt

katonische Strenge [nach dem für seine Sittenstrenge bekannten röm. Zensor Cato, † 46 v. Chr.] *die*; -n -: hart strafende Unnachgiebigkeit

Kat|op|trik [*gr.*] *die*; -: (veraltet) Lehre von der Lichtreflexion (vgl. Reflexion (1)). **kat|optrisch**: die Katoptrik betreffend

kato|therm [*gr.-nlat.*]: in der Temperatur nach der Tiefe zunehmend (von der Wärmeschichtung der Seen u. Meere; Geogr.); Ggs. → anotherm. **Kato|thermie** *die*; -: nach der Tiefe zunehmende Temperatur; Ggs. → Anothermie

Kattun [*arab.-niederl.*] *der*; -s, -e: einfarbiges od. buntes Baumwollgewebe in Leinwandbindung (Webart). **kattunen**: aus Kattun bestehend

Katzoff u. **Katzuff** [*hebr.-jidd.*] *der*; -s, -s: (landsch.) Fleischer

kaudal [*lat.-nlat.*]: 1. nach dem unteren Körperende od. nach dem unteren Ende eines Organs zu gelegen (von Organen od. Körperteilen; Med.). 2. in der Schwanzregion gelegen (Biol.)

kaudinische Joch [*lat.*; nach der altitalischen Stadt Caudium, die im 4. Jh. v. Chr. Ort einer demütigenden Behandlung eines röm. Heeres war: die Soldaten mußten waffenlos unter einem Joch von Speeren hindurchgehen] *das*; -n -s: tiefe Demütigung, Erniedrigung

Kaukasist [*gr.-lat.-nlat.*] *der*; -en, -en: jmd., der sich wissenschaftlich mit den kaukasischen Sprachen u. Literaturen befaßt. **Kaukasistik** *die*; -: Wissenschaft von den kaukasischen Sprachen u. Literaturen

kauli|flor [*lat.-nlat.*]: unmittelbar am Stamm der Pflanze ansetzend (von Blüten; Bot.). **Kauli|florie** *die*; -: das Ansetzen der Blüten unmittelbar am Stamm (z. B. beim Kakaobaum; Bot.). **Kaulom** *das*; -s, -e: (veraltet) Sproßachse der Pflanzen (Bot.)

Kaumazit [auch: *...it*; *gr.-nlat.*] *der*; -s, -e: Braunkohlenkoks

Kauri [*Hindi*] *der*; -s, -s od. *die*; -, -s: Porzellanschnecke des Indischen Ozeans, die [in vorgeschichtlicher Zeit] als Schmuck od. Zahlungsmittel verwendet wurde

kausal [*lat.*]: ursächlich, das Verhältnis Ursache—Wirkung betreffend, dem Kausalgesetz entsprechend; -e Konjunktion: begründendes Bindewort (z. B. weil; Sprachw.). **Kausaladverb** *das*; -s, -ien [*...i^e n*]: → Adverb, das eine Begründung bezeichnet (z. B. deshalb; Sprachw.). **Kausalbestimmung** *die*; -, -en: Umstandsangabe des Grundes, Begründungsangabe (z. B. aus Liebe; Sprachw.). **Kausalgesetz** *das*; -es: Grundsatz, nach dem für jedes Geschehen notwendig eine Ursache angenommen werden muß

Kaus|algie [*gr.-nlat.*] *die*; -, ...ien: durch Nervenverletzung hervorgerufener brennender Schmerz (Med.)

Kausalis [*lat.-spätlat.*] *der*; -, ...les [*...sáleß*]: (Sprachw.) 1. (ohne Plural) Kasus in bestimmten Sprachen, der die Ursache od. den Grund einer Handlung angibt. 2. Wort, das im Kausalis (1) steht. **Kausalität** [*lat.-nlat.*] *die*; -, -en: der Zusammenhang von Ursache und Wirkung; Gegensatz → Finalität. **Kausalitätsgesetz** *das*; -es u. Kausalitätsprinzip *das*; -s: = Kausalgesetz. **Kausalitätstheorie** *die*; -: → Adäquanztheorie, Äquivalenztheorie (1; Rechtsw.). **Kausalkonjunktion** *die*; -, -en: begründende → Konjunktion (1) (z. B. weil; Sprachw.). **Kausalnexus** *der*; -, - [*...álnäxuß*]: ursächlicher Zusammenhang, Verknüpfung von Ursache u. Wirkung. **Kausalprinzip** *das*; -s: Forderung, daß jeder Vorgang genau durch seine Ursachen vorauszubestimmen ist (Phys.). **Kausalsatz** *der*; -es, ...sätze: Umstandssatz des Grundes (z. B. *da er sie liebte*, verzichtete er auf vieles; Sprachw.). **Kausativ** [auch: *...tif*; *lat.*] *das*; -s, -e [*...w^e*]: Verb des Veranlassens (z. B. tränken = trinken lassen; Sprachw.). **Kausativum** [*...iwum*] *das*; -s, ...va: (veraltet) Kausativ. **kausieren** [*lat.-fr.*]: (veraltet) verursachen

kaustifizieren [*gr.*; *lat.*]: milde Alkalien (vgl. Alkali) in ätzende überführen (Chem.). **Kaustik** [*gr.-nlat.*] *die*; -: 1. Brennfläche einer Linse (Optik); vgl. Katakaustik. 2. = Kauterisation. **Kaustikum** [*gr.-lat.*] *das*; -s, ...ka: Ätzmittel zum Verschorfen schlecht heilender Wunden (Med.; Chem.). **kaustisch**: a) scharf, ätzend (Chem.); Ggs. → akaustisch; -e Alkalien: Ätzalkalien (vgl. Alkali; Chem.); b) sarkastisch, spöttisch. **Kaustobiolith** [auch: *...it*; *gr.-nlat.*] *der*; -s u. -en, -e[n] (meist Plural): aus fossilen Organismen bestehendes brennbares Produkt (z. B. Torf, Kohle; Geol.)

Kautel [*lat.*] *die*; -, -en: 1. Vorkehrung, Absicherung, [vertraglicher] Vorbehalt (Rechtsw.). 2. (nur Plural) Vorsichtsmaßregeln (Med.)

Kauter [*gr.-lat.*] *der*; -s, -: chirurgisches Instrument zum Ausbrennen von Gewebeteilen (Med.). **Kauterisation** [*...zion*; *gr.-nlat.*] *die*; -, -en: Gewebszerstörung durch Brenn- od. Ätzmittel (Med.). **kauterisieren**: durch Hitze od. Chemikalien zerstören od. verätzen (Med.). **Kauterium** [*gr.-lat.*] *das*; -s, ...ien [*...i^e n*]: 1. Ätzmittel (Chem.). 2. Brenneisen (Med.)

Kaution [*...zion*; *lat.*; eigtl. „Behutsamkeit, Vorsicht"] *die*; -, -en: Bürgschaft; Sicherheitsleistung in Form einer Geldhinterlegung (z. B. beim Mieten einer Wohnung od. bei der Freilassung von Untersuchungsgefangenen), z. B. jmdn. gegen - freilassen

kau|tschieren [*indian.-span.-fr.*]: = kautschutieren. **Kau|tschuk** *der*; -s, -e: Milchsaft des Kautschukbaumes, Rohstoff für die Gummiherstellung. **kau|tschutieren**: a) mit Kautschuk überziehen; b) aus Kautschuk herstellen

Kaval [*...wal*; *lat.-it.*] *der*; -s, -s: eine Spielkarte im → Tarock. **Kavalier** [*lat.-it.-fr.*; „Reiter", „Ritter"] *der*; -s, -e: 1. Mann, der bes. Frauen gegenüber höflich-hilfsbereit, zuvorkommend ist (u. auf diese Weise für sich einnimmt). 2. (ugs., scherzh.) Freund, Begleiter eines Mädchens od. einer Frau. 3. (hist.) Edelmann. **Kavaliersdelikt** [*lat.-it.*; *lat.*] *das*; -[e]s, -e: [strafbare] Handlung, die von der Gesellschaft, von der Umwelt als nicht ehrenrührig, als nicht sehr schlimm angesehen wird. **Kavalier[s]start** *der*; -s, -s: scharfes, schnelles Anfahren mit Vollgas (z. B. an einer Verkehrsampel). **Kavalkade** *die*; -, -n: prachtvoller Reiteraufzug, Pferdeschau (Sport). **Kavallerie** [auch: *ka...*] *die*; -, ...ien: Reiterei; Reitertruppe. **Kavallerist** [auch: *ka...*] *der*; -en, -en: Angehöriger der Reitertruppe. **Kavallett** [*lat.-it.*] *das*; -s, -s u. -en: (österr., veraltet, Soldatenspr.) einfaches Bettgestell

Kavatine [*...wa...*; *lat.-it.*] *die*; -, -n: (Mus.) a) Sologesangsstück in der Oper von einfachem, liedmäßigem Charakter; b) liedartiger Instrumentalsatz

Kaveling [*kaw...*; *niederl.*] *die*; -, -en: Mindestmenge, die ein Käufer auf einer Auktion erwerben muß (Wirtsch.)

Kavent [*...wänt*; *lat.*] *der*; -en, -en: (veraltet) Gewährsmann, Bürge. **Kaventsmann** [*kawä...*; *lat.-mlat.*; *dt.*] *der*; -[e]s, ...männer: 1. (landsch.) a) beleibter, begüterter Mann; b) Prachtexemplar. 2. (Seemannsspr.) sehr hoher Wellenberg

Kaverne [*...wär...*; *lat.*] *die*; -, -n: 1. [künstlich angelegter] unterirdischer Hohlraum zur Unterbringung technischer od. militärischer Anlagen od. zur Müllablagerung. 2. durch Gewebseinschmelzung entstandener Hohlraum im Körpergewebe, bes. in tuberkulosen Lungen (Med.). **kavernikol** [*lat.-nlat.*]: höhlenbewohnend (von Tieren; Zool.).

Kavernom *das*; -s, -e: Geschwulst aus Blutgefäßen (Blutschwamm; Med.). **kavernös**: 1. (Med.) a) Kavernen aufweisend, schwammig (von krankem Gewebe); b) zu einem Hohlraum gehörend (z. B. von Organen). 2. reich an Hohlräumen (von Gesteinsarten; Geol.)

Kavetschein [*kawät...*; *lat.*; *dt.*] *der*; -s, -e: (veraltet) Bürg[schafts]schein; vgl. kavieren

Kaviar [*...wi...*; *türk.-it.*] *der*; -s, -e: mit Salz konservierter Rogen verschiedener Störarten

kavieren [*...wi...*; *lat.*]: (veraltet) Bürgschaft leisten; vgl. Kavetschein

Kavität [*...wi...*; *lat.*] *die*; -, -en: (veraltet) Hohlraum. **Kavitation** [*...zion*; *lat.-nlat.*] *die*; -, -en: Hohlraumbildung [in sehr rasch strömenden Flüssigkeiten] (Techn.)

Kawa [*polynes.*] *die*; -: säuerlich-erfrischendes, stark berauschendes Getränk der Polynesier, das aus der Wurzel eines Pfeffergewächses hergestellt wird

Kawaß u. **Kawasse** [*arab.-türk.*] *der*; ...wassen, ...wassen: 1. (hist.) Ehrenwächter (für Diplomaten) in der Türkei. 2. Wächter u. Bote einer Gesandtschaft im Vorderen Orient

Kawi [*sanskr.-jav.*] *das*; -[s]: alte, stark vom → Sanskrit beeinflußte Literatursprache Javas

Kawja [*sanskr.*] *das*; -: literarisch anspruchsvolle Form der klassischen indischen Dichtung (v. a. Lyrik, Kunstroman und Kunstepos)

Kayennepfeffer vgl. Cayennepfeffer

Kayseri [*kai...*; türkische Stadt] *der*; -[s], -s: einfacher, kleinformatiger Teppich mittlerer Qualität

Kazike [*indian.-span.*] *der*; -n, -n: a) (hist.) Häuptling bei den Indianern Süd- u. Mittelamerikas; b) Titel eines indianischen Ortsvorstehers

Kazoo [*käsu*; *amerik.*] *das*; -[s], -s: primitives Rohrblasinstrument in der Negervolksmusik Amerikas

Kea [*maorisch*] *der*; -s, -s: neuseeländischer Papagei

Kebab [*arab.-türk.*] *der*; -[s]: [süd]osteuropäisches u. orientalisches Gericht aus kleinen, am Spieß gebratenen [Hammel]fleischstückchen

Keeper [*kip^er*; *engl.*] *der*; -s, -: → Goalkeeper (Sport). **keep smiling** [*kip ßmailing*; „höre nicht auf zu lächeln"]: nimm's leicht, immer nur lächeln. **Keep-smiling** *das*; -: auch unter widrigen Umständen optimistische Lebensanschauung

Kefir [*tatar.*] *der*; -s: aus Kuhmilch (in Rußland ursprünglich aus Stutenmilch) durch gleichzeitige alkoholische und milchsaure Gärung gewonnenes Getränk mit säuerlichem, prickelndem Geschmack u. geringem Alkoholgehalt

Keimelie vgl. Zimelie

Keks [*engl.*] *der* od. *das*; - u. -es, - u. -e (österr.: *das*; -, -[e]): 1. a) (ohne Plural) kleines trockenes Feingebäck; b) einzelner Keks (1a). 2. (salopp) Kopf

Kelchkommunion [*dt.*; *lat.*] *die*; -, -en: das Trinken von → konsekriertem Wein bei Messe od. Abendmahl

Kelek [*pers.-türk.*] *das*; -s, -s: im Orient verwendetes Floß, das von aufgeblasenen Tierbälgen getragen wird

Kelim [*türk.*] *der*; -[s], -[s]: a) orientalischer Wandbehang od. Teppich mit gleichem Aussehen auf Vorder- u. Rückseite; b) der gewebte Teppichrand. **Kelimstich** *der*; -s, -e: schräger Flachstich, verwendet für Wandbehänge, Teppiche u. a.

Kellek vgl. Kelek

Kellion [*lat.-mgr.*] *das*; -s, Kellien [*...i^en*]: kleines Kloster der orthodoxen Kirche; vgl. Cella (2b)

Keloid [*gr.-nlat.*] *das*; -[e]s, -e: strang- od. plattenförm. Hautwulst, Wulstnarbe (Med.). **Keloidose** [*...o-i...*] *die*; -: angeborene Neigung der Haut zur Bildung von Keloiden (Med.). **Kelotomie** *die*; -, ...ien: (selten) Bruchoperation (Med.)

Kelt

I. [*lat.*] *der*; -[e]s, -e: vorgeschichtliches Beil aus der Bronzezeit.

II. [*lat.-engl.*] *der*; -s: grober, schwarzer Wollstoff aus Schottland

Keltist [*lat.-nlat.*] *der*; -en, -en: = Keltologe. **Keltistik** *die*; -: = Keltologie. **Keltologe** [*lat.*; *gr.*] *der*; -n, -n: jmd., der sich wissenschaftlich mit den keltischen Sprachen u. Literaturen befaßt (z. B. Hochschullehrer, Student). **Keltologie** *die*; -: Wissenschaft von den keltischen Sprachen u. Literaturen. **keltologisch**: die Keltologie betreffend

Kelvin [*...win*; engl. Physiker, 1824–1907] *das*; -s, -: Gradeinheit auf der Kelvinskala; Zeichen: K. **Kelvinskala** *die*; -: Temperaturskala, deren Nullpunkt (0 K) der absolute Nullpunkt (– 273,16° C) ist

Kemalismus [*nlat.*; nach dem türk. Präsidenten Kemal Atatürk] *der*; -: von Kemal Atatürk (1880–1938) begründete politische Richtung in der Türkei mit teilweise islamfeindlicher Tendenz u. dem Ziel der Europäisierung von Wirtschaft u. Technik. **Kemalist** *der*; -en, -en: Anhänger des Kemalismus. **kemalistisch**: den Kemalismus betreffend

Kemantsche [*pers.*] *die*; -, -n: im Vorderen Orient verbreitete Geige mit langem, griffbrettlosem Hals u. ein bis drei Saiten (Mus.)

Kempo [*jap.*] *das*; -: für den militärischen, waffenlosen Nahkampf weiterentwickelte Sonderform des → Jiu-Jitsu

Ken [*jap.*] *das*; -, -: Verwaltungsbezirk, → Präfektur (a) in Japan

Kendo [*jap.*] *das*; -[s]: 1. (hist.) Fechtkunst der → Samurais (2) (in der Feudalzeit Japans). 2. japanische Form des Schwertkampfs, die als sportliche Fechtkunst u. zugleich Selbstverteidigungskunst mit zusammengebundenen, elastischen Bambusstäben ausgeführt wird, wobei nur die geschützten Körperstellen des Gegners getroffen werden dürfen. **Kendoka** *der*; -[s], -[s]: jmd., der Kendo betreibt

Kenem [*gr.*] *das*; -s, -e: kleinste Einheit auf der Ebene der Form des Ausdrucks (in der Kopenhagener Schule; Sprachw.)

Kennel [*lat.-vulgärlat.-fr.-engl.*] *der*; -s, -: Hundezwinger [für die zur → Parforcejagd dressierte Meute]

Kennelly-Heaviside-Schicht [*känlihäwißaid...*] vgl. Heavisideschicht

Kenning [*altnord.*] *die*; -, -ar (auch: -e): die bildliche Umschreibung eines Begriffes durch eine mehrgliedrige Benennung in der altgermanischen Dichtung (z. B. „Tosen der Pfeile" für „Kampf"); Ggs. → Heiti

Kenosis [auch: *kä...*; *gr.-mlat.*; „Ausleerung"] *die*; -: theologische Auffassung, daß Christus bei der Menschwerdung auf die Ausübung seiner göttlichen Eigenschaften verzichtet habe (Philipper 2, 6 ff.). **Kenotaph** u. Zenotaph [*gr.-lat.*] *das*; -s, -e: ein leeres Grabmal zur Erinnerung an einen Toten, der an anderer Stelle begraben ist. **Kenotiker** *der*; -s, -: theologischer Vertreter der Lehre von der Kenosis

Kentaur vgl. Zentaur

Kentumsprache [*lat.*; *dt.*; nach der k-Aussprache des Anlauts in lat. *centum* = „hundert"] *die;* -, -n: Sprache aus der westindogermanischen Gruppe des → Indogermanischen (Sprachw.); Ggs. → Satemsprache

Kephal|algie [*gr.*] *die;* -, ...ien: Kopfschmerz (Med.). **Kephalhämatom** *das;* -s, -e: durch die Geburt hervorgerufener Bluterguß am Schädel des Neugeborenen (Med.). **Kephalo|graph** [*gr.-nlat.*] *der;* -en, -en: Gerät zur Aufzeichnung der Schädelform. **Kephalome|trie** *die;* -: Schädelmessung. **Kephalon** *das;* -s, -s u. ...la: (veraltet) Makrozephalie (Med.). **Kephalonie** *die;* -: = Makrozephalie. **Kephalopode** *der;* -n, -n (meist Plural): Tintenfisch (eine Gruppe der Weichtiere; Zool.). **Kephalotomie** *die;* -: geburtshilfliche Operation, → Kraniotomie (2; Med.). **Kephalozele** *die;* -, -n: = Enzephalozele

Kerabau [*asiat.*] *der;* -s, -s: indischer Wasserbüffel

Keralogie ⓦ [*gr.*] *die;* -: (Produktserie zur) Bekämpfung von Haar- u. Kopfhautschäden

Keramik [*gr.-fr.*] *die;* -, -en: 1. (ohne Plural) a) Sammelbegriff für Erzeugnisse aus gebranntem Ton (Steingut, Majoliken, Porzellan usw.); b) gebrannter Ton als Grundmaterial für die Herstellung von Steingut, Porzellan u. Majoliken; c) Technik der Keramikherstellung. 2. einzelnes Erzeugnis aus gebranntem Ton. **Keramiker** *der;* -s, -: Angehöriger eines der Berufe, die sich mit der Herstellung keramischer Erzeugnisse befassen (Brennen, Veredeln, Schleifen, Malen usw.). **keramisch**: zur Keramik gehörend, sie betreffend; -er Druck: Steindruckverfahren zur Übertragung von Verzierungen auf Porzellan u. Steingut

Keratin [*gr.-nlat.*] *das;* -s, -e: Hornstoff, schwefelhaltiger Eiweißkörper in Haut, Haar u. Nägeln. **Keratitis** *die;* -, ...itiden: Hornhautentzündung des Auges (Med.). **Kerato|globus** [*gr.; lat.*] *der;* -: kugelige Vorwölbung der Hornhaut (Med.). **Keratokonus** [*gr.-nlat.*] *der;* -: kegelförmige Vorwölbung der Hornhaut (Med.). **Keratom** *das;* -s, -e: Horngeschwulst der Haut (Med.). **Keratomalazie** *die;* -, ...ien: Entzündung der Augenhornhaut mit allmählicher Hornhauterweichung (Med.). **Keratometer** *das;* -s, -: optisches Meßinstrument zur genauen Bestimmung des Durchmessers (auch des Krümmungsgrades) der Hornhaut des Auges (Med.). **Keratophyr** *der;* -s, -e: ein Ergußgestein (Geol.). **Kerato|plastik** *die;* -: operative Hornhautüberpflanzung zum Ersatz für erkrankte Hornhaut (Med.). **Keratose** *die;* -, -n: Verhornung (bes. der Haut; Med.). **Kerato|skop** *das;* -s, -e: optisches Instrument zur Bestimmung der Krümmung der Augenhornhaut. **Ker|ektasie** *die;* -: = Keratokonus

Keren [*gr.*] *die* (Plural): dämonische Wesen der griech. Mythologie, die Tod u. Verderben bringen

Kerman [iranische Stadt] u. Kirman *der;* -[s], -s: wertvoller handgeknüpfter Teppich, vielfach mit einer charakteristischen rautenförmig gegliederten Ranken- od. Blumenmusterung.

Kernit [auch: ...*it*; nach dem Ort Kern in Kalifornien (USA)] *der;* -s: borhaltiges Mineral

Kernphysik [*dt.; gr.-lat.*] *die;* -: Teilgebiet der Physik, auf dem der Aufbau u. die Eigenschaften der Atomkerne untersucht werden. **Kernreaktion** [...*zion; dt.; lat.-nlat.(-fr.)*] *die;* -, -en: Umwandlung des Atomkerns durch Stöße von [Elementar]teilchen. **Kernreaktor** [*dt.; lat.-nlat.*] *der;* -s, -en: = Reaktor. **Kern|spin** [*dt.; engl.*] *der;* -s, -s: Drehimpuls (vgl. Spin) des Atomkerns

Kerogen [*gr.-nlat.*] *das;* -s, -e: organische Substanz der Ölschiefer (Min.). **Kero|plastik** vgl. Zeroplastik. **Kerosin** *das;* -s: der im Erdöl vorkommende Petroleumanteil, der als Motoren- u. Leichtpetroleum u. als Raketentreibstoff verwendet wird

Kerr|effekt [nach dem engl. Physiker J. Kerr] *der;* -s: Erscheinung, nach der alle Stoffe im elektrischen u. magnetischen Feld mehr od. weniger stark → anisotrope Eigenschaften annehmen, bes. die Doppelbrechung von Lichtwellen im elektrischen Feld

Kerrie [...*i*ᵉ; *nlat.*; nach dem engl. Botaniker W. Kerr, † 1814] *die;* -, -n: Ranunkelstrauch, Goldnessel (ein Zierstrauch der Rosengewächse)

Kersantit [auch: ...*it*; *nlat.*; nach dem Fundort Kersanton (...*ßangtong*) in der Bretagne] *der;* -s, -e: ein Ergußgestein (Geol.)

Kerygma [*gr.*] *das;* -s: Verkündigung, bes. des → Evangeliums (Rel.). **kerygmatisch**: zur Verkündigung gehörend, predigend. **Kerykeion** *das;* -s, ...keia: Heroldsstab; vgl. Caduceus

Keschan u. Kaschan [iran. Stadt] *der;* -[s], -s: feingeknüpfter Woll- od. Seidenteppich mit reicher Musterung

Ketch|up [*kätschap*, auch: *kätsch*ᵉ*p*; *malai.-engl.*] *der* od. *das;* -[s], -s: pikante, dickflüssige [Tomaten]soße zum Würzen von Speisen

Ketogruppe *die;* -, -n: = Carbonylgruppe. **Keton** [von Aceton hergeleitet] *das;* -s, -e: organische Verbindung mit einer od. mehreren CO-Gruppen, die an Kohlenwasserstoffreste gebunden sind. **Keton|urie** [*lat.; gr.*] *die;* -, ...ien: = Acetonurie. **Ketose** [Kurzw. aus: *Ket*on u. *-ose*] *die;* -, -n: 1. vermehrte Bildung von → Aceton im Blut (Med.); vgl. Acetonämie. 2. einfacher Zucker mit einer CO-Gruppe (Ketogruppe)

Ketsch [*engl.*] *die;* -, -en: zweimastiges Segelboot (Sport)

Kettcar ⓦ [*kätkar*; *dt.; engl.*] *der;* -s, -s: mit → Pedalen (1) über eine Kette angetriebenes Kinderfahrzeug

Ketubim [*hebr.*; „Schriften"] *die* (Plural): hebr. Bezeichnung für: Hagiographa

Kewir vgl. Kawir

Keyboard [*kibo'd*; *engl.*] *das;* -s, -s: Tasteninstrument (z. B. elektronische Orgel, → Synthesizer)

Khaki [*pers.-Hindi-engl.*]
I. *das;* -[s]: Erdfarbe, Erdbraun.
II. *der;* -[s]: gelbbrauner Stoff [für Tropenuniformen]

Khan [*mong.-türk.*] *der;* -s, -e: (hist.) 1. mongol.-türk. Herrschertitel. 2. Statthalter im 16. Jh. in Persien. **Khanat** [*türk.-nlat.*] *das;* -[e]s, -e: a) Amt eines Khans; b) Land eines Khans

Khedive [...*w*ᵉ; *pers.-türk.*; „Herr"] *der;* -s u. -n, -n: (hist.) Titel des Vizekönigs von Ägypten (bis 1914)

Khipu *das;* -[s], -[s]: = Quipu

Kiang [*tibet.*] *der;* -s, -s: tibetischer Halbesel

Kibbuz [*hebr.*]
I. *der;* -, -im u. -e: Gemeinschaftssiedlung in Israel.
II. *das;* -, -im u. -e: das Vokalzeichen für u im Hebräischen

Kibbuznik *der;* -s, -s: Mitglied eines Kibbuz

Kibitka [*russ.*] *die;* -, -s u. **Kibitke** *die;* -, -n: 1. Filzzelt asiatischer Nomadenstämme. 2. russ. Bretterwagen. 3. russ. Schlitten mit einem Mattendach

Ki|bla [*arab.*] *die;* -: die Richtung nach Mekka, in die sich die Mohammedaner beim Gebet wenden

Kick [*engl.*] *der,* -[s], -s: 1. a) (ugs.) Tritt, Stoß (beim Fußball); b) [An]stoß. 2. a) Hochstimmung,

Erregung, rauschhafter Zustand; b) durch → Drogen (1) hervorgerufene Hochstimmung. **Kickdown** [...*daun*; *engl.*] *der*; -s, -s: starkes Durchtreten des Gaspedals (z. B. zum raschen Beschleunigen). **kikken**: (ugs.) Fußball spielen. **Kikker** *der*; -s, -[s]: (ugs.) Fußballspieler. **Kick-off** *der*; -s, -s: (schweiz.) Beginn, Anstoß beim Fußballspiel. **Kickstarter** *der*; -s, -: Anlasser bei Motorrädern in Form eines Fußhebels

Kickxia [*kikßia*; *nlat.*; nach dem belg. Botaniker J. Kickx, † 1831] *die*; -, ...ien [...*i^en*]: baumartiges Hundsgiftgewächs der westafrikanischen Tropenwälder, das Kautschuk liefert

Kid [*engl.*] *das*; -s, -s: 1. feines Kalb-, Ziegen-, Schafleder. 2. (Plural) Handschuhe aus Kid (1)

Kiddusch [*hebr.*] *der*; -, -im: jüdisches Gebet am Sabbat od. Feiertag

kidnappen [*kidnäp^en*; *engl.*]: einen Menschen, bes. ein Kind, entführen [um Lösegeld zu erpressen]. **Kidnapper** *der*; -s, -: jmd., der kidnappt. **Kidnapping** *das*; -s, -s: Entführung eines Menschen

Kieselgalmei *der*; -s: = Kalamin

Kieserit [auch: ...*it*; *nlat.*; nach dem dt. Naturforscher D. G. Kieser] *der*; -s, -e: ein Mineral (ein Kalisalz)

Kiez [*slaw.*] *der*; -es, -e: 1. (landsch.) Fischersiedlung, -hütte. 2. a) (landsch.) abgesonderter Ortsteil; b) (Jargon) Stadtviertel, in dem → Prostituierte u. Strichjungen ihrem Gewerbe nachgehen; Strich

Kif [*arab.-amerik.*] *der*; -[s]: (Jargon) tabakähnliche Mischung von getrockneten Hanfblättern; → Haschisch, → Marihuana. **kiffen**: (Jargon) Haschisch od. Marihuana rauchen. **Kiffer** *der*; -s, -: (Jargon) jmd., der Haschisch od. Marihuana raucht

Kikumon [*jap.*; „Chrysanthemenwappen"] *das*; -: das kaiserliche Wappen von Japan, eine 16blättrige Chrysanthemenblüte

Kilim *der*; -[s], -[s]: = Kelim

killen [*engl.*]: 1. a) (ugs.) jmdn. töten; b) (ugs.) etwas verhindern, zunichte machen, vernichten. 2. (Seemannsspr.) leicht flattern (von Segeln). **Killer** *der*; -s, -: (ugs.) jmd., der [in fremdem Auftrag] jmdn. tötet. **Killersatellit** *der*; -en, -en: → Satellit (3), der die Aufgabe hat, andere Flugkörper im All zu zerstören

Kiln [*engl.*] *der*; -[e]s, -e: Schachtofen zur Holzverkohlung od. Metallgewinnung (Bergw.)

Kilo [*gr.-fr.*] *das*; -s, -[s] (aber: 5 -): Kurzform von → Kilogramm. **Kilo|gramm** *das*; -s, -e (aber: 5 -): 1. Maßeinheit für Masse. 2. (veraltet) Maßeinheit für Gewicht u. Kraft; Zeichen: kg; vgl. Kilopond. **Kilo|grammkalorie** *die*; -, -n: (veraltet) Kilokalorie. **Kilograph** *der*; -en, -en: ein veraltetes Vervielfältigungsgerät. **Kilohertz** [nach dem dt. Physiker H. Hertz] *das*; -, -: Maßeinheit für die Frequenz (= 1 000 Hertz); Zeichen: kHz. **Kilojoule** [...*dschul*] *das*; -[s], -: tausend → Joule (das Tausendfache der Einheit Joule; Phys.); Zeichen: kJ. **Kilokalorie** *die*; -, -n: 1 000 → Kalorien; Zeichen: kcal. **Kilometer** *der*; -s, -: tausend → Meter (das Tausendfache der Einheit Meter); Zeichen: km. **kilome|trieren**: [Straßen, Flüsse usw.] mit Kilometersteinen versehen. **Kilo|pond** [auch: *kilo*...] *das*; -s, -: tausend → Pond (Maßeinheit; Einheit der Kraft); Zeichen: kp. **Kilopondmeter** *das*; -s, -: Maßeinheit für Arbeit u. Energie; Zeichen: kpm. **Kilovolt** [auch: *kilo*...] *das*; - u. -[e]s, -: tausend → Volt; Zeichen: kV. **Kilovoltampere** [auch: *kilo*...] *das*; -[s], -: tausend → Voltampere (das Tausendfache der Einheit Voltampere); Zeichen: kVA. **Kilowatt** [auch: *kilo*...] *das*; -s, -: tausend → Watt (das Tausendfache der Einheit Watt); Zeichen: kW. **Kilowattstunde** [auch: *kilo*...] *die*; -, -n: Leistung an elektrischer → Energie (2) von einem Kilowatt während einer Stunde; Zeichen: kWh

Kilt [*skand.-engl.*] *der*; -[e]s, -s: a) buntkarierter schottischer Faltenrock für Männer; b) karierter Faltenrock für Damen

Kimberlit [auch: ...*it*; *nlat.*; nach der Stadt Kimberley (...*li*) in Südafrika] *der*; -s, -e: diamantenhaltiger vulkanischer → Tuff (I, 1) (Geol.)

Kimmeridge [...*ridsch*; Ort in Südengland] *das*; -: Name für einen Teil des oberen → Juras (II) (in Norddeutschland, England u. Frankreich; Geol.)

kimmerisch [nach dem früher in Südrußland ansässigen Stamm der Kimmerier]: die beiden ältesten Faltungsphasen der Alpen u. anderer Hochgebirge betreffend (Geol.)

Kimono [auch: *ki*... od. *ki*...; *jap.*] *der*; -s, -s: japanisches kaftanartiges Gewand für Männer u. Frauen mit angeschnittenen Ärmeln

Kin [*chin.*] *das*; -, -: chines. Sammelbez. für 5- bis 25saitige zitherartige Saiteninstrumente

Kinäde [*gr.-lat.*] *der*; -n, -n: = Päderast

Kin|äs|thesie [*gr.-nlat.*] *die*; -: Bewegungsgefühl, Muskelempfindung (Med.). **Kin|äs|thetik** *die*; -: Lehre von den Bewegungsempfindungen (Med.). **kin|äs|thetisch**: auf die Muskelempfindung bezogen, bewegungsempfindlich (Med.). **Kinemathek** *die*; -, -en: a) Sammlung wissenschaftlicher od. künstlerisch wertvoller Filme; b) Raum od. Gebäude, in dem eine Filmsammlung aufbewahrt wird. **Kinematik** u. Phoronomie *die*; -: Teil der → Mechanik (1), Bewegungslehre (Phys.). **Kinematiker** *der*; -s, -: Fachmann auf dem Gebiet der Kinematik (Phys.). **kinematisch**: die Kinematik betreffend; sich aus der Bewegung ergebend (Phys.). **Kinemato|graph** [*gr.-fr.*] *der*; -en, -en: der erste Apparat zur Aufnahme u. Wiedergabe bewegter Bilder. **Kinemato|graphie** *die*; -: 1. (hist.) Verfahren zur Aufnahme u. Wiedergabe von bewegten Bildern. 2. Filmkunst, Filmindustrie. **kinemato|graphisch**: die Kinematographie betreffend (Film). **Kinesik** *die*; -: Wissenschaft, die sich mit der Erforschung nichtverbaler Kommunikation (z. B. Gestik, Mimik) befaßt. **Kinesiotherapie** [*gr.-nlat.*] u. Kines|iatrik *die*; -: Heilgymnastik, Bewegungstherapie (Med.). **Kinetik** *die*; -: 1. Lehre von der Bewegung durch Kräfte (Phys.). 2. Richtung der modernen Kunst, in der mit beweglichen Objekten, Bewegungen, Spiegelungen von Licht o. ä. optisch variable Escheinungsbilder erzeugt werden (Kunstw.). **Kinetin** *das*; -s, -e: Umwandlungsprodukt von → Desoxyribonukleinsäuren, das starken Einfluß auf die Zellteilung hat (Biol.). **kinetisch**: bewegend, auf die Bewegung bezogen; -e Energie: Bewegungsenergie (Phys.); -e Kunst: = Kinetik (2). **Kinetit** [auch: ...*it*] *das*; -s: ein Sprengstoff. **Kineto|graphie** *die*; -: [Bewegungs]schrift, die die tänzerischen Bewegungen mit besonderen Zeichen festhält. **Kinetophon** *das*; -s, -e: erster Apparat zur gleichzeitigen Bild- u. Tonwiedergabe beim Vorführen eines Films. **Kinetose** *die*; -, -n: durch Reizung des Gleichgewichtsorgans erregte Bewegungskrankheit (z. B. See- u. Luftkrankheit; Med.). **Kineto|skop** *das*; -s, -e: ein kinematographisches Aufnahme- u. Betrachtungsgerät

King
I. [*chin.*] *der* od. *das*; -[s], -: chinesisches, aus 12 aufgehängten Klingsteinen bestehendes Schlaginstrument.
II. [*engl.*; „König"] *der*; -[s], -s: (Jargon) jmd., der in einer Gruppe, in seiner Umgebung als Anführer gilt, bei den anderen das größte Ansehen genießt

King-size [*...ßais*; *engl.*; „Königsformat"] *die* (auch: *das*); -: Großformat, Überlänge [von Zigaretten]

Kinin [*gr.*] *das*; -s, -e: (meist Plural) aus → Aminosäuren zusammengesetzte Substanz im pflanzlichen, tierischen u. menschlichen Organismus (Biochem.)

Kino [Kurzw. für → *Kinematograph*] *das*; -s, -s: 1. Filmtheater, Lichtspielhaus. 2. Filmvorführung, Vorstellung im Kino

Kinonglas Ⓦz [Kunstw.] *das*; -es: nichtsplitterndes Sicherheitsglas

Kinoorgel *die*; -, -n: [in Lichtspieltheatern verwendete] Orgel mit meist elektromechanischer Tonerzeugung. **Kintopp** [Kurzw. für *Kinematograph*] *der* od. *das*; -s, -s u. ...töppe: (ugs.) Kino

Kionitis [*gr.-nlat.*] *die*; -, ...itiden: Entzündung des Gaumenzäpfchens (Med.)

Kiosk [auch: *...oßk*; *pers.-türk.-fr.*] *der*; -[e]s, -e: 1. Verkaufshäuschen [für Zeitungen, Getränke usw.]. 2. orientalisches Gartenhäuschen. 3. erkerartiger Vorbau vor den oberen Räumen orientalischer Paläste

Kipper [*engl.*] *der*; -[s], -[s]: gepökelter, geräucherter Hering

kippis! [*finn.*]: prost!

Kips [*engl.*] *das*; -es, -e (meist Plural): getrocknete Haut des → Zebus

Kir [nach dem Bürgermeister von Dijon, Felix Kir, 1876–1968] *der*; -s, -s (aber: 3 -): aus Johannisbeerlikör u. trockenem Weißwein bestehendes alkoholisches Mixgetränk. - royal: aus Johannisbeerlikör u. Sekt gemischtes Getränk

Kirchenfabrik *die*; -, -en: Stiftungsvermögen einer katholischen Kirche, das dem Bau u. der Erhaltung der Kirche dient

Kirke vgl. Circe

Kirman vgl. Kerman

Kismet [*arab.-türk.*; „Zugeteiltes"] *das*; -s: das dem Menschen von Allah zugeteilte Los (zentraler Begriff der islam. Religion)

Kiswa [*arab.*] *die*; -, -s: kostbares Tuch aus schwarzem Brokat, das während der großen Wallfahrt die → Kaaba in Mekka bedeckt

Kitchenette [*kitschᵉnät*; *engl.*] *die*; -, -s: Kochnische, sehr kleine Küche

Kitfuchs vgl. Kittfuchs

Kithara [*gr.-lat.*] *die*; -, -s u. ...aren: bedeutendstes altgriechisches 4- bis 18saitiges Zupfinstrument mit kastenförmigem → Korpus (II, 3). **Kitharistik** [*gr.*] *die*; -: Lehre des altgriech. Kitharaspiels. **Kithar|öde** *der*; -n, -n: Kitharaspieler u. -sänger im antiken Griechenland. **Kithar|odie** *die*; -: Kitharaspiel als Gesangsbegleitung im antiken Griechenland

Kitta [*gr.*] *die*; -, -s: Vertreter einer Gruppe elsterartiger Vögel

Kittfuchs [*engl.*; *dt.*] *der*; -es, ...füchse: kleiner, in den Wüsten Nordamerikas lebender Fuchs mit großen Ohren

Kiwi
I. [*maorisch*] *der*; -s, -s: auf Neuseeland beheimateter flugunfähiger Vogel.
II. [*engl.*] *die*; -, -s: länglichrunde, behaarte Frucht mit saftigem, säuerlichem, glasigem Fruchtfleisch; chinesische Stachelbeere

Kjökkenmöddinger vgl. Kökkenmöddinger

Klaberjasch *das*; -s u. **Klaberjaß** u. **Kla|brias** [*jidd.*] *das*; -: ein altes Kartenspiel

Kladodie [*...iᵉ*; *gr.-nlat.*] *die*; -, -n (meist Plural): blattartig verbreiterte Sproßachse, die der → Assimilation (2b) dient; vgl. Phyllokladium. **Kladonie** [*...iᵉ*] *die*; -, -n: Rentierflechte. **Kladozere** *die*; -, -n (meist Plural): Wasserfloh

Klamotte [*rotwelsch*] *die*; -, -n: (ugs.) 1. (landsch. derb) größerer Stein. 2. (salopp) a) wertloser Gegenstand, minderwertiges Stück; b) (meist Plural) [altes] Kleidungsstück. 3. (Jargon) a) längst vergessenes u. wieder an die Öffentlichkeit gebrachtes Theaterstück, Lied, Buch o.ä.; b) anspruchsloses Theaterstück

Klan [*kelt.-engl.*] *der*; -s, -e: eindeutschend für: Clan

klandestin [*lat.*]: (veraltet) heimlich; -e Ehe: eine nicht nach → kanonischer Vorschrift vor zwei Zeugen geschlossene u. daher kirchlich ungültige Ehe

Klarett [*lat.-mlat.-fr.*] *der*; -s, -s u. -e: ein mit Gewürzen versetzter Rotwein. **klarieren** [*lat.*]: (Seemannsspr.) 1. klarmachen, einsatzbereit machen. 2. beim Ein- u. Auslaufen eines Schiffes die Zollformalitäten erledigen. **Klarinette** [*lat.-it.(-fr.)*] *die*; -, -n: ein Holzblasinstrument. **Klarinettist** *der*, -en, -en: jmd., der [berufsmäßig] Klarinette spielt. **Klarisse** [*lat.-fr.*; nach der hl. Klara v. Assisi] *die*; -, -n u. **Klarissin** *die*; -, -nen: Angehörige des 1212 gegründeten Klarissenordens, des zweiten (weiblichen) Ordens der → Franziskaner

Klassem [*lat.-nlat.*] *das*; -s, -e: (Sprachw.) 1. semantisches Merkmal, durch das eine ganze Gruppe von Wörtern erfaßt wird (z. B. bei Substantiven „Lebewesen" oder „Sachen"). 2. das Gemeinsame aller möglichen Positionseinnehmer einer Leerstelle (z. B. „Verb" in: Die Kinder ... im Garten). **Klassement** [*...mang*; *lat.-fr.*] *das*; -s, -s: 1. Einteilung; Ordnung. 2. Rangliste, Reihenfolge (Sport). **klassieren**: 1. Fördergut (z. B. Steinkohle) nach der Größe aussortieren (Bergmannsspr.). 2. nach bestimmten Merkmalen einer Klasse zuordnen. **Klassifikation** [*...zion*; *lat.-nlat.*] *die*; -, -en: 1. das Klassifizieren. 2. das Klassifizierte; vgl. ...[at]ion/...ierung. **Klassifikator** *der*; -s, ...oren: Sachkatalogbearbeiter (Bibliotheksw.). **klassifikatorisch**: die Klassifikation betreffend. **klassifizieren**: 1. jmdn. od. etwas (z. B. Tiere, Pflanzen) in Klassen einteilen, einordnen. 2. jmdn. od. etwas als etwas abstempeln. **Klassifizierung** *die*; -, -en: = das Klassifizieren; Klassifikation; vgl. ...[at]ion/...ierung. **Klassik** *die*; -: 1. Kultur u. Kunst der griech.-röm. Antike. 2. Epoche, die sich Kultur u. Kunst der Antike zum Vorbild genommen hat. 3. Epoche kultureller Höchstleistungen eines Volkes, die über ihre Zeit hinaus Maßstäbe setzt. **Klassiker** [*lat.*] *der*; -s, -: 1. Vertreter der Klassik (1, 2). 2. Künstler, Schriftsteller, Wissenschaftler, der allgemein anerkannte, richtungweisende Arbeit auf seinem Gebiet geleistet hat. **klassisch**: 1. die [antike] Klassik betreffend, z. B. -e Sprachen (Griechisch u. Latein). 2. a) die Merkmale der Klassik tragend (z. B. von einem Kunstwerk, einem Bauwerk); b) vollkommen, ausgewogen in Form u. Inhalt, ausgereift, Maßstäbe setzend (von Kunstwerken, wissenschaftlichen Leistungen, von Formulierungen). 3. altbewährt, seit langem verwendet. 4. mustergültig, zeitlos (in bezug auf Form od. Aussehen), z. B. ein -es Kostüm. 5. (ugs.) toll, großartig. **Klassizismus** [*lat.-nlat.*] *der*; -: 1. Nachahmung eines klassischen [antiken] Vorbildes (bes. in der Literatur des 16. u. 17. Jh.s). 2. Baustil, der in Anlehnung an die Antike die Strenge der Gliederung u. die Gesetzmäßigkeit der Verhältnisse betont. 3. europäischer Kunststil etwa von 1770 bis 1830. **klassizistisch:** a) den Klassizismus betreffend, zum Klassizismus gehörend; b) die Antike [ohne Originalität] nachahmend. **Klassizität** *die*; -: (veraltet) Mustergültigkeit

klastisch [*gr.-nlat.*]: aus den Trümmern anderer Gesteine stammend (von Sedimentgestein; Geol.)

Klause [*lat.-mlat.*] *die*; -, -n: 1. Klosterzelle; Einsiedelei; weltabgeschiedene Behausung. 2. enger Raum, kleines [Studier]zimmer. 3. a) Engpaß, Schlucht (bes. in den Alpen); b) enger Taldurchbruch durch eine → Antiklinale; vgl. Klus. 4. Frucht der Windengewächse u. Lippenblütler. 5. Damm zum Aufstauen von Bach-, Flußwasser, das bei Bedarf abgelassen wird u. dadurch die Holzflößerei ermöglicht; Klausdamm. **Klausel** [*lat.*; „Schluß; Schlußsatz, Schlußformel; Gesetzesformel"] *die*; -, -n: 1. vertraglicher Vorbehalt, Sondervereinbarung (Rechtsw.). 2. metrische Gestaltung des Satzschlusses [in der antiken Kunstprosa]. 3. formelhafter, melodischer Schluß (Mus.); vgl. Kadenz. **Klausilie** [...*i*e; *lat.-nlat.*] *die*; -, -n (meist Plural): Schnecke mit einem Verschlußmechanismus aus beweglichen Schließblättchen (Schließmundschnecke; Zool.). **Klausner** [*lat.-mlat.*] *der*; -s, -: Bewohner einer Klause (1), Einsiedler. **Klau|stration** [...*zion*; *lat.*] *die*; -, -en u. **Klau|strophilie** [*lat.*; *gr.*] *die*; -, ...ien: krankhafter Drang, sich einzuschließen, abzusondern; Hang zur Einsamkeit (Psychol.). **Klau|strophobie** *die*; -, ...ien: krankhafte Angst vor Aufenthalt in geschlossenen Räumen (Psychol.). **klausulieren**: in Klauseln fassen, bringen; verklausulieren. **Klausur** [*lat.*] *die*; -, -en: 1. (ohne Plural) Einsamkeit, Abgeschlossenheit. 2. Bereich eines Klosters, der nur für einen bestimmten Personenkreis zugänglich ist. 3. = Klausurarbeit. **Klausurarbeit** *die*; -, -en: schriftliche Prüfungsarbeit, die unter Aufsicht angefertigt werden muß. **Klausurtagung** *die*; -, -en: Tagung unter Ausschluß der Öffentlichkeit

Klaviatur [...*wi*...; *lat.-mlat.-fr.-nlat.*] *die*; -, -en: Gesamtheit der dem Spiel dienenden Tasten bei Klavier, Orgel u. Harmonium. **Klavichord** [...*wikort*; *lat.*; *gr.-lat.*] *das*; -[e]s, -e: im 12. Jh. entstandenes Tasteninstrument, dessen waagrecht liegende Saiten mit einem Metallplättchen angeschlagen werden, Vorläufer des Klaviers. **Klavicitherium** [...*zi*...; *lat.*; *gr.-nlat.*] *das*; -s, ...ien [...*i*e*n*]: ein Harfenklavier des 16. Jh.s, Vorläufer des → Pianinos. **Klavier** [...*wir*; *lat.-mlat.-fr.*] *das*; -s, -e: 1. (wie ein Möbelstück in Räumen aufzustellendes) Musikinstrument von gewisser Breite u. Höhe mit Tasten zum Anschlagen der senkrecht zur Tastatur gespannten Saiten. 2. (allgemein für) Tasteninstrument mit Klaviatur (z. B. Tafelklavier, Flügel; Fachspr.). **klavieren**: (ugs.) an etwas herumfingern. **klavieristisch** [*lat.-fr.-nlat.*]: a) für das Klavier gedacht; b) die Technik des Klavierspiels betreffend, ihr gemäß. **Klavierquartett** *das*; -[e]s, -e: a) Komposition für drei Streichinstrumente u. Klavier; b) die vier Ausführenden eines Klavierquartetts (a). **Klavierquintett** *das*; -[e]s, -e: a) Komposition für vier Streichinstrumente u. Klavier; b) die fünf Ausführenden eines Klavierquintetts (a). **Klaviertrio** *das*; -s, -s: a) Komposition für zwei Streichinstrumente u. Klavier; b) die drei Ausführenden eines Klaviertrios (a). **Klavikel** [*lat.*] *das*; -s, -: (veraltet) Clavicula. **Klavikula**: eindeutschend für: Clavicula. **klavikular**: die Clavicula betreffend. **Klavizimbel** *das*; -s, -: = Clavicembalo. **Klavus**: eindeutschend für: Clavus (2)

Seckso|graphie [*dt.*; *gr.*] *die*; -, ...ien: eines von mehreren aus Klecksen erzeugten, keinen Sinn enthaltenden Bildern einer Reihe, die bei bestimmten Persönlichkeitstests von der Testperson gedeutet werden müssen

Kleinklima [*dt.*; *gr.-lat.*] *das*; -s, -s u. ...mate: = Mesoklima

kleistogam [*gr.-nlat.*]: sich in geschlossenem Zustand selbst bestäubend (von Blüten; Bot.); Ggs. → chasmogam. **Kleistogamie** *die*; -: Selbstbestäubung geschlossener Blüten (Bot.); Ggs. → Chasmogamie

Klematis [auch: ...*atiß*; *gr.-lat.*], (fachspr. auch:) Clematis [*kle*...] *die*; -, -: Kletterpflanze mit stark duftenden Blüten (Waldrebe)

Klementine vgl. Clementine

Klephte [*gr.-ngr.*; „Räuber"] *der*; -n, -n: griech. Freischärler im Kampf gegen die türk. Herrschaft. **Klephtenlieder** *die* (Plural): die Abenteuer der Klephten behandelnde lyrisch-epische Gesänge. **Klepsy|dra** [*gr.-lat.*] *die*; -, ...ydren: (veraltet) Wasseruhr.

Kleptomane [*gr.-nlat.*] *der*; -n, -n: jmd., der an Kleptomanie leidet. **Kleptomanie** *die*; -, ...ien: auf seelisch abnormen Motiven beruhender Stehltrieb ohne Bereicherungsabsicht (Med.; Psychol.). **Kleptomanin** *die*; -, -nen: an Kleptomanie Leidende. **kleptomanisch**: die Kleptomanie betreffend. **Kleptophobie** *die*; -, ...ien: krankhafte Furcht, zu stehlen od. bestohlen zu werden (Med.; Psychol.)

klerikal [*gr.-lat.*]: a) dem Stand der katholischen Geistlichen angehörend, zu ihm gehörend; Ggs. → laikal; b) in der Gesinnung konsequent den Standpunkt des katholischen Priesterstandes vertretend; Ansprüche des Klerus fördernd, unterstützend. **Klerikale** *der* u. *die*; -n, -n: jmd., der zur Anhängerschaft der katholischen Geistlichkeit gehört. **Klerikalismus** [*gr.-lat.-nlat.*] *der*; -: das Bestreben der [katholischen] Kirche, ihren Einflußbereich auf Staat u. Gesellschaft auszudehnen. **klerikalistisch:** (abwertend) ausgeprägt klerikale (b) Tendenzen vertretend u. zeigend. **Kleriker** [*gr.-lat.*] *der*; -s, -: Angehöriger des Klerus. **Klerisei** [*gr.-lat.-mlat.*] *die*; -: (veraltet) Klerus. **Klerus** [*gr.-lat.*] *der*; -: katholische Geistlichkeit, Priesterschaft, -stand

Klient [*lat.*; „der Hörige"] *der*; -en, -en: 1. Auftraggeber, Kunde bestimmter freiberuflich tätiger Personen (z. B. Rechtsanwalt) od. bestimmter Einrichtungen (z. B. Eheanbahnungsinstitut). 2. Bürger mit geringem Recht im alten Rom, der einem Patrizier zu Dienst verpflichtet war. **Klientel** [*kliä*...] *die*; -, -en: Gesamtheit der Klienten (1) (z. B. eines Rechtsanwalts). 2. Gesamtheit der von einem → Patron (I, 1) abhängigen Bürger. **klient[en]zentriert** [*lat.-engl.*]: (in der Psychotherapie) auf den Klienten in bezug auf seine Probleme usw. ausgerichtet, nach seinen Bedürfnissen; -e Therapie: Gesprächstherapie; Therapieform, deren Ziel darin besteht, durch Schaffung einer helfenden Beziehung dem Klienten zu ermöglichen, seine Probleme selbst zu lösen u. sich angstfrei mit (bisher abgewehrten) Erfahrungen auseinanderzusetzen, wobei sich der Therapeut in Rat sowie Kritik sehr zurückhält

Klima [*gr.-lat.*] *das*; -s, -s u. ...mate: 1. a) der für ein bestimmtes geographisches Gebiet charakteristische Ablauf der Witterung (Meteor.); b) künstlich hergestellte Luft-, Wärme- u. Feuchtigkeitsverhältnisse in einem Raum. 2. durch bestimmte Ereignisse od. Umstände hervorgerufene Atmosphäre od. Beziehungen zwischen Personen, Gruppen, Staaten o. ä. **Klima|anlage** *die*; -, -n: Vorrichtung zur automatischen Regulierung der Frischluftzufuhr, der Lufttemperatur u. -feuchtigkeit in geschlossenen Räumen. **Klimaelemente** *die* (Plural): klimabestimmende Witterungsbedingungen (z. B. Temperatur, Luftfeuchtigkeit). **Klimafaktor** *der*; -s, -en: die Klimaelemente bedingende geographische Beschaffenheit eines Ortes (z. B. Höhenlage, Lage zum Meer). **Klimageo|graphie** *die*; -: Wissenschaft u. Lehre von den klimatischen Erscheinungen unter geographischen Gesichtspunkten. **klimakterisch** [*gr.-lat.*]: durch die Wechseljahre bedingt, sie betreffend (Med.); -e Zeit: [durch eine bestimmte Stellung zweier Gestirne angezeigte] gefahrvolle Zeit (Astrol.). **Klimakterium** [*gr.-nlat.*] *das*; -s: Wechseljahre [der Frau] (Med.); vgl. Klimax (2). **Klimate**: *Plural* von → Klima. **Klimatherapie** *die*; -, -n: eine Kurbehandlung, bei der die bestimmten klimatischen Verhältnisse einer Gegend für die Behandlung von Krankheiten eingesetzt werden (Med.). **klimatisch** [*gr.-lat.-nlat.*]: das Klima betreffend. **klimatisieren**: a) in einen Raum od. ein Gebäude eine Klimaanlage einbauen; b) Temperatur, Luftzufuhr u. -feuchtigkeit [in geschlossenen Räumen] künstlich beeinflussen u. regeln. **Klimato|graphie** [*gr.-nlat.*] *die*; -: Beschreibung der klimatischen Verhältnisse auf der Erde. **Klimatologie** *die*; -: vergleichende Wissenschaft der klimatischen Verhältnisse auf der Erde. **Klimatotherapie** *die*; -, -n: = Klimatherapie. **Klimax** [*gr.-lat.*] *die*; -, -e: 1. Steigerung des Ausdrucks, Übergang vom weniger Wichtigen zum Wichtigeren (Rhet.; Stilk.); Ggs. → Antiklimax; vgl. Gradation. 2. = Klimakterium. 3. Endzustand der Boden- u. Vegetationsentwicklung in einem bestimmten Gebiet (Bot.). 4. Höhepunkt. **Klinik** *die*; -, -en: 1. [großes] Krankenhaus [das auf die Behandlung bestimmter Krankheiten usw. spezialisiert ist]. 2. (ohne Plural) praktischer Unterricht im Krankenhaus [für Medizinstudenten] (Med.). **Kliniker** *der*; -s, -: 1. in einer Klinik tätiger u. lehrender Arzt. 2. Medizinstudent in den klinischen Semestern. **Klinikum** [*gr.-nlat.*] *das*; -s, ...ka u. ...ken: 1. (ohne Plural) Hauptteil der praktischen ärztlichen Ausbildung in einem Krankenhaus. 2. alle Kliniken einer Universität. **klinisch**: 1. a) die Klinik betreffend: b) die klinischen Semester betreffend. 2. durch ärztliche Untersuchung feststellbar oder festgestellt. **Klinochlor** [...*klor*; *gr.-nlat.*] *das*; -s, -e: ein Mineral. **Klinograph** *der*; -en, -en: Meßinstrument für Neigungsvorgänge der Erdoberfläche (Geogr.). **Klinokephalie** *die*; -, ...ien: eine angeborene Schädeldeformierung (Sattelkopf; Med.). **Klinometer** *das*; -s, -: 1. Neigungsmesser für Schiffe u. Flugzeuge. 2. Neigungsmesser im Geologenkompaß zur Messung des Einfallens von Gesteinen. **Klinomobil** u. Clinomobil [*kli...*; *gr.*; *lat.*] *das*; -s, -e: Notarztwagen, in dem Operationen ausgeführt werden können. **Klinostat** *der*; -[e]s u. -en, -e[n]: Apparat mit einer kreisenden Scheibe zur Ausschaltung einseitiger Schwerkraftwirkung für pflanzenphysiologische Untersuchungen

Klipp u. Clip [*klip*; *engl.*] *der*; -s, -s: a) Klammer, Klemme [am Füllfederhalter]; b) = Klips

Klipper [*engl.*] *der*; -s, -: schnelles Segelschiff (Mitte 19. Jh.) für den Transport verderblicher Waren

Klips u. Clips [*klipß*; *engl.*] *der*; -es, - u. -e: 1. Schmuckstück zum Festklemmen (z. B. Ohrklips). 2. Klammer zum Befestigen des Haares beim Eindrehen

Klischee [*klische*; *fr.*] *das*; -s, -s: 1. a) mittels → Stereotypie (1) od. → Galvanoplastik hergestellte Vervielfältigung eines Druckstockes; b) Druckstock. 2. a) unschöpferische Nachbildung, Abklatsch; b) eingefahrene, überkommene Vorstellung; c) abgedroschene Redewendung. **klischieren**: 1. ein Klischee (1 a) herstellen. 2. a) etwas talentlos nachahmen; b) etwas in ein Klischee zwängen, klischeehaft darstellen. **Klischo|graph** [*fr.*; *gr.*] *der*; -en, -en: elektrische Graviermaschine für Druckstöcke (Druckw.)

Klister [Kunstw.] *der*; -s: weiches Skiwachs, das zum Fahren im Firnschnee aufgetragen wird

Klistier [*gr.-lat.*; eigtl. „Spülung, Reinigung"] *das*; -s, -e: Darmeinlauf, -spülung (meist mit warmem Wasser). **klistieren**: ein Klistier geben

klitoral [*gr.*]: die Klitoris betreffend. **Klitoris** *die*; -, - u. ...orides [...*torideß*]: schwellfähiges weibliches Geschlechtsorgan, Kitzler (Med.). **Klitorismus** [*gr.-nlat.*] *der*; -: übermäßige Entwicklung der Klitoris (Med.)

Klivie [...*wi*[e]] vgl. Clivia

Kloake [*lat.*] *die*; -, -n: 1. [unterirdischer] Abzugskanal für Abwässer, Senkgrube. 2. gemeinsamer Ausführungsgang für den Darm, die Harnblase u. die Geschlechtsorgane bei Reptilien u. einigen niederen Säugetieren (Zool.). **Kloakentiere** *die* (Plural): primitive Säugetiere mit einer → Kloake (2) (z. B. Ameisenigel u. Schnabeltier; Zool.)

Klobasse u. **Klobassi** [*slaw.*] *die*; -, ...ssen: (österr.) eine grobe, gewürzte Wurst

Klon [*gr.-engl.*] *der*; -s, -e: der durch ungeschlechtliche Fortpflanzung aus einem pflanzlichen od. tierischen Individuum entstandene erbgleiche Stamm (Biol.). **klonen**: durch künstlich herbeigeführte ungeschlechtliche Vermehrung genetisch identische Exemplare von Pflanzen od. Tieren erzeugen (Biol.)

Kloni: *Plural* von → Klonus

klonieren vgl. klonen

klonisch [*gr.-nlat.*]: schüttelnd, krampfhaft zuckend (von Muskeln; Med.); Ggs. → tonisch (I, 2). **Klonus** *der*; -, ...ni: krampfartige Zuckungen infolge rasch aufeinanderfolgender Muskelzusammenziehungen, Schüttelkrampf (Med.)

Klosett [*lat.-fr.-engl.*] *das*; -s, -s (auch: -e): 1. Toilettenraum. 2. Toilettenbecken

Klothoide [*gr.-nlat.*] *die*; -, -n: a) Spiralkurve mit immer kleiner werdendem Krümmungsradius (Math.); b) der Übergangsbogen zwischen einer Geraden u. einer Krümmung im modernen Straßenbau

Klub u. Club [*klup*; *altnord.-engl.*] *der*; -s, -s: a) [geschlossene] Vereinigung mit politischen, geschäftlichen, sportlichen u. a. Zielen; b) Gruppe von Leuten, die sich amüsieren; Clique; c) Gebäude, Räume eines Klubs (a). **Klubgarnitur** *die*; -, -en: Gruppe von [gepolsterten] Sitzmöbeln

Kluniazenser [nach dem ostfranz. Kloster Cluny (*klüni*)] *der*; -s, -: (hist.) der → Kongregation (1) von Cluny, einer auf der Benediktinerregel fußenden [mönchisch-]kirchlichen Reformbewegung des 11./12. Jh.s, angehörender Mönch. **kluniazensisch**: die Kluniazenser u. ihre Reformen betreffend

Klus [*lat.-mlat.*] *die*; -, -en: (schweiz.) Engpaß, Schlucht; vgl. Klause (3). **Klüse** [*lat.-niederl.*] *die*; -, -n: (Seemannsspr.) Öffnung im Schiffsbug für [Anker]ketten u. Taue. **Klusil** [*lat.*] *der*; -s, -e: Verschlußlaut

Klüver [*...wer; niederl.*] *der*; -s, -: ein dreieckiges Vorsegel. **Klüverbaum** *der*; -s, ...bäume: über den Bug hinausragendes, einziehbares Rundholz zum Befestigen des Klüvers

Klysma [*gr.-lat.*] *das*; -s, ...men: = Klistier. **Klysopompspritze** [*gr.*; *fr.*; *dt.*] *die*; -, -n: Spritze zur Darm- u. Scheidenausspülung (Med.)

Kly|stron [*gr.-nlat.*] *das*; -s, ...one, (auch:) -s: eine hauptsächlich als Senderöhre verwendete Elektronenröhre zur Erzeugung u. Verstärkung von Mikrowellen

Knäckebrot [*schwed.*; *dt.*; eigtl. „Knackbrot"]: dünnes, rechteckiges Brot aus Roggen- od. Weizenvollkornschrot

Knaster [*gr.-span.-niederl.*; „Korb"] *der*; -s, -: 1. (veraltet) guter Tabak, der in Körben gehandelt wurde. 2. (ugs.) schlechter Tabak

Knaus-Ogino-Methode [nach den Gynäkologen H. Knaus (1892–1970, Österreicher) u. K. Ogino (1882–1975, Japaner)] *die*; -: für Empfängnisverhütung u. Familienplanung anwendbare, auf der Berechnung des Eisprungs basierende Methode zur Bestimmung der fruchtbaren u. unfruchtbaren Tage einer Frau (Med.)

Knautie [*...ie*; *nlat.*; nach dem dt. Arzt u. Botaniker Chr. Knaut, † 1716] *die*; -, -n: Witwenblume, ein violett blühendes, heilkräftiges Kraut (Kardengewächs)

Knesset[h] [*hebr.*; „Versammlung"] *die*; -: das Parlament in Israel

Knickerbocker [auch: *nikᵉr...*; *engl.*] *die* (Plural): unter dem Knie mit einem Bund geschlossene u. dadurch überfallende, halblange sportliche Hose

Knight [*nait*; *engl.*; „Ritter"] *der*; -s, -s: die nicht erbliche, unterste Stufe des engl. Adels. **Knights of Labor** [*naiz ᵉw leᵉbᵉr*; *engl.-amerik.*; „Ritter der Arbeit"] *die* (Plural): (hist.) 1869 als Geheimbund gegründeter erster Versuch einer Gewerkschaftsorganisation in Nordamerika

knockdown [*nokdaun*; *engl.*]: niedergeschlagen, aber nicht kampfunfähig (Boxen). **Knockdown** *der*; -[s], -s: einfacher Niederschlag (Boxen). **knock|out** [*...aut*]: kampfunfähig nach einem Niederschlag; Abk.: k. o. (Boxen). **Knock|out** *der*; -[s], -s: Kampfunfähigkeit bewirkender Niederschlag; Abk.: K. o. (Boxen). **Knock|outer** *der*; -s, -: → Boxer (1), der seine Gegner meist durch einen K. o. besiegt

Know-how [*noᵘhau*, auch: *noᵘhau*; *engl.*] *das*; -[s]: auf Forschung u. Erfahrung beruhendes Wissen über die Herstellung u. den Einsatz von Erzeugnissen

Knut vgl. Kanut

Knute [*germ.-russ.*; „Knotenpeitsche"] *die*; -, -n: Peitsche aus Lederriemen. **knuten**: knechten, unterdrücken, tyrannisieren

k. o. [*ka-o*]: = knockout. **K. o.** *der*; -[s], -[s]: = Knockout

Ko|ad|aptation [auch: *...zion*; *lat.-nlat.*] *die*; -, -en: 1. gesteigerte körperliche Anpassung eines Lebewesens an abgeänderte Umweltbedingungen auf Grund einer günstigen Genkombination (Genetik). 2. Mitveränderung von nicht unmittelbar betroffenen Organen bei der Veränderung von Umweltbedingungen (Psychol.)

Ko|adjutor [auch: *...jutor*; *lat.*] *der*; -s, ...oren: katholischer → Vikar, der den durch Alter od. Krankheit behinderten Stelleninhaber mit dem Recht der Nachfolge vertritt

Ko|agulans [auch: *...lanß*; *lat.*] *das*; -, ...lantia [*...zia*] u. ...lanzien [*...iᵉn*] (meist Plural): die Blutgerinnung förderndes od. beschleunigendes Mittel (Med.). **Ko|agulase** *die*; -, -n: → Enzym, das die Blutgerinnung beschleunigt (Med.). **Ko|agulat** *das*; -[e]s, -e: aus einer → kolloidalen Lösung ausgeflockter Stoff (z. B. Eiweißgerinnsel; Chem.). **Ko|agulation** [*...zion*] *die*; -, -en: Ausflockung, Gerinnung eines Stoffes aus einer → kolloidalen Lösung (Chem.). **ko|agulieren**: ausflocken, gerinnen [lassen] (Chem.). **Ko|agulum**, (fachspr. auch:) **Co|agulum** [*koa...*] *das*; -s, ...la: Blutgerinnsel (Med.)

Koala [*austr.*] *der*; -s, -s: in Australien auf Bäumen lebender kleiner Beutelbär (ein Beuteltier)

Ko|aleszenz [*lat.*] *die*; -, -en: (veraltet) innere Vereinigung, Verwachsung. **ko|alieren** u. **ko|alisieren** [*lat.-mlat.-engl.-fr.*]: a) verbinden; sich verbünden; b) mit jmdm. eine Koalition eingehen, bilden. **Ko|alition** [*...zion*] *die*; -, -en: Vereinigung, Bündnis mehrerer Parteien od. Staaten zur Durchsetzung ihrer Ziele. **Ko|alitionär** [*...zio...*] *der*; -s, -e (meist Plural): Angehöriger einer Koalition. **Ko|alitionskrieg** *der*; -[e]s, -e: 1. die gemeinsame Kriegführung mehrerer Staaten mit einem od. mehreren anderen. 2. (nur Plural) (hist.) die Kriege der verbündeten europäischen Monarchien gegen das revolutionäre Frankreich von 1792–1807. **Ko|alitionspartei** *die*; -, -en: die Partei, die zusammen mit einer anderen die Regierung bildet. **Ko|alitionsrecht** *das*; -s: das den Bürgern eines Staates verfassungsmäßig garantierte Recht, sich zur Wahrung ihrer Interessen mit anderen zusammenzuschließen. **Ko|alitionsregierung** *die*; -, -en: von mehreren Parteien gebildete Regierung

ko|ätan [*lat.*]: (veraltet) gleichaltrig, gleichzeitig. **Ko|ätan** *der*; -en, -en: (veraltet) Alters-, Zeitgenosse, Schulkamerad

Ko|autor u. **Kon|autor** [*lat.*] *der*; -s, -en: Mitverfasser

ko|axial [*lat.-nlat.*]: mit gleicher Achse. **Ko|axialkabel** *das*; -s, -: aus einem zylindrischen inneren u. einem rohrförmigen äußeren Leiter (mit gemeinsamer Achse) bestehendes elektrisches Kabel (Elektrot.)

Ko|azervat [*...wat*; *lat.*] *das*; -[e]s, -e: ein im Schwebezustand zwischen → kolloidaler Lösung u. Ausfällung befindlicher Stoff, meist im Anfangsstadium bei der Bildung hochpolymerer (vgl. polymer) → Kolloide (Chem.)

Kobalt [*nlat.*; scherzhafte Umbildung aus *dt.* Kobold] *das*; -[e]s: chem. Grundstoff, Metall; Zeichen: Co (von *nlat.* Cobaltum). **Kobaltglanz** *der*; -es u. **Kobaltin** *der*; -s: Kobalterz. **Kobaltkanone** *die*; -, -n: Apparat zur Bestrahlung bösartiger Tumoren mit radioaktivem Kobalt

Ko|bra [*lat.-port.*] *die*; -, -s: südasiatische Brillenschlange

Kochie [*...chie*; *nlat.*; nach dem dt. Botaniker W. D. J. Koch, † 1849] *die*; -, -n: Gattung der Gänsefußgewächse (darunter z. B. die Sommerzypresse)

Koda [*lat.-it.*; „Schwanz"] *die*; -, -s: 1. Schluß od. Anhang eines musikalischen Satzes. 2. zusätzliche Verse beim → Sonett u. anderen romantischen Gedichtformen

Kode [*kot*; *lat.-fr.-engl.*] *der*; -s, -s: 1. Schlüssel zu Geheimschriften, Telegrafenschlüssel. 2. = Code (1)

Kodein [*gr.-nlat.*] *das*; -s: ein → Alkaloid des Opiums, hustenstillendes Mittel

Kodex [*lat.*] *der*; -es u. -, -e u. ...dizes [*kódizeß*]: 1. Sammlung von Gesetzesn, Handschriften usw. 2. eine mit Wachs überzogene hölzerne Schreibtafel der Antike, mit anderen zu einer Art Buch vereinigt

Kodiakbär [nach Kodiak Island, einer Insel im Golf von Alaska] *der*; -en, -en: (zu den Braunbären gehörender) in Alaska vorkommender großer Bär (Zool.)

kodieren [*lat.-fr.-engl.*]: 1. eine Nachricht mit Hilfe eines → Kodes (1) verschlüsseln; Ggs. → dekodieren. 2. etwas Mitzuteilendes mit Hilfe des → Codes (1) in eine sprachliche Form bringen. **Kodierung** *die*; -, -en: das Kodieren. **Kodifikation** [*...zion*; *lat.-nlat.*] *die*; -, -en: a) systematische Erfassung aller Fakten, Normen usw. eines bestimmten Gebietes, z. B. des Rechts; b) Gesetzessammlung; vgl. ...[at]ion/...ierung. **Kodifikator** *der*; -s, ...oren: jmd., der eine Kodifikation zusammenstellt. **kodifizieren**: a) eine Kodifikation (a) zusammenstellen; b) systematisch erfassen. **Kodifizierung** *die*; -, -en: das Kodifizieren; vgl. ...[at]ion/...ierung. **Kodizill** [*lat.*] *das*; -s, -e: 1. Handschreiben des röm. Kaisers. 2. (veraltet; Rechtsw.) a) privatschriftlicher Zusatz zu einem Testament; b) [vor Zeugen zustande gekommene] letzte Verfügung

Kod|öl [*engl.*; *dt.*] *das*; -s: Lebertran, der aus dem → Kabeljau gewonnen wird

Ko|dschiki [*jap.*; „Geschichte der Begebenheiten im Altertum"] *der*; -: die wichtigste Quellenschrift des → Schintoismus, zugleich das älteste japan. Sprachdenkmal (712 n. Chr.)

Ko|edition [auch: *...zion*; *lat.*] *die*; -, -en: a) → Edition (1a) eines Werkes von zwei od. mehreren Herausgebern; b) gleichzeitige → Edition (1a) eines Werkes von zwei od. mehreren Verlagen

Ko|edukation [auch: *...zion*; *lat.-engl.*] *die*; -: Geneinschaftserziehung von Jungen u. Mädchen in Schulen u. Internaten. **koedukativ**: zur Koedukation gehörend

Ko|effizient [*lat.-nlat.*] *der*; -en, -en: 1. Vorzahl der veränderlichen Größen einer → Funktion (2) (Math.). 2. kennzeichnende Größe für bestimmte physikalische od. technische Verhaltensweisen

Ko|enzym [auch: *...züm*; *lat.*; *gr.*] *das*; -s, -e: spezifische Wirkungsgruppe eines → Enzyms, die zusammen mit dem → Apoenzym das vollständige Enzym bildet

ko|erzibel [*lat.-nlat.*]: verflüssigbar (von Gasen). **Ko|erzitivfeldstärke** u. **Ko|erzitivkraft** [*lat.-nlat.*; *dt.*] *die*; -: Fähigkeit eines Stoffes, der Magnetisierung zu widerstehen od. die einmal angenommene Magnetisierung zu behalten

ko|existent [auch: *...tänt*; *lat.*]: nebeneinander bestehend. **Koexistenz** [auch: *...tänz*; *lat.-fr.*] *die*; -: das gleichzeitige Vorhandensein, das Nebeneinanderbestehen, z. B. von unterschiedlichen geistigen, religiösen, politischen od. gesellschaftlichen Systemen. **ko|existieren**: zusammen dasein, nebeneinander bestehen

Koferment [auch: *...mänt*; *lat.-nlat.*] *das*; -s, -e: = Koenzym

Koffein u. Kaffein [*arab.-türk.-engl.-nlat.*] *das*; -s: in Kaffee, Tee u. Kolanüssen (vgl. Kola I) enthaltenes → Alkaloid. **Koffei|nismus** [*...e-i...*] *der*; -: 1. Koffeinsüchtigkeit. 2. Koffeinvergiftung

Koffinnagel vgl. Coffeynagel

Ko|gnak [*konjak*] *der*; -s, -s (aber: 3 -): Weinbrand; vgl. Cognac

Ko|gnat [*lat.*] *der*; -en, -en (meist Plural): Blutsverwandter, der nicht → Agnat ist. **Ko|gnation** [*...zion*] *die*; -: Blutsverwandtschaft. **ko|gnatisch**: den od. die Kognaten betreffend; -e Erbfolge: Gleichberechtigung der Geschlechter bei der Thronfolge

Ko|gnition [*...zion*; *lat.*] *die*; -, -en: (veraltet) gerichtliche Untersuchung. **ko|gnitiv** [auch: *ko...*; *lat.-nlat.*]: die Erkenntnis betreffend; erkenntnismäßig. -e Entwicklung: Entwicklung all der Funktionen beim Kind, die zum Wahrnehmen eines Gegenstandes od. zum Wissen über ihn beitragen (Päd.; Psychol.)

Ko|gnomen [*lat.*] *das*; -s, - u. ...mina: dem röm. Vor- u. Geschlechtsnamen beigegebener Name (z. B. [Gajus Julius] *Caesar*); vgl. Nomen gentile u. Pränomen

Kogo [*jap.*] *das*; -[s], -s: kunstvolle, kleine japanische Dose für Räucherwerk, meist Töpfer- od. Lackarbeit

Kohabitation [*...zion*; *lat.*] *die*; -, -en: Geschlechtsverkehr (Med.). **kohabitieren**: Geschlechtsverkehr ausüben (Med.)

kohärent [*lat.*]: zusammenhängend; -es Licht: Lichtbündel von gleicher Wellenlänge u. Schwingungsart (Phys.). **Kohärenz** *die*; -: 1. Zusammenhang. 2. Eigenschaft von Lichtbündeln, die gleiche Wellenlänge u. Schwingungsart haben (Phys.). **Kohärenzfaktor** *der*; -s, -en: die durch räumliche Nachbarschaft, Ähnlichkeit, Symmetrie o. ä. Faktoren bewirkte Vereinigung von Einzelempfindungen zu einem Gestaltzusammenhang (Psychol.). **Kohärenzprinzip** *das*; -s: Grundsatz von dem Zusammenhang alles Seienden (Philos.). **Kohärer** [*lat.-engl.*] *der*; -s, -: früher verwendeter Apparat zum Nachweis elektrischer Wellen; vgl. Fritter. **kohärieren** [*lat.*]: zusammenhängen, Kohäsion zeigen. **Kohäsion** [*lat.-nlat.*] *die*; -: der innere Zusammenhalt der Moleküle eines Körpers. **kohäsiv**: zusammenhaltend

Koheleth [*hebr.*] *der*; -: hebr. Bezeichnung für → Ekklesiastes

kohibieren [*lat.*]: (veraltet) zurückhalten, mäßigen. **Kohibition** [*...zion*] *die*; -, -en: (veraltet) Zurückhaltung, Mäßigung

Kohlehy|drat u. Kohlenhy|drat [*dt.*; *gr.-nlat.*] *das*; -[e]s, -e: aus Kohlenstoff, Sauerstoff u. Wasserstoff zusammengesetzte organische Verbindung (z. B. Stärke, Zellulose, Zucker)

Kohlenhydrat vgl. Kohlehydrat

Kohortation [*...zion*; *lat.*] *die*; -, -en: (veraltet) Ermahnung, Ermunterung. **kohortativ** [*lat.-nlat.*]: (veraltet) ermahnend. **Kohortativ** *der*; -s, -e [*...wᵉ*]: Gebrauchsweise des → Konjunktivs zum Ausdruck einer Aufforderung an die eigene Person, z. B. lat. eamus = gehen wir! (Sprachw.)

Kohorte [*lat.*] *die*; -, -n: 1. (hist.) den 10. Teil einer röm. Legion umfassende Einheit. 2. eine nach bestimmten Kriterien ausgewählte Personengruppe, deren Entwicklung u. Veränderung in einem bestimmten Zeitablauf soziologisch untersucht wird (Soziol.). 3. Schar, Gruppe (von gemeinsam auftretenden, agierenden Personen). **Kohortenanalyse** *die*; -, -n: Untersuchung [von Teilen] der Bevölkerung, bei der Entwicklungen u. Veränderungen von Gruppen, die dieselben zeitlichen Merkmale (z. B. gleiches Geburtsdatum) tragen, untersucht u. verglichen werden (Soziol.)

Kohyper|onym [auch: *...nüm*; *lat.*;

gr.-nlat.] *das*; -s, -e: ein → Hyperonym, das anderen Hyperonymen auf einer → hierarchischen Stufe gleichgeordnet ist u. mit diesen gemeinsam → Hyponymen übergeordnet ist (z. B. Arzneimittel, Medikament zu Tablette, Kapsel, Pille; Sprachw.). **Kohyper|onymie** [auch: ...*mi*] *die*; -: in Nebengeordnetheit sich ausdrückende semantische Relation, wie sie zwischen Kohyperonymen besteht (Sprachw.). **Kohyponym** [auch: ...*nüm*; *lat.*; *gr.-nlat.*] *das*; -s, -e: ein → Hyponym, das anderen Hyponymen auf einer → hierarchischen Stufe gleichgeordnet ist u. mit diesen gemeinsam einem → Hyperonym untergeordnet ist (z. B. Junge u. Mädchen zu Kind; Sprachw.). **Kohyponymie** [auch: ...*mi*] *die*; -: in Nebengeordnetheit sich ausdrükkende semantische Relation, wie sie zwischen Kohyponymen besteht (Sprachw.)

Koimesis [*keu*...; *gr.*] *die*; -, ...mesen: 1. (ohne Plural) [das Fest von] Mariä Tod u. Himmelsaufnahme in der orthodoxen Kirche. 2. Darstellung des Marientodes in der bildenden Kunst

Koine [*keune*; *gr.*] *die*; -, Koinai: 1. (ohne Plural) die griech. Umgangssprache im Zeitalter des Hellenismus. 2. eine durch Einebnung von Dialektunterschieden entstandene Sprache (Sprachw.). **Koinon** [*keunon*] *das*; -s, Koina: (hist.) a) berufliche, politische od. sakrale Vereinigung im Griechenland der Antike; b) Bundesstaat, [Stadt]staatenbund in hellenistischer Zeit (z. B. Äolischer Bund)

ko|inzident [*lat.-nlat.*]: zusammenfallend; einander deckend. **Ko|inzidenz** *die*; -: das Zusammentreffen, Zusammenfall, z. B. zweier Ereignisse; gleichzeitiges Auftreten, z. B. mehrerer Krankheiten bei einer Person; vgl. Coincidentia oppositorum. **koinzidieren**: zusammenfallen, einander decken

ko|itieren [*lat.-nlat.*]: 1. Geschlechtsverkehr ausüben. 2. jmdn. als Objekt für sein sexuelles Verlangen benutzen, mit jmdm. den Geschlechtsverkehr vollziehen, z. B. jmdn. -. **Ko|itus** (in medizinischen Fügungen:) Co|itus [*lat.*] *der*; -, - [*kóituß*]: Geschlechtsverkehr (Med.); Coitus a tergo: Form des Koitus, bei der die Frau dem Mann den Rükken zuwendet; Geschlechtsverkehr „von hinten"; Coitus interruptus: Form des Koitus, bei der der Penis vor dem Samenerguß aus der Scheide herausgezogen wird; Coitus per anum: Geschlechtsverkehr durch Einführen des Penis in den After des Geschlechtspartners. Coitus per os vgl. Fellatio. Coitus reservatus: Geschlechtsverkehr, bei dem der Samenerguß absichtlich über längere Zeit hin od. gänzlich unterdrückt wird

Koje [*lat.-niederl.*] *die*; -, -n: 1. fest eingebautes Bett [auf Schiffen]. 2. Raum zur Aufbewahrung von Segeln. 3. Ausstellungsstand

Kojiki [*kodsehiki*] *der*; -: = Kodschiki

Kojote [*mex.-span.*] *der*; -n, -n: 1. nordamerik. Präriewolf. 2. (abwertend) Mensch, den man verachtet

Koka [*indian.-span.*] *die*; -, - u. Kokastrauch *der*; -s, ...sträucher: ein in Peru u. Bolivien vorkommender Strauch, aus dessen Blättern das Kokain gewonnen wird. **Kokain** [*indian.-span.-nlat.*] *das*; -s: aus den Blättern des Kokastrauches gewonnenes → Alkaloid (ein Rauschgift u. Betäubungsmittel). **Kokai|nismus** [...*a-i*...] *der*; -: (Med.) 1. süchtige Gewöhnung an das Rauschgift Kokain. 2. Kokainvergiftung. **Kokai|nist** [...*a-i*...] *der*; -en, -en: jmd., der an Kokainismus leidet

Kokarde [*fr.*] *die*; -, -n: rosettenförmiges od. rundes Hoheitszeichen in den Landes- od. Stadtfarben an Kopfbedeckungen von Uniformen od. an Militärflugzeugen

Kokarzinogene vgl. Cocarcinogene

Kokastrauch vgl. Koka

koken [*engl.*]: Koks herstellen. **Koker** *der*; -s, -: Koksarbeiter. **Kokerei** *die*; -, -en: Betrieb zur Herstellung von Koks

kokett [*fr.*]: [von eitel-selbstgefälligem Wesen u.] bestrebt, die Aufmerksamkeit anderer zu erregen u. ihnen zu gefallen. **Kokette** *die*; -, -n: eine Frau, die darauf bedacht ist, auf Männer zu wirken. **Koketterie** *die*; -, ...ien: 1. kokette Art. 2. das Kokettieren. **kokettieren**: 1. sich als Frau einem Mann gegenüber kokett benehmen. 2. mit etw. nur spielen, sich nicht wirklich auf etw. einlassen. 3. auf etw. im Zusammenhang mit der eigenen Person hinweisen, um sich damit interessant zu machen, eine best. Reaktion zu erreichen

Kokille [*fr.*] *die*; -, -n: metallische, wiederholt verwendbare Gießform (Hüttentechnik)

Kokke [*gr.-lat.*] *die*; -, -n u. Kokkus *der*; -, Kokken (meist Plural): Kugelbakterie (Med.)

Kokkelskörner [*gr.-lat.-nlat.*; *dt.*] *die* (Plural): giftige Früchte eines südostasiatischen Schlingstrauchs (Bot.)

Kökkenmöddinger u. Kjökkenmöddinger [*dän.*; „Küchenabfälle"] *die* (Plural): Abfallhaufen der Steinzeitmenschen aus Muschelschalen, Kohlenresten u. a.

Kokkolith [auch: ...*it*; *gr.-nlat.*] *der*; -s u. -en, -e[n] u. **Kokko|sphäre** *die*; -, -n: aus Kalkalgen entstandenes Sedimentgestein der Tiefsee (Geol.). **Kokkus** vgl. Kokke

Kokon [...*kong*, österr.: ...*kon*; *provenzal.-fr.*] *der*; -s, -s: Hülle um die Eier verschiedener Tiere od. um die Insektenpuppen (aus der z. B. beim Seidenspinner die Seide gewonnen wird)

Kokosette [...*sät*; *span.-fr.*] *das*; -s: (österr.) geraspelte Kokosflokken

Kokospalme [*span.*; *lat.*] *die*; -, -n: in Asien beheimatete Palme von hohem Nutzwert, deren große, braune Früchte eine sehr harte, mit einer Faserschicht bedeckte Schale besitzen und im Inneren eine milchige Flüssigkeit sowie eine weiße, fleischige Schicht enthalten

Kokotte [*fr.*] *die*; -, -n: (veraltet) gutaussehende Frau mit guten Umgangsformen, die zu Erwerbszwecken mit Männern sexuell verkehrt

Koks

I. [*engl.*] *der*; -es, -e: 1. durch Erhitzen unter Luftabschluß gewonnener Brennstoff aus Stein- od. Braunkohle. 2. (ohne Plural; salopp scherzh.) (jmdm. zur Verfügung stehendes) Geld.

II. [Kurzform von → Kokain] *der*; -es: (Jargon) Kokain.

III. [*jidd.*] *der*; -[es], -e: (ugs.) steifer Hut, → Melone (2).

IV. [Herkunft unsicher] *der*; -, -: 1. (landsch.) ein Glas Rum mit Würfelzucker. 2. (ohne Plural; ugs.) Unsinn

Kok-Saghys [...*ßagüß*; *turkotat.*] *der*; -, -: russische Kautschukpflanze, Abart des Löwenzahns

Kokse *die*; -, -n: (Jargon) kokainsüchtige weibliche Person. **koksen**: (Jargon) Kokain nehmen. **Kokser** *der*; -s, -: (Jargon) jmd., der kokainsüchtig ist

Kokzidie [...*iᵉ*; *gr.-nlat.*] *die*; -, -n (meist Plural): parasitisches Sporentierchen (Krankheitserreger bei Tieren u. Menschen). **Kokzidiose** *die*; -, -n: durch Kokzidien hervorgerufene Krankheit (z. B. die Leberkokzidiose der Kaninchen)

Kola
I. [*afrik.*] *die*; -: der → Koffein enthaltende Samen des Kolastrauches (Kolanuß); als ⓦ Arzneimittel.
II. *Plural* von → Kolon
Kolani *der*; -s, -s: (bei der → Marine (1) getragenes) hüftlanges → Jacket aus dickem, dunkelblauem Wollstoff
Kolatsche u. Golatsche [*tschech.-poln.*] *die*; -, -n: (österr.) kleiner, gefüllter Hefekuchen
Kolatur [*lat.*] *die*; -, -en: (veraltet) [durch ein Tuch] durchgeseihte Flüssigkeit; vgl. kolieren
Kolchizin, (fachspr. auch:) Colchicin [*kolchizin*; *gr.-nlat.*] *das*; -s: giftiges, die Zellkernteilung hemmendes → Alkaloid der Herbstzeitlose (ein Gicht- u. Rheumamittel)
Kolchos [*russ.*; Kurzw. aus *kol*lektiwnoje *chos*jaistwo = Kollektivwirtschaft] *der* (auch *das*); -, ...osen u. (österr. nur so) **Kolchose** *die*; -, -n: landwirtschaftliche Produktionsgenossenschaft [in der Sowjetunion]
Koleda [*lat.-slaw.*] *die*; -, -s: in den slawischen Sprachen Bezeichnung für: das Weihnachtsfest u. das dazugehörende Brauchtum
Koleo|pter vgl. Coleopter. **Koleo|ptere** [*gr.-nlat.*] *die*; -, -n (meist Plural): Käfer (Zool.). **Koleo|pterologe** *der*; -n, -n: Wissenschaftler auf dem Gebiet der Koleopterologie. **Koleopterologie** *die*; -: Teilgebiet der Zoologie, auf dem man sich mit den Käfern befaßt. **koleopterologisch**: die Koleopterologie betreffend, auf ihr beruhend. **Koleo|ptile** *die*; -, -n: Schutzorgan für das aufgehende erste Blatt eines Grases, Sproßscheide (Bot.). **Koleo|ptose** *die*; -, -n: das Heraustreten der Scheide aus der → Vulva, Scheidenvorfall (Med.). **Koleor|rhiza** *die*; -, ...zen: Hülle um die Keimwurzel der Gräser, Wurzelscheide (Bot.)
Kolibakterie [*gr.*] *die*; -, -n (meist Plural): Darmbakterie bei Mensch u. Tier, außerhalb des Darms Krankheitserreger (Med.)
Koli|bri [*karib.-fr.*] *der*; -s, -s: in Amerika vorkommender kleiner Vogel mit buntem, metallisch glänzendem Gefieder
kolieren [*lat.*]: (veraltet) [durch]seihen; vgl. Kolatur
Kolik [auch: ...*lik*; *gr.-lat.*] *die*; -, -en: krampfartig auftretender Schmerz im Leib u. seinen Organen (z. B. Magen-, Darm-, Nierenkolik; Med.)
Kolinski [*russ.*] *der*; -s, -s: Pelz des sibirischen Feuerwiesels
Kolitis [*gr.-nlat.*] *die*; -, ...itiden: Entzündung des Dickdarms (Med.). **Koli|urie** *die*; -, ...ien: Ausscheidung von Kolibakterien im Urin (Med.)
Kolkothar [*arab.-span.-mlat.*] *der*; -s, -e: rotes Eisenoxyd
Kolla [*gr.*] *die*; -: Leim (Chem.; Med.)
kollabeszieren [*lat.*]: körperlich verfallen (Med.). **kollabieren**: 1. einen Kollaps (1) erleiden, plötzlich schwach werden, verfallen (Med.). 2. in sich zusammenfallen (von Sternen in der Endphase ihrer Entwicklung; Astron.)
Kollaborateur [...*tör*; *lat.-fr.*] *der*; -s, -e: Angehöriger eines von feindlichen Truppen besetzten Gebiets, der mit dem Feind zusammenarbeitet. **Kollaboration** [...*zion*] *die*; -, -en: aktive Unterstützung einer feindlichen Besatzungsmacht gegen die eigenen Landsleute. **Kollaborator** [*lat.-nlat.*] *der*; -s, ...oren: (veraltet) Hilfslehrer, -geistlicher. **Kollaboratur** *die*; -, -en: (veraltet) Stelle, Amt eines Kollaborators. **kollaborieren** [*lat.-fr.*]: 1. mit einer feindlichen Besatzungsmacht gegen die eigenen Landsleute zusammenarbeiten. 2. zusammenarbeiten
kollagen [*gr.-nlat.*]: aus Kollagenen bestehend; leimgebend (Biol.; Med.). **Kollagen** *das*; -s, -e: leimartiger, stark quellender Eiweißkörper in Bindegewebe, Sehnen, Knorpeln, Knochen (Biol.; Med.). **Kollagenase** *die*; -, -n: → Enzym, das Kollagene u. deren Abbauprodukte angreift. **Kollagenose** *die*; -, -n: eine der Krankheiten, bei denen sich das kollagenhaltige Gewebe verändert (z. B. Rheumatismus; Med.)
Kollani vgl. Kolani
Kollaps [auch: ...*lapß*; *lat.-mlat.*; „Zusammenbruch"] *der*; -es, -e: 1. plötzlicher Schwächeanfall infolge Kreislaufversagens (Med.). 2. starkes Schwinden des Holzes senkrecht zur Faserrichtung während der Trocknung. 3. Endphase der Sternentwicklung, bei der der Stern unter dem Einfluß der eigenen Gravitation in sich zusammenfällt (Astron.). 4. [wirtschaftlicher] Zusammenbruch. **Kollapsus** *der*; -, ...pse: (veraltet) Kollaps (1)
Kollar [*lat.-mlat.*] *das*; -s, -e: steifer Halskragen, bes. des katholischen Geistlichen
Koll|argol [Kunstw. aus: → *koll*oidal, *Arg*entum u. *-ol*] *das*; -s: → kolloides, in Wasser lösliches Silber; vgl. Collargol
kollateral [*lat.-nlat.*]: seitlich angeordnet (von den Leitbündeln, den strangartigen Gewebebündeln, in denen die Stoffleitung der Pflanzen vor sich geht; Bot.). **Kollaterale** *die*; -n, -n u. **Kollateralgefäß** *das*; -es, -e: Querverbindung zwischen Blutgefäßen, Umgehungsgefäß (Med.). **Kollateralverwandte** *der* u. *die*; -n, -n: (veraltet) Verwandte[r] einer Seitenlinie
Kollation [...*zion*; *lat.*] *die*; -, -en: 1. Vergleich einer Abschrift mit der Urschrift zur Prüfung der Richtigkeit. 2. a) Prüfung der Bogen in der Buchbinderei auf Vollzähligkeit; b) Prüfung antiquarischer Bücher auf Vollständigkeit. 3. Übertragung eines freigewordenen Kirchenamtes, bes. einer Pfarrei. 4. a) [erlaubte] kleine Erfrischung an katholischen Fasttagen od. für einen Gast im Kloster; b) (veraltet, aber noch landsch.) kleine Zwischenmahlzeit, Imbiß. 5. (veraltet) Hinzufügung der Vorausleistungen des Erblassers [an einen Erben] zu dem Gesamtnachlaß (Rechtsw.). **kollationieren** [*lat.-nlat.*]: 1. [eine Abschrift mit der Urschrift] vergleichen. 2. etwas auf seine Richtigkeit u. Vollständigkeit prüfen. 3. (veraltet) einen kleinen Imbiß einnehmen. **Kollator** [*lat.*] *der*; -s, ...oren: Inhaber der Kollatur (z. B. der katholische Bischof). **Kollatur** [*lat.-nlat.*] *die*; -, -en: das Recht zur Verleihung eines Kirchenamtes
Kollaudation [...*zion*] *die*; -, -en: (schweiz.) Kollaudierung; vgl. ...[at]ion/...ierung. **kollaudieren**: (schweiz. u. österr.) [ein Gebäude] amtlich prüfen u. die Übergabe an seine Bestimmung genehmigen. **Kollaudierung** [*lat.*] *die*; -, -en: (schweiz. u. österr.) amtliche Prüfung u. Schlußgenehmigung eines Bauwerks; vgl. ...[at]ion/...ierung
Kolleg [*lat.*] *das*; -s, -s u. (selten:) -ien [...*i'n*]: 1. a) Vorlesung[sstunde] an einer Hochschule; b) Fernunterricht im Medienverbund (z. B. Telekolleg). 2. a) kirchliche Studienanstalt für katholische Theologen; b) Schule [mit → Internat] der Jesuiten. 3. = Kollegium. **Kollega** *der*; -[s], -s: Kollege (1 a). **Kollege** [eigtl. „Mitabgeordneter"] *der*; -n, -n: 1. a) jmd., der mit anderen zusammen im gleichen Betrieb od. im gleichen Beruf tätig ist; b) jmd., der mit anderen zusammen der gleichen Einrichtung, Organisation (z. B. der

Gewerkschaft) angehört; c) Klassen-, Schulkamerad. 2. saloppe Anrede an einen Unbekannten, nicht mit Namen Bekannten z. B. na -, hilf mir mal! 3. (DDR) Genosse, Werktätiger. **kollegial**: 1. freundschaftlich, hilfsbereit (wie ein guter Kollege). 2. a) durch ein Kollegium erfolgend; b) nach Art eines Kollegiums zusammengesetzt (von Regierungen). **Kollegialgericht** *das*; -s, -e: Gericht, dessen Entscheidungen von mehreren Richtern gemeinsam gefällt werden. **Kollegialität** [*lat.-nlat.*] *die*; -: gutes Einvernehmen unter Kollegen, kollegiales Verhalten, kollegiale Einstellung. **Kollegialsystem** *das*; -s: gemeinsame Verwaltung u. Beschlußfassung [von gleichberechtigten Personen in einer Behörde]. **Kollegiat** [*lat.*] *der*; -en, -en: 1. Teilnehmer an einem [Funk]-kolleg. 2. Stiftsgenosse. **Kollegiatkapitel** *das*; -s, -: Körperschaft der Weltgeistlichen (→ Kanoniker) an einer Kollegiatkirche (Stiftskirche). **Kollegium** *das*; -s, ...ien [...*iᵉn*]: Gruppe von Personen mit gleichem Amt od. Beruf

Kollektaneen [auch: ...*taneᵉn*; *lat.*] *die* (Plural): (veraltet) Sammlung von Auszügen aus literarischen od. wissenschaftlichen Werken; vgl. Analekten. **Kollekte** [*lat.-mlat.*] *die*; -, -n: 1. Sammlung freiwilliger Spenden [während u. nach einem Gottesdienst]. 2. kurzes Altargebet. **Kollekteur** [...*tör*; *lat.-fr.*] *der*; -s, -e: (veraltet) a) Lotterieeinnehmer; b) jmd., der für wohltätige Zwecke sammelt. **Kollektion** [...*zion*] *die*; -, -en: a) Mustersammlung von Waren, bes. von den neuesten Modellen der Textilbranche; b) für einen bestimmten Zweck zusammengestellte Sammlung, Auswahl. **kollektiv** [*lat.*]: a) gemeinschaftlich; b) alle Beteiligten betreffend, erfassend, umfassend. **Kollektiv** [*lat.* (-*russ.*)] *das*; -s, -e [...*wᵉ*] (auch: -s [...*ifß*]): 1. a) Gruppe, in der Menschen zusammen leben [u. in der die Persönlichkeit des einzelnen von untergeordneter Bedeutung ist]; b) Gruppe, in der die Menschen zusammen arbeiten; Team. 2. in den sozialistischen Staaten von gemeinsamen Zielvorstellungen u. Überzeugungen getragene [Arbeits- u. Produktions]gemeinschaft. 3. (Statistik) beliebig große Gesamtheit von Meßwerten, Zähldaten, die an eindeutig gegeneinander abgrenzbaren Exemplaren einer statistischen Menge zu beobachten sind. 4. Gesamtheit von Teilchen, deren Bewegungen infolge ihrer gegenseitigen Wechselwirkung mehr od. weniger stark korreliert sind (Phys.). **kollektivieren** [...*wi*...; *lat.-russ.*]: Privateigentum in Gemeineigentum überführen. **Kollektivierung** *die*; -, -en: Überführung privater Produktionsmittel in Gemeinwirtschaften. **Kollektivimprovisation** [...*zion*] *die*; -, -en: gemeinsames Stegreifspiel im Jazz. **Kollektivismus** [...*wiß*...] *der*; -: 1. Anschauung, die mit Nachdruck den Vorrang des gesellschaftlichen Ganzen vor dem Individuum betont u. letzterem jedes Eigenrecht abspricht. 2. kollektive Wirtschaftslenkung mit Vergesellschaftung des Privateigentums. **Kollektivist** *der*; -en, -en: Anhänger des Kollektivismus. **kollektivistisch**: den Kollektivismus betreffend; im Sinne des Kollektivismus. **Kollektivität** *die*; -: 1. Gemeinschaftlichkeit. 2. Gemeinschaft. **Kollektivsuffix** *das*; -es, -e: → Suffix, das typisch für eine Sammelbezeichnung ist (z. B. ...schaft; Sprachw.). **Kollektivum** [...*iwum*; *lat.*] *das*; -s, ...va [...*wa*] u. ...ven [...*wᵉn*]: Sammelbezeichnung (z. B. Herde, Gebirge; Sprachw.). **Kollektivvertrag** [*lat.*; *dt.*] *der*; -s, ...verträge: 1. Vertrag zwischen Gewerkschaften u. Arbeitgeberverbänden zur gemeinsamen Regelung der arbeitsrechtlichen Probleme zwischen Arbeitgeber u. Arbeitnehmer (Tarifvertrag). 2. Vertrag zwischen mehreren Staaten (Völkerrecht). **Kollektivwirtschaft** *die*; -: (DDR) landwirtschaftliche Produktionsgenossenschaft [in der Sowjetunion]. **Kollektivzüge** *die* (Plural): Registerzüge der Orgel zum gleichzeitigen Erklingenlassen mehrerer Stimmen (Mus.). **Kollektor** [*lat.-nlat.*] *der*; -s, ...oren: 1. auf der Welle einer → elektrischen → Maschine (1) aufsitzendes Bauteil für die Stromzufuhr od. -aufnahme (Elektrot.). 2. Vorrichtung, in der [unter Ausnutzung der Sonnenstrahlung] Strahlungsenergie gesammelt wird (Phys.). 3. Sammler. **Kollektur** *die*; -, -en: (österr.) [Lotto]geschäftsstelle

Koll|embole [*gr.-nlat.*] *der*; -n, -n (meist Plural): ein flügelloses Insekt, Springschwanz (Zool.). **Kollenchym** [...*chüm*] *das*; -s, -e: Festigungsgewebe der Pflanzen (Bot.). **Koll|etere** *die*; -, -n: pflanzliches Drüsenorgan auf den Winterknospen vieler Holzgewächse (Bot.)

Kollett [*lat.-fr.*] *das*; -s, -e: (veraltet) Reitjacke

Kolli [*it.*]

I. *Plural* von → Kollo.

II. *das*; -s, - (auch: -s): (österr.) Kollo

kollidieren [*lat.*]: 1. (von Fahrzeugen) zusammenstoßen. 2. auf Grund seiner Geartetheit mit anderen [ebenso berechtigten] Interessen, Ansprüchen o. ä. zusammenprallen [u. nicht zu vereinen sein, im Widerspruch zueinander stehen]

Kollier [...*ie*; *lat.-fr.*] *das*; -s, -s: 1. wertvolle, aus mehreren Reihen Edelsteinen od. Perlen bestehende Halskette. 2. schmaler Pelz, der um den Hals getragen wird

Kollimation [...*zion*; *lat.-nlat.*] *die*; -, -en: das Zusammenfallen von zwei Linien an einem Meßgerät (z. B. beim Einstellen eines Fernrohrs). **Kollimator** *der*; -s, ...oren: 1. Vorrichtung in optischen Geräten, mit der ein unendlich entferntes Ziel in endlichem Abstand dargestellt wird. 2. Vorrichtung, mit der aus einem [Teilchen]strahl ein Bündel mit bestimmtem Raumwinkel ausgeblendet wird (Kernphysik). **kollinear**: einander entsprechende gerade Linien zeigend (bei der → Projektion (3) geometrischer Figuren). **Kollinear** *das*; -s, -e: ein symmetrisches Objektiv (Fotogr.). **Kollineation** [...*zion*] *die*; -, -en: → kollineare Abbildung zweier geometrischer Figuren aufeinander (Math.)

Kollision [*lat.*] *die*; -, -en: 1. Zusammenstoß von Fahrzeugen. 2. Widerstreit [nicht miteinander vereinbarer Interessen, Rechte u. Pflichten]

Kollo [*it.*] *das*; -s, -s u. Kolli: Frachtstück, Warenballen; vgl. Kolli

Kollodium [*gr.-nlat.*] *das*; -s: zähflüssige Lösung von → Nitrozellulose in Alkohol u. Äther (z. B. zum Verschließen von Wunden verwendet). **kolloid** u. kolloidal: feinzerteilt (von Stoffen). **Kolloid** *das*; -[e]s, -e: Stoff, der sich in feinster, mikroskopisch nicht mehr erkennbarer Verteilung in einer Flüssigkeit od. einem Gas befindet (Chem.). **kolloidal** [...*o-i*...] vgl. kolloid. **Kolloidreaktion** [...*zion*] *die*; -, -en: der Diagnostik dienende Methode zur Untersuchung von Blut u. Rükkenmarksflüssigkeit (Med.)

Kollokabilität [*lat.-nlat.*] *die*;

-, -en: Fähigkeit zur Kollokation (2) (Sprachw.). **Kollokation** [...zion; *lat.*] *die*; -, -en: 1. a) Ordnung nach der Reihenfolge; b) Platzanweisung. 2. (Sprachw.) a) inhaltliche Kombinierbarkeit sprachlicher Einheiten miteinander (z. B. Biene + summen; dick + Buch; aber nicht: dick + Haus); b) Zusammenfall, gemeinsames Vorkommen verschiedener Inhalte in einer lexikalischen Einheit (z. B. engl. *to swim* u. *to float* in deutsch *schwimmen*). **kollokieren** (Sprachw.): a) inhaltlich zusammenpassende sprachliche Einheiten miteinander verbinden; b) (zusammen mit einem anderen sprachlichen Inhalt) in einer einzigen lexikalischen Einheit enthalten sein; vgl. Kollokation (2b)

Kollonema [*gr.-nlat.*] *das*; -s, ...mata: = Myxom

kolloquial [*lat.-engl.*]: wie im Gespräch üblich, für die Redeweise im Gespräch charakteristisch (Sprachw.). **Kolloquialismus** *der*; -, ...men: der Redeweise (im Gespräch od. in einer bestimmten Landschaft) angehörender Ausdruck (Sprachw.). **Kolloquium** [auch: ...lo...; *lat.*] *das*; -s, ...ien [...i^e^n]: 1. a) wissenschaftliches Gespräch [zwischen Fachleuten]; b) kleinere Einzelprüfung an einer Hochschule (bes. über eine einzelne Vorlesung). 2. Zusammenkunft, Beratung von Wissenschaftlern od. Politikern über spezielle Probleme

kolludieren [*lat.*]: sich zur Täuschung eines Dritten mit jmdm. absprechen

Kollumkarzinom [*lat.*; *gr.*] *das*; -s, -e: Krebs des Gebärmutterhalses

Kollusion [*lat.*] *die*; -, -en: (Rechtsw.) a) geheime, betrügerische Verabredung, sittenwidrige Absprache; b) Verdunkelung, Verschleierung (z. B. wichtigen Beweismaterials einer Straftat)

Kolmatage [...tasch^e^] *die*; -: = Kolmation. **kolmatieren** [*lat.-it.-fr.*]: Gelände mit sinkstoffhaltigem Wasser überfluten. **Kolmation** [...zion] *die*; -, -en: künstliche Geländeerhöhung durch Überschwemmung des Gebiets mit sinkstoffhaltigem Wasser, Auflandung

Kol nidre [*hebr.*; „alle Gelübde"] *das*; - -: Name u. Anfangswort des jüdischen Synagogengebets am Vorabend des Versöhnungstages (→ Jom Kippur)

Kolo [*slaw.*; „Rad"] *der*; -s, -s: 1. Nationaltanz der Serben. 2. auf dem Balkan verbreiteter Kettenreigentanz in schnellem $^2/_4$-Takt

Kolobom [*gr.*] *das*; -s, -e: angeborene Spaltbildung, bes. im Bereich der Regenbogenhaut, der Augenlider od. des Gaumens (Med.)

Kolombine u. Kolumbine [*lat.-it.*; „Täubchen"] *die*; -, -n: weibliche Hauptfigur der → Commedia dell'arte

Kolombowurzel [nach Colombo, der Hauptstadt von Ceylon] *die*; -, -n: die Wurzel eines in Ostasien vorkommenden Mondsamengewächses, ein Heilmittel gegen Verdauungsstörungen

Kolome|trie [*gr.*] *die*; -: Zerlegung fortlaufend geschriebener Gedichte od. Texte in Kola (vgl. Kolon (2)). **Kolon** [*gr.-lat.*; „Körperglied; gliedartiges Gebilde; Satzglied"] *das*; -s, -s u. Kola: 1. (veraltet) Doppelpunkt. 2. auf der Atempause beruhende rhythmische Sprecheinheit in Vers u. Prosa (antike Metrik; Rhet.). 3. ein Teil des Dickdarms (Grimmdarm; Med.)

Kolonat [*lat.*] *das* (auch: *der*); -[e]s, -e: 1. Gebundenheit der Pächter an ihr Land in der römischen Kaiserzeit, Grundhörigkeit. 2. Erbzinsgut. **Kolone** *der*; -n, -n: 1. persönlich freier, aber [erblich] an seinen Landbesitz gebundener Pächter in der römischen Kaiserzeit. 2. Erbzinsbauer

Kolonel [*lat.-it.-fr.*] *die*; -: Schriftgrad von sieben Punkt (etwa 2,5 mm Schrifthöhe; Druckw.)

kolonial [*lat.-fr.*]: 1. a) aus den Kolonien stammend; b) die Kolonien betreffend. 2. in enger, natürlicher Gemeinschaft lebend (von Tieren od. Pflanzen; Biol.). **kolonialisieren**: jmdn. in koloniale (1 b) Abhängigkeit bringen. **Kolonialismus** [*nlat.*] *der*; -: 1. (hist.) auf Erwerb u. Ausbau von [überseeischen] Besitzungen ausgerichtete Politik eines Staates. 2. (abwertend) System der politischen Unterdrückung u. wirtschaftlichen Ausbeutung unterentwickelter Völker [in Übersee] durch politisch u. wirtschaftlich einflußreiche Staaten. **Kolonialist** *der*; -en, -en: Anhänger des Kolonialismus. **kolonialistisch**: dem Kolonialismus entsprechend, nach seinen → Prinzipien vorgehend. **Kolonialstil** *der*; -[e]s: Wohn- u. Baustil in den engl. Kolonien u. im 19. Jh. in den USA (Anlehnung an den engl. Klassizismus). **Kolonialwaren** *die* (Plural): (veraltet) Lebens- u. Genußmittel [aus Übersee]. **Kolonie** [*lat.*] *die*; -, ...ien: 1. auswärtige Besitzung eines Staates, die politisch u. wirtschaftlich von ihm abhängig ist. 2. Gruppe von Personen gleicher Nationalität, die im Ausland [am gleichen Ort] lebt u. dort das Brauchtum u. die Traditionen des eigenen Landes pflegt. 3. häufig mit Arbeitsteilung verbundener Zusammenschluß ein- od. mehrzelliger pflanzlicher od. tierischer Individuen einer Art zu mehr od. weniger lockeren Verbänden (Biol.). 4. a) Siedlung; b) (hist.) römische od. griechische Siedlung in eroberten Gebieten. 5. Lager (z. B. Ferienlager). **Kolonisation** [...zion; *lat.-fr.* u. *engl.*] *die*; -, -en: 1. Gründung, Entwicklung [u. wirtschaftliche Ausbeutung] von Kolonien. 2. wirtschaftliche Entwicklung rückständiger Gebiete des eigenen Staates (innere Kolonisation); vgl. ...[at]ion/...ierung. **Kolonisator** [Substantivbildung zu → kolonisieren] *der*; -s, ...oren: 1. jmd., der führend an der Gründung u. Entwicklung von Kolonien (1) beteiligt ist. 2. jmd., der kolonisiert (2). **kolonisatorisch**: die Kolonisation betreffend. **kolonisieren** [*lat.-fr.* u. *engl.*]: 1. aus einem Gebiet eine Kolonie (1) machen. 2. urbar machen, besiedeln u. wirtschaftlich erschließen. **Kolonisierung** *die*; -, -en: das Kolonisieren; vgl. ...[at]ion/...ierung. **Kolonist** [*lat.-engl.*] *der*; -en, -en: 1. a) europäischer Siedler in einer Kolonie (1); b) jmd., der in einer Kolonie wohnt; c) jmd., der kolonisiert. 2. → Adventivpflanze (Bot.)

Kolonnade [*lat.-it.-fr.*] *die*; -, -n: Säulengang, -halle. **Kolonne** [*lat.-fr.*] *die*; -, -n: 1. a) in langer Formation marschierende Truppe, sich fortbewegende Gruppe von Menschen; die fünfte K.: ein Spionage- u. Sabotagetrupp; b) lange Formation in gleichmäßigen Abständen hintereinanderfahrender [militärischer] Fahrzeuge; c) für bestimmte Arbeiten im Freien zusammengestellter Trupp. 2. senkrechte Reihe untereinandergeschriebener Zahlen, Zeichen od. Wörter [einer Tabelle]. 3. Druckspalte, Kolumne (Druckw.). 4. zur Destillation von Stoffen verwendeter säulen- od. turmartiger Apparat (Chem.). 5. a) Wettkampfgemeinschaft im Kunstkraftsport; b) bestimmte Darbietungen einer Kolonne (5 a)

Kolophon [*gr.*; antike Stadt in Kleinasien] *der*; -s, -e; 1. (veraltet) Gipfel, Abschluß; Schlußstein. 2. Schlußformel mittelalterlicher Handschriften u. Frühdrucke mit Angaben über Verfasser, Druckort u. Druckjahr; vgl. Impressum. **Kolophonium** [*gr.-nlat.*] *das*; -s: ein Harzprodukt (z. B. als Geigenharz verwendet)

Kolo|ptose [*gr.-nlat.*] *die*; -, -n: Senkung des Dickdarms (Med.)

Koloquinte [*gr.-lat.-mlat.*] *die*; -, -n: Frucht einer subtropischen Kürbispflanze, die Öl liefert u. als Heilmittel verwendet wird

Koloradokäfer [nach dem USA-Staat Colorado] *der*; -s, -: der aus Nordamerika eingeschleppte Kartoffelkäfer

Koloratur [*lat.-it.*] *die*; -, -en: Ausschmückung u. Verzierung einer Melodie mit einer Reihe umspielender Töne. **Koloraturso|pran** *der*; -s, -e: a) für hohe Sopranlage geeignete geschmeidige u. bewegliche Frauenstimme; b) Sängerin mit dieser Stimmlage. **kolorieren** [*lat.* (-*it.*)]: 1. mit Farben ausmalen (z. B. Holzschnitte). 2. eine Komposition mit Verzierungen versehen (15. u. 16. Jh.). **Kolorimeter** [*lat.*; *gr.*] *das*; -s, -: Gerät zur Bestimmung von Farbtönen. **Kolorime|trie** *die*; -: 1. Bestimmung der Konzentration einer Lösung durch Messung ihrer Farbintensität (Chem.). 2. Temperaturbestimmung der Gestirne durch Vergleich von künstlich gefärbten Lichtquellen mit der Farbe der Gestirne (Astron.). **kolorime|trisch**: a) das Verfahren der Kolimetrie anwendend; b) die Kolorimetrie betreffend. **Kolorismus** [*lat.-nlat.*] *der*; -: die einseitige Betonung der Farbe in der Malerei (z. B. im Impressionismus; Kunstw.). **Kolorist** *der*; -en, -en: a) jmd., der Zeichnungen od. Drucke farbig ausmalt; b) Maler, der den Schwerpunkt auf das Kolorit (1) legt. **koloristisch**: die Farbgebung betreffend. **Kolorit** [*lat.-it.*] *das*; -[e]s, -e: 1. a) farbige Gestaltung od. Wirkung eines Gemäldes; b) Farbgebung; Farbwirkung. 2. die durch Instrumentation u. Harmonik bedingte Klangfarbe (Mus.). 3. (ohne Plural) eigentümliche Atmosphäre, Stil

Kolo|skop [*gr.*] *das*; -s, -e: Gerät zur direkten Untersuchung des Grimmdarms (Med.). **Kolo|skopie** *die*; -, ...ien: direkte Untersuchung des Grimmdarms mit dem Koloskop (Med.)

Koloß [*gr.-lat.*] *der*; ...osses, ...osse: a) (hist.) Riesenstandbild; b) etw., jmd. von gewaltigem Ausmaß; eine Person von außergewöhnlicher Körperfülle. **kolossal** [*gr.-lat.-fr.*]: a) riesig, gewaltig; Riesen...; b) (ugs.) sehr groß, von ungewöhnlichem Ausmaß; c) (ugs.) äußerst, ungewöhnlich; vgl. ...isch/-. **kolossalisch**: (veraltet) kolossal; vgl. ...isch/-. **Kolossalität** *die*; -: (selten) das Kolossale einer Person od. Sache; riesenhaftes Ausmaß. **Kolossalordnung** *die*; -, -en: mehrere (meist zwei) Geschosse einer Fassade übergreifende Säulenordnung (Archit.)

Kolostomie [*gr.-nlat.*] *die*; -: das Anlegen einer Dickdarmfistel (vgl. Fistel; Med.)

Kolo|stralmilch [*lat.-nlat.*; *dt.*] *die*; - u. **Kolo|strum** [*lat.*] *das*; -s: Sekret der weiblichen Brustdrüsen, das bereits vor u. noch unmittelbar nach der Geburt abgesondert wird u. sich von der eigentlichen Milch unterscheidet (Med.)

Kolotomie [*gr.-nlat.*] *die*; -, ...ien: operative Öffnung des Dickdarms [zur Anlegung eines künstl. Afters] (Med.)

Kolpak vgl. Kalpak

Kolpitis [*gr.-nlat.*] *die*; -, ...itiden: Entzündung der weiblichen Scheide (Med.). **Kolpo|kleisis** *die*; -: operativer Verschluß der Scheide (Med.)

Kolportage [...*tasch*ᵉ (österr.: ...*tasch*); *lat.-fr.*] *die*; -, -n: 1. literarisch minderwertiger, auf billige Wirkung abzielender Bericht. 2. Verbreitung von Gerüchten. 3. (veraltet) [Hausierer]handel mit Kolportageliteratur. **Kolportageliteratur** *die*; -: billige, literarisch wertlose [Unterhaltungs]literatur; Hintertreppen-, Schundliteratur. **Kolporteur** [...*tör*] *der*; -s, -e: 1. jmd., der Gerüchte verbreitet. 2. (veraltet) jmd., der mit Büchern od. Zeitschriften hausieren geht. **kolportieren**: 1. Gerüchte verbreiten. 2. (veraltet) von Haus zu Haus gehen u. Waren anbieten

Kolpos [*gr.*] *der*; -: über dem Gürtel des → Chitons entstehender Faltenbausch. **Kolpo|skop** [*gr.-nlat.*] *das*; -s, -e: vergrößerndes Spiegelgerät zur Untersuchung des Scheideninnern (Med.). **Kolpo|skopie** *die*; -, ...ien: Untersuchung der Scheidenschleimhaut mit dem Kolposkop (Med.)

Kolter [*lat.-fr.*]

I. *das*; -s, -: (landsch.) Messer vor der Pflugschar.

II. *der*; -s, - od. *die*; -, -n: (landsch.) [gesteppte Bett]decke

Kolumbarium [*lat.*; „Taubenhaus"] *das*; -s, ...ien [...*i*ᵉ*n*]: 1. (hist.) röm. Grabkammer der Kaiserzeit mit Wandnischen für Aschenurnen. 2. Urnenhalle eines Friedhofs. **Kolumbine** vgl. Kolombine

Kolumbit [auch: ...*it*; *nlat.*; nach dem Vorkommen im Gebiet von Columbia in den USA] *der*; -s, -e: ein Mineral

Kolumella [*lat.*; „kleine Säule"] *die*; -, ...llen: 1. Säulchen steriler Zellen in den sporenbildenden Organen einiger Pilze u. Moose (Bot.). 2. Kalksäule bei Korallentieren (Zool.). 3. säulenförmiger Knochen im Mittelohr vieler Wirbeltiere (Zool.). **Kolumne** [„Säule"] *die*; -, -n: 1. Satzspalte (Druckw.). 2. von stets demselben [prominenten] Journalisten verfaßter, regelmäßig an bestimmter Stelle einer Zeitung od. Zeitschrift veröffentlichter Meinungsbeitrag. **Kolumnentitel** *der*; -s, -: Überschrift über einer Buchseite. **Kolumnist** [*lat.-nlat.*] *der*; -en, -en: jmd., der Kolumnen (2) schreibt

Koma

I. [*gr.*; „tiefer Schlaf"] *das*; -s, -s u. -ta: tiefste, durch keine äußeren Reize zu unterbrechende Bewußtlosigkeit (Med.).

II. [*gr.-lat.*; „Haar"] *die*; -, -s: 1. Nebelhülle um den Kern eines Kometen (Astron.). 2. Linsenfehler, durch den auf der Bildfläche eine kometenschweifähnliche Abbildung statt eines Punktes entsteht (Optik)

komatös [*gr.-nlat.*]: in tiefster Bewußtlosigkeit befindlich (Med.); vgl. Koma (I)

kombattant [*lat.-vulgärlat.-fr.*]: kämpferisch. **Kombattant** *der*; -en, -en: 1. [Mit]kämpfer, Kampfteilnehmer. 2. Angehöriger der Kampftruppen, die nach dem Völkerrecht zur Durchführung von Kampfhandlungen allein berechtigt sind

Kombi *der*; -[s], -s: 1. Kurzform von → Kombiwagen. 2. (schweiz.) Kurzform von → Kombischrank. **Kombinat** [*lat.-russ.*] *das*; -[e]s, -e: Zusammenschluß produktionsmäßig eng zusammengehörender Industrie- u. anderer Zweige zu einem Großbetrieb in sozialistischen Staaten

Kombination

I. [...*zion*; *lat.*] *die*; -, -en: 1. Verbindung, [geistige] Verknüpfung; Zusammenstellung. 2. Herrenanzug, bei dem → Sakko u. Hose aus verschiedenen Stoffarten [u. in unterschiedlicher Farbe] gearbeitet sind. 3. a) planmäßiges Zusammenspiel [im Fußball]; b) aus mehreren Disziplinen bestehender Wettkampf; alpine -: Abfahrtslauf u. Slalom als Skiwettbewerb; nordische -: Sprunglauf u. 15-km-Langlauf als Skiwettbewerb. 4. Schlußfolgerung, Vermutung. 5. willkürliche Zusammenstellung einer bestimmten Anzahl aus gegebenen Dingen (Math.); vgl. Kombinatorik (2). II. [...*zion*; in engl. Ausspr.: ...*ne̱ⁱsch ͤn*; *lat.-fr.-engl.*] *die*; -, -en u. (bei engl. Ausspr.:) -s: 1. einteiliger [Schutz]anzug, bes. der Flieger. 2. Wäschegarnitur, bei der Hemd u. Hose in einem Stück gearbeitet sind

Kombinatio̱nslehre vgl. Kombinatorik. **Kombinatio̱nston** *der*; -s, ...töne: schwach hörbarer Ton, der durch das gleichzeitige Erklingen zweier kräftiger Töne entsteht, deren Tonhöhen nicht zu nahe beisammenliegen (Mus.; Phys.). **kombinati̱v** [*lat.-nlat.*]: gedanklich verbindend, verknüpfend. **Kombinato̱rik** u. Kombinatio̱nslehre *die*; -: 1. [Begriffs]aufbau nach bestimmten Regeln. 2. Teilgebiet der Mathematik, das sich mit den Anordnungsmöglichkeiten gegebener Dinge (Elemente) befaßt (Math.). **kombinato̱risch**: die Kombination (I, 1) od. Kombinatorik betreffend; -er Lautwandel: von einem Nachbarlaut abhängiger Wandel eines Lautes (z. B. beim Umlaut, der durch ein i od. j der folgenden Silbe hervorgerufen wird: Gast–Gäste aus althochdt. gesti). **Kombine** [*komba̱in*, auch: ...*bin ͤ*; *lat.-engl.*] *die*; -, -s [...*ba̱inß*] (auch: -n [...*bi̱n ͤn*] u. Combine [*ko̱mbain*] *die*; -, -s [...*bainß*]: landwirtschaftliche Maschine, die verschiedene Arbeitsgänge gleichzeitig ausführt (z. B. Mähdrescher). **kombini̱eren** [*lat.*]: 1. mehrere Dinge zusammenstellen, [gedanklich] miteinander verknüpfen. 2. schlußfolgern, mutmaßen. 3. [im Fußball] planmäßig zusammenspielen. **Kombini̱erte** *der*; -n, -n: jmd., der die → nordische Kombination läuft. **Ko̱mbischrank** [*lat.*; *dt.*] *der*; -[e]s, ...schränke: Mehrzweckschrank. **Ko̱mbiwagen** *der*; -s, -: kombinierter Liefer- u. Personenwagen

kombusti̱bel [*lat.-nlat.*]: (veraltet) leicht verbrennbar. **Kombustibi̱lien** [...*iᵉn*] *die* (Plural): Brennstoffe. **Kombustio̱n** [*spätlat.*] *die*; -, -en: Verbrennung (Med.)

Ko̱m|edo [*lat.*] *der*; -s, ...o̱nen: 1. (veraltet) Fresser, Schlemmer. 2. (meist Plural): Mitesser (Med.).

kom|esti̱bel: (veraltet) genießbar, eßbar. **Kom|estibi̱lien** [...*iᵉn*] *die* (Plural): Eßwaren, Lebensmittel

Kome̱t [*gr.-lat.*] *der*; -en, -en: Schweif-, Haarstern mit → elliptischer od. → parabolischer Bahn im Sonnensystem (Astron.). **komet a̱r**: von [einem] Kometen stammend, durch [einen] Kometen bedingt

Kömete̱rion vgl. Zömeterium

Komfort [*komfo̱r*; *lat.-fr.-engl.*] *der*; -s: luxuriöse Ausstattung (z. B. einer Wohnung), behagliche Einrichtung; auf technisch vollkommenen Einrichtungen beruhende Bequemlichkeit. **komforta̱bel**: behaglich, wohnlich; mit allen Bequemlichkeiten des modernen Lebensstandards ausgestattet. **Komforta̱bel** *der*; -s, -[s]: (veraltet) Einspännerdroschke

Ko̱mik [*gr.-lat.-fr.*] *die*; -: die einer Situation od. Handlung innewohnende od. die davon ausgehende erheiternde, belustigende Wirkung. **Ko̱miker** *der*; -s, -: a) Vortragskünstler, der sein Publikum durch das, was er darstellt u. durch die Art, wie er es darstellt, erheitert; b) Darsteller komischer Rollen auf der Bühne, im Film, im Fernsehen

Kominfo̱rm [Kurzw. aus: *kom*munistisches *Inform*ationsbüro] *das*; -s: (hist.) zum Zwecke des Erfahrungsaustausches unter den kommunistischen Parteien u. zu deren Koordinierung eingerichtetes Informationsbüro in den Jahren 1947–1956. **Komint e̱rn** [Kurzw. aus: *kom*munistische *Intern*ationale] *die*; -: (hist.) Vereinigung aller kommunistischen Parteien in den Jahren 1919–1943

ko̱misch [*gr.-lat.-fr.*]: 1. zum Lachen reizend, belustigend. 2. eigenartig, sonderbar

Komita̱t [*lat.-mlat.*] *das* (auch: *der*); -[e]s, -e: 1. (hist.) Begleitung; [feierliches] Geleit [für einen die Universität verlassenden Studenten]. 2. (hist.) Grafschaft. 3. (hist.) Verwaltungsbezirk in Ungarn; vgl. Gespanschaft. **Ko̱mitativ** [*lat.-nlat.*] *der*; -s, -e [...*wᵉ*]: Kasus in den finnougrischen Sprachen, der die Begleitung durch eine Person od. Sache bezeichnet (Sprachw.)

Komite̱e [*lat.-fr.-engl.-fr.*] *das*; -s, -s: a) [leitender] Ausschuß; b) Gruppe von Personen, die mit der Vorbereitung, Organisation u. Durchführung einer Veranstaltung betraut ist

Komitien [...*i̱ziᵉn*; *lat.*] *die* (Plural): Bürgerschaftsversammlungen im alten Rom

Ko̱mma [*gr.-lat.*; „Schlag; Abschnitt, Einschnitt"] *das*; -s, -s u. -ta: 1. a) Satzzeichen, das den Ablauf der Rede u. bes. den Satzbau kennzeichnet, indem es u. a. Haupt- u. Gliedsatz trennt, Einschübe u. Zusätze kenntlich macht u. Aufzählungen von Wörtern u. Wortgruppen unterteilt; b) Zeichen, das bei der Ziffernschreibung die Dezimalstellen abtrennt. 2. Untergliederung des → Kolons (2) (antike Metrik; Rhet.). 3. über der fünften Notenlinie stehendes Phrasierungszeichen (Bogenende od. Atempause; Mus.). 4. kleiner Unterschied zwischen den Schwingungszahlen beinahe gleich hoher Töne (Phys.). **Ko̱mmabazillus** *der*; -, ...llen: Erreger der asiatischen → Cholera (Med.)

Komman da̱nt [*lat.-vulgärlat.-fr.*] *der*; -en, -en: 1. Befehlshaber [einer Festung, eines Schiffes usw.]. 2. (schweiz.) Kommandeur. **Kommandantu̱r** [*nlat.*] *die*; -, -en: 1. Dienstgebäude eines Kommandanten. 2. das Amt des Befehlshabers einer Truppenabteilung (vom Bataillon bis zur Division). **Kommandeur** [...*dö̱r*; *lat.-vulgärlat.-fr.*] *der*; -s, -e: Befehlshaber eines größeren Truppenteils (vom Bataillon bis zur Division). **kommandi̱eren**: 1. a) die Befehlsgewalt über jmdn. od. etwas ausüben; b) jmdn. an einen bestimmten Ort beordern, dienstlich versetzen; c) etwas [im Befehlston] anordnen, ein Kommando geben. 2. (ugs.) Befehle erteilen, den Befehlston anschlagen. **Kommandit a̱r** [*lat.-it.-fr.*] *der*; -s, -e: (schweiz.) Kommanditist. **Kommandi̱te** *die*; -, -n: 1. (veraltet) Kommanditgesellschaft. 2. Zweiggeschäft, Niederlassung. **Kommandi̱tgesellschaft** *die*; -, -en: Handelsgesellschaft, die unter gemeinschaftlicher Firma ein Handelsgewerbe betreibt u. bei der einer od. mehrere Gesellschafter persönlich haften u. mindestens einer der Gesellschafter nur mit seiner Einlage haftet; Abk.: KG. **Kommanditi̱st** *der*; -en, -en: Gesellschafter einer → Kommanditgesellschaft, dessen Haftung auf seine Einlage beschränkt ist. **Komma̱ndo** [*lat.-it.*] *das*; -s, -s (österr. auch: ...den): 1. (ohne Plural): Befehlsgewalt. 2. a) Befehl[swort]; b) befohlener Auftrag; c) vereinbarte Wortfolge, die als Startsignal dient. 3. [militärische] Abteilung, die zur Erledigung eines Sonderauftrags zusammengestellt wird

Kommassation [...zion; *lat.*; *gr.-lat.-nlat.*] *die*; -, -en: Flurbereinigung; Grundstückszusammenlegung. **kommassieren**: Grundstücke zusammenlegen

Kommemoration [...zion; *lat.*] *die*; -, -en: 1. (veraltet) Erwähnung, Gedächtnis, Andenken. 2. Gedächtnis, Fürbitte in der katholischen Messe; kirchl. Gedächtnisfeier (z. B. Allerseelen). **kommemorieren**: (veraltet) erwähnen, gedenken

Kommende [*lat.-mlat.*] *die*; -, -n: 1. eine ohne Amtsverpflichtung übertragene kirchliche Pfründe. 2. Verwaltungsbezirk od. Ordenshaus der → Johanniter od. des Deutschherrenordens

kommensal [*lat.-mlat.-nlat.*]: mit anderen von der gleichen Nahrung lebend (von Pflanzen od. Tieren; Biol.). **Kommensale** *der*; -n, -n (meist Plural): Organismus (Tier od. Pflanze), der sich auf Kosten eines Wirtsorganismus ernährt, ohne ihm dabei zu schaden (Biol.). **Kommensalismus** *der*; -: das Zusammenleben mehrerer Kommensalen (Biol.)

kommensurabel [*lat.*]: mit gleichem Maß meßbar; vergleichbar; Ggs. → inkommensurabel. **Kommensurabilität** [*lat.-nlat.*] *die*; -: Meßbarkeit mit gleichem Maß; Vergleichbarkeit (Math.; Phys.); Ggs. → Inkommensurabilität

Komment [...*mang*; *lat.-vulgärlat.-fr.*; „wie"] *der*; -s, -s: (Studentenspr.) Brauch, Sitte, Regel [des studentischen Lebens]

Kommentar [*lat.*] *der*; -s, -e: 1. a) mit Erläuterungen u. kritischen Anmerkungen versehenes Zusatzwerk zu einem Druckwerk (bes. zu einem Gesetzestext, einer Dichtung od. einer wissenschaftlichen Abhandlung); b) kritische Stellungnahme in Presse, Radio od. Fernsehen zu aktuellen Tagesereignissen. 2. (ugs.) Anmerkung, Erklärung, Stellungnahme. **kommentarisch**: in Form eines Kommentars (1b) [abgefaßt]. **Kommentation** [...zion] *die*; -, -en: (veraltet) Sammlung von gelehrten Schriften meist kritischen Inhalts. **Kommentator** *der*; -s, ...oren: 1. Verfasser eines Kommentars (1b). 2. = Postglossator

Kommenthandlung [...*mang*...; *lat.-vulgärlat.-fr.*; *dt.*] *die*; -, -en: angeborenen Trieben entsprechende Handlung (Verhaltensforschung)

kommentieren: a) ein Druckwerk (bes. einen Gesetzestext od. eine wissenschaftliche Abhandlung) mit erläuternden u. kritischen Anmerkungen versehen; b) in einem Kommentar (1b) zu aktuellen Tagesereignissen Stellung nehmen; c) (ugs.) eine Anmerkung zu etwas machen

Kommentkampf [...*mang*...; *lat.-vulgärlat.-fr.*; *dt.*] *der*; -[e]s, ...kämpfe: (bei bestimmten Tierarten) nach festen Regeln ablaufende Art des Kampfes unter Artgenossen, die ernsthafte Verletzungen der Kampfpartner ausschließt (Verhaltensforschung)

Kommers [*lat.-fr.*] *der*; -es, -e: (Studentenspr.) Trinkabend in festlichem Rahmen. **Kommersbuch** *das*; -es, ...bücher: (Studentenspr.) Sammlung festlicher u. geselliger Studentenlieder. **kommersieren**: (veraltet) an einem Kommers teilnehmen. **Kommerz** *der*; -es: 1. Wirtschaft, Handel u. Verkehr. 2. wirtschaftliches, auf Gewinn bedachtes Interesse. **kommerzialisieren**: 1. öffentliche Schulden in privatwirtschaftliche umwandeln. 2. [Dinge, → ideelle Werte, die eigentlich nicht zum Bereich der Wirtschaft gehören] wirtschaftlichen Interessen unterordnen, dem Gewinnstreben dienstbar machen. **Kommerzialismus** *der*; -: nur auf die Erzielung eines möglichst großen Gewinns gerichtetes wirtschaftliches Handeln. **Kommerzialrat** *der*; -[e]s, ...räte: (österr.) Kommerzienrat. **kommerziell**: 1. Wirtschaft u. Handel betreffend, auf ihnen beruhend. 2. Geschäftsinteressen wahrnehmend, auf Gewinn bedacht. **Kommerzienrat** [...*zi°n*...] *der*; -[e]s, ...räte: a) (früher) Titel für Großkaufleute u. Industrielle; b) Träger dieses Titels

Kommilitone [*lat.*; „Mitsoldat, Waffenbruder"] *der*; -n, -n: (Studentenspr.) Studienkollege

Kommis [...*mi*; *lat.-fr.*] *der*; - [...*mi*(*ß*)]; - [...*miß*]: (veraltet) Handlungsgehilfe. **Kommiß** [*lat.*] *der*; ...misses: (ugs.) Militär[dienst]. **Kommissar** [*lat.-mlat.*] *der*; -s, -e: a) [vom Staat] Beauftragter; b) Dienstrangbezeichnung [für Polizeibeamte]. **Kommissär** [*lat.-fr.*] *der*; -s, -e: (landsch.) Kommissar. **Kommissariat** [*lat.-mlat.-nlat.*] *das*; -[e]s, -e: 1. Amt[szimmer] eines Kommissars. 2. (österr.) Polizeidienststelle. **kommissarisch**: vorübergehend, vertretungsweise [ein Amt verwaltend]. **Kommission** [*lat.-mlat.*] *die*; -, -en: 1. Ausschuß [von beauftragten Personen]. 2. (veraltet) Auftrag; in -: im eigenen Namen für fremde Rechnung ausgeführt (von einem Auftrag). **Kommissionär** [*lat.-mlat.-fr.*] *der*; -s, -e: jmd., der gewerbsmäßig Waren od. Wertpapiere in eigenem Namen für fremde Rechnung ankauft od. verkauft. **kommissionieren**: (österr.) [ein Gebäude] durch eine staatliche Kommission prüfen u. für die Übergabe an seine Bestimmung freigeben. **Kommissionsbuchhandel** *der*; -s: Zwischenbuchhandel [zwischen Verlag u. → Sortiment (2)]. **Kommissivdelikt** [*lat.-nlat.*; *lat.*] *das*; -[e]s, -e: (veraltet) strafbare Handlung im Gegensatz zur strafbaren Unterlassung (Rechtsw.). **Kommissorium** [*lat.*] *das*; -s, ...ien [...*i°n*]: (veraltet) 1. Geschäftsauftrag. 2. Sendung. 3. Vollmacht[sbrief]. **Kommissur** *die*; -, -en: (Anat.) 1. Querverbindung zwischen → symmetrischen (3) Teilen des → Zentralnervensystems, bes. den beiden → Hemisphären (c) des Großhirns. 2. Verbindung zwischen Weichteilen im Bereich der Organe. **Kommittent** *der*; -en, -en: Auftraggeber eines Kommissionärs. **kommittieren**: einen Kommissionär beauftragen, bevollmächtigen. **Kommittiv** [*lat.-nlat.*] *das*; -s, -e [...*w°*]: (veraltet) Vollmachtschreiben (Rechtsw.)

kommod [*lat.-fr.*]: (veraltet, aber noch österr. u. landsch.) bequem, angenehm. **Kommode** *die*; -, -n: Möbelstück mit mehreren Schubladen. **Kommodität** *die*; -, -en: (veraltet, noch landsch.) 1. Bequemlichkeit. 2. Abort

Kommodore [*lat.-fr.-engl.*] *der*; -s, -n u. -s: 1. Geschwaderführer (bei Marine u. Luftwaffe). 2. erprobter ältester Kapitän bei großen Schiffahrtslinien

Kommoi: *Plural* von → Kommos

Kommorant [*lat.*] *der*; -en, -en: ohne Ausübung der Seelsorge an einem Ort ansässiger Geistlicher

Kommos [*gr.*] *der*; -, Kommoi [...*eu*]: 1. im Wechselgesang vorgetragenes Klagelied in der altgriech. Tragödie. 2. Wechselrede zwischen Chor u. Schauspieler in der altgriech. Tragödie

Kommotio [...*ozio*] u. **Kommotion** [...*zion*] [*lat.*] *die*; -, ...nen: (Med.) 1. durch eine stumpfe Gewalteinwirkung hervorgerufene Erschütterung von Organen. 2. Gehirnerschütterung

kommun [*lat.*]: gemeinschaftlich, gemein. **kommunal**: eine Gemeinde od. die Gemeinden betreffend, Gemeinde..., gemeindeeigen. **kommunalisieren** [*lat.-nlat.*]: Privatunternehmen in Gemeindebesitz u. -verwaltung überführen. **Kommunalobligation** *die*; -, -en: von einer Gemeinde aufgenommene öffentliche Anleihe. **Kommunalpolitik** *die*; -: Gesetzgebungs- u. Verwaltungstätigkeit, die der Abgrenzung u. Erfüllung der Gemeindeaufgaben dient. **Kommunalwahl** *die*; -, -en: Wahl der Gemeindevertretungen (z. B. des Stadtrates). **Kommunarde** [*lat.-fr.*] *der*; -n, -n: 1. Mitglied einer Kommune (4). 2. Anhänger der Pariser Kommune. **Kommune** [*lat.-vulgärlat.-fr.*] *die*; -, -n: 1. Gemeinde. 2. (ohne Plural) (hist.) Herrschaft des Pariser Gemeinderats 1792–94 u. 1871. 3. (ohne Plural) (veraltet, abwertend) Kommunisten. 4. Zusammenschluß mehrerer [nicht miteinander verwandter] Personen zu einer Wohn- u. Wirtschaftsgemeinschaft, die der Isolierung des einzelnen in den herkömmlichen Formen des Zusammenlebens begegnen will. **Kommunikant** [*lat.*] *der*; -en, -en: 1. jmd., der [zum ersten Mal] kommuniziert (3; kath. Rel.). 2. Gesprächsteilnehmer, Teilhaber an einer → Kommunikation (1; Sprachw.; Soziol.). **Kommunikation** [*...zion*] *die*; -, -en: 1. (ohne Plural) Verständigung untereinander, Umgang, Verkehr. 2. Verbindung, Zusammenhang. **Kommunikationsforschung** *die*; -: Forschungsrichtung, die Probleme der → Kommunikation (1) unter den verschiedensten wissenschaftlichen Gesichtspunkten (z. B. soziologischer od. linguistischer Art) untersucht. **Kommunikationssatellit** *der*; -en, -en: der Nachrichtenübermittlung dienender → Satellit (3). **Kommunikationstraining** *das*; -s: das Erlernen u. Üben, mit anderen Menschen zu kommunizieren (1), umzugehen. **Kommunikationszentrum** *das*; -s, ...ren: zentraler Begegnungsort von Menschen u. Gruppen. **kommunikativ** [*lat.-nlat.*]: a) mitteilbar, mitteilsam; b) auf die Kommunikation bezogen, die Kommunikation betreffend; -e Kompetenz: Fähigkeit eines Sprachteilhabers, [neue] Redesituationen zu bewältigen (Sprachw.). **Kommunion** [*lat.*] *die*; -, -en: (kath. Rel.) 1. das Abendmahl als Gemeinschaftsmahl der Gläubigen mit Christus. 2. der [erste] Empfang des Abendmahls. **Kommuniqué** [*...münike*, auch: *...munike*; *lat.-fr.*] *das*; -s, -s: a) [regierungs]amtliche Mitteilung (z. B. über Sitzungen, Vertragsabschlüsse); b) Denkschrift. **Kommunismus** [*lat.-engl.-fr.*] *der*; -: 1. nach Karl Marx die auf den Sozialismus folgende Entwicklungsstufe, in der alle Produktionsmittel u. Erzeugnisse in das gemeinsame Eigentum aller Staatsbürger übergehen u. in der alle sozialen Gegensätze aufgehoben sind. 2. politische Richtung, Bewegung, die sich gegen den → Kapitalismus wendet u. sozialistische Ziele in Wirtschaft u. Gesellschaft verficht. **Kommunist** *der*; -en, -en: a) Vertreter, Anhänger des Kommunismus; b) Mitglied einer kommunistischen Partei. **kommunistisch**: a) den Kommunismus u. seine Grundsätze betreffend; b) auf den Grundsätzen des Kommunismus aufbauend, basierend. **Kommunität** [*lat.*] *die*; -, -en: 1. Gemeinschaft, Gemeingut. 2. (veraltet) Ort, an dem sich bes. Studenten zum Speisen versammeln. 3. ordensähnliche evangelische Bruderschaft mit besonderen religiösen od. missionarischen Aufgaben. **kommunizieren**: 1. sich verständigen, miteinander sprechen. 2. zusammenhängen, in Verbindung stehen; -de Röhren: unten miteinander verbundene u. oben offene Röhren od. Gefäße, in denen eine Flüssigkeit gleich hoch steht (Phys.). 3. das Altarsakrament empfangen, zur Kommunion gehen (kath. Rel.)

kommutabel [*lat.*]: veränderlich; vertauschbar. **Kommutation** [*...zion*] *die*; -, -en: 1. a) Umstellbarkeit, Vertauschbarkeit von Größen (Math.); b) Ersetzen einer sprachlichen Einheit (z. B. eines Buchstabens) durch eine andere u. Untersuchung der dadurch bewirkten Veränderung (z. B. der Bedeutung; Sprachw.). 2. Winkel zweier Geraden, die von der Sonne zur Erde u. zu einem anderen Planeten gehen (Astron.). 3. = Kommutierung. **kommutativ** [*lat.-nlat.*]: 1. umstellbar, vertauschbar (von mathematischen Größen u. sprachlichen Einheiten; Math.; Sprachw.); vgl. Kommutation (1 a, b). 2. a) die Kommutation (2) betreffend; b) die Kommutierung betreffend. **Kommutator** *der*; -s, ...oren: Stromwender, → Kollektor (1) (Elektrot.). **kommutieren** [*lat.*]: 1. Größen umstellen, miteinander vertauschen (Math.; Sprachw.). 2. die Richtung des elektrischen Stroms ändern. **Kommutierung** *die*; -: Umkehrung der Stromrichtung

Komödiant [*gr.-lat.-it.(-engl.)*] *der*; -en, -en: 1. (veraltet, sonst abwertend) Schauspieler. 2. (ugs., abwertend) jmd., der anderen etwas vorzumachen versucht, Heuchler. **komödiantisch**: zum Wesen des Komödianten gehörend; schauspielerisch [begabt]. **Komödie** [*..i^e*; *gr.-lat.*] *die*; -, -n: 1. a) (ohne Plural) dramatische Gattung, in der menschliche Schwächen dargestellt u. [scheinbare] Konflikte heiter-überlegen gelöst werden; b) Bühnenstück mit heiterem Inhalt; Ggs. → Tragödie (1). 2. kleines Theater, in dem fast nur Komödien gespielt werden. 3. (ohne Plural) unechtes, theatralisches Gebaren, Heuchelei, Verstellung

Kompagnie [*...pani*]: (schweiz.) = Kompanie. **Kompagnon** [*...panjong*, auch: *...panjong*; *lat.-vulgärlat.-fr.*] *der*; -s, -s: Gesellschafter, Teilhaber, Mitinhaber eines Geschäfts od. eines Handelsunternehmens

kompakt [*lat.-fr.*]: 1. (ugs.) massig, gedrungen. 2. undurchdringlich, dicht, fest. 3. gedrängt, kurzgefaßt, das Wesentliche zusammenfügend. **Kompaktanlage** *die*; -, -n: fest zusammengebaute Stereoanlage mit dem nötigen Zubehör. **Kompaktat** [*lat.-nlat.*] *der* od. *das*; -[e]s, -e[n]: (veraltet) Vertrag (z. B. Prager Kompaktaten von 1433)

Kompanie [*lat.-vulgärlat.-it.* u. *fr.*] *die*; -, ...ien: 1. (veraltet) Handelsgesellschaft; Abk.: Co., Cie. 2. Truppeneinheit von 100–250 Mann innerhalb eines → Bataillons; Abk.: Komp.

komparabel [*lat.*]: vergleichbar. **Komparabilität** [*lat.-nlat.*] *die*; -: Vergleichbarkeit. **Komparation** [*...zion*; *lat.*] *die*; -, -en: 1. das Vergleichen. 2. Steigerung des Adjektivs (Sprachw.). **Komparatist** [*lat.-nlat.*] *der*; -en, -en: vergleichender Literaturwissenschaftler. **Komparatistik** *die*; -: 1. = Komparativistik. 2. vergleichende Literaturwissenschaft. **komparatistisch**: a) die Komparatistik betreffend; b) mit den Methoden der Komparatistik arbeitend. **komparativ** [auch: *...tif*; *lat.*]: 1. auf Vergleichung beruhend (Philos.). 2. (Sprachw.) a) vergleichend (von der Untersuchung zweier od. mehrerer Sprachen); b) steigernd. **Komparativ** [auch: *...tif*] *der*; -s, -e [*...w^e*]: Steigerungsstufe, Höherstufe, Mehrstufe (Sprachw.). **Komparativi-**

stik [*lat.-nlat.*] *die*; -: Teilgebiet der Sprachwissenschaft, das sich mit der gegenüberstellend-vergleichenden Untersuchung von zwei od. mehreren Sprachen befaßt. **Komparativsatz** [auch: ...*tif*...; *lat.-nlat.*; *dt.*] *der*; -es, ...sätze: Vergleichssatz, Konjunktionalsatz, der einen Vergleich enthält (z. B. Ilse ist schöner, als ihre Mutter es im gleichen Alter war). **Komparator** [*lat.*] *der*; -s, ...oren: 1. Gerät zum Vergleich u. zur genauen Messung von Längenmaßen. 2. Gerät zur Feststellung von Lage- u. Helligkeitsveränderungen bestimmter Sterne (Astron.). 3. ein elektrischer → Kompensator (1; Elektrot.)

Komparent [*lat.*] *der*; -en, -en: (veraltet) jmd., der vor einer Behörde, einem Gericht erscheint. **Komparenz** [*lat.-nlat.*] *die*; -: (veraltet) das Erscheinen vor Gericht

komparieren
I. [*lat.* comparere „erscheinen"]: (veraltet) vor Gericht erscheinen.
II. [*lat.* comparare „vergleichen"]: a) (veraltet) vergleichen; b) die Komparation (2) anwenden, steigern (Sprachw.)

Komparition [...*zion*; *lat.-nlat.*] *die*; -: = Komparenz. **Komparse** [*lat.-it.*] *der*; -n, -n: meist in Massenszenen auftretende Nebenperson ohne Sprechrolle. **Komparserie** *die*; -, ...ien: Gesamtheit der Komparsen, → Statisterie

Kompartiment [*lat.-mlat.*] *das*; -[e]s, -e: (veraltet) 1. abgeteiltes Feld. 2. [Zug]abteil

Kompaß [*lat.-vulgärlat.-it.*] *der*; ...passes, ...passe: Gerät zur Feststellung der Himmelsrichtung (Nordsüdrichtung) mit Hilfe einer Magnetnadel

kompatibel [*lat.-fr.*(*-engl.*)]: 1. syntaktisch-semantisch anschließbar (von → Lexemen [im Satz]; z. B. dunkel + Haar in: Sie hat dunkles Haar; Sprachw.); Ggs. → inkompatibel (3). 2. miteinander vereinbar, zusammenpassend; Ggs. inkompatibel (2). 3. die Eigenschaft der Kompatibilität (2) besitzend. 4. (von Medikamenten od. Blutgruppen) miteinander vereinbar, verträglich (Med.); Ggs. → inkompatibel (1). **Kompatibilität** *die*; -, -en: 1. Vereinbarkeit [zweier Ämter in einer Person]. 2. Austauschbarkeit, Vereinbarkeit verschiedener Systeme (z. B. Schwarz-Weiß-Empfang von Farbfernsehsendungen). 3. syntaktisch-semantische Anschließbarkeit, Kombinierbarkeit von → Lexemen [im Satz] (Sprachw.); Ggs. → Inkompatibilität (3); vgl. kompatibel (1). 4. Verträglichkeit verschiedener → Medikamente od. Blutgruppen (Med.); Ggs. → Inkompatibilität

Kompa|triot [(*lat.*; *gr.*) *lat.-fr.*] *der*; -en, -en: (veraltet) Landsmann. **Kompa|tronat** [*lat.-nlat.*] *das*; -[e]s, -e: gemeinsames → Patronat (2) mehrerer Personen (Kirchenrecht)

kompendiarisch [*lat.*]: = kompendiös. **kompendiös**: (veraltet) das Kompendium betreffend, in der Art eines Kompendiums, zusammengefaßt, gedrängt. **Kompendium** [„Ersparnis, Abkürzung"] *das*; -s, ...ien [...*i*[e]*n*]: Abriß, kurzgefaßtes Lehrbuch. **Kompensation** [...*zion*] *die*; -, -en: 1. Ausgleich, Aufhebung von Wirkungen einander entgegenstehender Ursachen. 2. (Rechtsw.) a) Aufrechnung; b) Schuldaufwiegung im Falle wechselseitiger Täterschaft (bei Beleidigung u. leichter Körperverletzung), meist als strafmildernd od. strafbefreiend gewertet. 3. das Streben nach Ersatzbefriedigung als Ausgleich von Minderwertigkeitsgefühlen (Psychol.). 4. Ausgleich einer durch krankhafte Organveränderungen gestörten Funktion eines Organs durch den Organismus selbst od. durch Medikamente (Med.). **Kompensator** [*lat.-nlat.*] *der*; -s, ...oren 1. Gerät zur Messung einer elektrischen Spannung od. einer Lichtintensität (Optik). 2. Vorrichtung zum Ausgleichen (z. B. Zwischenglied bei Rohrleitungen zum Ausgleich der durch Temperaturwechsel hervorgerufenen Längenänderung; Techn.). **Kompensatorik** *die*; -: = kompensatorische Erziehung. **kompensatorisch**: ausgleichend; -e Erziehung: [vor der Einschulung einsetzende] Förderungsmaßnahmen, die bei Kindern auftretende sprachliche, → kognitive, → emotionale od. soziale Entwicklungsrückstände ausgleichen od. mildern sollen (Päd.; Psychol.). **kompensieren** [*lat.*]: 1. die Wirkungen einander entgegenstehender Ursachen ausgleichen. 2. bei wechselseitigem Verschulden die Strafe ausgleichen (Rechtsw.). 3. Minderwertigkeitsgefühle durch Vorstellungen od. Handlungen ausgleichen, die das Bewußtsein der Vollwertigkeit erzeugen (Psychol.). 4. Funktionsstörungen eines Organs od. ihre Folgen ausgleichen (Med.). **kompetent** [*lat.*]: 1. a) sachverständig, fähig; Ggs. → inkompetent (1 b); -er Sprecher: Sprecher, der fähig ist, in seiner Muttersprache beliebig viele Sätze zu bilden u. zu verstehen (Sprachw.); b) zuständig, maßgebend, befugt; Ggs. → inkompetent (1 a). 2. tektonisch wenig verformbar (von Gesteinen; Geol.); Ggs. → inkompetent (2). **Kompetent** *der*; -en, -en: (veraltet) Mitbewerber. **Kompetenz** *die*; -, -en: 1. a) Vermögen, Fähigkeit; Ggs. → Inkompetenz (b); b) Zuständigkeit, Befugnis; Ggs. → Inkompetenz (a). 2. (ohne Plural) (idealisierte) Fähigkeit des Sprechers einer Sprache, mit einer begrenzten Anzahl von Elementen u. Regeln eine unbegrenzte Zahl von Äußerungen zu bilden u. zu verstehen, sowie über die sprachliche Richtigkeit von Äußerungen zu entscheiden (Sprachw.); vgl. Performanz. 3. zeitlich begrenzte Reaktionsbereitschaft von Zellen gegenüber einem bestimmten Entwicklungsreiz (Biol.). 4. die zum Unterhalt eines Klerikers nötigen, nicht pfändbaren Mittel (kath. Kirchenrecht). **Kompetenzkompetenz** *die*; -, -en: (Rechtsw.) 1. (ohne Plural) das Recht eines Bundesstaates, seine Zuständigkeiten durch Verfassungsänderung auf Kosten der Gliedstaaten zu erweitern. 2. gerichtliche Entscheidung über die Zulässigkeit eines Rechtsstreites. **Kompetenzkon|flikt** *der*; -[e]s, -e: Zuständigkeitsstreit zwischen Gerichten oder Verwaltungsbehörden (Rechtsw.). **kompetieren**: (veraltet) a) gebühren, zustehen; b) sich mitbewerben. **kompetitiv** [*lat.-nlat.*]: 1. zuständig, maßgebend. 2. (veraltet) sich mitbewerbend. 3. eine notwendige Ergänzung fordernd (z. B. von Reaktionen, die zu ihrem Ablauf ein weiteres → Reagens erfordern; Med.)

Kompilation [...*zion*; *lat.*] *die*; -, -en: 1. Zusammenstellung, Zusammentragen mehrerer [wissenschaftlicher] Quellen. 2. a) unschöpferisches Abschreiben aus mehreren Schriften; b) durch Zusammentragen unverarbeiteten Stoffes entstandene Schrift (ohne wissenschaftlichen Wert). **Kompilator** *der*; -s, ...oren: Verfasser einer Kompilation. **kompilatorisch**: auf Kompilation beruhend, aus Teilen verschiedener Werke zusammengeschrieben. **kompilieren**: [unverarbeiteten] Stoff zu einer Schrift [ohne

wissenschaftlichen Wert] zusammentragen
kom|planar [*lat.*]: in der gleichen Ebene liegend (z. B. von → Vektoren; Math.). **Kom|planation** [...*zion*] *die*; -, -en: Berechnung des Flächeninhalts von [gekrümmten] Oberflächen (Math.)
Kom|plement [*lat.*] *das*; -[e]s, -e: 1. Ergänzung. 2. Komplementärmenge, Differenzmenge von zwei Mengen (Math.). 3. Serumbestandteil, der die spezifische Wirkung eines → Antikörpers ergänzt od. aktiviert (Med.). **komplementär** [*lat.-fr.*]: sich gegenseitig ergänzend; -e Distribution: das Vorkommen eines sprachlichen Elements in einer Umgebung, in der ein anderes nicht erscheinen kann u. umgekehrt (z. B. [j] anlautend vor Vokal: Jagd, [i] anlautend vor Konsonant: Insel; Sprachw.). **Komplementär** *der*; -s, -e: 1. persönlich haftender Gesellschafter einer → Kommanditgesellschaft. 2. (DDR) Eigentümer einer privaten Firma, die mit Staatsbeteiligung arbeitet. **Kom|plementärfarbe** [*lat.-fr*; *dt.*] *die*; -, -n: Farbe, die eine andere Farbe, mit der sie gemischt wird, je nach Mischungsverhältnis zu Weiß od. fast zu Schwarz ergänzt; Ergänzungsfarbe. **Kom|plementärgene** *die* (Plural): → Gene, die voneinander abhängen u. nur gemeinsam wirken (Genetik). **Kom|plementarität** [*lat.-nlat.*] *die*; -, -en: 1. Beziehung zwischen Meßgrößen im Bereich der Quantenmechanik, die besagt, daß man die betreffenden Meßgrößen nicht gleichzeitig (simultan) messen kann (Phys.). 2. wechselseitige Entsprechung der Struktur zweier Größen (Biol.; Chem.). 3. semantisches Gegensatzverhältnis, besondere Form der → Inkompatibilität (z. B. männlich-weiblich; Sprachw.). **Kom|plementärwinkel** [*lat.-fr.*; *dt.*] *der*; -s, -: = Komplementwinkel. **Komplementation** [...*zion*] *die*; -, -en: das Ausgleichen von Erbgutschäden durch Kombination von → Genomen (Genetik); vgl. ...[at]ion/...ierung. **komplementieren**: ergänzen. **Komplementierung** *die*; -, -en: a) das Komplementieren; b) = Komplementation; vgl. ...[at]ion/...ierung. **Komplementwinkel** [*lat.*; *dt.*] *der*; -s, -: Ergänzungswinkel, der einen gegebenen Winkel zu 90° ergänzt (Math.). **Kom|plenym** *das*; -s, -e: Gegensatzwort (z. B. verheiratet) zu einem bestimmten Wort (z. B. ledig), das durch Hinzusetzen einer Negation zu diesem synonym wird (z. B. nichtverheiratet, ledig; Sprachw.). **Kom|plenymie** *die*; -: semantische Relation, wie sie zwischen Komplenymen (z. B. zwischen gleichbleiben/sich verändern, Bruder/Schwester) besteht
Kom|plet
I. [...*plet*; *lat.-mlat.*] *die*; -, -e: das Abendgebet als Schluß der katholischen kirchlichen Tageszeiten.
II. [*kongple*; *lat.-fr.*] *das*; -[s], -s: Mantel (od. Jacke) u. Kleid aus gleichem Stoff
kom|pletiv [*lat.*]: ergänzend (Sprachw.). **Kom|pletorium** [*lat.-mlat.*] *das*; -s, ...ien [...*i^{e}n*]: 1. (veraltet) Ergänzungsvorschrift (zu einem Gesetz). 2. = Komplet (I).
kom|plett [*lat.-fr.*]: 1. a) vollständig, abgeschlossen; b) ganz, gesamt, vollzählig; c) (ugs.) ganz u. gar, absolut. 2. (bes. österr.) voll, besetzt. **kom|plettieren**: etwas vervollständigen; auffüllen, ergänzen
kom|plex [*lat.*]: a) vielschichtig; viele, sehr verschiedene Dinge umfassend; b) zusammenhängend; c) (bes. DDR) allseitig, alles umfassend; -e Integration: → Integration (4) einer Funktion längs eines Weges in der Gaußschen Ebene (Math.); -e Zahl: Zahl, die aus mehreren nicht aufeinander zurückführbaren Einheiten besteht, (z. B. die Summe aus einer → imaginären u. einer → reellen Zahl in 3 i + 4; Math.). **Kom|plex** *der*; -es, -e: 1. Zusammenfassung, Verknüpfung von verschiedenen Teilen zu einem geschlossenen Ganzen. 2. Gebiet, Bereich. 3. Gruppe, [Gebäude]block. 4. stark affektbesetzte Vorstellungsgruppe, die nach Verdrängung aus dem Bewußtsein vielfach Zwangshandlungen, -vorstellungen od. einfache Fehlleistungen auslöst (Psychol.). 5. chem. Vereinigung mehrerer Atome zu einer Gruppe, die freie → Valenzen (1) hat u. andere Reaktionen zeigen kann als das ihre Art bestimmende → Ion (Chem.). **Kom|plexauge** [*lat.*; *dt.*] *das*; -s, -n: = Facettenauge. **Kom|plexbrigade** *die*; -, -n: (DDR) Gruppe von Arbeitern unterschiedlicher Berufe, die gemeinsam an einem Produktionsauftrag arbeiten. **Komplexchemie** *die*; -: Chemie der Komplexe (5). **Kom|plexion** *die*; -, -en: 1. zusammenfassende Bezeichnung für Augen-, Haar- u. Hautfarbe eines Menschen (Anthropologie). 2. (veraltet) Zusammenfassung. **Kom|plexität** [*lat.-nlat.*] *die*; -: 1. Gesamtheit aller Merkmale, Möglichkeiten (z. B. eines Begriffs, Zustandes). 2. Vielschichtigkeit. **Kom|plexmethode** *die*; -: Unterrichtsmethode, die den gesamten Unterricht um bestimmte Sachgebiete (Arbeit, Natur usw.) zu ordnen sucht. **Kom|plexome|trie** [*lat.*; *gr.*] *die*; -, ...ien: maßanalytisches Verfahren zum Nachweis von Metallionen durch Bildung von Komplexen (5) (Chem.). **Komplexone** *die* (Plural): Verbindungen, die mit Metallionen Koordinationsverbindungen bilden (Chem.). **Kom|plice** [...*pliß^e*] vgl. Komplize. **Kom|plikation** [...*zion*; *lat.*] *die*; -, -en: 1. Schwierigkeit, Verwicklung; [plötzlich eintretende] Erschwerung. 2. ungünstige Beeinflussung od. Verschlimmerung eines normalerweise überschaubaren Krankheitszustandes, eines chirurgischen Eingriffs od. eines biologischen Prozesses durch einen unvorhergesehenen Umstand (Med.)
Kom|pliment [*lat.-span.-fr.*] *das*; -[e]s, -e: 1. höfliche Redensart, Schmeichelei. 2. (veraltet) a) Gruß; b) Verbeugung. **komplimentieren**: (veraltet) 1. jmdn. willkommen heißen. 2. jmdn. mit höflichen Gesten u. Redensarten irgendwohin geleiten
Kom|plize u. Kom|plice [...*pliß^e*; *lat.-fr.*] *der*; -n, -n: (abwertend) jmd., der an einer Straftat beteiligt ist; Mittäter, Helfershelfer. **kom|plizieren** [*lat.*]: verwickeln; erschweren. **kom|pliziert**: schwierig, verwickelt; umständlich
Kom|plott [*fr.*] *das* (ugs. auch: *der*); -[e]s, -e: Verabredung zu einer gemeinsamen Straftat; Anschlag, Verschwörung. **komplottieren**: (veraltet) ein Komplott anzetteln
Komponente [*lat.*] *die*; -, -n: a) Teilkraft; b) Bestandteil eines Ganzen. **Komponentenanalyse** *die*; -, -n: Beschreibung der Bestandteile einer sprachlichen Einheit u. des Aufbaus ihrer verschiedenen Kombinationen, bes. im Inhaltsbereich (Sprachw.). **komponieren**: 1. [ein Kunstwerk nach bestimmten Gesetzen] aufbauen, gestalten. 2. ein musikalisches Werk schaffen. 3. etwas aus Einzelteilen zusammensetzen, glie-

dern. **Komponist** [*lat.-nlat.*] *der*; -en, -en: jmd., der ein musikalisches Werk komponiert. **Komposita**: *Plural* von → Kompositum. **Komposite** *die*; -, -n (meist Plural): Pflanze mit Blüten, die zu korbförmigen Blütenständen vereinigt sind (Korbblütler). **Kompositen**: *Plural* von → Komposite u. Kompositum. **Kompositeur** [...*tör*; *lat.-fr.*] *der*; -s, -e: (veraltet) Komponist. **Komposition** [...*zion*; *lat.*] *die*; -, -en: 1. Zusammensetzung, -stellung [von Dingen] aus Einzelteilen. 2. a) (ohne Plural) das Komponieren eines Musikstücks; b) Musikwerk. 3. der Aufbau eines Kunstwerks (z. B. eines Gemäldes, eines Romans). 4. (Sprachw.) a) das Zusammensetzen eines Wortes aus mehreren → freien Morphemen als Art od. Vorgang der Wortbildung; vgl. Kompositum; b) das Ergebnis der Komposition (4a). 5. (veraltet) gütliche Beilegung eines Rechtsstreites, Lösegeld, Sühnegeld. **kompositionell**: = kompositorisch. **Kompositkapitell** *das*; -s, -e: römische Form des → Kapitells (Archit.). **kompositorisch** [*lat.-nlat.*]: 1. die Komposition [eines Musikwerks] betreffend. 2. gestalterisch. **Kompositum** [*lat.*] *das*; -s, ...ta u. ...siten: aus zwei Teilen zusammengesetztes Wort, von denen ein Wortteil wiederum aus zwei Teilen zusammengesetzt sein kann (z. B. Lautstärke, Zimmer-lautstärke; Sprachw.); Ggs. → Simplex

kompossibel [*lat.-mlat.*]: zusammensetzbar, vereinbar (Philos.). **Kompossibilität** *die*; -: Zusammensetzbarkeit, mögliche Vereinbarkeit zweier Dinge (Philos.)

Kompost [auch: ...*kom*...; *lat.-mlat.-fr.*] *der*; -[e]s, -e: Dünger aus mit Erde vermischten pflanzlichen od. tierischen Wirtschaftsabfällen. **kompostieren**: 1. zu Kompost verarbeiten. 2. mit Kompost düngen. **Kompott** [*lat.-vulgärlat.-fr.*] *das*; -[e]s, -e: gekochtes Obst, das - kalt - als Nachtisch gegessen wird

kom|prehensibel [*lat.*]: (veraltet) begreifbar; Ggs. → inkomprehensibel. **Kom|prehension** *die*; -: Zusammenfassung, Vereinigung von Mannigfaltigem zu einer Einheit (Philos.)

kom|preß [*lat.*]: 1. (veraltet) eng, dicht, zusammengedrängt. 2. ohne Durchschuß (Druckw.). **Kompresse** [*lat.-fr*] *die*; -, -n: 1. feuchter Umschlag. 2. zusammengelegtes Mullstück für Druckverbände. **kom|pressibel** [*lat.-nlat.*]: zusammendrückbar, verdichtbar (z. B. von Flüssigkeiten, Gasen; Phys.). **Kom|pressibilität** *die*; -: Zusammendrückbarkeit, Verdichtbarkeit (Phys.). **Kompression** [*lat.*] *die*; -, -en: 1. Zusammenpressung (z. B. von Gasen, Dämpfen) (Phys.). 2. (Med.) a) Quetschung eines Körperorgans od. einer Körperstelle durch mechanische Einwirkung; b) mechanische Abdrückung eines blutenden Gefäßes. **Kompressionsdia|gramm** [*lat.*; *gr.-lat.*] *das*; -s, -e: graphische Wiedergabe der in den einzelnen → Zylindern (2) eines Motors gemessenen Kompression (1). **Kompressor** [*lat.-nlat.*] *der*; -s, ...oren: Apparat zum Verdichten von Gasen od. Dämpfen (Techn.). **Kompressorium** *das*; -s, ...ien [...*i^e n*]: Gerät zur Kompression (2b) eines blutenden Gefäßes (Med.). **kom|primierbar** [*lat.*; *dt.*]: zusammenpreßbar. **kom|primieren** [*lat.*]: a) zusammenpressen; b) verdichten. **kom|primiert**: in gedrängter Kürze dargestellt, nur das Wesentliche enthaltend

Kom|promiß [*lat.*] *der* (selten: *das*); ...misses, ...misse: Übereinkunft auf der Grundlage gegenseitiger Zugeständnisse. **Kom|promißler** *der*; -s, -: (abwertend) jmd., der schnell bereit ist, Kompromisse zu schließen, anstatt seinen Standpunkt zu vertreten u. ihn durchzusetzen zu versuchen. **kom|promittieren** [*lat.-fr.*]: seinem eigenen od. dem Ansehen eines anderen durch ein entsprechendes Verhalten empfindlich schaden; jmdn., sich bloßstellen. **Kom|promittierung** *die*; -, -en: das Kompromittieren, Bloßstellung

komptabel [*lat.-fr.*]: (veraltet) verantwortlich, rechenschaftspflichtig (Rechtsw.). **Komptabilität** *die*; -: Verantwortlichkeit, Rechenschaftspflicht [in bezug auf die Verwaltung öffentlicher Stellen]. **Komptantgeschäft** [*kongtang*...] vgl. Kontantgeschäft

Kompulsation [...*zion*; *lat.*] *die*; -, -en: = Kompulsion. **Kompulsion** *die*; -, -en: (veraltet) Nötigung, Zwang (Rechtsw.). **kompulsiv** [*lat.-nlat.*]: (veraltet) nötigend, zwingend (Rechtsw.). **Kompulsorium** [*lat.*] *das*; -s, ...ien [...*i^e n*]: (veraltet) Mahnschreiben [eines übergeordneten Gerichts an ein untergeordnetes zur Beschleunigung einer Rechtssache]

Komputation [...*zion*; *lat.*] *die*; -, -en: (veraltet) Überschlag, Berechnung. **Komputer** [*kompjut^e r*] vgl. Computer. **Komputistik** u. Computistik [*kom*...; *lat.-nlat.*] *die*; -: Wissenschaft von der Kalenderberechnung

Komsomol [Kurzw. aus: *Kom*munistitscheski *Soj*us *Mol*odjoschi; *russ.*] *der*; -: kommunistische Jugendorganisation in der UdSSR. **Komsomolze** *der*; -n, -n: Mitglied des Komsomol

Komteß u. **Komtesse** [auch: *kongtäß*; *lat.-fr.*] *die*; -, ...essen: unverheiratete Tochter eines Grafen

Komtur [*lat.-mlat.-fr.*] der; -s, -e: 1. (hist.) Ordensritter als Leiter einer Komturei. 2. Inhaber eines Komturkreuzes. **Komturei** *die*; -, -en: (hist.) Verwaltungsbezirk od. Ordenshaus (vgl. Kommende) eines geistlichen Ritterordens. **Komturkreuz** [*lat.-nlat.-fr.*; *dt.*] *das*; -es, -e: Halskreuz eines Verdienstordens

Konak [*türk.*] *der*; -s, -e: Palast, Amtsgebäude in der Türkei

Konation [...*zion*; *lat.-engl.*] *die*; -, -en: zielgerichtete → Aktivität (1), [An]trieb, Streben (Psychol.). **konativ**: strebend, antriebhaft

Kon|autor vgl. Koautor

kon|axial vgl. koaxial

Koncha [*gr.-lat.*] *die*; -, -s u. ...chen: 1. = Apsis (1). 2. muschelähnlicher Teil eines Organs (Med.). **Konche** *die*; -, -n: 1. = Koncha (1). 2. Längsreibemaschine bei der Schokoladeherstellung. **konchieren** [*gr.-lat.-fr.*]: Schokoladenmasse in der Konche (2) einer Wärmebehandlung aussetzen. **Konchifere** [*gr.-lat.*; *lat.*] *die*; -, -n (meist Plural): Weichtier mit einheitlicher Schale. **konchiform**: muschelförmig (Kunstw.). **Konchoide** [*gr.-nlat.*] *die*; -, -n: Muschellinie, Kurve vierter Ordnung (Math.). **Konchologe** usw. = Konchyliologe usw. **Koncho|skop** *das*; -s, -e: Spiegelinstrument zur Untersuchung der Nasenmuscheln, Nasenspiegel (Med.). **Konchylie** [...*i^e*; *gr.-lat.*] *die*; -, -n (meist Plural): Schale der Weichtiere. **Konchyliologe** [*gr.-nlat.*] *der*; -n, -n: Wissenschaftler, der auf dem Gebiet der Konchyliologie arbeitet. **Konchyliologie** *die*; -: Teilgebiet der → Malakologie, auf dem man sich mit der Untersuchung von Weichtierschalen befaßt. **konchyliologisch**: die Konchyliologie betreffend

Kondemnation [...*zion*; *lat.*] *die*; -, -en: 1. (veraltet) Verurteilung, Verdammung. 2. Erklärung eines → Experten, durch die festgestellt wird, daß ein durch → Kollision (1), Brand, Strandung o. ä. beschädigtes Schiff nicht mehr repariert werden kann, sich eine Reparatur nicht mehr lohnt (Seerecht). **kondemnieren**: 1. (veraltet) jmdn. verdammen, verurteilen. 2. eine Kondemnation (2) herausgeben (Seerecht)

Kondensat [*lat.*] *das*; -[e]s, -e: Flüssigkeit, die sich aus dem Dampf niedergeschlagen hat (Phys.). **Kondensation** [...*zion*] *die*; -, -en: 1. Verdichtung von Gas od. Dampf zu Flüssigkeit durch Druck od. Abkühlung (Phys.). 2. chem. Reaktion, bei der sich zwei Moleküle unter Austritt eines chem. einfachen Stoffes (z. B. Wasser) zu einem größeren Molekül vereinigen (Chem.). **Kondensationskern** [*lat.*; *dt.*] *der*; -[e]s, -e: feinstes Teilchen, Ausgangspunkt für die Kondensation (1) von Wasserdampf in der Atmosphäre (Meteor.). **Kondensationsniveau** *das*; -s: Höhenschicht, bei der die Kondensation (1) von Wasserdampf einsetzt (Meteor.). **Kondensationspunkt** *der*; -[e]s: Temperatur, bei der sich Dampf verflüssigt (Taupunkt). **Kondensator** [*lat.-nlat.*; „Verdichter"] *der*; -s, ...oren: 1. Gerät zur Speicherung elektrischer Ladungen (Elektrot.). 2. Anlage zur Kondensation (1) von Dämpfen; Verflüssiger. **kondensieren** [*lat.*]: 1. a) Gase od. Dämpfe durch Druck od. Abkühlung verflüssigen; b) aus dem gas-, dampfförmigen in einen flüssigen Zustand übergehen, sich verflüssigen. 2. eine Flüssigkeit durch Verdampfen eindikken; kondensierte Milch = Kondensmilch; kondensierte Ringe: chem. Verbindungen, bei denen zwei od. mehrere Ringe gemeinsame Atome haben (Chem.); kondensierte Systeme: organische Stoffe, deren Moleküle mehrere Benzolringe enthalten, von denen je zwei zwei nebeneinanderliegende Kohlenstoffatome gemeinsam haben. **Kondensmilch** [*lat.*; *dt.*] *die*; -: eingedickte, in Dosen abgefüllte [sterilisierte] Milch. **Kondensor** [*lat.-nlat.*] *der*; -s, ...oren: ein System von Linsen in optischen Apparaten, mit dem ein Objekt möglichst hell ausgeleuchtet werden kann. **Kondensstreifen** *der*; -s, -: schmaler, weißer, wolkenähnlicher Streifen am Himmel, der sich durch Kondensation (1) von Wasserdampf in den Abgasen eines Flugzeugs bilden kann

Kondeszendenz [*lat.*] *die*; -, -en: a) Herablassung, Nachgiebigkeit; b) (im theologischen Sprachgebrauch) gnädige Herablassung Gottes zu den Menschen in der Gestalt Jesu Christi

Kondiktion [...*zion*; *lat.*] *die*; -, -en: (veraltet) Klage auf Rückgabe einer ohne Rechtsgrund besessenen Sache (Rechtsw.)

konditern [*lat.*]: 1. (landsch.) [häufig] Konditoreien besuchen. 2. (ugs.) Feinbackwaren herstellen

Kondition [...*zion*; *lat.*] *die*; -, -en: 1. meist Plural) Geschäftsbedingung (Lieferungs- u. Zahlungsbedingung); vgl. à condition. 2. (ohne Plural) a) körperlich-seelische Gesamtverfassung eines Menschen; b) körperliche Leistungsfähigkeit (bes. eines Sportlers). 3. (veraltet) Stellung, Dienst [eines Angestellten]. **konditional**: eine Bedingung angebend; bedingend (z. B. von Konjunktionen: *falls* er kommt ...; Sprachw.); vgl. ...al/...ell. **Konditional** *der*; -s, -e u. **Konditionalis** *der*; -, ...les [...*náleß*]: Modus der Bedingung (z. B. ich *würde* kommen, wenn...; Sprachw.). **Konditionalismus** [*lat.-nlat.*] u. Konditionismus *der*; -: philosophische Richtung, die den Begriff der Ursache durch den der Bedingung ersetzt (Philos.). **Konditionalsatz** *der*; -es, ...sätze: Umstandssatz der Bedingung (z. B. *wenn das wahr ist,* dann ...; Sprachw.). **konditionell**: die Kondition (2b) betreffend; vgl. ...al/...ell. **Konditionenkartell** *das*; -s, -e: → Kartell, bei dem sich die Abmachungen zwischen den teilnehmenden Unternehmern auf die Verpflichtung zur Einhaltung gleicher Liefer- u. Zahlungsbedingungen beziehen (Wirtsch.). **konditionieren**: 1. (veraltet) in Stellung sein, in Diensten stehen. 2. das gereinigte Getreide für die Vermahlung vorbereiten. 3. den Feuchtigkeitsgrad von Textilrohstoffen ermitteln. 4. Ausgangsrohstoffen vor der Verarbeitung bestimmte Eigenschaften verleihen. 5. bestimmte Reaktionen hervorrufen (von Reizen; Psychol.); vgl. Konditionierung (1). **konditioniert**: 1. bedingt; beschaffen (von Waren). 2. bestimmte Reaktionen bedingend (von Reizen; Psychol.). **Konditionierung** *die*; -, -en: 1. das Ausbilden bedingter Reaktionen bei Mensch od. Tier, wobei eine Reaktion auch dann eintritt, wenn an Stelle des ursprünglichen Auslösereizes ein zunächst neutraler Reiz tritt (Psychol.); vgl. Gegenkonditionierung. 2. Behandlung des Getreides vor dem Mahlen mit Feuchtigkeit u. Wärme. 3. Ermittlung des Feuchtigkeitsgrades von Textilrohstoffen. **Konditionismus** vgl. Konditionalismus. **Konditionstraining** [...*tre*..., auch: ...*trä*...] *das*; -s: [leichtes] Training zur Auflockerung der Muskeln und zur Steigerung der körperlichen Leistungsfähigkeit (Sport)

Konditor [*lat.*; „Hersteller würziger Speisen"] *der*; -s, ...oren: Feinbäcker. **Konditorei** *die*; -, -en: 1. Betrieb, der Feinbackwaren herstellt u. verkauft u. zu dem meist ein kleines Café gehört. 2. (ohne Plural) Feinbackwaren, Feingebäck

kondizieren: (eine nicht rechtmäßig erworbene Sache) zurückfordern (Rechtsw.); vgl. Kondiktion

Kondolenz [*lat.-nlat.*] *die*; -, -en: Beileid[sbezeigung]. **kondolieren** [*lat.*]: sein Beileid aussprechen

Kondom [*engl.*] *das* od. *der*; -s, -e (selten: -s): = Präservativ

Kondominat [*lat.-nlat.*] *das* od. *der*; -[e]s, -e u. **Kondominium** *das*; -s, ...ien [...*iᵉn*]: 1. a) Herrschaft mehrerer Staaten über dasselbe Gebiet; b) Gebiet, das unter der Herrschaft mehrerer Staaten steht. 2. größeres Haus mit Eigentumswohnungen [in Südtirol]

Kondor [*indian.-span.*] *der*; -s, -e: südamerikanischer Geier (bes. in den Anden vorkommend)

Kondottiere [...*iärᵉ*; *lat.-it.*] *der*; -s, ...ri: Söldnerführer im 14. u. 15. Jh. in Italien. **Konduite** [*kondᵘitᵉ*; *lat.-fr.*] *die*; -: (veraltet) Führung, Betragen. **Kondukt** [*lat.*] *der*; -[e]s, -e: [feierliches] Geleit, Gefolge [bei Begräbnissen]. **Konduktanz** [*lat.-nlat.*] *die*; -: Wirkleitwert (Elektrot.). **Kondukteur** [...*tör*; schweiz.: *kon*...; *lat.-fr.*] *der*; -s, -e: (schweiz., sonst veraltet) [Straßen-, Eisenbahn]schaffner. **Konduktome|trie** [*lat.*; *gr.*] *die*; -: Verfahren zur Bestimmung der Zusammensetzung chem. Verbindungen durch Messung der sich ändernden Leitfähigkeit (Chem.). **konduktometrisch**: die Konduktometrie betreffend, auf ihr beruhend. **Konduktor** [*lat.*] *der*; -s, ...oren: 1. Hauptleiter der Elektrisiermaschine. 2. selbst gesund bleibender Überträger einer Erbkrankheit (z. B. Frauen bei der Übertragung der Bluterkrankheit, an der nur Männer erkranken; Med.). **Konduktus** vgl. Conductus

Kondurango [...*nggo*; *indian.-span.*] *die*; -, -s: südamerik

Strauch, dessen Rinde ein bitteres Magenmittel liefert

Kondylom [*gr.-lat.*] *das*; -s, -e: nässende → Papel in der Genitalgegend (Med.)

Konen: *Plural* von → Konus

Konfabulation [*...zion*; *lat.*] *die*; -, -en: auf Erinnerungstäuschung beruhender Bericht über vermeintlich erlebte Vorgänge (Psychol.). **konfabulieren**: erfundene Erlebnisse als selbst erlebt darstellen

Konfekt [*lat.-mlat.*; „Zubereitetes"] *das*; -[e]s, -e: 1. feine Zuckerwaren, Pralinen. 2. (südd., schweiz., österr.) Teegebäck. **Konfektion** [*...zion*; *lat.-fr.*] *die*; -, -en: 1. fabrikmäßige Serienherstellung von Kleidungsstücken. 2. [Handel mit] Fertigkleidung. 3. Bekleidungsindustrie. **Konfektionär** *der*; -s, -e: 1. Hersteller von Fertigkleidung. 2. [leitender] Angestellter in der Konfektion (3). **Konfektioneuse** [*...nös^e*] *die*; -, -n: [leitende] Angestellte in der Konfektion (3). **konfektionieren**: fabrikmäßig herstellen

Konferenz [*lat.-mlat.*] *die*; -, -en: 1. Sitzung; Besprechung; Tagung. 2. beratschlagende Versammlung. 3. kartellartiger Zusammenschluß von Reedereien im Überseegeschäft. **Konferenzschaltung** [*lat.-mlat.*; *dt.*] *die*; -, -en: telefonische [Zusammen]schaltung für den Nachrichtenaustausch zwischen mehr als zwei Personen. **konferieren** [*lat.-fr.*]: 1. mit jmdm. verhandeln, über etwas [in größerem Kreis] beraten. 2. als → Conférencier sprechen, ansagen

Konfession [*lat.*] *die*; -, -en: 1. [christliche] Glaubensgemeinschaft, Gesamtheit der Menschen, die zu der gleichen Glaubensgemeinschaft gehören. 2. literarische Zusammenfassung von Glaubenssätzen; vgl. Confessio (1 b). 3. a) christliches [Glaubens]bekenntnis; b) Geständnis, [Sünden]bekenntnis. **konfessionalisieren**: die Besonderheiten einer Konfession (1) in allen Bereichen des Lebens, der Kirche, der Theologie durchsetzen. **Konfessionalismus** *der*; -: [übermäßige] Betonung der eigenen Konfession. **konfessionalistisch**: den Konfessionalismus betreffend; eng kirchlich denkend. **konfessionell**: zu einer Konfession gehörend. **Konfessionsschule** [*lat.*; *dt.*] *die*; -, -n: Bekenntnisschule, in der der Unterricht im Geiste einer bestimmten Bekenntnisgruppe gestaltet wird; Ggs. → Simultanschule

Konfetti [*lat.-mlat.-it.*] *das*; -[s]: 1. bunte Papierblättchen, die bes. bei Faschingsveranstaltungen geworfen werden. 2. (österr., veraltet) Zuckergebäck, Süßigkeiten. **Konfettiparade** *die*; -, -n: (bes. in Amerika) Umzug, bei dem eine Persönlichkeit des öffentlichen Lebens gefeiert wird u. bei dem große Mengen von Konfetti geworfen werden

Konfident [*lat.-fr.*] *der*; -en, -en: 1. a) (veraltet) Vertrauter, Freund; b) jmd., der mit bestimmten Gegebenheiten vertraut ist. 2. (österr.) [Polizei]spitzel. **konfidentiell** [*...ziäl*]: (veraltet) vertraulich (von Briefen, Mitteilungen). **Konfidenz** *die*; -, -en: (veraltet) 1. Vertrauen. 2. vertrauliche Mitteilung

Konfiguration [*...zion*; *lat.*] *die*; -, -en: 1. (veraltet) Gestaltung, Gestalt. 2. (Med.) a) äußere Form, Gestalt od. Aufbau eines Organs od. Körperteils; b) Verformung (z. B. des kindlichen Schädels bei der Geburt). 3. = Aspekt (2). 4. die dreidimensionale, räumliche Anordnung der Atome um ein Zentralatom (Chem.). 5. Anordnung u. wechselseitige Beziehung verschiedener Einzelerlebnisse in einem zusammenhängenden Sachverhalt (Psychol.). 6. bestimmte Stellung der → Planeten (Astron.; Astrol.). 7. (Sprachw.) a) geordnete Menge bes. von semantischen Merkmalen (z. B.: „Möbel, sitzen" für „Stuhl"); b) Gruppe syntaktisch verbundener Wörter. **konfigurieren**: 1. (veraltet) gestalten. 2. verformen

Konfination [*...zion*; *lat.-nlat.*] *die*; -, -en: (veraltet) 1. Einteilung in bestimmte Bezirke. 2. Hausarrest, gerichtliche Aufenthalts- (bzw. Wohn-)beschränkung auf einen bestimmten Bezirk. **konfinieren**: (veraltet) 1. in bestimmte Bezirke einteilen. 2. den Aufenthalt einer Person durch gerichtliche Anordnung auf einen bestimmten Ort beschränken. **Konfinität** *die*; -: (veraltet) Grenznachbarschaft. **Konfinium** [*lat.*] *das*; -s, ...ien [*...i^en*]: (veraltet) 1. Grenze; Grenzland. 2. (hist.) die österr. Grenzgebiete in Südtirol

Konfirmand [*lat.*; „der zu Bestärkende"] *der*; -en, -en: jmd., der konfirmiert wird. **Konfirmation** [*...zion*] *die*; -, -en: feierliche Aufnahme junger evangelischer Christen in die Gemeinde der Erwachsenen. **konfirmieren**: einen evangelischen Jugendlichen nach vorbereitendem Unterricht feierlich in die Gemeinde der Erwachsenen aufnehmen

Konfiserie [auch: *kong...*; *lat.-fr.*] *die*; -, ...ien: (schweiz.) Betrieb, der Süßwaren, Pralinen o. ä. herstellt u. verkauft. **Konfiseur** [*...sör*] *der*; -s, -e: (schweiz.) jmd., der berufsmäßig Süßwaren, Pralinen o. ä. herstellt

Konfiskat [*lat.*] *das*; -[e]s, -e (meist Plural): (Tiermed.) 1. nicht zum Verzehr geeigneter Teil von Schlachttieren. 2. Geschlechtsteil eines ungeborenen Tieres. **Konfiskation** [*...zion*] *die*; -, -en: entschädigungslose staatliche Enteignung zur Entrechtung einzelner Personen od. bestimmter Gruppen. **konfiszieren**: etwas [von Staats wegen, gerichtlich] einziehen, beschlagnahmen

Konfitent [*lat.*] *der*; -en, -en: (veraltet) Beichtender, Beichtkind

Konfitüre [*lat.-fr.*] *die*; -, -n: aus nur einer Obstsorte hergestellte Marmelade [mit ganzen Früchten od. Fruchtstücken]; vgl. Jam

Kon|fla|gration [*...zion*; *lat.*] *die*; -, -en: Feuersbrunst, Brand

kon|fligieren [*lat.*]: (veraltet) in Konflikt geraten. **Kon|flikt** [„Zusammenstoß"] *der*; -[e]s, -e: 1. a) [bewaffnete, militärische] Auseinandersetzung zwischen Staaten; b) Streit, Zerwürfnis. 2. Widerstreit der Motive, Zwiespalt. **kon|fliktär**: einen Konflikt enthaltend, voller Konflikte. **konfliktiv**: einen Konflikt in sich bergend, Konflikte erzeugend. **Konfliktkommission** *die*; -, -en: (DDR) Kommission in sozialistischen Betrieben u. staatlichen Verwaltungen, die über bestimmte Streitfälle eigenverantwortlich entscheidet

Kon|fluenz [*lat.*] *die*; -, -en: Zusammenfluß zweier Gletscher (Geol.); Ggs. → Diffluenz. **konfluieren**: zusammenfließen, sich vereinigen (z. B. von Blutgefäßen; Med.). **Kon|flux** *der*; -es, -e: = Konfluenz

Konföderation [*...zion*; *lat.*; „Bündnis"] *die*; -, -en: [Staaten]bund. **konföderieren**, sich: sich verbünden; Konföderierte Staaten von Amerika: (hist.) die 1861 von der Union abgefallenen u. dann wieder zur Rückkehr gezwungenen Südstaaten der USA. **Konföderierte** *der* u. *die*; -n, -n: 1. Verbündete. 2. (hist.) Anhänger[in] der Südstaaten im Sezessionskrieg

konfokal [*lat.-nlat.*]: mit gleichen Brennpunkten (Phys.)

konform [*lat.*; „gleichförmig, ähnlich"]: 1. einig, übereinstimmend (in den Ansichten); mit etwas - gehen: mit etwas einiggehen, übereinstimmen. 2. winkel-, maßstabgetreu (von Abbildungen; Math.). **Konformation** [...zion; *lat.-engl.*] *die*; -, -en: eine der verschiedenen räumlichen Anordnungsmöglichkeiten der → Atome eines → Moleküls, die sich durch Drehung um eine einfache Achse ergeben (Chem.). **konformieren**: (veraltet) anpassen, einfügen, übereinstimmend machen. **Konformismus** [*lat.-engl.*] *der*; -: [Geistes]haltung, die [stets] um Anpassung der persönlichen Einstellung an die bestehenden Verhältnisse bemüht ist; Ggs. → Nonkonformismus. **Konformist** *der*; -en, -en: 1. jmd., der seine eigene Einstellung immer nach der herrschenden Meinung richtet; Ggs. → Nonkonformist (1). 2. Anhänger der anglikanischen Staatskirche; Ggs. → Nonkonformist (2). **konformistisch**: 1. seine eigene Einstellung nach der herrschenden Meinung richtend; Ggs. → nonkonformistisch (1). 2. im Sinne der anglikanischen Staatskirche denkend od. handelnd; Ggs. → nonkonformistisch (2). **Konformität** [*lat.-mlat.*] *die*; -: 1. a) Übereinstimmung, Anpassung; Ggs. → Nonkonformität; b) das Gleichgerichtetsein des Verhaltens einer Person mit dem einer Gruppe als Ergebnis der → Sozialisation (Soziol.). 2. Winkel- u. Maßstabtreue einer Abbildung (Math.)

Kon|frater [*lat.-mlat.*; „Mitbruder"] *der*; -s, ...fra|tres: Amtsbruder innerhalb der katholischen Geistlichkeit. **Konfraternität** *die*; -, -en: (veraltet) Bruderschaft innerhalb der katholischen Geistlichkeit

Kon|frontation [...zion; *lat.-mlat.*] *die*; -, -en: 1. Gegenüberstellung von einander widersprechenden Meinungen, Sachverhalten od. Personengruppen [vor Gericht]. 2. [politische] Auseinandersetzung. 3. → synchronischer Vergleich von zwei Sprachzuständen, um sowohl die Unterschiede als auch die Gemeinsamkeiten von zwei untersuchten Sprachen im Hinblick auf den Fremdsprachenunterricht festzustellen (Sprachw.). **kon|frontativ**: = komparativ (2a). **kon|frontieren**: a) jmdn. jmdm. anderen gegenüberstellen, um einen Widerspruch od. eine Unstimmigkeit auszuräumen; b) jmdn. in die Lage bringen, daß er sich mit etwas Unangenehmem auseinandersetzen muß; c) als → Kontrast (1), zum Vergleich einander gegenüberstellen

konfundieren [*lat.*]: (veraltet) vermengen, verwirren. **konfus** [eigtl. „ineinandergegossen"]: verwirrt, verworren; wirr (im Kopf), durcheinander. **Konfusion** *die*; -, -en: 1. Verwirrung, Zerstreutheit; Unklarheit. 2. das Erlöschen eines Rechtes, wenn Berechtigung u. Verpflichtung in einer Person zusammenfallen (z. B. durch Kauf, Erbschaft; Rechtsw.); vgl. Konsolidation

Konfutation [...zion; *lat.*] *die*; -, -en: (veraltet) Widerlegung, Überführung (Rechtsw.)

Konfuzianer [*nlat.*; nach Konfuzius (etwa 551 bis etwa 470 v. Chr.), dem Gründer der chin. Staatsreligion] *der*; -s, -: Anhänger der Lehren des Konfuzius. **konfuzianisch**: nach Art des Konfuzius. **Konfuzianismus** *der*; -: die auf dem Leben u. der Lehre des Konfuzius beruhende ethische, weltanschauliche u. staatspolitische Geisteshaltung Chinas u. Ostasiens. **konfuzianistisch**: den Konfuzianismus betreffend

kongenial [*lat.-nlat.*]: geistesverwandt, geistig ebenbürtig. **Kongenialität** *die*; -: geistige Ebenbürtigkeit

kongenital [*lat.-nlat.*]: angeboren, auf Grund einer Erbanlage bei der Geburt vorhanden (z. B. von Erbkrankheiten; Med.)

Kongestion [*lat.*; „Aufhäufung"] *die*; -, -en: lokaler Blutandrang (z. B. bei Entzündungen; Med.). **kongestiv** [*lat.-nlat.*]: Blutandrang bewirkend (Med.)

Kon|globation [...zion; *lat.*] *die*; -, -en: Anhäufung von Individuen einer Art auf Grund bestimmter örtlicher Gegebenheiten (Zool.)

Kon|glomerat [*lat.-fr.*] *das*; -[e]s, -e: 1. Zusammenballung, Gemisch. 2. Sedimentgestein aus gerundeten, durch ein Bindemittel verfestigten Gesteinstrümmern (Geol.). 3. Zusammenballung, Anhäufung (z. B. von Würmern im Darm; Med.). **kon|glomeratisch**: das Gesteinsgefüge eines Konglomerats (2) betreffend (Geol.). **Kon|glomerat|tumor** *der*; -s, -en: durch eine entzündliche Verwachsung verschiedener Organe entstandene Geschwulst

Kon|glutinat [*lat.*] *das*; -[e]s, -e: = Konglomerat. **Kon|glutination** [...zion] *die*; -, -en: Verklebung [von roten Blutkörperchen] (Med.). **kon|glutinieren**: zusammenballen, verkleben (Med.)

Kongorot [nach dem früheren Namen Kongo des afrikanischen Flusses Zaïre] *das*; -s: → Azofarbstoff, der als → Indikator (4) für Säuren u. Basen (früher auch als Textilfarbstoff) verwendet wird

Kon|gregation [...zion; *lat.*] *die*; -, -en: 1. kirchliche Vereinigung [mit einfacher Mönchsregel] für bestimmte kirchliche Aufgaben. 2. engerer Verband von Klöstern innerhalb eines Mönchsordens. 3. = Kardinalskongregation. 4. (veraltet) Vereinigung, Versammlung. **Kon|gregationalismus** [*lat.-engl.-amerik.*] *der*; -: reformiert-kalvinistische religiöse Bewegung in England u. Amerika, die eine übergeordnete Kirchenstruktur ablehnt. **Kongregationalist** [*lat.-engl.*] *der*; -en, -en: Angehöriger einer engl.-nordamerik. Kirchengemeinschaft; vgl. Independenten. **kongregationalistisch**: den Kongregationalismus betreffend. **Kongregationist** [*lat.-nlat.*] *der*; -en, -en: Mitglied einer Kongregation. **kon|gregieren**: sich versammeln, vereinigen

Kon|greß [*lat.*; „Zusammenkunft; Gesellschaft"] *der*; ...gresses, ...gresse: 1. [größere] fachliche od. politische Versammlung, Tagung. 2. (ohne Plural) aus → Senat (2) u. → Repräsentantenhaus bestehendes Parlament in den USA

kon|gruent [*lat.*]: 1. übereinstimmend (von Ansichten); Ggs. → disgruent. 2. (Math.; Ggs. → inkongruent) a) deckungsgleich (von geometrischen Figuren); b) übereinstimmend (von zwei Zahlen, die, durch eine dritte geteilt, gleiche Reste liefern). **Kon|gruenz** *die*; -, -en: 1. Übereinstimmung. 2. (Math.) a) Deckungsgleichheit; Ggs. → Inkongruenz; b) Übereinstimmung; vgl. kongruent (2b); Ggs. → Inkongruenz. 3. (Sprachw.) a) formale Übereinstimmung zusammengehöriger Teile im Satz (in → Kasus (2), → Numerus (3), → Genus (2) u. → Person (5); b) inhaltlich sinnvolle Vereinbarkeit des → Verbs mit anderen Satzgliedern. **kon|gruieren**: übereinstimmen, sich decken

Konidie [...i^e; *gr.-nlat.*] *die*; -, -n (meist Plural): durch Abschnürung entstehende Fortpflanzungszelle vieler Pilze

Konifere [*lat.*; „Zapfen Tragende"] *die*; -, -n (meist Plural): Vertreter der Klasse der Nadelhölzer

Königsbait [*dt.*; *arab.*] *das*; -[s], -s:

erstes gereimtes Verspaar des → Gasels

Koniin [*gr.-nlat.*] *das*; -s: giftiges → Alkaloid aus den unreifen Früchten des Gefleckten Schierlings

Konimaharz [*indian.*; *dt.*] *das*; -es: weihrauchartiges Harz eines südamerik. Baumes

Konimeter [*gr.*; *gr.-lat.-fr.*] *das*; -s, -: Apparat zur Bestimmung des Staubgehalts in der Luft. **Koniose** [*gr.-nlat.*] *die*; -, -n: Staubkrankheit (Med.); vgl. Pneumokoniose

konisch [*gr.-nlat.*]: kegelförmig; -e Projektion: Kartenprojektion auf eine Kegeloberfläche (Math.). **Konizität** *die*; -, -en: Kegelförmigkeit, Kegelähnlichkeit (Math.)

Konjektaneen [...*e*ᵉ*n*; auch: ...*tane*ᵉ*n*; *lat.*] *die* (Plural): [Sammlung von] Bemerkungen. **Konjektur** *die*; -, -en: 1. (veraltet) Vermutung. 2. mutmaßlich richtige Lesart, Textverbesserung bei schlecht überlieferten Texten. **konjektural**: die Konjektur betreffend, auf einer Konjektur beruhend. **Konjekturalkritik** *die*; -: philologische Kritik, die Konjekturen (2) anbringt u. prüft. **konjizieren**: 1. (veraltet) vermuten. 2. Konjekturen (2) anbringen

konjugal [*lat.*]: (veraltet) ehelich. **Konjugate** *die*; -, -n (meist Plural): Jochalge (Biol.). **Konjugation** [...*zion*; „Verbindung; Beugung"] *die*; -, -en: 1. Abwandlung, Beugung des Verbs nach → Person (5), → Numerus (3), → Tempus, → Modus (2) u. a. (Sprachw.); vgl. Deklination. 2. (Biol.) a) vorübergehende Vereinigung zweier Wimpertierchen, die mit Kernaustausch verbunden ist; b) Vereinigung der gleichgestalteten Geschlechtszellen von Konjugaten. **konjugieren**: 1. ein Verb beugen (Sprachw.); vgl. deklinieren. 2. (veraltet) verbinden. **konjugiert**: 1. zusammengehörend, einander zugeordnet (z. B. von Zahlen, Punkten, Geraden; Math.); -er Durchmesser: Durchmesser von Kegelschnitten, der durch die Halbierungspunkte aller Sehnen geht, die einem anderen Durchmesser parallel sind (Math.). 2. mit Doppelbindungen abwechselnd (von einfachen Bindungen; Chem.). **Konjunkt** [*lat.*] *das*; -s, -e: Teil des Satzes, der mit anderen Satzelementen zusammen auftreten kann (Sprachw.); Ggs. → Adjunkt (I). **Konjunktion** [...*zion*; „Verbindung; Bindewort"] *die*; -, -en: 1. neben- od. unterordnendes Bindewort (z. B. *und, obwohl*; Sprachw.). 2. das Zusammentreffen mehrerer Planeten im gleichen Tierkreiszeichen (Astrol.). 3. Stellung zweier Gestirne im gleichen Längengrad (Astron.). 4. Verknüpfung zweier od. mehrerer Aussagen durch den → Konjunktor „und" (Logik). **konjunktional** [*lat.-nlat.*]: die Konjunktion (1) betreffend, durch sie ausgedrückt. **Konjunktionaladverb** *das*; -s, ...ien [...*i*ᵉ*n*]: → Adverb, das auch die Funktion einer → Konjunktion (1) erfüllen kann (z. B. *trotzdem*: er hat *trotzdem* [Adv.] geraucht; er kennt die Gefahr, *trotzdem* [Konj.] will er es tun). **Konjunktionalsatz** *der*; -es, ...sätze: durch eine Konjunktion (1) eingeleiteter Gliedsatz (z. B. er weiß nicht, *daß Brunhilde u. Klaus verreist sind*). **konjunktiv** [auch: ...*tif*; *lat.*]: verbindend; Ggs. → disjunktiv (a); -es [...*w*ᵉ*ß*] Urteil: Satz mit Subjekt u. mehreren Prädikaten (Formel: X = A + B; Philos.). **Konjunktiv** [auch: ...*tif*] *der*; -s, -e [...*w*ᵉ]: Aussageweise der Vorstellung, Möglichkeitsform (er sagte, sie *sei/wäre* verreist; Sprachw.); Abk.: Konj.; Ggs. → Indikativ. **Konjunktiva** [...*wa*] *die*; -, ...vä: Bindehaut des Auges (Med.). **konjunktivisch** [auch: ...*tiw*...]: den Konjunktiv betreffend, auf ihn bezogen. **Konjunktivitis** [...*wi*...; *lat.-nlat.*] *die*; -, ...itiden: Bindehautentzündung des Auges (Med.). **Konjunktor** *der*; -s: die logische Partikel „und" (Zeichen: ∧) zur Herstellung einer Konjunktion (4; Logik). **Konjunktur** *die*; -, -en: (Wirtsch.) a) Wirtschaftslage, -entwicklung; vgl. Depression (3) u. Prosperität; b) Wirtschaftsaufschwung (Hochkonjunktur). **konjunkturell**: die wirtschaftliche Gesamtlage u. ihre Entwicklungstendenz betreffend

Konjurant [*lat.*] *der*; -en, -en: (veraltet) Verschworener. **Konjuration** [...*zion*] *die*; -, -en: (veraltet) Verschwörung

konkav [*lat.*; „hohlrund, gewölbt"]: hohl, vertieft, nach innen gewölbt (z. B. von Linsen od. Spiegeln; Phys.); Ggs. → konvex. **Konkavität** [...*wi*...] *die*; -: das Nach-innen-Gewölbtsein (z. B. von Linsen; Phys.); Ggs. → Konvexität. **Konkavspiegel** *der*; -s, -: Hohlspiegel

Kon|klave [...*w*ᵉ; *lat.*] *das*; -s, -n: a) streng abgeschlossener Versammlungsort der Kardinäle bei einer Papstwahl; b) Kardinalsversammlung zur Papstwahl

kon|kludent [*lat.*]: eine Schlußfolgerung zulassend, schlüssig (bes. Philos.); -es Verhalten: eine ausdrückliche Willenserklärung rechtswirksam ersetzendes, schlüssiges Verhalten (Rechtsw.). **kon|kludieren**: etwas aus etwas folgern, einen Schluß ziehen (Philos.). **Kon|klusion** *die*; -, -en: Schluß, Folgerung, Schlußsatz im → Syllogismus (Philos.). **konklusiv** [*lat.-nlat.*]: 1. folgernd (Philos.). 2. (von Verben) den allmählichen Abschluß eines Geschehens kennzeichnend (z. B. verklingen, verblühen; Sprachw.)

konkomitant [*lat.*]: mit begleitend, aber nicht relevant, nicht distinktiv, redundant. **Konkomitanz** [*lat.-mlat.*; „Begleitung"] *die*; -: 1. das Zusammenvorkommen von Elementen verschiedener Klassen, Bedingungsrelation (z. B. A kommt immer zusammen mit B vor; Sprachw.). 2. Lehre, daß Christus mit Fleisch u. Blut in jeder der beiden konsekrierten Gestalten Brot u. Wein zugegen ist

konkordant [*lat.*]: 1. übereinstimmend. 2. ungestört übereinander lagernd (von Gesteinsschichten; Geol.); vgl. akkordant u. diskordant. **Konkordanz** [*lat.-mlat.*] *die*; -, -en: 1. a) alphabetisches Verzeichnis von Wörtern od. Sachen zum Vergleich ihres Vorkommens u. Sinngehaltes an verschiedenen Stellen eines Buches (bes. als Bibelkonkordanz); b) Vergleichstabelle von Seitenzahlen verschiedener Ausgaben eines Werkes. 2. ungestörte Lagerung mehrerer Gesteinsschichten (Geol.); vgl. Akkordanz u. Diskordanz. 3. die Übereinstimmung in bezug auf ein bestimmtes Merkmal (z. B. von Zwillingen; Biol.). 4. ein Schriftgrad (Maßeinheit von 4 → Cicero; Druckw.). 5. (in bestimmten Sprachen) Ausdruck grammatischer Zusammenhänge durch formal gleiche Elemente, bes. durch → Präfixe (Sprachw.). **Konkordat** *das*; -[e]s, -e: 1. Vertrag zwischen einem Staat u. dem Vatikan. 2. (schweiz.) Vertrag zwischen Kantonen. **Konkordia** *die*; -: Eintracht, Einigkeit. **Konkordienbuch** [...*i*ᵉ*n*...; *lat.*; *dt.*] *das*; -[e]s: die am weitesten verbreitete Sammlung lutherischer Bekenntnisschriften. **Konkordienformel** *die*; -: letzte, allgemein anerkannte lutherische Bekenntnisschrift von 1577

Kon|krement [*lat.*; „Zusammenhäufung"] *das*; -[e]s, -e: vorwiegend aus Salzen bestehendes, krankhaftes, festes Gebilde, das in Körperhöhlen bzw. ableitenden Systemen entsteht (z. B. Nierensteine; Med.). **Kon|kreszẹnz** *die*; -, -en: (veraltet) das Zusammenwachsen. **kon|krẹt** [„zusammengewachsen"]: 1. anschaulich, greifbar, gegenständlich, wirklich, auf etwas Bestimmtes bezogen; Ggs. → abstrakt. 2. sachlich, bestimmt, wirkungsvoll. 3. deutlich, präzise; -e Kunst: eine die konkreten Bildmittel (Linien, Farben, Flächen) betonende Richtung der gegenstandslosen Malerei u. Plastik, die nicht nur → abstrakte Kunst sein will; -e Musik: auf realen Klangelementen (z. B. Straßenlärm, Wind) basierende Musik; -es Substantiv = Konkretum. **Kon|kretion** [...*ziọn*] *die*; -, -en: 1. Vergegenständlichung, Verwirklichung. 2. Verklebung, Verwachsung (Med.). 3. meist knolliger, kugeliger mineralischer Körper in Gesteinen (Geol.). **kon|kretisieren** [*lat.-nlat.*]: veranschaulichen, verdeutlichen, [im einzelnen] ausführen. **Kon|krẹtum** [*lat.*] *das*; -s, ...ta: Substantiv, das etwas Gegenständliches bezeichnet (z. B. Tisch; Sprachw.); Ggs. → Abstraktum

Konkubinạt [*lat.*] *das*; -[e]s, -e: 1. (hist.) in der röm. Kaiserzeit eine gesetzlich erlaubte, außereheliche Verbindung zwischen Personen, die eine bürgerliche Ehe nicht eingehen durften. 2. das Zusammenleben zweier Personen verschiedenen Geschlechts über längere Zeit hinweg ohne förmliche Eheschließung (Rechtsw.). **Konkubịne** [„Beischläferin"] *die*; -, -n: 1. (veraltet) im Konkubinat lebende Frau. 2. (abwertend) Geliebte

Konkupiszẹnz [*lat.*] *die*; -: [sinnliche] Begehrlichkeit, Begierde [als Folge der Erbsünde], Verlangen (Philos.; Theol.)

Konkurrẹnt [*lat.*] *der*; -en, -en: a) Mitbewerber [um eine Stellung, einen Preis]; b) [geschäftlicher] Gegner, Rivale; c) (Plural) zwei Feste, die auf aufeinanderfolgende Tage fallen (kath. Liturgie). **Konkurrẹnz** [*lat.-mlat.*] *die*; -, -en: 1. (ohne Plural) Rivalität, Wettbewerb. 2. (ohne Plural) a) [geschäftlicher] Rivale; b) Konkurrenzunternehmen, Gesamtheit der [wirtschaftlichen] Gegner. 3. (bes. in einer Sportart stattfindender) Wettkampf, Wettbewerb; außer -: außerhalb der offiziellen Wertung. 4. (nur Plural) die bei einem Familien- od. Ortsnamen sich kreuzenden verschiedenen Möglichkeiten der Deutung (z. B. Barth nach der Haartracht, nach der Stadt in Pommern od. dem altdt. Rufnamen Bartold). **konkurrenzieren** [*lat.-nlat.*] (südd., österr. und schweiz.): mit jmdm. konkurrieren, jmdm. Konkurrenz machen, jmds. Konkurrent sein. **Konkurrẹnzklausel** *die*; -: vertraglich vereinbartes Wettbewerbsverbot (z. B. zwischen Unternehmer u. Handelsvertreter). **konkurrieren** [*lat.*; „zusammenlaufen, -treffen, aufeinanderstoßen"]: 1. mit anderen in Wettbewerb treten, wetteifern, sich mit anderen [um einen Posten] bewerben. 2. zusammentreffen (von mehreren strafrechtlichen Tatbeständen in einer strafbaren Handlung od. von mehreren strafbaren Handlungen eines Täters; Rechtsw.).

Konkụrs *der*; -es, -e: 1. Zahlungsunfähigkeit, Zahlungseinstellung einer Firma. 2. gerichtliches Vollstreckungsverfahren zur gleichmäßigen u. gleichzeitigen Befriedigung aller Gläubiger eines Unternehmens, das die Zahlungen eingestellt hat

konnatạl [*lat.-nlat.*]: angeboren (von Krankheiten od. Schädigungen; Med.)

Konnektịv [*lat.-nlat.*] *das*; -s, -e [...*w*[e]]: Verbindungsstück (z. B. zwischen Pflanzenteilen od. Nervensträngen; Biol.; Med.). **Konnẹktor** [*lat.-engl.-amerik.*] *der*; -s, ...ọren: Symbol in Flußdiagrammen (graphische Darstellungen von Arbeitsabläufen), das auf die Stelle verweist, an der der Programmablauf fortgesetzt werden soll (EDV)

Konnetạbel [*lat.-fr.*] *der*; -s, -s: (hist.) Kronfeldherr

Konnẹx [*lat.*; „Verflechtung, Verknüpfung"] *der*; -es, -e: 1. Zusammenhang; Verbindung, Verflechtung. 2. persönlicher Kontakt, Umgang. **Konnexiọn** [*lat.-fr.*] *die*; -, -en: 1. (meist Plural) einflußreiche, fördernde Bekanntschaft, Beziehung. 2. Beziehung zwischen regierendem u. regiertem Element eines Satzes (Sprachw.). **Konnexitạ̈t** [*lat.-nlat.*] *die*; -: (Rechtsw.) a) innerer Zusammenhang mehrerer [Straf]rechtsfälle als Voraussetzung für die Zusammenfassung in einem Gerichtsverfahren; b) innere Abhängigkeit auf demselben Rechtsverhältnis beruhender wechselseitiger Ansprüche von Gläubiger u. Schuldner

konnivent [...*wạnt*; *lat.*]: nachsichtig (von einem Vorgesetzten, der strafbare Handlungen eines Untergebenen wissentlich übersieht u. duldet; Rechtsw.). **Konnivẹnz** *die*; -, -en: [mit Strafe bedrohte] Duldsamkeit, Nachsicht gegenüber strafbaren Handlungen von Untergebenen (Rechtsw.). **konnivieren**: (veraltet) Nachsicht üben

Konnossemẹnt [*lat.-it.*] *das*; -[e]s, -e: Frachtbrief im Seegüterverkehr

Konnotạt [*lat.*] *das*; -s, -e: (Sprachw.) 1. vom Sprecher bezeichneter Begriffsinhalt (im Gegensatz zu den entsprechenden Gegenständen in der außersprachlichen Wirklichkeit); Ggs. → Denotat (1). 2. konnotative [Neben]bedeutung; Ggs. → Denotat (2). **Konnotation** [...*ziọn*] *die*; -, -en: die Grundbedeutung eines Wortes begleitende zusätzliche [emotionale, expressive, stilistische] Vorstellung (z. B. bei „Mond" die Gedankenverbindungen „Nacht, romantisch, kühl, Liebe"; Sprachw.); Ggs. → Denotation (2 a). **konnotatịv** [auch: *kọn*...]: die assoziative, emotionale, stilistische, wertende [Neben]bedeutung, Begleitvorstellung eines sprachlichen Zeichens betreffend (Sprachw.); Ggs. → denotativ. **konnotiert**: Konnotation aufweisend

konnubiạl [*lat.*]: (veraltet) die Ehe betreffend (Rechtsw.). **Konnụbium** *das*; -s, ...ien [...*i*[e]*n*]: (veraltet) Ehe[gemeinschaft] (Rechtsw.)

Konoịd [*gr.-nlat.*] *das*; [e]s, -e: kegelähnlicher Körper, der z. B. durch → Rotation (1) einer Kurve um ihre Achse entsteht (Math.)

Konopẹum [*gr.-nlat.*] *das*; -s, ...ẹen: Vorhang zur Verhüllung des Altartabernakels (Rel.)

Konquistadọr [*lat.-span.*] *der*; -en, -en: (hist.) Teilnehmer an der span. Eroberung Südamerikas im 16. Jh.

Kọnrektor [*lat.-nlat.*] *der*; -s, ...ọren: Stellvertreter des Rektors [einer Grund-, Haupt- od. Realschule]

Konsanguinitạ̈t [*lat.*] *die*; -: (veraltet) Blutsverwandtschaft

Konseil [*kongßẹj*; *lat.-fr.*] *der*; -s, -s: (veraltet) Staats-, Ministerrat, Ratsversammlung; Beratung; vgl. Conseil

Konse|kration [...*ziọn*; *lat.*] *die*; -, -en: 1. liturgische Weihe einer Person od. Sache (z. B. Bischofs-, Priester-, Altarweihe; kath.

Rel.). 2. liturgische Weihe von Brot u. Wein durch Verwandlung in Leib u. Blut Christi (kath. Rel.); vgl. Transsubstantiation. 3. (hist.) die Vergöttlichung des verstorbenen Kaisers in der röm. Kaiserzeit. **Konse|krationsmünze** *die*; -, -n: (hist.) bei der Konsekration (3) eines röm. Kaisers geprägte Münze. **konse|krieren**: (durch Konsekration 1, 2) liturgisch weihen

konsekutiv [auch: *...if*; *lat.-nlat.*]: 1. aufeinanderfolgend. 2. nachfolgend, abgeleitet (von den nicht → konstitutiven (2 b) Bestandteilen eines Begriffs; Philos.). 3. folgend, die Folge bezeichnend (Sprachw.); -e [*...wᵉ*] Konjunktion: die Folge angebendes Bindewort (z. B. so daß); -es Dolmetschen: [bei Verhandlungen geübte] Form des Dolmetschens, bei der die Übersetzung dem Originalvortrag zeitlich nachgeschaltet wird; Ggs. → simultanes Dolmetschen. **Konsekutivsatz** *der*; -es, ...sätze: Umstandssatz der Folge (z. B. er war *so* in sie verliebt, *daß er alles für sie hätte tun können*; Sprachw.)

Konsemester [*lat.*] *das*; -s, -: jmd., mit dem man zusammen studiert; Kommilitone, Kommilitonin

Konsens [*lat.*] *der*; -es, -e: a) Zustimmung, Einwilligung; b) sinngemäße Übereinstimmung von Wille u. Willenserklärung zweier Vertragspartner; Ggs. → Dissens; vgl. Consensus. **Konsensualkontrakt** [*lat.-nlat.*; *lat.*] *der*; -[e]s, -e: der (allgemein übliche) durch beiderseitige Willenserklärungen rechtswirksam werdende Vertrag (Rechtsw.); Ggs. → Realkontrakt. **konsensuell** [*lat.-nlat.*]: (veraltet) [sinngemäß] übereinstimmend. **Konsensus** *der*; -, - [*konsänsuß*]: = Konsens. **konsentieren** [*lat.*]: (veraltet) 1. übereinstimmen; einig sein. 2. etwas genehmigen (Rechtsw.)

konsequent [*lat.*]: 1. folgerichtig, logisch zwingend. 2. a) unbeirrbar, fest entschlossen; b) beharrlich, immer, jedes Mal. 3. der Abdachung eines Gebietes od. einer → tektonischen Linie folgend (von Flüssen; Geol.); Ggs. → insequent. **Konsequenz** *die*; -, -en: 1. (ohne Plural) a) Folgerichtigkeit; b) Zielstrebigkeit, Beharrlichkeit. 2. (meist Plural) Folge, Aus-, Nachwirkung (einer Handlung)

Konservation [*...wazion*; *lat.*] *die*; -, -en: (veraltet) Erhaltung, Instandhaltung. **Konservatismus** vgl. Konservativismus. **konservativ** [auch: *kon...*; *lat.-mlat.-engl.*]: 1. am Hergebrachten festhaltend, auf Überliefertem beharrend, bes. im politischen Leben. 2. althergebracht, bisher üblich. 3. erhaltend, bewahrend (im Sinne der Schonung u. Erhaltung eines verletzten Organs, im Gegensatz zu operativer Behandlung; Med.). 4. politisch dem Konservativismus zugehörend, eigentümlich. **Konservative** [*...iwᵉ*] *der* u. *die*; -n, -n: a) Anhänger[in] einer konservativen Partei; b) jmd., der am Hergebrachten festhält. **Konservativismus** u. Konservatismus [*lat.-nlat.*] *der*; -, ...men: 1. a) [politische] Anschauung, die sich am Hergebrachten, Überlieferten orientiert; b) [politische] Anschauung, Grundhaltung, die auf weitgehende Erhaltung der bestehenden Ordnung gerichtet ist. 2. [auf weitgehende Erhaltung der bestehenden Ordnung gerichtete] politische Bewegung, Gesamtheit der einzelnen konservativen Bewegungen, Bestrebungen, Parteien, Organisationen. **Konservativität** *die*; -: konservative (1) Haltung, Art, Beschaffenheit, konservativer Charakter. **Konservator** [*lat.*] *der*; -s, ...oren: Beamter, der für die Instandhaltung von Kunstdenkmälern verantwortlich ist. **konservatorisch** [*lat.-nlat.*]: 1. auf die Instandhaltung von Kunstwerken bedacht. 2. das Konservatorium betreffend. **Konservatorist** *der*; -en, -en: Schüler eines Konservatoriums. **konservatoristisch**: = konservatorisch (2). **Konservatorium** [*lat.-it.*] *das*; -s, ...ien [*...iᵉn*]: Musik[hoch]schule für die Ausbildung von Musikern. **Konserve** [*...wᵉ*; *lat.-mlat.*] *die*; -, -n: 1. durch Sterilisierung haltbar gemachtes Lebens- od. Genußmittel in einer Blechdose od. einem Glas. 2. auf einem Tonband od. einer Schallplatte festgehaltene Aufnahme. 3. kurz für: Blutkonserve (steril abgefülltes, mit gerinnungshemmenden Flüssigkeiten versetztes Blut für Blutübertragungen; Med.). **konservieren** [*...wi...*; *lat.*]: 1. a) haltbar machen (von Obst, Fleisch u. a.); b) Gemüse, Früchte einmachen. 2. etwas, sich -: etwas, seinen Körper durch Pflege erhalten, bewahren. 3. (Med.) a) Körpergewebe u. Kleinstlebewesen in Nährböden am Leben erhalten; b) totes Gewebe, Organe od. Organteile in einer Flüssigkeit aufbewahren. 4. eine Tonaufnahme auf Schallplatte od. Tonband festhalten

konsiderabel [*lat.-fr.*]: (veraltet) beachtlich, ansehnlich

Konsi|gnant [*lat.*] *der*; -en, -en: Versender von Konsignationsgut. **Konsi|gnatar** u. **Konsi|gnatär** [*lat.-nlat.*] *der*; -s, -e: Empfänger [von Waren zum Weiterverkauf], bes. im Überseehandel. **Konsi|gnation** [*...zion*; *lat.*] *die*; -, -en: 1. (bes. im Überseehandel) übliche Form des Kommissionsgeschäftes, Warenübergabe, -übersendung an einen → Kommissionär. 2. (veraltet) Niederschrift, Aufzeichnung. **konsi|gnieren**: 1. Waren zum Verkauf überweisen. 2. [Schiffe, Truppen] mit besonderer Bestimmung [ab]senden

Konsiliararzt *der*; -es, ...ärzte u. **Konsiliarius** [*lat.*] *der*; -, ...rii [*...i-i*]: zur Beratung hinzugezogener Arzt. **Konsilium** *das*; -s, ...ien [*...iᵉn*]: (veraltet) 1. Rat. 2. Beratung [mehrerer Ärzte über einen Krankheitsfall]; vgl. Consilium abeundi

konsistent [*lat.*]: 1. a) dicht, fest od. zäh zusammenhängend; b) dickflüssig, von festem Zusammenhalt, in sich → stabil (1), beständig. 2. widerspruchsfrei (Logik); Ggs. → inkonsistent. **Konsistenz** [*lat.-nlat.*] *die*; -: 1. Dichtigkeit; Zusammenhang. 2. Widerspruchslosigkeit (Logik); Ggs. → Inkonsistenz (b). 3. Festigkeit, Beständigkeit, bes. bei psychologischen Tests (Psychol.); Ggs. → Inkonsistenz (a). 4. Haltbarkeit, Beschaffenheit eines Stoffs (Chem.). **konsistorial**: das Konsistorium betreffend. **Konsistorialrat** [*lat.-mlat.*; *dt.*] *der*; -[e]s, ...räte: höherer Beamter einer evangelischen Kirchenbehörde. **Konsistorialverfassung** *die*; -: ehemalige obrigkeitliche Verfassungsform der evangelischen Landeskirchen; vgl. Synodalverfassung. **Konsistorium** [*lat.*] *das*; -s, ...ien [*...iᵉn*]: 1. Plenarversammlung der Kardinäle unter Vorsitz des Papstes. 2. a) kirchlicher Gerichtshof einer → Diözese; b) Verwaltungsbehörde einer Diözese in Österreich. 3. (veraltet) oberste Verwaltungsbehörde einer evangelischen Landeskirche

kon|skribieren [*lat.*; „verzeichnen; in eine Liste eintragen"]: (hist.) [zum Heeres-, Kriegsdienst] ausheben. **Kon|skription** [*...zion*] *die*; -, -en: (hist.) Aushebung [zum Heeres-, Kriegsdienst]

Konsol

I. [*lat.-engl.*] *der*; -s, -s (meist Plu-

ral): englischer Staatsschuldschein.
II. [*lat.-fr.*] *das*; -s, -e: (landsch.) Konsole (2)
Konsolation [...*zion*; *lat.*] *die*; -, -en: (veraltet) Trost, Beruhigung
Konsole [*fr.*] *die*; -, -n: 1. [aus einer Wand, aus einem Pfeiler] vorspringender Tragstein für Bogen, Figuren u. a. (Archit.). 2. Wandbrett, an der Wand angebrachtes Gestell
Konsolidation [...*zion*; *lat.*(-*fr.*)] *die*; -, -en: 1. Festigung, Sicherung. 2. (Wirtsch.) a) Umwandlung kurzfristiger Staatsschulden in Anleihen; b) Vereinigung mehrerer Staatsanleihen mit verschiedenen Bedingungen zu einer einheitlichen Anleihe; c) Zusammenlegung der Stammaktien einer notleidenden Aktiengesellschaft bei gleichzeitiger Herabsetzung des Grundkapitals; d) Fortbestand eines dinglichen Rechtes an einem Grundstück (z. B. einer Hypothek) auch nach Erwerb durch den Rechtsinhaber; vgl. Konfusion (2). 3. (Med.) a) Abheilung eines krankhaften Prozesses (z. B. einer Tuberkulose); b) Verknöcherung des sich bei Knochenbrüchen neu bildenden Gewebes. 4. Versteifung von Teilen der Erdkruste durch Zusammenpressung u. Faltung sowie durch → magmatische → Intrusionen (Geol.); vgl. ...[at]ion/...ierung. **konsolidieren**: [etwas Bestehendes] sichern, festigen. **Konsolidierung** *die*; -, -en: = Konsolidation; vgl. ...[at]ion/...ierung
Konsommee [*kongßome*] vgl. Consommé
konsonant [*lat.*]: 1. (veraltet) einstimmig, übereinstimmend. 2. harmonisch zusammenklingend (Mus.). 3. mitklingend, -schwingend (Akustik). **Konsonant** *der*; -en, -en: Laut, bei dessen → Artikulation (1b) der Atemstrom gehemmt od. eingeengt wird; Mitlaut (z. B. d, m; Sprachw.); Ggs. → Vokal. **konsonantisch**: einen od. die Konsonanten betreffend. **Konsonantismus** [*lat.-nlat.*] *der*; -: Konsonantenbestand einer Sprache (Sprachw.). **Konsonanz** [*lat.*] *die*; -, -en: 1. Konsonantenverbindung, Häufung von Konsonanten. 2. Klangeinheit zwischen Tönen mit dem Schwingungsverhältnis ganzer Zahlen (Mus.). **konsonieren**: zusammen-, mitklingen; konsonierende Geräusche: durch Resonanz verstärkte Rasselgeräusche (Med.)
Konsorte [*lat.*; „Genosse"] *der*; -n, -n: 1. (Plural; abwertend) Leute solcher Art; diejenigen, die mit Leuten solcher Art gemeinsame Sache machen, die Mitbeteiligten (bei Streichen, nicht einwandfreien Geschäften o. ä.). 2. Mitglied eines Konsortiums. **Konsortialbank** [...*zial*...; *lat.-nlat.*; *dt.*] *die*; -, -en: Mitgliedsbank eines Konsortiums. **Konsortialgeschäft** *das*; -s, -e: gemeinsames Finanz- od. Handelsgeschäft mehrerer Unternehmen. **Konsortialquote** [*lat.-nlat.*; *lat.-mlat.*] *die*; -, -n: der dem einzelnen Mitglied eines Konsortiums zustehende Teil des Gesamtgewinns. **Konsortium** [*lat.*] *das*; -s, ...ien [...*zi*[e]*n*]: vorübergehender, loser Zweckverband von Geschäftsleuten od. Unternehmen zur Durchführung von Geschäften, die mit großem Kapitaleinsatz u. hohem Risiko verbunden sind
Konsoziation [...*zion*; *lat.*] *die*; -, -en: feststehende unveränderliche Wortverbindung (z. B. Haus und Hof; Sprachw.)
Kon|spekt [*lat.*] *der*; -[e]s, -e: 1. schriftliche Inhaltsangabe. 2. Übersicht, Verzeichnis. **konspektieren**: einen Konspekt anfertigen
kon|spergieren [*lat.*]: [Pillen zur Vermeidung des Zusammenklebens] mit Pulver bestreuen
kon|spezifisch [*lat.*]: derselben Art angehörend (Biol.)
Kon|spikui|tät [...*ku-i*...; *lat.-nlat.*] *die*; -: (veraltet) Anschaulichkeit, Klarheit
Kon|spirant [*lat.*] *der*; -en, -en: (veraltet) Verschwörer. **Kon|spirateur** [...*tör*; *lat.-fr.*] *der*; -s, -e: (selten) [politischer] Verschwörer. **Konspiration** [...*zion*] *die*; -, -en: Verschwörung. **kon|spirativ** [*lat.-nlat.*]: a) [politisch] eine Verschwörung bezweckend, anstrebend; b) zu einer Verschwörung, in den Rahmen, Zusammenhang einer Verschwörung gehörend. **Kon|spirator** [*lat.-mlat.*] *der*; -s, ...oren: (veraltet) [politischer] Verschwörer. **kon|spirieren** [*lat.*]: sich verschwören, eine Verschwörung anzetteln
Konsta|bler
I. [*lat.-mlat.*] *der*; -s, -: (hist.) Geschützmeister (auf Kriegsschiffen usw.), Unteroffiziersgrad der Artillerie.
II. [*lat.-mlat.-engl.*] *der*; -s, -: Polizist in England u. in den USA
konstant [*lat.*]: unveränderlich; ständig gleichbleibend; beharrlich; -e Größe: = Konstante (2). **Konstantan** [*lat.-nlat.*] *das*; -s: Legierung aus Kupfer u. Nickel (für elektrische Widerstände; Elektrot.). **Konstante** [*lat.*] *die*; -[n], -n: 1. unveränderliche, feste Größe; fester Wert. 2. mathematische Größe, deren Wert sich nicht ändert (Math.); Ggs. → Variable. **Konstanz** *die*; -: Unveränderlichkeit, Stetigkeit, Beharrlichkeit. **konstatieren** [*lat.-fr.*]: [eine Tatsache] feststellen, bemerken
Konstellation [...*zion*; *lat.*] *die*; -, -en: 1. das Zusammentreffen bestimmter Umstände u. die daraus resultierende Lage, Gruppierung. 2. Planetenstand, Stellung der Gestirne zueinander (Astron.)
Konsternation [...*zion*; *lat.*] *die*; -, -en: (veraltet) Bestürzung. **konsternieren**: bestürzt, fassungslos machen. **konsterniert**: bestürzt, betroffen, fassungslos
Konstipation [...*zion*; *lat.*] *die*; -, -en: = Obstipation
Konstituante vgl. Constituante.
Konstituens [*lat.*] *das*; -, ...enzien: konstitutiver (1), wesentlicher [Bestand]teil, Zug. **Konstituente** *die*; -, -n: sprachliche Einheit, die Teil einer größeren, komplexen sprachlichen Konstruktion ist (Sprachw.). **Konstituentenanalyse** *die*; -, -n: Methode der Satzanalyse, bei der der Satz als komplexe sprachliche Einheit in seine Bestandteile aufgelöst u. die Anordnung der Konstituenten beschrieben wird (Sprachw.). **Konstituentenstrukturgrammatik** *die*; -: Grammatik, die die Struktur komplexer sprachlicher Einheiten mit Hilfe der Konstituentenanalyse beschreibt (Sprachw.); vgl. Phrasenstrukturgrammatik. **konstituieren** [*lat.*(*fr.*)]: 1. einsetzen, festsetzen (von politischen, sozialen Einrichtungen), gründen. 2. sich -: zur Ausarbeitung oder Festlegung eines Programms, einer Geschäftsordnung, bes. aber einer Staatsverfassung zusammentreten; -de Versammlung: verfassunggebende Versammlung; vgl. Constituante. **Konstitut** [*lat.*] *das*; -[e]s, -e: (veraltet) fortgesetzter, wiederholter Vertrag (Rechtsw.). **Konstitution** [...*zion*] *die*; -, -en: 1. a) körperliche u. seelische Verfassung, Widerstandskraft eines Lebewesens; b) Körperbau (Med.). 2. Rechtsbestimmung, Satzung, Verordnung; Verfassung. 3. päpstlicher Erlaß mit Gesetzeskraft, Konzilsbeschluß. 4. Anordnung der Atome im Molekül einer

Verbindung (Chem.). **Konstitutionalismus** [*lat.-nlat.*] *der*; -: (Pol.) 1. Staatsform, in der Rechte u. Pflichten der Staatsgewalt u. der Bürger in einer Verfassung festgelegt sind. 2. für den Konstitutionalismus (1) eintretende Lehre. **konstitutionell** [*lat.-fr.*]: 1. verfassungsmäßig; an die Verfassung gebunden; -e Monarchie: durch eine Staatsverfassung in ihren Machtbefugnissen eingeschränkte Monarchie (Rechtsw.). 2. anlagebedingt (Med.). **Konstitutionsformel** *die*; -, -n: = Strukturformel. **Konstitutionstyp** *der*; -s, -en: Grundform des menschlichen Körperbaus. **konstitutiv** [*lat.-nlat.*]: 1. zur Feststellung dienend, bestimmend, grundlegend; das Wesen einer Sache ausmachend. 2. (Philos.) a) die Erfahrung ermöglichend (in bezug auf die → Kategorien 4); vgl. regulatives Prinzip; b) unerläßlich (vom Bestandteil eines Begriffs); Ggs. → konsekutiv (2). 3. rechtsbegründend (Rechtsw.)

Kon|striktion [*...zion*; *lat.*] *die*; -, -en: 1. (Med.) a) Zusammenziehung (eines Muskels); b) das Abbinden von Blutgefäßen. 2. Einschnürung an bestimmten Stellen der Chromosomen (Biol.). **Kon|striktor** [*lat.-nlat.*] *der*; -s, ...oren: Schließmuskel (Med.). **kon|stringieren** [*lat.*]: zusammenziehen (Med.)

kon|struieren [*lat.*]: 1. ein [kompliziertes, technisches] Gerät entwerfen u. bauen. 2. eine geometrische Figur mit Hilfe gegebener Größen zeichnen (Math.). 3. Satzglieder od. Wörter nach den Regeln der Syntax zu einem Satz od. einer Fügung zusammensetzen. 4. a) gedanklich, begrifflich, logisch aufbauen, herstellen; b) (abwertend) weitgehend gedanklich, → theoretisch (2) mit Hilfe von Annahmen u. daher künstlich, in gezwungener Weise aufbauen, herstellen. **Kon|strukt** *das*; -[e]s, -e u. -s: Arbeitshypothese od. gedankliche Hilfskonstruktion für die Beschreibung von Dingen od. Erscheinungen, die nicht konkret beobachtbar sind, sondern nur aus anderen beobachtbaren Daten erschlossen werden können. **Kon|strukteur** [*...tör*; *lat.-fr.*] *der*; -s, -e: Ingenieur od. Techniker, der sich mit Entwicklung u. Bau von [komplizierten, technischen] Geräten befaßt. **Kon|struktion** [*...zion*; *lat.*] *die*; -, -en: 1. Bauart (z. B. eines Gebäudes, einer Maschine). 2. geometrische Darstellung einer Figur mit Hilfe gegebener Größen (Math.). 3. nach den syntaktischen Regeln vorgenommene Zusammenordnung von Wörtern od. Satzgliedern zu einem Satz od. einer Fügung (Sprachw.). 4. (Philos.) a) Darstellung von Begriffen in der Anschauung; b) Aufbau eines der Erfahrung vorausgehenden Begriffssystems. 5. wirklichkeitsfremder Gedankengang. 6. a) (ohne Plural) das Entwerfen, die Entwicklung; b) Entwurf, Plan. **kon|struktiv** [*lat.-nlat.*]: 1. die Konstruktion (1) betreffend. 2. auf die Erhaltung, Stärkung u. Erweiterung des Bestehenden gerichtet, positiv. 3. aufbauend, helfend, einen brauchbaren Beitrag liefernd; -es [*...w^eß*] Mißtrauensvotum: Mißtrauensvotum gegen den Bundeskanzler, das nur durch die Wahl eines Nachfolgers wirksam wird. **Kon|struktivismus** [*...wiß...*] *der*; -: 1. Richtung in der bildenden Kunst Anfang des 20. Jh.s, die eine Bildgestaltung mit Hilfe rein geometrischer Formen vornimmt (Kunstw.). 2. Kompositionsweise mit Überbewertung des formalen Satzbaues (Mus.). **Kon|struktivist** *der*; -en, -en: Vertreter des Konstruktivismus. **kon|struktivistisch**: in der Art des Konstruktivismus

Konsubstantiation [*...ziazion*; *lat.-mlat.*] *die*; -: Lehre Luthers, daß sich im Abendmahl Leib u. Blut Christi ohne Substanzveränderung mit Brot u. Wein verbinden

Konsul [*lat.*] *der*; -s, -n: 1. (hist.) höchster Beamter der römischen Republik. 2. ständiger Vertreter eines Staates, der mit der Wahrnehmung bestimmter [wirtschaftlicher u. handelspolitischer] Interessen in einem anderen Staat beauftragt ist. **Konsular|agent** [*lat.*; *lat.-it.*] *der*; -en, -en: Beauftragter eines Konsuls. **konsularisch** [*lat.*]: a) den Konsul betreffend; b) das Konsulat betreffend. **Konsulat** *das*; -[e]s, -e: a) (ohne Plural) Amt eines Konsuls; b) Amtsgebäude eines Konsuls. **Konsulent** *der*; -en, -en: (veraltet) [Rechts]berater, Anwalt. **Konsult** *das*; -[e]s, -e: (veraltet) Beschluß. **Konsultant** *der*; -, -en, -en: fachmännischer Berater, Gutachter. **Konsultation** [*...zion*] *die*; -, -en: 1. Untersuchung u. Beratung [durch einen Arzt]. 2. gemeinsame Beratung von Regierungen od. von Partnern wirtschaftlicher Verträge. 3. (DDR) Beratung durch einen Wissenschaftler od. Fachmann, besonders einen Hochschullehrer; vgl. ...[at]ion/...ierung. **konsultativ** [*lat.-nlat.*]: beratend. **konsultieren** [*lat.*]: 1. bei jmdm. [wissenschaftlichen, bes. ärztlichen] Rat einholen, jmdn. zu Rate ziehen. 2. beratende Gespräche führen (von Bündnispartnern), sich besprechen, beratschlagen. **Konsultierung** *die*; -, -en: a) das Konsultieren; b) das Konsultiertwerden; vgl. ...[at]ion/...ierung. **Konsultor** *der*; -s, ...oren: 1. wissenschaftlicher Berater einer → Kardinalskongregation. 2. Geistlicher, der von einem Bischof als Berater in die Verwaltung einer → Diözese ohne → Domkapitel berufen wird

Konsum [*lat.-it.*] *der*; -s: 1. a) Verbrauch der privaten u. öffentlichen Haushalte an Gütern des täglichen Bedarfs; b) das wahllose Verbrauchen. 2. [meist: *kon...*; (österr. nur:) *...sum*]: Verkaufsstelle eines Konsumvereins. **Konsumation** [*...zion*] *die*; -, -en: (österr. u. schweiz.) Verzehr, Zeche. **Konsument** *der*; -en, -en: Käufer, Verbraucher. **Konsumerismus** [*lat.-amerik.*] *der*; -: → organisierter (3a) Schutz der Verbraucherinteressen. **konsumieren**: [Konsumgüter] verbrauchen. **Konsumption** [*...zion*] vgl. Konsumtion. **konsumptiv** vgl. konsumtiv. **Konsumterror** *der*; -s: (abwertend) durch mehr od. weniger bewußten u. unmittelbaren Anreiz zum Kauf u. zum Verbrauch hervorgerufene Art von Zwang zum Kaufen. **Konsumtibilien** [*...i^en*; *lat.-nlat.*] *die* (Plural): (veraltet) Verbrauchsgüter. **Konsumtion** [*...zion*; *lat.*] *die*; -, -en: 1. Verbrauch an Wirtschaftsgütern. 2. das Aufgehen eines einfachen [strafrechtlichen] Tatbestandes in einem übergeordneten, umfassenderen (z. B. Diebstahl u. Nötigung in Raub; Rechtsw.). 3. körperliche Auszehrung infolge anhaltenden Appetitmangels (Medizin). **konsumtiv** [*lat.-nlat.*]: für den Verbrauch bestimmt; Ggs. → investiv. **Konsumtourismus** *der*; -: das Reisen, bes. ins Ausland, in der Absicht, dort günstig, billig einzukaufen

Kon|szientialismus [*...ßziänzia...*; *lat.-nlat.*] *der*; -: erkenntnistheoretischer Standpunkt (z. B. bei Leibniz u. Fichte), wonach die Dinge nur als Bewußtseinsinhalte existieren (Philos.)

Kontagion [*lat.*] *die*; -, -en: Ansteckung des Körpers mit Krankheitserregern (Med.). **kontagiös**: ansteckend, ansteckungsfähig (von Krankheitserregern; Med.). **Kontagiosität** [*lat.-nlat.*] *die*; -: Ansteckungsfähigkeit (bezogen auf eine Ansteckungsquelle; Med.). **Kontagium** [*lat.*] *das*; -s, ...ien [...*i*^{e}*n*]: (veraltet) Ansteckung[sstoff] (Med.)

Kontakion [*gr.-mgr.*] *das*; -s, ...ien [...*i*^{e}*n*]: Hymnenform der orthodoxen Kirche

Kontakt [*lat.*] *der*; -[e]s, -e: 1. das In-Verbindung-Treten; Verbindung, die man für eine kurze Dauer herstellt, Fühlungnahme. 2. a) Berührung; b) [menschliche] Beziehung. 3. (Elektrot.) a) Berührung, durch die eine stromführende Verbindung hergestellt wird; b) Vorrichtung zum Schließen eines Stromkreises, Übergangsstelle, Kontaktstelle für den Strom. 4. aus einem Festkörper bestehender → Katalysator. **Kontaktadresse** *die*; -, -n: Anschrift, über die man mit einer Person, → Organisation (2), Gruppe o. ä. Kontakt (1) aufnehmen kann. **Kontaktbeamte** u. **Kontaktbereichsbeamte** *der*; -n, -n: Polizeibeamter, der täglich durch sein → Revier (1) geht u. Kontakte (1) zu den Bürgern aufnimmt. **kontakten** [*lat.-engl.-amerik.*]: als Kontakter tätig sein, neue Geschäftsbeziehungen einleiten (Wirtsch.). **Kontakter** *der*; -s, -: Fachmann für Werbeberatung (Wirtsch.). **Kontaktglas** *das*; -es, ...gläser (meist Plural): = Kontaktlinse. **Kontakthof** *der*; -[e]s, ...höfe: Innenhof in einem Eros-Center, in dem die Prostituierten auf Kunden warten. **kontaktieren** [*lat.-nlat.*]: 1. Kontakt aufnehmen; Kontakte vermitteln. 2. = kontakten. **Kontaktlinse** *die*; -, -n (meist Plural): dünne, die Brille ersetzende, durchsichtige, kleine Kunststoffschale, die auf der Hornhaut des Auges getragen wird u. durch Kontakt (1) (mit der Augenflüssigkeit) haftet. **Kontaktmann** *der*; -[e]s, ...männer: Verbindungs- od. Gewährsmann, durch den Erkundigungen eingeholt od. neue [wirtschaftliche] Beziehungen angebahnt werden. **Kontaktmetamorphose** *die*; -, -n: Umbildung des Nachbargesteins durch aufsteigendes → Magma (1) (Geol.). **Kontaktperson** *die*; -, -en: jmd., der durch Kontakt mit einem anderen, der an einer ansteckenden Krankheit leidet, als Träger von Krankheitserregern verdächtig ist (Med.)

Kontamination [...*zion*; *lat.*] *die*; -, -en: 1. die Verschmelzung von zwei Wörtern od. Fügungen, die gleichzeitig in syntaktisch komplexen Einheiten in der Vorstellung des Sprechenden auftauchen u. von ihm versehentlich in ein Wort (od. eine Fügung) zusammengezogen werden (z. B. Gebäulichkeiten aus Gebäude und Baulichkeiten). 2. Verseuchung mit schädlichen, bes. mit radioaktiven Stoffen; Ggs. → Dekontamination. **kontaminieren**: 1. eine Kontamination (1) vornehmen. 2. mit schädlichen, bes. mit radioaktiven Stoffen verseuchen; Ggs. → dekontaminieren

kontant [*lat.-it.*]: bar. **Kontanten** *die* (Plural): 1. ausländische Münzen, die nicht als Zahlungsmittel, sondern als Ware gehandelt werden. 2. Bargeld. **Kontantgeschäft** u. Komptantgeschäft [*kongtang*...] *das*; -[e]s, -e: Barkauf, bei dem Zug um Zug geleistet wird

Kontem|plation [...*zion*; *lat.*] *die*; -, -en: a) Versunkenheit in Werk u. Wort Gottes od. einer Gottheit unter Ausschaltung allen Wollens (Rel.); b) beschauliches Nachdenken u. geistiges Sichversenken in etw. **kontem|plativ**: beschaulich, besinnlich. **kontemplieren**: sich der Kontemplation (b) hingeben

kontemporär [*lat.-nlat.*]: gleichzeitig, zeitgenössisch

Konten: *Plural* von → Konto

Kontenance vgl. Contenance

Kontenplan *der*; -[e]s, ...pläne: systematische Ordnung der Konten der doppelten Buchführung

Kontenten [*lat.*] *die* (Plural): Ladeverzeichnisse der Seeschiffe. **kontentieren** [*lat.-fr.*]: (veraltet) [einen Gläubiger] zufriedenstellen.

Kontentivverband [*lat.-nlat.*; *dt.*] *der*; -[e]s, ...verbände: ruhigstellender Stützverband (Med.)

Konter [*lat.-fr.-engl.*] *der*; -s, -: 1. Griff, mit dem ein Ringer einen gegnerischen Angriff unterbindet u. seinerseits angreift (Ringen). 2. schneller Gegenangriff, nachdem ein Angriff des Gegners abgewehrt werden konnte (Ballspiele). 3. Pendelschwung zur Verlagerung des Körperschwerpunkts bei Griff- u. Positionswechsel am Stufenbarren (Turnen). 4. beim Rechtsgalopp u. Linksgalopp jeweils die andere Ausführungsart, in die gewechselt wird (Reiten). 5. aus der Verteidigung heraus geführter Gegenschlag (Boxen). 6. Äußerung od. Handlung, mit der jmd. etwas kontert (2). **Konteradmiral** *der*; -s, -e (auch: ...äle): Seeoffizier im Rang eines Generalmajors. **konter|agieren**: gegen jmd. od. etwas → agieren (a). **Konterbande** [*it.-fr.*] *die*; -: 1. Kriegsware, die (verbotenerweise) von neutralen Schiffen in ein kriegführendes Land gebracht wird. 2. Schmuggelware. **Kontereskarpe** [*fr.*] *die*; -, -n: (hist.) äußere Grabenböschung einer Befestigung. **Konterfei** [auch: ...*fai*; *lat.-fr.*] *das*; -s, -s (auch: -e): (veraltet, aber noch scherzh.) Bild[nis], Abbild, Porträt. **konterfeien** [auch: ...*fai*...]: (veraltet, aber noch scherzh.) abbilden, porträtieren. **konterkarieren**: jmdm. in die Quere kommen; etwas hintertreiben. **Kontermine** *die*; -, -n: 1. a) börsentechnische Maßnahme, die sich gegen die Maßnahmen einer anderen Partei richtet; b) Spekulation an der Börse, bei der das Fallen der Kurse erwartet wird. 2. (hist.) Gegenmine der Belagerten zur Abwehr der feindlichen Minen. **kontern** [*lat.-fr.-engl.*]: 1. (Sport) a) den Gegner im Angriff abfangen u. aus der Verteidigung heraus selbst angreifen; b) einen Konter (3) ausführen; c) beim Drehen durch entgegengerichtete Bewegung des Beckens dem Zug des Hammers entgegenwirken (Hammerwerfen). 2. sich aktiv zur Wehr setzen, schlagfertig erwidern, entgegnen. 3. ein Druckbild umkehren (Druckw.). 4. (eine Mutter auf einem Schraubengewinde) durch Aufschrauben einer Kontermutter im Gegensinn fest anziehen (Techn.). **Konterrevolution** [...*zion*] *die*; -, -en: Gegenrevolution. **konterrevolutionär**: eine Konterrevolution planend. **Konterrevolutionär** *der*; -s, -e: Gegenrevolutionär. **Kontertanz** [*engl.-fr.*; „Gegentanz"]: Tanz, bei dem jeweils vier Paare bestimmte Figuren miteinander ausführen

kontestabel [*lat.-nlat.*]: (veraltet) strittig, umstritten, anfechtbar (Rechtsw.). **Kontestation** [...*zion*; *lat.*] *die*; -, -en: 1. das Infragestellen von bestehenden Herrschafts- u. Gesellschaftsstrukturen. 2. a) Bezeugung; b) Streit, Bestreitung, Anfechtung (Rechtsw.). **kontestieren**: etwas bestreiten, anfechten (Rechtsw.)

Kontext [auch: ...*täkßt*; *lat.*] *der*; -[e]s, -e: 1. (Sprachw.) a) der umgebende Text einer gesprochenen od. geschriebenen sprachlichen

Einheit; b) (relativ selbständiges) Text- od. Redestück; c) der umgebende inhaltliche (Gedanken-, Sinn)zusammenhang, in dem eine Äußerung steht, u. der Sach- u. Situationszusammenhang, aus dem heraus sie verstanden werden muß; vgl. Kotext. 2. umgebender Zusammenhang, z. B. den Menschen aus dem sozialen - heraus verstehen. **Kontextglosse** *die*; -, -n: in den Text [einer Handschrift] eingefügte Glosse. **kontextual**: = kontextuell; vgl. ...al/...ell. **Kontextualismus** *der*; -: Richtung innerhalb der modernen Sprachwissenschaft, die bei der Text- bzw. Satzanalyse den situativen u. sprachlichen Kontext berücksichtigt (Sprachw.). **kontextuell** [*lat.-nlat.*]: den Kontext betreffend; vgl. ...al/...ell. **Kontextur** *die*; -, -en: (veraltet) Verbindung, Zusammenhang

Konti: *Plural* von → Konto. **kontieren** [*lat.-it.*]: für die Verbuchung eines Geldbetrags ein Konto angeben, etwas auf einem Konto verbuchen. **Kontierung** *die*; -, -en: die Benennung eines Kontos

Kontigui|tät [*...gu-i...*; *lat.-mlat.*; „Berührung"] *die*; -: zeitliches Zusammensein verschiedener Erlebnisinhalte (Psychol.)

Kontinent [auch: *kon...*; *lat.*] *der*; -[e]s, -e: 1. (ohne Plural) [europäisches] Festland. 2. Erdteil. **kontinental** [*lat.-nlat.*]: festländisch. **Kontinentaldrift** [*lat.-nlat.*; *dt.*] *die*; -: = Epirogenese. **Kontinentalität** [*lat.-nlat.*] *die*; -: der Einfluß einer größeren Festlandmasse auf das Klima (Meteor.). **Kontinentalklima** *das*; -s: Festlandklima, Binnenklima. **Kontinenz** [*lat.*] *die*; -: 1. Enthaltsamkeit. 2. Fähigkeit, etwas zurückzuhalten (z. B. die Fähigkeit der Harnblase, Urin zurückzuhalten; Med.); Ggs. → Inkontinenz

kontingent [*...ngg...*; *lat.*]: zufällig; wirklich od. möglich, aber nicht [wesens]notwendig; Kontingenz (1) aufweisend, beinhaltend. **Kontingent** [*lat.*(*-fr.*)] *das*; -[e]s, -e: 1. Anteil, [Pflicht]beitrag (zu Aufgaben, Leistungen usw.). 2. begrenzte Menge, die der Einschränkung des Warenangebotes dient (Wirtsch.). 3. Truppenstärke, die ein Mitglied einer Verteidigungsgemeinschaft zu unterhalten hat. **kontingentieren** [*lat.-nlat.*]: a) etwas vorsorglich so einteilen, daß es jeweils nur bis zu einer bestimmten Höchstmenge erworben od. verbraucht werden kann; b) Handelsgeschäfte nur bis zu einem gewissen Umfang zulassen. **Kontingenz** *die*; -, -en: 1. Zufälligkeit, Möglichsein, im Gegensatz zur Notwendigkeit (Philos.). 2. die Häufigkeit zusammen vorkommender od. sich gleich verhaltender psychischer Merkmale (Statistik; Psychol.)

Kontinuation [*...zion*; *lat.*] *die*; -, -en: (Verlagsw., sonst veraltet) Fortsetzung [einer Lieferung]. **kontinuieren**: (veraltet) fortsetzen. **kontinuierlich**: stetig, fortdauernd, unaufhörlich, durchlaufend; Ggs. → diskontinuierlich; -er Bruch: Kettenbruch (Math.). **Kontinui|tät** [*...nu-i...*] *die*; -: lückenloser Zusammenhang, Stetigkeit, Fortdauer; ununterbrochener, gleichmäßiger Fortgang von etwas; Ggs. → Diskontinuität (1). **Kontinuo** vgl. Continuo. **Kontinuum** [*...nu-um*] *das*; -s, ...nua u. ...nuen [*...nu^e n*]: 1. lückenloser Zusammenhang (z. B. von politischen u. gesellschaftlichen Entwicklungen). 2. durch Verbindung vieler Punkte entstehendes fortlaufendes geometrisches Gebilde, z. B. Gerade, Kreis (Math.)

Konto [*lat.-it.*] *das*; -s, ...ten (auch: -s u. ...ti): laufende Abrechnung, in der regelmäßige Geschäftsvorgänge (bes. Einnahmen u. Ausgaben) zwischen zwei Geschäftspartnern (bes. zwischen Bank u. Bankkunden) registriert werden; vgl. a conto, per conto. **Kontokorrent** *das*; -s, -e: 1. Geschäftsverbindung, bei der die beiderseitigen Leistungen u. Gegenleistungen in Kontoform einander gegenübergestellt werden u. der Saldo von Zeit zu Zeit abgerechnet wird. 2. Hilfsbuch der doppelten Buchführung mit den Konten der Kunden u. Lieferanten. **Kontor** [*lat.-fr.-niederl.*] *das*; -s, -e: 1. Niederlassung eines Handelsunternehmens im Ausland. 2. (DDR) Handelszentrale, die die verschiedenen Betriebe mit Material versorgt. 3. (veraltet) Geschäftsraum eines Kaufmanns. **Kontorist** *der*; -en, -en: Angestellter in der kaufmännischen Verwaltung

Kontorsion [*lat.-nlat.*] *die*; -, -en: [gewaltsame] Verdrehung, Verrenkung eines Gliedes od. Gelenkes (Med.). **Kontorsionist** *der*; -en, -en: als Schlangenmensch auftretender Artist. **kontort** [*lat.*]: 1. (veraltet) verdreht, verwickelt. 2. gedreht, geschraubt (von Blumenblättern; Bot.)

kon|tra [*lat.*]: gegen, entgegengesetzt; vgl. contra. **Kon|tra** *das*; -s, -s: Gegenansage beim Kartenspiel; jmdm. - geben: jmdm. energisch widersprechen, gegen jmds. Meinung Stellung nehmen. **Kon|trabaß** *der*; ...basses, ...bässe: tiefstes u. größtes Streichinstrument, zur Violenform gehörend (Mus.). **Kon|tradiktion** [*...zion*] *die*; -, -en: der Widerspruch (der durch einander widersprechende Behauptungen über ein und dieselbe Sache entsteht), Gegensatz (Philos.). **kon|tradiktorisch**: sich widersprechend, sich gegenseitig aufhebend (von zwei Aussagen; Philos.). **Kon|trafagott** *das*; -s, -e: eine Oktave tiefer als das → Fagott stehendes Holzblasinstrument (Mus.). **kon|trafaktisch**: der Realität, Wirklichkeit nicht entsprechend, nicht wirklich gegeben. **Kon|trafaktur** [*lat.-nlat.*] *die*; -, -en: geistliche Nachdichtung eines weltlichen Liedes (u. umgekehrt) unter Beibehaltung der Melodie

Kon|trahage [*...hasch^e*; mit franz. Endung zu → kontrahieren (3) gebildet] *die*; -, -n: (Studentenspr., hist.) Verabredung zu einem Zweikampf, Duell. **Kontrahent** [*lat.*] *der*; -en, -en: 1. Vertragspartner (Rechtsw.). 2. Gegner im Streit od. Wettkampf. **kon|trahieren**: 1. einen Vertrag schließen (Rechtsw.). 2. sich zusammenziehen (z. B. von einem Muskel; Med.). 3. (Studentenspr., hist.) jmdn. zum Zweikampf fordern. 4. (beim Fechten) einen gegnerischen Stoß abwehren u. seinerseits angreifen. **Kontrahierungszwang** *der*; -[e]s: die besonders für gewisse Monopolgesellschaften (wie Eisenbahn usw.) bestehende gesetzliche Verpflichtung zum Abschluß eines Vertrages auf Grund ihrer gemeinnützigen Zweckbestimmung (Rechtsw.)

Kon|tra|indikation [*...zion*] *die*; -, -en: Umstand, der die [fortgesetzte] Anwendung einer an sich zweckmäßigen od. notwendigen ärztlichen Maßnahme verbietet (Med.); Ggs. → Indikation. **kon|tra|indiziert**: aus bestimmten Gründen nicht anwendbar (von therapeutischen Maßnahmen; Med.); Ggs. → indiziert (2). **Kon|trakombination** [*...zion*] *die*; -, -en: Auswahlkombination zwischen mehreren logisch erfaßbaren Schlüsselzügen zur Bekämpfung eines schwarzen Gegenspiels (Kunstschach)

kon|trakon|fliktär [*lat.-nlat.*]: einem Konflikt entgegenwirkend, konfliktlösend, problemlösend **kon|trakt** [*lat.*]: (veraltet) zusammengezogen, verkrümmt, gelähmt. **Kon|trakt** *der*; -[e]s, -e: Vertrag, Abmachung; Handelsabkommen. **Kon|traktbridge** [*...britsch*; *lat.-engl.*] *das*; -s: eine hauptsächlich in Europa gespielte Art des Bridge. **kontraktil** [*lat.-nlat.*]: zusammenziehbar. **Kon|traktilität** *die*; -: Fähigkeit, sich zusammenzuziehen (z. B. von Muskel[faser]n; Med.). **Kon|traktion** [*...zion*; *lat.*] *die*; -, -en: 1. Zusammenziehung (z. B. von Muskeln; Med.). 2. Verminderung der in einer Volkswirtschaft vorhandenen Geld- u. Kreditmenge (Wirtsch.). 3. Zusammenziehung zweier od. mehrerer Vokale zu einem Vokal od. Diphthong, oft unter Ausfall eines dazwischenstehenden Konsonanten (z. B. „nein" aus: ni-ein, „nicht" aus: ni-wiht; Sprachw.). 4. Schrumpfung durch Abkühlung od. Austrocknung (von Gesteinen; Geol.). 5. Zusammenziehung, Verringerung des → Volumens (1), der Länge od. des Querschnitts eines Körpers (z. B. durch Abkühlung; Phys.). 6. Abwehr eines gegnerischen Angriffs beim Fechten durch einen eigenen Angriff bei gleichzeitiger Deckung der Blöße. **kon|traktiv**: die Kontraktion (2) betreffend, auf ihr beruhend. **Kon|traktur** [*lat.*] *die*; -, -en: (Med.) 1. [bleibende] Fehlstellung eines Gelenks mit Bewegungseinschränkung, Versteifung. 2. dauernde Verkürzung u. Schrumpfung von Weichteilen (z. B. der Haut nach Verbrennungen)

Kon|traoktave [*lat.*; *lat.-mlat.*] *die*; -, -n: Oktave von C' bis H', die nur von bestimmten Instrumenten erreicht wird. **Kon|traposition** [*...zion*; *lat.-mlat.*] *die*; -, -en: (Logik) 1. die Ableitung einer negativen Aussage aus einer positiven. 2. Formel der traditionellen Logik (alle A sind B, folglich: kein Nicht-B ist A). **Kontrapost** [*lat.-it.*; „Gegenstück"] *der*; -[e]s, -e: der → harmonische (1) Ausgleich in der künstlerischen Gestaltung des stehenden menschlichen Körpers durch Unterscheidung von tragendem Stand- u. entlastetem Spielbein u. entsprechender Hebung bzw. Senkung der Schulter. **Kontrapunkt** [*lat.-mlat.*; „Note gegen Note"] *der*; -[e]s: auf der Bewegung mehrerer selbständiger Stimmen beruhender Tonsatz (Mus.). **kon|trapunktieren**: eine Handlung begleiten, etwas parallel zu etwas anderem tun o. ä. **kon|trapunktierend**: den gegenüber anderen Stimmen selbständigen Stimmverlauf betreffend (Mus.). **Kon|trapunktik** [*lat.-mlat.-nlat.*] *die*; -: die Lehre des → Kontrapunktes, die Kunst kontrapunktischer Stimmführung (Mus.). **Kon|trapunktiker** *der*; -s, -: Vertreter der kontrapunktischen Kompositionsart (Mus.). **kon|trapunktisch** u. **kontrapunktistisch**: den Kontrapunkt betreffend (Mus.). **konträr** [*lat.-fr.*]: gegensätzlich; widrig. **Kon|trarietät** [*...ri-e...*; *lat.*] *die*; -, -en: (veraltet) Hindernis, Unannehmlichkeit. **Kon|triposte** vgl. Kontroriposte. **Kontrasi|gnatur** *die*; -, -en: Gegenzeichnung, Mitunterschrift (bei Schriftstücken, für deren Inhalt mehrere Personen verantwortlich sind). **kon|trasi|gnieren**: ein Schriftstück gegenzeichnen, mit unterschreiben. **Kon|trast** [*lat.-vulgärlat.-it.*] *der*; -[e]s, -e: 1. [starker] Gegensatz; auffallender Unterschied (bes. von Farben). 2. → syntagmatische Relation von sprachlichen Einheiten (z. B. *die Studentin macht ihr Examen* zu: *die Studentinnen machen ihr Examen*); vgl. Opposition (5). **kon|trastieren** [*lat.-vulgärlat.-it.-fr.*]: [sich] abheben, unterscheiden; abstechen; im Gegensatz stehen. **kon|trastiv**: vergleichend, gegenüberstellend. **Kon|trastmittel** *das*; -s, -: in den Körper eingeführte, für Röntgenstrahlen nicht durchlässige Substanz zur Untersuchung von Hohlorganen (z. B. des Magens; Med.). **Kon|trastpro|gramm** *das*; -s, -e: Rundfunk- od. Fernsehprogramm, das eine zweite, andere Möglichkeit zu einem oder mehreren anderen bietet. **Kon|trasubjekt** *das*; -[e]s, -e: die kontrapunktische Stimme, in die bei der → Fuge der erste Themeneinsatz mündet (Mus.). **Kontravenient** [*...we...*; *lat.*] *der*; -en, -en: (veraltet) jmd., der einer Verordnung od. Abmachung zuwiderhandelt (Rechtsw.). **kon|travenieren**: (veraltet) ordnungs-, gesetz-, vertragswidrig handeln (Rechtsw.). **Kontravention** [*...zion*; *lat.-nlat.*] *die*; -, -en: (veraltet) Gesetzes-, Vertragsbruch (Rechtsw.). **Kontrazeption** [*...zion*] *die*; -: Empfängnisverhütung (Med.). **kontrazeptiv**: empfängnisverhütend (Med.). **Kon|trazeptivum** [*...iwum*] *das*; -s, -va [*...wa*]: empfängnisverhütendes Mittel (Med.)

Kon|trebandist [*...t'rban...*; *it.-fr.*] *der*; -en, -en: (veraltet) jmd., der → Konterbande (2) einschmuggelt

Kon|trektationstrieb [*...zion...*; *lat.*; *dt.*] *der*; -[e]s: sexuelle Triebkomponente, die vor allem nach der körperlichen Berührung mit dem Partner strebt (Med.; Psychol.)

Kon|tretanz vgl. Kontertanz

Kon|tribuent [*lat.*] *der*; -en, -en: (veraltet) Steuerpflichtiger, Steuerzahler. **kon|tribuieren**: (veraltet) 1. Steuern entrichten. 2. beitragen, behilflich sein. **Kontribution** [*...zion*] *die*; -, -en: 1. (veraltet) für den Unterhalt der Besatzungstruppen erhobener Beitrag im besetzten Gebiet. 2. von einem besiegten Land geforderte Geldzahlung. 3. (veraltet) Beitrag (zu einer gemeinsamen Sache)

kon|trieren [*lat.-nlat.*]: beim Kartenspielen Kontra geben

Kon|trition [*...zion*; *lat.*] *die*; -, -en: vollkommene Reue als Voraussetzung für die → Absolution. **Kon|tritionismus** [*lat.-nlat.*] *der*; -: katholische Lehre von der Notwendigkeit der echten Reue als Voraussetzung für die Gültigkeit des Bußsakramentes; vgl. Attritionismus

Kon|trolle [*lat.-fr.*] *die*; -, -n: 1. Aufsicht, Überwachung; Prüfung. 2. Beherrschung, Gewalt. **Kon|troller** [*lat.-fr.-engl.*] *der*; -s, -: Fahrschalter, Steuerschalter (für elektrische Motoren). **Kontrolleur** [*...ör*; *lat.-fr.*] *der*; -s, -e: Aufsichtsbeamter; Prüfer (z. B. der Fahrkarten, der Arbeitszeit). **kon|trollieren**: 1. etwas [nach]prüfen, jmdn. beaufsichtigen, überwachen. 2. etwas unter seinem Einflußbereich haben, beherrschen (einen Markt, den Verkehr u. a.). **Kon|trollkommission** *die*; -, -en: zur Überwachung der Einhaltung bestimmter internationaler Verpflichtungen eingesetzter internationaler Ausschuß. **Kon|trollor** [*lat.-fr.-it.*] *der*; -s, -e: (österr.) Kontrolleur. **Kon|troriposte** u. Kon|triposte [*lat.*; *lat.-it.-fr.*] *die*; -, -n: Gegenschlag auf eine abgewehrte → Riposte (Fechten). **kon|trovers** [*...wärß*; *lat.*]: 1. streitig, bestritten. 2. entgegengesetzt, gegeneinander gerichtet. **Kon|troverse** *die*;

-, -n: [wissenschaftliche] Streitfrage; heftige Auseinandersetzung, Streit

Kontumaz [*lat.*] *die*; -: 1. (veraltet) das Nichterscheinen vor Gericht (Rechtsw.). 2. (veraltet, österr.) Quarantäne. **Kontumazialbescheid** [*lat.*; *dt.*] *der*; -s, -e: in Abwesenheit des Beklagten ergangener Bescheid (Rechtsw.). **kontumazieren** [*lat.-nlat.*]: (veraltet) gegen jmdn. ein Versäumnisurteil fällen (Rechtsw.)

kontundieren [*lat.*]: quetschen (z. B. Gewebe; Med.); vgl. Konfusion

Kontur [(*lat.*; *gr.-lat.*) *vulgärlat.-it.-fr.*] *die*; -, -en (fachsprachlich auch:) *der*; -s, -en (meist Plural): Umriß[linie], andeutende Linie[nführung]. **konturieren**: umreißen, andeuten

Kontusion [*lat.*] *die*; -, -en: [starke] Quetschung (Med.)

Kon|urbation [...*zion*] vgl. Conurbation

Konus [*gr.-lat.*; „Pinienzapfen; Kegel"] *der*; -, -se u. ...nen: 1. Körper von der Form eines Kegels od. Kegelstumpfs (Math.). 2. bei Druckbuchstaben der das Schriftbild tragende Oberteil (Druckw.)

Konvaleszent [...*wa*...; *lat.*] *der*; -en, -en: jmd., der sich nach einem Unfall od. einer Krankheit wieder auf dem Weg der Genesung befindet. **Konvaleszenz** *die*; -, -en: 1. Genesung (Med.). 2. das Rechtswirksamwerden eines [schwebend] unwirksamen Rechtsgeschäftes (durch Wegfall eines Hindernisses od. nachträgliche Genehmigung eines [Erziehungs]berechtigten; Rechtsw.). **konvaleszieren**: wieder gesund werden

Konvalidation [...*zion*; *lat.*] *die*; -, -en: Gültigmachung einer [noch] nicht gültigen Ehe nach dem katholischen Kirchenrecht

Konvarietät [...*wari-e*...; *lat.-nlat.*] *die*; -, -en: in züchterisch wichtigen Merkmalen übereinstimmende Gruppe von Kulturpflanzen, die mehrere Sortengruppen enthält (Bot.)

Konvektion [...*wäkzion*; *lat.*] *die*; -, -en: 1. Mitführung von Energie od. elektr. Ladung durch die kleinsten Teilchen einer Strömung (Phys.). 2. Zufuhr von Luftmassen in senkrechter Richtung (Meteor.); Ggs. → Advektion (1). 3. Bewegung von Wassermassen der Weltmeere in senkrechter Richtung; Ggs. → Advektion (2). **konvektiv** [*lat.-nlat.*]: durch Konvektion bewirkt; auf die Konvektion bezogen (Meteor.). **Konvektor** *der*; -s, ...oren: Heizkörper, der die Luft durch Bewegung erwärmt

konvenabel [...*we*...; *lat.-fr.*]: (veraltet) schicklich; passend, bequem, annehmbar; Ggs. → inkonvenabel. **Konveniat** [*lat.*; „er (der Klerus) komme zusammen"] *das*; -s, -s: Zusammenkunft der katholischen Geistlichen eines → Dechanats. **Konvenienz** *die*; -, -en: 1. = Kompatibilität (3). 2. a) Bequemlichkeit; Ggs. → Inkonvenienz (2); b) das in der Gesellschaft Erlaubte. **konvenieren**: zusagen, gefallen, passen; annehmbar sein. **Konvent** [...*wänt*] *der*; -[e]s, -e: 1. a) Versammlung der Konventualen eines Klosters; b) Kloster; c) [regelmäßige] Versammlung der evangelischen Geistlichen eines Kirchenkreises. 2. a) Versammlung der [aktiven] Mitglieder einer Studentenverbindung; b) Gesamtheit der → Habilitierten einer Universität. 3. (ohne Plural; hist.) Volksvertretung in der Franz. Revolution. **Konventikel** *das*; -s, -: a) [heimliche] Zusammenkunft; b) private religiöse Versammlung (z. B. der → Pietisten). **Konvention** [...*zion*; *lat.-fr.*] *die*; -, -en: 1. Übereinkunft, Abkommen, [völkerrechtlicher] Vertrag. 2. Regeln des Umgangs, des sozialen Verhaltens, die für die Gesellschaft als Verhaltensnorm gelten. **konventional** [*lat.-fr.-nlat.*]: die Konvention (1) betreffend; vgl. konventionell; vgl. ...al/...ell. **konventionalisieren**: zur Konvention (2) erheben. **konventionalisiert**: im Herkömmlichen verankert, sich in eingefahrenen Bahnen bewegend. **Konventionalismus** *der*; -: philosophische Richtung im 19. Jh., die den auf rein zweckmäßiger Vereinbarung beruhenden Charakter von geometrischen Axiomen, Begriffen, Definitionen betont (Philos.). **Konventionalität** *die*; -: = Arbitrarität. **Konventionalstrafe** *die*; -, -n: vertraglich vereinbarte Geldbuße zu Lasten des Schuldners bei Nichterfüllung eines Vertrags (Rechtsw.). **konventionell** [*lat.-fr.*]: die Konvention (2) betreffend; herkömmlich, nicht modern; vgl. konventional; -e Waffen: nichtatomare Kampfmittel (z. B. Panzer, Brandbomben); vgl. ...al/...ell. **Konventsmesse** [*lat.-dt.*] *die*; -, -n: Feier der Messe mit Chorgebet in einem Kloster od. Stift (kath. Theol.). **Konventuale** [*lat.-mlat.*] *der*; -n, -n: 1. stimmberechtigtes Klostermitglied. 2. Angehöriger eines katholischen Ordens; Abk. O.M.C. u. O.M.Conv. **Konventualin** *die*; -, -nen: Angehörige eines katholischen Ordens

konvergent [...*wär*...; *lat.-mlat.*]: übereinstimmend; Ggs. → divergent; vgl. konvergierend. **Konvergenz** *die*; -, -en: 1. Übereinstimmung von Meinungen, Zielen u. ä.; Ggs. → Divergenz. 2. Ausbildung ähnlicher Merkmale hinsichtlich Gestalt u. Organen bei genetisch verschiedenen Lebewesen, die im gleichen Lebensraum vorkommen (Biol.). 3. Stellung der Augen, bei der sich die Blicklinien unmittelbar vor den Augen schneiden (Nachinnenschielen; Med.). 4. Vorhandensein einer Annäherung od. eines Grenzwertes konvergenter Linien u. Reihen (Math.). 5. das Sichschneiden von Lichtstrahlen (Phys.); Ggs. → Divergenz. 6. das Zusammenwirken von Anlage u. Umwelt als Prinzip der psychischen Entwicklung (Psychol.). 7. Zusammentreffen von verschiedenen Strömungen des Meerwassers. 8. das Auftreten von gleichen od. ähnlichen Oberflächenformen in unterschiedlichen Klimazonen. **Konvergenztheorie** *die*; -: Theorie, die eine allmähliche Annäherung kapitalistischer u. sozialistischer Industriestaaten annimmt (Pol.). **konvergieren**: a) sich nähern, einander näherkommen, zusammenlaufen; b) demselben Ziele zustreben; übereinstimmen; Ggs. → divergieren. **konvergierend**: sich zuneigend, zusammenlaufend; Ggs. → divergierend; vgl. konvergent

konvers [...*wärß*; *lat.-engl.*]: umgekehrt, gegenteilig, eine Konversion (2 b) darstellend (Sprachw.)

Konversation [...*wärsazion*; *lat.-fr.*] *die*; -, -en: [geselliges, leichtes] Gespräch, Plauderei. **Konversationslexikon** *das*; -s, ...ka (auch: ...ken): alphabetisch geordnetes Nachschlagewerk zur raschen Orientierung über alle Gebiete des Wissens. **Konversationsstück** *das*; -s, -e: [in der höheren Gesellschaft spielendes] Unterhaltungsstück, dessen Wirkung auf besonders geistvollen Dialogen beruht

Konverse [...*wärs*; *lat.*]
I. *der*; -n, -n: Laienbruder eines katholischen Mönchsordens.

II. *die*; -, -n: Begriff, Satz, der zu einem anderen konvers ist (z. B. *der Lehrer gibt dem Schüler ein Buch* zu *der Schüler erhält vom Lehrer ein Buch*; Sprachw.)

konversieren [*lat.-fr.*]: (veraltet) sich unterhalten. **Konversion** [*lat.*] *die*; -, -en: 1. der Übertritt von einer Konfession zu einer anderen, meist zur katholischen Kirche. 2. (Sprachw.) a) Übergang von einer Wortart in eine andere ohne formale Veränderung (implizite Ableitung; z. B. Dank - dank); b) zwischen zwei Konversen (II) bestehendes Bedeutungsverhältnis. 3. sinngemäße, der Absicht der Vertragspartner entsprechende Umdeutung eines nichtigen Rechtsgeschäftes (Rechtsw.). 4. Schuldumwandlung zur Erlangung günstigerer Bedingungen (Finanzw.). 5. (Psychol.) a) grundlegende Einstellungs- od. Meinungsänderung; b) Umwandlung unbewältigter starker Erlebnisse in körperliche Symptome. 6. Erzeugung neuer spaltbarer Stoffe in einem Reaktor (Kernphys.). 7. Veränderung einer Aussage durch Vertauschen von Subjekt u. Prädikat (Logik). **Konverter** [*...wärtᵉr*; *lat.-fr.-engl.*] *der*; -s, -: 1. Frequenztransformationsgerät (Radio). 2. Gleichspannungswandler (Elektrot.). 3. ein kippbares birnen- od. kastenförmiges Gefäß für die Stahlerzeugung u. Kupfergewinnung (Hüttenw.). 4. → Reaktor, in dem nichtspaltbares in spaltbares Material verwandelt wird (Kernphys.). **konvertibel** [*lat.-fr.*]: frei austauschbar; vgl. Konvertibilität. **Konvertibilität** u. **Konvertierbarkeit** *die*; -: die freie Austauschbarkeit der Währungen verschiedener Länder zum jeweiligen Wechselkurs (Wirtsch.). **konvertieren** [*lat.(-fr.)*]: 1. inländische gegen ausländische Währung tauschen u. umgekehrt. 2. zu einem anderen Glauben übertreten. 3. Informationen von einem Datenträger auf einen anderen übertragen (z. B. von Lochstreifen auf Lochkarten; EDV). **Konvertierung** *die*; -, -en: = Konversion (3) u. (4). **Konvertit** [*lat.-engl.*] *der*; -en, -en: jmd., der zu einem anderen Glauben übergetreten ist

konvex [*...wäkß*; *lat.*]: erhaben, nach außen gewölbt (z. B. von Spiegeln od. Linsen; Phys.); Ggs. → konkav. **Konvexität** *die*; -: das Nach-außen-Gewölbtsein (z. B. von Linsen; Phys.); Ggs. → Konkavität

Konvikt [*...wikt*; *lat.*] *das*; -[e]s, -e: 1. Stift, Wohnheim für katholische Theologiestudenten. 2. (österr.) Schülerheim, katholisches Internat

Konviktion [*...wikzion*; *lat.*] *die*; -, -en: (veraltet) 1. Überführung eines Angeklagten. 2. Überzeugung

Konviktuale [*...wik...*; *lat.-nlat.*] *der*; -n, -n: (veraltet) Angehöriger eines Konvikts

konvinzieren [*...win...*; *lat.*]: (veraltet) jmdn. [eines Verbrechens] überführen

Konvive [*...wiwᵉ*; *lat.*] *der*; -n, -n: (veraltet) Gast, Tischgenosse. **konvivial** [*...wiwial*]: (veraltet) gesellig, heiter. **Konvivialität** *die*; -: (veraltet) Geselligkeit, Fröhlichkeit. **Konvivium** *das*; -s, ...ien [*...iᵉn*]: (veraltet) [Fest]gelage

Konvoi [*konweu*, auch: *konweu*; *lat.-vulgärlat.-fr.-engl.*] *der*; -s, -s: Geleitzug (bes. von Autos od. Schiffen)

Konvokation [*...wokazion*; *lat.*] *die*; -, -en: (von Körperschaften) das Einberufen, Zusammenrufen der Mitglieder

Konvolut [*...wo...*; *lat.*] *das*; -[e]s, -e: 1. a) Bündel von verschiedenen Schriftstücken od. Drucksachen; b) Sammelband, Sammelmappe. 2. Knäuel (z. B. von Darmschlingen; Med.). **Konvolute** *die*; -, -n: = Volute

Konvulsion [*...wul...*; *lat.*] *die*; -, -en: Schüttelkrampf (Med.). **konvulsiv** u. **konvulsivisch** [*...wulsiwisch*; *lat.-nlat.*]: krampfhaft zuckend, krampfartig (Med.)

Konya [*konja*; *türk.*] *der*; -[s], -s: Gebetsteppich mit streng stilisierter Musterung

konzedieren [*lat.*]: zugestehen; erlauben; einräumen

Konzele|bration [*...zion*; *lat.-mlat.*] *die*; -, -en u. Concelebratio [*konzelebrazio*] *die*; -, ...ones: die Feier des Meßopfers durch mehrere Priester gemeinsam (katholische Kirche u. Ostkirche). **konzelebrieren**: gemeinsam mit anderen Priestern das Meßopfer feiern

Konzen|trat [*(lat.*; *gr.-lat.) fr.-nlat.*] *das*; -[e]s, -e: 1. a) angereicherter Stoff, hochprozentige Lösung; b) hochprozentiger Pflanzen- od. Fruchtauszug. 2. Zusammenfassung. **Konzentration** [*...zion*; *(lat.*; *gr.-lat.) fr.*] *die*; -, -en: 1. Zusammenballung [wirtschaftlicher od. militärischer Kräfte]; Ggs. → Dekonzentration. 2. (ohne Plural) geistige Sammlung, Anspannung, höchste Aufmerksamkeit. 3. (ohne Plural) gezielte Lenkung auf etwas hin. 4. Gehalt einer Lösung an gelöstem Stoff (Chem.). **Konzen|trationslager** *das*; -s, -: Internierungslager für politisch, rassisch od. religiös Verfolgte. **konzen|trativ**: die Konzentration (2) betreffend (Fachspr.). **konzen|trieren**: 1. [wirtschaftliche od. militärische Kräfte] zusammenziehen, -ballen; Ggs. → dekonzentrieren. 2. etwas verstärkt auf etwas od. jmdn. ausrichten. 3. sich -: sich [geistig] sammeln, anspannen. 4. anreichern, gehaltreich machen (Chem.). **konzen|triert**: 1. gesammelt, aufmerksam. 2. einen gelösten Stoff in großer Menge enthaltend, angereichert (Chem.). **konzen|trisch** [*(lat.*; *gr.-lat.) mlat.*]: 1. einen gemeinsamen Mittelpunkt habend (von Kreisen; Math.). 2. um einen gemeinsamen Mittelpunkt herum angeordnet, auf einen [Mittel]punkt hinstrebend. **Konzentrizität** [*nlat.*] *die*; -: Gemeinsamkeit des Mittelpunkts

Konzept [*lat.*] *das*; -[e]s, -e: 1. [stichwortartiger] Entwurf, erste Fassung einer Rede od. einer Schrift. 2. Plan, Programm. **Konzeptalbum** *das*; -s, ...ben: Langspielplatte, die nicht eine bestimmte Anzahl verschiedener, jedes für sich abgeschlossener Lieder enthält, sondern ein Thema, eine Idee in voneinander abhängigen Kompositionen behandelt (Mus.). **konzeptibel** [*lat.-nlat.*]: (veraltet) begreiflich, faßlich. **Konzeption** [*...zion*; *lat.*] *die*; -, -en: 1. geistiger, künstlerischer Einfall; Entwurf eines Werkes. 2. klar umrissene Grundvorstellung, Leitprogramm, gedanklicher Entwurf. 3. Befruchtung der Eizelle, Schwangerschaftseintritt, Empfängnis (Biol.; Med.). **konzeptionell**: die Konzeption betreffend. **Konzeptismus** [*lat.-nlat.*] *der*; -: literarische Stilrichtung des span. Barocks (Literaturw.); vgl. Konzetti. **konzeptualisieren**: ein Konzept (2) entwerfen, als Konzept (2) gestalten. **Konzeptualismus** *der*; -: Lehre der Scholastik, nach der das Allgemeine (vgl. Universalien) nicht bloß Wort, sondern Begriff u. selbständiges Denkgebilde sei (Philos.). **konzeptuell**: ein Konzept (2) aufweisend

Konzern [*lat.-mlat.-fr.-engl.*] *der*; -[e]s, -e: Zusammenschluß von Unternehmen, die eine wirtschaftliche Einheit bilden, ohne dabei ihre rechtliche Selbständig keit aufzugeben (Wirtsch.). **konzernieren**: Konzerne bilden

Konzert [*lat.-it.*; eigtl. „Wettstreit (der Stimmen)"] *das*; -[e]s, -e: 1. öffentliche Musikaufführung. 2. Komposition für Solo u. Orchester. 3. (ohne Plural) Zusammenwirken verschiedener Faktoren od. [politischer] Kräfte. **Konzertagentur** [*lat.-it.*; *nlat.*] *die*; -, -en: → Agentur, die für Künstler Konzerte arrangiert. **konzertant**: konzertmäßig, in Konzertform; -e Sinfonie: Konzert mit mehreren solistisch auftretenden Instrumenten od. Instrumentengruppen. **Konzertante** vgl. Concertante. **Konzert\|etüde** *die*; -, -n: solistisches Musikstück mit technischen Schwierigkeiten. **konzertieren**: 1. ein Konzert geben. 2. (veraltet) etwas verabreden, besprechen. **konzertiert** [*lat.-engl.*]: verabredet, aufeinander abgestimmt, übereinstimmend. **Konzertina** [*lat.-it.-fr.-engl.*] *die*; -, -s: Handharmonika mit sechseckigem od. quadratischem Gehäuse

Konzession [*lat.*] *die*; -, -en: 1. (meist Plural) Zugeständnis, Entgegenkommen. 2. (Rechtsw.) a) befristete behördliche Genehmigung zur Ausübung eines konzessionspflichtigen Gewerbes; b) dem Staat vorbehaltenes Recht, ein Gebiet zu erschließen, dessen Bodenschätze auszubeuten. **Konzessionär** [*lat.-nlat.*] *der*; -s, -e: Inhaber einer Konzession. **konzessionieren**: eine Konzession erteilen, behördlich genehmigen. **konzessiv** [*lat.*]: einräumend (Sprachw.); -e Konjunktion: einräumendes Bindewort (z.B. obgleich; Sprachw.). **Konzessivsatz** *der*; -es, ...sätze: Umstandssatz der Einräumung (Sprachw.)

Konzetti [*lat.-it.*] *die* (Plural): witzige Einfälle in zugespitztem, gekünsteltem Stil, bes. in der Literatur der ital. Spätrenaissance (Literaturw.); vgl. Konzeptismus

Konzil [*lat.*] *das*; -s, -e u. -ien [...*i*[e]*n*]: 1. Versammlung von Bischöfen u. anderen hohen Vertretern der katholischen Kirche zur Erledigung wichtiger kirchlicher Angelegenheiten; vgl. ökumenisch. 2. aus Professoren, Vertretern von Studenten u. nichtakademischen Bediensteten einer Hochschule gebildetes → Gremium (a), das bestimmte Entscheidungsbefugnisse hat. **konziliant** [*lat.-fr.*]: umgänglich, verbindlich, freundlich; versöhnlich. **Konzilianz** *die*; -: Umgänglichkeit, Verbindlichkeit, freundliches Entgegenkommen. **konziliar, konziliarisch**: a) zu einem Konzil gehörend; b) einem Konzil entsprechend; vgl. ...isch/-. **Konziliarismus** [*lat.-nlat.*] *der*; -: vom → Episkopalismus vertretene Theorie, daß die Rechtmäßigkeit u. Geltung der Beschlüsse eines Konzils nicht von der Zustimmung des Papstes abhängig seien (kath. Kirchenrecht). **Konziliation** [...*zion*; *lat.*] *die*; -, -en: (veraltet) Versöhnung, Vereinigung [verschiedener Meinungen]. **Konzilien**: *Plural* von → Konzil. **konzilieren**: (veraltet) [verschiedene Meinungen] vereinigen; versöhnen

konzinn [*lat.*]: 1. (veraltet) angemessen, gefällig; Ggs. → inkonzinn (1). 2. syntaktisch gleich gebaut, harmonisch zusammengefügt, abgerundet (Rhet.; Stilk.); Ggs. → inkonzinn (2). **Konzinnität** *die*; -: 1. (veraltet) Gefälligkeit; Ggs. → Inkonzinnität (1). 2. gleichartige syntaktische Konstruktion gleichwertiger Sätze (Rhet.; Stilk.); Ggs. → Inkonzinnität (2)

Konzipient [*lat.*] *der*; -en, -en: 1. (veraltet) Verfasser eines Schriftstücks. 2. (österr.) Angestellter in einem Anwaltsbüro. **konzipieren**: 1. a) ein schriftliches Konzept (1) für etwas machen; b) (von einer bestimmten Vorstellung, Idee ausgehend) etwas planen, entwerfen, entwickeln. 2. schwanger werden (Med.). **Konzipierung** *die*; -, -en: das Konzipieren (1). **Konzipist** [*lat.-nlat.*] *der*; -en, -en: (österr., hist.) niederer Beamter, der ein Konzept (1) entwirft; vgl. Konzipient

konzis [*lat.*]: kurz, gedrängt (Rhet.; Stilk.)

Ko\|okkurrenz [*lat.*] *die*; -, -en: das Miteinandervorkommen sprachlicher Einheiten in derselben Umgebung (z. B. im Satz; Sprachw.)

Ko\|operateur [...*tör*; *lat.-fr.*] *der*; -s, -e: Wirtschaftspartner, Unternehmenspartner. **Ko\|operation** [...*zion*; *lat.*] *die*; -, -en: Zusammenarbeit verschiedener [Wirtschafts]partner, von denen jeder einen bestimmten Aufgabenbereich übernimmt. **ko\|operativ** [*lat.-nlat.*]: [auf wirtschaftlichem Gebiet] zusammenarbeitend, gemeinsam. **Ko\|operativ** *das*; -s, -e [...*w*[e]], (auch:) -s u. **Ko\|operative** [...*iw*[e]; *lat.-fr.-russ.*] *die*; -, -n: (DDR) Genossenschaft. **Kooperator** [*lat.*] *der*; -s, ...oren: 1. (veraltet) Mitarbeiter. 2. (landsch. u. österr.) katholischer Hilfsgeistlicher. **ko\|operieren**: [auf wirtschaftlichem Gebiet] zusammenarbeiten

Ko\|optation [...*zion*; *lat.*] *die*; -, -en: nachträgliche Hinzuwahl neuer Mitglieder in eine Körperschaft durch die dieser Körperschaft bereits angehörenden Mitglieder. **ko\|optieren**: jmdn. durch eine Nachwahl noch in eine Körperschaft aufnehmen. **Ko\|option** [...*zion*] *die*; -, -en: = Kooptation

Ko\|ordinate [*lat.-nlat.*] *die*; -, -n: (meist Plural): 1. Zahl, die die Lage eines Punktes in der Ebene u. im Raum angibt (Math.; Geographie). 2. (nur Plural) → Abszisse u. → Ordinate (Math.). **Ko\|ordinatensystem** *das*; -s: mathematisches System, in dem mit Hilfe von Koordinaten die Lage eines Punktes od. eines geometrischen Gebildes in der Ebene od. im Raum festgelegt wird (Math.). **Ko\|ordination** [...*zion*] *die*; -, -en: 1. gegenseitiges Abstimmen verschiedener Faktoren od. Vorgänge (z. B. von Verwaltungsstellen, Befugnissen). 2. Neben-, Beiordnung von Satzgliedern od. Sätzen (Sprachw.); Ggs. → Subordination (2). 3. das harmonische Zusammenwirken der bei einer Bewegung tätigen Muskeln (Med.). 4. Zusammensetzung u. Aufbau von chem. Verbindungen höherer Ordnung (Chemie). **Koordinator** *der*; -s, ...oren: jmd., der Teilbereiche eines Sachgebiets miteinander koordiniert, bes. der Beauftragte der Rundfunk- u. Fernsehanstalten, der die verschiedenen Programme aufeinander abstimmt. **ko\|ordinieren** [*lat.-mlat.*]: mehrere Dinge od. Vorgänge aufeinander abstimmen; -de Konjunktion: nebenordnendes Bindewort (z. B. und; Sprachw.)

Kopaivabalsam [...*wa*...; *indian.-span.-engl.*; *hebr.-gr.-lat.*] *der*; -s: Harz des tropischen Kopaivabaumes, das in der Lackverarbeitung u. als Heilmittel verwendet wird

Kopal [*indian.-span.*] *der*; -s, -e: ein Harz verschiedener tropischer Bäume, das für Lacke verwendet wird

Kopeke [*russ.*] *die*; -, -n: russische Münze (= 0,01 Rubel); Abk.: Kop.

Kopepode [*gr.-nlat.*] *der*; -n, -n: ein schalenloses Krebstier (Ruderfußkrebs; Zool.)

Köper [*niederl.*] *der*; -s, -: Gewebe in Köperbindung (Webart)

kopernikanisch [nach dem Astronomen N. Kopernikus, † 1543]: die Lehre des Kopernikus betreffend, auf ihr beruhend; -es Weltsystem: = heliozentrisches Weltsystem

Ko|phosis [*gr.*] *die*; -: [völlige] Taubheit (Med.)

Koph|ta [Herkunft unsicher] *der*; -s, -s: (hist.) geheimnisvoller ägyptischer Magier; vgl. Großkophta. **kophtisch**: den Kophta betreffend

Kopialbuch [*lat.-nlat.*; *dt.*] *das*; -s, ...bücher: (hist.) Sammlung von Urkundenabschriften. **Kopialien** [...*iᵉn*; *lat.-nlat.*] *die* (Plural): (veraltet) Abschreibegebühren. **Kopiatur** *die*; -, -en: (veraltet) das Abschreiben. **Kopie** [österr.: *kopiᵉ*; *lat.*] *die*; -, ...ien [österr.: *kopiᵉn*]: 1. a) Abschrift, Durchschrift eines geschriebenen Textes; b) = Fotokopie. 2. Nachbildung, Nachgestaltung [eines Kunstwerks]. 3. a) durch Belichten hergestelltes Bild von einem → Negativ; b) fotografisch hergestelltes Doppel eines Films. **kopieren** [*lat.-mlat.*]: 1. a) etwas in Zweitausfertigung, eine Kopie (1a) von etwas herstellen; b) eine → Fotokopie von etwas machen. 2. [ein Kunstwerk] nachbilden. 3. a) eine Kopie (3a) herstellen; b) von einem Negativfilm einen Positivfilm herstellen. **Kopierer** *der*; -s, -: (ugs.) Gerät, mit dem → Fotokopien gemacht werden. **Kopierstift** *der*; -[e]s, -e: Schreibstift mit einer Mine, die wasserlösliche Farbstoffe enthält u. nicht wegradiert werden kann

Kopilot u. Copilot [*ko...*] *der*; -en, -en: a) zweiter → Pilot (1a) in einem Flugzeug; b) zweiter Fahrer in einem Rennwagen

Kopi|opie [*gr.-nlat.*] *die*; -: Sehschwäche, Erschöpfung der Augen infolge Überanstrengung (Med.)

kopiös [*lat.-fr.*]: reichlich, massenhaft (Med.)

Kopist [*lat.-mlat.*] *der*; -en, -en: jmd., der eine → Kopie (1, 2, 3) anfertigt

Koppa [*gr.*] *das*; -[s], -s: Buchstabe im ältesten griechischen Alphabet: ϙ, ϙ, ς

Ko|pra [*tamil.-port.*] *die*; -: zerkleinerte u. getrocknete Kokosnußkerne

Ko|prämie [*gr.-nlat.*] *die*; -, ...ien: durch langdauernde Verstopfung verursachte Selbstvergiftung des Körpers (Med.)

Ko|präsenz [*lat.-engl.*] *die*; -: gemeinsames, gleichzeitiges Auftreten sprachlicher → Elemente (1), z. B. das gleichzeitige Vorhandensein von veralteten u. veraltenden Wörtern neben Wörtern der modernen Gegenwartssprache (Sprachw.)

Ko|premesis [*gr.*] *die*; -: Koterbrechen (bei Darmverschluß; Med.)

Ko|produktion [...*zion*; *lat.*; *lat.-fr.*] *die*; -, -en: Gemeinschaftsherstellung, bes. beim Film. **Koproduzent** *der*; -en, -en: jmd., der mit jmd. anderem zusammen einen Film, eine Fernsehsendung o. ä. produziert. **ko|produzieren**: mit jmd. anderem zusammen etwas herstellen (bes. einen Film)

ko|progen [*gr.-nlat.*]: vom Kot stammend, durch Kot verursacht (Med.). **Ko|prolalie** *die*; -: krankhafte Neigung zum Aussprechen unanständiger, obszöner Wörter (meist aus dem → analen Bereich). **Ko|prolith** [auch: ...*it*] *der*; -s u. -en, -e[n]: 1. → Konkrement aus verhärtetem Kot u. Mineralsalzen im unteren Verdauungstrakt (Med.). 2. versteinerter Kot urweltlicher Tiere (Geol.). **Ko|prom** *das*; -s, -e: Scheingeschwulst in Form einer Ansammlung verhärteten Kots im Darm (Med.). **koprophag**: kotessend (aus krankhafter Neigung heraus). **Koprophage** *der* u. *die*; -n, -n: jmd., der aus einer krankhaften Neigung heraus Kot ißt (Med.). **Koprophagie** *die*; -: das Essen von Kot als Triebanomalie bei Schizophrenen u. Schwachsinnigen (Med.). **Ko|prophilie** *die*; -: starkes [krankhaftes] Interesse an [den eigenen] → Exkrementen (Med.; Psychol.). **Ko|prophobie** *die*; -: [krankhafte] Angst vor der Berührung von → Fäkalien, oft auch Angst vor Schmerz u. Ansteckung (Med.; Psychol.). **Koprostase** *die*; -, -n: Kotstauung, Verstopfung (Med.)

Kops [*engl.*] *der*; -es, -e: Spinnhülse mit aufgewundenem Garn, Garnkörper, Kötzer (Spinnerei)

Kopte [*gr.-arab.*] *der*; -n, -n: christlicher Nachkomme der alten Ägypter. **koptisch**: a) die Kopten betreffend; b) die jüngste Stufe des Ägyptischen, die Sprache der Kopten betreffend. **Koptologe** *der*; -n, -n: Wissenschaftler auf dem Gebiet der Koptologie. **Koptologie** *die*; -: Wissenschaft von der koptischen Sprache u. Literatur

Kopula [*lat.*; „Band"] *die*; -, -s u. ...lae [...*lä*]: 1. = Kopulation (2). 2. a) Verbform, die die Verbindung zwischen → Subjekt (2) u. → Prädikativ (Prädikatsnomen) herstellt (Sprachw.); b) das Glied, das → Subjekt (2) und → Prädikat (4) zu einer Aussage verbindet (Logik). **Kopulation** [...*zion*] *die*; -, -en: 1. (veraltet) Trauung, eheliche Verbindung (Rechtsw.). 2. Verschmelzung der verschiedengeschlechtigen Geschlechtszellen bei der Befruchtung. 3. Veredlung von Pflanzen, bei der das schräggeschnittene Edelreis mit der schräggeschnittenen Unterlage genau aufeinandergepaßt wird (Gartenbau). 4. = Koitus. **kopulativ**: verbindend, anreihend (Sprachw.); -e Konjunktion: anreihendes Bindewort (z. B. und, auch; Sprachw.). **Kopulativkompositum** *das*; -s, ...ta u. **Kopulativum** [...*tiwum*] *das*; -s, ...va [...*wa*]: = Additionswort. **kopulieren**: 1. miteinander verschmelzen (von Geschlechtszellen bei der Befruchtung; Biol.). 2. Pflanzen veredeln. 3. (veraltet) jmdn. trauen (Rechtsw.). 4. = koitieren

Korah (ökum.: Korach) [nach dem in 4. Mos. 16, 1 ff. genannten Enkel des Levi Korah]: in der Fügung: eine Rotte -: zügellose Horde

Koralle [*gr.-lat.-fr.*] *die*; -, -n: 1. koloniebildendes Hohltier tropischer Meere. 2. das als Schmuck verwendete [rote] Kalkskelett der Koralle (1). **korallen**: a) aus Korallen bestehend; b) korallenrot. **Korallin** [*gr.-lat.-fr.-nlat.*] *das*; -s: roter Farbstoff. **korallogen** [*gr.-lat.-fr.*; *gr.*]: aus Ablagerungen von Korallen (1) gebildet (von Gesteinsschichten; Geol.)

koram [*lat.*; „vor aller Augen, offen"]: öffentlich; jmdn. - nehmen: (veraltet) jmdn. scharf tadeln; vgl. coram publico. **koramieren** [*lat.-nlat.*]: (veraltet) jmdn. zur Rede stellen

Koramin [Kunstw.] *das*; -s: Mittel gegen Kreislaufschwäche (Pharm.)

Koran [auch: *ko...*; *arab*; „Lesung"] *der*; -s, -e: Sammlung der Offenbarungen Mohammeds, das heilige Buch des Islams (7. Jh. n. Chr.)

koranzen vgl. kuranzen

Kord vgl. Cord

Kordax [*gr.-lat.*] *der*; -: groteskausgelassener Verkleidungstanz des Männerchores in der antiken Komödie

Korde [*gr.-lat.-fr.*] *die*; -, -n: (veraltet) schnurartiger Besatz. **Kordel** *die*; -, -n: 1. (landsch.) Bindfaden. 2. (österr.) = Korde

Kordelatsch [*it.*] *der*; -[e]s, -e: ital. kurzes Krummschwert im Mittelalter

kordial [*lat.-mlat.*]: (veraltet) herzlich; vertraulich. **Kordialität** *die*; -, -en: Herzlichkeit, Freundlichkeit
kordieren [*gr.-lat.-fr.*]: 1. feine schraubenförmige Linien in Gold- u. Silberdraht einarbeiten. 2. Griffe an Werkzeugen zur besseren Handhabung aufrauhen
Kordierit [*...i-erit*, auch: *...i-erit*; *nlat.*; nach dem franz. Geologen Cordier (*kordie*), † 1861] *der*; -s, -e: ein kristallines Mineral (ein Edelstein)
Kordit [*gr.-lat.-fr.-engl.*] *der*; -s: fadenförmiges, rauchschwaches Schießpulver. **Kordon** [*...dong*; österr.: *...don*; *gr.-lat.-fr.*; „Schnur, Seil; Reihe"] *der*; -s, -s u. (österr.) -e: 1. Postenkette, polizeiliche od. militärische Absperrung. 2. Ordensband. 3. Spalierbaum. **Kordonettseide** [*gr.-lat.-fr.*; *dt.*] *die*; -: schnurartig gedrehte Handarbeits- u. Knopflochseide
Korduan [nach der span. Stadt Córdoba] *das*; -s: weiches, saffianähnliches Leder
Kore [*gr.*; „Mädchen"] *die*; -, -n: bekleidete Mädchenfigur der [archaischen] griech. Kunst
Koreferat usw. vgl. Korreferat usw.
Koriander [*gr.-lat.*] *der*; -s, -: a) Gewürzpflanze des Mittelmeerraums; b) aus den Samenkörnern des Korianders (a) gewonnenes Gewürz. **Koriandoli** [*gr.-lat.-it.*] *das*; -[s], -: (österr.) Konfetti
Korinthe [nach der griech. Stadt Korinth] *die*; -, -n: kleine, getrocknete, kernlose Weinbeere
Korkett [Kunstw.] *das*; -[e]s: Fußbodenbelag aus Korkplatten (Korkparkett)
Kormophyt [*gr.-nlat.*] *der*; -en, -en (meist Plural): in Wurzel, Stengel u. Blätter gegliederte Farn- od. Samenpflanze (Sproßpflanze)
Kormoran [österr.: *kor...*; *lat.-fr.*] *der*; -s, -e: pelikanartiger fischfressender Schwimmvogel
Kormus [*gr.-nlat.*] *der*; -: in Wurzel, Sproßachse od. Stengel u. Blätter gegliederter Pflanzenkörper (Bot.); Ggs. → Thallus
Kornak [*singhal.-port.-fr.*] *der*; -s, -s: [indischer] Elefantenführer
Kornea vgl. Cornea. **korneal**: die Kornea betreffend. **Kornealkontaktschale** *die*; -, -n: (DDR) durchsichtiges, schalenartiges Plättchen aus Plastik, das auf dem vorderen Augapfel aufliegt, jedoch nur die Hornhaut bedeckt.
Kornelkirsche [*lat.*; *dt.*] *die*; -, -n: ein Zier- u. Heckenstrauch mit gelben Doldenblüten u. eßbaren Früchten. **Korner** vgl. Corner (2)
Kornett [*lat.-fr.*]
I. *der*; -[e]s, -e u. -s: (veraltet) Fähnrich [bei der Reiterei].
II. *das*; -[e]s, -e u. -s: (Mus.) 1. Orgelregister. 2. ein kleines Horn mit Ventilen
Kornettist [*lat.-fr.*] *der*; -en, -en: jmd., der Kornett (II, 2) spielt
Korolla u. Korolle [*gr.-lat.*] *die*; -, ...llen: zusammenfassende Bezeichnung für alle Blütenblätter (Blumenkrone). **Korollar** [„Kränzchen; Zugabe"] *das*; -s, -e u. **Korollarium** *das*; -s, ...ien [*...i^e n*]: Satz, der selbstverständlich aus einem bewiesenen Satz folgt. **Korolle** vgl. Korolla
Koromandelholz [nach dem vorderindischen Küstenstrich Koromandel] *das*; -es: wertvolles Holz eines vorderindischen Baumes
Korona [*gr.-lat.*; „Kranz, Krone"] *die*; -, ...nen: 1. Heiligenschein an einer Figur (bildende Kunst). 2. [bei totaler Sonnenfinsternis sichtbarer] Strahlenkranz der Sonne (Astron.). 3. a) (ugs.) [fröhliche] Runde, [Zuhörer]kreis; b) (ugs., abwertend) Horde. **koronar**: zu den Herzkranzgefäßen gehörend, von ihnen ausgehend. **Koronar|angio|graphie** *die*; -, ...ien: → Angiographie der Herzkranzgefäße.
Koronargefäß [*gr.-lat.*; *dt.*] *das*; -es, -e (meist Plural): Blutgefäß des Herzens (Kranzgefäß; Medizin). **Koronar|insuffizienz** [*gr.-lat.*; *lat.*] *die*; -, -en: mangelhafte Sauerstoffversorgung des Herzmuskels. **Koronar|sklerose** *die*; -: Verkalkung der den Herzmuskel versorgenden Koronargefäße (Med.). **Koronis** [*gr.-lat.*; „Krümmung"] *die*; -, ...ides: in altgriech. Wörtern das Zeichen für → Krasis (') (z. B. griech. *tàmá* für *tà emá* „das Meine"). **Korono|graph** [*gr.-lat.*; *gr.*] *der*; -en, -en: Fernrohr zum Beobachten u. Fotografieren der Korona (2)
Koros [*gr.*] *der*; -, Koroi [*...reu*]: Statue eines nackten Jünglings in der [archaischen] griech. Kunst
Korpora: *Plural* von → Korpus
Korporal [*lat.-it.-fr.*] *der*; -s, -e (auch: ...äle): 1. (veraltet) Führer einer → Korporalschaft; Unteroffizier. 2. (schweiz.) niederster Unteroffiziersgrad
Korporale [*lat.-mlat.*; „Leibtuch"] *das*; -: quadratisches od. rechteckiges Leinentuch als Unterlage für → Hostie u. Hostienteller in der katholischen Liturgie
Korporalschaft [*lat.-it.-fr.*; *dt.*] *die*; -, -en: (veraltet) Unterabteilung der Kompanie im inneren Dienst
Korporation [*...zion*; *lat.-mlat.-engl.*] *die*; -, -en: 1. Körperschaft, Innung, → juristische Person. 2. Studentenverbindung. **korporativ**: 1. körperschaftlich; geschlossen. 2. eine Studentenverbindung betreffend. **Korporativismus** [*...wiß...*; *nlat.*] *der*; -: politisches Bestreben, den Staat durch Schaffung von berufsständischen Korporationen (1) zu erneuern. **korporiert** [*lat.*]: einer Korporation (2) angehörend.
Korps [*kor*; *lat.-fr.*] *das*; - [*korß*], - [*korß*]: 1. größerer Truppenverband. 2. studentische Verbindung. **Korpsgeist** *der*; -[e]s: 1. Gemeinschafts-, Standesbewußtsein. 2. Standeshochmut. **Korpsier** [*kọrie*] *der*; -s, -s: (Studentenspr. scherzh.) Korpsstudent.
Korpsstudent *der*; -en, -en: Student, der einem Korps (2) angehört. **korpulent** [*lat.*]: beleibt. **Korpulenz** *die*; -: Beleibtheit
Korpus [*lat.*]
I. *der*; -, -se: 1. (ugs., scherzh.) Körper. 2. der Leib Christi am Kreuz (bildende Kunst). 3. (ohne Plural) das massive, hinsichtlich Holz od. Farbe einheitliche Grundteil ohne die Einsatzteile [bei Möbeln]. 4. (schweiz.) Ladentisch; [Büro]möbel mit Fächern od. Schubladen, dessen Deckfläche als Ablage od. Arbeitstisch dient.
II. *das*; -, ...pora: 1. Belegsammlung von Texten od. Schriften [aus dem Mittelalter od. der Antike]. 2. einer wissenschaftlichen [Sprach]analyse zugrundeliegendes Material, repräsentative Sprachprobe. 3. (ohne Plural) Klangkörper eines Musikinstruments, insbesondere eines Saiteninstruments (Mus.).
III. *die*; -: (veraltet) Schriftgrad von 10 Punkt (ungefähr 3,7 mm Schrifthöhe; Druckw.)
Korpus delikti vgl. Corpus delicti.
Korpus juris vgl. Corpus juris.
Korpuskel [„Körperchen"] *das*; -s, -n (fachspr. auch: *die*; -, -n): kleinstes Teilchen der Materie, Elementarteilchen (Phys.). **korpuskular** [*lat.-nlat.*]: die Korpuskeln betreffend (Phys.). **Korpuskulartheorie** *die*; -: (hist.) → Theorie, die davon ausgeht, daß das Licht aus Korpuskeln besteht
Korral [*span.*] *der*; -s, -e: [Fang]gehege für wilde Tiere; Pferch
Korrasion [*lat.-nlat.*] *die*; -, -en: Abschleifung von Gesteinen durch windbewegten Sand
korreal [*spätlat.*]: a) (veraltet) mitschuldig; b) zusammen mit einem

anderen Schuldner zu einer Leistung verpflichtet (Rechtsw.)
Korreferat [auch: ...rat; *lat.-nlat.*] u. (österr.:) Koreferat *das*; -[e]s, -e: zweiter Bericht; Nebenbericht [zu dem gleichen wissenschaftlichen Thema]. **Korreferent** [auch: ...*ränt*] u. (österr.:) Koreferent *der*; -en, -en: a) jmd., der ein Korreferat hält; b) zweiter Gutachter [bei der Beurteilung einer wissenschaftlichen Arbeit]. **Korreferenz** [auch: ...*ränz*] *die*; -, -en: = Referenzidentität. **korreferieren** [auch: ...*ri*...] u. (österr.:) koreferieren: a) ein Korreferat halten; b) als zweiter Gutachter berichten, mitberichten
Korregidor [...*chidor*] vgl. Corregidor. **korrekt** [*lat.*]: richtig, fehlerfrei; einwandfrei; Ggs. → inkorrekt. **Korrektheit** *die*; -: 1. Richtigkeit. 2. einwandfreies Benehmen; Ggs. → Inkorrektheit. **Korrektion** [...*zion*] *die*; -, -en: (veraltet) Besserung; Verbesserung; Regelung. **korrektionieren**: (schweiz.) korrigieren; regulieren. **korrektiv** [*lat.-nlat.*]: (veraltet) bessernd; zurechtweisend. **Korrektiv** *das*; -s, -e [...*w*[e]]: etwas, was dazu dienen kann, Fehlhaltungen, Mängel o. ä. auszugleichen. **Korrektor** [*lat.*] *der*, -s, ...oren: 1. jmd., der beruflich die aus der Setzerei kommenden Korrekturabzüge auf Fehler hin durchsieht. 2. (hist.) Aufsichtsbeamter der röm. Kaiserzeit. **Korrektur** *die*; -, -en: a) Verbesserung, [Druck]berichtigung; b) schriftliche Berichtigung
korrelat u. korrelativ [*lat.-mlat.*]: sich gegenseitig bedingend. **Korrelat** *das*; -[e]s, -e: 1. Begriff, der zu einem anderen in [ergänzender] Wechselbeziehung steht. 2. Wort, das mit einem anderen in wechselseitiger bedeutungsmäßiger od. grammatischer Beziehung steht (z. B. Gatte–Gattin, Rechte–Pflichten; darauf [bestehen], daß...; Sprachw.). 3. eine bestimmte Art mathematischer Größen, die in der Ausgleichs- u. Fehlerrechnung auftreten (Math.). **Korrelation** [...*zion*; „Wechselbeziehung"] *die*; -, -en: 1. das Aufeinanderbezogensein von zwei Begriffen. 2. Zusammenhang zwischen statistischen Ergebnissen, die durch Wahrscheinlichkeitsrechnung ermittelt werden (Math.). 3. Wechselbeziehung zwischen verschiedenen Organen od. Organteilen (Med.). **korrelativ** vgl. korrelat. **Korrelativismus** [...*wiß*...; *nlat.*] *der*; -: Erkenntnistheorie, nach der Subjekt u. Erkenntnisobjekt in Wechselbeziehung stehen (Philos.). **korrelieren**: einander bedingen, miteinander in Wechselbeziehung stehen
korrepetieren [*lat.-nlat.*]: mit jmdm. eine Gesangspartie vom Klavier aus einüben (Mus.). **Korrepetition** [...*zion*] *die*; -, -en: Einübung einer Gesangspartie vom Klavier aus (Mus.). **Korrepetitor** *der*; -s, ...oren: Musiker, der korrepetiert (Mus.)
korre|spektiv [*lat.-nlat.*]: gemeinschaftlich. **Korre|spektivität** [...*wi*...] *die*; -: (veraltet) Gemeinschaftlichkeit
Korre|spondent [*lat.-mlat.*] *der*; -en, -en: 1. Journalist, der [aus dem Ausland] regelmäßig aktuelle Berichte für Presse, Rundfunk od. Fernsehen liefert. 2. a) Angestellter eines Betriebs, der den kaufmännischen Schriftwechsel führt; b) (veraltet) Briefpartner. **Korre|spondent|reeder** *der*; -s, -: Geschäftsführer einer Reederei mit beschränkter Vertretungsmacht. **Korre|spondenz** *die*; -, -en: 1. Briefwechsel, -verkehr. 2. Beitrag eines Korrespondenten (1) einer Zeitung. 3. (veraltet) Übereinstimmung. **Korre|spondenzbüro** *das*; -s, -s: Agentur, die Berichte, Nachrichten, Bilder u. a. für die Presse vervielfältigt u. liefert. **Korre|spondenzkarte** *die*; -, -n: (österr.) Postkarte. **Korre|spondenz|seminar** *das*; -s, -e: Tagung für Korrespondenztraining. **Korre|spondenz|training** *das*; -s: Schulungskurs für präzises Formulieren. **korrespondieren** [*lat.-mlat.-fr.*]: 1. mit jmdm. im Briefverkehr stehen. 2. einer Sache harmonisch entsprechen, mit etwas übereinstimmen
Korridor [*lat.-it.*] *der*; -s, -e: 1. [Wohnungs]flur, Gang. 2. schmaler Gebietsstreifen, der durch das Hoheitsgebiet eines fremden Staates zu einer → Exklave (1) führt
Korrigend [*lat.*] *der*; -en, -en: (veraltet) Sträfling. **Korrigenda** *die* (Plural): Druckfehler, Fehlerverzeichnis. **Korrigens** *das*; -, ...gentia [...*zia*] u. ...genzien [...*i*[e]*n*] (meist Plural): geschmackverbessernder Zusatz zu Arzneien (Pharm.). **korrigibel** [*lat.-nlat.*]: (veraltet) korrigierbar. **korrigieren** [*lat.*]: etwas berichtigen; verbessern
Korrobori [*austr.-engl.*] *der*; -[s], -s: [Kriegs]tanz der australischen Eingeborenen mit Lied- u. Trommelbegleitung
Korrodentia [...*zia*] u. **Korrodenzien** [...*i*[e]*n*; *lat.*; „Zernager"] *die* (Plural): (veraltet) systematische Bezeichnung für die Termiten, Staubläuse u. Pelzfresser (Biol.). **korrodieren**: angreifen, zerstören; der Korrosion unterliegen. **Korrosion** [*lat.-mlat.*] *die*; -, -en: 1. chem. Veränderung im Material an der Oberfläche fester Körper (z. B. von Gesteinen u. Metallen). 2. Wiederauflösung von früh ausgeschiedenen Mineralien durch die Schmelze (Geol.). 3. durch Entzündung od. Ätzmittel hervorgerufene Zerstörung von Körpergewebe (Med.). **korrosiv**: angreifend, zerstörend
korrumpieren [*lat.*]: a) jmdn. bestechen; b) jmdn. moralisch verderben. **korrumpiert**: verderbt (von Stellen in alten Texten u. Handschriften). **korrupt**: a) bestechlich; b) moralisch verdorben. **Korruptel** *die*; -, -en: verderbte Textstelle. **Korruption** [...*zion*] *die*; -, -en: a) Bestechung, Bestechlichkeit; b) moralischer Verfall
Korsage [...*gsch*[e]; *lat.-fr.*] *die*; -, -n: auf Figur gearbeitetes, versteiftes Oberteil eines Kleides
Korsak [*russ.*] *der*; -s, -s: kleiner, kurzohriger Steppenfuchs
Korsar [*lat.-mlat.-it.*] *der*; -en, -en: (hist.) 1. a) Seeräuber; b) Seeräuberschiff. 2. Zweimannjolle mit Vor- u. Großsegel
Korselett [*lat.-fr.*] *das*; -s, -s (auch: -e): leichteres Korsett. **Korsett** *das*; -s, -s (auch: -e): 1. mit Stäbchen versehenes u. mit Schnürung od. Gummieinsätzen ausgestattetes Mieder. 2. Verband aus festem Material als Stütze für verletzte, insbesondere gebrochene Körperteile
Korso [*lat.-it.*] *der*; -s, -s: 1. Umzug, festliche Demonstrationsfahrt. 2. große, breite Straße für Umzüge. 3. (hist.) Wettrennen von Pferden ohne Reiter
Kortege [...*täsch*; *lat.-vulgärlat.-it.-fr.*] *das*; -s, -s: (veraltet) Gefolge, Ehrengeleit
Kortex [*lat.*] *der*; -[es], -e u. ...tizes [...*tizeß*]: (Med.) 1. äußere Zellschicht eines Organs. 2. Hirnrinde. **kortikal** [*lat.-nlat.*]: 1. von der Hirnrinde ausgehend, in der Hirnrinde sitzend. 2. die äußere Zellschicht von Organen betreffend (Biol.; Med.). **Kortikosteron**, (fachspr.:) Corticosteron [*kortik*...; Kunstw.] *das*; -s: Hormon der Nebennierenrinde (Med.). **kortikotrop**: auf die Nebennierenrinde einwirkend. **Kortin** [Kunstw.] *das*; -s, -e (meist Plural): in der Nebennierenrinde

gebildetes Hormon (Med.). **Kortison,** (fachspr.:) Cortison [*k...*; Kunstw.] *das*; -s: [Präparat aus dem] Hormon der Nebennierenrinde (Med.)

Korund [*tamil.-nlat.*]
I. *der*; -[e]s, -e: ein Mineral, Edelstein aus Ceylon.
II. Ⓦ *der*; -[e]s: Handelsname für ein sehr hartes synthetisches Material

Korvette [*...wät*[e]; *fr.*] *die*; -, -n: 1. a) leichtes Kriegsschiff; b) (veraltet) Segelkriegsschiff. 2. Sprung in den Handstand (Sport). **Korvettenkapitän** *der*; -s, -e: Marineoffizier im Majorsrang

Korybant [*gr.-lat.*] *der*; -en, -en: (hist.) Priester der phrygischen Muttergöttin Kybele. **korybantisch**: wild begeistert; ausgelassen tobend

Korydalis [auch: *...rü...*; *gr.-nlat.*] *die*; -, -: Lerchensporn (Zierstaude). **Koryophyllie** *die*; -: abnorme Blattbildung (Bot.)

Koryphäe [*gr.-lat.-fr.*; „an der Spitze Stehender"]
I. *die*; -, -n: 1. jmd., der auf seinem Gebiet durch außergewöhnliche Leistungen hervortritt. 2. (bes. österr.) erste Solotänzerin (Ballett).
II. *der*; -n, -n: Chorführer im antiken Drama

Koryza [*gr.-lat.*] *die*; -: Schnupfen, Entzündung der Nasenschleimhaut (Med.)

Kosak [*russ.*] *der*; -en, -en: (hist.) a) Angehöriger einer militärisch organisierten, an der Grenze gegen die Tataren angesiedelten Bevölkerung; b) leichter Reiter (in Rußland)

Koschenille [*...nilj*[e]; *span.-fr.*]: 1. *die*; -, -n: Weibchen der Scharlachschildlaus. 2. (ohne Plural) karminroter Farbstoff

koscher [*hebr.-jidd.*]: 1. den jüdischen Speisegesetzen gemäß. 2. (ugs.) in Ordnung, einwandfrei

Kosekans [*lat.-nlat.*] *der*; -, - (auch: ...nten): Kehrwert des → Sinus (1) (im rechtwinkligen Dreieck); Zeichen: cosec (Math.)

Kosinus [*lat.-nlat.*] *der*; -, - u. -se: Verhältnis von Ankathete zu → Hypotenuse (im rechtwinkligen Dreieck); Zeichen: cos (Math.)

Kosmetik [*gr.-fr.*] *die*; -: 1. Körper- u. Schönheitspflege. 2. nur oberflächlich vorgenommene Ausbesserung, die nicht den Kern der Sache trifft. **Kosmetiker** *der*; -s, -: Chemielaborant für kosmetische Erzeugnisse. **Kosmetikerin** *die*; -, -nen: weibliche Fachkraft für Kosmetik (1) (Berufsbez.). **Kosmetikum** [*gr.-nlat.*] *das*; -s, ...ka (meist Plural): Mittel zur Körper- u. Schönheitspflege. **kosmetisch** [*gr.-fr.*]: 1. a) die Kosmetik (1) betreffend; b) mit Hilfe der Kosmetik (1) [gepflegt]; c) der Verschönerung dienend, sie bewirkend; -e Chirurgie: Teilgebiet der → Chirurgie (1), bei dem [als entstellend empfundene] körperliche Mängel od. Verunstaltungen operativ behoben od. vermindert werden (z. B. durch Facelifting, Größenveränderung der weiblichen Brust). 2. nur oberflächlich [vorgenommen], ohne den eigentlichen Mißstand aufzuheben od. ohne etwas von Grund aus wirklich zu verändern. **Kosmetologe** [*gr.-nlat.*] *der*; -n, -n: Fachmann auf dem Gebiet der Kosmetologie. **Kosmetologie** *die*; -: Wissenschaft u. Lehre von der Körper- u. Schönheitspflege

kosmisch [*gr.-lat.*]: 1. das Weltall betreffend, aus ihm stammend. 2. weltumfassend, unermeßlich, unendlich. **Kosmobiologie** *die*; -: Wissenschaftsbereich, in dem die Lebensbedingungen im Weltraum sowie die Einflüsse des Weltraums auf irdische Lebenserscheinungen untersucht werden. **Kosmochemie** *die*; -: Wissenschaft, die das Vorkommen u. die Verteilung chemischer Elemente im Weltraum untersucht. **Kosmo|drom** [*gr.-russ.*] *das*; -s, -e: [sowjetischer] Startplatz für Weltraumraketen. **Kosmogonie** [*gr.*] *die*; -, ...ien: 1. [mythische Lehre von der] Entstehung der Welt. 2. wissenschaftliche Theorienbildung über die Entstehung des Weltalls. **Kosmo|gramm** *das*; -s, -e: = Horoskop. **Kosmo|graph** [*gr.-lat.*] *der*; -en, -en: Verfasser einer Kosmographie. **Kosmographie** *die*; -, ...ien: 1. (veraltet) Beschreibung der Entstehung u. Entwicklung des → Kosmos. 2. im Mittelalter gebräuchliche Bezeichnung für → Geographie. **Kosmokrator** [*gr.*] *der*; -s: (in der Kunst) Christus als Weltbeherrscher, auf einer Weltkugel thronend. **Kosmologie** *die*; -, ...ien: Lehre von der Entstehung u. Entwicklung des Weltalls. **Kosmomedizin** *die*; -: Teilgebiet der Medizin, auf dem der Einfluß der veränderten Lebensbedingungen während eines Raumflugs auf den menschlichen Organismus untersucht wird. **Kosmonaut** [*gr.-nlat.*] *der*; -en, -en: [sowjetischer] Weltraumfahrer, Teilnehmer an einem Raumfahrtunternehmen; vgl. Astronaut. **Kosmopolit** [*gr.*] *der*; -en, -en: 1. Weltbürger. 2. Vertreter des Kosmopolitismus (2). 3. Tier- od. Pflanzenart, die über die ganze Erde verbreitet ist. **kosmopolitisch**: die Anschauung des Kosmopolitismus (1, 2) vertretend. **Kosmopolitismus** [*gr.-nlat.*] *der*; -: 1. Weltbürgertum. 2. (kommunistisch abwertend) Weltanschauung, die das Streben der imperialistischen Großmächte nach Weltherrschaft mit dem Vorwand begründet, der Nationalstaat, der Patriotismus usw. sei in der gegenwärtigen Epoche historisch überholt. **Kosmos** [*gr.*] *der*; -: a) Weltraum, Weltall; b) [die] Welt [als geordnetes Ganzes]. **Kosmosophie** [*gr.-nlat.*] *die*; -: Weltweisheit (Philos.). **Kosmotheismus** *der*; -: philosophische Anschauung, die Gott u. Welt als Einheit begreift (Philos.). **Kosmotron** *das*; -s, ...trone (auch: -s): Gerät zur Erzeugung äußerst energiereicher Partikelstrahlungen (Teilchenbeschleuniger)

Kosoblüten [*äthiopisch*; *dt.*] *die* (Plural): Blüten des ostafrikanischen Kosobaums (Wurmmittel)

kostal [*lat.-nlat.*]: zu den Rippen gehörend, sie betreffend (Med.). **Kostalatmung** *die*; -: Atmung, bei der sich beim Ein- u. Ausatmen der Brustkorb hebt u. senkt (Med.). **Kostotomie** [*lat.*; *gr.*] *die*; -, ...ien: Rippenresektion, operative Durchtrennung der Rippen (Med.)

Kostüm [*lat.-it.-fr.*] *das*; -s, -e: 1. [historische] Kleidung, Tracht. 2. aus Rock u. Jacke bestehende Damenkleidung. 3. a) die zur Ausstattung eines Theaterstückes nötige Kleidung; b) Verkleidung für ein Maskenfest. **Kostümier** [*...ie*] *der*; -s, -s: Theaterschneider, Garderobenaufseher. **kostümieren**: jmdn./sich [für ein Maskenfest] verkleiden

Kotangens [*lat.-nlat.*] *der*; -, -: Kehrwert des → Tangens (im rechtwinkligen Dreieck); Zeichen: cot, cotg, ctg (Math.)

Kotau [*chin.*] *der*; -s, -s: demütige Ehrerweisung, Verbeugung

Kotelett [*lat.-fr.*] *das*; -s, -s (selten: -e): Rippenstück vom Kalb, Schwein, Lamm u. Hammel. **Koteletten** *die* (Plural): Haare an beiden Seiten des Gesichts neben den Ohren

Koterie [*fr.*] *die*; -, ...ien: (abwertend) Kaste; Klüngel, Sippschaft

Kotext [*lat.*] *der*; -[e]s, -e: → Text (2) im Hinblick auf Zusammenwirken u. → Kompatibilität (3) sprachlicher Einheiten; → Kontext (1 c; Sprachw.)

Kothurn [*gr.-lat.*] *der*; -s, -e: 1. hochsohliger Bühnenschuh der Schauspieler im antiken Trauerspiel; vgl. Soccus. 2. erhabener, pathetischer Stil

kotieren [*lat.-fr.*]: 1. ein Wertpapier zur Notierung an der Börse zulassen. 2. (veraltet) die Höhe eines Geländepunktes messen; vgl. nivellieren u. Kote (I). **Kotierung** *die*; -, -en: Zulassung eines Wertpapiers zur amtlichen Notierung an der Börse

Kotillon [*kotiljong*, auch: ...*ijong*; *germ.-fr.*] *der*; -s, -s: (veraltet) Gesellschaftsspiel in Tanzform

Kotinga [*indian.-span.*] *die*; -, -s: farbenprächtiger, in Mittel- u. Südamerika beheimateter Vogel

Koto [*jap.*] *das*; -s, -s od. *die*; -, -s: 6- oder 13saitiges zitherähnliches japanisches Musikinstrument

Koton [...*tong*; *arab.-fr.*] *der*; -s, -s: Baumwolle; vgl. Cotton. **kotonisieren**: Bastfasern durch chem. Behandlung die Beschaffenheit von Baumwolle geben

Kotorinde [*indian.-port.*; *dt.*] *die*; -: Rinde eines bolivian. Baumes, früher als Heilmittel verwendet

Ko|tschinchinahuhn [nach dem Südteil von Süd-Vietnam, Kotschinchina]: [in England gezüchtetes] großes u. kräftiges Huhn

Kotyledone [*gr.-lat.*] *die*; -, -n: (Biol.) 1. Keimblatt der Samenpflanze. 2. Zotte der tierischen Embryohülle. **Kotylosaurier** [...*i*ᵉ*r*; *gr.-nlat.*] *der*; -s, -: ausgestorbenes Reptil der Trias- u. Permzeit

Kovariantenphänomen [*lat.*; *gr.*] *das*; -s: Täuschung der Raum-, tiefenwahrnehmung (Psychol.). **Kovarianz** [auch: ...*anz*] *die*; -, -en: 1. die Unveränderlichkeit der Form bestimmter physikalischer Gleichungen bei bestimmten Rechenvorgängen (Phys.). 2. Maß für die gegenseitige Abhängigkeit zweier Größen (Statistik)

Kox|algie [*lat.*; *gr.*] *die*; -, ...ien: Hüftgelenkschmerz (Med.). **Koxitis** [*lat.-nlat.*] *die*; -, ...itiden: Hüftgelenkentzündung (Med.)

Kraal vgl. Kral

kracken [*kräk*ᵉ*n*; *engl.*]: in einem chem. Verfahren Schweröle in Leichtöle (Benzine) umwandeln. **Kracker** vgl. Cracker

Krake [*norw.*] *der*; -n, -n: ein Riesentintenfisch

Krakelee vgl. Craquelé. **krakelieren** [*fr.*]: die Glasur von Keramiken od. die Oberfläche von Gläsern mit → Craquelés (2) versehen. **Krakelüre** *die*; -, -n: feiner Riß, der durch Austrocknung der Farben u. des Firnisses auf Gemälden entsteht

Krakowiak [*poln.*; „Krakauer (Tanz)"] *der*; -s, -s: polnischer Nationaltanz im ²/₄-Takt mit Betonungswechsel von Ferse u. Stiefelspitze; vgl. Cracovienne. **Krakuse** *der*; -n, -n: Angehöriger einer 1812 in Krakau gebildeten polnischen leichten Reitertruppe

Kral [*port.-afrikaans*] *der*; -s, -e: Runddorf afrikanischer Stämme

Krampus

I. [*dt.-mlat.*] *der*; -, ...pi: Muskelkrampf (Med.).

II. [Herkunft unsicher] *der*; -[ses], -se: (österr.) Begleiter des → Nikolaus (1)

kranial [*gr.-nlat.*]: (Med.) a) zum Kopf gehörend; b) kopfwärts gelegen. **Kranio|klast** *der*; -en, -en: zangenartiges Instrument zur Schädelzertrümmerung bei der → Embryotomie (Med.). **Kraniologie** *die*; -: Lehre vom Schädelbau (Med.). **kraniologisch**: zur Kraniologie gehörend (Med.). **Kranio|meter** *das*; -s, -: Instrument zur Schädelmessung (Med.). **Kranio|me|trie** *die*; -, ...ien: Schädelmessung (Med.). **kranio|me|trisch**: die Kraniometrie betreffend (Med.). **Kranio|neur|algie** *die*; -, ...ien: → Neuralgie der Kopfhautnerven (Med.). **Kranio|phor** *der*; -s, -e: Vorrichtung zum Festhalten des Schädels bei der Schädelmessung (Med.). **Kranio|sklerose** *die*; -, -n: Verformung des Schädels durch Verdickung der Knochen (Med.). **Kranio|stat** *der*; -[e]s u. -en, -e u. -en: = Kraniophor. **Kranio|stenose** *die*; -, -n: vermindertes Schädelwachstum (Med.). **Krani|ostose** *die*; -, -n: Schädeldeformierung infolge einer vorzeitigen Nahtverknöcherung am Schädel (Med.). **Kranio|tabes** [*gr.*; *lat.*] *die*; -: rachitische Erweichung des Schädelbeins (Med.). **Kranioten** [*gr.-nlat.*] *die* (Plural): zusammenfassende Bezeichnung für alle Wirbeltiere mit Schädel; vgl. Akranier. **Kranio|tomie** *die*; -, ...ien: (Med.) 1. operative Öffnung des Schädels. 2. das Zerschneiden des Schädels am toten Kind im Mutterleib.

Kranium vgl. Cranium

krappen [*niederl.*]: Geweben Glanz verleihen; vgl. appretieren

Krapüle [*gr.-lat.-fr.*] *die*; -, -n: (veraltet) Gesindel

Krase [*gr.-lat.*; „Mischung"] u. **Krasis** *die*; -, Krasen: in der altgriech. Grammatik die Zusammenziehung zweier aufeinanderfolgender Wörter, deren erstes auf einen Vokal ausgeht u. deren zweites mit einem Vokal beginnt, in ein einziges Wort; vgl. Koronis

Kraspedote [*gr.-nlat.*] *die*; -, -n (meist Plural): durch Knospung entstandene Quallenform

Krassulazeen [*lat.-nlat.*] *die* (Plural): Dickblattgewächse (z. B. Fetthenne, Hauswurz)

Krater

I. Krater [*gr.-lat.*] *der*; -s, -: 1. trichter- od. kesselförmige Öffnung eines Vulkans. 2. trichter- od. kesselförmige Vertiefung im Erd- od. Mondboden.

II. Krater [*gr.*] *der*; -s, -e: altgriech. Krug, in dem Wein mit Wasser gemischt wurde

kratikulieren [*lat.-nlat.*]: eine Figur mit Hilfe eines darübergelegten Gitters ausmessen, übertragen, verkleinern, vergrößern (Math.)

Kratogen u. **Kraton** [*gr.-nlat.*] *das*; -s: verfestigte Teile der Erdkruste, die auf tektonische Beanspruchung nur noch mit Bruchbildung u. nicht mit Faltung reagieren (Geol.)

Kraul [*altnord.-engl.*] *das*; -[s]: Schwimmstil, bei dem die Arme langgezogene Schaufelbewegungen zu einem rhythmischen Wechselschlag der Beine ausführen. **kraulen**: im Kraulstil schwimmen. **Krauler** *der*; -s, -: jmd., der im Kraulstil schwimmt

Krawatte [*dt.-fr.*; nach einer Mundartform *Krawat* für „Kroate"] *die*; -, -n: 1. a) Schlips; b) kleiner, schmaler Pelzkragen. 2. unerlaubter Würgegriff beim griech.-röm. Ringkampf (Sport)

Krayon [*kräjong*; *lat.-fr.*] *der*; -s, -s: (veraltet) 1. [Dreh]bleistift. 2. Kreide. **Krayonmanier** *die*; -: ein Radierverfahren nach Art einer Kreide- od. Rötelzeichnung. **krayonnieren** [*kräjon*...] (veraltet) etwas mit Kreide od. einem [Kohle]stift [ab]zeichnen

Kreas [*bret.-altfr.-span.*] *das*; -: ungebleichte Leinwand

Kreatianismus [...*zia*...; *lat.-nlat.*] *der*; -: christliche Lehre, daß Gott jede einzelne Menschenseele aus dem Nichts erschaffe; vgl. Generatianismus, Traduzianismus

Krea|tin [*gr.-nlat.*] *das*; -s: Stoffwechselprodukt des Eiweißes im Muskelsaft der Wirbeltiere u. des Menschen (Biol.; Med.)

Krea|tion [...*zion*; *lat.*(-*fr.*)] *die*; -, -en: 1. Modeschöpfung, Modell[kleid]. 2. (veraltet) Schöpfung, Erschaffung. 3. (veraltet) Wahl, Ernennung. **krea|tiv** [*lat.-nlat.*]:

schöpferisch, Ideen habend u. diese gestalterisch verwirklichend. **Krea|tivität** [...*wi*...] *die*; -: 1. das Schöpferische, Schöpferkraft. 2. Teil der → Kompetenz (2) eines Sprachteilhabers, neue, nie zuvor gehörte Sätze zu bilden u. zu verstehen (Sprachw.). **Krea|tor** [*lat.*] *der*; -s, ...oren: (veraltet) Schöpfer. **Krea|tur** [*lat.-mlat.*] *die*; -, -en: 1. [Lebe]wesen, Geschöpf. 2. a) bedauernswerter, verachtenswerter Mensch; b) Günstling, willenloses, gehorsames Werkzeug eines anderen. **krea|türlich**: dem Geschöpf eigen, für ein Lebewesen typisch

Kredenz [*lat.-mlat.-it.*] *die*; -, -en: (veraltet) Anrichte, Anrichteschrank. **kredenzen**: [ein Getränk] feierlich anbieten, darreichen, einschenken, auftischen

Kredit

I. Kredit [*lat.-it.-fr.*] *der*; -[e]s, -e: 1. Vertrauen in die Fähigkeit und Bereitschaft einer Person od. eines Unternehmens, bestehende Verbindlichkeiten ordnungsgemäß u. zum richtigen Zeitpunkt zu begleichen. 2. a) die einer Person od. einem Unternehmen kurz- od. langfristig zur Verfügung stehenden fremden Geldmittel oder Sachgüter; b) (ohne Plural) (gewährter) Zahlungsaufschub; Stundung.

II. Kredit [*lat.*] *das*; -s, -s: Kontoseite (Habenseite), auf der das Guthaben verzeichnet ist; Ggs. → Debet

kreditär [*lat.-it.-fr.*]: das Kreditwesen, Kredite (I, 2) betreffend. **kreditieren** [*lat.-it.-fr.*]: a) jmdm. Kredit geben; b) jmdm. etwas gutschreiben. **Kreditiv** *das*; -s, -e [...*w*[e]]: Vollmacht, Beglaubigungsschreiben. **Kreditor** [*lat.*] *der*; -s, ...oren: Gläubiger. **Kreditorenkonto** *das*; -s, ...ten (auch: -s u. ...ti): Konto, auf dem die Verbindlichkeiten in bezug auf Lieferungen u. Leistungen verbucht werden. **Kredit|plafond** [...*fong*] *der*; -s, -s: einem öffentlichen Schuldner eingeräumter Kreditbetrag. **Kredo** [*lat.*; „ich glaube"] *das*; -s, -s: 1. = Apostolikum (1). 2. Teil der katholischen Messe. 3. Leitsatz, Glaubensbekenntnis. **Kredulität** *die*; -: (veraltet) Leichtgläubigkeit

kreieren [*lat.(-fr.)*]: 1. eine neue Linie, einen neuen [Mode]stil entwickeln. 2. etwas [Bedeutsames] schaffen. 3. eine Rolle als erste[r] auf der Bühne darstellen. 4. einen Kardinal ernennen

Krem *die*; -, -s (ugs.: *der*; -s, -e u. -s): eindeutschend für → Creme (1a, 2)

Kremation [...*zion*; *lat.*] *die*; -, -en: Einäscherung [von Leichen]. **Krematorium** [*lat.-nlat.*] *das*; -s, ...ien [...*i*[e]*n*]: Einäscherungs-, Verbrennungsanstalt. **kremieren** [*lat.*]: einäschern, Leichen verbrennen

Kreml [auch: *kräm*[e]*l*; *russ.*] *der*; -[s], -: 1. Stadtteil in russ. Städten. 2. (ohne Plural) a) Sitz der Regierung der Sowjetunion; b) die sowjetische Regierung. **Kreml-Astrologe** [auch: *kräm*[e]*l*...] *der*; -n, -n: (ugs.) jmd., der auf Grund seiner besonderen Kenntnisse sowjetischer Verhältnisse am besten in der Lage ist, zu sagen, mit welchen Reaktionen, Entwicklungen in der Sowjetunion in Zukunft [auf Grund besonderer Ereignisse] zu rechnen ist

Kren [*slaw.*] *der*; -[e]s: (südd., bes. österr.) Meerrettich

krenelieren [*galloroman.-fr.*]: (hist.) [eine Burg] mit Zinnen versehen

Krenotherapie [*gr.*] *die*; -: = Balneotherapie

Kre|odonten [*gr.-nlat.*] *die* (Plural): ausgestorbene Urraubtiere

Kreole [*lat.-port.-span.-fr.*] *der*; -n, -n: 1. Nachkomme weißer romanischer Einwanderer in Südamerika (weißer -). 2. Nachkomme von Negersklaven (in Brasilien; schwarzer -). **Kreolin** (Wz) [*nlat.*] *das*; -s: ein aus Teerölen gewonnenes Desinfektionsmittel

Kreophage [*gr.*] *der*; -n, -n: = Karnivore. **Kreosot** [*gr.-nlat.*] *das*; -[e]s: ein aus Holzteer destilliertes Räucher- und Arzneimittel. **Kreosotal** *das*; -s: Kohlensäureester des Kreosots (Arzneimittel)

Krepeline [*kräplin*; *lat.-fr.*] *die*; -, -s: leichtes wollenes Kreppgewebe

Krepidoma [*gr.*] *das*; -[s]: Stufenunterbau des altgriech. Tempels

krepieren [*lat.-it.*]: 1. bersten, platzen, zerspringen (von Sprenggeschossen). 2. (ugs.) sterben; verenden

Krepis [*gr.*] *die*; -: = Krepidoma

Krepitation [...*zion*; *lat.*; „das Knarren"] *die*; -, -en: (Med.) 1. Knisterrasseln, besondere Geräusche bei beginnender Lungenentzündung. 2. Knirschen, das durch das Aneinanderreiben von Knochenbruchenden sowie von Sehnen u. Sehnenscheiden bei entzündlichen Veränderungen entsteht

Kreplach [*jidd.*] *der*; -[s], -: dreieckige, mit Gehacktem od. Käse gefüllte Teigtasche (in der Suppe od. als Beilage)

Krepon [...*pong*; *lat.-fr.*] *der*; -s, -s: ein Kreppgewebe. **kreponieren** vgl. krepponieren. **Krepp** *der*; -s, -s u. -e: Gewebe mit welliger od. gekräuselter Oberfläche. **kreppen**: 1. (Textilfasergewebe) durch spezielle Behandlung zu Krepp verarbeiten. 2. Papier kräuseln. **krepponieren**: = kreppen (1)

Kre|scendo [*kräschändo*] vgl. Crescendo

Kresol [Kunstw.] *das*; -s, -e: ein aus Teer destilliertes Desinfektionsmittel

Kreszenz [*lat.*; „Wachstum"] *die*; -, -en: 1. a) Herkunft [edler Weine], Wachstum; b) Rebsorte; c) (früher) Qualitätsbezeichnung für naturreine, ungezuckerte Weine. 2. (veraltet) Ertrag

kretazeisch u. **kretazisch** [*lat.*]: zur Kreideformation gehörend, sie betreffend (Geol.)

Krete [*lat.-fr.*] *die*; -, -n: (schweiz.) [Gelände]kamm, Grat

Krethi und Plethi [nach den Kretern u. Philistern in der Söldnertruppe des biblischen Königs David]: (abwertend) jedermann, alle Welt, z. B. - - - war/waren dort versammelt

Kretikus [*gr.-lat.*] *der*; -, ...zi: ein antiker Versfuß (rhythmische Einheit; –⏑–)

Kretin [...*täng*; *gr.-lat.-fr.*] *der*; -s, -s: 1. jmd., der an Kretinismus leidet, Schwachsinniger (Med.). 2. (ugs.) Dummkopf. **Kretinismus** [*gr.-lat.-fr.-nlat.*] *der*; -: auf Unterfunktion der Schilddrüse beruhendes Zurückbleiben der körperlichen u. geistigen Entwicklung (z. B. Zwergwuchs, → Idiotie; Med.). **kretinoid** [*gr.-lat.-fr.*; *gr.*]: kretinähnlich, wie ein Kretin (Med.)

Kretizi: *Plural* von → Kretikus

Kreton [*fr.*] *der*; -s, -e: (österr.) Cretonne. **Kretonne** [...*ton*] vgl. Cretonne

Kretscham u. **Kretschem** [*slaw.*] *der*; -s, -e: (landsch.) Gastwirtschaft. **Kretschmer** *der*; -s, -: (landsch.) Wirt

Krevette u. Crevette [...*wät*[(e)]; *lat.-fr.*] *die*; -, -n: Garnelenart (vgl. Garnele)

Kricket [*engl.*] *das*; -s, -s: engl. Ballspiel

Krida [*lat.-mlat.*] *die*; -: (österr.) Konkursvergehen. **Kridar** u. **Kridatar** [*nlat.*] *der*; -s, -e: (österr.) Konkursschuldner

Krikotomie [*gr.-nlat.*] *die*; -, ...ien: operative Spaltung des Ringknorpels der Luftröhre bei drohender Erstickung (Med.)

Krill [*norw.-engl.*] *der*; -[e]s: (bes. in den Polarmeeren auftretendes)

eiweißreiches tierisches → Plankton (vor allem winzige Krebse u. Schnecken)

Krimi [auch: *kri...*; Kurzform von *Krimi*nalfilm od. *Krimi*nalroman] *der*; -[s], -s (selten: -): (ugs.) 1. Kriminalfilm. 2. Kriminalroman. **kriminal** [*lat.*]: (veraltet) strafrechtlich; vgl. ...al/...ell. **Kriminal** *das*; -s, -e: (landsch., bes. österr., ugs.): Strafanstalt, Zuchthaus. **Kriminale** *der*; -n, -n u. **Kriminaler** *der*; -s, -: (ugs.) Kriminalbeamter. **Kriminalfilm** *der*; -[e]s, -e: ein Film, der die Aufdeckung u. Aufklärung eines Verbrechens (meist eines Mordes) schildert. **Kriminalgericht** [*lat.*; *dt.*] *das*; -[e]s, -e: (veraltet) Strafgericht, Strafkammer. **kriminalisieren**: 1. bei jmdm. kriminelle (1b) Neigungen wekken, kriminell machen, in die Kriminalität (a) treiben. 2. als kriminell erscheinen lassen, hinstellen. **Kriminalisierung** [*lat.-nlat.*] *die*; -, -en: a) das Kriminalisieren; b) das Kriminalisiertwerden. **Kriminalist** *der*; -en, -en: 1. Professor für Strafrecht an einer Universität, Strafrechtler. 2. Beamter, Sachverständiger der Kriminalpolizei. **Kriminalistik** *die*; -: (als Teilbereich der Kriminologie) Wissenschaft, Lehre von der Aufklärung u. Verhinderung von Verbrechen. **kriminalistisch**: die Kriminalistik betreffend, die Mittel der Kriminalistik anwendend. **Kriminalität** *die*; -: a) Straffälligkeit; b) Umfang der strafbaren Handlungen, die in einem bestimmten Gebiet innerhalb eines bestimmten Zeitraums [von einer bestimmten Tätergruppe] begangen werden. **Kriminalpäd|agogik** *die*; -: → Pädagogik, die im Strafvollzug die → Resozialisierung in den Vordergrund stellt; forensische Pädagogik. **Kriminalpolizei** *die*; -: die mit der Verhütung, Aufklärung u. Bekämpfung von Verbrechen od. Vergehen beauftragte Polizei; Kurzw.: Kripo. **Kriminalprozeß** *der*; ...sses, ...sse: (veraltet) Strafprozeß. **Kriminalpsychologie** *die*; -: = forensische Psychologie. **Kriminalroman** *der*; -[e]s, -e: Roman, bei dem ein Verbrechen u. seine Aufklärung im Mittelpunkt stehen. **Kriminalsoziologie** *die*; -: Zweig der Kriminologie, der die Umweltbedingtheit von Tat u. Täter erforscht. **kriminell** [*lat.-fr.*]: 1. a) straffällig; b) strafbar, verbrecherisch. 2. (ugs.) sich an der Grenze des Erlaubten bewegend, unverantwortlich, schlimm; vgl. ...al/...ell. **Kriminelle** *der* u. *die*; -n, -n: (abweichend) jmd., der ein schweres Verbrechen begangen hat. **kriminogen** [*lat.*; *gr.*]: zu Verbrechen führend, sie hervorrufend. **Kriminologe** *der*; -n, -n: Wissenschaftler, Fachmann auf dem Gebiet der Kriminologie. **Kriminologie** *die*; -: Wissenschaft, die Ursachen u. Erscheinungsformen von Verbrechen untersucht u. sich mit der Verhinderung, Aufklärung u. Bekämpfung von Verbrechen befaßt. **kriminologisch**: a) die Kriminologie u. ihre Methoden betreffend; b) mit den Methoden, Mitteln der Kriminologie arbeitend

Krimmer [nach der Halbinsel Krim] *der*; -s, -: 1. Fell des → Karakulschafs. 2. das Fell des → Karakulschafs nachahmendes Wollgewebe. **Krimsekt** *der*; -[e]s: aus Weinen der Halbinsel Krim (Sowjetunion) hergestellter Schaumwein. **Krimstecher** [nach dessen Aufkommen im Krimkrieg] *der*; -s, -: (veraltet) Feldstecher

Krinoide [*gr.-nlat.*] *der*; -n, -n (meist Plural): Haarstern od. Seelilie (Meerestier; Zool.)

Krinoline [*lat.-it.-fr.*] *die*; -, -n: um die Mitte des 19. Jh.s getragener Reifrock

Kripo *die*; -: Kurzw. für: Kriminalpolizei

Kris [*malai.*] *der*; -es, -e: Dolch der Malaien

Krise u. **Krisis** [*gr.-lat.(-fr.)*] *die*; -, Krisen: 1. Entscheidungssituation, Wende-, Höhepunkt einer gefährlichen Entwicklung. 2. gefährliche Situation. 3. (Med.) a) schneller Fieberabfall als Wendepunkt einer Infektionskrankheit; b) (meist Plural): plötzlich auftretende heftige Schmerzanfälle im Bereich verschiedener Körperorgane od. -regionen. **kriseln**: drohend bevorstehen (von einer Krise), gären, z. B. es kriselt in dieser Partei. **Krisis** vgl. Krise

Kristall [*gr.-lat.-mlat.*]
I. *der*; -s, -e: fester, regelmäßig geformter, von ebenen Flächen begrenzter Körper.
II. *das*; -s: a) geschliffenes Glas; b) Gegenstände aus geschliffenem Glas

kristallen [*gr.-lat.-mlat.*]: 1. aus, von Kristallglas. 2. kristallklar, wie Kristall. **kristallin** u. **kristallinisch** [*gr.-lat.*]: aus vielen kleinen, unvollkommen ausgebildeten Kristallen (I) bestehend (z. B. Granit); -e Schiefer: durch → Metamorphose (4) veränderte Erguß- u. Absatzgesteine (Geol.); vgl. ...isch/-. **Kristallisation** [*...zion*; *gr.-lat.-fr.*] *die*; -, -en: der Prozeß, Zeitpunkt des Kristallisierens eines Stoffes (Chemie). **kristallisch**: = kristallin. **kristallisieren**: Kristalle (I) bilden. **Kristallit** [auch: *...it*; *gr.-lat.-nlat.*] *der*; -s, -e: mikroskopisch kleiner Kristall ohne deutlich ausgeprägte Oberflächenformen. **Kristallo|blastese** [*gr.-nlat.*] *die*; -: die Entstehung des typischen Gefüges der kristallinen Schiefer (Geol.). **kristallo|blastisch**: durch Um- od. Neukristallisation der Minerale gebildet (von Gesteinsgefügen; Geol.). **Kristallo|graphie** *die*; -: Wissenschaft von den chemischen u. physikalischen Eigenschaften der Kristalle. **Kristalloid** *das*; -[e]s, -e: ein kristallähnlicher Körper oder ein Stoff mit kristallähnlicher Struktur. **Kristallomantie** *die*; -: das Hervorrufen subjektiv wahrnehmbarer Bilder auf transparenten Flächen durch längeres Fixieren von Kristallen, glänzenden Gegenständen, Spiegelflächen zum Zweck des Hellsehens

Kristiania [ehemaliger Name der norweg. Hauptstadt Oslo] *der*; -s, -s: (veraltet) Querschwung beim Skilauf

Kristobalit vgl. Cristobalit

Kriterium [*gr.-nlat.*] *das*; -s, ...ien [*...i^e n*]: 1. Prüfstein, unterscheidendes Merkmal, Kennzeichen. 2. (Sport) a) Wettrennen, bei dem keine Meisterschaft ausgetragen, sondern nur ein Sieger ermittelt wird; b) (beim Radsport) Straßenrennen auf einem Rundkurs, bei dem der Sieger durch die Ergebnisse einzelner Wertungen nach Punkten ermittelt wird. **Kritik** [*gr.-lat.-fr.*] *die*; -, -en: 1. [wissenschaftliche, künstlerische] Beurteilung, Begutachtung, Bewertung. 2. Beanstandung, Tadel. 3. a) kritische (1 a) Beurteilung, Besprechung einer künstlerischen Leistung, eines wissenschaftlichen, literarischen, künstlerischen Werkes (in einer Zeitung, im Rundfunk o. ä.); b) (ohne Plural) Gesamtheit der kritischen Betrachter. 4. (ohne Plural) (DDR) Fehler u. Versäumnisse beanstandende, jedoch die Grundsätze des Marxismus-Leninismus nicht antastende [öffentliche] kritische Stellungnahme, die in sozialistischen Staaten als Mittel der gesellschaftlichen u. politischen Weiterentwicklung gilt. **kritikabel**: der Kritik (1, 2) zu unterwerfen, unterworfen; das Kritischwerden eines →

Reaktors, bei dem eine eingetretene Kettenreaktion nicht abreißt (Kernphys.). **Kritikaster** [*gr.-lat.-nlat.*] *der*; -s, -: (abwertend) Nörgler, kleinlicher Kritiker. **Kritiker** [*gr.-lat.*] *der*; -s, -: 1. Beurteiler. 2. jmd., der beruflich [wissenschaftliche] Besprechungen von neu herausgebrachten Büchern, Theaterstücken o. ä. verfaßt. 3. jmd., der eine Person tadelt od. etwas beanstandet. **Kritikus** *der*; -, -se: 1. (abwertend) Kritiker. 2. kritischer Zug eines Langschrittlers über einen Schnittpunkt hinweg (Kunstschach); vgl. Antikritikus, antikritisch. **kritisch** [*gr.-lat.(-fr.)*]: 1. a) nach präzisen [wissenschaftlichen od. künstlerischen] Maßstäben prüfend u. beurteilend, genau abwägend; b) eine negative Beurteilung enthaltend, mißbilligend. 2. schwierig, bedenklich, gefährlich. 3. entscheidend. 4. wissenschaftlich erläuternd; -e Ausgabe: wissenschaftliche Ausgabe eines Originaltextes mit Angabe der Textvarianten u. der Textgeschichte. 5. nicht abreißend (von einer Kettenreaktion im → Reaktor; Kernphys.) . 6. durch einen bestimmten Zug eine Schädigung bewirkend (Kunstschach). **kritisieren** [*gr.-lat.-fr.*]: beanstanden, bemängeln, tadeln. **Kritizismus** [*gr.-lat.-nlat.*] *der*; -: 1. von Kant eingeführtes wissenschaftlich-philosophisches Verfahren, vor der Aufstellung eines philosophischen od. ideologischen Systems die Möglichkeit, Gültigkeit u. Gesetzmäßigkeit sowie die Grenzen des menschlichen Erkenntnisvermögens zu kennzeichnen (Philos.). 2. starker Hang zu kritisieren. **Kritizist** *der*; -en, -en: Vertreter des Kritizismus (1)

Krocket [*krokᵉt*, auch: *krokät*; *engl.*] *das*; -s, -s: engl. Rasenspiel. **krockettieren** u. **krockieren**: Holzkugeln (im Krocketspiel) wegschlagen

Krokant [*fr.*] *der* od. *das*; -s: a) aus zerkleinerten Mandeln od. Nüssen u. karamelisiertem Zucker hergestellte schieferartige od. splitternd-harte Masse; b) Konfekt, Pralinen aus Krokant (a). **Krokette** *die*; -, -n (meist Plural): in Fett ausgebackene, in verschiedener Weise geformte (meist länglich wie ein Korken) Beilage aus Kartoffelbrei od. aus zerkleinertem Fleisch u. a. **Kroki** *das*; -s, -s: Plan, einfache Geländezeichnung. **krokieren**: ein Kroki zeichnen

Kroko *das*; -[s], -s: Kurzform von Krokodilleder. **Krokodil** [*gr.-lat.*] *das*; -s, -e: wasserbewohnendes Kriechtier (zahlreiche, bis 10 m lange Arten)

Krokus [*gr.-lat.*] *der*; -, - u. -se: frühblühende Gartenpflanze (Schwertliliengewächs)

Kromlech [auch: *...läk*; *kelt.*] *der*; -s, -e u. -s: jungsteinzeitliche kreisförmige Steinsetzung (Kultstätte)

Kromo [*jav.*] *das*; -[s]: Sprache der Oberschicht auf Java; Ggs. → Ngoko

Krone [*gr.-lat.*] *die*; -, -n: Währungseinheit in verschiedenen europäischen Ländern

Kronide [*gr.*; nach Kronos, dem Vater des Zeus] *der*; -n, -n: 1. Nachkomme (Sohn) des Kronos. 2. (ohne Plural) Beiname des obersten griech. Gottes Zeus

Krösus [*gr.-lat.*; letzter König von Lydien im 6. Jh. v. Chr.] *der*; - u. -ses, -se: sehr reicher Mann

Krotalin [*lat.-nlat.*] *das*; -s: Gift bestimmter Klapperschlangen, das in der Medizin Anwendung findet

Kroton [*gr.*] *der*; -s, -e: ostasiatisches Wolfsmilchgewächs. **Krotonöl** [*gr.*; *dt.*] *das*; -[e]s: aus den Samen des → Krotons gewonnenes Abführmittel

Krozetin [*gr.-lat.-nlat.*] *das*; -s: aus dem Krozin gewonnener ziegelroter Farbstoff. **Krozin** *das*; -s: gelber Safranfarbstoff

krud [*lat.*]: 1. a) roh (von Nahrungsmitteln); b) unverdaulich. 2. roh, grausam. **Krudelität** *die*; -: Grausamkeit. **Krudität** *die*; -, -en: a) (ohne Plural) das Grob-, Derb-, Plumpsein; Roheit; b) grober, derber Ausdruck; rohe rücksichtslose Handlung; Grobheit

Krupp [*engl.-fr.*] *der*; -s: akute Entzündung der Kehlkopfschleimhaut bei Diphtherie (Med.)

Kruppade [*germ.-it.-fr.*]: *die*; -, -n: eine Reitfigur der Hohen Schule

kruppös [*engl.-fr.*]: kruppartig (von Husten; Med.); vgl. Krupp

krural [*lat.*]: zum [Unter]schenkel gehörend, ihn betreffend; Schenkel... (Med.)

Kruska ® [*schwed.*] *die*; -: aus verschiedenen Getreidesorten bestehende Grütze (Diätmittel)

Krustade [*lat.-it.-fr.*] *die*; -, -n (meist Plural): eine Pastete. **Krustazee** [*lat.-nlat.*] *die*; - ...een (meist Plural): Krebstier (Krustentier)

Krux vgl. Crux

Kruzianer [*lat.-nlat.*] *der*; -s, -: Mitglied des Chores der Kreuzschule in Dresden. **Kruzifere** *die*; -, -n (meist Plural): Blütenpflanze mit kreuzweise angeordneten Blüten (Kreuzblütler; Bot.). **Kruzifix** [auch: *kru...*; *lat.-mlat.*] *das*; -es, -e: [plastische] Darstellung des gekreuzigten Christus. **Kruzifixus** *der*; -: die Figur des Gekreuzigten in der bildenden Kunst

Kry|äs|thesie [*gr.-nlat.*] *die*; -: Überempfindlichkeit gegen Kälte (Med.). **Kryobiologie** *die*; -: Teilgebiet der Biologie, auf dem man sich mit der Einwirkung sehr tiefer Temperaturen auf Organismen o. ä. befaßt. **Kryochir|urgie** *die*; -: Anwendung der Kältetechnik in der Chirurgie (Med.). **Kryogenik** [*gr.-engl.*] *die*; -: Forschungszweig, der sich mit den physikalischen Erscheinungen im Bereich tiefer Temperaturen befaßt (Phys.). **Kryolith** [auch: *...it*] *der*; -s u. -en, -e[n]: ein Mineral. **Kryoma|gnet** *der*; -[e]s u. -en, -e[n]: mit flüssigem Wasserstoff gekühlter → Elektromagnet (Phys.). **Kryometer** *das*; -s, -: Thermometer für tiefe Temperaturen (Phys.). **Kryo|skalpell** *das*; -s, -e: in der Kryochirurgie verwendetes → Skalpell (Med.). **Kryoskop** *das*; -s, -e: Meßgerät zur Bestimmung des → Molekulargewichts. **Kryo|skopie** *die*; -: Bestimmung des → Molekulargewichts durch Messung der Gefrierpunktserniedrigung. **Kryostat** *der*; -[e]s u. -en, -e[n]: → Thermostat für tiefe Temperaturen. **Kryo|therapie** *die*; -: Anwendung von Kälte zur Zerstörung von krankem Gewebe durch Erfrieren (Med.). **Kryo|tron** *das*; -s, ...one (auch: -s): Schaltelement [in → Computern] (EDV). **Kryoturbation** [*...zion*; *gr.-lat.*] *die*; -, -en: Bodenbewegung, die im Bereich des Frostbodens bei wechselndem Frost in der oberen Bodenschicht vor sich geht (Geol.)

Krypta [*gr.-lat.*] *die*; -, ...ten: unterirdische Grabanlage unter dem Chor alter romanischer od. gotischer Kirchen. **Kryptäs|thesie** [*gr.-nlat.*; „Wahrnehmung von Verborgenem"] *die*; -: hochgradig verfeinerte Wahrnehmung; außersinnliche Wahrnehmung; vgl. Kryptoskopie. **Krypte** *die*; -, -n (meist Plural): Einbuchtung in Form einer Schleimhautsenkung (z. B. bei den Gaumenmandeln od. in der Dickdarmschleimhaut; Med.). **kryptisch**: unklar in seiner Ausdrucksweise oder Darstellung u. deshalb schwer zu deuten, dem

Verständnis Schwierigkeiten bereitend. **Kryptogame** [*gr.-nlat.*] *die*; -, -n (meist Plural): blütenlose Pflanze, Sporenpflanze (z. B. Farn, Alge); Ggs. → Phanerogame. **kryptogen** u. **kryptogenetisch**: von unbekannter Entstehung (von der Ursache einer Krankheit; Medizin). **Krypto|gramm** *das*; -s, -e: 1. ein Text, aus dessen Worten sich durch einige besonders gekennzeichnete Buchstaben eine neue Angabe entnehmen läßt (z. B. eine Jahreszahl, eine Nachricht); vgl. Chronogramm. 2. (veraltet) Geheimtext. **Krypto|graph** *der*; -en, -en: (veraltet) Gerät zur Herstellung von Geheimschriften (für den telegrafischen Verkehr). **Kryptographie** *die*; -, ...ien: 1. absichtslos entstandene Kritzelzeichnung bei Erwachsenen (Psychol.). 2. (veraltet) Geheimschrift. **Kryptokalvinist** *der*; -en, -en: (historisch) Anhänger der Theologie Melanchthons im 16. Jh., die in der Abendmahlslehre den → Kalvinisten zuneigte. **kryptokristallin** u. **krypto|kristallinisch**: erst bei mikroskopischer Untersuchung als kristallinisch erkennbar (Geol.). **kryptomer**: ohne Vergrößerung nicht erkennbar (von den Bestandteilen eines Gesteins; Geol.); Ggs. → phaneromer

Kryptomerie

I. [...*meri*; *gr.-nlat.*] *die*; -, ...ien: das Verborgenbleiben einer Erbanlage (Biol.).

II. [...*meri*ᵉ] *die*; -, -n: jap. Zeder (Bot.)

Krypton [auch: ...*on*] *das*; -s: chem. Grundstoff, ein Edelgas; Zeichen: Kr. **Kryptonlampe** *die*; -, -n: mit Krypton gefüllte Glühlampe mit starker Leuchtkraft. **Krypt|onym** *das*; -s, -e: Verfassername, dessen Buchstaben in Wörtern bzw. Sätzen verborgen sind od. der nur aus den Anfangsbuchstaben bzw. -silben besteht (z. B. R. K.). **krypt|orch**: an Kryptorchismus leidend. **Kryptorchismus** *der*; -, ...men: das Verbleiben eines od. beider Hoden in der Bauchhöhle od. im Leistenkanal, das Ausbleiben der normalen Verlagerung der Hoden in den Hodensack (Med.). **Kryptoskop** *das*; -s, -e: tragbarer Röntgenapparat für eine Behandlung außerhalb des Röntgenraums (z. B. im Krankenzimmer; Med.). **Krypto|skopie** *die*; -: Wahrnehmung in der Nähe befindlicher verborgener Gegenstände; Ggs. → Teleskopie; vgl. Kryptästhesie. **Kryptovulkanismus** [...*wul*...] *der*; -: vulkanische Erscheinungen unterhalb der Erdoberfläche (Geol.)

Ksabi: *Plural* von → Kasba[h]

** Kscha|trija** [*sanskr.*] *der*; -s, -s: (hist.) Angehöriger der adligen Kriegerkaste in Indien

Ktenidium [*gr.-nlat.*] *das*; -s, ...ien [...*i*ᵉ*n*]: Atmungsorgan vieler Weichtiere (Kammkieme; Zool.). **Ktenoidschuppe** [*gr.-nlat*; *dt.*] *die*; -, -n: Kammschuppe vieler Fische (Zool.). **Ktenophore** [*gr.-nlat.*] *die*; -, -n (meist Plural): Rippenqualle (Gruppe der Hohltiere; Zool.)

Kubatur [*gr.-lat.-nlat.*] *die*; -, -en: (Math.) 1. Erhebung zur dritten → Potenz (4). 2. Berechnung des Rauminhalts von [Rotations]körpern

Kubba [*arab.*] *die*; -, -s od. Kubben: 1. Kuppel. 2. überwölbter Grabbau in der islamischen Baukunst

Kubebe [*arab.-mlat.-fr.*] *die*; -, -n: getrocknete unreife Frucht eines indonesischen Pfeffergewächses

Kuben: *Plural* von → Kubus. **kubieren** [*gr.-lat.-nlat.*]: 1. die Festmeter eines Baumstammes aus Länge u. Durchmesser ermitteln (Forstw.). 2. eine Zahl in die dritte Potenz erheben (Math.). **Kubikdezimeter** *der* (auch: *das*); -s, -: Raummaß von je 1 dm Länge, Breite u. Höhe; Zeichen: cdm od. dm^3 (Math.). **Kubikel** [*lat.*] *das*; -s, -: (veraltet) [Schlaf]zimmer. **Kubikkilometer** *der*; -s, -: Raummaß von je einem Kilometer Länge, Breite u. Höhe; Zeichen: cbkm od. km^3 (Math.). **Kubikmaß** *das*; -es, -e: Raummaß (Math.). **Kubikmeter** *der* (auch: *das*); -s, -: Festmeter, Raummaß von je 1 m Länge, Breite u. Höhe; Zeichen: cbm od. m^3 (Math.). **Kubikmillimeter** *der* (auch: *das*); -s, -: Raummaß von je 1 mm Länge, Breite u. Höhe; Zeichen: cmm od. mm^3 (Math.). **Kubikwurzel** *die*; -, -n: dritte Wurzel aus einer Zahl (Math.). **Kubikzahl** *die*; -, -en: jede Zahl in der dritten Potenz (Math.). **Kubikzentimeter** *der* (auch: *das*); -s, -: Raummaß von je 1 cm Länge, Breite u. Höhe; Zeichen: ccm od. cm^3 (Math.). **kubisch**: a) würfelförmig; b) in der dritten Potenz befindlich (Math.). **Kubismus** [*gr.-lat.-nlat.*] *der*; -: Kunstrichtung in der Malerei u. Plastik Anfang des 20. Jh.s, bei der die Landschaften u. Figuren in geometrische Formen (wie Zylinder, Kugel, Kegel) aufgelöst sind (Kunstw.). **Kubist** *der*; -en, -en: Vertreter des Kubismus. **kubistisch**: a) im Stil des Kubismus [gemalt]; b) den Kubismus betreffend

kubital [*lat.*]: a) zum Ellbogen gehörend; b) den Ellbogen betreffend (Med.); vgl. Cubitus

Kubus [*gr.-lat.*] *der*; -, - u. (österr. nur so) Kuben: a) Würfel; b) dritte Potenz (Math.)

Kuckersit [auch: ...*it*; *nlat.*; nach dem Fundort Kuckers in Estland] *der*; -s: stark bituminöser Schiefer im → Silur von Estland

Kudu [*afrik.*] *der*; -s, -s: eine afrik. → Antilope

Kuff [*niederd.*] *die*; -, -e: früher verbreitetes, flachgehendes ostfriesisches Küstenfahrzeug

Kuguar [*indian.-port.-fr.*] *der*; -s, -e: = Puma

Kujawiak [*poln.*; nach dem poln. Landstrich Kujawien] *der*; -s, -s: polnischer Tanz in langsamem ¾-Takt

Kujon [*lat.-vulgärlat.-it.-fr.*] *der*; -s, -e: (veraltend abwertend) Schuft, Quäler. **kujonieren**: (ugs., abwertend) jmdn. unnötig u. bösartig bedrängen, bei der Arbeit schlecht behandeln, schikanieren

Ku-Klux-Klan [bei engl. Ausspr.: *kjuklaxklän*; *engl.-amerik.*] *der*; -[s]: 1865 gegründeter amerik. Geheimbund, der mit rücksichtslosem Terror gegen Minderheiten, Ausländer u. gegen die Gleichberechtigung der Neger kämpft

Kukulle [*lat.-mlat.*] *die*; -, -n: a) kapuzenartige Kopfbedeckung bei Mönchen der orthodoxen Kirche; b) weites Obergewand der Benediktiner u. a. katholischer Orden beim Chorgebet

Kukumer [*lat.*] *die*; -, -n: (landsch.) Gurke

Kukuruz [auch: *ku*...; *slaw.*] *der*; -[es]: (landsch., bes. österr.) Mais

Kulak [*russ.*] *der*; -en, -en: (hist.) Großbauer im zaristischen Rußland

Kulan [*kirg.*] *der*; -s, -e: asiatischer Wildesel

Kulani vgl. Kolani

kulant [*lat.-fr.*]: gefällig, entgegenkommend, großzügig (im Geschäftsverkehr). **Kulanz** *die*; -: Entgegenkommen, Großzügigkeit (im Geschäftsverkehr)

Külasse [*lat.-it.-fr.*] *die*; -, -n: Unterseite von Brillanten

Kuldo|skop [*fr.-gr.*] *das*; -s, -e: = Douglasskop. **Kuldo|skopie** *die*; -, ...ien: = Douglasskopie

Kuli [*Hindi-angloind.*] *der*; -s, -s: a) Tagelöhner in [Süd]ostasien;

b) ausgenutzter, ausgebeuteter Arbeiter

Kulierware [*lat.-fr.*; *dt.*] *die*; -, -n: Maschenware mit waagerecht laufendem Faden

kulinarisch [*lat.*]: a) auf die [feine] Küche, die Kochkunst bezogen; b) (leicht abwertend) ohne Anstrengung geistigen Genuß verschaffend, ausschließlich dem Genuß dienend

Kulisse [*lat.-fr.*] *die*; -, -n: 1. (meist Plural) bewegliche Dekorationswand auf einer Theaterbühne, Bühnendekoration. 2. a) Hintergrund; b) vorgetäuschte Wirklichkeit, Schein. 3. äußerer Rahmen einer Veranstaltung. 4. a) nichtamtlicher Börsenmarkt; b) Personen, die sich auf eigene Rechnung am Börsenverkehr beteiligen. 5. Hebel mit verschiebbarem Drehpunkt (Techn.)

Kullani vgl. Kolani

Kulm

I. [*slaw.* u. *roman.*] *der* od. *das*; -[e]s, -e: abgerundete [Berg]kuppe.

II. [*engl.*] *das*; -s: sandig-schieferige → Fazies (1) des unteren → Karbons (Geol.)

Kulmination [...*zion*; *lat.-fr.*] *die*; -, -en: 1. Erreichung des Höhe-, Gipfelpunktes [einer Laufbahn]. 2. Durchgang eines Gestirns durch den → Meridian (2) im höchsten od. tiefsten Punkt seiner Bahn (Astron.). **Kulminationspunkt** *der*; -[e]s, -e: 1. Höhepunkt [einer Laufbahn od. Entwicklung]. 2. höchster od. tiefster Stand eines Gestirns (beim Durchgang durch den → Meridian (2); Astron.). **kulminieren**: seinen Höhepunkt erreichen

kulmisch [*engl.*]: das Kulm (II) betreffend

Kult [*lat.*; „Pflege"] *der*; -[e]s, -e u. Kultus *der*; -, Kulte: 1. an feste Vollzugsformen gebundene Religionsausübung einer Gemeinschaft. 2. a) übertriebene Verehrung für eine bestimmte Person; b) übertriebene Sorgfalt für einen Gegenstand. **Kulteranist** [*lat.-nlat.*] *der*; -en, -en: Vertreter des Kultismus. **kultisch** [*lat.*]: den Kult betreffend, zum Kult gehörend. **Kultismus** [*lat.-nlat.*] *der*; -: = Gongorismus. **Kultivator** [...*wo*...] *der*; -s, ...oren: = Grubber. **kultivieren** [...*wi*...; *lat.-fr.*]: 1. a) [Land] bearbeiten, urbar machen; b) Kulturpflanzen anbauen. 2. a) etwas sorgsam pflegen; b) etwas auf eine höhere Stufe bringen, verfeinern. 3. den Acker mit dem Kultivator bearbeiten. **kultiviert**: gebildet; verfeinert, gepflegt; von vornehmer Lebensart. **Kultur** [*lat.*] *die*; -, -en: 1. (ohne Plural) die Gesamtheit der geistigen u. künstlerischen Lebensäußerungen einer Gemeinschaft, eines Volkes; politische -: aus der Gemeinschaft hervorgehende Bestrebungen u. Äußerungsformen, die sich auf die politische u./od. soziale Gestaltung des täglichen Lebens beziehen wie Bürgerinitiativen, alternatives Leben, Umweltschutz, kommunale Mitbestimmung, das In-Frage-Stellen von üblichen Lebensformen u. Lebenseinstellungen; zweite -: Wertvorstellungen im Hinblick auf Kulturelles, die im Gegensatz zu den alten Wertvorstellungen (z. B. gegenüber den Klassikern) stehen. 2. (ohne Plural) feine Lebensart, Erziehung u. Bildung. 3. Zucht von Bakterien u. anderen Lebewesen auf Nährböden. 4. Nutzung, Pflege u. Bebauung von Ackerboden. 5. junger Bestand von Forstpflanzen. 6. (ohne Plural) das Kultivieren (1). **kultural**: die Kultur (1) in ihrem Vorhandensein an sich betreffend; vgl. ...al/...ell. **kulturalistisch**: auf die Kultur (1) ausgerichtet, abgestellt. **Kulturalverfahren** [*lat.-nlat.*; *dt.*] *das*; -s: Verfahren zur unmittelbaren Bekämpfung der Reblaus in den Weinbergen. **Kulturattaché** [*lat.-fr.*] *der*; -s, -s: für kulturelle Belange zuständiger → Attaché (2) einer Auslandsvertretung. **kulturell**: die Kultur (1) u. ihre Erscheinungsformen betreffend; vgl. ...al/...ell. **Kulturensemble** [...*angßangbl*] *das*; -s, -s: (DDR) [Volksmusik u. Volkstanz pflegende] Gruppe von Laienkünstlern. **Kulturfilm** *der*; -[e]s, -e: = Dokumentarfilm. **Kulturflüchter** *der*; -s, -: Tier- od. Pflanzenart, die aus einer Kulturlandschaft verschwindet (Biol.); Ggs. → Kulturfolger. **Kulturfolger** *der*; -s, -: Tier- od. Pflanzenart, die sich in einer Kulturlandschaft ansiedelt (Biol.); Ggs. → Kulturflüchter. **Kulturfonds** [...*fong*; *lat.*; *lat.-fr.*] *der*; -s [...*fong*(*ß*)], -s [*fongß*]: (DDR) Geld zur Finanzierung kultureller Belange. **kulturhistorisch**: kulturgeschichtlich. **Kulturistik** *die*; -: (bes. DDR) sportliche Disziplin mit einem besonderen Muskeltraining zur Ausbildung einer möglichst vollkommenen Muskulatur; Kraftsport. **kultürlich**: der Kultur (1) entsprechend, gemäß. **Kulturmorphologie** *die*; -: von L. Frobenius begründete völkerkundliche Richtung, die die eigengesetzliche Entwicklung der Völkerkulturen erforscht. **Kulturphilosophie** *die*; -: Zweig der Philosophie, der sich mit den allgemeinen Erscheinungen der Kultur u. den in ihr wirksamen Entwicklungs- u. Ordnungsgesetzen befaßt. **Kulturpsychologie** *die*; -: Teilgebiet der Psychologie, bei dem man sich mit den seelischen Kräften befaßt, die der Entwicklung von Kulturen u. Kulturkreisen zugrunde liegen. **Kulturrevolution** [...*woluzion*] *die*; -, -en: sozialistische Revolution im kulturellen Bereich, deren Ziel die Herausbildung einer sozialistischen Kultur ist. **Kulturschock** *der*; -[e]s, -s: (beim unmittelbaren Kontakt mit einer fremden Kultur) schreckhaftes Erleben der Andersartigkeit der durch die fremde Kultur erlebbaren Realität (Soziol.). **Kultursteppe** *die*; -, -n: Landschaft, die zugunsten eines großflächigen Getreide- od. Hackfrüchteanbaus durch Abholzung des Waldes um ihren natürlichen Tier- u. Pflanzenbestand gebracht wurde. **Kultus** vgl. Kult. **Kultuskon|gregation** [...*zion*] *die*; -: → Kurienkongregation für die Liturgie der römisch-katholischen Kirche. **Kultusministerium** *das*; -s, ...ien [...*i*[e]*n*]: das für kulturelle Angelegenheiten, bes. für das Erziehungswesen zuständige Ministerium

Kumarin [*indian.-port.-fr.*] *das*; -s: ein [pflanzlicher] Duftstoff.

Kumaron [*indian.-port.-fr.-nlat.*] *das*; -s: eine chem. Verbindung

Kumpan [*lat.-vulgärlat.-fr.*; „Brotgenosse"] *der*; -s, -e: a) (ugs.) Kamerad, Begleiter, Gefährte; b) (ugs., abwertend) Mittäter, Helfer. **Kumpanei** *die*; -, -en: 1. (ugs., abwertend) Gruppe, Zusammenschluß von Kumpanen. 2. (ohne Plural) kameradschaftliches Zusammengehörigkeitsgefühl, Freundschaft unter Kumpanen. **Kumpel** *der*; -s, -, (ugs.: -s): 1. Bergmann. 2. (ugs.) [Arbeits]kamerad, Freund

Kumquat [*chin.*] *die*; -, -s: kleine, aus Ostasien stammende Orange

Kumulation [...*zion*; *lat.*] *die*; -, -en: 1. Anhäufung. 2. vergiftende Wirkung kleiner, aber fortgesetzt gegebener Dosen bestimmter Arzneimittel (Med.). **kumulativ** [*lat.-nlat.*]: [an]häufend. **kumulieren** [*lat.*]: a) [an]häufen; b) einem Wahlkandidaten mehrere Stimmen geben. **Kumulonimbus** [*lat.*-

nlat.] *der*; -, -se: Gewitterwolke, blumenkohlförmige Haufenwolke; Abk.: Cb (Meteor.). **Kumulus** *der*; -, ...li: Haufenwolke; Abk.: Cu (Meteor.)

Kumys u. **Kumyß** [*russ.*] *der*; -: alkoholhaltiges Getränk aus vergorener Stutenmilch, das bes. in Innerasien verbreitet ist

kuneiform [...*e-i*...; *lat.-nlat.*]: keilförmig, zugespitzt (Med.)

Künette [*lat.-it.-fr.*] *die*; -, -n: (hist.) Abzugsgraben auf der Sohle eines Festungsgrabens

Kung-Fu [*chines.*] *das*; -[s]: Form der Selbstverteidigung

Kunktator [*lat.*] *der*; -s, ...oren: (veraltet) Zauderer

Kunnilingus vgl. Cunnilingus

Kuomintang [*chin.*] *die*; -: demokratisch-nationale Partei Nationalchinas

Kupal [Kurzw. aus: *Kup*fer u. *Al*uminium] *das*; -s: kupferplattiertes Reinaluminium

Küpe [*lat.*] *die*; -, -n: 1. (landsch.) Färbebad, -kessel. 2. die Lösung eines Küpenfarbstoffs

Kupee [*kupe*] vgl. Coupé (1)

Kupelle usw. vgl. Kapelle (III) usw.

Küpenfarbstoff *der*; -[e]s, -e: wasch- u. lichtechter, auf Gewebefasern gut haftender Farbstoff

Kupfervi|triol [...*wi*...] *das*; -s: Kupfersulfat (vgl. Sulfat) in Form blauer Kristalle

Kupidität [*lat.*] *die*; -: Begierde, Lüsternheit. **Kupido** *die*; -: sinnliche Begierde, Verlangen

kupieren [*fr.*]: 1. (veraltet) a) abschneiden; b) lochen, knipsen. 2. durch Schneiden kürzen, stutzen (z. B. bei Pflanzen od. bei Hunden u. Pferden). 3. einen Krankheitsprozeß aufhalten od. unterdrücken (Med.)

Kupolofen [*lat.-it.*; *dt.*] *der*; -s, ...öfen: Schmelzofen zur Herstellung von Gußeisen

Kupon [*kupong*] vgl. Coupon

Kuppel [*lat.-it.*] *die*; -, -n: [halbkugelförmige] Überdachung eines größeren Raumes

Ku|prismus *der*; -: Kupfervergiftung

Kupula vgl. Cupula

Kur [*lat.*; „Sorge, Pflege"] *die*; -, -en: ein unter ärztlicher Aufsicht durchgeführtes Heilverfahren, Heilbehandlung; Pflege. **kurabel**: heilbar (von Krankheiten; Med.). **Kurand** *der*; -en, -en: (Med. veraltet) a) der einem Arzt zur Behandlung anvertraute Patient; b) Pflegling

kurant, (auch:) courant [*kurang*; *lat.-fr.*]: (veraltet) gangbar, gängig, umlaufend; Abk.: crt.

Kurant
I. [*lat.-fr.*] *das*; -[e]s, -e, (auch:) Courant [*kurang*] *das*; -s, -s: (veraltet) Währungsmünze, deren Materialwert dem aufgedruckten Geldwert entspricht.
II. [*lat.*] *der*; -en, -en: (schweiz.) Kurgast

kuranzen u. koranzen [*lat.-mlat.*]: (veraltet) quälen, plagen, prügeln, schelten

Kurare [*indian.-span.*] *das*; -[s]: zu [tödlichen] Lähmungen führendes indian. Pfeilgift, das in niedrigen Dosierungen als Narkosehilfsmittel verwendet wird. **Kurarin** vgl. Curarin

Küraß [*lat.-it.-fr.*] *der*; ...rasses, ...rasse: (hist.) Brustharnisch. **Kürassier** *der*; -s, -e: (hist.) Reiter mit Küraß; schwerer Reiter

Kurat [*lat.-mlat.*] *der*; -en, -en: a) Hilfsgeistlicher mit eigenem Seelsorgebezirk; b) geistlicher Betreuer von Pfadfindergruppen o. ä. **Kuratel** *die*; -, -en: (veraltet) Pflegschaft, Vormundschaft; unter - stehen: (ugs.) unter [strenger] Aufsicht, Kontrolle stehen. **Kuratie** [*nlat.*] *die*; -, ...ien: mit der Pfarrei lose verbundener Außenbezirk eines Kuraten. **kurativ**: heilend (Med.). **Kurator** [*lat.*] *der*; -s, ...oren: 1. (veraltet) Vormund, Pfleger. 2. Verwalter [einer Stiftung]. 3. Staatsbeamter in der Universitätsverwaltung zur Verwaltung des Vermögens u. zur Wahrnehmung der Rechtsgeschäfte. **Kuratorium** *das*; -s, ...ien [...*i*[e]*n*]: 1. Aufsichtsbehörde (von öffentlichen Körperschaften od. privaten Institutionen). 2. Behörde eines Kurators (3). **Kuratus** [*lat.-mlat.*] *der*; -, ...ten u. ...ti: (veraltet) Kurat

Kurbette [*lat.-vulgärlat.-fr.*] *die*; -, -n: Bogensprung, Aufeinanderfolge mehrerer rhythmischer Sprünge (von Pferden in der Hohen Schule; Sport). **kurbettieren**: eine Kurbette ausführen (Sport)

Kürettage u. Curettage [*kürätasch*[e]; *lat.-fr.*] *die*; -, -n: Ausschabung bzw. Auskratzung der Gebärmutter zu therapeutischen od. diagnostischen Zwecken (Med.). **Kürette** u. Curette [*küät*[e]] *die*; -, -n: ein ärztliches Instrument zur Ausschabung der Gebärmutter (Med.). **kürettieren** u. curettieren: die Gebärmutter mit der Kürette ausschaben, auskratzen (Med.)

Kurgan [*türk.-russ.*] *der*; -s, -e: Hügelgrab in Osteuropa

kurial [*lat.-mlat.*]: zur päpstlichen Kurie gehörend. **Kuriale** *die*; -: Schreibschrift der → Kurie (1) im frühen Mittelalter. **Kurialen** *die* (Plural): die geistlichen u. weltlichen Beamten der päpstlichen Kurie. **Kurialien** [...*i*[e]*n*] *die* (Plural): (hist.) die im Kurialstil überlieferten Formeln von Titel, Anrede u. Schluß in den Briefen der ehemaligen Kanzleien. **Kurialismus** [*lat.-nlat.*] *der*; -: katholische kirchenrechtliche Richtung, die der päpstlichen Kurie die oberste Gewalt zuspricht; Ggs. → Episkopalismus; vgl. Papalismus. **Kurialist** *der*; -en, -en: Vertreter des Kurialismus. **Kurialstil** *der*; -s: (veraltet) Kanzleistil. **Kuriatstimme** [*lat.*; *dt.*] *die*; -: (hist.) Gesamtstimme von mehreren Stimmberechtigten, die in einem Wahlkörper zentriert waren. **Kurie** [...*i*[e]; *lat.*] *die*; -, -n: 1. [Sitz der] päpstliche[n] Zentralbehörden, päpstlicher Hof. 2. (historisch) eine der 30 Körperschaften, in die die altrömische Bürgerschaft aufgeteilt war. **Kurienkardinal** *der*; -s, ...äle: an der Kurie (1) tätiger Kardinal als Mitglied od. Leiter einer → Kardinalskongregation od. einer päpstlichen Behörde. **Kurienkon|gregation** [...*zion*] *die*; -: oberste Behörde der römischen → Kurie (1), in der seit 1967 außer Kardinälen auch Diözesanbischöfe Mitglieder sind; vgl. Kardinalskongregation

Kurier [*lat.-it.-fr.*] *der*; -s, -e: jmd., der im Auftrag, Dienst des Staates, beim Militär o. ä. wichtige Nachrichten, Informationen überbringt; Eilbote [im diplomatischen Dienst]

kurieren [*lat.*]: jmdn. [durch ärztliche Behandlung] von einer Krankheit heilen, gesundheitlich wiederherstellen. **kurios** [*lat.* (*-fr.*)]: auf unverständliche, ungereimte, fast spaßig anmutende Weise sonderbar, merkwürdig. **Kuriosität** *die*; -, -en: 1. (ohne Plural) das Kuriossein; Sonderbarkeit, Merkwürdigkeit. 2. kuriose Sache; etw., was merkwürdig ist, vom Normalen abweicht [u. deshalb selten ist u. besonderes Aufsehen erregt]. **Kuriosum** [*lat.*] *das*; -s, ...sa: kuriose Sache, Angelegenheit, Situation

Kurkuma u. Curcuma [*kurk*...; *arab.-nlat.*] *die*; -, ...umen: Gelbwurz, gelber → Ingwer. **Kurkumapapier** *das*; -s: mit Kurkumin getränktes Fließpapier zum Nachweis von Laugen. **Kurkumin** *das*; -s: aus der Kurkumawurzel gewonnener gelber Farbstoff

Kuros [*gr.*] *der*; -, Kuroi [*...reu*]: = Koros

Kurrendaner [*lat.-nlat.*] *der*; -s, -: Mitglied einer Kurrende (1). **Kurrende** *die*; -, -n: 1. (hist.) Schülerchor, der vor den Häusern, bei Begräbnissen u. ä. gegen eine Entlohnung geistliche Lieder sang; b) evangelischer kirchlicher Jugendsingkreis. 2. (veraltet) Umlaufschreiben. **kurrent**: (österr.) in deutscher, gotischer Schrift. **Kurrentschrift** [*lat.*; *dt.*] *die*; -: (veraltet) fortlaufend geschriebene Schrift im Gegensatz zur Druckschrift. **Kurrikulum** [*lat.*] *das*; -s, ...la: (veraltet) Laufbahn, Lebenslauf; vgl. Curriculum u. Curriculum vitae. **Kurs** [*lat.*(*-it.*, *fr.* u. *niederl.*)] *der*; -es, -e: 1. a) Fahrtrichtung, Reiseroute; b) Rennstrecke. 2. a) zusammengehörende Folge von Unterrichtsstunden, Vorträgen o. ä.; Lehrgang; b) Gesamtheit der Teilnehmer eines Kurses (2a). 3. Preis der Wertpapiere, Devisen u. vertretbaren Sachen, die an der Börse gehandelt werden. **Kursant** *der*; -en, -en: (DDR) Teilnehmer an einem Kurs (2a). **Kurse**: *Plural* von → Kurs u. → Kursus. **kursieren** [*lat.*]: umlaufen, im Umlauf sein, die Runde machen. **Kursist** [*lat.-nlat.*] *der*; -en, -en: (veraltet) Teilnehmer an einem Kursus. **kursiv** [*lat.-mlat.*]: schräg (von Schreib- u. Druckschrift). **Kursive** [*...iwe*] *die*; -, -n: 1. = Kurrentschrift. 2. schrägliegende lateinische Druckschrift. **Kurskorrektur** *die*; -, -en: Änderung, Korrektur des Kurses (1a). **kursorisch** [*lat.*]: fortlaufend, nicht unterbrochen, hintereinander, rasch; -e Lektüre: schnelles Lesen eines Textes, das einen raschen Überblick verschaffen soll; Ggs. → statarisch. **Kursus** [*lat.-mlat.*] *der*; -, Kurse: = Kurs (2)

Kurtage [*...tasche*] vgl. Courtage

Kurtaxe *die*; -, -n: Abgabe, die in Erholungs- od. Kurorten von den Kurgästen für die Benutzung besonderer Einrichtungen (z. B. Kurhaus, Kurpark) erhoben wird

Kurtine [*lat.-mlat.-fr.*] *die*; -, -n: 1. (hist.) Teil des Hauptwalles einer Festung. 2. (österr., sonst veraltet) Mittelvorhang auf der Bühne. **Kurtisan** [*lat.-it.-fr.*] *der*; -s, -e: (veraltet) Höfling, Liebhaber. **Kurtisane** *die*; -, -n: (hist.) Geliebte eines Adligen [am Hof], Halbweltdame

Kurtschatovium [*...owium*; nach dem sowjetrussischen Atomphysiker Kurtschatow] *das*; -s: ein → Transuran; Zeichen: Ku; vgl. Rutherfordium

kurulischer Stuhl [*lat.*; *dt.*] *der*; -n -s: Amtssessel der höchsten altröm. Beamten

Kuruş [*...rusch*; *türk.*; „Groschen"] *der*; -, -: = Piaster (2)

Kurvatur [*...wa...*; *lat.*] *die*; -, -en: 1. Krümmung, gekrümmter Teil eines Organs (Med.). 2. geringfügige Krümmung des Stufenbaus u. des Gebälks beim klassischen griechischen Tempel (Archit.). **Kurve** [*...we* od. *...fe*] *die*; -, -n: 1. [Straßen-, Fahrbahn]krümmung. 2. gekrümmte Linie als Darstellung mathematischer od. statistischer Größen. 3. Bogen, Bogenlinie; Wendung. **kurven**: (ugs.) in Kurven [kreuz u. quer] fahren. **Kurvendiskussion** *die*; -, -en: rechnerische Untersuchung mit graph. Darstellung einer Kurve (2) u. ihrer Eigenschaften (Math.). **Kurvenlineal** *das*; -s, -e: Zeichengerät mit vorgeschnittenen Kurven (z. B. → Parabel, → Hyperbel) od. Kurventeilen (Math.). **kurvig** [*lat.*]: 1. gekrümmt, gebogen (Math.). 2. kurvenreich. **Kurvimeter** [*lat.*; *gr.*] *das*; -s, -: a) Gerät zum Messen der Bogenlänge einer Kurve (Math.); b) Gerät zur Entfernungsmessung auf Landkarten (Geogr.). **Kurvime|trie** *die*; -: Kurvenmessung, Entfernungsmessung mit Hilfe eines → Kurvimeters (Math.)

Kusine vgl. Cousine

Kuskus

I. [Herkunft unsicher] *der*; -, -: Gattung der Beuteltiere in Australien u. Indonesien.

II. u. **Kuskusu** [*arab.*] *das*; -, -: = Couscous

Kussoblüten [*äthiopisch*; *dt.*] *die* (Plural): = Kosoblüten

Kustode [*lat.*]

I. *die*; -, -n: 1. (hist.) Kennzeichen der einzelnen Lagen einer Handschrift. 2. = Kustos (3).

II. *der*; -n, -n: = Kustos (1)

Kustodia *die*; -, ...ien [*...ien*]: Behälter zur Aufbewahrung der Hostie (kath. Rel.). **Kustodie** *die*; -, ...ien: kleineres Ordensgebiet der → Franziskaner. **Kustos** [„Wächter, Aufseher"] *der*; -, ...oden: 1. wissenschaftlicher Sachbearbeiter an Museen u. Bibliotheken. 2. (veraltet) Küster, Kirchendiener. 3. (meist Plural): (hist.) Zahl, Silbe od. Wort am Kopf od. am Fuß einer Buchseite zur Verbindung mit der kommenden Seite; vgl. Kustode (I) u. (II)

kutan [*lat.-nlat.*]: zur Haut gehörend, sie betreffend (Med.). **Kutanreaktion** [*...zion*] *die*; -, -en: [mit Quaddelbildung verbundene] Rötung der Haut als Gegenwirkung auf einen künstlichen Reiz (z. B. auf Einreibung od. Einspritzung zu diagnostischen Zwecken, bes. zur Feststellung von Tuberkulose; Med.). **Kutikula** [*lat.*] *die*; -, -s u. ...lae [*...lä*]: dünnes Häutchen über der äußeren Zellschicht bei Pflanzen u. Tieren (Biol.); vgl. Pellicula. **Kutin** *das*; -s: wachsartiger, wasserundurchlässiger Überzug auf Blättern u. Sprossen (Bot.). **Kutis** *die*; -: 1. Lederhaut der Wirbeltiere. 2. nachträglich verkorktes Pflanzengewebe (z. B. an Wurzeln). **Kutisreaktion** [*...zion*] *die*; -, -en: = Kutanreaktion

Kutter [*engl.*; eigtl. „(Wogen)-schneider"] *der*; -s, -: 1. a) einmastiges Segelfahrzeug; b) Jacht mit einer Kuttertakelung. 2. motorgetriebenes Fischereifahrzeug. 3. Rettungs-, Beiboot eines Kriegsschiffes

Küvelage [*...welasche*; *lat.-fr.*] *die*; -, -n: Ausbau eines wasserdichten Schachtes mit gußeisernen Ringen (Bergw.). **küvelieren**: einen wasserdichten Schacht mit gußeisernen Ringen ausbauen (Bergw.). **Küvelierung** *die*; -, -en: = Küvelage

Kuvert [*...wär*, auch: *...wärt*; *lat.-fr.*] *das*; -s u. (bei dt. Ausspr.:) -[e]s, -s u. (bei dt. Ausspr.:) -e: 1. Briefumschlag. 2. [Tafel]gedeck für eine Person. **kuvertieren**: mit einem [Brief]umschlag versehen. **Kuvertüre** *die*; -, -n: Überzugmasse für Gebäck od. Pralinen aus Kakao, Kakaobutter u. Zucker

Küvette [*...wäte*; *lat.-fr.*] *die*; -, -n: 1. (veraltet) kleines Gefäß. 2. = Künette. 3. (veraltet) Innendeckel der Taschenuhr

ku|vrieren [*kuw...*; *lat.-fr.*]: (veraltet) bedecken, verbergen

Kux [*tschech.-mlat.*] *der*; -es, -e: Wertpapier über den Anteil an einer bergrechtlichen Gewerkschaft

Kwaß [*russ.*] *der*; - u. Kwasses: russisches schwach alkoholisches Getränk aus gegorenem Brot, Mehl, Malz u. a.

Kyanisation [*...zion*; *nlat.*; nach dem Namen des engl. Erfinders J. H. Kyan, † 1850] *die*; -, -en: ein Verfahren zur Veredelung von Holz durch Imprägnieren mit einer Sublimatlösung. **kyanisieren**: Holz durch Imprägnieren veredeln

Kya|thos [*gr.*] *der*; -, -: antikes Schöpfgefäß, mit dem der Mund-

schenk den Wein aus dem Mischkrug in den Becher schöpfte, ähnlich einer Tasse mit einem über den Rand hochgezogenen Henkel **Kybernetik** [*gr.*] *die*; -: 1. Forschungsrichtung, die vergleichende Betrachtungen über Gesetzmäßigkeiten im Ablauf von Steuerungs- u. Regelungsvorgängen in Technik, Biologie u. Soziologie anstellt. 2. Lehre von der Kirchen- u. Gemeindeleitung (ev. Rel.). **Kybernetiker** *der*; -s, -: Wissenschaftler der Fachrichtung Kybernetik (1). **kybernetisch**: die Kybernetik betreffend
Kyem [*gr.*] *das*; -s, -e: die befruchtete Eizelle im Gesamtverlauf ihrer Entwicklungsstadien vom → Embryo bis zum → Fetus (Med.). **Kye|matogenese** *die*; -, -n: = Embryogenese. **Kye|matopathie** *die*; -, ...ien: = Embryopathie
Kykliker vgl. Zykliker. **Kyklop** vgl. Zyklop
Kyma *das*; -s, -s u. **Kymation** [*gr.-lat.*] *das*; -s, -s u. ...ien [...*iᵉn*]: Zierleiste mit stilisierten Eiformen (bes. am Gesims griech. Tempel). **Kymo|gramm** [*gr.-nlat.*] *das*; -s, -e: Röntgenbild von sich bewegenden Organen (Med.). **Kymo|graph** *der*; -en, -en, -s, u. Kymo|graphion *das*; -s, ...ien [...*iᵉn*]: Gerät zur mechanischen Aufzeichnung von rhythmischen Bewegungen (z. B. des Pulsschlags; Med.). **Kymo|graphie** *die*; -: Röntgenverfahren zur Darstellung von Organbewegungen (Med.). **kymo|graphieren**: eine Kymographie durchführen (Med.). **Kymo|graphion** vgl. Kymograph. **Kymo|skop** *das*; -s, -e: Gerät zur Sichtbarmachung wellenförmig fortschreitender Organbewegungen (Med.)
Kyn|egetik usw. vgl. Zynegetik usw. **Kyniker** [*gr.*] *der*; -s, -: (hist.) Angehöriger einer antiken Philosophenschule, die Bedürfnislosigkeit u. Selbstgenügsamkeit forderte; vgl. Zyniker. **kynisch**: die [Philosophie der] Kyniker betreffend. **Kynologe** [*gr.-nlat.*] *der*; -n, -n: Hundezüchter; Hundekenner. **Kynologie** *die*; -: Lehre von Zucht, Dressur u. den Krankheiten der Hunde. **Kynorexia** *die*; -: Heißhunger (Med.)
Kyphose [*gr.*] *die*; -, -n: Buckel, Wirbelsäulenverkrümmung nach hinten (Med.)
Kyrenaiker [nach der antiken Stadt Kyrene] *der*; -s, -: (hist.) Angehöriger der von Aristipp von Kyrene um 380 v. Chr. gegründeten, den → Hedonismus lehrenden Philosophenschule
Kyrie [...*riᵉ*; *gr.*] *das*; -, -s: Kurzform von: Kyrieeleison. **Kyrie eleison**! [auch: *ele-ison*] u. Kyrieleis!: Herr, erbarme dich! (Bittruf in der Messe u. im lutherischen u. unierten Hauptgottesdienst; vgl. Leis). **Kyrie|eleison** *das*; -s, -s: Bittruf [als Teil der musikalischen Messe]. **Kyrieleis**! vgl. Kyrie eleison!
kyrillisches Alphabet [nach dem Slawenapostel Kyrill] *das*; -n -s: auf die griech. → Majuskel zurückgehendes kirchenslawisches Alphabet; vgl. glagolitisch. **Kyrilliza** *die*; -: die kyrillische Schrift
Kyu [*kju*; *jap.*; „vorherig(e Stufe)"] *der*; -s, -s: in sechs Leistungsgrade eingeteilte Rangstufe der Anfänger in den Budosportarten; vgl. Dan

L

la [*it.*]: Silbe, auf die man den Ton a singen kann; vgl. Solmisation
La Bamba [*port.*] *die*; - -, - -s, (ugs. auch: *der*; - -[s], - -s): ein Modetanz in lateinamerik. Rhythmus
Labarum [*lat.*] *das*, -s: 1. die von Konstantin d. Gr. i. J. 312 n. Chr. eingeführte spätröm. Kaiserstandarte mit dem → Christusmonogramm. 2. Christusmonogramm
Labdanum [*gr.-lat.*] *das*; -s: aus Zistrosen gewonnene weiche Harzmasse (vor allem für Pflaster, Räucherpulver u. Parfüms)
Label [*leⁱbᵉl*; *engl.*] *das*; -s, -s: 1. Klebeetikett, Klebemarke, die auf ein Produkt bzw. auf die Verpackung eines Produkts aufgeklebt wird. 2. a) Etikett einer Schallplatte; b) Schallplattenfirma. 3. Markierung eines Programmbeginns (EDV). **Labelsystem** *das*; -s: in den USA entstandene u. hauptsächlich dort angewendete Art des indirekten wirtschaftlichen Boykotts
Laberdan [*niederl.*] *der*; -s, -e: eingesalzener Kabeljau aus Norwegen
Labia: *Plural* von → Labium.
labial [*lat.-mlat.*]: 1. zu den Lippen gehörend, sie betreffend (Med.). 2. mit den Lippen gebildet (von Lauten; Sprachw.). **Labial** *der*; -s, -e: mit Hilfe der Lippen gebildeter → Konsonant (z. B. b); vgl. bilabial, labioapikal, labiodental, Labiovelar. **Labialis** *die*; -, ...les [...*áleß*]: = Labial. **labialisieren** [*lat.-mlat.-nlat.*]: (von Lauten) zusätzlich zur eigentlichen Artikulation mit Rundung der Lippen sprechen. **Labiallaut** *der*; -[e]s, -e: = Labial. **Labialpfeife** *die*; -, -en: einer der beiden Pfeifentypen der Orgel (Flöte, Gemshorn, Prinzipal u. a.), bei dem durch Reibung des Luftstroms an einer scharfen Schneide der Ton erzeugt wird; Ggs. → Lingualpfeife. **Labiaten** [*lat.-nlat.*] *die* (Plural): Lippenblütler (Kräuter und Sträucher mit meist zweilippiger Blütenkrone). **Labien** [...*iᵉn*]: *Plural* von → Labium
labil [*lat.*; „leicht gleitend"]: 1. schwankend, leicht aus dem Gleichgewicht kommend, veränderlich (in bezug auf eine Konstruktion, Wetter, Gesundheit; Ggs. → stabil (1). 2. unsicher, schwach, leicht zu beeinflussen (von Menschen); Ggs. → stabil (2). **Labilität** [*lat.-nlat.*] *die*; -, -en: 1. leichte Wandelbarkeit, Beeinflußbarkeit, Schwäche; Ggs. → Stabilität (1). 2. uneinheitliche Luftbewegung (Meteor.)
labio|apikal [*lat.-nlat.*]: mit Lippen u. Zungenspitze gebildet (von Lauten; Sprachw.). **labiodental**: 1. mit der gegen die oberen Zähne gepreßten Unterlippe gebildet (von Lauten; Sprachw.). 2. zu den Lippen u. den Zähnen gehörend (Med.). **Labiodental** *der*; -s, -e: Laut, der mit Hilfe der gegen die oberen Zähne gepreßten Unterlippe gebildet wird; Lippenzahnlaut (z. B. f; Sprachw.). **Labiodentalis** *die*; -, ...les [...*áleß*]: = Labiodental. **labiovelar** [...*we*...]: (von Lauten) mit Lippen u. hinterem Gaumen gleichzeitig gebildet. **Labiovelar** [...*we*...] *der*; -s, -e: Laut, der mit Lippen u. Gaumen zugleich gebildet wird; Lippengaumenlaut (z. B. in der afrikanischen Ewesprache; Sprachw.). **Labium** [*lat.*] *das*; -s, ...ien [...*iᵉn*] u. ...ia: 1. Lippe (Med.). 2. (Med.) a) „Schamlippe", Hautfalte mit Fettgewebe am Eingang der Scheide; b) lippenförmiger Rand (z. B. eines Hohlorgans). 3. a) Unterlippe der Insektenmundwerkzeuge; b) Lippe der → Labiaten (Biol.). 4. bei → Labialpfeifen u. [Block]flöten der Teil, der die Luftaustrittsspalte nach oben und unten begrenzt u. damit die Qualität des Tones entscheidend bestimmt
Labor [österr.: *la*...; Kurzform von *Laboratorium*] *das*; -s, -s (auch: -e): Arbeits- u. Forschungsstätte für biologische, physikalische, chemische od.

technische Versuche. **Laborant** [*lat.*] *der*; -en, -en: Fachkraft in Labors u. Apotheken. **Laborantin** *die*; -, -nen: weibliche Fachkraft in Labors u. Apotheken. **Laboratorium** [*lat.-mlat.*] *das*; -s, ...ien [...*i^e^n*]: = Labor. **laborieren** [*lat.*]: (ugs.) sich mit der Herstellung von etwas abmühen. **laboriös**: (veraltet) arbeitsam, fleißig

La Bostella [Herkunft unsicher] *die*; - -, - -[s]: ein in einer Gruppe getanzter Modetanz in lateinamerikanischem Rhythmus, bei dem man mit den Händen klatscht

Labour Party [*le^i^b^e^r pa^r^ti*; *lat.-engl.*] *die*; - -: die engl. Arbeiterpartei; vgl. Independent Labour Party

La|brador [*nlat.*; nordamerik. Halbinsel] *der*; -[s], -e: 1. = Labradorit. 2. eine Hundeart. **Labradorit** [auch: ...*it*] *der*; -s, -e: Abart des Feldspats (Schmuckstein)

La|brum [*lat.*] *das*; -s, ...ren u. ...bra: 1. Lippe (Med.). 2. Oberlippe der Insektenmundwerkzeuge (Biol.)

Labskaus [*engl.*] *das*; -: seemännisches Eintopfgericht aus Fleisch [u. Fisch] mit Kartoffeln u. Salzgurken

Labyrinth [*vorgr.-gr.-lat.*] *das*; -[e]s, -e: 1. Irrgang, -garten. 2. undurchdringbares Wirrsal, Durcheinander. 3. Innenohr. **labyrinthisch**: wie in einem Labyrinth; verschlungen gebaut. **Labyrinthitis** [*nlat.*] *die*; -, ...itiden: Entzündung des Innenohrs (Med.). **Labyrinth|odon** *das*; -s, ...odonten: ausgestorbenes gepanzertes Kriechtier. **Labyrinthorgan** *das*; -s: Kiemenhöhle oberhalb der blutgefäßreichen Kammer, die bei Labyrinthfischen als Atmungsorgan dient

Laccase vgl. Lakkase

Lacerna [...*zär*...; *lat.*] *die*; -, ...nen: über der → Toga getragener Umhang der Römer

Lacetband [*laße*...; *lat.-fr.*; *dt.*] *das*; -[e]s, ...bänder: schmales Flechtband für Verzierungen. **lacieren** [*laß*...; *lat.-fr.*]: a) schnüren, einschnüren; b) mit Band durchflechten. **Lacis** [*laßi*; *fr.*] *das*; -, -: netzartiges Gewebe

lackieren [*sanskr.-pers.-arab.-it.*]: mit Lack überziehen; jmdm. eine -: (salopp) jmdm. eine Ohrfeige geben. **Lackierer** *der*; -s, -: Handwerker, der meist fertige Produkte mit Lack überzieht; z. B. Autolackierer. **lackiert**: (ugs.) auffallend fein angezogen, geschniegelt u. eingebildet. **Lakkierte** *der*; -n, -n: (ugs.) jmd., der hinters Licht geführt, betrogen worden ist

Lackmus [*niederl.*] *das* od. *der*; -: aus einer Flechtenart (der Lackmusflechte) gewonnener blauer Farbstoff, der als chemischer → Indikator (4) verwendbar ist (reagiert in Säuren rot, in Laugen blau). **Lackmuspapier** *das*; -s: mit Lackmustinktur getränktes Papier, das zur Erkennung von Säuren u. Laugen dient (Chem.)

La|crimae Christi [...*ä* -; *lat.*; „Tränen Christi"] *der*; - -, - -: alkoholreicher, goldfarbener Wein von den Hängen des Vesuvs. **La|crimosa** [*lat.*] *das*; -: Anfangswort u. Bezeichnung der trauervoll u. in Molltonart komponierten 10. Strophe des → Dies irae in der Totenmesse (Mus.). **la|crimoso**: vgl. lagrimoso

La|crosse [*lakroß*; *fr.*] *das*; -: dem Hockey verwandtes amerikanisches Mannschaftsspiel, bei dem ein Gummiball mit Schlägern in die Tore geschleudert wird

Lactam [*lak*...; *lat.*; *gr.*] *das*; -s, -e: organische chemische Verbindung, durch Wasserabspaltung aus bestimmten Aminosäuren entstehendes → Amid. **Lactat** [*lat.-nlat.*] *das*; -s, -e: Salz der Milchsäure (Chem.). **Lactose** vgl. Laktose

Ladanum [*gr.-lat.*] *das*; -s: = Labdanum

lädieren [*lat.*]: beschädigen [in einer Weise, die das Aussehen sichtbar beeinträchtigt]

Ladik [anatol. Ort nordwestl. von Konya] *der*; -[s], -s: rot- od. blaugrundiger Gebetsteppich

Ladino [*lat.-span.*] *der*; -s, -s: 1. (meist Plural) Mischling von Weißen u. Indianern in Mexiko u. Mittelamerika. 2. (ohne Plural) jüdisch-spanische Sprache

Lady [*le^i^di*; *engl.*] *die*; -, -s (auch: ...dies [...*dis*, auch: ...*diß*]): 1. (ohne Plural) Titel der engl. adligen Dame. 2. Trägerin des Titels Lady (1). 3. Dame. 4. Kurzform von → Lady Mary Jane. **Lady-Boy** [*le^i^dibeu*; *engl.*] *der*; -s, -s: (iron.) → Transvestit. **Ladykiller** [*le^i^dikil^e^r*; *engl.-amerik.*] *der*; -s, -: Frauenheld, Verführer. **ladylike** [...*laik*; *engl.*]: nach Art einer Lady, damenhaft, vornehm. **Lady Mary Jane** [...*märidsche^i^n*; *engl.*] *die*; - - -: (ugs., verhüllend) Marihuana. **Ladyshave** [*le^i^dische^i^w*; *engl.*] *der*; -s, -s: Damenrasierapparat

Laesio enormis [*lä*... -; *lat.*; „übermäßige Verletzung"] *die*; - -: der in Österreich noch geltende Rechtsgrundsatz, nach dem ein Kauf rückgängig gemacht werden kann, wenn der Preis das Doppelte des Wertes einer Ware überschreitet

Laete [*lät^e^*; *lat.*] *der*; -n, -n od. ...i: (hist.) römischer Militärkolonist, meist Germane, der in Gallien zur Sicherung der Straßen eingesetzt wurde

Lafette [*lat.-fr.*] *die*; -, -n: [fahrbares] Untergestell eines Geschützes. **lafettieren**: (veraltet) ein Geschütz auf eine Lafette bringen

Lag [*läg*; *engl.*; „Verzögerung"] *der*; -s, -s: die zeitliche Verschiebung zwischen dem Beginn eines wirtschaftlichen Ereignisses und seinen Folgen, z. B. Lohnlag

Lagan [*läg^e^n*; *engl.*] u. Ligan [*lai-g^e^n*] *das*; -s: Schiffsgut, das versenkt, aber durch eine Boje gekennzeichnet wird, damit es später wieder geborgen werden kann

Lagg [*schwed.*] *der*; -[s]: grabenförmiger, der Entwässerung dienender Rand von Hochmooren

Lag|ophthalmus [*gr.-nlat.*] *der*; -: unvollständiger Lidschluß, „Hasenauge" (Med.)

la|grimando u. **la|grimoso** [*lat.-it.*]: traurig, klagend (Vortragsanweisung; Mus.)

Lagting [*norw.*] *das*; -s: das norwegische Oberhaus

Lagune [*lat.-it.*] *die*; -, -n: 1. durch eine Reihe von Sandinseln od. durch eine Nehrung vom offenen Meer abgetrenntes Flachwassergebiet vor einer Küste. 2. von Korallenriffen umgebene Wasserfläche eines Atolls

Lahar [*malai.*] *der*; -s, -s: bei Vulkanausbrüchen austretender Schlammstrom aus Asche u. Wasser (Geol.)

Lai [auch: *lä*; *gall.-fr.*] *das*; -[s], -s [auch: *lä*]: 1. franz. u. provenzal. Verserzählung des Mittelalters. 2. a) mittelalterliches Lied, das zu einem Saiteninstrument gesungen wird; b) Name eines Musikstücks für Instrumente. 3. franz. lyrische Gedichtform des 13.–14. Jh.s

Laie [*gr.-lat.-roman.*; „zum Volk gehörend, gemein; Nichtgeistlicher"] *der*; -n, -n: 1. Nichtfachmann; Außenstehender. 2. Nichtkleriker. **Laien|apostolat** *das* (fachspr. auch: *der*); -[e]s: Teilnahme von Laien an den Aufgaben der Kirche (kath. Kirche). **Laienkelch** *der*; -[e]s: Austeilung des Abendmahls an Nichtkleriker. **Laienpriester** *der*; -s, -: (veraltet) Weltpriester (kath. Pfarrer im Gegensatz zum kath. Ordenspriester). **laikal** [*la-i...*]: dem Laien zugeordnet, zum Laien gehörend; Ggs. → klerikal (a)

Laina [*läna*; Kunstw. aus *lat.-fr. laine* „Wolle"] *der*; -: bedruckter Kleiderstoff aus Zellwolle. **Lainette** [*länät*] *die*; -: wollähnlicher Baumwollmusselin

Lais: *Plural* von → Lai

lai|sieren [*la-i...*; *gr.-lat.-roman.*]: (einen Kleriker) in den Laienstand zurückführen (kath. Kirche). **Lai|sierung** *die*; -, -en: das Laisieren

Laisse [*läß*; *lat.-fr.*] *die*; -, -s [*läß*]: beliebig langer, durch → Assonanz verbundener Abschnitt in den → Chansons de geste. **Laisser-aller** [*läßeale*] u. **Laisser-faire** [*...fär*] *das*; -: 1. Ungezwungenheit, Ungebundenheit. 2. Gewährung, Duldung, das Treibenlassen

Laisser-passer [*...paße*]
I. *das*; -: = Laisser-aller.
II. *der*; -, -: (veraltet) Passierschein

laissez faire, laissez aller od. **laissez faire, laissez passer** [*frz.*]: 1. Schlagwort des wirtschaftlichen Liberalismus (insbes. des 19. Jh.s), nach dem sich die von staatlichen Eingriffen freie Wirtschaft am besten entwickelt. 2. Schlagwort für das Gewährenlassen (z. B. in der Kindererziehung)

Lai|zismus [*la-i...*; *gr.-nlat.*] *der*; -: weltanschauliche Richtung, die die radikale Trennung von Kirche und Staat fordert. **Lai|zist** *der*; -en, -en: Anhänger, Vertreter des Laizismus. **lai|zistisch**: 1. den Laizismus betreffend. 2. das Laientum in der kath. Kirche betonend

Lakai [*fr.*] *der*; -en, -en: 1. herrschaftlicher, fürstlicher Diener [in Livree]. 2. (abwertend) Mensch, der sich willfährig für die Interessen anderer gebrauchen läßt; Kriecher

Lakkase [*sanskr.-pers.-arab.-it.-nlat.*] *die*; -: → Enzym, das den gelben Milchsaft der (zu den Wolfsmilchsgewächsen zählenden) Lackbäume zum tiefschwarzen Japanlack oxydiert

Lakkolith [auch: *...it*; *gr.-nlat.*] *der*; -s u. -en, -e[n]: ein Tiefengesteinskörper; in relativ flachem Untergrund steckengebliebenes → Magma (1) (Geol.)

Lakoda [Gebiet auf einer Inselgruppe im Beringmeer] *der*; -[s], -s: kostbarer, kurz geschorener Seal (Robbenfell)

Lakonik [*gr.-lat.*] *die*; -: besonders kurze, aber treffende Art des Ausdrucks. **lakonisch**: kurz [u. treffend], ohne zusätzliche Erläuterungen. **Lakonismus** [*gr.-nlat.*] *der*; -, ...men: Kürze des Ausdrucks; kurze [u. treffende] Aussage

La|kritz *der* od. *das*; -es, -e u. **La|kritze** [*gr.-lat.-mlat.*] *die*; -, -n: aus einer süß schmeckenden, schwarzen Masse bestehende Süßigkeit, die aus eingedicktem Saft von Süßholz (Wurzel bestimmter Schmetterlingsblütler) hergestellt ist

Lakt|acid|ämie [*...zid...*; *lat.*; *gr.*] *die*; -, ...ien: Auftreten von Milchsäure im Blut. **Laktagogum** *das*; -s, ...ga: = Galaktagogum. **Lakt|albumin** [*lat.-nlat.*] *das*; -s, -e: in Kuhmilch enthaltener, biologisch hochwertiger Eiweißstoff; Milcheiweiß. **Laktam** vgl. Lactam. **Laktase** *die*; -, -n: = Galaktosidase. **Laktat** vgl. Lactat. **Laktation** [*lat.*; *...zion*] *die*; -, -en: a) Milchabsonderung aus der Brustdrüse (Med.; Biol.); b) das Stillen, Zeit des Stillens (Med.; Biol.). **laktieren**: a) Milch absondern (Med.; Biol.); b) stillen (Med.; Biol.). **Laktizinien** [*...i^en*, *lat.-mlat.*] *die* (Plural): aus Milch gewonnene Nahrungsmittel wie Butter, Käse o. ä. (deren Genuß an kath. Fasttagen früher verboten war). **Laktodensimeter** [*lat.*; *gr.*] *das*; -s, -: Gerät zur Bestimmung des spezifischen Gewichtes der Milch, woraus der Fettgehalt errechnet werden kann. **Laktoflavin** [*...win*; *lat.-nlat.*] *das*; -s: Vitamin B_2. **Lakto|globulin** *das*; -s, -e: in Kuhmilch nur in geringen Mengen enthaltener Eiweißstoff. **Laktometer** [*lat.*; *gr.*] *das*; -s, -: = Laktodensimeter. **Laktose** [*lat.-nlat.*] *die*; -: Milchzucker (Zucker der Säugetier- u. Muttermilch). **Lakto|skop** [*lat.*; *gr.*] *das*; -s, -e: Gerät zur Prüfung der Milch nach ihrer Durchsichtigkeit. **Laktos|urie** *die*; -, ...ien: (bei Schwangeren u. Wöchnerinnen nicht krankhaftes) Auftreten von Milchzucker im Harn (Med.). **lakto|trop**: auf die Milchabsonderung gerichtet

Lakuna [*lat.*] *die*; -, ...nae [*...nä*]: = Lakune (1). **lakunär** [*lat.-nlat.*]: Ausbuchtungen enthaltend, Gewebelücken bildend; höhlenartig, buchtig; schwammig (Med.; Biol.). **Lakune** [*lat.*] *die*; -, -n: 1. Lücke in einem Text (Sprachw.). 2. Vertiefung, Ausbuchtung (z. B. in der Oberfläche von Organen); Muskel- od. Gefäßlücke (Med.). **laku|strisch** [*lat.-nlat.*]: in Seen sich bildend od. vorkommend (von Gesteinen u. Lebewesen; Geol.; Biol.)

Lalem [*gr.-nlat.*] *das*; -s, -e: durch die → Artikulation (1) bestimmte Sprecheinheit in der Lautlehre. **Laletik** *die*; -: Wissenschaft von den Lalemen, Sprechkunde, -lehre. **Lalopathie** *die*; -: Sprachstörung (Med.). **Lalophobie** *die*; -: Furcht vor dem Sprechen (z. B. bei Stotterern)

Lama
I. [*peruan.-span.*] *das*; -s, -s: 1. in Südamerika lebendes, aus dem → Guanako gezüchtetes Haustier, das Milch, Fleisch u. Wolle liefert; vgl. Kamel. 2. flanellartiger Futter- od. Mantelstoff aus [Baum]wolle.
II. [*tibet.*; „der Obere"] *der*; -[s], -s: buddhistischer Priester, Mönch in Tibet u. der Mongolei

Lamaismus [*tibet.-nlat.*] *der*; -: Form des → Buddhismus in Tibet u. der Mongolei; vgl. Dalai-Lama, Taschi-Lama. **Lamaist** *der*; -en, -en: Anhänger des Lamaismus. **lamaistisch**: den Lamaismus betreffend, auf ihm beruhend, ihm angehörend

Lamang [*lat.-fr.*; zusammengezogen aus *fr.* la main (- *mang*) „die Hand"] *die*; -: (scherzh.) Hand; aus der -: unvorbereitet u. mit Leichtigkeit

Lamantin [*indian.-span.-fr.*] *der*; -s, -e: amerik. Seekuh, deren Fleisch, Fett u. Fell wirtschaftlich verwertet werden

Lamarckismus [*nlat.*; nach dem Begründer, dem franz. Naturforscher J. B. de Lamarck, † 1829] *der*; -: Hypothese Lamarcks über die Entstehung neuer Arten durch funktionelle Anpassung, die vererbbar sein soll. **lamarckistisch**: der Hypothese Lamarcks folgend

Lambda [*gr.*] *das*; -[s], -s: elfter Buchstabe des griech. Alphabets: Λ, λ. **Lambdanaht** *die*; -: Schädelnaht zwischen Hinterhauptsbein u. beiden Scheitelbeinen (Med.). **Lambdazismus** [*gr.-nlat.*] *der*; -: Sprachfehler mit erschwerter, oft fehlerhafter Aussprache des R als L

Lambethwalk [*lämb^eth^wok*; *engl.*] *der*; -[s]: nach dem Londoner Stadtteil Lambeth benannter, etwa 1938 in Mode gekommener englischer Gesellschaftstanz

Lambitus [*lat.*] *der*; -: [gegenseitiges] Belecken, Küssen o. ä. der Genitalien; - a n i: [gegenseitiges] Belecken, Küssen o. ä. des Afters (bei → Analerotikern)

Lam|bliasis [*nlat.*; nach dem tschech. Arzt W. Lambl, † 1895] u. Lam|bliose *die*; -: durch Lamblien hervorgerufene Entzündung der Darmwand, der Gallenblase u. der Gallenwege (Med.). **Lam|blie** [...*i*^e] *die*; -, -n (meist Plural): im Zwölffingerdarm, im Dünndarm u. in den Gallenwegen schmarotzendes Geißeltierchen (Med.). **Lam|bliose** vgl. Lambliasis

Lam|brequin [*langbr*^e*käng*; *fr.*] *der*; -s, -s: 1. (veraltet, noch österr.) drapierter Querbehang an Fenstern, Türen u.a. 2. im Barock übliche Nachbildung eines Vorhanges, Querbehanges o.ä. aus Bronze, Holz, meist aus Stein od. Stuck als Zierde von Gebäudeteilen (Archit.)

Lam|brie u. Lamperie [*fr.*] *die*; -, ...ien (mdal): = Lambris. **Lambris** [*langbri*; *lat.-roman.-fr.*] *der*; - [...*bri*(*ß*)], - [...*briß*] (österr.: *die*; -, - u. ...ien): untere Wandverkleidung aus Holz, Marmor od. Stuck. **Lambrusco** [...*ko*; *lat.-it.*] *der*; -: süßer, leicht schäumender italienischer Rotwein

Lamb|skin [*lämßkin*; *engl.*; „Lammfell"] *das*; -[s], -s: Lammfellimitation aus Plüsch für Kindermäntel, Wagendecken u.a.

Lambs|wool [*läms*^u*ul*] *die*; -: 1. weiche Lamm-, Schafwolle. 2. feine Strickware aus Lamm-, Schafwolle

lamé [*lame*; *lat.-fr.*]: mit Lamé durchwirkt. **Lamé** *der*; -[s], -s: Gewebe aus Metallfäden, die mit [Kunst]seide übersponnen sind; vgl. leonisch. **lamellar** [*lat.-nlat.*]: streifig, schichtig, in Lamellen (1) angeordnet. **Lamelle** [*lat.-fr.*] *die*; -, -n (meist Plural): 1. eines der Blättchen (Träger der Sporen) unter dem Hut der Blätterpilze (z.B. beim → Champignon). 2. dünnes Blättchen, Scheibe (Techn.). **Lamelli|branchiata** [*lat.*; *gr.*] *die* (Plural): zusammenfassende systematische Bezeichnung für die Muscheln. **lamellieren**: lamellenartig formen, lamellenförmig gestalten. **lamellös** [*lat.-fr.*]: aus Lamellen bestehend (Med.; Biol.)

lamentabel [*lat.*]: jämmerlich; beweinenswert. **lamentabile** = lamentoso. **Lamentation** [...*zion*] *die*; -, -en: 1. Gejammer, weinerliches, jammerndes Klagen. 2. (nur Plural) a) Klagelieder Jeremias im Alten Testament; b) die bei den kath. Stundengebeten der Karwoche aus den Klageliedern Jeremias verlesenen Abschnitte. **lamentieren**: (abwertend) 1. laut klagen, jammern. 2. (landsch.) jammernd um etwas betteln. **Lamento** [*lat.-it.*] *das*; -s, -s: 1. (abwertend) Klage, Gejammer. 2. Musikstück von schmerzlich-leidenschaftlichem Charakter. **lamentoso**: wehklagend, traurig (Vortragsanweisung; Mus.)

Lametta [*lat.-it.*] *das*; -s: 1. aus schmalen, dünnen, glitzernden Metallstreifen bestehender Christbaumschmuck. 2. (ugs., abwertend) Orden, Uniformschnüre, Schulterstücke usw.

Lamia [*gr.-lat.*] *die*; -, ...ien [...*i*^e*n*]: kinderraubendes Gespenst des [alt]griech. Volksglaubens, Schreckgestalt

Lamina [*lat.*] *die*; -, ...nae [...*nä*]: 1. Blattspreite, -fläche (Bot.). 2. (Plural auch: -s) plattenförmige Gewebsschicht, Knochenplatte (z.B. innere u. äußere Platte des Schädeldaches; Anat.). **laminal** [*lat.-nlat.*]: auf der Innenfläche des Fruchtblattes entspringend, flächenständig (in bezug auf die Samenanlage; Bot.). **laminar**: gleichmäßig schichtweise gleitend. **Laminaria** *die*; -, ...ien [...*i*^e*n*]: Blattang (Braunalge, deren quellfähige Stengel früher in der Medizin verwendet wurden). **Laminat** [*lat.-nlat.*] *das*; -[e]s, -e: Schichtpreßstoff aus Kunstharz (z.B. für wetterfeste Verkleidungen, Isolierplatten o.ä.). **Laminektomie** [*lat.*; *gr.*] *die*; -, ...ien: operative Entfernung des hinteren Teiles eines Wirbelbogens (Med.). **laminieren** [*lat.-fr.*]: 1. das Material strecken, um die Fasern längs zu richten (Spinnerei). 2. ein Buch mit Glanzfolie überziehen (Buchw.)

Lamium [*gr.-lat.*] *das*; -[s]: Taubnessel

Lämostenose [*gr.-nlat.*] *die*; -, -n: Verengung des Schlundes (Med.)

Lampadarius [*gr.-lat.*]

I. *der*; -, ...ien [...*i*^e*n*]: ein aus mehreren Armen bestehendes Lampengestell (im Rom der Antike).

II. *der*; -, ...rii: Sklave, der seinem Herrn nachts die Fackel vorantrug (in der Antike)

Lampas [*fr.*] *der*; -, -: schweres, dichtes, gemustertes Damastgewebe als Möbelbezug. **Lampassen** *die* (Plural): breite Streifen an [Uniform]hosen

Lamperie vgl. Lambrie

Lampion [*lampiong*, *lampiong*, auch: *lampiong*, österr. ...*jon*; *gr.-lat.-vulgärlat.-it.-fr.*] *der* (auch: *das*); -s, -s: Papierlaterne

Lam|prete [*mlat.*] *die*; -, -n: Meeres- od. Flußneunauge (zu den Rundmäulern gehörender Fisch; beliebter Speisefisch)

Lam|prophyr [*gr.-nlat.*] *der*; -s, -e: dunkles, häufig feinkörniges Ganggestein (→ Eruptivgestein als Ausfüllung von Spalten in der Erdrinde; Geol.)

Län [*schwed.*] *das*; -, -[s]: schwed. Bezeichnung für: Regierungsbezirk

Lanameter u. Lanometer [*lat.*; *gr.*] *das*; -s, -: Gerät zur Bestimmung der Feinheit eines Wollhaares

Lançade [*langßad*^e; *lat.-fr.*] *die*; -, -n: Sprung des Pferdes aus der → Levade nach vorn (Figur der Hohen Schule). **Lancier** [...*ßie*] *der*; -s, -s: 1. (hist.) „Lanzenreiter", Ulan. 2. ein alter Gesellschaftstanz. **lancieren** [*langßi-r*^e*n*]: 1. auf geschickte Weise bewirken, daß etwas in die Öffentlichkeit gelangt, bekannt wird. 2. geschickt an eine gewünschte Stelle, auf einen vorteilhaften Posten bringen. **Lancierrohr** *das*; -s, -e: Abschußvorrichtung für Torpedos. **lanciert**: (von Stoffen, Geweben) so gemustert, daß die Figuren durch die ganze Stoffbreite hindurchgehen

Land-art [*ländа*^r*t*; *amerik.*] *die*; -: moderne Kunstrichtung, bei der Aktionen im Freien, die künstliche Veränderung einer Landschaft (z.B. durch Ziehen von Furchen, Aufstellen von Gegenständen o.ä.) im Mittelpunkt stehen. **Land|rover** ® [*ländro*^u*w*^e*r*; *engl.*] *der*; -[s], -: geländegängiges Kraftfahrzeug, bei dem der Antrieb auf sämtliche Räder wirkt (Allradantrieb)

Lands|mål [*lanzmol*; *norw.*; „Landessprache"] *das*; -[s]: (veraltet) = Nynorsk. **Lands|ting** [*lanßteng*; *dän.*] *das*; -[s]: bis 1953 der Senat des dänischen Reichstags

Langage [*fr.*; *langgasch*^e] *die*; -: Vermögen der Menschen, Sprache zu lernen u. zu gebrauchen; Begriff der menschlichen Redetätigkeit schlechthin (nach F. de Saussure; Sprachw.).

Langette [*langg*...; *lat.-fr.*] *die*; -, -n: 1. dichter Schlingenstich als Randbefestigung von Zacken- u. Bogenkanten. 2. Trennungswand zwischen zwei Schornsteinen. **langettieren**: mit Langetten (1) festigen u. verzieren

Langue [*langg*; *lat.-fr.*] *die*; -: die Sprache als grammatisches u. lexikalisches System (nach F. de Saussure; Sprachw.); Ggs. → Parole (I)

languendo u. **languente** u. languido

[*lat.-it.*]: schmachtend (Vortragsanweisung; Mus.)

Languettes [*langgät; lat.-fr.*] *die* (Plural): (veraltet) Zungen (einseitig befestigte, dünne, elastische Blättchen) an den Rohrpfeifen der Orgel (Mus.)

languido vgl. languendo

Languste [*lat.-vulgärlat.-provenzal.-fr.*] *die;* -, -n: scherenloser Panzerkrebs des Mittelmeers u. des Atlantischen Ozeans mit schmackhaftem Fleisch

Lanitalfaser [*lat.-nlat.; dt.*] *die;* -, -n: [in Italien] aus → Kasein hergestellter Spinnstoff. **Lanolin** [*lat.-nlat.*] *das;* -s: in Schafwolle enthaltenes, gereinigtes Fett (Wollfett), das als Salbengrundlage, als Rostschutzmittel u. a. dient. **Lanometer** vgl. Lanameter. **Lanon** ® [Kunstw.] *das;* -[s]: vollsynthetische Polyesterkunstfaser (Textilchemie)

Lantana [*nlat.*] *die;* -: Wandelröschen (Zierstaude od. -strauch, Eisenkrautgewächs, bei einigen Arten mit wechselnder Blütenfarbe)

Lanthan [*gr.-nlat.*] *das;* -[s]: chem. Grundstoff, Metall; Zeichen: La. **Lanthanid** *das;* -[e]s, -e (auch: -en); eine seltene Erde (Erdmetall). **Lanthanit** [auch: *...it*] *der;* -s, -e: ein Mineral. **Lanthanoid** *das;* -[e]s, -e: zu den seltenen Erden gehörendes unedles Metall

Lanugo [*lat.*] *die;* -, ...gines: Wollhaarflaum des → Fetus in der zweiten Hälfte der Schwangerschaft, der kurz vor oder bald nach der Geburt verlorengeht (Med.)

Lanzettbogen [*lat.-fr.; dt.*] *der;* -s, -: sehr schmaler Spitzbogen, bes. der engl. Gotik. **Lanzette** [*lat.-fr.*] *die;* -, -n: zweischneidiges kleines Operationsmesser (Med.). **Lanzettfenster** [*lat.-fr; dt.*] *das;* -s, -: langes, schmales Fenster der engl. Frühgotik. **Lanzettfisch** *der;* -[e]s, -e: = Amphioxus. **lanzinieren** [*lat.-fr.*]: plötzlich u. heftig zu schmerzen beginnen (bes. bei → Tabes; Med.)

Laparo|skop [*gr.-nlat.*] *das;* -s, -e: → Endoskop zur Untersuchung der Bauchhöhle (Med.). **Laparoskopie** *die;* -, ...ien: Untersuchung der Bauchhöhle mit dem Laparoskop (Med.). **Laparotomie** *die;* -, ...ien: operative Öffnung der Bauchhöhle; Bauchschnitt (Med.). **Laparozele** *die;* -, -n: Bauchbruch (mit Hervortreten der Eingeweide; Med.)

lapidar [*lat.*, „in Stein gehauen"]: 1. wuchtig, kraftvoll. 2. knapp [formuliert], ohne weitere Erläuterungen, kurz u. bündig. **Lapidär** *der;* -s, -e: Schleif- u. Poliergerät (z. B. der Uhrmacher). **Lapidarium** *das;* -s, ...ien [*...i^{e}n*]: Sammlung von Steindenkmälern. **Lapidarschrift** *die;* -: → Versalschrift ohne Verzierung. **Lapides**: *Plural* von → Lapis. **Lapilli** u. Rapilli [*lat.-it.*] *die* (Plural): hasel- bis walnußgroße Lavabröckchen, die bei einem Vulkanausbruch herausgeschleudert werden (Geol.)

Lapine [*lat.-fr.*] *die;* -: Kaninchenpockenimpfstoff (Med.)

Lapis [*lat.*] *der;* -, ...ides [*lápideß*]: lat. Bezeichnung für: Stein. **Lapislazuli** [(*lat.; pers.-arab.*) *mlat.*] *der;* -, -: 1. = Lasurit. 2. blauer Edelstein

Lappalie [*...li^{e}; dt.-nlat.*] *die;* -, -n: (abwertend) höchst unbedeutende Sache, Angelegenheit; Belanglosigkeit

Lapsologie [*lat.; gr.*] *die;* -: Teilgebiet der angewandten → Linguistik, bei dem man sich mit Fehlerbeschreibung, -bewertung, -behebung hauptsächlich auf dem Gebiet der fremdsprachlichen → Didaktik (1) befaßt. **Lapsus** [*lat.*] *der;* -, - [*lápßuß*]: Fehlleistung, Versehen, Schnitzer; - calami [-*ka...*]: Schreibfehler; - linguae [- *...gguä*]: das Sichversprechen; - memoriae [- *...ä*]: Gedächtnisfehler

Lar [*malai.*] *der;* -s, -en: hinterindischer Langarmaffe mit weißen Händen

laramisch [nach den Laramie Mountains (*lär^{e}mi maunt^{e}ns;* Gebirge in den USA)]: auf die Laramie Mountains bezüglich; -e Phase: eine Alpenfaltung zwischen Kreide u. → Tertiär

Laren [*lat.*] *die* (Plural): altröm. Schutzgeister, bes. von Haus u. Familie

largando = allargando

large

I. [*larsch; lat.-fr.*]: (bes. schweiz.) großzügig.

II. [*la^{r}dsch; lat.-fr.-engl.*]: groß (als Kleidergröße); Abk.: L; vgl. medium (1); small

Largesse [*...schäß; lat.-fr.*] *die;* -: Freigebigkeit, Weitherzigkeit.

lar|ghetto [*...gäto; lat.-it*]: etwas breit, etwas gedehnt, langsam (Vortragsanweisung; Mus.). **Lar|ghetto** *das;* -s, -s u. ...tti: Musikstück in etwas breitem Tempo, das kleine Largo (weniger schwer u. verhalten). **Lar|ghi** [*...gi*] *Plural* von → Largo. **largo**: breit, gedehnt, im langsamsten Zeitmaß (Vortragsanweisung; Mus.); - assai od. di molto: sehr langsam, schleppend; - ma non troppo: nicht allzu langsam; un poco [*...ko*] -: ein wenig breit. **Largo** *das;* -[s], -s (auch: ...ghi [*...gi*]): Musikstück im langsamsten Zeitmaß, meist im $^{3}/_{2}$- od. $^{4}/_{2}$-Takt

larifari! [scherzhafte Bildung aus den Solmisationssilben: la, re, fa]: (ugs., abwertend) oberflächlich, nachlässig. **Larifari** *das;* -s, -s: (ugs., abwertend) Geschwätz, Unsinn

larmoy|ant [*...moajant; lat.-fr.*]: sentimental-weinerlich; mit allzuviel Gefühl [u. Selbstmitleid]; vgl. Comédie larmoyante. **Larmoy|anz** *die;* -: Weinerlichkeit, Rührseligkeit

Larnax [*gr.*] *die;* -, ...nakes [*...keß*]: kleinerer → Sarkophag, Urne (Archäol.)

L'art pour l'art [*lar pur lar; fr.;* „die Kunst für die Kunst"] *das;* - - -: die Kunst als Selbstzweck, Kunst, die keine bestimmte Absicht u. keinen gesellschaftlichen Zweck verfolgt

larval [*...wal; lat.*]: die Tierlarve betreffend; im Larvenstadium befindlich (Biol.). **Larve** [*larf^{e}*] *die;* -, -n: 1. a) Gesichtsmaske; b) (iron. od. abwertend) Gesicht. 2. (veraltet) Gespenst; böser Geist eines Verstorbenen. 3. Tierlarve; sich selbständig ernährende Jugendform vieler Tiere (mit anderer Gestalt u. oft anderer Lebensweise als das vollentwickelte Tier; Zool.). **larvieren** [*...wir^{e}n*]: (veraltet) verstecken, verbergen. **larviert**: versteckt, verkappt, ohne typische Merkmale verlaufend (Med.)

Laryngal [*...nggal; gr.-nlat.*] *der;* -s, -e: Kehl[kopf]laut (Sprachw.). **Laryngalis** *die;* -, ...les: (veraltet) Laryngal. **Laryngalist** *der;* -en, -en: Vertreter der Laryngaltheorie (Sprachw.). **laryngalistisch**: die Laryngaltheorie betreffend, auf ihr beruhend. **laryngeal**: den → Larynx betreffend, zu ihm gehörend (Med.). **Laryng|ektomie** *die;* -, ...ien: operative Entfernung des Kehlkopfs (Med.). **Laryngen**: *Plural* von → Larynx. **Laryngitis** *die;* -, ...itiden: Kehlkopfentzündung (Med.). **Laryngologe** *der;* -n, -n: Facharzt für Kehlkopfleiden. **Laryngologie** *die;* -: Teilgebiet der Medizin, das sich mit dem Kehlkopf u. seinen Krankheiten befaßt. **Laryngoskop** *das;* -s, -e: (Med.) a) ebener Spiegel an einem Stiel zur indirekten Betrachtung des Kehlkopfs, Kehlkopfspiegel; b) röhrenförmiges Instrument mit

Lichtquelle zur direkten Betrachtung des Kehlkopfs, Kehlkopfspatel. **Laryngo|skopie** *die*; -, ...ien: Untersuchung des Kehlkopfs mit dem Laryngoskop, Kehlkopfspiegelung (Med.). **laryngo|skopisch**: das Laryngoskop od. die Laryngoskopie betreffend. **Laryngo|spasmus** *der*; -, ...men: schmerzhafter Krampf im Bereich der → Glottis; Glottiskrampf, Stimmritzenkrampf (Med.). **Laryngostenose** *die*; -, -n: krankhafte Verengung des Kehlkopfs (Med.). **Laryngostomie** *die*; -, ...ien: operatives Anlegen einer künstlichen Kehlkopffistel (eines röhrenförmigen Kanals) durch Spaltung des Kehlkopfs in der Mittellinie (Med.). **Laryngotomie** [*gr.-lat.*] *die*; -, ...ien: operatives Öffnen des Kehlkopfs, Kehlkopfschnitt (Med.). **Laryngozele** [*gr.-nlat.*] *die*; -, -n: meist angeborene, lufthaltige Ausbuchtung der Kehlkopfwandung, Blähhals (Med.). **Larynx** [*gr.*] *der*; -, Laryngen: Kehlkopf (Med.). **Larynxkarzinom** [*gr.*; *gr.-lat.*] *das*; -s, -e: Kehlkopfkrebs (Med.)

Lasagne [*lasanje*; *gr.-lat.-vulgärlat.-it.*] *die* (Plural): sehr breite Bandnudeln, die mit einer Hackfleischfüllung abwechselnd geschichtet u. mit Käse überbacken sind (italienisches Spezialitätengericht; Gastr.)

Laser [*leˈseʳr*; *engl.*; Kurzw. aus: *l*ight *a*mplification by *s*timulated *e*mission of *r*adiation (*lait ämplifikeˈschᵉn bai ßtimjuleˈtid imischᵉn ᵉw reˈdieˈschᵉn*) = Lichtverstärkung durch angeregte Aussendung von Strahlung] *der*; -s, -: 1. Gerät zur Verstärkung von Licht einer bestimmten Wellenlänge bzw. zur Erzeugung eines scharf gebündelten Strahls → kohärenten Lichts (Phys.). 2. internationalen Wettkampfbestimmungen entsprechende Einmannjolle für den Rennsegelsport (Kennzeichen: stilisierter Laserstrahl)

lasieren [*pers.-arab.-mlat.*]: a) ein Bild mit durchsichtigen Farben übermalen; vgl. Lasurfarbe; b) Holz mit einer durchsichtigen Schicht (z. B. farblosem Lack) überziehen

Läsion [*lat.*] *die*; -, -en: 1. Verletzung od. Störung der Funktion eines Organs od. Körperglieds (Med.). 2. = Laesio enormis

Laskar [*angloind.*] *der*; -s, ...karen: (veraltet) ostindischer Matrose, Soldat

Lassafieber [nach dem nigerianischen Dorf Lassa] *das*; -s: durch ein Virus hervorgerufene, sehr ansteckende Erkrankung mit hohem Fieber, Gelenkschmerzen, Mund- u. Gaumengeschwüren u. anderen Symptomen (Med.)

Lasso [*lat.-span.*] *das* (österr. nur so) od. (seltener) *der*; -s, -s: Wurfschlinge zum [Ein]fangen von Tieren

Lastadie [...*iᵉ*, auch: ...*tadi*; *germ.-mlat.*] *die*; -, -n [...*iᵉn*, auch: ...*iᵉn*]: (hist.) Landeplatz für Schiffe, an dem die Waren aus- u. eingeladen werden konnten

last, but not least [*laßt bat not lißt*]: = last, not least

Lastex [Kunstw.] *das*; -: [elastisches Gewebe aus] Gummifäden, die mit Kunstseiden- od. Chemiefasern umsponnen sind

Lasting [*engl.*] *der*; -s, -s: Möbel- od. Kleiderstoff aus hartgedrehtem Kammgarn in Atlasbindung (Webart)

last, not least [*laßt not lißt*; *engl.*; „als letzter (bzw. letztes), nicht Geringster (bzw. Geringstes)"]: zuletzt der Stelle, aber nicht dem Werte nach; nicht zu vergessen

Lasur [*pers.-arab.-mlat.*] *die*; -, -en: Farb-, Lackschicht, die den Untergrund durchscheinen läßt. **Lasurfarbe** *die*; -, -n: durchsichtige Farbe, mit der ein Bild übermalt wird; vgl. lasieren. **Lasurit** [auch: ...*it*; *pers.-arab.-mlat.-nlat.*] *der*; -s, -e: tiefblaues, mitunter grünliches od. violettes, feinkörniges, an Kalkstein gebundenes Mineral; Lapislazuli. **Lasurstein** *der*; -[e]s, -e: = Lapislazuli

lasziv [*lat.*]: (bes. von einer weiblichen Person) bewußt schwülerotisch (in Bewegung od. Pose), mit einer an Anstößigkeit grenzenden Sinnlichkeit. **Laszivität** [...*witä*t] *die*; -, -en: 1. (ohne Plural) laszives Wesen, laszive Art. 2. laszive Äußerung o. ä.

Latah [*malai.*] *das*; -: bes. bei Malaien auftretende Anfälle krankhafter Verhaltensstörung

Lätare [*lat.*]: Name des 4. Sonntags der Passionszeit (Mittfasten; nach dem alten → Introitus des Gottesdienstes, Jesaja 66, 10: „Freue dich [Jerusalem]!")

Lateinamerika [nach der lateinischen Basis der südamerik. Verkehrssprachen] ohne Artikel; -s (in Verbindung mit Attributen: *das*; -[s]): Gesamtheit der Staaten Mittel- u. Südamerikas, in denen Spanisch od. Portugiesisch gesprochen wird

La-Tène-Stil [*latän*...; nach dem schweiz. Fundort La Tène] *der*; -[e]s: in der La-Tène-Zeit entstandene Stilrichtung der bildenden Kunst, die durch stilisierte pflanzliche u. abstrakte Ornamentik, Tiergestalten u. menschliche Maskenköpfe gekennzeichnet ist. **La-Tène-Zeit** *die*; -: der zweite Abschnitt der europäischen Eisenzeit

latent [*lat.*(-*fr.*)]: 1. versteckt, verborgen; [der Möglichkeit nach] vorhanden, aber nicht hervortretend, nicht offenkundig. 2. ohne typische Merkmale vorhanden, nicht gleich erkennbar, kaum od. nicht in Erscheinung tretend (von Krankheiten od. Krankheitssymptomen; Med.); vgl. Inkubationszeit. 3. unsichtbar, unentwickelt (Fot.). 4. gebunden. **Latenz** [*lat.-nlat.*] *die*; -: 1. Verstecktheit, Verborgenheit. 2. zeitweiliges Verborgensein, unbemerktes Vorhandensein einer Krankheit (Med.). 3. die durch die Nervenleitung bedingte Zeit zwischen Reizeinwirkung u. Reaktion (Psychol.). **Latenz|ei** *das*; -[e]s, -er: Winterei vieler niederer Süßwassertiere (Würmer u. Krebse), das im Gegensatz zum Sommerei dotterreich u. durch eine Schale geschützt ist. **Latenzperiode** *die*; -, -n: Ruhepause in der sexuellen Entwicklung des Menschen zwischen dem 6. u. 10. Lebensjahr. **Latenzzeit** *die*; -, -en: = Inkubationszeit

lateral [*lat.*]: 1. seitlich, seitwärts [gelegen]; -es Denken: Denken, das alle Seiten eines Problems einzuschließen sucht, ohne sich dabei in Details zu verlieren. 2. von der Mittellinie eines Organs abgewandt, an der Seite gelegen (Med.). **Lateral** *der*; -s, -e: Laut, bei dem die Luft nicht durch die Mitte, sondern auf einer od. auf beiden Seiten des Mundes entweicht (z. B. l; Sprachw.). **Lateralinfarkt** *der*; -[e]s, -e: → Infarkt im Bereich der Vorder- u. Hinterwand der linken Herzkammer (Med.). **lateralisieren**: 1. nach der Seite verlagern, verschieben (Med.). 2. die Zuordnung von Gehirnhemisphären zu psychischen Funktionen sich entwickeln lassen. **Lateralität** *die*; -: das Vorherrschen, die Dominanz einer Körperseite (z. B. Rechts- od. Linkshändigkeit; Psychol.). **Laterallaut** *der*; -[e]s, -e: = Lateral. **Lateral|plan** *der*; -[e]s, ...pläne: Fläche des Längsschnittes desjenigen Schiffsteils, der unter Wasser liegt (Seew.). **Lateralsklerose** *die*; -, -n: → Sklerose der Seitenstränge des Rückenmarks (Med.)

Lateran [nach der Familie der Laterani aus der röm. Kaiserzeit] *der*; -s: außerhalb der Vatikanstadt gelegener ehemaliger päpstlicher Palast in Rom mit → Basilika u. Museum. **Laterankonzilien** [...*iᵉn*] u. **Lateransynoden** *die* (Plural): (hist.) die fünf im Mittelalter (1123–1512) im Lateran abgehaltenen allgemeinen Konzilien

laterieren [*lat.*]: (veraltet) seitenweise zusammenzählen

Laterisation [...*zion*; *lat.-nlat.*] *die*; -, -en: = Laterisierung; vgl. ...[at]ion/...ierung. **Laterisierung** *die*; -, -en: Entstehung von Laterit; vgl. ...[at]ion/...ierung. **Laterit** [auch: ...*it*] *der*; -s, -e: roter Verwitterungsboden in den Tropen u. Subtropen

Laterna magica [- ...*ka*; *gr.-lat.*; „Zauberlaterne"] *die*; - -, ...nae ...cae [...*nä* ...*kä*]: 1. einfachster, im 17. Jh. erfundener Projektionsapparat. 2. Form der Bühnenaufführung (Ballettdarbietung) in Kombination mit vielfältiger Projektion von Filmen u. Diapositiven auf [variable] Bildwände. **Laterne** [*gr.-lat.-vulgärlat.*] *die*; -, -n: 1. durch ein Gehäuse aus Glas, Papier o. ä. geschützte [tragbare] Lampe. 2. auf die Scheitelöffnung einer Kuppel gesetztes, von Fenstern durchbrochenes Türmchen (Archit.)

Latex [*gr.-lat.*] *der*; -, ...tizes [...*zeß*]: Milchsaft einiger tropischer Pflanzen, aus dem → Kautschuk, Klebstoff u. a. hergestellt wird u. der zur Imprägnierung dient. **latexieren**: mit einer aus Latex hergestellten Substanz beschichten, bestreichen o. ä.

La|thraea [...*räa*; *gr.-nlat.*] *die*; -: Schuppenwurz, eine schmarotzende Pflanze auf Haselsträuchern u. Erlen

Lathyrismus [*gr.-nlat.*] *der*; -: Vergiftung durch die als Futterpflanze angebaute Erbsenart Lathyrus (Platterbse; Med.)

Latifundienwirtschaft [...*iᵉn*...; *lat.*; *dt.*] *die*; -: Bewirtschaftung eines Großgrundbesitzes durch abhängige Bauern in Abwesenheit des Besitzers (z. B. in Südamerika). **Latifundium** [*lat.*] *das*; -s, ...ien [...*iᵉn*]: 1. (hist.) von Sklaven bewirtschaftetes Landgut im Röm. Reich. 2. (nur Plural) Liegenschaften, großer Land- od. Forstbesitz

Latimeria [*nlat.*; nach der Entdekkerin Miß Courtenay-Latimer] *die*; -: zu den Quastenflossern zählende Fischart, die als ausgestorben galt, aber 1938 wiederentdeckt wurde (sog. lebendes Fossil)

latinisieren [*lat.*]: in lateinische Sprachform bringen; der lateinischen Sprachart angleichen. **Latinismus** [*lat.-mlat.*] *der*; -, ...men: Entlehnung aus dem Lateinischen, dem Lateinischen eigentümlicher Ausdruck in einer nichtlateinischen Sprache. **Latinist** *der*; -en, -en: jmd., der sich wissenschaftlich mit der lateinischen Sprache u. Literatur befaßt (z. B. Hochschullehrer, Student). **Latinität** [*lat.*] *die*; -: a) klassische, mustergültige lateinische Schreibweise; b) klassisches lateinisches Schrifttum. **Latin Lover** [*lätⁱn lawᵉr*; *engl.*] *der*; - -[s], - -s: feuriger südländischer Liebhaber; Papagallo. **Latinum** *das*; -s: a) an einer höheren Schule vermittelter Wissensstoff der lateinischen Sprache; b) durch eine Prüfung nachgewiesene, für ein bestimmtes Studium vorgeschriebene Kenntnisse in der lateinischen Sprache; vgl. Graecum u. Hebraicum

Latitüde [*lat.-fr.*] *die*; -, -n: 1. geographische Breite. 2. (veraltet) Weite, Spielraum. **latitudinal** [*lat.-nlat.*]: den Breitengrad betreffend. **Latitudinarier** [...*iᵉr*] *der*; -s, -: 1. Anhänger des Latitudinarismus. 2. (veraltet) jmd., der nicht allzu strenge Grundsätze hat, der duldsam, tolerant ist, z. B. alles, was gefällt, als ästhetisch zuläßt. **Latitudinarismus** *der*; -: (im 17. Jh. entstandene) Richtung der anglikanischen Kirche, die durch ihre konfessionelle Toleranz u. ihre Offenheit gegenüber den Erkenntnissen der modernen Wissenschaft gekennzeichnet ist

Latizes: *Plural* von → Latex

La|trie [*gr.-lat.*; „Dienst"] *die*; -: die Gott u. Christus allein zustehende Verehrung, Anbetung (kath. Rel.)

La|trine [*lat.*] *die*; -, -n: primitive Toilette; Senkgrube. **Latrinenparole** *die*; -, -n: (ugs., abwertend) Gerücht

Latus [*lat.*; „Seite"] *das*; -, -: (veraltet) Gesamtbetrag einer Seite, der auf die folgende zu übertragen ist, Übertragssumme

Lauda [*lat.-it.*] *die*; -, ...de: im Mittelalter in Italien ein volkstümlicher geistlicher Lobgesang. **laudabel** [*lat.*]: löblich, lobenswert

Laudanum [*semit.-gr.-lat.-nlat.*] *das*; -s: Lösung von Opium in Alkohol, Opiumtinktur (ein Beruhigungs- u. Schmerzlinderungsmittel)

Laudatio [...*azio*; *lat.*] *die*; -, ...ones u. ...onen: anläßlich einer Preisverleihung o. ä. gehaltene Rede, in der die Leistungen u. Verdienste des Preisträgers hervorgehoben werden. **Laudation** *die*; -, -en: Lobrede. **Laudator** *der*; -s, ...oren: jmd., der eine Laudatio hält; Redner bei einer Preisverleihung. **Laude** [*lat.-it.*] 1. *die*; -, ...di = Lauda. 2. *Plural* von → Lauda. **Laudemium** [*lat.-mlat.*] *das*; -s, ...ien [...*iᵉn*]: Abgabe an den Lehnsherrn (altes dt. Recht). **Laudes** [„Lobgesänge"] *die* (Plural): im katholischen → Brevier enthaltenes Morgengebet. **Laudi**: *Plural* von → Laude. **laudieren** [*lat.*]: (veraltet) 1. loben. 2. [dem Gericht] einen Zeugen vorschlagen, benennen (Rechtsw.). **Laudisten** [*lat.-nlat.*] *die* (Plural): Hymnen- u. Psalmensänger des 13.–16. Jh.s

Laura u. Lawra [*gr.-mgr.*; „enge Gasse"] *die*; -, ...ren: 1. Eremitensiedlung der Ostkirche. 2. ein bedeutendes → zönobitisches Kloster (z. B. auf dem Berg Athos)

Laurat [*lat.-nlat.*] *das*; -s, -e: Salz der Laurinsäure, einer Fettsäure (Chem.). **Laureat** [*lat.*] *der*; -en, -en: a) (hist.) ein mit dem Lorbeerkranz gekrönter Dichter; vgl. Poeta laureatus; b) jmd., der einen Preis erhält, dem eine besondere Auszeichnung zuteil wird; Preisträger

Laurentia [...*ẹnzia*; *nlat.*; vom latinisierten Namen des Sankt-Lorenz-Stromes] *die*; -: altes Festland in Kanada u. Grönland (Geol.). **laurentisch**: die Laurentia betreffend; -e Faltung, -e Gebirgsbildung, -e Revolution: Hochgebirgsbildung am Ende des → Archaikums (Geol.)

lauretanisch [*nlat.*; nach dem ital. Wallfahrtsort Loreto]: aus Loreto, zu Loreto gehörend; Lauretanische Litanei: im 16. Jh. in Loreto entstandene Marienlitanei; vgl. Litanei

Laurus [*lat.*] *der*; - u. -ses, - u. -se: Lorbeerbaum

Lautal [Kunstw.] *das*; -s: eine Aluminium-Kupfer-Legierung von großer Festigkeit

Lautenist [*mlat.*] *der*; -en, -en: jmd., der [als Berufsmusiker] Laute spielt; Lautenspieler

Lava [*lawa*; *it.*] *die*; -, Laven [...*wᵉn*]: der bei Vulkanausbrüchen an die Erdoberfläche tretende Schmelzfluß u. das daraus durch Erstarrung hervorgehende Gestein (Geol.)

Lavabel [...wa...; *lat.-fr.*] *der*; -s: feinfädiges, waschbares Kreppgewebe in Leinwandbindung (Webart). **Lavabo** [*lat.*; „ich werde waschen"; nach Psalm 26,6] *das*; -[s], -s: 1. Handwaschung des Priesters in der katholischen Liturgie. 2. vom Priester bei der Handwaschung verwendetes Waschbecken mit Kanne; vgl. Aquamanile. 3. (schweiz.) Waschbecken

Laven: *Plural* von → Lava

lavendel [...wä...; *lat.-mlat.-it.*]: hell[blau]-violett (wie die Blüte des Lavendels)

Lavendel [...wä...; *lat.-mlat.-it.*]
I. *der*; -s, -: Heil- u. Gewürzpflanze, die auch für Parfüms verwendet wird.
II. *das*; -s: mit Lavendelöl hergestelltes Parfüm; Lavendelwasser.
III. *das*; -s, -: (bei Schwarzweißfilmen lavendelblaue) Kopie vom Negativfilmstreifen (vgl. Negativ) des Originals, die zur Herstellung von weiteren Negativen dient

lavieren [...wir^{e}n]
I. [*lat.-it.*]: a) die aufgetragenen Farben auf einem Bild verwischen, damit die Grenzen verschwinden; b) mit verlaufenden Farbflächen arbeiten.
II. [*niederl.*]: 1. mit Geschick Schwierigkeiten überwinden, vorsichtig zu Werke gehen, sich durch Schwierigkeiten hindurchwinden. 2. (Seemannsspr., veraltet) im Zickzack gegen den Wind segeln; kreuzen

Lavipedium [...wi...; *lat.-nlat.*] *das*; -s, ...ien [...i^{e}n]: Fußbad (Med.)

lävogyr [...wo...; *gr.-lat.*; *gr.*]: die Ebene → polarisierten Lichts nach links drehend; Zeichen: l; Ggs. → dextrogyr

Lavoir [...woar; *lat.-fr.*] *das*; -s, -s: (veraltet) Waschbecken, -schüssel

Lävokardie [...wo...; *lat.*; *gr.*] *die*; -, ...ien: die normale Lage des mit seiner Spitze nach links zeigenden Herzens (Med.)

Lavor [...for, auch: ...wor] *das*; -s, -e: (südd.) Lavoir, Waschbecken

Lävulose [...wu...; *gr.-lat.-nlat.*] *die*; -: (veraltet) Fruchtzucker. **Lävulos|urie** [...wu...; *gr.-lat.-nlat.*; *gr.*] *die*; -: das Auftreten von Lävulose im Harn (Med.)

Law and order [lo^{e}nd o^{r}d^{e}r; *amerik.*; „Gesetz und Ordnung"]: (oft abwertend) Schlagwort mit dem Ruf nach Bekämpfung von Kriminalität u. Gewalt durch entsprechende Gesetzes-, Polizeimaßnahmen o. ä.

Lawine [*lat.-mlat.-ladinisch*] *die*; -, -n: an Hängen niedergehende Schnee-, Eis- od. Stein- u. Staubmassen

Lawn-Tennis [lon...; *engl.*] *das*; -: Tennis auf Rasenplätzen

Lawra vgl. Laura

Lawrencium [loränzium; *nlat.*; nach dem amerik. Physiker E. O. Lawrence, † 1958] *das*; -s: künstlich hergestellter chem. Grundstoff, ein Transuran; Zeichen: Lw

lax [*lat.*]: nachlässig, ohne feste Grundsätze, nicht streng auf etw. achtend. **Laxans** *das*; -, ...antia [...zia] u. ...anzien [...i^{e}n], **Laxativ** *das*; -s, -e [...w^e] u. **Laxativum** [...wum] *das*; -s, ...va [...wa]: Abführmittel von verhältnismäßig milder Wirkung (Med.). **laxieren**: abführen (Med.). **Laxismus** [*lat.-nlat.*] *der*; -: von der Kirche verurteilte Richtung der katholischen Moraltheologie, die Handlungen auch dann für erlaubt hält, wenn nur eine geringe Wahrscheinlichkeit für das Erlaubtsein dieser Handlungen spricht

Lay|out [le'aut od. ...aut; *engl.*] *das*; -s, -s: 1. Text- u. Bildgestaltung einer Seite bzw. eines Buches. 2. skizzenhaft angelegter Entwurf von Text- u. Bildgestaltung eines Werbemittels (z. B. Anzeige, Plakat) od. einer Publikation (z. B. Zeitschrift, Buch). 3. Schema für die Anordnung der Bauelemente einer Schaltung (Elektron.). **Layouter** *der*; -s, -: Gestalter eines Layouts, Entwurfsgrafiker

Lazarett [*venez.-it.-fr.*; als Wortbildung beeinflußt von dem Namen der biblischen Gestalt des Lazarus] *das*; -[e]s, -e: Krankenanstalt für verwundete od. erkrankte Soldaten, Militärkrankenhaus. **Lazarist** [nach dem Mutterhaus Saint-Lazare (*ßänglasar*) in Paris] *der*; -en, -en: Angehöriger einer katholischen Kongregation von Missionspriestern; vgl. Vinzentiner. **Lazarus** [*mlat.*] *der*; -[ses], -se: (ugs.) jmd., der schwer leidet; Geplagter; armer Teufel

Lazeration [...zion; *lat.*] *die*; -, -en: Einriß, Zerreißung [von Körpergewebe] (Med.). **lazerieren**: einreißen (Med.)

Lazerte [*lat.*] *die*; -, -n: Eidechse

Lazulith [auch: ...it; *nlat.*] *der*; -s, -e: ein himmelblaues bis bläulichweißes Mineral, Blauspat

Lazzarone [*mlat.-it.*] *der*; -[n] u. -s, -n u. ...ni: Armer, Bettler in Neapel

Lead [lid; *engl.*] *das*; -[s]: 1. die Führungsstimme im Jazzensemble (oft Trompete od. Kornett II, 2). 2. das Vorauseilen, Vorsprung bestimmter Werte vor anderen im Konjunkturverlauf (Wirtsch.). 3. Anfang, Beginn, [kurz zusammenfassende] Einleitung zu einer Veröffentlichung od. Rede. **Leader** *der*; -s, -: 1. Bandleader. 2. Spitzenreiter (beim Sport). **Leadgitarre** *die*; -, -n: elektrische Gitarre, auf der die Melodie gespielt wird; vgl. Rhythmusgitarre. **Leadgittarist** *der*; -en, -en: jmd., der die Leadgitarre spielt

leasen [lis^{e}n; *engl.*]: im Leasingverfahren (vgl. Leasing) mieten, pachten (z. B. ein Auto). **Leasing** [lising] *das*; -s, -s: Vermietung von [Investitions]gütern, bes. von Industrieanlagen, wobei die Mietzahlungen bei einem eventuellen späteren Kauf angerechnet werden können (eine moderne Form der Industriefinanzierung; Wirtsch.)

Lecithin [...zi...] vgl. Lezithin

Leckage [...asch^e, österr.: ...asch; aus *Leck* u. fr. *-age*] *die*; -, -n: 1. Gewichtsverlust durch Verdunsten od. Aussickern auf Grund einer undichten Stelle. 2. Leck

Le|clanché-Element [l^{e}klangsche...; nach dem franz. Chemiker G. Leclanché, † 1882]: verbreitetstes → galvanisches Element (das in bestimmter Form z. B. auch in Taschenlampenbatterien verwendet wird)

Lectisternium [läk...; *lat.*] *das*; -s, ...ien [...i^{e}n]: (hist.) Göttermahlzeit des altrömischen Kultes, bei der den auf Polstern ruhenden Götterbildern Speisen vorgesetzt wurden

lectori salutem [läk... -; *lat.*; „dem Leser Heil!"]: Formel zur Begrüßung des Lesers in alten Schriften; Abk.: L. S.

legabile = legato

legal [*lat.*]: gesetzlich [erlaubt], dem Gesetz gemäß; Ggs. → illegal. **Legaldefinition** [...zion] *die*; -, -en: durch ein Gesetz gegebene Begriffsbestimmung. **Legalinter|pretation** [...zion] *die*; -, -en: Erläuterung eines Rechtssatzes durch den Gesetzgeber selbst; im Gesetz formulierte Auslegung einer [anderen] gesetzlichen Vorschrift. **Legalisation** [...zion; *lat.-nlat.*] *die*; -, -en: Beglaubigung [von Urkunden]. **legalisieren**: 1. [Urkunden] amtlich beglaubigen. 2. legal machen. **Legalismus** *der*; -: strikte Befolgung des Gesetzes, starres Festhalten an Paragraphen u. Vorschriften. **legalistisch**: a) an Paragraphen u. Vorschriften kleinlich festhaltend; b) auf Legalismus beruhend. **Legalität** [*lat.-mlat.*] *die*; -: Gesetzmäßigkeit; die Bindung der Staatsbürger u. der Staatsgewalt an das geltende Recht. **Legalitätsmaxime** *die*; - u. **Legalitäts|prinzip** *das*; -s: die Pflicht der Staatsanwaltschaft u. ihrer Hilfsorgane (Polizei) zur Verfolgung aller strafbaren Handlungen. **Legal tender** [*lig^el tänd^er*; *engl.*] *das*; --: engl. Bezeichnung für: gesetzliches Zahlungsmittel

leg|asthen [*lat.*; *gr.*]: die Legasthenie betreffend. **Leg|asthenie** [„Leseschwäche"] *die*; -, ...ien: die Schwäche, Wörter u. zusammenhängende Texte zu lesen od. zu schreiben (bei Kindern mit normaler od. überdurchschnittlicher Intelligenz u. Begabung; Psychol.; Med.). **Leg|astheniker** *der*; -s, -: jmd. (meist ein Kind), der an Legasthenie leidet. **leg|asthenisch**: an Legasthenie leidend

Legat [*lat.*]

I. *der*; -en, -en: 1. (hist.) a) im alten Rom Gesandter [des Senats]; Gehilfe eines Feldherrn u. Statthalters; b) in der röm. Kaiserzeit Unterfeldherr u. Statthalter in kaiserlichen Provinzen. 2. päpstlicher Gesandter (meist ein Kardinal) bei besonderen Anlässen (kath. Rel.).

II. *das*; -[e]s, -e: Vermächtnis; Zuwendung einzelner Vermögensgegenstände durch letztwillige Verfügung

Legatar [*lat.*] *der*; -s, -e: jmd., der ein Legat erhält; Vermächtnisnehmer. **Legation** [...*zion*] *die*; -, -en: 1. [päpstliche] Gesandtschaft. 2. Provinz des früheren Kirchenstaates

legatissimo [*lat.-it.*]: äußerst gebunden (Mus.). **legato**: gebunden; Abk.: leg. (Mus.); Ggs. → staccato; ben -: gut, sehr gebunden (Mus.). **Legato** *das*; -[s], -s u. ...ti: gebundenes Spiel (Mus.)

lege artis [*lat.*]: vorschriftsmäßig, nach den Regeln der [ärztlichen] Kunst; Abk.: l. a.

Legenda aurea [*lat.-mlat.*] *die*; - -: Legendensammlung des Jacobus a Voragine, † 1298, ein Erbauungsbuch des Mittelalters. **legendar**: (veraltet) legendär. **Legendar** *das*; -s, -e: Legendenbuch; Sammlung von Heiligenleben, bes. zur Lesung in der → Mette. **legendär**: 1. legendenhaft, sagenhaft. 2. unwahrscheinlich, unglaublich, phantastisch. **Legendarium** *das*; -s, ...ien [...*i^en*]: älter für → Legendar. **legendarisch**: a) eine Legende betreffend, zur Legende gehörend; b) nach Art der Legenden; c) Legenden enthaltend (z. B. von einem Bericht mit historischem Kern). **Legende** [„zu Lesendes"] *die*; -, -n: 1. Abschnitt eines Heiligenlebens für die gottesdienstliche Lesung; Heiligenerzählung; [fromme] Sage. 2. sagenhafte, unglaubwürdige Geschichte od. Erzählung. 3. episch-lyrisches Tonstück, ursprünglich die Heiligenlegenden behandelnd (Mus.). 4. Zeichenerklärung, am Rande zusammengestellte Erläuterungen, erklärender Text auf Abbildungen, Karten u. a.

leger [*lesehär*; *lat.-vulgärlat.-fr.*]: a) lässig, ungezwungen, zwanglos (in bezug auf Benehmen u. Haltung); b) bequem, leicht (in bezug auf die Kleidung); c) nachlässig, oberflächlich (in bezug auf die Ausführung von etwas). **Legerdemain** [*lesehed^emäng*; *fr.*] *das*; -, -s: (veraltet) Taschenspielerstück, Trick

Leges: *Plural* von → Lex

leggia|dramente [*lädseh*...] u. **leggia|dro** [...*dsehadro*; *lat.-it.*] u. **leggiero** [...*dsehäro*; *lat.-fr.-it.*]: leicht, anmutig, spielerisch, ungezwungen, perlend (Mus.)

Leggings, Leggins [*engl.*] *die* (Plural): aus Leder hergestelltes, einer Hose ähnliches Kleidungsstück der nordamerikanischen Indianer

Leghorn [*engl.*; vom engl. Namen der ital. Stadt Livorno] *das*; -s, -[s] (landsch. auch: Leghörner): Huhn einer weit verbreiteten weißen od. braunen Rasse mit hoher Legeleistung

legieren

I. [*lat.*]: (veraltet) ein Legat (II) aussetzen.

II. [*lat.-it.*]: 1. eine Legierung herstellen. 2. Suppen u. Soßen mit Ei od. Mehl eindicken

Legierung *die*; -, -en: durch Zusammenschmelzen mehrerer Metalle entstandenes Mischmetall (z. B. Messing)

Legion [*lat.*] *die*; -, -en: 1. (hist.) altröm. Heereseinheit. 2. (ohne Plural): (hist.) [deutsch-ital.] Freiwilligentruppe im span. Bürgerkrieg (Kurzform von Legion Condor). 3. (ohne Plural) [franz.] Fremdenlegion. 4. (ohne Plural) unbestimmt große Anzahl, Menge; etwas ist -: etwas ist in sehr großer Zahl vorhanden. **Legionar** *der*; -s, -e: (hist.) Soldat einer röm. Legion. **legionär** [*lat.-fr.*]: die Legion betreffend, von ihr ausgehend. **Legionär** *der*; -s, -e: Mitglied einer Legion (z. B. der franz. Fremdenlegion). **Legionärskrankheit** *die*; -: durch bisher noch unbekannte Krankheitserreger hervorgerufene Infektionskrankheit [mit oft tödlichem Verlauf] (die erstmals an Teilnehmern eines Legionärstreffens 1976 in den USA diagnostiziert wurde)

Legislation [...*zion*; *lat.*] *die*; -: = Legislatur. **legislativ** [*lat.-nlat.*]: gesetzgebend; vgl. ...iv/...orisch. **Legislative** [...*w^e*] *die*; -, -n: a) gesetzgebende Gewalt, Gesetzgebung; vgl. Exekutive; b) (veraltet) gesetzgebende Versammlung. **legislatorisch**: gesetzgeberisch; vgl. ...iv/...orisch. **Legislatur** *die*; -, -en: a) Gesetzgebung; b) (veraltet) gesetzgebende Versammlung. **Legislaturperiode** *die*; -, -n: Gesetzgebungsperiode, Wahlperiode; Amtsdauer einer [gesetzgebenden] Volksvertretung. **Legismus** *der*; -: (veraltet) starres Festhalten am Gesetz. **legitim** [*lat.*]: 1. a) rechtmäßig, gesetzlich anerkannt; Ggs. → illegitim (a); b) ehelich (von Kindern); Ggs. → illegitim (b). 2. berechtigt, begründet; allgemein anerkannt, vertretbar. **Legitimation** [...*zion*; *lat.-fr.*] *die*; -, -en: 1. Beglaubigung; [Rechts]ausweis. 2. Ehelichkeitserklärung (für ein vorher uneheliches Kind); vgl. ...[at]ion/...ierung. **Legitimationspapier** *das*; -s, -e: Schuldurkunde, die den Berechtigten nennt (z. B. Sparkassenbuch, Versicherungsschein. **legitimieren** [*lat.-mlat.(-fr.)*]: 1. a) beglaubigen; b) für gesetzmäßig erklären. 2. ein Kind für ehelich erklären. 3. sich -: sich ausweisen. **Legitimierung** *die*; -, -en: das Legitimieren; vgl. ...[at]ion/...ierung. **Legitimismus** [*nlat.*] *der*; -: Lehre von der Unabsetzbarkeit des angestammten Herrscherhauses. **Legitimist** *der*; -en, -en: 1. Anhänger des Legitimismus. 2. Vertreter des monarchischen Legitimitätsprinzips (z. B. in Frankreich um 1830 die Anhänger der Bourbonen). **legitimistisch**: a) den Legitimismus betreffend; b) den Legitimisten (2) betreffend. **Legitimität** [*lat.-fr.*] *die*; -: Rechtmäßigkeit einer Staatsgewalt; Übereinstimmung mit der [demokratischen od. dynastischen] Verfassung; Gesetzmäßigkeit [eines Besitzes, Anspruchs]. **Legitimitätsprinzip** *das*; -s: innere Rechtfertigung der Gesetzmäßigkeit, bes. einer monarchischen („von Got tes Gnaden") od. demokratischen Regierungsform („alle Gewalt geht vom Volke aus")

Leguan [auch: *le*...; *karib.-span.*] *der*; -s, -e: tropische Baumeidechse mit gezacktem Rückenkamm

Legumen [*lat.*; „Hülsenfrucht"] *das*; -s, -: Frucht der Hülsenfrüchtler. **Legumin** [*lat.-nlat.*] *das*; -s, -e: Eiweiß der Hülsenfrüchte. **Leguminose** *die*; -, -n (meist Plural): Hülsenfrüchtler (z. B. Mimose, Erbse, Bohne, Erdnuß)

Lei: *Plural* von → Leu

Leicht|ath|let [*dt.*; *gr.-lat.*] *der*; -en, -en: Person, Sportler, der Leichtathletik treibt. **Leicht|ath|letik** *die*; -: Gesamtheit der sportlichen Übungen, die den natürlichen Bewegungsformen des Menschen entsprechen (z. B. Laufen, Gehen, Springen, Werfen, Stoßen; Grundlage für viele andere Sportarten)

leipo|grammatisch [*gr.*]: einen bestimmten Buchstaben nicht aufweisend (bezogen auf Texte, bei denen der Dichter aus literarischer Spielerei einen Buchstaben, meist das R, vermieden hat)

Leis [aus: → Kyrieleis] *der*; - u. -es, -e[n]: geistliches Volkslied des Mittelalters (mit dem Kehrreim „Kyrieleis")

Leishmania [*laisch*...; *nlat.*; nach dem engl. Arzt Leishman (*lischm*^{e}*n*)] *die*; -, ...ien [...*i*^{e}*n*]: einzelliges Geißeltierchen (Krankheitserreger). **Leishmaniose** *die*; -, -n: durch Leishmanien hervorgerufene tropische Krankheit (Med.)

Leitfossil *das*; -s, -ien [...*i*^{e}*n*]: für eine bestimmte → stratigraphische Einheit (Schicht, Stufe) charakteristisches → Fossil (Geol.)

Lek [*alban.*] *der*; -, -: albanische Währungseinheit

Lektion [...*zion*; *lat.*] *die*; -, -en: 1. Unterrichtsstunde. 2. Lernpensum, -abschnitt. 3. Zurechtweisung, Verweis. 4. liturgische [Bibel]lesung im christlichen Gottesdienst. **Lektionar** [*lat.-mlat.*] *das*; -s, -e u. -ien [...*i*^{e}*n*] u. **Lektionarium** *das*; -s, ...ien [...*i*^{e}*n*]: (Rel.) 1. liturgisches Buch mit den Bibelabschnitten für den christlichen Gottesdienst (Sammelbezeichnung für → Epistolar (1) u. → Evangeliar). 2. Lesepult, an welchem die Verlesung der nach der kirchlichen Ordnung vorgeschriebenen Bibelabschnitte vorgenommen wird. **Lektor** [*lat.*; „Leser, Vorleser"] *der*; -s, ...oren: 1. Sprachlehrer für praktische Übungen an einer Hochschule. 2. wissenschaftlicher Mitarbeiter eines Verlags zur Begutachtung eingehender Manuskripte. 3. a) (früher) zweiter Grad der katholischen niederen Weihen; b) katholisches Gemeindemitglied, das während der → Messe (1) liturgische Texte vorliest; c) evangelisches Gemeindemitglied, das in Vertretung des Pfarrers Lesegottesdienste hält. **Lektorat** [*lat.-mlat.*] *das*; -[e]s, -e: 1. Lehrauftrag eines Lektors (1). 2. [Verlags]abteilung, in der eingehende Manuskripte geprüft u. bearbeitet werden. **lektorieren** [*lat.-nlat.*]: als Lektor (2) ein Manuskript prüfen. **Lektüre** [*lat.-mlat.-fr.*] *die*; -, -n: 1. Lesestoff. 2. (ohne Plural) das Lesen; vgl. kursorisch u. statarisch

Lekythion [*gr.*] *das*; -s, ...thia: antiker Vers (lyrische trochäische Sonderform). **Lekythos** [*gr.-lat.*] *die*; -, ...ythen: altgriechischer Henkelkrug mit schlankem Hals aus Ton, der als Ölgefäß diente u. häufig auch Grabbeigabe war

Le-Mans-Start [*l*^{e}*mang*...; nach der franz. Stadt Le Mans] *der*; -[e]s, -s: Startart bei Autorennen, bei der die Fahrer erst quer über die Fahrbahn zu ihrem Wagen (mit abgestelltem Motor) laufen (Motorsport)

Lemma [*gr.-lat.*] *das*; -s, -ta: 1. Stichwort in einem Nachschlagewerk (Wörterbuch, Lexikon). 2. (veraltet) Überschrift, Motto als Inhaltsanzeige eines Werkes. 3. a) Hilfssatz, der im Verlaufe einer Beweisführung gebraucht wird (Math.; Logik); b) Vordersatz eines Schlusses (altgriech. Philos.). **lemmatisieren** [*gr.-lat.-nlat.*]: mit Stichwörtern versehen [u. entsprechend ordnen]

Lemming [*dän.*] *der*; -s, -e: Wühlmaus der nördlichen kalten Zone

Lemniskate [*gr.-lat.*] *die*; -, -n: eine mathematische Kurve höherer Ordnung (liegende Acht)

Lempira [*indian-span.*; Name eines Indianerhäuptlings] *die*; -, -s (aber: 5 -): Währungseinheit in Honduras

Lemur [*lat.*] *der*; -en, -en u. **Lemure** *der*; -n, -n (meist Plural): 1. Geist eines Verstorbenen, Gespenst (nach altröm. Glauben). 2. Halbaffe (mit Affenhänden u. -füßen, aber fuchsähnlichem Gesicht; zahlreiche Arten vor allem auf Madagaskar u. im tropischen Afrika). **lemurenhaft**: gespenstisch. **Lemuria** [*lat.-nlat.*] *die*; -: für die Triaszeit (vgl. Trias) vermutete Landmasse zwischen Vorderindien u. Madagaskar (Geol.). **lemurisch**: a) zu den Lemuren (1) gehörend; b) = lemurenhaft

Lenäen [*gr.*] *die* (Plural): altathenisches Fest zu Ehren des Gottes Dionysos (ein Kelterfest mit Aufführungen von Tragödien u. Komödien)

Lenes: *Plural* von → Lenis (I). **Lenicet** ® [...*zet*; *lat.-nlat.*] *das*; -s: Salben- u. Pudergrundlage. **leniens** [...*i-änß*; *lat.*]: lindernd, mild (z. B. von Salben; Med.). **Lenierung** [„Milderung"] *die*; -: Schwächung von Konsonanten, bes. in den keltischen Sprachen

Leninismus [*nlat.*] *der*; -: der von Lenin (1870–1924) beeinflußte u. geprägte → Marxismus. **Leninist** *der*; -en, -en: Anhänger, Vertreter des Leninismus. **leninistisch**: den Leninismus betreffend, im Sinne des Leninismus

Lenis [*lat.*]

I. *die*; -, Lenes [*léneß*]: mit schwachem Druck u. ungespanntem Artikulationsorganen gebildeter Laut (z. B. b, w; Sprachw.); Ggs. → Fortis.

II. *der*; -, -: = Spiritus lenis

lenisieren [*lat.*]: weich, stimmhaft werden (von Konsonanten; Sprachw.). **lenitiv**: = leniens. **Lenitivum** [...*wum*; *lat.-nlat.*] *das*; -s, ...va [...*wa*]: mildes Abführmittel (Med.)

lentamente [*lat.-it.*]: langsam (Vortragsanweisung; Mus.).

lentando u. slentando: nachlassend, zögernd, nach u. nach langsamer (Vortragsanweisung; Mus.). **Lentando** *das*; -s, -s u. ...di: nachlassendes, zögerndes, nach u. nach langsamer werdendes Zeitmaß. **lentement** [*langtmang*; *lat.-fr.*]: langsam (Vortragsanweisung; Mus.)

Lentigo [*lat.*] *die*; -, ...gines: kleines, rundliches, braunes bis tiefschwarzes, etwas vorspringendes Muttermal; Linsenmal (Med.). **lentikular** u. **lentikulär**: (Med.) 1. linsenförmig. 2. zur Linse des Auges gehörend. **Lentikulariswolke** [*lat.*; *dt.*] *die*; -, -n: linsenförmige Wolke (Meteor.). **Lentizellen** [*lat.-nlat.*] *die* (Plural): an → Interzellularen reiches Gewebe, das an verkorkten Pflanzenteilen die Spaltöffnungen (Organe in der Oberhaut höherer Pflanzen, die der Abgabe von Wasserdampf u. der Atmung dienen) ersetzt

lento [*lat.-it.*]: langsam (etwa wie adagio, largo); - a s s a i od. d i m o l t o: sehr langsam; n o n -: nicht zu langsam, nicht schleppend (Vortragsanweisungen;

Mus.). **Lento** *das*; -s, -s u. ...ti: langsames, gedehntes Zeitmaß. **Lentoform** *die*; -, -en: beim langsamen Sprechen verwendete volle Form (z. B.: *ob es* statt *ob's*; Sprachw.)

Leoniden [*lat.-nlat.*] *die* (Plural): im November regelmäßig wiederkehrender Sternschnuppenschwarm

leoninische Vers [- *f*...; nach einem mittelalterlichen Dichter namens Leo od. nach einem Papst Leo] *der*; -n -es, -n -e: Hexameter od. Pentameter, dessen Mitte u. Versende sich reimen

leoninische Vertrag [„zum Löwen gehörend"; nach einer Fabel Äsops] *der*; -n -[e]s, -n ...träge: Vertrag, bei dem ein Partner allen Nutzen hat

leonisch [nach der span. Stadt León]: mit Metallfäden umwikkelt, umsponnen (z. B. Garn, Faden); aus od. mit Hilfe von Metallfäden od. -gespinsten gefertigt (z. B. Stickereien, → Posamenten); vgl. Lamé

Leontiasis [*gr.*] *die*; -, ...iasen: Erkrankung des Knochensystems mit Wachstumsvermehrung verschiedener Knochen, besonders des Schädels mit der Folge einer löwenähnlichen Verunstaltung von Kopf u. Gesicht (Med.). **Leonto|podium** [*gr.-nlat.*] *das*; -[s]: Edelweiß. **Leopard** [*lat.*] *der*; -en, -en: asiat. u. afrik. Großkatze mit meist fahl- bis rötlichgelbem Fell mit schwarzen Ringelflecken; vgl. Panther

Leotard [*liᵉtard*; *engl.*] *das*; -s, -s: zum Turnen, beim Ballett o. ä. getragenes, einteiliges, enganliegendes [ärmelloses] Trikot

Lepidoden|dron [*gr.-nlat.*] *das*; -s, ...ren: Schuppenbaum (ausgestorbene Farnpflanze). **Lepidolith** [auch: ...*it*] *der*; -s u. -en, -e[n]: zartrotes, weißes od. graues Mineral, Glimmer. **Lepidomelan** *der*; -s, -e: sehr eisenreicher Glimmer. **Lepido|pteren** *die* (Plural): systematische Sammelbezeichnung für die Schmetterlinge. **Lepido|pterologe** *der*; -n, -n: jmd., der sich [wissenschaftlich] mit der Lepidopterologie befaßt. **Lepido|pterologie** *die*; -: Spezialgebiet der Zoologie, auf dem man sich mit den Schmetterlingen befaßt; Schmetterlingskunde

Leporello [Operngestalt Mozarts] *das*; -s, -s: = Leporelloalbum. **Leporelloalbum**: harmonikaartig zusammenzufaltende Bilderreihe (z. B. Ansichtskartenreihe, Bilderbuch). **Leporelloliste** *die*; -, -n: Aneinanderreihung, aufzählendes Verzeichnis der Geliebten (eines Mannes)

Le|pra [*gr.-lat.*] *die*; -: Aussatz (Med.). **Le|prom** [*gr.-nlat.*] *das*; -s, -e: Knotenbildung bei Lepra, Lepraknoten (Med.). **le|pros** [*gr.-lat.*] u. **le|prös** [mit französierender Endung]: an Lepra leidend, aussätzig (Med.). **Le|prosorium** [*gr.-vulgärlat.*] *das*; -s, ...ien [...*iᵉn*]: Leprakrankenhaus

Lepta: *Plural* von → Lepton (I).

Leptokardier [...*iᵉr*; *gr.-nlat.*] *die* (Plural): Röhrenherzen (häufige Bezeichnung für die Lanzettfischchen; vgl. Amphioxus). **leptokephal** usw. vgl. leptozephal usw. **Leptom** *das*; -s, -e: Siebteil (der Leitung organischer Stoffe dienender Teil) der Pflanzen (ohne Bastfasern). **Lepto|meningitis** *die*; -, ...itiden: Entzündung der weichen Hirnhaut (Med.). **Leptomeninx** *die*; -: weiche Hirn- bzw. Rückenmarkshaut (die zu den bindegewebigen Hüllen des Gehirns u. des Rückenmarks gehört; Med.). **leptomorph**: = leptosom

Lepton

I. Lepton [*gr.*] *das*; -s, Lepta: 1. altgriechisches Gewicht. 2. alt- u. neugriechische Münze.

II. Lepton [*gr.-nlat.*] *das*; -s, ...onen: Elementarteilchen, dessen Masse geringer ist als die eines → Mesons (Phys.); vgl. Baryon, Tachyon

Lepto|pros|opie *die*; -: mit Langköpfigkeit verbundene Schmalgesichtigkeit (Med.). **leptosom**: schmal-, schlankwüchsig (Med.). **Leptosome** *der* u. *die*; -n, -n: Mensch mit schlankem, schmalwüchsigem Körperbau u. schmalen, längeren, zartknochigen Gliedmaßen (der in starker Ausprägung als → asthenisch bezeichnet wird; Med.). **Leptospire** *die*; -, -n: Schraubenbakterie (zur Familie der → Spirochäten gehörender Krankheitserreger; Med.). **Leptospirose** *die*; -, -n: durch Leptospiren hervorgerufene Infektionskrankheit mit gelbsuchtähnlichem Charakter (Med.). **leptozephal**: abnorm schmalköpfig (Med.). **Leptozephale** *der* u. *die*; -n, -n: Mensch mit Leptozephalie (Med.). **Leptozephalie** *die*; -: abnorme Höhe u. Schmalheit des Kopfes, Schmalköpfigkeit

Lesbe *die*; -, -n: (Jargon) Lesbierin. **Lesbianismus** [nach der Insel Lesbos] *der*; -: → Homosexualität bei Frauen. **Lesbierin** [...*i-e*...] *die*; -, -nen: lesbische Frau. **lesbisch**: gleichgeschlechtlich empfindend, zum eigenen Geschlecht hinneigend (auf Frauen bezogen); -e Liebe: Geschlechtsbeziehung zwischen Frauen

Lesginka [*russ.*] *die*; -, -s: kaukasischer Tanz

Lesley [*läsli*; *engl.*] vgl. Leslie. **Leslie** u. Lesley [*läsli*] *das*; -s, -s: (bes. bei moderner Unterhaltungsmusik verwendetes) hauptsächlich durch Schallumlenkung mit Hilfe rotierender Lautsprecher od. einer um einen Lautsprecher rotierenden Trommel bewirktes Vibrato

Leste [*span.*] *der*; -: warmer Wüstenwind aus der Sahara in Richtung der Kanarischen Inseln

lesto [*it*]: flink, behend (Vortragsanweisung; Mus.)

letal [*lat.*]: zum Tode führend, tödlich (z. B. von bestimmten Mengen von Giften, seltener von Krankheiten; Med.). **Letaldosis** *die*; -, ...sen: bestimmte Menge schädigender Substanzen (z. B. auch Röntgenstrahlen o. ä.), die tödlich ist (Med.). **Letalfaktor** *der*; -s, -en: Erbanlage, die Ursache einer mit dem Leben unvereinbaren Mißbildung o. ä. ist (Med.). **Letalität** [*lat.-nlat.*] *die*; -: Sterblichkeit, Verhältnis der Todesfälle zur Zahl der Erkrankten (Med.)

Lethargie [*gr.-lat.*] *die*; -: 1. krankheitsbedingte Schlafsucht mit Bewußtseinsstörungen (z. B. bei Vergiftungen; Med.). 2. körperliche u. seelische Trägheit; Gleichgültigkeit, Teilnahmslosigkeit. **lethargisch**: 1. schlafsüchtig. 2. körperlich u. seelisch träge; leidenschaftslos, teilnahmslos, gleichgültig. **Lethe** [Unterweltsfluß der griechischen Sage] *die*; -: (dicht.) Vergessenheitstrank, Vergessenheit

Letkiss [*finn.-engl.*] *der*; -, -: Gesellschaftstanz mit folkloristischem Charakter

Letter [*lat.-fr.*] *die*; -, -n: Druckbuchstabe. **Lettersetdruck** *der*; -[e]s: Hochdruckverfahren, bei dem der Abdruck zunächst auf einem Gummizylinder u. von hier auf das Papier erfolgt (Druckw.)

Let|tres de cachet [*lätrᵉ dᵉ kaschä*; *fr.*] *die* (Plural): (hist.) Geheimbefehle der franz. Könige (bis 1789), die Verbannung od. Verfolgung anordneten. **Let|trisme** [*lätrißmᵉ*] u. **Let|trismus** *der*; -: (1945 in Paris gegründete) literarische Bewegung, die in Weiterführung des → Dadaismus u. des

→ Surrealismus Dichtung, Poesie hervorbringt, die nicht mit bekannten Wörtern etwas beschreibt, sondern Empfindungen, Eindrücke mit neuen Lautgebilden, mit dem Klang willkürlich aneinandergereihter Vokale u. Konsonanten erst entstehen lassen will. **Let|trist** *der*; -en, -en: Vertreter, Anhänger des Lettrismus. **let|tristisch**: den Lettrismus betreffend; in der Art des Lettrismus

Leu [*lat.-rumän.*; „Löwe"] *der*; -, Lei: rumänische Währungseinheit

Leuk|ämie [*gr.-nlat.*; „Weißblütigkeit"] *die*; -, ...ien: bösartige Erkrankung mit Überproduktion an weißen Blutkörperchen; Blutkrebs (Med.). **leukämisch**: (Med.) a) die Leukämie betreffend; zum Krankheitsbild der Leukämie gehörend; b) an Leukämie leidend. **Leuk|an|ämie** *die*; -: Mischform zwischen Leukämie und → perniziöser Anämie (Med.). **Leukobase** [*gr.-nlat.*] *die*; -, -n: chem. Verbindung zur Herstellung künstlicher Farbstoffe. **Leuko|blast** *der*; -en, -en (meist Plural): weiße Blutkörperchen bildende Zelle; Vorstufe des Leukozyten (Med.). **leukoderm**: pigmentarm (von der Haut; vgl. Pigment 1), hellhäutig (Med.); Ggs. → melanoderm. **Leukoderma** *das*; -s, ...men: das Auftreten rundlicher weißer Flecken in der Haut (Med.). **Leukodermie** *die*; -: = Albinismus. **Leukokeratose** *die*; -, -n: = Leukoplakie. **leuko|krat**: überwiegend helle Bestandteile (wie Quarz, Feldspat u. a.) aufweisend u. deshalb hell erscheinend (von bestimmten Erstarrungsgesteinen; Geol.); Ggs. → melanokrat. **Leukolyse** *die*; -, -n: Auflösung, Zerfall der weißen Blutkörperchen (Med.). **Leukolysin** *das*; -s, -e (meist Plural): Substanz, die den Abbau u. die Auflösung der weißen Blutkörperchen bewirkt (Med.). **Leukom** *das*; -s, -e: weißer Fleck, weißlich verfärbte Wucherung, auch Narbe auf der Hornhaut des Auges (Med.). **Leukomatose** *die*; -, -n: Bildung weißer Flecken auf der Haut (Med.). **Leukomel|algie** *die*; -, ...ien: anfallartiges Auftreten von Schmerzen in Armen u. Beinen mit blasser Hautverfärbung u. Kältegefühl als Folge von Durchblutungsstörungen (Med.). **Leukometer** *das*; -s, -: Meßgerät zur Bestimmung des Reflexionsgrades heller Objekte bzw. Stoffe (Techn.). **Leuk|onychie** *die*; -, ...ien: [teilweise] Weißfärbung der Nägel (Med.). **Leukopathie** *die*; -, ...ien: = Leukoderma. **Leukopedese** *die*; -, -n: = Diapedese. **Leukopenie** *die*; -, ...ien: krankhafte Verminderung der weißen Blutkörperchen (Med.). **Leukophyr** *der*; -s, -e: Gestein (Abart des → Diabases). **Leukoplakie** *die*; -, ...ien: das Auftreten weißlicher Flecke, Verdickungen an der Zunge (Med.)

Leuko|plast [*gr.-nlat.*]

I. *der*; -en, -en: farbloser Bestandteil der pflanzlichen Zelle; vgl. Plastiden.

II. Ⓦ *das*; -[e]s, -e: Zinkoxyd enthaltendes Heftpflaster ohne Mullauflage

Leukopoese [*gr.-nlat.*] *die*; -: Bildung weißer Blutkörperchen (Med.). **leukopoetisch**: die Leukopoese betreffend; weiße Blutkörperchen bildend (Med.). **Leukor|rhö**[1] *die*; -, -en u. **Leukorrhöe** [...*rö*] *die*; -, -n [...*ö^en*]: weißlicher Scheidenausfluß ohne Blutbeimengung (Frauenkrankheit; Med.). **leukor|rhöisch**: die Leukorrhö betreffend. **Leukose** *die*; -, -n: Sammelbezeichnung für die verschiedenen Formen der Leukämie. **Leukotomie** *die*; -, ...ien: operativer Eingriff in die weiße Gehirnsubstanz bei bestimmten Geisteskrankheiten (Med.). **Leukotoxin** *das*; -s, -e: Bakteriengift, das die Funktion der weißen Blutkörperchen hemmt od. aufhebt (Med.). **Leuko|trichie** u. **Leuko|trichose** *die*; -: das Weißwerden der Haare (Med.). **Leukozyt** *der*; -en, -en (meist Plural): weißes Blutkörperchen (Med.). **Leukozytolyse** *die*; -, -n: = Leukolyse. **Leukozytose** *die*; -: krankhafte Vermehrung der weißen Blutkörperchen (Med.). **Leuk|urie** *die*; -, ...ien: Ausscheidung weißer Blutkörperchen mit dem Harn

Leutnant [*lat.-mlat.-fr.*] *der*; -s, -s (selten: -e): Offizier der untersten Rangstufe; Abk.: Lt.

Leuzismus [*gr.-nlat.*] *der*; -: Aufhellung, Weißfärbung des Haarkleides bei normalerweise dunkelgefärbten Tieren (im Unterschied zum → Albinismus bleiben die Augen normal gefärbt).

Leuzit [auch: ...*it*] *der*; -s, -e: graues od. weißes, zu den Feldspaten gehörendes Mineral. **Leuzito|eder** *das*; -s, -: = Ikositetraeder

[1] Vgl. die Anmerkung zu Diarrhö.

Levade [...*wa*...; *lat.-fr.*] *die*; -, -n: das Sichaufrichten des Pferdes auf der Hinterhand (Übung der Hohen Schule)

Levalloisien [*l^ewaloasiäng*; *fr.*; nach Levallois-Perret (*l^ewaloa pärä*), einer Pariser Vorstadt] *das*; -[s]: Stufe der Altsteinzeit

Levante [*lewant^e*; *lat.-it.*] *die*; -: (veraltet) die Mittelmeerländer östlich von Italien. **Levantine** *die*; -: dichtes Gewebe aus Chemiefasern in Köperbindung (Webart mit schräg verlaufenden Linien), bes. für Steppdeckenbezüge, als Futter- u. Kleiderstoff. **Levantiner** *der*; -s, -: in der Levante geborener u. aufgewachsener Abkömmling eines Europäers u. einer Orientalin; Morgenländer. **levantinisch**: die Levante od. die Levantiner betreffend. **Levator** [*lat.*] *der*; -s, ...oren: Muskel mit Hebefunktion, Hebemuskel (Anat.; Med.). **Levee** [*l^ewe*; *lat.-fr.*] *die*; -, -s: (veraltet) Aushebung von Rekruten. **Levée en masse** [- *ang maß*] *die*; - - -: (veraltet) allgemeines Aufgebot der männlichen Bevölkerung (zuerst 1793 vom franz. Nationalkonvent veranlaßt)

Level [*läw^el*; *lat.-engl.*] *der*; -s, -s: erreichtes Niveau, Leistungsstand, Rang, Stufe. **Leveller** [*läw^el^er*; „Gleichmacher"] *der*; -s, -s (meist Plural): Angehöriger einer radikalen demokratischen Gruppe (zur Zeit Cromwells) mit dem Streben nach völliger bürgerlicher u. religiöser Freiheit

Lever [*l^ewe*; *lat.-fr.*] *das*; -s, -s: (hist.) Audienz am Morgen, Morgenempfang bei einem Fürsten. **Lever|szene** *die*; -, -n: das Erwachen u. Aufstehen am Morgen darstellende Szene in der Komödie (Theat.)

Leviathan, (ökum.:) **Leviatan** [...*wi*..., auch: ...*tan*; *hebr.-mlat.*] *der*; -s, -e [...*tan^e*]: 1. (ohne Plural) Ungeheuer (Drache) der altoriental. Mythologie (auch im A. T.). 2. (ohne Plural) Symbol für den allmächtigen Staat bei dem engl. Philosophen Hobbes (17. Jh.). 3. Waschmaschine für die Entfettung u. Reinigung von Wolle (Textilw.)

Levirat [*lewi*...] *das*; -[e]s, -e u. **Leviratsehe** [*lewi*...; *lat.-nlat.*; *dt.*] *die*; -, -n: Ehe eines Mannes mit der Frau seines kinderlos verstorbenen Bruders (zum Zwecke der Erzeugung eines Erben für den Verstorbenen; im Alten Testament u. bei Naturvölkern)

Levit [...*wit*; *hebr.-gr.-mlat.*; nach dem jüd. Stamm Levi] *der*; -en,

-en: 1. Tempeldiener im Alten Testament. 2. (nur Plural) die Helfer (Diakon u. Subdiakon) des Priesters im kath. Levitenamt (feierl. Hochamt)

Levitation [*lewitazion*; *lat.-nlat.*] *die*; -, -en: vermeintliche Aufhebung der Schwerkraft, freies Schweben (in Heiligenlegenden u. als → spiritistische Erscheinung)

Leviten [...*wi*...; *hebr.-gr.-mlat.*; nach dem jüd. Stamm Levi] in der Wendung: jmdm. die - lesen: (ugs.) jmdn. wegen seines tadelnswerten Verhaltens, seiner Nachlässigkeit zur Rede stellen u. ihn mit Nachdruck auf seine Pflichten usw. hinweisen (nach den Verhaltensvorschriften des Levitikus)

levitieren [...*wi*...; *lat.-nlat.*]: sich erheben [lassen], frei schweben [lassen] (Parapsychol.)

Levitikus *der*; -: lat. Bezeichnung des 3. Buchs Mose im Alten Testament. **levitisch**: auf die Leviten (1, 2; → Levit) bezüglich

Levittown [*läwitaun*; nach der nach A. S. Levitt benannten Stadt Levittown im Bundesstaat New York] *die*; -, -s (meist Plural): in den Außenbezirken amerikanischer Großstädte errichtete, große Wohnsiedlung aus einheitlichen Fertighäusern

Levkoie [*läfkeu*[e]; *gr.-ngr.*] *die*; -, -n: (landsch.) Levkoje. **Levkoje** [*läf*...] *die*; -, -n: einjährige Gartenpflanze mit großen, leuchtenden Blüten (zahlreiche Arten)

Lew [*läf*; *lat.-bulgar.*] *der*; -[s], Lewa: bulgarische Währungseinheit

Lewisit [*luisit*; nach dem amerik. Chemiker W. L. Lewis (1878–1943)] *das*; -s, -e: flüssiger chemischer Kampfstoff, der schmerzhafte Hautrötungen mit Blasenbildung verursacht

Lex [*lat.*] *die*; -, Leges [*légeß*]: Gesetzesantrag, Gesetz (oft nach dem Antragsteller od. nach dem Anlaß benannt, z. B. - Heinze, - Soraya)

Lex.-8° = Lexikonoktav. **Lexem** [*gr.-russ.*] *das*; -s, -e: lexikalische Einheit, sprachliche Bedeutungseinheit, Wortschatzeinheit im Wörterbuch (Sprachw.). **Lexematik** *die*; -: Lehre von den Lexemen. **lexematisch**: die Lexematik betreffend, zu dem Gebiet der Lexematik gehörend

Lex generalis [*lat.*] *die*; - -, Leges ...les [*légeß* ...*áleß*]: allgemeines Gesetz; vgl. Lex specialis

lexi|graphisch [*gr.-nlat.*]: = lexikographisch. **Lexik** *die*; -: Wortschatz einer Sprache (auch einer bestimmten Fachsprache). **Lexika**: *Plural* von → Lexikon. **lexikal** u. **lexikalisch**: a) das Wörterbuch betreffend; b) die vom Kotext weitgehend unabhängige Bedeutung eines Wortes betreffend (im Unterschied zur usuellen); c) in der Art eines Lexikons; vgl. ...isch/-. **lexikalisieren**: als ein neues Lexem festlegen, zum festen inhaltlich-begrifflichen Bestandteil der Sprache machen (Sprachw.). **lexikalisiert**: als Lexem, Worteinheit im Wortschatz bereits festgelegt (z. B. „hochnäsig") im Gegensatz zu einer freien Bildung (z. B. dreistäugig, flinkzüngig o. ä.; Sprachw.). **Lexiken**: *Plural* von → Lexikon. **Lexikograph** [*gr.*] *der*; -en, -en: Verfasser [einzelner Artikel] eines Wörterbuchs od. Lexikons. **Lexikographie** *die*; -: Bereich der Sprachwissenschaft, in dem man sich mit der Kodifikation u. Erklärung des Wortschatzes befaßt. **lexiko|graphisch**: die Lexikographie betreffend. **Lexikologe** [*gr.-nlat.*] *der*; -n, -n: Wissenschaftler auf dem Gebiet der Lexikologie. **Lexikologie** *die*; -: Bereich der Sprachwissenschaft, in dem man sich mit Wörtern (vgl. Lexem) u. anderen an Wortbildungsprozessen beteiligten Einheiten (vgl. Morphem) im Hinblick auf → morphologische, → semantische u. → etymologische Fragen befaßt. **lexikologisch**: a) die Lexikologie betreffend; b) zu dem Gebiet der Lexikologie gehörend. **Lexikon** [*gr.*] *das*; -s, ...ka u. ...ken: 1. alphabetisch geordnetes Nachschlagewerk für alle Wissensgebiete (vgl. Konversationslexikon) od. für ein bestimmtes Sachgebiet. 2. Wörterbuch. 3. (Sprachw.) a) Gesamtheit der bedeutungstragenden Einheiten einer Sprache, der Wortschatz im Unterschied zur Grammatik einer Sprache; b) (in der generativen Grammatik) Sammlung der Lexikoneinträge einer Sprache. **Lexikonformat** [*gr.-lat.*] *das*; -[e]s, -e u. **Lexikonoktav** *das*; -s, -e [...*w*[e]]: bei Lexika übliches Buchformat, etwa bis 25 (auch bis 30) cm; Abk.: Lex.-8°. **Lexiko|statistik** *die*; -: a) Sprachstatistik; Erforschung der Sprache in bezug auf die Häufigkeit des Gebrauchs einzelner Wörter, die Länge von → Morphemen, Wörtern, Sätzen o. ä. mit Methoden der Statistik (1) u. Wahrscheinlichkeitsrechnung; b) = (selten) Glottochronologie. **Lexiko|thek** *die*; -, -en: Sammlung von verschiedenen Lexika. **lexisch**: die Lexik betreffend. **Lexothek** *die*; -, -en: in Rechenanlagen gespeichertes, in Morpheme zerlegtes Wortmaterial, das nach Bedarf abgerufen, sortiert u. ausgedruckt werden kann; maschinelles Wörterbuch

Lex specialis [- ...*zi*...; *lat.*] *die*; - -, Leges ...les [*légeß* ...*áleß*]: das (der → Lex generalis übergeordnete) Sondergesetz. **lex specialis derogat generali** [*lat.*]: das besondere Gesetz geht dem allgemeinen vor (Grundsatz des deutschen Rechts)

Lezithin, (fachspr.:) Lecithin [*gr.-nlat.*] *das*; -s, -e: zu den → Lipoiden gehörende Substanz (u. a. als Nervenstärkungsmittel verwendet)

L'hom|bre [*longbr*; *lat.-span.-fr.*]: = Lomber

Liaison [*liäsong*; *lat.-fr.*] *die*; -, -s: 1. [nicht standesgemäße] Verbindung, Liebesverhältnis, Liebschaft. 2. in der Aussprache des Französischen Bindung zweier Wörter, wobei ein sonst stummer Konsonant am Wortende vor einem vokalisch beginnenden Wort ausgesprochen wird. 3. Mischung aus Ei, Rahm u. Butter od. Mehl, Fleischbrühe u. a. zur Herstellung von Soßen, Cremes o. ä. (Gastr.)

Liane [*fr.*] *die*; -, -n: bes. für tropische Regenwälder charakteristische Schlingpflanze, die an Bäumen o. ä. emporklettert u. häufig herabhängende, sehr starke Ausläufer bildet

Lias [*fr.-engl.-fr.*] *der* od. *die*; -: die untere Abteilung des → Juras (II) (in Süddeutschland: Schwarzer Jura; Geol.)

Libation [...*zion*; *lat.*] *die*; -, -en: (hist.) [altröm.] Trankspende für die Götter u. die Verstorbenen

Libell [*lat.*; „Büchlein"] *das*; -s, -e: 1. (hist.) gerichtliche Klageschrift im alten Rom. 2. Schmähschrift, Streitschrift, → Famosschrift

Libelle [*lat.*; „kleine Waage"] *die*; -, -n: 1. schön gefärbtes Raubinsekt mit schlankem Körper u. 4 glashellen Flügeln, dessen Larve im Wasser lebt; Wasserjungfer. 2. Hilfseinrichtung an [Meß]instrumenten (z. B. einer Wasserwaage) zur genauen Horizontal- oder Vertikalstellung. 3. Haarspange bestimmter Art

libellieren [*lat.-nlat.*]:
I. (veraltet) eine Klageschrift verfassen u. bei einer Behörde einreichen.
II. mit der Libelle (2) nachmessen

Libellist *der*; -en, -en: Verfasser ei-

nes Libells (2). **Liber** [*lat.*] *der*; -, Libri: lat. Bezeichnung für: Buch
liberal [*lat.*(*-fr.*)]: 1. dem einzelnen wenige Einschränkungen auferlegend, die Selbstverantwortung des Individuums unterstützend, freiheitlich. 2. die Weltanschauung des Liberalismus (1) betreffend, sie vertretend. 3. nach allen Seiten offen. 4. eine den Liberalismus (1) vertretende → Partei (1) betreffend, zu ihr gehörend. **Liberale** *der* u. *die*; -n, -n: Anhänger einer liberalen (4) Partei, des Liberalismus (1). **liberalisieren** [*lat.-nlat.*]: 1. von Einschränkungen frei machen; großzügiger, freiheitlich gestalten. 2. stufenweise Einfuhrverbote u. -kontingente im Außenhandel beseitigen (Wirtsch.). **Liberalismus** *der*; -: 1. bes. im Individualismus wurzelnde, im 19. Jh. in politischer, wirtschaftlicher u. gesellschaftlicher Hinsicht entscheidend prägende Denkrichtung u. Lebensform, die Freiheit, Autonomie, Verantwortung u. freie Entfaltung der Persönlichkeit vertritt. 2. liberales (1) Wesen, liberaler Zustand. **Liberalist** *der*; -en, -en: Anhänger, Verfechter des Liberalismus (1). **liberalistisch**: a) den Liberalismus betreffend, auf ihm beruhend; freiheitlich im Sinne des Liberalismus; b) extrem liberal. **Liberalität** [*lat.*] *die*; -: 1. Großzügigkeit. 2. a) Vorurteilslosigkeit; b) freiheitliche Gesinnung, liberales (1) Wesen. **Liberalium Artium Magister** [- *arzium* -] *der*; - - -: Magister der freien Künste (Titel mittelalterlicher Universitätslehrer). **Liberation** [*...zion*] *die*; -, -en: (veraltet) Befreiung; Entlastung. **Libero** [*lat.-it.*] *der*; -s, -s: Abwehrspieler ohne unmittelbaren Gegenspieler, der als letzter in der eigenen Abwehr steht, sich aber ins Angriffsspiel einschalten kann (Fußball)
Liber pontificalis [*...ka...*; *lat.*] *der*; - -: Papstbuch (mittelalterliche Sammlung der ältesten Papstbiographien)
libertär [*lat.-fr.*]: extrem freiheitlich; anarchistisch. **Libertät** *die*; -, -en: 1. (hist.) ständische Freiheit. 2. Freiheit, [beschränkte] Bewegungs- u. Handlungsfreiheit. **Liberté** [*...te*] *die*; -: Freiheit (eines der Schlagworte der Französischen Revolution); vgl. Égalité, Fraternité. **libertin** [*lat.-fr.*]: zügellos, leichtfertig; ausschweifend, locker. **Libertin** [*...täng*] *der*; -s, -s: 1. (veraltet) Freigeist. 2. ausschweifend lebender Mensch, Wüstling. **Libertinage** [*...nasch*[e]] *die*; -, -n: Ausschweifung, Zügellosigkeit. **Libertiner** *der*; -s, -: (veraltet) 1. leichtsinniger, zügelloser Mensch. 2. Freigeist. **Libertinismus** [*lat.-nlat.*] *der*; -: Zügellosigkeit. **Liberty** [*...ti*; *lat.-fr.-engl.*; „Freiheit"; Phantasiebezeichnung] *der*; -[s]: feines atlasbindiges Gewebe aus Naturseide od. Chemiefasern. **Liberty ship** [- *schip*; *engl.-amerik.*] *das*; - -[s]; - -s: 10000 t großes amerikan. Einheitsfrachtschiff im 2. Weltkrieg. **Liberum arbi|trium** [*lat.*] *das*; - -: Willens- u. Wahlfreiheit; freier, selbständiger Entschluß (Philos.)
libidinisieren [*lat.-nlat.*]: sexuelle Wünsche erregen, mit libidinöser Triebenergie durch Sinnesreize aufladen, erotisieren (Med.; Psychol.). **Libidinist** *der*; -en, -en: sexuell triebhafter Mensch (Med.; Psychol.). **libidinös** [*lat.*]: auf die Libido bezogen, die sexuelle Lust betreffend (Med.; Psychol.). **Libido** [auch: *libido*] *die*; -: 1. Begierde; Trieb, bes. Geschlechtstrieb (Med.; Psychol.). 2. allen psychischen Äußerungen zugrundeliegende psychische Energie (Psychol.)
Li|bra [*lat.*] *die*; -, -[s]: 1. altrömisches Gewichtsmaß. 2. früheres Gewichtsmaß in Spanien, Portugal u. Brasilien
Li|brarius [*lat.*] *der*; -, ...rii: Buchhändler im Rom der Antike u. im Mittelalter
Li|bration [*...zion*; *lat.*] *die*; -, -en: scheinbare Mondschwankung, die auf der Ungleichförmigkeit der Mondbewegung beruht (Astron.)
Li|bresso [*lat.-it.*] *das*; -[s], -s: in Österreich Kaffeehaus mit Büchern, Zeitungen u. Zeitschriften. **li|brettisieren**: in die Form eines Librettos bringen. **Librettist** *der*; -en, -en: Verfasser eines Librettos. **Li|bretto** *das*; -s, -s u. ...tti: Text[buch] von Opern, Operetten, Singspielen, Oratorien. **Li|bri**: *Plural* von → Liber
licet [*lizät*; *lat.*]: „es ist erlaubt"
Lichen [*lichen*; *gr.-lat.*] *der*; -s: Hautflechte, die vor allem durch → papulöse Knötchen gekennzeichnet ist; Knötchenflechte (Med.). **Lichenes** *die* (Plural): Sammelbezeichnung für alle Flechten (Bot.). **Lichenifikation** [*...zion*] *die*; -, -en: Vergröberung u. Verdickung der Haut, Vertiefung der Hautfurchen mit teilweisem Auftreten von Knötchen (Med.). **Lichenin** [*gr.-lat.-nlat.*] *das*; -s, -e: zelluloseähnlicher Stoff in den Zellwänden der Flechten (Bot.). **Lichenisation** [*...zion*] *die*; -, -en: = Lichenifikation. **lichenoid** [*gr.-nlat.*]: flechtenartig, flechtenähnlich (Med.; Biol.). **Lichenologe** *der*; -n, -n: Botaniker, der sich auf die Lichenologie spezialisiert hat. **Lichenologie** *die*; -: Spezialgebiet der Botanik, auf dem man sich mit den Flechten befaßt; Flechtenkunde
Licker [*engl.*] *der*; -s, -: Fettemulsion (zur Lederbehandlung). **lickern**: Leder nach dem Gerben mit Licker einfetten
Lido [*lat.-it.*] *der*; -[s], -s (auch: Lidi): Strand vor mehr od. weniger abgeschnürten Meeresteilen
Lien [*lat.*] *der*; -s: Milz (Med.). **lienal** [*li-e...*; *lat.-nlat.*]: die Milz betreffend, zu ihr gehörend (Med.). **Lienitis** *die*; -, ...itiden: Milzentzündung (Med.)
Lienterie [*li-än...*; *gr.-lat.*] *die*; -: Durchfall mit Abgang unverdauter Speisereste (Med.)
Lierne [*fr.*] *die*; -, -n: Neben- od. Zwischenrippe zur Teilung der Laibungsfläche eines Kreuzgewölbes (Archit.)
Lieue [*liö*; *gall.-lat.-fr.*] *die*; -, -s: altes franz. Längenmaß
Life and Work [*laif*[e]*nd* [u]*ö*[r]*k*; *engl.*; „Leben und Arbeit"]: Bewegung für praktisches Christentum im → ökumenischen Weltrat der Kirchen. **Life-island** [*laif ail*[e]*nd*; *engl.*; „Lebensinsel"] *das*; -[s], -s: steriles Plastikgehäuse, in dem ein Patient für einige Zeit untergebracht wird, wenn seine körpereigenen Abwehrreaktionen nicht richtig ablaufen (Med.)
Lift [*altnord.-engl.*]: 1. *der*; -[e]s, -e u. -s: a) Fahrstuhl, Aufzug; b) (Plural nur: -e) Skilift, Sessellift. 2. *der* od. *das*; -s, -s: a) Mitfahrgelegenheit, das Mitfahren, Sichmitnehmenlassen (von Anhaltern); b) kosmetische Operation zur Straffung der alternden Haut, bes. im Gesicht. **Liftboy** [*...beu*; *engl.*] *der*; -s, -s: [livrierter] Jugendlicher, junger Mann, der einen Lift bedient. **liften**: 1. einen Lift (2b) durchführen. 2. mit dem Skilift fahren, den Skilift benutzen. 3. in die Höhe heben, wuchten. **Lifter** *der*; -s, -: Person, Unternehmung, die einen Lift (1b) betreibt. **Lifting** *das*; -s, -s: = Lift (2b). **Liftkurs** *der*; -es, -e: → Kurs (z. B. an Gesamtschulen) zur Förderung der Leistungen u. Kenntnisse schwacher Schüler. **Liftvan** [*...wän*; *engl.-amerik.*] *der*; -[s], -s: Spezialmöbelwagen für Umzüge nach Übersee ohne Umladung
Liga [*lat.-span.*] *die*; -, ...gen:

1. Bund, Bündnis (bes. der kathol. Fürsten im 16. u. 17. Jh.). 2. Wettkampfklasse, in der mehrere Vereinsmannschaften eines bestimmten Gebietes zusammengeschlossen sind (Sport). **Ligade** [*lat.-it.-span.*] *die*; -, -n: das Zurseitedrücken der gegnerischen Klinge (Fechten). **Ligament** [*lat.*] *das*; -[e]s, -e u. **Ligamentum** *das*; -s, ...ta: festes, sehnenähnliches Band aus Bindegewebe zur Verbindung beweglicher Teile des Knochensystems, bes. an Gelenken (Anat.; Med.)

Ligan [*laigᵉn*] vgl. Lagan

Ligand [*lat.*] *der*; -en, -en: Atom, Molekül, Ion oder → Radikal (3), das an das Zentralatom einer Komplex- oder Koordinationsverbindung gebunden ist. **Ligase** *die*; -, -n: → Enzym, das eine Verknüpfung von zwei Molekülen → katalysiert. **ligato**: = legato. **Ligatur** *die*; -, -en: 1. Buchstabenverbindung auf einer Drucktype (z. B. ff, æ; Druckw.). 2. a) Zusammenfassung mehrerer (auf einer Silbe gesungener) Noten zu Notengruppen in der Mensuralmusik des 13. bis 16. Jh.s; b) das Zusammenbinden zweier Noten gleicher Tonhöhe mit dem Haltebogen zu einem Ton über einen Takt od. betonten Taktteil hinweg (zur Darstellung einer → Synkope (3; Mus.). 3. Unterbindung von Blutgefäßen mittels Naht (z. B. bei einer Operation; Med.). **Ligen**: *Plural* von → Liga

Liger [Kunstw. aus *engl.* *li*on = Löwe u. ti*ger* = Tiger] *der*; -s, -: → Bastard (1) aus der Kreuzung eines Löwenmännchens mit einem Tigerweibchen (Zool.); vgl. Tigon

Light-Show [*laitschoᵘ*; *engl.-amerik.*] *die*; -, -s: mit besonderen Licht- u. Beleuchtungseffekten ausgestattete musikalische Show

ligieren [*lat.-it.*]: die gegnerische Klinge zur Seite drücken (Fechten). **Ligist** [*lat.-span.-nlat.*] *der*; -en, -en: Angehöriger einer Liga (2). **ligistisch**: zur Liga gehörend

Li|gnikultur [*lat.-nlat.*] *die*; -, -en: Holzanbau außerhalb des Waldes. **Li|gnin** *das*; -s, -e: farbloser, fester, neben der → Zellulose wichtigster Bestandteil des Holzes, Holzstoff. **Li|gnit** [auch: ...*it*] *der*; -s, -e: schneid- u. polierfähige, verhältnismäßig junge Braunkohle mit noch sichtbarer Holzstruktur. **Li|gnose** *die*; -: 1. = Zellulose. 2. früher gebräuchl. Sprengstoff aus Nitroglyzerin u. nitriertem Holzmehl. **Li|gnostone** [...*ßtoᵘn*; *lat.*; *engl.*] *das*; -s: durch Druck (Pressen, Walzen, Schlagen) verdichtetes hartes Preßholz von hoher Festigkeit; Preßvollholz

Li|groin [Kunstw.] *das*; -s: als Verdünnungs- od. Lösungsmittel verwendetes Leichtöl, Bestandteil des Erdöls

Ligue [*lig*; *lat.-it.-fr.*] *die*; -, -s [*lig*]: franz. Bezeichnung für: Liga (1)

Ligula [*lat.*] *die*; -, ...lae [...*lä*]: 1. bei vielen Gräsern der Sproßachse eng anliegendes, dünnes, durchsichtiges Blättchen, Blatthäutchen. 2. Riemenwurm; Bandwurm bei Fischen u. Vögeln

Liguorianer [nach dem hl. Alfons von Liguori] *der*; -s, -: = Redemptorist

Liguster [*lat.*] *der*; -s, -: häufig in Zierhecken angepflanzte Rainweide, ein Ölbaumgewächs mit weißen Blütenrispen

liieren, sich [*lat.-fr.*]: a) eine Liaison eingehen, ein Liebesverhältnis mit jmdm. beginnen; b) eine Geschäftsverbindung eingehen; mit jmdm. [geschäftlich] zusammenarbeiten. **Liierte** *der* u. *die*; -n, -n: (veraltet) Vertraute[r]. **Liierung** *die*; -, -en: enge [geschäftliche] Verbindung

Likör [*lat.-fr.*] *der*; -s, -e: süßes alkoholisches Getränk aus Branntwein mit Zucker[lösung] u. aromatischen Geschmacksträgern

Liktor [*lat.*] *der*; -s, ...oren: (hist.) Amtsdiener als Begleiter hoher Beamter im alten Rom, Träger der → Faszes. **Liktorenbündel** *das*; -s, -: = Faszes

lila [*sanskr.-pers.-arab.-span.-fr.*]: 1. rotblau, fliederblau. 2. (ugs.) mittelmäßig, einigermaßen. **Lila** *das*; -s: lila Farbe. **Lilak** *der*; -s, -s: span. Flieder, → Syringe

Liliazeen [*lat.*] *die* (Plural): systematische Sammelbezeichnung für alle Liliengewächse. **Lilie** [...*iᵉ*] *die*; -, -n: stark duftende Gartenpflanze mit schmalen Blättern u. trichterförmigen od. fast glockigen Blüten in vielen Arten (z. B. Tigerlilie, Türkenbund)

Liliput... [fiktives Land in „Gullivers Reisen" von J. Swift]: in Zusammensetzungen auftretendes Bestimmungswort mit der Bedeutung „winzig klein, Zwerg...", z. B. Liliputbahn. **Liliputaner** *der*; -s, -: Mensch von zwergenhaftem Wuchs, Zwerg. **liliputanisch**: winzig klein

Limakologie [*gr.-nlat.*] *die*; -: (veraltet) [Nackt]schneckenkunde

Liman [*gr.-türk.-russ.*] *der*; -s, -e: Meeresbucht eines bestimmten Typs (ertrunkene Flußmündung), lagunenartiger Strandsee an der Küste des Schwarzen u. des Kaspischen Meeres

Limba [*afrik.*] *das*; -s: aus dem tropischen Westafrika stammendes gelb- bis grünlich-braunes Holz, das häufig als Furnierholz verwendet wird

Limbi: *Plural* von → Limbus. **limbisch**: in der Fügung: -es System: Randgebiet zwischen Großhirn u. Gehirnstamm, das die hormonale Steuerung u. das vegetative Nervensystem beeinflußt u. von dem gefühlsmäßige Reaktionen auf Umweltreize ausgehen (Anat.)

Limbo [*karib.*] *der*; -s, -s: akrobatischer Tanz westindischer Herkunft, bei welchem sich der Tänzer (ursprünglich nur Männer) rückwärts beugt u. mit schiebenden Tanzschritten unter einer Querstange hindurchbewegt, die nach jedem gelungenen Durchgang niedriger gestellt wird

Limbus [*lat.*; „Rand"] *der*; -, ...bi: 1. (ohne Plural) nach traditioneller, heute weitgehend aufgegebener katholischer Lehre die Vorhölle als Aufenthaltsort der vorchristlichen Gerechten u. der ungetauft gestorbenen Kinder. 2. Kelchsaum teilweise verwachsener Kelchblätter (Bot.). 3. Gradkreis, Teilkreis an Winkelmeßinstrumenten (Techn.)

Limerick [*irisch-engl.*] *der*; -[s], -s: 1. volkstümliches fünfzeiliges Gedicht von ironischem od. grotesk-komischem Inhalt (Reimschema: aa bb a, z. B. Ein seltsamer Alter aus Aachen, der baute sich selbst einen Nachen;/umschiffte die Welt,/kam heim ohne Geld,/beherrschte jedoch siebzehn Sprachen). 2. in der Mode des 17. Jh.s Handschuh aus dem Fell ungeborener Kälber. **limericken**: Limericks verfassen

Limes [*lat.*] *der*; -, -: 1. (ohne Plural) (hist.) von den Römern angelegter Grenzwall (vom Rhein bis zur Donau). 2. mathematischer Grenzwert, dem eine Zahlenfolge (Menge) zustrebt; Abk.: lim

Limetta vgl. Limette. **Limette** [*pers.-arab.-provenzal.-fr.-nlat.*] *die*; -, -n: dünnschalige Zitrone (eine westindische Zitronenart)

limikol [*lat.*]: im Schlamm lebend (Biol.)

Limit [*lat.-fr.-engl.*] *das*; -s, -s u. -e: 1. Grenze, die räumlich, zeitlich, mengen- od. geschwindig keitsmäßig nicht über- bzw. unterschritten werden darf. 2. (Wirtsch.) a) Preisgrenze, die ein → Kommissionär, Finanz- od. Börsenmakler nicht über- bzw. unterschreiten darf; b) äußerster Preis; vgl. off limits. **Limitation** [...*zion*; *lat.*] *die*; -, -en: Begrenzung, Einschränkung (die dritte der → Kategorien (4) der Qualität bei Kant; Philos.). **limitativ** [*lat.-nlat.*]: begrenzend, einschränkend; -es Urteil: Satz, der der Form nach bejahend, dem Inhalt nach verneinend ist (Philos.). **Limite** [*lat.-fr.*] *die*; -, -n: (schweiz.) Limit. **limited**: [*limitid*; *lat.-fr.-engl.*]: angloamerik. Zusatz bei Handelsgesellschaften, deren Teilhaber nur mit ihrer Einlage od. bis zu einem bestimmten Betrag darüber hinaus haften; mit beschränkter Haftung (Wirtsch.); Abk.: Ltd., lim., Lim. od. Ld. **limitieren** [*lat.*]: begrenzen, einschränken

limnikol [*gr.*; *lat.-nlat.*]: (von Organismen) im Süßwasser lebend (Biol.). **Limnimeter** [*gr.-nlat.*] *das*; -s, -: Pegel zum Messen u. selbständigen Aufzeichnen des Wasserstandes (z. B. eines Sees). **limnisch**: 1. im Süßwasser lebend od. entstanden (Biol.); Ggs. → terrestrisch (2 a), marin (2). 2. in Süßwasser abgelagert (von Kohlenlagern; Geol.). **Limno|gramm** *das*; -s, -e: Aufzeichnung des Wasserstandes durch ein Limnimeter. **Limno|graph** *der*; -en, -en: = Limnimeter. **Limnologe** *der*; -n, -n: Wissenschaftler auf dem Gebiet der Limnologie. **Limnologie** *die*; -: Wissenschaft von den Binnengewässern u. ihren Organismen; Süßwasser-, Seenkunde. **limnologisch**: die Limnologie betreffend; auf Binnengewässer bezogen. **Limno|plankton** *das*; -s: das → Plankton des Süßwassers

Limo [auch: *li*...] *die* (auch: *das*); -, -[s]: (ugs.) Kurzform von Limonade. **Limonade** [*pers.-arab.*(*-it.*)-*fr.*] *die*; -, -n: Kaltgetränk aus Obstsaft, -sirup od. künstlicher Essenz, Zucker u. Wasser, meist mit Zusatz von Kohlensäure. **Limone** [*pers.-arab.-it.*] *die*; -, -n: 1. (selten) = Zitrone (b). 2. = Limette. **Limonelle** *die*; -, -n: = Limette. **Limonen** [*pers.-arab.-it.-nlat.*] *das*; -s, -e: zitronenartig riechender flüssiger Kohlenwasserstoff (Bestandteil vieler ätherischer Öle)

Limonit [auch: ...*it*; *gr.-nlat.*] *der*; -s, -e: durch Verwitterung entstandenes Eisenerzmineral; Sumpf-, Raseneisenerz, Brauneisenstein

limos u. **limös** [*lat.-nlat.*]: schlammig, sumpfig (Biol.)

Limosiner Email [nach der franz. Stadt Limoges (*limosch*)]: ein [bes. im 15. u. 16. Jh.] in Limoges hergestelltes Maleremail

Limousine [*limu*...; *fr.*; nach der franz. Landschaft Limousin (*limusäng*)] *die*; -, -n: geschlossener Personenwagen [mit Schiebedach]

limpid [*lat.-fr.*]: durchscheinend, hell, durchsichtig, klar

Limulus [*lat.-nlat.*] *der*; -: einziger → rezenter Vertreter ausgestorbener Pfeilschwanzkrebse

Lin|crusta [...*kru*...] vgl. Linkrusta

Lineage [*liniidsch*; *lat.-engl.*] *die* od. *das*; -, -s: soziale Einheit, deren Angehörige alle von einem gemeinsamen Ahnen abstammen u. meist an einem Ort wohnen. **lineal**: = linealisch. **Lineal** [*lat.-mlat.*] *das*; -s, -e: meist mit einer Meßskala versehenes Gerät zum Ziehen von Geraden. **linealisch**: (von Blättern) lang u. mit parallelen Rändern. **Lineament** [*lat.*; „Federstrich"] *das*; -[e]s, -e: 1. Linie in der Hand od. im Gesicht; Handlinie, Gesichtszug (Med.). 2. Gesamtheit von gezeichneten od. sich abzeichnenden Linien in ihrer besonderen Anordnung, in ihrem eigentümlichen Verlauf (bildende Kunst). 3. Erdnaht, tiefgreifende Bewegungsfläche der Erdkruste (Geologie). **linear** u. liniar: 1. geradlinig; linienförmig. 2. für alle in gleicher Weise erfolgend; gleichmäßig, gleichbleibend (z. B. Steuersenkung; Wirtsch.). 3. die horizontale Satzweise befolgend; vgl. Polyphonie (Mus.). **Linear|eruption** [...*zion*] *die*; -, -en: von Spalten ausgehender → Vulkanismus (Geol.). **Linearität** [*lat.-nlat.*] *die*; -: 1. → kontrapunktischer Satzbau mit streng selbständiger Stimmenführung (Mus.). 2. die vom lautlichen Charakter der Sprache herrührende Eigenschaft, → lineare Redeketten zu bilden (Sprachw.). **Linearmotor** *der*; -s, -en: → Elektromotor, bei dem sich der eine Motorteil gegenüber dem anderen unter dem Einfluß elektromagnetischer Kräfte geradlinig verschiebt, so daß eine geradlinige Bewegung, ein Vortrieb, erzeugt wird. **Linearornamentik** *die*; -: ausschließlich aus Linien bestehende Verzierung, bes. der griech. Vasen in der Zeit der geometrischen Kunst. **Linearper|spektive** *die*; -: geometrisch angelegte Perspektivenwirkung eines Bildes. **Lineatur** *die*; -, -en: 1. Linierung (z. B. in einem Schulheft). 2. Linienführung (z. B. einer Zeichnung).

Liner [*lain*^e^*r*; *engl.*] *der*; -s, -: 1. Überseedampfer, Linienschiff. 2. Linien-, Passagierflugzeug

Linette [*lat.-fr.*] *die*; -: → merzerisierter → Linon

Linga u. **Lingam** [*sanskr.*] *das*; -s: → Phallus als Sinnbild Schiwas, des ind. Gottes der Zeugungskraft. **Lingamkult** *der*; -[e]s, -e: = Phalluskult

Linge [*längsch*; *lat.-fr.*] *die*; -: (schweiz.) Wäsche. **Lingerie** [...^e^*ri*] *die*; -, ...ien: (schweiz.) a) Wäschekammer; b) betriebsinterne Wäscherei; c) Wäschegeschäft

Lingua franca [*lingg*^u^*a frangka*; *lat.-it.*] *die*; - -: a) Verkehrssprache meist für Handel u. Seefahrt im Mittelmeerraum mit roman., vor allem ital. Wortgut, das mit arab. Bestandteilen vermischt ist; b) Verkehrssprache eines großen, verschiedene mehrsprachige Länder umfassenden Raumes (z. B. Englisch als internationale Verkehrssprache). **Língua geral** [- *scheral*; *lat.-port.*; „allgemeine Sprache"] *die*; - -: 1. portugies. Schriftsprache. 2. Verkehrssprache zwischen den europäischen Siedlern Brasiliens u. den Indianerstämmen, bes. den Tupi. **lingual** [*lat.-mlat.*]: (Med.) a) die Zunge betreffend; b) zur Zunge gehörend. **Lingual** *der*; -s, -e: mit der Zunge gebildeter Laut, Zungenlaut (z. B. das Zungen-R; Sprachw.). **Lingualis** *die*; -, ...les [...*áleß*]: (veraltet) Lingual. **Linguallaut** *der*; -[e]s, -e: = Lingual. **Lingualpfeife** *die*; -, -n: Orgelpfeife, bei der der Ton mit Hilfe eines im Luftstrom schwingenden Metallblättchens erzeugt wird; Zungenpfeife; Ggs. → Labialpfeife. **Linguist** [*lat.-nlat.*] *der*; -en, -en: jmd., der sich wissenschaftlich mit der Linguistik befaßt; Sprachwissenschaftler. **Linguistik** *die*; -: moderne Sprachwissenschaft, die vor allem Theorien über die → Struktur (1) der [gesprochenen] Sprache erarbeitet (vgl. Strukturalismus) u. in weitgehend → deskriptivem Verfahren kontrollierbare, → empirisch nachweisbare Ergebnisse anstrebt. **linguistisch**: a) die Linguistik betreffend; b) auf der Linguistik beruhend

Linie [*lini*^e^; *lat.*; „Leine, Schnur; (mit einer Schnur gezogene gerade) Linie"] *die*; -, -n: 1. a) längerer (gezeichneter od. sich abzeichnender) Strich; b) zusammenhängendes, eindimensionales geometrisches Gebilde ohne Querausdehnung (Math.); c) Markierungslinie, Begrenzungslinie (Sport); d) Metallstreifen mit Druckbild zum Drucken einer Linie (1b; Druckw.); e) (früher) kleines Längenmaß (zwischen 2 u. 2¼ mm). 2. Umriß[linie], Umrißform, -gestalt. 3. a) gedachte, angenommene Linie (1a), die etwas verbindet (z. B. die Linie Freiburg–Basel); b) (ohne Plural) → Äquator (1; Seemannsspr.); c) Fechtlinie; Klingenlage, bei der der gestreckte Waffenarm u. die Klinge eine gerade Linie (3a) bilden u. die Klingenspitze auf die gültige Trefffläche zeigt; d) einer der acht senkrechten, ein Feld breiten Abschnitte des Schachbretts. 4. Reihe. 5. a) Front (2), Kampfgebiet mit den Stellungen der auf einer Seite kämpfenden Truppen; b) die in gleichmäßigen Abständen nebeneinander aufgestellten Truppen; c) (ohne Plural; früher) die Truppen des stehenden Heeres. 6. a) von [öffentlichen] Verkehrsmitteln regelmäßig befahrene, beflogene Verkehrsstrecke zwischen bestimmten Orten, Punkten; b) die Verkehrsmittel, Fahrzeuge einer bestimmten Linie (6a). 7. Verwandtschaftszweig. 8. allgemeine Richtung, die bei einem Vorhaben, Verhalten usw. eingeschlagen, befolgt wird. **Linienmaschine** *die*; -, -n: Flugzeug, das im fahrplanmäßigen Verkehr auf einer Verkehrslinie eingesetzt wird. **Linienregiment** *das*; -[e]s, -er: aktives, aber nicht zur Garde gehörendes Regiment. **linieren** (österr. nur so) u. **liniieren**: mit Linien versehen, Linien ziehen. **Linierung** (österr. nur so) u. **Liniierung** *die*; -, -en: das Linienziehen, das Versehen mit Linien

Liniment [*lat.*] *das*; -[e]s, -e: [dick]flüssiges Einreibemittel (Med.)

Lin|krusta [Kunstw.] *die*; -: dicke abwaschbare Papiertapete

Linksex|tremismus [*dt.*; *lat.-nlat.*] *der*; -: extrem sozialistische, gegen den Kapitalismus gerichtete, die bürgerlich-konservative Richtung radikal ablehnende politisch-ideologische Haltung u. Richtung. **Linksex|tremist** *der*; -en, -en: Anhänger, Vertreter des Linksextremismus. **linksex|tremistisch**: den Linksextremismus betreffend, auf ihm beruhend. **linksradikal** [*dt*; *lat.-fr.*]: den Linksradikalismus betreffend, auf ihm beruhend. **Linksradikale** *der* u. *die*; -n, -n: Anhänger[in], Vertreter[in] des Linksradikalismus. **Linksradikalismus** *der*; -: (abwertend) radikaler Linksextremismus

Linnésche [auch: *line...*] · **System** [nach dem schwedischen Naturforscher C. von Linné (1707–1778)] *das*; -n -s: künstliches System, worin das Pflanzenreich nach den Merkmalen der Blüte eingeteilt ist (Bot.)

Linofil [*lat.-nlat.*] *das*; -s: aus Flachsabfällen hergestelltes Garn. **Lin|oleum** [*...le-um*; *lat.-engl.*] *das*; -s: [Fußboden]belag. **Lin|olsäure** [*lat.-nlat.*; *dt.*] *die*; -, -n: Leinölsäure (eine ungesättigte Fettsäure). **Lin|olschnitt** *der*; -[e]s, -e: 1. (ohne Plural) Hochdruckverfahren, bei dem nicht in Holz, wie beim Holzschnitt, sondern in Linolplatten geschnitten wird. 2. im Hochdruckverfahren mit Linolplatten hergestelltes Druckbild. **Linon** [*linong*, auch *linon*; *lat.-fr.*] *der*; -[s], -s: Baumwollgewebe in Leinwandbindung (Webart) mit Leinenausrüstung. **Linotype** ⓦ [*lainotaip*; *engl.*] *die*; -, -s: Setz- u. Zeilengießmaschine (Druckw.). **Linters** [*lat.-engl.*] *die* (Plural): kurze Fasern des Baumwollsamens

Liodęrma [*gr.-nlat.*] *das*; -s: angeborene od. als Folge einer Krankheit entstandene dünne, glänzende, trockene Haut mit Schwund des Unterhautgewebes; Glanzhaut (Med.)

Lip|acid|ämie [*...zid...*; *gr.*; *lat.*; *gr.*] *die*; -, ...ien: krankhafte Erhöhung des Fettsäuregehaltes im Blut (Med.). **Lip|acid|urie** *die*; -, ...ien: vermehrte Ausscheidung von Fettsäuren mit dem Harn (Med.). **Lip|ämie** [*gr.-nlat.*] *die*; -, ...ien: Vermehrung des Fettgehaltes im Blut (Med.). **lip|ämisch**: die Lipämie betreffend, zu einer Lipämie gehörend, mit einer Lipämie einhergehend; fettblütig (Med.)

Liparit [auch: *...it*; *nlat.*; vom Namen der Liparischen Inseln] *der*; -s, -e: graues, gelblichgrünes od. rötliches junges (tertiäres) Ergußgestein

Lipase [*gr.-nlat.*] *die*; -, -n: fettspaltendes → Enzym. **Lip|azidämie** vgl. Lipacidämie. **Lip|azid|urie** vgl. Lipacidurie

Lip gloss [*engl.*; „Lippenglanz"] *das*; -, -: gallertartiges Kosmetikmittel, das, auf die Lippen aufgetragen, ihnen Glanz verleiht

Lipid [*gr.-nlat.*] *das*; -[e]s, -e: (Chem.) a) (meist Plural) Fett od. fettähnliche Substanz; b) (nur Plural) Sammelbezeichnung für alle Fette u. → Lipoide. **Lipidose** *die*; -: Störung des Fettstoffwechsels (Med.)

Lipizzaner [nach dem Gestüt Lipizza bei Triest] *der*; -s, -: edles Warmblutpferd, meist Schimmel, mit etwas gedrungenem Körper, breiter Brust u. kurzen, starken Beinen

Lipo|chrom [*...krom*; *gr.-nlat.*] *das*; -s, -e (meist Plural): organischer gelber od. roter Fettfarbstoff. **Lipodys|trophie** *die*; -, ...ien: auf einer Störung des Fettstoffwechsels beruhende Abmagerung [mit Fettschwund am Oberkörper bei gleichzeitigem Fettansatz im Bereich der unt. Körperhälfte]

lipo|grammatisch = leipogrammatisch

lipoid [*gr.-nlat.*]: fettähnlich. **Lipoid** *das*; -s, -e: (Chem., Biol.) a) (meist Plural) lebenswichtige, in tierischen u. pflanzlichen Zellen vorkommende fettähnliche Substanz; b) (nur Plural) Sammelbezeichnung für die uneinheitliche Gruppe fettähnlicher Substanzen. **Lipoi|dose** [*...o-i...*] *die*; -, -n: krankhafte Einlagerung von Lipoiden in den Geweben (Med.). **Lipolyse** *die*; -, -n: Fettspaltung, Fettverdauung (Biochemie; Med.). **Lipom** *das*; -s, -e u. **Lipoma** *das*; -s, ...omata: Fettgeschwulst, gutartige, geschwulstartige Neubildung aus Fettgewebe (Med.). **Lipomatose** *die*; -, -n: Fettsucht, gutartige Fettgeschwulstbildungen, vor allem im Unterhautfettgewebe (Med.). **lipophil**: 1. in Fett löslich (Chem.); Ggs. → lipophob. 2. zu übermäßigem Fettansatz neigend (Med.). **Lipophilie** *die*; -, ...ien: Neigung zu übermäßigem Fettansatz (Med.). **lipophob**: in Fett nicht löslich (Chem.); Ggs. → lipophil (1). **Lipoplast** *der*; -en, -en (meist Plural): Fettgewebe bildende Zelle (Med.). **Lipo|proteid** *das*; -[e]s, -e: Verbindung aus Eiweißstoff u. Lipoid (hochmolekulare Substanz; Chem.). **Lipozele** *die*; -, -n: Fettbruch; Bruch, der Fett od. Fettgewebe enthält (Med.)

Lips|anothek [*gr.-nlat.*] *die*; -, -en: = Reliquiar

Lipsi [von *Lipsia*, dem nlat. Namen der Stadt Leipzig] *der*; -s, -s: in der DDR entstandener moderner Gesellschaftstanz im 6/4-Takt

Lip|urie [*gr.-nlat.*] *die*; -, ...ien: krankhaftes Auftreten von Fett im Harn (Med.)

Liquefaktion [...zion; *lat.-mlat.*] *die*; -, -en: Verflüssigung, Überführung eines festen Stoffes in flüssige Form (Chem.). **Liqueszenz** [*lat.-nlat.*] *die*; -: das Flüssigsein (Chem.). **liqueszieren** [*lat.*]: flüssig werden, schmelzen (Chem.). **liquet**: es ist klar, erwiesen. **liquid** (österr. nur so) u. liquide: 1. flüssig (Chem.). 2. (Wirtsch.) a) verfügbar; b) zahlungsfähig. 3. die Eigenschaften einer Liquida aufweisend (Phon.). **Liquid** *der*; -s, -e: = Liquida. **Liquida** *die*; -, ...dä u. ...quiden: Fließlaut; Laut, der sowohl → Konsonant wie → Sonant sein kann (z. B. r, l, [m, n]; Sprachw.). **Liquidation** [...zion; *lat.-mlat.-roman.*] *die*; -, -en: 1. Abwicklung der Rechtsgeschäfte einer aufgelösten Handelsgesellschaft. 2. Abwicklung von Börsengeschäften. 3. Kostenrechnung freier Berufe (z. B. eines Arztes). 4. (selten) Beilegung eines Konflikts; Liquidierung. 5. (selten) a) Beseitigung, Liquidierung; b) Tötung, Ermordung, Hinrichtung eines Menschen, Liquidierung; vgl. ...[at]ion/...ierung. **Liquidator** [*lat.-nlat.*] *der*; -s ...oren: 1. jmd., der eine Liquidation (1) durchführt. 2. jmd., der einen anderen umbringt, liquidiert (5b). **liquide** vgl. liquid. **Liquiden**: *Plural* von Liquida. **liquidieren** [*lat.-mlat.-it.*]: 1. eine Gesellschaft, ein Geschäft auflösen. 2. eine Forderung in Rechnung stellen (von freien Berufen). 3. Sachwerte in Geld umwandeln, d. h. etwas flüssig machen. 4. einen Konflikt beilegen. 5. a) beseitigen, abschaffen; b) hinrichten lassen, beseitigen, umbringen. **Liquidität** [*lat.-roman.*] *die*; -: 1. durch Geld od. Tauschmittel vertretene Verfügungsmacht über Bedarfsgüter. 2. Möglichkeit, Sachgegenstände des Vermögens schnell in Geld umzuwandeln. 3. Fähigkeit eines Unternehmens, seine Zahlungsverpflichtungen fristgerecht zu erfüllen; Zahlungsfähigkeit. **Liquis** *die* (Plural): Kurzform von: Liquidationsanteilscheine. **Liquor** [*lat.*] *der*; -, ...ores [...óreß]: 1. seröse Körperflüssigkeit (Med.). 2. flüssiges Arzneimittel (Pharm.); Abk.: Liq.

Lira

I. [*gr.-lat.-it.*] *die*; -, ...ren: birnenförmige, einsaitige Geige des Mittelalters; - da braccio [- - *bratscho*]: Vorgängerin der Geige mit fünf Griff- u. zwei Bordunsaiten (Armhaltung); - da gamba: celloähnliches Streichinstrument mit 9 bis 13 Spiel- u. zwei Bordunsaiten (Kniehaltung).

II. [*lat.-it.*] *die*; -, Lire: italienische Währungseinheit; Abk.: L., Lit

lirico [...*ko*; *gr.-lat.-it.*]: lyrisch (Vortragsanweisung; Mus.)

Lisene [verderbt aus → Lisiere] *die*; -, -n: pfeilerartiger, wenig hervortretender Mauerstreifen ohne Kapitell u. Basis (bes. an roman. Gebäuden). **Lisiere** [*fr.*] *die*; -, -n: (veraltet) 1. Waldrand, Feldrain. 2. Saum, Kante (an Kleidern u. a.)

Lisseuse [*lißös*[e]; *fr.*] *die*; -, -n: in der Kammgarnspinnerei Maschine zum Strecken, Waschen u. Trocknen des Spinngutes. **lissieren**: Spinngut in der Wollkämmerei mit Hilfe der Lisseuse nachwaschen, trocknen u. glätten

l'istesso tempo u. lo stesso tempo [*it.*]: dasselbe Zeitmaß, im selben Tempo wie zuvor (Mus.)

Litanei [*gr.-mlat.*] *die*; -, -en: 1. im Wechsel gesungenes Fürbitten- u. Anrufungsgebet des christlichen Gottesdienstes (z. B. die → Lauretanische Litanei). 2. (abwertend) eintöniges Gerede; endlose Aufzählung

Liter [auch: *lit*[e]*r*; *gr.-mlat.-fr.*] *der* (schweiz. nur so), (auch:) *das*; -s, -: Hohlmaß; 1 Kubikdezimeter; Zeichen: l

Litera [*lat.*] *die*; -, -s u. ...rä: 1. Buchstabe; Abk.: Lit. od. lit. 2. auf Effekten, Banknoten, Kassenscheinen usw. aufgedruckter Buchstabe zur Kennzeichnung verschiedener Emissionen. **Literalsinn** [*lat.*; *dt.*] *der*; -[e]s: buchstäblicher Sinn einer Textstelle, bes. in der Bibel. **Literarhistoriker** [*lat.*; *gr.-lat.*] *der*; -s, -: Wissenschaftler auf dem Gebiet der Schrifttumsgeschichte eines Volkes. **literarisch** [*lat.*]: 1. die Literatur (1) betreffend, schriftstellerisch. 2. [vordergründig] symbolisierend, mit allzuviel Bildungsgut befrachtet (z. B. von einem [modernen] Gemälde). **literarisieren** [*lat.-nlat.*]: etwas in [allzu] literarischer (2) Weise gestalten. **Literarkritik** *die*; -, -en: a) literaturwissenschaftliches Verfahren bes. der biblischen → Exegese, mit dem die verschiedenen Quellen eines Textes isoliert werden, um die Geschichte seiner Entstehung zu rekonstruieren; b) = Literaturkritik. **literarkritisch**: = literaturkritisch. **Literarum Humaniorum Doctor** [- - *doktor*] u. Litterarum Humaniorum Doctor [*lat.*]: Doktor der Literaturwissenschaft in England; Abk.: L. H. D. **Literat** *der*; -en, -en: Schriftsteller. **Literator** *der*; -s, ...oren: Schriftsteller, Gelehrter. **Literatur** *die*; -, -en: 1. schöngeistiges Schrifttum. 2. Gesamtbestand aller Schriftwerke eines Volkes. 3. (ohne Plural) Fachschrifttum eines bestimmten Bereichs; Schriftennachweise. **Literaturhistoriker** *der*; -s, -: = Literarhistoriker. **Literaturkritik** *die*; -, -en: wissenschaftliche Beurteilung des Schrifttums. **literaturkritisch**: die Literaturkritik betreffend, auf ihr beruhend. **Literatursoziologie** *die*; -: Wissenschaft von der Wechselwirkung zwischen Literatur (1) u. Gesellschaft. **Literatursprache** *die*; -: 1. in der Literatur (1) verwendete Sprache, die oft (z. B. durch Stilisierung) von der Gemeinsprache abweicht. 2. (DDR) Standardsprache

Litewka [*litäfka*; *poln.*] *die*; -, ...ken: bequemer, weicher Uniformrock mit Umlegekragen

Lith|agogum [*gr.-nlat.*] *das*; -s, ...ga: steinabführendes Mittel; Medikament, das die Ausschwemmung von Gallen-, Blasen- od. Nierensteinen herbeiführt (Med.). **Lithergol** [*gr.*; *arab.*] *das*; -s, -e: Raketentreibstoff. **Lithiasis** *die*; -, ...iasen: Steinleiden; Steinbildung in inneren Organen wie Niere, Galle od. Blase (Med.). **Lithikum** *das*; -s, ...ka: = Lithagogum. **Lithium** *das*; -s: chem. Grundstoff, Metall; Zeichen: Li. **Litho** *das*; -s, -s: Kurzform von → Lithographie (2). **lithogen** [*gr.-nlat.*]: 1. aus Gesteinen entstanden; -e Schmelze: Aufschmelzung aus der Granitschale der Erdkruste (Geol.). 2. zur Bildung von → Konkrementen, Steinen führend; steinbildend (Med.). **Lithogenese** *die*; -, -n: Gesamtheit der Vorgänge bei der Entstehung von Sedimentgesteinen wie Verwitterung, Abtragung, Umlagerung, → Sedimentation u. → Diagenese (Geol.). **Litho|glyphik** vgl. Lithoglyptik. **Litho|glyptik** u. Litho|glyphik *die*; -: Steinschneidekunst. **Litho|graph**[1] *der*; -en, -en: 1. in der Lithographie, im Flachdruckverfahren ausgebildeter Drucker. 2. jmd., der Steinzeichnungen, Lithographien (2) herstellt. **Litho|graphie**[1] *die*; -,

[1] Vgl. die Anmerkung zu Graphik.

...ien: 1. a) (ohne Plural) [Verfahren zur] Herstellung von Platten für den Steindruck, für das Flachdruckverfahren; b) Originalplatte für Stein- od. Flachdruck. 2. graphisches Kunstblatt in Steindruck, Steinzeichnung; Kurzform: Litho. **lithographieren**[1]: 1. in Steindruck wiedergeben, im Flachdruckverfahren arbeiten. 2. Steinzeichnungen, Lithographien (2) herstellen, auf Stein zeichnen. **lithographisch**[1]: im Steindruckverfahren hergestellt, zum Steindruck gehörend. **Litho|klast** *der*; -en, -en: Instrument zur Zertrümmerung von Blasensteinen (Med.). **Litholapaxie** *die*; -, ...ien: Beseitigung von Steintrümmern aus der Blase (Med.). **Lithologe** *der*; -n, -n: Wissenschaftler auf dem Gebiet der Lithologie. **Lithologie** *die*; -: Gesteinskunde, bes. in bezug auf Sedimentgesteine (vgl. Petrographie). **lithologisch**: die Lithologie betreffend, auf ihr beruhend. **Litholyse** *die*; -, -n: Auflösung von Nieren-, Gallensteinen usw. durch Arzneimittel (Med.). **Lithopädion** [„Steinkind"] *das*; -s, ...ia u. ...ien [...*iᵉn*]: verkalkte Leibesfrucht bei Mensch u. Tier. **lithophag**: sich [unter Abgabe von gesteinauflösender Säure] in Gestein einbohrend (von Tieren, z. B. Bohrmuschel, Seeigel; Zool.). **Lithophanie** *die*; -, ...ien: reliefartig in eine Platte aus dünnem Porzellan eingepreßte bildliche Darstellung. **lithophil**: 1. auf Gestein als Untergrund angewiesen (von Tieren; Zool.). 2. im wesentlichen die Erdkruste bildend u. mit großer → Affinität zu Sauerstoff (von Elementen wie Natrium, Aluminium, Silizium, von Alkalien u. a.). **Lithophysen** *die* (Plural): Ergußgesteine mit besonderer Gefügeart (oft mit Hohlräumen; Geol.). **Lithophyt** *der*; -en, -en (meist Plural): Pflanze, die eine Felsoberfläche besiedelt. **Lithopone** *die*; -: lichtechte, gut deckende weiße Anstrichfarbe. **Litho|sphäre** *die*; -: bis in 1200 km Tiefe reichende Gesteinshülle der Erde (Geol.). **Lithotomie** *die*; -, ...ien: operative Entfernung von Steinen (Medizin). **Litho|tripsie** *die*; -, ...ien: Zertrümmerung von Blasensteinen mit einem durch die Harnröhre eingeführten Lithoklasten (Med.). **Litho|tripter** *der*; -s, -: = Lithoklast. **Lithurgik** *die*; -: Verwendung u. Verarbeitung von Gesteinen u. Mineralien

Litigant [*lat.*] *der*; -en, -en: (veraltet) jmd., der vor Gericht einen Rechtsstreit führt. **Litigation** [...*zion*] *die*; -, -en: (veraltet) Rechtsstreit. **litigieren**: (veraltet): einen Rechtsstreit führen. **Litis|pendenz** [*lat.-nlat.*] *die*; -: (veraltet) mit der Klageerhebung eintretende Zugehörigkeit eines Streitfalles zur Entscheidungsbefugnis eines bestimmten Gerichts; Rechtshängigkeit (eines Streitfalls)

litoral [*lat.*]: die Küsten-, Ufer-, Strandzone betreffend (Geogr.). **Litoral** *das*; -s, -e: Küsten-, Ufer-, Strandzone (Geogr.). **Litorale** [*lat.-it.*] *das*; -s, -s: Küstenland. **Litoralfauna** *die*; -, ...nen: Tierwelt der Uferregion u. Gezeitenzone. **Litoral|flora** *die*; -, ...ren: Pflanzenwelt der Uferregion u. Gezeitenzone. **Litorina** [*lat.-nlat.*] *die*; -, ...nen: Uferschnecke (am Strand der Nord- u. Ostsee häufig). **Litorinameer** *das*; -es: geologisches Stadium der Ostsee in der Litorinazeit (ungefähr 5000 v. Chr.; Geol.). **Litorinazeit** *die*; -: Zeitraum zwischen 5500 u. 2000 v. Chr. (Geol.). **Litorinellenkalk** [*lat.-nlat.*; *dt.*; nach der darin vorkommenden Schneckengattung Litorinella] *der*; -[e]s: (veraltet) Hydrobienschichten. **Litorinen**: *Plural* von → Litorina

Litotes [*litotäß*, auch: *litotäß*; *gr.-lat.*] *die*; -, -: Redefigur, die durch doppelte Verneinung od. durch Verneinung des Gegenteils eine vorsichtige Behauptung ausdrückt u. die dadurch eine (oft ironisierende) Hervorhebung des Gesagten bewirkt (z. B. nicht der schlechteste (= ein guter) Lehrer; nicht unwahrscheinlich = ziemlich wahrscheinlich; er ist nicht ohne Talent = er hat Talent; Rhet.; Stilk.)

Litschi *die*; -, -s u. **Litschipflaume** [*chin.*; *dt.*] *die*; -, -n: pflaumengroße, wohlschmeckende Frucht (mit dünner, rauher Schale u. weißem, saftigem Fleisch) eines in China beheimateten Baumes

Litterarum Humaniorum Doctor vgl. Literarum Humaniorum Doctor

Littorina vgl. Litorina

Lit|treitis [*nlat.*; nach dem franz. Arzt Alexis Littre, † 1725] *die*; -, ...itiden: Entzündung der Schleimdrüsen der Harnröhre (Med.)

Lituanist [*lat.-nlat.*] *der*; -en, -en: Sprachwissenschaftler, der sich auf Lituanistik spezialisiert hat. **Lituanistik** *die*; -: Wissenschaft von der litauischen Sprache u. Literatur. **lituanistisch**: die Lituanistik betreffend, zu ihr gehörend

Liturg [*gr.-mlat.*] *der*; -en, -en u. **Liturge** *der*; -n, -n: der den Gottesdienst, bes. die Liturgie haltende Geistliche (im Unterschied zum Prediger). **Liturgie** [„öffentlicher Dienst"] *die*; -, ...ien: a) amtliche od. gewohnheitsrechtliche Form des Gottesdienstes; b) in der evangelischen Kirche am Altar [im Wechselgesang] mit der Gemeinde gehaltener Teil des Gottesdienstes. **Liturgik** *die*; -: Theorie u. Geschichte der Liturgie. **liturgisch**: den Gottesdienst, die Liturgie betreffend, zu ihr gehörend; -es Jahr: in bestimmte Festkreise (Fest mit seiner Vorbereitungszeit u. Ausklangszeit) eingeteiltes, am 1. Adventssonntag beginnendes Jahr; Kirchenjahr

Lituus [...*tu-uß*; *lat.*] *der*; -, Litui [...*u-i*]: (hist.) 1. Krummstab der → Auguren. 2. altrömisches Militär- u. Signalinstrument mit Kesselmundstück. 3. im 16. u. 17. Jh. Krummhorn (Blasinstrument)

live [*laif*; *engl.*]: a) direkt, original (von Rundfunk- od. Fernsehübertragungen), z. B. - senden, etwas - übertragen; b) unmittelbar, in realer Anwesenheit, persönlich. **Live-Fotografie** [*engl.*; *gr.-engl.*] *die*; -: bes. bei Bildjournalisten übliche Art des Fotografierens, bei der es weniger auf die technische Vollkommenheit als auf die Aussage des Bildes ankommt. **Live-Sendung** *die*; -, -en [*engl.*; *dt.*]: Sendung, die unmittelbar vom Ort der Aufnahme aus gesendet wird; Originalübertragung, Direktsendung. **Live-Show** [*engl.*] *die*; -, -s: 1. live (a) ausgestrahlte, revueartige Unterhaltungssendung mit → Jazz, → Pop (2) u. Humor. 2. a) = Peep-Show; b) Vorführung sexueller Handlungen auf der Bühne (z. B. eines Nachtlokals)

livid[e] [*liwid*⁽ᵉ⁾; *lat.*]: 1. bläulich, blaßblau, fahl (bezogen auf die Färbung von Haut u. Schleimhäuten, bes. der Lippen, häufig als Zeichen für Sauerstoffmangel im Blut; Med.). 2. (veraltet) neidisch

Living-wage [*liwing ᵘeⁱdsch*; *engl.*] *das*; -: für den Lebensunterhalt unbedingt notwendiger Lohn, Existenzminimum (Wirtsch.)

---

[1] Vgl. die Anmerkung zu Graphik.

Li|vre [*liwr*; *lat.-fr.*] *der* od. *das*; -[s], -[s] (aber: 6 Livre): 1. französisches Gewichtsmaß. 2. frühere französische Währungseinheit, Rechnungsmünze (bis zum Ende des 18. Jh.s)

Li|vree [*liwre*; *lat.-mlat.-fr.*] *die*; -, ...een: uniformartige Dienerkleidung. **li|vriert**: Livree tragend

Liwan [*pers.*] *der*; -s, -e: 1. nach dem Hof zu offener, überwölbter Raum mit anschließenden kleinen, geschlossenen Zimmern (orientalische Bauform des arabischen Hauses). 2. → Moschee mit vier auf einen Hof sich öffnenden Hallen in der als Schule dienenden persischen Sonderform der → Medresse (2)

Liwanze [*tschech.*] *die*; -, -n (meist Plural): beidseitig gebackenes Hefeplätzchen, das mit Pflaumenmus bestrichen u. mit Zucker bestreut wird (tschechische Spezialität; Gastr.)

Lizentiat [*...ziat*; *lat.-mlat.*]
I. *das*; -[e]s, -e: akademischer Grad (vor allem in der Schweiz, z. B. - der Theologie).
II. *der*; -en, -en: Inhaber eines Lizentiatstitels; Abk.: Lic. [theol.], (in der Schweiz:) lic. phil. usw.

Lizenz [*lat.*] *die*; -, -en: [behördliche] Erlaubnis, Genehmigung, bes. zur Nutzung eines Patents od. zur Herausgabe einer Zeitung, einer Zeitschrift bzw. eines Buches. **lizenzieren** [*lat.-nlat.*]: Lizenz erteilen. **lizenziös**: frei, ungebunden; zügellos. **Lizenzspieler** *der*; -s, -: Fußballspieler, der auf der Basis einer vom Deutschen Fußballbund erteilten Spielerlizenz als Angestellter seines Vereins gegen feste monatliche Vergütung (u. zusätzliche Prämien) in der Fußballbundesliga spielberechtigt ist. **Lizitant** [*lat.*] *der*; -en, -en: jmd., der bei Versteigerungen bietet, Meistbietender. **Lizitation** [*...zion*] *die*; -, -en: Versteigerung. **lizitieren**: versteigern

Ljodahattr [*altnord.*] *der*; -, -: Spruchton, Strophenform der → Edda

Llanero [*lja...*; *lat.-span.*] *der*; -s, -s: Bewohner eines Llanos. **Llano** [*ljano*] *der*; -s, -s (meist Plural): baumlose od. baumarme Ebene in den lateinamerik. Tropen u. Subtropen

Loa [*lat.-span.*; „Lob"] *die*; -, -s: mit einem Lob des Autors verbundenes Vorspiel älterer span. Dramenaufführungen

Load [*loᵘd*; *germ.-engl.*] *die*; -, -s: 1. altes britisches Maß, bes. Hohlmaß unterschiedlicher Größe. 2. (Jargon) für einen Rauschzustand benötigte Dosis eines Rauschgiftes

Lob [*engl.*] *der*; -[s], -s: 1. hoher, weich geschlagener Ball [mit dem der am Netz angreifende Gegner überspielt werden soll] (Tennis; Badminton). 2. angetäuschter Schmetterschlag, der an den am Netz verteidigenden Spielern vorbei od. hoch über sie hinwegfliegt (Volleyball)

lobär [*gr.-nlat.*]: einen Organlappen (z. B. der Lunge) betreffend (Med.)

lobben [*engl.*]: einen → Lob schlagen (Tennis; Badminton; Volleyball)

Lobby [*lobi*; *germ.-mlat.-engl.*] *die*; -, -s od. Lobbies [*...biß*]: 1. Wandelhalle im [britischen, amerikanischen] Parlamentsgebäude, in der die Abgeordneten mit Wählern u. Interessengruppen zusammentreffen. 2. Interessengruppe, die [in der Lobby (1)] versucht, die Entscheidung von Abgeordneten zu beeinflussen [u. die diese ihrerseits unterstützt]. 3. Vestibül, Hotelhalle. **Lobbying** [*lobi-ing*] *das*; -s, -s: Beeinflussung von Abgeordneten durch Interessen[gruppen]. **Lobby|ismus** *der*; -: [ständiger] Versuch, Gepflogenheit, Zustand der Beeinflussung von Abgeordneten durch Interessen[gruppen]. **Lobby|ist** *der*; -en, -en: jmd., der Abgeordnete für seine Interessen zu gewinnen sucht

Lob|ektomie [*gr.-nlat.*] *die*; -, ...ien: operative Entfernung eines Lungenlappens (Med.)

Lobelie [*...iᵉ*; *nlat.*; nach dem flandrischen Botaniker M. de l'Obel, † 1616] *die*; -, -n: zu den Glockenblumengewächsen gehörende, niedrige, buschige, im Sommer blühende Pflanze mit zahlreichen blauen, seltener violetten od. weißen Blüten. **Lobelin** *das*; -s: aus der Lobelie gewonnenes → Alkaloid, das die Atemtätigkeit anregt (Pharm.)

Lobi: *Plural* von Lobus. **Lobotomie** [*gr.-nlat.*] *die*; -, ...ien: = Leukotomie. **lobulär** [*gr.-nlat.*]: einzelne Läppchen eines Lobus betreffend (Med.). **Lobulärpneumonie** *die*; -, ...ien: → fibrinöse Entzündung eines Lungenlappens (Med.). **Lobus** [*gr.-lat.*] *der*; -, Lobi: Lappen eines Organs (Med.)

Locanda [*lok...*; *lat.-it.*] *die*; -, ...den: (veraltet) Gasthaus, Schenke; Herberge

Loch [*lok*; *schott.*] *der*; -[s], -s: Binnensee, → Fjord in Schottland

Lochien [*...iᵉn*; *gr.*] *die* (Plural): Absonderung der Gebärmutter während der ersten Tage nach einer Entbindung; Wochenfluß (Med.). **Lochiome|tra** [*gr.-nlat.*] *die*; -, ...tren: Stauung der Lochien, des Wochenflusses im Uterus (Med.)

Lock|out [*lokaut*; *engl.*] *das*; (auch: *der*); -[s], -s, (selten:) *die*; -, -s: Aussperrung von Arbeitern als Gegenmaßnahmen zu einem Streik

loco [*loko*, auch: *loko*; *lat.*]: 1. (Kaufmannsspr.) am Ort, hier; greifbar, vorrätig. 2. (Musik) a) die Noten sind wieder in der gewöhnlichen Tonhöhe zu spielen (Aufhebung eines vorangegangenen Oktavenzeichens; vgl. all' ottava); b) wieder in gewöhnlichen Lagen zu spielen (bei Streichinstrumenten Aufhebung einer vorangegangenen abweichenden Lagenbezeichnung).

loco citato [*- zitato*]: an der angeführten Stelle (eines Buches); Abk.: l. c.; vgl. citato loco. **loco laudato**: (selten) loco citato; Abk.: l. l. **loco sigilli**: anstatt des Siegels (auf Abschriften); Abk.: l. s. od. L. S. **Locus amoenus** [*lokuß amö...*, auch: *lokuß -*] *der*; - -, Loci amoeni [*lozi -*]: aus bestimmten Elementen zusammengesetztes Bild einer lieblichen Landschaft als literarischer → Topos (2) (bes. der Idylle; Literaturw.). **Locus communis** [*lokus kom...*, auch: *lokus -*] *der*; - -, Loci [*lozi*] ...nes [*...múneß*]: Gemeinplatz, bekannte Tatsache, allgemeinverständliche Redensart

Lodge [*lodsch*; *germ.-mlat.-altfr.-engl.*] *die*; -, -s [*...schiß*]: 1. (veraltet) Hütte, Wohnung eines Pförtners. 2. Ferienhotel, Anlage mit Ferienwohnungen

Lodiculae [*...kulä*; *lat.*; „kleine gewebte Decken"] *die* (Plural): zwei kleine Schuppen am Grund der Einzelblüten von Gräsern, die als Schwellkörper das Öffnen der Blüte regulieren (Bot.)

Loft [*engl.*] *der*; -[s], -s: 1. (ohne Plural) Neigungsgrad der Schlagfläche eines Golfschlägers. 2. Fabrik, Fabriketage als Wohnung. **Loftjazz** *der*; -: in alten Industrieanlagen, Fabriken o. ä. (ohne Konzertveranstalter) zu Gehör gebrachter [stilistisch neuartiger] Jazz

Log [*engl.*] *das*; -s, -e u. Logge *die*; -, -n: Fahrgeschwindigkeitsmesser eines Schiffes (Seew.)

log|aödische Verse [*- färsᵉ*; *gr.-*

mlat.] *die* (Plural): (veraltet) → äolische Versmaße

Log|arithmand [*gr.-nlat.*] *der*; -en, -en: zu logarithmierende Zahl; → Numerus (2) zum Logarithmus (Math.). **Log|arithmentafel** [*gr.-nlat.*; *dt.*] *die*; -, -n: tabellenartige Sammlung der → Mantissen (2) der Logarithmen (Math.). **log|arithmieren** [*gr.-nlat.*]: (Math.) a) mit Logarithmen rechnen; b) den Logarithmus berechnen. **log|arithmisch**: den Logarithmus betreffend, auf einem Logarithmus beruhend, ihn anwendend (Math.); -es Dekrement: den Abklingvorgang gedämpfter freier Schwingungen kennzeichnende Größe (Math.; Phys.). **Log|arithmus** *der*; -, ...men: Zahl, mit der man eine andere Zahl, die → Basis (4c), → potenzieren (3) muß, um eine vorgegebene Zahl, den → Numerus (2), zu erhalten (Math.); Abk.: log; - naturalis: Logarithmus, bei dem die Basis die Konstante e (e = 2,71828...) ist, natürlicher Logarithmus; Abk.: ln; dekadischer -: Logarithmus mit der Basis 10, Briggsscher Logarithmus; Abk.: lg; dyadischer -: Logarithmus mit der Basis 2, Zweierlogarithmus; Abk.: ld

Log|asthenie [*gr.-nlat.*] *die*; -: Gedächtnisstörung, die sich in Sprachstörungen, vor allem im Vergessen von Wörtern äußert (Med.)

Logbuch [*engl.*; *dt.*] *das*; -[e]s, ...bücher: Schiffstagebuch

Loge [*losche*; *germ.-mlat.-fr.* (*-engl.*)] *die*; -, -n: 1. kleiner abgeteilter Raum mit mehreren Sitzplätzen im Theater. 2. Pförtnerraum. 3. a) geheime Gesellschaft; Vereinigung von Freimaurern; b) Versammlungsort einer geheimen Gesellschaft, einer Vereinigung von Freimaurern. **Logement** [*loschemang*; *germ.-fr.*] *das*; -s, -s: 1. (veraltet) Wohnung, Bleibe. 2. (hist.) Verteidigungsanlage auf [noch nicht ganz] genommenen Festungsanlagen (z. B. Breschen). **Logenbruder** [*germ.-fr.* (*-engl.*); *dt.*] *der*; -s, ...brüder: Mitglied einer Freimaurerloge; Freimaurer

Log|gast [*engl.*; *dt.*] *der*; -[e]s, -en: Matrose, der das → Log bedient (Seew.). **Logge** vgl. Log. **loggen** [*engl.*]: die Fahrgeschwindigkeit eines Schiffes mit dem → Log messen (Seew.)

Logger [*niederl.*] *der*; -s, -: kleineres Küsten[segel]fahrzeug zum Fischfang

Loggia [*lodscha* od. *lodschja*; *germ.-fr.-it.*; „Laube"] *die*; -, -s od. ...ien [...*i^en*]: 1. Bogengang; gewölbte, von Pfeilern od. Säulen getragene, ein- od. mehrseitig offene Bogenhalle, die meist vor das Erdgeschoß gebaut od. auch selbständiger Bau ist (Archit.). 2. nach einer Seite offener, überdeckter, kaum od. gar nicht vorspringender Raum im [Ober]geschoß eines Hauses

Log|glas [*engl.*; *dt.*] *das*; -es, ...gläser: Sanduhr zum Loggen

Logical [*lodschik^el*; *gr.-engl.*] *das*; -s, -s: nach den Gesetzen der → Logik (1 b) aufgebautes Rätsel

logieren [*loschir^en*; *germ.-fr.*]: 1. [vorübergehend] wohnen. 2. (veraltet) beherbergen, unterbringen

Logik [*gr.-lat.*] *die*; -: 1. a) Lehre, Wissenschaft von der Struktur, den Formen u. Gesetzen des Denkens; Lehre vom folgerichtigen Denken, vom richtigen Schließen auf Grund gegebener Aussagen (Philos.); b) folgerichtiges, schlüssiges Denken, Folgerichtigkeit des Denkens. 2. a) Fähigkeit, folgerichtig zu denken; b) Zwangsläufigkeit; zwingende, notwendige Folgerung. **Logiker** *der*; -s, -: 1. Wissenschaftler auf dem Gebiet der Logik (1 a). 2. Mensch mit scharfem, klarem Verstand. **Logion** [*gr.*] *das*; -[s], ...ien [...*i^en*]: 1. überlieferter Ausspruch, Wort Jesu Christi; Jesuswort (Theol.)

Logis [*loschi*; *germ.-fr.*] *das*; - [*loschi*(*ß*)], - [*loschiß*]: 1. Wohnung, Bleibe. 2. (Seemannsspr.) Mannschaftsraum auf Schiffen

logisch [*gr.-lat.*]: 1. die Logik (1 a) betreffend. 2. denkrichtig, folgerichtig, schlüssig. 3. (ugs.) natürlich, selbstverständlich, klar. **logisieren** [*gr.-lat.-nlat.*]: der Vernunft, der Erkenntnis zugänglich machen. **Logisma** [*gr.*] *das*; -s, Logismata: (nach A. von Pauler) eines der letzten Elemente, aus denen sich Wahrheiten zusammensetzen. **Logismus** [*gr.-nlat.*] *der*; -, ...men: (Philos.) 1. Vernunftschluß. 2. (ohne Plural) Theorie, Lehre von der logischen Ordnung der Welt; vgl. Panlogismus

Logistik

I. [*gr.*] *die*; -: = mathematische Logik.

II. [*germ.-fr.-nlat.*] *die*; -: Versorgung der Truppe; militärisches Nachschubwesen

Logistiker [*gr.-lat.-nlat.*] *der*; -s, -: Vertreter der Logistik (I). **logistisch**: die Logistik (I) betreffend, auf ihr beruhend. **Logizismus** *der*; -: 1. Bevorzugung der logischen Argumentation gegenüber der psychologischen (z. B. innerhalb einer bestimmten wissenschaftlichen Richtung). 2. Rückführung der mathematischen Begriffe u. Methoden auf eine allgemeine Logik. 3. (abwertend) Überbewertung der Logik. **Logizistik** *die*; -: (abwertend) Logizismus (3). **logizistisch**: 1. den Logizismus (1) betreffend; auf der Bevorzugung des Logischen gegenüber dem Psychologischen beruhend. 2. den Logizismus (2) betreffend, zu ihm gehörend, auf ihm beruhend. 3. (abwertend) überspitzt logisch, haarspalterisch. **Logizität** *die*; -: das Logische an einer Sache, an einem Sachverhalt; der logische Charakter; Denkrichtigkeit; Ggs. → Faktizität (Philos.). **logo** (salopp, bes. Jugendsprache): = logisch (3). **Logo** *der* od. *das*; -s, -s: = Logotype (2). **Logo|gramm** *das*; -s, -e: Schriftzeichen für eine bedeutungstragende Einheit eines Wortes; vgl. Ideogramm; Piktogramm. **Logograph** *der*; -en, -en: frühgriechischer Geschichtsschreiber; Prosaschriftsteller der ältesten griech. Literatur; rhetorischer -: im Athen der Antike Person, die Reden zum Vortrag bei Gericht für die Bürger entwarf (die ihre Sache stets selbst vertreten mußten). **Logo|graphie** *die*; -: aus Logogrammen gebildete Schrift. **logo|graphisch**: die Logographie betreffend. **Logo|griph** [*gr.-nlat.*] *der*; -s u. -en, -e[n]: Buchstabenrätsel, bei dem durch Wegnehmen, Hinzufügen od. Ändern eines Buchstabens ein neues Wort entsteht. **Logoi** [...*eu*]: *Plural* von → Logos. **Logo|klonie** *die*; -: krankhaftes Wiederholen von Wort- od. Satzenden (Psychologie; Medizin). **Logo|kratie** *die*; -: Herrschaft der Vernunft in der Gesellschaft. **Logomachie** [*gr.*] *die*; -: Wortstreit, Haarspalterei (Philos.). **Logoneurose** [*gr.-nlat.*]: neurotisch bedingte Sprachstörung (Med.). **Logopäde** *der*; -n, -n: Spezialist auf dem Gebiet der Logopädie (Med.; Psychol.). **Logopädie** *die*; -: Sprachheilkunde; Lehre von den Sprachstörungen u. deren Heilung; Spracherziehung von Sprachkranken, Sprachgestörten, Stotterern, Stammlern (Med.; Psychol.). **logopädisch**: die Logopädie betreffend, auf ihr beruhend (Med.; Psychol.). **Logopathie** *die*; -, ...ien:

eine Sprachstörung, der zentralnervöse Veränderungen zugrunde liegen (Med.). **Logorrhö**[1] *die*; -, -en u. **Logor|rhöe** [...*rö*] *die*; -, -n [...*ö*^{e}*n*]: krankhafte Geschwätzigkeit (Med.). **Logos** [*gr.-lat.*] *der*; -, (selten:) Logoi [...*eu*]: 1. menschliche Rede, sinnvolles Wort (Philos.). 2. logisches Urteil, Begriff (Philos.). 3. menschliche Vernunft, Sinn (Philos.). 4. (ohne Plural) göttliche Vernunft, Weltvernunft (Philos.). 5. (ohne Plural) Gott, Vernunft Gottes als Weltschöpfungskraft (Theol.). 6. (ohne Plural) Offenbarung, Wille Gottes u. menschgewordenes Wort Gottes in der Person Jesu (Theol.). **logotherapeutisch**: die Logotherapie betreffend, auf ihr beruhend. **Logotherapie** [*gr.-nlat.*] *die*; -, ...ien: psychotherapeutische Behandlung von Neurosen durch methodische Einbeziehung des Geistigen u. Hinführung bzw. Ausrichtung des Kranken auf sein Selbst, seine personale Existenz. **Logotype** *die*; -, -n: 1. (durch die Einführung der Setzmaschine bedeutungslos gewordene) Drucktype mit häufig vorkommender Buchstabenverbindung. 2. Marken-, Firmenzeichen, → Signet (4). **logozen|trisch**: dem Geist im Sinne der ordnenden Weltvernunft vor dem Leben den Vorrang gebend, z. B. -e Weltanschauung, Haltung; Ggs. → biozentrisch

Lohan [*sanskr.-chin.*] *der*; -[s], -s: als Gott verehrter buddhistischer Heiliger der höchsten Stufe

Loipe [*leup*^{e}; *skand.*] *die*; -, -n: Langlaufbahn, -spur (Skisport)

Lok *die*; -, -s: Kurzform von Lokomotive. **lokal** [*lat.-fr.*]: 1. örtlich. 2. örtlich beschränkt. **Lokal** *das*; -[e]s, -e: 1. Gaststätte, Restaurant, [Gast]wirtschaft. 2. Raum, in dem Zusammenkünfte, Versammlungen o. ä. stattfinden. **Lokal|anäs|thesie** *die*; -, ...ien: örtliche Betäubung (Med.). **Lokalderby** [...*därbi*] *das*; -[s], -s: [Fußball]spiel zweier Ortsrivalen. **Lokalfarbe** *die*; -, -n: die einem Gegenstand eigentümliche Farbe, wenn sie auf dem Bild nicht durch Schattierungen od. Anpassung an die Farben der Umgebung verändert wird. **Lokalis** [*lat.*] *der*; -, ...les [*lokáleß*]: (veraltet) Lokativ. **Lokalisation** [...*zion*; *lat.-fr.*] *die*; -, -en: 1. örtliche Beschränkung. 2. Ortsbestimmung. 3. Zuordnung bestimmter psychischer Funktionen zu bestimmten Bereichen des Gehirns (Psychol.; Med.). 4. Feststellung des Herdes einer Krankheit (im Inneren des Körpers; Med.). 5. Verhinderung der Ausbreitung einer Krankheit; Beschränkung eines Krankheitsherdes auf ein bestimmtes Körpergebiet (Med.). **lokalisieren**: 1. a) örtlich beschränken, begrenzen; b) die Ausbreitung einer Krankheit verhindern; einen Krankheitsherd auf ein bestimmtes Körpergebiet beschränken (Med.). 2. a) örtlich bestimmen, festlegen; b) bestimmte psychische Funktionen bestimmten Bereichen des Gehirns zuordnen (Psychol.; Med.); c) einen Krankheitsherd (im Inneren des Körpers) feststellen (Med.). **Lokalität** *die*; -, -en: Örtlichkeit; Raum. **Lokalkolorit** *das*; -[e]s, -e: besondere → Atmosphäre (3) einer Stadt od. Landschaft. **Lokalmatador** *der*; -s, -e: örtliche Berühmtheit, erfolgreicher u. gefeierter Held in einem Ort, in einem begrenzten Gebiet (bes. Sport). **Lokalpa|triotismus** *der*; -: starke od. übertriebene Liebe zur engeren Heimat, zur Vaterstadt o. ä. **Lokalredaktion** *die*; -, -en: a) → Redaktion (2 a) einer Zeitung, die die Lokalnachrichten bearbeitet; b) Geschäftsstelle einer Zeitung, die für die Erstellung der Lokalseite verantwortlich ist. **Lokalsatz** *der*; -es, ...sätze: Umstandssatz des Ortes (z. B. ich gehe, *wohin du gehst*; Sprachw.). **Lokaltermin** *der*; -s, -e: Gerichtstermin, der am Tatort abgehalten wird. **Lokatar** [*lat.-nlat.*] *der*; -s, -e: (veraltet) Pächter, Mieter. **Lokation** [...*zion*; *lat.*] *die*; -, -en: 1. (veraltet) Platz-, Rangbestimmung. 2. moderne Wohnsiedlung. 3. Bohrstelle (bei der Erdölförderung). **Lokativ** [auch: *lókatif*; *lat.-nlat.*] *der*; -s, -e [...*w*^{e}]: den Ort ausdrückender → Kasus, Ortsfall (z. B. griech. *oikoi* = „zu Hause“; Sprachw.). **Lokator** [*lat.*] *der*; -s, ...oren: 1. (hist.) im Mittelalter ein im Auftrage seines Landesherrn [Kolonisations]land verteilender Ritter. 2. (veraltet) Vermieter, Verpächter. **loko** vgl. loco. **Lokogeschäft** [*lat.*; *dt.*] *das*; -[e]s, -e: Geschäft über sofort verfügbare Ware (Wirtsch.); Ggs. → Distanzgeschäft. **Lokomobil** *das*; -s, -e u. **Lokomobile** [*lat.-nlat.*] *die*; -, -n: fahrbare Dampf-, Kraftmaschine. **Lokomotion** [...*zion*] *die*; -, -en: der menschliche Gang, Bewegung von einer Stelle zur anderen (Med.). **Lokomotive** [...*tiw*^{e}, auch: ...*tif*; *lat.-engl.*] *die*; -, -n: schienengebundene Zugmaschine für Eisenbahnzüge; Kurzform: Lok. **lokomotorisch** [*lat.-nlat.*]: die Fortbewegung, den Gang betreffend (Med.). **Lokoware** [*lat.*; *dt.*] *die*; -, -n: sofort verfügbare, am Ort befindliche Ware. **lokulizid** [*lat.-nlat.*]: entlang der Mittellinie der Fruchtblätter aufspringend (von Kapselfrüchten; Bot.)

Lokus [*lat.*]

I. *der*; -, Lozi: (veraltet) Platz, Ort, Stelle.

II. *der*; - u. -ses, -se: (ugs.) Abort

Lokution [...*zion*; *lat.*] *die*; -, -en: a) Redewendung, Redensart; b) Redestil, Ausdrucksweise. **lokutionäre/lokutive Akt** *der*; -n -[e]s, -n -e: der Sprechakt im Hinblick auf Artikulation, Konstruktion u. Logik der Aussage (Sprachw.); vgl. illokutionärer/illokutiver Akt, perlokutiver Akt

Lolita [nach dem span. weiblichen Vornamen, den die Heldin des gleichnamigen Romans von V. Nabokov (1899–1977) trägt] *die*; -, -s: Mädchen, das seinem Alter nach noch fast ein Kind, körperlich aber schon entwickelt ist u. zugleich unschuldig u. raffiniert, naiv u. verführerisch wirkt; Kindfrau

Lollarde [*niederl.-engl.*] *der*; -n, -n: 1. Mitglied der Alexianer (Kongregation von Laienbrüdern). 2. Anhänger des engl. Vorreformators Wyclif (14. Jh.)

Lombard [*it.-fr.*; vom Namen der Lombardei] *der* od. *das*; -[e]s, -e: Kredit gegen Verpfändung beweglicher Sachen (Wertpapiere, Waren; Wirtsch.). **Lombarden** [*it.*] *die* (Plural): oberitalienische Geldwechsler im ausgehenden Mittelalter. **Lombardgeschäft** [*it.-fr.*; *dt.*] *das*; -[e]s, -e: = Lombard. **lombardieren** [*it.-fr.*]: Wertpapiere od. Waren bankmäßig beleihen (Wirtsch.). **Lombardsatz** [*it.-fr.*; *dt.*] *der*; -es, ...sätze: von der Notenbank festgesetzter Zinsfuß für Lombardgeschäfte (Wirtsch.); vgl. Diskontsatz

Lomber [*lat.-span.-fr.*] *das*; -s: Kartenspiel

Longa [*lat.*] *die*; -, ...gae [...*ä*] u. ...gen: zweitlängster Notenwert der → Ars nova des 14. Jh.s (Mus.). **Long|ävität** [...*witä̱t*] *die*; -: Langlebigkeit (Med.). **Longdrink** [*engl.*] *der*; -[s], -s: neben Alkohol vor allem Soda, Fruchtsaft o. ä. enthaltendes Mixge-

[1] Vgl. die Anmerkung zu Diarrhö.

tränk. **Longe** [*longsch^e*; *lat.-fr.*] *die*; -, -n: a) sehr lange Laufleine für Pferde (Reitsport); b) an einem Sicherheitsgurt befestigte Leine zum Abfangen von Stürzen bei gefährlichen Übungen (Turnen) od. beim Schwimmunterricht. **longieren**: ein Pferd an der Longe laufen lassen. **Longime|trie** [*longg...*; *lat.*; *gr.*] *die*; -: Längenmessung. **longitudinal** [*lat.-nlat.*]: a) in der Längsrichtung verlaufend, längsgerichtet, längs...; b) die geographische Länge betreffend. **Longitudinalschwingung** *die*; -, -en u. **Longitudinalwelle** *die*; -, -n: Welle, bei der die Schwingungsrichtung der Teilchen übereinstimmt mit der Richtung, in der sie sich ausbreitet (Phys.). **longline** [*...lain*; *lat.-engl.-amerik.*]: an der Seitenlinie entlang. **Longline** *der*; -[s], -s: entlang der Seitenlinie gespielter Ball (Tennis). **Longseller** [*...ßäl...*; *engl.*] *der*; -s, -: Buch, das über einen längeren Zeitraum zu den Bestsellern gehört; vgl. Steadyseller. **Longton** [*...tan*] *die*; -, -s: engl. Gewichtsmaß (= 1016,05 kg)

Lonzona ® [Kunstw.] *das*; -s: Chemiefaden auf Zellulosebasis

Look [*luk*; *engl.*; „Aussehen"] *der*; -s, -s: Modestil, Mode (meist in Zusammensetzungen wie Mao-Look, Austronauten-Look)

loopen [*lup^en*; *engl.*]: einen Looping ausführen. **Loopgarn** [*lup...*; *engl.*; *dt.*] *das*; -[e]s, -e: Garn mit Schlingen (die beim Zwirnen von einem ohne Spannung laufenden Faden gebildet werden. **Looping** [*lup...*] *der* (auch: *das*); -s, -s: senkrechter Schleifenflug, Überschlag (beim Kunstflug)

loph|odont [*gr.-nlat.*]: statt einzelner Höcker zusammenhängende, gekrümmte Kämme od. Leisten tragend (von den Backenzähnen vieler pflanzenfressender Säugetiere; Zool.)

Loquazität [*lat.*] *die*; -: Geschwätzigkeit (Med.)

Lorbaß [*lit.-ostniederd.*] *der*; ...basses, ...basse: (landsch.) Lümmel, Taugenichts

Lord [*engl.*; „Schützer des Brotes"] *der*; -s, -s: 1. (ohne Plural) Titel für einen Vertreter des engl. hohen Adels. 2. Träger des Titels Lord (1). **Lordkanzler** [*engl.*; *dt.*] *der*; -s, -: engl. Bezeichnung: Lord Chancellor [- *tschanß^el^er*]: höchster engl. Staatsbeamter; Präsident des Oberhauses u. des Obersten Gerichtshofes. **Lord-Mayor** [*lo^rdmä^e*] *der*; -s, -s: Oberbürgermeister bestimmter Großstädte im brit. Commonwealth

Lordose [*gr.*] *die*; -, -n: Verkrümmung der Wirbelsäule nach vorn (Med.). **lordotisch**: zur Lordose gehörend, mit Lordose einhergehend

Lord|ship [*...schip*; *engl.*] *die*; -: 1. Lordschaft (Rang bzw. Titel, auch Anrede eines Lords). 2. Herrschaftsgebiet eines Lords

Lorette [*...rät*; *fr.*] *die*; -, -n [*...t^en*]: (veraltet) Lebedame; leichtfertiges Mädchen (bes. im Paris des 19. Jh.s)

Lor|gnette [*lornjät^e*; *fr.*] *die*; -, -n: bügellose, an einem Stiel vor die Augen zu haltende Brille. **lorgnettieren**: (veraltet) durch die Lorgnette betrachten; scharf mustern. **Lor|gnon** [*...njong*] *das*; -s, -s: a) früher übliches Stieleinglas; b) Lorgnette, früher übliche Stielbrille

Lori *der*; -s, -s

I. [*malai.-engl.*]: farbenprächtiger, langflügeliger Papagei.

II. [*fr.*; Herkunft unsicher]: schwanzloser Halbaffe

Lorokonto [*it.*]: das bei einer Bank geführte Kontokorrentkonto einer anderen Bank

Losament [aus → *Logement* umgestaltet] *das*; -[e]s, -e: (veraltet, aber noch landsch.) Wohnung, Unterkunft

Lost [Kunstw.] *der*; -[e]s: chem. Kampfstoff; Senfgas

lo stesso tempo vgl. l'istesso tempo

Lost generation [- *dsehän^erg^isch^en*; *engl.*; „verlorene Generation"; von der amerikan. Schriftstellerin Gertrude Stein, 1874–1946, geprägte Bezeichnung] *die*; - -: a) Gruppe der jungen, durch das Erlebnis des ersten Weltkriegs desillusionierten und pessimistisch gestimmten amerikan. Schriftsteller der zwanziger Jahre; b) junge amerikan. u. europäische Generation nach dem ersten Weltkrieg

Lot [*engl.*] *das*; -s, -s: [vom Händler angebotene] Zusammenstellung von Einzelbriefmarken od. Briefmarkensätzen

Lotion [*...zion*; engl. Aussprache: *lo^usch^en*; *lat.-fr.*(*-engl.*)] *die*; -, -en u. (bei engl. Ausspr.:) -s: flüssiges Kosmetikum zur Reinigung u. Pflege der Haut

Lotos [*gr.-lat.*] *der*; -, - u. **Lotosblume** [*gr.-lat.*; *dt.*] *die*; -, -n: Wasserrose mit weißen, rosa od. hellblauen Blüten (die als religiöses Sinnbild bei Ägyptern, Indern u. a. eine bes. Rolle spielt). **Lotossäule** *die*; -, -n: altägypt. Säule mit einem stilisierten Pflanzenkapitell. **Lotossitz** *der*; -es: Sitzhaltung, bei der die Oberschenkel gegrätscht u. die Füße über Kreuz auf den Oberschenkeln liegen

Lotterie [*germ.-niederl.*] *die*; -, ...ien: 1. staatlich anerkanntes Zahlenglücksspiel, bei dem Lose gekauft od. gezogen werden. 2. Verlosung. 3. Kartenglücksspiel. 4. Lotteriespiel, riskantes Handeln mit Inkaufnahme aller Eventualitäten. **Lotteriekollekteur** [*...tör*; *germ.-niederl.*; *lat.-fr.*] *der*; -s, -e: (veraltet) Lotterieeinnehmer. **Lotteriekollektion** [*...zion*] *die*; -, -en: (veraltet) Lotterieeinnahme. **Lotto** [*germ.-fr.-it.*] *das*; -s, -s: 1. staatlich anerkanntes Glücksspiel, bei dem man auf Zahlen wettet, die bei der jeweiligen Ziehung als Gewinnzahlen ausgelost werden; Zahlenlotterie. 2. Gesellschaftsspiel, bei dem Karten mit Zahlen od. Bildern durch dazugehörige Karten bedeckt werden müssen. **Lottokollektur** *die*; -, -en: (österr.) Geschäftsstelle für das Lottospiel

Lotus [*gr.-lat.*] *der*; -, -: 1. Hornklee. 2. = Lotos

Louis [*lui*; franz. Name für Ludwig] *der*; - [auch: *luiß*], - [*luiß*]: (ugs.) Zuhälter. **Louisdor** [*fr.*; vom Namen Ludwigs XIII.] *der*; -s, -e (aber: 5 Louisdor): Goldmünze, die unter Ludwig XIII. von Frankreich geprägt wurde. **Louisette** [*luisät*] *die*; -, -n [*...t^en*]: erste Bezeichnung für die → Guillotine. **Louis-quatorze** [*luikators*] *das*; -: franz. Kunststil zur Zeit Ludwigs XIV. (franz. Barock). **Louis-quinze** [*luikängs*] *das*; -: dem deutschen Rokoko vergleichbarer franz. Kunststil zur Zeit Ludwigs XV. **Louis-seize** [*luißäs*] *das*; -: franz. Kunststil zur Zeit Ludwigs XVI. **Louis-treize** [*luiträs*] *das*; -: franz. Kunststil zur Zeit Ludwigs XIII.

Lounge [*laundsch*; *engl.*] *die*; -, -s [*...dschis*, auch: *...dschiß*]: Gesellschaftsraum in Hotels o. ä., Hotelhalle. **Lounge-chair** [*...tschär*] *der*; -s, -s: bequemer Sessel zum Ausruhen; Klubsessel

Loure [*lur*; *fr.*] *die*; -, -n [*lur^en*]: Tanz mit merklicher Hervorhebung des Taktanfangs im 6/4-Takt oder 3/8-Takt

Loveday [*lawde^i*; *engl.*] *der*; -[s], -s u. **Loveday-Inder** *der*; -s, -: = Inder (Kunstschach)

Love-in [*law in*; *engl.*] *das*; -s, -s: Protestverhalten jugendlicher Gruppen, bei dem es zu öffentlichen Liebeshandlungen kommt.

Lover [*law^er*] *der*; -s, -[s]: Freund u. Liebhaber, Liebespartner.

Love-Story [*lawßtori*] *die*; -, -s: [sentimentale] Liebesgeschichte

Low-Church [*lo͜uᵘtschöʳtsch*; *engl.*] *die*; -: niederkirchliche, vom → Methodismus beeinflußte Richtung in der → anglikanischen Kirche

loxo|drom [*gr.-nlat.*]: die Längenkreise (vgl. auch Meridian) einer Kugel bzw. der Erdkugel unter gleichem Winkel schneidend (von gedachten Kurven auf einer Kugel bzw. auf der Erdkugel; Math.). **Loxo|drome** *die*; -, -n: Kurve, die loxodrom ist (Math.). **loxo|dromisch**: (veraltet) loxodrom. **loxogonal**: schiefwinklig. **Lox|oph|thalmus** *der*; -: (selten) Strabismus, das Schielen (Med.)

loy|al [*loajal*; *lat.-fr.*]: a) zur Regierung, zum Vorgesetzten stehend; die Gesetze, die Regierungsform respektierend, gesetzes-, regierungstreu; Ggs. → disloyal, → illoyal (a); b) die Interessen anderer achtend; vertragstreu; anständig, redlich; Ggs. → illoyal (b, c). **Loya|list** *der*; -en, -en: 1. (hist.) amerikan. Kolonist, der während des Unabhängigkeitskrieges loyal zu England hielt. 2. in Nordirland Anhänger der Politik der Loslösung von England. **Loya|lität** *die*; -, -en: a) Treue gegenüber der herrschenden Gewalt, der Regierung, dem Vorgesetzten; Gesetzes-, Regierungstreue; b) Vertragstreue; Achtung vor den Interessen anderer; Anständigkeit, Redlichkeit

lozieren [*lat.*]: (veraltet) 1. an einen Ort setzen od. stellen, einordnen. 2. verpachten

Lucidol ⓦ [*...zi...*; *lat.-nlat.*] *das*; -s: Bleichmittel für pflanzliche Öle und Fette

Lucifer [*luzi...*] vgl. Luzifer.

Ludditen [*engl.*; angeblich nach einem engl. Arbeiter Lud[d] (*lad*)] *die* (Plural): aufrührerische Arbeiter in England, die im Anfang des 19. Jh.s aus Furcht vor Arbeitslosigkeit [Textil]maschinen zerstörten

Ludus [*lat.*] *der*; -, Ludi: 1. öffentliches Fest- u. Schauspiel im Rom der Antike. 2. mittelalterliches geistliches Drama. 3. lat. Bezeichnung für Elementarschule

Lues [*lat.*; „Seuche, Pest"] *die*; -: Syphilis (Med.). **luetisch** [*lat.-nlat.*]: syphilitisch (Med.)

Luffa [*arab.-span.-nlat.*] *die*; -, -s: kürbisartige Pflanze, aus deren schwammartiger Frucht die Luffaschwämme hergestellt werden

Lügendetektor [*dt.*; *lat.-engl.*] *der*; -s, ...oren: Registriergerät zur Feststellung unterdrückter → affektiver Regungen (fälschlich: die Wahrheit od. Unwahrheit von Aussagen feststellender Apparat)

Lugger vgl. Logger

lugu|bre [*lat.-it.*]: a) (selten) traurig, düster; b) klagend, traurig (Mus.). **Lugu|brität** [*lat.-nlat.*] *die*; -: (selten) Traurigkeit, Düsterkeit

Luiker [*lat.-nlat.*] *der*; -s, -: an Syphilis Erkrankter (Med.). **luisch**: = luetisch

Luisine [*lüisin*; *fr.*] *die*; -: weiches Gewebe aus reiner Seide in Taftbindung (Webart)

Lukarne [*fr.*] *die*; -, -n: 1. Dacherker mit verziertem Giebelfenster (bes. in der Schloßbaukunst der franz. Spätgotik; Archit.). 2. (landsch.) Dachfenster, -luke

lu|krativ [*lat.*]: gewinnbringend, einträglich. **lu|krieren**: (veraltet) gewinnen, einen Gewinn bei etwas machen

Luku|bration [*...zion*; *lat.*] *die*; -, -en: (veraltet) [wissenschaftliches] Arbeiten bei Nacht. **lukulent**: (veraltet) lichtvoll, klar

lukullisch [*lat.*; nach dem altröm. Feldherrn Lucullus]: üppig (von Gerichten), schwelgerisch. **Lukullus** *der*; -, -se: Schlemmer

Lullaby [*lalᵉbai*; *engl.*] *das*; -s, ...bies [*...bais*, auch: *...baiß*]: engl. Wiegenlied, Schlaflied

Lumachelle [*...schälᵉ*; *gr.-lat.-it.-fr.*] *die*; -, -n: aus Muschel- u. Schneckenschalenresten zusammengesetzter Kalkstein mit großen Poren (Geol.)

Lumbago [*lat.*] *die*; -: Schmerzen im Bereich der Lendenwirbelsäule u. der angrenzenden Körperteile; Hexenschuß (Med.). **lumbal** [*lat.-nlat.*]: zu den Lenden gehörend, sie betreffend; Lenden... (Med.). **Lumbal|an|äs|thesie** *die*; -, -n: örtliche Betäubung durch Einspritzungen in den Wirbelkanal der Lendengegend (Med.). **Lumb|algie** [*lat.*; *gr.*] *die*; -, ...ien: Lendenschmerz (Med.). **Lumbalpunktion** [*...zion*] *die*; -, -en: → Punktion des Lendenwirbelkanals (Med.)

Lumber [*lambᵉr*] *der*; -s, -: Kurzform von → Lumberjack. **Lumberjack** [*...dsehäk*; *engl.-amerik.*; „Holzfäller"] *der*; -s, -s: Jacke aus Leder, Kord o. ä., meist mit Reißverschluß, mit engem Taillenschluß u. Bündchenärmeln

Lumen [*lat.*; „Licht"] *das*; -s, - u. Lumina: 1. (veraltet, scherzh.) kluger Mensch, Könner, hervorragender Kopf. 2. Hohlraum eines röhrenförmigen Körperorgans, z. B. eines Blutgefäßes od. des Darms (Med.; Biol.). 3. innerer Durchmesser eines röhrenförmig hohlen Organs (Med.; Biol.). 4. Maßeinheit für den Lichtstrom; Abk.: lm (Phys.). **Lumen naturale** *das*; - -: das natürliche Licht der Vernunft im Unterschied zum göttlichen; das menschlich-endliche Erkenntnisvermögen mit seiner Abhängigkeit vom „übernatürlichen Licht" der göttlichen Offenbarung (Philos.). **Lumenstunde** *die*; -: photometrische Einheit für die Lichtmenge; Abk.: lm h

Lumie [*...iᵉ*; *pers.-arab.-it.*] *die*; -, -n: im Mittelmeergebiet beheimatete, meist nur noch als Schmuckbaum angepflanzte Zitrusfrucht, süße Zitronenart

Luminal ⓦ [Kunstw.] *das*; -s: Schlafmittel; Mittel gegen Epilepsie u. andere Krankheiten. **Luminanzsi|gnal** *das*; -s, -e: das beim Farbfernsehen zur Übertragung der Helligkeitswerte ausgestrahlte Signal. **Lumineszenz** [*lat.-nlat.*] *die*; -, -en: das Leuchten eines Stoffes ohne gleichzeitige Temperaturerhöhung, kaltes Leuchten (z. B. von Phosphor im Dunkeln). **lumineszieren**: ohne gleichzeitige Temperaturerhöhung leuchten. **Lumineux** [*lüminö*; *lat.-fr.*] *der*; -: glanzreicher Kleider- od. Futterstoff in Taftbindung (Webart). **Lumino|graphie** [*lat.*; *gr.*] *die*; -: Verfahren zur Herstellung fotografischer Kopien mit Hilfe von Leuchtstoffolien als Lichtquelle. **Luminophor** *der*; -s, -e: Masse, Substanz, die durch Bestrahlen mit Licht lange Zeit im Dunkeln leuchtet. **luminös** [*lat.-fr.*]: lichtvoll, leuchtend, vortrefflich

Lumme [*nord.*] *die*; -, -n: auf steilen Felsen der Nordmeerinseln (früher auch auf Helgoland) lebender arktischer Seevogel mit kurzen Flügeln

Lumpazius *der*; -, -se: (ugs. scherzh.) Lump. **Lumpazivagabundus** [*...wa...*; Titelgestalt einer Posse von Nestroy] *der*; -, -se u. ...di: Landstreicher, Herumtreiber. **Lumpen|proletariat** *das*; -[e]s, -e: (marxistische Theorie) (im kapitalistischen Gesellschaftssystem) unterste Gesellschaftsschicht, die unfähig ist zum politischen Kampf, da sie kein Klassenbewußtsein entwickelt hat

Luna [*lat.*] (meist ohne Artikel); -s; mit Artikel: *die*; -: (dicht.) Mond. **lunar**: den Mond betreffend, zu ihm gehörend, von ihm ausgehend (Astron.). **lunarisch**: (veraltet) lunar. **Lunarium** [*lat.-*

nlat.] *das*; -s, ...ien [...*iᵉn*]: Gerät zur Veranschaulichung der Mondbewegung. **Lunarorbit** *der*; -s, -s: Umlaufbahn um den Mond (Astron.). **Lunatiker** [*lat.*] *der*; -s, -: Mondsüchtiger (Med.). **Lunation** [...*zion*; *lat.-nlat.*] *die*; -, -en: Mondumlauf von Neumond zu Neumond. **lunatisch** [*lat.*]: mondsüchtig, → somnambul (Med.). **Lunatismus** [*lat.-nlat.*] *der*; -: Mondsüchtigkeit, → Somnambulismus (Med.). **Lunaut** *der*; -en, -en: (schweiz.) Astronaut

Lunch [*lan(t)sch*; *engl.*] *der*; -[e]s u. -, -[e]s u. -e: (in den angelsächsischen Ländern) kleinere, leichte Mahlzeit in der Mittagszeit. **lunchen**: den Lunch einnehmen. **Lunchpaket** *das*; -[e]s, -e: [an Stelle einer Mahlzeit zusammengestelltes] kleines Paket mit Verpflegung für die Teilnehmer an einem Ausflug, einer Tagesfahrt o. ä.

Lundist [*löngdist*; *lat.-vulgärlat.-fr.*] *der*; -en, -en: (veraltet) Herausgeber einer Montagszeitung. **Lünette** [*lat.-fr.*; „Möndchen"] *die*; -, -n: 1. Bogenfeld als Abschluß über Türen od. Fenstern od. als Bekrönung eines Rechtecks (Archit.). 2. (veraltet) Grundrißform im Festungsbau bei Schanzen u. Forts. 3. verstellbare Vorrichtung an Drehmaschinen, Setzstock bei der Metallverarbeitung zur Unterstützung langer Werkstücke

lungo [*lat.-it.*]: lang gehalten (Mus.)

lunisolar [*lat.-nlat.*]: den Mond- u. Sonnenlauf betreffend, von Mond u. Sonne ausgehend. **Lunisolar|präzession** *die*; -: das durch die Anziehung von Sonne u. Mond bewirkte Fortschreiten der Tagundnachtgleichepunkte der Erde auf der → Ekliptik. **Lunonaut** [*lat.-gr.*] *der*; -en, -en: für einen Mondflug eingesetzter Astronaut. **Lunula** [*lat.*] *die*; -, ...lae [...*lä*] u. ...nulen: 1. halbmondförmiger [Hals]schmuck aus der Bronzezeit. 2. glasumschlossener Hostienbehälter in der → Monstranz. 3. halbmondförmiges weißliches Feld am hinteren Nagelwall (Med.). **lunular** [*lat.-nlat.*]: halbmondförmig

Lupanar [*lat.*] *das*; -s, -e: altröm. Bordell

Luperkalien [...*iᵉn*; *lat.*] *die* (Plural): altröm. Fest, ursprünglich zu Ehren des Hirtengottes Faun, das später zur Reinigungs- u. Fruchtbarkeitsfeier wurde. **Lupine** *die*; -, -n: zur Familie der Schmetterlingsblütler gehörende, in etwa 200 Arten vorkommende Pflanze mit meist gefingerten Blättern u. ährigen Blüten, die in der Landwirtschaft bes. als Futter- u. Gründüngungspflanze eine große Rolle spielt, aber auch als Zierpflanze bekannt ist. **Lupinose** [*lat.-nlat.*] *die*; -, -n: Futtermittelvergiftung mit schwerer Erkrankung der Leber bei Wiederkäuern [infolge Fütterung mit bitteren Lupinen] (Tiermed.)

Lupolen ® [Kunstw.] *das*; -s, -e: unzerbrechlicher leichter Kunststoff, bes. zur Herstellung von Verpackungsmitteln u. Gefäßen

lupös [*lat.-nlat.*]: an Lupus erkrankt, leidend (Med.). **Lupulin** *das*; -s: bei der Bierbrauerei u. als Beruhigungsmittel in der Medizin verwendeter Bitterstoff der Hopfenpflanze. **Lupus** [*lat.*; „Wolf"] *der*; -, -[se]: meist chronisch verlaufende tuberkulöse Erkrankung der Haut mit entstellender Narbenbildung (meist im Gesicht; Med.). **Lupus in fabula**! [„der Wolf in der Fabel"]: wenn man vom Teufel spricht, ist er nicht weit! (Ausruf, wenn jemand kommt, von dem man gerade gesprochen hat)

Lure [*nord.*] *die*; -, -n: aus dem 1. Jahrtausend stammendes, in Bronze gegossenes, bis zu 3 m langes, hornähnliches altes nordisches Blasinstrument

Lurex ® [Kunstw.]: mit metallisierten Fasern hergestelltes Garn, Gewebe, Gewirk

lusingando [*germ.-provenzal.-it.*]: schmeichelnd, gefällig, gleitend, zart, spielerisch (Vortragsanweisung; Mus.)

Lusitanismus [*lat.*] *der*; -, ...men: (veraltet) Übertragung einer für das Portugiesische bzw. Brasilianische typischen Erscheinung auf eine nichtportugiesische bzw. nichtbrasilianische Sprache im lexikalischen od. syntaktischen Bereich, sowohl fälschlicherweise als auch bewußt. **Lusitanistik** *die*; -: (veraltet) Wissenschaft von der portugiesischen bzw. brasilianischen Sprache u. Literatur

Lusothek [*lat.*; *gr.-nlat.*] *die*; -, -en: (DDR) Stelle, Einrichtung, in der Denk- u. Unterhaltungsspiele entliehen werden können

Luster [*lat.-it.-fr.*] *der*; -s, -: (österr.) Lüster. **Lüster** *der*; -s, -: 1. Kronleuchter. 2. Glanzüberzug auf Glas-, Ton-, Porzellanwaren. 3. in der Lederfabrikation (u. bei der Pelzveredlung) verwendetes Appreturmittel, das die Leuchtkraft der Farben erhöht u. einen leichten Glanz verleiht. 4. glänzendes, etwas steifes [Halb]wollgewebe. **Lüsterfarbe** *die*; -, -n: zur Herstellung des Lüsters (2) verwendete Farbe, die wenig Metall enthält. **Lu|stra**: *Plural* von → Lustrum. **Lu|stration** [...*zion*; *lat.*] *die*; -, -en: 1. feierliche → kultische Reinigung [durch Sühneopfer] (Rel.). 2. (veraltet) Durchsicht, Musterung, Prüfung. **lu|strativ** [*lat.-nlat.*]: kultische Reinheit bewirkend (Rel.). **Lu|stren**: *Plural* von → Lustrum. **lu|strieren** [*lat.*]: 1. feierlich reinigen (Rel.). 2. (veraltet) durchsehen, mustern, prüfen. **lü|strieren** [*lat.-it.-fr.*]: Baumwoll- u. Leinengarne fest u. glänzend machen. **Lü|strine** *die*; -: glänzendes Hutfutter in Taftbindung (Webart) [aus Chemiefasern]. **Lu|strum** [*lat.*] *das*; -s, ...ren u. ...ra: 1. (hist.) altröm. Reinigungs- u. Sühneopfer, das alle fünf Jahre stattfand. 2. Zeitraum von fünf Jahren

Lutein [*lat.-nlat.*] *das*; -s: gelber Farbstoff in Pflanzenblättern u. im Eidotter. **Luteinom** [...*e-i*...] vgl. Luteom. **Luteolin** *das*; -s: gelber Pflanzenfarbstoff der → Reseda u. des Fingerhuts. **Luteom** u. Luteinom [...*e-i*...] *das*; -s, -e: Eierstockgeschwulst (Med.). **Luteo|tropin** *das*; -s, -e: = Prolaktin

Lutetium [...*zium*; *nlat.*; nach Lutetia, dem lat. Namen von Paris] *das*; -s: chem. Element, Metall; Zeichen: Lu; vgl. Cassiopeium

luttuoso [*lat.-it.*]: schmerzvoll, traurig (Vortragsanweisung; Mus.)

Lux [*lat.*] *das*; -, -: Einheit der Beleuchtungsstärke; Zeichen: lx (Phys.)

Luxation [...*zion*; *lat.*] *die*; -, -en: Verrenkung, Ausrenkung eines Gelenks (Med.); vgl. Distorsion (1). **luxieren**: verrenken, ausrenken (Med.)

Luxmeter [*lat.*; *gr.*] *das*; -s, -: Meßgerät für den Lichtstrom; Beleuchtungsmesser. **Luxsekunde** *die*; -, -n: photometrische Einheit der Belichtung; Zeichen: lx s

luxurieren [*lat.-nlat.*]: 1. üppig, reichlich vorhanden sein; schwelgen. 2. sich in Wuchs od. Vitalität im Vergleich zur Elterngeneration steigern (von Pflanzenbastarden; Bot.). **luxuriös** [*lat.*]: sehr komfortabel ausgestattet; üppig, verschwenderisch; kostbar, prunkvoll. **Luxus** *der*; -: Aufwand, der den normalen Rahmen [der Lebenshaltung] übersteigt; nicht notwendiger, nur zum Vergnügen betriebener Aufwand; Verschwendung; Prunk. **Luxusliner** *der*; -s, -: im Liniendienst eingesetztes Luxusschiff, Schiff, das viel Komfort bietet

Luzerne [*lat.-vulgärlat.-provenzal.-fr.*] *die*; -, -n: zur Familie der Schmetterlingsblütler zählende wichtige Futterpflanze mit meist blauen, violetten od. gelben traubenförmigen Blüten. **luzid** [*lat.*]: 1. hell; durchsichtig. 2. klar, verständlich. **Luzidität** *die*; -: 1. Helle, Durchsichtigkeit. 2. Klarheit, Verständlichkeit. 3. Hellsehen (Psychol.). **Luzifer,** (kirchenlat.:) Lucifer *der*; -s: Teufel, Satan. **Luziferin** *das*; -s: Leuchtstoff vieler Tiere u. Pflanzen. **luziferisch**: teuflisch. **Luzimeter** [*lat.*; *gr.*] *das*; -s, -: (veraltet) Gerät zur Messung der auf die Erde treffenden Sonnenstrahlen; Kugelpyranometer (Meteor.)

Lyase [*gr.-nlat.*] *die*; -, -n: → Enzym, das organische Stoffe aufspaltet (Chem.)

Lychee vgl. Litschi

Lycopodium [...*ko*...; *gr.*] *das*; -s, ...ien [...*iᵉn*]: = Lykopodium

Lycra Ⓦⓩ [auch: *laikra*; Kunstw.] *das* -[s]: hochelastische Kunstfaser

Lyddit [*engl.-nlat.*; nach der engl. Stadt Lydd] *das*; -s: Sprengstoff aus → Pikrinsäure

lydisch: [nach der Landschaft Lydien]: die antike Landschaft Lydien in Kleinasien betreffend; -e Tonart: (Mus.) 1. altgriech. Tonart. 2. zu den authentischen vier ersten Tonreihen gehörende, auf f stehende Tonleiter der Kirchentonarten des Mittelalters. **Lydische** *das*; -n: (Mus.) 1. altgriech. Tonart. 2. Kirchentonart. **Lydit** [auch: ...*it*; *gr.-nlat.*] *der*; -s, -e: (dem Erkennen der Echtheit von Gold- u. Silberlegierungen dienender) schwarzer Kieselschiefer

Lyk|an|thropie [*gr.*] u. **Lykomanie** [*gr.-nlat.*] *die*; -: (im Mittelalter häufige) Wahnvorstellung, in einen Werwolf od. in ein anderes wildes Tier verwandelt zu sein (Med.; Psychol.). **Lykopodium** *das*; -s, ...ien [...*iᵉn*]: 1. Vertreter einer Klasse Farnpflanzen; Bärlapp. 2. aus den Sporen von Bärlapparten hergestelltes Pulver, das als Streupulver bei der Pillenherstellung u. technisch (als Blitzpulver bei Feuerwerkskörpern) verwendet wird. **Lyk|orexie** *die*; -: krankhaft gesteigerter Appetit, Heißhunger (Med.)

Lymph|adenie [*gr.-nlat.*] *die*; -, ...ien u. Lymph|adenose *die*; -, -n: Lymphknotenwucherung (Med.). **Lymph|adenitis** *die*; -, ...itiden: Lymphknotenentzündung (Med.). **Lymph|adenom,** Lymphom *das*; -s, -e u. Lymphoma *das*; -s, -ta: Lymphknotengeschwulst (Med.). **Lymph|adenose** vgl. Lymphadenie. **Lymphangiom** *das*; -s, -e: gutartige Lymphgefäßgeschwulst (Med.). **Lymph|angitis** *die*; -, ...itiden: Lymphgefäßentzündung(Med.). **lymphatisch**: auf Lymphe, Lymphknötchen, -drüsen bezüglich, sie betreffend (Med.). **Lymphatismus** *der*; -, ...men: auf besonders ausgeprägter Reaktionsbereitschaft des lymphatischen Systems beruhender krankhafter Zustand mit blassem Aussehen, träger Atmung, Neigung zu Drüsen- u. Schleimhautentzündungen, Milzschwellung u. chronischen Schwellungen der lymphatischen Organe (Med.). **Lymphe** [*gr.-lat.*] *die*; -, -n: 1. hellgelbe, eiweißhaltige Körperflüssigkeit in eigenem Gefäßsystem u. in den Gewebsspalten, die für den Stoffaustausch der Gewebe sehr wichtig ist. 2. Impfstoff gegen Pocken. **lymphogen** [*gr.-lat.*; *gr.*]: lymphatischen Ursprungs, auf dem Lymphwege entstanden (z. B. von einer → Infektion). **Lympho|granulomatose** [*gr.-lat.*; *lat.-nlat.*] *die*; -, -n: Auftreten von bösartigen Geschwulstbildungen des lymphatischen Gewebes (Med.). **Lymphographie** *die*; -, ...ien: röntgenologische Darstellung von Lymphbahnen u. Lymphknoten (Medizin). **lymphoid** [*gr.-nlat.*]: lymphartig, lymphähnlich (bezogen auf die Beschaffenheit von Zellen u. Flüssigkeiten; Med.). **Lymphoidozyt** [...*o-i*...] *der*; -en, -en (meist Plural): den Lymphozyten ähnliche Zelle im Blut, die eigentlich eine noch unausgereifte Knochenmarkzelle ist (z. B. bei Leukämie; Med.). **Lymphom** u. **Lymphoma** vgl. Lymphadenom. **Lymphopenie** *die*; -, ...ien: krankhafte Verminderung der Zahl der Lymphozyten im Blut (Med.). **Lymphopoese** *die*; -: (Med.) a) Bildung der zellarmen Lymphe in den Gewebsspalten; b) Ausbildung u. Entwicklung der Lymphozyten im lymphatischen Gewebe der Lymphknoten, der → Tonsillen u. der Milz. **Lymphostase** *die*; -, -n: Lymphstauung (Med.). **Lymphozyt** *der*; -en, -en (meist Plural): im lymphatischen Gewebe entstehendes, außer im Blut auch in der Lymphe u. im Knochenmark vorkommendes weißes Blutkörperchen (Med.). **Lymphozytose** *die*; -, -n: [krankhafte] Vermehrung der Lymphozyten im Blut (Med.)

lynchen [*lünchᵉn*, auch: *linchᵉn*; *engl.*; wahrscheinlich nach dem nordamerik. Pflanzer u. Friedensrichter Charles Lynch]: jmdn. für eine [als Unrecht empfundene] Tat ohne Urteil eines Gerichts grausam mißhandeln od. töten. **Lynchjustiz** *die*; -: das Lynchen, grausame Mißhandlung od. Tötung eines Menschen [durch eine aufgebrachte Volksmenge]

Lyoner [*lio*...; nach der franz. Stadt Lyon] *die*; -, - u. **Lyoner Wurst** *die*; - -, - Würste: rosa Brühwurst von gehobener Qualität (aus Schweinefleisch)

lyophil [*gr.-nlat.*]: Lösungsmittel aufnehmend, leicht löslich (Chem.); Ggs. → lyophob. **Lyophilisation** [...*zion*] *die*; -, -en: Verfahren zur Haltbarmachung bestimmter Güter (Lebensmittel, Medikamente u. a.), die in gefrorenem Zustand im Vakuum getrocknet werden; Gefriertrocknung (Technik). **lyophob**: kein Lösungsmittel aufnehmend, schwer löslich (Chem.); Ggs. → lyophil

Lypemanie [*gr.-nlat.*] *die*; -: meist auf neurotischen Störungen beruhende anomale Traurigkeit, Melancholie (Psychol.)

Lyra [*gr.-lat.*] *die*; -, ...ren: 1. altgriech., der → Kithara ähnliches Zupfinstrument mit fünf bis sieben Saiten. 2. = Viella (2), Drehleier (10. Jh.). 3. Streichinstrument, Vorgängerin der → Violine (16. Jh.); vgl. Lira da braccio. 4. dem Schellenbaum ähnliches Glockenspiel der Militärkapellen. 5. in Lyraform gebaute Gitarre mit sechs Saiten u. einem od. zwei Schallöchern; Lyragitarre (frühes 19. Jh.). **Lyriden** [*gr.-lat.-nlat.*] *die* (Plural): im April regelmäßig zu beobachtender Sternschnuppenschwarm. **Lyrik** [*gr.-lat.-fr.*] *die*; -: Dichtungsgattung, in der subjektives Erleben, Gefühle, Stimmungen usw. od. Reflexionen mit den Formmitteln von Reim, Rhythmus, Metrik, Takt, Vers, Strophe u. a. ausgedrückt werden; vgl. Dramatik, Epik. **Lyriker** *der*; -s, -: Dichter, der Lyrik schreibt. **lyrisch**: 1. a) die Lyrik betreffend, zu ihr gehörend; b) in der Art von Lyrik, mit stimmungsvollem, gefühlsbetontem Grundton. 2. weich, von schönem Schmelz u. daher für gefühlsbetonten Gesang geeignet (auf die Gesangsstimme bezogen; Mus.). 3. gefühl-, stimmungsvoll. **lyrisieren** [*gr.-nlat.*]: etwas dichterisch od. musikalisch [übertrieben] stimmungsvoll, gefühlsbetont gestalten, ausdrücken, darbieten. **Lyrismus** *der*; -, ...men: [übertrieben] stimmungsvolle, gefühlsbetonte dichterische od. musikalische Gestaltung, Darbietung

Lyse vgl Lysis. **lysigen** [*gr.-nlat.*]: durch Auflösung entstanden (z. B. von Gewebslücken; Biol.). **Lysimeter** *das*; -s, -: Gerät für wasser- u. landwirtschaftswissenschaftliche Untersuchungen zur Messung des Niederschlags, zur Bestimmung von Boden- u. Pflanzenverdunstung. **Lysin** *das*; -s, -e (meist Plural): → Antikörper, der fremde Zellen u. Krankheitserreger, die in den menschlichen Organismus eingedrungen sind, aufzulösen vermag (Med.).

Lysis [*gr.*; „Auflösung"] u. Lyse *die*; -, Lysen: 1. allmählicher Fieberabfall (Med.). 2. Auflösung von Zellen (z. B. von Bakterien, Blutkörperchen; Med.). 3. Persönlichkeitszerfall (Psychol.). **Lysoform** Ⓦz [Kunstw.] *das*; -s: Desinfektionsmittel. **Lysol** Ⓦz *das*; -s: Kresolseifenlösung (Desinfektionsmittel); vgl. Kresol. **Lysosom** [*gr.-nlat.*] *das*; -s, -en (meist Plural): Zellbläschen mit Enzymen, die bei Freiwerden die Zelle auflösen (Biol.; Med.).

Lysotyp [*gr.*] *der*; -s, -en: Bakterienstamm, der sich durch seine Reaktion auf bestimmte → Bakteriophagen von anderen (des gleichen Typs) unterscheiden läßt (Med.). **Lysotypie** *die*; -, ...ien: Testverfahren, Bakterienstämme in Lysotypen zu trennen (Med.). **Lysozym** *das*; -s, -e: bakterientötender Stoff in Drüsenabsonderungen (Tränen, Speichel u. a.; Med.)

Lyssa [*gr.-lat.*] *die*; -: Tollwut, auf Menschen übertragbare Viruskrankheit bei Tieren (Med.). **Lyssophobie** [*gr.-nlat.*] *die*; -: krankhafte Angst, an Tollwut zu erkranken bzw. erkrankt zu sein (Med.; Psychol.)

lytisch [*gr.*]: allmählich sinkend, abfallend (vom Fieber; Med.)

lyzeal [*gr.-nlat.*]: (veraltet) zum Lyzeum gehörend; das Lyzeum betreffend. **Lyzeum** [*gr.-lat.*] *das*; -s, ...een: (veraltet) höhere Lehranstalt für Mädchen

M

Mäander [kleinasiatischer Fluß] *der*; -s, -: 1. (meist Plural) [Reihe von] Windung[en] od. Schleife[n] (z. T. mit Gleit- u. Prallhängen) von Fluß- oder Bachläufen Flußschlinge[n]. 2. rechtwinklig od. spiralenförmig geschwungenes Zierband (bes. auf Keramiken). **mäandern** u. **mäandrieren**: 1. sich schlangenförmig bewegen (von Flüssen u. Bächen). 2. Mäander als Verzierung auf Gegenständen anbringen. **mäandrisch**: in Mäanderform

Mac

I. [*mäk*; *schott.*; „Sohn"]: Bestandteil schottischer (auch irischer) Namen, z. B. MacAdam; Abk.: M', Mc.

II. [*mak*] *der*; -[s], -s: Kurzform von → Maquereau

maccaronisch vgl. makkaronisch

Macchia [*makia*] u. **Macchie** [*makie*; *lat.-it.*] *die*; -, Macchien [*...ien*]: charakteristischer immergrüner Buschwald des Mittelmeergebietes; vgl. Maquis

Machete [*mach...*, auch: *matschete*; *span.*] *die* (auch: *der*); -, -n: Buschmesser

Machetik [*mach...*; *gr.*] *die*; -: (veraltet) Gefechts-, Kampflehre (Sport)

Machiavellismus [*makjawälißmuß*; *nlat.*; nach dem ital. Staatsmann Machiavelli, † 1527] *der*; -: politische Lehre u. Praxis, die der Politik den Vorrang vor der Moral gibt; durch keine Bedenken gehemmte Machtpolitik. **Machiavellist** *der*; -en, -en: Anhänger des Machiavellismus. **machiavellistisch**: nach der Lehre Machiavellis, im Sinne des Machiavellismus

Machiche [*matschitschᵉ*; *port.*] *der*; -: dem Twostep ähnlicher, mäßig schneller südamerik. Tanz im 4/4-Takt (um 1890 vorübergehend Gesellschaftstanz)

Machination [*machinazion*; *lat.*] *die*; -, -en: 1. listiger Anschlag, Kniff. 2. (nur Plural) Ränke, Machenschaften, Winkelzüge. **machinieren**: (veraltet) Ränke schmieden

Machismo [*tschiß...*; *lat.-span.-(-südamerik.)*] *der*; -[s]: übersteigertes Männlichkeitsgefühl, Männlichkeitswahn, Betonung der männlichen Überlegenheit. **macho**: übertrieben männlich

Machorka [*mach...*; *russ.*]

I. *der*; -s, -s: russ. Tabak.

II. *die*; -, -s: Zigarette aus russ. Tabak

Machsor [*mach...*; *hebr.*] *der*; -s, -s u. -im: jüd. Gebetbuch für die Festtage

machulle [*machulᵉ*; *hebr.-jidd.*]: 1. (ugs. u. mdal.) bankrott, pleite. 2. (mdal.) ermüdet, erschöpft. 3. (mdal.) verrückt

Macis [*maz...*] vgl. Mazis

Mackintosh [*mäkintosch*; *engl.*; nach dem schott. Chemiker Ch. Macintosh, † 1843] *der*; -[s], -s: 1. mit Kautschuk imprägnierter Baumwollstoff. 2. Regenmantel aus beschichtetem Baumwollstoff

Macleaya [*makleʲa*; *nlat.*; nach dem engl. Entomologen A. MacLeay, † 1848] *die*; -, ...eayen: ostasiatische Mohnpflanze (Zierstrauch)

Macramé vgl. Makramee

Madam [*lat.-fr.*] *die*; -, -s u. -en: 1. (ugs.) Hausherrin, die Gnädige. 2. (scherzh.) [dickliche, behäbige] Frau. 3. (landsch. scherzh.) Ehefrau. **Madame** [*madam*]: franz. Anrede für eine Frau, etwa dem deutschen „gnädige Frau" entsprechend; als Anrede ohne Artikel; Abk.: Mme. (schweiz.: ohne Punkt); Plural: Mesdames [*medam*]; Abk.: Mmes. (schweiz.: ohne Punkt)

Madapolam [ehemalige ostind. Stadt] *der*; -[s], -s: glatter, weich ausgerüsteter Baumwollstoff für Wäsche

Madarose [*gr.*] *die*; -, -n: Lidrandentzündung mit Verlust der Wimpern (Med.)

made in ... [*meʲd -*; *engl.*; „hergestellt in ..."]: Aufdruck auf Waren in Verbindung mit dem jeweiligen Herstellungsland, z. B. made in Germany [*- - dsehöʳmᵉni*] = hergestellt in Deutschland

Madeira [*...dera*] u. Madera [port. Insel] *der*; -s, -s: ein Süßwein. **Madeirastickerei** u. Maderastikkerei *die*; -, -en: auf der Insel Madeira hergestellte Durchbruchstickerei in Leinen od. Batist

Mademoiselle [*madmoasäl*; *lat.-galloroman.-fr.*] franz. Anrede für: Fräulein; als Anrede ohne Artikel; Abk.: Mlle. (schweiz.: ohne Punkt); Plural: Mesdemoiselles [*medmoasäl*], Abk.: Mlles. (schweiz.: ohne Punkt)

Madera usw. vgl. Madeira usw.

madeszent u. **madidant** [*lat.*]: nässend (von Geschwüren; Med.)

Madijo [*jav.*] *das*; -[s]: aus Bestandteilen des → Kromo u. des → Ngoko gemischte Sprache des javanischen Bürgertums

Madison [*mädiß^e n*; *engl.*] *der*; -[s], -: 1962 aufgekommener Modetanz im 4/4-Takt

ma|djarisieren [*ung.-nlat.*]: ungarisch machen, gestalten

Madonna [*lat.-it.*; „meine Herrin"] *die*; -, ...nnen: a) (ohne Plural) die Gottesmutter Maria; b) die Darstellung der Gottesmutter [mit dem Kinde]

Ma|dras [vorderindische Stadt] *der*; -: 1. feinfädiger, gitterartiger Gardinenstoff mit eingewebter Musterung. 2. Baumwollgewebe mit großzügiger Karomusterung (für Hemden, Blusen, Strandkleidung o. ä.)

Ma|dreporarie [...*i^e*] u. **Ma|drepore** [(*lat.*; *gr.*) *it.-fr.*] *die*; -, -n: Löcherkoralle (Zool.). **Ma|dreporenplatte** *die*; -, -n: siebartige Kalkplatte auf der Rückenseite von Seesternen u. Seeigeln (Zool.)

Ma|drigal [*it.*] *das*; -s, -e: 1. a) (hist.) Hirtenlied; b) ital. Gedichtform der Renaissancezeit mit ländlich-idyllischem Inhalt. 2. a) meist fünfstimmiges weltliches Kunstlied des 16. Jh.s; b) im 17. Jh. Bez. für ein einstimmiges Instrumentalstück. **Madrigalchor** *der*; -s, ...chöre: seit etwa 1920 übliche Bezeichnung für einen kleiner besetzten Chor (Mus.). **ma|drigalesk**: = madrigalistisch. **Ma|drigaletto** [*it.*] *das*; -s, -s u. ...tti: kurzes, einfaches Madrigal (2). **Ma|drigalismus** [*it.-nlat.*] *der*; -s: = Madrigalstil. **Ma|drigalist** *der*; -en, -en: Komponist eines Madrigals (2), Vertreter des Madrigalstils. **Madrigalistik** *die*; -: Kunst der Madrigalkomposition. **ma|drigalistisch** u. madrigalesk [*it.*]: das Madrigal betreffend, im Madrigalstil, nach der Art des Madrigals komponiert. **Ma|drigalkomödie** *die*; -, ...ien [...*i^e n*]: nach Inhalt u. Anlage der Komödie aufgebautes Madrigal (2). **Ma|drigalon** *das*; -s, -e: mehr als 15 Zeilen umfassendes Madrigal (1). **Ma|drigalstil** *der*; -[e]s: mehrstimmiger, die Singstimme artikulierender Kompositionsstil (seit dem frühen 16. Jh.)

Madurafuß [nach der ind. Stadt Madura] *der*; -es: durch verschiedene Pilzarten hervorgerufene Fußkrankheit mit Knotenbildung u. chronischen Geschwüren in Indien (Volkskrankheit)

Mae|stà [*ma-äßta*; *lat.-it.*] *die*; -: ital. Bezeichnung für die Darstellung der inmitten von Engeln u. Heiligen thronenden Maria (bes. im 12. u. 13. Jh.). **mae|stoso**: feierlich, würdevoll, gemessen (Vortragsanweisung; Mus.). **Mae|stoso** *das*; -s, -s u. ...si: feierliches, getragenes Musikstück

Mae|strale [*maäß...*; *lat.-it.*] *der*; -s: = Mistral. **Mae|stro** [„Meister"] *der*; -s, -s (auch: ...stri): a) großer Musiker od. Komponist; b) Musiklehrer; - al cembalo: jmd., der vom → Cembalo aus, Generalbaß spielend, die Kapelle leitet

Mäeutik [*gr.*; „Hebammenkunst"] *die*; -: die sokratische Methode, durch geschicktes Fragen die im Partner schlummernden, ihm aber nicht bewußten richtigen Antworten u. Einsichten heraufzuholen. **mäeutisch**: die Mäeutik betreffend

Mafia, auch: **Maffia** [*arab.-it.*] *die*; -, -s: erpresserische Geheimorganisation. **Mafioso** *der*; -[s], ...si: Angehöriger einer Mafia. **Mafiote** *der*; -n, -n: = Mafioso

mafisch [Kunstw. aus *Ma*gnesium u. *lat.* *f*errum „Eisen"]: = femisch

Magazin [*arab.-it.* (*-fr.* u. *-engl.*)] *das*; -s, -e: 1. Vorratshaus. 2. Lagerraum [für Bücher]. 3. Laden. 4. periodisch erscheinende, reich bebilderte, unterhaltende Zeitschrift. 5. Rundfunk- od. Fernsehsendung, die über [politische] Tagesereignisse informiert u. sie kommentiert, wobei die einzelnen Beiträge mit Musikeinlagen verbunden werden können. 6. Aufbewahrungs- u. Vorführkasten für → Diapositive, in dem die Diapositive einzeln eingesteckt sind. 7. abnehmbares, lichtfest verschließbares Rückteil einer Kamera, das den Film enthält u. schnellen Wechsel des Films ermöglicht. 8. Patronenkammer in [automatischen] Gewehren u. Pistolen. **Magazinbalg** *der*; -[e]s, ...bälge: der durch kleinere sog. Schöpfbälge gefüllte, der Speicherung der Luft dienende Balg bei Orgel u. Harmonium. **Magaziner** *der*; -s, -: (schweiz.) Magazinarbeiter. **Magazineur** [...*nör*; französierende Ableitung von → Magazin] *der*; -s, -e: (österr.) Lagerverwalter. **magazinieren**: 1. einspeichern, lagern. 2. gedrängt zusammenstellen

Magdalénien [...*leniäng*; *fr.*; nach dem franz. Fundort, der Höhle La Madeleine (- *madlän*)] *das*; -[s]: Stufe der jüngeren Altsteinzeit

Magenta [*madsehä...*; *it.*, Ort in Italien] *das*; -[s]: Anilinrot

Mag|ethos [*gr.-nlat.*] *das*; -: aus der Magie der → kultischen Handlungen erwachsende → ethische Haltung als Anfang der Religion (nach Hellpach)

Mag|giolata [*madseho...*; *lat.-it.*] *die*; -, ...te: Mailied im Stil eines → Madrigals (16. Jh.). **Mag|gio musicale** [*madseho ...kale*] *der*; -, -: alljährlich, urspr. nur im Mai, jetzt von April bis Sommer in Florenz stattfindende Festspiele (seit 1933). **mag|giore** [*madsehor^e*]: Bezeichnung für die große Terz der Durtonart; Ggs. → minore. **Mag|giore** *das*; -, -s: Durteil eines Molltonstückes

Ma|ghreb [*arab.*; „Westen"] *der*; -: der Westteil der arabisch-mohammedanischen Welt (Tunesien, Nordalgerien, Marokko). **ma|ghrebinisch**: zum Maghreb gehörig, nordafrikanisch

Magie [*pers.-gr.-lat.*] *die*; -: 1. Zauberkunst, Geheimkunst, die sich übersinnliche Kräfte dienstbar zu machen sucht (in vielen Religionen). 2. Trickkunst des Zauberers im → Varieté. 3. Zauberkraft, Zauber. **Magier** [...*i^e r*] u. **Magiker** *der*; -s, -: 1. [persischmedischer] Zauberpriester. 2. Zauberer, [berufsmäßiger] Zauberkünstler. **magisch**: 1. die Magie (1) betreffend. 2. zauberhaft, geheimnisvoll bannend; vgl. Laterna magica

Magister [*lat.*; „Meister"] *der*; -s, -: 1. a) in einigen Hochschulfächern verliehener akademischer Grad, gleichwertig mit einem Diplom; - Artium [*arzium*; *lat.*; „Meister der (Freien) Künste"]: in den geisteswissenschaftlichen Hochschulfächern deutscher Universitäten verliehener Grad; Abkürzung: M. A.; vgl. Master of Arts; - pharmaciae [...*ziä*; *lat.*; „Meister der Pharmazie"]: akademischer Grad für Apotheker in Österreich; Abk.: Mag. pharm.; b) (hist.) akademischer Grad, der zum Unterricht an Universitäten berechtigte. 2. (veraltet, noch scherzh.) Lehrer. **magi|stral**: nach ärztlicher Vorschrift bereitet (von Arzneien). **Magi|strale** [*lat.-nlat.*] *die*; -, -n: a) Hauptverkehrslinie, -straße [in einer Großstadt]; b) [*lat.-russ.*] (DDR) repräsentative Hauptstraße mit Geschäften, Gaststätten u. a.

Magi|strat [*lat.*]

I. *der*; -[e]s, -e: 1. im Rom der Antike a) hoher Beamter (z. B. Konsul, Prätor usw.); b) öffentliches Amt. 2. Stadtverwaltung.

II. *der*; -en, -en: (schweiz.) Mitglied der Regierung bzw. der ausführenden Behörde

Magi|stratur [*lat.-nlat.*] *die*; -, -en: (veraltet) behördliche Würde, obrigkeitliches Amt

Magma [*gr.-lat.*] *das*; -s, ...men: 1. heiße natürliche Gesteinsschmelze im od. aus dem Erdinnern, aus der Erstarrungsgesteine entstehen (Geol.). 2. knetbare Masse, Brei (Medizin). **magmatisch** [*gr.-nlat.*]: aus dem Magma (1) kommend (z. B. von Gasen bei Vulkanausbrüchen). **Magmatismus** *der*; -: Bezeichnung für alle mit dem → Magma (1) zusammenhängenden Vorgänge (Geol.). **Magmatit** *der*; -s, -e: Erstarrungsgestein. **magmatogen**: durch Anreicherung in einer Restschmelze entstanden (von Erzlagerstätten)

Ma|gna Charta [- *ka...*; *lat.*] *die*; - -: 1. engl. [Grund]gesetz von 1215, in dem der König dem Adel grundlegende Freiheitsrechte garantieren mußte. 2. Grundgesetz, Verfassung, Satzung. **ma|gna cum laude**: [- *kum* -; „mit großem Lob"]: sehr gut (zweitbestes Prädikat bei der Doktorprüfung)

Ma|gnalium [Kunstw.] *das*; -s: eine Magnesium-Aluminium-Legierung

Ma|gna Mater *die*; - -: Große Mutter, Muttergottheit (Beiname der phrygischen Göttin Kybele)

Ma|gnat [*lat.-mlat.*] *der*; -en, -en: 1. Inhaber [branchenbeherrschender] wirtschaftlicher Macht (z. B. Zeitungsmagnat, Ölmagnat). 2. (hist.) hoher Adliger (bes. in Polen u. Ungarn)

Ma|gnesia [ugs. auch: *mangne...*; *gr.-mlat.*; altgriech. Landschaft] *die*; -: Magnesiumoxyd [in Form von weißem Pulver], das vor allem als Mittel gegen Magenübersäuerung u. zum Trockenhalten der Handflächen beim Geräteturnen gebraucht wird; vgl. biserierte Magnesia. **Ma|gnesit** [auch: *...it*; *gr.-nlat.*] *der*; -s, -e: ein Mineral. **Ma|gnesitstein** [auch: *...it...*] *der*; -[e]s, -e: feuerfester Stein. **Ma|gnesium** [ugs. auch: *mangne...*] *das*; -s: chem. Grundstoff, Metall; Zeichen: Mg. **Magnet** [ugs. auch: *mangnet*; *gr.-lat.*] *der*; -[e]s u. -en, -e[n]: 1. a) Eisen- od. Stahlstück, das andere → ferromagnetische Stoffe anzieht; b) = Elektromagnet. 2. anziehende Person, reizvoller Gegenstand, Ort. **Ma|gnetaufzeichnung** [ugs. auch: *mangnet...*] *die*; -, -en: Aufzeichnung von Rundfunksendungen od. Fernsehbildern auf magnet. (2) Wege. **Ma|gnetband** *das*; -[e]s, ...bänder: mit einer magnetisierbaren Schicht versehenes Band, auf dem Informationen in Form magnet. Aufzeichnungen gespeichert werden. **Ma|gnetik** *die*; -: Lehre vom Verhalten der Materie im magnet. Feld. **magnetisch**: 1. die Eigenschaften eines Magneten (1) aufweisend, → ferromagnetische Stoffe anziehend. 2. auf der Wirkung eines Magneten (1) beruhend, durch einen Magneten bewirkt. 3. unwiderstehlich, auf geheimnisvolle Weise anziehend. **Ma|gnetiseur** [*...sör*] *der*; -s, -e: = Magnetopath. **ma|gnetisieren** [mit französierender Endung gebildet]: magnetisch (1) machen. **Ma|gnetismus** [*gr.-lat.-nlat.*] *der*; -: 1. Fähigkeit eines Stoffes, Eisen od. andere → ferromagnetische Stoffe anzuziehen. 2. Wissenschaft von den magnetischen Erscheinungen. 3. = Mesmerismus. **Ma|gnetit** [auch: *...it*] *der*; -s, -e: wichtiges Eisenerz. **Magnetkies** *der*; -es: Eisenerz, oft nickelhaltig. **Ma|gneto|graph** *der*; -en, -en: Apparat zur selbsttätigen Aufzeichnung erdmagnetischer Schwankungen. **magnetokalorisch**: in der Wendung -er Effekt: von magnetischen Zustandsänderungen der Materie herrührende Temperaturänderung. **Ma|gnetometer** *das*; -s, -: Instrument zur Messung magnetischer Feldstärke u. des Erdmagnetismus. **Ma|gneton** *das*; -s, -[s] (aber: 2 -): Einheit des magnetischen Moments (Kernphys.). **Magneto|optik** *die*; -: Wissenschaft von den optischen Erscheinungen, die durch die Einwirkung eines magnetischen Feldes auf Licht entstehen. **Ma|gnetopath** *der*; -en, -en: mit Magnetismus behandelnder Heilkundiger. **Magnetopathie** [*gr.-nlat.*] *die*; -: Heilwirkung durch magnetische Kräfte. **Ma|gnetophon** ® *das*; -s, -e: ein Tonbandgerät. **Ma|gnetosphäre** *die*; -: Teil der die Erde umgebenden Atmosphäre, in dem die → Elektronen (I) u. → Ionen durch das Magnetfeld der Erde beeinflußt werden. **Ma|gnetron** [Kurzw. aus → *Magnet* u. → Elek*tron*] *das*; -s, ...one (auch: -s): eine Elektronenröhre, die magnetische Energie verwendet (für hohe Impulsleistungen). **Magnettongerät** *das*; -[e]s, -e: Tonbandgerät

ma|gnifik [*manjifik*; *lat.-fr.*]: (veraltet) herrlich, prächtig, großartig. **Ma|gnifikat** [*mag...*; *lat.*] *das*; -[s], -s: 1. a) (ohne Plural) Lobgesang Marias (Luk. 1, 46–55) nach seinem Anfangswort in der lat. Bibel (Teil der kath. → Vesper); b) auf den Text von a) komponiertes Chorwerk. 2. (landsch.) katholisches Gesangbuch. **Magnifikus** *der*; -, ...fizi: (veraltet) Rektor einer Hochschule; vgl. Rector magnificus. **Ma|gnifizentissimus** *der*; -, ...mi: = Rector magnificentissimus. **Magnifizenz** *die*; -, -en: Titel für Hochschulrektoren u. a.; als Anrede: Euer, Eure (Abk.: Ew.) -. **Ma|gnifizi**: *Plural* von Magnifikus. **Ma|gnisia** vgl. Magnesia. **Ma|gnitude** [*lat.*] *die*; -: Maß für die Stärke von Erdbeben; Zeichen: *M*. **Ma|gnitudo** *die*; -: Maß für die Helligkeit eines Gestirns

Ma|gnolie [*...i^e*; *nlat.*, nach dem franz. Botaniker Pierre Magnol (*manjol*), † 1715] *die*; -, -n: frühblühender Zierbaum (aus Japan u. China) mit tulpenförmigen Blüten

Ma|gnum [*lat.*] *die*; -, ...gna: Wein- od. Sektflasche mit doppeltem Fassungsvermögen (1,5 l)

Magot [*hebr.-fr.*] *der*; -s, -s: in Nordafrika heimische Makakenart (vgl. Lemure)

Magus [*pers.-gr.-lat.*] *der*; -, ...gi: = Magier (2)

ma|gya|risieren vgl. madjarisieren

Maha|bharata [*...ba...*; *sanskr.*] *das*; -: altind. Nationalepos, zugleich religiöses Gesetzbuch des → Hinduismus; vgl. Bhagawadgita

Mahagoni [*indian.-engl.*] *das*; -s: wertvolles Holz des Mahagonibaumes u. anderer ausländischer Bäume. **Mahagonibaum** *der*; -[e]s, ...bäume: westindische Balsampflanze (liefert das echte Mahagoniholz)

Maha|jana, Maha|yana [*sanskr.*; „großes Fahrzeug" (der Erlösung)] *das*; -: freie, durch Nächstenliebe auch den Laien Erlösung verheißende Richtung des → Buddhismus; vgl. Hinajana, Wadschrajana

Mahal [nach dem iran. Ort Mahallat] *der*; -[s], -s: Perserteppich minderer bis mittlerer Qualität aus dem Gebiet um Mahallat

Mahara|dscha [*sanskr.*] *der*; -s, -s: indischer Großfürst. **Maharani** *die*; -, -s: Frau eines Maharadschas, indische Fürstin. **Maharischi** [*Hindi*] *der*; -[s], -s: Ehrenbezeichnung für geistig-religiöse Führer in Indien. **Mahatma** [*sanskr.*; „große Seele"] *der*; -s, -s: ind. Ehrentitel für geistig hochstehende Männer (z. B. Gandhi), die oft göttlich verehrt werden

Mahdi [*mąchdi*; *arab.*] *der*; -[s], -s: von den Mohammedanern erwarteter letzter Prophet, Glaubens- u. Welterneuerer. **Mahdịst** *der*; -en, -en: Anhänger des Araberführers Muhammad Ahmad (19. Jh.), der sich als Mahdi ausgab u. gegen Ägypter u. Engländer den Sudan eroberte

Mah-Jongg u. Ma-Jongg [*...dschọng*; *chin.*] *das*; -s, -s: chinesisches Gesellschaftsspiel

Mahoî|tres [*maoątrᵉ*; *fr.*] *die* (Plural): Schulterpolster an der Männerkleidung des 15. Jh.s

Mahọnie [*...iᵉ*; *nlat.*, nach dem amerik. Gärtner B. MacMahon (*mᵉkmąᵉn*), † 1816] *die*; -, -n: Zierstrauch mit gefiederten Blättern u. gelben Blüten

Mahụt [*sanskr.-Hindi-engl.*] *der*; -s, -s: ostind. Elefantenführer

Mại [*lat.*] *der*; -[e]s u. - (dichterisch auch noch: -en), -e: fünfter Monat im Jahr, Wonnemond, Weidemonat

Maiden [*mẹⁱdᵉn*; *engl.*] *das*; -[s], -: auf der Rennbahn unerprobtes Pferd (Sport)

Maidịsmus [*ma-i...*; *indian.-span.-nlat.*] *der*; -: Maisvergiftung

Mạikong [*indian.*; *port.*] *der*; -s, -s: südamerikan. Wildhund

Mailing [*mẹⁱling*; *amerik.*] *das*; -[s]: Versenden von Werbematerial durch die Post. **Mail-order** [*mẹⁱl-ǫᵘdᵉr*; *engl.-amerik.*] *die*; -: Vertrieb von Waren über den Versandhandel od. Direktvertrieb

Main-liner [*mẹⁱnlainᵉʳ*; *engl.-amerik.*] *der*; -s, -: Drogensüchtiger, -abhängiger. **Main-lining** [*...laining*] *das*; -s: das Injizieren von Rauschdrogen. **Mainstream** [*mẹⁱnßtrim*; *engl.*; „Hauptstrom"] *der*; -[s]: stark vom → Swing (2) beeinflußte Form des modernen Jazz, die keinem Stilbereich eindeutig zuzuordnen ist

Maire [*mär*; *lat.-fr.*] *der*; -s, -s: Bürgermeister in Frankreich. **Mairie** *die*; -, ...ien: Bürgermeisterei in Frankreich

Mạis [*indian.-span.*] *der*; -es, (Maisarten:) -e: wichtige Getreidepflanze

Maisonette, (nach fr. Schreibung auch:) **Maisonnette** [*mäsonät*; *fr.*] *die*; -, -s: zweistöckige Wohnung in einem [Hoch]haus

Maî|tre de plaisir [*mätrᵉ dᵉ pläsir*; *fr.*] *der*; - - -, -s [*mätrᵉ*] - -: (veraltet, scherzh.) jmd., der bei gesellschaftlichen Veranstaltungen das allgemeine Unterhaltungsprogramm arrangiert u. leitet; Tanzmeister. **Maitrẹsse** vgl. Mätresse

Maizẹna ® [Kunstw.] *das*; -s: Maisstärkepuder

Mạja [*sanskr.*; „Trugbild"] *die*; -: die als Blendwerk angesehene Erscheinungswelt (als verschleierte Schönheit dargestellt) in der → wedischen u. → brahmanischen Philosophie

Majẹstas Dọmini [*lat.*; „Herrlichkeit des Herrn"] *die*; - -: [frontale] Darstellung des thronenden Christus (bildende Kunst). **Majestät** *die*; -, -en: 1. (ohne Plural) Herrlichkeit, Erhabenheit. 2. Titel u. Anrede von Kaisern u. Königen. **majestätisch**: herrlich, erhaben, hoheitsvoll. **majeur** [*masehör*; *lat.-fr.*]: franz. Bezeichnung für: Dur (Mus.); Ggs. → mineur

Majọlika [*it.*; nach der span. Insel Mallorca] *die*; -, ...ken u. -s: Töpferware mit Zinnglasur; vgl. Fayence

Majonäse vgl. Mayonnaise

Ma-Jọngg vgl. Mah-Jongg

Major

I. [*majọr*; *lat.-span.*] *der*; -s, -e: Offizier, der im Rang über dem Hauptmann steht.

II. [*mạjor*; eigtl. mạjor tẹrminus; *lat.*] *der*; -: der größere, weitere Begriff im → Syllogismus (Logik)

Mạjoran [auch: *...rạn*; *mlat.*] *der*; -s, -e: a) Gewürz- u. Heilpflanze (Lippenblütler); b) als Gewürz, bes. für Fleischspeisen u. Wurst, verwendete, getrocknete Blätter des Majorans (a)

Majorạt [*lat.-mlat.*] *das*; -[e]s, -e: (Rechtsw.) 1. Vorrecht des Ältesten auf das Erbgut; Ältestenrecht. 2. nach dem Ältestenrecht zu vererbendes Gut; vgl. Minorat u. Juniorat. **Majordomus** [*majordọmuß*; „Hausmeier"] *der*; -, -: (hist.) oberster Hofbeamter, Befehlshaber des Heeres (unter den fränkischen Königen). **majorẹnn**: (veraltet) volljährig, mündig (Rechtsw.); Ggs. → minorenn. **Majorennität** *die*; -: (veraltet) Volljährigkeit, Mündigkeit (Rechtsw.); Ggs. → Minorennität. **Majorette** [*...rät*; *fr.*] *die*; -, -s u. -n [*...tᵉn*]: junges Mädchen in Uniform, das bei festlichen Umzügen paradiert. **majorisieren** [*lat.-nlat.*]: überstimmen, durch Stimmenmehrheit zwingen. **Majorịst** *der*; -en, -en: Inhaber der höheren Weihen (vom → Subdiakon aufwärts) im katholischen Klerus. **Majorität** [*lat.-mlat.-fr.*] *die*; -, -en: [Stimmen]mehrheit; Ggs. → Minorität. **Majoritätsprinzip** *das*; -s: Grundsatz, daß bei Abstimmungen u. Wahlen die Mehrheit der Stimmen entscheidet. **Majoritätswahl** *die*; -, -en: Mehrheitswahl, nach der die Mehrheit den Kandidaten wählt, die Stimmen der Minderheit[en] hingegen unberücksichtigt bleiben. **Majọrz** [gebildet nach → Proporz] *der*; -es: (schweiz.) → Majoritätswahl. **Majụskel** [*lat.*] *die*; -, -n: Großbuchstabe; Ggs. → Minuskel; vgl. Versal

makạber [*fr.*]: a) (durch eine bestimmte Beziehung zum Tod) unheimlich, Grauen hervorrufend; b) mit Tod u. Vergänglichkeit Scherz treibend. **Makạbertanz** *der*; -es, ...tänze vgl. Danse macabre

Makadạm [nach dem schott. Straßenbauingenieur McAdam, † 1836] *der* od. *das*; -s, -e: Straßenbelag

Mạkak [*afrik.-port.-fr.*] *der*; -s u. ...kạken, ...kạken: meerkatzenartiger Affe (zahlreiche Arten in Asien, bes. in Japan)

Makạme [*arab.*] *die*; -, -n: 1. kunstvolle alte arab. Stegreifdichtung. 2. (hist.) a) im Orient ein Podium, auf dem die höfischen Sänger standen; b) Gesang der höfischen Sänger im Orient; vgl. Maqam

Makạo

I. [*Hindi-port.*] *der*; -s, -s: ein zu den → Aras gehörender Papagei.

II. [auch: *makau*; eine port. Kolonie] *das*; -s: Glücksspiel mit Würfeln u. Karten

Makarịsmus [*gr.-nlat.*] *der*; -, ...men (meist Plural): Seligpreisung (altgriech. u. bibl. Stilform, bes. in der Bergpredigt)

Make-up [*meⁱk-ạp*; *engl.*; „Aufmachung"] *das*; -s, -s: 1. Verschönerung des Gesichts mit kosmetischen Mitteln. 2. kosmetisches Mittel; Creme zum Tönen u./od. Glätten der Haut. 3. Aufmachung, Verschönerung eines Gegenstandes mit künstlichen Mitteln

Mạki [*madagass.-fr.*] *der*; -s, -s: = Lemure (2)

Mạkie [*...i-e*; *jap.*] *die*; -: Dekorationsart der japan. Lackkunst

Makimọno [*jap.*] *das*; -s, -s: Bildrolle im Querformat (ostasiat. Kunst)

Makkạbi [*hebr.*] *der*; -[s], -s: Name jüd. Sportvereinigungen. **Makkabiạde** [*hebr.-nlat.*] *die*; -, -n: in vierjährigem Zyklus stattfindender jüd. Sportwettkampf nach Art der Olympiade

Makkalụbe [*it.*] *die*; -, -n: durch Erdgas aufgeworfener Schlammkegel (in Erdölgebieten)

Makkarọni [*it.*]

I. *die* (Plural): röhrenförmige Nudeln aus Hartweizengrieß.

II. *der*; -[s], -s: (ugs. abwertend) Italiener

makkaronische Dichtung *die*; -n -: scherzhafte lateinische Dichtung, in die lateinisch deklinierte Wörter einer anderen Sprache eingestreut sind (z. B. Totschlago vos sofortissime, nisi vos benehmitis bene; B. von Münchhausen). **makkaronisieren**: lateinische u. lateinisch deklinierte Wörter innerhalb eines anderssprachigen → Kontextes (1 a) verwenden

Mako [nach Mako Bey, dem Hauptförderer des ägypt. Baumwollanbaus] *die*; -, -s, (auch:) *der* od. *das*; -[s], -s: ägypt. Baumwolle

Makoré [*...re*; *fr.*] *das*; -[s]: rotbraunes Hartholz des afrik. Birnbaums

Ma|kramee [*arab.-türk.-it.*] *das*; -[s], -s: a) (ohne Plural) ursprünglich arabische Knüpftechnik, bei der gedrehte Fäden mit Fransen zu kunstvollen Mustern miteinander verknüpft werden; b) Knüpfarbeit in Makramee (a)

Ma|krele [*niederl.*] *die*; -, -n: bis 35 cm langer Speisefisch des Mittelmeergebiets, des Atlantiks u. nordischer Gewässer

Ma|kroanalyse [auch: *makro...*; *gr.-nlat.*] *die*; -, -n: chem. Analyse, bei der Substanzmengen im Grammbereich (0,5–10 g) eingesetzt werden (Chem.); Ggs. → Mikroanalyse. **Makro|äs|thesie** *die*; -, ...ien: Empfindungsstörung, bei der Gegenstände größer wahrgenommen werden, als sie sind (z. B. bei Hysterie, Med.). **Makroaufnahme** *die*; -, -n: = Makrofotografie (2). **Ma|krobiose** [*gr.-nlat.*] *die*; -: Langlebigkeit eines Organismus (Med.); vgl. Longavität. **Ma|krobiotik** *die*; -: 1. Kunst, das Leben zu verlängern (Med.). 2. spezielle, hauptsächlich auf Getreide u. Gemüse basierende Ernährungsweise. **ma|krobiotisch**: die Makrobiotik betreffend; -e Kost: Kost, die sich hauptsächlich aus Getreide u. Gemüse zusammensetzt. **Makrocheilie** *die*; -, ...ien: abnorme Verdickung der Lippen (Medizin). **Ma|krocheirie** *die*; -, ...ien: abnorme Größe der Hände (Medizin). **Ma|krodaktylie** *die*; -, ...ien: abnorme Größe der Finger (Med.). **Ma|kro|enzephalie** [*...o-ä...*] *die*; -, ...ien: = Megalenzephalie. **Ma|kro|evolution** [*...zion*; auch: *makro...*] *die*; -, -en: bedeutsamer Evolutionsschritt, der einen neuen Zweig des Stammbaums entstehen lassen kann (Biol.); Ggs. → Mikroevolution; vgl. Makromutation. **Ma|krofauna** [auch: *makro...*] *die*; -, ...nen: die Arten der Tierwelt, die mit bloßem Auge sichtbar sind (Biol.); Ggs. → Mikrofauna. **Ma|krofotografie** *die*; -, ...ien: 1. (ohne Plural) fotografisches Aufnehmen im Nahbereich mit vergrößernder Abbildung. 2. Nahaufnahme; Aufnahme in natürlicher Größe (Fotogr.). **Makrogamet** u. **Ma|krogametozyt** [auch: *makro...*] *der*; -en, -en: größere u. unbeweglichere weibliche Geschlechtszelle bei niederen Lebewesen (Biol.); Ggs. → Mikrogamet. **Ma|kro|glossie** *die*; -, ...ien: Vergrößerung der Zunge (Med.). **ma|krokephal** usw. vgl. makrozephal usw. **Ma|kro|klima** *das*; -s, -s u. ...mate: Großklima. **ma|krokosmisch** [auch: *makro...*]: den Makrokosmos betreffend; Ggs. → mikrokosmisch. **Ma|krokosmos** u. **Ma|krokosmus** [auch: *makro...*] *der*; -: das Weltall; Ggs. → Mikrokosmos. **ma|kro|kristallin**: grobkristallin (von Gesteinen). **Ma|krolinguistik** [auch: *makro...*] *die*; -: Gesamtbereich der Wissenschaft von der Sprache; vgl. → Metalinguistik u. Mikrolinguistik. **Makromelie** *die*; -, ...ien: Riesenwuchs (Med.); Ggs. → Mikromelie; vgl. Gigantismus (1). **Ma|kromeren** *die* (Plural): dotterreiche, große Furchungszellen bei tierischen → Embryonen; Ggs. → Mikromeren. **Makromolekül** [auch: *makro...*] *das*; -s, -e: ein aus tausend u. mehr Atomen aufgebautes Molekül. **ma|kromolekular** [auch: *makro...*]: aus Makromolekülen bestehend. **Ma|kromutation** [*...zion*; auch: *makro...*; *gr.-nlat.*] *die*; -, -en: Erbänderung als Folge eines strukturellen Chromosomenumbaus, die sprunghaft zu neuen Arten führt; vgl. Makroevolution

Ma|krone [*it.-fr.*] *die*; -, -n: Gebäck aus Mandeln, Zucker u. Eiweiß

Ma|kronu|kleus [*...e-uß*; *gr.*; *lat.*] *der*; -, ...klei [*...e-i*]: Großkern der Wimpertierchen (regelt den Ablauf des Stoffwechsels; Biol.). **Ma|kro|ökonomie** [auch: *makro...*; *gr.-nlat.*] *die*; -: Betrachtung wirtschaftlicher Größen, die sich auf die Volkswirtschaft als Ganzes beziehen (Wirtsch.); Ggs. → Mikroökonomie. **makro|ökonomisch** [auch: *makro...*]: die Makroökonomie betreffend (Wirtsch.); Ggs. → mikroökonomisch. **Ma|krophage** [*gr.-nlat.*] *der*; -n, -n: großer → Phagozyt (Med.). **Ma|krophysik** [auch: *makro...*] *die*; -: die Teilbereiche der Physik, die den atomaren Aufbau der Materie nicht in ihre Betrachtungen einbeziehen; Ggs. → Mikrophysik. **Makrophyt** [auch: *makro...*] *der*; -en, -en (meist Plural): ein mit dem bloßen Auge sichtbarer pflanzlicher Organismus (Biol.); Ggs. → Mikrophyt. **Ma|kro|plasie** *die*; -: übermäßige Entwicklung von Körperteilen (Med.). **Makropode** *der*; -n, -n: Paradiesfisch, ein zu den → Labyrinthfischen gehörender Aquarienfisch. **Ma|kropsie** *die*; -, ...ien: Sehstörung, bei der die Gegenstände größer erscheinen, als sie in Wirklichkeit sind (Med.); Ggs. → Mikropsie. **ma|kroseismisch**: ohne Instrumente wahrnehmbar (von starken Erdbeben). **ma|kro|skopisch**: ohne optische Hilfsmittel, mit bloßem Auge erkennbar; Ggs. → mikroskopisch (1). **Ma|krosmat** *der*; -en, -en: gut witterndes Säugetier; Ggs. → Mikrosmat. **Ma|krosomie** *die*; -, ...ien: Riesenwuchs (Med.); vgl. Gigantismus (1); Ggs. → Mikrosomie. **Makrosoziologie** [auch: *makro...*] *die*; -: Soziologie gesamtgesellschaftlicher Gebilde; Ggs. → Mikrosoziologie. **Ma|kro|spore** *die*; -, -n (meist Plural): große weibliche Spore einiger Farnpflanzen. **Ma|kro|stoma** *das*; -s, ...ta: angeborene Mißbildung mit seitlicher Erweiterung der Mundspalte (Med.). **Ma|krotheorie** *die*; -, -n: Teilbereich der wirtschaftswissenschaftlichen Theorie, dessen Erkenntnisobjekt die gesamte Volkswirtschaft darstellt; Ggs. → Mikrotheorie. **Ma|krotie** *die*; -, ...ien: abnorme Größe der Ohren (Med.); Ggs. → Mikrotie. **makrozephal**: großköpfig (Med.); Ggs. → mikrozephal. **Makrozephale** *der* u. *die*; -n, -n: jmd., der einen abnorm großen Kopf hat; Großköpfige[r] (Med.); Ggs. → Mikrozephale. **Ma|krozephalie** *die*; -, ...ien: abnorme Vergrößerung des Kopfes (Med.); Ggs. → Mikrozephalie. **Ma|krozyt** *der*; -en, -en: übergroße, unreife Form der roten Blutkörperchen. **Makrulie** *die*; -, ...ien: Wucherung des Zahnfleisches

Maksura [*arab.*] *die*; -, -s: abgeteilter Raum in einer Moschee

Makuba [*fr.*; nach einem Bezirk der Insel Martinique (*martinik*)] *der*; -s: ein Schnupftabak

Makulatur [*lat.-mlat.*] *die*; -, -en: a) beim Druck schadhaft gewordene u. fehlerhafte Bogen, Fehldruck; b) Altpapier; Abfall der Papierindustrie; - reden: (ugs.) Unsinn, dummes Zeug reden. **makulieren** [*lat.*]: zu Makulatur machen, einstampfen

Mala: *Plural* von → Malum

Malachit [...*chit*, auch: ...*it*; *gr.-nlat.*] *der*; -s, -e: ein schwärzlichgrünes Mineral, Schmuckstein

malad (seltener) u. **malade** [*lat.-vulgärlat.-fr.*]: [leicht] krank u. sich entsprechend lustlos, unwohl, elend fühlend

mala fide [*lat.*]: in böser Absicht; trotz besseren Wissens; vgl. bona fide

Malaga [nach der span. Provinz] *der*; -s, -s: südspan. brauner Süßwein. **Malagueña** [...*gänja*] *die*; -, -s: span. Tanz im $^{3}/_{2}$-Takt mit einem ostinaten Thema, über dem der Sänger frei improvisieren kann (Mus.)

Malaise [*maläs*ᵉ; *lat.-fr.*] *die*; -, -n (schweiz. *das*; -s, -): 1. Übelkeit, Übelbefinden; Unbehagen. 2. Unglück, Widrigkeit, ungünstiger Umstand, Misere

Malakie vgl. Malazie. **Malakologe** [*gr.-nlat.*] *der*; -n, -n: Wissenschaftler, der sich auf Malakologie spezialisiert hat. **Malakologie** *die*; -: Teilgebiet der Zoologie, das sich mit den Muscheln, Schnecken, Krebsen u. a. befaßt, Weichtierkunde. **malakologisch**: die Weichtierkunde betreffend. **Malakophile** *die*; -, -n (meist Plural): Pflanze, deren Blüten durch Schnecken bestäubt werden. **Malak|ostrake** *der*; -n, -n: Ringelkrebs, ein hochentwickeltes Krebstier mit zahlreichen Arten (auch Landbewohner). **Malakozoologie** [...*zo-o*...] *die*; -: Malakologie. **Malakozoon** *das*; -s, ...zoen (meist Plural): (veraltet) Weichtier

mal-à-propos [...*po*; *fr.*]: (veraltet) ungelegen, zur Unzeit

Malaria [*lat.-it.*] *die*; -: Sumpffieber, Wechselfieber. **Malarialogie** *die*; -: Erforschung der Malaria

Malayalam *das*; -: Sprache, die in Südindien gesprochen wird

Malazie [*gr.-nlat.*] *die*; -, ...ien: Erweichung, Auflösung der Struktur eines Organs od. Gewebes (z. B. der Knochen; Med.)

maledeien [*lat.*]: (veraltet) verwünschen; vgl. vermaledeien. **Malediktion** [...*zion*] *die*; -, -en: (veraltet) Verleumdung, Schmähung

Maledivennuß [...*w*ᵉ*n*...; nach den Inseln im Indischen Ozean] *die*; -, ...nüsse: = Seychellennuß

maledizieren [*lat.*]: (veraltet) verwünschen. **Malefikant** [*lat.-nlat.*] *der*; -en, -en: (veraltet) Missetäter, Übeltäter. **Malefikus** [*lat.*] *der*; -, -u. ...fizi: 1. = Malefikant. 2. ein unheilbringender Planet (Astrol.). **Malefiz** *das*; -es, -e: 1. (veraltet) Missetat, Verbrechen. 2. (landsch.) Strafgericht. **Malefizer** *der*; -s, -: (landsch.) Malefizkerl. **Malefizkerl** *der*; -s, -e u. -s: (landsch.) 1. Draufgänger. 2. jmd., über den man sich ärgert, auf den man wütend ist. **Malepartus** [*nlat.*] *der*; -: Wohnung des Fuchses in der Tierfabel

Maler|email [*dt.*; *germ.-fr.*] *das*; -s, -s: Schmelzmalerei, wobei eine mit einer Schmelzschicht überzogene Kupferplatte den Malgrund bildet

Malesche [*fr.* malaise; vgl. Malaise] *die*; -, -n: (norddeutsch) Unannehmlichkeit

Malfunction Detection System [*mälfanktsch*ᵉ*n ditäktsch*ᵉ*n sißtim*; *amerik.*] *das*; - - -s, - - -s: elektronisches System, das Störungen in Raumfahrzeugen automatisch anzeigt (Raumfahrt); Abk.: MDS

Mal|heur [*malör*; *lat.-fr.*] *das*; -s, -e u. -s: 1. (veraltet) Unglück, Unfall. 2. (ugs.) Pech; kleines Unglück, [peinliches] Mißgeschick. **mal|honett**: (veraltet) unfein, unredlich. **Malice** [*maliß*ᵉ] *die*; -, -n: (veraltet) 1. Bosheit. 2. boshafte Äußerung. **mali|gne** [*lat.*]: bösartig (z. B. von Gewebsveränderungen; Med.); Ggs. → benigne. **Mali|gnität** *die*; -: Bösartigkeit (z. B. einer Geschwulst; Med.); Ggs. → Benignität. **Mali|gnom** *das*; -s, -e: bösartige Geschwulst (Med.)

Malimo [Kunstw.; nach dem Erfinder H. *Ma*uersberger aus *Li*mbach für *Mo*lton]

I. *die*; -, -s: Maschine zur Herstellung von Stoffen, bei der die Techniken des Webens, Nähens u. Wirkens kombiniert sind.

II. *das*; -s, -s: auf der Malimo (I) hergestelltes Gewebe

Malines [*malin*; franz. Name für die niederl. Stadt Mecheln] *die* (Plural): Klöppelspitzen mit Blumenmuster

Malipol [auch: *ma*...; Kunstw. aus: *Ma*uersberger, *Li*mbach u. *Pol*fäden]; vgl. Malimo

I. *die*; -, -s: Nähwirkmaschine, die Textilien herstellt, die einseitig eine genoppte Oberfläche haben.

II. *das*; -s, -s: auf der Malipol (I) hergestelltes Gewebe (z. B. Frottee)

Maliwatt [auch: *ma*...; Kunstw. aus: *Ma*uersberger, *Li*mbach u. *Watt*e]; vgl. Malimo

I. *die*; -, -s: Maschine zur Herstellung von Einlagewatte.

II. *das*; -s, -s: von der Maliwatt hergestellte Stepp- u. Einlagewatte

maliziös [*lat.-fr.*]: arglistig, hämisch in bezug auf Mimik od. Äußerungen. **malkontent**: (veraltet, landsch.) unzufrieden, mißvergnügt

mall [*niederl.*]: 1. gedreht, verdreht (vom Wind; Seew.). 2. (ugs., landsch.) töricht, von Sinnen, nicht ganz richtig, verrückt

Mall [*niederl.*] *das*; -[e]s, -e: Muster, Modell für Schiffsteile, Spantenschablone (Seew.)

mallen [*niederl.*]

I. nach dem Mall behauen; messen (Seew.).

II. umlaufen, umspringen (vom Wind; Seew.)

malleolar [*lat.*]: zum Knöchel gehörend (Med.). **Malleus** [...*e-uß*] *der*; -: 1. auf den Menschen übertragbare → Zoonose, Rotzkrankheit. 2. der Hammer, eines der drei Gehörknöchelchen (Med.)

Malm [*engl.*] *der*; -[e]s: die obere Abteilung des → Juras (in Süddeutschland: Weißer Jura; Geol.)

Malmi|gnatte [...*minjat*ᵉ; *it.*] *die*; -, -n: Giftspinne der Mittelmeerländer

Mal|oc|chio [*malokjo*; *lat.-it.*] *der*; -s, -s u. Malocchi [*maloki*]: böser Blick; vgl. Jettatore

Maloche [*hebr.-jidd.*] *die*; -: (ugs.) [schwere] Arbeit. **malochen**: (ugs.) schwer arbeiten, schuften

Malonsäure [*gr.-lat.-nlat.*; *dt.*] *die*; -: organische Säure, die bei der Oxydation von Apfelsäure entsteht (Chem.)

Malossol [*russ.*] *der*; -s: schwach gesalzener Kaviar

mal|proper [*lat.-fr.*]: (veraltet, landsch.) unsauber, unordentlich

Maltase [*germ.-nlat.*] *die*; -, -n: → Enzym, das Malzzucker in Traubenzucker spaltet

Malteser [nach der Mittelmeerinsel Malta] *der*; -s, -: 1. Angehöriger des katholischen Zweiges der → Johanniter, deren Sitz 1530 bis 1798 Malta war. 2. weißer Schoßhund mit langhaarigem Fell. **Malteserkreuz** *das*; -es, -e: 1. = Johanniterkreuz. 2. Schaltteil in der Form eines achtspitzigen Kreuzes am → Projektor zur ruckweisen Fortbewegung des Films

Mal|thusianer [*nlat.*; nach dem

engl. Nationalökonomen Malthus, † 1834] *der*; -s, -: Anhänger des Malthusianismus. **Malthusianismus** *der*; -: (hist.) wirtschaftspolitische Bewegung, die die theoretischen Erkenntnisse des Engländers Malthus, besonders das Malthussche Bevölkerungsgesetz (die Bevölkerung wächst tendenziell schneller als der Bodenertrag) auf die Wirklichkeit anzuwenden suchte. **malthusianistisch**: den Malthusianismus betreffend

Maltin [*germ.-nlat.*] *das*; -s: (veraltet) Amylase. **Maltose** *die*; -: Malzzucker

mal|trätieren [*lat.-fr.*]: mißhandeln, quälen

Malt-Whisky [*mo*ˡ*t-*ᵘ*iski*; *engl.*] *der*; -s, -s: Malzwhisky; schottischer Whisky, der aus reinem Malz hergestellt wird

Malum [*lat.*; „das Schlechte"] *das*; -s, Mala: Krankheit, Übel (Med.). **Malus** *der*; - u. Malusses, - u. Malusse: 1. nachträglicher Prämienzuschlag bei Häufung von Schadensfällen in der Kraftfahrzeugversicherung. 2. zum Ausgleich für eine bessere Ausgangsposition erteilter Punktnachteil (z. B. beim Vergleich der Abiturnoten aus verschiedenen Bundesländern); Ggs. → Bonus (2)

Malvasier [...*wa*...; nach dem ital. Namen Malvasia für die griech. Stadt Monemwasia] *der*; -s: likörartig süßer u. schwerer Weißwein

Malve [...*w*ᵉ; *lat.-it.*] *die*; -, -n: Käsepappel, eine krautige Heil- u. Zierpflanze

Mama [auch: *mama*; *fr.*] *die*; -, -s: (ugs.) Mutter

Mamba [*Zulusprache*] *die*; -, -s: eine afrik. Giftschlange

Mambo [*kreol.*] *der*; -[s], -s (auch: *die*; -, -s): mäßig schneller lateinamerik. Tanz im $^4/_4$-Takt

Mameluck [*arab.-it.*] *der*; -en, -en: Sklave; Leibwächter orientalischer Herrscher. **Mamelucken** *die* (Plural): (hist.) ein ägypt. Herrschergeschlecht (13. bis 16. Jh.)

Mamilla [*lat.*] *die*; -, ...llae [...*lä*]: = Mamille. **Mamillaria** und Mammillaria [*lat.-nlat.*] *die*; -, ...ien [...*i*ᵉ*n*]: Warzenkaktus (mexikan. Kakteengattung). **Mamille** *die*; -, -n: Brustwarze (Anatomie; Med.). **Mamma** [*lat.*] *die*; -, ...mmae [...*mä*]: 1. weibliche Brust, Brustdrüse (Med.). 2. Zitze der Säugetiere (Biol.). **Mammalia** [*lat.-nlat.*] *die* (Plural): zusammenfassende systematische Bezeichnung für alle Säugetiere. **Mammaloge** *der*; -n, -n: Wissenschaftler auf dem Gebiet der Mammalogie. **Mammalogie** *die*; -: Teilgebiet der Zoologie, auf dem man sich mit den Säugetieren befaßt. **Mammatuswolke** [*lat.*; *dt.*] *die*; -, -n: während od. nach Gewittern auftretende Beutelwolke (Meteor.). **Mammillaria** vgl. Mamillaria. **Mammo|graphie** [*lat.*; *gr.*] *die*; -, ...ien: röntgendiagnostische Methode zur Untersuchung der weiblichen Brust (vor allem zur Feststellung bösartiger Geschwülste; Med.)

Mammon [*aram.-gr.-lat.*] *der*; -s: (im negativen Sinne) Geld als etw., was begehrt, wonach gestrebt wird. **Mammonismus** [*aram.-gr.-nlat.*] *der*; -: Geldgier, Geldherrschaft

Mammo|plastik [*gr.-lat.*] *die*; -, -en: → plastische (4) Operation der weiblichen Brust (Med.)

Mammut [*russ.-fr.*] *das*; -s, -e u. -s: ausgestorbene Elefantenart der Eiszeit mit langhaarigem Pelz u. 5 m langen Stoßzähnen. **Mammutbaum** *der*; -[e]s, ...bäume: = Sequoia

Mamsell [*lat.-galloroman.-fr.*] *die*; -, -en u. -s: 1. Angestellte im Gaststättengewerbe. 2. (veraltet, spöttisch-scherzh.) Fräulein, Hausgehilfin. 3. Hauswirtschafterin auf einem Gutshof

Man [*pers.*] *der* od. *das*; -s, -s (aber: 3 -): altes pers. Gewicht

Mana [*polynes.*] *das*; -: nach der Vorstellung der Südseeinsulaner eine geheimnisvolle, übernatürliche Kraft in Menschen, Tieren u. Dingen, die Außergewöhnliches bewirkt; vgl. Orenda

Mänade [*gr.-lat.*] *die*; -, -n: sich wild gebärdende, rasende weibliche Person

Management [*män*ˈ*dsehm*ᵉ*nt*; *lat.-it.-engl.-amerik.*] *das*; -s, -s: Leitung eines Unternehmens, Betriebsführung. **managen** [...*dseh*ᵉ*n*]: 1. (ugs.) leiten, zustande bringen, geschickt bewerkstelligen, organisieren. 2. a) einen Berufssportler, Künstler o. ä. betreuen; b) jmdm. eine höhere Position verschaffen. **Manager** [...*dseh*ᵉ*r*] *der*; -s, -: 1. Leiter [eines großen Unternehmens]. 2. Betreuer [eines Berufssportlers, Künstlers o. ä.]. **Managerkrankheit** *die*; -: Erkrankung des Herz-Kreislauf-Systems infolge dauernder körperlicher u. seelischer Überbeanspruchung u. dadurch verursachter vegetativer Störungen (bes. bei Menschen in verantwortlicher Stellung)

Manati [*karib.-span.*] *der*; -s, -s: = Lamantin

mancando [...*ka*...; *lat.-it.*]: abnehmend, die Lautstärke zurücknehmend (Vortragsanweisung)

Manchester [*mäntschäßt*ᵉ*r*, auch: *mäntschäßt*ᵉ*r* u. *manschäßt*ᵉ*r*; eine engl. Stadt] *der*; -s: kräftiger Kordsamt. **Manchesterdok|trin** [*mäntschäßt*ᵉ*r*...] *die*; -: wirtschaftspol. Theorie, nach der der Egoismus des einzelnen allein die treibende Kraft in der Wirtschaft darstellt. **Manchestertum** *das*; -s: Richtung des extremen wirtschaftspolitischen Liberalismus mit der Forderung nach völliger Freiheit der Wirtschaft

Manchon [*mangschong*; *lat.-fr.*] *der*; -s, -s: Filzüberzug der Quetschwalze bei Papiermaschinen

Mandäer [*aram.*] *die* (Plural): alte → gnostische Täufersekte, die einen Erlöser aus dem Lichtreich erwartet (im Irak u. im Iran heute noch verbreitet). **mandäisch**: die [Lehre u. Sprache der] Mandäer betreffend

Mandala [*sanskr.*] *das*; -[s], -s: 1. mystisches Kreis- od. Vieleckbild in den indischen Religionen, ein Hilfsmittel zur → Meditation. 2. Traumbild od. von Patienten angefertigte bildliche Darstellung als Symbol der Selbstfindung (nach C. G. Jung; Psychol.)

Mandant [*lat.*] *der*; -en, -en: jmd., der einen Rechtsanwalt beauftragt, eine Angelegenheit für ihn juristisch zu vertreten

Mandarin [*sanskr.-malai.-port.*]
I. *der*; -s, -e: (hist.) europäischer Name für hohe Beamte des ehemaligen chin. Kaiserreichs.
II. *das*; -[s]: Hochchinesisch (= Nordchinesisch, Dialekt von Peking)

Mandarine [*sanskr.-malai.-port.-span.-fr.*] *die*; -, -n: kleine apfelsinenähnliche Zitrusfrucht von süßem Geschmack

Mandat [*lat.*] *das*; -[e]s, -e: 1. Auftrag, [Vertretungs]vollmacht (Rechtsw.). 2. Amt eines [gewählten] Abgeordneten (Pol.). 3. in Treuhand von einem Staat verwaltetes Gebiet (Pol.). **Mandatar** [*lat.-mlat.*] *der*; -s, -e: 1. jmd., der im Auftrag (kraft Vollmacht) eines anderen handelt (z. B. ein Rechtsanwalt). 2. (österr.) Abgeordneter. **mandatieren** [*lat.-nlat.*]: (veraltet) jmdn. beauftragen, bevollmächtigen (Rechtsw.). **Mandator** *der*; -s, ...oren: (hist.) Reichsbote im byzantinischen Reich. **Mandatsgebiet** *das*; -s, -e: durch einen fremden Staat verwaltetes Gebiet. **Mandatum** *das*; -s, ...ta; *Ze-*

remonie der Fußwaschung in der Gründonnerstagsliturgie (kath. Rel.)

Mandibel [*lat.*] *die*; -, -n (meist Plural): Oberkiefer, erstes Mundgliedmaßenteil der Gliederfüßer (Biol.). **Mandibula** *die*; -, ...lae [...*lä*]: Unterkiefer (Med.). **mandibular** u. **mandibulär** [*lat.-nlat.*]: zum Unterkiefer gehörend (Med.). **Mandibulare** *das*; -, -n: 1. knorpeliger Unterkiefer der Haifische. 2. Unterkiefer der Wirbeltiere

Mandingo [*afrik.*] *der*; -s, -s: von Frauen zur Selbstbefriedigung sowie zu homosexuellen Handlungen verwendeter künstlicher → Penis

Mandioka [*indian.-span.*] *die*; -: = Maniok

Mandola *die*; -, ...len [*gr.-lat.-it.*]: ein eine Oktave tiefer als die Mandoline klingendes Zupfinstrument. **Mandoline** [*gr.-lat.-it.-fr.*] *die*; -, -n: kleine Mandola; lautenähnliches Zupfinstrument mit stark gewölbtem, kürbisähnlichem Schallkörper u. 4 Doppelsaiten, das mit einem → Plektron gespielt wird. **Mandoloncello** [...*tschälo*] *das*; -s, -s u. ...lli: Tenormandoline. **Mandolone** [*gr.-lat.-it.*] *der*; -[s], -s u. ...ni: Baßmandoline. **Mandora** *die*; -, ...ren: 1. = Mandola. 2. Kleinlaute mit 4–24 Saiten (bis zum 19. Jh.)

Mandorla [*gr.-lat.-it.*] *die*; -, ...dorlen: mandelförmiger Heiligenschein um die ganze Figur (bei Christus- u. Mariendarstellungen; bildende Kunst)

Man|dragora u. **Man|dragore** [*gr.-lat.*] *die*; -, ...oren: ein Nachtschattengewächs mit einer menschenähnlichen Wurzel (Alraunwurzel), der eine Art Zauberkraft, z. B. als Aphrodisiakum, nachgesagt wurde

Man|drill [*engl.*] *der*; -s, -e: Meerkatzengattung (Affen) Zentralafrikas mit meist buntfarbigem Gesicht

Man|drin [*mangdräng*; *fr.*] *der*; -s, -s: 1. Einlagedraht oder -stab in → Kanülen zur Verhinderung von Verstopfungen (Med.). 2. Stäbchen zum Einführen für biegsame → Katheter (Med.)

Manege [*manesch*[e]; *lat.-it.-fr.*] *die*; -, -n: runde Fläche für Darbietungen im Zirkus, in einer Reitschule

Manen [*lat.*] *die* (Plural): die guten Geister der Toten im altröm. Glauben; vgl. Lemure

Mangabe [...*ngg*...; *afrik.*] *die*; -, -n: langschwänzige, meerkatzenartige Affenart Afrikas

Mangan [...*ngg*...; *gr.-lat.-mlat.-it.-fr.*] *das*; -s: chem. Grundstoff, Metall; Zeichen: Mn. **Manganat** *das*; -s, -e: Salz der Mangansäure. **Manganin** Ⓦⓩ *das*; -s: für elektrische Widerstände verwendete Kupfer-Mangan-Nickel-Legierung. **Manganit** [auch: ...*it*] *der*; -s, -e: ein Mineral

Manglebaum [*indian.-span.*; *dt.*] *der*; -[e]s, ...bäume: dauerhaftes Holz liefernder Baum der amerikanischen u. westafrikanischen → Mangroven

Mango [...*nggo*; *tamul.-port.*] *die*; -, ...onen od. -s: längliche, etwa gänseeigroße, rotgelbe, wohlschmeckende Frucht des Mangobaumes. **Mangobaum** *der*; -s, ...bäume: tropischer Obstbaum mit wohlschmeckenden Früchten

Mangostanbaum [*malai.*; *dt.*] *der*; -s, ...bäume: tropischer Obstbaum mit apfelgroßen Früchten, von denen nur die Samenschale eßbar ist

Man|grove [*manggrow*[e]; (*indian.-span.*; *engl.*) *engl.*] *die*; -, -n: immergrüner Laubwald in Meeresbuchten u. Flußmündungen tropischer Gebiete. **Man|grove[n]küste** *die*; -, -n: wegen der Mangrovenwurzeln u. des Schlicks, der sich in ihnen verfängt, schwer durchdringbare tropische Küste

Manguste [...*ngg*...; *port.-fr.*] *die*; -, -n: südostasiatische Schleichkatze; vgl. Mungo (I)

maniabel [*lat.-fr.*]: leicht zu handhaben, handlich

maniakalisch: (veraltet) manisch

Manichäer [nach dem pers. Religionsstifter Mani (3. Jh. n. Chr.)] *der*; -s, -: 1. Anhänger des Manichäismus. 2. (veraltet, Studentenspr.) drängender Gläubiger. **Manichäismus** [*nlat.*] *der*; -: von Mani gestiftete dualistische persisch-hellenistisch-christliche Weltreligion

Manie [*gr.-lat.*] *die*; -, ...ien: 1. Besessenheit; Sucht; krankhafte Leidenschaft (Psychol.). 2. Phase des manisch-depressiven Irreseins mit abnorm heiterem Gemütszustand, Enthemmung u. Triebsteigerung (Med.)

Manier [*lat.-galloroman.-fr.*] *die*; -, -en: 1. (ohne Plural) a) Art u. Weise, Eigenart; Stil [eines Künstlers]; b) (abwertend) Künstelei, Mache; vgl. manieriert, Manieriertheit. 2. (meist Plural) Umgangsform, Sitte, Benehmen. 3. Verzierung (Mus.). **Maniera greca** [*maniära gräka*; „griechischer Kunststil"; *it.*] *die*; - -: die byzantinisch geprägte ital. Malerei, bes. des 13. Jh.s. **manieriert** [*lat.-galloroman.-fr.*]: (abwertend) gekünstelt, unnatürlich. **Manieriertheit** *die*; -, -en: (abwertend) Geziertheit, Künstelei, unnatürliches Ausdrucksverhalten. **Manierismus** [*lat.-galloroman.-fr.-nlat.*] *der*; -, ...men: 1. (ohne Plural) Stilbegriff für die Kunst der Zeit zwischen Renaissance u. Barock (Kunstw.). 2. (ohne Plural) Stil der Übergangsphase zwischen Renaissance u. Barock (Literaturw.). 3. (ohne Plural) Epoche des Manierismus (1, 2) von etwa 1520–1580. 4. (ohne Plural) in verschiedenen Epochen (z. B. Hellenismus, Romantik) dominierender gegenklassischer Stil. 5. manieriertes Verhalten, manierierte Ausdrucksweise. **Manierist** *der*; -en, -en: Vertreter des Manierismus. **manieristisch**: in der Art des Manierismus. **manierlich** [*lat.-galloroman.-fr.*; *dt.*]: 1. den guten Manieren entsprechend, wohlerzogen; sich als Kind od. Jugendlicher so benehmend, wie es die Erwachsenen im allgemeinen erwarten. 2. (ugs.) so beschaffen, daß sich daran eigentlich nichts aussetzen läßt; ganz gut, recht akzeptabel

manifest [*lat.*]: 1. handgreiflich, offenbar, offenkundig. 2. deutlich erkennbar (von Krankheiten u. a.; Med.). **Manifest** [*lat.-mlat.*] *das*; -[e]s, -e: 1. Grundsatzerklärung, Programm [einer Partei, einer Kunst- od. Literaturrichtung, politischen Organisation]; Kommunistisches -: von K. Marx u. F. Engels verfaßtes Grundsatzprogramm für den „Bund der Kommunisten" (1848). 2. Verzeichnis der Güter auf einem Schiff. **Manifestant** [*lat.*] *der*; -en, -en: 1. (veraltet) Teilnehmer an einer Kundgebung. 2. jmd., der den Offenbarungseid leistet (Rechtsw.). **Manifestation** [...*zion*] *die*; -, -en: 1. das Offenbar-, Sichtbarwerden. 2. Offenlegung, Darlegung; Bekundung (Rechtsw.). 3. das Erkennbarwerden (von latenten Krankheiten, Erbanlagen u. a.; Med.). **Manifestationseid** *der*; -s, -e: (veraltet) Offenbarungseid (Rechtsw.). **manifestieren**: 1. offenbaren; kundgeben, bekunden; sich -: offenbar, sichtbar werden. 2. (veraltet) den Offenbarungseid leisten

Manihot [*indian.-fr.*] *der*; -s, -s: = Maniok

Maniküre [*lat.-fr.*] *die*; -, -n: 1. (ohne Plural) Hand-, bes. Nagelpflege. 2. Kosmetikerin od. Friseuse mit einer Zusatzausbildung in Maniküre (1). 3. Necessaire für die Geräte zur Nagelpflege. **maniküren**: die Hände, bes. die Nägel pflegen

Manilahanf [nach der Hafenstadt Manila] *der*; -s: Spinnfaser der philippinischen Faserbanane; Abaka

Manille [...*nilje*]

I. [*lat.-span.-fr.*] *die*; -, -n: zweitbeste Trumpfkarte in verschiedenen Kartenspielen.

II. [*lat.-span.*] *die*; -, -n: (veraltet) Armband

Maniok [*indian.-span.-fr.*] *der*; -s, -s: tropische Kulturpflanze, aus deren Wurzelknollen die → Tapioka gewonnen wird

Manipel [*lat.*] *der*; -s, -: 1. (hist.) Unterabteilung der röm. → Kohorte. 2. (auch: *die*; -, -n) am linken Unterarm getragenes gesticktes Band des katholischen Meßgewandes. **Manipulant** [*lat.-fr.*] *der*; -en, -en: 1. = Manipulator (1), Person od. Einrichtung, die durch direkte od. unterschwellige Beeinflussung bestimmte [soziale] Verhaltensweisen auslöst od. steuert. 2. (österr. Amtsspr. veraltend) Hilfskraft, Amtshelfer. **Manipulation** [...*zion*] *die*; -, -en: 1. bewußter u. gezielter Einfluß auf Menschen ohne deren Wissen u. oft gegen deren Willen (z. B. mit Hilfe der Werbung). 2. absichtliche Verfälschung von Information durch Auswahl, Zusätze od. Auslassungen. 3. (meist Plural) Machenschaft, undurchsichtiger Kniff. 4. Handhabung, Verfahren (Techn.). 5. das Anpassen der Ware an die Bedürfnisse des Verbrauchers durch Sortieren, Mischen, Veredeln (z. B. bei Tabak). 6. a) (veraltet) Handbewegung, Hantierung; b) kunstgerechter u. geschickter Handgriff (Med.); vgl. ...[at]ion/...ierung. **manipulativ**: auf Manipulation beruhend; durch Manipulation entstanden. **Manipulator** *der*; -s, ...oren: 1. jemand, der andere zu seinem eigenen Vorteil lenkt oder beeinflußt. 2. Vorrichtung zur Handhabung glühender, staubempfindlicher od. radioaktiver Substanzen aus größerem Abstand od. hinter [Strahlen]-schutzwänden. 3. Zauberkünstler, Jongleur, Taschenspieler. **manipulatorisch**: beeinflussend, lenkend. **manipulierbar**: [leicht] zu beeinflussen, zu handhaben. **manipulieren**: 1. Menschen bewußt u. gezielt beeinflussen od. lenken; vgl. Manipulation (1). 2. Informationen verfälschen od. bewußt ungenau wiedergeben; vgl. Manipulation (2). 3. a) (veraltet) etwas handhaben, betasten, sich an etwas mit den Händen zu schaffen machen; b) etwas geschickt handhaben, kunstgerecht damit umgehen. 4. mit etwas hantieren; manipulierte Währung: staatlich gesteuerte Währung, bei der die ausgegebene Geldmenge nach den jeweiligen wirtschaftlichen Erfordernissen reguliert wird u. an keine Dekkung durch Gold, Silber u. a. gebunden ist (Geldw.). **Manipulierer** *der*; -s, -: = Manipulator (1). **Manipulierung** *die*; -, -en: = Manipulation (1, 2); vgl. ...[at]ion/...ierung

Manis [*lat.-nlat.*] *die*; -, -: chinesisches Schuppentier

manisch [*gr.*]: krankhaft heiter; erregt; tobsüchtig. **manisch-depressiv** [*gr.*; *lat.*]: abwechselnd krankhaft heiter u. schwermütig (Med.)

Manismus [*lat.-nlat.*] *der*; -: Ahnenkult, Totenverehrung (Völkerk.); vgl. Manen

Manitu [*indian.*] *der*; -s: die allem innewohnende Macht des indianischen Glaubens, oft personifiziert als Großer Geist; vgl. Orenda

Mankal[l]a [*arab.*] *das*; -s, -s: afrikanisches und asiatisches Brettspiel

mankieren [*lat.-it.-fr.*]: (veraltet, aber noch landsch.) fehlen, mangeln; verfehlen. **Manko** [*lat.-it.*] *das*; -s, -s: 1. Fehlbetrag. 2. Fehler, Unzulänglichkeit, Mangel

Manna [*hebr.-gr.-lat.*] *das*; -[s] od. *die*; -: 1. vom Himmel gefallenes Brot bei der Wüstenwanderung Israels im Alten Testament. 2. bestimmter eßbarer Stoff (z. B. der süße Saft der Mannaesche; Ausscheidung einer → Tamariske; Bestandteil einer Kassienfrucht; vgl. Kassia). 3. irgendeine Nahrung, die man auf wundersame Weise erhält

Mannequin [*man^ekäng*, auch: ...*käng*; *niederl.-fr.*; „Männchen"] *das* (selten: *der*); -s, -s: 1. Vorführdame in der Modebranche. 2. lebensechte Schaufensterpuppe. 3. (veraltet) Gliederpuppe

Mannit [*hebr.-gr.-lat.-nlat.*] *der*; -s, -e: ein sechswertiger Alkohol, der durch Gärungsprozesse aus → Manna (2) entsteht u. für Kunstharze u. Heilmittel verwendet wird. **Mannose** *die*; -: in Apfelsinenschalen vorkommender Zukker

mano des|stra u. **des|stra mano** [*lat.-it.*]: mit der rechten Hand (zu spielen), → colla destra; Abk.: m. d., d. m. (Mus.)

manoli [nach einer früheren Zigarettenmarke]: (ugs. veraltend) geistig nicht ganz normal, leicht verrückt

Manometer [*gr.-fr.*] *das*; -s, -: 1. Druckmesser für Gase u. Flüssigkeiten (Phys.). 2. (salopp) (als Ausruf des Erstaunens, des Unwillens) Mann!, Menschenskind! **Manome|trie** *die*; -: Druckmeßtechnik. **manome|trisch**: mit dem Manometer gemessen. **Manostat** *der*; -[e]s u. -en, -e[n]: Druckregler

ma non tanto [*it.*]: aber nicht so sehr (Mus.). **ma non troppo**: aber nicht zu sehr

mano sini|stra u. **sini|stra mano** [*lat.-it.*]: mit der linken Hand (zu spielen), → colla sinistra; Abk.: m. s., s. m. (Mus.)

Manöver [...*w^er*; *lat.-vulgärlat.-fr.*] *das*; -s, -: 1. (Mil.) a) größere Truppen-, Flottenübung unter kriegsmäßigen Bedingungen; b) taktische Truppenbewegung. 2. Bewegung, die mit einem Schiff, Flugzeug od. Raumschiff ausgeführt wird. 3. Scheinmaßnahme, Kniff, Ablenkungs-, Täuschungsversuch. **Manöver|kritik** *die*; -, -en: kritische Besprechung der Erfahrungen und Ergebnisse [nach einem Manöver]. **manö|vrieren**: 1. ein Manöver (1b) durchführen. 2. eine Sache od. ein Fahrzeug (Schiff, Flugzeug, Raumschiff, Auto) geschickt lenken od. bewegen. 3. Kunstgriffe anwenden, um sich od. jmdn. in eine bestimmte Situation zu bringen

manque [*mangk*; *lat.-it.-fr.*]: von 1–18 (in bezug auf eine Gewinnmöglichkeit beim Roulett). **Manque** *die*; -: depressiver Zustand, der durch Drogenmangel hervorgerufen worden ist

Mansarde [*fr.*; nach dem franz. Baumeister J. Hardouin-Mansart (*ardu̲äng mangßar*), 1646–1708] *die*; -, -n: 1. für Wohnzwekke ausgebautes Dachgeschoß, -zimmer. 2. in der Stoffdruckerei eine mit Heißluft beheizte Vorrichtung zum Trocknen bedruckter Gewebe

Manschester vgl. Manchester

Manschette [*lat.-fr.*; „Ärmelchen"] *die*; -, -n: 1. [steifer] Ärmelabschluß an Herrenhemden od. langärmeligen Damenblusen; -n haben: (ugs.) Angst haben. 2. Papierkrause für Blumentöpfe. 3. unerlaubter Würgegriff beim Ringkampf. 4. Dichtungsring aus Gummi, Leder od. Kunststoff mit eingestülptem Rand (Techn.)

Mansube [*arab.*] *die*; -, -n: die in Arabien geschaffene, im Mittelalter u. in der frühen Neuzeit besonders in Europa weiterentwikkelte rohe Vorform (mit eingleisigem Gewinnweg) des modernen künstlerischen Schachproblems

Manteau [*mangto*; *lat.-fr.*] *der*; -s, -s: franz. Bezeichnung für Mantel. **Mantelletta** [*lat.-it.*] *die*; -, ...tten: vorn offenes, knielanges Gewand katholischer Prälaten, nach dem Rang verschieden in Farbe u. Stoff. **Mantellone** *der*; -s, -s: langer, ärmelloser Mantel der päpstlichen Geheim- u. Ehrenkämmerer mit herabhängendem langem Streifen an beiden Schultern

Mantik [*gr.-lat.*] *die*; -: Seher-, Wahrsagekunst

Mantille

I. [...*il(j)^e*; *lat.-span.*] *die*; -, -n: Schleier- od. Spitzentuch der Spanierin.

II. [*mangtij^e*; *span.-fr.*] *die*; -, -n: a) = Fichu; b) halblanger Damenmantel

Mantinell [*lat.-it.*] *das*; -s, -s: Einfassung (Bande) des Billardtisches

Mantis [*gr.*] *die*; -, -: Gattung der Fangheuschrecken, darunter die sog. Gottesanbeterin (Mantis religiosa)

mantisch [*gr.*]: die Mantik betreffend

Mantisse [*lat.*] *die*; -, -n: 1. (veraltet) Zugabe, Anhängsel. 2. Ziffern des → Logarithmus hinter dem Komma

Man|tra [*sanskr.*] *das*; -[s], -s: als wirkungskräftig geltender religiöser Spruch od. Formel der Inder. **Man|trajana** [„Spruchfahrzeug"] *das*; -: buddhist. Richtung, die die Erlösung durch ständige Wiederholung hl. Formeln (Mantras) sucht (z. B. im → Lamaismus)

Manual [*lat.*] *das*; -s, -e, (auch:) **Manuale** *das*; -[s], -[n]: 1. Handklaviatur der Orgel; Ggs. → Pedal. 2. (veraltet) Handbuch, Tagebuch. **manualiter**: auf dem Manual zu spielen (bei der Orgel). **Manu|brium** [„Handhabe, Griff"] *das*; -s, ...ien [...*i^en*]: Knopf od. Griff in den Registerzügen der Orgel. **manuell** [*lat.-fr.*]: mit der Hand, Hand... **Manufakt** [*lat.-nlat.*] *das*; -[e]s, -e: (veraltet) Erzeugnis menschlicher Handarbeit. **Manufaktur** [*lat.-fr.(-engl.)*] *die*; -, -en: 1. (veraltet) Handarbeit. 2. vorindustrieller gewerblicher Großbetrieb mit Handarbeit. 3. (veraltet) Web- u. Wirkwaren. 4. in Handarbeit hergestelltes Industrieerzeugnis. **manufakturieren**: (veraltet) anfertigen, verarbeiten. **Manufakturist** *der*; -en, -en: 1. (hist.) Leiter eines größeren Gewerbebetriebes mit vorherrschender Handarbeit. 2. (hist.) Händler mit Manufakturwaren. **Manufakturwaren** *die* (Plural): Meterwaren, Textilwaren, die nach der Maßangabe des Käufers geschnitten u. verkauft werden

Manuldruck [aus der Verdrehung des Namens des Erfinders F. Ullmann] *der*; -[e]s, ...drucke: 1. (ohne Plural) Übertragungsdruckverfahren zur Wiedergabe graphischer Originale u. alter Werke. 2. nach diesem Verfahren hergestellter Druck

manu pro|pria [*lat.*]: eigenhändig; Abk.: m. p. **Manus** *das*; -, -: (österr., schweiz.) Kurzform von → Manuskript. **Manu|skript** [*lat.-mlat.*] *das*; -[e]s, -e: 1. Handschrift, handschriftliches Buch der Antike und des Mittelalters. 2. hand- od. maschinenschriftlich angefertigte Niederschrift eines literarischen od. wissenschaftlichen Textes als Vorlage für den Setzer (gilt urheberrechtlich nicht als Veröffentlichung); Abk.: Ms. od. Mskr., Plural: Mss. 3. vollständige od. stichwortartige Ausarbeitung eines Vortrags, einer Vorlesung, Rede u. ä. **manus manum lavat** [- - *lawat*; *lat.*]: „eine Hand wäscht die andere". **Manus mortua** *die*; - -: (veraltet) Tote Hand (Bezeichnung der Kirche im Vermögensrecht, da sie erworbenes Vermögen nicht veräußern durfte)

Manzanilla [*manthanilja*; *span.*] *der*; -s: span. Südwein. **Manzanillobaum** [...*niljo*...; *span.*; *dt.*] u. **Manzinella** [...*nälja*; *span.*] *die*; -: mittelamerik. Wolfsmilchgewächs mit giftigem Milchsaft

Maoismus [...*o-i*...; nach dem chin. Parteivorsitzenden Mao Tsetung] *der*; -: politische Ideologie, die streng dem Konzept des chin. Kommunismus folgt. **Maoist** *der*; -en, -en: jmd., der die Ideologie des Maoismus vertritt. **maoistisch**: den Maoismsus betreffend; zum Maoismus gehörend. **Mao-Look** [...*luk*] *der*; -s: aus einem halbmilitärischen Anzug mit hochgeschlossener, einfacher blauer Jacke [u. einer flachen Schirmmütze] bestehende Kleidung

Maori [auch: *mauri*; *polynes.*]

I. *der*; -[s], -[s]: Angehöriger eines polynesischen Volkes auf Neuseeland.

II. *das*; -: Sprache der Maoris (I)

Mapai [*hebr.*; Kurzw. aus: *Miflegeth Poale* (*po-gle*) *Erez Jisrael* (...*a-el*)] *die*; -: gemäßigte sozialistische Partei Israels. **Mapam** [Kurzw. aus: *Miflegeth Poalim* (*po-a*...) *Meuhedet* (*me-ueh*...)] *die*; -: vereinigte Arbeiterpartei Israels

Maphorion [*ngr.*] *das*; -s, ...ien [...*i^en*]: blaues od. purpurfarbenes, Kopf u. Oberkörper bedekkendes Umschlagtuch in byzantinischen Darstellungen der Madonna

Mappa [*lat.*; „Vortuch"] *die*; -: (veraltet) 1. Altartuch in der katholischen Kirche. 2. Schultertuch des → Akolythen. 3. Landkarte. **Mappeur** [...*pör*; *lat.-fr.*] *der*; -s, -e: (veraltet) Landkartenzeichner. **mappieren**: topographisch-kartographisch aufnehmen

Maqam [...*kam*; *arab.*] *der*; -, -en od. ...amat: (Mus.) a) Melodiemodell auf 17 Stufen im arab. Tonsystem; vgl. Makame; b) liedartiger Zyklus, der das Melodiemodell (Maqam a) variiert

Maquereau [...*kero*; *lat.-fr.*] *der*; -, -s: (Jargon) Zuhälter; Kurzw.: → Mac (II)

Maquette [*makät^e*; *fr.*] *die*; -, -n: Skizze, Entwurf, Modell

Maquillage [*makijasch^(e)*; *fr.*] *die*; -: 1. franz. Bezeichnung für das Schminken, Aufmachung; vgl. → Make-up. 2. ertastbares Kenntlichmachen von Spielkarten

Maquis [*maki*; *lat.-it.-fr.*; „Gestrüpp, Unterholz"] *der*; -: 1. franz. Widerstandsorganisation im 2. Weltkrieg. 2. franz. Bez. für Macchia. **Maquisard** [*makisar*] *der*; -, -s u. -en [...*d^en*]: Angehöriger des Maquis (1)

Mara [*indian.-span.*] *die*; -, -s: hasengroße Meerschweinchenart der Pampas in Argentinien

Marabu [*arab.-port.-fr.*] *der*; -s, -s: trop. Storchenart mit kropfartigem Kehlsack. **Marabut** [*arab.-port.*] *der*; - u. -[e]s, -[s]: mohammedan. Einsiedler od. Heiliger

Maracuja [...*kuja*; *indian.-port.*] *die*; -, -s: eßbare Frucht der Passionsblume

Marae [*polynes.*] *die*; -, -[s]: polynes. Kultstätte in Form einer Stufenpyramide mit Plattform für Götterbilder

Maral [*pers.*] *der*; -s, Marale: kaukas. Hirschart

Maranatha! [*aram.*]: unser Herr, komm! (1. Kor. 16, 22; liturgischer Bekenntnisruf in der urchristlichen Abendmahlsfeier)
Marane vgl. Marrane
Maräne [*slaw.*] *die*; -, -n: in den Seen Nordostdeutschlands lebender Lachsfisch; begehrter Speisefisch
Maranta u. **Marante** [*nlat.*; nach dem venezian. Botaniker B. Maranta, † 1571] *die*; -, ...ten: Pfeilwurz (Bananengewächs; die Wurzeln der westindischen Art liefern → Arrowroot; Zimmerpflanze)
marantisch u. marastisch [*gr.*]: verfallend, schwindend (von körperlichen u. geistigen Kräften; Med.)
Maras|chino [*maraßkino*; *lat.-it.*] *der*; -s, -s: aus [dalmat. Maraska]kirschen hergestellter Likör
Marasmus [*gr.-nlat.*] *der*; -, ...men: allgemeiner geistig-körperlicher Kräfteverfall (Med.); - senilis: Kräfteverfall im Greisenalter; Altersschwäche. **marastisch** vgl. marantisch
Marathi [*sanskr.*] *das*; -: westindische Sprache
Marathon [auch: *mar...*; nach dem griech. Ort, von dem aus ein Läufer die Nachricht vom Sieg der Griechen über die Perser (490 v. Chr.) nach Athen brachte u. dort tot zusammenbrach]
I. *der*; -s, -s: = Marathonlauf.
II. *das*; -s, -s: (ugs.) etwas übermäßig lange Dauerndes u. dadurch Anstrengendes
Marathonlauf [auch: *mar...*; *gr.*; *dt.*] *der*; -[e]s, ...läufe: Langstreckenlauf über 42,2 km (olympische Disziplin)
Maravedi [*span.*] *der*; -, -s: alte span. [Gold]münze
Marblewood [*ma^r b^e l^u ud*; *engl.*] *das*; -[s]: Handelsbezeichnung für Ebenholz
Marc [*mar*; *fr.*] *der*; -s [*mar*]: starker Branntwein aus den Rückständen der Weintrauben beim Keltern
marcando [*...kando*; *germ.-it.*]: = marcato. **marcatissimo**: in verstärktem Maße → marcato. **marcato**: markiert, scharf hervorgehoben, betont (Vortragsanweisung; Mus.)
Marchesa [*markesa*; *germ.-it.*] *die*; -, -s od. ...sen: a) (ohne Plural) hoher italien. Adelstitel; b) Trägerin dieses Titels. **Marchese** *der*; -, -n: a) (ohne Plural) hoher italien. Adelstitel; b) Träger dieses Titels
Marching Band [*ma^r tsching bänd*; *engl.*] *die*; - -, - -s: Marschkapelle.
Marcia [*martscha*; *germ.-it.*] *die*; -, -s: Marsch (Mus.); - funebre: Trauermarsch (Mus.). **marciale**: marschmäßig (Vortragsanweisung; Mus.)
Marcionite [*...zi...*; nach dem Sektengründer Marcion] *der*; -n, -n: Anhänger einer bedeutenden gnostischen Sekte (2.–4. Jh.), die das Alte Testament verwarf
Marconi-Antenne [*...ko...*; nach dem Erfinder G. Marconi, 1874–1937] *die*; -, -n: einfachste Form einer geerdeten Sendeantenne
Mardell [Herkunft unsicher] *der*; -s, -e: durch den Tagebau von Erz entstandene kleinere Mulde. **Mardelle** *die*; -, -n: Unterbau von prähistorischen Wohnungen, Aufbewahrungsraum für Vorräte
Mare [*lat.*; „Meer"] *das*; -, - od. ...ria: als dunkle Fläche erscheinende große Ebene (kein Meer, wie der Name eigentlich sagt) auf dem Mond u. auf dem Mars, z. B. Mare Tranquillitatis = Meer der Ruhe
Marelle: vgl. Morelle u. Marille
Maremmen [*lat.-it.*] *die* (Plural): sumpfige, heute zum Teil in Kulturland umgewandelte Küstengegend in Mittelitalien
Marend [*lat. it.-rätoroman.*] *das*, -s, -i: (schweiz.) Zwischenmahlzeit
marengo [nach dem oberital. Ort Marengo]: grau od. braun mit weißen Pünktchen (von Stoff). **Marengo** *der*; -s: graumelierter Kammgarnstoff für Mäntel u. Kostüme
Mareo|graph [*lat.*; *gr.*] *der*; -en, -en: selbstregistrierender Flutmesser, Schreibpegel
Margarine [*gr.-fr.*] *die*; -: streichfähiges, butterähnliches Speisefett aus tierischen u. pflanzlichen od. rein pflanzlichen Fetten
Marge [*marsch^e*; *lat.-fr.*] *die*; -, -n: 1. Abstand, Spielraum, Spanne. 2. Unterschied zwischen Selbstkosten u. Verkaufspreisen, Handelsspanne (Wirtsch.). 3. Preisunterschied für dieselbe Ware od. dasselbe Wertpapier an verschiedenen Orten (Wirtsch.). 4. Abstand zwischen Ausgabekurs u. Tageskurs eines Wertpapiers (Wirtsch.). 5. Bareinzahlung bei Wertpapierkäufen auf Kredit, die an verschiedenen Börsen zur Sicherung der Forderungen aus Termingeschäften zu hinterlegen ist (Wirtsch.). 6. Risikospanne, Unterschied zwischen dem Wert eines Pfandes u. dem darauf gewährten Vorschuß
Margerite [*gr.-lat.-fr.*] *die*; -, -n: [Wiesen]blume mit sternförmigem weißem Blütenstand (Bot.)
marginal [*lat.-mlat.*]: 1. am Rande, auf der Grenze liegend; in den unsicheren Bereich zwischen zwei Entscheidungsmöglichkeiten fallend. 2. auf dem Rand stehend. 3. randständig, am Rande eines Fruchtblattes gelegen (von Samenanlagen; Bot.). **Marginalanalyse** *die*; -, -n: Untersuchung der Auswirkung einer geringfügigen Veränderung einer od. mehrerer → Variablen (2) auf bestimmte ökonomische Größen mit Hilfe der Differentialrechnung; Grenzanalyse. **Marginale** *das*; -[s], ...lien [*...li^e n*] (meist Plural): = Marginalie (1). **Marginalexistenz** *die*; -, -en: Übergangszustand, in dem jmd. der einen von zwei sozialen Gruppen od. Gesellschaftsformen nicht mehr ganz, der anderen hingegen noch nicht angehört; Randpersönlichkeit (Soziol.). **Marginal|glosse** *die*; -, -n: an den Rand der Seite geschriebene (gedruckte) → Glosse (1). **Marginalie** [*...i^e*] *die*; -, -n (meist Plural): 1. Anmerkung am Rande einer Handschrift od. eines Buches. 2. Randtitel bei Gesetzeserlassen (Rechtsw.). **marginalisieren**: mit Marginalien versehen. **Marginalismus** *der*; -: volkswirtschaftliche Theorie, die mit Grenzwerten u. nicht mit absoluten Größen arbeitet. **Marginalität** *die*; -: Existenz am Rande einer sozialen Gruppe, Klasse od. Schicht (Soziol.)
Mariage [*...asch^e*; *lat.-fr.*] *die*; -, -n: 1. (veraltet) Heirat, Ehe. 2. das Zusammentreffen von König u. Dame in der Hand eines Spielers (bei verschiedenen Kartenspielen). 3. Kartenspiel, das mit 32 Karten gespielt wird
marianisch [*hebr.-gr.-mlat.*]: auf die Gottesmutter Maria bezüglich; -e Theologie: = Mariologie; (aber als Titel groß:) Marianische Antiphonen: in der katholischen Liturgie Lobgesänge zu Ehren Marias; Marianische Kongregationen od. Sodalitäten: nach Geschlecht, Alter u. Berufsständen gegliederte kath. Vereinigungen mit besonderer Verehrung Marias. **Marianisten** [*hebr.-gr.-nlat.*] *die* (Plural): Schul- u. Missionsbrüder einer (1817 in Frankreich gegründeten) → Kongregation Mariä (Abk.: SM). **Mariavit** [*...wit*; *hebr.-gr.-lat.-poln.*] *der*; -en, -en: Angehöriger einer romfreien kath. Sekte in Polen, die in sozialer Arbeit dem Leben Marias nacheifern will

Marihuana [auch: ...*chuana*; *mex.-span.*] *das*; -s: aus dem getrockneten Kraut u. Blütenständen des indischen Hanfs hergestelltes Rauschgift; vgl. [Lady] Mary Jane

Marille u. Marelle [*roman.*] *die*; -, -n: (landsch., bes. österr.) Aprikose

Marimba u. Marymba [*afrik.-span.*] *die*; -, -s: (bes. in Guatemala beliebtes) dem → Xylophon ähnliches, ursprünglich aus Afrika stammendes Musikinstrument. **Marimbaphon** [*afrik.-span.*; *gr.*] *das*; -s, -e: Großxylophon mit → Resonatoren

marin [*lat.*]: 1. zum Meer gehörend. 2. aus dem Meer stammend, im Meer lebend; Ggs. → limnisch (1), → terrestrisch (2). **Marina** [*lat.-it.-engl.*] *die*; -, -s: Jachthafen, Motorboothafen. **Marinade** [*lat.-fr.*] *die*; -, -n: 1. aus Öl, Essig u. Gewürzen hergestellte Beize zum Einlegen von Fleisch od. Fisch, auch für Salate. 2. in eine gewürzte Soße eingelegte Fische od. Fischteile. **Marine** *die*; -, -n: 1. Seewesen eines Staates; Flottenwesen. 2. Kriegsflotte, Flotte. 3. bildliche Darstellung des Meeres, der Küste od. des Hafens; Seestück (Kunstw.). **marineblau**: dunkelblau. **Mariner** *der*; -s, -: (ugs., scherzh.) Matrose, Marinesoldat. **Marinière** [...*njär*ᵉ; *lat.-fr.*] *die*; -, -n: locker fallende Damenbluse, Matrosenbluse. **marinieren**: [Fische] in Marinade (1) einlegen

Marinismus

I. [*lat.-nlat.*] *der*; -: (selten) das Streben eines Staates, eine starke Seemacht zu werden.

II. [*nlat.*; nach dem italien. Dichter Marino] *der*; -: schwülstiger Dichtungsstil des italien. Barocks, der in ganz Europa nachgeahmt wurde

Marinist *der*; -en, -en: Vertreter des Marinismus (I, II)

marinmarginal [*lat.-nlat.*]: in Meeresbuchten sich absetzend (von Salzlagern; Geol.)

Mariola|trie [*hebr.-gr.-lat.*; *gr.*] *die*; -: Marienverehrung. **Mariologe** *der*; -n, -n: Vertreter der Mariologie. **Mariologie** *die*; -: kath.-theologische Lehre von der Gottesmutter. **mariologisch**: die Mariologie betreffend. **Marionette** [*hebr.-gr.-lat.-fr.*; „Mariechen"] *die*; -, -n: 1. an Fäden od. Drähten aufgehängte u. dadurch bewegliche Gliederpuppe. 2. willenloses Geschöpf, ein Mensch, der einem anderen als Werkzeug dient. **Maristen** [*hebr.-gr.-lat.-nlat.*] *die* (Plural): Priester einer [1824 in Frankreich gegründeten] → Kongregation zur Mission in der Südsee; Abk.: SM

maritim [*lat.*]: 1. das Meer betreffend, Meer..., See... 2. das Seewesen betreffend; -es Klima: Seeklima

Marjell [*lit.*] *die*; -, -en u. **Marjellchen** *das*; -s, -: (ostpreußisch) Mädchen

markant [*germ.-it.-fr.*]: bezeichnend; ausgeprägt; auffallend; scharf geschnitten (von Gesichtszügen)

Markasit [auch: ...*it*; *arab.-mlat.-fr.*] *der*; -s, -e: metallisch glänzendes, gelbes, oft bunt anlaufendes Mineral aus einer Verbindung von Schwefel u. Eisen

Marker [*maʳkᵉr*; *engl.*] *der*; -s, -[s]: 1. (Sprachw.) a) Merkmal eines sprachlichen Elements, dessen Vorhandensein mit + u. dessen Fehlen mit – gekennzeichnet wird (z. B. hat *Junggeselle* männlich +, abstrakt –; *schön* hat Adj. +); b) Darstellung der Konstituentenstruktur in einem → Stemma; c) Darstellung der Reihenfolge von Transformationsregeln. 2. → genetisches Merkmal von → Viren (Biol.). 3. Stift zum Markieren (1)

Marketender [*lat.-it.*] *der*; -s, -: männliche Form von → Marketenderin. **Marketenderei** *die*; -, -en: (früher) a) (ohne Plural) Verkauf von Marketenderware; b) [mobile] Verkaufsstelle für Marketenderwaren. **Marketenderin** *die*; -, -nen: (hist.) die Truppe (bei Manövern u. im Krieg) begleitende Händlerin. **marketendern**: (veraltet, noch scherzh.) Marketenderware feilbieten, weniger wertvolle Dinge des Alltagsgebrauchs verkaufen. **Marketenderware** [*lat.-it.*; *dt.*] *die*; -, -n: (hist.) von der Truppe [an die Soldaten] gegen Bezahlung gelieferte Lebens- u. Genußmittel sowie Gebrauchsgegenstände (neben der normalen Verpflegung, Bekleidung u. a.)

Marketerie [*germ.-it.-fr.*] *die*; -, ...ien: Einlegearbeit (von Holz, Metall, Marmor)

Marketing [*maʳkᵉ*...; *lat.-fr.-engl.*] *das*; -[s]: Ausrichtung der Teilbereiche eines Unternehmens auf das absatzpolitische Ziel u. auf die Verbesserung der Absatzmöglichkeiten (Wirtsch.). **Marketing-mix** *das*; -es: Kombination verschiedener Maßnahmen zur Absatzförderung im Hinblick auf eine bestimmte Zielsetzung (Wirtsch.). **Marketing-Research** *das*; -[s], -s: Absatzforschung (Wirtsch.)

Markeur [...*kör*] vgl. Markör.

markieren [*germ.-it.-fr.*]: 1. be-, kennzeichnen, kenntlich machen. 2. a) hervorheben, betonen; b) sich -: sich deutlich abzeichnen. 3. (österr.) lochen (von Fahrkarten). 4. ein Gericht vorbereiten (Gastr.). 5. etwas [nur] andeuten (z. B. auf einer [Theater]probe). 6. einen Treffer erzielen (Sport). 7. in einer bestimmten Art u. Weise decken (Sport). 8. (ugs.) vortäuschen; so tun, als ob. **markiert**: mit einem Marker (1a) versehen, z. B. *Junggeselle* ist im Hinblick auf das Geschlecht -, *Mensch* ist nicht -. **Markierung** *die*; -, -en: Kennzeichnung; [Kenn]zeichen; Einkerbung

Markise [*germ.-fr.*] *die*; -, -n: 1. Sonnendach, Schutzdach, -vorhang aus festem Stoff. 2. länglicher Diamantenschliff

Markisette vgl. Marquisette

Markka [*germ.-finn.*] *die*; -, -; aber 10 Markkaa [...*ka*]: finnische Währungseinheit; Abk.: mk; vgl. Finnmark

Markör u. Markeur [...*kör*; *germ.-it.-fr.*] *der*; -s, -e: 1. Schiedsrichter, Punktezähler beim Billardspiel. 2. (österr., veraltet) Kellner. 3. Furchenzieher (Gerät zur Anzeichnung der Reihen, in denen angepflanzt od. ausgesät wird; Landw.)

Marly [...*li*; nach der franz. Stadt Marly-le-Roi (...*lᵉroa*)] *der*; -: gazeartiges [Baumwoll]gewebe

Marmelade [*gr.-lat.-port.*; „Quittenmus"] *die*; -, -n: 1. mit Zucker eingekochtes Fruchtmark, eingekochte reife Früchte. 2. (vorgesehene Bedeutung nach einer Verordnung der Europäischen Gemeinschaft) süßer Brotaufstrich aus Zitrusfrüchten

Marmor [*gr.-lat.*] *der*; -s, -e: 1. durch → Metamorphose (4) kristallin-körnig gewordener Kalkstein. 2. polier- u. schleiffähiger Kalkstein. **marmorieren**: marmorartig bemalen, ädern. **marmorn**: aus Marmor

Marmotte [*fr.*] *die*; -, -n: Murmeltier der Alpen u. Karpaten

Marocain [...*käng*] *der* od. *das*; -s, -s: = Crêpe marocain

marod [*fr.*]: (österr., ugs.) leicht krank; vgl. marode. **marode**: 1. (Soldatenspr., veraltet) marschunfähig, wegmüde. 2. (veraltend, aber noch landsch.) erschöpft, ermattet, von großer Anstrengung müde; vgl. marod. **Marodeur** [...*dör*] *der*; -s, -e: plündernder

Nachzügler einer Truppe. **marodieren**: [als Nachzügler einer Truppe] plündern

Maron [*it.-fr.*] *das*; -s: Kastanienbraun

Marone [*it.*]

I. *die*; -, -n u. (bes. österr.) ...ni: [geröstete] eßbare Edelkastanie.

II. *die*; -, -n: ein Speisepilz

Maronenpilz [*it.*; *dt.*] *der*; -es, -e: = Marone (II)

Maroni: *Plural* von → Marone (I)

Maronit [nach dem hl. Maro, † vor 423] *der*; -en, -en (meist Plural): Angehöriger der mit Rom unierten syrisch-christlichen Kirche im Libanon. **maronitisch**: die Maroniten betreffend; -e Liturgie: die westsyrische Liturgie der Maroniten

Maroquin [*...käng*; *fr.*; „marokkanisch"] *der*; -s: feines, genarbtes Ziegenleder; vgl. Saffian

Marotte [*hebr.-gr.-lat.-fr.*] *die*; -, -n: Schrulle, wunderliche Neigung, merkwürdige Idee

Marqueß, (in engl. Schreibung:) Marquess [*maʳkwiß*; *germ.-fr.-engl.*] *der*; -, -: engl. Adelstitel.

Marquess [*maʳkwiß*] vgl. Marqueß. **Marqueterie** [*marke...*; *germ.-it.-fr.*] vgl. Marketerie. **Marquis** [*marki*; *germ.-fr.*; „Markgraf"] *der*; -, - [*markiß*]: franz. Adelstitel. **Marquisat** *das*; -[e]s, -e: 1. Würde eines Marquis. 2. Gebiet eines Marquis. **Marquise** [„Markgräfin"] *die*; -, -n: französischer Adelstitel. **Marquisette**, (in dtsch. Schreibung:) Markisette [*...kisät*^(e)] *die*; - (auch: *der*; -s): gazeartiges Gardinengewebe aus scharf gedrehtem Baumwollzwirn

Marrane u. Marane [*arab.-span.*] *der*; -n, -n (meist Plural): Schimpfname für die im 15. Jh. zwangsweise getauften, z. T. heimlich → mosaisch gebliebenen span. Juden

Marrismus [nach dem russ. Sprachwissenschaftler N. J. Marr] *der*; -: Richtung in der Sprachwissenschaft; vgl. Japhetitologie

Mars [*niederd.*] *der*; -, -e (auch: *die*; -, -en): (Seemannsspr.) Plattform zur Führung u. Befestigung der Marsstenge

Marsala [*...sala*; sizilische Stadt] *der*; -s, -s: goldgelber Süßwein

Marseillaise [*marßäjäs*^e; nach der franz. Stadt Marseille (*marßäj*)] *die*; -: franz. Nationalhymne (1792 entstandenes Marschlied der Französischen Revolution)

Mar|shallplan [*maʳschᵉl...*, auch: *marschal...*; nach dem früheren amerikanischen Außenminister Marshall] *der*; -[e]s: amerikanisches [wirtschaftliches] Hilfsprogramm für die westeuropäischen Staaten nach dem 2. Weltkrieg

Marsupialier [*...iᵉr*; *gr.-lat.-nlat.*] *die* (Plural): zusammenfassende systematische Bezeichnung für die Beuteltiere (Zool.)

martelé [*...le*] vgl. martellando.

Martelé vgl. Martellato. **martellando**, **martellato** [*lat.-vulgärlat.-it.*] u. martelé [*...le*; *lat.-vulgärlat.-fr.*; „hämmernd, gehämmert"]: mit fest gestrichenem, an der Bogenspitze drückendem Bogen (Vortragsanweisung für Streichinstrumente; Mus.). **Martellato** [*lat.-vulgärlat.-it.*] *das*; -s, -s u. ...ti u. Martelé [*...le*; *lat.-vulgärlat.-fr.*] *das*; -s, -s: gehämmertes, scharf akzentuiertes od. fest gestrichenes Spiel (Mus.). **Martellement** [*...mang*] *das*; -s, -s: 1. (veraltet) = Mordent. 2. Tonwiederholung auf der Harfe (Mus.)

martialisch [*...zia...*; *lat.*]: kriegerisch; grimmig, wild, verwegen

Martingal [*fr.*] *das*; -s, -e: zwischen den Vorderbeinen des Pferdes durchlaufender Sprungriemen (Reiten)

Märtyrer, (kath. kirchlich auch:) **Martyrer** [*gr.-lat.*] *der*; -s, -: 1. jmd., der wegen seines Glaubens oder seiner Überzeugung [körperliche] Leiden ertragen [und den Tod erleiden] muß. 2. Blutzeuge des christl. Glaubens; vgl. Acta Martyrum. **Martyrium** *das*; -s, ...ien [*...iᵉn*]: 1. Opfertod, schweres Leiden [um des Glaubens oder der Überzeugung willen]; Blutzeugenschaft. 2. Grab[kirche] eines christlichen Märtyrers. **Martyrologium** [*gr.-mlat.*] *das*; -s, ...ien [*...iᵉn*]: liturgisches Buch mit Verzeichnis der Märtyrer u. Heiligen u. ihrer Feste mit beigefügter Lebensbeschreibung; - Romanum: das amtliche Märtyrerbuch der röm.-kath. Kirche (seit 1584)

Marunke [*lat.-slaw.*] *die*; -, -n: (ostmitteldt.) gelbe Pflaume, Eierpflaume

Maruts [*sanskr.*] *die* (Plural): Sturmgeister der → wedischen Religion, Begleiter des Gottes Indra

Marxismus [*nlat.*] *der*; -, ...men: 1. (ohne Plural) das von Karl Marx, Friedrich Engels u. deren Schülern entwickelte System von politischen, ökonomischen u. sozialen Theorien, das auf dem historischen u. dialektischen Materialismus u. dem wissenschaftlichen Sozialismus basiert. 2. aus dem marxistischen Jargon stammendes sprachliches od. stilistisches Element in gesprochenen od. geschriebenen Texten. **Marxismus-Leninismus** *der*; -: von Lenin weiterentwickelter Marxismus (1). **Marxist** *der*; -en, -en: Vertreter u. Anhänger des Marxismus (1). **marxistisch**: a) den Marxismus (1) betreffend; b) im Sinne des Marxismus (1). **marxistisch-leninistisch**: den Marxismus-Leninismus betreffend. **Marxist-Leninist** *der*; des Marxisten-Leninisten, die Marxisten-Leninisten: Vertreter, Anhänger des Marxismus-Leninismus. **Marxologe** *der*; -n, -n: (meist scherzh. od. abwertend) jmd., der sich wissenschaftlich mit dem Marxismus beschäftigt [ohne selbst Marxist zu sein]. **Marxologie** *die*; -: Wissenschaft, die sich mit dem Marxismus beschäftigt

Mary Jane [*märi dschẹⁱn*; *engl.*] *die*; -: (ugs., verhüllend) Marihuana; vgl. Lady Mary Jane

Marymba vgl. Marimba

Marzipan [auch: *mar...*; *it.*] *das* (selten: *der*); -s, -e: weiche Masse aus Mandeln, Aromastoffen u. Zucker

Mascara [*span.-engl.*]

I. *das*; -, -s: pastenförmige Wimperntusche.

II. *der*; -, -s: Stift od. Bürste zum Auftragen von Wimperntusche

Maschad [*maschąd*] vgl. Maschhad

maschallah! [*arab.*; „Wunder Gottes!"]: bewundernder od. zustimmender Ausruf der Mohammedaner

Maschansker [*tschech.*] *der*; -s, -: (österr.) Borsdorfer → Renette

Maschhad, Maschad [*mäsch(h)ąd*] u. Mesch[h]ed *der*; -[s], -s: handgeknüpfter Orientteppich aus der Gegend um die iran. Provinzhauptstadt Maschhad

Maschine [*gr.-lat.-fr.*] *die*; -, -n: 1. Gerät mit beweglichen Teilen, das Arbeitsgänge selbständig verrichtet u. damit menschliche od. tierische Arbeitskraft einspart. 2. a) Motorrad; b) Flugzeug; c) Rennwagen; d) Schreibmaschine. 3. (ugs., scherzh.) beleibte [weibliche] Person. **maschinell** [französierende Ableitung von → Maschine]: maschinenmäßig; mit einer Maschine [hergestellt]. **Maschinenmodell** *das*; -s, -e: Modellvorstellung vom maschinenartigen psychophysischen Funktionieren des Menschen. **Maschinenrevision** *die*; -, -en: Überprüfung der Druckbogen vor Druckbeginn auf die richtige Ausführung der letzten

Korrektur (Druckw.). **Maschinentelegraf** *der*; -en, -en: Signalapparat, bes. auf Schiffen, zur Befehlsübermittlung von der Kommandostelle zum Maschinenraum. **Maschinentheorie** *die*; -: sachlich auf Descartes zurückgehende Auffassung der Lebewesen als seelenlose Automaten (Philos.). **Maschinerie** *die*; -, ...ien: 1. maschinelle Einrichtung. 2. System von automatisch ablaufenden Vorgängen, in die einzugreifen schwer od. unmöglich ist. **maschinieren**: bei der Pelzveredelung die zarten Grannen des Fells abscheren. **Maschinismus** *der*; -: auf der → Maschinentheorie beruhender, alle Lebewesen als Maschine auffassender Materialismus (Philos.). **Maschinist** *der*; -en, -en: 1. jmd., der fachkundig Maschinen bedient u. überwacht. 2. auf Schiffen der für Inbetriebsetzung, Instandhaltung u. Reparaturen an der Maschine Verantwortliche. 3. Vertreter des Maschinismus

Maser [*mḙ's'r*, auch: *ma...*; *engl.*; Kurzw. aus: *m*icrowave *a*mplification by *s*timulated *e*mission of *r*adiation (*maikrou-ue'w ämplifike'sch'n bai ßtimjule'tid imisch'n 'w re'die'sch'n*) = Kurzwellenverstärkung durch angeregte Aussendung von Strahlung] *der*; -s, -: Gerät zur Verstärkung bzw. Erzeugung von Mikrowellen (Phys.)

Masette [*it.*] *die*; -, -n: (österr.) Eintrittskartenblock, aus dem die perforierten Eintrittskarten herausgerissen werden (Kino, Theater usw.)

Mashie [*mäschi*; *engl.*] *der*; -s, -s: mit Eisenkopf versehener Golfschläger (für Annäherungsschläge)

Maskarill [*arab.-span.*] *der*; -[s], -e: typisierte Figur der älteren span. Komödie (Bedienter, der sich als Marquis verkleidet). **Maskaron** [*arab.-it.-fr.*] *der*; -s, -e: Menschen- od. Fratzengesicht als Ornament in der Baukunst (bes. im Barock). **Maske** *die*; -, -n: 1. künstliche Hohlgesichtsform: a) Gesichtsform aus Holz, Leder, Pappe, Metall als Requisit des Theaters, Tanzes, der Magie zur Veränderung des Gesichts; b) beim Fechten u. Eishockey Gesichtsschutz aus festem, unzerbrechlichem Material (Sport); c) bei der Narkose ein Mund u. Nase bedeckendes Gerät, mit dem Gase eingeatmet werden (Med.). 2. verkleidete, vermummte Person. 3. einer bestimmten Rolle entsprechende Verkleidung u. Geschminktsein eines Schauspielers. 4. Schablone zum Abdecken eines Negativs beim Belichten od. Kopieren (Fotogr.). 5. halbdurchlässiger, selektiver Filter zur Farb- u. Tonwertkorrektur bei der Reproduktion von Fotografien (Fotogr.). 6. Verstellung, Vortäuschung. **Maskerade** [*arab.-span.*] *die*; -, -n: 1. Verkleidung. 2. Maskenfest, Mummenschanz. 3. Heuchelei, Vortäuschung. **maskieren** [*arab.-it.-fr.*]: 1. verkleiden, eine Maske umbinden. 2. verdecken, verbergen. 3. angerichtete Speisen mit [erstarrender] Soße überziehen (Gastr.). **Maskierung** *die*; -, -en: 1. Bildung von chemischen → Komplexen, um eine Ionenart (vgl. Ion) quantitativ bestimmen zu können (Chem.). 2. Ton- u. Farbwertkorrektur mit Hilfe von Masken (5). 3. Tarnung, Schutztracht mit Hilfe von Steinchen, Schmutz od. Pflanzenteilen bei Tieren (Zool.)

Maskottchen [*provenzal.-fr.*] *das*; -s, - u. **Maskotte** *die*; -, -n: glückbringender → Talisman (Anhänger, Puppe u. a.)

maskulin [auch: *ma...*; *lat.*]: a) für den Mann charakteristisch, männlich (in bezug auf Menschen); b) das Männliche betonend, hervorhebend; c) als Frau männliche Züge habend, nicht weiblich; Abk.: m; vgl. ...isch/-. **maskulinisch**: männlichen Geschlechts (Biol.; Med.; Sprachwissenschaft); Abk.: m; vgl. ...isch/-. **Maskulinisierung** *die*; -, -en: 1. Vermännlichung der Frau im äußeren Erscheinungsbild (Med.). 2. Vermännlichung weiblicher Tiere (Biol.). **Maskulinum** *das*; -s, ...na: männliches Substantiv (z. B. der Wagen); Abk.: M., Mask.

Masochismus [*...chiß...*; *nlat.*; nach dem Schriftsteller Sacher-Masoch] *der*; -, ...men: 1. (ohne Plural) das Empfinden von sexueller Erregung beim Erdulden von körperlichen od. seelischen Mißhandlungen; vgl. Sadismus. 2. masochistische Handlung. **Masochist** *der*; -en, -en: jmd., der bei Mißhandlung geschlechtl. Erregung empfindet. **masochistisch**: den Masochismus betreffend

Masora usw. vgl. Massora usw.

Massa [in der Negersprache verstümmelt aus engl. Master] *der*; -s, -s: (hist.) von den amerik. Negersklaven verwendete Bezeichnung für: Herr

Mass-action u. Mass-reaction [*mäß(ri)äksch'n*; *engl.-amerik.*] *die*; -: unspezifische Reaktion eines Säuglings (od. tierischen Organismus) auf irgendwelche Reize (Psychol.)

Massage [*...asch'*; *arab.-fr.*] *die*; -, -n: [Heil]behandlung des Körpers od. eines Körperteils durch mechanische Beeinflussung wie Kneten, Klopfen, Streichen u. ä. mit den Händen od. mechanischen Apparaten. **Massagesalon** *der*; -s, -s: 1. (veraltend) Arbeitsraum eines → Masseurs. 2. (verhüllend) einem Bordell ähnliche, meist nicht offiziell geführte Einrichtung, in der bes. masturbatorische Praktiken geübt werden

Massaker [*fr.*] *das*; -s, -: Gemetzel, Blutbad, Massenmord. **massakrieren**: 1. niedermetzeln, grausam umbringen. 2. (ugs., scherzhaft) quälen, mißhandeln

Maßanalyse [*dt.*; *gr.-mlat.*] *die*; -, -n: Verfahren, durch → Titration die Zusammensetzung von Lösungen zu ermitteln (Chem.)

Massebe [*hebr.*] *die*; -, -n: aufgerichteter Malstein (urspr. als Behausung einer kanaanischen Gottheit) im Jordanland

Massel

I. [*hebr.-jidd.*] *der* (österr.: *das*); -s: (Gaunerspr.) Glück.

II. [*lat.-it.*] *die*; -, -n: durch Gießen in einer entsprechenden Form hergestellter, plattenförmiger Metallblock

Massendefekt *der*; -s, -e: Betrag, um den die Masse eines Atomkerns kleiner ist als die Summe der Massen seiner Bausteine (Atomphysik). **Massenkommunikationsmittel** [*...zion...* auch: *ma...*] *das*; -s, - u. **Massenmedium** *das*; -s, ...dien [*...di'n*] (meist Plural): auf große Massen ausgerichteter Vermittler von Information u. Kulturgut (z. B. Presse, Film, Funk, Fernsehen). **Massenorganisation** [*...zion*] *die*; -, -en: → Organisation, die breite Kreise der Bevölkerung erfaßt (z.B. Parteien, Gewerkschaften). **Massenpsychologie** *die*; -: Teilgebiet der Psychologie, das sich mit den Reaktionen des einzelnen auf die Masse u. den Verhaltensweisen der Masse beschäftigt. **Massenspek|tro|graph** *der*; -en, -en: Gerät zur Zerlegung eines Isotopengemischs in die der Masse nach sich unterscheidenden Bestandteile u. zur Bestimmung der Massen selbst

Masseter [*gr.*] *der*; -s, -: Kaumuskel (Med.)

Masseur [*...ßör*; *arab.-fr.*] *der*; -s, -e: jmd., der berufsmäßig durch

Massage behandelt. **Masseurin** [*...ßörin*] *die*; -, -nen u. (meist:) **Masseuse** [*...ßös^{e}*] *die*; -, -n: weibliche Form zu → Masseur

massieren
I. [*arab.-fr.*]: mittels Massage behandeln; kneten.
II. [*gr.-lat.-fr.*]: 1. Truppen zusammenziehen. 2. verstärken

massiv: 1. ganz aus ein u. demselben Material, nicht hohl. 2. fest, wuchtig. 3. stark, grob, heftig, ausfallend; in bedrohlicher u. unangenehmer Weise erfolgend; z. B. -en Druck auf jmdn. ausüben. **Massiv** *das*; -s, -e [*...w^{e}*]: 1. Gebirgsstock, geschlossene Gebirgseinheit. 2. durch Hebung u. Abtragung freigelegte Masse alter Gesteine (Geol.). **Massivbau** *der*; -s: Bauweise, bei der fast ausschließlich Naturstein, Ziegelstein od. Beton verwendet wird. **Massivität** [*...witä̱t*] *die*; -: Wucht, Nachdruck; Derbheit

Massora [*hebr.*; „Überlieferung"] *die*; -: [jüd.] Textkritik des Alten Testaments; textkritische Rand- od. Schlußbemerkung in alttestamentlichen Handschriften. **Massoret** *der*; -en, -en: mit der Massora befaßter jüd. Schriftgelehrter u. Textkritiker, vgl. Punktatoren. **massoretisch**: die Massoreten betreffend; -er Text: der von den Massoreten festgelegte alttestamentliche Text

Mass-reaction [*mäßriäksch^{e}n*] vgl. Mass-action

Mastaba [*arab.*] *die*; -, -s u. ...staben: altägyptischer Grabbau (Schachtgrab mit flachem Lehm- od. Steinhügel u. Kammern)

Mast|algie *die*; -, ...ien: = Mastodynie

Master [*lat.-fr.-engl.*] *der*; -s, -: 1. englische Anrede für: junger Herr. 2. in den Vereinigten Staaten u. England akademischer Grad; - of Arts: engl. u. amerik. akademischer Grad, etwa unserem Dr. phil. entsprechend; Abk.: M. A.; vgl. Magister Artium. 3. engl.-amerikan. Bezeichnung für: Schallplattenmatrize. 4. Anführer bei Parforcejagden

Mastiff [*lat.-vulgärlat.-fr.-engl.*] *der*; -s, -s: engl. doggenartige Hunderasse

Mastigophoren [*gr.-nlat.*] *die* (Plural): Geißeltierchen

Mastik [*gr.-lat.-fr.*] *der*; -s: eine Art Kitt (Seew.). **Mastikator** [*gr.-lat.-nlat.*] *der*; -s, ...oren: Knetmaschine. **mastikatorisch**: auf den Kauakt bezüglich (Med.)

Mastitis [*gr.-nlat.*] *die*; -, ...itiden: Brustdrüsenentzündung (Med.)

Mastix [*gr.-lat.*] *der*; -[es]: 1. Harz des Mastixbaumes, das für Pflaster, Kaumittel, Lacke u. a. verwendet wird. 2. Gemisch aus Bitumen u. Gesteinsmehl, als Straßenbelag verwendet

Mast|odon [*gr.-nlat.*] *das*; -s, ...donten: ausgestorbene Elefantenart des Tertiärs. **Mast|odynie** *die*; -, ...ien: Schwellung u. Schmerzhaftigkeit der weibl. Brüste vor der Regel (Med.). **mastoid**: brustwarzenförmig, -ähnlich (Med.). **Mastoiditis** [*...o-i...*] *die*; -, ...itiden: Entzündung der Schleimhäute des Warzenfortsatzes des Schläfenbeins (Med.). **Mastomys** [*gr.*] *die*; -, -: Vertreter eines afrik. Rattenstamms (wichtiges Versuchstier in der Krebsforschung). **Mastopathie** *die*; -: Knötchen- u. Zystenbildung an den Brüsten (Med.). **Masto|ptose** *die*; -, -n: Hängebrust (Med.)

Masturbation [*...zion*; *lat.-nlat.*] *die*; -, -en: 1. geschlechtliche Selbstbefriedigung; Onanie. 2. geschlechtliche Befriedigung eines anderen durch → manuelle Reizung der Geschlechtsorgane. **masturbatorisch**: auf Masturbation bezüglich. **masturbieren** [*lat.*]: 1. sich selbst geschlechtlich befriedigen; onanieren. 2. bei jmdm. die Masturbation (2) ausüben

Masurka vgl. Mazurka

Masut [*türkotat.-russ.*] *das*; -[e]s: Bestandteil des russ. Erdöls, Kesselheizmittel

Matador [*lat.-span.*] *der*; -s (auch: -en), -e (auch: -en): 1. Hauptkämpfer im Stierkampf, der den Stier zu töten hat. 2. Berühmtheit, hervorragender Mann; Anführer

Matamata [*indian.-port.*] *die*; -, -s: südamerik. langhalsige Süßwasserschildkröte

Matapan [*venez.*] *der*; -, -e: (hist.) venezianische Groschenmünze aus Silber

Match [*mätsch*; *engl.*] *das* (auch: *der*); -[e]s, -s (auch: -e): Wettkampf (Sport u. Spiel). **Matchball** *der*; -s, ...bälle: spielentscheidender Ball (Aufschlag) beim Tennis. **Matchbeutel**, *der*; -s, -: ein größerer, für Sport u. Wanderung geeigneter Beutel, den man über die Schulter hängen kann. **Matched groups** [*mätscht grupß* „zugeordnete Gruppen"] *die* (Plural): jeweils in bestimmten Punkten (Alter, Ausbildung, Intelligenz) übereinstimmende Gruppen von Individuen (psychol. Testmethode). **Matchsack** *der*; -s, ...säcke: = Matchbeutel. **Matchstrafe** *die*; -, -n: Feldverweis für die gesamte Spieldauer (Eishockey)

Mate [*mate*; *indian.-span.*]
I. *der*; -: als Tee verwendete Blätter des Matestrauchs (Mate II).
II. *die*; -, -n: südamerik. Stechpalmengewächs

Matelassé [*mat^{e}laße*; *arab.-it.-fr.*; „gepolstert"] *der*; -[s], -s: Gewebe mit plastischer, reliefartiger Musterung

Matelot [*...lo*; *niederl.-fr.*] *der*; -s, -s: zum Matrosenanzug getragener runder Hut mit Band u. gerollter Krempe. **Matelote** [*...lot*] *die*; -, -s: 1. Matrosengericht, Fischragout mit scharfer Weinsoße. 2. Matrosentanz

Mater [*lat.*; „Mutter"] *die*; -, -n: (Druckw.) 1. eine Art Papptafel, in die der Satz zum nachfolgenden Guß der Druckplatte abgeformt ist. 2. = Matrize. **Mater dolorosa** [„schmerzensreiche Mutter"] *die*; - -: lat. Beiname der Gottesmutter im Schmerz um die Leiden des Sohnes (Kunstw.; Theol.); vgl. Pieta

material [*lat.*]: 1. stofflich, sich auf einen Stoff beziehend, als Material gegeben; vgl. materiell (1). 2. inhaltlich, sich auf den Inhalt beziehend (Philos.); vgl. ...al/...ell. **Material** [*lat.-mlat.*; „zur Materie Gehörendes; Rohstoff"] *das*; -s, -ien [*...i^{e}n*] (auch: -e): 1. (Plural nur: Materialien) Rohstoff, Werkstoff; jegliches Sachgut, das man zur Ausführung einer Arbeit benötigt. 2. (Plural: Materialien, in der Musik auch: Materiale) [schriftliche] Angaben, Unterlagen, Belege, Nachweise, Sammlung; Hilfsmittel. **Materialisation** [*...zion*; *lat.-nlat.*] *die*; -, -en: 1. Umwandlung von [Strahlungs]energie in materielle Teilchen mit Ruhemasse (Physik). 2. Bildung körperhafter Gebilde in Abhängigkeit von einem Medium (I, 4; Parapsychol.). **materialisieren**: verstofflichen, verwirklichen. **Materialismus** [*lat.-fr.*] *der*; -: 1. philosophische Lehre, die die ganze Wirklichkeit (einschließlich Seele, Geist, Denken) auf Kräfte od. Bedingungen der Materie zurückführt; Ggs. → Idealismus (1); vgl. dialektischer -. 2. Streben nach bloßem Lebensgenuß ohne ethische Ziele u. Ideale. **Materialist** *der*; -en, -en: 1. Vertreter u. Anhänger des philos. Materialismus; Ggs. → Idealist (1). 2. für höhere geistige Dinge wenig interessierter, nur auf eigenen Nutzen u. Vorteil bedachter Mensch. **materialistisch**:

1. den Materialismus betreffend; Ggs. → idealistisch (1). 2. nur auf eigenen Nutzen u. Vorteil bedacht. **Materialität** *die*; -: Stofflichkeit, Körperlichkeit, das Bestehen aus Materie; Ggs. → Spiritualität. **Materialkonstante** *die*; -, -n: feste Größe, die vom Material (1) eines untersuchten Körpers abhängt (z. B. die Dichte; Phys.). **Materialware** *die*; -, -n (meist Plural): (veraltet) Haushaltsware. **Materie** [*...ie*; *lat.*] *die*; -, -n: 1. (ohne Plural) Stoff, Substanz, unabhängig vom Aggregatzustand (Physik). 2. Gegenstand, Gebiet [einer Untersuchung]. 3. Urstoff, Ungeformtes. 4. die außerhalb unseres Bewußtseins vorhandene Wirklichkeit im Gegensatz zum Geist (Philos.). 5. Inhalt, Substanz im Gegensatz zur Form. **materiell** [*lat.-fr.*]: 1. stofflich, körperlich greifbar; die Materie betreffend; Ggs. → immateriell. 2. auf Besitz, auf Gewinn bedacht. 3. finanziell, wirtschaftlich; vgl. ...al/...ell

matern [*lat.*]

I. [*mat^ern*]: von einem Satz Matern herstellen (Druckw.).

II. [*matärn*]: zur Mutter gehörend, mütterlich (Med.)

maternisiert [*lat.-fr.*]: dem Mütterlichen angeglichen; -e Milch: Milch, die in ihrer Zusammensetzung der Muttermilch gleicht. **Maternität** [*lat.-nlat.*] *die*; -: Mutterschaft (Med.)

Matetee *der*; -s: = Mate (I)

Mathematik [österr.: *...matik*; *gr.-lat.*] *die*; -: Wissenschaft von den Raum- u. Zahlengrößen. **Mathematiker** *der*; -s, -: Wissenschaftler auf dem Gebiet der Mathematik. **mathematisch**: die Mathematik betreffend; -e Logik: Behandlung der logischen Gesetze mit Hilfe von mathematischen Symbolen u. Methoden; vgl. Logistik. **mathematisieren**: [in verstärktem Maß] mit mathematischen Methoden behandeln od. untersuchen. **Mathematisierung** *die*; -, -en: [verstärkte] Anwendung mathematischer Methoden in wissenschaftlichen Untersuchungen. **Mathematizismus** [*gr.-nlat.*] *der*; -: Tendenz, alle Vorgänge der Wirklichkeit, die Wissenschaft u. besonders die Logik in mathematischen Formeln wiederzugeben

Matinee [auch: *ma...*; *lat.-fr.*]

I. *die*; -, ...een: künstlerische Morgenunterhaltung, -darbietung, Vormittagsveranstaltung.

II. *das*; -s, -s: (veraltet) Morgenrock

Matjeshering [*niederl.*; „Mädchenhering"] *der*; -s, -e: junger, mild gesalzener Hering

Ma|tratze [*arab.-roman.*] *die*; -, -n: 1. Bettpolster aus Roßhaar, Seegras, Wolle od. Schaumstoff; federnder Betteinsatz. 2. Uferabdeckung aus Weidengeflecht

Ma|tres [*mátreß*; *lat.*] *die* (Plural): = Matronen (vgl. Matrone)

Mä|tresse [*lat.-fr.*] *die*; -, -n: 1. (hist.) Geliebte eines Fürsten. 2. (abwertend) Geliebte bes. eines verheirateten Mannes

ma|triarchal u. **ma|triarchalisch** [(*lat.*; *gr.*) *nlat.*]: auf das Matriarchat bezüglich. **Ma|triarchat** *das*; -[e]s, -e: Mutterherrschaft, Gesellschaftsordnung, in der die Frau die bevorzugte Stellung in Staat u. Familie innehat u. in der Erbgang u. soziale Stellung der weibl. Linie folgen; Ggs. → Patriarchat (2); vgl. Avunkulat, Matrilokalität. **Ma|tricaria** [*...ka...*; *lat.-nlat.*] *die*; -: wissenschaftliche Bezeichnung der → Kamille. **Ma|trik** [*lat.*] *die*; -, -en: (österr.) Matrikel. **Ma|trikel** *die*; -, -n: 1. Verzeichnis von Personen (z. B. der Studenten an einer Universität); vgl. Immatrikulation. 2. (österr.) Personenstandsregister. **ma|trilineal** u. **ma|trilinear**: in der Erbfolge der mütterlichen Linie folgend, mutterrechtlich; Ggs. → patrilineal, patrilinear. **Ma|trilokalität** [*lat.-nlat.*] *die*; -: Übersiedlung des Mannes zur Familie der Frau (in mutterrechtlichen Kulturen). **ma|trimonial** u. **ma|trimoniell** [*lat.*]: (veraltend) zur Ehe gehörig, ehelich (Rechtsw.). **matrisieren** [*lat.-fr.*]: Papier anfeuchten (Buchw.). **Ma|trix** [*lat.*; „Muttertier; Gebärmutter; Quelle, Ursache"] *die*; -, Matrizes u. Matrizen: 1. a) Keimschicht der Haarzwiebel; b) Krallen- u. Nagelbett (bei Wirbeltieren); c) Hülle der → Chromosomen (Biol.). 2. a) rechteckiges Schema von Zahlen, für das bestimmte Rechenregeln gelten (Math.); b) System, das zusammengehörende Einzelfaktoren darstellt (EDV). 3. das natürliche Material (Gestein), in dem Mineralien eingebettet sind (Min.). **Ma|trixsatz** [*lat.*; *dt.*] *der*; -es, ...sätze: übergeordneter Satz in einem komplexen Satz. **Ma|trize** [auch: *...tri...*; *lat.-fr.*] *die*; -, -n: 1. (Druckw.) a) bei der Setzmaschine die in einem Metallkörper befindliche Hohlform zur Aufnahme der → Patrize; b) die von einem Druckstock zur Anfertigung eines → Galvanos hergestellte [Wachs]form. 2. bei der Formung eines Werkstücks derjenige Teil des Werkzeugs, in dessen Hohlform der Stempel eindringt. **Matrizes**: *Plural* von Matrix. **Matrone** [*lat.*] *die*; -, -n: a) ältere, ehrwürdige Frau; Greisin; b) (abwertend) ältere, füllige Frau. **Matronymikon** vgl. Metronymikon

Ma|trose [*niederl.-fr.-niederl.*] *der*; -n, -n: Seemann

matsch [*it.*]: (ugs.) völlig verloren; schlapp; jmdn. - machen: jmdn. vollständig schlagen (Sport); - werden: keinen Stich machen (im Kartenspiel). **Matsch** *der*; -[e]s, -e: vollständiger Verlust eines Spiels

Matt [*arab.-roman.*] *das*; -s, -s: Niederlage durch die Unmöglichkeit, den im Schach befindlichen König zu verteidigen (Schachspiel). **mattieren** [*arab.-roman.-fr.*]: matt, glanzlos machen. **Mattoir** [*matoar*] *das*; -s, -s: Stahlstab mit gerauhter u. mit kleinen Spitzen besetzter Aufsatzfläche (für den Kupferstich)

Matur u. **Maturum** [*lat.*] *das*; -s: (veraltet) → Abitur, Reifeprüfung; vgl. Matura. **Matura** *die*; -: (österr., schweiz.) Reifeprüfung. **Maturand** *der*; -en, -en: (schweiz.) Maturant. **Maturant** *der*; -en, -en: (österr.) jmd., der die Reifeprüfung gemacht hat od. in der Reifeprüfung steht. **maturieren**: (veraltet) das Matur ablegen. **Maturitas praecox** [- *präkox*] *die*; - -: [sexuelle] Frühreife (Med.; Psychol.). **Maturität** *die*; -: 1. Reifezustand [des Neugeborenen] (Med.). 2. (schweiz.) Hochschulreife. **Maturum** vgl. Matur

Matutin [*lat.*] *die*; -, -e[n]: nächtliches Stundengebet; vgl. Mette. **matutinal**: (veraltet) früh, morgendlich

Matze [*hebr.*] *die*; -, -n u. **Matzen** *der*; -s, -: ungesäuertes Passahbrot der Juden

Mau-Mau

I. [*afrik.*] *die* (Plural): Terrororganisation, Aufstandsbewegung der Eingeborenen in Kenia (um 1950).

II. [Herkunft unsicher] *das*; -[s]: Kartenspiel, bei dem in der Farbe od. im Kartenwert bedient werden muß u. derjenige gewonnen hat, der als erster keine Karten mehr hat

Mau|reske vgl. Moreske

Mauriner [nach dem hl. Maurus von Subiaco] *der*; -s, - (meist Plural): Angehöriger der franz. benediktinischen → Kongregation im

17./18. Jh., deren Mitglieder bedeutende Leistungen in der → Patristik und kath. Kirchengeschichte vollbrachten

Mauschel [*hebr.-jidd.*; „Moses"] *der*; -s, -: armer Jude. **Mauschelbete** [*...bät*^{e}; *hebr.-jidd.*; *lat.-vulgärlat.-fr.*] *die*; -, -n: doppelter Strafsatz beim Mauscheln; vgl. bête. **mauscheln** [*hebr.-jidd.*]: 1. in der Redeweise der Juden, d. h. jiddisch, sprechen. 2. Jargon sprechen, unverständlich sprechen. 3. Mauscheln spielen. 4. betrügen. **Mauscheln** *das*; -s: Kartenglücksspiel

Mausoleum [*gr.-lat.*, nach dem altkarischen König Mausolos] *das*; -s, ...een: prächtiges Grabmal

maussade [*moßad*; *lat.-fr.*]: (veraltet) 1. schal, abgeschmackt. 2. mürrisch, verdrießlich. **Mauvais sujet** [*mowä̧ ßüsehä̧*] *das*; - -, - -s [- *ßüsehä̧*]: (selten) Taugenichts, übler Bursche

mauve [*mow*; *lat.-fr.*]: malvenfarbig. **Mauvein** [*mowein*; *lat.-fr.-nlat.*] *das*; -s: ein Anilinfarbstoff

maxi [*lat.*, Analogiebildung zu → mini]: knöchellang (auf Röcke, Kleider od. Mäntel bezogen); Ggs. → mini

Maxi

I. *das*; -s, -s: 1. (ohne Plural) a) knöchellange Kleidung; b) (von Röcken, Kleidern, Mänteln) Länge bis zu den Knöcheln. 2. (ugs.) knöchellanges Kleid.

II. *der*; -s, -s: (ugs.) knöchellanger Rock.

III. *die*; -, -s: auf LP-Größe gepreßte → Single (II) mit 45 Umdrehungen; Schallplatte mit einer bis auf neun Minuten gestreckten Single-Version u. einer damit verbundenen besseren Klangqualität

Maxilla [*lat.*] *die*; -, ...llae [*...ä*]: Oberkiefer[knochen] (Med.). **maxillar** u. **maxillär**: auf den Oberkiefer bezüglich, zu ihm gehörend (Med.). **Maxillen** *die* (Plural): als Unterkiefer dienende Mundwerkzeuge der Gliederfüßer (Zool.)

Maxima [*lat.*] *die*; -, ...mae [*...ä*] u. ...men: längste gebräuchliche Note der Mensuralmusik (im Zeitwert von 8 ganzen Noten). **maximal** [*lat.-nlat.*]: a) sehr groß, größt..., höchst...; b) höchstens. **maximalisieren**: aufs Äußerste steigern. **Maximalist** *der*; -en, -en: jmd., der das Äußerste fordert. 2. Sozialist, der die sofortige Machtübernahme der revolutionären Kräfte fordert. **Maximalprofit** *der*; -s, -e: der höchste Gewinn, der erreichbar ist. **Maxime** [*lat.-mlat.(-fr.)*] *die*; -, -n: Hauptgrundsatz, Leitsatz, subjektiver Vorsatz für das eigene sittliche Handeln; Lebensregel (Philos.). **maximieren**: den Höchstwert zu erreichen suchen, bis zum Äußersten steigern (Wirtsch.; Techn.). **Maximierung** *die*; -, -en: Planung und Einrichtung eines [Wirtschafts]prozesses auf die Weise, die für die Erreichung eines Ziels den größten Erfolg verspricht bzw. so, daß eine Zielfunktion den höchsten Wert erreicht. **Maximum** [*lat.*] *das*; -s, ...ma: 1. (Plural selten) größtes Maß, Höchstmaß; Ggs. → Minimum (1). 2. a) oberer Extremwert (Math.); Ggs. → Minimum (2a); b) höchster Wert (bes. der Temperatur) eines Tages, einer Woche usw. od. einer Beobachtungsreihe (Meteor.); Ggs. → Minimum (2b). 3. Kern eines Hochdruckgebiets (Meteor.); Ggs. → Minimum (3). 4. (ugs.) etwas Unüberbietbares. **Maximum-Minimum-Thermometer**: *das*; -s, -: → Thermometer, das die tiefste u. die höchste gemessene Temperatur festhält

Maxwell [bei engl. Ausspr.: *mäx*^{ue}*l*; engl. Physiker, † 1879] *das*; -, -: Einheit des magnetischen Flusses (Phys.)

Maya [*sanskr.*] *die*; -: = Maja

Mayday [*mȩ'de'*; anglisiert aus frz. m'aidez: helfen Sie mir]: internationaler Notruf im Funksprechverkehr

Mayonnaise [*majonä̧s*^{e}; *fr.*, nach der Stadt Mahón (*maon*) auf Menorca] *die*; -, -n: kalte, dickliche Soße aus Eigelb, Öl u. Gewürzen

Mayor [*mȩ*^{e}*r*, auch: *mä̧*^{e}; *lat.-fr.-engl.*] *der*; -s, -s: Bürgermeister in England u. in den USA

MAZ [Kurzw. für *M*agnetbild*a*uf*z*eichnungsanlage] *die*; -, ...anlagen: Vorrichtung zur Aufzeichnung von Fernsehbildern auf Magnetband

mazarin|blau [*masarä̧ng...*; *fr.*]: hellblau mit leichtem Rotstich

Mazdaismus [*maß...*; *awest.-nlat.*, nach dem persischen Gottesnamen Ahura Mazda] *der*; -: die von Zarathustra gestiftete altpersische Religion. **Mazdaist** *der*; -en, -en: Anhänger des Mazdaismus. **Mazdaznan** [*maßdaß...*; *awest.*] *das* (auch: *der*); -s: (von dem Deutschen O. Hanisch um 1900 begründete) Glaubens- u. Lebensführungslehre, Erneuerung altiranischer Gedanken

Mäzen [*lat.*, nach Maecenas (dem Vertrauten des Kaisers Augustus), einem besonderen Gönner der Dichter Horaz u. Vergil] *der*; -s, -e: Kunstfreund; freigebiger Gönner u. Geldgeber für Künstler. **Mäzenatentum** *das*; -[e]s: freigebige, gönnerhafte Kunstpflege, -freundschaft. **mäzenatisch**: nach Art eines Mäzens, sich als Mäzen gebend

Mazeral [*lat.-nlat.*] *das*; -s, -e (meist Plural): Gefügebestandteil der Kohle. **Mazerat** [*lat.*] *das*; -[e]s, -e: Auszug aus Kräutern od. Gewürzen. **Mazeration** [*...zion*] *die*; -, -en: 1. Vorgang, bei dem menschliches od. tierisches Gewebe unter Wassereinwirkung u. Luftabschluß (aber ohne Fäulnisbakterien) weich wird u. zerfällt (z. B. bei Wasserleichen). 2. Präparationsverfahren, bei dem feste Elemente des tierischen od. menschlichen Körpers (z. B. Knochen) durch Fäulnisprozesse od. Chemikalien von den umgebenden Weichteilen befreit werden. 3. Lockerung bzw. Auflösung des festen Zellgefüges durch Zerstörung der Mittellamellen zwischen den Zellen mittels Chemikalien (Bot.). 4. Gewinnung von Drogenextrakten durch Ziehenlassen von Pflanzenteilen in Wasser od. Alkohol bei Normaltemperatur. **mazerieren**: eine Mazeration (2, 3, 4) durchführen

Mazis [*lat.-fr.*] *der*; - u. **Mazisblüte** *die*; -, -n: getrocknete Samenhülle des → Muskatnußbaumes (als Gewürz u. Heilmittel verwendet)

Mazurek [*mas...*] *der*; -s, -s: = Mazurka. **Mazurka** [*mas...*; *poln.*] *die*; -, ...ken u. -s: polnischer Nationaltanz im ¾- od. ⅜-Takt

Mazze, Mazzen: fachspr. Schreibung für: Matze, Matzen

mea culpa! [- *kulpa*; *lat.*]: „(durch) meine Schuld!" (Ausruf aus dem lat. Sündenbekenntnis → Confiteor)

Meatomie [*lat.*; *gr.*] *die*; -, ...ien: operative Erweiterung eines Körperkanals, -gangs (Med.)

Mechanik [*gr.-lat.*] *die*; -, -en: 1. (ohne Plural) Zweig der Physik, Wissenschaft vom Gleichgewicht u. von der Bewegung der Körper unter dem Einfluß von Kräften. 2. Getriebe, Triebwerk, Räderwerk. 3. automatisch ablaufender, selbsttätiger Prozeß. **Mechaniker** *der*; -s, -: 1. Feinschlosser. 2. Fachmann, der Maschinen, Apparate u. a. bedient, baut, repariert usw. **Mechanisator** *der*; -s, ...oren: (DDR) technische Fachkraft in der sozialistischen Land- u. Forstwirtschaft. **mechanisch**: 1. den Gesetzen der Mechanik entsprechend. 2. maschinenmäßig, von Maschinen angetrieben. 3. gewohnheitsmäßig, unwillkürlich, unbewußt [ablaufend]. 4. ohne Nachdenken [ablaufend], kein Nachdenken erfordernd. **mechanisieren** [*gr.-lat.-fr.*]: auf mechanischen Ablauf umstellen. **Mechanismus** *der*; -, ...men: 1. Getriebe, Triebwerk, sich bewegende Einrichtung zur Kraftübertragung. 2. [selbsttätiger] Ablauf (z. B. von ineinandergreifenden Vorgängen in einer Behörde od. Körperschaft); Zusammenhang od. Geschehen, das gesetzmäßig u. wie selbstverständlich abläuft. 3. Richtung der Naturphilosophie, die Natur, Naturgeschehen od. auch Leben u. Verhalten rein mechanisch bzw. kausal erklärt (Philos.). **Mechanist** *der*; -en, -en: Vertreter des Mechanismus (3). **mechanistisch**: 1. den Mechanismus (3) betreffend. 2. nur mechanische Ursachen anerkennend. **Mechanizismus** *der*; -: = Mechanismus (3). **Mechanizist** *der*; -en, -en: = Mechanist. **mechanizistisch**: = mechanistisch (1). **Mechanorezeptoren** *die* (Plural): mechanische Sinne (Biol.). **Mechanotherapie** *die*; -: Therapie mit Hilfe mechanischer Einwirkung auf den Körper (bes. Massage, Krankengymnastik o. ä.) (Med.)

Mechitarist [*nlat.*; nach dem armen. Priester Mechitar, † 1749] *der*; -en, -en (meist Plural): armenische → Kongregation von Benediktinern (heute in Venedig u. Wien)

mechulle vgl. machulle

Medaille [*medalj^e*; österr.: *...dailj^e*; *gr.-lat.-vulgärlat.-it.-fr.*] *die*; -, -n: Gedenk-, Schaumünze ohne Geldwert. **Medailleur** [*...jör*] *der*; -s, -e: Stempelschneider. **medaillieren** [*...jir^en*]: (selten) mit einer Medaille auszeichnen. **Medaillon** [*...jong*] *das*; -s, -s: 1. große Schaumünze; Bildkapsel; Rundbild[chen]. 2. rundes od. ovales [gerahmtes] Relief od. Bild[nis] (Kunstw.). 3. kreisrunde od. ovale Fleischscheibe (meist vom Filetstück; Gastr.)

Media [*lat.*] *die*; -, ...diä u. ...dien [*...i^en*]: 1. stimmhafter → Explosivlaut (z. B. b; Sprachw.); Ggs. → Tenuis. 2. mittlere Schicht der Gefäßwand (von Arterien, Venen u. Lymphgefäßen; Med.). 3. *Plural* von → Medium. **Media|analyse** *die*; -, -n: Untersuchung von Werbeträgern in bezug auf deren gezielte Anwendung. **Mediakombination** [*...zion*] *die*; -, -en: Heranziehung verschiedener Medien für eine Werbung. **medial**: 1. das Medium (I, 2) betreffend. 2. nach der Körpermitte zu gelegen (Med.). 3. die Kräfte u. Fähigkeiten eines Mediums (I, 4) besitzend. **Medial** *das*; -s, -e: Spiegellinsenfernrohr zum Beobachten astronomischer Objekte. **Media-man** [*midi^emän*; *engl.-amerik.*] *der*; -, ...men u. **Media-Mann** *der*; -es, ...-Männer: Fachmann für Auswahl u. Einsatz von Werbemitteln. **median**: in der Mitte befindlich, in der Mittellinie eines Körpers od. Organs gelegen (Anat.). **Mediane** *die*; -, -n: (veraltet) halbierende Linie eines Winkels (am Dreieck). **Medianebene** *die*; -, -n: die Symmetrieebene des menschlichen Körpers. **Mediante** [*lat.-it.*] *die*; -, -n: Mittelton, 3. Stufe der Tonleiter, gelegentlich auch Dreiklang über der 3. Stufe (Mus.). **mediat** [*lat.-fr.*]: (veraltet) mittelbar. **Mediateur** [*...tör*] *der*; -s, -e: (veraltet) in einem Streit zwischen zwei od. mehreren Mächten vermittelnder Staat. **Mediation** [*...zion*] *die*; -, -en: Vermittlung eines Staates in einem Streit zwischen anderen Mächten. **mediatisieren**: (hist.) „mittelbar" machen, bisher unmittelbar dem Reich unterstehende Herrschaften od. Besitzungen (z. B. Reichsstädte) der Landeshoheit unterwerfen. **Mediator** [*lat.-mlat.*] *der*; -s, ...oren: (veraltet) Vermittler, Schiedsmann. **mediatorisch**: (veraltet) vermittelnd. **medi|äval** [*...wal*; *lat.-nlat.*]: mittelalterlich. **Mediäval** *die*; -: Druckschrift mit Antiquacharakter. **Medi|ävist** [*...wißt*] *der*; -en, -en: Wissenschaftler auf dem Gebiet der Mediävistik. **Mediävistik** *die*; -: Wissenschaft von der Geschichte, Kunst, Literatur usw. des europäischen Mittelalters. **media vita in morte sumus** [- *wita* - - -; *lat.*]: „Mitten wir im Leben sind von dem Tod umfangen" (mittelalterl. → Antiphon mit alter dt. Übersetzung). **Medien**: *Plural* von → Medium u. → Media. **Mediendidaktik** *die*; -: → Didaktik der als Unterrichtshilfsmittel eingesetzten Medien. **mediendidaktisch**: didaktisch im Rahmen der Mediendidaktik. **Medienpädagoge** *der*; -n, -n: Wissenschaftler auf dem Gebiet der Medienpädagogik. **Medienpäd|agogik** *die*; -: Wissenschaft vom pädagogischen Einfluß der → Massenmedien. **Medienverbund** *der*; -[e]s: Kombination verschiedener Kommunikationsmittel unter einer Organisation

Medikament [*lat.*] *das*; -[e]s, -e: Arznei-, Heilmittel. **medikamentös**: unter Verwendung von Heilmitteln. **Medikaster** [*lat.-nlat.*] *der*; -s, -: Kurpfuscher, Quacksalber. **Medikation** [*...zion*; *lat.*] *die*; -, -en: Arzneiverordnung. **Medikus** *der*; -, Medizi: (scherzhaft) Arzt

medio [*lat.-it.*]: zum [Zeitpunkt des] Medio; Mitte (Januar usw.). **Medio** *der*; -[s], -s: der 15. jedes Monats oder, falls dieser ein Samstag, Sonntag oder Feiertag ist, der nachfolgende Wochentag (Wirtschaft). **Mediogarn** *das*; -s, -e: mittelfest gedrehtes Baumwollgarn. **medioker** [*lat.-fr.*]: mittelmäßig. **Medio|krität** *die*; -, -en: Mittelmäßigkeit. **Mediothek** [*lat.*; *gr.*] *die*; -, -en: erweiterte → Bibliothek, in der alle → Medien (vgl. Medium I, 5 a) gespeichert u. einsehbar sind. **Mediowechsel** *der*; -s, -: in der Mitte eines Monats fälliger Wechsel

Medisance [*...sangß^e*; *lat.-fr.*] *die*; -, -n: (veraltet) Verleumdung; Schmähsucht. **medisant**: (veraltet) schmähsüchtig. **medisieren**: (veraltet) schmähen, lästern

Meditation [*...zion*; *lat.*] *die*; -, -en: 1. Nachdenken; sinnende Betrachtung. 2. geistig-religiöse Übung (bes. im Hinduismus u. Buddhismus), die zur Erfahrung des innersten Selbst führen soll; vgl. Kontemplation. **meditativ**: a) die Meditation betreffend; b) nachdenkend, nachsinnend

mediterran [*lat.*]: zum Mittelmeerraum gehörend

meditieren [*lat.*]: 1. nachdenken; sinnend betrachten. 2. Meditation (2) ausüben

medium [*midj^em*; *lat.-engl.*]: 1. mittelgroß (als Kleidergröße); Abk.: M; vgl. large (II), small. 2. [auch: *medjum*] halb durchgebraten (von Fleisch; Gastr.)

Medium

I. [*lat.*; „Mitte"] *das*; -s, ...dien [*...di^en*] u. ...dia: 1. (Plural ...dia; selten) Mittel, Mittelglied; Mittler[in], vermittelndes Element. 2. (Plural ...dia; selten) Mittelform zwischen → Aktiv (I) u. → Passiv (bes. im Griechischen; im Deutschen reflexiv ausgedrückt, z. B. sich waschen; Sprachw.). 3. (Plural ...dien) Träger physikalischer od. chemischer Vorgänge, z. B. Luft als Träger von Schallwellen (Phys.; Chem.). 4. (Plural ...dien)

a) jmd., der für (angebliche) Verbindungen zum übersinnlichen Bereich besonders befähigt ist (Parapsychol.); b)Patient od. Versuchsperson bei Hypnoseversuchen. 5. (meist Plural) a) (Plural ...dia; selten) Einrichtung für die Vermittlung von Meinungen, Informationen od. Kulturgütern insbesondere eines der Massenmedien Film, Funk, Fernsehen, Presse; b) (Plural ...dia; selten) Unterrichts[hilfs]mittel, das der Vermittlung von Information u. Bildung dient; c) (Plural meist ...dia) für die Werbung benutztes Kommunikationsmittel, Werbeträger.
II. [*lat.-engl.-amerik.*] *die*; -: genormter Schriftgrad für die Schreibmaschine

Medium coeli [- *zö...*; *lat.*] *das*; --: Himmelsmitte, Zenit, Spitze des X. Hauses; der Punkt der → Ekliptik, der in dem zu untersuchenden Zeitpunkt der Geburt o. ä. kulminiert (Astrol.); Abk.: M. C. **Mediumismus** [*lat.-nlat.*] *der*; -: Glaube an den Verkehr mit einer angenommenen Geisterwelt. **mediumistisch**: den Mediumismus betreffend. **Medius** [eigtl.: medius terminus; *lat.*] *der*; -: Mittelbegriff im → Syllogismus

Medizi: *Plural* von → Medikus. **Medizin** [*lat.*] *die*; -, -en: 1. (ohne Plural) Heilkunde, Wissenschaft vom gesunden u. kranken Menschen u. Tier, von den Krankheiten, ihrer Verhütung u. Heilung. 2. Heilmittel, Arznei. **medizinal**: zur Medizin gehörend, die Medizin betreffend; medizinisch verwendet. **Medizinalassistent** *der*; -en, -en: junger Arzt (direkt nach dem Examen), der als Assistent in einem Krankenhaus seine praktische Ausbildung vervollständigt. **Medizinball** *der*; -[e]s, ...bälle: großer, schwerer, nichtelastischer Lederball (Sport). **Medizinbündel** *das*; -s, -: Bündel mit Gegenständen, die Zauberkraft besitzen (bei nordamerik. Indianer[stämme]n). **Medizĩner** *der*; -s, -: 1. Arzt. 2. Medizinstudent. **medizinieren**: ärztlich behandeln. **medizinisch**: a) zur Medizin gehörend, sie betreffend; b) von der Medizin, durch die Medizin; c) nach den Gesichtspunkten der Medizin [hergestellt]. **medizinisch-technisch**: die Medizin (1) in Verbindung mit der Technik betreffend; -e Assistentin: weibliche Person, die durch praktisch-wissenschaftliche Arbeit (z. B. im → Labor) die Tätigkeit eines Arztes o. ä. unterstützt (Berufsbez.; Abk.: MTA). **Medizinmann** *der*; -[e]s, ...männer: Zauberarzt u. Priester (vgl. Schamane) vieler Naturvölker

Medley [*mädli*; *lat.-mlat.-altfr.-engl.*] *das*; -s, -s: Potpourri

Medoc [*...dọk*; franz. Landschaft] *der*; -s, -s: franz. Rotwein

Mę|drese u. **Mę|dresse** [*arab.-türk.*] *die*; -, -n: 1. islamische jurist.-theol. Hochschule. 2. Koranschule einer → Moschee; vgl. Liwan (2)

Medulla [*lat.*] *die*; -: Mark (z. B. Knochenmark; Med.); - oblongata: verlängertes Rückenmark. **medullär**: auf das Mark bezüglich, zu ihm gehörend (Med.)

Meduse [*gr.-lat.*; nach der Medusa, einem weibl. Ungeheuer der griech. Sage] *die*; -, -n: Quallenform der Nesseltiere. **Medusenblick** *der*; -[e]s, -e: schrecklicher (eigtl. versteinernder) Blick. **Medusenhaupt** *das*; -[e]s: Krampfadergeflecht um den Nabel herum (Med.). **medusisch**: medusenähnlich, schrecklich

Meeting [*miting*; *engl.*] *das*; -s, -s: 1. offizielle, meist in einem kleineren Rahmen stattfindende Zusammenkunft zweier od. mehrerer Personen, die sich zu einem Gespräch, zur Erörterung von Problemen od. zu einer Beratung von Fachfragen zusammenfinden. 2. (DDR) politische Versammlung, Kundgebung

mefitisch [nach der altitalischen Göttin Mephitis, der Beherrscherin erstickender Dünste]: auf Schwefelquellen bezüglich; verpestend, stinkend

Mega|elek|tronenvolt *das*; -s, -: 1 Million → Elektronenvolt; Zeichen: MeV. **Megahertz** [nach dem dt. Physiker H. Hertz] *das*; -, -: eine Million Hertz; Zeichen: MHz. **Megal|enzephalie** [*gr.-nlat.*] *die*; -, ...ien: abnorme Vergrößerung des Gehirns (Med.). **Megalith** [auch: *...it*; „großer Stein"] *der*; -s u. -en, -e[n]: großer, roher Steinblock vorgeschichtlicher Grabbauten. **Megalithgrab** [auch: *...it...*] *das*; -[e]s, ...gräber: vorgeschichtliches Großsteingrab. **Megalithiker** [auch: *...it...*] *der*; -s, -: Träger der Megalithkultur. **megalithisch** [auch: *...it...*]: aus großen Steinen bestehend. **Megalithkultur** [auch: *...it...*] *die*; -: Kultur der Jungsteinzeit, für die Megalithgräber u. der Ornamentstil der Keramik typisch sind. **Megaloblast** *der*; -en, -en (meist Plural): abnorm große, kernhaltige Vorstufe der roten Blutkörperchen (Med.). **megaloman** u. megalomanisch: größenwahnsinnig (Psychol.). **Megalomanie** *die*; -, ...ien: Größenwahn, übertriebene Einschätzung der eigenen Person (Psychol.). **megalomanisch** vgl. megaloman. **Megalopolis** u. **Megalopole** [*gr.-engl./amerik.*] *die*; -, ...polen: aus zwei od. mehreren großen, nahe beieinander liegenden Städten bestehende Riesenstadt, Städtezusammenballung. **Megal|opsie** *die*; -, ...ien: = Makropsie. **Megalozephalie** *die*; -, ...ien: = Makrozephalie. **Megalozyt** *der*; -en, -en, (auch:) **Megalozyte** *die*; -, -n: abnorm großes rotes Blutkörperchen (Med.). **Meganthropus** *der*; -, ...pi: Lebewesen aus dem Tier-Mensch-Übergangsfeld. **Meg[a]|ohm** [nach dem dt. Physiker G.S. Ohm, † 1854] *das*; -, -: 1 Million Ohm; Zeichen: MΩ. **Megaphon** *das*; -s, -e: Sprachrohr, trichterförmiger, tragbarer Lautsprecher [mit elektr. Verstärkung]

Megäre [*gr.-lat.*] *die*; -, -n: wütende, böse Frau, Furie

Megariker [*gr.-lat.*] *der*; -s, -: (hist.) Angehöriger der von dem Sokratesschüler Euklcides von Megara (450–380 v. Chr.) gegründeten Philosophenschule

Megaron [*gr.*] *das*; -s, ...ra: 1. [griech.] Einraumhaus mit Vorhalle u. Herd als Mittelpunkt. 2. Kern größerer Bauten u. Tempel

Megatherium [*gr.-nlat.*] *das*; -s, ...ien [*...iᵉn*]: ausgestorbenes Riesenfaultier. **megatherm**: warme Standorte bevorzugend (von Pflanzen; Bot.). **Megatonne** *die*; -, -n: 1 Million Tonnen; Zeichen: Mt. **Mega|ureter** *der*; -s, -: stark erweiterter Harnleiter (Med.). **Megawatt** [nach dem engl. Ingenieur J. Watt, † 1819] *das*; -, -: 1 Million Watt; Zeichen: MW

Megilloth [*hebr.*; „Rollen"] *die* (Plural): Sammelbezeichnung der 5 alttestamentlichen Schriften Hoheslied, Ruth, Klagelieder, Prediger Salomo, Esther, die an jüdischen Festen verlesen wurden

Meg|ohm = Megaohm

Mehari [*arab.-fr.*] *das*; -s, -s: schnelles Reitdromedar in Nordafrika

Meiose [*gr.*; „Verringern, Verkleinern"] *die*; -, -n: ein aus einer → Reduktionsteilung u. einer → Mitose bestehender Zellteilungsvorgang (Biol.). **Meiosis** *die*; -: = Litotes

Meiran [*mlat.*] *der*; -s, -e: = Majoran

Meisje [*niederl.*; Verkleinerung von: meid = Mädchen] *das*; -s, -s: holländisches Mädchen

Meiuros [*gr.*] *der*; -, ...roi [...*reu*] u. **Meiurus** [*gr.-nlat.*] *der*; -, ...ri: → Hexameter mit gekürzter vorletzter Silbe

Mekka [*arab.*; heilige Stadt des Islams] *das*; -s, -s: ein Ort, der für eine bestimmte Sache das Zentrum darstellt u. viele Besucher anlockt, z. B. ein - der Touristen

Mekonium [*gr.-lat.*] *das*; -s: 1. erste Darmentleerungen des Neugeborenen, Kindspech (Med.). 2. erste Darmausscheidung des aus der Puppe geschlüpften Insekts (Zool.). 3. (veraltet) Opium

Melajukuna [*malai.*] *das*; -[s]: die klassische malaiische Schriftsprache

Melamin [Kunstw.] *das*; -s: technisch vielfach verwertbares Kunstharz

Meläna [*gr.-nlat.*] *die*; -: Blutstuhl, Ausscheidung von Blut aus dem Darm (z. B. bei Neugeborenen; Med.). **Melan|ämie** *die*; -, ...ien: das Auftreten von dunklen Pigmentkörperchen in Leber, Milz, Nieren, Knochenmark u. Hirnrinde (Med.). **Melan|cholie** [...*angko*...; *gr.-lat.*] *die*; -, ...ien: Schwermut, Trübsinn. **Melancholiker** *der*; -s, -: a) (ohne Plural) (nach dem von Hippokrates aufgestellten Temperamentstyp) antriebsschwacher, pessimistischer, schwermütiger Mensch; vgl. Choleriker, Phlegmatiker, Sanguiniker; b) einzelner Vertreter dieses Temperamentstyps. **melancholisch**: schwermütig, trübsinnig; vgl. cholerisch, phlegmatisch, sanguinisch

Melange [*melangsch*; *lat.-vulgärlat.-fr.*] *die*; -, -n [...*schen*]: 1. Mischung, Gemisch. 2. (österr.) Milchkaffee. 3. aus verschiedenfarbigen Fasern hergestelltes Garn

Melanin [*gr.-nlat.*] *das*; -s, -e: brauner od. schwarzer Farbstoff der Haut, der Haare, Federn od. Schuppen (fehlt bei → Albinos; Biol.). **Melanismus** *der*; -, ...men: = Melanose. **Melanit** [auch: ...*it*] *der*; -s, -e: ein schwarzes Mineral. **Melano** [*gr.-nlat.*; „Schwärzling"; Analogiebildung nach → Albino] *der*; -s, -s: Tier mit stark ausgebildeter schwärzlicher Pigmentierung (Zool.). **melanoderm**: dunkelhäutig, dunkle Flecken bildend (von Hautveränderungen; Med.); Gegensatz → leukoderm. **Melanodermie** *die*; -, ...ien: [krankhafte] Dunkelfärbung der Haut (Med.). **Melanoglossie** *die*; -, ...ien: krankhafte Schwarzfärbung der Zunge, Haarzunge (Med.). **melano|krat**: überwiegend dunkle Bestandteile aufweisend u. daher dunkel erscheinend (von Erstarrungsgesteinen, z. B. Basalt; Geol.); Ggs. → leukokrat. **Melanom** *das*; -s, -e: bösartige braune bis schwärzliche Geschwulst (Med.). **Melanophoren** *die* (Plural): mit Melaninen angefüllte Farbstoffträger der tierischen Zelle (Biol.). **Melanose** *die*; -, -n: [im Zusammenhang mit inneren Krankheiten] an Haut u. Schleimhäuten auftretende Form der Melanodermie (Med.). **Melano|tropin** *das*; -s: Hormon des Hypophysenmittellappens, das bei Fischen u. Amphibien Verdunkelung der Haut bewirkt (Gegenspieler des → Melatonins). **Melan|urie** *die*; -, ...ien: Ausscheidung melaninhaltigen Harns (Med.)

Melaphyr [*gr.-fr.*] *der*; -s, -e: ein Ergußgestein (Geol.)

Melas [nach der Stadt Milas in Anatolien] *der*; -, -: in Kleinasien hergestellter [Gebets]teppich

Melasma [*gr.*] *das*; -s, ...men u. -ta: Hautkrankheit mit Bildung schwärzlicher Flecken (Med.)

Melasse [*lat.-span.-fr.*] *die*; -, -n: Rückstand bei der Zuckergewinnung; als Futtermittel u. zur Herstellung von Branntwein (→ Arrak) verwendet

Melatonin [*gr.-nlat.*] *das*; -s: Hormon der Zirbeldrüse, das bei Amphibien Aufhellung der Haut bewirkt (Gegenspieler des → Melanotropins)

Melchit [*syr.*] *der*; -en, -en (meist Plural): Angehöriger der syrischen, ägyptischen u. palästinensischen Christenheit mit byzantinischer Liturgie

melieren [*lat.-vulgärlat.-fr.*]: mischen, sprenkeln. **meliert**: a) aus verschiedenen Farben gemischt (z. B. von Wolle od. Stoffen); b) (vom Haar) leicht ergraut

Melik [*gr.*] *die*; -: melische Dichtung, gesungene Lyrik

Melilith [auch: ...*it*; *gr.-nlat.*] *der*; -s: ein Mineral

Melinit [auch: ...*it*; *gr.-nlat.*] *der*; -s: pikrinsäurehaltiger Explosivstoff, Gelberde

Melioration [...*zion*; *lat.*] *die*; -, -en: Bodenverbesserung (z. B. durch Be- od. Entwässerung). **meliorativ** [*lat.-nlat.*]: einen positiven Bedeutungswandel durchmachend (von Wörtern; Sprachw.); vgl. pejorativ. **Meliorativum** [...*iwum*] *das*; -s, ...va [...*wa*]: ein Wort, das einen positiven Bedeutungswandel erfahren hat (z. B. *mhd.* marschalc „Pferdeknecht" zu *nhd.* Marschall „hoher militärischer Rang"; Sprachw.); vgl. Pejorativum. **meliorieren**: [Ackerland] verbessern

Melis [*gr.-nlat.*] *der*; -: Verbrauchszucker aus verschiedenen Zuckersorten

melisch [*gr.*]: liedhaft (Mus.). **Melisma** *das*; -s, ...men: melodische Verzierung, Koloratur (Mus.). **Melismatik** [*gr.-nlat.*] *die*; -: melodischer Verzierungsstil (Mus.). **melismatisch**: verziert, ausgeschmückt (Mus.). **melismisch**: = melodisch (Mus.)

Melisse [*gr.-lat.-mlat.*] *die*; -, -n: nach Zitronen duftende, bes. im Mittelmeergebiet kultivierte Heil- u. Gewürzpflanze (häufig verwildert). **Mellit** [auch: ...*it*; *lat.-nlat.*] *der*; -s: ein Mineral (ein Aluminiumsalz)

Melodie [*gr.-lat.*] *die*; -, ...ien: a) singbare, sich nach Höhe od. Tiefe ändernde, abgeschlossene u. geordnete Tonfolge; b) Singweise; Wohlklang. **Melodik** [*gr.-nlat.*] *die*; -: 1. Teilgebiet der Musikwissenschaft, Lehre von der Melodie. 2. der die Melodie betreffende Teil eines Musikstücks. **Melodiker** *der*; -s, -: Schöpfer melodischer Tonfolgen. **Melodion** *das*; -s, -s: Tasteninstrument mit harmonikaartigem Ton. **melodiös** [*gr.-lat.-fr.*]: melodisch klingend. **melodisch** [*gr.-lat.*]: 1. wohlklingend, sangbar, fließend, alle ungewohnten Tonschritte (größere Intervalle) vermeidend. 2. die Melodie betreffend. **Melodist** [*gr.-nlat.*] *der*; -en, -en: Verfasser von Melodien für Kirchenlieder. **Melo|dram** *das*; -s, -en: 1. einzelner melodramatischer Teil einer Bühnenmusik od. Oper. 2. = Melodrama. **Melo|drama** [*gr.-fr.*] *das*; -s, ...men: 1. (hist.) (mit → Pathos vorgetragenes) Schauspiel mit untermalender Musik, Musikschauspiel (Mus.). 2. beliebtes Schauer-, Sensations- u. Rührstück der → Trivialliteratur mit → stereotypen (2) Figuren Ende 18. bis Mitte des 19. Jh.s (Literaturw.). 3. Theaterstück, Film o. ä., der durch (auf Grund grober u. oberflächlicher Effekte) spannende Handlung u. pathetisch-gekünstelte Dialoge gekennzeichnet ist. **Melo|dramatik** *die*; -: das Theatralische, (übertrieben) Pathetische (in einem Verhalten, in einer Situation). **melo|dramatisch**: das Melodram[a] betreffend. **Me-**

lomane [*gr.-nlat.*] *der* u. *die*; -n, -n: Musikbesessene[r], sich für Musik Ereifernde[r]. **Melomanie** *die*; -: Musikbesessenheit. **Melomimik** *die*; -: Versuch, den Inhalt eines Musikstücks durch Mimik (od. Tanz) wiederzugeben

Melone [*gr.-lat.-it.(-fr.)*] *die*; -, -n: 1. Kürbisgewächs wärmerer Gebiete (zahlreiche Arten: Zuckermelone, Wassermelone u. a.). 2. (ugs., scherzh.) runder steifer Hut; vgl. Bowler. **Melonenbaum** *der*; -s, ...bäume: mexikan. Obstbaum mit melonenähnlichen Früchten, die ein eiweißspaltendes → Enzym enthalten. **Melonit** [auch: ...*it*; *nlat.*] *der*; -s: ein Mineral (Tellurnickel)

Melophon [*gr.-nlat.*] *das*; -s, -e: sehr großes Akkordeon mit chromatischer Skala für jede Hand. **Melopöie** [*gr.*] *die*; -: 1. im antiken Griechenland die Kunst, ein → Melos (1) zu verfertigen. 2. Lehre vom Bau der Melodien (Mus.). **Melos** [*gr.-lat.*] *das*; -: 1. Melodie, Gesang, Lied. 2. die melodischen Eigenschaften der menschlichen Stimme

Melo|schise [...*ß-ch*...; *gr.-nlat.*] *die*; -, -n: eine angeborene Gesichtsmißbildung, Wangenspalte

Melotypie [*gr.-nlat.*] *die*; -: Notendruck in Buchdrucklettern

Melton [...*t^(e)n*; nach der engl. Stadt Melton Mowbray (- *mo^(u)bre^(i)*] *der*; -[s], -s: weicher Kammgarnstoff in Köperbindung (Webart) mit leicht verfilzter Oberfläche

Member of Parliament [- *'w pa^(r)l^(e)m^(e)nt*; *engl.*] *das*; - - -, -s - -: Mitglied des engl. Unterhauses; Abk.: M. P. **Mem|bra**: *Plural* von Membrum. **Mem|bran** u. **Mem|brane** [*lat.*] *die*; -, ...nen: 1. Schwingblättchen, das zur Übertragung von Druckänderungen geeignet ist (z. B. in Mikrophon u. Lautsprecher; Techn.). 2. zarte, dünne Haut im tierischen u. menschlichen Körper (z. B. Trommelfell; Biol.). 3. Oberflächenhäutchen der Zelle (undulierende Membran; Biol.). 4. Filterhäutchen mit äußerst feinen Poren (Chem.). **Mem|branophon** [*lat.*; *gr.*] *das*; -s, -e: jedes Musikinstrument, dessen Töne durch Erregung einer gespannten Membran erzeugt werden (z. B. Trommel). **Mem|brum** [*lat.*] *das*; -s, ...bra: [Körper]glied, Extremität (Med.); - virile: [- *wi*...]: = Penis

Memento [*lat.*] *das*; -s, -s: 1. nach dem Anfangswort benanntes Bittgebet für Lebende u. Tote in der katholischen Messe. 2. Erinnerung, Mahnung; Denkzettel; Rüge. **Memento mori** [„gedenke des Todes!"]: *das*; - -, - -: Vorfall, Gegenstand, der an den Tod gemahnt. **Memo** *das*; -s, -s: Kurzform von → Memorandum. **Memoiren** [...*moar^(e)n*] *die* (Plural): Denkwürdigkeiten; Lebenserinnerungen [einer berühmten Persönlichkeit]; vgl. Autobiographie. **memorabel** [*lat.*]: (veraltet) denkwürdig. **Memorabilien** [...*i^(e)n*] *die* (Plural): Denkwürdigkeiten, Erinnerungen. **Memorandum** *das*; -s, ...den u. ...da: [ausführliche diplomatische] Denkschrift; [politische] Stellungnahme

Memorial [*lat.(-fr.* u. *engl.)*]

I. [...*rial*] *das*; -s, -e u. -ien [...*i^(e)n*]: (veraltet) Tagebuch, Erinnerungs-, Vormerkbuch.

II. [*mimori^(e)l*] *das*; -s, -s: 1. [sportliche] Veranstaltung zum Gedenken an einen Verstorbenen. 2. Denkmal

memorieren: auswendig lernen. **Memorierstoff** *der*; -[e]s, -e: Lernstoff. **Memory** Ⓦⓩ [...*ri*] *das*; -s, -s: Gesellschaftsspiel, bei dem man mit Bildern, Symbolen o. ä. bedruckte, jeweils doppelt vorhandene Karten zunächst einzeln aufdeckt, um dann später aus der Erinnerung das Gegenstück wiederzufinden

Memphis

I. [nach der altägypt. Stadt] *die*; -: eine Druckschrift.

II. [nach der nordamerikanischen Stadt] *der*; -, -: Modetanz der 60er Jahre, bei dem die Tanzenden in einer Reihe stehend gemeinsam verschiedene Figuren tanzen

Menage [...*nasch^(e)*; *lat.-galloroman.-fr.*; „Haushaltung"] *die*; -, -n: 1. Tischgestell für Essig, Öl, Pfeffer u. a. 2. (veraltet) Haushalt, [sparsame] Wirtschaft. 3. (österr.) [militärische] Verpflegung. **Menagerie** [...*sch^(e)ri*] *die*; -, ...ien: Tierschau, -gehege. **menagieren** [...*schir^(e)n*]: 1. (veraltet, noch landsch.) sich selbst verköstigen; sparen; einrichten; schonen; sich -: sich mäßigen. 2. (österr.) Essen in Empfang nehmen (beim Militär)

Men|arche [*gr.-nlat.*] *die*; -: Zeitpunkt des ersten Eintritts der Regelblutung (Med.); vgl. Menopause. **Menäum** [*gr.-nlat.*] *das*; -s, ...äen: liturgisches Monatsbuch der orthodoxen Kirche mit den Texten für jeden Tag des unveränderlichen Festzyklus

Mendelevium [...*wi*...; *nlat.*; nach dem russ. Chemiker D. Mendelejew, † 1907] *das*; -s: chem. Grundstoff, ein Transuran; Zeichen: Md

Mendelismus [*nlat.*; nach dem Augustinerabt u. Biologen J. G. Mendel, † 1884] *der*; -: Richtung der Vererbungslehre, die sich auf die Mendelschen Gesetze beruft

Mendikant [*lat.*] *der*; -en, -en: Bettelmönch

Mene|strel [*lat.-provenzal.-fr.*] *der*; -s, -s: altprovenzal. u. altfranz. Spielmann, fahrender Musikant; vgl. Minstrel

Menetekel [*aram.*; nach der Geisterschrift für den babylon. König Belsazar (Daniel 5, 25:) „mene, mene tekel upharsin", gedeutet als: „gezählt, gezählt, gewogen u. zerteilt"] *das*; -s, -: ernster Warnungsruf, unheildrohendes Zeichen. **menetekeln**: (ugs.) sich in düsteren Prophezeiungen ergehen, unken

Menhaden [*m^(e)nhed^(e)n*; *indian.-engl.*] *der*; -s, -s: heringsähnlicher Speisefisch Nordamerikas

Menhir [*bret.-fr.*] *der*; -s, -e: unbehauene vorgeschichtliche Steinsäule

meningeal [*gr.-nlat.*]: die Hirnhäute betreffend (Med.). **Meningen**: *Plural* von Meninx. **Meningeom** vgl. Meningiom. **Meninges**: *Plural* von Meninx. **Meningiom** u. Meningeom u. Meningom *das*; -s, -e: bösartige, von der → Arachnoidea ausgehende Geschwulst der Hirnhäute. **Meningismus** *der*; -, ...men: in den Symptomen der Meningitis ähnelnde Krankheit ohne nachweisbare Entzündung der Hirnhaut. **Meningitis** *die*; -, ...itiden: Hirnhautentzündung. **Meningoenzephalitis** *die*; -, ...itiden: Form der → Meningitis, bei der die Gehirnsubstanz in Mitleidenschaft gezogen ist (Med.). **Meningokokke** *die*; -, -n (meist Plural): Erreger der epidemischen Meningitis (Med.). **Meningom** vgl. Meningiom. **Meningomyelitis** *die*; -, ...itiden: Entzündung des Rükkenmarks u. seiner Häute (Med.). **Meningozele** *die*; -, -n: Hirn[haut]bruch (Med.). **Meninx** [*gr.*] *die*; -, ...ninges [...*ingg^(e)ß*] u. ...ningen [...*ing(g)^(e)n*]: Hirn- bzw. Rückenmarkshaut (Med.)

Meniskenglas *das*; -es, ...gläser: sichelförmig (im Querschnitt) geschliffenes Brillenglas. **Meniskus** [*gr.-nlat.*; „Möndchen"] *der*; -, ...ken: 1. Zwischenknorpel im Kniegelenk (Med.). 2. gekrümmte Oberfläche einer Flüssigkeit in einer Röhre. 3. Linse mit zwei nach derselben Seite gekrümmten Linsenflächen (Phys.)

Menjoubart [*mänsehu...*, auch: *mangsehu...*; nach dem amerik.-franz. Filmschauspieler A. Menjou, † 1963] *der*; -[e]s, ...bärte u. **Menjoubärtchen** *das*; -s, -: schmaler, gestutzter Schnurrbart dicht über der Oberlippe

Mennige [*iber.-lat.*] *die*; -: Bleioxyd, rote Malerfarbe, Rostschutzmittel

Mennonit [nach dem Westfriesen Menno Simons, † 1561] *der*; -en, -en: Anhänger einer weitverbreiteten evangelischen Freikirche (mit strenger Kirchenzucht u. Verwerfung von Eid u. Kriegsdienst)

meno [*lat.-it.*]: weniger (Mus.)

Menologion [*gr.-mgr.*] *das*; -s, ...ien [*iᵉn*]: liturgisches Monatsbuch der orthodoxen Kirche mit Lebensbeschreibungen der Heiligen jedes Monats. **Menopause** [*gr.-nlat.*] *die*; -, -n: das Aufhören der Monatsblutung in den Wechseljahren der Frau (Med.); vgl. Menarche

Menora [*hebr.*] *die*; -, -: meist siebenarmiger Leuchter (bei den Juden)

Menor|rhagie [*gr.-nlat.*] *die*; -, ...ien: abnorm starke u. lang anhaltende Monatsblutung (Med.). **Menor|rhö**[1], *die*; -, -en u. **Menorrhöe** [*...rö*] *die*; -, -n [*...röᵉn*]: = Menstruation. **menor|rhöisch**: die Monatsblutung betreffend (Med.). **Menostase** *die*; -, -n: das Ausbleiben der Monatsblutung (Med.)

Mensa [*lat.*] *die*; -, -s u. ...sen: 1. Altartisch, steinerne Deckplatte des katholischen Altars. 2. Kantine an Hochschulen u. Universitäten, die Hochschulangehörigen (bes. Studenten) ein preisgünstiges Essen bietet. **Mensa academica** [- *akademika*] *die*; - -, ...sae ...cae [...sä ...zä]: = (veraltet) Mensa (2). **Mensalgut** [*lat.*; *dt.*]: *das*; -[e]s, ...güter: Kirchenvermögen eines katholischen Bischofs od. → Kapitels (2a) zur persönlichen Nutzung

Menschewik [*russ.*] *der*; -en, -en u. -i: Anhänger einer heute nicht mehr bestehenden gemäßigten Richtung der russ. Sozialdemokratie. **Menschewismus** [*russ.-nlat.*] *der*; -: (hist.) gemäßigter russ. Sozialismus. **Menschewist** *der*; -en, -en: = Menschewik. **menschewistisch**: den Menschewismus, die Menschewisten betreffend

Mensel u. **Mensul** [*lat.*; „kleiner Tisch"] *die*; -, -n: Meßtisch (Geogr.)

mensendiecken [nach der amerik. Ärztin B. Mensendieck, † 1957]: eine besondere Art der [Frauen]gymnastik betreiben

Menses [*mänseß*; *lat.*] *die* (Plural): Monatsblutung (Med.). **mensis currentis** [- *ku...*]: (veraltet) laufenden Monats; Abk.: m. c.

mens sana in corpore sano [- - - *ko...* -; *lat.*]: „in einem gesunden Körper [möge auch] ein gesunder Geist [wohnen]" (Zitat aus den Satiren des altröm. Dichters Juvenal)

Men|strua: *Plural* von → Menstruum. **men|strual** [*lat.*]: zur Menstruation gehörend (Med.). **Men|struation** [*...zion*; *lat.-nlat.*] *die*; -, -en: Monatsblutung, Regel (Med.). **men|struell**: die Monatsblutung betreffend (Med.). **menstruieren** [*lat.*]: die Monatsblutung haben (Med.). **Men|struum** [*...u-um*] *das*; -s, ...strua: pharmazeutisches Lösungs- u. Extraktionsmittel. **mensual**: (veraltet) monatlich

Mensul vgl. Mensel

Mensur [*lat.*; „das Messen, das Maß"] *die*; -, -en: 1. Fechterabstand. 2. (Studentenspr.) studentischer Zweikampf. 3. meßbares Zeitmaß der Noten (Mus.). 4. (Mus.) a) Verhältnis von Weite u. Länge bei Orgelpfeifen; b) Verhältnis der Saiten zum Geigenkörper; c) Beziehung der Griffe zu den Tonlöchern bei Holzblasinstrumenten; d) Durchmesser des Rohres bei Blechblasinstrumenten. 5. Meßzylinder, Meßglas (Chem.). **mensurabel**: meßbar. **Mensurabilität** [*lat.-nlat.*] *die*; -: Meßbarkeit. **mensural** [*lat.*]: a) zum Messen gehörend; b) zum Messen dienend. **Mensuralmusik** *die*; -: die in Mensuralnotation aufgezeichnete Musik des 13. bis 16. Jh.s (Mus.). **Mensuralnotation** [*...zion*] *die*; -: im 13. Jh. entwickelte Notenschrift, die die Tondauer erkennen läßt; Ggs. → Choralnotation. **mensuriert**: abgemessen, in Meßverhältnissen bestehend (Mus.).

mental

I. [*lat.-nlat.*]: zum Kinn gehörend (Med.).

II. [*lat.-mlat.*]: 1. (Philos.) a) geistig; b) aus Gedanken, Überlegungen hervorgegangen; c) die Geistesart, die Psyche od. das Denkvermögen betreffend. 2. (veraltet) in Gedanken, heimlich

Mentalismus [*lat.-mlat.-nlat.*] *der*; -: psychologisch-philosophische Richtung, die theoretische Modelle des Denkvorgangs erstellt u. so die Prinzipien der Organisation des menschlichen Geistes zu erklären versucht, Handlungen als das Ergebnis mentaler (II, 1a, 1b) Vorgänge ansieht. **mentalistisch**: den Mentalismus betreffend. **Mentalität** [*lat.-mlat.-engl.*] *die*; -, -en: Geisteshaltung, Sinnesart; Einstellung eines Menschen od. einer Gruppe. **Mentalreservation** [*...wazion*] *die*; -, -en: geheimer Vorbehalt (etwas Erklärtes nicht zu wollen; Rechtsw.). **Mentalsuggestion** *die*; -, -en: Gedankenübertragung, -suggerierung auf außersinnlichem Weg (Parapsychol.). **mente captus** [- *kap...*; *lat.*]: 1. begriffsstutzig. 2. nicht bei Verstand, unzurechnungsfähig

Menthol [*lat.-nlat.*] *das*; -s: Hauptbestandteil des Pfefferminzöls

Mentizid *das*; -[e]s, -e: besondere Methode, jmds. Denkweise durch eine Art seelischer Folter (z. B. durch psychischen Druck, Suggestion) zu ändern, um Geständnisse o. ä. zu erzwingen; Gehirnwäsche

Mentor [*gr.*; Lehrer des Telemach, des Sohnes des Odysseus] *der*; -s, ...oren: a) erfahrener Ratgeber, Helfer, Anreger; b) (veraltet) [Haus]lehrer, [Prinzen]erzieher; c) erfahrener Pädagoge, der Studenten, Lehramtskandidaten, Studienreferendare während ihres Schulpraktikums betreut

Mentum [*lat.*] *das*; -s, ...ta: 1. Kinn des Menschen (Med.). 2. Teil der Unterlippe der Insekten (Zool.)

Menu [*menü*]: (schweiz.) Menü. **Menü** [*lat.-fr.*] *das*; -s, -s: 1. Speisenfolge; aus mehreren Gängen bestehende Mahlzeit. 2. (veraltet) Speisekarte. **Menuett** *das*; -s, -e (auch: -s): 1. aus Frankreich stammender, mäßig schneller Tanz im $^{3}/_{4}$-Takt. 2. meist der dritte Satz in einer Sonate u. Sinfonie. **Menüladen** *der*; -s, ...läden: (DDR) Verkaufsstelle für Fertiggerichte, halbfertige Speisen u. a.

Mephisto [Gestalt in Goethes Faust] *der*; -[s], -s: jmd., der seine geistige Überlegenheit in zynisch-teuflischer Weise zeigt u. zur Geltung bringt. **mephistophelisch**: teuflisch, von hinterhältiger Listigkeit

mephitisch vgl. mefitisch

Mercalli-Skala [*merkali...*; nach dem ital. Vulkanologen G. Mercalli (1850–1914)] *die*; -: zwölfstufige Skala, bei der die Wirkungen eines Bebens an der Erdober-

---

[1] Vgl. die Anmerkung zu Diarrhö.

fläche als Maßstab für die Einteilung dienen

Mercatorprojektion [...*ka...zion*; nach dem niederl. Geographen G. Mercator, † 1594] *die*; -, -en: winkeltreuer Kartennetzentwurf, bei dem Meridiane u. Parallelkreise als sich rechtwinklig schneidende Parallelen abgebildet werden (Geogr.)

Mercerie [*märßeri*; *lat.-fr.*] *die*; -, ...ien: (schweiz.) 1. (ohne Plural) Kurzwaren. 2. Kurzwarenhandlung

Mercerisation [...*zerisazion*] usw. vgl. Merzerisation usw.

Merchandiser [*mö'tschendaiser*; *lat.-fr.-engl.-amerik.*] *der*; -s, -: Fachmann für Warengestaltung im Hinblick auf Verbrauchergewohnheiten (Wirtsch.). **Merchandising** [*mö'tschendaising*] *das*; -: Gesamtheit der absatzpolitischen u. verkaufsfördernden Maßnahmen des Herstellers einer Ware (z. B. Produktgestaltung, Werbung, Kundendienst). **Merchant adventurers** [*mö'tschent edwäntscherers*; *engl.*] *die* (Plural): (hist.) im 14. Jh. entstandene englische Kaufmannsgilde. **Merchant bankers** [- *bängkers*] *die* (Plural): engl. Banken, die bes. den Außenhandel durch Wechselgeschäfte u. durch das Ausgeben von Anleihen (Anleihenbegebung) finanzieren

merci! [*märßi*; *lat.-fr.*]: danke!

merde! [*märde*; *lat.-fr.*]: Scheiße! (Ausruf der Enttäuschung o. ä.)

Meredith [Name eines Engländers, der Schachprobleme erfand] *der*; -s, -s: Sammelname für alle [orthodoxen] Schachprobleme mit 8 bis 12 Steinen

Meridian [*lat.*] *der*; -s, -e: 1. Längenkreis (von Pol zu Pol; Geogr.). 2. durch Zenit, Südpunkt, Nadir u. Nordpunkt gehender größter Kreis an der Himmelskugel; Mittagskreis (Astron.). **Meridiankreis** *der*; -es, -e: astronomisches Meßinstrument zur Ortsbestimmung von Gestirnen. **meridional**: den Längenkreis betreffend. **Meridionalität** [*lat.-nlat.*] *die*; -: südliche Lage od. Richtung (Geogr.)

Meringe [*fr.*] *die*; -, -n, **Meringel** *das*; -s, - u. **Meringue** [*meräng*, ugs.: *märäng*] *die*; -, -s: Gebäck aus Eischnee u. Zucker

Merino [*span.*] *der*; -s, -s: 1. Merinoschaf, krauswolliges Schaf (eine Kreuzung nordafrik. u. span. Rassen). 2. Kleiderstoff in Köperbindung (Webart) aus Merinowolle. 3. fein gekräuselte, weiche Wolle des Merinoschafs

Meristem [*gr.-nlat.*] *das*; -s, -e: pflanzliches Bildungsgewebe, das durch fortgesetzte Zweiteilungen neue Gewebe liefert (Bot.). **meristematisch**: teilungsfähig (von pflanzlichem Gewebe; Bot.). **Meristom** *das*; -s, -e: = Zytoblastom

Meriten: *Plural* von → Meritum. **meritieren** [*lat.-fr.*]: (veraltet) verdienen, sich verdient machen, wert sein. **Merito|kratie** [*lat.*; *gr.*] *die*; -, ...ien: Verdienstadel, gesellschaftliche Vorherrschaft einer durch Leistung u. Verdienst ausgezeichneten Bevölkerungsschicht. **merito|kratisch**: die Meritokratie betreffend. **meritorisch** [*lat.*]: (veraltet) verdienstlich. **Meritum** *das*; -s, ...iten (meist Plural): das Verdienst

merkantil u. **merkantilisch** [*lat.-it.-fr.*]: kaufmännisch, den Handel betreffend. **Merkantilismus** *der*; -: (hist.) Wirtschaftspolitik im Zeitalter des → Absolutismus zur Vergrößerung des nationalen Reichtums u. der Macht des Staates, die den Außenhandel u. damit die Industrie förderte. **Merkantilist** *der*; -en, -en: Vertreter des Merkantilismus. **merkantilistisch**: dem Merkantilismus entsprechend, auf seinem System beruhend. **Merkantilsystem** *das*; -s: = Merkantilismus

Merkaptan [*mlat.-nlat.*] *das*; -s, -e: alkoholartige chem. Verbindung, die u. a. zur Arzneiherstellung verwendet wird

Merkur [*lat.*; Planet, der seinerseits nach dem altröm. Gott des Handels benannt ist] *der* od. *das*; -s: [alchimistische] Bezeichnung für: Quecksilber. **merkurial** [*lat.-nlat.*; nach dem altröm. Handelsgott Merkur]: kaufmännisch; geschäftstüchtig. **Merkurialismus** [*lat.-nlat.*] *der*; -: Quecksilbervergiftung. **merkurisch**: = merkurial. **Merkurstab** *der*; -[e]s, ...stäbe: geflügelter, schlangenumwundener Stab (Merkurs als des Götterboten); Sinnbild des Handels; vgl. Caduceus

Merlan [*lat.-fr.*] *der*; -s, -e: Schellfischart (ein Speisefisch)

Merlin *der*; -s, -e:

I. [auch: *mär...*; *germ.-fr.-engl.*]: Zwergfalkenart Nord- u. Osteuropas (in Mitteleuropa Wintergast).

II. [*fr.*; Seher u. Zauberer der Artussage] *der*; -s, -e: Zauberer

meroblastisch: nur teilweise gefurcht (von Eizellen, deren Plasmamasse). **Merogamie** *die*; -: Befruchtung durch Verschmelzung von Keimzellen, die aus der Vielfachteilung eines Individuums hervorgegangen sind (Biol.). **Merogonie** *die*; -, ...ien: experimentell erreichbare Besamung kernloser Eiteilstücke mit einem Spermium (Biol.). **merokrin**: einen Teil des Zellinhaltes als Sekret abgebend, teilsezernierend (von Drüsen; Biol.; Med.); Ggs. → holokrin

Merozele [*gr.-nlat.*] *die*; -, -n: Schenkelbruch (Med.)

Merozoit [*gr.*] *der*; -en, -en: (Biol.; Med.) a) im Verlauf des Entwicklungszyklus vieler Sporentierchen entstehender → Agamet; b) Agamet der Malariaerreger, die ins Blut des Menschen geschwemmt werden u. die roten Blutkörperchen befallen

Merveilleuse [...*wäjös*; *lat.-fr.*; „die Wunderbare"] *die*; -, -s [...*jös*]: (hist.) scherzhaft-spöttische Bezeichnung für eine allzu modisch gekleidete Dame des → Directoire; vgl. Incroyable. **Merveilleux** [...*wäjö*] *der*; -: glänzender [Futter]stoff aus [Kunst]seide in Atlasbindung (Webart)

Meryzismus [*gr.-nlat.*] *der*; -, ...men: erneutes Verschlucken von Speisen, die sich bereits im Magen befanden u. infolge einer Magenfunktionsstörung durch die Speiseröhre in den Mund zurückbefördert wurden (bes. bei Säuglingen; Med.)

Merzerisation [...*zion*; *engl.-lat.*; nach dem engl. Erfinder J. Mercer, † 1866] *die*; -, -en: das Veredeln und Glänzendmachen von Baumwolle. **merzerisieren**: Baumwolle veredeln

Mes|alliance [*mesaljangß*; *fr.*] *die*; -, -n [...*ßen*]: 1. nicht standesgemäße Ehe, Ehe zwischen Partnern ungleicher sozialer Herkunft. 2. unglückliche, unebenbürtige Verbindung od. Freundschaft

Mescalin [...*ka*...] vgl. Meskalin

meschant [*fr.*]: (landsch.) boshaft, ungezogen, niederträchtig

Mesch[h]ed vgl. Maschhad

meschugge [*hebr.-jidd.*]: (ugs.) verrückt

Mesdames [*medam*]: *Plural* von → Madame. **Mesdemoiselles** [*medmoasäl*]: *Plural* von → Mademoiselle

Mes|embri|anthemum [*gr.-nlat.*] *das*; -s: Mittagsblume (eine Zierpflanze aus Südafrika). **Mesencephalon** [...*ze*...] *das*; -s: Mittelhirn, Hirnabschnitt zwischen Hinterhirn und Zwischenhirn (Med.). **Mes|enchym** *das*; -s, -e: einzelliges Gewebe, aus dem sich die Formen des Stützgewebes entwickeln, embryonales Bindegewebe (Med.; Biol.). **mes|enchymal**: das Mesenchym betreffend (Med.; Biol.). **Mes|enterium** *das*; -s: Dünndarmgekröse (Med.). **mes|enzephal**: das Mittelhirn betreffend (Med.). **Mesenzephalitis** *die*; -, ...itiden: Entzündung des Mittelhirns (Med.)

Meseta [*span.*] *die*; -, ...ten: span. Bez. für: Hochebene

Meskal [*indian.-span.*] *der*; -s: Agavenbranntwein. **Meskalin** [*indian.-span.-nlat.*] *das*; -s: Alkaloid einer mexikanischen Kaktee, Rauschmittel

Mesmerismus [*nlat.*; nach dem deutschen Arzt F. Mesmer, † 1815] *der*; -: Lehre von der Heilkraft des Magnetismus, aus der die Hypnosetherapie entwickelt wurde

Mesner [*mlat.*] *der*; -s, -: [katholischer] Kirchen-, Meßdiener

Mesoderm [*gr.-nlat.*] *das*; -s, -e: mittleres Keimblatt in der menschlichen u. tierischen Embryonalentwicklung (Med.; Biol.). **mesodermal**: das Mesoderm betreffend; aus dem Mesoderm hervorgehend (von Organen u. Geweben; Med.; Biol.). **Meso|europa**: der nach der → variskischen Gebirgsbildung versteifte Teil Europas (Geol.). **Meso|ga|strium** *das*; -s: 1. Mittelbauchgegend (Med.; Biol.). 2. Gekröse des Magens (Med.). **Mesokarp** *das*; -s, -e u. **Mesokarpium** *das*; -s, ...ien [...*i*[e]*n*]: Mittelschicht der Fruchtwand bei Pflanzen (z. B. das fleischige Gewebe der Steinfrüchte; Bot.); Ggs. → Endokarp u. Exokarp. **mesokephal** usw. vgl. mesozephal usw. **Meso|klima** *das*; -s, -s u. ...mate: Klima eines kleineren Landschaftsausschnittes (z. B. eines Hanges, Waldrandes). **Mesokolon** *das*; -s, ...la: Dickdarmgekröse (Med.). **Mesolithikum** [auch: ...*lit...*] *das*; -s: die mittlere Steinzeit. **mesolithisch** [auch: ...*lit...*]: die mittlere Steinzeit betreffend. **Mesomerie** *die*; -: Erscheinung, daß die in einem organischen Molekül vorliegenden Bindungsverhältnisse nicht durch eine einzige Strukturformel dargestellt werden können, da sie sich aus der Überlagerung mehrerer durch die Elektronenanordnung unterschiedener Grenzzustände ergeben (Chem.). **Mesome|trium** *das*; -s: 1. breites Mutterband beiderseits der Gebärmutter (Med.). 2. (selten) mittlere muskuläre Wandschicht der Gebärmutter. **mesomorph**: der Mesomorphie entsprechend. **Mesomorphie** [*gr.-nlat.*] *die*; -: Konstitution eines bestimmten Menschentyps, der ungefähr dem Athletiker entspricht; vgl. Ektomorphie u. Endomorphie. **Meson** *das*; -s, ...onen (meist Plural): unstabiles → Elementarteilchen, dessen Masse geringer ist als die eines → Protons, jedoch größer als die eines → Leptons (Phys.); vgl. Baryon u. Tachyon. **Mesone|phros** *der*; -: Urniere (bei Säugetier u. Mensch als Embryonalniere in Funktion). **Mesonyktikon** [*gr.*] *das*; -s, ...ka: mitternächtlicher Gottesdienst in der Ostkirche. **Mesopause** *die*; -: obere Grenze der Mesosphäre. **Mesophyll** *das*; -s, -en: zwischen der oberen u. unteren → Epidermis gelegenes Gewebe des Pflanzenblattes. **Mesophyt** *der*; -en, -en: Pflanze, die Böden mittleren Feuchtigkeitsgrades bevorzugt. **Mesophytikum** *das*; -s: das Mittelalter der Entwicklung der Pflanzenwelt im Verlauf der Erdgeschichte. **Mesosiderit** [auch: ...*it*; *gr.-nlat.*] *der*; -s, -e: Meteorstein aus Silikaten u. Nickeleisen. **Meso|sphäre** *die*; -: in etwa 50 bis 80 Kilometer Höhe liegende Schicht der Erdatmosphäre (Meteor.). **Mesostenium** *das*; -s: = Mesenterium. **Mesostichon**: *das*; -s, ...chen u. ...cha: Gedicht, bei dem die an bestimmter Stelle in der Versmitte stehenden Buchstaben, von oben nach unten gelesen, ein Wort od. einen Satz ergeben; vgl. Akrostichon, Telestichon. **Mesotes** [*mäsótäß*; *gr.*; „die Mitte"] *die*; -: Aristotelischer Begriff für die Kennzeichnung jedes sittlichen Wertes als Mitte zwischen zwei Extremen (z. B. Tapferkeit zwischen Feigheit u. Tollkühnheit; Philos.). **Mesothorium** [(*gr.*; *altnord.*) *nlat.*] *das*; -s: Zerfallsprodukt des → Thoriums; Abk.: MsTh (Phys.). **Meso|tron** [*gr.-nlat.*] *das*; -s, ...tronen: = Meson. **mesotyp**: weder sehr hell noch sehr dunkel aussehend (von Erstarrungsgesteinen; Geol.). **mesozephal**: mittelköpfig, eine Kopfform besitzend, die zwischen dem sogenannten Kurzkopf u. dem Langkopf steht (Med.). **Mesozephale** *der* u. *die*; -n, -n: Mensch mit mittelhoher Kopfform (Med.). **Mesozephalie** *die*; -: mittelbreite Kopfform (Med.). **Mesozoen**: *Plural* von Mesozoon. **Mesozoikum** *das*; -s: das erdgeschichtliche Mittelalter (umfaßt → Trias, → Jura (II), Kreide). **mesozoisch**: das erdgeschichtl. Mittelalter betreffend. **Mesozone** *die*; -: die mittlere Tiefenzone bei der → Metamorphose (4) der Gesteine (Geol.). **Mesozoon** *das*; -s, ...zoen (meist Plural): einfach gebautes mehrzelliges Tier, das in Körper- u. Fortpflanzungszellen differenziert ist (meist als Parasit lebend)

mesquin [*mäßkäng*; *arab.-it.-fr.*]: (veraltet) karg, knauserig; armselig. **Mesquinerie** [*mäßkin...*] *die*; -, ...ien: (veraltet) Kärglichkeit, Knauserei, Armseligkeit

Messa di voce [- - *wotsch*[e]; *lat.-it.*] *das*; - - -: = Messa voce. **Message** [*mäßidsch*; *lat.-mlat.-engl.*] *die*; -, -s [...*dschiß*]: 1. Mitteilung, Nachricht, Information, die durch die Verbindung von Zeichen ausgedrückt u. vom Sender zum Empfänger übertragen wird. 2. Gehalt, Aussage, Botschaft

Messalina [*lat.*; wegen ihrer Sittenlosigkeit u. Grausamkeit berüchtigte Frau des röm. Kaisers Claudius] *die*; -, ...nen: genußsüchtige, zügellose Frau. **Messaline** [*lat.-fr.*] *die*; -: glänzender [Kunst]seidenatlas für Futter u. Besatz

Messa voce [- *wotsch*[e]; *lat.-it.*] *das*; - -: allmähliches An- u. Abschwellen des Tones; Zeichen: < > (Mus.)

Messe *die*; -, -n

I. [*lat.-mlat.*; nach der Schlußformel → ite, *missa* est]: 1. nach einer bestimmten Meßordnung abgehaltener katholischer Gottesdienst mit der Feier des Abendmahls. 2. geistliche Komposition als Vertonung der [unveränderlichen] liturgischen Bestandteile der Messe (I, 1). 3. a) in bestimmten Zeitabständen stattfindende Marktveranstaltung, bei der das Warenangebot eines größeren Gebietes od. Wirtschaftsbereiches in besonderen Ausstellungsräumen dem Handel u. der Industrie in Form von Mustern gezeigt wird u. dem Abschluß von Kaufverträgen dienen soll; b) Jahrmarkt, Kirmes.

II. [*lat.-vulgärlat.-fr.-engl.*]: 1. Tischgenossenschaft von Offizieren od. Unteroffizieren auf [Kriegs]schiffen. 2. Speise- u. Aufenthaltsraum der Besatzung eines [Kriegs]schiffs, Schiffskantine

Messenger boy [*mäßindsch*[e]*r beu*; *engl.*] *der*; - -, - -s: (veraltet) Eilbote

Messiade [*hebr.-gr.-mlat.-nlat.*]

die; -, -n: geistliche Dichtung, die das Leben u. Leiden Jesu Christi (des Messias) schildert. **messianisch**: 1. auf den Messias bezüglich. 2. auf den Messianismus bezüglich. **Messianismus** *der*; -: geistige Bewegung, die die (religiöse od. politische) Erlösung von einem Messias erwartet. **Messianist** *der*; -en, -en: Anhänger des Messianismus. **Messias** [*hebr.-gr.-mlat.*; „der Gesalbte"] *der*; -: 1. der im Alten Testament verheißene Heilskönig, in der christl. Religion auf Jesus von Nazareth bezogen. 2. der erwartete Befreier u. Erlöser aus religiöser u. sozialer Unterdrückung

Messidor [(*lat.*; *gr.*) *fr.*; „Erntemonat"] *der*; -[s], -s: der zehnte Monat (19. Juni bis 18. Juli) im Kalender der Französischen Revolution

Messieurs [*mäßjö*]: *Plural* von → Monsieur

Messing [Herkunft unsicher] *das*; -s: Kupfer-Zink-Legierung. **messingen**: aus Messing [bestehend]

Meßkanon *der*; -s, -s: = Kanon (I, 7)

Messolan [*it.*] *der*; -s: (veraltet) Stoff aus Leinengarn u. Schafwolle

Meßstipendium *das*; -s, ...dien [...*i^e^n*]: Geldspende od. Stiftung, die den kath. Priester verpflichtet, für ein Anliegen des Spenders Messen zu lesen

Mestize [*lat.-span.*] *der*; -n, -n: Nachkomme eines weißen u. eines indianischen Elternteils

mesto [*lat.-it.*]: traurig, betrübt (Vortragsanweisung; Mus.)

Mesulan vgl. Messolan

Mesusa [*hebr.*; „Pfosten"] *die*; -: kleine Schriftrolle in einer Kapsel am Türpfosten jüd. Häuser mit den Schriftworten 5. Mose 6, 4–9 und 11, 13–21

Metabasis [*gr.-nlat.*] *die*; -, ...basen: Gedankensprung, [unzulässiger] Denkschritt [im Beweis] auf ein fremdes Gebiet (Logik)

Metabiose [*gr.-nlat.*] *die*; -, -n: Form der → Symbiose, Zusammenleben zweier Organismen, bei dem nur ein Teil Vorteile hat

Meta|blastese [*gr.-nlat.*] *die*; -: Vorgang bei der → Metamorphose (4), bei dem eine Neu- u. Umkristallisation eines Gesteinskomplexes stattfindet, wobei das schieferartige Ausgangsmaterial ein granitartiges Gefüge erhält (Geol.)

metabol vgl. metabolisch. **Metabolie** [*gr.*; „Veränderung"] *die*; -, ...ien: 1. Formveränderung bei Einzellern. 2. Gestaltveränderung bei Insekten während der Embryonalentwicklung; vgl. → Metamorphose (2); vgl. Holometabolie u. Hemimetabolie. 3. Veränderung eines Organismus, die auf Stoffwechsel beruht (Biol.). **metabolisch** u. metabol: 1. veränderlich (z. B. in bezug auf die Gestalt von Einzellern). 2. im Stoffwechselprozeß entstanden (Med.; Biol.). **Metabolismus** [*gr.-nlat.*] *der*; -: 1. Umwandlung, Veränderung. 2. Stoffwechsel (Med.; Biol.). **Metabolit** *der*; -en, -en: Substanz, deren Vorhandensein für den normalen Ablauf der Stoffwechselprozesse unentbehrlich ist (z. B. Vitamine, Enzyme, Hormone; Biol.; Med.)

Meta|chronismus [...*kro*...; *gr.-nlat.*] *der*; -, ...men: irrtümliche Einordnung eines Ereignisses in eine zu späte Zeit; vgl. Anachronismus

Meta|druck [*gr.*; *dt.*] *der*; -s: Verfahren zur Herstellung von Abziehbildern

Metadyne [*gr.-nlat.*] *die*; -, -n: Gleichstromgenerator in Sonderbauweise für Konstantstromerzeugung

Metagalaxis [*gr.*] *die*; -: hypothetisches System, dem das Milchstraßensystem u. viele andere Sternsysteme angehören (Astron.)

metagam [*gr.-nlat.*]: nach der Befruchtung erfolgend (z. B. von der Festlegung des Geschlechts; Med.; Biol.)

Metagenese [*gr.-nlat.*] *die*; -, -n: → Generationswechsel bei Tieren u. Pflanzen. **metagenetisch**: die Metagenese betreffend

Meta|geschäft [*lat.-it.*; *dt.*]: *das*; -[e]s, -e: vertragliche Vereinbarung zwischen zwei Partnern, nach der Gewinn u. Verlust aus Geschäften, die die Vertragspartner abschließen, aufgeteilt werden

Meta|gnom [*gr.-nlat.*] *der*; -en, -en: Mittler bei okkulten Phänomenen (Parapsychol.). **Meta|gnomie** *die*; -: Fähigkeit zur Wahrnehmung von Phänomenen, die der normalen sinnlichen Wahrnehmung nicht zugänglich sind; Gedankenlesekunst (Parapsychol.)

Metagynie [*gr.-nlat.*] *die*; -: das frühere Geschlechtsreifwerden der männlichen Blüten bei einer eingeschlechtigen Pflanze (Bot.); Ggs. → Metandrie

metakarpal [*gr.-nlat.*]: zur Mittelhand gehörend, sie betreffend (Med.)

Metakommunikation [...*zion*; *gr.-nlat.*] *die*; -: a) über die verbale Verständigung hinausgehende Kommunikation (z. B. Gesten, Mimik); b) Kommunikation über einzelne Ausdrücke, Aussagen od. die Kommunikation selbst

Meta|kritik [*gr.-nlat.*] *die*; -: auf die Kritik folgende u. sachlich über sie hinausgehende Kritik, Kritik der Kritik (Philos.)

Metalepse u. **Metalepsis** [*gr.*] *die*; -, ...epsen: rhetorische Figur (Art der → Metonymie), bei der das Nachfolgende mit dem Vorhergehenden vertauscht wird (z. B. „Grab" statt „Tod"; Rhet.)

Metalimnion [*gr.-nlat.*] *das*; -s, ...ien [...*i^e^n*]: Wasserschicht, in der die Temperatur sprunghaft absinkt (von Seen; Geogr.)

Metalinguistik [auch: *mä*...; *gr.-nlat.*] *die*; -: Teil der → Linguistik, der sich mit den Beziehungen der Sprache zu außersprachlichen Phänomenen (z. B. zur Kultur, Gesellschaft) beschäftigt u. der untersucht, inwieweit die Muttersprache die Art des Erfassens der Wirklichkeit bestimmt; vgl. Makrolinguistik, Mikrolinguistik

Metall [*gr.-lat.*] *das*; -s, -e: Sammelbezeichnung für chem. Grundstoffe, die sich durch charakteristischen Glanz, Undurchsichtigkeit, Legierbarkeit u. gute Fähigkeit, Wärme u. Elektrizität zu leiten, auszeichnen. **metallen**: aus Metall [bestehend]. **Metaller** *der*; -s, -: (ugs.) kurz für: Metallarbeiter [als Gewerkschaftsangehöriger]. **metallic** [...*lik*]: metallisch schimmernd u. dabei von einem stumpfen, nicht leuchtenden Glanz. **Metallisation** [...*zion*; *gr.-lat.-nlat.*] *die*; -, -en: 1. Vererzung (beim Vorgang der Gesteinsbildung). 2. = Metallisierung; vgl. ...[at]ion/...ierung. **Metallisator** *dr*; -s, ...oren: Spritzpistole zur Aufbringung von Metallüberzügen. **metallisch**: 1. aus Metall bestehend, die Eigenschaften eines Metalls besitzend. 2. a) hart klingend, im Klang hell u. durchdringend; b) in seinem optischen Eindruck wie Metall, an Metall erinnernd, metallartig. **métallisé** [*metalise*; *fr.*]: = metallic. **metallisieren**: einen Gegenstand mit einer widerstandsfähigen metallischen Schicht überziehen. **Metallisierung** *die*; -, -en: das Überziehen eines Gegenstandes mit Metall; vgl. ...[at]ion/...ierung. **Metallismus** *der*; -: Theorie, die den Geldwert aus dem Stoff od. Metallwert des Geldes zu erklären versucht. **Metallo|chromie**

[...*kro*...; *gr.-nlat.*] *die*; -: Färbung von Metallen im galvanischen Verfahren. **Metalloge** *der*; -n, -n: Fachwissenschaftler auf dem Gebiet der Metallogie. **Metallogenese** *die*; -: Bildung von Erzlagerstätten in bestimmten Räumen der Erdkruste. **Metallogie** *die*; -: Wissenschaft vom Aufbau, von den Eigenschaften u. Verarbeitungsmöglichkeiten der Metalle. **Metallo|graph** *der*; -en, -en: Spezialist auf dem Gebiet der Metallographie. **Metallo|graphie** *die*; -: Teilgebiet der Metallogie, auf dem mit mikroskopischen Methoden Aufbau, Struktur u. Eigenschaften der Metalle untersucht werden. **Metalloid** *das*; -[e]s, -e: (veraltet) nichtmetallischer chemischer Grundstoff. **Metallophon** *das*; -s, -e: mit einem Hammer geschlagenes, aus aufeinander abgestimmten Metallplatten bestehendes Glockenspiel. **Metall|oxyd**, (chem. fachspr.:) Metall|oxid *das*; -s, -e: Verbindung eines Metalls mit Sauerstoff. **Metall|urg[e]** *der*; ...gen, ...gen: Fachwissenschaftler der Metallurgie. **Metall|urgie** *die*; -: Hüttenkunde, Wissenschaft vom Ausschmelzen der Metalle aus Erzen, von der Metallreinigung, -veredlung u. (im weiteren Sinne) -verarbeitung. **metall|urgisch**: die Metallurgie betreffend. Hütten...

Metamathematik [*gr.-nlat.*] *die*; -: mathematische Theorie, mit der die Mathematik selbst (als axiomatische Theorie) untersucht wird

metamer [*gr.-nlat.*]: in hintereinanderliegende, gleichartige Abschnitte gegliedert; die Metamerie betreffend (Biol.). **Metameren** *die* (Plural): gleichartige Körperabschnitte in der Längsachse des Tierkörpers. **Metamerie** *die*; -: 1. Gliederung des Tierkörpers in hintereinanderliegende Abschnitte mit sich wiederholenden Organen. 2. Eigenschaft spektral unterschiedlicher Farbreize, die gleiche Farbempfindung auszulösen

Metameta|sprache [*gr.*; *dt.*] *die*; -, -n: Kritik an der Terminologie, d. h. an der → Metasprache, die zur → Objektsprache einer weiteren Metasprache gemacht worden ist. **metamorph** u. **metamorphisch** [*gr.-nlat.*]: die Gestalt, den Zustand wandelnd. **Metamorphismus** *der*; -, ...men: = Metamorphose. **Metamorphit** [auch: ...*it*] *der*; -s, -e (meist Plural): durch → Metamorphose (4) entstandenes Gestein (Geologie). **Metamorph|opsie** *die*; -, ...ien: Sehstörung, bei der die Gegenstände verzerrt gesehen werden (Med.). **Metamorphose** [*gr.-lat.*] *die*; -, -n: 1. Umgestaltung, Verwandlung. 2. Entwicklung vom Ei zum geschlechtsreifen Tier durch Einschaltung gesondert gestalteter, selbständiger Larvenstadien (vor allem bei Insekten; Zool.). 3. Umwandlung der Grundform pflanzlicher Organe in Anpassung an die Funktion (Bot.). 4. Umwandlung, die ein Gestein durch Druck, Temperatur u. Bewegung in der Erdkruste erleidet (Geol.). 5. (nur Plural) Variationen (Mus.). 6. Verwandlung von Menschen in Tiere, Pflanzen, Steine o. ä. (griech. Mythologie). **metamorphosieren** [*gr.-lat.-nlat.*]: verwandeln, umwandeln; die Gestalt ändern

Met|an|drie [*gr.-nlat.*] *die*; -: das spätere Geschlechtsreifwerden der männlichen Blüten bei einer eingeschlechtigen Pflanze (Bot.); Ggs. → Metagynie

Metane|phros [*gr.-nlat.*] *der*; -: Nachniere od. Dauerniere (entsteht aus dem → Mesonephros u. bildet die dritte u. letzte Stufe im Entwicklungsgang des Harnapparates; Med.; Biol.)

metanoeite! [...*o-ait*[e]; *gr.*]: Kehrt (euern Sinn) um! Tut Buße! (nach der Predigt Johannes des Täufers u. Jesu, Matth. 3, 2; 4, 17). **metanoetisch**: das Denken übersteigend, nicht mehr denkbar (Philos.). **Metanoia** [...*neu-a*; „das Umdenken"] *die*; -: 1. innere Umkehr, Buße (Rel.). 2. Änderung der eigenen Lebensauffassung, Gewinnung einer neuen Weltsicht (Philos.). 3. in der orthodoxen Kirche Kniebeugung mit Verneigung bis zur Erde

metaökonomisch [*gr.-nlat.*]: außerwirtschaftlich

Metaorganismus [*gr.-nlat.*] *der*; -, ...men: Verkörperung von Seelenkräften (Parapsychol.)

Metapelet [*hebr.*] *die*; -, ...plot: Erzieherin u. Kindergärtnerin in einem → Kibbuz

Metaphase [*gr.-nlat.*] *die*; -, -n: Stadium der Kernteilung mit Anordnung der Chromosomen zu einer Kernplatte (Biol.)

Metapher [*gr.-lat.*] *die*; -, -n: (bes. als Stilmittel gebrauchter) sprachlicher Ausdruck, bei dem ein Wort, eine Wortgruppe aus seinem eigentümlichen Bedeutungszusammenhang in einen anderen übertragen wird, ohne daß ein direkter Vergleich die Beziehung zwischen Bezeichnendem u. Bezeichnetem verdeutlicht; bildhafte Übertragung (z. B. das Haupt der Familie). **Metaphorik** *die*; -: das Vorkommen, der Gebrauch von Metaphern [als Stilmittel]. **metaphorisch**: a) die Metapher betreffend; b) bildlich, übertragen [gebraucht]

Meta|phrase [*gr.-lat.*] *die*; -, -n: 1. umschreibende Übertragung einer Versdichtung in Prosa (Literaturw.). 2. erläuternde Wiederholung eines Wortes durch ein → Synonym (Stilk.). **Metaphrast** [*gr.*] *der*; -en, -en: Verfasser einer Metaphrase. **metaphrastisch**: 1. die Metaphrase betreffend. 2. umschreibend

Metaphylaxe [*gr.-nlat.*; Analogiebildung zu → Prophylaxe] *die*; -, -n: Nachbehandlung eines Patienten nach überstandener Krankheit als vorbeugende Maßnahme gegen mögliche Rückfallerkrankungen der gleichen Art (Med.)

Metaphyse [*gr.-nlat.*] *die*; -, -n: Wachstumszone der Röhrenknochen (Med.). **Metaphysik** *die*; -: 1. (Philos.) a) philosophische Disziplin od. Lehre, die das hinter der sinnlich erfahrbaren, natürlichen Welt Liegende, die letzten Gründe u. Zusammenhänge des Seins behandelt; b) die Metaphysik (1a) darstellendes Werk. 2. (im Marxismus) der → Dialektik entgegengesetzte Denkweise, die die Erscheinungen als isoliert u. als unveränderlich betrachtet (Philos.). **Metaphysiker** *der*; -s, -: Vertreter der Metaphysik. **metaphysisch**: 1. zur Metaphysik (1 a) gehörend; überempirisch, jede mögliche Erfahrung überschreitend (Philos.). 2. die Metaphysik (2) betreffend, undialektisch

Meta|plasie [*gr.-nlat.*] *die*; -, ...ien: Umwandlung eines Gewebes in ein anderes, das dem gleichen Mutterboden entstammt (z. B. als Folge von Gewebsreizungen; Med.; Biol.). **Meta|plasmus** [*gr.-lat.*] *der*; -, ...men: Umbildung von Wortformen aus Gründen des Wohlklangs, der Metrik u. a (z. B. durch → Apokope). **meta|plastisch**: den Metaplasmus betreffend

Meta|psychik [*gr.-nlat.*] *die*; -: = Parapsychologie. **meta|psychisch**: die Metapsychik betreffend. **Meta|psychologie** *die*; -: 1. (von S. Freud gewählte Bezeichnung für die von ihm begründete) psychologische Lehre in ihrer ausschließlich theoretischen Dimension. 2. = Parapsychologie

Metasäure [*gr.*; *dt.*] *die*; -, -n: wasserärmste Form einer Säure

Metasequoia [*...ja*; *gr.*; *indian.-nlat.*] *die*; -, ...oien [*...oj'n*]: chinesischer Mammutbaum

Metasom [*gr.-nlat.*] *das*; -s, -e: fester Bestandteil eines Gesteins (bei seiner Zerlegung durch hohe Temperatur; Geol.). **metasomatisch**: durch Metasomatose entstehend (Geol.). **Metasomatose** *die*; -: Umwandlung eines Gesteins durch Austausch von Bestandteilen (bei Zufuhr von Lösungen und Dämpfen; Geol.)

Meta|sprache [*gr.*; *dt.*] *die*; -, -n: wissenschaftliche, terminologische Beschreibung der natürlichen Sprache; Sprache od. Symbolsystem, das dazu dient, Sprache od. ein Symbolsystem zu beschreiben od. zu analysieren (Sprachw.; Math.; Kybern.); vgl. Metametasprache, Objektsprache

metastabil [*gr.*; *lat.*]: durch Verzögerungserscheinung noch in einem Zustand befindlich, der den äußeren Bedingungen nicht mehr entspricht (Phys.)

Metastase [*gr.*; „Umstellung; Veränderung"] *die*; -, -n: 1. Tochtergeschwulst, durch Verschleppung von Geschwulstkeimen an vom Ursprungsort entfernt gelegene Körperstellen entstandener Tumor (z. B. bei Krebs; Med.). 2. Redefigur, mit der der Redner die Verantwortung für eine Sache auf eine andere Person überträgt (antike Rhet.). **metastasieren** [*gr.-nlat.*]: Tochtergeschwülste bilden (Med.). **metastatisch**: über die Blutbahn od. die Lymphgefäße an eine andere Körperstelle verschleppt (von Tumoren o. ä.; Med.)

Metatekt [*gr.-nlat.*] *das*; -s, -e: flüssiger Bestandteil eines Gesteins (bei seiner Zerlegung durch hohe Temperatur; Geol.). **Metatexis** *die*; -: Vorgang der Zerlegung eines Gesteins in feste u. flüssige Teile (bei hohen Temperaturen; Geol.)

Metatheorie [*gr.*] *die*; -, -n [*mǻtateori'n*]: wissenschaftliche Theorie, die ihrerseits eine Theorie zum Gegenstand hat; vgl. Metasprache

Metathese u. **Metathesis** [*gr.-lat.*] *die*; -, ...esen: Lautumstellung in einem Wort, auch bei Entlehnung in eine andere Sprache (z. B. Wepse–Wespe, Born–Bronn, Herakles–Herkules; Sprachw.)

Metatonie [*gr.-nlat.*] *die*; -, ...ien: Wechsel der → Intonation (z. B. in slaw. Sprachen)

Meta|tropismus [*gr.-nlat.*; „Umkehrung"] *der*; -: anderes geschlechtliches Empfinden od. Gefühlsleben, d. h. Verschiebung od. Vertauschung der Rollen von Mann u. Frau, wobei die Frau den aktiveren, der Mann den passiveren Teil übernimmt (Psychol.)

Metaxa (Wz) [*gr.*] *der*; -[s], -s: milder, aromatischer Branntwein aus Griechenland

metazen|trisch [*gr.-nlat.*]: das Metazentrum betreffend, sich auf das Metazentrum beziehend; schwankend. **Metazen|trum** *das*; -s, ...ren: Schnittpunkt der Auftriebsrichtung mit der vertikalen Symmetrieachse eines geneigten Schiffes, der für die Stabilität wichtig ist (Schiffbau)

Metazoon [*gr.-nlat.*] *das*; -s, ...zoen (meist Plural): vielzelliges Tier, das echte Gewebe bildet; Ggs. → Protozoon

Met|em|psychose [*gr.-lat.*] *die*; -, -n: Seelenwanderung

Meteor [auch: *me...*; *gr.*; „Himmels-, Lufterscheinung"] *der* (selten: *das*); -s, ...ore: Lichterscheinung (Feuerkugel), die durch in die Erdatmosphäre eindringende kosmische Partikeln hervorgerufen wird. **meteorisch**: die Lufterscheinungen u. Luftverhältnisse betreffend (Meteor.); -e Blüte: Blüte, deren Öffnung von den Wetterverhältnissen abhängt. **Meteorismus** [*gr.-nlat.*] *der*; -, ...men: Darmblähungen, Blähsucht (Med.). **Meteorit** [auch: *...it*] *der*; -s u. -en, -e[n]: in die Erdatmosphäre eindringender kosmischer Kleinkörper. **meteoritisch** [auch: *...it...*]: 1. von einem Meteor stammend. 2. von einem Meteoriten stammend. **Meteor|krater** *der*; -s, -: großes, rundes Loch an der Erdoberfläche, das durch Einschlag eines großen Meteoriten entstanden ist. **Meteorogramm** *das*; -s, -e: Meßergebnis eines Meteorographen. **Meteorograph** *der*; -en, -en: Gerät zur gleichzeitigen Messung mehrerer Witterungselemente (Meteor.). **Meteorologe** *der*; -n, -n: Wissenschaftler, zu dessen Arbeitsbereich die Erforschung des Wetters u. Klimas gehört. **Meteorologie** [*gr.*] *die*; -: Wetterkunde, Wissenschaft von der Erdatmosphäre u. dem sich in ihr abspielenden Wettergeschehen. **meteorologisch**: die Meteorologie betreffend. **Meteoropath** *der*; -en, -en: jmd., dessen körperliches Befinden in abnormer Weise von Witterungseinflüssen bestimmt wird. **Meteoropathologie** *die*; -: Zweig der → Pathologie, auf dem man sich mit den Einflüssen des Wetters auf die Funktionen des kranken Organismus befaßt (Med.). **Meteorophysiologie** *die*; -: Wissenschaft, die die Einflüsse des Wettergeschehens auf die Funktionen des pflanzlichen, tierischen u. menschlichen Organismus erforscht. **meteoro|trop** [*gr.-nlat.*]: wetter-, klimabedingt. **Meteoro|tropismus** *der*; -: durch Wetterfühligkeit bedingter Krankheitszustand

Meter [*gr.-lat.-fr.*] *der* (schweiz. nur so) od. *das*; -s, -: Längenmaß; Zeichen: m. **Meterkilo|gramm** *das*; -s, -e (aber: 3 -): (veraltet) = Kilopondmeter. **Meterkilopond** *das*; -s, -: = Kilopondmeter. **Metersekunde** *die*; -, -n: Geschwindigkeit in Metern je Sekunde; Zeichen: m/s, älter auch: m/sec. **Meterzentner** *der*; -s, -: Doppelzentner, 100 kg

Met|hämo|globin [*gr.*; *lat.*] *das*; -s: Oxydationsform des roten Blutfarbstoffs, bei der sich der Sauerstoff, statt daß er an die Körperzellen abgegeben wird, fest mit dem Eisen des Blutfarbstoffs verbindet (Med.; Biol.). **Met|hämoglobin|ämie** [*gr.*; *lat.*; *gr.*] *die*; -: Methämoglobinvergiftung infolge Sauerstoffmangels (innere Erstickung; Med.)

Methan [*gr.-nlat.*] *das*; -s: farbloses, geruchloses u. brennbares Gas, einfachster gesättigter Kohlenwasserstoff (bes. als Heizgas verwendet). **Methanol** [Kurzw. aus: *Methan* u. → Alkoh*ol*] *das*; -s: = Methylalkohol

Meth|exis [*gr.*; „Teilnahme"] *die*; -: Verhältnis der Einzeldinge der Sinnenwelt (Abbild) zu ihren Ideen (Urbild) (Zentralbegriff bei Plato; Philos.)

Methionin [Kunstw.] *das*; -s: schwefelhaltige Aminosäure von vielfacher Heilwirkung

Methode [*gr.-lat.*] *die*; -, -n: 1. auf einem Regelsystem aufbauendes Verfahren, das zur Erlangung von [wissenschaftlichen] Erkenntnissen od. praktischen Ergebnissen dient. 2. planmäßiges Vorgehen. **Methodik** *die*; -, -en: 1. Wissenschaft von den Verfahrensweisen der Wissenschaften. 2. (ohne Plural) Unterrichtsmethode; Wissenschaft vom planmäßigen Vorgehen beim Unterrichten. 3. in der Art des

Vorgehens festgelegte Arbeitsweise. **Methodiker** *der*; -s, -: 1. planmäßig Verfahrender. 2. Begründer einer Forschungsrichtung. **methodisch**: 1. die Methode (1) betreffend. 2. planmäßig, überlegt, durchdacht, schrittweise. **methodisieren**: eine Methode in etwas hineinbringen. **Methodismus** [*gr.-lat.-engl.*] *der*; -: aus dem Anglikanismus im 18. Jh. hervorgegangene ev. Erweckungsbewegung mit religiösen Übungen u. bedeutender Sozialarbeit. **Methodist** *der*; -en, -en: Mitglied einer Methodistenkirche (urspr. Spottname); vgl. Wesleyaner. **methodistisch**: a) den Methodismus betreffend; b) in der Art des Methodismus denkend. **Methodologie** [*gr.-nlat.*] *die*; -, ...ien: Methodenlehre, Theorie der wissenschaftlichen Methoden; vgl. Methodik (1). **methodologisch**: zur Methodenlehre gehörend

Methomanie [*gr.-nlat.*] *die*; -: Säuferwahnsinn (Med.)

Methusalem [bibl. Gestalt in 1. Mose 5, 25ff.] *der*; -[s], -s: sehr alter Mann

Methyl [*gr.-nlat.*] *das*; -s: einwertiger Methanrest in zahlreichen organ.-chem. Verbindungen. **Methyl|alkohol** *der*; -s: Methanol, Holzgeist, einfachster Alkohol; farblose, brennend schmeckende, sehr giftige Flüssigkeit. **Methyl|amin** *das*; -s, -e: einfachste organische → Base (I), ein brennbares Gas. **Methylen** *das*; -s: eine frei nicht vorkommende, zweiwertige Atomgruppe (CH_2). **Methylenblau** [*gr.-nlat.*; *dt.*] *das*; -s: ein synthetischer Farbstoff

Metier [*metie*; *lat.-fr.*] *das*; -s, -s: bestimmte berufliche o.ä. Tätigkeit als jmds. Aufgabe, die er durch die Beherrschung der dabei erforderlichen Fertigkeiten erfüllt

Metist [*lat.-it.*] *der*; -en, -en: Teilnehmer an einem → Metageschäft

Met|öke [*gr.-lat.*] *der*; -n, -n: ortsansässiger Fremder ohne politische Rechte (in den Städten des alten Griechenlands)

Metol Ⓦ [Kunstw.] *das*; -s: fotografischer Entwickler

Metonische Zy|klus [nach dem altgriech. Mathematiker Meton (von Athen)] *der*; -n -: alter Kalenderzyklus (Zeitraum von 19 Jahren)

Met|onomasie [*gr.*; „Umbenennung"] *die*; -, ...ien: Veränderung eines Eigennamens durch Übersetzung in eine fremde Sprache (z. B. Schwarz|erd, griech. = Melan|chthon). **Met|onymie** [„Namensvertauschung"] *die*; -, ...ien: übertragener Gebrauch eines Wortes od. einer Fügung für einen verwandten Begriff (z. B. Stahl für „Dolch", jung u. alt für „alle"). **met|onymisch**: die Metonymie betreffend; nach Art der Metonymie

Met|ope [*gr.-lat.*] *die*; -, -n: abgeteiltes, rechteckiges Relief als Teil des Gebälks beim dorischen Tempel

Me|tra u. **Me|tren**: *Plural* von → Metrum. **Me|trik** [*gr.-lat.*] *die*; -, -en: 1. a) Verslehre, Lehre von den Gesetzmäßigkeiten des Versbaus u. den Versmaßen; b) Verskunst. 2. Lehre vom Takt u. von der Taktbetonung (Mus.). **Me|triker** *der*; -s, -: Kenner u. Forscher auf dem Gebiet der Metrik. **me|trisch**: 1. die Metrik betreffend. 2. auf den → Meter als Maßeinheit bezogen; -es System: urspr. auf dem Meter, dann auf Meter u. Kilogramm beruhendes Maß- u. Gewichtssystem

Me|tritis [*gr.-nlat.*] *die*; -, ...itiden: Entzündung der Muskulatur der Gebärmutter (Med.).

Me|tro [*gr.-lat.-fr.*] *die*; -, -s: Untergrundbahn (bes. in Paris u. Moskau)

Me|trologie [*gr.*] *die*; -: Maß- u. Gewichtskunde

Me|tromanie [*gr.-nlat.*] *die*; -: = Nymphomanie

me|tromorph [*gr.-nlat.*]: von ausgeglichener [Körper]konstitution (Psychol.)

Me|tronom [*gr.*] *das*; -s, -e: Gerät mit einer Skala, das im eingestellten Tempo zur Kontrolle mechanisch den Takt schlägt; Taktmesser (Mus.)

Me|tronymikon u. Ma|tronymikon [*gr.*] *das*; -s, ...ka: vom Namen der Mutter abgeleiteter Name (z. B. Niobide: Sohn der Niobe); Ggs. → Patronymikon. **metronymisch**: nach der Mutter benannt. **Me|tropole** [*gr.-lat.*; „Mutterstadt"] *die*; -, -n: a) Hauptstadt mit weltstädtischem Charakter; Weltstadt; b) Stadt, die als Zentrum für etw. gilt. **Me|tropolis** *die*; -, ...polen: = Metropole. **Me|tropolit** *der*; -en, -en: kath. Erzbischof; in der orthodoxen Kirche Bischof als Leiter einer Kirchenprovinz. **metropolitan**: dem Metropoliten zustehend. **Me|tropolitankirche** [*gr.-lat.*; *dt.*] *die*; -, -n: Hauptkirche eines Metropoliten. **Me|troptose** [*gr.-nlat.*] *die*; -, -n: Gebärmuttervorfall (Med.). **Me|trorrhagie** *die*; -, ...ien: nichtmenstruelle Blutung aus der Gebärmutter (Med.)

Me|trum [*gr.-lat.*] *das*; -s, ...tren u. (älter:) ...tra: 1. Versmaß, metrisches Schema. 2. (Mus.) a) Zeitmaß, → Tempo (2c); b) Taktart (z. B. 3/4, 4/4)

Mettage [*...tasche*; *lat.-fr.*] *die*; -, -n: Umbruch (Anordnung des Drucksatzes zu Seiten) [in einer Zeitungsdruckerei]

Mette [*lat.-roman.*] *die*; -, -n: Nacht- od. Frühgottesdienst; nächtliches Gebet (Teil des → Breviers); vgl. Matutin

Metteur [*...tör*; *lat.-fr.*] *der*; -s, -e: Schriftsetzer, der den Satz zu Seiten umbricht u. druckfertig macht (Druckw.)

Meu|blement [*möbl^emang*; *lat.-mlat.-fr.*] *das*; -s, -s: Zimmer-, Wohnungseinrichtung

Mezzamajolika [*it.*] *die*; -, ...ken u. -s: eine Art → Fayence, bei der Bemalung u. Glasur in verschiedenen Arbeitsgängen angebracht werden; Halbmajolika. **Mezzanin** [*lat.-it.-fr.*] *das*; -s, -e: niedriges Zwischengeschoß, meist zwischen Erdgeschoß u. erstem Obergeschoß od. unmittelbar unter dem Dach (bes. in der Baukunst der Renaissance u. des Barocks). **Mezzaninwohnung** *die*; -, -en: (österr.) Wohnung im Mezzanin. **mezza voce** [*- wotsch^e*; *lat.-it.*]: mit halber Stimme; Abk.: m. v. (Vortragsanweisung; Mus.). **mezzoforte**: halblaut, mittelstark, mit halber Tonstärke (Vortragsanweisung; Mus.). **Mezzoforte** *das*; -s, -s u. ...ti: halblautes Spiel (Mus.). **Mezzogiorno** [*...dschorno*; *it.*; „Mittag"] *der*; -: der Teil Italiens südlich von Rom, einschließlich Siziliens. **mezzopiano**: halbleise; Abk.: mp (Vortragsanweisung; Mus.). **Mezzopiano** *das*; -s, -s u. ...ni: halbleises Spiel (Mus.). **Mezzoso|pran** *der*; -s, -e: a) Stimmlage zwischen Sopran u. Alt; b) = Mezzosopranistin. **Mezzoso|pranistin** *die*; -, -nen: Sängerin mit Mezzosopranstimme. **Mezzotinto** *das*; -[s], -s u. ...ti: a) Schabkunst, Technik des Kupferstichs (bes. im 17. Jh.); b) Produkt dieser Technik

mi [*it.*]: Silbe, auf die man den Ton e singen kann; vgl. Solmisation

miarolitisch [auch: *...li...*; *it.*; *gr.*]: drusigen (d. h. mit kleinen Hohlräumen durchsetzten) Granit betreffend

Miasma [*gr.*; „Besudelung, Verunreinigung"] *das*; -s, ...men: (nach überholter Anschauung) Krankheiten auslösender Stoff in der Luft od. in der Erde; [aus dem Boden ausdünstender] Gift-, Pesthauch. **miasmatisch**: giftig, ansteckend (Med.)

Mi|crofiche [*mikrofisch*] vgl. Mikrofiche

Mi|crofinish [*mikrofinisch*; *engl.*] *das*; -s, -s: Arbeitsgang beim → Honen

Midasohren [nach dem griech. Sagenkönig Midas] *die* (Plural): Eselsohren

Midgard [*altnord.*] *der*; -: von den Menschen bewohnte Welt; die Erde (nord. Mythologie). **Midgardschlange** *die*; -: im Weltmeer lebendes Ungeheuer, das Midgard umschlingt (Sinnbild für das die Erde umgebende Meer)

midi [vermutlich Phantasiebildung zu engl. *middle* = „Mitte" in Analogie zu → mini]: halblang, wadenlang (auf Kleider, Röcke od. Mäntel bezogen)

Midi

I. *das*; -s, -s: a) halblange Kleidung; b) (von Mänteln, Kleidern, Röcken) Länge, die bis zur Mitte der Waden reicht.

II. *der*; -s, -s: Rock, der bis zur Mitte der Waden reicht

Midinette [*...nät*; *fr.*] *die*; -, -n [*...tᵉn*]: 1. Pariser Modistin, Näherin. 2. leichtlebiges Mädchen

Mid|life-crisis [*midlaifkraisiß*; *engl.-amerik.*] *die*; -: Phase in der Lebensmitte [des Mannes], in der der Betroffene sein bisheriges Leben kritisch überdenkt, gefühlsmäßig in Zweifel zieht; Krise des Übergangs vom verbrachten zum verbleibenden Leben

Mi|drasch [*hebr.*; „Forschung"] *der*; -: 1. Auslegung des Alten Testaments nach den Regeln der jüd. Schriftgelehrten. 2. Sammlung von Auslegungen der Hl. Schrift

Mid|shipman [*...schipmᵉn*; *engl.*] *der*; -s, ...men: a) in der brit. Marine unterster Rang eines Seeoffiziers; b) in der amerik. Marine Seeoffiziersanwärter

Migmatit [auch: *...it*; *gr.-nlat.*] *der*; -s, -e: ein Mischgestein (Geol.)

Mi|gnon [*minjong*, *minjong*; *fr.*] *der*; -s, -s: 1. Liebling, Günstling. 2. (veraltet) Kolonel. **Mi|gnonette** [*...jonät*] *die*; -, -s: 1. kleingemusterter Kattun. 2. schmale, feine Spitze aus Zwirn. **Mignonfassung** *die*; -, -en: Fassung für kleine Glühlampen. **Mignonne** [*...jon*] *die*; -, -s: (veraltet) Liebchen

Mi|gräne [*gr.-lat.-fr.*] *die*; -, -n: anfallsweise auftretender, meist einseitiger, u. a. mit Sehstörungen u. Erbrechen verbundener, heftiger Kopfschmerz

Mi|gration [*...zion*; *lat.*] *die*; -, -en: 1. Wanderung von Individuen od. Gruppen im geographischen od. sozialen Raum (z. B. der Zugvögel; Biol.; Soziol.). 2. das Wandern von Erdöl u. Erdgas vom Mutter- zum Speichergestein. **Mi|grationstheorie** *die*; -, ...ien: 1. Theorie der Wanderung von Kulturerscheinungen u. ganzen Kulturen zwischen den Völkern (nach F. Ratzel, † 1904). 2. biologische Theorie, die die Entstehung neuer Arten durch Auswanderung u. Verschleppung in neue Lebensräume erklären will (nach M. Wagner, 1868). **mi|gratorisch** [*lat.-nlat.*]: wandernd, durch Wanderung übertragen. **mi|grieren** [*lat.*]: wandern (z. B. vom Wirtswechsel tierischer → Parasiten)

Mi|hrab [*miehrap*; *arab.*] *der*; -[s], -s: die nach Mekka weisende Gebetsnische in der Moschee

Mijnheer [*mᵉner*; *niederl.*; „mein Herr"] *der*; -s, -s: a) holländ. Bezeichnung für: Herr; b) (scherzh.) Holländer

Mika [*lat.*] *die* (auch: *der*); -: Glimmer

Mikado [*jap.*; „erhabene Pforte"]

I. *der*; -s, -s: 1. (hist.) Bezeichnung für den Kaiser von Japan; vgl. Tenno. 2. das Hauptstäbchen im Mikadospiel.

II. *das*; -s, -s: Geschicklichkeitsspiel mit dünnen, langen Holzstäbchen

Mi|krat [Kunstw.] *das*; -[e]s, -e: sehr stark verkleinerte Wiedergabe eines Schriftstücks (etwa im Verhältnis 1:200). **Mi|krenzephalie** [*gr.-nlat.*] *die*; -, ...ien: abnorm geringe Größe des Gehirns (Med.)

Mi|kro [*gr.*]

I. *das*; -s, -s: kurz für → Mikrophon.

II. *die*; -: genormter kleinster Schriftgrad für Schreibmaschinen

Mi|kroanalyse [auch: *mikro...*] *die*; -, -n: chemische Untersuchung mit kleinsten Stoffmengen; Ggs. → Makroanalyse. **Mi|kroaufnahme** *die*; -, -n: = Mikrofotografie. **Mi|krobe** [*gr.-fr.*] *die*; -, -n (meist Plural): Mikroorganismus. **mikrobiell** [*gr.-nlat.*]: durch Mikroben hervorgerufen od. erzeugt. **Mi|krobiologe** *der*; -n, -n: Wissenschaftler auf dem Gebiet der Mikrobiologie. **Mi|krobiologie** *die*; -: Wissenschaftszweig, der mikroskopisch kleine Lebewesen erforscht. **Mi|krobion** *das*; -s, ...ien [*...iᵉn*] (meist Plural): = Mikrobe. **mi|krobizid**: Mikroben abtötend; entkeimend. **Mikrobizid** *das*; -[e]s, -e: Mittel zur Abtötung von Mikroben. **Mikroblast** *der*; -en, -en: = Mikrozyt. **Mi|krocheilie** *die*; -, ...ien: abnorm geringe Größe der Lippen. **Mi|krochemie** *die*; -: Zweig der Chemie, der mit mikroanalytischen Methoden arbeitet; vgl. Mikroanalyse. **Mi|krochip** = Chip (3). **Mi|krochir|urgie** *die*; -: Spezialgebiet der Chirurgie, das sich mit Operationen (z. B. Augenoperationen) unter dem Mikroskop befaßt. **Mi|krocomputer** *der*; -s, -: in extrem miniaturisierter Bauweise hergestellter Computer. **Mi|krodokumentation** [*...zion*] *die*; -, -en: Verfahren zur raumsparenden Archivierung von Schrift- od. Bilddokumenten durch ihre fotografische Reproduktion im stark verkleinerten Maßstab; vgl. Mikrofiche, Mikrofilm, Mikrofotografie, Mikrokarte. **Mi|kro|elektronik** *die*; -: moderner Zweig der → Elektronik, der den Entwurf u. die Herstellung von integrierten elektronischen Schaltungen mit hoher Dichte der sehr kleinen Bauelemente zum Gegenstand hat. **Mikro|evolution** [*...zion*] *die*; -, -en: Evolution, die kurzzeitig u. in kleinen Schritten vor sich geht (Biol.); Ggs. → Makroevolution; vgl. Mikromutation. **Mi|krofarad** *das*; -[s], -: ein millionstel Farad; Zeichen: μF (Phys.). **Mi|krofauna** *die*; -, ...nen: Kleintierwelt (Biol.); Ggs. → Makrofauna. **Mikrofiche** [*mikrofisch*; *fr.*] *das* od. *der*; -s, -s: Mikrofilm mit reihenweise angeordneten Mikrokopien. **Mi|krofilm** [*gr.-nlat.*] *der*; -[e]s, -e: Film mit Mikrokopien. **Mikrofon** vgl. Mikrophon. **Mikrofoto|grafie** *die*; -, -n [*mikrofotografiᵉn*]: 1. (ohne Plural) fotografisches Aufnehmen mit Hilfe eines Mikroskops. 2. fotografisch aufgenommenes Bild eines kleinen Objekts mit Hilfe eines Mikroskops. **Mikrofotokopie** *die*; -, -n [*mikrofotokopiᵉn*]: = Mikrokopie. **Mi|krogamet** [auch: *mikro...*] *der*; -en, -en: die kleinere und beweglichere männliche Geschlechtszelle bei niederen Lebewesen; Ggs. → Makrogamet (Biol.). **Mi|krogenie** *die*; -, ...ien: abnorm geringe Größe des Unterkiefers (Med.). **Mi|kro|gramm** *das*; -s, -e: ein millionstel Gramm; Zeichen: μg. **Mikrokarte** *die*; -, -n: Karte aus Fotopapier, auf der Mikrokopien reihenweise angeordnet sind; vgl. Mikrofiche. **mi|krokephal** usw. vgl. mikrozephal usw. **Mi|kroklima** *das*; -s, -s u. ...mate [*mikroklimat*] (Plural selten): 1. = Mesoklima. 2. Klima der bodennahen Luftschicht. **Mi|kro|klimatologie** *die*; -: Wissenschaft des Mikroklimas. **Mi|krokokkus** *der*; -, ...kken (meist Plural): Kugelbakterie. **Mi|krokopie** *die*; -, ...ien: stark verkleinerte, nur mit Lupe o. ä. lesbare fotografische Reproduktion von Schrift- od. Bilddokumenten. **mi|krokopieren**: eine Mikrokopie anfertigen. **mikrokosmisch**: zum Mikrokosmos gehörend; Ggs. → makrokosmisch. **Mi|krokosmos** [*gr.-mlat.*] u. **Mi|krokosmus** *der*; -: 1. die Welt der Kleinlebewesen (Biol.). 2. die kleine Welt des Menschen als verkleinertes Abbild des Universums; Ggs. → Makrokosmos. **Mi|krolinguistik** *die*; -: Teil der → Makrolinguistik, der sich mit der Beschreibung des Sprachsystems selbst befaßt; vgl. Makrolinguistik, Metalinguistik. **Mi|krolith** [auch: ...*it*; *gr.-nlat.*] *der*; -s u. -en, -e[n]: 1. mit dem bloßen Auge nicht erkennbarer, winziger Kristall. 2. Feuersteingerät der Jungsteinzeit. **Mi|krologe** *der*; -n, -n: (veraltet) Kleinigkeitskrämer. **Mi|krologie** *die*; -: (veraltet) Kleinigkeitskrämerei. **mi|krologisch**: (veraltet) kleinlich denkend. **Mi|kromanie** *die*; -, ...ien: übertriebenes Minderwertigkeitsgefühl (Med.). **Mikromanipulator** [*gr.*; *lat.-nlat.*] *der*; -s, ...oren: Gerät zur Ausführung von Feinstbewegungen [bei Operationen]. **Mi|kromelie** [*gr.-nlat.*] *die*; -, ...ien: abnorm geringe Größe der Gliedmaßen (Med.); Ggs. → Makromelie. **Mi|kromeren** *die* (Plural): kleine Furchungszellen (ohne Dotter) bei tierischen Embryonen; Ggs. → Makromeren. **Mi|krometeorit** *der*; -s u. -en, -e[n]: sehr kleiner → Meteorit ($^1/_{1000}$ mm Durchmesser). **Mi|krometer** *das*; -s, -: 1. Feinmeßgerät. 2. = $^1/_{1000000}$ m; Zeichen: µm. **mi|krome|trisch**: das Mikrometer (1) betreffend. **Mikromutation** [...*zion*] *die*; -, -en: → Mutation, die nur ein → Gen betrifft; Kleinmutation. **Mi|kron** *das*; -s, -: (veraltet) Mikrometer (2); Kurzform: My; Zeichen: µ. **Mi|kronu|kleus** [...*e-uß*; *gr.*; *lat.*] *der*; -, ...klei [...*e-i*]: Klein- od. Geschlechtskern der Wimpertierchen (regelt die geschlechtliche Fortpflanzung; Biol.). **Mi|kroökonomie** *die*; -: wirtschaftstheoretisches Konzept, das die einzelnen wirtschaftlichen Erscheinungen untersucht (Wirtsch.); Ggs. → Makroökonomie. **mi|kroökonomisch**: die Mikroökonomie betreffend; Ggs. makroökonomisch. **Mi|kro|organismus** *der*; -, ...men (meist Plural): pflanzlicher u. tierischer Organismus des mikroskopisch sichtbaren Bereiches (Biol.). **Mi|kropaläobotanik** *die*; -: Zweig der → Paläontologie, der mikroskopisch kleine pflanzliche → Fossilien (z. B. Pollen) untersucht. **Mi|kropaläontologie** *die*; -: Zweig der → Paläontologie, der mikroskopisch kleine pflanzliche u. tierische → Fossilien untersucht. **Mi|krophage** *der*; -n, -n: = Mikrozyt. **Mi|krophon** [*gr.-nlat.*] *das*; -s, -e: Gerät, durch das eine Rede, Musik usw. auf ein Tonbandgerät od. über einen Lautsprecher übertragen werden kann. **mi|krophonisch**: 1. schwach-, feinstimmig. 2. zum Mikrophon gehörend, das Mikrophon betreffend. **Mi|krophotographie** vgl. Mikrofotografie. **Mikroph|thalmus** *der*; -, ...mi: angeborene krankhafte Kleinheit des Auges (Med.). **Mi|krophyll** *das*; -s, -en: kleines, ungegliedertes Blättchen (Bot.). **Mi|krophysik** *die*; -: Physik der Moleküle u. Atome; Ggs. → Makrophysik. **mi|krophysikalisch**: die Mikrophysik betreffend. **Mi|krophyt** [auch: *mikro*...] *der*; -en, -en (meist Plural): pflanzlicher Mikroorganismus (z. B. Pilze, Algen, Bakterien; Biol.; Med.); Ggs. → Makrophyt. **Mi|kropolyphonie** *die*; -: (von G. Ligeti geprägter Begriff) das Erzeugen von sehr feinen → polyphonen (2) Klangfeldern (in einem Zwischenbereich zwischen Klang u. Geräusch; Mus.). **Mi|kro|präparat** *das*; -[e]s, -e: zur mikroskopischen Untersuchung angefertigtes botanisches od. zoologisches Präparat (Bot.; Zool.). **Mikroprozessor** *der*; -s, -en: → standardisierter Baustein eines Mikrocomputers, der Rechen- u. Steuerfunktion in sich vereint (Techn.). **Mi|kropsie** *die*; -, ...ien: Sehstörung, bei der die Gegenstände kleiner wahrgenommen werden, als sie sind (Med.); Ggs. → Makropsie. **Mi|kropyle** *die*; -, -n: 1. kleiner Kanal der Samenanlage, durch den der Pollenschlauch zur Befruchtung eindringt (Bot.). 2. kleine Öffnung in der Eihülle, durch die bei der Befruchtung der Samenfaden eindringt u./od. die der Eiernährung dient. **Mi|kroradiometer** [auch: *mikro*...] *das*; -s, -: Meßgerät für kleinste Strahlungsmengen. **mi|kroseismisch**: nur mit Instrumenten wahrnehmbar (von Erdbeben). **Mi|kro|skop** *das*; -s, -e: optisches Vergrößerungsgerät; Gerät, mit dem man sehr kleine Objekte vergrößert sehen kann. **Mi|kro|skopie** *die*; -: Verwendung des Mikroskops zu wissenschaftlichen Untersuchungen. **mi|kro|skopieren**: mit dem Mikroskop arbeiten. **mi|kroskopisch**: 1. nur durch das Mikroskop erkennbar. 2. verschwindend klein, winzig. 3. die Mikroskopie betreffend, mit Hilfe des Mikroskops. **Mi|krosmat** *der*; -en, -en: schlecht witterndes Säugetier; Ggs. → Makrosmat. **Mi|krosomen**: kleinste lichtbrechende Körnchen im Zellplasma (→ Ribosomen u. → Lysosomen; Biol.). **Mi|krosomie** *die*; -: Zwergwuchs (Medizin); Ggs. → Makrosomie. **Mi|krosoziologie** *die*; -: Teilbereich der → Soziologie, in dem kleinste → soziologische Gebilde unabhängig von gesamtgesellschaftlichen Zusammenhängen untersucht, analysiert werden; Ggs. → Makrosoziologie. **Mi|krospore** *die*; -, -n (meist Plural): a) kleine männliche Spore einiger Farnpflanzen; b) Pollenkorn der Blütenpflanzen. **Mi|krosporie** *die*; -, ...ien: Kopfhautflechte (Med.). **Mi|kro|stomie** *die*; -, ...ien: angeborene Kleinheit des Mundes (Med.). **Mikrotasimeter** [auch: *mikro*...] *das*; -s, -: Gerät zur Registrierung von Längen- u. Druckänderungen u. der damit bewirkten Änderung des elektrischen Widerstandes (Elektrot.; Phys.). **Mi|krotheorie** *die*; -, -n: Teilbereich der wirtschaftswissenschaftlichen Theorie, dessen Erkenntnisobjekt die Einzelgebiete der Volkswirtschaft od. einzelne Wirtschaftseinheiten sind; Ggs. → Makrotheorie. **Mi|krotie** *die*; -, ...ien: abnorme Kleinheit der Ohrmuschel (Med.); Ggs. → Makrotie. **Mi|krotom** *der* od. *das*; -s, -e: Gerät zur Herstellung feinster Schnitte für mikroskopische Untersuchungen. **Mi|krotop|onym** *das*; -s, -e: Flurname. **Mi|krotoponymie** *die*; -: die Gesamtheit der Flurnamen [eines bestimmten Gebietes]. **Mi|kro|tron** *das*; -s, -s od. ...one: Kreisbeschleuniger für → Elektronen (I). **Mi|krowelle** *die*; -, -n: 1. (meist Plural) elektromagnetische Welle mit einer Länge zwischen 10 cm u. 1 mm, die bes. in der Radartechnik, zur Wärmeerzeugung u. a. eingesetzt wird (Elektrot.). 2. (ohne Plural) Bestrahlung mit Mikrowellen. **Mi|krowellenherd** *der*; -[e]s, -e: Gerät bes. zum Auftauen u. Erwärmen von Speisen in wenigen Minuten mit Hilfe von Mikrowellen. **Mi|krozensus** [*gr.*; *lat.*] *der*; -, - [*...zänsuß*]: statistische Repräsentativerhebung der Bevölkerung u. des Erwerbslebens. **mikrozephal** [*gr.-nlat.*]: kleinköpfig (Med.); Ggs. → makrozephal. **Mi|krozephale** *der* u. *die*; -n, -n: jmd., der einen abnormen kleinen Kopf hat; Kleinköpfige[r] (Med.); Ggs. → Makrozephale. **Mi|krozephalie** *die*; -, ...ien: abnorme Kleinheit des Kopfes (Abflachung des Hinterschädels u. fliehende Stirn; Med.); Ggs. → Makrozephalie. **Mi|krozyt** *der*; -en, -en (meist Plural): abnorm kleines rotes Blutkörperchen (z. B. bei → Anämie; Med.)

Miktion [*...zion*; *lat.*] *die*; -, -en: Harnlassen (Med.)

Milan [auch: *...lan*; *lat.-vulgärlat.-provenzal.-fr.*] *der*; -s, -e: weitverbreitete Greifvogelgattung mit gegabeltem Schwanz

Milanese [nach der ital. Stadt Milano (Mailand)] *der*; -[s], -n: maschenfeste, sehr feine Wirkware

Milas *der*; -, -: handgeknüpfter, sehr bunter Gebetsteppich aus der südwesttürk. Stadt Milâs

Miles gloriosus [*lat.*; „ruhmrediger Soldat" (Titelheld eines Lustspiels von Plautus)] *der*; - -: Aufschneider, Prahlhans

miliar [*lat.*]: hirsekorngroß (z. B. von → Tuberkeln [2]; Med.). **Miliaria** [*lat.-nlat.*] *die* (Plural): mit Flüssigkeit gefüllte Hautbläschen, die bei starkem Schwitzen im Gefolge von fieberhaften Erkrankungen auftreten; Frieselausschlag (Med.). **Miliartuberkulose** *die*; -, -n: meist rasch tödlich verlaufende Allgemeininfektion des Körpers mit Miliartuberkeln (Med.). **Milium** [*lat.*] *das*; -s, ...ien [*...i^en*] (meist Plural): Hautgrieß (Med.)

Milieu [*miliö*; *lat.-fr.*] *das*; -s, -s: 1. [soziales] Umfeld, Umgebung. 2. Lebensraum von Pflanzen, Tieren, Kleinstlebewesen u. ä. 3. (österr. veraltend) kleine Tischdecke. 4. a) (bes. schweiz.) Dirnenwelt; b) Stadtteil, Straße, in der Dirnen ihren Wirkungskreis haben. **Milieutheorie** *die*; -: psychologische Lehre, wonach das Milieu im Gegensatz zum Ererbten der allein entscheidende Faktor für die seelische u. charakterliche Entwicklung des Menschen sei (vertreten von A. Adler)

militant [*lat.*]: mit kriegerischen Mitteln für eine Überzeugung kämpfend; streitbar

Militär [*lat.-fr.*]:

I. *das*; -s: 1. Heer[wesen], Gesamtheit der Soldaten eines Landes. 2. (eine bestimmte Anzahl von) Soldaten.

II. *der*; -s, -s: (meist Plural) hoher Offizier

Militärakademie *die*; -, -n: → Akademie (2) zur Aus- u. Weiterbildung von Soldaten u. Beamten der Militärverwaltung. **Militärattaché** [*...sche*; *lat.-fr.*; *fr.*] *der*; -s, -s: einer diplomatischen Vertretung zugeteilter Offizier. **Militärbasis** *die*; -, ...basen: Ort od. Gelände als Stützpunkt militärischer Operationen. **Militärdiktatur** *die*; -, -en: → Diktatur, in der Militärs (II) die Herrschaft innehaben. **Militäreskorte** *die*; -, -n: von Militär (I, 2) gebildete → Eskorte. **Militärgeo|graphie** *die*; -: Zweig der Geographie u. der Militärwissenschaft, der sich mit der Verwendung geographischer Kenntnisse für militärische Zwecke befaßt. **Militaria** [*lat.*] *die* (Plural): 1. (veraltet) Heeresangelegenheiten. 2. Bücher über das Militärwesen (Buchw.). **militärisch** [*lat.-fr.*]: 1. das Militär (I) betreffend; vgl. → zivil (1). 2. a) schneidig, forsch, soldatisch; b) streng geordnet. **militarisieren**: militärische Anlagen errichten, Truppen aufstellen, das Heerwesen [eines Landes] organisieren. **Militarismus** *der*; -: Zustand des Übergewichts militärischer Grundsätze, Ziele u. Wertvorstellungen in der Politik eines Staates u. die Übertragung militärischer Prinzipien auf alle Lebensbereiche. **Militarist** *der*; -en, -en: Anhänger des Militarismus. **militaristisch**: a) im Geist des Militarismus; b) den Militarismus betreffend. **Militärjunta** [*...chunta*, auch: *...junta*; *lat.-fr.*; *lat.-span.*] *die*; -, ...ten: Regierung von Offizieren, die meist durch einen militärischen Handstreich/Putsch an die Macht gekommen sind; vgl. Junta. **Militärkonvention** [*...zion*; *lat.-fr.*] *die*; -, -en: militärische zwischenstaatliche Vereinbarung. **Militärmission** *die*; -, -en: a) ins Ausland entsandte Gruppe von Offizieren, die andere Staaten in militärischen Fragen beraten; b) Gebäude, in dem sich eine Militärmission (a) befindet. **Militärtribunal** *das*; -s, -e: Militärgericht zur Aburteilung militärischer Straftaten. **Military** [*militᵉri*; *lat.-fr.-engl.*] *die*; -, -s: reitsportliche Vielseitigkeitsprüfung (bestehend aus Geländeritt, Dressurprüfung u. Jagdspringen). **Military Police** [*militᵉri pᵉliß*; *engl.*] *die*; - -: brit. od. amerik. Militärpolizei; Abk.: MP [*ämpi*]. **Miliz** [*lat.*] *die*; -, -en: 1. a) (hist.) Heer; b) Streitkräfte, deren Angehörige eine nur kurzfristige militärische Ausbildung haben u. erst im Kriegsfall einberufen werden. 2. in kommunistisch regierten Ländern Polizei mit halbmilitärischem Charakter. 3. (schweiz.) Streitkräfte der Schweiz, denen nur Wehrpflichtige angehören. **Milizionär** *der*; -s, -e: Angehöriger einer Miliz

Milk-Shake [*milkscheᵢk*; *engl.-amerik.*] *der*; -s, -s: alkoholfreies Milchmixgetränk, das meist unter Verwendung von Eis im → Mixer (3) zubereitet wird

Mille [*lat.*] *das*; -, -: Tausend; Abk.: M. **Millefioriglas** [*lat.-it.*; *dt.*] *das*; -es: vielfarbiges, blumenartig gemustertes Kunstglas

Millefleurs [*milflör*; *lat.-fr.*; „tausend Blumen"]

I. *der*; -: Stoff mit Streublumenmusterung.

II. *das*; -: Streublumenmuster

Mille Miglia [- *milja*; *lat.-it.*] *die* (Plural): (von 1927 bis 1957 – nicht aber während des 2. Weltkrieges – ausgetragenes) größtes Langstreckenrennen (1 000 Meilen) für Sportwagen in Italien. **millenar** [*lat.*]: (selten) tausendfach, -fältig. **Millenarismus** [*lat.-nlat.*] *der*; -: = Chiliasmus. **Mill|ennium** *das*; -s, ...ien [*...i^en*]: 1. (selten) Jahrtausend. 2. das Tausendjährige Reich der Offenbarung Johannis (20, 2 ff.); vgl. Chiliasmus. **Millepoints** [*milpoäng*; *lat.-fr.*; „tausend Punkte"] *der* od. *das*; -: mit regelmäßig angeordneten Punkten gemusterter Stoff. **Milliampere** [*...ampär*; auch: *mi...*] *das*; -[s], -: Maßeinheit kleiner elektrischer Stromstärken; Zeichen: mA. **Milliamperemeter** [auch: *mi...*] *das*; -s, -: Gerät zur Messung geringer Stromstärken. **Milliardär** [*lat.-fr.*] *der*; -s, -e: Besitzer von Milliarden[werten]; steinreicher Mann. **Milliarde** *die*; -, -n: 1000 Millionen; Abk.: Md., Mrd. **Milliardstel** *das*; -s, -: der milliardste Teil. **Millibar** [auch: *mi...*] *das*; -s, -s [aber: 5 Millibar]:

Maßeinheit für den Luftdruck, $^1/_{1000}$ → Bar (I); Zeichen: mbar, in der Meteorologie nur: mb. **Milli|gramm** [auch: mi...] *das*; -s, -e (aber: 10 Milligramm): $^1/_{1000}$ g; Zeichen: mg. **Milliliter** *der*, (auch:) *das*; -s, -: ein tausendstel Liter; Zeichen: ml. **Millime** [...*lim*; *fr.-arab.*] *der*; -[s], -s (aber: 5 -): Untereinheit der Währungseinheit von Tunesien (1 000 Millime = 1 Dinar). **Millimeter** [auch: mi...] *der* oder *das*; -s, -: $^1/_{1000}$ m; Zeichen: mm. **Million** [*lat.-it.*] *die*; -, Millio|nen: 1000 mal 1000; Abk.: Mill. u. Mio. **Millionär** [*lat.-it.-fr.*] *der*; -s, -e: Besitzer von Millionen[werten]; sehr reicher Mann. **Million[s]tel** [*lat.-it.*; *dt.*] *das*; -s, -: der millionste Teil. **Millisekunde** [auch: mi...] *die*; -, -n: der 1000. Teil einer Sekunde; Abk. ms. **Milreis** [...*re'ß*; *lat.-port.*] *das*; -, -: (hist.) Währungseinheit in Portugal u. Brasilien (= 1000 Reis)

Mimbar [*arab.*] *der*; -: Predigtkanzel in der Moschee

Mime [*gr.-lat.*] *der*; -n, -n: Schauspieler; vgl. Mimus. **mimen**: (ugs.) a) ein Gefühl o. ä. zeigen, das in Wirklichkeit nicht vorhanden ist; vortäuschen; b) so tun, als ob man jmd., etw. sei. **Mimen**: *Plural* von → Mime u. → Mimus. **Mimeo|graph** *der*; -en, -en: (von Edison erfundener) Vervielfältigungsapparat, mit dem man von einer Schrift über 2 000 Abzüge herstellen konnte. **Mimese** u. Mimesis *die*; -, ...esen: 1. nachahmende Darstellung der Natur im Bereich der Kunst (Plato, Aristoteles). 2. in der antiken Rhet.: a) spottende Wiederholung der Rede eines andern; b) Nachahmung eines Charakters dadurch, daß man der betreffenden Person Worte in den Mund legt, die den Charakter bes. gut kennzeichnen. 3. (nur Mimese) Schutztracht mancher Tiere, die sich vor allem in der Färbung belebten u. unbelebten Körpern ihrer Umgebung anpassen können (Biol.); vgl. Mimikry. **Mimesie** [*gr.-nlat.*] *die*; -, ...ien: Nachahmung einer höheren Symmetrie (bei Kristallzwillingen). **Mimesis** vgl. Mimese. **Mimetesit** [auch: ...*it*] *der*; -s, -e: ein Mineral. **mimetisch** [*gr.-lat.*]: 1. die Mimese betreffend; nachahmend, nachäffend. 2. die Mimesie betreffend, durch Mimesie ausgezeichnet. **Mim|iamben** *die* (Plural); in → Choliamben geschriebene Mimen (vgl. Mimus 2). **Mimik** *die*; -: Gebärden- u. Mienenspiel des Gesichts [des Schauspielers] als Nachahmung fremden od. als Ausdruck eigenen seelischen Erlebens. **Mimiker** *der*; -s, -: = Mimus (1). **Mimi|kry** [...*kri*; *gr.-lat.-engl.*; „Nachahmung"] *die*; -: 1. Selbstschutz von Tieren, der dadurch erreicht wird, daß das Tier die Gestalt u./od. die Färbung/Zeichnung wehrhafterer od. widerlich schmeckender Tiere täuschend nachahmt. 2. der Täuschung u. dem Selbstschutz dienende Anpassung[sgabe]. **mimisch** [*gr.-lat.*]: a) die Mimik betreffend; b) den Mimen betreffend; c) schauspielerisch, von Gebärden begleitet. **Mimo|dram** u. **Mimodrama** [*gr.-nlat.*] *das*; -s, ...men: 1. ohne Worte, nur mit Hilfe der Mimik aufgeführtes Drama (Literaturw.). 2. (veraltet) Schaustellung von Kunstreitern usw. **Mimose** [*gr.-lat.-nlat.*] *die*; -, -n: 1. hoher Baum mit gefiederten Blättern, dessen gelbe Blüten wie kleine Kugeln an Rispen hängen; Silberakazie. 2. (im tropischen Brasilien) als großer Strauch wachsende, rosaviolett blühende Pflanze, die ihre gefiederten Blätter bei der geringsten Erschütterung abwärts klappt; Sinnpflanze. 3. überempfindlicher, leicht zu kränkender Mensch. **mimosenhaft**: überaus empfindlich, verletzlich; verschüchtert. **Mimus** [*gr.-lat.*] *der*; -, ...men: 1. in der Antike ein Possenreißer, der Szenen des täglichen Lebens mit viel → Mimik vorführte. 2. in der Antike [improvisierte] Darstellung des täglichen Lebens auf der Bühne. 3. (ohne Plural) = Mimik

Minarett [*arab.-türk.-fr.*] *das*; -s, -e: schlanker Turm einer Moschee (zum Ausrufen der Gebetsstunden)

Minaudrie [...*no*...; *fr.*] *die*; -: (veraltet) geziertes Benehmen

Mincha [*hebr.*; „Gabe"] *die*; -: 1. unblutiges Opfer im Alten Testament. 2. jüd. Nachmittagsgebet

Mine

I. [*kelt.-mlat.-fr.*] *die*; -, -n: 1. unterirdischer Gang. 2. Bergwerk; unterirdisches Erzvorkommen. 3. stäbchenförmige Bleistift-, Kugelschreibereinlage. 4. a) Sprengkörper; b) verborgener, heimtückischer Anschlag.

II. [*gr.-lat.*] *die*; -, -n: 1. altgriechische Gewichtseinheit. 2. altgriechische Münze

Mineral [*kelt.-mlat.*] *das*; -s, -e u. -ien [...*i^en*]: jeder anorganische, chemisch u. physikalisch einheitliche u. natürlich gebildete Stoff der Erdkruste. **Mineralfazies** [...*ziäß*] *die*; -, -: gleichförmige Ausbildung von Gesteinen verschiedener Herkunft (Geol.). **Mineralisation** [...*zion*; *kelt.-mlat.-fr.-nlat.*] *die*; -, -en: Vorgang der Mineralbildung (Geol.); vgl. Mineralisierung; vgl. ...[at]ion/...ierung. **Mineralisatoren** *die* (Plural): die verdunstenden Bestandteile einer Gesteinsschmelze (Geol.). **mineralisch**: a) aus Mineralien entstanden; b) Mineralien enthaltend. **mineralisieren**: Mineralbildung bewirken; zum Mineral werden. **Mineralisierung** *die*; -, -en: Umwandlung von organischer in anorganische Substanz; vgl. Mineralisation; vgl. ...[at]ion/...ierung. **Mineralmalerei** *die*; -, -en: Verfahren zur Herstellung von wetterfesten Fresken u. Ölgemälden durch Benutzung von Mineralfarben. **Mineraloge** [*kelt.-mlat.-fr.*; *gr.*] *der*; -n, -n: Kenner u. Erforscher der Mineralien u. Gesteine. **Mineralogie** *die*; -: Wissenschaft von der Zusammensetzung der Mineralien u. Gesteine, ihrem Vorkommen u. ihren Lagerstätten. **mineralogisch**: die Mineralogie betreffend. **Mineralöl** *das*; -s, -e: durch → Destillation von Erdöl erzeugter Kohlenwasserstoff (z. B. Heizöl, Benzin, Bitumen). **Mineralquelle** *die*; -, -n: Quelle mit mehr als 1 % gelöster Bestandteile. **Mineralsalz** *das*; -es, -e: → anorganisches Salz, das sowohl in der Natur vorkommt als auch künstlich hergestellt wird. **Mineralsäure** *die*; -, -n: Säure von nichtorganischem Charakter (Chem.). **Mineralwasser** *das*; -s, ...wässer: 1. Wasser, dem Mineralsalze u./od. Kohlensäure zugesetzt wurden. 2. Wasser aus meist heilkräftigen Quellen mit bestimmten gelösten Stoffen (z. B. Kohlensäure). **minerogen** [*lat.-mlat.-fr.*; *gr.*]: aus anorganischen Bestandteilen entstanden

Mine|stra [*it.*] *die*; -, ...stren u. **Mine|strone** *die*; -, -n: ital. Gemüsesuppe mit Reis und Parmesankäse

Minette [*kelt.-mlat.-fr.*] *die*; -, -n: 1. dunkelgraues, in gangförmiger Lagerung auftretendes Gestein. 2. eisenhaltige, abbauwürdige Schichten des mittleren → Juras (II) in Lothringen u. Luxemburg

mineur [...*nör*; *lat.-fr.*]: französische Bezeichnung für → Moll (I); Ggs. → majeur

Mineur [...*nör*; *kelt.-mlat.-fr.*] *der*; -s, -e: im Minenbau ausgebildeter Pionier (Mil.)

mini [*lat.-it.-fr.-engl.*; Kurzform von *engl.* miniature]: sehr kurz, weit oberhalb des Knies endend (auf Kleider, Röcke od. Mäntel bezogen); Ggs. → maxi, → midi

Mini
I. *das*; -s, -s: 1. (ohne Plural) a) [weit] oberhalb des Knies endende, sehr kurze Kleidung; b) (von Röcken, Kleidern, Mänteln) Länge, die [weit] oberhalb des Knies endet. 2. (ugs.) Kleid, das [weit] oberhalb des Knies endet; Minikleid.
II. *der*; -s, -s: (ugs.) Rock, der [weit] oberhalb des Knies endet; Minirock

Miniator [*lat.-it.-nlat.*] *der*; -s, ...oren: Handschriften-, Buchmaler. **Miniatur** [*lat.-it.*] *die*; -, -en: 1.a) Bild od. Zeichnung als Illustration einer [alten] Handschrift od. eines Buches; b) zierliche Kleinmalerei, kleines Bild[nis]. 2. Schachproblem, das aus höchstens 7 Figuren gefügt ist. **miniaturisieren**: verkleinern (von elektronischen Elementen). **Miniaturisierung** *die*; -, -en: Verkleinerung, Kleinbauweise (z. B. von elektronischen Anlagen, Kameras u. ä.). **Minibikini** *der*; -s, -s: äußerst knapper, den Körper nur so wenig wie möglich bedeckender → Bikini. **Minicar** [*minika'*; *engl.*; „Kleinstwagen"] *der*; -s, -s: Kleintaxi

minieren [*kelt.-mlat.-fr.*]: unterirdische Gänge, Stollen anlegen; vgl. Mine (I, 1)

Minigolf [*lat.*; *schott.*] *das*; -s: Kleingolf, Bahnengolf (Sport). **Minikini** *der*; -s, -s: Badebekleidung für Damen, die nur aus einer Art → Slip (3) besteht

minim [*lat.*]: (veraltet) geringfügig, minimal. **Minima** *die*; -, ...ae [...*ä*] u. ...men: kleiner Notenwert der Mensuralmusik (entspricht der halben Taktnote). **minimal** [*lat.-nlat.*]: sehr klein, sehr wenig, niedrigst, winzig. **Minimal** *das*; -s, -e: = Minimalproblem. **Minimal art** [...*mᵉl a'ᵗt*; *amerik.*] *die*; - -: amerik. Kunstrichtung, die Formen u. Farbe auf die einfachsten Elemente reduziert (Kunstw.). **minimalisieren**: a) so klein wie möglich machen, sehr stark reduzieren, vereinfachen; b) abwerten, geringschätzen. **Minimalisierung** *die*; -, -en: Vereinfachung, Reduzierung auf die elementaren Bestandteile. **Minimalist** *der*; -en, -en: Vertreter der Minimal art (Kunstw.). **Minimal music** [*minimᵉl mjusik*; *engl.-amerik.*] *die*; - -: Musikrichtung, die mit unaufhörlicher Wiederholung u. geringster → Variation einfachster Klänge arbeitet. **Minimalpaar** *das*; -[e]s, -e: Wort- od. Morphempaar, das sich durch ein einziges → Phonem in der gleichen Position unterscheidet (z. B. *t*ot/*r*ot, sch*on*/sch*ön*; Sprachw.). **Minimal|pro|blem** *das*; -s, -e: Schachproblem, bei dem Weiß (od. Schwarz) außer dem König nur noch eine Figur zur Verfügung hat. **Minimax** (Wz) [auch: *mi...*] *der*; -, -e: ein Feuerlöscher. **Minimax-Prinzip** [auch: *mi...*] *das*; -s: spieltheoretisches Prinzip der Vorsicht, das dem Spieler denjenigen Gewinn garantiert, den er unter Berücksichtigung der für ihn ungünstigsten Reaktionen des Gegners in jedem Fall erzielen kann. **Minimax-Theorem** [auch: *mi...*] *das*; -s: math. Lehrsatz der Spieltheorie, nach dem Spieler nur dann ihren eigenen Anteil am Gesamtergebnis maximieren können, wenn sie den des Gegners zu minimieren vermögen. **minimieren**: verringern, verkleinern. **Minimierung** *die*; -, -en: Verringerung, Verkleinerung. **Minimum** [auch: *mi...*; *lat.*; „das Geringste, Mindeste"] *das*; -s, ...ma: 1. geringstes, niedrigstes Maß, Mindestmaß; Ggs. → Maximum (1). 2. a) unterer Extremwert (Math.); Ggs. → Maximum (2a); b) niedrigster Wert (bes. der Temperatur) eines Tages, einer Woche usw. od. einer Beobachtungsreihe (Meteor.); Ggs. → Maximum (2b). 3. Kern eines Tiefdruckgebiets (Meteor.); Ggs. → Maximum (3); - visibile [*wi...*]: kleinster, gerade noch empfindbarer Sehreiz (Psychol.). **Minimumthermometer** [auch: *mi...*] *das*; -s, -: → Thermometer, mit dem der niedrigste Wert zwischen zwei Messungen festgestellt wird. **Minipille** *die*; -, -n: → Antibabypille mit sehr geringer Hormonmenge. **Minirock** *der*; -[e]s, ...röcke: sehr kurzer Rock. **Mini|ski** *der*; -s, -s: äußerst kurzer → Ski für Anfänger im Skilaufen. **Minispion** *der*; -[e]s, -e: Kleinstabhörgerät

Minister [*lat.-fr.*; „Diener"] *der*; -s, -: Mitglied der Regierung eines Staates od. Landes, das einen bestimmten Geschäftsbereich verwaltet. **ministerial**: von einem Ministerium ausgehend, zu ihm gehörend; vgl. ...al/...ell. **Ministerialdirektor** *der*; -s, -en: Abteilungsleiter in einem Ministerium. **Ministerialdirigent** *der*; -en, -en: Referatsleiter in einem Ministerium. **Ministeriale** *der*; -n, -n: Angehöriger des mittelalterlichen Dienstadels. **Ministerialität** [*lat.-nlat.*] *die*; -: der mittelalterliche Dienstadel. **ministeriell** [*lat.-mlat.-fr.*]: a) einen Minister betreffend; b) ein Ministerium betreffend; vgl. ...al/...ell. **Ministerium** [*lat.-fr.*] *das*; -s, ...ien [...*iᵉn*]: höchste Verwaltungsbehörde eines Landes mit einem bestimmten Aufgabenbereich (Auswärtiges, Justiz u. a.). **Ministerpräsident** *der*; -en, -en: Vorsitzender des Ministerrates. **mini|strabel** [*lat.-nlat.*]: (selten) befähigt, Minister zu werden. **Mini|strant** [*lat.*] *der*; -en, -en: katholischer Meßdiener. **mini|strieren**: bei der Messe dienen

Minium [*lat.*] *das*; -s: Mennige

Mink [*engl.*] *der*; -s, -e: nordamerik. Marderart, Nerz

minoisch [nach dem kretischen Sagenkönig Minos]: die Kultur Kretas von etwa 3000 bis 1200 v. Chr. (vor der Besiedlung durch griech. Stämme) betreffend

Minor [eigtl.: minor terminus; *lat.*] *der*; -: der „kleinere Begriff" mit engerem Umfang im → Syllogismus. **Minorat** [*lat.-nlat.*] *das*; -[e]s, -e: 1. Vorrecht des Jüngsten auf das Erbgut, Jüngstenrecht. 2. nach dem Jüngstenrecht zu vererbendes Gut; vgl. Majorat (Rechtsw.). **minore** [*lat.-it.*]: italienische Bezeichnung für → Moll (I); Ggs. → maggiore. **Minore** *das*; -s, -s: Molltonart; Mittelteil in Moll eines Tonsatzes in Dur. **minorenn** [*lat.-mlat.*]: (veraltet) minderjährig, unmündig; Ggs. → majorenn. **Minorennität** *die*; -: (veraltet) Minderjährigkeit, Unmündigkeit (Rechtsw.); Ggs. → Majorennität. **Minorist** [*lat.-nlat.*] *der*; -en, -en: katholischer Kleriker der niederen Weihegrade. **Minorit** [„Geringerer"] *der*; -en, -en: → Franziskaner, insbes. Angehöriger des Zweigs der → Konventualen (2). **Minorität** [*lat.-mlat.-fr.*] *die*; -, -en: Minderzahl, Minderheit; Ggs. → Majorität

Minorka [nach der Insel Menorca] *das*; -[s], -s: engl. Hühnerrasse span. Ursprungs

Min|strel [*lat.-fr.-engl.*] *der*; -s, -s: 1. mittelalterl. Spielmann u. Sänger in England im Dienste eines Adligen; vgl. Menestrel. 2. fahrender Spielmann od. Sänger im 18. u. 19. Jh. in den USA

Mintsoße [engl. mintsauce] *die*; -, -n: (bes. in England beliebte) würzige Soße aus Grüner Minze (Gastr.)

Minuend [*lat.*] *der*; -en, -en: Zahl

von der etwas abgezogen werden soll. **Minuetto** [*lat.-it.*] *das*; -s, -s u. ...tti: ital. Bezeichnung für → Menuett. **minus** [*lat.*]: 1. weniger (Math.); Zeichen: –. 2. unter dem Gefrierpunkt liegend. 3. negativ (Elektrot.). **Minus** *das*; -, -: 1. Verlust, Fehlbetrag. 2. Mangel, Nachteil. **Minuskel** *die*; -, -n: Kleinbuchstabe; Ggs. → Majuskel. **Minusmann** *der*; -[e]s, ...männer: Mann mit dominant negativen Eigenschaften. **Minute** [*lat.-mlat.*] *die*; -, -n: 1. $^{1}/_{60}$ Stunde; Zeichen: min (bei Angabe eines Zeitpunktes: ^{m}, veraltet: m); Abk.: Min. 2. $^{1}/_{60}$ Grad; Zeichen: ′ (Math.). **minutiös** vgl. minuziös. **minütlich** u. (seltener:) minutlich: jede Minute. **Minuzien** [...i^{e}n; *lat.*] *die* (Plural): (veraltet) Kleinigkeiten, Nichtigkeiten. **Minuzienstift** *der*; -[e]s, -e: Aufstecknadel für Insektensammlungen. **minuziös** [*lat.-fr.*]: 1. peinlich genau, äußerst gründlich. 2. (veraltet) kleinlich

Miosis [*gr.-nlat.*] *die*; -, ...sen: Pupillenverengung (Med.). **Miotikum** *das*; -s, ...ka: pupillenverengendes Mittel. **miotisch**: pupillenverengend (Med.)

miozän [*gr.-nlat.*]: das Miozän betreffend. **Miozän** *das*; -s: zweitjüngste Abteilung des → Tertiärs (Geol.)

Mi-parti [*lat.-fr.*; „halb geteilt"] *das*; -: „geteilte Tracht", [Männer]kleidung des Mittelalters, bei der rechte u. linke Seite in Farbe u. Form verschieden waren

Mir

I. [*russ.*] *der*; -s: bis 1917 russische Dorfgemeinschaft, Gemeinschaftsbesitz einer Dorfgemeinde.

II. [*pers.*] *der*; -[s], -s: kostbarer persischer Teppich mit dem Palmwedelmuster → Miri

Mirabelle [*fr.*] *die*; -, -n: eine gelbe, kleinfruchtige, süße Pflaume[nart]

mirabile dictu [*lat.*; „wundersam zu sagen"]: kaum zu glauben. **Mirabilien** [...i^{e}n] *die* (Plural): (veraltet) Wunderdinge. **Mirabilit** *der*; -s: Glaubersalz, kristallisiertes Natriumsulfat. **Mirage** [*miraseh*^{e}; *lat.-fr.*] *die*; -, -n: 1. a) Luftspiegelung (Meteor.); b) (veraltet) leichter Selbstbetrug, Selbsttäuschung. 2. Name einer Reihe franz. Kampfflugzeuge. **Mirakel** [*lat.*] *das*; -s, -: 1. Wunder, wunderbare Begebenheit; Gebetserhörung (an Wallfahrtsorten). 2. mittelalterliches Drama über Marien- u. Heiligenwunder; Mirakelspiel. **mirakulös**: (veraltet) durch ein Wunder bewirkt. **Mirastern** [nach dem Stern Mira] *der*; -s, -e: Stern, dessen Helligkeitsperiode zwischen 80 und 1000 Tagen liegt

Mirban|öl [*fr.*; *dt.*]: *das*; -s: künstliches Bittermandelöl zur Parfümierung von Seifen

Mire [*lat.-fr.*] *die*; -, -n: Meridianmarke zur Einstellung des Fernrohres in Meridianrichtung

Miri [*pers.*] *das*; -[s]: [Teppich]muster, bestehend aus regelmäßig angeordneten, an der Spitze geknickten Palmblättern

Mirza [*pers.*; „Fürstensohn"] *der*; -s, -s: persischer Ehrentitel (vor dem Namen: Herr; hinter dem Namen: Prinz)

Mis|an|drie [*gr.*] *die*; -: krankhafter Männerhaß (von Frauen; Psychol.; Med.). **Mis|an|throp** *der*; -en, -en: Menschenfeind, -hasser; Ggs. → Philanthrop. **Mis|an|thropie** *die*; -: Menschenhaß, -scheu; Ggs. → Philanthropie. **mis|an|thropisch**: menschenfeindlich, menschenscheu; Ggs. → philanthropisch

Miscellanea [*lat.*] *die* (Plural): = Miszellaneen

Mischna [*hebr.*; „Unterweisung"] *die*; -: Sammlung der jüd. Gesetzeslehre aus dem 2. Jh. n. Chr. (Grundlage des → Talmuds)

Mischpoche u. **Mischpoke** [*hebr.-jidd.*] *die*; -: (ugs. abschätzig) a) jmds. Familie, Verwandtschaft; b) üble Gesellschaft, Gruppe von unangenehmen Leuten

Mise [*mis*^{e}; *lat.-fr.*] *die*; -, -n: 1. einmalige Prämie bei der Lebensversicherung. 2. Spieleinsatz beim Glücksspiel. **Mise en scène** [*misangßän*; *fr.*] *die*; - - -, -s - - [*mis...*]: Inszenierung (Theat.)

miserabel [*lat.-fr.*]: (ugs.) a) auf ärgerliche Weise sehr schlecht; b) erbärmlich; c) moralisch minderwertig, niederträchtig, gemein. **Misere** *die*; -, -n: Elend, Unglück, Notsituation, -lage. **Misereor** [*lat.*; „ich erbarme mich"] *das*; -[s]: katholische Organisation, die mit einem jährlichen Fastenopfer der deutschen Katholiken den Menschen in den Entwicklungsländern helfen will (seit 1959). **Miserere** [„erbarme dich!"] *das*; -s: 1. Anfang und Bezeichnung des 51. Psalms (Bußpsalm) in der → Vulgata. 2. Koterbrechen bei Darmverschluß (Med.). **Misericordias Domini** [...*kor*... -; „die Barmherzigkeit des Herrn"]: zweiter Sonntag nach Ostern, nach dem alten → Introitus des Gottesdienstes (Psalm 89,2). **Miserikordie** [...i^{e}] *die*; -, -n: [mit Schnitzereien versehener] Vorsprung an den Klappsitzen des Chorgestühls als Stütze während des Stehens. **Miserikordienbild** *das*; -es, -er: Darstellung Christi als Schmerzensmann (bildende Kunst)

Miso [*jap.*] *das*; -[s], -s: Paste aus fermentierten → Sojabohnen

Misogam [*gr.*] *der*; -s u. -en, -e[n]: Ehefeind. **Misogamie** *die*; -: Ehescheu (bei Männern u. Frauen; Med.; Psychol.). **Misogyn** *der*; -s u. -en, -e[n]: Frauenfeind (Med.; Psychol.). **Misogynie** *die*; -: 1. krankhafter Haß von Männern gegenüber Frauen (Med.; Psychol.). 2. Frauen entgegengebrachte Verachtung, Geringschätzung; Frauenfeindlichkeit. **Misologie** *die*; -: Haß gegen den → Logos, Abneigung gegen vernünftige sachliche Auseinandersetzung (Philos.). **Misopädie** [*gr.-nlat.*] *die*; -, ...ien: krankhafter Haß gegen [die eigenen] Kinder (Med.; Psychol.)

Misrachi [*hebr.*] *die*; -: besonders in den USA verbreitete Organisation orthodoxer Zionisten

Miß u. (bei engl. Schreibung:) **Miss** [*lat.-fr.-engl.*] *die*; -, Misses [*miß*^{i}*s*]: 1. (ohne Artikel) engl. Anrede für eine junge [unverheiratete] Frau. 2. (veraltet) aus England stammende Erzieherin. 3. Schönheitskönigin, häufig in Verbindung mit einem Länder- od. Ortsnamen, z. B. Miß Germany

Missa [*lat.-mlat.*] *die*; -, Missae [...*ä*]: kirchenlat. Bezeichnung der → Messe (I, 1); - lecta [*lǫkta*]: stille od. Lesemesse; - pontificalis [...*ka*...]: = Pontifikalamt; - solemnis: feierliches Hochamt

Miss Brown [- *braun*; *engl.-amerik.*] *die*; - -, -es -: (vulgär) weiblicher After; vgl. Mr. Brown

Missal [*lat.-mlat.*]

I. *das*; -s, -e u. Missale *das*; -s, -n u. ...alien [...i^{e}n]: Meßbuch; Missale Romanum: amtliches Meßbuch der römisch-katholischen Kirche.

II. *die*; -: Schriftgrad von 48 Punkt (ungefähr 20 mm Schrifthöhe; Druckw.)

Missale vgl. Missal (I)

Misses: *Plural* von Miß

Missile [*mißail*, auch: *mißel*; *engl.-amerik.*] *das*; -s, -s: Flugkörpergeschoß (Mil.)

Missing link [*engl.*; „fehlendes Glied"] *das*; - -: 1. fehlende Übergangsform zwischen Mensch u. Affe. 2. fehlende Übergangsform in tierischen u. pflanzlichen Stammbäumen (Biol.)

Missio canonica [- *kanonika*; *mlat.*] *die*; - -: kirchliche Ermächtigung zur Erteilung des Religionsunterrichts (kath. Kirchenrecht). **Mission** [*lat.-mlat.* u. *fr.*] *die*; -, -en: 1. Sendung, [ehrenvoller] Auftrag, innere Aufgabe. 2. Verbreitung einer religiösen Lehre unter Andersgläubigen; innere -: religiöse Erneuerung u. Sozialarbeit im eigenen Volk. 3. [ins Ausland] entsandte Person[engruppe] mit besonderem Auftrag (z. B. Abschluß eines Vertrages). 4. diplomatische Vertretung eines Staates im Ausland. **Missionar** u. (österr. nur so:) **Missionär** [*lat.-nlat.*] *der*; -s, -e: in der → Mission (2) tätiger Priester od. Prediger; Glaubensbote. **missionarisch**: die Mission (2) betreffend; auf Bekehrung hinzielend. **missionieren**: eine (bes. die christliche) Glaubenslehre verbreiten. **Missions|chef**: *der*; -s, -s: = Chef de mission. **Missiv** *das*; -s, -e [...*w*[e]] u. **Missive** [...*w*[e]] *die*; -, -n: (veraltet) 1. Sendschreiben, Botschaft. 2. verschließbare Aktentasche

Missourisynode [...*ßu*...; nach dem nordamerik. Bundesstaat Missouri] *die*; -: streng lutherische Freikirche deutscher Herkunft in den USA

Mist [*engl.*] *der*; -s, -e: leichter Nebel (Seew.)

Mister Brown vgl. Mr. Brown

misteriosamente u. **misterioso** [*gr.-lat.-it.*]: geheimnisvoll (Vortragsanweisung; Mus.)

mistig [*engl.*]: neblig (Seew.). **Mistpuffers** [...*paf*[e]*rß*; *engl.*] *die* (Plural): scheinbar aus großer Entfernung kommende dumpfe Knallgeräusche unbekannter Herkunft, die man an Küsten wahrnimmt

Mi|stral [*lat.-provenzal.-fr.*] *der*; -s, -e: kalter Nord[west]wind im Rhonetal, in der Provence u. an der franz. Mittelmeerküste

Mi|stress [*mißtriß*]: engl. Anrede für eine verheiratete Frau

misurato [*lat.-it.*]: gemessen, wieder streng im Takt (Vortragsanweisung; Mus.)

Miszellaneen [auch: ...*lane*[e]*n*; *lat.*] u. **Miszellen** *die* (Plural): kleine Aufsätze verschiedenen Inhalts, Vermischtes, bes. in wissenschaftlichen Zeitschriften

Mitella [*gr.-lat.*] *die*; -, ...llen: Dreieckstuch, um den Nacken geschlungenes Tragetuch für den Arm zur Ruhigstellung bei Unterarm- u. Handverletzungen

Mi|thräum [*pers.-gr.-nlat.*] *das*; -s, ...äen: unterirdischer Kultraum des altpersischen Rechts- u. Lichtgottes Mithra[s] (vielfach im röm. Heeresgebiet an Rhein u. Donau). **Mi|thridatismus** [nach König Mithridates VI., um 132–63 v. Chr.] *der*; -: durch Gewöhnung erworbene Immunität gegen Gifte (Med.)

Mitigans [*lat.*] *das*; -, ...anzien [...*i*[e]*n*] u. ...antia [...*zia*]: 1. Linderungs-, Beruhigungsmittel (Med.). 2. (nur Plural): (veraltet) mildernde Umstände (Rechtsw.). **Mitigation** [...*zion*] *die*; -, -en: 1. Abschwächung, Milderung (Med.). 2. (veraltet) Strafminderung (Rechtsw.)

Mito|chon|drium [...*chon*...; *gr.-nlat.*] *das*; -s, ...rien [...*i*[e]*n*]: faden- od. kugelförmiges Gebilde in Tier- u. Pflanzenzellen, das der Atmung u. dem Stoffwechsel der Zelle dient (Biol.)

mitonnieren [*fr.*]: etwas langsam in einer Flüssigkeit kochen lassen

Mitose [*gr.-nlat.*] *die*; -, -n: Zellkernteilung mit Längsspaltung der Chromosomen, indirekte Zellkernteilung (Biol.); Ggs. → Amitose. **Mitosegift** *das*; -[e]s, -e: Stoff, der den normalen Verlauf der Kernteilung stört (z. B. → Kolchizin; Biol.). **mitotisch**: die Zellkernteilung betreffend (Biol.)

Mi|tra [*gr.-lat.*] *die*; -, ...ren: 1. Kopfbedeckung hoher katholischer Geistlicher, Bischofsmütze. 2. mützenartige Kopfbedeckung altorientalischer Herrscher. 3. a) bei den Griechen u. Römern Stirnbinde der Frauen; b) metallener Leibgurt der Krieger. 4. haubenförmige Binde (Med.)

Mi|trailleuse [*mitra[l]jös*[e]; *fr.*] *die*; -, -n: franz. Salvengeschütz (1870–71), Vorläufer des Maschinengewehrs

mi|tral [*gr.-lat.-nlat.*]: 1. sich auf die Mitralklappe beziehend (Med.). 2. von haubenförmiger Gestalt. **Mi|tralklappe** *die*; -, -n: zweizipfelige Herzklappe zwischen linkem Vorhof u. linker Kammer (Med.)

Mitropa [Kunstw.] *die*; -: Mitteleuropäische Schlaf- und Speisewagen-Aktiengesellschaft; nach dem 2. Weltkrieg in der BRD ersetzt durch DSG = Deutsche Schlafwagen- u. Speisewagen-Gesellschaft m. b. H.

Mitzwa [*hebr.*] *die*; -, ...woth od. -s: gute, gottgefällige Tat

Mixed [*mikßt*; *lat.-fr.-engl.*] *das*; -[s], -[s]: gemischtes Doppel (aus je einem männlichen u. weiblichen Spieler auf jeder Seite) im Tennis, Tischtennis u. Badminton. **Mixed drink** [*mikßt* -; *engl.*] *der*; - -, - -s: alkoholisches Mischgetränk. **Mixed grill** [*engl.*] *der*; - -[s], - -s: Gericht, das aus verschiedenen gegrillten Fleischstücken besteht [u. kleinen Würstchen] (Gastr.). **Mixed media** [*mikßt midi*[e]; *engl.-amerik.*] *die* (Plural): Kombination verschiedener Medien (vgl. → Medium I, 5) in künstlerischer Absicht. **Mixed Pickles** [*mikßt pikls*; *engl.*] u. Mixpickles [*mikßpikls*] *die* (Plural): in Essig eingelegte Stückchen verschiedener Gemüsesorten, bes. Gurken. **mixen** [*lat.-fr.-engl.*]: 1. mischen, bes. alkoholische Getränke. 2. die auf verschiedene Bänder aufgenommenen akustischen Elemente eines Films (Sprache, Musik, Geräusche) aufeinander abstimmen u. auf eine Tonspur überspielen. 3. Speisen mit einem elektrischen Küchengerät zerkleinern u. mischen. 4. (beim Eishockey) den Puck mit dem Schläger schnell hin u. her schieben. **Mixer** *der*; -s, -: 1. jmd., der [in einer Bar] alkoholische Getränke mischt. 2. a) Tontechniker, der getrennt aufgenommene akustische Elemente eines Films auf eine Tonspur überspielt; b) Gerät zum Mixen (2). 3. elektrisches Gerät zum Mischen u. Zerkleinern von Getränken u. Speisen

Mixolydisch u. **Mixolydische** [*gr.*, nach Lydien] *das*; ...schen: (Mus.) a) altgriech. Tonart; b) 7. Kirchentonart (g-g′) des Mittelalters

Mixo|skopie *die*; -: sexuelle Lust u. Befriedigung beim Betrachten des Koitus anderer; vgl. Voyeur

Mixpickles [*mikßpikls*] vgl. Mixed Pickles. **Mixtion** [*lat.*] *die*; -, -en: (veraltet) Mischung. **Mixtum compositum** [-*kom*...] *das*; - -, ...ta ...ta: Durcheinander, buntes Gemisch. **Mixtur** *die*; -, -en: 1. Mischung; flüssige Arzneimischung. 2. Orgelregister, das auf jeder Taste mehrere Pfeifen in Oktaven, Terzen, Quinten, auch Septimen ertönen läßt (Mus.)

Mizell [*lat.-nlat.*] *das*; -s, -e u. **Mizelle** *die*; -, -n: Molekülgruppe, die sich am Aufbau eines Netz- u. Gerüstwerkes in der pflanzlichen Zellwand beteiligt (Biol.). **Mizellen** *die* (Plural): Kolloidteilchen, die aus zahlreichen kleineren Einzelmolekülen aufgebaut sind (Chem.)

Mneme [*gr.*] *die*; -: Gedächtnis;

Erinnerung, Fähigkeit lebender Substanz, für die Lebensvorgänge wichtige Information zu speichern (Med.; Psychol.). **Mnemismus** [*gr.-nlat.*] *der*; -: Lehre, daß alle lebende Substanz eine Mneme habe, die die vitalen Funktionen steuere. **Mnemonik** [*gr.*] *die*; -: = Mnemotechnik. **Mnemoniker** *der*; -s, -: = Mnemotechniker. **mnemonisch**: = mnemotechnisch. **Mnemotechnik** *die*; -, -en: Kunst, das Einprägen von Gedächtnisstoff durch besondere Lernhilfen zu erleichtern. **Mnemotechniker** *der*; -s, -: jmd., der die Mnemotechnik beherrscht. **mnemotechnisch**: die Mnemotechnik betreffend. **mnestisch**: die Mneme betreffend

Moa [*maorisch*] *der*; -[s], -s: bis 1840 auf Neuseeland lebender flugunfähiger Laufvogel (bis 3,50 m hoch). **Moaholz** *das*; -es: aus Neuseeland eingeführtes, sehr hartes Holz

Mob [*lat.-engl.*] *der*; -s: Pöbel

Möbel [*lat.-mlat.-fr.*; „bewegliches Gut"] *das*; -s, -: 1. a) Einrichtungsgegenstand für Wohn- u. Arbeitsräume; b) (nur Plural) Einrichtung, Mobiliar. 2. (ohne Plural): (ugs.) ungefüger Gegenstand. **mobil** [*lat.-fr.*]: 1. a) beweglich, nicht an einen festen Standort gebunden; Ggs. → immobil (1); b) den Wohnsitz u. Arbeitsplatz häufig wechselnd. 2. für den Krieg bestimmt od. ausgerüstet, einsatzbereit; Ggs. → immobil (2). 3. (ugs.) wohlauf, gesund; lebendig, munter; -es Buch: Loseblattsammlung; -machen: a) in Kriegszustand versetzen; b) (ugs.) in Aufregung, Bewegung versetzen. **Mobil** *das*; -s, -e: Fahrzeug, Auto. **mobile** [*lat.-it.*]: beweglich, nicht steif (Vortragsanweisung; Mus.). **Mobile** [*lat.-mlat.-engl.*] *das*; -s, -s: hängend befestigte kinetische Plastik aus [Metall]plättchen, Stäben u. Drähten, die durch Luftzug, Warmluft od. Anstoßen in Bewegung gerät (bildende Kunst). **Mobilgarde** *die*; -: (hist.) eine franz. Truppe mit Sonderauftrag (1848/49 u. 1870/71). **Mobiliar** [*lat.-mlat.-nlat.*] *das*; -s, -e: Gesamtheit der Möbel u. Einrichtungsgegenstände [einer Wohnung]. **Mobiliarkredit** *der*; -[e]s, -e: Kredit gegen Verpfändung beweglicher Sachen. **Mobilien** [*...iᵉn*; *lat.-mlat.*] *die* (Plural): 1. (veraltet) Hausrat, Möbel. 2. bewegliche Güter (Wirtsch); Ggs. → Immobilien. **Mobilisation** [*...zion*; *lat.-fr.*] *die*; -, -en: 1. operativer Eingriff, mit dem festsitzende od. unbeweglich gewordene Organe (z. B. versteifte Gelenke) frei beweglich gemacht werden (Med.). 2. = Mobilmachung; Ggs. → Demobilisation (a); vgl. ...[at]ion/...ierung. **Mobilisator** *der*; -s, ...oren: Faktor, der eine mobilisierende Wirkung auf jemanden, etwas ausübt. **mobilisieren**: 1. mobil machen (Mil.); Ggs. → demobilisieren (a). 2. beweglich, zu Geld machen (Wirtsch.). 3. auf operativem Weg ein Organ [wieder] beweglich machen (Med.). 4. (ugs.) in Bewegung versetzen, zum Handeln veranlassen. **Mobilisierung** *die*; -, -en: 1. Aktivierung von Lebensvorgängen (Biol.). 2. Umwandlung von in Aktien o. ä. gebundenem Kapital in Geldvermögen. 3. = Mobilmachung; Ggs. → Demobilisierung; vgl. ...[at]ion/...ierung. **Mobilismus** *der*; -: Theorie, daß die Erdkruste auf dem sie unterlagernden Untergrund frei beweglich ist (Geol.); Ggs. → Fixismus. **Mobilist** *der*; -en, -en: (ugs. scherzh.) Autofahrer. **Mobilstation** [*zion*] *die*; -, -en: Sprechfunkanlage im Auto, mobile (1a) → Station (3) beim Funksprech- bzw. -telefonverkehr. **Mobilität** [*lat.*] *die*; -: 1. [geistige] Beweglichkeit. 2. Beweglichkeit von Individuen od. Gruppen innerhalb der Gesellschaft. 3. die Häufigkeit des Wohnsitzwechsels einer Person (Bevölkerungsstatistik). **Mobilmachung** *die*; -, -en: Maßnahmen zur Umstellung der Friedensstreitkräfte auf Kriegsstärke durch Einberufung der Reserve u. Aufstellung neuer Truppenteile. **mö|blieren** [*lat.-mlat.-fr.*]: mit Hausrat einrichten, ausstatten

Mobster [*lat.-engl.-amerik.*] *der*; -s, -: Gangster, Bandit

Mocca double [*moka dubᵉl*; *fr.*; „doppelter Mokka"] *der*; -, -s [*moka dubᵉl*]: extrastarkes Kaffeegetränk (Gastr.)

Mocha [*mocha*, auch: *...ka*; nach der arab. Hafenstadt am Roten Meer Mokka, früher: Mocha]

I. *der*; -: Abart des Quarzes.

II. *das*; -s: abgeschliffenes, samtartiges Glacéleder aus Lamm- od. Zickenfellen

Mockturtlesuppe [*...tö^r tl...*; *engl.*]: *die*; -, -n: unechte Schildkrötensuppe (aus Kalbskopf hergestellt)

Mod [*engl.*] *der*; -s, -s (meist Plural): Angehöriger einer Gruppe männlicher Jugendlicher, die sich hypermodern kleiden u. den Musikstil der 60er Jahre bevorzugen.

modal [*lat.-mlat.*]: 1. den → Modus (1) betreffend, die Art u. Weise bezeichnend (Philos.; Sprachw.); -e Konjunktion: die Art und Weise bestimmendes Bindewort (z. B. wie, indem; Sprachw.); -e Persönlichkeit: Persönlichkeit mit Verhaltensweisen, die typisch für den Kulturkreis sind, dem sie angehört (Soziol.). 2. in Modalnotation notiert, sie betreffend (Mus.). **Modaladverb** *das*; -s, -ien [*...iᵉn*]: Adverb der Art u. Weise (z. B. kopfüber; Sprachw.). **Modalbestimmung** *die*; -, -en: Umstandsbestimmung der Art u. Weise (z. B. sie malt *ausdrucksvoll*; Sprachw.). **Modalismus** [*lat.-mlat.-nlat.*] *der*; -: altkirchliche, der Lehre von der → Trinität widersprechende Anschauung, die Christus nur als Erscheinungsform Gottes sah (Zweig des → Monarchianismus). **Modalität** *die*; -, -en: 1. Art u. Weise [des Seins, des Denkens] (Philos.; Sprachw.). 2. (meist Plural) Art u. Weise der Aus- u. Durchführung eines Vertrages, Beschlusses o. ä. **Modalitätenlogik** *die*; -: = Modallogik. **Modallogik** *die*; -: Zweig der formalen Logik. **Modalnotation** [*...zion*] *die*; -: Notenschrift des 12. u. 13. Jh.s, Vorstufe der → Mensuralnotation (Mus.). **Modalsatz** *der*; -es, ...sätze: Adverbialsatz der Art u. Weise (z. B. ich half ihm, *indem ich ihm Geld schickte*; Sprachw.). **Modalverb** *das*; -s, -en: Verb, das in Verbindung mit einem reinen Infinitiv ein anderes Sein od. Geschehen modifiziert (z. B. er *will* kommen; Sprachw.).

mode [*mot*; *lat.-fr.-engl.*]: bräunlich

Mode

I. [*lat.-fr.*] *die*; -, -n: 1. a) Brauch, Sitte zu einem bestimmten Zeitpunkt; b) Tages-, Zeitgeschmack. 2. die zu einem bestimmten Zeitpunkt bevorzugte Art, sich zu kleiden od. zu frisieren. 3. (meist Plural) dem herrschenden Zeitgeschmack entsprechende od. ihn bestimmende Kleidung.

II. [*lat.-engl.*] *der*; -[s], -n od. *die*; -, -n: Schwingungsform elektromagnetischer Wellen insbesondere in Hohlleitern (Elektrot.)

Model

I. [*modᵉl*; *lat.*] *der*; -s, - u. Modul *der*; -s, -n: 1. Halbmesser des unteren Teils einer antiken Säule (Maßeinheit zur Bestimmung architektonischer Verhältnisse, bes. in der Antike u. Renaissance). 2. Hohlform für die Herstellung von Gebäck od. zum Formen von Butter. 3. erhabene Druckform für Stoff- u. Tapetendruck. 4. Stick- u. Wirkmuster. **II.** [*mod*[e]*l*; *lat.-vulgärlat.-it.-engl.*] *das*; -s, -s: Mannequin, Fotomodell

Modell [*lat.-vulgärlat.-it.*] *das*; -s, -e: 1. Muster, Vorbild. 2. Entwurf od. Nachbildung in kleinerem Maßstab (z. B. eines Bauwerks). 3. [Holz]form zur Herstellung der Gußform. 4. nur einmal in der Art hergestelltes Kleidungsstück. 5. Mensch od. Gegenstand als Vorbild für ein Werk der bildenden Kunst. 6. Typ, Ausführungsart eines Fabrikats. 7. vereinfachte Darstellung der Funktion eines Gegenstands od. des Ablaufs eines Sachverhalts, die eine Untersuchung od. Erforschung erleichtert od. erst möglich macht. 8. Mannequin; vgl. Model (II). 9. = Callgirl. **Modelleur** [*...lör*; *lat.-vulgärlat.-it.-fr.*] *der*; -s, -e: = Modellierer. **modellieren** [*lat.-vulgärlat.-it.*]: [eine Plastik] formen, ein Modell herstellen. **Modellierer** *der*; -s, -: Former, Musterformer. **modellig**: in der Art eines Modells (von Kleidungsstücken). **Modellist** *der*; -en, -en: = Modellierer. **modeln** [*lat.*]: gestalten, in eine Form bringen. **Modem** [Kurzw. aus *engl. mo*dulator (vgl. Modulator) u. *dem*odulator (vgl. Demodulator)] *der*; -s, -s: Gerät zur Übertragung von → Daten (2) über Fernsprechleitungen. **Moderamen** *das*; -s, - u. ...mina: 1. (veraltet) Mäßigung. 2. gewähltes Vorstandskollegium einer reformierten → Synode. **moderat**: gemäßigt, maßvoll. **Moderation** [*...zion*] *die*; -, -en: 1. (veraltet) Mäßigung; Gleichmut. 2. Leitung und Redaktion einer Rundfunk- oder Fernsehsendung. **moderato** [*lat.-it.*]: gemäßigt, mäßig schnell; Abk.: mod. (Vortragsanweisung; Mus.). **Moderato** *das*; -s, -s u. ...ti: Musikstück in mäßig schnellem Zeitmaß (Mus.). **Moderator** [*lat.*] *der*; -s, ...oren: 1. [leitender] Redakteur einer Rundfunk- od. Fernsehanstalt, der durch eine Sendung führt u. dabei die einzelnen Programmpunkte ankündigt, erläutert u. kommentiert. 2. Stoff, der → Neutronen hoher Energie abbremst (Kernphys.). 3. Vorsteher eines Moderamens (2). **moderieren**: 1. eine Rundfunk- od. Fernsehsendung mit einleitenden u. verbindenden Worten versehen. 2. (veraltet, aber noch landsch.) mäßigen. **modern** [*lat.-fr.*]: 1. der Mode (I) entsprechend. 2. neuzeitlich, -artig. **Moderne** *die*; -: 1. moderne Richtung in Literatur, Musik u. Kunst. 2. die jetzige Zeit u. ihr Geist. **modernisieren**: 1. der gegenwärtigen → Mode (I) entsprechend umgestalten, umändern (von Kleidungsstücken o. ä.). 2. nach neuesten technischen oder wissenschaftlichen Erkenntnissen ausstatten od. verändern. **Modernismus** *der*; -, ...men: 1. (ohne Plural) Bejahung des Modernen, Streben nach Modernität [in Kunst u. Literatur]. 2. (ohne Plural) liberal-wissenschaftliche Reformbewegung in der katholischen Kirche (1907 von Pius X. verurteilt). 3. modernes Stilelement. **Modernist** *der*; -en, -en: Anhänger des Modernismus (1, 2). **modernistisch**: zum Modernismus gehörend; sich modern gebend. **Modernität** *die*; -, -en: 1. (ohne Plural) neuzeitliches Verhalten, Gepräge. 2. Neuheit. **Modern Jazz** [*mod*[e]*rn dsehäs*; *engl.-amerik.*] *der*; - -: die jüngeren stilistischen Entwicklungen des Jazz, etwa seit 1945. **modest** [*lat.*]: (veraltet) bescheiden, sittsam. **Modi**: *Plural* von → Modus. **Modifikation** [*...zion*] *die*; -, -en: 1. Abwandlung, Veränderung, Einschränkung. 2. das Abgewandelte, Veränderte, die durch äußere Faktoren bedingte nichterbliche Änderung bei Pflanzen, Tieren od. Menschen (Biol.). 3. durch die Kristallstruktur bedingte Zustandsform, in der ein Stoff vorkommt (Chem.). **Modifikator** *der*; -s, ...oren: 1. etwas, das abschwächende od. verstärkende Wirkung hat. 2. Gen, das nur modifizierend (verstärkend od. abschwächend) auf die Wirkung anderer Gene Einfluß nimmt (Biol.). **modifizieren**: einschränken, abändern; abwandeln; -des Verb: Verb, das ein durch einen Infinitiv mit „zu" ausgedrücktes Sein od. Geschehen modifiziert (z. B. er *pflegt* lange zu schlafen; Sprachw.). **modisch** [*lat.-fr.*]: nach der Mode. **Modist** *der*; -en, -en: 1. Schreibkünstler des Spätmittelalters. 2. (veraltet) Modewarenhändler. **Modistin** *die*; -, -nen: Putzmacherin; Inhaberin eines Hutgeschäftes

Modul

I. [*mo...*; *lat.*] *der*; -s, -n: 1. = Model (I). 2. (Math.) a) (in verschiedenen Zusammenhängen) zu grundeliegendes Verhältnis, zugrundeliegende Verhältniszahl; b) → Divisor (natürliche Zahl), in bezug auf den zwei ganze Zahlen → kongruent (2b) sind, d. h. bei der → Division (1) den gleichen Rest ergeben; c) → absoluter (5) Betrag einer → komplexen Zahl. 3. a) (Phys., Techn.) (in verschiedenen Zusammenhängen) → Materialkonstante (z. B. Elastizitätsmodul); b) (Techn.) Maß für die Berechnung der Zahngröße bei Zahnrädern.

II. [*...dul*; *lat.-engl./amerik.*] *das*; -s, -e, (auch:) -[e]n: austauschbares, komplexes Teil eines Gerätes od. einer Maschine, das eine geschlossene Funktionseinheit bildet

Modulation [*...zion*] *die*; -, -en: 1. Beeinflussung einer Trägerfrequenz zum Zwecke der Übertragung von Nachrichten auf Drahtleitungen od. auf drahtlosem Weg. 2. Übergang von einer Tonart in die andere (Mus.). 3. das Abstimmen von Tonstärke u. Klangfarbe im Musikvortrag (z. B. beim Gesang; Mus.). **Modulator** *der*; -s, ...oren: Gerät zur Modulation (1). **modulatorisch**: die Modulation betreffend. **modulieren**: 1. abwandeln. 2. eine Frequenz zum Zwecke der Nachrichtenübermittlung beeinflussen. 3. in eine andere Tonart übergehen. **Modulor** *der*; -s: von Le Corbusier entwickeltes Proportionsschema, das die Proportionen des menschlichen Körpers auf Bauten überträgt. **Modultechnik** *die*; -: Methode der Miniaturisierung elektronischer Geräte mit Hilfe von Modulen (II) (Elektrot.). **Modus** [auch: *mo...*] *der*; -, Modi: 1. Art u. Weise [des Geschehens od. Seins]; - operandi: Art u. Weise des Handelns, Tätigwerdens; - procedendi [- *...zä...*]: Verfahrensweise; - vivendi [- *wiw...*]: Form eines erträglichen Zusammenlebens zweier od. mehrerer Parteien ohne Rechtsgrundlage od. völlige Übereinstimmung. 2. Aussageweise des Verbs im Deutschen (→ Indikativ, → Konjunktiv, → Imperativ; Sprachw.). 3. (Mus.) a) Bezeichnung für die Kirchentonart; b) Bezeichnung der Zeitwerte (6 Modi) im Mittelalter; c) Taktmaß der beiden größten Notenwerte der Mensuralnotation

Moellon [*moalong*; *fr.*]:

I. *der*; -s, -s: (selten) quaderartig behauener Bruchstein.

II. *das*; -s: = Degras

Mofa [Kurzw. aus: *Mo*tor*fa*hrrad] *das*; -s, -s: Kleinkraftrad mit geringer Höchstgeschwindigkeit. **mofeln**: (ugs.) mit dem Mofa fahren

Mofette [*germ.-it.-fr.*] *die*; -, -n: Stelle der Erdoberfläche, an der Kohlensäure vulkanischen Ursprungs ausströmt (Geol.)

Mogi|graphie [*gr.-nlat.*] *die*; -, ...ien: Schreibkrampf (Med.). **Mogilalie** *die*; -, ...ien: erschwertes Aussprechen bestimmter Laute (Med.). **Mogiphonie** *die*; -, ...ien: Schwäche bzw. Versagen der Stimme bei gewohnheitsmäßiger Überanstrengung (Med.)

Mogul [*pers.*] *der*; -s, -n: (hist.) mohammedanische Herrscherdynastie mongolischer Herkunft in Indien (1526–1857)

Mohair [*...hä̱r*; *arab.-it.-engl.*] *der*; -s, -e: 1. Wolle der Angoraziege. 2. Stoff aus der Wolle der Angoraziege

Mohammedaner [nach dem Stifter des Islams, Mohammed, um 570–632 n. Chr.] *der*; -s, -: Anhänger der Lehre Mohammeds. **mohammedanisch**: zu Mohammed u. seiner Lehre gehörend. **Mohammedanismus** *der*; -: = Islam

Mohär *der*; -s, -s od. -e: eindeutschend für: Mohair

Mohel [*hebr.*] *der*; -s, ...halim: (im jüdischen Ritus) jmd., der die Beschneidung vornimmt

Mohikaner [nach dem nordamerikanischen Indianerstamm]: in der Wendung: der letzte - od. der Letzte der -: (ugs. scherzh.) jmd., der von vielen übriggeblieben ist; etwas, was von vielem übriggeblieben ist

Moira [*meu...*; *gr.*] *die*; -, ...ren: 1. (ohne Plural) das nach griech. Glauben Göttern u. Menschen zugeteilte Schicksal. 2. griech. Schicksalsgöttin

Moiré [*moare*; *arab.-it.-engl.-fr.*] *das*; -s, -s: 1. (auch: *der*) Stoff mit Wasserlinienmusterung (hervorgerufen durch Lichtreflexe). 2. fehlerhafte Musterung beim Mehrfarbendruck, wenn mehrere Rasterplatten übereinander gedruckt werden od. wenn von einem Autotypiedruck eine neue → Autotypie angefertigt wird (Druckw.). 3. bei der Überlagerung von Streifengittern auftretende [unruhige] Bildmusterung (z. B. auf dem Fernsehbildschirm)

Moiren [*meu...*]: *Plural* von → Moira

moirieren [*moa...*; *arab.-it.-engl.-fr.*]: Geweben ein schillerndes Aussehen geben; flammen; vgl. Moiré (1)

Moisturizer [*meußtschᵉraisᵉr*; *lat.-fr.-engl.*] *der*; -s, - u. **Moisturizing Cream** [*meußtschᵉraising krim*] *die*; - -, - -s: Feuchtigkeitscreme

mokant [*fr.*]: spöttisch

Mokassin [auch: *mo...*; *indian.-engl.*] *der*; -s, -s u. -e: 1. [farbig gestickter] absatzloser Wildlederschuh der nordamerik. Indianer. 2. modischer [Haus]schuh in der Art eines indian. Mokassins

Mokerie [*fr.*] *die*; -, ...ien: (veraltet) Spottlust

Mokett [*fr.*] *der*; -s: Möbelplüsch aus [Baum]wolle

Mokick [Kurzw. aus: *Mo*ped u. *Kick*starter] *das*; -s, -s: Kleinkraftrad mit Kickstarter anstelle von Tretkurbeln; vgl. Moped

mokieren, sich [*fr.*]: sich abfällig od. spöttisch äußern, sich lustig machen

Mokka [*engl.* mocha (coffee), nach dem jemenitischen Hafen Al-Muhā] *der*; -s, -s: 1. eine Kaffeesorte. 2. starkes Kaffeegetränk

Mol *das*; -s, -e (aber: 1 000 -): Menge eines chemisch einheitlichen Stoffes, die seinem relativen → Molekulargewicht in Gramm entspricht (gesetzliche Einheit der molaren Masse; Chem.). **Molalität** *die*; -: Maßangabe der Konzentration von Lösungen in Mol je kg (Chem.). **molar** [*lat.-nlat.*]: das Mol betreffend; je 1 Mol; -e Lösung = Molarlösung

Molar [*lat.*] *der*; -s, -en: Mahlzahn, Backenzahn (Med.)

Molarität [*lat.-nlat.*] *die*; -: Gehalt einer Lösung an chem. wirksamer Substanz in Mol je Liter (Chem.). **Molarlösung** *die*; -, -en: Lösung, die 1 Mol einer chem. Substanz in 1 Liter enthält

Molasse [*lat.-fr.*] *die*; -: (Geol.) 1. weicher, lockerer Sandstein im Alpenrandgebiet, bes. in der Schweiz. 2. Sandstein u. Konglomeratschichten → tertiären Alters im nördlichen Alpenvorland

Moldavit [*...wit*; auch: *...it*; *nlat.*; nach den Fundorten an der Moldau] *der*; -s, -e: ein glasiges Gestein (wahrscheinlich ein Glasmeteorit); vgl. Tektit

Molekel *die*; -, -n (österr. auch: *das*; -s, -): = Molekül. **Molek|tronik** [Kunstw. aus: *molek*ular u. Elek*tronik*] *die*; -: = Molekularelektronik. **Molekül** [*lat.-fr.*] *das*; -s, -e: kleinste Einheit einer chem. Verbindung, die noch die charakteristischen Eigenschaften dieser Verbindung aufweist. **molekular**: die Moleküle betreffend. **Molekularbiologie** *die*; -: neuer Forschungszweig der Biologie, der sich mit den chemisch-physikalischen Eigenschaften organischer Verbindungen im lebenden Organismus beschäftigt. **Molekularelektronik** *die*; -: neues Teilgebiet der → Elektronik, das mit Halbleitern kleiner Größe arbeitet (Elektrot.). **Molekulargenetik** *die*; -: Teilgebiet der → Genetik u. der Molekularbiologie, das sich mit den Zusammenhängen zwischen der Vererbung u. den chemisch-physikalischen Eigenschaften der → Gene beschäftigt. **Molekulargewicht** *das*; -[e]s, -e: Summe der Atomgewichte der in einem Molekül vorhandenen Atome

Mole|skin [*moᵘlßkin*; *engl.*; „Maulwurfsfell"] *der* od. *das*; -s, -s: ein dichtes Baumwollgewebe in Atlasbindung (Webart), Englischleder

Molesten [*lat.*] *die* (Plural): (veraltet, aber noch landsch.) Beschwerden; Belästigungen. **molestieren**: (veraltet, aber noch landsch.) belästigen

Moletronik [Kurzwort aus *mole*kular u. Elek*tronik*] *die*; -: = Molekularelektronik

Molette [*lat.-fr.*] *die*; -, -n: kleine Stahlwalze, deren erhabene Mustergravur in die eigentliche Kupferdruckwelle eingepreßt wird; Rändelrad; Prägewalze

Moli: *Plural* von → Molo

Molinismus [*nlat.*; nach dem span. Jesuiten Luis de Molina, 1535–1600] *der*; -: katholisch-theologische Richtung, nach der göttliche Gnade u. menschliche Willensfreiheit sich nicht ausschließen, sondern zusammenwirken sollen

Moll

I. [*lat.-mlat.*] *das*; -, -: Tonart mit kleiner Terz im Dreiklang auf der ersten Stufe (Mus.); Ggs. → Dur.

II. *der*; -[e]s, -e u. -s: = Molton

Molla vgl. Mulla[h]

Molluske [*lat.-nlat.*] *die*; -, -n (meist Plural): Weichtier (Muscheln, Schnecken, Tintenfische u. Käferschnecken). **Molluskizid** *das*; -s, -e: ein schneckentötendes Pflanzenschutzmittel

Molo [*lat.-it.*] *der*; -s, Moli: (österr.) Mole, Hafendamm

Moloch [auch: *mo...*; *hebr.-gr.*; ein semit. Gott] *der*; -s, -e: eine Macht, die alles verschlingt, z. B. der - Verkehr

Molokanen [*russ.*] *die* (Plural): (hist.) Angehörige einer weitverzweigten christlichen Sekte des 18. Jh.s in Rußland

Molosser [*gr.-lat.*; ein alter illyrischer Volksstamm] *der*; -s, -: griech. Hunderasse des Altertums. **Molossus** *der*; -, ...ssi: antiker Versfuß (rhythmische Einheit; ---)

Molotowcocktail [...*tofkokte'l*; nach dem ehemaligen russ. Außenminister W. M. Molotow, geb. 1890] *der*; -s, -s: mit Benzin u. Phosphor gefüllte Flasche, die als einfache Handgranate verwendet wird

molto u. di molto [*lat.-it.*]: viel, sehr (Vortragsanweisung; Mus.); - adagio [- *adadseho*] od. adagio [di] -: sehr langsam (Vortragsanweisung; Mus.); - allegro od. allegro [di] -: sehr schnell (Vortragsanweisung; Mus.); - vivace [- *wiwatsch*ᵉ]: äußerst lebhaft (Vortragsanweisung; Mus.)

Molton [*fr.*] *der*; -s, -s: weiche, doppelseitig gerauhte Baumwollware in Köperbindung (Webart)

Molto|pren Ⓦ [Kunstw.] *das*; -s, -e: sehr leichter, druckfester, schaumartiger Kunststoff

molum [*hebr.-Gaunersprache*]: (landsch.) betrunken

Molvolumen [...*wo*...; *lat.-nlat.*] *das*; -s, - u. ...mina: Volumen, das von einem Mol eines Stoffes eingenommen wird (Chem.)

Molybdän [*gr.-lat.-nlat.*] *das*; -s: chem. Grundstoff, Metall; Zeichen: Mo. **Molybdänglanz** *der*; -es u. **Molybdänit** [auch: ...*it*] *der*; -s: ein Mineral. **Molybdänkarbid**, (fachspr.:) ...carbid *das*; -[e]s, -e: Verbindung aus Molybdän u. Kohlenstoff, die in geringem Umfang zur Herstellung gesinterter Hartmetalle verwendet wird

Moment

I. [*lat.-fr.*] *der*; -[e]s, -e: 1. Augenblick, Zeitpunkt. 2. kurze Zeitspanne.

II. [*lat.*; „Bewegung, Bewegkraft"] *das*; -[e]s, -e: 1. ausschlaggebender Umstand; Merkmal; Gesichtspunkt; erregendes -: Szene im Drama, die zum Höhepunkt des Konflikts hinleitet. 2. Produkt aus zwei physikalischen Größen, wobei die eine meist eine Kraft ist (z. B. Kraft × Hebelarm; Phys.)

momentan: augenblicklich, vorübergehend. **Momentanlaut** *der*; -[e]s, -e: Verschlußlaut mit nur ganz kurz währender Sprengung (z. B. p; Sprachw.). **Moment musical** [*momang müsikal*; *fr.*] *das*; - -, -s ...caux [- ...*ko*]: kleineres, lyrisches Musikstück (meist für Klavier; Mus.)

Momme [*jap.*] *die*; -, -n: japan. [Seiden]gewicht

Monade [*gr.-lat.*] *die*; -, -n: 1. (ohne Plural) das Einfache, Nichtzusammengesetzte, Unteilbare (Philos.). 2. (meist Plural) eine der letzten, in sich geschlossenen, vollendeten, nicht mehr auflösbaren Ureinheiten (auch → Entelechie), aus denen die Weltsubstanz zusammengesetzt ist (bei Leibniz; Philos.). **Monadismus** [*gr.-lat.-nlat.*] *der*; -: = Monadologie

Monadnock [*m*ᵉ*nädnok*; ein Berg in den USA] *der*; -s, -s: Gesteinskomplex, der der Verwitterung gegenüber widerstandsfähig ist; Härtling (Geol.)

Monadologie [*gr.-nlat.*] *die*; -: Lehre von den → Monaden (vgl. Monade 2), den letzten sich selbst genügenden Einheiten ohne Außenbezug (Abhandlung von Leibniz, 1714). **monadologisch**: die Monadologie betreffend. **Mon|arch** [*gr.-mlat.*] *der*; -en, -en: legitimer [Allein]herrscher (z. B. Kaiser od. König). **Mon|archianer** *der*; -s, -: Anhänger des Monarchianismus. **Mon|archianismus** [*gr.-mlat.-nlat.*] *der*; -: altkirchliche Lehre, die die Einheit Gottes vertrat und Christus als vergöttlichten Menschen od. als bloße Erscheinungsform Gottes (vgl. Modalismus) ansah. **Monarchie** [*gr.-lat.*; „Alleinherrschaft"] *die*; -, ...ien: Staatsform, in der die Staatsgewalt vom Monarchen ausgeübt wird; vgl. Polyarchie. **mon|archisch** [*gr.-mlat.*]: a) einen Monarchen betreffend; b) die Monarchie betreffend. **Mon|archismus** [*gr.-nlat.*] *der*; -: ideologische Rechtfertigung der Monarchie. **Monarchist** *der*; -en, -en: Anhänger des Monarchismus, der Monarchie. **mon|archistisch**: den Monarchismus betreffend. **Mon|arthritis** [*gr.-nlat.*] *die*; -, ...itiden: eine auf ein einzelnes Gelenk beschränkte Entzündung (Med.). **mon|artikulär**: nur ein Gelenk betreffend (Med.). **Monasterium** [*gr.-lat.*] *das*; -s, ...ien [...*i*ᵉ*n*]: lateinische Bezeichnung für: Kloster, Münster. **monastisch**: mönchisch, klösterlich. **mon|aural** [*gr.*; *lat.*]: 1. ein Ohr, bzw. das Gehör auf einer Seite betreffend. 2. einkanalig (von der Tonaufnahme u. Tonwiedergabe auf Tonbändern u. Schallplatten); Ggs. → binaural, → stereophonisch. **Mon|axonier** [...*i*ᵉ*r*; *gr.-nlat.*] *die* (Plural): Kieselschwämme mit einachsigen Kieselnadeln (Biol.). **Mon|azit** [auch: ...*it*] *der*; -s, -e: ein Mineral

Mondamin Ⓦ [*indian.-engl.*] *das*; -s: zum Kochen u. Backen verwendeter Maisstärkepuder

mondän [*lat.-fr.*]: nach Art der großen Welt, betont modern, von auffälliger Eleganz. **mondial**: weltweit, weltumspannend. **Mondial** [*lat.-nlat.*] *das*; -s: künstliche Weltsprache; vgl. Esperanto

mon dieu! [*mong d'ö*; *fr.*]: mein Gott! (Ausruf der Bestürzung o. ä.)

Monem [*gr.*] *das*; -s, -e: kleinste bedeutungstragende Spracheinheit (nach A. Martinet; Sprachw.); vgl. → Morphem

mon|epi|graphisch [*gr.*]: nur Schrift aufweisend (von Münzen)

Monere [*gr.-nlat.*] *die*; -, -n (meist Plural): 1. (veraltet) Organismus ohne Zellkern (nach Haeckel). 2. Entwicklungsstadium bei Einzellern, in dem kein Zellkern erkennbar ist (Biol.)

Mon|ergol [Kunstw.] *das*; -s, -e: fester od. flüssiger Raketentreibstoff, der aus Brennstoff u. Oxydator besteht u. zur Reaktion keiner weiteren Partner bedarf

monetär [*lat.*]: geldlich, die Finanzen betreffend. **Monetarist** *der*; -en, -en: Vertreter, Anhänger des Monetarismus. **Monetarismus** *der*; -: Theorie in den Wirtschaftswissenschaften, die besagt, daß in einer Volkswirtschaft der Geldmenge (d. h. der Menge des umlaufenden Bar- u. → Giralgeldes) überragende Bedeutung beigemessen werden muß u. deshalb die Wirtschaft primär über die Geldmenge zu steuern ist. **monetaristisch**: den Monetarismus betreffend. **Monetarsystem** *das*; -s, -e: Währungssystem. **Moneten** [„Münzen"] *die* (Plural): (ugs.) Geld. **monetisieren** [*lat.-nlat.*]: in Geld umwandeln. **Monetisierung** *die*; -: Umwandlung in Geld. **Moneymaker** [*manime'k*ᵉ*r*; *engl.*; „Geldmacher"] *der*; -s, -: (ugs., abwertend) gerissener Geschäftsmann, der aus allem u. jedem Kapital zu schlagen versteht, cleverer Großverdiener

Mongolenfalte [*monggo*...; nach den Mongolen] *die*; -, -n: Hautfalte bes. der mongoliden Rasse, die den inneren Augenwinkel vom Oberlid her überlagert. **mongolid** [*mong.*; *gr.*]: mit mongol. Rassenmerkmalen. **Mongolide** *der* u. *die*; -n, -n: Angehörige[r] des mongoliden Rassenkreises. **Mongolismus** [*mong.-nlat.*] *der*; -: angeborene, durch Schlitzaugen mit schrägen Lidspalten, Schielen u. verschiedene Mißbildungen sowie durch Funktionsstörungen gekennzeichnete Form des Schwachsinns (Med.). **Mongolistik** *die;* -: wissenschaftliche Erforschung der mongolischen Sprachen. **mongoloid** [*mong.*; *gr.*]: 1. den Mongolen ähnlich (z. B. in der Gesichtsbildung). 2. die Merkmale des Mongolismus aufweisend (Med.). **Mongoloide** *der* u. *die;* -n, -n: Angehörige[r] einer nicht rein mongoliden Rasse mit mongolenähnlichen Merkmalen. **Mongoloidismus** vgl. Mongolismus

Monierbauweise [*monie...*; nach dem Erfinder, dem franz. Gärtner J. Monier, 1823–1906] *die;* -: Bauweise mit Stahlbeton

monieren [*lat.*]: etwas bemängeln, tadeln, rügen, beanstanden

Monilia [*lat.-nlat.*] *die;* -: Fruchtschimmel, Gattung der Schlauchpilze (Erreger verschiedener Pflanzenkrankheiten). **Monilia|krankheit** [*lat.-nlat.*; *dt.*] *die;* -, -en: durch → Monilia hervorgerufene Fäule des Kern- u. Steinobstes

Monismus [*gr.-nlat.*] *der;* -: Lehre, die alles aus einem Prinzip heraus erklärt, z. B. aus der Vernunft (Philos.); Ggs. → Dualismus (2). **Monist** *der;* -en, -en: Vertreter des Monismus. **monistisch**: den Monismus betreffend

Monita: *Plural* von → Monitum. **Moniteur** [*...tör*; *lat.-fr.*; „Ratgeber"] *der;* -s, -e: Anzeiger (Name französischer Zeitungen). **Monitor** [*lat.-engl.*] *der;* -s, ...oren (auch: -e): 1. Kontrollbildschirm beim Fernsehen für Redakteure, Sprecher u. Kommentatoren, die das Bild kommentieren. 2. Kontrollgerät zur Überwachung elektronischer Anlagen. 3. einfaches Strahlennachweis- u. -meßgerät (Kernphys.). 4. Gerät zur Gewinnung von lockerem Gestein mittels Druckwasserspülung (Bergw.). 5. (veraltet) Aufseher. 6. veralteter Panzerschiffstyp. **Monitorium** [*lat.-mlat.*] *das;* -s, ...ien [*...iᵉn*]: (veraltet) Mahnschreiben (Rechtsw.). **Monitum** [*lat.-nlat.*] *das;* -s, ...ta: Mahnung, Rüge, Beanstandung

mono [auch: *mono*; Kurzform von: *mono*phonisch]: einkanalig (in bezug auf Schallplatten). **Mono** [auch: *mono*] *das;* -s: Kurzform von → Monophonie. **Monochasium** [*...cha...* od. *...cha...*; *gr.-nlat.*] *das;* -s, ...ien [*...iᵉn*]: Form der Verzweigung des Pflanzensprosses, bei der ein einziger Seitenzweig jeweils die Verzweigung fortsetzt (Bot.). **Monochlamydeen** [*...chla...*, auch: *...chla...*] *die* (Plural): zusammenfassende systematische Bezeichnung für zweikeimblättrige Blütenpflanzen ohne Blütenblätter od. mit unscheinbaren kelchblattartigen Blütenblättern (Bot.). **Monochord** [*...kort*; *gr.-lat.*] *das;* -s, -e: Instrument zur Ton- u. Intervallmessung, das aus einer über einen Resonanzkasten gespannten Saite besteht (Mus.). **mono|chrom** [*...krom*; *gr.-nlat.*]: einfarbig (Kunstw.). **Mono|chrom** *das;* -s, -en: einfarbiges Gemälde. **Monochromasie** [*...kro...*] *die;* -: das Einfarbigsehen; völlige Farbenblindheit (Med.); vgl. Achromasie (2)

Mono|chromat [*...kro...*; *gr.-nlat.*] I. *das* od. *der;* -[e]s, -e: Objektiv, das nur mit Licht einer bestimmten Wellenlänge verwendet werden kann. (Phys.).
II. *der;* -en, -en: Einfarbenseher, völlig Farbenblinder (Med.)

mono|chromatisch [*...kro...*; *gr.-nlat.*]: einfarbig, zu nur einer Spektrallinie gehörend (Phys.). **Mono|chromator** *der;* -s, ...oren: Gerät zur Gewinnung einfarbigen Lichtes (Phys.). **Mono|chromie** *die;* -: Einfarbigkeit (Kunstw.). **monocolor**: (österr.) von einer Partei gebildet, Einparteien... **Monocoque** [*...kok*; *engl.*] *das;* -[s], -s: bestimmte Schalenkonstruktion bes. in Rennwagen, die das → Chassis u. den Rahmen ersetzt. **monocyclisch** vgl. monozyklisch. **Mon|odie** [*gr.-lat.*] *die;* -: (Mus.). 1. einstimmiger Gesang, Arie. 2. klare einstimmige Melodieführung mit Akkordbegleitung (Generalbaßzeitalter); vgl. Homophonie. **Mon|odik** [*gr.*] *die;* -: einstimmiger Kompositionsstil (Mus.). **mon|odisch**: a) die Monodie betreffend; b) einstimmig; vgl. homophon. **Monodistichon** [*gr.-nlat.*]: *das;* -s, ...chen: aus einem einzigen → Distichon bestehendes Gedicht. **Monodrama** *das;* -s, ...men: Drama, in dem nur eine Person auftritt; vgl. Duodrama. **monofil** [*gr.*; *lat.*]: aus einer einzigen [langen] Faser bestehend, einfädig; Ggs. → multifil. **Monofil** *das;* -[s]: aus einer einzigen Faser bestehender vollsynthetischer Faden; vgl. Multifil. **monogam** [*gr.-nlat.*]: a) von der Anlage her auf nur einen Geschlechtspartner bezogen (von Tieren u. Menschen); b) in Einehe lebend; c) mit nur einem Partner geschlechtlich verkehrend; Ggs. → polygam; vgl. ...isch/-. **Monogamie** *die;* -: a) Einehe (Völkerk.); b) geschlechtlicher Verkehr mit nur einem Partner; Ggs. → Polygamie (1b). **monogamisch**: a) die Monogamie betreffend; b) = monogam; vgl. ...isch/-. **monogen**: 1. durch nur ein → Gen bestimmt (von einem Erbvorgang); Ggs. → polygen (1). 2. aus einer einmaligen Ursache entstanden; Ggs. → polygen (2); -er Vulkan: durch einen einzigen Ausbruch entstandener Vulkan. **Monogenese** u. **Monogenesis** [auch: *...gen...*] *die;* -, ...nesen: 1. (ohne Plural) biolog. Theorie von der Herleitung jeder gegebenen Gruppe von Lebewesen aus je einer gemeinsamen Urform (Stammform); Ggs. → Polygenese. 2. ungeschlechtliche Fortpflanzung (Biol.). **Monogenetiker** *der;* -s, -: Vertreter u. Anhänger der Monogenese (1). **monogenetisch**: aus einer Urform entstanden. **Monogenie** *die;* -, ...ien: 1. bei bestimmten Tieren od. in Sonderfällen die Hervorbringung nur männlicher od. nur weiblicher Nachkommen (Biol.). 2. die Erscheinung, daß an der Ausbildung eines Merkmals eines → Phänotypus nur ein → Gen beteiligt ist (Biol.); Ggs. → Polygenie. **Monogenismus** *der;* -: 1. = Monogenese (1). 2. Lehre der kath. Theologie, nach der alle Menschen auf einen gemeinsamen Stammvater (Adam) zurückgehen; Ggs. → Polygenismus (2). **mono|glott**: nur eine Sprache sprechend. **Monogonie** *die;* -, ...ien: = Monogenese (2). **Mono|gramm** [*gr.-lat.*] *das;* -s, -e: [künstlerisch ausgeführtes] Namenszeichen, meist aus den Anfangsbuchstaben von Vor- u. Familiennamen bestehend. **monogrammieren**: (von einem Künstler) mit einem Monogramm versehen. **Mono|grammist** [*gr.-nlat.*] *der;* -en, -en: Künstler, von dem man nur das Monogramm, nicht den vollen Namen kennt. **Monographie** *die;* -, ...ien: wissenschaftliche Darstellung, die einem einzelnen Gegenstand, einer einzelnen Erscheinung gewidmet ist; Einzeldarstellung. **mono|graphisch**: nur ein einziges Problem od. eine Persönlichkeit untersuchend od. darstellend. **monohy|brid** [*gr*; *lat.*]: von Eltern, die sich nur in einem Merkmal unterscheiden, abstammend (von tierischen od. pflanzlichen Kreuzungsprodukten; Biol.); Ggs. → polyhybrid. **Monohybride** *der;* -n, -n: Bastard, dessen Eltern sich nur in einem Merkmal unterscheiden (Biol.); Ggs. → Polyhybride. **Mono|ideismus** [*gr.-nlat.*; „Einideenherrschaft"] *der*; -: 1. Beherrschtsein von einem einzigen Gedankenkomplex (Psychol.); Ggs. → Polyideismus. 2. halluzinatorische Einengung des Bewußtseins in der Hypnose (Psychol.). **monokausal**: sich auf nur eine Grundlage stützend; auf nur einen Grund zurückgehend. **Mon|okel** [(*gr.*; *lat.*) *lat.-fr.*] *das*; -s, -: Einglas; Korrekturlinse für ein Auge, die durch die Muskulatur der Augenlider gehalten wird; vgl. Binokel. **Monokini** *der*; -s, -s: = Minikini. **mono|klin** [*gr.-nlat.*]: 1. die Kristallform eines Kristallsystems (-es System) betreffend, bei dem eine Kristallachse schiefwinklig zu den beiden anderen, aufeinander senkrechten Achsen steht. 2. zweigeschlechtig (von Blüten; Bot.). **Mono|kline** *die*; -n, -n: nach einer Richtung geneigtes Gesteinspaket (Geol.). **Monokotyledone** *die*; -, -n: einkeimblättrige Pflanze (Bot.). **Mono|kratie** *die*; -, ...ien: (legitime od. illegitime) Alleinherrschaft. **monokratisch**: die Monokratie betreffend; -es System: die Leitung eines Amtes durch einen einzelnen, der mit alleinigem Entscheidungsrecht ausgestattet ist. **monokular** [(*gr.*; *lat.*) *lat.-nlat.*]: (Med.) a) mit [nur] einem Auge; b) für [nur] ein Auge. **Monokultur** [*gr.*; *lat.*] *die*; -, -en: durch ein bestimmtes Produktionsziel bedingte Form der landwirtschaftlichen Bodennutzung, bei der nur eine Nutzpflanze angebaut wird. **monolateral**: einseitig (Med.). **Monola|trie** [*gr.-nlat.*] *die*; -: Verehrung nur eines Gottes (ohne andere zu leugnen). **monolingual** [auch: *mono...*]: nur eine Sprache sprechend, verwendend; → monoglott. **monolith**: = monolithisch. **Monolith** *der*; -s od. -en, -e[n]: 1. Säule, Denkmal aus einem einzigen Steinblock. 2. festgefügter Machtblock; Staatenblock. **monolithisch**: 1. aus nur einem Stein bestehend; -e Bauweise: fugenlose Bauweise (z. B. Betonguß- od. Ziegelbauweise) im Ggs. zur Montagebauweise. 2. eine feste [u. starke] Einheit bildend. 3. aus sehr kleinen elektronischen Bauelementen untrennbar zusammengesetzt. **Monolog** [*gr.-fr.*] *der*; -[e]s, -e: a) Selbstgespräch (als literarische Form, bes. im Drama); b) [längere] Rede, die jmd. während eines Gesprächs hält; Ggs. → Dialog (a). **monologisch**: in der Form eines Monologs. **monologisieren**: innerhalb eines Gesprächs für längere Zeit allein reden. **Monologist** [*gr.-fr.-nlat.*] *der*; -en, -en: Monologsprecher (Theat.). **Monom** [*gr.-nlat.*] *das*; -s, -e: eingliedrige Zahlengröße (Math.). **monoman**: von einer einzigen Idee od. Zwangsneigung besessen (Psychol.). **Monomane** *der*; -n, -n: jmd., der an Monomanie leidet. **Monomanie** [„Einzelwahn"] *die*; -, ...ien: abnormer Zustand des Besessenseins von einer einzigen Idee od. Zwangsneigung (Psychol.). **monomanisch** = monoman. **monomer**: aus einzelnen, voneinander getrennten, selbständigen Molekülen bestehend (Chem.); Ggs. → polymer. **Monomer** *das*; -s, -e u. **Monomere** *das*; -n, -n (meist Plural): Stoff, dessen Moleküle monomer sind (Chem.). **Monometallismus** *der*; -: Währungssystem, in dem nur ein Währungsmetall als gesetzliches Zahlungsmittel anerkannt ist. **Monometer** [*gr.-lat.*] *der*; -s, -: aus nur einem → Metrum (1) bestehende metrische Einheit, die selbständig nur als Satzschluß verwendet wird (antike Metrik). **monomisch** [*gr.-nlat.*]: eingliedrig (Math.). **monomorph**: gleichartig, gleichgestaltet (in bezug auf Blüten u. Gewebe; Bot.). **Mononom** *das*; -s, -e: = Monom. **mononomisch**: = monomisch. **monophag**: (Biol.) 1. hinsichtlich der Ernährung auf nur eine Pflanzen- od. Tierart spezialisiert (von Tieren). 2. auf nur eine Wirtspflanze spezialisiert (von schmarotzenden Pflanzen). **Monophage** *der*; -n, -n (meist Plural): Tier, das in seiner Ernährung monophag (1) ist (Biol.); Ggs. → Polyphage (1). **Monophagie** *die*; -: Beschränkung in der Nahrungswahl auf eine Pflanzen- od. Tierart (Biol.). **Monopharmakon** *das*; -s, - ...ka: aus einem einzigen Wirkstoff hergestelltes Arzneimittel (Med.). **Monophasie** *die*; -: Sprachstörung mit Beschränkung des Wortschatzes auf einen Satz od. ein Wort (Med.). **Monophobie** *die*; -: Angst vor dem Alleinsein, der Einsamkeit (Psychol.). **monophon**: einkanalig (in bezug auf die Schallübertragung). **Monophonie** *die*; -: einkanalige Schallübertragung. **Monophoto** *die*; -, -s: Lichtsetzmaschine (Druckw.). **Monoph|thalmie** *die*; -: Einäugigkeit (Med.). **Mono|phthong** [*gr.*] *der*; -s, -e: einfacher Vokal (z. B. a, i); Ggs. → Diphthong. **mono|phthongieren** [...*ngg...*; *gr.-nlat.*]: einen Diphthong in einen Monophthong umwandeln (z. B. mittelhochdt. *guot* zu neuhochdt. *gut*); Ggs. → diphthongieren. **mono|phthongisch**: aus einem einzelnen Vokal bestehend; Ggs. → diphthongisch. **monophthongisieren**: = monophthongieren. **monophyletisch**: einstämmig; von einer Urform abstammend (Biol.); Ggs. → polyphyletisch. **Monophyletismus** *der*; - u. **Monophylie** *die*; -: = Monogenese (1). **Monophy|odont** *der*; -en, -en: Säugetier, bei dem kein Zahnwechsel stattfindet (Biol.). **Monophy|odontie** *die*; -: einmalige Zahnung (Med.). **Monophysit** *der*; -en, -en (meist Plural): Anhänger des Monophysitismus (z. B. die → koptischen u. die armenischen Christen). **monophysitisch**: den Monophysitismus betreffend, ihm entsprechend. **Monophysitismus** *der*; -: altkirchliche Lehre, nach der die zwei Naturen Christi (vgl. Dyophysitismus) zu einer neuen gottmenschlichen Natur verbunden sind. **Mono|plan** *der*; -s, -e: (veraltet) Eindecker (Flugw.). **Monoplatte** *die*; -, -n: Schallplatte, die (nur) monaural abgespielt werden kann. **Mono|plegie** *die*; -, ...ien: Lähmung eines einzelnen Gliedes od. Gliedabschnittes; vgl. Hemiplegie. **Monopodie** [*gr.*] *die*; -, ...ien: aus nur einem Versfuß bestehender Takt in einem Vers. **monopodisch** [*gr.-lat.*]: aus nur einem Versfuß bestehend; -e Verse: Verse, deren Monopodien gleichmäßiges Gewicht der Hebungen haben. **Monopodium** [*gr.-nlat.*] *das*; -s: einheitliche echte Hauptachse bei pflanzl. Verzweigungen (Bot.); Ggs. → Sympodium. **Monopol** [*gr.-lat.*] *das*; -s, -e: 1. Vorrecht, alleiniger Anspruch, alleiniges Recht, bes. auf Herstellung u. Verkauf eines bestimmten Produktes. 2. marktbeherrschendes Unternehmen od. Unternehmensgruppe, die auf einem Markt als alleiniger Anbieter od. Nachfrager auftritt u. damit die Preise diktieren kann. **monopolisieren** [*gr.-lat.-nlat.*]: ein Monopol aufbauen, die Entwicklung von Monopolen vorantreiben. **Monopolismus** *der*; -: auf Marktbeherrschung gerichtetes wirtschaftspolitisches Streben. **Monopolist** *der*; -en, -en: = Monopolkapitalist. **monopolistisch**: auf Marktbeherrschung und

Höchstgewinnerzielung ausgehend. **Monopolkapital** *das*; -s: Gesamtheit monopolistischer Unternehmungen. **Monopolkapitalismus** *der*; -: Entwicklungsepoche des Kapitalismus, die durch Unternehmungszusammenschlüsse mit monopolähnlichen Merkmalen gekennzeichnet ist (Schlagwort politischer Agitation). **Monopolkapitalist** *der*; -en, -en: Eigentümer eines [Industrie]unternehmens, das entweder das Angebot od. die Nachfrage auf einem Markt in sich vereinigt. **Monopoloid** [*gr.-nlat.*] *das*; -[e]s, -e: unvollständiges Monopol. **Monopoly** Ⓦⓩ *das*; -: Gesellschaftsspiel, bei dem mit Hilfe von Würfeln, Spielgeld, Anteilscheinen u. ä. Grundstücksspekulation simuliert wird. **Monoposto** [(*gr.*; *lat.*) *it.*] *der*; -s, -s: Einsitzer mit freilaufenden Rädern (Automobilrennsport). **Monopson** [*gr.-nlat.*] *das*; -s, -e: Nachfragemonopol; vgl. Monopol (2). **Mono|psychismus** [*gr.-nlat.*; „Einseelenlehre"] *der*; -: Lehre von Averroes, nach der es nur ein Seelisches gibt und alle unterschiedenen menschlichen Seelen nur leiblich bedingt sind (Philos.). **Mono|pteros** [*gr.-lat.*] *der*; -, ...eren: 1. antiker Säulentempel ohne → Cella (1). 2. Gartentempel im Barock u. Empire. **Monosac|charid** u. **Monosacharid** [...*cha*...] *das*; -[e]s, -e: einfach gebauter Zucker (z. B. → Glucose). **Monose** [*gr.-nlat.*] *die*; -, -n: = Monosaccharid. **monosem**: nur eine Bedeutung habend (von Wörtern; Sprachw.); Ggs. → polysem. **Monosemantikon** *das*; -s, ...ka: Wort für eine nur einmal vorkommende Sache (z. B. Weltall; Sonne; Sprachw.). **monosemantisch**: = monosem. **Monosemie** *die*; -: 1. das Vorhandensein nur einer Bedeutung zu einem Wort (z. B. Kugelschreiber); Ggs. → Polysemie. 2. durch Monosemierung [im Kontext] erreichte Eindeutigkeit zwischen einem sprachlichen Zeichen (Wort) u. einer zugehörigen Bedeutung. **monosemieren**: monosem machen. **Mono|skop** *das*; -s, -e: Fernsehprüfrohr. **Monosom** *das*; -s, -en: das einzeln bleibende Chromosom im diploiden Zellkern. **Mono|spermie** *die*; -, ...ien: Besamung einer Eizelle durch nur eine männliche Geschlechtszelle; Ggs. → Polyspermie. **monostabil**: einen stabilen Zustand besitzend (von elektronischen Schaltungen). **Monosticha**: *Plural* von → Monostichon. **monostichisch**: das Monostichon betreffend; aus metrisch gleichen Einzelversen bestehend (in bezug auf Gedichte); Ggs. → distichisch. **monostichitisch** = monostichisch. **Monostichon** [*gr.*] *das*; -s, ...cha: ein einzelner Vers, Einzelvers (Metrik). **monosyllabisch**: einsilbig (von Wörtern). **Monosyllabum** [*gr.-nlat.*] *das*; -s, ...ba: einsilbiges Wort (Sprachw.). **Monosyndeta**: *Plural* von → Monosyndeton. **monosyndetisch**: in der Art eines Monosyndetons (Sprachw.). **Monosyndeton** *das*; -s, ...ta: Reihe von Sätzen od. Satzteilen, vor deren letztem eine Konjunktion steht (z. B. alles lacht, jubelt und kreischt; Sprachw.). **Monotheismus** *der*; -: Glaube an einen einzigen Gott (unter Leugnung aller anderen); vgl. Henotheismus. **Monotheist** *der*; -en, -en: Bekenner des Monotheismus; jmd., der nur an einen Gott glaubt. **monotheistisch**: an einen einzigen Gott glaubend. **Monothelet** [*gr.-mlat.*] *der*; -en, -en: Vertreter des Monotheletismus. **Monotheletismus** [*gr.-nlat.*] *der*; -: altchristl. Sektenlehre, die in Christus wohl zwei unvereinigte Naturen (vgl. Dyophysitismus), aber nur einen gottmenschlichen Willen (vgl. Monophysitismus) wirksam glaubte. **monoton** [*gr.-lat.-fr.*]: gleichförmig, ermüdend-eintönig; -e Funktion: eine entweder dauernd steigende od. dauernd fallende → Funktion (2; Math.). **Monotonie** *die*; -, ...ien: Gleichförmigkeit, Eintönigkeit. **Monotonometer** [*gr.-nlat.*] *das*; -s, -: Gerät zur Untersuchung der Auswirkung eintöniger, ermüdend wirkender Arbeit (Psychol.). **Mono|tremen** *die* (Plural): = Kloakentiere. **monotrop** [*gr.-lat.*]: beschränkt anpassungsfähig (Biol.). **Mono|tropie** [*gr.-nlat.*] *die*; -: nur in einer Richtung mögliche Umwandelbarkeit der Zustandsform eines Stoffes in eine andere (Chem.). **Monotype** Ⓦⓩ [...*taip*; *gr.-engl.*] *die*; -, -s: Gieß- u. Setzmaschine für Einzelbuchstaben (Druckw.). **Monotypie** [*gr.-nlat.*] *die*; -, ...ien: 1. ein graphisches Verfahren, das nur einen Abdruck gestattet (Kunstw.). 2. im Monotypieverfahren hergestellte Reproduktion. **monovalent** [...*wa*...; *gr.*; *lat.*]: einwertig (Chem.). **Monoxyd** [auch: ...*üt*], (chem. fachspr.:) Mon|oxid *das*; -[e]s, -e: Oxyd, das ein Sauerstoffatom enthält; Stickoxyd. **Mon|özie** [*gr.-nlat.*] *die*; -: Einhäusigkeit; das Vorkommen männlicher u. weiblicher Blüten auf einem Pflanzenindividuum (Bot.). **mon|özisch**: männliche u. weibliche Blüten auf einem Pflanzenindividuum aufweisend; einhäusig (Bot.). **monozygot**: eineiig; aus einer einzigen befruchteten Eizelle stammend (von Mehrlingen). **monozy|klisch**, (chem. fachspr.:) monocy|clisch [...*zük*..., auch: ...*zük*...]: nur einen [Benzol]ring im Molekül aufweisend (von organischen chem. Verbindungen); Ggs. → polyzyklisch. **Monozyt** *der*; -en, -en (meist Plural): großer Leukozyt; größtes Blutkörperchen im peripheren Blut (Med.). **Monozytose** *die*; -, -n: krankhafte Vermehrung der Monozyten (z. B. bei → Malaria; Med.)

Monroedok|trin [*monro*...; *amerik.*] *die*; -: von dem früheren amerikanischen Präsidenten Monroe aufgestellter Grundsatz der gegenseitigen Nichteinmischung

Monsei|gneur [*mongßänjör*; *lat.-fr.*] *der*; -s, -e u. -s: 1. Titel der franz. Ritter, später der Prinzen usw.; Abk.: Mgr. 2. Titel für hohe Geistliche; Abk.: Mgr. **Monsieur** [*m^eßjö*; „mein Herr"] *der*; -[s], Messieurs [*mäßjö*]: franz. Bezeichnung für: Herr; als Anrede ohne Artikel; Abk.: M., Plural: MM. **Monsi|gnore** [*monßinjor^e*; *lat.-it.*; „mein Herr"] *der*; -[s], ...ri: a) Titel hoher katholischer Geistlicher in Italien; b) in Deutschland Titel der päpstlichen Geheimkämmerer; Abk.: Mgr., Msgr.

Monster [*lat.-fr.-engl.*] *das*; -s, -: Ungeheuer

Monstera [*nlat.*; Herkunft unsicher] *die*; -, ...rae [...*rä*]: → Philodendron, Gattung der tropischen Aronstabgewächse (Zimmerpflanze)

Monsterfilm *der*; -[e]s, -e: 1. (auch: Monstrefilm) Film, der mit einem Riesenaufwand an Menschen u. Material gedreht wird. 2. Film, in dem → Monster die Hauptrolle spielen. **Mon|stra**: *Plural* von → Monstrum. **Monstranz** [*lat.-mlat.*] *die*; -, -en: meist kostbares Gefäß zum Tragen u. Zeigen der geweihten → Hostie. **Mon|strefilm** vgl. Monsterfilm (1). **Mon|stren**: *Plural* von → Monstrum. **mon|strös** [*lat.* (-*fr.*)]: 1. ungeheuerlich. 2. mißgestaltet (Med.). **Mon|strosität** *die*; -, -en: 1. Ungeheuerlichkeit. 2. Mißbildung, Mißgeburt (Med.). **Mọnstrum** *das*; -s, ...ren u. ...ra: 1. Ungeheuer. 2. großer, unförmiger Gegenstand; etwas Riesiges. 3. Mißbildung, Mißgeburt (Med.)

Monsụn [*arab.-port.-engl.*] *der*; -s, -e: a) jahreszeitlich wechselnder Wind in Asien; b) die mit dem Sommermonsun einsetzende Regenzeit [in Süd- u. Ostasien]. **monsụnisch**: den Monsun betreffend, vom Monsun beeinflußt

Montage [*montạsch*[e], auch: *mong...*; *lat.-vulgärlat.-fr.*] *die*; -, -n: 1. a) das Zusammensetzen [einer Maschine, technischen Anlage] aus vorgefertigten Teilen zum fertigen Produkt; b) das Aufstellen u. Anschließen [einer Maschine] zur Inbetriebnahme. 2. Kunstwerk (Literatur, Musik, bildende Kunst), das aus ursprünglich nicht zusammengehörenden Einzelteilen zu einer neuen Einheit zusammengesetzt ist. 3. a) künstlerischer Aufbau eines Films aus einzelnen Bild- u. Handlungseinheiten; b) der zur letzten bildwirksamen Gestaltung eines Films notwendige Feinschnitt mit den technischen Mitteln der Ein- u. Überblendung und der Mehrfachbelichtung. **Monta|gnard** [*mongtanjạr*] *der*; -s, -s: Mitglied der Bergpartei während der Französ. Revolution (nach den höher gelegenen Plätzen in der verfassunggebenden Versammlung.

Montague-Grammatik [*mọntägju-*; nach dem Sprachwissenschaftler R. Montague] *die*; -: grammatisches Modell zur Beschreibung natürlicher Sprachen auf mathematisch-logischer Basis

montạn [*lat.*]: Bergbau und Hüttenwesen betreffend. **Montạngesellschaft** *die*; -, -en: Handelsgesellschaft, die den Bergbau betreibt. **Montan|indu|strie** *die*; -, -n: Gesamtheit der bergbaulichen Industrieunternehmen

Montanịsmus [*lat.-nlat.*; nach dem Begründer Montạnus] *der*; -: schwärmerische, sittenstrenge christliche Sekte in Kleinasien (2.–8. Jh.)

Montanịst [*lat.-nlat.*] *der*; -en, -en: I. Fachmann im Bergbau u. Hüttenwesen.

II. Anhänger des Montanismus

montanịstisch [*lat.-nlat.*]: = montan. **Montạnwachs** [*lat.*; *dt.*] *das*; -es: → Bitumen der Braunkohle

Montbretie [*mongbrẹzi*[e]; *nlat.*; nach dem franz. Naturforscher A. F. E. C. de Montbret (*...brẹ*), † 1801] *die*; -, -n: Gattung der Irisgewächse (südafrikan. Zwiebelpflanzen)

Mọntes [*lat.-it.*] *die* (Plural): ital. Staatsanleihen im Mittelalter.

Monteur [*...tọ̈r*, auch: *mong...*; *lat.-vulgärlat.-fr.*] *der*; -s, -e: Montagefacharbeiter

Montgolfiere [*monggolfiạ̈r*[e]; *fr.*; nach den Erfindern, den Brüdern Montgolfier (*...fiẹ*)] *die*; -, -n: Warmluftballon; vgl. Charlière

montiẹren [*lat.-vulgärlat.-fr.*]: 1. eine Maschine o. ä. aus Einzelteilen zusammensetzen u. betriebsbereit machen. 2. etwas an einer bestimmten Stelle mit techn. Hilfsmitteln anbringen; installieren. 3. etwas aus nicht zusammengehörenden Einzelteilen zusammensetzen, um einen künstlerischen Effekt zu erzielen. 4. einen Edelstein fassen. **Montiẹrung** *die*; -, -en: (veraltet) Uniform.

Montụr *die*; -, -en: 1. (veraltet) Uniform, Dienstkleidung. 2. einteiliger Arbeitsanzug. 3. Unterbau für eine Perücke. 4. Fassung für Edelsteine

Monumẹnt [*lat.*] *das*; -[e]s, -e: 1. [großes] Denkmal. 2. [wichtiges] Zeichen der Vergangenheit, Erinnerungszeichen. **monumentạl**: 1. denkmalartig. 2. gewaltig, großartig. **Monumentalitạ̈t** [*lat.-nlat.*] *die*; -: eindrucksvolle Größe, Großartigkeit

Moonboot [*mụ́nbụt*; *engl.*] *der*; -s, -s (meist Plural): dick gefütterter Winterstiefel [aus Kunststoff]

Moorelampe [*mụr...*; nach dem nordamerik. Physiker Moore] *die*; -, -n: Hochspannungsleuchtröhre mit Kohlendioxydfüllung.

Moorelicht *das*; -[e]s: a) das von der Moorelampe ausgestrahlte Licht; b) (veraltet) das von Gasentladungen ausgesandte Licht

Mọp [*engl.*] *der*; -s, -s: Staubbesen mit [ölgetränkten] Fransen

Mọped [*...pät*, auch: *mọ́pẹt*; Kurzw. aus: *Mo*torveloz*ped* od. *Mo*tor u. *Ped*al] *das*; -s, -s: a) Fahrrad mit Hilfsmotor; b) Kleinkraftrad mit höchstens 50 ccm Hubraum und einer gesetzlich festgelegten Höchstgeschwindigkeit von 40 km/h

mọppen [*engl.*]: mit dem Mop saubermachen

Moquette [*mokạ̈t*] vgl. Mokett

Mọra

I. [*it.*] *die*; -: ital. Fingerspiel.

II. (auch:) Mọre [*lat.*; „das Verweilen, Verzögerung"] *die*; -, Mọren: 1. kleinste Zeiteinheit im Verstakt, der Dauer einer kurzen Silbe entsprechend. 2. (veraltet) [Zahlungs-, Weisungs]verzug

Morạl [*lat.-fr.*] *die*; -, -en (Plural selten): 1. System von auf Tradition, Gesellschaftsform, Religion beruhenden sittlichen Grundsätzen u. Normen, das zu einem bestimmten Zeitpunkt das zwischenmenschliche Verhalten reguliert. 2. (ohne Plural) Stimmung, Kampfgeist. 3. philosophische Lehre von der Sittlichkeit. 4. das sittliche Verhalten eines einzelnen od. einer Gruppe. 5. (ohne Plural) lehrreiche Nutzanwendung. **Moralịn** [*nlat.*] *das*; -s: heuchlerische Entrüstung in moralischen Dingen; enge, spießbürgerliche Sittlichkeitsauffassung. **Moral insanity** [*mọr*[e]*l inßạ̈niti*; *engl.*] *die*; - -: Defekt der moralischen Gefühle u. Begriffe [bei normaler Intelligenz] (Med.; Psychol.). **moralịnsauer** [*nlat.*; *dt.*]: heuchlerisch moralisch (3). **morạlisch** [*lat.-fr.*]: 1. der Moral (1) entsprechend, sie befolgend, im Einklang mit den [eigenen] Moralgesetzen stehend. 2. die Moral (3) betreffend. 3. sittenstreng, tugendhaft. 4. eine Moral (5) enthaltend. 5. (veraltet) geistig, nur gedanklich, nicht körperlich. **moralisiẹren**: 1. moralische (1) Überlegungen anstellen. 2. die Moral (2, 4) verbessern. 3. sich für sittliche Dinge ereifern, den Sittenprediger spielen. **Moralịsmus** [*nlat.*] *der*; -: 1. Anerkennung der Sittlichkeit als Zweck u. Sinn des menschlichen Lebens. 2. [übertriebene] Beurteilung aller Dinge unter moralischen Gesichtspunkten. **Moralịst** *der*; -en, -en: Vertreter des Moralismus (1), Moralphilosoph, Sittenlehrer. 2. (abschätzig) Sittenrichter. **moralịstisch**: den Moralismus betreffend, ihm gemäß handelnd.

Moralitạ̈t [*lat.-fr.*] *die*; -, -en: 1. (ohne Plural) moralische Haltung, moralisches Bewußtsein; sittliches Empfinden, Verhalten; Sittlichkeit. 2. mittelalterliches Drama von ausgeprägt lehrhafter Tendenz mit Personifizierung u. Allegorisierung abstrakter Begriffe wie Tugend, Laster, Leben, Tod o. ä. (Literaturw.)

Morạ̈ne [*fr.*] *die*; -, -n: vom Gletscher bewegter u. abgelagerter Gesteinsschutt (Grund-, Seiten-, Mittel-, Innen- u. Endmoräne)

Morạst [*germ.-fr.-niederd.*] *der*; -[e]s, -e u. Morạ̈ste: a) sumpfige, schwarze Erde, Sumpfland; b) Sumpf, Schmutz (bes. in sittlicher Beziehung)

Moratọrium [*lat.-mlat.*] *das*; -s, ...ien [*...i*[e]*n*]: gesetzlich angeordneter od. [vertraglich] vereinbarter Aufschub, bes. einer fälligen Zahlung

Morbi: *Plural* von → Morbus. **morbid** [*lat.-fr.*]: 1. kränklich, krankhaft; angekränkelt (Med.). 2. im [sittlichen] Verfall begriffen. **Morbidezza** [*lat.-it.*] *die*; -: (veraltet) Weichheit, Weichlichkeit (in der Malerei). **Morbidität** [*lat.-nlat.*] *die*; -: Krankheitsstand, -zahl; zahlenmäßiges Verhältnis zwischen Kranken u. Gesunden (Med.). **Morbilli** [*lat.*] *die* (Plural): Masern; Viruskrankheit (bes. im Kindesalter) mit rötlichem Ausschlag. **morbiphor** [*lat.*; *gr.*]: ansteckend, Krankheiten übertragend (Med.). **mor|bleu**! [*morblö*; *lat.-fr.*]: (veraltet) verwünscht, potztausend! **Morbosität** [*lat.*] *die*; -: Kränklichkeit, Siechtum (Med.). **Morbus** *der*; -, ...bi: Krankheit (Med.); - sacer [- *sa-z^e r*; „heilige Krankheit"]: Epilepsie

Morcellement [*...ßäl^e mang*; *lat.-fr.*] *das*; -s: Zerstückelung sehr großer Tumoren zur besseren Entfernung (Med.)

Mordants [*...dang*; *lat.-fr.*] *die* (Plural): Ätzmittel, ätzende Pasten, die mit dem Pinsel auf die Platte aufgetragen werden (Graphik). **Mordazität** [*lat.*; „Bissigkeit"] *die*; -: Ätzkraft (Chemie). **Mordent** [*lat.-it.*; „Beißer"] *der*; -s, -e: musikalische Verzierung, die aus einfachem od. mehrfachem Wechsel einer Note mit ihrer unteren Nebennote besteht; Pralltriller (Mus.)

More

I. vgl. Mora (II).

II. [*lat.*] *die*; -, -n: (alemann.) Mutterschwein

more geome|trico [- *...ko*; *lat.*; *gr.-lat.*; „nach der Art der Geometrie"] *die*; - -: philosophische Methode der → Deduktion von Sätzen aus Prinzipien u. Axiomen nach Art der Mathematik (Philos.)

Morelle u. Marelle [*roman.*] *die*; -, -n: eine Sauerkirsche[nart]

Moren: *Plural* von → Mora (II) u. → More (II)

morendo [*lat.-it.*]: hinsterbend, erlöschend, verhauchend (Vortragsanweisung; Mus.). **Morendo** *das*; -s, -s u. ...di: hinsterbende, erlöschende, verhauchende Art des Spiels (Mus.)

Mores [*lat.*] *die* (Plural): Sitte[n], Anstand; jmdn. - lehren = jmdn. energisch zurechtweisen

Moresca vgl. Morisca. **Moreske** u. Maureske [*gr.-lat.-span.-fr.*] *die*; -, -n: aus der islamischen Kunst übernommenes Flächenornament aus schematischen Linien u. stilisierten Pflanzen

morganatisch [*mlat.*]: nicht standesgemäß (in bezug auf die Ehe); -e Ehe: (hist.) Ehe zur linken Hand, nicht standesgemäße Ehe (Rechtsw.)

Morganismus [*nlat.*; nach dem nordamerik. Zoologen Th. H. Morgan (*mo^r g^e n*), 1866–1945] *der*; -: moderne Vererbungslehre

Morgue [*morg*; *germ.-fr.*] *die*; -, -n [*...g^e n*]: Leichenschauhaus [in Paris]

Moria [*gr.*] *die*; -: Narrheit, leichte geistige Störung mit krankhafter Geschwätzigkeit u. Albernheit (Med.)

moribund [*lat.*]: im Sterben liegend; sterbend; dem Tode geweiht (Med.)

Morinell [*span.*] *der*; -s, -e: Schnepfenvogel in Schottland u. Skandinavien

Morion [*gr.-lat.*] *der*; -s: dunkelbrauner bis fast schwarzer Bergkristall (Rauchquarz)

Morisca u. Moresca [*...ka*; *gr.-lat.-span.*; „Maurentanz"] *die*; -: (hist.) maurischer, Sarazenenkämpfe schildernder, mäßig schneller, mit Schellen an den Füßen getanzter Tanz. **Moriske** *der*; -n, -n (meist Plural): nach der arabischen Herrschaft in Spanien zurückgebliebener Maure, der [nach außen hin] Christ war

Mormone [nach dem Buch Mormon des Stifters Joseph Smith, 1805–1844] *der*; -n, -n: Angehöriger einer → chiliastischen Sekte in Nordamerika (Kirche Jesu Christi der Heiligen der letzten Tage)

moros [*lat.*]: (veraltet) mürrisch, verdrießlich. **Morosität** *die*; -: (veraltet) Grämlichkeit, Verdrießlichkeit

Morph *das*; -s, -e: kleinstes formales, bedeutungstragendes Bauelement in der Rede (→ Parole), noch nicht klassifiziertes Morphem (z. B. besteht Schreib-tisch-e aus 3 Morphen; Sprachw.); vgl. Morphem. **Morph|allaxis** [*gr.-nlat.*] *die*; -: Ersatz verlorengegangener Körperteile durch Umbildung u. Verlagerung bereits vorhandener Teile (Biol.). **Morphe** [*gr.*] *die*; -: Gestalt, Form, Aussehen, → Eidos (1). **Morphem** [*gr.-nlat.*] *das*; -s, -e: kleinste bedeutungstragende Gestalteinheit in der Sprache (vgl. Langue), → Monem, kleinstes sprachliches Zeichen (Sprachw.); freies -: isoliert auftretendes Morphem als eigenes Wort (z. B. Tür, gut); vgl. Lexem; gebundenes -: Morphem, das nur zusammen mit anderen Morphemen auftritt (z. B. aus- in *aus*fahren, -en in Frau*en*). **Morphematik** *die*; -: Wissenschaft von den Morphemen. **morphematisch**: das Morphem betreffend. **Morphemik** *die*; -: = Morphematik. **Morpheus** [*gr.-lat.*; griechischer Gott des Schlafes]: in der Wendung: in - Armen: schlafend, im Schlafe. **Morphin** [*gr.-nlat.*; nach dem griech. Gott Morpheus] *das*; -s: Hauptalkaloid des Opiums, Schmerzlinderungsmittel; vgl. Morphium. **Morphinismus** *der*; -: Morphinsucht; chronische Morphinvergiftung mit allgemeinem körperlichen Verfall u. seelischer Zerrüttung. **Morphinist** *der*; -en, -en: Morphinsüchtiger. **Morphium** *das*; -s: allgemeinsprachlich für: Morphin. **Morphogenese** und **Morphogenesis** *die*; -, ...nesen: Ausgestaltung und Entwicklung von Organen od. Geweben eines pflanzlichen od. tierischen Organismus (Biol.). **morphogenetisch**: gestaltbildend (Biol.). **Morphogenie** *die*; -, ...ien: = Morphogenese. **Morpho|graphie** *die*; -: (veraltet) Gestaltenbeschreibung und -wissenschaft, bes. von der Erdoberfläche. **morpho|graphisch**: (veraltet) gestaltbeschreibend. **Morphologe** *der*; -n, -n: 1. Wissenschaftler auf dem Gebiet der Morphologie. 2. = Geomorphologe. **Morphologie** *die*; -: 1. Wissenschaft von den Gestalten und Formen. 2. Wissenschaft von der Gestalt u. dem Bau des Menschen, der Tiere u. Pflanzen (Med.; Biol.). 3. Wissenschaft von den Formveränderungen, denen die Wörter durch → Deklination (1) u. → Konjugation (1) unterliegen, Formenlehre (Sprachw.). 4. = Geomorphologie. 5. Teilgebiet der → Soziologie, das sich mit der Struktur der Gesellschaft befaßt (z. B. mit Bevölkerungsdichte, Geschlecht, Alter, Berufen u. ä.). **morphologisch**: die äußere Gestalt betreffend, der Form nach; vgl. auch geomorphologisch. **Morphome|trie** *die*; -, ...ien: 1. Gestaltmessung, Ausmessung der äußeren Form (z. B. von Körpern, Organen). 2. Zweig der → Geomorphologie mit der Aufgabe, die Formen der Erdoberfläche durch genaue Messungen zu erfassen. **morphomeltrisch**: durch Messungen erfaßt (von Geröllen; Geol.). **Morphonem** u. Morphophonem *das*; -s, -e: Variation eines → Phonems, das im gleichen Morphem bei unterschiedlicher Umgebung auftaucht (z. B. i/a/u in b*i*nden, b*a*nd, geb*u*nden). **Morphonologie** u. Morphophonologie *die*; -: Teilgebiet der → Linguistik, auf dem man sich mit den Beziehungen zwischen Phonologie u. Morphologie befaßt. **Morphophonem** vgl. Morphonem. **Morphophonologie** vgl. Morphonologie. **Morphosyntax** *die*; -: → Syntax der äußeren Form eines Satzes; formale Syntax (Sprachw.); Ggs. → Nomosyntax

Morsealphabet [nach dem nordamerik. Erfinder S. Morse, 1791–1872] *das*; -[e]s: Punkt-Strich-Kombinationen zur Darstellung des Abc, die durch kurze u. lange Stromimpulse, Lichtsignale u. a. übermittelt werden; Telegrafenalphabet. **Morseapparat** *der*; -[e]s, -e: erster Telegrafenapparat

Morselle [*lat.-fr.*] *die*; -, -n: aus Zuckermasse gegossenes Täfelchen mit Schokolade, Mandeln u. a.

Mortadella [*gr.-lat.-it.*] *die*; -, -s: eine ital. → Zervelatwurst; eine Brühwurst aus Schweine- u. Kalbfleisch, Speckwürfeln u. Zunge

Mortalität [*lat.*] *die*; -: Sterblichkeit, Sterblichkeitsziffer, Verhältnis der Zahl der Todesfälle zur Gesamtzahl der berücksichtigten Personen (Med.). **Mortifikation** [*...zion*] *die*; -, -en: 1. (veraltet) Kränkung. 2. Abtötung [der Begierden in der Askese]. 3. Gewebstod, Absterben von Organen od. Geweben (Med.). 4. Ungültigkeitserklärung; Tilgung (Rechtsw.). **mortifizieren**: 1. (veraltet) demütigen, beleidigen. 2. kasteien. 3. absterben [lassen], abtöten. 4. tilgen, für ungültig erklären. **Mortuarium** *das*; -s, ...ien [*...i^e^n*]: 1. im Mittelalter beim Tod eines Hörigen von den Erben zu entrichtender Betrag. 2. Bestattungsort

Morula [*lat.-nlat.*] *die*; -: maulbeerähnlicher, kugeliger Zellhaufen, der nach mehreren Furchungsteilungen aus der befruchteten Eizelle entsteht (Biol.)

Mosaik [*gr.-lat.-mlat.-it.-fr.*] *das*; -s, -en (auch: -e): 1. flächiges Bildwerk aus verschiedenfarbigen Steinen od. Glassplittern zur Verzierung von Fußböden u. Mauern. 2. eine aus vielen kleinen Teilen zusammengesetzte Einheit. **Mosaikglas** *das*; -es: antikes → Millefioriglas. **Mosaikgold** das; -es: = Musivgold

mosaisch [*hebr.-gr.-nlat.*; nach Moses, dem Stifter der israelitischen Religion]: jüdisch, israelitisch (in bezug auf den Glauben). **Mosaismus** *der*; -: (veraltet) Judentum

Mosaist *der*; -en, -en: (veraltet) = Mosaizist. **mosaistisch**: Mosaiken betreffend. **Mosaizist** [*gr.-lat.-mlat.-it.-fr.-nlat.*] *der*; -en, -en: Künstler, der mit → Musivgold arbeitet od. Mosaiken herstellt

Moschaw [*hebr.*] *der*; -s, ...wim: Genossenschaftssiedlung von Kleinbauern mit Privatbesitz in Israel

Moschee [*arab.-span.-it.-fr.*] *die*; -, ...scheen: islamische Kultstätte

Moschus [*sanskr.-pers.-gr.-lat.*] *der*; -: Duftstoff aus der Moschusdrüse der männlichen Moschustiere. **Moschusbock** *der*; -[e]s, ...böcke: grün od. blau glänzender Bockkäfer, der nach Moschus riecht. **Moschus|tier** *das*; -[e]s, -e: geweihlose, kleine Hirschart Zentralasiens (liefert Moschus)

Moses [*hebr.-gr.-lat.*; Stifter der israelitischen Religion] *der*; -, -: 1. (seemännisch spöttisch) jüngstes Besatzungsmitglied an Bord, Schiffsjunge. 2. Beiboot einer Jacht, kleinstes Boot

Moskito [*lat.-span.*] *der*; -s, -s (meist Plural): Stechmücke

Moslem [*arab.*] *der*; -s, -s u. Muslim *der*; -[s], -e u. -s: Anhänger des Islams (Mohammedaner); Muselman. **mosleminisch** u. **moslemisch** u. muslimisch: = mohammedanisch, → muselmanisch. **Moslime** u. Muslime *die*; -, -n: Mohammedanerin; → Muselmanin

mosso [*lat.-it.*]: bewegt, lebhaft (Vortragsanweisung; Mus.); molto -: sehr viel schneller; più -: etwas schneller

Motel [*mot^e^l*, auch: *motäl*; *amerik.* Kurzw. für *mo*torists ho*tel*] *das*; -s, -s: an Autobahnen o. ä. gelegenes → Hotel mit Garagen [u. Tankstelle]

Motette [*lat.-vulgärlat.-it.*] *die*; -, -n: mehrstimmiger, auf einen Bibelspruch aufbauender Kirchengesang ohne Instrumentalbegleitung. **Motettenpassion** *die*; -, -en: im Motettenstil vertonte Passionserzählung

Motilität [*lat.-nlat.*] *die*; -: Gesamtheit der unwillkürlichen (reflektorischen, vegetativ gesteuerten) Muskelbewegungen; Ggs. → Motorik (1a; Med.). **Motion** [*...zion*; *lat.-fr.*] *die*; -, -en: 1. (veraltet) [Leibes]bewegung. 2. (schweiz.) schriftlicher Antrag in einem Parlament. 3. Abwandlung bes. des Adjektivs nach dem jeweiligen Geschlecht (Sprachw.); vgl. movieren. **Motionär** *der*; -s, -e: (schweiz.) jmd., der eine Motion (2) einreicht.

Motion-Picture [*mo^u^sch^e^n piktsch^e^r*; *lat.-fr.-engl.*] *das*; -[s], -s: englische Bezeichnung für: Film, Spielfilm. **Motiv** [*lat.-mlat.* (*-fr.*)] *das*; -s, -e [*...w^e^*]: 1. Beweggrund, Antrieb, Ursache; Zweck; Leitgedanke. 2. Gegenstand einer künstlerischen Darstellung; Vorlage (bild. Kunst; Lit.). 3. kleinste, gestaltbildende musikalische Einheit [innerhalb eines Themas] (Mus.). **Motivation** [*...wazion*; *lat.-mlat.-nlat.*] *die*; -, -en: 1. Summe der Beweggründe, die das menschliche Handeln auf den Inhalt, die Richtung u. die Intensität hin beeinflussen; vgl. → extrinsische, → intrinsische Motivation. 2. Durchschaubarkeit einer Wortbildung in bezug auf die Teile, aus denen sie zusammengesetzt ist (Sprachw.). 3. das Motiviertsein; Ggs. → Demotivation (2); vgl. ...[at]ion/...ierung. **motivational**: auf Motivation (1) beruhend, sie betreffend (Psychol.). **Motivforschung** *die*; -, -en: Teil der Marktforschung, der die psychol. Motive für das Verhalten u. Handeln [der Käufer] untersucht. **motivieren** [*...wir^e^n*; *lat.-mlat.-fr.*]: 1. begründen. 2. zu etwas anregen, veranlassen; Ggs. → demotivieren. **motiviert**: als Wort in der semantischen Struktur durchsichtig u. in → Lexeme zerlegbar (z. B. *mannbar, männlich* im Unterschied zu *Mann*; Sprachw.); Ggs. → arbiträr (2). **Motivierung** *die*; -, -en: das Motivieren; vgl. ...[at]ion/...ierung. **Motivik** [*...wik*; *lat.-mlat.-nlat.*] *die*; -: Kunst der Motivverarbeitung in einem Tonwerk (Mus.). **motivisch** [*...wisch*]: a) das Motiv betreffend; b) die Motivik betreffend

Motoball [*fr.*] *der*; -s: Fußballspiel auf Motorrädern; Motorradfußball. **Moto-Cross** [*engl.*] *das*; -, -e: Gelände-, Vielseitigkeitsprüfung für Motorradsportler; vgl. Auto-Cross. **Moto|drom** [(*lat.*; *gr.*) *fr.*] *das*; -s, -e; Rennstrecke (Rundkurs) für Motorsportveranstaltungen. **Motor** [*lat.*; „Beweger"] der; -s, ...oren, auch: Motor der; -s, -e: 1. Maschine, die Kraft erzeugt u. etwas in Bewegung setzt. 2. Kraft, die etwas antreibt; jmd., der etwas voranbringt. **Motorik** [*lat.-nlat.*] *die*; -: 1. a) Gesamtheit der willkürlichen aktiven Muskelbewegungen (Med.); Ggs. → Motilität; b) die Bewegungen (→ Gestik, → Mimik) eines Menschen als Ausdruck der Persönlichkeit (Psychol.). 2. gleichmäßige, motorartige Rhythmik (Mus.). 3. die Gesamtheit von [gleichförmigen, regelmäßigen] Bewegungsabläufen. **Motoriker** *der*; -s, -: Menschentyp, der vorwiegend mit Bewegungsvorstellungen arbeitet (Psychol.). **motorisch** [*lat.*]: 1. bewegend; der Bewegung dienend, von einem Motor angetrieben. 2. die Motorik (1a) betreffend. 3. einen Muskelreiz aussendend u. weiterleitend (von Nerven; Med.). 4. von motorartiger, eintönig hämmernder Rhythmik (Mus.). 5. gleichförmig, automatisch ablaufend. **motorisieren** [*lat.-fr.*]: 1. mit Kraftmaschinen, -fahrzeugen ausstatten. 2. sich -: sich ein Kraftfahrzeug anschaffen. **Motorisierung** *die*; -, -en: das Ausstatten mit einem Motor (1) bzw. mit Kraftfahrzeugen

Motto [*lat.-vulgärlat.-it.*] *das*; -s, -s: Denk-, Wahl-, Leitspruch; Kennwort

Motu|pro|prio [*lat.*; „aus eigenem Antrieb"] *das*; -s, -s: (nicht auf Eingaben beruhender) päpstlicher Erlaß

Mouche [*musch*; *fr.*; „Fliege"] die; -, -s [*musch*]: 1. Schönheitspflästerchen. 2. Treffer in den absoluten Mittelpunkt der Zielscheibe beim Schießen. **Mouches volantes** [*musch wolangt*; *fr.*; „fliegende Mücken"] *die* (Plural): Mückensehen, eine Sehstörung (Med.)

mouillieren [*mujir^en*; *lat.-vulgärlat.-fr.*]: bestimmte Konsonanten mit Hilfe von j erweichen (z. B. l in brillant [= *briljant*]). **Mouillierung** *die*; -, -en: Vorgang des Mouillierens

Moulage [*mulasch^e*; *lat.-fr.*] *der*; -, -s (auch: *die*; -, -n): Abdruck, Abguß, bes. farbiges anatomisches Wachsmodell [von Organen]

Moulinage [*mulinasch^e*; *lat.-fr.*] *die*; -: (veraltet) Zwirnen der Seide. **Mouliné** [*...ne*] *der*; -s, -s: 1. Zwirn aus verschiedenfarbigen Garnen. 2. gesprenkeltes Gewebe aus Moulinégarnen. **moulinieren** u. mulinieren: Seidenfäden zwirnen

Mound [*maund*; *engl.*] *der*; -s, -s: vorgeschichtlicher Grabhügel, Verteidigungsanlage u. Kultstätte in Nordamerika

Mount [*maunt*; *engl.*] *der*; -s, -s: engl. Bezeichnung für: Berg

Mousse [*muß*; *fr.*; „Schaum"] *die*; -, -s [*muß*]: schaumartige [Süß]-speise

Mousseline [*muß...*] vgl. Musselin

Mousseron [*muß^erong*] vgl. Musseron

Mousseux [*mußö*; *fr.*] *der*; -, -: Schaumwein. **moussieren**: (von Wein, Sekt) perlen, in Bläschen schäumen

Moustérien [*mußteriäng*; *fr.*; nach dem franz. Fundort Le Moustiers (*l^e mußtje*)] *das*; -[s]: Kulturstufe der älteren Altsteinzeit (Anthropol.)

Movens [*mowänß*; *lat.*] *das*; -: bewegender Grund, Antriebskraft. **Movie** [*muwi*; *lat.-fr.-engl.-amerik.*] *das*; -[s], -s (meist Plural): amerikan. Bezeichnung für: Unterhaltungsfilm, Kino. **movieren** [*mowir^en*; *lat.*]: (Sprachw.) 1. ein Wort, bes. ein Adjektiv, nach dem jeweiligen Geschlecht abwandeln; vgl. Motion (3). 2. die weibliche Form zu einer männlichen Personenbezeichnung bilden (z. B. Lehrer*in*). **Movierung** *die*; -, -en: das Movieren. **Movimento** [*mowi...*; *lat.-it.*] *das*; -s, ...ti: ital. Bezeichnung für: Zeitmaß, Tempo (Mus.)

Moxa [*jap.-engl.* u. *fr.* u. *span.*] *die*; -, ...xen: 1. (in Ostasien, bes. in Japan) als Brennkraut verwendete Beifußwolle. 2. = Moxibustion. **Moxibustion** [*jap.*; *lat.*] *die*; -: ostasiatische Heilmethode, die durch Einbrennen von Moxa (1) in bestimmte Hautstellen eine Erhöhung der allgemeinen Abwehrreaktion bewirkt

Moz|araber [*arab.-span.*] *die* (Plural): die unter arabischer Herrschaft lebenden spanischen Christen der Maurenzeit (711–1492). **moz|arabisch**: die Mozaraber betreffend

Mozetta u. **Mozzetta** [*it.*] *die*; -, ...tten: vorn geknöpfter Schulterkragen mit kleiner Kapuze für hohe katholische Geistliche

Mr. Brown [*mißt^er braun*; *engl.-amerik.*] *der*; - -, - -: (vulgär) männlicher After; vgl. Miss Brown

Muchtar [*arab.-türk.*] *der*; -s, -s: türkischer Dorfschulze, Ortsvorsteher

Muckraker [*makre'k^er*; *engl.-amerik.*] *der*; -s, -[s]: Journalist od. Schriftsteller (bes. in den USA zu Beginn dieses Jh.s), der soziale, politische, ökonomische Mißstände aufdeckt u. an die Öffentlichkeit bringt

Mucor [*...kor*; *lat.*] *der*; -: ein Schimmelpilz (z. B. auf Brot)

Mudejarstil [*mudächar...*] *der*; -[e]s: nach den Mudejaren [*mudächar^en*], den arabischen Künstlern u. Handwerkern, benannter span. Kunststil (12.–16. Jh.)

Mudir [*arab.(-türk.)*] *der*; -s, -e: 1. Leiter eines Verwaltungsbezirks (in Ägypten). 2. Beamtentitel in der Türkei. **Mudirije** *die*; -, -n u. -s: Verwaltungsgebiet, Provinz (in Ägypten)

Mudlumps [*madlampß*; *engl.*] *die* (Plural): Schlammvulkane im Mississippidelta

Mu|dra [*sanskr.*] *die*; -, -s: magisch-symbolische Finger- u. Handstellung in buddhistischen u. hinduistischen Kulten

Muezzin [*arab.*] *der*; -s, -s: Gebetsrufer im Islam

Muffins [*maf...*; *engl.*] *die* (Plural): in kleinen Förmchen gebackenes Kleingebäck aus Mürbteig

Muff|lon [*it.-fr.*] *der*; -s, -s: braunes Wildschaf mit großen, quer geringelten, nach hinten gebogenen od. kurzen, nach oben gerichteten Hörnern (auf Sardinien, Korsika)

Mufti [*arab.*] *der*; -s, -s: islam. Rechtsgelehrter und Gutachter; vgl. par ordre du mufti

Mukoide [*lat.*; *gr.*] *die* (Plural): den → Muzinen ähnliche Schleimstoffe. **mukopurulent** [*lat.-nlat.*]: schleimig-eitrig (Med.). **mukös** [*lat.*]: schleimig (Med.). **Mukosa** *die*; -, ...sen: Schleimhaut (Med.). **Muko|viszidose** [*lat.-nlat.*] *die*; -, -n: Erbkrankheit mit Funktionsstörungen der sekretproduzierenden Drüsen (Med.). **Mukozele** [*lat.*; *gr.*] *die*; -, -n: Schleimansammlung in einer → Zyste (1; Med.)

Mulatte [*lat.-span.*] *der*; -n, -n: Nachkomme eines weißen u. eines schwarzen Elternteils

Muleta [*lat.-span.*] *die*; -, -s: rotes Tuch der Stierkämpfer. **Muli** [*lat.*] *das* (auch: *der*); -s, -[s]: (südd. u. österr.) Kreuzung zwischen Esel u. Pferd; Maultier, -esel; vgl. Mulus (1)

Mulinee eindeutschend für: Mouliné. **mulinieren** vgl. moulinieren

Mulla[h] [*arab.-türk.* u. *Hindi*] *der*; -s, -s: 1. a) (ohne Plural) Titel der untersten Stufe der → schiitischen Geistlichen; b) Träger dieses Titels. 2. a) (ohne Plural) von → Sunniten für islamische Würdenträger u. Gelehrte gebrauchte Ehrenbezeichnung; b) Träger dieser Ehrenbezeichnung

Mullat|schag, Mullat|schak [*ung.*] *der*; -s, -s: (österr.) ausgelassenes Fest [bei dem am Schluß Geschirr zertrümmert wird]

Multi [zu → *multi*national (b)] *der*; -s, -s: (ugs.) multinationaler Konzern. **Multidimensionalität** *die*; -: Vielschichtigkeit (Psychol.; Soziol.). **multidiszi|plinär**: sehr viele Disziplinen (2) umfassend, die Zusammenarbeit vieler Disziplinen betreffend; vgl. interdisziplinär. **multifaktoriell**: durch viele Faktoren, Einflüsse bedingt. **multifil**: aus mehreren [miteinander verdrehten] einzelnen Fasern bestehend; vgl. monofil. **Multifil** *das*; -[s]: aus mehreren Fasern bestehender vollsynthetischer Faden; vgl. Monofil. **Multi|klon** [Kurzw. aus *multi...* u. Zy*klon* (II)] *der*; -s, -e: aus mehreren nebeneinander angeordneten → Zyklonen (II) bestehendes Gerät zur Entstaubung von Gasen (auch zur Abwasserreinigung verwendet; Techn.). **multilateral** [*lat.-nlat.*]: mehrseitig, mehrere Seiten betreffend; Ggs. → bilateral. **Multilateralismus** *der*; -: System einer vielfach verknüpften Weltwirtschaft mit allseitig geöffneten Märkten. **Multilingualismus** und **Multilinguismus** *der*; -: Vielsprachigkeit (von Personengruppen, Büchern u. ä.); vgl. Bilinguismus. **Multimedia** *die* (Plural): die Verwendung verschiedener Medien (vgl. Medium I, 5) zum Zwecke des Unterrichts, der Unterhaltung od. des künstler. Ausdrucks; Medienverbund; vgl. Mixed media. **multimedial**: a) viele Medien betreffend, berücksichtigend; b) für viele Medien bestimmt; c) aus vielen Medien bestehend, zusammengesetzt. **Multimediasystem** *das*; -s, -e: Informations- u. Unterrichtssystem, das mehrere Medien (z. B. Fernsehen, Dias, Bücher) gleichzeitig verwendet. **Multimeter** *das*; -s, -: Meßgerät mit mehreren Meßbereichen. **Multimillionär** *der*; -s, -e: mehrfacher → Millionär. **multinational** [*...zion...*]: a) aus vielen Nationen bestehend (von Vereinigungen): b) in vielen Staaten vertreten (z. B. von einem Industrieunternehmen). **multinuklear**: vielkernig, viele Kerne enthaltend (z. B. von Zellen; Biologie). **Multipack** [*lat.-engl.*] *das* (auch: *der*); -s, -s: Verpackung, die mehrere Waren der gleichen Art enthält u. als Einheit verkauft wird. **Multipara** [*lat.-nlat.*] *die*; -, ...paren: = Pluripara. **multipel** [*lat.*]: 1. vielfältig; multi|ple Persönlichkeit: Persönlichkeit, in der anscheinend Erlebnis- u. Verhaltenssysteme mehrfach vorhanden sind (Psychol.). 2. an vielen Stellen am od. im Körper auftretend (Med.); multi|ple Sklerose: Erkrankung des Gehirns u. Rückenmarks unter Bildung zahlreicher Verhärtungsherde in den Nervenbahnen. **Multiple** [*multipl*^{e}; *fr.*] *das*; -s, -s: ein modernes Kunstwerk (Plastik, Graphik), das auf industriellem Wege serienmäßig hergestellt wird. **Multi|ple-choice-Verfahren** [*maltip*^{e}*ltscheuß...*; *engl.*; *dt.*] *das*; -s: Prüfungsmethode od. Test, bei dem der Prüfling unter mehreren Antworten eine od. mehrere ankreuzen muß. **Multi|plett** [*multi...*] *das*; -s, -s: Folge eng benachbarter Werte einer meßbaren physikalischen Größe (z. B. in der Spektroskopie eine Gruppe dicht beieinanderliegender Spektrallinien). **multi|plex**: (veraltet) vielfältig. **Multiplexverfahren** [*lat.*, *dt.*] *das*; -s, -: gleichzeitige Übertragung von mehreren Nachrichten über denselben Sender. **Multi|plier** [*maltiplai*^{e}*r*; *lat.-engl.*] *der*; -s, -: Sekundärelektronenvervielfacher, ein Gerät zur Verstärkung schwacher, durch Lichteinfall ausgelöster Elektronenströme (Physik). **Multi|plikand** [*lat.*] *der*; -en, -en: Zahl, die mit einer anderen multipliziert werden soll. **Multi|plikation** [*...zion*] *die*; -, -en: a) Vervielfachung, Malnehmen, eine Grundrechnungsart; Ggs. → Division (1); b) Vervielfältigung. **multi|plikativ**: die Multiplikation betreffend. **Multi|plikativum** [*...wum*] *das*; -s, ...va [*...wa*]: Zahlwort, das angibt, wievielmal etwas vorkommt; Wiederholungszahlwort, Vervielfältigungszahlwort (z. B. dreifach, zweimal). **Multi|plikator** *der*; -s, ...oren: 1. Zahl, mit der eine vorgegebene Zahl multipliziert werden soll. 2. jmd., der erworbenes Wissen od. Informationen an [größere] Gruppen weitergibt u. es dadurch multipliziert. **Multi|plikatoranalyse** *die*; -, -n: Untersuchung der durch eine Investition hervorgerufenen Zunahme des Gesamteinkommens einer Volkswirtschaft. **multi|plizieren**: 1. um eine bestimmte Zahl vervielfachen, malnehmen (Math.); Ggs. → dividieren. 2. a) vervielfältigen, [steigernd] zunehmen lassen, vermehren; b) sich -: sich steigernd zunehmen. **Multi|plizität** *die*; -, -en: mehrfaches Vorkommen, Vorhandensein. **Multi|plum** *das*; -s, ...pla: (veraltet) Vielfaches, Mehrfaches. **Multipol** *der*; -s, -e: aus mehreren → Dipolen bestehende Anordnung elektrischer od. magnetischer Ladungen. **multipolar**: mehrpolig. **Multi|programming** [*maltipro*^{u}*gräming*] *das*; -[s]: Betrieb von elektronischen Datenverarbeitungsanlagen in der Weise, daß gleichzeitig mehrere Programme in zeitlicher Verzahnung ablaufen (EDV). **multivalent** [*...walänt*; *lat.-nlat.*]: mehr-, vielwertig (von Tests, die mehrere Lösungen zulassen; Psychol.). **Multivalenz** *die*; -, -en: Mehrwertigkeit von psychischen Eigenschaften, Schriftmerkmalen, Tests (Psychol.). **multivariat** [*...wariat*]: mehrere → Variablen (1) betreffend. **Multiversum** [*...wär...*] *das*; -s: das Weltall, sofern es als eine nicht auf eine Einheit zurückführbare Vielheit betrachtet wird (H. Rickert). **Multivi|brator** [*...wi...*] *der*; -s, ...oren: elektrische Schaltung mit zwei elektronischen Bauelementen, von denen jeweils eines Strom führt (in EDV-Anlagen sowie zur Erzeugung von Kippschaltungen, z. B. beim Fernsehen verwendet). **Multivision** *die*; -: Technik der gleichzeitigen → Projektion (1) von → Dias auf eine Leinwand, wobei jedes Dia entweder ein eigenes → Motiv (2) od. einen Bildausschnitt darstellen kann. **Multizet** ® *das*; -[e]s, -e: Vielfachmeßgerät (Elektrot.). **multum, non multa** [*lat.*]: „viel (= ein Gesamtes), nicht vielerlei (= viele Einzelheiten)", d. h. Gründlichkeit, nicht Oberflächlichkeit

Mulungu [*Bantuspr.*; „der da oben"] *der*; -: ostafrikan. Gottesbezeichnung (urspr. = Mana)

Mulus [*lat.*] *der*; -, Muli: 1. lat. Bezeichnung für: Maulesel, -tier; vgl. Muli. 2. (scherzh.) Abiturient vor Beginn des Studiums

Mumie [*...i*^{e}; *pers.-arab.-it.*] *die*; -, -n: durch Einbalsamieren usw. vor Verwesung geschützter Leichnam. **Mumienpor|trät** [*...trä*] *das*; -s, -s: (bes. vom 1. bis 4. Jh. in Ägypten) das Gesicht der Mumie bedeckendes, auf Holz od. Leinwand gemaltes Porträt. **Mumifikation** [*...zion*; *pers.-arab.-it.*; *lat.*; *nlat.*] *die*; -, -en: 1. = Mumifizierung. 2. Austrocknung abgestorbener Gewebeteile an der Luft (Med.); vgl. ...[at]ion/...ierung. **mumifizieren**: 1. einbalsamieren. 2. eintrocknen lassen, absterben lassen (bes. Gewebe; Med.). **Mummy** [*mamy*; *engl.*] *der*; -s, -s [*...mis*, auch: *...miß*]: Auftraggeber eines → Ghostwriters

Mumps [*engl.*] *der* (ugs. meist: *die*); -: Ziegenpeter, durch ein Virus hervorgerufene Entzündung der Ohrspeicheldrüse mit schmerzhaften Schwellungen (Med.)

Munda: *Plural* von → Mundum. **mundan** [*lat.*]: (veraltet) weltlich, auf das Weltganze bezüglich. **Mundan|astrologie** *die*; -: a) Teilgebiet der → Astrologie, auf dem man sich mit astrologischen Berechnungen befaßt, die bestimmte Orte, Zonen od. Länder der Erde betreffen (z. B. die astrologische Analyse eines Erdbebens od. einer Überschwemmung); b) politische Astrologie. **Mundation** [*...zion*] *die*; -, -en: (veraltet) Reinigung, Säuberung. **mundieren**: (veraltet) ins reine schreiben; reinigen

Mundium [*germ.-mlat.*] *das*; -s, ...ien [*...i^e n*] u. ...ia: Schutzverpflichtung, -gewalt im frühen deutschen Recht

Mundolingue [Kunstw.] *die*; -: von Lott 1890 aufgestellte Welthilfssprache. **Mundum** [*lat.*] *das*; -s, Munda: (veraltet) Reinschrift. **Mundus** *der*; -: Welt, Weltall, Weltordnung; - archetypus: urbildliche Welt; - intelligibilis: die geistige, nur mit der Vernunft erfaßbare Welt (der Ideen); - sensibilis: die sinnlich wahrnehmbare Welt (Philos.). **mundus vult decipi** [- *wult dezipi*]: „die Welt will betrogen sein" (nach Sebastian Brant)

Mungo *der*; -[s], -s:

I. [*angloind.*]: Schleichkatzengattung Afrikas u. Asiens mit zahlreichen Arten (→ Ichneumon, → Manguste).

II. [*engl.*]: Garn, Gewebe aus Reißwolle

Munifizenz [*lat.*] *die*; -, -en: (veraltet) Freigebigkeit

Munition [*...zion*; *lat.-fr.*] *die*; -: das aus Geschossen, Sprengladungen, Zünd- u. Leuchtspursätzen bestehende Schießmaterial für Feuerwaffen. **munitionieren**: mit Munition versehen, ausrüsten

munizipal [*lat.*]: städtisch. **munizipalisieren** [*lat.-nlat.*]: (veraltet) einer Stadt od. Gemeinde eine Verfassung geben. **Munizipalität** *die*; -, -en: (veraltet) Stadtobrigkeit. **Munizipium** [*lat.*] *das*; -s, ...ien [*...i^e n*]: 1. (hist.) altröm. Landstadt. 2. (veraltet) Stadtverwaltung

Muntjak [*jav.-engl.*] *der*; -s, -s: im tropischen Südasien lebender Hirsch mit rotbraunem Rücken, weißem Bauch u. kleinem Geweih (Zool.)

Muräne [*gr.-lat.*] *die*; -, -n: aalartiger Knochenfisch, bes. in tropischen u. subtropischen Meeren

muriatisch [*lat.*]: kochsalzhaltig (von Quellen)

Muring [*engl.*] *die*; -, -e: Vorrichtung zum Verankern mit zwei Ankern (Seew.)

Murkybässe [*engl.*; *lat.-it.*] *die* (Plural): Akkordbrechungen in der Baßstimme, meist in Oktavschritten (Brillen- od. Trommelbässe; Mus.)

Musa [*arab.-nlat.*] *die*; -: Banane (z. B. die philippinische Faserbanane). **Musafaser** *die*; -, -n: = Manilahanf

Mus|aget [*gr.-lat.*; „Musen[an]führer", Beiname des griech. Gottes Apollo] *der*; -en, -en: (veraltet) Musenfreund, Gönner der Künste u. Wissenschaften

Muscadet [*müßkadä*; *fr.*] *der*; -[s], -s [*müßkadä(ß)*]: leichter, trockener, würziger Weißwein aus der Gegend um die franz. Stadt Nantes

Musche vgl. Mouche (1)

Muschik [auch: *...ik*; *russ.*] *der*; -s, -s: Bauer im zaristischen Rußland

Muschir u. **Müschir** [*arab.-türk.*] *der*; -s, -e: 1. (hist.) hoher türk. Beamter. 2. türk. Feldmarschall

Muschkote [verderbt aus → Musketier] *der*; -n, -n: (Soldatenspr., abwertend) Fußsoldat

Muse [*gr.-lat.*] *die*; -, -n: eine der [neun] griech. Göttinen der Künste. **museal** [*gr.-lat.-nlat.*]: 1. zum, ins Museum gehörend, Museums... 2. (ugs.) veraltet, verstaubt, unzeitgemäß. **Museen**: *Plural* von → Museum

Muselman [*arab.-pers.-türk.-it.*] *der*; -en, -en: = Mohammedaner; vgl. Moslem. **Muselmanin** *die*; -, -nen: = Moslime. **muselmanisch** = mohammedanisch; vgl. mosleminisch. **Muselmann** *der*; -s, ...männer: eindeutschend für: Muselman

Musenalmanach: *der*; -s, -e: im 18. u. 19. Jh. jährlich erschienene Sammlung bisher ungedruckter Gedichte usw.

Musette [*müsät*; *fr.*] *die*; -, -s: (Mus.) 1. franz. Bezeichnung für: Dudelsack. 2. mäßig-schneller Tanz im Dreiertakt mit liegendem Baß (den Dudelsack nachahmend). 3. Zwischensatz der Gavotte. 4. kleines Tanz- u. Unterhaltungsorchester mit Akkordeon

Museum [*gr.-lat.*] *das*; -s, Museen: Ausstellungsgebäude für Kunstgegenstände u. wissenschaftliche Sammlungen. **Musica** [*...ka*; *gr.-lat.*] *die*; -: Musik, Tonkunst; - antiqua: alte Musik; - mensurata: Mensuralmusik; - mundana od. celestis [*ze...*]: himmlische, sphärische Musik; - nova [*nowa*]: neue Musik; - sacra [*...kra*]: Kirchenmusik; - viva [*wiwa*]: moderne Musik. **Musical** [*mjusik^e l*; *gr.-lat.-mlat.-fr.-engl.-amerik.*] *das*; -s, -s: aktuelle Stoffe behandelndes, populäres Musiktheater, das Elemente des Dramas, der Operette, Revue u. des Varietés miteinander verbindet. **Musical|clown** [*...klaun*] *der*; -s, -s: Spaßmacher von großer Meisterschaft auf einem od. mehreren, oft ulkig gebauten Musikinstrumenten. **Musicassette, Musi-Cassette** vgl. Musikkassette. **Musicbox** [*mjusikbox*; *amerik.*] *die*; -, -es [*...is*]: = Musikbox. **musiert** [*gr.-lat.-nlat.*]: = musivisch. **Musik** [*gr.-lat.-fr.*] *die*; -, -en: 1. (ohne Plural) die Kunst, Töne in melodischer, harmonischer u. rhythmischer Ordnung zu einem Ganzen zu fügen; Tonkunst. 2. Kunstwerk, bei dem Töne u. Rhythmus eine Einheit bilden. 3. (ugs.) Unterhaltungsorchester. **Musikakademie** *die*; -, ...ien: Musikhochschule. **Musikalien** [*...i^e n*; *gr.-lat.-mlat.*] *die* (Plural): (urspr. in Kupfer gestochene, seit 1755 gedruckte) Musikwerke. **musikalisch**: 1. die Musik betreffend, tonkünstlerisch. 2. musikbegabt, musikliebend. 3. klangvoll, wohltönend. **Musikalität** *die*; -: 1. a) musikalisches Empfinden; b) Musikbegabung. 2. Wirkung wie Musik (2). **Musikant** [mit latinisierender Endung zu → Musik gebildet] *der*; -en, -en: Musiker, der zum Tanz, zu Umzügen u. ä. aufspielt. **musikantisch**: musizierfreudig, musikliebhaberisch. **Musikbox** [*amerik.*] *die*; -, -en: Schallplattenapparat (bes. in Gaststätten), der gegen Geldeinwurf nach freier Wahl Musikstücke (meist Schlager) abspielt. **Musikdirektor** *der*; -s, -en: staatlicher od. städtischer Dirigent u. Betreuer musikalischer Aufführungen u. des Musikwesens; Abk.: MD. **Musik|drama** *das*; -s, ...men: Oper mit besonderem Akzent auf dem Dramatischen (bes. die Opern Richard Wagners). **Musi-**

ker [*gr.-lat.*] *der*; -s, -: a) jmd., der beruflich Musik, eine Tätigkeit im musikalischen Bereich ausübt; b) Mitglied eines Orchesters, Orchestermusiker. **Musikinstrument** *das*; -[e]s, -e: Gerät [aus Holz od. Metall] zum Hervorbringen von Tönen u. Klängen. **Musikkassette** *die*; -, -n: = → Kassette (5), auf der Musik aufgenommen ist. **Musikologe** [*gr.-nlat.*] *der*; -n, -n: Musikgelehrter, Musikwissenschaftler. **Musikologie** *die*; -: Musikwissenschaft. **musikologisch**: musikwissenschaftlich. **Musikomane** *der* u. *die*; -n, -n: Musikbesessene[r]. **Musikkorps** [*...kor*] *das*; - [*...kor(ß)*], - [*...korß*]: Blasorchester als militär. Einheit. **Musikpädagoge** *der*; -n, -n: a) Pädagoge (a), der Musikunterricht erteilt; b) Wissenschaftler auf dem Gebiet der Musikpädagogik. **Musikpädagogik** *die*; -: Wissenschaft von der Erziehung im Bereich der Musik. **Musiktheorie** *die*; -: a) begriffliche Erfassung u. systemat. Darstellung musikal. Sachverhalte; b) Musiktheorie (a) als Lehrfach, das allgemeine Musiklehre, Harmonielehre, Kontrapunkt und Formenlehre umfaßt. **Musiktherapie** *die*; -, -n [*...i^e n*]: Anwendung musikalischer Mittel zu psychotherapeutischen Zwecken. **Musiktruhe** *die*; -, -n: Möbelstück, in dem ein Radiogerät, oft in Verbindung mit Plattenspieler, Tonbandgerät, evtl. auch Fernsehapparat, untergebracht ist. **Musikus** [*gr.-lat.*] *der*; -, ...sizi: (veraltet, noch scherzh. od. iron.) Musiker. **Musique concrète** [*müsik kongkrät*; *fr.*] *die*; - -: konkrete Musik, Art der elektron. Musik, die sich alltäglicher realer Klangelemente u. Geräusche (z. B. Wassertropfen, Aufprallen eines Hammers) bedient u. diese mittels Klangmontage über Tonband verarbeitet. **musisch** [*gr.-lat.*]: 1. die schönen Künste betreffend. 2. künstlerisch [begabt], kunstempfänglich. **Musivarbeit** [*gr.-lat.*; *dt.*] *die*; -, -en: = Mosaik. **Musivgold** *das*; -es: goldglänzende Schuppen aus Zinndisulfid (früher zu Vergoldungen verwendet). **musivisch** [*...iwisch*; *gr.-lat.*]: eingelegt (von Glassplittern od. Steinen). **Musivsilber** [*gr.-lat.*; *dt.*] *das*; -s: Legierung aus Zinn, Wismut u. Quecksilber zum Bronzieren. **Musizi**: *Plural* von Musikus. **musizieren** [*gr.-lat.*]: [mit jemandem zusammen] Musik machen, spielen, zu Gehör bringen; eine Musik darbieten

Muskarin [*lat.-nlat.*] *das*; -s: Gift des Fliegenpilzes (in Asien als Rauschgift verwendet)

Muskat [österr.: *muß...*; *sanskr.-pers.-gr.-lat.-mlat.-fr.*] *der*; -[e]s, -e: als Gewürz verwendeter Same des Muskatnußbaumes. **Muskatblüte** *die*; -, -n: als Gewürz verwendete Blüte des Muskatnußbaumes. **Muskate** *die*; -, -n: = Muskatnuß. **Muskateller** [*sanskr.-pers.-gr.-lat.-mlat.-it.*] *der*; -s, -: 1. (ohne Plural) Traubensorte mit Muskatgeschmack. 2. [süßer] Wein aus der Muskatellertraube. **Muskatnuß** *die*; -, ...nüsse: getrockneter [als Gewürz verwendeter] Same des Muskatnußbaumes

Muskete [*lat.-it.-fr.*] *die*; -, -n: (hist.) schwere Handfeuerwaffe. **Musketier** [„Musketenschütze"] *der*; -s, -e: (hist.) [mit einer Muskete bewaffneter] Fußsoldat; vgl. Muschkote

Muskovit [*...wit*, auch: *...it*], (auch:) **Muskowit** [auch: *...it*; von *nlat.* Muscovia (*...wia*) = Rußland] *der*; -s, -e: heller Glimmer

muskulär [*lat.-nlat.*]: zu den Muskeln gehörend, die Muskulatur betreffend. **Muskulatur** *die*; -, -en: Muskelgefüge, Gesamtheit der Muskeln eines Körpers od. Organs. **muskulös** [*lat.*; *fr.*]: mit starken Muskeln versehen, äußerst kräftig

Muslim: fachspr. für → Moslem. **Muslime**: fachspr. für → Moslime. **muslimisch**: fachspr. für → mosleminisch

Musselin u. Mousseline [*mußlin*; *it.-fr.*; vom ital. Namen der Stadt Mossul am Tigris] *der*; -s, -e: feines, locker gewebtes [Baum]wollgewebe. **musselinen**: aus Musselin

Musseron [*...rong*; *vulgärlat.-fr.*] *der*; -s, -s: nach Knoblauch riechender Pilz zum Würzen von Soßen

Mustang [*span.-engl.*] *der*; -s, -s: wildlebendes Präriepferd in Nordamerika. **Mustie** [*...i^e*; *span.*] *die*; -, -n: Tochter eines Weißen u. einer Mulattin. **Mustio** *der*; -s, -s: Sohn eines Weißen u. einer Mulattin

muta [*lat.*; „verändere!"]: Anweisung für das Umstimmen bei den transponierenden Blasinstrumenten u. Pauken (Mus.)

Muta [*lat.*] *die*; -, ...tä: (veraltet) Explosiv-, Verschlußlaut; vgl. Explosiv u. Klusil (Sprachw.); - cum liquida [*-kum-*]: Verbindung von Verschluß- u. Fließlaut (Sprachw.)

mutabel [*lat.*]: veränderlich; wandelbar. **Mutabilität** *die*; -: Unbeständigkeit, Veränderlichkeit. **mutagen** [*lat.*; *gr.*]: Mutationen auslösend. **Mutagen** *das*; -s, -e (meist Plural): Stoffe od. Strahlen, die → Mutationen (1) auslösen (Biol.). **Mutagenität** *die*; -: die Fähigkeit [eines chem. od. physikalischen Stoffes], Mutationen (1) auszulösen. **Mutant** [*lat.*] *der*; -en, -en: 1. (österr.) Junge, der mutiert (2). 2. = Mutante. **Mutante** *die*; -, -n: durch Mutation (1) verändertes Individuum. **Mutation** [*...zion*] *die*; -, -en: 1. spontane od. künstlich erzeugte Veränderung im Erbgefüge (Biol.). 2. Stimmbruch (bei Eintritt der Pubertät; Med.). 3. (veraltet) Änderung, Wandlung. **mutatis mutandis**: mit den nötigen Abänderungen; Abk.: m. m. **mutativ** [*lat.-nlat.*]: sich spontan ändernd (Biol.)

Mutaziliten [*arab.-nlat.*] *die* (Plural): Anhänger einer philosophischen Richtung des Islams im 8. Jh., die den Glauben verstandesmäßig zu unterbauen suchte

Mutazismus [*lat.-nlat.*] *der*; -: = Mutismus

mutieren [*lat.*]: 1. sich spontan im Erbgefüge ändern (Biol.). 2. sich im Stimmwechsel befinden (Med.)

Mutilation [*...zion*; *lat.*] *die*; -, -en: Verstümmelung, das Absterben von Geweben u. Körperteilen [im Bereich der Extremitäten] (Med.). **mutilieren**: verstümmeln (Med.)

Mutismus [*lat.-nlat.*] *der*; -: absichtliche od. psychisch bedingte Stummheit, Stummheit ohne organischen Defekt (Med.). **Mutist** *der*; -en, -en: jmd., der an Mutismus leidet (Med.). **Mutität** *die*; -: Stummheit (Med.)

Muton *das*; -s, -s: kleinster Chromosomenabschnitt, der durch eine Mutation verändert werden kann (Biol.). **Mutoskop** [*lat.*; *gr.*] *das*; -s, -e: Guckkasten, in dem durch eine bestimmte Bildanordnung Bewegungsvorgänge vorgetäuscht werden. **mutual** u. mutuell [*lat.-nlat.*]: gegenseitig, wechselseitig. **Mutualismus** *der*; -: 1. Form der Lebensgemeinschaft zwischen Tieren od. zwischen Pflanzen mit gegenseitigem Nutzen (Biol.). 2. System des utopischen Sozialismus von Proudhon. 3. finanzwissenschaftliche Hypothese, nach der bei relativ gleicher steuerlicher Belastung jeder Steuerzahler auch solche Geldopfer auf sich nehmen würde, von denen andere einen Nutzen haben (Wirtschaftsw.). **Mutualität** *die*; -, -en: Gegenseitigkeit, Wechselseitigkeit. **mutuell** vgl. mutual

Mutulus [*lat.*] *der*; -, ...li: Dielenkopf, plattenförmige Verzierung an der Unterseite des Kranzgesimses einer dorischen Säulenordnung (bildende Kunst)

Muzin [*lat.-nlat.*] *das*; -s, -e (meist Plural): Schleimstoff, der von Hautdrüsen od. Schleimhäuten abgesondert wird (Med.; Biol.)

My [*mü*; *gr.*] *das*; -[s], -s: 1. zwölfter Buchstabe des griechischen Alphabets; *M*, μ. 2. Kurzform von → Mikron

My|algie [*gr.-nlat.*] *die*; -, ...ien: Muskelschmerz (Med.). **Myasthenie** *die*; -, ...ien: krankhafte Muskelschwäche (Med.). **Myatonie** *die*; -, ...ien: [angeborene] Muskelerschlaffung (Med.)

My|driase [*gr.*] *die*; -, -n: Pupillenerweiterung (Med.). **My|driatikum** [*gr.-nlat.*] *das*; -s, ...ka: pupillenerweiterndes Arzneimittel (Med.)

Myel|asthenie [*gr.-nlat.*] *die*; -, ...ien: vom Rückenmark ausgehende Nervenschwäche (Med.). **Myel|enzephalitis** *die*; -, ...itiden: Entzündung des Gehirns u. des Rückenmarks (Med.). **Myelin** *das*; -s: Gemisch fettähnlicher Stoffe (Med.). **Myelitis** *die*; -, ...itiden: Rückenmarksentzündung (Medizin). **myelogen**: vom Knochenmark ausgehend (Med.). **Myelo|graphie** *die*; -, ...ien: röntgenologische Darstellung des Wirbelkanals (Med.). **myeloid** u. **myeloisch**: das Knochenmark betreffend, von ihm ausgehend (Med.). **Myelom** *das*; -s, -e: Knochenmarksgeschwulst (Med.). **Myelomalazie** *die*; -, ...ien: Rückenmarkserweichung (Med.). **Myelomatose** *die*; -, -n: zahlreiches Auftreten bösartiger Myelome (Med.). **Myelomeningitis** *die*; -, ...itiden: Entzündung des Rückenmarks u. seiner Häute (Med.). **Myelopathie** *die*; -, ...ien: 1. Rückenmarkserkrankung. 2. Knochenmarkserkrankung (Med.). **Myelose** *die*; -, -n: Wucherung des Markgewebes, bes. bei → Leukämie

Myiase [*gr.-nlat.*] *die*; -, -n: Madenkrankheit, Madenfraß; durch Fliegenmaden verursachte Krankheit (Med.)

Myitis [*gr.-nlat.*] *die*; -, ...itiden: = Myositis

mykenisch [nach der altgriech. Ruinenstätte Mykenä]: die griech. Kultur der Bronzezeit betreffend

Myketismus [*gr.-nlat.*] *der*; -: = Myzetismus. **Mykoine** *die* (Plural): aus Pilzen gewonnene Antibiotika. **Mykologe** *der*; -n, -n: Wissenschaftler, der auf dem Gebiet der Mykologie arbeitet. **Mykologie** *die*; -: 1. Pilzkunde (Biol.). 2. Wissenschaft von den Mykosen (Med.). **mykologisch**: die Mykologie od. die Pilzkrankheiten betreffend. **Myko|plasmen** *die* (Plural): kleinste freilebende Bakterien ohne Zellwand (und ohne feste Gestalt). **Mykor|rhiza** *die*; -, ...zen: Lebensgemeinschaft zwischen den Wurzeln von Blütenpflanzen u. Pilzen (Bot.). **Mykose** *die*; -, -n: jede durch [niedere] Pilze hervorgerufene Krankheit (Med.). **Mykotoxin** *das*; -s, -e: von Schimmelpilzen erzeugter Giftstoff

Mylady [*milẹ'di*; *engl.*]: (in England bes. von Dienstboten gebrauchte) Anrede an eine Trägerin des Titels → Lady (1)

Mylonit [auch: ...*it*; *gr.-nlat.*] *der*; -s, -e: durch Druck an → tektonischen Bewegungsflächen zerriebenes u. wieder verfestigtes Gestein (Geol.). **mylonitisch** [auch: ...*nit*...]: die Struktur eines zerriebenen Gesteins betreffend (Geol.). **mylonitisieren**: durch → tektonische Kräfte zu feinen Bruchstücken zerreiben (von Gesteinen; Geol.)

Mylord [*mi*...; *engl.*]: 1. (in England) Anrede an einen Träger des Titels → Lord (1). 2. (in England) Anrede an einen Richter

Mynheer [*m*e*ner*; *niederl.*]: veraltete Schreibung für → Mijnheer

Myo|blast [*gr.-nlat.*] *der*; -en, -en (meist Plural): Bildungszelle der Muskelfasern (Med.). **Myocardium** [...*kar*...] vgl. Myokard. **Myo|chrom** [...*krom*] *das*; -s: = Myoglobin. **My|odynie** *die*; -, ...ien: Muskelschmerz (Med.). **myo|elek|trisch**: (von Prothesen) mit einer Batterie betrieben und durch die Kontraktion eines Muskels in Bewegung gesetzt. **Myofibrille** [*gr.*; *lat.-fr.*] *die*; -, -n: zusammenziehbare Faser des Muskelgewebes (Med.). **Myogelose** [*gr.*; *lat.-nlat.*] *die*; -, -n: das Auftreten von Verhärtungen in den Muskeln (Med.). **myogen** [*gr.-nlat.*]: vom Muskel ausgehend (Med.). **Myo|globin** [*gr.*; *lat.-nlat.*] *das*; -s: roter Muskelfarbstoff (Med.). **Myo|gramm** *das*; -s, -e: mit Hilfe eines Myographen aufgezeichnetes Kurvenbild der Muskelzuckungen. **Myograph** *der*; -en, -en: Gerät, das die Zuckungen eines Muskels in Kurvenform aufzeichnet. **Myokard** [*gr.-nlat.*] *das*; -s, -e: [mittlere] Muskelschicht, Wandschicht des Herzens, Herzmuskel (Med.). **Myokardie** *die*; -, ...ien u. Myokardose *die*; -, -n: Kreislaufstörungen mit Beteiligung des Herzmuskels (Med.). **Myokardinfarkt** *der*; -[e]s, -e: Herzinfarkt, Untergang eines Gewebsbezirks des Herzens nach schlagartiger Unterbrechung der Blutzufuhr (z. B. infolge Gefäßverschlusses; Med.). **Myokarditis** *die*; -, ...itiden: Herzmuskelentzündung (Med.). **Myokardium** vgl. Myokard. **Myokardose** *die*; -, -n: = Myokardie. **Myoklonie** *die*; -, ...ien: Schüttelkrampf (Med.). **Myokymie** [„Muskelwogen"] *die*; -, ...ien: langsam verlaufende Muskelzuckungen (Med.). **Myologie** *die*; -: Wissenschaft von den Muskeln, ihren Krankheiten u. deren Behandlung (Med.). **Myom** *das*; -s, -e: gutartige Geschwulst des Muskelgewebes (Med.). **Myomere** *die*; -, -n: Muskelabschnitt (Med.). **Myome|trium** *das*; -s, ...trien [...*i*e*n*]: Muskelschicht der Gebärmutterwand (Med.). **myomorph**: muskelfaserig (Med.)

Myon [*gr.*] *das*; -s, ...onen: 1. zur Klasse der → Leptonen gehörendes Elementarteilchen (Phys.). 2. kleinste Funktionseinheit eines Muskels, bestehend aus einer Nervenfaser mit Muskelfasern (Med.). **Myonium[atom]** *das*; -s, ...atome: Atom, das aus einem positiven Myon (als Kern) u. einem Elektron besteht (Phys.)

my|op u. my|opisch [*gr.*]: kurzsichtig (Med.); Ggs. → hypermetropisch

Myoparalyse [*gr.-nlat.*] *die*; -, -n: Muskellähmung (Med.). **Myopathie** *die*; -, ...ien: Muskelerkrankung (Med.). **myopathisch**: auf Myopathie beruhend

My|ope [*gr.*] *der* od. *die*; -n, -n: Kurzsichtige[r]. **My|opie** *die*; -, ...ien: Kurzsichtigkeit (Med.); Ggs. → Hypermetropie. **myopisch** vgl. myop

Myor|rhexis [*gr.-nlat.*] *die*; -: Muskelzerreißung (Med.). **Myosin** *das*; -s: Muskeleiweiß (Med.). **Myo|sitis** *die*; -, ...itiden: Muskelentzündung (Med.). **Myo|sklerose** *die*; -, -n: Muskelverhärtung (Med.). **Myos|otis** [„Mäuseohr"] *die*; -: Vergißmeinnicht (Bot.). **Myospasmus** *der*; -, ...men: Muskelkrampf. **Myotomie** *die*; -, ...ien: operative Muskeldurchtrennung

(Med.). **Myotonie** *die;* -, ...ien: langdauernde Muskelspannung, Muskelkrampf (Med.). **myotrop**: auf Muskeln einwirkend (Med.)

Myriade [*gr.-lat.*] *die;* -, -n: 1. Anzahl von 10000. 2. (nur Plural) Unzahl, unzählig große Menge. **Myria|gramm** *das;* -s, -e (aber: 2 -): 10000 Gramm. **Myriameter** *der;* -s, -: Zehnkilometerstein, der alle zehntausend Meter rechts u. links des Rheins zwischen Basel u. Rotterdam angebracht ist. **Myriapode** vgl. Myriopode

Myring|ektomie [*gr.-nlat.*] *die;* -, ...ien: operative Entfernung [eines Teiles] des Trommelfells (Med.). **Myringitis** *die;* -, ...itiden: Trommelfellentzündung (Med.). **Myringotomie** *die;* -, ...ien: = Parazentese

Myriophyllum [*gr.-nlat.*] *das;* -s, ...llen: Tausendblatt (Wasserpflanze Mitteleuropas, bekannte Aquarienpflanze). **Myriopode** u. Myriapode *der;* -n, -n (meist Plural): Tausendfüßer (Zool.)

Myristinsäure [*gr.-nlat.*; *dt.*]: *die;* -, -n: organische Säure, die in verschiedenen tierischen u. pflanzlichen Fetten vorkommt (Chem.)

Myrmekia [*gr.-nlat.*] *die* (Plural): meist schmerzhaft-entzündliche Warzen an Handfläche u. Fußsohlen (Med.). **Myrmekochorie** [*...cho...*] *die;* -: Ausbreitung von Pflanzensamen durch Ameisen (z. B. bei der Wolfsmilch; Bot.). **Myrmekologe** *der;* -n, -n: Wissenschaftler, der sich mit der Myrmekologie befaßt. **Myrmekologie** *die;* -: Teilgebiet der Zoologie, auf dem man sich mit den Ameisen befaßt. **myrmekologisch**: ameisenkundlich. **Myrmekophile** *der;* -n, -n (meist Plural): Ameisengast, Gliederfüßer, der in Ameisennestern lebt (z. B. Wurzellaus). **Myrmekophilie** *die;* -: das Zusammenleben (vgl. → Symbiose) mit Ameisen (z. B. bei Myrmekophilen u. Myrmekophyten). **Myrmekophyt** *der;* -en, -en (meist Plural): Pflanze, die Ameisen zu gegenseitigem Nutzen aufnimmt (Biol.)

Myrobalane [*gr.-lat.*] *die;* -, -n: gerbstoffreiche Frucht vorderindischer Holzgewächse

Myr|rhe [*semit.-gr.-lat.*] *die;* -, -n: aus nordafrikanischen Bäumen gewonnenes Harz, das als Räuchermittel u. für Arzneien verwendet wird. **Myr|rhenöl** [*semit.-gr. lat.*; *dt.*] *das;* -s: aus Myrrhe gewonnenes aromatisches Öl. **Myr|rhen|tink|tur** *die;* -: alkoholischer Auszug aus Myrrhe zur Zahnfleischbehandlung

Myrte [*semit.-gr.-lat.*] *die;* -, -n: immergrüner Baum od. Strauch des Mittelmeergebietes u. Südamerikas, dessen weißblühende Zweige oft als Brautschmuck verwendet werden

Mysophobie [*gr.-nlat.*] *die;* -: krankhafte Angst vor Beschmutzung bzw. vor Berührung mit vermeintlich beschmutzenden Gegenständen (Med.)

Myst|agog u. **Myst|agoge** [*gr.-lat.*] *der;* ...gen, ...gen: Priester der Antike, der in die → Mysterien einführte. **Myste** *der;* -n, -n: Eingeweihter eines Mysterienkults; vgl. Epopt. **Mysterien** [*...iᵉn*] *die* (Plural): griech. u. röm. Geheimkulte der Antike, die nur Eingeweihten zugänglich waren u. ein persönliches Verhältnis zu der verehrten Gottheit vermitteln wollten (z. B. die Eleusinischen -; vgl. eleusinisch); vgl. Mysterium. **Mysterienspiel** *das;* -s, -e: mittelalterliches geistliches Drama. **mysteriös** [*gr.-lat.-fr.*]: geheimnisvoll; rätselhaft, dunkel. **Mysterium** [*gr.-lat.*] *das;* -s, ...ien [*...iᵉn*]: 1. [religiöses] Geheimnis; Geheimlehre (vgl. Mysterien), bes. das Sakrament; - tremendum: die erschauern machende Wirkung des Göttlichen (→ Numen) in der Religion. 2. = Mysterienspiel. **Mystifikation** [*...zion;* (*gr.*; *lat.*) *nlat.*] *die;* -, -en: Täuschung, Vorspiegelung. **mystifizieren**: täuschen, vorspiegeln. **Mystik** [*gr.-lat.-mlat.*; „Geheimlehre"] *die;* -: besondere Form der Religiosität, bei der der Mensch durch Hingabe u. Versenkung zu persönlicher Vereinigung mit Gott zu gelangen sucht; vgl. Unio mystica. **Mystiker** *der;* -s, -: Meister u. Anhänger der Mystik. **mystisch**: 1. geheimnisvoll, dunkel. 2. zur Mystik gehörend; -e Partizipation = Sympathie (2). **Mystizismus** [*gr.-lat.-nlat.*] *der;* -, ...men: 1. (ohne Plural) Wunderglaube; [Glaubens]schwärmerei. 2. schwärmerischer Gedanke. **mystizistisch**: wundergläubig: schwärmerisch

Mythe [*gr.-lat.*] *die;* -, -n: = Mythos (1). **mythisch** [*gr.*]: dem Mythos angehörend; sagenhaft, erdichtet. **Mytho|graph** *der;* -en, -en: jmd., der Mythen aufschreibt und sammelt. **Mythologem** *das;* -s, -e: mythologisches Element innerhalb einer Mythologie; abgrenzbare, in sich abgeschlossene mythologische Aussage. **Mythologie** *die;* -, ...ien: 1. [systematisch verknüpfte] Gesamtheit der mythischen Überlieferungen eines Volkes. 2. wissenschaftliche Erforschung u. Darstellung der Mythen. **mythologisch**: auf die Mythen bezogen, sie betreffend. **mythologisieren** [*gr.-nlat.*]: etwas in mythischer Form darstellen od. mythologisch erklären. **Mythomanie** *die;* -, ...ien: krankhafte Lügensucht (z. B. bei Psychopathen; Med.). **Mythos** [*gr.-lat.*] u. **Mythus** *der;* -, ...then: 1. überlieferte Dichtung, Sage, Erzählung o. ä. aus der Vorzeit eines Volkes (die sich bes. mit Göttern, Dämonen, Entstehung der Welt, Erschaffung des Menschen befaßt). 2. Person, Sache, Begebenheit, die (aus meist verschwommenen, irrationalen Vorstellungen heraus) glorifiziert wird, legendären Charakter hat. 3. falsche Vorstellung, „Ammenmärchen", z. B. der - von ihrer Jungfräulichkeit

Mytilus [*gr.-lat.*] *die;* -: Miesmuschel; eßbare Muschel aller nordeuropäischen Meere

Myxobakterien [*...iᵉn; gr.-nlat.*] *die* (Plural): kleine, zellwand- u. geißellose Stäbchen, die sich gleitend bewegen können; koloniebildende Bakterien auf Erdboden u. Mist, Schleimbakterien. **Myx|ödem** *das;* -s, -e: auf Unterfunktion der Schilddrüse beruhende körperliche u. geistige Erkrankung mit heftigen Hautanschwellungen u. anderen Symptomen (Med.). **myxödematös**: ein Myxödem betreffend, mit einem Myxödem zusammenhängend (Med.). **Myxom** *das;* -s, -e: gutartige Geschwulst aus Schleimgewebe (Med.). **myxomatös**: myxomartig (Medizin). **Myxomatose** *die;* -, -n: seuchenhaft auftretende, tödlich verlaufende Viruskrankheit bei Hasen u. Kaninchen. **Myxomyzet** *der;* -en, -en: Schleimpilz; niederer Pilz (z. B. gelbe Lohblüte auf Gerberlohe). **Myxosarkom** *das;* -s, -e: bösartige Schleimgewebsgeschwulst (Med.)

Myzel [*gr.-nlat.*] u. **Myzelium** *das;* -s, ...lien [*...iᵉn*]: die Gesamtheit der Pilzfäden eines höheren Pilzes. **Myzet** *der;* -en, -en: Pilz. **Myzetismus** *der;* -, ...men: Pilzvergiftung (Med.). **Myzetologie** *die;* -: = Mykologie. **Myzetom** *das;* -s, -e: 1. Organ [od. Zellgruppe] bei Tieren, das Mikroorganismen als Symbionten aufnimmt (Biol.). 2. durch Pilze hervorgerufene geschwulstartige Infektion (Med.)

N

Nabob [*Hindi-engl.*] *der*; -s, -s: 1. Provinzgouverneur in Indien. 2. reicher Mann

nachindu|striell [*dt.*; *lat.-fr.*]: den Zeitabschnitt betreffend, der dem Höhepunkt der Industrialisierung folgt, durch Übergewicht des Dienstleistungssektors u. Verwissenschaftlichung auch des Alltagslebens gekennzeichnet ist

Nachmoderne [*dt.*; *lat.-fr.*] *die*; -: die der → Moderne (2) folgende Zeit; unser nach der Moderne liegender Zeitabschnitt, für den → Dezentralisation, Teilautonomie im Kleinbereich, → Pluralität, Offenheit für Städtebau, Wirtschaft u. Wissenschaft sowie demokratisch mitgestaltende Kontrolle der Machtzentren charakteristisch sind

Nadir [*arab.*] *der*; -s: Fußpunkt, der dem → Zenit genau gegenüberliegende Punkt an der Himmelskugel (Astron.)

Naevus [*näwuß*; *lat.*] *der*; -, Naevi [*näwi*]: Mal, Muttermal (Med.)

Nagaika [*russ.*] *die*; -, -s: aus Lederstreifen geflochtene Peitsche der Kosaken

Nagana [*Zuluspr.*] *die*; -: durch die → Tsetsefliege übertragene, oft seuchenartige, fiebrige Krankheit bei Haustieren (bes. Rindern u. anderen Huftieren) in Afrika

Nagualismus [*aztek.*; *gr.-lat.-nlat.*] *der*; -: (bes. in Zentralamerika verbreiteter) Glaube an einen meist als Tier od. Pflanze vorgestellten persönlichen Schutzgeist, den sich ein Individuum während der Pubertätsweihen in der Einsamkeit durch Fasten u. Gebete erwirbt u. mit dem es sich in schicksalhafter Simultanexistenz verbunden fühlt

Nahie u. **Nahije** [*arab.-türk.*] *die*; -, -s: untergeordneter Verwaltungsbezirk in der Türkei

Nahur [*Hindi*] *der*; -s, -s: (in der zoologischen Systematik zwischen Schaf u. Ziege stehendes) Halbschaf aus den Hochländern Zentralasiens mit in der Jugend blaugrauem, später graubraunem Fell, Blauschaf

naiv [*lat.-fr.*]: 1. a) von kindlich unbefangener, direkter u. unkritischer Gemüts-, Denkart [zeugend]; treuherzige Arglosigkeit beweisend; b) wenig Erfahrung, Sachkenntnis od. Urteilsvermögen erkennen lassend u. entsprechend einfältig, töricht [wirkend]. 2. in vollem Einklang mit Natur u. Wirklichkeit stehend (Literaturw.); Ggs. → sentimentalisch (b). **Naive** [*naiwᵉ*] *die*; -n, -n (aber: 2 Naive): Darstellerin jugendlich-naiver Mädchengestalten (Rollenfach beim Theater). **Naivität** [*na-iwi...*] *die*; -: 1. Natürlichkeit, Unbefangenheit, Offenheit; Treuherzigkeit, Kindlichkeit, Arglosigkeit. 2. Einfalt; Leichtgläubigkeit.

Naja [*sanskr.-Hindi-nlat.*] *die*; -, -s: [Vertreterin der] Gattung der Giftnattern mit zahlreichen Arten (Kobra, Königshutschlange u. a.)

Najade [*gr.-lat.*] *die*; -, -n: 1. in Quellen u. Gewässern wohnende Nymphe des altgriech. Volksglaubens. 2. [Vertreterin der] Familie der Flußmuscheln mit zahlreichen Arten (z. B. Teichmuscheln, Flußperlmuscheln; Zool.)

Nalanane [*Bantuspr.*] *die*; -: Schlafkrankheit, → Trypanosomiasis (Med.)

Naliwka [*russ.*] *die*; -, ...ki: leichter russ. Fruchtbranntwein

Namas [*sanskr.-pers.-türk.*] u. **Namaz** [*...aß*] *das*; -: das täglich fünfmal zu betende Stundengebet der Mohammedaner; vgl. Salat (II)

Namur [*namür*; eine belgische Provinz] *das*; -s: untere Stufe des Oberkarbons (Geol.)

Nandu [*indian.-span.*] *der*; -s, -s: straußenähnlicher flugunfähiger Laufvogel, der in den Steppen u. Savannen Südamerikas lebt

Nänie [*...iᵉ*; *lat.*] *die*; -, -n: altröm. Totenklage; Trauergesang

Nanismus [*gr.-lat.-nlat.*] *der*; -: Zwergwuchs (Med.; Biol.)

Nanking [eine chin. Stadt] *der*; -s, -e u. -s: glattes, dichtes, meist als Futter verwendetes Baumwollgewebe

Nanno|plankton [*gr.-nlat.*] *das*; -s: durch Zentrifugieren des Wassers gewonnenes feinstes → Plankton (Biol.). **Nanofarad** *das*; -[s], -: ein milliardstel → Farad; Zeichen: nF. **Nanometer** *der* od. *das*; -s, -: ein milliardstel → Meter; Zeichen: nm. **Nanosomie** [*gr.-nlat.*] *die*; -: = Nanismus

Naos [*gr.*] *der*; -: 1. Hauptraum im altgriech. Tempel, in dem das Götter- od. Kultbild stand; vgl. Cella. 2. Hauptraum für die Gläubigen in der orthodoxen Kirche; vgl. Pronaos

Napalm ⓦ [Kunstw.; *amerik.*] *das*; -s: hochwirksamer Füllstoff für Benzinbrandbomben. **Napalmbombe** *die*; -, -n: mit Napalm gefüllte Brandbombe, die bei der Explosion extrem hohe Temperaturen (über 2000 °C) erzeugt u. dadurch große zerstörerische Wirkung hat. **Naph|tha** [*pers.-gr.-lat.*] *das*; -s od. *die*; -: (veraltet) Roherdöl. **Naph|thalin** [*pers.-gr.-lat.-nlat.*] *das*; -s: aus Steinkohlenteer gewonnener bizyklischer, aromatischer Kohlenwasserstoff, der als Ausgangsmaterial für Lösungsmittel, Farb-, Kunststoffe, Weichmacher u. a. sowie als starkriechendes Mottenvernichtungs- u. Desinfektionsmittel dient. **Naph|thene** *die* (Plural): Kohlenwasserstoffe, die Hauptbestandteil des galizischen u. kaukasischen Erdöls sind. **Naphthole** *die* (Plural): aromatische Alkohole zur Herstellung künstlicher Farb- u. Riechstoffe

Napoleondor [*fr.*] *der*; -s, -e (aber: 5 -): 20-Franc-Stück in Gold, das unter Napoleon I. u. Napoleon III. geprägt wurde. **Napoleonide** *der*; -n, -n: Abkömmling der Familie Napoleons. **napoleonisch**: wie Napoleon (beschaffen, handelnd)

Napolitain [*...täng*; *fr.*; nach der italien. Stadt Napoli (Neapel)] *das*; -s, -s: Schokoladentäfelchen. **Napolitaine** [*...tän*] *die*; -: feinfädiges, dem Flanell ähnliches Wollgewebe

Nappa [nach der kaliforn. Stadt Napa] *das*; -[s], -s u. **Nappaleder** *das*; -s, -: durch Nachgerbung mit pflanzlichen Gerbstoffen od. mit Chromsalz waschbar gemachtes u. immer durchgefärbtes Glacéleder (Handschuh-, Handtaschen-, Bekleidungsleder) vor allem aus Schaf- u. Ziegenfellen

Narcotin [*...kotin*] vgl. Narkotin

Narde [*semit.-gr.-lat.*] *die*; -, -n: a) eine der wohlriechenden Pflanzen, Pflanzenwurzeln o. ä., die schon im Altertum für Salböle verwendet wurden, z. B. Indische Narde; b) mit Hilfe wohlriechender Pflanzen verschiedener Art hergestelltes Salböl, Salbe, Arznei

Nargileh [auch: *...gi...*; *pers.*] *die*; -, -[s] od. *das*; -s, -s: orientalische Wasserpfeife zum Rauchen

Naris [*lat.*] *die*; -, Nares (meist Plural): eine der beiden Nasenöffnungen, die den Eingang zur Nasenhöhle bilden, Nasenloch (Anat.)

Narko|analyse [*gr.-nlat.*] *die*; -, -n: unter Narkose des Patienten durchgeführte → Psychoanalyse.

Narkolepsie *die*; -, ...ien: meist

kurzdauernder, unvermittelt u. anfallartig auftretender unwiderstehlicher Schlafdrang, der häufig auf Störungen des Zentralnervensystems beruht (Med.). **Narkologie** *die*; -: Lehre von der Schmerzbetäubung, → Anästhesiologie (Med.). **Narkomane** *der* u. *die*; -n, -n: jmd., der an Narkomanie leidet (Med.). **Narkomanie** *die*; -: krankhaftes Verlangen nach Schlaf- od. Betäubungsmitteln; Rauschgiftsucht (Med.). **Narkose** [*gr.*; „Erstarrung"] *die*; -, -n: allgemeine Betäubung des Organismus mit zentraler Schmerz- u. Bewußtseinsausschaltung durch Zufuhr von Betäubungsmitteln (Med.). **Narkotikum** [*gr.-nlat.*] *das*; -s, ...ka: Betäubungsmittel; Rauschmittel. **Narkotin** u. Narcotin [*...kotin*] *das*; -s: den Hustenreiz stillendes Mittel mit nur geringer narkotischer Wirkung, ein Hauptalkaloid des Opiums. **narkotisch** [*gr.*]: betäubend; berauschend (Med.). **Narkotiseur** [*...sör*; mit französierender Endung zu narkotisieren gebildet] *der*; -s, -e: jmd., bes. ein Arzt, der eine Narkose durchführt; vgl. Anästhesist. **narkotisieren** [*gr.-nlat.*]: betäuben, unter Narkose setzen. **Narkotismus** *der*; -: Sucht nach Narkosemitteln

Narodnaja Wolja [*russ.*] *die*; - -: russ. Geheimorganisation, die um 1880 im Geiste der Narodniki den Agrarsozialismus vertrat. **Narodniki** *die* (Plural): Anhänger einer russ. Bewegung in der zweiten Hälfte des 19. Jh.s, die eine soziale Erneuerung Rußlands durch das Bauerntum u. den Übergang zum Agrarkommunismus (vgl. Mir I) erhoffte

Narration [*...zion*; *lat.*] *die*; -, -en: (veraltet) Erzählung, Bericht. **narrativ**: erzählend, in erzählender Form darstellend (Sprachw.). **Narrativik** [*...wik*] *die*; -: Wissenschaft, bei der man sich mit der Kunst des Erzählens (als Darstellungsform), der Struktur von (literarischen) Erzählungen befaßt. **Narrator** *der*; -s, ...oren: Erzähler (Literaturw.). **narratorisch**: den Erzähler, die Erzählung betreffend, erzählerisch (Literaturw.)

Narthex [*gr.*] *der*; -, ...thizes: schmale Binnenvorhalle der altchristl. u. byzantin. → Basiliken

Narwal [*nord.*] *der*; -[e]s, -e: vier bis sechs Meter langer, grauweißer, dunkelbraun gefleckter Einhornwal der Arktis mit (beim Männchen) 2–3 m langem Stoßzahn

Narziß [*gr.-lat.*; schöner Jüngling der griech. Sage, der sich in sein Spiegelbild verliebte] *der*; - u. ...isses, ...isse: ganz auf sich selbst bezogener Mensch; jmd., der sich selbst bewundert u. liebt. **Narzisse** *die*; -, -n: als Zier- u. Schnittpflanze beliebte, in etwa 30 Arten vorkommende, meist stark duftende Zwiebelpflanze. **Narzißmus** [*gr.-lat.-nlat.*] *der*; -: 1. das Verliebtsein in sich selbst; [krankhafte] Selbstliebe, Ichbezogenheit; vgl. Autoerotik. 2. vorübergehende Zurücknahme der Libido von äußeren Objekten auf sich selbst, z. B. nach enttäuschter Liebe (sog. sekundärer -). **Narzißt** *der*; -en, -en: jmd., der [erotisch] nur auf sich selbst bezogen, zu sich hingewandt ist, der nach Liebesversagungen, Selbstwertkränkungen seine Libido von den Objekten der Außenwelt abzieht u. auf sich selbst zurücklenkt, aber weder sich selbst noch andere trotz aller Suche nach Liebe zu lieben vermag. **narzißtisch**: a) eigensüchtig, voller Selbstbewunderung; b) den Narzißmus betreffend, auf ihm beruhend

NASA [Abkürzung für: *N*ational *A*eronautics and *S*pace *A*dministration (*näsch^e^n^e^l ä^e^r^e^notix ^e^nd ßpe^i^ß ^e^dminißtre^i^sch^e^n*)] *die*; -: Nationale Luft- u. Raumfahrtbehörde der USA

nasal [*lat.-nlat.*]: 1. zur Nase gehörend, die Nase betreffend (Med.). 2. a) durch die Nase gesprochen, als Nasal ausgesprochen (Sprachw.); b) [unbeabsichtigt] näselnd, genäselt (z. B. von jmds. Aussprache, Stimme). **Nasal** *der*; -s, -e: Konsonant od. Vokal, bei dessen Aussprache die Luft [zum Teil] durch die Nase entweicht, Nasenlaut (z. B. m, ng, franz. an [*ang*]). **nasalieren**: einen Laut durch die Nase, nasal aussprechen (Sprachw.). **Nasalierung** *die*; -, -en: Aussprache eines Lautes durch die Nase, als Nasal (Sprachw.). **Nasallaut** [*lat.-nlat.*; *dt.*] *der*; -[e]s, -e: = Nasal. **Nasalvokal** [*...wo...*] *der*; -s, -e: nasalierter Vokal (z. B. o in Bon [*bong*]; Sprachw.)

Nasi-goreng [*malai.*] *das*; -[s], -s: indonesisches Reisgericht

Nasiräer [*hebr.-gr.*] *der*; -s, -: im A. T. Israelit, der ein besonderes Gelübde der Enthaltsamkeit abgelegt hat (4. Mose 6)

Nasobem [aus nasus = latinisierte Form von „Nase" und *gr.* bema = Schritt, Gang] *das*; -s, -e; (von Christian Morgenstern erdachtes) Fabeltier (in den „Galgenliedern"), das auf seinen Nasen schreitet

Nastie [*gr.-nlat.*] *die*; -: durch Reiz ausgelöste Bewegung von Organen festgewachsener Pflanzen ohne Beziehung zur Richtung des Reizes (Bot.); vgl. Chemonastie

naszierend [*lat.*]: entstehend, im Werden begriffen (bes. von chem. Stoffen). **Nasziturus** *der*; -, ...ri: die grundsätzlich noch nicht rechtsfähige, aber bereits erbfähige ungeborene Leibesfrucht (Rechtsw.). **Natalicium** [*...zium*; „Geburtstag"] *das*; -s, ...ien [*...i^e^n*]: Heiligenfest, Todestag eines → Märtyrers (als Tag seiner Geburt zum ewigen Leben). **Natalität** [*lat.-nlat.*] *die*; -: Geburtenhäufigkeit (Zahl der Lebendgeborenen auf je 1000 Einwohner im Jahr)

Nation [*...zion*; *lat.(-fr.)*] *die*; -, -en: Lebensgemeinschaft von Menschen mit dem Bewußtsein gleicher politisch-kultureller Vergangenheit und dem Willen zum Staat. **national** [*lat.-fr.*]: a) zur Nation gehörend, sie betreffend, für sie charakteristisch; b) überwiegend die Interessen der eigenen Nation vertretend, vaterländisch. **Nationale** *das*; -s, -: (österr.) a) Personalangaben (Name, Alter, Wohnort u. a.); b) Formular, Fragebogen für die Personalangaben. **Nationalelf** [*lat.-fr.*; *dt.*] *die*; -, -en: Fußballauswahl, auch Feldhandball oder Hockeyauswahl eines Landes für internationale Begegnungen. **Nationalepos** *das*; -, ...epen: Heldenepos eines Volkes, dessen Grundhaltung ihm besonders wesensgemäß zu sein scheint. **Nationalfarben** [*lat.-fr.*; *dt.*] *die* (Plural): die Farben eines Staates (z. B. Blau-Weiß-Rot für Frankreich). **Nationalgarde** *die*; -, -n: 1. (ohne Plural) die 1789 gegründete, nach dem Krieg 1870/71 wieder aufgelöste franz. Bürgerwehr. 2. die Miliz der US-Einzelstaaten (zugleich Reserve der US-Streitkräfte). **Nationalhymne** *die*; -, -n: [meist bei feierlichen Anlässen gespieltes oder gesungenes] Lied, dessen Text Ausdruck des National- u. Staatsgefühls eines Volkes ist. **nationalisieren**: 1. [einen Wirtschaftszweig] verstaatlichen, zum Nationaleigentum erklären. 2. die Staatsangehörigkeit verleihen, → naturalisieren (1), einbürgern. **Nationalisierung** *die*; -, -en: 1. Verstaatlichung. 2. Verleihung der Staatsangehörigkeit, → Naturalisation (1). **Nationalismus**

der; -: a) (meist abwertend) starkes, meist intolerantes, übersteigertes Nationalbewußtsein, das Macht u. Größe der eigenen Nation als höchsten Wert erachtet; b) erwachendes Selbstbewußtsein einer Nation mit dem Bestreben, einen eigenen Staat zu bilden. **Nationalist** *der*; -en, -en: (meist abwertend) jemand, der nationalistisch eingestellt ist; Verfechter des Nationalismus. **nationalistisch**: (meist abwertend) den Nationalismus (a) betreffend, aus ihm erwachsend, für ihn charakteristisch, im Sinne des Nationalismus. **Nationalität** *die*; -, -en: 1. Volks- od. Staatszugehörigkeit. 2. Volksgruppe in einem Staat; nationale Minderheit. **Nationalitätenstaat** *der*; -[e]s, -en: Vielvölkerstaat, Staat, dessen Bevölkerung aus mehreren (weitgehend eigenständigen) nationalen Gruppen besteht; vgl. Nationalstaat. **Nationalitätsprinzip** *das*; -s: (bes. im 19. Jh. erhobene) Forderung, daß jede Nation in einem Staat vereint sein solle. **Nationalkirche** [*lat.-fr.*; *dt.*] *die*; -, -n: auf den Bereich einer Nation begrenzte, rechtlich selbständige Kirche (z. B. die → autokephalen Kirchen des Ostens). **Nationalkommunismus** *der*; -: Ausprägung kommunistischer Ideologie, Politik und Herrschaft, bei der die nationalen Interessen und Besonderheiten im Vordergrund stehen. **Nationalkonvent** *der*; -[e]s: die 1792 in Frankreich gewählte Volksvertretung. **nationalliberal**: der Nationalliberalen Partei (von 1867 bis 1918) angehörend, sie betreffend, ihr Gedankengut vertretend. **Nationalökonomie** *die*; -: Volkswirtschaftslehre. **Nationalrat** [*lat.-fr.*; *dt.*] *der*; -[e]s, ...räte: 1. in Österreich u. in der Schweiz Volksvertretung, Abgeordnetenhaus des Parlaments. 2. in Österreich u. in der Schweiz Mitglied der Volksvertretung. **Nationalsozialismus** *der*; -: (nach dem 1. Weltkrieg in Deutschland aufgekommene) extrem nationalistische, imperialistische u. rassistische Bewegung [u. die darauf basierende faschistische Herrschaft in Deutschland von 1933 bis 1945]. **Nationalsozialist** *der*; -en, -en: a) Anhänger des Nationalsozialismus; b) Mitglied der Nationalsozialistischen Deutschen Arbeiterpartei. **nationalsozialistisch**: den Nationalsozialismus betreffend, für ihn charakteristisch, auf ihm beruhend. **Nationalstaat** *der*; -[e]s, -en: Staat, dessen Bürger einem einzigen Volk angehören; vgl. Nationalitätenstaat

Natis [*lat.*] *die*; -, Nates [*nạteß*] (meist Plural): Gesäßbacke, (im Plural auch:) Gesäß (Anat.)

nativ [*lat.*]: 1. natürlich, unverändert, im natürlichen Zustand befindlich (z. B. von Eiweißstoffen; Chemie; Med.). 2. angeboren (Med.). 3. einheimisch (Sprachw.)

Native [*ne̩ⁱtiw*; *lat.-engl.*]
I. *der*; -s, -s: Eingeborener in den britischen Kolonien.
II. *die*; -, -s: nicht in Austernbänken gezüchtete Auster

Native speaker [*ne̩ⁱtiw ßpike͏ʳr*; *engl.*] *der*; - -, - -s: jmd., der eine Sprache als Muttersprache spricht.

Nativismus [*...wiß...*; *lat.-nlat.*] *der*; -: 1. Theorie, nach der dem Menschen Vorstellungen, Begriffe, Grundeinsichten, bes. Raum- u. Zeitvorstellungen angeboren sind (Psychol.). 2. betontes Festhalten an bestimmten Elementen der eigenen Kultur infolge ihrer Bedrohung durch eine überlegene fremde Kultur. **Nativist** *der*; -en, -en: Vertreter des Nativismus. **nativistisch**: 1. den Nativismus betreffend, zu ihm gehörend, auf ihm beruhend. 2. angeboren; auf Vererbung beruhend (Med.; Biol.). **Nativität** [*lat.*] *die*; -, -en: 1. (veraltet) Geburtsstunde, Geburt. 2. Stand der Gestirne bei der Geburt u. das angeblich dadurch vorbestimmte Schicksal (Astrol.). **Nativitätsstil** *der*; -[e]s: mittelalterl. Zeitbestimmung mit dem Jahresanfang am 25. Dezember (Geburtsfest Christi)

NATO [Kurzw. aus: *N*orth *A*tlantic *T*reaty *O*rganization (*nọrth ᵉtläntik triti o͏ʳgᵉnaisẹⁱschᵉn*); *engl.*] *die*; -: westliches Verteidigungsbündnis

Na|trium [*ägypt.-arab.-nlat.*] *das*; -s: chem. Grundstoff, Alkalimetall; Zeichen: Na. **Na|triumsalz** *das*; -es, -e: Salz des Natriums. **Na|trolith** [auch: *...it*; *ägypt.-arab.*; *gr.*] *der*; -s u. -en, -e[n]: häufiges Mineral aus der Gruppe der → Zeolithe. **Na|tron** [*ägypt.-arab.*] *das*; -s: als Mittel gegen Übersäuerung des Magens verwendetes doppeltkohlensaures Natrium

Natschalnik [*russ.*] *der*; -s, -s: (DDR) Vorgesetzter, Vorsteher, Leiter

Natté [*...te̩*; *lat.-fr.*; „geflochten"] *der*; -[s], -s: feines, glänzendes, meist für Wäsche, Damenkleider, auch Vorhänge verwendetes Gewebe in Panama- od. Würfelbindung (Webart) aus Wolle, Baumwolle, Zellwolle, auch Kunstfasern mit feingekästelter Würfelmusterung

Natur [*lat.*] *die*; -, -en: 1. (ohne Plural) alles, was an organischen u. anorganischen Erscheinungen ohne Zutun des Menschen existiert od. sich entwickelt; Stoff, Substanz, Materie in allen Erscheinungsformen. 2. (ohne Plural) [Gesamtheit der] Pflanzen, Tiere, Gewässer u. Gesteine als Teil der Erdoberfläche od. eines bestimmten Gebietes [das nicht od. nur wenig von Menschen besiedelt od. umgestaltet ist]. 3. a) [auf Veranlagung beruhende] geistige, seelische, körperliche od. biologische Eigentümlichkeit, Besonderheit, Eigenart von [bestimmten] Menschen od. Tieren, die ihr spontanes Verhalten o. ä. entscheidend prägt; b) Mensch im Hinblick auf eine bestimmte, typische Eigenschaft, Eigenart. 4. (ohne Pl.) einer Sache o. ä. eigentümliche Beschaffenheit. 5. (ohne Plural) natürliche, ursprüngliche Beschaffenheit, natürlicher Zustand von etw. 6. (landsch. veraltend, verhüll.) a) (weibliches od. männliches) Geschlechtsteil; b) (ohne Plural) Sperma; vgl. in natura. **natural**: (selten) naturell. **Naturalien** [*...iᵉn*] *die* (Plural): 1. Naturprodukte; Lebensmittel, Waren, Rohstoffe (meist im Hinblick auf ihre Verwendbarkeit als Zahlungsmittel). 2. (selten) Gegenstände einer naturwissenschaftlichen Sammlung. **Naturalienkabinett** *das*; -s, -e: (veraltet) naturwissenschaftliche Sammlung von Gesteinen, Versteinerungen, Tierpräparaten usw. **Naturalisation** [*...zio̩n*; *lat.-fr.*] *die*; -, -en: 1. Einbürgerung eines Ausländers in einen Staatsverband (Rechtsw.). 2. allmähliche Anpassung von Pflanzen u. Tieren in ihnen ursprünglich fremden Lebensräumen (Biol.). 3. a) Ausstopfen von Tierbälgen; b) Präparierung, Herrichten von Tierköpfen an Fellen in Kürschnereien; vgl. ...[at]ion/...ierung. **naturalisieren**: 1. einen Ausländer einbürgern, ihm die Staatsbürgerrechte verleihen. 2. sich in ursprünglich fremden Lebensräumen anpassen (von Pflanzen u. Tieren; Biol.). 3. a) Tierbälge ausstopfen; b) Tierköpfe an Fellen in Kürschnereien präparieren. **Naturalisierung** *die*; -, -en = Naturalisation; vgl. ...[at]ion/...ierung. **Naturalismus** [*lat.-nlat.*] *der*; -, ...men: 1. a) (ohne Plural) Wirklichkeitstreue, -nähe; Naturnachahmung; b) Wirklichkeitstreue aufweisender, naturalistischer Zug (z. B. eines Kunstwerks). 2. (ohne Plural) philosophische, religiöse Weltanschauung, nach der alles aus der Natur u. diese allein aus sich selbst erklärbar ist. 3. eine möglichst genaue Wiedergabe der Wirklichkeit anstrebender, naturgetreu abbildender Kunststil, bes. die gesamteuropäische literarische Richtung von etwa 1880 bis 1900. **Naturalist** *der*; -en, -en: Vertreter des Naturalismus (3). **Naturalistik** *die*; -: = Naturalismus (1a). **naturalistisch**: a) den Naturalismus betreffend; b) naturwahr, wirklichkeitsgetreu. **Naturallohn** [*lat.*; *dt.*] *der*; -[e]s, ...löhne: Arbeitsentgelt in Form von Naturalien. **Naturalobligation** [...*zion*] *die*; -, -en: nicht [mehr] einklagbarer Rechtsanspruch (z. B. Spiel-, Wettschuld, verjährte Forderung). **Naturalregister** *das*; -s, -: in der landwirtschaftlichen Buchführung das Buch zur Eintragung der Hofvorräte u. des Viehstandes. **Naturalrestitution** [...*zion*] *die*; -, -en: Wiederherstellung des vor Eintritt des Schadens bestehenden Zustandes (grundsätzliche Form des Schadenersatzes; Rechtsw.). **Natura naturans** *die*; - -: die schaffende Natur (oft gleichbedeutend mit Gott, bes. bei Spinoza); Ggs. → Natura naturata. **Natura naturata** *die*; - -: die geschaffene Natur (oft gleichbedeutend mit der Welt, bes. bei Spinoza); Ggs. → Natura naturans. **naturell** [*lat.-fr.*]: 1. natürlich; ungefärbt, unbearbeitet. 2. ohne besondere Zutaten zubereitet (Gastr.). **Naturell** *das*; -s, -e: natürliche Veranlagung, natürliche Wesensart, Eigenart, Gemütsart, Temperament. **Naturismus** [*lat.-nlat.*] *der*; -: = Nudismus. **Naturist** *der*; -en, -en: = Nudist. **naturistisch**: = nudistisch. **Naturphilosophie** *die*; -: alle philosophischen, erkenntniskritischen, metaphysischen Versuche u. Bemühungen, die Natur zu interpretieren u. zu einem Gesamtbild ihres Wesens zu kommen. **Naturrecht** *das*; -[e]s: Auffassung vom Recht als einem in der Vernunft des Menschen begründeten Prinzip, unabhängig von der gesetzlich fixierten Rechtsauffassung eines bestimmten Staates o. ä. **Naturtheater** *das*; -s, -: Freilichtbühne, Theater mit den natürlichen Kulissen einer meist eindrucksvollen Landschaft. **Naturton** [*lat.*; *dt.*] *der*; -s, ...töne (meist Plural): Oberton, ohne Verkürzung od. Verlängerung (durch Klappen) des Schallrohrs hervorgebrachter Ton bei Blasinstrumenten (Mus.)

Nau|arch [*gr.-lat.*] *der*; -en, -en: Flottenführer im alten Griechenland. **Naumachie** *die*; -, ...ien: (hist.) 1. Seeschlacht im alten Griechenland. 2. Darstellung einer Seeschlacht in den altrömischen → Amphitheatern.

Nau|plius *der*; -, ...ien [...*i^e n*]: Larve im ursprünglichen Stadium der Krebstiere (Zool.)

Naura [*arab.*] *die*; -, -s: in Mesopotamien verwendetes Wasserschöpfrad

Nausea [*gr.-lat.*] *die*; -: Übelkeit, Brechreiz, vor allem im Zusammenhang mit einer → Kinetose; Seekrankheit (Med.)

Naute [*hebr.-jidd.*] *die*; -: in jüdischen Familien am Purimfest gegessenes Konfekt aus Mohn, Nüssen u. Honig

Nautik [*gr.-lat.*] *die*; -: 1. Schiffahrtskunde. 2. Kunst, Fähigkeit, ein Schiff zu führen u. zu navigieren. **Nautiker** *der*; -s, -: Seemann, der in der Führung eines Schiffes u. in dessen Nautik Erfahrung besitzt. **Nautilus** *der*; -, - u. -se: im Indischen u. Pazifischen Ozean in 60 bis 600 Meter Tiefe am Boden lebender Tintenfisch mit schneckenähnlichem Gehäuse. **Nautilusbecher** *der*; -s, - u. **Nautiluspokal** *der*; -s, -e: Becher oder Schale aus Nautilusmuscheln in Gold- od. Silberfassung (bes. in der Renaissance). **nautisch**: die Nautik betreffend, zu ihr gehörend

Navel [*naw^el*, auch: *ne^iw^el*; Kurzform von Navelorange; *engl.*; „Nabel", nach der nabelförmigen Nebenfrucht] *die*; -, -s: Orange einer kernlosen Sorte

Navicert [*näwißö^r t*; *lat.-engl.*] *das*; -s, -s: von Konsulaten einer [kriegführenden] Nation ausgestelltes Unbedenklichkeitszeugnis für neutrale [Handels]schiffe. **Navicula** [*nawik*...; *lat.*] *die*; -, ...lae [...*lä*]: Gefäß zur Aufbewahrung des Weihrauchs (kath. Kirche). **Navigateur** [*nawigatör*; *lat.-fr.*] *der*; -s, -e: Seemann, der die Navigation beherrscht. **Navigation** [*nawigazion*; *lat.*; „Schiffahrt"] *die*; -: bei Schiffen u. Flugzeugen die Einhaltung des gewählten Kurses u. die Standortbestimmung. **Navigationsakte** *die*; -: Gesetze zum Schutz der eigenen Schiffahrt in England (17. Jh.). **Navigator** [„Schiffer, Seemann"] *der*; -s, ...oren: Mitglied der Flugzeugbesatzung, das für die Navigation verantwortlich ist. **navigatorisch**: die Navigation betreffend, mit ihr zusammenhängend. **navigieren**: ein Schiff od. Flugzeug führen; die Navigation durchführen

Nävus [...*wuß*] vgl. Naevus

Naxalit [nach dem ind. Dorf Naxalbari] *der*; -en, -en: Anhänger einer linksradikalen politischen Bewegung in Indien

Nay [*nai*; *pers.-arab.*] *der*; -s, -s: in Persien u. in den arab. Ländern beheimatetes flötenähnliches Blasinstrument

Nazaräer u. Nazoräer [*hebr.-gr.-lat.*] *der*; -s, -: 1. (ohne Plural) Beiname Jesu (Matth. 2, 23 u. a.); vgl. Nazarener (1). 2. zu den ersten Christen Gehörender (Apostelgesch. 24, 5); vgl. Nazarener (2). 3. zu den syrischen Judenchristen Gehörender. **Nazarener** [nach der Stadt Nazareth in Galiläa] der; -s, -: 1. (ohne Plural) Beiname Jesu (Markus 1, 24); vgl. Nazaräer (1). 2. Nazaräer, Anhänger Jesu (Apostelgesch. 24, 5); vgl. Nazaräer (2). 3. Angehöriger einer adventistischen Sekte des 19. Jh.s in Südwestdeutschland u. der Schweiz. 4. Angehöriger einer Gruppe deutscher romantischer Künstler, die eine Erneuerung christlicher Kunst im Sinne der Kunst des Mittelalters anstrebte. **nazarenisch**: a) in der Art der Nazarener (4); b) die Nazarener (4) betreffend, zu ihnen gehörend

Nazi *der*; -s, -s: (abwertend) Kurzform von Nationalsozialist. **Nazismus** [*nlat.*] *der*; -: (abwertend) Nationalsozialismus. **Nazisse** *die*; -, -n: (abwertend) Frau mit betont nationalsozialistischer Denk- u. Verhaltensweise. **nazistisch**: (abwertend) Kurzw. für: nationalsozialistisch

Nazoräer vgl. Nazaräer

n-dimensional [*lat.-nlat.*]: mehr als drei Dimensionen betreffend (Math.)

Nearktis [*gr.-nlat.*] *die*; -: tiergeographisches Gebiet, das Nordamerika u. Mexiko umfaßt. **nearktisch**: die Nearktis betreffend; -e Region: Nearktis. **Near|throse** *die*; -, -n: (Med.) 1. krankhafte Neubildung eines falschen Gelenks (z. B. zwischen den Bruchenden eines gebrochenen Knochens. 2. operative Neubildung eines Gelenks

nebbich [Herkunft unsicher]: 1. (Gaunerspr.) leider!, schade! 2. (ugs.) nun wenn schon!, was macht das! **Nebbich** [*jidd.*] *der*; -s, -e: (abwertend) jmd., der als unbedeutend, unwichtig o. ä. angesehen wird

Nebiim [*hebr.*; „Propheten"] *die* (Plural): 1. alttestamentliche Propheten, z. T. mit → ekstatischen Zügen (vgl. 1. Samuelis 10). 2. im hebr. → Kanon der zweite Teil des Alten Testaments (Josua bis 2. Könige u. die prophetischen Bücher)

ne bis in idem [*lat.*; „nicht zweimal gegen dasselbe"]: in einer Strafsache, die materiell rechtskräftig abgeurteilt ist, darf kein neues Verfahren eröffnet werden (Verfahrensgrundsatz des Strafrechts; Rechtsw.)

Nebular|hypothese *die*; -: [*lat.-nlat.*; *gr.*]: von Kant aufgestellte Hypothese über die Entstehung des Sonnensystems aus einem Urnebel (Gas, Staub). **nebulos** u. **nebulös** [*lat.*]: unklar, undurchsichtig, dunkel, verworren, geheimnisvoll

Necessaire [*neßäßär*; *lat.-fr.*; „Notwendiges"] *das*; -s, -s: Täschchen, Beutel o. ä. für Toiletten-, Nähutensilien u. a.

Neck [*engl.*] *der*; -s, -s: durch Abtragung freigelegter vulkanischer Schlot (Durchschlagsröhre; Geol.). **Necking** [*engl.-amerik.*] *das*; -[s], -s: das Schmusen; Austausch von Liebkosungen (Vorstufe des → Pettings, bes. bei heranwachsenden Jugendlichen; Sozialpsychol.)

Need [*nid*; *engl.*] *das*; -[s]: Gesamtheit der auf die Umwelt bezogenen inneren Spannungslagen von Bedürfnissen, Strebungen, subjektiven Wünschen u. Haltungen (Psychol.)

Nefas [*lat.*] *das*; -: in der römischen Antike das von den Göttern Verbotene; Ggs. → Fas; vgl. per fas, per nefas

Negation [...*zion*; *lat.*] *die*; -, -en: 1. Verneinung; Ablehnung einer Aussage; Ggs. → Affirmation. 2. Verneinungswort (z. B. nicht). **negativ** [*ne*... od. *nä*..., auch: ...*tif*]: 1. a) verneinend, ablehnend; Ggs. → positiv (1a); b) ergebnislos; ungünstig, schlecht; Ggs. → positiv (1b). 2. kleiner als Null; Zeichen: – (Math.); Ggs. → positiv (2). 3. das Negativ betreffend; in der Helligkeit, in den Farben gegenüber dem Original vertauscht (Fotogr.); Ggs. → positiv (3). 4. eine der beiden Formen elektrischer Ladung betreffend, bezeichnend (Physik); Ggs. → positiv (4). 5. nicht für das Bestehen einer Krankheit sprechend, keinen krankhaften Befund zeigend (Med.); Ggs. → positiv (5). **Negativ** [*ne*... od. *nä*..., auch: ...*tif*] *das*; -s, -e [...*w*[e]]: fotografisches Bild, das gegenüber der Vorlage od. dem Aufnahmeobjekt umgekehrte Helligkeits- od. Farbenverhältnisse aufweist u. aus dem das → Positiv (II, 2) entsteht (Fotogr.). **Negativdruck** *der*; -[e]s, -e: 1. (ohne Plural) Druckverfahren, bei dem Schrift od. Zeichnung dadurch sichtbar wird, daß ihre Umgebung mit Farbe bedruckt wird, sie selbst jedoch ausgespart bleibt. 2. im Hochdruck (Druckverfahren, bei dem die druckenden Teile der Druckform höher liegen als die nichtdruckenden) hergestelltes gedrucktes Werk, Bild. **Negative** [...*w*[e]] *die*; -, -n: (veraltet) Verneinung, Ablehnung. **Negativimage** [...*imidsch*] *das*; -[s], -s [...*dschis*, auch: ...*dschiß*]: durch negativ auffallendes Verhalten entstandenes → Image. **Negativismus** [...*wiß*...; *lat.-nlat.*] *der*; -: 1. ablehnende Haltung, negative Einstellung, Grundhaltung, meist als Trotzverhalten Jugendlicher in einer bestimmten Entwicklungsphase (Psychol.). 2. Widerstand Geisteskranker gegen jede äußere Einwirkung u. gegen die eigenen Triebe; Antriebsanomalie (z. B. bei Schizophrenie; Med.). **negativistisch**: aus Grundsatz ablehnend. **Negativität** *die*; -: (selten) verneinendes, ablehnendes Verhalten. **Negativsteuer** *die*; -, -n: Zahlung des Staates an Bürger [mit geringem Einkommen] (Wirtsch.). **Negativum** [...*wum*] *das*; -s, ...va: etwas, was an einer Sache als negativ (1b), ungünstig, schlecht empfunden wird; etwas Negatives; Ggs. → Positivum.

Negator *der*; -s, ...oren: logischer → Junktor, durch den das Ergebnis der Negation symbolisiert werden kann; Zeichen: ¬ (auch:) ~ (Logistik). **Neg|entropie** [*lat.*; *gr.-nlat.*] *die*; -, ...ien: mittlerer Informationsgehalt einer Informationsquelle; negative → Entropie (2; Informationstheorie). **negieren** [*lat.*]: 1. a) ablehnen, verneinen; b) bestreiten. 2. mit einer Negation (2) versehen

Ne|glektion [...*zion*; *lat.*] *die*; -, -en: (veraltet) Vernachlässigung. **Negligé**, (schweiz:) **Négligé** [...*glische*; *lat.-fr.*] *das*; -s, -s: zarter, oft durchsichtiger Überwurfmantel, meist passend zur Damennachtwäsche. **ne|gligeant** [...*schant*]: unachtsam, sorglos, nachlässig. **ne|gligente** [...*dschänt*[e]; *lat.-it.*]: nachlässig, flüchtig, darüber hinhuschend (Vortragsanweisung; Mus.). **Ne|gligenz** [...*schänz*; *lat.-fr.*] *die*; -, -en: Unachtsamkeit, Nachlässigkeit, Sorglosigkeit. **ne|gligieren** [...*schir*[e]*n*]: vernachlässigen

negoziabel [*lat.-roman.*]: handelsfähig (von Waren, Wertpapieren; Wirtsch.). **Negoziant** *der*; -en, -en: Kaufmann, Geschäftsmann. **Negoziation** [...*zion*] *die*; -, -en: (Wirtsch.) 1. Verkauf von Wertpapieren durch feste Übernahme dieser Wertpapiere durch eine Bank od. ein Bankenkonsortium. 2. Begebung, Verkauf, Verwertung eines Wechsels durch Weitergabe. **negoziieren**: Handel treiben, Wechsel begeben (Wirtsch.)

ne|grid [*lat.-span.-nlat.*]: zu den Negern gehörend; -er Rassenkreis: Rasse der dunkelhäutigen, kraushaarigen Menschen der Südsee u. Afrikas. **Ne|gride** *der* u. *die*; -n, -n: Angehörige[r] des negriden Rassenkreises. **Negrille** [*lat.-span.*] *der*; -n, -n: = Pygmäe. **Ne|grito** *der*; -[s], -s: Angehöriger einer aussterbenden zwergwüchsigen Rasse auf den Philippinen, Andamanen u. auf Malakka. **Ne|gritude** [*negritüd*[e]; *lat.-fr.*] *die*; -: aus der Rückbesinnung der Afrikaner u. Afroamerikaner auf afrikanische Kulturtraditionen erwachsene philosophische u. politische Ideologie, die mit der Forderung nach [kultureller] Eigenständigkeit vor allem der Französisch sprechenden Länder Afrikas verbunden ist. **ne|groid** [*lat.-span.*; *gr.*]: negerähnlich. **Ne|groide** *der* u. *die*; -n, -n: jmd., der einer Rasse angehört, die nicht rein negrid ist, aber negerähnliche Merkmale aufweist. **Ne|gro Spiritual** [*nigro*[u] *ßpiritju*[e]*l*; *lat.-engl.-amerik.*] *das* (auch: *der*); - -s, - -s: geistliches Volkslied der im Süden Nordamerikas lebenden afrikanischen Neger mit schwermütiger, synkopierter Melodie

Negus

I. [*äthiopisch*] *der*; -, - u. Negusse: a) (ohne Plural) abessinischer Herrschertitel; b) Herrscher, Kaiser von Äthiopien.

II. [englischer Oberst] *der*; -, Negusse: in England beliebtes punschartiges Getränk

Ne|krobiose [*gr.-nlat.*] *die*; -: allmähliches Absterben von Geweben, von Zellen im Organismus (als natürlicher od. pathologischer Vorgang; Med.; Biol.). **Ne|krokaustie** *die*; -, ...ien:

Leichenverbrennung. **Ne|krolog** *der*; -[e]s, -e: mit einem kurzen Lebensabriß verbundener Nachruf auf einen Verstorbenen; vgl. Nekrologium. **Nekrologie** *die*; -: Lehre u. statistische Erfassung der Todesursachen; Todesstatistik. **Nekrologium** *das*; -s, ...ien [...i^e^n]: kalenderartiges Verzeichnis der Toten einer mittelalterlichen kirchlichen Gemeinschaft zur Verwendung in der liturgischen Fürbitte, für die jährliche Gedächtnisfeier o. ä. **Ne|kromanie** *die*; -, ...ien: = Nekrophilie. **Nekromant** [*gr.-lat.*] *der*; -en, -en: Toten-, Geisterbeschwörer (bes. des Altertums). **Ne|kromantie** *die*; -: Weissagung durch Geister- u. Totenbeschwörung. **Nekrophilie** [*gr.-nlat.*] *die*; -, ...ien: abartiges, auf Leichen gerichtetes sexuelles Triebverlangen; sexuelle Leichenschändung (Psychol.; Med.). **Ne|krophobie** *die*; -: krankhafte Angst vor dem Tod od. vor Toten (Psychol.; Med.). **Ne|kropie** vgl. Nekropsie. **Ne|kropole** u. **Ne|kropolis** [*gr.*; „Totenstadt"] *die*; -, ...polen: großes Gräberfeld des Altertums, der vorgeschichtlichen Zeit. **Ne|kropsie** [*gr.-nlat.*] *die*; -, ...ien: Totenschau, Leichenöffnung. **Ne|krose** [*gr.-lat.*] *die*; -, -n: örtlicher Gewebstod, Absterben von Zellen, Gewebs- od. Organbezirken als pathologische Reaktion auf bestimmte Einwirkungen (Med.). **Ne|kro|skopie** [*gr.-nlat.*] *die*; -, ...ien: = Nekropsie. **Ne|kro|spermie** *die*; -: Zeugungsunfähigkeit infolge von Abgestorbensein od. Funktionsunfähigkeit der männlichen Samenzellen. **ne|krotisch**: abgestorben, brandig. **Ne|krotomie** *die*; -, ...ien: = Sequestrotomie

Nektar [*gr.-lat.*] *der*; -s, -e: 1. (ohne Plural) ewige Jugend spendender Göttertrank der griechischen Sage. 2. von einem → Nektarium ausgeschiedene Zuckerlösung zur Anlockung von Insekten (Biol.). 3. Getränk aus zu Mus zerdrückten, gezuckerten u. mit Wasser [u. Säure] verdünntem Fruchtfleisch (Fachspr.). **Nektarien**: *Plural* von → Nektarium. **Nektarine** [*gr.-lat.-nlat.*] *die*; -, -n: glatthäutiger Pfirsich mit leicht herauslösbarem Stein (eine → Varietät des Pfirsichs). **Nektarinien** [...i^e^n] *die* (Plural): bunte u. schillernde, bis 20 cm große tropische Singvögel Afrikas und Asiens, deren Zunge zum Sauggorgan umgewandelt ist, mit dem Nektar u. Insekten vom Grund der Blüten aufgesammelt werden können; Nektarvögel, Honigsauger. **nektarisch** [*gr.-lat.*]: süß wie Nektar; göttlich. **Nektarium** [*gr.-lat.-nlat.*] *das*; -s, ...ien [...i^e^n]: Honigdrüse im Bereich der Blüte, seltener der Blätter, die der Anlockung von Insekten und anderen Tieren für die Bestäubung dient (Biol.). **nektarn** [*gr.-lat.*]: = nektarisch

nektieren [*lat.*]: verbinden, verknüpfen. **Nektion** [...*zion*] *die*; -, -en: Verbindung, Verknüpfung mehrerer gleichartiger, → kommutierender Satzteile od. Sätze (z. B. Hund und Katze [sind Haustiere]; Sprachw.). **Nektiv** *das*; -s, -e [...w^e^]: koordinierende Konjunktion (z. B. in: Hund *und* Katze; Sprachw.)

Nekton [*gr.*; „Schwimmendes"] *das*; -s: das → Pelagial (2) bewohnende Organismen mit großer Eigenbewegung, Gesamtheit der im Wasser sich aktiv bewegenden Tiere (Biol.). **nektonisch**: das Nekton betreffend, zu ihm gehörend (Biol.)

Nekyia [*gr.*] *die*; -, ...yien [...*üi^e^n*]: Totenbeschwörung, Totenopfer (Untertitel des 11. Gesangs der Homerischen Odyssee nach dem Besuch des Odysseus im Hades). **Nekymantie** [*gr.-lat.*] *die*; -: = Nekromantie

Nelanane [*Bantuspr.*] *die*; -: = Nalanane

Nelson [*näls^e^n*; nordamerik. Sportler] *der*; -[s], -[s]: Nackenhebel beim Ringen (Sport); vgl. Doppelnelson, Halbnelson

Nemat|helminthen [*gr.-nlat.*] *die* (Plural): (veraltet) Schlauchwürmer, Rundwürmer, Hohlwürmer (z. B. Rädertiere, Fadenwürmer, Igelwürmer; Zool.). **Nematoden** *die* (Plural): Fadenwürmer (z. B. Spulwürmer, Trichinen; Zool.). **Nematozid** [*gr.*; *lat.*] *das*; -[e]s, -e: Bekämpfungsmittel für Fadenwürmer

Nemec|trodyn [nach dem Konstrukteur Nemec] *das*; -s, -e: Gerät für die therapeutische Anwendung von Interferenzströmen (gekreuzte Wechselströme mittlerer, gering unterschiedlicher Frequenz), wobei die zu behandelnde Körperstelle in zwei getrennte Stromkreise gebracht wird (Med.); vgl. Neodynator

Nemesis [*gr.-lat.*; griech. Göttin] *die*; -: ausgleichende, vergeltende, strafende Gerechtigkeit

NE-Metalle [*än-e*...] *die* (Plural): Abk. für: *N*ichteisenmetalle (Chem.)

Neodarwinismus [*gr.*; *nlat.*] *der*; -: 1. (auf Weismann zurückgehende) Abstammungslehre, die sich im wesentlichen auf die → darwinistische Theorie stützt. 2. moderne Abstammungslehre, die das Auftreten neuer Arten durch Mutationen in Verbindung mit natürlicher Auslese zu erklären versucht (Biol.). **Neodym** [*gr.-nlat.*] *das*; -s: chem. Grundstoff, Metall der seltenen Erden; Zeichen: Nd. **Neodynator** *der*; -s, ...oren: Gerät für die therapeutische Anwendung diadynamischer Ströme (Wechselströme, die in modulierbarer Form einem in seiner Intensität frei einstellbaren Gleichstrom überlagert sind; Med.); vgl. Nemectrodyn. **Neofaschismus** [auch: ...*ißmuß*] *der*; -: rechtsradikale Bewegung, die in Zielsetzung u. Ideologie an die Epoche des Faschismus anknüpft. **Neogen** *das*; -s: Jungtertiär (umfaßt → Miozän u. → Pliozän; Geol.). **Neoklassizismus** *der*; -: sich bes. in kolossalen Säulenordnungen ausdrückende formalistische u. historisierende Tendenzen in der Architektur des 20. Jh.s. **Neokolonialismus** *der*; -: Politik entwickelter Industrienationen, ehemalige Kolonien, Entwicklungsländer wirtschaftlich u. politisch abhängig zu halten. **Neokom** u. **Neokomium** [nach dem nlat. Namen Neocom(i)um für Neuenburg i. d. Schweiz] *das*; -s: älterer Teil der unteren Kreideformation (Geol.). **Neolamarckismus** [auch: ...*ißmuß*] *der*; -: Abstammungslehre, die sich auf die unbewiesene Annahme der Vererbung erworbener Eigenschaften stützt. **Neolinguistik** [auch: ...*ißtik*] *die*; -: (von dem italienischen Sprachwissenschaftler Bartoli begründete) linguistische Richtung, die sich gegen die starren, ausnahmslosen Gesetze der junggrammatischen Schule richtete. **Neolinguistiker** [auch: ...*ißt*...] *der*; -s, -: Vertreter der Neolinguistik. **Neolithiker** [auch: ...*li*...] *der*; -s, -: Mensch des Neolithikums. **Neolithikum** [auch: ...*li*...] *das*; -s: Jungsteinzeit; Epoche des vorgeschichtlichen Menschen, deren Beginn meist mit dem Beginn produktiver Nahrungserzeugung (Haustiere, Kulturpflanzen) gleichgesetzt wird. **neolithisch** [auch: ...*li*...]: das Neolithikum betreffend, ihm zugehörend. **Neologe** *der*; -n, -n: jmd., der Neologismen (2) prägt; Spracherneuerer. **Neologie** *die*; -, ...ien: 1. Neuerung, bes. auf religiösem od. sprachlichem Gebiet. 2. aufklärerische Richtung der evangelischen Theologie des 18. Jh.s, die die kirchliche Überlieferung rein historisch deutete, ohne die Offenbarung selbst zu leugnen. **neologisch**: 1. a) Neuerungen, bes. auf religiösem od. sprachlichem Gebiet betreffend; b) neuerungssüchtig. 2. aufklärerisch im Sinne der Neologie (2). **Neologismus** *der*; -, ...men: 1. (ohne Plural) Neuerungssucht, bes. auf religiösem od. sprachlichem Gebiet. 2. sprachliche Neubildung. **Neomarxismus** *der*; -: Gesamtheit der wissenschaftlichen u. literarischen Versuche, die marxistische Theorie angesichts der veränderten wirtschaftl. u. polit. Gegebenheiten neu zu überdenken. **Neomortalität** [auch: *...tät*] *die*; -: Frühsterblichkeit der Säuglinge (in den ersten zehn Lebenstagen). **Neomyst** [*gr.*; „neu eingeweiht"] *der*; -en, -en: (veraltet) neu geweihter katholischer Priester. **Neon** [„das Neue"] *das*; -s: chem. Grundstoff, Edelgas; Zeichen: Ne. **Neonatologe** *der*; -n, -n: Kinderarzt, der bes. Neugeborene behandelt u. medizinisch betreut. **Neonatologie** *die*; -: Zweig der Medizin, der sich bes. mit der Physiologie u. Pathologie Neugeborener befaßt. **Neonazi** *der*; -s, -s: Neonazist. **Neonazismus** *der*; -: rechtsradikale Bewegung (nach 1945) zur Wiederbelebung des → Nationalsozialismus. **Neonazist** *der*; -en, -en: Anhänger des Neonazismus. **Neonfisch** *der*; -[e]s, -e: winzig kleiner Fisch mit einem schillernden Streifen auf beiden Körperseiten (beliebter Aquarienfisch; Zool.). **Neonröhre** *die*; -, -n: mit Neon gefüllte Leuchtröhre. **Neophyt** [*gr.-lat.*; „neu gepflanzt"] *der*; -en, -en: 1. a) in der alten Kirche durch die Taufe in die christliche Gemeinschaft neu Aufgenommener; b) in bestimmte Geheimbünde neu Aufgenommener. 2. Pflanze, die sich in historischer Zeit in bestimmten, ihr ursprünglich fremden Gebieten eingebürgert hat (Bot.); vgl. Adventivpflanze. **Neophytikum** u. Neozoikum [*gr.-nlat.*] *das*; -s: = Känozoikum. **Neo|plasma** *das*; -s, ...men: Neubildung von Gewebe in Form einer [bösartigen] Geschwulst (Medizin). **Neoplastizismus** *der*; -: (von dem niederländischen Maler P. Mondrian [1872–1944] entwickelte) Stilrichtung in der modernen Malerei, die Formen u. Farben auf eine Horizontal-Vertikal-Beziehung reduziert. **Neopsychoanalyse** [auch: *...pßü...*] *die*; -: von H. Schultz-Hencke unter Verwendung Jungscher u. Adlerscher Thesen in Abwandlung der Freudschen Lehre entwickeltes tiefenpsychologisches System, das neben den biologischen Antrieben bes. die kulturellen u. sozialen Komponenten als Konflikt- u. Neurosestoffe betont. **Neorealismus** [auch: *...liß...*] *der*; -: = Neoverismus. **Neostomie** *die*; -, ...ien: Herstellung einer künstlichen Verbindung zwischen zwei Organen od. zwischen einem Organ u. der Körperoberfläche (Med.). **Neotenie** [*gr.-nlat.*] *die*; -: 1. unvollkommener Entwicklungszustand eines Organs (Med.). 2. Eintritt der Geschlechtsreife im Larvenstadium (Biol.). **Neoteriker** [*gr.-lat.*] *die* (Plural): Dichterkreis im alten Rom (1. Jh. v. Chr.), der einen neuen literarischen Stil vertrat. **neoterisch**: (veraltet) a) neuartig; b) neuerungssüchtig. **Neo|tropis** [*gr.-nlat.*] *die*; -: tier- u. pflanzengeographisches Gebiet, das Zentral- u. Südamerika (ausgenommen die zentralen Hochflächen) umfaßt. **neo|tropisch**: zu den Tropen der Neuen Welt gehörend, die Neotropis betreffend; -e Region: = Neotropis. **Neottia** [*gr.*; „Nest"] *die*; -: Nestwurz (Orchideenart in schattigen Wäldern). **Neoverismus** [auch: *...werįß...*] *der*; -: eine nach dem 2. Weltkrieg besonders von Italien ausgehende Stilrichtung des modernen Films u. der Literatur mit der Tendenz zur sachlichen u. formal-realistischen Erneuerung der vom → Verismo vorgezeichneten Gegebenheiten u. Ausdrucksmöglichkeiten. **Neovitalismus** [auch: *...liß...*] *der*; -: auf den Biologen Hans Driesch zurückgehende Lehre von der Eigengesetzlichkeit des Lebendigen (Biol.). **Neozoikum** u. Neophytikum *das*; -s: = Känozoikum. **neozoisch**: = känozoisch **Nepenthes** [*gr.-lat.*] *die*; -, -: Kannenpflanze (fleischfressende Pflanze des tropischen Regenwaldes)

Neper [nach dem schottischen Mathematiker John Napier (*nẹ*[i]*pi*[e]*r*), 1550–1617] *das*; -, -: Maßeinheit für die Dämpfung bei elektrischen u. akustischen Schwingungen (Phys.); Zeichen: N

Nephelin [*gr.-nlat.*] *der*; -s, -e: weißes od. graues, glasglänzendes, gesteinbildendes Mineral. **Nephelinit** [auch: *...it*] *der*; -s, -e: junges, olivinfreies basaltähnliches Ergußgestein. **Nephelium** *das*; -s, ...ien [*...i*[e]*n*]: javanischer Baum, der Nutzholz und eßbare Früchte liefert. **Nephelometer** *das*; -s, -: optisches Gerät zur Messung der Trübung von Flüssigkeiten od. Gasen (Chem.). **Nephelome|trie** *die*; -: Messung der Trübung von Flüssigkeiten od. Gasen (Chem.). **Nephel|opsie** *die*; -: Sehstörung mit Wahrnehmung verschwommener, nebliger Bilder infolge Trübung der Hornhaut, der Linse od. des Glaskörpers des Auges; Nebelsehen (Med.). **nephisch**: Wolken betreffend (Meteor.). **Nephograph** *der*; -en, -en: Gerät, das die verschiedenen Arten u. die Dichte der Bewölkung fotografisch aufzeichnet (Meteor.). **Nephometer** *das*; -s, -: Gerät zur unmittelbaren Bestimmung der Wolkendichte u. -geschwindigkeit (Meteor.). **Nepho|skop** *das*; -s, -e: Gerät zur Bestimmung der Zugrichtung u. -geschwindigkeit von Wolken (Meteor.)

Ne|phralgie [*gr.-nlat.*] *die*; -, ...ien: Nierenschmerz (Medizin). Ne|phrektomie *die*; -, ...ien: operative Entfernung einer Niere (Medizin). **Ne|phridium** *das*; -s, ...ien [*...i*[e]*n*]: Ausscheidungsorgan in Form einer gewundenen Röhre mit einer Mündung nach außen, das mit der Leibeshöhle durch einen Flimmertrichter verbunden ist (bei vielen wirbellosen Tieren, bes. bei Ringelwürmern, Weichtieren u. im → Mesonephros der Wirbeltiere). **Ne|phrit** [auch: *...it*] *der*; -s, -e: lauchgrüner bis graugrüner, durchscheinender, aus wirr durcheinandergeflochtenen Mineralfasern zusammengesetzter Stein, der zu Schmuck- u. kleinen Kunstgegenständen verarbeitet wird u. in vorgeschichtlicher Zeit als Material für Waffen u. Geräte diente. **Ne|phritis** [*gr.-lat.*] *die*; -, ...itiden: Nierenentzündung (Med.). **ne|phrogen** [*gr.-nlat.*]: von den Nieren ausgehend (Medizin). **Ne|phrolepis** [auch: *...rol...*, *...rol...*] *die*; -: als Zierpflanze beliebter tropischer und subtropischer Tüpfelfarn; Nierenschuppenfarn. **Ne|phrolith** [auch: *...it*] *der*; -s od. -en, -e[n]: Nierenstein. **Ne|phrolithiase** u. **Nephrolithiasis** *die*; -, ...iasen: Bildung von Nierensteinen u. dadurch verursachte Erkrankung (Med.). **Ne|phrolithotomie** *die*; -, ...ien: operative Entfernung von Nierensteinen (Med.). **Nephrologe** *der*; -n, -n: Facharzt für Nierenkrankheiten (Med.). **Nephrologie** *die*; -: Wissenschaft von den Nierenkrankheiten (Med.). **ne|phrologisch**: die Nierenkrankheiten betreffend, für sie charakteristisch (Med.). **Nephrom** *das*; -s, -e: [bösartige] Nierengeschwulst (Med.). **Nephropathie** *die*; -, ...ien: Nierenleiden (Med.). **Ne|phro|phthise** u. **Ne|phro|phthisis** *die*; -, ...sen: Nierentuberkulose (Med.). **Nephro|ptose** *die*; -, -n: abnorme Beweglichkeit u. Abwärtsverlagerung der Nieren; Nierensenkung, Senkniere, Wanderniere (Med.). **Ne|phropyelitis** *die*; -, ...itiden: Nierenbeckenentzündung (Med.). **Ne|phror|rhagie** *die*; -, ...ien: Blutung in der Niere, Nierenbluten (Med.). **Ne|phrose** *die*; -, -n: nichtentzündliche Nierenerkrankung mit Gewebeschädigung (Med.). **Ne|phrosklerose** *die*; -, -n: von den kleinen Nierengefäßen ausgehende Erkrankung der Nieren mit nachfolgender Verhärtung u. Schrumpfung des Nierengewebes; Nierenschrumpfung, Schrumpfniere (Med.). **Ne|phrostomie** *die*; -, ...ien: Anlegung einer Nierenfistel zur Ableitung des Urins nach außen (Med.). **Ne|phrotomie** *die*; -, ...ien: operative Öffnung der Niere (Med.)

Nepote [*lat.*] *der*; -n, -n: (veraltet) 1. Neffe. 2. Enkel. 3. Vetter. 4. Verwandter. **nepotisieren** [*lat.-nlat.*]: (veraltet) Verwandte begünstigen. **Nepotismus** *der*; -: 1. Bevorzugung der eigenen Verwandten bei der Verleihung von Ämtern o. ä. 2. Vetternwirtschaft, bes. bei den Päpsten der Renaissancezeit. **nepotistisch**: 1. den Nepotismus betreffend. 2. durch Nepotismus begünstigt

neptunisch [*lat.*; nach dem röm. Meeresgott Neptun]: den Meeresgott Neptun betreffend; -es Gestein: (veraltet) Sedimentgestein (Geol.). **Neptunismus** [*lat.-nlat.*] *der*; -: geologische Hypothese, die sämtliche Gesteine (auch die vulkanischen) als Ablagerungen im Wasser erklärte (Geol.); vgl. Plutonismus (2). **Neptunist** *der*; -en, -en: Verfechter des Neptunismus. **Neptunium** *das*; -s: radioaktiver chem. Grundstoff, ein → Transuran; Zeichen: Np

Nereide [*gr.-lat.*; „Tochter des (Meeresgottes) Nereus"] *die*; -, -n (meist Plural): 1. Meernymphe der griech. Sage. 2. Vertreter der Familie der vielborstigen Würmer (Zool.). **Neritide** [*gr.-nlat.*] *die*; -, -n (meist Plural): Vertreter der Familie der Süßwasserschnecke; Schwimmschnecke (Zool.). **neritisch**: 1. in erwachsenem Zustand auf dem Meeresboden u. im Larvenstadium im freien Wasser lebend (von Tieren der Küstenregion). 2. den Raum u. die **Absatzgesteine der Flachmeere betreffend**

Neroli|öl [*it.*; *dt.*] *das*; -s, -e: angenehm riechendes, für Parfüms, Liköre, Feinbackwaren verwendetes Blütenöl der → Pomeranze

Ner tamid [*hebr.*] *das*; - -: in jeder Synagoge brennendes Ewiges Licht (Rel.)

Nerv [*lat.* (*-engl.*)] *der*; -s (fachspr. auch: -en), -en [...*fᵉn*]: 1. Blattader oder -rippe. 2. rippenartige Versteifung, Ader der Insektenflügel. 3. aus parallel angeordneten Fasern bestehender, in einer Bindegewebshülle liegender Strang, der der Reizleitung zwischen Gehirn, Rückenmark u. Körperorgan od. -teil dient (Med.). 4. (nur Plural) nervliche Konstitution, psychische Verfassung. 5. Kernpunkt; kritische Stelle. **nerval** [...*wal*]: die Nerventätigkeit betreffend, durch die Nervenfunktion bewirkt; nervlich (Med.). **Nervatur** [*lat.-nlat.*] *die*; -, -en: 1. Blattaderung. 2. Aderung der Insektenflügel. **nerven** [*närfᵉn*]: (ugs.) a) jmdm. auf die Nerven gehen; b) nervlich strapazieren, anstrengen; an die Nerven gehen; c) hartnäckig bedrängen; jmdm. in zermürbender Weise zusetzen. **nervig** [*närwich*, auch: *närfich*]: sehnig, kraftvoll. **Nervinum** [...*wi*...] *das*; -s, ...na: Arzneimittel, das auf das Nervensystem einwirkt (Med.; Pharm.). **nervös** [...*wöß*; *lat.*(*-fr.* u. *engl.*)]: 1. = nerval. 2. a) unruhig, leicht reizbar, aufgeregt; b) fahrig, zerfahren. **Nervosität** [...*wosität*] *die*; -, -en: 1. (ohne Plural) nervöser (2) Zustand, nervöse Art. 2. einzelne nervöse Äußerung, Handlung. 3. (veraltend) Neurasthenie. **Nervus** [...*wuß*; *lat.*] *der*; -, ...vi: Nerv (Med.). **Nervus abducens** [- ...*zänß*] *der*; - -: 6. Gehirnnerv; vgl. Abduzens. **Nervus probandi** *der*; - -: (veraltet) Beweiskraft, Hauptbeweisgrund (Rechtsw.). **Nervus rerum** *der*; - -: 1. Triebfeder, Hauptsache. 2. (scherzh.) Geld als Zielpunkt allen Strebens, als wichtige Grundlage

Nescafé ® [Kurzw. für den Namen der schweiz. Firma *Nes*tlé u. *fr. café* = Kaffee] *der*; -s: löslicher Kaffee-Extrakt in Pulverform

Nes|chi [*näßki*; *arab.*] *das* od. *die*; -: arab. Schreibschrift

Nessusgewand [nach dem vergifteten Gewand des Herakles in der griech. Sage] *das*; -[e]s, ...gewänder: verderbenbringende Gabe

Nestor [*gr.-lat.*; kluger u. redegewandter griech. . Held der Odyssee, der drei Menschenalter gelebt haben soll] *der*; -s, ...oren: herausragender ältester Vertreter einer Wissenschaft, eines [künstlerischen] Faches; Ältester eines bestimmten Kreises

Nestorianer [*nlat.*] *der*; -s, -: Anhänger der Lehre des Patriarchen Nestorius v. Konstantinopel († um 451) u. einer von dieser Lehre bestimmten Kirche. **Nestorianismus** *der*; -: von der Kirche verworfene Lehre des Nestorius, die die göttliche u. menschliche Natur in Christus für unverbunden hielt u. in Maria nur die Christusgebärerin, nicht aber die Gottesgebärerin sah

Netsuke [*näzuke*; *jap.*] *die*; -, -[s], (auch:) *das*; -[s], -[s]: in Japan kleine, knopfartige Holz- od. Elfenbeinplastik am Gürtel zum Befestigen kleiner Gegenstände

netto [*lat.-it.*]: rein, nach Abzug, ohne Verpackung (Wirtsch.; Handel). **netto à point** [- - *poäng*; *lat.-it.*; *lat.-fr.*]: 1. Bezahlung einer geschuldeten Summe durch mehrere nach dem Wunsch des Gläubigers auszustellende Teilwechsel od. andere Schuldurkunden, die zusammen der geschuldeten Summe entsprechen. 2. Einberechnung der Spesen in eine Hauptsumme im Gegensatz zur Erhöhung der Hauptsumme um die Spesen. **netto cassa** [- *ka*...; *lat.-it.*]: bar u. ohne jeden Abzug. **Nettogewicht** *das*; -[e]s, -e: Reingewicht einer Ware ohne Verpackung. **Nettopreis** *der*; -es, -e: Endpreis einer Ware, von dem keinerlei Abzug mehr möglich ist. **Nettoregistertonne** *die*; -, -n: Raummaß im Seewesen zur Bestimmung des Schiffsraumes, der für die Ladung zur Verfügung steht; Zeichen: NRT. **Nettosozialprodukt** *das*; -[e]s, -e: → Bruttosozialprodukt abzüglich der Abschreibungen

Neuapostoliker *der*; -s, -: Angehöriger der aus den → katholisch-apostolischen Gemeinden hervorgegangenen Neuapostolischen Kirche

Neume [*gr.-mlat.*] *die*; -, -n (meist Plural): vor der Erfindung der Notenschrift im Mittelalter übliches Notenhilfszeichen. **neumieren** [*gr.-mlat.-nlat.*]: eine Musik in Neumen niederschreiben; einen Text mit Neumen versehen

Neuminute [*dt.*; *lat.*] *die*; -, -n: hundertster Teil eines → Gons (Mathematik)

neural [*gr.-nlat.*]: einen Nerv, die Nerven betreffend, vom Nervensystem ausgehend (Med.). **Neur|algie** [*gr.-nlat.*] *die*; -, ...ien: in Anfällen auftretender Schmerz im Ausbreitungsgebiet bestimmter Nerven ohne nachweisbare entzündliche Veränderungen od. Störung der → Sensibilität (2; Med.). **Neur|algiker** *der*; -s, -: an Neuralgie Leidender (Med.). **neur|algisch**: 1. auf Neuralgie beruhend, für sie charakteristisch (Med.). 2. sehr problematisch, kritisch. **Neuralleiste** *die*; -, -n: embryonales Gewebe, aus dem sich u. a. → Neuronen entwickeln. **Neuralpathologie** *die*; -: wissenschaftliche Theorie, nach der die krankhaften Veränderungen im Organismus vom Nervensystem ausgehen (Med.). **Neuraltherapeut** *der*; -en, -en: jmd., der Neuraltherapie anwendet. **Neuraltherapie** *die*; -: Behandlungsmethode zur Beeinflussung von Krankheiten bzw. zur Ausschaltung von Störherden durch Einwirkung auf das örtliche Nervensystem (Med.). **Neur|asthenie** *die*; -, ...ien: (Med.) 1. (ohne Plural) Zustand nervöser Erschöpfung, Nervenschwäche. 2. Erschöpfung nervöser Art. **Neurastheniker** *der*; -s, -: an Neurasthenie Leidender (Med.). **neurasthenisch**: (Med.) 1. die Neurasthenie betreffend, auf ihr beruhend. 2. nervenschwach. **Neur|ektomie** *die*; -: das Herausschneiden eines Nervs od. Nervenstücks zur Heilung einer Neuralgie (Med.). **Neur|exairese** *die*; -, -n: operative Entfernung (Herausreißen od. Herausdrehen) eines schmerzüberempfindlichen, erkrankten Nervs (Med.). **Neurilem** *das*; -s, -en: = Neurilemm. **Neurilemm** u. **Neurilemma** *das*; -s, ...lemmen: aus Bindegewebe bestehende Hülle der Nervenfasern; Nervenscheide (Med.; Biol.). **Neurin** *das*; -s: starkes Fäulnisgift. **Neur|inom** *das*; -s, -e: von den Zellen der Nervenscheide ausgehende, meist gutartige Nervenfasergeschwulst (Medizin). **Neurit** *der*; -en, -en: oft lang ausgezogener, der Reizleitung dienender Fortsatz der Nervenzellen (Med., Biol.). **Neuritis** *die*; -, ...itiden: akute od. chronische Erkrankung der peripheren Nerven mit entzündlichen Veränderungen, häufig auch mit degenerativen Veränderungen des betroffenen Gewebes u. Ausfallserscheinungen (wie partiellen Lähmungen); Nervenentzündung (Med.). **neuritisch**: auf einer Neuritis beruhend, das Krankheitsbild einer Neuritis zeigend (Med.). **Neuroanatomie** *die*; -: → Anatomie der Nerven bzw. des Nervensystems (Med.). **Neurobiologie** *die*; -: → interdisziplinäre Forschungsrichtung, die sich die Aufklärung von Struktur u. Funktion des Nervensystems zum Ziel gesetzt hat. **Neuroblast** [*gr.-nlat.*] *der*; -en, -en: unausgereifte Nervenzelle (Vorstufe der Nervenzellen; Med.; Biol.). **Neuroblastom** *das*; -s, -e: 1. Geschwulst aus Neuroblasten (Med.). 2. = Neurom (Med.). **Neurochemie** *die*; -: Wissenschaft von den chemischen Vorgängen, die in Nervenzellen ablaufen u. die Erregungsleitung auslösen (Med.). **Neurochir|urg** *der*; -en, -en: Facharzt auf dem Gebiet der Neurochirurgie. **Neurochir|urgie** *die*; -: Spezialgebiet der Chirurgie, das alle operativen Eingriffe am Zentralnervensystem umfaßt. **neurochir|urgisch**: die Neurochirurgie betreffend, mit den Mitteln der Neurochirurgie. **Neuro|cranium** [...*kra*...] vgl. Neurokranium. **Neurodermatose** *die*; -, -n: nervöse Hauterkrankung (Med.). **Neurodermitis** *die*; -, ...itiden: zu den → Ekzemen zählende entzündliche, auf nervalen Störungen beruhende chronische Hauterkrankung mit Bläschenbildung u. → Lichenifikation; Juckflechte (Med.). **neuro|endokrin**: durch nervale Störungen u. Störungen der inneren Sekretion bedingt (Med.). **Neuro|epithel** *das*; -s, -e: → epithelialer Zellverband aus Sinneszellen (Med.). **Neurofi|brille** *die*; -, -n (meist Plural): feinste Nervenfaser (Med.; Biol.). **neurogen**: von den Nerven ausgehend (Med.). **Neuro|glia** *die*; -: bindegewebige Stützsubstanz des Zentralnervensystems (Med.; Biol.). **Neurohormon** *das*; -s, -e: hormonartiger, körpereigener Wirkstoff (Gewebshormon) des vegetativen Nervensystems, der für die Reizweiterleitung von Bedeutung ist (z. B. Adrenalin; Med.). **Neurokranium** *das*; -s, ...ia od. ...ien [...*iᵉn*]: Teil des Schädels, der das Gehirn umschließt (Med.; Biol.). **Neurolemm** u. **Neurolemma** *das*; -s, ...lemmen: = Neurilemm, Neurilemma. **Neuroleptikum** *das*; -s, ...ka (meist Plural): zur Behandlung von Psychosen angewandtes Arzneimittel, das die motorische Aktivität hemmt, Erregung u. Aggressivität dämpft u. das vegetative Nervensystem beeinflußt (Med.; Pharm.). **Neurolinguistik** *die*; -: Wissenschaft von den Wechselbeziehungen, die zwischen der klinisch-anatomischen und der linguistischen → Typologie (1) der → Aphasie (1) bestehen; Sprachpathologie. **Neurologe** *der*; -n, -n: Facharzt auf dem Gebiet der Neurologie (2); Nervenarzt. **Neurologie** *die*; -: 1. Wissenschaft von Aufbau u. Funktion des Nervensystems. 2. Wissenschaft von den Nervenkrankheiten, ihrer Entstehung u. Behandlung. **neurologisch**: 1. Aufbau u. Funktion des Nervensystems betreffend, zur Neurologie (1) gehörend, auf ihr beruhend. 2. die Nervenkrankheiten betreffend; zur Neurologie (2) gehörend, auf ihr beruhend. **Neurom** *das*; -s, -e: aus einer Wucherung der Nervenfasern u. -zellen entstandene Geschwulst (Med.). **Neuron** *das*; -s, ...ronen (auch: ...rone): Nerveneinheit, Nervenzelle mit Fortsätzen (Med.; Biol.). **Neuropäd|ia trie** *die*; -: Teilgebiet der → Pädiatrie, das sich mit nervalen Vorgängen u. Nervenkrankheiten befaßt. **Neuropathie** *die*; -, ...ien: Nervenleiden, -krankheit, bes. anlagebedingte Anfälligkeit des Organismus für Störungen im Bereich des vegetativen Nervensystems (Med.). **Neuropathologe** *der*; -n, -n: Arzt mit Spezialkenntnissen auf dem Gebiet der Neuropathologie; Nervenarzt. **Neuropathologie** *die*; -: Teilgebiet der → Pathologie, auf dem man sich mit den krankhaften Vorgängen u. Veränderungen des Nervensystems u. mit den Nervenkrankheiten beschäftigt. **Neurophysiologe** *der*; -n, -n: Wissenschaftler auf dem Gebiet der Neurophysiologie. **Neurophysiologie** *die*; -: → Physiologie des Nervensystems. **Neuro|plegikum** *das*; -s, ...ka (meist Plural): (veraltet) Neuroleptikum. **neuropsychisch**: den Zusammenhang zwischen nervalen u. psychischen Vorgängen betreffend; für seelisch gehalten (von Nervenvorgängen; Psychol.). **Neuropsychologe** *der*; -n, -n: Wissenschaftler auf dem Gebiet der Neuropsychologie. **Neuropsychologie** *die*; -: Teilgebiet der → Psychologie, auf dem man sich mit den Zusammenhängen von Nervensystem u. psychischen Vorgängen beschäftigt. **Neuropteren** *die* (Plural): zusammenfassende systematische Bezeichnung für die Netzflügler (z. B. Schlammfliegen, Kamelhalsfliegen; Zool.). **Neuroretinitis** [*gr.*; *lat.-nlat.*] *die*; -, ...itiden: Entzündung der Sehnerven und der Netzhaut des Auges (Med.). **Neurose** [*gr.-nlat.*] *die*; -, -n: hauptsächlich durch Fehlentwicklung des Trieblebens u. durch unverarbeitete seelische Konflikte mit der Umwelt entstandene krankhafte, aber heilbare Verhaltensanomalie mit seelischen Ausnahmezuständen u. verschiedenen körperlichen Funktionsstörungen ohne organische Ursachen (Med.). **Neurose|kret** *das*; -[e]s, -e: hormonales Sekret von Nervenzellen (bei Gliederfüßern z. B. enthält es Hormone, die die Larvenhäutung regeln; Biol.). **Neurose|kretion** *die*; -, -en: Absonderung hormonaler Stoffe aus Nervenzellen bei den meisten Wirbeltiergruppen u. beim Menschen; Biol.). **Neurotiker** *der*; -s, -: jmd., der an einer Neurose leidet (Med.). **Neurotisation** [...*zion*] *die*; -: (Med.) 1. operative Einpflanzung eines Nervs in einen gelähmten Muskel. 2. Regeneration, Neubildung eines durchtrennten Nervs. **neurotisch**: a) auf einer Neurose beruhend, im Zusammenhang mit ihr stehend; b) an einer Neurose leidend. **neurotisieren**: eine Neurose hervorrufen. **Neurotomie** *die*; -, ...ien: Nervendurchtrennung (zur Schmerzausschaltung, bes. bei einer Neuralgie; Med.). **Neurotonie** *die*; -, ...ien: Nervendehnung, -lockerung (bes. zur Schmerzlinderung, z. B. bei Ischias; Med.). **Neurotoxikose** *die*; -, -n: auf Gifteinwirkung beruhende Schädigung des Nervensystems (Med.). **Neurotoxin** *das*; -s, -e: Stoff (z. B. Bakteriengift), der eine schädigende Wirkung auf das Nervensystem hat; Nervengift (Med.). **neurotoxisch**: das Nervensystem schädigend (von bestimmten Stoffen; Med.). **Neuro|tripsie** *die*; -, ...ien: Nervenquetschung, Druckschädigung eines Nervs durch Unfall, Prothesen o. ä. (Med.). **neurotrop**: auf Nerven gerichtet, das Nervensystem beeinflussend (Med.)

Neuston [*gr.*; „das Schwimmende"] *das*; -s: Gesamtheit mikroskopisch kleiner Lebewesen auf dem Oberflächenhäutchen stehender Gewässer (z. B. die sogenannten Wasserblüten; Biol.)

Neu|tra: *Plural* von → Neutrum. **neu|tral** [*lat.-mlat.*]: 1. a) unparteiisch, unabhängig, nicht an eine Interessengruppe, Partei o. ä. gebunden; b) keinem Staatenbündnis angehörend; nicht an einem Krieg, Konflikt o. ä. zwischen anderen Staaten teilnehmend. 2. sächlich, sächlichen Geschlechts (Sprachw.). 3. [nicht auffällig u. daher] zu allem passend, nicht einseitig festgelegt (z. B. von einer Farbe). 4. (Chemie) a) weder basisch noch sauer reagierend (z. B. von einer Lösung); b) weder positiv noch negativ reagierend (z. B. von Elementarteilchen). **Neu|tral** *das*; -[s]: = Idiom Neutral. **Neu|tralisation** [...*zion*; *lat.-fr.*] *die*; -, -en: 1. = Neutralisierung (1). 2. Aufhebung der Säurewirkung durch Zugabe von Basen u. umgekehrt (Chem.). 3. Aufhebung, gegenseitige Auslöschung von Spannungen, Kräften, Ladungen u. a. (Physik). 4. vorübergehende Unterbrechung eines Rennens, bes. beim Sechstagerennen der tägliche, für eine bestimmte Zeit festgesetzte Stillstand des Rennens (Sport); vgl. ...[at]ion/...ierung. **neu|tralisieren**: 1. unwirksam machen, eine Wirkung, einen Einfluß aufheben, ausschalten. 2. einen Staat durch Vertrag zur Neutralität verpflichten (Rechtsw.). 3. ein [Grenz]gebiet von militärischen Anlagen u. Truppen räumen, freimachen (Mil.). 4. bewirken, daß eine Lösung weder basisch noch sauer reagiert (Chem.). 5. Spannungen, Kräfte, Ladungen u. a. aufheben, gegenseitig auslöschen (Physik). 6. ein Rennen unterbrechen, für eine bestimmte Zeit nicht bewerten (Sport). **Neu|tralisierung** *die*; -, -en: 1. Aufhebung einer Wirkung, eines Einflusses. 2. einem Staat durch Vertrag auferlegte Verpflichtung zur Neutralität bei kriegerischen Auseinandersetzungen (Rechtsw.). 3. Räumung bestimmter [Grenz]gebiete von militärischen Anlagen u. Truppen (Mil.); vgl. ...[at]ion/...ierung. **Neu|tralismus** [*lat.-nlat.*] *der*; -: Grundsatz der Nichteinmischung in fremde Angelegenheiten (vor allem in der Politik), Politik der Blockfreiheit. **Neu|tralist** *der*; -en, -en: Verfechter und Vertreter des Neutralismus. **Neu|tralität** [*lat.-mlat.*] *die*; -: a) unparteiische Haltung, Nichteinmischung, Nichtbeteiligung; b) die Nichtbeteiligung eines Staates an einem Krieg od. Konflikt. **Neu|tren**: *Plural* von → Neutrum. **Neu|trino** [*lat.-it.*]: *das*; -s, -s: masseloses Elementarteilchen ohne elektrische Ladung (Phys.). **Neu|tron** [*lat.-nlat.*] *das*; -s, ...onen: Elementarteilchen ohne elektrische Ladung u. mit der Masse des Wasserstoffkernes; Zeichen: n (Phys.). **Neutronenbombe** vgl. Neutronenwaffe. **Neu|tronenwaffe** *die*; -, -n: Kernwaffe, die bei verhältnismäßig geringer Sprengwirkung eine extrem starke Neutronenstrahlung auslöst u. dadurch bes. Lebewesen schädigt od. tötet, Objekte dagegen weitgehend unbeschädigt läßt. **neu|trophil** [*lat.*; *gr.*]: mit chemisch neutralen Stoffen leicht färbbar, besonders empfänglich für neutrale Farbstoffe (z. B. von Leukozyten; Med.). **Neu|trophilie** *die*; -, ...ien: übermäßige Vermehrung der neutrophilen weißen Blutkörperchen (Med.). **Neu|trum** [österr.: *ne-utrum*; *lat.*; „keines von beiden"] *das*; -s, ...tra (auch: ...tren): sächliches Substantiv (z. B. das Kind); Abk.: n., N., Neutr.

Neveu [*n^e wö*; *lat.-fr.*] *der*; -s, -s: (veraltet, noch scherzh.) Neffe

Newcomer [*njukam^er*; *engl.*] *der*; -[s], -[s]: jmd., der noch nicht lange bekannt, etwas, was noch neu ist [aber schon einen gewissen Erfolg hat]; Neuling. **New Deal** [*nju dil*; *engl.-amerik.*] *der*; - -: das wirtschafts- u. sozialpolitische Reformprogramm des ehemaligen amerikan. Präsidenten F. D. Roosevelt. **New Look** [- *luk*; „neues Aussehen"] *der* od. *das*; - -[s]: neue Linie, neuer Stil (z. B. in der Mode). **New-Orleans-Jazz** [...*o^rlinsdschäs*] *der*; -: frühester, improvisierender Jazzstil der nordamerikan. Neger in u. um New Orleans; vgl. Chikago-Jazz

New Romantic [*nju romäntik*; *engl.*] **I.** *die*; - -: zu Beginn der 80er Jahre von England ausgehende Bewegung, deren Vertreter einen vom Normalen abweichenden Habitus u. Lebensstil pflegen, in dem sie sich z. B. phantasievoll schminken u. frisieren u. ihre romantische, bunte Kleidung nach alten Vorbildern aus der Renaissance, dem Barock, der Romantik o. ä. anfertigen.

II. *der*; - -, - -s (meist Plural): Anhänger, Vertreter der New Romantic (I)

News [*njus*; *engl.*] *die* (Plural): [sensationelle] Neuigkeiten, Nachrichten, Meldungen (häufig als Name von engl. Zeitungen)

Newton [*njutᵉn*; engl. Physiker, 1643–1727] *das*; -s, -: physikalische Krafteinheit; Zeichen: N (1 N = 10^5 dyn)

New Wave [*nju wẹⁱw*; *engl.*] *der*; - -: neue Richtung in der → Rockmusik, die durch einfachere Formen (z. B. in der Instrumentierung, im Arrangement), durch Verzicht auf Perfektion u. durch zeitgemäße Texte gekennzeichnet ist

Nẹxus [*lat.*] *der*; -, - [*nḁ̈xuß*]: Zusammenhang, Verbindung, Verflechtung

Nezessitạ̈t [*lat.*] *die*; -, -en: (veraltet) Notwendigkeit

Ngọko [*jav.*] *das*; -[s]: Sprache der Unterschicht auf Java; Ggs. → Kromo

Niaiseri̱e [*niäs...*; *lat.-vulgärlat.-fr.*] *die*; -, ...i̱en: (veraltet) Albernheit, Dummheit, Einfältigkeit

Ni̱|blick [*engl.*] *der*; -s, -s: schwerer Golfschläger mit Eisenkopf (der z. B. dazu verwendet wird, den Ball aus sandigem Untergrund herauszuschlagen)

Nicaenum [*...zä̱...*] vgl. Nizänum

Nichirensekte [*ni̱tschi...*] vgl. Nitschirensekte

Nịcki [nach der Kurzform von Nikolaus] *der*; -[s], -s: Pullover aus plüschartigem Material

Nicol [*ni̱kol*; engl. Physiker, 1768–1851] *das*; -s, -s: aus zwei geeignet geschliffenen Teilprismen aus Kalkspat zusammengesetzter → Polarisator des Lichts; Polarisationsprisma (Optik)

Nicoti̱n [*...ko...*] vgl. Nikotin

Nidamentạldrüse [*lat.-nlat.*; *dt.*] *die*; -, -n (meist Plural): Drüse bei den weiblichen Tieren vieler Kopffüßler, deren klebriges Sekret zur Umhüllung u. Befestigung der Eier dient (Zool.). **Nidation** [*...zio̱n*] *die*; -: Einnistung des befruchteten Eies in die Gebärmutterschleimhaut (Med.; Biol.). **Nidatio̱nshemmer** *der*; -s, -: Empfängnisverhütungsmittel, dessen Wirkung darin besteht, eine Nidation zu verhindern (Med.)

Ni̱ederfrequenz *die*; -, -en: Bereich der elektrischen Schwingungen unterhalb der Mittelfrequenz (5 000 bis 10 000 Hertz)

nielli̱eren [*niä...*; *lat.-it.*]: in Metall (meist Silber od. Gold) gravierte Zeichnungen mit Niello (1) ausfüllen (Kunstw.). **Nịello** *das*; -[s], -s u. ...llen (bei Kunstwerken auch: ...lli): (Kunstw.) 1. Masse u. a. aus Blei, Kupfer u. Schwefel, die zum Ausfüllen einer in Metall eingravierten Zeichnung dient u. die sich als schwarze od. schwärzliche Verzierung von dem Metall abhebt. 2. mit Niello (1) bearbeitete Metallzeichnung, mit Niello (1) verzierter Metallgegenstand (meist aus Silber od. Gold). 3. Abdruck einer zur Aufnahme von Niello (1) bestimmten gravierten Platte auf Papier

Nielsbo̱hrium [*nlat.*, nach dem dän. Physiker Niels Bohr, 1885–1962] *das*; -s: = Hahnium (von der UdSSR vorgeschlagene Bezeichnung)

Nife [*ni̱fe*; Kurzw. für *Ni*ckel u. lat. *fe*rrum „Eisen"] *das*; -: im wesentlichen wahrscheinlich aus Eisen u. Nickel bestehende Materie des Erdkerns (Geol.). **Ni̱fekern** *der*; -[e]s: der Erdkern im Hinblick auf seine wahrscheinlichen wesentlichen Bestandteile, Eisen u. Nickel (Geol.)

Nịgger [*lat.-span.-fr.-engl.-amerik.*] *der*; -s, -: (abwertend) Neger

Nightclub [*na̱itklab*; *engl.*] *der*; -s, -s: Nachtbar

Ni|gromạnt [*lat.*; *gr.*] *der*; -en, -en: Zauberer, Wahrsager, Magier. **Ni|gromanti̱e** *die*; -: Schwarze Kunst, Magie, Zauberei. **Nigrosi̱n** [*lat.-nlat.*] *das*; -s, -e: in der Leder- u. Textilindustrie vielfach verwendeter indigoähnlicher Farbstoff

Nihili̱smus [*lat.-nlat.*] *der*; -: a) [philosophische] Anschauung, Überzeugung von der Nichtigkeit alles Bestehenden, Seienden; b) bedingungslose Verneinung aller Normen, Werte, Ziele. **Nihili̱st** *der*; -en, -en: Vertreter des Nihilismus; alles verneinender, auch zerstörerischer Mensch. **nihili̱stisch**: a) in der Art des Nihilismus; b) verneinend, zerstörend. **ni̱hil ọbstat** [*lat.*]: es steht nichts im Wege (Unbedenklichkeitsformel der katholischen Kirche für die Erteilung der Druckerlaubnis od. der → Missio canonica); vgl. Imprimatur (2)

Ni̱hongi [*jap.*; „Annalen von Nihon (= Japan)"] *der*; -: erste jap. Reichsgeschichte, Quellenschrift des → Schintoismus (720 n. Chr.); vgl. Kodschiki

Ni̱kol vgl. Nicol

Ni̱kolaus [nach einem als Heiliger verehrten Bischof von Myra] *der*; -, -e (ugs.: ...läuse): 1. als hl. Nikolaus verkleidete Person. 2. (ohne Plural) mit bestimmten Bräuchen verbundener Tag des hl. Nikolaus (6. Dezember); Nikolaustag. 4. Geschenk [für Kinder] zum Nikolaustag. **Ni̱kolo** [*gr.-it.*] *der*; -s, -s: (österr.) Nikolaus (1–4)

Nikoti̱n, (chem. fachspr.:) Nicoti̱n [*...ko...*; *fr.*, nach dem franz. Gelehrten J. Nicot (*nikọ*), um 1530–1600] *das*; -s: in den Wurzeln der Tabakpflanze gebildetes → Alkaloid, das sich in den Blättern ablagert u. beim Tabakrauchen als [anregendes] Genußmittel dient. **Nikotini̱smus** [*fr.-nlat.*] *der*; -: durch übermäßige Aufnahme von Nikotin hervorgerufene Erkrankung des Nervensystems; Nikotinvergiftung

Niktation [*...zio̱n*; *lat.*; „das Zwinkern, Blinzeln"] u. **Niktitation** [*...zio̱n*; *lat.-nlat.*] *die*; -: Blinzelkrampf, durch eine schnelle Folge von Zuckungen gekennzeichneter Augenlidkrampf (Med.)

Ni̱lgau [*Hindi*] *der*; -[e]s, -e: antilopenartiger, blaugrauer indischer Waldbock

Nimbo|strạtus [*lat.-nlat.*] *der*; -, ...ti: bis zu mehreren Kilometern mächtige, tiefhängende Regenwolke (Meteor.). **Nịmbus** [*lat.-mlat.*] *der*; -, -se: 1. Heiligenschein, bes. bei Darstellungen Gottes od. Heiliger; Gloriole. 2. Ruhmesglanz; Ansehen, Geltung. 3. (veraltet) Nimbostratus

Nịmrod [*hebr.*; eine biblische Gestalt] *der*; -s, -e: [leidenschaftlicher] Jäger

Nio̱b u. Nio̱bium [*nlat.*; nach der griech. Sagengestalt Ni̱obe] *das*; -s: chem. Grundstoff, hellgraues, glänzendes Metall, das sich gut walzen u. schmieden läßt; Zeichen: Nb. **Niobi̱de** *der*; -n, -n u. *die*; -, -n: Abkömmling der Niobe. **Niobi̱t** [auch: *...i̱t*] *der*; -s, -e: ein Niob enthaltendes Mineral, schwarzglänzendes Metall. **Nio̱bium** vgl. Niob

Niph|ablepsi̱e [*gr.-nlat.*] *die*; -, ...i̱en: akute, nichtinfektiöse Bindehautentzündung infolge übermäßiger Einwirkung ultravioletter Strahlen auf die Augen, Schneeblindheit (Med.)

Nippes [*nipᵉß*, auch: *nip(ß)*; *fr.*] u. **Nịppsachen** *die* (Plural): kleine Ziergegenstände [aus Porzellan]

Nirwạna [*sanskr.*; „Erlöschen, Verwehen"] *das*; -[s]: im Buddhismus die völlige, selige Ruhe als erhoffter Endzustand

Nisạn [*hebr.*] *der*; -: siebenter Monat des bürgerlichen u. erster Monat des Festjahres der Israeliten (März/April), Monat des → Passahs

Nisus [*lat.*; „Ansatz; Anstrengung; Schwung"] *der*; -, - [*nísuß*]: Trieb (Med.). **Nisus formativus** [- ...*iwuß*] *der*; - -: Bildungstrieb, Lebenskraft jedes Lebewesens (Anthropologie). **Nisus sexualis** *der*; - -: Geschlechtstrieb (Med.)

Niton [*lat.-nlat.*] *das*; -s: (veraltet) Radon

Ni|trat [*ägypt.-gr.-lat.-nlat.*] *das*; -[e]s, -e: häufig als Oxydations- u. Düngemittel verwendetes Salz der Salpetersäure. **Ni|trid** *das*; -s, -e: Metall-Stickstoff-Verbindung. **ni|trieren**: organische Substanzen mit Salpetersäure od. Gemischen aus konzentrierter Salpeter- u. Schwefelsäure behandeln, bes. zur Gewinnung von Sprengstoffen, Farbstoffen, Heilmitteln (Chem.; Technik). **Ni|trifikation** [...*zion*; (*ägypt.-gr.-lat.*; *lat.*) *nlat.*] *die*; -, -en: Salpeterbildung durch Bodenbakterien. **ni|trifizieren**: durch Bodenbakterien Salpeter bilden. **Ni|tril** [*ägypt.-gr.-lat.-nlat.*] *das*; -s, -e: Cyanverbindung. **Ni|trit** *das*; -s, -e: Salz der salpetrigen Säure, bes. das zum Erhalten der roten Farbe bei Fleischwaren verwendete Natriumnitrit. **Ni|trogelatine** [...*sche*...; *ägypt.-gr.-lat.*; *lat.-nlat.*] *die*; -: Sprenggelatine, brisanter Sprengstoff (wirksamer Bestandteil des → Dynamits). **Ni|trogen** u. **Ni|trogenium** [(*ägypt.-gr.-lat.*; *gr.*) *nlat.*] *das*; -s: Stickstoff, chem. Grundstoff; Zeichen: N. **Ni|tro|glyzerin** *das*; -s: ölige, farblose bis gelbliche, geruchlose Flüssigkeit, die als brisanter Sprengstoff in Sprenggelatine und Dynamit verarbeitet und in der Medizin als gefäßerweiterndes Arzneimittel verwendet wird. **Nitrogruppe** [*ägypt.-gr.-lat.*; *dt.*] *die*; -: chem. ziemlich beständige, besonders in organischen Verbindungen vorkommende, aus einem Stickstoffatom und zwei Sauerstoffatomen bestehende Gruppe. **Ni|tropenta** [Kunstw.] *das*; -[s]: hochbrisanter Sprengstoff. **ni|trophil**: Nitrate speichernd u. auf nitratreichem Boden besonders gut wachsend (von bestimmten Pflanzen; Bot.). **Nitrophoska** Ⓦ [Kunstw.] *die*; -: Stickstoff, Phosphor u. Kalk enthaltendes Düngemittel. **Nitrophos|phat** Ⓦ [*ägypt.-gr.-lat.*; *gr.-lat.-nlat.*] *das*; -[e]s, -e: Stickstoff, Phosphor, Kali u. Kalk enthaltender Handelsdünger. **nitrose** [*ägypt.-gr.-lat.*]: Stickoxyd enthaltend. **Ni|tros|amin** *das*; -s, -e: bestimmte Sitckstoffverbindung, die u.a. beim Räuchern, Rösten entsteht u. krebserregend sein kann. **Ni|trose** [*ägypt.-gr.-lat.-nlat.*] *die*; -: nitrose Schwefelsäure. **Ni|trum** [*ägypt.-gr.-lat.*] *das*; -s: (veraltet) Salpeter

ni|tschewo [*russ.*]: (ugs., scherzh.) nichts; macht nichts!

Ni|tschirensekte, Nichirensekte [*nitschi*...; nach dem jap. Priester Nitschiren]: eine jap. buddhistische Sekte, die die Erlösung nur in eigener Anstrengung sucht

nival [...*wal*; *lat.*]: den Schnee[fall] betreffend (Meteor.); -es Klima: Klima in Polarzonen u. Hochgebirgsregionen, das durch Niederschläge in fester Form (Schnee, Eisregen) gekennzeichnet ist. **Nival** *das*; -s, -: Gebiet mit dauernder od. langfristiger Schnee- od. Eisbedeckung. **Nivalorganismus** *der*; -, ...men (meist Plural): Tier od. Pflanze aus Gebieten mit ständiger Schnee- od. Eisbedeckung (Biol.)

Niveau [*niwo*; *lat.-vulgärlat.-fr.*] *das*; -s, -s: 1. waagerechte, ebene Fläche; Höhenstufe (auf der sich etw. erstreckt). 2. Wertstufe o.ä., die etw. innehat, auf der sich etw. bewegt. 3. geistiger Rang; Stand, Grad, Stufe der bildungsmäßigen, künstlerischen o.ä. Ausprägung. 4. feine Wasserwaage an geodätischen u. astronomischen Instrumenten. 5. Gesamtbild einer persönlich gestalteten, ausdruckskräftigen Handschrift (Graphologie). **Niveaufläche** *die*; -, -n: Fläche, die gleichwertige Punkte verbindet (Math.). **niveaufrei**: nicht in gleicher Höhe, auf gleichem Niveau mit einer [anderen] Fahrbahn liegend od. diese kreuzend, z.B. ein -er Zugang zu einer Haltestelle, eine -e Straßenkreuzung (Verkehrswesen). **Niveaulinie** [...*ni*[e]] *die*; -, -n: → Isohypse, Höhenlinie (Geogr.). **niveaulos**: Bildung, Takt, geistigen Rang vermissen lassend. **Nivellement** [*niwäl*[e]*mang*] *das*; -s, -s: 1. Einebnung, Ausgleichung. 2. Messungsverfahren zur Bestimmung des Höhenunterschieds von Punkten durch horizontales Zielen mit Hilfe von Nivellierinstrumenten nach lotrecht gestellten Meßlatten (Geodäsie). **nivellieren**: 1. gleichmachen, einebnen; Unterschiede ausgleichen. 2. Höhenunterschiede mit Hilfe des Nivellements (2) bestimmen. **Nivellierinstrument** *das*; -[e]s, -e: Gerät für die nivellitische Höhenmessung. **nivellitisch**: das Nivellement (2) betreffend

Nivometer [...*wo*...; *lat.*; *gr.*] *das*; -s, -: Gerät zur Messung der Dichte gefallenen Schnees (Meteor.). **Nivose** [*niwos*; *lat.-fr.*, „Schneemonat"] *der*; -, -s [*niwos*]: der vierte Monat des franz. Revolutionskalenders (21. Dez. bis 19. Jan.)

Nizänum u. **Nizäum** u. Nicaenum [...*zä*...] [*nlat.*; nach der kleinasiat. Stadt Nizäa, heute Isnik] *das*; -s: das auf dem ersten allgemeinen Konzil zu Nizäa 325 n. Chr. angenommene und 381 in Konstantinopel fortgebildete zweite → ökumenische Glaubensbekenntnis (→ Symbol (2) der morgenländischen Kirche; auch im → Kredo der katholischen Messe)

No [*jap.*] *das*; -: = No-Spiel

nobel [*lat.-fr.*]: 1. edel, vornehm. 2. (ugs.) freigebig, großzügig. **Nobelgarde** *die*; -: (hist.) aus Adligen gebildete päpstliche Ehrenwache

Nobelium [*nlat.*; nach dem schwed. Chemiker A. Nobel, 1833–1896] *das*; -s: chem. Element, → Transuran; Zeichen: No. **Nobelpreis** *der*; -es, -e: von dem schwed. Chemiker A. Nobel gestifteter Preis für bedeutende wissenschaftliche Leistungen auf verschiedenen Gebieten (z. B. Physik, Medizin, Literatur)

Nobiles [*lat.*] *die* (Plural): (hist.) die Angehörigen der Nobilität im alten Rom. **Nobili** [*lat.-it.*] *die* (Plural): (hist.) die adligen Geschlechter in den ehemaligen ital. Freistaaten, bes. in Venedig. **Nobilität** [*lat.*] *die*; -: Amtsadel im alten Rom. **Nobilitation** [...*zion*; *lat.-nlat.*] *die*; -, -en: Verleihung des Adels. **nobilitieren** [*lat.*]: adeln. **Nobilitierung** *die*; -, -en: Nobilitation; vgl. ...[at]ion/...ierung. **Nobility** [...*ti*; *lat.-engl.*] *die*; -: Hochadel Großbritanniens. **No|blesse** [*nobläß*[(e)]; *lat.-fr.*] *die*; -, -n: 1. (veraltet) Adel; adelige, vornehme Gesellschaft. 2. (ohne Plural) edle Gesinnung, Vornehmheit, vornehmes Benehmen. **no|blesse oblige** [*nobläß oblisch*]: Adel verpflichtet

Nock [*niederl.*] *das*; -[e]s, -e (auch: *die*; -, -en): (Seew.) 1. äußerstes Ende eines Rundholzes, einer Spiere. 2. seitliche Verlängerungen, Endigungen der Schiffsbrücke

Noctiluca [*noktiluka*; *lat.*] *die*; -: im Oberflächenwasser der Meere lebende, das Meeresleuchten verursachende, 1–2 mm große Geißeltierchenart mit rundem, ungepanzertem Körper. **Nocturne** [*noktürn; lat.-fr.*] *das*; -s, -s od. *die*; -, -s: (Mus.) 1. elegisches od. träumerisches Charakterstück in einem Satz (für Klavier). 2. (selten) = Notturno.

Nodi: *Plural* von Nodus. **nodös** [*lat.*]: knotig, mit Knötchenbildung (Med.). **Nodus** *der*; -, Nodi: 1. Knoten (z.B. Lymphknoten; Med.). 2. oft knotig verdickte Ansatzstelle des Blattes (Bot.). 3. Knauf am Schaft eines Gerätes (z.B. eines Kelchs)

Noël [*noäl; lat.-fr.*; „Weihnachten"] *der*; -: franz. mundartliches Weihnachtslied, -spiel

Noem [*gr.*; „Gedanke, Sinn"] *das*; -s, -e: Bedeutung eines → Glossems (1) (Sprachw.). **No|ema** *das*; -s, Noemata: geistig Wahrgenommenes; Gedanke; Inhalt des Gedachten im Gegensatz zum Denkakt (Phänomenologie). **Noematik** [*gr.-nlat.*] *die*; -: Lehre von den Gedankeninhalten. **Noesis** *die*; -: geistiges Wahrnehmen, Denken; Denkakt mit Sinngehalten, Wesenheiten (Phänomenologie). **No|etik** [*gr.-nlat.*] *die*; -: Denklehre, Erkenntnislehre, das Denken betreffende Grundsätze. **no|etisch**: die Noetik, die Noesis betreffend

no future! [*no*[u] *fjutsch*[e]*r; engl.*]: keine Zukunft! (Schlagwort meist arbeitsloser Jugendlicher zu Beginn der 80er Jahre in den westeuropäischen Industriestaaten)

Noir [*noar; lat.-fr.*; „schwarz"] *das*; -s: die Farbe Schwarz als Gewinnmöglichkeit beim → Roulett

no iron [*no*[u] *ai*[er]*n; engl.*; „nicht bügeln"]: bügelfrei (Hinweis auf Geweben aus knitterfesten, krumpfechten Textilfasern). **No-iron-Bluse** *die*; -, -n: bügelfreie Bluse. **No-iron-Hemd** *das*; -[e]s, -en: bügelfreies Hemd

Noisette [*noasät; lat.-fr.*] *die*; -, -s: 1. kurz für → Noisetteschokolade. 2. (meist Plural) rundes Fleischstück aus der Keule von bestimmten Schlachttieren. **Noisetteschokolade** *die*; -, -n: mit fein gemahlenen Haselnüssen durchsetzte Milchschokolade

Nokt|ambulismus [*lat.-nlat.*] *der*; -: = Somnambulismus (Med.). **Nokturn** [*lat.-mlat.*] *die*; -, -en: Teil der → Matutin im katholischen Breviergebet. **Nokturne** [*lat.-fr.*] *die*; -, -n: = Nocturne

nolens volens [- *wo*...; *lat.*; „nicht wollend wollend"]: wohl od. übel

Nolimetangere [*lat.*; „rühr mich nicht an"] *das*; -, -: 1. Darstellung des der Maria Magdalena am Grab erscheinenden auferstandenen Christus, den sie für den Gärtner hält (nach Joh. 20, 14–18). 2. Springkraut, dessen Früchte den Samen bei Berührung ausschleudern

Nolissement [*noliß*[e]*mang; gr.-lat.-it.-fr.*] *das*; -s, -s: franz. Bezeichnung für: Seefrachtvertrag

Noma [*gr.*] *das*; -s, -s u. *die*; -, Nomae [...*mä*]: brandiges Absterben der Wangen bei unterernährten od. durch Krankheit geschwächten Kindern (Med.)

Nomade [*gr.-lat.*; „Viehherden weidend u. mit ihnen umherziehend"] *der*; -n, -n: 1. Angehöriger eines Hirten- od. Wandervolkes. 2. (scherzh.) wenig seßhafter, ruheloser Mensch. **nomadisch**: 1. die Nomaden (1) betreffend; nicht seßhaft, [mit Herden] wandernd. 2. (scherzh.) ruhelos umherziehend, unstet. **nomadisieren** [*gr.-lat.-nlat.*]: 1. [mit Herden] wandern. 2. (scherzh.) ruhelos, unstet umherschweifen. **Nomadismus** *der*; -: 1. nomadische Wirtschafts-, Gesellschafts- und Lebensform. 2. [durch Nahrungssuche u. arteigenen Bewegungstrieb bedingte] ständige [Gruppen]wanderungen von Tierarten

No-Maske *die*; -, -n: Maske, die der jap. Schauspieler im → No-Spiel trägt

Nom de guerre [*nong d*[e] *gär; fr.*; „Kriegsname"] *der*; - - -, -s [*nong*] - -: franz. Bezeichnung für: Deck-, Künstlername. **Nom de plume** [- - *plüm*; „(Schreib)federname"] *der*; - - -, -s [*nong*] - -: franz. Bezeichnung für: Schriftstellerdeckname. **Nomen** [*lat.*] *das*; -s, Nomina: 1. Name; - gentile, - gentilicium [- ...*lizium*] (Plural: Nomina gentilia, gentilicia [...*lizia*]): der an zweiter Stelle stehende altröm. Geschlechtsname (z. B. Gajus *Julius* Caesar); vgl. Kognomen u. Pränomen; - pro|prium (Plural: Nomina propria): Eigenname. 2. deklinierbares Wort (mit Ausnahme des → Pronomens), vorwiegend Substantiv, auch Adjektiv u. Numerale (z. B. Haus, schwarz; Sprachw.); - acti [*akti*]: Substantiv, das das Ergebnis eines Geschehens bezeichnet (z. B. *Wurf* junger Hunde); - actionis [...*zio*...]: Substantiv, das ein Geschehen bezeichnet (z. B. Schlaf); - agentis: Substantiv, das den Träger eines Geschehens bezeichnet (z. B. Schläfer); vgl. Agens (3); - instrumenti: Substantiv, das Geräte u. Werkzeuge bezeichnet (z. B. Bohrer); - loci [*lozi*]: Substantiv, das den Ort eines Geschehens bezeichnet (z. B. Schmiede); - patientis: Substantiv mit passivischer Bedeutung (z. B. Hammer = Werkzeug, mit dem gehämmert wird); - postverbale [...*wär*...] (Plural: Nomina postverbalia): Substantiv, das von einem Verb [rück]gebildet ist (z. B. Kauf von kaufen); - qualitatis: Substantiv, das einen Zustand od. eine Eigenschaft bezeichnet (z. B. Hitze). **nomen est omen** [*lat.*]: im Namen liegt eine Vorbedeutung. **Nomen|klator** [(*lat.*; *gr.*) *lat.*] *der*; -s, ...oren: 1. (hist.) altröm. Sklave, der seinem Herrn die Namen seiner Sklaven, Besucher usw. anzugeben hatte. 2. Buch, das die in einem Wissenschaftszweig vorkommenden gültigen Namen verzeichnet. **nomen|klatorisch**: den Nomenklator (2) u. die Nomenklatur betreffend. **Nomenklatur** [„Namenverzeichnis"] *die*; -, -en: Zusammenstellung von Sach- od. Fachbezeichnungen eines Wissensgebietes. **Nomen|klatura** *die*; -: Verzeichnis der wichtigen Führungspositionen (u. damit der herrschenden Klasse) in der Sowjetunion. **Nomina**: *Plural* von → Nomen. **nominal** [*lat.-fr.*]: 1. das Nomen (2) betreffend, mit einem Nomen (2) gebildet (Sprachw.). 2. zum Nennwert (Wirtschaft); vgl. ...al/...ell. **Nominalab|straktum** *das*; -s, ...ta: → Abstraktum, das von einem Nomen (2) abgeleitet ist (z. B. Schwärze, abgeleitet von: schwarz). **Nominaldefinition** [...*zion*] *die*; -, -en: Erklärung des Namens od. der Bezeichnung einer Sache (Philos.); Ggs. → Realdefinition. **Nominale** *die*; -, -n: Nominalwert [einer Münze] (Wirtschaft). **Nominaleinkommen** *das*; -s, -: (in Form einer bestimmten Summe angegebenes) Einkommen, dessen Höhe allein nichts über seine Kaufkraft aussagt (Wirtsch.); Ggs. → Realeinkommen. **Nominalform** *die*; -, -en: die → infinite Form eines Verbs, die als → Nomen (2) gebraucht werden kann (z. B. erwachend). **nominalisieren**: 1. = substantivieren. 2. einen ganzen Satz in eine Nominalphrase verwandeln. **Nominalismus** [*lat.-nlat.*] *der*; -: sich gegen den Begriffsrealismus Platos wendende Denkrichtung der Scholastik, wonach den Allgemeinbegriffen (= Universalien) außerhalb des Denkens nichts Wirkliches entspricht, sondern ihre Geltung nur in Namen (= Nomina) besteht (Philos.). **Nominalist** *der*; -en, -en: Vertreter des Nominalismus. **nominalistisch**: den Nominalismus betreffend, auf ihm beruhend, zu ihm gehörend. **Nominalkapital** *das*; -s, -e u. (österr. nur:) -ien [...*iᵉn*]: (Wirtsch.) a) Grundkapital einer Aktiengesellschaft; b) Stammkapital einer Gesellschaft mit beschränkter Haftung. **Nominalkatalog** *der*; -[e]s, -e: alphabetischer Namenkatalog einer Bibliothek; Ggs. → Realkatalog. **Nominalkomposition** [...*zion*] *die*; -, -en: → Komposition (4), deren Glieder aus Nomina (vgl. Nomen 2) bestehen (z. B. Wassereimer, wasserarm). **Nominalphrase** *die*; -, -n: Wortgruppe in einem Satz mit einem Nomen (2) als Kernglied. **Nominalpräfix** *das*; -es, -e: → Präfix, das vor ein → Nomen (2) tritt (z. B. Ur-, ur- in: Urbild, uralt). **Nominalsatz** *der*; -es, ...sätze: nur aus Nomina (vgl. Nomen 2) bestehender verbloser Satz (z. B. Viel Feind', viel Ehr'!). **Nominalstil** *der*: -[e]s: Stil, der durch Häufung von Substantiven gekennzeichnet ist; Ggs. → Verbalstil. **Nominalwert** *der*; -[e]s, -e: der auf Münzen, Banknoten, Wertpapieren usw. in Zahlen od. Worten angegebene Wert (Wirtsch.). **nominatim** [*lat.*]: (veraltet) namentlich. **Nomination** [...*zion*] *die*; -, -en: 1. a) Ernennung der bischöflichen Beamten (kath. Kirchenrecht); b) (hist.) Benennung eines Bewerbers für das Bischofsamt durch die Landesregierung. 2. (veraltet) Nominierung; vgl. ...[at]ion/...ierung. **Nominativ** [auch: ...*tif*] *der*; -s, -e [...*wᵉ*]: Werfall; Abk.: Nom. **nominativisch** [...*wisch*]: den Nominativ betreffend; im Nominativ stehend. **nominell**: 1. [nur] dem Namen nach [bestehend], vorgeblich. 2. = nominal (2); vgl. ...al/...ell. **nominieren** [*lat.*]: zur Wahl, für ein Amt, für die Teilnahme an etwas namentlich vorschlagen, ernennen. **Nominierung** *die*; -, -en: das Vorschlagen eines Kandidaten, Ernennung; vgl. ...[at]ion/...ierung

Nomismus [*gr.-nlat.*] *der*; -: Bindung an Gesetze, Gesetzlichkeit, bes. die vom alttestamentlichen Gesetz bestimmte Haltung der strengen Juden u. mancher christlicher Gemeinschaften. **Nomo|gramm** [*gr.-nlat.*] *das*; -s, -e: Schaubild od. Zeichnung zum graphischen Rechnen (Math.). **Nomo|graphie** *die*; -: Lehre von den Möglichkeiten, Schaubilder u. Zeichnungen zum graphischen Rechnen herzustellen (Math.). **nomo|graphisch**: die Nomographie betreffend, zu ihr gehörend, auf ihr beruhend. **Nomo|kratie** *die*; -, ...ien: Ausübung der Herrschaft nach [geschriebenen] Gesetzen (Rechtsw.); Ggs. → Autokratie. **Nomologie** *die*; -: 1. (veraltet) Gesetzes-, Gesetzgebungslehre. 2. Lehre von den Denkgesetzen (Philos.). **Nomos** [*gr.*] *der*; -, Nomoi [...*meu*]: 1. Gesetz, Sitte, Ordnung, Herkommen, Rechtsvorschrift (Philos.). 2. (Mus.) a) bestimmte Singweise in der altgriech. Musik; b) kunstvoll komponiertes Musikstück des Mittelalters. **nomosyntaktisch**: die Nomosyntax betreffend. **Nomosyntax** *die*; -: Syntax des Inhalts eines Satzes (Sprachw.); Ggs. → Morphosyntax. **Nomothesie** *die*; -, ...ien: (veraltet) Gesetzgebung (Rechtsw.). **Nomothet** *der*; -en, -en: (veraltet) Gesetzgeber (Rechtsw.). **nomothetisch**: 1. (veraltet) gesetzgebend (Rechtsw.). 2. (von wissenschaftlichen Aussagen) auf die Aufstellung von Gesetzen, auf die Auffindung von Gesetzmäßigkeiten zielend

Non [*lat.-mlat.*] *die*; -, -en: = None (1). **Nonagon** [*lat.*; *gr.*] *das*; -s, -e: Neuneck. **nonagonal**: von der Form eines Nonagons

No-name-Produkt [*noᵘneⁱm*...; *engl.*] *das*; -[e]s, -e: Ware (z. B. Waschpulver, Lebensmittel), deren Verpackung einfach u. neutral (d. h. ohne Marken-, Firmenzeichen o. ä.) ist

Nonarime [(*lat*; *germ.-fr.*) *it.*] *die*; -, -n: neunzeilige, d. h. um eine Zeile erweiterte → Stanze

Non-book [*nonbuk*; *engl.-amerik.*] *das*; -[s], -s: = Non-book-Artikel. **Non-book-Abteilung** [*nonbuk*...] *die*; -, -en: Abteilung in einer Buchhandlung, in der Schallplatten, Spiele, Kunstblätter o. ä. verkauft werden. **Non-book-Artikel** [*nonbuk*...] *der*; -s, - (meist Plural): in einer Buchhandlung angebotener Artikel, der kein Buch ist

Nonchalance [*nongschalangß*; *lat.-fr.*] *die*; -: Nachlässigkeit; formlose Ungezwungenheit, Lässigkeit, Unbekümmertheit. **nonchalant** [...*lang*, bei attributivem Gebrauch: ...*lant*]: nachlässig; formlos ungezwungen, lässig

Non-cooperation [*nonkoᵘopᵉreⁱschᵉn*; *engl.*; „Nicht-Zusammenarbeit"] *die*; -: Kampfesweise Gandhis, mit der er durch Verweigerung der Zusammenarbeit mit den engl. Behörden u. durch Boykott engl. Einrichtungen die Unabhängigkeit Indiens zu erreichen suchte

None [*lat.-mlat.*] *die*; -, -n: 1. Teil des katholischen Stundengebets (zur neunten Tagesstunde = 3 Uhr nachmittags). 2. der 9. Ton einer → diatonischen Tonleiter vom Grundton aus (= die Sekunde der Oktave; Mus.). **Nonen** [*lat.*] *die* (Plural): im altröm. Kalender der neunte Tag vor den → Iden. **Nonenakkord** *der*; -[e]s, -e: aus vier → Terzen (1) bestehender → Akkord (1) (Mus.). **Nonett** [*lat.-it.*] *das*; -[e]s, -e: (Mus.) a) Komposition für neun Instrumente; b) Vereinigung von neun Instrumentalsolisten

Non-Essentials [*non-ißänschᵉls*; *engl.*] *die* (Plural): nicht lebensnotwendige Güter (Wirtsch.)

Non-fiction [*nonfikschᵉn*; *engl.-amerik.*] *das*; -[s], -s: Sach- od. Fachbuch

nonfigurativ [*lat.-nlat.*]: gegenstandslos (z. B. von Malerei; bildende Kunst)

Non-food-Abteilung [*nonfud*...; *engl.*; *dt.*] *die*; -, -en: Abteilung in einem vorwiegend auf Lebensmittel ausgerichteten Supermarkt, in der Non-food-Artikel angeboten werden. **Non-food-Artikel** [*nonfud*...] *der*; -s, - (meist Plural): Artikel, der nicht zur Kategorie der Lebensmittel gehört (z. B. Elektrogerät). **Non-foods** *die* (Plural): = Non-food-Artikel

non-iron [*nonaiᵉrn*; *engl.*]: = no iron

Nonius [*nlat.*; latinisierter Name des port. Mathematikers Nuñez (*nunjäth*), 1492–1577] *der*; -, ...nien [...*iᵉn*] u. -se: verschiebbarer Meßstabzusatz, der die Ablesung von Zehnteln der Einheiten des eigentlichen Meßstabes ermöglicht

Nonkonformismus [*lat.-engl.*] *der*; -: → individualistische Haltung in politischen, weltanschaulichen, religiösen u. sozialen Fragen; Ggs. → Konformismus. **Nonkonformist** *der*; -en, -en: 1. jmd., der sich in seiner politischen, weltanschaulichen, religiösen, sozialen Einstellung nicht nach der herrschenden Meinung richtet; Ggs. → Konformist (1). 2. Anhänger britischer protestantischer Kirchen (die die Staatskirche ablehnen); Ggs. → Konformist (2). **nonkonformistisch**: 1. auf Nonkonformismus (1) beruhend; seine eigene Einstellung nicht nach der herrschenden Meinung richtend; Ggs. → konformistisch (1). 2. im

Sinne eines Nonkonformisten (2) denkend od. handelnd; Ggs. → konformistisch (2). **Nonkonformität** *die*; -: 1. Nichtübereinstimmung; mangelnde Anpassung; Ggs. → Konformität (1a). 2. = Nonkonformismus

non liquet [*lat.*]: es ist nicht klar (Feststellung, daß eine Behauptung od. ein Sachverhalt unklar u. nicht durch Beweis od. Gegenbeweis erhellt ist; Rechtsw.)

non multa, sed multum [*lat.*]: = multum, non multa

Non|ode [*lat.*; *gr.*] *die*; -, -n: Elektronenröhre mit 9 Elektroden

non olet [*lat.*; „es (das Geld) stinkt nicht"]: man sieht es dem Geld nicht an, auf welche [unsaubere] Weise es verdient wird

Nonpareille [*nongparäj*; *lat.-fr.*] *die*; -: 1. Schriftgrad von 6 Punkt (ungefähr 2,6 mm; Druckw.). 2. sehr kleine, farbige Zuckerkörner zum Bestreuen von Backwerk o. ä. 3. (veraltet) leichtes Wollgewebe

Non|plus|ul|tra [*lat.*] *das*; -: Unübertreffbares, Unvergleichliches

non possumus [*lat.*]: wir können nicht (Weigerungsformel der röm. → Kurie (1) gegenüber der weltlichen Macht)

Non|proliferation [...*f^erę^isch^en*; *engl.-amerik.*] *die*; -: Nichtweitergabe von Atomwaffen

non scholae, sed vitae discimus [-*ß-cholä - witä dißzi...*; *lat.*]: nicht für die Schule, sondern für das Leben lernen wir (meist so umgekehrt zitiert nach einer Briefstelle des Seneca); vgl. non vitae, sed scholae discimus

Nonsens [*lat.-engl.*] *der*; - u. -es: Unsinn; absurde, unlogische Gedankenverbindung

nonstop [*engl.*]: ohne Halt, ohne Pause. **Nonstop|flug** [*engl.*; *dt.*] *der*; -[e]s, ...flüge: Flug ohne Zwischenlandung. **Nonstopkino** *das*; -s, -s: Filmtheater mit fortlaufenden Vorführungen

non tanto [*it.*] = ma non tanto.

non troppo: = ma non troppo

Non|usus [*lat.-nlat.*] *der*; -: (veraltet) Verzicht auf die Inanspruchnahme eines Rechts (Rechtsw.)

Nonvaleur [*nongwalör*; *lat.-fr.*] *der*; -s, -s: 1. wertloses od. wertlos erscheinendes Wertpapier. 2. Investition, die keine Rendite abwirft

nonverbal [*lat.*]: nicht durch Sprache, sondern durch Gestik, Mimik od. optische Zeichen vermittelt (z. B. von Information)

non vitae, sed scholae discimus [-*witä - ßcholä dißzi...*; *lat.*]: wir lernen (leider) nicht für das Leben, sondern für die Schule (originaler Wortlaut der meist belehrend → „non scholae, sed vitae discimus" zitierten Briefstelle bei Seneca)

noogen [*no-o...*; *gr.-nlat.*]: (von Neurosen) ein geistiges Problem, eine existentielle Krise o. ä. zur Ursache habend (Psychol.). **Noologie** [*no-o...*; *gr.-nlat.*] *die*; -: Geistlehre (bes. als Bezeichnung für die Philosophie von R. Eucken, 1846–1926, die ein selbständiges Geistleben annimmt; Philos.). **noologisch**: die Noologie, die Selbständigkeit des Geistlebens betreffend (Philos.). **Noologist** *der*; -en, -en: ein Philosoph, der (wie Plato) die Vernunft als Quelle der Vernunfterkenntnis annimmt (Philos.). **Noo|psyche** *die*; -: intellektuelle Seite des Seelenlebens (Psychol.); Ggs. → Thymopsyche (Psychol.)

Noor [*nor*; *dän.*] *das*; -[e]s, -e: (landsch.) Haff, flaches Gewässer, das durch einen Kanal mit dem Meer verbunden ist

Nor [Kurzform von *Noricum*, dem lat. Namen für das Ostalpenland] *das*; -s: mittlere Stufe der alpinen → Trias (1; Geol.)

Nordatlantikpakt [*dt.*; *gr.-lat.*; *lat.*] *der*; -[e]s: = NATO

Norito [*jap.*] *die* (Plural): (im → Engischiki enthaltene) altjap. Ritualgebete in feierlicher Sprache

Norm [*gr.-etrusk.-lat.*; „Winkelmaß; Richtschnur, Regel"] *die*; -, -en: 1. a) allgemein anerkannte, als verbindlich geltende Regel; Richtschnur, Maßstab; b) Durchschnitt; normaler, gewöhnlicher Zustand; c) vorgeschriebene Arbeitsleistung, [Leistungs]soll. 2. das sittliche Gebot od. Verbot als Grundlage der Rechtsordnung, dessen Übertretung strafrechtlich geahndet wird (Rechtsw.). 3. Größenanweisung für die Technik (z. B. DIN). 4. der absolute Betrag einer komplexen Zahl im Quadrat (Math.). 5. am Fuß der ersten Seite eines jeden Bogens stehende Kurzfassung des Buchtitels u. Nummer des Bogens (Druckw.). **norm|acid** [...*zit*; *gr.-etrusk.-lat.*; *lat.*]: einen normalen Säuregehalt aufweisend (bes. vom Magensaft; Med.). **Normacidität** [...*zidi...*] *die*; -: normaler Säurewert einer Lösung (bes. des Magensaftes; Med.). **normal**: 1. a) der Norm entsprechend; vorschriftsmäßig; b) so [beschaffen, geartet], wie es sich die allgemeine Meinung als das Übliche, Richtige vorstellt; so, wie es bisher üblich war, wie man es gewöhnt ist. 2. in [geistiger] Entwicklung u. Wachstum keine ins Auge fallende Abweichungen aufweisend; geistig [u. körperlich] gesund. **Normal** *das*; -s, -e: 1. ein mit besonderer Genauigkeit hergestellter Maßstab, der als Kontrollstab für andere Stäbe dient. 2. (meist ohne Art.; ohne Plural) kurz für → Normalbenzin. **Normalbenzin** *das*; -s: Benzin mit geringerer Klopffestigkeit, mit niedrigerer Oktanzahl (vgl. Super II). **Normale** *die*; -[n], -n: auf einer Ebene od. Kurve in einem vorgegebenen Punkt errichtete Senkrechte (Tangentenlot; Math.). **Normalien** [...*i^en*] *die* (Plural): 1. Grundformen; Regeln, Vorschriften. 2. nach bestimmten Systemen vereinheitlichte Bauelemente für den Bau von Formen u. Werkzeugen (Techn.). **normalisieren** [*gr.-etrusk.-lat.-fr.*]: 1. normal gestalten, auf ein normales Maß zurückführen. 2. sich -: wieder normal (1b) werden. 3. eine Normallösung herstellen (Chemie). **Normalität** *die*; -: normale Beschaffenheit, normaler Zustand; Vorschriftsmäßigkeit. **Normalnull** *das*; -s: festgelegte Höhe, auf die sich die Höhenmessungen beziehen; Abk.: N. N. od. NN. **Normalton** *der*; -[e]s: Kammerton, Stimmton a (Mus.). **normativ**: 1. als Norm (1a) geltend, maßgebend, als Richtschnur dienend. 2. nicht nur beschreibend, sondern auch Normen (1a) setzend, z. B. -e Grammatik (Sprachw.); vgl. präskriptiv. **Normativ** *das*; -s, -e [...*w^e*]: (DDR) auf Grund von Erfahrung gewonnene, besonderen Erfordernissen entsprechende Regel, Anweisung, Vorschrift. **Normative** [...*tiw^e*] *die*; -, -n: Grundbestimmung, grundlegende Festsetzung. **Normativismus** [*nlat.*] *der*; -: Theorie vom Vorrang des als Norm (1a) Geltenden, des Sollens vor dem Sein, der praktischen Vernunft vor der theoretischen (Philos.).

Normblatt *das*; -[e]s, ...blätter: (vom Deutschen Institut für Normung herausgegebenes) Verzeichnis mit normativen Festlegungen. **normen**: (zur Vereinheitlichung) für etw. eine Norm aufstellen. **Normenkon|trollklage** *die*; -, -n: Klage der Bundes- od. einer Landesregierung od. eines Drittels der Mitglieder des Bundestages beim Bundesverfassungsgericht zur grundsätzlichen Klärung der Vereinbarkeit von Bundes- od. Landesrecht mit dem Grundgesetz einerseits od. von Bundesrecht mit Landesrecht andererseits (Rechtsw.). **normieren** [*gr.-etrusk.-lat.-fr.*]: a) vereinheitlichen, nach einem einheitlichen Schema, in einer bestimmten Weise festlegen, regeln; b) = normen. **Normierung** *die*; -, -en: das Normieren. **normig**: = normativ (1). **Normo|blast** [*gr.-etrusk.-lat.*; *gr.*] *der*; -en, -en (meist Plural): kernhaltige Vorstufe eines roten Blutkörperchens von der ungefähren Größe u. Reife eines normalen roten Blutkörperchens (Med.); vgl. Normozyt. **normosom**: von normalem Körperwuchs (Med.). **Normo|spermie** *die*; -: normaler Gehalt der Samenflüssigkeit an funktionstüchtigen Spermien (Med.). **Normozyt** *der*; -en, -en: hinsichtlich Gestalt, Größe u. Farbe normales rotes Blutkörperchen (Med.); vgl. Makrozyt u. Mikrozyt. **Normung** *die*; -, -en: einheitliche Gestaltung, Festsetzung [als Norm (1a)], [Größen]regelung

Norne [*altnord.*] *die*; -, -n (meist Plural): eine der drei nord. Schicksalsgöttinnen (Urd, Werdandi, Skuld)

norrön [*norw.*]: altnordisch, z. B. -e Literatur

North [*no'th*; *engl.*]: engl. Bezeichnung für: Norden; Abk.: N. **Norther** [*...dh^er*] *der*; -s, -: 1. heftiger, kalter Nordwind in Nord- u. Mittelamerika. 2. heißer, trockener Wüstenwind an der Südküste Australiens

Nortongetriebe [nach dem engl. Erfinder W. P. Norton] *das*; -s, -: bes. bei Werkzeugmaschinen verwendetes Zahnradstufengetriebe; Leitspindelgetriebe (Techn.)

Nosean [*nlat.*; nach dem dt. Geologen K. W. Nose, † 1835] *der*; -s, -e: ein Mineral aus der Gruppe der Feldspatvertreter

Nosemaseuche [*gr.*; *dt.*] *die*; -: durch das Sporentierchen Nosema hervorgerufene Darmkrankheit der Bienen

Noso|graphie [*gr.-nlat.*] *die*; -: Krankheitsbeschreibung (Med.). **Nosologie** *die*; -: Krankheitslehre, systematische Einordnung u. Beschreibung der Krankheiten. **nosologisch**: die Nosologie betreffend; Krankheiten systematisch beschreibend (Med.). **Nosomanie** *die*; -, ...ien: wahnhafte Einbildung, an einer Krankheit zu leiden (Med.; Psychol.). **Nosophobie** *die*; -, ...ien: krankhafte Angst, krank zu sein od. zu werden (Med.; Psychol.)

No-Spiel [*jap.*; *dt.*] *das*; -[e]s, -e: altes japan. Theaterspiel

nost|algico [*...aldschiko*; *gr.-it.*]: sehnsüchtig (Mus.). **Nost|algie** [*gr.-nlat.*] *die*; -, ...ien: 1. von unbestimmter Sehnsucht erfüllte Gestimmtheit, die sich in der Rückwendung zu früheren, in der Erinnerung sich verklärenden Zeiten, Erlebnissen, Erscheinungen in Kunst, Musik, Mode u. a. äußert. 2. (veraltend) [krankmachendes] Heimweh (Med.). **nost|algisch**: 1. die Nostalgie (1) betreffend, zu ihr gehörend; verklärend vergangenheitsbezogen. 2. (veraltend) an Nostalgie (2) leidend, heimwehkrank (Med.)

No|strifikation [*...zion*; *lat.-nlat.*] *die*; -, -en: 1. Einbürgerung, Erteilung der [Bürger]rechte (Rechtsw.). 2. Anerkennung eines ausländischen Examens, Diploms. **no|strifizieren**: 1. einbürgern. 2. ein ausländisches Examen, Diplom anerkennen. **Nostrokonto** [*lat.-it.*]: *das*; -s, ...ten (auch: -s od. ...ti): Konto einer Bank, das sie bei einer anderen Bank als Kunde unterhält

Nota [*lat.*] *die*; -, -s: 1. Rechnung. 2. Vormerkung (Wirtsch.); vgl. ad notam. **notabel** [*lat.-fr.*]: (veraltet) bemerkenswert, merkwürdig. **Notabeln** *die* (Plural): (hist.) die durch Bildung, Rang u. Vermögen ausgezeichneten Mitglieder der bürgerlichen Oberschicht in Frankreich. **notabene** [*lat.*; „merke wohl!"]: übrigens; Abk.: NB. **Notabene** *das*; -[s], -[s]: Merkzeichen, Vermerk. **Notabilität** [*lat.-fr.*] *die*; -, -en: (veraltet) 1. (ohne Plural) Vornehmheit. 2. (meist Plural) vornehme, berühmte Persönlichkeit

Not|algie [*gr.-nlat.*] *die*; -, ...ien: Rückenschmerz (Med.)

Nota puntata [*lat.-it.*] *die*; - -, ...tae ...tae [*...tä ...tä*]: punktierte Note; vgl. punktieren (2a). **Nota qua|drata** u. **Nota qua|driquarta** [*lat.-mlat.*] *die*; - -, ...tae ...tae [*...tä ...tä*]: viereckiges Notenzeichen der → Choralnotation (Mus.). **Notar** [*lat.*] *der*; -s, -e: staatlich vereidigter Volljurist, zu dessen Aufgabenkreis die Beglaubigung u. Beurkundung von Rechtsgeschäften gehört. **Notariat** *das*; -[e]s, -e: a) Amt eines Notars; b) Büro eines Notars. **notariell** u. **notarisch**: von einem Notar ausgefertigt u. beglaubigt (Rechtsw.). **Nota Romana** [*lat.-mlat.*] *die*; - -, ...tae ...nae [*...tä ...nä*]: = Nota quadrata. **Notat** *das*; -[e]s, -e: niedergeschriebene Bemerkung; Aufzeichnung, Notiz (1). **Notation** [*...zion*] *die*; -, -en: 1. das Aufzeichnen von Musik in Notenschrift (Mus.). 2. das Aufzeichnen der einzelnen Züge einer Schachpartie. 3. Darstellung von Informationen durch Symbole. **Notelett** *das*; -s, -s: (DDR) kleines Briefblatt für kurze Mitteilungen. **Note sensible** [*not ßangßibl*; *lat.-fr.*; „empfindliche Note"] *die*; - -, -s -s [*not ßangßibl*]: Leitton (Mus.)

Nothosaurier [*...i^er*; *gr.-nlat.*] *der*; -s, - u. **Nothosaurus** *der*; -, ...rier [*...i^er*]: ausgestorbenes Meeresreptil der → Trias (1)

notieren [*lat.(-mlat.)*]: 1. a) aufzeichnen, schriftlich vermerken, aufschreiben (um etwas nicht zu vergessen); b) vormerken. 2. in Notenschrift schreiben (Mus.). 3. (Wirtsch.) a) den offiziellen Kurs eines Wertpapiers an der Börse, den Preis einer Ware feststellen bzw. festsetzen; b) einen bestimmten Börsenkurs haben, erhalten. **Notierung** *die*; -, -en: 1. a) das Aufzeichnen, schriftliche Vermerken; b) das Vormerken. 2. Aufzeichnen von Musik in Notenschrift (Mus.). 3. Feststellung bzw. Festsetzung von Kursen od. Warenpreisen [an der Börse] (Wirtsch.). **Notifikation** [*...zion*; *lat.-mlat.*] *die*; -, -en: 1. (veraltet) Anzeige, Benachrichtigung. 2. im Völkerrecht offizielle Benachrichtigung, die mit bestimmten Rechtsfolgen verbunden ist; Übergabe einer diplomatischen Note. **notifizieren** [*lat.*]: (veraltet) anzeigen, benachrichtigen. **Notio** [*...zio*; *lat.*; „das Kennenlernen; die Kenntnis; der Begriff"] *die*; -, ...iones [*nozioneß*] u. **Notion** [*...zion*] *die*; -, -en: Begriff, Gedanke (Philos.). **Notiones communes** [*nozioneß komuneß*] *die* (Plural): die dem Menschen angeborenen u. daher allen Menschen gemeinsamen Begriffe u. Vorstellungen (im Stoizismus; Philos.). **notionieren** [*lat.-nlat.*]: (österr.) einer Behörde zur Kenntnis bringen. **Notiz** [*lat.*] *die*; -, -en: 1. Aufzeichnung, Vermerk. 2. Nachricht, Meldung, Anzeige. 3. (Kaufmannsspr.) Notierung (3), Preisfeststellung; - von jmdm., etwas nehmen: jmdm., einer Sache Beachtung schenken

Notogäa u. **Notogäis** [*gr.-nlat.*] *die*; -: Tierwelt der australischen Region

Notorietät [...*ri-etät*; *lat.-mlat.*] *die*; -: (veraltet) das Offenkundigsein. **notorisch** [*lat.*; „anzeigend, kundtuend"]: 1. offenkundig, allbekannt. 2. berüchtigt, gewohnheitsmäßig

No|tre-Dame [*notrᵉdạm*; *fr.*; „unsere Herrin"] *die*; -: 1. franz. Bezeichnung für: Jungfrau Maria. 2. Name franz. Kirchen

Notturno [*lat.-it.*] *das*; -s, -s u. ...ni: (Mus.) 1. a) stimmungsvolles Musikstück in mehreren Sätzen (für eine nächtliche Aufführung im Freien); b) einem Ständchen ähnliches Musikstück für eine od. mehrere Singstimmen [mit Begleitung]. 2. (selten) = Nocturne (1)

Nougat [*nugat*; *lat.-galloroman.-provenzal.-fr.*] u. (eingedeutscht:) **Nugat** *das* od. *der*; -s, -s: aus fein zerkleinerten gerösteten Nüssen od. Mandeln, Zucker u. Kakao zubereitete pastenartig weiche Masse (z. B. als Füllung von Pralinen)

Noumenon [*gr.*; „das Gedachte"] *das*; -: (Philos.) 1. das mit dem Geist zu Erkennende im Gegensatz zu dem mit den Augen zu Sehenden (Plato). 2. das bloß Gedachte, objektiv nicht Wirkliche, Begriff ohne Gegenstand (Kant).

Nous [*nuß*] vgl. Nus

Nouveau roman [*nuwo romang*; *fr.*; „neuer Roman"] *der*; - -: (nach 1945 in Frankreich entstandene) experimentelle Form des → Romans (a), die unter Verzicht auf den allwissenden Erzähler die distanzierte Beschreibung einer eigengesetzlichen Welt in den Vordergrund stellt (Literaturw.). **Nouveauté** [*nuwote*; *lat.-fr.*] *die*; -, -s: Neuheit, Neuigkeit [in der Mode]. **Nouvelle cuisine** [*nuwäl küisin*; *fr.*] *die*; - -: moderne Richtung der Kochkunst, die auf neuen Ernährungserkenntnissen beruht (Gastr.)

Nova [*lat.*]

I. [*nowa*] *die*; -, ...vä: Stern, der kurzfristig durch innere Explosionen hell aufleuchtet (Astronomie).

II. [*nowa* od. *nowa*]: 1. *Plural* von → Novum. 2. *die* (Plural): Neuerscheinungen des Buchhandels

Novatianer [*nowaziaᵉnr*; nach dem röm. Presbyter Novatian (3. Jh.)] *die* (Plural): Anhänger einer sittenstrengen, rechtgläubigen altchristlichen Sekte

Novation [*nowazion*; *lat.*; „Erneuerung"] *die*; -, -en: Schuldumwandlung, Aufhebung eines bestehenden Schuldverhältnisses durch Schaffung eines neuen (Rechtsw.). **Novatoren** [„Erneuerer, Neuerer"] *die* (Plural): eine Gruppe russischer Komponisten (Balakirew, Borodin, Kjui, Mussorgski, Rimski-Korsakow)

Novecento [*nowetschänto*; *lat.-it.*] *das*; -s: 1. ital. Bezeichnung für: 20. Jh. (bes. in der Kunstw.). 2. 1923 hervorgetretene, vor allem von Mailand ausgehende ital. Künstlergruppe

Novelle [*nowälᵉ*; *lat.(-it.)*] *die*; -, -n: 1. a) (ohne Plural) literarische Kunstform der Prosaerzählung meist geringeren Umfangs, die über eine besondere Begebenheit pointiert berichtet; b) Erzählung dieser literarischen Kunstform. 2. abändernder od. ergänzender Nachtrag zu einem Gesetz (Rechtsw.). **Novellette** [*lat.-it.*] *die*; -, -n: kleine Novelle (1 b). **Novelletten** *die* (Plural): erzählende Klavierstücke in freier Form mit verschiedenen Themen (von R. Schumann 1838 mit seinem op. 21 eingeführt). **novellieren**: ein Gesetz[buch] mit Novellen (2) versehen (Rechtsw.). **Novellist** [*lat.-it.*] *der*; -en, -en: Verfasser einer Novelle (1 b). **Novellistik** *die*; -: 1. Kunst der Novelle (1). 2. Gesamtheit der novellistischen Dichtung. **novellistisch**: die Novelle (1), die Novellistik betreffend; in der Art der Novelle (1), der Novellistik

November [*now...*; *lat.*] *der*; -[s], -: elfter Monat im Jahr; Nebelmond, Neb[e]lung, Windmonat, Wintermonat; Abk.: Nov. **Novendiale** [*nowän...*; *lat.-it.*; „neuntägig"] *das*; -, -n: die neuntägige Trauerfeier (im Petersdom in Rom) für einen verstorbenen Papst. **Novene** [...*wenᵉ*; *lat.-mlat.*] *die*; -, -n: neuntägige katholische Andacht (als Vorbereitung auf ein Fest od. für ein besonderes Anliegen des Gläubigen)

Novial [*now...*; Kunstw.] *das*; -[s]: (1928 von dem dän. Sprachwissenschaftler Jespersen ausgearbeitete) Welthilfssprache. **Novilunium** [...*wi*...; *lat.*; „Neumond"] *das*; -s, ...ien [...*iᵉn*]: das erste Sichtbarwerden der Mondsichel nach Neumond (Neulicht; Astron.). **Novität** *die*; -, -en: 1. Neuerscheinung; Neuheit (von Büchern, Theaterstücken, von Modeerscheinungen u. a.). 2. (veraltet) Neuigkeit. **Novize** [„Neuling"] *der*; -n, -n u. *die*; -, -n: Mönch oder Nonne während der Probezeit. **Noviziat** [*lat.-nlat.*] *das*; -[e]s, -e: a) Probezeit eines Ordensneulings; b) Stand eines Ordensneulings. **Novizin** [*lat.*] *die*; -, -nen: Nonne während der Probezeit. **Novocain** ® [...*woka*...; Kunstw. aus *lat. novus* „neu" u. → *Cocain*] *das*; -s: wichtiges Mittel zur örtlichen Betäubung. **Novum** [*nowum* od. *no*...; *lat.*; „Neues"] *das*; -s, Nova: Neuheit; neuer Gesichtspunkt, neu hinzukommende Tatsache, die die bisherige Kenntnis od. Lage [eines Streitfalles] ändert

Noxe [*lat.*; „Schaden"] *die*; -, -n: Krankheitsursache; Stoff od. Umstand, der eine schädigende Wirkung auf den Organismus ausübt (Med.). **Noxin** [*lat.-nlat.*] *das*; -s, -e (meist Plural): aus zugrunde gegangenem Körpereiweiß stammender Giftstoff (Med.)

Nuance [*nüangßᵉ*, österr.: *nüangß*; *lat.-fr.*] *die*; -, -n: 1. Abstufung, feiner Übergang; Feinheit; Ton, [Ab]tönung. 2. Schimmer, Spur, Kleinigkeit. **nuancieren**: abstufen, ein wenig verändern, feine Unterschiede machen. **nuanciert**: 1. äußerst differenziert, subtil. 2. pointiert

Nubekula [*lat.*; „kleine Wolke"] *die*; -, ...lä: (Med.) 1. leichte Hornhauttrübung. 2. wolkige Trübung im stehengebliebenen Harn

Nubuk [*engl.*] *das*; -: Wildleder aus chromgegerbtem, auf der Narbenseite geschliffenem Kalbleder

Nucellus [*nuz*...; *lat.-nlat.*] *der*; -, ...lli: Gewebekern der Samenanlage bei Blütenpflanzen (Bot.)

Nudismus [*lat.-nlat.*] *der*; -: Freikörperkultur. **Nudist** *der*; -en, -en: Anhänger des Nudismus. **nudistisch**: den Nudismus betreffend. **nudis verbis** [- *wär*...; *lat.*]: mit nackten, dürren Worten. **Nudität** *die*; -, -en: 1. (ohne Plural) Nacktheit. 2. (meist Plural) Darstellung eines nackten Körpers (als sexueller Anreiz)

Nugat vgl. Nougat

Nugget [*nagᶦt*; *engl.*] *das*; -[s], -s: natürlicher Goldklumpen

nu|klear [*lat.-nlat.*]: a) den Atomkern betreffend, Kern...; b) mit der Kernspaltung zusammenhängend, durch Kernenergie erfolgend; c) Atom-, Kernwaffen betreffend; -e Waffen: Kernwaffen. **Nu|klearmedizin** *die*; -: Zweig der medizinischen Wissenschaft, der sich mit der Anwendung von → Isotopen für die Erkennung u. Behandlung von Krankheiten befaßt. **Nu|klease** *die*; -, -n: Nukleinsäuren spaltendes Enzym (Chem.). **Nu|klein** *das*; -s, -e: = Nukleoproteid. **Nukleinsäure** *die*; -, -n: (bes. im Zellkern u. in den → Ribosomen vorkommende) aus Nukleotiden aufgebaute → polymere (2) Verbindung, die als Grundsubstanz der Vererbung fungiert (Biochem.). **Nu|kleoid** [*lat.*; *gr.*] *das*; -[e]s, -e (meist Plural): Kernäquivalent der Bakterienzelle. **Nu|kleole** [*lat.*; „kleiner Kern"] *die*; -, -n u. **Nu|kleolus** *der*; -, ...li u. ...olen: Kernkörperchen des Zellkerns. **Nu|kleon** [*lat.-nlat.*] *das*; -s, ...onen: Atomkernbaustein, Elementarteilchen (Sammelbez. für Proton u. Neutron). **Nu|kleonik** *die*; -: Wissenschaft von den Atomkernen. **Nu|kleoproteid** [*lat.*; *gr.*] *das*; -[e]s, -e: Eiweißverbindung des Zellkerns. **Nu|kleotid** *das*; -[e]s, -e (meist Plural): chemische Verbindung, die bes. für den Aufbau der Nukleinsäure wichtig ist. **Nu|kleus** [*...e-uß*; *lat.*; „[Frucht]kern"] *der*; -, ...ei [*...e-i*]: 1. Zellkern (Biol.). 2. Nervenkern (Anat.; Physiol.). 3. [Feuer]steinblock, von dem der Steinzeitmensch Stücke zur Herstellung von Werkzeugen abschlug. 4. Kern, Kernglied einer sprachlich zusammengehörenden Einheit (Sprachw.). **Nu|klid** *das*; -[e]s, -e: Atomart mit bestimmter Ordnungszahl u. Nukleonenzahl

null [*lat.-it.*]: 1. kein. 2. nichts

Null [*lat.-it.*]

I. *die*; -, -en: 1. Ziffer 0; die Zahl 0. 2. (ohne Plural, ohne Artikel) Gefrierpunkt, Nullpunkt. 3. Mensch, der wenig leistet, Versager. 4. in der Notierung für Streichinstrumente die leere Saite. 5. in der Generalbaßschrift Zeichen für → tasto solo (Mus.).

II. *der* (auch: *das*); -[s], -s: beim Skat Solospiel, bei dem der Spieler keinen Stich machen darf, um zu gewinnen

Nullage *die*; -: Nullstellung bei Meßgeräten. **nulla poena sine lege** [*- pö... - -*; *lat.*]: keine Strafe ohne Gesetz (im Grundgesetz u. Strafgesetzbuch definierter Rechtsgrundsatz, nach dem eine Tat nur dann bestraft werden kann, wenn sie zur Zeit der Begehung tatbestandsmäßig erfaßt war). **Nulldiät** *die*; -, -en: Fasten, bei dem man nur Wasser, Mineralstoffe u. Vitamine zu sich nimmt, um abzunehmen. **nullen** [*lat.-it.*]: 1. eine elektrische Maschine mit dem Nulleiter des Verteilungssystems verbinden. 2. (scherzh., ugs.) in ein neues Lebensjahrzehnt eintreten. **Nuller** *der*; -s, -: 1. fehlerfreier Ritt beim Springreiten; Nullfehlerritt. 2. (schweiz.) Schuß, der sein Ziel verfehlt; Fehlschuß (Schießsport). 3. (schweiz.) a) Sprung, bei dem der Springer beim Weit- u. Dreisprung über den Absprungbalken tritt od. beim Hoch- u. Stabhochsprung die Latte nicht überqueren kann; Fehlsprung (Leichtathletik); b) begonnener, aber nicht ausgeführter Sprung am Pferd; Fehlsprung (Turnen). **Nullifikation** [*...zion*; *lat.*(*-engl.*)] *die*; -, -en: (Rechtsw.) a) Aufhebung, Ungültigkeitserklärung; b) Auffassung, daß die Einzelstaaten der USA Bundesgesetze eigenmächtig für ungültig erklären können. **nullifizieren**: für ungültig erklären, aufheben (Rechtsw.). **Nullinstrument** *das*; -[e]s, -e: elektrisches Meßgerät, bei dem der Wert Null auf der Mitte der Skala liegt (Elektrot.). **Nullipara** [*lat.-nlat.*] *die*; -, ...aren: Frau, die noch kein Kind geboren hat (Med.); vgl. Multipara, Pluripara, Primipara, Sekundipara. **Nullität** [*lat.-mlat.*] *die*; -, -en: a) Nichtigkeit; Ungültigkeit; b) Wertlosigkeit. **Nullmeridian** *der*; -s: Längenkreis von Greenwich, von dem aus man die Längenkreise nach Ost u. West von 0° bis 180° zählt. **Nullmorphem** *das*; -s, -e: grammatisches Morphem, das sprachlich nicht ausgedrückt ist (z. B. der Genitiv, Dativ u. Akkusativ Singular beim Substantiv *Frau*, bei dem die Fälle nur durch den Artikel u. im Satzzusammenhang deutlich werden). **Null|ode** [*lat.-it.*; *gr.*] *die*; -, -n: elektrodenlose Röhre (Elektrot.). **Nulloption** [*...zion*] *die*; -: (im Zusammenhang mit der Nachrüstung diskutierter) Verzicht auf die Aufstellung bestimmter Raketen u. Waffensysteme sowohl im Osten als auch im Westen. **Nullösung** *die*; -: = Nulloption. **Null ouvert** [*- uwer* od. *uwär*] *der* (selten: *das*); -[s] [*uwer(ß)* od. *uwär(ß)*], - -s [*uwerß* od. *uwärß*]: → Null (II), bei dem der Spieler seine Karten offen auf den Tisch legen muß. **Nulltarif** *der*; -[e]s, -e: kostenlose Gewährung bestimmter, üblicherweise nicht unentgeltlicher Leistungen (wie z. B. Benutzung öffentlicher Verkehrsmittel u. a.). **nullum crimen sine lege** [*- kri... - -*; *lat.*]: = nulla poena sine lege

Numen [*lat.*] *das*; -s: Gottheit, göttliches Wesen (als wirkende Macht ohne persönlichen Gestaltcharakter)

Numerale [*lat.*] *das*; -s, ...lien [*...i^e n*] u. ...lia: Zahlwort (Sprachw.). **Numeri**: 1. *Plural* von → Numerus. 2. *die* (Plural) viertes Buch Mose (nach der zu Anfang beschriebenen Volkszählung). **numerieren**: beziffern, mit fortlaufenden Ziffern versehen. **numerisch** [*lat.-nlat.*]: a) zahlenmäßig, der Zahl nach; b) unter Verwendung von [bestimmten] Zahlen, Ziffern erfolgend; c) sich nur aus Ziffern zusammensetzend (EDV). **Numero** [*lat.-it.*] *das*; -s, -s: (veraltet) Nummer (in Verbindung mit einer Zahl); Abk.: No., N°; vgl. Nummer (1). **Numerologie** *die*; -: meist myst. Zahlenlehre (im Bereich des Aberglaubens). **Numerus** [*lat.*] *der*; -, ...ri: 1. Zahl; - clausus [*klau...*]: zahlenmäßig beschränkte Zulassung (zu einem Beruf, bes. zum Studium); - currens [*ku...*]: (veraltet) laufende Nummer, mit der ein neu eingehendes Buch in der Bibliothek versehen wird. 2. Zahl, zu der der Logarithmus gesucht wird (Math.). 3. Zahlform des Nomens (2); vgl. Singular, Plural, Dual. 4. Bau eines Satzes in bezug auf Gliederung, Länge od. Kürze der Wörter, Verteilung der betonten od. unbetonten Wörter, in bezug auf die Klausel (2) u. die Pausen, d. h. die [ebenmäßige] Verteilung des gesamten Sprachstoffes im Satz (Rhet., Stilk.)

numinos [*lat.-nlat.*]: göttlich, in der Art des Numinosen. **Numinose** *das*; -n: das Göttliche als unbegreifliche, zugleich Vertrauen u. Schauer erweckende Macht

Numismatik [*gr.-lat.-nlat*] *die*; -: Münzkunde. **Numismatiker** *der*; -s, -: jmd., der sich [wissenschaftlich] mit der Numismatik beschäftigt; Münzkundiger; Münzsammler. **numismatisch**: die Numismatik betreffend, zu ihr gehörend; münzkundlich

Nummer [*lat.-it.*] *die*; -, -n: 1. zur Kennzeichnung dienende Ziffer, Zahl; Kennzahl (z. B. für das Telefon, für die Schuhgröße, für das Heft einer Zeitschrift); Abk.: Nr., Plural: Nrn.; vgl. Numero. 2. spaßige, unbekümmert-dreiste Person, Witzbold. 3. einzelne Darbietung im Zirkus, Varieté. 4. (ugs.) Geschlechtsakt. **nummerisch** = numerisch. **Nummerngirl** [*...gö'l*] *das*; -s, -s: Mädchen, das im Zirkus, Varieté eine Tafel trägt, auf der die jeweilige nächste Nummer angekündigt wird. **Nummernkonto** *das*; -s, ...ten, (auch:) -s, ...ti: Konto, das nicht auf den Namen des Inhabers lautet, sondern nur durch eine Nummer gekennzeichnet ist. **Nummernoper** *die*; -, -n: Oper mit durchnumerierten Solo-, Ensemble-, Chor-, Rezitativstücken

Nummulit [auch: ...*it*; *lat.-nlat.*] *der*; -s u. -en, -e[n]: versteinerter Wurzelfüßer im → Eozän mit Kalkgehäuse (Geol.)

Nunatak [*eskim.*] *der*; -s, -s u. -[e]r: Bergspitze, die aus dem Inlandeis, aus Gletschern hervorragt (Geogr.)

Nuntiant [...*ziant*; *lat.*] *der*; -en, -en: (veraltet) jmd., der eine Anzeige erstattet; vgl. Denunziant. **Nuntiat** *der*; -en, -en: (veraltet) [vor Gericht] Angezeigter; vgl. Denunziat. **Nuntiation** [...*zion*] *die*; -, -en: (veraltet) Anklage, Anzeige; vgl. Denunziation. **Nuntiatur** [*lat.-nlat.*] *die*; -, -en: a) Amt eines Nuntius; b) Sitz eines Nuntius. **Nuntius** [...*ziuß*; *lat.*; „Bote"] *der*; -, ...ien [...*iᵉn*]: ständiger diplomatischer Vertreter des Papstes bei einer Staatsregierung (im Botschafterrang)

nuptial [...*zial*; *lat.*]: (veraltet) ehelich, hochzeitlich. **Nupturienten** *die* (Plural): (veraltet) Brautleute

Nurage u. **Nuraghe** [*it.*] *die*; -, -n: stumpf-kegelförmiger Wohnturm aus der Jungsteinzeit u. der Bronzezeit, bes. auf Sardinien

Nurse [*nörß*; *lat.-fr.-engl.*] *die*; -, -s [*nörßis*] u. -n [...*ßᵉn*]: engl. Bezeichnung für: Kinderpflegerin

Nus u. Nous [*nuß*; *gr.-lat.*] *der*; -: (Philos.) a) Vermögen der geistigen Wahrnehmung, Intellekt, Verstand; das Bewußte, Geistige im Menschen; b) der weltordnende Geist, Gott, → Demiurg

Nutation [...*zion*; *lat.*; „das Schwanken"] *die*; -, -en: 1. selbsttätige, ohne äußeren Reiz ausgeführte Wachstumsbewegung der Pflanze (Bot.). 2. Schwankung der Erdachse gegen den Himmelspol (Astron.)

Nu|tramin [Kunstw. aus *lat. nutrix* „nährend" u. → *Amin*] *das*; -s, -e: (veraltet) Vitamin

Nu|tria [*lat.-span.*]

I. *die*; -, -s: in Südamerika heimische, bis zu einem halben Meter lange Biberratte mit braunem Fell, Sumpfbiber.

II. *der*; -s -s: a) Fell der Biberratte; b) aus dem Fell der Biberratte gearbeiteter Pelz

nu|trieren [*lat.*]: (veraltet) ernähren. **Nu|triment** *das*; -[e]s, -e: Nahrungsmittel (Med.). **Nutrition** [...*zion*] *die*; -: Ernährung (Med.). **nu|tritiv** [*lat.-nlat.*]: der Ernährung dienend; nährend, nahrhaft (Med.); -e [...*wᵉ*] Energie: auf Lustgewinn gerichtete seelische Energie (Psychol.)

Ny [*nü*; *gr.*] *das*; -[s], -s: dreizehnter Buchstabe des griechischen Alphabets: *N*, *ν*

Nykt|algie [*gr.-nlat.*] *die*; -, ...ien: körperlicher Schmerz, der nur zur Nachtzeit auftritt, Nachtschmerz (Med.). **Nykt|al|opie** *die*; -: Sehschwäche der Augen bei hellem Tageslicht, Tagblindheit (Med.). **Nyktinastie** *die*; -, ...ien: Schlafbewegung der Pflanzen (z. B. das Sichsenken der Bohnenblätter am Abend; Bot.). **Nyktometer** *das*; -s, -: Instrument zur Erkennung der Nachtblindheit (Med.). **Nyktophobie** *die*; -, ...ien: Nachtangst, krankhafte Angst vor der Dunkelheit (Med.). **Nykt|urie** *die*; -, ...ien: vermehrte nächtliche Harnabsonderung bei bestimmten Krankheiten (Med.)

Nylon Ⓦⓩ [*nailon*; *engl.-amerik.*] *das*; -s: haltbare synthetische Textilfaser. **Nylons** *die* (Plural): (ugs.) Strümpfe aus Nylon

Nympha [*gr.-lat.*] *die*; -, ...phae [...*fä*] u. ...phen: kleine Schamlippe (Med.). **Nymphäa** u. **Nymphäe** *die*; -, ...äen: See- od. Wasserrose. **Nymphäum** *das*; -s, ...äen: den Nymphen geweihtes Brunnenhaus, geweihte Brunnenanlage der Antike. **Nymphchen** *das*; -s, -: sehr junges u. unschuldig-verführerisches Mädchen (z. B. Lolita). **Nymphe** [„Braut, Jungfrau"] *die*; -, -n: 1. weibliche Naturgottheit des griechischen Volksglaubens. 2. Larve der Insekten, die bereits Anlagen zu Flügeln besitzt (Zool.). **Nymphitis** [*gr.-nlat.*] *die*; -, ...itiden: Entzündung der kleinen Schamlippen (Med.). **nymphoman** u. nymphomanisch: an Nymphomanie leidend, mannstoll. **Nymphomanie** *die*; -: [krankhaft] gesteigerter Geschlechtstrieb bei Frauen, Mannstollheit; Ggs. → Satyriasis. **Nymphomanin** *die*; -, -nen: an Nymphomanie Leidende (Med.). **nymphomanisch** vgl. nymphoman

Nynorsk [*norw.*; „Neunorwegisch"] *das*; -: mit dem → Bokmål gleichberechtigte norw. Schriftsprache, die im Gegensatz zum Bokmål auf den norw. Dialekten beruht; vgl. Landsmål

Nystagmus [*gr.-nlat.*] *der*; -: unwillkürliches Zittern des Augapfels (Med.)

O

Oase [*ägypt.-gr.-lat.*] *die*; -, -n: 1. fruchtbare Stelle mit Wasser u. Pflanzen in der Wüste. 2. [stiller] Ort der Erholung

obdi|plostemon [*lat.*; *gr.*]: zwei Kreise von Staubgefäßen tragend, von denen der innere vor den Kelchblättern, der äußere vor den Kronblättern (den Blütenblättern im engeren Sinne) steht (in bezug auf Blüten; Bot.)

Obduktion [...*zion*; *lat.*] *die*; -, -en: [gerichtlich angeordnete] Leichenöffnung [zur Klärung der Todesursache] (Med.)

Obduration [...*zion*; *lat.*] *die*; -, -en: Verhärtung von Körpergewebe (Med.). **obdurieren**: sich verhärten (Med.)

Obduzent [*lat.*] *der*; -en, -en: Arzt, der eine Obduktion vornimmt. **obduzieren**: eine Obduktion vornehmen

Ob|edienz [*lat.*] *die*; -: 1. Gehorsamspflicht der → Kleriker gegenüber den geistlichen Oberen. 2. Anhängerschaft eines Papstes während eines → Schismas

Obelisk [*gr.-lat.*] *der*; -en, -en: freistehende, rechteckige, spitz zulaufende Säule (meist → Monolith; urspr. in Ägypten, paarweise vor Sonnentempeln aufgestellt)

Oberliga [*dt.*; *lat.-span.*] *die*; -, ...gen: Spielklasse in zahlreichen Sportarten. **Oberligist** *der*; -en, -en: Mitglied[sverein] einer Oberliga

Oberprokuror *der*; -s: vor 1917 der Vertreter des Zaren in der Leitung des → Synods; vgl. Prokuror

Ob|esitas [*lat.*] *die*; -: = Obesität. **Ob|esität** *die*; -: Fettleibigkeit [infolge zu reichlicher Ernährung] (Med.)

Obi [*jap.*] *der* od. *das*; -[s], -s: 1. breiter steifer Seidengürtel, der um den jap. Kimono geschlungen wird. 2. Gürtel der Kampfbekleidung beim Judo

ob|iit [...*i-it*; *lat.*]: ist gestorben (Inschrift auf alten Grabmälern); Abk.: ob. **Ob|ituarium** [*lat.-mlat.*] *das*; -s, ...ia od. ...ien [...*iᵉn*]: kalender- od. annalenartiges Verzeichnis [für die jährliche Gedächtnisfeier] der verstorbenen Mitglieder, Wohltäter u. Stifter einer mittelalterlichen kirchlichen Gemeinschaft

Objekt [*lat.*; „das Entgegengeworfene"] *das*; -[e]s, -e: 1. a) Gegenstand, mit dem etwas geschieht od. geschehen soll (auch in bezug auf Personen: z. B. jmdn. zum - seiner Aggressivität machen); b) unabhängig vom Bewußtsein existierende Erscheinung der materiellen Welt, auf die sich das Erkennen, die Wahrnehmung richtet (Philos.); Ggs. → Subjekt (1); c) aus verschiedenen Materialien zusammengestelltes plastisches Werk der modernen Kunst (Kunstw.). 2. [auch *op*...] Satzglied, das von einem Verb als Ergänzung gefordert wird (z. B. ich kaufe *ein Buch*; Sprachw.); vgl. Prädikat, Subjekt (2). 3. a) Grundstück, Wertgegenstand, Vertrags-, Geschäftsgegenstand (Wirtsch.); b) (österr.) Gebäude. **Objektemacher** [*lat.*; *dt.*] *der*; -s, -: moderner Künstler, der aus verschiedenen Materialien Objekte komponiert, aufstellt. **Objekt|erotik** [*lat.*; *gr.-fr.*] *die*; -: Befriedigung des Sexualtriebes an einem Objekt (1 a). **Objektion** [...*zion*; *lat.*] *die*; -, -en: Übertragung einer seelischen Erlebnisqualität auf einen Gegenstand, Vorstellungsinhalt od. auf Sachverhalte (Psychol.). **objektiv** [auch: *op*...; *lat.-nlat.*]: 1. außerhalb des subjektiven Bewußtseins bestehend. 2. sachlich, nicht von Gefühlen u. Vorurteilen bestimmt; unvoreingenommen, unparteiisch; Ggs. → subjektiv (2). **Objektiv** *das*; -s, -e [...*w*[e]]: die dem zu beobachtenden Gegenstand zugewandte Linse[nkombination] eines optischen Gerätes. **Objektivation** [...*wazion*] *die*; -, -en: Vergegenständlichung, vom rein Subjektiven abgelöste Darstellung; vgl. ...[at]ion/...ierung. **Objektive** [...*tiw*[e]] *das*; -n: das von allem Subjektiven Unabhängige, das an sich Seiende (Philos.). **objektivieren** [...*wi*...]: 1. etwas in eine bestimmte, der objektiven Betrachtung zugängliche Form bringen; etwas von subjektiven, emotionalen Einflüssen befreien. 2. etwas so darstellen, wie es wirklich ist, unbeeinflußt vom Meßinstrument oder vom Beobachter (Physik). **Objektivismus** *der*; -: 1. Annahme, daß es subjektunabhängige, objektive Wahrheiten u. Werte gibt. 2. erkenntnistheoretische Lehre, wonach die Erfahrungsinhalte objektiv Gegebenes sind (Philos.). 3. (DDR) methodisches Prinzip der bürgerlichen Wissenschaft, wonach wissenschaftliche Objektivität und Parteilichkeit oder die Beachtung gesellschaftlicher Erscheinungen einander ausschlössen. **Objektivist** *der*; -en, -en: Anhänger des Objektivismus. **objektivistisch**: a) den Objektivismus (1, 2) betreffend, in der Art des Objektivismus; b) (DDR) nach den Prinzipien des Objektivismus (3) verfahrend, ihn betreffend. **Objektivität** *die*; -: strenge Sachlichkeit; objektive (2) Darstellung unter größtmöglicher Ausschaltung des Subjektiven (Ideal wissenschaftlicher Arbeit); Ggs. → Subjektivität. **Objektkunst** *die*; -: moderne Kunstrichtung, die sich mit der Gestaltung von Objekten (1c) befaßt (Kunstw.). **Objektlibido** *die*; -: auf Personen u. Gegenstände, nicht auf das eigene Ich gerichtete → Libido (Psychol.). **Objekt|psychotechnik** *die*; -: Anpassung der objektiven Forderungen des Berufslebens an die subjektiven Erfordernisse des Berufsmenschen (z. B. Wahl der Beleuchtung, Gestaltung des Arbeitsplatzes usw.). **Objektsatz** [auch: *op*...; *lat.*; *dt.*] *der*; -es, ...sätze: Gliedsatz in der Rolle eines Objekts (z. B. Klaus weiß, *was Tim macht*; Brunhilde hilft, *wem sie helfen kann*; Sprachw.). **Objektschutz** *der*; -es: polizeilicher, militärischer o. ä. Schutz für Gebäude, Anlagen usw. **Objektsprache** *die*; -: Sprache als Gegenstand der Betrachtung, die mit der → Metasprache beschrieben wird (Sprachw.). **objizieren** [*lat.*]: (veraltet) einwenden, entgegnen

obkonisch [*lat.*; *gr.*]: nach oben stehend (in bezug auf die Bodenfläche eines Kegels)

Oblast [*russ.*] *die*; -, -e: größeres Verwaltungsgebiet in der Sowjetunion

Ob|late [*lat.-mlat.*; „(als Opfer) Dargebrachtes"]

I. *die*; -, -n: 1. a) noch nicht → konsekrierte → Hostie (kath. Rel.); b) Abendmahlsbrot (ev. Rel.). 2. a) eine Art Waffel; b) sehr dünne Weizenmehlscheibe als Gebäckunterlage. 3. (landsch.) kleines Bildchen, das in ein Poesiealbum o. ä. eingeklebt wird

II. *der*; -n, -n (meist Plural): 1. im Mittelalter im Kloster erzogenes, für den Ordensstand bestimmtes Kind. 2. Laie, der sich in stets widerruflichem Gehorsamsversprechen einem geistl. Orden angeschlossen hat. 3. Angehöriger katholischer religiöser Genossenschaften

Ob|lation [...*zion*] *die*; -, -en: 1. = Offertorium. 2. von den Gläubigen in der Eucharistie dargebrachte Gabe (heute meist durch die → Kollekte (1) ersetzt)

ob|ligat [*lat.*; „verbunden, verpflichtet"]: 1. a) unerläßlich, erforderlich, unentbehrlich; b) (meist spöttisch) regelmäßig dazugehörend, üblich, unvermeidlich. 2. als selbständig geführte Stimme für eine Komposition unentbehrlich, z. B. eine Arie mit -er Violine (Mus.); Ggs. → ad libitum (2 b). **Ob|ligation** [...*zion*] *die*; -, -en: 1. Verpflichtung; persönliche Verbindlichkeit (Rechtsw.). 2. Schuldverschreibung eines Unternehmers (Wirtsch.). **Obligationär** [*lat.-fr.*] *der*; -s, -e: (schweiz.) Besitzer von Obligationen (2). **ob|ligatorisch** [*lat.*]: verpflichtend, bindend, verbindlich; Zwangs...; Ggs. → fakultativ. **Ob|ligatorium** *das*; -s, ...ien [...*i*[e]*n*]: (schweiz.) Verpflichtung, Pflichtfach, -leistung. **ob|ligeant** [*oblisehang*; *lat.-fr.*]: (veraltet) gefällig, verbindlich. **ob|ligieren** [auch: ...*schir*[e]*n*]: (veraltet) [zu Dank] verpflichten. **Ob|ligo** [auch: *ob*...; *lat.-it.*] *das*; -s, -s: 1. Verbindlichkeit, Verpflichtung (Wirtsch.); ohne -: ohne Gewähr; Abk.: o. O. 2. Wechselkonto im → Obligobuch. **Ob|ligobuch** [*lat.-it.*; *dt.*] *das*; -[e]s, ...bücher: bei Kreditinstituten geführtes Buch, in das alle eingereichten Wechsel eingetragen werden

ob|lique [*oblik*; *lat.*]: (veraltet) schräg, schief; -r [*oblikw*[e]*r*] Kasus = Casus obliquus. **Obliquität** [...*kwi*...] *die*; -: 1. Unregelmäßigkeit. 2. Abhängigkeit. 3. Schrägstellung (des kindl. Schädels bei der Geburt; Med.)

Ob|literation [...*zion*; *lat.*] *die*; -, -en: 1. Tilgung (Wirtsch.). 2. Verstopfung von Hohlräumen, Kanälen od. Gefäßen des Körpers durch entzündliche Veränderungen o. ä. (Med.). **obliterieren**: 1. tilgen (Wirtsch.). 2. verstopfen (in bezug auf Gefäße, Körperhohlräume u. Körperkanäle; Med.)

Ob|lomowerei [nach dem Titelheld Oblomow eines Romans des russischen Schriftstellers I. A. Gontscharow (1812 bis 1891)] *die*; -, -en: → lethargische (2) Grundhaltung, tatenloses Träumen

ob|long [*lat.*]: (veraltet) länglich, rechteckig

Obo [*mong.*] *der*; -[s], -s: kultischer, mit Gebetsfahnen besteckter Steinhaufen auf Paßhöhen in Tibet u. der Mongolei

Ob|ödienz vgl. Obedienz

Oboe [*fr.-it.*, eigtl. „hohes (nämlich: hoch klingendes) Holz"] *die*; -, -n: (Mus.) 1. hölzernes Doppelrohrinstrument mit

Löchern, Klappen, engem Mundstück. **Oboe da caccia** [*obo-e - katscha*; *it.*; „Jagdoboe"] *die*; - -, - - -: eine Quint tiefer stehende Oboe. **Oboe d'amore** [*it.*; „Liebesoboe"] *die*; - -, - - u. **Oboe d'amour** [- *damur*; *fr.*] *die*; - -, -n -: 1. eine Terz tiefer stehende Oboe mit zartem, mildem Ton. 2. ein Orgelregister. **Oboer** *der*; -s, -: = Oboist. **Oboist** *der*; -en, -en: Musiker, der Oboe spielt

Obolus [*gr.-lat.*] *der*; -, - u. -se: 1. kleine Münze im alten Griechenland. 2. kleine Geldspende, kleiner Beitrag. 3. (Plural: -) primitiver, versteinerter Armfüßer (→ Brachiopode), der vom → Kambrium bis zum → Ordovizium gesteinsbildend war (Geol.)

Ob|reption [*...zion*; *lat.*] *die*; -: (veraltet) Erschleichung [eines Vorteils durch unzutreffende Angaben] (Rechtsw.)

ob|ruieren [*lat.*]: (veraltet) überladen, überhäufen, belasten

Obse|kration [*...zion*; *lat.*] *die*; -, -en: (veraltet) Beschwörung durch eindringliches Bitten. **obse|krieren**: (veraltet) beschwören, dringend bitten

obsequent [*lat.*]: der Fallrichtung der Gesteinsschichten entgegengesetzt fließend (in bezug auf Nebenflüsse; Geogr.). **Obsequiale** [*lat.-mlat.*] *das*; -[s], ...lien [*...i*^{e}*n*]: liturgisches Buch für die → Exequien. **Obsequien** *die* (Plural): = Exequien

observabel [*...wab*^{e}*l*; *lat.*]: (veraltet) bemerkenswert. **observant**: sich streng an die Regeln haltend. **Observant** *der*; -en, -en: Angehöriger der strengeren Richtung eines Mönchsordens, bes. bei den → Franziskanern. **Observanz** *die*; -, -en: 1. a) Brauch, Herkommen; b) Gewohnheitsrecht [in unwesentlicheren Sachgebieten] (Rechtsw.). 2. Befolgung der eingeführten Regel [eines Mönchsordens]; z. B. er ist ein Sozialist strengster -. **Observation** [*...zion*] *die*; -, -en: 1. wissenschaftliche Beobachtung [in einem Observatorium]. 2. das Observieren (2). **Observator** *der*; -s, ...oren: jmd., der in einem Observatorium tätig ist. **Observatorium** [*lat.-nlat.*] *das*; -s, ...ien [*...i*^{e}*n*]: [astronomische, meteorologische, geophysikalische] Beobachtungsstation; Stern-, Wetterwarte. **observieren** [*...wir*^{e}*n*; *lat.*]: 1. wissenschaftlich beobachten. 2. der Verfassungsfeindlichkeit, eines Verbrechens verdächtige Personen[gruppen] polizeilich überwachen

Obsession [*lat.*; „Einschließung"] *die*; -, -en: Zwangsvorstellung (Psychol.). **obsessiv** [*lat.-nlat.*]: in der Art einer Zwangsvorstellung (Psychol.)

Obsidian [*lat.-nlat.*] *der*; -s, -e: kieselsäurereiches, glasiges Gestein

Obsi|gnation [*...zion*; *lat.*] *die*; -, -en: (veraltet) Versiegelung [durch das Gericht]; Bestätigung, Genehmigung (Rechtsw.). **obsi|gnieren**: (veraltet) bestätigen

ob|skur [*lat.*]: a) dunkel; verdächtig; zweifelhafter Herkunft; b) unbekannt; vgl. Clairobscur. **Ob|skurant** *der*; -en, -en: (veraltet) Dunkelmann. **Ob-skurantismus** [*lat.-nlat.*] *der*; -: Bestreben, die Menschen bewußt in Unwissenheit zu halten, ihr selbständiges Denken zu verhindern u. sie an Übernatürliches glauben zu lassen. **ob|skurantistisch**: dem Obskurantismus entsprechend. **Ob|skurität** [*lat.*] *die*; -, -en: a) Dunkelheit, zweifelhafte Herkunft; b) Unbekanntheit

Obsoleszenz [*lat.-nlat.*] *die*; -: das Veralten. **obsoleszieren** [*lat.*]: (veraltet) veralten, ungebräuchlich werden. **obsolet**: ungebräuchlich, veraltet

Ob|stakel [*lat.*] *das*; -s, -: (veraltet) Hindernis. **Ob|ste|trik** *die*; -: Wissenschaft von der Geburtshilfe (Med.)

ob|stinat [*lat.*]: starrsinnig, widerspenstig, unbelehrbar. **Ob|stination** [*...zion*] *die*; -: (veraltet) Halsstarrigkeit, Eigensinn

Ob|stipation [*...zion*; *lat.-mlat.*] *die*; -, -en: Stuhlverstopfung (Med.). **ob|stipieren**: (Med.) 1. zu Stuhlverstopfung führen. 2. an Stuhlverstopfung leiden

Ob|struction-Box [^{e}*bßtrakschen*^{e}*n-box*; *engl.*] *die*; -, -en: Apparatur (1926 von Warden konstruiert), die mittels einer Blockierung des Weges zum Futter die Intensität der Antriebe bei Tieren mißt (Psychol.). **Ob|struent** [*lat.-engl.*] *der*; -en, -en: Konsonant, bei dessen Erzeugung der Atemstrom zu einem Teil (Frikativ, Spirant) od. völlig (Verschlußlaut) behindert ist (Sprachw.). **ob|struieren** [*lat.*]: 1. hindern; entgegenarbeiten; Widerstand leisten. 2. verstopfen (z. B. einen Kanal durch entzündliche Veränderungen; Med.). **Ob|struktion** [*...zion*] *die*; -, -en: 1. Widerstand; parlamentarische Verzögerungstaktik (z. B. durch sehr lange Reden, Fernbleiben von Sitzungen). 2. Verstopfung (z. B. von Körperkanälen o. ä. durch entzündliche Prozesse; Med.). **ob|struktiv** [*lat.-nlat.*]: 1. hemmend. 2. Gefäße od. Körperkanäle verstopfend (z. B. in bezug auf entzündliche Prozesse; Med.)

ob|szön [*lat.*]: 1. in das Schamgefühl verletzender Weise auf den Sexual-, Fäkalbereich bezogen; unanständig, schlüpfrig. 2. [sittliche] Entrüstung hervorrufend, z. B. Krieg ist -. **Ob|szönität** *die*; -, -en: Schamlosigkeit, Schlüpfrigkeit

Obturation [*...zion*; *lat.-mlat.*] *die*; -, -en: Verstopfung von Hohlräumen u. Gefäßen (z. B. durch einen → Embolus; Med.). **Obturator** [*lat.-nlat.*] *der*; -s, ...oren: Apparat zum Verschluß von Körperöffnungen, insbes. Verschlußplatte für angeborene Gaumenspalten (Med.). **obturieren** [*lat.*]: Körperlücken verschließen (z. B. in bezug auf Muskeln, Nerven u. Venen, die durch Öffnungen von Knochen hindurchtreten; Med.)

Obus *der*; -ses, -se: Kurzw. für: *O*berleitungsomni*bus*

Occamismus vgl. Ockhamismus

Occasion [*lat.-fr.*] *die*; -, -en: (österr., schweiz. für:) Okkasion (2)

Occhi usw. vgl. Okki usw.

Occidental [*okz...*; *lat.*] *das*; -[s]: Welthilfssprache des Estländers O. Wahl (1922); vgl. Interlingue

Ocean-dumping [*o*^{u}*sch*^{e}*n damping*; *engl.*] *das*; -[s]: Verunreinigung der Weltmeere. **Ocean-Liner** [*o*^{u}*sch*^{e}*nlain*^{e}*r*; *engl.*] *der*; -[s], -s: = Liner (1)

Ochlo|kratie [*gr.*] *die*; -, ...ien: (in der Antike abwertend) zur Herrschaft der Massen entartete Demokratie. **ochlo|kratisch**: die Ochlokratie betreffend

Ochrana [*ochrana*; *russ.*; „Schutz"] *die*; -: politische Geheimpolizei im zaristischen Rußland

Ochrea [*okrea*; *lat.-nlat.*] *die*; -, Ochreae [*...e-ä*]: den Pflanzenstengel wie eine Manschette umhüllendes, tütenförmiges Nebenblatt (Bot.)

Och|ronose [*gr.-nlat.*] *die*; -, -n: Schwarzverfärbung von Knorpelgewebe u. Sehnen bei chronischer Karbolvergiftung (Med.)

ocker [*gr.-lat.-roman.*]: von der Farbe des Ockers, gelbbraun. **Okker** *der* od. *das*; -s, -: a) zur Farbenherstellung verwendete, ihres Eisenoxydgehalts wegen an gelben Farbtönen reiche Tonerde; b) gelbbraune Malerfarbe; c) gelbbraune Farbe

Ockhamismus [*engl.-nlat.*] *der*; -:

Lehre des engl. → Scholastikers Wilhelm von Ockham [*okäm*]
Ocki usw. vgl. Okki usw.
Octan vgl. Oktan
octava [*oktawa*] vgl. ottava. **Octuor** [*oktüor*; *lat.-fr.*] *das*; -s, -s: französische Bezeichnung für: Oktett (1)
Od [zu altnord. óðr = Gefühl; geprägt von dem dt. Chemiker u. Naturphilosophen C. L. v. Reichenbach (1780–1869)] *das*; -[e]s: angeblich vom menschlichen Körper ausgestrahlte, das Leben lenkende Kraft
Odal [*altnord.*] *das*; -s, -e: Sippeneigentum eines adligen germanischen Geschlechts an Grund u. Boden
Odaliske [*türk.-fr.*] *die*; -, -n: (hist.) europäische od. kaukasische Sklavin in einem türkischen Harem
Odd Fellow u. **Oddfellow** [*...lo*[u]; *engl.*] *der*; -s, -s: Mitglied einer ursprünglich englischen ordensähnlichen Gemeinschaft, die in Verfassung u. Bräuchen den Freimaurern verwandt ist
Odds [*engl.*] *die* (Plural): a) engl. Bezeichnung für: Vorgaben (Sport); b) (bei Pferdewetten) das vom Buchmacher festgelegte Verhältnis des Einsatzes zum Gewinn
Ode [*gr.-lat.*] *die*; -, -n: 1. a) Chorgesangsstück der griech. Tragödie; b) lyrisches Strophengedicht der Antike. 2. erhabene, meist reimlose lyrische Dichtung in kunstvollem Stil. 3. Odenkomposition nach antiken Versmaßen (15. u. 16. Jh.; Mus.). **Odeion** [*gr.*] *das*; -s, Odeia: = Odeum
Ödem [*gr.*; „Schwellung, Geschwulst"] *das*; -s, -e: Gewebewassersucht, krankhafte Ansammlung seröser Flüssigkeit in den Interzellularräumen nach Austritt aus den Lymphgefäßen u. Blutkapillaren infolge von Eiweißmangel, Durchblutungsstörungen u. a. (Med.). **ödematös** [*gr.-nlat.*]: ödemartig verändert, Ödeme aufweisend (in bezug auf Gewebe)
Odeon [*gr.-lat.-fr.*] *das*; -s, -s: = Odeum; Name für größere Bauten, die Theater, Musik, Film u. Tanz gewidmet sind. **Odeum** [*gr.-lat.*] *das*; -s, Odeen: im Altertum rundes, theaterähnliches Gebäude für musikalische u. schauspielerische Aufführungen
Odeur [*odör*; *lat.-fr.*] *das*; -s, -s u. -e: a) wohlriechender Stoff, Duft; b) seltsamer Geruch
odios u. **odiös** [*lat.*]: gehässig, unausstehlich, widerwärtig. **Odiosität** *die*; -, -en: Gehässigkeit, Widerwärtigkeit
ödipal [*gr.-nlat.*]: vom Ödipuskomplex bestimmt. **Ödipuskomplex** [nach dem thebanischen König Ödipus, der, ohne es zu wissen, seine Mutter geheiratet hatte] *der*; -es: psychoanalytische Bez. für die frühkindlich bei beiden Geschlechtern sich entwickelnde Beziehung zum gegengeschlechtlichen Elternteil (Psychol.)
Odium [*lat.*] *das*; -s: (geh.) hassenswerter Makel; übler Beigeschmack, der einer Sache anhaftet
Odont|algie [*gr.*] *die*; -, ...ien: Zahnschmerz (Med.). **Odontoblast** [*gr.-nlat.*] *der*; -en, -en (meist Plural): Bildungszelle des Zahnbeins (Med.). **ondontogen**: von den Zähnen ausgehend (in bezug auf Krankheiten; Med.).
Odonto|glossum *das*; -s: tropische Orchidee mit Blüten an meist aufrechten Trauben od. Rispen (Gewächshaus- u. Zierpflanze). **Odontologe** *der*; -n, -n: Wissenschaftler auf dem Gebiet der Odontologie, in der Forschung tätiger Zahnarzt. **Odontologie** *die*; -: Zahnheilkunde. **Odontom** *das*; -s, -e: meist am Unterkiefer auftretende Geschwulst am Zahngewebe (Med.). **Odontometer** *der*; -s, -: Hilfsmittel zur Ausmessung der Zähnung von Briefmarken; Zahnungsschlüssel. **Odontome|trie** *die*; -: Verfahren zur Identifizierung [unbekannter] Toter durch Abnehmen eines Kieferabdrucks. **Odont|ornithen** *die* (Plural): ausgestorbene Vögel der Kreidezeit mit bezahntem Kiefer
Odor [*lat.*] *der*; -s, ...ores: Geruch (Med.). **odorieren**: zur Intensivierung des Geruchs Stadtgas (aus Sicherheitsgründen) mit organischen Schwefelverbindungen mischen. **Odorierung** *die*; -, -en: das Odorieren
Odyssee [*gr.-lat.-fr.*; Homers Epos über die Heimfahrt des Odysseus von Troja u. seine Abenteuer] *die*; -, ...sseen: eine Art Irrfahrt [mit unerhörten od. seltsamen Erlebnissen]; lange, mit Schwierigkeiten verbundene Reise
Oeco|trophologe [*öko...*] usw. vgl. Ökotrophologe usw.
Oenothera [*ön...*; *gr.-lat.*] *die*; -, ...ren: Nachtkerze, krautige Pflanze mit größeren gelben Blüten (wildwachsend, aber auch als Gartenstaude)
Oesophagus [*ö...*] vgl. Ösophagus
Œu|vre [*öwr*[e]; *lat.-fr.*] *das*; -, -s [*öwr*[e]]: Gesamtwerk eines Künstlers
off [*engl.*]: a) hinter der Bühne sprechend; b) außerhalb der Kameraeinstellung zu hören; Ggs. → on. **Off** *das*; -: das Unsichtbarbleiben des [kommentierenden] Sprechers [im Fernsehen]; im - sprechen; Ggs. → On. **Off-Beat** [*ofbit*; *engl.-amerik.*] *das*; -: spezielle Bewegungsrhythmik des Jazz, die die melodischen Akzente zwischen die des Metrums setzt. **Off|brands** [*ofbrändß*; *engl.*] *die* (Plural): Produkte ohne Markenname; vgl. No-name-Produkt
offensiv [*lat.-nlat.*]: angreifend, den Angriff bevorzugend; Ggs. → defensiv (a). **Offensiv|allianz** *die*; -, -en: zum Zwecke eines Angriffs geschlossenes Bündnis. **Offensive** [*...w*[e]] *die*; -, -n: a) [planmäßig vorbereiteter] Angriff [einer Heeresgruppe]; Ggs. → Defensive; b) (ohne Plural) auf Angriff (Stürmen) eingestellte Spielweise (Sport)
Offerent [*lat.*] *der*; -en, -en: jmd., der eine Offerte macht. **offerieren**: anbieten, darbieten. **Offert** [*lat.-fr.*] *das*; -[e]s, -e: (österr.) Offerte. **Offerte** *die*; -, -n: schriftliches [Waren]angebot; Anerbieten. **Offert|ingenieur** [*...inschenjör*] *der*; -s, -e: Sachbearbeiter für den Entwurf von detaillierten Angeboten bei großen Objekten, insbesondere in der Elektro- u. Werkzeugmaschinenbranche. **Offertorium** [*lat.-mlat.*] *das*; -s, ...ien [*...i*[e]*n*]: Darbringung von Brot u. Wein mit den dazugehörigen gesungenen Meßgebeten, die die → Konsekration (2) vorbereiten
Office
I. [*ofiß*; *lat.-fr.*] *das*; -, -s [*...fiß*]: (schweiz.) a) (selten) Büro; b) Anrichteraum [im Gasthaus].
II. [*ofiß*; *lat.-fr.-engl.*] *das*; -, -s [*...ßis*, auch: *...ßiß*]: engl. Bezeichnung für: Büro
Officium [*ofiz...*; *lat.*] *das*; -s, ...cia: 1. = Offizium (1). 2. = Offizium (2); **- divinum** [*- diwi...*; „Gottesdienst"] *das*; - -: = Offizium (2). **Offiz** *das*; -es, -e: (veraltet) = Offizium (1). **Offizial** [*lat.-mlat.*] *der*; -s, -e: 1. Vertreter des [Erz]bischofs als Vorsteher des Offizialats. 2. (österr.) ein Beamtentitel. **Offizialat** [*lat.-nlat.*] *das*; -[e]s, -e: [erz]bischöfliche kirchliche Gerichtsbehörde. **Offizialdelikt** *das*; -[e]s, -e: Straftat, deren Verfolgung von Amts wegen eintritt (Rechtsw.). **Offizialmaxime** *die*; -: = Offizialprinzip.

Offizial|prinzip *das*; -s: Verpflichtung des Gerichts, Ermittlungen in einer Sache über die von den Beteiligten vorgebrachten Tatsachen hinaus von Amts wegen anzustellen (Rechtsw.). **Offizialverteidiger** [*lat.-mlat.*; *dt.*] *der*; -s, -: Pflichtverteidiger in Strafsachen, der vom Gericht in besonderen Fällen bestellt werden muß (Rechtsw.). **Offiziant** [*lat.-mlat.*] *der*; -en; -en: 1. (veraltet) Unterbeamter; Bediensteter. 2. einen Gottesdienst haltender kath. Geistlicher. **offiziell** [*lat.-fr.*]: 1. amtlich, von einer Behörde, Dienststelle ausgehend, bestätigt; Ggs. → inoffiziell (1). 2. feierlich, förmlich; Ggs. → inoffiziell (2). **Offizier** [*lat.-mlat.-fr.*] *der*; -s, -e: 1. a) (ohne Plural) militärische Rangstufe, die die Dienstgrade vom Leutnant bis zum General umfaßt; b) Träger eines Dienstgrades innerhalb der Rangstufe der Offiziere. 2. Sammelbezeichnung für diejenigen Figuren, die größere Beweglichkeit als die Bauern haben (z. B. Turm, Läufer, Springer; Schach). **Offizier[s]korps** [...*kor*; *lat.-mlat.-fr.*; *lat.-fr.*] *das*; - [...*korß*], - [...*korß*]: Gesamtheit der Offfiziere [einer Armee]. **Offizin** [*lat.-mlat.*] *die*; -, -en: 1. [größere] Buchdruckerei. 2. Apotheke. **offizinal** u. **offizinell** [französierende Bildung]: arzneilich; als Heilmittel durch Aufnahme in das amtliche Arzneibuch anerkannt; vgl. ...al/...ell. **offiziös** [*lat.-fr.*]: halbamtlich; nicht verbürgt. **Offiziosität** *die*; -, -en: 1. (ohne Plural) Anschein der Amtlichkeit, des Offiziellen. 2. (veraltet) Dienstfertigkeit. **Offizium** [*lat.*] *das*; -s, ...ien [...*iᵉn*]: 1. (veraltet) [Dienst]pflicht, Obliegenheit. 2. a) offizieller Gottesdienst der kath. Kirche, im engeren Sinne das Stundengebet (auch als Chorgebet); b) kath. Kirchenamt, Amt u. die damit verbundenen Pflichten eines Geistlichen; vgl. Benefizium

Off-label-deal [...*lᵉ̨ⁱbᵉldil*; *engl.*] *das*; -[s]: Reduzierung des Preises gegenüber dem auf Packung od. Etikett angegebenen

off limits! [*engl.*]: Eintritt verboten!

off line [- *lain*; *engl.*]: getrennt von der Datenverarbeitungsanlage arbeitend, indirekt mit dieser gekoppelt (in bezug auf bestimmte Geräte in der EVD); Ggs. → on line

Off-off-Bühne [*engl.-amerik.*; *dt.*] *die*; -, -n: kleines Theater außerhalb des üblichen etablierten Theaterbetriebes, in dem mit meist jungen, aufgeschlossenen u. experimentierfreudigen Schauspielern Stücke meist unbekannter Autoren phantasiereich u. zu niedrigen Kosten gespielt werden

Offsetdruck [*engl.*; *dt.*] *der*; -[e]s: Flachdruckverfahren, bei dem der Druck von einer Druckplatte über ein Gummituch (indirekter Druck) auf das Papier erfolgt. **off shore** [- *schoʳ*; *engl.*]: in einiger Entfernung von der Küste. **Off-shore-Auftrag** [*engl.*; *dt.*] *der*; -[e]s, ...träge (meist Plural): Auftrag der USA (zur Lieferung an andere Länder), der zwar von den Vereinigten Staaten finanziert, jedoch außerhalb der USA vergeben wird. **Off-shore-Bohrung** *die*; -, -en: von Plattformen aus durchgeführte Bohrung nach Erdöl od. Erdgas in Küstennähe. **Off-shore-Steuerabkommen** *das*; -s: 1954 zwischen den USA u. der BRD geschlossenes Abkommen über Abgabevergünstigungen, die die BRD den USA für die gemeinsame Verteidigung betreffende Lieferungen u. Leistungen gewährt. **offside** [...*ßaid*; *engl.*]: abseits (beim Fußball). **Off-Stimme** *die*; -, -n: [kommentierende] Stimme aus dem → Off. **offwhite** [...*ᵘait*]: weiß mit leicht grauem od. gelbem Schimmer

Oger [*fr.*] *der*; -s, -: Name des Menschenfressers in franz. Märchen

ogival [...*wal*, auch: *oschiwal*; *fr.*]: (selten) spitzbogig. **Ogivalstil** [*fr.*; *lat.*] *der*; -[e]s: Baustil der [franz.] Gotik. **Ogiven** [...*wᵉn*, auch: *oschiwᵉn*] *die* (Plural): bogenartige Texturformen (vgl. Textur 2) im Bereich der Gletscherzunge

ogygisch [*gr.-lat.*; nach dem uralten sagenhaften König von Theben, Ogygos]: (veraltet) uralt

Oidium [*gr.-nlat.*] *das*; -[s], ...ien [...*iᵉn*]: 1. Schimmelpilzgattung (z. B. Milchschimmel). 2. Entwicklungsform des Rebenmehltaus bei Ausbildung der → Konidien. 3. (meist Plural): sporenartige Dauerzelle bestimmter Pilze (Bot.)

oikotypisch [*eu*...; *gr.-nlat.*]: dem Bau[typ] gemäß, im Bau entsprechend (z. B. jmdm. geht ein Licht / ein Seifensieder auf; Sprachw.)

Oildag [*euldäg*; *amerik.*] *das*; -s: graphithaltiges Schmieröl

Oinochoe [*eunochoᵉ*, auch: ...*choᵉ*; *gr.*] *die*; -, -n: altgriech. Weinkanne mit Henkel

Oireachtas [*ärᵉkt'ß*; *irisch*] *das*; -: das Parlament der irischen Republik

o. k., O. K. = Okay

Oka vgl. Okka

Okapi [*afrik.*] *das*; -s, -s: kurzhalsige Giraffenart des Kongogebiets

Okarina [*lat.-vulgärlat.-it.*; „Gänschen"] *die*; -, -s u. ...nen: kurze Flöte aus Ton od. Porzellan in Form eines Gänseeis (acht Grifflöcher)

okay [*oᵘkeⁱ* od. *oke*; *amerik.*]: (ugs.) 1. abgemacht, einverstanden. 2. in Ordnung, gut; Abk.: o. k. od. O. K. **Okay** *das*; -[s], -s: (ugs.) Einverständnis, Zustimmung

Okka [*türk.*] *die*; -, -: früheres türkisches Handels- u. Münzgewicht

Okkasion [*lat.(-fr.)*] *die*; -, -en: 1. (veraltet) Gelegenheit, Anlaß. 2. Gelegenheitskauf (Wirtsch.). **Okkasionalismus** [*lat.-nlat.*] *der*; -, ...men: 1. (ohne Plural) (von dem franz. Philosophen R. Descartes [1596–1650] ausgehende) Theorie, nach der die Wechselwirkung zwischen Leib u. Seele auf direkte Eingriffe Gottes „bei Gelegenheit" zurückgeführt wird (Philos.). 2. (veraltend) bei einer bestimmten Gelegenheit, in einer bestimmten Situation gebildetes (nicht lexikalisiertes) Wort (Sprachw.). **okkasionell** [*lat.-fr.*]: gelegentlich, Gelegenheits...

Okki [*it.*] *das*; -[s], -s: Kurzform von → Okkispitze. **Okkiarbeit** [*it.*; *dt.*] *die*; -, -en: mit Schiffchen ausgeführte Handarbeit. **Okkispitze** *die*; -, -n: mit einem Schiffchen hergestellte Knüpfspitze

ok|kludieren [*lat.*]: verschließen. **Ok|klusion** *die*; -, -en: 1. a) Verschließung, Verschluß; b) normale Schlußbißstellung der Zähne (Med.). 2. das Zusammentreffen von Kalt- u. Warmfront (Meteor.). **ok|klusiv** [*lat.-nlat.*]: die Okklusion betreffend. **Ok|klusiv** *der*; -s, -e [...*wᵉ*]: Verschlußlaut (z. B. p)

okkult [*lat.*]: verborgen, geheim (von übersinnlichen Dingen). **Okkultismus** [*lat.-nlat.*] *der*; -: „Geheimwissenschaft"; Lehren u. Praktiken, die sich mit der Wahrnehmung übersinnlicher Kräfte (z. B. → Telepathie, Hellsehen, → Materialisation) beschäftigen u. entsprechend veranlagten → Medien (I, 4) zugänglich werden können; vgl. Parapsychologie. **Okkultist** *der*; -en, -en: Anhänger des Okkultismus. **okkultistisch**: zum Okkultismus gehörend. **Okkultologe** [*lat.*; *gr.*] *der*; -n, -n: Wissenschaftler auf dem Gebiet des Okkultismus. **Okkulttäter** [*lat.*; *dt.*] *der*; -s, -: von abergläubischen Ideen geleitete Person, die sich als Wundertäter, Hellseher, Hexenbanner u. dgl. betätigt u. dabei gegen strafrechtliche Vorschriften verstößt (Rechtsw.)

Okkupant [*lat.*] *der*; -en, -en (meist Plural): (abwertend) jmd., der fremdes Gebiet okkupiert; Angehöriger einer Besatzungsmacht. **Okkupation** [...*zion*] *die*; -, -en: 1. (abwertend) [militärische] Besetzung eines fremden Gebietes. 2. Aneignung herrenlosen Gutes (Rechtsw.); vgl. ...[at]ion/...ierung. **Okkupativ** [*lat.-nlat.*] *das*; -s, -e [...w^e]: Verb des Beschäftigtseins (z. B. lesen, tanzen). **okkupatorisch** [*lat.*]: die Okkupation betreffend. **okkupieren**: (abwertend) ein fremdes Gebiet [militärisch] besetzen

Okkurrenz [*lat.-engl.*] *die*; -, -en: das Vorkommen einer sprachlichen Einheit in einem Korpus (II, 2), einem → Text, einem Sprechakt (Sprachw.)

oknophil [*gr.*]: aus Angst, verlassen zu werden, jmdn. mit seiner Liebe erdrückend (Psychol.); Ggs. → philobat

Ökologe [*gr.-nlat.*] *der*; -n, -n: Wissenschaftler, Fachmann auf dem Gebiet der Ökologie. **Ökologie** *die*; -: 1. Wissenschaft von den Beziehungen der Lebewesen zu ihrer Umwelt (Teilgebiet der Biologie). 2 die Wechselbeziehungen zwischen den Lebewesen u. ihrer Umwelt, der ungestörte Haushalt der Natur. **ökologisch**: 1. die Ökologie (1) betreffend. 2. die Wechselbeziehungen zwischen den Lebewesen u. ihrer Umwelt betreffend. **Ökonom** [*gr.-lat.*; „Haushalter, Verwalter"] *der*; -en, -en: a) (veraltend) Landwirt, Verwalter [landwirtschaftlicher Güter]; b) (bes. DDR) Wirtschaftswissenschaftler. **Ökonome|trie** [*gr.-nlat.*] *die*; -: Teilgebiet der Wirtschaftswissenschaft, auf dem mit Hilfe mathematisch-statistischer Methoden wirtschaftstheoretische Modelle u. Hypothesen auf ihren Realitätsgehalt, ihre → Verifikation untersucht werden. **Ökonome|triker** *der*; -s, -: Wissenschaftler auf dem Gebiet der Ökonometrie. **ökonome|trisch**: die Ökonometrie betreffend. **Ökonomie** [*gr.-lat.*] *die*; -, ...ien: 1. a) Wirtschaftswissenschaft; b) Wirtschaft; c) (ohne Plural) Wirtschaftlichkeit, sparsames Umgehen mit etwas, rationelle Verwendung od. Einsatz von etwas. 2. (veraltet) Landwirtschaft[sbetrieb]. **Ökonomierat** *der*; -[e]s, ...räte: (österr.) a) (ohne Plural) Ehrentitel für einen verdienten Landwirt; b) Träger dieses Titels. **Ökonomik** *die*; -: 1. Wirtschaftswissenschaft, Wirtschaftstheorie. 2. (DDR) Produktionsweise od. ökonomische Struktur einer Gesellschaftsordnung. 3. (DDR) Wirtschaftsverhältnisse eines Landes od. eines Sektors der Volkswirtschaft. 4. (DDR) wissenschaftliche Analyse eines Wirtschaftszweiges. **ökonomisch**: a) die Wirtschaft betreffend; b) wirtschaftlich; c) sparsam. **ökonomisieren**: ökonomisch gestalten, auf eine ökonomische Basis stellen. **Ökonomisierung** *die*; -, -en: das Ökonomisieren. **Ökonomismus** [*gr.-nlat.*] *der*; -: Betrachtung der Gesellschaft allein unter ökonomischen (a) Gesichtspunkten. **Ökonomist** *der*; -en, -en: (veraltet) Wirtschaftssachverständiger. **ökonomistisch**: den Ökonomismus betreffend. **Ökopaxbewegung** [Kunstw. aus *Öko*logie u. lat. *pax* = Frieden; *dt.*] *die*; -: (ugs.) gemeinsames Vorgehen, loser Zusammenschluß von → Alternativen (II), Mitgliedern von Bürgerinitiativen für Umweltschutz, Parteien, Friedensgruppen, Kirche u. kirchl. Organisationen zur Bewahrung des Friedens u. Erhaltung der Umwelt. **Öko|skopie** *die*; -: Methode der Marktforschung, mit der in empirischen Untersuchungen objektive Marktgrößen (z. B. Güterqualität, -menge, -preis, Zahl u. Struktur der Anbieter, der Käufer usw.) erfaßt werden. **Ökosystem** *das*; -s, -e: aus Organismen und unbelebter Umwelt bestehende natürliche Einheit, die durch deren Wechselwirkung ein gleichbleibendes System bildet (z. B. See). **Ökotop** *das*; -s, -e: kleinste ökologische Einheit einer Landschaft. **Öko|trophologe** *der*; -n, -n: Wissenschaftler auf dem Gebiet der Ökotrophologie. **Öko|trophologie** *die*; -: Hauswirtschafts- u. Ernährungswissenschaft. **Ökotypus** *der*; -, ...pen: Standortrasse (an einen bestimmten Standort angepaßte → Population (2) von Pflanzen od. Tieren; Biol.). **Ökozid** [*gr.*; *lat.*; *engl.*] *der* (auch: *das*); -[e]s, -e: Störung des ökologischen Gleichgewichts durch Umweltverschmutzung

Okroschka [*russ.*] *die*; -: in Rußland eine kalte Suppe aus Fleisch, Eiern u. saurem Rahm

Oktachord [...*kort*; *gr.-lat.*] *das*; -[e]s, -e: achtsaitiges Instrument (Mus.). **Okta|eder** [*gr.*] *das*; -s, -: Achtflächner (meist regelmäßig). **okta|edrisch**: das Oktaeder betreffend. **Oktagon** vgl. Oktogon. **Oktan**, (chem. fachspr.:) Octan [*ok*...; *lat.-nlat.*] *das*; -s: gesättigter Kohlenwasserstoff mit acht Kohlenstoffatomen (in Erdöl und Benzin). **Oktana** *die*; -: jeden achten Tag wiederkehrender Fieberanfall (Med.). **Oktant** [*lat.*] *der*; -en, -en: 1. Achtelkreis. 2. nautisches Winkelmeßgerät. **Oktanzahl** [*lat.-nlat.*; *dt.*] *die*; -, -en: Maßzahl für die Klopffestigkeit (das motorische Verhalten) der Motorkraftstoffe; Abk.: OZ. **Oktateuch** [*gr.-mlat.*] *der*; -s: Sammelbezeichnung der griech. Kirche für die acht ersten Bücher des A. T. (1.–5. Mose, Josua, Richter, Ruth)

Oktav [*lat.*]

I. *das*; -s: Achtelbogengröße (Buchformat); Zeichen: 8°, z. B. Lex.-8°; in -.

II. *die*; -, -en [...$w^e n$]: 1. (österr.) Oktave (1). 2. in der kath. Liturgie die Nachfeier der Hochfeste Weihnachten, Ostern u. Pfingsten mit Abschluß am achten Tag

Oktava [*oktawa*; *lat.*] *die*; -, ...ven [...$w^e n$]: (österr.) achte Klasse eines Gymnasiums. **Oktavaner** [...*wa*...] *der*; -s, -: (österr.) Schüler einer Oktava. **Oktave** [*oktaw*^{e}; *lat.-mlat.*] *die*; -, -n: 1. achter Ton einer diatonischen Tonleiter vom Grundton an, wobei der Zusammenklang als → Konsonanz (2) empfunden wird (Musik). 2. = Ottaverime. **Oktavformat** *das*; -[e]s: = Oktav (I). **oktavieren** [...*wir*^{e}*n*; *lat.-nlat.*]: auf Blasinstrumenten beim Überblasen in die Oktave überschlagen. **Oktett** [*lat.-it.*] *das*; -[e]s, -e: 1. a) Komposition für acht solistische Instrumente od. (selten) für acht Solostimmen; b) Vereinigung von acht Instrumentalsolisten. 2. Achtergruppe von Elektronen in der Außenschale der Atomhülle. **Oktober** [*lat.*] *der*; -[s], -: zehnter Monat im Jahr, Gilbhard, Weinmonat, -mond; Abk.: Okt. **Okto|brist** [*lat.-russ.*] *der*; -en, -en: Mitglied des „Verbandes des 17. Oktober", einer 1905 gegründeten russ. konstitutionellen Partei. **Okt|ode** [*gr.-nlat.*] *die*; -, -n: Elektronenröhre mit 8 Elektroden. **Oktodekagon** *das*; -s, -e: Achtzehneck. **Oktodez** [*lat.-nlat.*] *das*; -es, -e: Buchformat von Achtzehntelbogengröße; vgl. Oktav (I). **Oktogon** [*gr.-nlat.*] *das*; -s, -e: a) Achteck; b) Gebäude mit achteckigem Grundriß. **oktogonal**: achteckig. **Oktonar** [*lat.*] *der*; -s, -e: aus acht Versfüßen (rhythmischen Einheiten) bestehender Vers (antike Metrik). **okto|ploid** [*gr.-nlat.*]: einen achtfachen Chromosomensatz enthaltend (in bezug auf Zellen; Biol.). **Oktopode** [*gr.*] *der*; -n, -n: achtarmiger Tintenfisch (z. B. → Krake)

Ok|troi [*oktroa*; *lat.-mlat.-fr.*] *der* od. *das*; -s, -s: (hist.) a) an Handelsgesellschaften verliehenes Privileg; b) Steuer auf eingeführte Lebensmittel. **ok|troy|ieren** [*oktroajir^e^n*]: 1. (veraltet) a) verleihen; b) (ein Gesetz) kraft landesherrlicher Machtvollkommenheit ohne die verfassungsgemäße Zustimmung der Landesvertretung erlassen. 2. aufdrängen, aufzwingen, aufoktroyieren

okular [*lat.*]: 1. das Auge betreffend. 2. a) mit dem Auge; b) für das Auge; c) dem Auge zugewandt. **Okular** *das*; -s, -e: die dem Auge zugewandte Linse od. Linsenkombination eines optischen Gerätes. **Okular|in|spektion** [...*zion*] *die*; -, -en: Besichtigung mit bloßem Auge (Med.). **Okulation** [...*zion*; *lat.-nlat.*] *die*; -, -en: Veredlung einer Pflanze durch Anbringen von Augen (noch fest geschlossenen Pflanzenknospen) einer hochwertigen Sorte, die mit Rindenstückchen unter die angeschnittene Rinde der zu veredelnden Pflanze geschoben werden. **Okuli** [*lat.*; „Augen"]: Name des dritten Fastensonntags nach dem alten → Introitus des Gottesdienstes, Psalm 25, 15: „Meine Augen sehen stets zu dem Herrn". **okulieren**: durch Okulation veredeln. **Okulist** [*lat.-nlat.*] *der*; -en, -en: (veraltet) Augenarzt

Ökumene [*gr.-mlat.*] *die*; -: a) die bewohnte Erde als menschlicher Lebens- u. Siedlungsraum; b) Gesamtheit der Christen; c) = ökumenische Bewegung. **ökumenisch**: allgemein, die ganze bewohnte Erde betreffend, Welt...; -e Bewegung: allgemeines Zusammenwirken der [nichtkath.] christlichen Kirchen u. Konfessionen zur Einigung in Fragen des Glaubens u. der religiösen Arbeit. **Ökumenismus** [*gr.-nlat.*] *der*; -: Bestrebungen der kath. Kirche zur Einigung aller christlichen Konfessionen (seit dem 2. Vatikanischen Konzil)

Okzident [auch: ...*dänt*; *lat.*] *der*; -s: 1. Abendland (Europa); Ggs. → Orient. 2. (veraltet) Westen. **okzidental** u. **okzidentalisch**: 1. abendländisch. 2. (veraltet) westlich

okzipital [*lat.-nlat.*]: zum Hinterhaupt gehörend, es betreffend (Med.)

Oladi [*russ.*] *die* (Plural): Hefepfannkuchen in Rußland

Öldag [...*däg*; *dt.*; *amerik.*] *das*; -s: = Oildag

Oldie [*o^u^ldi*; *amerik.*] *der*; -s, -s: a) alter, beliebt gebliebener Schlager; b) (ugs.) jmd. od. etw., der bzw. das einer älteren Generation bzw. einer schon vergangenen Zeit angehört

Old|red [*o^u^ld*...; *engl.*] *der*; -s: roter Sandstein des → Devons (Geol.)

Oldtimer [*o^u^ldtaim^e^r*; *engl.*] *der*; -s, -: (scherzh.) 1. altes ehrwürdiges Modell eines Fahrzeugs (bes. Auto, aber auch Flugzeug, Schiff, Eisenbahn). 2. jmd., der von Anfang an über lange Jahre bei einer Sache dabei war u. daher eine gewisse Verehrung genießt.

Oldy [*o^u^ldi*] vgl. Oldie

olé! [*span.*; aus arab. *Allah* = „der Gott"]: span. Ausruf mit der Bedeutung: los!, auf!, hurra!

Olea [*ole-a*]: *Plural* von → Oleum

Oleander [*mlat.-it.*] *der*; -s, -: Rosenlorbeer (immergrüner Strauch od. Baum aus dem Mittelmeergebiet mit rosa, weißen u. gelben Blüten; beliebte Kübelpflanze)

Oleaster [*gr.-lat.*] *der*; -: strauchige Wildform des Ölbaums. **Oleat** [*gr.-lat.-nlat.*] *das*; -[e]s, -e: Salz der Ölsäure

Ole|cranon, (eindeutschend auch:) Olekranon [*gr.*] *das*; -[s], ...na: Ellbogen, Ellbogenhöcker (Anat.)

Olefin [Kunstw.] *das*; -s, -e: ungesättigter Kohlenwasserstoff mit einer od. mehreren Doppelbindungen im Molekül. **Olein** [*gr.-lat.-nlat.*] *das*; -s, -e: ungereinigte Ölsäure

Olekranon vgl. Olecranon

Oleom [*gr.-lat.-nlat.*] *das*; -s, -e: = Oleosklerom. **Oleosa** [*gr.-lat.*] *die* (Plural): ölige Arzneimittel (Med.). **Oleo|sklerom** [*gr.-lat.*; *gr.*] *das*; -s, -e: Öltumor, Geschwulst in der Haut infolge Bindegewebsreizung nach Einspritzung ölhaltiger Arzneimittel. **Oleothorax** [*gr.-lat.*; *gr.*] *der*; -[es], -e: Ersatz der Luft durch Ölfüllung beim künstl. → Pneumothorax. **Oleum** [*ole-um*; *gr.-lat.*] *das*; -s, Olea [*ole-a*]: 1. Öl. 2. rauchende Schwefelsäure

Olfaktometer [*lat.*; *gr.*] *das*; -s, -: Gerät zur Prüfung des Geruchssinns (Med.). **Olfaktome|trie** *die*; -: Messung der Geruchsempfindlichkeit (Med.). **olfaktorisch** [*lat.*]: den Riechnerv betreffend (Med.). **Olfaktorium** *das*; -s, ...ien [...*i^e^n*]: Riechmittel (Med.). **Olfaktorius** [*lat.*; „riechend", Kurzbezeichnung für: Nervus olfactorius] *der*; -: Riechnerv (Med.)

Olibanum [*arab.-mlat.*] *das*; -s: Gummiharz der Weihrauchbaumarten an der Küste des Roten Meeres, in Südarabien u. Somalia; Weihrauch

Olifant [auch: ...*fant*; *gr.-lat.-fr.*; Name des elfenbeinernen Hifthorns Rolands in der Karlssage] *der*; -[e]s, -e: im Mittelalter reichverziertes Signalhorn

Oligakis|urie [*gr.-nlat.*] *die*; -: seltenes Urinlassen (Med.). **Oligämie** *die*; -, ...ien: Blutarmut infolge Verminderung der Gesamtblutmenge des Körpers (Med.). **Olig|arch** [*gr.*] *der*; -en, -en: a) Anhänger der Oligarchie; b) jmd., der mit wenigen anderen zusammen eine Herrschaft ausübt. **Olig|archie** *die*; -, ...ien: Herrschaft einer kleinen Gruppe. **olig|archisch**: die Oligarchie betreffend. **Oligase** [*gr.-nlat.*] *die*; -, -n: zuckerspaltendes Enzym (Chem.). **Oligochäten** [...*chä*...; *gr.-nlat.*] *die* (Plural): Gattung der Borstenwürmer (z. B. Regenwurm; Zool.). **Oligocholie** [...*cho*...] *die*; -: Gallenmangel (z. B. bei Leber und Gallenblasenkrankheiten; Med.). **Oligo|chrom|ämie** [...*krom*...] *die*; -, ...ien: Bleichsucht (Medizin). **Oligodaktylie** *die*; -, ...ien: = Ektrodaktylie. **Oligodipsie** *die*; -: abnorm herabgesetztes Durstgefühl (Med.); vgl. Polydipsie. **Olig|odontie** *die*; -: angeborene Fehlentwicklung des Gebisses, bei der weit weniger als (normalerweise) 32 Zähne ausgebildet werden (Med.). **Oligodynamie** *die*; -: entkeimende Wirkung von Metallionen (z. B. des Silbers) in Flüssigkeiten (Chem.). **oligodynamisch**: in kleinsten Mengen wirksam (Chem.). **Oligo|globulie** [*gr.*; *lat.-nlat.*] *die*; -: = Oligozythämie. **Oligohy|drämie** *die*; -, ...ien: Verminderung des Wassergehalts des Blutes (Med.). **Oligo|klas** *der*; -[es], -e: ein Feldspat.

Oligomenor|rhö[1] *die*; -, -en u. **Oligomenor|rhöe** [...*rö*] *die*; -, -n [...*röᵉn*]: zu seltene Monatsblutung (Med.). **oligomer**: eine geringere als die normale Gliederzahl aufweisend (von Blütenkreisen; Bot.). **oligophag** [*gr.*]: in der Ernährung auf einige Futterpflanzen od. Beutetiere spezialisiert (in bezug auf bestimmte Tiere; Zool.). **Oligophagie** *die*; -: Ernährungsweise oligophager Tiere (Zool.). **Oligo|phrenie** *die*; -, ...ien: auf erblicher Grundlage beruhender od. im frühen Kindesalter erworbener Schwachsinn (Med.). **Oligo|plex** Ⓦ [*gr.*; *lat.*] *das*; -es, -e: Mischung von Pflanzenauszügen u. mineralischen Wirkstoffen in kleinsten Mengen. **Oligo|pnoe** [*gr.-nlat.*] *die*; -: verminderte Atmungsfrequenz (Med.). **Oligopol** *das*; -s, -e: Form des → Monopols, bei der der Markt von einigen wenigen Großunternehmen beherrscht wird (Wirtsch.); Ggs. → Oligopson. **Oligopolist** *der*; -en, -en: jmd., der einem Oligopol angehört. **oligopolistisch**: die Marktform des Oligopols betreffend. **Olig|opson** *das*; -s, -e: das Vorhandensein nur weniger Nachfrager auf einem Markt (Wirtsch.); Ggs. → Oligopol. **oligosemantisch**: nur wenige Bedeutungen habend (Sprachw.); vgl. polysemantisch. **Oligosialie** *die*; -, ...ien: verminderte Speichelabsonderung (Med.). **Oligospermie** *die*; -, ...ien: starke Verminderung der → Spermien im → Ejakulat (Med.). **Oligo|trichie** *die*; -, ...ien: mangelnder Haarwuchs (Med.). **oligo|troph**: nährstoffarm (von Seen od. Ackerböden; Biol.; Landw.). **Oligo|trophie** *die*; -: Nährstoffmangel. **oligozän**: das Oligozän betreffend (Geol.). **Oligozän** *das*; -s: mittlere Abteilung des → Tertiärs (Geol.). **Oligozythämie** [*gr.*; *lat.-nlat.*] *die*; -, ...ien: starke Verminderung der roten Blutkörperchen im Blut (Med.). **Olig|urie** [*gr.-nlat.*] *die*; -, ...ien: mengenmäßig stark verminderte Harnausscheidung (Med.)

Olim [*lat.*; „ehemals"]; nur in der Wendung: seit (od.: zu) Olims Zeiten: (scherzh.) seit, vor undenklichen Zeiten

oliv [*gr.-lat.*]: olivenfarbig; ein - Kleid. **Olive** [...*wᵉ*] *die*; -, -n: 1. a) [zu Vorspeisen u. Salat verwendete] Frucht des Ölbaumes, die das Olivenöl für die Zubereitung von Speisen liefert; b) Olivenbaum, Ölbaum. 2. olivenförmige Erhabenheit im verlängerten Mark (Anat.). 3. Handgriff für die Verschlußvorrichtung an Fenstern, Türen o. ä. 4. eine länglich-runde Bernsteinperle. 5. olivenförmiges Endstück verschiedener ärztlicher Instrumente od. Laborgeräte (z. B. eines Katheters; Med.). **Olivette** [*gr.-lat.-fr.*] *die*; -, -n: Koralle od. Glasperle, die früher in Afrika zum Tauschhandel verwendet wurde.

Olivin [*gr.-lat.-nlat.*] *der*; -s, -e: in → prismatischen bis dicktafligen Kristallen auftretendes glasig glänzendes, flaschengrün bis gelblich durchscheinendes Mineral

Olla po|drida [*span.*] *die*; - -: span. Gericht aus gekochtem Fleisch, Kichererbsen u. geräucherter Wurst

Olymp [*gr.-lat.*; nach dem Wohnsitz der Götter auf dem nordgriech. Berg Olympos] *der*; -s: 1. geistiger Standort, an dem man sich weit über anderen zu befinden glaubt; sich von seinem - herablassen. 2. (ugs., scherzh.) oberster Rang, Galerieplätze im Theater od. in der Oper. **Olympia** [*gr.*; altgriech. Kultstätte in Olympia (Elis) auf dem Peloponnes] *das*; -[s] (meist ohne Artikel): = Olympische Spiele. **Olympiade** [*gr.-lat.*]; *die*; -, -n: 1. Zeitspanne von 4 Jahren, nach deren jeweiligem Ablauf im Griechenland der Antike die Olympischen Spiele gefeiert wurden. 2. a) = Olympische Spiele; b) Wettbewerb (häufig in Komposita wie z. B. Schlagerolympiade). **Olympier** [...*iᵉr*; *gr.-lat.*; nach dem Wohnsitz der Götter auf dem nordgriech. Berg Olympos] *der*; -s, -: 1. Beiname der griech. Götter, bes. des Zeus. 2. erhabene Persönlichkeit, Gewaltiger, Herrscher in seinem Reich. **Olympionike** [*gr.-lat.*; nach der altgriech. Kultstätte in Olympia (Elis) auf dem Peloponnes] *der*; -n, -n: 1. Sieger bei den Olympischen Spielen. 2. Teilnehmer an den Olympischen Spielen. **olympisch** [*gr.-lat.*]: 1. göttergleich, hoheitsvoll, erhaben. 2. die Olympischen Spiele betreffend. **Olympische Spiele** *die* (Plural): alle 4 Jahre stattfindende Wettkämpfe der Sportler aus aller Welt

Om [*sanskr.*]: magische Silbe des → Brahmanismus, als Hilfe zur Befreiung in der Meditation gesprochen

Om|agra [*gr.-nlat.*] *das*; -: Gichterkrankung eines od. beider Schultergelenke (Med.). **Om|algie** *die*; -, ...ien: [rheum.] Schulterschmerz (Med.). **Om|ar|thritis** *die*; -, ...itiden: Entzündung des Schultergelenks (Med.)

Omasus [*gall.-lat.*] *der*; -: Blättermagen, Teil des Wiederkäuermagens, der den Nahrungsbrei nach dem Wiederkäuen aufnimmt (Zool.)

Om|brage [*ongbrasch*ᵉ; *lat.-fr.*] *die*; -: (veraltet) 1. Schatten. 2. Argwohn, Mißtrauen, Verdacht. **Om|bré** [*ongbre*; „schattiert"] *der*; -[s], -s: Gewebe mit schattierender Farbstellung. **om|briert**: schattiert (in bezug auf verschwommene Farben in Textilien o. ä.)

Om|bro|graph [*gr.-nlat.*] *der*; -en, -en: Regenschreiber, Gerät zum Aufzeichnen der Niederschlagsmenge (Meteor.). **Om|brometer** *das*; -s, -: Regenmesser (Meteor.). **om|brophil**: regen- bzw. feuchtigkeitsliebend (von Tieren u. Pflanzen; Biol.); Ggs. → ombrophob. **om|brophob**: trockene Gebiete bevorzugend (von Tieren u. Pflanzen; Biol.); Ggs. → ombrophil

Ombudsmann [*schwed.*] *der*; -[e]s, ...männer (selten: ...leute): jmd., der die Rechte des Bürgers gegenüber den Behörden wahrnimmt

Omega [*gr.*] *das*; -[s], -s: vierundzwanzigster (und letzter) Buchstabe des griech. Alphabets (langes O): Ω, ω

Omelett [*omlät*; *fr.*] *das*; -[e]s, -e u. -s, auch (österr. u. schweiz. nur so:) **Omelette** [*omlät*] *die*; -, -n [...*tᵉn*]: eine Art Eierkuchen; - aux confitures [- *o kongfitür*]: mit eingemachten Früchten od. Marmelade gefüllter Eierkuchen; - aux fines herbes [- *o finsärb*]: Eierkuchen mit Kräutern; - soufflée [- *ßufle*]: Auflauf aus Eierkuchen

Omen [*lat.*] *das*; -s, - u. Omina: (gutes od. schlechtes) Vorzeichen; Vorbedeutung; vgl. nomen est omen

Omentum [*lat.*] *das*; -s, ...ta: Teil des Bauchfells, das aus der schürzenartig vor dem Darm hängenden Bauchfellfalte (großes Netz) u. der Bauchfellfalte zwischen Magen u. unterem Leberrand (kleines Netz) besteht (Anat.)

Omertà [*ital.*] *die*; -: Gesetz des Schweigens, Schweigepflicht, solidarisches Schweigen (in der Mafia)

Omi|kron [*gr.*] *das*; -[s], -s: fünf-

[1] Vgl. die Anmerkung zu Diarrhö.

zehnter Buchstabe des griech. Alphabets (kurzes O): *O, o*

Omina: *Plural* von → Omen. **ominös** [*lat.*]: a) von schlimmer Vorbedeutung, unheilvoll; b) bedenklich, verdächtig, anrüchig

Omissa [*lat.*] *die* (Plural): (veraltet) Fehlendes, Lücken, Ausgelassenes. **Omission** *die*; -, -en: (veraltet) Aus-, Unterlassung, Versäumnis (z. B. der Annahmefrist einer Erbschaft). **Omissivdelikt** [*lat.-nlat.*; *lat.*] *das*; -[e]s, -e: Begehung einer Straftat durch Unterlassung eines gebotenen Verhaltens (Rechtsw.). **omittieren** [*lat.*]: (veraltet) aus-, unterlassen

Omladina [*slaw.*] *die*; -: (1848 gegründeter) serbischer Geheimbund zum Kampf für die Unabhängigkeit Serbiens

Om mani padme hum [*sanskr.*]: magisch-religiöse Formel (vgl. Mantra) des [→ lamaistischen] Buddhismus, die z. B. in Gebetsmühlen als unaufhörliches Gebet wirken soll

Ommatidium [*gr.-nlat.*] *das*; -s, ...ien [...*iᵉn*]: Einzelauge eines → Facettenauges (Zool.). **Ommatophoren** *die* (Plural): hinteres, längeres Fühlerpaar der Schnecken (Zool.)

omnia ad maiorem Dei gloriam [*lat.*]: „alles zur größeren Ehre Gottes!" (Wahlspruch der → Jesuiten, meist gekürzt zu: ad maiorem Dei gloriam); Abk.: O. A. M. D. G.

omnia mea mecum porto [- - *mekum* -; *lat.*]: „all meinen Besitz trage ich bei mir!" (Ausspruch von Bias, einem der Sieben Weisen Griechenlands, 625 bis 540 v. Chr.)

Omnibus [*lat.-fr.*; „(Wagen) für alle"] *der*; -ses, -se: [im öffentlichen Verkehr eingesetzter] Kraftwagen mit vielen Sitzen zur Beförderung einer größeren Anzahl von Personen; Kurzform: Bus

Omnien [...*iᵉn*]: *Plural* von → Omnium. **omnipotent** [*lat.*]: allmächtig, einflußreich. **Omnipotenz** *die*; -: a) göttliche Allmacht; b) absolute Machtstellung. **omnipräsent**: allgegenwärtig. **Omnipräsenz** [*lat.-nlat.*] *die*; -: Allgegenwart (Gottes). **Omni|szienz** *die*; -: Allwissenheit (Gottes). **Omnium** *das*; -s, ...ien [...*iᵉn*]: aus mehreren Bahnwettbewerben bestehender Wettkampf (Radsport). **Omniumversicherung** [*lat.*; *dt.*] *die*; -, -en: einheitliche Versicherung verschiedener Risiken. **omnivor** [...*wor*; *lat.*; „alles verschlingend"]: sowohl pflanzliche wie tierische Nahrungsstoffe verdauend (von bestimmten Tieren; Zool.); vgl. pantophag. **Omnivore** [...*worᵉ*] *der*; -n, -n (meist Plural): Allesfresser, von Pflanzen u. Tiernahrung lebendes Tier.

Omnizid *der* od. *das*; -[e]s, -e: das Sich-selbst-Töten der Menschheit, das Auslöschen unserer eigenen Art, Vernichtung allen menschlichen Lebens [durch Atomwaffen]

Om|odynie [*gr.-nlat.*] *die*; -, ...ien: = Omalgie

Omophagie [*gr.-lat.*] *die*; -: Verschlingen des rohen Fleisches eines Opfertieres (um sich die Kraft des darin verkörperten Gottes anzueignen; z. B. im antiken Dionysoskult)

Omophorion [*gr.*] *das*; -s, ...ien [...*iᵉn*]: Schulterband (→ Pallium 3) der Bischöfe in der orthodoxen Kirche

Omphacit [...*zit*] vgl. Omphazit

Omphalitis [*gr.-nlat.*] *die*; -, ...itiden: Nabelentzündung (Med.). **Omphalophobie** *die*; -, ...ien: krankhaftes Entsetzen vor dem eigenen Nabel. **Omphalo|skopie** *die*; -: meditative Betrachtung des eigenen Nabels (vor allem im → Hesychasmus)

Omphazit [auch: ...*it*; *gr.*] *der*; -s, -e: ein Mineral, Teil des Gemenges bestimmter kristalliner Schiefer

Omrah [*arab.*] *die*; -: kleine Pilgerfahrt nach Mekka; vgl. Hadsch

Omul [*russ.*] *der*; -s, -e [*omulᵉ*]: Renke, Felchenart des Baikalsees

on [*engl.*]: auf der Bühne, im Fernsehbild beim Sprechen sichtbar; Ggs. → off. **On** *das*; -: das Sichtbarsein des [kommentierenden] Sprechers [im Fernsehen]; Ggs. → Off

Onager [*gr.-lat.*] *der*; -s, -: 1. südwestasiatischer Halbesel. 2. (hist.) röm. Wurfmaschine

Onanie [*engl.*; Neubildung zum Namen der biblischen Gestalt Onan] *die*; -, ...ien: geschlechtliche Selbstbefriedigung durch manuelles Reizen der Geschlechtsorgane, Masturbation. **onanieren**: durch Manipulationen an den Geschlechtsorganen [sich selbst] sexuell erregen, zum Orgasmus bringen; masturbieren. **Onanist** *der*; -en, -en: jmd., der onaniert. **onanistisch**: die Onanie betreffend

on call [*on kol*; *engl.*]: [Kauf] auf Abruf

Onchozerkose [...*cho*...; *gr.-nlat.*] *die*; -, -n: durch einen Wurm ausgelöste Krankheit, der durch den Stich einer infizierten afrikanischen Kriebelmücke in den Unterschenkel übertragen wird u. dann ins Auge wandert, was zur Erblindung u. später meist zum Tode führt; Flußblindheit (Med.)

ondeggiamento [*ondädseha*...; *lat.-it.*; „wogend"] u. **ondeggiando**: auf Streichinstrumenten durch regelmäßige Druckverstärkung u. -verminderung des Bogens den Ton rhythmisch an- u. abschwellen lassend (Mus.). **Ondes Martenot** [*ongd martᵉno*; *fr.*; nach dem Franzosen E. Martenot] *die* (Plural): ein hochfrequentes, elektroakustisches Musikinstrument (1928 konstruiert)

Ondit [*ongdi*; *fr.*; „man sagt"] *das*; -[s], -s: Gerücht

Ondulation [...*zion*; *lat.-fr.*] *die*; -, -en: das Wellen der Haare mit einer Brennschere; vgl. Undulation. **Ondulé** [*ongdüle*] *der*; -[s], -s: Gewebe mit wellig gestalteter Oberfläche. **ondulieren**: Haare wellen; vgl. undulieren

Oneir|odynia [*gr.-nlat.*] *die*; -: Alpdrücken, nächtliche Unruhe (Med.). **Oneiro|mantie** *die*; -: (veraltet) Traumdeutung

One-man-Show [*ᵘanmänschoᵘ*; *engl.*] *die*; -, -s: Soloauftritt eines Sängers, Musikers o. ä.

Onera: *Plural* von → Onus. **onerieren** [*lat.*]: (veraltet) belasten, aufbürden. **oneros** u. **onerös**: (veraltet) beschwerlich, mühevoll

Onestep [*ᵘanßtäp*; *engl.-amerik.*] *der*; -s, -s: aus Nordamerika stammender schneller Tanz im $^2/_4$- od. $^6/_8$-Takt (seit 1900)

ongarese u. **ongharese** [*ongga*...; *it.*]: ungarisch (Mus.); vgl. all' ongharese

Oniomanie [*gr.-nlat.*] *die*; -: krankhafter Kauftrieb (Med.)

onkogen [*gr.-nlat.*]: eine bösartige Geschwulst erzeugend (Medizin). **Onkogenese** *die*; -, -n: Entstehung von [bösartigen] Geschwülsten (Medizin). **Onkologe** *der*; -n, -n: Arzt mit speziellen Kenntnissen auf dem Gebiet der Geschwulstkrankheiten (Med.). **Onkologie** *die*; -: Teilgebiet der Medizin, auf dem man sich mit den Geschwülsten befaßt. **onkologisch**: die Onkologie betreffend. **Onkolyse** *die*; -, -n: Auflösung von Geschwulstzellen durch Injektionen spezifischer Substanzen. **onkolytisch**: die Onkolyse betreffend. **Onkornavirus** [*Kurzw.* *aus*: *Onko*..., *RNA* = engl. Abk. für Ribonukleinsäure u. *Virus*] *der*, (fachspr.:) *das*; -, ...ren (meist Plural): geschwulstbildender Ribonukleinsäurevirus. **Onkosphaera** [...ßfära] *die*; -, ...ren: Hakenlarve der Bandwürmer

on line [- lain; *engl.*]: in direkter Verbindung mit der Datenverarbeitungsanlage arbeitend (von bestimmten Geräten einer Rechenanlage; EDV); Ggs. → off line

Önologe [*gr.-nlat.*] *der*; -n, -n: Fachmann auf dem Gebiet der Önologie. **Önologie** *die*; -: Wein[bau]kunde. **önologisch**: die Önologie betreffend. **Önomanie** *die*; -, ...ien: = Delirium tremens

Onomantie [*gr.-nlat.*] *die*; -: früher übliche Wahrsagerei aus Namen. **Onomasiologie** [auch: *ono...*] *die*; -: Wissenschaft, die untersucht, wie Dinge, Wesen u. Geschehnisse sprachlich bezeichnet werden; Bezeichnungslehre (Sprachw.); Ggs. → Semasiologie; vgl. Semantik. **onomasiologisch** [auch: *ono...*]: die Onomasiologie betreffend. **Onomastik** [*gr*.] *die*; -: Wissenschaft von den Eigennamen, Namenkunde (Sprachw.). **Onomastikon** *das*; -s, ...ken u. ...ka: 1. in der Antike od. im Mittelalter erschienenes Namen- od. Wörterverzeichnis. 2. [kürzeres] Gedicht auf den Namenstag einer Person. **Onomatologie** *die*; -: = Onomastik. **Onomatomanie** [*gr.-nlat.*] *die*; -: (Med.) a) krankhafter Zwang zur Erinnerung an bestimmte Wörter od. Begriffe; b) krankhafter Zwang zum Aussprechen bestimmter [obszöner] Wörter. **Onomatopoe|sie** [...*po-e*...] *die*; -: = Onomatopöie. **Onomatopoetikon** *das*; -s, ...ka u. **Onomatopoetikum** *das*; -s, ...ka: klangnachahmendes, lautmalendes Wort. **onomatopoetisch**: die Onomatopöie betreffend; lautnachahmend. **onomatopöëtisch**: = onomatopoetisch. **Onomatopöie** [*gr.-lat.*] *die*; -, ...ien: a) Laut-, Schallnachahmung, Lautmalerei bei der Bildung von Wörtern (z. B. grunzen, bauz); b) Wortbildung des Kleinkindes durch Lautnachahmung (z. B. Wau-wau)

Önometer [*gr.-nlat.*] *das*; -s, -: Meßinstrument zur Bestimmung des Alkoholgehaltes des Weins

Önorm [Kurzw. aus: *Ö*sterreichische *Norm*] *die*; -: dem dt. → DIN entsprechende österr. Industrienorm

on parle français [*ong parl frangßä*; *fr.*]: „man spricht [hier] Französisch"

on the road [*on dhe ro"d*; *engl.*]: unterwegs

on the rocks [*on dhe rokß*; *engl.*; „auf den Felsblöcken"]: mit Eiswürfeln (in bezug auf Getränke)

ontisch [*gr.*]: als seiend, unabhängig vom Bewußtsein existierend verstanden, dem Sein nach (Philos.). **Ontogenese** [*gr.-nlat.*] *die*; -: die Entwicklung des Individuums von der Eizelle zum geschlechtsreifen Zustand (Biol.); vgl. Phylogenie. **ontogenetisch**: die Entwicklung des Individuums betreffend. **Ontogenie** *die*; -: = Ontogenese. **ontogenisch**: = ontogenetisch. **Ontologe** *der*; -n, -n: Vertreter ontologischer Denkweise (Philos.). **Ontologie** *die*; -: Lehre vom Sein, von den Ordnungs-, Begriffs- u. Wesensbestimmungen des Seienden. **ontologisch**: die Ontologie betreffend. **Ontologismus** *der*; -: von Malebranche (17. Jh.) u. bes. von ital. katholischen Philosophen im 19. Jh. wiederaufgenommene Anschauung der Erkenntnislehre des Descartes u. des → Okkasionalismus, wonach alles endliche Seiende, auch Bewußtsein u. menschlicher Geist, als nur scheinbare Ursächlichkeit verstanden wird u. seine eigentliche Ursache in Gott als dem ersten Sein hat (Philos.). **Ontosophie** *die*; -: Bezeichnung von J. Clauberg für → Ontologie

Onus [*lat.*] *das*; -, Onera: (veraltet) Last, Bürde, Auflage, Verbindlichkeit (Rechtsw.)

Onych|atrophie [*onüch*...; *gr.-nlat.*] *die*; -: Verkümmerung der Nägel (Med.). **Onychie** *die*; -, ...ien: Nagelbettentzündung (Med.). **Onycho|gryposе** *die*; -, -n: krallenartige Verbildung der Nägel (Med.). **Onycholyse** *die*; -: Ablösung des Nagels vom Nagelbett (Med.). **Onychomadese** *die*; -: Ausfall aller Nägel (Med.). **Onychomykose** *die*; -, -n: Pilzerkrankung der Nägel (Med.). **Onychophagie** *die*; -, ...ien: Nägelkauen (Med.). **Onychose** *die*; -, -n: Nagelkrankheit (Med.).

Onyx [*gr.-lat.*] *der*; -[es], -e: 1. Halbedelstein, Abart des Quarzes. 2. Hornhautabszeß von der Form eines Nagels (Med.). **Onyxglas** [*gr.-lat.*; *dt.*] *das*; -es: unregelmäßig geädertes, farbiges Kunstglas

Onze et demi [*ongsedemi*; *fr.*; „elfeinhalb"] *das*; ---: franz. Kartenglücksspiel

Oogamie [*o-o*...; *gr.-nlat.*] *die*; -: Vereinigung einer großen unbeweglichen Eizelle mit einer kleinen, meist beweglichen männlichen Geschlechtszelle (Biol.). **Oogenese** *die*; -, -n: Entwicklung des Eis vom Keimepithel (vgl. Epithel) bis zum reifen Ei (Med.; Biol.). **oogenetisch**: die Oogenese betreffend. **Oogonium** *das*; -s, ...ien [...*ien*]: Bildungsstelle der Eizelle niederer Pflanzen (Bot.). **Ooid** [*o-oit*] *das*; -[e]s, -e: kleines rundes Gebilde aus Kalk od. Eisenverbindungen, das sich schwebend in bewegtem Wasser bilden kann (Geol.). **Ookinet** *der*; -en, -en: parasit. Sporentierchen (z. B. Malariaerreger) in einem bestimmten Entwicklungsstadium. **Oolemma** *das*; -s, ...mmen od. -ta: die Eizelle umhüllende Zellmembran (Biol.; Med.). **Oolith** [auch: ...*it*] *der*; -s u. -en, -e[n]: ein aus Ooiden zusammengesetztes Gestein. **oolithisch** [auch: ...*it*...]: in Oolithen abgelagert. **Oologie** *die*; -: Eierkunde (Zweig der Vogelkunde). **Oomyzeten** *die* (Plural): Ordnung der Algenpilze mit zahlreichen Pflanzenschädlingen (Bot.). **Oophor|ektomie** *die*; -, ...ien: = Ovariektomie. **Oophoritis** *die*; -, ...itiden: Eierstockentzündung (Med.). **oophorogen**: von den Eierstöcken ausgehend (z. B. von Unterleibserkrankungen; Med.). **Oophoron** *das*; -s: Eierstock (Med.). **Oo|plasma** *das*; -s: → Plasma (1) der Eizelle (Biol.). **Oozephalie** *die*; -, ...ien: = Sphenozephalie. **Oozoid** *das*; -[e]s, -e: aus einem Ei entstandenes Individuum (bes. bei den → Tunikaten; Biol.). **Oozyt** *der*; -en, -en u. **Oozyte** *die*; -, -n: unreife Eizelle (Biol.)

OP [*ope*] *der*; -[s], -[s]: Kurzw. für: Operationssaal

opak [*lat.*]: undurchsichtig, lichtundurchlässig; vgl. Opazität

Opal [*sanskr.-gr.-lat.*]: *der*; -s, -e: 1. glasig bis wächsern glänzendes, milchigweißes od. verschiedenfarbiges Mineral, das in einigen farbenprächtigen Spielarten auch als Schmuckstein verwendet wird. 2. (ohne Plural) feines Baumwollgewebe von milchigem Aussehen. **opalen**: a) aus Opal bestehend; b) durchscheinend wie Opal. **opaleszent**: Opaleszenz aufweisend, opalisierend. **Opaleszenz** [*sanskr.-gr.-lat.-nlat.*] *die*; -: opalartiges, rötlichbläuliches Schillern. **opaleszieren**: Opaleszenz zeigen. **Opalglas** [*sanskr.-gr.-lat.-nlat.*; *dt.*] *das*; -es: schwach milchiges, opalisierendes Glas. **opalisieren** [*sanskr.-gr.-lat.-nlat.*]: in Farben schillern wie ein Opal

Opanke [*serb.*] *die*; -, -n: sandalenartiger Schuh mit am Unterschenkel kreuzweise gebundenem Lederriemen

Op-art [*óp-ạ'ṭ*; *amerik.*; Kurzw. aus: *O*ptical *art* (*ọptikᵉl ạ'ṭ*)] *die*; -: moderne illusionistische Kunstrichtung (mit starkem Einfluß auf die Mode), charakterisiert durch (meist) mit Lineal und Zirkel geschaffene geometrische Abstraktionen (mit dünnen, hart konturierten Farben), deren optisch wechselnde Erscheinung durch Veränderung des Standortes des Betrachters erfahren werden soll. **Ọp-Artist** *der*; -en, -en: (Jargon) Vertreter der Op-art

Opazität [*lat.*] *die*; -: Undurchsichtigkeit (Optik); vgl. opak

Open-air-Festival [*ọᵘpᵉn-ặr-fäßtiwᵉl*; *engl.*] *das*; -s, -s: im Freien stattfindende kulturelle Großveranstaltung (für Folklore, Popmusik o. ä.)

open end [*ọᵘpᵉn ặnd*; *engl.*]: ohne ein vorher auf einen bestimmten Zeitpunkt festgesetztes Ende. **Open-end-Diskussion** [*ọᵘpᵉn-ặnd ...*; *engl.*; *lat.*] *die*; -, -en: Diskussion, deren Ende nicht durch einen vorher festgesetzten Zeitpunkt festgelegt ist

Open Shop [*ọᵘpᵉn schọp*; *engl.*] *der*; - -[s], - -s: 1. Betriebsart eines Rechenzentrums, bei der der Benutzer, der die Daten anliefert u. die Resultate abholt, zur Datenverarbeitungsanlage selbst Zutritt hat (EDV); Ggs. → Closed Shop (1). 2. in England u. in den USA ein Unternehmen, für dessen Betriebsangehörige kein Gewerkschaftszwang besteht; Ggs. → Closed Shop (2)

Ọper [*lat.-it.*] *die*; -, -n: 1. a) (ohne Plural) Gattung von musikalischen Bühnenwerken mit Darstellung einer Handlung durch Gesang (Soli, Ensembles, Chöre) u. Instrumentalmusik; b) einzelnes Werk dieser Gattung. 2. (ohne Plural) a) Opernhaus; b) Opernhaus als kulturelle Institution; c) Mitglieder, Personal eines Opernhauses

Ọpera:

I. *Plural* von → Opus.

II. [*lat.-it.*] *die*; -, ...re: italien. Bezeichnung für: Oper; - b**ụ**ffa: heitere, komische Oper (als Gattung); - erọica [- ...*ka*]: Heldenoper (als Gattung); - semisẹria: teils ernste, teils heitere Oper (als Gattung); - sẹria: ernste, große Oper (als Gattung)

operạbel [*lat.-fr.*]: 1. operierbar (Med.). 2. so beschaffen, daß man damit arbeiten, operieren kann. **Operabilität** *die*; -: operable (1) Beschaffenheit; Operierbarkeit (Medizin). **Opéra comique** [*operạ komịk*; *lat.-it.-fr.*] *die*; - -, -s -s [*operạ komịk*]: 1. a) (ohne Plural) Gattung der mit gesprochenen Dialogen durchsetzten Spieloper; b) einzelnes Werk dieser Gattung. 2. a) Haus, Institut, in dem solche Opern gespielt werden; b) Mitglieder, Personal dieses Instituts.

Operạnd [*lat.*] *der*; -en, -en: Information, die der Computer mit andern zu einer bestimmten Operation (4b) verknüpft. **operạnt** [*lat.-engl.*]: eine bestimmte Wirkungsweise in sich habend; -e Konditionierung [*...zio...*]: Veränderung bestimmter Verhaltensweisen durch Verknüpfung von Situationsgegebenheiten mit Verhaltensweisen, die Belohnungen od. Bestrafungen nach sich ziehen (Psychol.; Soziol.); -es Verhalten: Reaktion, die nicht von einem auslösenden Reiz abhängt, sondern von den Auswirkungen dieser Reaktion (Psychol.; Soziol.).

Operateur [*...tọ̈r*; *lat.-fr.*] *der*; -s, -e: 1. Arzt, der eine Operation vornimmt. 2. a) Kameramann (bei Filmaufnahmen); b) Vorführer (in Lichtspieltheatern); c) Toningenieur. 3. jmd., dessen Aufgabe die Kontrolle u. Bedienung maschineller Anlagen ist.

Operating [*opᵉrẹ'ting*; *engl.*] *das*; -[s]: das Bedienen (von Maschinen, Computern o. ä.). **Operation** [*...ziọn*; *lat.*] *die*; -, -en: 1. chirurgischer Eingriff (Med.). 2. zielgerichtete Bewegung eines [größeren] Truppen- od. Schiffsverbandes mit genauer Abstimmung der Aufgabe der einzelnen Truppenteile od. Schiffe. 3. a) Lösungsverfahren (Math.); b) wissenschaftlich nachkontrollierbares Verfahren, nach bestimmten Grundsätzen vorgenommene → Prozedur. 4. a) Handlung, Unternehmung, Verrichtung; Arbeits-, Denkvorgang; b) (von Computern) Durchführung eines Befehls einer Datenverarbeitungsanlage (EDV). **operationạbel**: operationalisierbar. **operationạl** [*lat.-nlat.*]: sich durch Operationen (4a) vollziehend, verfahrensbedingt; vgl. ...al/...ell. **operationalisịeren**: 1. Begriffe präzisieren, standardisieren durch Angabe der Operationen (4a), mit denen man den durch den Begriff bezeichneten Sachverhalt erfassen kann od. durch Angabe der Indikatoren (meßbaren Ereignisse), die den betreffenden Sachverhalt anzeigen (Soziol.). 2. in der Curriculumforschung (vgl. Curriculum) Lernziele durch einen Ausbildungsgang in Verhaltensänderungen der Lernenden übersetzen, die durch Tests o. ä. zu überprüfen sind. **Operationalịsmus** *der*; -: Wissenschaftstheorie, nach der wissenschaftliche Aussagen nur dann Gültigkeit haben, wenn sie sich auf physikalische Operationen (4a) zurückführen lassen; vgl. Operativismus. **operationẹll**: = operational; vgl. ...al/...ell. **Operationịsmus** *der*; -: = Operativismus. **Operatiọnsbasis** *die*; -: Ausgangs-, Nachschubgebiet einer Operation (2). **Operations-Research** [*opᵉrẹ'schᵉns rⁱßọ̈'tsch*; *engl.*] *das*; -[s]: Unternehmensforschung (Wirtsch.). **operatịv** [*lat.-nlat.*]: 1. die Operation (1) betreffend, chirurgisch eingreifend (Med.). 2. strategisch (Mil.). 3. (als konkrete Maßnahme) unmittelbar wirkend. **Operativismus** [*...wị...*] *der*; -: Lehre der modernen Naturphilosophie, wonach die Grundlage der Physik nicht die Erfahrung, sondern menschliches Handeln (Herstellung von Meßapparaten u. a.) sei. **Operativität** [*...wi...*] *die*; -: operative (3) Beschaffenheit, unmittelbare Wirksamkeit. **Operạtor** [*lat.(-engl.)*] *der*; -s, ...ọren (bei engl. Aussprache auch: -s): 1. [auch: *ọpᵉrẹⁱtᵉr*] jmd., der die von einem Programmierer erstellten Programme auf einem Computer laufen läßt (EDV). 2. in Wissenschaft und Technik etwas Materielles oder Ideelles, was auf etwas anderes verändernd einwirkt; Mittel oder Verfahren zur Durchführung einer Operation (3 u. 4) (Math.; EDV; Linguistik). 3. [*ọpᵉrẹⁱtᵉr*] jmd., der Werbeflächen in öffentlichen Verkehrsmitteln pachtet.

Ọpere: *Plural* von → Opera (II).

Operẹtte [*lat.-it.*; „kleine Oper"] *die*; -, -n: a) (ohne Plural) Gattung von leichten, unterhaltenden musikalischen Bühnenwerken mit gesprochenen Dialogen, [strophenliedartigen] Soli, Ensembles, Chören u. Balletteinlagen; b) einzelnes Werk dieser Gattung. **operiẹren** [*lat.*]: eine Operation (1–4) durchführen; mit etwas -: (ugs.) etwas für etwas benutzen

Opermẹnt [*lat.*] *das*; -[e]s, -e: ein Mineral; vgl. Auripigment

Ophelimität [*gr.-nlat.*] *die*; -: das Nutzen der Güter, die der Befriedigung von Bedürfnissen dienen

Ophi|kleide [*gr.-nlat.*] *die*; -, -n: tiefes Blechblasinstrument der Romantik (1817 von Halary konstruiert). **Ophiola|trie** *die*; -: religiöse Verehrung von Schlangen
Ophir [*hebr.-gr.-mlat.*] *das*; -s (meist ohne Artikel): fernes, sagenhaftes Goldland im Alten Testament
Ophit [*gr.-lat.*] *der*;
I. -en, -en (meist Plural): Schlangenanbeter, Angehöriger einer → gnostischen Sekte, die die Schlange des Paradieses als Vermittlerin der Erkenntnis verehrte.
II. -[e]s, -e: ein Mineral
ophitisch [*gr.*]: zur Sekte der Ophiten gehörend (z. B. in bezug auf gnostische Offenbarungsschriften). **Ophiuroiden** [*gr.-nlat.*] *die* (Plural): Schlangensterne (Stachelhäuter mit schlangenartigen Armen; Biol.)
Oph|thalm|ia|trie [*gr.-nlat.*] u. **Oph|thalm|ia|trik** *die*; -: Augenheilkunde (Med.). **Oph|thalmie** *die*; -, ...ien: Augenentzündung (Med.). **Oph|thalmikum** [*gr.-lat.*] *das*; -s, ...ka: Augenheilmittel (Med.). **oph|thalmisch**: zum Auge gehörend (Med.). **Ophthalmo|blennor|rhö**[1] [*gr.-nlat.*] *die*; -, -en u. **Oph|thalmo|blennorrhöe** [...*rö*] *die*; -, -n [...*rö^en*]: Augentripper, akute eitrige Augenbindehautentzündung als Folge einer Gonokokkeninfektion (Med.). **Oph|thalmodia|gnostik** *die*; -: Feststellung gewisser Krankheiten an Reaktionen der Augenbindehaut (Med.). **Ophthalmologe** *der*; -n, -n: Augenarzt. **Oph|thalmologie** *die*; -: Augenheilkunde. **oph|thalmologisch**: die Augenheilkunde betreffend. **Oph|thalmo|phthisis** *die*; -, ...isen: Augapfelschwund (Med.). **Oph|thalmo|plegie** *die*; -, ...ien: Augenmuskellähmung (Med.). **Oph|thalmoreaktion** [...*zion*; *gr.*; *lat.-nlat.*] *die*; -, -en: vgl. Ophthalmodiagnostik. **Ophthalmo|skop** [*gr.-nlat.*] *das*; -s, -e: Augenspiegel (Med.). **Ophthalmo|skopie** *die*; -, ...ien: Ausspiegelung des Augenhintergrundes (Med.). **oph|thalmoskopisch**: die Ophthalmoskopie betreffend, unter Anwendung des Augenspiegels (Med.)
Oph|tiole Ⓦⓩ [*gr.-nlat.*] *die*; -, -n: Behältnis, aus dem Augentropfen ohne Pipette eingeträufelt werden
Opiat [*gr.-lat.-nlat.*] *das*; -[e]s, -e: a) ein Arzneimittel, das Opium enthält; b) (im weiteren Sinne) Arzneimitttel, das dem Betäubungsmittelgesetz unterliegt
Opinio communis [- *ko*...; *lat.*] *die*; - -: allgemeine Meinung
Opinion-leader [*^epinj^en lid^er*; *engl.-amerik.*] *der*; -[s], -: jmd., der die öffentliche Meinung zu einem bestimmten Thema beeinflussen will
Opi|sthodomos [*gr.*] *der*; -, ...moi [...*meu*]: Raum hinter der → Cella (1) eines griech. Tempels. **Opisthogenie** u. **Opi|stho|gnathie** [*gr.-nlat.*] *die*; -, ...ien: das Zurücktreten des Unterkiefers, Vogelgesicht (Med.). **Opi|stho|graph** [*gr.-lat.*] *das*; -s, -e: auf beiden Seiten beschriebene Handschrift od. Papyrusrolle. **opi|stho|graphisch**: auf beiden Seiten beschrieben (in bezug auf Papyrushandschriften) od. bedruckt; Ggs. → anopisthographisch. **Opi|sthotonus** [*gr.-nlat.*] *der*; -: Starrkrampf im Bereich der Rückenmuskulatur, wobei der Rumpf bogenförmig nach hinten überstreckt ist (Med.). **opi|sthozöl**: hinten ausgehöhlt (von Wirbelknochen)
Opium [*gr.-lat.*] *das*; -s: aus dem Milchsaft des Schlafmohnes gewonnenes schmerzstillendes Arzneimittel u. Rauschgift
Opodeldok [von Paracelsus gebildetes Kunstw.] *der* od. *das*; -s: Einreibungsmittel gegen Rheumatismus. **Opopanax** [auch: *opo*... u. *opopa*...; *gr.-lat.*] u. **Opoponax** [auch: *opo*... u. *opopo*...] *der*; -[es]: als Heilmittel verwendetes Harz einer mittelmeerländischen Pflanze
Opossum [*indian.-engl.*] *das*; -s, -s: nordamerikanische Beutelratte mit wertvollem Fell
Opotherapie [*gr.-nlat.*] *die*; -: = Organtherapie
Opponent [*lat.*] *der*; -en, -en: jmd., der eine gegenteilige Anschauung vertritt. **opponieren**: 1. widersprechen, sich widersetzen. 2. gegenüberstellen (Med.). **opponiert**: gegenständig, gegenüberstehend, entgegengestellt (z. B. in bezug auf Pflanzenblätter; Bot.)
opportun [*lat.*]: in der gegenwärtigen Situation von Vorteil, angebracht; Ggs. → inopportun. **Opportunismus** [*lat.-fr.*] *der*; -: 1. allzu bereitwillige Anpassung an die jeweilige Lage (um persönlicher Vorteile willen). 2. (im Marxismus) bürgerliche ideologische Strömung, die dazu benutzt wird, die Arbeiterbewegung zu spalten u. Teile der Arbeiterklasse an das kapitalistische System zu binden. **Opportunist** *der*; -en, -en: 1. jmd., der sich aus Nützlichkeitserwägungen schnell u. bedenkenlos der jeweiligen Lage anpaßt; vgl. Situationist. 2. (im Marxismus) Anhänger, Vertreter des Opportunismus (2). **opportunistisch**: a) den Opportunismus betreffend; b) in der Art eines Opportunisten handelnd. **Opportunität** [*lat.*] *die*; -, -en: Zweckmäßigkeit in der gegenwärtigen Situation; Ggs. → Inopportunität. **Opportunitätsprinzip** [*lat.-nlat.*] *das*; -s: strafrechtlicher Grundsatz, der besagt, daß die Strafverfolgung in den gesetzlich gekennzeichneten Ausnahmefällen dem freien Ermessen der Staatsanwaltschaft überlassen ist (Einschränkung des → Legalitätsprinzips; Rechtsw.)
oppositär [*lat.-nlat.*]: gegensätzlich, eine Opposition ausdrükkend. **Opposition** [...*zion*; *lat.* (-*fr.*)] *die*; -, -en: 1. Widerstand, Widerspruch. 2. die Gesamtheit der an der Regierung nicht beteiligten u. mit der Regierungspolitik nicht einverstandenen Parteien u. Gruppen. 3. die Stellung eines Planeten od. des Mondes, bei der Sonne, Erde u. Planet auf einer Geraden liegen; 180° Winkelabstand zwischen Planeten (Astron.). 4. Gegensätzlichkeit sprachlicher Gebilde, z. B. zwischen Wörtern (kalt/warm) od. in rhetorischen Figuren (er ist nicht dumm, er ist gescheit; Sprachw.). 5. paradigmatische Relation einer sprachlichen Einheit zu einer anderen, gegen die sie in gleicher Umgebung ausgetauscht werden kann (z. B. *die Studentin* macht eine Prüfung/ *der Student* macht eine Prüfung; *grünes* Tuch/*rotes* Tuch; Sprachw.); vgl. Kontrast (2). 6. Gegenüberstellung des Daumens zu den anderen Fingern (Med.). 7. (Schach) a) Gegenüberstellung zweier gleichartiger, aber verschiedenenfarbiger Figuren auf der gleichen Linie, Reihe od. Diagonalen zum Zwecke der Sperrung; b) [unmittelbare] Gegenüberstellung beider Könige auf einer Linie od. Reihe. 8. (beim Fechten) auf die gegnerische Klinge ausgeübter Gegendruck. **oppositionell** [*lat.-fr.*]: a) gegensätzlich; gegnerisch; b) widersetzlich, zum Widerspruch neigend. **oppositiv**: gegensätzlich, einen Gegensatz bildend
Op|pression [*lat.*] *die*; -, -en: 1. Bedrückung, Unterdrückung. 2. Beklemmung (Med.). **op|pressiv** [*lat.-nlat.*]: unterdrückend, drük-

[1] Vgl. die Anmerkung zu Diarrhö.

kend. **op|primieren** [*lat.*]: bedrükken, überwältigen

Op|pro|bration [...*zion*; *lat.*] *die*; -, -en: Beschimpfung, Tadel

Opsonine [*gr.-nlat.*] *die* (Plural): Stoffe im Blutserum, die eingedrungene Bakterien so verändern, daß sie von den → Leukozyten unschädlich gemacht werden können

Optant [*lat.*] *der*; -en, -en: jmd., der (für etwas) optiert, eine Option ausübt. **optativ** [auch: ...*tif*]: den Optativ betreffend; einen Wunsch ausdrükkend (Sprachw.). **Optativ** [auch: ...*tif*] *der*; -s, -e [...*w*ᵉ]: → Modus (2) des Verbs, der einen Wunsch, die Möglichkeit eines Geschehens bezeichnet (z. B. im Altgriechischen)

Optical art [*optik*ᵉ*l a*ʳ*t*; *amerik.*] *die*; -: = Op-art

optieren [*lat.*]: vom Recht der → Option (1–3) Gebrauch machen

Optik [*gr.-lat.*] *die*; -: 1. Wissenschaft vom Licht, seiner Entstehung, Ausbreitung u. seiner Wahrnehmung. 2. der die Linsen enthaltende Teil eines optischen Gerätes. 3. optischer Eindruck, optische Wirkung, äußeres Erscheinungsbild. **Optiker** [*gr.-lat.-nlat.*] *der*; -s, -: Fachmann für Herstellung, Wartung u. Verkauf von optischen Geräten. **Optikus** [*gr.-nlat.*, Kurzbezeichnung für: *Nervus opticus*] *der*; -: Sehnerv (Med.)

Optima: *Plural* von → Optimum. **optima fide** [*lat.*]: im besten Glauben. **optima forma**: in bester Form. **optimal** [*lat.-nlat.*]: sehr gut, bestmöglich, beste, Best... **optimalisieren**: = optimieren (1a). **Optimat** [*lat.*] *der*; -en, -en: Angehöriger der herrschenden Geschlechter u. Mitglied der Senatspartei im alten Rom. **optime** [...*me*]: (veraltet) am besten, sehr gut, vorzüglich

Optimeter [*gr.-nlat.*] *das*; -s, -: Feinmeßgerät für Länge u. Dicke (Techn.)

optimieren [*lat.-nlat.*]: 1. a) optimal gestalten; b) sich -: sich optimal gestalten. 2. günstigste Lösungen für bestimmte Zielstellungen ermitteln (Math.). **Optimierung** *die*; -, -en: 1. das Optimieren. 2. Teilgebiet der numerischen Mathematik, bei dem man sich mit der optimalen Festlegung von Größen, Eigenschaften, zeitlichen Abläufen u. a. eines Systems unter gleichzeitiger Berücksichtigung von Nebenbedingungen befaßt. **Optimismus** [*lat.-fr.*] *der*; -: 1. Lebensauffassung, die alles von der besten Seite betrachtet; heitere, zuversichtliche, lebensbejahende Grundhaltung; Ggs. → Pessimismus (1). 2. philos. Auffassung, daß diese Welt die beste von allen möglichen und das geschichtliche Geschehen ein Fortschritt zum Guten und Vernünftigen sei (Philos.); Ggs. → Pessimismus (2). 3. heiter-zuversichtliche, durch positive Erwartung bestimmte Haltung; Ggs. → Pessimismus (3). **Optimist** *der*; -en, -en: a) lebensbejahender, zuversichtlicher Mensch; Ggs. → Pessimist; b) (scherzh.) jmd., der die sich ergebenden Schwierigkeiten o. ä. unterschätzt, sie für nicht so groß ansieht, wie sie in Wirklichkeit sind. **optimistisch**: lebensbejahend, zuversichtlich; Ggs. → pessimistisch. **Optimum** [*lat.*] *das*; -s, Optima: 1. das Beste, das Wirksamste; Bestwert; Höchstmaß; Bestfall. 2. günstigste Umweltbedingungen für ein Lebewesen (z. B. die günstigste Temperatur; Biol.)

Option [...*zion*; *lat.*; „freier Wille, freie Wahl, Belieben"] *die*; -, -en: 1. freie Entscheidung, bes. für eine bestimmte Staatsangehörigkeit (in bezug auf Bewohner abgetretener Gebiete). 2. Voranwartschaft auf Erwerb einer Sache od. das Recht zur zukünftigen Lieferung einer Sache (Rechtsw.). 3. Recht der Kardinäle u. der → Kanoniker, in eine freiwerdende Würde aufzurücken (kath. Kirche)

optisch [*gr.*]: die → Optik (1–3) betreffend; Augen..., Seh...; vom äußeren Eindruck her; vgl. visuell; - a k t i v: die Schwingungsebene polarisierten Lichtes drehend. **Opto|elek|tronik** *die*; -: modernes Teilgebiet der Elektronik, das die auf der Wechselwirkung von Optik u. Elektronik beruhenden physikalischen Effekte zur Herstellung besonderer elektronischer Schaltungen ausnutzt. **opto|elek|tronisch**: die Optoelektronik betreffend, auf ihren Prinzipien beruhend. **Optometer** [*gr.-nlat.*] *das*; -s, -: Instrument zur Bestimmung der Sehweite (Med.). **Optome|trie** *die*; -: Sehkraftbestimmung (Med.). **Op|tronik** *die*; -: Kurzform von → Optoelektronik. **op|tronisch**: Kurzform von → optoelektronisch

opulent [*lat.*]: üppig, reichlich. **Opulenz** *die*; -: Üppigkeit, Überfluß

Opuntie [...*zi*ᵉ; *gr.-nlat.*; vom Namen der altgriech. Stadt Opus] *die*; -, -n: (in vielen Arten verbreiteter) Feigenkaktus (mit eßbaren Früchten)

Opus [auch: *op*...; *lat.*; „Arbeit; erarbeitetes Werk"] *das*; -, Opera: künstlerisches, literarisches, bes. musikalisches Werk; Abk. (in der Musik): op.; - p o s t u m u m (auch: posthumum): nachgelassenes [Musik]werk; Abk.: op. posth. **Opus alex|an|drinum** *das*; --: [vielleicht nach Alexandria benanntes] zweifarbiges, geometrisch angeordnetes Fußbodenmosaik. **Opusculum** [...*ku*...] vgl. Opuskulum. **Opus ex|imium** *das*; --: herausragendes, außerordentliches Werk. **Opus incertum** [...*zär*...] *das*; --: röm. Mauerwerk aus Bruchsteinen mit Mörtelguß. **Opuskulum** u. Opusculum [...*ku*...] *das*; -s, ...la: kleines Opus, kleine Schrift. **Opus operatum** [„gewirktes, getanes Werk"] *das*; --: vollzogene sakramentale Handlung, deren Gnadenwirksamkeit unabhängig von der sittlichen Disposition des vollziehenden Priesters gilt (kath. Theol.); vgl. ex opere operato. **Opus reticulatum** [- ...*ku*...] *das*; --: röm. Mauerwerk aus netzförmig angeordneten Steinen. **Opus sectile** *das*; --: = Opus alexandrinum. **Opus spicatum** [- ...*ka*...] *das*; --: röm. Mauerwerk, dessen Steine im Ähren- od. Fischgrätenmuster gefügt sind. **Opus tesselatum** *das*; --: farbiges Fußbodenmosaik

Ora [*gr.-lat.-it.*] *die*; -: Südwind auf der Nordseite des Gardasees

Orade [*lat.-it.*] *die*; -, -n: Speisefisch westeurop. Küsten

ora et labora! [*lat.*]: bete und arbeite! (alte Mönchsregel). **Orakel** [„Sprechstätte"] *das*; -s, -: a) Stätte (bes. im Griechenland der Antike), wo Priester[innen], Seher[innen] o. ä. Weissagungen verkündeten oder [rätselhafte, mehrdeutige] Aussagen in bezug auf gebotene Handlungen, rechtliche Entscheidungen o. ä. machten; b) durch das Orakel (a) erhaltene Weissagung, [rätselhafte, mehrdeutige] Aussage. **orakelhaft** [*lat.*; *dt.*]: dunkel, undurchschaubar, rätselhaft (in bezug auf Äußerungen, Aussprüche). **orakeln**: 1. in dunklen Andeutungen sprechen. 2. ein Orakel (2) anstellen

oral [*lat.-nlat.*]: a) den Mund betreffend, am Mund gelegen, durch den Mund (Med.); b) mündlich (überliefert o. ä.). **Oral** *der*; -s, -e: im Unterschied zum Nasal mit dem Mund gesprochener Laut. **Orale** vgl. Fanon. **Oral-**

erotik [*lat.-nlat.*; *gr.-fr.*] *die*; -: Lustgewinnung im Bereich der Mundzone (bes. von der Geburt bis zum Ende des 1. Lebensjahres; Psychol.). **oral-genital**: die Berührung u. Stimulierung der Genitalien mit dem Mund betreffend

orange [*orangsch(ᵉ)*, auch: *orangsch(ᵉ)*; *pers.-arab.-span.-fr.*]: rötlichgelb, orangenfarbig

Orange

I. [*orangschᵉ*] *die*; -, -n: Apfelsine.

II. [*orangsch*, auch: *orangsch*] *das*; -, -, (ugs.:) -s: orange Farbe

Orangeade [*orangschadᵉ*, auch: *orangschad(ᵉ)*] *die*; -, -n: Getränk aus Orangen-, Zitronensaft, Wasser u. Zucker. **Orangeat** [*...schat*] *das*; -s, -e: kandierte Orangenschale. **orangen** [*orangschᵉn*, auch: *orangschᵉn*]: = orange. **Orangenrenette** *die*; -, -n: = Cox' Orange. **Orange Pekoe** [*orindsch päkoᵘ* od. *pikoᵘ*; *engl.*] *der*; - -: indische Teesorte aus den größeren, von der Zweigspitze aus gesehen, zweiten u. dritten Blättern der Teepflanze, z. T. mit weißlich-grauen u. goldbraun verfärbten Blattspitzen. **Orangerie** [*orangschᵉri*; *pers.-arab.-span.-fr.*] *die*; -, ...ien: Gewächshaus zum Überwintern von Orangenbäumen u.a. Pflanzen (in Parkanlagen des 17. u. 18. Jh.s)

Orang-Utan, (österr.:) Orangutan [*malai.*; „Waldmensch"] *der*; -s, -s: Menschenaffe auf Borneo u. Sumatra

Orans, Orant [*lat.*; „Betender"] *der*; Oranten, Oranten u. **Orante** *die*; -, -n: Gestalt der frühchristlichen Kunst in antiker Gebetshaltung mit erhobenen Armen [u. nach oben gewendeten Handflächen] (in Verbindung mit dem Totenkult in Reliefdarstellung auf Sarkophagen, in der Wandmalerei der Katakomben). **ora pro nobis!**: bitte für uns! (kath. Anrufung der Heiligen). **Orarion** [*lat.-kirchenlat.-mgr.*] *das*; -[s], ...ia: Stola des Diakons im orthodoxen Gottesdienst. **Oratio** [*...zio*; *lat.*] *die*; -: lat. Form von Oration; - dominica [- *...ka*]: Gebet des Herrn, Vaterunser. **Oration** [*...zion*] *die*; -, -en: liturgisches Gebet, bes. in der kath. Messe. **Oratio obliqua** *die*; - -: = indirekte Rede. **Oratio recta** *die*; - -: = direkte Rede. **Orator** *der*; -s, ...oren: Redner (in der Antike). **Oratorianer** [*lat.-nlat.*] *der*; -s, -: Angehöriger einer Gemeinschaft von Weltpriestern, bes. der vom hl. Philipp Neri (16. Jh.) in Rom gegründeten; vgl. Oratorium. **oratorisch** [*lat.*]: 1. rednerisch, schwungvoll, hinreißend. 2. in der Art eines Oratoriums (2). **Oratorium** *das*; -s, ...ien [*...iᵉn*; *lat.-mlat.*]: 1. Betsaal, Hauskapelle in Klöstern u.a. kirchlichen Gebäuden; b) Versammlungsstätte der Oratorianer. 2. a) (ohne Plural) Gattung von opernartigen Musikwerken ohne szenische Handlung mit meist religiösen od. episch-dramatischen Stoffen (zuerst von den Oratorianern aufgeführt); b) einzelnes Werk dieser Gattung

orbikular [*lat.*]: kreis-, ringförmig (Med.). **Orbis** *der*; -: 1. lat. Bezeichnung für Kreis. 2. Umkreis od. Wirkungsbereich, der sich aus der Stellung der Planeten zueinander u. zur Erde ergibt (Astrol.); - pictus [„gemalte Welt"]: im 17. u. 18. Jh. beliebtes Unterrichtsbuch des Pädagogen Comenius; - terrarum: Erdkreis. **Orbi|skop** [*lat.-gr.*] *das*; -s, -e: Röntgengerät, bei dem die Lagerung des Patienten u. der Strahlengang unabhängig voneinander variabel eingestellt werden können (Med.). **Orbit** [*lat.-engl.*] *der*; -s, -s: Umlaufbahn (eines Satelliten, einer Rakete) um die Erde od. um den Mond. **Orbita** [*lat.*] *die*; -, ...tae [*...tä*]: Augenhöhle (Med.). **orbital** [*lat.-nlat.*]: 1. den Orbit betreffend, zum Orbit gehörend. 2. zur Augenhöhle gehörend (Med.). **Orbital** *das*; -s, -e: a) Bereich, Umlaufbahn um den Atomkern (Atomorbital) oder die Atomkerne eines Moleküls (Molekülorbital); b) energetischer Zustand eines Elektrons innerhalb der Atomhülle (Physik; Quantenchemie). **Orbitalrakete** *die*; -, -n: → Interkontinentalrakete, die einen Teil ihrer Flugstrecke auf einem Abschnitt der Erdumlaufbahn zurücklegt. **Orbitalstation** [*...zion*] *die*; -, -en: Forschungsstation in einem Orbit. **Orbiter** [*lat.-engl.*] *der*; -s, -: Teil eines Raumfahrtsystems, meist dessen dritte Stufe, die in einen Orbit gebracht wird

Orcheso|graphie [*gr.-nlat.*] *die*; -, ...ien: = Choreographie. **Orchester** [*orkäßtᵉr*, auch : *orch...*, österr.: *orch...*; *gr.-lat.-roman.*] *das*; -s, -: 1. Ensemble von Instrumentalmusikern verschiedener Besetzung, Klangkörper, Musikkapelle. 2. Raum für die Musiker vor der Opernbühne. **Orchestik** [*orch...*; *gr.*] *die*; -: Tanzkunst, Lehre vom pantomimischen Tanz. **Orchestra** [*orch...*; *gr.-lat.*] *die*; -, ...ren: a) runder Raum im altgriech. Theater, in dem sich der Chor bewegte; b) (im Theater des 15. u. 16. Jh.s) Raum zwischen Bühne u. Zuschauerreihen als Platz für die Hofgesellschaft; c) (im Theater des 17. Jh.s) Raum zwischen Bühne u. Zuschauerreihen als Platz für die Instrumentalisten. **orche|stral** [*orkäßtral*, auch: *orch...*; *gr.-lat.-roman.*]: das Orchester betreffend, von orchesterhafter Klangfülle, orchestermäßig. **Orche|stration** [*...zion*] *die*; -, -en: a) = Instrumentation; b) Umarbeitung einer Komposition für Orchesterbesetzung; vgl. ...[at]ion/...ierung. **Orche|stren**: *Plural* von → Orchestra. **orche|strieren**: a) = instrumentieren (1); b) eine Komposition für Orchesterbesetzung umarbeiten. **Orche|strierung** *die*; -, -en: das Orchestrieren; vgl. ...[at]ion/...ierung. **Orche|strion** [*orch...*; *gr.-nlat.*] *das*; -s, -s u. ...ien [*...iᵉn*]: 1. tragbare Orgel (1769 von Abt Vogler konstruiert). 2. Orgelklavier (1791 von Th. A. Kunz zuerst gebaut). 3. mechanisches Musikwerk (1828 von den Gebr. Bauer konstruiert). 4. Drehorgel (1851 von Fr. Th. Kaufmann zuerst gebaut)

Orchidazeen [*orchi...*; *gr.-nlat.*] *die* (Plural): Pflanzenordnung der Einkeimblättrigen mit Nutzpflanzen (z. B. Vanille) u. wertvollen Zierpflanzen (z. B. Orchidee). **Orchidee** [*gr.-lat.-fr.*] *die*; -, -n: zu den Orchidazeen gehörende wertvolle Gewächshauszierpflanze (auch tropische u. einheimische Wildformen)

Orchis [*gr.-lat.*]

I. *der*; -, ...ches [*órcheß*]: Hoden (Med.).

II. *die*; -, -: Knabenkraut (Pflanzengattung der → Orchidazeen)

Orchitis [*gr.-nlat.*] *die*; -, ...itiden: Hodenentzündung (Med.). **Orchitomie** *die*; -, ...ien: operative Entfernung des Hodens (Med.)

Ordal [*angels.-mlat.*] *das*; -s, -ien [*...iᵉn*]: Gottesurteil (im mittelalterlichen Recht)

Order [*lat.-fr.*] *die*; -, -s u. -n: 1. (veraltet) Befehl, Anweisung; - parieren: (ugs.) einen Befehl ausführen, gehorchen. 2. (Plural: -s) Bestellung, Auftrag (Kaufmannsspr.). **ordern** [*lat.-fr.*]: einen Auftrag erteilen; eine Ware bestellen (Wirtsch.). **Orderpapier** [*lat.-fr.*; *dt.*] *das*; -s, -e: Wertpapier, das durch → Indossament der im Papier bezeichneten Person übertragen werden kann (Wirtsch.). **Orderscheck** [*lat.-fr.*; *engl.*] *der*; -s, -s: Scheck, der durch → Indossament übertragen werden kann (Wirtsch.). **Ordinale** [*lat.*] *das*; -[s], ...lia: (selten) Ordinalzahl. **Ordinalzahl** [*lat.*; *dt.*] *die*; -, -en: Ordnungszahl (z. B. zweite). **ordinär** [*lat.-fr.*]: 1. (abwertend) unfein, vulgär. 2. alltäglich, gewöhnlich; -er Preis (Ordinärpreis). **Ordinariat** [*lat.-nlat.*] *das*; -[e]s, -e: 1. oberste Verwaltungsstelle eines kath. Bistums od. eines ihm entsprechenden geistlichen Bezirks. 2. Amt eines ordentlichen Hochschulprofessors. **Ordinarium** [*lat.*; „das Regelmäßige"] *das*; -s, ...ien [...*i*[e]*n*]: 1. kath. [handschriftliche] Gottesdienstordnung; - missae [- ...*ä*]: die im ganzen Kirchenjahr gleichbleibenden Gesänge der Messe; vgl. Ordo missae. 2. der sogenannte ordentliche Haushalt [eines Staates, Landes, einer Gemeinde] mit den regelmäßig wiederkehrenden Ausgaben u. Einnahmen. **Ordinarius** *der*; -, ...ien [...*i*[e]*n*]: 1. ordentlicher Professor an einer Hochschule. 2. Inhaber einer kath. Oberhirtengewalt (z. B. Papst, Diözesanbischof, Abt u. a.). 3. (veraltet, landsch.) Klassenlehrer an einer höheren Schule. **Ordinärpreis** [*lat.-fr.*; *dt.*] *der*; -es, -e: 1. im Buchhandel vom Verleger festgesetzter Verkaufspreis. 2. Marktpreis im Warenhandel. **Ordinate** [*lat.-nlat.*] *die*; -, -n: Größe des Abstandes von der horizontalen Achse (Abszisse) auf der vertikalen Achse des rechtwinkligen Koordinatensystems (Math.). **Ordinatenachse** [*lat.-nlat.*; *dt.*] *die*; -, -n: vertikale Achse des rechtwinkligen Koordinatensystems (Math.). **Ordination** [...*zion*; *lat.*(-*mlat.*)] *die*; -, -en: 1. a) feierliche Einsetzung in ein evangelisches Pfarramt; b) katholische Priesterweihe. 2. a) ärztliche Verordnung; b) ärztliche Sprechstunde; c) (österr.) ärztliches Untersuchungszimmer. **Ordines** [...*neß*]: *Plural* von → Ordo. **ordinieren**: 1. a) in das geistliche Amt einsetzen (ev.); b) zum Priester weihen (kath.). 2. (Med.) a) [eine Arznei] verordnen; b) Sprechstunde halten. **Ordo** *der*; -, Ordines [...*neß*]: 1. (ohne Plural) Hinordnung alles Weltlichen auf Gott (im Mittelalter); - amoris [„Rangordnung der Liebe"]: Rangordnung von ethischen Werten, durch die ein Mensch sich in seinem Verhalten bestimmen läßt (stärkstes individuelles Persönlichkeitsmerkmal bei M. Scheler). 2. Stand des → Klerikers, bes. des Priesters; Ordines maiores: die drei höheren Weihegrade (vgl. Subdiakon, Diakon u. Presbyter); Ordines minores: die vier niederen Weihegrade (vgl. Ostiarius, Lektor (3), Exorzist u. Akoluth); Ordo missae: Meßordnung der kath. Kirche für die unveränderlichen Teile der Messe; vgl. Proprium (2). 3. (ohne Plural) verwandte Familien zusammenfassende systematische Einheit in der Biologie. **ordoliberal** [*lat.-nlat.*]: einen durch straffe Ordnung gezügelten Liberalismus vertretend. **Ordonnanz** [*lat.-fr.*] *die*; -, -en: 1. (veraltet) Befehl, Anordnung. 2. Soldat, der einem Offizier zur Befehlsübermittlung zugeteilt ist. 3. (nur Plural) die Königlichen Erlasse in Frankreich vor der Franz. Revolution. **Ordonnanzoffizier** *der*; -s, -e: meist jüngerer Offizier, der in höheren Stäben den Stabsoffizieren zugeordnet ist

Or double [- *duble*; *lat.-fr.*] *das*; - -: mit Gold plattierte Kupferlegierung (für Schmucksachen); vgl. auch Dublee (1)

ordovizisch [...*wi*...; nach dem britannischen Volksstamm der Ordovices (...*wizeß*)]: das Ordovizium betreffend. **Ordovizium** [*nlat.*] *das*; -s: erdgeschichtliche Formation; Unterabteilung des → Silurs (Untersilur; Geol.)

Ordre [*ordr*[e]; *lat.-fr.*] *die*; -, -s: franz. Form von Order; vgl. par ordre. **Ordre du cœur** [- *dükör*; „Ordnung (od. Logik) des Herzens"] *die*; - - -: 1. eine Art des Erkennens (Pascal). 2. Sinn für Werthöhe, „Werthöhengefühl" (M. Scheler, N. Hartmann)

Öre [*skand.*] *das*; -s, -(5 Öre); auch: *die*; -, -: dänische, norwegische u. schwedische Münze (= 0,01 Krone)

oreal [*gr.-nlat.*]: zum Gebirgswald gehörend (Geogr.)

Oregano [*span.*] *der*; -: = Origano

orektisch [*gr.*]: die Aspekte der Erfahrung wie Impuls, Haltung, Wunsch, Emotion betreffend (Päd.)

oremus! [*lat.*]: laßt uns beten! (Gebetsaufforderung des kath. Priesters in der Messe)

Orenda [*indian.*] *das*; -s: übernatürlich wirkende Kraft in Menschen, Tieren u. Dingen (→ dynamistischer Glaube von Naturvölkern); vgl. Mana, Manitu

Orfe [*gr.-lat.*] *die*; -, -n: amerikan. Karpfenfisch mit zahlreichen Arten (auch Aquarienfisch)

Organ [*gr.-lat.*(-*fr.*); „Werkzeug"] *das*; -s, -e: 1. Stimme. 2. Zeitung, Zeitschrift einer politischen od. gesellschaftlichen Vereinigung. 3. a) Institution od. Behörde, die bestimmte Aufgaben ausführt; b) Beauftragter. 4. Sinn, Empfindung, Empfänglichkeit; kein - haben für etwas. 5. Körperteil mit einheitl. Funktion (Med.). **Organa**: *Plural* von → Organum. **organal**: 1. das Organum betreffend. 2. orgelartig. **Organbank** *die*; -, -en: Einrichtung, die der Aufbewahrung von Organen (5) od. Teilen davon für Transplantationen dient

Organdin *der*; -s: (selten) Organdy. **Organdy** [...*di*; *fr.-engl.*] *der*; -s: fast durchsichtiges, wie Glasbatist ausgerüstetes (behandeltes) Baumwollgewebe in zarten Pastellfarben

Organell [*gr.-lat.-nlat.*] *das*; -s, -en u. **Organelle** *die*; -, -n: organartige Bildung des Zellplasmas von Einzellern (Biol.). **Organigramm** [*gr.*; Kunstw.] *das*; -s, -e: 1. Stammbaumschema, das den Aufbau einer [wirtschaftlichen] Organisation erkennen läßt u. über Arbeitseinteilung od. über die Zuweisung bestimmter Aufgabenbereiche an bestimmte Personen Auskunft gibt. 2. = Organogramm. **Organik** [*gr.-lat.*] *die*; -: Bezeichnung Hegels für die Lehre vom geologischen, vegetabilischen und animalischen Organismus. **Organiker** *der*; -s, -: Chemiker mit speziellen Kenntnissen und Interessen auf dem Gebiet der organischen Chemie. **organisabel** [*gr.-lat.-fr.*]: organisierbar, beschaffbar; sich verwirklichen lassend. **Organisation** [...*zion*] *die*; -, -en: 1. (ohne Plural) a) das Organisieren; b) Aufbau, Gliederung, planmäßige Gestaltung. 2. Gruppe, Verband mit [sozial]-politischen Zielen (z. B. Partei, Gewerkschaft). 3. Bauplan eines Organismus, Gestalt u. Anordnung seiner Organe (Biol.). 4. Umwandlung abgestorbenen Körpergewebes in gefäßhaltiges Bindegewebe (Med.). **Organisator** [*gr.-lat.-fr.-nlat.*] *der*; -s, ...oren: 1. a) jmd., der etwas organisiert, eine Unternehmung nach einem bestimmten Plan vorbereitet; b) jmd., der organisatorische Fähigkeiten besitzt. 2. Keimbezirk, der auf die Differenzierung der Gewebe Einfluß nimmt (Biol.). **organisatorisch**:

die Organisation betreffend. **organisch** [*gr.-lat.*]: 1. a) ein Organ od. den Organismus betreffend (Biol.); b) der belebten Natur angehörend; Ggs. → anorganisch (1 a); c) die Verbindungen des Kohlenstoffs betreffend, z. B. organische Chemie (vgl. anorganische Chemie). 2. einer inneren Ordnung gemäß in einen Zusammenhang hineinwachsend, mit etwas eine Einheit bildend. **organisieren** [*gr.-lat.-fr.*]: 1. a) etwas sorgfältig u. systematisch vorbereiten [u. für einen reibungslosen, planmäßigen Ablauf sorgen]; b) etwas sorgfältig u. systematisch aufbauen, für einen bestimmten Zweck einheitlich gestalten. 2. (ugs., verhüllend) sich etwas [auf nicht ganz rechtmäßige Weise] beschaffen. 3. a) in einer Organisation (2), einem Verband o. ä. od. zu einem bestimmten Zweck zusammenschließen; b) sich -: sich zu einem Verband zusammenschließen. 4. totes Gewebe in gefäßführendes Bindegewebe umwandeln (Med.). 5. auf der Orgel zum Cantus firmus frei phantasieren (Mus.). **organisiert**: einer Organisation (2) angehörend. **organismisch** [zu → Organismus]: zu einem Organismus gehörend, sich auf einen Organismus beziehend. **Organismus** *der*; -, ...men: 1. a) das gesamte System der → Organe (5); b) (meist Plural) tierisches od. pflanzliches Lebewesen (Biol.). 2. (Plural selten) größeres Ganzes, Gebilde, dessen Teile, Kräfte o. ä. zusammenpassen, zusammenwirken. **Organist** [*gr.-lat.-mlat.*] *der*; -en, -en: Orgelspieler. **Organi|strum** [*gr.-lat.-nlat.*] *das*; -s, ...stren: Drehleier. **Organklage** [*gr.-lat.-nlat.*; *dt.*] *die*; -, -n: Klage eines Verfassungsorgans des Bundes od. eines Landes gegen ein anderes vor dem Bundesverfassungsgericht (Rechtsw.). **Organmandat** *das*; -[e]s, -e: (österr. Amtsspr.) Strafe, die von der Polizei ohne Anzeige u. Verfahren verhängt wird. **organogen** [*gr.-nlat.*]: 1. am Aufbau der organischen Verbindungen beteiligt (Chem.). 2. Organe bildend; organischen Ursprungs (Biol.). **Organogenese** *die*; -: Prozeß der Organbildung (Biol.). **Organogramm** [*gr.*] *das*; -s, -e: 1. schaubildliche Wiedergabe der Verarbeitung von Informationen im Organismus (Psychologie). 2. = Organigramm. **Organographie** *die*; -, ...ien: 1. Beschreibung der Organe (Med.; Biol.). 2. Teilgebiet der Botanik, auf dem der Aufbau der Pflanzenorgane erforscht wird. 3. Beschreibung der Musikinstrumente. **organo|graphisch**: Lage u. Bau der Organe beschreibend (Med.; Biol.). **organoid**: organähnlich (Med.; Biol.). **Organoid** *das*; -[e]s, -e: = Organell[e]. **organoleptisch**: Lebensmittel nach einem bestimmten Bewertungsschema in bezug auf die qualitätsbeeinflussenden Eigenschaften (z. B. Geschmack, Aussehen, Geruch, Farbe) ohne Hilfsmittel, nur mit den Sinnen prüfend. **Organologe** *der*; -n, -n: Wissenschaftler auf dem Gebiet des Orgelbaues. **Organologie** *die*; -: 1. Organlehre (Med.; Biol.). 2. Orgel[bau]kunde. **organologisch**: die Organologie betreffend, zu ihr gehörend. **Organon** [*gr.*; „Werkzeug"] *das*; -s: a) zusammenfassende Bezeichnung für die logischen Schriften des Aristoteles als Hilfsmittel zur Wahrheitserkenntnis; b) [logische] Schrift zur Grundlegung der Erkenntnis. **organo pleno** = pleno organo. **Organosol** [*gr.*; *lat.*] *das*; -s, -e: Lösung eines Kolloids in einem organischen Lösungsmittel (Chem.). **Organotherapie** [*gr.-nlat.*] *die*; -: = Organtherapie. **organotrop**: auf Organe gerichtet, auf sie wirkend (Med.). **Organozoon** *das*; -s, ...zoen: im Innern eines Organs lebender Parasit. **Organ|psychose** *die*; -, -n: körperliche Erkrankung mit psychotischem Hintergrund (H. Meng). **Organschaft** *die*; -, -en: finanzielle, wirtschaftliche u. organisatorische Abhängigkeit einer rechtlich selbständigen Handelsgesellschaft gegenüber einem beherrschenden Unternehmen, in dem die Untergesellschaft als Organ (3 a) aufgeht

Organsin [*it.-fr.*] *der* od. *das*; -s: beste Naturseide, die gezwirnt als Kettgarn verwendet wird

Organtherapie [*gr.-nlat.*] *die*; -: Verwendung von aus tierischen Organen od. Sekreten gewonnenen Arzneimitteln zur Behandlung von Krankheiten

Organtin *der* od. *das*; -s: (österr.) = Organdin

Organum [*gr.-lat.*] *das*; -s, ...gana: 1. älteste Art der Mehrstimmigkeit, Parallelgänge zu den Weisen des → Gregorianischen Gesanges. 2. Musikinstrument, bes. die Orgel

Organza [*it.*] *der*; -s; hauchzartes Gewebe [aus nichtentbasteter Naturseide]

Orgasmus [*gr.-nlat.*] *der*; -, ...men: Höhepunkt der geschlechtlichen Erregung. **orgastisch**: den Orgasmus betreffend; wollüstig

Orgel [*gr.-lat.-mlat.*] *die*; -, -n: größtes Tasteninstrument mit → Manualen, → Pedalen, → Registern, Gebläse, Windladen, Pfeifenwerk, Schweller u. Walze. **Orgelprospekt** *der*; -[e]s, -e: künstlerisch ausgestaltetes Pfeifengehäuse der Orgel, meist mit tragenden Teilen aus Holz, die reich mit Schnitzwerk verziert sind

Orgiasmus [*gr.-nlat.*] *der*; -, ...men: ausschweifende kultische Feier in antiken → Mysterien. **Orgiast** *der*; -en, -en: zügelloser Schwärmer. **orgiastisch**: schwärmerisch; wild, zügellos. **Orgie** [...*i^e*; *gr.-lat.*] *die*; -, -n: 1. geheimer, wild verzückter Gottesdienst [in altgriech. → Mysterien]. 2. a) ausschweifendes Gelage; b) übergroßes Ausmaß von etwas, eine Art Ausschweifung; etwas feiert -n (etwas bricht in aller Deutlichkeit hervor u. tobt sich aus)

Orgware [...*"ä"*; Kunstw. aus engl. *or*ganisation u. ...*ware*] *die*; -, -s: zusammenfassende Bez. für sämtliche Programme, die den Ablauf einer Datenverarbeitungsanlage regeln; Betriebssystem

Orient [*ori-änt*, auch: *oriänt*; *lat.*] *der*; -s: 1. vorder- u. mittelasiat. Länder; östliche Welt; Ggs. → Okzident. 2. (veraltet) Osten. **Orientale** *der*; -n, -n: Bewohner der Länder des Orients. **Orientalia** *die* (Plural): Werke über den Orient. **orientalisch**: den Orient betreffend; östlich, morgenländisch. **orientalisieren**: a) orientalische Einflüsse aufnehmen (in bezug auf eine frühe Phase der griechischen Kunst); b) etwas -: einer Sache (z. B. Gegend) ein orientalisches Gepräge geben. **Orientalist** [*lat.-nlat.*] *der*; -en, -en: Wissenschaftler auf dem Gebiet der Orientalistik. **Orientalistik** *die*; -: Wissenschaft von den oriental. Sprachen u. Kulturen. **orientalistisch**: die Orientalistik betreffend. **Orientbeule** [*lat.*; *dt.*] *die*; -, -n: tropische Beulenkrankheit der Haut (Med.). **orientieren** [*lat.-fr.*]: 1. a) sich -: eine Richtung suchen, sich zurechtfinden; b) ein Kultgebäude, eine Kirche in der West-Ost-Richtung anlegen. 2. informieren, unterrichten. 3. auf etwas einstellen, nach etwas ausrichten (z. B. die Politik, sich an bestimmten Leitbildern o.). 4. (DDR) a) auf etwas hinlenken; b) sich -: seine Aufmerksamkeit auf etwas, jmdn. konzentrieren. **Orientierung** *die*; -, -en: 1. Anlage eines Kultgebäudes, einer Kirche in der West-Ost-Richtung. 2. das Sichzurechtfinden im Raum. 3. geistige Einstellung, Ausrichtung. 4. Informierung, Unterrichtung. 5. (DDR) Hinlenkung auf etwas. **Orientierungsstufe** [*lat.-fr.*; *dt.*] *die*; -, -n: Zwischenstufe von zwei Jahren zwischen Grundschule u. weiterführender Schule

Orificium [*...fizium*; *lat.*; „Mündung"] *das*; -s, ...cia: Öffnung, Mund der Orgelpfeifen

Oriflamme [*lat.-fr.*; „Goldflamme"] *die*; -: Kriegsfahne der franz. Könige

Origami [*jap.*] *das*; -[s]: (in Japan beliebte) Kunst des Papierfaltens

Origano [*it.*] *der*; -: als Gewürz verwendete getrocknete Blätter u. Zweigspitzen des Origanums. **Origanum** *das*; -[s]: Gewürzpflanze, wilder Majoran

original [*lat.*]: 1. ursprünglich, echt; urschriftlich; eine Sendung -(direkt) übertragen. 2. von besonderer, einmaliger Art, urwüchsig, originell (1); vgl. ...al/...ell. **Original** [*lat.-mlat.*] *das*; -s, -e: 1. Urschrift, Urfassung; Urbild, Vorlage; Urtext, ursprünglicher fremdsprachiger Text, aus dem übersetzt worden ist; vom Künstler eigenhändig geschaffenes Werk der bildenden Kunst. 2. eigentümlicher, durch seine besondere Eigenart auffallender Mensch. **Originalien** [*...i^en*; *lat.*] *die* (Plural): Originalaufsätze, -schriften. **Originalität** [*lat.-fr.*] *die*; -, -en: 1. (ohne Plural): Ursprünglichkeit, Echtheit, Selbständigkeit. 2. Besonderheit, wesenhafte Eigentümlichkeit. **Originalton** *der*; -[e]s: im Rahmen einer Hörfunk-, Fernsehsendung verwendeter Ton einer Direktaufnahme, d. h. mit direkt sprechenden Personen, mit echter Geräuschkulisse o. ä.; Abk.: O-Ton. **originär** [*lat.*]: ursprünglich. **originell** [*lat.-fr.*]: 1. ursprünglich, in seiner Art neu, schöpferisch; original (1). 2. eigenartig, eigentümlich, urwüchsig u. gelegentlich komisch; vgl. ...al/...ell

Orioniden [*gr.-nlat.*] *die* (Plural): ein (in der zweiten Oktoberhälfte zu beobachtender) Meteorstrom

Orkan [*karib.-span.-niederl.*] *der*; -[e]s, -e: stärkster Sturm

Orkus [*lat.*; altröm. Gott der Unterwelt] *der*; -: Unterwelt, Totenreich

Orlean [nach der franz. Namensform des Spaniers Fr. Orellana] *der*; -s: orangeroter pflanzlicher Farbstoff zum Färben von Nahrungs- u. Genußmitteln

Orleanist [*fr.*; nach den Herzögen von Orléans (*orleang*)] *der*; -en, -en: (hist.) Anhänger des Hauses Orléans, Gegner des franz. Königsgeschlechts der Bourbonen. **Orleans** [*...leang*; eine franz. Stadt] *der*; -: leichter, glänzender Baumwollstoff, ähnlich dem → Lüster (4)

Orlog [*niederl.*] *der*; -s, -e u. -s: (veraltet) Krieg. **Orlogschiff** [*niederl.*; *dt.*] *das*; -[e]s, -e: (veraltet) Kriegsschiff

Orlowtraber [*orlof...*; *russ.*; *dt.*; nach einem russ. Züchter] *der*; -s, -: eine Pferderasse

Ornament [*lat.*] *das*; -[e]s, -e: Verzierung; Verzierungsmotiv. **ornamental** [*lat.-nlat.*]: mit einem Ornament versehen, durch Ornamente wirkend; schmückend, zierend. **ornamentieren**: mit Verzierungen versehen. **Ornamentik** *die*; -: 1. Gesamtheit der Ornamente im Hinblick auf ihre innerhalb einer bestimmten Stilepoche o. ä. od. für einen bestimmten Kunstgegenstand typischen Formen. 2. Verzierungskunst. **Ornat** [*lat.*] *der* (auch: *das*); -[e]s, -e: feierliche [kirchliche] Amtstracht. **ornativ**: das Ornativ betreffend, darauf bezüglich. **Ornativ** *das*; -s, -e [*...w^e*]: Verb, das ein Versehen mit etwas oder ein Zuwenden von etwas ausdrückt (z. B. kleiden = mit Kleidern versehen). **ornieren**: (veraltet) schmücken

Ornis [*gr.*] *die*; -: die Vogelwelt einer Landschaft. **Ornithogamie** [*gr.-nlat.*] *die*; -: Vogelblütigkeit, Befruchtung von Blüten durch Vögel. **Ornithologe** *der*; -n, -n: Wissenschaftler auf dem Gebiet der Vogelkunde. **Ornithologie** *die*; -: Vogelkunde. **ornithologisch**: vogelkundlich. **ornithophil**: den Blütenstaub durch Vögel übertragen lassend (in bezug auf bestimmte Pflanzen). **Ornithophilie** *die*; -: = Ornithogamie. **Ornitho|pter** [*gr.-engl.*] *der*; -s, -: Schwingenflügler, Experimentierflugzeug, dessen Antriebsprinzip dem des Vogelflugs gleicht. **Ornitho|rhynchus** [*...rünchuß*; *gr.-nlat.*] *der*; -: austral. Schnabeltier. **Ornithose** *die*; -, -n: von Vögeln übertragene Infektionskrankheit (Med.)

Orobanche [*gr.-lat.*] *die*; -, -n: Sommerwurz (Pflanzenschmarotzer auf Nachtschattengewächsen)

orogen [*gr.-nlat.*]: gebirgsbildend (Geol.). **Orogen** *das*; -s: Gebirge mit Falten- od. Deckentektonik (Geol.). **Orogenese** *die*; -, -n: Gebirgsbildung, die eine → Geosynklinale ausfaltet (Geol.). **orogenetisch**: = orogen. **Orogenie** *die*; -: (veraltet) Lehre von der Entstehung der Gebirge (Geol.). **Orognosie** *die*; -, ...ien: (veraltet) Gebirgsforschung u. -beschreibung. **Oro|graphie** *die*; -, ...ien: Beschreibung der Reliefformen des Landes (Geogr.). **oro|graphisch**: die Ebenheiten u. Unebenheiten des Landes betreffend (Geogr.). **Orohy|dro|graphie** *die*; -, ...ien: Gebirgs- u. Wasserlaufbeschreibung (Geogr.). **orohy|dro|graphisch**: die Orohydrographie betreffend. **Orologie** *die*; -: (veraltet) vergleichende Gebirgskunde. **Orome|trie** *die*; -: Methode, die alle charakteristischen Größen- u. Formenverhältnisse der Gebirge durch Mittelwerte ziffernmäßig erfaßt (z. B. mittlere Kammhöhe; Geogr.). **orometrisch**: die Orometrie betreffend. **Oro|plastik** *die*; -: Lehre von der äußeren Form der Gebirge. **oroplastisch**: die Oroplastik betreffend

Orpheum [*gr.-nlat.*; nach Orpheus, dem mythischen Sänger Griechenlands] *das*; -s, ...een: Tonhalle, Konzertsaal. **Orphik** [*gr.-lat.*] *die*; -: aus Thrakien stammende religiös-philosophische Geheimlehre der Antike, bes. im alten Griechenland, die Erbsünde u. Seelenwanderung lehrte. **Orphiker** *der*; -s, -: Anhänger der Orphik. **orphisch**: zur Orphik gehörend; geheimnisvoll. **Orphismus** u. **Orphizismus** [*gr.-nlat.*] *der*; -: = Orphik

Orpington [*o^rpingt^en*; eine engl. Stadt]

I. *die*; -, -s: eine Mastentenrasse.

II. *das*; -s, -s: Rasse von Hühnern mit schwerem Körper

Or|plid [auch: *orplit*] *das*; -s: (von Mörike u. seinen Freunden erfundener Name einer) Wunsch- u. Märcheninsel

Orsatapparat [nach dem Erfinder] *der*; -[e]s, -e: phys.-chem. Gasanalysengerät

Örsted u. **Oersted** [*örßt...*; nach dem dän. Physiker H. Chr. Ørsted, 1777–1851] *das*; -[s], -: Maßeinheit für die magnetische Feldstärke (Phys.); Zeichen: Ö; Oe

Orthese [Kurzw. aus: → *or*thopädisch u. → Pro*these*] *die*; -, -n: → Prothese (1), der zum Ausgleich von Funktionsausfällen der →

Extremitäten (1) od. der Wirbelsäule eine Stützfunktion zukommt (z. B. bei → spinaler Kinderlähmung; Med.). **Orthetik** *die*; -: medizinisch-technischer Wissenschaftszweig, bei dem man sich mit der Konstruktion von Orthesen befaßt (Med.). **orthetisch**: = a) die Orthetik betreffend; b) die Orthese betreffend. **Orthikon** [*gr.-engl.*] *das*; -s, ...one (auch: -s): Speicherröhre zur Aufnahme von Fernsehbildern. **Ortho|chromasie** [*...kro...*; *gr.-nlat.*] *die*; -: Fähigkeit einer fotografischen Schicht, für alle Farben außer Rot empfindlich zu sein. **orthochromatisch**: die Orthochromasie betreffend. **Orthodontie** *die*; -, ...ien: Behandlung angeborener Gebißanomalien durch kieferorthopädische Maßnahmen (z. B. die Beseitigung von Zahnfehlstellungen; Med.). **orthodox** [*gr.-lat.*]: 1. rechtgläubig, strenggläubig. 2. = griechisch-orthodox; -e Kirche: die seit 1054 von Rom getrennte morgenländische od. Ostkirche. 3. a) der strengen Lehrmeinung gemäß; der herkömmlichen Anschauung entsprechend; b) starr, unnachgiebig. **orthodox-anatolisch**: (veraltet) griechisch-orthodox; vgl. orthodox (2). **Orthodoxie** [*gr.*] *die*; -: 1. Rechtgläubigkeit; theologische Richtung, die das Erbe der reinen Lehre (z. B. Luthers od. Calvins) zu wahren sucht (bes. in der Zeit nach der Reformation). 2. [engstirniges] Festhalten an Lehrmeinungen. **orthodrom** [*gr.-nlat.*]: die Orthodrome betreffend. **Ortho|drome** *die*; -, -n: Großkreis auf der Erdkugel (kürzeste Verbindung zwischen zwei Punkten auf der Erdoberfläche; Nautik). **ortho|dromisch**: auf der Orthodrome gemessen. **Orthoepie** u. **Ortho|epik** [*gr.*] *die*; -: Lehre von der richtigen Aussprache der Wörter. **ortho|episch**: die Orthoepie betreffend. **Orthogenese** [*gr.-nlat.*] *die*; -, -n: Form einer stammesgeschichtlichen Entwicklung bei einigen Tiergruppen od. auch Organen, die in gerader Linie von einer Ursprungsform bis zu einer höheren Entwicklungsstufe verläuft (Biol.). **Orthogestein** [*gr.*; *dt.*] *das*; -[e]s, -e: Sammelbezeichnung für kristalline Schiefer, die aus Erstarrungsgesteinen entstanden sind (Geol.). **orthognath**: einen normalen Biß bei gerader Stellung beider Kiefer aufweisend (Med.). **Ortho|gnathie** *die*; -: gerade Kieferstellung (Med.). **Ortho|gneis** *der*; -es, -e: aus magmatischen Gesteinen hervorgegangener Gneis (Geologie). **Orthogon** [*gr.-lat.*] *das*; -s, -e: Rechteck. **orthogonal** [*gr.-nlat.*]: rechtwinklig. **Ortho|graphie** [*gr.-lat.*] *die*; -, ...ien: nach bestimmten Regeln festgelegte Schreibung der Wörter; Rechtschreibung. **ortho|graphisch**: die Orthographie betreffend, rechtschreiblich. **orthokephal** usw. vgl. orthozephal usw. **Ortho|klas** [*gr.-nlat.*] *der*; -es, -e: ein Feldspat. **Orthologie** *die*; -: Wissenschaft vom Normalzustand u. von der normalen Funktion des Organismus od. von Teilen desselben (Med.). **orth|onym**: unter dem richtigen Namen des Autors veröffentlicht; Ggs. → anonym, → pseudonym. **Orthopäde** *der*; -n, -n: Facharzt für Orthopädie. **Orthopädie** *die*; -: Wissenschaft von der Erkennung u. Behandlung angeborener od. erworbener Fehler der Haltungs- u. Bewegungsorgane. **Orthopädiemechaniker** *der*; -s, -: Handwerker, der künstliche Gliedmaßen, Korsetts u. a. für Körperbehinderte herstellt (Berufsbez.). **orthopädisch**: die Orthopädie betreffend. **Orthopädist** *der*; -en, -en: Hersteller orthopädischer Geräte. **orthopanchromatisch**: → panchromatisch mit nur schwacher Rotempfindlichkeit. **Orthophonie** *die*; -, ...ien: nach bestimmten Regeln festgelegte Aussprache der Wörter. **Ortho|pnoe** [*gr.*] *die*; -: Zustand höchster Atemnot, in dem nur bei aufgerichtetem Oberkörper genügend Atemluft in die Lunge gelangt (Med.). **Orthoptere** [*gr.-nlat.*] *die*; -, -n u. **Orthopteron** *die*; -s, ...pteren (meist Plural): Geradflügler (z. B. Heuschrecke, Ohrwurm, Schabe). **Orth|optik** *die*; -: Behandlung des Schielens durch Training der Augenmuskeln. **Orth|optist** *der*; -en, -en u. **Orth|optistin** *die*; -, -nen: Helfer, Helferin des Augenarztes, der bzw. die Sehprüfungen, Schielwinkelmessungen o. ä. selbständig vornimmt u. bei der Behandlung durch entsprechendes Muskeltraining hilft. **Ortho|skop** *das*; -s, -e: Gerät für kristallographische Beobachtungen. **Ortho|skopie** *die*; -: Abbildung durch Linsen ohne Verzeichnung (winkeltreu). **ortho|skopisch**: a) die Orthoskopie betreffend; b) das Orthoskop betreffend. **Orthos logos** [*gr.*; „rechte Vernunft"] *der*; - -: stoische Bezeichnung für ein allgemeines Weltgesetz, das Göttern u. Menschen gemeinsam ist (Philos.). **Orthostase** [*gr.-nlat.*] *die*; -, -n: aufrechte Körperhaltung (Med.). **Orthostaten** *die* (Plural): hochkant stehende Quader od. starke stehende Platten als unterste Steinlage bei antiken Gebäuden. **orthostatisch**: 1. die Orthostase betreffend, 2. die Orthostaten betreffend. **Orthostigmat** *der* od. *das*; -[e]s, -e: Objektiv, bes. für winkeltreue Abbildungen (Optik). **Orthotonie** *die*; -: richtige Betonung (Mus.). **orthotonieren**: sonst → enklitische Wörter mit einem Ton versehen (griech. Betonungslehre)

ortho|trop [*gr.*]

I. senkrecht aufwärts od. abwärts wachsend (in bezug auf Pflanzen od. Pflanzenteile; Bot.).

II. [Kurzw. aus: → orthogonal u. → anisotrop] in der Fügung: -e Platten: im Stahlbau, bes. im Brückenbau verwendetes Flächentragwerk od. Fahrbahnplatten mit verschiedenen elastischen Eigenschaften in zwei zueinander senkrecht verlaufenden Richtungen

Orthozen|trum *das*; -s, ...ren: Schnittpunkt der Höhen eines Dreiecks (Geometrie). **orthozephal**: von mittelhoher Kopfform (Med.). **Orthozephale** *der* od. *die*; -n, -n: Mensch mit mittelhoher Kopfform (Med.). **Orthozephalie** *die*; -: mittelhohe Kopfform (Med.). **Orthozeras** *der*; -, ...zeren: versteinerter Tintenfisch

Ortolan [*lat.-it.*] *der*; -s, -e: Gartenammer (europ. Finkenvogel)

Oryktogenese u. **Oryktogenie** [*gr.-nlat.*] *die*; -: (veraltet) Gesteinsbildung. **Orykto|gnosie** *die*; -: (veraltet) Mineralogie. **Oryktographie** *die*; -: (veraltet) Petrographie. **Oryxantilope** [*gr.*; *mgr.*] *die*; -, -n: Antilopenart in den offenen Landschaften südlich der Sahara u. Südarabiens mit langem, spießartigem Gehörn (Zool.)

Os

I. = chem. Zeichen für: Osmium.

II. Os [*schwed.*] *der* (auch: *das*); -[es], -er (meist Plural): mit Sand u. Schotter ausgefüllte → subglaziale Schmelzwasserrinne, Wallberg (Geol.).

III. Os [*lat.*] *das*; -, Ossa: Knochen (Anat.).

IV. Os [*lat.*] *das*; -, Ora: (Anat.) 1. Mund. 2. (veraltet) Öffnung eines Organs; vgl. Ostium

Oscar [...*kar*; *amerik.*] *der*; -[s], -[s]: volkstümlicher Name der Statuette, die als → Academy-award verliehen wird (Film)

Oscedo [...*zedo*] vgl. Oszedo

Oskulation [...*zion*; *lat.*; „das Küssen"] *die*; -, -en: Berührung zweier Kurven (Math.). **Oskulationskreis** [*lat.*; *dt.*] *der*; -es, -e: Krümmungskreis, der eine Kurve zweiter Ordnung (im betrachteten Punkt) berührt (Math.). **oskulieren**: eine Oskulation bilden

Osmium [*gr.-nlat.*] *das*; -s: chem. Grundstoff, Metall; Zeichen: Os. **Osmologie** *die*; -: = Osphresiologie

osmophil [*gr.-nlat.*]: zur → Osmose neigend (Bot.)

osmophor [*gr.-nlat.*]: Geruchsempfindungen hervorrufend

Osmose [*gr.-nlat.*] *die*; -: Übergang des Lösungsmittels (z.B. von Wasser) einer Lösung in eine stärker konzentrierte Lösung durch eine feinporige (→ semipermeable) Scheidewand, die zwar für das Lösungsmittel selbst, nicht aber für den gelösten Stoff durchlässig ist (Chem.). **Osmotherapie** *die*; -, -n [...*i*[e]*n*]: therapeutisches Verfahren zur günstigen Beeinflussung gewisser Krankheiten durch Erhöhung des osmotischen Drucks des Blutes (durch Einspritzung hochkonzentrierter Salz- u. Zuckerlösungen ins Blut; Med.). **osmotisch**: auf Osmose beruhend

ösophagisch [*gr.*]: zum Ösophagus gehörend (Med.). **Ösophagismus** [*gr.-nlat.*] *der*; -, ...men: Speiseröhrenkrampf (Med.). **Ösophagitis** *die*; -, ...itiden: Entzündung der Speiseröhre (Med.). **Ösophago|skop** *das*; -s, -e: Speiseröhrenspiegel (Med.). **Ösophago|spasmus** *der*; -s, ...men: = Ösophagismus. **Ösophagotomie** *die*; -, ...ien: Speiseröhrenschnitt (Med.). **Ösophagus**, (in der anatomischen Nomenklatur nur:) Oesophagus [*ö*...] *der*; -, ...gi: Speiseröhre (Anat.)

Os|phradium [*gr.-nlat.*] *das*; -s, ...ien [...*i*[e]*n*]: Sinnesorgan der Weichtiere, das vermutlich als Geruchsorgan dient (Zool.). **Osphresiologie** *die*; -: Wissenschaft vom Geruchssinn

ossal u. **ossär** [*lat.*]: die Knochen betreffend. **Ossarium** *das*; -s, ...ien [...*i*[e]*n*]: 1. Beinhaus (auf Friedhöfen). 2. Gebeinurne der Antike. **Ossein** [*lat.-nlat.*] *das*; -s: Bindegewebsleim der Wirbeltierknochen (zur Herstellung von Leimen u. → Gelatine verwendet)

ossia [*it.*]: oder, auch (in der Musik zur Bezeichnung einer abweichenden Lesart od. einer leichteren Ausführung)

Ossifikation [...*zion*; *lat.-nlat.*] *die*; -, -en: Knochenbildung; Verknöcherung (Med.). **ossifizieren**: Knorpelgewebe in Knochen umwandeln, verknöchern (Med.). **Ossuarium** [*lat.*] *das*; -s, ...ien [...*i*[e]*n*]: = Ossarium

Oste|algie [*gr.-nlat.*] *die*; -, ...ien: Knochenschmerz (Med.)

ostensibel [*lat.-nlat.*]: zum Vorzeigen berechnet, zur Schau gestellt, auffällig. **ostensiv**: a) augenscheinlich, handgreiflich, offensichtlich; b) zeigend; anschaulich machend, dartuend; c) = ostentativ. **Ostensorium** [*lat.-mlat.*] *das*; -s, ...ien [...*i*[e]*n*]: = Monstranz. **Ostentation** [...*zion*; *lat.*] *die*; -, -en: (veraltet) Schaustellung, Prahlerei. **ostentativ** [*lat.-nlat.*]: zur Schau gestellt, betont, herausfordernd, prahlend. **ostentiös** [...*ziöß*]: prahlerisch

Osteo|blast [*gr.-nlat.*] *der*; -en, -en (meist Plural): knochenbildende Zelle (Med.). **Osteo|blastom** *das*; -s, -e: = Osteom. **Oste|odynie** *die*; -, ...ien: = Ostealgie. **Osteoektomie** *die*; -, ...ien: Ausmeißelung eines Knochenstücks (Med.). **Osteo|fi|brom** [*gr.*; *lat.-nlat.*] *das*; -s, -e: Knochenbindegewebsgeschwulst (Med.). **osteogen** [*gr.-nlat.*]: a) knochenbildend; b) aus Knochen entstanden (Med.). **Osteogenese** *die*; -, -n: Knochenbildung (Med.). **osteoid**: knochenähnlich (Med.). **Osteo|klasie** *die*; -, ...ien: operatives Zerbrechen verkrümmter Knochen, um sie geradezurichten (Med.). **Osteo|klast** *der*; -en, -en: 1. (meist Plural) mehrkernige, das Knochengewebe zerstörende Riesenzelle (Med.; Biol.). 2. (auch: *das*; -s, -en) Instrument zur Vornahme einer Osteoklasie (Med.). **Osteokolle** *die*; -, -n: durch Kalk od. Limonit versteinerte Wurzel von knochenähnlicher Gestalt (Geol.). **Osteologe** *der*; -n, -n: Fachanatom der Osteologie. **Osteologie** *die*; -: Wissenschaft von den Knochen (Med.). **osteologisch**: die Osteologie betreffend. **Osteolyse** *die*; -, -n: Auflösung von Knochengewebe (Med.). **Osteom** *das*; -s, -e: Knochengewebsgeschwulst. **osteomalakisch** vgl. osteomalazisch. **Osteomalazie** *die*; -, ...ien: Knochenerweichung (Med.). **osteomalazisch** u. osteomalakisch: knochenerweichend (Med.). **Osteomyelitis** *die*; -, ...itiden: Knochenmarkentzündung (Med.). **Osteon** [*gr.*] *das*; -s, ...onen: Baustein des Knochengewebes (Med.). **Osteopathie** [*gr.-nlat.*] *die*; -, ...ien: Knochenleiden (Med.). **Osteophage** *der*; -n, -n: = Osteoklast (1). **Osteoplastik** *die*; -, -en: Schließung von Knochenlücken durch osteoplastische Operationen; vgl. Plastik (I, 2). **osteo|plastisch**: Knochenlücken schließend. **Osteoporose** *die*; -, -n: Schwund des festen Knochengewebes bei Zunahme der Markräume (Med.). **Osteopsathyrose** *die*; -, -n: angeborene Knochenbrüchigkeit (Med.). **Osteotaxis** *die*; -, ...xen: Einrenkung von Knochenbrüchen (Med.). **Osteotomie** *die*; -, ...ien: Durchtrennung eines Knochens (Med.)

Osteria [*lat.-it.*] *die*; -, -s u. **Osterie** *die*; -, ...ien: volkstümliche Gaststätte (in Italien)

Ostiarier [...*i*[e]*r*; *lat.*; „Türhüter"] *der*; -s, - u. **Ostiarius** *der*; -, ...ier [...*i*[e]*r*]: (veraltet) in der katholischen Kirche ein Kleriker im untersten Grad der niederen Weihen

ostinat[o] [*lat.-it.*]: beharrlich, ständig wiederholt (zur Bezeichnung eines immer wiederkehrenden Baßthemas; Mus.). **Ostinato** *der* od. *das*; -s, -s u. ...ti: = Basso ostinato

Ostitis [*gr.-nlat.*] *die*; -, ...itiden: Knochenentzündung (Med.)

Ostium [*lat.*] *das*; -s, ...tia u. ...ien [...*i*[e]*n*]: Öffnung, Eingang, Mündung an einem Körperhohlraum od. Hohlorgan (Med.)

Ostraka: *Plural* von → Ostrakon. **Ostrakismos** [*gr.*] *der*; -: = Ostrazismus. **Ostrakode** [*gr.-nlat.*] *der*; -n, -n: Muschelkrebs. **Ostrakon** [*gr.*] *das*; -s, ...ka: Scherbe (von zerbrochenen Gefäßen), die in der Antike als Schreibmaterial verwendet wurde. **Ostrazismus** [*gr.-nlat.*; „Scherbengericht"] *der*; -: (hist.) altathenisches Volksgericht, das die Verbannung eines Bürgers beschließen konnte (bei der Abstimmung wurde dessen Name von jedem ihn verurteilenden Bürger auf ein Ostrakon, eine Tonscherbe, geschrieben)

Östrogen [*gr.-nlat.*] *das*; -s, -e: weibliches Sexualhormon mit der Wirkung des Follikelhormons (Med.). **Östromanie** *die*; -: = Nymphomanie. **Östron** *das*;

-s: Follikelhormon (Med.). **Östrongruppe** [*gr.-nlat.*; *dt.*] *die*; -: Gruppe der Follikelhormone (Med.). **Östrus** [*gr.-lat.*; „Roßbremse; Raserei"] *der*; -: Zustand gesteigerter geschlechtl. Erregung u. Paarungsbereitschaft bei Tieren, Brunst (Zool.)

Oszedo [*lat.*] *die*; -: Gähnkrampf (Med.)

Oszillation [*...zion*; *lat.*; „das Schaukeln"] *die*; -, -en: Schwingung. **Oszillator** [*lat.-nlat.*] *der*; -s, ...oren; Schwingungserzeuger (Phys.). **Oszillatoria** *die*; -, ...ien [*...iᵉn*]: Blaualge. **oszillatorisch**: die Oszillation betreffend, zitternd, schwankend. **oszillieren** [*lat.*]: 1. a) schwingen (Phys.); b) schwanken, pendeln. 2. a) sich durch → Tektonik auf- od. abwärts bewegen (von Teilen der Erdkruste): hin u. her schwanken (von Eisrändern u. Gletscherenden; Geogr.). **Oszillo|gramm** [*lat.*; *gr.*] *das*; -s, -e: von einem Oszillographen aufgezeichnetes Schwingungsbild (Phys.). **Oszillo|graph** *der*; -en, -en: Apparatur zum Aufzeichnen [schnell] veränderlicher [elektrischer] Vorgänge, bes. Schwingungen (Phys.)

Ot|agra [auch: *...agra*; *gr.*] *das*; -s, - u. **Ot|algie** [*gr.-nlat.*] *die*; -, ...ien: Ohrenschmerz (Med.). **Othämatom** [*gr.-nlat.*] *das*; -s, -e: Ohrblutgeschwulst (Med.). **Otiater** *der*; -s, -: = Otologe. **Otiatrie** *die*; -: Ohrenheilkunde (Med.). **ot|ia|trisch**: die Ohrenheilkunde betreffend (Med.). **Otitis** [*gr.-nlat.*] *die*; -, ...itiden: Erkrankung des inneren Ohrs; Ohrenentzündung; - media: Mittelohrentzündung (Med.). **otitisch**: mit einer Ohrenerkrankung zusammenhängend

Otium [*ozium*; *lat.*] *das*; -s: (veraltet) Beschaulichkeit, Muße; - cum dignitate [- *kum* -]: wohlverdienter Ruhestand

Otodynie *die*; -, ...ien: = Otagra. **otogen** [*gr.-nlat.*]: vom Ohr ausgehend (Med.). **Otolith** [auch: *...it*] *der*; -s u. -en, -e[n]: Gehörsteinchen, Gehörsand, kleiner prismatischer Kristall aus kohlensaurem Kalk im Gleichgewichtsorgan des Ohres (Med.). **Otologe** *der*; -n, -n: Ohrenarzt. **Otologie** *die*; -: = Otiatrie. **otologisch**: = otiarisch

O-Ton vgl. Originalton

Otophon [*gr.-nlat.*] *das*; -s, -e: Hörrohr, Schallverstärker für Schwerhörige. **Oto|plastik** *die*; -, -en: Ohrstück eines Hörgeräts. **Otor|rhagie** *die*; -, ...ien: Ohrenbluten (Med.). **Oto|sklerose** *die*; -, -n: zur Schwerhörigkeit führende Erkrankung (Verknöcherung) des Mittelohres (Med.). **oto|sklerotisch**: die Otosklerose betreffend (Med.). **Oto|skop** *das*; -s, -e: Ohrenspiegel (Med.). **Otoskopie** *die*; -, ...ien: Ausspiegelung des Ohres (Med.). **Otozyon** *der*; -s, -s: Löffelfuchs, afrik. Fuchs mit großen Ohren

ottava [*...wa*; *lat.-it.*]: in der Oktave (zu spielen; Mus.); - alta: eine Oktave höher (zu spielen; Mus.); - bassa: eine Oktave tiefer (zu spielen; Mus.); Abk. für höher (über den Noten stehend) u. tiefer (unter den Noten stehend): 8... od. 8$^{va...}$. **Ottava** *die*; -, ...ve [*...wᵉ*]: = Ottaverime; vgl. Oktave (2). **Ottaverime** [*...we...*; „acht Verse"] *die* (Plural): = Stanze; vgl. Oktave (2). **Ottavino** [*...wino*] *der* od. *das*; -s, -s u. ...ni: (Mus.) 1. Oktav-, Pikkoloflöte. 2. Oktavklarinette

Ottoman [*türk.-fr.*; nach Osman, dem Begründer des türk. Herrscherhauses der Ottomanen] *der*; -s, -e: Ripsgewebe mit breiten, stark ausgeprägten Rippen. **Ottomane** *die*; -, -n: niedriges Liegesofa

Ou|blietten [*ubliätᵉn*; *lat.-vulgärlat.-fr.*] *die* (Plural): (hist.) Burgverliese für die zu lebenslänglichem Kerker Verurteilten

Ounce [*aunß*; *lat.-fr.-engl.*] *die*; -, -s [*aunßis*]: engl. Gewichtseinheit (28,35 g); Abk.: oz.

out [*aut*; *engl.*]: (österr.) aus, außerhalb des Spielfeldes (bei Ballspielen); - sein: (ugs.) 1. (bes. von Personen im Showgeschäft o.ä.) nicht mehr im Brennpunkt des Interesses stehen, nicht mehr gefragt sein; Ggs. → in (sein 1). 2. nicht mehr in Mode sein; Ggs. → in (sein 2). **Out** *das*; -[s], -[s]: (österr.) das Aus (wenn der Ball das Spielfeld verläßt; bei Ballspielen). **Outboard** [*autbo'd*] *der*; -[s], -s: Außenbordmotor. **Outcast** [*autkaßt*] *der*; -s, -s: a) von der Gesellschaft Ausgestoßener, → Paria (2); b) außerhalb der Kasten stehender Inder, → Paria (1). **Outer-space-Forschung** [*...ßpeⁱß...*; *amerik.*; *dt.*] *die*; -: Weltraumforschung; vgl. Inner-space-Forschung. **Outfit** [*autfit*] *das*; -[s], -s: Ausstattung, Ausrüstung. **Outfitter** *der*; -s, -: Ausstatter, Ausrüster. **Outgroup** [*autgrup*] *die*; -, -s: Gruppe, der man sich nicht zugehörig fühlt u. von der man sich distanziert; Fremdgruppe, Außengruppe (Soziol.); Ggs. → Ingroup. **Outlaw** [*autlo*] *der*; -[s], -s: 1. Geächteter, Verfemter. 2. jmd., der sich nicht an die bestehende Rechtsordnung hält, Verbrecher. **Output** [*autput*; engl.; „Ausstoß"] *der* (auch: *das*); -s; -s: 1. die von einem Unternehmen produzierten Güter, Güterausstoß (Wirtsch.); Ggs. → Input (1). 2. a) Ausgangsleistung einer Antenne od. eines Niederfrequenzverstärkers (Elektrot.); b) Ausgabe von Daten aus einer Datenverarbeitungsanlage (EDV); Ggs. → Input (2)

ou|trieren [*ut...*; *lat.-fr.*]: übertrieben darstellen

Outsider [*autßaidᵉr*; *engl.*; „Außenseiter"] *der*; -s, -: 1. an einem sportlichen Wettbewerb Teilnehmender, der mit nur geringen Gewinnaussichten antritt. 2. Unternehmen, das sich an Vereinbarungen einer Branche zur Einschränkung des Wettbewerbs nicht beteiligt (Wirtsch.)

Ouvertüre [*uwär...*; *lat.-vulgärlat.-fr.*] *die*; -, -n: 1. a) einleitendes Instrumentalstück am Anfang einer Oper, eines Oratoriums, Schauspiels, einer Suite; b) einsätziges Konzertstück für Orchester (bes. im 19. Jh.). 2. Einleitung, Eröffnung, Auftakt

Ou|vrée [*uwre*; *lat.-fr.*] *die*; -: gezwirnte Rohseide

Ouzo [*uso*; *gr.*] *der*; -[s], -s: griech. Anisbranntwein

Ova: *Plural* von → Ovum. **oval** [*ow...*; *lat.-mlat.*]: eirund, länglichrund. **Oval** *das*; -s, -e: ovale Fläche, ovale Anlage, ovale Form. **Ov|albumin** [*lat.-nlat.*] *das*; -s, -e: Eiweißkörper des Eiklars. **Ovalzirkel** [*lat.-mlat.*; *gr.-lat.*] *der*; -s, -: Gerät zum Zeichnen von Ellipsen. **ovarial**: das Ovarium betreffend (Med.). **Ovarial|gravidität** *die*; -, -en: Schwangerschaft, bei der sich der Fetus im Eierstock entwickelt; Eierstockschwangerschaft (Medizin). **Ovarialhormon** *das*; -s: das im Eierstock gebildete Geschlechtshormon (Med.). **Ovari|ektomie** [*lat.*; *gr.*] *die*; -, ...ien: operative Entfernung eines Eierstocks (Med.). **ovariell** [*lat.-nlat.*]: = ovarial. **Ovario|tomie** *die*; -, ...ien: = Ovariektomie. **Ovarium** [*lat.*] *das*; -s, ...ien [*...iᵉn*]: Gewebe od. Organ, in dem bei Tieren u. beim Menschen Eizellen gebildet werden, Eierstock (Biol.; Med.)

Ovation [*owazion*; *lat.*; „kleiner Triumph"] *die*; -, -en: Huldigung, Beifall

Over|all [*óuwerol*, auch, bes. österr.: *...al*; *engl.*; „der Überalles"] *der*; -s, -s: a) einteiliger, den ganzen Körper bekleidender Schutzanzug (für Mechaniker, Sportler u. a.); b) modischer, den ganzen Körper bedeckender einteiliger Anzug (für Frauen). **overdressed** [*óuwerdräßt*; *engl.*]: zu vornehm angezogen, für einen Anlaß zu feierlich gekleidet. **Over|drive** [*ouwerdraiw*] *das*; -[s], -s: zusätzlicher Gang im Getriebe von Kraftfahrzeugen, der nach Erreichen einer bestimmten Fahrgeschwindigkeit die Herabsetzung der Motordrehzahl ermöglicht (Techn.). **Overflow** [*ouwerflou*; *engl.*] *der*; -s: Überschreitung der Speicherkapazität von Computern (EDV). **Overheadprojektor** [*ouwerhäd...*] *der*; -s, -en: → Projektor, durch den eine sich auf einer horizontalen Glasfläche befindende Vorlage von unten beleuchtet u. über ein optisches System mit um 90° abgewinkeltem Strahlengang über den Kopf des Vortragenden rückseitig von ihm projiziert wird. **Overkill** [*ouwerkil*; *engl.-amerik.*; „übertöten"] *das* (auch: *der*); -[s]: Situation, in der gegnerische Staaten mehr Waffen, bes. Atomwaffen, besitzen, als nötig sind, um den Gegner zu vernichten. **Overstatement** [*ouwerßtéitment*; *engl.*] *das*; -s, -s: Übertreibung, Überspielung. **Over-the-counter-market** [*ouwer dhe kaunter ma'ket*; *engl.-amerik.*]: (Bankwesen) a) in den USA der sich über den Telefonverkehr zwischen den Banken vollziehende umfangreiche Handel in nicht zum offiziellen Handel zugelassenen Wertpapieren; b) in Großbritannien Wertpaniergeschäft am Bankschalter, Tafelgeschäft

Oviduḳt [*owi...*; *lat.-nlat.*] *der*; -[e]s, -e: Eileiter (Med.; Biol.)

Ovine [*ow...*; *lat.*] *die* (Plural): Schafspocken (Med.)

ovipar [*owi...*; *lat.*]: eierlegend (Biol.). **Oviparie** [*lat.-nlat.*] *die*; -: Fortpflanzung durch Eiablage (Biol.). **Ovizid** *das*; -[e]s, -e: in der Landwirtschaft gebräuchliches Mittel zur Abtötung von [Insekten]eiern. **Ovogenese** [*lat.*; *gr.*] *die*; -, -n: = Oogenese. **ovoid** u. **ovoidisch**: eiförmig (Biol.). **Ovo|plasma** *das*; -s: = Ooplasma. **ovovivipar** [*...wiwi...*; *lat.-nlat.*]: Eier mit mehr od. weniger entwickelten Embryonen ablegend (in bezug auf Tiere, z. B. Vögel; Biol.). **Ovoviviparie** *die*; -, ...ien: Fortpflanzung durch Ablage von Eiern, in denen die Embryonen sich bereits in einem fortgeschrittenen Entwicklungsstadium befinden (so daß bei manchen Tieren die Embryonen unmittelbar nach der Eiablage ausschlüpfen; Biol.). **Ovulation** [*...zion*] *die*; -, -en: Ausstoßung des reifen Eies aus dem Eierstock bei geschlechtsreifen weiblichen Säugetieren u. beim Menschen (Eisprung; Biol.; Med.). **Ovulum** *das*; -s, ...la: = Ovum. **Ovum** [*lat.*] *das*; -s, Ova: Ei, Eizelle (Med.; Biol.)

Owrag [*russ.*] *der*; -[s], -i: tief eingeschnittene, junge Erosionsform im Steppenklima (Geogr.)

Oxalat [*gr.-lat.-nlat.*] *das*; -[e]s, -e: Salz der Oxalsäure. **Oxalatstein** [*gr.-lat.-nlat.*; *dt.*] *der*; -[e]s, -e: Nierenstein aus oxalsaurem Kalk (Med.). **Oxalis** [*gr.-lat.*] *die*; -: Sauerklee. **Oxalit** [*gr.-lat.-nlat.*] *der*; -s, -e: ein Mineral. **Oxalsäure** [*gr.*; *dt.*] *die*; -: Kleesäure, giftige, technisch vielfach verwendete organische Säure. **Oxal|urie** [*gr.-nlat.*] *die*; -, ...ien: vermehrte Ausscheidung von Oxalsäure im Harn (Med.)

Oxer [*engl.*] *der*; -s, -: a) Absperrung zwischen Viehweiden; b) Hindernis beim Springreiten, das aus zwei Stangen besteht, zwischen die Buschwerk gestellt wird

Oxford [engl. Stadt] *das*
I. -s, -s: bunter Baumwoll[hemden]stoff.
II. -[s]: unterste Stufe des → Malms (Geol.)

Oxfordbewegung [*engl.*; *dt.*] *die*; -: 1. hochkirchliche Bewegung in der anglikanischen Kirche; Traktarianismus. 2. Oxfordgruppenbewegung; eine 1921 von F. N. D. Buchman begründete religiöse Gemeinschaftsbewegung. **Oxfordeinheit** *die*; -, -en: internationales Maß für wirksame Penizillinmengen; Abk.: OE (Med.). **Oxfordien** [*...iäng*; *engl.-fr.*] *das*; -[s]: = Oxford (II)

Oxid vgl. Oxyd

Oxtailsuppe [*okßteil...*; *engl.*; *dt.*] *die*; -, -n: Ochsenschwanzsuppe

Oxybiose [*gr.-nlat.*] *die*; -: = Aerobiose. **Oxyd**, (chem. fachsprachl.:) Oxid [*gr.-fr.*] *das*; -[e]s, -e: jede Verbindung eines chem. Grundstoffs mit Sauerstoff. **Oxydase**, (chem. fachsprachl.:) Oxidase [*gr.-fr.-nlat.*] *die*; -, -n: sauerstoffübertragendes Ferment (Chem.). **Oxydation**, (chem. fachsprachl.:) Oxidation [*...zion*; *gr.-fr.*] *die*; -, -en: 1. chem. Vereinigung eines Stoffes mit Sauerstoff; vgl. Desoxydation. 2. Entzug von Elektronen aus den Atomen eines chem. Grundstoffs. **Oxydationszone**, (chem. fachsprachl.:) Oxidationszone [*gr.-fr.*; *gr.-lat.*] *die*; -, -n: „eiserner" Hut eines Erzkörpers (Zersetzungs- u. Auslaugungszone nahe der Erdoberfläche; Geol.). **oxydativ**, (chem. fachsprachl.:) oxidativ [*gr.-nlat.*]: durch eine Oxydation erfolgend, bewirkt. **Oxydator**, (chem. fachsprachl.:) Oxidator *der*; -s, ...oren: Sauerstoffträger als Bestandteil von [Raketen]treibstoffen. **oxydieren**, (chem. fachsprachl.:) oxidieren [*gr.-fr.*]: 1. a) sich mit Sauerstoff verbinden, Sauerstoff aufnehmen; b) bewirken, daß sich eine Substanz mit Sauerstoff verbindet. 2. → Elektronen abgeben, die von einer anderen Substanz aufgenommen werden; vgl. desoxydieren. **Oxydimeter**, (chem. fachspr.:) Oxidimeter *das*; -s, -: Gerät zur Maßanalyse bei der Vornahme einer Oxydimetrie (Chem.). **Oxydime|trie**, (chem. fachspr.:) Oxidime|trie *die*; -: Bestimmung von Mengen eines Stoffes durch bestimmte Oxydationsvorgänge (Chem.). **oxydisch**, (chem. fachsprachl.:) oxidisch: Oxyd enthaltend. **Oxydul**, (chem. fachsprachl.:) Oxidul [*gr.-fr.-nlat.*] *das*; -s, -e: (veraltet) sauerstoffärmeres Oxyd (Chem.). **Oxyessigsäure** [*gr.*; *dt.*] *die*; -: Glykolsäure. **Oxygen** [*gr.-fr.-nlat.*] *das*; -s: Sauerstoff, chem. Grundstoff; Zeichen: O. **Oxygenation** [*...zion*] *die*; -, -en: Sättigung des Gewebes mit Sauerstoff (Med.); vgl. ...[at]ion/...ierung. **Oxygenierung** *die*; -, -en: = Oxygenation; vgl. ...[at]ion/...ierung. **Oxygenium** *das*; -s: = Oxygen. **Oxyhämo|globin** [*gr.*; *lat.-nlat.*] *das*; -s: sauerstoffhaltiger Blutfarbstoff. **Oxyliquit** *das*; -s: Sprengstoff aus einem brennbaren Stoff u. flüssigem Sauerstoff. **Oxymoron** [*gr.*; „das Scharfdumme"] *das*; -s, ...ra: Zusammenstellung zweier sich widersprechender Begriffe in einem → Additionswort od. als rhetorische Figur (z. B. „bittersüß", „Eile mit Weile!"; Rhet.; Stilk.). **oxyphil** [*gr.-nlat.*]: saure Farbstoffe bindend. **Oxy|propionsäure** [*gr.*; *dt.*] *die*; -: Milchsäure. **Oxysäure** *die*; -: Säure, die die Eigenschaften einer Säure u. eines Alkohols zugleich hat. **Oxytonon** [*gr.*] *das*; -s, ...na: ein Wort, das einen → Akut auf der betonten Endsilbe trägt (z. B. *gr.* ἀγρός = Acker; griech. Betonungslehre); vgl. Paroxytonon u. Proparoxytonon. **Oxy|ure** [*gr.-nlat.*] *die*; -, -n: Madenwurm des Menschen. **Oxyuriasis** *die*; -, ...riasen: Erkrankung an Madenwürmern (Med.)

Ozalid ⓦⓩ [Kunstw.]: Markenbez. für Papiere, Gewebe, Filme mit lichtempfindlichen → Emulsionen (2)

Ozäna [*gr.-lat.*] *die*; -, ...nen: mit Absonderung eines übelriechenden Sekrets einhergehende chronische Erkrankung der Nasenschleimhaut (Med.)

Ozean [*gr.-lat.*] *der*; -s, -e: Weltmeer od. Teile davon (die sich auszeichnen durch Größe, Salzgehalt, System von Gezeitenwellen und Meeresströmungen). **Ozea|narium** [*gr.-lat.-nlat.*] *das*; -s, ...ien [*...iᵉn*]: Meerwasseraquarium größeren Ausmaßes. **Ozea|naut** [*gr.-lat.*; *gr.*] *der*; -en, -en: = Aquanaut. **Ozea|ner** [*gr.-lat.*] *der*; -s, -: (scherzh.) großer Ozeandampfer. **ozea|nisch**: 1. den Ozean betreffend, durch ihn beeinflußt; Meeres...; -es Klima: vom Meer beeinflußtes Klima mit hoher Luftfeuchtigkeit, hohen Niederschlägen u. geringer Temperaturschwankung. 2. Ozeanien (die Inseln des Stillen Ozeans) betreffend. **Ozea|nist** [*gr.-lat.-nlat.*] *der*; -en, -en: Kenner u. Erforscher der Kulturen der ozeanischen Völker. **Ozeanistik** *die*; -: Wissenschaft von der Kultur der ozeanischen Völker. **Ozea|nität** *die*; -: Abhängigkeit des Küstenklimas von den großen Meeresflächen (Geogr.). **Ozea|no|graph** [*gr.-nlat.*] *der*; -en, -en: Meereskundler. **Ozea|nographie** *die*; -: Meereskunde. **ozea|no|graphisch**: meereskundlich. **Ozea|nologe** *der*; -n, -n: = Ozeanograph. **Ozea|nologie** *die*; -: = Ozeanographie. **ozeanologisch**: = ozeanographisch

Ozelle [*lat.*; „kleines Auge"] *die*; -, -n: einfaches Lichtsinnesorgan niederer Tiere (Zool.)

Ozelot [auch: *oz...*; *aztekisch-span.-fr.*] *der*; -s, -e u. -s: 1. katzenartiges Raubtier Mittel- u. Südamerikas (auch im südlichen Nordamerika) mit wertvollem Fell. 2. a) Fell dieses Tieres; b) aus diesem Fell gearbeiteter Pelz

Ozokerit [*gr.-nlat.*] *der*; -s: Erdwachs (natürlich vorkommendes mineralisches Wachs)

Ozon [*gr.*; „das Duftende"] *der* (auch: *das*), -s: besondere Form des Sauerstoffs (O_3); starkes Oxydations-, Desinfektions- u. Bleichmittel. **Ozonid** [*gr.-nlat.*] *das*; -[e]s, -e: dickes, stark oxydierendes Öl. **ozonisieren**: mit Ozon behandeln; Wasser keimfrei machen. **Ozono|sphäre** *die*; -: durch höheren Ozongehalt gekennzeichnete Schicht der Erdatmosphäre (Meteor.)

P

Päan [auch: *pä...*; *gr.-lat.*] *der*; -s, -e: 1. feierliches altgriechisches [Dank-, Preis]lied. 2. = Päon

Pace [*peˈß*; *lat.-fr.-engl.*; „Schritt"] *die*; -: Tempo eines Rennens, auch einer Jagd, eines Geländerittes (Sport). **Pacemacher** [*peˈß...*; *engl.*; *dt.*] *der*; -s, -: = Pacemaker (1). **Pacemaker** [*péˈßmeˈkᵉr*; *engl.*; „Schrittmacher"] *der*; -s, -: 1. in einem Rennen führendes Pferd, das (meist zugunsten eines anderen Pferdes, eines Stallgefährten) das Tempo des Rennens bestimmt (Pferdesport). 2. Schrittmacherzelle der glatten Muskulatur, die Aktionsströme zu erzeugen u. weiterzuleiten vermag (Med.). 3. elektrisches Gerät zur künstlichen Anregung der Herztätigkeit nach Ausfall der physiologischen Reizbildungszentren (Med.). **Pacer** [*...ßᵉr*] *der*; -s, -: Pferd, das im Schritt u. Trab beide Beine einer Seite gleichzeitig aufsetzt (Paßgänger; Pferdesport)

Pachulke [*pach...*; *poln.*] *der*; -n, -n: 1. (landsch.) ungehobelter Bursche, Tölpel. 2. (veraltet) Setzergehilfe (Druckw.)

Pachy|akrie [*...chü...*; *gr.-nlat.*] *die*; -, ...ien: 1. Verdickung der Finger u. Zehen; vgl. Pachydaktylie (Med.). 2. = Akromegalie (Med.). **Pachycheilie** [*...chü-chai...*] *die*; -, ...ien: = Makrocheilie. **Pachydaktylie** *die*; -, ...ien; = Pachyakrie (1). **Pachydermen** *die* (Plural): (veraltet) Dickhäuter (Sammelbezeichnung für Elefanten, Nashörner, Flußpferde, → Tapire u. Schweine). **Pachydermie** *die*; -, ...ien: = Elefantiasis. **Pachymeningitis** *die*; -, ...itiden: Entzündung der harten Haut des Gehirns u. des Rückenmarks (Med.). **Pachymeninx** *die*; -, ...meningen: = Dura. **Pachymeter** *das*; -s, -: Dickenmesser (Techn.). **Pachy|onychie** *die*; -, ...ien: Verdickung der Nagelplatten an Fingern u. Zehen (Med.). **Pachy|zephalie** *die*; -, ...ien: verkürzte Schädelform mit gleichzeitiger abnormer Verdickung der Schädelknochen (Med.)

Pacificale [*pazifik...*; *lat.-mlat.*] *das*; -[s]: lat. Bezeichnung für: → Paxtafel

Pack [*päk*; *engl.*] *das*; -, -s: engl. Gewicht für Wolle, Leinen u. Hanfgarn. **Packagetour** [*päkidschtur*; *engl.*] *die*; -, -en: durch ein Reisebüro im einzelnen organisierte Reise im eigenen Auto

Packfong [*chin.*] *das*; -s: (im 18. Jh. aus China eingeführte) Kupfer-Nickel-Zink-Legierung

Päd|agoge [*gr.-lat.*; „Kinder-, Knabenführer"] *der*; -n, -n: a) Erzieher, Lehrer; b) Erziehungswissenschaftler. **Päd|agogik** [*gr.*] *die*; -: Theorie u. Praxis der Erziehung u. Bildung; Erziehungswissenschaft. **Päd|agogikum** *das*; -s, ...ka: (in mehreren Bundesländern) im Rahmen des 1. Staatsexamens abzulegende Prüfung in Erziehungswissenschaften für Lehramtskandidaten. **päd|agogisch**: a) die Pädagogik betreffend; zu ihr gehörend; b) die [richtige] Erziehung betreffend; erzieherisch. **päd|agogisieren**: etwas unter pädagogischen Aspekten sehen, für pädagogische Zwecke auswerten. **Päd|agogium** [*gr.-lat.*] *das*; -s, ...ien [*...iᵉn*]: (veraltet) 1. Erziehungsanstalt. 2. Vorbereitungsschule für das Studium an einer pädagogischen Hochschule. **Päd|atrophie** [*gr.-nlat.*] *die*; -: schwerste Form der Ernährungsstörung bei Kleinkindern (Med.)

Padauk vgl. Padouk

Paddock [*pädok*; *engl.*] *der*; -s, -s: Gehege, umzäunter Laufgang für Pferde

Paddy [*pädi*]
I. [*malai.-engl.*] *der*; -s: ungeschälter, noch mit Spelzen umgebener Reis.
II. [engl. Koseform von Patrick, dem Schutzpatron der Iren] *der*; -s, -s u. ...dies [*...dis*, auch: *...diß*]: (scherzh.) Ire (Spitzname)

Päd|erast [*gr.*] *der*; -en, -en: Mann mit homosexuellen Neigungen, Beziehungen zu männlichen Jugendlichen. **Päd|erastie** *die*; -: Homosexualität zwischen einem erwachsenen Mann u. einem Jungen od. männlichen Jugendlichen. **Päd|iater** [*gr.-nlat.*] *der*; -s, -: Facharzt für Krankheiten des Säuglings- u. Kindesalters; Kinderarzt. **Päd|ia|trie** *die*; -: Teilgebiet der Medizin, auf dem man sich mit den Krankheiten des Säuglings- u. Kindesalters befaßt; Kinderheilkunde. **päd|ia|trisch**: die Kinderheilkunde betreffend, zu ihr gehörend, auf ihr beruhend

Padischah [*pers.*] *der*; -s, -s: (hist.). 1. (ohne Plural) Titel islamitischer Fürsten. 2. islamitischer Fürst als Träger dieses Titels

Pädo [*gr.*] *der*; -s, -s: Kurzform von → Pädosexueller, Pädophiler. **Pädo|audiologe** [*gr.*; *lat.*; *gr.*] *der*; -n, -n: Spezialist auf dem Gebiet der Pädoaudiologie (Med.). **Pädo|audiologie** *die*; -: (Med.) 1. Wissenschaft vom Hören u. von den Hörstörungen im Kindesalter. 2. Hörerziehung des Kindes. **pädo|audiologisch**: die Pädoaudiologie betreffend, auf ihr beruhend (Med.). **Päd|odontie** [*gr.-nlat.*] *die*; -: Kinderzahnheilkunde (Med.). **Pädogenese** u. **Pädogenesis** *die*; -: Fortpflanzung im Larvenstadium (Sonderfall der Jungfernzeugung; Biol.). **pädogenetisch**: sich im Larvenstadium fortpflanzend (Biol.). **Pädolinguistik** *die*; -: Teilgebiet der angewandten Sprachwissenschaft, auf dem man sich mit den Stadien des Spracherwerbs und der systematischen Entwicklung der Kindersprache beschäftigt (Sprachw.). **Pädologe** *der*; -n, -n: Wissenschaftler auf dem Gebiet der Pädologie. **Pädologie** *die*; -: Wissenschaft vom gesunden Kind unter Berücksichtigung von Wachstum u. Entwicklung. **pädologisch**: die Pädologie betreffend. **pädophil**: a) die Pädophilie betreffend; b) zur Pädophilie neigend. **Pädophile** *der*; -n, -n: pädophil empfindender Mann. **Pädophilie** *die*; -: [sexuelle] Zuneigung Erwachsener zu Kindern od. Jugendlichen beiderlei Geschlechts. **Pädosexuelle** *der*; -n, -n: = Pädophile

Padouk [...*dauk*; *engl.*, aus dem Birmanischen] *das*; -s: hell- bis dunkelbraunrotes [farbig gestreiftes] hartes Edelholz eines in Afrika u. Asien beheimateten Baumes

Pa|dre [*lat.-it.*; „Vater"] *der*; -, Padri: 1. (ohne Plural) Titel der Ordenspriester in Italien. 2. Ordenspriester in Italien als Träger dieses Titels. **Pa|drona** *die*; -, ...ne: ital. Bezeichnung für: Gebieterin; Wirtin; Hausfrau. **Pa|drone** *der*; -s, ...ni: 1. ital. Bezeichnung für: Herr, Besitzer, Chef. 2. Schutzheiliger (vgl. Patron I, 2). 3. *Plural* von Padrona

Paduana [nach der ital. Stadt Padua] *die*; -, ...nen: 1. im 16. Jh. verbreiteter schneller Tanz im Dreiertakt. 2. = Pavane (2)

Pa|ella [*pa-älja*; *span.*] *die*; -, -s: 1. spanisches Reisgericht mit verschiedenen Fleisch- u. Fischsorten, Muscheln, Krebsen u. a. 2. zur Zubereitung der Paella (1) verwendete eiserne Pfanne

Pafel vgl. Bafel

Pafese, Pofese, Povese u. Bofese [*it.*] *die*; -, -n (meist Plural): (bayr., österr.) gefüllte, in Fett gebackene Weißbrotschnitte

Pagaie [*malai.-span.*] *die*; -, -n: Stechpaddel mit breitem Blatt für den → Kanadier (1)

pagan [*lat.-nlat.*]: heidnisch. **paganisieren**: dem Heidentum zuführen. **Paganismus** *der*; -, ...men: a) (ohne Plural) Heidentum; b) heidnisches Element im christlichen Glauben u. Brauch

Pagat [*it.*] *der*; -[e]s, -e: Karte im Tarockspiel

pagatorisch [*lat.-it.*]: Zahlungen, verrechnungsmäßige Buchungen betreffend, auf ihnen beruhend

Page [*pasch*[e]; *fr.*] *der*; -n, -n: 1. (hist.) junger Adliger als Diener am Hof eines Fürsten. 2. junger, uniformierter Diener, Laufbursche [eines Hotels]. **Pagerie** [...*sch*[e]*ri*] *die*; -, ...ien: (hist.) Pagenbildungsanstalt

Pagina [*lat.*] *die*; -, -s u. ...nä: (veraltet) Buchseite, Blattseite; Abk.: p., pag. **paginieren**: mit Seitenzahlen versehen

Pä|gnium [*gr.-nlat.*] *das*; -s, ...nia: in der altgriech. Dichtung kleines lyrisches Gedicht meist scherzhaften Inhalts

Pagode [*drawid.-port.*] *die*; -, -n: in Ostasien entwickelter, turmartiger Tempel-, Reliquienbau mit vielen Stockwerken, die alle ein eigenes Vordach haben; vgl. Stupa. 2. (auch: *der*; -n, -n) (veraltet, aber noch österr.) ostasiat. Götterbild, meist als kleine sitzende Porzellanfigur mit beweglichem Kopf

Paideia [*gr.*] *die*; -: altgriech. Erziehungsideal, das vor allem die musische, gymnastische u. politische Erziehung umfaßte. **Paideuma** *das*; -s; Kulturseele (in den Bereich der → Kulturmorphologie gehörender Begriff von L. Frobenius). **Paidibett** ® [*gr.*; *dt.*] *das*; -[e]s, -en: Kinderbett, dessen Boden verstellbar ist

Pai|gnion: griech. Form von: Pägnium

paille [*paj*[e]; *lat.-fr.*]: strohfarben, strohgelb. **Paillette** [...*jät*[e]] *die*; -, -n (meist Plural): glitzerndes Metallblättchen zum Aufnähen

Pain [*päng*; *lat.-fr.*] *der* od. *das*; -[s], -s: Fleischkäse, Fleischkuchen

pair [*pär*; *lat.-fr.*]: gerade (von den Zahlen beim Roulettspiel; Gewinnmöglichkeit); Ggs. → impair. **Pair** *der*; -s, -s: (hist.) Mitglied des franz. Hochadels. **Pairie** *die*; -, ...ien: Würde eines Pairs

Pairing [*pär*...; *engl.*] *das*; -s: partnerschaftliches Verhalten; Partnerschaft

Paka [*indian.-span.*] *das*; -s, -s: südamerik. Nagetier

Paket [*fr.*] *das*; -[e]s, -e: 1. a) mit Papier o. ä. umhüllter [u. verschnürter] Packen; b) etwas in einen Karton, eine Schachtel o. ä. Eingepacktes; vgl. Lunchpaket; c) größere Packung, die eine bestimmte größere Menge einer Ware fertig abgepackt enthält (z. B. ein Paket Waschpulver). 2. größeres Päckchen als Postsendung in bestimmten Maßen u. mit einer Höchstgewichtsgrenze. 3. zu einer Sammlung, einem Bündel zusammengefaßte Anzahl politischer Pläne, Vorschläge, Forderungen. 4. (beim → Rugby) dichte Gruppierung von Spielern beider Mannschaften um den Spieler, der den Ball hält. **paketieren** [*niederl.-fr.*]: einwickeln, verpacken, zu einem Paket machen

Pako [*indian.-span.*] *der*; -s, -s: = Alpaka (I, 1)

Pakotille [...*tilj*[e]; *niederl.-fr.-span.-fr.*] *die*; -, -n: auf einem Schiff frachtfreies Gepäck, das den Seeleuten gehört

Pakt [*lat.*] *der*; -[e]s, -e: Vertrag, Übereinkommen; politisches od. militärisches Bündnis. **paktieren** [*lat.-nlat.*]: einen Vertrag, ein Bündnis schließen; ein Abkommen treffen, gemeinsame Sache machen. **Paktum** [*lat.*] *das*; -s, ...ten: (veraltet) Pakt

Paläl|an|thropologe [*gr.-nlat.*] *der*; -n, -n: Wissenschaftler auf dem Gebiet der Paläanthropologie. **Palä|an|thropologie** *die*; -: auf fossile Funde gegründete Wissenschaft vom vorgeschichtlichen Menschen u. seinen Vorgängern. **palä|an|thropologisch**: die Paläanthropologie betreffend, zu ihr gehörend, auf ihr beruhend. **palä|arktisch**: altarktisch

Paladin [auch: *pa*...; *lat.-mlat.-it.-fr.*] *der*; -s, -e: 1. Angehöriger des Heldenkreises am Hofe Karls d. Gr. 2. Hofritter, Berater eines Fürsten. 3. treuer Gefolgsmann

Paladon ® [Kunstw.] *das*; -s: Kunststoff für Zahnersatz

Palais [*palä*; *lat.-fr.*] *das*; - [*paläß*], - [*paläß*]: Palast, Schloß. **Palais de l'Élysée** [- *d*[e] *lelise*] *das*; - - -: = Elysee

paläne|grid [*gr.*; *lat.-span.*]: die Merkmale eines bestimmten afrik. Rassentyps aufweisend **Palankin** [*Hindi-port.-fr.*] *der*; -s, -e u. -s: indischer Tragsessel, Sänfte **Paläo|an|thropologie** [*gr.-nlat.*] *die*; -: = Paläanthropologie. **paläo|arktisch**: = paläarktisch. **Paläobiologie** *die*; -: Teilgebiet der Paläontologie, das sich mit den → fossilen Organismen, ihren Lebensumständen u. ihren Beziehungen zur Umwelt befaßt. **Paläobotanik** *die*; -: Wissenschaft von den → fossilen Pflanzen. **Paläobotaniker** *der*; -s, -: Wissenschaftler auf dem Gebiet der Paläobotanik. **paläobotanisch**: die Paläobotanik betreffend, zu ihr gehörend, auf ihr beruhend. **Paläodemo|graphie** *die*; -: Teilgebiet der prähistorisch-historischen → Anthropologie, das sich (auf Grund von Alters- u. Geschlechtsdiagnosen an Skelettüberresten) mit den Sterblichkeitsverhältnissen, mit Umfang u. Altersgliederungen menschlicher → Populationen (2) befaßt. **Paläogen** *das*; -s: Alttertiär, untere Abteilung des Tertiärs, das → Paleozän, → Eozän u. → Oligozän umfaßt (Geol.). **Paläogeographie**: Teilgebiet der Geologie, das sich mit der geographischen Gestaltung der Erdoberfläche in früheren geologischen Zeiten befaßt. **Paläo|graph** *der*; -en, -en: Wissenschaftler auf dem Gebiet der Paläographie. **Paläo|graphie** *die*; -: Wissenschaft von den Formen u. Mitteln der Schrift im Altertum u. in der Neuzeit; Handschriftenkunde. **paläo|graphisch**: die Paläographie betreffend, auf ihr beruhend; handschriftenkundlich. **Paläohistologie** *die*; -: Wissenschaft von den Geweben der → fossilen Lebewesen. **Paläoklimatologie** *die*; -: Wissenschaft von den → Klimaten der Erdgeschichte. **paläo|krystisch**: die Aufeinanderhäufung gestauter Eismassen betreffend (Geogr.). **Paläolinguistik** *die*; -: Wissenschaft, die sich mit einer (angenommenen) allen Völkern gemeinsamen Ursprache befaßt. **paläolinguistisch**: die Paläolinguistik betreffend, auf ihr beruhend. **Paläolithen** [auch: *...li...*] *die* (Plural): Steinwerkzeuge des Paläolithikums. **Paläolithiker** [auch: *...li...*] *der*; -s, -: Mensch der Altsteinzeit. **Paläolithikum** [auch: *...li...*] *das*; -s: älterer Abschnitt der Steinzeit, Altsteinzeit. **paläolithisch** [auch: *...li...*]: zum Paläolithikum gehörend, altsteinzeitlich. **paläoma|gnetisch**: die → Induktion (2) des erdmagnetischen Feldes während des Auskristallisierens von Mineralien betreffend (Geol.). **Palä|ontologe** *der*; -n, -n: Wissenschaftler, der sich mit den Lebewesen vergangener Erdperioden befaßt. **Palä|ontologie** *die*; -: Wissenschaft von den Lebewesen vergangener Erdperioden. **palä|ontologisch**: die Paläontologie betreffend, zu ihr gehörend, auf ihr beruhend. **Paläophytikum** *das*; -s: Altertum der Entwicklung der Pflanzenwelt im Verlauf der Erdgeschichte. **Paläophytologie** *die*; -: = Paläobotanik. **Paläo|psychologie** *die*; -: Psychologie von den Urzuständen des Seelischen. **Paläo|tropis** *die*; -: pflanzengeographisches Gebiet, das die altweltlichen Tropen u. einen Teil der altweltlichen Subtropen umfaßt. **Paläotype** *die*; -, -n: (selten) Inkunabel. **Paläotypie** *die*; -: Lehre von den Formen der gedruckten Buchstaben. **paläozän**: das Paläozän betreffend. **Paläozän** *das*; -s: älteste Abteilung des → Tertiärs (Geologie). **Paläozoikum** *das*; -s: erdgeschichtliches Altertum, Erdaltertum (Geologie). **Paläozoologe** *der*; -n, -n: Wissenschaftler auf dem Gebiet der Paläozoologie. **Paläozoologie** *die*; -: Wissenschaft von den → fossilen Tieren. **paläozoologisch**: die Paläozoologie betreffend, zu ihr gehörend, auf ihr beruhend

Palas [*lat.-fr.*] *der*; -, -se: Hauptgebäude einer Ritterburg. **Palast** *der*; -[e]s, Paläste: schloßartiges Gebäude. **Palastrevolution** [*...zion*] *die*; -, -en: das Aufbegehren, Sichempören gegenüber Vorgesetzten, Höhergestellten

Palä|stra [*gr.-lat.*] *die*; -, ...stren: (im Griechenland der Antike) Übungsplatz der Ringer

palatal [*lat.-nlat.*]: a) das → Palatum betreffend; b) im vorderen Mund am harten Gaumen gebildet (von Lauten; Sprachw.). **Palatal** *der*; -s, -e: im vorderen Mundraum gebildeter Laut, Gaumenlaut (z. B. k; Sprachw.). **Palatalis** *die*; -, ...les: (veraltet) Palatal. **palatalisieren**: 1. → Konsonanten durch Anhebung des vorderen Zungenrückens gegen den vorderen Gaumen erweichen (Sprachw.). 2. einen nichtpalatalen Laut in einen palatalen umwandeln (Sprachw.). **Palatallaut** *der*, -[e]s, -e: = Palatal

Palatin [auch: *pa...*; *lat.-mlat.-fr.*] *der*; -s, -e: (hist.) 1. Pfalzgraf (im Mittelalter). 2. der Stellvertreter des Königs von Ungarn (bis 1848). **Palatinat** *das*; -[e]s, -e: Pfalz[grafschaft]. **Palatine** [nach der Pfalzgräfin Elisabeth Charlotte] *die*; -, -n: (veraltet) 1. Ausschnittumrandung aus Pelz, leichtem Stoff od. Spitze. 2. Hals- u. Brusttuch. **palatinisch** [*lat.-mlat.-fr.*]: 1. den Palatin betreffend. 2. pfälzisch

Palat|odynie [*lat.*; *gr.*] *die*; -, ...ien: (bei Trigeminusneuralgie auftretender) Schmerz im Bereich des Gaumens (Med.). **Palato|gramm** *das*; -s, -e: Abbildung mit dem Palatographen. **Palato|graph** *der*; -en, -en: Instrument zur Durchführung der Palatographie. **Palato|graphie** *die*; -, ...ien: Methode zur Ermittlung u. Aufzeichnung der Berührungsstellen zwischen Zunge u. Gaumen beim Sprechen eines Lautes (Phonetik). **Palato|schisis** [*...ß-ch...*] *die*; -: angeborene Spaltung des harten Gaumens (Med.)

Pala|tschinke [*gr.-lat.-rumän.-ung.*] *die*; -, -n (meist Plural): (österr.) dünner, zusammengerollter u. mit Marmelade o. ä. gefüllter Eierkuchen

Palatum [*lat.*] *das*; -s, ...ta: obere Wölbung der Mundhöhle, Gaumen (Med.)

Palaver [*...wer*; *gr.-lat.-port.-engl.*; urspr.: Ratsversammlung afrik. Stämme] *das*; -s, -: (ugs., abwertend) das Reden mehrerer Personen über etw., wobei jeder seine Meinung o. ä. äußert u. sich die Erörterung längere Zeit hinzieht, oft ohne rechte Ergebnisse. **palavern**: (ugs., abwertend) mit anderen über etw. sprechen, etw. erörtern, ohne daß eigentlich (wegen der vielen u. unterschiedlichen Meinungen, Gesichtspunkte) dabei ein Ergebnis herauskommt

Palazzo [*lat.-it.*] *der*; -s, ...zzi: ital. Bezeichnung für: Palast; Stadthaus

Palea [*lat.*] *die*; -, Paleen: (Bot.) 1. Spreuschuppe od. Spreublatt bei Korbblütlern u. Farnen. 2. Blütenspelze der Gräser

Pale Ale [*pe'l e'l*; *engl.*] *das*; - -: helles engl. Bier

pal|eozän usw. vgl. paläozän usw.

Paletot [*palᵉto*; *engl.-fr.*] *der*; -s, -s: 1. (veraltet) doppelreihiger, leicht taillierter Herrenmantel mit Samtkragen, meist aus schwarzem Tuch. 2. dreiviertellanger Damen- od. Herrenmantel

Palette [*lat.-fr.*] *die*; -, -n: 1. meist

ovales, mit Daumenloch versehenes Mischbrett für Farben. 2. reiche Auswahl, viele Möglichkeiten bietende Menge. 3. genormte hölzerne od. metallene Hubplatte zum Stapeln von Waren mit dem Gabelstapler. **palettieren**, (auch:) **palettisieren**: Versandgut auf einer Palette (3) stapeln [u. in dieser Form verladen]

Pal|europa [*gr.-nlat.*], ohne Artikel; -s (in Verbindung mit Attributen: *das*; -[s]): Alteuropa, der vor dem → Devon versteifte Teil Europas (Geol.)

Palilalie [*gr.-nlat.*] *die*; -: krankhafte Wiederholung desselben Wortes od. Satzes (Med.). **Palimnese** *die*; -: Wiedererinnerung; Erinnerung an etwas, was bereits dem Gedächtnis entfallen war (Med.; Psychol.). **Palim|psest** [*gr.-lat.*] *der* od. *das*; -[e]s, -e: 1. antikes oder mittelalterliches Schriftstück, von dem der ursprüngliche Text aus Sparsamkeitsgründen getilgt und das danach neu beschriftet wurde. 2. Rest des alten Ausgangsgesteins in umgewandeltem Gestein (Geol.). **Palin|drom** *das*; -s, -e: Wort[folge] od. Satz, die vorwärts wie rückwärts gelesen [den gleichen] Sinn ergeben (z. B. Reliefpfeiler; Regen–Neger; die Liebe ist Sieger–rege ist sie bei Leid); vgl. Anagramm. **palingen** [...*in-g*...]: die Palingenese (3) betreffend, durch sie entstanden, z. B. -es Gestein (Geol.). **Palingenese** [*gr.-nlat.*] *die*; -, -n: 1. Wiedergeburt der Seele (durch Seelenwanderung). 2. das Auftreten von Merkmalen stammesgeschichtlicher Vorfahren während der Keimesentwicklung (z. B. die Anlage von Kiemenspalten beim Menschen; Biol.). 3. Aufschmelzung eines Gesteins u. Bildung einer neuen Gesteinsschmelze (Geol.). **Palingenesie** [*gr.-lat.*] *die*; -, ...ien u. **Palingenesis** [*gr.-nlat.*] *die*; -, ...esen: = Palingenese (2). **palingenetisch**: die Palingenese (1, 2) betreffend. **Palin|odie** [*gr.*; „Widerruf"] *die*; -, ...ien: bes. in der Zeit des Humanismus u. des Barocks gepflegte Dichtungsart, die den Tadel od. das Lob einer Sache mit dessen Widerruf verband; dichterischer Widerruf

Palisade [*lat.-provenzal.-fr.*] *die*; -, -n: 1. zur Befestigung dienender Pfahl, Schanzpfahl. 2. Hindernis aus dicht nebeneinander in die Erde gerammten Pfählen, Pfahlzaun. **Palisadengewebe** *das*; -s, -: an der Oberseite von Blättern gelegene Schicht pfahlförmig langgestreckter Zellen, die viel Blattgrün enthalten; Assimilationsgewebe (Bot.)

Palisander [*indian.-fr.*] *der*; -s, -: violettbraunes, von dunklen Adern durchzogenes, wertvolles brasilianisches Nutzholz, Jakaranda (II). **palisandern**: aus Palisanderholz

palisieren [*lat.-provenzal.-fr.*]: junge Bäume so anbinden, daß sie in einer bestimmten Richtung wachsen

Palla [*lat.*] *die*; -, -s: 1. altrömischer Frauenmantel. 2. gesticktes Leinentuch über dem Meßkelch (vgl. Velum 2)

Palladianismus [*nlat.*; nach dem ital. Architekten Palladio, 1508–1580] *der*; -: der von Palladio beeinflußte [klassizistische] Architekturstil (17. u. 18. Jh.), bes. in Westeuropa und England

Palladium

I. [*gr.-lat.*] *das*; -s, ...ien [...*i**n*]: Bild der griech. Göttin Pallas Athene als Schutzbild, schützendes Heiligtum [eines Hauses od. einer Stadt].

II. [*nlat.*; nach dem Planetoiden Pallas] *das*; -s: chem. Grundstoff, dehnbares, silberweißes Edelmetall; Zeichen: Pd

Pallasch [*türk.-ung.*] *der*; -[e]s, -e: schwerer [Korb]säbel

Pallawatsch u. Ballawatsch [*it.*] *der*; -s, -e: (österr., ugs.) 1. (ohne Plural) Durcheinander, Blödsinn. 2. Versager, Niete

palleti [Herkunft unsicher]: in der Wendung: [es ist] alles -: (ugs.) [es ist] alles in Ordnung

Palliata [*lat.*] *die*; -, ...ten: altröm. Komödie mit griech. Stoff u. Kostüm im Gegensatz zur → Togata. **palliativ** [*lat.-nlat.*]: die Beschwerden einer Krankheit lindernd, aber nicht die Ursachen bekämpfend; schmerzlindernd (Med.). **Palliativ** *das*; -s, -e [...*w*[e]] u. **Palliativum** [...*wum*] *das*; -s, ...va [...*wa*]: die Krankheitsbeschwerden linderndes, aber nicht die Krankheit selbst beseitigendes Arzneimittel; Linderungsmittel (Med.). **Palliengelder** [...*i*[e]*n*...] *die* (Plural): an den Papst zu zahlende Abgabe beim Empfang des Palliums (3). **Pallium** [*lat.*] *das*; -s, ...ien [...*i*[e]*n*]: 1. im antiken Rom mantelartiger Überwurf. 2. Krönungsmantel der [mittelalterl.] Kaiser. 3. weiße Schulterbinde mit sechs schwarzen Kreuzen als persönliches Amtszeichen der kath. Erzbischöfe; vgl. Omophorion

Pall-mall [*pälmäl*; *engl.*] *das*; -: schottisches Ballspiel

Pallo|graph [*gr.*] *der*; -en, -en: (veraltet) Vibrograph

Pallottiner [nach dem italien. Priester V. Pallotti, 1795–1850] *der*; -s, -: Mitglied einer katholischen Vereinigung zur Förderung des → Laienapostolats u. der Mission (2). **Pallottinerin** *die*; -, -nen: Schwester einer katholischen Missionskongregation

Palm [*lat.-roman.*; „flache Hand"] *der*; -s, -e (aber: 5 Palm): altes Maß zum Messen von Rundhölzern. **Palmarum** [*lat.*; „(Sonntag) der Palmen"]: Name des Sonntags vor Ostern (nach der → Perikope (1) vom Einzug Christi in Jerusalem, Matth. 21, 1-11). **Palme** *die*; -, -n: tropische od. subtropische Holzpflanze mit unverzweigtem Stamm u. großen gefiederten od. fächerförmigen Blättern

Palmerston [*pam*[e]*rßt*[e]*n*; *engl.*] *der*; -[s]: schwerer, doppelt gewebter, gewalkter Mantelstoff

Palmette [*lat.-fr.*] *die*; -, -n: 1. palmblattähnliches, streng symmetrisches Ornament der griech. Kunst. 2. an Wänden od. freistehendem Gerüst gezogene Spalierbaumform. **palmieren**: 1. beide Augen mit den Handflächen bedecken (Med.). 2. etwas hinter der Hand verschwinden lassen (bei einem Zaubertrick). **Palmin** (Wz) [*lat.-nlat.*] *das*; -s: aus Kokosöl hergestelltes Speisefett. **Palmitat** *das*; -[e]s, -e: Salz der Palmitinsäure. **Palmitin** *das*; -s: Hauptbestandteil der meisten Fette. **Palmitinsäure** *die*; -: feste, gesättigte Fettsäure, die in zahlreichen pflanzlichen u. tierischen Fetten vorkommt

Palolowurm [*polynes.*; *dt.*] *der*; -[e]s, ...würmer: Borstenwurm der Südsee, dessen frei im Meer schwärmende, die Geschlechtsorgane enthaltende Hinterabschnitte (vgl. Epitokie) von den Eingeborenen gegessen werden

palpabel [*lat.*]: 1. unter der Haut fühlbar (z. B. von Organen), greifbar, tastbar (z. B. vom Puls; Med.). 2. (veraltet) offenbar, deutlich. **Palpation** [...*zion*] *die*; -, -en: Untersuchung durch Abtasten u. Befühlen von dicht unter der Körperoberfläche liegenden inneren Organen (Med.). **palpatorisch** [*lat.-nlat.*]: durch Palpation; abtastend, befühlend (Med.). **Palpe** *die*; -, -n: Taster der Borstenwürmer u. Gliedertiere (Zool.). **palpieren** [*lat.*]: abtasten, betastend untersuchen

(Med.). **Palpitation** [...*zion*] *die*; -, -en: verstärkter u. beschleunigter Puls; Herzklopfen (Med.). **palpitieren**: schlagen, klopfen (Med.)

PAL-System [Kurzw. aus engl. *P*hase *A*lternating *L*ine (*fe^is olt^er-ne^iting lain*): „phasenverändernde Zeile“; *gr.*] *das*; -s: 1967 in Deutschland eingeführtes Farbfernsehsystem, bei dem die auf dem Übertragungsweg entstehenden störenden Einflüsse, die bei der Wiedergabe Farbfehler verursachen würden, durch Kompensation behoben werden; vgl. SECAM-System

Paludarium [*lat.-nlat.*] *das*; -s, ...ien [...*i^en*]: Behälter, Anlage zur Haltung von Pflanzen u. Tieren, die in Moor u. Sumpf heimisch sind

Palynologie [*gr.-nlat.*] *die*; -: Zweig der Botanik, der sich mit der Erforschung des Blütenpollens befaßt

Pamirschaf [nach dem zentralasiat. Hochgebirge] *das*; -[e]s, -e: im Hochland von Pamir beheimatetes Wildschaf

Pampa [*indian.-span.*] *die*; -, -s (meist Plural): ebene, baumarme Grassteppe in Südamerika

Pampelmuse [*niederl.*] *die*; -, -n: große, gelbe Zitrusfrucht von säuerlich-bitterem Geschmack

Pampero [*indian.-span.*] *der*; -[s], -s: kalter, stürmischer Süd- bis Südwestwind in der argentinischen Pampa

Pam|phlet [*engl.-fr.*] *das*; -[e]s, -e: [politische] Streit- u. Schmähschrift, verunglimpfende Flugschrift. **Pam|phletist** *der*; -en, -en: Verfasser von Pamphleten. **pam|phletistisch**: in der Art eines Pamphlets

Pampusche vgl. Babusche

Pan

I. [*poln.*] *der*; -s, -s: 1. (hist.) kleiner polnischer Gutsbesitzer. 2. Herr (poln. Anrede).

II. Ⓦ[Kurzwort aus *P*oly*a*cryl*ni*tril] *das*; -s: synthetische Faser, in den USA als → Orlon hergestellt

Panaché [...*sche*] usw. vgl. Panaschee usw.

Panade [*lat.-provenzal.-fr.*] *die*; -, -n: (Kochkunst) a) Brei aus Semmelbröseln bzw. Mehl u. geschlagenem Eigelb zum → Panieren; b) breiige Mischung (z. B. aus Mehl, Eiern, Fett mit Gewürzen) als Streck- u. Bindemittel für → Farcen (3). **Panadelsuppe** *die*; -, -n: (südd., österr.) Suppe mit Weißbroteinlage u. Ei

pan|afrikanisch [*nlat.*]: den Panafrikanismus, alle afrik. Staaten betreffend. **Pan|afrikanismus** *der*; -: das Bestreben, die wirtschaftliche u. politische Zusammenarbeit aller afrikanischen Staaten zu verstärken

Pan|agia u. Panhagia [*gr.*; „Allheilige“] *die*; -, ...ien: in der orthodoxen Kirche: 1. (ohne Plural) Beiname Marias. 2. liturgisches Marienmedaillon des Bischofs. 3. Marienbild in der → Ikonostase. 4. Brotsegnung zu Ehren Marias

Panama [auch: *pan*...; mittelamerikan. Stadt] *der*; -s, -s: Gewebe in Würfelbindung, sog. Panamabindung (Webart). **Panamahut** *der*; -[e]s, ...hüte: aus den Blattfasern einer in Mittel- u. Südamerika vorkommenden Palmenart geflochtener Hut

pan|amerikanisch [*nlat.*]: den Panamerikanismus, alle amerik. Staaten betreffend. **Panamerikanismus** *der*; -: das Bestreben, die wirtschaftliche u. politische Zusammenarbeit aller amerikanischen Staaten zu verstärken

Panaritium [...*zium*; *gr.-lat.*] *das*; -s, ...ien [...*i^en*]: Nagelgeschwür, eitrige Entzündung an den Fingern (Med.)

Panasch [*lat.-it.-fr.*] *der*; -[e]s, -e: Helmbusch, Federbusch. **Panaschee** *das*; -s, -s: (veraltet) 1. mehrfarbiges Speiseeis. 2. aus verschiedenen Obstsorten bereitetes Kompott, Gelee. 3. = Panaschierung. **panaschieren** [„buntstreifig machen“]: bei einer Wahl seine Stimme für Kandidaten verschiedener Parteien abgeben (z. B. in den deutschen Bundesländern bei Gemeindewahlen). **Panaschierung** *die*; -, -en: weiße Musterung auf Pflanzenblättern durch Mangel an Blattgrün in den Farbstoffträgern (Bot.). **Panaschüre** *die*; -, -n: = Panaschierung

Pan|athenäen [*gr.*] *die* (Plural): jährlich, bes. aber alle vier Jahre gefeiertes Fest zu Ehren der Athene im alten Athen

Panax [*gr.-lat.*] *der*; -, -: Araliengewächs, dessen Wurzel als → Ginseng in der Heilkunde bekannt ist. **Pan|azee** [auch: ...*ze*] *die*; -, -n: Allheilmittel, Wundermittel

pan|chromatisch [...*kro*...; *gr.-nlat.*]: empfindlich für alle Farben u. Spektralbereiche (von Filmmaterial; Fotogr.)

Pan|creas vgl. Pankreas

Panda [Herkunft unsicher] *der*; -s, -s: a) vorwiegend im Himalaja heimisches Raubtier mit fuchsrotem, an Bauch u. Beinen schwarzbraunem Pelz; Katzenbär; b) scheuer Kleinbär, weiß mit schwarzem Gürtel, schwarzen Ohren u. Augenringen, der von Bambus lebt; Bambusbär

Pandaimonion [*gr.*] u. **Pandämonium** [*gr.-nlat.*] *das*; -s, ...ien [...*i^en*]: a) Aufenthalt aller → Dämonen; b) Gesamtheit aller → Dämonen

Pandane [*malai.*] *die*; -, -n u. **Pandanus** [*malai.-lat.*] *der*; -, -: Schraubenbaum (Zierpflanze mit langen, schmalen Blättern)

Pandekten [*gr.-lat.*; „allumfassend“] *die* (Plural): Sammlung altröm. Privatrechts im → Corpus juris civilis; vgl. auch: Digesten. **Pandektist** [*gr.-lat.-nlat.*] *der*; -en, -en: deutscher Zivilrechtler für römisches Recht bes. im 19. Jh.

Pandemie [*gr.-nlat.*] *die*; -, ...ien: sich weit verbreitende, ganze Länder od. Landstriche erfassende Seuche, Epidemie großen Ausmaßes (Med.). **pandemisch** [*gr.*]: sich über mehrere Länder od. Landstriche ausbreitend (von Seuchen; Med.)

Panderma [türk. Hafenstadt, heute: Bandirma] *der*; -[s] -s: vielfarbiger türk. [Gebets]teppich ohne charakteristisches Muster u. meist von geringerer Qualität. **Pandermit** [auch: ...*it*; *nlat.*] *der*; -s, -e: in feinkörnigen Knollen vorkommendes seltenes Mineral

Pandero [*span.*] *der*; -s, -s: baskische Schellentrommel; vgl. Tamburin

Pandit [*sanskr.-Hindi*] *der*; -s, -e: 1. (ohne Plural) Titel brahmanischer Gelehrter. 2. Träger dieses Titels

Pandora [*gr.-lat.*; die erste Frau in der griech. Mythologie; sie trägt alles Unheil in einem Gefäß, um es auf Zeus' Befehl unter die Menschen zu bringen]; in der Fügung: die Büchse der -: Unheilsquell

Pandur [*ung.*] *der*; -en, -en: (hist.) a) ungarischer [bewaffneter] Leibdiener; b) leichter ungarischer Fußsoldat

Pandura vgl. Bandura

Paneel [*lat.-mlat.-fr.-niederl.*] *das*; -s, -e: 1. a) das vertieft liegende Feld einer Holztäfelung; b) gesamte Holztäfelung. 2. Holztafel der Gemälde. **paneelieren**: [eine Wand] mit Holz vertäfeln

Pan|egyriker [*gr.-lat.*] *der*; -s, -: Verfasser von Panegyriken. **Panegyrikon** [*gr.*] *das*; -[s], ...ka: liturgisches Buch der orthodoxen

Kirche mit predigtartigen Lobreden auf die Heiligen. **Panegyrikos** [*gr.*] *der*; -, ...koi [...*keu*] u. **Pan|egyrikus** [*gr.-lat.*] *der*; -, ...ken u. ...zi: Fest-, Lobrede, Lobgedicht im Altertum. **panegyrisch**: den Panegyrikus betreffend, lobrednerisch

Panel [*pän^e^l*; *engl.*] *das*; -s, -s: repräsentative Personengruppe für die Meinungsforschung. **Paneltechnik** [*pän^e^l*...; *engl.*; *gr.*] *die*; -: Methode der Meinungsforschung, die gleiche Gruppe von Personen innerhalb eines bestimmten Zeitraums mehrfach zu ein u. derselben Sache zu befragen

panem et circenses [- - *zirzänseß*; *lat.*; „Brot und Zirkusspiele"]: Lebensunterhalt u. Vergnügungen als Mittel zur Zufriedenstellung des Volkes (ursprünglich Anspruch des röm. Volkes während der Kaiserzeit, den die Herrscher zu erfüllen hatten, wenn sie sich die Gunst des Volkes erhalten wollten)

Pan|en|theismus [*gr.-nlat.*] *der*; -: religiös-philosophische Lehre, nach der die Welt in Gott eingeschlossen ist, ihren Halt hat; vgl. Pantheismus. **pan|entheistisch**: den Panentheismus betreffend, auf ihm beruhend; in der Art des Panentheismus

Panettone [*it.*] *der*; -[s], ...ni: italien. Hefekuchen mit kandierten Früchten

Pan|europa, ohne Artikel; -s (in Verbindung mit Attributen: *das*; -[s]): [von vielen Seiten erstrebte] künftige Gemeinschaft aller europäischen Staaten. **paneuropäisch**: gesamteuropäisch

Panfilm [Kurzw. aus: → *pan*chromatischer *Film*] *der*; -[e]s, -e: Film mit → panchromatischer Schicht

Panflöte [nach dem altgriech. Hirtengott Pan] *die*; -, -n: aus 5–7 verschieden langen, grifflochlosen, floßartig aneinandergereihten Pfeifen bestehendes Holzblasinstrument; Faunflöte, Faunpfeife, Papagenopfeife; vgl. Syrinx

Pange lingua [*lat.*; „erklinge, Zunge"] *das*; - -: oft vertonter, Thomas v. Aquin zugeschriebener Fronleichnamshymnus

Pangene [...*n-g*...; *gr.-nlat.*] *die* (Plural): kleinste Zellteilchen, die eine Vererbung erworbener Eigenschaften ermöglichen sollen (nach Darwin; Biol.). **Pangenesistheorie** [...*n-g*...] *die*; -: von Darwin aufgestellte Vererbungstheorie, nach der die Vererbung erworbener Eigenschaften durch kleinste Zellteilchen vonstatten gehen soll (Biol.)

Pangermanismus [...*n-g*..., *nlat.*] *der*; -: politische Haltung, die die Gemeinsamkeiten der Völker germanischen Ursprungs betont u. eine Vereinigung aller Deutschsprechenden anstrebt; Alldeutschtum

Pangolin [*panggo*...; *malai.*] *der*; -s, -e [...*lin^e*]: Schuppentier

Panhagia vgl. Panagia

panhellenisch [*gr.-nlat.*]: alle Griechen betreffend. **Panhellenismus** *der*; -: Bestrebungen, alle griech. Länder in einem großen griech. Reich zu vereinigen; Allgriechentum

Pani [*slaw.-poln.*] *die*; -, -s: poln. Bezeichnung für: Herrin, Frau

Panier [*germ.-fr.*]

I. *das*; -s, -e: 1. (veraltet) Banner, Fahne. 2. Wahlspruch; etwas, dem man sich zur Treue verpflichtet fühlt.

II. *die*; -: (österr.) Masse zum Panieren

panieren [*lat.-fr.*]: (Fleisch, Fisch u. a.) vor dem Braten in geschlagenes Eigelb, Mehl o. ä. tauchen u. mit Semmelbröseln bestreuen od. in Mehl wälzen

Panik [*gr.-fr.*; nach dem altgriech. Hirtengott Pan] *die*; -, -en: durch eine plötzliche Bedrohung, Gefahr hervorgerufene existentielle Angst, die das Denken lähmt, so daß man nicht mehr sinnvoll u. überlegt handelt. **panisch**: von Panik bestimmt [u. wie gelähmt]

Pan|islamismus [*nlat.*] *der*; -: Streben nach Vereinigung aller islam. Völker

Panje [*slaw.*] *der*; -s, -s: (veraltet, noch scherzh.) poln. od. russ. Bauer; vgl. Pan (I). **Panjepferd** *das*; -[e]s, -e: poln. od. russ. Landpferd

Pankarditis [*gr.-nlat.*] *die*; -, ...itiden: Entzündung aller Schichten der Herzwand (Med.); vgl. Karditis

Pan|kration [*gr.*; „Allkampf"] *das*; -s, -s: altgriech. Zweikampf, der Freistilringen u. Faustkampf in sich vereinigte

Pan|kreas [*gr.*], (in der anatomischen Nomenklatur nur:) Pancreas [...*kreaß*] *das*; -: Bauchspeicheldrüse (Med.). **Pan|kreatektomie** *die*; -, ...ien: operative Entfernung der Bauchspeicheldrüse (Med.). **Pan|kreatin** [*gr.-nlat.*] *das*; -s: aus tierischen Bauchspeicheldrüsen hergestelltes → Enzym. **Pan|kreatitis** *die*; -, ...itiden: Entzündung der Bauchspeicheldrüse (Med.)

Panlogismus [*gr.-nlat.*] *der*; -: Lehre von der logischen Struktur des Universums, nach der das ganze Weltall als Verwirklichung der Vernunft aufzufassen sei (Philos.)

Panmixie [*gr.-nlat.*; „Allmischung"] *die*; -, ...ien: (Biol.) 1. Mischung guter u. schlechter Erbanlagen. 2. das Zustandekommen rein zufallsbedingter Paarungen zwischen Angehörigen der gleichen Art, ohne daß Selektionsfaktoren od. bestimmte (z. B. geographische) Isolierungsfaktoren wirksam werden; Ggs. → Amixie

Panmyelopathie [*gr.-nlat.*] *die*; -, ...ien u. **Panmyelo|phthise** *die*; -, -n: völliger Schwund bzw. Versagen aller blutbildenden Zellen des Knochenmarks (Med.)

Panne

I. [*fr.*] *die*; -, -n: (ugs.) a) Unfall, Schaden, Bruch, Betriebsstörung (bes. bei Fahrzeugen); b) Störung, Mißgeschick, Fehler.

II. [*pan*; *lat.-fr.*] *der*; -[s], -s: Seidensamt mit gepreßtem Flor, Spiegelsamt

Panneau [...*no*; *fr.*] *der*; -s, -s: 1. Holzplatte, -täfelchen zum Bemalen. 2. Sattelkissen für Kunstreiter

Pannikulitis [*lat.-nlat.*] *die*; -, ...itiden: Entzündung des Unterhautfettgewebes (Med.). **Pannisellus** *der*; -, ...lli: kleiner Leinenstreifen als Handhabe am Abtsstab.

Pannus [*lat.*] *der*; -: Hornhauttrübung durch einwachsendes Bindehautgewebe als Folge von Binde- od. Hornhautentzündungen (Med.)

Pannychis [*gr.*] *die*; -: Nachtfeier, [ganz]nächtliche Vorfeier höherer Feste in der Ostkirche

Pan|oph|thalmie [*gr.-nlat.*] u. Pant|oph|thalmie *die*; -, ...ien: eitrige Augenentzündung (Med.). **Pan|optikum** [*gr.-nlat.*] *das*; -s, ...ken: Sammlung von Sehenswürdigkeiten, meist Kuriositäten, od. von Wachsfiguren. **pan|optisch**: von überall einsehbar; -es System: die im Interesse einer zentralen Überwachung angewandte strahlenförmige Anordnung der Zellen mancher Strafanstalten (Rechtsw.)

Pan|orama [*gr.-nlat.*; „Allschau"] *das*; -s, ...men: 1. Rundblick, Ausblick. 2. a) Rundgemälde; b) fotografische Rundaufnahme. **Pan|oramabus** *der*; ...busses, ...busse: doppelstöckiger Bus für Stadtrundfahrten o. ä., von dessen oberer Etage ein freier Rundblick möglich ist. **Pan-**

oramafernrohr *das*; -[e]s, -e: Fernrohr mit beweglichen → Prismen u. feststehendem → Okular zum Beobachten des ganzen Horizonts. **Pan|oramakopf** *der*; -[e]s, ...köpfe: drehbarer Stativkopf für Rundaufnahmen (Fotogr.). **Pan|oramaverfahren** *das*; -s, -: Breitwand- u. Raumtonverfahren (Film); vgl. auch: Cinemascope u. Cinerama. **panoramieren**: ein Gesamtbild (Rundblick) durch Drehen der Kamera herstellen (Film)

Panphobie [*gr.-nlat.*] *die*; -, ...ien: krankhafte Furcht vor allen Vorgängen der Außenwelt (Med.; Psychol.)

Pan|plegie [*gr.-nlat.*] *die*; -, ...ien: allgemeine, vollständige Lähmung der Muskulatur (Med.)

Pan|psychismus [*gr.-nlat.*] *der*; -: Vorstellung der Allbeseelung der Natur, auch der nichtbelebten (Philos.)

Panroman [Kunstw.] *das*; -[s]: eine Welthilfssprache, Vorläuferin des → Universal

Pansexualismus [*gr*; *lat.-nlat.*] *der*; -: die von nur sexuellen Trieben ausgehende frühe Richtung der → Psychoanalyse S. Freuds

Pans|flöte vgl. Panflöte

Pansinusitis [*gr.*; *lat.-nlat.*] *die*; -, ...itiden: Entzündung der Nasennebenhöhlen (Med.)

Pan|slavismus usw. vgl. Panslawismus usw. **Pan|slawismus** [*nlat.*] *der*; -: Bestrebungen, alle slawischen Völker in einem Großreich zu vereinigen; Allslawentum. **Pan|slawist** *der*; -en, -en: Anhänger des Panslawismus. **panslawistisch**: den Panslawismus betreffend, auf ihm beruhend

Pansophie [*gr.-nlat.*] *die*; -: religiös-philosophische Bewegung, die eine Zusammenfassung aller Wissenschaften u. ein weltweites Gelehrten- u. Friedensreich anstrebte. **pansophisch**: die Pansophie betreffend, auf ihr beruhend; in der Art der Pansophie

Pan|spermie [*gr.-nlat.*] *die*; -: Theorie von der Entstehung des Lebens auf der Erde durch Keime von anderen Planeten (Biol.)

panta|gruelisch [nach der Romanfigur Pantagruel (*pangtagrüäl*) von Rabelais]: derb, deftig; lebensvoll

Pantaleon [nach dem Erfinder Pantaleon Hebenstreit] *das*; -s, -s: Hackbrett mit doppeltem Resonanzboden u. Darm- od. Drahtsaiten (Vorläufer des Hammerklaviers)

Pantalon
I. *das*; -s, -s: = Pantaleon.
II. [*pangtalong*; *it.-fr.*] *das*; -s, -s: das erste Stück des franz. → Kontertanzes

Pantalone [*it.*] *der*; -s, -s u. ...ni: Maske, Figur des dummen, oft verliebten u. stets geprellten Alten im ital. Volkslustspiel. **Pantalons** [*pangtalongß*, auch: *pantalongß*; *it.-fr.*] *die* (Plural): während der Franz. Revolution aufgekommene lange Männerhose

panta rhei [- *rai*; *gr.*; „alles fließt"]: es gibt kein bleibendes Sein (fälschlich Heraklit zugeschriebener Grundsatz, nach dem das Sein als ewiges Werden, ewige Bewegung gedacht wird)

Panteliṣmus [*gr.-nlat.*] *der*; -: Anschauung, nach der das gesamte Seiende → teleologisch erklärbar sei (Philos.)

Pan|theismus [*gr.-nlat.*] *der*; -: Allgottlehre; Lehre, in der Gott u. Welt identisch sind; Anschauung, nach der Gott das Leben des Weltalls selbst ist (Philos.). **Pan|theist** *der*; -en, -en: Vertreter des Pantheismus. **pan|theistisch**: den Pantheismus betreffend; in der Art des Pantheismus

Pan|thelismus [*gr.-nlat.*] *der*; -: Lehre, nach der der Wille das innerste Wesen der Welt, aller Dinge ist (Philos.)

Pan|theon [*gr.*] *das*; -s, -s: 1. antiker Tempel (bes. in Rom) für alle Götter. 2. Ehrentempel (z. B. in Paris). 3. Gesamtheit der Götter eines Volkes

Panther [*gr.-lat.*] *der*; -s, -: = Leopard

Pantine [*fr.-niederl.*] *die*; -, -n (meist Plural): Holzschuh, Holzpantoffel

Pantoffel [*fr.*] *der*; -s, -n (ugs.: -) (meist Plural): leichter Hausschuh [ohne Fersenteil]. **pantoffeln**: Leder geschmeidig, weich machen [mit einem pantoffelförmigen Holz]

Panto|graph [*gr.-nlat.*] *der*; -en, -en: Storchschnabel (Instrument zum Übertragen von Zeichnungen im gleichen, größeren od. kleineren Maßstab). **Pantographie** *die*; -, ...ien: mit dem Pantographen hergestelltes Bild

Panto|krator [*gr.*; „Allherrscher"] *der*; -s, ...oren: 1. (ohne Plural) Ehrentitel für [den höchsten] Gott, auch für den auferstandenen Christus (nach Offenb. 1, 8). 2. Darstellung des thronenden Christus in der christlichen, bes. in der byzantinischen Kunst

Pantolette [Kunstw. aus: *Panto*ffel u. Sanda*lette*] *die*; -, -n (meist Plural): leichter Sommerschuh ohne Fersenteil

Pantometer [*gr.-nlat.*] *das*; -s, -: Instrument zur Messung von Längen, Horizontal- u. Vertikalwinkeln (Techn.)

Pantomime [*gr.-lat.* (*-fr.*)]
I. *die*; -, -n: Darstellung einer Szene, Handlung nur mit Gebärden, Mienenspiel u. Tanz.
II. *der*; -n, -n: Darsteller einer Pantomime (I)

Pantomimik [*gr.-lat.*] *die*; -: 1. Kunst der Pantomime. 2. Gesamtheit der Ausdrucksbewegungen des Körpers; Gebärdenspiel, Körperhaltung u. Gang (Psychol.). **pantomimisch**: 1. die Pantomime betreffend, mit den Mitteln, in der Art der Pantomime. 2. die Pantomimik (2), die Ausdrucksbewegungen des Körpers betreffend (Psychol.)

pantophag [*gr.-nlat.*; „allesfressend"]: sowohl pflanzliche als auch tierische Nahrung fressend, verdauend (in bezug auf bestimmte Tiere; Zool.); vgl. omnivor. **Pantophage** *der*; -n, -n: Allesfresser (von bestimmten Tieren; Zool.); vgl. Omnivore. **Panthophagie** *die*; -: Allesfresserei (Zool.); vgl. Monophagie

Pant|oph|thalmie vgl. Panophthalmie

Pantopode [*gr.-nlat.*] *der*; -n, -n: Asselspinne (räuberischer, aber auch parasitischer Meeresbewohner)

Pantothensäure [*gr.*; *dt.*] *die*; -, -n: zur B_2-Gruppe gehörendes → Vitamin

Pantoun [*pantun*] vgl. Pantun

Pan|tragismus [*gr.-nlat.*] *der*; -: das tragische, nicht überwindbare Weltgesetz über dem menschlichen Leben, das vom Kampf zwischen dem einzelnen u. dem Universum beherrscht wird (nach Hebbel)

Pan|try [*päntri*; *lat.-fr.-engl.*] *die*; -, -s: Speisekammer, Anrichte [auf Schiffen od. in Flugzeugen]

Pantschen-Lama [*tibet.*] *der*; -[s], -s: = Taschi-Lama

Pantun [*malai.*] u. Pantoun [*pantun*] *das*; -[s], -s: malaiische Gedichtform mit vierzeiligen, kreuzweise gereimten Strophen

Panty [*pänti*; *engl.*] *die*; -, ...ties [...*tis*, auch: ...*tiß*]: 1. Miederhöschen. 2. Strumpfhose

Pänula [*gr.-lat.*] *die*; -, ...len: rund geschnittenes, aus Filz, Wolle od. Leder bestehendes römisches Übergewand

Pän|ultima [*lat.*] *die*; -, ...mä u. ...men: vorletzte Silbe in einem Wort (lat. Grammatik)

pan|urgisch [*gr.*]: (veraltet) listig, verschmitzt

Panvitalismus [...*wi*...; *gr.*; *lat.-nlat.*] *der*; -: naturphilosophische Lehre, nach der das ganze Weltall lebendig ist

Päon [auch: *pä*...; *gr.-lat.*] *der*; -s, -e: im → Päan (1) verwendeter antiker Versfuß mit drei kurzen Silben u. einer beliebig einsetzbaren langen Silbe (antike Metrik)

Päonie [...*i^e*; *gr.-lat.*] *die*; -, -n: Pfingstrose (eine Zierstaude)

Papa
I. [*papa*, auch: *papa*; *fr.*] *der*; -s, -s: (ugs.) Vater.
II. [*papa*; *gr.-mlat.*; „Vater"] *der*; -s: 1. kirchliche Bezeichnung des Papstes. 2. in der orthodoxen Kirche Titel höherer Geistlicher; Abk.: P.; vgl. Papas, Pope

Papabili [*lat.-it.*] *die* (Plural): ital. Bezeichnung für: als Papstkandidaten in Frage kommende Kardinäle

Papagallo [*it.*] *der*; -[s], -s u. ...lli: auf erotische Abenteuer bei Touristinnen ausgehender [südländischer, bes. ital. junger] Mann. **Papagayos** [...*ajoß*; *span.*] *die* (Plural): kalte Fallwinde in den Anden. **Papagei** [auch: *pa*...; *fr.*] *der*; -s u. -en, -e[n]: buntgefiederter tropischer Vogel mit kurzem, abwärts gebogenem Oberschnabel, der die Fähigkeit hat, Wörter nachzusprechen. **Papageienkrankheit** *die*; -: = Psittakose (Med.)

Papain [*karib.-span.-nlat.*] *das*; -s: eiweißspaltendes pflanzliches Enzym

papal [*gr.-mlat.*]: päpstlich. **Papalismus** [*gr.-mlat.-nlat.*] *der*; -: kirchenrechtliche Anschauung, nach der dem Papst die volle Kirchengewalt zusteht; Ggs. → Episkopalismus; vgl. Kurialismus. **Papalist** *der*; -en, -en: Anhänger des Papalismus. **papalistisch**: im Sinne des Papalismus [denkend]. **Papalsystem** *das*; -s: das katholische System der päpstlichen Kirchenhoheit

Paparazzo [*it.*] *der*; -s, ...zzi: scherzh. ital. Bez. für: [aufdringlicher] Pressefotograf, Skandalreporter

Papas [*ngr.*] *der*; -, -: Weltgeistlicher in der orthodoxen Kirche. **Papat** [*gr.-mlat.-nlat.*] *der* (auch: *das*); -[e]s: Amt u. Würde des Papstes

Papaverazeen [...*we*...; *lat.-nlat.*] *die* (Plural): Familie der Mohngewächse (Bot.). **Papaverin** *das*; -s: krampflösendes → Alkaloid des Opiums

Papaya [...*paja*; *karib.-span.*] *die*; -, -s u. **Papaye** [...*aj^e*] *die*; -, -n: 1. = Melonenbaum. 2. Frucht des Melonenbaums, Baummelone

Papel [*lat.*] *die*; -, -n u. **Papula** *die*; -, ...lae [...*ä*]: Hautknötchen, kleine, bis linsengroße Hauterhebung (Med.)

Paper [*pe^ip^er*; *engl.*] *das*; -s, -s: schriftliche Unterlage, Schriftstück; vgl. Papier (2). **Paperback** [*pe^ip^erbäk*; „Papierrücken"] *das*; -s, -s: kartoniertes, meist in Klebebindung hergestelltes [Taschen]buch; Ggs. → Hard cover.

Papeterie [*gr.-lat.-fr.*] *die*; -, ...ien: (schweiz.) Papierwaren, Papierwarenhandlung. **Papeterist** *der*; -en, -en: (schweiz.) Schreibwarenhändler. **Papier** [*gr.-lat.*] *das*; -s, -e: 1. aus Fasern hergestelltes, blattartig gepreßtes, zum Beschreiben, Bedrucken, zur Verpackung o. ä. dienendes Material. 2. Schriftstück, Dokument, schriftliche Unterlage, Manuskript; vg. Paper. 3. (meist Plural) Ausweis, Personaldokument, Unterlagen. 4. Wertpapier, Urkunde über Vermögensrechte. **Papiermaché** [*papiemasché*, auch: ...*pir*...; *fr.*] u. Pappmaché *das*; -s, -s: verformbares Hartpapier

Papilionazeen [*lat.-nlat.*] *die* (Plural): Familie der Schmetterlingsblütler (Bot.)

Papilla vgl. Papille. **papillar** [*lat.-nlat.*]: warzenartig, -förmig (Med.). **Papillarschicht** *die*; -, -en: die mit Papillen versehene obere Schicht der Lederhaut (Med.). **Papille** [*lat.*; „Warze; Bläschen"] *die*; -, -n u. Papilla *die*; -, ...llae [...*ä*]: 1. (Med.) a) Brustwarze; b) warzenartige Erhebung an der Oberfläche von Organen (z. B. Haarpapille, Sehnervenpapille). 2. (meist Plural) haarähnliche Ausstülpung der Pflanzenoberhaut (Bot.). **Papillom** [*lat.-nlat.*] *das*; -s, -e: Warzen-, Zottengeschwulst aus gefäßhaltigem Bindegewebe (Med.)

Papillon [*papijong*; *lat.-fr.*] *der*; -s, -s: 1. franz. Bezeichnung für: Schmetterling. 2. (veraltet) flatterhafter Mensch. 3. feinfädiges Woll- od. Mischgewebe von ripsähnlichem Aussehen

papillös [*lat.-nlat.*]: warzig (Biol.; Med.)

Papillote [...*jot^e*; *lat.-fr.*] *die*; -, -n: 1. Hülle aus herzförmig zugeschnittenem Pergamentpapier, die (mit Öl bestrichen) um kurz zu bratende od. grillende Fleisch- od. Fischstücke geschlagen wird. 2. Haarwickel in Form einer biegsamen Rolle aus Schaumstoff, die an den aufgerollten Haarsträhnen befestigt wird, indem man die Enden U-förmig einbiegt. **papillotieren**: die einzelnen [wie eine Kordel um sich selbst gedrehten] Haarsträhnen auf Papilloten wickeln, um das Haar zu wellen

Papirossa [*gr.-lat.-dt.-poln.-russ.*] *die*; -, ...ossy: russische Zigarette mit langem Hohlmundstück aus Pappe

Papismus [*gr.-mlat.-nlat.*] *der*; -: (abwertend) Papsttum. **Papist** *der*; -en, -en: (abwertend) Anhänger des Papsttums. **papistisch**: (abwertend) den Papismus betreffend, auf ihm beruhend; päpstisch

Pappatacifieber [...*tatschi*...; *it.*; *lat.-dt.*] *das*; -s: in den Tropen u. in Südeuropa auftretende, durch → Moskitos übertragene Krankheit mit Fieber u. grippeartigen Symptomen (Med.)

Pappmaché vgl. Papiermaché

Pappus [*gr.-lat.*] *der*; -, - u. -se: Haarkrone der Frucht von Korbblütlern (Bot.)

Pa|prika [*sanskr.-pers.-gr.-lat.-serb.-ung.*] *der*; -s, -[s]: 1. in Südeuropa u. Amerika angebaute Gemüse-, Gewürzpflanze mit kleinen weißen Blüten u. hohlen Beerenfrüchten. 2. weiße, gelbe, rote od. violette bis schwarze Frucht der Paprikapflanze mit dünner, wenig fleischiger, aber saftiger, vitaminreicher Fruchtwand, die als Gemüse od. als Gewürz verwendet wird; Paprikaschote. 3. (ohne Plural) leicht scharfes rotes Gewürz in Pulverform aus der getrockneten reifen Frucht der Paprikapflanze. **paprizieren**: mit Paprika würzen

Papula vgl. Papel. **papulös** [*lat.-nlat.*]: mit der Bildung von Papeln einhergehend; papelartig (Med.)

Papyri: *Plural* von → Papyrus. **Papyrin** [*gr.-lat.-nlat.*] *das*; -s: Pergamentpapier. **Papyrologe** [*gr.-nlat.*] *der*; -n, -n: Wissenschaftler auf dem Gebiet der Papyrologie. **Papyrologie** *die*; -: Wissenschaft, die Papyri (3) erforscht, konserviert, entziffert u. zeitlich bestimmt; Papyruskunde. **papyrologisch**: die Papyrologie betreffend. **Papyrus** [*gr.-lat.*] *der*; -, ...ri: 1. Papierstaude. 2. in der Antike gebräuchliches, aus der Papierstaude gewonnenes Schreibmaterial in Blatt- u. Rollenform. 3. aus der Antike u. bes. aus dem alten Ägypten stammendes beschriftetes Papyrusblatt; Papyrusrolle; Papyrustext

Par [*engl.*] *das*; -[s], -s: für jedes

Loch des Golfplatzes festgesetzte Anzahl von Schlägen, die sich nach dem Abstand des Abschlags vom Loch richtet (Golf)

Para

I. [*pers.-türk.*] *der*; -, -: 1. (hist.) kleinste türkische Münzrechnungseinheit (vom 17. Jh. bis 1924). 2. in Jugoslawien 0,01 Dinar.

II. [Kurzform von franz. parachutiste (*paraschütịßt*); *fr.*] *der*; -s, -s: franz. Bezeichnung für: Fallschirmjäger

Parabase [*gr.*] *die*; -, -n: in der attischen Komödie Einschub in Gestalt einer satirisch-politischen Aussprache, gemischt aus Gesang u. Rezitation des Chorführers u. des Chors

Parabel [*gr.-lat.*] *die*; -, -n: 1. lehrhafte Dichtung, die eine allgemeingültige sittliche Wahrheit an einem Beispiel (indirekt) veranschaulicht; lehrhafte Erzählung, Lehrstück; Gleichnis. 2. eine symmetrisch ins Unendliche verlaufende Kurve der Kegelschnitte, deren Punkte von einer festen Geraden u. einem festen Punkt gleichen Abstand haben (Math.). 3. Wurfbahn in einem → Vakuum (Phys.)

Parabellum ⓦ [Kunstw.] *die*; -, -s u. **Parabellumpistole** *die*; -, -n: Selbstladepistole

Parabiont [*gr.-nlat.*] *der*; -en, -en: Lebewesen, das mit einem anderen gleicher Art zusammengewachsen ist, in Parabiose lebender Organismus (Biol.); vgl. siamesische Zwillinge. **Parabiose** *die*; -, -n: das Zusammenleben u. Aufeinandereinwirken zweier Lebewesen der gleichen Art, die miteinander verwachsen sind (Biol.)

Para|blacks [auch: ...*bläx*; *engl.*] *die* (Plural): auf den Skiern (zwischen Skispitze u. Bindung) angebrachte [Kunststoff]klötze, die das Überkreuzen der Skier verhindern sollen

Para|blepsie [*gr.-nlat.*] *die*; -, ...ien: Sehstörung (Med.)

Parabolantenne [*gr.-lat.*; *lat.-it.*] *die*; -, -n: Antenne in der Form eines Parabolspiegels, mit deren Hilfe Ultrakurzwellen gebündelt werden (Technik). **parabolisch** [*gr.-lat.-nlat.*]: 1. die Parabel (1) betreffend, in der Art einer Parabel (1); gleichnishaft, sinnbildlich. 2. parabelförmig gekrümmt. **Paraboloid** [*gr.-nlat.*] *das*; -[e]s, -e: gekrümmte Fläche ohne Mittelpunkt (Math.). **Parabolspiegel** *der*; -s, -: Hohlspiegel von der Form eines Paraboloids, das durch die Drehung einer Parabel um ihre Achse entstanden ist (Rotationsparaboloid)

Parachutist [...*schü*...; *fr.*] *der*; -en, -en: = Para (II)

Parade *die*; -, -n

I. [*lat.-fr.*]: Truppenschau, Vorbeimarsch militärischer Verbände; prunkvoller Aufmarsch.

II. [*lat.-span.-fr.*]: das Anhalten eines Pferdes od. Gespanns bzw. der Wechsel des Tempos od. der Dressurlektionen (im Pferdesport).

III. [*lat.-it.-fr.*]: a) Abwehr eines Angriffs (bes. beim Fechten u. Boxen); b) Abwehr durch den Torhüter (bei Ballspielen)

Paradeiser [*pers.-gr.-mlat.*] *der*; -s, -: (österr.) Tomate

Paradentitis [*gr.*; *lat.-nlat.*] *die*; -, ...itiden: (veraltet) Parodontitis.

Paradentose *die*; -, -n: (veraltet) Parodontose

paradieren [*lat.-fr.*]: 1. [anläßlich einer Parade] vorbeimarschieren; feierlich vorbeiziehen. 2. sich mit etwas brüsten; mit etwas prunken

Paradies [*pers.-gr.-mlat.*] *das*; -es, -e: 1. (ohne Plural) a) Garten Eden, Garten Gottes; b) Himmel; Ort der Seligkeit. 2. a) ein Ort od. eine Gegend, die durch ihre Gegebenheiten, ihre Schönheit, ihre guten Lebensbedingungen o. ä. alle Voraussetzungen für ein schönes, glückliches o. ä. Dasein erfüllt, z. B. diese Südseeinsel ist ein -; b) Ort, Bereich, der für einen Personenkreis oder für eine Gruppe von Lebewesen ideale Gegebenheiten, Voraussetzungen bietet, z. B. ein - für Angler, ein - für Vögel. 3. Portalvorbau an mittelalterlichen Kirchen. **paradiesisch**: 1. das Paradies (1) betreffend. 2. herrlich, himmlisch, wunderbar

Paradigma [*gr.-lat.*] *das*; -s, ...men (auch: -ta): 1. Beispiel, Muster; Erzählung, Geschichte mit beispielhaftem, modellhaftem Charakter. 2. Muster einer bestimmten Deklinations- od. Konjugationsklasse, das beispielhaft für alle gleich gebeugten steht; Flexionsmuster (Sprachw.). 3. Anzahl von sprachlichen Einheiten, zwischen denen in einem gegebenen Kontext zu wählen ist (z. B. er steht *hier/ dort/ oben/ unten*), im Unterschied zu Einheiten, die zusammen vorkommen, ein Syntagma bilden (z. B. in Eile sein; *Eile* kann nicht ausgetauscht werden). **paradigmatisch**: 1. als Beispiel, Muster dienend. 2. das Paradigma (2) betreffend (Sprachw.). 3. Beziehungen zwischen sprachlichen Elementen betreffend, die an einer Stelle eines Satzes austauschbar sind u. sich dort gegenseitig ausschließen (z. B. ich sehe einen *Stuhl/Tisch/Mann*; Sprachw.); Ggs. → syntagmatisch (2)

Parador [*span.*] *der* (auch: *das*); -s, -e: staatliches spanisches Luxushotel für Touristen

paradox [*gr.-lat.*]: widersinnig, einen Widerspruch in sich enthaltend. **Paradox** vgl. Paradoxon. **Paradoxa**: *Plural* von Paradoxon. **paradoxal** [*gr.-nlat.*]: paradox. **Paradoxie** [*gr.*] *die*; -, ...ien: das dem Geglaubten, Gemeinten, Erwarteten Zuwiderlaufende; das Widersinnige, der Widerspruch in sich. **Paradoxität** *die*; -, -en: (selten) Paradoxie, das Paradoxsein. **Paradoxon** [*gr.-lat.*] *das*; -s, ...xa u. Paradox *das*; -es, -e: eine scheinbar zugleich wahre u. falsche Aussage (Logik, Stilk.)

Par|affin [*lat.-nlat.*] *das*; -s, -e: 1. festes, wachsähnliches od. flüssiges, farbloses Gemisch wasserunlöslicher gesättigter Kohlenwasserstoffe, das bes. zur Herstellung von Kerzen, Bohnerwachs o. ä. dient. 2. (meist Plural) Sammelbezeichnung für die gesättigten, aliphatischen Kohlenwasserstoffe (z. B. Methan, Propan, Butan). **par|affinieren**: mit Paraffin (1) behandeln. **par|affinisch**: vorwiegend aus Paraffinen (2) bestehend; Eigenschaften u. Bindungsverhältnisse der Paraffine aufweisend

Paragammazismus [*gr.-nlat.*] *der*; -, ...men: Sprechstörung, bei der anstelle der Kehllaute g u. k die Laute d u. t ausgesprochen werden (Med.; Psychol.)

Paragenese [*gr.-nlat.*] u. **Paragenesis** *die*; -: gesetzmäßiges Vorkommen bestimmter Mineralien bei der Bildung von Gesteinen u. Lagerstätten (Geol.). **paragenetisch**: die Paragenese betreffend

Parageusie [*gr.-nlat.*] *die*; -, ...ien: schlechter Geschmack im Mund; abnorme Geschmacksempfindung (Med.)

Par|agitatslinie [...*ie*; *lat.-nlat.*] *die*; -, -n: (hist.) die mit einem Paragium abgefundene Nebenlinie eines regierenden Hauses. **Par|agium** [*lat.-mlat.*] *das*; -s, ...ien [...*ien*]: (hist.) Abfindung nachgeborener Prinzen (mit Liegenschaften, Landbesitz)

Para|gneis [*gr.*; *dt.*] *der*; -es, -e: aus

Sedimentgesteinen hervorgegangener Gneis (Geol.)

Para|gnosie [*gr.-nlat.*] *die*; -, ...ien: außersinnliche Wahrnehmung (Psychol.). **Para|gnost** *der*; -en, -en: Medium mit hellseherischen Fähigkeiten (Parapsychol.)

Para|gramm [*gr.-lat.*] *das*; -s, -e: Buchstabenänderung in einem Wort od. Namen (wodurch ein scherzhaft-komischer Sinn entstehen kann, z. B. *B*iberius [= Trunkenbold von lat. bibere = trinken] statt *T*iberius). **Paragrammatismus** [*gr.-nlat.*] *der*; -, ...men: Sprechstörung, die den Zerfall des Satzbaues (z. B. Telegrammstil) zur Folge hat (Med.; Psychol.). **Para|graph** [*gr.-lat.*] *der*; -en, -en: a) in Gesetzbüchern, wissenschaftlichen Werken u. a. ein fortlaufend numerierter kleiner Abschnitt; b) das Zeichen für einen solchen Abschnitt; Zeichen: § (Plural: §§). **Paragraphie** [*gr.-nlat.*] *die*; -, ...ien: Störung des Schreibvermögens, bei der Buchstaben, Silben od. Wörter vertauscht werden (Med.). **para|graphieren** [*gr.-nlat.*]: in Paragraphen einteilen

Parahi|drose [*gr.-nlat.*] *die*; -, -n: Absonderung eines nicht normal beschaffenen Schweißes (Med.)

parakarp [*gr.-nlat.*]: nicht durch echte Scheidewände gefächert (bezogen auf den Fruchtknoten bzw. das → Gynäzäum 2 einer Pflanze; Bot.); vgl. synkarp

Parakeratose [*gr.-nlat.*] *die*; -, -n: zu Schuppenbildung führende Verhornungsstörung der Haut (Med.)

Parakinese [*gr.-nlat.*] *die*; -, -n: Störung in der Muskelkoordination, die zu irregulären Bewegungsabläufen führt (Med.)

Para|klase [*gr.-nlat.*] *die*; -, -n: Verwerfung (Geol.)

Para|klet [*gr.-mlat.*] *der*; -[e]s u. -en, -e[n]: Helfer, Fürsprecher vor Gott, bes. der Heilige Geist (Joh. 14, 16 u. a.)

Par|akme [*gr.*] *die*; -, ...een [...*e^e n*]: in der Stammesgeschichte das Ende der Entwicklung einer Organismengruppe (z. B. der Saurier; Zool.); Ggs. → Epakme; vgl. Akme (2)

Parakonikon [*gr.-mgr.*] *das*; -[s], ...ka: Nordtür der → Ikonostase in der orthodoxen Kirche; vgl. Diakonikon (2)

Parakorolle [*gr.*; *gr.-lat.*] *die*; -, -n: Nebenkrone der Blüte (Bot.)

Par|akusis [*gr.-nlat.*] *die*; -, ...uses u. **Par|akusie** *die*; -, ...ien: Störung der akustischen Wahrnehmung, falsches Hören (Med.; Psychol.)

Paralalie [*gr.-nlat.*] *die*; -, ...ien: Sprachstörung, bei der es zu Lautverwechslungen u. -entstellungen kommt (Med.; Psychol.)

Paralexie [*gr.-nlat.*] *die*; -, ...ien: Lesestörung mit Verwechslung der gelesenen Wörter (Med.; Psychol.)

Par|algesie [*gr.-nlat.*] u. **Par|algie** *die*; -, ...ien: Störung der Schmerzempfindung, bei der Schmerzreize als angenehm empfunden werden (Med.)

paralingual [...*ngg*...]: durch Artikulationsorgane hervorgebracht, aber keine sprachliche Funktion ausübend (Sprachw.); vgl. Paralinguistik. **Paralinguistik** [*gr.-lat.-nlat.*] *die*; -: Teilbereich der Linguistik, in dem man sich mit Erscheinungen befaßt, die das menschliche Sprachverhalten begleiten oder mit ihm verbunden sind, ohne im engeren Sinne sprachlich zu sein (z. B. Sprechintensität, Mimik; Sprachw.). **paralinguistisch**: die Paralinguistik betreffend, auf ihr beruhend

Paralipomenon [*gr.*] *das*; -s, ...mena: 1. (meist Plural) Randbemerkung, Ergänzung, Nachtrag zu einem literarischen Werk. 2. (nur Plural) die Bücher der Chronik im Alten Testament. **Paralipophobie** [*gr.-nlat.*] *die*; -: Zwangsvorstellung, daß die Unterlassung bestimmter Handlungen Unheil bringe (Psychol.). **Paralipse** [*gr.*] *die*; -, -n: rhetorische Figur, die darin besteht, daß man etwas durch die Erklärung, es übergehen zu wollen, nachdrücklich hervorhebt

par|alisch [*gr.-lat.*]: die marine Entstehung in Küstennähe betreffend (von Kohlenlagern; Geol.)

par|allaktisch [*gr.*]: die Parallaxe betreffend, auf ihr beruhend, durch sie bedingt. **Par|allaxe** [„Vertauschung; Abweichung"] *die*; -, -n: 1. Winkel, den zwei Gerade bilden, die von verschiedenen Standorten auf einen Punkt gerichtet sind (Phys.). 2. Entfernung eines Sterns, die mit Hilfe zweier von verschiedenen Standorten ausgehender Geraden bestimmt wird (Astron.). 3. Unterschied zwischen dem Bildausschnitt im Sucher u. auf dem Film (Fotogr.). **par|allel** [*gr.-lat.*]: 1. in gleichem Abstand ohne gemeinsamen Schnittpunkt nebeneinander verlaufend (Math.). 2. im gleichen Intervallabstand (z. B. in Quinten od. Oktaven), in gleicher Richtung fortschreitend (Mus.). 3. gleichlaufend, gleich-, nebeneinandergeschaltet. **Par|allele** [*gr.-lat.* (*-fr.*)] *die*; -, -n (drei Parallele[n]): 1. Gerade, die zu einer anderen Geraden in gleichem Abstand u. ohne Schnittpunkt im Endlichen verläuft (Math.). 2. (im strengen mehrstimmigen Satz verbotenes) gleichlaufendes Fortschreiten im Quint- od. Oktavabstand (Mus.). 3. Entsprechung; Vergleich; vergleichbarer Fall. **Par|allelenaxiom** *das*; -s: geometrischer Grundsatz des Euklid, daß es zu einer gegebenen Geraden durch einen nicht auf ihr gelegenen Punkt nur eine Parallele gibt (Math.). **Par|allel|epiped** [*gr.*] *das*; -[e]s, -e u. **Par|allel|epipedon** *das*; -s, ...da u. ...peden: = Parallelflach. **Par|allel|flach** [*gr.-lat.*; *dt.*] *das*; -[e]s, -e: von drei Paaren paralleler Ebenen begrenzter Körper (z. B. Rhomboeder, Würfel; Math.). **par|allelisieren** [*gr.-lat.-nlat.*]: vergleichend nebeneinander-, zusammenstellen. **Parallelismus** *der*; -, ...men: 1. [formale] Übereinstimmung verschiedener Dinge od. Vorgänge. 2. inhaltlich u. grammatisch gleichmäßiger Bau von Satzgliedern od. Sätzen (Sprachw.; Stilk.); Ggs. → Chiasmus. **Parallelität** *die*; -, -en: 1. (ohne Plural) Eigenschaft zweier paralleler Geraden (Math.). 2. Gleichlauf, Gleichheit, Ähnlichkeit (von Geschehnissen, Erscheinungen o. ä.). **Par|allelkreis** [*gr.-lat.*; *dt.*] *der*; -es, -e: Breitenkreis (Geogr.). **Par|allelo** [*gr.-lat.-it.*] *der*; -[s], -s: (veraltet) längsgestrickter Pullover [mit durchgehend quer verlaufenden Rippen]. **Parallelo|gramm** [*gr.*] *das*; -s, -e: Viereck mit parallelen gegenüberliegenden Seiten (Math.). **Parallel|projektion** [...*zion*] *die*; -, -en: durch parallele Strahlen auf einer Ebene dargestelltes Raumgebilde (Math.). **Par|alleltonart** [*gr.-lat.*; *dt.*] *die*; -, -en: mit einer Molltonart die gleichen Vorzeichen aufweisende Durtonart bzw. mit einer Durtonart die gleichen Vorzeichen aufweisende Molltonart (z. B. C-Dur u. a-Moll)

Paralogie [*gr.-nlat.*] *die*; -, ...ien: 1. Vernunftwidrigkeit, Widervernünftigkeit (Logik). 2. Gebrauch falscher Wörter beim Bezeichnen von Gegenständen, das Vorbeireden an einer Sache, Verfehlen eines Problems aus Konzentrationsmangel (z. B. bei Hirnschädigungen; Med.; Psychol.). **Paralogismus** *der*; -, ...men: auf Denkfehlern beruhender Fehlschluß (Logik). **Paralogistik** *die*; -: Verwendung von Trugschlüssen (Logik)

Paralyse [*gr.-lat.*] *die*; -, -n: vollständige Bewegungslähmung; progressive -: fortschreitende Gehirnerweichung, chronische Entzündung u. → Atrophie vorwiegend der grauen Substanz des Gehirns als Spätfolge der Syphilis (Med.). **paralysieren** [*gr.-nlat.*]: 1. lähmen, schwächen (Med.). 2. unwirksam machen, aufheben, entkräften. **Paralysis** [*gr.-lat.*] *die*; -, ...lysen: (fachspr.) Paralyse, z. B. - agitans (Schüttellähmung; Med.). **Paralytiker** [*gr.-lat.*] *der*; -s, -: 1. Patient, der an Kinderlähmung od. an Halbseitenlähmung leidet; Gelähmter. 2. an progressiver Paralyse Leidender. **paralytisch**: die progressive Paralyse betreffend; gelähmt (Med.)

Paramaecium [...*mäz*...] u. Paramecium [...*zium*; *gr.-nlat.*] *das*; -s, ...ien [...*i*e*n*]: Pantoffeltierchen (Wimpertierchen)

parama|gnetisch [*gr.-nlat.*]: den Paramagnetismus betreffend; in einem Stoff durch größere Dichte der magnetischen Kraftlinien den Magnetismus verstärkend (Phys.). **Parama|gnetismus** *der*; -: Verstärkung des → Magnetismus durch Stoffe mit (von den Drehimpulsen der Elementarteilchen erzeugtem) atomarem magnetischem Moment (Phys.)

Paramecium [...*zium*] vgl. Paramaecium

Paramedizin [*gr.*; *lat.*] *die*; -: alle von der Schulmedizin abweichenden Auffassungen in bezug auf Erkennung u. Behandlung von Krankheiten

Parament [*lat.-mlat.*] *das*; -[e]s, -e (meist Plural): im christlichen Gottesdienst übliche, oft kostbar ausgeführte liturgische Bekleidung u. für Altar, Kanzel u. liturgische Geräte verwendetes Tuch (Rel.). **Paramentik** [*lat.-mlat.-nlat.*] *die*; -: 1. wissenschaftliche Paramentenkunde. 2. Kunst der Paramentenherstellung

Parameren [*gr.-nlat.*] *die* (Plural): die spiegelbildlich gleichen Hälften zweiseitig-symmetrischer Tiere (Zool.)

Parameter [*gr.-nlat.*] *der*; -s, -: 1. in Funktionen u. Gleichungen eine neben den eigentlichen → Variablen auftretende, entweder unbestimmt gelassene od. konstant gehaltene Hilfsgröße (Math.). 2. bei Kegelschnitten die im Brennpunkt die Hauptachse senkrecht schneidende Sehne (Math.). 3. kennzeichnende Größe in technischen Prozessen o. ä., mit deren Hilfe Aussagen über Aufbau, Leistungsfähigkeit einer Maschine, eines Gerätes, Werkzeugs o. ä. gewonnen werden. 4. veränderliche Größe (z. B. Materialkosten, Zeit), durch die ein ökonomischer Prozeß beeinflußt wird (Wirtschaft). 5. Klangeigenschaft der Musik, eine der Dimensionen des musikalischen Wahrnehmungsbereichs

parame|tran [*gr.-nlat.*]: im Parametrium gelegen (Med.)

parame|trieren [*gr.-nlat.*]: Parameter bilden

Parame|tritis [*gr.*] *die*; -, ...itiden: Entzündung des Beckenzellgewebes (Med.). **Parame|trium** *das*; -s: das die Gebärmutter umgebende Bindegewebe im Becken (Med.)

paramilitärisch: halbmilitärisch, militärähnlich

Paramimie [*gr.-nlat.*] *die*; -: Mißverhältnis zwischen einem seelischen Affekt u. der entsprechenden Mimik (Psychol.)

Para|mnesie [*gr.-nlat.*] *die*; -, ...ien: Erinnerungstäuschung, -fälschung, Gedächtnisstörung, bei der der Patient glaubt, sich an Ereignisse zu erinnern, die überhaupt nicht stattgefunden haben (Psychol.; Med.)

Paramo [*span.*] *der*; -[s], -s: durch Grasfluren gekennzeichneter Vegetationstyp über der Baumgrenze der tropischen Hochgebirge Süd- u. Mittelamerikas

Paramythie [*gr.*; „Ermunterung; Ermahnung"] *die*; -, ...ien: durch Herder eingeführte Dichtungsart, die mit Darstellungen aus alten Mythen eine ethische od. religiöse Wahrheit ausspricht

Par|änese [*gr.-lat.*] *die*; -, -n: Ermahnungsschrift od. -rede, Mahnpredigt; Nutzanwendung einer Predigt. **par|änetisch** [*gr.*]: 1. die Paränese betreffend, in der Art einer Paränese. 2. ermahnend

Parang [*malai.*] *der*; -s, -s: schwert- od. dolchartige malaiische Waffe

Paranoia [...*neua*; *gr.*; „Torheit; Wahnsinn"] *die*; -: aus inneren Ursachen erfolgende, schleichende Entwicklung eines dauernden Systems von Wahnvorstellungen; sich in festen Wahnvorstellungen (z. B. Eifersuchts-, Propheten-, Verfolgungswahn) äußernde Geistesgestörtheit (Med.). **paranoid** [*gr.-nlat.*]: der Paranoia ähnlich (z. B. von Formen der Schizophrenie, bei denen Wahnideen vorherrschen; Med.). **Paranoiker** *der*; -s, -: an Paranoia Leidender. **paranoisch**: (Med.) 1. die Paranoia betreffend, zu ihrem Erscheinungsbild gehörend. 2. geistesgestört. **Paranoismus** *der*; -: eine Form des Verfolgungswahns (Med.)

Paranomie [*gr.*] *die*; -, ...ien: (veraltet) Gesetzwidrigkeit

paranormal [*gr*; *lat.*]: nicht auf natürliche Weise erklärbar; übersinnlich (Parapsychol.)

Par|an|thropus [*gr.-nlat.*] *der*; -, ...pi: dem → Plesianthropus ähnlicher südafrikanischer Frühmensch des Pliozäns

Paranuß [nach der bras. Stadt Parà (Ausfuhrhafen)] *die*; -, ...nüsse: dreikantiger, dick- u. hartschaliger, wohlschmeckender, fettreicher Samen des südamerikanischen Paranußbaums

Parapett [*lat.-it.*] *das*; -s, -s: (hist.) Brustwehr eines Walles

Paraph [*gr.-lat.-fr.*] *der*; -s, -e: (selten) Paraphe

Paraphage [*gr.-nlat.*] *der*; -n, -n: Tier, das auf einem anderen Tier (Wirtstier) od. in dessen nächster Umgebung lebt, ohne diesem zu nützen od. zu schaden (Zool.)

Paraphasie [*gr.-nlat.*] *die*; -, ...ien: Sprechstörung, bei der es zum Versprechen, zur Vertauschung von Wörtern u. Lauten od. zur Verstümmelung von Wörtern kommt (Med.)

Paraphe [*gr.-lat.-fr.*] *die*; -, -n: Namenszug, Namenszeichen, Namensstempel

Paraphernalien [...*i*e*n*] *die* (Plural) **I.** [*gr.*] (veraltet) das außer der Mitgift eingebrachte Sondervermögen einer Frau (Rechtsw.). **II.** [*gr.-engl.*] 1. persönlicher Besitz. 2. Zubehör, Ausrüstung

paraphieren: mit der Paraphe versehen, abzeichnen, bes. einen Vertrag[sentwurf], ein Verhandlungsprotokoll als Bevollmächtigter unterzeichnen

paraphil [*gr.*]: die Paraphilie betreffend, für sie charakteristisch. **Paraphilie** *die*; -, ...ien: Verhaltensweise, die von der Form der von einer bestimmten Gesellschaft als normal angesehenen sexuellen Beziehung od. Betätigung abweicht (Psychol.)

Paraphimose [*gr.-nlat.*] *die*; -, -n: Einklemmung der zu engen Vorhaut in der Eichelkranzfurche (Med.)

Paraphonie [*gr.*] *die*; -, ...ien: 1. (Med.) a) das Umschlagen, Überschnappen der Stimme, bes.

bei Erregung u. im Stimmbruch; b) [krankhafte] Veränderung des Stimmklangs (z. B. durch Nebengeräusche). 2. (Mus.) a) in der antiken Musiklehre das Zusammenklingen eines Tones mit seiner Quinte od. Quarte; b) Parallelbewegung in Quinten od. Quarten im mittelalterlichen → Organum (1); c) Nebenklang, Mißklang

Paraphore *die*; -, -n (meist Plural): weite Seitenverschiebung großer Schollen der Erdkruste (Geol.)

Para|phrase [*gr.-lat.*] *die*; -, -n: 1. a) Umschreibung eines sprachlichen Ausdrucks mit anderen Wörtern oder Ausdrücken; b) freie, nur sinngemäße Übertragung, Übersetzung in eine andere Sprache (Sprachw.). 2. Ausschmükkung, ausschmückende Bearbeitung einer Melodie o. ä. (Mus.). **Para|phrasie** [*gr.-nlat.*] *die*; -, ...ien: 1. = Paraphasie. 2. bei Geisteskrankheiten vorkommende Sprachstörung, die sich bes. in Wortneubildungen u. -abwandlungen äußert (Med.). **para|phrasieren**: 1. eine Paraphrase (1) von etwas geben; etwas verdeutlichend umschreiben (Sprachw.). 2. eine Melodie frei umspielen, ausschmücken (Mus.). **Para|phrasis** *die*; -, ...asen: (veraltet) Paraphrase. **Para|phrast** [*gr.-lat.*] *der*; -en, -en: (veraltet) jmd., der einen Text paraphrasiert; Verfasser einer Paraphrase (1). **para|phrastisch**: in der Art einer Paraphrase ausgedrückt

Para|phrenie [*gr.-nlat.*] *die*; -, ...ien: leichtere Form der → Schizophrenie, die durch das Auftreten von → paranoiden Wahnvorstellungen gekennzeichnet ist (Med.)

Para|phrosyne [*gr.*] *die*; -: geistige Verwirrtheit im Fieber; Fieberwahnsinn (Med.)

Paraphyse [*gr.*] *die*; -, -n (meist Plural): (Bot.) 1. sterile Zelle in den Fruchtkörpern vieler Pilze. 2. haarähnliche Zelle bei Farnen u. Moosen

Para|plasie [*gr.-nlat.*] *die*; -, ...ien: krankhafte Bildung, Mißbildung (Med.). **Para|plasma** *das*; -s, ...men: im Protoplasma der Zellen od. zwischen den Zellen abgelagerte Substanz

Para|plegie [*gr.*] *die*; -, ...ien: doppelseitige Lähmung; auf beiden Körperseiten gleichmäßig auftretende Lähmung der oberen od. unteren Extremitäten (Med.). **para|plegisch**: an Paraplegie leidend; auf Paraplegie beruhend, mit ihr zusammenhängend (Med.)

Para|pluie [...*plü*; *lat.-fr.*] *der* (auch: *das*); -s, -s: (veraltet) Regenschirm

para|pneumonisch [*gr.-nlat.*]: im Verlauf einer Lungenentzündung als Begleitkrankheit auftretend (z. B. von einer Rippenfellentzündung; Med.)

Parapodium [*gr.-nlat.*] *das*; -s, ...ien [...*i^e n*]: (Zool.) 1. Stummelfuß der Borstenwürmer. 2. Seitenlappen der Flossenfüßer

Para|proktitis vgl. Periproktitis

Para|protein [*gr.-lat.*] *das*; -s, -e (meist Plural): entarteter Eiweißkörper im Blut, der sich bei bestimmten Blutkrankheiten bildet (Med.)

Par|apsis [*gr.-nlat.*] *die*; -: Tastsinnstörung; Unvermögen, Gegenstände durch Betasten zu erkennen (Med.)

para|psychisch [*gr.-nlat.*]: 1. die von der Parapsychologie erforschten Phänomene betreffend, zu ihnen gehörend. 2. übersinnlich. **Para|psychologie** *die*; -: Wissenschaft von den okkulten, außerhalb der normalen Wahrnehmbarkeit liegenden, übersinnlichen Erscheinungen (z. B. Telepathie, Telekinese)

Par|ar|thrie [*gr.-nlat.*] *die*; -, ...ien: durch fehlerhafte Artikulation von Lauten u. Silben gekennzeichnete Sprachstörung (Med.); vgl. Anarthrie

Parasange [*pers.-gr.-lat.*] *die*; -, -n: altpers. Wegemaß

Parasche [*hebr.*; „Erklärung"] *die*; -, -n: 1. einer der 54 Abschnitte der → Thora. 2. die aus diesem Abschnitt im jüd. Gottesdienst gehaltene Gesetzeslesung; vgl. Sidra

parasem [*gr.-nlat.*]: im Hinblick auf die Semantik (1) nebengeordnet (z. B. Hengst/Stute; Sprachw.). **Parasem** *das*; -s, -e: im Hinblick auf die → Semantik (1) nebengeordneter Begriff (Sprachw.)

Parasigmatismus [*gr.-nlat.*] *der*; -: → Sigmatismus, bei dem die Zischlaute durch andere Laute (z. B. d, t, w) ersetzt werden (Med.)

Parasit [*gr.-lat.*; „Tischgenosse; Schmarotzer"] *der*; -en, -en: 1. Lebewesen, das auf Kosten eines anderen lebt, dieses zwar nicht tötet, aber durch Nahrungsentzug, durch seine Ausscheidungen u. a. schädigt u. das Krankheiten hervorrufen kann; tierischer od. pflanzlicher Schmarotzer (Biol.). 2. Figur des hungernden, gefräßigen u. kriecherischen Schmarotzers im antiken Lustspiel. 3. am Hang eines Vulkans entstandener kleiner Schmarotzerkrater (Geol.). **parasitär** [*gr.-lat.-fr.*]: 1. Parasiten (1) betreffend, durch sie hervorgerufen. 2. in der Art eines Parasiten; parasitenähnlich, schmarotzerhaft. **parasitieren**: als Parasit (1) leben; schmarotzen. **parasitisch** [*gr.-lat.*]: parasitär, schmarotzerartig; -er Laut: eingeschobener Laut (Sprachw.). **Parasitismus** [*gr.-lat.-nlat.*] *der*; -: Schmarotzertum. **Parasitologe** [*gr.-nlat.*] *der*; -n, -n: Wissenschaftler auf dem Gebiet der Parasitologie. **Parasitologie** *die*; -: Wissenschaft von den pflanzlichen u. tierischen Schmarotzern, besonders den krankheitserregenden. **parasitologisch**: die Parasitologie betreffend, zu ihr gehörend. **parasito|trop**: gegen Parasiten (1) wirkend (Med.)

Para|ski *der*; -: Kombination aus Fallschirmspringen u. Riesenslalom als Disziplin beim Wintersport

Parasol [*lat.-it.-fr.*]
I. *der* od. *das*; -s, -s: (veraltet) Sonnenschirm.
II. *der*; -s, -e u. -s: großer, wohlschmeckender Blätterpilz

Parasolpilz [*lat.-it.-fr.*; *dt.*] *der*; -es, -e: = Parasol (II)

Para|spadie [*gr.-nlat.*] *die*; -, ...ien: Harnröhrenmißbildung, bei der die Harnröhre seitlich am Penis ausmündet (Med.)

Par|äs|thesie [*gr.-nlat.*] *die*; -, ...ien: anormale Körperempfindung (z. B. Kribbeln, Einschlafen der Glieder; Med.)

Para|struma [*gr.*; *lat.*] *die*; -, ...men: Geschwulst der Nebenschilddrüse (Med.)

Parasympathikus [*gr.-nlat.*] *der*; -, ...thizi: der dem → Sympathikus entgegengesetzt wirkende Teil des → vegetativen (3) Nervensystems (Med.)

Parasynthetum [*gr.-nlat.*] *das*; -s, ...ta: = Dekompositum

parat [*lat.*]: (für den Gebrauchs-, Bedarfsfall) zur Verfügung [stehend], bereit

parataktisch [auch: *pa*...; *gr.*]: der Parataxe unterliegend, nebenordnend (Sprachw.); Ggs. → hypotaktisch. **Parataxe** [auch: *pa*...] *die*; -, -n: Nebenordnung, → Koordination (2) von Satzgliedern od. Sätzen (Sprachw.); Ggs. → Hypotaxe. **Parataxie** [*gr.-nlat.*] *die*; -, ...ien: (Psychol.) 1. Störung sozialer, zwischenmenschlicher Beziehungen durch Übertragung falscher subjektiver Vorstellungen u. Wertungen auf den Partner (nach Sullivan). 2. nichtperspektivische Wiedergabe (z. B. in Kinderzeichnungen). **Parataxis** *die*; -, ...taxen: (veraltet) Parataxe

Paratect ⓦ [*gr.*; *lat.*] *das*; -[e]s, -e: Dichtungs- u. Anstrichmittel meist auf → bituminöser Grundlage (Bauwirtsch.)

paratonisch [*gr.-nlat.*]: durch Reize der Umwelt ausgelöst (von bestimmten Pflanzenbewegungen)

Paratyphus [*gr.-nlat.*] *der*; -: dem Typhus ähnliche, aber leichter verlaufende u. von anderen Erregern hervorgerufene Infektionskrankheit (Med.)

paratypisch [auch: *pa...*; *gr.-nlat.*]: nichterblich (Med.)

Paravariation [*...wariazion*; auch: *pa...*; *gr.*; *lat.*] *die*; -, -en: durch Umwelteinflüsse erworbene Eigenschaft, die nicht erblich ist (Biol.)

paravenös [*...we...*; *gr.*; *lat.*]: neben einer Vene gelegen; in die Umgebung einer Vene (z. B. von Injektionen; Med.)

Paravent [*...wang*; *lat.-it.-fr.*; parer à = abhalten u. vent = Wind] *der* od. *das*; -s, -s: spanische Wand, Ofenschirm

paraverte|bral [*...wär...*; *gr.*; *lat.*]: neben einem Wirbel, der Wirbelsäule liegend; neben einen Wirbel, in die Umgebung eines Wirbels (z. B. von Injektionen; Med.)

par avion [- *awiong*; *fr.*]: durch Luftpost (Vermerk auf Luftpost im Auslandsverkehr)

Parazentese [*gr.-lat.*] *die*; -, -n: das Durchstoßen des Trommelfells bei Mittelohrvereiterung (zur Schaffung einer Abflußmöglichkeit für den Eiter; Med.)

parazen|tral [*gr.-nlat.*]: neben den Zentralwindungen des Gehirns liegend (Med.). **parazen|trisch**: um den Mittelpunkt liegend od. beweglich (Math.)

par|bleu! [*parblö*; *fr.*]: (veraltet) nanu!; Donnerwetter!

Parceria [*parß...*; *lat.-port.*] *die*; -, ...ien: die in Brasilien übliche Form der Halbpacht (Bewirtschaftung eines Landgutes durch zwei gleichberechtigte Teilhaber)

Parcours [*parkur*; *lat.-fr.*] *der*; - [*...kur(ß)*], - [*...kurß*]: abgesteckte Hindernisbahn für Jagdspringen od. Jagdrennen (Reiten)

Pard [*gr.-lat.*] *der*; -en, -en, **Pardel** u. **Parder** *der*; -s, -: = Leopard

par distance [- *dißtangß*; *lat.-fr.*]: aus der Ferne

Pardon [*pardong*; *lat.-vulgärlat.-fr.*] *der* (auch: *das*); -s: (veraltet) Verzeihung; Nachsicht; heute nur noch üblich in bestimmten Verwendungen, z. B.: kein[en] - kennen (schonungslos vorgehen); Pardon! (Verzeihung!). **pardonabel**: (veraltet) verzeihlich. **pardonieren**: (veraltet) verzeihen; begnadigen

Pardun [*niederl.*] *das*; -[e]s, -s u. **Pardune** *die*; -, -n: (Seemannsspr.) Tau, das die Masten od. Stengen nach hinten stützt

Par|echese [*gr.*; „Lautnachahmung"] *die*; -, -n: Zusammenstellung lautlich gleicher od. ähnlicher Wörter von verschiedener Herkunft (Rhet.); vgl. Paronomasie, Annomination

Par|enchym [*...chüm*; *gr.*] *das*; -s, -e: pflanzliches u. tierisches Grundgewebe, Organgewebe im Unterschied zum Binde- u. Stützgewebe (Med.; Biol.). **parenchymatös** [*gr.-nlat.*]: reich an Parenchym; zum Parenchym gehörend, das Parenchym betreffend (Med.; Biol.)

parental [*lat.*]: a) den Eltern, der Parentalgeneration zugehörend; b) von der Parentalgeneration stammend. **Parentalgeneration** [*...zion*] *die*; -, -en: Elterngeneration; Zeichen: P (Biol.). **Parentalien** *die* (Plural): altröm. Totenfest im Februar; vgl. Feralien. **Parentation** [*...zion*] *die*; -, -en: (veraltet) Totenfeier, Trauerrede. **Parentel** *die*; -, -en: Gesamtheit der Abkömmlinge eines Stammvaters (Rechtsw.). **Parentelsystem** *das*; -s: für die 1.–3. Ordnung gültige Erbfolge nach Stämmen, bei der die Abkömmlinge eines wegfallenden Erben gleichberechtigt an dessen Stelle nachrükken (Rechtsw.); vgl. Gradualsystem

par|enteral [*gr.-nlat.*]: unter Umgehung des Verdauungsweges (z. B. von Medikamenten, die injiziert u. nicht oral verabreicht werden; Med.)

Par|enthese [*gr.-lat.*] *die*; -, -n: (Sprachw.) 1. Redeteil, der außerhalb des eigentlichen Satzverbandes steht (z. B. → Interjektion, → Vokativ, → absoluter Nominativ). 2. Gedankenstriche od. Klammern, die einen außerhalb des eigentlichen Satzverbandes stehenden Redeteil vom übrigen Satz abheben. **parenthetisch** [*gr.*]: 1. die Parenthese betreffend. 2. eingeschaltet, nebenbei [gesagt]

Parere [*lat.-it.*] *das*; -[s], -[s]: (veraltet) 1. Gutachten unparteiischer Kaufleute od. Handelskammern über kaufmännische Streitsachen. 2. (österr.) ärztliches Gutachten, das die Einlieferung in eine psychiatrische Klinik erlaubt

Par|erga: *Plural* von → Parergon.

Par|ergasie [*gr.-nlat.*] *die*; -: Falschlenkung von Impulsen bei Geisteskrankheiten u. → Psychosen (z. B. Augenschließen statt Mundöffnen; Psychol.).

Par|ergon [*gr.-lat.*] *das*; -s, ...ga (meist Plural): (veraltet) Beiwerk, Anhang; gesammelte kleine Schriften

Parese [*gr.*; „das Vorbeilassen; die Erschlaffung"] *die*; -, -n: leichte, unvollständige Lähmung, Schwäche eines Muskels, einer Muskelgruppe (Med.). **paretisch**: teilweise gelähmt, geschwächt (Med.)

par excellence [- *äxälangß*; *lat.-fr.*]: in typischer Ausprägung, in höchster Vollendung, schlechthin (nachgestellt), z. B. unfreiwillige Arbeitslosigkeit ist Streß - -

par exem|ple [- *äxangpl*; *lat.-fr.*]: (veraltet) zum Beispiel; Abk.: p. e.

par force [- *forß*; *lat.-fr.*]: (veraltet) 1. mit Gewalt, heftig. 2. unbedingt. **Parforcejagd** [*lat.-fr.*; *dt.*] *die*; -, -en: Hetzjagd mit Pferden u. Hunden (Sport). **Parforceritt** *der*; -[e]s, -e: mit großer Anstrengung unternommener Ritt, Gewaltritt

Parfum [*...föng*; *lat.-it.-fr.*] *das*; -s, -s: (franz. für:) Parfüm. **Parfüm** *das*; -s, -e u. -s: 1. Flüssigkeit mit intensivem [länger anhaltendem] Duft (als Kosmetikartikel). 2. Duft, Wohlgeruch. **Parfümerie** [französierende Ableitung von → Parfum] *die*; -, ...ien: 1. Geschäft, in dem Parfüms, Kosmetikartikel o. ä. verkauft werden. 2. Betrieb, in dem Parfüms hergestellt werden. **Parfümeur** [*...mör*; *lat.-it.-fr.*] *der*; -s, -e: Fachkraft für die Herstellung von Parfüms. **parfümieren**: mit Parfüm besprengen; wohlriechend machen

Pargasit [auch: *...it*; *nlat.*; nach dem finnischen Ort Pargas] *der*; -s, -e: ein Mineral

pari [*it.*]: = al pari

Paria [*tamil.-angloind.*] *der*; -s, -s: 1. außerhalb jeder Kaste stehender bzw. der niedersten Kaste angehörender Inder, → Outcast (b); vgl. Haridschan. 2. von der menschlichen Gesellschaft Ausgestoßener, Entrechteter; Unterprivilegierter, → Outcast (a)

Par|idrose [*gr.-nlat.*] *die*; -, -n: = Parahidrose

parieren
I. [*lat.-it.*]: einen Angriff abwehren (Sport).
II. [*lat.-span.-fr.*]: ein Pferd (durch reiterliche Hilfen) in eine mäßigere Gangart od. zum Stehen bringen (Sport).
III. [*lat.-fr.*]: (veraltet) Fleischstücke sauber zuschneiden, von Haut u. Fett befreien.
IV. [*lat.*]: (ugs.) ohne Widerspruch gehorchen

parie|tal [*...i-e...*; *lat.*]: 1. nach der Körperwand hin gelegen; zur Wand (eines Organs, einer Körperhöhle) gehörend, eine Wand bildend; wandständig, seitlich (Biol.; Med.). 2. zum Scheitelbein gehörend (Med.). **Parie|talauge** [*lat.*; *dt.*] *das*; -s, -n: vom Zwischenhirn gebildetes, lichtempfindliches Sinnesorgan niederer Wirbeltiere (Biol.). **Parietal|organ** *das*; -s, -e: = Parietalauge

Parifikation [*...zion*; *lat.-nlat.*] *die*; -, -en: (veraltet) Gleichstellung, Ausgleichung. **Parikurs** *der*; -es, -e: der dem Nennwert eines Wertpapiers entsprechende Kurs (Wirtsch.). **Pariseide** [*lat.*; *dt.*] *die*; -: entbastete (von den bei der Rohseide noch vorhandenen Bestandteilen befreite) Naturseide, die auf ihr ursprüngliches Gewicht beschwert wurde

Parisienne [*...siän*; *fr.*] *die*; -: 1. kleingemustertes, von Metallfäden durchzogenes Seidengewebe. 2. franz. Freiheitslied zur Verherrlichung der Julirevolution von 1830. 3. veraltete Schriftgattung. **Parisismus** [*nlat.*] *der*; -, ...men: der Pariser Umgangssprache eigentümlicher Ausdruck (od. Redewendung)

Par|ison [*gr.*] *das*; -s, ...sa: nur annähernd gleiches → Isokolon (antike Rhet.)

parisyllabisch [*lat.*; *gr.*]: in allen Beugungsfällen des Singulars u. des Plurals die gleiche Anzahl von Silben aufweisend (auf griech. u. lat. Substantive bezogen). **Parisyllabum** *das*; -s, ...ba: parisyllabisches Substantiv. **Parität** [*lat.*; „Gleichheit"] *die*; -, -en (Plural selten): 1. Gleichstellung, Gleichsetzung, [zahlenmäßige] Gleichheit. 2. das im Wechselkurs zum Ausdruck kommende Austauschverhältnis zwischen verschiedenen Währungen (Wirtsch.). **paritätisch**: gleichgestellt, gleichberechtigt

Parka [*eskim.*] *der*; -[s], -s od. *die*; -, -s: knielanger, oft mit Pelz gefütterter, warmer Anorak mit Kapuze

Park-and-ride-System [*pa'k^{e}nd-raid...*; *engl.-amerik.*] *das*; -s, -e: Regelung zur Entlastung der Innenstadt vom Autoverkehr, nach der Kraftfahrer ihre Autos auf Parkplätzen am Rande einer Großstadt abstellen u. von dort [unentgeltlich] die öffentlichen Verkehrsmittel benutzen

parkerisieren, parkern [nach dem Erfinder Parker]: Eisen durch einen Phosphatüberzug rostsicher machen; phosphatieren

Parkett [*mlat.-fr.*] *das*; -s, -e: 1. in bestimmter Weise verlegter Holzfußboden, bei dem die Einzelbretter meist durch Nut u. Feder miteinander verbunden sind u. auf die Unterlage aufgeklebt od. verdeckt genagelt werden. 2. im Theater od. Kino meist vorderer Raum zu ebener Erde. 3. amtlicher Börsenverkehr. 4. Schauplatz des großen gesellschaftlichen Lebens. **Parkette** *die*; -, -n: (österr.) Einzelbrett des Parkettfußbodens. **parkettieren**: mit Parkettfußboden versehen. **parkieren**: (schweiz.) parken. **Parkingmeter** [*engl.*] *der*; -s, -: (schweiz.) Parkometer

Parkinsonismus [*nlat.*; nach dem engl. Arzt J. Parkinson (*pa'kin-ß^{e}n*), 1755–1824] *der*; -, ...men: Schüttellähmung u. andere ihr ähnliche, jedoch auf verschiedenen Ursachen beruhende Erscheinungen (häufig als Folgezustand anderer Krankheiten)

Parkometer [*mlat.-fr.-engl.-amerik.*; *gr.*] *das* (ugs. auch: *der*); -s, -: Parkzeituhr am Straßenrand u. auf öffentlichen Plätzen.

Parkstudium *das*; -s: (seit Einführung des → Numerus clausus) das Studieren eines (eigentlich nicht gewünschten, aber dem gewünschten ähnlichen) Faches, bis die Zulassung zum eigentlich gewünschten Studienfach erteilt wird

Parlament [*gr.-lat.-vulgärlat.-fr.-engl.*] *das*; -[e]s, -e: 1. repräsentative Versammlung, Volksvertretung mit beratender od. gesetzgebender Funktion. 2. Parlamentsgebäude. **Parlamentär** [*gr.-lat.-vulgärlat.-fr.*] *der*; -s, -e: Unterhändler zwischen feindlichen Heeren. **Parlamentarier** [*...i^{e}r*; *gr.-lat.-vulgärlat.-fr.-engl.*] *der*; -s, -: Abgeordneter, Mitglied eines Parlaments. **parlamentarisch**: das Parlament betreffend, vom Parlament ausgehend. **parlamentarisieren**: (selten) den Parlamentarismus einführen. **Parlamentarismus** [*gr.-lat.-vulgärlat.-fr.-engl.-nlat.*] *der*; -: demokratische Regierungsform, in der die Regierung dem Parlament verantwortlich ist. **parlamentieren** [*gr.-lat.-vulgärlat.-fr.*]: 1. (veraltet) unterhandeln. 2. (landsch.) eifrig hin u. her reden, verhandeln. **parlando** [*gr.-lat.-vulgärlat.-it.*]: rhythmisch exakt u. mit nur leichter Tongebung, dem Sprechen nahekommend (von einer bestimmten Gesangsweise bes. in Arien der komischen Oper; Mus.). **Parlando** *das*; -s, -s u. ...di: parlando vorgetragener Gesang; Sprechgesang (Mus.). **parlante**: = parlando. **parlieren** [*gr.-lat.-vulgärlat.-fr.*]: a) reden, plaudern; sich miteinander unterhalten, leichte Konversation machen; b) in einer fremden Sprache sprechen, sich unterhalten. **Parlo|graph** Ⓦ [*gr.-lat.-vulgärlat.-fr.*; *gr.*] *der*; -en, -en: Diktiermaschine zur Aufnahme u. Wiedergabe von Gesprächen

Parmäne [*fr.*] *die*; -, -n: Apfel einer zu den → Renetten gehörenden Sorte

Parmelia [*gr.-lat.-nlat.*] *die*; -, ...ien [*...i^{e}n*]: Schüsselflechte (dunkelgraue Flechte auf Rinde u. Steinen)

Parmesan [nach der ital. Stadt Parma] *der*; -[s]: sehr fester, vollfetter ital. [Reib]käse

Parnaß [*gr.-lat.*; nach dem mittelgriech. Gebirgszug] *der*; ...nasses: Musenberg, Reich der Dichtkunst. **Parnassiens** [*parnaßiäng*; *gr.-lat.-fr.*; nach dem Buchtitel „Le Parnasse contemporain" (*l^e parnaß kongtangporäng*)] *die* (Plural): Gruppe franz. Dichter in der 2. Hälfte des 19. Jh.s, die im Gegensatz zur gefühlsbetonten Romantik stand. **parnassisch** [*gr.-lat.*]: den Parnaß betreffend. **Parnassos** u. **Parnassus** *der*; -: = Parnaß

Parnes [*hebr.*] *der*; -, -: jüd. Gemeindevorsteher

Par|ochi [*...chi*]: *Plural* von → Parochus. **par|ochial** [*gr.-lat.-mlat.*]: zum Kirchspiel, zur Pfarrei gehörend. **Par|ochialkirche** [*gr.-lat.-mlat.*; *dt.*] *die*; -, -n: Pfarrkirche. **Par|ochie** [*gr.-lat.-mlat.*] *die*; -, ...ien: Kirchspiel, Amtsbezirk eines Pfarrers. **Parochus** *der*; -, ...ochi: (selten) Pfarrer als Inhaber einer Parochie

Par|odie [*gr.-lat.-fr.*] *die*; -, ...ien: 1. komisch-satirische Umbildung od. Nachahmung eines meist künstlerischen, oft literarischen Werkes od. des Stils eines Künstlers; vgl. Travestie. 2. [komisch-spöttische] Unterlegung eines anderen Textes unter eine Komposition. 3. (Mus.) a) Verwendung von Teilen einer eigenen od. fremden Komposition für eine andere Komposition (bes. im 15. u. 16. Jh.); b) Vertauschung geistlicher u. weltlicher Texte u. Kompositionen (Bachzeit). **Par|odiemesse** *die*; -, -n: Messenkomposition unter Verwendung eines schon vorhandenen Musikstücks. **par|odieren**: in einer Parodie (1) nachahmen, verspotten. **par|odisch**: die Parodie (2, 3) betreffend, anwendend, mit ihren Mitteln umwandelnd. **Par|odist** *der*; -en, -en: jmd., der Parodien (1) verfaßt od. [im Varieté, Zirkus od. Kabarett] vorträgt. **Par|odistik** *die*; -: Kunst, Art, Anwendung der Parodie (1). **par|odistisch**: die Parodie (1), den Parodisten betreffend; in Form, in der Art einer Parodie (1); komisch-satirisch nachahmend, verspottend

Par|odontitis [*gr.-nlat.*] *die*; -, ...itiden: Entzündung des Zahnfleischsaumes mit Ablagerung von Zahnstein, Bildung eitriger Zahnfleischtaschen u. Lockerung der Zähne (Med.). **Parodontose** *die*; -, -n: ohne Entzündung verlaufende Erkrankung des Zahnbettes mit Lockerung der Zähne; Zahnfleischschwund (Med.)

Par|odos [*gr.*] *der*; -, -: Einzugslied des Chores im altgriech. Drama; Ggs. → Exodos (a)

Parole [*gr.-lat.-vulgärlat.-fr.*]

I. [...*ol*] *die*; -: die gesprochene (aktualisierte) Sprache, Rede (nach F. de Saussure; Sprachw.); Ggs. → Langue.

II. [...*ol*[e]] *die*; -, -n: 1. [militärisches] Kennwort; Losung. 2. Leit-, Wahlspruch. 3. [unwahre] Meldung, Behauptung

Parole d'honneur [*parol donör*; *fr.*] *das*; - -: Ehrenwort

Paroli [*lat.-it.-fr.*] *das*; -s, -s: Verdoppelung des ersten Einsatzes im Pharaospiel (vgl. Pharao II); Paroli bieten: Widerstand entgegensetzen, sich widersetzen, dagegenhalten

Par|ömiakus [*gr.-lat.*] *der*; -, ...zi: altgriech. Vers, Sprichwortvers. **Par|ömie** *die*; -, ...ien: altgriech. Sprichwort, Denkspruch. **Parömio|graph** [*gr.*] *der*; -en, -en (meist Plural): altgriech. Gelehrter, der die Parömien des griech. Volkes zusammenstellte. **Parömiologie** [*gr.-nlat.*] *die*; -: Wissenschaft von den Parömien, Sprichwortkunde

Par|onomasie [*gr.-lat.*] *die*; -, ...ien: Zusammenstellung lautlich gleicher od. ähnlicher Wörter [von gleicher Herkunft] (Rhet.); vgl. Parechese, Annomination. **par|onomastisch**: die Paronomasie betreffend, ihr zugehörend; -er Intensitätsgenitiv: Genitiv der Steigerung (z. B.: Buch der Bücher, die Frage aller Fragen; Sprachw.)

Par|onychie [*gr.-nlat.*] *die*; -, ...ien: eitrige Entzündung des Nagelbetts (Med.)

Par|onyma u. **Par|onyme**: *Plural* von → Paronymon. **Par|onymie** [*gr.*] *die*; -: (veraltet) das Ableiten von einem Stammwort (Sprachw.). **Par|onymik** [*gr.-nlat.*] *die*; -: (veraltet) die Paronymie betreffendes Teilgebiet der Sprachw. **par|onymisch**: (veraltet) die Paronymie betreffend, vom gleichen Wortstamm abgeleitet, stammverwandt. **Par|onymon** [*gr.-lat.*] *das*; -s, ...ma u. ...nyme: (veraltet) stammverwandtes, mit einem od. mit mehreren anderen Wörtern vom gleichen Stamm abgeleitetes Wort (z. B. Rede–reden Redner–redlich–beredt; Sprachw.)

par or|dre [- *ordr*; *lat.-fr.*]: auf Befehl; vgl. Order. **par ordre du mufti** [- - *dü* -; *fr.*]: a) durch Erlaß, auf Anordnung von vorgesetzter Stelle, auf fremden Befehl; b) notgedrungen

Par|orexie [*gr.-nlat.*] *die*; -, ...ien: krankhaftes Verlangen nach ungewöhnlichen, auch unverdaulichen Speisen (z. B. in der Schwangerschaft od. bei Hysterie; Med.)

Par|osmie [*gr.-nlat.*] u. **Par|osphresie** *die*; -, ...ien: Geruchstäuschung, Störung der Geruchswahrnehmung (z. B. in der Schwangerschaft; Med.)

Par|otis [*gr.-lat.*] *die*; -, ...tiden: Ohrspeicheldrüse (Med.). **Parotitis** [*gr.-nlat.*] *die*; -, ...itiden: durch ein Virus hervorgerufene Entzündung der Ohrspeicheldrüse; Ziegenpeter, Mumps (Med.)

par|oxysmal [*gr.-nlat.*]: anfallsweise auftretend, sich in der Art eines Anfalls steigernd (Med.). **Par|oxysmus** [*gr.*] *der*; -, ...men: 1. anfallartiges Auftreten einer Krankheitserscheinung; anfallartige starke Steigerung bestehender Beschwerden (Med.). 2. aufs höchste gesteigerte Tätigkeit eines Vulkans (Geogr.). **Paroxytonon** *das*; -s, ...tona: in der griech. Betonungslehre ein Wort, das den → Akut auf der vorletzten Silbe trägt (z. B. *gr.* μανία = Manie); vgl. Oxytonon u. Proparoxytonon

par pistolet [- ...*lä*; *fr.*; „durch die Pistole"]: aus freier Hand (ohne Auflegen der Hand) spielen (Billard)

par préférence [- ...*rangß*; *lat.-fr.*]: (veraltet) vorzugsweise; vgl. Präferenz (1)

par renommée [- *r*[e]*nome*; *lat.-fr.*]: (veraltet) dem Ruf nach; vgl. Renommee

Par|rhesie [*gr.*] *die*; -: (veraltet) Freimütigkeit im Reden

Parricida [...*zi*...] u. **Parrizida** [*lat.*] *der*; -s, -s: (selten) Verwandten-, bes. Vatermörder

Parse [*pers.*] *der*; -n, -n: Anhänger des Parsismus [in Indien]

Parsec [...*ßäk*; Kurzw. für *Par*allaxen*sek*unde] *das*; -, -: Maß der Entfernung von Sternen (1 Parsec = 3,257 Lichtjahre; Astron.); Abk.: pc

parsisch [*pers.-nlat.*]: die Parsen betreffend. **Parsismus** *der*; -: die von Zarathustra gestiftete altpers. Religion, bes. in ihrer heutigen indischen Form

Pars pro toto [*lat.*] *das*; - - -: Redefigur, die einen Teilbegriff an Stelle eines Gesamtbegriffs setzt (z. B. unter einem *Dach* = in einem *Haus*; Sprachw.)

Part [*lat.-fr.*; „[An]teil"] *der*; -s, -s, auch: -e: 1. Anteil des Miteigentums an einem Schiff. 2. a) Stimme eines Instrumental- od. Gesangsstücks; b) Rolle in einem Theaterstück

partagieren [...*schir*[e]*n*; *lat.-fr.*]: (veraltet) teilen, verteilen

Parte *die*; -, -n

I. [*lat.-fr.*]: 1. Familie, Wohnpartei in einem [Miets]haus. 2. = Part (2a); vgl. auch: colla parte.

II. [*lat.-it.*]: (österr.) Todesanzeige, → Partezettel

Parteidokument [*lat.-fr.*; *lat.*] *das*; -[e]s, -e: (DDR) Mitgliedsbuch für ein Mitglied der SED (Sozialistische Einheitspartei Deutschlands). **Parteisekretär** *der*; -s, -e: für die Verwaltung der Parteiangelegenheiten bestelltes (meist leitendes) Parteimitglied

Parteke [*gr.-mgr.-mlat.*] *die*; -, -n: (veraltet) Stückchen, Stück [Almosen]brot

Partenreederei [*lat.-fr.*; *dt.*] *die*; -, -en: Reederei, deren Schiffe mehreren Eigentümern gehören

parterre [*partär*; *lat.-fr.*]: zu ebener Erde; Abk.: part. **Parterre** *das*; -s, -s: 1. Erdgeschoß; Abk.: Part. 2. Sitzreihen zu ebener Erde in Theater od. Kino. **Parterreakrobatik** *die*; -: artistisches Bodenturnen

Partes [*lat.*] *die* (Plural): Stimmen, Stimmhefte (Mus.). **Partezettel** *der*; -s, -: (österr.) Todesanzeige, → Parte (II)

Parthenien [...*iᵉn*; *gr.*] *die* (Plural): altgriech. Hymnen für Jungfrauenchöre. **Parthenogenese** [*gr.-nlat.*] *die*; -: 1. Jungfrauengeburt, Geburt eines Gottes od. Helden durch eine Jungfrau (Rel.). 2. Jungfernzeugung, Fortpflanzung durch unbefruchtete Keimzellen (z. B. bei Insekten; Biol.). **parthenogenetisch**: die Parthenogenese (2) betreffend; aus unbefruchteten Keimzellen entstehend (Biol.). **parthenokarp**: die Parthenokarpie betreffend, ohne Befruchtung entstanden (Biol.). **Parthenokarpie** *die*; -: Entstehung von samenlosen Früchten ohne Befruchtung (Biol.)

partial [...*zial*; *lat.*]: = partiell; vgl. ...al/...ell. **Partialbruch** *der*; -[e]s, ...brüche: Teilbruch eines Bruches mit zusammengesetztem Nenner (Math.). **Partialgefühl** *das*; -[e]s, -e: Teilgefühl, Einzelausprägung von Gefühlen, die sich zum Totalgefühl, zusammenschließen können (nach S. Freud; Psychol.). **Partial|obligation** [...*zion*] *die*; -, -en: Teilschuldverschreibung (Wirtsch.). **Partialton** *der*; -[e]s, ...töne (meist Plural): Teilton eines Klanges (Musik). **Partialtrieb** *der*; -[e]s, -e: einer der als Komponenten des Sexualtriebs angesehenen, in den verschiedenen Entwicklungsstadien nacheinander sich entwickelnden Triebe, z. B. → oraler, → analer, → genitaler Trieb (nach S. Freud; Psychol.). **partiarisch**: mit Gewinnbeteiligung (Wirtsch.; Rechtsw.). **Particell** [...*titschäl*; *lat.-it.*] *das*; -s, -e u. **Particella** [...*titschäla*] *die*; -, ...lle: ausführlicher Kompositionsentwurf, Entwurf zu einer → Partitur (Mus.). **Particula pendens** [...*tikula* -; *lat.*] *die*; - -: die ohne Entsprechung bleibende Partikel (1) beim → Anantapodoton (Rhet.; Stilk.). **Partie** [*lat.-fr.*] *die*; -, ...ien: 1. Abschnitt, Ausschnitt, Teil, z. B. die untere - des Gesichtes. 2. Durchgang, Runde bei bestimmten Spielen, z. B. eine - Schach, Billard. 3. Rolle in einem gesungenen [Bühnen]werk. 4. (veraltet) [gemeinsamer] Ausflug. 5. (Kaufmannsspr.) Warenposten; eine gute - sein: viel Geld mit in die Ehe bringen; eine gute - machen: einen vermögenden Ehepartner heiraten. **Partieführer** *der*; -s, -: (österr.) Vorarbeiter, Führer einer Gruppe von Arbeitern. **partiell** [*parziäl*]: teilweise [vorhanden]; einseitig; anteilig; vgl. ...al/...ell. **partieren**: 1. teilen. 2. die einzelnen Stimmen in Partiturform anordnen (Mus.). **Partieware** *die*; -, -n: unmoderne od. unansehnliche Ware, die billiger verkauft wird. **Partikel** [auch: ...*tikᵉl*; *lat.*] *die*; -, -n: 1. (Sprachw.) a) zusammenfassende Bez. für die keiner Flexion unterliegenden Wortarten (Adverbien, Präpositionen, Konjunktionen); b) die Bedeutung nur modifizierendes Wörtchen ohne syntaktische Funktion (z. B. doch, etwa); Adverb, das aber im Unterschied zu den echten Adverbien nicht als Antwort auf nicht-elliptische Fragen fungieren kann (z. B. auch). 2. (auch: *das*; -s, -) [sehr] kleiner materieller Körper; Elementarteilchen (Phys.; Techn.). 3. (kath.; Rel.) a) Teilchen der → Hostie; b) als Reliquie verehrter Span des Kreuzes Christi. **partikular** u. **partikulär**: einen Teil, eine Minderheit betreffend; einzeln. **Partikular** *der*; -s, -e: (schweiz. veraltet) Privatmann, Rentner, Partikülier. **Partikularismus** [*lat.-nlat.*] *der*; -: (meist abwertend) das Streben staatlicher Teilgebiete, ihre besonderen Interessen gegen die allgemeinen [Reichs]interessen durchzusetzen. **Partikularist** *der*; -en, -en: Anhänger des Partikularismus. **partikularistisch**: den Partikularismus betreffend. **Partikulier** [*lat.-fr.*] *der*; -s, -e: selbständiger Schiffseigentümer, Selbstfahrer in der Binnenschiffahrt. **Partikülier** [...*lie*] *der*; -s, -s: (veraltet) Privatmann, Rentner; vgl. Privatier. **Partimen** [*lat.-provenzal.*] *das*; -[s], -[s]: altprovenzalisches Streitgedicht; vgl. Tenzone. **Partimento** [*lat.-it.*] *der*; -[s], ...ti: Generalbaßstimme (Mus.). **Partisan** [*lat.-it.-fr.*; „Parteigänger, Anhänger"] *der*; -s u. -en, -en: jmd., der nicht als regulärer Soldat, sondern als Angehöriger bewaffneter, aus dem Hinterhalt operierender Gruppen od. Verbände gegen den in sein Land eingedrungenen Feind kämpft. **Partisane** *die*; -, -n: spießartige Stoßwaffe (vom 15.–18. Jh.). **Partita** [*lat.-it.*] *die*; -, ...ten: Folge von mehreren in der gleichen Tonart stehenden Stücken (Mus.); vgl. Suite (4). **Partite** *die*; -, -n: 1. Geldsumme, die in Rechnung gebracht wird. 2. (veraltet) Schelmenstreich. **Partitenmacher** *der* -s, -: (veraltet) listiger Betrüger. **Partition** [...*zion*; *lat.*] *die*; -, -en: Zerlegung des Begriffsinhaltes in seine Teile od. Merkmale (Logik). **partitiv** [*lat.-mlat.*]: die Teilung ausdrückend (Sprachw.); -er [...*iwᵉr*] Genitiv = Genitivus partitivus. **Partitivzahl** *die*; -, -en: (selten) Bruchzahl. **Partitur** [*lat.-mlat.-it.*] *die*; -, -en: übersichtliche, Takt für Takt in Notenschrift auf einzelnen, übereinanderliegenden Liniensystemen angeordnete Zusammenstellung aller zu einer vielstimmigen Komposition gehörenden Stimmen. **Partizip** [*lat.*] *das*; -s, -ien [...*iᵉn*]: Mittelwort (Sprachw.); - Perfekt: 2. Mittelwort, Mittelwort der Vergangenheit (z. B. geschlagen); - Präsens: 1. Mittelwort, Mittelwort der Gegenwart (z. B. schlafend). **Partizipation** [...*zion*] *die*; -, -en: das Partizipieren. **Partizipationsgeschäft** *das*; -[e]s, -e: ein auf der Basis vorübergehenden Zusammenschlusses von mehreren Personen getätigtes Handelsgeschäft (Wirtsch.). **Partizipationskonto** *das*; -s, ...ten (auch: -s u. ...ti): das gemeinsame Konto der Teilhaber eines Partizipationsgeschäftes (Wirtsch.). **partizipial**: a) das Partizip betreffend; b) mittelwörtlich. **Partizipialgruppe** *die*; -, -n u. **Partizipialsatz** *der*; -es, ...sätze: Partizip, das durch das Hinzutreten anderer [von ihm abhängender] Glieder aus dem eigentlichen Satz herausgelöst ist, dessen Wirkungsbereich sich also deutlich vom verbalen Wirkungsbereich des eigentlichen Satzes abhebt; satzwertiges Partizip (z. B. *gestützt auf seine Erfahrungen*, konnte er die Arbeit in Angriff nehmen; Sprachw.). **partizipieren**: von etw., was ein anderer hat, etwas abbekommen; teilhaben. **Partizipium** *das*; -s, ...pia: (veraltet) Partizip; - Perfekti, - Präsentis: = Partizip Perfekt, Partizip Präsens (vgl. Partizip); - Präteriti: = Partizip Perfekt. **Partnerlook** [...*luk*; *engl.*] *der*; -s: [modische] Kleidung, die der des Partners in Farbe, Schnitt o. ä. gleicht. **Parton** [*lat.-nlat.*] *das*; -s, ...onen (meist Plural): hypothetischer Bestandteil von Atomkernbausteinen (Nukleonen) u. anderen Elementarteilchen

partout [*partu*; *fr.*]: (ugs.) durchaus, unbedingt, um jeden Preis

Partus [*lat.*] *der*; -, - [*pártuß*]: Geburt, Entbindung (Med.)

Partwork [*pạrtʷök; engl.*] *das*; -s, -s: in Lieferungen od. Einzelbänden erscheinendes Buch bzw. Buchreihe (Buchw.)
Party [*pạrti; lat.-fr.-engl.-amerik.*] *die*; -, -s u. ...ties [...*tis*]: zwangloses Fest, gesellige Feier [im Bekanntenkreis, mit Musik u. Tanz]
Par|ụlis [*gr.*] *die*; -: Zahnfleischabszeß (Med.)
Par|usie [*gr.*; „Anwesenheit"] *die*; -: 1. die Wiederkunft Christi zum Endgericht (Theol.). 2. Anwesenheit, Gegenwart, Dasein der Ideen in den Dingen (Plato; Philos.)
Parvenü [*parwenü; lat.-fr.*] *der*; -s, -s: Emporkömmling, Neureicher
Parzẹlle [*lat.-vulgärlat.-fr.*] *die*; -, -n: vermessenes Grundstück (als Bauland od. zur landwirtschaftlichen Nutzung). **parzellieren**: Großflächen in Parzellen zerlegen
Pas [*pạ; lat.-fr.*] *der*; - [*pạ(ß)*], - [*pạß*]: franz. Bezeichnung für: Schritt, Tanzbewegung
pasadẹnisch [nach der kalifornischen Stadt Pasadena]: die alpidische (vgl. Alpiden) Faltungsphase zu Ende des → Pliozäns betreffend, zu ihr gehörend (Geol.)
Pạsch [*lat.-fr.*] *der*; -[e]s, -e u. Päsche: 1. Wurf mit gleicher Augenzahl auf mehreren Würfeln. 2. Stein mit Doppelzahl (Dominospiel)
Pascha
I. Pạscha [*türk.*] *der*; -s, -s: 1. (hist.) a) Titel hoher oriental. Offiziere od. Beamter; b) Träger dieses Titels. 2. (ugs.) a) rücksichtsloser, herrischer Mensch; b) Mann, der sich gern [von Frauen] bedienen, verwöhnen läßt.
II. Pạs|cha [*hebr.-gr.-kirchenlat.*] *das*; -s: ökumen. Form von: Passah
Pạschalik [*türk.*] *das*; -s, -e u. -s: (hist.) Würde od. Amtsbezirk eines Paschas (I, 1b)
Pas|chạlstil [*hebr.-gr.-kirchenlat.; lat.*] *der*; -[e]s: mittelalterliche Zeitbestimmung mit dem Jahresanfang zu Ostern
pạschen
I. [*hebr.*]: (ugs.) schmuggeln.
II. [*lat.-fr.*]: 1. würfeln. 2. (bayr., österr.) in die Hände klatschen, schlagen
Pạscher [*hebr.*] *der*; -s, -: (ugs.) Schmuggler
paschọll! [*russ.*]: los!, vorwärts!
Pas de deux [*pạ dᵉ dö; lat.-fr.*] *der*; - - -, - - -: Ballettanz für eine Solotänzerin u. einen Solotänzer. **Pas de trois** [*pạ dᵉ troạ*] *der*; - - -, - - -: Ballettanz für drei Tänzer. **Pas de quatre** [*pạ dᵉ kạtʳ*] *der*; - - -, - - -: Ballettanz für vier Tänzer. **Pasẹo** [*lat.-span.*] *der*; -s, -s: span. Bezeichnung für: Promenade, Spazierweg
Pasi|graphie [*gr.-nlat.*] *die*; -, ...ien: [theoret.] allen Völkern verständliche ‚Allgemeinschrift' ohne Hilfe der Laute, Begriffsschrift, → Ideographie. **Pasilalie** u. Pasilogie *die*; -: (veraltet) Wissenschaft von den künstlichen Welthilfssprachen. **Pasilịngua** [*gr.; lat.*] *die*; -: von Steiner 1885 aufgestellte Welthilfssprache. **Pasilogie** vgl. Pasilalie
Pạslack [*slaw.*] *der*; -s, -s: (landsch.) jmd., der für andere schuften muß
Pạso [*lat.-span.*] *der*; -, -s: 1. [Gebirgs]paß. 2. (auch: *das*) komisches Zwischenspiel auf der klassischen span. Bühne. **Pạso dọble** [„Doppelschritt"] *der*; - -, - -: Gesellschaftstanz in schnellem $^2/_4$-Takt
Pạspel [*fr.*] *die*; -, -n (selten: *der*; -s, -) u. (bes. österr.:) Passepoil [*paßpoạl*] *der*; -s, -s: schmaler Nahtbesatz bei Kleidungsstücken. **paspelieren** u. (bes. österr.:) passepoilieren: mit Paspel (Passepoil) versehen
Pasquịll [*it.*] *das*; -s, -e: anonyme Schmäh-, Spottschrift, schriftlich verbreitete Beleidigung. **Pasquillạnt** *der*; -en, -en: Verfasser od. Verbreiter eines Pasquills. **Pasquinade** [*paßkinadᵉ; it.-fr.*] *die*; -, -n: (selten) Pasquill
passabel [*lat.-vulgärlat.-fr.*]: annehmbar, leidlich. **Passaca|glia** [...*kạlja; lat.-span.-it.*] *die*; -, ...ien [...*iᵉn*]: langsames Instrumentalstück mit Variationen in den Oberstimmen über einem → Ostinato, meist im $^3/_4$-Takt. **Passacaille** [...*kajᵉ; lat.-span.-fr.*] *die*; -, -n: = Passacaglia. **Passage** [*paßaschᵉ; lat.-vulgärlat.-fr.*] *die*; -, -n: 1. Durchfahrt, Durchgang; das Durchfahren, Passieren. 2. überdachte Ladenstraße. 3. Reise mit Schiff od. Flugzeug, bes. übers Meer. 4. Durchgang eines Gestirns durch den Meridian (2; Astron.). 5. aus melodischen Figuren zusammengesetzter Teil eines Musikwerks. 6. fortlaufender, zusammenhängender Teil einer Rede od. eines Textes. 7. Gangart der Hohen Schule, bei der das Pferd im Trab die abfedernden Beine (rechts vorn / links hinten u. umgekehrt) länger in der Beugung hält (Reiten). **Passage|in|strument** *das*; -[e]s, -e: Meßinstrument (einfache Form des → Meridiankreises) zur Bestimmung der Durchgangszeiten der Sterne durch den Meridian (Astron.). **passager** [*paßaschẹr; lat.-fr.*]: nur vorübergehend auftretend (von Krankheitszeichen, Krankheiten o. ä., z. B. von einer Lähmung; Med.). **Passagier** [...*schir; lat.-vulgärlat.-it.* (*-fr.*)] *der*; -s, -e: Schiffsreisender; Flug-, Fahrgast
Pạssah [*hebr.-gr.-lat.*] *das*; -s: 1. jüd. Fest zum Gedenken an den Auszug aus Ägypten; vgl. Azyma (2). 2. das beim Passahmahl gegessene Lamm
Passamẹter [*lat.; gr.*] *das*; -s, -: Feinmeßgerät für Außenmessung an Werkstücken (Techn.).
Passamẹzzo [*lat.-it.*] *der*; -s, ...zzi: 1. alter ital. Tanz, eine Art schnelle → Pavane. 2. Teil der Suite (4). **Passạnt** [*lat.-vulgärlat.-fr.*] *der*; -en, -en: Fußgänger; Vorübergehender
Passạt [*niederl.*] *der*; -[e]s, -e: beständig in Richtung Äquator wehender Ostwind in den Tropen
passe [*paß; lat.-fr.*]: von 19 bis 36 (in bezug auf eine Gewinnmöglichkeit beim Roulett). **passé** [*paßẹ; lat.-vulgärlat.-fr.*]: (ugs.) vorbei, vergangen, abgetan, überlebt. **Pạsse** [*lat.-fr.*] *die*; -, -n: maßgerecht geschnittener Stoffteil, der bei Kleidungsstücken im Bereich der Schultern angesetzt wird. **Passementerie** [*paßᵉmangᵉ*...] *die*; -, ...ien: = Posamentierarbeit. **Passepartout** [*paßpartu; fr.*] *das* (schweiz.: *der*); -s, -s: 1. Umrahmung aus leichter Pappe für Graphiken, Aquarelle, Zeichnungen u. a. 2. (schweiz., sonst veraltet) Freipaß; Dauerkarte. 3. (selten, noch schweiz.) Hauptschlüssel. **Passepied** [...*pie*] *der*; -s, -s: 1. alter franz. Rundtanz aus der Bretagne in schnellem, ungeradem Takt (z. B. $^3/_4$-Takt). 2. Einlage in der Suite (4). **Passepoil** [*paßpoạl*] vgl. Paspel. **passepoilieren** vgl. paspelieren. **Passeport** [...*pọr*] *der*; -s, -s: fr. Bezeichnung für: Reisepaß. **Passerẹlle** [auch: ...*ạl*] *die*; -, -n: Fußgängerüberweg, kleiner Viadukt. **passieren** [*lat.-vulgärlat.-fr.*]: 1. a) durchreisen, durch-, überqueren; vorüber-, durchgehen; b) durchlaufen (z. B. von einem Schriftstück). 2. a) etwas passiert: etwas geschieht, ereignet sich, trägt sich zu; b) etwas passiert jmdm.: etwas widerfährt jmdm., stößt jmdm. zu. 3. (veraltet) noch angehen, gerade noch erträglich sein. 4. a) durchseihen; durch ein Sieb rühren (Gastr.); b) durch eine Passiermaschine rühren (Techn.). **Passiermaschine** *die*; -,

-n: Gefäß mit verschiedenen Siebeinsätzen u. Rührwerk (z. B. bei der Schokoladenherstellung). **Passierschlag** *der*; -[e]s, ...schläge: meist hart geschlagener Ball, der an dem ans Netz vorgerückten Gegner vorbeigeschlagen wird (Tennis)

Passi|flora [*lat.-nlat.*] *die*; -, ...ren: Passionsblume

passim [*lat.*]: da und dort, zerstreut, allenthalben; Abk.: pass. **Passimeter** [*lat.*; *gr.*] *das*; -s, -: Feinmeßgerät für Innenmessungen an Werkstücken (Techn.)

Passio [*lat.*] *die*; -: das Erleiden, Erdulden (Philos.); Ggs. → Actio (2). **Passion** [*lat.*(*-fr.*)] *die*; -, -en: 1. a) Leidenschaft, leidenschaftliche Hingabe; b) Vorliebe, Liebhaberei. 2. a) das Leiden u. die Leidensgeschichte Jesu Christi; b) die Darstellung der Leidensgeschichte Jesu Christi in der bildenden Kunst, die Vertonung der Leidensgeschichte Jesu Christi als Chorwerk od. → Oratorium (2). **Passional** [*lat.-mlat.*] u. **Passionar** *das*; -s, -e: 1. mittelalterliches liturgisches Buch mit Heiligengeschichten. 2. größte Legendensammlung des deutschen Mittelalters (um 1300). **passionato** [*lat.-it.*]: = appassionato. **Passionato** *das*; -s, -s u. ...ti: leidenschaftlicher Vortrag (Mus.). **passionieren**, sich [*lat.-fr.*]: (veraltet) sich leidenschaftlich für etwas einsetzen, begeistern. **passioniert**: leidenschaftlich [für etwas begeistert]. **Passionssonntag** *der*; -[e]s, -e: katholische Bezeichnung für: Sonntag → Judika. **Passionsspiel** *das*; -[e]s, -e: volkstümliche dramatische Darstellung der Passion Christi. **passiv** [auch: ...*if*; *lat.*(*-fr.*)]: 1. a) untätig, nicht zielstrebig, (eine Sache) nicht ausübend (aber davon betroffen); Ggs. → aktiv (1 a); b) teilnahmslos; still, duldend. 2. = passivisch; -e Bestechung: das Annehmen von Geschenken, Geld od. anderen Vorteilen durch einen Beamten für eine Handlung, die in seinen Amtsbereich fällt (Rechtsw.); Ggs. → aktive Bestechung; -e Handelsbilanz: Handelsbilanz eines Landes, bei der die Ausfuhren hinter den Einfuhren zurückbleiben (Wirtsch.); Ggs. → aktive Handelsbilanz; -es Wahlrecht: das Recht, gewählt zu werden (Pol.); Ggs. → aktives Wahlrecht; -er Wortschatz: Gesamtheit aller Wörter, die ein Sprecher in seiner Muttersprache kennt, ohne sie jedoch in einer konkreten Sprechsituation zu gebrauchen (Sprachw.); Ggs. → aktiver Wortschatz. **Passiv** [auch: ...*if*] *das*; -s, -e [...*w*ᵉ]: Leideform, Verhaltensrichtung des Verbs, die vom „leidenden" Subjekt her gesehen ist (z. B. der Hund *wird* [von Fritz] *geschlagen*; Sprachw.); Ggs. → Aktiv (I). **Passiva** [...*wa*; *lat.*] u. **Passiven** [...*w*ᵉ*n*] *die* (Plural): das auf der rechten Bilanzseite verzeichnete Eigen- u. Fremdkapital eines Unternehmens; Schulden, Verbindlichkeiten; Ggs. → Aktiva. **Passivgeschäft** *das*; -[e]s, -e: Bankgeschäft, bei dem sich die Bank Geld beschafft, um → Kredite (I, 2 a) gewähren zu können; Ggs. → Aktivgeschäft. **passivieren** [...*wi*...; *lat.-nlat.*]: 1. Verbindlichkeiten aller Art in der Bilanz erfassen u. ausweisen; Ggs. → aktivieren (2). 2. unedle Metalle in den Zustand der Passivität (2) überführen (Chem.). **passivisch** [auch: *pa*...]: das Passiv betreffend, zum Passiv gehörend, im Passiv stehend (Sprachw.); Ggs. → aktivisch. **Passivismus** *der*; -: Verzicht auf Aktivität, bes. in sexueller Hinsicht; vgl. Masochismus. **Passivität** [*lat.-fr.*] *die*; -: 1. Untätigkeit, Teilnahmslosigkeit, Inaktivität; Ggs. → Aktivität. 2. herabgesetzte Reaktionsfähigkeit bei unedlen Metallen (Chem.). **Passivlegitimation** [...*zion*] *die*; -, -en: im Zivilprozeß die sachliche Berechtigung (bzw. Verpflichtung) einer Person, in einem bestimmten Rechtsstreit als Beklagter aufzutreten (Rechtsw.); Ggs. → Aktivlegitimation. **Passivprozeß** *der*; ...zesses, ...zesse: Prozeß, in dem jmd. als Beklagter auftritt (Rechtsw.); Ggs. → Aktivprozeß. **Passivrauchen** *das*; -s: das Einatmen von Tabakrauch, zu dem ein Nichtrauchender durch die Anwesenheit eines Rauchers gezwungen ist. **Passivsaldo** *der*; -s, -s u. ...salden od. ...saldi: Saldo, der sich auf der rechten Seite eines → Kontos ergibt; Ggs. → Aktivsaldo. **Passivum** [...*wum*; *lat.*] *das*; -s, ...va: (veraltet) Passiv. **Passivzinsen** *die* (Plural): Zinsen, die ein Unternehmen zu zahlen hat; Ggs. → Aktivzinsen

Passometer [*lat.*; *gr.*] *das*; -s, -: Schrittzähler. **Passus** [*lat.*; „Schritt"] *der*; -, - [*páßuß*]: 1. Abschnitt in einem Text, Textstelle. 2. (selten) Angelegenheit, Fall

Pasta vgl. Paste. **Pasta asciutta** [-*aschuta*] *die*; - -, ...te ...tte [...*te aschute*] u. **Past|asciutta** [*paßtaschuta*; *it.*] *die*; -, ...tte: ital. Spaghettigericht mit Hackfleisch, Tomaten, geriebenem Käse u. a. **Paste** u. Pasta [*gr.-mlat.-it.*] *die*; -, ...sten: 1. streichbare Masse [aus Fisch, Gänseleber o. a.]. 2. streichbare Masse als Grundlage für Arzneien u. kosmetische Mittel. 3. a) Abdruck von Gemmen od. Medaillen in einer weichen Masse aus feinem Gips od. Schwefel; b) [antike] Nachbildung von Gemmen in Glas. **Pastell** [*gr.-lat.-it.*(*-fr.*)] *das*; -[e]s, -e: 1. Technik des Malens mit Pastellfarben (1). 2. mit Pastellfarben (1) gemaltes Bild (von heller, samtartiger Wirkung). 3. Kurzform von → Pastellfarbe (2). **pastellen**: [wie] mit Pastellfarben (1) gemalt; von heller, samtartiger Wirkung. **Pastellfarbe** *die*; -, -n: 1. aus einer Mischung von Kreide u. Ton mit einem Farbstoff u. einem Bindemittel hergestellte trockene Malfarbe in Stiftform. 2. (meist Plural) zarter, heller Farbton. **Pastete** [*gr.-mlat.-roman.*] *die*; -, -n: 1. Fleisch-, Fischspeise u. a. in Teighülle. 2. Speise aus fein gemahlenem Fleisch od. Leber, z. B. Gänseleberpastete (Gastr.)

Pasteurisation [*paßtörisazion*; *fr.*; nach dem franz. Chemiker Pasteur, 1822–1895] *die*; -, -en: Entkeimung u. Haltbarmachung von Nahrungsmitteln (z. B. Milch) durch schonendes Erhitzen; vgl. ...[at]ion/...ierung. **pasteurisieren**: durch Pasteurisation entkeimen, haltbar machen

Pasticcio [*paßtitscho*; *gr.-lat.-vulgärlat.-it.*; „Pastete"] *das*; -s, -s od. ...cci [...*tschi*]: 1. Bild, das in betrügerischer Absicht in der Manier eines großen Meisters gemalt wurde. 2. aus Stücken verschiedener Komponisten mit einem neuen Text zusammengesetzte Oper. **Pastiche** [*paßtisch*; *gr.-lat.-vulgärlat.-it.-fr.*] *der*; -s, -s: 1. franz. Form von: Pasticcio. 2. (veraltet) Nachahmung des Stiles u. der Ideen eines Autors

Pastille [*lat.*] *die*; -, -n: eine Art Kügelchen od. Plätzchen, dem Geschmacksstoffe od. Heilmittel zugesetzt sind u. das man üblicherweise lutscht

Pastinak [*lat.*] *der*; -s, -e u. **Pastinake** *die*; -, -n: krautige Pflanze, deren Wurzeln als Gemüse u. Viehfutter dienen

Pastor [auch: ...*or*; *lat.-mlat.*; „(Seelen)hirte"] *der*; -s, ...oren:

Pfarrer, Geistlicher; Abk.: P. **pastoral**: 1. ländlich, idyllisch. 2. den Pastor, sein Amt betreffend, ihm zustehend; pfarramtlich, seelsorgerisch. 3. a) feierlich, würdig; b) (abwertend) salbungsvoll. **Pastoral** *die*; -: = Pastoraltheologie. **Pastoralbrief** *der*; -[e]s, -e (meist Plural): einer der (von Gemeindeämtern handelnden) Paulusbriefe an Timotheus [...*e-uß*] u. Titus. **Pastorale** [*lat.-it.*] *das*; -s, -s: 1. (auch: *die*; -, -n) a) Hirtenmusik, ländlich-idyllisches Musikstück; musikalisches Schäferspiel, kleine idyllische Oper; b) idyllische Darstellung von Hirten- od. Schäferszenen in der Malerei. 2. Krummstab, Hirtenstab des katholischen Bischofs. **Pastoralien** [...*i*[e]*n*; *lat.-mlat.*] *die* (Plural): Pfarramtsangelegenheiten. **Pastoralmedizin** *die*; -: Grenzwissenschaft zwischen Medizin u. Theologie, bes. für die Seelsorge an Kranken. **Pastoraltheologie** *die*; -: in der katholischen Kirche die praktische Theologie, die Lehre von den Gemeindeämtern u. der Seelsorge. **Pastorat** *das*; -[e]s, -e: Pfarramt, -wohnung. **Pastoration** [...*zion*; *lat.-mlat.-nlat.*] *die*; -, -en: seelsorgerische Betreuung einer Gemeinde od. Anstalt. **Pastorelle** [*lat.-it.*] *die*; -, -n: kleines Hirtenlied (Mus.). **Pastor primarius** [*lat.-mlat.*] *der*; - -, ...ores ...rii: ev. Oberpfarrer, Hauptpastor; Abk.: P. prim.

pastos [*gr.-lat.-it.*; „teigig"]: 1. dick aufgetragen (bes. von Ölfarben auf Gemälden, so daß eine reliefartige Fläche entsteht). 2. dickflüssig, teigartig (Gastr.). **pastös** [*gr.-lat.-it.-fr.*]: 1. gedunsen, aufgeschwemmt (Med.). 2. pastenartig, teigig (Techn.). **Pastosität** [*gr.-lat.-it.-nlat.*] *die*; -: Aussehen einer Schrift, Schriftbild mit dicken, teigigen Strichen

Patavinität [...*wi*...; *lat.*] *die*; -: die (an dem altröm. Geschichtsschreiber Livius getadelte) lat. Mundart der Bewohner der Stadt Patavium (heute Padua)

Patch [*pätsch*; *engl.*] *das*; -[s], -s: ein entsprechend geformtes Gewebestück als → Implantat od. → Transplantat, meist Hautlappen zur Deckung von Weichteildefekten (Med.). **Patchwork** [*pätsch*[u]*ö*[r]*k*; *engl.-amerik.*] *das*; -s, -s: 1. (ohne Plural) Technik zur Herstellung von Kleiderstoffen, Decken, Wandbehängen o. ä., bei der Stoff- od. Lederflicken in den verschiedensten Formen, Farben u. Mustern zusammengesetzt werden. 2. Stoff[stück], das aus vielen kleinen Stoff- od. Lederstücken zusammengesetzt ist

Patella [*lat.*] *die*; -, ...llen: Kniescheibe (Med.). **patellar**: zur Kniescheibe gehörend (Med.)

Patene [*gr.-lat.-mlat.*] *die*; -, -n: Hostienteller (zur Darreichung des Abendmahlbrots)

patent [*lat.-mlat.*]: 1. (ugs.) geschickt, praktisch, tüchtig, brauchbar; großartig, famos. 2. (landsch.) hübsch gekleidet, flott u. selbstbewußt. **Patent** *das*; -[e]s, -e: 1. patentamtlich verliehenes Recht zur alleinigen Benutzung u. gewerblichen Verwertung einer Erfindung. 2. Ernennungs-, Bestallungsurkunde bes. eines [Schiffs]offiziers. 3. (schweiz.) Erlaubnis[urkunde] für die Ausübung bestimmter Berufe, Tätigkeiten. **patentieren**: 1. einer Erfindung durch Verwaltungsakt Rechtsschutz gewähren. 2. stark erhitzte Stahldrähte durch Abkühlen im Bleibad veredeln (Techn.). **Patentrezept** *das*; -[e]s, -e: erwünschte, einfache Lösung, die alle Schwierigkeiten behebt

Pater [*lat.*; „Vater"] *der*; -s, - u. Pa|tres: katholischer Ordensgeistlicher; Abk.: P. (Plural PP.). **Paterfamilias** [„Vater der Familie"] *der*; -, -: (scherzh.) Familienoberhaupt, Familienvater. **Paternalismus** *der*; -: das Bestreben [eines Staates] andere [Staaten] zu bevormunden, zu gängeln. **paternalistisch**: den Paternalismus betreffend, für ihn charakteristisch; bevormundend. **paternitär**: 1. die Paternität betreffend. 2. von einer vaterrechtlichen Gesellschaftsform bestimmt; vgl. Patriarchat (2). **Paternität** *die*; -: Vaterschaft

Paternoster [*lat.-mlat.*]

I. *das*; -s, -: das Vaterunser, Gebet des Herrn.

II. *der*; -s, -: ständig umlaufender Aufzug ohne Tür zur ununterbrochenen Beförderung von Personen od. Gütern; Umlaufaufzug

Pater pa|triae [- ...*riä*; *lat.*] *der*; - -: Vater des Vaterlandes (Ehrentitel röm. Kaiser u. verdienter hoher Staatsbeamter). **pater, peccavi** [- *pekawi*]: Vater, ich habe gesündigt! (Luk. 15, 18); - - sagen: flehentlich um Verzeihung bitten. **Paterpeccavi** *das*; -, -: reuiges Geständnis

Pâte sur pâte [*pat ßür pat*; *fr.*; „Masse auf Masse"] *das*; - - -: Art der Porzellan- od. Steingutverzierung, bei der der glasierte Grund durch die dünnen Stellen eines flachen Reliefs durchschimmert

patetico [...*ko*; *gr.-lat.-it.*]: leidenschaftlich, pathetisch, erhaben, feierlich (Mus.). **Path|ergie** [*gr.-nlat.*] *die*; -, ...ien: Gesamtheit aller krankhaften Gewebsreaktionen (z. B. Entzündungen, Allergien; Med.). **Pathetik** *die*; -: unnatürliche, übertriebene, gespreizte Feierlichkeit. **pathétique** [*patetik*; *gr.-lat.-fr.*]: pathetisch, leidenschaftlich (Mus.). **pathetisch** [*gr.-lat.*]: 1. ausdrucksvoll, feierlich. 2. (abwertend) übertrieben gefühlvoll, empfindungsvoll, salbungsvoll, affektiert.

pathogen [*gr.-nlat.*]: krankheitserregend, Krankheiten verursachend (z. B. von Bakterien im menschlichen Organismus; Med.); Ggs. → apathogen. **Pathogenese** *die*; -, -n: Gesamtheit der an Entstehung u. Entwicklung einer Krankheit beteiligten Faktoren (Med.); vgl. Ätiologie (2). **pathogenetisch**: die Pathogenese betreffend, zu ihr gehörend. **Pathogenität** *die*; -: Fähigkeit, Eigenschaft bestimmter Substanzen u. Organismen, krankhafte Veränderungen im Organismus hervorzurufen (Med.). **Patho|gnomik** *die*; -: 1. = Pathognostik. 2. Deutung des seelischen Zustandes aus Gesichts- u. Körperbewegungen (nach J. K. Lavater; Ausdruckspsychologie). **patho|gnomonisch**: für eine Krankheit, ein Krankheitsbild charakteristisch, kennzeichnend (Med.). **Patho|gnostik** *die*; -: Erkennung einer Krankheit aus charakteristischen Symptomen (Med.). **patho|gnostisch**: = pathognomonisch. **Patho|graphie** *die*; -, ...ien: Untersuchung u. Darstellung von Krankheitseinflüssen auf Entwicklung u. Leistungen eines Menschen (Med.; Psychol.). **Patholinguistik** *die*; -: Teilgebiet der angewandten Sprachwissenschaft, auf dem man sich mit gestörter Sprache beschäftigt. **Pathologe** *der*; -n, -n: Wissenschaftler auf dem Gebiet der Pathologie. **Pathologie** *die*; -, ...ien: 1. (ohne Plural) Wissenschaft von den Krankheiten, bes. von ihrer Entstehung u. den durch sie hervorgerufenen organisch-anatomischen Veränderungen. 2. pathologische Abteilung, pathologisches Institut. **pathologisch**: (Med.) 1. die Pathologie betreffend, zu ihr gehörend. 2. krankhaft [verändert] (von Organen). **Pathophobie** *die*; -, ...ien: = Nosophobie. **Pathophysiologe**

der; -n, -n: Wissenschaftler auf dem Gebiet der Pathophysiologie. **Pathophysiologie** *die*; -: Teilgebiet der Medizin, auf dem man sich mit den Krankheitsvorgängen u. Funktionsstörungen im menschlichen Organismus befaßt (Med.). **pathoplastisch**: 1. Gestaltwandel eines Krankheitsbildes bewirkend. 2. die Symptome einer Krankheit formend. **Pathopsychologie** *die*; -: methodische Richtung der Psychologie, bei der die krankhaften Erscheinungen u. deren Ursachen im Seelenleben u. die durch körperliche Krankheit bedingten seelischen Störungen im Mittelpunkt stehen. **Pathos** [*gr.*; „Leiden"] *das*; -: 1. leidenschaftlich-bewegter Ausdruck, feierliche Ergriffenheit. 2. (abwertend) Gefühlsüberschwang, übertriebene Gefühlsäußerung

Patience [*paßiangß*; *lat.-fr.*; „Geduld"] *die*; -, -n [...*ß*[e]*n*]: [von einer Person gespieltes] Kartengeduldspiel. **Patiencebäckerei** [*lat.-fr.*; *dt.*] *die*; -: -en: (österr.) Backwerk in Form von Figuren. **Patiens** [...*ziänß*; *lat.*] *das*; -, -: Ziel eines durch ein Verbum ausgedrückten Verhaltens, → Akkusativobjekt (Sprachw.); vgl. Agens (III). **Patient** [*paziänt*] *der*; -en, -en: vom Arzt od. einem Angehörigen anderer Heilberufe behandelte [od. betreute] Person (aus der Sicht dessen, der sie [ärztlich] behandelt od. betreut od. dessen, der diese Perspektive einnimmt). **Patientenisolator** *der*; -s, -en: = Life-island. **Patiententestament** *das*; -[e]s, -e: Formular, eine Art Testament, in dem sich jmd. für den Fall, daß er unheilbar krank wird, dafür ausspricht, daß man ihm „passive Sterbehilfe" gewährt, d. h., sein Leben u. Leiden nicht noch medikamentös o. ä. verlängert. **patientenzen|triert**: = klient[en]zentriert

Patina

I. [*it.*] *die*; -: grünliche Schutzschicht auf Kupfer od. Kupferlegierungen (basisches Kupferkarbonat); Edelrost.

II. u. Patine [*gr.-lat.*] *die*; -, ...inen: (veraltet) Schüssel

patinieren [*it.*]: eine Patina (I) chem. erzeugen; mit Patina (I) überziehen

Patio [*patio*; *vulgärlat.-span.*] *der*; -s, -s: Innenhof des span. Wohnhauses

Patisserie [*gr.-lat.-vulgärlat.-fr.*] *die*; -, ...ien: 1. (schweiz.) a) feines Backwerk, Konditoreierzeugnisse; b) Feinbäckerei. 2. [in Hotels] Raum zur Herstellung von Backwaren. **Patissier** [...*ie*] *der*; -s, -s: [Hotel]konditor

Patnareis [nach der ind. Stadt Patna] *der*; -es, -e: langkörniger Reis

Patois [*patoa*; *fr.*] *das*; -, -: franz. Bezeichnung für: Volksmundart, Provinzidiom (bes. der Landbevölkerung)

Pa|tres: *Plural* von → Pater. **Patriarch** [*gr.-lat.*] *der*; -en, -en: 1. biblischer Erzvater. 2. a) (ohne Plural) Amts- od. Ehrentitel einiger römisch-katholischer [Erz]bischöfe; b) römisch-katholischer [Erz]bischof, der diesen Titel trägt. 3. a) (ohne Plural) Titel der obersten orthodoxen Geistlichen (in Jerusalem, Moskau u. Konstantinopel) u. der leitenden Bischöfe in einzelnen → autokephalen Ostkirchen; b) Träger dieses Titels. **Patriarchade** [*gr.-nlat.*] *die*; -, -n: epische Dichtung des 18. Jh.s, die ihren Stoff aus den Patriarchengeschichten des A. T. nahm. **patriarchal**: = patriarchisch. **patriarchalisch** [*gr.-lat.*]: 1. a) das Patriarchat (2) betreffend; vaterrechtlich; b) den Patriarchen betreffend. 2. als Mann seine Autorität bes. im familiären Bereich geltend machend. **Pa|triarchalkirche** *die*; -, -n: eine dem Papst unmittelbar unterstehende Kirche in Rom (z. B. Peterskirche, Lateranbasilika). **Pa|triarchat** [*gr.-mlat.*] *das*; -[e]s, -e: 1. (auch: *der*) Würde u. Amtsbereich eines kirchlichen Patriarchen. 2. Gesellschaftsform, in der der Mann eine bevorzugte Stellung in Staat u. Familie innehat u. in der die männliche Linie bei Erbfolge u. sozialer Stellung ausschlaggebend ist; Ggs. → Matriarchat. **pa|triarchisch** [*gr.-lat.*]: a) das Patriarchat (2) betreffend; b) durch das Patriarchat (2) geprägt. **pa|trilineal** u. **pa|trilinear**: in der Erbfolge der väterlichen Linie folgend; vaterrechtlich; Ggs. → matrilineal, matrilinear. **pa|trimonial** [*lat.*]: das Patrimonium betreffend, erbherrlich. **Pa|trimonium** *das*; -s, ...ien [...*i*[e]*n*]: väterliches Erbgut (im röm. Recht). **Pa|trimonium Pe|tri** [„Erbteil des hl. Petrus"] *das*; -, -: (hist.) der alte Grundbesitz der röm. Kirche als Grundlage des späteren Kirchenstaates. **Pa|triot** [*gr.-mlat.-fr.*] *der*; -en, -en: jmd., der von Patriotismus erfüllt ist u. sich für sein Land einsetzt. **patriotisch**: a) den Patriotismus betreffend; b) vom Patriotismus geprägt; vaterländisch. **Pa|triotismus** *der*; -: [begeisterte] Liebe zum Vaterland; gefühlsmäßige Bindung an Werte, Traditionen u. kulturhistorische Leistungen des eigenen Volkes bzw. der eigenen Nation. **Patristik** [*lat.-nlat.*] *die*; -: Wissenschaft von den Schriften u. Lehren der Kirchenväter; altchristliche Literaturgeschichte. **Patristiker** *der*; -s, -: Wissenschaftler auf dem Gebiet der Patristik. **pa|tristisch**: die Patristik u. das philosophisch-theologische Denken der Kirchenväter betreffend. **Pa|trize** *die*; -, -n: Stempel, Prägestock (als Gegenform zur → Matrize 1a; Druckw.). **patrizial**: = patrizisch. **Pa|triziat** [*lat.*] *das*; -[e]s, -e: (hist.) die Gesamtheit der altröm. adligen Geschlechter; Bürger-, Stadtadel. **Pa|trizier** [...*i*[e]*r*] *der*; -s, -: 1. Mitglied des altröm. Adels. 2. vornehmer, wohlhabender Bürger (bes. im Mittelalter). **pa|trizisch**: 1. den Patrizier (1), den altröm. Adel betreffend, zu ihm gehörend. 2. den Patrizier (2) betreffend, für ihn, seine Lebensweise charakteristisch; wohlhabend, vornehm. **Pa|trologe** [*gr.-nlat.*] *der*; -n, -n: = Patristiker. **Patrologie** *die*; -: = Patristik. **patrologisch**: = patristisch.

Pa|tron

I. [...*on*; *lat.*] *der*; -s, -e: 1. (hist.) Schutzherr seiner Freigelassenen od. → Klienten (2) (im alten Rom). 2. Schutzheiliger einer Kirche od. einer Berufs- od. Standesgruppe. 3. Inhaber eines kirchlichen → Patronats (2). 4. (veraltet) a) Schutzherr, Gönner; b) Schiffs-, Handelsherr. 5. (ugs., abwertend) übler Bursche, Kerl, Schuft. 6. (auch: ...*ong*; *lat.-fr.*; Plural: -s) franz. Bez. für: Inhaber eines Geschäftes, einer Gaststätte o. ä.

II. [*patrong*; *lat.-fr.*] *das*; -s, -s: Modell, die äußere Form eines Saiteninstruments (Mus.)

Pa|trona [*lat.*] *die*; -, ...nä: [heilige] Beschützerin. **Pa|tronage** [...*asch*[e]; *lat.-fr.*] *die*; -, -n: Günstlingswirtschaft, Protektion. **Patronanz** [*lat.-nlat.*] *die*; -: 1. (veraltet) Patronage. 2. (österr.) Patronat (3). **Pa|tronat** [*lat.*] *das*; -[e]s, -e: 1. Würde u. Amt eines Schutzherrn (im alten Rom). 2. Rechtsstellung des Stifters einer Kirche od. seines Nachfolgers (mit Vorschlags- od. Ernennungsrecht u. Unterhaltspflicht für die Pfarrstelle). 3. Schirmherrschaft. **Patrone** [*lat.-mlat.-fr.*] *die*; -, -n: 1. als Munition gewöhnlich für

Handfeuerwaffen dienende, Treibsatz, Zündung u. Geschoß bzw. Geschoßvorlage enthaltende [Metall]hülse. 2. Musterzeichnung auf kariertem Papier bei der Jacquardweberei. 3. Behälter für Kleinbildfilm. 4. (veraltet) [gefettetes] Papier, das man zum Schutz vor zu starker Hitze über Speisen deckt (Gastr.). **pa|tronieren**: (österr., ugs.) Zimmerwände mit einer Schablone bemalen, schablonieren. **Pa|tronin** [*lat.*] *die*; -, -nen: Schutzherrin; Schutzheilige. **pa|tronisieren** [*lat.-fr.*]: (veraltet) beschützen, begünstigen. **Pa|tronymikon** [*gr.*] u. **Pa|tronymikum** [*gr.-lat.*] *das*; -s, ...ka: vom Namen des Vaters abgeleiteter Name (z. B. Petersen = Peters Sohn); Ggs. → Metronymikon. **pa|tronymisch**: das Patronymikon betreffend, vom Namen des Vaters abgeleitet

Pa|trouille [*patrulj^e*; *fr.*] *die*; -, -n: Spähtrupp, Streife. **pa|trouillieren** [...*(j)ir^en*]: an einem Spähtrupp teilnehmen; [als Posten] auf u. ab gehen

Pa|trozinium [*lat.*] *das*; -s, ...ien [...*i^en*]: 1. (hist.) im alten Rom die Vertretung durch einen → Patron (I, 1) vor Gericht. 2. (hist.) im Mittelalter der Rechtsschutz, den der Gutsherr seinen Untergebenen gegen Staat u. Stadt gewährte. 3. [himmlische] Schutzherrschaft eines Heiligen über eine Kirche. 4. Fest des od. der Ortsheiligen

Patschuli [*tamil.-engl.-fr.*] *das*; -s, -s: asiatische, zu den Lippenblütlern gehörende krautige Pflanze mit kleinen weißen u. violetten Blüten, die das für Parfüme verwendete Patschuliöl liefert

patt [*fr.*]: zugunfähig (von einer Stellung beim Schachspiel, in der keine Figur der einen Partei ziehen kann, wobei der König nicht im Schach stehen darf). **Patt** *das*; -s, -s: 1. als unentschieden gewertete Stellung im Schachspiel, bei der eine Partei patt ist. 2. Situation, in der keine Partei einen Vorteil erringen, den Gegner schlagen kann

Pattern [*pät^ern*; *lat.-fr.-engl.*] *das*; -s, -s: 1. [Verhaltens]muster, [Denk]schema, Modell (bes. in der angelsächsischen Psychol.). 2. Satzbaumuster, Modell einer Satzstruktur (Sprachw.). **Patternpraxis** *die*; -: Verfahren in der modernen Fremdsprachendidaktik, bei dem beim Lernenden durch systematisches Einprägen bestimmter wichtiger fremdsprachlicher Satzstrukturmuster die mechanischen Tätigkeiten beim Sprachgebrauch zu Sprachgewohnheiten verfestigt werden sollen (Sprachw.)

pattieren [*fr.*]: rastern, mit Notenlinien versehen

Pattinando [*it.*] *das*; -s, -s u. ...di: mit einem Schritt vorwärts verbundener Ausfall (beim Fechten)

Paukal [*lat.-nlat.*] *der*; -s, -e: Numerus, der eine geringe Anzahl ausdrückt (Sprachw.)

Paukant [*dt.-nlat.*] *der*; -en, -en: (Studentenspr.) Fechter, Zweikämpfer bei einer → Mensur (2)

paulinisch [*nlat.*; nach dem Apostel Paulus]: der Lehre des Apostels Paulus entsprechend, auf ihr beruhend. **Paulinismus** *der*; -: die in den Paulusbriefen des N. T. niedergelegte theologische Lehre des Apostels Paulus

Paulownia [*nlat.*; nach einer russ. Prinzessin Anna Paulowna] die; -, ...ien [...*i^en*]: Kaiserbaum (schnellwüchsiger Zierbaum aus Ostasien)

Paumespiel [*pom*...; *lat.-fr.*; *dt.*] *das*; -[e]s, -e: dem Tennis verwandtes altes franz. Ballspiel

pauperieren [*lat.*]: sich kümmerlich entwickeln (z. B. von Pflanzenbastarden; Biol.). **Pauperismus** [*lat.-nlat.*] *der*; -: Verarmung, Verelendung; Massenarmut. **Paupertät** [*lat.*] *die*; -: (veraltet) Armut, Dürftigkeit

Pausaform [*gr.-lat.*; *lat.*] *die*; -, -en: Lautgestalt eines Wortes vor einer Pause, d. h. wenn es allein od. am Satzende steht (mit absolutem Auslaut, z. B. die Aussprache [*kint*] für Kind); vgl. Sandhi

pauschal [*nlat.*]: a) im ganzen, ohne Spezifizierung o. ä.; b) sehr allgemein [beurteilt], ohne näher zu differenzieren. **Pauschale** [latinisierende Bildung zu Bauschsumme] *die*; -, -n: einmalige Abfindung od. Vergütung an Stelle von Einzelleistungen. **pauschalieren**: Teilsummen od. -leistungen zu einer einzigen Summe od. Leistung zusammenlegen. **pauschalisieren**: etwas pauschal (b) behandeln, sehr stark verallgemeinern. **Pauschquantum** *das*; -s, ...ten: = Pauschale

Pause *die*; -, -n

I. [*gr.-lat.-roman.*]: a) Unterbrechung [einer Tätigkeit]; b) kurze Zeit des Ausruhens, Rastens.

II. [*fr.*]: auf durchscheinendem Papier durchgezeichnete Kopie

pausen [*fr.*]: eine Originalzeichnung od. ein Originalschriftstück durch Nachzeichnen od. mit lichtempfindlichem Papier wiedergeben

pausieren [*gr.-lat.-roman.*]: a) eine Tätigkeit [für kurze Zeit] unterbrechen; mit etwas vorübergehend aufhören; b) ausruhen, ausspannen

Pavane [...*wan^e*; *it.-fr.*] *die*; -, -n: (Mus.) 1. im 16. u. 17. Jh. verbreiteter, auch gesungener Reigen, Reihentanz in halbem Takt. 2. Einleitungssatz der → Suite (4) des 17. Jh.s

Pavese [...*we*...; *it.*] *die*; -, -n: (hist.) im Mittelalter gebräuchlicher großer Schild zum Schutz der Armbrustschützen mit einem am unteren Ende befestigten Stachel zum Einsetzen in die Erde

Pavian [*pawian*; *fr.-niederl.*] *der*; -s, -e: meerkatzenartiger Affe mit blauroten Gesäßschwielen

Pavillon [*pawiljong*; *lat.-fr.*] *der*; -s, -s: 1. großes viereckiges [Fest]zelt. 2. kleines rundes od. mehreckiges, [teilweise] offenes, freistehendes Gebäude (z. B. Gartenhaus). 3. Einzelbau auf einem Ausstellungsgelände. 4. vorspringender Eckteil des Hauptbaus eines [Barock]schlosses (Archit.). **Pavillonsystem** *das*; -s: Bauweise, bei der mehrere kleine, meist eingeschossige Bauten (Pavillons), als Einheit konzipiert, einem gemeinsamen Zweck dienen (Archit.)

Pavonazzo [...*wo*...; *lat.-it.*] *der*; -: eine Abart des → carrarischen Marmors

Pavor [...*wor*; *lat.*] *der*; -s: [Anfall von] Angst, Schreck (Med.); - nocturnus [*nok*...]: nächtliches Aufschrecken (meist bei Kindern) aus dem Schlaf (Med.)

Pawlatsche [*tschech.*] *die*; -, -n: (österr.) 1. offener Gang an der Hofseite eines [Wiener] Hauses. 2. baufälliges Haus. 3. Bretterbühne. **Pawlatschentheater** *das*; -s, -: (österr.) [Vorstadt]theater, das auf einer einfachen Bretterbühne spielt

Pax

I. [*lat.*] *die*; -: 1. lat. Bezeichnung für: Friede. 2. Friedensgruß, bes. der Friedenskuß in der katholischen Messe. 3. = Paxtafel.

II. [aus: Passagier] *der*; -es, -e: (Jargon) Passagier, Fluggast

Pax Christi *die*; - -: die durch die Initiative des Bischofs von Lourdes [*lurd*] 1944 in Frankreich gegründete katholische Weltfriedensbewegung. **Pax Romana** [„römischer Friede"] *die*; - -: 1. (hist.) in der röm. Kaiserzeit der befriedete Bereich römisch-griechischer Kultur. 2. 1921 gegründete internationale katholische Studentenbewegung. **Paxtafel** *die*; -, -n: mit Darstellungen Christi, Mariens od. Heiliger verziertes Täfelchen, das früher zur Weitergabe des liturgischen Friedenskusses in der Messe diente. **Pax vobiscum** [-*wobiß-kum*]: Friede (sei) mit euch! (Gruß in der kath. Meßliturgie)

Pay-back [*pe' bäk*; *engl.*] *das*; -s: = Pay-out. **Paying guest** [*pe'ing gäßt*] *der*; - -, - -s: im Ausland bei einer Familie mit vollem Familienanschluß wohnender Gast, der für Unterkunft u. Verpflegung bezahlt. **Pay-out** [*pe'aut*] *das*; -s: Rückgewinnung investierten Kapitals (Wirtsch.)

Paysage intime [*pe-isasch* *ängtim*; *fr.*] *das*; - -: Richtung der Landschaftsmalerei, die die stimmungshafte Darstellung bevorzugte (bes. im 19. Jh. in Frankreich)

Pazifik [*lat.-engl.*] *der*; -s: Pazifischer Ozean. **Pazifikation** [*...zion*; *lat.*] *die*; -, -en: Beruhigung, Befriedung. **pazifisch** [*lat.-engl.*]: den Raum, den Küstentyp u. die Inseln des Großen Ozeans betreffend. **Pazifismus** [*lat.-fr.*] *der*; -: a) weltanschauliche Strömung, die jeden Krieg als Mittel der Auseinandersetzung ablehnt und den Verzicht auf Rüstung und militärische Ausbildung fordert; b) jmds. Haltung, Einstellung, die durch den Pazifismus (a) bestimmt ist. **Pazifist** *der*; -en, -en: Anhänger des Pazifismus. **pazifistisch**: den Pazifismus betreffend. **pazifizieren** [*lat.*]: [ein Land] befrieden. **Paziszent** *der*; -en, -en: (veraltet) jmd., der einen Vertrag schließt od. einen Vergleich mit einem anderen eingeht (Rechtsw.). **paziszieren**: (veraltet) einen Vertrag schließen bzw. einen Vergleich mit einem andern eingehen (Rechtsw.)

Peak [*pik*; *engl.*] *der*; -[s], -s: 1. engl. Bezeichnung für: Berggipfel, -spitze. 2. relativ spitzes → Maximum (2a) im Verlauf einer → Kurve (2; bes. Chem.). 3. fachspr. für: Signal (1)

Peau d'ange [*po dangsch*; *fr.* „Engelshaut"] *die*; - -: weicher → Crêpe Satin

Pe|brine [*sanskr.-pers.-gr.-lat.-provenzal.-fr.*] *die*; -: (veraltet) Flecksucht der Seidenraupen

Pecannuß [*pekan...*; *indian.*; *dt.*]: Nuß des Hickorywalnußbaumes; vgl. Hickory

Pe-Ce-Faser [*...ze...*; Kurzw. aus: *Polyvinylchlorid* u. *Faser*] *die*; -, -n: sehr beständige Kunstfaser

Peda: *Plural* von → Pedum

Pedal [*lat.-nlat.*] *das*; -s, -e: 1. mit dem Fuß zu bedienender Teil an der Tretkurbel des Fahrrads. 2. mit dem Fuß zu bedienender Hebel für Bremse, Gas u. Kupplung in Kraftfahrzeugen. 3. a) Fußhebel am Klavier zum Dämpfen der Töne od. zum Nachschwingenlassen der Saiten; b) Fußhebel am Cembalo zum Mitschwingenlassen anderer Saiten; c) Fußhebel an der Harfe zum chromatischen Umstimmen. 4. a) Tastatur an der Orgel, die mit den Füßen bedient wird; b) einzelne mit dem Fuß zu bedienende Taste an der Orgel. **pedalen**: (bes. schweiz.) radfahren. **Pedalerie** *die*; -, ...ien: Gesamtheit der Pedale (in einem Kraftfahrzeug). **Pedaleur** [*...lör*; *lat.-fr.*] *der*; -s, -s u. -e: (scherzh.) Radfahrer, Radsportler. **Pedalklaviatur** [*...wi...*] *die*; -, -en: in Fußhöhe angebrachte, mit den Füßen zu spielende → Klaviatur

pedant [*gr.-it.-fr.*]: (österr.) pedantisch. **Pedant** *der*; -en, -en: jmd., der die Dinge übertrieben genau nimmt; Kleinigkeits-, Umstandskrämer. **Pedanterie** *die*; -, ...ien: übertriebene Genauigkeit, Ordnungsliebe, Gewissenhaftigkeit, Kleinigkeitskrämerei. **pedantisch**: übergenau; übertrieben genau, ordnungsliebend, gewissenhaft. **Pedantismus** *der*; -: (veraltet) Pedanterie

Pedell [*dt.-mlat.*] *der*; -s, -e: Hausmeister einer [Hoch]schule

Pedest [*lat.-nlat.*] *das* od. *der*; -[e]s, -e: (veraltet) Podest. **pedestrisch** [*lat.*]: (veraltet) niedrig, gewöhnlich, prosaisch

Pedicatio [*...kazio*; *lat.*] *die*; -, ...iones: Analverkehr (Med.)

Pedi|gree [*pädigri*; *engl.*] *der*; -s, -s: Stammbaum in der Pflanzen- u. Tierzucht (Biol.)

Pedikulose [*lat.-nlat.*] *die*; -, -n: Läusebefall beim Menschen u. die damit zusammenhängenden krankhaften Erscheinungen

Pediküre [*lat.-fr.*] *die*; -, -n: 1. (ohne Plural) Fußpflege. 2. Fußpflegerin. **pediküren**: Fußpflege machen. **Pediment** [*lat.-nlat.*] *das*; -s, -e: mit Sandmaterial bedeckte Fläche am Fuß von Gebirgen in Trockengebieten (Geogr.). **Pedizellarie** [*...ie*] *die*; -, -n: zangenartiger Greifapparat der Stachelhäuter. **Pedo|graph** [*lat.*; *gr.*] *der*; -en, -en: Wegmesser

Pedologie [*gr.-nlat.*] *die*; -: Bodenkunde. **pedologisch**: die Bodenkunde betreffend

Pedometer [*lat.*; *gr.*] *das*; -s, -: Schrittzähler

Pe|dro Ximénez [- *chimenäß*, bei span. Ausspr.: *chimenäth*; *span.*] *der*; - -: likörähnlicher span. Süßwein

Pedum [*lat.*] *das*; -s, Peda: bischöflicher Krummstab; - rectum [*räk...*]: der gerade Hirtenstab als (nicht getragenes) kanonisches Abzeichen des Papstes

Peeling [*pi...*; *engl.*] *das*; -s, -s: kosmetische Schälung der [Gesichts]haut zur Beseitigung von Hautunreinheiten

Peep-Show [*pipscho"*; *engl.*] *die*; -, -s: als sexuell stimulierend gedachte Form des Sich-nackt-zur-Schau-Stellens von Frauen (seltener jüngeren Männern), die jeweils einzeln in einem Raum durch Gucklöcher von mehreren Personen (Männern) gleichzeitig aus verschiedenen Einzelkabinen (meist zur Masturbation) betrachtet werden, wobei durch Einwurf von Münzen o. ä. für eine bestimmte Zeit das Guckloch geöffnet wird

Peer [*pir*; *lat.-fr.-engl.*] *der*; -s, -s: 1. Angehöriger des hohen engl. Adels. 2. Mitglied des engl. Oberhauses. **Peerage** [*piridsch*] *die*; -: 1. Würde eines Peers. 2. die Gesamtheit der Peers. **Peereß** [*pirіß*] *die*; -, ...resses [*...ßis*]: Gemahlin eines Peers. **Peer-group** [*pirgrup*] *die*; -, -s: Bezugsgruppe eines Individuums, die aus Personen gleichen Alters, gleicher od. ähnlicher Interessenlage u. ähnlicher sozialer Herkunft besteht u. es in bezug auf Handeln u. Urteilen stark beeinflußt (Psychol.; Soziol.)

Pegamoid ® [*engl.*] *das*; -[e]s, -e: Kunstleder

Pegasos [*gr.-lat.*; geflügeltes Roß der griech. Sage] u. **Pegasus** *der*; -: geflügeltes Pferd als Sinnbild dichterischer Phantasie; den - besteigen: (scherzh.) dichten; vgl. Hippogryph

Pege [*gr.*] *die*; -, -n: kalte Quelle (Wassertemperatur unter 20°)

Pegmatit [*gr.-nlat.*] *der*; -s, -e: aus gasreichen Resten von Tiefengesteinsschmelzflüssen entstandenes grobkörniges Ganggestein (Geol.)

Pehameter [Kunstw.] *das*; -s, -: Gerät zum Bestimmen der pH-Zahl (die Aussagen über die Wasserstoffionenkonzentration macht)

Peies [*hebr.*] *die* (Plural): Schläfenlocken (der orthodoxen Ostjuden)

Pei|gneur [*pänjör*; *lat.-fr.*] *der*; -s, -e: Kammwalze od. Abnehmer an der Krempelmaschine in der

Spinnerei. **Pei|gnoir** [*pänjoar*] *der*; -s, -s: (veraltet) Frisiermantel
Pein|tre-graveur [*pängtr^e grawör*; *fr.*] *der*; -s, -e: franz. Bezeichnung für: Malerstecher od. Malerradierer (ein eigenschöpferischer Kupferstecher od. Radierer).
Peinture [*pängtür*] *die*; -: kultivierte, meist zarte Farbgebung, Malweise
Peire|skia u. Perę|skia [*nlat.*; nach dem franz. Gelehrten N. C. F. de Peiresc (*d^e päräßk*)] *die*; -, ...ien [...*i^en*]: Kaktusgewächs (eine Zierpflanze)
Pejoration [...*zion*; *lat.-nlat.*] *die*; -, -en: Bedeutungsverschlechterung, -abwertung eines Wortes, das Annehmen eines negativen Sinnes bei einem Wort (z. B. *gemein*; urspr.: *gemeinsam, mehreren in gleicher Weise zukommend*, jetzt: *niederträchtig, unfein*; Sprachw.). **pejorativ**: die Pejoration betreffend; bedeutungsverschlechternd; abwertend (Sprachw.). **Pejorativum** [...*tiwum*] *das*; -s, ...va [...*wa*]: mit verkleinerndem od. abschwächendem → Suffix gebildetes Wort mit abwertendem Sinn (z. B. Jüngel*chen*, frömm*eln*; Sprachw.)
Pekari [*karib.-fr.*] *das*; -s, -s: Nabelschwein (amerik. Wildschwein mit verkümmertem Schwanz)
Pekesche [*poln.*] *die*; -, -n: 1. (hist.) mit Pelz verarbeiteter Schnürrock der Polen. 2. geschnürte Festjacke der Verbindungsstudenten
Pekinese [nach der chin. Hauptstadt Peking] *der*; -n, -n: Hund einer chin. Zwerghunderasse. **Pekingese** vgl. Pekinese
Pekoe [*pĕko*, bei engl. Ausspr.: *piko^u*; *chin.-engl.*] *der*; -[s]: gute, aus bestimmten Blättern des Teestrauchs hergestellte [indische] Teesorte
pekt|anginös [*lat.-nlat.*]: die → Angina pectoris betreffend, ihr ähnlich; brust- u. herzbeklemmend (Med.)
Pektase [*gr.-nlat.*] *die*; -: → Enzym in Mohrrüben, Früchten, Pilzen
Pektenmuschel [*lat.*; *dt.*] *die*; -, -n: auf Sandgrund lebende Kammuschel mit tief gerippten Schalen, einer tief gewölbten u. einer flachen, deckelförmigen (Zool.)
Pektin [*gr.-nlat.*] *das*; -s, -e (meist Plural): gelierender Pflanzenstoff in Früchten, Wurzeln u. Blättern. **Pektinase** *die*; -: → Enzym in Malz, Pollenkörnern, → Penicillium
pektoral [*lat.*]: die Brust betreffend, zu ihr gehörend (Med.).
Pektorale [*lat.-mlat.*] *das*; -[s], -s u. ...lien [...*i^en*]: 1. Brustkreuz katholischer geistlicher Würdenträger; vgl. Enkolpion (2). 2. mittelalterlicher Brustschmuck (z. B. Schließe des geistlichen Chormantels)
Pekuliarbewegung [*lat.*; *dt.*] *die*; -, -en: die bei den gegenseitigen Bewegungen der Fixsterne beobachtete unsystematische Eigenbewegung innerhalb großer Sterngruppen (Astron.)
pekuniär [*lat.-fr.*]: das Geld betreffend; finanziell, geldlich
pekzieren u. pexieren [*lat.*]: (landsch.) etwas anstellen, eine Dummheit machen
Pelade [*lat.-fr.*] *die*; -, -n: krankhafter Haarausfall; Haarschwund (Med.); vgl. Alopezie
pelagial [*gr.-nlat.*]: = pelagisch. **Pelagial** *das*; -s: 1. die Region des freien Meeres (Geol.). 2. die Gesamtheit der Lebewesen des freien Meeres u. weiträumiger Binnenseen (Biol.)
Pelagianer [*nlat.*; nach dem engl. Mönch Pelagius, 5. Jh.] *der*; -s, -: Anhänger des Pelagianismus. **Pelagianismus** *der*; -: kirchlich verurteilte Lehre des Pelagius, die gegen Augustins Gnadenlehre die menschliche Willensfreiheit vertrat; vgl. Synergismus (2)
pelagisch [*gr.-lat.*]: 1. im freien Meer u. in weiträumigen Binnenseen lebend (von Tieren u. Pflanzen; Biol.). 2. dem tieferen Meer (unterhalb 800 m) angehörend (Geol.)
Pelargonie [...*i^e*; *gr.-nlat.*] *die*; -, -n: zur Gattung der Storchschnabelgewächse gehörende Pflanze mit meist leuchtenden Blüten, die in vielen Zuchtsorten als Zierpflanze gehalten wird
pêle-mêle [*pälmäl*; *fr.*]: durcheinander. **Pelemele** [*pälmäl*] *das*; -: 1. Mischmasch, Durcheinander. 2. Süßspeise aus Vanillecreme u. Fruchtgelee
Pelerine [*lat.-fr.*] *die*, -, -n: weiter, einem → Cape ähnlicher, ärmelloser [Regen]umhang
Pelham [*päl^em*; *engl.*] *der*; -s, -s: bes. für heftige Pferde verwendetes Zaumzeug, das aus → Kandare u. beweglichem Trensenmundstück besteht (Reiten)
Pelikan [auch: ...*an*; *gr.-mlat.*] *der*; -s, -e: tropischer u. subtropischer, ausgezeichnet fliegender u. schwimmender Vogel (Ruderfüßer) mit mächtigem Körper u. langem Schnabel, dessen unterer Teil einen dehnbaren Kehlsack trägt. **Pelikanol** ®[Kunstw.] *das*; -s: ein Klebstoff
Pelit [auch: ...*it*; *gr.-nlat.*] *der*; -s, -e (meist Plural): Sedimentgestein aus staubfeinen Bestandteilen (z. B. Tonschiefer; Geol.). **pelitisch** [auch: ...*li*...]: Pelite betreffend
Pella|gra [*lat.-it*] *das*; -s: bes. durch Mangel an Vitamin B_2 hervorgerufene Vitaminmangelkrankheit, die sich hauptsächlich in Haut- u. Schleimhautveränderungen, Psychosen u. Durchfällen äußert (Med.)
pelletieren [*lat.-fr.-engl.*] u. **pelletisieren**: feinkörnige Stoffe durch besondere Verfahren zu kugelförmigen Stücken (von einigen cm Durchmesser) zusammenfügen, → granulieren (1) (Techn.). **Pellets** [*pälitß*] *die* (Plural): beim Pelletieren entstehende kleinere Kugeln (Techn.)
Pellicula [...*ik*...; *lat.*] *die*; -, ...lae [...*lä*]: äußerste, dünne, elastische Plasmaschicht des Zellkörpers vieler Einzeller (Biol.); vgl. Kutikula
pelluzid [*lat.*]: lichtdurchlässig (von Mineralien). **Pelluzidität** *die*; -: Lichtdurchlässigkeit (von Mineralien)
Pelog u. **Pelok** [*jav.*] *das*; -[s]: javanisches siebentöniges Tonsystem (Mus.)
Pelorie [...*i^e*; *gr.-nlat.*] *die*; -, -n: strahlige Blüte bei einer Pflanze, die normalerweise nur zweiseitig-symmetrische Blüten trägt (Bot.)
Pelota [*lat.-vulgärlat.-fr.-span.*] *die*; -: baskisches, tennisartiges Rückschlagspiel, bei dem der Ball von zwei Spielern od. Mannschaften mit der Faust od. einem Lederhandschuh an eine Wand geschlagen wird. **Peloton** [...*tong*; *lat.-vulgärlat.-fr.*] *das*; -s, -s: 1. (hist.) Schützenzug (militärische Unterabteilung). 2. Exekutionskommando. 3. geschlossenes Feld, Hauptfeld im Straßenrennen (Radsport). **Pelotte** *die*; -, -n: ballenförmiges Druckpolster (z. B. an einem Bruchband; Med.)
Pelseide [*lat.-it.*; *dt.*] *die*; -: geringwertiges, lose gedrehtes Rohseidengarn
Peltast [*gr.-lat.*] *der*; -en, -en: leichtbewaffneter Fußsoldat im antiken Griechenland
Peluschke [*slaw.*] *die*; -, -n: (landsch.) Ackererbse, Sanderbse (feldmäßig angebaute Futter- u. Gründüngungspflanze)
Pemmikan [*indian.*] *der*; -s: aus getrocknetem, zerstampftem, mit heißem Fett übergossenem Fleisch hergestelltes, sehr haltbares Nahrungsmittel der Indianer Nordamerikas

Pemphigus [*gr.-nlat.*] *der*; -: Blasensucht der Haut u. der Schleimhäute (Med.)
Penalty [*pänᵉlti*; *lat.-mlat.-engl.*] *der*; -[s], -s: Strafstoß (besonders im Eishockey)
Penaten [*lat.*] *die* (Plural): altröm. Schutzgötter des Hauses u. der Familie
Pence [*pänß*]: *Plural* von → Penny
Penchant [*pangschang*; *lat.-vulgärlat.-fr.*] *der*; -s, -s: (veraltet) Hang, Neigung, Vorliebe
PEN-Club [Kurzw. aus *engl.* *p*oets, *e*ssayists, *n*ovelists (*poᵘitß, äßeⁱißtß, nowᵉlißtß*) u. *Club* (zugleich anklingend an *engl.* pen = Feder)] *der*; -s: 1921 gegründete internationale Dichter- u. Schriftstellervereinigung (mit nationalen Sektionen)
Pendant [*pangdang*; *lat.-fr.*] *das*; -s, -s: 1. ergänzendes Gegenstück; Entsprechung. 2. (veraltet) Ohrgehänge. **pendent** [*lat.-it.*]: (schweiz.) unerledigt, schwebend, anhängig. **Pendentif** [*pangdangtif*; *lat.-fr.*] *das*; -s, -s: Konstruktion in Form eines → sphärischen (2) Dreiecks, die den Übergang von einem mehreckigen Grundriß in die Rundung einer Kuppel ermöglicht; Hängezwickel (Archit.). **Pendenz** [*lat.*] *die*; -, -en: unerledigtes Geschäft, schwebende Sache, Angelegenheit. **Pendule** [*pangdül*; *lat.-fr.*] *die*; -, -n: franz. Schreibung für: Pendüle. **Pendüle** *die*; -, -n: (veraltet) größere Uhr, die durch ein Pendel in Gang gehalten wird
Pene|plain [*piniplᵉⁱn*; *lat.-engl.*] *die*; -, -s: fast ebene Landoberfläche in geringer Höhe über dem Meeresspiegel, die nur von breiten Muldentälern u. niederen Bodenwellen in ihrer Ebenheit unterbrochen wird; Fastebene (Geogr.)
Penes [*peneß*]: *Plural* von → Penis
peneseismisch [*lat.*; *gr.*]: öfter von schwachen Erdbeben heimgesucht (Geol.)
pene|trabel [*lat.-fr.*]: (veraltet) durchdringbar; durchdringend. **pene|trant**: a) in störender Weise durchdringend, z. B. -er Geruch; b) in störender Weise aufdringlich, z. B. -er Mensch. **Pene|tranz** *die*; -, -en: 1. a) durchdringende Schärfe, penetrante (a) Beschaffenheit; b) Aufdringlichkeit. 2. die prozentuale Häufigkeit, mit der ein Erbfaktor bei Individuen gleichen Erbgutes im äußeren Erscheinungsbild wirksam wird (Biol.). **Pene|tration** [*...zion*; *lat.*] *die*; -, -en: 1. Durchdringung, Durchsetzung, das Penetrieren. 2. Eindringtiefe (bei der Prüfung der → Viskosität von Schmierfetten; Techn.). 3. das Eindringen (in etwas, z. B. des → Penis in die weibliche Scheide). **pene|trieren** [*lat.-fr.*]: 1. durchsetzen, durchdringen. 2. mit dem → Penis [in die weibliche Scheide] eindringen. **Pene|trometer** [*lat.*; *gr.*] *das*; -s, -: Gerät zum Messen der → Penetration (2; Techn.)
Pengö [*ung.*] *der*; -[s], -s (aber: 5 Pengö): bis 1946 geltende ungarische Währungseinheit; Abk.: P.
Penholder [*...hoᵘldᵉr*; *engl.*] *der*; -s, u. **Penholdergriff** *der*; -[e]s: Haltung des Schlägers, bei der der nach oben zeigende Griff zwischen Daumen u. Zeigefinger liegt; Federhaltergriff (Tischtennis)
penibel [*gr.-lat.-fr.*]: 1. sehr sorgfältig, genau; empfindlich. 2. (landsch.) unangenehm, peinlich. **Penibilität** *die*; -, -en: [ängstliche] Genauigkeit, Sorgfalt; Empfindlichkeit
Penicillin [*...zi...*], (eingedeutscht:) Penizillin [*lat.-nlat.*] *das*; -s, -e: bes. wirksames → Antibiotikum; vgl. Penicillium. **Penicillinase** *die*; -: von manchen Bakterien gebildetes, penizillinzerstörendes Enzym. **Penicillium** *das*; -s: Schimmelpilz, der das Penicillin liefert
Pen|insula [*lat.*] *die*; -, ...suln: Halbinsel. **pen|insular** u. **pen|insularisch** [*lat.-nlat.*]: zu einer Halbinsel gehörend, halbinselartig
Penis [*lat.*] *der*; -, -se u. Penes [*peneß*]: männliches Glied (Med.)
Penitentes [*lat.-span.*; „die Büßer"] *die* (Plural): durch Verdunsten u. Abschmelzen entstandene Eisfiguren auf Schnee- od. Firnflächen; Büßerschnee
Penizillin vgl. Penicillin
Pennal [*lat.-mlat.*] *das*; -s, -e: 1. (veraltet) Federbüchse. 2. (Schülerspr., veraltet) höhere Lehranstalt. **Pennäler** *der*; -s, -: (ugs.) Schüler einer höheren Lehranstalt. **Pennalismus** [*lat.-mlat.-nlat.*] *der*; -: im 16. u. 17. Jh. Dienstverhältnis zwischen jüngeren u. älteren Studierenden an deutschen Universitäten
Penni [*dt.-finn.*] *der*; -[s], -[s] (aber: 10 Penni): finnische Münzeinheit (0,01 Markka). **Penny** [*päni*; *engl.*] *der*; -s, Pennies [*pänis*, auch: *...niß*] (für einzelne Stücke, Münzen) u. Pence [*pänß*] (bei Wertangabe): engl. Münze; Abk. [für Singular u. Plural beim neuen Penny im Dezimalsystem]: p, vor 1971: d (= lat. *denarius*; vgl. Denar). **Pennyweight** [*..ᵘeⁱt*] *das*; -, -: engl. Feingewicht (1,5552 g); Abk.: dwt., pwt.
Pensa: *Plural* von → Pensum. **pensee** [*pangße*; *lat.-fr.*]: dunkellila. **Pensee** *das*; -s, -s: Gartenstiefmütterchen. **Pensen**: *Plural* von → Pensum. **pensieroso** [*...i-e...*; *lat.-it.*]: gedankenvoll, tiefsinnig (Vortragsanweisung; Mus.).
Pension [*pangsion*, auch: *pangsion* u. *pänsion*; *lat.-fr.*] *die*; -, -en: 1. (ohne Plural) Ruhestand. 2. Ruhegehalt eines Beamten od. der Witwe eines Beamten. 3. Unterkunft u. Verpflegung. 4. kleineres Hotel [mit familiärem Charakter], Fremdenheim. 5. (veraltet) Pensionat. **Pensionär** *der*; -s, -e: jmd., der sich im Ruhestand befindet, Ruhegehaltsempfänger. **Pensionat** *das*; -[e]s, -e: Erziehungsinstitut, in dem die Schüler (bes. Mädchen) auch beköstigt u. untergebracht werden. **pensionieren**: in den Ruhestand versetzen. **Pensionierungsbankrott** *der*; -[e]s: infolge des Verlustes der beruflichen u. gesellschaftlichen Stellung (durch Erreichung der Altersgrenze) auftretende Altersneurose (Psychol.). **Pensionist** [*pänsi...*] *der*; -en, -en: (österr., schweiz.) Pensionär. **Pensum** [*lat.*] *das*; -s, Pensen u. Pensa: a) zugeteilte Aufgabe, Arbeit; b) in einer bestimmten Zeit zu bewältigender Lehrstoff
Pentachord [*...kort*; *gr.-lat.*] *das*; -[e]s, -e: fünfsaitiges Streich- od. Zupfinstrument. **Pentade** *die*; -, -n: Einheit von fünf aufeinanderfolgenden Tagen (Meteor.). **Pentadik** [*gr.-nlat.*] *die*; -: Zahlensystem mit der Grundzahl 5 (Math.). **Pentaeder** *das*; -s, -: Fünfflächner. **Penta|eteris** [*gr.-lat.*] *die*; -, ...ren: altgriech. Zeitraum von fünf Jahren; vgl. Lustrum (2). **Penta|glotte** [*gr.-nlat.*] *die*; -, -n: ein in fünf Sprachen abgefaßtes Buch, bes. eine fünfsprachige Bibel. **Penta|gon** [*gr.-lat.*] *das*; -s, -e: 1. Fünfeck. 2. [*pän...*] (ohne Plural): das auf einem fünfeckigen Grundriß errichtete amerikanische Verteidigungsministerium. **penta|gonal** [*gr.-nlat.*]: fünfeckig. **Penta|gon|dodeka|eder** [*gr.-nlat.*] *das*; -s, -: aus untereinander kongruenten Fünfecken bestehender zwölfflächiger Körper. **Penta|gon|ikosi|tetra|eder** *das*; -s, -: aus untereinander kongruenten Fünfecken bestehender vierundzwanzigflächiger [Kristall]körper. **Penta|gramm** *das*; -s, -e:

fünfeckiger Stern, der in einem Zug mit fünf gleich langen Linien gezeichnet werden kann; Drudenfuß. **Pent|alpha** *das*; -, -s: = Pentagramm. **pentamer** [*gr.-lat.*]: fünfgliedrig, fünfteilig. **Pent|ameron** [*gr.-it.*] *das*; -s: Sammlung neapolitanischer Märchen, die der Herausgeber Basile in fünf Tagen erzählen läßt. **Penta|meter** [*gr.-lat.*] *der*; -s, -: antiker daktylischer Vers (mit verkürztem drittem u. letztem Versfuß), der urspr. ungenau zu fünf Versfüßen gezählt wurde, in der deutschen Dichtung aber sechs Hebungen hat u. der mit dem → Hexameter im → Distichon verwendet wird. **Pentan** [*gr.-nlat.*] *das*; -s, -e: in Petroleum u. Benzin enthaltener, sehr flüchtiger gesättigter Kohlenwasserstoff mit fünf Kohlenstoffatomen. **Pentanol** *das*; -s: ein → Amylalkohol. **Penta|pla** [*gr.-nlat.*] *die*; -, ...aplen: = Pentaglotte. **Penta|prisma** *das*; -s, ...men: in optischen Geräten verwendetes Fünfkantprisma, Reflexionsprisma. **Pent|archie** *die*; -, ...ien: Herrschaft von fünf Mächten, Fünfherrschaft (z. B. die Großmächteherrschaft Englands, Frankreichs, Rußlands, Österreichs u. Preußens 1815 bis 1860). **Pentastomiden** *die* (Plural): Zungenwürmer (parasitische Gliedertiere in der Lunge von Reptilien, Vögeln u. Säugetieren). **Pentastylos** [*gr.*] *der*; -, ...ylen: antiker Tempel mit je fünf Säulen an den Schmalseiten. **Pentateuch** [*gr.-lat.*; „Fünfrollenbuch"] *der*; -s: die fünf Bücher Mosis im A. T. **Pent|athlon** [auch: *pänt...*; *gr.*] *das*; -s: bei den Olympischen Spielen im Griechenland der Antike ausgetragener Fünfkampf (Diskuswerfen, Wettlauf, Weitsprung, Ringen, Speerwerfen). **Pentatonik** [*gr.-nlat.*] *die*; -: fünfstufiges, halbtonloses Tonsystem (in vielen europäischen Volks- u. Kinderliedern, bes. aber in der Musik vieler Völker der Südsee, Ostasiens u. Afrikas). **pentatonisch**: die Pentatonik betreffend. **pentazyklisch** [auch: *...zü...*]: fünf Blütenkreise aufweisend (von bestimmten Zwitterblüten; Bot.). **pentekostal** [*gr.-mlat.*]: a) die Pentekoste betreffend, pfingstlich, Pfingst...; b) pfingstlerisch; die Pfingstbewegung betreffend. **Pentekoste** *die*; -: (Religion) a) Pfingsten als der fünfzigste Tag nach Ostern; b) Zeitraum zwischen Ostern u. Pfingsten.

Penten [*gr.-nlat.*] *das*; -s, -e: ein ungesättigter Kohlenwasserstoff der Olefinreihe (vgl. Olefin; Chem.). **Pentere** [*gr.-lat.*; „Fünfruderer"] *die*; -, -n: antikes Kriegsschiff mit etwa 300 Ruderern in fünf Reihen

Pent|haus [*engl.-amerik.*; *dt.*] *das*; -es, ...häuser: = Penthouse

Penth|emimeres [*gr.*] *die*; -, -: Verseinschnitt (→ Zäsur) nach dem fünften Halbfuß, bes. im Hexameter u. jambischen Trimeter (antike Metrik); vgl. Hephthemimeres u. Trithemimeres

Pent|house [*pänthauß*; *engl.-amerik.*] *das*; -, -s [*...sis*, auch: *...siß*]: exklusives Apartment auf dem Flachdach eines Etagen- od. Hochhauses

Pentimenti [*lat.-it.*; „Reuezüge"] *die* (Plural): Linien od. Untermalungen auf Gemälden od. Zeichnungen, die vom Künstler abgeändert, aber [später] wieder sichtbar wurden

Pentlandit [auch: *...it*; *nlat.*; nach dem Entdecker J. B. Pentland (*päntlᵉnd*), 1797–1873] *der*; -s, -e: Eisennickelkies, wichtiges Nickelerz (Mineral.)

Pent|ode [*gr.-nlat.*] *die*; -, -n: Fünfpolröhre (Schirmgitterröhre mit Anode, Kathode u. drei Gittern; Elektrot.). **Pentose** *die*; -, -n: Einfachzucker, wichtiger Bestandteil der → Nukleine. **Pentos|urie** *die*; -: das Auftreten von Pentosen im Harn (Med.)

Pentothal ® [Kunstw.] *das*; -s: ein Narkosemittel

Pen|um|bra [*lat.-nlat.*] *die*; -: das nicht ganz dunkle Randgebiet um den Kern eines Sonnenflecks (Astron.)

Penunse vgl. Penunze. **Penunze** [*poln.*] *die*; -, -n (meist Plural): (ugs.) Geld, Geldmittel

Penuria [*lat.*] *die*; -: (veraltet) drückender Mangel

Peon [*lat.-vulgärlat.-span.*] *der*; -en, -en: 1. (hist.) südamerikan. Tagelöhner, der durch Verschuldung oft zum Leibeigenen wurde. 2. (in Argentinien, Mexiko) Pferdeknecht, Viehhirte. **Peonage** [*piᵉnidsch*; *lat.-span.-amerik.*] *die*; -: (hist.) Lohnsystem (bes. in Mexiko), das zur Verschuldung der Peonen führte

Pep [*amerik.*] *der*; -[s]: Elan, Schwung, Temperament

Peperin [*sanskr.-pers.-gr.-lat.-it.*] *der*; -s, -e: vulkanisches Tuffgestein mit Auswürflingen in der Masse (im Albanergebirge; Geol.). **Peperone** *der*; -, ...oni u. **Peperoni** *die*; -, - (meist Plural): kleine [in Essig eingelegte] Paprikafrucht von scharfem Geschmack

Pepiniere [*fr.*] *die*; -, -n: (veraltet) Baumschule

Pepita [*span.*; span. Tänzerin der Biedermeierzeit] *der* od. *das*; -s, -s: a) kleinkarierte [schwarzweiße] Hahnentrittmusterung; b) [Woll- od. Baumwoll]gewebe mit dieser Musterung

Pe|plon [*gr.*] *das*; -s, ...plen u. -s u. **Pe|plos** *der*; -, ...plen u. -: altgriech. faltenreiches, gegürtetes Obergewand vor allem der Frauen. **Pe|plopause** [*gr.-nlat.*] *die*; -: Obergrenze der untersten Luftschicht der → Atmosphäre (1b) (Meteor.). **Pe|plos** vgl. Peplon

Pepping [*engl.*] *der*; -s, -e u. -s: ein kleiner Apfel

Pepsin [*gr.-nlat.*] *das*; -s, -e: 1. eiweißspaltendes Enzym des Magensaftes. 2. aus diesem Enzym hergestelltes Arzneimittel. **Pepsinwein** *der*; -[e]s, -e: Dessertwein, der die Magentätigkeit anregt. **Peptid** *das*; -[e]s, -e: Spaltprodukt des Eiweißabbaues. **Peptidase** *die*; -, -n: peptidspaltendes Enzym. **Peptidhormon** [*gr.-nlat.*] *das*; -s, -e: = Proteohormon. **Peptisation** [*...zion*] *die*; -: Rückverwandlung eines → Gels in ein → Sol (II). **peptisch**: das Pepsin betreffend, verdauungsfördernd. **peptisieren**: ein → Gel in ein → Sol (II) zurückverwandeln; **Pepton** *das*; -s, -e: Abbaustoff des Eiweißes. **Pepton|urie** *die*; -: Ausscheidung von Peptonen mit dem Harn (Med.)

per [*lat.*]: 1. mit, mittels, durch, z. B. - Bahn, - Telefon. 2. (Amts-, Kaufmannsspr.) a) je, pro, z. B. etwas - Kilo verkaufen; b) bis zum, am, z. B. - ersten Januar liefern

per ab|usum [*lat.*]: (veraltet) durch Mißbrauch

per accidens [- *akzi...*; *lat.*]: (veraltet) durch Zufall

per ac|clamationem [- *aklamazionäm*; *lat.*]: durch Zuruf, z. B. eine Wahl - -

per Adresse: bei; über die Anschrift von (bei Postsendungen); Abk.: p. A.

per annum [*lat.*]: (veraltet) jährlich, für das Jahr; Abk.: p. a.

per anum [*lat.*]: durch den After, den Mastdarm [eingeführt] (Med.)

per aspera ad astra [*lat.*; „auf rauhen Wegen zu den Sternen"]: nach vielen Mühen zum Erfolg, durch Nacht zum Licht

Perborat [*lat.*; *pers.-arab.-mlat.*] *das*; -[e]s, -e: technisch wichtige chem. Verbindung aus Wasserstoffperoxyd u. Boraten (z. B. Wasch-, Bleichmittel)

Perbunan [Kunstw.] *der*; -s: künstlicher Kautschuk, der von Benzin u. Ölen nicht angegriffen wird

per cassa [- *k*...; *lat.-it.*]: (Kaufmannsspr.) gegen Barzahlung; vgl. Kassa

Perche-Akt [*pärsch*...; *lat.-fr.*; *lat.*] *der*; -[e]s, -e: Darbietung artistischer Nummern an einer langen, elastischen [Bambus]stange

Percheron [*pärschᵉrong*; *fr.*; nach der ehem. Grafschaft Perche (*pärsch*) in Nordfrankreich] *der*; -[s], -s: franz. Kaltblutpferd

Per|chlorat [...*klo*...; *lat.*; *gr.-nlat.*] *das*; -[e]s, -e: Salz der Überchlorsäure. **Per|chlorsäure** [*lat.*; *gr.*; *dt.*] *die*; -: Überchlorsäure

per conto [- *konto*; *lat.-it.*]: (Kaufmannsspr.) auf Rechnung; vgl. Konto

Percussion [*pᵉrkaschᵉn*] vgl. Perkussion (II)

per definitionem [- ...*zio*...; *lat.*]: wie es das Wort ausdrückt, wie in der Aussage enthalten; erklärtermaßen

perdendosi [*lat.-it.*]: abnehmend, allmählich schwächer, sehr leise werdend (Vortragsanweisung; Mus.). **perdu** [*pärdü*; *lat.-fr.*]: (ugs.) verloren, weg, auf und davon

per|eant! [auch: *pär-eant*; *lat.*; „sie mögen zugrunde gehen!"]: (Studentenspr.) nieder mit ihnen! **pereat!** [auch: *pär-eat*; „er gehe zugrunde!"]: (Studentenspr.) nieder mit ihm! **Per|eat** [auch: *pär-eat*] *das*; -s, -s: studentischer Schimpfruf, „Nieder!"

Pere|dwischniki [*russ.*] *die* (Plural): Gruppe russ. realistischer Künstler, die im 19. Jh. auf Wanderausstellungen hervortraten

Pere|grination [...*zion*; *lat.*] *die*; -: (veraltet) Wanderung u. Reise im Ausland

Per|emption u. **Per|emtion** [...*zion*; *lat.*] *die*; -, -en: (veraltet) Verfall, Verjährung (Rechtsw.). **per|emptorisch** u. **per|emtorisch**: aufhebend; -e Einrede: Klageansprüche vernichtende Einrede bei Gericht (Rechtsw.); Ggs. → dilatorische Einrede

Per|enne [*lat.-nlat.*] *die*; -, -n: mehrjährige, unterirdisch ausdauernde, krautige Pflanze. **perennierend**: 1. ausdauernd; hartnäckig. 2. mehrjährig (von Stauden- u. Holzgewächsen; Bot.). 3. mit dauernder, wenn auch jahreszeitlich schwankender Wasserführung, Schüttung (von Wasserläufen, Quellen). **per|ennis**: (veraltet) das Jahr hindurch, beständig

Pere|skia vgl. Peireskia

per ex|em|plum [*lat.*]: (veraltet) zum Beispiel

per fas [*lat.*]: (veraltet) auf rechtliche Weise; vgl. Fas. **per fas et nefas**: (veraltet) auf jede [erlaubte od. unerlaubte] Weise; vgl. Fas u. per nefas

perfekt [*lat.*]: 1. vollendet, vollkommen [ausgebildet]. 2. abgemacht, gültig. **Perfekt** [auch: ...*fäkt*] *das*; -s, -e: (Sprachw.) 1. (ohne Plural) Zeitform, mit der ein verbales Geschehen od. Sein aus der Sicht des Sprechers als vollendet charakterisiert wird. 2. Verbform des Perfekts (1). **Perfekta**: *Plural* von → Perfektum. **perfektibel** [*lat.-nlat.*]: vervollkommnungsfähig (im Sinne des Perfektibilismus). **Perfektibilismus** *der*; -: Anschauung, Lehre aufklärerischen Geschichtsdenkens, nach der der Sinn der Geschichte im Fortschritt zu immer größerer Vervollkommnung der Menschheit liegt. **Perfektibilist** *der*; -en, -en: Anhänger des Perfektibilismus. **Perfektibilität** *die*; -: Fähigkeit zur Vervollkommnung. **Perfektion** [...*zion*; *lat.-fr.*] *die*; -, -en: 1. Vollendung, Vollkommenheit, vollendete Meisterschaft. 2. (veraltet) das Zustandekommen eines Rechtsgeschäftes. **perfektionieren** [*lat.-nlat.*]: etwas bis zur Perfektion (1) bringen, vollenden, vervollkommnen. **Perfektionierung** *die*; -: das Vervollkommnen, Perfektionieren. **Perfektionismus** *der*; -: 1. (abwertend) übertriebenes Streben nach Vervollkommnung. 2. = Perfektibilismus. 3. Sektenlehre der Perfektionisten (2). **Perfektionist** *der*; -en, -en: 1. (abwertend) jmd., der in übertriebener Weise nach Perfektion (1) strebt. 2. (Plural) → methodistische nordamerikanische Sekte, die von der inneren Wiedergeburt vollkommene Sündlosigkeit des einzelnen Gläubigen erwartet. **perfektionistisch**: (abwertend) a) in übertriebener Weise Perfektion (1) anstrebend; b) bis in alle Einzelheiten vollständig, umfassend. **perfektisch** [*lat.*]: das Perfekt betreffend. **perfektiv** [auch: ...*tif*]: die zeitliche Begrenzung eines Geschehens ausdrükkend (Sprachw.); -er Aspekt: zeitlich begrenzte Verlaufsweise eines verbalen Geschehens, z. B. verblühen. **perfektivieren** [...*tiwi*...; *lat.-nlat.*]: ein Verb mit Hilfe sprachlicher Mittel, bes. von Partikeln, in die perfektive Aktionsart überführen. **perfektivisch** [...*tiw*...; *lat.*]: 1. = perfektisch. 2. (veraltet) perfektiv. **Perfektpartizip** *das*; -s, -ien [...*iᵉn*]: = Partizip Perfekt (vgl. Partizip). **Perfektum** *das*; -s, ...ta: (veraltet) Perfekt

perfid[e] [*lat.-fr.*]: hinterhältig, hinterlistig, tückisch. **Perfidie** *die*; -, ...ien: a) (ohne Plural) Hinterhältigkeit, Hinterlist, Falschheit; b) perfide Handlung, Äußerung. **Perfidität** *die*; -, -en: = Perfidie

perforat [*lat.*]: durchlöchert. **Perforation** [...*zion*] *die*; -, -en: 1. (Med.) a) Durchbruch eines Abszesses od. Geschwürs durch die Hautoberfläche od. in eine Körperhöhle; b) unbeabsichtigte Durchstoßung der Wand eines Organs o. ä. bei einer Operation. c) operative Zerstückelung des Kopfes eines abgestorbenen Kindes im Mutterleib bei bestimmten Komplikationen. 2. a) Reiß-, Trennlinie an einem Papierblatt; [Briefmarken]zähnung; b) die zum Transportieren erforderliche Lochung am Rande eines Films. **Perforator** *der*; -s, ...oren: 1. Gerät zum Herstellen einer Perforation (2a; Techn.). 2. Schriftsetzer, der mit Hilfe einer entsprechenden Maschine den Drucksatz auf Papierstreifen locht (Druckw.). **perforieren**: 1. bei einer Operation unbeabsichtigt die Wand eines Organs o. ä. durchstoßen (Med.). 2. a) durchlöchern; b) eine Perforation (2a) herstellen, lochen

Performanz [*lat.-engl.*] *die*; -, -en: Gebrauch der Sprache, konkrete Realisierung von Ausdrücken in einer bestimmten Situation durch einen individuellen Sprecher (Sprachw.); vgl. Kompetenz (2). **performativ** u. **performatorisch**: eine mit einer sprachlichen Äußerung beschriebene Handlung in der außersprachlichen Wirklichkeit zugleich vollziehend (z. B. ich gratuliere dir ...; Sprachw.); vgl. ...iv/...orisch

perfundieren [*lat.*]: auf dem Wege der Perfusion in einen Organismus einführen (Med.). **Perfusion** *die*; -, -en: der Ernährung u. der Reinigung des Gewebes dienende [künstliche] Durchströmung eines Hohlorgans od. Gefäßes (bes. der Gefäße einer zu transplantierenden Niere; Med.)

Pergamen [*gr.-lat.-mlat.*; vom Namen der antiken kleinasiatischen Stadt Pergamon] *das*; -s, -e: (veraltet) Pergament. **pergamenen**:

(veraltet) pergamenten. **Pergament** *das*; -[e]s, -e: 1. enthaarte, geglättete, zum Beschreiben zubereitete Tierhaut, die bes. vor der Erfindung des Papiers als Schreibmaterial diente. 2. Handschrift auf solcher Tierhaut. **pergamenten**: aus Pergament (1). **Pergamenter** *der*; -s, -: Pergamentmacher. **pergamentieren**: 1. ein dem Pergament ähnliches Papier herstellen. 2. Baumwollgewebe durch Behandlung mit Schwefelsäure pergamentähnlich machen. **Pergamin** u. **Pergamyn** [*gr.-lat.-mlat.-nlat.*] *das*; -s: pergamentartiges, durchscheinendes Papier

Pergola [*lat.-it.*] *die*; -, ...len: Laube od. Laubengang aus Pfeilern od. Säulen als Stützen für eine Holzkonstruktion, an der sich Pflanzen [empor]ranken

perhorreszieren [*lat.*]: mit Abscheu zurückweisen; verabscheuen, entschieden ablehnen

Peri [*pers.*] *der*; -s, -s od. *die*; -, -s (meist Plural): [ursprünglich böses, aber] zum Licht des Guten strebendes feenhaftes Wesen der altpersischen Sage

Peri|adenitis [*gr.-nlat.*] *die*; -, ...itiden: Entzündung des Gewebes um eine Drüse (Med.)

Peri|anth [*gr.-nlat.*] *das*; -s, -e u. **Peri|anthium** *das*; -s, ...ien [...*iᵉn*]: Blütenhülle der Blütenpflanzen (Bot.)

Peri|ar|thritis [*gr.-nlat.*] *die*; -, ...itiden: Entzündung in der Umgebung von Gelenken

Peri|astron u. **Peri|astrum** [*gr.-nlat.*] *das*; -s, ...astren: bei Doppelsternen der dem Hauptstern am nächsten liegende Punkt der Bahn des Begleitsterns (Astron.)

Peri|blem [*gr.*; „Umhüllung, Bedeckung"] *das*; -s, -e: unter dem → Dermatogen gelegene, das → Plerom umhüllende Schicht teilungsfähigen Gewebes, die später zur Rinde wird (Bot.). **Peribolos** [„Umfriedigung"] *der*; -, ...loi [...*leu*]: heiliger Bezirk um den antiken Tempel

Pericardium [...*kar*...] vgl. Perikard

Perichon|dritis [...*chon*...; *gr.-nlat.*] *die*; -, ...itiden: Knorpelhautentzündung (Med.). **Perichon|drium** *das*; -s, ...ien [...*iᵉn*]: den Knorpel umgebendes, aufbauendes u. ernährendes Bindegewebe, Knorpelhaut (Med.)

Perichorese [...*cho*...; *gr.*] *die*; -: (Rel.) 1. die Einheit u. wechselseitige Durchdringung der drei göttlichen Personen in der → Trinität. 2. die Einheit der göttlichen u. der menschlichen Natur in Christus

Peri|cranium [...*kra*...] vgl. Perikranium

periculum in mora [...*ku*...; *lat.*; „Gefahr (ist) im Verzug"]: Gefahr besteht, wenn man zögert

Periderm [*gr.-nlat.*] *das*; -s, -e: Pflanzengewebe, dessen äußere Schicht verkorkte Zellen bildet, während die innere unverkorkte blattgrünreiche Zellen aufbaut

Peridinium [*gr.-nlat.*] *das*; -s, ...ien: Vertreter einer Gattung meerbewohnender Einzeller (Geißeltierchen) mit Zellulosepanzer

Peridot [*fr.*] *der*; -s, -e: ein Mineral. **Peridotit** *der*; -s, -e: körniges, grünes, oft schwarzes Tiefengestein

Peri|egese [*gr.-lat.*] *die*; -, -n: Orts- u. Länderbeschreibung (speziell im alten Griechenland). **Peri|eget** *der*; -en, -en: Verfasser einer Periegese od. einer Beschreibung der Bau- u. Kunstdenkmäler einzelner Städte (speziell im alten Griechenland). **peri|egetisch**: die Periegese, die Periegeten betreffend

Peri|enzephalitis [*gr.-nlat.*] *die*; -, ...itiden: Entzündung der Hirnrinde (Med.)

perifokal [*gr.*; *lat.-nlat.*]: um einen Krankheitsherd herum (Med.)

Perigäen: *Plural* von → Perigäum

Periga|stritis [*gr.-nlat.*] *die*; -, ...itiden: Entzündung der Bauchfelldecke des Magens (Med.)

Perigäum [*gr.-nlat.*] *das*; -s, ...äen: erdnächster Punkt der Bahn eines Körpers um die Erde (Astron.); Ggs. → Apogäum

peri|glazial [*gr.*; *lat.*]: Erscheinungen, Zustände, Prozesse in Eisrandgebieten, in der Umgebung vergletscherter Gebiete betreffend (Geogr.)

Perigon [*gr.-nlat.*] *das*; -s, -e u. **Perigonium** *das*; -s, ...ien [...*iᵉn*]: Blütenhülle aus gleichartigen, meist auffällig gefärbten Blättern (z. B. bei Tulpen, Lilien, Orchideen; Bot.); Zeichen: P

Perigourdine [...*gu*...; *fr.*] *die*; -, -n: dem → Passepied (1) ähnelnder alter franz. Tanz im $^3/_8$- od. $^6/_8$-Takt

Peri|gramm [*gr.*] *das*; -s, -e: durch Kreisausschnitte od. mehrere Kreise bewirkte diagrammartige Darstellung statistischer Größenverhältnisse

perigyn [*gr.-nlat.*]: halbhoch stehend, mittelständig (von Blüten mit schüssel- od. becherförmigem Blütenboden, der den Fruchtknoten umfaßt, nicht mit ihm verwachsen ist; Bot.)

Perihel *das*; -s, -e u. **Perihelium** [*gr.-nlat.*] *das*; -s, ...ien [...*iᵉn*]: der Punkt einer Planeten- od. Kometenbahn, der der Sonne am nächsten liegt (Astron.); Ggs. → Aphel

Perihepatitis [*gr.-nlat.*] *die*; -, ...itiden: Entzündung des Bauchfellüberzuges der Leber (Med.)

Perikambium *das*; -s, ...ien [...*iᵉn*]: = Perizykel

Perikard [*gr.-nlat.*] *das*; -[e]s, -e u. (in der Fachspr. der Anatomie:) Pericardium [...*kar*...] *das*; -s, ...ien [...*iᵉn*]: aus zwei → epithelialen Schichten (↑Myokard u. ↑Epikard) bestehende äußerste Umhüllung des Herzens, Herzbeutel (Med.). **Perikard|ektomie** *die*; -, ...ien: operative Entfernung des Herzbeutels (Med.). **perikardial**: zum Herzbeutel gehörend, ihn betreffend (Med.). **Perikardiotomie** *die*; -, ...ien: operative Öffnung des Herzbeutels (Med.). **Perikarditis** *die*; -, ...itiden: Herzbeutelentzündung. **Perikardium**, (fachspr.:) Pericardium *das*; -s, ...ien [...*iᵉn*]: = Perikard (Med.)

Perikarp [*gr.-nlat.*] *das*; -[e]s, -e: Fruchtwand der Früchte von Samenpflanzen (Bot.)

Peri|klas [*gr.-nlat.*] *der*; - u. -es, -e: ein Mineral

peri|klin [*gr.-nlat.*]: parallel zur Organoberfläche verlaufend (von Zellteilungen, z. B. im Bildungsgewebe von Pflanzensprossen; Biol.). **Peri|klin** *der*; -s, -e: ein Mineral. **Periklinalchimäre** [...*chi*...] *die*; -, -n: Chimäre (2a), Pfropfbastard mit übereinandergeschichteten genetisch verschiedenen Gewebearten (Biol.)

peri|klitieren [*lat.*]: (veraltet) sich einer Gefahr aussetzen, Gefahr laufen; wagen, unternehmen

Perikope [*gr.-mlat.*] *die*; -, -n: 1. zur gottesdienstlichen Verlesung als → Evangelium (2b) u. → Epistel (2) vorgeschriebener Bibelabschnitt. 2. Strophengruppe, metrischer Abschnitt (Metrik)

Peri|kranium u. Peri|cranium [...*kra*...; *gr.-nlat.*] *das*; -s: Knochenhaut des Schädeldaches (Med.)

perikulös [*lat.*]: (veraltet) mißlich; gefährlich

Perilla [*ind.*; *lat.*] *die*; -: Gattung von Lippenblütlern, deren Samen techn. verwertbare Öle liefern

Perilun [*gr.-lat.*] *das*; -s, -e: mondnächster Punkt der Umlaufbahn eines Raumflugkörpers

perimagmatisch [*gr.-nlat.*]: um die Schmelze herum entstanden (von Erzlagerstätten; Geol.)
Perimeter [*gr.*]
I. *der*; -s, -: (veraltet) Umfang einer Figur (Math.).
II. *das*; -s, -: Gerät zur Bestimmung des Gesichtsfeldumfangs (Med.)
Perimetergebühren [*gr.*; *dt.*] *die* (Plural): (schweiz.) Anliegergebühren. **Perime|trie** *die*; -, ...ien: Bestimmung der Grenzen des Gesichtsfeldes (Med.). **perimetrieren** [*gr.-nlat.*]: das Gesichtsfeld ausmessen, bestimmen (Med.). **perime|trisch**: den Umfang des Gesichtsfeldes betreffend (Med.)
Perime|tritis [*gr.-nlat.*] *die*; -, ...itiden: Entzündung des Perimetriums (Med.). **Perime|trium** *das*; -s, ...tria u. ...trien [...*iᵉn*]: Bauchfellüberzug der Gebärmutter (Med.)
perinatal [*gr.-nlat.*]: den Zeitraum kurz vor, während und nach der Entbindung betreffend, während dieser Zeit eintretend, in diesen Zeitraum fallend (Med.). **Perinatologe** *der*; -n, -n: Wissenschaftler auf dem Gebiet der Perinatologie (Med.). **Perinatologie** *die*; -: Teilgebiet der Medizin, dessen Schwerpunkt in der Erforschung des Lebens u. der Lebensgefährdung von Mutter u. Kind vor, während u. nach der Geburt liegt (Med.)
Perineen: *Plural* von → Perineum
Perine|phritis [*gr.*] *die*; -, ...itiden: Entzündung des Bauchfellüberzuges der Niere (Nierenkapsel; Med.)
Perineum [*gr.*] *das*; -s, ...nea u. ...neen: Damm, Weichteilbrücke zwischen After u. äußeren Geschlechtsteilen (Med.)
Perineuritis [*gr.-nlat.*] *die*; -, ...itiden: Entzündung des die Nerven umgebenden Bindegewebes (Med.). **Perineurium** *das*; -s, ...ria u. ...rien [...*iᵉn*]: Nervenscheide, Nervenhülle (Med.)
Peri|ode [*gr.-lat.* (*-mlat.*)] *die*; -, -n: 1. durch etwas Bestimmtes (z. B. Ereignisse, Persönlichkeiten) charakterisierter Zeitabschnitt, -raum. 2. etwas periodisch Auftretendes, regelmäßig Wiederkehrendes. 3. Umlaufzeit eines Sternes (Astron.). 4. Zeitabschnitt einer → Formation (5a) der Erdgeschichte (Geol.). 5. Schwingungsdauer (Elektrot.). 6. Zahl od. Zahlengruppe einer unendlichen Dezimalzahl, die sich ständig wiederholt (z. B. 0,646464...; Math.). 7. Verbindung von zwei od. mehreren Kola (vgl. Kolon 2) zu einer Einheit (Metrik). 8. meist mehrfach zusammengesetzter, kunstvoll gebauter längerer Satz, Satzgefüge, Satzgebilde (Sprachw.; Stilk.). 9. in sich geschlossene, meist aus acht Takten bestehende musikalische Grundform (Mus.). 10. Monatsblutung, Regel, → Menstruation (Medizin). **Periodensystem** *das*; -s: = periodisches System. **Peri|odicum** [...*ku*...] vgl. Periodikum. **Periodik** [*gr.*] *die*; -: = Periodizität. **Peri|odikum** u. Peri|odicum [...*ku*...; *gr.-lat.*] *das*; -s, ...ka (meist Plural): periodisch erscheinende Schrift (z. B. Zeitung, Zeitschrift). **peri|odisch**: regelmäßig auftretend, wiederkehrend; -es System: natürliche Anordnung der chem. Elemente nach steigenden Atomgewichten u. entsprechenden, periodisch wiederkehrenden Eigenschaften (Chem.). **peri|odisieren** [*gr.-nlat.*]: in Zeitabschnitte einteilen. **Peri|odizität** *die*; -: regelmäßige Wiederkehr. **Peri|odo|gramm** *das*; -s, -e: Aufzeichnung, graphische Darstellung eines periodisch verlaufenden od. periodische Bestandteile enthaltenden Vorgangs, Ablaufs, Geschehens (Wirtsch.; Techn.). **Peri|odologie** *die*; -: Lehre vom Bau musikalischer Sätze (Mus.)
Peri|odontitis [*gr.-nlat.*] *die*; -, ...itiden: Wurzelhautentzündung (Med.)
Peri|öke [*gr.*; „Umwohner"] *der*; -n, -n: in der Antike freier u. grundeigentumsberechtigter, aber politisch rechtloser Bewohner Spartas
peri|oral [*gr.*; *lat.-nlat.*]: um den Mund herum [liegend] (Med.)
Peri|orchitis [*gr.-nlat.*] *die*; -, ...itiden: Hodenscheidenhautentzündung (Med.)
Peri|ost [*gr.*] *das*; -[e]s, -e: Knochenhaut (Med.). **peri|ostal** [*gr.-nlat.*]: die Knochenhaut betreffend (Med.). **Peri|ostitis** *die*; -, ...itiden: Knochenhautentzündung (Med.)
Peripatetiker [*gr.-lat.*] *der*; -s, -: Schüler des Aristoteles (nach dem Wandelgang der Schule, dem Peripatos; Philos.). **peripatetisch**: die Peripatetiker betreffend. **Peripatos** [*gr.*] *der*; -: Promenade, Wandelgang, Teil der Schule in Athen, wo Aristoteles lehrte
Peripetie [*gr.*] *die*; -, ...ien: entscheidender Wendepunkt, Umschwung, bes. im Drama
peripher [*gr.-lat.*]: am Rande befindlich, Rand... **Peripherie** *die*; -, ...ien: 1. Umfangslinie, bes. des Kreises (Math.). 2. Rand, Randgebiet (z. B. Stadtrand). **peripherisch**: (veraltet) peripher
Peri|phlebitis [*gr.-nlat.*] *die*; -, ...itiden: Entzündung der äußeren Venenhaut (Med.)
Peri|phrase [*gr.-lat.*] *die*; -, -n: 1. Umschreibung eines Begriffes, oft durch eine seiner Eigenschaften (z. B. der Allmächtige für Gott). 2. = Paraphrase (2). **periphrasieren** [*gr.-nlat.*]: eine Periphrase (1) von etwas geben. **peri|phrastisch**: die Periphrase (1) betreffend, umschreibend; -e Konjugation: Konjugation des Verbs, die sich umschreibender Formen bedient (z. B. ich *werde* schreiben; Sprachw.)
Peri|plasma [*gr.-nlat.*] *das*; -s: der Zellwand anliegendes → Plasma (1) (Biol.)
Peri|pleuritis [*gr.-nlat.*] *die*; -, ...itiden: Entzündung des zwischen Rippenfell u. Brustwand gelegenen Bindegewebes (Med.)
Periporitis [*gr.-nlat.*] *die*; -, ...itiden: durch Eitererreger hervorgerufene pustulöse Entzündung der Schweißdrüsen der Haut, Porenschwären (bei Säuglingen; Med.)
Peri|proktitis [*gr.-nlat.*] u. Paraproktitis *die*; -, ...itiden: Entzündung des den After u. den Mastdarm umgebenden Bindegewebes (Med.)
Peri|pteraltempel [*gr.-nlat.*; *lat.*] *der*; -s, -: = Peripteros. **Peripteros** [*gr.-lat.*] *der*; -, - od. ...pteren: griech. Tempel mit einem umlaufenden Säulengang
perirenal [*gr.*; *lat.*]: die Umgebung der Nieren betreffend, in der Umgebung der Niere [liegend] (Med.)
Perisalpingitis [*gr.-nlat.*] *die*; -, ...itiden: Entzündung des Bauchfellüberzuges der Eileiter (Med.)
Peri|skop [*gr.-nlat.*] *das*; -s, -e: [ausfahrbares, drehbares] Fernrohr mit geknicktem Strahlengang (z. B. Sehrohr für Unterseeboote). **peri|skopisch**: in der Art eines Periskops; mit Hilfe eines Periskops
Peri|sperm [*gr.-nlat.*] *das*; -s, -e: das vom Gewebekern der Samenanlage gebildete Nährgewebe vieler Samen (Bot.)
Peri|splenitis [*gr.-nlat.*] *die*; -, ...itiden: Entzündung des Bauchfellüberzuges der Milz (Med.)
Peri|spomenon [*gr.-lat.*] *das*; -s, ...na: in der griech. Betonungslehre Wort mit einem → Zirkum-

flex auf der letzten Silbe (z. B. griech. φιλῶ = „ich liebe"); vgl. Properispomenon

Peristaltik [*gr.*] *die*; -: von den Wänden der muskulösen Hohlorgane (z. B. des Magens, Darms u. Harnleiters) ausgeführte Bewegung, bei der sich die einzelnen Organabschnitte nacheinander zusammenziehen u. so den Inhalt des Hohlorgans transportieren (Med.). **peristaltisch**: die Peristaltik betreffend, auf ihr beruhend (Med.)

Peristase [*gr.*] *die*; -, -n: die neben den → Genen auf die Entwicklung des Organismus einwirkende Umwelt (Vererbungslehre). **peristatisch**: 1. (veraltet) ausführlich, umständlich. 2. die Peristase betreffend; umweltbedingt (Vererbungslehre)

Peristerium [*gr.-mlat.*] *das*; -s, ...ien [...*i^e n*]: mittelalterliches Hostiengefäß in Gestalt einer Taube

Peristom [*gr.-nlat.*] *das*; -s: 1. die bes. ausgeprägte Umgebung des Mundes, Mundfeld bei niederen Tieren (z. B. bei Wimpertierchen, Seeigeln; Zool.). 2. aus Zähnen gebildeter Mundbesatz an der Sporenkapsel von Laubmoosen (Bot.)

Peristyl [*gr.-lat.*] *das*; -s, -e u. **Peristylium** *das*; -s, ...ien [...*i^e n*]: der von Säulen umgebene Innenhof eines antiken Hauses

Perithezium [*gr.-nlat.*] *das*; -s, ...ien [...*i^e n*]: kugel- bis flaschenförmiger Fruchtkörper der Schlauchpilze (Bot.)

peritoneal [*gr.-nlat.*]: zum Bauchfell gehörend, dieses betreffend (Med.). **Peritoneum** [*gr.-lat.*] *das*; -s, ...neen: die Bauchhöhle auskleidende Haut, Bauchfell (Med.). **Peritonitis** [*gr.-nlat.*] *die*; -, ...itiden: Bauchfellentzündung (Med.)

peri|trich [*gr.-nlat.*]: auf der ganzen Oberfläche mit Geißeln besetzt (von Mikroorganismen, z. B. Typhusbakterien; Med., Biol.)

Perizykel [*gr.-nlat.*] *der*; -s, -: äußerste Zellschicht des Zentralzylinders der Wurzel (Bot.)

Perjodat [*lat.*; *gr.-fr.-nlat.*] *das*; -[e]s, -e: Salz der Überjodsäure (Chem.)

Perjurant [*lat.-nlat.*] *der*; -en, -en: (veraltet) Meineidiger (Rechtsw.). **Perjuration** [...*zion*] *die*; -, -en: (veraltet) Meineid (Rechtsw.)

Perkal [*pers.-türk.-fr.*] *der*; -s, -e: feinfädiger [bedruckter] Baumwollstoff in Leinwandbindung (Webart). **Perkalin** [*pers.-türk.-fr.-nlat.*] *das*; -s, -e: stark appretiertes Baumwollgewebe für Bucheinbände

Perkolat [*lat.*] *das*; -[e]s, -e: durch Perkolation gewonnener Pflanzenauszug. **Perkolation** [...*zion*; „das Durchseihen"] *die*; -, -en: Verfahren zur Gewinnung von Pflanzenauszügen aus gepulverten Pflanzenteilen durch Kaltextraktion. **Perkolator** [*lat.-nlat.*] *der*; -s, ...oren: Apparat zur Herstellung von Pflanzenauszügen. **perkolieren** [*lat.*]: Pflanzenauszüge durch Perkolation gewinnen

Perkussion

I. [...*ion*; *lat.*] *die*; -, -en: 1. Organuntersuchung durch Beklopfen der Körperoberfläche u. Deutung des Klopfschalles (Med.). 2. Zündung durch Stoß od. Schlag (z. B. beim Perkussionsgewehr im 19. Jh.). 3. Anschlagvorrichtung beim Harmonium, die bewirkt, daß zum klareren Toneinsatz zuerst Hämmerchen gegen die Zungen schlagen.

II. [*p^erkasch^en*; *lat.-engl.-amerik.*] *die*; -, -s: 1. (meist Plural) in der Jazzkapelle o. ä. Gruppe der Schlaginstrumente (Mus.). 2. kurzer od. langer Abklingeffekt bei der elektronischen Orgel

perkussiv: vorwiegend vom [außerhalb des melodischen u. tonalen Bereichs liegenden] Rhythmus geprägt, bestimmt; durch rhythmische Geräusche erzeugt, hervorgebracht (Mus.). **perkussorisch** [*lat.-nlat.*]: die Perkussion (I, 1) betreffend, durch sie nachweisbar (Med.)

perkutan [*lat.-nlat.*]: durch die Haut hindurch (z. B. bei der Anwendung einer Salbe; Med.)

perkutieren [*lat.*]: eine Perkussion (I, 1) durchführen, Körperhohlräume zur Untersuchung abklopfen, beklopfen (Med.). **perkutorisch**: = perkussorisch

Perlé [...*le*; *lat.-vulgärlat.-fr.*] *der*; -[s], -s: weicher, flauschartiger Mantelstoff mit perlartigen Flocken auf der rechten Seite

perlingual [*lat.-nlat.*]: durch die Zungenschleimhaut wirkend (bezogen auf Arzneimittel, die von der Oberfläche der Zunge aus resorbiert werden; Med.)

Perlit [auch: ...*it*; *lat.-vulgärlat.-fr.-nlat.*] *der*; -s, -e: 1. Gefügebestandteil des Eisens (Gemenge von Ferrit u. Zementit). 2. ein glasig erstarrtes Gestein. **perlitisch** [auch: ...*li*...]: 1. aus Perlit (1) bestehend. 2. perlenartig (von der Struktur glasiger Gesteine)

perlokutionäre [...*zion*...] od. **perlokutive Akt** [...*iw^e* -; *lat.*] *der*; -n -[e]s, -n -e: der Sprechakt im Hinblick auf die Konsequenzen der Aussage, der Sprechhandlung (z. B. die Wirkung auf die Gefühle, Gedanken u. Handlungen des Hörers, die der Äußerung als Plan, Absicht zugrunde liegt; Sprachw.); vgl. illokutionärer/illokutiver Akt, lokutiver Akt

Perlon Ⓦz [Kunstw.] *das*; -s: sehr haltbare Kunstfaser

perludieren [*lat.-vulgärlat.*]: (veraltet) vortäuschen, vorspiegeln. **Perlusion** *die*; -: (veraltet) Vortäuschung, Vorspiegelung. **perlusorisch**: (veraltet) vorspiegelnd; scherzend

Perlu|stration [...*zion*; *lat.-nlat.*] *die*; -, -en: (österr.) das Anhalten u. Durchsuchen [eines Verdächtigen] zur Feststellung der Identität o. ä.; vgl. ...[at]ion/...ierung. **perlu|strieren** [*lat.*]: (österr.) [einen Verdächtigen] anhalten u. genau durchsuchen, jmdn. zur Feststellung der Identität anhalten. **Perlu|strierung** *die*; -, -en: das Perlustrieren; vgl. ...[at]ion/...ierung

Perm

I. [nach dem alten Königreich Permia (dem ehemaligen russ. Gouvernement Perm)] *das*; -s: die jüngste erdgeschichtliche Formation des → Paläozoikums (umfaßt Rotliegendes u. Zechstein; Geol.)

II. [Kurzform von → *perm*eabel] *das*; -[s], -: Einheit für die spezifische Gasdurchlässigkeit fester Stoffe; Abk.: Pm

Permalloy [...*leu*, auch frz. Aussprache: ...*loa*; *engl.*] *das*; -s: magnetisch sehr ansprechbare Nikkel-Eisen-Legierung

permanent [*lat.*]: dauernd, anhaltend, ununterbrochen, ständig. **permanent press** [*pö^rm^en^ent* -; *engl.*]: formbeständig, bügelfrei (Hinweis an Kleidungsstücken). **Permanentweiß** *das*; -[es]: = Barytweiß. **Permanenz** [*lat.-mlat.*] *die*; -: ununterbrochene, permanente Dauer; in -: ständig, ohne Unterbrechung. **Permanenztheorie** *die*; -: Annahme, nach der Kontinente u. Ozeane während der Erdgeschichte eine der heutigen Verteilung weitgehend gleichende Anordnung hatten (Geol.)

Permanganat [*lat.*; *gr.-lat.-nlat.*] *das*; -[e]s, -e: hauptsächlich als Oxydations- u. Desinfektionsmittel verwendetes, als wäßrige Lösung stark violett gefärbtes Salz der Übermangansäure.

Permangansäure [*lat.*; *gr.-lat.*; *dt.*] *die*; -, -n: Übermangansäure **permeabel** [*lat.*]: durchdringbar, durchlässig. **Permeabilität** [*lat.-nlat.*] *die*; -: 1. Durchlässigkeit von Scheidewänden (Chem.). 2. im magnetischen Feld das Verhältnis 𝔅/ℌ zwischen magnetischer Induktion (𝔅) u. magnetischer Feldstärke (ℌ). 3. Verhältnis der tatsächlich im Leckfall in die Schiffsräume eindringenden Wassermenge zum theoretischen Rauminhalt (Schiffsbau)

per mille = pro mille

permisch: das Perm (I) betreffend

Permiß [*lat.*] *der*; Permisses, Permisse: (veraltet) Erlaubnis, Erlaubnisschein. **Permission** *die*; -, -en: (veraltet) Erlaubnis. **permissiv**: die Einhaltung bestimmter Verhaltensnormen nur locker kontrollierend; in nicht → autoritärer (2b) Weise gewähren lassend, z. B. -er Führungsstil (Soziol.). **Permissivität** *die*; -: das freie, permissive Gewährenlassen (Soziol.). **Permit** [*pö*ʳ*mit*; *lat.-fr.-engl.*] *das*; -s, -s: engl. Bezeichnung für: Erlaubnis, Erlaubnisschein. **permittieren** [*lat.*]: (veraltet) erlauben, zulassen

Permokarbon *das*; -s: die als Einheit gesehenen geologischen Zeiten → Perm (I) u. → Karbon

permutabel [*lat.*]: aus-, vertauschbar (Math.). **Permutation** [*...zion*] *die*; -, -en: 1. Vertauschung, Umstellung. 2. Umstellung in der Reihenfolge bei einer Zusammenstellung einer bestimmten Anzahl geordneter Größen, Elemente (Math.). 3. Umstellung aufeinander folgender sprachlicher Elemente einer → linearen Redekette bei Wahrung der Funktion dieser Elemente; Umstellprobe, Verschiebeprobe (Sprachw.). **permutieren**: 1. vertauschen, umstellen. 2. die Reihenfolge in einer Zusammenstellung einer bestimmten Anzahl geordneter Größen, Elemente ändern (Math.). 3. eine Permutation (3), Umstellprobe vornehmen (Sprachw.). **Permutit** [auch: *...it*; *lat.-nlat.*] *das*; -s, -e: Ionenaustauscher vom Typ der → Zeolithe, der zur Wasserenthärtung dient (Chem.)

Pernambukholz [nach dem bras. Staat Pernambuko] *das*; -es: = Brasilienholz

pernasal [*lat.-nlat.*]: durch die Nase (z. B. von der Anwendung eines Arzneimittels; Med.)

per nefas [*lat.*]: (veraltet) auf widerrechtliche Weise; vgl. Fas, Nefas u. per fas et nefas

pernegieren [*lat.-nlat.*]: (veraltet) vollkommen verneinen, rundweg abschlagen

Pernio [*lat.*] *der*; -, ...iones u. ...ionen (meist Plural): Frostbeule (Med.). **Perniose** u. **Perniosis** [*lat.-nlat.*] *die*; -, ...sen 1. Auftreten von Frostbeulen. 2. auf Gewebsschädigung durch Kälte beruhende Hautkrankheit, Frostschäden der Haut

perniziös [*lat.-fr.*]: bösartig, unheilbar (Med.); -e Anämie: schwere Blutkrankheit, die durch den Mangel an einem in der Magenwand produzierten Enzym hervorgerufen wird (Med.)

Perno [*lat.-it.*] *der*; -[s], -s: Stachel (Fußzapfen) des Violoncellos

Pernod ® [*...no*; *fr.*] *der*; -[s], -[s]: aus echtem Wermut, Anis u. anderen Kräutern hergestelltes alkoholisches Getränk

Peronismus [*nlat.*; nach dem argentinischen Staatspräsidenten Perón, 1895–1974] *der*; -: Bewegung mit politisch-sozialen [u. diktatorischen] Zielen in Argentinien. **Peronist** *der*; -en, -en: Anhänger Peróns. **peronistisch**: den Peronismus betreffend, auf ihm beruhend, in der Art des Peronismus

Perono|spora [*gr.-nlat.*] *die*; -: Algenpilz, der Pflanzenkrankheiten hervorruft

per|oral [*lat.-nlat.*]: durch den Mund, über den Verdauungsweg (z. B. von der Anwendung eines Arzneimittels; Med.); vgl. per os.

Per|oration [*...zion*; *lat.*] *die*; -, -en: (veraltet) 1. mit bes. Nachdruck vorgetragene Rede. 2. zusammenfassender Schluß einer Rede. **per|orieren**: (veraltet) 1. laut u. mit Nachdruck sprechen. 2. eine Rede zum Ende bringen.

per os [*lat.*]: durch den Mund (Anweisung für die Form der Einnahme von Medikamenten; Med.); vgl. peroral

Per|oxyd u. Super|oxyd, (chem. fachspr.:) Per|oxid u. Super|oxid [*lat.*; *gr.*] *das*; -[e]s, -e: sauerstoffreiche chemische Verbindung. **Per|oxydase**, (chem. fachspr.:) Per|oxidase *die*; -, -n: Enzym, das die Spaltung von Peroxyden beschleunigt

per pedes [*lat.*]: (ugs., scherzh.) zu Fuß. **per pedes apostolorum**: (scherzh.) zu Fuß (wie die Apostel)

Perpendikel [*lat.*; „Richtblei, Senkblei"] *das* od. *der*; -s, -: 1. Uhrpendel. 2. durch Vorder- u. Hintersteven gehende gedachte Senkrechte, deren Abstand voneinander die Länge des Schiffes angibt. **perpendikular** u. **perpendikulär**: senkrecht, lotrecht. **Perpendikularstil** *der*; -[e]s: durch das Vorherrschen der senkrechten Linien gekennzeichneter Baustil der engl. Spätgotik (14.–16. Jh.)

perpe|trieren [*lat.*]: (veraltet) ausüben; begehen, verüben

perpetuell [*lat.-fr.*]: (veraltet) beständig, fortwährend. **perpetuieren**: ständig [in gleicher Weise] fortfahren, weitermachen; fortdauern. **perpetuierlich** [*lat.*; *dt.*]: = perpetuell. **Perpetuum mobile** [*lat.*; „das sich ständig Bewegende"] *das*; - -, - -[s] u. ...tua ...bilia: 1. a) nach den physikalischen Gesetzen nicht mögliche Maschine, die ohne Energieverbrauch dauernd Arbeit leistet; b) nach den physikalischen Gesetzen nicht mögliche Maschine, die nur durch Abkühlung eines Wärmebehälters mechanische Energie gewinnt, ohne daß in den beteiligten Körpern bleibende Veränderungen vor sich gehen; c) nach den physikalischen Gesetzen nicht mögliche Maschine, mit der durch einen endlichen Prozeß der absolute Nullpunkt erreicht werden kann. 2. ein in kurzwertigen, schnellen Noten verlaufendes virtuoses Instrumentalstück (Mus.)

per|plex [*lat.-fr.*; „verflochten, verworren"]: (ugs.) verwirrt, verblüfft, überrascht, bestürzt, betroffen. **Per|plexität** *die*; -, -en: Bestürzung, Verwirrung, Verlegenheit, Ratlosigkeit

per procura [- *...kura*; *lat.-it.*]: in Vollmacht; Abk.: pp., ppa.; vgl. Prokura

per rectum [*lat.*]: durch den Mastdarm (von der Anwendung eines Medikaments, z. B. eines Zäpfchens; Med.); vgl. Rektum

Perron [*...rong*, österr.: *...ron*; *gr.-lat.-vulgärlat.-fr.*] *der*; -s, -s: (veraltet, aber noch schweiz.) Bahnsteig; Plattform

per saldo [*it.*]: (Kaufmannsspr.) auf Grund des → Saldos; als Rest zum Ausgleich (auf einem Konto)

per se [*lat.*; „durch sich"]: an sich, von selbst

Perseiden [*gr.-nlat.*] *die* (Plural): regelmäßig in der ersten Augusthälfte zu beobachtender Meteorstrom

Perseität [*...e-i...*; *lat.-mlat.*] *die*; -: das Durch-sich-selbst-Sein, das nur von sich abhängt (Aussage der Scholastiker über die erste Ursache, die Substanz od. Gott; Philos.)

Persekution [...*ziọn*; *lat.*] *die*; -, -en: (veraltet) Verfolgung. **Persekutiọnsdelirium** *das*; -s, ...rien [...*i*^e*n*]: Verfolgungswahn (Med.)

Persẹnning u. Presẹnning [*lat.-fr.-niederl.*] *die*; -, -e[n] u. -s: 1. (ohne Plural) starkfädiges, wasserdichtes Gewebe für Segel, Zelte u. a. 2. Schutzbezug aus wasserdichtem Segeltuch

Perseverạnz [...*we*...; *lat.*] *die*; -: Ausdauer, Beharrlichkeit. **Perseveration** [...*ziọn*] *die*; -, -en: 1. Tendenz seelischer Erlebnisse u. Inhalte, im Bewußtsein zu verharren (Psychol.). 2. krankhaftes Verweilen bei ein u. demselben Denkinhalt; Hängenbleiben an einem Gedanken od. einer sprachlichen Äußerung ohne Rücksicht auf den Fortgang des Gesprächs (Med.; Psychol.). **perseverieren**: 1. bei etwas beharren; etwas ständig wiederholen. 2. hartnäckig immer wieder auftauchen (von Gedanken, Redewendungen, Melodien; Psychol.)

Pershing [*pö'sching*; *engl.-amerik.*] *die*; -, -s: Rakete, die in der Lage ist, ein Sprengmittel bis zu zirka 900 km Entfernung zu transportieren (Mil.)

Persianer [nach Persien] *der*; -s, -: a) Fell der [3–14 Tage alten] Lämmer des Karakulschafes; b) aus diesen Fellen gearbeiteter Pelz

Persi|flage [...*flasch*^e; *vulgärlat.-fr.*] *die*; -, -n: feiner, geistreicher Spott; geistreiche Verspottung. **persi|flieren**: auf geistreiche Art verspotten

Pẹrsiko [*gr.-lat.-vulgärlat.-fr.*] *der*; -s, -s: Likör aus Pfirsich- od. Bittermandelkernen

Persimone [*indian.-engl.-fr.*] *die*; -, -n: eßbare Frucht einer nordamerik. Dattelpflaumenart

Persipan [auch: *pạr*...; Kunstwort] *das*; -s, -e: mit Hilfe von Pfirsich- od. Aprikosenkernen bereiteter Marzipanersatz

persistẹnt [*lat.*]: anhaltend, dauernd, hartnäckig (Med.; Biol.). **Persistẹnz** [*lat.-nlat.*] *die*; -, -en: 1. (veraltet) Beharrlichkeit, Ausdauer; Eigensinn. 2. Bestehenbleiben eines Zustandes über längere Zeiträume (Med.; Biol.). **persistieren** [*lat.*]: 1. (veraltet) auf etwas beharren, bestehen. 2. bestehenbleiben, fortdauern (von krankhaften Zuständen; Med.)

persolvieren [...*wir*^e*n*; *lat.*]: 1. eine Schuld völlig bezahlen (Wirtsch.). 2. (veraltet) Gebete sprechen; eine Messe lesen

Person [*etrusk.-lat.*] *die*; -, -en: 1. a) Mensch, menschliches Wesen; b) Mensch als individuelles geistiges Wesen, in seiner spezifischen Eigenart als Träger eines einheitlichen, bewußten Ichs; c) Mensch hinsichtlich seiner äußeren Eigenschaften. 2. Figur in einem Drama, Film o. ä. 3. Frau, junges Mädchen. 4. (Rechtsw.) a) Mensch im Gefüge rechtlicher u. staatlicher Ordnung, als Träger von Rechten u. Pflichten; b) = juristische Person. 5. (ohne Plural) Träger eines durch ein Verb gekennzeichneten Geschehens (z. B. *ich* gehe; Sprachw.); vgl. Personalform. **Persọna grạta** *die*; - -: 1. willkommener, gern gesehener Mensch. 2. Angehöriger des diplomatischen Dienstes, gegen dessen Aufenthalt in einem fremden Staat von seiten der Regierung dieses Staates keine Einwände erhoben werden. **Persọna gratịssima** *die*; - -: sehr willkommener, gern gesehener Mensch. **Persọna in|grạta** *die*; - -: Angehöriger des diplomatischen Dienstes, dessen [vorher genehmigter] Aufenthalt in einem fremden Staat von der Regierung des betreffenden Staates nicht [mehr] gewünscht wird. **personal**: die Person (1), den Einzelmenschen betreffend; von einer Einzelperson ausgehend; z. B. die -e Autorität eines Lehrers; vgl. personell; vgl. ...al/...ell. **Personal** [*etrusk.-lat.-mlat.*] *das*; -s: 1. Gesamtheit der Hausangestellten. 2. Gesamtheit der Angestellten, Beschäftigten in einem Betrieb o.ä., Belegschaft. **Personalakte** *die*; -, -n (meist Plural): Schriftstück, das persönliche Angaben über einen Menschen enthält. **Personale** *das*; -s, ...lia u. ...lien [...*i*^e*n*]: 1. persönliches Verb, das in allen drei Personen (5) gebraucht wird (Sprachw.); Ggs. → Impersonale. 2. (veraltet) Personalie (1a). **Personalform** *die*; -, -en: → finite Form, Form des Verbs, die die Person (5) kennzeichnet (z. B. er *geht*; Sprachw.). **Personalie** [...*i*^e; *etrusk.-lat.*] *die*; -, -n: 1. (Plural) a) Angaben zur Person (wie Name, Lebensdaten usw.); b) [Ausweis]papiere, die Angaben zur Person enthalten. 2. Einzelheit, die jmds. persönliche Verhältnisse betrifft. **Personal|inspiration** [...*zion*] *die*; -: Einwirkung des Heiligen Geistes auf das persönlich bestimmte Glaubenszeugnis der Verfasser biblischer Schriften (theologische Lehre); vgl. Realinspiration, Verbalinspiration. **personalisieren**: auf Einzelpersonen ausrichten. **Personalịsmus** [*etrusk.-lat.-nlat.*] *der*; -: 1. im philosophisch-theologischen Sprachgebrauch der Glaube an einen persönlichen Gott. 2. (Philos.) a) philosophische Lehre von der Vervollkommnung der Persönlichkeit als höchstem sittlichem Ziel (Kant, Fichte); b) den Menschen nicht primär als denkendes, sondern als handelndes, wertendes, praktisches Wesen betrachtende moderne philosophische Richtung (etwa seit Nietzsche). 3. psychologische Lehre, die das Verhältnis des Ichs zum Gegenstand betont u. den Personenbegriff in den Mittelpunkt stellt (W. Stern). **Personalịst** *der*; -en, -en: Vertreter des Personalismus (2b u. 3). **personalịstisch**: den Personalismus (2b u. 3) betreffend. **Personalität** *die*; -, -en: die Persönlichkeit, das Ganze der das Wesen einer Person ausmachenden Eigenschaften. **Personalitätsprinzip** *das*; -s: Grundsatz des internationalen Strafrechts, bestimmte Straftaten nach den im Heimatrecht des Täters gültigen Gesetzen abzuurteilen (Rechtsw.). **personaliter** [*etrusk.-lat.*]: in Person, persönlich, selbst. **Personality-Show** [*pö*^r*ß*^e*nälitischo*^u; *engl.-amerik.*] *die*; -, -s: Show, Unterhaltungssendung im Fernsehen, in der die Fähigkeiten eines Künstlers [und bes. dessen Vielseitigkeit] demonstriert werden. **Personalkredit** *der*; -[e]s, -e: Kredit, der ohne Sicherung im Vertrauen auf die Fähigkeit des Schuldners zur Rückzahlung gewährt wird (Wirtsch.). **Personalpronomen** *das*; -s, -: persönliches Fürwort (z. B. er, wir; Sprachw.). **Personalunion** *die*; -: 1. Vereinigung von Ämtern in der Hand einer Person. 2. (hist.) die [durch Erbfolge bedingte] zufällige Vereinigung selbständiger Staaten unter einem Monarchen. **Persọna nọn grạta** *die*; - - -: = Persona ingrata. **Personarium** *das*; -s, ...ien [...*i*^e*n*]: a) Gesamtheit der auf einem Programmzettel aufgeführten Personen; b) Gesamtheit der bei einem Theaterstück mitwirkenden Personen. **personẹll** [*etrusk.-lat.-fr.*]: 1. das Personal, die Gesamtheit der Angestellten, Beschäftigten in einem Betrieb o. ä. betreffend. 2. die Person (1) betreffend; vgl. personal; vgl. ...al/...ell. **Personifikation** [...*ziọn*; [*etrusk.-lat.*; *lat.*] *die*; -, -en: Vermenschlichung von

Göttern, Begriffen od. leblosen Dingen (z. B. die Sonne *lacht*); vgl. ...[at]ion/...ierung. **personifizieren**: vermenschlichen. **Personifizierung** *die*; -, -en: das Personifizieren; vgl. ...[at]ion/...ierung. **Personoide** [*etrusk.-lat.*; *gr.*] *der*; -n, -n: Vorform der Person bei noch fehlender Ausbildung der einheitsstiftenden Ichfunktion (besonders beim Kleinkind; Psychol.)

per|spektiv: = perspektivisch. **Perspektiv** [*lat.-mlat.*] *das*; -s, -e [...w^e]: kleines Fernrohr. **Perspektive** [...w^e] *die*; -, -n: 1. a) Betrachtungsweise, -möglichkeit von einem bestimmten Standpunkt aus; Sicht, Blickwinkel; b) Aussicht für die Zukunft; c) (DDR) Aussicht, Erwartung im Hinblick auf eine künftige persönliche, wirtschaftliche, gesellschaftliche u. ä. Entwicklung. 2. dem Augenschein entsprechende ebene Darstellung räumlicher Verhältnisse u. Gegenstände. **per|spektivisch**: [...*wisch*]: 1. die Perspektive (1b) betreffend; in die Zukunft gerichtet, planend. 2. die Perspektive (2) betreffend, ihren Regeln entsprechend. **Per|spektivismus** [...*wi...*; *lat.-mlat.-nlat.*] *der*; -: Betrachtung der Welt unter bestimmten Gesichtspunkten (Leibniz, Nietzsche). **Per|spektivität** *die*; -: besondere projektive Abbildung, bei der alle Geraden eines Punktes zu seinem Bildpunkt durch einen festen Punkt gehen (Math.). **Per|spekto|graph** [*lat.*; *gr.*] *der*; -en, -en: Zeicheninstrument, mit dem man ein perspektivisches Bild aus Grund- u. Aufriß eines Gegenstandes mechanisch zeichnen kann. **Perspikuität** [...*u-i...*; *lat.*] *die*; -: (veraltet) Durchsichtigkeit; Deutlichkeit, Klarheit

Per|spiration [...*zion*; *lat.-nlat.*] *die*; -: Hautatmung (Med.). **perspiratorisch**: die Perspiration betreffend; auf dem Wege der Hautatmung [abgesondert] (Med.)

persuadieren [*lat.*]: überreden. **Persuasion** *die*; -, -en: Überredung. **Persuasionstherapie** *die*; -, -n [...$i^e n$]: seelische Behandlung durch Belehrung des Patienten über die ursächlichen Zusammenhänge seines Leidens u. durch Zureden zur eigenen Mithilfe bei der Heilung (Psychol.). **persuasiv** u. **persuasorisch**: überredend, zum Überzeugen, Überreden geeignet; vgl. ...iv/...orisch

Persulfat [*lat.-nlat.*] *das*; -[e]s, -e: Salz der Überschwefelsäure

Perthit [auch: ...*it*; *nlat.*; nach der kanadischen Stadt Perth (*pö'th*)] *der*; -s, -e: ein Mineral

Pertinens [*lat.*] *das*; -, ...nenzien [...$i^e n$] (meist Plural) u. **Pertinenz** [*lat.-mlat.*] *die*; -, -en: Zubehör, Zugehörigkeit. **Pertinenzdativ** *der*; -s, -e [...w^e]: Dativ, der die Zugehörigkeit angibt u. durch ein Genitivattribut od. Possessivpronomen ersetzt werden kann; Zugehörigkeitsdativ (z. B. der Regen tropfte *mir* auf den Hut = auf meinen Hut; Sprachw.)

Pertubation [...*zion*; *lat.*] *die*; -, -en: Eileiterdurchblasung (Med.)

Perturbation [...*zion*; *lat.*] *die*; -, -en: 1. Verwirrung, Störung. 2. Störung in den Bewegungen eines Sterns (Astron.)

Pertussis [*lat.-nlat.*] *die*; -, ...sses [...*tüßeß*]: Keuchhusten (Med.)

Perubalsam [auch: *peru...*; nach dem südamerik. Staat Peru] *der*; -s: von einem mittelamerikan. Baum gewonnener Wundbalsam

Perücke [*fr.*] *die*; -, -n: 1. zu einer bestimmten Frisur gearbeiteter Haarersatz aus echten od. künstlichen Haaren. 2. krankhafte Gehörn-, seltener Geweihwucherung (Jagdw.)

per ultimo [*lat.-it.*; „am letzten"]: am Monatsende [ist Zahlung zu leisten]; vgl. Ultimo

Perurinde [auch: *peru...*; nach dem südamerik. Staat Peru] *die*; -: (veraltet) Chinarinde

pervers [...*wärß*; *lat.* (-*fr.*); „verdreht"]: andersartig veranlagt, empfindend; von der Norm abweichend, bes. in sexueller Hinsicht. **Perversion** *die*; -, -en: krankhafte Abweichung vom Normalen, bes. in sexueller Hinsicht. **Perversität** *die*; -, -en: 1. (ohne Plural) das Perverssein. 2. (meist Plural) Erscheinungsform der Perversion, perverse Verhaltensweise. **pervertieren**: 1. vom Normalen abweichen, entarten. 2. verdrehen, verfälschen; ins Abnormale verkehren. **Pervertiertheit** *die*; -, -en: 1. (ohne Plural) das Pervertiertsein. 2. = Perversität (2). **Pervertierung** *die*; -, -en: 1. das Pervertieren, Verkehrung ins Abnormale. 2. das Pervertiertsein, Entartung

Pervestigation [*pärw...zion*; *lat.*] *die*; -, -en: (veraltet) Durchsuchung

Pervigilien [...*wigili*^{e}*n*; *lat.*] *die* (Plural): 1. altröm. religiöse Nachtfeier. 2. (veraltet) Vigil

Pervitin ⓦ [...*wi...*; *lat.-nlat.*] *das*; -s: Weckamin, stark belebendes, psychisch anregendes Kreislaufmittel (Med.)

Perzent [*lat.*] *das*; -[e]s, -e: (österr.) Prozent. **perzentuell**: (österr.) prozentual

perzeptibel [*lat.*]: wahrnehmbar, faßbar (Philos.). **Perzeptibilität** [*lat.-nlat.*] *die*; -, -en: Wahrnehmbarkeit, Faßlichkeit, Wahrnehmungsfähigkeit (Philos.). **Perzeption** [...*zion*; *lat.*] *die*; -, -en: 1. das sinnliche Wahrnehmen als erste Stufe der Erkenntnis im Unterschied zur → Apperzeption (1) (Philos.). 2. Reizaufnahme durch Sinneszellen od. -organe (Med.; Biol.). **Perzeptionalismus** [*lat.-nlat.*] *der*; -: philosophische Lehre, nach der die Wahrnehmung allein die Grundlage des Denkens u. Wissens bildet (E. J. Hamilton). **perzeptiv**: = perzeptorisch; vgl. ...iv/...orisch. **Perzeptivität** *die*; -: Aufnahmefähigkeit. **perzeptorisch**: die Perzeption betreffend; vgl. ...iv/...orisch. **Perzipient** [*lat.*] *der*; -en, -en: Empfänger. **perzipieren**: 1. sinnlich wahrnehmen im Unterschied zu → apperzipieren (Philos.). 2. durch Sinneszellen od. -organe Reize aufnehmen (Med.; Biol.). 3. (veraltet) [Geld] einnehmen

Pesade [*gr.-lat.-it.-fr.*] *die*; -, -n: Figur der Hohen Schule, bei der sich das Pferd, auf die Hinterhand gestützt, mit eingeschlagener Vorderhand kurz aufbäumt (Reitsport)

pesante [*lat.-it.*]: schwerfällig, schleppend, wuchtig, gedrungen (Vortragsanweisung; Mus.). **Pesante** *das*; -s, -s: wuchtiger Vortrag (Mus.)

Peschitta [*syr.*; „die Einfache"] *die*; -: die kirchlich anerkannte Übersetzung der Bibel ins Syrische (4.–5. Jh.)

Peseta, (auch:) **Pesete** [*lat.-span.*] *die*; -, ...ten: spanische Währungseinheit. **Peso** *der*; -[s], -[s]: Währungseinheit in Argentinien u. Chile, in der Dominikanischen Republik, in Kolumbien, Kuba, Mexiko u. Uruguay

Pessar [*gr.-lat.-mlat.*] *das*; -s, -e: länglichrunder, ring- od. schalenförmiger Körper aus Kunststoff od. Metall, der um den äußeren Muttermund gelegt wird als Stützvorrichtung für Gebärmutter u. Scheide od. zur Empfängnisverhütung; Mutterring (Med.)

Pessimismus [*lat.-nlat.*] *der*; -: 1. Lebensauffassung, bei der alles von der negativen Seite betrachtet wird; negative Grundhaltung; Schwarzseherei; Ggs. → Optimismus (1). 2. philos. Auffassung, wonach die bestehende Welt schlecht ist, keinen Sinn enthält u. eine Entwicklung zum Besseren nicht zu erwarten ist; Ggs. → Optimismus (2). 3. durch negative Erwartung bestimmte Haltung; Ggs. → Optimismus (3). **Pessimist** *der*; -en, -en: negativ eingestellter Mensch, der immer die schlechten Seiten des Lebens sieht; Schwarzseher; Ggs. → Optimist. **pessimistisch**: lebensunfroh, niedergedrückt, schwarzseherisch; Ggs. → optimistisch. **Pessimum** [*lat.*] *das*; -s, ...ma: schlechteste Umweltbedingungen für Tier u. Pflanze (Biol.)

Pestilenz [*lat.*] *die*; -, -en: Pest; schwere Seuche. **pestilenzialisch** [*lat.-nlat.*]: verpestet; stinkend. **Pestizid** *das*; -[e]s, -e: chemisches Mittel zur Vernichtung von pflanzlichen u. tierischen Schädlingen aller Art; Schädlingsbekämpfungsmittel

Petal od. Petalum [*gr.*] *das*; -s, ...talen (meist Plural): Kron- od. Blumenblatt (Bot.). **petaloid** [*gr.-nlat.*]: die Petaloidie betreffend; kronblattartig (Bot.). **Petaloidie** [...*o-i*...] *die*; -: kronblattartiges Aussehen von Hoch-, Kelch-, Staub- od. Fruchtblättern (Bot.).

Petalum vgl. Petal

Petarde [*lat.-fr.*] *die*; -, -n: (hist.) [zur Sprengung von Festungstoren u. a. benutztes] mit Sprengpulver gefülltes Gefäß, das mit einer Zündschnur zur Explosion gebracht wurde

Petasos [*gr.*] *der*; -, -: (hist.) breitkrempiger Hut mit flachem Kopf u. Kinnriemen im antiken Griechenland (mit einem Flügelpaar versehen als → Attribut des Hermes)

Petechien [...*i^en*; *lat.-it.*] *die* (Plural): punktförmige Hautblutungen den → Kapillaren (1)

Petent [*lat.*] *der*; -en, -en: Bittsteller

Petersil [*gr.-lat.-mlat.*] *der*; -s: (österr. neben) Petersilie. **Petersilie** [...*i^e*] *die*; -, -n: zweijährige Gewürz- u. Gemüsepflanze (Doldenblütler), die sehr reich ist an Vitamin C u. deren Blätter als Küchenkraut dienen

Petiolus [*lat.*; „Füßchen"] *der*; -, ...li: Blattstiel (Bot.)

Petit [*p^e ti*; *fr.*] *die*; -: Schriftgrad von 8 Punkt (ungefähr 3 mm; Druckw.)

Petita: *Plural* von → Petitum

Petitesse [*p^etitäß^e*; *vulgärlat.-fr.*] *die*; -, -n: Kleinigkeit, Geringfügigkeit, unbedeutende Sache, Bagatelle. **Petit|grainöl** [*p^etigräng*...; *fr.*; *dt.*] *das*; -[e]s, -e: ätherisches Öl aus den Zweigen, Blüten u. grünen Früchten bestimmter Zitrusarten, das bei der Herstellung von Parfüms, Seifen o. ä. verwendet wird

Petition [...*zion*; *lat.*] *die*; -, -en: Bittschrift, Eingabe. **petitionieren** [*lat.-nlat.*]: eine Bittschrift einreichen. **Petitionsrecht** *das*; -[e]s, -e: verfassungsmäßig garantiertes Recht eines jeden, sich einzeln od. in Gemeinschaft mit anderen mit Bitten od. Beschwerden an die zuständigen Stellen u. die Volksvertretung zu wenden; Bittrecht, Beschwerderecht. **Petitio principii** [...*zio* ...*zipii*; *lat.*] *die*; - -: Verwendung eines unbewiesenen, erst noch zu beweisenden Satzes als Beweisgrund für einen anderen Satz (Philos.)

Petit-maî|tre [*p^e timätr^e*; *fr.*] *der*; -, -s [*p^e timätr^e*]: (veraltet) eitler [junger] Mann mit auffallend modischer Kleidung u. auffälligem Benehmen, Stutzer, Geck.

Petit mal [*p^e ti* -] *das*; - -: kleiner epileptischer Anfall, kurzzeitige Trübung des Bewußtseins (ohne eigentliche Krampfe; Med.)

Petitor [*lat.*] *der*; -s, ...oren: 1. (veraltet) [Amts]bewerber. 2. Privatkläger (Rechtsw.). **petitorisch**: in der Fügung: -e Ansprüche: Ansprüche auf ein Besitzrecht (Rechtsw.)

Petit point [*p^e ti poäng*; *fr.*] *das*, (auch:) *der*; - -: sehr feine Nadelarbeit, bei der mit Perlstich bunte Stickereien [auf Taschen, Etuis o. ä.] hergestellt werden; Wiener Arbeit. **Petitsatz** [...*ti*...; *fr.*; *dt.*] *der*; -es: (Druckw.) a) das Setzen in → Petit; b) in → Petit Gesetztes. **Petitschrift** [...*ti*...] *die*; -, -en: Druckschrift in → Petit (Druckw.). **Petits fours** [*p^eti fur*] *die* (Plural): [mit Krem gefülltes u.] mit bunter Zuckerglasur überzogenes Feingebäck

Petitum [*lat.*] *das*; -s, Petita: Gesuch, Antrag

Petong [*chin.*] *das*; -[s]: sehr harte chinesische Kupferlegierung

Pe|trarkismus [*nlat.*] *der*; -: 1. europäische Liebesdichtung in der Nachfolge des italienischen Dichters Petrarca. 2. (abwertend) gezierte, schablonenhafte Liebeslyrik. **Pe|trarkist** *der*; -en, -en: Vertreter des Petrarkismus (1)

Pe|trefakt [*gr.*; *lat.*] *das*; -[e]s, -e[n]: Versteinerung von Pflanzen od. Tieren (Geol.; Biol.). **Petrifikation** [...*zion*] *die*; -, -en: Vorgang des Versteinerns (Geol.; Biol.). **pe|trifizieren**: versteinern (Geol.; Biol.). **Pe|trochemie** [auch: *pä*...] *die*; -: 1. Wissenschaft von der chemischen Zusammensetzung der Gesteine. 2. = Petrolchemie. **pe|trochemisch**: 1. a) die Petrochemie betreffend; b) die chemische Zusammensetzung der Gesteine betreffend. 2. = petrolchemisch. **Pe|trodollar** [auch: *pä*...; Kunstwort aus *Petroleum* u. *Dollar*] *der*; -[s], -[s] (meist Plural): amerikanische Währung im Besitz der erdölproduzierenden Staaten, die auf dem internationalen Markt angelegt wird. **Pe|trogenese** [*gr.-nlat.*] *die*; -, -n: Entstehungsgeschichte der Gesteine. **pe|trogenetisch**: die Gesteinsbildung betreffend. **Petro|glyphe** *die*; -, -n: vorgeschichtliche Felszeichnung. **Pe|trognosie** *die*; -: (veraltet) Gesteinskunde. **Pe|tro|graph** *der*; -en, -en: Wissenschaftler auf dem Gebiet der Petrographie. **Pe|tro|graphie** *die*; -: Wissenschaft von der mineralogischen u. chemischen Zusammensetzung der Gesteine, ihrer Gefüge, ihrer → Nomenklatur u. → Klassifikation; beschreibende Gesteinskunde; vgl. Petrologie. **pe|tro|graphisch**: die Petrographie betreffend. **Pe|trol** [(*gr.*; *lat.*) *mlat.*; „Steinöl"] *das*; -s: (schweiz.) Petroleum. **Pe|trolchemie** *die*; -: Zweig der technischen Chemie, dessen Aufgabe bes. in der Gewinnung von chemischen Rohstoffen aus Erdöl u. Ergas besteht. **petrolchemisch**: die Petrolchemie, die Gewinnung von chemischen Rohstoffen aus Erdöl u. Erdgas betreffend. **Pe|troleum** [...*e-um*] *das*; -s: 1. Erdöl. 2. Destillationsprodukt des Erdöls. **Petrologe** *der*; -n, -n: Wissenschaftler auf dem Gebiet der Petrologie u. Petrographie. **Petrologie** [*gr.-nlat.*] *die*; -: Wissenschaft von der Bildung u. Umwandlung der Gesteine, von den physikalisch-chemischen Bedingungen bei der Gesteinsbildung; vgl. Petrographie. **pe|trophil**: steinigen Untergrund bevorzugend, stein- u. felsenliebend (von bestimmten Organismen, z. B. Flechten; Biol.)

Petschaft [*tschech.*] *das*; -s, -e: Handstempel zum Siegeln, Siegel. **petschieren**: mit einem Petschaft schließen. **petschiert**: in der Fügung: - sein: (österr. ugs.) in einer schwierigen, peinlichen Situation sein, ruiniert sein

Petticoat [*pätiko^ut*; *fr.-engl.*; „kleiner Rock"] *der*; -s, -s: versteifter Taillenunterrock

Petting [*engl.-amerik.*] *das*; -[s], -s:

erotisch-sexueller [bis zum Orgasmus betriebener] Kontakt ohne Ausübung des eigentlichen Geschlechtsverkehrs (bes. bei heranwachsenden Jugendlichen; Sozialpsychol.); vgl. Necking

petto vgl. in petto

Petulanz [*lat.*] *die*; -: (veraltet) Ausgelassenheit; Heftigkeit

Petum [*indian.-port.*] *das*; -s: ursprüngliche Bezeichnung für den Tabak in Europa. **Petunie** [...*i*[e]; *indian.-port.-fr.-nlat.*] *die*; -, -n: eine Balkonpflanze mit violetten, roten od. weißen Trichterblüten (Nachtschattengewächs)

peu à peu [*pöapö*; *fr.*]: allmählich, nach u. nach

Pewter [*pjut*[e]*r*; *vulgärlat.-fr.-engl.*] *der*; -s: Zinn-Antimon-Kupfer-Legierung (für Tafelgeräte, Notendruckplatten)

pexieren vgl. pekzieren

Pfefferone [*sanskr.-pers.-gr.-lat.*; *it.*] *der*; -, ...ni u. -n u. **Pfefferoni** *der*; -, - (meist Plural): (österr.) Peperone

Pfund Sterling [- *ßtö*[r]... od. *ßtä*[r]...] *das*; -[e]s - u. - -, - -: Währungseinheit in Großbritannien; Abk.: L. ST., Lstr. (eigtl.: *Livre Sterling*), Pfd. St.; Zeichen: £

Phäake [nach dem als besonders glücklich geltenden Volk der Phäaken in der griech. Sage] *der*; -n, -n: sorgloser Genießer

phaethonisch u. **phaethontisch** [*fae*...; *gr.-lat.*; nach Phaethon, dem Sohn des Sonnengottes in der griech. Sage]: kühn, verwegen

Phage [*gr.-lat.*] *der*; -n, -n: = Bakteriophage. **Phagedäna** *die*; -, ...nen: fortschreitendes, sich ausbreitendes [Syphilis]geschwür (Med.). **phagedänisch**: sich ausbreitend (von Geschwüren; Med.). **Phagozyt** *der*; -en, -en [*gr.-nlat.*] (meist Plural): weißes Blutkörperchen, das eingedrungene Fremdstoffe, bes. Bakterien, aufnehmen, durch → Enzyme auflösen u. unschädlich machen kann (Med.). **phagozytieren**: Fremdstoffe, Mikroorganismen, Gewebetrümmer in sich aufnehmen u. durch → Enzyme auflösen (von Blutzellen; Med.). **Phagozytose** *die*; -: 1. durch Phagozyten bewirkte Auflösung u. Unschädlichmachung von Fremdstoffen im Organismus (Med.). 2. Aufnahme geformter Nahrung durch einzellige Lebewesen

Phakom [*gr.-nlat.*] *das*; -s, -e: Tumor der Augenlinse (Med.). **Phako|sklerose** *die*; -, -n: Altersstar (Med.)

Phalangen: *Plural* von → Phalanx.

Phalanx [*gr.-lat.*] *die*; -, ...langen [...*lang*[e]*n*]: 1. (hist.) tiefgestaffelte, geschlossene Schlachtreihe des schweren Fußvolks im Griechenland der Antike. 2. geschlossene Front (z. B. des Widerstands). 3. Finger- od. Zehenglied

phallisch [*gr.-lat.*]: den Phallus betreffend. **Phallo|graph** [*gr.-nlat.*] *der*; -en, -en: Gerät zur Durchführung einer Phallographie. **Phallo|graphie** *die*; -, ...ien: Aufzeichnung der Penisreaktion mittels eines → Erektometers. **Phallo|krat** *der*; -en, -en: (abwertend) phallokratischer Mann. **Phallo|kratie** *die*; -: (abwertend) gesellschaftliche Unterdrückung der Frau durch den Mann. **phallo|kratisch**: die Phallokratie betreffend. **Phallome|trie** *die*; -, ...ien: Verfahren zum Messen der Penisreaktion bei sexualpsychologischen Untersuchungen. **Phallo|plastik** *die*; -, -en: operative Neu- od. Nachbildung des Penis. **Phallos** [*gr.*] *der*; -, ...lloi [...*eu*] u. ...llen u. **Phallus** [*gr.-lat.*] *der*; -, ...lli u. ...llen (auch: -se): das [erigierte] männliche Glied (meist als Symbol der Kraft und Fruchtbarkeit). **Phalluskult** *der*; -[e]s: religiöse Verehrung des männlichen Gliedes als Sinnbild der Naturkraft, der Fruchtbarkeit (Völkerk.)

Phän [*gr.-nlat.*] *das*; -s, -e: deutlich in Erscheinung tretendes [Erb]merkmal eines Lebewesens, das mit anderen zusammen den → Phänotypus ausbildet (Biol.).

Phanerogame *die*; -, -n (meist Plural): Blütenpflanze; Ggs. → Kryptogame. **phaneromer**: ohne Vergrößerung erkennbar (von den Bestandteilen eines Gesteins; Geol.); Ggs. → kryptomer. **Phanerophyt** *der*; -en, -en (meist Plural): Pflanze, die ungünstige Jahreszeiten durch oberirdische Sprosse überdauert, wobei sich die Erneuerungsknospen beträchtlich über dem Erdboden befinden (meist Bäume u. Sträucher; Bot.). **Phanerose** [*gr.-nlat.*] *die*; -: das Sichtbarwerden, Sichtbarmachen von sonst nicht erkennbaren Einzelheiten, krankhaften Veränderungen, Ablagerungen o. ä. mit Hilfe besonderer Techniken (Med.).

Phänologie *die*; -: Wissenschaft von den jahreszeitlich bedingten Erscheinungsformen bei Tier u. Pflanze (z. B. die Laubverfärbung der Bäume; Biol.). **phänologisch**: die Phänologie betreffend. **Phänomen** [*gr.-lat.*] *das*; -s, -e: 1. etwas, was als Erscheinungsform auffällt, ungewöhnlich ist; Erscheinung. 2. das Erscheinende, sich den Sinnen Zeigende; der sich der Erkenntnis darbietende Bewußtseinsinhalt (Philosophie). 3. Mensch mit außergewöhnlichen Fähigkeiten. **Phänomena**: *Plural* von → Phänomenon. **phänomenal** [*gr.-lat.-fr.*]: 1. das Phänomen (1) betreffend; sich den Sinnen, der Erkenntnis darbietend (Philos.; Psychol.). 2. außergewöhnlich, einzigartig, erstaunlich, unglaublich. **Phänomenalismus** [*nlat.*] *der*; -: philosophische Richtung, nach der die Gegenstände nur so erkannt werden können, wie sie uns erscheinen, nicht wie sie an sich sind. **phänomenalistisch**: den Phänomenalismus betreffend. **Phänomenologie** [*gr.-nlat.*] *die*; -: (Philos.) 1. Wissenschaft von den sich dialektisch entwickelnden Erscheinungen der Gestalten des [absoluten] Geistes u. Wissenschaft der Erfahrung des Bewußtseins (Hegel). 2. streng objektive Aufzeigung u. Beschreibung des Gegebenen, der Phänomene (nach N. Hartmann). 3. Wissenschaft, Lehre, die von der geistigen Anschauung des Wesens der Gegenstände od. Sachverhalte ausgeht u. die geistig-intuitive Wesensschau (an Stelle rationaler Erkenntnis) vertritt (Husserl). **phänomenologisch**: die Phänomenologie betreffend. **Phänomenon** [*gr.-lat.*] *das*; -s, ...na: = Phänomen (1). **Phänotyp** [auch: *fä*...; *gr.-nlat.*] *der*; -s, -en: = Phänotypus. **phänotypisch** [auch: *fä*...]: das Erscheinungsbild eines Organismus betreffend (Biol.). **Phänotypus** [auch: *fä*...]: *der*; -, ...pen: das Erscheinungsbild eines Organismus, das durch Erbanlagen u. Umwelteinflüsse geprägt wird (Biol.); vgl. Genotypus

Phantasie [*gr.-lat.*] *die*; -, ...ien: 1. (ohne Plural) a) Vorstellung, Vorstellungskraft, Einbildung, Einbildungskraft; b) Erfindungsgabe, Einfallsreichtum. 2. (meist Plural) Trugbild, Traumgebilde, Fiebertraum; vgl. Fantasie. **phantasieren** [*gr.-lat.-mlat.*]: 1. sich den wiederkehrenden Bildern, Vorstellungen der Phantasie (1), der Einbildungskraft hingeben, frei erfinden, erdichten, ausdenken. 2. in Fieberträumen irre reden (Med.). 3. frei über eine Melodie od. ein Thema musizieren (Mus.); vgl. improvisieren. **Phantasma** [*gr.-lat.*] *das*; -s, ...men: Sinnestäuschung, Trugbild (Psychol.). **Phantasma-**

gorie [*gr.*] *die*; -, ...ien: 1. Zauber, Truggebilde, Wahngebilde. 2. künstliche Darstellung von Trugbildern, Gespenstern u. a. auf der Bühne. **phantasmagorisch**: traumhaft, bizarr, gespenstisch, trügerisch. **Phantast** [*gr.-mlat.*] *der*; -en, -en: (abwertend) Träumer, Schwärmer, Mensch mit überspannten Ideen. **Phantasterei** *die*; -, -en: Träumerei, Überspanntheit. **Phantastik** *die*; -: das Phantastische, Unwirkliche. **Phantastika** *die* (Plural): Naturstoffe, Pharmaka (1) u. a., die stark erregend auf die Psyche wirken (Med.). **phantastisch**: 1. a) auf Phantasie (1) beruhend, nur in der Phantasie bestehend, unwirklich; b) verstiegen, überspannt. 2. (ugs.) unglaublich; großartig, wunderbar. **Phantom** [*gr.-vulgärlat.-fr.*] *das*; -s, -e: 1. gespentische Erscheinung, Trugbild. 2. Nachbildung von Körperteilen u. Organen für den Unterricht (Med.). **Phantombild** *das*; -[e]s, -er: nach Zeugenaussagen gezeichnetes Bild eines gesuchten Täters. **Phantomschmerz** *der*; -es, -en: Schmerzen, die man in einem bereits amputierten Körperglied empfindet (Med.)

Phäoderm [*gr.-nlat.*] *das*; -s: durch Austrocknung entstehende graubraune bis schwärzliche Verfärbung der Haut (Med.). **Phäophyzee** *die*; -, -n: Braunalge, Tang (Biol.)

Pharao

I. [*ägypt.-gr.*] *der*; -s, ...onen: a) (ohne Plural; hist.) Titel der altägyptischen Könige; b) Träger dieses Titels.

II. [*ägypt.-gr.-fr.*] *das*; -s: altes franz. Kartenglücksspiel

pharaonisch [*ägypt.-gr.*]: den Pharao (I) betreffend

Pharisäer [*hebr.-gr.-lat.*] *der*; -s, -: 1. (hist.) Angehöriger einer altjüdischen, streng gesetzesfrommen religiös-politischen Partei. 2. selbstgerechter Mensch; Heuchler. 3. heißer Kaffee mit Rum und geschlagener Sahne. **pharisäisch**: 1. die Pharisäer (1) betreffend. 2. selbstgerecht; heuchlerisch. **Pharisäismus** [*hebr.-gr.-lat.-nlat.*] *der*; -: 1. (hist.) religiös-politische Lehre der Pharisäer (1). 2. Selbstgerechtigkeit; Heuchelei

Pharmaka: *Plural* von → Pharmakon. **Pharmakant** *der*; -en, -en: Facharbeiter für die Herstellung pharmazeutischer Erzeugnisse. **Pharmakeule** [*gr.*; *dt.*] *die*; -, -n: (ugs.) übermäßig große Menge von Pharmaka, die für eine Behandlung eingesetzt wird. **Pharmakodynamik** [*gr.-nlat.*] *die*; -: Teilgebiet der Medizin u. Pharmazie, auf dem man sich mit den spezifischen Wirkungen der Arzneimittel u. Gifte befaßt (Med.; Pharm.). **pharmakodynamisch**: die spezifische Wirkung von Arzneimitteln u. Giften betreffend. **Pharmakogenetik** *die*; -: Teilgebiet der Medizin, auf dem man sich mit den möglichen Einwirkungen der Arzneimittel auf die Erbbeschaffenheit des Menschen befaßt (Med.). **Pharmako|gnosie** *die*; -: Lehre von der Erkennung u. Bestimmung der als Arznei verwendeten Drogen (offizielle Bezeichnung seit 1971: pharmazeutische Biologie). **pharmakognostisch**: die Pharmakognosie betreffend. **Pharmakokinetik** *die*; -: Wissenschaft vom Verlauf der Konzentration eines Arzneimittels im Organismus (Med.). **Pharmakologe** *der*; -n, -n: Wissenschaftler auf dem Gebiet der Pharmakologie. **Pharmakologie** *die*; -: Wissenschaft von Art u. Aufbau der Heilmittel, ihren Wirkungen u. Anwendungsgebieten; Arzneimittelkunde, Arzneiverordnungslehre. **pharmakologisch**: die Pharmakologie, Arzneimittel betreffend. **Pharmakon** [*gr.*] *das*; -s, ...ka: 1. Arzneimittel. 2. (veraltet) Zauber-, Liebestrank. **Pharmakopöe** [*...pö*, selten: *...pöᵉ*] *die*; -, -n [*...pöᵉn*]: amtliches Arzneibuch, Verzeichnis der → offiziellen Arzneimittel mit Vorschriften über ihre Zubereitung, Beschaffenheit, Anwendung o. ä. **Pharmako|psychiatrie** *die*; -: Teilgebiet der Psychiatrie, auf dem man sich mit der Behandlung bestimmter Geisteskrankheiten mit → Psychopharmaka befaßt. **Pharmako|psychologie** *die*; -: Teilgebiet der Psychologie, das die Wirkung von Arzneimitteln u. Drogen auf die seelischen Vorgänge umfaßt. **Pharmareferent** *der*; -en, -en: Vertreter, der bei Ärzten für die Arzneimittel o. ä. einer Firma wirbt. **Pharmazeut** [*gr.*] *der*; -en, -en: Fachmann, Wissenschaftler auf dem Gebiet der Pharmazie; Arzneimittelhersteller (z. B. Apotheker). **Pharmazeutik** *die*; -: Arzneimittelkunde. **Pharmazeutikum** [*gr.-lat.*] *das*; -s, ...ka: Arzneimittel. **pharmazeutisch**: zur Pharmazie gehörend; die Herstellung von Arzneimitteln betreffend. **Pharmazie** [*gr.-mlat.*] *die*; -: Wissenschaft von den Arzneimitteln, ihrer Zusammensetzung, Herstellung usw.

Pharo [verkürzt aus *Pharao*] *das*; -s: = Pharao (II)

Pharus [*gr.-lat.*; eine Insel bei Alexandria, auf der im Altertum ein berühmter Leuchtturm stand] *der*; -, - u. -se: (veraltet) Leuchtturm

pharyngal [*...ngg...*; *gr.-nlat.*]: auf den Pharynx bezüglich, dort artikuliert (Sprachw.). **pharyngalisieren**: mit verengtem Rachenraum artikulieren. **Pharyngen**: *Plural* von → Pharynx. **Pharyngismus** *der*; -, ...men: Verkrampfung der Schlundmuskulatur, Schlundkrampf (Med.). **Pharyngitis** *die*; -, ...itiden: Rachenentzündung (Med.). **Pharyngologe** *der*; -n, -n: Facharzt auf dem Gebiet der Pharyngologie (Med.). **Pharyngologie** *die*; -: Teilgebiet der Med., auf dem man sich mit den Krankheiten des Rachens befaßt. **pharyngologisch**: die Pharyngologie, die Rachenkrankheiten betreffend (Med.). **Pharyngo|skop** *das*; -s, -e: Instrument zur Untersuchung des Rachens, Rachenspiegel (Med.). **Pharyngo|skopie** *die*; -, ...ien: Untersuchung des Rachens mit Hilfe des Pharyngoskops, Ausspiegelung des Rachens (Med.). **pharyngoskopisch**: die Pharyngoskopie betreffend; unter Anwendung des Pharyngoskops. **Pharyngospasmus** *der*; -, ...men = Pharyngismus. **Pharyngotomie** *die*; -, ...ien: operative Öffnung des Schlundes vom Halse aus (Med.). **Pharynx** [*gr.*] *der*; -, ...ryngen [*...rüngᵉn*]: zwischen Speiseröhre u. Mund- bzw. Nasenhöhle liegender Abschnitt der oberen Luftwege; Schlund, Rachen (Med.)

Phase [*gr.-fr.*] *die*; -, -n: 1. Abschnitt einer [stetigen] Entwicklung; Zustandsform, Stufe. 2. (Astron.) a) bei nicht selbstleuchtenden Monden od. Planeten die Zeit, in der die Himmelskörper nur z. T. erleuchtet sind; b) die daraus resultierende jeweilige Erscheinungsform der Himmelskörper. 3. Aggregatzustand eines chemischen Stoffes, z. B. feste, flüssige - (Chem.). 4. Größe, die den Schwingungszustand einer Welle an einer bestimmten Stelle, bezogen auf den Anfangszustand, charakterisiert (Phys.). 5. (Elektrot.) a) Schwingungszustand beim Wechselstrom; b) (nur Plural) die drei Wechselströme des Drehstromes; c) (nur Plural) die drei Leitungen des Drehstromnetzes

Phasin [*gr.-nlat.*] *das*; -s: durch

längeres Kochen zerstörbarer giftiger Eiweißbestandteil der Bohnen
phasisch [*gr.*]: die Phase (1) betreffend; in bestimmten Abständen regelmäßig wiederkehrend. **Phasopathie** [*gr.-nlat.*] *die*; -, ...ien: vorübergehende charakterliche Abnormität (Psychol.). **Phasophrenie** *die*; -, ...ien: in Phasen verlaufende → Psychose (Med.)
phatisch [*gr.-nlat.*]: kontaktknüpfend u. -erhaltend, z. B. die -e Funktion eines Textes (Sprachw.)
Phazelie [...*ie*; *gr.-nlat.*] *die*; -, -n: Büschelschön (Wasserblattgewächs, das als Bienenweide angepflanzt wird)
Phellodendron [*gr.-nlat.*] *der* (auch: *das*); -s, ...dren: Korkbaum (ein ostasiatischer Zierbaum). **Phelloderm** *das*; -s, -e: unverkorktes, blattgrünreiches Rindengewebe (Bot.). **Phellogen** *das*; -s, -e: Korkzellen bildendes Pflanzengewebe (Bot.). **Phelloid** *das*; -[e]s, -e: unverkorkte tote Zellschicht im Korkgewebe (Bot.). **Phello|plastik** *die*; -, -en: 1. (ohne Plural) bes. im 18. u. 19. Jh. übliche Korkschnitzkunst. 2. aus Kork geschnitzte Figur. **phello|plastisch**: die Korkschnitzkunst betreffend
Phelonium [*gr.-mgr.*] *das*; -s, ...ien [...*iᵉn*]: mantelartiges Meßgewand des orthodoxen Priesters
Phen|acetin [...*az*...; *gr.*; *lat.-nlat.*] *das*; -s: ein Schmerz- u. Fiebermittel. **Phen|akit** [auch: ...*it*; *gr.-nlat.*] *der*; -s, -e: ein Mineral, Schmuckstein. **Phen-an|thren** [Kunstw.] *das*; -s: aromatischer Kohlenwasserstoff im Steinkohlenteer mit vielen wichtigen Abkömmlingen. **Phenol** [*gr.*; *arab.*] *das*; -s: Karbolsäure, eine aus dem Steinkohlenteer gewonnene, technisch vielfach verwendete organische Verbindung. **Phenole** *die* (Plural): Oxybenzole, wichtige organische Verbindungen im Teer (z.B. Phenol, Kresol). **Phenyl** *das*; -s, -e u. **Phenylgruppe** *die*; -, -n: in vielen aromatischen Kohlenwasserstoffen enthaltene einwertige Atomgruppe $-C_6H_5$. **Phenylketon|urie** *die*; -, ...ien: [bei Säuglingen auftretende] Stoffwechselkrankheit, die durch das Fehlen bestimmter → Aminosäuren bedingt ist
Phere|krateus [*gr.-lat.*; nach dem Namen des altattischen Dichters Pherekrates] *der*; -, ...teen: 1. antiker Vers in der Form eines → katalektischen → Glykoneus. 2. = Aristophaneus
Pheromon [*gr.-nlat.*] *das*; -s, -e (meist Plural): Wirkstoff, der im Gegensatz zu den → Hormonen nach außen abgegeben wird u. auf andere Individuen der gleichen Art Einfluß hat (z. B. Lockstoffe von Insekten; Biol.)
Phi [*gr.*] *das*; -[s], -s: einundzwanzigster Buchstabe des griechischen Alphabets: Φ, φ
Phiale [*gr.-lat.*] *die*; -, -n: altgriech. flache [Opfer]schale
Phil|aleth [*gr.*] *der*; -en, -en: (veraltet) Wahrheitsfreund. **Phil-an|throp** *der*; -en, -en: Menschenfreund; Ggs. → Misanthrop. **Phil|an|thropie** *die*; -: Menschenliebe; Ggs. → Misanthropie. **Phil|an|thropin** [*gr.-nlat.*] *das*; -s, -e u. Phil|an|thropinum *das*; -s, ...na: (veraltet) Erziehungsanstalt, die nach den Grundsätzen des Philanthropinismus arbeitete. **Phil-anthropinismus** und Phil|anthropismus *der*; -: eine am Ende des 18. Jh.s einsetzende, von Basedow begründete Erziehungsbewegung, die eine natur- u. vernunftgemäße Erziehung anstrebte. **Phil|an|thropinist** *der*; -en, -en: Anhänger des Philanthropinismus. **Phil|an|thropinum** vgl. Philanthropin. **phil|an|thropisch** [*gr.*]: menschenfreundlich, menschlich [gesinnt]; Ggs. → misanthropisch. **Phil|an|thropismus** vgl. Philanthropinismus. **Phil|atelie** [*gr.-fr.*] *die*; -: [wissenschaftliche] Beschäftigung mit Briefmarken, das Sammeln von Briefmarken. **Phil-atelist** *der*; -en, -en: jmd., der sich [wissenschaftlich] mit Briefmarken beschäftigt; Briefmarkensammler. **Philharmonie** *die*; -, ...ien: 1. Name für philharmonische Orchester oder musikalische Gesellschaften. 2. (Gebäude mit einem) Konzertsaal eines philharmonischen Orchesters. **Philharmoniker** *der*; -s, -: a) Mitglied eines philharmonischen Orchesters; b) (nur Plural) Name eines Symphonieorchesters mit großer Besetzung, z.B. Berliner -, Wiener -. **philharmonisch**: die Musikliebe, -pflege betreffend; musikpflegend; -es Orchester: musikpflegendes Orchester (Name von Orchestern). **Philhellene** [*gr.*] *der*; -n, -n: Anhänger, Vertreter des Philhellenismus. **Philhellenismus** [*gr.-nlat.*] *der*; -: (hist.) politisch-romantische Bewegung, die den Befreiungskampf der Griechen gegen die Türken unterstützte.
Phil|ippika [*gr.-lat.*; nach den Kampfreden des Demosthenes gegen König Philipp von Mazedonien] *die*; -, ...ken: Straf-, Kampfrede. **Phil|ipponen** [nach dem russ. Mönch Philipp] *die* (Plural): altgläubige, priesterlose russ. Sekte (seit 1830 in Ostpreußen)
Philister [nichtsemitisches Volk an der Küste Palästinas, in der Bibel als ärgster Feind der Israeliten dargestellt] *der*; -s, -: 1. kleinbürgerlicher Mensch; Spießbürger. 2. (Studentenspr.) im Berufsleben stehender Alter Herr. 3. (Studentenspr. veraltend) Nichtakademiker. **Philisterium** [*nlat.*] *das*; -s: (Studentenspr.) das spätere Berufsleben eines Studenten. **phili|strieren**: (Studentenspr.) einen → Inaktiven in die Altherrenschaft aufnehmen. **phili|strös** [französierende Bildung]: spießbürgerlich; muckerhaft; engstirnig
Phillumenie [*gr.*; *lat.*] *die*; -: das Sammeln von Zündholzschachteletiketten. **Phillumenist** *der*; -en, -en: Sammler von Zündholzschachteln od. Zündholzschachteletiketten. **philobat** [*gr.*]: enge Bindungen meidend, Distanz liebend (Psychol.); Ggs. → oknophil. **Philoden|dron** [*gr.-nlat.*] *der*; -s, ...ren: eine der Gattung der Aronstabgewächse angehörende Blattpflanze mit Luftwurzeln u. gelappten Blättern; vgl. Monstera. **Philogyn** [*gr.*] *der*; -en, -en: (veraltet) Frauenfreund. **Philokalia** u. **Philokalie** [„Liebe zum Schönen"] *die*; -: vielgelesenes Erbauungsbuch der orthodoxen Kirche mit Auszügen aus dem mittelalterlichen mystischen Schrifttum. **Philologe** [*gr.-lat.*; „Freund der Wissenschaften"] *der*; -n, -n: jmd., der sich wissenschaftlich mit der Philologie befaßt (z. B. Hochschullehrer, Student). **Philologie** *die*; -: Sprach- u. Literaturwissenschaft. **philologisch**: die Philologie betreffend, auf ihr beruhend, zu ihr gehörend. **Philomathie** [*gr.*] *die*; -: (veraltet) Wissensdrang. **Philomela** [*gr.-lat.*] u. **Philomele** *die*; -, ...len: (veraltet) Nachtigall. **Philosemit** [*nlat.*] *der*; -en, -en: Vertreter des Philosemitismus. **Philosemitismus** *der*; -: a) (bes. im 17. u. 18 Jh.) geistige Bewegung, die gegenüber Juden und ihrer Religion eine sehr tolerante Haltung einnimmt; b) (abwertend) [unkritische] Haltung, die die Politik des Staates Israel vorbehaltlos unterstützt.

Philosoph [*gr.-lat.*; „Freund der Weisheit"] *der*; -en, -en: 1. a) jmd., der nach dem letzten Sinn, den Ursprüngen des Denkens u. Seins, dem Wesen der Welt, der Stellung des Menschen im Universum fragt; b) Begründer einer Denkmethode, einer Philosophie (1). 2. Wissenschaftler auf dem Gebiet der Philosophie (2). 3. jmd., der gern philosophiert (2), über etwas nachdenkt, grübelt. **Philosophaster** *der*; -s, -: der philosophisch unzuverlässige Schwätzer, der Scheinphilosoph. **Philosophem** [*gr.*] *das*; -s, -e: Ergebnis philosophischer Nachforschung od. Lehre; philosophisches Ergebnis. **Philosophia perennis** [*lat.*; „immerwährende Philosophie"] *die*; - -: Philosophie (1) im Hinblick auf die in ihr enthaltenen, überall u. zu allen Zeiten bleibenden Grundwahrheiten (A. Steuco). **Philosophia prima** [„erste Philosophie"] *die*; - -: die → Metaphysik bei Aristoteles. **Philosophie** [*gr.-lat.*; „Weisheitsliebe"] *die*; -, ...ien: 1. forschendes Fragen u. Streben nach Erkenntnis des letzten Sinnes, der Ursprünge des Denkens u. Seins, der Stellung des Menschen im Universum, des Zusammenhanges der Dinge in der Welt. 2. (ohne Plural) Wissenschaft von den verschiedenen philosophischen Systemen, Denkgebäuden. **philosophieren**: 1. Philosophie (1) betreiben, sich philosophisch über einen Gegenstand verbreiten. 2. über etwas nachdenken, grübeln; nachdenklich über etwas reden. **Philosophikum** *das*; -s: 1. (in mehreren Bundesländern) im Rahmen des 1. Staatsexamens abzulegende Prüfung in Philosophie für Lehramtskandidaten. 2. Zwischenexamen bei Kandidaten für das Priesteramt. **philosophisch**: 1. a) die Philosophie (1) betreffend; b) auf einen Philosophen (1) bezogen. 2. durchdenkend, überlegend; weise. 3. (abwertend) weltfremd, verstiegen. **Philoxenie** [*gr.*] *die*; -: (veraltet) Gastfreundschaft

Phil|trum [*gr.-nlat.*] *das*; -s, ...tren: Einbuchtung in der Mitte der Oberlippe (Med.)

Phimose [*gr.*; „das Verschließen, die Verengung"] *die*; -, -n: angeborene od. erworbene Vorhautverengung des Penis (Med.)

Phiole [*gr.-lat.-mlat.*] *die*; -, -n: kugelförmige Glasflasche mit langem Hals

Phleb|ektasie [*gr.-nlat.*] *die*; -, ...ien: meist durch Bindegewebeschäden bedingte Bildung von Ausbuchtungen in der Venenwand; Venenerweiterung (Med.). **Phlebitis** *die*; -, ...itiden: Venenentzündung (Med.). **phlebogen**: von den Venen ausgehend (z. B. von krankhaften Veränderungen; Medizin). **Phlebogramm** *das*; -s, -e: Röntgenbild kontrastmittelgefüllter Venen (Medizin). **Phlebo|graphie** *die*; -: röntgenologische Darstellung der Venen mit Hilfe von Kontrastmitteln (Med.). **Phlebolith** *der*; -s u. -en, -e[n]: Venenstein, verkalkter → Thrombus (Med.). **Phlebologe** *der*; -n, -n: Arzt mit Spezialkenntnissen auf dem Gebiet der Venenerkrankungen (Med.). **Phlebologie** *die*; -: die Venen u. ihre Erkrankungen umfassendes Teilgebiet der Medizin

Phlegma [*gr.-lat.*] *das*; -s (österr. meist: -): a) [Geistes]trägheit, Schwerfälligkeit; b) Gleichgültigkeit, Dickfelligkeit. **Phlegmasie** [*gr.-nlat.*] *die*; -, ...ien: Entzündung (Med.). **Phlegmatiker** [*gr.-lat.*] *der*; -s, -: a) (nach dem von Hippokrates aufgestellten Temperamentstyp) ruhiger, langsamer, schwerfälliger Mensch; vgl. Choleriker, Melancholiker, Sanguiniker; b) Vertreter dieses Temperamentstyps. **Phlegmatikus** *der*; -, -se: (ugs., scherzh.) träger, schwerfälliger Mensch. **phlegmatisch**: träg, schwerfällig; gleichgültig; vgl. cholerisch, melancholisch, sanguinisch. **Phlegmone** *die*; -, -n: eitrige Zellgewebsentzündung (Med.). **phlegmonös**: mit Phlegmone einhergehend (Med.)

Phloem [*gr.-nlat.*] *das*; -s, -e: Siebteil der pflanzlichen Leitbündel (Bot.)

phlogistisch [*gr.-nlat.*]: eine Entzündung betreffend, zu ihr gehörend. **Phlogiston** [*gr.*] *das*; -s: nach einer wissenschaftlichen Theorie des 18. Jh.s ein Stoff, der allen brennbaren Körpern beim Verbrennungsvorgang entweichen sollte. **phlogogen** [*gr.-nlat.*]: Entzündungen erregend (Med.). **Phlogose** u. **Phlogosis** [*gr.*] *die*; -, ...osen: Entzündung (Med.).

Phlox [*gr.-lat.*; „Flamme"] *der*; -es, -e (auch: *die*; -, -e): Zierpflanze mit rispenartigen, farbenprächtigen Blütenständen. **Phloxin** [*gr.-nlat.*] *das*; -s: nicht lichtechter roter Säurefarbstoff

Phlyaken [*gr.*; „Schwätzer"] *die* (Plural): Spaßmacher der (auch danach benannten) altgriech. Volksposse

Phlyktäne [*gr.*] *die*; -, -n: Bläschen an der Bindehaut des Auges (Med.)

Phobie [*gr.-nlat.*] *die*; -, ...ien: krankhafte Angst (Med.). **phobisch**: die Phobie betreffend, auf ihr beruhend; in der Art einer Phobie (Med.). **Phobophobie** *die*; -, ...ien: Angst vor Angstanfällen (Med.)

Phokomelie [*gr.-nlat.*; „Robbengliedrigkeit"] *die*; -, ...ien: angeborene körperliche Mißbildung, bei der Hände u. Füße fast unmittelbar am Rumpf ansetzen (Med.)

Phon [*gr.*] *das*; -s, -s (aber: 50 Phon): Maß der Lautstärke; Zeichen: phon. **Phon|asthenie** [*gr.-nlat.*] *die*; -, ...ien: Stimmschwäche, Versagen der Stimme (Med.). **Phonation** [...*zion*] *die*; -: Laut- u. Stimmbildung; Art u. Weise der Entstehung von Stimmlauten (Med.). **phonatorisch**: die Phonation, die Stimme betreffend; stimmlich. **Phonem** [*gr.*] *das*; -s, -e: 1. kleinste bedeutungsunterscheidende, aber nicht selbst bedeutungstragende sprachliche Einheit (z. B. b in Bein im Unterschied zu p in Pein; Sprachw.). 2. (nur Plural) Gehörhalluzinationen in Form von Stimmen (z. B. bei Schizophrenie; Med.). **Phonematik** [*gr.-nlat.*] *die*; -: = Phonologie. **phonematisch**: das Phonem betreffend. **Phonemik** *die*; -: = Phonologie. **phonemisch**: = phonematisch. **Phon|endo|skop** [*gr.-nlat.*] *das*; -s, -e: → Stethoskop, das den Schall über eine Membran u. einen veränderlichen Resonanzraum weiterleitet, Schlauchhörrohr (Med.). **Phonetik** *die*; -: Teilgebiet der Sprachwissenschaft, das die Vorgänge beim Sprechen untersucht; Lautlehre, Stimmbildungslehre. **Phonetiker** *der*; -s, -: Wissenschaftler auf dem Gebiet der Phonetik. **phonetisch**: die Phonetik betreffend, lautlich. **Phoneto|graph** *der*; -en, -en: Gerät, das gesprochene Worte direkt in Schrift od. andere Zeichen überführt (Techn.). **Phon|iater** *der*; -s, -: Spezialist auf dem Gebiet der Phoniatrie (Med.; Psychol.). **Phon|iatrie** *die*; -: Teilgebiet der Medizin, auf dem man sich mit krankhaften Erscheinungen bei der Sprach- u. Stimmbildung befaßt; Stimm-, Sprachheilkunde. **Phonik** *die*; -: (veraltet) Lehre vom Schall, Tonlehre. **phonisch**: die Stimme, die Stimmbildung betreffend. **Phonismus** *der*; -, ...men (meist Plural): nicht auf

Gehörswahrnehmungen beruhende Tonempfindung bei Reizung anderer Sinnesnerven (z. B. des Auges; Med.)

Phönix [*gr.-lat.*] *der*; -[es], -e: sich im Feuer verjüngender Vogel der altägyptischen Sage, der in verschiedenen Versionen zum Symbol der ewigen Erneuerung u. zum christlichen Sinnbild der Auferstehung wurde

Phonodiktat *das*; -[e]s, -e: auf Tonband gesprochenes → Diktat (1b); vgl. Phonotypistin. **phonogen** [*gr.-nlat.*]: bühnenwirksam, zum Vortrag geeignet (von der menschlichen Stimme). **Phono|gnomik** *die*; -: Lehre vom seelischen Ausdrucksgehalt der Sprechstimme (Psychol.). **Phono|gramm** *das*; -s, -e: jede Aufzeichnung von Schallwellen (z. B. Sprache, Musik) auf Schallplatten, Tonbändern usw. **Phono|graph** *der*; -en, -en: 1877 von Edison erfundenes Tonaufnahmegerät (Techn.). **Phonographie** [„Lautschrift"] *die*; -, ...ien: 1. (veraltet) Aufzeichnung von Lauten in lautgetreuer Schrift. 2. Verzeichnis von Tonaufnahmen. **phono|graphisch**: die Phonographie betreffend, lautgetreu. **Phonokoffer** *der*; -s, -: mit Strom oder Batterie gespeister tragbarer Schallplattenspieler mit eigenem Lautsprecher- und Tonreglersystem. **Phonola** ⓦ [Kunstwort] *das*; -s, -s od. *die*; -, -s: mechanisches mit Tretpedalen zu bedienendes Klavier, bei dem die Notenreihenfolge auf einem durchlaufenden Band festgelegt ist; vgl. Pianola. **Phonolith** [auch: ...*it*; *gr.-nlat.*] *der*; -s und -en, -e[n]: graues oder grünliches, meist in Platten oder Säulen vorkommendes, beim Anschlagen hell klingendes Ergußgestein, das als Baustein od. für Düngemittel verwendet wird. **Phonologe** *der*; -n, -n: jmd., der sich wissenschaftlich mit der Phonologie befaßt. **Phonologie** *die*; -: Teilgebiet der Sprachwissenschaft, auf dem das System u. die bedeutungsmäßige Funktion der einzelnen Laute u. Lautgruppen untersucht werden. **phonologisch**: die Phonologie betreffend

Phonomanie [*gr.-nlat.*] *die*; -, ...ien: Mordsucht (Med.)

Phonometer [*gr.-nlat.*; „Tonmesser"] *das*; -s, -: Apparat zur Prüfung u. Messung von Klang, Ton u. Schall od. zur Prüfung der Hörschärfe. **Phonome|trie** *die*; -: 1. Teilgebiet der → Akustik, auf dem man sich mit akustischen Reizen u. ihrer Wirkung auf den Gehörsinn befaßt. 2. für die Entwicklung der modernen Phonetik wichtiger, auf experimenteller Vergleichung von Gesprochenem durch Maß u. Zahl beruhender Forschungszweig (nach Zwirner). **phonome|trisch**: die Phonometrie betreffend. **Phonophobie** [„Lautangst, Stimmangst"] *die*; -, ...ien: (Medizin) 1. Sprechangst, krankhafte Angst vor dem Sprechen bei Stotternden. 2. krankhafte Angst vor Geräuschen od. lauter Sprache. **Phonotaxie** *die*; -, ...ien u. **Phonotaxis** *die*; -, ...taxen: die sich nach Schallwellen richtende Ortsbewegung bestimmter Tiere (z. B. die Ultraschallortung bei Fledermäusen). **Phonothek** *die*; -, -en: Tonarchiv mit Beständen an Schallplatten, Tonbändern u. a. **Phonotypistin** *die*; -, -nen: weibliche Schreibkraft, die vorwiegend nach einem Diktiergerät schreibt

Phoresie [*gr.*] *die*; -: Beziehung zwischen zwei Tieren verschiedener Arten, bei der das eine Tier das andere vorübergehend zum Transport benutzt, ohne es zu schädigen (Zool.)

Phorminx [*gr.*] *die*; -, ...mingen [...*mingen*]: der → Kithara ähnliches Saiteninstrument aus der Zeit Homers (auf Abbildungen seit dem 9. Jh. v. Chr. bezeugt)

Phormium [*gr.-nlat.*] *das*; -s, ...ien [...*ien*]: Neuseeländischer Flachs (Liliengewächs, Faserpflanze)

Phoronomie [*gr.-nlat.*] *die*; -: 1. = Kinematik. 2. Wissenschaft, Lehre vom Arbeits- u. Energieaufwand bei bestimmten körperlichen Tätigkeiten (Psychol.)

Phosgen [*gr.-nlat.*] *das*; -s: zur Herstellung von Farbstoffen und Arzneimitteln, im 1. Weltkrieg als Kampfgas verwendete Verbindung von Kohlenmonoxyd u. Chlor (Carbonylchlorid). **Phosphat** *das*; -[e]s, -e: Salz der Phosphorsäure, dessen verschiedene Arten wichtige technische Rohstoffe sind (z. B. für Düngemittel). **Phosphatase** *die*; -, -n: bei den meisten Stoffwechselvorgängen wirksames → Enzym, das Phosphorsäureester zu spalten vermag. **Phosphatid** *das*; -[e]s, -e: zu den → Lipoiden gehörende organische Verbindung (Chem.). **phosphatieren**: 1. = parkerisieren. 2. Seide chemisch (mit Dinatriumphosphat) behandeln. **Phosphen** *das*; -s, -e: bei → Photopsie auftretende, subjektiv wahrgenommene Lichterscheinung (Med.). **Phosphid** *das*; -[e]s, -e: Verbindung des Phosphors mit einem elektropositiven Grundstoff. **Phosphin** *das*; -s: Phosphorwasserstoff. **Phosphit** *das*; -s, -e: Salz der phosphorigen Säure. **Phosphor** [*gr.-nlat.*; eigtl. „lichttragend"] *der*; -s: chem. Grundstoff, Nichtmetall; Zeichen: P. **Phosphore** *die* (Plural): phosphoreszierende Leuchtmassen. **Phosphoreszenz** *die*; -: vorübergehendes Aussenden von Licht, Nachleuchten bestimmter, vorher mit Licht o. ä. bestrahlter Stoffe. **phosphoreszieren**: nach vorheriger Bestrahlung nachleuchten. **phosphorig**: Phosphor enthaltend. **Phosphorismus** *der*; -, ...men: Phosphorvergiftung. **Phosphorit** [auch: ...*it*] *der*; -s, -e: durch Verwitterung von → Apatit od. durch Umwandlung von phosphathaltigen tierischen Substanzen entstandenes Mineral (wichtiger Ausgangsstoff für die Phosphorgewinnung). **Photo** vgl. Foto. **Photobiologie** *die*; -: Teilgebiet der Biologie, auf dem man sich mit der Wirkung des Lichts auf tierische u. pflanzliche Organismen befaßt. **photobiologisch**: die Photobiologie betreffend. **Photochemi|graphie** *die*; -: Herstellung von Ätzungen aller Art im Lichtbildverfahren. **photochemisch**: chem. Reaktionen betreffend, die durch Licht, radioaktive oder Röntgenstrahlung bewirkt werden. **photo|chrom** [...*kr*...]: = phototrop (1). **Photo|effekt** *der*; -[e]s, -e: Austritt von Elektronen aus bestimmten Stoffen durch deren Bestrahlung mit Licht (Elektrotechnik). **Photo|elek|trizität** *die*; -: durch Licht hervorgerufene Elektrizität (beim Photoeffekt). **Photo|elek|tron** *das*; -s, ...onen: durch Licht ausgelöstes Elektron; vgl. Photoeffekt. **Photoelement** *das*; -[e]s, -e: elektrisches Element, Halbleiterelement, das (durch Ausnutzung des Photoeffekts) Lichtenergie in elektrische Energie umwandelt. **photogen** vgl. fotogen. **Photogenität** vgl. Fotogenität. **Photo|gramm** [*gr.-nlat.*] *das*; -s, -e: nach fotografischem Verfahren gewonnenes Bild für Meßzwecke, Meßbild. **Photo|gramme|trie** *die*; -: a) Verfahren zum Konstruieren von Grund- u. Aufrissen aus fotografischen Bildern von Gegenständen; b) in der Meßtechnik u. Kartographie das Herstellen von Karten aus der Fotografie des darzustellenden Gebietes. **photo|grammetrisch**: durch Photogrammetrie gewonnen. **Photograph** vgl. Fotograf. **Photographie** vgl. Fotografie. **photographieren** vgl. fotografieren. **photo|graphisch** vgl. fotografisch. **Photo|gravüre** [...*wür*[e]] *die*; -, -n: = Heliogravüre. **Photokopie** vgl. Fotokopie. **photokopieren** vgl. fotokopieren. **Photolyse** [*gr.-nlat.*] *die*; -, -n: mit der Photosynthese einhergehende Zersetzung chem. Verbindungen durch Licht. **Photom** [*gr.-nlat.*] *das*; -s, -e (meist Plural): subjektive Wahrnehmung nicht vorhandener Licht- od. Farberscheinungen in Gestalt von Wolken, Wellen, Schatten (Med.). **Photomaton** ® [Kunstw.] *das*; -s, -e: vollautomatische Fotografiermaschine, die nach kurzer Zeit Aufnahmen fertig auswirft. **photomechanisch**: unter Einsatz von Fotografie und Ätztechnik arbeitend. **Photometer** *das*; -s, -: Gerät, mit dem (durch Vergleich zweier Lichtquellen) die Lichtstärke gemessen wird. **Photometrie** *die*; -: Verfahren zur Messung der Lichtstärke. **photometrisch**: die Lichtstärkemessung betreffend; mit Hilfe der Photometrie erfolgend. **Photomodell** vgl. Fotomodell. **Photomontage** vgl. Fotomontage. **Photon** *das*; -s, ...onen: in der Quantentheorie das kleinste Energieteilchen einer elektromagnetischen Strahlung. **Photo|objektiv** vgl. Fotoobjektiv. **Photo|optik** vgl. Fotooptik. **Photoperi|odismus** *der*; -: Abhängigkeit der Pflanzen in der Blütenausbildung von der täglichen Licht-Dunkel-Periode (Bot.). **photophil**: das Leben im Licht bevorzugend (von Tieren u. Pflanzen; Biol.); Ggs. → photophob. **photophob**: 1. lichtscheu, -empfindlich (bei gesteigerter Reizbarkeit der Augen; Med.). 2. das Licht meidend (von Tieren u. Pflanzen; Biol.); Ggs. → photophil. **Photophobie** *die*; -: Lichtscheu, gesteigerte, schmerzhafte Lichtempfindlichkeit der Augen (z. B. bei Entzündungen, Masern, Migräne u. a.; Med.). **Photophysiologie** *die*; -: die Wirkung des Lichts auf Entwicklung u. Lebensfunktionen der Pflanzen behandelndes Teilgebiet der → Physiologie. **Phot|opsie** *die*; -: Auftreten von subjektiven Lichtempfindungen (in Gestalt von Blitzen, Funken o. ä., z. B. bei Reizung der Augen od. Störung der Sehbahnen; Med.); vgl. Phosphen. **Photorealismus** vgl. Fotorealismus. **Photorealist** vgl. Fotorealist. **Photo|sphäre** *die*; -: strahlende Gashülle der Sonne (Meteor.). **Photosynthese** *die*; -: Aufbau chemischer Verbindungen durch die Lichteinwirkung, bes. organischer Stoffe aus anorganischen in grünen Pflanzen; vgl. Assimilation (2b). **phototaktisch**: die Phototaxis betreffend, auf ihr beruhend; sich durch einen Lichtreiz bewegend (Bot.). **Phototaxis** *die*; -, ...xen: durch Lichtreiz ausgelöste Bewegung zu einer Lichtquelle hin od. von ihr fort (Bot.). **Photothek** vgl. Fotothek. **Phototherapie** *die*; -, -n: Behandlung von Krankheiten mit natürlicher od. künstlicher Lichtstrahlung; Lichtheilverfahren (Med.). **Phototopographie** *die*; -: = Photogrammetrie. **photo|trop**: 1. die Phototropie betreffend. 2. = phototropisch; vgl. ...isch/-. **Photo|tropie** *die*; -: unter dem Einfluß von sichtbarem oder ultraviolettem Licht (z. B. Sonnenstrahlen) eintretende → reversible (1) Farbänderung, Verfärbung. **Phototropismus** *der*; -, ...men: bei Zimmerpflanzen häufig zu beobachtende Krümmungsreaktion von Pflanzenteilen bei einseitigem Lichteinfall (Bot.). **Phototypie** *die*; -, ...ien: 1. (ohne Plural) Verfahren zur photomechanischen Herstellung von Druckplatten. 2. photomechanisch hergestellte Druckplatte. **Photozelle** *die*; -, -n: Vorrichtung, die unter Ausnutzung des → Photoeffektes Lichtschwankungen in Stromschwankungen umwandelt bzw. Strahlungsenergie in elektrische Energie (Phys.). **Photozinko|graphie** [*gr.*; *dt.*; *gr.*] *die*; -, ...ien: Herstellung von Strichätzungen im Lichtbildverfahren

Phragmobasidiomyzet [*gr.-nlat.*] *der*; -en, -en: Ständerpilz mit vierteiliger → Basidie (z. B. Getreiderostpilz)

Phrase *die*; -, -n
I. [*gr.-lat.*]: 1. (Sprachw.) a) Satz; typische Wortverbindung, Redensart, Redewendung; b) aus einem Einzelwort od. aus mehreren, eine Einheit bildenden Wörtern bestehender Satzteil. 2. selbständiger Abschnitt eines musikalischen Gedankens (Mus.).
II. [*gr.-lat.-fr.*]: abgegriffene, leere Redensart; Geschwätz

Phrasenstrukturgrammatik [*gr.-lat. nlat.*] *die*; -: Grammatik, die durch Einteilung u. Abgrenzung der einzelnen Phrasen (I, 1b) Sätze, komplexe sprachliche Einheiten analysiert, Satzbaupläne ermittelt (Sprachw.); vgl. Konstituentenstrukturgrammatik. **Phraseolexem** *das*; -s, -e: phraseologische Einheit, die durch Idiomatizität, Stabilität u. Lexikalisierung gekennzeichnet ist (z. B. jmdm. platzt der Kragen). **Phraseologie** *die*; -, ...ien (Sprachw.) a) Gesamtheit typischer Wortverbindungen, charakteristischer Redensarten, Redewendungen einer Sprache; b) Zusammenstellung, Sammlung solcher Redewendungen. **phraseologisch**: die Phraseologie betreffend. **Phraseologismus** *der*; -, ...men: = → Idiom (2). **Phraseonym** *das*; -s, -e: Deckname, Verfassername, der aus einer Redewendung besteht (z. B. „von einem, der das Lachen verlernt hat"). **Phraseur** [*frasör*; *gr.-lat.-fr.*] *der*; -s, -e: (veraltet) Phrasenmacher, Schwätzer. **phrasieren**: (Mus.) a) in das Notenbild Phrasierungszeichen eintragen; ein Tonstück in melodisch-rhythmische Abschnitte einteilen; b) beim Vortrag eines Tonstücks die entsprechenden Phrasierungszeichen beachten, die Gliederung in melodisch-rhythmische Abschnitte zum Ausdruck bringen. **Phrasierung** *die*; -, -en: (Mus.) a) melodisch-rhythmische Einteilung eines Tonstücks; b) Gliederung der Motive, Themen, Sätze u. Perioden beim musikal. Vortrag

Phra|trie [*gr.*] *die*; -, ...ien: altgriech. Sippengemeinschaft

Phrenesie [*gr.-nlat.*] *die*; -: (selten) Besessensein von Wahnvorstellungen; Wahnsinn (Med.). **phrenetisch** [*gr.-lat.*]: (selten) wahnsinnig (Med.); vgl. aber: frenetisch. **Phrenikus** [*gr.-nlat.*] *der*; -: Zwerchfellnerv (Med.). **Phrenitis** [*gr.-lat.*] *die*; -, ...itiden: Zwerchfellentzündung (Med.). **Phrenokardie** [*gr.-nlat.*] *die*; -, ...ien: Herzneurose mit Herzklopfen, Herzstichen, Atemnot (Med.). **Phrenolepsie** *die*; -, ...ien: Zwangsvorstellung, -zustand (Med.). **Phrenologe** *der*; -n, -n: Anhänger der Phrenologie. **Phrenologie** *die*; -: als irrig erwiesene Anschauung, daß aus den Schädelformen auf bestimmte geistig-seelische Veranlagungen zu schließen sei. **phrenologisch**: die Phrenologie betreffend. **Phrenonym** *das*; -s, -e: Deckname, der aus der Bezeichnung einer Charaktereigenschaft besteht (z. B. „von einem Vernünftigen"). **Phrenopathie** *die*; -: = Psychose

Phrilon ⓦ [Kunstwort] *das*; -s: vollsynthetische Chemiefaser
Phrygana [*gr.-nlat.*] *die*; -, -s: Felsenheide, der → Garigue entsprechender Vegetationstyp im Mittelmeergebiet. **Phryganiden** *die* (Plural): Köcherfliegen (Biol.)
phrygisch [nach der Landschaft Phrygien]: die kleinasiatische Landschaft Phrygien betreffend; -e Mütze: (in der Französischen Revolution) Sinnbild der Freiheit, → Jakobinermütze; -e Tonart: (Mus.) 1. altgriech. Tonart. 2. zu den authentischen Tonreihen gehörende, auf e stehende Tonleiter der Kirchentonarten des Mittelalters. **Phrygische** *das*; -n: (Mus.) 1. altgriech. Tonart. 2. Kirchentonart
Phthalat [*pers.-gr.-lat.-nlat.*] *das*; -[e]s, -e: Salz der Phthalsäure. **Phthalein** *das*; -s, -e: synthetischer Farbstoff (z. B. Eosin). **Phthalsäure** [*pers.-gr.-lat.-nlat.*; *dt.*] *die*; -, -n: Säure, die in großen Mengen bei der Herstellung von Farbstoffen, Weichmachern u. ä. verarbeitet wird
Phthiriase [*gr.-lat.*] *die*; -, -n u. **Phthiriasis** *die*; -, ...iasen: Läuse-, bes. Filzlausbefall (Med.)
Phthise [*gr.-lat.*] u. Phthisis *die*; -, ...sen: (Med.) 1. allgemeiner Verfall des Körpers od. einzelner Organe. 2. Lungentuberkulose, die mit Schrumpfung u. Einschmelzung des Lungengewebes verbunden ist. **Phthiseophobie** [*gr.-nlat.*] *die*; -: krankhafte Angst vor der Ansteckung mit Lungentuberkulose (Med.). **Phthisiker** [*gr.-lat.*] *der*; -s, -: Schwindsüchtiger (Med.). **Phthisis** vgl. Phthise. **phthisisch** u. **phthitisch**: die Phthise betreffend; schwindsüchtig (Med.)
Phykodenschiefer [*gr.*; *dt.*] *der*; -s: Schichten mit der Versteinerung algenähnlicher Gebilde im Frankenwald u. in Ostthüringen (aus dem → Ordovizium; Geol.). **Phyko|ery|thrin** [*gr.-nlat.*] *das*; -s: roter Farbstoff bei Blau- u. Rotalgen. **Phykologie** *die*; -: auf die Algen spezialisiertes Teilgebiet der Botanik; Algenkunde. **Phykomyzeten** *die* (Plural): Algenpilze od. niedere Pilze
Phylakterion [*gr.*] *das*; -s, ...ien [...i^{e}n] (meist Plural): 1. als → Amulett benutzter [geweihter] Gegenstand. 2. jüd. Gebetsriemen, → Tefillin
Phyle [*gr.*] *die*; -, -n: altgriech. Stammesverband der Landnahmezeit, in Athen als politischer Verband des Stadtstaates organisiert; vgl. Tribus (1). **phyletisch**: die Abstammung, die Stammesgeschichte betreffend (Biol.)
Phyllit [auch: ...*it*; *gr.-nlat.*] *der*; -s, -e: feinblättriger kristalliner Schiefer (Geol.). **phyllitisch** [auch: ...*it*...]: feinblättrig (von Gesteinen; Geologie). **Phyllobiologie** *die*; -: (veraltet) das Leben der Blätter untersuchendes Teilgebiet der Botanik. **Phyllochinon** [*gr.*; *indian.*] *das*; -s: in grünen Blättern enthaltenes, für die Blutgerinnung wichtiges Vitamin K. **Phyllodium** [*gr.-nlat.*] *das*; -s, ...ien [...i^{e}n]: blattartig verbreiterter Blattstiel (Bot.). **Phyllokaktus** *der*; -, ...een: amerikan. Kaktus mit blattartigen Sprossen u. großen Blüten, der in zahlreichen Zuchtsorten vorkommt. **Phyllo|kladium** *das*; -s, ...ien [...i^{e}n]: blattähnlicher Pflanzensproß (Bot.). **Phyllophage** *der*; -n, -n: Pflanzen-, Blattfresser (Biol.). **Phyllopode** *der*; -n, -n (meist Plural): Blattfüßer (niederer Krebs, z. B. Wasserfloh). **Phyllotaxis** *die*; -, ...xen: Blattstellung (Bot.). **Phylloxera** *die*; -, ...ren: Reblaus
Phylogenese [*gr.-nlat.*] *die*; -, -n: = Phylogenie. **phylogenetisch**: die Stammesgeschichte betreffend (Biol.). **Phylogenie** *die*; -, ...ien: Stammesgeschichte der Lebewesen (Biol.). **Phylogonie** *die*; -, ...ien: (veraltet) Phylogenie. **Phylum** [*gr.-nlat.*] *das*; -s, ...la: systematische Bezeichnung für: Tier- od. Pflanzenstamm (Biol.)
Phyma [*gr.-lat.*] *das*; -s, -ta: knolliger Auswuchs (Med.)
Physalis [*gr.*] *die*; -, ...alen: Blasen- od. Judenkirsche (Nachtschattengewächs mit eßbaren Beeren)
Phys|iater [*gr.-nlat.*] *der*; -s, -: Naturheilarzt. **Phys|ia|trie** *die*; -: Naturheilkunde. **Physik** [*gr.-nlat.*] *die*; -: der Mathematik u. Chemie nahestehende Naturwissenschaft, die vor allem durch experimentelle Erforschung u. messende Erfassung die Grundgesetze der Natur, bes. Bewegung u. Aufbau der unbelebten Materie u. die Eigenschaften der Strahlung u. der Kraftfelder, untersucht. **physikalisch** [*gr.-nlat.*]: die Physik betreffend, zu ihr gehörend, auf ihr beruhend; -e Chemie: Gebiet der Chemie, in dem Stoffe u. Vorgänge durch exakte Messungen mittels physikalischer Methoden untersucht werden; -e Geographie: Gebiet der Geographie, das → Geomorphologie, → Klimatologie u. → Hydrologie umfaßt; -e Therapie: arzneilose, nur mit physikalischen Mitteln (Wärme, Licht u. a.) arbeitende Heilmethode. **Physikalismus** *der*; -: grundsätzlich nach den Methoden der Physik ausgerichtete Betrachtung der biologischen Prozesse u. der Lebensvorgänge (Philos.). **physikalistisch**: den Physikalismus betreffend, zu ihm gehörend, auf ihm beruhend, für ihn charakteristisch. **Physikat** *das*; -[e]s, -e: (veraltet) Amt eines Physikus. **Physiker** [*gr.-lat.*] *der*; -s, -: Wissenschaftler auf dem Gebiet der Physik. **Physikochemie** *die*; -: = physikalische Chemie. **physikochemisch**: die physikalische Chemie betreffend, zu ihr gehörend, auf ihr beruhend, für sie charakteristisch. **Physikotechniker** *der*; -s, -: (selten) handwerklich begabter Techniker auf physikalischem Gebiet. **Physikotheologie** *die*; -: Schluß von der zweckmäßigen u. sinnvollen Einrichtung dieser Welt auf das Dasein Gottes. **Physikotherapie** *die*; -: = Physiotherapie. **Physikum** *das*; -s, ...ka: ärztliches Vorexamen, bei dem die Kenntnisse auf dem Gebiet der allgemeinen naturwissenschaftlichen u. anatomischen Grundlagen der Medizin geprüft werden. **Physikus** *der*; -, -se: (veraltet) Kreis-, Bezirksarzt. **physiogen** [*gr.-nlat.*]: körperlich bedingt, verursacht (Psychol.). **Physiogeo|graphie** *die*; -: = physikalische Geographie. **physiogeo|graphisch**: die physikalische Geographie betreffend, zu ihr gehörend, auf ihr beruhend. **Physio|gnom** [*gr.-lat.*] *der*; -en, -en u. Physio|gnomiker *der*; -s, -: jmd., der sich [wissenschaftlich] mit der Physiognomik beschäftigt, der die äußere Erscheinung eines Menschen deutet. **Physio|gnomie** [*gr.-mlat.*] *die*; -, ...ien: äußere Erscheinung, bes. der Gesichtsausdruck eines Menschen, auch eines Tieres. **Physiognomik** [*gr.-nlat.*] *die*; -: bes. die Beziehung zwischen der Gestaltung des menschlichen Körpers u. dem Charakter behandelndes Teilgebiet der Ausdruckspsychologie u. die darauf gründende Lehre von der Fähigkeit, aus der Physiognomie auf innere Eigenschaften zu schließen. **Physio|gnomiker** vgl. Physiognom. **physio|gnomisch** [*gr.-lat.*]: die Physiognomie betreffend. **Physio|graphie** [*gr.-nlat.*] *die*; -: (veraltet) 1. Naturbeschreibung; Landschaftskunde. 2. = Phy-

siogeographie. **physio|graphisch**: die Physiographie betreffend, zu ihr gehörend. **Physioklimatologie** *die*; -: erklärende Klimabeschreibung (Meteor.). **Physio|krat** *der*; -en, -en: Vertreter des Physiokratismus. **Physiokratie** *die*; -: (veraltet) Herrschaft der Natur. **physio|kratisch**: 1. (veraltet) die Physiokratie betreffend. 2. den Physiokratismus betreffend. **Physio|kratismus** *der*; -: volkswirtschaftliche Theorie des 18. Jh.s, nach der Boden u. Landwirtschaft die alleinigen Quellen des Reichtums sind. **Physiologe** [*gr.-lat.*] *der*; -n, -n: Wissenschaftler auf dem Gebiet der Physiologie. **Physiologie** *die*; -: Wissenschaft von den Grundlagen des allgemeinen Lebensgeschehens, bes. von den normalen Lebensvorgängen u. Funktionen des menschlichen Organismus. **physiologisch**: die Physiologie betreffend; die Lebensvorgänge im Organismus betreffend; -e Chemie: Teilgebiet der Physiologie, in dem die Lebensvorgänge mit physikalischen u. chemischen Methoden erforscht werden. **Physiologus** *der*; -: Titel eines im Mittelalter weitverbreiteten Buches, das christliche Glaubenssätze in allegorischer Auslegung an [oft fabelhafte] Eigenschaften der Tiere knüpfte. **Physionomie** [*gr.-nlat.*] *die*; -: (veraltet) Lehre von den Naturgesetzen. **Physiotherapeut** *der*; -en, -en: Masseur, Krankengymnast, der nach ärztlicher Verordnung Behandlungen mit den Mitteln der Physiotherapie durchführt. **Physiotherapie** *die*; -: Behandlung von Krankheiten mit naturgegebenen Mitteln wie Wasser, Wärme, Licht, Luft. **Physiotop** *der*; -[e]s, -e: kleinste Landschaftseinheit (z. B. Delle, Quellschlucht, Schwemmkegel u. a.; Geogr.). **Physis** [*gr.-lat.*] *die*; -: 1. die Natur, das Reale, Wirkliche, Gewachsene, Erfahrbare im Gegensatz zum Unerfahrbaren der → Metaphysik (Philos.). 2. körperliche Beschaffenheit [des Menschen]. **physisch**: 1. in der Natur begründet, natürlich. 2. die körperliche Beschaffenheit betreffend; körperlich; vgl. psychisch; -e Geographie = physikalische Geographie

Physome|tra [*gr.-nlat.*] *die*; -: Gasbildung in der Gebärmutter (Med.). **Physo|stigmin** *das*; -s: Heilmittel aus dem Samen einer afrikan. Bohnenart

Phyto|flagellat [*gr.*; *lat.*] *der*; -en, -en (meist Plural): pflanzlicher → Flagellat. **phyto|gen** [*gr.-nlat.*]: 1. aus Pflanzen[resten] entstanden (z. B. Torf, Kohle). 2. durch Pflanzen od. pflanzliche Stoffe verursacht (z. B. von Hautkrankheiten; Med.). **Phytogeo|graphie** *die*; -: Pflanzengeographie. **Phyto|gnosie** *die*; -, ...ien: (veraltet) auf äußeren Merkmalen aufbauende Pflanzenlehre. **Phytohormon** *das*; -s, -e: pflanzliches → Hormon. **Phytolith** [auch: ...*it*] *der*; -s u. -en, -e[n] (meist Plural): Sedimentgestein, das ausschließlich od. größtenteils aus Pflanzenresten entstanden ist (z. B. Kohle; Geol.). **Phytologie** *die*; -: Pflanzenkunde, Botanik. **Phytom** *das*; -s, -e: pflanzlicher Bestand innerhalb eines → Bioms; vgl. Zoom (II). **Phytomedizin** [*gr.*; *lat.*] *die*; -: Pflanzenmedizin; pflanzenpathologische Wissenschaft, die sich mit der Erforschung der Pflanzenkrankheiten u. -schädlinge sowie mit deren Verhütung bzw. Bekämpfung befaßt. **Phytonose** [*gr.-nlat.*] *die*; -, -n: durch Pflanzengiftstoffe entstandene Hautkrankheit (Med.). **Phytopaläontologie** *die*; -: = Paläobotanik. **phytopathogen**: Pflanzenkrankheiten hervorrufend (Biol.). **Phytopathologie**: Wissenschaft von den Pflanzenkrankheiten u. -schädlingen (Bot.). **phytopathologisch**: die Phytopathologie betreffend, zu ihr gehörend, auf ihr beruhend. **phytophag**: pflanzenfressend (Biol.). **Phytophage** *der*; -n, -n (meist Plural): Pflanzenfresser (Biol.). **Phytophthora** *die*; -: Gattung der Eipilze (z. B. der Kartoffelpilz, Erreger der Kartoffelfäule). **Phyto|plankton** *das*; -s: Gesamtheit der im Wasser schwebenden pflanzlichen Organismen. **Phytosoziologie** *die*; -: Teilgebiet der → Ökologie, auf dem man sich mit den Pflanzengesellschaften befaßt; Pflanzensoziologie. **Phytotherapie** *die*; -: Wissenschaft von der Heilbehandlung mit pflanzl. Substanzen. **Phytotomie** *die*; -: Gewebelehre der Pflanzen; Pflanzenanatomie. **Phyto|tron** *das*; -s, -e: modernes Laboratorium zur Untersuchung von Pflanzen bei entsprechenden Klimabedingungen. **Phytozoon** *das*; -s, ...zoen: (veraltet) Meerestier von pflanzenähnlichem Aussehen (z. B. Nesseltier)

Pi [*gr.*] *das*; -[s], -s: 1. sechzehnter Buchstabe des griechischen Alphabets: *Π*, *π*. 2. Ludolfsche Zahl, die das Verhältnis von Kreisumfang zu Kreisdurchmesser angibt (π = 3,1415...; Math.)

Piacere [...*tschere*; *lat.-it.*] *das*; -: Belieben, Willkür (beim musikalischen Vortrag). **piacevole** [...*tschew*...]: gefällig, lieblich (Vortragsanweisung; Mus.)

Piaffe [*fr.*] *die*; -, -n: trabähnliche Bewegung auf der Stelle (aus der Hohen Schule übernommene Übung moderner Dressurprüfungen; Reitsport). **piaffieren**: (selten) die Piaffe ausführen

Pia mater [*lat.*] *die*; - -: weiche Hirnhaut (Med.). **Pia mater spinalis** *die*; - - -: weiche Haut des Rückenmarks (Med.)

piangendo [...*dschändo*; *lat.-it.*]: weinend, klagend (Vortragsanweisung; Mus.).

Pianino [*lat.-it.*] *das*; -s, -s: kleines Klavier. **pianissimo**: sehr leise (Vortragsanweisung; Mus.); Abk.: pp; - quanto possibile: so leise wie möglich. **Pianissimo** *das*; -s, -s u. ...mi: sehr leises Spielen od. Singen (Mus.). **Pianist** [*lat.-it.-fr.*] *der*; -en, -en: Musiker, der Klavier spielt. **pianistisch**: klaviermäßig, klavierkünstlerisch. **piano** [*lat.-it.*]: schwach, leise (Vortragsanweisung; Mus.); Abk.: p. **Piano** [Kurzform von Pianoforte] *das*; -s, -s: 1. (veraltend, noch scherzh.) Klavier. 2. (Plural auch: ...ni) schwaches, leises Spielen od. Singen (Mus.). **Pianoakkordeon** *das*; -s, -s: → Akkordeon mit Klaviertastatur auf der Melodieseite. **Pianochord** [...*kort*; *lat.-it.*; *gr.-lat.*] *das*; -[e]s, -e: kleines, 6 2/3 Oktaven umfassendes Klavier als Haus- u. Übungsinstrument. **Pianoforte** [*lat.-it.*] *das*; -s, -s: (veraltet) Klavier. **Pianola** *das*; -s, -s: selbsttätig spielendes Klavier; vgl. auch: Phonola

Piarist [*lat.-nlat.*] *der*; -en, -en: Mitglied eines priesterlichen kath. Lehrordens

Piassava [...*wa*; *indian.-port.*] u. **Piassave** [...*we*] *die*; -, ...ven: für Besen u. Bürsten verwendete Blattfaser verschiedener Palmen

Piaster [*gr.-lat.-roman.*] *der*; -s, -: 1. span. u. südamerik. → Peso im europ. Handelsverkehr. 2. seit dem 17. Jh. die türkische Münzeinheit zu 40 Para (heutige Bezeichnung: Kuruş). 3. Münzeinheit in Ägypten, Syrien, im Libanon, Sudan

Piatti [*gr.-vulgärlat.-it.*] *die* (Plural): Schlaginstrument aus zwei Becken (Mus.). **Piazza** [*gr.-lat.-vulgärlat.-it.*] *die*; -, -s u. Piazze: ital. Bezeichnung für: [Markt]-

platz. **Piazzetta** *die*; -, ...tte: kleine Piazza

Pi|broch [*schott.-engl.*; „Pfeifenmelodie"] *der*; -[s], -s: altschott. Musikstück mit Variationen für den Dudelsack

Pica [*pika*; *lat.-mlat.*] *die*; -: 1. genormte Schriftgröße bei der Schreibmaschine mit 2,6 mm Schrifthöhe. 2. = Pikazismus

Picador [*...ka...*; *span.*] u. (eindeutschend:) Pikador *der*; -s, -es: Lanzenreiter, der beim Stierkampf den auf den Kampfplatz gelassenen Stier durch Stiche in den Nacken zu reizen hat

Picaro [*pikaro*; *span.*] *der*; -s, -s: span. Bezeichnung für: Schelm, Spitzbube

Piccalilli [*pika...*; *engl.*] *die* (Plural): eine Art → Mixed Pickles

Picciolini [*pitscho...*; *it.*] *die* (Plural): eingemachte Oliven. **piccolo** [*pikolo*]: ital. Bezeichnung für: klein (in Verbindung mit Instrumentennamen, z. B. Flauto - = Pikkoloflöte). **Piccolo** (österr.) vgl. Pikkolo

Pick vgl. Pik (III)

Pickelflöte *die*; -, -n: = Pikkoloflöte

Picker [*engl.*] *der*; -s, -: Teil am mechanischen Webstuhl, das den Schützen (Schiffchen) durch das Fach (Zwischenraum zwischen den Kettfäden) schlägt

Pickles [*pikl*ß] *die* (Plural): = Mixed Pickles

Picknick [*fr.*] *das*; -s, -e u. -s: Mahlzeit, Imbiß im Freien. **picknicken**: ein Picknick abhalten

Pick-up [*pikap*; *engl.*] *der*; -s, -s: 1. Tonabnehmer für Schallplatten. 2. Aufsammelvorrichtung an landwirtschaftlichen Geräten. **Pick-up-Shop** [*pikapschop*; *engl.*] *der*; -s, -s: Laden, bei dem der Käufer eines [großen, sperrigen] Warenartikels den Transport nach Hause selbst übernehmen muß

picobello [*piko...*; *niederd.* (*italianisiert*); *it.*]: (ugs.) ganz besonders fein, ausgezeichnet

Picofarad vgl. Pikofarad

Picot [*...ko*; *fr.*] *der*; -s, -s: 1. Häkchen, Zäckchen am Rand von Spitzen. 2. Spitzkeil. **Picotage** [*...tasch*[e]] *die*; -, -n: Ausbau eines wasserdichten Grubenschachtes mit → Picots (2) (Bergw.)

Pidgin [*pidsehin*; *engl.*, nach der chines. Aussprache des engl. Wortes business (*bisn*[i]*ß*) = Geschäft] *das*; -: aus Elementen der Ausgangs- u. der Zielsprache bestehende Mischsprache, deren Kennzeichen vor allem eine stark reduzierte Morphologie der Zielsprache ist (Sprachw.). **Pidgin-Englisch** und **Pidgin-English** [*pidsehiningglisch*] *das*; -: Mischsprache aus einem sehr vereinfachten Englisch u. einer od. mehreren anderen [ostasiatischen, afrikanischen] Sprachen. **pidginisieren**: eine Sprache durch eingeschränkten Gebrauch ihrer Morphologie zum Pidgin machen

Pie [*pai*; *engl.*] *die*; -, -s: in England u. Amerika beliebte warme Pastete aus Fleisch od. Obst

Piece [*piäß*[e]; *gall.-mlat.-fr.*] *die*; -, -n: Stück, Tonstück, musikalisches Zwischenspiel. **Pièce de résistance** [*piäß d*[e] *resißtangß*; *fr.*] *die*; - - -, -s - - [*piäß* - -]: (veraltet) Hauptgericht, großes Fleischstück. **pièce touchée, pièce jouée** [- *tusche*, - *sehue*]: franz. Bezeichnung für das in den Regeln des Weltschachbundes getroffene Abkommen, daß eine berührte Figur gezogen werden muß (Schach); vgl. aber: j'adoube

Pie|destal [*pi-e...*; *it.-fr.*] *das*; -s, -e: 1. a) [gegliederter] Sockel (Archit.); b) sockelartiger Ständer für bestimmte Zier-, Kunstgegenstände. 2. hohes Gestell mit schräggestellten Beinen für Vorführungen (bes. von Tieren) im Zirkus

pieno [*lat.-it.*]: voll, vollstimmig (Vortragsanweisung; Mus.)

Pier [*mlat.-engl.*] *der*; -s, -e (Seemannsspr.: *die*; -, -s): Hafendamm; Landungsbrücke

Pieriden [*pi-e...*; *gr.-lat.*; nach Pierien, der südlichsten Küstenlandschaft des alten Mazedoniens] *die* (Plural): die → Musen (Beiname)

Pierrette [*pi-ä...*; *gr.-lat.-fr.*] *die*; -, -n: weibliche Lustspielfigur der in Paris gespielten ital. → Commedia dell'arte. **Pierrot** [*...ro*; „Peterchen"] *der*; -s, -s: männliche Lustspielfigur der in Paris gespielten ital. → Commedia dell'arte

Pie|ta u. (bei it. Schreibung:) **Pie|tà** [*pi-eta*; *lat.-it.*] *die*; -, -s: Darstellung Marias mit dem Leichnam Christi auf dem Schoß; vgl. Vesperbild. **Pie|tät** [*lat.*] *die*; -: Ehrfurcht, Achtung (bes. gegenüber Toten), Rücksichtnahme. **Pie|tismus** [*lat.-nlat.*] *der*; -: evangelische Bewegung des 17. u. 18. Jh.s, die gegenüber der → Orthodoxie (1) u. dem Vernunftglauben Herzensfrömmigkeit u. tätige Nächstenliebe als entscheidende christliche Haltung betont. **Pie|tist** *der*; -en, -en: Anhänger, Vertreter des Pietismus. **pie|tistisch**: den Pietismus betreffend; fromm im Sinne des Pietismus. **pie|toso** [*lat.-it.*]: mitleidsvoll, andächtig (Mus.)

Pie|tra dura [*it.*; „harter Stein"] *die*; - -: ital. Bezeichnung für: Florentiner Mosaik

Pie|zochemie [*gr.*; *arab.-roman.*] *die*; -: Erforschung chem. Wirkungen unter hohem Druck. **piezo|elek|trisch** [*gr.-nlat.*]: elektrisch durch Druck; -er Effekt: von P. Curie entdeckte Aufladung mancher Kristalle unter Druckeinwirkung. **Pie|zo|elek|trizität** *die*; -: durch Druck entstandene Elektrizität bei manchen Kristallen. **Pie|zokontaktmetamorphose** [*gr.*; *lat.*; *gr.*] *die*; -, -n: Einwirkung einer erstarrenden Schmelze auf das Nebengestein bei gleichzeitiger Gebirgsfaltung (Geol.). **Pie|zometer** [*gr.-nlat.*] *das*; -s, -: Instrument zur Messung des Grades der Zusammendrückbarkeit von Flüssigkeiten, Gasen u. festen Stoffen (Techn.)

Pifferari [*it.*] die (Plural): die zur Weihnachtszeit in Rom den Pifferaro blasenden Hirten. **Pifferaro** u. **Piffero** *der*; -s, ...ri: Querpfeife, Schalmei

Pig [*engl.*; „Schwein"] *der* od. *das*; -s, -s: (ugs., abwertend) Polizist

Pigeon-English [*pidsehin inggli sch*] *das*; -: = Pidgin-English

Pigment [*lat.*; „Färbestoff"] *das*; -[e]s, -e: 1. in Form von Körnern in den Zellen bes. der Haut eingelagerter, die Färbung der Gewebe bestimmender Farbstoff; Körperfarbstoff (Med.; Biol.). 2. im Binde- od. Lösungsmittel unlöslicher, aber feinstverteilter Farbstoff. **Pigmentation** [*...zion*; *lat.-nlat.*] *die*; -, -en: Einlagerung von Pigment, Färbung. **Pigmentdruck** *der*; -[e]s, -e: a) (ohne Plural) Kohledruck, ein fotografisches Kopierverfahren, bei dem durch die mit einer Chromgelatineschicht versetzte Kohle (auch Rötel u. a.) nach entsprechender Behandlung ein reliefartiges Bild entsteht; b) in diesem Kopierverfahren hergestelltes reliefartiges Bild. **pigmentieren**: 1. Farbstoffe in kleinste Teilchen (Pigmentkörnchen) zerteilen. 2. körpereigenes Pigment bilden. 3. [sich] einfärben durch Pigmente

Pi|gnole [*pinjol*[e]; *lat.-it.*], (österr.:) **Pi|gnolie** [*pinjoli*[e]] *die*; -, -n: wohlschmeckender Samenkern der Pinie

Pijacke [*engl.*; *dt.*] *die*; -, -n: (landsch.) blaue Seemannsüberjacke

Pijiki [*lapp.*] *die* (Plural): Felle der Rentierkälber

Pik [*vulgärlat.-fr.*]
I. *das*; -[s], -[s]: Spielkartenfarbe.
II. *der*; -s, -e u. -s: Berggipfel, -spitze.
III. *der*; -s: (ugs.) heimlicher Groll

Pikade [*vulgärlat.-span.*] *die*; -, -n: Durchhau, Pfad im Urwald (bes. in Argentinien u. Brasilien). **Pikador** vgl. Picador. **pikant** [*vulgärlat.-fr.*]: 1. den Geschmack reizend, gut gewürzt, scharf. 2. interessant, prickelnd, reizvoll. 3. zweideutig, schlüpfrig. **Pikanterie** *die*; -, ...ien: 1. reizvolle Note, Reiz. 2. Zweideutigkeit, Anzüglichkeit

pikaresk u. **pikarisch** [*span.*]: schelmenhaft; -er Roman: Schelmenroman (nach der span. Figur des → Picaro)

Pikazismus [*lat.*] *der*; -, ...men: 1. = Parorexie (Med.). 2. sexuell bedingtes Verlangen, Nahrungsmittel zu sich zu nehmen, die mit Sekreten des Geschlechtspartners versehen sind

Pike [*vulgärlat.-fr.*] *die*; -, -n: (hist.) (im späten Mittelalter) aus langem hölzernem Schaft u. Eisenspitze bestehende Stoßwaffe des Fußvolkes; von der - auf: von Grund auf, von der untersten Stufe an

Pikee
I. *der* (österr. auch: *das*); -s, -s: [Baumwoll]gewebe mit erhabener Musterung.
II. = Piqué (II)

Pikenier *der*; -s, -e: (hist.) mit der Pike kämpfender Landsknecht. **Pikett** *das*; -[e]s, -e: 1. franz. Kartenspiel. 2. (veraltet) Vorposten[kompanie]. 3. (schweiz.) a) einsatzbereite Mannschaft im Heer u. bei der Feuerwehr; b) Bereitschaft. **Pikettstellung** *die*; -, -en: (schweiz.) Bereitstellung. **pikieren**: 1. [junge Pflanzen] auspflanzen, verziehen. 2. verschiedene Stofflagen aufeinandernähen, wobei der Stich auf der Außenseite nicht sichtbar sein darf. **pikiert**: [leicht] beleidigt, gereizt, verletzt, verstimmt

Pikkolo [*it.*; „Kleiner"]
I. *der*; -s, -s: Kellner, der sich noch in der Ausbildung befindet.
II. *der* (auch: *das*); -s, -s: = Pikkoloflöte.
III. *die*; -, -[s]: (ugs.) kleine Sektflasche für eine Person; Pikkoloflasche

Pikkoloflöte *die*; -, -n: kleine Querflöte in C od. Des, eine Oktave od. None höher als die Querflöte klingend

Pikofarad *das*; -[s], -: ein Billionstel → Farad; Abk.: pF (Phys.)

Pikör [*vulgärlat.-fr.*] *der*; -s, -e: Vorreiter bei der → Parforcejagd (Sport). **pikotieren**: einen wasserdichten Grubenschacht mit → Picots (2) ausbauen (Bergw.); vgl. Picotage

Pi|krat [*gr.-nlat.*] *das*; -[e]s, -e: Salz der Pikrinsäure (Chem.). **Pikrinsäure** [*gr.-nlat.*; *dt.*] *die*; -, -n: Trinitrophenol, explosible organische Verbindung (Chem.). **Pikrit** [auch: ...it; *gr.-nlat.*] *der*; -s, -e: grünlichschwarzes, körniges Ergußgestein. **Pi|kropege** *die*; -, -n: Quelle mit Bitterwasser. **Pikrotoxin** *das*; -s: Gift der → Kokkelskörner, das auch als zentrales Erregungsmittel in der Heilkunde verwendet wird

Pikto|gramm [*lat.*; *gr.*] *das*; -s, -e: formelhaftes graphisches Symbol mit international festgelegter Bedeutung, Bildsymbol (z. B. Totenkopf als Symbol für „Gift"). **Pikto|graphie** *die*; -: Symbol-, Bilderschrift. **pikto|graphisch**: die Piktographie betreffend

Pikul [*malai.*] *der* od. *das*; -s, -: 1. asiat. Gewichtsmaß von verschiedener Größe. 2. indones. Hohlmaß

Pilar [*lat.-span.*] *der*; -en, -en: Pflock, Rundholz zum Anbinden der Halteleinen bei der Abrichtung von Pferden. **Pilaster** [*lat.-it.-fr.*] *der*; -s, -: [flacher] Wandpfeiler

Pilatus vgl. Pontius

Pilau u. **Pilaw** [*pers.* u. *türk.*] *der*; -s: orientalisches Reisgericht [mit Hammelfleisch]

Pilchard [*piltscheʳd*; *engl.*] *der*; -s, -s: Sardine (kleiner Heringsfisch)

Pile [*pail*; *engl.*] *das*; -s, -s: engl. Bezeichnung für: Reaktor

Pilea [*lat.-nlat.*] *die*; -, -s: südamerik. Kanonierblume (rankende Zimmerpflanze). **Pileolus** [*lat.-mlat.*] *der*; -, ...li u. ...olen: Scheitelkäppchen der kath. Geistlichen (verschiedenfarbig nach dem Rang); vgl. Kalotte (4)

pilieren [*lat.-fr.*]: stampfen, zerstoßen, schnitzeln (bes. Rohseife zur Verarbeitung in Feinseife)

pillieren [zu „Pille" mit französierender Endung]: (Samen für die Aussaat) mit einer nährstoffreichen Masse umhüllen u. zu Kügelchen formen (Landw.). **Pilling** [*engl.*] *das*; -s: unerwünschte Knötchenbildung an der Oberfläche von Textilien

Pillowlava [*pilouʳlawa*; *engl.*; *it.*] *die*; -: für untermeerischen Erguß typische Lava von kissenähnlicher Form

Pilokarpin [*gr.-nlat.*] *das*; -s: aus → Jaborandiblättern gewonnenes giftiges, schweiß- u. speicheltreibendes Alkaloid

Pilose u. **Pilosis** [*lat.-nlat.*] *die*; -, ...osen: übermäßiger Haarwuchs (Med.)

Pilot [*gr.-mgr.-it.-fr.*] *der*; -en, -en: 1. a) Flugzeugführer; b) Rennfahrer. 2. (veraltet) Lotse. 3. Lotsenfisch (zu den Stachelflossern zählender räuberischer Knochenfisch im Atlantik u. Mittelmeer, Begleitfisch der Haie). **Pilotballon** [*pilótbalong*, (fr.:) ...long, auch (bes. südd., österr. u. schweiz.:) ...lon] *der*; -s, -s u. (bei nicht nasalierter Ausspr.:) -e: unbemannter Ballon zur Feststellung des Höhenwindes (Meteor.). **Pilot Charts** [*pailᵉt tschaʳtß*; *engl.*] *die* (Plural): engl. Bezeichnung für: von Seeleuten verwendete Karten, die wichtige meteorologische u. geographische Aufzeichnungen enthalten

Pilote [*lat.-roman.*] *die*; -, -n: im Bauwesen Rammpfahl für Gründungen

Pilotfilm [*gr.-mgr.-it.-fr.*; *engl.*] *der*; -[e]s, -e: einer Fernsehserie od. -sendung vorausgehender Film, mit dem man das Interesse der Zuschauer zu wecken u. die Breitenwirkung zu testen versucht

pilotieren
I. [*gr.-ngr.-it.-fr.*] ein Flugzeug, einen Sport- od. Rennwagen (bei Autorennen) steuern.
II. [*lat.-roman.*] Grund-, Rammpfähle einrammen

Pilotstudie [*gr.-mgr.-it.-fr.*; *lat.-nlat.*] *die*; -, -n [...iᵉn]: einem Projekt vorausgehende Untersuchung, in der alle in Betracht kommenden, wichtigen Faktoren zusammengetragen werden; Leitstudie. **Pilotton** *der*; -[e]s, ...töne: 1. zusätzlich aufgezeichneter hochfrequenter Ton, der bei getrennter Wiedergabe von Bild u. Ton zur synchronen Steuerung von Filmprojektor u. Tonbandgerät dient. 2. hochfrequentes Signal, das der Sender bei Stereoprogrammen zusätzlich ausstrahlt u. das im → Decoder die Entschlüsselung der insgesamt übertragenen Signale bewirkt

Pimelose [*gr.-nlat.*] *die*; -: Fettleibigkeit (Med.)

Piment [*lat.-roman.*] *der* od. *das*; -[e]s, -e: Nelkenpfeffer, englisches Gewürz

Pimpernell [*sanskr.-pers.-gr.-lat.-mlat.*] *der*; -s, -e u. **Pimpinelle** *die*; -, -n: wilder Kümmel (Doldenblütler, dessen Blätter als Gemüse u. dessen Wurzelstöcke als Heilmittel verwendet werden)

Pin [*engl.*] *der*; -s, -s: 1. getroffener Kegel als Wertungseinheit beim Bowling (2). 2. a) (zum Nageln von Knochen dienender) langer, dünner Stift (Med.); b) Stecknadel
Pinakes [*pínakeß*]: *Plural* von → Pinax. **Pinakoid** [*gr.-nlat.*] *das*; -[e]s, -e: offene, nur aus zwei Parallelflächen gebildete Kristallform. **Pinakothek** [*gr.-lat.*] *die*; -, -en: Bilder-, Gemäldesammlung
Pinasse [*lat.-span.-fr.-niederl.*] *die*; -, -n: Beiboot (von Kriegsschiffen)
Pinax [*gr.-lat.*] *der*; -, Pinakes [*pínakeß*]: altgriech. Tafel aus Holz, Ton od. Marmor, die beschriftet od. [als Weihgeschenk] bemalt wurde
Pinboard [*...bo'd*; *engl.*] *das*; -s, -s: an der Wand zu befestigende Tafel aus Kunststoff, Kork o. ä., an die man mit Stecknadeln o. ä. etwas (bes. Merkzettel) heftet; Pinnwand
pincé [*pängße*; *fr.*]: = pizzicato. **Pincenez** [*pängßne*] *das*; - [*...ne(ß)*], - [*...neß*]: (veraltet) Kneifer, Zwicker
Pinche [*span.*] *die*; -, -n: kleiner kolumbianischer Krallenaffe
Pinch|effekt [*pintsch...*; *engl.*; *lat.*] *der*; -[e]s, -e: bei einer Starkstromgasentladung auftretende Erscheinung der Art, daß das → Plasma (3) durch das eigene Magnetfeld zusammengedrückt wird (Phys.)
Pincop [*...kop*; *engl.*] *der*; -s, -s: auf dem → Selfaktor bewickelte Schußspule in der Baumwollspinnerei
Pineal|organ [*lat.-nlat.*; *gr.-lat.*] *das*; -s, -e: lichtempfindliches Sinnesorgan der → Reptilien
Pine|ap|ple [*painäpl*; *engl.*] *der*; -[s], -s: engl. Bezeichnung für: → Ananas
Pinen [*lat.-nlat.*] *das*; -s, -e: technisch wichtiger Hauptbestandteil der Terpentinöle
Pingpong [österr. auch: *...pong*; *engl.*] *das*; -s: (gelegentlich scherzh., oft leicht abwertend) nicht turniermäßig betriebenes Tischtennis
Pinguin [selten: *...in*] *der*; -s, -e: flugunfähiger, dem Wasserleben angepaßter Meeresvogel der Antarktis mit schuppenförmigen Federn u. flossenähnlichen Flügeln
Pinholes [*pinho"lß*; *engl.*; „Nadellöcher"] *die* (Plural): kleine, langgestreckte Gasblasen unmittelbar unter der Oberfläche von Gußstücken (Techn.)
Pinie [*...ie*; *lat.*] *die*; -, -n: Kiefer des Mittelmeerraumes mit schirmförmiger Krone. **Piniole** [*lat.-it.*] *die*; -, -n: = Pignole
pink [*engl.*]: von kräftigem, grellem Rosa. **Pink** *das*; -s, -s: kräftiges, grelles Rosa. **Pinkcolour** [*...kal'r*] *das*; -s: zur Porzellan- od. Fayencemalerei benutzter roter Farbstoff
Pinkulatorium [zu „pinkeln" mit latinisierender Endung] *das*; -s, ...ien [*...i'n*]: (scherzh.) Toilette, Anlage zum Urinieren für Männer
Pinna [*lat.*] *die*; -: Vogelmuschel des Mittelmeeres
Pinole [*lat.-it.*] *die*; -, -n: Maschinenteil der Spitzendrehbank, in dem die Spitze gelagert ist
Pinozytose [*gr.-nlat.*] *die*; -, -n: tröpfchenweise erfolgende Aufnahme flüssiger Stoffe in das Zellinnere (Biol.)
Pint [*paint*; *fr.-engl.*] *das*; -s, -s: engl. u. amerikan. Hohlmaß, das etwas mehr als einem halben Liter entspricht; Abk.: pt. **Pinte** [*fr.*] *die*; -, -n: 1. (schweiz.) [Blech]kanne. 2. (ugs.) kleines Wirtshaus, Kneipe
Pin-up-Girl [*pinapgö'l*; *engl.-amerik.*; „Anheftmädchen"] *das*; -s, -s: 1. Bild eines hübschen, erotisch anziehenden, meist leichter bekleideten Mädchens, bes. auf dem Titelblatt von Illustrierten [das ausgeschnitten u. an die Wand geheftet wird]. 2. Mädchen, das einem solchen Bild gleicht, dafür posiert
pinxit [*lat.*]: hat [es] gemalt (Zusatz zur Signatur eines Künstlers auf Gemälden); Abk.: p. od. pinx.
Pinzette [*fr.*] *die*; -, -n: kleine Greif-, Federzange. **pinzieren**: entspitzen, den Kopftrieb einer Pflanze abschneiden (Obstbau)
Piombi [*lat.-it.*; „Bleidächer"] *die* (Plural): (hist.) Staatsgefängnisse im Dogenpalast von Venedig
Pion
I. [*piong*; *lat.-vulgärlat.-fr.*; „Fußsoldat"] *der*; -, -s [*piong*]: franz. Bezeichnung für: Bauer (Schach).
II. [*pion*; *gr.*] *das*; -s, ...onen (meist Plural): zu den → Mesonen gehörendes Elementarteilchen
Pionier [*lat.-vulgärlat.-fr.*] *der*; -s, -e: 1. Soldat der techn. Truppe. 2. Wegbereiter, Vorkämpfer, Bahnbrecher. 3. (bes. DDR) Mitglied einer Pionierorganisation
Pipa [*chin.*] *die*; -, -s: chines. Laute
Pipe [*paip*; *lat.-vulgärlat.-engl.*] *die*; -, -s: 1. (auch: *das*) engl. u. amerik. Hohlmaß von unterschiedlicher Größe für Wein u. Branntwein. 2. runde od. ovale vulkanische Durchschlagsröhre. **Pipeline** [*paiplain*; *engl.*] *die*; -, -s: Rohrleitung (für Gas, Erdöl). **Pipelinepionier** *der*; -s, -e: 1. (Plural) Teil der Pioniertruppen, der für die Verlegung u. Instandhaltung von Versorgungsleitungen ausgebildet wird. 2. Angehöriger der Pipelinepioniere (1)
Piperin [*sanskr.-pers.-gr.-lat.-nlat.*] *das*; -s: organische Verbindung, Hauptträger des scharfen Geschmacks von Pfeffer
Pipette [*lat.-vulgärlat.-fr.*] *die*; -, -n: Saugröhrchen, Stechheber
Pique [*pik*; *vulgärlat.-fr.*] *das*; -, -s [*pik*]: fr. Form von → Pik (I)
Piqué [*pike*]
I. franz. Form von → Pikee (I).
II. *das*; -s, -s: Maßeinheit für die mit bloßem Auge zu erkennenden Einschlüsse bei → Diamanten (I)
Piqueur [*...kör*] *der*; -s, -s: franz. Form von → Pikör
Piranha [*...nja*; *indian.-port.*] *der*; -[s], -s: Karibenfisch (gefürchteter südamerikanischer Raubfisch)
Pirat [*gr.-lat.-it.*] *der*; -en, -en: Seeräuber. **Piraterie** [*gr.-lat.-fr.*] *die*; -, ...ien: Seeräuberei
Piraya [*...aja*; *indian.-port.*] *der*; -[s], -s: = Piranha
Piroge [*karib.-span.-fr.*] *die*; -, -n: primitives Indianerboot, Einbaum [mit Plankenaufsatz]
Pirogge [*russ.*] *die*; -, -n: in Rußland Pastete [aus Hefeteig], gefüllt mit Fleisch, Fisch, Kraut, Eiern u. dgl.
Piro|plasmose [*lat.*; *gr.*] *die*; -, -n: durch Zecken übertragene malariaartige Rinderkrankheit
Pirouette [*...ru...*; *fr.*] *die*; -, -n: 1. Drehschwung (Ringkampf). 2. Drehen auf der Hinterhand (Figur der Hohen Schule; Reiten). 3. Standwirbel um die eigene Körperachse (Eiskunst-, Rollschuhlauf, Tanz). **pirouettieren**: eine Pirouette ausführen
Pisang [*malai.-niederl.*] *der*; -s, -e: malaiische Bezeichnung für: Banane. **Pisangfresser** [*malai.-niederl.*; *dt.*] *der*; -s, -: tropischer, etwa krähengroßer, metallisch blau od. violett schimmernder, langschwänziger Waldvogel; Bananenfresser. **Pisanghanf** *der*; -s: = Manilahanf
Piscina [*...zina*; *lat.*] *die*; -, ...nen: 1. Taufbrunnen im altchristlichen → Baptisterium. 2. Ausgußbecken in mittelalterlichen Kirchen für das zur liturgischen Waschung der Hände u. Gefäße bei der Messe benutzte Wasser. 3. = Swimmingpool

Piseebau [*lat.-fr.*; *dt.*] *der*; -[e]s: Stampfbauweise, bei der die Mauern durch Einstampfen der Baumaterialien zwischen Schalungen hergestellt werden

Pissoir [*pißoar*; *fr.*] *das*; -s, -e u. -s: Bedürfnisanstalt für Männer

Pistazie [*...iᵉ*; *pers.-gr.-lat.*] *die*; -, -n: 1. immergrüner Baum od. Strauch des Mittelmeergebietes, dessen wohlschmeckende, mandelähnliche Samenkerne ölreich sind. 2. Frucht, Samenkern des Pistazienbaums

Piste [*lat.-it.-fr.*] *die*; -, -n: 1. [abgesteckte] Ski- od. Radrennstrecke. 2. Einfassung der Manege im Zirkus. 3. Start- u. Landebahn auf Flugplätzen. 4. nicht ausgebauter, für Autos benutzbarer Verkehrsweg, Karawanenweg in der Wüste. **Pistill** [*lat.*] *das*; -s, -e: 1. Stößel, Stampfer, Mörserkeule. 2. Blütenstempel (Bot.)

Pistol [*tschech.*] *das*; -s, -en: (veraltet) = Pistole (I)

Pistole *die*; -, -n

I. [*tschech.*] kurze Handfeuerwaffe.

II. [*tschech.-roman.*] (hist.) früher in Spanien, später auch in anderen europäischen Ländern geprägte Goldmünze

Piston [*...tong*; *lat.-it.-fr.*] *das*; -s, -s: 1. Pumpenventil der Blechinstrumente (Mus.). 2. Pumpenkolben. 3. Zündstift bei Perkussionsgewehren; vgl. Perkussion (I, 2)

Pita [*indian.-span.*] *die*; -: vor allem zur Herstellung von Stricken u. Säcken verwendete Blattfaser aus zentral- u. südamerik. Agaven

Pitaval [*...wal*; franz. Rechtsgelehrter, 1673–1743] *der*; -[s], -s: Sammlung von Strafrechtsfällen (Rechtsw.)

pitchen [*pitschᵉn*; *engl.*]: einen → Pitch-shot schlagen (Golf). **Pitcher** *der*; -s, -: Spieler, der den Ball dem Schläger des Balles zuwirft; Werfer (Baseball)

Pitchpine [*pitschpain*; *engl.*] *die*; -, -s: Holz der nordamerikan. Pechkiefer, das für Möbel, Schiffe, Bottiche verwendet wird

Pitch-shot [*pitsch-schot*; *engl.*] *der*; -s, -s: steiler Annäherungsschlag beim Golfspiel

Pithek|an|thropus, (fachspr.:) Pithecan|thropus [*gr.-nlat.*] *der*; -, ...pi: javanischer u. chinesischer Frühmensch des Pleistozäns. **pithekoid**: dem Pithekanthropus ähnlich

Pitotrohr [*pito...*, nach dem franz. Physiker Pitot] *das*; -[e]s, -e: Staurohr zum Messen des Staudrucks von strömenden Flüssigkeiten u. zur Bestimmung der Strömungsgeschwindigkeit

pitoyabel [*pitoajabl*; *lat.-fr.*]: (veraltet) erbärmlich, kläglich

Pitting [*engl.*] *das*; -s, -s (meist Plural): kleine, an Maschinenteilen usw. durch Rost o. ä. entstandene Vertiefung (Seew.)

pittoresk [*lat.-it.-fr.*]: malerisch

Pityriasis [*gr.-lat.*] *die*; -, ...iasen: Hautkrankheit mit Schuppenbildung (Med.)

più [*piu*; *lat.-it.*]: mehr (Vortragsanweisung, die in vielen Verbindungen vorkommt). **più forte**: lauter, stärker; Abk.: pf (Mus.)

Pium corpus [- *ko...*; *lat.*] *das*; - -: (veraltet) Stiftung für wohltätige Zwecke (Rechtsw.)

Piva [*piwa*; *lat.-vulgärlat.-it.*] *die*; -, Piven: 1. ital. Bezeichnung für: Dudelsack. 2. schneller ital. Tanz im Dreiertakt

Pivot [*...wo*; *fr.*] *der* od. *das*; -s, -s: Schwenkzapfen an Drehkränen u. a.

Piz [*ladin.*] *der*; -es, -e: Bergspitze (meist als Teil eines Eigennamens)

Pizza [*it.*] *die*; -, -s (auch: ...zzen): im allgemeinen heiß servierter, flacher, meist runder Hefeteig mit Tomaten, Käse, Sardellen, Pilzen u. a. **Pizzeria** *die*; -, -s (auch: ...rien): ital. Lokal, in dem es neben anderen ital. Spezialitäten hauptsächlich Pizzas gibt

pizzicato [*...kato*; *it.*]: mit den Fingern gezupft, angerissen (Vortragsanweisung bei Streichinstrumenten; Mus.); Abk.: pizz. **Pizzikato** *das*; -s, -s u. ...ti: gezupftes Spiel (bei Streichinstrumenten; Mus.)

Placebo [*...zebo*; *lat.*; „ich werde gefallen"] *das*; -s, -s: einem echten Arzneimittel in Aussehen, Geschmack usw. gleichendes, unwirksames Scheinmedikament (Med.)

Placement [*plaßᵉmang*; *gr.-lat.-vulgärlat.-fr.*] *das*; -s, -s: (Wirtsch.) a) Anlage, Unterbringung von Kapitalien; b) Absatz von Waren

placet [*plazät*; *lat.*]: (veraltet) es gefällt, wird genehmigt; vgl. Plazet. **placido** [*platschido*; *lat.-it.*]: ruhig, still, gemessen (Vortragsanweisung; Mus.)

placieren [*plazirᵉn*, auch: *plaßirᵉn*] vgl. plazieren

Placitum [*...zi...*; *lat.*] *das*; -s, ...ta: (veraltet) Gutachten, Beschluß, Verordnung (Rechtsw.). **Plädeur** [*...dör*; *lat.-fr.*] *der*; -s, -e: (veraltet) Strafverteidiger. **plädieren**: 1. ein Plädoyer halten (Rechtsw.). 2. für etwas eintreten, stimmen; sich für etwas aussprechen, etwas befürworten. 3. (ugs.) viel, eifrig [u. laut] reden. **Plädoyer** [*...doaje*] *das*; -s, -s: 1. zusammenfassender Schlußvortrag des Strafverteidigers od. Staatsanwalts vor Gericht (Rechtsw.). 2. Rede, mit der jmd. für etwas eintritt, stimmt; engagierte Befürwortung

Plafond [*...fong*; *fr.*] *der*; -s, -s: 1. [flache] Decke eines Raumes. 2. oberer Grenzbetrag bei der Kreditgewährung (Wirtsch.). **plafonieren**: (schweiz.) nach oben hin begrenzen, beschränken

plagal [*gr.-mlat.*]: Neben..., Seiten..., außer (Mus.); -e Kadenz: Schlußfolge von der → Subdominante zur → Tonika (I, 2) unter Umgehung der Dominante (II, 1)

Plagiar [*lat.*] *der*; -s, -e u. **Plagiarius** *der*; -, ...rii: (veraltet) Plagiator. **Plagiat** [*lat.-fr.*] *das*; -[e]s, -e: a) das unrechtmäßige Nachahmen u. Veröffentlichen eines von einem anderen geschaffenen künstlerischen od. wissenschaftlichen Werkes; Diebstahl geistigen Eigentums; b) durch unrechtmäßiges Nachahmen entstandenes künstlerisches od. wissenschaftliches Werk. **Plagiator** [*nlat.*] *der*; -s, ...oren: jmd., der ein Plagiat begeht. **plagiatorisch**: a) den Plagiator betreffend; b) nach Art eines Plagiators

Plagi|eder [*gr.-nlat.*] *das*; -s, -: = Pentagonikositetraeder

plagiieren [*lat.-fr.-nlat.*]: ein Plagiat begehen

plagiogeo|trop [*gr.-nlat.*]: schräg zur Richtung der Schwerkraft orientiert (von Pflanzenteilen, z. B. Seitenwurzeln; Bot.). **Plagioklas** *der*; -es, -e: ein Feldspat. **Plagiostomen** *die* (Plural): (veraltet) Quermäuler (zusammenfassende Bezeichnung für Haie u. Rochen). **plagio|trop** = plagiogeotrop. **Plagiozephalie** *die*; -: angeborene Schädelmißbildung, bei der der Schädel eine unsymmetrische Form hat; Schiefköpfigkeit (Med.)

Plaid [*pled*; *schott.-engl.*] *das* (auch: *der*); -s, -s: 1. [karierte] Reisedecke; vgl. Tartan (I). 2. großes Umhangtuch aus Wolle

Plakat [*niederl.-fr.-niederl.*]

I. *das*; -[e]s, -e: großformatiges Stück festes Papier in graphischer Gestaltung, das zum Zwecke der Information, Werbung, politischen Propaganda o. ä. öffentlich u. an gut sichtbaren Stellen befestigt wird.

II. *die*; -: Bez. des größten Schriftgrades für Schreibmaschinen

plakatieren: öffentlich anschlagen, ein Plakat ankleben. **Plakatierung** u. **Plakation** [...*zion*] *die*; -, -en: das Plakatieren; öffentliche Bekanntmachung durch Plakate; vgl. ...[at]ion/ ...ierung. **plakativ**: 1. das Plakat betreffend, durch Plakate dargestellt; plakatmäßig, plakathaft. 2. auffallend, aufdringlich; demonstrativ herausgestellt; betont. **Plakette** [*niederl.-fr.*] *die*; -, -n: kleine, medaillenähnliche Platte mit einer figürlichen Darstellung od. Inschrift (als Gedenkmünze, Anstecknadel u. dgl.)

Plakodermen [*gr.-nlat.*] *die* (Plural): ausgestorbene Panzerfische der Obersilur- u. Unterdevonzeit mit kieferlosen u. kiefertragenden Formen (älteste Wirbeltiere). **Plak|odont** *der*; -en, -en: Vertreter einer ausgestorbenen Echsenart der → Trias (1). **Plakoidschuppe** [*gr.-nlat.*; *dt.*] *die*; -, -n: Schuppe der Haie (Hautzähnchen)

plan [*lat.*]: flach, eben, platt. **Planar** ⓦ [Kunstw.] *das*; -s, -e: ein bestimmtes Fotoobjektiv. **Planarie** [...*i*[e]; *lat.-nlat.*] *die*; -, -n: Strudelwurm (Plattwurm)

Planche [*plangsch*; *vulgärlat.-fr.*] *die*; -, -n [...*sch*[e]*n*]: Fechtbahn. **Planchette** [*plangschät*[e]] *die*; -, -n: Vorrichtung zum automatischen Schreiben für ein → Medium (I, 4) im → Spiritismus

Planet [*gr.-lat.*] *der*; -en, -en: Wandelstern; nicht selbst leuchtender, sich um eine Sonne bewegender Himmelskörper. **planetar** [*gr.-lat.-nlat.*]: = planetarisch. **Planetarien**: *Plural* von → Planetarium. **planetarisch**: die Planeten betreffend. planetenartig. **Planetarium** *das*; -s, ...ien [...*i*[e]*n*]: 1. Vorrichtung, Gerät zur Darstellung der Bewegung, Lage u. Größe der Gestirne. 2. Gebäude, auf dessen halbkugelförmiger Kuppel durch Projektion aus einem Planetarium (1) die Erscheinungen am Sternenhimmel sichtbar gemacht werden. **Planetoid** [*gr.-nlat.*] *der*; -en, -en: sich in elliptischer Bahn um die Sonne bewegender kleiner Planet. **Planetologie** *die*; -: geologische Erforschung u. Deutung der Oberflächenformationen der Planeten u. ihrer Satelliten

Planfilm *der*; -[e]s, -e: eben gelagerter Film im Unterschied zum Rollfilm. **Planierbank** [*lat.-fr.*; *dt.*] *die*; -, ...bänke: Maschine mit Schlittenführung zur Herstellung runder, hohler Metallgegenstände. **planieren** [*lat.-fr.*]: [ein]ebnen. **Planierraupe** [*lat.-fr.*; *dt.*] *die*; -, -n: Raupenschlepper mit verstellbarem Brustschild, das bei Erd- u. Straßenarbeiten die Unebenheiten beseitigt u. den Aushub transportiert u. verteilt. **Planifikateur** [...*tör*; *lat.-fr.*] *der*; -s, -e: Fachmann für volkswirtschaftliche Gesamtplanung. **Planifikation** [...*zion*] *die*; -, -en: zwanglose, staatlich organisierte, langfristige gesamtwirtschaftliche Programmierung. **Planiglob** [*lat.-nlat.*] *das*; -s, -en u. **Plani|globium** *das*; -s, ...ien [...*i*[e]*n*]: kartographische Darstellung der Erdhalbkugeln in der Ebene. **Planimeter** [*lat.*; *gr.*] *das*; -s, -: auf → Integralrechnung beruhendes mathematisches Instrument zur mechanischen Bestimmung des Flächeninhalts beliebiger ebener Flächen. **Planime|trie** *die*; -: die ebenen geometrischen Figuren, bes. die Messung u. Berechnung der Flächeninhalte behandelndes Teilgebiet der → Geometrie; Geometrie der Ebene; vgl. Stereometrie. **planime|trieren**: [krummlinig begrenzte] Flächen mit einem Planimeter ausmessen. **Planisphäre** *die*; -, -n: 1. altes astronomisches Instrument. 2. = Planiglob. **plankonkav**: auf einer Seite eben, auf der anderen nach innen (konkav) gekrümmt (bes. von Linsen). **plankonvex**: auf einer Seite eben, auf der anderen nach außen (konvex) gekrümmt (bes. von Linsen)

Plankter [*gr.*] *der*; -s, -: = Planktont. **Plankton** [„Umherirrendes, Umhertreibendes"] *das*; -s: Gesamtheit der im Wasser schwebenden Lebewesen mit geringer Eigenbewegung (Biol.). **planktonisch** u. planktontisch: das Plankton, den Planktonten betreffend; (als Plankton, Planktont) im Wasser schwebend (Biol.). **Planktont** *der*; -en, -en: im Wasser schwebendes Lebewesen (Biol.). **planktontisch** vgl. planktonisch

plano [*lat.*]: glatt, ungefalzt (von Druckbogen u. [Land]karten)

Planogamet [*gr.-nlat.*] *der*; -en, -en (meist Plural): Geschlechtszelle, die sich mit Geißeln fortbewegt (Biol.)

planpar|allel: genau parallel angeordnete Flächen habend

Plantage [...*tasch*[e]; *lat.-fr.*] *die*; -, -n: [größere] Pflanzung, landwirtschaftlicher Großbetrieb (bes. in tropischen Gebieten).

plantar [*lat.*]: zur Fußsohle gehörend, sie betreffend (Med.). **Plantation-Song** [*plänte*[i]*sch*[e]*nßong*; *amerik.*] *der*; -s, -s: Arbeitslied der Neger auf den amerik. Plantagen (eine Quelle des Jazz). **Plantowolle** [*lat.*; *dt.*] *die*; -: veredelte Jutefaser

Planula [*lat.-nlat.*] *die*; -, -s: platte, ovale, bewimperte, frei schwimmende Larvenform der Nesseltiere. **Planum** [*lat.*] *das*; -s: vorbereitete eingeebnete Unterlagsfläche für Fahrbahnbettung bei Eisenbahn- u. Straßenbahnlinien

Plaque [*plak*; *fr.*; „Platte, Fleck"] *die*; -, -s [*plak*]: 1. umschriebener, etwas erhöhter Hautfleck (Med.). 2. Zahnbelag (Zahnmed.). 3. durch Auflösung einer Gruppe benachbarter Bakterienzellen entstandenes rundes Loch in einem Nährboden (Biol.). **Plaqué** [...*ke*; *niederl.-fr.*] *das*; -s, -s: plattierte (vgl. plattieren 1) Arbeit

Pläsanterie [*lat.-fr.*] *die*; -, ...ien: (veraltet) Scherz, Belustigung. **Pläsier** *das*; -s, -e: Vergnügen, Spaß; Unterhaltung. **pläsierlich**: (veraltet) heiter, vergnüglich, angenehm, freundlich

Plasma [*gr.-lat.*; „Gebildetes, Geformtes, Gebilde"] *das*; -s, ...men: 1. = Protoplasma. 2. flüssiger Teil des Blutes; Blutplasma (Med.). 3. leuchtendes Gasgemisch, das bei der → Ionisation z. B. des Füllgases gasgefüllter Entladungsröhren entsteht (Phys.). 4. dunkelgrüne Abart des → Chalzedons (ein Mineral). **Plasmapherese** *die*; -, -n: Gewinnung von Blutplasma mit Wiederzuführung der roten [u. weißen] Blutkörperchen an den Blutspender (Med.). **Plasmaphysik** *die*; -: die Eigenschaften und Anwendungen ionisierter Gase (vgl. Plasma 3) behandelndes Teilgebiet der Physik. **plasmatisch** [*gr.-nlat.*]: Plasma od. → Protoplasma betreffend. **Plasmochin** ⓦ [...*chin*; Kunstw.] *das*; -s: synthetisches Malariaheilmittel. **Plasmodesmen** [*gr.-nlat.*] *die* (Plural): vom → Protoplasma gebildete feinste Verbindungen zwischen benachbarten Zellen (Biol.). **Plasmodiophora** *die*; -: ein Algenpilz (Erreger der Hernie 2). **Plasmodium** *das*; -s, ...ien [...*i*[e]*n*]: 1. vielkernige Protoplasmamasse, die durch Kernteilungen ohne nachfolgende Zellteilungen entstanden ist; vgl. Synzytium. 2. Protoplasmakörper der Schleimpilze. 3. Malariaerreger. **Plasmogonie** *die*; -: Hypothese Haeckels, nach der es eine Urzeugung aus toten organischen Stoffen geben soll. **Plasmolyse** *die*; -: Loslösung des → Protoplasmas einer Pflanzenzelle von der Zellwand u. Zusammenziehung um den Kern durch Wasserentzug (Bot.). **Plasmon** *das*; -s: die Gesamtheit der Erbfaktoren des → Protoplasmas (Biol.). **Plasom** *das*; -s, -e: (selten) Biophor. **Plast** *der*; -[e]s, -e: → makromolekularer Kunststoff. **Plaste** *die*; -, -n: (DDR ugs.) = Plast. **Plastics** [*pläßtikß*; *gr.-lat.-engl.*] *die* (Plural): engl. Bezeichnung für: Kunststoffe, Plaste. **Plastiden** [*gr.-nlat.*] *die* (Plural): Gesamtheit der → Chromatophoren (1) u. → Leukoplasten (I) der Pflanzenzelle. **Plastifikator** [*gr.*; *lat.*] *der*; -s, ...oren: Weichmacher (Techn.). **plastifizieren**: spröde Kunststoffe weich u. geschmeidig machen

Plastik [*gr.-lat.-fr.*]

I. *die*; -, -en: 1. a) (ohne Plural) Bildhauerkunst; b) als Produkt der Bildhauerkunst entstandenes Kunstwerk. 2. operative Formung, Wiederherstellung von zerstörten Gewebs- u. Organteilen (Med.).

II. *das*; -s, -s, (auch:) *die*; -, -en: Kunststoff, Plast

Plastikbombe *die*; -, -n: mit einem Zeit- od. Aufschlagzünder versehener Sprengkörper aus durchscheinenden und weich-elastischen Sprenggelatinezubereitungen. **Plastiker** *der*; -s, -: Bildhauer. **Plastilin** [*gr.-nlat.*] *das*; -s und **Plastilina** *die*; -: kittartige, oft farbige Knetmasse zum Modellieren. **Plastinaut** [*griech.-engl.*] *der*; -en, -en: Nachbildung eines Menschen aus Kunststoff als Versuchsobjekt in der Weltraumfahrt. **Plastiqueur** [*...kör*; *griech.-fr.*] *der*; -s, -e: Terrorist, der seine Anschläge mit Plastikbomben durchführt. **plastisch** [*gr.-lat.-fr.*]: 1. bildhauerisch; die Bildhauerei, die Plastik betreffend. 2. Plastizität (2) aufweisend; unter Belastung eine bleibende Formänderung ohne Bruch erfahrend; modellierfähig, knetbar, formbar. 3. a) räumlich, körperhaft, nicht flächenhaft wirkend; b) anschaulich, deutlich hervortretend, bildhaft, einprägsam. 4. die operative Plastik (I, 2) betreffend, auf ihr beruhend. **plastizieren**: = plastifizieren. **Plastizität** [*gr.-nlat.*] *die*; -: 1. Bildhaftigkeit, Anschaulichkeit; Körperlichkeit. 2. Formbarkeit eines Materials. **Plastom** *das*; -s: Gesamtheit der in den Plastiden angenommenen Erbfaktoren (Biologie). **Plastopal** *das*; -s, -e: in verschiedenen Typen herstellbares Kunstharz für die Lackbereitung. **Plastoponik** *die*; -: Kulturverfahren zur Wiederbegrünung u. Wiedergewinnung unfruchtbarer Böden mit Hilfe von Kunststoffschaum (Landw.). **Pla|stron** [*...ßtrong*; *gr.-lat.-it.-fr.*] *der* od. *das*; -s, -s: 1. (veraltet) a) breiter Seidenschlips zur festlichen Herrenkleidung im 19. Jh.; b) gestickter Brustlatz an Frauentrachten. 2. (hist.) stählerner Brust- od. Armschutz im Mittelalter. 3. Stoßkissen zu Übungszwecken beim Fechten. 4. Bauchpanzer der Schildkröten (Zool.)

Platane [*gr.-lat.*] *die*; -, -n: Laubbaum mit ahornähnlichen Blättern u. hellgeflecktem Stamm. **Plateau** [*...to*; *gr.-vulgärlat.-fr.*] *das*; -s, -s: Hochebene, Tafelland. **Plateauwagen** [*gr.-vulgärlat.-fr.*; *dt.*] *der*; -s, -: (bes. österr.) niedriger Tafelwagen. **plateresk** [*gr.-vulgärlat.-span.*]: (veraltet) eigenartig verziert; -er Stil: Schmuckstil der span. Spätgotik u. der ital. Frührenaissance (Archit.). **Plateresk** *das*; -[e]s: (selten) plateresker Stil. **Platin** [österr. u. schweiz.: *...tin*] *das*; -s: chem. Grundstoff, Edelmetall; Zeichen: Pt. **Platine** [*gr.-vulgärlat.-fr.*] *die*; -, -n: 1. flacher Metallblock, aus dem dünne Bleche gewalzt werden (Techn.). 2. bei der Jacquardmaschine Haken zum Anheben der Kettfäden (Weberei). 3. Stahlblättchen, das gerade Fäden zu Schleifen umlegt (Wirktechnik). 4. ebenes Formteil aus Blech, das durch Umformen weiterverarbeitet wird. 5. mit Löchern versehene Platte, durch die Anschlüsse elektronischer Bauelemente gesteckt werden, die dann verlötet werden. **platinieren** [*gr.-vulgärlat.-span.-nlat.*]: mit Platin überziehen. **Platinit** (Wz) *das*; -s: eine Eisen-Nickel-Legierung als Ersatzstoff für Platin in der Technik. **Platinmohr** [auch: *...tin...*; *gr.-vulgärlat.-span.*; *dt.*] *das*; -s: tiefschwarzes feinstverteiltes Platin in Pulverform. **Platinoid** [*span.*; *gr.*] *das*; -[e]s, -e: Legierung aus Kupfer, Nickel, Zink u. Wolfram für elektrische Widerstände. **Platitüde** [*gr.-vulgärlat.-fr.*] *die*; -, -n: Plattheit, abgedroschene Redewendung, Gemeinplatz

Platoniker [*gr.-lat.*] *der*; -s, -: Kenner od. Vertreter der Philosophie Platos. **platonisch**: 1. die Philosophie Platos betreffend, zu ihr gehörend, auf ihr beruhend. 2. nicht sinnlich, rein geistig-seelisch. **Platonismus** [*gr.-lat.-nlat.*] *der*; -: die Weiterentwicklung u. Abwandlung der Philosophie u. bes. der Ideenlehre Platos

Plat|onychie [*gr.-nlat.*] *die*; -: abnorme Abplattung der Nägel (Med.). **plattieren** [*gr.-vulgärlat.-fr.*]: 1. edlere Metallschichten auf unedlere Metalle aufbringen (Techn.). 2. einen Faden mit einem anderen hinterlegen, umspinnen (Textilw.). **Platypodie** [*gr.-nlat.*] *die*; -: Plattfüßigkeit (Med.). **Platyr|rhina** *die* (Plural): zusammenfassende systematische Bez. für: Breitnasenaffen. **Platyzephalie** *die*; -: flacher, niedriger Bau des Schädels ohne Scheitelwölbung; Flachköpfigkeit (Med.)

plausibel [*lat.-fr.*]: so beschaffen, daß es einleuchtet; verständlich, begreiflich. **plausibilieren**: = plausibilisieren. **plausibilisieren**: plausibel machen. **Plausibilität** *die*; -: das Plausibelsein. **plausibilitieren**: = plausibilisieren

Play [*pleⁱ*; *engl.*]: (in Verbindung mit nachfolgendem Namen) spiel[t], spielen wir (etwas von od. über ..., in der Art, in Nachahmung von ...)!, z. B. - Bach!

Playa [*span.*] *die*; -, -s: 1. span. Bezeichnung für: Strand. 2. = Playe

Playback [*pleⁱbäk*, auch: *pleⁱbäk*; *engl.*] *das*; -[s], -s: a) nachträgliche Abstimmung der Bildaufnahme mit der bereits vorher isoliert vorgenommenen Tonaufnahme (Film, Fernsehen); b) weitere Tonaufnahme (z. B. Gesang, Soloinstrument) beim Abspielen des schon vorher aufgenommenen Tons (z. B. der Begleitmusik; Tonband-, Schallplattenaufnahmen). **Playboy** [*pleⁱbeu*; *engl.-amerik.*; „Spieljunge"] *der*; -s, -s: [jüngerer] Mann, der auf Grund seiner gesicherten wirtschaftlichen Unabhängigkeit seinem Vergnügen lebt

Playe [*span.*] *die*; -, -n: Salztonebene, die manchmal ein See ausfüllt (z. B. in Trockengebieten Mexikos)

Player roll [*pleⁱᵉr roᵘl*; *engl.*] *die*; - -, - -s: Walze für mechanische Klaviere. **Playgirl** [*pleⁱgöʳl*; *engl.-amerik.*; „Spielmädchen"] *das*; -s, -s: 1. attraktive junge Frau, die sich meist in Begleitung [prominenter] reicher Männer befindet.

2. = Hostess (2). **Playmate** [*plẹ^i-me^it*] *das*; -s, -s: junge Frau, die Begleiterin, Gefährtin eines Playboys ist; - des Monats: attraktive junge Frau, die unbekleidet auf einem Foto abgebildet ist, das im Großformat als ausklappbares Mittelteil eines Magazins („Playboy") erscheint

Plazẹnta [*gr.-lat.*; „breiter, flacher Kuchen"] *die*; -, -s u. ...zẹnten: 1. sich während der Schwangerschaft ausbildendes schwammiges Organ, das den Stoffaustausch zwischen Mutter u. Embryo vermittelt u. nach der Geburt ausgestoßen wird; Mutterkuchen (Med.; Biol). 2. leistenförmige Verdickung des Fruchtblattes, auf der die Samenanlage entspringt (Bot.). **plazentạl**: = plazentar. **Plazentạlier** [...i^er; *gr.-lat.-nlat.*] *der*; -s, - (meist Plural): Säugetier, dessen Embryonalentwicklung mit Ausbildung einer Plazenta (1) erfolgt; Ggs. → Aplazentalier. **plazentạr**: die Plazenta betreffend, zu ihr gehörend. **Plazentation** [...*zion*] *die*; -, -en: Bildung der Plazenta (Med.). **Plazentịtis** *die*; -, ...itịden: Entzündung der Plazenta (1)

Plạzet [*lat.*; „es gefällt"] *das*; -s, -s: Zustimmung, Einwilligung (durch [mit]entscheidende Personen od. Behörden); vgl. placet. **Plazidität** *die*; -: (veraltet) Ruhe, Sanftheit

plazieren u. placieren [...*zi*..., auch ...*ßi*...; *gr.-lat.-vulgärlat.-fr.*]: 1. an einen bestimmten Platz bringen, setzen, stellen. 2. Kapitalien unterbringen, anlegen (Wirtsch.). 3. (Sport) a) einen gut gezielten Wurf, Schuß abgeben (Ballspiele); b) einen Schlag gut gezielt beim Gegner anbringen (Boxen). 4. sich -: bei einem Wettkampf einen der vorderen Plätze erringen (Sport)

Plebạn [*lat.-mlat.*] *der*; -s, -e u. **Plebạnus** *der*; -, ...ni: (veraltet) [stellvertretender] Seelsorger einer Pfarrei. **Plebẹjer** [*lat.*] *der*; -s, -: 1. (hist.) Angehöriger der Plebs (I) im alten Rom. 2. gewöhnlicher, ungehobelter Mensch. **plebẹjisch**: 1. zur Plebs (I) gehörend. 2. (abwertend) ungebildet, ungehobelt. **Plebiszịt** *das*; -[e]s, -e: Volksbeschluß, Volksabstimmung; Volksbefragung. **plebiszitạr** [*lat.-nlat.*]: das Plebiszit betreffend, auf ihm beruhend

Plẹbs [auch: *plepß*; *lat.*]

I. *die*; -: das gemeine Volk im alten Rom.

II. *der*; -es: (abwertend) das niedere, ungebildete Volk, Pöbel

Pléiade [*plejạd^e*; *gr.-lat.-fr.*; nach der Pleias] *die*; -: Kreis von sieben franz. Dichtern im 16. Jh. **Pleias** [*ple-iạß*; *gr.*; „Siebengestirn"] *die*; -: Gruppe von sieben Tragikern im alten Alexandria

Plein|air [*plänạr*; *fr.*] *das*; -s, -s: a) (ohne Plural) Freilichtmalerei; b) in der Malweise der Freilichtmalerei entstandenes Bild. **Pleinairịsmus** [*fr.-nlat.*] *der*; -: Pleinairmalerei. **Plein|airịst** *der*; -en, -en: Vertreter der Pleinairmalerei. **Plein|airmalerei** *die*; -: Freilichtmalerei. **Pleinpouvoir** [*plängpuwoạr*] *das*; -s: unbeschränkte Vollmacht

Pleiochasium [...*chạ*...; *gr.-nlat.*] *das*; -s, ...ien [...*i^en*]: geschlossener, vielästiger Blütenstand, Trugdolde (Bot.)

pleistozạn [*gr.-nlat.*]: das Pleistozän betreffend. **Pleistozạn** *das*; -s: ältere Zeitstufe des → Quartärs (Geol.)

Plekt|enchym [...*chụ̈m*; *gr.-nlat.*] *das*; -s, -e: Flechtgewebe (besonders bei höheren Pilzen; Bot.). **Plektogyne** [*gr.*] *die*; -, -n: = Aspidistra

Plẹk|tron u. **Plẹk|trum** [*gr.-lat.*] *das*; -s, ...tren u. ...tra: [Kunststoff]plättchen, mit dem die Saiten von Zupfinstrumenten angerissen werden

Plenạrium [*lat.-mlat.*; „Vollbuch"] *das*; -s, ...ien [...*i^en*]: mittelalterliches liturgisches Buch mit den → Perikopen (1), später auch mit den [erläuterten] Formularen der Messe. **Plenạrkonzil** *das*; -s, -e u. -ien [...*i^en*]: kath. → Konzil für mehrere Kirchenprovinzen (unter einem päpstlichen → Legaten). **Plenilụnium** [*lat.*] *das*; -s: Vollmond (Astron.). **plenipotẹnt**: (veraltet) ohne Einschränkung bevollmächtigt (Rechtsw.). **Plenipotẹnz** [*lat.-nlat.*] *die*; -: (veraltet) unbeschänkte Vollmacht (Rechtsw.). **plẹno ọrgano** [*lat.*; *gr.-lat.*]: mit vollem Werk, mit allen Registern (bei der Orgel; Mus.); vgl. forte u. Organum. **plẹno tịtulo** [*lat.*]: (österr.) → titulo pleno; Abk.: P. T. (Zusatz bei der Nennung von Personen[gruppen]). **Plẹnum** [*lat.-engl.*] *das*; -s, ...nen: Vollversammlung einer [politischen] Körperschaft, bes. der Mitglieder eines Parlamentes; vgl. in pleno

Pleo|chroịsmus [...*kro*...; *gr.-nlat.*] *der*; -: Eigenschaft gewisser Kristalle, Licht nach mehreren Richtungen in verschiedene Farben zu zerlegen; vgl. Dichroismus. **pleomọrph** usw.: = polymorph usw. **Pleonạsmus** [*gr.-lat.*; „Überfluß, Übermaß"] *der*; -, ...men: überflüssige Häufung sinngleicher od. sinnähnlicher [nach der Wortart verschiedener] Ausdrükke (z. B. gewöhnlich pflegen, leider zu meinem Bedauern; Rhet.; Stilk.); vgl. Redundanz (2 b). 2. = Tautologie. **pleonạstisch** [*gr.-nlat.*]: den Pleonasmus betreffend, überflüssig gehäuft; vgl. tautologisch. **Pleon|exịe** [*gr.*] *die*; -: Habsucht, Unersättlichkeit; Begehrlichkeit. **Ple|ọptik** *die*; -: Behandlung der Schwachsichtigkeit durch Training der Augenmuskeln

Plerẹm [*gr.-nlat.*] *das*; -s, -e: nach der Kopenhagener Schule kleinste sprachliche Einheit auf inhaltlicher Ebene, die zusammen mit dem → Kenem das → Glossem bildet (Sprachw.). **Plerẹmik** *die*; -: Sprachzeichenbildung; Teilgebiet der Sprachwissenschaft, auf dem man sich mit den Inhaltsformen, mit der Bildung der Sprachzeichen als Basis für Wort-, Satz- u. Textbildung einer Gruppen- od. Einzelsprache beschäftigt (Sprachw.)

Plerọm [*gr.-lat.-nlat.*; „Fülle"] *das*; -s, -e: der in Bildung begriffene Zentralzylinder der Wurzel (Bot.)

Plesi|ạn|thropus [*gr.-nlat.*] *der*; -, ...pi: südafrikanischer Frühmensch des → Pliozäns. **Plesiopịe** *die*; -, ...ịen: = Pseudomyopie. **Plesiosạurier** [...*i^er*] *der*; -s - u. **Plesiosạurus** *der*; -, ...rier [...*i^er*]: langhalsiges Kriechtier des → Lias mit paddelförmigen Gliedmaßen

Plessimẹter [*gr.-nlat.*] *das*; -s, -: Klopfplättchen aus Hartgummi, Holz u. a. als Unterlage für eine → Perkussion (I, 1) (Med.)

Plẹthi vgl. Krethi

Plethọra [*gr.*] *die*; -, ...ren: allgemeine od. lokale Vermehrung der normalen Blutmenge (Med.). **Plethysmo|grạph** [*gr.-nlat.*] *der*; -en, -en: Apparat zur Messung von Umfangsveränderungen an den → Extremitäten (1) u. an Organen (z. B. beim Durchlaufen einer Pulswelle; Med.)

Plẹura [*gr.*] *die*; -, ...ren: die inneren Wände des Brustkorbs auskleidende Haut; Brust-, Rippenfell (Med.). **pleurạl** [*gr.-nlat.*]: die Pleura betreffend, zu ihr gehörend. **Pleur|algịe** *die*; -, ...ịen: Brustfellschmerz

Pleureuse [*plörọ̈s^e*; *lat.-fr.*] *die*; -, -n: (veraltet) 1. Trauerbesatz an Kleidern. 2. lange, geknüpfte, farbige Straußenfedern als Hutschmuck

Pleurịtis [*gr.*] *die*; -, ...itịden:

Brustfell-, Rippenfellentzündung (Med.). **Pleur|odynie** [*gr.-nlat.*] *die*; -, ...ien: seitlicher Brust- u. Rippenfellschmerz; Seitenschmerz, Seitenstechen (Med.). **pleurokarp**: seitenfrüchtig (bei der Gruppe der Moose, deren Sporenkapseln auf Seitenzweigen stehen; Bot.). **Pleurolyse** *die*; -, -n: operative Lösung von Pleuraverwachsungen (Med.). **Pleuro|pneumonie** *die*; -, ...ien: Rippenfell- und Lungenentzündung (Med.). **Pleuror|rhö**[1] *die*; -, -en u. **Pleuror|rhöe** [...*rö*] *die*; -, -n [...*rö^en*]: Pleuraerguß; Flüssigkeitsansammlung im Brustfellraum

Pleuston [*gr.-nlat.*; „Segelndes"] *das*; -s: Gesamtheit der Lebewesen, die an der Wasseroberfläche treiben u. z. T. darüber hinausragen (z. B. Staatsqualle u. Wasserlinse; Biol.)

plexiform [*lat.-nlat.*]: geflechtartig (von der Anordnung von Nerven u. Gefäßen; Med.). **Plexiglas** Ⓦ [*lat.*; *dt.*] *das*; -es: nichtsplitternder, glasartiger Kunststoff. **Plexus** [*lat.-nlat.*] *der*; -, -: Gefäß- od. Nervengeflecht (Med.)

Pli [*lat.-fr.*; „Falte"] *der*; -s: (landsch.) Gewandtheit, Mutterwitz, Schliff (im Benehmen). **pliieren**: (veraltet) falten, biegen.

plikativ [*lat.-nlat.*]: gefaltet (von Knospenanlagen; Bot.)

Plinthe [*gr.-lat.*] *die*; -, -n: Sockel, [Fuß]platte unter Säulen, Pfeilern od. Statuen

pliozän [*gr.-nlat.*]: das Pliozän betreffend. **Pliozän** *das*; -s: jüngste Stufe des → Tertiärs (Geol.)

Plissee [*lat.-fr.*] *das*; -s, -s: a) schmale, gepreßte Falten in einem Gewebe, Stoff; b) gefälteltes Gewebe. **plissieren**: in Falten legen

Plombage [...*gsch^e*; *lat.-fr.*] *die*; -, -n: (veraltet) Plombe. **Plombe** [„Blei; Blei-, Metallverschluß"] *die*; -, -n: 1. (Med.) a) Zahnfüllung; b) Füllstoff (z. B. Öl), der in eine operativ geschaffene Pleurahöhle eingebracht wird (z. B. zum Ruhigstellen der Lunge). 2. = Hosteß (2). **Playmate** [*ple^i*-von Behältern u. Räumen u. zur Gütekennzeichnung. **plombieren**: 1. (Med.) a) (den Hohlraum in einem defekten Zahn) mit einer Füllmasse ausfüllen; b) einen operativ geschaffenen Pleuraraum mit einem gewebsneutralen Füllstoff ausfüllen. 2. mit einer Plombe (2) versehen

[1] Vgl. die Anmerkung zu Diarrhö.

plosiv [*lat.-nlat.*]: als Plosiv artikuliert (Sprachw.). **Plosiv** *der*; -s, -e [...*w^e*] u. **Plosivlaut** *der*; -[e]s, -e: = Explosivlaut (Sprachw.)

Plot [*engl.*] *der* (auch: *das*); -s, -s: Aufbau u. Ablauf der Handlung einer epischen od. dramatischen Dichtung. **plotten**: mit einem Plotter konstruieren, zeichnen. **Plotter** *der*; -s, -: Gerät zur automatischen graphischen Darstellung bestimmter Linien, Zeichen, Diagramme o. ä., häufig als Zusatzgerät einer Datenverarbeitungsanlage

Plumban [*lat.-nlat.*] *das*; -s: Bleiwasserstoff. **Plumbat** *das*; -[e]s, -e: Salz der Bleisäure. **Plumbum** [*lat.*] *das*; -s: Blei, chem. Grundstoff; Zeichen: Pb

Plumeau [*plümo*; *lat.-fr.*] *das*; -s, -s: halblanges, dickeres Federdeckbett

Plumpudding [*plam...*; *engl.*] *der*; -s, -s: mit vielerlei Zutaten im Wasserbad gekochter engl. Rosinenpudding

Plumula [*lat.*] *die*; -, ...lae [...*lä*]: Knospe des Pflanzenkeimlings (Bot.)

Plunger [*plandsch^er*; *engl.*] u. **Plunscher** *der*; -s, -: Kolben mit langem Kolbenkörper u. Dichtungsmanschetten zwischen Kolben u. Zylinder (Techn.)

plural [*lat.*]: den Pluralismus (2) betreffend, pluralistisch. **Plural** [auch: ...*ral*] *der*; -s, -e: 1. (ohne Plural) Numerus, der beim Nomen u. Pronomen anzeigt, daß dieses sich auf zwei od. mehrere Personen od. Sachen bezieht, u. der beim Verb anzeigt, daß zwei od. mehrere Subjekte zu dem Verb gehören; Mehrzahl. 2. Wort, das im Plural steht; Pluralform; Abk.: pl., Pl., Plur.; Ggs. → Singular. **Pluraletantum** *das*; -s, -s u. Pluraliatantum: nur im Plural vorkommendes Wort (z. B. Ferien, Leute). **Pluralis** *der*; -, ...les: (veraltet) Plural; - majestatis: Bezeichnung der eigenen Person (z. B. eines Fürsten) durch den Plural (z. B. *Wir*, Wilhelm, von Gottes Gnaden...); - modestiae [-...*tiä*]: Bezeichnung der eigenen Person (z. B. eines Autors) durch den Plural, Plural der Bescheidenheit (z. B. *Wir* kommen damit zu einer Frage...). **pluralisch**: den Plural betreffend, im Plural stehend, gebraucht, vorkommend. **Pluralismus** [*lat.-nlat.*] *der*; -: 1. philosophische Anschauung, nach der die Wirklichkeit aus vielen selbständigen, einheitslosen Weltprinzipien besteht (Philos.); Ggs. → Singularismus. 2. Vielgestaltigkeit weltanschaulicher, politischer od. gesellschaftlicher Phänomene. **Pluralist** *der*; -en, -en: Vertreter des Pluralismus (1). **pluralistisch**: den Pluralismus betreffend, auf ihm basierend; vielgestaltig. **Pluralität** [*lat.*] *die*; -, -en: 1. mehrfaches, vielfaches, vielfältiges Vorhandensein, Nebeneinanderbestehen; Vielzahl. 2. = Majorität. **plurilingue** [...*lingu^e*]: in mehreren Sprachen abgefaßt; vielsprachig, z. B. - Atlanten. **Pluripara** [*lat.-nlat.*] *die*; -, ...paren: Frau, die mehrmals geboren hat (Med.); vgl. Multipara, Nullipara, Primi-, Sekundipara.

plus [*lat.*]: 1. zuzüglich, und; Zeichen: +. 2. = positiv (4) (Phys.; Elektrotechn.). **Plus** *das*; -, -: 1. Gewinn, Überschuß. 2. Vorteil, Nutzen

Plusquamperfekt [auch: ...*fäkt*; *lat.*] *das*; -s, -e: 1. Zeitform, mit der ein verbales Geschehen od. Sein aus der Sicht des Sprechers als vorzeitig (im Verhältnis zu etwas Vergangenem) charakterisiert wird. 2. Verbform des Plusquamperfekts (1; z. B. ich *hatte* gegessen). **Plusquamperfektum** *das*; -s, ...ta: (veraltet) Plusquamperfekt

Pluteus [...*te-uß*; *lat.*; „Schutzgerüst, Schirmdach"] *der*; -: Larvenform der Seeigel u. Schlangensterne (Biol.)

Pluto|krat [*gr.*] *der*; -en, -en: jmd., der durch seinen Reichtum politische Macht ausübt. **Plutokratie** *die*; -, ...ien: Geldherrschaft; Staatsform, in der allein der Besitz politische Macht garantiert. **pluto|kratisch**: die Plutokratie betreffend, auf ihr beruhend; in der Art der Plutokratie

Pluton [*gr.-nlat.*; nach Pluto (Hades), dem griech. Gott der Unterwelt] *der*; -s, -e: Tiefengesteinskörper od. -massiv (Geol.). **plutonisch**: der Unterwelt zugehörig (Rel.); -e Gesteine: Tiefengesteine (z. B. Granit; Geol.). **Plutonismus** *der*; -: (Geologie) 1. Tiefenvulkanismus; alle Vorgänge u. Erscheinungen innerhalb der Erdkruste, die durch aufsteigendes → Magma (1) hervorgerufen werden. 2. widerlegte Hypothese u. Lehre, nach der das geologische Geschehen im wesentlichen von den Kräften des Erdinnern bestimmt wird, alle Gesteine einen feuerflüssigen Ursprung haben; vgl. Neptunismus. **Plutonist** *der*; -en, -en: Anhänger des Plutonismus (2). **Plutonit** *der*; -s, -e: = plutonisches

Gestein. **Plutonium** [nach dem Planeten Pluto] *das*; -s: überwiegend künstlich erzeugter chem. Grundstoff, ein → Transuran; Zeichen: Pu

pluvial [...*wi*...; *lat.*]: (von Niederschlägen) als Regen fallend. **Pluviale** [...*wi*...; *lat.-mlat.*; „Regenmantel"] *das*; -s, -[s]: 1. liturgisches Obergewand des kath. Geistlichen für feierliche Gottesdienste außerhab der Messe (z. B. bei Prozessionen). 2. kaiserlicher od. königlicher Krönungsmantel. **Pluvialzeit** [...*wi*...; *lat.*; *dt.*] *die*; -: in den heute trockenen subtropischen Gebieten (Sahara u. a.) eine den Eiszeiten der höheren Breiten entsprechende Periode mit kühlerem Klima u. stärkeren Niederschlägen (Geogr.). **Pluvio|graph** [*lat.*; *gr.*] *der*; -en, -en: Gerät zur Aufzeichnung der Niederschläge (Meteor.). **Pluviometer** *das*; -s, -: Regenmesser (Meteor.). **Pluvionivometer** [...*niwo*...] *das*; -s, -: Gerät zur Aufzeichnung des als Regen od. Schnee fallenden Niederschlags (Meteor.). **Pluviose** [*plüwios*; „Regenmonat"] *der*; -, -s [*plüwios*]: **der fünfte Monat des französischen Revolutionskalenders** (vom 20., 21. oder 22. Januar bis 18., 19. oder 20. Februar)

Plymouthbrüder [*plim*ᵉ*th*...; nach der engl. Stadt Plymouth] *die* (Plural): → pietistische engl. Sekte des 19. Jh.s ohne äußere Organisation

Plymouth-Rocks [*plim*ᵉ*th*...; Landungsstelle der Pilgerväter (1620) in Massachusetts (*mäß*ᵉ*tschu*...), USA] *die* (Plural): dunkelgrau-weiß gestreifte Hühnerrasse

P-Marker [*pi*...; P = engl. *phrase*] *der*; -s, -[s]: (in der → generativen Grammatik) → Marker (1b), dessen Knoten im Stemma durch syntaktische Kategorien (NP = Nominalphrase, VP = Verbalphrase usw.) bezeichnet sind (Sprachw.)

Pneu *der*; -s, -s: 1. aus Gummi hergestellter Luftreifen an Fahrzeugrädern; Pneumatik (I). 2. = Pneumothorax. **Pneuma** [*gr.*; „Hauch, Atem"] *das*; -s: 1. in der → Stoa ätherische, luftartige Substanz, die als Lebensprinzip angesehen wurde (Philos.). 2. Geist Gottes, Heiliger Geist (Theol.). **Pneumathode** [*gr.-nlat.*; „Atemweg, -gang"] *die*; -, -n: Öffnung in der Atemwurzel der Mangrovenpflanzen zur Aufnahme von Sauerstoff (Bot.)

Pneumatik
I. *der*; -s, -s (österr.: *die*; -, -en): Pneu (1).
II. *die*; -, -en: 1. (ohne Plural) Teilgebiet der → Mechanik (1), das sich mit dem Verhalten der Gase beschäftigt. 2. (ohne Plural) philosophische Lehre vom Pneuma (1), Pneumatologie (2). 3. Luftdruckmechanik bei der Orgel

Pneumatiker [*gr.-lat.*] *der*; -s, -: 1. Vertreter, Anhänger einer ärztlichen Richtung der Antike, die im Atem (Pneuma) den Träger des Lebens u. in seinem Versagen das Wesen der Krankheit sah. 2. vom Geist Gottes Getriebener; in der → Gnosis Angehöriger der höchsten, allein zur wahren Gotteserkenntnis fähigen Menschenklasse; vgl. Hyliker, Psychiker. **Pneumatisation** [...*zion*; *gr.-nlat.*] *die*; -, -en: Bildung lufthaltiger Zellen od. Hohlräume in Geweben, vor allem in Knochen (z. B. die Bildung der Nasennebenhöhlen in den Schädelknochen; Med.). **pneumatisch** [*gr.-lat.*]: 1. das Pneuma (1) betreffend (Philos.). 2. geistgewirkt, vom Geist Gottes erfüllt (Theol.); -e Exegese: altchristliche Bibelauslegung, die mit Hilfe des Heiligen Geistes den übergeschichtlichen Sinn der Schrift erforschen will. 3. die Luft, das Atmen betreffend (Med.). 4. luftgefüllt, mit Luftdruck betrieben, Luft... (Techn.); -e Knochen: Knochen mit luftgefüllten Räumen zur Verminderung des Körpergewichtes (z. B. bei Vögeln; Biol.). **Pneumatismus** [*gr.-nlat.*] *der*; -: Lehre von der Wirklichkeit als Erscheinungsform des Geistes (Philos.); vgl. Spiritualismus. **Pneumatochord** [...*kort*; *gr.*] *das*; -[e]s, -e: altgriech. Windharfe, → Äolsharfe. **Pneumatologie** [*gr.-nlat.*] *die*; -: 1. (veraltet) Psychologie. 2. = Pneumatik (II, 2). 3. (Theol.) a) Lehre vom Heiligen Geist; b) Lehre von den Engeln u. Dämonen. **Pneumatolyse** *die*; -, -n: Wirkung der Gase einer Schmelze auf das Nebengestein u. die erstarrende Schmelze selbst (Geol.). **pneumatolytisch**: durch Pneumatolyse entstanden (von Erzlagerstätten; Geol.). **Pneumatometer** *das*; -s, -: Gerät zur Messung des Luftdrucks beim Aus- u. Einatmen (Med.). **Pneumatome|trie** *die*; -: Messung des Luftdrucks beim Aus- u. Einatmen mit Hilfe des Pneumatometers (Med.). **Pneumatophor** *das*; -s, -e: Atemwurzel der Mangrovenpflanzen (Biol.). **Pneumatose** *die*; -, -n: Bildung von Gas- od. Luftzysten (Med.). **Pneumatozele** *die*; -, -n: (Med.) 1. bruchartige Vorwölbung od. Ausbuchtung von Lungengewebe durch einen Defekt in der Brustkorbwand; Lungenvorfall. 2. krankhafte Luftansammlung in Geweben. **Pneumat|urie** *die*; -, ...ien: Ausscheidung von Gasen im Harn (Med.). **Pneum|ektomie** *die*; -, ...ien: = Pneumonektomie. **Pneum|enzephalo|gramm** *das*; -s, -e: Röntgenbild des Schädels nach Füllung der Hirnkammern mit Luft (Med.). **Pneumoatmose** *die*; -, -n: Gasvergiftung der Lunge (Med.). **Pneumo|graph** *der*; -en, -en: Apparat zur Aufzeichnung der Atembewegungen des Brustkorbs (Med.). **Pneumokokke** *die*; -, -n u. **Pneumokokkus** *der*; -, ...kken (meist Plural): Krankheitserreger, bes. der Lungenentzündung (Med.). **Pneumokoniose** *die*; -, -n: durch Einatmen von Staub hervorgerufene Lungenkrankheit; Staublunge (Medizin). **Pneumolith** [auch: ...*it*] *der*; -s und -en, -e[n]: durch Kalkablagerung entstandener Lungenstein (Medizin). **Pneumologe** *der*; -n, -n: Facharzt für Lungenkrankheiten (Med.). **Pneumologie** *die*; -: die Lunge u. die Lungenkrankheiten behandelndes Teilgebiet der Medizin. **Pneumolyse** *die*; -, -n: operative Lösung der Lunge von der Brustwand (Med.). **Pneumonektomie** *die*; -, ...ien: operative Entfernung eines Lungenflügels (Med.). **Pneumonie** *die*; -, ...ien: Lungenentzündung (Med.). **Pneumonik** *die*; -: pneumatische (4) Steuerungstechnik mit Hilfe von Schaltelementen, die keine mechanisch beweglichen Teile haben (Techn.). **pneumonisch**: die Lungenentzündung betreffend, zu ihrem Krankheitsbild gehörend, durch sie bedingt (Med.). **Pneumonokoniose** *die*; -, -n: = Pneumokoniose. **Pneumonose** *die*; -: Verminderung des Gasaustausches in den Lungenbläschen (Med.). **Pneumoperikard** *das*; -[e]s: Luftansammlung im Herzbeutel (Med.). **Pneumopleuritis** *die*; -, ...itiden: heftige Rippenfellentzündung bei leichter Lungenentzündung (Med.). **Pneumothorax** *der*; -[es], -e: krankhafte od. künstlich therapeutisch geschaffene Luftansammlung im Brustfellraum (Med.). **pneumo|trop**: auf die Lunge einwirkend, vorwiegend die Lunge befallend (z. B. von Krankheitserregern; Med.). **Pneumozele** *die*; -, -n: = Pneumatozele. **Pneumozysto|graphie** *die*; -, ...ien: Röntgenuntersuchung der Harnblase nach vorheriger Einblasung von Luft als Kontrastmittel durch die Harnröhre (Med.)

Pnigos [*gr.*] *der*; -: in schnellem Tempo gesprochener Abschluß des → Epirrhems; vgl. Antipnigos

Poccetta [*potschäta*; *germ.-it.*] u. **Pochette** [*poschät^e*; *germ.-fr.*] *die*; -, ...tten: kleine, eine Quart höher als die normale Geige stehende Taschengeige der alten Tanzmeister

pochettino [*pokä...*; *lat.-it.*]: ein klein wenig (Mus.)

pochieren [*poschir^en*; *germ.-fr.*]: Speisen, bes. aufgeschlagene Eier, in kochendem Wasser, einer Brühe o. ä. gar werden lassen

Pocketbook [*...buk*; *engl.*] *das*; -s, -s: Taschenbuch. **Pocketing** *der*; -[s]: stark appretiertes, als Taschenfutter verwendetes Gewebe. **Pocketkamera** *die*; -, -s: kleiner, handlicher, einfach zu bedienender Fotoapparat

poco [*poko*; *lat.-it.*]: ein wenig, etwas (in vielen Verbindungen vorkommende Vortragsbezeichnung; Mus.); - forte: nicht sehr laut; - a -: nach u. nach, allmählich; Abk.: p. a. p.

Pod [*russ.*] *der*; -s, -s: periodisch mit Wasser gefüllte Hohlform im Löß der Ukraine (Geol.)

Pod|agra [*gr.-lat.*] *das*; -s: Fußgicht, bes. Gicht der großen Zehe (Med.). **pod|agrisch**: an Podagra leidend, mit Podagra behaftet (Med.). **Pod|agrist** *der*; -en, -en: (veraltet) an Podagra Leidender. **Pod|algie** [*gr.-nlat.*] *die*; -, ...ien: Fußschmerzen (Med.). **Podest** *das* (auch: *der*); -[e]s, -e: 1. Treppenabsatz. 2. schmales Podium

Podesta, (ital. Schreibung:) **Podestà** [*lat.-it.*] *der*; -[s], -s: ital. Bezeichnung für: Ortsvorsteher, Bürgermeister

Podex [*lat.*] *der*; -[es], -e: (scherzh.) Gesäß

Podium [*gr.-lat.*; „Füßchen"] *das*; -s, Podien [*...i^en*]: trittartige, breitere Erhöhung (z. B. für Redner); Rednerpult. **Podiumsdiskussion** *die*; -, -en u. **Podiumsgespräch** [*gr.-lat.*; *dt.*] *das*; -[e]s, -e: Diskussion, Gespräch mehrerer kompetenter Teilnehmer über ein bestimmtes Thema vor (gelegentlich auch unter Einbeziehung) einer Zuhörerschaft. **Podometer** [*gr.-nlat.*] *das*; -s, -: Schrittzähler

Podophyllin [*gr.-nlat.*] *das*; -s: sehr starkes Abführmittel. **Podo|skop** *das*; -s, -e: (früher) Gerät in Schuhgeschäften, mit dem die Füße (in Schuhen) durchleuchtet wurden, um die korrekte Schuhgröße zu ermitteln

Podsol [*russ.*] *der*; -s: graue bis weiße Bleicherde (durch Mineralsalzverlust verarmter, holzaschefarbener, unter Nadel- u. Mischwäldern vorkommender Oberboden in feuchten Klimabereichen). **Podsolierung** *die*; -, -en: der Prozeß, durch den ein Podsol entsteht

Poem [*gr.-lat.*] *das*; -s, -e: (oft abwertend) [größeres] Gedicht. **Poe|sie** [*po-e...*; *gr.-lat.-fr.*; „das Machen, das Verfertigen"] *die*; -, ...ien: 1. Dichtkunst, Dichtung, bes. in Versen geschriebene Dichtung im Gegensatz zur → Prosa (1). 2. [dichterischer] Stimmungsgehalt, Zauber. **Poe|siealbum** [*poe...*] *das*; -s, ...ben: (bes. bei Kindern u. jungen Mädchen) Album, in das Verwandte, Freunde, Lehrer o. ä. zur Erinnerung Verse u. Sprüche schreiben. **Poé|sie engagée** [*po-esi anggasche*; *fr.*] *die*; - -: Tendenzdichtung. **Poet** [*gr.-lat.*] *der*; -en, -en: (meist scherzh. od. leicht abwertend) Dichter. **Poe|ta doctus** [*- dok...*] *der*; - -, ...tae [*...tä*] ...ti: gelehrter, gebildeter Dichter, der Wissen, Bildungsgut o. ä. in Reflexionen, Zitaten o. ä. durchscheinen läßt u. somit ein gebildetes Publikum voraussetzt. **Poeta laureatus** [*lat.*] *der*; - -, ...tae [*...tä*] ...ti: (hist.) ein mit dem Lorbeerkranz gekrönter Dichter; vgl. Laureat. **Poe|taster** [*gr.-lat.-nlat.*] *der*; -s, -: (abwertend) Dichterling, Verseschmied. **Poetik** [*gr.-lat.*] *die*; -, -en: 1. (ohne Plural) wissenschaftliche Beschreibung, Deutung, Wertung der Dichtkunst; Theorie der Dichtung als Teil der Literaturwissenschaft. 2. Lehr-, Regelbuch der Dichtkunst. **poe|tisch** [*gr.-lat.-fr.*]: a) die Poesie betreffend, dichterisch; b) bilderreich, ausdrucksvoll. **poe|tisieren**: dichterisch ausschmücken; dichtend erfassen u. durchdringen. **poetologisch**: die Poetik betreffend, auf ihr basierend

Pofese vgl. Pafese

Pogatsche [*ung.*] *die*; -, -n: (österr.) kleiner, flacher, süßer Eierkuchen mit Grieben

Po|grom [*russ.*] *der* (auch: *das*); -s, -e: Hetze, Ausschreitungen gegen nationale, religiöse, rassische Gruppen

poietisch [*peu-e...*; *gr.*]: bildend, das Schaffen betreffend; -e Philosophie: bei Plato die dem Herstellen von etwas dienende Wissenschaft (z. B. Architektur)

Poikilodermie [*peu...*; *gr.-nlat.*] *die*; -, ...ien: ungleichmäßige Ablagerung von → Pigmenten in der Haut; buntscheckig gefleckte Haut (Med.). **poikilotherm**: wechselwarm; Ggs. → homöotherm (Biol.). **Poikilothermie** *die*; -, ...ien: Inkonstanz der Körpertemperatur infolge mangelhafter Wärmeregulation des Organismus (z. B. bei Frühgeburten; Med.). **Poikilozytose** *die*; -, -n: Auftreten nicht runder Formen der roten Blutkörperchen (Med.)

Poil [*poal*; *lat.-fr.*] *der*; -s, -e: = Pol (II). **Poilu** [*poalü*] *der*; -[s], -s: Spitzname für den franz. Soldaten

Poinsettie [*peunsäti^e*; *nlat.*; nach dem nordamerik. Entdecker J. R. Poinsett (*peunßät*)] *die*; -, -n: Weihnachtsstern (Wolfsmilchgewächs, eine Zimmerpflanze)

Point [*poäng*; *lat.-fr.*] *der*; -s, -s: 1. a) Stich (bei Kartenspielen); b) Auge (bei Würfelspielen). 2. Notierungseinheit von Warenpreisen an Produktenbörsen (Wirtsch.). **Point d'honneur** [*-donör*; „Ehrenpunkt"] *der*; - -: (veraltet) Ehrenstandpunkt. **Pointe** [*poängt^e*; *lat.-vulgärlat.-fr.*; „Spitze, Schärfe"] *die*; -, -n: geistreicher, überraschender Schlußeffekt (z. B. bei einem Witz). **Pointer** [*peunt^er*; *lat.-fr.-engl.*] *der*; -s, -: gescheckter Vorsteh- od. Hühnerhund. **pointieren** [*poängtir^en*; *lat.-fr.*]: betonen, unterstreichen, hervorheben. **pointiert**: betont, zugespitzt. **pointillieren** [*...tijir^en*, auch: *...til...*]: in der Art des Pointillismus malen. **Pointillismus** [*lat.-fr.-nlat.*] *der*; -: spätimpressionistische Stilrichtung in der Malerei, in der ungemischte Farben punktförmig nebeneinandergesetzt wurden. **Pointillist** *der*; -en, -en: Vertreter des Pointillismus. **pointillistisch**: den Pointillismus betreffend, in der Art des Pointillismus [gemalt]. **Pointlace** [*peuntle^iß*; *engl.*] *die*; -: Bandspitze, genähte Spitze. **Point of sale** [*peunt ^ew ße^il*] *der*; - - -, -s - -: für die Werbung zu nutzender Ort, an dem ein Produkt verkauft wird (z. B. die Verkaufstheke; Werbesprache)

Poise [*poas*; *fr.*; nach dem franz. Arzt J. L. M. Poiseuille (*poasöj*), 1799–1869] *das*; -, -: Maßeinheit der → Viskosität von Flüssigkeiten u. Gasen; Zeichen: P

Pokal [*gr.-lat.-it.*] *der*; -s, -e: 1. a) [kostbares] kelchartiges Trinkgefäß aus Glas od. [Edel]metall mit Fuß [u. Deckel]; b) Siegestrophäe in Form eines Pokals (1a) bei sportlichen Wettkämpfen. 2. (ohne Plural) kurz für: Pokalwettbewerb; Wettbewerb um einen Pokal

Poker [*amerik.*] *das*; -s: amerik. Kartenglücksspiel. **Pokerface** [...*fe^iß*; „Pokergesicht"] *das*; -, -s [...*fe^ißis*]: 1. Mensch, dessen Gesicht u. Haltung keine Gefühlsregung widerspiegeln. 2. unbewegter, gleichgültig wirkender, sturer Gesichtsausdruck. **pokern**: 1. Poker spielen. 2. bei Geschäften, Verhandlungen o. ä. ein Risiko eingehen, einen hohen Einsatz wagen

pokulieren [*lat.-mlat.*]: (veraltet) zechen, stark trinken

Pol *der*; -s, -e

I. [*gr.-lat.*]: 1. Drehpunkt, Mittelpunkt, Zielpunkt. 2. Endpunkt der Erdachse u. seine Umgebung; Nordpol, Südpol. 3. Schnittpunkt der verlängerten Erdachse mit dem Himmelsgewölbe, Himmelspol (Astron.). 4. Punkt, der eine besondere Bedeutung hat, Bezugspunkt (Math.). 5. der Aus- u. Eintrittspunkt des Stromes bei einer elektrischen Stromquelle (Phys.). 6. Aus- u. Eintrittspunkt magnetischer Kraftlinien beim Magneten.

II. [eindeutschend für: Poil] *der*; -s, -e: Haardecke aus Samt u. Plüsch

Polacca [...*ka*; *it.*] *die*; -, -s: = Polonäse; vgl. alla polacca

Polacke

I. [*it.*] *die*; -, -n: = Polacker.

II. [*poln.*] *der*; -n, -n: (ugs., abwertend) a) Pole; b) dummer, blöder Kerl

Polacker *der*; -s, -: dreimastiges Segelschiff im Mittelmeer

polar [*gr.-lat.-nlat.*]: 1. die Erdpole betreffend, zu den Polargebieten gehörend, aus ihnen stammend; arktisch. 2. gegensätzlich bei wesenhafter Zusammengehörigkeit; nicht vereinbar. **Polare** *die*; -, -n: Verbindungslinie der Berührungspunkte zweier von einem Pol an einen Kegelschnitt gezogener Tangenten (Math.). **Polarfront** *die*; -, -en: Front zwischen polarer Kaltluft u. tropischer Warmluft (Meteor.). **Polarimeter** [*gr.-lat.-nlat.*; *gr.*] *das*; -s, -: Instrument zur Messung der Drehung der Polarisationsebene des Lichtes in optisch aktiven Substanzen (Phys.). **Polarime|trie** *die*; -, ...ien: Messung der optischen Aktivität von Substanzen (Physik). **polarime|trisch**: mit dem Polarimeter gemessen. **Polarisation** [...*zion*; *gr.-lat.-nlat.*] *die*; -, -en: 1. das deutliche Hervortreten von Gegensätzen, Herausbildung einer Gegensätzlichkeit; Polarisierung. 2. gegensätzliches Verhalten von Substanzen od. Erscheinungen (Chem.); vgl. ...[at]ion/...ierung; - des Lichts: das Herstellen einer festen Schwingungsrichtung aus sonst regellosen → Transversalschwingungen des natürlichen Lichtes (Phys.). **Polarisator** *der*; -s, ...oren: Vorrichtung, die linear polarisiertes Licht aus natürlichem erzeugt. **polarisieren**: 1. sich -: in seiner Gegensätzlichkeit immer deutlicher hervortreten, sich immer mehr zu Gegensätzen entwickeln. 2. elektrische od. magnetische Pole hervorrufen (Chem.). 3. bei natürlichem Licht eine feste Schwingungsrichtung aus sonst regellosen → Transversalschwingungen herstellen (Phys.). **Polarisierung** *die*; -, -en: = Polarisation (1); vgl. ...[at]ion/...ierung. **Polarität** *die*; -, -en: 1. Vorhandensein zweier Pole (I, 2, 3, 5, 6) (Geogr.; Astron.; Phys.). 2. Gegensätzlichkeit bei wesenhafter Zusammengehörigkeit. 3. verschiedenartige Ausbildung zweier entgegengesetzter Pole einer Zelle, eines Gewebes, Organs od. Organismus (z. B. Sproß u. Wurzel einer Pflanze; Biol.). **Polarium** *das*; -s, ...ien [...*i^en*]: Abteilung eines Zoos, in der Tiere aus den Polargebieten gehalten werden (Zool.). **Polarko|ordinaten** *die* (Plural): im Polarkoordinatensystem Bestimmungsgrößen eines Punktes (Math.). **Polarkreis** *der*; -es, -e: Breitenkreis von 66,5° nördlicher od. südlicher Breite, der die Polarzone von der gemäßigten Zone trennt. **Polaro|graph** [*gr.-lat.-nlat.*; *gr.*] *der*; -en, -en: Apparat (meist mit Quecksilbertropfkathode u. Quecksilberanode) zur Ausführung elektrochemischer Analysen durch [fotografische] Aufzeichnung von Stromspannungskurven (Techn.; Chem.). **Polaro|graphie** *die*; -, ...ien: elektrochemische Analyse mittels Polarographen zur qualitativen u. quantitativen Untersuchung von bestimmten gelösten Stoffen (Techn.; Chem.). **polarographisch**: durch Polarographie erfolgend (Techn.; Chem.). **Polaroidkamera** ⓦ [...*ro-it*..., auch: ...*reut*...] *die*; -, -s: Fotoapparat, der in Sekunden ein fertiges → Positiv (II, 2) produziert. **Polarstern** *der*; -[e]s: hellster Stern im Sternbild des Kleinen Bären, nach dem wegen seiner Nähe zum nördlichen Himmelspol die Nordrichtung bestimmt wird; Nord[polar]stern (Astron.)

Polei [*lat.*] *der*; -[e]s, -e: Arznei- u. Gewürzpflanze verschiedener Art

Poleis: *Plural* von → Polis

Polemik [*gr.-fr.*] *die*; -, -en: 1. literarische od. wissenschaftliche Auseinandersetzung; wissenschaftlicher Meinungsstreit, literarische Fehde. 2. unsachlicher Angriff, scharfe Kritik. **Polemiker** *der*; -s, -: 1. jmd., der in einer Polemik (1) steht. 2. jmd., der zur Polemik (2) neigt, gerne scharfe, unsachliche Kritik übt. **polemisch**: 1. die Polemik (1) betreffend; streitbar. 2. scharf u. unsachlich (von kritischen Äußerungen). **polemisieren** [französierende Bildung]: 1. eine Polemik (1) ausfechten, gegen eine andere literarische od. wissenschaftliche Meinung kämpfen. 2. scharfe, unsachliche Kritik üben; jmdn. mit unsachlichen Argumenten scharf angreifen. **Polemologie** *die*; -: Konflikt-, Kriegsforschung

Polenta [*lat.-it.*] *die*; -, ...ten u. -s: ital. Maisgericht [mit Käse]

Polente [*jidd.*] *die*; -: (ugs.) Polizei

Pole-position [*po^ul p^esisch^en*; *engl.-amerik.*] *die*; -: bei Autorennen bester (vorderster) Startplatz für den Fahrer mit der schnellsten Zeit im Training

Police [*poliß^e*; *gr.-mlat.-it.-fr.*] *die*; -, -n: Urkunde über einen Versicherungsvertrag, die vom Versicherer ausgefertigt wird; vgl. Polizze

Polichinelle [*polischinäl*; *neapolitan.-fr.*] *der*; -s, -s: franz. Form von: Pulcinella. **Policinello** [*politschinälo*; *neapolitan.-it.*] *der*; -s, ...lli: (veraltet) Pulcinella

Poli|enzephalitis vgl. Polioenzephalitis

Polier [*gr.-lat.-vulgärlat.-fr.*] *der*; -s, -e: Vorarbeiter der Maurer u. Zimmerleute; [Maurer]facharbeiter, der die Arbeitskräfte auf einer Baustelle beaufsichtigt; Bauführer

polieren [*lat.-fr.*]: a) glätten, schleifen; b) glänzend machen, blank reiben; putzen

Poli|klinik [*gr.-nlat.*] *die*; -, -en: Krankenhaus od. -abteilung für → ambulante Krankenbehandlung. **Poli|kliniker** *der*; -s, -: in einer Poliklinik tätiger Arzt. **poliklinisch**: die Poliklinik betreffend; in der Poliklinik erfolgend (z. B. von Behandlungen)

Poliment [*lat.-fr.*] *das*; -[e]s, -e: 1. zum Polieren, Glänzendmachen geeigneter Stoff. 2. aus einer fettigen Substanz bestehende Unterlage für Blattgold

Polio [auch: *po*...; Kurzform] *die*; -: = Poliomyelitis. **Polio|enzephalitis** u. Poli|enzephalitis [*gr.-nlat.*] *die*; -, ...itiden: Entzündung der grauen Hirnsubstanz (Med.). **Polio|mye|litis** *die*; -, ...itiden: Entzündung der grauen Rückenmarksubstanz; spinale Kinderlähmung (Med.). **Polio|sis** [*gr.*] *die*; -, ...osen: das Ergrauen der Haare (Med.)

Polis [auch: *po*...; *gr.*] *die*; -, Poleis: altgriech. Stadtstaat (z. B. Athen)

Polissonnerie [*lat.-fr.*] *die*; -, ...ien: (veraltet) Ungezogenheit, Streich

Politbüro [(*gr.-fr.*; *lat.-vulgärlat.-fr.*); *russ.*]: zentraler [Lenkungs]ausschuß einer kommunistischen Partei

Politesse *die*; -, -n

I. [*lat.-it.-fr.*]: 1. Höflichkeit, Artigkeit. 2. (landsch.) Kniff, Schlauheit.

II. [Kunstw. aus: *Poli*zei u. → Hos*tess*]: von einer Gemeinde angestellte Hilfspolizistin für bestimmte Aufgabenbereiche (z. B. Überwachung des ruhenden Verkehrs)

politieren [*lat.-fr.*]: (österr.) glänzend reiben, polieren, mit Politur einreiben

Politik [*gr.-fr.*] *die*; -, -en: 1. auf die Durchsetzung bestimmter Ziele bes. im staatlichen Bereich u. auf die Gestaltung des öffentlichen Lebens gerichtetes Handeln von Regierungen, Parlamenten, Parteien, Organisationen o. ä. 2. berechnendes, zielgerichtetes Verhalten, Vorgehen. **Politika**: *Plural* von → Politikum. **Politikaster** [*gr.-lat.-nlat.*] *der*; -s, -: (abwertend) jmd., der viel über Politik spricht, ohne viel davon zu verstehen. **Politiker** [*gr.-mlat.*] *der*; -s, -: jmd., der aktiv an der Politik (1), an der Führung eines Gemeinwesens teilnimmt; Staatsmann. **Politikum** [*gr.-nlat.*] *das*; -s, ...ka: Tatsache, Vorgang von politischer Bedeutung. **Politikus** *der*; -, -se: (scherzh.) jmd., der sich eifrig mit Politik (1) beschäftigt. **politisch** [*gr.-lat.-fr.*]: die Politik (1) betreffend, zu ihr gehörend; staatsmännisch. **politisieren** [*gr.-nlat.*]: 1. [laienhaft] von Politik reden. 2. bei jmdm. Anteilnahme, Interesse an der Politik (1) erwecken; jmdn. zu politischer Aktivität bringen. 3. etwas, was nicht unmittelbar in den politischen Bereich gehört, unter politischen Gesichtspunkten behandeln, betrachten. **Politisierung** *die*; -: 1. das Erwecken politischer Interessen, Erziehung zu politischer Aktivität. 2. politische Behandlung, Betrachtung von Dingen, die nicht unmittelbar in den politischen Bereich gehören. **Politologe** *der*; -n, -n: Wissenschaftler auf dem Gebiet der Politologie. **Politologie** *die*; -: Wissenschaft von der Politik. **politologisch**: die Politologie betreffend, zu ihr gehörend, auf ihr basierend. **Polit|ruk** [*gr.-russ.*] *der*; -s, -s: politischer Offizier einer sowjetischen Truppeneinheit

Politur [*lat.*] *die*; -, -en: 1. durch Polieren hervorgebrachte Glätte, Glanz. 2. Mittel zum Glänzendmachen; Poliermittel. 3. (ohne Plural) (veraltet) Lebensart; gutes Benehmen

Polizei [*gr.-lat.-mlat.*; „Bürgerrecht; Staatsverwaltung; Staatsverfassung"] *die*; -, -en: 1. Sicherheitsbehörde, die über die Wahrung der öffentlichen Ordnung zu wachen hat. 2. (ohne Plural) Angehörige der Polizei. 3. (ohne Plural) Dienststelle der Polizei. **Polizist** [*gr.-lat.-mlat.-nlat.*] *der*; -en, -en: Angehöriger der Polizei, Schutzmann

Polizze [*gr.-mlat.-it.*] *die*; -, -n: (österr.) Police

Polje [*slaw.*] *die*; -, -n (auch: *das*; -[s], -n): großes wannen- od. kesselartiges Becken mit ebenem Boden in Karstgebieten (Geogr.)

Polk *der*; -s, -s (selten auch: -e): = Pulk (I)

Polka [*poln.-tschech.*; „Polin; Tanz"] *die*; -, -s: böhmischer Rundtanz im lebhaften bis raschen $^2/_4$-Takt (etwa seit 1835)

Poll [*po^ul*; *engl.-amerik.*] *der*; -s, -s: 1. Meinungsumfrage, -befragung. 2. Wahl, Abstimmung. 3. Liste der Wähler od. Befragten

pollak|anth [*gr.-nlat.*; „häufig blühend"]: mehrjährig u. immer wieder blühend (bezogen auf bestimmte Pflanzen, z. B. Apfelbaum; Bot.); Ggs. → hapaxanth. **Pollakis|urie** u. **Pollak[i]|urie** *die*; -, ...ien: häufiger Harndrang

Pollinium [*lat.-nlat.*] *das*; -s, ...ien [...*i^en*]: regelmäßig zu einem Klümpchen verklebender Blütenstaub, der als Ganzes von Insekten übertragen wird (z. B. bei Orchideen; Bot.)

Pollution [...*zion*; *lat.*; „Besudelung"] *die*; -, -en: unwillkürlicher Samenerguß im Schlaf (z. B. in der Pubertät; Med.)

Pollux vgl. Kastor und Pollux

Polo [*engl.*] *das*; -s: zu Pferde gespieltes Treibballspiel. **Polohemd** *das*; -[e]s, -en: kurzärmeliges, enges Trikothemd mit offenem Kragen

Polonaise [*polonäs^e*; *fr.*; „Polnischer (Tanz)"] u. (eindeutschende Schreibung:) **Polonäse** *die*; -, -n: festlicher Schreittanz im $^3/_4$-Takt; vgl. Polacca

Polonceauträger [*polongßo*...; nach dem franz. Erfinder Polonceau] *der*; -s, -: Dachbinderkonstruktion für größere Spannweiten

polonisieren [*mlat.-nlat.*]: polnisch machen. **Polonist** *der*; -en, -en: Wissenschaftler auf dem Gebiet der Polonistik. **Polonistik** *die*; -: Wissenschaft von der poln. Sprache u. Literatur. **polonistisch**: die Polonistik betreffend, zu ihr gehörend

Polonium [*nlat.*; nach Polonia, dem nlat. Namen für Polen] *das*; -s: radioaktiver chem. Grundstoff; Zeichen: Po

Pol|tron [*poltrong*; *it.-fr.*] *der*; -s, -s: (veraltet) Feigling; Maulheld

Poly|acrylat [...*ak*...; *gr.-nlat.*] *das*; -[e]s, -e: Kunststoff aus Acrylsäure. **Poly|acryl|ni|tril** [Kunstw.] *das*; -s: polymerisiertes Acrylsäurenitril, Ausgangsstoff wichtiger Kunstfasern. **Poly|addition** [...*zion*] *die*; -, -en: chemisches Verfahren zur Herstellung hochmolekularer Kunststoffe (Chem.). **Polyaddukt** [*gr.*; *lat.*] *das*; -[e]s, -e: durch Polyaddition entstandener hochmolekularer Kunststoff (Chem.). **Poly|amid** *das*; -[e]s, -e: fadenbildender elastischer Kunststoff (z. B. Perlon, Nylon). **Poly|ämie** [*gr.-nlat.*] *die*; -, ...ien: krankhafte Vermehrung der zirkulierenden Blutmenge; Vollblütigkeit (Med.). **Poly|an|drie** [*gr.*] *die*; -: Vielmännerei, Ehegemeinschaft einer Frau mit mehreren Männern (vereinzelt bei Naturvölkern [mit Mutterrecht]; Völkerk.); Ggs. → Polygynie; vgl. Polygamie (1a). **poly|andrisch**: die Vielmännerei betreffend. **Poly|antharose** [*gr.*; *dt.*] *die*; -, -n: Gartenrose von meist niedrigem, buschigem Wuchs (Bot.). **Poly|archie** *die*; -, ...ien: (selten) Herrschaft mehrerer in einem Staat, im Unterschied zur → Monarchie. **Poly|ar|thritis** [*gr.-nlat.*] *die*; -, ...itiden: an mehreren Gelenken gleichzeitig auftretende → Arthritis. **Poly|ase** *die*; -, -n: hochmolekulare Kohlenhydrate spaltendes Enzym. **Poly-äs|thesie** *die*; -, ...ien: subjektive Wahrnehmung einer Hautreizung an mehreren Stellen (Med.). **Poly|äthylen** fachspr. Polyethylen *das*; -s, -e: ein → thermoplastischer Kunststoff. **Polychäten** [...*chä*...] *die* (Plural): meerbewohnende Borstenwürmer (z. B. → Palolowurm). **Polychord** [...*kort*; „Vielsaiter"] *das*; -[e]s, -e: 10saitiges Streichinstrument in Kontrabaßform mit beweglichem Griffbrett. **poly|chrom** [...*krom*]: vielfarbig, bunt. **Polychromie** *die*; -, ...ien: Vielfarbigkeit, [dekorative] bunte Bemalung ohne einheitlichen Gesamtton mit kräftig voneinander abgesetzten Farben (z. B. bei Keramiken, Glasgemälden, Bauwerken). **poly|chromieren**: (selten) bunt ausstatten (z. B. die Innenwände eines Gebäudes mit Mosaik od. verschiedenfarbigem Marmor). **Poly|chromo|graphie** *die*; -, ...ien: (veraltet) Vielfarbendruck. **polycy|clisch** [...*zük*...] vgl. polyzyklisch. **Polydaktylie** *die*; -, ...ien: angeborene Mißbildung der Hand od. des Fußes mit Bildung überzähliger Finger od. Zehen (Med.; Biol.). **Polydämonismus** *der*; -: Glaube an eine Vielheit von [nicht persönlich ausgeprägten] Geistern als Vorstufe des → Polytheismus. **Polydipsie** *die*; -: krankhaft gesteigerter Durst (Med.); vgl. Oligodipsie. **Poly|eder** [*gr.*] *das*; -s, -: Vielflächner, von Vielecken begrenzter Körper (Math.). **Polyederkrankheit** *die*; -: Krankheit der Seidenspinnerraupen. **polyedrisch**: vielflächig (Math.). **Poly|em|bryo|nie** [*gr.-nlat.*] *die*; -, ...ien: Bildung mehrerer Embryonen aus einer pflanzlichen Samenanlage od. einer tierischen Keimanlage (z. B. bei Moostierchen; Biol.). **Poly|ester** [Kunstw.] *der*; -s, -: aus Säuren u. Alkoholen gebildete Verbindung hohen Molekulargewichts, die als wichtiger Rohstoff zur Herstellung synthetischer Fasern u. Harze dient. **Polygala** *die*; -, -s: Pflanzengattung der Kreuzblumengewächse mit zahlreichen Arten (u. a. Heilpflanze u. Zierstrauch). **Polygalaktie** *die*; -: übermäßige Milchabsonderung während des Stillens (Med.). **polygam** [*gr.*]: 1. a) von der Anlage her auf mehrere Geschlechtspartner bezogen (von Tieren u. Menschen); b) die Polygamie (1) betreffend; in Mehrehe lebend; mit mehreren Partnern geschlechtlich verkehrend; Ggs. → monogam. 2. zwittrige u. eingeschlechtige Blüten gleichzeitig tragend (bezogen auf bestimmte Pflanzen; Bot.). **Polygamie** *die*; -: 1. a) Mehrehe, Vielehe, bes. Vielweiberei (meist in vaterrechtlichen Kulturen; Völkerk.); vgl. Polyandrie, Polygynie; b) geschlechtlicher Verkehr mit mehreren Partnern; Ggs. → Monogamie. 2. das Auftreten von zwittrigen u. eingeschlechtigen Blüten auf einer Pflanze (Bot.). **Polygamist** [*gr.-nlat.*] *der*; -en, -en: in Vielehe lebender Mann. **polygen**: 1. durch mehrere Erbfaktoren bedingt (Biol.); Ggs. → monogen (1). 2. vielfachen Ursprung habend (z. B. von einem durch mehrere Ausbrüche entstandenen Vulkan; Geol.); Ggs. → monogen (2). **Polygenese** u. **Polygenesis** *die*; -: biologische Theorie von der stammesgeschichtlichen Herleitung jeder gegebenen Gruppe von Lebewesen aus jeweils mehreren Stammformen; Ggs. → Monogenese (1). **Polygenie** *die*; -, ...ien: die Erscheinung, daß an der Ausbildung eines Merkmals eines → Phänotypus mehrere → Gene beteiligt sind (Biol.); Ggs. → Monogenie (2). **Polygenismus** *der*; -: 1. = Polygenese. 2. von der kath. Kirche verworfene Lehre, nach der das Menschengeschlecht auf mehrere Stammpaare zurückgeht; Ggs. → Monogenismus (2). **Poly|globulie** [*gr.*; *lat.-nlat.*] *die*; -: = Polyzythämie. **poly|glott** [*gr.*]: 1. in mehreren Sprachen abgefaßt, mehr-, vielsprachig (von Buchausgaben). 2. viele Sprachen sprechend

Poly|glotte [*gr.*]

I. *der* od. *die*; -n, -n: jmd., der viele Sprachen beherrscht.

II. *die*; -, -n: 1. (veraltet) mehrsprachiges Wörterbuch. 2. Buch (bes. Bibel) mit Textfassung in verschiedenen Sprachen

poly|glottisch [*gr.*]: (veraltet) polyglott. **Polygon** *das*; -s, -e: Vieleck mit meist mehr als drei Seiten (Math.). **polygonal** [*gr.-nlat.*]: vieleckig (Math.). **Polygonboden** *der*; -s, ...böden: durch wechselndes Frieren u. Auftauen verursachte Sortierung der Bestandteile eines Bodens, die ein Muster hervorruft (Geol.). **Polygonum** *das*; -s: Knöterich (verbreitete Unkraut- u. Heilpflanze). **Polygramm** *das*; -s, -e: bei der Polygraphie (1) gewonnenes Röntgenbild (Medizin). **Polygraph** [*gr.-russ.*] *der*; -en, -en: 1. Gerät zur gleichzeitigen Registrierung mehrerer Vorgänge u. Erscheinungen, das z. B. in der Medizin bei der → Elektrokardiographie u. der → Elektroenzephalographie od. in der Kriminologie als Lügendetektor verwendet wird. 2. (DDR) Angehöriger des graphischen Gewerbes. **Polygraphie** *die*; -: 1. röntgenologische Darstellung von Organbewegungen durch mehrfaches Belichten eines Films (Med.). 2. (DDR) alle Zweige des graphischen Gewerbes umfassendes Gebiet. **poly|graphisch**: die Polygraphie (2) betreffend. **polygyn** [*gr.*]: die Polygynie betreffend; in Vielweiberei lebend. **Polygynie** *die*; -: Vielweiberei, Ehegemeinschaft eines Mannes mit mehreren Frauen (in den unterschiedlichsten Kulturen vorkommend; Völkerk.); Ggs. → Polyandrie; vgl. Polygamie (1a). **Polyhalit** [auch: ...*it*; *gr.-nlat.*] *der*; -s, -e: fettig glänzendes, weißes, graues, gelbes oder rotes Mineral, komplexes Kalimagnesiumsalz, das als Düngemittel verwendet wird (Chem.). **Polyhistor** [*gr.*; „vielwissend, vielgelehrt"] *der*; -s, ...oren: (veraltet) in vielen Fächern bewanderter Gelehrter. **polyhy|brid** [*gr.*; *lat.*]: von Eltern abstammend, die sich in mehreren Merkmalen unterscheiden (von tierischen od. pflanzlichen Kreuzungsprodukten; Biol.); Ggs. → monohybrid. **Polyhy|bride** *die*; -, -n, (auch:) *der*; -n, -n: Nachkomme von Eltern, die sich in mehreren Erbmerkmalen unterscheiden (Biol.); Ggs. → Monohybride. **Poly|ideismus** [*gr.-nlat.*] *der*; -: Vielfalt der Gedanken, Ideenfülle; Gesamtheit der psychischen Tätigkeit; Horizontbreite des Bewußtseins (Psychol.); Ggs. → Monoideismus (1). **polykarp** u. **polykarpisch**: in einem bestimmten Zeitraum mehrmals Blüten u. Früchte ausbildend (von bestimmten Pflanzen; Bot.). **Poly|kladie** *die*; -: nach Verletzung einer Pflanze entstehende Seitensprosse (Bot.). **Polykondensation** [...*zion*] *die*; -: Zusammenfügen einfachster Moleküle zu größeren (unter Austritt kleinerer Spaltprodukte wie Wasser, Ammoniak o. ä.) zur Herstellung von Chemiefasern, Kunstharzen u. Kunststoffen

(Chem.). **polykondensieren**: den Prozeß der Polykondensation bewirken; durch Polykondensation gewinnen (Chem.). **Polykorie** *die*; -, ...ien: angeborene abnorme Ausbildung mehrerer Pupillen in einem Auge (Med.). **Polylingualismus** *der*; -: = Multilingualismus, Multilinguismus. **Polymastie** *die*; -, ...ien: abnorme Ausbildung überzähliger Brustdrüsen bei Frauen (als → atavistische (1) Mißbildung; Med.); vgl. Hyperthelie. **Polymathie** [*gr.*] *die*; -: (veraltet) vielseitiges Wissen. **Polymelie** [*gr.-nlat.*] *die*; -, ...ien: angeborene Mißbildung, bei der bestimmte Gliedmaßen doppelt ausgebildet sind (Med.). **Polymenor|rhö**[1] *die*; -, -en u. **Polymenor|rhöe** [*...rö*] *die*; -, -n [*...röᵉn*]: zu häufige, nach zu kurzen Abständen eintretende Regelblutung (Med.). **polymer** [*gr.*]: 1. vielteilig, vielzählig. 2. aus größeren Molekülen bestehend, die durch Verknüpfung kleinerer entstanden sind (Chem.); Ggs. → monomer. **Polymer** *das*; -s, -e u. **Polymere** *das*; -n, -n (meist Plural): Verbindung aus Riesenmolekülen (Chem.). **Polymerie** *die*; -, ...ien: 1. Zusammenwirken mehrerer gleichartiger Erbfaktoren bei der Ausbildung eines erblichen Merkmals (Biol.). 2. das Untereinanderverbundensein vieler gleicher u. gleichartiger Moleküle in einer chem. Verbindung. **Polymerisat** [*gr.-nlat.*] *das*; -[e]s, -e: durch Polymerisation entstandener neuer Stoff (Chem.). **Polymerisation** [*...zion*] *die*; -, -en: auf Polymerie (2) beruhendes chemisches Verfahren zur Herstellung von Kunststoffen. **polymerisieren**: den Prozeß der Polymerisation bewirken; einfache Moleküle zu größeren Molekülen vereinigen (Chem.). **polymetamorph**: Gesteine u. Gegenden betreffend, die mehrmals → metamorph verändert wurden (Geol.). **Polymeter** [*gr.*] *das*; -s, -: vorwiegend in der → Klimatologie verwendetes, aus einer Kombination von → Hygrometer u. → Thermometer bestehendes Vielzweckmeßgerät (Meteor.). **Polyme|trie** *die*; -, ...ien: 1. Anwendung verschiedener → Metren (1) in einem Gedicht. 2. (Mus.) a) gleichzeitiges Auftreten verschiedener Taktarten in mehrstimmiger Musik; b) häufiger Taktwechsel innerhalb eines Tonstückes. **polymorph**: viel-, verschiedengestaltig (bes. Mineral.; Biol.). **Polymorphie** *die*; -: 1. Vielgestaltigkeit, Verschiedengestaltigkeit. 2. das Vorkommen mancher Mineralien in verschiedener Form, mit verschiedenen Eigenschaften, aber mit gleicher chemischer Zusammensetzung (Mineral.; Chem.). 3. (Bot.) a) Vielgestaltigkeit der Blätter od. der Blüte einer Pflanze; vgl. Heterophyllie, Heterostylie; b) die Aufeinanderfolge mehrerer verschieden gestalteter ungeschlechtlicher Generationen bei Algen u. Pilzen. 4. (Zool.) a) Vielgestaltigkeit in Tierstökken u. Tierstaaten; b) jahreszeitlich bedingte Vielgestaltigkeit der Zeichnungsmuster bei Schmetterlingen. 5. das Vorhandensein mehrerer sprachlicher Formen für den gleichen Inhalt, die gleiche Funktion (z. B. die verschiedenartigen Pluralbildungen in: die Wiese*n*, die Feld*er*, die Schaf*e*; Sprachw.). **Polymorphismus** *der*; -: = Polymorphie (1, 2, 3, 4). **Polyneuritis** *die*; -, ...itiden: in mehreren Nervengebieten gleichzeitig auftretende Entzündung (Med.). **Polynom** *das*; -s, -e: aus mehr als zwei Gliedern bestehender, durch Plus- od. Minuszeichen verbundener mathematischer Ausdruck. **polynomisch**: (Math.) a) das Polynom betreffend; b) vielgliedrig. **polynu|kleär** [*gr.*; *lat.-nlat.*]: vielkernig (z. B. von Zellen; Med.). **Poly|opie** [*gr.-nlat.*] *die*; -, ...ien: Sehstörung, bei der ein Gegenstand mehrfach gesehen wird; Vielfachsehen (Med.). **Polyp** [*gr.-lat.*; „vielfüßig"] *der*; -en, -en: 1. festsitzendes, durch Knospung stockbildendes Nesseltier; vgl. Meduse. 2. (veraltet, noch ugs.) Tintenfisch, bes. → Krake. 3. gutartige, oft gestielte Geschwulst der Schleimhäute (Med.). 4. (salopp) Polizist, Polizeibeamter. **Polypeptid** [*gr.-nlat.*] *das*; -[e]s, -e: aus verschiedenen Aminosäuren aufgebautes Zwischenprodukt beim Ab- od. Aufbau der Eiweißkörper (Biochem.). **polyphag** [*gr.*; „vielfressend"]: Nahrung verschiedenster Herkunft aufnehmend (Biologie); Ggs. → monophag. **Polyphage** *der*; -n, -n (meist Plural): (Zool.) 1. ein Tier, das Nahrung verschiedenster Herkunft aufnimmt; Ggs. → Monophage. 2. (nur Plural) Unterordnung der Käfer. **Polyphagie** *die*; -, ...ien: 1. krankhaft gesteigerter Appetit, Gefräßigkeit (Med.). 2. Ernährungsweise von Tieren, die die verschiedenartigsten Tiere u. Pflanzen fressen, bzw. von Parasiten, die auf vielen verschiedenen Wirtsorganismen schmarotzen (Biol.). **polyphän** [*gr.-nlat.*]: an der Ausbildung mehrerer Merkmale eines Organismus beteiligt (von → Genen; Biol.). **polyphon** [*gr.*; „vielstimmig"]: (Mus.) 1. die Polyphonie betreffend. 2. nach den Gesetzen der Polyphonie komponiert; mehrstimmig; Ggs. → homophon (1), monodisch. **Polyphonie** *die*; -: Mehrstimmigkeit mit selbständigem → linearem (3) Verlauf jeder Stimme ohne akkordische Bindung (Mus.); Ggs. → Homophonie, Monodie. **Polyphoniker** *der*; -s, -: Komponist der polyphonen Satzweise. **polyphonisch**: (veraltet) polyphon. **Poly|phrasie** [*gr.-nlat.*; „Vielreden"] *die*; -: krankhafte Geschwätzigkeit (Med.). **polyphyletisch**: mehrstämmig in bezug auf die Stammesgeschichte; Ggs. → monophyletisch. **Polyphyletismus** *der*; - u. **Polyphylie** *die*; -: = Polygenese. **Polyphyllie** [„Vielblättrigkeit"] *die*; -: Überzähligkeit in der Gliederzahl eines Blattwirbels (Bot.). **Polypionie** *die*; -, ...ien: Fettsucht, Fettleibigkeit (Med.). **Poly|plast** *das*; -[e]s, -e: in der Technik verwendeter Kunststoff, Kunstharz (selten verwendete Sammelbezeichnung). **poly|ploid**: mehr als zwei Chromosomensätze aufweisend (von Zellen, Geweben, Organismen; Biol.). **Poly|ploidie** [*...ploi...*] *die*; -: das Vorhandensein von mehr als zwei Chromosomensätzen; Vervielfachung des Chromosomensatzes (Biol.). **Poly|pnoe** [*...oᵉ*] *die*; -: = Tachypnoe. **Polypodium** [*gr.-nlat.*] *das*; -s, ...ien [*...iᵉn*]: Tüpfelfarn (Bot.). **polypoid**: polypenähnlich (z. B. von Schleimhautwucherungen; Med.). **Polypol** *das*; -s, -e: Marktform, bei der auf der Angebots- od. Nachfrageseite jeweils viele kleine Anbieter bzw. Nachfrager stehen (Wirtsch.). **Polypose** *die*; -, -n: ausgebreitete Polypenbildung (Med.). **Polypragmasie** *die*; -, ...ien: das Ausprobieren vieler Behandlungsmethoden u. Arzneien (Med.). **Poly|pragmosyne** [*gr.*] *die*; -: (veraltet) Vielgeschäftigkeit. **Polyptoton** [*gr.-lat.*] *das*; -s, ...ta: Wiederholung desselben Wortes in einem Satz in verschiedenen Kasus (z. B. der alte Urstand der Natur kehrt wieder, wo

[1] Vgl. die Anmerkung zu Diarrhö.

Mensch dem *Menschen* gegenübersteht; Rhetorik). **Polyptychon** [*gr.*] *das*; -s, ...chen u. ...cha: 1. aus mehr als drei Teilen bestehende, zusammenklappbare Schreibtafel des Altertums. 2. Flügelaltar mit mehr als zwei Flügeln; vgl. Diptychon, Triptychon. **Polyreaktion** [...*zion*] *die*; -, -en: Bildung hochmolekularer Verbindungen (Chem.). **Polyrhythmik** [*gr.-nlat.*] *die*; -: das Auftreten verschiedenartiger, aber gleichzeitig ablaufender Rhythmen in einer Komposition (im Jazz bes. in den afroamerikan. Formen; Mus.). **Polyrhythmiker** *der*; -s, -: Komponist polyrhythmischer Tonstücke (Mus.). **poly|rhythmisch**: (Mus.) a) die Polyrhythmik betreffend; b) nach den Gesetzen der Polyrhythmik komponiert. **Polysaccharid** und **Polysacharid** [...*cha*...] *das*; -[e]s, -e: Vielfachzucker, in seinen Großmolekülen aus zahlreichen Molekülen einfacher Zucker aufgebaut (z. B. Glykogen). **polysaprob**: stark mit organischen Abwässern belastet, mit Polysaprobien durchsetzt (von Gewässern). **Polysa|probie** [...*i*[e]] *die*; -, -n (meist Plural): Organismus, der in faulendem Wasser lebt. **polysem** u. **polysemantisch**: Polysemie besitzend, mehrere Bedeutungen habend (von Wörtern; Sprachw.); Ggs. → monosem. **Polysemie** *die*; -, ...ien: das Vorhandensein mehrerer Bedeutungen zu einem Wort (z. B. Pferd: 1. Tier. 2. Turngerät. 3. Schachfigur; Sprachw.); Ggs. → Monosemie; vgl. Homonymie. **Polysialie** *die*; -: krankhaft vermehrter Speichelfluß (Med.); vgl. Ptyalismus. **Poly|spermie** *die*; -, ...ien: 1. Eindringen mehrerer Samenfäden in ein Ei (Biol.); Ggs. → Monospermie. 2. = Spermatorrhö. **Polystyrol** [*gr.*; *lat.*] *das*; -s, -e: in zahlreichen Formen gehandelter, vielseitig verwendeter Kunststoff aus polymerisiertem Styrol. **Polysyllabum** [*gr.-nlat.*] *das*; -s, ...ba: vielsilbiges Wort (Sprachw.). **Polysyllogismus** *der*; -, ...men: aus vielen → Syllogismen zusammengesetzte Schlußkette, bei der der vorangehende Schlußsatz zur → Prämisse für den folgenden wird (Philos.). **polysyndetisch** [*gr.*; „vielfach verbunden"]: a) das Polysyndeton betreffend; b) durch mehrere Bindewörter verbunden (Sprachw.). **Polysyndeton** *das*; -s, ...ta: Wort- od. Satzreihe, deren Glieder durch → Konjunktionen (1) miteinander verbunden sind (z. B. *Und* es wallet *und* siedet *und* brauset *und* zischt; Schiller); vgl. Asyndeton. **polysynthetisch**: vielfach zusammengesetzt; -e Sprachen: Sprachen, die die Bestandteile des Satzes durch Einschachtelung zu einem großen Satzwort verschmelzen (Sprachw.); vgl. inkorporierende Sprachen. **Polysynthetismus** [*gr.-nlat.*] *der*; -: Erscheinung des → polysynthetischen Sprachbaus (Sprachw.). **Polytechnik** *die*; -: (DDR) [Einrichtung zum Zwecke der] Ausbildung in polytechnischen Fähigkeiten. **Polytechniker** *der*; -s, -: (veraltet) Student am Polytechnikum. **Polytechnikum** *das*; -s, ...ka (auch: ...ken): a) (früher) techn. Hochschule, techn. Universität; b) gehobene techn. Lehranstalt; vgl. Technikum. **polytechnisch**: mehrere Zweige der Technik, auch der Wirtschaft o. ä. umfassend. **Polytheismus** *der*; -: Vielgötterei, Verehrung einer Vielzahl persönlich gedachter Götter; vgl. Polydämonismus. **Polytheist** *der*; -en, -en: Anhänger des Polytheismus. **polytheistisch**: den Polytheismus betreffend, zu ihm gehörend, auf ihm beruhend. **Polythelie** *die*; -, ...ien: = Polymastie. **Polytomie** *die*; -: Vielfachverzweigung der Sproßspitzen (Bot.). **polytonal**: verschiedenen Tonarten angehörende Melodien od. Klangfolgen gleichzeitig aufweisend (Mus.). **Polytonalität** *die*; -: Vieltonart; gleichzeitiges Durchführen mehrerer Tonarten in den verschiedenen Stimmen eines Tonstücks (Mus.). **Poly|trichie** *die*; -, ...ien: abnorm starke Körperbehaarung (Med.). **poly|trop** [*gr.*]: sehr anpassungsfähig (von Organismen; Biol.). **Poly|tropismus** [*gr.-nlat.*] *der*; -: große Anpassungsfähigkeit bestimmter Organismen (Biol.). **Polytype** *die*; -, -n: Drucktype mit mehreren Buchstaben. **Poly|urethan** *das*; -s, -e (meist Plural): Kunststoff aus einer Gruppe wichtiger, vielseitig verwendbarer Kunststoffe. **Poly|urie** *die*; -, ...ien: krankhafte Vermehrung der Harnmenge (Med.). **polyvalent** [...*wa*...; *gr.*; *lat.*]: in mehrfacher Beziehung wirksam, gegen verschiedene Erreger od. Giftstoffe gerichtet (z. B. von Seren; Med.). **Polyvinylacetat** [...*wi...az*...] *das*; -s, -e (meist Plural): durch → Polymerisation von Vinylacetat gewonnener, vielseitig verwendbarer Kunststoff. **Polyvinylchlorid** [...*wi*...] *das*; -[e]s, -e: durch → Polymerisation von Vinylchlorid hergestellter Kunststoff, der durch Zusatz von Weichmachern biegsam gemacht u. hauptsächlich für Fußbodenbeläge, Folien usw. verwendet wird; Abk.: PVC. **Polyzen|trismus** *der*; -: 1. Zustand eines [kommunistischen] Machtbereiches, in dem die [ideologische] Vorherrschaft nicht mehr nur von einer Stelle (Partei, Staat) ausgeübt wird, sondern von mehreren Machtzentren ausgeht (Pol.). 2. städtebauliche Anlage einer Stadt mit nicht nur einem Mittelpunkt, sondern mehreren Zentren. **polyzy|klisch,** (chem. fachspr.:) polycy|clisch [...*zük*...]: aus mehreren Benzolringen zusammengesetzt (Chem.). **Polyzyt|hämie** *die*; -, ...ien: Rotblütigkeit, Erkrankung durch starke Vermehrung vor allem der → Erythrozyten, auch der → Leukozyten u. der → Thrombozyten (Med.)

pomade [*slaw.*; unter Einfluß von „Pomade"]: (landsch. veraltend) langsam, träge; gemächlich, in aller Ruhe; jmdm. - sein: jmdm. gleichgültig sein. **Pomade** [*lat.-it.-fr.*] *die*; -, -n: (veraltet) parfümierte salbenähnliche Substanz zur Haarpflege. **pomadig**: 1. mit Pomade eingerieben. 2. (ugs.) a) langsam, träge; b) blasiert, anmaßend, dünkelhaft. **pomadisieren**: mit Pomade einreiben

Pomeranze [(*lat.*; *pers.*) *it.-mlat.*] *die*; -, -n: Apfelsine einer bitteren Art, aus deren Schalen → Orangeat hergestellt wird, deren Blätter in der Heilkunde u. deren Blüten in der Parfümerie verwendet werden

Pomę|schtschik [*russ.*] der; -s, -s od. -i: (hist.) Besitzer eines Pomestje. **Pomę|stje** *das*; -: Land-, Lehngut im zaristischen Rußland

Pommes chips [*pomtschipß*; *fr.*] *die* (Plural): roh in Fett gebackene Kartoffelscheibchen. **Pommes croquettes** [- *krokät*] *die* (Plural): in Fett gebackene Klößchen aus Kartoffelbrei (Gastr.); vgl. Krokette. **Pommes Dauphine** [*pomdofin*] *die* (Plural): eine Art Kartoffelkroketten. **Pommes frites** [*pomfrit*] *die* (Plural): roh in Fett gebackene Kartoffelstäbchen. **Pommes macaire** [*pomakär*] *die* (Plural): kurz in Fett gebackene Klößchen aus Kartoffelbrei mit bestimmten Zutaten. **Pomologe**

[*lat.*; *gr.*] *der*; -n, -n: Fachmann auf dem Gebiet der Pomologie. **Pomologie** *die*; -: den Obstbau umfassendes Teilgebiet der Botanik. **pomologisch**: die Pomologie, den Obstbau betreffend

Pomp [*gr.-lat.-fr.*; „Sendung, Geleit; festlicher Aufzug"] *der*; -[e]s: [übertriebener] Prunk, Schaugepränge; glanzvoller Aufzug, großartiges Auftreten

Pompadour [*pongpadur* od. *pom...*; franz. Adlige, Mätresse Ludwigs XV., 1721–1764] *der*; -s, -e u. -s: (veraltet) beutelartige Damenhandtasche [für Handarbeiten]

Pompon [*pongpong* od. *pompong*; *fr.*] *der*; -s, -s: knäuelartige Quaste aus Wolle od. Seide

pompös [*gr.-lat.-fr.*]: [übertrieben] prunkhaft, prächtig. **pomposo** [*gr.-lat.-it.*]: feierlich, prächtig (Vortragsanweisung; Mus.)

Pomuchel [Herkunft unsicher; vielleicht über das Lit. aus dem Slaw.] *der*; -s, -: (landsch.) Dorsch. **Pomuchelskopp** *der*; -s, ...köppe: (landsch.; abwertend) dummer Mensch, Dummkopf, Trottel

Pön [*gr.-lat.*] *die*; -, -en: (veraltet) Strafe, Buße (Rechtsw.). **pönal**: die Strafe, das Strafrecht betreffend (Rechtsw.). **Pönale** *das*; -s, ...lien [...*i^en*] u. -: (österr.) Pön. **pönalisieren**: [*gr.-lat.-nlat.*]: 1. unter Strafe stellen, bestrafen. 2. einem Pferd eine Pönalität auferlegen. **Pönalisierung** *die*; -, -en: 1. das Pönalisieren (1). 2. das Pönalisieren (2). **Pönalität** [„Bestrafung"] *die*; -, -en: Beschwerung leistungsstärkerer Pferde zum Ausgleich der Wettbewerbschancen bei Galopp- od. Trabrennen (Sport)

ponceau [*pongßo*; *lat.-fr.*]: hochrot. **Ponceau** *das*; -s: hochrote Farbe

Poncette [*pongßät*; *lat.-vulgärlat.-fr.*] *die*; -, -n [...*t^en*]: Kohlenstaubbeutel zum Durchpausen perforierter Zeichnungen

Poncho [*pontscho*; *indian.-span.*] *der*; -s, -s: 1. von den Indianern Mittel- u. Südamerikas getragene Schulterdecke mit Kopfschlitz. 2. ärmelloser, nach unten radförmig ausfallender, mantelartiger Umhang, bes. für Frauen

poncieren [*pongßir^en*; *lat.-vulgärlat.-fr.*]: 1. mit Bimsstein abreiben, schleifen. 2. mit der → Poncette durchpausen

Pond [*lat.*; „Gewicht"] *das*; -s, -: Maßeinheit der Kraft (der 1000. Teil eines → Kiloponds; Phys.); Zeichen: p. **ponderabel**: (veraltet) wägbar. **Ponderabilien** [...*i^en*] *die* (Plural): kalkulierbare, faßbare, wägbare Dinge; Ggs. → Imponderabilien. **Ponderation** [...*zion*; „das Wägen, das Abwägen"] *die*; -, -en: gleichmäßige Verteilung des Gewichts der Körpermassen auf die stützenden Gliedmaßen (Bildhauerei)

Pongé [*pongsche*; *chin.-engl.-fr.*] *der*; -[s], -s: 1. leichtes, glattes Gewebe aus Naturseide. 2. wilde Seide einer chinesischen Schmetterlingsart

ponieren [*lat.*]: (veraltet) 1. bewirten, spendieren, zahlen. 2. als gegeben annehmen, den Fall setzen

Pönitent [*lat.*] *der*; -en, -en: Büßender; Beichtender (kath. Kirche). **Pönitentiar** [...*ziar*; *lat.-mlat.*] *der*; -s, -e: Beichtvater, bes. der Bevollmächtigte des Bischofs für die → Absolution in → Reservatfällen. **Pönitentiarie** [...*ziari*] *die*; -: päpstliche Behörde für Ablaßfragen. **Pönitenz** [*lat.*] *die*; -, -en: [kirchliche] Buße, Bußübung

Pönologe [*gr.-lat.*; *gr.*] *der*; -n, -n: Psychologe, der sich bes. mit der Pönologie befaßt. **Pönologie** *die*; -: Erforschung der seelischen Wirkung der Strafe, bes. der Freiheitsstrafe (Psychol.)

Ponor [*serbokroat.*] *der*; -s, Ponore: Schluckloch in Karstgebieten, in dem Flüsse u. Seen versikkern (Geogr.)

Pons [mlat. *pons* asinorum: „Eselsbrücke"] *der*; -es, -e: (landsch. Schülerspr.) gedruckte Übersetzung eines altsprachlichen Textes, die bes. bei Klassenarbeiten heimlich benutzt wird. **ponsen**: (landsch. Schülerspr.) einen Pons benutzen

Pont [nach Pontus Euxinus, dem griech.-lat. Namen des Schwarzen Meers] *das*; -s: älteste Stufe des → Pliozäns (Geol.)

Ponte [*lat.-fr.*] *die*; -, -n: (landsch.) breite Fähre

Pontederie [*nlat.*; nach dem ital. Botaniker G. Pontedera, † 1757] *die*; -, -n: Hechtkraut, Gattung nordamerik. Wasserpflanzen

Ponticello [...*tschälo*; *lat.-it.*; „Brückchen"] *der*; -s, -s u. ...lli: Steg bei Geigeninstrumenten; vgl. sul ponticello

Pontien [*pongtiäng*; *gr.-lat.-fr.*] *das*; -[s]: = Pont

Pontifex [*lat.*] *der*; -, ...tifizes: Oberpriester im alten Rom. **Pontifex maximus** *der*; - -, ...ifices ...mi: 1. (hist.) oberster Priester im alten Rom. 2. (hist.) (ohne Plural) Titel der röm. Kaiser. 3. (ohne Plural) Titel des Papstes. **Pontificale Romanum** [...*kale* -] *das*; - -: amtliches kath. Formelbuch für die Amtshandlungen des Bischofs außerhalb der Messe. **pontifikal**: bischöflich; vgl. in pontificalibus. **Pontifikalamt** *das*; -[e]s, ...ämter: vom Bischof (od. einem Prälaten) gehaltene feierliche Messe. **Pontifikale** [*lat.-mlat.*] *das*; -[s], ...lien [...*i^en*]: liturgisches Buch für die bischöflichen Amtshandlungen; vgl. Pontificale Romanum. **Pontifikalien** [...*i^en*] *die* (Plural): 1. liturgische Gewänder u. Abzeichen des kath. Bischofs. 2. Amtshandlungen des Bischofs, bei denen er seine Abzeichen trägt. **Pontifikat** [*lat.*] *das* od. *der*; -[e]s, -e: Amtsdauer u. Würde des Papstes od. eines Bischofs. **Pontifizes**: *Plural* von → Pontifex

pontisch [*gr.-lat.*]: 1. das → Pont betreffend (Geol.). 2. steppenhaft (Geogr.)

Pontius [*ponziuß*; nach dem Namen des röm. Statthalters]: in der Fügung: (emotional) von - zu Pilatus: (in bezug auf eine Angelegenheit) von einer Stelle zur andern, immer wieder woandershin (um an die richtige Stelle, die etwas entscheiden kann o. ä., zu gelangen), z. B. ich bin von - zu Pilatus geschickt worden, als ich eine Genehmigung dafür haben wollte

Pontok [*afrikaans*] *das*; -s, -s: bienenkorbartige Rundhütte der Hottentotten u. Kaffern

Ponton [*pongtong*, auch: *pontong* od. *pontong*; *lat.-fr.*] *der*; -s, -s: Tragschiff, Brückenschiff (Seew.; Mil.)

Pony [*poni*, auch: *poni*; *engl.*]
I. *das*; -s, -s: zwerg- u. kleinwüchsiges Pferd.
II. *der*; -s, -s: fransenartig in die Stirn gekämmtes Haar (Damenfrisur)

Pool [*pul*]
I. [*germ.-engl.*] *der*; -s, -s: Kurzform von → Swimmingpool.
II. [*lat.-fr.-engl.-amerik.*] *der*; -s, -s: (Wirtsch.) 1. Vertrag zwischen verschiedenen Unternehmungen über die Zusammenlegung der Gewinne u. die Gewinnverteilung untereinander. 2. Zusammenfassung von Beteiligungen am gleichen Objekt.
III. [*lat.-fr.-engl.-amerik.*] *das*; -s: Kurzform von → Poolbillard

Poolbillard [*pulbiljart*; *engl.-amerik.*; *fr.*] *das*; -s, -e: Billard, bei dem 15 rote u. 6 verschiedenfarbige Bälle mit einem weißen Spielball in ein bestimmtes Loch getrieben werden; Taschenbillard. **poolen** [*pul^en*]: (Wirtsch.) 1.

Gewinne zusammenlegen u. verteilen. 2. Beteiligungen am gleichen Objekt zusammenfassen. **Poolung** [*pul*...] *die*; -, -en: Pool (II)

Poop [*pup*; *lat.-fr.-engl.*] *die*; -, -s: (Seemannsspr.) Hütte, hinterer Aufbau bei einem Handelsschiff

Pop [*engl.-amerik.*] *der*; -[s]: 1. Sammelbez. für Popkunst, -musik, -literatur. 2. = Popmusik. 3. (ugs.) poppige Art, poppiger Einschlag

Popanz [*slaw.*] *der*; -es, -e: 1. Schreckgestalt, Vogelscheuche. 2. (abwertend) willenloses Geschöpf; unselbständiger, von anderen abhängiger Mensch

Pop-art [*póp-a't*; *amerik.*; „populäre Kunst"] *die*; -: moderne Kunstrichtung, die einen neuen Realismus propagiert u. Dinge des alltäglichen Lebens in bewußter Hinwendung zum Populären darstellt, als darstellens- u. ausstellungswert erachtet, um die Kunst aus ihrer Isolation herauszuführen u. mit der modernen Lebenswirklichkeit zu verbinden; vgl. Op-art

Popcorn [*pópkoʳn*; *engl.*] *das*; -s: Puffmais, Röstmais

Pope [*gr.-russ.*] *der*; -n, -n: [Welt]priester im slaw. Sprachraum der orthodoxen Kirche; vgl. Papas

Popelin [*popᵉlin*, österr.: *poplin*; *fr.*] *der*; -s, -e u. **Popeline** *der*; -s, -, (auch:) *die*; -, -: feinerer ripsartiger Stoff in Leinenbindung (eine Webart)

Popfarbe [*engl.-amerik.*; *dt.*] *die*; -, -n: modische, auffallende Farbe, Farbzusammenstellung. **Popmusik** [*engl.-amerik.*; *gr.-lat.-fr.*] *die*; -: von → Beat u. → Rockmusik beeinflußte moderne [Schlager]musik. **poppen**: (DDR ugs.) hervorragend u. effektvoll, wirkungsvoll od. beeindruckend sein

Popper

I. *der*; -s, -: Jugendlicher, der sich durch gepflegtes Äußeres u. modische Kleidung bewußt [von eieinem Punk (2)] abheben will.

II. *der*; -s, -s: Fläschchen, Hülse mit Poppers

Poppers *das*; -: (Jargon) ein Rauschmittel, dessen Dämpfe eingeatmet werden. **poppig**: [Stil]elemente der Pop-art enthaltend, modern-auffallend. **Popstar** *der*; -s, -s: erfolgreicher Künstler auf dem Gebiet der Popmusik. **Popular** [*lat.*] *der*; -s, -en u. -es [...*láreß*]: Mitglied der altröm. Volkspartei, die in Opposition zu den → Optimaten stand. **populär** [*lat.-fr.*]: 1. gemeinverständlich, volkstümlich. 2. a) beliebt, allgemein bekannt; b) Anklang, Beifall, Zustimmung findend. **Popularisator** *der*; -s, ...oren: jmd., der etwas gemeinverständlich darstellt u. verbreitet, in die Öffentlichkeit bringt. **popularisieren**: 1. gemeinverständlich darstellen. 2. verbreiten, in die Öffentlichkeit bringen. **Popularität** *die*; -: Volkstümlichkeit, Beliebtheit. **Popularphilosophie** *die*; -: die von einer Schriftstellergruppe des 18. Jh.s verbreitete volkstümliche, auf Allgemeinverständlichkeit ausgehende [Aufklärungs]philosophie. **populärwissenschaftlich**: in populärer, gemeinverständlicher Form wissenschaftlich. **Population** [...*zion*; *lat.*] *die*; -, -en: 1. Bevölkerung. 2. Gesamtheit der Individuen einer Art od. Rasse in einem engeren Bereich (Biol.). 3. Gruppe von Fixsternen mit bestimmten astrophysikalischen Eigenheiten (Astron.). **Populationistik** [*lat.-nlat.*] *die*; -: Bevölkerungslehre, Bevölkerungsstatistik. **Populismus** *der*; -: 1. von → Opportunismus geprägte, volksnahe, oft demagogische Politik mit dem Ziel, durch Dramatisierung der politischen Lage die Gunst der Massen zu gewinnen (Pol.). 2. literarische Richtung des 20. Jh.s mit dem Ziel, das Leben des einfachen Volkes in natürlichem, realistischem Stil für das einfache Volk zu schildern. **Populist** *der*; -en, -en: Vertreter des Populismus. **populistisch**: den Populismus betreffend

Porfido [*gr.-it.*] *der*; -: eine Abart des → Porphyrits

Pori: *Plural* von → Porus

Poriomanie [*gr.-nlat.*] *die*; -, ...ien: krankhafter Reise- u. Wandertrieb (Med.)

Pörkel[t] u. **Pörkölt** [*ung.*] *das*; -s: dem Gulasch ähnliches Fleischgericht mit Paprika

Porno [*gr.*] *der*; -s, -s: (ugs.) pornographischer Film, Roman o. ä. **Porno|graph** [„von Huren schreibend"] *der*; -en, -en: Verfasser pornographischer Werke. **Porno|graphie** [*gr.-nlat.*] *die*; -, ...ien: a) Darstellung geschlechtlicher Vorgänge unter einseitiger Betonung des genitalen Bereichs u. unter Ausklammerung der psychischen u. partnerschaftlichen Gesichtspunkte der Sexualität; b) pornographisches Erzeugnis. **pornographisch**: auf [die] Pornographie (a) bezüglich, in ihrer Art, ihr eigentümlich. **pornophil**: eine Vorliebe für Pornographie habend

porodin [*gr.-nlat.*]: glasig, erstarrt, z. B. -e Gesteine (Geol.). **Poromere** *die* (Plural): poröse, luftdurchlässige Kunststoffe, die in der Schuhindustrie an Stelle von Leder verwendet werden. **porös** [*gr.-lat.-fr.*]: durchlässig, porig, löchrig. **Porosität** *die*; -: Durchlässigkeit, Porigkeit, Löchrigkeit

Porphyr [auch: *porfür*; *gr.*] *der*; -s, -e: dichtes, feinkörniges Ergußgestein mit eingestreuten Kristalleinsprenglingen. **Porphyrie** [*gr.-nlat.*] *die*; -, ...ien: vermehrte Bildung u. Ausscheidung von Porphyrinen (im Urin; Med.). **Porphyrin** *das*; -s, -e (meist Plural): biologisch wichtiges, eisen- od. magnesiumfreies Abbauprodukt der Blut- u. Blattfarbstoffe (Med.; Biol.). **porphyrisch**: eine Strukturart aufweisend, bei der große Kristalle in der dichten Grundmasse eingelagert sind (Geol.). **Porphyrit** [auch: ...*it*] *der*; -s, -e: dunkelgraues, oft auch grünliches od. braunes Ergußgestein mit Einsprenglingen (Geol.). **Porphyro|blasten** *die* (Plural): große Kristallneubildungen in dichter Grundmasse (bei → metamorphen Gesteinen; Geol.). **Porphyroid** *der*; -[e]s, -e: → dynamometamorph geschieferter Porphyr (Geol.)

Porree [*lat.-vulgärlat.-fr.*] *der*; -s, -s: südeuropäische Lauchart (Gemüsepflanze)

Porridge [*poridseh*; *engl.*] *das* u. *der*; -s: [Frühstücks]haferbrei (bes. in den angelsächsischen Ländern)

Port [*lat.-fr.*; „Hafen"] *der*; -[e]s, -e: Ziel, Ort der Geborgenheit, Sicherheit

Portable [*poʳtᵉbᵉl*; *lat.-engl.*; „tragbar"]

I. *der* (auch: *das*); -s, -s: 1. tragbares, nicht an einen festen Standplatz gebundenes Kleinfernsehgerät. 2. tragbares Rundfunkgerät.

II. *die*; -, -s: tragbare Schreibmaschine

Portage [*portaseh*ᵉ; *lat.-fr.*] *die*; -, -n: 1. Warenladung an Bord eines Schiffes. 2. = Pakotille

portal [*lat.-mlat.*]: die zur Leber führende Pfortader betreffend, durch sie bewirkt (Med.). **Portal** [„Vorhalle"] *das*; -s, -e: 1. [prunkvolles] Tor, Pforte, großer Eingang. 2. torartige feststehende od. fahrbare Tragkonstruktion für einen Kran

Portament [*lat.-it.*] *das*; -[e]s, -e, **Portamento** *das*; -s, -s u. ...ti u. **Portando la voce** [- - *wotsch*ᵉ] *das*; - - -, ...di - -: das Hinüberziehen eines Tones zu dem darauffolgenden, aber abgehobener als → legato (Mus.). **Portatile** [*lat.-mlat.*] *das*; -[s], ...tilien [...*iᵉn*]: [mittelalterlicher] Tragaltar (Steinplatte mit Reliquiar zum Messelesen auf Reisen). **Portativ** *das*; -s, -e [...*wᵉ*]: kleine tragbare Orgel; vgl. Positiv (II, 1). **portato** [*lat.-it.*]: getragen, abgehoben, ohne Bindung (Vortragsanweisung; Mus.). **Portato** *das*; -s, -s u. ...ti: getragene, den Ton bindende Vortragsweise (Mus.). **Portechaise** [*portschäsᵉ*; *fr.*] *die*; -, -n: (hist.) Tragsessel, Sänfte. **Portées** [*porte*; *lat.-fr.*] *die* (Plural): gezinkte, d. h. zu betrügerischen Zwecken mit Zeichen versehene Spielkarten. **Portefeuille** [*portföj*; *fr.*] *das*; -s, -s: 1. (veraltet) Brieftasche, Aktenmappe. 2. Geschäftsbereich eines Ministers. 3. Wertpapierbestand einer Bank (Wirtsch.). **Portemonnaie** [...*mone*] *das*; -s, -s: Geldbeutel, -börse. **Portepagen** [...*pascheᵉn*] *die* (Plural): Kartons als Zwischenlage bei der Aufbewahrung von Stehsatz (Druckw.). **Portepee** *das*; -s, -s: [silberne od. goldene] Quaste am Degen, Säbel od. Dolch (eines Offiziers od. Unteroffiziers vom Feldwebel an); jmdn. beim - fassen: jmds. Ehre od. etw., was er als persönliche Wertvorstellung intakt halten möchte, ansprechen, um ihn auf diese Weise zu etw. zu motivieren, was er sonst nicht so ohne weiteres täte (z. B. sich für etw./jmdn. einzusetzen). **Porter** [*lat.-fr.-engl.*] *der* (auch, bes. österr.: *das*); -s, -: starkes [engl.] Bier. **Porterhousesteak** [*pó'tᵉrhaußßtek*] *das*; -s, -s: (vorzugsweise auf dem Rost zu bratende) dicke Scheibe aus dem Rippenstück des Rinds mit [Knochen u.] Filet (Gastr.); vgl. T-bone-Steak. **Porteur** [*portör*; *lat.-fr.*] *der*; -s, -e: Inhaber, Überbringer eines Inhaberpapiers (Wertpapier, das nicht auf den Namen des Besitzers lautet; Wirtsch.). **Portfolio** [*it.*] *das*; -s, -s: 1. mit Fotografien ausgestatteter Bildband (Buchw.). 2. (selten) Portefeuille. **Porti**: *Plural* von → Porto. **Portier** [*portie*, österr. auch: *portir*; *lat.-fr.*] *der*; -s, -s (österr. auch: -e): 1. Pförtner. 2. Hauswart. **Portiere** *die*; -, -n: Türvorhang

portieren [*lat.-fr.*]: (schweiz.) zur Wahl vorschlagen

Portikus [*lat.*] *der* (fachspr. auch: *die*); -, - [...*kuß*] u. ...ken: Säulenhalle als Vorbau an der Hauptteingangsseite eines Gebäudes

Portiokappe [...*zio*...; *lat.*; *dt.*] *die*; -, -n: aus Kunststoff hergestellte Kappe, die dem in die Scheide ragenden Teil der Gebärmutter als mechanisches Verhütungsmittel aufgestülpt wird (Med.). **Portion** [...*zion*; *lat.*] *die*; -, -en: [An]teil, abgemessene Menge (bes. bei Speisen). **portionieren** [*lat.-fr.*]: in Portionen teilen. **Portionierer** *der*; -s, -: Gerät zum Einteilen von Portionen (z. B. bei Speiseeis)

Porti|unkula|ablaß [...*ziu*...; nach der Marienkapelle Porziuncola bei Assisi] *der*; ...lasses: vollkommener → Toties-quoties-Ablaß, der am 2. August (Weihe der Portiunkula) vor allem in Franziskanerkirchen gewonnen werden kann

Portlandzement [nach der engl. Insel Portland] *der*; -[e]s: Zement mit bestimmten genormten Eigenschaften; Abk.: PZ

Porto [*lat.-it.*] *das*; -s, -s u. ...ti: Gebühr für die Beförderung von Postsendungen

Portolan vgl. Portulan

Por|trait [...*trä*; *lat.-fr.*] *das*; -s, -s: (veraltet) Porträt. **Por|trät** [...*trä*, auch: ...*trät*] *das*; -s, -s od. (bei dt. Ausspr.:) *das*; -[e]s, -e: Bild (bes. Brustbild) eines Menschen, Bildnis. **por|trätieren**: jmds. Porträt anfertigen. **Por|trätist** [*lat.-fr.-nlat.*] *der*; -en, -en: Künstler, der Porträts anfertigt

Portugieser [nach Portugal] *der*; -s, -: a) (ohne Plural) eine bestimmte Rebsorte; b) Wein der Rebsorte Portugieser (a)

Portulak [*lat.*] *der*; -s, -e u. -s: Pflanzengattung mit Zier- u. Gemüsepflanzen

Portulan u. Portolan [*lat.-it.*] *der*; -s, -e: mittelalterliches Segelhandbuch

Portwein [nach der portugies. Stadt Porto] *der*; -[e]s, -e: dunkelroter od. weißer Wein aus den portugiesischen Gebieten des Douro

Porus [*gr.-lat.*] *der*; -, Pori: Ausgang eines Körperkanals, Körperöffnung (Med.; Biol.)

Porzellan [*lat.-it.*] *das*; -s, -e: feinste Tonware, die durch Brennen einer aus Kaolin, Feldspat u. Quarz bestehenden Masse hergestellt wird. **porzellanen**: aus Porzellan [bestehend]

Posada [*gr.-lat.-span.*] *die*; -, ...den: span. Bezeichnung für: Wirtshaus

Posament [*lat.-fr.*] *das*; -[e]s, -en (meist Plural): textiler Besatzartikel (Borte, Schnur, Quaste u. a.). **Posamenter** *der*; -s, -: (selten) Posamentenhersteller und -händler. **Posamenterie** *die*; -, ...ien: (veraltet) Besatzartikelhandlung. **Posamentier** *der*; -s, -e: = Posamenter. **Posamentierarbeit** *die*; -, -en: mit Posamenten verzierte Arbeit. **posamentieren**: Posamenten herstellen. **Posamentierer** *der*; -s, -: = Posamenter

Posaune [*lat.-vulgärlat.-fr.*; „Jagdhorn, Signalhorn"] *die*; -, -n: zur Trompetenfamilie gehörendes Blechblasinstrument. **posaunen**: 1. (meist ugs.) die Posaune blasen. 2. (ugs., abwertend) a) [etwas, was nicht bekanntwerden sollte] überall herumerzählen; b) laut[stark] verkünden. **Posaunist** *der*; -en, -en: Musiker, der Posaune spielt

Poschti u. Puschti [*pers.*] *der*; -[s], -s: sehr kleiner, handgeknüpfter Vorlegeteppich, bes. aus der Gegend um die iran. Stadt Schiras

Pose [*gr.-lat.-fr.*] *die*; -, -n: 1. gekünstelte Stellung; gesuchte, unnatürliche, affektierte Haltung. 2. Schwimmkörper an der Angelleine, Schwimmer. **Poseur** [*posör*] *der*; -s, -e: (abwertend) Blender, Wichtigtuer; jmd., der sich ständig in Szene setzt

Posidonienschiefer [...*iᵉn*...; *gr.-lat.*; *dt.*] *der*; -s: versteinerungsreicher, → bituminöser schwarzer Schieferhorizont im → Lias (Geol.)

posieren [*gr.-lat.-fr.*]: 1. aus einem bestimmten Anlaß eine Pose, eine besonders wirkungsvolle Stellung einnehmen. 2. sich gekünstelt benehmen

Position [...*zion*; *lat.*] *die*; -, -en: 1. a) Stellung, Stelle [im Beruf]; b) Situation, Lage, in der sich jmd. im Verhältnis zu einem andern befindet; c) Einstellung, Standpunkt. 2. bestimmte Stellung, Haltung. 3. Platz, Stelle in einer Wertungsskala (Sport). 4. Einzelposten einer [Waren]liste, eines Planes; Abk.: Pos. 5. a) Standort eines Schiffes od. Flugzeugs; b) Standort eines Gestirns (Astron.). 6. militärische Stellung. 7. a) metrische Länge, Positionslänge eines an sich kurzen Vokals vor zwei od. mehr folgenden Konsonanten (antike Metrik); b) jede geordnete Einheit in einer sprachlichen Konstruktion (nach Bloomfield; Sprachw.). 8. (Philos.) a) Setzung, Annahme, Aufstellung einer These; b) Bejahung eines Urteils; c) Behauptung des Daseins einer Sache. **positionell** [französierende Ableitung von → Position]: 1. stellungsmäßig. 2. in der Stellung (im strategischen Aufbau) einer Schachpartie begründet. **positionieren**: in eine bestimmte Position (2), Stellung bringen; einordnen. **Positionierung** *die*; -, -en: der auf dem Bildschirm vorgenommene Umbruch. **Positionsastronomie** *die*; -: = Astrometrie. **Positionswinkel** *der*; -s, -: Winkel zwischen der Richtung zum Himmelsnordpol u. der Richtung der Verbindungslinie zweier Sterne (Astron.). **positiv** [auch: ...*tif*; *lat.*(-*fr.*)]: 1. a) bejahend, zustimmend; Ggs. → negativ (1 a); b) ein Ergebnis bringend; vorteilhaft, günstig, gut; Ggs. → negativ (1 b); c) sicher, genau, tatsächlich. 2. größer als Null; Zeichen: + (Math.); Ggs. → negativ (2). 3. das Positiv (II, 2) betreffend; der Natur entsprechende Licht- u. Schattenverteilung habend (Fotogr.); Ggs. → negativ (3). 4. im ungeladenen Zustand mehr Elektronen enthaltend als im geladenen (Phys.); Ggs. → negativ (4). 5. für das Bestehen einer Krankheit sprechend, einen krankhaften Befund zeigend (Med.); Ggs. → negativ (5)

Positiv [*lat.*]

I. [auch: ...*tif*] *der*; -s, -e [...*w*[e]]: die ungesteigerte Form des Adjektivs, Grundstufe (z. B. schön; Sprachw.).

II. *das*; -s, -e [...*w*[e]]: 1. kleine Standorgel, meist ohne Pedal; vgl. Portativ. 2. über das → Negativ gewonnenes, seitenrichtiges, der Natur entsprechendes Bild (Fotogr.)

Positiva: *Plural* von → Positivum. **Positivismus** [...*wi*...; *lat.-nlat.*] *der*; -: Philosophie, die ihre Forschung auf das Positive, Tatsächliche, Wirkliche u. Zweifellose beschränkt, sich allein auf Erfahrung beruft u. jegliche Metaphysik als theoretisch unmöglich u. praktisch nutzlos ablehnt (A. Comte). **Positivist** [...*wißt*] *der*; -en, -en: Vertreter, Anhänger des Positivismus. **positivistisch**: 1. den Positivismus betreffend, zu ihm gehörend, auf ihm beruhend. 2. (abwertend) vordergründig; sich bei einer wissenschaftlichen Arbeit nur auf das Sammeln o. ä. beschränkend u. keine eigene Gedankenarbeit aufweisend. **Positivprozeß** *der*; ...zesses, ...zesse: chem. Vorgang zur Herstellung von Positiven (II, 2) (Fotogr.). **Positivum** [...*wum*] *das*; -s, ...va: etwas, was an einer Sache als positiv (1 b), vorteilhaft, gut empfunden wird; etwas Positives; Ggs. → Negativum. **posito** [*lat.*]: (veraltet) angenommen, gesetzt den Fall. **Posi|tron** [Kurzw. aus: *posit*iv u. Elek*tron*] *das*; -s, ...onen: positiv geladenes Elementarteilchen, dessen Masse gleich der Elektronenmasse ist; Zeichen: e^+. **Positur** [*lat.*; „Stellung, Lage"] *die*; -, -en: 1. für eine bestimmte Situation gewählte [betonte, herausfordernde] Haltung od. Stellung. 2. (landsch.) Gestalt, Figur, Statur

Possession [*lat.*] *die*; -, -en: Besitz (Rechtsw.). **possessiv** [auch: ...*ßif*]: 1. von einer Art, die jmdn. fest an sich gebunden wissen will, die jmdn. ganz für sich beansprucht, z. B. -e Männer, -es Verhalten. 2. besitzanzeigend (Sprachw.). **Possessiv** [auch: ...*ßif*] *das*; -s, -e [...*w*[e]]: = Possessivpronomen. **Possessivkompositum** [auch: ...*ßif*...] *das*; -s, ...ta u. ...siten: = Bahuwrihi. **Possessivpronomen** [auch: ...*ßif*...] *das*; -s, - (auch: ...mina): besitzanzeigendes Fürwort (z. B. mein; Sprachw.). **Possessivum** [...*ßiwum*] *das*; -s, ...va: = Possessiv. **possessorisch**: den Besitz betreffend (Rechtsw.). **Possest** *das*; -: das Seinkönnen als Bezeichnung des Göttlichen, in dem Möglichkeit (Können) u. Wirklichkeit (Sein) zusammenfallen (N. v. Kues; Philos.). **possibel** [*lat.-fr.*]: (veraltet) möglich. **Possibilismus** *der*; -: (1882 entstandene) Bewegung innerhalb des franz. Sozialismus, die sich mit erreichbaren sozialistischen Zielen begnügen wollte. **Possibilist** *der*; -en, -en: Vertreter, Anhänger des Possibilismus. **Possibilität** *die*; -, -en: (veraltet) Möglichkeit

possierlich [*fr.*; *dt.*] klein, niedlich u. dabei drollig

postalisch [*lat.-it.-nlat.*]: die Post betreffend, von der Post ausgehend, Post... **Postament** [*lat.-it.*] *das*; -[e]s, -e: Unterbau, Sockel einer Säule od. Statue. **Postarbeit** *die*; -, -en: (österr., ugs.) eilige Arbeit. **Postcar** *der*; -s, -s: (schweiz.) Linienbus der Post

post Christum [natum] [*lat.*]: nach Christi [Geburt], nach Christus; Abk.: p. Chr. [n.]. **postdatieren** [*lat.-nlat.*]: (veraltet) a) mit einer früheren Zeitangabe versehen; b) mit einer späteren Zeitangabe versehen

Postdebit [*pǫßtdebi(t)*; *lat.-it.*; *lat.-fr.*] *der*; -s: Zeitungsvertrieb durch die Post; vgl. Debit

post|em|bryonal [*lat.*; *gr.-nlat.*]: nach der Embryonalzeit (Med.)

Poster [auch: *po*[u]*ßt*[e]*r*; *engl.*; „Plakat"] *das* (auch: *der*); -s, - (selten: -s): plakatartig aufgemachtes, in seinen Motiven den modernen Kunstrichtungen od. der modernen Fotografie folgendes Bild

poste restante [*pǫßt rä̱ßtang*; *lat.-it.-fr.*]: franz. Bezeichnung für: postlagernd

Posteriora [*lat.*; „Nachfolgendes"] *die* (Plural): (scherzh.) Gesäß. **Posteriorität** [*lat.-mlat.*] *die*; -: (veraltet) das Nachstehen [im Amt]. **Posterität** [*lat.*] *die*; -, -en: (veraltet) a) Nachkommenschaft; b) Nachwelt. **Post|existenz** [*lat.-nlat.*] *die*; -: das Fortbestehen der Seele nach dem Tod (Philos.); Ggs. → Präexistenz (2). **post festum** [*lat.*; „nach dem Fest"]: hinterher, im nachhinein; zu einem Zeitpunkt, wo es eigentlich zu spät ist, keinen Zweck od. Sinn mehr hat. **post|glazial** [*lat.-nlat.*]: nacheiszeitlich (Geol.). **Post|glazial** *das*; -s: Nacheiszeit (Geol.). **Postglossator** [*lat.-it.*] *der*; -s, ...oren (meist Plural): (hist.) Vertreter einer Gruppe italienischer Rechtslehrer des 13./14. Jh.s, die durch die Kommentierung des → Corpus Juris Civilis die praktische Grundlage der modernen Rechtswissenschaft schufen. **post|gradual**: (DDR) nach Abschluß eines [Hochschul]studiums stattfindend. **post|graduell**: nach der → Graduierung, dem Erwerb eines akademischen Grades erfolgend

Pos|thitis [*gr.-nlat.*] *die*; -, ...itiden: Vorhautentzündung (Med.)

post|hum usw. vgl. postum usw.

Postiche [*poßtisch*[e], auch: *poßtisch*[e]; *it.-fr.*] *die*; -, -s: Haarteil. **Posticheur** [*poßtischö̱r*; *fr.*] *der*; -s, -e: Fachkraft für die Anfertigung u. Pflege von Perücken u. Haarteilen; Perückenmacher. **Posticheuse** [...*schö̱s*[e]] *die*; -, -n: weibliche Fachkraft für die Anfertigung u. Pflege von Perücken u. Haarteilen

postieren [*lat.-it.-fr.*]: a) jmdn./sich an einer bestimmten Stelle zur Beobachtung hinstellen; b) etwas an einer bestimmten Stelle aufstellen, aufbauen

Postille [*lat.-mlat.*] *die*; -, -n: 1. religiöses Erbauungsbuch. 2. Predigtbuch, -sammlung

Postillion [*poßtiljon*, auch: *pǫßtiljon*; *lat.-it.*(-*fr.*)] *der*; -s, -e: 1. (hist.) Postkutscher. 2. Weißling mit gelben schwarzgeränderten Flügeln (Schmetterlingsart). **Postillon d'amour** [*poßtijong damur*; *fr.*] *der*; - -, -s [...*jong*] -: (scherzh.) Überbringer eines Liebesbriefes

postkapitalistisch [*lat.-nlat.*]: zu einer Stufe der gesellschaftlichen Entwicklung gehörend, die dem Kapitalismus folgt (Soziologie). **Postkommunion** [*lat.-mlat.*] *die*; -, -en: Schlußgebet der kath. Messe nach der → Kommunion. **Postludium** [*lat.-nlat.*] *das*; -s, ...ien [...*iᵉn*]: musikalisches Nachspiel; vgl. Präludium. **Postmaterialismus** *der*; -: Lebenseinstellung, die keinen Wert mehr auf das Materielle legt, sondern immaterielle Bedürfnisse (z. B. nach einer intakten, natürlichen u. sozialen Umwelt) für dringlicher hält. **Postmolar** [*lat.-nlat.*] *der*; -en, -en: hinterer Backenzahn, Mahlzahn (Medizin). **postmortal**: nach dem Tode [auftretend] (z. B. von Organveränderungen; Med.). **post mortem** [*lat.*]: nach dem Tode; Abk.: p. m. **postnatal**: nach der Geburt bzw. Entbindung [auftretend] (z. B. von Schädigungen des Kindes; Med.). **postnumerando** [*lat.-nlat.*]: nachträglich (zahlbar); Ggs. → pränumerando. **Postnumeration** [...*zion*] *die*; -, -en: Nachzahlung; Ggs. → Pränumeration

Posto [*lat.-it.*] **fassen**: (veraltet) sich aufstellen, eine Stellung einnehmen

post|operativ [*lat.-nlat.*]: nach der Operation auftretend, einer Operation folgend (Med.). **postpalatal**: hinter dem Gaumen gesprochen (von Lauten; Sprachw.); Ggs. → präpalatal; vgl. Palatum. **post partum** [*lat.*]: nach der Geburt bzw. Entbindung [auftretend] (Med.). **post|pneumonisch** [*lat.*; *gr.-nlat.*]: nach einer Lungenentzündung [auftretend] (Med.). **postponieren** [*lat.*]: (veraltet) dahintersetzen. **postponierend**: verspätet eintretend (z. B. von Krankheitssymptomen; Med.). **Postposition** [...*zion*; *lat.-nlat.*] *die*; -, -en: 1. dem Substantiv nachgestellte Präposition (Sprachw.). 2. (Med.) a) Verlagerung eines Organs nach hinten; b) verspätetes Auftreten (z. B. von Krankheitssymptomen); Ggs. → Anteposition (1). **postpositiv**: die Postposition (1) betreffend, dem Substantiv nachgestellt (von Präpositionen; Sprachw.). **Postprädikamente** *die* (Plural): die aus den → Prädikamenten bzw. → Kategorien (3) abgeleiteten Begriffe der scholastischen Philosophie

Postregal *das*; -s: das Recht des Staates, das gesamte Postwesen in eigener Regie zu führen. **Postscheck** *der*; -s, -s: Zahlungsanweisung auf ein Guthaben des Ausstellers bei einem Postscheckamt. **Postscheckkonto** *das*; -s, ...ten: Konto bei einem Postscheckamt

Post|skript [*lat.*] *das*; -[e]s, -e u. **Post|skriptum** *das*; -s, ...ta: Nachschrift; Abk.: PS. **Postszenium** [*lat.*; *gr.-nlat.*] *das*; -s, ...ien [...*iᵉn*]: Raum hinter der Bühne; Ggs. → Proszenium (2). **posttektonisch**: sich nach tektonischen Bewegungen ergebend (von Veränderungen in Gesteinen; Geol.). **posttertiär** [...*ziär*; *lat.-nlat.*]: nach dem → Tertiär [liegend] (Geol.). **posttraumatisch** [*lat.*; *gr.-nlat.*]: nach einer Verletzung auftretend (Med.)

Postulant [*lat.*] *der*; -en, -en: 1. Bewerber. 2. Kandidat eines katholischen Ordens während der Probezeit. **Postulat** *das*; -[e]s, -e: 1. unbedingte [sittliche] Forderung. 2. sachlich od. denkerisch notwendige Annahme, These, die unbeweisbar od. noch nicht bewiesen, aber durchaus glaubhaft u. einsichtig ist (Philos.). 3. Probezeit für die Kandidaten eines katholischen Ordens. **Postulation** [...*zion*] *die*; -, -en: Benennung eines Bewerbers für ein hohes katholisches Kirchenamt, der erst von einem → kanonischen Hindernis befreit werden muß. **postulieren**: 1. fordern, zur Bedingung machen. 2. feststellen. 3. ein Postulat (2) aufstellen

postum [*lat.*]: a) nach jmds. Tod erfolgt (z. B. eine Ehrung); b) nach jmds. Tod erschienen, nachgelassen (z. B. ein Roman); c) nach dem Tod des Vaters geboren, nachgeboren. **Postumus** *der*; -, ...mi: Spät-, Nachgeborener (Rechtsw.)

Postur [*lat.-it.*] *die*; -: (schweiz.) Positur

post urbem conditam [- - *kon*...; *lat.*]: nach der Gründung der Stadt [Rom] (altrömische Jahreszählung); Abk.: p. u. c. **Postvention** [...*wänzion*; *lat.-nlat.*] *die*; -, -en: Betreuung eines Patienten durch einen Arzt nach einer Krankheit, einer Operation; Nachsorge (Med.). **Postverbale** [...*wär*...; *lat.-nlat.*] *das*; -[s], ...lia: = Nomen postverbale

Pot

I. [*engl.-amerik.*] *das*; -s: (Jargon) → Haschisch, Marihuana.

II. [*engl.-amerik.*] *der*; -s: (beim → Poker) Summe aller Einsätze, Kasse.

III. [*fr.*] *der*; -, -s: (schweiz.) Topf

Potage [...*asch*ᵉ; *fr.*] *die*; -, -n: (veraltet) Suppe

potamisch [*gr.-nlat.*]: die Potamologie betreffend (Geogr.). **potamogen**: durch Flüsse entstanden (Geogr.). **Potamologie** *die*; -: Forschungszweig der → Hydrologie u. Geographie zur Erforschung von Flüssen

Potassium [*dt.-nlat.*] *das*; -s: engl. u. franz. Bezeichnung für → Kalium

Potator [*lat.*] *der*; -s, ...oren: Trinker (Med.). **Potatorium** *das*; -s: Trunksucht (Med.)

Pot|au|feu [*potofö*; *fr.*; „Topf auf dem Feuer"] *der* od. *das*; -[s], -s: franz. Bezeichnung für: Fleischbrühe, die über Weißbrotscheiben angerichtet u. zu Fleisch u. Gemüse gegessen wird

Potemkinsche Dörfer [*potämkin*..., bei russ. Ausspr.: *patjom*... -; nach dem russ. Fürsten Potemkin] *die* (Plural): Trugbilder, Vorspiegelungen

potent [*lat.*]: 1. a) leistungsfähig; b) mächtig, einflußreich; c) zahlungskräftig, vermögend. 2. (Med.; Ggs. → impotent 1) a) fähig zum Geschlechtsverkehr (in bezug auf den Mann); b) zeugungsfähig. **Potentat** *der*; -en, -en: 1. jmd., der Macht hat u. Macht zu seinem Vorteil ausübt. 2. (veraltet) souveräner, regierender Fürst. **potential** [...*zial*; *lat.-mlat.*]: 1. die bloße Möglichkeit betreffend (Philos.); Ggs. → aktual (1). 2. die Möglichkeit ausdrückend (Sprachw.). **Potential** *das*; -s, -e: 1. Leistungsfähigkeit. 2. (Phys.) a) Maß für die Stärke eines Kraftfeldes in einem Punkt des Raumes; b) = potentielle Energie. **Potentialdifferenz** *die*; -: Unterschied elektrischer Kräfte bei aufgeladenen Körpern (Phys.). **Potentialgefälle** [*lat.-mlat.*; *dt.*] *das*; -s: = Potentialdifferenz. **Potentialis** [*lat.-mlat.*] *der*; -, ...les [...*áleß*]: → Modus (2) der Möglichkeit, Möglichkeitsform (Sprachw.). **Potentialität** *die*; -, -en: die Möglichkeit, die zur Wirklichkeit werden kann; Ggs. → Aktualität (1) (Philos.). **potentiell** [...*ziäl*; *lat.-mlat.-fr.*]: möglich (im Unterschied zu wirklich), denkbar; der Anlage, Möglichkeit nach; Ggs. → aktual (2, 3), → aktuell (2). **Potentilla** [*lat.-nlat.*] *die*; -, ...llen: Fingerkraut ([gelbblühendes] Rosengewächs mit vielen Arten, bes. auf Wiesen). **Potentiometer** [...*zio*...; *lat.*; *gr.*] *das*; -s, -: Gerät zur Abnahme od. Herstellung von Teilspannungen, Spannungsteiler (Elektrot.). **Potentiome|trie** *die*;

-, ...ien: maßanalytisches Verfahren, bei dem der Verlauf der → Titration durch Potentialmessung an der zu bestimmenden Lösung verfolgt wird (Chem.). **potentiome|trisch**: das Potentiometer betreffend, mit ihm durchgeführt (Elektrot.). **Potenz** [*lat.*] *die*; -, -en: 1. Fähigkeit, Leistungsvermögen. 2. (Med.) a) Fähigkeit des Mannes zum Geschlechtsverkehr; b) Zeugungsfähigkeit. 3. Grad der Verdünnung einer Arznei in der → Homöopathie (Med.). 4. Produkt mehrerer gleicher Faktoren, dargestellt durch die → Basis (4c) u. den → Exponenten (2; Math.). **Potenzexponent** *der*; -en, -en: Hochzahl einer Potenz (Math.). **potenzieren**: 1. erhöhen, steigern. 2. (Med.) a) die Wirkung eines Arznei- od. Narkosemittels verstärken; b) eine Arznei homöopathisch verdünnen. 3. eine Zahl mit sich selbst multiplizieren (Math.)

Poterie [*fr.*] *die*; -, -s: (veraltet) a) Töpferware; b) Töpferwerkstatt

Poterne [*lat.-fr.*] *die*; -, -n: (veraltet) unterirdischer, bombensicherer Festungsgang

Potomanie [*gr.-nlat.*] *die*; -: = Potatorium

Potpourri [*potpuri*; *fr.*] *das*; -s, -s: 1. Zusammenstellung verschiedenartiger, durch Übergänge verbundener (meist bekannter u. beliebter) Melodien. 2. Allerlei, Kunterbunt. **Potpourrivase** [*...was^e*] *die*; -, -n: (veraltet) [mit Blumen od. Figuren verzierte] Porzellanvase mit durchbrochenem Deckel (durch den der Duft der darin aufbewahrten Kräuter herausströmen kann)

Pou|drette [*pu...*; *lat.-fr.*] *die*; -: (selten) Fäkaldünger

Poujadismus [*pusch̶a...*; *fr.-nlat.*; nach dem franz. Politiker Poujade (*puschad*), geb. 1920] *der*; -: aus der wirtschaftlichen Unzufriedenheit der Bauern u. kleinen Kaufleute entstandene radikale politische Bewegung in Frankreich. **Poujadist** *der*; -en, -en: Anhänger des Poujadismus. **poujadistisch**: den Poujadismus betreffend

Poulard [*pular*; *lat.-fr.*] *das*; -s, -s u. **Poularde** [*...lard^e*] *die*; -, -n: junges [verschnittenes] Masthuhn. **Poule** [*pul*] *die*; -, -n [*...l^{e}n*]: 1. Spiel- od. Wetteinsatz. 2. bestimmtes Spiel beim Billard od. Kegeln. **Poulet** [*pule*] *das*; -s, -s: junges, zartes Masthuhn od. -hähnchen

Pound [*paund*; *lat.-engl.*; „Pfund"] *das*; -, -s: engl. Gewichtseinheit (453,60 g); Abk.: Singular: lb., Plural: lbs.

pour ac|quit [*pur aki*; *fr.*]: (selten) als Quittung; vgl. Acquit. **pour féliciter** [- *...ßite*]: (veraltet) um Glück zu wünschen (meist als Abkürzung auf Visitenkarten); Abk.: p. f. **Pour le mérite** [- *l^e merit*; „für das Verdienst"] *der*; - - -: hoher Verdienstorden, von dem seit 1918 nur noch die Friedensklasse [für Wissenschaften u. Künste] verliehen wird. **Pourparler** [*...parle*] *das*; -s, -s: (veraltet) diplomatische Besprechung, Unterredung, Meinungsaustausch

Poussade [*pußad^e*; *lat.-fr.*] *die*; -, -n: (veraltet) Poussage. **Poussage** [*pußasch^e*] *die*; -, -n: (veraltend) 1. [nicht ernstgemeinte] Liebschaft. 2. (oft abwertend) Geliebte. **poussé** u. **poussez**! [*puße*]: mit Bogenaufstrich (Anweisung für Streichinstrumente; Mus.). **poussieren**: 1. (landsch.) flirten, anbändeln; mit jmdm. in einem Liebesverhältnis stehen. 2. (veraltet) jmdm. schmeicheln; jmdn. gut behandeln u. verwöhnen, um etwas zu erreichen. **Poussierstengel** *der*; -s, -: (ugs. veraltend scherzh.) junger Mann, der gern, viel mit Mädchen poussiert (1)

Pouvoir [*puwoar*; *lat.-vulgärlat.-fr.*] *das*; -s, -s: (österr.) Handlungs-, Verhandlungsvollmacht (Wirtsch.)

Povese vgl. Pafese

power [*lat.-fr.*]: (landsch.) armselig, ärmlich, dürftig, minderwertig

Power [*pau^{e}r*; *engl.*] *die*; -: (Jargon) Kraft, Stärke, Leistung. **Powerplay** [*pau^{e}rple^i*; *engl.-amerik.*; „Kraftspiel"] *das*; -[s]: gemeinsames, anhaltendes Anstürmen aller fünf Feldspieler auf das gegnerische Tor im Verteidigungsdrittel des Gegners (Eishockey). **Power|slide** [*pau^{e}rßlaid*; *engl.*; „Kraftrutschen"] *das*; -[s]: im Autorennsport die besondere Technik, mit erhöhter Geschwindigkeit durch eine Kurve zu schlittern, ohne das Fahrzeug aus der Gewalt zu verlieren

Powidel u. **Powidl** [*tschech.*] *der*; -s, -: (österr.) Pflaumenmus. **Powidlkolatsche** *die*; -, -n: (österr.) mit Pflaumenmus gefülltes Hefegebäckstück. **Powidltatschkerl** *das*; -s, -n: mit Pflaumenmus gefüllte u. in Salzwasser gekochte, flache, halbkreisförmige Speise aus Kartoffelteig

Pozz[u]olan|erde [nach dem Ort Pozzuoli am Vesuv] *die*; -: Aschentuff; vgl. Puzzolan

Prä [*lat.*; „Vor"] *das*; -s: Vorteil, Vorrang; d a s - haben: den Vorrang haben

Prä|ambel [*lat.-mlat.*] *die*; -, -n: 1. Einleitung, feierliche Erklärung als Einleitung einer [Verfassungs]urkunde od. eines Staatsvertrages. 2. Vorspiel in der Lauten- u. Orgelliteratur

Prä|animismus [*lat.-nlat.*] *der*; -: angenommene Vorstufe des → Animismus (1), z. B. der → Dynamismus (2; Völkerk.)

Präbendar [*lat.-mlat.*] *der*; -s, -e u. **Präbendarius** *der*; -, ...ien [*...i^{e}n*]: Inhaber einer Präbende. **Präbende** *die*; -, -n: kirchliche Pfründe; vgl. Benefizium (3)

Prächelléen [*...schäleäng*; *lat.*; *fr.*; nach dem franz. Fundort Chelles (*schäl*)] *das*; -[s]: (veraltet) Abbevillien

prädeistisch [*lat.-nlat.*]: noch nicht auf göttliche Wesen bezogen (von magischen Bräuchen u. Vorstellungen bei Naturvölkern)

Prädestination [*...zion*; *lat.-mlat.*] *die*; -: 1. göttliche Vorherbestimmung, bes. die Bestimmung des einzelnen Menschen zur Seligkeit oder Verdammnis durch Gottes Gnadenwahl (Lehre Augustins u. vor allem Calvins; auch im Islam); Ggs. → Universalismus (2). 2. das Geeignetsein, Vorherbestimmtsein durch Fähigkeiten, charakterliche Anlagen für ein bestimmtes Lebensziel, einen Beruf o. ä. **prädestinieren**: vorherbestimmen. **prädestiniert**: vorherbestimmt; wie geschaffen

Prädetermination [*...zion*; *lat.-nlat.*] *die*; -: das Vorherfestgelegtsein der Keimesentwicklung (Biol.). **prädeterminieren**: durch Prädetermination bestimmen, lenken. **Prädeterminismus** *der*; -: Lehre des Thomas v. Aquin von der göttlichen Vorherbestimmtheit menschlichen Handelns

Prädezessor [*lat.*] *der*; -s, ...oren: (veraltet) Amtsvorgänger

prädikabel [*lat.*]: (veraltet) lobenswert, rühmlich. **Prädikabilien** [*...i^{e}n*] *die* (Plural): 1. nach Porphyrius die fünf logischen Begriffe des Aristoteles (Gattung, Art, Unterschied, wesentliches u. unwesentliches Merkmal). 2. die aus den → Kategorien (4) abgeleiteten reinen Verstandesbegriffe (Kant; Philos.); Ggs. → Prädikamente. **Prädikamente** *die* (Plural): die Aussageweisen, die → Kategorien (3) selbst (Philos.); Ggs. → Prädikabilien. **Prädikant** [*lat.-mlat.*] *der*; -en, -en: [Hilfs]-

prediger in der evangelischen Kirche. **Prädikantenorden** [*lat.-mlat.*; *dt.*] *der*; -s: katholischer Predigerorden (der → Dominikaner). **prädikantisch** [*lat.-mlat.*]: predigtartig. **Prädikat** [*lat.*] *das*; -[e]s, -e: 1. Note, Bewertung, Zensur. 2. Rangbezeichnung, Titel (beim Adel). 3. grammatischer Kern einer Aussage, Satzaussage (z. B. der Bauer *pflügt* den Acker; Sprachw.); vgl. Objekt (2), Subjekt (2). 4. in der Logik der die Aussage enthaltende Teil des Urteils (Philos.). **Prädikatenlogik** *die*; -: Teilgebiet der Logik, auf dem die innere logische Struktur der Aussage untersucht wird. **prädikatieren** vgl. prädikatisieren. **Prädikation** [*...zion*] *die*; -, -en: Bestimmung eines Begriffs durch ein Prädikat (4; Philos.). **prädikatisieren** u. prädikatieren [*lat.-nlat.*]: mit einem Prädikat (1) versehen (z. B. Filme). **prädikativ** [*lat.*]: das Prädikat (3) betreffend, zum Prädikat (3) gehörend; aussagend (Sprachw.). **Prädikativ** *das*; -s, -e [*...w*']: auf das Subjekt od. Objekt bezogener Teil der Satzaussage (z. B. Karl ist *Lehrer*, er ist *krank*, ich nenne ihn *feige*; ich nenne ihn *meinen Freund*; Sprachw.). **Prädikativsatz** [*lat.*; *dt.*] *der*; -es, ...sätze: Prädikativ in der Form eines Gliedsatzes (z. B. er bleibt, *was er immer war*; Sprachw.). **Prädikativum** [*...tiwum*; *lat.*] *das*; -s, ...va: (veraltet) Prädikativ. **Prädikator** [*lat.-nlat.*] *der*; -s, ...oren: in der Logik derjenige Teil des → Prädikats (4), der einem Gegenstand zu- oder abgesprochen wird (Philos.). **Prädikatsnomen** *das*; -s, ...mina: Prädikativ, das aus einem → Nomen (2; Substantiv od. Adjektiv) besteht (z. B. Klaus ist *Lehrer*; Tim ist *groß*). **Prädikatswein** *der*; -[e]s, -e: Wein aus der obersten Güteklasse der deutschen Weine. **prädiktabel**: vorhersagbar durch wissenschaftliche Verallgemeinerung. **Prädiktabilität** *die*; -: Vorhersagbarkeit durch wissenschaftliche Verallgemeinerung. **Prädiktion** [*...zion*; *lat.*] *die*; -, -en: Vorhersage, Voraussage. **prädiktiv** [*lat.-nlat.*]: die Möglichkeit einer Prädiktion enthaltend; vorhersagbar. **Prädiktor** *der*; -s, ...oren: (in der Statistik) zur Vorhersage eines Merkmals herangezogene Variable

Prädilektion [*...zion*; *lat.-nlat.*] *die*; -, -en: (veraltet) Vorliebe. **Prädilektionsstelle** [*lat.-nlat.*; *dt.*] *die*; -, -n: bevorzugte Stelle für das Auftreten einer Krankheit (z. B. ein bestimmtes Organ; Med.)

prädisponieren [*lat.-nlat.*]: 1. vorher bestimmen. 2. empfänglich machen (z. B. für eine Krankheit). **Prädisposition** [*...zion*] *die*; -, -en: Anlage, Empfänglichkeit für bestimmte Krankheiten

prädizieren [*lat.*]: ein → Prädikat (4) beilegen, einen Begriff durch ein Prädikat bestimmen (Philos.); -des Verb: mit einem → Prädikatsnomen verbundenes → Verb (z. B. *sein* in dem Satz: er *ist* Lehrer; Sprachw.)

Prädomination [*...zion*; *lat.-nlat.*] *die*; -: das Vorherrschen. **prädominieren**: vorherrschen, überwiegen

Praeceptor Germaniae [*präzäptor gärmaniä*; *lat.*]: Lehrmeister, Lehrer Deutschlands (Beiname für Hrabanus Maurus u. später vor allem für Melanchthon); vgl. Präzeptor

praecox [*präkox*; *lat.*]: vorzeitig, frühzeitig, zu früh auftretend (Med.)

Prä|eminenz [*lat.*] *die*; -: (veraltet) Vorrang

praemissis praemittendis [*prä...*; *lat.*]: (veraltet) man nehme an, der gebührende Titel sei vorausgeschickt; Abk.: P. P. **praemisso titulo**: (veraltet) nach vorausgeschicktem gebührendem Titel; Abk.: P. T.

Praesens historicum [*prä... ...kum*; *lat.*] *das*; --, ...sentia ...ca [*...zia ...ka*]: Gegenwartsform des Verbs, die längst Vergangenes ausdrückt, historisches Präsens; vgl. Präsens

praeter legem [*prä... -*; *lat.*]: außerhalb des Gesetzes

Praetexta [*prä...*; *lat.*] *die*; -, ...ten: altröm. ernstes Nationaldrama; vgl. Prätext

Prä|existenz [*lat.-nlat.*] *die*; -: 1. das Existieren, Vorhandensein der Welt als Idee im Gedanken Gottes vor ihrer stofflichen Erschaffung (Philos.). 2. das Bestehen der Seele vor ihrem Eintritt in den Leib (Plato; Philos.); Ggs. → Postexistenz. 3. Dasein Christi als → Logos (6) bei Gott vor seiner Menschwerdung (Theol.). **Prä|existenzianismus** *der*; -: philosophisch-religiöse Lehre, die besagt, daß die Seelen (aller Menschen) bereits vor ihrem Eintritt ins irdische Dasein als Einzelseelen von Gott geschaffen seien; vgl. Generatianismus u. Kreatianismus. **prä|existieren**: Präexistenz haben, vorher bestehen

präfa|brizieren [*lat.-nlat.*]: im voraus in seiner Form, Art festlegen

Präfation [*...zion*; *lat.*; „Vorrede"] *die*; -, -en: liturgische Einleitung der → Eucharistie (vgl. z. B. sursum corda!)

Präfekt [*lat.*] *der*; -en, -en: 1. hoher Zivil- od. Militärbeamter im alten Rom. 2. oberster Verwaltungsbeamter eines Departements (in Frankreich) od. einer Provinz (in Italien). 3. mit besonderen Aufgaben betrauter leitender katholischer Geistlicher, bes. in Missionsgebieten (sogenannter Apostolischer -) u. im kath. Vereinswesen. 4. ältester Schüler in einem → Internat (1), der jüngere beaufsichtigt. **Präfektur** *die*; -, -en: a) Amt, Amtsbezirk eines Präfekten (2); b) Amtsräume eines Präfekten (2)

Präferentialzoll [*...zial...*] vgl. Präferenzzoll. **präferentiell**: Präferenzen betreffend. **Präferenz** [*lat.-fr.*] *die*; -, -en: 1. Vorrang, Vorzug; Vergünstigung; vgl. par préférence. 2. Trumpffarbe (bei Kartenspielen). **Präferenzzoll** und Präferentialzoll [*lat.-fr.*; *dt.*] *der*; -[e]s, ...zölle: Zoll, der einen Handelspartner begünstigt. **präferieren**: vorziehen, den Vorzug geben

präfigieren [*lat.*]: mit Präfix versehen (Sprachw.)

Präfiguration [*...zion*; *lat.*] *die*; -, -en: 1. vorausdeutende Darstellung, Vorgestaltung, Vorverkörperung (z. B. im mittelalterlichen Drama). 2. Urbild

Präfix [*lat.*] *das*; -es, -e: (Sprachw.) 1. vor den Wortstamm oder vor ein Wort tretende Silbe, Vorsilbe (z. B. *un*schön, *be*steigen, *un*beherrscht); vgl. Affix, Infix, Suffix. 2. Präverb. **präfixoid** [*lat.-nlat.*]: in der Art eines Präfixes, einem Präfix ähnlich gestaltet, sich verhaltend o. ä. (Sprachw.). **Präfixoid** [*lat.-nlat.*] *das*; -[e]s, -e: [expressives] Halbpräfix, präfixähnlicher Wortbestandteil (z. B. sau-/Sau- in *sau*blöd, *Sau*wetter; Sprachw.); vgl. Suffixoid. **Präfixverb** [*...wärp*] *das*; -s, -en: präfigiertes Verb (z. B. *ent*sorgen)

Präformation [*...zion*; *lat.-nlat.*] *die*; -, -en: angenommene Vorherbildung des fertigen Organismus im Keim (Biol.). **Präformationstheorie** *die*; -: im 18. Jh. vertretene Entwicklungstheorie, nach der jeder Organismus durch Entfaltung bereits in der Ei- od. Samenzelle vorgebildeter Teile entsteht (Biol.). **präformieren** [*lat.*]: im Keim vorbilden (Biol.). **Präformist** [*lat.-nlat.*] *der*; -en, -en: Anhänger der Präformationstheorie

prägenital [*lat.-nlat.*]: die noch nicht im Bereich der → Genitalien, sondern im Bereich des Afters u. des Mundes erfolgende Lustgewinnung betreffend (von frühkindlichen Entwicklungsphasen des Sexuallebens; Psychol.)

prä|glazial [*lat.-nlat.*]: voreiszeitlich (Geol.). **Prä|glazial** *das*; -s: die zum → Pleistozän gehörende Voreiszeit (Geol.)

Pragmalinguistik *die*; -: Pragmatik (3) als Teil der → Soziolinguistik (Sprachw.). **pragmalinguistisch**: die Pragmalinguistik betreffend, zu ihr gehörend (Sprachw.).

Pragmatik [*gr.-lat.*] *die*; -, -en: 1. Orientierung auf das Nützliche, Sinn für Tatsachen, Sachbezogenheit. 2. (österr.) Ordnung des Staatsdienstes, Dienstordnung. 3. das Sprachverhalten, das Verhältnis zwischen sprachlichen Zeichen u. interpretierendem Menschen untersuchende linguistische Disziplin (Sprachw.). **Pragmatiker** *der*; -s, -: 1. Vertreter der pragmatischen Geschichtsschreibung. 2. Vertreter des Pragmatismus, Pragmatist. **pragmatisch**: 1. anwendungs-, handlungs-, sachbezogen; sachlich, auf Tatsachen beruhend. 2. fach-, geschäftskundig. 3. das Sprachverhalten, die Pragmatik (3) betreffend (Sprachw.); -e Bedeutung: Bedeutung eines sprachlichen Zeichens (Wort, Wortkomplex), die sich aus der Beziehung des Zeichens zu den Zeichenbenutzern ergibt, die zwar an das sprachliche Zeichen gebunden ist, aber (im Unterschied zur referentiellen Bedeutung) nicht direkt zur Lexikoneinheit gehört, obwohl sie durch diese ausgedrückt wird, die weniger die lexikalische Einheit als solche als vielmehr den Text insgesamt charakterisiert, z. B. stilistische Charakteristik, Kommunikationsbedingungen u. -situationen, die die Auswahl der sprachlichen Mittel bedingen, emotionale Färbungen u. Konnotationen; -e Geschichtsschreibung: Geschichtsschreibung, die aus der Untersuchung von Ursache u. Wirkung historischer Ereignisse Erkenntnisse für künftige Entwicklungen zu gewinnen sucht; Pragmatische Sanktion: ein 1713 erlassenes Grundgesetz des Hauses Habsburg. **pragmatisieren** [*gr.-lat.-nlat.*]: (österr.) [auf Lebenszeit] fest anstellen. **Pragmatismus** *der*; -: philosophische Lehre, die im Handeln das Wesen des Menschen erblickt u. Wert u. Unwert des Denkens danach bemißt. **Pragmatist** *der*; -en, -en: Vertreter des Pragmatismus, Pragmatiker (2)

prä|gnant [*lat.-fr.*; „schwanger, trächtig; voll, strotzend"]: etwas in knapper Form genau, treffend darstellend. **Prä|gnanz** *die*; -: Schärfe, Genauigkeit, Knappheit des Ausdrucks

Prä|gravation [...*wazion*; *lat.*] *die*; -, -en: (veraltet) Überlastung, Überbürdung (z. B. mit Steuern). **prä|gravieren** [...*wi*...]: (veraltet) überlasten, mehr als andere mit etwas belasten

Prähistorie [...*i*[e], auch: *prä*...] *die*; -: Vorgeschichte. **Prähistoriker** [auch: *prä*...] *der*; -s, -: Wissenschaftler auf dem Gebiet der Prähistorie. **prähistorisch** [auch: *prä*...]: vorgeschichtlich

Prahm [*tschech.*] *der*; -[e]s, -e: kastenförmiges, flaches Wasserfahrzeug für Arbeitszwecke

Prähomininen [*lat.-nlat.*] *die* (Plural): Vormenschen, Übergangsformen vom Menschenaffen zum Menschen (Biol.)

Prairial [*präriạl*; *lat.-fr.*; „Wiesenmonat"] *der*; -[s], -s: in der 1. Französischen Republik der 9. Monat des Jahres (20. Mai bis 18. Juni)

Präjudiz [*lat.*] *das*; -es, -e: 1. vorgefaßte Meinung, Vorentscheidung. 2. (Rechtsw.) a) hochrichterliche Entscheidung, die bei der Beurteilung künftiger u. ähnlicher Rechtsfälle zur Auslegung des positiven Rechts herangezogen wird; b) (veraltet) durch Nichtbefolgung einer Verordnung entstehender Schaden. 3. Vorwegnahme einer Entscheidung durch zwingendes Verhalten (Staatspolitik). **präjudizial** [*lat.-fr.*]: = präjudiziell; vgl. ...al/...ell. **präjudiziell**: bedeutsam für die Beurteilung eines späteren Sachverhalts (Rechtsw.); vgl. ...al/...ell. **präjudizieren** [*lat.*]: der [richterlichen] Entscheidung vorgreifen (Rechtsw.; Pol.)

präkam|brisch: die vor dem → Kambrium liegenden Zeiten betreffend (Geol.). **Präkam|brium**: → Archaikum u. → Algonkium umfassender Zeitraum der erdgeschichtlichen Frühzeit (Geol.)

präkanzerös [*lat.-nlat.*]: = präkarzinomatös. **Präkanzerose** *die*; -, -n: Gewebsveränderung, die zu → präkarzinomatöser Entartung neigt, als Vorstadium eines Krebses aufzufassen ist

präkarbonisch [*lat.-nlat.*]: vor dem → Karbon [liegend] (Geol.)

präkardial u. präkordial: vor dem Herzen liegend, die vor dem Herzen liegende Brustwand betreffend (Med.). **Präkardi|algie** [*lat.*; *gr.*] *die*; -, ...ien: Schmerzen in der Herzgegend (Med.)

präkarzinomatös: die Entstehung eines Krebses vorbereitend od. begünstigend (Med.)

Präkaution [...*zion*; *lat.*] *die*; -, -en: Vorsicht, Vorkehrung. **präkavieren** [...*wir*[e]*n*]: sich vorsehen, Vorkehrungen treffen

prä|kludieren [*lat.*; „verschließen, versperren"]: jmdm. die (verspätete) Geltendmachung eines Rechts[mittels, -anspruchs] wegen Versäumnis einer festgesetzten Frist (→ Präklusivfrist) gerichtlich verweigern (Rechtsw.). **Prä|klusion** *die*; -, -en: das Präkludieren (Rechtsw.). **prä|klusiv** [*lat.-nlat.*] u. präklusivisch [...*wisch*]: ausschließend; rechtsverwirkend infolge versäumter Geltendmachung eines Rechts (Rechtsw.). **Prä|klusivfrist** [*lat.-nlat.*; *dt.*] *die*; -, -en: gerichtlich festgelegte Frist, nach deren Ablauf ein Recht infolge Versäumung nicht mehr geltend gemacht werden kann (Rechtsw.). **prä|klusivisch** vgl. präklusiv

Präko|gnition [...*zion*; *lat.-nlat.*] *die*; -: außersinnliche Wahrnehmung, Vorauswissen zukünftiger Vorgänge (Parapsychol.)

Präkoma [*lat.*; *gr.*] *das*; -s, -s: beginnende Bewußtseinsstörung, Vorstadium eines → Komas (I) (Med.)

präkolumbisch: (in bezug auf Amerika) den Zeitraum vor der Entdeckung durch Kolumbus betreffend

Präkonisation [...*zion*; *lat.-mlat.*] *die*; -, -en: feierliche Bekanntgabe einer Bischofsernennung durch den Papst vor den Kardinälen. **präkonisieren**: feierlich zum Bischof ernennen

präkordial vgl. präkardial. **Präkordialangst** [*lat.*; *lat.-mlat.*; *dt.*] *die*; -: mit Angstgefühl verbundene Beklemmung in der Herzgegend (Med.)

praktifizieren [*gr.-lat.*]: in die Praxis umsetzen, verwirklichen. **Praktik** [*gr.-lat.-mlat.* (*-fr.*)] *die*; -, -en: 1. [Art der] Ausübung von etwas; Handhabung, Verfahren[sart]. 2. (meist Plural) nicht ganz korrekter Kunstgriff, Kniff. 3. vom 15. bis 17. Jh. Kalenderanhang od. selbständige Schrift mit Wettervorhersagen, astrologischen Prophezeiungen, Gesundheitslehren, Ratschlägen u. a. **Praktika**:

Plural von → Praktikum. **praktikabel**: 1. brauchbar, benutzbar, zweckmäßig; durch-, ausführbar. 2. begehbar, benutzbar, nicht gemalt od. nur angedeutet (von Teilen der Theaterdekoration). **Praktikabel** *das*; -s, -: begehbarer, benutzbarer Teil der Theaterdekoration (z. B. ein Podium). **Praktikabilität** *die*; -: Brauchbarkeit, Zweckmäßigkeit; Durchführbarkeit. **Praktikant** [*gr.-lat.-mlat.*] *der*; -en, -en: in praktischer Ausbildung Stehender. **Praktiken**: *Plural* von → Praktik. **Praktiker** [*gr.-lat.*] *der*; -s, -: 1. Mann der [praktischen] Erfahrung; Ggs. → Theoretiker (1). 2. (Fachjargon) praktischer Arzt. **Praktikum** [*nlat.*] *das*; -s, ...ka: 1. zur praktischen Anwendung des Erlernten eingerichtete Übungsstunde, Übung (bes. an den naturwissenschaftlichen Fakultäten einer Hochschule). 2. im Rahmen einer Ausbildung außerhalb der [Hoch]schule abzuleistende praktische Tätigkeit. **Praktikus** *der*; -, -se: (scherzh.) jmd., der immer u. überall Rat weiß. **praktisch** [*gr.-lat.*]: 1. a) die Praxis, das Tun, das Handeln betreffend; ausübend; b) in der Wirklichkeit auftretend; wirklich, tatsächlich. 2. zweckmäßig, gut zu handhaben. 3. geschickt; [durch stetige Übung] erfahren; findig. 4. (ugs.) fast, so gut wie, in der Tat; -er Arzt: nicht spezialisierter Arzt, Arzt für Allgemeinmedizin (Abk.: prakt. Arzt). **praktizieren** [*gr.-lat.-mlat.-(-fr.)*]: 1. a) eine Sache betreiben, ins Werk setzen; [Methoden] anwenden; b) etwas aktiv ausüben (z. B. praktizierender Katholik). 2. a) seinen Beruf ausüben (bes. als Arzt); b) ein Praktikum durchmachen. 3. (österr.) seine praktische berufliche Ausbildung beginnen od. vervollkommnen. 4. (ugs.) etwas geschickt irgendwohin bringen, befördern. **Praktizismus** [*gr.-lat.-nlat.*] *der*; -: (DDR) Neigung, bei der praktischen Arbeit die theoretisch-ideologischen Grundlagen zu vernachlässigen

präkulmisch [*lat.*; *engl.*]: vor dem → Kulm (II) [liegend] (Geol.)

Prälat [*lat.-mlat.*] *der*; -en, -en: 1. katholischer geistlicher Würdenträger [mit bestimmter oberhirtlicher Gewalt]. 2. leitender evangelischer Geistlicher in einigen deutschen Landeskirchen. **Prälatur** [*lat.-mlat.-nlat.*] *die*; -, -en: Amt od. Wohnung eines Prälaten

Prälegat [*lat.-nlat.*] *das*; -[e]s, -e: (veraltet) Vorausvermächtnis

Präliminar... [*lat.-mlat.*]: in Zusammensetzungen auftretendes Bestimmungswort mit der Bedeutung „vorläufig, einleitend", z. B. Präliminarfrieden. **Präliminare** *das*; -s, ...rien [...*iᵉn*] (meist Plural): 1. diplomatische Vorverhandlung (bes. zu einem Friedensvertrag). 2. Vorbereitung, Einleitung, Vorspiel. **präliminieren**: vorläufig feststellen, -legen

Praline [*fr.*; angeblich nach dem franz. Marschall du Plessis-Praslin (*dü pläßi pralǟng*)] *die*; -, -n: kleines Stück Schokoladenkonfekt mit irgendeiner Füllung. **Praliné** [...*ne*, auch: *pra*...] u. **Pralinee** [auch: *pra*...] *das*; -s, -s: (bes. österr. u. schweiz.) Praline

prälogisch [*lat.*; *gr.-lat.*]: vorlogisch; das primitive, natürliche, gefühlsmäßige, einfallsmäßige Denken betreffend (Philos.). **Prälogismus** *der*; -: Lehre von den natürlichen, vorlogischen Denkformen (Philos.)

präludieren [*lat.*]: durch ein Vorspiel eine Musikaufführung od. einen Choralgesang einleiten. **Präludium** [*lat.-nlat.*] *das*; -s, ...ien [...*iᵉn*]: a) oft frei improvisiertes musikalisches Vorspiel (z. B. auf der Orgel vor dem Gemeindegesang in der Kirche); b) Einleitung der Suite u. Fuge; c) selbständiges Instrumentalstück; vgl. Postludium

prämatur [*lat.*]: vorzeitig; frühzeitig, verfrüht auftretend (z. B. vom Einsetzen der Geschlechtsreife; Med.). **Prämaturität** [*lat.-nlat.*] *die*; -: Frühreife, vorzeitige Pubertät (Med.)

Prämeditation [...*zion*; *lat.*] *die*; -, -en: Vorüberlegung, das Vorausdenken (Philos.)

Prämie [...*iᵉ*; *lat.*] *die*; -, -n: 1. Belohnung, Preis. 2. bes. in der Wirtschaft für besondere Leistungen zusätzlich zur normalen Vergütung gezahlter Betrag. 3. Zugabe beim Warenkauf. 4. Leistung, die der Versicherungsnehmer dem Versicherer für Übernahme des Versicherungsschutzes schuldet. 5. Gewinn in der Lotterie, im Lotto o. ä. **Prämiendepot** [...*po*] *das*; -s, -s: Guthaben, das ein Versicherter durch vorzeitige Zahlung bei einer [Lebens]versicherung hat. **Prämienfonds** [...*fong*] *der*; - [...*fong(ß)*], - [...*fongß*]: a) → Fonds (1 a), aus dem Prämien gezahlt werden; b) (DDR) betrieblicher → Fonds (1 a) zur Prämiierung besonderer Leistungen. **prämieren** u. **prämiieren**: mit einem Preis belohnen, auszeichnen

Prämisse [*lat.*] *die*; -, -n: 1. Vordersatz im → Syllogismus (Philos.). 2. Voraussetzung

Prämolar [*lat.-nlat.*] *der*; -en, -en: vorderer zweihöckeriger Backenzahn (Med.)

prämonitorisch [*lat.*]: (veraltet) warnend

Prämon|stratenser [*mlat.*; nach dem franz. Kloster Prémontré (*premongtre*) *der*; -s, -: 1120 gegründeter Orden → regulierter Chorherren; Abk.: O. Praem.

prämorbid [*lat.-fr.*]: die Prämorbidität betreffend, zu ihr gehörend, durch sie geprägt (Med.). **Prämorbidität** [*lat.-nlat.*] *die*; -: Gesamtheit der Krankheitserscheinungen, die sich bereits vor dem eigentlichen Ausbruch einer Krankheit zeigen (bes. bei → Psychopathien; Med.)

prämortal [*lat.-nlat.*]: vor dem Tode [auftretend], dem Tode vorausgehend (Med.)

prämundan [*lat.-nlat.*]: vorweltlich, vor der Entstehung der Welt vorhanden (Philos.)

Prämutation [...*zion*; *lat.-nlat.*] *die*; -, -en: Vorstufe einer → Mutation (1)

pränatal [*lat.-nlat.*]: vor der Geburt, der Geburt vorausgehend (Med.)

Pränomen [*lat.*] *das*; -s, ...mina: der an erster Stelle stehende altrömische Vorname (z. B. *Marcus* Tullius Cicero); vgl. Kognomen u. Nomen gentile

pränotieren [*lat.*]: (veraltet) vor[be]merken

Pränova [...*wa*; *lat.-nlat.*] *die*; -, ...vä: Zustand vor dem Helligkeitsausbruch eines temporär veränderlichen Sterns (Astron.)

pränumerando [*lat.-nlat.*]: im voraus (zu zahlen); Ggs. → postnumerando. **Pränumeration** [...*zion*] *die*; -, -en: Vorauszahlung; Ggs. → Postnumeration. **pränumerieren**: vorausbezahlen

Pränuntiation [...*ziazion*; *lat.*] *die*; -, -en: (veraltet) Vorherverkündigung

Prä|okkupation [...*zion*; *lat.*] *die*; -, -en: a) Vorwegnahme; b) Voreingenommenheit, Vorurteil, Befangenheit. **prä|okkupieren**: a) zuvorkommen; b) befangen machen

prä|operativ [*lat.-nlat.*]: vor einer Operation [stattfindend] (z. B. von Behandlungen; Med.)

präpalatal [*lat.-nlat.*]: vor dem Gaumen gesprochen (von Lauten; Sprachw.); Ggs. → postpalatal; vgl. Palatum

Präparand [*lat.*] *der*; -en, -en: 1. (hist.) Vorbereitungsschüler (bei der Lehrerausbildung). 2. Kind, das den Vorkonfirmandenunterricht besucht. **Präparande** *die*; -, -n: (ugs.) = Präparandenanstalt. **Präparandenanstalt** *die*; -, -en: (früher) Unterstufe der Lehrerbildungsanstalt. **Präparat** *das*; -[e]s, -e: 1. etwas kunstgerecht Zubereitetes (z. B. Arzneimittel, chem. Mittel). 2. a) konservierte Pflanze od. konservierter Tierkörper [zu Lehrzwecken]; b) Gewebsschnitt zum Mikroskopieren. **Präparation** [...*zion*] *die*; -, -en: 1. (veraltet) Vorbereitung; häusliche Aufgabe. 2. Herstellung eines Präparates (2 a, b). **präparativ** [*lat.-nlat.*]: die Herstellung von Präparaten (2 a, b) betreffend. **Präparator** [*lat.*] *der*; -s, ...oren: jmd., der (bes. an biologischen od. medizinischen Instituten, Museen o. ä.) naturwissenschaftliche Präparate (2 a, b) herstellt u. pflegt. **präparatorisch**: (veraltet) vorbereitend; vorläufig. **präparieren**: 1. a) [einen Stoff, ein Kapitel] vorbereiten; b) sich -: sich vorbereiten. 2. tote menschliche od. tierische Körper od. Pflanzen [für Lehrzwecke] zerlegen [u. konservieren, dauerhaft, haltbar machen]

Präponderanz [*lat.-fr.*] *die*; -: Übergewicht (z. B. eines Staates). **präponderieren**: überwiegen

präponieren [*lat.*]: voranstellen, vorsetzen. **Präposition** [...*zion*; „das Voransetzen"] *die*; -, -en: Verhältniswort (z. B. *auf, in*). **präpositional** [*lat.-nlat.*]: die Präposition betreffend, verhältniswörtlich; -es Attribut: = Präpositionalattribut. **Präpositionalat|tribut** *das*; -[e]s, -e: Beifügung als nähere Bestimmung, die aus einer Präposition mit Substantiv, Adjektiv od. Adverb besteht (z. B. das Haus *am Markt*; Sprachw.). **Präpositionalkasus** *der*; -, - [...*nálkasuß*]: → Kasus eines Substantivs, der von einer Präposition abhängig ist (z. B. *auf dem* Acker; Sprachw.). **Präpositionalobjekt** *das*; -[e]s, -e: → Objekt, dessen → Kasus durch eine Präposition hervorgerufen wird, Verhältnisergänzung (z. B.: Ich warte *auf meine Schwester*; Sprachw.). **Präpositiv** [*lat.*] *der*; -s, -e [...*w^e*]: bes. im Russischen ein → Kasus, der von einer Präposition abhängig ist, bes. der → Lokativ (z. B. w gorode = in der Stadt; Sprachw.). **Präpositur** [*lat.-mlat.*] *die*; -, -en: Stelle eines Präpositus. **Präpositus** [*lat.*] *der*; -, ...ti: lat. Bezeichnung für: Vorgesetzter, Propst

präpotent [*lat.*]: 1. (veraltet) überlegen, übermächtig. 2. (österr., abwertend) aufdringlich, frech, überheblich. **Präpotenz** *die*; -, -en: (veraltet) Übermacht, Überlegenheit

Präputium [...*zium*; *lat.*] *das*; -s, ...ien [...*i^{e}n*]: die Eichel des → Penis umgebende Vorhaut (Med.)

Präraffaelismus u. Präraffaelitismus [...*fa-e*...; *lat.*; *it.-nlat.*] *der*; -: Theorie, Ziele, Ausprägung der Kunst der Präraffaeliten. **Präraffaelit** *der*; -en, -en: Angehöriger einer (1848 gegründeten) engl. Gruppe von Malern, die im Sinne [der Vorläufer] Raffaels die Kunst durch seelische Vertiefung zu erneuern suchten. **Präraffaelitismus** vgl. Präraffaelismus

Prärie [*lat.-fr.*; „Wiese, Wiesenlandschaft"] *die*; -, ...ien: Grasland im mittleren Westen Nordamerikas. **Prärieauster** *die*; -, -n: je zur Hälfte aus Weinbrand u. einem mit Öl übergossenen Eigelb bestehendes, scharf gewürztes Mixgetränk.

Prärogativ *das*; -s, -e [...*w^e*] u. **Prärogative** [...*w^e*; *lat.*] *die*; -, -n: Vorrecht, früher bes. des Herrschers bei der Auflösung des Parlaments, dem Erlaß von Gesetzen u. a.

Präsapiensmensch [*lat.-nlat.*; *dt.*] *der*; -en, -en: Frühmensch, in der Stammesgeschichte des Menschen dem → Homo sapiens vorangegangene Menschenform (Biol.)

Prasem [*gr.-lat.*] *der*; -s: lauchgrüner Quarz, Schmuckstein

Präsens [*lat.*] *das*; -, ...sentia [...*zia*] od. ...senzien [...*i^{e}n*]: 1. Zeitform, mit der ein verbales Geschehen oder Sein aus der Sicht des Sprechers als gegenwärtig charakterisiert wird; Gegenwart. 2. Verbform des Präsens (1; z. B. ich *esse* [gerade]); vgl. Praesens historicum. **Präsenspartizip** *das*; -s, -ien [...*i^{e}n*]: = Partizip Präsens; vgl. Partizip. **präsent**: anwesend; gegenwärtig; zur Hand. **Präsent** [*lat.-fr.*] *das*; -[e]s, -e: Geschenk, kleine Aufmerksamkeit. **präsentabel**: ansehnlich, vorzeigbar. **Präsentant** *der*; -en, -en: jmd., der einen Wechsel zur Annahme oder Bezahlung vorlegt (Wirtschaft). **Präsentation** [...*zion*; *lat.-mlat.*] *die*; -, -en: 1. Präsentierung. 2. Vorlage, bes. das Vorlegen eines Wechsels; vgl. ...[at]ion/...ierung. **Präsentationsrecht** [*lat.-mlat.*; *dt.*] *das*; -[e]s: Vorschlagsrecht (z. B. des → Patrons I, 3 einer Pfarrkirche) für die Besetzung einer erledigten (freien, unbesetzten) Stelle. **Präsentator** *der*; -s, ...oren: jmd., der etwas (z. B. eine Sendung in Funk od. Fernsehen) vorstellt, darbietet, kommentiert. **Präsentatum** [*lat.*] *das*; -s, -s od. ...ta: (veraltet) Tag der Vorlage, Einreichung (eines Schriftstückes). **Präsentia** [...*zia*]: *Plural* von → Präsens. **präsentieren** [*lat.-fr.*]: 1. überreichen, darbieten. 2. vorlegen, vorzeigen, vorweisen (z. B. einen Wechsel zur Annahme od. Bezahlung). 3. sich -: sich zeigen, vorstellen. 4. mit der Waffe eine militärische Ehrenbezeigung machen. **Präsentierung** *die*; -, -en: Vorstellung, Vorzeigung, Überreichung; vgl. Präsentation; vgl. ...[at]ion/...ierung. **präsentisch**: das Präsens betreffend. **Präsenz** *die*; -: Gegenwart, Anwesenheit. **Präsenzbi|bliothek** *die*; -, -en: Bibliothek, deren Bücher nicht nach Hause mitgenommen, sondern nur im Lesesaal gelesen werden können. **Präsenzdiener** *der*; -s, -: (österr. Amtsspr.) Soldat des österr. Bundesheeres. **Präsenzdienst** *der*; -[e]s, -e: (österr. Amtsspr.) Militärdienst beim österr. Bundesheer. **Präsenzliste** *die*; -, -n: Anwesenheitsliste. **Präsenzzeit** [*lat.*; *dt.*] *die*; -, -en: Zeitspanne, in der erlebte Inhalte noch im Bewußtsein gegenwärtig sind, ohne als Nacheinander erlebt oder als Erinnerung von neuem reproduziert zu werden (W. Stern; Psychol.)

Praseo|dym [*gr.-nlat.*] *das*; -s: chem. Grundstoff, seltene Erde; Zeichen: Pr

Präser [*spätlat.-fr.*] *der*; -s, -: (salopp) Kurzform von → Präservativ. **präservativ**: vorbeugend, verhütend. **Präservativ** *das*; -s, -e [...*w^e*]: Schutzmittel, bes. Gummischutz zur Verhütung einer Schwangerschaft od. der Ansteckung mit Geschlechtskrankheiten; Kondom. **Präserve** [...*w^e*] *die*; -, -n (meist Plural): nicht vollständig keimfreie Konserve, Halbkonserve. **präservieren** [...*wi*...]: 1. schützen, vor einem Übel bewahren. 2. erhalten, haltbar machen

Präses [*lat.*] *der*; -, Präsides [...*deß*] u. Präsiden: 1. geistlicher Vorstand eines katholischen kirchlichen Vereins. 2. Vorsitzender einer evangelischen Synode (der im Rheinland u. in Westfalen zugleich Kirchenpräsident ist). **Präside** *der*; -n, -n: 1. (ugs.) Mitglied eines Präsidiums (1a). 2. Vorsitzender, Leiter einer studentischen Kneipe, eines Kommerses. **Präsiden**: *Plural* von → Präses u. → Präside. **Präsident** [*lat.-fr.*] *der*; -en, -en: 1. Vorsitzender (einer Versammlung o. ä.). 2. Leiter (einer Behörde, einer Organisation o. ä.). 3. Staatsoberhaupt einer Republik. **Präsides** [*...deß*]: *Plural* von → Präses. **präsidiabel**: befähigt, ein Präsidentenamt zu übernehmen. **präsidial** [*lat.*]: den Präsidenten od. das Präsidium (1) betreffend. **Präsidialsystem** *das*; -s: Regierungsform, bei der der Staatspräsident auf Grund eigener Autorität und unabhängig vom Vertrauen des Parlamentes zugleich Chef der Regierung ist.

präsidieren [*lat.-fr.*]: 1. (einem Gremium o. ä.) vorsitzen. 2. (eine Versammlung o. ä.) leiten. **Präsidium** [*lat.*] *das*; -s, ...ien [*...i*^{e}*n*]: 1. a) leitendes → Gremium (a) einer Versammlung, einer Organisation o. ä.; b) Vorsitz, Leitung. 2. Amtsgebäude eines [Polizei]präsidenten

präsilurisch [*nlat.*]: vor dem → Silur [liegend] (Geol.)

Prä|sklerose [*lat.*; *gr.*] *die*; -, -n: (Med.) 1. Vorstadium einer Arterienverkalkung. 2. Im Verhältnis zum Lebensalter zu früh eintretende Arterienverkalkung

prä|skribieren [*lat.*]: 1. vorschreiben, verordnen. 2. als verjährt erklären (Rechtsw.). **Prä|skription** [*...zion*] *die*; -, -en: 1. Vorschrift, Verordnung. 2. Verjährung (Rechtsw.). **prä|skriptiv**: vorschreibend, festgelegten → Normen (1a) folgend; nicht nur beschreibend, sondern auch Normen setzend (Sprachw.); Ggs. → deskriptiv; vgl. normativ

prästabilieren [*lat.-nlat.*]: vorher festsetzen; prästabilierte Harmonie: von Leibniz 1696 eingeführte Bezeichnung der von Gott im voraus festgelegten harmonischen Übereinstimmung von Körper u. Seele (Philos.). **Prästandum** [*lat.*] *das*; -s, ...da: (veraltet) pflichtmäßige Leistung; Abgabe. **Prästant** *der*; -en, -en: große, sichtbar im → Prospekt (3) stehende Orgelpfeife. **Prästanz** *die*; -, -en: (veraltet) Leistungsfähigkeit. **Prästation** [*...zion*] *die*; -, -en: (veraltet) Abgabe, Leistung. **prästieren**: (veraltet) a) entrichten, leisten; b) für etwas haften

präsumieren [*lat.*]: 1. voraussetzen, annehmen, vermuten (Philos.; Rechtsw.). 2. (landsch.) argwöhnen. **Präsumption** [*...zion*] usw. vgl. Präsumtion usw. **Präsumtion** *die*; -, -en: Voraussetzung, Vermutung, Annahme (Philos.; Rechtsw.). **präsumtiv**: voraussetzend, wahrscheinlich, vermutlich (Philos.; Rechtsw.)

präsupponieren [*lat.-nlat.*]: stillschweigend voraussetzen. **Präsupposition** [*...zion*] *die*; -, -en: 1. stillschweigende Voraussetzung. 2. einem Satz, einer Aussage zugrunde liegende, als gegeben angenommene Voraussetzung, die zwar nicht unmittelbar ausgesprochen ist, aber meist gefolgert werden kann (Sprachw.)

prätektonisch: vor tektonischen Bewegungen eingetreten (von Veränderungen in Gesteinen)

Prätendent [*lat.-fr.*] *der*; -en, -en: jmd., der Ansprüche auf ein Amt, eine Stellung, bes. auf den Thron, erhebt. **prätendieren**: 1. Anspruch erheben, fordern, beanspruchen. 2. behaupten, vorgeben. **Prätention** [*...zion*] *die*; -, -en: Anspruch, Anmaßung. **prätentiös** [*...ziöß*]: anspruchsvoll; anmaßend, selbstgefällig

präterieren: auslassen, übergehen. **präter|ital** [*lat.-nlat.*]: das Präteritum betreffend. **Präter|itio** [*...izio*] u. **Präter|ition** [*lat.*] *die*; -, ...onen: = Paralipse. **Präterito|präsens** [*präteritoprä...*; *lat.-nlat.*] *das*; -, ...sentia [*...zia*] od. ...senzien [*...i*^{e}*n*]: Verb, dessen Präsens ein früheres starkes Präteritum ist (z. B. *kann* als Präteritum zu ahd. *kunnan*, das „wissen, verstehen" bedeutete). **Präteritum** [*lat.*] *das*; -s, ...ta: 1. Zeitform, die das verbale Geschehen od. Sein aus der Sicht des Sprechers als vergangen charakterisiert, bes. in literarischen erzählenden od. beschreibenden Texten, in denen etw. als abgeschlossen u. als ohne Bezug zur Gegenwart - im Unterschied zum Perfekt - dargestellt wird; Imperfekt. 2. Verbform des Präteritums (1).

präterpropter [*prä...pro...*]: etwa, ungefähr

Prätext [auch: *prä...*; *lat.-fr.*] *der*; -[e]s, -e: Vorwand, Scheingrund; vgl. Praetexta

Prätor [*lat.*] *der*; -s, ...oren: der höchste [Justiz]beamte im Rom der Antike. **Prätorianer** *der*; -s, -: Angehöriger der Leibwache römischer Feldherren od. Kaiser. **Prätorianerpräfekt** *der*; -en, -en: Kommandant der Prätorianer. **prätorisch**: das Amt, die Person des Prätors betreffend. **Prätur** *die*; -, -en: Amt, Amtszeit eines Prätors

Prau [*malai.*] *die*; -, -e: Boot der Malaien

prävalent [*präw...*; *lat.*]: überlegen; vorherrschend, überwiegend. **Prävalenz** *die*; -: Überlegenheit; das Vorherrschen. **prävalieren**: vorherrschen, vor-, überwiegen

Prävarikation [*präwarikazion*; *lat.*] *die*; -, -en: Amtsuntreue, Parteiverrat (bes. von einem Anwalt, der beiden Prozeßparteien dient)

prävenieren [*präw...*; *lat.*]: zuvorkommen. **Prävenire** *das*; -[s]: (veraltet) das Zuvorkommen. **Prävention** [*...zion*; *lat.-mlat.*] *die*; -, -en: 1. das Zuvorkommen (z. B. mit einer Rechtshandlung). 2. Vorbeugung; Abschreckung künftiger Verbrecher durch Maßnahmen der Strafe, Sicherung u. Besserung (Rechtsw.); vgl. General-, Spezialprävention. **präventiv** [*lat.-nlat.*]: vorbeugend, verhütend. **Präventivkrieg** [*lat.-nlat.*; *dt.*] *der*; -[e]s, -e: Angriffskrieg, der dem voraussichtlichen Angriff des Gegners zuvorkommt. **Präventivmedizin** *die*; -: Teilgebiet der → Medizin, auf dem man sich mit vorbeugender Gesundheitsfürsorge befaßt. **Präventivmittel** *das*; -s, -: (Med.) 1. zur Vorbeugung gegen eine Erkrankung angewandtes Mittel. 2. = Präservativ. **Präventivverkehr** *der*; -[e]s, -e: Geschlechtsverkehr unter Anwendung empfängnisverhütender Mittel

Präverb [*präw...*; *lat.-nlat.*] *das*; -s, -ien [*...i*^{e}*n*]: mit dem Wortstamm nicht fest verbundener Teil eines zusammengesetzten → Verbs (z. B. *teil*nehmen: er nimmt teil)

Praxeo|logie [*gr.-nlat.*] *die*; -: Wissenschaft vom (rationalen) Handeln, Entscheidungslogik. **praxeo|logisch**: die Praxeologie betreffend. **Praxis** [*gr.-lat.*] *die*; -, ...xen: 1. (ohne Plural) Anwendung von Gedanken, Vorstellungen, Theorien o. ä. in der Wirklichkeit; Ausübung, Tätigsein, Erfahrung; Ggs → Theorie (2 a); vgl. in praxi. 2. (ohne Plural) durch praktische Tätigkeit gewonnene Erfahrung, Berufserfahrung. 3. Handhabung, Verfahrensart, → Praktik (1). 4. a) gewerbliches Unternehmen, Tätigkeitsbereich, bes. eines Arztes od. Anwalts; b) Arbeitsräume eines Arztes od. Anwalts

Präzedens [*lat.*] *das*; -, ...denzien [*...i*^{e}*n*]: früherer Fall, früheres Beispiel. **Präzedenz** *die*; -, -en: Rangfolge, Vortritt bei Prozessionen u. Versammlungen der kath. Kirche. **Präzedenzfall** [*lat.*; *dt.*] *der*; -[e]s, ...fälle: Musterfall, der für zukünftige, ähnlich gelagerte Situationen richtungweisend ist (Pol.); vgl. Präjudiz. **präzedieren**: in → Präzession sein

Präzentor [*lat.-mlat.*] *der*; -s, ...oren: Vorsänger in Kirchenchören

Präzeption [...*zion*; *lat.*] *die*; -, -en: Unterweisung; Vorschrift, Verfügung. **Präzeptor** *der*; -s, ...oren: (veraltet) Lehrer, Erzieher; vgl. Praeceptor Germaniae

präzessieren [*lat.-nlat.*]: = präzedieren. **Präzession** *die*; -, -en: 1. durch Kreiselbewegung der Erdachse (in etwa 26000 Jahren) verursachte Rücklaufbewegung des Schnittpunktes (Frühlingspunktes) zwischen Himmelsäquator u. Ekliptik (Astron.). 2. ausweichende Bewegung der Rotationsachse eines Kreisels bei Krafteinwirkung

Präzipitat [*lat.*] *das*; -[e]s, -e: 1. [chem.] Niederschlag, Bodensatz; Produkt einer Ausfällung od. Ausflockung (Med.; Chem.). 2. noch gelegentlich angewendete Bezeichnung für mehrere Quecksilberverbindungen. **Präzipitation** [...*zion*] *die*; -: Ausfällung od. Ausflockung (z. B. von Eiweikörpern; Med.; Chem.). **Präzipitatsalbe** [*lat.*; *dt.*] *die*; -: eine antiseptische Augensalbe. **präzipitieren** [*lat.*]: ausfällen, ausflocken (Med.; Chem.). **Präzipitin** [*lat.-nlat.*] *das*; -s, -e: → Antikörper, der Fremdstoffe im Blut ausfällt

Präzipuum [...*pu-um*; *lat.*; „das Besondere, das besondere Recht, Sonderteil"] *das*; -s, ...pua: Geldbetrag, der vor Aufteilung des Gesellschaftsgewinns einem Gesellschafter für besondere Leistungen aus dem Gewinn gezahlt wird (Wirtsch.)

präzis[e] [*lat.-fr.*; „vorn abgeschnitten; abgekürzt; zusammengefaßt"]: bis ins einzelne gehend genau [umrissen, angegeben]; nicht nur vage. **präzisieren**: genauer bestimmen, eindeutiger beschreiben, angeben. **Präzision** *die*; -: Genauigkeit; Feinheit

Precancel [*prikänßᵉl*; *engl.*] *das*; -[s], -s: a) im voraus vom Absender entwertete Briefmarke (bei Massensendungen; Philatelie); b) (bes. in den USA) Entwertung einer Briefmarke im voraus durch den Absender

Précieuses [*preßiọ̈s*; *lat.-fr.*] *die* (Plural): literarischer Kreis von Damen im Paris des 17. Jh.s, die sich um die Pflege der gesellschaftlichen Sitten u. der franz. Sprache verdient machten; vgl. preziös

precipitando [*pretschi*...; *lat.-it.*]: plötzlich eilend, beschleunigend, stürzend (Vortragsanweisung; Mus.)

Précis [...*ßi*; *fr.*] *der*; -, -[...*ßi*(*ß*)]: kurz u. präzise abgefaßte Inhaltsangabe (Aufsatzform)

Predella [*germ.-it.*] *die*; -, -s u. ...llen, (auch:) **Predelle** *die*; -, -n: 1. oberste Altarstufe. 2. Staffel eines [spätgot.] Altars mit gemaltem od. geschnitztem Bildwerk

Pre|emphasis [(*lat.*; *gr.*) *engl.*] *die*; -: im Funkwesen Vorverzerrung (Verstärkung) der hohen Töne, um sie von Störungen zu unterscheiden (im Empfänger erfolgt die Nachentzerrung); vgl. Deemphasis

Preference [*preferangß*; *lat.-fr.*] *die*; -, -n [...*angßᵉn*]: franz. Kartenspiel

Preis|index [*dt.*; *lat.*] *der*; -[es], -e u. ...dizes [...*zeß*]: statistische Meßzahl für die Höhe bestimmter Preise zu einem bestimmten Zeitpunkt (Wirtsch.)

prekär [*lat.-fr.*; „durch Bitten erlangt; widerruflich"]: so beschaffen, daß es recht schwierig ist, richtige Maßnahmen, Entscheidungen zu treffen, daß man nicht weiß, wie man aus einer schwierigen Lage herauskommen kann; mißlich, schwierig

Prekareihandel [*lat.-mlat.*; *dt.*] *der*; -s: Handel zwischen Angehörigen gegeneinander Krieg führender Staaten unter neutraler Flagge. **Prekaria**: *Plural* von → Prekarium. **Prekarie** [...*iᵉ*; *lat.-mlat.*] *die*; -, -n: (hist.) 1. im Mittelalter auf Widerruf verliehenes Gut (z. B. eine Pfründe). 2. Schenkung eines Grundstücks o. ä. an die Kirche, das der Schenkende als Lehen zurückerhielt. **Prekarium** [*lat.*] *das*; -s, ...ia: (hist.) widerrufbare, auf Bitte hin erfolgende Einräumung eines Rechts, das keinen Rechtsanspruch begründet (röm. Recht)

Prélude [*prelüd*; *lat.-fr.*] *das*; -s, -s: 1. fantasieartiges Musikstück für Klavier od. Orchester. 2. franz. Bezeichnung für: Präludium

Premier [*prᵉmie*; *lat.-fr.*; „erster"; Kurzform] *der*; -s, -s: = Premierminister. **Premiere** *die*; -, -n: Erst-, Uraufführung. **Premier jus** [...*mjeschü*; *fr.*] *das*; --: mit Salzwasser ausgeschmolzenes u. gereinigtes Rinderfett. **Premierleutnant** [*prᵉmie*...] *der*; -s, -s (selten: -e): (veraltet) Oberleutnant. **Premierminister** *der*; -s, -: der erste Minister, Ministerpräsident

Pren|onym [*lat.-fr.*; *gr.*] *das*; -s, -e: Deckname, der aus einem Vornamen besteht od. gebildet ist (z. B. Heinrich George = Georg Heinrich Schulz)

Preperception [*pripᵉrßäpschᵉn*; *lat.-engl.*] *die*; -, -s: primitivste Art der Vorstellung, in der eine Beeinflussung der sinnlichen durch die intellektuelle Aufmerksamkeit stattfindet (McDougall; Psychol.)

Pre|print [*pri*...; *engl.*] *das*; -s, -s: Vorausdruck, Vorabdruck (z. B. eines wissenschaftlichen Werkes, eines Tagungsreferates o. ä.; Buchw.); vgl. Reprint

Presby|akusis [*gr.-nlat.*] *die*; -: Altersschwerhörigkeit (Med.). **Presby|opie** *die*; -: Altersweitsichtigkeit (Med.). **Presbyter** [*gr.-lat.*] *der*; -s, -: 1. Gemeindeältester im Urchristentum. 2. Mitglied eines evangelischen Kirchenvorstandes. 3. lat. Bezeichnung für: Priester (dritter Grad der katholischen höheren Weihen). **presbyterial** [*gr.-nlat.*]: das Presbyterium (1) betreffend, zu ihm gehörend, von ihm ausgehend. **Presbyterialverfassung** [*gr.-nlat.*; *dt.*] *die*; -: evangelische [reformierte] Kirchenordnung, nach der sich die Einzelgemeinde durch ein → Presbyterium (1) selbst verwaltet. **Presbyterianer** [*gr.-nlat.*] *der*; -s, -: Angehöriger protestantischer Kirchen mit Presbyterialverfassung in England u. Amerika. **presbyterianisch**: die Presbyterialverfassung, Kirchen mit Presbyterialverfassung betreffend. **Presbyterium** [*gr.-lat.*] *das*; -s, ...ien [...*iᵉn*]: 1. aus dem Pfarrer u. den Presbytern bestehender evangelischer Kirchenvorstand. 2. Versammlungsraum eines evangelischen Kirchenvorstands. 3. katholisches Priesterkollegium. 4. Chorraum einer Kirche

Presenning vgl. Persenning

Presenter [*pri*...; *engl.*] *der*; -s, -: jmd., der eine Ware vorstellt, anpreist

Pre-shave [*prischeⁱw*; *engl.*] *das*; -[s], -s u. **Pre-shave-Lotion** [...*loᵘschᵉn*] *die*; -, -s: Gesichtswasser, das vor der Rasur angewendet wird, um die Rasur zu erleichtern; vgl. After-shave-Lotion

pressant [*lat.-fr.*]: (landsch.) eilig, dringend. **pressante** [*lat.-it.*] drängend, treibend (Vortragsanweisung; Mus.). **Presse** [*lat.-mlat.*(*-fr.*)] *die*; -, -n: 1. a) Vorrichtung, Maschine, die durch Druck Rohstoffe, Werkstücke o. ä. formt; b) Gerät zum Auspressen von Obst; c) Druckmaschine, Druckpresse. 2. (ohne Plural) a) Gesamtheit der periodischen Druckschriften, der Zeitungen u. Zeitschriften; b) Beurteilung in Zeitungen u. Zeitschriften, Presseecho. 3. (ugs., abwertend) Privatschule zur intensiven Vorbereitung von [schwachen] Schülern auf bestimmte Prüfungen. **Pressekonferenz** *die*; -, -en: Zusammenkunft prominenter Persönlichkeiten od. ihrer Beauftragten mit Vertretern von Publikationsorganen zur Beantwortung gezielter Fragen

Pressentiment [*präßangtimang*; *lat.-fr.*] *das*; -s, -s: (veraltet) Ahnung, Vorgefühl

Presseur [*...ßör*; *lat.-fr.*] *der*; -s, -e: mit Gummi überzogene Stahlwalze der Tiefdruckmaschine, die das Papier an den Schriftträger preßt. **pressieren**: (landsch., bes. südd., sonst veraltend) eilig, dringend sein; drängen. **Pression** [*lat.*] *die*; -, -en: Druck, Nötigung, Zwang. **Pressure-group** [*präschᵉrgrup*; *engl.-amerik.*] *die*; -, -s: Interessenverband, der (oft mit Druckmitteln) auf Parteien, Parlament, Regierung, Verwaltung u. a., unter Umständen sogar auf die Justiz Einfluß zu gewinnen sucht; vgl. Lobbyismus

Presti: *Plural* von → Presto. **Prestidigitateur** [*...dischitatör*; (*lat.-it.-fr.*; *lat.*) *fr.*] *der*; -s, -e: (veraltet) Gaukler, Taschenspieler

Prestige [*...isch*⁽ᵉ⁾; *lat.-fr.*; „Blendwerk, Zauber"] *das*; -s: [positives] Ansehen, Geltung

Prestissimi: *Plural* von → Prestissimo. **prestissimo** [*lat.-it.*]: sehr schnell, in schnellstem Tempo (Vortragsanweisung; Mus.). **Prestissimo** *das*; -s, -s u. ...mi: 1. äußerst schnelles Tempo (Mus.). 2. Musikstück in schnellstem Zeitmaß. **presto**: schnell (Vortragsanweisung; Mus.). **Presto** *das*; -s, -s u. ...ti: 1. schnelles Tempo (Mus.). 2. Musikstück in schnellem Zeitmaß

Prêt-à-porter [*prätaporte*; *fr.*] *das*; -s, -s: a) (ohne Plural) von einem Modeschöpfer entworfene Konfektionskleidung; b) von einem Modeschöpfer entworfenes Konfektionskleid

Pretest [*pri...*; *lat.-engl.-amerik.*] *der*; -s, -s: Erprobung eines Mittels für Untersuchungen o. ä. (z. B. eines Fragebogens) vor der Durchführung der eigentlichen Erhebung; Vortest (Soziol.)

pretial [*lat.*; *...zial*]: vom Preis her erfolgend, geldmäßig (Wirtsch.).

Pretiosen [*...zio...*] *die* (Plural): Kostbarkeiten, Geschmeide

Preview [*priwju*; *engl.*] *die*; -, -s: Voraufführung (bes. eines Films)

preziös [*lat.-fr.*]: geziert, geschraubt, gekünstelt; vgl. Précieuses. **Preziosen** *die* (Plural): = Pretiosen. **Preziosität** *die*; -: geziertes Benehmen, Ziererei

Priamel [*lat.-mlat.*] *die*; -, -n (auch: *das*; -s, -): 1. kurzes volkstümliches Spruchgedicht, bes. des dt. Spätmittelalters. 2. = Präambel (2)

Priapea [*gr.-lat.*; nach dem spätgr.-röm. Fruchtbarkeitsgott Priapus] *die* (Plural): kurze, geistreiche, obszöne lat. Gedichte aus dem 1. Jh. n. Chr. **priapeisch** u. **priapisch**: unzüchtig. **Priapeus** *der*; -, ...pei: antiker Vers. **priapisch** vgl. priapeisch. **Priapismus** [*gr.-lat.-nlat.*] *der*; -: krankhaft anhaltende, schmerzhafte Erektion des → Penis

prim [*lat.*]: (von Zahlen) nur durch 1 u. sich selbst teilbar (Math.). **Prim** *die*; -, -en: 1. bestimmte Klingenhaltung beim Fechten. 2. Morgengebet (bes. bei Sonnenaufgang) im katholischen Brevier. 3. = Prime (1). **prima** [*lat.-it*]: a) vom Besten, erstklassig; Abk.: pa., Ia; b) (ugs.) vorzüglich, prächtig, wunderbar, sehr gut, ausgezeichnet

Prima [*lat.*]

I. [„erste (Klasse)"] *die*; -, Primen: in Unter- (8.) u. Oberprima (9.) geteilte höchste Klasse einer höheren Lehranstalt.

II. *der*; -s, -s: Kurzform von → Primawechsel

Primaballerina [*it.*] *die*; -, ...nen: die erste u. Vortänzerin einer Ballettgruppe; vgl. Ballerina; - assoluta: Spitzentänzerin, die außer Konkurrenz stehende Meisterin im Kunsttanz. **Primadonna** [„erste Dame"] *die*; -, ...nnen: 1. Darstellerin der weiblichen Hauptpartie in der Oper, erste Sängerin. 2. verwöhnter u. empfindlicher Mensch, der eine entsprechende Behandlung u. Sonderstellung für sich beansprucht. **Prima-facie-Beweis** [*...fazi-e...*; *lat.*; *dt.*] *der*; -es, -e: Beweis auf Grund des ersten Anscheins, Anscheinsbeweis (ein nach der normalen Lebenserfahrung typischer Geschehensablauf gilt als bewiesen, solange sich nicht Tatsachen ergeben, die ein von diesem typischen Ablauf abweichendes Geschehen als möglich erscheinen lassen; Rechtsw.)

Primage [*primasch*ᵉ; *lat.-engl. fr.*] *die*; -, -n: → Prämie (2), die ein Ladungsinteressent unter bestimmten Bedingungen an den Schiffer zu zahlen bereit ist (Seew.)

Primalitäten [*lat.-nlat.*] *die* (Plural): Grundbestimmungen des Seins u. der Dinge in der Scholastik (Philos.). **Primamalerei** *die*; -: Malerei → alla prima. **Primanen** [*lat.*] *die* (Plural): Erstlinge (die zuerst ausgebildeten Dauergewebszellen einer Pflanze). **Primaner** *der*; -s, -: Schüler einer Prima (I). **Primanota** [*lat.-it.*] *die*; -: Grundbuch in der Bankbuchhaltung. **Prima philosophia** [*lat.*; „erste Philosophie"] *die*; - -: = Philosophia prima. **primär** [*lat.-fr.*]: 1. a) zuerst vorhanden, ursprünglich; b) an erster Stelle stehend, erst-, vorrangig; grundlegend, wesentlich. 2. (von bestimmten chem. Verbindungen o. ä.) nur eines von mehreren gleichartigen Atomen durch nur ein bestimmtes anderes Atom ersetzend; vgl. sekundär (2), tertiär (3). 3. den Teil eines Netzgerätes betreffend, der unmittelbar an das Stromnetz angeschlossen ist u. in den die umzuformende Spannung einfließt (Elektrot.); vgl. sekundär (3). **Primar** [*lat.*] *der*; -s, -e: = Primararzt. **Primär|affekt** *der*; -[e]s, -e: erstes Anzeichen, erstes Stadium einer Infektionskrankheit, bes. der Syphilis (Med.). **Primararzt** [*lat.*; *dt.*] *der*; -es, ...ärzte: (österr.) leitender Arzt eines Krankenhauses; Chefarzt, Oberarzt; Ggs. → Sekundararzt. **Primärenergie** *die*; -, -n: von natürlichen, noch nicht weiterbearbeiteten Energieträgern (wie Kohle, Erdöl, Erdgas) stammende Energie (Techn.). **Primärgestein** *das*; -s: (veraltet) Erstarrungsgestein (Geol.). **Primarius** *der*; -, ...ien [*...iᵉn*]: 1. = Pastor primarius. 2. = Primararzt. 3. Primgeiger, der erste Geiger im Streichquartett. **Primärliteratur** *die*; -: der eigentliche dichterische Text als Gegenstand einer wissenschaftlichen Untersuchung; die Quellen, bes. der Sprach- u. Literaturwissenschaft; vgl. Sekundärliteratur. **Primarschule** [*lat.*; *dt.*] *die*; -, -n: (schweiz.) allgemeine Volksschule. **Primärstatistik** *die*; -: direkte, gezielt für statistische Zwecke durchgeführte Erhebungen u. deren Auswertung (z. B. Volkszählung). **Primarstufe** [*lat.*; *dt.*] *die*; -, -n: Grundschule (1.–4. Schuljahr); vgl. Sekundarstufe. **Primärtektogenese** *die*; -, -n: Verbiegung der Erdrinde in großräumige Schwellen u. Senken (Geol.); vgl. Sekundärtektogenese. **Primärtumor** *der*; -s, -en: → Tumor, von dem → Metastasen ausgehen (Med.). **Primärvorgänge** [*lat.*; *dt.*] *die* (Plural): alle aus dem Unbewußten erwachsenden Gedanken, Gefühle, Handlungen (S. Freud; Psychol.). **Primary** [*praimeri*; *engl.-amerik.*] *die*; -, ...ries [...*ris*] (meist Plural): Vorwahl (im Wahlsystem der USA). **Primas** [*lat.*; „der Erste, Vornehmste"] *der*; -, -se: 1. (Plural auch: Primaten) [Ehren]titel des würdehöchsten Erzbischofs eines Landes. 2. Solist und Vorgeiger einer Zigeunerkapelle

Primat

I. *der* od. *das*; -[e]s, -e: 1. Vorrang, bevorzugte Stellung. 2. Stellung des Papstes als Inhaber der obersten Kirchengewalt.

II. *der*; -en, -en (meist Plural): Herrentier (Halbaffen, Affen u. Menschen umfassende Ordnung der Säugetiere; Biol.)

Primatologe *der*; -n, -n: Wissenschaftler auf dem Gebiet der Primatologie. **Primatologie** *die*; -: Wissenschaft, bei der man sich mit der Erforschung der Primaten (II) befaßt. **prima vista** [- *wi...*; *lat.-it.*]: 1. bei Sicht, z. B. einen Wechsel - - bezahlen (Wirtschaft). 2. vom Blatt, z. B. - - spielen oder singen (Mus.). **Primavistadia|gnose** *die*; -, -n: Diagnose auf Grund der typischen, sichtbaren körperlich-seelischen Veränderungen, die durch bestimmte Krankheiten beim Patienten eintreten (Med.). **prima volta** [- *wolta*]: das erste Mal (Anweisung für die erste Form des Schlusses eines zu wiederholenden Teils, der bei der Wiederholung eine zweite Form erhält; Mus.); vgl. seconda volta. **Primawechsel** [*lat.*; *dt.*] *der*; -s, -: Erstausfertigung eines Wechsels (Wirtsch.). **Prime** [*lat.-mlat.*] *die*; -, -n: 1. die erste Tonstufe einer diatonischen Tonleiter; der Einklang zweier auf derselben Stufe stehender Noten (Mus.). 2. erste, die → Norm (5) enthaltende Seite eines Druckbogens (Druckw., Buchbinderei). **Primel** [*lat.-nlat.*; „Erste (Blume des Frühlings)"] *die*; -, -n: Vertreter einer Pflanzenfamilie mit zahlreichen einheimischen Arten (z. B. Schlüsselblume, Aurikel). **Primen**: *Plural* von → Prim, → Prima (I), → Prime. **Prime rate** [*praim reit*; *lat.-engl.-amerik.*] *die*; - -: (in den USA) Diskontsatz für Großbanken, dem Leitzinsfunktion zukommt (Wirtsch.). **Primeur** [*primör*; *fr.*] *der*; -[s], -s [...*mö'(ß)*]: 1. junger, kurz nach der Gärung abgefüllter franz. Rotwein. 2. (Plural) junges Frühgemüse, junges Frühobst. **Primgeiger** [*lat.*; *dt.*] *der*; -s, -: erster Geiger in der Kammermusik, besonders im Streichquartett. **Primgeld** *das*; -[e]s, -er: = Primage, Kaplaken. **Primi**: *Plural* von → Primus. **Primipara** [*lat.*] *die*; -, ...paren: Erstgebärende; Frau, die ihr erstes Kind gebiert, geboren hat (Med.); vgl. Multipara, Nullipara, Pluripara, Sekundipara. **primissima**: (ugs.) ganz prima, ausgezeichnet. **Primitialopfer** [...*zial*...; *lat.-mlat.*; *dt.*] *das*; -s, -: der Gottheit dargebrachte Gabe aus der ersten Beute bzw. Ernte; Erstlingsopfer (z. B. bei Sammlerkulturen bzw. Ackerbauvölkern). **primitiv** [*lat.-fr.*]: 1. auf niedriger Kultur-, Entwicklungsstufe stehend; urzuständlich, urtümlich. 2. (abwertend) von geringem geistig-kulturellem Niveau. 3. einfach; dürftig, behelfsmäßig; -es Symbol: Zeichen der → Logistik (I), dessen Bedeutung als bekannt vorausgesetzt wird. **Primitiva** [...*wa*]: *Plural* von → Primitivum. **Primitiven** [...*wen*] *die* (Plural): auf niedriger Kultur-, Entwicklungsstufe stehende Völker. **primitivieren** und **primitivisieren**: in unzulässiger Weise vereinfachen, vereinfacht darstellen, wiedergeben. **Primitivismus** [...*wiß*...; *lat.-fr.-nlat.*] *der*; -: moderne Kunstrichtung, die sich von der Kunst der Primitiven (z. B. den Negerplastiken) anregen läßt. **Primitivität** [...*witä t*] *die*; -: (abwertend) 1. geistig-seelische Unentwickeltheit. 2. Einfachheit, Behelfsmäßigkeit, Dürftigkeit. **Primitivum** [...*tiwum*; *lat.*] *das*; -s, ...va [...*wa*]: Stammwort im Unterschied zur Zusammensetzung (z. B. *geben* gegenüber *ausgeben, zugeben*; Sprachwissenschaft). **Primi uomini**: *Plural* von → Primo uomo. **Primiz** [auch: ...*iz*; *lat.-mlat.*] *die*; -, -en: erste [feierliche] Messe eines neugeweihten kathol. Priesters. **Primiziant** [*lat.-nlat.*] *der*; -en, -en: neugeweihter katholischer Priester. **Primizien** [...*ien*; *lat.*] *die* (Plural): = Primitialopfer. **primo** [*lat.-it.*]: erste, zuerst, z. B. violino - (die erste Geige; Mus.). **Primo** *das*; -s: beim vierhändigen Klavierspiel der Diskantpart (vgl. Diskant 3; Mus.); Ggs. → Secondo (2). **Primogenitur** [*lat.-mlat.*] *die*; -, -en: Erstgeburtsrecht; Vorzugsrecht des [fürstlichen] Erstgeborenen u. seiner Linie bei der Erbfolge; vgl. Sekundogenitur. **prim|ordial** [*lat.*]: von erster Ordnung, uranfänglich, ursprünglich seiend, das Ur-Ich betreffend (Husserl; Philos.). **Primo uomo** [*lat.-it.*] *der*; - -, ...mi ...mini: erster Tenor in der Barockoper. **Primton** [*lat.*; *dt.*] *der*; -[e]s, ...töne: Grundton (Mus.). **Primum mobile** [*lat.*] *das*; - -: der erste [unbewegte] Beweger (bei Aristoteles; Philos.). **Primus** *der*; -, Primi u. -se: Erster in einer Schulklasse; - inter pares, Plural: Primi - -: Erster unter Ranggleichen, ohne Vorrang. **Primzahl** [*lat.*; *dt.*] *die*; -, -en: Zahl größer als 1, die nur durch 1 und sich selbst teilbar ist (z. B. 7, 13, 29, 67; Math.). **Prince of Wales** [*prinß ew "eils*; *engl.*] *der*; - - -: Prinz von Wales (Titel des engl. Thronfolgers). **principaliter** vgl. prinzipaliter. **principiis obsta!** [...*zípiiß* -; *lat.*; „wehre den Anfängen!"]: leiste gleich am Beginn [einer gefährlichen Entwicklung] Widerstand! **Principium con|tradictionis** [...*zi*...*kon*...*zio*...] *das*; - -: Satz vom Widerspruch (Logik). **Principium ex|clusi tertii** [- ...*klusi* ...*zi-i*] *das*; - - -: Satz vom ausgeschlossenen Dritten (Logik). **Principium identitatis** *das*; - -: Satz der Identität (Logik). **Principium rationis sufficientis** [-...*zio*... ...*ziä*...] *das*; - - -: Satz vom hinreichenden Grund (Logik)

Printe [*lat.-fr.-niederl.*; „Aufdruck, Abdruck"] *die*; -, -n (meist Plural): lebkuchenähnliches Gebäck. **Printed in ...** [*printid in* ...; *engl.*]: (mit nachfolgendem Namen eines Landes) gedruckt in ... (Vermerk in Büchern). **Printer** *der*; -s, -: automatisches Kopiergerät, das von einem → Negativ od. → Dia in kurzer Zeit eine große Anzahl von Papierkopien herstellt. **Printers** *die* (Plural): ungebleichter Kattun für die Zeugdruckerei

Prinzeps [*lat.*; „der Erste (im Rang), Vornehmster"] *der*; -, Prinzipes [...*peß*]: 1. altröm. Senator von großem politischem Einfluß. 2. Titel röm. Kaiser. **Prinzip** [*lat.*] *das*; -s, -ien [...*ien*] (seltener, im naturwissenschaftlichen Bereich meist: -e): a) Regel, Richtschnur; b) Grundlage, Grundsatz; c) Gesetzmäßigkeit, Idee, die einer Sache zugrunde liegt, nach der etw. wirkt; Schema, nach dem etw. aufgebaut ist

Prinzipal [*lat.*]
I. *der*; -s, -e: 1. Leiter eines Theaters, einer Theatertruppe. 2. Lehrherr; Geschäftsinhaber.
II. *das*; -s, -e: (Mus.) 1. Hauptregister der Orgel (Labialstimme mit weichem Ton). 2. tiefe Trompete, bes. im 17. u. 18. Jh.; Ggs. → Clarino (1)

prinzipaliter [*lat.*]: vor allem, in erster Linie. **Prinzipalstimme** [*lat.*; *dt.*] *die*; -, -n (meist Plural): eine der im → Prospekt (3) der Orgel aufgestellten, besonders sorgfältig gearbeiteten Pfeifen (Mus.). **Prinzipat** *das* (auch: *der*); -[e]s, -e: 1. (veraltet) Vorrang. 2. das ältere röm. Kaisertum; vgl. Dominat. **Prinzipes** [*...peß*]: *Plural* von → Prinzeps. **prinzipiell** [französierende Bildung]: 1. im Prinzip, grundsätzlich. 2. einem Prinzip, Grundsatz entsprechend, aus Prinzip. **Prinzipien** [*...pi[e]n*]: *Plural* von → Prinzip. **Prinzregent** *der*; -en, -en: Vertreter eines (z. B. durch schwere Krankheit) an der Ausübung der Herrschaft verhinderten Monarchen. **Prior** [*lat.-mlat.*; „der Erstere, der dem Rang nach höher Stehende"] *der*; -s, Prioren: a) katholischer Klosteroberer, -vorsteher (z. B. bei den → Dominikanern); Vorsteher eines Priorats (2); b) Stellvertreter eines Abtes. **Priorat** *das*; -[e]s, -e: 1. Amt, Würde eines Priors. 2. meist von einer Abtei abhängiges [kleineres] Kloster eines → Konvents (1 a). **Priorität** [*lat.-mlat.-fr.*] *die*; -, -en: 1. a) Vorrecht, Vorrang eines Rechts, bes. eines älteren Rechts gegenüber einem später entstandenen; b) Rangfolge, Stellenwert, den etwas innerhalb einer Rangfolge einnimmt; c) (ohne Plural) höherer Rang, größere Bedeutung, Vorrangigkeit. 2. (ohne Plural) zeitliches Vorhergehen. 3. (Plural) Aktien, Obligationen, die mit bestimmten Vorrechten ausgestattet sind (Wirtsch.). **Prioritätsaktie** [*...zi[e]*] *die*; -, -n: Aktie, die mit einem Vorzugsrecht ausgestattet ist

Prise [*lat.-fr.*; „das Genommene; das Nehmen, Ergreifen"] *die*; -, -n: 1. a) aufgebrachtes feindliches od. Konterbande führendes neutrales Schiff; b) beschlagnahmte Ladung eines solchen Schiffes. 2. kleine Menge eines pulverigen od. feinkörnigen Stoffes (die man zwischen zwei Fingern greifen kann, z. B. Salz, Pfeffer, Schnupftabak)

Prisma [*gr.-lat.*; „dreiseitige Säule"] *das*; -s, ...men: 1. von ebenen Flächen begrenzter Körper mit paralleler, kongruenter Grund- u. Deckfläche (Math.). 2. Kristallfläche, die nur zwei Achsen schneidet u. der dritten parallel ist (Min.). **prismatisch** [*gr.-nlat.*]: von der Gestalt eines Prismas, prismenförmig; -e Absonderung: säulenförmige Ausbildung senkrecht zur Abkühlungsfläche (von Basalten; Min.). **Prismatoid** *das*; -[e]s, -e: Körper mit gradlinigen Kanten, beliebigen Begrenzungsflächen u. zwei parallelen Grundflächen, auf denen sämtliche Ecken liegen (Math.). **Prismen**: *Plural* von → Prisma. **Prismenbrille** *die*; -, -n: Brille, durch die mit Hilfe von Prismen in bestimmter Anordnung das Schielen korrigiert wird. **Prismenglas** *das*; -es, ...gläser: Feldstecher, Fernglas. **Prismoid** [*gr.-nlat.*] *das*; -[e]s, -e: = Prismatoid

Prison [*prisong*; *lat.-fr.*] *die*; -, -s od. *das*; -s, -s: (veraltet) Gefängnis. **Prisoner of war** [*pris[e]n[e]r [e]w [u]or*; *engl.*] *der*; - - -, -s - -: engl. Bezeichnung für: Kriegsgefangener; Abk. PW. **Prisonnier de guerre** [*prisonie d[e] gär*; *fr.*] *der*; - - -, -s - - [*prisonie - -*]: franz. Bezeichnung für: Kriegsgefangener; Abk. PG

Prit|stabel [*slaw.*] *der*; -s, -: (hist.) Wasservogt, Fischereiaufseher in der Mark Brandenburg

privat [*priwat*; *lat.*; „(der Herrschaft) beraubt; gesondert, für sich stehend; nicht öffentlich"]: 1. die eigene Person angehend, persönlich. 2. vertraulich. 3. familiär, häuslich, vertraut. 4. nicht offiziell, nicht öffentlich, außeramtlich. **Privataudienz** *die*; -, -en: private (4), nicht dienstlichen Angelegenheiten dienende Audienz. **Privatdetektiv** *der*; -s, -e [*...w[e]*]: freiberuflich tätiger od. bei einer Detektei angestellter Detektiv, der in privatem (2) Auftrag handelt. **Privatdiskont** *der*; -s, -e: Diskontsatz, zu dem → Akzepte (2) besonders kreditwürdiger Banken abgerechnet werden. **Privatdozent** *der*; -en, -en: 1. a) (ohne Plural) Titel eines Hochschullehrers, der [noch] nicht Professor ist u. nicht im Beamtenverhältnis steht; b) Träger dieses Titels. **Privatier** [*priwatie*; französierende Bildung] *der*; -s, -s: jmd., der keinen Beruf ausübt; Rentner; vgl. Partikülier. **Privatiere** [*...är[e]*] *die*; -, -n: (veraltet) Rentnerin. **privatim** [*lat.*]: in ganz persönlicher, vertraulicher Weise; unter vier Augen. **Privation** [*...zion*] *die*; -, -en: 1. (veraltet) Beraubung; Entziehung. 2. Negation, bei der das negierende Prädikat dem Subjekt nicht nur eine Eigenschaft, sondern auch sein Wesen abspricht (Philos.). **privatisieren** [französierende Bildung]: 1. staatliches Vermögen in Privatvermögen umwandeln. 2. als Rentner[in] od. als Privatmann vom eigenen Vermögen leben. **Privatisierung** *die*; -: Umwandlung von staatlichem Vermögen in privates Vermögen. **privatissime** [*lat.*]: im engsten Kreise; streng vertraulich, ganz allein. **Privatissimum** *das*; -s, ...ma: 1. Vorlesung für einen ausgewählten Kreis. 2. Ermahnung. **Privatist** [*lat.-nlat.*] *der*; -en, -en: (österr.) Schüler, der sich, ohne die Schule zu besuchen, auf eine Schulprüfung vorbereitet. **privativ** [*lat.*]: 1. das Privativ betreffend (Sprachw.). 2. das Fehlen, die Ausschließung (z. B. eines bestimmten Merkmals) kennzeichnend (z. B. durch die privativen Affixe *ent-*, *un-*, *-los*; Sprachw.). **Privativ** *das*; -s, -e [*...w[e]*]: Verb, das inhaltlich ein Entfernen, Wegnehmen des im Grundwort Angesprochenen zum Ausdruck bringt (z. B. *aus*räumen, *ent*fetten, köpfen, (Federn) rupfen, häuten = die Haut abziehen; Sprachw.). **Privatpatient** *der*; -en, -en: Patient, der nicht bei einer gesetzlichen Krankenkasse versichert ist, sondern sich auf eigene Rechnung od. als Versicherter einer privaten (4) Krankenkasse in [ärztliche] Behandlung begibt. **Privatperson** *die*; -, -en: jmd., der in privater (4) Eigenschaft, nicht im Auftrag einer Firma, Behörde o. ä. handelt. **Privileg** [*...wi...*; „besondere Verordnung, Ausnahmegesetz; Vorrecht"] *das*; -[e]s, -ien [*...i[e]n*] (auch: -e): Vor-, Sonderrecht. **privilegieren** [*lat.-mlat.*]: jmdm. eine Sonderstellung, ein Vorrecht einräumen. **Privilegium** [*lat.*] *das*; -s, ...ien [*...i[e]n*]: (veraltet) Privileg

Prix [*pri*; *lat.-fr.*] *der*; -, -: franz. Bezeichnung für: Preis

pro [*lat.*; „für"]: je; - Stück, - beschäftigtem/beschäftigten Arbeitnehmer

Pro [*lat.*]
I. *das*; -s: das Für; das - u. [das] Kontra: das Für u. [das] Wider.
II. *die*; -, -s: (Jargon) kurz für: [minderjährige] Prostituierte

pro anno [*lat.*]: aufs Jahr, jährlich; Abk.: p. a.

Pro|anthesis [*gr.*; „Vorblüte"] *die*; -; anomales Blühen der Bäume im Herbst (Bot.)

Pro|ärese [*gr.*; „Vornehmen; Entschluß"] *die*; -: der freie, aber mit Überlegung u. Nachdenken vollzogene Entschluß, der sich nur auf das in unserer Macht Stehende bezieht (Aristoteles; Philos.)

probabel [*lat.*]: wahrscheinlich, glaubwürdig; billigenswert (Philos.). **Probabilismus** [*lat.-nlat.*] *der*; -: 1. Auffassung, daß es in Wissenschaft u. Philosophie keine absoluten Wahrheiten, sondern nur Wahrscheinlichkeiten gibt (Philos.). 2. Lehre der katholischen Moraltheologie, nach der in Zweifelsfällen eine Handlung erlaubt ist, wenn gute Gründe dafür sprechen. **Probabilität** [*lat.*] *die*; -, -en: Wahrscheinlichkeit, Glaubwürdigkeit (Philos.). **Proband** *der*; -en, -en: 1. Versuchsperson, Testperson (z. B. bei psychologischen Tests; Psychol.; Med.). 2. jmd., für den zu erbbiologischen Forschungen innerhalb eines größeren verwandtschaftlichen Personenkreises eine Ahnentafel aufgestellt wird (Genealogie). 3. zur Bewährung entlassener Strafgefangener, der von einem Bewährungshelfer betreut wird. **probat**: erprobt, bewährt, wirksam. **Probation** [*...zion*] *die*; -, -en: (veraltet) a) Prüfung, Untersuchung; b) Nachweis, Beweis; c) Erprobung, Bewährung (Rechtsw.). **probieren**: 1. einen Versuch machen, ausprobieren, versuchen. 2. kosten, abschmecken. 3. proben, eine Probe abhalten (Theater). 4. anprobieren (z. B. ein Kleidungsstück). **Probierer** *der*; -s, -: Prüfer im Bergbau, Hüttenwerk od. in der Edelmetallindustrie, der nach bestimmten Verfahren schnell Zusammensetzungen feststellen kann

Probiont [*gr.-nlat.*] *der*; -en, -en (meist Plural): primitiver Vorläufer höherer Lebensformen (Biol.)

Probität [*lat.*] *die*; -: (veraltet) Rechtschaffenheit

Pro|blem [*gr.-lat.*; „der Vorwurf, das Vorgelegte" usw.] *das*; -s, -e: 1. schwierige, zu lösende Aufgabe; Fragestellung; unentschiedene Frage; Schwierigkeit. 2. schwierige, geistvolle Aufgabe im Kunstschach (mit der Forderung: Matt, Hilfsmatt usw. in n Zügen). **Pro|blematik** *die*; -: aus einer Frage, Aufgabe, Situation sich ergebende Schwierigkeit. **pro|blematisch**: ungewiß u. schwierig, voller Problematik. **pro|blematisieren**: die Problematik von etwas darlegen, diskutieren, sichtbar machen. **Pro|blemschach** *das*; -s: Teilgebiet des Schachspiels, auf dem man sich mit dem Bauen von Schachaufgaben befaßt

Procain Ⓦⓩ [*...ka-in*; Kunstw.] *das*; -s: Mittel zur örtlichen Betäubung, z. B. bei der Infiltrationsanästhesie; Novocain (Pharm., Med.)

Procedere [*proz...*; *lat.*], (eindeutschend:) Prozedere *das*; -, -: Verfahrensordnung, Prozedur

pro centum [- *zän...*; *lat.*]: für hundert (z. B. Mark); Abk.: p. c.; Zeichen: %

Processus [*proz...*; *lat.*] *der*; -: Fortsatz, Vorsprung, kleiner, hervorragender Teil eines Knochens (Med.)

Procheilie [*...chai...*; *gr.-nlat.*] *die*; -, ...ien: starkes Vorspringen der Lippen (Med.)

pro copia [- *ko...*; *lat.*; „für die Abschrift"]: (veraltet) die Richtigkeit der Abschrift wird bestätigt

Proctor [*proktᵉr*; *engl.*] *der*; -s, -s: engl. Bezeichnung für: Prokurator (Rechtsw.)

Prodekan [*lat.-nlat.*] *der*; -s, -e: Vertreter des Dekans (an einer Hochschule)

pro die [*lat.*]: je Tag, täglich

Prodigalität [*lat.*] *die*; -: (veraltet) Verschwendung[ssucht]

Prodigium [*lat.*] *das*; -s, ...ien [*...iᵉn*]: im altröm. Glauben wunderbares Zeichen göttlichen Zornes, dem man durch kultische Sühnemaßnahmen zu begegnen suchte

pro domo [*lat.*; „für das (eigene) Haus"]: in eigener Sache, zum eigenen Nutzen, für sich selbst

pro dosi [*lat.*]: als Einzelgabe verabreicht (von Arzneien)

Pro|drom [*gr.-lat.*] u. **Prodromalsym|ptom** [*gr.-nlat.*; *gr.*] *das*; -s, -e: Frühsymptom einer Krankheit (Med.). **Pro|dromus** [*gr.-lat.*; „Vorläufer"] *der*; -, ...omen: (veraltet) Vorwort, Vorrede

Producer [*prodjußᵉr*; *lat.-engl.*] *der*; -s, -: 1. engl. Bezeichnung für: Hersteller, Fabrikant. 2. a) Film-, Musikproduzent; b) (im Hörfunk) jmd., der eine Sendung technisch vorbereitet u. ihren Ablauf überwacht [u. für die Auswahl der Musik zuständig ist].

Produkt [*lat.*] *das*; -[e]s, -e: 1. Erzeugnis, Ertrag. 2. Folge, Ergebnis [z. B. der Erziehung]. 3. Ergebnis einer → Multiplikation (Math.). 4. der Teil einer Zeitung od. Zeitschrift, der in einem Arbeitsgang gedruckt wird (z. B. besteht eine Zeitung aus meist zwei bis vier Produkten, die lose ineinandergelegt sind). **Produktion** [*...zion*; *lat.-fr.*] *die*; -, -en: 1. Herstellung von Waren u. Gütern. 2. Herstellung eines Films, einer Schallplatte, einer Hörfunk-, Fernsehsendung o. ä. **Produktionsbrigade** *die*; -, -n: (DDR) = Brigade (3). **produktiv**: 1. ergiebig, viel hervorbringend. 2. leistungsstark, schöpferisch, fruchtbar. **Produktivität** [*...wität*] *die*; -: 1. Ergiebigkeit, Leistungsfähigkeit. 2. schöpferische Leistung, Schaffenskraft. **Produktivkraft** [*lat.*; *dt.*] *die*; -, ...kräfte: Faktor des Produktionsprozesses (z. B. menschliche Arbeitskraft, Maschine, Rohstoff, Forschung). **Produktmenge** *die*; -, -n: Menge aller geordneten Paare, deren erstes Glied Element einer Menge *A* u. deren zweites Glied Element einer Menge *B* ist (Math.). **Produkto|graph** *der*; -en, -en: Apparatur, Gerät, das (wie ein Fahrtenschreiber im Auto) die Produktivität (1) des einzelnen am Arbeitsplatz mißt. **Produzent** [*lat.*] *der*; -en, -en: 1. jmd., der etwas produziert (1). 2. a) Leiter einer Produktion (2); b) Beschaffer u. Verwalter der Geldmittel, die für eine Produktion (2) nötig sind. 3. (in der Nahrungskette) ein Lebewesen, das organische Nahrung aufbaut (Biol.). **produzieren**: 1. [Güter] hervorbringen, erzeugen, schaffen. 2. a) die Herstellung eines Films, einer Schallplatte, einer Hörfunk-, Fernsehsendung o. ä. leiten; b) Geldmittel zur Verfügung stellen u. verwalten. 3. (oft iron.) sich -: mit etwas die Aufmerksamkeit auf sich lenken, seine Künste zeigen. 4. (schweiz., sonst veraltet) [herausnehmen u.] vorzeigen, vorlegen, präsentieren

Pro|enzym [*gr.-nlat.*] *das*; -s, -e: Vorstufe eines → Enzyms

Prof [*lat.*] *der*; -s, -s: (Jargon) Kurzform von → Professor

profan [*lat.*; „vor dem heiligen Bezirk liegend, ungeheiligt; gemein"]: 1. weltlich, unkirchlich; ungeweiht, unheilig (Rel.); Ggs. → sakral (1). 2. alltäglich. **Profanation** [*...zion*] *die*; -, -en: = Profanierung; vgl. ...[at]ion/...ierung. **Profanbau** *der*; -[e]s, -ten: nichtkirchliches Bauwerk (Archit., Kunstw.). **profanieren**: entweihen, entwürdigen. **Profanierung** *die*; -, -en: Entweihung, Entwürdigung; vgl. ...[at]ion/...ierung. **Profanität** *die*; -: 1.

Unheiligkeit, Weltlichkeit. 2. Alltäglichkeit
profaschistisch [*lat.-nlat.*]: sich für den → Faschismus einsetzend
Proferment [*lat.-nlat.*] *das*; -[e]s, -e: Vorstufe eines → Ferments
Profeß [*lat.-mlat.*]
I. *der*; ...fessen, ...fessen: jmd., der die Profeß (II) ablegt u. Mitglied eines geistlichen Ordens od. einer → Kongregation wird; vgl. Novize.
II. *die*; -, ...fesse: Ablegung der [Ordens]gelübde
Professe [*lat.-mlat.*] *der* u. *die*; -n, -n: = Profeß (I). **Professio|gramm** [*lat.*; *gr.*] *das*; -s, -e: durch Testreihen gewonnenes Persönlichkeitsbild als Grundlage für die Ermittlung von Berufsmöglichkeiten (speziell bei Versehrten im Zuge der Wiedereingliederung in den Arbeitsprozeß; Sozialpsychol.). **Profession** [*lat.-fr.*] *die*; -, -en: Beruf, Gewerbe. **professional** = professionell. **Professional** [in engl. Ausspr.: *prefäschenl*; *lat.-fr.-engl.*] *der*; -s, -e u. (bei engl. Ausspr.:) -s: Berufssportler; Kurzw.: Profi. **professionalisieren**: 1. zum Beruf, zur Erwerbsquelle machen. 2. zum Beruf erheben, als Beruf anerkennen. **Professionalismus** [*lat.-fr.-engl.-nlat.*] *der*; -: Ausübung des Berufssports. **professionell** [*lat.-fr.*]: 1. (eine Tätigkeit) als Beruf ausübend, als Beruf betrieben. 2. fachmännisch, von Fachleuten zu benutzen. **professioniert**: gewerbsmäßig. **Professionist** [*lat.-fr.-nlat.*] *der*; -en, -en: (bes. österr.) Fachmann, [gelernter] Handwerker. **Professor** [*lat.*] *der*; -s, ...oren: a) akademischer Titel für Hochschullehrer, Forscher, Künstler; b) Träger dieses Titels; Abk.: Prof. **professoral** [*lat.-nlat.*]: professorenhaft, würdevoll. **Professur** *die*; -, -en: Lehrstuhl, -amt. **Profi** [Kurzw. für: Professional] *der*; -s, -s: Berufssportler; Ggs. → Amateur (b)
proficiat! [*...ziat*; *lat.*]: (veraltet) wohl bekomm's!; es möge nützen!
Profil [*lat.-it.(-fr.)*] *das*; -s, -e: 1. Seitenansicht [eines Gesichtes]; Umriß. 2. zeichnerisch dargestellter senkrechter Schnitt durch ein Stück der Erdkruste (Geol.). 3. a) Schnitt in od. senkrecht zu einer Achse; b) Walzprofil bei Stahlerzeugung; c) Riffelung bei Gummireifen od. Schuhsohlen; d) festgelegter Querschnitt bei der Eisenbahn (Techn.). 4. stark ausgeprägte persönliche Eigenart, Charakter. 5. aus einem Gebäude hervorspringender Teil eines architektonischen Elements (z. B. eines Gesimses; Archit.). 6. (veraltend) Höhe u./od. Breite einer Durchfahrt. **Profil|eisen** *das*; -s, -: gewalzte Stahlstangen mit besonderem Querschnitt (Walztechn.). **profilieren** [*lat.-it.-fr.*]: 1. im Profil, im Querschnitt darstellen. 2. a) einer Sache, jmdm. eine besondere, charakteristische, markante Prägung geben; b) sich -: seine Fähigkeiten [für einen bestimmten Aufgabenbereich] entwickeln u. dabei Anerkennung finden, sich einen Namen machen. 3. sich -: sich im Profil (1) abzeichnen. **profiliert**: 1. mit Profil (3c) versehen, gerillt. 2. in bestimmtem Querschnitt hergestellt. 3. scharf umrissen, markant, von ausgeprägter Art. **Profilierung** *die*; -: 1. Umrisse eines Gebäudeteils. 2. Entwicklung der Fähigkeiten [für einen bestimmten Aufgabenbereich], das Sichprofilieren. **Profilneurose** *die*; -, -n: Befürchtung, Angst, (bes. im Beruf) zu wenig zu gelten [u. die daraus resultierenden größeren Bemühungen, sich zu profilieren]. **Profilo|graph** [*lat.-it.*; *gr.*] *der*; -en, -en: Instrument zur graphischen Aufzeichnung des Profils einer Straßenoberfläche
Profit [auch: *it*; *lat.-fr.-niederl.*] *der*; -[e]s, -e: 1. Nutzen, [materieller] Gewinn, den man aus einer Sache od. Tätigkeit erzielt. 2. Kapitalertrag (Fachspr.). **profitabel** [*lat.-fr.*]: gewinnbringend. **Profiteur** [*...tör*] *der*; -s, -e: (abwertend) jmd., der Profit (1) aus etwas zieht; Nutznießer. **profitieren**: Nutzen ziehen, Vorteil haben
Pro-Form [*lat.*] *die*; -, -en: Form, die im fortlaufenden Text für einen anderen, meist vorangehenden Ausdruck steht (z. B. „es/das Fahrzeug" für „das Auto"; Sprachw.). **pro forma**: der Form wegen, zum Schein
Profos [*lat.-fr.-niederl.*] *der*; -es u. -en, -e[n]: (hist.) Verwalter der Militärgerichtsbarkeit; Stockmeister. **Profoß** *der*; ...fossen, ...fosse[n]: = Profos
profund [*lat.-fr.*]: 1. tief, tiefgründig, gründlich. 2. tiefliegend, in den tieferen Körperregionen liegend, verlaufend (Med.). **Profundal** *das*; -s, -e: a) Tiefenregion der Seen unterhalb der lichtdurchfluteten Zone; b) Gesamtheit der im Profundal (a) lebenden Organismen. **Profundalzone** [*lat.-nlat.*; *gr.-lat.*] *die*; -, -n: = Profundal (a). **Profundität** *die*; -: Gründlichkeit, Tiefe
profus [*lat.*]: reichlich, sehr stark [fließend] (z. B. von einer Blutung, der Schweißabsonderung; Med.)
progam [*gr.-nlat.*]: vor der Befruchtung stattfindend (z. B. von der Festlegung des Geschlechts; Med.; Biol.)
Progenese [*gr.*] *die*; -, -n: vorzeitige Geschlechtsentwicklung (Med.).
Progenie [*gr.-nlat.*] *die*; -, ...ien: starkes Vorspringen des Kinns, Vorstehen des Unterkiefers (Med.)
Progenitur [*lat.-nlat.*] *die*; -, -en: Nachkommenschaft
Progerie [*gr.-nlat.*] *die*; -, ...ien: vorzeitige Vergreisung (Med.)
Progesteron [Kunstw.] *das*; -s: Gelbkörperhormon, das die Schwangerschaftsvorgänge reguliert; vgl. Corpus luteum
Pro|glottid [*gr.-nlat.*] *der*; -en, -en: Bandwurmglied (Med.)
Pro|gnath [*gr.-nlat.*] *der*; -en, -en: jmd., der an Prognathie leidet (Med.). **Pro|gnathie** *die*; -, ...ien: Vorstehen des Oberkiefers (Med.). **pro|gnathisch**: die Prognathie betreffend
Pro|gnose [*gr.-lat.*; „das Vorherwissen"] *die*; -, -n: Vorhersage einer zukünftigen Entwicklung (z. B. eines Krankheitsverlaufes) auf Grund kritischer Beurteilung des Gegenwärtigen. **Pro|gnostik** *die*; -: Wissenschaft, Lehre von der Prognose. **Pro|gnostiker** [*gr.-lat.-engl.*] *der*; -s, -: jmd., der sich [wissenschaftlich] mit Prognosen beschäftigt, Prognosen stellt; Zukunftsdeuter. **Pro|gnostikon** [*gr.*] u. **Pro|gnostikum** [*gr.-lat.*] *das*; -s, ...ken u. ...ka: Vorzeichen, Zeichen, das etwas über den voraussichtlichen Verlauf einer zukünftigen Entwicklung (z. B. einer Krankheit) aussagt. **pro|gnostisch**: die Prognose betreffend; vorhersagend (z. B. den Verlauf einer Krankheit). **prognostizieren** [*gr.-nlat.*]: den voraussichtlichen Verlauf einer zukünftigen Entwicklung (z. B. einer Krankheit) vorhersagen, vorhererkennen
Progonotaxis [*gr.-nlat.*] *die*; -, ...xen: (veraltet) Stammbaum einer Tierart (nach Haeckel; Zool.)
Pro|gramm [*gr.-lat.*; „schriftliche Bekanntmachung; Tagesordnung"] *das*; -s, -e: 1. a) Gesamtheit der Veranstaltungen, Darbietungen eines Theaters, Kinos, des Fernsehens, Rundfunks o. ä.; b) [vorgesehener] Ablauf [einer Reihe] von Darbietungen (bei einer Aufführung, einer Veranstaltung, einem Fest o. ä.); c) vorgesehener

Ablauf, die nach einem Plan genau festgelegten Einzelheiten eines Vorhabens; d) festzulegende Folge, programmierbarer Ablauf von Arbeitsgängen einer Maschine (z. B. einer Waschmaschine). 2. Blatt, Heft, das über eine Darbietung (z. B. Theateraufführung, Konzert) informiert. 3. Konzeptionen, Grundsätze, die zur Erreichung eines bestimmten Zieles dienen. 4. Arbeitsanweisung od. Folge von Anweisungen für eine Anlage der elektronischen Datenverarbeitung zur Lösung einer bestimmten Aufgabe (EDV). 5. Sortiment eines bestimmten Artikels in verschiedenen Ausführungen. **Pro|grammatik** *die*; -, -en: Zielsetzung, Zielvorstellung. **Pro|grammatiker** [*gr.-nlat.*] *der*; -s, -: jmd., der ein Programm (3) aufstellt od. erläutert. **pro|grammatisch**: 1. einem Programm (3), einem Grundsatz entsprechend. 2. zielsetzend, richtungsweisend; vorbildlich. **pro|grammieren**: 1. auf ein Programm (1, 2, 3) setzen. 2. für elektronische Rechenanlagen ein Programm (4) aufstellen; einen Computer mit Instruktionen versehen (EDV); programmierter Unterricht: durch Programme in Form von Lehrbüchern, Karteien o. ä. od. durch Lehrmaschinen bestimmtes Unterrichtsverfahren ohne direkte Beteiligung einer Lehrperson. 3. jmdn. auf ein bestimmtes Verhalten von vornherein festlegen. **Pro|grammierer** *der*; -s, -: Fachmann für die Erarbeitung u. Aufstellung von Schaltungen u. Ablaufplänen elektronischer Datenverarbeitungsmaschinen.

Pro|grammiersprache *die*; -, -n: Symbole, die zur Formulierung von Programmen (4) für die elektronische Datenverarbeitung verwendet werden; Maschinensprache (EDV). **Pro|grammierung** *die*; -, -en: das Programmieren (2, 3). **Programmierungstechnik** *die*; -: Fertigkeit im Programmieren (2). **Programmusik** *die*; -: durch Darstellung literarischer Inhalte, seelischer, dramatischer, lyrischer od. äußerer [Natur]vorgänge die Phantasie des Hörers zu konkreten Vorstellungen anregende Instrumentalmusik; Ggs. → absolute (5) Musik

pro|gredient = progressiv. **Pro|gredienz** [*lat.-nlat.*] *die*; -: das Fortschreiten, die zunehmende Verschlimmerung einer Krankheit. **Pro|greß** *der*; ...gresses, ...gresse: 1. Fortschritt. 2. Fortschreiten des Denkens von der Ursache zur Wirkung (Logik); vgl. Deduktion. **Pro|gression** *die*; -, -en: 1. Steigerung, Fortschreiten, Stufenfolge. 2. mathematische Reihe. 3. stufenweise Steigerung der Steuersätze. **Pro|gressismus** [*lat.-nlat.*] u. Pro|gressivismus [...*wi*...; *lat.-fr.-nlat.*] *der*; -: Fortschrittsdenken; Fortschrittlertum. **Progressist** [*lat.-nlat.*] u. Progressivist [...*wißt*; *lat.-fr.-nlat.*] *der*; -en, -en: Fortschrittler; Anhänger einer Fortschrittspartei. **pro|gressistisch**: [übertrieben] fortschrittlich. **pro|gressiv** [auch: *pro*...; *lat.-fr.*]: 1. stufenweise fortschreitend, sich entwickelnd. 2. fortschrittlich; -e [...*we*] Paralyse: fortschreitende, sich verschlimmernde Gehirnerweichung als Spätfolge der Syphilis (Med.). **Pro|gressive Jazz** [*proᵘgräßiw dschäs*; *amerik.*; „fortschrittlicher Jazz"] *der*; - -: stark effektbetonte, konzertante Entwicklungsphase des klassischen Swing, in betonter Anlehnung an tonale u. harmonische Charakteristika der gegenwärtigen europäischen Musik. **Pro|gressivismus** [...*wi*...] vgl. Progressismus. **Pro|gressivist** [...*wißt*] vgl. Progressist. **Pro|gressivsteuer** *die*; -, -n: Steuer mit steigenden Belastungssätzen

Progymnasium [*gr.-nlat.*] *das*; -s, ...ien [...*iᵉn*]: meist sechsklassiges Gymnasium ohne Oberstufe

prohibieren [*lat.*]: (veraltet) verhindern, verbieten. **Prohibition** [...*zion*; *lat.*] *die*; -, -en: 1. (veraltet) Verbot, Verhinderung. 2. [*lat.-fr.-engl.*] (ohne Plural) staatliches Verbot von Alkoholherstellung u. -abgabe. **Prohibitionist** *der*; -en, -en: Anhänger der Prohibition (2). **prohibitiv** [*lat.-nlat.*]: verhindernd, abhaltend, vorbeugend; vgl. ...iv/...orisch. **Prohibitiv** *der*; -s, -e [...*wᵉ*]: → Modus (2) des Verbots, bes. verneinte Befehlsform (Sprachw.). **Prohibitivsystem** *das*; -s, -e: Maßnahmen des Staates, durch die er die persönliche u. wirtschaftliche Freiheit beschränkt, um Mißstände zu vermeiden. **Prohibitivzoll** *der*; -[e]s, ...zölle: besonders hoher Zoll zur Beschränkung der Einfuhr. **prohibitorisch** [*lat.*]: = prohibitiv; vgl. ...iv/...orisch. **Prohibitorium** [*lat.-nlat.*] *das*; -s, ...ien [...*iᵉn*]: (veraltet) Aus- u. Einfuhrverbot für bestimmte Waren

Projekt [*lat.*] *das*; -[e]s, -e: Plan, Unternehmung, Entwurf, Vorhaben. **Projektant** *der*; -en, -en: jmd., der neue Projekte vorbereitet; Planer. **Projekteur** [...*tör*; *lat.-fr.*] *der*; -s, -e: Vorplaner (Technik). **projektieren** [*lat.*]: entwerfen, planen, vorhaben. **Projektil** [*lat.-fr.*] *das*; -s, -e: Geschoß. **Projektion** [...*zion*; *lat.*] *die*; -, -en: 1. Wiedergabe eines Bildes auf einem Schirm mit Hilfe eines Bildwerfers (Optik); vgl. Projektor. 2. Abbildung von Teilen der Erdoberfläche auf einer Ebene mit Hilfe von verschiedenen Gradnetzen. 3. bestimmtes Verfahren zur Abbildung von Körpern mit Hilfe paralleler (Parallelprojektion) od. zentraler Strahlen (Zentralprojektion) auf einer Ebene (Math.). 4. das Übertragen von eigenen Gefühlen, Wünschen, Vorstellungen o. ä. auf andere als Abwehrmechanismus (Psychol.). **Projektionsapparat** *der*; -[e]s, -e: = Projektor. **projektiv** [*lat.-nlat.*]: die Projektion betreffend. **Projektor** *der*; -s, ...oren: Lichtbildwerfer. **projizieren** [*lat.*]: 1. ein geometrisches Gebilde auf einer Fläche gesetzmäßig mit Hilfe von Strahlen darstellen (Math.). 2. Bilder mit einem Projektor auf einen Bildschirm werfen (Optik). 3. a) etwas auf etwas übertragen; b) Gedanken, Vorstellungen o. ä. auf einen anderen Menschen übertragen, in diesen hineinsehen

Prokaryonten [*gr.*] *die* (Plural): Organismen, deren Zellen keinen durch eine Membran getrennten Zellkern aufweisen (Biol.); Ggs. → Eukaryonten

Prokatalepsis [*gr.*; „Vorwegnahme"] *die*; -, ...lepsen: Kunstgriff der antiken Redner, die Einwendungen eines möglichen Gegners vorwegzunehmen u. zu widerlegen

Prokeleusmatikus [*gr.-lat.*] *der*; -, ...zi: aus vier Kürzen bestehender antiker Versfuß

Pro|klamation [...*zion*; *lat.-fr.*] *die*; -, -en: a) amtliche Verkündigung (z. B. einer Verfassung); b) Aufruf an die Bevölkerung; c) gemeinsame Erklärung mehrerer Staaten; vgl. ...[at]ion/...ierung. **pro|klamieren**: [durch eine Proklamation] verkündigen, erklären; aufrufen; kundgeben. **Proklamierung** *die*; -, -en: = das Proklamieren; vgl. ...[at]ion/...ierung

Pro|klise [*gr.-nlat.*] u. **Pro|klisis** *die*; -, Proklisen: Anlehnung eines unbetonten Wortes an ein folgendes betontes; Ggs. → Enklise. **Pro|klitikon** *das*; -s, ...ka: unbetontes Wort, das sich an das folgende betonte anlehnt (z. B. und 's = und *das* Mädchen sprach). **pro|klitisch**: sich an ein folgendes betontes Wort anlehnend (Sprachw.); Ggs. → enklitisch

Prokonsul [*lat.*] *der*; -s, -n: (hist.) ehemaliger Konsul als Statthalter einer Provinz (im Röm. Reich). **Prokonsulat** *das*; -[e]s, -e: Amt, Statthalterschaft eines Prokonsuls

Pro|krustesbett [nach dem Räuber der altgriech. Sage, der arglose Wanderer in ein Bett preßte, indem er ihnen die überstehenden Glieder abhieb od. die zu kurzen Glieder mit Gewalt streckte] *das*; -[e]s: 1. unangenehme Lage, in die jmd. mit Gewalt gezwungen wird. 2. gewaltsames Hineinzwängen in ein Schema

Prokt|algie [*gr.-nlat.*] *die*; -, ...ien: neuralgische Schmerzen in After u. Mastdarm (Med.). **Proktitis** *die*; -, ...itiden: Mastdarmentzündung (Med.). **proktogen**: vom Mastdarm ausgehend (Med.). **Proktologe** *der*; -n, -n: Facharzt auf dem Gebiet der Proktologie. **Proktologie** *die*; -: Wissenschaft und Lehre von den Erkrankungen des Mastdarms. **proktologisch**: die Proktologie beetreffend, auf ihr beruhend. **Prokto|plastik** *die*; -, -en: operative Bildung eines künstlichen Afters (Medizin). **Proktor|rhagie** *die*; -, ...ien: Mastdarmblutung (Medizin). **Prokto|spasmus** *der*; -, ...men: Krampf in After u. Mastdarm (Med.). **Proktostase** *die*; -, -n: Kotstauung u. -zurückhaltung im Mastdarm (Med.). **Proktotomie** *die*; -, ...ien: operative Öffnung des Mastdarms, Mastdarmschnitt (Med.). **Proktozele** *die*; -, -n: Mastdarmvorfall, Ausstülpung des Mastdarms aus dem After (Med.)

Prokura [*lat.-it.*] *die*; -, ...ren: Handlungsvollmacht von gesetzlich bestimmtem Umfang, die ein Vollkaufmann erteilen kann; vgl. per procura. **Prokuration** [*...zion*; *lat.-it.-nlat.*] *die*; -, -en: 1. Stellvertretung durch Bevollmächtigte. 2. Vollmacht. **Prokurator** [*lat.*] *der*; -s, ...oren: 1. (hist.) Statthalter einer Provinz des Röm. Reiches. 2. [*lat.-it.*]: (hist.) einer der neun höchsten Staatsbeamten der Republik Venedig, aus denen der Doge gewählt wurde. 3. bevollmächtigter Vertreter einer Person im katholischen kirchlichen Prozeß. 4. Vermögensverwalter eines Klosters. **Prokurazien** [*...iᵉn*, ital. Betonung: *...iᵉn*; *lat.-it.*] *die* (Plural): Palastbauten der Prokuratoren in Venedig. **Prokuren**: *Plural* von Prokura. **Prokurist** [*lat.-it.-nlat.*] *der*; -en, -en: Bevollmächtigter mit → Prokura. **Prokuror** [*lat.-russ.*] *der*; -s, ...oren: (hist.) Staatsanwalt im zaristischen Rußland; vgl. Oberprokuror

prolabieren [*lat.-nlat.*]: aus einer natürlichen Körperöffnung heraustreten (von Teilen innerer Organe; Med.)

Prolaktin [*lat.-nlat.*] *das*; -s, -e: Hormon des Hirnanhanges, das die Milchabsonderung während der Stillzeit anregt (Med.; Biol.)

Prol|amin [Kunstw.] *das*; -s, -e (meist Plural): Eiweiß des Getreidekornes

Prolan [*lat.-nlat.*] *das*; -s, -e: Geschlechtshormon (Med.)

Prolaps [*lat.*] *der*; -es, -e u. **Prolapsus** *der*; -, - [*prolápßuß*]: Vorfall, Heraustreten von Teilen eines inneren Organs aus einer natürlichen Körperöffnung infolge Bindegewebsschwäche (Med.)

Prolegomenon [auch: *...go...*; *gr.*] *das*; -s, ...mena (meist Plural): Vorwort, Einleitung, einleitende Bemerkung, Vorbemerkung

Prolepse [*gr.-lat.*] u. **Prolepsis** *die*; -, Prolepsen: 1. = Prokatalepsis. 2. Vorwegnahme eines Satzgliedes, bes. des Satzgegenstandes eines Gliedsatzes (z. B.: Hast du *den Jungen* gesehen, wie er aussah?, statt: Hast du gesehen, wie *der Junge* aussah?); vgl. proleptischer Akkusativ. 3. (Philos.) a) natürlicher, durch angeborene Fähigkeit unmittelbar aus der Wahrnehmung gebildeter Begriff (Stoiker); b) Allgemeinvorstellung als Gedächtnisbild, das die Erinnerung gleichartiger Wahrnehmungen desselben Gegenstandes in sich schließt (Epikureer). **proleptisch** [*gr.*]: vorgreifend, vorwegnehmend; -er Akkusativ: als Akkusativ in den Hauptsatz gezogener Satzgegenstand eines Gliedsatzes (vgl. Prolepse 2)

Prolet [*lat.*; Kurzform von: *Proletarier*] *der*; -en, -en: 1. (ugs., veraltet) Proletarier. 2. (ugs., abwertend) roher, ungehobelter, ungebildeter Mensch. **Proletariat** [*lat.-fr.*] *das*; -[e]s, -e: die wirtschaftlich abhängige, besitzlose [Arbeiter]klasse. **Proletarier** [*...iᵉr*; *lat.*] *der*; -s, -: Angehöriger des Proletariats. **proletarisch**: den Proletarier od. das Proletariat betreffend. **proletarisieren** [*lat.-nlat.*]: zu Proletariern machen. **Proletkult** [*lat.-russ.*] *der*; -[e]s: kulturrevolutionäre Bewegung im Rußland der Oktoberrevolution mit dem Ziel, eine proletarische Kultur zu entwickeln

Proliferation
I. [*...zion*; *lat.-nlat.*] *die*; -, -en: Wucherung des Gewebes durch Zellvermehrung (z. B. bei Entzündungen, Geschwülsten; Med.).
II. [*prolifᵉreⁱschᵉn*; *lat.-fr.-engl.-amerik.*] *die*; -: Weitergabe von Atomwaffen od. Mitteln zu deren Herstellung an Länder, die selbst keine Atomwaffen entwickelt haben; vgl. Nonproliferation

proliferativ [*lat.-nlat.*]: wuchernd (Med.). **proliferieren**: wuchern (Med.)

prolix [*lat.*]: (veraltet) ausführlich, weitschweifig

pro loco [- *loko*; *lat.*]: (veraltet) für den Platz, für die Stelle

Prolog [*gr.-lat.*] *der*; -[e]s, -e: 1. a) einleitender Teil des Dramas; Ggs. → Epilog (a); b) Vorrede, Vorwort, Einleitung eines literarischen Werkes; Ggs. → Epilog (b). 2. Radrennen, das den Auftakt einer über mehrere → Etappen (1a) gehenden Radrundfahrt bildet u. dessen Sieger bei der folgenden ersten Etappe das Trikot des Spitzenreiters trägt (Radsport)

Prolongation [*...zion*; *lat.-nlat.*] *die*; -, -en: Stundung, Verlängerung einer Kreditfrist (Wirtsch.). **Prolongement** [*...longsehᵉmang*; *lat.-fr.*] *das*; -s, -s: dem Weiterklingen der Töne od. Akkorde (nach dem Loslassen der Tasten) dienendes Pedal bei Tasteninstrumenten (Mus.). **prolongieren** [*...longgirᵉn*; *lat.*]: stunden, eine Kreditfrist verlängern (Wirtsch.)

pro memoria [*lat.*]: zum Gedächtnis; Abk.: p. m. **Promemoria** *das*; -s, ...ien [*...iᵉn*] u. -s: (veraltet) Denkschrift; Merkzettel

Promenade [*lat.-fr.*] *die*; -, -n: 1. Spaziergang. 2. Spazierweg. **promenieren**: spazierengehen, sich ergehen

Promesse [*lat.-fr.*; „Versprechen"] *die*; -, -n: Schuldverschreibung; Urkunde, in der eine Leistung versprochen wird (Rechtsw.)

prometheisch [nach Prometheus, dem Titanensohn der griech. Sage]: himmelstürmend; an Kraft, Gewalt, Größe alles übertreffend; vgl. epimetheisch. **Promethium** [*gr.-nlat.*] *das*; -s: chem. Grundstoff, Metall; Zeichen: Pm

pro mille [*lat.*]: a) für tausend (z. B. Mark); b) vom Tausend: Abk. p. m.; Zeichen: ‰. **Promille** *das*; -[s], -: 1. ein Teil vom Tausend, Tausendstel. 2. in Tausendsteln gemessener Alkoholanteil im Blut

prominent [*lat.*]: a) hervorragend, bedeutend, maßgebend; b) weithin bekannt, berühmt. **Prominenz** *die*; -, -en: 1. (ohne Plural) Gesamtheit der prominenten Persönlichkeiten. 2. (ohne Plural) a) das Prominentsein; b) [hervorragende] Bedeutung. 3. (Plural) prominente Persönlichkeiten

promiscue [*...ku-e*; *lat.*]: vermengt, durcheinander. **Promiskuität** [*lat.-nlat.*] *die*; -: Geschlechtsverkehr mit verschiedenen, häufig wechselnden Partnern. **promiskuitiv**: a) in Promiskuität lebend; b) durch Promiskuität gekennzeichnet. **promiskuos** u. **promiskuös**: = promiskuitiv

Promission [*lat.*] *die*; -, -en: (veraltet) Zusage, Versprechen. **promissorisch** [*lat.-mlat.*]: (veraltet) versprechend; -er Eid: vor der Aussage geleisteter Eid (Rechtsw.). **Promissorium** *das*; -s, ...ien [*...iᵉn*]: (veraltet) schriftliches Versprechen (Rechtsw.).

Promittent [*lat.*] *der*; -en, -en: (veraltet) Versprechender (Rechtsw.). **promittieren**: (veraltet) versprechen, verheißen (Rechtsw.)

Promoter [bei engl. Ausspr.: *...moᵘtᵉr*; *lat.-fr.-engl.*] *der*; -s, -: 1. Veranstalter (z. B. von Berufssportwettkämpfen, bes. Boxen, von Konzerten, Tourneen, Popfestivals). 2. = Sales-promoter

Promotion
I. [*...zion*; *lat.*; „Beförderung"] *die*; -, -en: 1. Erlangung, Verleihung der Doktorwürde. 2. (österr.) offizielle Feier, bei der die Doktorwürde verliehen wird.
II. [*prᵉmoᵘschᵉn*; *lat.-engl.*] *die*; -: Absatzförderung, Werbung [durch besondere Werbemaßnahmen]

Promotor [*lat.*] *der*; -en, -en: 1. Förderer, Manager. 2. (österr.) Professor, der die formelle Verleihung der Doktorwürde vornimmt. **Promovend** *der*; -en, -en: (DDR) jmd., der kurz vor seiner → Promotion (I, 1) steht. **promovieren** [*...wirᵉn*]: 1. a) (über ein bestimmtes Thema) eine Dissertation schreiben; b) die Doktorwürde erlangen. 2. die Doktorwürde verleihen

prompt [*lat.-fr.*]: 1. unverzüglich, unmittelbar (als Reaktion auf etw.) erfolgend; umgehend, sofortig. 2. einer Befürchtung, böswilligen Erwartung erstaunlicher-, seltsamerweise genau entsprechend eintretend; doch tatsächlich (z. B. - hereingefallen). 3. bereit, verfügbar, lieferbar (Kaufmannsspr.). **Promptuarium** [*lat.*] *das*; -s, ...ien [*...iᵉn*]: (veraltet) Nachschlagewerk, wissenschaftlicher Abriß

Promulgation [*...zion*; *lat.*] *die*; -, -en: öffentliche Bekanntmachung, Veröffentlichung, Bekanntgabe (z. B. eines Gesetzes). **promulgieren**: bekanntgeben, veröffentlichen, verbreiten

Pronaos [*...na-oß*; *gr.-lat.*] *der*; -, ...naoi [*...a-eu*]: 1. Vorhalle des altgriech. Tempels. 2. Vorraum in der orthodoxen Kirche; vgl. Naos

Pronation [*...zion*; *lat.-nlat.*] *die*; -, -en: Einwärtsdrehung von Hand od. Fuß (Med.)

pro nihilo [*lat.*]: (veraltet) um nichts, vergeblich

Pronomen [*lat.*] *das*; -s, - u. ...mina: Wort, das für ein → Nomen, an Stelle eines Nomens steht, Fürwort (z. B. er, mein, welcher; Sprachw.). **pronominal**: das Pronomen betreffend, fürwörtlich (Sprachw.). **Pronominaladjektiv** *das*; -s, -e [*...wᵉ*]: Adjektiv, das die Beugung eines nachfolgenden [substantivierten] Adjektivs teils wie ein Adjektiv, teils wie ein Pronomen beeinflußt (z. B. kein, viel, beide, manch; Sprachw.). **Pronominaladverb** *das*; -s, -ien [*...iᵉn*]: (aus einem alten pronominalen Stamm u. einer Präposition gebildetes) Adverb, das eine Fügung aus Präposition u. Pronomen vertritt; Umstandsfürwort (z. B. *darüber* für *über es, über das*; *womit* für ugs. *mit was* u. relativisches *mit dem* [Gegenstand, der Sache]; Sprachw.). **Pronominale** *das*; -s, ...lia u. ...lien [*...iᵉn*]: Pronomen, das die Qualität od. Quantität bezeichnet (z. B. lat. qualis = wie beschaffen; Sprachw.)

prononcieren [*pronongßirᵉn*; *lat.-fr.*]: (veraltet) offen erklären, aussprechen, bekanntgeben. **prononciert**: a) deutlich ausgesprochen, scharf betont; b) ausgeprägt

Prontosil ® [Kunstw.] *das*; -s: in seiner Heilwirkung zuerst 1932 entdecktes → Sulfonamid

Pronunciamiento [*...zᵢamᵢän...*; *lat.-span.*] *das*; -s, -s: = Pronunziamento. **Pronuntius** [*...ziuß*; *lat.-nlat.*] *der*; -, ...ien [*...iᵉn*]: päpstlicher → Nuntius mit Kardinalswürde. **Pronunziamento** [*lat.-it.*] u. **Pronunziamiento** [*lat.-span.*] *das*; -s, -s: a) Aufruf zum Sturz der Regierung; b) Militärputsch. **pronunziato** [*lat.-it.*]: deutlich markiert, hervorgehoben (Vortragsanweisung; Mus.)

Prooimion [*pro-eu...*; *gr.*] *das*; -s, ...ia u. **Proömium** [*gr.-lat.*] *das*; -s, ...ien [*...iᵉn*]: 1. kleinere Hymne, die von den altgriech. Rhapsoden vor einem großen Epos vorgetragen wurde. 2. in der Antike Einleitung, Vorrede zu einer Schrift

Propädeutik [*gr.-nlat.*] *die*; -, -en: Einführung in die Vorkenntnisse zu einem wissenschaftlichen Studium. **Propädeutikum** *das*; -s, ...ka: (schweiz.) medizinische Vorprüfung. **propädeutisch**: vorbereitend, einführend. -e Philosophie: 1. = Logik (1). 2. der in die Grundprobleme der Logik, Psychologie, Erkenntnistheorie u. Ethik einführende Unterricht an höheren Schulen des frühen 19. Jh.s

Propaganda [*lat.*] *die*; -: 1. systematische Verbreitung politischer, weltanschaulicher o. ä. Ideen u. Meinungen [mit massiven (publizistischen) Mitteln] mit dem Ziel, das allgemeine [politische] Bewußtsein in bestimmter Weise zu beeinflussen. 2. Werbung, Reklame (Wirtschaft). **Propagandakongregation** [*...zion*] *die*; -: römische → Kardinalskongregation zur Ausbreitung des Glaubens, die das katholische Missionswesen leitet. **propagandieren**: = propagieren. **Propagandist** [*lat.-nlat.*] *der*; -en, -en: 1. jmd., der Propaganda treibt. 2. Werbefachmann. **propagandistisch**: die Propaganda betreffend, auf Propaganda beruhend. **Propagation** [*...zion*; *lat.*] *die*; -, -en: Vermehrung, Fortpflanzung der Lebewesen (Biol.). **Propagator** *der*; -en, -en: jmd., der etwas propagiert, sich für etwas einsetzt. **propagieren**: verbreiten, für etwas Propaganda treiben, werben

Propan [*gr.-nlat.*] *das*; -s: gesättigter Kohlenwasserstoff, der bes. als Brenngas verwendet wird. **Propanon** *das*; -s: = Aceton

Proparoxytonon [*gr.*] *das*; -s, ...tona: in der griech. Betonungslehre ein Wort, das den → Akut auf der drittletzten Silbe trägt (z. B. gr. ανάλυσις = Analyse)

pro patria [*lat.*]: für das Vaterland

Propeller [*lat.-engl.*; „Antreiber"] *der*; -s, -: Antriebsschraube bei Schiffen od. Flugzeugen

Propemptikon [*gr.-lat.*] *das*; -s, ...ka: in der Antike Geleitgedicht für einen Abreisenden im Unterschied zum → Apopemptikon

Propen [*gr.-nlat.*] *das*; -s: = Propylen

proper [*lat.-fr.*]: a) durch eine saubere, gepflegte, ordentliche äußere Erscheinung ansprechend, einen erfreulichen Anblick bietend; b) ordentlich u. sauber [gehalten]; c) sorgfältig, solide ausgeführt, gearbeitet

Properdin [Kunstw.] *das*; -s: bakterienauflösender Bestandteil des Blutserums

Propergeschäft *das*; -[e]s, -e: Geschäft, Handel auf eigene Rechnung u. Gefahr, Eigengeschäft (Wirtsch.)

Properi|spomenon [*gr.*] *das*; -s, ...mena: in der griech. Betonungslehre Wort mit dem → Zirkumflex auf der vorletzten Silbe (z. B. *gr.* *δῶρον* = Geschenk); vgl. Perispomenon

Prophase [*gr.*; „das Vorscheinenlassen"] *die*; -, -n: erste Phase der Kernteilung, in der die Chromosomen sichtbar werden (Biol.)

Prophet [*gr.-lat.*] *der*; -en, -en: 1. jmd., der etwas prophezeit, weissagt. 2. [von Gott berufener] Seher, Mahner (bes. im A. T. u. als Bezeichnung Mohammeds). **Prophetie** *die*; -, ...ien: Weissagung, seherische Voraussage (bes. als von Gott gewirkte Rede eines Menschen). **prophetisch**: [seherisch] weissagend; vorausschauend. **prophezeien**: weissagen; voraussagen

Prophylaktikum [*gr.-nlat.*] *das*; -s, ...ka: vorbeugendes Mittel (Med.). **prophylaktisch** [„verwahrend, schützend"]: vorbeugend, verhütend, vor einer Erkrankung (z. B. Erkältung, Grippe) schützend (Med.). **Prophylaxe** [*gr.*] *die*; -, -n u. **Prophylaxis** *die*; -, ...laxen: Vorbeugung, vorbeugende Maßnahme; Verhütung von Krankheiten (Med.)

Propolis [*gr.*] *die*; -: Vorwachs (Baustoff der Bienenwaben)

Proponent [*lat.*] *der*; -en, -en: Antragsteller. **proponieren**: vorschlagen, beantragen

Proportion [...*zion*; *lat.*] *die*; -, -en: 1. Größenverhältnis; rechtes Maß; Eben-, Gleichmaß. 2. Takt- u. Zeitmaßbestimmung der Mensuralmusik (Mus.). 3. Verhältnisgleichung (Math.). **proportional**: verhältnisgleich, in gleichem Verhältnis stehend; angemessen, entsprechend; -e Konjunktion: Bindewort, das in Verbindung mit einem anderen ein gleichbleibendes Verhältnis ausdrückt (z. B. je [– desto]). **Proportionale** *die*; -, -n: Glied einer Verhältnisgleichung (Math.). **Proportionalität** *die*; -, -en: Verhältnismäßigkeit, richtiges Verhältnis. **Proportionalsatz** *der*; -es, ...sätze: zusammengesetzter Satz, in dem sich der Grad od. die Intensität des Verhaltens im Hauptsatz mit der im Gliedsatz gleichmäßig ändert (z. B. je älter er wird, desto bescheidener wird er; Sprachw.). **Proportionalwahl** *die*; -, -en: Verhältniswahl. **proportioniert** [*lat.-mlat.*]: in einem bestimmten Maßverhältnis stehend; ebenmäßig, wohlgebaut.

Proporz [Kurzw. aus: Proportionalwahl] *der*; -es, -e: 1. Verteilung von Sitzen u. Ämtern nach dem Verhältnis der abgegebenen Stimmen bzw. der Partei-, Konfessionszugehörigkeit o. ä. 2. (österr. u. schweiz.) Verhältniswahl[system]

Propositio [...*zio*; *lat.*] *die*; -, ...ones: Satz, Urteil (Philos.); - maior [*major*]: Obersatz (im → Syllogismus); - minor: Untersatz (im → Syllogismus). **Proposition** *die*; -, -en: 1. (veraltet) Vorschlag, Antrag. 2. Ankündigung des Themas (antike Rhet.; Stilk.). 3. Satz als Informationseinheit (nicht im Hinblick auf seine grammatische Form; Sprachw.). 4. Ausschreibung bei Pferderennen. **propositional**: den Satz als Informationseinheit, die Proposition (3) betreffend (Sprachw.). **Propositum** *das*; -s, ...ta: (veraltet) Äußerung, Rede.

Proposta [*lat.-it.*] *die*; -, ...sten: Vordersatz, die beginnende Stimme eines Kanons (Mus.); Ggs. → Risposta

Pro|prätor [*lat.*] *der*; -s, ...oren: (hist.) gewesener Prätor, Statthalter einer Provinz (im Röm. Reich)

pro|pre: = proper. **Propregeschäft** *das*; -[e]s, -e: = Propergeschäft. **Pro|pretät** [*lat.-fr.*] *die*; -: (landsch.) Sauberkeit, Reinlichkeit. **pro|prialisieren**: zum Eigennamen machen (Sprachw.). **pro|prie** [...*i-e*; *lat.*]: (veraltet) eigentlich. **Pro|prietär** [...*i-e*...; *lat.-fr.*] *der*; -s, -e: Eigentümer. **Pro|prietät** [...*i-e*...] *die*; -, -en: Eigentum[srecht] (Rechtsw.)

pro primo [*lat.*]: (veraltet) zuerst

pro|prio motu [*lat.*]: aus eigenem Antrieb. **pro|priozeptiv**: Wahrnehmungen aus dem eigenen Körper vermittelnd (z. B. aus Muskeln, Sehnen, Gelenken; Psychol.; Medizin); Ggs. → exterozeptiv. **Pro|prium** [„das Eigene"] *das*; -s: 1. das Selbst, das Ich; Identität, Selbstgefühl (Psychologie). 2. die wechselnden Texte u. Gesänge der katholischen Messe; vgl. Ordo (2) missae; -de tempore: nach den Erfordernissen des Kirchenjahres wechselnde Teile der Meßliturgie u. des → Breviers (1a); - sanctorum [...*kt*...]: nach den Heiligenfesten wechselnde Texte

Propulsion [*lat.-nlat.*] *die*; -, -en: 1. (veraltet) das Vorwärts-, Forttreiben. 2. Gehstörung mit Neigung zum Vorwärtsfallen bzw. Verlust der Fähigkeit, in der Bewegung innezuhalten (bei → Paralysis agitans; Med.). **propulsiv**: 1. (veraltet) vorwärts-, forttreibend. 2. die Propulsion (2) betreffend, auf ihr beruhend, für sie charakteristisch (Med.)

Propusk [auch: ...*pußk*; *russ.*] *der*; -s, -e: russ. Bezeichnung für: Passierschein, Ausweis

Propyläen [*gr.-lat.*] *die* (Plural): 1. Vorhalle griechischer Tempel. 2. Zugang, Eingang

Propylen [*gr.-nlat.*] *das*; -s: gasförmiger, ungesättigter Kohlenwasserstoff, technisch wichtiger Ausgangsstoff für andere Stoffe. **Propylit** [auch: ...*it*] *der*; -s, -e: durch Thermalwässer umgewandelter → Andesit in der Nähe von Erzlagerstätten

pro rata [parte] [*lat.*]: verhältnismäßig, dem vereinbarten Anteil entsprechend (Wirtsch.). **pro rata temporis**: anteilmäßig auf einen bestimmten Zeitablauf bezogen; Abk.: p. r. t. (Wirtsch.)

Prorektor [auch: ...*räk*...; *lat.-nlat.*] *der*; -s, -en (auch: ...oren): Vorgänger u. Stellvertreter des amtierenden Rektors an Hochschulen. **Prorektorat** *das*; -[e]s, -e: 1. Amt u. Würde eines Prorektors. 2. Dienstzimmer eines Prorektors

Prorogation [...*zion*; *lat.*] *die*; -, -en: 1. Aufschub, Vertagung. 2. stillschweigende od. ausdrückliche Anerkennung (von seiten beider Prozeßparteien) eines für eine Rechtssache an sich nicht zuständigen Gerichts erster Instanz (Rechtsw.). **prorogativ**: aufschiebend, vertagend. **prorogieren**: 1. aufschieben, vertagen. 2. eine Prorogation (2) vereinbaren (Rechtsw.)

Prosa [*lat.*; eigtl. „geradeaus gerichtete (= schlichte) Rede"] *die*; -: 1. Rede od. Schrift in ungebundener Form im Gegensatz zur → Poesie (1). 2. Nüchternheit, nüchterne Sachlichkeit. 3. geistliches Lied des frühen Mittelalters; vgl. Sequenz (1). **Prosaiker**

der; -s, -: 1. = Prosaist. 2. Mensch von nüchterner Geistesart. **prosaisch**: 1. in Prosa (1) [abgefaßt]. 2. sachlich-nüchtern, trocken, ohne Phantasie. **Prosaist** [*lat.-nlat.*] *der*; -en, -en: Prosa schreibender Schriftsteller. **prosaistisch**: frei von romantischen Gefühlswerten, sachlich-nüchtern berichtend

Prosektor [*lat.*] *der*; -s, ...oren: (Med.) 1. Arzt, der → Sektionen (2) durchführt. 2. Leiter der pathologischen Abteilung eines Krankenhauses. **Prosektur** [*lat.-nlat.*] *die*; -, -en: Abteilung eines Krankenhauses, in der → Sektionen (2) durchgeführt werden (Med.)

Prosekution [...*zion*; *lat.*] *die*; -, -en: gerichtliche Verfolgung, Belangung (Rechtsw.). **Prosekutiv** [*lat.-nlat.*] *der*; -s, -e [...*w*[e]]: → Kasus der räumlichen od. zeitlichen Erstreckung, bes. in den finnisch-ugrischen Sprachen (Sprachw.). **Prosekutor** [*lat.-mlat.*] *der*; -s, ...oren: Verfolger, Ankläger (Rechtsw.)

Proselyt [*gr.-lat.*; eigtl. „hinzugekommen"] *der*; -en, -en: Neubekehrter, im Altertum bes. zur Religion Israels übergetretener Heide; in der Wendung: -en machen: (abwertend) Personen für einen Glauben od. eine Anschauung durch aufdringliche Werbung gewinnen. **Proselytenmacherei** *die*; -: (abwertend) aufdringliche Werbung für einen Glauben od. eine Anschauung

Proseminar [*lat.-nlat.*] *das*; -s, -e: einführende Übung [für Studienanfänger] an der Hochschule

Pros|enchym [...*chüm*; *gr.-nlat.*] *das*; -s, -e: Verband aus stark gestreckten, zugespitzten faserähnlichen Zellen des → Parenchyms (1), eine Grundform des pflanzlichen Gewebes (Biol.). **prosenchymatisch**: aus Prosenchym bestehend; in die Länge gestreckt, zugespitzt u. faserähnlich (von Zellen, die hauptsächlich in den Grundgeweben der Pflanzen vorkommen; Biol.)

Prosime|trum [*lat.*; *gr.-lat.*] *das*; -s, ...tra: Mischung von Prosa u. Vers in literarischen Werken der Antike

prosit! u. prost! [*lat.*]: wohl bekomm's!, zum Wohl! **Prosit** *das*; -s, -s u. Prost *das*; -[e]s, -e: Zutrunk

Pro|skenion [*gr.*] *das*; -, ...nia: griech. Form von: Proszenium

pro|skribieren [*lat.*]: ächten, verbannen. **Pro|skription** [...*zion*] *die*; -, -en: 1. Ächtung [politischer Gegner]. 2. (hist.) öffentliche Bekanntmachung der Namen der Geächteten im alten Rom (bes. durch Sulla)

Pros|kynese [*gr.*] u. **Pros|kynesis** *die*; -, ...nesen: demütige Kniebeugung, Fußfall vor einem Herrscher od. vor einem religiösen Weihegegenstand, auch bei bestimmten kirchlichen Handlungen

Pros|odem [*gr.-nlat.*] *das*; -s, -e: prosodisches (suprasegmentales) Merkmal

Pros|odia: *Plural* von → Prosodion. **Pros|odiakus** [*gr.-lat.*] *der*; -, ...zi: bes. in den Prosodia gebrauchter altgriech. Vers

Pros|odie [*gr.-lat.*] *die*; -, ...ien u. **Pros|odik** [*gr.*] *die*; -, -en: 1. in der antiken Metrik die Lehre von der Tonhöhe u. der Quantität der Silben, Silbenmessungslehre. 2. Lehre von der metrisch-rhythmischen Behandlung der Sprache

Pros|odion [*gr.*] *das*; -s, ...dia: im Chor gesungenes altgriech. Prozessionslied

pros|odisch [*gr.-lat.*]: die Prosodie betreffend, silbenmessend

Pros|odontie [*gr.-nlat.*] *die*; -, ...ien: schräges Vorstehen der Zähne (Med.)

Pros|op|algie [*gr.-nlat.*] *die*; -, ...ien: Gesichtsschmerzen im Bereich des → Trigeminus (Med.). **Pros|opo|graphie** *die*; -, ...ien: nach der Buchstabenfolge geordnetes Verzeichnis aller einem bestimmten Lebenskreis angehörenden Personen mit Quellenangaben. **Pros|opo|lepsie** *die*; -: Charakterdeutung aus den Gesichtszügen. **Pros|opo|plegie** *die*; -, ...ien: Lähmung der mimischen Muskulatur des Gesichts; Fazialislähmung (Med.). **Prosopo|pöie** *die*; -, ...ien: = Personifikation. **Pros|opo|schisis** [...*ßch*...] *die*; -, ...isen: angeborene Mißbildung, bei der die beiden Gesichtshälften durch einen Spalt getrennt sind (Med.)

proso|wjetisch [*lat.*; *russ.*]: sich für die Sowjetunion einsetzend

Pro|spekt [*lat.*; „Hinblick; Aussicht"] *der*; -[e]s, -e: 1. meist mit Bildern ausgestattete Werbeschrift. 2. Preisliste. 3. Vorderansicht des [künstlerisch ausgestalteten] Pfeifengehäuses der Orgel. 4. [gemalter] Bühnenhintergrund, Bühnenhimmel, Rundhorizont (Theater). 5. perspektivisch meist stark übertriebene Ansicht einer Stadt od. Landschaft als Gemälde, Zeichnung od. Kupferstich (Kunst). 6. in der Sowjetunion eine große, langgestreckte Straße. 7. allgemeine Darlegung der Lage eines Unternehmens bei geplanter Inanspruchnahme des Kapitalmarktes (Wirtsch.). **pro|spektieren**: Lagerstätten nutzbarer Mineralien durch geologische Beobachtung o. ä. ausfindig machen, erkunden, untersuchen (Bergwesen). **Pro|spektierung** [*lat.-nlat.*] *die*; -, -en: 1. Erkundung nutzbarer Bodenschätze (Bergwesen). 2. = Prospektion (2). 3. Herausgabe des Lageberichts einer Unternehmung vor einer Wertpapieremission (Wirtsch.). **Pro|spektion** [...*zion*] *die*; -, -en: 1. das Prospektieren. 2. Drucksachenwerbung mit Prospekten (1). **pro|spektiv** [*lat.*]: a) der Aussicht, Möglichkeit nach; vorausschauend; b) die Weiterentwicklung betreffend; -er [...*w*[e]*r*] Konjunktiv: in der griech. Sprache der Konjunktiv der möglichen od. erwogenen Verwirklichung (Sprachw.). **Prospektor** [*lat.-engl.*] *der*; -s, ...oren: Gold-, Erzschürfer (Bergw.)

pro|sperieren [*lat.-fr.*]: gedeihen, vorankommen, gutgehen. **Prosperität** *die*; -: Wohlstand, Blüte, Periode allgemeinen wirtschaftlichen Aufschwungs

Pro|spermie [*gr.-nlat.*] *die*; -, ...ien: vorzeitiger Samenerguß (Med.)

pro|spizieren [*lat.*]: voraussehen, Vorsichtsmaßregeln treffen

prost! usw. vgl. prosit! usw.

Prosta|glandine [Kunstw. aus Prostata u. Glans] *die* (Plural): hormonähnliche Stoffe mit gefäßerweiternder u. wehenauslösender Wirkung (Pharm., Med.). **Prostata** [*gr.-nlat.*] *die*; -, ...tae [...*tä*]: walnußgroßes Anhangsorgan der männlichen Geschlechtsorgane, das den Anfangsteil der Harnröhre umgibt, Vorsteherdrüse (Med.). **Prostatahyper|trophie** *die*; -, -n [...*i*[e]*n*]: (altersbedingte) übermäßige Vergrößerung der Prostata. **Prostat|ektomie** *die*; -, ...ien: operative Entfernung von Prostatawucherungen od. der Prostata selbst (Med.). **Prostatiker** *der*; -s, -: jmd., der an einer Vergrößerung der Prostata leidet (Med.). **Prostatitis** *die*; -, ...itiden: Entzündung der Prostata (Med.)

Prosternation [...*zion*; *lat.-mlat.*] *die*; -, -en: lat. Bezeichnung für → Proskynese. **prosternieren** [*lat.*]: sich (zum Fußfall) niederwerfen

Pros|these u. **Pros|thesis** [*gr.-lat.*] *die*; -, ...thesen: = Prothese (2). **pros|thetisch**: angesetzt, angefügt

prostituieren [*lat.(-fr.)*]: 1. jmdn.,

sich herabwürdigen, öffentlich preisgeben, bloßstellen. 2. sich -: Prostitution (2) treiben. **Prostituierte** *die*; -n, -n: Frau, die sich gewerbsmäßig zum Geschlechtsverkehr anbietet; Dirne. **Prostitution** [...*zion*; *lat.-fr.*] *die*; -: 1. gewerbsmäßige Ausübung sexueller Handlungen; Dirnenwesen. 2. Herabwürdigung, öffentliche Preisgabe, Bloßstellung. **prostitutiv**: die Prostitution betreffend

Pro|stration [...*zion*; *lat.*] *die*; -, -en: 1. liturgisches Sichhinstrekken auf den Boden (z. B. bei den katholischen höheren Weihen u. bei der Einkleidung in eine geistliche Ordenstracht). 2. hochgradige Erschöpfung (Med.)

Prostylos [*gr.-lat.*] *der*; -, ...oi [...*eu*]: griech. Tempel mit einer Säulenvorhalle

Prosyllogismus [*gr.-nlat.*] *der*; -: der Vorschluß; Schluß einer Schlußkette, dessen Schlußsatz die → Prämisse des folgenden Schlusses ist (Logik). **prosyllogistisch**: von einem Schluß zum Vorschluß zurückgehend (Logik)

Pro|szenium [*gr.-lat.*] *das*; -s, ...ien [...*i^e n*]: 1. im antiken Theater der Platz vor der → Skene. 2. Raum zwischen Vorhang u. Rampe einer Bühne; Ggs. → Postszenium

Prot|actinium [...*ak*...; *gr.-nlat.*] *das*; -s: radioaktiver chem. Grundstoff, Metall; Zeichen: Pa. **Prot|agonist** [*gr.*] *der*; -en, -en: 1. Hauptdarsteller, erster Schauspieler im altgriech. Drama; vgl. Deuteragonist u. Tritagonist. 2. a) zentrale Gestalt, wichtigste Person; b) Vorkämpfer. **Prot|amin** [*gr.-nlat.*] *das*; -s, -e: einfacher, schwefelfreier Eiweißkörper (Chem.). **Prot|an|drie** *die*; -: das Reifwerden der männlichen Geschlechtsprodukte zwittriger Tiere od. Pflanzen vor den weiblichen (zur Verhinderung von Selbstbefruchtung; Bot.); Ggs. → Protogynie. **prot|an|drisch**: die Protandrie betreffend. **Prot|anopie** *die*; -, ...ien: Form der Farbenblindheit, bei der rote Farben nicht wahrgenommen werden können; Rotblindheit (Med.)

Protasis [*gr.-lat.*] *die*; -, ...tasen: 1. Vordersatz, bes. der bedingende Gliedsatz eines Konditionalsatzes (Sprachw.); Ggs. → Apodosis. 2 der → Epitasis vorangehende Einleitung eines dreiaktigen Dramas

Protease [*gr.-nlat.*] *die*; -: eiweißspaltendes → Enzym

Protegé [*proteseh̲e*; *lat.-fr.*] *der*; -s, -s: jmd., der protegiert wird; Günstling, Schützling. **protegieren** [*proteschir^e n*]: begünstigen, fördern, bevorzugen

Proteid [*gr.-nlat.*] *das*; -[e]s, -e: mit anderen chem. Verbindungen zusammengesetzter Eiweißkörper (Chem.). **Protein** *das*; -s, -e: nur aus Aminosäuren aufgebauter einfacher Eiweißkörper (Chem.). **Proteinase** [...*te-i*...] *die*; -, -n: im Verdauungstrakt vorkommendes Enzym, das Proteine bis zu → Polypeptiden abbaut (Chem.)

proteisch [*gr.-nlat.*]: in der Art eines → Proteus (1), wandelbar, unzuverlässig

Protektion [...*zion*; *lat.-fr.*] *die*; -, -en: Gönnerschaft, Förderung, Begünstigung, Bevorzugung. **Protektionismus** [*lat.-fr.-nlat.*] *der*; -: Schutz der einheimischen Produktion gegen die Konkurrenz des Auslandes durch Maßnahmen der Außenhandelspolitik (Wirtsch.). **Protektionist** *der*; -en, -en: Anhänger des Protektionismus. **protektionistisch**: den Protektionismus betreffend, in der Art des Protektionismus. **Protektor** [*lat.*] *der*; -s, ...oren: 1. a) Beschützer, Förderer; b) Schutz-, Schirmherr; Ehrenvorsitzender. 2. mit Profil versehene Lauffläche des Autoreifens. **Protektorat** [*lat.-nlat.*] *das*; -[e]s, -e: 1. Schirmherrschaft. 2. a) Schutzherrschaft eines Staates über ein fremdes Gebiet; b) unter Schutzherrschaft eines anderen Staates stehendes Gebiet

pro tempore [*lat.*]: vorläufig, für jetzt; Abk.: p. t.

Proteo|hormon [*gr.-nlat.*] *das*; -s, -e: Hormon vom Charakter eines Proteins od. Proteids (Biol.). **Proteo|lyse** *die*; -: Aufspaltung von Eiweißkörpern in Aminosäuren (Chem.). **proteo|lytisch**: eiweißverdauend (Med.). **Proter|an|drie** *die*; - usw.: = Protandrie usw. **proterogyn** usw.: = protogyn usw. **Proterozoikum** *das*; -s: = Archäozoikum

Protest [*lat.-it.*] *der*; -[e]s, -e: 1. meist spontane u. temperamentvolle Bekundung des Mißfallens, des Nichteinverstandenseins. 2. (Rechtsw.) a) amtliche Beurkundung über Annahmeverweigerung bei Wechseln, über Zahlungsverweigerung bei Wechseln od. Schecks; b) (DDR) Rechtsmittel des Staatsanwalts gegen ein Urteil des Kreisgerichts od. ein durch die erste Instanz ergangenes Urteil des Bezirksgerichts; c) bestimmte Art der → Demarche als Mittel zur Wahrung u. Einhaltung von Rechten im zwischenstaatlichen Bereich (Völkerrecht). **Protestant** [*lat.*] *der*; -en, -en: 1. Angehöriger einer den Protestantismus vertretenden Kirche. 2. jmd., der gegen etwas protestiert (1). **protestantisch**: zum Protestantismus gehörend, ihn vertretend; Abk.: prot.; vgl. evangelisch (2). **protestantisieren**: (früher) protestantisch machen, für die protestantische Kirche gewinnen. **Protestantismus** [*nlat.*; nach der feierlichen Protestation der evangelischen Reichsstände auf dem Reichstag zu Speyer 1529] *der*; -: aus der kirchlichen Reformation des 16. Jh.s hervorgegangene Glaubensbewegung, die die verschiedenen evangelischen Kirchengemeinschaften umfaßt. **Protestation** [...*zion*; *lat.*] *die*; -, -en: Mißfallensbekundung, Protest. **protestieren** [*lat.-fr.*]: 1. a) Protest (1) einlegen; b) eine Behauptung, Forderung, einen Vorschlag o. ä. als unzutreffend, unpassend zurückweisen; widersprechen. 2. die Annahme, Zahlung eines Wechsels verweigern (Rechtsw.). **Protestnote** *die*; -, -n: offizielle Beschwerde, schriftlicher Einspruch einer Regierung bei der Regierung eines anderen Staates gegen einen Übergriff (Pol.). **Protestsong** *der*; -s, -s: soziale, gesellschaftliche, politische Verhältnisse kritisierender → Song (1b)

Proteus [auch: ...*e-uß*; *gr.-lat.*; griech. Meergott] *der*; -, -: 1. wandelbarer, wetterwendischer Mensch. 2. Gattung der Olme (Schwanzlurche)

Prot|evangelium u. **Proto|evangelium** [*gr.-lat.*] *das*; -s: als erste Verkündigung des Erlösers aufgefaßte Stelle im A. T. (1. Mose 3, 15)

Prothallium [*gr.-nlat.*] *das*; -s, ...ien [...*i^e n*]: Vorkeim der Farnpflanzen (Bot.)

Prothese [*gr.*] *die*; -, -n: 1. künstlicher Ersatz eines amputierten, fehlenden Körperteils, bes. der Gliedmaßen od. der Zähne. 2. Bildung eines neuen Lautes (bes. eines Vokals) od. einer neuen Silbe am Wortanfang (z. B. *franz.* esprit aus *lat.* (i)spiritus; Sprachw.). **Prothetik** *die*; -: Wissenschaft, Lehre vom Kunstgliederbau (Med.). **prothetisch**: 1. die Prothetik betreffend (Med.). 2. die Prothese (2) betreffend, auf ihr beruhend

Protist [*gr.-nlat.*] *der*; -en, -en (meist Plural): einzelliges Lebewesen (Biol.). **Protium** [...*zium*]

das; -s: leichter Wasserstoff, Wasserstoffisotop; vgl. Isotop. **Proto|evangelium** vgl. Protevangelium. **protogen** [*gr.-nlat.*]: am Fundort entstanden (von Erzlagerstätten; Geol.). **protogyn**: die Protogynie betreffend. **Protogynie** *die*; -: das Reifwerden der weiblichen Geschlechtsprodukte zwittriger Tiere u. Pflanzen vor den männlichen Geschlechtsprodukten (Bot.); Ggs. → Protandrie. **Protokoll** [*gr.-mgr.-mlat.*] *das*; -s, -e: 1. a) förmliche Niederschrift, Beurkundung einer Aussage, Verhandlung o. ä.; b) schriftliche Zusammenfassung der wesentlichsten Ergebnisse einer Sitzung; c) genauer schriftlicher Bericht über Verlauf u. Ergebnis eines Versuchs, Heilverfahrens o. ä. 2. die Gesamtheit der im diplomatischen Verkehr gebräuchlichen Formen. **Protokollant** *der*; -en, -en: jmd., der etwas protokolliert; Schriftführer. **protokollarisch** [*gr.-mgr.-mlat.-nlat.*]: 1. a) in der Form eines Protokolls (1); b) im Protokoll (1) festgehalten, auf Grund des Protokolls. 2. dem Protokoll (2) entsprechend. **protokollieren** [*gr.-mgr.-mlat.*]: bei einer Sitzung o. ä. die wesentlichen Punkte schriftlich festhalten; ein Protokoll aufnehmen; beurkunden. **Proton** [*gr.-nlat.*] *das*; -s, ...onen: positiv geladenes, schweres Elementarteilchen, das den Wasserstoffatomkern bildet u. mit dem Neutron zusammen Baustein aller Atomkerne ist; Zeichen: p. **Protonensyn|chro|tron** *das*; -s, -e: Beschleuniger für Protonen; Protonenbeschleuniger. **Protonotar** [*gr.*; *lat.*] *der*; -s, -e: 1. Notar der päpstlichen Kanzlei. 2. (ohne Plural) Ehrentitel geistlicher Würdenträger. **Proton pseudos** [*gr.*; „die erste Lüge"] *das*; - -: 1. die erste falsche → Prämisse eines → Syllogismus, durch die der ganze Schluß falsch wird (Aristoteles; Philos.). 2. falsche Voraussetzung, aus der andere Irrtümer gefolgert werden. **Protophyte** [*gr.-nlat.*] *die*; -, -n u. **Protophyton** *das*; -s, ...yten (meist Plural): einzellige Pflanze. **Protoplasma** [*gr.-nlat.*] *das*; -s: Lebenssubstanz aller pflanzlichen, tierischen u. menschlichen Zellen. **proto|plasmatisch**: aus Protoplasma bestehend, zum Protoplasma gehörend. **Proto|plast** *der*; -en, -en: 1. Zelleib der Pflanzenzelle mit Zellkern, Zellplasma u. → Plastiden (im Gegensatz zur unbelebten Zellwand). 2. (nur Plural) Adam u. Eva als die erstgeschaffenen Menschenwesen (Theol.). **Protorenaissance** [...*r*^e-*näßangß*] *die*; -: Vorrenaissance (in bezug auf die Übernahme antiker [Bau]formen im 12. u. 13. Jh. in Italien u. Südfrankreich). **Protos** [*gr.*] *der*; -: der erste (dorische) Kirchenton (Mus.). **Prototyp** [selten: ...*tüp*; *gr.-lat.*] *der*; -s, -en: 1. Urbild, Muster, Inbegriff; Ggs. → Ektypus. 2. erster Abdruck. 3. erste Ausführung eines Flugzeugs, Autos, einer Maschine nach den Entwürfen zur praktischen Erprobung und Weiterentwicklung. 4. Rennwagen einer bestimmten Kategorie und Gruppe, der nur in Einzelstücken gefertigt wird. **prototypisch** [*gr.-nlat.*]: den Prototyp (1) betreffend, in der Art eines Prototyps; urbildlich. **Protozoen**: *Plural* von Protozoon. **Protozoologe** [...*zo-o*...] *der*; -n, -n: Wissenschaftler auf dem Gebiet der Protozoologie. **Protozoologie** *die*; -: Wissenschaft von den Einzellern. **Protozoon** *das*; -s, ...zoen (meist Plural): einzelliges Tier; Ggs. → Metazoon

pro|trahieren [*lat.*]: die Wirkung (z. B. eines Medikaments, einer Bestrahlung) verzögern od. verlängern (z. B. durch geringe Dosierung; Med.). **pro|trahiert**: verzögert od. über eine längere Zeit hinweg [wirkend] (z. B. von Medikamenten; Med.). **Protraktion** [...*zion*] *die*; -, -en: absichtliche Verzögerung der Wirkung eines Arzneimittels od. einer therapeutischen Maßnahme (Med.)

Pro|treptik [*gr.*] *die*; -: Aufmunterung, Ermahnung [zum Studium der Philosophie] als Bestandteil antiker didaktischer Schriften. **pro|treptisch**: die Protreptik betreffend, ermahnend, aufmunternd

Pro|trusion [*lat.-nlat.*] *die*; -, -en: das Hervortreten, Verlagern nach außen (z. B. eines Organs aus seiner normalen Lage; Med.)

Protuberanz [*lat.-nlat.*] *die*; -, -en: 1. teils ruhende, teils aus dem Sonneninnern aufschießende, glühende Gasmasse (Astron.). 2. Vorsprung (an Organen, Knochen; Med.)

protypisch [*gr.-nlat.*]: (veraltet) vorbildlich. **Protypon** [*gr.*] *das*; -s, ...typen u. **Protypus** *der*; -, ...pen: (veraltet) Vorbild

pro usu medici [- - ...*zi*] vgl. ad usum medici

Provencer|öl [...*wangß*^e*r*...; nach der franz. Landschaft Provence] *das*; -[e]s, -e: Öl der zweiten Pressung der Oliven

Provenienz [...*we*...; *lat.-nlat.*] *die*; -, -en: Herkunft, Ursprung

Proverb [...*wärp*; *lat.*] *das*; -s, -en u. **Proverbium** *das*; -s, ...ien [...*i*^e*n*]: Sprichwort. **Proverbe dramatique** [...*wärb* ...*tik*; *lat.-fr.*] *das*; - -, -s -s [...*wärb* ...*tik*]: kleines, spritziges Dialoglustspiel um eine Sprichwortweisheit (in Frankreich im 18. u. 19. Jh.). **proverbial** [*lat.*] u. **proverbialisch** u. **proverbiell** [*lat.-fr.*]: sprichwörtlich. **Proverbium** vgl. Proverb

Proviant [*prow*...; *lat.-vulgärlat.-it.* u. *fr.*] *der*; -s, -e: als Verpflegung auf eine Wanderung, Expedition o. ä. mitgenommener Vorrat an Nahrungsmitteln für die vorgesehene Zeit; Wegzehrung, Verpflegung, Ration. **proviantieren**: (selten) mit Proviant versorgen, → verproviantieren

providentiell [...*widänziäl*; *lat.-fr.*]: von der Vorsehung bestimmt. **Providenz** [...*wi*...] *die*; -, -en: Vorsehung

Provinz [...*winz*; *lat.*] *die*; -, -en: 1. größeres Gebiet, das eine staatliche od. kirchliche Verwaltungseinheit bildet; Abk.: Prov. 2. (ohne Plural) (oft abwertend) Gegend, in der (mit großstädt. Maßstab gemessen) in kultureller, gesellschaftlicher Hinsicht, für das Vergnügungsleben o. ä. nur sehr wenig od. nichts geboten wird. **Provinzial** [...*zial*; *lat.-mlat.*] *der*; -s, -e: Vorsteher einer (mehrere Klöster umfassenden) Ordensprovinz. **Provinziale** *der*; -n, -n: Provinzbewohner. **Provinzialismus** [*lat.-mlat.*] *der*; -, ...men: 1. in der Hochsprache auftretende, vom hochsprachlichen Wortschatz od. Sprachgebrauch abweichende, landschaftlich gebundene Spracheigentümlichkeit (z. B. Topfen für Quark). 2. kleinbürgerliche, spießige Einstellung, Engstirnigkeit. 3. (österr.) Lokalpatriotismus. **Provinzialist** *der*; -en, -en: Provinzler, jmd., der eine kleinbürgerliche Denkungsart besitzt. **Provinzialsynode** *die*; -, -n: → Synode einer Kirchenprovinz. **provinziell** [*lat.-fr.*]: 1. (meist abwertend) zur Provinz (2) gehörend; ihr entsprechend, für die Provinz (2), das Leben in ihr charakteristisch; von geringem geistigem, kulturellem Niveau zeugend, engstirnig. 2. landschaftlich, mundartlich. **Provinzler** [*lat.*; *dt.*] *der*; -s, -: (abwertend) Provinzbewohner, [kulturell] rückständiger Mensch. **provinzlerisch**: 1. (abwertend) wie ein Provinzler. 2. ländlich

Provision [...*wi*...; *lat.-it.*] *die*; -, -en: 1. vorwiegend im Handel übliche Form der Vergütung, die meist in Prozenten vom Umsatz berechnet wird; Vermittlungsgebühr. 2. rechtmäßige Verleihung eines Kirchenamtes (kath. Kirche). **Provisor** [*lat.*] *der*; -s, ...oren: 1. (veraltet) Verwalter, Verweser. 2. (österr.) Geistlicher, der vertretungsweise eine Pfarrei o. ä. betreut. 3. (veraltet) → approbierter, in einer Apotheke angestellter Apotheker. **provisorisch** [*lat.-mlat.*]: nur als einstweiliger Notbehelf, nur zur Überbrückung eines noch nicht endgültigen Zustands dienend; nur vorläufig, behelfsmäßig. **Provisorium** *das*; -s, ...ien [...*iᵉn*]: 1. etw., was provisorisch ist; Übergangslösung. 2. Aushilfsausgabe (Philatelie)

Provit|amin [...*wi*...] *das*; -s, -e: Vorstufe eines Vitamins (Chem.)

Provo [*prowo*; *lat.-niederl.*] *der*; -s, -s: Vertreter einer 1965 in Amsterdam entstandenen antibürgerlichen Protestbewegung von Jugendlichen u. Studenten, die sich durch äußere Erscheinung, Verhalten u. Ablehnung von Konventionen bewußt in Gegensatz zu ihrer Umgebung setzen. **provokant** [...*wo*...; *lat.*]: herausfordernd, provozierend. **Provokant** *der*; -en, -en: (veraltet) Herausforderer, Kläger; Provokateur (Rechtsw.; Pol.). **Provokateur** [...*wokatör*; *lat.-fr.*] *der*; -s, -e: jmd., der andere provoziert od. zu etwas aufwiegelt. **Provokation** [...*zion*; *lat.*] *die*; -, -en: 1. Herausforderung; Aufreizung. 2. künstliche Hervorrufung von Krankheitserscheinungen (z. B. um den Grad einer Ausheilung zu prüfen; Med.). **provokativ** [...*tif*; *lat.-nlat.*]: herausfordernd, eine Provokation (1) enthaltend; vgl. ...iv/...orisch. **provokatorisch** [*lat.*]: herausfordernd, eine Provokation (1) bezweckend; vgl. ...iv/...orisch. **provozieren**: 1. a) herausfordern, aufreizen; b) bewußt hervorlocken, -rufen (z. B. eine Frage). 2. Krankheiten künstlich hervorrufen (Med.)

proximal [*lat.-nlat.*]: dem zentralen Teil eines Körpergliedes, der Körpermitte zu gelegen (Med.); vgl. distal

Prozedere vgl. Procedere. **prozedieren** [*lat.*]; zu Werke gehen, verfahren. **Prozedur** [*lat.-nlat.*] *die*; -, -en: Verfahren, [schwierige, unangenehme] Behandlungsweise; vgl. Procedere. **prozedural**: verfahrensmäßig, den äußeren Ablauf einer Sache betreffend

Prozent [*lat.-it.*] *das*; -[e]s, -e (aber: 5 -): 1. vom Hundert, Hundertstel; Abk.: p. c.; Zeichen: %; vgl. pro centum. 2. (Plural) (ugs.) in Prozenten (1) berechneter Gewinn-, Verdienstanteil, z. B. -e bekommen. **prozentisch**: = prozentual. **Prozentpunkt** *der*; -[e]s, -e (meist Plural): Differenz zwischen zwei Prozentzahlen. **Prozentsatz** *der*; -es, ...sätze: bestimmte Anzahl von Prozenten. **prozentual** [*lat.-it.-nlat.*], (österr.:) prozentuell u. perzentuell: im Verhältnis zum Hundert, in Prozenten ausgedrückt. **prozentualiter**: prozentual (nur als Adverb gebraucht, z. B. - gesehen). **prozentuell** vgl. prozentual. **prozentuieren**: in Prozenten (1) berechnen, ausdrücken

Prozeß [*lat.(-mlat.)*] *der*; ...esses, ...esse: 1. Verlauf, Ablauf, Hergang, Entwicklung. 2. Gerichtsverhandlung, systematische gerichtliche Durchführung von Rechtsstreitigkeiten nach den Grundsätzen des Verfahrensrechtes. **prozessieren** [*lat.-nlat.*]: einen Prozeß (2) [durch]führen. **Prozession** [*lat.*] *die*; -, -en: feierlicher [kirchlicher] Umzug, Bitt- od. Dankgang (katholische u. orthodoxe Kirche). **Prozessor** *der*; -s, ...oren: aus Leit- u. Rechenwerk bestehende Funktionseinheit in → digitalen (II) Rechenanlagen (EDV). **prozessual** [*lat.-nlat.*]: den Prozeß (2) betreffend, gemäß den Grundsätzen des Verfahrensrechtes (Rechtsw.). **Prozessualist** *der*; -en, -en: Wissenschaftler auf dem Gebiet des Verfahrensrechts

prozöl [*gr.-nlat.*]: vorn ausgehöhlt (Biol.)

prozy|klisch [auch: ...*zü*...; *lat.*; *gr.*]: einem bestehenden Konjunkturzustand gemäß (Wirtsch.); Ggs. → antizyklisch (2)

prüde [*lat.-vulgärlat.-fr.*]: in bezug auf Sexuelles gehemmt, unfrei u. alles, was direkt darauf Bezug nimmt, nach Möglichkeit vermeidend, sich peinlich davon berührt fühlend. **Prüderie** *die*; -, ...ien: prüde [Wesens]art, prüdes Verhalten

Prünelle [*gr.-lat.-vulgärlat.-fr.*] *die*; -, -n: entsteinte, getrocknete u. gepreßte Pflaume; vgl. Brignole. **Prunus** [*gr.-lat.*] *die*; -: Pflanzengattung der Steinobstgewächse mit vielen einheimischen Obstbäumen (Kirsche, Pfirsich usw.)

pruriginös [*lat.*]: juckend, mit Hautjucken bzw. mit der Bildung von juckenden Hautknötchen einhergehend (Med.). **Prurigo** *der*; -s, -s od. *die*; -, ...gines: mit der Bildung juckender Hautknötchen einhergehende Hautkrankheit (Med.). **Pruritus** *der*; -: Hautjucken, Juckreiz

Pruta [*hebr.*] *die*; -, Prutot: 0,001 israel. Pfund

Prytane [*gr.-lat.*] *der*; -n, -n: (hist.) Mitglied der regierenden Behörde in altgriech. Staaten. **Prytaneion** [*gr.*] *das*; -s, ...eien u. **Prytaneum** [*gr.-lat.*] *das*; -s, ...een: Versammlungshaus der Prytanen

Psali|graphie [*gr.-nlat.*] *die*; -: Kunst des Scherenschnittes. **psali|graphisch**: die Psaligraphie betreffend

Psalm [*gr.-lat.*] *der*; -s, -en: 1. eines der relig. Lieder Israels u. der jüd. Gemeinde, die im Psalter (1) gesammelt sind. 2. geistl. Lied. **Psalmist** *der*; -en, -en: Psalmendichter od. -sänger. **Psalm|odie** *die*; -, ...ien: Psalmengesang (nach liturgisch geregelter Melodie). **psalm|odieren** [*gr.-nlat.*]: Psalmen vortragen; in der Art der Psalmodie singen. **psalmodisch**: in der Art der Psalmodie, psalmartig. **Psalter** [*gr.-lat.*] *der*; -s, -: 1. Buch der Psalmen im A. T.; für den liturgischen Gebrauch eingerichtetes Psalmenbuch. 2. das den Gesang der Psalmen begleitende mittelalterliche Instrument, eine Art Zither ohne Griffbrett (Zupfinstrument in Trapezform). 3. Blättermagen der Wiederkäuer (mit blattartigen Falten; Zool.); vgl. Omasus. **Psalterium** *das*; -s, ...ien [...*iᵉn*]: = Psalter (1, 2)

Psammit [auch: ...*it*; *gr.-nlat.*] *der*; -s, -e: Sandstein (Geol.). **psammophil**: sandliebend (von Pflanzen u. Tieren; Biol.). **Psammophyten** *die* (Plural): Sandpflanzen (Bot.). **Psammotherapie** *die*; -, ...ien: Behandlung mit Sand[bädern] (Med.)

Psellismus [*gr.-nlat.*] *der*; -: Stammeln (Med.)

Psephit [auch: ...*it*; *gr.-nlat.*] *der*; -s, -e: grobkörniges Trümmergestein (Geol.); vgl. Konglomerat (2) u. Breccie. **Psephologe** *der*; -n, -n: jmd., der wissenschaftliche Untersuchungen über das Wählen, das Abstimmen anstellt

Pseud|an|dronym [*gr.-nlat.*] *das*; -s, -e: Deckname einer Frau, der aus einem männlichen Namen besteht (z. B. George Eliot = Mary Ann Evans); Ggs.

Pseudogynym. **Pseud|anthium** *das*; -s, ...ien [...*iᵉn*]: Scheinblüte, Blütenstand, der wie eine Einzelblüte wirkt (z. B. bei Korbblütlern; Bot.). **Pseud|ar|throse** *die*; -, -n: Scheingelenk, falsches Gelenk (an Bruchstellen von Knochen; Med.). **Pseud|epi|graph** [*gr.*] *das*; -s, -en (meist Plural): 1. Schrift aus der Antike, die einem Autor fälschlich zugeschrieben wurde. 2. = Apokryph. **pseudo**: (ugs.) nicht echt, nur nachgemacht, nachgeahmt. **pseudo|glazial**: eiszeitlichen Formen u. Erscheinungen täuschend ähnlich, aber anderen Ursprungs (Geol.). **Pseudogynym** [*gr.-nlat.*] *das*; -s, -e: Deckname eines Mannes, der aus einem weiblichen Namen besteht (z. B. Clara Gazul = Prosper Mérimée); Ggs. → Pseudandronym. **pseudo|isidorische Dekretalen** *die* (Plural): Sammlung kirchenrechtlicher Fälschungen aus dem 9. Jh., die man irrtümlich auf den Bischof Isidor von Sevilla [*ßewilja*] zurückführte. **Pseudo|krupp** *der*; -s: Krankheit, deren Symptome (Kehlkopfentzündung, Atemnot, Husten) einen → Krupp vortäuschen (Med.). **Pseudolegierung** *die*; -, -en: Legierung, die nicht durch Schmelzprozesse, sondern durch Sintern hergestellt wird (Fachspr.). **Pseudolismus** *der*; -: [männliche] Neigung, durch Phantasieren, Schreiben od. Sprechen über insbesondere sexuelle Wünsche eine gewisse Befriedigung zu erlangen (Psychol.; Med.). **Pseudolist** *der*; -en, -en: jmd., der einen Hang zum Pseudolismus hat (Psychol.; Med.). **Pseudologie** *die*; -, ...ien: krankhafte Sucht zu lügen (Psychol.; Med.). **pseudologisch**: krankhaft lügnerisch (Psychol.; Med.). **Pseudolyssa** *die*; -: Juckseuche (Medizin). **Pseudo|mnesie** *die*; -, ...ien: Erinnerungstäuschung, vermeintliche Erinnerung an Vorgänge, die sich nicht ereignet haben (Med.). **Pseudomonas** *die*; -, ...naden: Gattung geißeltragender Bakterien mit einigen Arten, die als Krankheitserreger in Frage kommen (Biol.; Med.). **pseudomorph**: Pseudomorphose zeigend. **Pseudomorphose** *die*; -, -n: [Auftreten eines] Mineral[s] in der Kristallform eines anderen Minerals. **Pseudomyopie** *die*; -, ...ien: scheinbare Kurzsichtigkeit bei Krampf des Akkommodationsmuskels (vgl. Akkomodation; Medizin). **pseud|onym** [*gr.*]: unter einem Decknamen [verfaßt]. **Pseud|onym** *das*; -s, -e: Deckname [eines Autors], Künstlername (z. B. Jack London = John Griffith). **Pseudoorganismus** [*gr.-nlat.*] *der*; -, ...men u. **Pseudope|trefakt** [*gr.*; *lat.*] *das*; -[e]s, -e[n]: fälschlich als Versteinerung gedeutetes anorganisches Gebilde (Geol.; Biol.). **Pseudopodium** [*gr.-nlat.*] *das*; -s, ...ien [...*iᵉn*]: Scheinfüßchen mancher Einzeller (Biol.). **Pseudosäure** *die*; -, -n: organische Verbindung, die in neutraler u. saurer Form auftreten kann (Chem.)

PS-Grammatik *die*; -, -en: Kurzw. für: Phrasenstrukturgrammatik (Sprachw.)

Psi [*gr.*] *das*; -[s], -s: 1. dreiundzwanzigster (u. vorletzter) Buchstabe des griechischen Alphabets: Ψ, ψ. 2. (ohne Plural, meist ohne Artikel) das bestimmende Element parapsychologischer Vorgänge (Parapsychol.). **Psiphänomen** *das*; -s, -e: durch Psi (2) bewirkter Vorgang, durch Psi (2) hervorgerufene Wirkung, Erscheinung o. ä. (Parapsychol.)

Psilomelan [*gr.-nlat.*] *der*; -s, -e: wirtschaftlich wichtiges Manganerz. **Psilose** [*gr.*] *die*; -, -n u. **Psilosis** *die*; -, ...ses [...*oseß*]: 1. krankhafter Haarausfall, Haarmangel; Kahlheit (Med.). 2. Schwund des Hauchlautes (vgl. → Spiritus asper) im Altgriechischen (zuerst in bestimmten Dialekten; Sprachw.)

Psittaci [...*zi*; *gr.-lat.*] *die* (Plural): zusammenfassende systematische Bezeichnung für: Papageien. **Psittakose** [*gr.-nlat.*] *die*; -, -n: Papageienkrankheit, auf den Menschen übertragbare Viruserkrankung der Papageienvögel, die unter dem Bild einer schweren grippeartigen Allgemeinerkrankung verläuft (Med.)

Psoriasis [*gr.*] *die*; -, ...iasen: Schuppenflechte (Med.)

Psych|agoge [*gr.-nlat.*] *der*; -n, -n: Psychologe, der sich bes. auf das Gebiet der Psychagogik spezialisiert hat. **Psych|agogik** *die*; -: pädagogisch-therapeutische Betreuung zum Abbau von Verhaltensstörungen, zur Lösung von Konflikten o. ä. als Nachbardisziplin der → Psychotherapie (Med.; Psychol.). **psych|agogisch**: die Psychagogik betreffend. **Psych|algie** *die*; -, ...ien: seelisch bedingte Nervenschmerzen (Medizin). **Psych|analyse** *die*; -: = Psychoanalyse. **Psych|asthenie** *die*; -, ...ien: mit Angst- u. Zwangsvorstellungen verbundene seelische Schwäche (Med.).

Psyche [*gr.*] *die*; -, -n: 1. a) Seele; Seelenleben; b) Wesen, Eigenart. 2. (österr.) mit Spiegel versehene Frisiertoilette. **psychedelisch** [*gr.-engl.*]: auf einem bes. durch Rauschmittel hervorrufbaren euphorischen, tranceartigen Gemütszustand beruhend bzw. in einem solchen befindlich. **Psychiater** [*gr.-nlat.*] *der*; -s, -: Facharzt für Psychiatrie. **Psych|ia|trie** *die*; -, ...ien: 1. (ohne Plural) Teilgebiet der Medizin, auf dem man sich mit der Erkennung u. Behandlung von seelischen Störungen u. Geisteskrankheiten befaßt. 2. (Jargon) psychiatrische Abteilung (bzw. Klinik). **psychiatrieren**: (österr.) psychiatrisch untersuchen. **psych|iatrisch**: die Psychiatrie betreffend, zu ihr gehörend, auf ihr beruhend. **Psychiker** [*gr.*] *der*; -s, -: in der → Gnosis Angehöriger der mittleren Menschenklasse, die zu Glauben u. sittlicher Einsicht, aber nicht zur Erkenntnis Gottes fähig ist; vgl. Hyliker, Pneumatiker (2). **psychisch**: die Psyche betreffend, seelisch; vgl. physisch; -es Moment: kürzeste, von einem Lebewesen gerade noch wahrnehmbare zeitliche Einheit (Psychol.). **Psychismus** [*gr.-nlat.*] *der*; -, ...men: 1. (ohne Plural) idealistische Auffassung, nach der das Psychische das Zentrum alles Wirklichen ist (Psychol.). 2. psychische Erscheinung, Verhaltensweise o. ä. **Psycho** *der*; -s, -s: (ugs.) psychologischer [Kriminal]roman. **Psycho|analyse** [auch: ...*lü*...; *gr.-nlat.*] *die*; -, -n: 1. (ohne Plural) Verfahren zur Untersuchung u. Behandlung seelischer Fehlleistungen, Störungen od. Verdrängungen mit Hilfe der Traumdeutung u. der Erforschung der dem Unbewußten entstammenden Triebkonflikte (S. Freud). 2. psychoanalytische Behandlung. **psycho|analysieren**: jmdn. psychoanalytisch behandeln. **Psycho|analytiker** *der*; -s, -: ein die Psychoanalyse vertretender od. anwendender Psychologe, Arzt. **psycho|analytisch**: die Psychoanalyse betreffend, mit den Mitteln der Psychoanalyse erfolgend. **Psychobiologie** *die*; -: Betrachtung der psychischen Vorgänge als biologische Nerven-Gehirn-Funktionen (H. Lungwitz). **psychodelisch** vgl. psychedelisch. **Psychofaschismus** *der*; -: durch Hoffnungslosigkeit u. Brutalisierung begünstigte, auf Kulte pseudoreligiöser Sekten mit totalitären Ansprüchen gründende, faschismusähnliche Denk- und Empfindungsweise. **psychogen**: seelisch bedingt, verursacht (Med.; Psychol.). **Psychogenese** u. **Psychogenesis** *die*; -, ...nesen: Entstehung u. Entwicklung der Seele od. des Seelenlebens (Forschungsgebiet der Entwicklungspsychologie). **Psychogenie** *die*; -: psychische Bedingtheit einer Krankheit, Entstehung einer Krankheit aus seelischen Ursachen (Med.; Psychol.). **Psychoglossie** *die*; -, ...ien: [seelisch bedingtes] Stottern (Med.). **Psychognosie** *die*; -: Deuten u. Erkennen von Seelischem (Psychol.). **Psycho|gnostik** *die*; -: Menschenkenntnis auf Grund psychologischer Untersuchungen. **Psychognostiker** *der*; -s, -: Wissenschaftler, Forscher auf dem Gebiet der Psychognostik. **psychognostisch**: die Psychognostik betreffend. **Psycho|gramm** *das*; -s, -e: graphische Darstellung von Fähigkeiten u. Eigenschaften einer Persönlichkeit (z. B. in einem Koordinatensystem; Psychol.). **Psycho|graph** *der*; -en, -en: Gerät zum automatischen Buchstabieren u. Niederschreiben angeblich aus dem Unbewußten stammender Aussagen (Psychol.). **Psychographie** *die*; -, ...ien: auf mündliche Äußerungen, Schriften od. Werke gegründete, möglichst vollständige seelische Beschreibung einer Person u. Erfassung ihrer seelischen Einzeldaten (Triebleben u. a.; Psychol.). **Psychogymnastik** *die*; -: Übung u. Ausbildung der seelischen Fähigkeiten (Psychol.). **Psychohygiene** *die*; -: Wissenschaft, Lehre von der Erhaltung der seelischen Gesundheit. **psychoid**: seelenähnlich, -artig. **Psychoid** *das*; -[e]s: das zur unanschaulichen Tiefenschicht des kollektiven Unbewußten gehörende, bewußtseinsunfähige u. instinktgebundene Seelenähnliche (C. G. Jung; Psychol.). **Psycho|ikono|graphie** *die*; -, -n: mit einem psychisch Kranken durchgeführter Zeichentest, dessen Auswertung die Grundlage für psychotherapeutische Maßnahmen bildet (Psychol.; Med.). **Psychokinese** *die*; -: physikalisch nicht erklärbare, unmittelbare Einwirkung eines Menschen auf die Körperwelt (z. B. das Bewegen eines Gegenstandes, ohne ihn zu berühren; Parapsychol.). **psychokinetisch**: die Psychokinese betreffend, zu ihr gehörend, auf ihr beruhend. **Psycho|krimi** *der*; -[s], -s (selten: -): (ugs.) psychologischer Kriminalfilm, -roman, psychologisches Kriminalstück. **Psycholinguistik** [...*ingg*...] *die*; -: interdisziplinäre Forschungsrichtung mit dem Ziel, das Verhalten der an einer Kommunikation Beteiligten beim Ver- u. Entschlüsseln (= Art des Mitteilens u. Art der Aufnahme der Mitteilung) von Nachrichten zu untersuchen, wobei auch die Fragen nach den psychologischen Grundlagen der Sprache (Sind formale Sprachprinzipien angeboren?) u. nach der Rolle psychologischer Faktoren beim Spracherwerb gestellt werden; vgl. Soziolinguistik. **Psychologe** *der*; -n, -n: 1. wissenschaftlich ausgebildeter Fachmann auf dem Gebiet der Psychologie. 2. jmd., der sich in die Psyche anderer hineindenken kann. **Psychologie** *die*; -: 1. Wissenschaft von den Erscheinungen u. Zuständen des bewußten u. unbewußten Seelenlebens. 2. einer inneren Gesetzmäßigkeit, der Psyche entsprechende Verhaltens-, Reaktionsweise, jmds. Denken u. Fühlen, z. B. die - der Offiziere. 3. Verständnis für das Eingehen auf die menschliche Psyche. **psychologisch**: 1. die Psychologie betreffend, zu ihr gehörend, auf ihr beruhend. 2. auf eine die Psyche (des anderen) berücksichtigende, geschickte u. auf diese Weise wirkungsvolle Art. 3. das Psychische mit Hilfe der Psychologie darstellend, psychisch [vorhanden], z. B. die -en Grundlagen, Faktoren. **psychologisieren**: 1. nach psychologischen Gesichtspunkten aufschlüsseln, psychologisch durchgliedern (z. B. einen dramatischen Stoff), die seelischen Hintergründe u. psychologischen Zusammenhänge eines Geschehens schlüssig aufzeigen. 2. (abwertend) [in übersteigerter Weise] psychologisch behandeln, schildern, gestalten. **Psychologismus** *der*; -: Überbewertung der Psychologie als Grundwissenschaft für alle Geisteswissenschaften, Philosophie, Theologie u. Ethik. **psychologistisch**: den Psychologismus betreffend, zu ihm gehörend, auf ihm beruhend. **Psycholyse** *die*; -, -n: besondere Form der → Psychotherapie unter Verwendung wirkungssteigernder Medikamente. **Psychomantie** *die*; -: = Nekromantie. **Psychome|trie** *die*; -: 1. Messung psychischer Funktionen, Fähigkeiten o. ä. mit Hilfe von quantitativen Methoden. 2. in der → Parapsychologie das Verfahren, einen mit seherischer Gabe zusammenhängenden, kontaktstiftenden Gegenstand zu berühren, zu betasten. **psychome|trisch**: die Psychometrie betreffend, zu ihr gehörend, auf ihr beruhend. **Psychomonismus** *der*; -: Weltanschauung, nach der alles Sein seelischer Natur ist. **Psychomotilität** [*gr.*; *lat.*-*nlat.*] *die*; -: Auswirkung psychischer Vorgänge auf die → Motilität der (vegetativ gesteuerten) Organe. **Psychomotorik** *die*; -: das sich nach psychischen Gesetzen vollziehende Bewegungsleben, in dem sich ein bestimmter normaler od. pathologischer Geisteszustand der Persönlichkeit ausdrückt (Psychol.). **psychomotorisch**: die Psychomotorik betreffend. **Psychoneurose** [*gr.*-*nlat.*] *die*; -, -n: → Neurose, die sich weniger in körperlichen Störungen als in abnormen seelischen Reaktionen äußert (Med.; Psychol.). **Psychopath** *der*; -en, -en: Mensch mit nicht mehr rückbildungsfähigen abnormen Erscheinungen des Gefühls- u. Gemütslebens, die sich im Laufe des Lebens auf dem Boden einer erblichen Disponiertheit entwickeln (Med.; Psychol.). **Psychopathie** *die*; -: aus einer erblichen Disponiertheit heraus sich entwickelnde Abartigkeit des geistig-seelischen Verhaltens (Med.; Psychol.). **psychopathisch**: die Psychopathie betreffend; charakterlich von der Norm abweichend (Med.; Psychol.). **Psychopathologe** *der*; -n, -n: = Psychiater. **Psychopathologie** *die*; -: = Pathopsychologie. **Psychopharmakologie** *die*; -: Wissenschaft von den Arzneimitteln, die Einfluß auf psychische Erkrankungen haben. **Psychopharmakon** *das*; -s, ...ka: Arzneimittel, das eine steuernde (dämpfende, beruhigende, stimulierende) Wirkung auf die psychischen Abläufe im Menschen hat. **Psychophysik** *die*; -: Wissenschaft von der körperlichen Bedingtheit des Seelenlebens u. den Wechselwirkungen zwischen Körper u. Seele (Med.; Psychol.). **Psychophysiker** *der*; -s, -: auf dem Gebiete der Psychophysik tätiger Wissenschaftler. **psychophysisch**: seelisch-körperlich. **Psychopolitik** *die*; -: psychologisch orientierte, bewußt mit den Mitteln der Psychologie (1) arbeitende Politik. **Psychose** [*gr.*-*nlat.*] *die*; -, -n: seelische Störung;

Geistes- oder Nervenkrankheit. **Psychosomatik** *die*; -: Wissenschaft von der Bedeutung seelischer Vorgänge für Entstehung u. Verlauf körperlicher Krankheiten (Med.). **Psychosomatiker** *der*; -s, -: Wissenschaftler, Therapeut auf dem Gebiet der Psychosomatik. **psychosomatisch**: die Psychosomatik, die seelisch-körperlichen Wechselwirkungen betreffend. **Psychoterror** *der*; -s: (bes. in der politischen Auseinandersetzung angewandte) Methode, einen Gegner mit psychologischen Mitteln (wie z. B. Verunsicherung, Bedrohung) einzuschüchtern u. gefügig zu machen. **Psychotest** *der*; -[e]s, -s (auch: -e): psychologischer Test. **Psychotherapeut** *der*; -en, -en: Facharzt für Psychotherapie. **Psychotherapeutik** *die*; -: praktische Anwendung der Psychotherapie, Heilmaßnahmen u. Verfahren im Sinne der Psychotherapie (Med.). **psychotherapeutisch**: die Psychotherapeutik, die Psychotherapie betreffend (Medizin). **Psychotherapie** *die*; -, -n: 1. (ohne Plural) Wissenschaft von der Behandlung psychischer und körperlicher Erkrankungen durch systematische Beeinflussung (z. B. Suggestion, Hypnose, Psychoanalyse) des Seelenlebens (Med.). 2. psychotherapeutische Behandlung. **Psychothriller** *der*; -s, -: psychologischer → Thriller. **Psychotiker** *der*; -s, -: jmd., der an einer Psychose leidet (Med.). **psychotisch**: zum Erscheinungsbild einer Psychose gehörend; an einer Psychose leidend; gemütskrank, geisteskrank (Med.). **Psychotop** *das*; -s, -e: Landschaftstyp, der Tieren (bzw. Menschen) durch Gewöhnung vertraut ist (Biol.). **psycho|trop**: auf die Psyche einwirkend (z. B. von Arzneimitteln; Med.). **Psychovitalismus** [*...wi...*; *gr.*; *lat.-nlat.*] *der*; -: Anschauung des → Vitalismus, nach der beim zweckmäßigen Verhalten der Organismen u. ihrer Anpassung an die Umwelt etwas überindividuell Seelisches vorhanden ist (Psychol.)

Psy|chro|algie [*...chro...*; *gr.-nlat.*] *die*; -, ...ien: schmerzhaftes Kältegefühl (als besondere Form der Sensibilitätsstörung; Med.). **Psy|chrometer** *das*; -s, -: Luftfeuchtigkeitsmesser (Meteor.). **psy|chrophil**: kältefreundlich, kälteliebend (von bestimmten Bakterien; Biol.). **Psy|chrophyt** *der*; -en, -en (meist Plural): Pflanze, die niedrige Temperaturen bevorzugt

Ptarmikum [*gr.-lat.*] *das*; -s, ...ka: die Nasenschleimhaut reizendes, den Niesreflex auslösendes Mittel; Niesmittel (Med.). **Ptarmus** [*gr.-nlat.*] *der*; -: krampfartiger Niesanfall, Nieskrampf (Med.)

Pter|an|odon [*gr.-nlat.*] *das*; -s, ...donten: Flugsaurier der Kreidezeit. **Pteridophyt** *der*; -en, -en (meist Plural): Farnpflanze (zusammenfassende systematische Bezeichnung). **Pterido|sperme** *die*; -, -n: ausgestorbene Samenfarnpflanze. **Pterine** *die* (Plural): Gruppe purinähnlicher Farbstoffe, die in Schmetterlingsflügeln vorkommen. **Pterodaktylus** *der*; -, ...ylen: Flugsaurier des → Juras (II) mit rückgebildetem Schwanz. **Pteropode** *der*; -n, -n (meist Plural): Ruderschnecke (Meeresschnecke mit ruderartigem Fuß). **Pterosaurier** [*...iᵉr*] *die* (Plural): Ordnung der ausgestorbenen Flugechsen mit zahlreichen Arten; vgl. Pterodaktylus, Pteranodon. **Pterygium** [*gr.-lat.*] *das*; -s, ...ia: (Med.) 1. dreieckige Bindehautwucherung, die sich über die Hornhaut schiebt. 2. häutige Verbindung, Schwimmhaut zwischen Fingern u. Zehen (angeborene Hautanomalie). **pterygot** [*gr.*]: geflügelt (von Insekten); Ggs. → apterygot

Ptisane [*gr.-lat.*] *die*; -, -n: [schleimiger] Arzneitrank

Ptomain [*gr.-nlat.*] *das*; -s, -e: Leichengift. **Ptose** u. **Ptosis** [*gr.*] *die*; -, ...sen: Herabsinken des [gelähmten] Oberlides (Med.)

Ptyalin [*gr.-nlat.*] *das*; -s: stärkespaltendes → Enzym im Speichel. **Ptyalismus** *der*; -: abnorme Vermehrung des Speichels, Speichelfluß (Med.); vgl. Polysialie. **Ptyalolith** *der*; -s u. -en, -e[n]: → Konkrement der Speicheldrüsen; Speichelstein (Med.)

Pub [*pab*; *engl.*] *das*; -s, -s: Lokal, Bar im englischen Stil

Pubeo|tomie [*lat.*; *gr.*] *die*; -, ...ien: Schambeinschnitt (geburtshilfliche Operation; Med.). **puberal** [*lat.-nlat.*] u. **pubertär**: mit der Geschlechtsreife zusammenhängend. **Pubertät** [*lat.*] *die*; -: Zeit der eintretenden Geschlechtsreife. **pubertieren** [*lat.-nlat.*]: in die Pubertät eintreten, sich in ihr befinden. **Pubes** [*lat.*] *die*; -, - [*púbeß*]: (Med.) 1. Schambehaarung. 2. Bereich der äußeren Genitalien, Schamgegend. **pubeszent**: heranwachsend, geschlechtsreif (Med.). **Pubeszenz** [*lat.-nlat.*] *die*; -: Geschlechtsreifung (Med.). **pubisch**: die Schambehaarung, die Schamgegend betreffend (Med.)

pu|blice [*...ze*; *lat.*] (Adverb): öffentlich. **Pu|blicity** [*pablißiti*; *lat.-fr.-engl.*] *die*; -: 1. öffentliches Bekanntsein od. -werden. 2. Reklame, Propaganda, [Bemühung um] öffentliches Aufsehen; öffentliche Verbreitung. **Pu|blic Relations** [*pablik rileⁱschᵉns*; *amerik.*] *die* (Plural): Bemühungen eines Unternehmens, einer führenden Persönlichkeit des Staatslebens od. einer Personengruppe um Vertrauen in der Öffentlichkeit; Öffentlichkeitsarbeit, Kontaktpflege; Abk.: PR. **Pu|blic School** [*- ßkul*; *engl.*] *die*; - -, - -s [*- ßkuls*]: höhere Privatschule mit Internat in England. **pu|blik** [*lat.-fr.*]: öffentlich; offenkundig; allgemein bekannt. **Pu|blikandum** [*lat.*] *das*; -s, ...da: Bekanntzumachendes, öffentliche Anzeige. **Pu|blikation** [*...zion*; *lat.-fr.*] *die*; -, -en: 1. im Druck erschienenes (literarisches od. wissenschaftliches) Werk. 2. Veröffentlichung, Publizierung; vgl. ...[at]ion/...ierung. **Pu|blikum** [*lat.-mlat.* (*-fr.-engl.*)] *das*; -s, ...ka: 1. (ohne Plural) a) Gesamtheit von Menschen, die an etwas (z. B. einer Veranstaltung, Aufführung) teilnehmen; Zuhörer-, Leser-, Besucherschaft; b) Öffentlichkeit, Allgemeinheit. 2. (veraltet) unentgeltliche öffentliche Vorlesung. **pu|blizieren** [*lat.*]: 1. ein (literarisches od. wissenschaftliches) Werk veröffentlichen; Forschungsergebnisse wissenschaftlich bekanntmachen. 2. publik machen. **Pu|blizierung** *die*; -, -en: Veröffentlichung (eines literarischen od. wissenschaftlichen Werkes); vgl. ...[at]ion/...ierung. **Pu|blizist** [*lat.-nlat.*] *der*; -en, -en: a) [politischer] Tagesschriftsteller; b) → Journalist (speziell im Bereich des aktuellen [politischen] Geschehens). **Pu|blizistik** *die*; -: a) Tätigkeitsbereich, in dem mit den publizistischen Mitteln der Presse, des Films, des Rundfunks u. des Fernsehens gearbeitet wird; b) Zeitungswissenschaft. **pu|blizistisch**: den Publizisten, die Publizistik betreffend. **Pu|blizität** *die*; -: das Bekannt-, Publiksein; Öffentlichkeit; Offenkundigkeit; öffentliche Darlegung

Puck [*engl.*] *der*; -s, -s: 1. Kobold. 2. Hartgummischeibe beim Eishockey

Pud [*russ.*] *das*; -, -: früheres russ. Gewicht (16,38 kg)

Pudding [*fr.-engl.*] *der*; -s, -e u. -s: 1. kalte, sturzfähige Süßspeise,

→ Flammeri. 2. im Wasserbad gekochte Mehl-, Fleisch- od. Gemüsespeise
pudendal [*lat.-nlat.*]: die Schamgegend betreffend, zur Schamgegend gehörend (Med.)
Pudu [*indian.-span.*] *der*; -s, -s: südamerikanischer Zwerghirsch
Pue|blo [*pu-e...*; *span.*] *der*; -[s], -s: Dorf der Puebloindianer (Indianerstämme, die im Südwesten Nordamerikas beheimatet sind), das aus oberirdisch angelegten mehrstöckigen Wohnbauten aus plattig behauenen Steinen od. Lehmziegeln besteht
pueril [*pu-eril*; *lat.*]: kindlich, im Kindesalter vorkommend (Med.). **Puerilismus** [*lat.-nlat.*] *der*; -: Kindischsein, kindisches Wesen, dem → Infantilismus gleichendes Verhalten (z. B. bei Psychose, Hysterie, Schizophrenie; Med.). **Puerilität** *die*; -: a) kindliches Wesen; b) kindisches Wesen. **Puerpera** [*lat.*] *die*; -, ...rä: Wöchnerin (Med.). **puerperal** [*lat.-nlat.*]: das Wochenbett betreffend, zu ihm gehörend (Med.). **Puerperalfieber** *das*; -s: Infektionskrankheit bei Wöchnerinnen; Kindbettfieber (Med.). **Puerperium** [*lat.*] *das*; -s, ...ien [...*i^e n*]: Kindbett, Wochenbett; Zeit von 6–8 Wochen nach der Entbindung (Med.)
Pugilismus [*lat.-nlat.*] *der*; -: (veraltet) Faustkampf; Boxsport. **Pugilist** *der*; -en, -en: (veraltet) Faust-, Boxkämpfer. **Pugilistik** *die*; -: = Pugilismus. **pugilistisch**: (veraltet) den Faustkampf betreffend, boxsportlich
Pul [*pers.*] *der*; -, -s (aber: 5 -): 0,01 Afghani (Währungseinheit in Afghanistan)
Pulcinell [*pultschinäl*; *it.*] *der*; -s, -e u. **Pulcinella** *der*; -[s], ...elle: komischer Diener, Hanswurst in der neapolitanischen → Commedia dell'arte
Pulk *der*; -s, -s
I. [*slaw.*] (Plural selten auch: -e): 1. Heeresabteilung. 2. [loser] Verband von Kampfflugzeugen od. militärischen Kraftfahrzeugen. 3. Anhäufung [von Fahrzeugen]; Haufen, Schar; Schwarm.
II. [*lappisch*]: bootförmiger Schlitten, der von den Lappen zu Transporten benutzt wird
Pulka *der*; -s, -s: = Pulk (II)
Pull [*engl.*] *der*; -s, -s: Golfschlag, der dem Ball einen Linksdrall gibt. **pullen**: 1. (Seemannsspr.) rudern. 2. einen Pull ausführen (Golf). 3. (vom Pferd) mit vorgestrecktem Kopf stark vorwärts drängen
Pullman [*engl.*] *der*; -s, -s: Kurzform von → Pullmanwagen. **Pullmankappe** *die*; -, -n: (österr.) Baskenmütze. **Pullmanwagen** [nach dem amerik. Konstrukteur Pullman, 1831–1897] *der*; -s, -: komfortabel ausgestatteter Schnellzugwagen
Pull|over [...*ow^e r*; *engl.*] *der*; -s, -: gestricktes od. gewirktes Kleidungsstück für den Oberkörper, das über den Kopf gezogen wird. **Pull|under** *der*; -s, -: meist kurzer, ärmelloser Pullover, der über einem Oberhemd, einer Bluse getragen wird
Pulmo [*lat.*] *der*; -[s], ...mones [...*moneß*]: Lunge (Med.). **Pulmologe** *der*; -n, -n: Facharzt auf dem Gebiet der Pulmologie. **Pulmologie** *die*; -: Lunge u. Lungenkrankheiten umfassendes Teilgebiet der Medizin. **pulmonal** [*lat.-nlat.*]: die Lunge betreffend, zu ihr gehörend (Med.). **Pulmones**: *Plural* von → Pulmo. **Pulmonie** *die*; -, ...ien: (veraltet) Lungenschwindsucht (Med.)
Pulp
I. [*gr.-lat.-provenzal.-fr.*] *der*; -s, -e: eine Art → Krake.
II. [*lat.-fr.-engl.*] *der*; -s, -en: breiige Masse mit größeren od. kleineren Fruchtstücken zur Marmeladeherstellung
Pulpa [*lat.*] *die*; -, ...pae [...*pä*]: weiche, gefäßreiche Gewebemasse im Zahn (Zahnmark) u. in der Milz (Med.). **Pulpe** *die*; -, -n: = Pulp (II). **Pülpe** [*lat.-fr.*] *die*; -, -n: 1. = Pulp (II). 2. als Futtermittel verwendeter Rückstand der Kartoffeln bei der Stärkefabrikation. **Pulper** [*lat.-fr.-engl.*] *der*; -s, -: 1. Fachkraft in der Zuckerraffinerie. 2. Maschine zur Kaffeeaufbereitung. 3. Apparat zur Herstellung einer breiigen Masse. **Pulpitis** [*lat.-nlat.*] *die*; -, ...itiden: Entzündung des Zahnmarks (Med.). **pulpös** [*lat.*]: fleischig, markig; aus weicher Masse bestehend (Med.)
Pulque [*pulk^e*; *indian.-span.*] *der*; -[s]: in Mexiko beliebtes, süßes, stark berauschendes Getränk aus gegorenem Agavensaft
Puls [*lat.-mlat.*] *der*; -es, -e: 1. a) das Anschlagen der durch den Herzschlag fortgeleiteten Blutwelle an den Gefäßwänden; b) Schlagader (Pulsader) am Handgelenk. 2. gleichmäßige Folge gleichartiger Impulse (z. B. in der Schwachstrom- u. Nachrichtentechnik elektrische Strom- u. Spannungsstöße). **Pulsar** *der*; -s, -e: kosmische Strahlungsquelle mit Strahlungspulsen von höchster periodischer Konstanz (Astron.). **Pulsatilla** [*lat.-nlat.*] *die*; -: Kuhschelle (Anemonenart, die für zahlreiche Heilmittel verwendet wird). **Pulsation** [...*zion*; *lat.*] *die*; -, -en: 1. rhythmische Zu- u. Abnahme des Gefäßvolumens, Pulsschlag (Med.). 2. Veränderung eines Sterndurchmessers (Astron.). **Pulsator** *der*; -s, ...oren u. **Pulsatormaschine** *die*; -, -n: 1. Druckwechsler bei Melkmaschinen (Landw.). 2. beim Dauerschwingversuch verwendete Prüfmaschine (Werkstoffprüftechnik). 3. Entlüftungsapparat. **pulsen**: = pulsieren. **pulsieren**: 1. rhythmisch dem Pulsschlag entsprechend an- u. abschwellen; schlagen, klopfen. 2. sich lebhaft regen, fließen, strömen. **Pulsion** *die*; -, -en: Stoß, Schlag. **Pulsometer** [*lat.*; *gr.*] *das*; -s, -: kolbenlose Dampfpumpe, die durch Dampfkondensation arbeitet (Techn.)
Pulver [...*f^e r*; lat.; „Staub"] *das*; -s, -: 1. a) fester Stoff in sehr feiner Zerteilung; b) Schießpulver. 2. (ohne Plural) (ugs.) Geld. **Pulverisator** [...*w^e ri*...; *lat.-nlat.*] *der*; -s, ...oren: Maschine zur Pulverherstellung durch Stampfen od. Mahlen. **pulverisieren**: feste Stoffe zu Pulver (1a) zerreiben, zerstäuben
Puma [*indian.*] *der*; -s, -s: Silberlöwe, Berglöwe, ein amerikanisches Raubtier
Pumps [*pömpß*; *engl.*] *der*; -, - (meist Plural): ausgeschnittener, nicht durch Riemen od. Schnürung gehaltener Damenschuh
Puna [*indian.-span.*] *die*; -: Hochfläche der südamerikanischen Anden mit Steppennatur
Punalua|ehe [*polynes.*; *dt.*] *die*; -: frühere Form der Ehe auf den Hawaii-Inseln, bei der unter Verwandten der gleichen Generation Frauen- u. Männergemeinschaft herrschte
Punch [*pantsch*; *engl.*] *der*; -s, -s: 1. (Boxen) a) Faustschlag, Boxhieb (von erheblicher Durchschlagskraft); b) Boxtraining am Punchingball. 2. der Hanswurst der engl. Komödie u. des engl. Puppenspiels. **Puncher** *der*; -s, -: (Boxen) 1. Boxer, der über einen kraftvollen Schlag verfügt. 2. Boxer, der mit dem Punchingball trainiert. **Punchingball** *der*; -[e]s, ...bälle u. **Punchingbirne** *die*; -, -n: oben u. unten befestigter, frei beweglicher Lederball, der dem Boxer als Übungsgerät dient
Punctum puncti [*pungktum pungkti*; *lat.*] *das*; - -. Hauptpunkt (bes.

auf das Geld bezogen). **Punctum saliens** [- *saliänß*] *das*; - -: der springende Punkt, Kernpunkt; Entscheidendes

punitiv [*lat.*]: strafend

Punk [*pangk*; *engl.-amerik.*; „Abfall, Mist"] *der*; -[s], -s: 1. (ohne Plural, meist ohne Artikel) (Ende der 70er Jahre auf dem Hintergrund von wachsenden wirtschaftlichen u. sozialen Krisen aufkommende) Bewegung von Jugendlichen, die sich den bürgerlichen Normen verweigern. 2. Anhänger des Punk (1), der durch bewußt auffallende Aufmachung (grelle Haare, zerrissene Kleidung, Metallketten o. ä.) u. bewußt exaltiertes Verhalten seine antibürgerliche Einstellung zum Ausdruck bringen will. 3. (ohne Plural) Kurzform von → Punkrock. **Punker** *der*; -s, -: 1. Musiker des Punkrock. 2. = Punk (2). **punkig**: aussehend wie ein Punk (2); sich in der Art eines Punk verhaltend. **Punkrock** *der*; -[s]: Richtung in der → Rockmusik, die durch einfache Harmonik, harte Akkorde, hektisch-aggressive Spielweise u. meist zynisch-resignative Texte gekennzeichnet ist. **Punkrocker** *der*; -s, -: = Punker (1)

Punkt [„Gestochenes; Einstich; eingestochenes Zeichen"] *der*; -[e]s, -e: 1. geometrisches Gebilde ohne Ausdehnung; bestimmte Stelle im Raum, die durch Koordinaten festgelegt ist (Mathematik). 2. kleines schriftliches Zeichen als Schlußzeichen eines Satzes od. einer im vollen Wortlaut gesprochenen Abkürzung, als Kennzeichen für eine Ordnungszahl, als Verlängerungszeichen hinter einer Note, als Morsezeichen u. a. 3. sehr kleiner Fleck. 4. = typographischer Punkt (vgl. typographisch), z. B. Schrift von 8 Punkt. 5. bestimmte Stelle, bestimmter Ort. 6. Stelle, Abschnitt (z. B. eines Textes, einer Rede); einzelner Teil aus einem zusammenhängenden Ganzen. 7. Thema, Verhandlungsgegenstand innerhalb eines größeren Fragen-, Themenkomplexes. 8. bestimmter Zeitpunkt, Augenblick. 9. Wertungseinheit im Sport, bei bestimmten Spielen, für bestimmte Leistungen. **Punktalglas** ⓦ [*lat.-nlat.*; *dt.*] *das*; -es, ...gläser: bes. geschliffenes Brillenglas, bei dem Verzerrungen so weit wie möglich vermieden werden; vgl. Astigmatismus (1). **Punktat** [*lat.-nlat.*] *das*; -[e]s, -e: durch Punktion gewonnene Körperflüssigkeit (Medizin). **Punktation** [*...zion*] *die*; -, -en: 1. nicht bindender Vorvertrag (Rechtsw.). 2. [vorläufige] Festlegung der Hauptpunkte eines künftigen Staatsvertrages. 3. Kennzeichnung der Vokale im Hebräischen durch Punkte u. Striche unter u. über den Konsonanten. **Punktatoren** *die* (Plural): spätjüd. Schriftgelehrte (4.–6. Jh.), die durch die Punktation (3) der alttestamentlichen Schriften den → massoretischen Text festlegten. **punktieren** [*lat.-mlat.*; „Einstiche machen; Punkte setzen"]: 1. mit Punkten versehen, tüpfeln. 2. (Mus.) a) eine Note mit einem Punkt versehen u. sie dadurch um die Hälfte ihres Wertes verlängern; vgl. Nota puntata; b) die Töne einer Gesangspartie um eine Oktave (od. Terz) niedriger od. höher versetzen. 3. die wichtigsten Punkte eines Modells auf den zu bearbeitenden Holz- od. Steinblock maßstabgerecht übertragen (Bildhauerkunst). 4. eine Punktion durchführen (Med.). **Punktierkunst** *die*; -: Wahrsagen aus hingeworfenen Punkten u. Strichen; vgl. Geomantie. **Punktion** [*...zion*; *lat.*] *die*; -, -en: Entnahme von Flüssigkeiten aus Körperhöhlen durch Einstich mit Hohlnadeln (Med.). **Punktualität** [*lat.-nlat.*] *die*; -: Genauigkeit, Strenge. **punktuell**: einen od. mehrere Punkte betreffend, Punkt für Punkt, punktweise; -e Aktionsart: → Aktionsart des Zeitwortes, die einen bestimmten Punkt eines Geschehens herausgreift (z. B. finden; Sprachw.). **Punktum**! [*lat.*]: basta!, genug damit!, Schluß! **Punktur** *die*; -, -en: = Punktion

punta d'arco [- *darko*; *lat.-it.*]: mit der Spitze des Geigenbogens (zu spielen; Mus.)

Pupill [*lat.*] *der*; -en, -en: (veraltet) Mündel, Pflegebefohlener; vgl. Pupille (2). **pupillar** 1. die Pupille (1) betreffend, zu ihr gehörend (Med.). 2. = pupillarisch. **pupillarisch**: (veraltet) das Mündel betreffend (Rechtsw.). **Pupille** [„kleines Mädchen, Püppchen"] *die*; -, -n: 1. Sehloch (in der Regenbogenhaut des Auges). 2. (veraltet) Mündel, Pflegebefohlene (Rechtsw.); vgl. Pupill

pupinisieren [nach dem serb.-amerik. Elektrotechniker Pupin (*pjupin*), 1858–1935]: Pupinspulen einbauen. **Pupin|spule** *die*; -, -n: mit pulverisiertem Eisen gefüllte Spule zur Verbesserung der Übertragungsqualität (bes. bei Telefonkabeln)

pupipar [*lat.-nlat.*]: sich gleich nach der Geburt verpuppend (von Larven bestimmter Insekten; Zool.). **Pupiparie** *die*; -: bestimmte Form der → Viviparie (1) bei Insekten, deren Larven sich sofort nach der Geburt verpuppen (Zool.). **Puppet** [*papit*; *lat.-fr.-engl.*] *das*; -[s], -s: engl. Bezeichnung für: 1. Drahtpuppe, Marionette. 2. willenloses Werkzeug

pur [*lat.*]: 1. rein, unverfälscht, lauter; unvermischt. 2. nur, bloß, nichts als; glatt

Purana [*sanskr.*; „alte (Erzählung)"] *das*; -s, -s (meist Plural): eine der umfangreichen mythisch-religiösen Einzelschriften des Hinduismus aus den ersten nachchristlichen Jahrhunderten (z. T. bis zur Gegenwart)

Püree [*lat.-fr.*] *das*; -s, -s: breiförmige Speise, Brei, z. B. Kartoffelpüree

Purga [*russ.*] *die*; -, Purgi: Schneesturm in Nordrußland u. Sibirien

Purgans [*lat.*] *das*; -, ...anzien [*...i^en*] u. ...antia [*...zia*]: Abführmittel mittlerer Stärke (Med.). **Purgation** [*...zion*] *die*; -, -en: 1. Reinigung. 2. [gerichtliche] Rechtfertigung (Rechtsw.). **purgativ**: abführend (Med.). **Purgativ** *das*; -s, -e [*...w^e*] u. **Purgativum** [*...wum*] *das*; -s, ...va: stärkeres Abführmittel (Med.). **Purgatorium** *das*; -s: Fegefeuer (nach kath. Glauben Läuterungsort der abgeschiedenen Seelen)

Purgi: *Plural* von → Purga

purgieren [*lat.*]: 1. reinigen, läutern. 2. abführen, ein Abführmittel anwenden (Med.). **pürieren** [*lat.-fr.*]: zu Püree machen, ein Püree herstellen (Gastr.). **Purifikation** [*...zion*; *lat.*] *die*; -, -en: a) liturgische Reinigung der Altargefäße in der kathol. Messe; b) = Ablution (2). **Purifikationseid** [*lat.*; *dt.*] *der*; -[e]s, -e: (hist.) Reinigungseid (Rechtsw.). **Purifikatorium** *das*; -s, ...ien [*...i^en*]: Kelchtuch zum Reinigen des Meßkelches. **purifizieren**: reinigen, läutern

Purim [auch: *pu...*; *hebr.*] *das*; -s: jüd. Freudenfest im Februar/März zur Erinnerung an die Rettung der persischen Juden (Buch Esther des A. T.)

Purin [*lat.-nlat.*] *das*; -s, -e (meist Plural): aus der → Nukleinsäure der Zellkerne entstehende organische Verbindung (Chem.). **Purismus** *der*; -: 1. (als übertrieben empfundenes) Streben nach Sprachreinheit, Kampf gegen die Fremdwörter. 2. Bewegung in der Denkmalpflege, ein Kunstwerk um der Stilreinheit willen von stilfremden Elementen zu befreien (z. B. aus einer gotischen Kirche barocke Zutaten zu entfernen). 3. Kunstrichtung im 20. Jh., die eine klare, strenge Kunst auf der Basis rein architektonischer u. geometrischer Form fordert. **Purist** *der*; -en, -en: Vertreter des Purismus. **puristisch**: den Purismus, Puristen betreffend. **Puritaner** [*lat.-engl.*] *der*; -s, -: a) Anhänger des Puritanismus; b) sittenstrenger Mensch. **puritanisch**: a) den Puritanismus betreffend; b) sittenstreng; c) bewußt einfach (vor allem in bezug auf die Lebensführung), spartanisch. **Puritanismus** *der*; -: streng kalvinistische Richtung im England des 16./17. Jh.s. **Puritāt** [*lat.*] *die*; -: Reinheit; Sittenreinheit

Purohita [*sanskr.*] *der*; -s, -s: indischer Hauptpriester u. Berater des Königs in der Zeit der wedischen Religion

Purpur [*gr.-lat.*] *der*; -s: 1. hochroter Farbstoff, Farbton. 2. (von Herrschern, Kardinälen bei offiziellem Anlaß getragenes) purpurfarbenes, prächtiges Gewand

Purser [*pö̈ßᵉr*; *engl.*] *der*; -s, -: a) Zahlmeister auf einem Schiff; b) Chefsteward im Flugzeug

purulent [*lat.*]: eitrig (Med.). **Purulenz** u. **Puruleszenz** *die*; -, -en: (veraltet) [Ver]eiterung (Med.)

puschen [*engl.-amerik.*]: antreiben, in Schwung bringen

Puschti vgl. Poschti

Push [*pusch*; *engl.*] *der*; -[e]s, -es [*...is*, auch: *...iß*]: 1. (Jargon) forcierte Förderung (z. B. von jmds. Bekanntheit) mit Mitteln der Werbung. 2. Schlag, bei dem der Ball an einem Punkt landet, der in der der Schlaghand entsprechenden Richtung vom Ziel entfernt liegt (Golf). **Pushball** [*púschbol*; *amerik.*] *der*; -s: amerik. Ballspiel. **pushen** [*engl.*]: 1. (Jargon) durch forcierte Werbung die Aufmerksamkeit des Käufers auf etwas lenken. 2. einen Push (2) schlagen, spielen (Golf). 3. (Jargon) mit Rauschgift handeln. **Pusher** *der*; -s, -: (Jargon) Rauschgifthändler, der mit harten Drogen handelt; vgl. Dealer (1)

Pußta [*ung.*] *die*; -, ...ten: Grassteppe, Weideland in Ungarn

Pustel [*lat.*] *die*; -, -n: Eiterbläschen in der Haut, Pickel (Med.). **pustulös**: mit Pustelbildung einhergehend (Med.)

putativ [*lat.*]: vermeintlich, auf einem Rechtsirrtum beruhend (Rechtsw.). **Putativehe** *die*; -, -n: ungültige Ehe, die aber mindestens von einem Partner in Unkenntnis des bestehenden Ehehindernisses für gültig gehalten wird (kath. Kirchenrecht). **Putativnotwehr** *die*; -: Abwehrhandlung in der irrtümlichen Annahme, die Voraussetzungen der Notwehr seien gegeben (Rechtsw.)

Pu|trefaktion [*...zion*; *lat.*] u. **Putreszenz** [*lat.-nlat.*] *die*; -, -en: 1. Verwesung, Fäulnis (Biol.; Med.). 2. faulige → Nekrose (Med.). **pu|treszieren** [*lat.*]: verwesen (Med.). **pu|trid**: faulig, übelriechend (Med.)

Putt [*engl.*] *der*; -[s], -s: Schlag auf dem Grün (Rasenfläche am Ende der Spielbahn mit dem Loch; Golf)

Putte [*lat.-it.*; „Knäblein"] *die*; -, -n u. Putto *der*; -s, ...tti u. ...tten: Figur eines kleinen nackten Knaben [mit Flügeln], Kinderengel (bes. in den Werken der Barockkunst)

putten [*engl.*]: einen → Putt schlagen, spielen (Golf). **Putter** [*engl.*] *der*; -s, -: Spezialgolfschläger, mit dem der Ball ins Loch getrieben wird (Sport)

Putto vgl. Putte

puzzeln [*pasᵉln, paßᵉln*; *engl.*]: 1. Puzzlespiele machen, ein Puzzle zusammensetzen. 2. etwas mühsam zusammensetzen. **Puzzle** [*pasl, paßl*] *das*; -s, -s: Geduldsspiel, bei dem viele kleine Einzelteile zu einem Bild, einer Figur zusammengesetzt werden müssen. **Puzzler** *der*; -s, -: jmd., der Puzzlespiele macht, ein Puzzle zusammensetzt

Puzzolan [nach dem ursprünglichen Fundort Pozzuoli am Vesuv] *das*; -s, -e: kalkhaltiger Ton; wasserbindender Zusatz zum Mörtel. **Puzzolanerde** vgl. Pozz[u]olanerde

Py|ämie [*gr.-nlat.*] *die*; -, ...ien: herdbildende Form einer Allgemeininfektion des Körpers durch Eitererreger in der Blutbahn (Med.). **Py|ar|throse** *die*; -, -n: eitrige Gelenkentzündung

Pyel|ektasie [*gr.-nlat.*] *die*; -, ...ien: krankhafte Erweiterung des Nierenbeckens (Med.). **Pyelitis** *die*; -, ...itiden: Nierenbeckenentzündung (Med.). **Pyelo|gramm** *das*; -s, -e: Röntgenbild des Nierenbeckens (Med.). **Pyelo|graphie** *die*; -, ...ien: Röntgenaufnahme des Nierenbeckens (Med.). **Pyelone|phritis** *die*; -, ...itiden: gleichzeitige Entzündung von Nierenbecken u. Nieren (Med.). **Pyelotomie** *die*; -, ...ien: operativer Einschnitt in das Nierenbecken (Med.). **Pyelozystitis** *die*; -, ...itiden: gleichzeitige Entzündung von Nierenbecken u. Blase (Med.)

Pygmäe [*gr.-lat.*; „Fäustling"] *der*; -n, -n: Angehöriger einer zwergwüchsigen Rasse Afrikas und Südostasiens. **pygmäisch**: zwergwüchsig

Pygmalioneffekt [nach der Gestalt der griechischen Mythologie] *der*; -[e]s: Bez. für die vermeintliche Tatsache, daß Schüler, die ihr Lehrer für intelligent hält, während der Schulzeit eine bessere Intelligenzentwicklung zeigen als Kinder, die dem Lehrer weniger intelligent zu sein scheinen (Psychol.)

pygmoid [*gr.-nlat.*]: zu den Pygmoiden gehörend. **Pygmoide** *der* u. *die*; -n, -n: Angehörige[r] einer kleinwüchsigen Menschenrasse mit Merkmalen der Pygmäen

Pyjama [*püdsch...*, auch: *püsch...* u. (österr. nur:) *pidsch...* od. *pisch...*, selten: *püjama* od. *pijama*; *Hindi-engl.*; „Beinkleid"] *der* (österr., schweiz. auch: *das*); -s, -s: Schlafanzug

Py|knidie [*...iᵉ*; *gr.-nlat.*] *die*; -, -n: Fruchtkörper der Rostpilze. **Pykniker** *der*; -s, -: Mensch von kräftigem, gedrungenem u. zu Fettansatz neigendem Körperbau. **py|knisch**: untersetzt, gedrungen u. zu Fettansatz neigend. **Py|knometer** *das*; -s, -: Meßgerät (Glasfläschchen) zur Bestimmung des spezifischen Gewichts von Flüssigkeiten. **Pyknose** *die*; -, -n: natürliche od. künstlich verursachte Zellkerndegeneration in Form einer Zusammenballung der Zellkernmasse (Med.). **py|knotisch**: verdichtet, dicht zusammengedrängt (von der Zellkernmasse)

Pyle|phlebitis [*gr.-nlat.*] *die*; -, ...itiden: Pfortaderentzündung (Med.). **Pylon** [*gr.*] *der*; -en, -en u. **Pylone** *die*; -, -n: 1. großes Eingangstor altägyptischer Tempel u. Paläste, von zwei wuchtigen, abgeschrägten Ecktürmen flankiert. 2. [torähnlicher] tragender Pfeiler einer Hängebrükke. 3. kegelförmige, bewegliche Absperrmarkierung auf Straßen. **Pylorus** [*gr.-lat.*; „Türhüter"] *der*; -, ...ren: [Magen]pförtner, Schließmuskel am Magenausgang (Med.)

Pyo|dermie [*gr.-nlat.*] *die*; -, ...ien: durch Eitererreger verursachte Erkrankung der Haut; Eiterausschlag (Med.). **pyo|gen**: Eiterungen verursachend (von bestimmten Bakterien; Med.). **Pyo|kokke** *die*; -, -n (meist Plural): Eiterungen verursachende → Kokke. **Pyo|me|tra** *die*; -: Eiteransammlung in der Gebärmutter (Med.). **Pyo|ne|phrose** *die*; -, -n: Nierenvereiterung als Endstadium einer → Nephrose (Med.). **Pyorrhö**[1] *die*; -, -en u. **Pyor|rhöe** [...*rö*] *die*; -, -n [...*röen*]: eitriger Ausfluß, Eiterfluß (Med.). **pyorrhoisch**: die Pyorrhö betreffend, in der Art einer Pyorrhö. **Pyothorax** *der*; -[es], -e: Eiteransammlung im Brustkorb (Med.)

pyramidal [*ägypt.-gr.-lat.*]: 1. pyramidenförmig. 2. (ugs.) gewaltig, riesenhaft. **Pyramide** [*ägypt.-gr.-lat.*] *die*; -, -n: 1. monumentaler Grabbau der altägyptischen Könige. 2. Körper, der dadurch entsteht, daß die Ecken eines Vielecks mit einem Punkt außerhalb der Ebene des Vielecks verbunden werden (Math.). 3. Kristallfläche, die alle drei Kristallachsen schneidet (Mineral.). 4. pyramidenförmiges Gebilde. 5. pyramidenförmige Bildung an der Vorderseite des verlängerten Marks (Med.). 6. Figur im Kunstkraftsport. **Pyramidon** ® [Kunstw.] *das*; -s: Fieber- u. Schmerzlinderungsmittel

Pyr|anometer [*gr.-nlat.*] *das*; -s, -: Gerät zur Messung der Sonnen- u. Himmelsstrahlung (Meteor.). **Pyrenoid** *das*; -[e]s, -e (meist Plural): eiweißreiches Körnchen, das den Farbstoffträgern der Algen eingelagert ist. **Pyrethrum** [*gr.-lat.*] *das*; -s, ...ra: Untergattung der Chrysanthemen. **Pyretikum** [*gr.-nlat.*] *das*; -s, ...ka: Fiebermittel, fiebererzeugendes Mittel (Med.). **pyretisch**: fiebererzeugend (von Medikamenten; Med.). **Pyr|exie** *die*; -, ...ien: Fieber (Med.). **Pyrgeometer** *das*; -s, -: Gerät zur Messung der Erdstrahlung (Meteor.)

Pyrgozephalie [*gr.-nlat.*] *die*; -, ...ien: Ausbildung, Auftreten einer abnorm hohen Schädelform, Turmschädel (Med.)

Pyr|heliometer [*gr.-nlat.*] *das*; -s, -: Gerät zur Messung der direkten Sonnenstrahlung (Meteor.). **Pyridin** *das*; -s: Benzolabkömmling, von dem zahlreiche chem. Verbindungen abgeleitet werden. **Pyrimidin** *das*; -s, -e: organische chemische Verbindung, Spaltprodukt von Nukleinsäuren. **Pyrit** [auch: ...*it*; *gr.-lat.*] *der*; -s, -e: Eisen-, Schwefelkies. **Pyrogallol** [*gr.*; *lat.*; *arab.*] *das*; -s: Pyro-, Brenzgallussäure, ein dreiwertiger aromatischer Alkohol, der u. a. als fotograf. Entwickler verwendet wird. **pyrogen** [*gr.-nlat.*]: 1. fiebererzeugend (z. B. von Medikamenten; Med.). 2. aus Schmelze entstanden (von Mineralien; Geol.). **Pyrogen** *das*; -s, -e: aus bestimmten Bakterien gewonnener Eiweißstoff, der fiebererzeugende Wirkung hat (Med.). **Pyrolusit** [auch: ...*it*] *der*; -s, -e: Braunstein (ein Mineral). **Pyrolyse** *die*; -, -n: Zersetzung von Stoffen durch Hitze (z. B. Trockendestillation). **pyrolytisch**: die Pyrolyse betreffend. **Pyromane** *der* u. *die*; -n, -n: jmd., der zur Pyromanie neigt (Med.). **Pyromanie** *die*; -: zwanghafter Trieb, Brände zu legen [u. sich beim Anblick des Feuers insbesondere sexuell zu erregen] (Med.). **pyromanisch**: die Pyromanie betreffend, auf ihr beruhend. **Pyromantie** [*gr.*] *die*; -: im Altertum die Wahrsagung aus dem [Opfer]feuer. **Pyrometer** [*gr.-nlat.*] *das*; -s, -: Gerät zum Messen der hohen Temperaturen von glühenden Stoffen. **Pyrome|trie** *die*; -: Temperaturmessung bei Temperaturen über 500 °C. **Pyromorphit** [auch: ...*it*] *der*; -s, -e: Grün-, Braun-, Buntbleierz. **Pyron** *der*; -s, -e: organische Verbindung, die in verschiedenen Pflanzenfarbstoffen enthalten ist. **Pyrop** [*gr.-lat.*; „feueräugig"] *der*; -[e]s, -e: blutroter bis schwarzer Granat, Schmuckstein (Mineral.). **Pyropapier** [*gr.*; *dt.*] *das*; -s: leicht brennbares Papier (für Feuerwerkskörper). **Pyrophobie** [*gr.-nlat.*] *die*; -, ...ien: krankhafte Furcht vor dem Umgang mit Feuer (Med.). **pyrophor** [*gr.*]: selbstentzündlich, in feinster Verteilung an der Luft aufglühend (z. B. Eisen u. Blei). **Pyrophor** *der*; -s, -e: Cer-Eisen-Legierung mit pyrophoren Eigenschaften. **Pyr|opto** [*gr.-nlat.*] *das*; -s, -s: Strahlungspyrometer zur Messung der Stärke von Lichtstrahlen. **Pyrosis** [*gr.*; „das Brennen; die Entzündung"] *die*; -: Sodbrennen (Med.). **Pyro|sphäre** [*gr.-nlat.*] *die*; -: (veraltet) Erdinneres (Erdmantel u. Erdkern). **Pyrotechnik** *die*; -: Herstellung u. Gebrauch von Feuerwerkskörpern, Feuerwerkerei. **Pyrotechniker** *der*; -s, -: Fachmann auf dem Gebiet der Pyrotechnik, Feuerwerker. **pyrotechnisch**: die Pyrotechnik betreffend. **Pyroxene** *die* (Plural): Gruppe gesteinsbildender Mineralien. **Pyroxenit** [auch: ...*it*] *der*; -s, -e: dunkles feldspatfreies Tiefengestein

Pyr|rhiche [*gr.*] *die*; -, -n: altgriech. Waffentanz, meist mit Flötenspiel. **Pyr|rhichius** [*gr.-lat.*] *der*; -, ...chii [...*chi-i*]: aus zwei Kürzen bestehender antiker Versfuß (◡◡)

Pyr|rhonismus [*gr.-nlat.*] *der*; -: der von Pyrrho (360–270 v. Chr.) ausgehende → Skeptizismus (2)

Pyr|rhussieg [nach den verlustreichen Siegen des Königs Pyrrhus von Epirus über die Römer] *der*; -[e]s, -e: Scheinsieg; Erfolg, der mit großen Opfern verbunden ist u. daher eher einem Fehlschlag gleichkommt

Pyrrol [*gr.-nlat.*] *das*; -s: stickstoffhaltige Kohlenstoffverbindung mit vielen Abkömmlingen (z. B. Blutfarbstoff)

Pythagoräer vgl. Pythagoreer. **pythagoräisch** vgl. pythagoreisch. **Pythagoras** [nach dem altgriech. Philosophen] *der*; -: pythagoreischer Lehrsatz. **Pythagoreer**, (österr.:) Pythagoräer *der*; -s, -: Anhänger der Lehre des Pythagoras. **pythagoreisch**, (österr.:) pythagoräisch: die Lehre des Pythagoras betreffend, nach der Lehre des Pythagoras; -er Lehrsatz: grundlegender Lehrsatz der Geometrie, nach dem im rechtwinkligen Dreieck das Hypotenusenquadrat gleich der Summe der Kathetenquadrate ist (Math.)

Pythia [nach der Priesterin des Orakels von Delphi] *die*; -, ...ien [...*iᵉn*]: Frau, die in orakelhafter Weise Zukünftiges voraussagt. **pythisch**: dunkel, orakelhaft. **Python** [*gr.-lat.*; von Apollo getötetes Ungeheuer der griech. Sage] *der*; -s, -s u. ...onen: Vertreter der Gattung der Riesenschlangen

Py|urie [*gr.-nlat.*] *die*; -, ...ien: Ausscheidung eitrigen Harns (Med.)

Pyxis [*gr.-lat.*] *die*; -, ...iden (auch: ...ides [*pü̦xideß*]): Behältnis für liturgische Gegenstände, Hostienbehälter im → Tabernakel

Q

Qindar [*kin*...; *alban.*] *der*; -[s], -ka [...*dar*...]: Münzeinheit in Albanien (= 0,01 Lek)

qua [*lat.*]: 1. (Präposition) a) mittels, durch, auf dem Wege über, z. B. - Amt festsetzen; b) gemäß,

[1] Vgl. die Anmerkung zu Diarrhö.

entsprechend, z. B. den Schaden - Verdienstausfall bemessen. 2. (Konjunktion) [in der Eigenschaft] als, z. B. - Beamter

Qua|dragese [*lat.-mlat.*] *die*; -: = Quadragesima. **Qua|dragesima** *die*; -: die vierzigtägige christliche Fastenzeit vor Ostern. **Quadral** [*lat.-nlat.*] *der*; -s, -e: eigene sprachliche Form (→ Numerus) für vier Dinge od. Wesen (Sprachw.). **Qua|drangel** [*lat.*] *das*; -s, -: Viereck. **qua|drangulär** [*lat.-nlat.*]: viereckig. **Qua|drant** [*lat.*; „der vierte Teil"] *der*; -en, -en: 1. (Math.) a) Viertelkreis; b) beim ebenen Koordinatensystem die zwischen zwei Achsen liegende Viertelebene. 2. a) ein Viertel des Äquators od. eines Meridians; b) (hist.) Instrument zur Messung der Durchgangshöhe der Sterne (Vorläufer des → Meridiankreises; Astron.). 3. (hist.) Instrument zum Einstellen der Höhenrichtung eines Geschützes beim indirekten Schuß (ohne Sicht auf den Gegner; Mil.). **Qua|drat** *das*; -[e]s, -e[n]: 1. (Plural nur: -e): (Math.) a) Viereck mit vier rechten Winkeln u. vier gleichen Seiten; b) zweite → Potenz einer Zahl. 2. längeres, rechteckiges, nicht druckendes Stück Blei, das zum Auffüllen von Zeilen beim Schriftsatz verwendet wird (Druckwesen). 3. 90° Winkelabstand zwischen Planeten (Astrol.). **Qua|drata** *die*; -: die Buchschriftform der → Kapitalis. **Qua|dratdezimeter** *der* (auch: *das*); -s, -: Fläche von 1 dm Länge u. 1 dm Breite; Zeichen: dm^2, qdm. **qua|dratisch**: 1. in der Form eines Quadrats. 2. in die zweite Potenz erhoben (Math.). **Qua|dratkilometer** *der*; -s, -: Fläche von 1 km Länge u. 1 km Breite; Zeichen: km^2, qkm. **Qua|dratmeter** *der* (auch: *das*); -s, -: Fläche von 1 m Breite u. 1 m Länge; Zeichen: m^2, qm. **Qua|dratmillimeter** *der* (auch: *das*); -s, -: Fläche von 1 mm Breite u. 1 mm Länge; Zeichen: mm^2, qmm. **Qua|dratnote** *die*; -, -n: = Nota quadrata. **Qua|dratur** *die*; -, -en: 1. (Math.) a) Umwandlung einer beliebigen, ebenen Fläche in ein Quadrat gleichen Flächeninhalts durch geometrische Konstruktion; - des Kreises: Aufgabe, mit Zirkel u. Lineal ein zu einem gegebenen Kreis flächengleiches Quadrat zu konstruieren (aus bestimmten mathematischen Gründen nicht möglich); etwas ist die - des Kreises: etwas ist unmöglich; b) Inhaltsberechnung einer beliebigen Fläche durch → Planimeter od. → Integralrechnung. 2. zur Verbindungsachse Erde–Sonne rechtwinklige Planetenstellung (Astron.). 3. eine architektonische Konstruktionsform, bei der ein Quadrat zur Bestimmung konstruktiv wichtiger Punkte verwendet wird, bes. in der romanischen Baukunst. **Qua|draturmalerei** [*lat.*; *dt.*] *die*; -, -en: 1. (ohne Plural) perspektivische Ausmalung von Innenräumen mit dem Zweck, die Größenverhältnisse optisch zu verändern. 2. Beispiel für die perspektivische Ausmalung von Innenräumen. **Qua|dratwurzel** *die*; -, -n: zweite Wurzel einer Zahl od. math. Größe; Zeichen: $\sqrt{\ }$, $\sqrt[2]{\ }$. **Quadratzahl** *die*; -, -en: das Ergebnis der zweiten → Potenz (4) einer Zahl (Math.). **Qua|dratzentimeter** *der* (auch: *das*); -s, -: Fläche von 1 cm Länge u. 1 cm Breite; Zeichen: cm^2, qcm. **Qua|driduum** *das*; -s, ...uen [...*u*ᵉ*n*]: (veraltet) Zeit von vier Tagen. **Qua|dri|ennale** [*lat.-it.*] *die*; -, -n: alle vier Jahre stattfindende Ausstellung od. repräsentative Vorführung (auf dem Gebiet der bildenden Kunst u. des Films). **Qua|dri|ennium** [*lat.*] *das*; -s, ...ien [...*i*ᵉ*n*]: (veraltet) Zeitraum von vier Jahren. **qua|drieren**: eine Zahl in die zweite → Potenz (4) erheben, d. h. mit sich selbst multiplizieren (Math.). **Qua|drierung** *die*; -, -en: Nachahmung von Quadersteinen durch Aufmalung von Scheinfugen auf den Putz (Baukunst). **Qua|driga** *die*; -, ...gen: von einem offenen Streit-, Renn- od. Triumphwagen [der Antike] aus gelenktes Viergespann (Darstellung in der Kunst [als Siegesdenkmal]). **Qua|drille** [*kwadrilj*ᵉ, seltener: *ka*..., österr.: *kadril*; *lat.-span.-fr.*] *die*; -, -n: von je vier Personen im Karree getanzter Kontertanz im $^3/_8$- od. $^2/_4$-Takt. **Qua|drillé** [*kadrije*] *der*; -: kariertes Seidengewebe. **Qua|drilliarde** [*lat.*; *fr.*] *die*; -, -n: 1 000 Quadrillionen = dritte Potenz einer Milliarde = 10^{27}. **Qua|drillion** [*lat.-fr.*] *die*; -, -en: eine Million → Trillionen = vierte Potenz einer Million = 10^{24}. **Qua|drinom** [*lat.*; *gr.*] *das*; -s, -e: eine Summe aus vier Gliedern (Math.). **Qua|drireme** [*lat.*] *die*; -, -n: Vierruderer (antikes Kriegsschiff mit vier übereinanderliegenden Ruderbänken). **Qua|drivium** [...*wium*; „Vierweg"] *das*; -s: im mittelalterl. Universitätsunterricht die vier höheren Fächer: Arithmetik, Geometrie, Astronomie, Musik; vgl. Trivium. **Qua|dronal** Ⓦᶻ [Kunstw.] *das*; -s: schmerzlinderndes Mittel. **qua|drophon**: (in bezug auf die Übertragung von Musik, Sprache o. ä.) über vier Kanäle laufend; vgl. stereophon. **Qua|drophonie** [*lat.*; *gr.*] *die*; -: quadrophone Übertragungstechnik, durch die ein gegenüber der → Stereophonie erhöhtes Maß an räumlicher Klangwirkung erreicht wird; vgl. Stereophonie. **qua|drophonisch**: die Quadrophonie betreffend; vgl. binaural (2). **Qua|drophonuhr** *die*; -, -en: Uhr, die je nach Einstellung auf verschiedene Art u. Weise schlagen kann. **Qua|drosound** [...*ßaund*; *lat.*; *amerik.*] *der*; -s: durch Quadrophonie erzeugte Klangwirkung. **Qua|drumane** [*lat.*; „Vierhänder"] *der*; -n, -n (meist Plural): (veraltet) Affe (im Unterschied zum Menschen). **Quadrupede** *der*; -n, -n (meist Plural): (veraltet) a) Vierfüßer; b) Säugetier (nach Linné)

Qua|drupel [*lat.-fr.*]

I. *das*; -s, -: vier zusammengehörende mathematische Größen.

II. *der*; -s, -: frühere spanische Goldmünze

Qua|drupelallianz [*lat.*; *lat.-fr.*] *die*; -, -en: Bündnis von vier Staaten. **Qua|drupelfuge** *die*; -, -n: → Fuge mit vier verschiedenen Themen (Mus.). **Qua|drupol** [*lat.-nlat.*] *der*; -s, -e: Anordnung von zwei elektrischen → Dipolen od. zwei Magnetspulen

Quaestio [*kwä*...; *lat.*] *die*; -, ...ones [...*neß*]: = Quästion. **Quaestio facti** [- *fakti*; „Frage nach dem Geschehen"] *die*; - -, ...ones - [...*neß* -]: die Untersuchung des Sachverhalts, der tatsächlichen Geschehensabfolge einer Straftat im Unterschied zur Quaestio juris (Rechtsw.). **Quaestio juris** [„Frage nach dem Recht"] *die*; - -, ...ones - [...*neß* -]: Untersuchung einer Straftat hinsichtlich ihrer Strafwürdigkeit u. tatbestandsmäßigen Erfaßbarkeit. **Quaestiones** [...*neß*]: *Plural* von → Quaestio

Quagga [*hottentott.*] *das*; -s, -s: ausgerottetes zebraartiges Wildpferd

Quai [*kę*; *gall.-fr.*] *der*; -s, -s: franz. Schreibung für: Kai. **Quai d'Orsay** [*kę dorßę*; *fr.*] *der*; - -: das an der gleichnamigen Straße in Paris gelegene franz. Außenministerium

Quäker [*engl.*; „Zitterer"; urspr. Spottname] *der*; -s, -: Mitglied der im 17. Jh. gegründeten engl.-amerikan. Society of Friends (= Gesellschaft der Freunde), einer sittenstrengen, pazifistischen Sekte mit bedeutender Sozialarbeit. **quäkerisch**: nach Art der Quäker. **Quaker Oats** Ⓦ [*kᵘe̜ⁱkᵉr o̜ᵘtß*] *die* (Plural): engl.-amerikan. Haferflockensorte

Qualifikation [*...zion*; *lat.-mlat.-fr.* (*-engl.*)] *die*; -, -en: 1. das Sichqualifizieren. 2. a) Befähigung, Eignung; b) Befähigungsnachweis. 3. durch vorausgegangene sportliche Erfolge erworbene Berechtigung, an sportlichen Wettbewerben teilzunehmen. 4. Beurteilung, Kennzeichnung; vgl. ...[at]ion/...ierung. **qualifizieren**: 1. sich -: a) sich weiterbilden u. einen Befähigungsnachweis erbringen; b) (DDR) seine berufliche Leistungsfähigkeit durch Vervollkommnung der fachlichen u. gesellschaftlichen Kenntnisse, Fähigkeiten o. ä. steigern; c) die für die Teilnahme an einem sportlichen Wettbewerb erforderliche Leistung erbringen. 2. etwas qualifiziert jmdn. als/für/zu etwas: etwas stellt die Voraussetzung für jmds. Eignung, Befähigung für etwas dar. 3. als etwas beurteilen, einstufen, kennzeichnen, bezeichnen. **qualifiziert**: tauglich, besonders geeignet. **Qualifizierung** *die*; -, -en: das Qualifizieren (1–3); vgl. ...[at]ion/...ierung. **Qualität** [*lat.*] *die*; -, -en: 1. a) Beschaffenheit; b) Güte, Wert. 2. Klangfarbe eines Vokals (unterschiedlich z. B. bei offenen u. geschlossenen Vokalen; Sprachw.). 3. im Schachspiel der Turm hinsichtlich seiner relativen Überlegenheit gegenüber Läufer od. Springer; die - gewinnen: Läufer od. Springer gegen einen Turm eintauschen. **qualitativ** [auch: *kwal...*; *lat.-mlat.*]: hinsichtlich der Qualität (1). **Qualitativ** [auch: *kwal...*] *das*; -s, -e [*...wᵉ*]: = Adjektiv (Sprachw.)

Quant [*lat.*] *das*; -s, -en: nicht weiter teilbares Energieteilchen, das verschieden groß sein kann (Phys.). **quanteln**: eine Energiemenge in Quanten darstellen. **Quantelung** *die*; -: das Aufteilen der bei physikal. Vorgängen erscheinenden Energie u. anderer atomarer Größen in bestimmte Stufen od. als Vielfaches von bestimmten Einheiten. **Quanten**: *Plural* von → Quant u. → Quantum. **Quantenbiologie** *die*; -: Teilgebiet der Biophysik, auf dem man sich mit der Quantentheorie bei biologischen Vorgängen befaßt. **Quantifikation** [*...zion*; *lat.-nlat.*] *die*; -, -en: Umformung der Qualitäten in Quantitäten, d. h. der Eigenschaften von etwas in Zahlen u. meßbare Größen (z. B. Farben u. Töne in Schwingungszahlen u. Wellenlängen); vgl. ...[at]ion/...ierung. **Quantifikator** *der*; -s, ...oren: = Quantor. **quantifizieren**: in Mengenbegriffen, Zahlen o. ä. beschreiben. **Quantifizierung** *die*; -, -en: das Quantifizieren; vgl. ...[at]ion/...ierung. **quantisieren**: 1. eine Quantisierung (2, 3) vornehmen (Fachsprache). 2. = quanteln. **Quantisierung** *die*; -: 1. = Quantelung. 2. Übergang von der klassischen, d. h. mit kontinuierlich veränderlichen physikalischen Größen erfolgenden Beschreibung eines physikalischen Systems zur quantentheoretischen Beschreibung durch Aufstellung von Vertauschungsrelationen für die nunmehr im allgemeinen als nicht vertauschbar anzusehenden physikalischen Größen (Phys.). 3. Unterteilung des Amplitudenbereichs eines kontinuierlich verlaufenden Signals in eine endliche Anzahl kleiner Teilbereiche. **Quantität** [*lat.*] *die*; -, -en: 1. Menge, Anzahl. 2. Dauer einer Silbe (Länge od. Kürze des Vokals) ohne Rücksicht auf die Betonung (antike Metrik; Sprachw.). **quantitativ** [auch: *kwan...*; *lat.-nlat.*]: der Quantität (1) nach, mengenmäßig. **Quantité négligeable** [*kangtite̜ negliseh̲abl*; *lat.-fr.*] *die*; - -: wegen ihrer Kleinheit außer acht zu lassende Größe, Belanglosigkeit. **quantitieren** [*lat.-nlat.*]: Silben im Vers nach der Quantität (2) messen. **Quantor** *der*; -s, ...oren: logische Partikel (z. B. „für alle gilt") für quantifizierte Aussagen. **Quantum** [*lat.*; „wie groß, wie viel; so groß wie"] *das*; -s, ...ten: jmdm. zukommende, einer Sache angemessene Menge von etw. (bes. Nahrungsmittel o. ä.). **quantum satis**: in ausreichender Menge; Abk.: q. s. (Med.). **quantum vis** [- *wiß*]: soviel du nehmen willst, nach Belieben (Hinweis auf Rezepten); Abk.: q. v. (Med.)

Quarantäne [*karan...*, selten: *karang...*; *lat.-vulgärlat.-fr.*; „Anzahl von 40 (Tagen)"] *die*; -, -n: räumliche Absonderung, Isolierung Ansteckungsverdächtiger od. Absperrung eines Infektionsherdes (z. B. Wohnung, Ortsteil, Schiff) von der Umgebung als Schutzmaßregel gegen Ausbreitung od. Verschleppung von Seuchen

Quark [*kᵘo̜ʳk*; *engl.*; Phantasiename aus „Finnegan's Wake" von James Joyce] *das*; -s, -s: hypothetisches Elementarteilchen (Phys.)

Quart

I. [*lat.*(*-mlat.*)] *die*; -, -en: 1. (Musik) a) vierte Stufe einer diatonischen Tonleiter vom Grundton an; b) Intervall von vier Tönen. 2. bestimmte Klingenhaltung beim Fechten.

II. 1. [*lat.*(*-mlat.*)] *das*; -[e]s: Viertelbogengröße; Zeichen: 4° (Buchformat). 2. [*lat.-fr.*(*-engl.*)] *das*; -s, -e (aber: 5 Quart) früheres Flüssigkeitsmaß in Preußen u. Bayern.

III. [*kᵘo̜ʳt*; *lat.-engl.*] *das*; -s, -s: a) englisches Hohlmaß (1,136 l); Zeichen: qt; b) amerikanisches Hohlmaß (für Flüssigkeiten: 0,946 l); Zeichen: liq qt; c) amerikanisches Hohlmaß (für trockene Substanzen: 1,101 dm³; Zeichen: dry qt

Quarta [*lat.*] *die*; -, ...ten: dritte, in Österreich vierte Klasse eines Gymnasiums. **Quartal** [*lat.-mlat.*] *das*; -s, -e: Vierteljahr. **quartaliter**: (veraltet) vierteljährlich. **Quartalssäufer** [*lat.-mlat.*; *dt.*] *der*; -s, -: (ugs.) Dipsomane; vgl. Dipsomanie. **Quartana** [*lat.*] *die*; -, ...nen: Viertagewechselfieber (Verlaufsform der Malaria; Med.). **Quartaner** *der*; -s, -: Schüler der Quarta. **Quartanfieber** [*lat.*; *dt.*] *das*; -s: = Quartana. **Quartant** [*lat.-mlat.*] *der*; -en, -en: (selten) Buch in Viertelbogengröße. **quartär** [*lat.*]: 1. das Quartär betreffend (Geol.). 2. an vierter Stelle in einer Reihe, [Rang]folge stehend; viertrangig. 3. (Chem.) a) (von Atomen in Molekülen) das zentrale Atom bildend, an das vier organische Reste gebunden sind, die je ein Wasserstoffatom ersetzen; b) (von chem. Verbindungen) aus Molekülen bestehend, die ein quartäres (3 a) Atom als Zentrum haben. **Quartär** *das*; -s: erdgeschichtl. Formation des → Känozoikums (umfaßt → Pleistozän u. → Alluvium; Geol.). **Quarte** *die*; -, -n vgl. Quart (I, 1). **Quartel** *das*; -s, -: (bayr.) kleines Biermaß. **Quarten**: *Plural* von → Quarta u. Quart (I, 1 u. 2). **Quarter** [*kᵘo̜ʳtᵉr*; *lat.-fr.-engl.*] *der*; -s, -: 1. engl. Gewicht (= 12,7 kg). 2. engl. Hohlmaß (= 290,95 l).

3. Getreidemaß in den USA (= 21,75 kg). **Quarterback** [*kʷo'tᵉrbäk*; *amerik.*] *der*; -[s], -s: (im amerik. Football) Spieler, der aus der Verteidigung heraus Angriffe einleitet u. führt; Spielmacher. **Quarterdeck** [*kwartᵉr...*] *das*; -s, -s: leicht erhöhtes hinteres Deck eines Schiffes (Seewesen). **Quartermeister** *der*; -s, -: Matrose, der insbesondere als Rudergänger eingesetzt wird (Seewesen). **Quarteron** [*lat.-span.*] *der*; -en, -en: (veraltet) männlicher Nachkomme eines Weißen u. einer Terzeronin (vgl. Terzeron). **Quartett** [*lat.-it.*] *das*; -[e]s, -e: 1. a) Komposition für vier solistische Instrumente od. vier Solostimmen; b) Vereinigung von vier Instrumental- od. Vokalsolisten; c) (iron.) Gruppe von vier Personen, die gemeinsam etwas tun. 2. die erste od. zweite der beiden vierzeiligen Strophen des → Sonetts im Unterschied zum → Terzett (2). 3. Kartenspiel, bes. für Kinder, bei dem jeweils vier zusammengehörende Karten abgelegt werden, nachdem man die fehlenden durch Fragen von den Mitspielern erhalten hat. **Quartier** [*lat.-fr.*] *das*; -s, -e: 1. Unterkunft. 2. (schweiz., österr.) Stadtviertel. **quartieren**: (veraltet) unterbringen; einquartieren. **Quartier latin** [*kartie latäng*; „lateinisches Viertel"] *das*; - -: Pariser Hochschulviertel. **Quartmajor** *die*; -: bestimmte Reihenfolge von [Spiel]karten. **Quarto** [*lat.-it.*] *das*; -: ital. Bezeichnung für: Quart (II, 1). **Quartole** *die*; -, -n: Figur von vier Noten, die an Stelle des Taktwertes von drei od. sechs Noten stehen (Mus.). **Quartsext|akkord** *der*; -[e]s, -e: Akkord von Quart u. Sext über der Quint des Grundtons (Mus.)

Quartz: englische Schreibung von dt. Quarz

quarzen [*slaw.*]: (ugs.) rauchen

Quasar [Kurzw. aus: *quas*istellare *R*adioquelle] *der*; -s, -e: Sternsystem, Objekt im Kosmos mit extrem starker Radiofrequenzstrahlung (Astron.)

quasi [*lat.*]: gewissermaßen, gleichsam, sozusagen. **Quasimodogeniti** [„wie die eben geborenen (Kinder)"]: erster Sonntag nach Ostern (Weißer Sonntag) nach dem alten → Introitus des Gottesdienstes, 1. Petr. 2, 2. **quasioptisch**: sich ähnlich den Lichtwellen, also fast geradlinig ausbreitend (in bezug auf Ultrakurzwellen; Phys.). **quasistellar**: sternartig

Quassie [*...iᵉ*; *nlat.*; angeblich vom Namen eines südamerik. eingeborenen Medizinmannes (Quassy)] *die*; -, -n: südamerik. Baum, dessen Holz einen früher als Magenmittel verwendeten Bitterstoff liefert

Quästion [*lat.*] *die*; -, -en: in einer mündlichen → Diskussion entwickelte u. gelöste wissenschaftliche Streitfrage (Scholastik). **quästioniert** [*lat.-nlat.*]: (veraltet) fraglich, in Rede stehend; Abk.: qu. (Rechtsw.). **Quästor** [*lat.*] *der*; -s, ...oren: 1. (hist.) hoher Finanz- u. Archivbeamter in der röm. Republik. 2. Leiter einer Quästur (2). 3. (schweiz.) Kassenwart (eines Vereins). **Quästur** *die*; -, -en: 1. a) Amt eines Quästors (1); b) Amtsbereich eines Quästors (1). 2. Universitätskasse, die die Hochschulgebühren einzieht

Quatember [*lat.-mlat.*] *der*; -s, -: liturgisch begangener kath. Fasttag (jeweils Mittwoch, Freitag u. Samstag) zu Beginn der vier Jahreszeiten (nach dem 3. Advent, dem 1. Fastensonntag, nach Pfingsten u. Kreuzerhöhung [14. Sept.]). **quaternär** [*lat.*]: aus vier Bestandteilen zusammengesetzt, aus vier Teilen bestehend (Chem.). **Quaterne** *die*; -, -n: Gewinn von vier Nummern in der Zahlenlotterie od. im Lotto. **Quaternio** *der*; -s, ...onen: aus vier Einheiten zusammengesetztes Ganzes od. zusammengesetzte Zahl. **Quaternion** *die*; -, -en: Zahlensystem mit vier komplexen Einheiten (Math.). **Qua|train** [*katräng*; *lat.-vulgärlat.-fr.*] *das* od. *der*; -s, -s od. -en [*katrän ᵉn*]: 1. vierzeiliges Gedicht. 2. Quartett (2). **Qua|triduum** [*...u-um*; *lat.*] *das*; -s: (veraltet) Zeitraum von vier Tagen. **Quat|trocentist** [*...trotschän...*; *lat.-it.*] *der*; -en, -en: Künstler des Quattrocento. **Quat|trocento** *das*; -[s]: das 15. Jahrhundert als Stilbegriff der ital. Kunst (Frührenaissance). **Quatuor** [*lat.-fr.*] *das*; -s, -s: (veraltet) Instrumentalquartett

Que|bracho [*kebratscho*; *span.*] *das*; -s: gerbstoffreiches, hartes Holz südamerik. Baumarten

Queen [*kʷin*; *engl.*] *die*; -, -s: 1. englische Königin. 2. (ugs.) weibliche Person, die in einer Gruppe, in ihrer Umgebung auf Grund bestimmter Vorzüge im Mittelpunkt steht, am beliebtesten, begehrtesten o. ä. ist. 3. femininer Homosexueller, der bes. attraktiv ist für Homosexuelle, die die männliche Rolle übernehmen

Quelea [*afrik.-nlat.*] *die*; -, -s: Blutschnabelweber, Gattung der Webervögel

Quempas [*lat.*; Kurzw. aus den beiden Anfangssilben von: *Quem pas*tores laudavere (*...we re*) „Den die Hirten lobeten sehre"] *der*; -; alter volkstümlicher Wechselgesang der Jugend in der Christmette od. -vesper

Quent [*lat.-mlat.*] *das*; -[e]s, -e (aber: 5 -): ehemaliges kleines deutsches Gewicht unterschiedlicher Größe

Querele [auch: *ke...*; *lat.*] *die*; -, -n (meist Plural): auf gegensätzlichen Bestrebungen, Interessen, Meinungen beruhende [kleinere] Streiterei. **Querulant** [*kwe...*; *lat.-nlat.*] *der*; -en, -en: jmd., der immer etwas zu nörgeln hat u. sich über jede Kleinigkeit beschwert. **Querulanz** *die*; -: querulatorisches Verhalten mit krankhafter Steigerung des Rechtsgefühls. **Querulation** [*...zion*] *die*; -, -en: (veraltet) Beschwerde, Klage. **querulatorisch**: nörglerisch, streitsüchtig. **querulieren**: nörgeln, ohne Grund klagen

Querzetin [*lat.-nlat.*] *das*; -s: gelber Farb u. Arzneistoff in der Rinde der Färbereiche, den Blüten des Goldlacks, des Stiefmütterchens u. anderer Pflanzen (früher als Farbstoff gebraucht, heute nur als antibakterielles Mittel verwendet)

Quesal [*ke...*] vgl. Quetzal (I)

Quetzal [*ke...*; *indian.-span.*] *der*

I. u. Quesal; -s, -s: bunter Urwaldvogel (Wappenvogel von Guatemala).

II. -[s], -[s] (aber: 5 Quetzal): Münzeinheit in Guatemala

Queue [*kö*; *lat.-fr.*; „Schwanz"]

I. *das* (österr., ugs. auch: *der*); -s, -s: Billardstock.

II. *die*; -, -s: 1. lange Reihe, Schlange, z. B. eine - bilden. 2. (veraltet) Ende einer → Kolonne (1a) oder reitenden Abteilung; Ggs. → Tete

Quibble [*kʷibl*; *engl.*] *das*; -s, -s: (veraltet) a) spitzfindige Ausflucht; b) [sophistisches, witziges] Wortspiel

Quiche [*kisch*; *germ.-fr.*] *die*; -, -s [*kisch*]: Speckkuchen aus ungezuckertem Mürbe- od. Blätterteig (Gastr.). **Quiche Lorraine** [*kischlorän*; *fr.*; „Lothringer Speckkuchen"] *die*; - -, -s -s [*kischlorän*]: Quiche aus Mürbeteig, Speckscheiben, Käse u. einer Eier-Sahne-Soße (Gastr.)

Quickstep [*kʷikßtäp*; *engl.*] *der*; -s, -s: Standardtanz in schnellem Marschtempo u. stampfendem Rhythmus, der durch Fußspit

zen- u. Fersenschläge ausgedrückt wird
Quidam [*lat.*] *der*; -: ein gewisser Jemand. **Quidditāt** [*lat.-mlat.*] *die*; -, -en: die „Washeit", das Wesen eines Dinges (Scholastik). **Quid|proquo** [*lat.*; „etwas für etwas"] *das*; -s, -s: Verwechslung einer Sache mit einer anderen; Ersatz
Quie [*altnord.*] *die*; -, Quien: (landsch.) a) junges weibliches Rind, das noch nicht gekalbt hat; b) gemästete junge Kuh
Quieszenz [*kwiäß...*; *lat.*] *die*; -: (veraltet) 1. Ruhe. 2. Ruhestand. **quieszieren**: (veraltet) 1. jmdn. in den Ruhestand versetzen. 2. ruhen. **Quie|tismus** [*lat.-nlat.*] *der*; -: passive Geisteshaltung, die bes. durch das Streben nach einer gottergebenen Frömmigkeit u. Ruhe des Gemüts gekennzeichnet ist. **Quie|tist** *der*; -en, -en: Anhänger des Quietismus. **quie|tistisch**: den Quietismus betreffend. **Quie|tiv** *das*; -s, -e [...*w*[e]] u. **Quie|tivum** [...*tiwum*] *das*; -s, ...va [...*wa*]: Beruhigungsmittel (Med.). **quie|to** [*lat.-it.*]: ruhig, gelassen (Vortragsanweisung; Mus.)
Quillaja [*indian.-span.*] *die*; -, -s: chilenischer Seifenbaum (liefert die als Reinigungsmittel verwendete Panamarinde)
Quinar [*lat.*; „Fünfer"] *der*; -s, -e: röm. Silbermünze der Antike. **Quincunx** [...*ku*...] *der*; -: 1. Bau- od. Säulenordnung in der Stellung der Fünf eines Würfels (:·:). 2. u. Quinkunx: 150° Winkelabstand zwischen den Planeten (Astrol.). **quinkelieren** [*lat.-mlat.*]: 1. (landsch.) trällern, zwitschern; mit schwacher, dünner Stimme singen. 2. (landsch.) Winkelzüge, Ausflüchte machen. **Quinkunx** vgl. Quincunx (2). **Quinquagesima** *die*; -: 1. kath. Bezeichnung des Fastnachtsonntags → Estomihi als des ungefähr 50. Tages vor Ostern. 2. früher der 50tägige Zeitraum zwischen Ostern u. Pfingsten. **Quinquennalfakultäten** *die* (Plural): auf fünf Jahre begrenzte Vollmachten für Bischöfe, → Dispense zu erteilen, die sonst dem Papst vorbehalten sind. **Quinquennium** [*lat.*] *das*; -s, ...ien [...*i*[e]*n*]: (veraltet) Zeitraum von fünf Jahren. **quinquilieren**: = quinkelieren. **Quinquillion** [*lat.-nlat.*] *die*; -, -en: = Quintillion. **Quint** [*lat.*(*-mlat.*)] *die*; -, -en: 1. (Mus.) a) fünfte Stufe einer diatonischen Tonleiter vom Grundton an; b) Intervall von fünf Tönen. 2. bestimmte Klingenhaltung beim Fechten. **Quinta** *die*; -, ...ten: zweite, in Österreich fünfte Klasse einer höheren Schule
Quintal [bei franz. Ausspr.: *kängtal*, bei span. u. portug. Ausspr.: *kintal*; *lat.-mgr.-arab.-mlat.-roman.*] *der*; -s, -e (aber: 5 Quintal): Gewichtsmaß (Zentner) in Frankreich, Spanien u. in mittel- u. südamerikan. Staaten; Zeichen: q
Quintana [*lat.*] *die*; -: Infektionskrankheit mit periodischen Fieberanfällen im Abstand von meist fünf Tagen (Med.). **Quintaner** *der*; -s, -: Schüler einer Quinta. **Quinte** *die*; -, -n: = Quint (1). **Quinten**: *Plural* von → Quinta u. → Quint. **Quintenzirkel** *der*; -s: Kreis, in dem alle Tonarten in Dur u. Moll in Quintenschritten dargestellt werden (Mus.). **Quinterne** [*lat.*] *die*; -, -n: Fünfgewinn (5 Nummern in einer Reihe beim Lottospiel). **Quinternio** [*lat.-nlat.*] *der*; -, ...onen: (veraltet) aus fünf Stükken zusammengesetztes Ganzes. **Quinteron** [*lat.-span.*] *der*; -en, -en; (veraltet) männlicher Nachkomme eines Weißen u. einer Quarteronin (vgl. Quarteron). **Quint|essenz** [*lat.-mlat.*; „fünftes Seiendes"] *die*; -, -en: Endergebnis, Hauptgedanke, -inhalt, Wesen einer Sache. **Quintett** [*lat.-it.*] *das*; -[e]s, -e: (Mus.) a) Komposition für fünf solistische Instrumente od. fünf Solostimmen; b) Vereinigung von fünf Instrumental- od. Vokalsolisten. **quintieren** [*lat.-fr.*]: auf Blasinstrumenten, bes. der Klarinette, beim Überblasen statt in die Oktave in die → Duodezime überschlagen. **Quintilla** [*kintilja*; *lat.-span.*] *die*; -, -s: seit dem 15. Jh. in Spanien übliche fünfzeilige Strophe aus achtsilbigen Versen. **Quintilliarde** [*lat.*; *fr.*] *die*; -, -n: 1000 Quintillionen = 10^{33}. **Quintillion** [*lat.-nlat.*] *die*; -, -en: 10^{30}, Zahl mit 30 Nullen. **Quintole** *die*; -, -n: Gruppe von fünf Tönen, die einen Zeitraum von drei, vier od. sechs Tönen gleichen Taktwertes in Anspruch nehmen (Mus.). **Quintsext|akkord** *der*; -[e]s, -e: erste Umkehrung des Septimenakkordes, bei der die ursprüngliche Terz den Baßton abgibt (Mus.). **Quintuor** [*lat.-fr.*] *das*; -s, -s: (veraltet) Instrumentalquintett. **quintupel** [*lat.*]: (veraltet) fünffach. **Quintus** *der*; -: die fünfte Stimme in den fünf- u. mehrstimmigen Kompositionen des 16. Jh.s (Mus.)
Quippu [*kipu*] vgl. Quipu
Qui|proquo [*lat.*] *das*; -s, -s: Verwechslung einer Person mit einer anderen
Quipu u. Quippu [*kipu*; *indian.-span.*] *das*; -[s], -[s]: Knotenschnur der Inkas, die als Schriftersatz diente
quirilieren: = quinkelieren
Quirinal [*lat.*; einer der sieben Hügel Roms] *der*; -s: seit 1948 Sitz des ital. Staatspräsidenten (früher des Königs)
Quirite [*lat.*] *der*; -n, -n: (hist.) röm. Vollbürger zur Zeit der Antike
Quisling [ein norweg. Faschistenführer] *der*; -s, -e: (abwertend) → Kollaborateur
Quisquilien [...*i*[e]*n*; *lat.*] *die* (Plural): etw., dem man keinen Wert, keine Bedeutung beimißt; Belanglosigkeiten.
quittieren [*lat.-mlat.-fr.*]: 1. den Empfang einer Leistung, einer Lieferung durch Quittung bescheinigen, bestätigen. 2. auf etwas reagieren, etwas mit etwas beantworten; etwas - [müssen]: etwas hinnehmen [müssen]. **Quittung** *die*; -, -en: 1. Empfangsbescheinigung, -bestätigung (für eine Bezahlung). 2. (iron.) unangenehme Folgen (z. B. einer Tat, eines Verhaltens); Vergeltung
Quivive [*kiwif*; *lat.-fr.*]; in der Wendung: auf dem - sein: (ugs.) auf der Hut sein. **qui vi|vra, verra** [*ki wiwra wära*; „wer leben wird, wird [es] sehen"]: die Zukunft wird es zeigen
Quiz [*k*[u]*iß*; *engl.-amerik.*; „schrulliger Kauz; Neckerei, Ulk"] *das*; -, -: Frage-und-Antwort-Spiel (bes. im Rundfunk u. Fernsehen), bei dem die Antworten innerhalb einer vorgeschriebenen Zeit gegeben werden müssen. **Quizmaster** [*k*[u]*ißmaßt*[e]*r*] *der*; -s, -: Fragesteller [u. Conférencier] bei einer Quizveranstaltung. **quizzen** [*k*[u]*iß*[e]*n*]: Quiz spielen
quod erat demon|strandum [*lat.*; „was zu beweisen war"]: durch diese Ausführung ist das klar, deutlich geworden; Abk.: q. e. d.
Quodlibet [„was beliebt"] *das*; -s, -s: 1. humoristische musikalische Form, in der verschiedene Lieder unter Beachtung kontrapunktischer Regeln gleichzeitig od. [in Teilen] aneinandergereiht gesungen werden. 2. ein Kartenspiel. 3. (veraltet) Durcheinander, Mischmasch. **quod licet Iovi, non licet bovi** [- *lizät jowi - lizät bowi*; „was Jupiter erlaubt ist, ist nicht dem Ochsen erlaubt"]: was dem [sozial] Höhergestellten zugebil-

ligt, nachgesehen wird, wird bei dem [sozial] Niedrigerstehenden beanstandet. **Quorum** *das*; -s: (bes. südd., schweiz.) die zur Beschlußfähigkeit einer [parlamentarischen] Vereinigung, Körperschaft o. ä. vorgeschriebene Zahl anwesender stimmberechtigter Mitglieder od. abgegebener Stimmen. **quos ego!** [Einhalt gebietender Zuruf Neptuns an die tobenden Winde in Vergils „Äneis"]: euch will ich [helfen]!, euch will ich's zeigen!

Quotation [*...zion*; *lat.-mlat.-nlat.*] *die*; -, -en: Kursnotierung an der Börse; vgl. ...[at]ion/...ierung. **Quote** [*lat.-mlat.*] *die*; -, -n: Anteil (von Sachen od. auch Personen), der bei Aufteilung eines Ganzen auf den einzelnen od. eine Einheit entfällt (Beziehungszahlen in der Statistik, Kartellquoten, Konkursquoten). **Quotenmethode** *die*; -: Stichprobenverfahren der Meinungsforschung nach statist. aufgeschlüsselten Quoten hinsichtl. der Personenzahl u. des Personenkreises der zu Befragenden; vgl. Arealmethode. **quotidian** [*lat.*]: täglich (Med.). **Quotidiana** *die*; -, ...nen od. ...nä: Form der Malaria mit unregelmäßigem Fieberverlauf, schwerem Krankheitsbild u. Neigung zu Komplikationen (Med.).

Quotient [*...ziänt*; „wie oft?, wievielmal?"] *der*; -en, -en: a) Zähler u. Nenner eines Bruchs, die durch Bruchstrich voneinander getrennt sind; b) Ergebnis einer Division. **quotieren** [*lat.-mlat.*]: den Preis (Kurs) angeben od. mitteilen, notieren (Wirtsch.). **Quotierung** *die*; -, -en: das Quotieren; vgl. ...[at]ion/...ierung. **quotisieren**: eine Gesamtmenge od. einen Gesamtwert in → Quoten aufteilen (Wirtsch.)

quo vadis? [- *wadiß*; *lat.*; wohin gehst du? (eigtl. Domine, - - ? = Herr, wohin gehst du?)]: legendäre Frage des aus Rom flüchtenden Petrus an den ihm erscheinenden Christus

R

Rabab vgl. Rebab

Rabatt [*lat.-vulgärlat.-it.*] *der*; -[e]s, -e: Preisnachlaß, der aus bestimmten Gründen (z. B. Bezug größerer Mengen od. Dauerbezug) gewährt wird. **Rabatte** [*lat.-vulgärlat.-fr.-niederl.*] *die*; -, -n: 1. schmales Beet [an Wegen, um Rasenflächen]. 2. (veraltet) Umschlag, Aufschlag an Kragen od. Ärmeln (bes. bei Uniformen). **rabattieren** [*lat.-vulgärlat.-it.*]: Rabatt gewähren

Rabatz [vermutlich zu der Wortfamilie von „Rabauke" gehörend] *der*; -es: (ugs.) 1. lärmendes Treiben, Geschrei, Krach. 2. laut vorgebrachter Protest. **Rabau** [*dt.-fr.-niederl.*] *der*; -s u. -en, -e[n]: (landsch.) 1. Rabauke. 2. kleine graue → Renette. **Rabauke** *der*; -n, -n: (ugs.) grober, gewalttätiger junger Mensch, Rohling

Rabbi [*hebr.-gr.-mlat.*; „mein Herr"] *der*; -[s], ...inen (auch: -s): 1. (ohne Plural) Ehrentitel jüdischer Gesetzeslehrer. 2. Träger dieses Titels. **Rabbinat** [*hebr.-gr.-mlat.-nlat.*] *das*; -[e]s, -e: Amt, Würde eines Rabbiners. **Rabbiner** [*hebr.-gr.-mlat.*] *der*; -s, -: jüd. Gesetzes- u. Religionslehrer, Prediger u. Seelsorger. **rabbinisch**: die Rabbiner betreffend

Rabbit-punch [*räbitpantsch*; *engl.*; „Hasenschlag"] *der*; -[s], -s: [unerlaubter] kurz angesetzter Schlag ins Genick od. an den Unterteil des Schädels (Boxsport)

rabiat [*lat.-mlat.*]: a) rücksichtslos u. roh; b) wütend. **Rabies** [*...iäß*; *lat.*] *die*; -: Tollwut (Med.). **Rabulist** [*lat.-nlat.*] *der*; -en, -en: jmd., der in geschickter Weise beredt-spitzfindig argumentiert, um damit einen Sachverhalt in einer von ihm gewünschten, aber nicht der Wahrheit entsprechenden Weise darzustellen; Wortverdreher. **Rabulistik** *die*; -, -en: Argumentations-, Redeweise eines Rabulisten. **rabulistisch**: in der Argumentations-, Redeweise eines Rabulisten [vorgetragen]

Rabuse vgl. Rapuse

Racemat [*...ze...*] usw. vgl. Razemat usw.

Rachitis [*...chi...*; *gr.-nlat.*] *die*; -, ...itiden: engl. Krankheit, Vitamin-D-Mangel-Krankheit bes. im frühen Kleinkindalter mit mangelhafter Verkalkung des Knochengewebes (Med.). **rachitisch**: a) an Rachitis leidend, die charakteristischen Symptome einer Rachitis zeigend; b) die Rachitis betreffend (Med.)

Racing|reifen [*reˈß...*; *engl.*; *dt.*] *der*; -s, -: für starke Beanspruchung geeigneter, bes. bei Autorennen verwendeter Reifen

Racket

I. [*räkᵉt*; *arab.-fr.-engl.*] *das*; -s, -s: Tennisschläger.

II. [*räkᵉt*; *engl.-amerik.*] *das*; -s, -s: Verbrecherbande in Amerika.

III. [*rakät*] vgl. Rackett

Racketeer [*räkᵉtir*; *engl.-amerik.*] *der*; -s, -s: Gangster, Erpresser

Rackett u. Racket [Herkunft unsicher] *das*; -s, -e: Holzblasinstrument (vom 15. bis 17. Jh.) mit doppeltem Rohrblatt u. langer, in neun Windungen in einer bis zu 35 cm hohen Holzbüchse eingepaßter Röhre mit elf Grifflöchern

Rack-jobbing [*räk dsehobing*; *engl.*] *das*; -[s]: Vertriebsform, in der eine Herstellerfirma od. ein Großhändler beim Einzelhändler eine Verkaufs- od. Ausstellungsfläche mietet, um sich das alleinige Belieferungsrecht für neue Produkte zu sichern u. dem Einzelhändler gleichzeitig das Verkaufsrisiko zu nehmen

Ra|clette [*raklät*, auch: *raklät*; *fr.*]

I. *der*; -[s]: eine schweizerische Käsesorte.

II. *die*; -, -s (auch: *das*; -s, -s): 1. schweizerisches Gericht, bei dem man Raclette (I) an einem offenen Feuer schmelzen läßt u. die weich gewordene Masse nach u. nach auf einen Teller abstreift. 2. kleines Grillgerät zum Zubereiten von Raclette (II, 1)

Rad [*engl.*; Kurzw. aus: *r*adiation *a*bsorbed *d*osis (*reⁱdieⁱschᵉn ᵉbsoʳbd doᵘsis*)] *das*; -[s], -: Einheit der Strahlungsdosis von Röntgen- od. Korpuskularstrahlen; Zeichen: rad (Physik). **Radar** [auch: *radar*; amerik. Kurzwort aus: *r*adio *d*etecting *a*nd *r*anging (*reⁱdioᵘ ditäkting ᵉnd reⁱndsehing*)] *der* od. *das*; -s: Verfahren zur Ortung von Gegenständen im Raum mit Hilfe gebündelter elektromagnetischer Wellen, die von einem Sender ausgehen, reflektiert werden u. über einen Empfänger auf einem Anzeigegerät sichtbar gemacht werden. **Radar|astronomie** [auch: *ra...*] *die*; -: Untersuchung astronomischer Objekte mit Hilfe der Radartechnik

Raddoppio [*lat.-it.*] *der*; -s, -s: eine Figur beim Fechten

radial [*lat.-mlat.*]: den Radius betreffend, in Radiusrichtung; strahlenförmig, von einem Mittelpunkt ausgehend, auf einen Mittelpunkt hinzielend. **Radialität** *die*; -: radiale Anordnung. **Radiallinie** [*...iᵉ*]: (österr.) von der Stadtmitte zum Stadtrand führende Straße, Straßenbahnlinie o. ä. **Radialreifen** *der*; -s, -: Gürtelreifen. **Radialsymme|trie** *die*; -: Grundform des Körpers bestimmter Lebewesen, bei der neben einer Hauptachse mehrere untereinander gleiche

Nebenachsen senkrecht verlaufen (z. B. bei Hohltieren; Zool.). **radial-symmetrisch**: die Radialsymmetrie betreffend. **Radialturbine** *die*; -, -n: Dampf- od. Wasserturbine. **Radiant** [*lat.*] *der*; -en, -en: 1. scheinbarer Ausstrahlungspunkt eines Meteorschwarms an der Himmelssphäre (Astron.). 2. Einheit des Winkels im Bogenmaß; ebener Winkel, für den das Längenverhältnis Kreisbogen zu Kreisradius den Zahlenwert 1 besitzt; Abk.: rad. **radiär** [*lat.-fr.*]: strahlig. **radiärsymme|trisch**: = radial-symmetrisch; Ggs. → bilateral-symmetrisch. **Radi|äs|thesie** [*lat.*; *gr.*] *die*; -: wissenschaftlich umstrittene Fähigkeit von Personen, mit Hilfe von Pendeln od. Wünschelruten sogenannte Erdstrahlen wahrzunehmen u. so z. B. Wasser- u. Metallvorkommen aufzuspüren (Parapsychol.). **Radiata** [*lat.*] *die* (Plural): (veraltet) Tiere mit strahligem Bau (Hohltiere u. Stachelhäuter). **Radiation** [...*zion*] *die*; -, -en: 1. stammesgeschichtliche Ausstrahlung, d. h. auf Grund von Fossilfunden festgestellte Entwicklungsexplosion, die während eines relativ kurzen geologischen Zeitabschnittes aus einer Stammform zahlreiche neue Formen entstehen läßt (z. B. zu Anfang des → Tertiärs aus der Stammform Urinsektenfresser zahlreiche genetisch neue Formen mit neuen Möglichkeiten der Anpassung an die verschiedensten Umweltbedingungen; Biol.). 2. Strahlung, scheinbar von einem Punkt ausgehende Bewegung der Einzelteile eines Meteorschwarms (Astron.). **Radiator** [*lat.-nlat.*] *der*; -s, ...*oren*: Hohlkörper bei Dampf-, Wasser-, Gaszentralheizungen, der die Wärme ausstrahlt

Radicchio [...*dikio*; *lat.-it.*] *der*; -[s], ...chi: bes. in Italien angebaute Art der → Zichorie (3) mit rotweißen, leicht bitter schmeckenden Blättern, die als Salat zubereitet werden

Radien [...*i*[e]*n*; *lat.*] *die* (Plural): 1. *Plural* von → Radius. 2. Flossenstrahlen der Fische. 3. Strahlen der Vogelfeder. 4. Strahlen (Achsen) → radial-symmetrischer Tiere

radieren [*lat.*; „kratzen, schaben, auskratzen; reinigen"]: 1. etwas Geschriebenes od. Gezeichnetes mit einem Radiergummi od. Messer entfernen, tilgen. 2. eine Zeichnung auf eine Kupferplatte einritzen. **Radierer** *der*; -s, -: Künstler, der Radierungen herstellt. **Radierung** *die*; -, -en: 1. (ohne Plural) Tiefdruckverfahren, bei dem die Zeichnung in eine Wachs-Harz-Schicht, die sich auf einer Kupferplatte befindet, eingeritzt wird, von der [nach der Ätzung durch ein Säurebad] Abzüge gemacht werden. 2. durch das Radierverfahren hergestelltes graphisches Blatt

radikal [*lat.-fr.*; eigtl. „an die Wurzel gehend"]: 1. a) bis auf die Wurzel gehend, vollständig, gründlich u. ohne Rücksichtnahme; b) hart, rücksichtslos. 2. einen politischen od. weltanschaulichen Radikalismus vertretend. 3. die Wurzel betreffend (Math.). **Radikal** *das*; -s, -e: 1. nicht auf andere Eigenschaften zurückzuführende Grundeigenschaft als Voraussetzung für den Personaufbau (z. B. Wahrnehmung, elementare Triebrichtungen; Psychol.). 2. das sinnbildliche Wurzelelement des chines. Schriftzeichens. 3. Gruppe von Atomen, die wie ein Element als Ganzes reagieren, eine begrenzte Lebensdauer besitzen u. chem. sehr reaktionsfähig sind (Chem.). **Radikalin|ski** *der*; -s, -s: (ugs., abwertend) politisch Radikaler. **radikalisieren** [*lat.-fr.-nlat.*]: radikal, rücksichtslos, unerbittlich machen. **Radikalisierung** *die*; -, -en: Entwicklung zu einer radikalen (2) Form. **Radikalismus** *der*; -, ...men: 1. rücksichtslos bis zum Äußersten gehende [politische, religiöse usw.] Richtung. 2. unerbittliches, unnachgiebiges Vorgehen. **Radikalist** *der*; -en, -en: Vertreter des Radikalismus. **radikalistisch**: den Radikalismus (1 u. 2) betreffend, im Sinne des Radikalismus. **Radikand** [*lat.*] *der*; -en, -en: math. Größe od. Zahl, deren Wurzel gezogen werden soll (Math.). **Radikula** *die*; -: Keimwurzel der Samenpflanzen (Bot.)

Radio [*lat.-engl.-amerik.*; Kurzform von *engl.-amerik.* radiotelegraphy (*re*[i]*dio*[u]*t*[e]*lägr*[e]*fi*) = Übermittlung von Nachrichten durch Ausstrahlung elektromagnetischer Wellen] *das*; -s, -s: 1. (ugs., bes. schweiz. auch: *der*) Rundfunkgerät. 2. (ohne Plural) Rundfunk. **radio|aktiv** [*lat.-nlat.*]: durch Kernzerfall od. -umwandlung bestimmte Elementarteilchen aussendend (Phys.). **Radio|aktivität** [...*wi*...] *die*; -: Eigenschaft der Atomkerne gewisser → Isotope, sich ohne äußere Einflüsse umzuwandeln und dabei bestimmte Strahlen auszusenden (Phys.). **Radio|astronomie** *die*; -: Teilgebiet der Astronomie, auf dem die von Gestirnen u. kosmischen Objekten sowie aus dem interstellaren Raum kommende Radiofrequenzstrahlung untersucht wird. **Radio|auto|graphie** *die*; -: = Autoradiographie. **Radiobiochemie** *die*; -: Teilgebiet der Radiochemie, auf dem vorwiegend biochemische Vorgänge u. Stoffe mit radiochemischen Methoden untersucht werden. **Radiobiologe** *der*; -n, -n: Wissenschaftler auf dem Gebiet der Radiobiologie. **Radiobiologie** *die*; -: Strahlenbiologie; Teilgebiet der Biologie, auf dem die Wirkung von Strahlen, bes. Lichtstrahlen, auf den lebenden Organismus erforscht wird. **Radiochemie** *die*; -: Teilgebiet der Kernchemie, auf dem man sich mit den radioaktiven Elementen, ihren chem. Eigenschaften u. Reaktionen sowie ihrer praktischen Anwendung befaßt. **radiochemisch**: die Radiochemie betreffend. **Radio|element** *das*; -[e]s, -e: chem. Grundstoff mit natürlicher Radioaktivität. **Radio|frequenzstrahlung** *die*; -, -en: elektromagnetische Strahlung aus dem Weltraum im Meter- u. Dezimeterwellenbereich. **radiogen** [*lat.*; *gr.*]: durch radioaktiven Zerfall entstanden, z. B. -es Blei (in Uranerzen). **Radiogen** *das*; -s, -e: durch Zerfall eines radioaktiven Stoffes entstandenes Element. **Radiogoniometer** *das*; -s, -: Winkelmesser für Funkpeilung. **Radiogoniome|trie** *die*; -: Winkelmessung für Funkpeilung. **Radio|gramm** *das*; -s, -e: 1. (veraltet) Funktelegramm (Postw.). 2. = Röntgenogramm. **Radiographie** *die*; -: 1. = Röntgenographie. 2. = Autoradiographie. **Radio|indikator** *der*; -s, ...*oren*: künstlich radioaktiv gemachtes → Isotop. **Radio|interferometer** *das*; -s, -: beim Radioteleskop Anlage zum Erhöhen des Auflösungsvermögens (Phys.). **Radiojodtest** *der*; -[e]s, -s (auch: -e): Prüfung der Schilddrüsenfunktion durch orale Gabe von radioaktiv angereichertem Jod u. anschließender Radioaktivitätsmessung (Med.). **Radiolarie** [...*i*[e]; *lat.-nlat.*] *die*; -, -n (meist Plural): Strahlentierchen (meerbewohnender Wurzelfüßer). **Radiolarienschlamm** *der*; -[e]s, (selten:) -e u. ...schlämme: Ablagerungen der Skelette abgestorbener Radiolarien. **Radiolarit** [auch: ...*it*] *der*;

-s: aus Skeletten der Radiolarien entstandenes, rotes od. braunes, sehr hartes Gestein (Geol.). **Radiologe** [*lat.*; *gr.*] *der*; -n, -n: Facharzt für Röntgenologie u. Strahlenheilkunde (Med.). **Radiologie** *die*; -: Wissenschaft von den Röntgenstrahlen u. den Strahlen radioaktiver Stoffe u. ihrer Anwendung, Strahlenkunde. **radiologisch**: die Radiologie betreffend. **Radiolyse** *die*; -, -n: Veränderung in einem chem. System, die durch ionisierende Strahlen hervorgerufen wird (Chem.). **Radiometer** *das*; -s, -: Gerät zur Strahlungsmessung (bes. von Wärmestrahlung), das die Kraft nutzt, die infolge eines Temperaturunterschieds zwischen bestrahlter u. unbestrahlter Seite auf ein dünnes [Glimmer]plättchen ausgeübt wird. **Radiome|trie** *die*; -: 1. Messung von [Wärme]strahlung. 2. Messung radioaktiver Strahlung. **Radionu|klid** [*lat.*] *das*; -[e]s, -e: künstlich od. natürlich radioaktives → Nuklid, dessen Atomkerne nicht nur gleiche Kernladungs- u. Massenzahl haben, sondern sich auch, im Unterschied zu → Isomeren, im gleichen Energiezustand befinden u. daher stets in der gleichen Weise radioaktiv zerfallen. **radiophon** [*lat.*; *gr.*]: die Radiophonie betreffend, auf Radiophonie beruhend. **Radiophonie** *die*; -: drahtlose → Telefonie. **Radiorecorder** [*...kor...*] *der*; -s, -: [tragbares] Rundfunkgerät mit eingebautem → Kassettenrecorder. **Radio|skopie** *die*; -, ...ien: = Röntgenoskopie (Med.). **Radiosonde** *die*; -, -n: aus einem Kurzwellensender u. verschiedenen Meßgeräten bestehendes Gerät, das, an einem Ballon aufgelassen, die Verhältnisse der Erdatmosphäre erforscht (Meteor.). **Radiotelefonie** *die*; -: drahtlose → Telefonie. **Radiotele|grafie** *die*; -: drahtlose Telegrafie. **Radiotele|skop** *das*; -s, -e: → parabolisch gekrümmtes Gerät aus Metall für den Empfang von Radiofrequenzstrahlung aus dem Weltraum. **Radiotherapie** *die*; -: Strahlenbehandlung, Behandlung von Krankheiten mit radioaktiven od. Röntgenstrahlen. **Radiothorium** *das*; -s: Element aus der radioaktiven Zerfallsreihe des Thoriums. **Radium** [*lat.-nlat.*] *das*; -s: radioaktiver chem. Grundstoff, Metall; Zeichen: Ra. **Radium|emanation** [*...zion*] *die*; -: ein Edelgas, → Radon. **Radius** [*lat.*; „Stab; Speiche; Strahl"] *der*; -, ...ien [*...i^e^n*]: 1. Halbmesser des Kreises; Abk.: *r* (Math.). 2. Speiche, der auf der Daumenseite liegende Röhrenknochen des Unterarms (Med.) **Radix** [*lat.*; „Wurzel"] *die*; -, ...izes (fachspr. auch: ...ices [*...izeß*]): 1. Pflanzenwurzel. 2. Basisteil eines Organs, Nervs od. sonstigen Körperteils (Anat.). **Radixhoroskop** *das*; -s, -e: Geburtshoroskop (Astrol.). **radizieren** [*lat.-nlat.*]: die Wurzel (aus einer Zahl) ziehen (Math.)

Radom [*engl.*; Kurzwort aus: „*radar dome*" (*re^i^d^e^r do^u^m*) = Radarkuppel] *das*; -s, -s: für elektromagnetische Strahlen durchlässige, kugelförmige Hülle als Wetterschutz für Radar- od. Satellitenbodenantennen

Radon [auch: *...don*; *lat.-nlat.*] *das*; -s: radioaktiver chemischer Grundstoff, Edelgas; Zeichen: Rn

Radotage [*...tasch^e^*; *fr.*] *die*; -, -n: leeres Geschwätz. **Radoteur** [*...tör*] *der*; -s, -e: Schwätzer. **radotieren**: ungehemmt schwatzen

Ra|dscha [auch: *ra...*; *sanskr.-Hindi*] *der*; -s, -s: ind. Fürstentitel

Radula [*lat.*; „Schab-, Kratzeisen"] *die*; -, ...lae [*...lä*]: 1. mit Zähnchen besetzte Chitinmembran am Boden des Schlundkopfes von Weichtieren (außer Muscheln). 2. Kratzmoos (hellgrünes Lebermoos auf der Rinde von Waldbäumen)

Raffiabast vgl. Raphiabast

Raffinade [*lat.-fr.*] *die*; -, -n: feingemahlener, gereinigter Zucker. **Raffinage** [*...asch^e^*] *die*; -, -n: Verfeinerung, Veredlung. **Raffinat** *das*; -[e]s, -e: Raffinationsprodukt. **Raffination** [*...zion*] *die*; -, -en: Reinigung u. Veredlung von Naturstoffen u. techn. Produkten. **Raffinement** [*...fin^e^mang*] *das*; -s, -s: 1. durch intellektuelle Geschicklichkeit erreichte höchste Verfeinerung [in einem kunstvollen Arrangement]. 2. mit einer gewissen Durchtriebenheit u. Gerissenheit klug berechnendes Handeln, um andere unmerklich zu beeinflussen. **Raffinerie** *die*; -, ...ien: Betrieb zur Raffination von Zucker, Ölen u. anderen [Natur]produkten. **Raffinesse** [französierende Bildung] *die*; -, -n: 1. besondere künstlerische, technische o. ä. Vervollkommnung, Feinheit. 2. schlau und gerissen ausgeklügelte Vorgehensweise. **Raffineur** [*...nör*; *lat.-fr.*] *der*; -s, -e: Maschine zum Feinmahlen von Holzschliff, der beim Schleifen des Holzes entstehenden Splitter. **raffinieren**: Zucker, Öle u. andere [Natur]produkte reinigen. **raffiniert**: 1. durchtrieben, gerissen, schlau, abgefeimt. 2. von Raffinement (1) zeugend, mit Raffinement (1) od. Raffinesse (1) erdacht, ausgeführt. 3. gereinigt (Techn.). **Raffiniertheit** *die*; -, -en: Durchtriebenheit, Gerissenheit. **Raffinose** [*lat.-fr.-nlat.*] *die*; -: ein Kohlehydrat, das vor allem in Zuckerrübenmelasse vorkommt

ra|frai|chieren [*...fräsch...*; *fr.*]: kochendes Fleisch o. ä. mit kaltem Wasser abschrecken

Rag [*räg*; *engl.-amerik.*] *der*; -s: Kurzform von → Ragtime

Raga [*sanskr.-Hindi*] *der*; -s, -s: Melodietyp (zu bestimmten Anlässen) in der indischen Musik, der auf einer Tonleiter beruht, deren Intervalle in einem bestimmten Schwingungsverhältnis zu einem festen Modus mit relativer, jeweils frei gewählter Tonhöhe stehen

Rage [*rasch^e^*; *lat.-vulgärlat.-fr.*] *die*; -: Wut, Raserei; in der -: in der Aufregung, Eile

Ragione [*radschon^e^*; *lat.-it.*] *die*; -, -n: (schweiz.) im Handelsregister eingetragene Firma

Ra|glan [nach dem engl. Lord Raglan (*rägl^e^n*), 1788–1855] *der*; -s, -s: [Sport]mantel mit angeschnittenen Ärmeln. **Ra|glanärmel** [*engl.*; *dt.*] *der*; -s, -: Ärmel[schnitt], bei dem Ärmel u. Schulterteil ein Stück bilden

Ragnarök [*altnord.*; „Götterschicksal"] *die*; -: Weltuntergang in der nordischen Mythologie

Ragout [*...gu*; *lat.-fr.*] *das*; -s, -s: Mischgericht aus Fleisch, Wild, Geflügel od. Fisch in pikanter Soße. **Ragoût fin** [*ragufäng*] *das*; - -, -s -s [*ragufäng*]: Ragout aus hellem Fleisch (z. B. Kalbfleisch, Geflügel) mit [Worcester]soße

Ragtime [*rägtaim*; *engl.-amerik.*; „zerrissener Takt"] *der*; -: 1. nordamerik. Musik-, bes. Pianospielform mit melodischer Synkopierung bei regelmäßigem Beat (2). 2. auf dieser Form beruhender Gesellschaftstanz

Raid [*re^i^d*; *engl.*] *der*; -s, -s: militärischer Streifzug, begrenzte offensive militärische Operation

Rai|gras [*engl.*; *dt.*] *das*; -es: 1. franz. Glatthafer (über 1 m hohe Futterpflanze). 2. Gattung von Futter- u. Rasengräsern in Eurasien u. Nordafrika

Raillerie [*raj^e^ri*; *lat.-galloroman.-provenzal.-fr.*] *die*; -, ...ien: (veraltet) Scherz, Spöttelei. **raillieren** [*rajir^e^n*]: (veraltet) scherzen, spotten

Rais [*ra-iß*; *arab.*] *der*; -, -e u. Rua-sa: a) (ohne Plural) in arab. Ländern Titel einer führenden Persönlichkeit, bes. des Präsidenten; b) Träger dieses Titels
Raison [*räsong*] usw.: franz. Schreibung für: Räson usw.
Rajah [*arab.-türk.*] *der*; -, -: früher nichtislamischer Untertan in der Türkei
rajolen [*niederl.-fr.-niederd.*]: = rigolen
Rakan [*sanskr.-jap.*] *der*; -[s], -s: jap. Bezeichnung für: Lohan
Rakete [*germ.-it.*] *die*; -, -n: 1. Feuerwerkskörper. 2. a) als militärische Waffe verwendeter, langgestreckter, zylindrischer, nach oben spitz zulaufender [mit einem Sprengkopf versehener] Flugkörper, der eine sehr hohe Geschwindigkeit entwickelt; b) in der Raumfahrt verwendeter Flugkörper in der Form einer überdimensionalen Rakete (2a), der dem Transport von Satelliten, Raumkapseln o. ä. dient. 3. begeistertes, das Heulen einer Rakete (1) nachahmendes Pfeifen bei [Karnevals]veranstaltungen. **Raketenapparat** *der*; -[e]s, -e: bei Rettung Schiffbrüchiger verwendetes Gerät zum Abschießen einer Rettungsleine zum gestrandeten Schiff. **Raketenbasis** *die*; -, ...sen: (oft unterirdische) militärische Anlage, von der aus Raketen (2a) eingesetzt werden können
Rakett [*arab.-fr.-engl.*] *das*; -s, -e u. -s: = Racket (I)
Raki [*türk.*] *der*; -[s], -s: in der Türkei u. in Balkanländern hergestellter Trinkbranntwein aus Rosinen (gelegentlich auch aus Datteln od. Feigen) u. Anis
Raku [jap. Töpferfamilie] *das*; -[s]: japanische Keramikart
rallentando [*lat.-it.*]: langsamer werdend (Vortragsanweisung; Mus.); Abk.: rall.
Ralliement [*ralimang*; *lat.-fr.*] *das*; -s, -s: 1. (veraltet) Sammlung von verstreuten Truppen. 2. (hist.) Annäherung der katholischen Kirche an die franz. Republik am Ende des 19. Jh.s. **ralliieren**: verstreute Truppen sammeln. **Rallye** [*rali* od. *räli*; *lat.-fr.-engl.-fr.*] *die*; -, -s (schweiz.: *das*; -s, -s): Automobilwettbewerb [in mehreren Etappen] mit Sonderprüfungen (Sternfahrt; Sport). **Rallye-Cross** *das*; -, -e: dem Moto-Cross ähnliches, jedoch mit Autos gefahrenes Rennen im Gelände
Ramadan [*arab.*] *der*; -[s]: islam. Fastenmonat (9. Monat des Mondjahrs)
Ramagé [*...masche*; *lat.-fr.*] *der*; -, -s: Gewebe mit rankenartiger Jacquardmusterung
Ramajana [*sanskr.*] *das*; -: ind. religiöses Nationalepos von den Taten des göttlichen Helden Rama; vgl. Mahabharata
Ramaneffekt [nach dem indischen Physiker Raman, 1888–1970] *der*; -[e]s: Auftreten von Spektrallinien kleinerer u. größerer Frequenz im Streulicht beim Durchgang von Licht durch Flüssigkeiten, Gase u. Kristalle
Ramasan [*arab.-türk.* u. *pers.*] *der*; -[s]: türk. u. pers. Bezeichnung für → Ramadan
ramassieren [*fr.*]: 1. (veraltet) anhäufen, zusammenfassen. 2. (landsch.) unordentlich u. polternd arbeiten. 3. zurechtweisen. 4. übel zurichten. **ramassiert**: (landsch.) dick, gedrungen, untersetzt
Ramasuri, (auch:) Remasuri [*rumän.*] *die*; -: (österr. ugs.) großes Durcheinander, Wirbel
Rambla [*arab.-span.*] *die*; -, -s: 1. a) ausgetrocknetes Flußbett der → Torrenten in Spanien; b) breite Straße, Promenade (bes. in Katalonien). 2. Boden auf jungen, jedoch bereits dürftig bewachsenen Sedimenten eines Flusses
Rambouilletschaf [*rangbuje...*; nach der nordfranz. Stadt] *das*; -[e]s, -e: feinwollige franz. Schafrasse
Rambur [*fr.*] *der*; -s, -e: säuerliche Apfelsorte
ramentern [*niederd.*]: rumoren, lärmen
Rami [*lat.*] *die* (Plural): 1. *Plural* von → Ramus. 2. Äste der Vogelfeder (Zool.)
Ramie [*malai.-engl.*] *die*; -, ...ien: Chinagras (kochfeste, gut färbbare Faser einer ostasiatischen Nesselpflanze)
Ramifikation [*...zion*; *lat.-nlat.*] *die*; -, -en: Verzweigung bei Pflanzen (Bot.). **ramifizieren**: sich verzweigen (in bezug auf Pflanzen)
Ramming [*engl.*] *die*; -, -s: (Seemannsspr.) Kollision, Zusammenstoß
ramponieren [*germ.-it.*]: (ugs.) stark beschädigen
Ramus [*lat.*] *der*; -, Rami: a) Zweig eines Nervs, einer Arterie od. einer Vene; b) astartiger Teil eines Knochens (Med.)
Ranch [*räntsch*, auch: *rantsch*; *span.-engl.-amerik.*] *die*; -, -s, auch: -es [*...is*, auch: *...iß*]: nordamerikan. Viehwirtschaft, Farm. **Rancher** *der*; -s, -[s]: nordamerikan. Viehzüchter, Farmer. **Rancheria** [*rantsch...*; *span.*] *die*; -, -s: Viehhof, kleine Siedlung (in Südamerika). **Ranchero** *der*; -s, -s: im spanischsprachigen Amerika jmd., der auf einem Landgut lebt.
Rancho [*rantscho*] *der*; -s, -s: kleiner Wohnplatz, Hütte im spanischsprachigen Amerika
Rand [*ränd*; *engl.*] *der*; -s, -[s] (aber: 5 -): Währungseinheit der Republik Südafrika
Randal [vermutlich Kontamination aus landsch. *Rand* „Possen" u. Skand*al*] *der*; -s u. **Randale** *die*; -: Lärm, Gejohle. **randalieren** [Ableitung von Randal]: in einer Gruppe mutwillig lärmend durch die Straßen ziehen
randomisieren [*engl.-amerik.*]: (aus einer gegebenen Gesamtheit von Elementen) eine vom Zufall bestimmte Auswahl treffen (Statistik)
Ranger [*re'ndsch'r*; *germ.-fr.-engl.-amerik.*] *der*; -s, -s: 1. Angehöriger einer [Polizei]truppe in Nordamerika, z. B. die Texas Rangers. 2. Aufseher in den Nationalparks der USA. 3. besonders ausgebildeter Soldat, der innerhalb kleiner Gruppen Überraschungsangriffe im feindlichen Gebiet macht. **rangieren** [*rangschir'n*, auch: *rangschir'n*; *germ.-fr.*]: 1. einen Rang innehaben [vor, hinter jmdm.]. 2. Eisenbahnwagen durch entsprechende Fahrmanöver verschieben, auf ein anderes Gleis fahren. 3. (landsch.) in Ordnung bringen, ordnen
Rankett [Herkunft unsicher] *das*; -s, -e: = Rackett
Ranküne [*lat.-vulgärlat.-fr.*] *die*; -, -n: Groll, heimliche Feindschaft; Rachsucht
Ranula [*lat.*] *die*; -, ...lä: Froschgeschwulst, Zyste neben dem Zungenbändchen (Med.). **Ranunkel** *die*; -, -n: Gartenpflanze der Gattung Hahnenfuß. **Ranunkulazeen** [*lat.-nlat.*] *die* (Plural): Pflanzenfamilie der Hahnenfußgewächse mit zahlreichen einheimischen Arten (z. B. Pfingstrose, Küchenschelle, Rittersporn)
Ranz des vaches [*rang(ß) de wasch*; *fr.*] *der*; - - -: Kuhreigen der Greyerzer Sennen (Schweizer Volkslied)
Ranzion [*lat.-fr.*] *die*; -, -en: (hist.) Lösegeld für Kriegsgefangene od. für gekaperte Schiffe. **ranzionieren**: (hist.) Kriegsgefangene durch Loskauf od. Austausch befreien
Rapakiwi [*finn.*] *der*; -s: eine Abart des → Granits
Rapazität [*lat.*] *die*; -: (veraltet) Raubgier
Raphe [*gr.*] *die*; -, -n: 1. strangför-

mige Verwachsungsnaht der Pflanzensamen aus→ anatropen Samenanlagen. 2. Spalt im Kieselpanzer stabförmiger Kieselalgen

Raphia [*madagassisch-nlat.*] *die*; -, ...ien [...*i*ᵉ*n*]: afrikan. Nadelpalme mit tannenzapfenähnlichen Früchten. **Raphiabast**: [*madagassisch-nlat.*; *dt.*] *der*; -[e]s: aus den Blättern der Raphia gewonnener Bast

Raphiden [*gr.-nlat.*] *die* (Plural): Kristallnadeln in Pflanzenzellen

rapid u. rapide [*lat.-fr.*]: (bes. von Entwicklungen, Veränderungen o. ä.) sehr, überaus, erstaunlich schnell [vor sich gehend]. **rapidamente** [*lat.-it.*]: sehr schnell, rasend (Vortragsanweisung; Mus.). **rapide** vgl. rapid. **Rapidität** [*lat.-fr.*] *die*; -: Blitzesschnelle, Ungestüm. **rapido** [*lat.-it.*]: sehr schnell, rasch (Vortragsanweisung; Mus.)

Rapier [*germ.-galloroman.-fr.*] *das*; -s, -e: Fechtwaffe, Degen (Sport). **rapieren**: 1. Fleisch von Haut u. Sehnen abschaben. 2. Tabakblätter zerstoßen (zur Herstellung von Schnupftabak)

Rapilli [*lat.-it.*] *die* (Plural): = Lapilli

Rappell [*lat.-fr.*] *der*; -s: (veraltet) Abruf, Schreiben zur Rückberufung eines Gesandten

Rapping [*räping*; *engl.-amerik.*] *das*; -[s]: rhythmischer, schneller Sprechgesang mit oft witzigem Text (als neuer Musikstil)

Rappomacher [*it.*; *dt.*] *der*; -s, -: Händler, der auf Messen u. Märkten seine Waren zu einem Preis anbietet, den er später stark herabsetzt

Rapport [*lat.-mlat.-fr.*] *der*; -[e]s, -e: 1. a) Bericht; b) (veraltet) dienstliche Meldung (Mil.). 2. a) regelmäßige Meldung an zentrale Verwaltungsstellen eines Unternehmens über Vorgänge, die für die Lenkung des Unternehmens von Bedeutung sind; b) Bericht eines Unternehmens an Behörden od. Wirtschaftsverbände für Zwecke der Statistik u. des Betriebsvergleichs (Wirtsch.). 3. unmittelbarer Kontakt zwischen zwei Personen, bes. zwischen Hypnotiseur u. Hypnotisiertem, zwischen Analytiker u. Analysand, Versuchsleiter u. Medium (Psychol.). 4. sich [auf Geweben, Teppichen, Tapeten] ständig wiederholendes Muster od. Motiv. 5. Beziehung, Zusammenhang. **rapportieren**: 1. berichten, Meldung machen. 2. sich als Muster od. Motiv ständig wiederholen

Rap|prochement [*raproschmang*; *lat.-fr.*] *das*; -s, -s: [politische] Wiederversöhnung

Raptus [*lat.*] *der*; -, - [*ráptuß*] u. -se: 1. (Plural: Raptusse) (scherzh.) a) plötzlicher Zorn; b) Verrücktheit, plötzliche Besessenheit von einer merkwürdigen Idee. 2. (Plural: Raptus) plötzlich einsetzender Wutanfall (Med.). 3. (Plural: Raptus) (veraltet) Raub, Entführung (Rechtsw.)

Rapuse [*tschech.*] *die*; -: 1. (ugs., landsch.) a) Plünderung, Raub; b) Verlust; c) Wirrwarr; in die - geben: preisgeben. 2. ein Kartenspiel

rar [*lat.-fr.*]: nur in [zu] geringer Menge, Anzahl vorhanden; selten, aber gesucht. **Rara avis** [-*awiß*; *lat.*; „seltener Vogel"] *die*; - -: etwas Seltenes. **Rarefikation** [...*zion*; *lat.-nlat.*] *die*; -, -en: Gewebsschwund (bes. der Knochen; Med.). **rarefizieren**: a) verdünnen, auflockern; b) schwinden (in bezug auf [Knochen]gewebe; Med.). **Rarität** [*lat.*] *die*; -, -en: etw. Rares

Ras [*arab.*; „Kopf"] *der*; -, -: 1. abessinischer Titel. 2. Vorgebirge, Berggipfel

rasant [*lat.-vulgärlat.-fr.*; „bestreichend, den Erdboden streifend", volksetymologisch an *dt.* rasen angelehnt]: 1. (ugs.) imponierend, erstaunlich schnell. 2. (ugs.) in imponierender Weise und dadurch begeisternd, mitreißend wirkend, [begehrendes] Wohlgefallen hervorrufend. 3. sehr flach gestreckt (von der Flugbahn eines Geschosses; Ballistik). **Rasanz** *die*; -: 1. (ugs.) rasende Geschwindigkeit; stürmische Bewegtheit. 2. (ugs.) in Erregung versetzende Schönheit, Großartigkeit. 3. rasante (3) Flugbahn eines Geschosses (Ballistik)

Raser [*re*ⁱ*s*ᵉ*r*; Kurzw. aus *engl.-amerik.* ratio amplification by stimulated emission of radiation (*re*ⁱ*sch*ⁱ*o*ᵘ *ämplifike*ⁱ*sch*ᵉ*n bai ßtimjule*ⁱ*tid imisch*ᵉ*n* ᵉ*w re*ⁱ*die*ⁱ*sch*ᵉ*n*)] *der*; -s, -: Gerät zur Erzeugung u. Verstärkung kohärenter Röntgenstrahlen (Phys.)

Raseur [*rasör*; *lat.-vulgärlat.-fr.*] *der*; -s, -e: (veraltet) Barbier.

Rash [*räsch*; *lat.-vulgärlat.-fr.-engl.*] *der*; -[es], -s: masern- od. scharlachartiger Hautausschlag (Med.). **rasieren** [*lat.-vulgärlat.-fr.-niederl.*]: 1. mit einem Rasiermesser od. -apparat die [Bart]haare entfernen. 2. (ugs.) übertölpeln, betrügen

Raskol [*russ.*] *der*; -s: [Kirchen]spaltung, → Schisma. **Raskolnik** *der*; -[s], -i (auch: -en): Angehöriger einer der zahlreichen russ. Sekten, bes. der sogenannten Altgläubigen (seit dem 17. Jh.)

Räson [*räsong*; *lat.-fr.*] *die*; - (veraltend) Vernunft, Einsicht; jmdn. zur - bringen: durch sein Eingreifen dafür sorgen, daß sich jmd. ordentlich u. angemessen verhält; vgl. aber: Staatsräson. **räsonabel** [...*son*...] (veraltet; landsch.) a) vernünftig; b) heftig; c) gehörig. **Räsoneur** [...*nör*] *der*; -s, -e: a) Schwätzer, Klugredner; b) Nörgler. **räsonieren**: 1. (veraltet) vernünftig reden, Schlüsse ziehen. 2. (abwertend) a) viel und laut reden; b) seiner Unzufriedenheit Luft machen, schimpfen. **Räsonnement** [...*mang*] *das*; -s, -s: 1. vernünftige Beurteilung, Überlegung, Erwägung. 2. Vernünftelei

Raspa [*span.*] *die*; -, -s (ugs. auch: *der*; -s, -s): um 1950 eingeführter lateinamerikan. Gesellschaftstanz (meist im $^6/_8$-Takt)

Rassismus [*it.-fr.-nlat.*] *der*; -: übersteigertes Rassenbewußtsein, Rassendenken; Rassenhetze. **Rassist** *der*; -en, -en: Anhänger des Rassismus. **rassistisch**: den Rassismus betreffend

Rastermi|kro|skop [*lat.*; *gr.*] *das*; -s, -e: → Elektronenmikroskop, bei dem das Objekt zeilenweise von einem Elektronenstrahl abgetastet wird u. das besonders plastisch wirkende Bilder liefert. **Rastral** [*lat.-nlat.*] *das*; -s, -e: Gerät mit fünf Zinken zum Ziehen von Notenlinien. **ra|strieren**: Notenlinien mit dem Rastral ziehen

Rasul Allah [*arab.*] *der*; - -: der Gesandte, Prophet Gottes (Bezeichnung Mohammeds)

Rasur [*lat.*] *die*; -, -en: 1. das Rasieren, Entfernung der [Bart]haare. 2. das Radieren; Schrifttilgung (z. B. in Geschäftsbüchern)

Rät u. Rhät [nach den Rätischen Alpen] *das*; -s: jüngste Stufe des Keupers; vgl. Trias

Ratafia [*kreol.-fr.*(-*it.*)] *der*; -[s], -s: Frucht[saft]likör

Ratanhiawurzel [...*anja*...; *indian.-port.*; *dt.*] *die*; -, -n: als Heilmittel verwendete Wurzel eines peruanischen Strauches

Ratero [*span.*] *der*; -[s], -s: span. Bezeichnung für: Gauner, Taschendieb

ratierlich [*lat.-mlat.-it.-dt.*]: (Kaufmannsspr.) in Raten

Ratifikation [...*zion*; *lat.-mlat.*] *die*; -, -en: Genehmigung, Bestätigung eines von der Regierung abgeschlossenen völkerrechtlichen Vertrages durch die gesetzgebende Körperschaft; vgl. ...[at]ion/...ierung. **ratifizieren**: als gesetzgebende Körperschaft einen völkerrechtlichen Vertrag in Kraft setzen. **Ratifizierung** *die*; -, -en: das Ratifizieren; vgl. ...[at]ion/...ierung

Ratiné [*...ne*; *fr.*; „gekräuselt"] *der*; -s, -s: flauschiger Mantelstoff mit noppenähnlicher Musterung

Rating [*re'ting*; *engl.*] *das*; -[s]: Verfahren zur Einschätzung, Beurteilung von Personen, Situationen o. ä. mit Hilfe von Ratingskalen (Psychol.; Soziol.). **Ratingmethode** *die*; -: = Rating (Psychol.; Soziol.). **Rating|skala** *die*; -, ...len u. -s: in regelmäßige Intervalle aufgeteilte Strecke, die den Ausprägungsgrad (z. B. stark – mittel – gering) eines bestimmten Merkmals (z. B. Ängstlichkeit) zeigt (Psychol.; Soziol.)

ratinieren [*fr.*]: aufgerauhtem [Woll]gewebe mit der Ratiniermaschine eine noppenähnliche Musterung geben

Ratio [*...zio*; *lat.*] *die*; -: Vernunft, Verstand. **Ratiodetektor** *der*; -s, ...tektoren: Schaltanordnung zur → Demodulation frequenzmodulierter (vgl. Frequenzmodulation) Schwingungen in der Nachrichtentechnik. **Ratiodiskriminator** *der*; -s, ...natoren: = Radiodetektor. **Ration** [*...zion*; *lat.-mlat.-fr.*; „berechneter Anteil"] *die*; -, -en: zugeteilte Menge an Lebens- u. Genußmitteln; [täglicher] Verpflegungssatz (bes. für Soldaten); eiserne -: Proviant, der nur in einem bestimmten Notfall angegriffen werden darf (Soldatensprache). **rational** [*lat.*]: die Ratio betreffend; vernünftig, aus der Vernunft stammend, von der Vernunft bestimmt; Ggs. → irrational; vgl. ...al/...ell. **Rationale** *das*; -: auszeichnender liturgischer Schulterschmuck einiger katholischer Bischöfe (z. B. Paderborn, Eichstätt) nach dem Vorbild des Brustschildes der israelitischen Hohenpriester. **Rationalisator** [*lat.-nlat.*] *der*; -s, ...oren: Angestellter eines Unternehmens, der mit der Durchführung einer Rationalisierung (1) betraut ist. **rationalisieren** [*lat.-fr.*]: 1. vereinheitlichen, straffen, [das Zusammenwirken der Produktionsfaktoren] zweckmäßiger gestalten. 2. rationalistisch denken, vernunftgemäß gestalten; durch Denken erfassen, erklären. 3. ein [emotionales] Verhalten nachträglich verstandesmäßig begründen (Psychol.); vgl. Rationalisierung (2). **Rationalisierung** *die*; -, -en: 1. Ersatz überkommener Verfahren durch zweckmäßigere u. besser durchdachte Vereinheitlichung, Straffung (Wirtsch.). 2. nachträgliche verstandesmäßige Rechtfertigung eines aus irrationalen od. triebhaften Motiven erwachsenen Verhaltens (Psychol.). **Rationalismus** [*lat.-nlat.*] *der*; -: Geisteshaltung, die das rationale Denken als einzige Erkenntnisquelle ansieht. **Rationalist** *der*; -en, -en: Vertreter des Rationalismus; einseitiger Verstandesmensch. **rationalistisch**: im Sinne des Rationalismus; einer Anschauung entsprechend, die die Vernunft in den Mittelpunkt stellt u. alles Denken u. Handeln von ihr bestimmen läßt. **Rationalität** [*lat.*] *die*; -: Eigenschaft von Zahlen, sich als Bruch schreiben zu lassen (Math.). **rationell** [*lat.-fr.*]: vernünftig, zweckmäßig, sparsam; vgl. ...al/...ell. **rationieren**: in festgelegten, relativ kleinen Rationen zuteilen, haushälterisch einteilen

Ratonkuchen [*fr.*; *dt.*] *der*; -s, -: (landsch.) Napfkuchen

Rattan [*malai.-engl.*] *das*; -s, -e: aus den Stengeln bestimmter Rotangpalmen gewonnenes Rohr, das bes. zur Herstellung von Korbwaren verwendet wird

ravagieren [*rawasehir^e n*; *lat.-fr.*]: (veraltet) verheeren, verwüsten

Ravelin [*raw^e läng*; *it.-fr.*] *der*; -s, -s: Außenwerk vor den → Kurtinen (1) älterer Festungen

Ravioli [*rawioli*; *it.*] *die* (Plural): mit kleingewiegtem Fleisch od. Gemüse gefüllte Nudelteigtaschen (Gastr.)

ravvivando [*rawiwando*; *lat.-it.*]: sich wieder belebend, schneller werdend (Vortragsanweisung; Mus.)

Rayé [*räje*; *fr.*; „gestreift"] *der*; -[s], -s: Sammelbezeichnung für gestreifte Gewebe

Raygras [*rai...*] vgl. Raigras

Ray|on [*räjong*; *lat.-fr.*] *der*; -s, -s: 1. Warenhausabteilung. 2. (österr., sonst veraltet) Bezirk, [Dienst]bereich. 3. (hist.) Vorfeld von Festungen. 4. engl. Schreibung für → Reyon. **Ray|onchef** *der*; -s, -s: Abteilungsleiter [im Warenhaus]. **rayo|nieren** [*...jon...*]: (österr., sonst veraltet) nach Bezirken einteilen; zuweisen

Razemat, (chem. fachspr.:) Racemat) [*lat.-nlat.*] *das*; -[e]s, -e: zu gleichen Teilen aus rechts- u. linksdrehenden Molekülen einer → optisch aktiven Substanz bestehendes Gemisch, das nach außen keine optische Aktivität aufweist (Chem.). **razemisch**, (chem. fachspr.:) racemisch: die Eigenschaften eines Razemats aufweisend (Chem.). **razemos** u. **razemös**: traubenförmig (in bezug auf Verzweigung bestimmter Pflanzen)

Razzia [*arab.-algerisch-fr.*] *die*; -, ...ien [*...i^e n*] (selten: -s): großangelegte, überraschende Fahndungsaktion der Polizei

re [*lat.-it.*]: Silbe, auf die man den Ton d singen kann; vgl. Solmisation

Re [*re*; *lat.*] *das*; -s, -s: Erwiderung auf ein → Kontra

Reader [*rid^e r*; *engl.*] *der*; -s, -: [Lese]buch mit Auszügen aus der [wissenschaftlichen] Literatur u. verbindendem Text

Ready-made [*rädime'd*; *engl.*] *das*; -, -s: beliebiger, serienmäßig hergestellter Gegenstand, der als Kunstwerk ausgestellt wird

Reafferenz [*re-af...*; *lat.*] *die*; -: über die Nervenbahnen erfolgende Rückmeldung über eine ausgeführte Bewegung (Physiol.)

Reagens [*lat.-nlat.*] *das*; -, ...genzien [*...i^e n*] u. **Reagenz** *das*; -es, -ien [*...i^e n*]: jeder Stoff, der mit einem anderen eine bestimmte chem. Reaktion herbeiführt u. ihn so identifiziert (Chem.). **Reagenzglas** *das*; -es, ...gläser: zylindrisches Prüf-, Probierglas. **Reagenzien** [*...i^e n*]: *Plural* von → Reagens u. → Reagenz. **reagibel**: sensibel bei kleinsten Anlässen reagierend. **Reagibilität** *die*; -: Eigenschaft, Fähigkeit, sehr sensibel zu reagieren. **reagieren**: 1. auf etwas ansprechen, antworten, eingehen; eine Gegenwirkung zeigen. 2. eine chem. Reaktion eingehen, auf etwas einwirken (Chem.). **Reakt** *der*; -[e]s, -e: Antworthandlung auf Verhaltensweisen der Mitmenschen als Erwiderung, Ablehnung, Mitmachen o. ä. (Psychol.). **Reaktant** *der*; -en, -en: Stoff, der mit einem andern eine → Reaktion (2) eingeht (Chem.). **Reaktanz** *die*; -, -en: Blindwiderstand, elektrischer Wechselstromwiderstand, der nur durch → induktiven u. → kapazitativen Widerstand bewirkt wird (Elektrot.). **Reaktanzrelais** [*...tanzr^e lä*] *das*; - [*...r^e läß*], - [*...r^e läß*]: Blindwiderstandsschaltung (Elektrot.); vgl. Reaktanz. **Reaktion** [*...zion*; *lat.-nlat.*

(*-fr.*)] *die*; -, -en: 1. a) das Reagieren, durch etwas hervorgerufene Wirkung, Gegenwirkung; b) = Response. 2. unter stofflichen Veränderungen ablaufender Vorgang (Chem.). 3. (ohne Plural) a) fortschrittsfeindliches politisches Verhalten; b) Gesamtheit aller nicht fortschrittlichen politischen Kräfte. **reaktionär** [*lat.-fr.*]: (abwertend) nicht [politisch] fortschrittlich. **Reaktionär** *der*; -s, -e: (abwertend) jmd., der die Notwendigkeit einer politischen od. sozialen Neuorientierung ignoriert u. sich jeder fortschrittlichen Entwicklung entgegenstellt. **Reaktionsgeschwindigkeit** *die*: -, -en: die Zeit, in der ein [chem.] Vorgang abläuft. **Reaktionsnorm** *die*; -, -en: die [meist] angeborene Art u. Weise, wie ein Organismus auf Reize der Umwelt reagiert. **reaktiv** [*lat.-nlat.*]: 1. als Reaktion auf einen Reiz, bes. auf eine außergewöhnliche Belastung (Krankheit od. unbewältigte Lebenssituation) auftretend (in bezug auf körperliche od. seelische Vorgänge). 2. Gegenwirkung ausübend od. erstrebend. **Reaktiv** *das*; -s, -e [*...wᵉ*]: psychisches Verhalten, das unmittelbar durch Umweltreize bedingt ist (Psychol.). **reaktivieren** [*...wirᵉn*]: 1. a) wieder in Tätigkeit setzen, in Gebrauch nehmen, wirksam machen; b) wieder anstellen, in Dienst nehmen. 2. chemisch wieder umsetzungsfähig machen. **Reaktivität** [*...wi...*] *die*; -, -en: 1. Rück-, Gegenwirkung, erneute Aktivität. 2. das Maß des Reagierens als Norm der Vitalität (Psychol.). **Reaktor** *der*; -s, ...oren: 1. Anlage, in der die geregelte Kernkettenreaktion zur Gewinnung von Energie od. von bestimmten radioaktiven Stoffen genutzt wird; Kernreaktor. 2. Vorrichtung, in der eine physikalische od. chemische Reaktion abläuft (Phys.)

real [*lat.-mlat.*]: 1. dinglich, sachlich; Ggs. → imaginär. 2. wirklich, tatsächlich; der Realität entsprechend; Ggs. → irreal

Real

I. [Herkunft unsicher] *das*; -[e]s, -e: (landsch.) Regal (I).

II. [*lat.-span.* u. *port.*] *der*; -s, (span.:) -es u. (port.:) Reis [*reⁱß*]: alte span. u. port. Münze

Real|akt *der*; -[e]s, -e: rein tatsächliche, nicht rechtsgeschäftliche Handlung, die lediglich auf einen äußeren Erfolg gerichtet ist, an den jedoch vom Gesetz Rechtsfolgen geknüpft sind (z. B. der Fund, der Erwerb des Besitzes; Rechtsw.). **Realdefinition** [*...zion*] *die*; -, -en: Sachbestimmung, die sich auf den Wirklichkeitsgehalt des zu bestimmenden Gegenstandes bezieht (Philos.); Ggs. → Nominaldefinition. **Realeinkommen** *das*; -s, -: (in Form einer bestimmten Summe angegebenes) Einkommen unter dem Aspekt der Kaufkraft (Wirtsch.); Ggs. → Nominaleinkommen. **Realen** [*lat.-mlat.*] *die* (Plural): die letzten wirklichen Bestandteile des Seins (Philos.). **Real|enzyklopädie** *die*; -, -n [*...diᵉn*]: = Reallexikon

Realgar [*arab.-span.-fr.*] *der*; -s, -e: durchscheinend rotes Mineral, Arsenerz

Realgymnasium *das*; -s, ...ien [*...iᵉn*]: eine frühere Form der höheren Schule, die heute durch das neusprachliche Gymnasium abgelöst ist. **Realien** [*...iᵉn*; *lat.-mlat.*] *die* (Plural): 1. wirkliche Dinge, Tatsachen. 2. Naturwissenschaften als Grundlage der Bildung u. als Lehr- u. Prüfungsfächer. 3. Sachkenntnisse (Päd.); Ggs. → Verbalien (vgl. Verbale 3)

Realignment [*riᵉlainmᵉnt*; *engl.*] *das*; -s: Neufestsetzung von Wechselkursen nach einer Zeit des → Floatings

Real|index *der*; -es, -e u. ...dizes: (veraltet) Sachverzeichnis, -register. **Real|injurie** [*...riᵉ*] *die*; -, -n: tätliche Beleidigung (Rechtsw.). **Real|in|spiration** [*...zion*] *die*; -, -en: Eingebung des sachlichen Inhalts der Heiligen Schrift durch den Heiligen Geist (aus der → Verbalinspiration entwickelte theologische Lehre); vgl. Personalinspiration. **Realisat** [*lat.-mlat.-nlat.*] *das*; -s, -e: künstlerisches Erzeugnis. **Realisation** [*...zion*; *lat.-mlat.-fr.*] *die*; -, -en: 1. Verwirklichung. 2. Herstellung, Inszenierung eines Films od. einer Fernsehsendung. 3. Umsetzung einer abstrakten Einheit der → Langue in eine konkrete Einheit der → Parole (Sprachw.). 4. Umwandlung in Geld (Wirtsch.); vgl. ...[at]ion/...ierung. **Realisator** [*lat.-mlat.-nlat.*] *der*; -s, ...oren: 1. geschlechtsbestimmender Faktor in den Fortpflanzungszellen vieler Pflanzen, Tiere u. des Menschen (z. B. das Geschlechtschromosom des Menschen). 2. Hersteller, Autor, Regisseur eines Films od. einer Fernsehsendung. **realisieren** [*lat.-mlat.-fr.*]: 1. verwirklichen. 2. in Geld umwandeln. 3. [*lat.-mlat.-fr.-engl.*]: klar erkennen, einsehen, begreifen, indem man sich die betreffende Sache bewußt macht. 4. eine → Realisation (3) vornehmen. **Realisierung** *die*; -, -en: das Realisieren (1, 2, 3); vgl. ...[at]ion/...ierung. **Realismus** [*lat.-mlat.-nlat.*] *der*; -, ...men: 1. (ohne Plural) a) Wirklichkeitssinn, wirklichkeitsnahe Einstellung; auf Nutzen bedachte Grundhaltung; b) ungeschminkte Wirklichkeit. 2. (ohne Plural) philosophische Denkrichtung, nach der eine außerhalb unseres Bewußtseins liegende Wirklichkeit angenommen wird, zu deren Erkenntnis man durch Wahrnehmung u. Denken kommt. 3. a) die Wirklichkeit nachahmende, mit der Wirklichkeit übereinstimmende künstlerische Darstellung[sweise] in Literatur u. bildender Kunst; b) (ohne Plural) Stilrichtung in Literatur u. bildender Kunst, die sich des Realismus (3a), der wirklichkeitsgetreuen Darstellung bedient; sozialistischer -: realistische künstlerische Darstellung unter dem Aspekt des Sozialismus (bes. in der sowjetischen Kunst u. Literatur). **Realist** *der*; -en, -en: 1. jmd., der die Gegebenheiten des täglichen Lebens nüchtern u. sachlich betrachtet u. sich in seinen Handlungen danach richtet; Ggs. → Idealist (2). 2. Vertreter des Realismus (3). **Realistik** *die*; -: ungeschminkte Wirklichkeitsdarstellung. **realistisch**: 1. a) wirklichkeitsnah, lebensecht; b) ohne Illusion, sachlich-nüchtern; Ggs. → idealistisch (2). 2. zum Realismus (3) gehörend. **Realität** [*lat.-mlat.* (*-fr.*)] *die*; -, -en: Wirklichkeit, tatsächliche Lage, Gegebenheit; Ggs. → Irrealität. **Realitäten** [*lat.-mlat.*] *die* (Plural): Grundstücke, Grundeigentum (Wirtsch.). **realiter**: in Wirklichkeit. **Realkatalog** *der*; -[e]s, -e: nach dem sachlichen Inhalt des betreffenden Werkes geordnetes Bücherverzeichnis, Sachkatalog; Ggs. → Nominalkatalog. **Realkonkordanz** *die*; -, -en: → Konkordanz (1a), die ein alphabetisches Verzeichnis von Sachen enthält; vgl. Verbalkonkordanz. **Realkonkurrenz** *die*; -, -en: Tatmehrheit, Verletzung mehrerer strafrechtlicher Tatbestände nacheinander durch den gleichen Täter; vgl. Idealkonkurrenz (Rechtswissenschaft). **Reallexikon** *das*; -s, ...ka (auch: ...ken): → Lexikon, das die Sachbegriffe einer Wissenschaft od. eines Wissenschaftsgebietes enthält. **Realpolitik** *die*; -: Politik, die moralische Grundsätze od. nationale → Ressentiments nicht berücksichtigt, sondern auf der nüchternen Erkenntnis der Gegebenheiten u. des wirklich Erreichbaren beruht. **Real|präsenz** *die*; -: die wirkliche Gegenwart Christi in Brot u. Wein beim heiligen Abendmahl; vgl. Konsubstantiation. **Realrepu|gnanz** *die*; -: der in der Sache liegende Widerspruch im Gegensatz zu dem im Begriff liegenden (Kant). **Realschule** [*lat.-mlat.*; *dt.*] *die*; -, -n: sechsklassige, auf der Grundschule aufbauende Lehranstalt, die bis zur mittleren Reife führt; Mittelschule. **Real-Time-System** [*ri^el-taim...*] *das*; -s: Betriebsart einer elektronischen Rechenanlage, bei der eine Verarbeitung von Daten sofort u. unmittelbar erfolgt (EDV). **Real|union** *die*; -, -en: die Verbindung völkerrechtlich selbständiger Staaten durch eine [verfassungsrechtlich verankerte] Gemeinsamkeit von Institutionen (z. B. gemeinsamer Präsident, gemeinsame Leitung der Außen- od. Finanzpolitik)

reamateurisieren [*...tö...*; *lat.-fr.*]: einen Berufssportler wieder zum Amateur machen

Reanimation [*...zion*; *lat.-nlat.*] *die*; -: Wiederbelebung, das Ingangbringen erloschener Lebensfunktionen durch künstliche Beatmung, Herzmassage o. ä. (Med.). **reanimieren**: wiederbeleben (Med.)

rearmieren [*lat.-nlat.*]: (veraltet) wiederbewaffnen; ein [Kriegs]schiff von neuem ausrüsten

Reassekuranz [*lat.*] *die*; -, -en: Rückversicherung

reassumieren [*lat.-nlat.*]: (veraltet) ein Verfahren wiederaufnehmen (Rechtsw.). **Reassumption** [*...zion*] *die*; -, -en: (veraltet) Wiederaufnahme eines Verfahrens

Reat [*lat.*] *das* (auch: *der*); -[e]s, -e: (veraltet) a) Schuld, Straftat; b) Anklagezustand (Rechtsw.)

Reaumur [*reomür*, auch: *...mür*; nach dem franz. Physiker Réaumur]: Gradeinteilung beim heute veralteten 80teiligen Thermometer; Zeichen: R

Rebab [*pers.-arab.*] *der*; -, -s: arab. Streichinstrument

Rebbach vgl. Reibach

Rebec [*...äk*; *pers.-arab.-span.-fr.*] *der*; -s, -s: kleine Geige des Mittelalters in der Form einer halben Birne mit zwei bis drei Saiten

Rebell [*lat.-fr.*; „den Krieg erneuernd"] *der*; -en, -en: Aufrührer, Aufständischer; jmd., der sich auflehnt, widersetzt, empört. **rebellieren**: sich auflehnen, sich widersetzen, sich empören. **Rebellion** *die*; -, -en: Aufruhr, Aufstand, Widerstand, Empörung. **rebellisch**: widersetzlich, aufsässig, aufrührerisch

Rebound [*ribaund*; *engl.*] *der*; -s, -s: vom Brett od. Korbring abprallender Ball (Basketball)

Rebus [*lat.-fr.*; „durch Sachen"] *der* od. *das*; -, -se: Bilderrätsel.

rebus sic stantibus [- - *ßtan...*]: = Clausula rebus sic stantibus

Recalltest [*rikol...*; *engl.*] *der*; -s, -s (auch: -e): Verfahren, durch das geprüft wird, welche Werbeappelle, -aussagen o. ä. bei der Versuchsperson im Gedächtnis geblieben sind

Récamier [*rekamie*; nach Madame Récamier] *das*; -s, -s: Sofa ohne Rückenlehne, aber mit hoch geschwungenen Armlehnen

Receiver [*rißiw^er*; *lat.-fr.-engl.*; „Empfänger"] *der*; -s, -: 1. bei Verbunddampfmaschinen Dampfaufnehmer zwischen Hoch- u. Niederdruckzylinder (Technik). 2. Spieler, der den Ball, bes. den Aufschlag, in die gegnerische Spielhälfte zurückschlägt; Rückschläger (Badminton, Tennis, Tischtennis). 3. Kombination von Rundfunkempfänger u. Verstärker für Hi-Fi-Wiedergabe

recenter paratum [*...zän...*-; *lat.*]: frisch bereitet (Vorschrift auf ärztlichen Rezepten)

Receptaculum [*rezäptaku...*; *lat.*; „Behälter"] *das*; -s, ...la: 1. Blütenboden der bedecktsamigen Pflanzen. 2. Blattgewebshöcker bestimmter Farnpflanzen, auf dem die sporenbildenden Organe entspringen. 3. bei Braunalgen besondere Äste in Einsenkungen, auf denen die Fortpflanzungsorgane stehen. 4. bei Würmern, Weich- u. Gliedertieren ein blasenförmiges weibliches Geschlechtsorgan, in dem die Samenzellen gespeichert werden (Biol.)

Rechabit [*hebr.*; nach dem Gründer Jonadab ben Rechab, Jeremia 35] *der*; -en, -en: Angehöriger einer altisraelit. religiösen Gemeinschaft, die am Nomadentum festhielt

Rechaud [*rescho*; *lat.-vulgärlat.-fr.*] *der* od. *das*; -s, -s: 1. (südd., österr., schweiz.) [Gas]kocher. 2. durch Kerze od. Spiritusbrenner beheiztes Gerät od. elektrisch beheizbare Platte zum Warmhalten von Speisen u. zum Anwärmen von Tellern (Gastr.)

Recherche [*r^eschärsch^e*; *lat.-vulgärlat.-fr.*] *die*; -, -n: Nachforschung, Ermittlung. **Rechercheur** [*...schör*] *der*; -s, -e: Ermittler. **recherchieren**: ermitteln, untersuchen, nachforschen, erkunden, sich genau über etw. informieren, um Bescheid zu wissen, Hintergründe u. Umstände kennenzulernen, sich ein Bild machen zu können, z. B. ein sorgfältig recherchiertes Thema

recipe! [*rezipe*; *lat.*]: auf ärztlichen Rezepten: nimm!; Abk.: Rec. u. Rp.

Recital [*rißait^el*; *engl.*] *das*; -s, -s u. Rezital *das*; -s, -e od. -s: Solistenkonzert. **recitando** [*retschi...*; *lat.-it.*]: frei, d. h. ohne strikte Einhaltung des Taktes, rezitierend (Vortragsanweisung; Mus.). **Recitativo accompagnato** [*...tiwo ...panjato*; *it.*] *das*; - -, ...vi ...ti: = Accompagnato; vgl. Rezitativ

recommandé [*r^ekomangde*; *lat.-fr.*]: franz. Bezeichnung für: eingeschrieben (Postw.); Abk.: R

Reconquista [*rekongkißta*; *lat.-span.*] *die*; -: der Kampf der [christlichen] Bevölkerung Spaniens gegen die arabische Herrschaft (im Mittelalter)

Recorder [*rikor...*, auch: *reko'd^er*; *lat.-fr.-engl.*] *der*; -s, -: 1. Gerät zur elektromagnetischen Aufzeichnung u. Wiedergabe von Bild- u./od. Tonsignalen. 2. Drehspulschnellschreiber im Funkdienst, → Undulator

recte [*räkt^e*; *lat.*]: richtig, recht.

Recto vgl. Rekto. **Rector magnificentissimus** [- ...*zän...*; „erhabenster Leiter"] *der*; - -, ...ores ...mi: früher der Titel des Landesherrn als Rektor der Hochschule. **Rector ma|gnificus** [- ...*kuß*; „erhabener Leiter"] *der*; - -, ...ores ...fici [...*óreß ...zi*]: Titel des Hochschulrektors

Recycling [*rißaik...*; *engl.*] *das*; -s, -s: 1. Wiederverwendung [bereits benutzter Rohstoffe, von Abfällen, Nebenprodukten]. 2. Wiedereinschleusen der (stark gestiegenen) Erlöse erdölexportierender Staaten in die Wirtschaft der erdölimportierenden Staaten, um deren Zahlungsbilanzdefizite zu verringern. **Recyclingpapier** *das*; -s: Papier, das aus 100% Altpapier hergestellt ist; Umweltschutzpapier

Redakteur [*...tör*; *lat.-fr.*] *der*; -s, -e: jmd., der für eine Zeitung, Zeitschrift, für Rundfunk od. Fernsehen, für ein [wissenschaftliches] Sammelwerk o. ä. Beiträge auswählt, bearbeitet od. auch selbst schreibt. **Redaktion** [...zion] *die*; -, -en: Tätigkeit des Redakteurs, Redigierung. 2. a) Gesamtheit der Redakteure; b) Raum, Abteilung, Büro o. ä., in dem Redakteure arbeiten. 3. Veröffentlichung, [bestimmte] Ausgabe eines Textes (Fachspr.). **redaktionell**: die Redaktion betreffend. **Redaktor** [*lat.-nlat.*] *der*; -s, ...oren: 1. wissenschaftlicher Herausgeber. 2. (schweiz.) Redakteur

Reddition [...zion; *lat.*] *die*; -, -en: (veraltet) Rückgabe. 2. Vorbringung eines [Rechts]grundes

Red|emptorist [*lat.-nlat.*] *der*; -en, -en: Mitglied der 1732 gegründeten, speziell in der Missionsarbeit tätigen kath. Kongregation vom allerheiligsten Erlöser; vgl. Liguorianer

Rederijkers [...re^i^k^e^rß; *niederl.*] *die* (Plural): die Mitglieder der Kamers van Rhetorica, literarischer Vereinigungen in den Niederlanden des 15./16. Jh.s, deren Ziel die Pflege der [dramatischen] Dichtung zur Unterhaltung des Volkes war

Redgumholz [*rädgam...*; *engl.*; *dt.*] *das*; -es: rotes Holz des austral. Rotgummibaums (rotes Mahagoni)

red|hibieren [*lat.*]: eine Sache gegen Erstattung des Kaufpreises wegen eines verborgenen Fehlers (z. Z. des Kaufes) zurückgeben (Rechtsw.; Kaufmannsspr.). **Red|hibition** [...zion] *die*; -: Rückgabe einer gekauften Sache gegen Erstattung des Kaufpreises wegen eines verborgenen Fehlers zur Zeit des Kaufes (Rechtsw.; Kaufmannsspr.). **redhibitorisch**: a) die Redhibition betreffend; b) die Redhibition zum Ziel habend; -e Klage: Klage auf Wandlung, auf Rückgängigmachen des Kaufvertrages wegen mangelhafter Beschaffenheit des Vertragsgegenstandes (Rechtsw.)

redigieren [*lat.-fr.*]: einen [eingesandten] Text bearbeiten, druckfertig machen

red|imieren [*lat.*]: (veraltet) [Kriegsgefangene] los-, freikaufen

Redingote [*r^e^dänggot*; *engl.-fr.*] *die*; -, -n [...t^e^n] od. *der*; -[s], -s: taillierter Damenmantel mit Reverskragen

Red|inte|gration [...zion; *lat.*] *die*; -, -en: 1. (veraltet) = Reintegration. 2. die durch einen Krieg eingeschränkte, nach dessen Beendigung wieder volle Rechtswirksamkeit eines völkerrechtlichen Vertrages

Rediskont *der*; -s, -e: Wiederverkauf diskontierter Wechsel durch eine Geschäftsbank an die Notenbank (Geldw.). **rediskontieren**: diskontierte Wechsel ankaufen od. weiterverkaufen

Redis|tribution [*lat.*] *die*; -, -en: Korrektur der [marktwirtschaftlichen] Einkommensverteilung mit Hilfe finanzwirtschaftlicher Maßnahmen (Wirtsch.)

redivivus [...wiwuß; *lat.*]: wiedererstanden

Redon ⓦ [Kunstw.] *das*; -s: eine synthetische Faser aus → Polyacrylnitril

Redondilla [auch: ...*dilja*; *lat.-span.*] *die*; -, -s u. [bei dt. Aussprache:] ...dillen: in → Romanze (1) u. Drama verwendete span. Strophe aus vier achtsilbigen Versen (Reimfolge: abba)

Redopp [*lat.-it.*] *der*; -s: kürzester Galopp in der Hohen Schule (Reiten)

Redoute [*r^e^dut^(e)^*; *lat.-it.-fr.*] *die*; -, -n: 1. (veraltet) Saal für festliche od. Tanzveranstaltungen. 2. (österr., sonst veraltet) Maskenball. 3. (hist.) Festungswerk in Form einer trapezförmigen geschlossenen Schanze

Red|oxsystem [Kurzwort aus: *Red*uktions-*O*x*y*dations-*System*] *das*; -s: System, bei dem ein Stoff oxydiert u. ein zweiter gleichzeitig reduziert wird (Chem.)

Red Power [*räd pau^e^r*; *engl.-amerik.*; „rote Gewalt"] *die*; - -: Bewegung nordamerikanischer Indianer, die sich gegen Überfremdung u. Bevormundung durch die weißen Amerikaner wendet u. sich für mehr politische Rechte, für Autonomie u. kulturelle Eigenständigkeit einsetzt

Re|dressement [...*mang*; *lat.-vulgärlat.-fr.*] *das*; -s, -s: a) Wiedereinrenkung von Knochenbrüchen u. Verrenkungen; b) orthopädische Behandlung von Körperfehlern (insbes. der Beine u. Füße). **re|dressieren**: 1. (veraltet) wiedergutmachen; rückgängig machen. 2. (Med.) a) eine körperliche Deformierung durch orthopädische Behandlung korrigieren; b) einen gebrochenen Knochen wieder einrenken; c) einen schiefen Zahn mit der Zange geraderichten

redu|blieren [*lat.-fr.*]: (veraltet) verdoppeln, verstärken

Reduit [*redüi*; *lat.-fr.*] *das*; -s, -s: (hist.) beschußsichere Verteidigungsanlage im Kern einer Festung. **Reduktase** [*lat.-nlat.*] *die*; -, -n: reduzierendes → Enzym in roher Milch. **Reduktion** [...zion; *lat.*] *die*; -, -en: 1. a) Zurückführung; b) Verringerung, Herabsetzung. 2. Zurückführung des Komplizierten auf etwas Einfaches (Logik). 3. (Sprachw.) a) Verlust der → Qualität (2) u. → Quantität (2) bis zum Schwund des Vokals (z. B. *Nachbar* aus mittelhochdt. *nachgebur*); b) Sonderform der sprachlichen → Substitution (4), durch deren Anwendung sich die Zahl der sprachlichen Einheiten verringert (z. B. ich fliege nach London, ich fliege dorthin). 4. a) = Laisierung; b) (meist Plural; hist.) christl. Indianersiedlung unter Missionarsleitung, z. B. bei den Jesuiten in Paraguay; vgl. Reservation. 5. a) chemischer Vorgang, bei dem Elektronen von einem Stoff auf einen anderen übertragen u. von diesem aufgenommen werden (im Zusammenhang mit einer gleichzeitig stattfindenden → Oxydation); b) Entzug von Sauerstoff aus einer chemischen Verbindung od. Einführung von Wasserstoff in eine chemische Verbindung; c) Verarbeitung eines Erzes zu Metall. 6. Verminderung der Chromosomenzahl während der → Reduktionsteilung. 7. Umrechnung eines physikal. Meßwertes auf den Normalwert (z. B. Reduktion des Luftdrucks an einem beliebigen Ort auf das Meeresniveau; Phsy.; Meteor.); vgl. ...[at]ion/...ierung. **Reduktionismus** [*lat.-nlat.*] *der*; -: isolierte Betrachtung von Einzelelementen ohne ihre Verflechtung in einem Ganzen od. von einem Ganzen als einfacher Summe aus Einzelteilen unter Überbetonung der Einzelteile, von denen aus generalisiert wird. **reduktionistisch**: dem Reduktionismus entsprechend. **Reduktionsdiät** *die*; -: kalorienarme Nahrung für eine Abmagerungskur. **Reduktionsofen** [*lat.*; *dt.*] *der*; -s, ...öfen: Schmelzofen zur Läuterung der Metalle. **Reduktionsteilung** *die*; -, -en: Zellteilung, durch die der doppelte Chromosomensatz auf einen einfachen reduziert wird (Biol.). **Reduktionszirkel** *der*; -s, -: verstellbarer Zirkel zum Übertragen von vergrößerten od. verkleinerten Strecken. **reduktiv** [*lat.-nlat.*]: mit den Mitteln der Reduktion arbeitend, durch Reduktion bewirkt. **Reduktor** [*lat.*] *der*; -s,

...oren: 1. Klingeltransformator. 2. Glimmlampe im Gleichstromkreis zur Minderung der Netzspannung (Elektrot.)

red|undant [*lat.*]: Redundanz (1, 2, 3) aufweisend; vgl. abundant. **Red|undanz** *die*; -, -en: 1. Überreichlichkeit, Überfluß, Üppigkeit. 2. (Sprachwissenschaft) a) im Sprachsystem angelegte mehrfache Kennzeichnung derselben Information (z. B. *den* Käl*bern*: mehrfach bezeichneter Dativ Plural; d*ie* gro*ßen* Wörterbüch*er sind* teuer: der Plural wird auf komplexe Weise ausgedrückt); b) stilistisch bedingte Überladung einer Aussage mit überflüssigen sprachinhaltlichen Elementen; vgl. Pleonasmus, Tautologie. 3. in der Informationstheorie bzw. Nachrichtentechnik Bezeichnung für das Vorhandensein von weglaßbaren Elementen in einer Nachricht, die keine zusätzliche Information liefern, sondern lediglich die beabsichtigte Grundinformation stützen; förderliche -: weglaßbare Bestandteile einer Information, die beim Weglassen anderer Bestandteile die Information sichern können; leere -: weglaßbare Bestandteile einer Information, die beim Weglassen anderer Bestandteile den Informationsgehalt nicht aufrechterhalten

Redu|plikation [*...zion*; *lat.*] *die*; -, -en: Verdoppelung eines Wortes od. einer Anlautsilbe (z. B. *Bonbon, Wirrwarr*). **redu|plizieren**: der Reduplikation unterworfen sein; -des Verb: Verb, das bestimmte Formen mit Hilfe der Reduplikation bildet (z. B. lat. *cucu*rri = ich bin gelaufen)

Reduzent [*lat.*] *der*; -en, -en: ein Lebewesen (z. B. Bakterie, Pilz), das organische Stoffe wieder in anorganische überführt, sie → mineralisiert (Biol.). **reduzibel** [*lat.-nlat.*]: zerlegbar (in bezug auf einen mathematischen Ausdruck); Ggs. → irreduzibel. **reduzieren** [*lat.*]: 1. a) auf etwas Einfacheres, das Wesentliche zurückführen; b) verringern, herabsetzen; reduziert: beeinträchtigt, mitgenommen, nicht in guter Verfassung. 2. einen Vokal an → Qualität (2) u. → Quantität (2) abschwächen (Sprachw.). 3. a) einer chemischen Verbindung Elektronen zuführen; b) einer chemischen Verbindung Sauerstoff entziehen od. Wasserstoff in eine chemische Verbindung einführen. 4. Erz zu Metall verarbeiten. 5. einen physikalischen Meßwert auf den Normalwert umrechnen (z. B. den Luftdruck an einem beliebigen Ort auf das Meeresniveau). **Reduzierung** *die*; -, -en: das Reduzieren; vgl. ...[at]ion/...ierung

Redwood [*räd^u^ud*; *engl.*] *das*; -s, -s: Rotholz eines kalifornischen Mammutbaums

Reel [*ril*; *engl.*] *der*; -s, -s: schottischer u. irischer, urspr. kreolischer schneller [Paar]tanz in geradem Takt

reell [*lat.-mlat.-fr.*]: 1. a) anständig, ehrlich, redlich; b) (ugs.) ordentlich, den Erwartungen entsprechend. 2. wirklich, tatsächlich [vorhanden]. **Reel|lität** [*reä...*] *die*; -: Ehrlichkeit, Redlichkeit, [geschäftliche] Anständigkeit

Re|engagement [*reanggasch^e^mang*; *fr.*] *das*; -s, -s: Wiederverpflichtung. **re|engagieren**: wieder verpflichten

reesen [*engl.*]: (Seemannsspr.) eifrig erzählen, übertreiben

Re|evolution [*...woluzion*; *lat.-nlat.*] *die*; -: allmähliche Wiederkehr der geistigen Funktionen nach epilept. Anfall (Med.)

Re|export [*lat.-nlat.*] *der*; -[e]s, -e u. **Re|exportation** [*...zion*] *die*; -, -en: Ausfuhr importierter Waren

Refait [*r^e^fä*; *lat.-vulgärlat.-fr.*] *das*; -s, -s: unentschiedenes Kartenspiel. **Refaktie** [*...zi^e^*; *lat.-niederl.*] *die*; -, -n: Gewichts- od. Preisabzug wegen beschädigter od. fehlerhafter Waren, Nachlaß, Rückvergütung. **refaktieren**: Nachlaß gewähren. **Refektorium** [*lat.-mlat.*] *das*; -s, ...ien [*...i^e^n*]: Speisesaal in einem Kloster

Referat [*lat.*; „es möge berichten..."] *das*; -[e]s, -e: 1. a) Vortrag über ein bestimmtes Thema; b) eine Beurteilung enthaltender schriftlicher Bericht; Kurzbesprechung [eines Buches]. 2. Sachgebiet eines → Referenten (2). **Referee** [*...ri*; *engl.*] *der*; -s, -s: Schiedsrichter, Ringrichter (Sport). **Referenda**: *Plural* von → Referendum. **Referendar** [*lat.-mlat.*; „(aus den Akten) Bericht Erstattender"] *der*; -s, -e: Anwärter auf die höhere Beamtenlaufbahn nach der ersten Staatsprüfung. **Referendariat** [*lat.-mlat.-nlat.*] *das*; -[e]s, -e: Vorbereitungsdienst für Referendare. **Referendum** [*lat.*; „zu Berichtendes"] *das*; -s, ...den u. ...da: 1. Volksabstimmung, Volksentscheid; vgl. ad referendum. 2. = Referent (3). **Referens** *das*; -, ...entia [*...zia*]: erstes Glied einer aus zwei Objekten bestehenden Relation, das dasjenige Objekt wiedergibt, von dem die Handlung ausgeht (z. B. in „der Jäger schoß auf den Fuchs" ist „Jäger" das Referens; Sprachw.); vgl. Relatum. **Referent** *der*; -en, -en: 1. a) jmd., der ein Referat (1a) hält, Redner; b) Gutachter [bei der Beurteilung einer wissenschaftlichen Arbeit]. 2. Sachbearbeiter in einer Dienststelle. 3. = Denotat (1) (Sprachw.). **referentiell** [*...ziäl*; *lat.-fr.*]: die Referenz (3) betreffend; vgl. pragmatisch. **Referenz** [„Bericht, Auskunft"] *die*; -, -en: 1. (meist Plural) von einer Vertrauensperson gegebene Auskunft, die man als Empfehlung vorweisen kann; vgl. aber Reverenz. 2. Vertrauensperson, die über jmdn. eine positive Auskunft geben kann. 3. Beziehung zwischen sprachlichen Zeichen u. ihren Referenten (3) in der außersprachlichen Wirklichkeit (Sprachw.). **Referenzidentität** *die*; -, -en: Bezeichnung derselben Person durch zwei Nominalphrasen (z. B. das Kind will spielen = das Kind will, daß es spielt; das Kind will sein Spiel = das Kind will, daß es spielt; Sprachw.). **referieren** [*lat.-fr.*]: a) einen kurzen [beurteilenden] Bericht von etwas geben; b) ein Referat (1a) halten

refinanzieren, sich [*lat.*; *lat.-fr.*]: fremde Mittel aufnehmen, um damit selbst Kredit zu geben. **Refinanzierung** *die*; -, -en: Aufnahme fremder Mittel, um damit selbst Kredit zu geben

Re|flation [*...zion*; *lat.-engl.*] *die*; -, -en: finanzpolitische Maßnahme zur Erhöhung der im Umlauf befindlichen Geldmenge u. damit zur Überwindung einer → Depression (3). **re|flationär** [*lat.-nlat.*]: die Reflation betreffend

Re|flektant [*lat.-nlat.*] *der*; -en, -en: Bewerber, Kauf-, Pachtlustiger, Bieter. **re|flektieren** [*lat.*]. 1. zurückstrahlen, spiegeln. 2. nachdenken; erwägen. 3. (ugs.) an jmdm./etwas sehr interessiert sein, etwas erhalten wollen. **Reflektor** [*lat.-nlat.*] *der*; -s, ...oren: 1. Hohlspiegel hinter einer Lichtquelle zur Bündelung des Lichtes. 2. Teil einer Richtantenne, der einfallende elektromagnetische Strahlen zur Bündelung nach einem Brennpunkt zurückwirft. 3. Fernrohr mit Parabolspiegel. 4. Umhüllung eines Atomreaktors mit Material von kleinem Absorptionsvermögen

u. großer Neutronenreflexion zur Erhöhung des Neutronenflusses im Reaktor. 5. Gegenstand, Vorrichtung aus einem reflektierenden Material; Rückstrahler. **re|flektorisch**: durch einen Reflex bedingt. **Re|flex** [*lat.-fr.*] *der*; -es, -e: 1. Widerschein, Rückstrahlung. 2. Reaktion des Organismus auf eine Reizung seines Nervensystems, durch äußere Reize ausgelöste unwillkürliche Muskelkontraktion; bedingter -: erworbene Reaktion des Organismus bei höher entwickelten Tieren u. beim Menschen auf einen [biologisch] neutralen Reiz (z. B. bei einem Hund die bedingt-reflektorische Speichelausscheidung beim Ertönen einer Glocke, wenn er eine Zeitlang vor Verabreichung des Futters diesen Glockenton gehört hat; unbedingter -: immer auftretende Muskelreaktion auf äußere Reize (Med.). **Re|flexion** [*lat.-(fr.)*] *die*; -, -en: 1. das Zurückwerfen von Licht, elektromagnetischen Wellen, Schallwellen, Gaswellen und Verdichtungsstößen an Körperoberflächen. 2. das Nachdenken, Überlegung, Betrachtung, vergleichendes u. prüfendes Denken, Vertiefung in einen Gedankengang. **Reflexionsgoniometer** *das*; -s, -: Instrument zum Messen von Neigungswinkeln der Flächen bei Kristallen. **Re|flexionswinkel** [*lat. (-fr.); dt.*] *der*; -s, -: Winkel zwischen reflektiertem Strahl u. Einfallslot (Phys.). **re|flexiv** [*lat.-mlat.*]: 1. sich (auf das Subjekt) rückbeziehend; rückbezüglich (Sprachw.); -es [...*w^eß*] Verb: rückbezügliches Verb (z. B. sich schämen). 2. die Reflexion (2) betreffend, reflektiert. **Reflexiv** *das*; -s, -e [...*w^e*]: = Reflexivpronomen. **Re|flexiva** [...*iwa*]: *Plural* von → Reflexivum. **Reflexivität** [...*wi*...; *lat.-mlat.-nlat.*] *die*; -: reflexible Eigenschaft, Möglichkeit des [Sich]rückbeziehens (Sprachw.; Philos.). **Reflexiv|pronomen** *das*; -s, - u. ...mina: rückbezügliches Fürwort (z. B. sich). **Re|flexivum** [...*iwum*; *lat.-mlat.*] *das*; -s, ...va [...*wa*]: = Reflexivpronomen. **Re|flexologie** [*lat.*; *gr.*] *die*; -: Wissenschaft von den unbedingten u. den bedingten Reflexen (2). **Re|flexzonenmassage** *die*; -, -n: = Reflexzonentherapie. **Re|flexzonentherapie** *die*; -, -n [...*i^en*]: → Therapie, bei der eine Stelle am Fuß massiert wird, wodurch an anderer Stelle Einfluß auf eine entsprechende Zone (z. B. den Magen) ausgeübt wird

Re|flux [*lat.-mlat.*] *der*; -es: Rückfluß (z. B. bei Erbrechen; Med.)

Reform [*lat.-fr.*] *die*; -, -en: Umgestaltung, Neuordnung; Verbesserung des Bestehenden. **Reformatio in peius** [...*zio - pejuß*; *lat.*] *die*; - - -, ...ationes - -: Abänderung eines angefochtenen Urteils in höherer Instanz zum Nachteil des Anfechtenden (Rechtswissenschaft). **Reformation** [...*zion*] *die*; -: 1. durch Luther ausgelöste Bewegung zur Erneuerung der Kirche im 16. Jh., die zur Bildung der protestantischen Kirchen führte. 2. Erneuerung, geistige Umgestaltung, Verbesserung. **Reformator** *der*; -s, ...oren: 1. Begründer der Reformation (Luther, Zwingli, Calvin u. a.). 2. Umgestalter, Erneuerer. **reformatorisch** [*lat.-nlat.*]: 1. in der Art eines Reformators (1); umgestaltend, erneuernd. 2. die Reformation betreffend, im Sinne der Reformation, der Reformatoren (2). **Reformer** [*lat.-fr.-engl.*] *der*; -s, -: Umgestalter, Verbesserer, Erneuerer. **reformerisch**: Reformen betreibend; nach Verbesserung, Erneuerung strebend. **Reformhaus** [*lat.-fr.*; *dt.*] *das*; -es, ...häuser: Fachgeschäft für Reformkost. **reformieren** [*lat.*]: 1. verbessern, [geistig, sittlich] erneuern; neu gestalten. 2. die → Oktanzahl von Benzinen durch Druck- u. Hochtemperaturbehandlung erhöhen (Techn.). **reformiert** = evangelisch-reformiert; -e Kirche: Sammelbezeichnung für die von Zwingli u. Calvin ausgegangenen ev. Bekenntnisgemeinschaften. **Reformierte** *der* u. *die*; -n, -n: Angehörige[r] der reformierten Kirche. **Reformierung** *die*; -, -en (Plural selten): Neugestaltung u. Verbesserung. **Reformismus** [*lat.-nlat.*] *der*; -: 1. Bewegung zur Verbesserung eines [sozialen] Zustandes od. [politischen] Programms. 2. (abwertend) Bewegung innerhalb der Arbeiterklasse, die soziale Verbesserungen durch Reformen, nicht durch Revolutionen erreichen will (Marxismus). **Reformist** *der*; -en, -en: Anhänger des Reformismus (1, 2). **reformistisch**: den Reformismus (2) betreffend. **Reformkonzil** *das*; -s, -e u. -ien [...*i^en*]: Kirchenversammlung des 15. [u. 16.] Jh.s, die die spätmittelalterl. kath. Kirche reformieren sollte

Refosco [...*foßko*; *it.*] *der*; -[s], -s: dunkelroter dalmatin. Süßwein

re|frai|chieren [...*fräschir^en*; *fr.*]: = rafraichieren

Re|frain [*r^efräng*; *lat.-vulgärlat.-fr.*; „Rückprall (der Wogen von den Klippen)"] *der*; -s, -s: in regelmäßigen Abständen wiederkehrende gleiche Laut- od. Wortfolge in einem Gedicht od. Lied, Kehrreim

re|fraktär [*lat.*; „widerspenstig"]: unempfindlich, nicht beeinflußbar (bes. in bezug auf gereiztes Gewebe gegenüber Neureizen; Med.)

Re|fraktion [...*zion*; *lat.-nlat.*] *die*; -, -en: (Phys.) a) Brechung von Lichtwellen u. anderen an Grenzflächen zweier Medien (vgl. Medium I, 3); b) Brechungswert. **Refraktometer** [*lat.*; *gr.*] *das*; -s, -: Instrument zur Bestimmung des Brechungsvermögens eines Stoffes. **Re|frakto|me|trie** *die*; -: Lehre von der Bestimmung der Brechungsgrößen (Phys.). **re|fraktome|trisch**: mit Hilfe des Refraktometers durchgeführt. **Re|fraktor** [*lat.-nlat.*] *der*; -s, ...oren: Linsenfernrohr mit mehreren Sammellinsen als Objektiv. **Re|frakturierung** *die*; -, -en: operatives Wiederzerbrechen eines Knochens (bei schlecht od. in ungünstiger Stellung verheiltem Knochenbruch; Med.)

Re|frigerantia [...*zia*] u. **Re|frigeranzien** [...*zi^en*; *lat.*] *die* (Plural): abkühlende, erfrischende Mittel (Med.). **Re|frigeration** [...*zion*] *die*; -, -en: Erkältung (Med.). **Re|frigerator** [*lat.-nlat.*] *der*; -s, ...oren: Gefrieranlage

Refuge [*refüsch*; *lat.-fr.*] *das*; -s, -s: Schutzhütte, Notquartier (Alpinistik). **Refugialgebiet** [*lat.-nlat.*; *dt.*] *das*; -[e]s, -e: Rückzugs- u. Erhaltungsgebiet von in ihrem Lebensraum bedrohten Arten. **Refugié** [*refüsehie*; *lat.-fr.*] *der*; -s, -s: Flüchtling, bes. aus Frankreich geflüchteter Protestant (17. Jh.). **Refugium** [*lat.*] *das*; -s, ...ien [...*i^en*]: Zufluchtsort, -stätte

refundieren [*lat.*; „zurückgießen"]: (veraltet) zurückzahlen; ersetzen. **Refus** u. **Refüs** [*r^efü*; *lat.-vulgärlat.-fr.*] *der*; - [...*fü(ß)*], - [...*füß*]: (veraltet) abschlägige Antwort, Ablehnung, Weigerung. **refüsieren**: (veraltet) ablehnen, abschlagen, verweigern. **Refusion** [*lat.*] *die*; -, -en: (veraltet) Rückgabe, Rückerstattung (Rechtsw.)

Refutation [...*zion*; *lat.*] *die*; -, -en: 1. (veraltet) Widerlegung. 2.

(hist.) Lehnsaufkündigung durch den → Vasallen
Reg [*hamitisch*] *die*; -, -: Geröllwüste
regal [*lat.*]: (selten) königlich, fürstlich
Regal
I. [Herkunft unsicher] *das*; -s, -e: 1. [Bücher-, Waren]gestell mit Fächern; vgl. Real (I). 2. Schriftkastengestell (Druckw.).
II. [*fr.*] *das*; -s, -e: 1. kleine, tragbare, nur mit Zungenstimmen besetzte Orgel; vgl. Portativ. 2. Zungenregister der Orgel.
III. [*lat.-mlat.*] *das*; -s, -ien [...*i*[e]*n*] (meist Plural): [wirtschaftlich nutzbares] Hoheitsrecht (z. B. Zoll-, Münz-, Postrecht)
Regale [*lat.-mlat.*] *das*; -s, ...lien [...*i*[e]*n*]: = Regal (III)
regalieren [*fr.*]: (landsch.) 1. unentgeltlich bewirten, freihalten. 2. sich an etwas satt essen, gütlich tun
Regalität [*lat.-mlat.*] *die*; -, -en: (veraltet) Anspruch einer Regierung auf den Besitz von Hoheitsrechten
Regatta [*venez.*] *die*; -, ...tten: 1. Bootswettkampf (Wassersport). 2. schmalgestreiftes Baumwollgewebe in Köperbindung (Webart)
Regelation [...*zion*; *lat.-nlat.*] *die*; -: bei Druckentlastung das Wiedergefrieren von Wasser zu Eis, das vorher bei Druckzunahme geschmolzen war (bei der Entstehung von Gletschereis u. der Bewegung u. Erosionsarbeit von Gletschern)
Regelde|tri [*lat.-mlat.*] *die*; -: Dreisatz; Rechnung zum Aufsuchen einer Größe, die sich zu einer zweiten ebenso verhält wie eine dritte Größe zu einer vierten (Math.). **Régence** [*reschangß*; *lat.-fr.*] *die*; - u. **Régencestil** *der*; -[e]s: nach der Regentschaft Philipps von Orleans benannter franz. Kunststil (frühes 18. Jh.)
Regenerat [*lat.*] *das*; -[e]s, -e: durch chem. Aufarbeitung gewonnenes Material (z. B. Kautschuk aus Altgummi). **Regeneration** [...*zion*; *lat.* (-*fr.*)] *die*; -, -en: 1. Wiederauffrischung, Erneuerung. 2. a) Wiederherstellung bestimmter chem. od. physikal. Eigenschaften; b) Rückgewinnung chem. Stoffe. 3. Ersatz verlorengegangener Organe od. Organteile bei Tieren u. Pflanzen. **regenerativ** [*lat.-nlat.*]: 1. wiedergewinnend od. wiedergewonnen (z. B. in der Chemie aus Abfällen). 2. durch Regeneration (3) entstanden; vgl. ...iv/...orisch. **Regenerativverfahren** *das*; -s: Verfahren zur Rückgewinnung von Wärme. **Regenerator** *der*; -s, ...oren: der Wärmeaufnahme dienendes Mauerwerk beim Regenerativverfahren (Techn.). **regeneratorisch**: = regenerativ. **regenerieren** [*lat.*-(-*fr.*)]: a) erneuern, auffrischen, wiederherstellen; b) wiedergewinnen [von wertvollen Rohstoffen o. ä. aus verbrauchten, verschmutzten Materialien] (Chem.); c) sich -: sich neu bilden (Biol.)
Regens [*lat.*] *der*; -, Regentes [...*génteß*] u. ...enten: Vorsteher, Leiter (bes. eines kath. Priesterseminars). **Regens chori** [- *kori*] *der*; - -, Regentes - [...*teß* -]: Chordirigent der katholischen Kirche; vgl. Regenschori. **Regens|chori** [...*kori*] *der*; -, -: (österr.) = Regens chori. **Regent** *der*; -en, -en: 1. [fürstliches] Staatsoberhaupt. 2. verfassungsmäßiger Vertreter des Monarchen; Landesverweser. **Regentenstück** [*lat.*; *dt.*] *das*; -[e]s, -e: Gruppenbildnis von den Vorstehern (Regenten) einer Gilde (holländische Malerei des 17. Jh.s). **Regentes** [...*teß*]: *Plural* von → Regens. **Regentschaft** [*lat.*; *dt.*] *die*; -, -en: Herrschaft od. Amtszeit eines Regenten. **Reges** [*régeß*]: *Plural* von → Rex (I)
Regesten [*lat.*] *die* (Plural): zeitlich geordnete Urkundenverzeichnisse
Reggae [*räge*[i]; amerik. Slangwort der westind. Bewohner der USA] *der*; -[s]: aus Jamaika stammende Stilrichtung der → Popmusik, deren Rhythmus durch die Hervorhebung unbetonter Taktteile gekennzeichnet ist (Mus.)
Regie [*reschi*; *lat.-fr.*] *die*; -, ...ien: 1. verantwortliche Führung, [künstlerische] Leitung bei der Gestaltung einer Aufführung, eines Spielgeschehens, eines bestimmten Vorhabens. 2. (Plural); (österr.) Regie-, Verwaltungskosten. **Regieassistent** *der*; -en, -en: Assistent des → Regisseurs, der das Regiebuch führt u. auf Grund der dort festgelegten Regieanweisungen den Regisseur gelegentlich vertritt. **regieren** [*lat.*]: 1. [be]herrschen; die Verwaltung, die Politik eines [Staats]gebietes leiten. 2. einen bestimmten Fall fordern (Sprachw.). 3. in der Gewalt haben; bedienen, handhaben, führen, lenken. **Regierung** *die*; -, -en: 1. das Regieren; Ausübung der Regierungs-, Herrschaftsgewalt. 2. oberstes Organ eines Staates, eines Landes; Gesamtheit der Personen, die einen Staat, ein Land regieren (1). **Regierwerk** [*lat.*; *dt.*] *das*; -[e]s, -e: die Einzelpfeifen der Orgel, Manuale u. Pedale, Traktur, Registratur (3). **Regie|spesen** *die* (Plural): (veraltet) allgemeine Geschäftsunkosten. **Regime** [*reschim*; *lat.-fr.*] *das*; -s, - [*reschim*[e]] (auch: -s): 1. einem bestimmten politischen System entsprechende, von ihm geprägte [volksfeindliche] Regierung, Regierungs-, Herrschaftsform. 2. (selten) a) System, Schema, Ordnung; b) Lebensweise, -ordnung, Diätvorschrift, z. B. der Patient mußte sich einem strengen - unterziehen. **Regimekritiker** *der*; -s, -: jmd., der an dem [totalitären] Regime seines Landes aktiv Kritik übt. **Regiment** [*lat.*] *das*; -[e]s, -e u. (Truppeneinheiten:) -er: 1. Regierung, Herrschaft; Leitung. 2. größere [meist von einem Oberst od. Oberstleutnant befehligte] Truppeneinheit; Abk.: R., Reg., Regt., Rgt. **Regina coeli** [- *zöli*] *die*; - -: Himmelskönigin (kath. Bezeichnung Marias nach einem Marienhymnus). **regina regit colorem** [- - *ko...*; „die Dame bestimmt die Farbe"]: Grundsatz, nach dem bei der Ausgangsstellung einer Schachpartie die weiße Dame auf Weiß u. die schwarze Dame auf Schwarz steht. **Regiolekt** *der*; -[e]s, -e: Dialekt in rein geographischer (u. nicht in soziologischer) Hinsicht. **Region** *die*; -, -en: 1. a) Gebiet, Gegend; b) Bereich, Sphäre. 2. Bezirk, Abschnitt (z. B. eines Organs od. Körperteils), Körpergegend (Anat.). **regional**: 1. sich auf einen bestimmten Bereich erstreckend; gebietsmäßig, -weise, Gebiets... 2. = regionär. **Regionalismus** [*lat.-nlat.*] *der*; -: 1. Ausprägung landschaftlicher Eigeninteressen. 2. Heimatkunst, bodenständige Literatur um 1900. **Regionalist** *der*; -en, -en: Vertreter des Regionalismus (1, 2). **Regionalliga** *die*; -, ...ligen: (früher) zweithöchste deutsche Spielklasse in verschiedenen Sportarten. **Regionalpro|gramm** *das*; -s, -e: Rundfunk-, Fernsehprogramm für ein bestimmtes Sendegebiet. **regionär**: einen bestimmten Körperbereich betreffend (Med.). **Regisseur** [*reschißör*; *lat.-fr.*] *der*; -s, -e: jmd., der [berufsmäßig] Regie (1) führt, die Regie hat
Register [*lat.-mlat.*] *das*; -s, -: 1. a) alphabetisches Namen- od. Sachverzeichnis; → Index (1); b) stufenförmig eingeschnittener u. mit den Buchstaben des Alphabets versehener Seitenrand in Telefon-, Wörter-, Notiz-

büchern o. ä., um das Auffinden zu erleichtern. 2. a) meist den ganzen Umfang einer Klaviatur deckende Orgelpfeifengruppe mit charakteristischer Klangfärbung; b) im Klangcharakter von anderen unterschiedene Lage der menschl. Stimme (Brust-, Kopf-, Falsettstimme) od. von Holzblasinstrumenten. 3. amtliches Verzeichnis rechtlicher Vorgänge (z. B. Standesregister). 4. genaues Aufeinanderpassen der Farben beim Mehrfarbendruck u. der auf dem Druckbogen gegenständigen Buchseiten u. Seitenzahlen. 5. spezieller Speicher einer → digitalen Rechenanlage mit besonders kleiner Zugriffszeit für vorübergehende Aufnahme von Daten (EDV). **registered** [*rädschißt^erd*; *lat.-mlat.-fr.-engl.*]: 1. in ein Register eingetragen, patentiert, gesetzlich geschützt; Abk.: reg.; Zeichen: ®. 2. eingeschrieben (auf Postsendungen). **Registertonne** *die*; -, -n: Maß zur Angabe des Rauminhaltes von Schiffen; Abk.: RT (1 RT = 2,8316 m^3). **Regi|strande** [*lat.-mlat.*] *die*; -, -n: (veraltet) Buch, in dem Eingänge registriert werden. **Regi|strator** *der*; -s, ...oren: (veraltet) 1. Register führender Beamter. 2. Ordner[mappe]. **registratorisch**: das Registrieren betreffend. **Regi|stratur** *die*; -, -en: 1. das Registrieren (1a), Eintragen; Buchung. 2. a) Aufbewahrungsstelle für Karteien, Akten o. ä.; b) Regal, Gestell, Schrank zum Aufbewahren von Akten o. ä. 3. die die Register (2a) und Koppeln auslösende Schaltvorrichtung bei Orgel u. Harmonium. **regi|strieren**: 1. a) [in ein Register] eintragen; b) selbsttätig aufzeichnen; einordnen. 2. a) bewußt wahrnehmen, ins Bewußtsein aufnehmen; b) sachlich feststellen; ohne urteilenden Kommentar feststellen, zur Kenntnis bringen. 3. die geeigneten Registerstimmen verbinden u. mischen (bei Orgel u. Harmonium)

Re|glement [*regl^emang*, schweiz.: *...mänt*; *lat.-fr.*] *das*; -s, -s u. (schweiz.:) -e: Gesamtheit von Vorschriften, Bestimmungen, die für einen bestimmten Bereich, für bestimmte Tätigkeiten gelten; → Statuten, Satzungen. **reglementarisch** [*...män...*]: der [Dienst]vorschrift, Geschäftsordnung gemäß, bestimmungsgemäß. **re|glementieren**: durch Vorschriften regeln, einschränken. **Re|glementierung** *die*; -, -en: a) das Reglementieren; b) Unterstellung (bes. von Prostituierten) unter behördliche Aufsicht. **Reglette** *die*; -, -n: schmaler Bleistreifen für den Zeilendurchschuß (Druckw.)

Re|granulat [*lat.-nlat.*] *das*; -[e]s, -e: durch Regranulieren entstandenes Produkt (Techn.). **regranulieren**: (von Abfällen, die bei der Herstellung von Kunststoffen anfallen) durch spezielle Aufbereitungsverfahren wieder zu → Granulat umformen (Techn.)

Re|gredient [*lat.*] *der*; -en, -en: jmd., der Regreß (1) nimmt (Rechtsw.). **re|gredieren**: 1. auf Früheres zurückgehen, zurückgreifen. 2. Regreß (1) nehmen (Rechtsw.). **Re|greß** [„Rückkehr; Rückhalt, Zuflucht"] *der*; ...gresses, ...gresse: 1. Rückgriff eines ersatzweise haftenden Schuldners auf den Hauptschuldner (Rechtsw.). 2. das Zurückschreiten des Denkens vom Besonderen zum Allgemeinen, vom Bedingten zur Bedingung, von der Wirkung zur Ursache (Logik). **Re|gressand** [*lat.-mlat.*] *der*; -en, -en: abhängige → Variable einer Regression (4) (Statistik). **Re|gressat** *der*; -en, -en: Rückgriffsschuldner, der dem vom Gläubiger in Anspruch genommenen Ersatzschuldner für dessen Haftung einstehen muß (Rechtsw.). **Re|gression** [*lat.*] *die*; -, -en: 1. langsamer Rückzug des Meeres (Geogr.). 2. (Psychol.) a) Reaktivierung entwicklungsgeschichtlich älterer Verhaltensweisen bei Abbau od. Verlust des höheren Niveaus; b) das Zurückfallen auf frühere, kindliche Stufen der Triebvorgänge. 3. (Rhet.) a) = Epanodos; b) nachträgliche, erläuternde Wiederaufnahme. 4. Aufteilung einer → Variablen in einen systematischen u. einen zufälligen Teil zur näherungsweisen Beschreibung einer Variablen als Funktion anderer (Statistik). 5. das Schrumpfen des Ausbreitungsgebiets einer Art od. Rasse von Lebewesen (Biol.). **regressiv** [*lat.-nlat.*]: 1. zurückschreitend in der Art des Regresses (2), zurückgehend vom Bedingten zur Bedingung (Logik). 2. a) sich zurückbildend (von Krankheiten; Med.); b) auf einer Regression (2b) beruhend. 3. nicht progressiv, rückschrittlich; rückläufig. 4. einen Regreß (1) betreffend (Rechtsw.). 5. in der Fügung: - e Assimilation: Angleichung eines Lautes an den vorangehenden (Sprachw.). **Regressivität** *die*; -: regressives Verhalten. **Re|gressor** *der*; -s, ...oren: unabhängige → Variable einer Regression (4) (Statistik)

Regula falsi [*lat.*] *die*; - -: Verfahren zur Verbesserung vorhandener Näherungslösungen von Gleichungen (Math.). **Regula fidei** [- *fide-i*; „Glaubensregel"] *die*; - -, ...lae [*...lä*] -: kurze Zusammenfassung der [früh]christlichen Glaubenslehre, bes. das Glaubensbekenntnis. **Regular** *der*; -s, -e: Mitglied eines katholischen Ordens mit feierlichen Gelübden. **regulär**: 1. der Regel gemäß; vorschriftsmäßig; üblich, gewöhnlich; Ggs. → irregulär; -es System: Kristallsystem mit drei gleichen, aufeinander senkrecht stehenden Achsen (Min.); -e Truppen: gemäß dem Wehrgesetz eines Staates aufgestellte Truppen. 2. (ugs.) regelrecht. **Regularien** [*...i^en*]: *die* (Plural): bei Aktionärs-, Vereinsversammlungen o. ä. auf der Tagesordnung stehende, regelmäßig abzuwickelnde Geschäftsangelegenheiten (Wirtsch.). **Regularität** [*lat.-nlat.*] *die*; -, -en: a) Gesetzmäßigkeit, Richtigkeit; Ggs. → Irregularität (1a); b) (meist Plural) sprachübliche Erscheinung (Sprachw.); Ggs. → Irregularität (1b). **Regularkanoniker** *der*; -s, -: = regulierter Kanoniker. **Regular|kleriker** *der*; -s, -: Ordensgeistlicher, bes. das Mitglied einer jüngeren kath. Ordensgenossenschaft ohne Klöster u. Chorgebet (z. B. der → Jesuiten); Ggs. → Säkularkleriker. **Regulation** [*...zion*] *die*; -, -en: 1. Regelung der Organsysteme eines lebenden Organismus durch verschiedene Steuerungseinrichtungen (z. B. Hormone, Nerven; Biol.). 2. selbsttätige Anpassung eines Lebewesens an wechselnde Umweltbedingungen unter Aufrechterhaltung eines physiologischen Gleichgewichtszustandes im Organismus (Biologie). 3. = Regulierung. **regulativ**: regulierend, regelnd; als Norm dienend. **Regulativ** *das*; -s, -e [*...w^e*]: a) regelnde Verfügung, Vorschrift, Verordnung; b) steuerndes, ausgleichendes Element. **Regulator** *der*; -s, ...oren: 1. Apparatur zur Einstellung des gleichmäßigen Ganges einer Maschine. 2. Pendeluhr, bei der das Pendel reguliert werden kann. 3. (hist.) a) Angehöriger einer 1767 gegründeten revolutionären

Gruppe von Farmern in den amerik. Südstaaten; b) im 19. Jahrhundert im Kampf gegen Viehräuber zur Selbsthilfe greifender amerik. Farmer. 4. steuernde, ausgleichende, regulierende Kraft. **Reguli**: *Plural* von → Regulus. **regulieren** [*lat.*]: 1. a) regeln, ordnen; b) sich -: in ordnungsgemäßen Bahnen verlaufen; einen festen, geordneten Ablauf haben; sich regeln. 2. in Ordnung bringen, den gleichmäßigen, richtigen Gang einer Maschine, Uhr o. ä. einstellen. 3. einen Fluß begradigen; regulierter Kanoniker: in mönchsähnlicher Gemeinschaft lebender Chorherr; vgl. Augustiner (a). **Regulierung** *die*; -, -en: 1. Regelung. 2. Herstellung des gleichmäßigen, richtigen Ganges einer Maschine, Uhr o. ä. 3. Begradigung eines Flußlaufes. **regulinisch** [*lat.-nlat.*]: aus reinem Metall bestehend. **Regulus** [*lat.*] *der*; -, ...li u. -se: 1. aus Erzen ausgeschmolzener Metallklumpen. 2. Singvogelgattung, zu der das Winter- u. das Sommergoldhähnchen gehören

Regur [*Hindi*] *der*; -s: Schwarzerde in Südindien

Rehabilitand [*lat.-nlat.*] *der*; -en, -en: jmd., dem die Wiedereingliederung in das berufliche u. gesellschaftliche Leben ermöglicht werden soll. **Rehabilitation** [...*zion*] *die*; -, -en: 1. [Wieder]eingliederung eines Kranken, körperlich od. geistig Behinderten in das berufliche u. gesellschaftliche Leben. 2. = Rehabilitierung (1); vgl. ...[at]ion/...ierung. **Rehabilitationszen|trum** *das*; -s, ...ren: der Rehabilitation (1) dienende Anstalt. **rehabilitieren:** 1. jmds. od. sein eigenes soziales Ansehen wiederherstellen, jmdn. in frühere [Ehren]rechte wiedereinsetzen. 2. einen durch Krankheit od. Unfall Geschädigten durch geeignete Maßnahmen wieder in die Gesellschaft eingliedern. **Rehabilitierung** *die*; -, -en: 1. Wiederherstellung des sozialen Ansehens, Wiedereinsetzung in frühere [Ehren]rechte. 2. = Rehabilitation (1); vgl. ...[at]ion/...ierung

Rehaut [*r^eo*; *lat.-vulgärlat.-fr.*] *der*; -s, -s: Erhöhung, lichte Stelle auf Gemälden

Reibach [*jidd.*] *der*; -s: unverhältnismäßig hoher Gewinn

Rei|fikation [*re-i...zion*; *lat.-engl.*] *die*; -, -en: Vergegenständlichung, Konkretisierung. **reifizieren** [*re-i...*]: eine Reifikation vornehmen

Re|im|plantation [*re-i...zion*; *lat.-nlat.*] *die*; -, -en: Wiedereinheilung, Wiedereinpflanzung (z. B. von gezogenen Zähnen; Med.)

Re|import [*re-i...*; *lat.-nlat.*] *der*; -[e]s, -e u. **Re|importation** [...*zion*] *die*; -, -en: Wiedereinfuhr ausgeführter Güter. **re|importieren**: ausgeführte Güter wiedereinführen

Reineclaude [*rän^eklod^e*] vgl. Reneklode. **Reinette** [*ränät^e*] vgl. Renette

Re|infektion [*re-i...zion*; *lat.-nlat.*] *die*; -, -en: Wiederansteckung [mit den gleichen Erregern] (Med.)

Re|inforcement [*ri-inforßm^ent*; *engl.*] *das*; -: das, was das → Habit (II) schafft, stärkt od. bekräftigt (z. B. Lob u. Erfolgsbestätigung; Psychol.)

Re|infusion [*re-i...*; *lat.-nlat.*] *die*; -, -en: intravenöse Wiederzuführung von verlorenem od. vorher dem Organismus entnommenem, noch nicht geronnenem Blut in den Blutkreislauf (Med.)

Re|inkarnation [*re-i...zion*; *lat.-nlat.*] *die*; -, -en: Wiederverleiblichung (in der buddhistischen Lehre von der Seelenwanderung)

re|installieren [*re-i...*; *nlat.*]: (in ein Amt) wiedereinsetzen

Re|inte|gration [*re-i...zion*; *lat.-nlat.*] *die*; -, -en: 1. = Redintegration (2). 2. Wiedereingliederung. 3. (veraltet) Wiederherstellung. **re|integrieren**: wiedereingliedern

re|investieren [*re-inwä...*; *lat.-nlat.*]: freiwerdende Kapitalbeträge erneut anlegen (Wirtsch.)

Reis [*re^iß*]: *Plural* von → Real (II)

Re-issue [*ri-ischu*; *engl.*] *das*; -s, -s: Wiederherausgabe (eines Buches o. ä.)

re|iteretur [*re-i...*; *lat.*]: auf Rezepten: es werde erneuert; Abk.: reit.

Reizianum [*nlat.*; nach dem dt. Gelehrten F. W. Reiz, 1733–1790] *das*; -s, ...na: ein antikes lyrisches Versmaß (Kurzvers)

Rejektion [...*zion*; *lat.*] *die*; -, -en: 1. Abstoßung transplantierter Organe durch den Organismus des Empfängers (Med.). 2. selten für: Abweisung, Verwerfung (eines Antrags, einer Klage; Rechtsw.). **Rejektorium** [*lat.-nlat.*] *das*; -s, ...ien [...*i^en*]: abweisendes Revisionsurteil (Rechtsw.). **rejizieren** [*lat.*]: (einen Antrag, eine Klage o. ä.) verwerfen, abweisen (Rechtsw.)

Réjouissance [*reschuißangß*; *lat.-galloroman.-fr.*] *die*; -, -n [...*ß^en*]: scherzoartiger, heiterer Satz einer Suite (17. u. 18. Jh.)

Rekaleszenz [*lat.-nlat.*] *die*; -: Wiedererwärmung, -erhitzung (Chem.)

Rekapitulation [...*zion*; *lat.*] *die*; -, -en: 1. das Rekapitulieren. 2. das Rekapitulierte. 3. (von der vorgeburtlichen Entwicklung der Einzelwesen) gedrängte Wiederholung der Stammesentwicklung (Biol.). **rekapitulieren**: a) wiederholen, noch einmal zusammenfassen; b) in Gedanken durchgehen, sich noch einmal vergegenwärtigen

Re|klamant [*lat.*] *der*; -en, -en: jmd., der Einspruch erhebt, Beschwerde führt (Rechtsw.). **Reklamante** *die*; -, -n: = Kustode (I, 1). **Re|klamation** [...*zion*] *die*; -, -en: Beanstandung, Beschwerde. **Re|klame** *die*; -, -n (Plural selten): Werbung; Anpreisung [von Waren zum Verkauf]; mit etwas - machen: sich einer Sache rühmen, mit etwas prahlen. **reklamieren** [*lat.*; „dagegenschreien, widersprechen"]: 1. [zurück]fordern, für sich beanspruchen. 2. wegen irgendwelcher Mängel beanstanden, Einspruch erheben, Beschwerde führen

Re|klination [...*zion*; *lat.*] *die*; -, -en: das Zurückbiegen der verkrümmten Wirbelsäule, die darauf in einem Gipsbett in dieser Stellung fixiert wird (Med.)

Re|klusen [*lat.*; „Eingeschlossene"] *die* (Plural): = Inklusen

Rekodierung [*lat.*] *die*; -, -en: (beim Übersetzen) nach der Dekodierung (Analyse der Ausgangssprache) erfolgende Umsetzung in den Kode der Zielsprache (Sprache, in die übersetzt wird; Sprachw.)

Reko|gnition [...*zion*; *lat.*] *die*; -, -en: (veraltet) [gerichtliche od. amtliche] Anerkennung der Echtheit einer Person, Sache od. Urkunde (Rechtsw.). **rekognoszieren**: 1. die Echtheit einer Person, Sache od. Urkunde [gerichtlich od. amtlich] anerkennen. 2. (scherzh.) auskundschaften. 3. (schweiz., sonst veraltet) [Stärke od. Stellung des Feindes] erkunden, aufklären (Mil.). **Rekognoszierung** *die*; -, -en: 1. Erkundung. 2. Identifizierung

Rekombination [...*zion*; *lat.*] *die*; -, -en: 1. Wiedervereinigung der durch → Dissoziation od. → Ionisation gebildeten, entgegengesetzt elektrisch geladenen Teile eines Moleküls bzw. eines positiven Ions mit einem Elektron zu einem neutralen Gebilde (Chem., Phys.). 2. Bildung einer neuen Kombination der Gene im Verlauf der → Meiose (Biol.)

Rekommandation [...*zion*; *lat.-fr.*] *die*; -, -en: (veraltet) 1. Empfehlung. 2. Einschreiben (Postw.). **rekommandieren**: 1. (veraltet, landsch.) empfehlen; einschärfen. 2. (österr.) einschreiben lassen (Postw.); vgl. recommandé

Rekomparation [...*zion*; *lat.-nlat.*] *die*; -, -en: Wiedererwerbung, -kauf

Rekompens [*spätlat.-fr.-engl.*] *die*; -, -en: das Rekompensieren (1). **Rekompensation** [...*zion*; *spätlat.*] *die*; -, -en: 1. = Rekompens (Wirtsch.). 2. Wiederherstellung des Zustands der Kompensation (Med.). **rekompensieren**: 1. entschädigen (Wirtsch.). 2. den Zustand der Kompensation wiederherstellen (Med.)

Rekomposition [...*zion*; *lat.-nlat.*; „Wiederzusammensetzung"] *die*; -, -en: Vorgang der Neubildung eines zusammengesetzten Wortes, bei der auf die ursprüngliche Form eines Kompositionsgliedes zurückgegriffen wird (z. B. lat. commendare, aber franz. commander zu lat. mandare; Sprachw.). **Rekompositum** *das*; -s, ...ta: durch Rekomposition gebildetes zusammengesetztes Wort (Sprachw.)

Rekonstitution [...*zion*; *lat.-nlat.*] *die*; -, -en: (veraltet) Wiederherstellung

rekon|struieren [*lat.-nlat.*]: 1. den ursprünglichen Zustand wiederherstellen od. nachbilden. 2. den Ablauf eines früheren Vorgangs od. Erlebnisses in den Einzelheiten darstellen, wiedergeben. 3. (DDR) zu größerem wirtschaftlichem Nutzen umgestalten u. ausbauen. **rekon|struktabel**: nachvollziehbar (z. B. vom Ablauf von Ereignissen); darstellbar. **Rekon|struktion** [...*zion*] *die*; -, -en: 1. a) das Wiederherstellen, Wiederaufbauen, Nachbilden; b) das Wiederhergestellte, Wiederaufgebaute, Nachgebildete. 2. a) das Wiedergeben, Darstellen eines Vorgangs in seinen Einzelteilen; b) detaillierte Wiedergabe, Darstellung. 3. (DDR) wirtschaftliche Umgestaltung

rekonvaleszent [...*wa*...; *lat.*]: sich im Stadium der Genesung befindend. **Rekonvaleszent** *der*; -en, -en: Genesender. **Rekonvaleszentenserum** *das*; -s, ...sera u. ...seren: aus dem Blut Genesender gewonnenes, Antikörper gegen die überwundene Krankheit enthaltendes Serum. **Rekonvaleszenz** [*lat.-nlat.*] *die*; -: a) Genesung; b) Genesungszeit. **rekonvaleszieren** [*lat.*]: genesen

Rekonziliation [...*zion*; *lat.*; „Aussöhnung"] *die*; -, -en: 1. Wiederaufnahme eines aus der katholischen Kirchengemeinschaft od. einer ihrer Ordnungen Ausgeschlossenen. 2. erneute Weihe einer entweihten kath. Kirche

Rekord [*lat.-fr.-engl.*] *der*; -[e]s, -e: [anerkannte] sportliche Höchstleistung

Re|kreation [...*zion*; *lat.*] *die*; -, -en: a) Erfrischung; b) Erholung

Re|kreditiv [*lat.-nlat.*] *das*; -s, -e [...*w*ᵉ]: die schriftliche Bestätigung des Empfanges eines diplomatischen Abberufungsschreibens durch das Staatsoberhaupt

re|kreieren [*lat.*]: erfrischen, erquicken, Erholung verschaffen

Re|kret [*lat.*] *das*; -[e]s, -e (meist Plural): von der Pflanze aufgenommener mineralischer Ballaststoff, der nicht in den pflanzlichen Stoffwechsel eingeht, sondern unverändert in den Zellwänden abgelagert wird (Biol.). **Rekretion** [...*zion*] *die*; -, -en: das Wiederausscheiden von Rekreten (Biol.)

Re|krimination [...*zion*; *lat.-nlat.*] *die*; -, -en: (veraltet) Gegenbeschuldigung, Gegenklage (Rechtsw.). **re|kriminieren**: den Kläger beklagen, Gegenklage erheben (Rechtsw.)

Re|krudeszenz [*lat.-nlat.*] *die*; -: Wiederverschlimmerung [einer Krankheit] (Med.)

Re|krut [*lat.-fr.*; „Nachwuchs (an Soldaten)"] *der*; -en, -en: Soldat in der ersten Ausbildungszeit. **rekrutieren**: 1. Rekruten ausheben, mustern. 2. a) zusammenstellen, zahlenmäßig aus etwas ergänzen, beschaffen; b) sich -: sich zusammensetzen, sich bilden [aus etwas]

Rekta: *Plural* von → Rektum.

Rekta|indossament *das*; -[e]s, -e u. **Rekta|klausel** [*lat.-nlat.*] *die*; -, -n: Vermerk auf einem Wertpapier, der die Übertragung des Papiers verbietet („nicht an Order"). **rektal**: (Med.) a) den Mastdarm betreffend; b) durch den, im Mastdarm erfolgend. **Rekt|algie** [*lat.*; *gr.*] *die*; -, ...ien: Schmerz im Mastdarm (Med.). **Rektalnarkose** *die*; -, -n: Allgemeinbetäubung durch einen Darmeinlauf (Med.). **Rekt|angel** [*lat.*] *das*; -s, -: (veraltet) Rechteck. **rekt|angulär** [*lat.-nlat.*]: (veraltet) rechtwinklig. **Rektapapier** [*lat.*; *gr.-lat.*] *das*; -s, -e: auf den Namen einer bestimmten Person ausgestelltes u. nicht übertragbares Wertpapier. **Rektascheck** [*lat.*; *dt.*] *der*; -s, -s: Scheck, der eine → Rektaklausel enthält u. deshalb nicht übertragbar ist. **Rekt|aszension** [*lat.-nlat.*] *die*; -, -en: gerade Aufsteigung, eine der beiden Koordinaten im äquatorialen astronomischen Koordinatensystem. **Rektawechsel** [*lat.*; *dt.*] *der*; -s, -: Wechsel, der eine → Rektaklausel enthält u. deshalb nicht übertragbar ist. **rekte** vgl. recte. **Rektifikat** [*lat.-nlat.*] *das*; -[e]s, -e: durch Rektifikation (3) gewonnene Fraktion (2) (Chem.). **Rektifikation** [...*zion*] *die*; -, -en: 1. (veraltet) Berichtigung, Zurechtweisung. 2. Bestimmung der Länge einer Kurve (Math.). 3. Trennung von Flüssigkeitsgemischen durch wiederholte Destillation (z. B. zur Reinigung von Benzin, Spiritus o. ä.; Chem.). **rektifizieren**: 1. (veraltet) berichtigen, zurechtweisen. 2. die Länge einer Kurve bestimmen (Math.). 3. ein Flüssigkeitsgemisch durch wiederholte Destillation trennen (z. B. zur Reinigung von Benzin, Spiritus o. ä.; Chem.). **Rektion** [...*zion*; *lat.*] *die*; -, -en: Eigenschaft eines Verbs, Adjektivs od. einer Präposition, den → Kasus (2) eines abhängigen Wortes im Satz zu bestimmen. **Rekto** *das*; -s, -s: Vorderseite eines Blattes in einem Papyrus, einer Handschrift, einem Buch; Ggs. → Verso. **Rektor** [*lat.-mlat.*] *der*; -s, ...oren: 1. Leiter einer Hochschule. 2. Leiter einer Grund-, Haupt-, Sonder- od. Realschule. 3. katholischer Geistlicher an einer Nebenkirche, einem Seminar o. ä. **Rektorat** *das*; -[e]s, -e: 1. a) Amt eines Rektors; b) Amtszimmer eines Rektors; c) Amtszeit eines Rektors. 2. Verwaltungsgremium, dem der Rektor, die Prorektoren u. der Kanzler angehören. **Rekto|skop** [*lat.*; *gr.*] *das*; -s, -e: Mastdarmspiegel (Med.). **Rekto|skopie** *die*; -, ...ien: Untersuchung des Mastdarms mit dem Rektoskop (Med.). **Rektozele** *die*; -, -n: Mastdarmvorfall (Med.). **Rektum** [*lat.-nlat.*] *das*; -s, Rekta: Mastdarm (Med.)

rekultivieren [...*wi*...; *lat.-fr.*]: [durch Bergbau] unfruchtbar gewordenen Boden wieder kultivieren, als Kulturland nutzen

Rekuperation [...*zion*; *lat.*] *die*; -: 1. Verfahren zur Vorwärmung von Luft durch heiße Abgase (Techn.). 2. Rückgewinnung von Territorien auf Grund verbriefter Rechte (Gesch.). **Rekuperator** *der*; -s, ...oren: Vorwärmer (in technischen Feuerungsanlagen)

Rekurrensfieber [*lat.*] *das*; -s:

Rückfallfieber. **rekurrent** [*lat.*]: = rekursiv. **Rekurrenz** *die*; -: = Rekursivität. **rekurrieren**: 1. Bezug nehmen, auf etwas zurückgreifen. 2. (österr., sonst veraltet) Beschwerde, Berufung einlegen gegen gerichtliche Urteile od. Verwaltungsakte (Rechtsw.). **Rekurs** *der*; -es, -e: 1. Rückgriff auf etwas, Bezug[nahme]. 2. Einspruch, Beschwerde gegen gerichtliche Entscheidungen od. Verwaltungsakte (Rechtsw.). **Rekursion** *die*; -: = Rekursivität. **rekursiv** [*lat.-nlat.*]: 1. zurückgehend (bis zu bekannten Werten; Math.). 2. Rekursivität zeigend. **Rekursivität** *die*; -: Eigenschaft einer Grammatik, mit der nach bestimmten Formationsregeln unendlich viele Sätze gebildet werden können (d. h., die → Konstituenten eines jeden Satzes entsprechen jeweils neuen Sätzen, u. ihre Zahl kann beliebig erweitert werden; Sprachw.)

Rekusation [*...zion*; *lat.*] *die*; -, -en: (veraltet) Weigerung, Ablehnung (z. B. gegenüber einem als befangen erachteten Richter in einem Rechtsstreit; Rechtsw.)

Relais [*r^elä*; *fr.*] *das*; - [*r^elä(ß)*], - [*r^eläß*]: 1. zum Ein-, Ausschalten eines stärkeren Stromes benutzter Apparat, der durch Steuerimpulse von geringer Leistung betätigt wird (Elektrot.). 2. (hist.) a) Pferdewechsel im Postverkehr; b) Station für den Postpferdewechsel. 3. (hist.) an bestimmten Orten aufgestellte kleinere Reiterabteilung zur Überbringung von Befehlen u. Meldungen. 4. Weg zwischen Wall u. Graben einer Festung. **Relaisdia|gramm** *das*; -[e]s, -e: zeichnerische Darstellung der zeitlichen Vorgänge bei einem Relais (1). **Relaisstation** [*...zion*] *die*; -, -en: 1. (früher) Station für den Pferdewechsel im Postverkehr u. beim Militär. 2. bei Wellen mit geradliniger Fortpflanzung Zwischenstelle zur Weiterleitung von Fernseh- u. UKW-Tonsendungen vom Sender zum Empfänger

Relance [*r^elangß*; *fr.*] *die*; -, -n [*...ß^en*]: (schweiz.) das Wiederaufgreifen einer politischen Idee

Relaps [*lat.-nlat.*] *der*; -es, -e: Rückfall, das Wiederausbrechen einer Krankheit nach vermeintlicher Heilung (Med.)

Relata: *Plural* von → Relatum

Relation [*...zion*; *lat.*] *die*; -, -en: 1. a) Beziehung, Verhältnis; b) Beziehung zwischen den Elementen einer Menge (Math.); c) (veraltend) gesellschaftliche, geschäftliche o. ä. Verbindung. 2. (veraltet) Bericht, Mitteilung. 3. Rechtsgutachten. 4. (hist.) Zurückschiebung eines zugeschobenen Eides im Zivilprozeß an den Gegner; Ggs. → Delation (3). 5. regelmäßig befahrene [Schiffahrts]linie. **relational** [*lat.-nlat.*]: a) die Relation betreffend; b) in Beziehung stehend, eine Beziehung darstellend. **Relationalismus** u. **Relationismus** *der*; -: = Relativismus (1). **Relationsadjektiv** *das*; -s, -e [*...w^e*]: = Relativadjektiv (Sprachw.). **relativ** [auch: *re...*; *lat.*]: 1. ziemlich, verhältnismäßig, vergleichsweise, je nach dem Standpunkt verschieden. 2. bezüglich; -es [*...w^eß*] Tempus: unselbständiges, auf das Tempus eines anderen Geschehens im zusammengesetzten Satz bezogenes Tempus (Sprachw.). **Relativ** *das*; -s, -e [*...w^e*]: a) Oberbegriff für → Relativpronomen u. → Relativadverb; b) = Relativpronomen. **Relativa** [*...iwa*]: *Plural* von → Relativum. **Relativadjektiv** *das*; -s, -e [*...w^e*]: Adjektiv, das eine allgemeine Beziehung ausdrückt u. in der Regel nicht steigerungsfähig ist (z. B. chronologisch, orchestral, väterlich in: das väterliche Haus; Sprachw.). **Relativadverb** *das*; -s, -ien [*...i^en*]: bezügliches Umstandswort (z. B. wo; Sprachw.). **relativieren** [*...wir^en*; *lat.-nlat.*]: mit etwas anderem in eine Beziehung bringen u. dadurch in seiner Gültigkeit einschränken. **relativisch**: a) das Relativ betreffend; b) als Relativ gebraucht. **Relativismus** *der*; -: 1. erkenntnistheoretische Lehre, nach der nur die Verhältnisse der Dinge zueinander, nicht diese selbst erkennbar sind. 2. Anschauung, nach der jede Erkenntnis nur relativ (bedingt durch den Standpunkt des Erkennenden) richtig ist, nicht allgemeingültig (Philos.). **Relativist** *der*; -en, -en: a) Vertreter des Relativismus; b) jmd., für den alle Erkenntnis subjektiv ist. **relativistisch**: 1. den Relativismus betreffend (Philos.). 2. die Relativitätstheorie betreffend, auf ihr beruhend (Phys.). 3. die Relativität (2) betreffend. **Relativität** *die*; -, -en: 1. Bezogenheit, Bedingtheit. 2. relative (1) Gültigkeit. **Relativitätstheorie** *die*; -: von A. Einstein begründete physikalische Theorie, nach der Raum, Zeit u. Masse vom Bewegungszustand eines Beobachters abhängig u. deshalb relative (1) Größen sind (Phys.). **Relativpronomen** *das*; -s, - od. ...mina: bezügliches Fürwort (z. B. der Mann, *der* ...). **Relativsatz** [*lat.-nlat.*; *dt.*] *der*; -es, ...sätze: durch ein Relativ eingeleiteter Gliedteilsatz, Bezugswortsatz (z. B. die Zeit, *die dafür noch bleibt* ...; kennst du ein Land, *wo es das noch gibt*?). **Relativum** [*...tiwum*; *lat.*] *das*; -s, ...va [*...wa*]: = Relativ. **Relator** *der*; -s, ...oren: mehrstelliger → Prädikator (Logik, Philos.). **Relatum** *das*; -s, ...ta: zweites Glied einer aus zwei Objekten bestehenden Relation, das dasjenige Objekt wiedergibt, auf das die Handlung gerichtet ist (z. B. in „der Jäger schoß auf den Fuchs" ist „Fuchs" das Relatum; Sprachw.); vgl. Referens

Relaxans [*lat.*] *das*; -, ...xanzien [*...i^en*] u. ...xantia [*...zia*]: Arzneimittel, das eine Erschlaffung [der Muskeln] bewirkt. **Relaxation** [*...zion*] *die*; -: 1. Erschlaffung, Entspannung (bes. der Muskulatur; Med.). 2. Minderung der Elastizität (Phys.). 3. Wiederherstellung eines chemischen Gleichgewichts nach einer Störung (Chem.). **relaxed** [*riläxt*; *lat.-engl.*]: gelöst, zwanglos. **relaxen** [*riläx^en*]: sich körperlich entspannen, sich nach einer Anspannung, Anstrengung erholen. **Relaxing** [*riläxing*] *das*; -[s]: das Relaxen. **Relaxionsmethode** *die*; -: 1. Näherungsverfahren zur Auflösung einer Gleichung (Math.). 2. Verfahren zur Erreichung eines stabilen seelischen Gleichgewichts (z. B. autogenes Training; Psychol.). **Release** [*rilíß*; *lat.-engl.*] *das*; -, -s [*...ßiß*] u. **Release-Center** [*...ßänt^er*] *das*; -s, -: Zentrale zur Heilung Rauschgiftsüchtiger. **Releaser** [*rilis^er*] *der*; -s, -: (Jargon) Psychotherapeut, Sozialarbeiter o. ä., der an der Behandlung Rauschgiftsüchtiger mitwirkt. **Release-Zen|trum** *das*; -s, ...ren: = Release-Center

Relegation [*...zion*; *lat.*] *die*; -, -en: Verweisung von der [Hoch]schule. **Relegationsspiel** [*lat.*; *dt.*] *das*; -[e]s, -e: früher Qualifikationsspiel zwischen [einer] der schlechtesten Mannschaft[en] der höheren u. [einer] der besten der tieferen Spielklasse um das Verbleiben in der bzw. den Aufstieg in die höhere Spielklasse (Sport, bes. Eishockey). **relegieren**: von der [Hoch]schule verweisen

relevant [*...want*; *lat.-fr.*]: bedeutsam, wichtig; Ggs. → irrelevant. **Relevanz** *die*; -, -en: Wichtigkeit, Erheblichkeit; Ggs. → Irrelevanz. **Relevation** [*...zion*; *lat.*;

„Erleichterung"] *die*; -, -en: (veraltet) Befreiung von einer Verbindlichkeit (Rechtsw.)
reliabel [*lat.-fr.-engl.*]: verläßlich. **Reliabilität** *die*; -, -en: Zuverlässigkeit eines wissenschaftlichen Versuchs (Psychol.)
Relief [*lat.-fr.*] *das*; -s, -s u. -e: 1. Geländeoberfläche od. deren plastische Nachbildung. 2. plastisches Bildwerk auf einer Fläche. **reliefieren** [...*iäf*...]: mit einem Relief versehen. **Reliefierung** *die*; -, -en: das Reliefieren, Herausarbeiten eines Reliefs. **Reliefintarsia** *die*; -, ...ien [...*iᵉn*]: eine Verbindung von Einlegearbeit u. Schnitzerei. **Reliefklischee** *das*; -s, -s: → Autotypie mit reliefartiger Prägung auf der Rückseite, wodurch die entsprechenden Stellen auf der Vorderseite besser zum Druck kommen
Religio [*lat.*] *die*; -, ...ones: kath. religiöse Vereinigung mit eigener Regel u. öffentlichen Gelübden; vgl. Religiose. **Religion** *die*; -, -en: 1. Glaube[nsbekenntnis]. 2. a) Gottesverehrung; b) innerliche Frömmigkeit. **Religionsphilosophie** *die*; -: Wissenschaft vom Ursprung, Wesen u. Wahrheitsgehalt der Religion u. ihrer Beziehung zur Philosophie. **religiös** [*lat.-fr.*]: 1. die Religion betreffend. 2. gottesfürchtig, fromm; Ggs. → irreligiös. **Religiose** [*lat.*] *der* u. *die*; -n, -n (meist Plural): im kath. Kirchenrecht Mitglied religiöser Genossenschaften; vgl. Religio. **Religiosität** *die*; -: [innere] Frömmigkeit, Gläubigkeit; Ggs. → Irreligiosität. **religioso** [...*dschoso*; *lat.-it.*]: feierlich, andächtig (Vortragsanweisung; Mus.)
relikt [*lat.*]: in Resten vorkommend (von Tieren u. Pflanzen). **Relikt** *das*; -[e]s, -e: 1. Überrest, Überbleibsel. 2. vereinzelter Restbestand von Pflanzen od. Tieren, die in früheren Erdperioden weitverbreitet waren (Biol.). 3. ursprünglich gebliebener Gesteinsteil in einem umgewandelten Gestein (Geol.). 4. Boden, der von einer Klimaänderung kaum beeinflußt wurde (Geogr.). 5. mundartliche Restform, deren geographische Streuung in einer Sprachlandschaft ihre frühere weitere Verbreitung erkennen läßt (Sprachw.). **Relikten** *die* (Plural): (veraltet) a) Hinterbliebene; b) Hinterlassenschaft. **Reliquiar** [*lat.-mlat.*] *das*; -s, -e: [künstlerisch gestalteter] Reliquienbehälter. **Reliquie** [...*iᵉ*; „Zurückgelassenes, Überrest"] *die*; -, -n: 1. körperlicher Überrest eines Heiligen, Überrest seiner Kleidung, seiner Gebrauchsgegenstände od. Marterwerkzeuge als Gegenstand religiöser Verehrung. 2. (selten) kostbares Andenken
Relish [*rälisch*; *engl.*] *das*; -s, -es [...*schiß*]: würzige Soße aus pikant eingelegten, zerkleinerten Gemüsestückchen, z. B. als Beigabe zu gegrilltem Fleisch
Reluktanz [*lat.-engl.*] *die*; -, -en: der magnetische Widerstand
Reluxation [...*zion*; *lat.-nlat.*] *die*; -, -en: wiederholte Ausrenkung eines Gelenks (z. B. bei angeborener Schwäche der Gelenkkapsel; Med.)
Remake [*rimeᴵk*; *engl.*; „wieder machen"] *das*; -s, -s: 1. Neuverfilmung eines älteren Spielfilmstoffes. 2. Neufassung, Zweitfassung, Wiederholung einer künstlerischen Produktion
remanent [*lat.*]: zurückbleibend; **Remanenz** [*lat.-nlat.*] *die*; -: 1. = remanenter Magnetismus. 2. Rückstand, Weiterbestehen eines Reizes, → Engramm
remarkabel [*fr.*]: (veraltet) bemerkenswert. **Remarquedruck** [*remark*...; *fr.*; *dt.*] *der*; -[e]s, -e: erster Druck von Kupferstichen, Lithographien u. Radierungen, der neben der eigentlichen Zeichnung auf dem Rande noch eine Anmerkung (= franz. *remarque*) in Form einer kleinen Skizze od. Ätzprobe aufweist, die vor dem endgültigen Druck abgeschliffen wird
Remasuri vgl. Ramasuri
Rematerialisation [...*zion*; *lat.-nlat.*] *die*; -, -en: Rückführung eines dematerialisierten (unsichtbaren) Gegenstandes in seinen ursprünglichen materiellen Zustand (Parapsychol.); Ggs. → Dematerialisation
Rembours [*rangbur*; *fr.*] *der*; - [...*bur(ß)*], - [...*burß*]: Begleichung einer Forderung aus einem Geschäft im Überseehandel durch Vermittlung einer Bank. **remboursieren**: eine Forderung aus einem Geschäft im Überseehandel durch Vermittlung einer Bank begleichen
Remedia u. **Remedien** [...*iᵉn*]: *Plural* von → Remedium. **remedieren** [*lat.*]: heilen (Med.). **Remedium** *das*; -s, ...ien [...*iᵉn*] u. ...ia: 1. Heilmittel (Med.). 2. bei Münzen die zulässige Abweichung vom gesetzlich geforderten Gewicht u. Feingehalt. **Remedur** [*lat.-nlat.*] *die*; -, -en: (veraltet) [gerichtliche] Abhilfe; Abstellung eines Mißbrauchs
Remigrant [*lat.*] *der*; -en, -en: → Emigrant, der in das Land zurückkehrt, das er aus politischen, rassischen, religiösen od. anderen Gründen verlassen hatte. **Remigrierte** *der* u. *die*; -n, -n: aus der → Emigration (1) Zurückgekehrte[r]
remilitarisieren [*lat.-fr.*]: wiederbewaffnen, wieder mit eigenen Truppen besetzen; das [aufgelöste] Heerwesen eines Landes von neuem organisieren
Reminiszenz [*lat.*] *die*; -, -en: Erinnerung, die etwas für jmdn. bedeutet; Anklang; Überbleibsel. **Reminiszere**: Name des 2. Fastensonntags nach dem alten Eingangsvers des Gottesdienstes, Psalm 25,6: „Gedenke [Herr, an deine Barmherzigkeit]!"
remis [*rᵉmi*; *lat.-fr.*; „zurückgestellt (als ob nicht stattgefunden)"]: unentschieden (bes. in bezug auf Schachpartien u. Sportwettkämpfe). **Remis** *das*; - [*rᵉmi(ß)*], - [*rᵉmiß*] u. -en [...*sᵉn*]: Schachpartie, Sportwettkampf mit unentschiedenem Ausgang.
Remise *die*; -, -n: 1. (veraltend) Geräte-, Wagenschuppen. 2. [künstlich angelegtes] dichtes Schutzgehölz für Wild (Forstw.).
Remisier [...*sie*] *der*; -s, -s: Vermittler von Wertpapiergeschäften zwischen Publikum u. Börsenmakler od. Banken. **remisieren**: eine Schachpartie oder einen sportlichen Wettkampf unentschieden gestalten. **Remission** [*lat.*] *die*; -, -en: 1. (veraltet) Erlaß, Nachsicht. 2. Rückgang von Krankheitserscheinungen; vorübergehendes Abklingen, bes. des Fiebers (Med.). 3. in der Lichttechnik das Zurückwerfen von Licht an undurchsichtigen Flächen. 4. Rücksendung von Remittenden. **Remittende** [*lat.*; „Zurückzusendendes"] *die*; -, -n: beschädigtes od. fehlerhaftes Buch o. ä., das an den Verlag zum Umtausch zurückgeschickt wird. **Remittent** *der*; -en, -en: Wechselnehmer, an den od. an dessen Order die Wechselsumme gezahlt werden soll (Wirtsch.). **remittieren**: 1. Remittenden zurücksenden. 2. Zahlung für empfangene Leistung einsenden (Wirtsch.). 3. zeitweilig nachlassen, zurückgehen (in bezug auf Krankheitserscheinungen, bes. Fieber; Med.)
remonetisieren [*lat.-nlat.*]: 1. (von Münzen) wieder in Umlauf setzen (Geldw.). 2. in Geld zurückverwandeln (Wirtsch.)
Remonstranten [*lat.-mlat.*] *die*

(Plural): häufige Bezeichnung der → Arminianer nach ihrer Bekenntnisschrift (Remonstration). **Remon|stration** [*...zion*] *die*; -, -en: Gegenvorstellung, Einspruch, Einwand. **remon|strieren**: Einwände erheben, Gegenvorstellungen machen

remontant [auch: *remongtant*; *lat.-fr.*]: wiederblühend (nach der Hauptblüte; Bot.). **Remonte** [auch: *remongte*] *die*; -, -n: (früher) 1. Remontierung. 2. junges Militärpferd. **remontieren** [auch: *remong...*]: 1. (nach der Hauptblüte) noch einmal blühen (Bot.). 2. früher den militärischen Pferdebestand durch Jungpferde ergänzen. **Remontierung** *die*; -, -en: (früher) die Ergänzung des militärischen Pferdebestandes durch Jungpferde.

Remontoir|uhr [*...ongtoar...*; *lat.-fr.*; *dt.*] *die*; -, -en: Taschenuhr mit einer Vorrichtung zum Aufziehen des Uhrwerkes u. zum Stellen des Zeigers durch Kronenaufzug (gezahntes Rädchen)

Remorqueur [*...kör*; *lat.-it.-fr.*] *der*; -s, -e: (landsch.) kleiner Schleppdampfer. **remorquieren** [*...kiren*]: (landsch.) ins Schlepptau nehmen

Remote sensing [*rimout ßänßing*; *engl.*; „Fernfühlen"] *das*; -s: Forschungsrichtung, die unter Einsatz verschiedener Mittel (z. B. Luft- u. Raumfahrzeuge, EDV-Anlagen) Phänomene aus großer Entfernung untersucht (z. B. Oberfläche u. Gashülle von Weltraumobjekten). **Remotion** [*...zion*; *lat.*] *die*; -, -en: (veraltet) Entfernung, Absetzung. **remotiv** [*lat.-nlat.*]: entfernend, ausscheidend, verneinend (in bezug auf Urteile; Philos.)

Remoulade [*...mu...*; *fr.*] *die*; -, -n: eine Art Kräutermayonnaise

removieren [*...wiren*; *lat.*]: (veraltet) entfernen, absetzen

REM-Phase [*räm...*; Abk. für engl. *r*apid *e*ye *m*ovements (*räpid ai muwmentß*)] *die*; -, -n: während des Schlafs [mehrmals] auftretende Traumphase, die durch schnelle Augenbewegungen des Schläfers erkennbar ist

Rem|plaçant [*rangplaßang*; *fr.*] *der*; -s, -s: (hist.) Stellvertreter, Ersatzmann, den ein Wehrpflichtiger stellen kann. **rem|placieren** [*...ßi...*]: (hist.) einen Ersatzmann zur Ableistung des Wehrdienstes stellen

Remuneration [*...zion*; *lat.*] *die*; -, -en: (veraltet) Vergütung, Entschädigung. **remunerieren**: (veraltet) vergüten, entschädigen

Ren

I. [*rän*, auch: *ren*; *nord.*] *das*; -s, -s u. (bei langer Ausspr. [*ren*]:) -e (fachspr.: -er): kälteliebende Hirschart nördlicher Gebiete, deren Weibchen ebenfalls Geweihe tragen (Lappenhaustier).

II. [*ren*; *lat.*] *der*; -, Renes [*reneß*]: Niere (Med.)

Renaissance [*renäßangß*; *lat.-fr.*; „Wiedergeburt"] *die*; -, -n [*...ßen*]: 1. a) (ohne Plural) Stil, kulturelle Bewegung in Europa im Übergang vom Mittelalter zur Neuzeit, von Italien ausgehend u. gekennzeichnet durch eine Rückbesinnung auf Werte u. Formen der griechisch-römischen Antike in Literatur, Philosophie, Wissenschaft u. bes. in Kunst u. Architektur; b) Epoche der Renaissance (1a) vom 14. bis 16. Jh. 2. geistige u. künstlerische Bewegung, die bewußt an ältere Traditionen, bes. an die griechisch-römische Antike, anzuknüpfen versucht (z. B. die karolingische Renaissance). 3. Wiederaufleben, neue Blüte. **renaissancistisch** [*...ßißt...*]: für die Renaissance (1) typisch, im Stil der Renaissance

renal [*lat.*]: die Nieren betreffend (Med.)

Rencon|tre [*rangkongtr*] vgl. Renkontre

Rendant [*lat.-vulgärlat.-fr.*] *der*; -en, -en: Rechnungsführer in größeren Kirchengemeinden od. Gemeindeverbänden. **Rendantur** [*lat.-vulgärlat.-fr.-nlat.*] *die*; -, -en: (veraltet) Gelder einnehmende u. auszahlende Behörde. **Rendement** [*rangdemang*; *lat.-vulgärlat.-fr.*] *das*; -s, -s: Gehalt eines Rohstoffes an reinen Bestandteilen, bes. der Gehalt an reiner [Schaf]wolle nach Abzug des Feuchtigkeitszuschlags. **Rendezvous** [*rangdewu*] *das*; - [*...wuß*], - [*...wuß*]: a) Stelldichein, Verabredung; b) Annäherung u. Ankopplung von Raumfahrzeugen im Weltraum. **Rendite** [*lat.-vulgärlat.-it.*] *die*; -, -n: Jahresertrag eines angelegten Kapitals. **Renditenhaus** [*lat.-vulgärlat.-it.*; *dt.*] *das*; -es, ...häuser: (schweiz.) Miethaus

Rendzina [*poln.*] *die*; -: Humuskarbonatboden, der sich in feuchten Klimabereichen nur auf Kalkstein bildet

Renegat [*lat.-mlat.*] *der*; -en, -en: [Glaubens]abtrünniger. **Renegation** [*...zion*] *die*; -, -en: Ableugnung; Abfall vom Glauben

Rene|klode u. Reine|claude [*räneklode*; *fr.*; „Königin Claude" (Gemahlin Franz' I.)] *die*; -, -n: Pflaumenart mit grünen Früchten; vgl. Ringlotte. **Renette** [*fr.*] *die*; -, -n: saftige, süße Apfelsorte

Renforcé [*rangforße*; *lat.-fr.*; „verstärkt"] *der* od. *das*; -s, -s: feinfädiger, gebleichter Baumwollstoff in Leinenbindung (eine Webart); kräftiges Taftband

renitent [*lat.*]: widerspenstig, widersetzlich. **Renitenz** [*lat.-mlat.*] *die*; -: Widersetzlichkeit

Renkon|tre [*rangkongtre*; *lat.-fr.*] *das*; -s, -s: Zusammenstoß; feindliche Begegnung

Renminbi [*chin.*] *der*; -s, -s: Währungseinheit der Volksrepublik China (= 10 Jiao = 100 Fen)

Reno|graphie [*lat.*; *gr.*] *die*; -, ...ien: Röntgendarstellung der Nieren (Med.)

Renommage [*...masche*; *lat.-fr.*] *die*; -, -n: Prahlerei. **Renommee** *das*; -s, -s: guter Ruf, Leumund, Ansehen; vgl. par renommé. **renommieren**: angeben, prahlen, großtun. **renommiert**: berühmt, angesehen, namhaft. **Renommist** [*lat.-fr.-nlat.*] *der*; -en, -en: Prahlhans, Aufschneider

Renonce [*renongße*; *lat.-fr.*] *die*; -, -n: Fehlfarbe (Kartenspiel). **renoncieren** [*...ßiren*]: (veraltet) verzichten

Renovation [*...wazion*; *lat.*] *die*; -, -en: = Renovierung; vgl. ...[at]ion/...ierung. **renovieren** [*...wiren*]: erneuern, instand setzen, wiederherstellen. **Renovierung** *die*; -, -en: Erneuerung, Instandsetzung; vgl. ...[at]ion/...ierung

Rensei|gnement [*rangßänjemang*; *lat.-fr.*] *das*; -s, -s: (veraltet) Auskunft, Nachweis

rentabel [französierende Bildung zu → rentieren]: einträglich, lohnend; gewinnbringend. **Rentabilität** *die*; -: Verhältnis des Gewinns einer Unternehmung zu dem eingesetzten Kapital in einem Rechnungszeitraum. **Rente** [*lat.-vulgärlat.-fr.*] *die*; -, -n: regelmäßiges Einkommen aus angelegtem Kapital od. Beträgen, die auf Grund von Rechtsansprüchen gezahlt werden; dynamische -: vgl. dynamisch

Rentier

I. [*räntir*; *nord.*; *dt.*] *das*; -[e]s, -e: = Ren (I).

II. [*räntie*; *lat.-vulgärlat.-fr.*] *der*; -s, -s: Rentner

Rentiere [*lat.-vulgärlat.-fr.*] *die*; -, -n: (veraltet) Rentnerin. **rentieren**: Zins, Gewinn bringen, einträglich sein; sich -: sich lohnen

rentierlich [*lat.-vulgärlat.-fr.*; *dt.*]: ertragreich

rentoilieren [*rangtoaliren*; *lat.-fr.*]:

die schadhaft gewordene Leinwand eines Gemäldes durch eine neue ersetzen

Ren|trant [*rangtrang*; *lat.-fr.*] *der*; -s, -s: einspringender Winkel in Festungswerken

Renumeration [...*zion*; *lat.*] *die*; -, -en: Rückzahlung, Rückgabe (Wirtsch.). **renumerieren**: zurückzahlen, zurückgeben

Renuntiation [...*ziazion*]: vgl. Renunziation. **Renunziation** [...*zion*; *lat.*] *die*; -, -en: Abdankung [eines Monarchen]. **renunzieren**: [als Monarch] abdanken

Renvers [*rangwär*, auch: ...*wärß*; *lat.-fr.*] *das*; -: Seitengang des Pferdes, bei dem das Pferd in die Richtung der Bewegung gestellt ist, die Hinterhand auf dem Hufschlag geht u. die Vorhand mindestens einen halben Schritt vom Hufschlag des inneren Hinterfußes entfernt in die Bahn gestellt ist (Dressurreiten); vgl. Travers. **renversieren**: (veraltet) umstürzen, in Unordnung bringen

Renvoi [*rangwoa*; *lat.-fr.*] *der*; -: Rücksendung (Wirtsch.)

Re|okkupation [...*zion*; *lat.-nlat.*] *die*; -, -en: [militärische] Wiederbesetzung eines Gebietes. **reokkupieren**: [militärisch] wiederbesetzen

Re|organisation [...*zion*; *lat.*; *gr.-lat.-fr.*] *die*; -, -en: 1. Neugestaltung, Neuordnung. 2. Neubildung zerstörten Gewebes im Rahmen von Heilungsvorgängen im Organismus (Med.). **Reorganisator** *der*; -s, ...oren: Neugestalter. **re|organisieren**: neu gestalten, neu ordnen, wiedereinrichten

reparabel [*lat.*]: wiederherstellbar; Ggs. → irreparabel. **Reparateur** [...*tör*] *der*; -s, -e: jmd., der [berufsmäßig] repariert. **Reparation** [...*zion*] *die*; -, -en: 1. (selten) Reparatur, Reparierung. 2. eine Form der → Regeneration, bei der durch Verletzung verlorengegangene Organe ersetzt werden; vgl. Restitution (3). 3. (nur Plural) Kriegsentschädigungen, Wiedergutmachungsleistungen; vgl. ...[at]ion/...ierung. **Reparatur** [*lat.-nlat.*] *die*; -, -en: Wiederherstellung, Ausbesserung, Instandsetzung. **reparieren** [*lat.*]: in Ordnung bringen, ausbessern, wiederherstellen. **Reparierung** *die*; -, -en: Wiederherstellung; vgl. ...[at]ion/...ierung

repartieren [*lat.-fr.*]: (im Börsenhandel) Wertpapiere zuteilen, Teilbeträge auf einzelne Börsenaufträge zur Erledigung zuweisen, wenn Nachfrage u. Angebot nicht im Gleichgewicht sind od. wenn durch große Käufe bzw. Verkäufe zu starke Kursausschläge eintreten würden. **repartiert**: zugeteilt (vgl. repartieren); Abk.: rep. **Repartierung** *die*; -, -en: das Repartieren; vgl. ...[at]ion/...ierung. **Repartition** [...*zion*] *die*; -, -en: Verteilung im Verhältnis der Beteiligten; vgl. repartieren, ...ation/...ierung

Repassage [*repaßasch*ᵉ; *lat.-fr.*] *die*; -n, -n: (veraltet) das Nachprüfen u. Instandsetzen neuer Uhren in der Uhrmacherei. **repassieren**: 1. (veraltet) zurückweisen. 2. [Rechnungen] wieder durchsehen. 3. Laufmaschen aufnehmen (Wirkerei, Strickerei). 4. in der Färberei eine Behandlung wiederholen. 5. bei der Metallbearbeitung ein Werkstück durch Kaltformung nachglätten. **Repassiererin** *die*; -, -nen: Arbeiterin, die Laufmaschen aufnimmt

Repa|triant [*lat.*] *der*; -en, -en: in die Heimat zurückgeführter Kriegs- od. Zivilgefangener, Heimkehrer. **repa|triieren**: 1. die Staatsangehörigkeit wiederverleihen. 2. einen Kriegs- od. Zivilgefangenen in die Heimat entlassen

Repeat [*ripit*; *engl.*; „Wiederholung"] *das*; -s, -s: = Repeatperkussion. **Repeatperkussion** [*engl.*; *lat.*] *die*; -, -en: Wiederholung des angeschlagenen Tones od. Akkordes in rascher Folge (bei der elektronischen Orgel)

Repellents [*ripälᵉntß*; *lat.-engl.*] *die* (Plural): (Chem.) a) Stoffe, die abstoßend wirken, ohne zu schädigen (z. B. Räuchermittel, Schutzanstriche o. ä.); b) wasserabstoßende Zusätze in Stoffgeweben

Reperkussion [*lat.*] *die*; -, -en: 1. Sprechton beim Psalmenvortrag. 2. (Mus.) a) einmaliger Durchgang des Themas durch alle Stimmen bei der Fuge; b) Tonwiederholung bei einem Instrumentalthema. **Reperkussionston** [*lat.*; *gr.-lat.-dt.*] *der*; -[e]s, ...töne: Zentralton in der Kirchentonart

Repertoire [...*toar*; *lat.-fr.*; „Verzeichnis", eigtl. „Fundstätte"] *das*; -s, -s: Vorrat einstudierter Theaterstücke, Bühnenrollen, Partien, Kompositionen o. ä. **Repertoirestück** [*lat.-fr.*; *dt.*] *das*; -[e]s, -e: sich über längere Zeit im Spielplan haltendes Bühnenwerk. **Repertorium** [*lat.*] *das*; -s, ...ien [...*iᵉn*]: wissenschaftliches Nachschlagewerk (oft als Bibliographie von Zeitschriftenaufsätzen u. anderen Erscheinungen eines bestimmten Fachgebietes)

repetatur [*lat.*]: soll erneuert werden (auf ärztlichen Rezepten); Abk.: rep. **Repetent** *der*; -en, -en: 1. (veraltet) Repetitor. 2. (verhüllend) Schüler, der repetiert (2). **repetieren**: 1. durch Wiederholen einüben, lernen. 2. (verhüllend) eine Klasse noch einmal durchlaufen (weil man das Klassenziel nicht erreicht hat). 3. (fachspr., meist verneint) a) (von Uhren) auf Druck od. Zug die Stunde nochmals angeben, die zuletzt durch Schlagen angezeigt worden ist; b) (beim Klavier) als Ton richtig zu hören sein, richtig anschlagen. **Repetiergewehr** [*lat.*; *dt.*] *das*; -[e]s, -e: Mehrladegewehr mit Patronenmagazin. **Repetieruhr** *die*; -, -en: Taschenuhr mit Schlagwerk. **Repetition** [...*zion*; *lat.*] *die*; -, -en: Wiederholung. **repetitiv**: sich wiederholend. **Repetitor** *der*; -s, ...oren: Akademiker, der Studierende [der juristischen Fakultät] durch Wiederholung des Lehrstoffes auf das Examen vorbereitet. **Repetitorium** [*lat.-nlat.*] *das*; -s, ...ien [...*iᵉn*]: 1. Wiederholungsunterricht. 2. Wiederholungsbuch

Re|plantation [...*zion*; *lat.-nlat.*] *die*; -, -en: = Reimplantation

Re|plik [*lat.-fr.*] *die*; -, -en: 1. a) (geh.) Entgegnung, Erwiderung; b) Gegeneinrede; Erwiderung des Klägers auf das Vorbringen des Beklagten (Rechtsw.). 2. Nachbildung eines Kunstwerkes durch den Künstler selbst (Kunstw.). **Re|plikat** *das*; -[e]s, -e: originalgetreue Nachbildung eines Kunstwerks (Kunstw.). **Replikation** [...*zion*] *die*; -, -en: Erscheinung, daß biologische Systeme (z. B. Organismen, Zellen, Chromosomen) das Prägemuster zu ihrer eigenen Erscheinung abgeben u. sich identisch vermehren (Biol.). **re|plizieren** [*lat.*]: 1. a) (geh.) entgegnen, erwidern; b) eine Replik (1b) vorbringen (Rechtsw.). 2. eine Replik (2) herstellen (Kunstw.)

reponibel [*lat.-nlat.*]: in die ursprüngliche Lage zurückbringbar (z. B. in bezug auf einen Eingeweidebruch, der in die Bauchhöhle zurückgeschoben werden kann; Med.); Ggs. → irreponibel. **reponieren** [*lat.*]: 1. (veraltet) [Akten] zurücklegen, einordnen. 2. (Med.) a) gebrochene Knochen od. verrenkte Glieder wiedereinrichten; b) einen Eingeweidebruch in die Bauchhöhle zurückschieben

Report *der*; -[e]s, -e: 1. [*lat.-engl.*] [Dokumentar]bericht. 2. [*lat.-fr.*] an der Wertpapierbörse Kursaufschlag bei der → Prolongation von Termingeschäften; Ggs. → Deport. **Reportage** [...*taseh*ᵉ; *lat.-fr.-engl.-fr.*] *die*; -, -n: von einem Reporter hergestellter u. von Presse, Funk od. Fernsehen verbreiteter Bericht vom Ort des Geschehens über ein aktuelles Ereignis; Berichterstattung. **Reporter** [*lat.-fr.-engl.*] *der*; -s, -: Zeitungs-, Fernseh-, Rundfunkberichterstatter

Reposition [...*zion*; *lat.*] *die*; -, -en: (Med.) a) Wiedereinrichtung von gebrochenen Knochen od. verrenkten Gliedern; b) Zurückschiebung von Eingeweidebrüchen in die Bauchhöhle. **Repositorium** *das*; -s, ...ien [...*i*ᵉ*n*]: (veraltet) Büchergestell, Aktenschrank

Repoussoir [*repußoar*; *fr.*] *das*; -s, -s: Gegenstand im Vordergrund eines Bildes od. einer Fotografie zur Steigerung der Tiefenwirkung

re|präsentabel [*lat.-fr.*]: würdig, stattlich; wirkungsvoll. **Repräsentant** *der*; -en, -en: 1. [offizieller] Vertreter (z. B. eines Volkes, einer Gruppe). 2. Vertreter einer Firma. 3. Abgeordneter. **Re|präsentantenhaus** [*lat.-fr.*; *dt.*] *das*; -es, ...häuser: die zweite Kammer des nordamerik. Kongresses, in die die Abgeordneten auf zwei Jahre gewählt werden. **Re|präsentanz** [*lat.-fr.*] *die*; -, -en: 1. Vertretung. 2. ständige Vertretung eines größeren Bank-, Makler- od. Industrieunternehmens im Ausland. 3. (ohne Plural) das Repräsentativsein (vgl. repräsentativ 3). **Repräsentation** [...*zion*] *die*; -, -en: 1. Vertretung einer Gesamtheit von Personen durch eine einzelne Person od. eine Gruppe von Personen. 2. (ohne Plural) das Repräsentativsein. 3. a) Vertretung eines Staates, einer öffentlichen Einrichtung o. ä. auf gesellschaftlicher Ebene u. der damit verbundene Aufwand; b) an einem gehobenen gesellschaftlichen Status orientierter, auf Wirkung nach außen bedachter, aufwendiger [Lebens]stil. **repräsentativ**: 1. vom Prinzip der Repräsentation (1) bestimmt; -e [...*w*ᵉ] Demokratie: demokratische Staatsform, in der alle Gesetze von den gewählten Volksvertretern beschlossen werden u. Volksentscheide nicht zulässig sind. 2. a) als einzelner, einzelnes so typisch für etwas, eine Gruppe o. ä., daß es das Wesen, die spezifische Eigenart der gesamten Erscheinung, Richtung o. ä. ausdrückt; b) verschiedene [Interessen]gruppen in ihrer Besonderheit, typischen Zusammensetzung berücksichtigend, z. B. -er Querschnitt, -e Umfrage. 3. a) in seiner Art, Anlage, Ausstattung wirkungs-, eindrucksvoll; b) der Repräsentation (3) dienend. **Repräsentativsystem** *das*; -s, -e: = repräsentative Demokratie. **repräsentieren**: 1. etwas, eine Gesamtheit von Personen nach außen vertreten. 2. repräsentativ (2) sein. 3. Repräsentation (3) betreiben. 4. wert sein; [einen Wert] darstellen

Re|pressalie [...*i*ᵉ; *lat.-mlat.*] *die*; -, -n (meist Plural): Druckmittel, Vergeltungsmaßnahme. **Repression** [*lat.*] *die*; -, -en: 1. Unterdrückung von Triebregungen (Psychol.). 2. (Soziol.) a) Unterdrückung individueller Entfaltung u. individueller Triebäußerungen durch gesellschaftliche Strukturen u. Autoritätsverhältnisse; b) politische Gewaltanwendung. **re|pressiv** [*lat.nlat.*]: hemmend, unterdrückend, Repression (1, 2) ausübend (bes. in bezug auf Gesetze, die im Interesse des Staates gegen allgemeingefährliche Umtriebe erlassen werden). **Re|primande** [*lat.-fr.*] *die*; -, -n: (landsch., veraltet) Tadel

Re|print [*ri*...; *engl.*] *der*; -s, -s: unveränderter Nachdruck, Neudruck (Buchw.); vgl. Preprint

Re|prise [*lat.-fr.*] *die*; -, -n: 1. a) Wiederaufnahme eines lange nicht gespielten Theaterstücks od. Films in den Spielplan; Neuauflage einer vergriffenen Schallplatte; b) in einem Sonatensatz die Wiederaufnahme des 1. Teiles nach der Durchführung. 2. dem Feind wieder abgenommene → Prise (1). 3. Normalfeuchtigkeitszuschlag auf das Trockengewicht der Wolle (Textilindustrie). 4. Kurserholung, die vorhergegangene Kursverluste kompensiert (Börsenw.)

Re|pristination [...*zion*; *lat.-nlat.*] *die*; -, -en: a) Wiederherstellung von etwas Früherem; b) Wiederbelebung einer wissenschaftlichen Theorie; c) jährliche Erneuerung u. Darstellung im Kult (Religionsw.). **re|pristinieren**: a) etwas Früheres wiederherstellen; wiederauffrischen; b) eine wissenschaftliche Theorie wiederbeleben; c) im Kult jährlich erneuern, darstellen (Religionsw.)

re|privatisieren [*lat.*]: ein verstaatlichtes Unternehmen in Privateigentum zurückführen; Ggs. → sozialisieren. **Re|privatisierung** *die*; -, -en: das Reprivatisieren; Ggs. → Sozialisierung (1)

Re|pro [Kurzform von Reproduktion] *die*; -, -s, (auch:) *das*; -s, -s: fotografische Reproduktion nach einer Bildvorlage (Druckw.)

Re|probation [...*zion*; *lat.*] *die*; -, -en: 1. in der Lehre von der → Prädestination die Verwerfung der Seele (Ausschluß von der ewigen Seligkeit). 2. (veraltet) Zurückweisung, Mißbilligung (Rechtsw.). **re|probieren**: (veraltet) etwas mißbilligen, verwerfen

Re|produktion [...*zion*; *lat.-nlat.*] *die*; -, -en: 1. Wiedergabe. 2. (bes. Druckw.) a) das Abbilden u. Vervielfältigen von Büchern, Karten, Bildern, Notenschriften o. ä., bes. durch Druck; b) einzelnes Exemplar einer Reproduktion (2a). 3. stetige Widerholung des gesellschaftlichen Produktionsprozesses. 4. Fortpflanzung (Biol.). 5. das Sicherinnern an früher erlebte Bewußtseinsinhalte (Psychol.). **re|produktiv**: nachbildend, nachahmend. **re|produzieren**: 1. etwas genauso hervorbringen, [wieder]herstellen (wie das Genannte). 2. eine Reproduktion (2b) herstellen. 3. a) ständig neu erzeugen, herstellen; b) die Reproduktion (3) bewirken. 4. sich -: sich fortpflanzen (Biol.). **Re|pro|graphie** [*lat.*; *gr.*] *die*; -, ...ien (Plural selten): a) Gesamtheit der Kopierverfahren, mit denen mit Hilfe elektromagnetischer Strahlung Reproduktionen (2b) hergestellt werden; b) Produkt der Reprographie (a). **re|pro|graphieren**: eine Reprographie (b) anfertigen. **re|pro|graphisch**: a) die Reprographie betreffend, auf Reprographie beruhend; b) durch Reprographie hergestellt

Reptil [*lat.-fr.*] *das*; -s, -ien [...*i*ᵉ*n*] (selten: -e): Kriechtier (z. B. Krokodil, Schildkröte, Eidechse, Schlange). **Reptilienfonds** [...*fong*] *der*; - [...*fong*(*ß*)], - [...*fongß*]: 1. (hist.) Fonds Bismarcks zur Bekämpfung geheimer Staatsfeinde (die Bismarck 1869 „bösartige Reptilien" nannte) mit Hilfe staatsfreundlicher Zeitungen. 2. Geldfonds, über dessen Verwendung hohe Regierungsstellen keine Rechenschaft abzulegen brauchen

Repu|blik [*lat.-fr.*] *die*; -, -en: Staat, in dem mehrere nicht durch Erbfolge bestimmte Personen sich zu rechtlich umschriebenen Bedingungen in die Staatsgewalt teilen. **Repu|blikaner** [*lat.-fr.* (*-engl.*)] *der*; -s, -: 1. Anhänger der republikanischen Staatsform. 2. in den USA Mitglied od. Anhänger der Republikanischen Partei. **repu|blikanisch**: 1. a) die Republik betreffend; b) für die Republik eintretend. 2. die Republikanische Partei (der Vereinigten Staaten) betreffend. **Repu|blikanismus** [*lat.-fr.-nlat.*] *der*; -: das Eintreten für die republikanische Verfassung

Repudiation [*...zion*; *lat.*] *die*; -, -en: 1. (veraltet) Verwerfung, Verschmähung, Ausschlagung (z. B. eines Vermächtnisses; Rechtsw.). 2. Verweigerung der Annahme von Geld wegen geringer Kaufkraft (Wirtsch.). 3. ständige Ablehnung eines Staates, seine Anleiheverpflichtungen zu erfüllen (Wirtsch.)

Repu|gnanz [*lat.*] *die*; -, -en: Widerspruch, Gegensatz (Philos.)

Repuls [*lat.*] *der*; -es, -e: (veraltet) Ab-, Zurückweisung [eines Gesuches]. **Repulsion** *die*; -, -en: Ab-, Zurückstoßung (Techn.). **Repulsionsmotor** *der*; -s, -en: für kleine Leistungen verwendeter Einphasenwechselstrommotor mit einfacher Drehzahl u. einem Anker, der über einen → Kommutator kurzgeschlossen wird. **repulsiv** [*lat.-nlat.*]: zurückstoßend, abstoßend (bei elektrisch u. magnetisch geladenen Körpern)

Repunze [*lat.*; *lat.-it.*] *die*; -, -n: Feingehaltsstempel für Waren aus Edelmetallen. **repunzieren**: mit einem Feingehaltsstempel versehen

reputabel [*lat.-fr.*]: = reputierlich. **Reputation** [*...zion*] *die*; -: [guter] Ruf, Ansehen. **reputierlich**: ansehnlich; achtbar; ordentlich

Requeté [*rekete*; *span.*] *der*; -, -s: 1. (ohne Plural) Bund der Anhänger des span. Thronprätendenten Carlos u. seiner Nachfolger. 2. Mitglied dieses Bundes

Requiem [*...i-äm*; *lat.*; nach dem Eingangsgebet „requiem aeternam (*ä...*) dona eis, Domine“ = „Herr, gib ihnen die ewige Ruhe“] *das*; -s, -s (österr. auch: ...quien [*...i^e n*]): a) kath. Toten- od. Seelenmesse; b) Komposition, die die Totenmesse zum Leitthema hat (z. B. von Mozart od. Verdi). **requiescat in pace!** [*...ßkat - paz^e*]: er [sie] ruhe in Frieden! (Schlußformel der Totenmesse, Grabinschrift); Abk.: R. I. P.

Requirent [*lat.*] *der*; -en, -en: (veraltet) Nachforscher, Untersuchender (Rechtsw.). **requirieren** [„aufsuchen; nachforschen; verlangen“]: 1. für Heereszwecke beschlagnahmen. 2. (scherzh., verhüllend) [auf etwas gewaltsame Weise] beschaffen, herbeischaffen. 3. Nachforschungen anstellen, untersuchen. 4. ein anderes Gericht od. eine andere Behörde um Rechtshilfe in einer Sache ersuchen (in bezug auf Gerichte od. Behörden). **Requisit** *das*; -[e]s, -en: 1. (meist Plural) Zubehör für eine Bühnenaufführung od. Filmszene. 2. für etwas benötigtes Gerät, Zubehörteil. **Requisite** *die*; -, -n: (Jargon) a) Raum für Requisiten (1); b) die für die Requisiten zuständige Stelle. **Requisiteur** [*...tör*; *lat.-fr.*] *der*; -s, -e: Verwalter der Requisiten (Theater u. Film). **Requisition** [*...zion*; *lat.*] *die*; -, -en: 1. Beschlagnahme für Heereszwecke. 2. (scherzh., verhüllend) Beschaffung auf etwas gewaltsame Weise. 3. Nachforschung, Untersuchung. 4. Rechtshilfeersuchen

Res [*lat.*] *die*; -, -: Sache, Ding, Gegenstand (Philos.); - cogitans [*- ko...*]: das denkende Wesen, Geist, Seele; - extensa: das ausgedehnte Wesen, Materie, Körper (Descartes; Philos.)

Research [*rißö^r tsch*; *engl.*] *das*; -[s], -s: Marktforschung; Meinungsforschung (Soziol.). **Researcher** *der*; -s, -: jmd., der für die Markt- u. Meinungsforschung Untersuchungen durchführt (Soziol.)

Reseda *die*; -, ...den, selten: -s, (selten:) **Resede** [*lat.*] *die*; -, -n: aus dem Mittelmeergebiet stammende krautige Zierpflanze mit grünlichen, wohlriechenden Blüten

Resektion [*...zion*; *lat.*; „das Abschneiden“] *die*; -, -en: operative Entfernung kranker Organteile im Unterschied zur → Ektomie (Med.)

Resene [*gr.-lat.-nlat.*] *die* (Plural): neutrale, unverseifbare organische Bestandteile der natürlichen Harze

resequent [*lat.*; „nachfolgend“]: in der Fallrichtung der geologischen Schichten fließend (in bezug auf Nebenflüsse; Geogr.)

Reserpin [Kunstw.] *das*; -s: ein den Blutdruck senkender Wirkstoff

Reservage [*...wasch^e*; *lat.-fr.*] *die*; -: beim Färben von Stoffen mustergemäß aufgetragene Schutzbeize, die das Aufnehmen der Farbe verhindert. **Reservat** [*...wat*; *lat.*] *das*; -[e]s, -e: 1. Vorbehalt, Sonderrecht. 2. = Reservation (1). 3. natürliches Großraumgehege zum Schutz bestimmter, in freier Wildbahn lebender Tierarten. **Reservatfall** [*lat.*; *dt.*] *der*; -[e]s, ...fälle: bestimmte Sünde, deren Vergebung einem Oberhirten (Papst, Bischof) vorbehalten ist. **Reservatio mentalis** [*...wazio -*; *lat.-nlat.*] *die*; --, ...tiones ...tales [*...óneß ...áleß*]: = Mentalreservation (Rechtsw.). **Reservation** [*lat.-nlat.* (*-engl.*)] *die*; -, -en: 1. den Indianern in Nordamerika vorbehaltenes Gebiet. 2. = Reservat (1). **Reserve** [*...w^e*; *lat.-mlat.-fr.*] *die*; -, -n: 1. (ohne Plural) Zurückhaltung, Verschlossenheit, zurückhaltendes Wesen. 2. Vorrat; Rücklage für den Bedarfs- od. Notfall. 3. a) im Frieden die Gesamtheit der ausgebildeten, aber nicht → aktiv (2a) dienenden Soldaten; [Leutnant usw.] der -; Abk.: d. R.; b) im Kriege die [zurückgehaltene, aber einsatzbereite] Ersatztruppe. 4. [Gesamtheit der] Ersatzspieler einer Mannschaft (Sport). **Reservefonds** [*...fong*] *der*; - [*...fong(ß)*], - [*...fongß*]: Rücklage. **reservieren** [*lat.*]: a) für jmdn. bis zur Inanspruchnahme freihalten od. zurücklegen; b) für einen bestimmten Anlaß, Fall aufbewahren. **reserviert**: zurückhaltend, zugeknöpft, kühl, abweisend. **Reservist** [*lat.-mlat.-fr.-nlat.*] *der*; -en, -en: 1. Soldat der Reserve (3). 2. Auswechselspieler, Ersatzspieler (Fußball). **Reservoir** [*...woar*; *lat.-fr.*] *das*; -s, -e: 1. Sammelbecken, Wasserspeicher, Behälter für Vorräte. 2. Reservebestand, -fonds

resezieren [*lat.*]: eine Resektion vornehmen; operativ entfernen (Med.)

Resident [*lat.-fr.*] *der*; -en, -en: a) Regierungsvertreter; Geschäftsträger; b) (veraltet) Statthalter. **Residenz** [*lat.-mlat.*] *die*; -, -en: Wohnsitz eines Staatsoberhauptes, eines Fürsten, eines hohen Geistlichen; Hauptstadt. **residieren** [*lat.*]: seinen Wohnsitz haben (in bezug auf [regierende] Fürsten). **residual** [*lat.-nlat.*]: (Med.) a) als Reserve zurückbleibend (z. B. in bezug auf die nicht ausgeatmete Reserveluft); b) als Rest zurückbleibend (z. B. in bezug auf Urin, der in der Harnblase zurückbleibt); c) als [Dauer]folge einer Krankheit zurückbleibend (in bezug auf körperliche, geistige od. psychische Schäden, z. B. Dauerlähmung bestimmter Muskeln nach einem Schlaganfall). **Residuat** *das*; -[e]s, -e:

Rückstandsgestein (z. B. Bauxit, Kaolin; Geol.). **Residuum** [*lat.*] *das*; -s, ...duen [*...duᵉn*]: [als Folge einer Krankheit o. ä.] Rückstand, Rest

Resi|gnạnt [*lat.*] *der*; -en, -en: (veraltet) Verzichtender. **Resignation** [*...zion*; *lat.-mlat.*] *die*; -, -en: 1. Entsagung, Verzicht; Schicksalsergebenheit. 2. (Amtsspr.) freiwillige Niederlegung eines Amtes. **resi|gnativ** [*lat.-nlat.*]: resignierend, durch Resignation (1) gekennzeichnet. **resi|gnieren** [*lat.*; „entsiegeln; ungültig machen; verzichten"]: entsagen, verzichten; sich widerspruchslos fügen, sich in eine Lage schicken. **resi|gniert**: durch Resignation (1) gekennzeichnet

Resinat [*gr.-lat.-nlat.*] *das*; -[e]s, -e: Salz der Harzsäure

Resipiszẹnz [*lat.*] *die*; -, -en: 1. (veraltet) Sinnesänderung, Bekehrung. 2. das Wiedererwachen aus einer Ohnmacht (Med.)

Résistance [*resißtangß*; *lat.-fr.*] *die*; -: 1. Gruppe der konservativen französischen Parteien im 19. Jh. 2. französische Widerstandsbewegung gegen die deutsche Besatzung im 2. Weltkrieg. **resistẹnt** [*lat.*]: widerstandsfähig (z. B. in bezug auf den Organismus u. auf Schädlinge). **Resistẹnz** *die*; -, -en: 1. Widerstand, Gegenwehr. 2. anlagemäßig bedingte, erhöhte Widerstandsfähigkeit gegen Krankheiten u. Witterung (bei → Parasiten [1] auch gegen Bekämpfungsmittel). **Resistẹnza** [*lat.-it.*] *die*; -: italienische Widerstandsbewegung gegen die deutsche Besatzung während des 2. Weltkriegs (1943–45). **resistieren** [*lat.*]: widerstehen; ausdauern. **resistiv** [*lat.-nlat.*]: widerstehend, hartnäckig. **Resistivität** [*...wi...*] *die*; -: Widerstandsfähigkeit

Rẹs judicata [- *judikata*; *lat.*] *die*; - -, - ...tae [*...tä*]: rechtskräftig entschiedene Sache (Rechtsw.)

re|skribieren [*lat.*]: (veraltet) schriftlich antworten, zurückschreiben. **Re|skript** *das*; -[e]s, -e: 1. (veraltet) amtlicher Bescheid, Verfügung, Erlaß. 2. feierl. Rechtsentscheidung des Papstes od. eines Bischofs in Einzelfällen

resolut [*lat.-fr.*]: betont entschlossen u. mit dem Willen, sich durchzusetzen; in einer Weise sich darstellend, sich äußernd, die Entschlossenheit, Bestimmtheit zum Ausdruck bringt. **Resolution** [*...zion*; *lat.* (*-fr.*)] *die*; -, -en: 1. Beschluß, Entschließung. 2. Rückgang von Krankheitserscheinungen (Med.). **Resolvente** [*...wạntᵉ*; *lat.*] *die*; -, -n: zur Auflösung einer algebraischen Gleichung benötigte Hilfsgleichung (Math.). **resolvieren** [*...wirᵉn*]: 1. (veraltet) beschließen. 2. eine benannte Zahl durch eine kleinere Einheit darstellen (z. B. 1 km = 1000 m)

Resonạnz [*lat.*] *die*; -, -en: 1. a) durch Schallwellen gleicher Schwingungszahl angeregtes Mitschwingen, Mittönen eines anderen Körpers od. schwingungsfähigen Systems (Phys.); b) Klangverstärkung u. -verfeinerung durch Mitschwingung in den Obertönen (bei jedem Grundton kaum hörbar mitklingende, über ihm liegende Teiltöne, die ihn zum Klang machen; Mus.). 2. Widerhall, Anklang, Verständnis, Wirkung. **Resonator** [*lat.-nlat.*] *der*; -s, ...oren: bei der Resonanz mitschwingender Körper (z. B. Luftsäule bei Blasinstrumenten, Holzgehäuse bei Saiteninstrumenten). **resonatorisch**: die Resonanz betreffend, auf ihr beruhend. **resonieren** [*lat.*]: mitschwingen (Mus.)

Resopal Ⓦ [Kunstw.] *das*; -s: unempfindlicher Kunststoff, der als Schicht für Tischplatten o. ä. verwendet wird

Resorbens [*lat.*] *das*; -, ...bẹntia [*...zia*] od. ...bẹnzien [*...iᵉn*] (meist Plural): Mittel zur Anregung der Resorption (1). **resorbieren**: bestimmte Stoffe aufnehmen, aufsaugen

Resorcin [*nlat.*] *das*; -s, -e: zweiwertiges Phenol, das als Ausgangsprodukt für Phenolharze u. Farbstoffe dient u. in der Medizin gegen Erbrechen u. als Antiseptikum verwendet wird

Resorption [*...zion*; *lat.-nlat.*] *die*; -, -en: 1. das Aufsaugen; Aufnahme gelöster Stoffe in die Blut- u. Lymphbahn. 2. Wiederauflösung eines Kristalls beim Erstarren einer Gesteinsschmelze

Resorzin vgl. Resorcin

resozialisieren [*lat.-engl.*]: [nach Verbüßung einer längeren Haftstrafe] schrittweise wieder in die Gesellschaft eingliedern (Rechtsw.). **Resozialisierung** *die*; -, -en: [nach Verbüßung einer längeren Haftstrafe] schrittweise Wiedereingliederung in die Gesellschaft mit den Mitteln der Pädagogik, Medizin u. Psychotherapie (Rechtsw.)

Re|spẹkt [*lat.-fr.*; „das Zurückblicken, das Sichumsehen; Rücksicht"] *der*; -[e]s: 1. a) Ehrerbietung; schuldige Achtung; b) Scheu. 2. leerer Rand [bei Seiten, Kupferstichen]. **re|spektabel**: ansehnlich; angesehen. **Re|spektabilität** *die*; -: (veraltet) Achtbarkeit, Ansehen. **Respẹktblatt** [*lat.-fr.*; *dt.*] *das*; -[e]s, ...blätter: leeres Blatt am Anfang eines Buches; freie Seite eines mehrseitigen Schriftstücks. **respektieren** [*lat.-fr.*]: 1. achten; anerkennen, gelten lassen. 2. einen Wechsel bezahlen (Wirtsch.). **re|spektierlich**: (veraltet) ansehnlich, achtbar. **respektiv** [*lat.-mlat.*]: (veraltet) jedesmalig, jeweils. **re|spektive** [*...wᵉ*]: beziehungsweise; oder; Abk.: resp. **Re|spẹkttag** [*lat.-fr.*; *dt.*] *der*; -[e]s, -e: (hist.) Zahlungsfrist nach dem Verfallstag eines Wechsels

re|spirabel [*lat.-mlat.*]: atembar (in bezug auf Gase od. Luft; Med.). **Re|spiration** [*...zion*; *lat.*] *die*; -: Atmung (Med.). **Respirator** [*lat.-nlat.*] *der*; -s, ...oren: Atmungsgerät, Atemfilter. **respiratorisch**: mit der Atmung verbunden, auf sie bezüglich (Med.). **re|spirieren** [*lat.*]: atmen (Med.). **Re|spirotag** [*lat.-it.*; *dt.*] *der*; -[e]s, -e: = Respekttag

Re|spit [*lat.-fr.-engl.*] *der*; -s: (veraltet) Stundung (Wirtsch.). **Respittag** [*lat.-fr.-engl.*; *dt.*] *der*; -[e]s, -e: = Respekttag. **Respiziẹnt** [*lat.*] *der*; -en, -en: (veraltet) Berichterstatter. **re|spizieren**: (veraltet) berücksichtigen

re|spondieren [*lat.*]: 1. (veraltet) antworten. 2. (veraltet) entsprechen. 3. (veraltet) widerlegen. **Respons** *der*; -es, -e: Reaktion (1a) auf bestimmte Bemühungen. **responsabel** [*lat.-mlat.*]: (veraltet) verantwortlich. **Re|sponse** [*rißponß*; *engl.*] *die*; -, -s [*...sis*, auch: *...siß*]: durch einen Reiz ausgelöstes u. bestimmtes Verhalten (Psychol.; Sprachwissenschaft); Ggs. → Stimulus (b). **Re|sponsion** [*lat.*; „Antwort"] *die*; -, -en: Entsprechung, Wiederholung eines Wortes im Satz, das dadurch stark betont wird (Rhet.). **Re|sponsoriale** [*lat.-mlat.*] *das*; -[s], ...lien [*...iᵉn*]: 1. (veraltet) Sammlung der Responsorien für das nächtliche kath. Chorgebet. 2. = Antiphonar. **Re|sponsorium** *das*; -s, ...ien [*...iᵉn*]: kirchlicher Wechselgesang

Ressentiment [*räßangtimang*; *lat.-fr.*] *das*; -s, -s: 1. heimlicher, stiller Groll, ohnmächtiger Haß, [Lebens]neid. 2. das Wiedererleben eines (dadurch verstärkten) meist

schmerzlichen Gefühls (Psychol.)
Ressort [*räßor*; *fr.*] *das*; -s, -s: Geschäfts-, Amtsbereich; Arbeits-, Aufgabengebiet. **ressortieren**: zugehören, unterstehen
Ressource [*räßurß[e]*; *lat.-fr.*] *die*; -, -n (meist Plural): a) natürliches Produktionsmittel für die Wirtschaft; b) Hilfsmittel; Hilfsquelle, Reserve; Geldmittel
Restant [*lat.* (-*it.*)] *der*; -en, -en: 1. zahlungsrückständiger Schuldner. 2. ausgelostes od. gekündigtes, aber nicht abgeholtes Wertpapier. 3. Ladenhüter
Restaurant [*räßtorang*; *lat.-fr.*] *das*; -s, -s: Gaststätte. **Restaurateur** [...*toratör*] *der*; -s, -e: (veraltet) Gastwirt
Restauration [*räßtaurazion*]
I. [*spätlat.*] *die*; -, -en: 1. das Restaurieren (1). 2. Wiedereinrichtung der alten politischen u. sozialen Ordnung nach einem Umsturz.
II. [*lat.-fr.*] *die*; -, -en: (österr., sonst veraltet) Gastwirtschaft
restaurativ [...*tau*...; *lat.-nlat.*]: die Restauration (I, 2) betreffend, sich auf die Restauration stützend. **Restaurator** [*lat.*] *der*; -s, ...oren: Fachmann, der Kunstwerke wiederherstellt. **restaurieren** [*lat.*(-*fr.*)]: 1. (ein Kunst-, Bauwerk, einen Kunstgegenstand, ein Gemälde o. ä.) in seinen ursprünglichen Zustand bringen, wiederherstellen, ausbessern. 2. eine frühere, überwundene politische, gesellschaftliche Ordnung wiederherstellen. 3. sich -: (veraltend) sich erholen, sich erfrischen. **Restaurierung** *die*; -, -en: 1. das Restaurieren. 2. das Sichrestaurieren
restez! [*räßte*; *lat.-fr.*]: bleiben Sie! (Anweisung für Instrumentalisten, in derselben Lage od. auf derselben Saite zu bleiben; Mus.). **restieren** [*lat.-roman.*]: 1. (veraltet) übrig sein. 2. (veraltet) a) (von Zahlungen) noch ausstehen; b) schulden; c) (mit einer Zahlung) im Rückstand sein
restituieren [*lat.*]: 1. wiederherstellen. 2. zurückerstatten. 3. ersetzen. **Restitutio in** (od. **ad**) **integrum** [...*zio* - -] *die*; - - -: 1. Wiedereinsetzung in den vorigen Stand; die gerichtliche Aufhebung einer zum Nachteil des Betroffenen erfolgten Entscheidung aus Gründen der Billigkeit (Rechtsw.). 2. völlige Wiederherstellung der normalen Körperfunktionen nach einer überstandenen Krankheit od. Verletzung (Med.). **Restitution** *die*; -, -en: 1. Wiederherstellung, Wiedererrichtung. 2. a) Wiedergutmachung od. Schadensersatzleistung für alle einem anderen Staat widerrechtlich zugefügten Schäden; b) im röm. Recht die Wiederaufhebung einer Entscheidung, die einen unbilligen Rechtserfolg begründete. 3. eine Form der → Regeneration, bei der die auf normalem Wege verlorengegangenen Organteile (z. B. Geweih, Federn, Haare) ersetzt werden (Biol.); vgl. Reparation (2). **Restitutionsklage** [*lat.*; *dt.*] *die*; -, -n: Klage auf Wiederaufnahme eines mit einem rechtskräftigen Urteil abgeschlossenen gerichtlichen Verfahrens wegen schwerwiegender Verfahrensmängel (Rechtsw.)
Re|strictio mentalis [...*ikzio* -; *lat.*] *die*; - -, ...tiones ...tales [...*zioneß* ...*taleß*]: = Mentalreservation (Rechtsw.). **Re|striktion** *die*; -, -en: a) Einschränkung, Beschränkung (von jmds. Rechten, Befugnissen, Möglichkeiten); b) für den Gebrauch eines Wortes, einer Wendung o. ä. geltende, im System der Sprache liegende Einschränkung (Sprachw.). **restriktiv** [*lat.-nlat.*]: einschränkend, einengend; -e [...*w[e]*] Konjunktion: einschränkendes Bindewort (z. B. insofern); -er Code: = restringierter Code. **Re|striktivsatz** [*lat.-nlat.*; *dt.*] *der*; -es, ...sätze: restriktiver → Modalsatz (z. B. hilf ihm, *soweit es deine Zeit erlaubt*!; Sprachw.). **restringieren** [*lat.*]: (veraltet) 1. einschränken. 2. zusammenziehen (Med.). **re|stringiert**: eingeschränkt; -er Code: individuell nicht stark differenzierter sprachlicher → Code (1) eines Sprachteilhabers (Sprachw.); Ggs. → elaborierter Code
Resultante [*lat.-mlat.-fr.*] *die*; -, -n: Ergebnisvektor von verschieden gerichteten Bewegungs- od. Kraftvektoren (vgl. Vektor). **Resultat** *das*; -[e]s, -e: 1. (in Zahlen ausdrückbares) Ergebnis [einer Rechnung]. 2. Erfolg, Ergebnis. **resultativ** [*lat.-mlat.-nlat.*]: ein Resultat bewirkend; -e [...*w[e]*] Aktionsart: → Aktionsart eines Verbs, die das Resultat, das Ende eines Geschehens ausdrückt (z. B. finden). **resultieren** [*lat.-mlat.-fr.*; „zurückspringen; entspringen; entstehen"]: sich herleiten, sich [als Resultat] ergeben, die Folge von etwas sein. **Resultierende** *die*; -n, -n: = Resultante
Resümee [*lat.-fr.*; „das Wieder[vor]genommene; das Wiederholte"] *das*; -s, -s: 1. Zusammenfassung. 2. Fazit. **resümieren**: zusammenfassen
Resupination [...*zion*; *lat.-nlat.*] *die*; -, -en: Drehung der Blütenglieder während der Entwicklung um 180° (z. B. bei Orchideen; Bot.)
Resurrektion [...*zion*; *lat.*] *die*; -, -en: (selten) Auferstehung
Resuszitation [...*zion*; *lat.*] *die*; -, -en: = Reanimation
re|szindieren [*lat.*]: (veraltet) vernichten, aufheben, für nichtig erklären (Rechtsw.). **re|szissibel** [*lat.-nlat.*]: (veraltet) anfechtbar (Rechtsw.). **Re|szissibilität** *die*; -: (veraltet) Anfechtbarkeit (Rechtsw.). **Re|szission** [*lat.-mlat.*] *die*; -, -en: (veraltet) Ungültigkeitserklärung, gerichtliche Verwerfung (z. B. eines Testaments)
Retabel [*lat.-span.fr.*] *das*; -s, -: Altaraufsatz (mit dem Altar fest verbundene, künstlerisch gestaltete Rückwand)
reta|blieren [*lat.-fr.*]: (veraltet) wiederherstellen. **Retablissement** [...*bliß[e]mang*] *das*; -s, -s: (veraltet) Wiederherstellung
Retake [*rite[i]k*; *engl.*] *das*; -[s], -s (meist Plural): Wiederholung einer mißglückten Aufnahme (Film)
Retaliation [...*zion*; *lat.-nlat.*] *die*; -, -en: (veraltet) [Wieder]vergeltung
Retard [*r[e]tar*; *lat.-fr.*] *der*; -s: Hebelstellung zur Verringerung der Ganggeschwindigkeit von Uhren. **Retardat** [*lat.*] *das*; -[e]s, -e: (veraltet) Rückstand. **Retardation** [...*zion*] *die*; -, -en: Verzögerung, Verlangsamung eines Ablaufs, einer Entwicklung; Entwicklungsverzögerung; vgl. ...[at]ion/...ierung. **retardieren**: 1. verzögern, hemmen. 2. veraltet) nachgehen (in bezug auf Uhren); vgl. ritardando. **retardiert**: in der geistigen od. körperlichen Entwicklung zurückgeblieben
Retent [*lat.*] *das*; -[e]s, -e: zurückbehaltenes Aktenstück. **Retention** [...*zion*] *die*; -, -en: 1. (Med.) a) relative od. absolute Unmöglichkeit, zur Ausscheidung bestimmte Körperflüssigkeiten od. andere Stoffe (bes. Urin) zu entleeren; b) Abflußbehinderung seröser Flüssigkeit, die sich in einer Zyste angesammelt hat; c) unvollständige od. fehlende Entwicklung eines Organs od. Körperteils aus seinem Ausgangsbereich (z. B. der Zähne od. der Hoden); d) Verankerung, Befestigung (der Kunststoffzähne

in einer Prothese). 2. die Leistung des Gedächtnisses in bezug auf Lernen, → Reproduzieren (1) und Wiedererkennen (Psychologie). **Retentionsrecht** [*lat.*; *dt.*] *das*; -[e]s: Zurückbehaltungsrecht; Recht des Schuldners, eine fällige Leistung zu verweigern, solange ein Gegenanspruch nicht erfüllt ist (Rechtsw.)

Reticella [...*tschäla*; *lat.-it.*; „Netzchen"] *die*; -, -s: ursprünglich genähte, später geklöppelte ital. Spitze. **Retikül** [*lat.-fr.*] *der* od. *das*; -s, -e u. -s: = Ridikül. **retikular** u. **retikulär** [*lat.-nlat.*]: netzartig; -es Gewebe: Bindegewebe (Med.). **retikuliert**: netzartig; -e Gläser: Gläser mit einem netzartigen Muster aus eingeschmolzenen Milchglasfäden. **Retikulom** *das*; -s, -e: gutartige knotige Wucherung (insbes. im Bereich des Knochenmarks, der Lymphknoten u. der Milz; Med.). **Retikulose** *die*; -, -n: Sammelbezeichnung für ursächlich u. erscheinungsmäßig verschiedenartige Wucherungen im Bereich von Knochenmark, Milz, Lymphknoten u. Leber (Med.). **Retikulum** [*lat.*; „kleines Netz"] *das*; -s, ...la: 1. Netzmagen der Wiederkäuer (Zool.). 2. im Ruhekern der teilungsbereiten Zelle nach Fixierung u. Färbung sichtbares Netzwerk aus Teilen von entspiralisierten Chromosomen (Biol.). **Retina** [*lat.-mlat.*] *die*; -, ...nae [...*nä*]: Netzhaut des Auges (Med.). **Retinitis** [*lat.-mlat.-nlat.*] *die*; -, ...itiden: Netzhautentzündung (Med.). **Retino|blastom** [*lat.-mlat.*; *gr.*] *das*; -s, -e: bösartige Netzhautgeschwulst (Med.). **Retino|skopie** *die*; -, ...ien: = Skiaskopie

Retirade [*fr.*] *die*; -, -n: 1. (verhüllend) Toilette (2b). 2. [militär.] Rückzug. **retirieren**: sich [fluchtähnlich, eilig] zurückziehen

Retorsion [*lat.-nlat.*] *die*; -, -en: Erwiderung einer Beleidigung; vor allem im zwischenstaatlichen [diplomatischen] Verkehr die einer unbilligen Maßnahme eines anderen Staates entsprechende Gegenmaßnahme (z. B. Ausweisung von Ausländern als Antwort auf ebensolche Vorkommnisse im Ausland). **Retorte** [*lat.-mlat.-fr.*] *die*; -, -n: a) rundliches Labordestillationsgefäß aus Glas mit umgebogenem, verjüngtem Hals; b) in der chemischen Industrie zylindrischer od. flacher langer Behälter, der innen mit feuerfestem Material ausgekleidet ist. **Retortenbaby** *das*; -s, -s: Baby, das sich aus einem außerhalb des Mutterleibs befruchteten u. dann wieder in die Gebärmutter zurückversetzten Ei entwickelt hat

retour [*retur*; *lat.-vulgärlat.-fr.*]: (landsch., sonst veraltend) zurück. **Retour** *die*; -, -en: (österr., ugs.) Rückfahrkarte. **Retourbillet** *das*; -s, -s: (schweiz. häufig für:) = Retourbillett. **Retourbillett** [*returbiljät*] *das*; -[e]s, -e u. -s: (schweiz., sonst veraltet) Rückfahrkarte. **Retoure** [*returᵉ*] *die*; -, -n (meist Plural): 1. a) an den Verkäufer zurückgesandte Ware; b) nicht ausgezahlter, an den Überbringer zurückgegebener Scheck od. Wechsel. 2. (österr. Amtsspr. veraltend) Rücksendung. **Retourkutsche** *die*; -, -n: (ugs.) das Zurückgeben eines Vorwurfs, einer Beleidigung o. ä. [bei passender Gelegenheit] mit einem entsprechenden Vorwurf, einer entsprechenden Beleidigung. **retournieren**: 1. a) Waren zurücksenden (an den Verkäufer); b) (österr.) zurückgeben, -bringen. 2. den gegnerischen Aufschlag zurückschlagen (Tennis)

Re|traite [*rᵉträtᵉ*; *lat.-fr.*] *die*; -, -n: 1. (veraltet) Zapfenstreich der Kavallerie. 2. Rückzug. **Re|trakt** [*lat.*] *der*; -[e]s, -e: (veraltet) Befugnis, eine fremde, von einem Eigentümer an einen Dritten verkaufte Sache von diesem u. jedem weiteren Besitzer zum ursprünglichen Kaufpreis an sich zu nehmen; Näherrecht (Rechtsw.). **Re|traktion** [...*zion*] *die*; -, -en: Zusammenziehung, Verkürzung, Schrumpfung (Med.)

Re|tranchement [*rᵉtrangschᵉmang*; *lat.-fr.*] *das*; -s, -s: (veraltet) Verschanzung; verschanzte Linie

Re|transfusion [*lat.-nlat.*] *die*; -, -en: = Reinfusion

Re|tribution [...*zion*; *lat.*] *die*; -, -en: 1. Rückgabe, Wiedererstattung (z. B. eines Geldbetrages). 2. Vergeltung. **re|tributiv** [*lat.-nlat.*]: die Retribution (1 u. 2) betreffend, auf Retribution beruhend

re|tro|aktiv [*lat.-nlat.*]: rückwirkend; -e [...*wᵉ*] Hemmung: Beeinträchtigung des Behaltens von etwas Gelerntem, wenn unmittelbar darauf etwas Neues eingeprägt wird; -e [...*wᵉ*] Suggestion: Suggestion, die frühere Bewußtseinsinhalte u. Erinnerungen aktiviert (Psychol.). **re|trobulbär**: hinter dem Augapfel gelegen (Med.). **retrodatieren**: (veraltet) zurückdatieren. **re|tro|flex**: mit „zurückgebogener" Zungenspitze gebildet (in bezug auf Laute; Sprachw.). **Re|tro|flex** *der*; -es, -e: mit „zurückgebogener" Zungenspitze gebildeter Laut (Sprachw.); vgl. Zerebral. **Retro|flexion** *die*; -, -en: Abknikkung von Organen (bes. der Gebärmutter) nach hinten (Med.). **re|tro|grad** [*lat.*]: rückläufig, rückwirkend, in zurückliegende Situationen zurückreichend (z. B. in bezug auf eine → Amnesie; Med.); -e Bildung: Rückbildung, Wort (bes. Substantiv), das aus einem [meist abgeleiteten] Verb od. Adjektiv gebildet ist, aber den Eindruck erweckt, die Grundlage des betreffenden Verbs od. Adjektivs zu sein (z. B. Kauf aus kaufen, Blödsinn aus blödsinnig; Sprachw.). **retrolental** [*lat.-nlat.*]: hinter der Augenlinse gelegen (Med.). **retronasal**: im Nasenrachenraum gelegen (Med.). **re|troperitoneal**: hinter dem Bauchfell gelegen (Med.). **Re|tro|spektion** [...*zion*] *die*; -, -en: Rückschau, Rückblick. **re|tro|spektiv**: rückschauend, rückblickend. **Re|tro|spektive** [...*iwᵉ*] *die*; -, -n: a) Rückschau, Rückblick; b) Kunstausstellung od. Filmserie, die das Gesamtwerk eines Künstlers od. Filmregisseurs od. einer Epoche in einer Rückschau vorstellt. **Retro|spiel** *das*; -[e]s, -e: schrittweises Zurücknehmen einer bestimmten Folge von Zügen bis zu einer bestimmten Ausgangsstellung (Schach). **retrosternal**: hinter dem Brustbein gelegen (Med.). **Re|troversion** [...*wär*...] *die*; -, -en: Rückwärtsneigung, bes. der Gebärmutter (Med.). **re|trovertieren** [*lat.*]: zurückneigen, zurückwenden. **Retrovisor** [...*wi*...; *lat.-nlat.*] *der*; -s, ...soren: auf dem Autodach montierter Rückspiegel, mit dem man durch einen angehängten Wohnwagen hindurchsehen kann. **retrozedieren**: 1. (veraltet) a) zurückweichen; b) [etwas] wieder abtreten. 2. rückversichern (Wirtsch.). **Re|trozession** *die*; -, -en: 1. (veraltet) Wiederabtretung. 2. besondere Form der Rückversicherung (Wirtsch.)

Retsina [*gr.-lat.-mlat.-ngr.*] *der*; -[s]: mit Harz versetzter griechischer Weißwein

Return [*ritö'n*; *engl.*] *der*; -s, -s: Rückschlag; zurückgeschlagener Ball ([Tisch]tennis, Badminton)

Retusche [*fr.*] *die*; -, -n: a) das Retuschieren; b) Stelle, an der retuschiert worden ist. **Retuscheur** [...*schör*] *der*; -s, -e: jmd., der Retuschen ausführt. **retuschieren**: (bes. an einem Foto, einer Druckvorlage) nachträglich Veränderungen anbringen (um Fehler zu korrigieren, Details hinzuzufügen od. zu entfernen)

re|unieren [*reünir^en*; *lat.-fr.*]: 1. (veraltet) wiedervereinigen, versöhnen. 2. sich -: sich versammeln

Re|union [*lat.-fr.*]

I. [*re-union*] *die*; -, -en: (veraltet) Wiedervereinigung.

II. [*reüniong*] *die*; -, -s: (veraltet) Gesellschaftsball

Re|unionen [*lat.-fr.*] *die* (Plural): gewaltsame Gebietsaneignungen Ludwigs XIV. im Elsaß u. in Lothringen. **Re|unionskammern** [*lat.-fr.*; *dt.*] *die* (Plural): durch Ludwig XIV. eingesetzte franz. Gerichte zur Durchsetzung territorialer → Annexionen

reüssieren [*lat.-it.-fr.*]: Erfolg haben; ein Ziel erreichen

Revakzination [...*wakzinazion*; *lat.-nlat.*] *die*; -, -en: Wiederimpfung (Med.). **revakzinieren**: wieder impfen (Med.)

revalidieren [*rewa*...; *lat.-nlat.*]: wieder gültig werden. **revalieren**: sich für eine Auslage schadlos halten. **Revalierung** *die*; -, -en: Deckung [einer Schuld]. **Revalorisation** [...*zion*] *die*; -, -en: = Revalorisierung. **revalorisieren**: eine Währung auf den ursprünglichen Wert erhöhen. **Revalorisierung** *die*; -, -en: Erhöhung einer Währung auf den ursprünglichen Wert. **Revalvation** [...*zion*] *die*; -, -en: Aufwertung einer Währung durch Korrektur des Wechselkurses. **revalvieren** [...*walwi*...]: eine Währung (durch Korrektur des Wechselkurses) aufwerten

Revanche [*rewangsch^(e)*, ugs. auch: *rewangsch^e*; *lat.-fr.*] *die*; -, -n [...*sch^en*]: 1. (veraltend) Vergeltung (eines Landes) für eine erlittene militärische Niederlage. 2. das Sichrevanchieren (1). 3. Gegendienst, Gegenleistung. 4. a) Chance, eine erlittene Niederlage bei einem Wettkampf in einer Wiederholung wettzumachen; b) Rückkampf, Rückspiel eines Hinspiels, das verloren wurde (Sport). **revanchieren**, sich: 1. vergelten, sich rächen. 2. sich erkenntlich zeigen, durch eine Gegenleistung ausgleichen, einen Gegendienst erweisen. 3. eine erlittene Niederlage durch einen Sieg in einem zweiten Spiel gegen denselben Gegner ausgleichen, wettmachen (Sport). **Revanchismus** [*lat.-fr.-russ.*] *der*; -: (bes. DDR, abwertend) Politik, die auf Rückgewinnung in einem Krieg verlorener Gebiete mit militärischen Mitteln gerichtet ist. **Revanchist** *der*; -en, -en: (bes. DDR, abwertend) Vertreter des Revanchismus. **revanchistisch**: (bes. DDR, abwertend) den Revanchismus betreffend

Reveille [*rewäj^e*; *lat.-vulgärlat.-fr.*] *die*; -, -n: (veraltet) militär. Weckruf

Revelation [*rewelazion*; *lat.*] *die*; -, -en: Enthüllung, Offenbarung. **revelatorisch** [*lat.-nlat.*]: enthüllend, etwas ans Licht bringend

Revenant [*r^ew^enang*; *lat.-fr.*] *der*; -s, -s: Gespenst; Geist, der aus einer anderen Welt wiederkehrt.

Revenue [*r^ew^enü*] *die*; -, -n [...*nü^en*]: (meist Plural) Einkommen, Einkünfte

re vera [*re wera*; *lat.*]: (veraltet) in der Tat, in Wahrheit

Reverend [*räw^er^end*; *lat.-engl.*] *der*; -s, -s: a) (ohne Plural) Titel der Geistlichen in England und Amerika; Abk.: Rev.; b) Träger dieses Titels. **Reverendissimus** [*lat.*] *der*; -: Titel der kath. → Prälaten. **Reverendus** *der*; -: Ehrwürden, Hochwürden (Titel der kath. Geistlichen); Abk.: Rev.; - Pater: ehrwürdiger Vater (Titel der Ordensgeistlichen); Abk.: R. P. **Reverenz** [„Scheu, Ehrfurcht"] *die*; -, -en: a) Ehrerbietung; b) Verbeugung; vgl. aber Referenz

Reverie [*räw*...; *lat.-vulgärlat.-fr.*] *die*; -, ...ien: franz. Bezeichnung für: Träumerei (elegisch-träumerisches Instrumentalstück, bes. Klavierstück der Romantik)

Revers

I. [*lat.-fr.*; *rewär*] *das* od. (österr. nur:) *der*; - [*rewärß*], - [*rewärß*]: Umschlag od. Aufschlag an Kleidungsstücken.

II. [*lat.-fr.*; *rewärß*, franz. Ausspr.: *r^ewär*] *der*; -es u. (bei franz. Ausspr.:) - [*r^ewärß*], -e u. (bei franz. Ausspr.:) - [*r^ewärß*]: Rückseite [einer Münze]; Ggs. → Avers.

III. [*lat.-mlat.*; *rewärß*] *der*; -es, -e: Erklärung, Verpflichtungsschein

Reversale [*lat.-nlat.*] *das*; -, ...lien [...*i^en*]: offizielle Versicherung eines Staates, seine Verträge mit anderen Staaten einzuhalten u. den bestehenden Zustand nicht einseitig zu ändern. **Reverse** [*riwö'ß*; *engl.*] *das*; -: Umschaltautomatik für den Rücklauf (bes. bei Kassettenrecordern). **reversibel**: 1. umkehrbar (z. B. von technischen, chemischen, biologischen Vorgängen); Ggs. → irreversibel. 2. heilbar (Med.). **Reversibilität** *die*; -: Umkehrbarkeit; Ggs. → Irreversibilität

Reversi|ble [*rewärsib^el*; *lat.-fr.-engl.*]

I. *der*; -s, -s: Sammelbezeichnung für Gewebe mit einer glänzenden u. einer matten Seite.

II. *das*; -s, -s [auch: ...*b^el*]: Kleidungsstück, das beidseitig getragen werden kann; Wendemantel, Wendejacke

reversieren [*lat.-nlat.*]: 1. (veraltet) sich schriftlich verpflichten. 2. [bei Maschinen] den Gang umschalten. **Reversing** [*riwö'ßing*; *lat.-fr.-engl.*] *das*; -: Form der Geschäftsabwicklung im engl. Baumwollterminhandel. **Reversion** [*lat.*] *die*; -, -en: Umkehrung, Umdrehung. **Reversions|pendel** *das*; -s, -: wichtiges Instrument zur Messung der Erdbeschleunigung

Revident [*rewi*...; *lat.*] *der*; -en, -en: 1. jmd., der → Revision (3) einlegt. 2. (veraltet) Revisor (1 u. 2). 3. (österr.) a) (ohne Plural) Beamtentitel; b) Träger dieses Titels. **revidieren** [„wieder hinsehen"]: 1. überprüfen, prüfen, kontrollieren, durchsuchen. 2. formal abändern, korrigieren; nach eigehender Prüfung ändern, z. B. sein Urteil -; vgl. Revision

Revier [*rewir*; *lat.-vulgärlat.-fr.-niederl.*; „Ufergegend entlang eines Wasserlaufs"] *das*; -s, -e: 1. Bezirk, Gebiet; Tätigkeitsbereich (z. B. eines Kellners). 2. kleinere Polizeidienststelle [eines Stadtbezirks]. 3. (Mil.) a) von einem Truppenteil belegte Räume in einer Kaserne od. in einem Lager; b) Krankenstube eines Truppenteils. 4. (Forstw.) a) Teilbezirk eines Forstamts; b) begrenzter Jagdbezirk. 5. Abbaugebiet (Bergw.). 6. Lebensraum, Wohngebiet bestimmter Tiere. **revieren**: ein Jagdgelände von einem Hund absuchen lassen (Forstw.)

Review [*riwju*; *lat.-fr.-engl.*] *der*; -s, -s, (auch:) *die*; -, -s: Titel od. Bestandteil des Titels engl. u. amerik. Zeitschriften; vgl. Revue (1)

Revindikation [*rewindikazion*; *lat.-nlat.*] *die*; -, -en: (veraltet) Rückforderung, Geltendmachung eines Herausgabeanspruchs (Rechtsw.). **revindizieren**: einen Herausgabeanspruch geltend machen (Rechtsw.)

Revirement [*rewir^emang*; *galloroman.-fr.*] *das*; -s, -s: 1. Wechsel

in der Besetzung von Ämtern. 2. Form der Abrechnung zwischen Schuldnern u. Gläubigern (Wirtsch.)
revisibel [*rewi...*; *lat.-nlat.*]: (selten) auf dem Wege der → Revision (3) anfechtbar (Rechtsw.); Ggs. → irrevisibel. **Revisibilität** *die*; -: (selten) Anfechtbarkeit eines Urteils auf dem Wege der Revision (Rechtsw.). **Revision** [*lat.-mlat.*; „prüfende Wiederdurchsicht"] *die*; -, -en: 1. [nochmalige] Durchsicht, Nachprüfung; bes. die → Korrektur des bereits umbrochenen (zu Druckseiten zusammengestellten) Satzes (Druckw.). 2. Änderung nach eingehender Prüfung (z. B. in bezug auf eine Ansicht). 3. bei einem Gericht mit grundsätzlicher Entscheidungsvollmacht (Bundesgerichtshof, Oberlandesgericht) gegen ein [Berufungs]urteil einzulegendes Rechtsmittel, das die Überprüfung dieses Urteils hinsichtlich einer behaupteten fehlerhaften Gesetzesanwendung od. hinsichtlich angeblicher Verfahrensmängel fordert (Rechtsw.). **Revisionismus** [*lat.-mlat.-nlat.*] *der*; -: 1. das Streben nach Änderung eines bestehenden [völkerrechtlichen] Zustandes od. eines [polit.] Programms. 2. im 19. Jh. eine Richtung innerhalb der dt. Sozialdemokratie mit der Tendenz, den orthodoxen Marxismus durch Sozialreformen abzulösen. **Revisionist** *der*; -en, -en: Verfechter des Revisionismus (1, 2). **revisionistisch**: den Revisionismus (1, 2) betreffend. **Revisor** [*lat.-nlat.*] *der*; -s, ...oren: 1. [Wirtschafts]prüfer. 2. Korrektor, dem die Überprüfung der letzten Korrekturen im druckfertigen Bogen obliegt
Revival [*riwaiw*ᵉ*l*; *engl.*] *das*; -s, -s: Wiederbelebung, Erneuerung
Revokation [*rewokazion*; *lat.*] *die*; -, -en: Widerruf (z. B. eines wirtschaftl. Auftrages); vgl. revozieren. **Revokatorium** *das*; -s, ...ien [...*i*ᵉ*n*]: Abberufungs-, Rückberufungsschreiben (Rechtsw.). **Revoke** [*riwo*ᵘ*k*; *lat.-fr.-engl.*] *die*; -, -s: versehentlich falsches Bedienen (Kartenspiele)
Revolte [...*wol*...; *lat.-vulgärlat.-it.-fr.*; „Umwälzung"] *die*; -, -n: Aufruhr, Aufstand (einer kleinen Gruppe). **Revolteur** [...*tör*] *der*; -s, -e: jmd., der sich an einer Revolte beteiligt. **revoltieren**: an einer Revolte teilnehmen; sich empören, sich auflehnen, meutern. **Revolution** [...*zion*; *lat.(-fr.)*] *die*; -, -en: 1. [gewaltsamer] Umsturz der bestehenden politischen u. sozialen Ordnung. 2. Aufhebung, Umwälzung der bisher als gültig anerkannten Gesetze od. der bisher geübten Praxis durch neue Erkenntnisse u. Methoden (z. B. in der Wissenschaft); die Grüne -: revolutionierende (vgl. revolutionieren 2) Neuerungen auf dem Gebiet der Züchtung besonders ertragreicher Getreidesorten. 3. Gebirgsbildung (Geol.). 4. Umlauf eines Himmelskörpers um ein Hauptgestirn (Astron.). 5. Solospiel im Skat. **revolutionär** [*lat.-fr.*]: 1. die Revolution (1) betreffend, zum Ziele habend; für die Revolution eintretend. 2. eine Revolution (2) bewirkend, umwälzend. **Revolutionär** *der*; -s, -e: 1. jmd., der auf eine Revolution (1) hinarbeitet od. an ihr beteiligt ist. 2. jmd., der sich gegen Überkommenes auflehnt u. grundlegende Veränderungen auf einem Gebiet herbeiführt. **revolutionieren**: 1. a) in Aufruhr bringen, für seine revolutionären (1) Ziele gewinnen; b) (selten) revoltieren. 2. grundlegend verändern. **Revoluzzer** [*lat.-it.*] *der*; -s, -: (abwertend) jmd., der sich [bes. mit Worten, in nicht ernst zu nehmender Weise] als Revolutionär gebärdet. **Revolver** [...*wolw*...; *lat.-fr.-engl.*] *der*; -s, -: 1. kurze Handfeuerwaffe mit einer drehbaren Trommel als Magazin. 2. drehbare Vorrichtung an Werkzeugmaschinen zum Einspannen mehrerer Werkzeuge. **Revolverdrehbank** [*lat.-fr.-engl.*; *dt.*] *die*; -, ...bänke: Drehbank mit Revolver (2) zur schnelleren Werkstückbearbeitung (Techn.). **Revolverpresse** *die*; -: reißerisch aufgemachte Sensationszeitungen. **revolvieren** [*lat.*]: zurückdrehen (Techn.). **Revolvingkredit** [*riwolw*...; *lat.-fr.-engl.*; *lat.-it.-fr.*] *der*; -[e]s, -e: 1. Kredit, der dem Leistungsumschlag des Unternehmens entsprechend von diesem beglichen u. erneut beansprucht werden kann. 2. zur Finanzierung langfristiger Projekte dienender Kredit in Form von immer wieder prolongierten od. durch verschiedene Gläubiger gewährten formal kurzfristigen Krediten. **Revolvingsystem** [*lat.-fr.-engl.*; *gr.-lat.*] *das*; -s: Finanzierung langfristiger Projekte über fortlaufende kurzfristige Anschlußfinanzierungen
revozieren [*rewo*...; *lat.*]: 1. [sein Wort] zurücknehmen; widerrufen. 2. vor Gericht einen mündlichen Antrag sofort zurückziehen, wenn der Prozeßgegner durch Beweise die im Antrag aufgestellte Behauptung widerlegt (worauf der Antrag im Protokoll gestrichen wird)
Revue [*rewü*, auch: *r*ᵉ*w*...; *lat.-fr.*; „Übersicht, Überblick"] *die*; -, -n [...*wü*ᵉ*n*]: 1. Titel od. Bestandteil des Titels von Zeitschriften; vgl. Review. 2. musikalisches Ausstattungsstück mit einer Programmfolge von sängerischen, tänzerischen u. artistischen Darbietungen, die oft durch eine Handlung verbunden sind. 3. (veraltet) Truppenschau
Rewach [*jidd.*] *der*; -s: = Reibach
Re|writer [*rirait*ᵉ*r*; *engl.-amerik.*] *der*; -s, -: jmd., der Nachrichten, Berichte, politische Reden, Aufsätze o. ä. für die Veröffentlichung bearbeitet
Rex [*lat.*]
I. *der*; -, Reges [*regeß*]: [altröm.] Königstitel.
II. *der*; -, -e: (Schülerspr.) = Direx
Rexapparat ⓦⓩ *der*; -[e]s, -e: (österr.) Einwecktopf
Rey|on [*räjong*; *engl.-fr.*; in Deutschland festgelegte Schreibung für: → Rayon (4)] *der* od. *das*; -: nach dem Viskoseverfahren hergestellte Kunstseide
Rez-de-chaussée [*red*ᵉ*schoße*; *fr.*] *das*; -, -: (veraltet) Erdgeschoß
Rezensent [*lat.*] *der*; -en, -en: Verfasser einer Rezension, [Literatur]kritiker. **rezensieren**: eine künstlerische od. wissenschaftliche Hervorbringung kritisch besprechen. **Rezension** *die*; -, -en: 1. kritische Besprechung einer künstlerischen od. wissenschaftlichen Hervorbringung bes. in einer Zeitung od. Zeitschrift. 2. berichtigende Durchsicht eines alten, oft mehrfach überlieferten Textes
rezent [*lat.*]: 1. gegenwärtig noch lebend (von Tier- u. Pflanzenarten; Biol.); Ggs. → fossil. 2. (landsch.) herzhaft
Rezepisse [österr.: *rezepiß*; *lat.*; „erhalten zu haben"] *das*; -[s], - (österr.: *die*; -, -n): Empfangsbescheinigung (Postw.). **Rezept** *das*; -[e]s, -e: 1. schriftliche Anweisung des Arztes an den Apotheker für die Abgabe von Heilmitteln. 2. Back-, Kochanweisung. **rezeptibel**: veraltet) aufnehmbar, empfänglich. **Rezeptibilität** [*lat.-nlat.*] *die*; -: (veraltet) Empfänglichkeit. **rezeptieren** [*lat.*]: ein Rezept ausschreiben (Med.). **Rezeption** [...*zion*] *die*; -, -en: 1. a) Aufnahme, Übernahme fremden Gedan-

ken-, Kulturgutes, insbes. die Übernahme des römischen Rechts; b) Aufnahme eines Textes, eines Werks der bildenden Kunst o. ä. durch den Hörer, Leser, Betrachter. 2. a) (veraltet) Aufnahme in eine Gemeinschaft; b) (Studentenspr.) Aufnahme der Füchse in die Gemeinschaft der Burschen. 3. [*lat.-fr.*]: Aufnahme[raum], Empfangsbüro im Foyer eines Hotels. **Rezeptionsästhetik** *die*; -: Richtung in der modernen Literatur-, Kunst- u. Musikwissenschaft, in der man sich mit der Wechselwirkung zwischen dem, was ein Kunstwerk an Gehalt, Bedeutung usw. anbietet, u. dem Erwartungshorizont sowie der Verständnisbereitschaft des → Rezipienten (1) befaßt. **rezeptiv** [*lat.-nlat.*]: [nur] aufnehmend, empfangend; empfänglich. **Rezeptivität** [*...wität*] *die*; -: Aufnahmefähigkeit; insbes. in der Psychologie die Empfänglichkeit für Sinneseindrücke. **Rezeptor** [*lat.*] *der*; -s, ...oren: 1. (veraltet) Empfänger; Steuereinnehmer. 2. (meist Plural) Ende einer Nervenfaser od. spezialisierte Zelle in der Haut u. in inneren Organen zur Aufnahme von Reizen (Med.). **rezeptorisch**: von Rezeptoren (2) aufgenommen (Med.). **Rezeptur** [*lat.-nlat.*] *die*; -, -en: 1. a) Zubereitung von Arzneimitteln in kleinen Mengen nach Rezept (1); Ggs. → Defektur; b) Zusammenstellung, Zubereitung nach einem bestimmten Rezept (2). 2. (hist.) Steuereinnehmerei

Rezeß [*lat.*; „Rückzug"] *der*; ...zesses, ...zesse: Auseinandersetzung, Vergleich (Rechtsw.). **Rezession** [„das Zurückgehen"] *die*; -, -en: Verminderung der wirtschaftlichen Wachstumsgeschwindigkeit, leichter Rückgang der Konjunktur; vgl. Depression (3). **rezessiv** [*lat.-nlat.*]: 1. zurücktretend, nicht in Erscheinung tretend (in bezug auf Erbfaktoren; Biol.); Ggs. → dominant (1). 2. die Rezession betreffend. **Rezessivität** [*...wi...*] *die*; -: Eigenschaft eines Gens bzw. des entsprechenden Merkmals, gegenüber seinem → allelen Partner nicht in Erscheinung zu treten (Biol.); Ggs. → Dominanz

rezidiv [*lat.*]: wiederkehrend, wiederauflebend; rückfällig (in bezug auf eine Krankheit od. Krankheitssymptome; Med.). **Rezidiv** *das*; -s, -e [...w^e]: Rückfall (in bezug auf eine gerade überstandene Krankheit; Med.). **rezidivieren** [*...wir^{e}n*; *lat.-nlat.*]: in Abständen wiederkehren (in bezug auf eine Krankheit; Med.)

Rezipient [*lat.*] *der*; -en, -en: 1. jmd., der einen Text, ein Werk der bildenden Kunst, ein Musikstück o. ä. aufnimmt; Hörer, Leser, Betrachter. 2. Glasglocke mit Ansatzrohr für eine Vakuumpumpe zum Herstellen eines luftleeren Raumes (Phys.). **rezipieren**: a) fremdes Gedanken-, Kulturgut aufnehmen, übernehmen; b) einen Text, ein Werk der bildenden Kunst o. ä. als Hörer, Leser, Betrachter aufnehmen

reziprok [*lat.*]: wechsel-, gegenseitig, aufeinander bezüglich; -er Wert: Kehrwert (Vertauschung von Zähler u. Nenner eines Bruches; Math.); -es Pronomen: wechselbezügliches Fürwort (z. B. sich [gegenseitig]). **Reziprozität** [*lat.-nlat.*] *die*; -: Wechselseitigkeit [der im Außenhandel eingeräumten Bedingungen]

Rezital vgl. Recital. **rezitando** vgl. recitando. **Rezitation** [*...zion*; *lat.*] *die*; -, -en: künstlerischer Vortrag einer Dichtung, eines literarischen Werks. **Rezitativ** [*lat.-it.*] *das*; -s, -e [...w^e]: dramatischer Sprechgesang, eine in Tönen deklamierte u. vom Wort bestimmte Gesangsart (in Oper, Operette, Kantate, Oratorium); vgl. Accompagnato u. Secco. **rezitativisch** [*...tiwi...*]: in der Art des Rezitativs vorgetragen (Mus.). **Rezitator** [*lat.*] *der*; -s, ...oren: jmd., der rezitiert; Vortragskünstler. **rezitatorisch** [*lat.-nlat.*]: a) den Rezitator betreffend; b) die Rezitation betreffend. **rezitieren** [*lat.*]: eine Dichtung, ein literarisches Werk künstlerisch vortragen

Rhabarber [*gr.-mlat.-it.*]

I. *der*; -s: Knöterichgewächs mit großen krausen Blättern, dessen fleischige, grüne od. rote Stiele als Kompott o. ä., z. T. auch als Abführmittel verwendet werden.

II. *das*; -s: (ugs.) unverständliches, undeutliches Gemurmel, z. B. -, - (als Imitation eines Volksgemurmels)

rhabdoidisch [*gr.-nlat.*]: stabförmig (Med.; Biol.). **Rhabdom** *das*; -s, -e: Sehstäbchen in der Netzhaut des Auges (Med.). **Rhabdomantie** [*gr.*] *die*; -: das Wahrsagen mit geworfenen Stäben od. mit der Wünschelrute

Rhachis [*...chiß*; *gr.*] *die*; -: 1. Spindel od. Hauptachse eines gefiederten Blattes od. eines Blütenstandes. 2. Schaft der Vogelfeder. **Rhachitis** vgl. Rachitis

Rhagade [*gr.-lat.*] *die*; -, -n (meist Plural): Hautriß, Schrunde (Med.)

Rhamnus [*gr.-nlat.*] *der*; -: Kreuzdorn, Faulbaum, dessen Rinde u. Früchte als Abführmittel dienen

Rhaphiden vgl. Raphiden

Rhapsode [*gr.*] *der*; -n, -n: im antiken Griechenland fahrender Sänger, der eigene od. fremde [epische] Dichtungen z. T. mit Kitharabegleitung vortrug. **Rhapsodie** *die*; -, ...ien: 1. a) von einem Rhapsoden vorgetragene epische Dichtung; b) Gedicht in freien Rhythmen. 2. a) Instrumentalfantasie [für Orchester] mit Betonung des Nationalcharakters (seit dem 19. Jh.); b) romantisches Klavierstück freien, balladesken Charakters; c) kantatenartige Vokalkomposition mit Instrumentalbegleitung (z. B. bei Brahms). **Rhapsodik** *die*; -: Kunst der Rhapsodiendichtung; vgl. Rhapsodie (1). **rhapsodisch**: a) die Rhapsodie betreffend; in freier [Rhapsodie]form; b) bruchstückartig, unzusammenhängend; c) den Rhapsoden betreffend, charakterisierend

Rhät vgl. Rät

Rhema [*gr.*; „Rede, Aussage"] *das*; -s, -ta: (Sprachw.) a) Aussage eines Satzes, die formal in Opposition zur Subjektgruppe steht; b) Teil des Satzes, der die neue Information des Sprechers für den Hörer enthält; vgl. Thema-Rhema; Ggs. → Thema (2). **rhematisch**: das Rhema betreffend. **Rhematisierung** [*gr.-nlat.*] *die*; -, -en: Übertragung einer rhematischen Funktion auf ein thematisches Element, wobei das Rhema eines Satzes zum Thema des nächsten wird (z. B. sie trägt ein Baumwollkleid. Es ist bunt gemustert.)

Rhenchospasmus [*gr.-nlat.*] *der*; -: Schnarchkrampf (Med.)

rhenanisch [von lat. *Rhenus* = „Rhein"]: rheinisch. **Rhenium** [*nlat.*] *das*; -s: metallisches chem. Element; Zeichen: Re

rheobiont [*gr.-nlat.*]: (von Fischen) nur in strömenden [Süß]gewässern lebend (Biol.). **Rheographie** *die*; -, ...ien: Verfahren zur Beurteilung peripherer Gefäße (Med.); vgl. Rheokardiographie. **Rheokardiographie** *die*; -, ...ien: der Erfassung mechanischer u. elektrischer Erscheinungen der Herztätigkeit dienende Registrierung des Widerstandes, der einem elektrischen Strom beim Durchfließen des Brustkorbs geleistet wird. **Rheo|krene** *die*; -, -n: Sturzquelle. **Rheologe** *der*; -n, -n: Wissenschaftler auf dem Gebiet der Rheologie. **Rheologie** *die*; -: Teilgebiet der Mechanik, auf dem die Erscheinungen des Fließens u. der → Relaxation (2) von flüssigen, → kolloidalen u. festen Systemen unter der Einwirkung äußerer Kräfte untersucht werden. **Rheometer** *das*; -s, -: 1. (veraltet) Strommesser. 2. Bezeichnung für ein bestimmtes → Viskosimeter. **Rheome|trie** *die*; -: Meßtechnik der Rheologie. **rheophil**: vorzugsweise in strömendem Wasser lebend (Biol.). **Rheostat** *der*; -[e]s u. -en, -e[n]: mit veränderlichen Kontakten ausgerüsteter Apparat zur Regelung des elektrischen Widerstandes. **Rheotan** ⓦ [Kunstw.] *das*; -s: als elektrisches Widerstandsmaterial verwendete Nickelbronze. **Rheotaxis** [*gr.-nlat.*] *die*; -, ...xen: Fähigkeit eines Tieres, seine Körperachse in Richtung der Wasserströmung einzustellen (Biol.). **Rheo|tron** *das*; -s, ...one (auch: -s): = Betatron. **Rheo|tropismus** *der*; -, ...men: durch strömendes Wasser beeinflußte Wachstumsrichtung von Pflanzenteilen (Bot.)

Rhesus [*nlat.*] *der*; -, - u. **Rhesusaffe** [*nlat.*; *dt.*] *der*; -n, -n: indischer meerkatzenartiger Affe (wichtiges Versuchstier der Mediziner). **Rhesusfaktor** [nach seiner Entdeckung beim Rhesusaffen] *der*; -s: von den Blutgruppen unabhängiger, erblicher Faktor, der in rhesusfaktorfreiem Blut als → Antigen wirkt und die Bildung eines → Antikörpers auslöst, der seinerseits beim Zusammentreffen wiederum mit Rh-Blut eine → Agglutination hervorruft (Nichtbeachtung kann insbes. bei Blutübertragungen u. Schwangerschaften zu Zwischenfällen u. Störungen führen); Zeichen: Rh (= Rhesusfaktor positiv), rh (= Rhesusfaktor negativ)

Rhetor [*gr.-lat.*] *der*; -s, ...oren: Redner der Antike. **Rhetorik** *die*; -, -en: a) (ohne Plural) Wissenschaft von der kunstmäßigen Gestaltung öffentlicher Reden; vgl. Stilistik (1); b) (ohne Plural) Redebegabung, Redekunst; c) Lehrbuch der Redekunst. **Rhetoriker** *der*; -s, -: jmd., der die Rhetorik (a) beherrscht; guter Redner. **rhetorisch**: a) die Rhetorik (a) betreffend, den Regeln der Rhetorik entsprechend; -e Figur: kunstmäßige Gestaltung eines Ausdrucks, Redefigur (z. B. → Figura etymologica, → Anapher); -e Frage: nur zum Schein [aus Gründen der Rhetorik (a)] gestellte Frage, auf die keine Antwort erwartet wird; b) die Rhetorik (b) betreffend, rednerisch; c) phrasenhaft, schönrednerisch

Rheuma [Kurzform] *das*; -s: (ugs.) = Rheumatismus. **Rheum|arthritis** [*gr.-nlat.*] *die*; -, ...itiden: Gelenkrheumatismus (Med.). **Rheumatiker** *der*; -s, -: an Rheumatismus Leidender. **rheumatisch**: durch Rheumatismus bedingt, auf ihn bezüglich. **Rheumatismus** [*gr.-lat.*; „das Fließen"] *der*; -, ...men: schmerzhafte, das Allgemeinbefinden vielfach beeinträchtigende Erkrankung der Gelenke, Muskeln, Nerven, Sehnen. **rheumatoid** [*gr.-nlat.*]: rheumatismusähnlich (Med.). **Rheumatoid** *das*; -[e]s, -e: im Gefolge schwerer allgemeiner od. Infektionskrankheiten auftretende rheumatismusähnliche Erkrankung (Med.). **Rheumatologe** *der*; -n, -n: Arzt mit speziellen Kenntnissen auf dem Gebiet rheumatischer Krankheiten (Med.)

Rhexis [*gr.*] *die*; -: Zerreißung (z. B. eines Blutgefäßes; Med.)

Rh-Faktor vgl. Rhesusfaktor

Rhin|algie [*gr.-nlat.*] *die*; -, ...ien: Nasenschmerz (Med.). **Rhin|allergose** *die*; -, -n: Heuschnupfen (Med.). **Rhinitis** *die*; -, ...itiden: Nasenkatarrh, Schnupfen, Nasenschleimhautentzündung (Med.). **Rhino|blennorrhö**[1] [*gr.-nlat.*] *die*; -, -en u. **Rhino-blennor|rhöe** [...*rö*] *die*; -, -n [...*rö^{e}n*]: eitrig-schleimiger Nasenkatarrh (Med.). **rhinogen**: in der Nase entstanden, von ihr ausgehend (Med.). **Rhinolalie** *die*; -: das Näseln (Med.). **Rhinologe** *der*; -n, -n: Nasenarzt. **Rhinologie** *die*; -: Nasenheilkunde. **Rhinophonie** *die*; -: = Rhinolalie. **Rhinophym** *das*; -s, -e: knollige Verdickung der Nase, Knollennase (Med.). **Rhino|plastik** *die*; -, -en: operative Bildung einer künstlichen Nase (Med.). **Rhinorrhagie** *die*; -, ...ien: heftiges Nasenbluten (Med.). **Rhino|sklerom** *das*; -s, -e: Nasenverhärtung (Med.). **Rhino|skop** *das*; -s, -e: zangenähnliches Instrument zur Untersuchung der Nase von vorn, Nasenspiegel (Med.). **Rhino|skopie** *die*; -, ...ien: Untersuchung der Nase mit dem Rhinoskop (Med.). **Rhinozeros** [*gr.-lat.*] *das*; - u. -ses, -se: asiatische Nashornart mit einem Nasenhorn u. zipfliger Oberlippe

Rhizodermis [*gr.-nlat.*] *die*; -, ...men: das die Wurzel der höheren Pflanze umgebende Gewebe, das zur Aufnahme von Wasser und Nährsalzen aus dem Boden dient (Bot.). **rhizoid**: wurzelartig (Biol.). **Rhizoid** *das*; -[e]s, -e: wurzelähnliches Gebilde bei Algen u. Moosen (Biol.). **Rhizom** *das*; -s, -e: Wurzelstock, Erdsproß mit Speicherfunktion (Bot.). **Rhizophore** *die*; -, -n: Mangrovebaum, Gattung der Mangrovegewächse mit kurzem Stamm, abstehenden dicken Ästen u. lederartigen Blättern, mit Atem- u. Stelzwurzeln. **Rhizophyt** *der*; -en, -en: Pflanze mit echten Wurzeln (Farn- od. Samenpflanze) im Unterschied zu den Lager- od. Moospflanzen. **Rhizopode** *der*; -n, -n (meist Plural): Wurzelfüßer (Einzeller, der durch formveränderliche, kurzseitige, der Fortbewegung u. Nahrungsaufnahme dienende Protoplasmafortsätze gekennzeichnet ist; Biol.). **Rhizopodium** *das*; -s, ...ien [...*i^{e}n*] (meist Plural): Protoplasmafortsatz der Rhizopoden. **Rhizo|sphäre** *die*; -, -n: die von Pflanzenwurzeln durchsetzte Bodenschicht

Rh-negativ: den → Rhesusfaktor nicht aufweisend; Ggs. → Rh-positiv

Rho [*gr.*] *das*; -[s], -s: siebzehnter Buchstabe des griechischen Alphabets: *Ρ, ρ*

Rhod|amine [Kunstw. aus: gr. *rhodon* = „Rose" u. → *Amin*] *die* (Plural): Gruppe von stark fluoreszierenden roten Farbstoffen, die früher zum Färben von Wolle u. Seide dienten (Chem.). **Rhodan** [*gr.-nlat.*] *das*; -s: einwertige Schwefel-Kohlenstoff-Stickstoff-Gruppe in chem. Verbindungen (Chem.). **Rhodanid** *das*; -[e]s, -e: Salz der Rhodanwasserstoffsäure, einer flüchtigen, stechend riechenden Flüssigkeit (Chem.). **Rhodanzahl** *die*; -: Kennzahl für den Grad der Ungesättigtheit von Fetten u. Ölen (Chem.)

Rhodeländer [nach dem US-amerik. Staat Rhode Island (*ro^{u}d ai-l^{e}nd*)] *das*; -s, -: Huhn einer amerikanischen Rasse mit guter Legeleistung

rhodinieren [*gr.-nlat.*]: mit Rhodium überziehen. **Rhodium** *das*; -s: chem. Grundstoff, Edelmetall; Zeichen: Rh. **Rhododendron** [*gr*[illegible]] *der* (auch: *das*); -s, ...dren: Pflanzengattung der Erikagewächse mit zahlreichen Ar-

[1] Vgl. die Anmerkung [illegible] Diarrhö.

ten. **Rhodophyzeen** [*gr.-nlat.*] *die* (Plural): zusammenfassende systematische Bezeichnung für die Rotalgen

Rhomben: *Plural* von → Rhombus. **rhombisch** [*gr.-nlat.*]: die Form eines Rhombus besitzend. **Rhombo|eder** [*gr.-nlat.*] *das*; -s, -: von sechs Rhomben begrenzte Kristallform. **rhomboid** [*gr.-lat.*]: rautenähnlich. **Rhomboid** *das*; -[e]s, -e: → Parallelogramm mit paarweise ungleichen Seiten. **Rhombus** *der*; -, ...ben: → Parallelogramm mit gleichen Seiten

Rhonchus u. Ronchus [*gr.-lat.*] *der*; -: Rasselgeräusch (Med.).

rhopalisch [*gr.-lat.*; „keulenförmig"]; -er Vers: Vers, in dem jedes folgende Wort eine Silbe mehr hat als das vorangehende (spätantike Metrik)

Rhopo|graphie [*gr.-nlat.*] *die*; -: antike naturalistische Kleinmalerei

Rhotazismus [*gr.-nlat.*] *der*; -, ...men: Übergang eines zwischen Vokalen stehenden stimmhaften s zu r (z. B. griech. gene*s*eos gegenüber lat. gene*r*is)

Rh-positiv: den → Rhesusfaktor aufweisend; Ggs. → Rh-negativ

Rhus [*gr.-lat.*] *der*; -: tropische u. subtropische Pflanzengattung sommer- od. immergrüner Bäume od. [Zier]sträucher mit gefiederten od. dreizähligen Blättern, Blüten in Rispen u. kleinen trockenen Steinfrüchten; Essigbaum; vgl. Sumach

Rhynchote [...*chote*; *gr.-nlat.*] *der*; -n, -n (meist Plural): Schnabelkerf (z. B. Wanze)

Rhyo|lith [auch: ...*it*; *gr.-nlat.*] *der*; -s u. -en, -e[n]: ein Ergußgestein

Rhypia vgl. Rupia

Rhythm and Blues [*ridhᵉm n blus*; *engl.-amerik.*] *der*; - - -: Musikstil der nordamerikanischen Neger, der durch die Verbindung der Melodik des → Blues (1 b) mit einem stark akzentuierten, aufrüttelnden Beatrhythmus gekennzeichnet ist. **Rhythmik** [*gr.-lat.*] *die*; -: 1. rhythmischer Charakter, Art des Rhythmus (1–4). 2. a) Kunst der rhythmischen (1, 2) Gestaltung; b) Lehre vom Rhythmus, von rhythmischer (1, 2) Gestaltung. 3. rhythmische Erziehung; Anleitung zum Umsetzen von Melodie, Rhythmus, Dynamik der Musik in Bewegung (Päd.). **Rhythmiker** *der*; -s, -: Komponist, der die Rhythmik (2) besonders gut beherrscht u. das rhythmische Element in seiner Musik herausstellt. **rhythmisch**: 1. den Rhythmus (1–4) betreffend; 2. nach, in einem bestimmten Rhythmus (1–4) erfolgend; -e Travée [*trawe*]: in einem bestimmten Rhythmus (4) gegliederter Wandabschnitt (z. B. durch den Wechsel von Pfeiler u. Säule). **rhythmisieren** [*gr.-nlat.*]: in einen bestimmten Rhythmus versetzen. **Rhythmus** [*gr.-lat.*; „das Fließen"] *der*; -, ...men: 1. Gleichmaß, gleichmäßig gegliederte Bewegung; periodischer Wechsel, regelmäßige Wiederkehr natürlicher Vorgänge (z. B. Ebbe u. Flut). 2. einer musikalischen Komposition zugrunde liegende Gliederung des Zeitmaßes, die sich aus dem Metrum des thematischen Materials, aus Tondauer u. Wechsel der Tonstärke ergibt. 3. Gliederung des Sprachablaufs, bes. in der Versdichtung durch den geregelten, harmonischen Wechsel von langen u. kurzen, betonten u. unbetonten Silben, durch Pausen u. Sprachmelodie. 4. Gliederung eines Werks der bildenden Kunst, bes. eines Bauwerks durch regelmäßigen Wechsel bestimmter Formen. **Rhythmusgitarre** *die*; -, -n: elektrische Gitarre zur Erzeugung oder Unterstützung des → Beats (2); vgl. Leadgitarre. **Rhythmusgruppe** [*gr.-lat.*; *dt.*] *die*; -, -n: zur Erzeugung des → Beats (2) benötigte Schlagzeuggruppe [mit zusätzlichen Zupfinstrumenten]

Rhytid|ektomie [*gr.-nlat.*] *die*; -, ...ien: operative Beseitigung von Hautfalten (Med.)

Ria [*span.*] *die*; -, -s: Meeresbucht, die durch Eindringen des Meeres in ein Flußtal u. dessen Nebentäler entstanden ist

Rial [*pers.* u. *arab.*] *der*; -[s], -[s] (aber: 100 -): Währungseinheit im Iran u. einigen arab. Staaten; Abk.: Rl; vgl. Riyal

Ribattuta [*lat.-it.*] *die*; -, ...ten: langsam beginnender, allmählich schneller werdender Triller

Ribisel [*arab.-mlat.-it.*] *die*; -, -n: (österr.) Johannisbeere

Ribo|flavin [...*win*; Kunstw.] *das*; -s, -e: = Laktoflavin. **Ribonukleinsäure** *die*; -, -n: = Ribosenukleinsäure. **Ribose** [Kunstw. aus verstümmeltem → Arabinose] *die*; -, -n: eine → Pentose im Zellplasma. **Ribosenu|kleinsäure** *die*; -, -n: wichtiger Bestandteil des Kerneiweißes der Zelle; Abk.: RNS. **Ribosom** [Kunstw.] *das*; -s, -en (meist Plural): hauptsächlich aus Ribosenukleinsäuren u. → Protein bestehendes, für den Eiweißaufbau wichtiges, submikroskopisch kleines Körnchen am → endoplasmatischen Retikulum (Biol.)

Ricambio [*rika...*] vgl. Rikambio

Ricercar [*ritschärkar*; *lat.-it.*] *das*; -s, -e u. Ricercare *das*; -[s], ...ri: frei erfundene Instrumentalkomposition mit nacheinander einsetzenden, imitativ durchgeführten Themengruppen (Vorform der Fuge, 16./17. Jh.; Mus.). **ricercare**: fantasieren, frei vorspielen (Vortragsanweisung; Mus.). **Ricercare** vgl. Ricercar. **Ricercata** [...*kata*] *die*; -, ...ten: = Ricercar

Richelieu|stickerei [*rischᵉljö*..., auch: ...*jö*...; nach dem franz. Staatsmann Richelieu, 1585–1642] *die*; -, -en: Weißstickerei mit ausgeschnittenen Mustern

Ricin vgl. Rizin

Rickettsien [...*iᵉn*; *nlat.*; nach dem amerik. Pathologen Ricketts, 1871–1910] *die* (Plural): zwischen Viren u. Bakterien stehende Krankheitserreger (insbes. des Fleckfiebers; Med.). **Rickettsiose** *die*; -, -n: durch Rickettsien hervorgerufene Krankheit

Rideau [...*do*; *fr.*] *der*; -s, -s: (südwestdt., schweiz.) [Fenster]vorhang, Gardine

ridikül [*lat.-fr.*]: lächerlich

Ridikül u. Retikül [*lat.-fr.*] *der* od. *das*; -s, -e u. -s: [gehäkelte] Handtasche, Handarbeitsbeutel (bes. 18./19. Jh.)

rien ne va plus [*riäng nᵉ wa plü*; *fr.*; „nichts geht mehr"]: beim Roulettspiel die Ansage des Croupiers, daß nicht mehr gesetzt werden kann

Riesen|slalom [*dt.*; *norw.*] *der*; -s, -s: → Slalom, bei dem die durch Flaggen gekennzeichneten Torstangen in größerem Abstand stehen, so daß er dem Abfahrtslauf etwas ähnlicher ist (Skisport)

Riff [*engl.-amerik.*] *der*; -[s], -s: fortlaufende Wiederholung einer melodischen Phrase im Jazz

Rififi [nach dem gleichnamigen franz. Spielfilm (1955)] *das*; -s: raffiniert ausgeklügeltes, in aller Heimlichkeit durchgeführtes Verbrechen

Rigaudon [*rigodong*; *fr.*; wahrscheinlich abgeleitet von dem Namen eines alten Tanzlehrers Rigaud (*rigo*)] *der*; -s, -s: provenzal. Sing- u. Spieltanz in schnellem $^{2}/_{2}$-Takt, Satz der → Suite

Rigg [*engl.*] *das*; -s, -s: gesamte Takelung eines Schiffs. **Riggung** *die*; -, -en: = Rigg

Righeit [*lat.*; *dt.*] *die*; -: elastische Widerstandsfähigkeit fester Körper gegen Formveränderungen (Geol.)

right or wrong, my coun|try! [*rait o^r rong mai kantri*; *engl.*; „richtig oder falsch, (es geht um) mein Vaterland!"; politisches Schlagwort frei nach dem Ausspruch des amerik. Admirals Decatur (*dike^i-t^er*), 1779–1820]: ganz gleich, ob ich die Maßnahmen [der Regierung] für falsch od. richtig halte, meinem Vaterland schulde ich Loyalität

rigid, rigide [*lat.*]: 1. streng, unnachgiebig. 2. starr, steif, fest (z. B. bezogen auf die Beschaffenheit der Arterien bei Arteriosklerose). **Rigidität** *die*; -: 1. a) Unnachgiebigkeit; b) Unfähigkeit, sich wechselnden Bedingungen schnell anzupassen (Psychol.). 2. Versteifung, [Muskel]starre

Rigole [*niederl.-fr.*] *die*; -, -n: tiefe Rinne, Entwässerungsgraben. **rigolen**: tief pflügen od. umgraben (z. B. bei der Anlage eines Weinbergs)

Rigor [*lat.*] *der*; -s: = Rigidität (1). **Rigorismus** [*lat.-nlat.*] *der*; -: unbeugsames, starres Festhalten an Grundsätzen (bes. in der Moral). **Rigorist** *der*; -en, -en: Vertreter des Rigorismus. **rigoristisch**: den Rigorismus betreffend. **rigoros** [*lat.-mlat.*]: sehr streng, unerbittlich, hart, rücksichtslos. **Rigorosa**: *Plural* von → Rigorosum. **Rigorosität** *die*; -: Strenge, Rücksichtslosigkeit. **rigoroso** [*lat.-it.*]: genau, streng im Takt (Vortragsanweisung; Mus.). **Rigorosum** [*lat.-mlat.*] *das*; -s, ...sa: mündliche Doktorprüfung

Rigweda [*sanskr.*] *der*; -[s]: Sammlung der ältesten indischen Opferhymnen (Teil der Weden)

Rikambio [*lat.-it.*] *der*; -s, ...ien [*...i^en*]: Rückwechsel, den ein rückgriffsberechtigter Inhaber eines protestierten (vgl. protestieren 2) Wechsels auf einen seiner Vormänner zieht

Rikorswechsel [*lat.-it.*; *dt.*]: = Rikambio

rikoschettieren [*fr.*]: (veraltet) aufschlagen, abprallen (von Vollkugeln; Mil.). **Rikoschettschuß** [*fr.*; *dt.*] *der*; -schusses, ...schüsse: (veraltet) Kugel, die rikoschettiert

Rikscha [*jap.-engl.*] *die*; -, -s: zweirädriger Wagen in Ostasien, der von einem Menschen gezogen wird u. zur Beförderung von Personen dient

Riksmål [*rikßmol*; *norw.*; „Reichssprache"] *das*; -[s]: ältere Bezeichnung für → Bokmål

rila|sciando [*...schando*; *lat.-it.*]: nachlassend im Takt, langsamer werdend (Vortragsanweisung; Mus.)

Rimessa [*lat.-it.*] *die*; -, ...ssen: Angriffsverlängerung (Fortsetzung des Angriffs nach einer parierten → Riposte; Fechten). **Rimesse** *die*; -, -n: (Wirtsch.) a) Übersendung von Geld, eines Wechsels; b) in Zahlung gegebener Wechsel

Rimlockröhre [*engl.*; *dt.*] *die*; -, -n: Sammelname für Allglasröhren mit acht Halterungsstiften (Rundfunktechnik)

Rina|scimento [*rinasch...*; *lat.-it.*] *das*; -[s]: ital. Bezeichnung für → Renaissance

rinforzando [*lat.-it.*]: plötzlich deutlich stärker werdend; Abk.: rf., rfz. (Vortragsanweisung; Mus.). **Rinforzando** *das*; -s, -s u. ...di: plötzliche Verstärkung des Klanges auf einem Ton od. einer kurzen Tonfolge (Mus.). **rinforzato**: plötzlich merklich verstärkt; Abk.: rf., rfz. (Vortragsanweisung; Mus.). **Rinforzato** *das*; -s, -s u. ...ti: = Rinforzando

Ringlotte *die*; -, -n: (landsch.) Reneklode

Ripienist [*...i-e...*; *lat.-it.*] *der*; -en, -en: (im 17./18. Jh. u. bes. beim → Concerto grosso [2]) Orchestergeiger od. Chorsänger (Mus.). **ripieno**: mit vollem Orchester; Abk.: rip. (Mus.). **Ripieno** *das*; -s, -s u. ...ni: das ganze, volle Orchester (im 17./18. Jh.); vgl. Concertino (2). **Ripienstimmen** [*lat.-it.*; *dt.*] *die* (Plural): die zur Verstärkung der Solostimme dienenden Instrumental- od. Singstimmen (18. Jh.; Mus.)

Riposte [*lat.-it.-fr.*] *die*; -, -n: unmittelbarer Gegenstoß nach einem parierten Angriff (Fechten). **ripostieren**: eine → Riposte ausführen

Ripper [engl. to rip „aufreißen, aufschlitzen"; nach der im Volksmund „Jack the Ripper" genannten, nicht identifizierten Person, die in London vor der Jahrhundertwende mehrere Morde an Prostituierten beging] *der*; -s, -: jmd., der [auf grausame Weise] Frauen getötet hat

Ri|presa [*lat.-it.*] *die*; -, ...sen: (Mus.) a) Wiederholung; b) Wiederholungszeichen. **Ri|presa d'attacco** [- *...ako*; *it.*] *die*; - -: Rückgang in die Fechtstellung zur Erneuerung eines Angriffs (Fechten)

Rips [*engl.*] *der*; -es, -e: Sammelbezeichnung für Gewebe mit Längs- od. Querrippen

Risalit [*lat.-it.*] *der*; -s, -e: in ganzer Höhe des Bauwerks vorspringender Gebäudeteil (Mittel-, Eck- od. Seitenrisalit) zur Aufgliederung der Fassade (besonders in der barocken Baukunst)

Rischi [*sanskr.*] *der*; -s, -s: einer der Seher u. Weisen der Vorzeit, denen man die Abfassung der Hymnen des → Rigweda zuschreibt. **Rishi** [*rischi*] vgl. Rischi

Risiko [*it.*] *das*; -s, -s u. ...ken (österr. auch: Risken): Wagnis; Gefahr, Verlustmöglichkeit bei einer unsicheren Unternehmung. **Risiko|prämie** [*...i^e*] *die*; -, -n: 1. Zuschlag bei der Kalkulation für erwartete Risiken. 2. Gewinnanteil als Vergütung für die Übernahme des allgemeinen Unternehmerrisikos

Risi-Pisi [*it.*; zusammengezogen aus it. *riso con piselli* = „Reis mit Erbsen"] *die* (Plural) u. (bes. österr.:) **Risipisi** *das*; -[s]: Gericht aus Reis u. Erbsen

riskant [*it.-fr.*]: gefährlich, gewagt. **riskieren**: a) aufs Spiel setzen; b) wagen; c) sich einer bestimmten Gefahr aussetzen

Ri|skon|tro = Skontro

risoluto [*lat.-it.*]: entschlossen u. kraftvoll (Vortragsanweisung; Mus.)

Risorgimento [*...sordschi...*; *lat.-it.*; „Wiedererstehung"] *das*; -[s]: ital. Einigungsbestrebungen im 19. Jh.

Risotto [*sanskr.-pers.-gr.-lat.-mlat.-it.*] *der*; -[s], -s od. *das*; -s, -[s]: ital. Reisgericht

Ri|spetto [*lat.-it.*; „Verehrung (der Geliebten)"] *das*; -[s], ...tti: aus 6 od. 10 Versen bestehende Gedichtform, toskan. Abart des → Strambotto

Ri|sposta [*lat.-it.*] *die*; -, ...sten: Antwortstimme in der Fuge, nachahmende Stimme im Kanon; Ggs. → Proposta (Mus.)

rissolé [*...le*; *lat.-vulgärlat.-fr.*]: braun, knusperig gebraten. **Rissole** *die*; -, -n: kleine Pastete. **Rissolette** *die*; -, -n: geröstete Brotschnitte, die mit gehacktem Fleisch belegt ist

Ristorante [*lat.-fr.-it.*] *das*; -, ...ti: ital. Bez. für: Restaurant

ristornieren [*lat.-it.*]: eine falsche Buchung rückgängig machen (Wirtsch.). **Ristorno** *der* od. *das*; -s, -s: 1. Ab- u. Zuschreibung eines Postens in der Buchhaltung (Wirtsch.). 2. Rücknahme einer Seeversicherung gegen Vergütung (Wirtsch.)

ri|sve|gliando [*rißwäljando*; *lat.-it.*]: [wieder] munter, lebhaft werdend (Vortragsanweisung; Mus.). **ri|sve|gliato** [*...jato*]: [wieder] munter, lebhaft (Vortragsanweisung; Mus.)

Rita [*sanskr.*] *das*; -: Wahrheit, Recht als höchstes, alles durchwirkendes Prinzip der → wedischen Religion

ritardando [*lat.-it.*]: das Tempo verzögernd, langsamer werdend (Vortragsanweisung; Mus.); Abk.: rit., ritard. **Ritardando** *das*; -s, -s u. ...di: allmähliches Langsamerwerden des Tempos (Mus.)

rite [*lat.*]: 1. genügend (geringstes Prädikat bei Doktorprüfungen). 2. ordnungsgemäß, in ordnungsgemäßer Weise

Riten: *Plural* von → Ritus

ritenente [*lat.-it.*]: im Tempo zurückhaltend, zögernd (Vortragsanweisung; Mus.)

Ritenkon|gregation [*...zion*] *die*; -: → Kardinalskongregation für die Liturgie der römisch-katholischen Kirche u. die Selig- u. Heiligsprechungsprozesse (1969 aufgelöst in die → Kultuskongregation u. die → Kanonisationskongregation)

ritenuto [*lat.-it.*]: im Tempo zurückgehalten, verzögert (Vortragsanweisung; Mus.); Abk.: rit., riten. **Ritenuto** *das*; -s, -s u. ...ti: Verlangsamung des Tempos (Vortragsanweisung; Mus.)

Rites de passage [*rit dᵉ paßasch*; *fr.*] *die* (Plural): Übergangsriten, → magische Reinigungsbräuche beim Eintritt in einen neuen Lebensabschnitt (Völkerk.); vgl. Initiation

ritornando al tempo [*it.*]: zum [Haupt]zeitmaß zurückkehrend (Vortragsanweisung; Mus.). **ritornare al se|gno** [- - *ßänjo*]: zum Zeichen zurückkehren, vom Zeichen an wiederholen (Vortragsanweisung; Mus.). **Ritornell** *das*; -s, -e: 1. instrumentales Vor-, Zwischen- od. Nachspiel im → Concerto grosso u. beim Gesangssatz mit instrumentaler Begleitung (17. u. 18. Jh.; Mus.). 2. aus der volkstümlichen ital. Dichtung stammende dreizeilige Einzelstrophe (im 14./15. Jh. als Refrain verwendet)

Ri|tratte [*lat.-it.*] *die*; -, -n: = Rikambio

ritual [*lat.*]: den Ritus betreffend. **Ritual** *das*; -s, -e u. -ien [*...iᵉn*]: 1. a) Ordnung für gottesdienstliches Brauchtum; b) religiöser [Fest]brauch in Worten, Gesten u. Handlungen; Ritus (1). 2. a) das Vorgehen nach festgelegter Ordnung; Zeremoniell; b) Verhalten in bestimmten Grundsituationen, bes. bei Tieren (z. B. Droh-, Fluchtverhalten). **Rituale** *das*; -: liturgisches Buch für die Amtshandlungen des kath. Priesters; - **Romanum**: die kirchlich empfohlene Form des Rituale (1614 herausgegeben). **ritualisieren** [*lat.-nlat.*]: zum Ritual (2b) formalisieren. **Ritualisierung** *die*; -, -en: Verselbständigung einer Verhaltensform zum Ritual (2b) mit Signalwirkung für artgleiche Tiere (Verhaltensforschung). **Ritualismus** *der*; -: Richtung des 19. Jh.s in der anglikan. Kirche, die den Kultus katholisierend umgestalten wollte; vgl. Anglokatholizismus. **Ritualist** *der*; -en, -en: Anhänger des Ritualismus. **ritualistisch**: 1. im Sinne des Rituals (1, 2), das Ritual streng befolgend. 2. den Ritualismus betreffend. **rituell** [*lat.-fr.*]: 1. dem Ritus (1) entsprechend. 2. in der Art eines Ritus (2), zeremoniell.

Ritus [*lat.*] *der*; -, Riten: 1. religiöser [Fest]brauch in Worten, Gesten u. Handlungen. 2. das Vorgehen nach festgelegter Ordnung; Zeremoniell

Rivale [*riwalᵉ*; *lat.-fr.*; „Bachnachbar" (zur Nutzung eines Wasserlaufs Mitberechtigter)] *der*; -n, -n: Nebenbuhler, Mitbewerber, Konkurrent; Gegenspieler. **rivalisieren**: um den Vorrang kämpfen. **Rivalität** *die*; -, -en: Nebenbuhlerschaft, Kampf um den Vorrang. **River** [*riwᵉr*; *engl.*; „Fluß"] (ohne Artikel): weiß mit blauem Schimmer (zur Bezeichnung der feinsten Farbqualität bei Brillanten). **Riverboatparty** [*riwᵉrboᵘtpaʳti*; *engl.-amerik.*] *die*; -, -s u. ...ties [*...tis*]: = Riverboatshuffle. **Riverboatshuffle** [*riwᵉrboᵘtschafᵉl*; *amerik.*] *die*; -, -s: zwanglose Geselligkeit mit Jazzband auf einem Binnenwasserschiff

riverso [*riwärßo*; *lat.-it.*]: in umgekehrter Reihenfolge der Töne, rückwärts zu spielen (Vortragsanweisung; Mus.)

Rivolgimento [*riwoldschi...*; *lat.-it.*] *das*; -[s]: Umkehrung der Stimmen im doppelten Kontrapunkt, wobei die Linien so angelegt sind, daß z. B. die höhere Stimme zur tieferen wird (Mus.)

Riyal [*rijal*; *arab.*] *der*; -, -[s] (aber: 100 -): Währungseinheit in Saudi-Arabien; Abk.: SRl, Rl; vgl. Rial

Rizin [*lat.-nlat.*] *das*; -s: → Agglutination der Blutkörperchen bewirkender, hochgiftiger Eiweißstoff aus den Samen des Rizinus.

Rizinus [*lat.*] *der*; -, - u. -se: strauchiges Wolfsmilchgewächs mit fettreichem, sehr giftigem Samen

Roadie [*roᵘdi*; *engl.-amerik.*] *der*; -s, -s: jmd., der gegen Bezahlung beim Transport, Auf- u. Abbau der Ausrüstung einer Rockgruppe o. ä. hilft. **Roadmanager** [*roᵘdmänidschᵉr*] *der*; -s, -: für die Bühnentechnik, den Transport der benötigten Ausrüstung u. ä. verantwortlicher Begleiter einer Rockgruppe. **Roadster** [*roᵘdßtᵉr*] *der*; -s, -: offener, zweisitziger Sportwagen

Roaring Twenties [*ro... tᵘäntis*; *amerik.*; „brüllende Zwanziger"] *die* (Plural): die 20er Jahre des 20. Jh.s in den USA u. in Westeuropa, die durch die Folgeerscheinungen der Wirtschaftsblüte nach dem 1. Weltkrieg, Vergnügungssucht und Gangstertum gekennzeichnet waren

Roastbeef [*róßtbif*; *engl.*] *das*; -s, -s: Rostbraten, Rinderbraten auf engl. Art

Robber [*engl.*] *der*; -s, -: Doppelpartie im Whist- od. Bridgespiel

Roberonde [*robᵉrongdᵉ*; *fr.*] *die*; -, -n: im 18. Jh. Kleid mit runder Schleppe

Robinie [*...iᵉ*; *nlat.*; nach dem franz. Botaniker J. Robin (*robäng*), † 1629] *die*; -, -n: falsche Akazie (Zierbaum od. -strauch mit großen Blütentrauben)

Robinson [nach der Titelfigur des Romans „Robinson Crusoe" des engl. Schriftstellers D. Defoe (1659–1731)] *der*; -s, -e: jmd., der fern von der Zivilisation [auf einer einsamen Insel], in der freien Natur lebt

Robinsonade *die*; -, -n:

I. a) Abenteuerroman, der das Motiv des „Robinson Crusoe" (→ Robinson) aufgreift; b) Erlebnis, Abenteuer ähnlich dem des Robinson Crusoe.

II. [nach dem engl. Torhüter J. Robinson (1878–1949)]: im Sprung erfolgende, gekonnte Abwehrreaktion des Torwarts, bei der er sich einem Gegenspieler entgegenwirft (Fußball)

Robinsonliste [zu „Robinson Crusoe" (→ Robinson)] *die*; -, -n: (Jargon) Liste, in die sich jmd. eintragen lassen kann, der keine auf dem Postweg verschickten Werbesendungen mehr erhalten möchte

Roborans [*lat.*] *das*; -, ...ranzien [*...iᵉn*] u. ...rantia [*...zia*]: Stärkungsmittel (Med.). **roborierend**: stärkend, kräftigend (Med.)

Robot [*tschech.*] *die*; -, -en: (veraltet) Frondienst (in slaw. Ländern). **roboten**: (ugs.) schwer arbeiten. **Roboter** *der*; -s, -: 1. (ugs.)

Schwerarbeiter. 2. a) äußerlich wie ein Mensch gestaltete Apparatur, die manuelle Funktionen eines Menschen ausführen kann; Maschinenmensch; b) elektronisch gesteuertes Gerät. **roboterisieren**: → automatisieren, durch Roboter ausführen lassen. **robotisieren**: = roboterisieren. **robust** [*lat.*; „aus Hart-, Eichenholz"]: stark, kräftig, derb, widerstandsfähig, unempfindlich (in bezug auf Dinge u. Menschen). **robusto** [*lat.-it.*]: kraftvoll (Vortragsanweisung; Mus.)

Rocaille [*rokaj*; *galloroman.-fr.*] *das* od. *die*; -, -s: Muschelwerk (wichtigstes Dekorationselement des Rokokos)

Roch [*pers.-arab.*] *der*; -: im arab. Märchen ein Riesenvogel von besonderer Stärke. **Rochade** [*roschade*, auch: *rosch...*; *pers.-arab.-span.-fr.*] *die*; -, -n: unter bestimmten Voraussetzungen zulässiger Doppelzug von König u. Turm (Schach)

Rocher de bronze [*rosche de bronß*; *fr.*; „eherner Fels"] *der*; - - -, -s [*rosche*] - -: jmd., der (in einer schwierigen Lage o. ä.) nicht leicht zu erschüttern ist (nach einer Redewendung Friedrich Wilhelms I. von Preußen)

Rochett [*roschät*; *germ.-fr.*] *das*; -s, -s: spitzenbesetztes Chorhemd der höheren kath. Geistlichen

rochieren [*roechi...*, auch: *rosch...*; *pers.-arab.-span.-fr.*]: 1. die → Rochade ausführen. 2. die Positionen wechseln (in bezug auf Stürmer, u. a. beim Fußball)

Rochus [*hebr.-jidd.*]: in der Fügung: e i n e n - a u f j m d n. h a b e n: (landsch.) über jmdn. sehr verärgert sein, auf jmdn. wütend sein

Rock

I. = Roch.

II. [Kurzform] *der*; -[s], -[s]: 1. (ohne Plural) = Rockmusik. 2. = Rock and Roll

Rockabilly [*rókebili*; *amerik.*] *der*; -[s]: (in den 50er Jahren entstandener) Musikstil, der eine Verbindung aus → Rhythm and Blues u. → Hillbillymusic darstellt. **Rock and Roll** u. Rock 'n' Roll [*roknroul*; *amerik.*] *der*; - - -, - - -[s]: 1. (ohne Plural) (Anfang der 50er Jahre in Amerika entstandene Form der) Musik, die den → Rhythm and Blues mit Elementen der → Country-music u. des → Dixieland-Jazz verbindet. 2. stark synkopierter Tanz in flottem $^4/_4$-Takt

Rockelor [nach dem franz. Herzog von Roquelaure (*roklor*)] *der*; -s, -e: im 18. Jh. Herrenreisemantel mit kleinem Schulterkragen

rocken [*amerik.*]: stark synkopiert, im Rhythmus des Rock and Roll spielen, tanzen, sich bewegen. **Rocker** *der*; -s, -: zu aggressivem Verhalten neigender Angehöriger einer lose organisierten Clique von männlichen Jugendlichen, meist in schwarzer Lederkleidung u. mit schwerem Motorrad. **Rockmusik** *die*; -: von → Bands gespielte, aus einer Vermischung von → Rock and Roll (1) mit verschiedenen anderen Musikstilen entstandene Form stark rhythmischer Unterhaltungs- u. Tanzmusik. **Rock 'n' Roll** vgl. Rock and Roll

Rocks [*engl.*] *die* (Plural): säuerlich-süße engl. Fruchtbonbons

Rodeña [*rodänja*; *lat.-span.*] *die*; -, -s: span. Nationaltanz in mäßigem $^3/_4$-Takt (meist mit Gitarren- oder Kastagnettenbegleitung)

rodens [*lat.*]: nagend, fressend (z. B. in bezug auf ein Geschwür; Med.)

Rodeo [*lat.-span.-engl.*] *der* od. *das*; -s, -s: mit Geschicklichkeitsübungen u. Wildwestvorführungen verbundene Reiterschau der Cowboys in den USA

Rodomontade [*it.-fr.*; nach der Gestalt des heldenhaften u. stolzen Rodomonte („Bergroller") in Werken der ital. Dichter Boiardo u. Ariost] *die*; -, -n: (selten) Aufschneiderei, Großsprecherei. **rodomontieren**: (veraltet) prahlen

Rodonkuchen [*rodong...*; *fr.*; *dt.*] *der*; -s, -: (landsch.) = Ratonkuchen

Rogate [*lat.*]: Name des fünften Sonntags nach Ostern nach dem alten → Introitus des Gottesdienstes, Joh. 16, 24: „Bittet [so werdet ihr nehmen]!". **Rogation** [*...zion*] *die*; -, -en: (veraltet) Bitte, Fürbitte. **Rogationes** [*...óneß*] *die* (Plural): (hist.) in der katholischen Kirche die drei Bittage vor Christi Himmelfahrt, an denen Bittprozessionen abgehalten wurden

Rokambole [*dt.-fr.*] *die*; -, -n: Perlzwiebel (perlartig schimmernde kleine Brutzwiebel mehrerer Laucharten)

Rokoko [auch: *rokoko*; österr. nur: *rokoko*; *galloroman.-fr.*] *das*; -[s]: 1. durch zierliche, beschwingte Formen u. eine weltzugewandte, heitere od. empfindsame Grundhaltung gekennzeichneter Stil der europäischen Kunst (auch der Dichtung u. Musik; 18. Jh.). 2. Zeit[alter] des Rokoko (1)

Rollback [*roulbäk*; *engl.-amerik.*] *das*; -[s], -s: [erzwungenes] Zurückstecken, das Sichzurückziehen. **Rollerdisco** [*roulerdißko*] vgl. Rollerdisko. **Rollerdisko** [*rouler...*] *die*; -, -s: [geräumige] Halle, in der man zu Popmusik u. zu besonderen Licht- u. Beleuchtungseffekten Rollerskate fährt. **Rollerskate** [*roulerßkeit*] *der*; -s, -s: = Diskoroller. **Rollerskating** *das*; -[s]: das Rollschuhlaufen mit Rollerskates. **rollieren** [*lat.-mlat.-fr.-dt.*]: 1. einen dünnen Stoff am Rand od. Saum zur Befestigung einrollen, rollend umlegen. 2. nach einem bestimmten System turnusmäßig abwechseln, auswechseln; z. B. -der Samstag (jeder 2. Samstag als freier Arbeitstag). 3. die Oberfläche eines zylindrischen Werkstücks einebnen, indem man eine glatte Rolle sich unter hohem Druck auf dem sich drehenden Werkstück abwälzen läßt. **Rollo** [auch: *rolo*] *das*; -s, -s: eindeutschend für: Rouleau. **Roll-on-roll-off-Schiff** [*roul...*; *engl.*; *dt.*] *das*; -[e]s, -e: Frachtschiff, das von Lastwagen mit Anhängern direkt befahren wird u. so unmittelbar be- u. entladen werden kann

Rom [*sanskr.* - *Zigeunerspr.*; „Mann, Ehemann"] *der*; -, -a: Zigeuner (Selbstbezeichnung); vgl. Romani; Sinto

Romadur [österr.: *...dur*; *fr.*] *der*; -[s], -s: halb- od. vollfetter Weichkäse

Roman [*lat.-vulgärlat.-fr.*] *der*; -s, -e: a) (ohne Plural) literarische Gattung einer epischen Großform in Prosa, die in großen Zusammenhängen Zeit u. Gesellschaft widerspiegelt u. das Schicksal einer Einzelpersönlichkeit od. einer Gruppe von Individuen in ihrer Auseinandersetzung mit der Umwelt darstellt; b) ein Exemplar dieser Gattung; g a l a n t e r -: auf spätantike u. franz. Vorbilder zurückgehender Roman des Barock mit Anspielungen auf höhergestellte Personen, die unter der Schäfermaske auftreten. **Romancero** [*...thero*] vgl. Romanzero. **Romancier** [*romangßie*] *der*; -s, -s: Verfasser von Romanen, Romanschriftsteller. **Romane** [*lat.*] *der*; -n, -n: Angehöriger eines Volkes mit romanischer Sprache. **Romanesca** [*...ßka*; *lat.-it.*] *die*; -: alter ital. Sprungtanz im Tripeltakt. **romanesk**: a) breit ausgeführt, in der Art eines Romans gehalten; b) nicht ganz real od. glaubhaft

Romani [auch: *roma...*; *sanskr.-*

Zigeunerspr.] *das*; -: Zigeunersprache

Romanik [*lat.*] *die*; -: der Gotik vorausgehende europäische Stilepoche des frühen Mittelalters, die sich bes. in der [Sakral]architektur, der [Architektur]plastik und der Wand- u. Buchmalerei ausprägte. **romanisch**: 1. a) aus dem → Vulgärlatein entwickelt (zusammenfassend in bezug auf Sprachen, z. B. Französisch, Italienisch, Spanisch u. a.); b) die Romanen u. ihre Kultur betreffend, kennzeichnend; zu den Romanen gehörend. 2. die Kunst der Romanik betreffend, für die Romanik charakteristisch. **romanisieren** [*lat.-nlat.*]: 1. (veraltet) römisch machen. 2. romanisch machen. 3. in lateinische Schriftzeichen umsetzen (Sprachw.). **Romanismus** *der*; -, ...men: 1. eine für eine romanische Sprache charakteristische Erscheinung in einer nichtromanischen Sprache (Sprachw.). 2. (veraltend) papst-, kirchenfreundliche Einstellung. 3. an die italienische Renaissancekunst angelehnte Richtung [der niederländ. Malerei] des 16. Jh.s. **Romanist** *der*; -en, -en: 1. jmd., der sich wissenschaftlich mit einer od. mehreren romanischen (1a) Sprachen u. Literaturen (bes. mit Französisch) befaßt [hat]. 2. Wissenschaftler auf dem Gebiet des röm. Rechts. 3. Vertreter des Romanismus (3). 4. (veraltet) Anhänger des katholischen Roms. **Romanistik** *die*; -: 1. Wissenschaft von den romanischen (1 a) Sprachen u. Literaturen. 2. Wissenschaft vom röm. Recht. **romanistisch**: die Romanistik betreffend. **Romanität** *die*; -: romanisches (1b) Kulturbewußtsein. **Romantik** [*lat.-vulgärlat.-fr.-engl.*] *die*; -: 1. Epoche des europäischen, bes. des deutschen Geisteslebens, der Literatur u. Kunst vom Ende des 18. bis zur Mitte (in der Musik bis zum Ende) des 19. Jh.s, die im Gegensatz zur Aufklärung u. zum → Klassizismus stand, die u. a. durch eine Betonung der Gefühlskräfte, des volkstümlichen u. nationalen Elements, durch die Verbindung der Künste untereinander u. zwischen Kunst u. Wissenschaft, durch historische Betrachtungsweise, die Neuentdeckung des Mittelalters u. die Ausbildung von Nationalliteraturen gekennzeichnet ist. 2. a) durch eine schwärmerische od. träumerische Idealisierung der Wirklichkeit gekennzeichnete romantische (2) Art; b) romantischer (2) Reiz, romantische Stimmung; c) abenteuerliches Leben. **Romantiker** *der*; -s, -: 1. Vertreter, Künstler der Romantik (1). 2. Phantast, Gefühlsschwärmer. **romantisch** [„romanhaft"]: 1. die Romantik (1) betreffend, im Stil der Romantik. 2. a) phantastisch, gefühlsschwärmerisch, die Wirklichkeit idealisierend; b) stimmungsvoll, malerisch-reizvoll; c) abenteuerlich, wundersam, geheimnisvoll. **Romantizismus** *der*; -, ...men: 1. (ohne Plural) sich auf die Romantik (1) beziehende Geisteshaltung. 2. romantisches (1) Element. **romantizistisch**: dem Romantizismus (1) entsprechend. **Romantsch** *das*; -: rätoromanische Sprache (in Graubünden). **Romanze** [*lat.-vulgärlat.-provenzal.-span.-fr.*] *die*; -, -n: 1. [span.] volksliedhaftes episches Gedicht mit balladenhaften Zügen, das hauptsächlich Heldentaten u. Liebesabenteuer sehr farbig u. phantasieerregend schildert. 2. lied- u. balladenartiges, gefühlsgesättigtes Gesangs- od. Instrumentalstück erzählenden Inhalts (Mus.). 3. episodenhaftes Liebesverhältnis [das durch die äußeren Umstände als bes. romantisch erscheint]. **Romanzero** [*lat.-vulgärlat.-provenzal.-span.*] *der*; -s, -s: Sammlung von [spanischen] Romanzen

Rommé [*rome*, meist: *rome*; *engl.-fr.*] *das*; -s, -s: Kartenspiel für 3 bis 6 Mitspieler, von denen jeder versucht, seine Karten möglichst schnell nach bestimmten Regeln abzulegen

Ronchus vgl. Rhonchus

Rondate [*lat.-it.*] *die*; -, -n: Drehüberschlag auf ebener Erde (Sport). **Ronde** [*rond*[e], *rongd*[e]; *lat.-fr.*] *die*; -, -n: 1. (veraltet; Mil.) a) Rundgang, Streifwache; b) Wachen u. Posten kontrollierender Offizier. 2. (ohne Plural) Schriftart. 3. ebenes Formteil aus Blech, das durch Umformen weiterverarbeitet wird (Techn.). **Rondeau** *das*; -s, -s: 1. [*rongdo*] a) mittelalterliches franz. Tanzlied beim Rundtanz; b) im 13. Jh. Gedicht mit zweireimigem Refrain, später bes. eine 12–15zeilige zweireimige Strophe, deren erste Wörter nach dem 6. u. 12. bzw. nach dem 8. u. 14. Vers als verkürzter Refrain wiederkehren. 2. [*rondo*] (österr.) a) rundes Beet; b) runder Platz. **Rondel** [*rongdül*] *das*; -s, -s: = Rondeau (1). **Rondell** u. Rundell *das*; -s, -e: 1. Rundteil (an der Bastei). 2. Rundbeet. 3. Rückteil des Überschlags bei einer Überschlag[hand]tasche. **Rondo** [*lat.-it.*] *das*; -s, -s: 1. mittelalterl. Tanzlied, Rundgesang, der zwischen Soloteil u. Chorantwort wechselt. 2. Satz (meist Schlußsatz in Sonate u. Sinfonie), in dem das Hauptthema nach mehreren in Tonart u. Charakter entgegengesetzten Zwischensätzen [als Refrain] immer wiederkehrt. **Rondschrift** [*lat.-fr.*; *dt.*] *die*; -: (österr.) eine Zierschrift

Ronin [*chin.-jap.*] *der*; -, -s: (veraltet) [verarmter] japan. Lehnsmann, der seinen Lehnsherrn verlassen hat

Röntgenastronomie [*dt.*; *gr.*; nach dem dt. Physiker W. C. Röntgen (1845–1923)] *die*; -: Teilgebiet der Astronomie, auf dem man sich mit der Erforschung der von Gestirnen kommenden Röntgen-, Gamma- u. Ultraviolettstrahlung befaßt; Gammaastronomie. **röntgenisieren**: (österr.) röntgen. **Röntgeno|gramm** *das*; -s, -e: Röntgenbild. **Röntgeno|graphie** *die*; -, ...ien: Untersuchung u. Bildaufnahme mit Röntgenstrahlen. **röntgeno|graphisch**: durch Röntgenographie erfolgend. **Röntgenologe** *der*; -n, -n: Facharzt für Röntgenologie. **Röntgenologie** *die*; -: von W. C. Röntgen begründetes Teilgebiet der Physik, auf dem die Eigenschaften, Wirkungen u. Möglichkeiten der Röntgenstrahlen untersucht werden. **röntgenologisch**: in das Gebiet der Röntgenologie gehörend. **röntgenome|trisch**: die Messung der Wellenlänge der Röntgenstrahlung betreffend. **Röntgenoskopie** *die*; -, ...ien: Durchleuchtung mit Röntgenstrahlen (Med.)

Rooming-in [*ru...*; *engl.*] *das*; -[s]: gemeinsame Unterbringung von Mutter u. Kind im Krankenhaus nach der Geburt od. bei Krankheit des Kindes, um dadurch psychisch negative Auswirkungen für das Kind zu vermeiden

Root[s]gebläse [*rut...*; nach dem amerik. Erfinder Root] *das*; -s, -: Kapselgebläse, in dem zwei 8förmige Drehkolben ein abgegrenztes [Gas]volumen von der Saug- auf die Druckseite fördern

Roquefort [*rokfor*, auch: *rok...*; *fr.*; franz. Ortschaft] *der*; -s, -s: franz. Edelpilzkäse aus reiner Schafmilch

Rorate [*lat.*] *das*; -, -: Votivmesse im Advent zu Ehren Marias (nach dem Introitus der Messe, Jesaja 45, 8: „Tauet [Himmel, aus den Höhen]!")

Ro-Ro-Schiff *das*; -[e]s, -e: Kurzform von → Roll-on-roll-off-Schiff
rosa [*lat.*]: 1. blaßrot. 2. (verhüllend, Jargon) sich auf Homosexualität, Homosexuelle beziehend, z. B. - Liste. **Rosa** *das*; -s, - (ugs.: -s): rosa Farbe. **Rosalie** [...*i*[e]; *it.*] *die*; -, -n: kleier, in gekünstelten Sequenzfolgen wiederkehrender Satz (Mus.). **Ros|anilin** [Kunstw.] *das*; -s: Farbstoff aus einer bestimmten chem. Verbindung zum Rotfärben. **Rosarium** [*lat.*] *das*; -s, ...ien [...*i*[e]*n*]: 1. Rosenpflanzung. 2. katholisches Rosenkranzgebet. **Rosazea** [*lat.-nlat.*] *die*; -: Kupfer-, Rotfinnen, [entzündliche] Rötung des Gesichts [mit Wucherungen] (Med.). **Rosazee** *die*; -, -n (meist Plural): zur Familie der Rosen gehörende Pflanze; Rosengewächs (Bot.)
Rosch Ha-Schana [*hebr.*; „Anfang des Jahres"] *der*; - - -: jüd. Neujahrsfest
rosé [*rose*; *lat.-fr.*]: rosig, zartrosa. **Rosé** *der*; -s, -s: = Roséwein. **Rosella** [*nlat.*] *die*; -, -s: prächtig gelb u. rot gefärbter Sittich Südaustraliens. **Rosenobel** [auch: ...*nob*[e]*l*; *engl.*] *der*; -s, -: Goldmünze Eduards III. von England. **Roseola** [*lat.-nlat.*] u. **Roseole** *die*; -, ...olen: rotfleckiger Hautausschlag (Med.). **Rosette** [*lat.-fr.*; „Röschen"] *die*; -, -n: 1. kreisförmiges Ornamentmotiv in Form einer stilisierten Rose (Baukunst). 2. Schlifform für flache u. dünne Diamanten. 3. aus Bändern geschlungene od. genähte Verzierung (Mode). 4. rundes, auch als „Rose" bezeichnetes Schalloch der Laute (Mus.). 5. Blattanordnung der Rosetten- od. grundständigen Blätter, die dicht gedrängt an der Sproßbasis einer Pflanze stehen (z. B. Tausendschön). 6. (scherzh. verhüllend) After. **Roséwein** [*rose*...; *fr.*; *dt.*] *der*; -[e]s, -e: blaßroter Wein aus hellgekelterten Rotweintrauben
Rosinante [*span.*; Don Quichottes Pferd] *die* (eigtl. *der*); -, -n: (selten) minderwertiges Pferd, Klepper
Rosine [*lat.-vulgärlat.-fr.*] *die*; -, -n: getrocknete Weinbeere
Rosmarin [auch: ...*rin*; *lat.*] *der*; -s: immergrüner Strauch des Mittelmeergebietes, aus dessen Blättern u. Blüten das Rosmarinöl für Heil- u. kosmetische Mittel gewonnen wird u. der als Gewürz verwendet wird. **Rosolio** [*lat.-it.*] *der*; -s, -s: ital. Likör aus [Orangen]blüten u. Früchten
Rostellum [*lat.*; „Schnäbelchen, Schnäuzchen"] *das*; -s, ...lla: als Haftorgan für die → Pollinien umgebildete Narbe der Orchideenblüte (Bot.)
Rosticceria [*roßtitsch...*; *it.*] *die*; -, -s: 1. Imbißstube in Italien. 2. Grillrestaurant in Italien
Ro|stra [„Schnäbel; Schiffsschnäbel; mit erbeuteten Schiffsschnäbeln gezierte Rednerbühne"] *die*; -, ...ren: Rednertribüne [im alten Rom]. **ro|stral**: am Kopfende, zum oberen Körperende hin gelegen (Biol.; Anat.). **Ro|strum** *das*; -s, ...ren: über das Vorderende des Tierkörpers hinausragender Fortsatz (z. B. der Vogelschnabel od. der schnabelförmige Fortsatz am Schädel der Haie u. anderer Fische; Biol.)
Rota [*lat.-it.*] *die*; - u. Rota Romana *die*; - -: höchster (päpstl.) Gerichtshof der katholischen Kirche
Rota|print Ⓦⓩ [*lat.*; *engl.*] *die*; -, -s: Offsetdruck- u. Vervielfältigungsmaschine. **Rotarier** [...*i*[e]*r*; *lat.-engl.*] *der*; -s, -: Angehöriger des → Rotary Club. **rotarisch**: a) den Rotary Club betreffend; b) zum Rotary Club gehörend. **Rota Romana** vgl. Rota. **Rotary** [*rot*[e]*ri*] *die*; -, -s: Bogenanlegeapparat für Druck- u. Falzmaschinen (Druckw.). **Rotary Club** [*rotari klup*, auch in engl. Ausspr.: *ro*[u]*t*[e]*ri klab*; *engl.*] u. **Rotary International** [*ro*[u]*t*[e]*ri ...näsch*[e]*n*[e]*l*] *der*; - -: internat. Vereinigung führender Persönlichkeiten unter dem Gedanken des Dienstes (in örtl. Klubs mit je einem Vertreter der verschiedenen Berufe organisiert). **Rotation** [...*zion*; *lat.*; „kreisförmige Umdrehung"] *die*; -, -en: 1. Drehung (z. B. eines Körpers od. einer Kurve) um eine feste Achse, wobei jeder Punkt eine Kreisbahn beschreibt (Phys.); Ggs. → Translation (3). 2. geregelte Aufeinanderfolge der Kulturpflanzen beim Ackerbau unter Berücksichtigung größtmöglicher Vielseitigkeit, der Trennung des Anbaus unverträglicher Pflanzen durch längere Zeitspannen, kürzestmöglicher Brachezeiten usw. (Landw.). 3. Regelung der Bewässerung in der Landwirtschaft. 4. das Mitdrehen des Oberkörpers im Schwung (Skisport). 5. im Uhrzeigersinn erfolgender Wechsel der Positionen aller Spieler einer Mannschaft (beim Volleyball). **Rotationsdruck** *der*; -[e]s: Druckverfahren, bei dem das Papier zwischen zwei gegeneinander rotierenden Walzen hindurchläuft u. von einer zylindrisch gebogenen, einer der Walzen anliegenden Druckform bedruckt wird. **Rotationshyperboloid** [...*o-i*...] *das*; -[e]s, -e: = Hyperboloid. **Rotationslautsprecher** *der*; -s, -: = Leslie. **Rotatorien** [...*i*[e]*n*; *lat.-nlat.*] *die* (Plural): Rädertierchen (mikroskopisch kleine, wasserbewohnende Tiere mit charakteristischem Strudelapparat). **rotieren** [*lat.*]: 1. umlaufen, sich um die eigene Achse drehen. 2. (ugs.) über etwas aus der Fassung geraten, sich in Aufregung u. Unruhe wegen einer Sache befinden. 3. die Position[en] wechseln (beim Volleyball); vgl. Rotation (5)
Rotisserie [*germ.-fr.*] *die*; -, ...ien: Fleischbraterei, Fleischgrill; Restaurant, in dem bestimmte Fleischgerichte auf einem Grill vor den Augen des Gastes zubereitet werden
Rotor [*lat.-engl.*] *der*; -s, ...oren: 1. sich drehender Teil einer elektr. Maschine; Ggs. → Stator (1). 2. sich drehender Zylinder, der als Schiffsantrieb ähnlich wie ein Segel im Wind wirkt. 3. Drehflügel des Hubschraubers. 4. zylindrischer, kippbarer Drehofen zur Herstellung von Stahl aus flüssigem Roheisen im Sauerstoffaufblasverfahren. 5. (in automatischen Armbanduhren) auf einer Welle sitzendes Teil, durch dessen Pendelbewegungen sich die Uhr automatisch aufzieht
Rotta u. **Rotte** [*kelt.-mlat.*] *die*; -, Rotten: altes Zupfinstrument (9. Jh.); vgl. Chrotta
Rotulus [*lat.-mlat.*; „Rädchen; Rolle"] *der*; -, ...li: 1. (veraltet) a) Stoß Urkunden; b) [Akten]verzeichnis. 2. (veraltet) Theaterrolle. **Rotunda** [*lat.-it.*] *die*; -: gerundete ital. Art der gotischen Schrift (13. u. 14. Jh.). **Rotunde** [*lat.*] *die*; -, -n: 1. Rundbau; runder Saal. 2. (veraltend, verhüllend) rund gebaute öffentliche Toilette
Rotüre [*lat.-fr.*] *die*; -: (veraltet, abwertend) Schicht der Nichtadeligen, Bürgerlichen. **Rotürier** [...*rie*] *der*; -s, -s: (veraltet, abwertend) Angehöriger der Rotüre
Roué [*rue*; *lat.-fr.*] *der*; -s, -s: 1. vornehmer Lebemann. 2. durchtriebener, gewissenloser Mensch
Rouen-Ente [*ruang*...; *fr.*; *dt.*; nach der nordfranz. Stadt Rouen] *die*; -, -n: Ente einer franz. Entenrasse
Rouge [*rusch*; *lat.-fr.*; „rot"] *das*; -s, -s: 1. → Make-up (2) in roten Farbtönen, mit dem die Wangen

u. Lippen geschminkt werden. 2. (ohne Plural) Rot als Farbe (u. Gewinnmöglichkeit) beim → Roulett. **Rouge et noir** [- *e noar*; „Rot u. Schwarz"] *das*; - - -: ein Glücksspiel

Roulade [*ru...*; *lat.-mlat.-fr.*] *die*; -, -n: 1. Fleischscheibe, die mit Speck, Zwiebeln o. ä. belegt, gerollt u. dann geschmort wird. 2. in der Gesangskunst (vor allem in der Oper des 17. u. 18. Jh.s) der rollende Lauf, mit dem die Melodie ausgeschmückt wird. **Rouleau** [*rulo*] *das*; -s, -s: aufrollbarer Vorhang; vgl. Rollo. **Roulett** [*ru...*] *das*; -[e]s, -e u. -s u. **Roulette** [*rulät*; *lat.-fr.*] *das*; -s, -s: 1. Glücksspiel, bei dem auf Zahl u./od. Farbe gesetzt wird u. der Gewinner durch eine Kugel ermittelt wird, die, auf eine sich drehende Scheibe mit rot u. schwarz numerierten Fächern geworfen, in einem der Fächer liegenbleibt; amerikanisches -: ein Glücksspiel mit Kettenbriefen; russisches -: eine auf Glück od. Zufall abzielende, selbst herbeigeführte Schicksalsentscheidung, die darauf beruht, daß jmd. einen nur mit einer Patrone geladenen Trommelrevolver auf sich selbst abdrückt, ohne vorher zu wissen, ob die Revolverkammer leer ist oder nicht. 2. drehbare Scheibe, mit der Roulett (1) gespielt wird. 3. in der Kupferstichkunst verwendetes Rädchen, das mit feinen Zähnen besetzt ist. **roulieren**: a) (veraltet) umlaufen; b) = rollieren (2)

Round|head [*raundhäd*; *engl.*; „Rundkopf"] *der*; -[s], -s: Spottname für einen Anhänger des Parlaments im engl. Bürgerkrieg 1644–49 (wegen des kurzen Haarschnitts). **Round-table-Konferenz** [*...te'bl...*] *die*; -, -en: Konferenz am runden Tisch, d. h. eine Konferenz, bei der die Teilnehmer gleichberechtigt sind. **Round-up** [*...ap*] *das*; -[s]: alljährliches Zusammentreiben des Viehs durch die Cowboys, um den Kälbern das Zeichen der → Ranch aufzubrennen

Rout [*raut*; *lat.-mlat.-fr.-engl.*] *der*; -s, -s: (veraltet) Abendgesellschaft, -empfang. **Route** [*rute*; *lat.-vulgärlat.-fr.*; „gebrochener (= gebahnter) Weg"] *die*; -, -n: a) [vorgeschriebener od. geplanter] Reiseweg; Weg[strecke] in bestimmter [Marsch]richtung; b) Kurs, Richtung (in bezug auf ein Handeln, Vorgehen)

Router [*raut'r*, *engl.*] *der*; -s, -: Fräser, der bei Druckplatten diejenigen Stellen ausschneidet, die nicht mitdrucken sollen

Routine [*ru...*; *lat.-vulgärlat.-fr.*; „Wegerfahrung"] *die*; -: 1. a) handwerksmäßige Gewandtheit, Übung, Fertigkeit, Erfahrung; b) bloße Fertigkeit bei einer Ausführung ohne persönlichen Einsatz. 2. Dienstplan auf einem Kriegsschiff. **Routinier** [*...nie*] *der*; -s, -s: routinierter Praktiker. **routiniert**: gewitzt, [durch Übung] gewandt, geschickt, erfahren, gekonnt, sachverständig

Roux [*ru*; *lat.-fr.*] *der*; -: franz. Bezeichnung für: Mehlschwitze (Gastr.)

Rowdy [*raudi*; *engl.-amerik.*] *der*; -s, -s (auch: ...dies [*...dis*]): jüngerer Mann, der sich in der Öffentlichkeit frech o. ä. benimmt, Sachen zerstört usw.

roy|al [*roajal*; *lat.-fr.*]: 1. königlich. 2. königstreu

Roy|al
I. *das*; -: ein Papierformat.
II. *der*; -[s]: Kunstseidenstoff in versetzter Kettripsbindung (Webart)

Roy|al Air Force [*reu'l är fo'ß*; *engl.*] *die*; - - -: die [königliche] britische Luftwaffe; Abk.: R. A. F. **Roya|lismus** [*roaja...*; *lat.-fr.-nlat.*] *der*; -: Königstreue. **Royalist** *der*; -en, -en: Anhänger des Königshauses. **roya|listisch**: den Royalismus betreffend. **Roy|alty** [*reu'lti*; *lat.-fr.-engl.*] *das*; -, ...ies [*...tis*]: 1. Vergütung, die dem Besitzer eines Verlagsrechtes für die Überlassung dieses Rechtes gezahlt wird. 2. Abgabe, Steuer, die eine ausländische Erdölgesellschaft dem Land zahlt, in dem das Erdöl gewonnen wird

rubato [*germ.-it.*], eigtl. tempo -: im musikal. Vortrag kleine Tempoabweichungen u. Ausdrucksschwankungen erlaubend, nicht im strengen Zeitmaß. **Rubato** *das*; -s, -s u. ...ti: in Tempo u. Ausdruck freier Vortrag (Mus.)

Rubber [*rab'r*]
I. [engl. to rub „(ab)reiben, (ab)schaben"] *der*; -s: engl. Bezeichnung für: Kautschuk u. Gummi.
II. [*engl.*; Herkunft unsicher] *der*; -s, -: = Robber

Rubebe [*pers.-arab.-fr.*] *die*; -, -n: = Rebec

Rubeola [*lat.-nlat.*] *die*; -: Röteln (Med.). **Rubia** *die*; -: Gattung der Rötegewächse, die früher zum Teil zur Farbstoffgewinnung verwendet wurden (Bot.). **Rubidium** *das*; -s: chem. Grundstoff, Alkalimetall; Zeichen: Rb. **Rubikon** [nach dem Grenzfluß zwischen Italien u. Gallia cisalpina, mit dessen Überschreitung Cäsar den Bürgerkrieg begann]: in der Fügung: den - überschreiten: einen [strategisch] entscheidenden Schritt tun. **Rubin** [*lat.-mlat.*] *der*; -s, -e: ein Mineral (roter Edelstein). **Rubizell** [*lat.-nlat.*] *der*; -s, -e: ein Mineral (orangerote Abart des Spinells). **Rubor** [*lat.*] *der*; -s: entzündliche Rötung der Haut (Med.). **Ru|bra** u. **Ru|bren**: *Plural* von → Rubrum. **Ru|brik** *die*; -, -en: 1. a) Spalte, in die etwas nach einer bestimmten Ordnung [unter einer Überschrift] eingetragen wird; b) Klasse, in die man jmdn./ etwas gedanklich einordnet. 2. rot gehaltene Überschrift od. → Initiale, die in mittelalterl. Handschriften u. Frühdrucken die einzelnen Abschnitte trennte. 3. rot gedruckte Anweisung für rituelle Handlungen in [kath.] liturg. Büchern. **Ru|brikator** [*lat.-nlat.*] *der*; -s, ...oren: Maler von Rubriken (2) im Mittelalter. **rubrizieren** [*lat.-mlat.*]: 1. in eine bestimmte Rubrik (1a, b) einordnen. 2. Überschriften u. Initialen malen (in bezug auf den Rubrikator). **Ru|brum** *das*; -s, ...bra u. ...bren: kurze Inhaltsangabe als Aufschrift (bei Aktenstücken o. ä.), an die Spitze eines Schriftstücks gestellte Bezeichnung der Sache, Kopf eines amtlichen Schreibens

Ruchadlo [*...chad...*; *tschech.*] *der*; -s, -s: Pflug mit zylinderförmigem Streichblech

Rudbeckia u. **Rudbeckie** [*...ie*; *nlat.*; nach dem schwed. Naturforscher Olof Rudbeck (*rüd...*), 1630 bis 1702] *die*; -, ...ien: einjährige od. ausdauernde hohe Gartenpflanze mit gelben Blüten, Sonnenhut (Korbblütler)

Rudera [*lat.*] *die* (Plural): (veraltet) Schutthaufen, Trümmer. **Rudiment** [*lat.*] *das*; -[e]s, -e: 1. Rest, Überbleibsel; Bruchstück. 2. Organ, das durch Nichtgebrauch im Laufe vieler Generationen verkümmert ist (z. B. die Flügel der Strauße). **rudimentär** [*lat.-nlat.*]: a) nicht voll ausgebildet; b) zurückgeblieben, verkümmert. **Rudisten** *die* (Plural): fossile Familie der Muscheln (wichtige Versteinerungen der Kreidezeit). **Ruditä̱t** [*lat.*] *die*; -, -en: (veraltet) rüdes Betragen, Grobheit, Roheit

Rueda [*lat.-span.*] *die*; -, -s: span. Tanz im 5/8-Takt

Rugby [*ragbi*; *engl.*] *das*; -[s]: ein dem Fußball verwandtes Ballspielmit eiförmigem Ball, das unter Einsatz des ganzen Körpers gespielt werden darf

Ruin [*lat.-fr.*] *der*; -s: a) Zusammenbruch, Zerrüttung, Verderben, Untergang; b) wirtschaftlicher u. finanzieller Zusammenbruch eines Unternehmens. **Ruine** *die*; -, -n: 1. Überrest eines verfallenen Bauwerks. 2. (nur Plural) Trümmer. 3. (ugs.) hinfälliger, entkräfteter Mensch. **ruinieren** [*lat.-mlat.-fr.*]: zerstören, verwüsten, zugrunde richten. **ruinös** [*lat.-fr.*]: 1. baufällig, schadhaft. 2. zum Ruin, wirtschaftlichen Zusammenbruch führend

Rum [*engl.*] *der*; -s, -s: Edelbranntwein aus Rohrzuckermelasse od. Zuckerrohrsaft

Rumba [*kuban.-span.*] *die*; -, -s (ugs. auch *der*; -s, -s): aus Kuba stammender Tanz in mäßig schnellem $^{4}/_{4}$- od. $^{2}/_{4}$-Takt (seit etwa 1930)

Rumfordsuppe [*ram...*; nach Graf Benjamin Rumford, 1753–1814] *die*; -, -n: Suppe aus Graupen, Erbsen, Kartoffeln u. Schweinefleisch

Rumination [*...zion*; *lat.*; „das Wiederkäuen"] *die*; -, -en: 1. = Meryzismus. 2. reifliche Überlegung. **ruminieren**: 1. wiederkäuen. 2. (veraltet) wieder erwägen, nachsinnen. **ruminiert**: gefurcht, zernagt (in bezug auf Pflanzensamen)

Rummy [*römi*; engl. Ausspr.: *rami*; *engl.*] *das*; -s, -s: (österr.) Rommé

Rumor [*lat.*] *der*; -s: (landsch., sonst veraltet) Lärm, Unruhe. **rumoren**: 1. Lärm machen (z.B. beim Hinundherrücken von Möbeln), geräuschvoll hantieren, poltern. 2. rumpeln; [im Magen] kollern; etwas rumort in jmdm.: etwas ruft in jmdm. Unruhe hervor, etwas arbeitet in jmdm.

Rumpsteak [*rumpßtek*; *engl.*; „Rumpfstück"] *das*; -s, -s: Fleischscheibe vom Rückenstück eines Rindes, die kurz gebraten wird

Run [*ran*; *engl.*] *der*; -s, -s: Ansturm [auf die Kasse], Andrang

Rundalow [*...lo*; *dt.-Hindi-engl.*] *der*; -s, -s: strohgedeckter, aus dem afrikanischen → Kral entwickelter Rundbungalow

Rundell vgl. Rondell

Runologe [*altnord.*; *gr.*] *der*; -n, -n: Runenforscher. **Runologie** *die*; -: Runenforschung

Runway [*ran^{u}e^{i}*; *engl.*] *die*; -, -s: Start-, Landebahn

Rupel [*rüp^{e}l*; Nebenfluß der Schelde in Belgien] u. **Rupelien** [*rüpeliäng*] *das*; -[s]: mittlere Stufe des → Oligozäns

Rupia [*gr.-nlat.*] u. Rhypia *die*; -, ...ien [*...i^{e}n*]: große, borkige Hautpustel (Med.)

Rupiah [*Hindi*] *die*; -, -: indonesische Währungseinheit (= 100 Sen). **Rupie** [*...i^{e}*] *die*; -, -n: Währungseinheit in Indien, Sri Lanka, Pakistan, Nepal u. a. **Rupien**: *Plural* von → Rupia u. → Rupie

Ruptur [*lat.*] *die*; -, -en: spontane, → traumatische od. bei operativen Eingriffen erfolgende Zerreißung, bes. eines Gefäßes od. einer Gewebsstruktur (Med.)

rural [*lat.*]: (veraltet) ländlich, bäuerlich. **Ruralkapitel** *das*; -s, -: (veraltet) Landkapitel; vgl. Kapitel (2)

Rush [*rasch*; *engl.*] *der*; -s, -s: plötzlicher Vorstoß (eines Läufers, eines Pferdes) beim Rennen. **Rush-hour** [*...au^{e}r*] *die*; -, -s [*...au^{e}rs*] (meist ohne Plural): Hauptverkehrszeit am Tage zur Zeit des Arbeits- u. Schulbeginns od. des Arbeits- u. Geschäftsschlusses

russifizieren [*russ.-nlat.*]: an die Sprache, die Sitten u. das Wesen der Russen angleichen. **Russist** *der*; -en, -en: jmd., der sich wissenschaftlich mit der russischen Sprache u. Literatur befaßt [hat] (z. B. Hochschullehrer, Student). **Russistik** *die*; -: Wissenschaft von der russischen Sprache u. Literatur. **Rußki** *der*; -[s], -[s]: (salopp) Russe; russischer [Besatzungs]soldat

rustik [*lat.*]: = rustikal. **Rustika** *die*; -: 1. = Bossenwerk. 2. Abart der → Kapitalis. **rustikal** [*lat.-nlat.*]: 1. a) ländlich-einfach [zubereitet, hergestellt]; b) in gediegenem ländlichem [altdeutschem] Stil. 2. a) von robuster, unkomplizierter Wesensart; b) (abwertend) grob, derb, roh (im Benehmen o. ä.). **Rustikalität** *die*; -: rustikale (1, 2) Art. **Rustikation** [*...zion*; *lat.*] *die*; -: (veraltet) Landleben. **Rustikus** *der*; -, -se u. Rustizi: (veraltet) plumper, derber Mensch. **Rustizität** *die*; -: (veraltet) plumpes, derbes Wesen

Ruthenium [*nlat.*; nach Ruthenien, dem alten Namen der Ukraine] *das*; -s: chem. Grundstoff, Edelmetall; Zeichen: Ru

Rutherfordium [nach dem engl. Physiker Ernest Rutherford (*ö^{r}nißt radh^{e}rf^{e}rd*), 1871–1937] *das*; -s: von einer Forschungsgruppe der USA vorgeschlagener Name für das → Transuran-Element 104; Zeichen: Rf

Rutil [*lat.*; „rötlich"] *der*; -s, -e: ein Mineral, Schmuckstein. **Rutilismus** [*lat.-nlat.*] *der*; -: 1. Rothaarigkeit (Anthropol.). 2. krankhafte Neigung zu erröten (Med.; Psychol.)

Rutin [*gr.-lat.-nlat.*] *das*; -s: Vitamin-P-Präparat (gefäßabdichtend, z. B. bei Blutungen, gegen Blutgefäßschäden)

S

Sabadille [*mex.-span.*] *die*; -, -n: ein Liliengewächs aus Mittel- u. Südamerika (eine Heilpflanze)

Sabaoth [*hebr.-gr.-mlat.*]: = Zebaoth

Sabayon [*...jong*; *fr.*] *das*; -s, -s: Weinschaumcreme

Sabbat [*hebr.-gr.-lat.*] *der*; -s, -e: der jüdische Ruhetag (Samstag). **Sabbatarier** [*...i^{e}r*; *hebr.-gr.-lat.-nlat.*] *der*; -s, - u. **Sabbatist** *der*; -en, -en: Angehöriger verschiedener christlicher Sekten, die nach jüdischer Weise den Sabbat feierten; vgl. Subbotniki

Sabinismus [*lat.-nlat.*] *der*; -: Vergiftung durch das stark → abortiv (2) wirkende Sabinaöl des → Sadebaums

Sabot [*...bo*; *fr.*] *der*; -[s], -s: hochhackiger, hinten offener Damenschuh. **Sabotage** [*...asch^{e}*, (österr.:) *...asch*; *fr.*] *die*; -, -n: absichtliche [planmäßige] Beeinträchtigung eines wirtschaftlichen Produktionsablaufs, militärischer Operationen u. a. durch [passiven] Widerstand od. durch [Zer]störung der zur Erreichung eines gesetzten Zieles notwendigen Einrichtungen. **Saboteur** [*...tör*] *der*; -s, -e: jmd., der Sabotage treibt. **sabotieren**: etwas durch Sabotagemaßnahmen stören od. zu vereiteln versuchen; hintertreiben, zu Fall zu bringen suchen

Sabre [*hebr.*] *der*; -s, -s (meist Plural): in Israel geborenes Kind jüd. Einwanderer

Sac|charase [*sacha...*; *sanskr.-Pali-gr.-lat.-nlat.*] u. Sacharase *die*; -: ein → Enzym, das Rohrzucker in Traubenzucker u. Fruchtzucker spaltet. **Sac|charat** u. Sacharat *das*; -[e]s, -e: für die Zuckergewinnung wichtige Verbindung des Rohrzuckers mit → Basen (I) (bes. Kalziumsaccharat). **Saccharid** und Sacharid *das*; -s, -e (meist Plural): Kohlehydrat (Zuckerstoff; Chem.). **Sac|charin** [*sanskr.-Pali-gr.-lat.-nlat.*] u. Sacharin *das*; -s: künstlich herge-

stellter Süßstoff. **Sac|charose** [*sanskr.-Pali.-gr.-lat.-nlat.*] u. Sacharose *die*; -: Rohrzucker. **Saccharum** [*sanskr.-Pali-gr.-lat.*] u. Sacharum *das*; -s, ...ra: lat. Bezeichnung für: Zucker
sacerdotal [*...zär...*] usw. vgl. sazerdotal usw.
Sacharase usw. vgl. Saccharase usw.
Sachet [*ßasche; fr.*] *das*; -s, -s: (veraltet) kleines, mit Kräutern gefülltes Säckchen
sackerlot! [zu fr. *sacre nom* (*de Dieu*): heiliger Name (Gottes)]: (veraltet) Ausruf des Erstaunens u. der Verwünschung. **sackerment!** [zu *Sakrament*]: (veraltet) = sackerlot
Sa|cra conversazione [*ßak... konw...*] u. Santa conversazione [*lat.-it.*; „heilige Unterhaltung"] *die*; - -: Darstellung Marias mit Heiligen (bes. in der ital. Renaissancemalerei). **Sa|crificium intellectus** [*...fiz...* -; *lat.*; „Opfer des Verstandes"] *das*; - -: 1. der von katholischen Gläubigen verlangte Verzicht auf eigene Meinungsbildung in Glaubensdingen. 2. Aufgabe der eigenen Überzeugung; vgl. Sakrifizium
Sadduzäer [*hebr.-gr.-lat.*] *der*; -s, -: (hist.) Mitglied der altjüdischen restaurativen Partei des Priesteradels (Gegner der → Pharisäer)
Sadebaum [*lat.*; *dt.*] *der*; -s, ...bäume: wacholderartiger Nadelbaum heißer Gebiete
Sa|dhu [*sadu*; *sanskr.*; „guter Mann, Heiliger"] *der*; -[s], -s: Hindu-Asket, indischer Wandermönch
Sadismus [*fr.-nlat.*; nach dem franz. Schriftsteller de Sade (*d^e ßad*), 1740–1814] *der*; -, ...men: 1. (ohne Plural) sexuelle Erregung, Lust durch, beim Quälen anderer; Ggs. → Masochismus (1). 2. (ohne Plural) Lust am Quälen, an Grausamkeiten; Ggs. → Masochismus (2). 3. sadistische Handlung; Ggs. → Masochismus (3). **Sadist** *der*; -en, -en: jmd., der [geschlechtliche] Befriedigung darin findet, andere körperlich od. seelisch zu quälen. **sadistisch**: 1. [wollüstig] grausam. 2. den Sadismus betreffend. **Sadomaso**: (ugs.) = Sadomasochismus. **Sadomasochismus** [*...chiß...*] *der*; -, ...men: 1. (ohne Plural) sexuelle Erregung, Lust durch, beim Ausführen und Erdulden von Quälereien. 2. sadomasochistische Handlung. **sadomasochistisch**: körperliche u. seelische Qualen bei sich u. anderen hervorrufend.
Sadowestern *der*; -[s], -: bes. grausamer→ Italowestern
Safari [*arab.*] *die*; -, -s: 1. Reise mit einer Trägerkarawane in [Ost]afrika. 2. mehrtägige Fahrt, Gesellschaftsreise zur Jagd od. Tierbeobachtung [in Afrika]. **Safaripark** *der*; -s, -s: Wildpark mit exotischen Tieren
Safe [*ße^if*; *lat.-fr.-engl.*; „der Sichere"] *der* (auch: *das*); -s, -s: besonders gesicherter Stahlbehälter zur Aufbewahrung von Wertsachen u. Geld
Saffian [*pers.-türk.-slaw.*] *der*; -s: feines, weiches, buntgefärbtes Ziegenleder; vgl. Maroquin
Sa|flor [*arab.-it.*] *der*; -s, -e: eine Pflanze, deren Blüten früher zum Rot- od. Gelbfärben verwendet wurden
Sa|fran [*pers.-arab.-mlat.-fr.*] *der*; -s, -e: 1. eine Pflanze (Krokusart). 2. (ohne Plural) aus Teilen des getrockneten Fruchtknotens der Safranpflanze gewonnenes Gewürz, Heil- u. Färbemittel. 3. eine rotgelbe Farbe (Safrangelb)
Saga [auch: *saga*; *altnord.*] *die*; -, -s: 1. altisländische Prosaerzählung. 2. [meist: *saga*] literarisch gestaltete Familiengeschichte, -chronik
Sagazität [*lat.*] *die*; -: (veraltet) Scharfsinn
Sage-femme [*ßasehfam*; *fr.*; „weise Frau"] *die*; -, Sages-femmes [*ßasehfam*]: (veraltet) Hebamme
sagittal [*lat.*]: parallel zur Mittelachse liegend (Biol.). **Sagittalebene** *die*; -, -n: jede der Mittelebene des Körpers od. der Pfeilnaht des Schädels parallele Ebene (Med.; Biol.)
Sago [*indones.-engl.-niederl.*] *der* (österr. meist: *das*); -s: gekörntes Stärkemehl aus Palmenmark
Saguerzucker [*port.*; *dt.*] *der*; -s: Palmzucker
Sagum [*kelt.-lat.*] *das*; -s, ...ga: (hist.) römischer Soldatenmantel aus schwerem Wollstoff
Sahib [*arab.-Hindi*; „Herr"] *der*; -[s], -s: in Indien u. Pakistan titelähnliche Bez. für: Europäer
Saiga [*russ.*] *die*; -, -s: asiatische schafähnliche Antilope
Saillant [*ßajang*; *lat.-fr.*] *der*; -, -s: vorspringende Ecke an einer alten Festung
Sainete [*sai...*; *lat.-vulgärlat.-span.*; „Leckerbissen"] *der*; -, -s: a) ein kurzes, derbkomisches Zwischen- od. Nachspiel mit Musik u. Tanz im span. Theater; b) selbständige Posse im span. Theater, die die → Entremés verdrängte; vgl. Saynète
Saint-Simonismus [*ßäng...*; *nlat.*; nach dem franz. Sozialtheoretiker C. H. de Saint-Simon (*...ßimong*), 1760–1825] *der*; -: von den Nachfolgern Saint-Simons entwickelte sozialistische Theorie des 19. Jh.s, die u. a. die Abschaffung des Privateigentums an Produktionsmitteln forderte. **Saint-Simonist** *der*; -en, -en: Vertreter des Saint-Simonismus
Saison [*ßäsong*, auch: *säsong*, *säsong*; *lat.-fr.*] *die*; -, -s (bes. südd. u. österr. auch: ...onen): Zeitabschnitt, in dem in einem bestimmten Bereich Hochbetrieb herrscht (z. B. Hauptbetriebs-, Hauptgeschäfts-, Hauptreisezeit, Theaterspielzeit); vgl. Season. **saisonal** [*...sonal*; *lat.-fr.-nlat.*]: die [wirtschaftliche] Saison betreffend, saisonbedingt. **Saisondimorphismus** *der*; -: eine Form der → Polymorphie (4b) mit jahreszeitlich bedingten Zeichnungs- und Farbmustern bei Tieren (z. B. Schmetterlingen; Biol.). **Saison morte** [*ßäsong mort*; *lat.-fr.*; „tote Jahreszeit"] *die*; - -: Zeitabschnitt innerhalb eines Jahres mit geringem wirtschaftlichem Betrieb. **Saisonnier** [*...sonie*] *der*; -s, -s: (schweiz.) Saisonarbeiter; Arbeiter, der nur zu bestimmten Jahreszeiten, z. B. zur Ernte, beschäftigt wird
Sake [*jap.*] *der*; -: Reiswein
Saki [*arab.-türk.* u. *pers.*; „Schenk"] *der*; -, -: Figur des Mundschenks in orientalischen Dichtungen. **Sakije** *die*; -, -n: von Büffeln od. Kamelen bewegtes Schöpfwerk zur Bewässerung der Felder in Ägypten
Sakko [österr.: *...ko*; italienisierende Bildung zu dt. ‚Sack'] *der* (auch, österr. nur: *das*); -s, -s: Herrenjackett
sa|kra! [zu *Sakrament*]: (südd. salopp) verdammt! (Ausruf des Erstaunens od. der Verwünschung). **sa|kral** [*lat.-nlat.*]: 1. heilig, den Gottesdienst betreffend (Rel.); Ggs. → profan (1). 2. zum Kreuzbein gehörend (Medizin). **Sa|kralbau** *der*; -[e]s, -ten: religiösen Zwecken dienendes Bauwerk; Ggs. → Profanbau. **Sakrament** [*lat.*] *das*; -[e]s, -e: eine bestimmte, göttliche Gnaden vermittelnde Handlung in der katholischen und evangelischen Kirche (z. B. Taufe). **sa|kramental** [*lat.-mlat.*]: 1. zum Sakrament gehörend. 2. heilig. **Sa|kramentalien** [*...i^en*] *die* (Plural): 1. sakramentähnliche Zeichen u. Handlungen in der katholischen Kirche. 2. die durch Sakramenta-

lien (1) geweihten Dinge (z. B. Weihwasser). **Sa|kramentar** *das*; -s, -e: altchristliche u. frühmittelalterliche Form des Meßbuchs; vgl. Missal (I). **Sa|kramenter** *der*; -s, -: (salopp, oft scherzh.) jmd., über den man sich ärgert oder um den man sich sorgt, weil er zu leichtsinnig-unbekümmert ist. **Sa|kramentierer** *der*; -s, -: (hist.) Schimpfwort der Reformationszeit für einen Verächter der Sakramente (z. B. die Wiedertäufer). **Sa|kramentshäuschen** *das*; -s, -: kunstvoller, turmartiger Schrein zur Aufbewahrung der geweihten Hostie in gotischen Kirchen; vgl. Tabernakel (1a). **Sa|krarium** *das*; -s, ...ien [*...iᵉn*]: ein in od. neben katholischen Kirchen im Boden angebrachter verschließbarer Behälter zur Aufnahme gebrauchten Taufwassers u. der Asche unbrauchbar gewordener geweihter Gegenstände. **sakrieren** [*lat.*]: (veraltet) weihen, heiligen. **Sa|krifizium** *das*; -s, ...ien [*...iᵉn*]: Opfer, bes. das katholische Meßopfer; vgl. Sacrificium intellectus. **Sa|krileg** *das*; -s, -e u. Sa|krilegium *das*; -s, ...ien [*...iᵉn*]: 1. Vergehen gegen Gegenstände u. Stätten religiöser Verehrung (z. B. Kirchenraub, Gotteslästerung). 2. ungebührliche Behandlung von Personen od. Gegenständen, die einen hohen Wert besitzen od. große Verehrung genießen. **sa|krilegisch**: ein Sakrileg betreffend; gotteslästerlich. **Sa|krilegium** vgl. Sakrileg. **sa|krisch**: (südd.) a) böse, verdammt; b) sehr, gewaltig, ungeheuer. **Sa|kristan** [*lat.-mlat.*] der; -s, -e: katholischer Küster, Mesner. **Sa|kristei** *die*; -, -en: Nebenraum in der Kirche für den Geistlichen u. die gottesdienstlichen Geräte. **Sa|krodynie** [*lat.*; *gr.*] *die*; -, ...ien: Schmerz in der Kreuzbeingegend (Med.). **sa|krosankt** [*lat.*]: hochheilig, unverletzlich

Säkula: *Plural* von → Säkulum. **säkular** [*lat.*]: 1. alle hundert Jahre wiederkehrend. 2. außergewöhnlich. 3. weltlich. **Säkularfeier** *die*; -, -n: Hundertjahrfeier. **Säkularisation** [*...zion*; *lat.-nlat.*] *die*; , -en: 1. die Einziehung od. Nutzung kirchlichen Besitzes durch den Staat (z. B. in der → Reformation u. unter Napoleon I.). 2. = Säkularisierung (1, 2); vgl. ...[at]ion/...ierung. **säkularisieren**: 1. kirchlichen Besitz einziehen u. verstaatlichen. 2. aus kirchlicher Bindung, Abhängigkeit lösen, unter weltlichem Gesichtspunkt betrachten, beurteilen. **Säkularisierung** *die*; -: 1. Loslösung des einzelnen, des Staates u. der gesellschaftlichen Gruppen aus den Bindungen an die Kirche seit Ausgang des Mittelalters; Verweltlichung. 2. Erlaubnis für Ordensgeistliche, sich für immer außerhalb des Klosters aufhalten zu dürfen. 3. = Säkularisation (1); vgl. ...[at]ion/...ierung. **Säkular|kleriker** *der*; -s, -: Geistlicher, der nicht in einem Kloster lebt; Weltgeistlicher; Ggs. → Regularkleriker. **Säkulum** [*lat.*] *das*; -s, ...la: Jahrhundert

Sal [Kurzw. aus: *S*ilicium u. *Al*uminium] *das*; -s: = Sial

Salam u. Selam [*arab.*] *der*; -s: Wohlbefinden, Heil, Friede (arab. Grußwort); - al ei kum: Heil, Friede mit euch! (arab. Grußformel)

Salamander [*gr.-lat.*] *der*; -s, -: ein Molch

Salami [*lat.-it.*; „Salzfleisch; Schlackwurst"] *die*; -, -[s]: eine stark gewürzte Dauerwurst. **Salamitaktik** *die*; -: Taktik, [politische] Ziele durch kleinere Übergriffe u. Forderungen, die von der Gegenseite hingenommen bzw. erfüllt werden, zu erreichen zu suchen

Salangane [*malai.-fr.*] *die*; -, -n: südostasiatischer schwalbenähnlicher Vogel

Salar [*lat.-span.*] *der*; -s, -e[s]: Salztonebene mit Salzkrusten in Südamerika

Salär [*lat.-fr.*] *das*; -s, -e: (bes. schweiz.) Gehalt, Lohn. **salarieren**: (schweiz.) besolden, entlohnen

Salat

I. [*ital.*] *der*; -s, -e: 1. Gemüsepflanze. 2. mit Gewürzen zubereitetes, kalt serviertes Gericht aus kleingeschnittenem Gemüse, Obst, Fleisch, Fisch o. ä. 3. (ugs.) Wirrwarr, Durcheinander; da haben wir den -: (ugs.) da haben wir das Ärgerliche, Unangenehme, das wir befürchtet hatten.

II. [*arab.*] *die*; -: das täglich fünfmal zu verrichtende Gebet des Mohammedaners; vgl. Namas

Salatiere [*lat.-vulgärlat.-it.-fr.*] *die*; -, -n: (veraltet) Salatschüssel

Salazität [*lat.*] *die*; -: übermäßig starker Geschlechtstrieb (Med.)

Salchow [*...o*; ehemaliger schwed. Eiskunstlaufweltmeister, 1877–1949] *der*; -[s], -s: ein Drehsprung beim Eiskunstlauf

saldieren [*lat.-vulgärlat.-it.*]: 1. den → Saldo ermitteln. 2. (österr.) die Bezahlung einer Rechnung bestätigen. 3. (eine Rechnung o. ä.) begleichen, bezahlen; eine Schuld tilgen. **Saldo** *der*; -s, Salden u. -s u. Saldi: 1. der Unterschiedsbetrag zwischen der Soll- und der Habenseite eines Kontos. 2. Betrag, der nach Abschluß einer Rechnung zu deren völliger Begleichung fällig bleibt

Salem vgl. Salam; - aleikum vgl. Salam aleikum

Salep [*arab.-span.*] *der*; -s, -s: Knolle verschiedener Orchideen, die für Heilzwecke verwendet wird

Salesianer [nach dem hl. Franz v. Sales, 1567–1622] *der*; -s, - (meist Plural): 1. Mitglied der Gesellschaft des hl. Franz von Sales. 2. Angehöriger der Priestergenossenschaft für Jugendseelsorge

Sales-manager [*ßeˈlsmänidschᵉr*; *engl.-amerik.*] *der*; -s, -: Verkaufsleiter, [Groß]verkäufer (Wirtsch.). **Salesman|ship** [*ßeˈlsmᵉnschip*] *das*; -s: eine in den USA wissenschaftlich u. empirisch entwickelte Methode erfolgreichen Verkaufens. **Salespromoter** [*...promoᵘtᵉr*] *der*; -s, -: Vertriebskaufmann mit besonderen Kenntnissen auf dem Gebiet von Händlerberatung u. Verkäuferschulung, die einen guten Absatz der angebotenen Ware garantieren sollen; Verkaufsförderer. **Sales-promotion** [*...moᵘschᵉn*] *die*; -: Verkaufswerbung, Verkaufsförderung (Wirtsch.)

Salett[e]l [*it.*] *das*; -s, - u. -n: (bayr. u. österr.) Pavillon, Gartenhaus, Laube

Salicin [*...zin*] vgl. Salizin. **Salicylat** vgl. Salizylat. **Salicylsäure** vgl. Salizylsäure

Salier [*...iᵉr*; *lat.*] *die* (Plural): Priester im Rom der Antike, die kultische [Kriegs]tänze aufführten

Saline [*lat.*; „Salzwerk, Salzgrube"] *die*; -, -n: Anlage zur Gewinnung von Kochsalz aus Salzlösungen durch Verdunstung. **salinisch**: salzartig

Saliromanie [*fr.*; *gr.*] *die*; -, ...ien: zwanghafter Trieb, durch das Besudeln anderer Menschen mit Kot, Urin u. a. sexuelle Befriedigung zu erlangen

salisch [*nlat.*]: reich an Kieselsäure u. Tonerde (von Mineralien); Ggs. → femisch

Salivation [*...wazion*; *lat.*] *die*; -, -en: = Ptyalismus

Salizin [*lat.-nlat.*] *das*; -s: ein Fiebermittel. **Salizylat**, (chem. fachspr.:) Salicylat [*...zü...*; (*lat.*; *gr.*) *nlat.*] *das*; -[e]s, -e: Salz der Salizylsäure. **Salizylsäure**, (chem. fachspr.:) Salicylsäure [*lat.*; *gr.*; *dt.*]: eine gärungs- und fäulnishemmende organische Säure, ein Antirheumatikum (Oxybenzoesäure)

Salk-Vakzine [in engl. Ausspr.: *ßok...*; nach dem amerik. Bakteriologen J. E. Salk, geb. 1914] *die*; -: Impfstoff gegen Kinderlähmung (Med.)

Salm

I. [*lat.-gall.*] *der*; -[e]s, -e: ein Fisch (Lachs).

II. [*gr.-lat.*] *der*; -s: (ugs.) langes, langweiliges Gerede, Geschwätz

Salmi [*fr.*] *das*; -[s], -s: ein Ragout aus Wildgeflügel

Salmiak [auch, österr nur: *sal...*; *lat.-mlat.*] *der* (auch: *das*); -s: eine Ammoniakverbindung (Ammoniumchlorid)

Salmonelle [*nlat.*; nach dem amerik. Pathologen u. Bakteriologen D. E. Salmon, 1850–1914] *die*; -, -n (meist Plural): Darmkrankheiten hervorrufende Bakterie. **Salmonellose** *die*; -, -n: durch Salmonellen verursachte Erkrankung (z. B. Typhus; Med.)

Salmoniden [*lat.*; *gr.*] *die* (Plural): zusammenfassende, systematische Bezeichnung für Lachse u. lachsartige Fische

salomonisch [nach dem biblischen König Salomo]: weise (wie König Salomo), von scharfsinniger Klugheit; -es Urteil: weises Urteil (weil es Einseitigkeit vermeidet od. von tieferer Einsicht zeugt)

Salon [*...long*, auch: *...long*, südd., österr.: *...lon*; *germ.-it.-fr.*] *der*; -s, -s: 1. größerer, repräsentativer Raum als Gesellschafts-, Empfangszimmer. 2. a) regelmäßig stattfindendes Zusammentreffen eines literarisch od. künstlerisch interessierten Kreises; b) Kreis von Personen, der sich regelmäßig trifft, um über Kunst, Politik usw. zu diskutieren. 3. [großzügig u. elegant ausgestatteter] Geschäftsraum, Geschäft besonderer Art (z. B. für Haar- u. Körperpflege). 4. a) Ausstellungsraum (z. B. für Automobile); b) Ausstellung (bes. Kunst- u. Gemäldeausstellung). **Salonorchester** *das*; -s, -: kleines Streichensemble mit Klavier für Unterhaltungsmusik.

Saloon [*ßᵉlun*; *amerik.*] *der*; -s, -s: im Wildweststil eingerichtetes Lokal

salopp [*fr.*]: 1. (von Kleidung) betont bequem, sportlich-lässig. 2. (von Benehmen u. Haltung) unbekümmert zwanglos, die Nichtachtung von Normen ausdrückend. **Salopperie** *die*; -, ...ien: (veraltet) Nachlässigkeit; Unsauberkeit

Salpen [*gr.-lat.*] *die* (Plural): zusammenfassende, systematische Bezeichnung für eine Gruppe der Manteltiere

Salpeter [*lat.*] *der*; -s: Sammelbezeichnung für einige technisch wichtige Leichtmetallsalze der Salpetersäure (z. B. Kalisalpeter = Kaliumnitrat); vgl. Nitrat

Salpikon [*span.* (*-fr.*)] *der*; -[s], -s: sehr feines Ragout [in Muscheln od. Pasteten]

Salpingen: *Plural* von → Salpinx. **Salpingitis** [*gr.-nlat.*] *die*; -, ...itiden: Eileiterentzündung (Med.). **Salpingo|gramm** *das*; -s, -e: Röntgenkontrastbild des Eileiters (Med.). **Salpingo|graphie** *die*; -, ...ien: röntgenologische Untersuchung u. Darstellung des Eileiters mit Kontrastmitteln (Med.).

Salpinx [*gr.-lat.*] *die*; -, ...ingen [*...pingᵉn*]: 1. eine altgriechische Trompete. 2. Ohrtrompete (Med.). 3. Eileiter (Med.)

Salsa [Kurzbez. für span. salsa picante „scharfe Soße"] *der*; -: bestimmte Art der lateinamerik. → Rockmusik, die sich aus Elementen der Rumba, des afrokubanischen Jazz, des → Bossa Nova u. a. zusammensetzt (Mus.). **Salse** [*lat.-it.*] *die*; -, -n: 1. durch Ausschleudern von mitgerissenem Grundwasser u. Schlamm entstandenes kegelförmiges Gebilde in Erdölgebieten (Geol.). 2. (veraltet) [salzige] Tunke

SALT [*ßolt*; Abk. aus engl. *S*trategic *A*rms *L*imitation *T*alks (*ßtrᵉtidsehik a'ms limiteⁱschᵉn tokß*)]: (seit November 1969 zwischen den USA u. der UdSSR geführte) Gespräche über die Begrenzung der strategischen Rüstung

Salta [*lat.*] *das*; -s: ein Brettspiel. **Saltarello** [*lat.-it.*] *der*; -s, ...lli: ein ital. u. span. Tanz in schnellem 3/8- od. 6/8-Takt. **saltato**: mit hüpfendem Bogen [gespielt] (Sonderform des → Stakkatos; Mus.). **Saltato** *das*; -s, -s u. ...ti: Spiel mit hüpfendem Bogen (Mus.). **saltatorisch** [*lat.*]: sprunghaft, mit tänzerischen Bewegungen verbunden (z. B. bei krankhaften Bewegungsstörungen; Med.). **Salto** [*lat.-it.*; „Sprung, Kopfsprung"] *der*; -s, -s u. ...ti: freier Überschlag mit ein- od. mehrmaliger Drehung des Körpers (Sport). **Salto mortale** [„Todessprung"] *der*; - -, - - u. ...ti ...li: 1. [meist dreifacher] Salto in großer Höhe. 2. Ganzdrehung nach rückwärts bei Flugzeugen

salü [auch: *ßa...*; *lat.-fr.*]: (bes. schweiz. ugs.) Grußformel (zur Begrüßung u. zum Abschied).

Salu|brität [*lat.*] *die*; -: 1. Klimaverträglichkeit. 2. gesunde Beschaffenheit [des Körpers] (Med.)

Saluretikum [*lat.*] *das*; -s, ...ka: = Diuretikum

Salus *die*; -: (veraltet) Gedeihen, Wohlsein, Heil. **Salut** [*lat.-fr.*] *der*; -[e]s, -e: [militärische] Ehrenbegrüßung od. Ehrenbezeigung für Staatsmänner u. andere hochgestellte Persönlichkeiten durch eine Salve von [Kanonen]schüssen. **Salutation** [*...zion*; *lat.*] *die*; -, -en: (veraltet) feierliche Begrüßung; Gruß. **salutieren**: a) vor einem militärischen Vorgesetzten strammstehen u. militärisch grüßen; b) Salut schießen. **Salutismus** [*lat.-nlat.*] *der*; -: Lehre der Heilsarmee; vgl. Salvation Army. **Salutist** *der*; -en, -en: Anhänger der Heilsarmee. **Salv|arsan** ® [*...war...*; Kunstw.] *das*; -s: Arzneimittel zur Behandlung der Syphilis. **Salvation** [*...wazion*; *lat.*] *die*; -, -en: (veraltet) Rettung, Verteidigung.

Salvation Army [*ßälweⁱschᵉn aʳmi*; *engl.*] *die*; - -: engl. Bezeichnung für: Heilsarmee

Salvator [*...wa...*; *lat.*]

I. *der*; -s, -oren: 1. (ohne Plural) Christus als Retter u. Erlöser der Menschheit; vgl. Soter. 2. Erlöser, Retter.

II. ® *der* od. *das*; -s: ein bayr. Starkbier

Salvatorianer [*lat.-nlat.*] *der*; -s, -: Angehöriger einer 1881 gegründeten Priesterkongregation für Seelsorge u. Mission; Abk.: SDS. **salvatorisch**: nur aushilfsweise, ergänzend geltend; -e Klausel: Rechtssatz, der nur gilt, wenn andere Normen keinen Vorrang haben (Rechtsw.). **Salvatorium** [*lat.-mlat.*] *das*; -s, ...ien [*...iᵉn*]: Schutz-, Geleitbrief (im Mittelalter). **salva venia** [*...wa wenia*; *lat.*]: (veraltet) mit Erlaubnis, mit Verlaub [zu sagen]; Abk.: s. v. **salve!** [*...wᵉ*]: sei gegrüßt! (lat. Gruß). **Salve** [*...wᵉ*; *lat.-fr.*] *die*; -, -n: gleichzeitiges Schießen von mehreren Feuerwaffen, meist Geschützen. **Salvia** [*...wia*] *die*; -: Salbei (eine Gewürz- u. Heilpflanze; Lippenblütler). **salvieren**: (veraltet) retten, in Sicherheit bringen. **salvis omissis**: unter Vorbehalt von Auslassungen; Abk.: s. o. (Wirtsch.). **salvo errore**: unter Vorbehalt eines Irrtums; Abk.: s. e. **salvo errore calculi** [- *kalk...*]: unter Vorbehalt eines

Rechenfehlers; Abk.: s. e. c. (Wirtsch.). **salvo errore et omissione**: unter Vorbehalt von Irrtum u. Auslassung; Abk.: s. e. e. o., s. e. et o. **salvo jure**: (veraltet) mit Vorbehalt, unbeschadet des Rechts [eines anderen] (Rechtsw.). **salvo titulo**: (veraltet) mit Vorbehalt des richtigen Titels; Abk.: S. T.

Samariter [auch: *...it...*; barmherziger Mann aus Samaria (Lukas 10, 30 ff.)] *der*; -s, -: 1. freiwilliger Krankenpfleger, bes. in der Ersten Hilfe. 2. (schweiz.) Sanitäter

Samarium [*nlat.*; nach dem russ. Mineralogen Samarski] *das*; -s: chem. Grundstoff (ein Metall); Zeichen: Sm

Samarkand [russische Stadt in Mittelasien] *der*; -[s], -s: ein geknüpfter Teppich mit → Medaillons (2) auf meist gelbem Grund

Samba [*afrik.-port.*] *die*; -, -[s]; (ugs., österr. nur:) *der*; -s, -s: ein moderner Gesellschaftstanz im $^2/_4$-Takt

Sambals [*malai.*] *die* (Plural): indonesische Reisgewürze

Sambaqui [*ßambaki*; *indian.-port.*] *der*; -s, -s: Muschelhaufen an vorgeschichtlichen Siedlungsplätzen brasilianischer Indianer

Sambar [*sanskr.-Hindi*] *der*; -s, -s: eine asiatische Hirschart mit Sechsergeweih

Samhitas [*sanskr.*] *die* (Plural): die ältesten Bestandteile der Weden (vgl. Weda) mit religiösen Sprüchen u. Hymnen

Samiel [*samiäl*, auch: *...mi̯el*; *hebr.-spätgriech.*] *der*; -s: böser Geist, Teufel (z. B. im Judentum)

sämisch [Herkunft unsicher]: fettgegerbt (von Leder)

Samisdat [*russ.*; Kurzform von samoisdatelstwo = Selbstverlag] *der*; -, -s: 1. Selbstverlag in der Sowjetunion, der vom Staat verbotene Bücher publiziert. 2. im Selbstverlag erschienene [verbotene] Literatur in der Sowjetunion

Samisen [*jap.*] u. Schamisen *die*; -, -: dreisaitige, mit einem Kiel gezupfte japanische Gitarre

Sam|khja u. San|khja [*sanskr.*] *das*; -[s]: → dualistisches religionsphilosophisches System im alten Indien; vgl. Wedanta

Samnorsk [*norw.*; „Gemeinnorwegisch"] *das*; -: (teils angestrebte, oft abgelehnte) gemeinsame norwegische Landessprache, die → Bokmål u. → Nynorsk vereinigt

Samos [griech. Insel] *der*; -, -: Süßwein von der Insel Samos

Samowar [auch: *sa...*; *russ.*] *der*; -s, -e: russ. Teemaschine

Sampan [*chin.*] *der*; -s, -s: chinesisches Wohnboot

Sampi [*gr.*] *das*; -[s], -s: Buchstabe im ältesten griech. Alphabet, der als Zahlzeichen für 900 fortlebte; Zeichen: ϡ)

Sam|ple [*...pᵉl*, engl. Ausspr.: *ßam...*, amerik. Ausspr.: *ßäm...*; *lat.-fr.-engl.*; „Muster, Probe"] *das*; -[s], -s: 1. a) repräsentative Stichprobe, Auswahl; b) aus einer größeren Menge repräsentativ ausgewählte Gruppe von Individuen [in der Markt- u. Meinungsforschung]. 2. Warenprobe.

Sam|pler *der*; -s, -: 1. geologischer Assistent bei Erdölbohrungen. 2. [auch: *ßämplᵉr*]: Langspielplatte, auf der [erfolgreiche] Titel von verschiedenen bekannten Musikern, Sängern, Gruppen zusammengestellt sind

Samsara u. Sansara [*sanskr.*] *der*; -: der endlose Kreislauf von Tod u. Wiedergeburt, aus dem die indischen Erlösungsreligionen den Menschen zu befreien suchen

Samum [auch: *...um*; *arab.*] *der*; -s, -s u. -e: ein heißer, sandführender Wüstenwind in Nordafrika u. Mesopotamien

Samurai [*jap.*]: (hist.) 1. *der*; -: japan. Adelsklasse der Feudalzeit. 2. *der*; -[s], -[s]: Angehöriger dieser Adelsklasse

sanabel [*lat.*]: heilbar, Heilaussichten bietend (Med.). **Sanatogen** Ⓦ [*lat.*; *gr.*] *das*; -s: Stärkungsmittel aus hochwertigem Eiweiß. **Sanatorium** [*lat.-nlat.*] *das*; -s, ...ien [*...iᵉn*]: [private] Heilstätte, Kurheim

Sancho Pansa [*...tscho -*; nach dem Namen des Begleiters von → Don Quichotte] *der*; - -, - -s: mit Mutterwitz ausgestatteter, realistisch denkender Mensch

Sancta [*...k...*; *lat.*]; ...tae, ...tae [*...ä*]: weibliche Form von → Sanctus (I). **Sancta Sedes** [*...deß*] *die*; - -: lat. Bezeichnung für: Heiliger (Apostolischer) Stuhl; vgl. apostolisch. **sancta sim|plicitas**! [*- ...zi...*]: „heilige Einfalt!" (Ausruf des Erstaunens über jemandes Begriffsstutzigkeit). **Sanctissimum** vgl. Sanktissimum. **Sanctitas** *die*; -: Heiligkeit (Titel des Papstes). **Sanctum Officium** [*- ...zium*] *das*; - -: → Kardinalskongregation für die Reinhaltung der katholischen Glaubens- u. Sittenlehre (Heiliges Offizium)

Sanctus u. Sanktus
I. ...ti, ...ti: lat. Bezeichnung für: Sankt.
II. *das*; -, -: Lobgesang vor der → Eucharistie

Sandal [*pers.-arab.-türk.*] *das*; -s, -s: schmales, langes, spitzzulaufendes türkisches Boot

Sandale [*gr.-lat.*] *die*; -, -n: leichter Schuh für die Sommerzeit, dessen Oberteil aus [Leder]riemen besteht. **Sandalette** [französierende Bildung] *die*; -, -n: leichter sandalenartiger Sommerschuh

Sandarak [*gr.-lat.*] *der*; -s: Harz einer Zypressenart, das für Pflaster, Lacke u. Kitte verwendet wird

Sandhi [*...di*; *sanskr.*; „Verbindung"] *das*; -: lautliche Veränderung, die der An- od. Auslaut eines Wortes durch den Aus- od. Anlaut eines benachbarten Wortes erleidet (z. B. franz. les Alpes [*lesalp*], les Pyrénées [*lepirene*]; Sprachw.); vgl. Pausaform

San|dschak [*türk.*] *der*; -s, -s: (veraltet) 1. türk. Standarte (Hoheitszeichen). 2. türk. Regierungsbezirk

Sandwich [*ßän(d)ᵘitsch*; *engl.*; nach dem 4. Earl of Sandwich (1718 bis 92)] *das* (auch: *der*); -s od. -[es], -s od. -es [*...is*] (auch: -e): 1. doppelte, mit Käse, Schinken o. ä. belegte Weißbrotschnitte. 2. (österr.) belegtes Brot, Brötchen. 3. Kurzform von → Sandwichmontage. 4. Belag des Tischtennisschlägers aus einer Schicht Schaumgummi o. ä. u. einer Schicht Gummi mit Noppen. 5. auf Brust u. Rücken zu tragendes doppeltes Plakat, das für politische Ziele, für Produkte o. ä. wirbt. **Sandwichboard** [*ßän(d)ᵘitschboᵉd*] *das*; -s, -s: geschichtete Holzplatte, die außen meist aus Sperrholz u. in der Mitte aus einer Faser- od. Spanplatte besteht od. einen Hohlraum aufweist. **Sandwichman** [*...mᵉn*] *der*; -, ...men [*...mᵉn*] u. **Sandwichmann** *der*; -[e]s, ...männer: jmd., der Werbeplakate auf Rücken u. Brust trägt. **Sandwichmontage** *die*; -, -n: Fotomontage, die dadurch entsteht, daß zwei [teilweise abgedeckte] Negative Schicht an Schicht zusammengelegt u. vergrößert od. kopiert werden. **Sandwichpicker** *der*; -s, -[s]: = Sandwichman

Sangaree [*ßanggᵉri*; *span.-engl.*] *der*; -, -s: ein alkoholisches Mixgetränk

Sang-de-bœuf [*ßangdᵉböf*; *fr.*; „Rindsblut"] *das*; -: einfarbiges chinesisches Porzellan. **Sangfroid** [*ßangfroa*] *das*; -: (veraltet) Kaltblütigkeit. **Sangria** [*...nggria*, auch: *sa...*; *span.*] *die*; -, -s: eine kalte Rotweinbowle. **Sanguiniker** [*...nggu...*; *lat.*] *der*;

-s, -: a) (ohne Plural) (nach dem von Hippokrates aufgestellten Temperamentstyp) lebhafter, temperamentvoller, lebensbejahender Mensch; b) einzelner Vertreter dieses Temperamentstyps; vgl. Choleriker, Melancholiker, Phlegmatiker. **sanguinisch** [„aus Blut bestehend; blutvoll"]: zum Temperamentstyp des Sanguinikers gehörend; vgl. cholerisch, melancholisch, phlegmatisch. **sanguinolẹnt**: blutig, mit Blut vermischt (z. B. von Urin; Med.)

Sanhe|drin [*gr.-hebr.*] *der*; -s: hebr. Form von → Synedrion

Sanidin [*gr.-nlat.*] *der*; -s, -e: ein Mineral

sanieren [*lat.*; „gesund machen, heilen"]: 1. (Med.) a) einen Krankheitsherd [operativ] beseitigen; b) (bes. beim Militär) nach dem Geschlechtsverkehr die Harnröhre mit einer desinfizierenden Lösung spülen, um eventuell vorhandene Erreger von Geschlechtskrankheiten abzutöten. 2. [in einem Stadtteil] gesunde Lebensverhältnisse schaffen. 3. einem Unternehmen o. ä. durch Maßnahmen aus wirtschaftl. Schwierigkeiten heraushelfen. 4. sich -: a) wirtschaftlich gesunden, eine wirtschaftliche Krise überwinden; b) (ugs.) mit Manipulationen den bestmöglichen Gewinn aus einem Unternehmen od. einer Position herausholen [u. sich dann zurückziehen]. **sanitär** [*lat.-fr.*]: der Gesundheit, der Hygiene dienend; -e Anlagen: a) Bad u. Toilette in einer Wohnung; b) öffentliche Toilette. **Sanitär** (ohne Artikel u. ungebeugt): (Jargon) Sanitärbereich, Sanitärbranche. **sanitarisch** [*lat.-nlat.*]: (schweiz.) gesundheitlich; das Gesundheitswesen betreffend. **Sanität** [*lat.*] *die*; -: (schweiz. u. österr.) Kriegssanitätswesen. **Sanitäter** *der*; -s, -: jmd., der in der Ersten Hilfe ausgebildet ist; Krankenpfleger. **sanitized** [*ßänitaisd*; *engl.*]: hygienisch einwandfrei, desinfiziert

Sạnka u. Sạnkra *der*; -s, -s: (Soldatenspr.) Kurzw. für: Sanitätskraftwagen

Sạnkhja vgl. Samkhja

Sạnkra vgl. Sanka

Sạnkt [*lat.*]: heilig (in Heiligennamen u. auf solche zurückgehenden Ortsnamen), z. B. - Peter, - Anna, - Gallen; Abk.: St.,; vgl. Sanctus (I). **Sanktion** [*...zion*; *lat.-fr.*; „Heiligung, Billigung; geschärfte Verordnung, Strafgesetz"] *die*; -, -en: 1. Bestätigung, Anerkennung. 2. (Rechtsw.) a) Anweisung, die einen Gesetzesinhalt zum verbindlichen Rechtssatz erhebt; b) (meist Plural) Maßnahme, die gegen einen Staat eingeleitet wird, der das Völkerrecht verletzt hat. 3. (meist Plural) Zwangsmaßnahme, Sicherung[sbestimmung]. 4. gesellschaftliche Reaktion sowohl auf normgemäßes als auch auf von der Norm abweichendes Verhalten (Soziol.). **sanktionieren**: 1. Gesetzeskraft erteilen. 2. bestätigen, gutheißen. 3. mit bestimmten Maßnahmen, z. B. Tadel, auf eine Normabweichung reagieren; Sanktionen verhängen. **Sanktionspotential** [*...zial*] *das*; -s: Summe von Mitteln u. Möglichkeiten, die zur Durchsetzung von Anordnungen od. Normen zur Verfügung stehen (Soziol.). **Sanktissimum** [*lat.*] *das*; -s: die geweihte → Hostie (kath. Rel.). **Sanktuarium** [„Heiligtum"] *das*; -s, ...ien [*...iᵉn*]: a) Altarraum einer katholischen Kirche; b) [Aufbewahrungsort für einen] Reliquienschrein. **Sạnktus** vgl. Sanctus

Sansara vgl. Samsara

sans cérémonie [*ßang ßeremonị*; *fr.*]: (veraltet) ohne Umstände

Sans|culotte [*ßang(s)külọt*; „Ohne[knie]hose"] *der*; -n, -n [*...tᵉn*]: (abwertend) proletarischer Revolutionär der Franz. Revolution; vgl. Culotte

Sansevieria [*...wieria*] u. **Sansevierie** [*...wieriᵉ*; *nlat.*; nach dem ital. Gelehrten Raimondo di Sangro, Fürst von San Severo, † 1774] *die*; -, ...ien [*...iᵉn*]: 1. tropisches Liliengewächs mit wertvoller Blattfaser, Bogenhanf. 2. eine Zierpflanze

sans façon [*ßang faßong*; *fr.*]: (veraltet) ohne Umstände; vgl. Fasson. **sans gêne** [*- schän*]: (veraltet) ungezwungen; nach Belieben; vgl. Gene (I)

Sạns|krit [*sanskr.*] *das*; -s: (noch heute) in Indien als Literatur- und Gelehrtensprache verwendete altindische Sprache. **sanskritisch**: das Sanskrit betreffend. **Sans|kritist** [*sanskr.-nlat.*] *der*; -en, -en: jmd., der sich wissenschaftlich mit dem Sanskrit befaßt. **Sans|kritistik** *die*; -: Wissenschaft von der altindischen Literatursprache Sanskrit, der in dieser Sprache geschriebenen Literatur u. der altindischen Kultur

sans phrase [*ßang frạs*; *fr.*]: (veraltet) ohne Umschweife

Santa Claus [*ßäntᵉ klọs*; *niederl.-engl.-amerik.*] *der*; - -, - -: amerik. Bezeichnung für: Weihnachtsmann. **Sạnta conversazione** [*konwär...*; *lat.-it.*] *die*; - -: = Sacra conversazione

sạpere aude [*lat.*; „wage es, weise zu sein" (nach Horaz)]: „habe Mut, dich deines eigenen Verstandes zu bedienen!" (Kant; Wahlspruch der Aufklärung)

Saphir [auch: *sạ...*; *semit.-gr.-lat.-mlat.*] *der*; -s, -e [*...firᵉ*]: 1. [durchsichtig blauer] Edelstein. 2. Nadel mit Saphirspitze am Tonabnehmer eines Plattenspielers. **saphiren**: aus Saphir gearbeitet, bestehend

sapiẹnti sạt! [*lat.*; „genug für den Verständigen!"]: es bedarf keiner weiteren Erklärung für den Eingeweihten

Sapin *der*; -s, -e, **Sapine** *die*; -, -n u. Sạppel [*it.-fr.*] *der*; -s, -: (österr.) Spitzhacke, Pickel zum Heben u. Wegziehen von gefällten Baumstämmen

Saponaria [*lat.-mlat.-nlat.*] *die*; -: Seifenkraut (Zier- u. Heilpflanze). **Saponifikation** [*...zion*; *lat.-nlat.*] *die*; -, -en: Verseifung des Körperfetts bei unter Luftabschluß liegenden Leichen (Chem.). **Saponin** *das*; -s, -e: ein pflanzlicher Wirkstoff (Reinigungs- u. Arzneimittel). **Sapotoxin** [*lat.*; *gr.*] *das*; -s: stark giftiges Saponin

Sạppanholz [*malai.*; *dt.*] *das*; -es: ostindisches Rotholz

Sạppe [*it.-fr.*] *die*; -, -n: (veraltet) [für einen Angriff auf Festungen angelegter] Laufgraben

Sạppel vgl. Sapin

sapperlọt vgl. sackerlot. **sappermẹnt** vgl. sackerment

Sappeur [*...pör*; *it.-fr.*] *der*; -s, -e: 1. (veraltet) Soldat für den Sappenbau. 2. (schweiz.) Soldat der technischen Truppe, Pionier

sap|phisch [*sạpfisch*, auch: *sạfisch*; nach der altgr. Dichterin Sappho (um 600 v. Chr. auf der Insel Lesbos)]: die Dichterin Sappho u. ihre Werke betreffend, auf sie bezüglich; -e Liebe: → lesbische Liebe. **Sap|phismus** [*gr.-nlat.*] *der*; -: = → lesbische Liebe

sap|pradi [*lat.*]: Ausruf des Erstaunens

Sa|prämie [*gr.-nlat.*] *die*; -, ...ien: schwere, allgemeine Blutvergiftung (Med.)

sa|pristi! [*ßaprißti*; *lat.-fr.*]: (veraltet) Ausruf des Erstaunens

Sa|probie [*...iᵉ*; *gr.-nlat.*] *die*; -, -n (meist Plural): Lebewesen, das in od. auf faulenden Stoffen lebt u. sich von ihnen ernährt; Ggs. → Katharobie. **Sa|probiont** *der*; -en, -en: = Saprobie. **saprobisch**: a) in faulenden Stoffen lebend (von Organismen); b) die Fäulnis betreffend. **sa|progen**: fäulniserregend. **Sa|prokoll** *das*; -s: eine Faulschlammkohlenart. **Sa|prole|gnia** *die*; -, ...ien [...*iᵉn*]: ein → parasitischer Algenpilz (Wasserschimmel). **Sa|propel** *das*; -s, -e: Faulschlamm, der unter Sauerstoffabschluß in Seen u. Meeren entsteht. **Sa|propelit** [auch: ...*it*] *der*; -s, -e: Faulschlammkohle. **sa|propelitisch** [auch: ...*it*...]: faulschlammartig. **Sa|prophage** *der*; -n, -n (meist Plural): pflanzlicher od. tierischer Organismus, der sich von faulenden Stoffen ernährt. **sa|prophil**: auf/in/von faulenden Stoffen lebend (von Organismen; Biol.). **Sa|prophyt** *der*; -en, -en: Pflanze, die von faulenden Stoffen lebt. **Sa|prozoon** *das*; -s, ...zoen: Tier, das von faulenden Stoffen lebt

Sarabund u. Serabend [*pers.*] *der*; -[s], -s: handgeknüpfter, vorwiegend rot- od. blaugrundiger Perserteppich mit charakteristischer Palmwedelmusterung

Sarabanda [*pers.-arab.-span.-it.*] u. **Sarabande** [*pers.-arab.-span.-fr.*] *die*; -, ...den: a) langsamer Tanz im ¾-Takt; b) Satz der → Suite (4)

Sarafan [*russ.*] *der*; -s, -e: zur russ. Frauentracht des 18. u. 19. Jh.s gehörendes blusenartiges Kleidungsstück mit großem Halsausschnitt

Sarazene [*arab.-mgr.-mlat.*] *der*; -n, -n: (hist.) Araber, Mohammedaner. **sarazenisch**: zu den Sarazenen gehörend, sie betreffend

Sardelle [*lat.-it.*] *die*; -, -n: 1. kleiner Hering von den westeuropäischen Küsten des Mittelmeers, der eingesalzen od. in eine Würztunke eingelegt wird. 2. (meist Plural) (ugs. scherzh.) Haarsträhne (von noch verbliebenem Haar), die schräg über eine Glatze gelegt ist. **Sardine** *die*; -, -n: [kleiner] Hering vor allem von den Küsten West- u. Südeuropas u. Nordafrikas, der hauptsächlich in Öl konserviert wird

sardonisch [*gr.-lat.*]: (vom Lachen, Lächeln o. ä.) boshaft, hämisch u. fratzenhaft verzerrt; -es Lachen: scheinbares Lachen, das durch Gesichtskrämpfe hervorgerufen wird (Med.)

Sardonyx [*gr.-lat.*] *der*; -[es], -e: mehrfarbiger → Achat (Schmuckstein)

Sari [*sanskr.-Hindi*] *der*; -[s], -s: kunstvoll gewickeltes Gewand der Inderin

Sarkasmus [*gr.-lat.*] *der*; -, ...men: 1. (ohne Plural) beißender Spott. 2. bissig-spöttische Äußerung, Bemerkung. **sarkastisch**: spöttisch, höhnisch. **Sarkiker** [*gr.*] *der*; -s, -: = Hyliker. **Sarkode** *die*; -, -n: (veraltet) Protoplasma. **sarkoid** [*gr.-nlat.*]: sarkomähnlich (von Geschwülsten; Med.). **Sarkolemm** *das*; -s, -en: Hülle der Muskelfasern (Med.). **Sarkom** *das*; -s, -e u. **Sarkoma** [*gr.*; „Fleischgewächs"] *das*; -s, -ta: bösartige Bindegewebsgeschwulst (Med.). **sarkomatös** [*gr.-nlat.*]: auf Sarkomatose beruhend, sarkomartig verändert (von Geweben; Med.). **Sarkomatose** *die*; -: ausgebreitete Sarkombildung (Med.). **Sarkophag** [*gr.-lat.*; „Fleischverzehrer"] *der*; -s, -e: Steinsarg, Prunksarg. **Sarkozele** [*gr.-nlat.*] *die*; -, -n: [bösartige] Geschwulst od. Anschwellung des Hodens (Med.)

Sarmat [*nlat.*; nach dem Volksstamm der Sarmaten, der im Altertum in Südrußland lebte] *das*; -[e]s: jüngste Stufe des → Miozäns (Geol.)

Sarong [*malai.*] *der*; -[s], -s: um die Hüfte geschlungener, bunter, oft gebatikter (vgl. Batik) Rock der Indonesierinnen

Saros|peri|ode [*gr.*] *die*; -, -n: Zeitraum, nach dem sich Sonnen- u. Mondfinsternis nahezu wiederholen (1 Sarosperiode = 6585 ⅓ Tage = 18 Jahre u. 11 Tage; Astron.)

Sarraß [*poln.*] *der*; ...rasses, ...rasse: Säbel mit schwerer Klinge

Sarrusophon [*ßarüs...*; *fr.*; *gr.*; nach dem franz. Militärkapellmeister Sarrus (*ßarü*)] *das*; -s, -e: Blechblasinstrument mit doppeltem Rohrblatt (Mus.)

Sarsaparille u. Sassaparille [*span.*] *die*; -, -n: eine Droge, die → Saponine enthält

Sarsenett [*gr.-lat.-fr.-engl.*] *der*; -[e]s, -e: dichter, baumwollener Futterstoff

Sarte [*sogdisch*; „Kaufmann"] *der*; -n, -n (meist Plural): (hist.) Angehöriger der türkisierten iran. Stadtbevölkerung in Mittelasien

Sarzine [*lat.-nlat.*] *die*; -, -n: Gattung der Bakterien, Paketkokken (Med.)

Saschen [auch: ...*en*; *russ.*] *der*; -[s], -: (veraltet) ein russ. Längenmaß (= 2,133 m)

säsieren [*germ.-fr.*]: (veraltet) ergreifen, in Beschlag nehmen

Sassa|fras [*span.-fr.*] *der*; -, -: ein im östl. Nordamerika vorkommender lorbeerähnlicher Baum

Sassanide [*pers.*] *der*; -n, -n: (hist.) Angehöriger eines persischen Herrschergeschlechts (224–651). **sassanidisch**: die Sassaniden betreffend

Sassaparille vgl. Sarsaparille

Sassolin [*nlat.*; nach dem Fundort Sasso in Oberitalien] *das*; -s, -e: ein Mineral, Grundstoff bei der Herstellung von Borsäure

Satan [*hebr.-gr.-lat.*; „Widersacher"] *der*; -s, -e: 1. (ohne Plural) Teufel. 2. Mensch mit bösartigem Charakter. **Satanas** *der*; -: = Satan (1)

Satang [*siam.*] *der*; -[s], -[s]: Münzeinheit in Thailand (= 0,01 Baht od. Tikal)

Satanie [*hebr.-gr.-nlat.*] *die*; -, ...ien: teuflische Grausamkeit. **satanisch**: teuflisch. **Satanismus** *der*; -: 1. Teufelsverehrung. 2. Darstellung des Bösen, Krankhaften u. Grausamen in der Literatur. **Satansmesse** *die*; -, -n: der kath. Meßfeier nachgebildete orgiastische Feier zu Ehren des Teufels od. einer Hexe; schwarze Messe

Satellit [*lat.*; „Leibwächter, Trabant; Gefolge"] *der*; -en, -en: 1. (abwertend) Satellitenstaat. 2. Himmelskörper, der einen Planeten umkreist (Astron.). 3. Raumsonde, künstlicher Erdmond. **Satellitenfoto** *das*; -s, -s: von einem [Wetter]satelliten aufgenommenes Foto von einem bestimmten Bereich der Erdoberfläche. **Satellitenstaat** *der*; -[e]s, -en: (abwertend) formal selbständiger Staat, der jedoch außenpolitisch von den Weisungen eines anderen Staates abhängig ist. **Satellitenstadt** *die*; -, ...städte: → Trabantenstadt

Satemsprache [*altiran.*; *dt.*; nach der s-Aussprache des Anlauts in dem altiran. Wort *satem* = „hundert"] *die*; -, -n: Sprache aus der ostindogermanischen Gruppe des → Indogermanischen (Sprachw.); Ggs. → Kentumsprache

Satin [...*täng*; *arab.-span.-fr.*] *der*; -s, -s: Sammelbezeichnung für Gewebe in Atlasbindung mit hochglänzender Oberfläche. **Satinage** [...*tinasehᵉ*] *die*; -, -n: das Glätten von Papier auf Walzen; vgl. Kalander. **Satinella** [*arab.-span.-fr.-nlat.*] *der*; -[s]: glänzender Futterstoff [aus Baumwolle] in Atlasbindung (einer bestimmten Webart). **satinieren** [*arab.-span.-fr.*]: [Papier zwischen Walzen] glätten

Satire [*lat.*; „buntgemischte Früchteschale"] *die*; -, -n: 1. ironisch-witzige literarische od. künstlerische Darstellung menschlicher Schwächen u. Laster. 2. (ohne Plural) Literaturgattung, die durch Übertreibung, Ironie u. Spott an Personen od. Zuständen Kritik üben möchte. **Satiriker** *der*; -s, -: Verfasser von Satiren. **satirisch**: a) die Satire betreffend; b) spöttisch-tadelnd, beißend. **satirisieren**: satirisch (b) darstellen

Satisfaktion [...*zion*; *lat.*] *die*; -, -en: Genugtuung, bes. durch Ehrenerklärung (Zurücknahme der Beleidigung) od. ein → Duell

Sator-Arepo-Formel [*lat.*; nach dem lat. → Palindrom: *sator arepo* tenet opera rotas] *die*; -: ein als → magisches Quadrat geschriebenes spätantikes → Palindrom, das als Abwehrzauber (z. B. gegen Unheil u. Brandgefahr) verwendet wurde

Sa|trap [*pers.-gr.-lat.*] *der*; -en, -en: (hist.) Statthalter im Persien der Antike. **Sa|trapie** *die*; -, ...jen: (hist.) Amt des Statthalters

Satsang [*sanskr.*] *das* (auch: *der*); -s: geistige Unterweisung in einem Meditationskult

Satsuma [hist. Name der japan. Provinz Kagoschima]

I. Satsuma *das*; -[s]: feine jap. Töpferware mit einfachen Formen u. regelmäßiger Glasur.

II. Satsuma *die*; -, -s: eine Mandarinenart

Saturation [...*zion*; *lat.*] *die*; -, -en: 1. Sättigung. 2. ein besonderes Verfahren bei der Zuckergewinnung

Saturei [auch: *sa*...; *lat.*] *die*; -: Gattung der Lippenblütler mit Heil- u. Würzkräutern (z. B. Bergminze, Bohnenkraut)

saturieren [*lat.*]: 1. sättigen. 2. [Ansprüche] befriedigen. **saturiert**: 1. zufriedengestellt; gesättigt. 2. (abwertend) ohne geistige Ansprüche, selbstzufrieden

Saturn [*lat.-nlat.*; ein Planet] *das*; -s: (veraltet) Blei. **Saturnalien** [...*i^e n*; nach dem im Rom der Antike zu Ehren des Gottes Saturn im Dezember gefeierten Fest] *die* (Plural): ausgelassenes Fest. **Saturnier** [...*i^e r*] *der*; -s, -: Langvers der ältesten röm. Dichtung (antike Metrik). **saturnin** [*lat.-nlat.*]: bleihaltig; durch Bleivergiftung hervorgerufen. **saturnisch** [*lat.*]: (veraltet) uralt; -er Vers = Saturnier; Saturnisches Zeitalter: Goldenes Zeitalter. **Saturnismus** [*lat.-nlat.*] *der*; -, ...men: Bleivergiftung (Med.)

Satyr [*gr.-lat.*] *der*; -s (auch: -n), -n (meist Plural): 1. lüsterner Waldgeist u. Begleiter des Dionysos in der griech. Sage; vgl. Silen. 2. sinnlich-lüsterner Mensch. **Satyrhuhn** [*gr.-lat.*; *dt.*] *das*; -s, ...hühner: farbenprächtiger asiatischer Hühnervogel. **Satyriasis** [*gr.-lat.*] *die*; -: krankhaft gesteigerter männlicher Geschlechtstrieb (Med.); Ggs. → Nymphomanie. **Satyrspiel** [*gr.-lat.*; *dt.*] *das*; -s, -e: im Griechenland der Antike heiter-groteskes mythologisches Nachspiel einer Tragödientrilogie, dessen Chor aus Satyrn bestand

Sauce [*soß^e*, (österr.:) *soß*; *lat.-vulgärlat.-fr.*] *die*; -, -n: etw., was mehr od. weniger dickflüssig ist u. was z. B. als Zutat, Beigabe od. zur Zubereitung von Gerichten, Salaten, Nachspeisen o. ä. angerührt, zubereitet wird. **Sauce béarnaise** [*soß bearnäs*] *die*; - -: dicke, weiße Soße aus Weinessig, Weißwein, Butter, Eigelb u. Gewürzen, bes. Estragon u. Kerbel. **Sauce hollandaise** [- *olangdäs*] *die*; - -: Soße, bei der Weißwein, Eigelb u. Butter im Wasserbad kremig gerührt u. mit Pfeffer, Salz u. Zitronensaft abgeschmeckt werden. **Saucier** [...*ßie*] *der*; -s, -s: Soßenkoch. **Saucière** [...*iär^e*] *die*; -, -n: Soßengießer, -schüssel. **saucieren** [*soßir^e n*]: Tabak mit einer Soße behandeln, beizen. **Saucis|chen** [*soßiß*...] *das*; -s, -: kleine [Brat]wurst

Sauna [*finn.*] *die*; -, -s u. ...nen: 1. a) (mit Holz ausgekleideter) Raum od. Holzhäuschen, in dem trockene Hitze herrscht u. von Zeit zu Zeit Wasser zum Verdampfen gebracht wird; b) Sauna (1 a) als Teil von [Bade]einrichtungen, die zur Aufnahme sexueller Kontakte dienen. 2. dem Schwitzen dienender Aufenthalt in einer Sauna (1 a). **saunen** u. **saunieren**: ein Saunabad nehmen

Saurier [...*i^e r*; *gr.*; „Eidechse"] *der*; -s, - (meist Plural): ausgestorbene [Riesen]echse der Urzeit. **Saurolith** *der*; -en, -en: versteinerter Saurier. **Sauropode** *der*; -n, -n: zusammenfassende, systematische Bezeichnung für pflanzenfressende Riesensaurier. **Saur|opsiden** [*gr.-nlat.*] *die* (Plural): zusammenfassende, systematische Bezeichnung für Vögel u. Reptilien

sauté [*ßote*; *lat.-fr.*]: sautiert (→ sautieren)

Sauternes [*ßotärn*; nach dem franz. Ort u. der Landschaft Sauternes] *der*; -, -: franz. Weißwein

sautieren [*ßot*...; *lat.-fr.*]: a) kurz in der Pfanne braten; b) (bereits gebratene Stücke Fleisch od. Fisch) kurz in frischem, heißem Fett schwenken

Sauvegarde [*ßowgard*; *fr.*] *die*; -, -n [...*d^e n*]: (veraltet): 1. Schutz-, Sicherheitswache. 2. Schutzbrief (gegen Plünderung). **sauve qui peut!** [*ßow ki pö*]: rette sich, wer kann!

Savaladi [...*wa*...; *lat.-it.*] *die*; -, -: (österr.) = Zervelatwurst

Savanne [...*wa*...; *indian.-span.*] *die*; -, -n: tropische Steppe mit einzeln od. gruppenweise stehenden Bäumen (Baumsteppe)

Savarin [*saw*...; nach dem franz. Schriftsteller Brillat-Savarin (*brija ßawarang*), 1755–1826] *der*; -s, -s: mit Rum getränkter Hefekuchen

Savoir-faire [*ßawoarfär*; *lat.-fr.*] *das*; -: (veraltet) Gewandtheit. **Savoir-vi|vre** [...*wiwr^e*] *das*; -: feine Lebensart, Lebensklugheit

Saxhorn [nach dem belg. Erfinder A. Sax, 1814–1894] *das*; -s, ...hörner: ein dem Bügelhorn ähnliches, mit Ventilen statt Klappen versehenes Horn (Mus.)

Saxi|fraga [auch: ...*fraga*; *lat.*] *die*; -, ...agen: Steinbrech, Gebirgspflanze, auch polsterbildende Zierpflanze mit weißen, roten od. gelben Blüten in Steingärten. **Saxi|fragazeen** [*lat.-nlat.*] *die* (Plural): zusammenfassende, systematische Bezeichnung für die Steinbrechgewächse (zahlreiche Nutz-, Zier- u. Heilpflanzen, z. B. Johannisbeere, → Hortensie, Milzkraut)

Saxophon [*nlat.*; nach dem belg. Erfinder A. Sax, 1814–1894] *das*; -s, -e: mit Klarinettenschnabel anzublasendes Blasinstrument aus Messing in 4 bis 6 Tonhöhen mit nach oben gerichtetem Schalltrichter (Mus.). **Saxophonist** *der*; -en, -en: Saxophonspieler

Saynète [*ßänät*; *span.-fr.*] *die*; -, -n [...*t^e n*]: kurzes franz. Lustspiel mit zwei od. drei Personen; vgl. Sainete

sazerdotal [*lat.*]: priesterlich. **Sazerdotium** [...*zium*] *das*; -s: 1. Priestertum, Priesteramt. 2. die geistliche Gewalt des Papstes im Mittelalter

Sbirre [*gr.-vulgärlat.-it.*] *der*; -n, -n: (veraltet) ital. Polizeidiener, Geheimagent (bes. im Kirchenstaat), Scherge

Scabies vgl. Skabies

Scagliola [*skaljo*...; *it.*] *die*; -: zur Nachahmung von Marmor verwendete formbare Masse, Stuckmarmor

Scaling [*ßke^i ling*; *engl.*] *das*; -s: das Vergrößern od. Verkleinern von [Bild]vorlagen vor einer Verwendung in Prospekten od. Anzeigen

Scalping operations [*ßkạlping opˣreⁱschˣnß; amerik.*] *die* (Plural): Börsengeschäfte, die sehr geringe Kursschwankungen zu nutzen versuchen
Scampi [*ßkạ...; it.*] *die* (Plural): ital. Bezeichnung für eine Art kleiner Krebse
Scandium [*ßkạ...; nlat.*; von Scandia, dem lat. Namen für Skandinavien] *das*; -s: chem. Grundstoff, Leichtmetall, Zeichen: Sc
Scanner [*ßkặnˣr; lat.-engl.*] *der*; -s, -: Gerät, das ein zu untersuchendes Objekt (z. B. den menschlichen Körper od. eine Kopiervorlage) mit einem Licht- od. Elektronenstrahl punkt- bzw. zeilenweise abtastet [und die erhaltenen Meßwerte weiterverarbeitet]. **Scanning** [*ßkặning*] *das*; -[s]: Untersuchung mit Hilfe eines Scanners
Scaramouche [*ßkaramụsch; it.-fr.*] *der*; -, -s [*...mụsch*]: franz. Form von: Skaramuz. **Scaramụzza** [*ßka...; it.*] *der*; -, ...zze: ital. Form von: Skaramuz
Scat [*ßkặt; engl.-amerik.*] *der*; -, -s: Gesangsstil [im Jazz], bei dem an Stelle von Worten zusammenhanglose Silben verwendet werden
scemạndo [*sche...; lat.-it.*]: abnehmend, schwächer werdend (Mus.)
Scene [*ßin; engl.-amer.*] *die*; -: (Jargon) a) äußerer Rahmen, Milieu, in dem sich Drogenabhängige bewegen; b) = Szene (6).
Scen|onym [*ßze...; gr.-nlat.*] *das*; -s, -e: Deckname, der aus dem Namen eines Bühnenautors od. Schauspielers besteht. **Scẹnotest** vgl. Szenotest
Schạbbes [*jidd.*] *der*; -, -: = Sabbat
Scha|blọne [Herkunft unsicher] *die*; -, -n: 1. ausgeschnittene Vorlage [zur Vervielfältigung], Muster. 2. vorgeprägte, herkömmliche Form, geistlose Nachahmung ohne eigene Gedanken. **scha|bloniẹren** u. **schablonisiẹren**: a) nach einer Schablone [be]arbeiten, behandeln; b) in eine Schablone pressen
Schabọtte [*fr.*] *die*; -, -n: schweres Beton- od. Stahlfundament für Maschinenhämmer
Scha|brạcke [*türk.-ung.*] *die*; -, -n: 1. a) verzierte Decke über od. unter dem Sattel, Untersatteldecke, Prunkdecke; b) übergelegte, überhängende Zier- und Schutzdecke (bes. für Polstermöbel); c) aus dem gleichen Stoff wie die Übergardine gefertigter Behang, der quer oberhalb des Fensters angebracht ist. 2. (ugs., abwertend) a) alte [häßliche] Frau; b) altes Pferd; c) alte, abgenutzte Sache. 3. (Jägerspr.) weißer Fleck auf den Flanken des männl. Wildschafs. **Scha|brụnke** *die*; -, -n: (veraltet) Decke über den Pistolenhalftern
schachmạtt [*pers.-arab.-roman.*]: 1. unfähig, den im Schachspiel unmittelbar angegriffenen König zu verteidigen, u. damit die Partie verlierend; vgl. Matt, Schach. 2. handlungsunfähig, erschöpft
Schadọr vgl. Tschador
Schadụf [*arab.*] *der*; -s, -s: ägypt. Schwingbrunnen, Wasserschöpfer an einem Hebebaum
Schafiịt [*arab.*] *der*; -en, -en: Angehöriger einer mohammedanischen Rechtsschule
Schafọtt [*vulgärlat.-niederl.*] *das*; -[e]s, -e: [erhöhte] Stätte für Enthauptungen
Schạh [*pers.*] *der*; -s, -s: a) (ohne Plural) persischer Herrschertitel; b) Träger dieses Titels. **Schah-in-schạh** [„Schah der Schahs"] *der*; -s, -s: a) (ohne Plural) offizieller Titel des Herrschers des Irans; b) Träger dieses Titels
Schaitạn [*arab.*] *der*; -s, -e: Teufel, Dämon
Schaịwa u. Shaiva [*schaịwa; sanskr.*] *der*; -[s], -s (meist Plural): Verehrer des Gottes Schiwa (hinduistische Religionsgemeinschaft)
Schakạl [auch: *schạ...; sanskr.-pers.-türk.*] *der*; -s, -e: hundeartiges Raubtier
Schakaré [*...rẹ; indian.-port.*] *der*; -s, -s: südamerikanisches breitschnäuziges Krokodil
Schạktas u. Shaktas [*schạktaß; sanskr.*] *die* (Plural): Anhänger einer hinduistischen Religionsgemeinschaft, die die Göttin Schakti als Hochgott verehrt; vgl. Tantrismus. **Schạkti** u. Shakti [*schạkti*] *die*; -: die Kraft des Hochgottes im Hinduismus, die mythologisch meist als weibliche Gottheit dargestellt wird
Schalạnken [*ung.*] *die* (Plural): an Pferdegeschirren lang herabhängender Schmuck aus Leder
Schalọm! und Shalọm! [*scha...; hebr.*] (ohne Artikel): Frieden! (hebr. Begrüßungsformel)
Schalọtte [*lat.-vulgärlat.-fr.*; vom Namen der Stadt Ạskalon in Palästina] *die*; -, -n: eine kleine Zwiebel
Schalụppe [*fr.*] *die*; -, -n: Fachtfahrzeug; großes Beiboot
Schalwạr [*pers.-türk.*] *der*; -[s], -s: im Orient lange, weite, meist blaue Hose [der Frauen]
Schamạde u. Chamạde [*scha...; lat.-it.-fr.*] *die*; -, -n: (veraltet) [mit Trommel od. Trompete gegebenes] Zeichen der Kapitulation; - schlagen: sich ergeben
Schamạne [*sanskr.-tungus.*] *der*; -n, -n: Zauberpriester, bes. bei asiat. u. indones. Völkern, der mit Geistern u. den Seelen Verstorbener Verbindung aufnimmt. **Schamanịsmus** [*sanskr.-tungus.-nlat.*] *der*; -: Religion, in der der Schamane im Mittelpunkt des magischen Rituals steht (Völkerk.)
Schạmisen vgl. Samisen
Schạmmes [*hebr.-jidd.*] *der*; -, -: Synagogendiener
Schamọtt
I. [*hebr.-jidd.*] *der*; -s: (ugs.) Kram, Zeug, wertlose Sachen.
II. [*dt.-it.*] *der*; -s: (österr., ugs.) = Schamotte
Schamọtte [auch: *...mọt; dt.-it.*] *die*; -: feuerfester Ton. **schamottiẹren**: (österr.) mit Schamottesteinen auskleiden
Schạmpon u. **Schạmpun** vgl. Shampoo. **schamponiẹren** u. **schampuniẹren**: das Haar mit Schampon waschen
Schạmpus *der*; -: (ugs.) Champagner
schang|haịen u. shang|haịen [*sch...*; nach der chin. Stadt Schanghai]: einen Matrosen gewaltsam heuern
Schạppe [*fr.*] *die*; -, -n: [Gewebe aus] Abfallseide
Scharạde u. Charạde [*scha...; fr.*] *die*; -, -n: Worträtsel, bei dem das zu erratende Wort in Silben od. Teile zerlegt wird
Scharạff [*hebr.*] *der*; -s: heißer Wüstenwind in Israel
Schararạka [*indian.-port.*] *die*; -, -s: eine Lanzenschlange
Schạ̈re [*schwed.*] *die*; -, -n (meist Plural): kleine, buckelartige Klippe, Insel, die der Küste Skandinaviens u. Finnlands vorgelagert ist
Scharịa u. Scherịa [*arab.*] *die*; -: das in → Koran u. → Hadith festgelegte Gesetz, das das gesamte islamische Leben regelt
Scharịf vgl. Scherif
Schạrlatan [*it.-fr.*] *der*; -s, -e: a) Schwätzer, Aufschneider, Schwindler; b) Quacksalber, Kurpfuscher. **Scharlataneriẹ** *die*; -, ...ịen u. **Scharlatanịsmus** [*it.-fr.-nlat.*] *der*; -, ...ịsmen: a) Aufschneiderei, Prahlerei; b) Quacksalberei
scharmiẹren [*lat.-fr.*]: (veraltet) bezaubern, entzücken
Scharmụ̈tzel [*dt.-it.*] *das*; -s, -: kurzes, kleines Gefecht, Plänkelei.

scharmützeln: ein kleines Gefecht führen, plänkeln. **scharmutzieren**: (veraltet, aber noch landsch.) plänkeln; liebeln, umschmeicheln, schöntun

Scharnier [*lat.-vulgärlat.-fr.*] *das*; -s, -e: 1. drehbares Gelenk [an Türen]. 2. Umbiegungslinie einer → Flexur (Geol.)

Scharpie
I. [*scharpi*; *lat.-vulgärlat.-fr.*] *die*; -: früher als Verbandsmaterial verwendete zerzupfte Leinwand.
II. [*scha'pi*; *engl.*] *das*; -s, -s: in bestimmter Bauweise hergestelltes leichtes Segelboot

scharrieren [*lat.-vulgärlat.-fr.*]: die Oberfläche von Steinen mit dem Steinmetzeisen bearbeiten

Scharteke [*niederd.*] *die*; -, -n: 1. a) altes wertloses Buch, Schmöker; b) (veraltend) anspruchloses Theaterstück. 2. (abwertend) ältliche Frau

Scharwenzel u. Scherwenzel [*tschech.*] *der*; -s, -: 1. Bube, Unter in Kartenspielen. 2. (ugs.) Allerweltsdiener. 3. (Jägerspr.) Fehlschuß. **scharwenzeln** und scherwenzeln: (ugs.) schmeichlerisch, liebedienernd um jmdn. herumsein, kriechen

Schaschka [*russ.*] *der*; -s, -s: früher von Soldaten getragener russischer Kavalleriesäbel

Schaschlik [*turkotat.-russ.*] *der* od. *das*; -s, -s: Spieß, auf dem kleine, scharf gewürzte Stückchen Fleisch [zusammen mit Speck, Zwiebeln, Paprika u. Tomaten] gereiht u. gebraten od. gegrillt werden

schassen [*lat.-vulgärlat.-fr.*]: (ugs.) 1. [von der Schule, der Lehrstätte, aus der Stellung] wegjagen. 2. jmdn. ertappen, erwischen. 3. (landsch.) jagen. **schassieren**: mit kurzen Schritten geradlinig tanzen

Schatulle [*mlat.*] *die*; -, -n: 1. Geld-, Schmuckkästchen. 2. (veraltet) Privatkasse eines Staatsoberhaupts od. eines Fürsten

Schaute vgl. Schote

Schebecke [*arab.-span.-it.-fr.*] *die*; -, -n: flachgehendes Mittelmeerschiff des 17. u. 18. Jh.s mit zwei bis drei Masten

Schech vgl. Scheich

Scheck, (schweiz. auch:) Check [*engl.*] *der*; -s, -s: Zahlungsanweisung an eine Bank od. an die Post; vgl. Check (II)

schecken vgl. checken

Scheda [*lat.*] *die*; -, ...den: (veraltet) einzelnes Blatt Papier

Schedbau u. Shedbau [*sch...*; *engl.*; *dt.*] *der*; -[e]s, ...bauten: eingeschossiger Bau mit Satteldach.

Scheddach u. Sheddach *das*; -s, ...dächer: Dach, das ungleich große u. verschieden geneigte Flächen hat; Satteldach, Sägedach

Schedula [*gr.-lat.*] *die*; -, ...lä: Verkleinerungsform von Scheda

Scheich, Schech u. **Scheik** [*arab.*; „Ältester"] *der*; -s, -e u. -s: 1. a) (ohne Plural) arabischer Ehrentitel der führenden Persönlichkeiten der traditionellen islamischen Gesellschaft (Stammeshäuptling, Dorfbürgermeister, Geistlicher o. ä.); b) Träger dieses Titels. 2. (salopp, abwertend) Freund, Mann einer Frau

Schelf [*engl.*] *der* od. *das*; -s, -e: der vom Meer überflutete Sockel der Kontinente (Flachsee; Geogr.)

Schel|lack [*niederl.*] *der*; -[e]s, -e: Mischung aus Baumharz u. Wachsabscheidungen (bes. der Lackschildlaus), die zur Herstellung von Lacken u. Firnis verwendet wird (auch synthetisch hergestellt)

Scheltopusik [*russ.*] *der*; -s, -e: südosteuropäische u. vorderasiatische Panzerschleiche (eine Echsenart)

Schema [*gr.-lat.*] *das*; -s, -s u. -ta, ...men: 1. Muster, anschauliche [graphische] Darstellung, Aufriß. 2. Entwurf, Plan, Form. **schematisch**: 1. einem Schema folgend, anschaulich zusammenfassend u. gruppierend. 2. gleichförmig; gedankenlos. **schematisieren** [*gr.-lat.-nlat.*]: nach einem Schema behandeln; in eine Übersicht bringen. **Schematismus** [*gr.-lat.*] *der*; -, ...men: 1. gedankenlose Nachahmung eines Schemas. 2. statistisches Handbuch einer katholischen → Diözese od. eines geistlichen Ordens. **Schemen**: *Plural* von → Schema

Schen u. **Scheng** [*chin.*] *das*; -s, -s: chines. Mundorgel

Scheol [*hebr.*] *der*; -s: das unterweltliche Totenreich in der alttestamentarischen Vorstellung

Scherbett vgl. Sorbet

Scheria vgl. Scharia

Scherif u. Scharif [*arab.*; „erhaben"] *der*; -s u. -en, -s u. -e[n]: a) (ohne Plural) Titel der Nachkommen Mohammeds; b) Träger dieses Titels

Scherwenzel usw. vgl. Scharwenzel usw.

scherzando [*ßkär...*; *germ.-it.*]: in der Art des Scherzos (Vortragsanweisung; Mus.). **Scherzo** *das*; -s, -s u. ...zi: Tonstück von heiterem Charakter, (meist dritter) Satz in Sinfonie, Sonate u. Kammermusik (Mus.). **scherzoso** = scherzando

Schi vgl. Ski

Schia [*arab.*; „Sekte, Partei"] *die*; -: zweite Hauptrichtung des Islams mit eigener, auf Mohammeds Schwiegersohn Ali zurückgeführter → Sunna, Staatsreligion in Iran; vgl. Imam (2), Schiit

Schibboleth [*hebr.*; „Ähre" od. „Strom", nach der Losung der Gileaditer, Richter 12, 5f.] *das*; -s, -e u. -s: Erkennungszeichen, Losungswort; Merkmal

Schibob vgl. Skibob

schick [*dt.-fr.*]: 1. modisch, schön, geschmackvoll gekleidet. 2. (ugs.) erfreulich, nett. 3. (ugs.) in Mode, modern. **Schick** *der*; -[e]s: 1. modische Eleganz, gutes Aussehen, gefällige Form. 2. (schweiz.) einzelner [vorteilhafter] Handel. **Schickeria** [*it.*] *die*; -: modebewußte [obere] Gesellschaftsschicht

Schickse [*jidd.-Gaunerspr.*] *die*; -, -n: 1. (abwertend) Flittchen. 2. (salopp, abwertend) Jüdin. 3. (vom Standpunkt der Juden aus) Nichtjüdin

Schiedamer [*schi...*; nach der niederl. Stadt Schiedam (*ßehi...*)] *der*; -s, -: ein Kornbranntwein

Schiismus [*arab.-nlat.*] *der*; -: Lehre der Schiiten. **Schiit** *der*; -en, -en: Anhänger der → Schia. **schiitisch**: der Richtung der → Schia angehörend, sie betreffend

Schikane [*fr.*] *die*; -, -n: 1. böswillig bereitete Schwierigkeit, Bosheit. 2. [eingebaute] Schwierigkeit in einer Autorennstrecke (Sport). 3. (unzulässige) Ausübung eines Rechts zur ausschließlichen Schädigung eines anderen (Rechtsw.); mit allen Schikanen: mit allem, verwöhnten Ansprüchen genügendem Zubehör; mit besonderer technischer o. a. Vollkommenheit, Vervollkommnung [für hohe Ansprüche]. **Schikaneur** [*...nör*] *der*; -s, -e: jmd., der andere schikaniert. **schikanieren**: jmdm. in kleinlicher u. böswilliger Weise Schwierigkeiten machen. **schikanös**: 1. andere schikanierend. 2. von Böswilligkeit zeugend

Schi|kjöring [*schijöring*] vgl. Skikjöring

Schilling vgl. Shilling

Schillum [*pers.-Hindi-engl.*] *das*; -s, -s: ein meist aus Holz gefertigtes Röhrchen, bes. zum Rauchen von Haschisch u. Marihuana

Schimarathon vgl. Skimarathon

Schimäre [*gr.-lat.-fr.*; nach dem Ungeheuer → Chimära] *die*; -,

-n: Trugbild, Hirngespinst. **schimärisch**: trügerisch

Schimpanse [*afrik.*] *der*; -n, -n: kleiner afrikanischer Menschenaffe. **schimpansoid** [*afrik.*; *gr.*]: schimpansenähnlich

Schinakel [*ung.*] *das*; -s, -[n]: (österr. ugs.) 1. kleines Ruderboot. 2. (ugs.; nur Plural) breite, ausgetretene Schuhe

Schintoismus u. Shintoismus [*schin...*; *nlat.*, von *chin.-jap.* Schinto „Weg der Götter"] *der*; -: jap. Nationalreligion mit Verehrung der Naturkräfte u. Ahnenkult. **Schintoist** *der*; -en, -en: Anhänger des Schintoismus. **schintoistisch**: zum Schintoismus gehörend

Schiras [nach der iran. Stadt] *der*; -, -: 1. weicher Teppich aus glänzender Wolle u. mit ziemlich langem Flor. 2. persianerähnliches Fettschwanzschaf

Schirokko [*arab.-it.*] *der*; -s, -s: sehr warmer, oft stürmischer Mittelmeerwind aus südlichen Richtungen; vgl. Gibli u. Kamsin

Schirting [*engl.*] *der*; -s, -e u. -s: Baumwollgewebe in Leinwandbindung (Webart), oft als Futterstoff verwendet

Schirwan [eine kaukasische Landschaft] *der*; -[s], -s: dichter, kurzgeschorener Teppich mit geometrischer Musterung

Schisma [auch: *ß-ch...*; *gr.-lat.*] *das*; -s, ...men u. -ta: 1. Kirchenspaltung aus kirchenrechtlichen u. nicht aus dogmatischen Gründen. 2. das kleinste musikalische Intervall (his–c), etwa der hundertste Teil eines Ganztones (Mus.). **Schismatiker** *der*; -s, -: Verursacher einer Kirchenspaltung, Abtrünniger. **schismatisch**: a) die Kirchenspaltung betreffend; b) eine Kirchenspaltung betreibend. **Schismen**: *Plural* von → Schisma

Schißlaweng vgl. Zislaweng

Schisto|pros|opie [auch: *ß-ch...*; *gr.-nlat.*] *die*; -: = Prosoposchisis. **Schistosoma** *das*; -s, -ta: Egel, der in Blutgefäßen schmarotzt (Med.). **Schistosomiase** *die*; -, -n: eine Wurmerkrankung (Med.). **schizogen**: durch Spaltung entstanden (von Gewebslücken; Biol.). **Schizogonie** *die*; -, ...ien: eine Form der ungeschlechtlichen Vermehrung durch Zerfallen einer Zelle in mehrere Teilstücke (z. B. im Entwicklungszyklus des Malariaerregers; Biol.). **schizoid**: seelisch zerrissen, → autistisch veranlagt (Med.). **Schizomyzet** *der*; -en, -en (meist Plural): Bakterie, die sich ungeschlechtlich durch Querteilung vermehrt (Spaltpilz; Biol.). **Schiz|ony|chie** *die*; -, ...ien: Spaltung des freien Randes der Nägel infolge Brüchigkeit (Med.). **Schizophasie** *die*; -, ...ien: Äußerung zusammenhangloser Wörter u. Sätze (Med.). **schizo|phren**: 1. an Schizophrenie leidend, zum Erscheinungsbild der Schizophrenie gehörend (Med.). 2. in sich widersprüchlich, unvereinbar (mit anderem), z. B. ein -es Verhalten. 3. (ugs.) verrückt. **Schizo|phrenie** *die*; -, ...ien: 1. Bewußtseinsspaltung, Verlust des inneren Zusammenhangs der geistigen Persönlichkeit, Spaltungsirresein (Med.). 2. innere Widersprüchlichkeit, Zwiespältigkeit, Unsinnigkeit, absurdes Verhalten. **Schizophyten** *die* (Plural): zusammenfassende, systematische Bezeichnung für Bakterien u. Blaualgen (Biol.). **Schizophyzee** *die*; -, -n (meist Plural): (veraltet) Zyanophyzee (Biol.). **schizothym**: eine latent bleibende, nicht zum Durchbruch kommende Veranlagung zu Schizophrenie besitzend (Med.). **Schizothyme** *der* u. *die*; -n, -n: jmd., der schizothym veranlagt ist (Med.). **Schizothymie** *die*; -: Eigenschaft u. Veranlagung des schizothymen Konstitutionstyps (Med.)

Schlachta [*poln.*] *die*; -: (hist.) der niedere poln. Adel. **Schlachtschitz** *der*; -en, -en: (hist.) Angehöriger der Schlachta

Schlamassel [*jidd.*] *der* (auch: *das*); -s: (ugs.) Unglück; widerwärtige Umstände; verfahrene Situation. **Schlamastik** *die*; -, -en: (landsch.) = Schlamassel

Schlemihl [auch: *...mil*; *hebr.*] *der*; -s, -e: (ugs.) 1. Unglücksmensch, Pechvogel. 2. jmd., der es faustdick hinter den Ohren hat, gerissener Kerl

Schlipp vgl. Slip (2)

Schlup vgl. Slup

Schma [*hebr.*; „höre!"] *das*; -: das jüd. Bekenntnisgebet (aus 5. Mose 6, 4–9 u. 11, 13–21 u. 4. Mose 15, 37–41); vgl. Mesusa

Schmasche [*poln.*] *die*; -, -n: Fell neugeborener Lämmer

Schmone esre [*hebr.*; „das Achtzehnbittengebet"] *das*; - -: das lange jüd. Hauptgebet

Schmonzes [*jidd.*] *der*; -, -: leeres, albernes Gerede. **Schmonzette** *die*; -, -n: (ugs., abwertend) wenig geistreiches, kitschiges Stück, albernes Machwerk

Schmu [*hebr.-jidd.*] *der*; -s: (ugs.) auf nicht ganz redliche Weise erzielter Gewinn; - machen: beiseite schaffen, für sich behalten; etwas übrigbehalten u. nicht zurückgeben

Schmus [*hebr.-jidd.*] *der*; -es: (ugs.) 1. leeres Gerede, Geschwätz, Schönrednerei, Lobhudelei. 2. Zureden [zum Kauf]. **schmusen**: (ugs.) 1. mit jmdm. zärtlich sein, Liebkosungen austauschen. 2. (abwertend) schwatzen, schmeicheln, schöntun. 3. [zu einem Kauf] zureden

Schock [*niederl.-engl.*] *der*; -[e]s, -s: 1. durch ein plötzliches katastrophenartiges od. außergewöhnlich belastendes Ereignis ausgelöste seelische Erschütterung, ausgelöster großer Schreck [wobei der Betroffene nicht mehr fähig ist, seine Reaktionen zu kontrollieren]. 2. (z. B. durch Herzinfarkt, schwere Verletzungen, Verbrennungen, Infektionen verursachtes) akutes Kreislaufversagen mit ungenügender Sauerstoffversorgung lebenswichtiger Organe (Med.). **schockant** [*niederl.-fr.*]: anstößig. **schocken** [*niederl.-fr.-engl.*]: 1. Nerven- u. Geisteskranke mit künstlich erzeugtem (z. B. elektrischem) Schock behandeln (Med.). 2. einen Schock (1) versetzen, verstören, aus dem seelischen Gleichgewicht bringen, z. B. diese Nachricht hat sie geschockt. **Schocker** *der*; -s, -: Roman od. Film mit gruseligem od. anstößigem Inhalt. **schockieren** [*niederl.-fr.*]: Entrüstung, moralische Empörung hervorrufen; jmdn. aufbringen, z. B. ich bin ja schockiert, in welcher Kleidung er herumläuft. **Schockmetamorphose** *die*; -, -n: Umwandlung von Gesteinen durch starke Druckwellen (z. B. durch Kernexplosion erzeugt; Geol.). **Schocktherapie** *die*; -, -n: ein Heilverfahren für seelische Krankheiten, bei dem ein Anfall od. Schockzustand künstlich herbeigeführt wird

Schofar [*hebr.*] *der*; -[s], -oth: ein im jüd. Kult verwendetes Widderhorn (z. B. zur Ankündigung des Sabbats geblasen)

schofel u. schof[e]lig [*hebr.-jidd.*]: (ugs.) 1. gemein, niedrig, schäbig. 2. knauserig, armselig, kümmerlich. **Schofel** *der*; -s, -: (ugs.) 1. Schund, schlechte Ware. 2. gemeiner Mensch. **schofelig** vgl. schofel

Schofför *der*; -s, -e: eindeutschend für: Chauffeur

schoflig vgl. schofel

Schogun u. Shogun [*scho...*; *chin.-jap.*] *der*; -s, -e: (hist.) a) (ohne Plural) [erblicher] Titel japan.

kaiserlicher Feldherrn, die lange Zeit an Stelle der machtlosen Kaiser das Land regierten; b) Träger dieses Titels. **Schogunat** [*chin.-jap.-nlat.*] *das*; -[e]s: (hist.) Amt eines Schoguns

Schoitasch [*scheu...*; *ung.*] *der*; -: (veraltet) Plattschnurbesatz an der Husarenuniform

Schokolade [*mex.-span.-niederl.*] *die*; -, -n: 1. mit Zucker [Milch o. ä.] gemischte Kakaomasse, die meist in Tafeln gewalzt od. in Figuren gegossen ist. 2. Getränk aus Schokoladenmasse und Milch. **schokolieren** [*mex.-span.-niederl.-nlat.*]: etwas mit Schokolade überziehen

Schola [*ß-kola*, (auch:) *ß-ch...*; *gr.-lat.*] *die*; -, ...ae [...*ä*]: institutionelle Vereinigung von Lehrern u. Schülern, bes. zur Pflege u. Weiterentwicklung des → Gregorianischen Chorals (im Mittelalter; Mus.). **Scholar** u. Scholast [*sch...*; *gr.-lat.*] *der*; -en, -en: (hist.) [herumziehender] Schüler, Student [im Mittelalter]. **Scholarch** [*gr.*] *der*; -en, -en: (hist.) Vorsteher einer Kloster- od. Domschule im Mittelalter. **Scholarchat** [*gr.-nlat.*] *das*; -[e]s, -e: (hist.) Amt eines Scholarchen. **Scholast** vgl. Scholar. **Scholastik** [*gr.-mlat.*; „Schulwissenschaft, Schulbetrieb"] *die*; -: 1. die auf die antike Philosophie gestützte, christliche Dogmen verarbeitende Philosophie u. Theologie des Mittelalters (etwa 9.–14. Jh.). 2. engstirnige, dogmatische Schulweisheit. **Scholastikat** [*gr.-mlat.-nlat.*] *das*; -[e]s, -e: Studienzeit des Scholastikers (2). **Scholastiker** [*gr.-mlat.*] *der*; -s, -: 1. Vertreter der Scholastik. 2. junger Ordensgeistlicher während des philos.-theolog. Studiums, bes. bei den Jesuiten. 3. (abwertend) reiner Verstandesmensch, spitzfindiger Haarspalter. **Scholastikus** *der*; -, ...ker: = Scholarch. **scholastisch**: 1. nach der Methode der Scholastik, die Philosophie der Scholastik betreffend. 2. (abwertend) spitzfindig, rein verstandesmäßig. **Scholastizismus** [*gr.-mlat.-nlat.*] *der*; -: 1. einseitige Überbewertung der Scholastik. 2. (abwertend) übertriebene Spitzfindigkeit. **Scholiast** [*gr.-mgr.-mlat.*] *der*; -en, -en: Verfasser von Scholien. **Scholie** [...*i*^e] *die*; -, -n u. **Scholion** [*gr.*] *das*; -s, Scholien [...*i*^e*n*]: erklärende Randbemerkung [alexandrinischer Philologen] in griech. u. röm. Handschriften

Schore vgl. Sore

schraffieren [*it.-niederl.*]: [eine Fläche] mit parallelen Linien stricheln (Kunstw.). **Schraffur** *die*; -, -en: a) schraffierte Fläche auf einer Zeichnung; b) Strichzeichnung auf [Land]karten; c) Strichelung

Schrapnell [*engl.*; nach einem engl. Artillerieoffizier H. Shrapnel (*schräpn*^e*l*) *das*; -s, -e u. -s: 1. (veraltet) Sprenggeschoß mit Kugelfüllung. 2. (abwertend) [ältere] Frau, die man auf Grund ihres Wesens od. Aussehens nicht leiden kann

Schredder u. Shredder [*schrä...*; *engl.*] *der*; -s, -: technische Anlage zum Verschrotten u. Zerkleinern von Autowracks

schrinken u. shrinken [*schri...*; *engl.*]: Geweben Feuchtigkeit zuführen, um sie im Griff weicher u. krumpfecht zu machen

Schubiack [*niederl.*] *der*; -s, -s u. -e: (ugs. abwertend) niederträchtiger Mensch, Lump

Schu|dra u. Shudra [*schu...*; *sanskr.*] *der*; -s, -s: (hist.) Angehöriger der vierten, dienenden Hauptkaste im alten Indien; vgl. Waischja

Schulchan Aruch [...*chan* -; *hebr.*; „gedeckter Tisch", nach Psalm 23, 5] *der*; - -: um 1500 n. Chr. entstandenes maßgebendes jüd. Gesetzeswerk

Schwa [*hebr.*] *das*; -[s], -[s]: in bestimmten unbetonten Silben erscheinende Schwundstufe des vollen Vokals (Murmel-e); Lautzeichen: ə (Sprachw.)

Schwa|dron [*lat.-vulgärlat.-it.*] *die*; -, -en: kleinste Truppeneinheit der Kavallerie (Mil.). **Schwadronade** [mit französierender Endung gebildet] *die*; -, -n: wortreiche, aber nichtssagende Schwafelei, prahlerisches Gerede. **Schwadroneur** [...*nör*; *lat.-it.-fr.*] *der*; -s, -e: jmd., der schwadroniert. **schwa|dronieren**: schwatzen, viel u. lebhaft erzählen

schwoien [*schweu*^e*n*] u. **schwojen** [*altnord.-niederl.*]: sich durch Wind od. Strömung vor Anker drehen (Seew.)

Science-fiction [*ßai*^e*nßfiksch*^e*n*; *engl.-amerik.*] *die*; -: abenteuerlich-phantastische Literatur utopischen Inhalts auf naturwissenschaftlich-technischer Grundlage. **Scientismus** [*ßziän...*] usw. vgl. Szientismus usw. **Scientology** [*ßai*^e*ntolodschi*] *die*; -: mit religiösem Anspruch auftretende Bewegung, deren Anhänger behaupten, eine wissenschaftliche Theorie über das Wissen u. damit den Schlüssel zu (mit Hilfe bestimmter auf der Grundlage der Dianetik entwickelter psychotherapeutischer Techniken zu erlangender) vollkommener geistiger u. seelischer Gesundheit zu besitzen. **scilicet** [*ßzilizät*; *lat.*]: nämlich; Abk.: sc. u. scil.

sciolto [*scholto*; *lat.-vulgärlat.-it.*]: frei, ungebunden im Vortrag (Mus.)

Scoop [*ßkup*; *engl.*] *der*; -s, -s: Exklusivmeldung, Knüller

Scooter [*ßkut*^e*r*; *engl.-amerik.*] *der*; -s, -: 1. Segelboot mit Stahlkufen zum Wasser- u. Eissegeln. 2. = Skooter

Scopolamin [*ßko...*] vgl. Skopolamin

Scordatura u. Skordatur [*ßk...*; *lat.-it.*] *die*; -: von der üblichen Stimmung abweichende Umstimmung von Saiteninstrumenten, z. B. zur Erzeugung besonderer Klangeffekte (Mus.); Ggs. → Accordatura

Score [*ßko*^r; *engl.*] *der*; -s, -s: 1. a) Spielstand, Spielergebnis; b) Zahl der erreichten Treffer im Lotto od. der erreichten Punkte in einem sportlichen Wettkampf. 2. geschätzter od. gemessener Zahlenwert, Meßwert, z. B. bei Testergebnissen (Psychol.). **Scorekarte** *die*; -, -n: vorgedruckte Karte, auf der die Anzahl der von einem Spieler (beim Golf, Minigolf) gespielten Schläge notiert wird. **scoren**: einen Punkt, ein Tor o. ä. erzielen (Sport). **Scorer** *der*; -s, -: jmd., der die von den einzelnen Spielern (beim Golf, Minigolf) gemachten Schläge zählt

Scotch [*ßkotsch*; *engl.*; Kurzw. aus: *scotch* whisky] *der*; -s, -s: schottischer Whisky; vgl. Bourbon. **Scotchterrier** [*ßkotsch...*; *engl.*] *der*; -s, -: ein schottischer Jagdhund

Scotismus [*ßko...*; *nlat.*; nach dem schottischen Scholastiker Duns Scotus] *der*; -: philosophische Richtung, die durch die Vorrangstellung des Willens vor der Vernunft gekennzeichnet ist. **Scotist** *der*; -en, -en: Vertreter des Scotismus

Scotland Yard [*ßkotl*^e*nd ja*^r*d*; *engl.*] *der*; - -: [Hauptgebäude der] Londoner Kriminalpolizei

Scout [*ßkaut*; *engl.*] *der*; -[s], -s: 1. a) Pfadfinder; vgl. Boy-Scout; b) Wegbereiter, Vorreiter, Vordenker. 2. (Jargon) für einen literarischen Verlag arbeitende Person, die im Ausland nach erfolgreichen od. erfolgversprechenden Büchern Ausschau hält, um für ihren Verlag die → Lizenz zu erwerben

Scrabble ⓦ [*ßkräbᵉl*; *engl.*] *das*; -s, -s: Spiel mit zwei bis vier Mitspielern, bei dem aus Spielmarken mit Buchstaben Wörter nach einem bestimmten Verfahren zusammengesetzt werden müssen
Scraps [*ßkräpß*; *altnord.-engl.*] *die* (Plural): Tabak, der aus den unteren Blättern der Tabakpflanze hergestellt wird
scratch [*ßkrätsch*; *engl.*]: ohne Vorgabe (beim Golf). **Scratchspieler** *der*; -s, -: Golfspieler mit sehr hoher u. konstanter Spielstärke, der ohne Vorgabe spielt
Screening [*ßkri...*; *engl.*] *das*; -[s], -s u. **Screening-Test** *der*; -s, -s: Verfahren zur Reihenuntersuchung (z. B. auf Krebs; Med.)
Scribble [*ßkribᵉl*; *engl.*] *das*; -s, -s: erster, noch nicht endgültiger Entwurf für eine Werbegraphik
Scrip [*ßkrip*; *lat.-fr.-engl.*] *der*; -s, -s: 1. Interimsschein als Ersatz für noch nicht fertiggestellte Stücke von neu ausgegebenen Wertpapieren. 2. Gutschein über nicht gezahlte Zinsen, durch den der Zinsanspruch zunächst abgegolten ist; vgl. Dollarscrips. **Scriptgirl** [*ßkriptgöʳl*] vgl. Skriptgirl. **Scrittura** [*lat.-it.*] *die*; -, ...ren: schriftlicher Opernvertrag in Italien
Scrotum [*ßkro...*] vgl. Skrotum
Scrub [*ßkrab*; *engl.*] *der*; -[s], -s: Gestrüpp; Buschvegetation in Australien
Scudo [*ßkudo*; *lat.-it.*; „Schild"] *der*; -, ...di: alte ital. Münze
sculpsit [*ßku...*; *lat.*]: „hat [es] gestochen" (hinter dem Namen des Künstlers auf Kupferstichen); Abk.: sc., sculps.
Scutellum [*ßku...*; *lat.-nlat.*; „Schildchen"] *das*; -s, ...lla: zu einem Saugorgan umgewandeltes Keimblatt der Gräser
Scylla [*ßzüla*] vgl. Szylla
Scyth [*ßzüt*; nach dem Volksstamm der Skythen] *das*; -s: alpiner Buntsandstein
Seal [*ßil*; *engl.*] *der* od. *das*; -s, -s: 1. Fell des Seebären (Ohrenrobbe). 2. ein Pelz. **Seal|skin** *der* od. *das*; -s, -s: 1. Fell der Pelzrobbe. 2. Plüschgewebe als Nachahmung des echten Seals. 3. = Seal
Sealyhamterrier [*ßiliᵉm...*; nach Sealyham, dem walisischen Landgut des ersten Züchters] *der*; -s, -: ein englischer Jagdhund
Séance [*ßeangß⁽ᵉ⁾*; *lat.-fr.*] *die*; -, -n [*...ßᵉn*]: [spiritistische] Sitzung
Season [*ßisn*; *lat.-fr.-engl.*] *die*; -, -s: engl. Bezeichnung für: Saison
Sebcha [*...cha*; *arab.*] *die*; -, -s: Salztonwüste u. Salzsumpf in der Sahara (Geogr.)
Sebor|rhö[1], [*lat.*; *gr.*] *die*; -, -en u. **Sebor|rhöe** [*...rö*] *die*; -, -n [*...röᵉn*]: krankhaft gesteigerte Absonderung der Talgdrüsen, Schmerfluß (Med.)
sec [*zäk*; *engl.-fr.*]: = dry
SECAM-System [*sekam...*; Kurzw. aus fr. séquentiel à mémoire; „aufeinanderfolgend mit Gedächtnis(speicherung)"; *gr.*] *das*; -s: franz. Farbfernsehsystem, das auf einer abwechselnden (nicht gleichzeitigen) Übertragung von Farbsignalen beruht; vgl. PAL-System
secco [*säko*; *lat.-it.*]: ital. Bezeichnung für: trocken. **Secco** *das*; -[s], -s: das nur von einem Tasteninstrument begleitete → Rezitativ (Mus.). **Seccomalerei** *die*; -: Wandmalerei auf trockenem Putz; Ggs. → Freskomalerei
Secentismus [*ßetschän...*; *lat.-it.-nlat.*] *der*; -: Stilrichtung in der italienischen Barockpoesie des 17. Jh.s; vgl. Marinismus (II). **Secentist** *der*; -en, -en: Dichter, Künstler des Secentismus. **Secento** vgl. Seicento
seckant usw. vgl. sekkant usw.
seconda volta [*...ko... wo...*; *lat.-it.*]: das zweite Mal (bei der Wiederholung eines Teils; Mus.); vgl. prima volta. **Secondhandshop** [*ßäkᵉndhändschop*; *engl.*] *der*; -s, -s: Laden, in dem gebrauchte Ware (insbesondere gebrauchte Kleidung) verkauft wird. **Second line** [*ßäkᵉnd lain*; *engl.-amerik.*; „zweite Reihe"] *die*; - -: 1. die Schar von kleinen Jungen u. Halbwüchsigen, die früher hinter den Straßenkapellen der New-Orleans-Neger herzog. 2. Nachwuchskräfte im Jazz.
secondo [*...ko...*; *lat.-it.*]: das zweite (hinter dem Namen eines Instruments zur Angabe der Reihenfolge; Mus.). **Secondo** *das*; -s, -s u. ...di: (Mus.) 1. die zweite Stimme. 2. der Baß bei vierhändigem Klavierspiel; Ggs. → Primo
Se|cret Service [*ßikrit ßöʳwiß*; *engl.*] *der*; - -: der britische politische Geheimdienst
Sectio aurea [*lat.*] *die*; - -: Teilung einer Strecke in der Art, daß sich die kleinere Teilstrecke zur größeren wie die größere zur ganzen Strecke verhält (Goldener Schnitt; Math.). **Sectio caesarea** [*- zä...*; *lat.-mlat.*] *die*; - -: eine geburtshilfliche Operation, Kaiserschnitt (Med.). **Section** [*ßäkschᵉn*; *lat.-fr.-engl.*] *die*; -, -s: ein amerik. Landmaß (259 Hektar)

[1] Vgl. die Anmerkung zu Diarrhö.

Seda: *Plural* von → Sedum
Sedarim: *Plural* von → Seder
sedat [*lat.*]: (veraltet, aber noch landsch.) ruhig, von gesetztem Wesen, bescheiden, sittsam. **sedativ** [*lat.-nlat.*]: beruhigend, schmerzstillend (von Medikamenten; Med.). **Sedativ** [*lat.*] *das*; -s, -e [*...wᵉ*] u. **Sedativum** [*...wum*] *das*; -s, ...va [*...wa*]: Beruhigungsmittel; schmerzlinderndes Mittel (Med.). **sedentär** [*lat.*]: 1. (veraltet) sitzend, seßhaft, ansässig. 2. (von Sedimenten) aus tierischen od. pflanzlichen Stoffen aufgebaut; biogen (Geol.)
Seder [*hebr.*; „Reihe"] *der*; -[s], Sedarim: 1. Hauptteil von → Mischna u. → Talmud. 2. häusliche Passahfeier im Judentum
Sedes Apo|stolica [*- ...ka*; *mlat.*] *die*; - -: = Sancta Sedes
Sedez [*lat.*] *das*; -es: ein Buchformat, bei dem der Bogen 16 Blätter = 32 Seiten hat
Sedezimalsystem [*lat.*] *das*; -s: = Hexadezimalsystem
Sedia gestatoria [*- dschä...*; *lat.-it.*] *die*; - -: Tragsessel des Papstes bei feierlichen Anlässen. **sedieren** [*lat.-nlat.*]: dämpfen, beruhigen (z. B. durch Verabreichung eines Sedativums; Med.).
Sedile [*lat.*] *das*; -[s], ...lien [*...iᵉn*]: 1. lehnenloser Sitz für die amtierenden Priester beim Hochamt. 2. Klappsitz im Chorgestühl.
Sediment *das*; -[e]s, -e: 1. das durch Sedimentation entstandene Schicht- oder Absatzgestein (Geol.). 2. Bodensatz einer [Körper]flüssigkeit (bes. des Urins; Med.). **sedimentär** [*lat.-nlat.*]: durch Ablagerung entstanden (von Gesteinen u. Lagerstätten; Geol.). **Sedimentation** [*...zion*] *die*; -, -en: 1. Ablagerung von Stoffen, die an anderen Stellen abgetragen wurden (Geol.). 2. Bodensatzbildung in Flüssigkeiten (Chem.; Med.). **sedimentieren**: 1. ablagern (von Staub, Sand, Kies usw. durch Wind, Wasser od. Eis; Geol.). 2. einen Bodensatz bei Flüssigkeiten bilden (Chem.; Med.). **Sedisvakanz** [*...wa...*; *lat.-mlat.*] *die*; -, -en: Zeitraum, während dessen das Amt des Papstes od. eines Bischofs unbesetzt ist
Sedition [*...zion*; *lat.*] *die*; -, -en: (veraltet) Aufruhr, Aufstand. **seditiös**: (veraltet) aufständisch, aufrührerisch
Seduktion [*...zion*; *lat.*] *die*; -, -en: (veraltet) Verführung
Sedum [*lat.*] *das*; -s, Seda: Pflanzengattung der Dickblattgewächse

seduzieren [*lat.*]: (veraltet) verführen
Segment [*lat.*] *das*; -[e]s, -e: Abschnitt, Teilstück (in bezug auf ein Ganzes). **segmental** [*lat.-nlat.*]: segmentförmig, als Segment vorliegend. **segmentär**: aus einzelnen Abschnitten zusammengesetzt. **Segmentation** [...*zion*] *die*; -, -en: Bildung von Furchungen an Zellkernen (Med.). **segmentieren**: [in Segmente] zerlegen; gliedern. **Segmentierung** *die*; -, -en: 1. das Segmentieren. 2. = Metamerie (1)
Se|gno [*ßänjo*; *lat.-it.*] *das*; -s, -s u. ...ni: das Zeichen, von dem od. bis zu dem noch einmal zu spielen ist (Mus.); Abk.: s.; vgl. al segno; dal segno
Se|gregat [*lat.*] *das*; -[e]s, -e: (veraltet) Ausgeschiedenes, Abgetrenntes
Se|gregation
I. [...*zion*; *lat.*] *die*; -, -en: 1. (veraltet) Ausscheidung, Trennung. 2. Aufspaltung der Erbfaktoren während der Reifeteilung der Geschlechtszellen (Biol.).
II. [*ßägrigeⁱschᵉn*; *lat.-engl.-amerik.*] *die*; -, -s: Absonderung einer Menschengruppe aus gesellschaftlichen, eigentumsrechtlichen od. räumlichen Gründen (Soziol.)
se|gregieren [*lat.*]: absondern, aufspalten
segue [*ßegᵘᵉ*; *lat.-it.*]: „es folgt" (in älteren Notendrucken auf der Seite unten rechts als Hinweis: umblättern, es geht weiter). **Seguidilla** [*ßegidilja*; *lat.-span.*] *die*; -: span. Tanz im $^3/_4$- od. $^3/_8$-Takt mit Kastagnetten- u. Gitarrenbegleitung
Seicento [*ße-itsch...*] u. Secento [*ßetsch...*; *lat.-it.*] *das*; -[s]: die ital. Kunst des 17. Jh.s als eigene Stilrichtung
Seiches [*ßäsch*; *fr.*] *die* (Plural): stehende Wellen, bei denen der Wasserspiegel am einen Ufer steigt, am entgegengesetzten fällt (bei Binnenseen)
Sei|gnettesalz [*ßänjät...*; nach einem franz. Apotheker] *das*; -es: das Kaliumnatriumsalz der Weinsäure (Abführmittel)
Sei|gneur [*ßänjör*; *lat.-fr.*] *der*; -s, -s: 1. (hist.) franz. Grund-, Lehnsherr. 2. (veraltet) vornehmer, gewandter Herr. **seigneural**: (veraltet) vornehm, weltmännisch. **Sei|gneurie** *die*; -, ...ien: (hist.) das im Besitz eines Seigneurs (1) befindliche Gebiet
Seismik [*gr.-nlat.*] *die*; -: Wissenschaft, Lehre von der Entstehung, Ausbreitung u. Auswirkung der Erdbeben. **Seismiker** *der*; -s, -: Wissenschaftler, Fachmann auf dem Gebiet der angewandten Seismik, auf dem durch künstlich (meist durch Sprengungen) hervorgerufene Erdbebenwellen der Verlauf u. die Größe von Gesteinsschichten unter der Erdoberfläche untersucht werden, um Lagerstätten (z. B. von Erdöl) zu erkunden. **seismisch**: 1. die Seismik betreffend. 2. Erdbeben betreffend, durch Erdbeben verursacht. **Seismizität** *die*; -: Häufigkeit u. Stärke der Erdbeben eines Gebietes. **Seismo|gramm** *das*; -s, -e: Erdbebenkurve des Seismographen. **Seismo|graph** *der*; -en, -en: Erdbebenmesser, der Richtung und Dauer des Bebens aufzeichnet. **seismo|graphisch**: mit Seismographen aufgenommen (von Erschütterungen im Erdinnern). **Seismologe** *der*; -n, -n: = Seismiker. **Seismologie** *die*; -: = Seismik. **seismologisch**: = seismisch (1). **Seismometer** *das*; -s, -: Erdbebenmesser, der auch Größe u. Art der Bewegung aufzeichnet. **seismome|trisch**: mit einem Seismometer gemessen. **Seismonastie** *die*; -: durch Stoß ausgelöste Pflanzenbewegung, ohne Beziehung zur Reizrichtung (Bot.). **Seismophon** *das*; -s, -e: technisches Gerät, das weit entfernte Erdbeben hörbar macht. **Seismo|skop** *das*; -s, -e: heute veraltetes u. nicht mehr verwendetes Instrument zum Registrieren von Erdbeben
Sejm [*ßäim*, (auch:) *ßaim*; *poln.*] *der*; -s: die poln. Volksvertretung
Sejunktion [...*zion*; *lat.*] *die*; -, -en: mangelnde od. verminderte Fähigkeit, Bewußtseinsinhalte miteinander zu verbinden (Psychol.)
Sekans [*lat.*] *der*; -, - (auch: Sekanten): Verhältnis der → Hypotenuse zur → Ankathete im rechtwinkligen Dreieck; Zeichen: sec (Math.). **Sekante** *die*; -, -n: jede Gerade, die eine Kurve (bes. einen Kreis) schneidet (Math.)
sekkant [*lat.-it.*]: (österr., sonst veraltet) lästig, zudringlich. **Sekkatur** *die*; -, -en: (österr., sonst veraltet) a) Quälerei, Belästigung; b) Neckerei. **sekkieren**: (österr., sonst veraltet) a) belästigen, quälen; b) necken. **Sekkomalerei** vgl. Seccomalerei. **Sekkorezitativ** *das*; -s, -e: = Secco
Sekond [*lat.-it.*] *die*; -, -en: bestimmte Klingenhaltung beim Fechten. **Sekondeleutnant** [auch: *ßekongd...*; *fr.*]: (veraltet) Leutnant
se|kret [*lat.*]: (veraltet) geheim; abgesondert
Se|kret
I. [*lat.*(-*mlat.*)] *das*; -[e]s, -e: 1. (Med.) a) von einer Drüse produzierter u. abgesonderter Stoff, der im Organismus bestimmte biochemische Aufgaben erfüllt (z. B. Speichel, Hormone); b) Ausscheidung, Absonderung [einer Wunde]; vgl. Exkret, Inkret. 2. vertrauliche Mitteilung.
II. [*lat.*] *die*; -, -en (Plural selten): stilles Gebet des Priesters während der Messe
Se|kretar [*lat.-mlat.*] *der*; -s, -e: (veraltet) Geschäftsführer, Abteilungsleiter. **Se|kretär** [*lat.-mlat.-*(*fr.*)]; eigtl. „Geheimschreiber"] *der*; -s, -e: 1. jmd., der für eine [leitende] Persönlichkeit des öffentlichen Lebens die Korrespondenz, die organisatorischen Aufgaben o. ä. erledigt. 2. a) leitender Funktionär einer Organisation; b) Schriftführer. 3. Beamter des mittleren Dienstes. 4. Schreibschrank. 5. afrik. Raubvogel (Kranichgeier). **Se|kretariat** [*lat.-mlat.*] *das*; -[e]s, -e: a) der Leitung einer Organisation, Institution, eines Unternehmens beigeordnete, für Verwaltung u. organisatorische Aufgaben zuständige Abteilung; b) Raum, Räume eines Sekretariats (a). **Se|kretarie** *die*; -, ...ien: päpstliche Behörde; vgl. Staatssekretarie. **Se|kretärin** *die*; -, -nen: Angestellte, die für jmdn. die Korrespondenz abwickelt und organisatorische Aufgaben erledigt. **Se|kretarius** *der*; -, ...rii [...*rii*]: (veraltet) Sekretär. **se|kretieren** [*lat.-nlat.*]: 1. absondern, ausscheiden (Med.). 2. geheimhalten, verschließen, bes. Bücher in einer Bibliothek. **Sekretin** *das*; -s: Hormon des Zwölffingerdarms (Med.). **Sekretion** [...*zion*; *lat.*] *die*; -, -en: 1. Vorgang der Produktion u. Absonderung von Sekreten durch Drüsen (Med.). 2. das Ausfüllen von Hohlräumen im Gestein durch Minerallösungen (Geol.). **se|kretorisch** [*lat.-nlat.*]: die Sekretion von Drüsen betreffend (Med.)
Sekte [*lat.-mlat.*; „Befolgte (Lehre)"] *die*; -, -n: 1. kleinere, von einer christlichen Kirche od. einer anderen Hochreligion abgespaltene religiöse Gemeinschaft. 2. philosophisch od. politisch einseitig ausgerichtete Gruppe. **Sektierer** *der*; -s, -: 1. Anhänger einer Sekte. 2. jmd., der von der herrschenden politischen od. von einer philosophischen Richtung

abweicht. **sektiererisch**: 1. einer Sekte anhängend. 2. nach Art eines Sektierers

Sektion [*...zion*; *lat.*] *die*; -, -en: 1. Abteilung, Gruppe [innerhalb einer Behörde od. Institution]. 2. = Obduktion. 3. vorgefertigtes Bauteil, bes. eines Schiffes (Techn.). **Sektions|chef** *der*; -s, -s: (bes. österr.) Abteilungsleiter in einer Behörde [in einem Ministerium]. **Sektor** *der*; -s, ...oren: [Sach]gebiet (als Teil von einem Ganzen), Bezirk

Sekund [*lat.*] *die*; -, -en: (österr.) Sekunde (4). **sekunda**: (veraltet) „zweiter" Güte (von Waren). **Sekunda** *die*; -, ...den: 1. die sechste u. siebente Klasse einer höheren Schule. 2. (österr.) die zweite Klasse einer höheren Schule. **Sekund|akkord** *der*; -[e]s, -e: die 3. Umkehrung des Dominantseptimenakkords (in der Generalbaßschrift mit einer „2" unter der Baßstimme angedeutet; Mus.) **Sekundaner** *der*; -s, -: Schüler einer Sekunda. **Sekundant** [*lat.* (*-fr.*)] *der*; -en, -en: 1. Zeuge bei einem Duell. 2. Helfer, Berater, Betreuer eines Sportlers während eines Wettkampfes (bes. beim Berufsboxen). 3. Helfer, Beistand. **Sekundanz** [*lat.-nlat.*] *die*; -, -en: 1. Tätigkeit eines Sekundanten (2). 2. Hilfe, Beistand. **sekundär** [*lat.-fr.*]: 1. a) an zweiter Stelle stehend, zweitrangig, in zweiter Linie in Betracht kommend; b) nachträglich hinzukommend. 2. (von chem. Verbindungen o. ä.) jeweils zwei von mehreren gleichartigen Atomen durch zwei bestimmte andere Atome ersetzend od. mit zwei bestimmten anderen verbindend; vgl. primär, tertiär. 3. den Teil eines Netzgerätes betreffend, über den die umgeformte Spannung als Leistung abgegeben wird (Elektrot.); vgl. primär. **Sekundararzt** *der*; -es, ...ärzte: (österr.) Assistenzarzt; Krankenhausarzt ohne leitende Stellung; Ggs. → Primararzt. **Sekundärliteratur** *die*; -: wissenschaftl. u. kritische Literatur über → Primärliteratur (Literaturw.). **Sekundärrohstoff** *der*; -[e]s, -e: (DDR) Altmaterial. **Sekundarschule** *die*; -, -n: (schweiz.) höhere Volksschule. **Sekundarstufe** *die*; -, -n: a) die Klassen der Hauptschule (5.–9. Schuljahr); b) die Klassen des Gymnasiums (5.–13. Schuljahr); vgl. Primarstufe. **Sekundärsuffix** *das*; -es, -e: → Suffix, das erst in sprachgeschichtl. jüngerer Zeit durch die Verschmelzung zweier anderer Suffixe entstanden ist (z. B. -keit aus mhd. -ec-heit; Sprachw.). **Sekundärtektogenese** *die*; -: durch Schwere u. Ableiten des Gesteins verursachte Falten- u. Deckenbildung (von Gesteinen; Geol.); vgl. Primärtektogenese. **Sekunde** [*lat.*] *die*; -, -n: 1. a) der 60. Teil einer Minute, eine Grundeinheit der Zeit; Abk.: Sek.; Zeichen: s (Astron.: ...[s]), älter: sec, sek.; b) (ugs.) sehr kurze Zeitspanne, kurzer Augenblick. 2. Winkelmaß (der 3600ste Teil eines Winkelgrads; Kurzzeichen: ″; Math.). 3. die dritte Seite eines Druckbogens mit der Sternchenziffer. 4. Ton der diatonischen Tonleiter, Intervall der 2. Tonstufe (Mus.). **Sekundenmeter** vgl. Metersekunde. **sekundieren** [*lat.*(*-fr.*)]: 1. a) jmdn., etwas [mit Worten] unterstützen; beipflichtend äußern; b) die zweite Stimme singen od. spielen u. jmdn., etwas damit begleiten. 2. als Sekundant tätig sein. 3. einen Teilnehmer während des Wettkampfs persönlich betreuen u. beraten (Sport, bes. Boxen, Schach). **Sekundipara** *die*; -, ...paren: Frau, die ihr zweites Kind zur Welt bringt (Med.); vgl. Multipara, Nullipara, Pluripara, Primipara. **Sekundiz** [*lat.-nlat.*] *die*; -: 50jähriges Priesterjubiläum (kath. Rel.); vgl. Primiz. **sekundlich** (selten), **sekündlich**: in jeder Sekunde geschehend, sich vollziehend. **Sekundogenitur** *die*; -, -en: Besitz[recht] des zweitgeborenen Sohnes u. seiner Linie in Fürstenhäusern; vgl. Primogenitur

Sekurit ⓌⓏ [auch: *...it*; *lat.-nlat.*] *das*; -s: nicht splitterndes Sicherheitsglas. **Sekurität** [*lat.*] *die*; -, -en: Sicherheit, Sorglosigkeit

sela! [*hebr.*]: (ugs.) abgemacht! Schluß! **Sela** *das*; -s, -s: Musikzeichen in den Psalmen

Selachier [*...chiᵉr*; *gr.-nlat.*] *der*; -s, - (meist Plural): Haifisch

seladon [bei franz. Ausspr.: *...dong*; *fr.*; nach dem in zartes Grün gekleideten Schäfer Céladon in d'Urfés Roman „L'Astrée", 17. Jh.]: (veraltet) blaßgrün

Seladon [bei franz. Ausspr.: *...dong*; *fr.*; vgl. seladon]

I. *der*; -s, -s: (veraltet) schmachtender Liebhaber.

II. *das*; -s, -s: chines. Porzellan mit grüner bis blaugrüner Glasur (aus dem 10.–13. Jh.)

Selaginella [*lat.-it.*] *die*; -, ...llae [*...ä*] u. **Selaginelle** *die*; -, -n: Moosfarn (Bärlappgewächs)

Selam vgl. Salam; - aleikum: = Salam aleikum. **Selamlik** [(*arab.*; *türk.*) *türk.*] *der*; -s, -s: 1. Empfangsraum in einem vornehmen mohammedanischen Haus. 2. (hist.) die Auffahrt des Sultans od. Kalifen zum Freitagsgebet

Selekta [*lat.*] *die*; -, ...ten: (veraltet) Oberklasse, Begabtenklasse. **Selektaner** *der*; -s, -: (veraltet) Schüler einer Selekta. **Selekteur** [*...tör*; *lat.-fr.*] *der*; -s, -e: Pflanzenzüchter, der von Krankheiten befallene Pflanzenbestände aussondert, um die Ansteckung gesunder Pflanzen zu verhüten. **selektieren** [*lat.-nlat.*]: aus einer Anzahl von Individuen od. Dingen diejenigen heraussuchen, deren Eigenschaften sie für einen bestimmten Zweck bes. geeignet machen. **Selektion** [*...zion*; *lat.*] *die*; -, -en: 1. Aussonderung, Auswahl. 2. Auslese, Zuchtwahl (Biol.); vgl. Elektion. **selektionieren** [*lat.-nlat.*]: = selektieren. **selektiv**: 1. auf Auswahl, Auslese beruhend; auswählend; vgl. elektiv. 2. trennscharf (im Rundfunk). **Selektivität** [*...wi...*] *die*; -: technische Leistung eines Radio- od. Funkempfangsgerätes, die gewünschte Welle unter anderen herauszusuchen u. zu isolieren

Selen [*gr.-nlat.*] *das*; -s: chem. Grundstoff, Halbmetall; Zeichen: Se. **Selenat** *das*; -[e]s, -e: Salz der Selensäure

Selen|dro vgl. Slendro

Selenit

I. [*gr.-nlat.*] *das*; -s, -e: Salz der selenigen Säure.

II. [auch: *...it*; *gr.*] *der*; -s, -e: Gips

Seleno|graphie *die*; -: Beschreibung u. Darstellung der topographischen u. physikalischen Beschaffenheit des Mondes (Astron.). **Selenologe** *der*; -n, -n: Mondforscher, Mondgeologe. **Selenologie** *die*; -: Wissenschaft von der Beschaffenheit des Mondes, Mondgeologie (Astron.). **selenologisch**: mondkundlich. **Selenzelle** *die*; -, -n: eine spezielle Photozelle, die Lichtimpulse in elektrische Stromschwankungen umwandelt (Phys.)

Self|aktor [*sälf...*; *engl.*] *der*; -s, -s: Spinnmaschine mit feststehenden Spulen u. dem Wagen, der die Spindeln trägt. **Selfgovernment** [*ßälfgawᵉrn...*] *das*; -s, -s: engl. Bezeichnung für: Selbstverwaltung. **Selfmademan** [*ßälfmeⁱdmän*] *der*; -s, ...men [*...mᵉn*]: jmd., der aus eigener Kraft zu beruflichem Erfolg gelangt ist. **Selfservice** [*ßälfßöʳwiß*; *engl.*] *der*; -: Selbstbedienung (z. B. im Restaurant od. Supermarkt)

Seller [*engl.*] *der*; -s, -: Kurzform von → Bestseller

Sellerie [(österr. nur:) ...*ri*; *gr.-lat.-it.*] *der*; -s, -[s] u. (österr. nur:) *die*; -, - (österr.: ...rien): eine Gemüse- u. Gewürzpflanze

Selvas [*ßälwaß*; *lat.-span.*] *die* (Plural): tropischer Regenwald im Amazonasgebiet

Sem [*gr.*] *das*; -s, -e: eines von mehreren Bedeutungselementen, Merkmalen, die zusammen ein Semem ausmachen (z. B. das Merkmal „männlich" im Lexem „Hengst"; Sprachw.). **Semantem** *das*; -s, -e: (Sprachw.) 1. Ausdrucksseite eines → Lexems als Träger des Inhalts. 2. = Sem. 3. = Semem. **Semantik** *die*; -: 1. Teilgebiet der Linguistik, auf dem man sich mit den Bedeutungen sprachlicher Zeichen u. Zeichenfolgen befaßt (Sprachw.); vgl. Onomasiologie. 2. Bedeutung, Inhalt (eines Wortes, Satzes od. Textes). **Semantiker** *der*; -s, -: Wissenschaftler auf dem Gebiet der Semantik (Sprachw.). **semantisch**: a) den Inhalt eines sprachlichen Zeichens betreffend; b) die Semantik betreffend. **semantisieren**: die Bedeutung umschreiben, ermitteln (z. B. durch Paraphrasieren; Sprachw.). **Semaphor** [*gr.-nlat.*; „Zeichenträger"] *das* od. (österr. nur:) *der*; -s, -e: ein Mast mit verstellbarem Flügelsignal zur optischen Zeichengebung (z. B. zum Anzeigen von Windstärke u. -richtung an der Küste). **semaphorisch**: das Semaphor betreffend.

Semasiologie [auch: *se*...] *die*; -: Wissenschaft, Lehre von den Bedeutungen; Teilgebiet der [älteren] Sprachwissenschaft, auf dem man sich besonders mit den Wortbedeutungen u. ihren [historischen] Veränderungen befaßt; Ggs. → Onomasiologie. **semasiologisch** [auch: *se*...]: die Semasiologie betreffend, deren Methode anwendend

Semé [*ßᵉme*; *lat.-fr.*; „gesät"] *das*; -: 1. Bucheinbandschmuck des 16.–18. Jh.s, der eine gleichmäßige Streuung von Ornamenten, Wappen u. anderen Motiven aufweist. 2. gleichmäßige Anordnung von verschiedenen Motiven um ein Wappen

Semeio|graphie [*gr.-nlat.*] *die*; -: Zeichenschrift; Notenschrift. **Semeiotik** vgl. Semiotik. **Semem** *das*; -s, -e: die inhaltliche Seite eines sprachlichen Zeichens, seine Bedeutung, die sich aus Semen zusammensetzt (Sprachw.); vgl. Allosem

Semen [*lat.*] *das*; -s, Semina: Pflanzensamen (Bot.)

Semester [*lat.*; „Zeitraum von 6 Monaten"] *das*; -s, -: 1. akademisches Studienhalbjahr. 2. (Studentenspr.) Student eines bestimmten Semesters. 3. (ugs., scherzh.) Jahrgang (von einer Person gesagt). **seme|stral** [*lat.-nlat.*]: (veraltet) a) halbjährig; b) halbjährlich

semi|arid [*lat.-nlat.*]: mitteltrocken (von Gebieten mit einer jährlichen Niederschlagsmenge von 20 bis 400 Liter pro m²; Geographie). **Semi|brevis** [...*wiß*] *die*; -, ...ves [...*brewеß*]: um die Hälfte gekürzter Notenwert der → Brevis in der → Mensuralmusik (Mus.). **Semideponens** *das*; -, ...deponentia [...*zia*] u. ...nenzien [...*iᵉn*]: → Deponens, das in bestimmten Verbformen bei aktivischer Bedeutung teils aktivische, teils passivische Endungen zeigt (z. B. lat solēre „gewohnt sein", Perfekt: solitus sum; Sprachw.). **Semifinale** [*lat.-it.*] *das*; -s, - (auch: -s): Vorschlußrunde bei Sportwettkämpfen, die in mehreren Ausscheidungsrunden durchgeführt werden. **Semikolon** [*lat.*; *gr.*] *das*; -s, -s u. ...la: aus einem Komma mit darübergesetztem Punkt bestehendes Satzzeichen, das etwas stärker trennt als ein Komma, aber doch den Zusammenhang eines [größeren] Satzgefüges verdeutlicht; Strichpunkt; Zeichen: ;. **semilateral** [*lat.-nlat.*]: nur eine Körperhälfte betreffend, halbseitig (z. B. von Lähmungen; Med.). **semilunar**: halbmondförmig. **Semiminima** [*lat.*] *die*; -, ...ae [...*ä*]: kürzester Notenwert der → Mensuralmusik; Viertelnote (Mus.)

Semina: *Plural* von → Semen. **Seminar** [*lat.*; „Pflanzschule, Baumschule"] *das*; -s, -e (österr. auch: -ien [...*iᵉn*]): 1. Hochschulinstitut für einen bestimmten Fachbereich mit den entsprechenden Räumlichkeiten. 2. Lehrveranstaltung [an einer Hochschule]. 3. kirchliches Institut zur Ausbildung von Geistlichen (Priester-, Predigerseminar). 4. a) (hist.) Institut für die Ausbildung von Volksschullehrern; b) mit dem Schulpraktikum einhergehender Lehrgang für Studienreferendare vor dem 2. Staatsexamen. **Seminarist** [*lat.-nlat.*] *der*; -en, -en: jmd., der an einem Seminar (3, 4) ausgebildet wird. **seminaristisch**: a) das Seminar betreffend; b) den Seminaristen betreffend

Semiologie [*gr.-nlat.*] *die*; -: 1. Lehre von den Zeichen, Zeichentheorie (Philos.; Sprachw.). 2. = Symptomatologie. **Semiotik** *die*; -: 1. = Semiologie (1). 2. Wissenschaft vom Ausdruck, Bedeutungslehre (K. Bühler). 3. = Symptomatologie. **semiotisch**: a) die Semiotik betreffend; b) das [sprachliche] Zeichen betreffend

Semipelagianismus [*nlat.*; nach dem ir. Mönch Pelagius] *der*; -: eine theologische Richtung [des 5. Jh.s]; vgl. Pelagianismus. **semipermeabel** [*lat.-nlat.*]: halbdurchlässig (z. B. von Membranen; Chem.; Biol.). **Semipermeabilität** *die*; -: Halbdurchlässigkeit

Semis [*ßᵉmi*; *lat.-fr.*] *das*; -: Semé

semisch [*gr.*]: das Sem betreffend (Sprachw.)

Semi|seria [*lat.-it.*] *die*; -: = Opera semiseria

Semit [nach Sem, dem ältesten Sohn Noahs im A. T.] *der*; -en, -en: Angehöriger einer sprachlich und anthropologisch verwandten Gruppe von Völkern besonders in Vorderasien und Nordafrika. **semitisch**: die Semiten betreffend. **Semitist** [*nlat.*] *der*; -en, -en: jmd., der sich wissenschaftlich mit den alt- u. neusemitischen Sprachen u. Literaturen befaßt. **Semitistik** *die*; -: Wissenschaft von den alt- u. neusemitischen Sprachen u. Literaturen. **semitistisch**: die Semitistik betreffend

Semitonium [*lat.*] *das*; -s, ...ia u. ...ien [...*iᵉn*]: Halbton (Mus.). **Semiversus** [...*wär*...; *lat.-nlat.*] *der*; -, ...si: eine trigonometrische Funktion; Zeichen: sem. **Semivokal** *der*; -s, -e: = Halbvokal

semper aliquid haeret [- - *hä*...; *lat.*; „immer bleibt etwas hängen"]: ein auf Verleumdung u. üble Nachrede abzielender Ausspruch. **semper idem** [*lat.*; „immer derselbe"]: Ausspruch Ciceros über den Gleichmut des Sokrates

Sempervivum [...*wiwum*; *lat.*] *das*; -s, ...va [...*wa*]: Hauswurz (Dickblattgewächs)

sem|plice [...*plitschᵉ*; *lat.-it.*]: einfach, schlicht, ungeziert (Vortragsanweisung; Mus.)

sem|pre [*lat.-it.*]: immer (Mus.)

Sem|stwo [*russ.*] *das*; -s, -s: (hist.) ständische Selbstverwaltung im zaristischen Rußland (1864 bis 1917)

Sen [*chin.-jap.* u. *indones.*] *der*; -[s], -[s] (aber: 100 -): jap. u. indones. Münzeinheit (= 0,01 Yen od. 0,01 Rupiah)

Senana vgl. Zenana

Senar [*lat.*] *der*; -s, -e: dem griech. → Trimeter entsprechender lat. Vers mit sechs Hebungen (antike Metrik)
Senat [*lat.*; eigtl. „Rat der Alten"] *der*; -[e]s, -e: 1. (hist.) der Staatsrat als Träger des Volkswillens im Rom der Antike. 2. eine Kammer des Parlaments im parlamentarischen Zweikammersystem (z. B. in den USA). 3. a) Regierungsbehörde in Hamburg, Bremen und West-Berlin; b) = Magistrat (I, 2) (z. B. in Lübeck). 4. Verwaltungsbehörde an Hochschulen und Universitäten. 5. Richterkollegium an höheren deutschen Gerichten (z. B. an Oberlandesgerichten, Bundessozialgerichten).
Senator *der*; -s, ...oren: Mitglied des Senats. **senatorisch**: den Senat betreffend. **Senatus Populusque Romanus**: „der Senat u. das römische Volk" (historische formelhafte Bezeichnung für das gesamte röm. Volk); Abk.: S. P. Q. R.
Senegawurzel [*indian.*; *dt.*] *die*; -: Wurzel einer nordamerikan. Kreuzblume (ein Heilmittel)
Senesblätter vgl. Sennesblätter
Seneschall [*germ.-fr.*] *der*; -s, -e: (hist.) Oberhofbeamter im merowingischen Reich
Seneszenz [*lat.-nlat.*] *die*; -: das Altern u. die dadurch bedingten körperlichen Veränderungen (Med.)
Se|nhor [*ßänjor*; *lat.-port.*] *der*; -s -es: port. Bezeichnung für: Herr; Gebieter, Besitzer. **Se|nhora** [*...jora*] *die*; -, -s: port. Bezeichnung für: Dame, Frau. **Senhorita** [*ßänjo...*] *die*; -, -s: port. Bezeichnung für: Fräulein
senil [*lat.*]: 1. (Med.) a) greisenhaft, altersschwach; b) das Greisenalter betreffend, im hohen Lebensalter auftretend. 2. (abwertend) verkalkt. **Senilität** [*lat.-nlat.*] *die*; -: 1. verstärkte Ausprägung normaler Alterserscheinungen (z. B. Gedächtnisschwäche, psychische Veränderungen (Med.). 2. (abwertend) Verkalktheit, Verschrobenheit.
senior [*lat.*; „älter"] (nur unflektiert hinter dem Personennamen): der ältere... (z. B. Krause -); Abk.: sen.; Ggs. → junior. **Senior** *der*; -s, ...oren: 1. (ugs.) a) = Seniorchef; b) Vater (im Verhältnis zum Sohn); Ggs. → Junior (1). 2. der ältere Mann (im Unterschied zum jüngeren, jungen Mann), bes. der Sportler im Alter von mehr als 18, (od. je nach Sportart) 20, 21, 23 Jahren; Ggs. → Junior (2). 3. Vorsitzender. 4. (ugs.) der Älteste (in einem [Familien]kreis, einer Versammlung o. ä.). 5. (nur Plural) ältere Menschen. **Seniorat** [*lat.-nlat.*] *das*; -[e]s, -e: 1. (hist.) Aufsicht u. Verantwortung des Grundherrn gegenüber seinen Abhängigen im Frankenreich. 2. Vorrecht des Ältesten innerhalb eines Familienverbandes (bes. auf das Erbgut; Rechtsgeschichte). 3. (veraltet) Ältestenwürde, Amt des Vorsitzenden. **Seniorchef** *der*; -s, -s: Geschäfts-, Firmeninhaber, dessen Sohn in der Firma mitarbeitet. **Seniorin** *die*; -, -nen: 1. Geschäfts-, Firmeninhaberin, deren Sohn od. Tochter in der Firma mitarbeitet. 2. die ältere Frau (im Unterschied zur jüngeren, jungen Frau), bes. die Sportlerin im Alter von mehr als 18, (od. je nach Sportart) 20, 21, 23 Jahren. 3. (nur Plural) ältere Frauen. **Senium** [*lat.*] *das*; -s: Greisenalter (Med.)
Senna [*arab.-roman.*] *die*; -: = Kassia
Senne [nach der iran. Stadt Sinneh] *der*; -[s], -s: kleiner, feiner, kurzgeschorener Teppich in dezenten Farben, meist mit → Palmetten als Musterung
Sennesblätter [*arab.-roman.*; *dt.*] *die* (Plural): getrocknete Blätter verschiedener ind. u. ägypt. Pflanzen (ein Abführmittel; Med.); vgl. Senna
Senon [nach dem kelt. Stamm der Senonen] *das*; -s: die zweitjüngste Stufe der oberen Kreideformation (Geol.). **senonisch**: das Senon betreffend, im Senon entstanden
Señor [*ßänjor*; *lat.-span.*] *der*; -s, -es: span. Bezeichnung für: Herr. **Señora** *die*; -, -s: span. Bezeichnung für: Dame, Frau. **Señorita** *die*; -, -s: span. Bezeichnung für: Fräulein
Sensal [*lat.-it.*] *der*; -s, -e: = Courtier. **Sensalie** u. **Sensarie** *die*; -, ...ien: = Courtage
Sensation
I. [*sänsazion*; *lat.-mlat.-fr.*; „Empfindung"] *die*; -, -en: 1. aufsehenerregendes Ereignis; Aufsehen; Höhepunkt einer Veranstaltung; erstaunliche, verblüffende Leistung, Darbietung. 2. subjektive körperliche Empfindung; Gefühlsempfindung (Med.).
II. [*ßänßeˈschᵉn*; *lat.-fr.-engl.*] *die*; -, -s: äußere Sinneswahrnehmung (J. Locke)
sensationell [*...zio...*; *lat.-mlat.-fr.*]: aufsehenerregend, verblüffend, [höchst] eindrucksvoll. **sensibel** [*lat.-fr.*]: 1. empfindsam, empfindlich (in bezug auf die Psyche). 2. die Empfindung, Reizaufnahme betreffend, Hautreize aufnehmend (von Nerven; Med.). **Sensibilisator** [*lat.-nlat.*] *der*; -s, ...oren: Farbstoff zur Erhöhung der Empfindlichkeit fotografischer Schichten für gelbes u. rotes Licht. **sensibilisieren**: 1. empfindlich, sensibel (1) machen (für die Aufnahme von Reizen u. Eindrücken). 2. fotografische Bromsilber-Gelatine-Schichten für Licht bestimmter Wellenlänge empfindlich machen. 3. den Organismus gegen bestimmte → Antigene empfindlich machen, die Bildung von Antikörpern bewirken (Med.). **Sensibilismus** *der*; -: [hochgradige] Empfindlichkeit für äußere Eindrücke, Reize. **Sensibilität** [*lat.-fr.*] *die*; -: 1. Empfindlichkeit, Empfindsamkeit; Feinfühligkeit. 2. Fähigkeit des Organismus od. bestimmter Teile des Nervensystems, Gefühls- u. Sinnesreize aufzunehmen (Med.; Psychol.). 3. Empfangsempfindlichkeit bei Funkempfängern. **sensitiv** [*lat.-mlat.* (*-fr.*)]: leicht reizbar, überempfindlich (in bezug auf die Psyche; Med.). **sensitivieren** [*...wi...*; *lat.-mlat.-nlat.*]: fotografische Schichten stark empfindlich machen. **Sensitivität** *die*; -: Überempfindlichkeit, Feinfühligkeit (Med.). **Sensitivitätstraining** und **Sensitivity-Training** [*...ßiwiti-trä...*; *engl.*] *das*; -s: gruppentherapeutische Methode zur Intensivierung des Verständnisses für menschliche Verhaltensweisen. **Sensitometer** [*lat.*; *gr.*] *das*; -s, -: Instrument zur Empfindlichkeitsmessung fotografischer Platten u. Filme. **Sensitome|trie** *die*; -: Verfahren zur Messung der Empfindlichkeit von fotografischen Platten u. Filmen. **Sensomobilität** [*lat.-nlat.*] *die*; -: Zusammenstimmen der → sensiblen (2) mit den motorischen Nerven bei der Steuerung willkürlicher Bewegungsabläufe (Med.). **Sensomotorik** u. Sensumotorik *die*; -: durch Reize bewirkte Gesamtaktivität in sensorischen u. motorischen Teilen des Nervensystems u. des Organismus (Psychol.). **Sensor** *der*; -s, ...oren (meist Plural): elektronischer Fühler, Signalmesser (Technik). **sensoriell** [*lat.-fr.*]: die Sinnesorgane, die Aufnahme von Sinnesempfindungen betreffend (Medizin). **Sensorien** [*...iᵉn*; *lat.-nlat.*] *die* (Plural): Gebiete der Großhirn-

rinde, in denen Sinnesreize bewußt werden (Medizin); vgl. Sensorium. **sensorisch** = sensoriell. **Sensorium** *das*; -s: 1. Bewußtsein (Med.); vgl. Sensorien. 2. Gespür. **Sensualismus** *der*; -: Lehre, nach der alle Erkenntnis allein auf Sinneswahrnehmung zurückführbar ist (J. Locke). **Sensualist** *der*; -en, -en: Vertreter des Sensualismus. **sensualistisch**: den Sensualismus betreffend. **Sensualität** [*lat.*] *die*; -: Empfindungsvermögen der Sinnesorgane (Med.). **sensuell** [*lat.-fr.*]: (Med.) a) die Wahrnehmung durch Sinnesorgane, die Sinnesorgane betreffend; b) sinnlich wahrnehmbar. **Sensumotorik** vgl. Sensomotorik. **sensumotorisch** vgl. sensomotorisch. **Sensus** *der*; -, -(*ßänßuß*): Empfindungsvermögen eines bestimmten Sinnesorgans (Med.). **Sensus communis** [-*ko*...; *lat.*] *der*; - -: gesunder Menschenverstand. **sententiös** [...*ziös*] = sentenziös. **Sentenz** *die*; -, -en: 1. a) einprägsamer, weil kurz u. treffend formulierter Ausspruch; b) Sinnspruch, Denkspruch als dichterische Ausdrucksform; vgl. Gnome. 2. richterliches Urteil (Rechtsw.). 3. (nur Plural): Sammlung von Stellen aus der Bibel u. aus Schriften der Kirchenväter. **sentenziös** [*lat.-fr.*]: in der Art der Sentenz, sentenzenreich. **Sentiment** [*ßangtimang*] *das*; -s, -s: Empfindung, Gefühl, Gefühlsäußerung. **sentimental** [*lat.-fr.-engl.*]: a) empfindsam; b) rührselig, übertrieben gefühlvoll. **Sentimentale** *die*; -n, -n: Darstellerin jugendlich-sentimentaler Mädchengestalten (Rollenfach beim Theater). **sentimentalisch**: a) (veraltet) = sentimental (a); b) die verlorengegangene ursprüngliche Natürlichkeit durch Reflexion wiederzugewinnen suchend (Literaturw.); Ggs. → naiv (2); vgl. ...isch/-. **sentimentalisieren** [*lat.-fr.-engl.-nlat.*]: (veraltet) sich überspannt benehmen, aufführen. **Sentimentalität** [*lat.-fr.-engl.*] *die*; -, -en: Empfindsamkeit; Rührseligkeit

Sentoku (Wz) [*jap.*] *das*; -: eine japanische Bronzelegierung

Senussi [nach dem Gründer Muhammad Ibn Ali Sanusi] *der*; -, - u. ...ssen: Anhänger eines kriegerischen mohammedanischen Ordens in Nordafrika (seit 1833)

senza [*lat.-it.*]: ohne (in Verbindung mit musikalischen Vortragsanweisungen); z. B. - pedale: ohne Pedal; - sordino: ohne Dämpfer (bei Streichinstrumenten u. beim Klavier); - tempo: ohne bestimmtes Zeitmaß (Mus.)

Sepalum [*fr.-nlat.*] *das*; -s, ...alen: (meist Plural): Kelchblatt der Pflanzenblüte

Separandum [*lat.*] *das*; -s, ...da (meist Plural): Arzneimittel, das gesondert aufbewahrt wird (z. B. Opiate, Gift). **separat**: abgesondert; einzeln. **Separata**: *Plural* von → Separatum. **Separate** [*ßäp*^{e}*rit*; *lat.-engl.*] *das*; -s, -s: Kleidungsstück, das zu einer zwei- od. mehrteiligen Kombination gehört, aber auch getrennt davon getragen werden kann. **Separation** [...*zion*; *lat.* (-*fr.*)] *die*; -, -en: 1. (veraltet) Absonderung. 2. Gebietsabtrennung zum Zwecke der Angliederung an einen anderen Staat od. der politischen Verselbständigung. 3. (hist.) Flurbereinigung, Auflösung der genossenschaftlichen Wirtschaftsweise auf dem Agrarsektor im 18./19. Jh. in Deutschland. **Separatismus** [*lat.-nlat.*] *der*; -: (oft abwertend) (im politischen, kirchlich-religiösen od. weltanschaulichen Bereich) Streben nach Separation (1, 2), bes. das Streben nach Gebietsabtrennung, um einen separaten Staat zu gründen. **Separatist** *der*; -en, -en: Verfechter, Anhänger des Separatismus. **separatistisch**: a) den Separatismus betreffend; b) Tendenzen des Separatismus zeigend. **Separativ** [*lat.*] *der*; -s, -e [...*w*^{e}]: → Kasus der Trennung (z. B. der lat. → Ablativ). **Separator** *der*; -s, ...oren: Gerät zur Trennung verschiedener Bestandteile von Stoffgemischen [durch Zentrifugalkräfte]. **Separatum** *das*; -s, ...ta (meist Plural): Sonderdruck. **Séparée** [...*re*; *lat.-fr.*] *das*; -s, -s: Nebenraum in einem Lokal; vgl. Chambre séparée. **separieren** [*lat.*(-*fr.*)]: absondern, ausschließen

Sephardim [auch: ...*dim*; *hebr.*] *die* (Plural): die spanisch-portugiesischen (u. heute auch die orientalischen) Juden u. ihre Nachkommen, in Sitten u. Sprache (vgl. Ladino 2) von den → Aschkenasim unterschieden. **sephardisch**: die Sephardim betreffend

sepia [*gr.-lat.*]: graubraunschwarz. **Sepia** u. **Sepie** [...*i*^{e}] *die*; -, ...ien [...*i*^{e}*n*]: 1. Tintenfisch (ein zehnarmiger Kopffüßer). 2. (ohne Plural) aus dem Sekret des Tintenbeutels der Tintenfische hergestellter Farbstoff. **Sepiaknochen** *der*; -s, - u. **Sepiaschale** *die*; -, -n: kalkhaltige Rückenplatte der Tintenfische. **Sepiazeichnung** *die*; -, -en: Feder- od. Pinselzeichnung mit aus Sepia (2) hergestellter Tinte. **Sepie** vgl. Sepia

Sepoy [*ßipeu*; *pers.-Hindi-port.-engl.*] *der*; -s, -s: (hist.) eingeborener Soldat des engl. Heeres in Indien

Seppuku [*chin.-jap.*] *das*; -[s], -s: = Harakiri

Sepsis [*gr.*; „Fäulnis"] *die*; -, ...sen: allgemeine Blutvergiftung bei Überschwemmung des Organismus mit → pyogenen Erregern (Med.)

Sept [*lat.*] *die*; -, -en: = Septime

Septa: *Plural* von → Septum

Sept|akkord vgl. Septimenakkord

Septarie [...*i*^{e}; *lat.-nlat.*] *die*; -, -n: birnenförmige bis knollige → Konkretion (3) von Mergel in Ton (Geol.)

Septe [*lat.*] *die*; -, -n: = Septime. **September** *der*; -[s], -: neunter Monat im Jahr, Herbstmond; Abk.: Sept. **Septenar** *der*; -s, -e: ein lat. Versmaß, das dem griech. → Tetrameter entspricht (antike Metrik). **sept|ennal** [*lat.-nlat.*]: (veraltet) siebenjährig. **Septennat** *das*; -[e]s, -e u. **Sept|ennium** [*lat.*] *das*; -s, ...ien [...*i*^{e}*n*]: (veraltet) Zeitraum von sieben Jahren. **septen|trional**: nördlich. **Septett** [*lat.-it.*] *das*; -[e]s, -e: (Mus.) 1. Komposition für 7 Instrumente od. 7 Gesangsstimmen. 2. Vereinigung von 7 Instrumental- od. Vokalsolisten (Mus.)

Sept|hämie [*gr.-nlat.*] *die*; -, ...ien: = Sepsis. **Septik|ämie** u. **Septikhämie** *die*; -, ...ien: = Sepsis. **Septikopy|ämie** [*gr.-nlat.*] *die*; -, ...ien: schwere Blutvergiftung mit Eitergeschwüren an inneren Organen (eine Kombination von → Sepsis u. → Pyämie; Med.)

septi|frag [*lat.-nlat.*]: die Scheidewand der Fruchtblätter zerbrechend (von der Öffnungsweise von Kapselfrüchten; Bot.); vgl. septizid

Septim [*lat.-mlat.*] *die*; -, -en: (österr.) Septime. **Septima** *die*; -, ...men: (österr.) die siebte Klasse des Gymnasiums. **Septime** *die*; -, -n: der 7. Ton der diatonischen Tonleiter, das Intervall der 7. Stufe (Mus.). **Septimenakkord** u. **Sept|akkord** *der*; -[e]s, -e: Akkord aus Grundton, → Terz, → Quint u. Septime od. aus drei übereinandergebauten Terzen (mit Septime; Mus.). **Septimole** [*lat.-nlat.*] *die*; -, -n: = Septole

septisch [*gr.-lat.*]: (Med.) 1. die Sepsis betreffend, mit Sepsis verbunden. 2. nicht keimfrei, mit Keimen behaftet; Ggs. → aseptisch (a; Med.)

septizid [*lat.-nlat.*]: sich an den Verwachsungsnähten der Fruchtblätter voneinander lösend (von der Öffnungsweise von Kapselfrüchten; Bot.); vgl. septifrag

Septole [*lat.-nlat.*] *die*; -, -n: Notengruppe von 7 Tönen, die den Taktwert von 4, 6 od. 8 Noten hat (Mus.). **Septuagesima** [*lat.-mlat.*] *die*; -: neunter Sonntag vor Ostern. **Septuaginta** [*lat.*; „siebzig"; nach der Legende von 72 Gelehrten verfaßt] *die*; -: die älteste u. wichtigste griech. Übersetzung des Alten Testaments; Zeichen: LXX

Septum [*lat.*] *das*; -s, ...ta u. ...ten: Scheidewand, Zwischenwand, die benachbarte anatomische Strukturen voneinander trennt od. ein Gebilde unterteilt (Med.)

Septuor [*lat.-fr.*] *das*; -s, -s: (veraltet) Septett

Sepul|crum [*lat.*; „Grabstätte"] *das*; -s, ...ra: die kleine Reliquiengruft in der → Mensa (1) des Altars. **sepul|kral**: (veraltet) das Grab[mal] od. Begräbnis betreffend

sequens [*lat.*]: (veraltet) folgend; Abk.: seq., sq.; vgl. vivat sequens. **sequentes**: (veraltet) folgende, die folgenden (Seiten); Abk.: seqq., sqq., ss.; vgl. vivant sequentes. **sequentiell** [...*ziäl*]: fortlaufend, nacheinander zu verarbeiten (in bezug auf die Speicherung u. Verarbeitung von Anweisungen eines Computerprogramms; EDV). **Sequenz** *die*; -, -en: 1. hymnusähnlicher Gesang in der mittelalterlichen Liturgie. 2. Wiederholung eines musikalischen Motivs auf höherer od. tieferer Tonstufe (Mus.). 3. aus einer unmittelbaren Folge von Einstellungen gestaltete, kleinere filmische Handlungseinheit (Film). 4. eine Serie aufeinanderfolgender Karten gleicher Farbe (Kartenspiel). 5. Befehlsfolge in einem Programmierabschnitt (EDV). 6. Aufeinanderfolge, Folge, Reihe. **Sequenzer** *der*; -s, -: meist als Teil eines → Synthesizers verwendeter Kleincomputer, der Tonfolgen speichern u. beliebig oft (auch beschleunigt, verlangsamt u. a.) wiedergeben kann (Mus.). **sequenzieren** [*lat.-nlat.*]: eine Sequenz (2) durchführen

Sequester

I. [*lat.-nlat.*] *das*; -s, -: 1. = Sequestration (1). 2. abgestorbenes Knochenstück, das mit dem gesunden Knochen keine Verbindung mehr hat (Med.).

II. [*lat.*] *der*; -s, -: jmd., der amtlich durch Gerichtsbeschluß mit der treuhänderischen Verwaltung einer strittigen Sache beauftragt wird (Rechtsw.)

Seque|stration [*lat.*; ...*zion*] *die*; -, -en: 1. gerichtlich angeordnete Übergabe einer strittigen Sache an einen Sequester (II) (Rechtsw.). 2. Zwangsverwaltung eines Staates od. eines bestimmten Staatsgebietes, dessen Regierung abgesetzt ist. 3. die spontane Bildung eines Sequesters (I, 2), die Ablösung eines abgestorbenen Knochenstücks von der gesunden Umgebung (Med.). **seque|strieren**: 1. eine Sequestration (2) anordnen. 2. einen Sequester (II) bestellen (Rechtsw.). 3. ein abgestorbenes Knochenstück abstoßen (in bezug auf den Organismus od. ein Gewebe; Med.). **Seque|strotomie** [*lat.*; *gr.*] *die*; -, ...ien: operative Entfernung eines → Sequesters (I, 2)

Sequoia u. **Sequoie** [...*je*; *indian.-nlat.*] *die*; -, ...oien [...*jen*]: Mammutbaum (ein Sumpfzypressengewächs)

Sera: *Plural* von → Serum

Serabend vgl. Saraband

Sérac [*ßerak*; *fr.*] *der*; -s, -s: Eisbruch od. Gletschersturz durch größeren Gefällsknick (Geogr.)

Serai *der*; -s, -s: = Serail (II)

Serail [...*rai*, auch: ...*rail*; *pers.-türk.-it.-fr.*]

I. *das*; -s, -s: a) Palast des Sultans; b) orientalisches Fürstenschloß.

II. *der*; -s, -s: feines, leichtgewalktes Wolltuch

Serapeion [*ägypt.-gr.*] *das*; -s, ...eia u. **Serapeum** [*ägypt.-gr.-lat.*] *das*; -s, ...een: Tempelanlage, die dem ägypt.-griech. Gott Serapis geweiht war

Seraph [*hebr.-lat.*] *der*; -s, -e u. -im: Engel des Alten Testaments mit sechs Flügeln [in Gestalt einer Schlange]. **seraphisch**: a) zu den Engeln gehörend; b) engelgleich; c) verzückt

seren [*lat.*]: (veraltet) heiter

Seren: *Plural* von → Serum

Serenade [*lat.-it.-fr.*] *die*; -, -n: (Mus.) a) instrumentale od. vokale Abendmusik; b) Ständchen.

Serenissimus [*lat.*] *der*; -, ...mi: (veraltet) a) Titel eines regierenden Fürsten (Durchlaucht); b) (scherzh.) Fürst eines Kleinstaates. **Serenität** *die*; -: (veraltet) Heiterkeit

Serge [*särsch*, *särsche*] u. Sersche [*särsche*; *gr.-lat.-vulgärlat.-fr.*; nach dem Namen des alten ostasiat. Volksstammes der Serer] *die* (österr. auch: *der*); -, -n [...*schen*]: Sammelbezeichnung für Gewebe in Köperbindung (einer bestimmten Webart), bes. für Futterstoffe

Sergeant [...*schant*, engl. Ausspr.: *ßadschent*; *lat.-fr.* (*-engl.*)] *der*; -en, -en (bei engl. Ausspr.: -s, -s): Unteroffiziersdienstgrad

Seria [*lat.-it.*] *die*; -: = Opera seria

Serial [*ßiriel*; *lat.-engl.*] *das*; -s, -s: a) Fernsehserie; b) Roman, der als Fortsetzungsserie abgedruckt wird. **Serie** [...*ie*; *lat.*] *die*; -, -n: a) Reihe bestimmter gleichartiger Dinge oder Geschehnisse, Folge; b) mehrteilige Fernseh- oder Radiosendung. **seriell** [*lat.-nlat.*]: 1. eine Reihentechnik verwendend, die vorgegebene, konstruierte Tonreihen zugrunde legt u. die Komposition darauf aufbaut (von einer Sonderform der Zwölftonmusik; Mus.). 2. das zeitliche Nacheinander in der Übertragung bzw. Verarbeitung von Daten bezeichnend (EDV). 3. in Serie herstellbar, erscheinend

Serife [*niederl.-engl.*] *die*; -, -n (meist Plural): kleiner, abschließender Querstrich am oberen od. unteren Ende von Buchstaben (Druckw.)

Seri|graphie [*gr.-nlat.*] *die*; -, ...ien: 1. (ohne Plural) Siebdruckverfahren. 2. ein durch Serigraphie (1) hergestellter Druck

serio [*lat.-it.*]: ernst, schwer, ruhig, nachdenklich (Mus.). **seriös** [*lat.-mlat.-fr.*]: a) ernsthaft, ernstgemeint; b) gediegen, anständig; würdig; c) glaubwürdig; [gesetzlich] zulässig, erlaubt. **Seriosität** *die*; -: Ernsthaftigkeit, Würdigkeit

Serir [*arab.*] *die*; -, -e: Kies- od. Geröllwüste [in Libyen]

Serizit [auch: ...*it*; *gr.-lat.-nlat.*] *der*; -s, -e: ein Mineral

Sermon [auch: *sär*...; *lat.* (*-fr.*)] *der*; -s, -e: 1. (veraltet) Rede, Gespräch, Predigt. 2. (ugs.) a) Redeschwall; langweiliges Geschwätz; lange, inhaltsleere Rede; b) Strafpredigt

Serodia|gnostik [*lat.*; *gr.*] *die*; -: Diagnostik von [Infektions]krankheiten durch serologische Untersuchungsmethoden (Med.). **serofi|brinös** [*lat.-nlat.*]: aus Serum u. Fibrin bestehend, seröse u. fibrinöse Bestandteile enthaltend (Med.). **Serologe** [*lat.*; *gr.*] *der*; -n, -n: Facharzt, Wissenschaftler auf dem Gebiet der Serologie. **Serologie** *die*;

-: Teilgebiet der Medizin, auf dem man sich mit der Diagnostizierung von [Infektions]krankheiten aus den Veränderungen des Blutserums befaßt (Med.). **serologisch**: die Serologie betreffend. **Serom** [*lat.-nlat.*] *das*; -s, -e: Ansammlung einer serösen Flüssigkeit in Wunden od. Narben (Med.)

Seronen [*span.*(-*fr.*)] *die* (Plural): früher verwendete Packhüllen aus Ochsenhäuten, in denen trockene Waren aus Südamerika versandt wurden

seropurulent [*lat.-nlat.*]: aus Serum u. Eiter bestehend (von Körperabscheidungen; Med.). **serös**: (Med.) a) aus Serum bestehend, mit Serum vermischt; b) Serum absondernd. **Serosa** *die*; -, ...sen: zarte, innere Organe überziehende Haut (Med.). **Serositis** *die*; -, ...itiden: Entzündung der Serosa (Med.)

Sero|siom [*russ.*] *der*; -s, -e: Grauerde in Trockensteppen

Serozele [*lat.*] *die*; -, -n: abgekapselter seröser Erguß (Med.)

Serpel [*lat.-nlat.*] *die*; -, -n u. (fachspr.:) Serpula [*lat.*] *die*; -: röhrenbewohnender Borstenwurm. **serpens** [*lat.*] u. serpiginös [*lat.-nlat.*]: fortschreitend, sich weiterverbreitend (z. B. von Hautflechten; Med.). **Serpent** [*lat.-it.*] *der*; -[e]s, -e: Blechblasinstrument mit 6 Grifflöchern u. einem Umfang von 3 Oktaven (Mus.). **Serpentin** [*lat.*] *der*; -s, -e: ein Mineral, Schmuckstein. **Serpentine** *die*; -, -n: a) Schlangenlinie, in Schlangenlinie ansteigender Weg an Berghängen; b) Windung, Kehre, Kehrschleife. **Serpentone** [*lat.-it.*] *der*; -, ...ni: ital. Bezeichnung für: Serpent. **serpiginös** vgl. serpens. **Serpula** vgl. Serpel

Serra [*lat.-port.*] *die*; -, -s: = Sierra. **Serradella** u. **Serradelle** *die*; -, ...llen: mitteleuropäische Futter- und Gründüngungspflanze; Vogelfuß (Schmetterlingsblütler)

Serche vgl. Serge

Sertão [*ßärtaⁿ*; *port.*] *der*; -, -s: unwegsames [Trocken]wald- u. Buschgebiet in Brasilien

Serum [*lat.*] *das*; -s, Sera u. Seren: (Med.) a) der flüssige, hauptsächlich Eiweißkörper enthaltende, nicht mehr gerinnbare Anteil des Blutplasmas; b) mit Immunkörpern angereichertes, als Impfstoff verwendetes Blutserum

Serval [...*wal*; *lat.-port.-fr.*] *der*; -s, -e u. -s: katzenartiges afrik. Raubtier

Servante [...*wan*...; *lat.-fr.*] *die*; -, -n: (veraltet) a) Anrichte; Nebentisch; b) Glasschränkchen für Nippsachen

Servela [...*wᵉ*...] u. Serwela [*lat.-it.-fr.*] *die* od. *der*; -, -s (schweiz.: -): 1. (landsch., bes. schweiz.) Zervelatwurst. 2. (landsch.) kleine Fleischwurst. **Servelatwurst** [*lat.-it.-fr.*; *dt.*] vgl. Zervelatwurst

Serventese [*ßärwän*...; *lat.-it.*] *das*; -, -: ital. Form von → Sirventes. **Serventois** [*ßärwangtoa*; *lat.-it.-fr.*] *das*; -, -: nordfranz. Form von → Sirventes. **Server** [*ßöʳwᵉr*; *lat.-fr.-engl.*; „Bediener"] *der*; -s, -: Spieler, der den Aufschlag macht (Tennis)

Service

I. [...*wiß*, landsch. auch: ...*wi*; *lat.-fr.*] *das*; - [...*wiß*] u. -s [...*wißᵉß*], - [...*wiß* und ...*wißᵉ*]: zusammengehörender Geschirr- od. Gläsersatz.

II. [*ßöʳwiß*; *lat.-fr.-engl.*] *der* (selten: *das*); -, -s [...*wiß* u. ...*wißis*]: 1. Bedienung, Kundendienst, Kundenbetreuung. 2. Aufschlag[ball] im Tennis

servieren [...*wirᵉn*; *lat.-fr.*]: 1. bei Tisch bedienen, auftragen. 2. (Sport) a) den Ball aufschlagen (Tennis); b) einem Mitspieler den Ball [zum Torschuß] genau vorlegen (z. B. beim Fußball). 3. (ugs., abwertend) [etwas Unangenehmes] vortragen, erklären, darstellen. **Serviererin** *die*; -, -nen: weibliche Bedienung in einer Gaststätte. **Serviertochter** [*lat.-fr.*; *dt.*] *die*; -, ...töchter: (schweiz.) Kellnerin. **Serviette** [*lat.-fr.*] *die*; -, -n: Stoff- od. Papiertuch zum Säubern des Mundes während od. nach dem Essen. **servil** [*lat.*]: (abwertend) unterwürfig, kriechend, knechtisch. **Servilismus** [*lat.-nlat.*] *der*; -, ...men: (abwertend) 1. (ohne Plural) Unterwürfigkeit, Kriecherei. 2. eine für unterwürfige Gesinnung kennzeichnende Handlungsweise o. ä. **Servilität** *die*; -, -en: (abwertend) 1. (ohne Plural) unterwürfige Gesinnung. 2. = Servilismus (2). **Servis** [*lat.-fr.*] *der*; -, ...visgelder: (veraltet) 1. (ohne Plural) Dienst[leistung]. 2. a) Quartier-, Verpflegungsgeld; b) Wohnungs-, Ortszulage. **Servit** [*lat.-mlat.*] *der*; -en, -en: Angehöriger eines 1233 gegründeten Bettelordens. **Serviteur** [...*tör*; *lat.-fr.*] *der*; -s, -e: (veraltet) 1. kleine Anrichte. 2. Diener, Verbeugung. 3. Vorhemd. **Servitin** *die*; -, -nen: Angehörige des weiblichen Zweiges der Serviten. **Servitium** [...*zium*; *lat.*] *das*, -s, ...ien [...*iᵉn*]: 1. (veraltet) Dienstbarkeit; Sklaverei. 2. (nur Plural; hist.) die Abgaben neuernannter Bischöfe u. Äbte an die römische Kurie; vgl. Annaten. **Servitut** *das*; -[e]s, -e (auch: *die*; -, -en): (veraltet) dingliches [Nutzungs]recht an fremdem Eigentum (Rechtsw.). **Servobremse** [*lat.*; *dt.*] *die*; -, -n: eine Bremse mit einem Bremskraftverstärker. **Servofokus** *der*; -, -se: = Autozoom (Fotogr.). **Servogerät** *das*; -[e]s, -e: Hilfsgerät für schwer zu handhabende Steuerungen (Techn.). **Servolenkung** *die*; -, -en: Lenkung für Autos u. Lastwagen, bei der die Betätigungskraft hydraulisch unterstützt wird. **Servomotor** [*lat.-nlat.*] *der*; -s, -en: Hilfsmotor zur Betätigung von Steuervorrichtungen (Techn.). **Servo|prinzip** *das*; -s: Prinzip der Steuerung durch eine Hilfskraftmaschine. **Servus!** [*lat.*; „(Ihr) Diener!"]: (bes. südd., österr.) freundschaftlicher Gruß beim Abschied od. zur Begrüßung. **Servus servorum Dei**: „Knecht der Knechte Gottes" (Titel des Papstes in päpstlichen Urkunden)

Serwela vgl. Servela

Sesam [*semit.-gr.-lat.*] *der*; -s, -s: a) in Indien u. Afrika beheimatete Ölpflanze mit fingerhutartigen Blüten u. Fruchtkapseln; b) Samen der Sesampflanze; -, öffne dich!: scherzh. Ausruf, wenn sich etwas öffnen soll od. man etwas erreichen will (nach der Zauberformel zur Schatzgewinnung in dem Märchen „Ali Baba u. die 40 Räuber" aus „Tausendundeiner Nacht"). **Sesambein** [*semit.-gr.-lat.*; *dt.*] *das*; -s, -e: kleines, plattrundes Knöchelchen in der Gelenkkapsel der Hand (Med.). **Sesamkuchen** *der*; -s, -: Viehfutter aus Preßrückständen des Sesams. **Sesam|öl** *das*; -s: Speiseöl aus dem Samen einer indischen Sesamart

Sesel [*gr.-lat.*] *der*; -s, -: Bergfenchel (eine Heil- u. Gewürzpflanze)

sessil [*lat.*]: festsitzend, festgewachsen (bes. von im Wasser lebenden Tieren; Biol.); vgl. vagil. **Sessilität** [*lat.-nlat.*] *die*; -: Lebensweise vieler im Wasser lebender Tiere (z. B. Korallen), die fest auf etwas angewachsen sind (Biol.)

Session

I. [*lat.*] *die*; -, -en: Sitzung[szeit, -sdauer] (z. B. eines Parlaments).

II. [*ßäschᵉn*; *lat.-engl.*] *die*; -, -s: musikalische Großveranstaltung = Jam Session

Sester [*lat.*] *der*; -s, -: (veraltet)

ein Getreidemaß. **Sestẹrz** *der*; -es, -e: eine antike römische Münze. **Sestẹrzium** *das*; -s, ...ien [...iᵉn]: 1000 Sesterze. **Sestine** [*lat.-it.*] *die*; -, -n: 1. sechszeilige Strophe. 2. Gedichtform aus sechs Strophen zu je sechs Zeilen u. einer dreizeiligen Schlußstrophe

Set [*ßät*; *engl.*]

I. *das* od. *der*; -[s], -s: 1. Satz zusammengehörender, meist gleichartiger Dinge. 2. (meist Plural) Platzdeckchen für ein Gedeck an Stelle einer Tischdecke. 3. Erwartungszustand u. körperliche Verfassung eines Drogensüchtigen, die die Wirkung einer Droge beeinflussen.

II. *das*; -[s]: Maßeinheit für die Dicke der Monotypeschrift (Druckw.)

Sẹta [*lat.*; „Borste"] *die*; -, Sẹten: 1. Stiel der Sporenkapsel von Laubmoosen (Bot.). 2. (nur Plural) kräftige Borsten in der Haut einiger Säugetiere (z. b. bei Schweinen)

Settecento [*ßätetschạnto*; *lat.-it.*] *das*; -[s]: das 18. Jh. in Italien als Stilepoche

Setter [*ßätᵉr*; *engl.*] *der*; -s, -: langhaariger engl. Jagd- u. Haushund. **Setting** [*ßä...*] *das*; -s, -s: die Umgebung, in der ein Drogenerlebnis stattfindet u. die den Drogensüchtigen umgibt

Settlement [*ßätlmᵉnt*; *engl.*] *das*; -s, -s: 1. Niederlassung, Ansiedlung, Kolonie. 2. (ohne Plural) eine soziale Bewegung in England gegen Ende des 19. Jh.s

Severität [...*we*...; *lat.*] *die*; -: (veraltet) Strenge, Härte

Sevillana [*ßewiljana*; nach der span. Stadt Sevilla] *die*; -, -s: eine Variante der → Seguidilla

Sèvresporzellan [*ßäwrᵉ*...; nach dem Pariser Vorort Sèvres] *das*; -s: Porzellan aus der franz. Staatsmanufaktur in Sèvres; vgl. Chelseaporzellan

Sẹx [auch: *ßäx*; *lat.-engl.*] *der*; -[es]: 1. Geschlechtlichkeit, Sexualität [in ihren durch Kommunikationsmittel (z. B. Film, Zeitschriften) verbreiteten Erscheinungsformen]. 2. Geschlechtsverkehr. 3. Geschlecht, Sexus. 4. = Sex-Appeal

Sexagẹsima [*lat.-mlat.*] *die*; -: achter Sonntag vor Ostern; Sonntag - od. Sexagesimä. **sexagesimal** [*lat.-nlat.*]: auf das Sexagesimalsystem bezogen, das Sexagesimalsystem verwendend. **Sexagesimalsystem** *das*; -s: Zahlensystem, das auf der Basis 60 aufgebaut ist; vgl. Dezimalsystem. **Sexagon** [*lat.*; *gr.*] *das*; -s, -e: Sechseck

Sex and Crime [*ßäx ᵉnd kraim*; *engl.*]: Kennzeichnung von Filmen (seltener von Zeitschriften) mit ausgeprägter sexueller u. krimineller Komponente. **Sex-Appeal** [*ßäxᵉpil*; *engl.-amerik.*] *der*; -s: starke erotische Anziehungskraft (bes. einer Frau). **Sẹxbombe** [auch: *ßäx*...] *die*; -, -n: (ugs., spöttisch) Frau, von der eine starke sexuelle Reizwirkung ausgeht (bes. von [Film]schauspielerinnen). **Sẹxboutique** [...*butik*, auch: *ßäx*...; *lat.-engl.*; *fr.*] *die*; -, -n: [kleiner] Laden, in dem → Erotika u. Mittel zur sexuellen Stimulation verkauft werden. **Sẹxer** [auch: *ßäxᵉr*; *lat.-engl.*] *der*; -s, -: 1. Berufsbezeichnung für eine männliche Person, die Jungtiere (bes. Küken) nach männlichen u. weiblichen Tieren aussortiert. 2. Film mit sexuellem Inhalt, Sexfilm. **Sẹxerin** [auch: *ßäx*...] *die*; -, -nen: Berufsbezeichnung für eine weibliche Person, die Jungtiere (bes. Küken) nach männlichen u. weiblichen Tieren aussortiert. **Sexịsmus** *der*; -: Haltung, Grundeinstellung, die darin besteht, einen Menschen allein auf Grund seines Geschlechts zu benachteiligen u. zu diskriminieren; insbesondere diskriminierendes Verhalten gegenüber den Frauen. **Sexịst** *der*; -en, -en: Vertreter des Sexismus. **Sexịstin** *die*; -, -nen: Vertreterin des Sexismus. **sexịstisch**: den Sexismus betreffend. **Sexlẹkt** *der*; -[e]s, -e: geschlechtsspezifische Sprache, Ausdrucksweise (Fachspr.). **Sexologe** *der*; -n, -n: Wissenschaftler auf dem Gebiet der Sexologie. **Sexologie** *die*; -: Wissenschaft, bei der man sich mit der Erforschung der Sexualität u. des sexuellen Verhaltens befaßt. **sexologisch**: die Sexologie betreffend. **Sẹxshop** [...*schop*, auch: *ßäx*...] *der*; -s, -s: = Sexboutique

Sẹxt [*lat.-mlat.*] *die*; -, -en: 1. drittes Tagesgebet des → Breviers (1a) (zur sechsten Tagesstunde, 12 Uhr). 2. vgl. Sexte. **Sẹxta** [*lat.*] *die*; -, Sẹxten: die erste Klasse einer höheren Schule. **Sẹxt|akkord** *der*; -[e]s, -e: erste Umkehrung des Dreiklangs mit der Terz im Baß (Mus.). **Sextaner** *der*; -s, -: Schüler einer Sexta. **Sextạnt** *der*; -en, -en: ein Instrument zum Freihandmessen von Winkeln (Gestirnshöhen) für die Bestimmung von Ort u. Zeit (bes. auf See). **Sẹxte** u. **Sẹxt** [*lat.-mlat.*] *die*; -, ...ten: der 6. Ton der diatonischen Tonleiter; sechsstufiges Intervall (Mus.). **Sẹxten**: *Plural* von → Sext, → Sexta u. → Sexte. **Sextẹtt** [*lat.-it.*] *das*; -s, -e: a) Komposition für sechs solistische Instrumente od. (selten) für sechs Solostimmen; b) Vereinigung von sechs Instrumentalsolisten. **Sextillion** [*lat.-nlat.*] *die*; -, -en: sechste Potenz einer Million (10^{36} = 1 Million Quintillionen). **Sextole** *die*; -, -n: Notengruppe von 6 Tönen, die den Taktwert von 4 od. 8 Noten hat (Mus.)

Sẹxtourismus [...*tu*...; *engl.*] *der*; -: → Tourismus mit dem Ziel sexueller Kontakte

Sẹxtuor [*lat.-fr.*] *das*; -s, -s: (veraltet) Sextett

sexual [*lat.*]: = sexuell; vgl. ...al/...ell. **Sexualdelikt** *das*; -[e]s, -e: Delikt auf sexuellem Gebiet (z. B. Vergewaltigung). **Sexualethik** *die*; -: Ethik im Bereich des menschlichen Geschlechtslebens. **Sexualhormon** *das*; -s, -e: (Med.) a) von den Keimdrüsen gebildetes Hormon, das regulativ auf die Entwicklung der sekundären Geschlechtsmerkmale und auf die Tätigkeit der Eierstöcke einwirkt (z. B. → Östrogen, → Progesteron); b) Hormon, das auf die Keimdrüsen einwirkt. **Sexualität** [*lat.-nlat.*] *die*; -: Geschlechtlichkeit, Gesamtheit der im Sexus begründeten Lebensäußerungen. **Sexualobjekt** *das*; -[e]s, -e: jmd., der zur Befriedigung sexueller Wünsche dient. **Sexualorgan** *das*; -s, -e: Geschlechtsorgan. **Sexualpädagogik** *die*; -: Teilgebiet der Pädagogik, auf dem man sich mit Theorie und Praxis der Geschlechtserziehung und der sexuellen Aufklärung befaßt. **Sexualpathologie** *die*; -: Wissenschaftszweig, der sich mit krankhaften Störungen des Geschlechtslebens befaßt (Med.; Psychol.). **Sexualpsychologie** *die*; -: Teilbereich der Psychologie, in dem man sich mit dem menschlichen Verhalten auf sexuellem Gebiet befaßt. **Sexualrhythmus** *der*; -, ...men und **Sexualzy|klus** *der*; -, ...klen: durch Geschlechtshormone gesteuerter periodischer Vorgang, der den Sexus betrifft (z. B. Brunst, Menstruation). **sexuẹll** [*lat.-fr.*]: geschlechtlich, auf das Geschlecht[sleben] bezogen; vgl. ...al/...ell. **Sẹx und Crime** [- -*kraim*] vgl. Sex and Crime. **Sexuologe** usw. (bes. DDR): = Sexologe usw. **Sẹxus** [*lat.*] *der*; -, - [*säxuß*]: 1. (Plural selten) (Fachspr.) a) differenzierte Ausprägung eines Lebewesens im Hinblick auf seine Aufgabe bei der Fortpflanzung; b) Geschlechtstrieb als zum Wesen des Menschen gehörende elementare Lebensäußerung; Sexualität. 2. = Genus (2). **sexy** [auch: *ßäxi*; *lat.-fr.-engl.*]: (ugs.) Sex-Appeal besitzend, von starkem sexuellem Reiz; erotisch attraktiv

Seychellennuß [*seschäl...*; nach der Inselgruppe der Seychellen im Indischen Ozean] *die*; -, ...nüsse: Frucht der Seychellenpalme

sezernieren [*lat.*]: ein Sekret absondern (z. B. von Drüsen od. offenen Wunden; Med.)

Sezession [*lat.(-engl.)*] *die*; -, -en: 1. Absonderung, Trennung von einer [Künstler]gemeinschaft. 2. Abtrennung eines Gebietsteils eines Staates wider dessen Willen (Völkerrecht). 3. (ohne Plural) Jugendstil in Österreich. **Sezessionist** [*lat.-nlat.*] *der*; -en, -en: 1. jmd., der sich von einer [Künstler]gemeinschaft getrennt hat. 2. (hist.) Angehöriger der abgefallenen amerik. Südstaaten. **sezessionistisch**: die Sezession betreffend, ihr angehörend

sezieren [*lat.*; „schneiden, zerschneiden, zerlegen"]: [eine Leiche] öffnen, anatomisch zerlegen (Anat.)

sforzando vgl. sforzato. **Sforzando** vgl. Sforzato. **sforzato** [*lat.-it.*]: verstärkt, hervorgehoben, plötzlich betont (Vortragsanweisung für Einzeltöne od. -akkorde); Abk.: sf, sfz (Mus.). **Sforzato** *das*; -s, -s u. ...ti: plötzliche Betonung eines Tones od. Akkordes (Mus.)

sfumato [*lat.-it.*]: duftig, mit verschwimmenden Umrissen gemalt

Sgraffiato vgl. Graffiato. **Sgraffito** [*it.*] *das*; -s, -s u. ...ti: Fassadenmalerei, bei der die Zeichnung in die noch feuchte helle Putzschicht bis auf die darunterliegende dunkle Grundierung eingeritzt wird (bes. in der ital. Renaissance verwendete, in der Gegenwart wieder aufgenommene Technik); vgl. Graffito

Shadowing [*schädo"ing*; engl. shadow = „Schatten"] *das*; -[s]: fortlaufendes Nachsprechen sprachlicher Äußerungen, die Testpersonen über Kopfhörer eingespielt werden, um die selektive Aufmerksamkeit und Satzverarbeitungsprozesse zu erforschen

Shag [*schäg*, meist: *schäk*; *engl.*] *der*; -s, -s: feingeschnittener Pfeifentabak

Shaiva [*schaiwa*] vgl. Schaiwa

Shake [*schek*; engl. to shake = „schütteln"]
I. [*engl.*] *das*; -s, -s: (Jazz) a) bes. von Trompete u. Posaune geblasenes, heftiges → Vibrato über einer einzelnen Note; b) besondere Betonung einer Note.
II. [*engl.-amerik.*] *der*; -s, -s: 1. Mixgetränk. 2. Modetanz, bei dem die Tänzer schüttelnde Bewegungen machen

Shakehands [*schekhänds*; *engl.*] *das*; -, - (meist Plural): Händedruck, Händeschütteln. **Shaker** [*schek^er*] *der*; -s, -: Mixbecher, bes. für alkoholische Getränke. **shakern**: im Shaker mischen

Shaktas [*schą...*] vgl. Schaktas.

Shakti [*schą...*] vgl. Schakti

Shalom [*scha...*] vgl. Schalom

Shampoo [*schampu*, auch: ...*po* od. bei engl. Ausspr.: *schämpu*] u. **Shampoon** [*schampon*, auch: *schämpun*], (eindeutschend auch:) Schampon u. Schampun [*Hindi-engl.*] *das*; -s, -s: Haarwaschmittel. **shampoonieren** [*schämpu...*, auch: *schampo...*]: = schamponieren, schampunieren

Shamrock [*schäm...*; *irisch-engl.*] *der*; -[s], -s: [Sauer]kleeblatt als Wahrzeichen der Iren, denen der hl. Patrick damit die Dreieinigkeit erklärt haben soll

shang|haien [*sch...*] vgl. schanghaien

Shantung vgl. Schantungseide

Shanty [*schänti*, auch: *schanti*; *lat.-fr.-engl.*] *das*; -s, -s u. ...ties [*schäntis*]: Seemannslied

Shaping [*schep ing*; *engl.*]
I. *die*; -, -s: kurz für: Shapingmaschine.
II. *das*; -[s]: allmähliches Annähern einer Reaktion an ein (definiertes) Endverhalten durch → Reinforcement jeder Reaktion, die in Richtung auf dieses Verhalten zielt (Psychol.)

Shapingmaschine [*schep...*; *engl.*; *gr.-lat.-fr.*] *die*; -, -n: Hobelmaschine zur Metallbearbeitung, bei der sich das Werkstück um die Dicke des abgehobenen Spans hebt (Techn.)

Share [*schä^r*; *engl.*] *der*; -, -s: engl. Bezeichnung für: Aktie

sharp [*scha^rp*; *engl.*]: engl. Bezeichnung für: Erhöhungskreuz (♯) im Notensatz (z. B. G sharp = Gis; Mus.). **Sharpie** vgl. Scharpie (II)

Shawl [*schol*; *pers.-engl.*] *der*; -s, -s: Schal

Shedbau usw. [*schä...*] vgl. Schedbau usw.

Sheriff [*schä...*; *germ.-engl.*] *der*; -s, -s: 1. hoher Verwaltungsbeamter in einer engl. od. ir. Grafschaft. 2. oberster, gewählter Vollzugsbeamter einer amerik. Stadt mit begrenzten richterlichen Aufgaben

Sherpa [*sch...*; *tib.-engl.*] *der*; -s, -s: als Lastträger bei Expeditionen im Himalajagebiet arbeitender Tibetaner. **Sherpani** *die*; -, -s: als Lastträgerin bei Expeditionen im Himalajagebiet arbeitende Tibetanerin

Sherry [*schäri*; *span.-engl.*; vom Namen der span. Stadt Jerez de la Frontera (*cheräß de la frontera*)] *der*; -s, -s: ein span. Südwein

Shetland [*schät...*, engl. Ausspr.: *schätl^end*; nach den schottischen Shetlandinseln] *der*; -[s], -s: ein graumelierter Wollstoff in Tuch- od. Köperbindung (einer bestimmten Webart). **Shetlandpony** [*schät...poni*] *das*; -s, -s: Kleinpferd von den Shetland- u. Orkneyinseln

Shigelle [*schi...*; *nlat.*; Bildung zum Namen des jap. Bakteriologen K. Shiga] *die*; -, -n (meist Plural): zu den → Salmonellen zählende Bakterie

Shilling [*schil...*; *engl.*] *der*; -s, -s (aber: 10 -): bis 1971 im Umlauf befindliche englische Münze (= $^1/_{20}$ Pfund Sterling); Abk.: s od. sh

Shimmy [*schimi*; *engl.-amerik.*] *der*; -s, -s: Gesellschaftstanz der 20er Jahre im $^2/_2$- od $^2/_4$-Takt

Shintoismus usw. vgl. Schintoismus usw.

Shirt [*schö^rt*; *engl.*] *das*; -[s], -s: [kurzärmeliges] Baumwollhemd

Shit [*schit*; *engl.*] *der* (auch: *das*); -s: (Jargon) Haschisch

Shock [*schok*] vgl. Schock (2). **shocking** [*niederl.-fr.-engl.*]: anstößig, schockierend, peinlich

Shoddy [*schodi*; *engl.*] *das* (auch: *der*); -s, -s: aus Trikotagen hergestellte Reißwolle

Shogun [*schogun*] vgl. Schogun

Shooting-Star [*schu...ßta^r*; *engl.*] *der*; -s, -s: etwas od. jmd., der schnell an die Spitze (z. B. im Schlagergeschäft) gelangt; Senkrechtstarter

Shop [*schop*; *engl.*] *der*; -s, -s: Laden, Geschäft. **Shopping** *das*; -s, -s: Einkaufsbummel. **Shopping-Center** [*schoppingßänt^er*] *das*; -s, -: Einkaufszentrum. **Shopping-goods** [*schoppingguds*] *die* (Plural): Güter, die nicht täglich gebraucht werden u. bei deren Einkauf der Verbraucher eine sorgfältige Auswahl trifft; Ggs. → Convenience-goods (b)

Shorehärte [*scho^r...*; nach dem Engländer Shore] *die*; -: Härtebestimmung mit fallenden Kugeln bei sehr harten Werkstükken, wobei die Rücksprunghöhe ausgewertet wird

Short|hornrind [*scho^r t...; engl.; dt.*] *das*; -s, -er: eine kurzhörnige, frühreife, mastfähige Rinderrasse Norddeutschlands. **Shorts** [*schortß; engl.*] *die* (Plural): kurze, sportliche Hose. **Short story** [*scho^r t ßtori; engl.-amerik.*] *die*; - -, - stories [- ...*ris*]: angelsächs. Bezeichnung für: Kurzgeschichte, → Novelle (1). **Short ton** [*scho^r t -; engl.*] *die*; - -, - -s: Gewichtsmaß in Großbritannien (= 907,185 kg). **Shorty** [*schorti*] *das* (auch: *der*); -s, -s (auch: ...ties) [...*tis*]: Damenschlafanzug mit kurzer Hose

Shout [*schaut; engl.-amerik.*] *der*; -s: = Shouting. **Shouter** [*schaut^er*] *der*; -s, -: Sänger, der im Stil des Shoutings singt. **Shouting** *das*; -[s]: aus [kultischen] Negergesängen entwickelter Gesangsstil des Jazz mit starker Tendenz zu abgehacktem Rufen od. Schreien

Show [*scho^u; engl.-amerik.*] *die*; -, -s: bunte, aufwendig inszenierte [musikalische] Unterhaltungssendung. **Showblock** [*scho^u...*] *der*; -s, ...blöcke: Show als Einlage in einer [politischen] Fernsehsendung. **Showbusineß** [*scho^ubis^(i)niß*] *das*; -: Vergnügungs-, Unterhaltungsbranche; Schaugeschäft. **Showdown** [...*daun*] *der*; -s, -s: Entscheidungskampf. **Showgirl** [*schó^ugö^rl*] *das*; -s, -s: Sängerin od. Tänzerin in einer Show. **Showman** [*scho^um^en*] *der*; -s, ...men: 1. jmd., der im Showbusineß tätig ist. 2. geschickter Propagandist. **Showmaster** [*schó^umaßt^er*; dt. Bildung aus engl. *show* u. *master*] *der*; -s, -: Unterhaltungskünstler, der eine → Show arrangiert u. präsentiert

Shredder [*sch...*] vgl. Schredder

Shrimp [*sch...; engl.*] *der*; -s, -s (meist Plural): kleine, eßbare Garnele, Nordseekrabbe

shrinken [*sch...*] vgl. schrinken

Shu|dra [*sch...*] vgl. Schudra

Shunt [*schant; engl.*] *der*; -s, -s: 1. elektrischer Nebenschlußwiderstand (Phys.). 2. (Med.) a) infolge eines angeborenen Defekts bestehende Verbindung zwischen großem u. kleinem Kreislauf; b) operativ hergestellte künstliche Verbindung zwischen Blutgefäßen des großen u. kleinen Kreislaufs zur Kreislaufentlastung. **shunten**: in elektrischen Geräten durch Parallelschaltung eines Widerstandes die Stromstärke regeln

Shylock [*schailok; engl.*; Figur in Shakespeares „Kaufmann von Venedig"] *der*; -[s], -s: hartherziger, erpresserischer Geldverleiher; mitleidloser Gläubiger

si [*ßi; it.*]: Silbe, auf die man den Ton h singen kann; vgl. Solmisation

Sial [Kurzw. aus: → *Si*licium u. → *Al*uminium] *das*; -[s]: oberste Schicht der Erdkruste (Geol.)

Sial|adenitis [*gr.-nlat.*] *die*; -, ...itiden: Speicheldrüsenentzündung (Med.)

sialisch [von → Sial]: überwiegend aus Silicium-Aluminium-Verbindungen zusammengesetzt (von den Gesteinen der oberen Erdkruste; Geol.). **siallitisch**: tonig (von der Verwitterung der Gesteine in feuchtem Klima); vgl. allitische Verwitterung

Sialolith [auch: ...*it; gr.-nlat.*] *der*; -s und -en, -e[n]: = Ptyalolith. **Sialorrhö**[1] *die*; -, -en u. **Sialor|rhöe** [...*rö*] *die*; -, -n [...*rö^en*]: = Ptyalismus

siamesisch [nach dem asiat. Staat Siam (heute Thailand)]: eineiig u. zusammengewachsen; -e Zwillinge [nach den Zwillingen Eng u. Chang aus Siam (1811–1874)]: Doppelmißbildung in Form zweier völlig entwickelter Individuen, die an einem Körperabschnitt (meist Brust- od. Kreuzbein) miteinander verwachsen sind (Med.). **Siamosen** [*nlat.*] *die* (Plural): Sammelbezeichnung für karierte u. gestreifte Schürzenstoffe in Leinwandbindung (einer bestimmten Webart)

Sibilant [*lat.*] *der*; -en, -en: Zischlaut, Reibelaut (z. B. s; Sprachw.). **sibilieren**: zu Sibilanten machen (von Lauten; Sprachw.)

Si|bljak [*serbokroat.*] *der*; -s, -s: sommergrüner Buschwald

Sibylle [*gr.-lat.*] *die*; -, -n: weissagende Frau, Wahrsagerin. **Sibyllinen** *die* (Plural): hellenistisch-jüdische Weissagungsbücher. **sibyllinisch**: geheimnisvoll, rätselhaft

sic! [*sik* od. *ßik; lat.*]: so, ebenso; wirklich so! (mit Bezug auf etwas Vorangegangenes, das in dieser [falschen] Form gelesen od. gehört worden ist)

Siciliano [*ßitschiljano; it.*] *der*; -s, -s und ...ni: alter sizilianischer Volkstanz im ⁶/₈- od. ¹²/₈-Takt mit punktiertem Grundrhythmus und von ruhigem, einfachem Charakter (in der Barockmusik of als → Pastorale in Opern, Oratorien, Sonaten u. Konzerten). **Sicilienne** [*ßißiljän; it.-fr.*] *die*; -, -s: franz. Bezeichnung für: Siciliano

[1] Vgl. die Anmerkung zu Diarrhö.

Sick-out [*ßik-aut; engl.*] *das*; -s, -s: Krankmeldung

sic transit gloria mundi [*sik - - -; lat.*]: „so vergeht die Herrlichkeit der Welt" (Zuruf an den neuen Papst beim Einzug zur Krönung, wobei symbolisch ein Büschel Werg verbrannt wird)

Sid|dhanta [...*danta; sanskr.*; „Lehrbuch"] *das*; -: die heiligen Schriften des → Dschainismus

Sideboard [*ßaidbo^rd; engl.*] *das*; -s, -s: Anrichte, Büfett (1)

sideral [*lat.*]: = siderisch. **siderisch**: auf die Sterne bezogen; Stern...; Siderisches Pendel: Metallring od. -kugel an dünnem Faden (Haar) zum angeblichen Nachweis von Wasser, Erz u. a. (Parapsychologie)

Siderit [auch: ...*it; gr.-nlat.*] *der*; -s, -e: 1. karbonatisches Eisenerz. 2. → Meteorit aus reinem Eisen. **Siderographie** *die*; -, ...ien: (veraltet) [Erzeugnis der] Stahlstichkunst. **Siderolith** [auch: ...*it*] *der*; -s u. -en, -e[n]: Eisensteinmeteorit. **Siderolithwaren** [auch: ...*it...; gr.-nlat.; dt.*] *die* (Plural): (veraltet) lackierte Tonwaren. **Siderologie** [*gr.-nlat.*] *die*; -: Wissenschaft von der Gewinnung u. den Eigenschaften des Eisens

Sider|onym [*lat.; gr.*] *das*; -s, -e: Deckname, der aus einem astronomischen Ausdruck besteht (z. B. Sirius)

Sideropenie [*gr.-nlat.*] *die*; -: Eisenmangel in den Körpergeweben (Med.). **siderophil**: Eisen an sich bindend, sich leicht mit eisenhaltigen Farbstoffen färben lassend (z. B. von chem. Elementen). **Siderophilin** *das*; -s: Eiweißkörper des Blutserums, der Eisen an sich binden kann (Med.). **sidero|priv**: ohne Eisen, eisenarm (von roten Blutkörperchen; Med.). **Siderose** u. **Siderosis** *die*; -: Ablagerung von Eisen[salzen] in den Körpergeweben (Med.). **Sidero|skop** *das*; -s, -e: Magnetgerät zum Nachweis u. zur Entfernung von Eisensplittern im Auge (Med.). **Siderosphäre** *die*; -: = Nife. **Siderozyt** *der*; -en, -en (meist Plural): rotes Blutkörperchen mit Eiseneinlagerungen (Med.). **Sider|urgie** *die*; -: Eisen- u. Stahlbearbeitung (Techn.). **sider|urgisch**: die Siderurgie betreffend (Techn.)

Si|dra [*hebr.*; „Ordnung"] *die*; -: die jeweils an einem Sabbat zu verlesende → Parasche

siena [*ß...; it.*; nach der ital. Stadt Siena]: rotbraun. **Siena** *das*; -s: 1. ein rotbrauner Farbton. 2. = Sienaerde. **Siena|erde** *die*; -:

als Farbstoff zur Herstellung sienafarbener Malerfarbe verwendete, gebrannte, tonartige, feinkörnige Erde; Terra di Siena

Sierra [*ß...*; *lat.-span.*; „Säge"] *die*; -, ...rren u. -s: Gebirgskette [auf der Pyrenäenhalbinsel u. in Süd- u. Mittelamerika]

Siesta [*ß...*; *lat.-span.*] *die*; -, -s: Ruhepause [nach dem Essen]

Sifema [Kurzw. aus: → *Si*licium, → *Fe*rrum u. → *Ma*gnesium] *das*; -s: Stoffbestand des Erdmantels (zwischen → Sima (II) u. → Nife; Geol.)

Sifflöte [*lat.-vulgärlat.-fr.*] *die*; -, -n: hohe Orgelstimme

Sigel [*lat.*] *das*; -s, - u. **Si|gle** [*sigl*; *lat.-fr.*] *die*; -, -n: festgelegtes Abkürzungszeichen für Silben, Wörter od. Wortgruppen. **sigeln**: mit einem festgelegten Abkürzungszeichen versehen (z. B. von Buchtiteln in Katalogen)

Sightseeing [*ßaitßiing*; *engl.*] *das*; -, -s: Besichtigung von Sehenswürdigkeiten. **Sightseeing-Tour** [*...tur*] *die*; -, -en: Stadtrundfahrt, Fahrt mit einem Bus zur Besichtigung von Sehenswürdigkeiten

Sigill [*lat.*] *das*; -s, -e: (veraltet) Siegel. **Sigilla**: *Plural* von → Sigillum. **Sigillarie** [*...i^e*; *lat.-nlat.*] *die*; -, -n: Siegelbaum (eine ausgestorbene Pflanzengattung). **sigillieren** [*lat.*]: (veraltet) [ver]siegeln. **Sigillum** *das*; -s, ...lla: lat. Form von: Sigill. **Si|gle** [*sigl*] vgl. Sigel

Sigma [*gr.-lat.*] *das*; -[s], -s: 1. achtzehnter Buchstabe des griechischen Alphabets: Σ, σ, ς (= s). 2. = Sigmoid (Med.). **Sigmatiker** *der*; -s, -: jmd., der an Sigmatismus leidet. **Sigmatismus** [*gr.-nlat.*] *der*; -: das Lispeln, fehlerhafte Aussprache der s-Laute (Med.); vgl. Parasigmatismus. **Sigmoid** *der*; -[e]s, -e: S-förmiger Abschnitt des Grimmdarms (Med.)

Si|gna: *Plural* von → Signum. **Signal** [ugs. auch: *singnal*; *lat.-fr.*] *das*; -s, -e: 1. Zeichen mit einer bestimmten Bedeutung, das auf optischem od. akustischem Weg gegeben wird. 2. a) für den Schienenverkehr an der Strecke aufgestelltes Schild mit einer bestimmten Bedeutung od. bewegbare [fernbediente] Vorrichtung, deren Stellung eine besondere Bedeutung hat; an der Strecke installierte Vorrichtung zum Geben von Lichtsignalen; b) (bes. schweiz.) Verkehrszeichen für den Straßenverkehr. **Si|gnalement** [*...mang* schweiz. auch: *...mänt*] *das*; -s, -s (schweiz. auch: -e): 1. (bes. schweiz.) Personenbeschreibung, Kennzeichnung (z. B. in einem Personalausweis od. einer Vermißtenanzeige; Kriminalistik). 2. Gesamtheit der Merkmale, die ein bestimmtes Tier charakterisieren (Pferdezucht). **Si|gnalhorn** [*lat.-fr.*; *dt.*] *das*; -s, ...hörner: Messingblasinstrument mit 6–9 Tönen ohne Ventile. **si|gnalisieren** [französierende Bildung]: 1. deutlich, aufmerksam machen, ein Signal geben. 2. etwas ankündigen. 3. benachrichtigen, warnen. **Si|gnatar** [*lat.-nlat.*] *der*; -s, -e: 1. Signatarmacht. 2. (veraltet) Unterzeichner eines Vertrags (Rechtsw.). **Signatarmacht** [*lat.-nlat.*; *dt.*] *die*; -, ...mächte: der einen [internationalen] Vertrag unterzeichnende Staat. **si|gnatum** [*lat.*]: unterzeichnet; Abk.: sign. **Si|gnatur** [*lat.-mlat.*] *die*; -, -en: 1. Kurzzeichen als Auf- od. Unterschrift, Namenszug. 2. Kennzeichen auf Gegenständen aller Art, bes. beim Versand. 3. der Name (auch abgekürzt) od. das Zeichen des Künstlers auf seinem Werk. 4. Nummer (meist in Verbindung mit Buchstaben) des Buches, unter der es im Magazin der Bibliothek zu finden ist u. die im Katalog hinter dem betreffenden Buchtitel vermerkt ist. 5. kartographisches Zeichen zur lage-, richtungs- od. formgerechten, dem Maßstab angepaßten Darstellung von Dingen u. Gegebenheiten. 6. (Druckw.) a) runde od. eckige Einkerbung an Drucktypen zur Unterscheidung von Schriften gleichen Kegels u. zur Kennzeichnung der richtigen Stellung beim Setzen; b) Ziffer od. Buchstabe zur Bezeichnung der Reihenfolge der Bogen einer Druckschrift (Bogennummer). **Si|gnem** *das*; -s, -e: = Monem. **Si|gnet** [*ßinje*, auch dt. Ausspr.: *signät*; *lat.-fr.*] *das*; -s, -s u. (bei dt. Ausspr.:) -e: 1. Buchdrucker-, Verlegerzeichen. 2. (veraltet) Handsiegel, Petschaft. 3. Aushängeschild, Visitenkarte. 4. Marke, Firmensiegel. **si|gnieren** [*lat.*]: a) mit einer Signatur versehen; b) unterzeichnen, abzeichnen. **Si|gnifiant** [*ßinjifiang*; *lat.-fr.*] *das*; -s, -s: = Signifikant. **Si|gnifié** [*ßinjifie*] *das*; -s, -s: = Signifikat. **si|gnifikant**: 1. a) wichtig, bedeutsam; b) typisch. 2. = signifikativ (1). **Signifikant** [*lat.*] *der*; -en, -en: Ausdrucksseite des sprachlichen Zeichens (Sprachw.); Ggs. → Signifikat. **Si|gnifikanz** *die*; -: Bedeutsamkeit, Wesentlichkeit. **Signifikanztest** *der*; -s, -s: Testverfahren zum Nachprüfen einer statistischen Hypothese. **Si|gnifikat** *das*; -[e]s, -e: Inhaltsseite des sprachlichen Zeichens (Sprachw.); Ggs. → Signifikant. **si|gnifikativ**: 1. bedeutungsunterscheidend (von sprachlichen Einheiten; Sprachw.). 2. = signifikant (1). **si|gnifizieren**: bezeichnen, anzeigen. **si|gnitiv**: symbolisch, mit Hilfe von Zeichensystemen (z. B. der Sprache)

Si|gnor [*ßinjor*; *lat.-it.*] u. Si|gnore [*...jor^e*] *der*; -, ...ri: ital. Bezeichnung für: Herr. **Si|gnora** *die*; -, -s (auch: ...re): ital. Bezeichnung für: Frau. **Si|gnore**: 1. vgl. Signor. 2. *Plural* von → Signora. **Si|gnoria** [*...joria*] u. **Si|gnorie** [*...jori*] *die*; -, ...ien: die höchste [leitende] Behörde der ital. Stadtstaaten (bes. der Rat in Florenz). **Si|gnorina** *die*; -, -s (auch: ...ne): ital. Bezeichnung für: Fräulein. **Si|gnorino** *der*; -, -s (auch: ...ni): ital. Bezeichnung für: junger Herr

Si|gnum [*lat.*] *das*; -s, Signa: verkürzte Unterschrift; Zeichen

Si|grist [auch: *si...*; *lat.-mlat.*] *der*; -en, -en: (schweiz.) Küster; vgl. Sakristan

Sigurim [*lat.-alban.*] *die*; -: für die Staatssicherheit verantwortliche Polizei in Albanien

Sikahirsch [*jap.*; *dt.*] *der*; -s, -e: ein in Japan u. China vorkommender Hirsch

Sikh [*ßik*; *Hindi*; „Jünger"] *der*; -[s], -s: Angehöriger einer kriegerischen mohammedanisch-hinduistischen Religionsgemeinschaft im Pandschab

Sikkativ [*lat.*] *das*; -s, -e [*...w^e*]: Trockenstoff, der Druckfarben, Ölfarben u. a. zugesetzt wird. **sikkativieren** [*...wir^en*; *lat.-nlat.*]: Sikkativ zusetzen

Silage [*ßilasch^e*] vgl. Ensilage

Silan [Kunstw. aus: → *Sil*ikon u. → Meth*an*] *das*; -s, -e: Siliciumwasserstoff

Silber|bromid vgl. Bromsilber

Sild [*skand.*] *der*; -[e]s, -[e]: in schmackhafte Tunke eingelegter Hering

Silen [*gr.-lat.*] *der*; -s, -e: zweibeiniges Fabelwesen der griech. Sage mit menschlichem Oberkörper u. Pferdeleib

Silentium [*...zium*; *lat.*] *das*; -s, ...tien: 1. (Plural ungebräuchlich) (veraltend, noch scherzh.) [Still]schweigen, Stille (oft als Aufforderung). 2. Zeit, in der die Schüler eines Internats ihre Schularbeiten erledigen. **Silentium obsequiosum** *das*; - - : (kath. Rel.) a)

ehrerbietiges Schweigen gegenüber einer kirchlichen Lehrentscheidung; b) Schweigen als Ausdruck des Nichtzustimmens. **Silent meeting** [*ßailᵉnt miting*; *engl.*] *das*; - -: stille gottesdienstliche Versammlung der → Quäker

Silhouette [*siluät*ᵉ; *fr.*] *die*; -, -n: 1. a) Umriß, der sich [dunkel] vom Hintergrund abhebt; b) Schattenriß. 2. Umriß[linie]; Form der Konturen (Mode). **silhouettieren**: im Schattenriß zeichnen od. schneiden

Silica|gel ⓦ [*...ka...*; *lat.-nlat.*; *lat.*] *das*; -s: Kieselgel, ein Adsorptionsmittel für Gase, Flüssigkeiten u. gelöste Stoffe. **Silicat** [*...kat*] vgl. Silikat. **Silicid** [*...zit*] u. Silizid [*lat.-nlat.*] *das*; -[e]s, -e: Verbindung von Silicium mit einem Metall. **Silicium** [*...iz...*] u. Silizium *das*; -s: chem. Grundstoff, Nichtmetall; Zeichen: Si. **Silicon** vgl. Silikon

silieren [*span.-nlat.*]: Grünfutter, Gemüse einlagern

Silifikation [*...zion*; *lat.-nlat.*] *die*; -, -en: Verkieselung. **silifizieren**: verkieseln (von Gesteinen u. Versteinerungen). **Silika|stein** [*lat.-nlat.*; *dt.*] *der*; -s, -e: beim Brennen sich ausdehnender feuerfester Stein aus Siliciumdioxid sowie Kalk- u. Tonbindemitteln. **Silikat**, (chem. fachspr.:) Silicat [*...kat*; *lat.-nlat.*] *das*; -[e]s, -e: Salz der Kieselsäure. **silikatisch**: reich an Kieselsäure. **Silikatose** *die*; -, -n: durch silikathaltige Staubarten hervorgerufene Staublungenerkrankung (Med.). **Silikon**, (fachspr.:) Silicon *das*; -s, -e: siliciumhaltiger Kunststoff von großer Wärme- u. Wasserbeständigkeit. **Silikose** *die*; -, -n: durch eingeatmeten kieselsäurehaltigen Staub verursachte Staublungenerkrankung (Steinstaublunge; Med.). **Silizid** vgl. Silicid. **Silizium** vgl. Silicium

Silk [*engl.*] *der*; -s, -s: glänzender Kleiderstoff. **Silkgras** *das*; -es: Blattfaser verschiedener Ananasgewächse. **Silk-Screen** [*ßilkßkrin*] *das*; -s: engl. Bezeichnung für: Siebdruck. **Silkworm** [*ßilkᵘöʳm*] u. **Silkwormgut** [*ßilkᵘöʳmgat*] *das*; -s: aus dem Spinnsaft der Seidenraupe gewonnenes chirurgisches Nähmaterial

Sill

I. [*schwed.*] *der*; -s, -e: = Sild.

II. [*engl.*] *der*; -s, -s: waagerechte Einlagerung eines Ergußgesteins in bereits vorhandene Schichtgesteine (Geol.)

Sillabub [*ßilᵉbab*; *engl.*] *das*; -: kaltes Getränk aus schaumig geschlagenem Rahm, Wein u. Gewürzen

Sillen [*gr.*] *die* (Plural): parodistische, zum Teil aus Homerischen Versen zusammengestellte altgriechische Spottgedichte auf Dichter u. Philosophen. **Sillograph** [*gr.-lat.*] *der*; -en, -en: Verfasser von Sillen

Sillybos [*gr.-lat.*] *der*; -, ...boi [*...eu*]: farbiger Zettel an den Schriftrollen des Altertums mit dem Titel des Werkes u. des Verfassers

Silo [*span.*] *der* (auch: *das*); -s, -s: a) Großspeicher (für Getreide, Erz u. a.); b) Gärfutterbehälter; c) (abwertend) ein für den Zweck ungewöhnlich großes, unpersönlich wirkendes u. eigentlich zu großes Gebäude

Silon ⓦ [Kunstw.] *das*; -s: eine Kunstfaser

Silumin ⓦ [Kurzw. aus: *Si*licium u. *Al*umin*i*um] *das*; -[s]: schweiß- u. gießbare, feste Leichtmetallegierung

Silur [*nlat.*; nach dem vorkeltischen Volksstamm der Silurer] *das*; -s: erdgeschichtliche Formation des → Paläozoikums (Geol.). **silurisch**: a) das Silur betreffend; b) im Silur entstanden

Silvae [*silwä*; *lat.*; „Wälder"] *die* (Plural): literarische Sammelwerke der Antike u. des Mittelalters mit formal u. inhaltlich verschiedenartigen Gedichten

Silvaner [*...wa...*; vielleicht zu Transsilvanien = Siebenbürgen (Rumänien), dem angeblichen Herkunftsland] *der*; -s, -: a) (ohne Plural) Rebsorte für einen milden, feinfruchtigen bis vollmundigen Weißwein; b) Wein der Rebsorte Silvaner (a)

Silvester [*...wäß...*; nach dem Fest des Papstes Silvester I.] *das*; -s, -: der letzte Tag des Jahres (31. Dezember)

Sima

I. [*gr.-lat.*] *die*; -, -s u. ...men: Traufleiste antiker Tempel.

II. [Kurzw. aus: → *Si*licium u. → *Ma*gnesium] *das*; -[s]: unterer Teil der Erdkruste (Geol.)

Siman|dron [*gr.-ngr.*] *das*; -[s], ...andren: hölzernes Schwingholz, Stundentrommel, die in orthodoxen Klöstern die Gebetsstunden verkündet

Simarre u. Zimarra [*it.-fr.*] *die*; -, ...rren: 1. bodenlanger Männermantel im Italien des 16. Jh.s. 2. (veraltet) Schleppkleid

simatisch u. simisch: aus Basalten u. → Gabbro zusammengesetzt (Geol.)

similär [*lat.-fr.*]: ähnlich. **Similarität** *die*; -, -en: Ähnlichkeit. **simile** [*lat.-it.*]: ähnlich, auf ähnliche Weise weiter, ebenso (Mus.). **Simile** *das*; -s, -s: Gleichnis, Vergleich. **Simili** *das* od. *der*; -s, -s: Nachahmung, bes. von Edelsteinen (Similisteine). **similia similibus** [*lat.*]: „Gleiches [wird] durch Gleiches [geheilt]" (ein Grundgedanke des Volksglaubens, bes. in der Volksmedizin); vgl. contraria contrariis u. Sympathie (4). **Similistein** *der*; -[e]s, -e: (Fachspr.) imitierter Edelstein

simisch vgl. simatisch

Simonie [*mlat.*; nach dem Zauberer Simon, Apostelgesch. 8, 9 ff.] *die*; -, ...ien: Kauf od. Verkauf von geistlichen Ämtern od. Dingen. **simonisch** u. **simonistisch**: die Simonie betreffend

simpel [*lat.-fr.*]: 1. so einfach, daß es keines besonderen geistigen Aufwands bedarf, nichts weiter erfordert, leicht zu bewältigen ist; unkompliziert. 2. in seiner Beschaffenheit anspruchslos-einfach; nur das Übliche und Notwendigste aufweisend. **Simpel** *der*; -s, -: (landsch., ugs.) einfältiger Mensch, Dummkopf. **Sim|pla**: *Plural* von → Simplum. **Sim|plex** [*lat.*] *das*; -, -e und Simplizia: einfaches, nicht zusammengesetztes Wort (z. B. Arbeit; Sprachw.); Ggs. → Kompositum. **Sim|plexware** *die*; -, -n: dichte Wirkware aus Baumwoll- od. Perlongarn für die Handschuhherstellung. **sim|pliciter** [*...zi...*]: (veraltet) schlechthin. **Sim|plifikation** [*...zion*; *lat.-nlat.*] *die*; -, -en: = Simplifizierung; vgl. ...[at]ion/...ierung. **sim|plifizieren**: a) etwas vereinfacht darstellen; b) etwas sehr stark vereinfachen. **Sim|plifizierung** *die*; -, -en: Vereinfachung; vgl. ...[at]ion/...ierung. **Sim|plizia**: *Plural* von → Simplex. **Simpliziade** [nach der Titelfigur Simplicissimus aus dem Roman von Grimmelshausen, † 1676] *die*; -, -n: Abenteuerroman um einen einfältigen Menschen. **Sim|plizität** [*lat.*] *die*; -: 1. Einfachheit. 2. Einfalt. **Simplum** *das*; -s, ...pla: einfacher Steuersatz (Wirtsch.)

Simsalabim [auch: *simsalabim*; Herkunft unsicher] *das*; -s: ein Zauberwort (im entscheidenden Moment der Ausführung eines Zauberkunststücks)

Simulant [*lat.*] *der*; -en, -en: jmd., der eine Krankheit vortäuscht, sich verstellt. **Simulation** [*...zion*] *die*; -, -en: 1. Verstellung. 2. Vortäuschung [von Krankheiten. 3. Nachahmung (in bezug auf technische Vorgänge). **Simulator** *der*; -s, ...oren: Gerät, in dem künstlich die Bedingungen u. Verhältnisse herstellbar sind, wie sie in Wirklichkeit bestehen (z. B. Flugsimulator; Techn.). **simulieren**: 1. sich verstellen. 2. [eine Krankheit] vortäuschen, vorgeben. 3. [technische] Vorgänge wirklichkeitsgetreu nachahmen. 4. (ugs.) nachsinnen, grübeln. **simultan** [*lat.-mlat.*]: a) gemeinsam; b) gleichzeitig; -es Dolmetschen: Form des Dolmetschens, bei der die Übersetzung gleichzeitig mit dem Originalvortrag über Kopfhörer erfolgt; Ggs. → konsekutives Dolmetschen. **Simultanbühne** *die*; -, -n: Bühne, bei der alle im Verlauf des Spiels erforderlichen Schauplätze nebeneinander u. dauernd sichtbar aufgebaut sind (z. B. bei den Passionsspielen des Mittelalters). **Simultaneität** [*...e-i...*] *die*; -, -en: a) Gemeinsamkeit; Gleichzeitigkeit; b) die Darstellung von zeitlich od. räumlich auseinanderliegenden Ereignissen auf einem Bild. **Simultaneum** [*...e-um*] *das*; -s: staatlich od. durch Vertrag geregeltes gemeinsames Nutzungsrecht verschiedener Konfessionen an kirchlichen Einrichtungen (z. B. Kirchen, Friedhöfe). **Simultanität** vgl. Simultaneität. **Simultankirche** *die*; -, -n: Kirchengebäude, das mehreren Bekenntnissen offensteht. **Simultanschule** *die*; -, -n: Gemeinschaftsschule für verschiedene Konfessionen; Ggs. → Konfessionsschule. **Simultanspiel** *das*; -[e]s, -e: Spiel, bei dem ein Schachspieler gegen mehrere, meist leistungsschwächere Gegner gleichzeitig spielt

Sin|an|thropus [*gr.-nlat.*] *der*; -, ...pi u. ...pen: ausgestorbener Typ des Frühmenschen, dessen fossile Reste in China gefunden wurden

Sindaco [*...ko*; *gr.-lat.-it.*] *der*; -, ...ci [*...tschi*]: Gemeindevorsteher, Bürgermeister in Italien

sine anno [*lat.*]: „ohne Jahr" (veralteter Hinweis bei Buchtitelangaben, wenn kein Erscheinungsjahr genannt ist); Abk.: s. a. **sine anno et loco** [- - - *loko*]: = sine loco et anno; Abk.: s. a. e. l. **sine ira et studio**: ohne Haß u. Vorliebe, d. h. objektiv u. sachlich. **Sinekure** [*lat.-nlat.*; „ohne Sorge"] *die*; -, -n: 1. (hist.) Pfründe ohne Amtsgeschäfte. 2. müheloses, einträgliches Amt. **sine loco** [- *loko*; *lat.*]: „ohne Ort" (veralteter Hinweis bei Buchtitelangaben, wenn kein Erscheinungsort genannt ist); Abk.: s. l. **sine loco et anno**: „ohne Ort und Jahr" (veralteter Hinweis bei Buchtitelangaben, wenn weder Erscheinungsort noch -jahr genannt sind); Abk.: s. l. e. a. **sine obligo** [*lat.-it.*]: ohne → Obligo; Abk.: s. o. **sine qua non** vgl. Conditio sine qua non. **sine tempore** [*lat.*]: ohne akademisches Viertel, d. h. pünktlich (zur vereinbarten Zeit); Abk.: s. t.; vgl. cum tempore

Sinfonie [*gr.-lat.-it.*; „Zusammenstimmen, Einklang"] u. Symphonie [*gr.-lat.*] *die*; -, ...ien: meist viersätziges, auf das Zusammenklingen des ganzen Orchesters hin angelegtes Instrumentaltonwerk in mehreren Sätzen (Mus.). **Sinfonietta** [*gr.-lat.-it.*] *die*; -, ...tten: kleine Sinfonie. **Sinfonik** u. Symphonik [*gr.-lat.-nlat.*] *die*; -: Lehre vom sinfonischen Satzbau (Mus.). **Sinfoniker** [*gr.-lat.-it.*] u. Symphoniker [*gr.-lat.-nlat.*] *der*; -s, -: 1. Komponist von Sinfonien. 2. Mitglied eines Sinfonieorchesters. **sinfonisch** [*gr.-lat.-it.*] u. symphonisch [*gr.-lat.-nlat.*]: sinfonieartig, in Stil u. Charakter einer Sinfonie

Sin|gle [*ßingg'l*; *lat.-fr.-engl.*]
I. *das*; -, -[s]: 1. Einzelspiel (zweier Spieler) im Tennis. 2. Zweierspiel im Golf.
II. *die*; -, -[s]: kleine Schallplatte.
III. *der*; -[s], -[s]: jmd., der – im Unterschied zum Alleinstehenden – bewußt u. willentlich allein, ohne feste äußere Bindung an einen Partner lebt aus dem Wunsch heraus, ökonomisch unabhängig u. persönlich ungebunden zu sein

Singleton [*ßingg'lt'n*] *der*; -, -s: a) engl. Bezeichnung für: nur aus Spielkarten gleicher Farbe bestehendes Blatt in der Hand eines Spielers; b) engl. Bezeichnung für: Trumpf im Kartenspiel

Sing-out [*ßing-aut, ßing-aut, ßing-aut*; *amerik.*] *das*; -[s], -s: (von protestierenden Gruppen veranstaltetes) öffentliches Singen von Protestliedern

Singular [auch: *singgular*; *lat.*] *der*; -s, -e: 1. (ohne Plural) Numerus, der beim Nomen u. Pronomen anzeigt, daß dieses sich auf eine einzige Person od. Sache bezieht, u. der beim Verb anzeigt, daß nur ein Subjekt zu dem Verb gehört; Einzahl. 2. Wort, das im Singular steht; Singularform; Abk.: Sing.; Ggs. → Plural. **singulär**: 1. vereinzelt vorkommend, einen Einzel- od. Sonderfall vorstellend. 2. einzigartig. **Singularetantum** *das*; -s, -s u. Singulariatantum: nur im Singular vorkommendes Wort (z. B. das All; Sprachw.). **Singularis** *der*; -, ...res [*...lareß*]: (veraltet) Singular. **singularisch**: a) den Singular betreffend; b) im Singular [gebraucht, vorkommend]. **Singularismus** [*lat.-nlat.*] *der*; -: metaphysische Lehre, nach der die Welt als eine Einheit aus nur scheinbar selbständigen Teilen angesehen wird (Philos.); Ggs. → Pluralismus (1). **Singularität** [*lat.*] *die*; -, -en: 1. vereinzelte Erscheinung; Seltenheit, Besonderheit. 2. bestimmte Stellen, wo sich Kurven od. Flächen anders verhalten als bei ihrem normalen Verlauf (Math.). 3. die zu bestimmten Zeiten des Jahres stetig wiederkehrenden Wettererscheinungen (Meteor.). **Singularsukzession** *die*; -, -en: Eintritt in ein einzelnes, bestimmtes Rechtsverhältnis (Rechtsw.). **Singulett** [*lat.-engl.*] *das*; -s, -s: einfache, nicht aufgespaltete Spektrallinie (Phys.)

Singultus [*lat.*] *der*; -, - [*...gultuß*]: Schluckauf (Med.)

Sinia [*nlat.*] *die*; -: eine geotektonische Aufbauzone (Geol.)

Sinika [*nlat.*] *die* (Plural): Werke aus u. über China

sinister [*lat.*; „links"]: 1. links, linker (Med.). 2. unheilvoll, unglücklich. **sinistra mano** vgl. mano sinistra

Sinologe [*gr.-nlat.*] *der*; -n, -n: jmd., der sich wissenschaftlich mit der chinesischen Sprache u. Literatur befaßt (z. B. Hochschullehrer, Student). **Sinologie** *die*; -: Wissenschaft von der chinesischen Sprache u. Literatur. **sinologisch**: die Sinologie betreffend

Sinopie [nach der türk. Stadt Sinop, aus der urspr. die Erdfarbe stammte] *die*; -, ...ien: in roter Erdfarbe auf dem Rauhputz ausgeführte Vorzeichnung bei Mosaik u. Wandmalerei (Kunstw.)

Sinto [*Zigeunerspr.*] *der*; -, ...ti (meist Plural): Zigeuner (Selbstbezeichnung deutscher Zigeuner); vgl. Rom

Sinuitis vgl. Sinusitis. **sinuös** [*lat.*]: buchtig, gewunden, Falten od. Vertiefungen aufweisend (von Organen od. Organteilen; Med.). **Sinus** *der*; -, - [*sinuß*] u. -se: 1. Winkelfunktion im rechtwinkligen Dreieck, die das Verhältnis der Gegenkathete zur Hypotenuse darstellt; Zeichen: sin (Math.).

2. (Med.) a) Hohlraum, bes. innerhalb von Schädelknochen; b) venöses Blut führender Kanal zwischen den Hirnhäuten. **Sinusitis** u. Sinuitis [*lat.-nlat.*] *die*; -, ...itiden: (Med.) 1. Entzündung einer Nasennebenhöhle. 2. Entzündung eines Hirnblutleiters. **Sinuskurve** *die*; -, -n: zeichnerische Darstellung der Sinusfunktion (vgl. Sinus) in einem Koordinatensystem (Math.)

Sipho [*gr.-lat.*; „Röhre, Wasserröhre, Saugröhre"] *der*; -s, ...onen: Atemröhre der Schnekken, Muscheln u. Tintenfische. **Siphon** [*sifong* od. *sifong*, auch: *sifong*, (österr.) *...fon*; *gr.-lat.-fr.*] *der*; -s, -s: 1. S-förmiger Geruchsverschluß bei Wasserausgüssen zur Abhaltung von Abwassergasen. 2. Getränkegefäß, aus dem beim Öffnen die eingeschlossene Kohlensäure die Flüssigkeit herausdrückt (Siphonflasche). 3. (österr., ugs.) Sodawasser. 4. Abflußanlage, die unter eine Straße führt; vgl. Kanalisation. **Siphonophore** [*gr.-nlat.*] *die*; -, -n (meist Plural): Staats- od. Röhrenqualle

Sir [*ßör*; *lat.-fr.-engl.*] *der*; -s, -s: a) allgemeine engl. Anrede (ohne Namen) für: Herr; b) engl. Adelstitel; vgl. Dame (II). **Sire** [*ßir*; *lat.-fr.*]: franz. Anrede für: Majestät

Sirene [*gr.-lat.(-fr.)*; nach göttlichen Wesen der griech. Sage, die mit betörendem Gesang begabt waren] *die*; -, -n: 1. schöne, verführerische Frau. 2. Anlage zur Erzeugung eines Alarm- od. Warnsignals. 3. eine Säugetierordnung (Seekühe)

Siriometer [*gr.-nlat.*] *das*; -s, -: in der Astronomie u. Astrophysik verwendete Längeneinheit (= $1{,}495 \times 10^{14}$ km)

Sirtaki [*griech.*] *der*; -, -s: ein griech. Volkstanz

Sirup [*arab.-mlat.*] *der*; -s, -e: a) eingedickter, wäßriger Zuckerrübenauszug; b) zähflüssige Lösung aus Zucker u. Wasser od. Fruchtsaft

Sirventes [*...wän...*; *lat.-provenzal.*; „Dienstlied"] *das*; -, -: politisch-moralisierendes Rügelied der provenzal. Troubadoure

Sisal [nach der mex. Hafenstadt Sisal] *der*; -s: Faser aus den Blättern einer → Agave, die zur Herstellung von Seilen u. Säcken verwendet wird.

sistieren [*lat.*]: 1. ein Verfahren unterbrechen, vorläufig einstellen (Rechtsw.). 2. jmdn. zur Feststellung seiner Personalien zur Wache bringen. **Sistierung** *die*; -, -en: 1. Unterbrechung, vorläufige Einstellung eines Verfahrens (Rechtsw.). 2. das Feststellen der Personalien auf der Polizeiwache

Si|strum [*gr.-lat.*] *das*; -s, ...stren: ein altägypt. Rasselinstrument

Sisyphusarbeit [auch: *si...*; nach Sisyphos, einer Gestalt der griech. Sage, der zu einem nie endenden Steinwälzen verurteilt war] *die*; -: sinnlose Anstrengung, vergebliche Arbeit

Sitar [*iran.*] *der*; -[s], -[s]: ein iran. u. ind. Zupfinstrument

Siti|eirgie [*gr.-nlat.*] *die*; -, ...ien: Nahrungsverweigerung bei Geisteskranken (Med.)

Sit-in [*engl.-amerik.*] *das*; -[s], -s: demonstratives Sichhinsetzen einer Gruppe zum Zeichen des Protests, Sitzstreik

Sitio|manie u. **Sito|manie** *die*; -, ...ien: krankhafte Eßsucht (Med.). **Sitophobie** *die*; -, ...ien: Nahrungsverweigerung [bei Zwangsneurosen] (Med.)

Situation [*...zion*; *lat.-mlat.-fr.*] *die*; -, -en: 1. [Sach]lage, Stellung, [Zu]stand. 2. Lageplan (Geogr.). 3. die Gesamtheit der äußeren Bedingungen des sozialen Handelns u. Erlebens (Soziol.). **situationell**: = situativ. **Situationist** [*lat.-mlat.-fr.-nlat.*] *der*; -en, -en: jmd., der sich schnell u. zu seinem Vorteil jeder [neuen] Lage anzupassen versteht; vgl. Opportunist. **Situationskomik** *die*; -: unfreiwillige Komik, bei der ein an sich ernsthaftes od. alltägliches Geschehen im zufälligen Zusammentreffen wertverschiedener Begebenheiten an der handelnden Person die rührende Lächerlichkeit des Allzumenschlichen offenbart. **situativ**: durch die (jeweilige) Situation bedingt. **situieren** [*lat.-mlat.-fr.*]: legen, stellen, in die richtige Lage bringen, [an]ordnen (meist als Partizip Perfekt in Verbindung mit Adjektiven wie „gut" gebraucht, z. B. gutsituiert = wirtschaftlich gutgestellt). **Situierung** *die*; -, -en: Lage, Anordnung (z. B. von Gebäuden)

Situla [*lat.*] *die*; -, ...ulen: vorgeschichtlicher Eimer der Bronzezeit

Situs [*lat.*] *der*; -, - [*situß*]: (Med.) a) [natürliche] Lage der Organe im Körper; b) Lage des → Fetus in der Gebärmutter; vgl. in situ

sit venia verbo [*sit wenia wärbo*; *lat.*; „dem Wort sei Verzeihung [gewährt]"]: man möge mir diese Ausdrucksweise gestatten, nachsehen; Abk.: s. v. v.

Sivapithecus [*ßiwapitäkuß*; *nlat.*; nach dem Fundort *Siwa*lik Hills im Himalaja] *der*; -, ...ci [*...zi*]: fossiler Menschenaffe aus dem → Miozän u. → Pliozän mit stark menschlichen Merkmalen

Sivas [*...waß*; nach der türk. Stadt] *der*; -, -: ein vielfarbiger, meist rotgrundiger Teppich mit persischer Musterung

Six Days [*ßix de's*; *engl.*] *die* (Plural): engl. Bezeichnung für: Sechstagerennen (Sport). **Sixpence** [*...p'nß*] *der*; -, -: bis 1971 in Umlauf befindliche englische Silbermünze im Wert von 0,5 → Shilling. **Sixt** [*lat.*] *die*; -, -en: Fechtstellung mit gleicher Klingenlänge wie bei der → Terz (2), jedoch mit anderer Haltung der Faust. **Sixty-Nine** [*ßixtinain*; *engl.*; „69"] *das*; -: (von zwei Personen ausgeübter) gleichzeitiger gegenseitiger oraler Geschlechtsverkehr (nach dem Bild einer liegenden Neunundsechzig: ♋)

Siziliane [*it.*] *die*; -, -n: aus Sizilien stammende Abart der → Stanze mit nur zwei Reimen. **Siziliano** vgl. Siciliano. **Sizilienne** [*...iän*; *it.-fr.*] *die*; -: = Eolienne

Ska [Herkunft unsicher] *der*; -[s]: stark rhythmisierter Musikstil, der sich in Jamaika aus dem → Rhythm and Blues entwickelte u. zum Vorläufer des „behäbigeren" → Reggae wurde (Mus.)

Skabies [*...iäß*; *lat.*] *die*; -: eine Hautkrankheit (Krätze; Med.). **skabiös**: krätzig, die typischen Hauterscheinungen der Krätze zeigend (Med.). **Skabiose** [*lat.-nlat.*] *die*; -, -n: Pflanzengattung der Kardengewächse mit zahlreichen einheimischen Kräutern u. Zierpflanzen. **ska|brös** [*lat.-fr.*]: (veraltet) heikel, schlüpfrig

Skadenz [*lat.-vulgärlat.-it.*] *die*; -, -en: (veraltet) Verfallzeit (Wirtsch.)

Skai ® *das*; -[s]: ein Kunstleder

skål! [*ßkol*; *skand.*]: skand. für: prost!, zum Wohl!

Skala [*lat.-it.*; „Treppe, Leiter"] *die*; -, Skalen u. -s: 1. (eingedeutscht auch: Skale) Maßeinteilung an Meßinstrumenten (Techn.). 2. beim Mehrfarbendruck die Zusammenstellung der Farben, mit denen jede Platte gedruckt werden muß (Druckw.). 3. Tonleiter (Mus.). 4. Stufenleiter, vollständige Reihe. **skalar**: durch → reelle Zahlen bestimmt (Math.). **Skalar** *der*; -s, -e: 1. eine math. Größe, die allein durch einen Zahlenwert bestimmt wird (Math.). 2. ein Süßwasserfisch aus dem Amazonasgebiet

Skalde [*altnord.*] *der*; -n, -n: altnord. Dichter u. Sänger

Skale vgl. Skala (1). **Skalen**: *Plural* von → Skala

Skaleno|eder [*gr.-nlat.*] *das*; -s, -: Vielflächner mit 12 ungleichseitigen Dreiecken als Oberfläche (Math.)

skalieren [*lat.-it.-nlat.*]: Verhaltensweisen od. Leistungen in einer statistisch verwendbaren Wertskala einstufen (Psychol.; Soziol.)

Skalp [*skand.-engl.*] *der*; -s, -e: (hist.) bei den Indianern die abgezogene Kopfhaut des Gegners als Siegeszeichen

Skalpell [*lat.*] *das*; -s, -e: kleines chirurgisches Messer mit feststehender Klinge

skalpieren [*skand.-engl.-nlat.*]: den → Skalp nehmen, die Kopfhaut abziehen

Skamusik *die*; -: = Ska

Skandal [*gr.-lat.-fr.*] *der*; -s, -e: 1. Ärgernis; aufsehenerregendes, schockierendes Vorkommnis. 2. Lärm. **skandalieren**: (veraltet) lärmen. **skandalisieren**: (veraltet) etwas zu einem Skandal machen; Anstoß nehmen. **Skandalon** [*gr.*] *das*; -[s]: (veraltet) Anstoß, Ärgernis. **skandalös** [*gr.-lat.-fr.*]: ärgerlich, unglaublich, unerhört; anstößig

skandieren [*lat.*]: a) Verse taktmäßig, mit bes. Betonung der Hebungen u. ohne Rücksicht auf den Sinnzusammenhang lesen; b) rhythmisch abgehackt, in einzelnen Silben sprechen. **Skansion** *die*; -, -en: (veraltet) Messung eines Verses, Bestimmung des Versmaßes; das Skandieren

Skapolith [auch: ...*it*; *lat.*; *gr.*] *der*; -s u. -en, -e[n]: ein Mineral

Skapulamantie u. **Skapulamantik** [*lat.*; *gr.*], *die*; -: das Weissagen aus den Rissen im Schulterblatt [eines Schafes]. **Skapulier** [*lat.-mlat.*; „Schulterkleid"] *das*; -s, -e: Überwurf über Brust u. Rükken in der Tracht mancher Mönchsorden

Skarabäengemme *die*; -, -n: = Skarabäus (2). **Skarabäus** [*gr.-lat.*] *der*; -, ...äen: 1. Pillendreher (Mistkäfer des Mittelmeergebietes), im alten Ägypten heilig als Sinnbild des Sonnengottes. 2. als Amulett od. Siegel benutzte [altägyptische] Nachbildung des Pillendrehers in Stein, Glas od. Metall

Skaramuz [*germ.-it.*] *der*; - u. -es, -e: Charakterfigur der ital. → Commedia dell'arte und des franz. Lustspiels (prahlerischer Soldat)

Skarifikation [...*zion*; *gr.-lat.*] *die*; -, -en: kleiner Einschnitt od. Stich in die Haut zur Blut- od. Flüssigkeitsentnahme (Med.). **skarifizieren**: die Haut zu diagnostischen od. therapeutischen Zwekken anritzen

Skariol [*lat.-mlat.*] *der*; -s: = Eskariol

Skarn [*schwed.*] *der*; -s, -e: durch → Kontaktmetamorphose entstandene Lagerstätte mit Eisen u. Edelmetallen (Geol.)

skartieren [*lat.-vulgärlat.-it.*]: (österr., Amtsspr.) alte Akten u. a. ausscheiden. **Skat** *der*; -[e]s, -e u. -s: 1. deutsches Kartenspiel für drei Spieler. 2. die zwei bei diesem Kartenspiel verdeckt liegenden Karten

Skateboard [*ßkę'tbo'd*; *engl.-amerik.*] *das*; -s, -s: als Spiel- u. Sportgerät dienendes Brett auf vier federnd gelagerten Rollen, mit dem man sich stehend [mit Abstoßen] fortbewegt u. das nur durch Gewichtsverlagerung gesteuert wird. **Skateboarder** *der*; -s, -: jmd., der Skateboard fährt. **Skating-Effekt** [*ßkę'ting...*; *engl.*; *lat.*] *der*; -[e]s, -e: infolge der Skating-Kraft ungleicher Druck, mit dem der Tonabnehmer auf der inneren u. äußeren Seite der Rille einer Schallplatte aufliegt. **Skating-Kraft** [*ßkę'ting...*; *engl.*; *dt.*] *die*; -, ...kräfte: vom Tonabnehmer auf die innere Seite der Rille einer Schallplatte ausgeübte Kraft

Skatol [*gr.*; *lat.*] *das*; -s: übelriechende, bei der Fäulnis von Eiweißstoffen entstehende chem. Verbindung (z. B. im Kot). **Skatologie** *die*; -: 1. die wissenschaftliche Untersuchung von Kot. 2. Vorliebe für das Benutzen von Ausdrücken aus dem Analbereich. **skatologisch**: 1. die wissenschaftliche Untersuchung von Kot betreffend, auf ihr beruhend. 2. eine schmutzige Ausdrucksweise bevorzugend. **Skatophage** [*gr.*] *der* u. *die*; -n, -n: = Koprophage. **Skatophagie** *die*; -: = Koprophagie. **Skatophilie** *die*; -: = Koprophilie

Skazon [*gr.-lat.*] *der*; -s, ...zonten: = Choliambus

Skeetschießen [*ßkit...*; *engl.*; *dt.*] *das*; -s: Wettbewerb des Wurftauben-, Tontaubenschießens, bei dem die Schützen halbkreisförmig um die Wurfmaschinen stehen u. auf jede Taube nur einen Schuß abgeben dürfen (Sport)

Skelet vgl. Skelett (I, 1). **Skeleton** [*ßkäl'ᵉt'n*; *gr.-engl.*] *der*; -s, -s: niedriger, schwerer Sportrennschlitten (Wintersport). **skeletotopisch** [*gr.-nlat.*]: die Lage eines Organs im Verhältnis zum Skelett bezeichnend (Med.; Biol.)

Skelett [*gr.*; eigtl. „ausgetrockneter (Körper), Mumie"]

I. *das*; -[e]s, -e: 1. (medizinisch fachspr.: Skelet) inneres od. äußeres, [bewegliches] stützendes Körpergerüst aus Knochen, Chitin od. Kalk bei Tieren u. dem Menschen; Gerippe (Biol.; Med.). 2. das zur Festigung von Pflanzenorganen dienende Gewebe (Bot.). 3. der tragende Unterbau, Grundgerüst.

II. *die*; -: eine Schriftart

Skelettboden *der*; -s, ...böden: Bodenkrume mit groben Mineral- u. Gesteinsteilen (in Gebirgen). **skelettieren** [*gr.-nlat.*]: 1. das Skelett bloßlegen (von Menschen u. Wirbeltieren). 2. [ein Blatt] bis auf das Skelett (I, 2) abfressen. 3. zum Skelett werden

Skene [*ßkene*; *gr.*] *die*; -, ...ai: im altgriech. Theater ein Ankleideräume enthaltender Holzbau, der als Bühnenabschluß diente u. vor dem die Schauspieler auftraten; vgl. Szene. **Skenographie** *die*; -: altgriechische Bühnendekorationsmalerei

Skepsis [*gr.*] *die*; -: Zweifel, Bedenken (auf Grund sorgfältiger Überlegung); Zurückhaltung; Ungläubigkeit; Zweifelsucht. **Skeptiker** *der*; -s, -: 1. Zweifler; mißtrauischer Mensch. 2. Anhänger des Skeptizismus. **skeptisch**: zum Zweifel neigend, zweiflerisch, mißtrauisch, ungläubig; kühl abwägend. **Skeptizismus** [*gr.-nlat.*] *der*; -: 1. skeptische Haltung. 2. die den Zweifel zum Denkprinzip erhebende, die Möglichkeit einer Erkenntnis der Wirklichkeit u. Wahrheit in Frage stellende philosophische Schulrichtung; vgl. Pyrrhonismus

Sketch [*ßkätsch*; *it.-niederl.-engl.*; „Skizze; Stegreifstudie"] *der*; -[es], -e[s] od. -s: kurze, effektvolle Bühnenszene mit meist witziger Pointierung (Kabarett, Varieté)

Ski [*schi*; *norw.*], (eindeutschend auch:) Schi *der*; -[s], - u. -er: 1. aus Holz, Kunststoff od. Metall gefertigtes, langes schmales Brett mit Spezialbindung zur Fortbewegung auf Schnee. 2. = das Skilaufen (z. B. - und Rodel gut)

Skia|graphie [*gr.-nlat.*] *die*; -, ...ien: Schattenmalerei (zur Erzielung von Raumwirkung bei Gegenständen od. Figuren auf Gemälden od. Zeichnungen). **Skiameter** *das*; -s, -: Instrument zur Messung der Intensität von Röntgenstrahlen (Phys.). **Skiaskopie** *die*; -, ...ien: Schattenprobe zur Bestimmung des Brechungsvermögens des Auges (Med.)

Skibob [*schi...*] *der*; -s, -s: 1. einkufiger Schlitten mit Lenkvorrichtung, der von einem Fahrer mit Kurzskiern an den Füßen, wie auf einem Fahrrad sitzend, gefahren wird. 2. mit dem Skibob (1) betriebene Sportart

Skiff [*germ.-roman.-engl.*] *das*; -[e]s, -e: schmales nord. Einmannruderboot (Sport)

Skiffle [*ßkifl*; *engl.-amerik.*] *der* (auch: *das*); -s: Vorform des → Jazz auf primitiven Instrumenten wie z. B. Waschbrett, → Jug. **Skiffle-Group** [*ßkiflgrup*; *engl.-amerik.*] *die*; -, -s: kleine Musikergruppe, die Skiffle spielt

Skifuni [*schi...*; *norw.*; *roman.*] *der*; -, -s: (schweiz.) großer Schlitten, der im Pendelbetrieb (Drahtseilbahnprinzip) Skifahrer bergaufwärts befördert. **Skikjöring** [*schijöring*] *das*; -s, -s: Skilauf hinter einem Pferde- od. Motorradvorspann. **Skilift** [*schi...*] *der*; -[e]s, -e u. -s: Seilbahn u. ä., die Skiläufer bergaufwärts befördert. **Skimarathon** [*schi...*] *das*; -s, -s: Skilanglauf[wettbewerb] über 50 km

Skin|effekt [*engl.*; *lat.*] *der*; -[e]s, -e: Erscheinung, daß der Stromweg eines Wechselstroms hoher Frequenz hauptsächlich an der Oberfläche des elektrischen Leiters verläuft (Elektrot.). **Skinhead** [*ßkinhäd*; *engl.*] *der*; -s, -s (meist Plural): Angehöriger einer Gruppe männlicher Jugendlicher, die äußerlich durch Kurzhaarschnitt bzw. Glatze gekennzeichnet sind u. zu aggressivem Verhalten u. Gewalttätigkeiten neigen [auf der Grundlage rechtsradikalen Gedankenguts]

Skink [*gr.-lat.*] *der*; -[e]s, -e: Wühl- od. Glattechse

Skinner-Box [*engl.*; nach dem amerik. Verhaltensforscher B. F. Skinner] *die*; -, -en: Experimentierkäfig zur Erforschung von Lernvorgängen bei Tieren (Verhaltensforschung)

Skinoid (Wz) *das*; -[e]s: lederähnlicher Kunststoff, der u. a. für Bucheinbände verwendet wird

Ski|optikon [*gr.-nlat.*] *das*; -s, ...ken od. -s: (veraltet) Projektionsapparat

Skip

I. [*skand.-engl.*] *der*; -[s], -s: ein besonderer Förderkübel mit Kippvorrichtung (Bergw.).

II. [Kurzform von → Skipper] *der*; -s, -s: Mannschaftsführer (bes. beim → Curling)

Skipper [*engl.*] *der*; -s, -: jmd., der ein Team leitet, entsprechend anweist (z. B. der Kapitän eines mittelgroßen [Sport]bootes)

Skis vgl. Skus

Skizirkus [*schi...*; *norw.*; *gr.-lat.*] *der*; -, -se: (Jargon) 1. (ohne Plural) internationale Gruppe der besten Skirennläufer, die im Winterhalbjahr in Skigebieten von Ort zu Ort ziehen u. dort Rennen zur Ermittlung des Siegers im → Worldcup austragen. 2. über ein ganzes Skigebiet verteiltes, in sich geschlossenes System von Skiliften

Skizze [*it.*; eigtl. „Spritzer"] *die*; -, -n: 1. das Festhalten eines Eindrucks od. einer Idee in einer vorläufigen Form. 2. [erster] Entwurf, flüchtig entworfene Zeichnung für ein Gemälde, eine Plastik, eine Architektur. 3. kleine Geschichte. **skizzieren**: 1. einen Eindruck od. eine Idee vorläufig [auf dem Papier] festhalten; [ein Problem] umreißen. 2. entwerfen; in den Umrissen zeichnen; andeuten

Sklave [*...f^{e}*, auch: *...w^{e}*; *slaw.-mgr.-mlat.*] *der*; -n, -n: 1. (hist.) Leibeigener, in völliger wirtschaftlicher u. rechtlicher Abhängigkeit von einem anderen Menschen lebender Mensch. 2. (Jargon) Masochist. **Sklaverei** *die*; -: 1. Leibeigenschaft, völlige wirtschaftliche u. rechtliche Abhängigkeit eines Sklaven (1). 2. harte, ermüdende Arbeit. **sklavisch**: 1. unterwürfig, blind gehorchend, willenlos. 2. einem Vorbild genau nachgebildet

Sklera [*gr.-nlat.*] *die*; -, ...ren: Lederhaut des Auges, die äußere Hülle des Auges (Med.). **Skleradenitis** *die*; -, ...itiden: Drüsenverhärtung (Med.). **Sklereide** *die*; -, -n: Steinzelle, Pflanzenzelle mit verholzten, starren Wänden (Bot.). **Sklerem** *das*; -s: der → Sklerodermie ähnliche Erkrankung (Med.). **Skleren**: *Plural* von → Sklera. **Skler|enchym** [*...chüm*] *das*; -s, -e: Festigungsgewebe ausgewachsener Pflanzenteile (Bot.). **Skleritis** *die*; -, ...itiden: Entzündung der Lederhaut des Auges (Med.). **Sklerödem** *das*; -s, -e: mit einem → Ödem verbundene, sklerodermieähnliche Verhärtung des Unterhautfettgewebes, Schwelldarre (Med.). **Sklerodermie** *die*; -, ...ien: Darrsucht, krankhafte Quellung des Bindegewebes mit Verhärtung der Haut (Med.). **Sklerom** *das*; -s, -e: (Med.) 1. = Sklerodermie. 2. chronische, mit Knotenbildung verlaufende Entzündung der oberen Luftwege. **Sklerometer** *das*; -s, -: Instrument zur Härtebestimmung bei Mineralien. **Sklerophyllen** *die* (Plural): Hartlaubgewächse, Pflanzen mit steifen, ledrigen Blättern (z. B. Stechpalme). **Sklerose** *die*; -, -n: krankhafte Verhärtung von Geweben u. Organen (Med.). **Sklero|skop** *das*; -s, -e: Härteprüfgerät in der Materialprüfung (Techn.). **Sklerotiker** *der*; -s, -: an Sklerose Erkrankter bzw. Leidender (Med.). **sklerotisch**: verhärtet (von Geweben; Med.). **Sklerotium** [*...zium*] *das*; -s, ...ien [*...i^{e}n*]: hartes Pilzfadengeflecht als Dauerform mancher Schlauchpilze (z. B. des Mutterkornpilzes)

Skolex [*gr.*; „Wurm, Spulwurm"] *der*; -, ...lizes: Bandwurmkopf. **Skolion** [auch: *sko...*] *das*; -s, ...ien [*...i^{e}n*]: altgriech. Tisch- u. Trinklied mit vielfach gnomischem, vaterländischem od. religiösem Inhalt. **Skoliose** [„Krümmung"] *die*; -, -n: seitliche Verkrümmung der Wirbelsäule (Med.). **Skolopender** [*gr.-lat.*] *der*; -s, -: tropischer Tausendfüßer

skontieren [*lat.-it.*]: Skonto gewähren. **Skonto** *der* od. *das*; -s, -s (auch: ...ti): Preisnachlaß bei Barzahlung

Skon|tration [*...zion*; *lat.-it.-nlat.*] *die*; -, -en: Fortschreibung, Bestandsermittlung durch Zu- u. Abschreibungen der Zu- und Abgänge (Wirtsch.); vgl. Inventur. **skon|trieren**: fortschreiben (die Zu- und Abgänge; Wirtsch.). **Skon|tro** [*lat.-it.*] *das*; -s, -s: Nebenbuch der Buchhaltung zur täglichen Ermittlung von bestimmten Bestandsmengen (Wirtsch.)

Skooter [*ßkut^{e}r*; *engl.*] *der*; -s, -: [elektrisches] Kleinauto auf Jahrmärkten

Skop [*ags.*] *der*; -s, -s: (hist.) Dichter u. Sänger in der Gefolgschaft eines Fürsten bei den Angelsachsen

Skopolamin [Kunstw.] *das*; -s: dem → Atropin verwandtes Alkaloid verschiedener Nachtschattengewächse mit stark erregungshemmender Wirkung

Skopophilie *die*; -, ...ien: krankhafte Schausucht, Neugier (Med.; Psychol.); vgl. Voyeurismus. **Skoptophobie** [*gr.-nlat.*] *die*; -, ...ien: krankhafte Angst, beobachtet zu werden (Med.; Psychol.)

Skopus [*gr.-lat.*; „Ziel"] *der*; -,

...pen: 1. zentrale Aussage eines Predigttextes, auf die der Prediger in seiner Auslegung hinführen soll. 2. Wirkungsbereich einer näheren Bestimmung (eines Satzes; Sprachw.)

Skopze [*russ.*] *der*; -n, -n (meist Plural): Anhänger einer schwärmerischen russ. Sekte, die von ihren Mitgliedern strenge Enthaltsamkeit (bis zur Selbstkastration) forderte

Skorbut [*mlat.*] *der*; -[e]s: Scharbock, Krankheit durch Mangel an Vitamin C (Med.). **skorbutisch**: an Skorbut leidend

Skordatur vgl. Scordatura

skoren [*engl.*]: (österr.) = scoren

Skorpion [*gr.-lat.*] *der*; -s, -e: 1. tropisches u. subtropisches Spinnentier mit Giftstachel (Stich großer Arten für den Menschen lebensgefährlich). 2. (ohne Plural) ein Sternbild. 3. a) (ohne Plural) das 8. Tierkreiszeichen; b) in diesem Zeichen geborener Mensch

Skorzonere [*it.*] *die*; -, -n: Schwarzwurzel (Gemüsepflanze)

Skotodinie [*gr.-nlat.*] *die*; -, ...ien: Schwindel-, Ohnmachtsanfall (Med.). **Skotom** *das*; -s, -e: Gesichtsfelddefekt; Abdunkelung bzw. Ausfall eines Teiles des Gesichtsfeldes (Med.). **Skotomisation** [*...zion*] *die*; -, -en: das Ableugnen. **skotomisieren**: ableugnen. **Skotophobie** *die*; -, ...ien: krankhafte Furcht, Angst vor der Dunkelheit (Psychol.)

Skraper [*ßkre'p^er*; *engl.*] *der*; -s, -: Entborstermaschine in Schlachtereien

Skribent [*lat.*] *der*; -en, -en: Vielschreiber, Schreiberling. **Skribifax** [*lat.-nlat.*, scherzhafte Neubildung] *der*; -[es], -e: (selten) Skribent. **Skribler** *der*; -s, -: (veraltet) Skribent. **Skrip** vgl. Scrip.

Skript [*lat.-fr.-engl.*; „Geschriebenes"] *das*; -es, -en: 1. schriftliche Ausarbeitung, Schriftstück. 2. Nachschrift einer Hochschulvorlesung (bes. bei den Juristen). 3. Drehbuch für Filme. 4. Kurzform von → Manuskript (2, 3). **Skripta** [*lat.*]: *Plural* von → Skriptum. **Skripten**: *Plural* von → Skript. **Skriptgirl** u. Scriptgirl [*...gö'l*; *engl.*] *das*; -s, -s: Mitarbeiterin, Sekretärin eines Filmregisseurs, die während der Dreharbeiten alle technischen Daten als Grundlage für die weitere Filmbearbeitung notiert. **Skriptor** [*lat.*] *der*; -s, ...oren: (historisch) antiker u. mittelalterlicher Buchschreiber od. Bibliotheksgehilfe. **Skriptorium** [*lat.-mlat.*] *das*; -s, ...ien [*...i^en*]: mittelalterliche Klosterschreibstube. **Skriptum** [*lat.*] *das*; -s, ...ten u. ...ta: = Skript. **Skriptur** *die*; -, -en (meist Plural): (veraltet) Schrift, Schriftstück. **skriptural** [*lat.-nlat.*]: die Schrift betreffend; -e Malerei: von den Schriftzeichen, vor allem den ostasiatischen, inspirierte Form der abstrakten Malerei

Skrofel [*lat.-mlat.*] *die*; -, -n: = Skrofulose. **skrofulös** [*lat.-mlat.-nlat.*]: zum Erscheinungsbild der Skrofulose gehörend, an ihr leidend (Med.). **Skrofulose** *die*; -, -n: [tuberkulöse] Haut- u. Lymphknotenerkrankung bei Kindern (Med.)

Skrota: *Plural* von → Skrotum. **skrotal** [*lat.-nlat.*]: auf den Hodensack bezüglich, ihn betreffend (Med.). **Skrotalbruch** *der*; -[e]s, ...brüche u. **Skrotalhernie** [*...ni^e*] *die*; -, -n: Hodenbruch; Leistenbruch, bei dem der Inhalt des Bruchs in den Hodensack absinkt (Med.). **Skrotum**, (medizinisch fachspr.:) Scrotum [*ßkro...*; *lat.*] *das*; -s ...ta: Hodensack (Med.)

Skrubber [*ßkrab^er*; *engl.*] *der*; -s, -: bei der Gasherstellung ein mit Streudüsen versehener Blechbehälter zum Entfernen des Ammoniaks aus dem Rohgas (Techn.)

Skrubs [*ßkrapß*; *engl.*] *die* (Plural): minderwertige Tabakblätter

Skrupel [*lat.*; eigtl. „spitzes Steinchen"]
I. *der*; -s, - (meist Plural): Zweifel, moralisches Bedenken; Gewissensbisse.
II. *das*; -s, -: altes Apothekergewicht

skrupulös: (veraltet) bedenkenvoll, ängstlich; peinlich genau. **Skrupulosität** *die*; -, -en: (veraltet) Bedenklichkeit, Ängstlichkeit

Skrutator [*lat.*; „Durchsucher, Prüfer"] *der*; -s, ...oren: Einsammler der geheimen Stimmen bei einer katholischen kirchlichen Wahl. **Skrutinium** [„Durchsuchung, Prüfung"] *das*; -s, ...ien [*...i^en*]: 1. a) Sammlung u. Prüfung der Stimmen bei einer katholischen kirchlichen, seltener politischen Wahl; b) Abstimmung od. kanonische Wahl durch geheime Stimmabgabe. 2. a) bischöfliche Prüfung der Kandidaten für die Priesterweihe; b) in altchristlicher Zeit die Prüfung der Täuflinge

Skua [*färöisch*] *die*; -, -s: nordatlantische Raubmöwe (Zool.)

Skubanken [*tschech.*] *die* (Plural): (österr.) aus Kartoffeln, Mehl u. Butter hergestellte Klöße, die mit zerlassener Butter übergossen u., mit Mohn bestreut, gegessen werden

Skull [*engl.*] *das*; -s, -s: der nur mit einer Hand geführte Holm mit Ruderblatt eines Skullbootes. **Skullboot** [*engl.*; *dt.*] *das*; -[e]s, -e: Sportruderboot. **skullen** [*engl.*]: rudern (Sport). **Skuller** *der*; -s, -: Sportruderer

Skulpteur [*...tör*; *lat.-fr.*] *der*; -s, -e: Künstler, der Skulpturen herstellt. **skulptieren** [*lat.-nlat.*]: eine Skulptur herstellen, ausmeißeln. **Skulptur** [*lat.*] *die*; -, -en: 1. Bildhauerarbeit, -werk. 2. (ohne Plural) Bildhauerkunst. **skulptural** [*lat.-nlat.*]: die Form einer Skulptur betreffend, in der Form einer Skulptur

Skunk [*indian.-engl.*] *der*; -s, -e (auch: -s): 1. nord- u. südamerikanisches Stinktier (zu den Mardern zählendes Raubtier mit wertvollem Fell). 2. (Plural: -s, meist Plural) a) Fell des Skunks (1); b) aus Skunkfell hergestellter Pelz. **Skunks** *der*; -es, -e: (Fachspr.) = Skunk (2 b)

Skup|schtina [*serbokroat.*] *die*; -: das jugoslawische Parlament

skurril [*etrusk.-lat.*]: (in Aussehen u. Wesen) sonderbar, auf lächerliche oder befremdende Weise eigenwillig. **Skurrilität** *die*; -, -en: sonderbares Wesen, bizarres Aussehen, bizarre Beschaffenheit; Verschrobenheit

Skus u. **Sküs** u. Skis [*lat.-fr.*] *der*; -, -: Trumpfkarte im Tarockspiel

Skye [*ßkai*] *der*; -s, -s u. **Skyeterrier** [*ßkai...*; *engl.*; nach der Hebrideninsel Skye] *der*; -s, -: kleiner, kurzbeiniger Hund mit einem langen Schwanz u. Hänge- od. Stehohren

Skyjacker [*ßkaidsehäk^er*; *engl.-amerik.*] *der*; -s, -: = Hijacker. **Skylight** [*...lait*; *engl.*] *das*; -s, -s: (Seemannsspr.) Oberlicht, Luke (auf Schiffen). **Skylightfilter** *der* od. (fachspr. meist:) *das*; -s, -: schwach rötlich getönter Filter, den man (bei Verwendung eines Umkehrfarbfilms zur Verhinderung von Blaustichigkeit) vor das Objektiv setzt (Fotogr.). **Skyline** [*...lain*] *die*; -, -s: Horizont[linie], [charakteristische] Silhouette einer aus der Ferne gesehenen Stadt

Skylla [*gr.*]: griech. Form von → Szylla

Skyphos [*gr.*] *der*; -, ...phoi [*...eu*]: altgriech. becherartiges Trinkgefäß mit zwei waagerechten Henkeln am oberen Rand

Skysegel [*ßkai...*; *engl.*; *dt.*] *das*;

-s, -: bei großen Segelschiffen das oberste Rahsegel
Slacks [*ßläkß*; *engl.*] *die* (Plural): lange, weite [Damen]hose
Slalom [*norw.*; eigtl. „geneigte Skispur"] *der*; -s, -s: a) Torlauf (Ski- u. Kanusport); b) Zickzacklauf, -fahrt
Slang [*ßläng*; *engl.*] *der*; -s: a) (oft abwertend) nachlässige, saloppe Umgangssprache; b) umgangssprachliche Ausdrucksweise bestimmter sozialer, beruflicher o. ä. Gruppen; [Fach]jargon
Slapstick [*ßläpßtik*; *engl.-amerik.*] *der*; -s, -s: a) (bes. in bezug auf Stummfilme) = Burleske (1); b) grotesk-komischer Gag im [Stumm]film, bei dem meist die Tücke des Objekts als Mittel eingesetzt wird
slargando [*lat.-it.*]: breiter, langsamer werdend (Vortragsanweisung; Mus.)
Slawa! [*slaw.*]: slaw. für: Ruhm!, Heil! **Slawine** *die*; -, -n: eine slawische Sprache. **slawisieren** [*slaw.-nlat.*]: slawisch machen. **Slawismus** *der*; -, ...men: 1. Übertragung einer für eine slawische Sprache charakteristischen Erscheinung auf eine nichtslawische Sprache im lexikalischen u. syntaktischen Bereich, sowohl fälschlicherweise als auch bewußt; vgl. Interferenz (3). 2. Element der slawischen orthodoxen Kirchensprache in bestimmten modernen slawischen Schriftsprachen. **Slawist** *der*; -en, -en: jmd., der sich wissenschaftlich mit den slaw. Sprachen u. Literaturen befaßt (z. B. Hochschullehrer, Student). **Slawistik** *die*; -: wissenschaftliche Erforschung der slaw. Sprachen u. Literaturen. **slawistisch**: die Slawistik betreffend. **slawophil** [*slaw.*; *gr.*]: den Slawen, ihrer Kultur besonders aufgeschlossen gegenüberstehend. **Slawophile** *der*; -n, -n: 1. Freund u. Gönner der Slawen u. ihrer Kultur. 2. Anhänger einer russischen philosophisch-politischen Ideologie im 19. Jh., die die Eigenart u. die besondere geschichtliche Aufgabe Rußlands gegenüber Westeuropa betonte
Slen|dro u. Selen|dro [*javan.*] *das*; -[s]: 7stufige indonesische Tonskala
slentando = lentando
Slibowitz u. Sliwowitz [*serbokroat.*] *der*; -[es], -e: Pflaumenbranntwein
Slice [*ßlaiß*; *germ.-fr.-engl.*] *der*; -, -s [...*ßis*]: 1. Schlag, bei dem der Ball im Flug nach rechts ausbiegt (Golfspiel). 2. Schlag, bei dem sich Schlägerbahn u. Schlagfläche in einem Winkel von weniger als 45° schneiden u. der Schläger schnell nach unten gezogen wird (Tennis). **slicen**: einen Slice spielen, schlagen (Golf, Tennis)
Slick [*engl.-amerik.*] *der*; -s, -s: für trockene Strecken verwendeter, profilloser Rennreifen mit einer klebrigen Gummimischung, die bei starker Erhitzung ihre beste Haftfähigkeit erlangt (Motorsport)
Sliding-tackling [*ßlaidingtäkling*; *engl.*] *das*; -s, -s: Aktion eines Abwehrspielers mit dem Ziel, den Angreifer vom Ball zu trennen, wobei der Abwehrspieler in die Beine des Angreifers hineingrätscht (Fußball)
Slimhemd [engl. slim = „schlank"] *das*; -[e]s, -en: Hemd, das so gearbeitet ist, daß es enger am Körper anliegt [u. daher Schlankheit noch betont]
Sling [*engl.*] *der*; -[s], -s: 1. Kurzform von → Slingpumps. 2. (amerik. ugs.) kaltes alkoholisches Getränk. **Slingpumps** *der*; -, -: Pumps mit ausgesparter Hinterkappe, der über der Ferse mit einem Riemchen festgehalten wird
Slink [*engl.*] *das*; -[s], -s: Fell des 4 bis 5 Monate alten Lammes einer ostasiat. Schafrasse
Slip [*engl.*] *der*; -s, -s: 1. Geschwindigkeitsunterschied zwischen theoretischem u. praktischem Vortrieb einer Schiffsschraube, den das Ausweichvermögen des Wassers verursacht (Vortriebsverlust). 2. (auch: Schlipp) schiefe Ebene in einer Werft für den Stapellauf eines Schiffes. 3. kleinerer Schlüpfer für Damen, Herren und Kinder, der eng anliegt und dessen Beinteil in der Schenkelbeuge endet. 4. Seitengleitbewegung von Flugzeugen, verbunden mit starkem Höhenverlust. 5. [Gutschrift]streifen als Beleg für die Durchführung von Bankaufträgen (Bankw.). **Slipon** *der*; -s, -s: bequemer Herrensportmantel mit Raglanärmeln (vgl. Raglan). **Slippen** *das*; -s: 1. Änderung der Fallrichtung beim Fallschirmspringen. 2. = Slip (4). **Slipper** *der*; -s, -: 1. bequemer Schuh mit niederem Absatz u. ohne Verschnürung. 2. (österr.) eine Art leichter Mantel
Sliwowitz vgl. Slibowitz
Slogan [*ßloᵘgᵉn*; *gäl.-engl.*] *der*; -s, -s: Werbeschlagwort od. -zeile, Wahlspruch, Parole
Sloka [*sanskr.*] *der*; -, -s: der epische Vers der Sanskritdichtungen, aus zwei 16silbigen Versen bestehend
Sloop [*ßlup*] vgl. Slup
Slop [*engl.-amerik.*] *der*; -s, -s: aus dem → Madison entwickelter Modetanz im 2/4-Takt
Slot-racing [...*reⁱßing*; *engl.-amerik.*] *das*; -: das Spielen mit elektrisch betriebenen Modellrennautos
slow [*ßloᵘ*; *amerik.*] Tempobezeichnung im Jazz, etwa zwischen → adagio u. → andante.
Slowfox [*ßloᵘ*... od. *ßlo*...; *engl.*] *der*; -[es], -e: langsamer Foxtrott, dem → Blues ähnlich (seit etwa 1927 in Europa bekannt). **Slow-Scanning-Verfahren** [*ßloᵘßkäning*...] *das*; -s: Verfahren, bei dem das bewegte Bild des Fernsehens scheinbar in Momentaufnahmen zerlegt wird
Slum [*ßlam*; *engl.*] *der*; -s, -s: 1. engl. Bezeichnung für: schmutziges Hintergäßchen. 2. (meist Plural) Elendsviertel [von Großstädten]
Slump [*ßlamp*; *engl.*] *der*; -[s], -s: die → Baisse im Börsenwesen
Slup [eindeutschend für: Sloop; *niederl.-engl.*] *die*; -, -s: 1. einmastige Jacht mit Groß- u. Vorsegel. 2. kurz für: Sluptakelung (Takelungsart mit Groß- u. Vorsegel)
small [*ßmol*; *engl.*]: klein (als Kleidergröße); Abk.: S; vgl. large (II), medium (1). **Small Band** [*ßmol bänd*; *engl.-amerik.*] *die*; -, -s: kleine Jazzbesetzung, bes. für den Swingstil; vgl. Big Band. **Small talk** [*ßmol tok*; *engl.*] *der* (auch: *das*); - -[s], - -s: leichtes [belangloses Party]gespräch, Geplauder
Smaltin [*germ.-roman.-nlat.*] u. **Smaltit** *der*; -s: grauweißes bis stahlgraues Mineral; Speiskobalt
Smaragd [*gr.-lat.*] *der*; -[e]s, -e: Mineral, grüner Edelstein. **smaragden**: grün wie ein Smaragd
smart [*engl.*]: a) schlau, geschäftstüchtig, durchtrieben; b) schick, flott (von der Kleidung)
Smash [*ßmäsch*; *engl.*] *der*; -[s], -s: (Tennis) a) Schmetterschlag; b) Schmetterball
Smegma [*gr.-nlat.* ; „das Schmieren"] *das*; -[s]: Absonderung der Eichel- u. Vorhautdrüsen (Med.)
Smithsonit [*ßmithßo*..., auch: ...*it*; *nlat.*; nach dem engl. Mineralogen Smithson (*ßmithßᵉn*)] *der*; -s: ein Mineral
Smog [*engl.*; Bildung aus engl. *smoke* „Rauch" u. *fog* „Nebel"] *der*; -[s], -s: dicke, undurchdringliche, aus Rauch u. Schmutz bestehende Dunstglocke über Industriestädten

Smokarbeit [*engl.*; *dt.*] *die*; -, -en: Näharbeit, bei der der Stoff durch einen Zierstich in kleine Fältchen gerafft wird
Smoke-in [*ßmo"k...*; *amerik.*] *das*; -s, -s: Zusammentreffen [junger Leute] zum gemeinsamen Haschischrauchen
smoken [*engl.*]: eine Smokarbeit anfertigen
Smoking [*engl.*] *der*; -s, -s (österr. auch: -e): meist schwarzer Gesellschaftsanzug für Herren mit seidenen Revers
Smörgåsbord [*...gosbu'd*; *schwed.*] *der*; -s, -s: aus vielen verschiedenen, meist kalten Speisen bestehende Vorspeisentafel. **Smörrebröd** [*dän.*] *das*; -s, -s: (in der nordischen Küche) mit den verschiedensten Delikatessen reich belegtes Brot
smorzando [*lat.-vulgärlat.-it.*]: ersterbend, verlöschend, verhauchend, abnehmend (Vortragsanweisung; Mus.). **Smorzando** *das*; -s, -s u. ...di: ersterbendes, verlöschendes, verhauchendes Spiel (Mus.)
Smyrna [kleinasiat. Stadt (heute Izmir)] *der*; -[s], -s: langfloriger Teppich mit großer Musterung
Snack [*ßnäk*; *engl.*] *der*; -s, -s: Imbiß, kleine Zwischenmahlzeit. **Snackbar** *die*; -, -s: engl. Bezeichnung für: Imbißstube
sniefen [zu engl.-amerik. to sniff: „schnüffeln"]: (Jargon) = sniffen. **Sniff** [*engl.-amerik.*] *der*; -s, -s: (Jargon) das Sniffen. **sniffen**: (Jargon) a) sich durch das Einatmen von Dämpfen bestimmter Stoffe (z. B. Lösungsmittel) in einen Rauschzustand versetzen; (einen Stoff) zum Sniffen (a) benutzen. **Sniffing** *das*; -[s]: das Sniffen
Snob [*ßnop*; *engl.*] *der*; -s, -s: Mensch, der voller Verachtung für jedes bürgerliche Klischee einen manierierten Anspruch auf extravagantes Verhalten zur Schau stellt; Vornehmtuer, Wichtigtuer. **Snobiety** [*ßnobai'ti*] *die*; -: = High-Snobiety. **Snobismus** [*engl.-nlat.*] *der*; -, ...men: 1. (ohne Plural) Vornehmtuerei, Wichtigtuerei. 2. für einen Snob typische Verhaltensweise od. Eigenschaft. **snobistisch**: geckenhaft, vornehmtuerisch, eingebildet, blasiert
Snow [*ßno"*; *engl.-amerik.*] *der*; -[s]: Bezeichnung für alle Rauschmittel, die als weißes Pulver gehandelt werden, vor allem Kokain. **Snowmobil** [*engl.*; *lat.*] *das*; -s, -e: motorisiertes Fahrzeug zur Fortbewegung auf Schnee
Soap-opera [*ßo"p-op'ra*; *amerik.*; „Seifenoper"] *die*; -, -s: melodramatische Funk- od. Fernsehserie, die häufig von Waschmittelherstellern finanziert wurde (in USA)
soave [*...w'*; *lat.-it.*]: lieblich, sanft, angenehm, süß (Vortragsanweisung; Mus.)
Sobor [*russ.*] *der*; -: Konzil, Synode (der russ.-orthodoxen Kirche). **Sobornost** *die*; -: Organisationsprinzip in der orthodoxen Kirche, wonach ein Synodalbeschluß vom Kirchenvolk gutgeheißen werden muß
So|branje [*slaw.*] *die*; -, -n (auch: *das*; -s, -n): (früher) bürgerliches Parlament in Bulgarien
So|brie|tät [*...i-e...*; *lat.*] *die*; -: (veraltet) Mäßigkeit
Soccer [*ßok'r*; *engl.*] *das* (auch: *der*); -s: amerik. Bez. für: Fußball, im Unterschied zu → Football u. → Rugby
Soccus [*...kuß*; *gr.-lat.*] *der*; -, Socci [*...kzi*]: leichter, niedriger Schuh der Antike, bes. für Frauen (als Fußbekleidung des Komödienschauspielers Gegenstück zum → Kothurn des tragischen Schauspielers)
Social costs [*ßo"sch'l koßtß*; *engl.*] *die* (Plural): Kosten, die bei der industriellen Produktion entstehen (z. B. durch Wasser-, Luftverschmutzung), jedoch von der Gemeinschaft getragen werden müssen. **Social engineering** [*- ändsehini'ring*] *das*; -: Einbeziehung sozialer Bedürfnisse des Menschen bei der Planung von Arbeitsplätzen u. ä.; vgl. Human engineering. **Societas Jesu** [*sozie...* -; *nlat.*; „Gesellschaft Jesu"] *die*; - -: der Orden der → Jesuiten; Abk.: SJ (hinter Personennamen = Societatis - „von der Gesellschaft Jesu"). **Society** [*ß'ßai'ti*] *die*; -: = High-Society
Soda [*span.*] *die*; -, (auch:) *das*; -s: 1. Natriumkarbonat. 2. (nur: *das*; -s:) Sodawasser (mit Kohlensäure versetztes Mineralwasser)
Sodale [*lat.*] *der*; -n, -n: Mitglied einer katholischen Sodalität. **Sodalität** *die*; -, -en: kath. Bruderschaft od. → Kongregation (1)
Sodoku [*jap.*] *das*; -: Rattenbißkrankheit (Med.)
Sodom [bibl. Stadt] *das*; -: Stadt od. Stätte der Sünde u. Lasterhaftigkeit. **Sodomie** [*nlat.*] *die*; -, ...ien: 1. Geschlechtsverkehr mit Tieren. 2. (veraltet) Homosexualität. **sodomisieren**: analen Geschlechtsverkehr ausüben. **Sodomit** *der*; -en, -en: jmd., der Sodomie treibt. **sodomitisch**: Sodomie treibend. **Sodomsapfel** *der*; -s, ...äpfel: Wucherung an Blättern, Knospen od. jungen Trieben von Eichen; Gallapfel (Bot.). **Sodom und Gomor|rha** *das*; - - -[s], - - -s: Zustand der Lasterhaftigkeit u. Verworfenheit
Sofa [*arab.-türk.(-fr.)*; „Ruhebank"] *das*; -s, -s: gepolstertes Sitzmöbel für mehrere Personen
Soffione [*lat.-it.*] *die*; -, -n: → Exhalation (2) borsäurehaltiger heißer Wasserdämpfe (in ehemaligen Vulkangebieten)
Soffitte [*lat.-vulgärlat.-it.*] *die*; -, -n (meist Plural): 1. vom Schnürboden herabhängendes Dekendekorationsstück, das eine Bühne nach oben abschließt (Theater). 2. Kurzform von → Soffittenlampe. **Soffittenlampe** *die*; -, -n: röhrenförmige Glühlampe
soft [*engl.*]: 1. a) weich; b) weich (Vortragsweise im Jazz). 2. (von Männern) gefühlvoll u. weich, lasziv-männlich
Softa [*pers.-türk.*; „(für die Wissenschaft) Erglühter"] *der*; -[s], -[s]: (hist.) Student einer islamischen Hochschule
Softball [*...bol*] *der*; -s: Form des → Baseballs, mit weicherem Ball u. kleinerem Feld. **Soft Drink** *der*; - -s, - -s: alkoholfreies Getränk. **Soft drug** [*- drag*] *die*; - -, - -s: weiches Rauschgift (z. B. Haschisch, Marihuana); Ggs. → Hard stuff. **Soft-Eis** [*engl.*; *dt.*] *das*; -es, -: sahniges, weiches Speiseeis. **soften** [*engl.*]: mit optischen Hilfsmitteln eine fotogr. Aufnahme weich zeichnen. **Softener** *der*; -s, -: Quetschmaschine, die Fasern weich macht (Textilindustrie). **Softie** u. Softy *der*; -s, -s: [junger] Mann von sanftem, zärtlichem, empfindungsfähigem Wesen. **Soft Rock** *der*; - -[s]: gemilderte, leisere Form der → Rockmusik. **Software** [*..."ä'*; *engl.*, eigtl. „weiche Ware"] *die*; -, -s: die zum Betrieb einer Datenverarbeitungsanlage erforderlichen nichtapparativen Funktionsbestandteile (Einsatzanweisungen, Programme u. ä.); Ggs. → Hardware. **Softy**: = Softie
Sohar [*hebr.*; „Glanz"] *der*; -: in Anlehnung an den → Pentateuch gestaltetes Hauptwerk der jüd. Kabbala
soi-disant [*ßoadisang*; *fr.*]: (veraltet) angeblich; sogenannt
soi|gnieren [*ßoanjir'n*; *germ.-fr.*]: (veraltet) besorgen, pflegen. **soigniert**: gepflegt; gediegen; seriös (in bezug auf die äußere Erscheinung)
Soil erosion [*ßeul iro"seh'n*; *lat.-*

engl.] *die*; - -: engl. Bezeichnung für: Bodenerosion (Geol.)

Soiree [*ßoare*; *lat.-fr.*] *die*; -, Soireen: Abendgesellschaft; Abendvorstellung

Soixante-Neuf [*ßoaßangtnöf*; *fr.*; „69"] *das*; -: = Sixty-Nine

Soja [*jap.-niederl.*] *die*; -, Sojen u. **Sojabohne** *die*; -, -n: südostasiatischer Schmetterlingsblütler (wertvolle, eiweißreiche Nutzpflanze). **Sojasauce** [*sójasoß^e*] *die*; -, -n: aus gegorenen Sojabohnen gewonnene Speisewürze

Sokol [*slaw.*; „Falke"] *der*; -s, -n: Name poln., tschech. u. südslawischer (früher sehr nationalistischer) Turnverbände. **Sokolist** [*slaw.-nlat.*] *der*; -en, -en: Mitglied eines Sokols

So|kratik [nach dem griech. Philosophen Sokrates (469–399 v. Chr.)] *die*; -: Art des Philosophierens, bei der die Einsicht in das menschliche Leben die wesentliche Aufgabe ist. **So|kratiker** *der*; -s, - (meist Plural): Schüler des Sokrates u. Vertreter der an das sokratische Philosophieren anknüpfenden Schulrichtungen. **so|kratisch**: die Sokratik betreffend; -e Methode: das auf die sokratische Art des Philosophierens zurückgehende Unterrichtsverfahren, den Schüler durch geschicktes Fragen die Antworten u. Einsichten selbst finden zu lassen

sol [*lat.-it.*]: Silbe, auf die man den Ton g singen kann (Mus.); vgl. Solmisation

Sol

I. [*lat.-span.*] *der*; -[s], -[s] (aber: 5 Sol): Währungseinheit in Peru.

II. [Kunstw.] *das*; -s, -e: kolloide Lösung (Chem.)

sola fide [*lat.*; „allein durch den Glauben"]: Grundsatz der Rechtfertigungslehre Luthers nach Römer 3, 28

Solanin [*lat.-nlat.*] *das*; -s: giftiges Alkaloid verschiedener Nachtschattengewächse. **Solanismus** *der*; -: Solaninvergiftung (Med.). **Solanum** [*lat.*] *das*; -s, ...nen: Pflanzengattung der Nachtschattengewächse mit zahlreichen Nutzpflanzen (z. B. Kartoffel, Tomate)

solar u. solarisch [*lat.*]: die Sonne betreffend, zur Sonne gehörend (Meteor.; Astron.; Phys.). **Solarenergie** *die*; -: Sonnenenergie; im Innern der Sonne erzeugte Energie, die an die Oberfläche der Sonne gelangt u. von dort abgestrahlt wird (Phys.). **Solarfarm** *die*; -, -en: Sonnenkraftanlage [in sonnenreichen Gebieten] mit sehr vielen, auf großer Fläche angeordneten Solarkollektoren, in der Sonnenenergie in größerem Maße gewonnen wird. **Solarhoroskop** *das*; -s, -e: auf den Sonnenlauf ausgerechnetes Horoskop für ein Jahr. **Solarimeter** *das*; -s, -: Gerät zur Messung der Sonnen- u. Himmelsstrahlung. **Solarisation** [...*zion*; *lat.-nlat.*] *die*; -, -en: Erscheinung der Umkehrung der Lichteinwirkung bei starker Überbelichtung des Films (Fotogr.). **solarisch** vgl. solar. **Solarium** *das*; -s, ...ien [...*i^en*]: Einrichtung mit künstlichen Lichtquellen, die bes. ultraviolette u. den Sonnenstrahlen ähnliche Strahlung erzeugen (zur Körperbräunung). **Solarjahr** *das*; -[e]s, -e: Sonnenjahr (etwa um ¼ Tag länger dauernd als das bürgerliche Jahr; Meteor.). **Solarkollektor** *der*; -s, -en: Sonnenkollektor; Vorrichtung, mit deren Hilfe Sonnenenergie absorbiert wird. **Solarkonstante** *die*; -, -n: mittlere Wärmemenge der in der Minute auf einen Quadratzentimeter der Erdoberfläche auftreffenden Sonnenstrahlen (Meteor.). **Solaröl** *das*; -s, -e: bei der Destillation von Braunkohlenteer gewonnenes Mineralöl, Putzöl, Treibstoff. **Solar|plexus** [auch: ...*plä*...] *der*; -, -: Sonnengeflecht (des sympathischen Nervensystems im Oberbauch; Med.). **Solarzelle** *die*; -, -n: Sonnenzelle; → Element (7) aus bestimmten Halbleitern, das die Energie der Sonnenstrahlen in elektr. Energie umwandelt

Solawechsel [*lat.-it.*; *dt.*] *der*; -s, -: Wechsel, bei dem sich der Aussteller selbst zur Zahlung einer Geldsumme verpflichtet; Eigenwechsel (Wirtsch.); vgl. Tratte

Soldanella u. **Soldanelle** [*it.*] *die*; -, ...llen: Alpenglöckchen (Schlüsselblume)

Soldat [*lat.-vulgärlat.-it.*; „der in Wehrsold Genommene"] *der*; -en, -en: 1. a) Angehöriger der Streitkräfte eines Landes; b) unterster militärischer Dienstgrad, unterste Ranggruppe der Land- u. Luftstreitkräfte. 2. (bei Insekten) [unfruchtbares] Exemplar, das für die Verteidigung des Stocks sorgt (bes. bei Ameisen u. Termiten). 3. Feuerwanze (Zool.). **Soldateska** *die*; -, ...ken: rohes Kriegsvolk. **Soldatin** *die*; -, -nen: weibl. → Soldat (1). **soldatisch**: in Art u. Haltung eines Soldaten (1).

Soldo *der*; -s, -s u. Soldi: (hist.) ital. Münze

Soleil [*ßoläj*; *lat.-vulgärlat.-fr.*; „Sonne"] *der*; -[s]: feingeripptes, glänzendes Kammgarngewebe

solenn [*lat.*]: feierlich, festlich. **solennisieren**: (veraltet) feierlich begehen; feierlich bestätigen. **Solennität** *die*; -, -en: Feierlichkeit

Solenoid [*gr.*; „rinnen-, röhrenförmig"] *das*; -[e]s, -e: zylindrische Metallspule, die bei Stromdurchfluß wie ein Stabmagnet wirkt

Solfatara u. **Solfatare** [*it.*; Krater bei Neapel] *die*; -, ...ren: → Exhalation (2) schwefelhaltiger heißer Wasserdämpfe in ehemaligen Vulkangebieten

solfeggieren [*ßolfädsehir^en*; *it.*]: Solfeggien singen (Mus.). **Solfeggio** [...*dseho*] *das*; -s, ...ggien [...*dseh^en*]: auf die Solmisationssilben gesungene Gesangsübungen

Soli: *Plural* von → Solo

Solicitor [*ß^elißit^er*; *lat.-fr.-engl.*] *der*; -s, -s: in England der nur bei niederen Gerichten zugelassene Anwalt; vgl. Barrister

solid u. solide [*lat.-fr.*]: 1. fest, haltbar; gediegen (von Gegenständen). 2. ordentlich, maßvoll, nicht ausschweifend, nicht vergnügungssüchtig; anständig (von Personen). **solidarisch** [*lat.-fr.*]: a) gemeinsam; übereinstimmend; b) füreinander einstehend, eng verbunden. **solidarisieren** [*lat.-fr.-nlat.*]: a) sich -: für jmdn., etwas eintreten; sich mit jmdm. verbünden, um gemeinsame Ziele und Interessen zu verfolgen; b) zu solidarischem Verhalten bewegen. **Solidarismus** *der*; -: Richtung der [katholischen] Sozialphilosophie, die im rechten Ausgleich zwischen dem einzelnen und der Gemeinschaft das Gemeinwohl zu fördern sucht. **Solidarität** [*lat.-fr.*] *die*; -: Zusammengehörigkeitsgefühl, Kameradschaftsgeist, Übereinstimmung. **Solidarpathologie** [*lat.-nlat.*; *gr.*] *die*; -: Lehre, die in den festen Bestandteilen des Körpers die Ursachen der Krankheiten sucht (Med.); vgl. Humoralpathologie. **solide** vgl. solid

Soli Deo [*lat.*; „allein vor Gott"] *der*; - -, - -: der nur vor dem Allerheiligsten abgenommene → Pileolus der katholischen Geistlichen. **soli Deo gloria**!: Gott [sei] allein die Ehre! (Inschrift auf Kirchen u. a.); Abk.: S. D. G.

Solidi: *Plural* von → Solidus. **solidieren** [*lat.*]: (veraltet) befestigen, versichern. **Solidität** [*lat.-fr.*] *die*; -: 1. Festigkeit, Haltbarkeit. 2. Zuverlässigkeit; Mäßigkeit, Gesetztheit. **Solidus** [*lat.*] *der*; -, ...di: (hist.) röm. Goldmünze

soli|fluidal [*lat.-nlat.*]: die Solifluktion betreffend (Geol.). **Solifluktion** [...*zion*] *die*; -, -en: 1. Bodenfließen, Erdfließen, Kriechen der Hänge (eine Form der Bodenbewegungen; Geol.). 2. Frostbodenbewegung, die zur Bildung von → Polygonböden führt (Geol.). **Soli|fluktionsdecke** *die*; -, -n: während der Eiszeit entstandene Frostschuttböden (Blockmeere der Mittelgebirge u. a.; Geol.)

Soliloquent [*lat.-nlat.*] *der*; -en, -en: (in der → Passion 2b) die einzeln auftretende Person (außer dem Evangelisten u. Christus), z. B. Petrus, Pilatus; Ggs. → Turba. **Soliloquist** *der*; -en, -en: Verfasser eines Soliloquiums. **Soliloquium** [*lat.*] *das*; -s, ...ien [...*iᵉn*]: Selbstgespräch, → Monolog der antiken Bekenntnisliteratur

Sol|ion [*lat.-; gr.*] *das*; -s, -en: als Gleichrichter od. Strombegrenzer verwendetes Steuerelement, bei dem die Ionenleitung in Lösungen zum Stromtransport dient (Physik)

Sol|ipsismus [*lat.-nlat.*] *der*; -: erkenntnistheoretischer Standpunkt, der nur das eigene Ich mit seinen Bewußtseinsinhalten als das einzig Wirkliche gelten läßt u. alle anderen Ichs mit der ganzen Außenwelt nur als dessen Vorstellungen annimmt (Philos.). **Sol|ipsist** *der*; -en, -en: Vertreter des Solipsismus. **sol|ipsistisch**: auf den Solipsismus bezüglich; ichbezogen. **Solist** [*lat.-it.-fr.*] *der*; -en, -en: a) Künstler (Musiker od. Sänger), der ein → Solo (1) [mit Orchesterbegleitung] vorträgt; b) Spieler, der einen Alleingang unternimmt (bei Mannschaftsspielen, besonders beim Fußball). **solistisch**: a) den Solisten betreffend; b) sich als Solist betätigend; c) für Solo komponiert. **solitär** [*lat.-fr.*]: einsam lebend, nicht staatenbildend (von Tieren); Ggs. → sozial (5). **Solitär** *der*; -s, -e: 1. einzeln gefaßter Brillant od. Edelstein. 2. Einsiedlerspiel (ein Brettspiel für eine Person). 3. einzeln [außerhalb des Waldes] stehender Baum. **Solitüde** [„Einsamkeit"] *die*; -, -n: Name von Schlössern

Sollizitant [*lat.*] *der*; -en, -en: (veraltet) Bittsteller. **Sollizitation** [...*zion*] *die*; -, -en: (veraltet) Bitte, [Rechts]gesuch. **Sollizitator** *der*; -s, ...oren: (österr., veraltet) Gehilfe eines Rechtsanwalts; vgl. aber: Solicitor. **sollizitieren**: (veraltet) nachsuchen, betreiben

Solluxlampe Ⓦ [*lat.-nlat.*; *dt.*] *die*; -, -n: elektrische Wärmestrahlungslampe

Solmisation [...*zion*; *it.*] *die*; -: das von Guido v. Arezzo im 11. Jh. ausgebildete System, bei dem die Töne der Tonleiter anstatt mit c, d, e usw. mit den Tonsilben → ut (später: do), → re, → mi, → fa, → sol, → la, → si bezeichnet werden (Mus.). **solmisieren**: die Solmisations-(Ton-)Silben statt der (heute üblichen) Stammtöne anwenden (Mus.); Ggs. → abecedieren

solo [*lat.-it.*]: 1. als Solist (a) (z. B. bei einer musikalischen Darbietung). 2. (ugs.) allein; unbegleitet, ohne Partner. **Solo** *das*; -s, -s u. Soli: 1. aus dem Chor od. Orchester hervortretende Gesangs- od. Instrumentalpartie; Einzelgesang, -spiel, -tanz usw.; Ggs. → Tutti. 2. a) Einzelspiel, Alleinspiel (bei Kartenspielen mit mehreren Teilnehmern); b) Alleingang eines Spielers (bei Mannschaftsspielen, vor allem beim Fußball)

solonisch [nach Solon, dem altathenischen Gesetzgeber (640–560 v. Chr.)]: klug, weise [wie Solon]

Solözismus [*gr.-lat.*] *der*; -, ...men: grober Sprachfehler, bes. in der syntaktischen Verbindung der Wörter (Rhet.; Stilk.)

Solstitialpunkt [...*zial*...; *lat.*] *der*; -[e]s, -e: Sonnenstillstandspunkt od. Sonnenwendepunkt, in dem die Sonne ihren höchsten od. niedrigsten Stand über dem Himmelsäquator hat (Sommer-, Winterpunkt). **Solstitium** [...*zium*] *das*; -s, ...ien [...*iᵉn*] u. **Solstiz** *das*; - u. -es, -e: Sonnenwende (Astron.)

solubel u. **solubile** [*lat.*]: löslich, auflösbar (Chem.). **Solubilisation** [...*zion*] *die*; -, -en: Auflösung eines Stoffes in einem Lösungsmittel, in dem er unter normalen Bedingungen nicht löslich ist. **Solutio** [...*zio*] *die*; -, ...iones [...*ó-neß*] u. **Solution** *die*; -, -en: Arzneimittellösung; Abk.: Sol.

Solu|tréen [*ßolütreäng*; nach dem franz. Fundort Solutré (*ßolütre*)] *das*; -[s]: Stufe der Altsteinzeit

solvabel [...*wa*...; *lat.-nlat.*]: 1. auflösbar (Chemie). 2. (veraltet) solvent. **Solvat** *das*; -[e]s, -e: aus einer Solvatation hervorgegangene lockere Verbindung (Chem.). **Solvatation** [...*zion*] *die*; -: das Eingehen einer lockeren Verbindung zwischen Kolloidteilchen u. Lösungsmittel (Chem.). **Solvens** [...*wänß*; *lat.*] *das*; -, ...venzien [...*iᵉn*] u. ...ventia [...*zia*]: [schleim]lösendes Mittel (Med.). **solvent** [*lat.-it.*]: zahlungsfähig (Wirtsch.); Ggs. → insolvent. **Solventia** [...*zia*]: *Plural* von → Solvens. **Solvenz** [*lat.-nlat.*] *die*; -, -en: Zahlungsfähigkeit (Wirtsch.); Ggs. → Insolvenz. **Solvenzien** [...*iᵉn*]: *Plural* von → Solvens. **solvieren** [*lat.*]: auflösen (Chem.)

Soma

I. [*sanskr.*] *der*; -[s], -s: [im Mondgott personifizierter] Opfertrank der → wedischen Religion; vgl. Haoma.

II. [*gr.*] *das*; -, -ta: (Med.) 1. Körper (im Gegensatz zum Geist). 2. Gesamtheit der Körperzellen im Gegensatz zu den Keimzellen

Somatiker [*gr.*] *der*; -s, -: Arzt, der sich mit den körperlichen Erscheinungsformen der Krankheiten befaßt; vgl. Psychologe. **somatisch**: 1. den Körper betreffend (im Unterschied zu Geist, Seele, Gemüt); körperlich (Med.; Psychol.). 2. die Körperzellen (im Ggs. zu den Keim-, Geschlechtszellen) betreffend (Med.; Biol.). **somatogen** [*gr.-nlat.*]: 1. körperlich bedingt, verursacht (Med.; Psychol.). 2. von Körperzellen [und nicht aus der Erbmasse] gebildet (von Veränderungen an Individuen; Biol.). **Somato|gramm** *das*; -s, -e: graphische Darstellung, Schaubild der körperlichen Entwicklung bes. eines Säuglings od. Kleinkindes. **Somatologie** *die*; -: Wissenschaft von den allgemeinen Eigenschaften des menschlichen Körpers (Anthropologie). **Somatome|trie** *die*; -: Messungen am menschlichen Körper (Anthropologie). **Somato|psychologie** *die*; -: Teilgebiet der Psychologie, auf dem man die → Symptome des Seelenlebens in körperlichen Begleit- u. Folgeerscheinungen erforscht; vgl. Psychosomatik. **Somatoskopie** *die*; -, ...ien: Untersuchung des Körpers (Med.). **Somato|tropin** *das*; -s: Wachstumshormon aus dem Hypophysenvorderlappen (Biol.; Med.)

Som|brero [*lat.-span.*] *der*; -s, -s: breitrandiger, leichter Strohhut aus Mittel- u. Südamerika

Sommation [...*zion*; *lat.-fr.*] *die*; -, -en: gerichtliche Vorladung, Mahnung; Ultimatum. **Sommität** *die*; -, -en: (veraltet) hochstehende Person

somnambul [*lat.-fr.*]: schlafwandlerisch, nachtwandelnd, mondsüchtig. **Somnambule** *der* u. *die*; -n, -n: Schlafwandler[in]. **somnambulieren**: schlafwandeln. **Somnambulismus** *der*; -: Schlaf-, Nachtwandeln, Mondsüchtigkeit (Med.). **somnolent** [*lat.*]: benommen; schlafsüchtig (Med.). **Somnolenz** *die*; -: Benommenheit; krankhafte Schläfrigkeit (Med.)

Sona|gramm *das*; -s, -e: graphische Darstellung einer akustischen Struktur (z. B. der menschlichen Stimme). **Sona|graph** *der*; -en, -en: Gerät zur Aufzeichnung von Klängen u. Geräuschen. **sonagraphisch**: mit einem Sonagraphen aufgezeichnet u. dargestellt. **Sonant** [*lat.*; „tönend"] *der*; -en, -en: silbenbildender Laut (außer den Vokalen auch sonantische Konsonanten (z. B. l in Dirndl = Dirndel). **sonantisch**: a) den Sonanten betreffend; b) silbenbildend

Sonar [Kurzw. aus: *so*und *na*vigation and *r*anging (*ßaund näwigeⁱ-sehn änd reⁱndsehing*)] *das*; -s, -e u. **Sonargerät** *das*; -s, -e: Unterwasserortungsgerät, Gerät zur Aufspürung u. Lokalisierung von Gegenständen unter Wasser (z. B. von Minen) mittels Schallwellen

Sonata [*lat.-it.*] *die*; -, ...te: ital. Bezeichnung für: Sonate; - a tre: Triosonate (Mus.); - da camera [- - *ka*...]: Kammersonate; - da chiesa [- - *kiesa*]: Kirchensonate. **Sonate** [„Klingstück"] *die*; -, -n: Tonstück für ein od. mehrere Instrumente (auch Orchester), aus 3 od. 4 Sätzen bestehend (meist: 1. → Allegro; 2. → Adagio, → Andante; 3. → Scherzo [Menuett]; 4. → Rondo 2). **Sonatine** *die*; -, -n: kleinere, meist nur aus 2–3 Sätzen bestehende, oft leicht zu spielende Sonate

sondieren [*fr.*]: 1. mit einer Sonde untersuchen. 2. vorsichtig erkunden, ausforschen, vorfühlen. 3. (Seew.) loten, die Wassertiefe messen

Sone [*lat.*] *die*; -, -: Maßeinheit der Lautheit; Zeichen: sone (Phys.). **Sonett** [*lat.-it.*; eigtl. etwa „Klinggedicht"] *das*; -[e]s, -e: in Italien entstandene Gedichtform von insgesamt 14 Zeilen in zwei Teilen, von denen der erste aus zwei Strophen von je vier Versen (vgl. Quartett 2), der zweite aus zwei Strophen von je drei Versen (vgl. Terzett 2) besteht

Song [*ßong*; *engl.*] *der*; -s, -s: 1. Lied (der populären Unterhaltungsmusik o. ä.). 2. (musikalisch u. textlich meist einfaches) einprägsames, oft als Sprechgesang vorgetragenes Lied mit zeitkritischem, sozialkritischem, satirischem, lehrhaftem o. ä. Inhalt. **Songbook** [...*buk*] *das*; -[s], -s: Buch, in dem sämtliche bei Abfassung des Buches vorliegenden Lieder eines Einzelinterpreten od. einer Gruppe mit Text u. Noten enthalten sind

Sonnyboy [*ßanibeu*, auch: *ßo*...; *engl.*; „(mein) Söhnchen, (mein) Junge"; sonny = Koseform von son „Sohn"] *der*; -s, -s: junger Mann, der eine unbeschwerte Fröhlichkeit ausstrahlt, Charme hat u. dem man Sympathie entgegenbringt

Sono|graph [*lat.*; *gr.*] *der*; -en, -en: Gerät zur Durchführung einer Sonographie (Med.). **Sono|graphie** *die*; -, ...ien: = Echographie (Med.)

Sonolumineszenz [*lat.-nlat.*] *die*; -, -en: durch Schallwellen hervorgerufene Leuchterscheinung (Phys.). **Sonometer** [*lat.*; *gr.*] *das*; -s, -: Schallstärkemesser. **sonor** [*lat.-fr.*]: 1. klangvoll, volltönend. 2. stimmhaft (Sprachw.). **Sonor** [*lat.*] *der*; -s, -e: nur mit Stimme gesprochener Laut im Gegensatz zu den Geräuschlauten, Sonant (Sprachw.). **Sonorität** *die*; -: Klangfülle eines Lautes, Grad der Stimmhaftigkeit (Sprachw.). **Sonorlaut** *der*; -[e]s, -e: = Sonor

Sophia [*gr.-lat.*; „Weisheit"] *die*; -: 1. das Wissen von den göttlichen Ideen, die in ihrer Reinheit nur von der körperlosen Seele geschaut werden (Plato). 2. in der russ. Religionsphilosophie Bezeichnung für die schöpferische Weisheit Gottes. **Sophisma** *das*; -s, ...men u. **Sophismus** *der*; -, ...men: Scheinbeweis; Trugschluß, der mit Täuschungsabsicht gemacht wird. **Sophist** [„Weisheitslehrer"] *der*; -en, -en: 1. (hist.) Wissenschaftler [in der Antike]. 2. im antiken Athen der gutbezahlte Wanderlehrer, der die Jugend in Wissenschaft, Philosophie u. Redekunst ausbildete. 3. jmd., der in geschickter u. spitzfindiger Weise etwas aus u. mit Worten zu beweisen versucht; Wortverdreher. **Sophisterei** *die*; -, -en: (abwertend) Spitzfindigkeit, Spiegelfechterei. **sophisticated** [*ßᵉfißtikeⁱtid*; *engl.*]: 1. weltgewandt, kultiviert. 2. geistreich, intellektuell. **Sophistik** *die*; -: 1. Lehre der Sophisten. 2. scheinbare, spitzfindige Weisheit; Spitzfindigkeit. **Sophistikation** [...*zion*; *gr.-nlat.*] *die*; -, -en: reiner Vernunftschluß, der von etwas, was wir kennen, auf etwas anderes schließt, von dem wir keinen Begriff haben, dem wir aber trotzdem objektive Realität zuschreiben (Philos.). **sophistisch** [*gr.-lat.*]: 1. den od. die Sophisten betreffend. 2. spitzfindig, wortklauberisch

So|phrosyne [*gr.-lat.*] *die*; -: die antike Tugend der Selbstbeherrschung u. der Mäßigung, die Beherrschung der Begierden durch Vernunft u. Besonnenheit

Sopor [*lat.*] *der*; -s: starke Benommenheit (Med.). **soporös** [*lat.-nlat.*]: stark benommen (Med.)

so|pra [*lat.-it.*]: oben (beim Klavierspiel mit gekreuzten Händen der Hinweis auf die Hand, die oben spielen soll); 8va (vgl. ottava) -: eine Oktave höher; vgl. come sopra. **So|pran** [*lat.-mlat.-it.*] *der*; -s, -e: 1. höchste Stimmlage von Knaben u. Frauen. 2. Sopransängerin. 3. (ohne Plural) Gesamtheit der Sopranstimmen im gemischten Chor. 4. (ohne Plural) Sopranpartie, Sopranstimme in einem Musikstück. **Sopranist** *der*; -en, -en: Sänger (meist Knabe) mit Sopranstimme. **So|pranistin** *die*; -, -nen: Sopransängerin. **So|pranschlüssel** *der*; -s: = Diskantschlüssel. **So|praporte** [*lat.-it.*] u. Su|praporte *die*; -, -n: Wandfeld [mit Gemälde od. Relief] über einer Tür (bes. im Baustil des Rokokos)

Sorabist [*lat.-nlat.*] *der*; -en, -en: Wissenschaftler auf dem Gebiet der Sorabistik. **Sorabistik** *die*; -: Wissenschaft von der sorbischen Sprache und Kultur

Sorbet [auch: *ßorbä*; *arab.-türk.-it.-fr.*] *der* od. *das*; -s, -s u. **Sorbett** u. Scherbett [*arab.-türk.-it.*] *der* od. *das*; -[e]s, -e: 1. eisgekühltes Fruchtsaftgetränk. 2. Halbgefrorenes, zu dessen Zutaten Süßwein od. Spirituosen sowie Eischnee od. Schlagsahne gehören

Sorbinsäure [*lat.-nlat.*; *dt.*] *die*; -, -n: organische Säure, Konservierungsstoff (für Lebensmittel; Chem.)

Sorbit

I. [*lat.-nlat.*] *der*; -s: sechswertiger Alkohol, pflanzlicher Wirkstoff.

II. [auch: ...*it*; *nlat.*; nach dem engl. Forscher H. C. Sorby (*ßorbi*)] *der*; -s: (veraltet) Bestandteil von Stahl

sorbitisch [auch: ...*it*...]: (veraltet) aus Sorbit (II) bestehend

Sorbose [*lat.-nlat.*] *die*; -: aus Sorbit (I) entstehender unvergärbarer Zucker

Sordine [*lat.-it.*] *die*; -, -n u. **Sordino** *der*; -s, -s u. ...ni: Dämpfer (bei Musikinstrumenten); vgl. con sordino. **sordo**: gedämpft (Mus.). **Sordun** *der* od. *das*; -s, -e: 1. mit Oboe u. Fagott verwandte Schalmei mit Doppelrohrblatt u. dumpfem Klang (16. u. 17. Jh.). 2. dunkel klingendes Orgelregister

Sore u. Schore [*hebr.*] *die*; -, -n: Diebesgut

Soredien [*...iᵉn*; *gr.-nlat.*] *die* (Plural): Brutkörperchen der Flechten (Bot.)

Sor|gho [*...go*; *it.*] *der*; -s, -s u. **Sorghum** [*it.-nlat.*] *das*; -s, -s: Mohren- od. Kaffernhirse (in Afrika u. Südeuropa angebaute Getreidepflanze)

Sori: *Plural* von → Sorus. **Sorites** [*gr.-lat.*] *der*; -, -: 1. Bezeichnung Ciceros für die auf Zeno zurückgehende → Aporie: „bei welchem Wieviel beginnt der Haufen?" 2. der aus mehreren verkürzten → Syllogismen bestehende Haufen- od. Kettenschluß (Logik)

Sororat [*lat.-nlat.*] *das*; -[e]s: Sitte, daß der Mann nach dem Tode seiner Frau (bei einigen Völkern auch zu ihren Lebzeiten od. gleichzeitig) deren jüngere Schwester[n] heiratet (z. B. bei nordamerik. Indianern); vgl. Leviratsehe

Sorption [*...zion*; *lat.-nlat.*] *die*; -, -en: Aufnahme eines Gases od. gelösten Stoffes durch einen anderen festen od. flüssigen Stoff (Chem.)

Sortes [*lat.*] *die* (Plural): in der Antike beim Orakel verwendete Eichenstäbchen od. Bronzeplättchen. **sortieren** [*lat.-it.*]: 1. in [Güte]klassen einteilen, unter bestimmten Gesichtspunkten ordnen; sondern, auslesen, sichten. 2. Lochkarten nach numerischer od. alphabetischer Reihenfolge auf- od. absteigend ordnen (EDV). **Sortierer** *der*; -s, -: a) Arbeiter, dessen Aufgabe das Sortieren (1) ist; b) Arbeiter an einer Sortiermaschine; c) = Sortiermaschine. **sortiert**: 1. ein reichhaltiges [Waren]angebot aufweisend. 2. erlesen, ausgewählt, hochwertig. **Sortilegium** [*lat.-mlat.*] *das*; -s, ...ien [*...iᵉn*]: Weissagung durch Lose. **Sortiment** [*lat.-it.*] *das*; -[e]s, -e: 1. Warenangebot (Warenauswahl) eines Kaufmanns. 2. Kurzform von Sortimentsbuchhandel, Sortimentsbuchhandlung. **Sortimenter** *der*; -s, -: Angehöriger des Sortimentsbuchhandels, Ladenbuchhändler. **Sortimentsbuchhandel** *der*; -s, -: Buchhandelszweig, der in Läden für den Käufer ein Sortiment von Büchern aus den verschiedensten Verlagen bereithält

Sortita [*lat.-it.*] *die*; -, ...ten: Eintrittsarie der Primadonna in der altital. Oper

Sorus [*gr.-nlat.*] *der*; -s, Sori: die zu einem Häufchen vereinigten Sporenbehälter der Farne (Bot.)

so|spirando u. **so|spirante** [*lat.-it.*]: seufzend, wehklagend (Vortragsanweisung; Mus.). **So|spiro** [„Seufzer"] *das*; -s, -s u. ...ri: Bezeichnung für eine Pause im Wert eines halben Taktes (Mus.)

sostenuto [*lat.-it.*]: [aus]gehalten, breit, getragen; Abk.: sost. (Mus.). **Sostenuto** *das*; -s, -s u. ...ti: mäßig langsames Musikstück (Mus.)

Sotadeus [*...e-uß*; *gr.-lat.*; nach dem altgr. Dichter Sotades] *der*; -, ...ei [*...e-i*]: altgriech. Versart

Soter [*gr.-lat.*] *der*; -, -e: Retter, Heiland (Ehrentitel Jesu Christi; auch Beiname von Göttern u. Herrschern der Antike); vgl. Salvator (I). **Soteriologie** [*gr.-nlat.*] *die*; -: theologische Lehre vom Erlösungswerk Christi. **soteriologisch**: die Soteriologie betreffend

Sotie: franz. Schreibung von → Sottie

Sotnie [*sotniᵉ*; *russ.*; „Hundertschaft"] *die*; -, -n: Kosakenabteilung

Sottie [*fr.*] *die*; -, -s: franz., meist gegen den Papst gerichtetes satirisches Narrenspiel (15. u. 16. Jh.). **Sottise** [*...tisᵉ*] *die*; -, -n (meist Plural): 1. Dummheit, Unsinnigkeit. 2. Grobheit. 3. stichelnde Rede

sotto [*lat.-it.*]: (beim Klavierspiel mit gekreuzten Händen) unter der anderen Hand zu spielen (Mus.). **sotto voce** [- *wotschᵉ*]: halblaut, gedämpft (Vortragsanweisung; Mus.)

Sou [*su*, auch: *ßu*; *lat.-fr.*] *der*; -, -s [*su*, auch: *ßu*]: franz. Münze zu 5 Centimes

Sou|brette [*su...*, auch: *ß...*; *lat.-provenzal.-fr.*] *die*; -, -n: Darstellerin von heiteren, lustigen Sopranpartien in Oper, Operette, Kabarett

Souche [*suschᵉ*, auch: *ß...*; *fr.*; „Stumpf"] *die*; -, -n: Teil eines Wertpapiers, der zur späteren Kontrolle der Echtheit zurückbehalten wird

Souchong [*suschong*; *chin.-fr.*] *der*; -[s], -s: Teesorte mittlerer Qualität

Souf|flé [*sufle*, auch: *ß...*; *lat.-fr.*] *das*; -s, -s: Auflauf (Gastr.). **Souffleur** [*...flör*] *der*; -s, -e: Mann, der souffliert; Vorsager, Einsager (am Theater). **Souf|fleuse** [*...flösᵉ*] *die*; -, -n: Frau, die souffliert; Vorsagerin, Einsagerin (am Theater). **souf|flieren**: [einem Schauspieler den Text seiner Rolle] flüsternd vorsagen, einsagen

Souflaki [*su...*; *gr.*] *der*; -[s], -[s]: kleiner Fleischspieß (in der griech. Küche)

Souk [*ßuk*; *arab.-fr.*]: = Suk

Soul [*ßoᵘl*; *amerik.*] *der*; -s: Jazz- u. Beatmusik mit starker Betonung des Expressiven; vgl. Blues (1a, b)

Soulagement [*sulaschᵉmang*, auch: *ß...*; *lat.-vulgärlat.-fr.*] *das*; -s, -s: (veraltet) Erleichterung, Unterstützung. **soulagieren** [*...schirᵉn*]: (veraltet) unterstützen, erleichtern, beruhigen

Sound [*ßaund*; *amerik.*] *der*; -s: Klang, Klangfarbe in der Rock- u. Jazzmusik. **Soundabout** [*ßaundᵉbaut*] *das*; -s, -s: = Walkman. **Soundcheck** *der*; -s, -s: das Ausprobieren des Klangs, der Akustik (vor dem Konzert einer Jazz- od. Rockgruppe o. ä.). **Soundtrack** [*ßaundträk*] *der*; -s, -s: a) Tonstreifen eines Tonfilms; b) die Musik zu einem Film

Soupçon [*supßong*, auch: *ß...*; *lat.-fr.*] *der*; -s, -s: (veraltet) Verdacht, Argwohn

Souper [*supe*, auch: *ß...*; *germ.-gallorom.-fr.*] *das*; -s, -s: festliches Abendessen [mit Gästen]. **soupieren** [„eine Suppe zu sich nehmen"]: an einem Souper teilnehmen, festlich zu Abend essen

Soupir [*supir*, auch: *ß...*; *lat.-fr.*; „Seufzer"] *das*; -s, -s: = Sospiro

Sour [*ßauʳ*; *engl.*; „sauer"] *der*; -[s], -s: starkes, alkoholisches Mischgetränk mit Zitrone

Sourdine [*surdin*; *lat.-it.-fr.*] *die*; -, -n [*...nᵉn*]: = Sordine

Sousaphon [*susa...*; *amerik.*; nach dem amerik. Komponisten J. Ph. Sousa] *das*; -s, -e: tiefes, in der nordamerikan. Jazzmusik verwendetes → Helikon mit aufrechtstehendem Schallstück

Sous|chef [*suschäf*, auch: *ß...*; *fr.*] *der*; -s, -s: a) Stellvertreter des Küchenchefs (Gastr.); b) (schweiz.) Stellvertreter des Bahnhofsvorstandes

Soutache [*sutaschᵉ*, auch: *ß...*; *ung.-fr.*] *die*; -, -n: schmale, geflochtene Schnur für Besatzzwecke. **soutachieren**: Soutache aufnähen, mit Soutache verzieren

Soutane [*su...*, auch: *ß...*; *lat.-it.-fr.*; „Untergewand"] *die*; -, -n:

langes, enges Obergewand der kath. Geistlichen. **Soutanelle** *die*; -, -n: bis ans Knie reichender Gehrock der kath. Geistlichen

soutenieren [*sut*[e]..., auch: *ß*...; *lat.-vulgärlat.-fr.*]: (veraltet) unterstützen, behaupten

Souterrain [*sut*[e]*räng* u. *su*..., auch: *ß*...; *lat.-fr.*; „unterirdisch"] *das*; -s, -s: Kellergeschoß, Kellerwohnung

Soutien [*sutiäng*, auch: *ß*...; *lat.-vulgärlat.-fr.*] *das*; -, -s: (veraltet) 1. Beistand, Unterstützung. 2. Unterstützungstruppe

Souvenir [*suw*[e]..., auch: *ß*...; *lat.-fr.*] *das*; -s, -s: [kleines Geschenk als] Andenken, Erinnerungsstück

souverän [*suw*[e]..., auch: *ß*...; *lat.-mlat.-fr.*; „darüber befindlich; überlegen"]: 1. die staatlichen Hoheitsrechte [unumschränkt] ausübend. 2. einer besonderen Lage od. Aufgabe jederzeit gewachsen; überlegen. **Souverän** *der*; -s, -e: [unumschränkter] Herrscher, Fürst eines Landes. **Souveränität** *die*; -: 1. die höchste Herrschaftsgewalt eines Staates, Hoheitsgewalt; Unabhängigkeit (vom Einfluß anderer Staaten). 2. Überlegenheit. **Sovereign** [*sowrin*; *lat.-mlat.-fr.-engl.*] *der*; -s, -s: ehemalige engl. Goldmünze zu 1 £

Sowchos [*sof*...; russ.; Kurzw. aus: *sowetskoje chosjaistwo* = Sowjetwirtschaft] *der* (auch: *das*); -, ...chose od. **Sowchose** *die*; -, -n: staatlicher landwirtschaftlicher Großbetrieb in der Sowjetunion. **So|wjet** [*sow*..., auch *sow*...; „Rat"] *der*; -s, -s: 1. (hist.) Arbeiter-Bauern- u. Soldatenrat der russ. Revolutionen (1905 u. 1917). 2. Behörde od. Organ der Selbstverwaltung in der Sowjetunion; Oberster -: höchstes Organ der Volksvertretung in der UdSSR. 3. (nur Plural) (ugs.) die [Regierung der] Sowjetrussen. **so|wjetisch**: den Sowjet od. die Sowjetunion betreffend. **sowjetisieren**: (oft abwertend) nach sowjetischem Muster organisieren, einrichten

Soxh|let-Apparat [nach dem dt. Chemiker F. von Soxhlet (1848 bis 1926)] *der*; -[e]s, -e: Apparat zur Extraktion fester Stoffe (Chem.)

Sozi [Kurzform von *Sozi*aldemokrat] *der*; -s, -s: (abwertend) Sozialdemokrat. **Sozia** [*lat.*] *die*; -, -s: (meist scherzh.) Beifahrerin auf einem Motorrad od. -roller. **soziabel**: gesellig, umgänglich, menschenfreundlich (Soziol.). **Soziabilität** [*lat.-nlat.*] *die*; -: Geselligkeit, Umgänglichkeit, Menschenfreundlichkeit (Soziol.). **sozial** [*lat.-fr.*]: 1. die menschliche Gesellschaft, Gemeinschaft betreffend, gesellschaftlich, Gesellschafts...; -e Indikation: → Indikation für einen Schwangerschaftsabbruch aus sozialen Gründen (z. B. wirtschaftliche Notlage der Mutter). 2. das Gemeinwohl betreffend, der Allgemeinheit nutzend. 3. auf das Wohl der Allgemeinheit bedacht; gemeinnützig, menschlich, wohltätig, hilfsbereit. 4. die gesellschaftliche Stellung betreffend. 5. gesellig lebend (von Tieren, bes. von staatenbildenden Insekten). **Sozialan|thropologie** *die*; -: Teilgebiet der → Anthropologie, auf dem man sich mit dem Problem der Beziehungen zwischen verschiedenen Klassen und mit den Fragen der Vererbung von Eigenschaften innerhalb sozialer Gruppen befaßt. **Sozialdarwinismus** *der*; -: soziologische Theorie, die unter Berufung auf Charles Darwins Lehre von der natürlichen Auslese auch die menschliche Gesellschaft als den Naturgesetzen unterworfen begreift und somit Ungleichheiten, Ungerechtigkeiten o. ä. als naturgegeben und deshalb als richtig ansieht. **Sozialdemo|krat** *der*; -en, -en: Mitglied, Anhänger einer sozialdemokratischen Partei. **Sozialdemo|kratie** *die*; -: 1. politische Richtung, die eine Verbindung zwischen → Sozialismus u. → Demokratie herstellen will. 2. a) Sozialdemokratische Partei (eines Landes); b) Gesamtheit der sozialdemokratischen Parteien. **sozialdemokratisch**: die Sozialdemokratie betreffend. **Sozialdemo|kratismus** *der*; -: (DDR, abwertend) Richtung der Sozialdemokratie mit antikommunistischen Tendenzen, sozialdemokratische Ideologie, die den Klassenkampf ignoriert u. den Kapitalismus unterstützt. **Sozialethik** *die*; -: Lehre von den Pflichten des Menschen gegenüber der Gesellschaft. **Sozialgeo|graphie** *die*; -: Teilgebiet der Geographie, auf dem man Beziehungen menschlicher Gruppen zu den von ihnen bewohnten Erdräumen untersucht. **Sozialhygiene** *die*; -: öffentliche Gesundheitspflege. **Sozialimperialismus** *der*; -: 1. (nach Lenin) im 1. Weltkrieg von Teilen der Sozialdemokratie praktizierte Unterstützung der imperialistischen Politik der jeweiligen nationalen Regierung. 2. (von Gegnern gebrauchte) Bez. für die [außen]politische Praxis der sich als sozialistisch verstehenden Sowjetunion. **Sozialisation** [...*zion*; *lat.-nlat.*] *die*; -, -en: Prozeß der Einordnung des einzelnen in die Gemeinschaft (Soziol.); Ggs. → Individuation und → Individuierung; vgl. ...[at]ion/...ierung. **sozialisieren**: [Industrie]betriebe od. Wirtschaftszweige vergesellschaften, verstaatlichen; Ggs. → reprivatisieren. **Sozialisierung** *die*; -, -en: 1. Verstaatlichung, Vergesellschaftung der Privatwirtschaft; Ggs. → Reprivatisierung. 2. = Sozialisation; vgl. ...[at]ion/...ierung. **Sozialismus** [*lat.-fr.*] *der*; -: 1. (ohne Plural) (nach Karl Marx die dem Kommunismus vorausgehende) Entwicklungsstufe, die auf gesellschaftlichen od. staatlichen Besitz der Produktionsmittel u. eine gerechte Verteilung der Güter an alle Mitglieder der Gemeinschaft hinzielt. 2. (Plural selten) politische Richtung, Bewegung, die den gesellschaftlichen Besitz der Produktionsmittel u. die Kontrolle der Warenproduktion u. -verteilung verficht. **Sozialist** *der*; -en, -en: a) Anhänger, Verfechter des Sozialismus; b) Mitglied einer sozialistischen Partei. **sozialistisch**: 1. den Sozialismus betreffend, zum Sozialismus gehörend. 2. (österr.) sozialdemokratisch. **Sozialkritik** *die*; -: Kritik an einer bestehenden Gesellschaft; Gesellschaftskritik. **Sozialkunde** *die*; -: 1. Darstellung und Beschreibung der politischen, ökonomischen und sozialen Verhältnisse in einer Gesellschaft. 2. Schulfach, das Kenntnisse über das gesellschaftliche Leben vermitteln soll. **sozialliberal**: die Kombination von Sozialismus u. Liberalismus betreffend; -e Koalition: Regierungsbündnis zwischen einer sozialistischen u. einer liberalen Partei. **Sozialmedizin** *die*; -: Teilgebiet der Medizin, auf dem man sich mit den sozialen Ursachen von Krankheiten befaßt. **Sozialökonomie** und **Sozialökonomik** *die*; -: Wissenschaft, die sich mit der gesamten Wirtschaft einer Gesellschaft befaßt; Volkswirtschaftslehre. **Sozialpäd|agoge** *der*; -n, -n: jmd., der in der Sozialpädagogik (1) tätig ist (Berufsbez.). **Sozialpäd|agogik** *die*; -: 1. Teilgebiet der Pädagogik, auf dem man sich mit der Erziehung des einzelnen zur Gemeinschaft u. zu sozialer Verantwortung befaßt. 2. Gesamtheit der Bemühungen, die der Behebung von gesellschaftsbedingten Erziehungsschwierigkeiten dienen. **Sozialpartner** *der*; -s, -: Arbeitgeber od. Arbeitnehmer bzw. deren Vertreter (z. B. bei Tarifverhandlungen). **Sozialprodukt** *das*; -s, -e: Gesamtheit aller Güter, die eine Volkswirtschaft in einem Zeitraum mit Hilfe der Produktionsfaktoren erzeugt (nach Abzug sämtlicher Vorleistungen). **Sozialreformismus** *der*; -: (DDR, abwertend) = Sozialdemokratismus. **Sozialrevolutionär** *der*; -s, -e: (hist.) Mitglied einer 1901 entstandenen Partei in Rußland, die auf revolutionärem Wege einen bäuerlichen Sozialismus erreichen wollte. **Sozialstaat** *der*; -[e]s: Demokratie, die bestrebt ist, die soziale Sicherheit ihrer Bürger zu gewährleisten. **Sozialtechnologie** *die*; -: = Social engineering. **Sozialwaise** *die*; -, -n: Kind, um das sich weder Eltern noch Verwandte kümmern. **Sozialwissenschaften** *die* (Plural): diejenigen Wissenschaften, die sich mit dem sozialen Aspekt des menschlichen Lebens beschäftigen u. die Voraussetzungen des menschlichen Zusammenlebens in Gesellschaften u. Gemeinschaften untersuchen. **Soziativ** [auch: ...*tif*; *lat.-nlat.*] *der*; -s, -e [...*w*[e]]: die Begleitung ausdrückender → Kasus (Sprachw.). **sozietär** [...*i-e*...; *lat.-fr.*]: die rein [vertrags]gesellschaftl. Beziehungen betreffend (im Ggs. etwa zu gemeinschaftlich; Soziol.). **Sozietär** *der*; -s, -e: Angehöriger, Mitglied einer Sozietät; Mitinhaber. **Sozietät** [...*i-e*...; *lat.*] *die*; -, -en: 1. a) menschliche Gemeinschaft; soziale, durch gleiche Interessen u. Ziele verbundene Gruppe, Gesellschaft (Soziol.); b) Verband, Gemeinschaft bei Tieren. 2. [als Gesellschaft des bürgerlichen Rechts eingetragener] Zusammenschluß bes. von Angehörigen freier Berufe wie Ärzte, Rechtsanwälte u. ä. zu gemeinsamer Arbeit. **soziieren**, sich: sich wirtschaftlich vereinigen

Sozinianer [*nlat.*; nach den ital. Begründern Lelio u. Fausto Sozini] *der*; -s, -: (hist.) Angehöriger einer → antitrinitarischen Religionsgemeinschaft des 16. Jh.s in Polen. **Sozinianismus** *der*; -: Lehre der Sozinianer

Soziobiologie *die*; -: Wissenschaft, bei der man sich mit dem Leben unter Einbeziehung der gesellschaftlichen Umwelt befaßt. **Soziogenese** *die*; -: die Entstehung u. Entwicklung (z. B. von Krankheiten) auf Grund bestimmter gesellschaftlicher Umstände. **Sozio|gramm** [*lat.*; *gr.*] *das*; -s, -e: graphische Darstellung sozialer Verhältnisse od. Beziehungen innerhalb einer Gruppe (Soziol.). **Sozio|graphie** *die*; -: sozialwissenschaftl. Forschungsrichtung in der Soziologie, die die deskriptive Erfassung konkreter (oft geographisch bestimmter) Bereiche anstrebt (Soziol.). **Soziohormon** *das*; -s, -e (meist Plural): Wirkstoff aus der Gruppe der → Pheromone (bisher bei staatenbildenden Insekten bekannt), der die Fortpflanzungsverhältnisse regelt (Biol.). **soziokulturell**: die soziale Gruppe u. ihr kulturelles Wertsystem betreffend. **Soziolekt** *der*; -[e]s, -e: Sprachgebrauch einer sozialen Gruppe (z. B Berufssprache, Teenagersprache); vgl. Idiolekt, Sexlekt. **Soziolinguistik** *die*; -: Teilgebiet der Linguistik, auf dem man das Sprachverhalten von gesellschaftlichen Gruppen untersucht; vgl. Psycholinguistik. **Soziologe** *der*; -n, -n: jmd., der sich wissenschaftlich mit der Soziologie befaßt (z. B. Hochschullehrer, Student). **Soziologie** *die*; -: Wissenschaft, die sich mit dem Ursprung, der Entwicklung u. der Struktur der menschlichen Gesellschaft befaßt. **soziologisch**: 1. die Soziologie betreffend; auf den Forschungsergebnissen der Soziologie beruhend; mit den Methoden der Soziologie durchgeführt. 2. die Gesellschaft betreffend, sozial. **soziomorph**: von der Gesellschaft, den sozialen Verhältnissen geformt. **sozioökonomisch**: die Gesellschaft wie die Wirtschaft, die [Volks]wirtschaft in ihrer gesellschaftlichen Struktur betreffend. **Soziopathie** *die*; -, ...ien: Form der → Psychopathie, die sich bes. durch ein gestörtes soziales Verhalten und Handeln äußert. **Sozius** [*lat.*] *der*; -, Soziusse: 1. Teilhaber (Wirtsch.). 2. a) Beifahrer auf einem Motorrad, -roller; b) Beifahrersitz. 3. (ugs., scherzh.) Genosse, Kompagnon. **Soziussitz** *der*; -es, -e: Rücksitz auf dem Motorrad, -roller

Spada [*gr.-lat.-it.*] *die*; -, -s: italien. Bez. für: Degen (Sport). **Spadille** [*ßpadilj*[e]; *gr. lat.-span.-fr.*] *die*; -, -n: höchste Trumpfkarte (Pikas) im Lomber. **Spadix** [*gr.-lat.*] *der*; -: zu einem Kolben verdickte Blütenachse (Bot.)

Spagat [*it.*]

I. *der* (österr. nur so) od. *das*; -[e]s, -e: Stellung (Ballett, Gymnastik), bei der die in entgegengesetzter Richtung gespreizten Beine eine Linie bilden.

II. *der*; -[e]s, -e: (österr.) Bindfaden

Spa|ghetti [*schpagäti*, auch: *ßpa*...; *it.*]

I. *die* (Plural): lange, dünne, stäbchenförmige Teigwaren.

II. *der*; -[s], -s: (ugs., abwertend) Italiener

Spagirik [*gr.-nlat.*] *die*; -: 1. (hist.) Alchimie. 2. Arzneimittelzubereitung auf mineralisch-chemischer Basis. **Spagiriker** *der*; -s, -: (hist.) Alchimist. **spagirisch**: alchimistisch; -e Kunst: die Alchimie (im Mittelalter)

Spa|gnolett [*ßpanjo*...; *span.-fr.-it.*] *der*; -[e]s, -e: 1. (hist.) angerauhtes Wollgewebe. 2. beidseitig angerauhtes Baumwollgewebe in Leinwandbindung (Webart). 3. Espagnoletteverschluß

Spahi [*pers.-türk.-fr.*] *der*; -s, -s: 1. (hist.) [adliger] Reiter im türkischen Heer. 2. Angehöriger einer aus nordafrikan. Eingeborenen gebildeten franz. Reitertruppe

Spakat [*it.*] *der*; -[e]s, -e: (österr.) = Spagat (I)

Spalet [*gr.-lat.-it.*] *das*; -s, -s: (veraltet) Lattenwand; Brustwehr, Geländer (Mil.). **Spalett** *das*; -[e]s, -e: (österr.) hölzerner Laden vor einem Fenster. **Spalier** *das*; -s, -e: 1. Gitterwand, an der [Obst]pflanzen hochgezogen werden. 2. Ehrenformation beiderseits eines Weges

Span|drille [*lat.-roman.*] *die*; -, -n: Bogenzwickel (Archit.)

Spaniel [...*iäl*, auch: *ßpänj*[e]*l*; *lat.-span.-fr.-engl.*] *der*; -s, -s: engl. Jagdhund (mehrere Rassen). **Spaniol** [*lat.-span.*] *der*; -s, -e: ein spanischer Schnupftabak

Sparmannie [...*i*[e]; *nlat.*; nach dem schwed. Forschungsreisenden A. Sparrman] *die*; -, -n: Zimmerlinde

Sparring

I. *das*; -s: Boxtraining.

II. *der*; -s, -s: kleiner, von Boxern zum Schlagtraining verwendeter Übungsball

Spart [*gr.-lat.*] *der* od. *das*; -[e]s, -e: = Esparto

Spartakiade [*nlat.*; in Anlehnung an → Olympiade nach Spartakus, dem Führer des Sklavenaufstandes 73 v. Chr. im alten Rom] *die*; -, -n: in sozialistischen Ländern wiederholt stattfindendes internationales Sportlertreffen mit

Wettkämpfen. **Spartakide** *der*; -n, -n: (veraltet) Spartakist. **Spartakist** *der*; -en, -en: Angehöriger des Spartakusbundes. **Spartakusbund** [*lat.*; *dt.*] *der*; -[e]s: 1917 gegründete linksradikale Bewegung in Deutschland, die 1918 den Namen „Kommunistische Partei" annahm

spartanisch [*gr.-lat.*; nach der Hauptstadt Sparta der altgriech. peloponnesischen Landschaft Lakonien]: streng, hart; genügsam, einfach, anspruchslos

Spartein [*gr.-nlat.*] *das*; -s: organische chem. Verbindung, Alkaloid des Besenginsters (Herzanregungsmittel)

Sparterie [*gr.-lat.-fr.*] *die*; -: Flechtwerk aus Span od. Bast

spartieren [*lat.-it.*]: ein nur in den einzelnen Stimmen vorhandenes Musikwerk in Partitur setzen (Mus.)

Spasmen: *Plural* von → Spasmus. **spasmisch** [*gr.*] u. **spasmodisch**: krampfhaft, krampfartig, verkrampft (vom Spannungszustand der Muskulatur). **spasmogen** [*gr.-nlat.*]: krampferzeugend (z. B. von der Wirkung von Arzneimitteln; Med.). **Spasmolytikum** *das*; -s, ...ka: krampflösendes Mittel (Med.). **spasmolytisch**: krampflösend (Med.). **spasmophil**: zu Krämpfen neigend (Med.). **Spasmophilie** *die*; -, ...ien: mit Neigung zu Krämpfen verbundene Stoffwechselkrankheit bei Kindern (Med.). **Spasmus** [*gr.-lat.*; „Zuckung; Krampf"] *der*; -, ...men: Krampf, Verkrampfung (Med.). **Spastiker** *der*; -s, -: 1. jmd., der an einer spasmischen Krankheit leidet. 2. (ugs., abwertend) jmd., dessen Handeln, Verhalten, Benehmen der Sprecher für unvorstellbar dumm hält. **spastisch**: 1. = spasmisch. 2. (ugs., abwertend) unsinnig, dumm

Spatha [*gr.-lat.*] *die*; -, ...then: 1. auffällig gefärbtes Hochblatt bei Palmen- u. Aronstabgewächsen, umschließt den Blütenstand (Bot.). 2. zweischneidiges germanisches Langschwert

Spatien [...*ziᵉn*]: *Plural* von → Spatium. **spatiieren** [...*zi*...; *lat.*]: = spationieren. **spationieren** [...*zion*...; *lat.-nlat.*]: [mit Zwischenräumen] durchschießen, gesperrt drucken (Druckw.). **spatiös** [...*ziöß*]: geräumig, weit, licht (vom Druck). **Spatium** [...*zium*] *das*; -s, ...ien [...*iᵉn*]: 1. [Zwischen]raum (z. B. zwischen Notenlinien). 2. dünnes Ausschlußstück (Druckw.). **spazieren** [*lat.-it.*]: 1. (veraltet) zur Erholung, zum Vergnügen im Freien gehen. 2. unbeschwert-zwanglos, ohne Eile gehen; schlendern

Speaker [*ßpikᵉr*; *engl.*; „Sprecher"] *der*; -s, -: Präsident des engl. Unterhauses u. des nordamerik. Kongresses

Special [*ßpäschᵉl*; *lat.-engl.*] *das*; -s, -s: Fernseh-, Rundfunksendung, in der eine Persönlichkeit (meist ein Künstler), eine Gruppe od. ein Thema im Mittelpunkt steht.

Species [...*iäß*] vgl. Spezies. **Speculum** [...*ku*...; *lat.*; „Spiegel"] *das*; -s, ...la: Titel von spätmittelalterl. → Kompilationen (1) theologischer, lehrhafter u. unterhaltender Art; vgl. Spekulum

spedieren [*lat.-it.*]: [Waren] versenden, abfertigen. **Spediteur** [...*tör*; *lat.-it.*, mit franz. Endung gebildet] *der*; -s, -e: Kaufmann, der gewerbsmäßig in eigenem od. fremdem Namen Speditionsgeschäfte besorgt; Transportunternehmer. **Spedition** [...*zion*; *lat.-it.*] *die*; -, -en: 1. gewerbsmäßige Verfrachtung od. Versendung von Gütern. 2. Transportunternehmen. **speditiv** [*lat.-it.*]: (schweiz.) rasch vorankommend, zügig

Speech [*ßpitsch*; *engl.*] *der*; -es, -e u. -es [...*tschis*, auch: ...*tschiß*]: (ugs., scherzh.) Rede, Ansprache

Speed [*ßpid*; *engl.*]

I. *der*; -[s], -s: Geschwindigkeit[ssteigerung] eines Rennläufers od. Pferdes; Spurt (Sport).

II. *das*; -s, -s: (Jargon) schnellwirkendes Rauschgift (Aufputschmittel, z. B. Amphetamine, Weckamine)

Speedball [*ßpidbol*] *der*; -s, -s: (Jargon) Mischung aus → Heroin u. → Kokain. **Speedway** [*ßpidᵘeⁱ*; „Schnellweg"] *der*; -s, -s: engl. Bez. für: Autorennstrecke. **Speedwayrennen** *das*; -s, -: Motorradrennen auf Aschen-, Sand- od. Eisbahnen (Sport)

spektabel [*lat.*]: (veraltet) sehenswert, ansehnlich. **Spektabilität** [„Ansehnlichkeit"] *die*; -, -en: (veraltet) an Hochschulen Anrede an den Dekan; Eure -; Abk.: Ew. -

Spektakel [*lat.*; „Schauspiel"]

I. *der*; -s, -: (ugs.) Lärm, Krach, lautes Sprechen, Gepolter.

II. *das*; -s, -: die Schaulust befriedigendes Theater-, Ausstattungsstück

spektakeln [*lat.*]: (veraltet) lärmen. **Spektakelstück** [*lat.*; *dt.*] *das*; -[e]s, -e: = Spektakel (II). **Spektakula** [*lat.*]: *Plural* von → Spektakulum. **spektakulär** [*lat.-nlat.*]: aufsehenerregend. **spektakulös**: (veraltet) seltsam; abscheulich. **Spektakulum** [*lat.*] *das*; -s, ...la: (scherzh.) Anblick, Schauspiel. **Spektator** *der*; -s, ...oren: Zuschauer. **Spektiv** *das*; -s, -e [...*wᵉ*]: = Perspektiv. **Spek|tra**: *Plural* von → Spektrum. **spek|tral** [*lat.-nlat.*]: auf das Spektrum (1) bezüglich od. davon ausgehend. **Spek|tralanalyse** *die*; -, -n: 1. Ermittlung der chemischen Zusammensetzung eines Stoffes durch Auswertung seines Spektrums. 2. Verfahren zur Feststellung der physikalischen Natur u. chemischen Beschaffenheit von Himmelskörpern durch Beobachtung der Spektren u. deren Vergleich mit bekannten Spektren (Astron.). **Spektralfarben** *die* (Plural): die ungemischten, reinen Farben einer spektralen Zerlegung von Licht (7 Hauptfarben verschiedener Wellenlänge, die nicht weiter zerlegbar sind). **Spek|tren**: *Plural* von → Spektrum. **Spek|tro|graph** [*lat.*; *gr.*] *der*; -en, -en: Instrument zur Aufnahme u. Auswertung von Emissions- u. Absorptionsspektren im sichtbaren, ultraroten u. ultravioletten Bereich (u. a. bei der Werkstoffprüfung verwendet; Techn.). **Spek|tro|graphie** *die*; -, ...ien: 1. Aufnahme von Spektren mit einem Spektralapparat. 2. Auswertung der festgehaltenen Sternspektren (Astron.). **Spektrophotome|trie** *die*; -: 1. photometrische Messung der einzelnen wellenabhängigen Größen im Sternspektrum (Astron.). 2. fotografische Untersuchung von Spektren auf ihre Intensitätsverteilung (Phys.). **Spek|tro|skop** *das*; -s, -e: meist als Handinstrument konstruierter besonderer Spektralapparat zum Bestimmen der Wellenlängen von Spektrallinien (Phys.; Astron.). **Spek|tro|skopie** *die*; -: Wissenschaft von der Untersuchung u. Bestimmung von Wellenlängen u. Bereichen von Spektren (Phys.; Astron.). **Spektrum** [*lat.*] *das*; -s, ...tren u. ...tra: 1. die [relative] Häufigkeits- bzw. Intensitätsverteilung der Bestandteile eines [Strahlen]gemisches in Abhängigkeit von einer gemeinsamen Eigenschaft, vor allem von der Wellenlänge bzw. Frequenz. 2. bei der Brechung von weißem Licht durch ein Glasprisma entstehende Farbfolge von Rot bis Violett. 3. Buntheit, Vielfalt. **Spekula**: *Plural* von → Spekulum. **Speku-**

lant *der*; -en, -en: 1. Kaufmann, der sich in Spekulationen (3) einläßt. 2. jmd., der in seinen Überlegungen u. in seinem Handeln auf den unsicheren u. zufälligen Erfolg des Risikos setzt; waghalsiger Spieler. **Spekulation** [...*zion*] *die*; -, -en: 1. a) auf bloßen Annahmen, Mutmaßungen beruhende Erwartung, Behauptung, daß etw. eintrifft; b) hypothetischer, über die erfahrbare Wirklichkeit hinausgehender Gedankengang (Philos.). 2. Geschäftsabschluß, der auf Gewinne aus zukünftigen Veränderungen der Preise abzielt (Wirtsch.). 3. gewagtes Geschäft. **Spekulatius** [...*ziuß*; *lat.-roman.-niederl.*] *der*; -, -: flaches Gebäck aus gewürztem Mürbeteig in Figurenform. **spekulativ** [*lat.*]: 1. in der Art der Spekulation (1 b) denkend. 2. in reinen Begriffen denkend. 3. die Spekulation (2) betreffend. 4. grüblerisch. **spekulieren** [„spähen, beobachten; ins Auge fassen"]: 1. (ugs.) a) grübeln; b) auf etwas rechnen. 2. (ugs.) ausforschen, auskundschaften. 3. [an der Börse] Aktien o. ä. kaufen mit dem Ziel, sie bei gestiegenem Kurs wieder zu verkaufen. **Spekulum** *das*; -s, ...la: meist mit einem Spiegel versehenes röhren- od. trichterförmiges Instrument zum Betrachten u. Untersuchen von Hohlräumen u. Organen, die dem bloßen Auge nicht [genügend] zugänglich sind (Med.); vgl. Speculum

Speläologie [*gr.-nlat.*] *die*; -: Wissenschaft, die sich mit der Erforschung von Höhlen befaßt. **speläologisch**: die Speläologie betreffend. **Spelunke** [*gr.-lat.*; „Höhle, Grotte"] *die*; -, -n: (abwertend) wenig gepflegtes, verrufenes Wirtshaus

spendabel [mit *roman.* Endung zu *dt.* spenden gebildet]: (ugs.) freigebig, großzügig. **spendieren**: (ugs.) (für einen anderen) bezahlen; (jmdn.) zu etwas einladen

Spenser vgl. Spenzer. **Spenzer**, (österr.:) Spenser [nach dem engl. Grafen G. J. Spencer (*ßpänß*ᵉ*r*)] *der*; -s, -: kurzes, enganliegendes Jäckchen od. Hemd

Sperenzchen u. **Sperenzien** [...*iᵉn*; *lat.-mlat.*] *die* (Plural): (ugs.) a) Umschweife, Umstände; Schwierigkeiten, Ausflüchte; b) kostspielige Vergnügungen od. Gegenstände

Sperma [*gr.-lat.*; „Samen"] *das*; -s, ...men u. -ta: männliche Keimzellen enthaltende Samenflüssigkeit (von Mensch u. Tier; Biol.). **Spermatide** [*gr.-nlat.*] *die*; -, -n: noch unreife männliche Keimzelle (von Mensch u. Tier; Biol.). **Spermatitis** *die*; -, ...itiden: = Funikulitis. **Spermatium** [...*zium*] *das*; -s, ...ien [...*iᵉn*] (meist Plural): unbegeißelte männliche Keimzelle der Rotalgen (Bot.). **spermatogen**: 1. männliche Keimzellen bildend. 2. dem Samen entstammend (Biol.). **Spermatogenese** u. Spermiogenese *die*; -: die Samenbildung im Hoden (Biol.; Med.). **Spermatogramm** *das*; -s, -e: = Spermiogramm. **Spermatophore** *die*; -, -n (meist Plural): zusammenklebende Samenkapseln mancher niederer Tiere (Zool.). **Spermatophyten** *die* (Plural): zusammenfassende systematische Bezeichnung für die Blüten- od. Samenpflanzen (→ Angiospermen u. → Gymnospermen). **Spermator|rhö**[1] *die*; -, -en u. **Spermator|rhöe** [...*rö*] *die*; -, n [...*röᵉn*]: Samenfluß ohne geschlechtliche Erregung (Med.). **Spermatozoiden** *die* (Plural): bewegliche männliche Keimzellen der Algen, Moose, Farne u. mancher → Gymnospermen (Biol.). **Spermatozoon** *das*; -s, ...zoen: = Spermium. **Spermazet** [(*gr.*; *gr.-lat.*) *mlat.*] *das*; -[e]s u. **Spermazeti** *das*; -s: Walrat, → Cetaceum. **Spermen**: *Plural* von → Sperma. **Spermien**: *Plural* von → Spermium. **Spermin** [*gr.-nlat.*] *das*; -s: Bestandteil des männlichen Samens von charakteristischem Geruch (Biol.). **Spermiogenese** *die*; -: = Spermatogenese. **Spermio|gramm** *das*; -s, -e: bei der mikroskopischen Untersuchung der Samenflüssigkeit entstandenes Bild. **Spermium** *das*; -s, ...ien [...*iᵉn*]: reife männliche Keimzelle bei Mensch u. Tier (Biol.). **spermizid**: samenabtötend (von empfängnisverhütenden Mitteln; Med.). **Spermizid** *das*; -[e]s, -e: samenabtötendes Mittel zur Empfängnisverhütung. **Spermogonien** [...*iᵉn*] *die* (Plural): wenig gebräuchliche Bezeichnung für die Sporenbildner der Rostpilze (Bot.)

Spesen [*lat.-vulgärlat.-it.*] *die* (Plural): Auslagen, [Un]kosten im Dienst o. ä. [,die ersetzt werden] **Spezerei** [*lat.-it.*] *die*; -, -en (meist Plural): (veraltend) Gewürz[ware]. **Spezereiwaren** *die* (Plural): 1. (veraltend) Lebensmittel. 2. (schweiz.) Gemischtwaren. **Spezi** [*lat.*] *der*; -s, -[s]: (landsch.) 1. bester Freund, Busenfreund; vgl. Spezial (1). 2. Erfrischungsgetränk aus Limonade u. Coca Cola o. ä. **spezial**: = speziell. **Spezial** *der*; -s, -e: (landsch.) 1. vertrauter Freund. 2. [kleinere Menge] Tageswein, Schankwein. **Spezialien** [...*iᵉn*] *die* (Plural): (veraltet) Besonderheiten, Einzelheiten. **Spezialisation** [...*zion*; *lat.-fr.*] *die*; -, -en: = Spezialisierung; vgl. ...[at]ion/...ierung. **spezialisieren**: 1. gliedern, sondern, einzeln anführen, unterscheiden. 2. sich -: sich [beruflich] auf ein Teilgebiet beschränken [u. darin besondere Fähigkeiten entwickeln]. **Spezialist** *der*; -en, -en: Fachmann auf einem best. Gebiet; Facharbeiter, Facharzt. **spezialistisch**: in der Art eines Spezialisten. **Spezialität** *die*; -, -en: 1. Besonderheit. 2. Gebiet, auf dem die besonderen Fähigkeiten od. Interessen eines Menschen liegen. 3. Feinschmeckergericht. **Spezialprävention** [...*zion*] *die*; -, -en: Versuch der Verhütung künftiger Straftaten durch gezielte u. unmittelbare Einwirkung auf den Täter selbst (mit den Möglichkeiten des Strafvollzugs u. der Sicherung u. Besserung); vgl. Generalprävention. **Spezial|slalom** *der*; -s, -: Wettbewerb im alpinen Skisport, bei dem eine relativ kurze Slalomstrecke, die mit zahlreichen, eng abgesteckten Pflichttoren versehen ist, durchlaufen werden muß. **speziell** [französierende Umbildung von spezial]: vor allem, besonders, eigentümlich; eigens; Ggs. → generell

Spezierer [*lat.-it.*] *der*; -s, -: (schweiz., ugs.) Spezerei-, Gemischtwarenhändler. **Spezies** [...*iäß*; *lat.*] *die*; -, - [*schpeziеß*]: 1. besondere Art einer Gattung. 2. Bez. für eine Tier- od. Pflanzenart (in der biol. Systematik). 3. Grundrechnungsart in der Mathematik. 4. eine bestimmte, nicht auswechselbare Sache, die Gegenstand eines Schuldverhältnisses ist, z. B. Spezieskauf: Kauf eines bestimmten Gegenstandes; Speziesschuld: Verpflichtung zur Leistung einer bestimmten Sache (Rechtsw.). 5. Teegemisch (Pharm.). **Speziestaler** *der*; -s, -: (hist.) ein harter Taler im Gegensatz zu Papiergeld. **Spezifik** *die*; -: das Spezifische einer Sache. **Spezifika**: *Plural* von → Spezifikum. **Spezifikation** [...*zion*; *lat.-mlat.*] *die*; -, -en: 1. Einteilung der Gattung in Arten (Logik). 2. Einzelauf-

[1] Vgl. die Anmerkung zu Diarrhö.

zählung. 3. Umbildung, Behandlung eines Stoffes durch Arbeiten, die ihn erheblich verändern (Rechtsw.); vgl. ...[at]ion/...ierung. **Spezifikum** [*lat.*] *das*; -s, ...ka: 1. Besonderes, Entscheidendes. 2. gegen eine bestimmte Krankheit wirksames Mittel (Med.). **spezifisch** [*lat.-fr.*]: 1. einer Sache ihrer Eigenart nach zukommend, bezogen [auf eine besondere Art], arteigen, kennzeichnend. **Spezifität** *die*; -, -en: 1. Eigentümlichkeit, Besonderheit. 2. charakteristische Reaktion (Chem.). **spezifizieren**: 1. einzeln aufführen, verzeichnen. 2. zergliedern. **Spezifizierung** *die*; -, -en: = Spezifikation; vgl. ...[at]ion/...ierung. **Spezimen** [*lat.*] *das*; -s, Spezimina: (veraltet) Probearbeit; Probe. **speziös** [*lat.-fr.*]: 1. ansehnlich. 2. scheinbar

Sphagnum [*gr.-nlat.*] *das*; -s: Gattung der Torf-, Sumpf- od. Teichmoose

Sphalerit [auch: ...*it*; *gr.-nlat.*] *der*; -s: Zinkblende (ein Mineral)

Sphäre [*gr.-lat.*(*-fr.*)] *die*; -, -n: 1. das kugelförmig erscheinende Himmelsgewölbe. 2. Gesichts-, Gesellschafts-, Wirkungskreis; [Macht]bereich. **Sphärenharmonie** u. **Sphärenmusik** *die*; -: das durch die Bewegung der Planeten entstehende kosmische, für den Menschen nicht hörbare, harmonische Tönen (nach der Lehre des altgriech. Philosophen Pythagoras). **Sphärik** *die*; -: Geometrie von Figuren, die auf Kugeloberflächen durch größte Kreise gebildet sind (Math.). **sphärisch**: 1. die Himmelskugel betreffend. 2. auf die Kugel bezogen, mit der Kugel zusammenhängend (Math.); -e Trigonometrie: Berechnung von Dreiecken auf der Kugeloberfläche. **Sphäroid** [*gr.-nlat.*] *das*; -[e]s, -e: 1. kugelähnlicher Körper (bzw. seine Oberfläche). 2. Rotationsellipsoid (durch Drehung der Ellipse um ihre kleine Achse entstehend; z. B. der Erdkörper). **sphäroidisch**: kugelähnlich. **Sphärolith** [auch: ...*it*] *der*; -s u. -en, -e[n]: strahlig angeordnete Zusammenwachsung verschiedener Mineralindividuen (Mineral.). **sphärolithisch** [auch: ...*it*...]: radialstrahlig erstarrt (vom Gefüge mancher glasiger od. feinkristalliner Gesteine). **Sphärologie** *die*; -: Teil der Geometrie, der sich mit der Kugel befaßt. **Sphärometer** *das*; -s, -: Instrument mit Feinstellschraube (Mikrometerschraube) zur exakten Messung von Krümmungsradien (z. B. bei Linsen). **Sphärosiderit** [auch: ...*it*] *der*; -s, -e: Variation des Eisenspats in Kugelform

Sphen [*gr.*; „Keil"] *der*; -s, -e: = Titanit (1). **Sphe|noid** [*gr.-nlat.*] *das*; -[e]s, -e: keilförmige Kristallform. **sphe|noi|dal**: keilförmig. **Sphe|no|zephalie** *die*; -, ...ien: keil- od. eiförmige Mißbildung des Kopfes (Med.)

Sphingen: *Plural* von → Sphinx

Sphinkter [*gr.-lat.*; „Schnürer"] *der*; -s, ...tere: Ring-, Schließmuskel (Med.)

Sphinx [*gr.-lat.*]: 1. *die*; -, -e, (archäologisch fachspr.: *der*; -, -e u. Sphingen): ägypt. Steinbild in Löwengestalt, meist mit Männerkopf, Sinnbild des Sonnengottes od. des Königs. 2. (ohne Plural) rätselhafte Person od. Gestalt (nach dem weibl. Ungeheuer der griech. Mythologie). 3. (Plural: -en) Abendpfauenauge (mitteleuropäische Schmetterlingsart)

Sphragistik [*gr.*] *die*; -: Siegelkunde. **sphragistisch**: siegelkundlich

Sphygmo|graph [*gr.-nlat.*] *der*; -en, -en: Pulsschreiber; Gerät zur Aufzeichnung der Pulskurve (Med.). **Sphygmo|graphie** *die*; -, ...ien: durch den Sphygmographen selbsttätig aufgezeichnete Pulskurve (Med.). **Sphygmomanometer** *das*; -s, -: Gerät zur Messung des Blutdrucks (Med.)

spianato [*ßp*...; *lat.-it.*]: einfach, schlicht (Vortragsanweisung; Mus.)

spiccato [*ßpikato*; *it.*]: [die Töne] deutlich voneinander getrennt [zu spielen] (Vortragsanweisung; Mus.). **Spiccato** *das*; -s, -s u. ...ti: die Töne voneinander absetzende, mit Springbogen zu spielende Strichart bei Saiteninstrumenten (Mus.)

Spicilegium [...*zi*...; *lat.*] *das*; -s, ...ia: „Ährenlese" (im 17. u. 18. Jh. oft in Buchtiteln)

Spider [*ßpaid*ᵉ*r*; *engl.*] *der*; -s, -: offener [Renn]sportwagen

Spieliothek, Spielothek [*dt.*; *gr.*] *die*; -, -en: Einrichtung, bei der man Spiele ausleihen kann

Spike [*ßpaik*, auch: *schpaik*; *engl.*; „langer Nagel, Stachel"] *der*; -s, -s: 1. a) Metalldorn an der Sohle von Laufschuhen (Leichtathletik); b) Metallstift an der Lauffläche von Autoreifen. 2. (meist Plural) rutschfester Laufschuh mit Spikes (1a). 3. (Plural) Kurzform von → Spikesreifen. **Spikesreifen** *der*; -s, -: mit Spikes (1b) versehener, bei Schnee- u. Eisglätte weitgehend rutschfester Autoreifen

Spillage [*ßpilasch*ᵉ od. *schp*..., österr.: ...*lasch*; *dt.*, mit franz. Endung → ...*age*] *die*; -, -n: Verluste, die durch falsche Verpackung trockener Waren entstehen (Wirtsch.)

Spin [*engl.*; „schnelle Drehung"] *der*; -s, -s: Eigendrehimpuls der Elementarteilchen im Atom, ähnlich dem Drehimpuls durch Rotation (Phys.)

Spina [*lat.*] *die*; -, ...nen: 1. Stachel, Dorn; spitzer Knochenvorsprung (Med.). 2. Rückgrat (Med.). **spinal**: zur Wirbelsäule, zum Rückenmark gehörend; -e Kinderlähmung: eine Erkrankung des Rückenmarks; vgl. Poliomyelitis. **Spin|algie** [*lat.*; *gr.*] *die*; -, ...ien: Druckempfindlichkeit der Wirbel (Med.). **Spinaliom** [*lat.-nlat.*] *das*; -s, -e: Stachelzellen-, Hornkrebs (Med.)

Spinat [*pers.-arab.-span.*] *der*; [e]s, -e: dunkelgrünes Blattgemüse

Spinell [*lat.-it.*] *der*; -s, -e: ein Mineral, Edelstein

Spinen: *Plural* von → Spina

Spinett [*it.*; nach dem Erfinder G. Spinetti, um 1500] *das*; -[e]s, -e: dem → Cembalo ähnliches Musikinstrument, bei dem die Saiten mit einem Dorn angerissen werden. **Spinettino** *das*; -s, -s: kleines Spinett

Spinifex [*lat.-nlat.*] *der*; -: austr. Grasart

Spinnaker [*engl.*] *der*; -s, -: großes, halbrundes, sich stark wölbendes Jachtvorsegel (Seew.)

Spinor [*engl.-nlat.*] *der*; -s, ...oren: math. Größe, die es gestattet, den → Spin des Elektrons zu beschreiben

spinös [*lat.*]: sonderbar u. schwierig (z. B. im Umgang); das Benehmen anderer gouvernantenhaft kritisierend

Spinozismus [*nlat.*; nach dem Philosophen Spinoza, 1632–1677] *der*; -: Lehre u. Weiterführung der Philosophie Spinozas. **Spinozist** *der*; -en, -en: Vertreter des Spinozismus. **spinozistisch**: den Spinozismus betreffend

Spintherismus [*gr.-nlat.*] *der*; -: = Photopsie

spintisieren [vermutlich eine französierende Weiterbildung zu *dt.* spinnen]: (ugs.) grübeln; ausklügeln; Unsinniges denken od. reden, phantasieren

Spion [*germ.-it.*] *der*; -s, -e: 1. Späher, Horcher; heimlicher Kundschafter; Person, die geheime Informationen unerlaubterweise [an eine fremde Macht] übermittelt. 2. ein außen am Fenster angebrachter Spiegel, in dem man die Vorgänge auf der Straße beobachten kann. 3. [vergittertes] Guckloch an den Zellentüren im Gefängnis od. an Haustüren. **Spionage** [...*asch*[e]; *germ.-it.(-fr.)*] *die*; -: Auskundschaftung von Geheimnissen für eine fremde Macht. **spionieren**: [für eine fremde Macht] Geheimnisse auskundschaften

Spiräe [*gr.-lat.*] *die*; -, -n: Pflanzengattung der Rosengewächse mit zahlreichen Ziersträuchern. **spiral** [*gr.-lat.-mlat.*]: schneckenförmig gedreht (Techn.). **Spirale** *die*; -, -n: 1. a) sich gleichmäßig um eine Achse windende Linie, Schraubenlinie; b) ebene Kurve, die in unendlich vielen, immer weiter werdenden Windungen einen festen Punkt umläuft (Math.). 2. Gegenstand in der Form einer Spirale (1) (z. B. Uhrfeder)

Spirans [*lat.*] *die*; -, Spiranten u. **Spirant** *der*; -en, -en: Reibelaut, → Frikativ. **spirantisch**: die Spirans, den Spiranten betreffend

Spirifer [(*gr.-lat.*; *lat.*) *nlat.*] *der*; -s, ...feren: ausgestorbener Armfüßer (Leitfossil des → Devons). **Spirille** [*gr.-lat.-nlat.*] *die*; -, -n (meist Plural): Schraubenbakterie. **spirillizid** [*gr.-lat.-nlat.*; *lat.*]: spirillentötend

Spirit [*ßp...*; *lat.-fr.-engl.*] *der*; -s, -s: [→ mediumistischer] Geist. **Spiritismus** [*lat.-nlat.*] *der*; -: Geisterlehre; Glaube an Erscheinungen von Seelen Verstorbener, mit denen man durch ein → Medium (I, 4) zu verkehren sucht; Versuch, okkulte Vorgänge als Einwirkungen von Geistern zu erklären; Ggs. → Animismus (3). **Spiritist** *der*; -en, -en: Anhänger des Spiritismus. **spiritistisch**: den Spiritismus betreffend. **spiritual** [*lat.-mlat.*]: auf den [Heiligen] Geist bezogen; geistig, übersinnlich

Spiritual

I. [...*al*; *lat.-mlat.*] *der*; -s u. -en, -en: Seelsorger, Beichtvater in kath. Seminaren u. Klöstern.

II. [*ßpiritju*[e]*l*; *lat.-fr.-engl.-amerik.*] *das* (auch: *der*); -s, -s: = Negro Spiritual

Spirituale [*lat.-mlat.*] *der*; -n, -n (meist Plural): strenge Richtung der → Franziskaner im 13./14. Jh.; vgl. Observant. **Spiritualien** [...*i*[e]*n*] *die* (Plural): geistliche Dinge. **spiritualisieren** [*lat.-mlat.-nlat.*]: vergeistigen. **Spiritualismus** *der*; -: 1. metaphysische Lehre, die das Wirkliche als geistig od. als Erscheinungsweise des Geistigen annimmt. 2. theologische Richtung, die die unmittelbare geistige Verbindung des Menschen mit Gott gegenüber der geschichtlichen Offenbarung betont. **Spiritualist** *der*; -en, -en: Vertreter des Spiritualismus. **spiritualistisch**: den Spiritualismus betreffend. **Spiritualität** [*lat.-mlat.*] *die*; -: Geistigkeit; Ggs. → Materialität. **spirituell** [*lat.-mlat.-fr.*]: geistig; geistlich. **spirituos** [*lat.-fr.*; in der Endung relatinisiert] u. **spirituös** [*lat.-fr.*]: Weingeist enthaltend; geistig. **Spirituosen** [*lat.-fr.*, in der Endung relatinisiert] *die* (Plural): alkoholhaltige Getränke (z. B. Weinbrand, Liköre). **spirituoso** [*lat.-it.*]: geistvoll, feurig (Vortragsanweisung; Mus.)

Spiritus [*lat.*]

I. *der*, -, - [*ßpíritụß*]: Hauch, Atem, [Lebens]geist; - asper (Plural: - asperi): Zeichen (‘) für den H-Anlaut im Altgriechischen; - familiaris: guter Hausgeist, Vertraute[r] der Familie; - lenis (Plural: - lenes): Zeichen (’) für das Fehlen des H-Anlautes im Altgriechischen; - rector [*räk*...]: leitender, belebender, treibender Geist, Seele (z. B. eines Betriebes, Vorhabens); - Sanctus [...kt...]: der Heilige Geist.

II. [*schp*...] *der*; -, -se: Weingeist; Alkohol

Spirochäte [...*chäte*; *gr.-nlat.*] *die*; -, -n: krankheitserregende Bakterie (z. B. Erreger der Syphilis u. des Rückfallfiebers)

Spiro|ergometrie [*lat.*; *gr.-nlat.*] *die*; -, ...ien: Messung der Kapazität der Sauerstoffaufnahme im Ruhezustand des Organismus u. nach körperlicher Belastung

Spirogyra [*gr.-nlat.*] *die*; -, ...ren: Schraubenalge (Jochalge)

Spirometer [*lat.*; *gr.*] *das*; -s, -: Gerät, mit dem die verschiedenen Eigenschaften des Atems gemessen werden (Med.). **Spirome|trie** *die*; -: Messung u. Aufzeichnung der Atmung (z. B. zur Messung des Grundumsatzes od. der Lungenkapazität; Med.)

Spital [*lat.-mlat.*] *das* (schweiz. ugs. auch: *der*); -s, ...täler: (veraltend, aber noch landsch.) Krankenhaus, Altersheim, Armenhaus. **Spitaler** u. **Spitäler** u. **Spittler** *der*; -s, -: (veraltend, aber noch landsch.) Insasse eines Spitals

splanch|nisch [*ßp*...; *gr.*]: = viszeral. **Splanch|nologie** [*gr.-nlat.*] *die*; -: Teilgebiet der Medizin, das sich mit den Eingeweiden befaßt (Med.)

Spleen [*schplin*, auch: *ßplin*; *gr.-lat.-engl.*] *der*; -s, -e u. -s: 1. (ohne Plural) verschrobene, überspannte Art. 2. Schrulle, Marotte; einen - bekommen: eingebildet werden. **spleenig**: schrullig, verrückt, überspannt

splendid [*lat.*]: 1. freigebig. 2. glanzvoll, kostbar. 3. weit auseinandergerückt (Druckw.). **Splendid isolation** [*ßp*... *aiß*[e]*le*[i]*sch*[e]*n*; *engl.*; „glänzendes Alleinsein"] *die*; - -: 1. (hist.) die Bündnislosigkeit Englands im 19. Jh. 2. die freiwillige Bündnislosigkeit eines Landes, einer Partei, einer Gruppe o. ä. **Splendidität** [*lat.-nlat.*] *die*; -: (veraltet) Freigebigkeit

Splen|ektomie [*gr.-nlat.*] *die*; -, ...ien: operative Entfernung der Milz (Med.). **Splenitis** *die*; -, ...itiden: Milzentzündung (Med.). **splenogen**: von der Milz herrührend (von krankhaften Veränderungen; Med.). **Splenohepatomegalie** *die*; -, ...ien: Vergrößerung von Milz u. Leber (Med.). **Splenom** *das*; -s, -e: gutartige Milzgeschwulst (Med.). **splenomegal**: die Splenomegalie betreffend. **Splenomegalie** *die*; -, ...ien: krankhafte Milzvergrößerung (Med.). **Splenotomie** *die*; -, ...ien: Milzoperation (Med.)

splitten [*engl.*]: das Splitting anwenden, aufteilen. **Splitting** *das*; -s, -s: 1. (ohne Plural) Form der Haushaltsbesteuerung, bei der das Einkommen der Ehegatten zusammengezählt, halbiert und jeder Ehegatte mit der Hälfte des Gesamteinkommens bei der Steuerberechnung berücksichtigt wird. 2. Teilung eines Anteilspapiers (Aktie, Investmentpapier), wenn der Kurs erheblich gestiegen ist. 3. Verteilung der Erst- u. Zweitstimme auf verschiedene Parteien (bei Wahlen)

Spodium [*gr.-lat.*] *das*; -s: adsorbierende Knochenkohle (Chem.). **Spodumen** [*gr.-nlat.*] *der*; -s, -e: ein Mineral, Schmuckstein

Spoiler [*ßpeul*[e]*r*; *engl.*] *der*; -s, -: 1. Luftleitblech an [Renn]autos zum Zweck der besseren Bodenhaftung. 2. Verlängerung des Skistiefels am Schaft als Stütze bei der Rücklage. 3. Klappe an den Tragflächen von Flugzeugen, die die Strömungsverhältnisse verändert (Störklappe)

Spoils-system [*ßpeulsßißtim*; *engl.-amerik.*; „Beutesystem"] *das*; -: in den Vereinigten Staaten die Besetzung öffentlicher Ämter durch die Mitglieder der in einer Wahl siegreichen Partei. **Spoliant**

[*lat.*] *der*; -en, -en: (veraltet) jmd., der der Beraubung angeklagt ist (Rechtsw.). **Spoliation** [...*zion*] *die*; -, -en: (veraltet) Raub, Plünderung (Rechtsw.). **Spolien** [...*iᵉn*]: 1. *Plural* von → Spolium. 2. *die* (Plural): (hist.) beweglicher Nachlaß eines katholischen Geistlichen. 3. aus anderen Bauten wiederverwendete Bauteile (z. B. Säulen, Friese o. ä.; Archit.). **Spolienklage** *die*; -, -n: Klage auf Rückgabe widerrechtlich entzogenen Besitzes (im kanonischen und gemeinen Recht; Rechtswissenschaft). **Spolienrecht** *das*; -[e]s, -e: a) im Mittelalter das Recht eines Kirchenpatrons (vgl. Patron I, 3), die Spolien (2) eines verstorbenen Geistlichen einzuziehen; b) der Anspruch des Kaisers od. später des Papstes auf den Nachlaß eines Bischofs. **spoliieren**: (veraltet, aber noch landsch.) berauben, plündern, stehlen. **Spolium** *das*; -s, ...ien [...*iᵉn*]: Beutestück, erbeutete Waffe (im alten Rom)

Spompanade[l]n [*it.*] *die* (Plural): (österr. ugs.) = Sperenzchen

Spondeen: *Plural* von → Spondeus. **spondeisch** [*gr.-lat.*]: 1. den Spondeus betreffend. 2. in, mit Spondeen geschrieben, verfaßt. **Spondeus** *der*; -, ...deen: aus zwei Längen bestehender antiker Versfuß (– –). **Spondiakus** *der*; -, ...zi: → Hexameter, in dem statt des fünften → Daktylus ein Spondeus gesetzt ist

Spondyl|ar|thritis [*gr.-nlat.*] *die*; -, ...itiden: Entzündung der Wirbelgelenke (Med.). **Spondylitis** *die*; -, ...itiden: Wirbelentzündung (Med.). **Spondylose** *die*; -, -n: krankhafte Veränderung an den Wirbelkörpern u. Bandscheiben (Med.)

Spongia [...*nggia*; *gr.-lat.*] *die*; -, ...ien [...*iᵉn*]: Schwamm, einfachst gebautes, vielzelliges Tier. **Spongin** [*gr.-nlat.*] *das*; -s: Gerüstsubstanz der Hornschwämme. **Spongiologie** *die*; -: Teilgebiet der Biologie, das sich mit den Schwämmen befaßt. **spongiös** [*gr.-lat.*]: schwammig. **Spongiosa** *die*; -: schwammartiges Innengewebe der Knochen

Sponsa [*lat.*] *die*; -, ...sae [...*sä*]: in Kirchenbüchern lat. Bezeichnung für: Braut. **Sponsalien** [...*iᵉn*] *die* (Plural): (veraltet) Verlöbnis; Verlobungsgeschenke (Rechtsw.). **sponsern**: [durch finanzielle Unterstützung] fördern; vgl. Sponsor (1). **Sponsi**: *Plural* von → Sponsus. **sponsieren**: (veraltet, aber noch landsch.) um ein Mädchen werben, den Hof machen. **Sponsion** *die*; -, -en: (österr.) Feier, bei der der Magistergrad verliehen wird. **Sponsor** [...*sᵉr*; *lat.-engl.*] *der*; -s, -s: 1. Gönner, Förderer, Geldgeber (z. B. im [Autorenn]sport). 2. (bes. in den USA) Person[engruppe], die eine Sendung im Rundfunk od. Fernsehen finanziert, um sie zu Reklamezwecken zu nutzen. **Sponsus** [*lat.*] *der*; -, Sponsi: in Kirchenbüchern lat. Bezeichnung für: Bräutigam

spontan [*lat.*]: von selbst; von innen heraus, freiwillig, ohne Aufforderung, aus eigenem plötzlichem Antrieb; unmittelbar. **Spontanei|tät** [...*ne-i*...] *die*; -, -en: = Spontanität. **Spontanität** [*lat.-nlat.*] *die*; -, -en: Handeln ohne äußere Anregung; eigener, innerer Antrieb; unmittelbare, spontane Reaktion. **Sponti** *der*; -s, -s: (ugs.) Angehöriger einer undogmatischen linksgerichteten Gruppe

Sponton [*ßponton*, auch: *ßpongtong*; *lat.-it.*(*-fr.*)] *der*; -s, -s: von den Infanterieoffizieren im 17. u. 18. Jh. getragene kurze, der Hellebarde ähnliche Pike

Spoon [*ßpun*; *engl.*] *der*; -s, -s: ein bestimmter Golfschläger (Sport)

sporadisch [*gr.-fr.*]: 1. vereinzelt [vorkommend], verstreut. 2. gelegentlich, selten. **Spor|angium** [...*ngg*...; *gr.-nlat.*] *das*; -s, ...ien [...*iᵉn*]: Sporenbildner u. -behälter bei Pflanzen (Bot.)

sporco [*ßporko*; *lat.-it.*]: = brutto; mit Verpackung [gewogen]. **Sporko** *das*; -s: Bruttogewicht; Masse mit Verpackung

sporogen [*gr.-nlat.*]: sporenerzeugend (Bot.). **Sporogon** *das*; -s, -e: sporenerzeugende Generation der Moospflanzen (Biol.). **Sporogonie** *die*; -: 1. Erzeugung von Sporen als ungeschlechtliche Phase im Verlauf eines → Generationswechsels (Bot.). 2. Vielfachteilung im Entwicklungszyklus der Sporentierchen (Biol.). **Sporophyll** *das*; -s, -e: sporentragendes Blatt (Bot.). **Sporophyt** *der*; -en, -en: sporenbildende Generation bei Pflanzen (Bot.). **Sporo|trichose** *die*; -, -n: Pilzerkrankung des Haut- u. Unterhautgewebes mit Geschwürbildung (Med.). **Sporozoit** *der*; -en, -en: durch Sporogonie (2) entstehendes Entwicklungsstadium der Sporentierchen (Biol.). **Sporozoon** *das*; -s, ...zoen (meist Plural): Sporentierchen (parasitischer Einzeller). **Sporozyste** *die*; -, -n: Larvenstadium der Saugwürmer (Zool.)

Sportel [*gr.-etrusk.-lat.*] *die*; -, -n (meist Plural): mittelalterliche Form des Beamteneinkommens

sportiv [*ßp*...; *engl.*]: sportlich.

Sports|wear [*ßportßʷäʳ*; *engl.*] *der* od. *das*; -[s]: sportliche Tageskleidung, Freizeitkleidung

Sposalizio [*lat.-it.*; „Vermählung"] *das*; -: Darstellung der Verlobung bzw. Vermählung Marias mit Joseph in der [italien.] Kunst

Spot [*ßpot*; *engl.*] *der*; -s, -s: 1. a) Werbekurzfilm (in Kino u. Fernsehen); b) in Hörfunksendungen eingeblendeter Werbetext. 2. Kurzform von → Spotlight. **Spotgeschäft** [*ßpot*...; *engl.*; *dt.*] *das*; -[e]s, -e: Geschäft gegen sofortige Lieferung u. Kasse im Geschäftsverkehr der internationalen Warenbörsen. **Spotlight** [...*lait*; *engl.*] *das*; -s, -s: Beleuchtung od. Scheinwerfer, der auf einen Punkt gerichtet ist u. dabei die Umgebung im Dunkeln läßt. **Spotmarkt** [*engl.*; *dt.*] *der*; -[e]s, ...märkte: Handelsplatz, an dem nicht vertraglich gebundene Mengen von Rohöl an den Meistbietenden verkauft werden. **Spot-Next-Geschäft** *das*; -[e]s, -e: Geschäft an der Börse, das am folgenden Tag erfüllt wird

Spray [*ßpreⁱ* od. *schpreⁱ*; *niederl.-engl.*] *der* od. *das*; -s, -s: Flüssigkeit, die durch Druck [meist mit Hilfe eines Treibgases] aus einem Behältnis in feinsten Tröpfchen versprüht, zerstäubt wird. **sprayen**: a) Spray versprühen; b) mit Spray besprühen

Spreader [*ßprädᵉr*; *engl.*] *der*; -s, -: Anlegemaschine in der Flachsspinnerei

Sprinkler [*engl.*] *der*; -s, -: 1. Teil einer Beregnungsanlage zum Feuerschutz (z. B. in Kaufhäusern), der bei bestimmter Temperatur Wasser versprüht. 2. Rasensprenger. 3. in Spinnereien Teil der Anlage zur Feuchterhaltung der Luft

Sprit [volkstümliche Umbildung von → Spiritus (II), formal an franz. *esprit* = „Geist; Weingeist" angelehnt] *der*; -[e]s, -e: (ugs.) Benzin, Treibstoff. **spritig**: spritähnlich

Spumante [*lat.-it.*] *der*; -s, -s: = → Asti spumante

Spurt [*engl.*] *der*; -[e]s, -s (selten: -e): Steigerung der Geschwindigkeit bei Rennen; äußerst schnelles Laufen über eine kürzere Strecke (Sport). **spurten**: einen Spurt machen (Sport)

Sputa: *Plural* von → Sputum. **Sputum** [*lat.*] *das*; -s, ...ta: Auswurf, Gesamtheit der Sekrete der Luftwege (Med.)

Square [*ßkᵘä'*; *lat.-vulgärlat.-fr.-engl.*] *der* od. *das*; -[s], -s: engl. Bezeichnung für: Quadrat; Platz. **Square dance** [- *danß*; *engl.-amerik.*] *der*; - -, - -s [- ...*ßis*, auch: ...*ßiß*]: beliebter amerikan. Volkstanz, bei dem jeweils vier Paare, in Form eines Quadrates aufgestellt, gemeinsam verschiedene Figuren ausführen

Squash [*ßkᵘosch*; *lat.-vulgärlat.-fr.-engl.*] *das*; -: 1. Ballspiel, bei dem ein kleiner Ball mit einer Art Tennisschläger gegen eine Wand geschlagen wird u. der Gegner daraufhin versuchen muß, den Ball beim Rückprall zu erreichen u. seinerseits zu schlagen (Sport). 2. ausgepreßter Saft [mit Mark] von Zitrusfrüchten

Squatter [*ßkᵘotᵉr*; *lat.-vulgärlat.-fr.-engl.*] *der*; -s, -: Ansiedler, der sich ohne Rechtstitel auf einem Stück unbebauten Landes niedergelassen hat (Sozialgeographie)

Squaw [*ßkᵘo*; *indian.-engl.*] *die*; -, -s: nordamerikan. Indianerfrau

Squire [*ßkᵘaiᵉr*; *lat.-fr.-engl.*] *der*; -[s], -s: engl. Gutsherr

Sserir vgl. Serir

Staatsärar [*lat.-mlat.(-fr.)*] *das*; -s, -e: (österr. Amtsspr.) = Fiskus. **Staatsmonopolkapitalismus** *der*; -: (Marxismus-Leninismus) staatsmonopolistischer Kapitalismus; Kurzw.: Stamokap. **Staatsräson** und **Staatsraison** [...*räsong*] *die*; -: (hist.) der Grundsatz [des Nationalstaates], daß die Staatsinteressen allen anderen Interessen voranstehen. **Staatsse|kretär** *der*; -s, -e: hoher Staatsbeamter, der einem Minister unmittelbar unterstellt ist u. dem die Geschäftsleitung des Ministeriums obliegt; in manchen Staaten (z. B. in den USA): Minister. **Staatssekretarie** [*schtátß...ri*] *die*; -: päpstliche Behörde für die Außenpolitik der kath. Kirche, unter Leitung des → Kardinalstaatssekretärs. **Staatsservituten** [...*wi*...] *die* (Plural): durch völkerrechtlich gültige Verträge einem Staat auferlegte Verpflichtungen, auf bestimmte Hoheitsrechte zugunsten anderer Staaten zu verzichten (z. B. fremden Truppen den Durchmarsch zu gestatten, auf Grenzbefestigungen zu verzichten)

Stabat mater [*lat.*; „die Mutter (Jesu) stand (am Kreuz)"] *das*; - -, - -: 1. (ohne Plural) Anfang u. Bezeichnung einer kath. → Sequenz (1). 2. Komposition, die den Text dieser Mariensequenz zugrunde legt

Stabelle [*lat.-roman.*] *die*; -, -n: (schweiz.) hölzerner Stuhl, Schemel

stabil [*lat.*]: 1. beständig, sich im Gleichgewicht haltend (z. B. Wetter, Gesundheit); Ggs. → labil (1). 2. seelisch robust, widerstandsfähig; Ggs. → labil (2). 3. körperlich kräftig, widerstandsfähig. 4. fest, dauerhaft, der Abnutzung standhaltend (z. B. in bezug auf Gegenstände). **Stabile** [*lat.-engl.*] *das*; -s, -s: auf dem Boden stehende metallene Konstruktion in abstrakter Gestaltung (in der modernen Kunst). **stabilieren** [*lat.*]: (veraltet) stabilisieren. **Stabilisator** [*lat.-nlat.*] *der*; -s, ...oren: 1. Gerät zur Gleichhaltung elektrischer Größen. 2. (bes. bei Kraftwagen verwendetes) Bauteil, das bei der Federung einen Ausgleich bei einseitiger Belastung o. ä. bewirkt. 3. Zusatz, der unerwünschte Reaktionen chemischer Verbindungen verhindert oder verlangsamt. 4. gerinnungshemmende Flüssigkeit für die Konservierung des Blutes (Med.). 5. Vorrichtung in Schiffen, die dem Schlingern entgegenwirkt. **stabilisieren**: festsetzen; festigen, dauerhaft, standfest machen. **Stabilität** [*lat.*] *die*; -: 1. Beständigkeit, Dauerhaftigkeit. 2. Standfestigkeit, Gleichgewichtssicherheit

staccato [*ßtak*...; *germ.-it.*]: kurz abgestoßen (zu spielen od. zu singen, in bezug auf eine Tonfolge); Abk.: stacc. (Vortragsanweisung; Mus.); Ggs. → legato; vgl. martellato. **Staccato** vgl. Stakkato

stadial [*gr.-lat.-nlat.*]: stufen-, abschnittweise. **Stadialität** [*gr.-lat.-russ.*] *die*; -: Lehre des russ. Sprachwissenschaftlers N. Marr, die auf der Annahme gesellschaftlich bedingter sprachlicher Veränderungen in bestimmten „Stadien" der Entwicklung beruhte. **Stadien** [...*iᵉn*]: *Plural* von → Stadion und → Stadium. **Stadion** [*gr.*] *das*; -s, ...ien [...*iᵉn*]: 1. mit Zuschauerrängen versehenes ovales Sportfeld; Kampfbahn. 2. alt- u. neugriechisches Längenmaß (1 Stadion alt = 184,98 m, 1 Stadion neu = 1 km). **Stadium** [*gr.-lat.*] *das*; -s, ...ien [...*iᵉn*]: Zustand; Entwicklungsstufe; Abschnitt

Stafette [*scht*...; *germ.-it.*] *die*; -, -n: 1. (hist.) reitender Eilbote, Meldereiter. 2. Staffel, Staffellauf (bes. Sport)

Staffage [*schtafasehᵉ*; mit französierender Endung zu → staffieren gebildet] *die*; -, -n: 1. Beiwerk; Nebensächliches; Ausstattung, trügerischer Schein. 2. Menschen u. Tiere als Belebung eines Landschafts- od. Architekturgemäldes (bes. in der Malerei des Barocks). **staffieren** [*fr.-niederl.*]: 1. (veraltet) ausstaffieren, ausrüsten, ausstatten (bes. mit Bekleidung, Wäsche). 2. (österr.) schmücken, putzen (z. B. einen Hut). 3. einen Stoff auf einen anderen aufnähen

Stage [*ßtasehᵉ*; *lat.-fr.*] *die*; -, -n: Vorbereitungszeit, Probezeit

Stagflation [...*zion*; Kurzw. aus: *Stagnation* u. *Inflation*] *die*; -, -en: Stillstand des Wirtschaftswachstums bei gleichzeitiger Geldentwertung

Stagiaire [*ßtasehiär*; *fr.*] *der*; -s, -s: Probekandidat

Stagione [*ßtadsehonᵉ*; *lat.-it.*] *die*; -, -n: 1. Spielzeit italienischer Operntheater. 2. Ensemble eines italienischen Operntheaters

Stagirit [*ßt*...; *gr.-lat.*] *der*; -en: Name für Aristoteles (384–322 v. Chr.), nach seinem Geburtsort Stageira in Makedonien

Sta|gnation [*scht*... od. *ßt*...; *lat.-nlat.*] *die*; -, -en: 1. Stockung, Stauung, Stillstand. 2. kalte Wasserschicht in Binnenseen, die sich im Sommer nicht mit der oberen erwärmten Schicht mischt (Geographie); vgl. ...[at]ion/...ierung. **sta|gnieren** [*lat.*]: 1. stocken, sich stauen; sich festfahren. 2. stehen (von Gewässern ohne sichtbaren Abfluß u. vom Stillstand eines Gletschers). **Sta|gnierung** *die*; -, -en: = Stagnation; vgl. ...[at]ion/...ierung

Stago|skopie [*gr.-nlat.*; „Tropfenschau"] *die*; -: neueres quantitatives Verfahren zum Nachweis von Stoffen in chem. Verbindungen (z. B. in Körpersäften od. an Kristallen in getrockneten Tropfen; Med.; Biol.)

Stainless Steel [*ßtéⁱnlᵉß ßtil*; *engl.*] *der*; - -: rostfreier Stahl (Qualitätsbezeichnung auf Gebrauchsgütern)

Stakes [*ßtéⁱkß*; *engl.*] *die* (Plural): 1. Einsätze bei Pferderennen, die den Pferden die Startberechtigung sichern. 2. Pferderennen, die aus Einsätzen bestritten werden

Staket [*scht*...; *germ.-it.-fr.-niederl.*] *das*; -[e]s, -e: Staketenzaun, Lattenzaun. **Stakete** *die*; -, -n: (österr.) Latte. **Stakkato** [*germ.-*

it.] *das*; -s, -s u. ...ti: ein die einzelnen Töne kurz abstoßender musikalischer Vortrag; vgl. staccato
Stalagmit [*gr.-nlat.*] *der*; -s u. -en, -e[n]: Tropfstein, der vom Boden der Höhle nach oben wächst; vgl. Stalaktit. **stalagmitisch**: wie ein Stalagmit geformt. **Stalagmometer** *das*; -s, -: Gerät zur Messung der Tropfengröße u. damit der Oberflächenspannung von Flüssigkeiten. **Stalaktit** *der*; -s u. -en, -e[n]: Tropfstein, der von der Höhlendecke nach unten wächst; vgl. Stalagmit
Stalinismus [*nlat.*; nach dem ehemaligen sowjetischen Diktator Stalin, 1879–1953] *der*; -: die von Stalin inspirierte Auslegung u. praktische Durchführung des Marxismus. **Stalinist** *der*; -en, -en: Anhänger, Verfechter des Stalinismus. **stalinistisch**: den Stalinismus betreffend
Stamen [*lat.*] *das*; -s, ...mina: Staubblatt der Pflanzenblüte (Bot.). **Staminodium** [(*lat.*; *gr.*) *nlat*] *das*; -s, ...ien [...*i^e n*]: rückgebildetes od. umgebildetes Staubblatt (Bot.)
Stamokap [Kurzw. für: Staatsmonopolkapitalismus] *der*; -[s], -s: 1. (ohne Plural) politische These, nach der der spätkapitalistische Staat aufs engste mit den großen Wirtschaftsunternehmen verknüpft ist u. für deren Profite sorgt. 2. Vertreter dieser These
Stampede [auch: *ßtämpid*; *germ.-span.*(*mex.*)-*engl.-amerik.*] *die*; -, -n: wilde Flucht einer in Panik geratenen [Rinder]herde
Stampi|glie [...*pilj^e*; *germ.-fr.-span.-it.*] *die*; -, -n: (österr.) Gerät zum Stempeln; Stempelaufdruck
Standard
I. [*schtandart*; *germ.-fr.-engl.*] *der*; -s, -s: 1. Normalmaß, Durchschnittsbeschaffenheit, Richtschnur. 2. allgemeines Leistungs-, Qualitäts-, Lebensführungsniveau; Lebensstandard. 3. (DDR) staatlich vorgeschriebene Norm. 4. Feingehalt (Verhältnis zwischen edlem u. unedlem Metall) einer Münze. 5. anerkannter Qualitätstyp, Qualitätsmuster, Normalausführung einer Ware.
II. [*ßtänd^erd*; *engl.*] *das*; -s, -s: Musikstück, das zum festen Repertoire [einer Jazzband] gehört
Standardisation [...*zion*] *die*; -, -en: = Standardisierung; vgl. ...[at]ion/...ierung. **standardisieren**: [nach einem Muster] vereinheitlichen. **Standardisierung** *die*; -, -en: das Standardisieren; vgl. ...[at]ion/...ierung. **Standardsprache** *die*; -, -n: die über Umgangssprache, Gruppensprachen u. Mundarten stehende allgemeinverbindliche Sprachform, die sich im mündl. und schriftl. Gebrauch normsetzend entwickelt hat; Hochsprache, Schriftsprache, Literatursprache. **Standarte** [*germ.-fr.*] *die*; -, -n: 1. Feldzeichen, Fahne einer berittenen od. motorisierten Truppe; Flagge eines Staatsoberhaupts. 2. die etwa einem Regiment entsprechende Einheit von SA u. SS zur Zeit des Nationalsozialismus. 3. (Jägerspr.) Schwanz des Fuchses (od. Wolfes)
Stand-by [*ßtändbai*; *engl.*] *das*; -[s], -s: Form der Flugreise (zu verbilligtem Preis), bei der der Flugpassagier keine feste Platzbuchung vornimmt, sondern sich vor der Abflugzeit in eine bestimmte Warteliste einträgt, nach der die Plätze im Flugzeug verteilt werden (Luftf.). **Standing** [*ßtänding*; *engl.*] *das*; -[s]: engl. Bezeichnung für: Rang, Ansehen, Name
Stanitzel [*scht*...; Herkunft unsicher] *der* od. *das*; -s, -: (bayr.-österr., ugs.) spitze Papiertüte
Stannat [*lat.-nlat.*] *das*; -[e]s, -e: Salz der Zinnsäure (Chem.). **Stannin** [*lat.-nlat.*] *der*; -s, -e: Zinnkies. **Stanniol** [*scht*...] *das*; -s, -e: 1. silberglänzende Zinnfolie. 2. (ugs.) silberglänzende Aluminiumfolie. **stanniolieren**: in Stanniol verpacken. **Stannum** *das*; -s: Zinn; chem. Zeichen: Sn
stantape [*scht*...]: (österr. salopp) = stante pede. **stante pede** [*ßt*... -, auch: *scht*... -; *lat.*; „stehenden Fußes"]: sofort, auf der Stelle (im Hinblick auf etw., was zu unternehmen ist). **Stanze** [*lat.-it.*] *die*; -, -n: (urspr. italien.) Strophenform aus acht elfsilbigen jambischen Verszeilen (Reimfolge: ab ab ab cc). **Stanzen** *die* (Plural): die von Raffael u. seinen Schülern ausgemalten Wohnräume des Papstes Julius II. im Vatikan
Stapelia [*scht*...] *die*; -, ...ien [...*i^e n*] u. **Stapelie** [*schtapeli^e*; *nlat.*; nach dem niederl. Arzt J. B. van Stapel, † 1639] *die*; -, -n: Aasblume od. Ordenskaktus (Bot.)
Staphyle [*gr.*; „Weinbeere"] *die*; -, -n: Zäpfchen am Gaumen (Med.). **Staphylinide** [*gr.-nlat.*] *die*; -, -n (meist Plural): Kurzflügler (Käfer mit verkürzten Vorderflügeln). **Staphylitis** *die*; -, ...itiden: Entzündung des Gaumenzäpfchens (Med.). **Staphylodermie** *die*; -, ...ien: durch Staphylokokken verursachte Hauteiterung (z. B. Furunkel; Med.). **Staphylokokkus** *der*; -, ...kken: traubenförmige Bakterie, Eitererreger (Med.). **Staphylolysin** *das*; -s: ein die Blutkörperchen auflösendes Gift der Staphylokokken (Med.). **Staphylom** [*gr.-lat.*] *das*; -s, -e u. **Staphyloma** *das*; -s, -ta: Beerengeschwulst am Auge (durch Vorwölbung des Augeninhalts; Med.). **Staphylomykose** [*gr.-nlat.*] *die*; -, -n: Erkrankung durch Infektion mit Staphylokokken (Med.)
Starez [*ßt*...; *russ.*; „der Alte"] *der*; -, Starzen: ostkirchlicher Mönch der höchsten → asketischen Stufe (im Volksglauben oft als wundertätig verehrt). **Starine** vgl. Byline
Starlet[t] [*ßta^rlät*; *engl.*; „Sternchen"] *das*; -s, -s: [ehrgeizige] Nachwuchsfilmschauspielerin
Starost [*scht*...; *poln.*] *der*; -en, -en: 1. (hist.) Dorfvorsteher in Polen. 2. Kreishauptmann, Landrat in Polen. **Starostei** *die*; -, -en: a) Amt eines Starosten; b) Amtsbezirk eines Starosten
Starowerzen [*ßt*...; *russ*; „Altgläubige"] *die* (Plural): wichtigste Gruppe der → Raskolniki
Stars and Stripes [*ßta^rs ^end ßtraipß*; *engl.*; „Sterne u. Streifen"] *die* (Plural): die Nationalfahne der USA
Starzen: *Plural* von → Starez
Stase [*ßt*...; *gr.*] u. **Stasis** *die*; -, Stasen: Stockung, Stauung (Med.). **Stasimon** [„Standlied"] *das*; -s, ...ma: von dem in der → Orchestra stehenden Chor der altgriech. Tragödie (zwischen zwei → Epeisodia) gesungenes Lied. **Stasimorphie** [*gr.-nlat.*] *die*; -, ...ien: das Stehenbleiben in der Organentwicklung bei Pflanzen (Bot.). **Stasis** vgl. Stase. **Stat** [Kurzw. aus: elektro*stat*isch] *das*; -, -: (veraltet) Bezeichnung für die Stärke eines radioaktiven Präparats (Abk.: St). **statarisch** [*lat.*]: verweilend, langsam fortschreitend; -e Lektüre: durch ausführliche Erläuterungen des gelesenen Textes immer wieder unterbrochene, nur langsam fortschreitende Lektüre; Ggs. → kursorisch. **State Department** [*ßte^it dipa^rtm^ent*; *engl.*] *das*; - -: das Außenministerium der Vereinigten Staaten. **Statement** [*ßte^itm^ent*] *das*; -s, -s: öffentliche [politische] Erklärung od. Behauptung. **Stater** [*gr.*(-*lat.*)] *der*; -s, -e: Name verschiedener Münzen des Altertums. **Stathmograph** [*gr.-nlat.*] *der*; -en, -en: selbsttätig arbeitendes Instrument zur Aufzeichnung von Geschwindigkei-

ten u. Fahrzeiten von Eisenbahnzügen. **statieren** [*scht...*; *lat.-nlat.*]: als Statist tätig sein. **Statik** [*gr.*] *die*; -: 1. a) Teilgebiet der Mechanik, auf dem man sich mit dem Gleichgewicht von Kräften an ruhenden Körpern befaßt; b) Lehre vom Gleichgewicht der Kräfte an ruhenden Körpern. 2. Stabilität bewirkendes Verhältnis der auf ruhende Körper, bes. auf Bauwerke, wirkenden Kräfte. 3. statischer (3) Zustand. **Statiker** *der*; -s, -: Bauingenieur mit speziellen Kenntnissen auf dem Gebiet der Statik, d. i. Berechnung von Bauwerken unter Berücksichtigung der äußeren (angreifenden) und inneren (werkstoffabhängigen) Kräfte. **Station** [*...zion*; *lat.*] *die*; -, -en: 1. a) [kleiner] Bahnhof; b) Haltestelle (eines öffentlichen Verkehrsmittels); c) Halt, Aufenthalt, Rast. 2. Bereich, Krankenhausabteilung. 3. Ort, an dem sich eine techn. Anlage befindet, Sende-, Beobachtungsstelle. 4. Stelle, an der bei einer Prozession haltgemacht wird. **stationär** [*lat.*(*-fr.*)]: 1. a) an einen festen Standort gebunden; b) örtlich u. zeitlich nicht verändert; unverändert. 2. an eine Krankenhausaufnahme gebunden, die Behandlung in einer Klinik betreffend (Med.); Ggs. → ambulant (2). **stationieren** [*lat.-fr.*]: 1. an einen bestimmten Platz stellen, aufstellen, anstellen. 2. eine Truppe an einen bestimmten Standort verlegen. **statiös** [*lat.*, mit französierender Endung]: (veraltet, aber noch landsch.) prunkend, stattlich, ansehnlich, vorzüglich. **statisch** [*gr.*]: 1. die Statik betreffend (Bauw.). 2. keine Bewegung, Entwicklung aufweisend; Ggs. → dynamisch (1). 3. das von Kräften erzeugte Gleichgewicht betreffend (Phys.). **Statist** [*lat.-nlat.*] *der*; -en, -en: jmd., der als stumme Figur in einer Theater- od. Filmszene mitwirkt. **Statisterie** *die*; -, ...ien: Gesamtheit der Statisten. **Statistik** *die*; -, -en: 1. (ohne Plural) wissenschaftliche Methode zur zahlenmäßigen Erfassung, Untersuchung u. Darstellung von Massenerscheinungen. 2. [schriftlich] dargestelltes Ergebnis einer Untersuchung nach der statistischen Methode. 3. Auswertung einer großen Zahl physikalischer Größen zur Bestimmung von physikalischen Gesetzen. **Statistiker** *der*; -s, -: 1. Wissenschaftler, der sich mit den theoretischen Grundlagen u. den Anwendungsmöglichkeiten der Statistik befaßt. 2. Bearbeiter u. Auswerter von Statistiken. **statistisch**: die Statistik betreffend, auf Ergebnissen der Statistik beruhend. **Stativ** [*lat.*] *das*; -s, -e [*...w*[e]]: dreibeiniges Gestell zum Aufstellen von Geräten (z. B. für Kamera, Nivellierinstrument). **Statoblast** [*ßt...*; *gr.-nlat.*] *der*; -en, -en: ungeschlechtlicher Fortpflanzungskörper der Moostierchen (Biol.). **Statolith** [auch: *...it*] *der*; -s u. -en, -e[n] (meist Plural): 1. Steinchen in Gleichgewichtsorganen von Tieren, Gehörsand (Medizin; Biologie). 2. Stärkekorn in Pflanzenwurzeln (Bot.). **Stator** [*lat.-nlat.*] *der*; -s, ...oren: 1. feststehender Teil eines Elektromotors od. einer Dynamomaschine; Ggs. → Rotor (1). 2. feststehendes Plattenpaket beim Drehkondensator, in das der Rotor hineingedreht werden kann. 3. feststehende Spule beim → Variometer. **Stato|skop** [*gr.-nlat.*] *das*; -s, -e: hochempfindliches Gerät zum Messen von Höhendifferenzen beim Flug. **Statuarik** [*lat.-nlat.*] *die*; -: Statuenhaftigkeit. **statuarisch** [*lat.*]: auf die Bildhauerkunst od. eine Statue bezüglich; standbildhaft. **Statue** [*...u*[e]] *die*; -, -n: Standbild (plastische Darstellung eines Menschen od. Tieres). **Statuette** [*lat.-fr.*] *die*; -, -n: kleine Statue. **statuieren** [*lat.*]: aufstellen, festsetzen; bestimmen; ein Exempel -: ein warnendes Beispiel geben. **Statur** [*scht...*] *die*; -, -en: [Körper]gestalt, Wuchs. **Status** *der*; -, - [*ßtátuß*]: 1. Zustand; Bestand; - nascendi [- *...zändi*]: besonders reaktionsfähiger Zustand chem. Stoffe im Augenblick ihres Entstehens aus anderen (Chem.); - quo: gegenwärtiger Zustand; - quo ante: Stand vor dem bezeichneten Tatbestand od. Ereignis; - quo minus: Verschlechterung gegenüber dem gegenwärtigen Zustand. 2. (Med.) a) allgemeiner Gesundheits- od. Krankheitszustand; der sich aus der ärztl. Untersuchung ergebende Allgemeinbefund; b) akutes Stadium einer Krankheit mit gehäuft auftretenden Symptomen; - praesens [- *prä...*]: augenblicklicher Krankheitszustand. 3. anlagemäßig bedingte Neigung zu einer best. Krankheit (Med.). 4. durch Rasse, Bildung, Geschlecht, Einkommen u. a. bedingte Stellung des einzelnen in der Gesellschaft. **Statussymbol** *das*; -s, -e: äußeres [materielles] Zeichen, mit dem die tatsächliche od. erstrebte Zugehörigkeit zu einer Gesellschaftsschicht dokumentiert werden soll. **Statut** *das*; -[e]s, -en: Satzung, [Grund]gesetz. **statutarisch** [*lat.-nlat.*]: auf Statut beruhend, satzungs-, ordnungsgemäß. **Statute Law** [*ßtätjut lo*; *engl.*] *das*; - -: das gesetzlich verankerte Recht in England; vgl. Common Law

Staurolith [*ßt...*, auch: *...it*; *gr.*] *der*; -s, u. -en, -e[n]: ein Mineral. **Staurothek** *die*; -, -en: Behältnis für eine Reliquie des heiligen Kreuzes

Steadyseller [*ßtädißäl*[e]*r*; *engl.-amerik.*] *der*; -s, -: ständiger Bestseller; vgl. → Longseller

Steak [*ßtek*; *altnord.-engl.*] *das*; -s, -s: Fleischscheibe aus der Lende (vor allem von Rind, Kalb, Schwein), die nur kurz gebraten wird. **Steaklet** [*ßtekl*[e]*t*] *das*; -s, -s: flachgedrückter kurz gebratener Kloß aus feinem Hackfleisch

Steam [*ßtim*; *engl.*] *der*; -: engl. Bezeichnung für: Dampf. **Steamer** *der*; -s, -: engl. Bezeichnung für: Dampfer

Steapsin [*gr.-nlat.*] *das*; -s, -e: (veraltet) Lipase. **Stearat** *das*; -[e]s, -e: Salz der Stearinsäure (Chem.). **Stearin** [*scht...*, auch: *ßt...*] *das*; -s, -e: festes Gemisch aus Stearin- u. Palmitinsäure nach Entfernen der flüssigen Ölsäure, Rohstoff zur Kerzenherstellung. **Stearrhö**[1] [*ßt...*] *die*; -, -en u. **Stear|rhöe** [*...rö*] *die*; -, -n [*...rö*[e]*n*]: Fettdurchfall, in reichem Maße Fettstoffe enthaltender Stuhl (Med.). **Steatit** [auch: *...it*; *gr.-lat.*] *der*; -s, -e: ein Mineral (Speckstein). **Steatom** [*gr.-nlat.*] *das*; -s, -e: Talggeschwulst (Med.). **Steatopygie** *die*; -: starker Fettansatz am Steiß (Med.). **Steatose** *die*; -, -n: Verfettung (Med.). **Steatozele** *die*; -, -n: Fettbruch (Med.)

Steelband [*ßtilbänd*; *amerik.*] *die*; -, -s: Band, deren Instrumente aus verschieden großen leeren Ölfässern bestehen (vor allem auf den karibischen Inseln)

Steeple|chase [*ßtíp*[e]*ltsche*[i]*ß*; *engl.*] *die*; -, -n [*...tsche*[i]*ß*[e]*n*]: Hindernisrennen, Jagdrennen (Pferdesport). **Steepler** [*ßtipl*[e]*r*] *der*; -s, -: Rennpferd für Hindernisrennen

Stegano|graphie [*ßt...*; *gr.-nlat.*] *die*; -: (veraltet) Geheimschrift, Geheimschreibkunst. **Stegodon**

[1] Vgl. die Anmerkung zu Diarrhö.

das; -s, ...donten: ausgestorbenes Rüsseltier. **Stegosaurier** [...*i^er*] *der*; -s, -: Gattung der ausgestorbenen → Dinosaurier mit sehr kleinem Schädel. **Stegozephale** *der*; -n, -n: ausgestorbener Panzerlurch (Oberdevon bis Trias)

Stele [*ßt*...; *gr.*] *die*; -, -n: 1. frei stehende, mit einem Relief od. einer Inschrift versehene Platte oder Säule (bes. als Grabdenkmal; Kunstw.). 2. Leitbündelstrang des Pflanzensprosses (Zentralzylinder der Pflanze)

Stellage [*schtälasch^e*; *niederl.*] *die*; -, -n: Aufbau aus Stangen u. Brettern o. ä. [zum Abstellen, Aufbewahren von etw.]; Gestell. **Stellagegeschäft** [*niederl.*; *dt.*] *das*; -[e]s, -e: Form des Prämiengeschäftes der Terminbörse

stellar [*ßt*...; *lat.*]: die Fixsterne betreffend. **Stellar|astronom** *der*; -en, -en: Wissenschaftler auf dem Gebiet der Stellarastronomie. **Stellar|astronomie** *die*; -: Teilgebiet der Astronomie, auf dem man sich besonders mit den Fixsternen, Sternhaufen u. Nebelsystemen beschäftigt. **Stellarator** [*schtälarato^r*, engl.: *ßtäl^ere^it^er*] *der*; -s, ...oren, (bei engl. Ausspr.:) -s: amerik. Versuchsgerät zur Erzeugung thermonuklearer Kernverschmelzung. **Stellardynamik** *die*; -: Ableitung der Bewegungen der Fixsterne aus dem bekannten Kraftfeld im Milchstraßensystem, Teilgebiet der Astronomie. **Stellerator** vgl. Stellarator

Stemma [auch: *ßt*...; *gr.-lat.*] *das*; -s, -ta: 1. [in graphischer Form erstellte] Gliederung der einzelnen Handschriften eines literarischen Werks in bezug auf ihre zeitliche Folge u. textliche Abhängigkeit (Literaturw.). 2. → Graph (I) zur Beschreibung der Struktur eines Satzes (Sprachw.). **stemmatologisch**: das Stemma betreffend

Steno [*scht*...] *die*; -: (ugs.) Kurzform von → Stenographie. **Stenodaktylo** *die*; -, -s: Kurzform von → Stenodaktylographin. **Stenodaktylo|graphie** [*gr.-nlat.*] *die*; -: (schweiz.) Stenographie u. Maschineschreiben. **Stenodaktylographin** *die*; -, -nen: (schweiz.) Stenotypistin. **Steno|graf** usw. vgl. Stenograph usw. **Stenogramm** *das*; -s, -e: in Stenographie geschriebenes Diktat, geschriebene Rede. **Steno|graph** [*gr.-engl.*] *der*; -en, -en: jmd., der Stenographie schreibt, Kurzschriftler. **Steno|graphie** *die*; -, ...ien: Kurzschrift (Schreibsystem mit besonderen Zeichen u. Schreibbestimmungen zum Zwecke der Schriftkürzung). **steno|graphieren**: in Stenographie schreiben. **steno|graphisch**: a) die Stenographie betreffend; b) in Kurzschrift geschrieben, kurzschriftlich. **stenohalin** [*gr.-nlat.*]: empfindlich gegenüber Schwankungen des Salzgehalts des Wassers (von Pflanzen u. Tieren; Biol.); Ggs. → euryhalin. **sten|ök**: empfindlich gegenüber Schwankungen der Umweltfaktoren (von Pflanzen u. Tieren; Biol.); Ggs. → euryök. **Stenokardie** *die*; -, ...ien: Herzbeklemmung, Herzangst (Angina pectoris; Med.). **Stenokontoristin** [*scht*...] *die*; -, -nen: Kontoristin mit Kenntnissen in Stenographie und Maschineschreiben. **Stenokorie** [*ßt*..., auch: *scht*...] *die*; -: = Miosis. **stenophag**: auf bestimmte Nahrung angewiesen (von Pflanzen u. Tieren; Biol.); Ggs. → euryphag. **Stenose** *die*; -, -n u. **Stenosis** [*gr.*; „Einengung"] *die*; -, ...osen: Verengung von Öffnungen, Kanälen (Med.). **stenotherm** [*gr.-nlat.*]: empfindlich gegenüber Temperaturschwankungen (von Pflanzen u. Tieren; Biol.); Ggs. → eurytherm. **Stenothorax** *der*; -[es], -e: enger Brustkorb (Med.). **stenotop**: nicht weit verbreitet (von Pflanzen u. Tieren; Biol.). **Stenotypie** [*scht*...; *gr.-engl.*] *die*; -, ...ien: Druck in Stenographie. **stenotypieren**: stenographisch niederschreiben u. danach in Maschinenschrift übertragen. **Stenotypistin** [*gr.-engl.-fr.*] *die*; -, -nen: weibliche Kraft, die Stenographie u. Maschineschreiben beherrscht. **sten|oxybiont** [*gr.-nlat.*]: empfindlich gegenüber Schwankungen des Sauerstoffgehaltes (von Pflanzen u. Tieren; Biol.)

stentando u. **stentato** [*lat.-it.*]: zögernd, schleppend (Vortragsanweisung; Mus.)

Stentorstimme [nach dem stimmgewaltigen Helden des Trojanischen Krieges] *die*; -, -n: laute, gewaltige Stimme

Step [*engl.*; „Schritt, Tritt"] *der*; -s, -s: 1. zweiter Sprung beim Dreisprung (Leichtathletik); vgl. Hop (I), Jump (1). 2. artistischer Tanz, bei dem der Rhythmus durch Klappen mit den Fußspitzen u. Hacken hörbar gemacht wird

Steppe [*russ.*] *die*; -, -n: überwiegend baumlose, trockene Graslandschaft außereurop. Klimazonen

Ster [*gr.-fr.*] *der*; -s, -e u. -s (aber: 3 -): ein vor allem in der Forstwirtschaft verwendetes Raummaß für Holz (1 m³). **Steradiant** [*gr.*; *lat.*] *der*; -en, -en: Einheit des Raumwinkels; Abk.: sr (Math.)

Sterculia [*ßtärku*...; *lat.-nlat.*] *die*; -: Pflanzengattung aus der Familie der Sterkuliengewächse, die teilweise Nutzholz liefert

stereo [*gr.*]: 1. = stereophonisch. 2. (ugs.) bisexuell, z. B. junges Paar, sie -, sucht aufgeschlossene Freundin. **Stereo** *das*; -s, -s: 1. Kurzform von → Stereotypplatte. 2. (ohne Plural) Kurzform von → Stereophonie. **Stereoagnosie** [*gr.-nlat.*] *die*; -, ...ien: Unfähigkeit, Gegenstände allein mit Hilfe des Tastsinns zu identifizieren (Med.); Ggs. → Stereognosie. **Stereo|akustik** *die*; -: Wissenschaft vom räumlichen Hören. **Stereo|auto|graph** *der*; -en, -en: optisches Instrument zur Raumbildauswertung für Karten (Kartographie). **Stereobat** *der*; -en, -en: Fundamentunterbau des griech. Tempels. **Stereobild** *das*; -[e]s, -er: Bild, das bei der Betrachtung einen räumlichen Eindruck hervorruft; Raumbild. **Stereochemie** *die*; -: Teilgebiet der Chemie, das die räumliche Anordnung der Atome im Molekül erforscht. **Stereochromie** [...*kro*...] *die*; -: ein altes Verfahren der Wandmalerei. **Stereodecoder** *der*; -s, -: → Decoder in einem Stereorundfunkgerät. **Stereofernsehen** *das*; -s: Fernsehen mit stereophoner Tonwiedergabe. **Stereofilm** *der*; -[e]s, -e: dreidimensionaler Film. **Stereofoto|grafie** und Stereophotographie *die*; -, ...ien: 1. (ohne Plural) Verfahren zur Herstellung von räumlich wirkenden Fotografien. 2. fotografisches Raumbild. **Stereognosie** *die*; -, ...ien: Fähigkeit, Gegenstände allein mit Hilfe des Tastsinns zu identifizieren (Med.); Ggs. → Stereoagnosie. **Stereo|graph** *der*; -en, -en: Maschine zur Herstellung von Stereotypplatten. **stereographisch**: kreistreu. **Stereom** *das*; -s, -e: Festigungsgewebe der Pflanzen (zusammenfassende Bezeichnung für → Sklerenchym u. → Kollenchym; Bot.). **Stereometer** *das*; -s, -: 1. optisches Gerät zur Messung des Volumens fester Körper (Phys.). 2. Gerät zur Auswertung von Stereofotografien. **Stereome|trie** [*gr.*] *die*; -: Wissenschaft von der Geometrie u. der Berechnung räumlicher Gebilde (Math.); vgl. Planimetrie.

stereome|trisch: die Stereometrie betreffend. **stereophon**: über zwei od. mehr Kanäle elektroakustisch übertragen, räumlich klingend; vgl. quadrophon. **Stereophonie** [*gr.-nlat.*] *die*; -: elektroakustische Schallübertragung über zwei od. mehr Kanäle, die räumliches Hören gestattet (z. B. bei Breitwandfilmen, in der Rundfunktechnik und in der modernen Schallplattentechnik); vgl. Quadrophonie. **stereophonisch**: = stereophon. **Stereophoto|gramme|trie** *die*; -: Auswertung und Ausmessung von räumlichen Meßbildern bei der Geländeaufnahme (Kartographie). **Stereophoto|graphie** vgl. Stereofotografie. **Stereoplanigraph** [*gr.*; *lat.*; *gr.*] *der*; -en, -en: optisches Instrument zur Raumbildauswertung für Karten (Kartographie). **Stereo|platte** *die*; -, -n: Schallplatte, die stereophonisch abgespielt werden kann. **Stereoskop** [*gr.-nlat.*] *das*; -s, -e: optisches Gerät zur Betrachtung von Stereobildern. **Stereo|skopie** *die*; -: Gesamtheit der Verfahren zur Aufnahme u. Wiedergabe von raumgetreuen Bildern. **stereoskopisch**: räumlich erscheinend, dreidimensional wiedergegeben. **stereotaktisch**: die Stereotaxie betreffend, auf ihr beruhend (Med.). **Stereotaxie** *die*; -: durch ein kleines Bohrloch in der Schädeldecke punktförmig genaues Berühren eines bestimmten Gebietes im Gehirn (Med.). **Stereotaxis** [*gr.*] *die*; -: 1. = Stereotaxie. 2. Bestreben von Tieren, mit festen Gegenständen in Berührung zu kommen (z. B. bei Röhren- od. Höhlenbewohnern). **Stereotomie** *die*; -: (veraltet) Teil der Stereometrie, der die Durchschnitte der Oberflächen von Körpern behandelt, bes. den sogenannten Steinschnitt bei Gewölbekonstruktionen. **Stereotuner** [...*tjun^{e}r*] *der*; -s, -: Tuner für Stereoempfang. **stereotyp** [*gr.-fr.*]: 1. mit feststehender Schrift gedruckt. 2. feststehend, unveränderlich. 3. ständig [wiederkehrend]; leer, abgedroschen. **Stereotyp** [*gr.-engl.*] *das*; -s, -e[n] (meist Plural): 1. eingebürgertes Vorurteil mit festen Vorstellungsklischees innerhalb einer Gruppe; vgl. Autostereotyp u. Heterostereotyp ([Sozial]-psychol.). 2. = Stereotypie (2). **Stereotypdruck** *der*; -s, -e: Druck von der Stereotypplatte. **Stereotypeur** [...*pör*; *gr.-fr.*] *der*; -s, -e: jmd., der → Matern herstellt u. ausgießt (Druckw.). **Stereotypie** *die*; -, ...ien: 1. das Herstellen u. Ausgießen von → Matern (Druckw.). 2. das Wiederholen von sprachlichen Äußerungen od. motorischen Abläufen über einen längeren Zeitraum (Psychol.; Med.); vgl. Perseveration. **stereotypieren** [*gr.-fr.-nlat.*]: → Matern herstellen u. zu Stereotypplatten ausgießen (Druckw.). **stereotypisch**: stereotyp. **Stereotypplatte** *die*; -, -n: Abguß einer → Mater in Form einer festen Druckplatte

steril [*lat.-fr.*; „unfruchtbar; ertraglos"]: 1. keimfrei; vgl. aseptisch (1). 2. unfruchtbar, nicht fortpflanzungsfähig; Ggs. → fertil. 3. a) langweilig, geistig unfruchtbar, unschöpferisch; b) kalt, nüchtern wirkend, ohne eigene Note gestaltet. **Sterilisation** [...*zion*] *die*; -, -en: = das Sterilisieren. **Sterilisator** [*lat.-fr.-nlat.*] *der*; -s, ...oren: Entkeimungsapparat. **sterilisieren** [*lat.-fr.*]: 1. keimfrei [u. dadurch haltbar] machen (z. B. Nahrungsmittel). 2. unfruchtbar, zeugungsunfähig machen. **Sterilität** *die*; -: 1. Keimfreiheit (von chirurgischen Instrumenten u. a.). 2. Unfruchtbarkeit (der Frau), Zeugungsunfähigkeit (des Mannes); Ggs. → Fertilität. 3. geistiges Unvermögen, Ertraglosigkeit

Sterin [*gr.-nlat.*] *das*; -s, -e: in jeder tierischen od. pflanzlichen Zelle vorhandene Kohlenwasserstoffverbindung

sterkoral [*lat.-mlat.*]: kothaltig, kotig (Med.)

Sterlet[t] [*russ.*] *der*; -s, -e: (in osteurop. Gewässern lebender) kleiner Stör

Sterling [*ßtär*... od. *ßtö^r*...; *engl.*] *der*; -s, -e (aber: 5 Pfund -): 1. altengl. Silbermünze. 2. Währungseinheit in Großbritannien; Pfund -; Zeichen u. Abk.: £, £Stg.

sternal [*gr.-nlat.*]: zum Brustbein gehörend (Med.). **Stern|algie** *die*; -, ...ien: Brustbeinschmerz (Med.). **Sternum** *das*; -s, ...na: Brustbein (Med.)

Steroid [Kunstw.] *das*; -[e]s, -e (meist Plural): biologisch wichtige organische Verbindung (z. B. Gallensäure und Geschlechtshormone). **Steroidhormon** *das*; -s, -e (meist Plural): Wirkstoff, der aus → Cholesterin od. Cholesterinderivaten gebildet wird (z. B. das Hormon der Keimdrüsen u. der Nebennierenrinde; Biol.)

Stertor [*lat.-nlat.*] *der*; -s: röchelndes Atmen (Med.). **stertorös**: röchelnd, schnarchend (vom Atemgeräusch; Med.)

Stetho|skop [*gr.-nlat.*] *das*; -s, -e: Hörrohr zur → Auskultation

Stetson [*ßtätß^{e}n*; *amerik.*; nach dem Hersteller] *der*; -s, -s: weicher Filzhut mit breiter Krempe; Cowboyhut

Steward [*ßtju^{e}rt*; *engl.*] *der*; -s, -s: Betreuer der Passagiere an Bord von Schiffen, Flugzeugen u. in Omnibussen. **Stewardeß** [*ßtju^{e}rdäß*, auch: ...*däß*] *die*; -, ...essen: Betreuerin von Passagieren, bes. in Flugzeugen. **Stewardship** [...*schip*; *engl.*] *die*; -: Laiendienst der Gemeindemitglieder, die einen Teil ihrer Zeit, ihrer Fähigkeiten u. ihres Geldes der Gemeinde zur Verfügung stellen (in der protestantischen Kirche der USA)

Sthenie [*gr.-nlat.*] *die*; -, ...ien: Vollkraft, Kraftfülle (Med.). **sthenisch**: vollkräftig, kraftvoll

Stibium [*gr.-lat.*] *das*; -s: = Antimon. **Stibnit** [*gr.-lat.-nlat.*] *der*; -s, -e: Antimonglanz

Sticharion [*mgr.*] *das*; -s, ...ia: liturgisches Gewand in der Ostkirche, ein ungegürteter weißer od. farbiger Talar; vgl. Albe

stichisch [*gr.*]: nur den Vers als metrische Einheit besitzend (von Gedichten); vgl. monostichisch. **Stichomantie** [*gr.-nlat.*] *die*; -, ...ien: Wahrsagung aus einer zufällig aufgeschlagenen Buchstelle (Bibelvers u. ä.). **Stichome|trie** *die*; -, ...ien: 1. in der Antike die Bestimmung des Umfangs einer Schrift nach Normalzeilen zu etwa 16 Silben. 2. → Antithese, die im Dialog durch Behauptung u. Entgegnung entsteht (Stilk.). **Stichomythie** [*gr.*] *die*; -, ...ien: Wechsel von Rede u. Gegenrede mit jedem Vers im [altgriech.] Drama; vgl. Distichomythie u. Hemistichomythie

Stick [*ßtik*; *engl.-amerik.*] *der*; -s, -s: 1. (meist Plural) kleine, dünne Salzstange, ein Knabbergebäck. 2. Stift (als Kosmetikartikel, z. B. Deodorantstick). **Sticker** *der*; -s, -: [selbstklebender] Aufkleber aus Papier od. Plastik

Stick|oxydul [*dt.*; *gr.-nlat.*] *das*; -s: Lachgas

Stiefo|grafie und **Stiefo|graphie** [nach dem Erfinder Helmut Stief] *die*; -: ein Kurzschriftsystem

stiekum [*jidd.*]: (landsch.) heimlich, leise

Stigma [*gr.-lat.*; „Stich"] *das*; -s, ...men u. -ta: 1. a) Mal, Zeichen; Wundmal; b) (nur Plural) Wundmale Christi. 2. a) Narbe der Blütenpflanzen; b) Augenfleck der Einzeller; c) äußere Öffnung der → Tracheen (1). 3. den Sklaven aufgebranntes Mal bei Griechen u. Römern. 4. auffälliges Krankheitszeichen, bleibende krankhafte Veränderung (z. B. bei Berufskrankheiten; Med.). **Stigmarie** [...*i*; *gr.-nlat.*] *die*; -, -n (meist Plural): versteinerter Wurzelstock des ausgestorbenen Schuppenbaumes (häufig im → Karbon). **Stigmata**: *Plural* von → Stigma. **Stigmatisation** [...*zion*; *gr.-mlat.-nlat.*] *die*; -, -en: 1. Auftreten der fünf Wundmale Christi bei einem Menschen. 2. Brandmarkung der Sklaven im Altertum. 3. das Auftreten von Hautblutungen u. anderen psychogen bedingten Veränderungen bei hysterischen Personen. **stigmatische Abbildung** *die*; -n -, -n -en: optische Abbildung mit sehr geringer → Aberration (1). **stigmatisieren** [*gr.-mlat.*]: 1. a) mit den Wundmalen des gekreuzigten Jesus kennzeichnen; b) jmdn. brandmarken, anprangern. 2. jmdm. bestimmte, von der Gesellschaft als negativ bewertete Merkmale zuordnen, jmdn. in diskriminierender Weise kennzeichnen (Soziol.). **stigmatisiert**: mit den Wundmalen Christi gezeichnet. **Stigmatisierte** *der* u. *die*; -n, -n: Person, bei der die Wundmale Christi erscheinen. **Stigmator** *der*; -s, ...oren: Vorrichtung in Elektronenmikroskopen, mit der sich der [axiale] → Astigmatismus (1) ausgleichen läßt. **Stigmen**: *Plural* von → Stigma. **Stig|monym** [*gr.-nlat.*] *das*; -s, -e: durch Punkte od. Sternchen [teilweise] ersetzter Name

Stil [*lat.*] *der*; -[e]s, -e: 1. Art des sprachlichen Ausdrucks [eines Individuums]. 2. einheitliche u. charakteristische Darstellungs- u. Ausdrucksweise einer Epoche od. eines Künstlers; galanter -: franz. beeinflußte, freiere Kompositionsweise, die im 18. Jh., bes. in der Cembalomusik in Deutschland, die streng gebundene Musik der Zeit Bachs u. Händels ablöste. 3. Lebensweise, die dem besonderen Wesen od. den Bedürfnissen von jmdm. entspricht. 4. [vorbildliche u. allgemein anerkannte] Art, etwas (z. B. eine Sportart) auszuführen

Stilb [*gr.*] *das*; -s, - (aber: 5 Stilb): Einheit der Leuchtdichte auf einer Fläche; Zeichen: sb (Phys.)

Stile [*lat.-it.*] *der*; -: ital. Bezeichnung für: Stil; - antico [- ...*ko*] od. osservato [...*wato*]: strenger klassischer Stil (A-cappella- u. Palestrina-Stil; Mus.); - concitato [- *kontschi*...]: erregter, heißblütiger Stil (in der Musik des Frühbarocks); - rappresentativo [- ...*tiwo*] od. recitativo [*retschitatiwo*]: darstellender Stil (frühe Oper). **Stilem** *das*; -s, -e: stilistisches Element (z. B. feierlich, negativ; Stilk.). **Stilett** *das*; -s, -e: kleiner Dolch. **Stilfigur** *die*; -, -en: = rhetorische Figur. **Stili**: *Plural* von → Stilus. **stilisieren** [französierende Bildung zu → Stil]: 1. Formen, die in der Natur vorkommen, [in dekorativer Absicht] vereinfachen od. verändern, um die Grundstrukturen sichtbar zu machen. 2. (veraltend) in einen bestimmten Stil bringen. **Stilisierung** *die*; -, -en: a) nach einem bestimmten Stilideal oder -muster geformte [künstlerische] Darstellung; b) Vereinfachung oder Reduktion auf die Grundstruktur[en]. **Stilist** [*lat.-nlat.*] *der*; -en, -en: Beherrscher des Stils, des sprachlichen Ausdrucks. **Stilistik** *die*; -, -en: 1. (ohne Plural) Stillehre, -kunde; vgl. Rhetorik (a). 2. [Lehr]buch für guten Stil (1); systematische Beschreibung der Stilmittel. **stilistisch**: den Stil (1, 2, 4) betreffend

Stiljagi [*russ.*] *die* (Plural): russ. Bezeichnung für: Halbstarke

Stilton [*ßtilt*ᵉ*n*; ein engl. Ort] *der*; -[s], -s: überfetter Weichkäse mit grünem Schimmelbelag

Stilus [*lat.*] *der*; -, ...li: antiker [Schreib]griffel

Stimulans *das*; -, ...lanzien [...*i*ᵉ*n*] u. ...lantia [...*zia*]: anregendes Arzneimittel, Reizmittel. **Stimulanz** *die*; -, -en: Anreiz, Antrieb. **Stimulation** [...*zion*] *die*; -, -en: das Stimulieren. **Stimulator** *der*; -s, ...oren: Vorrichtung, die einen Reiz auslöst. **Stimuli**: *Plural* von → Stimulus. **stimulieren**: anregen, anreizen; ermuntern. **Stimulus** *der*; -, ...li: a) Reiz, Antrieb; b) ein dem Sprechakt vorausgehender [äußerer] Reiz (Sprachw.); Ggs. → Response

Stipel [*lat.*] *die*; -, -n: Nebenblatt (Bot.). **Stipendiat** *der*; -en, -en: jmd., der ein Stipendium erhält. **Stipendien** [...*i*ᵉ*n*]: *Plural* von → Stipendium. **Stipendist** [*lat.-nlat.*] *der*; -en, -en: (bayr., österr.) Stipendiat. **Stipendium** [*lat.*] *das*; -s, ...ien [...*i*ᵉ*n*]: finanzielle Unterstützung für Schüler, Studierende u. jüngere Wissenschaftler. **Stipulation** [...*zion*] *die*; -, -en: vertragliche Abmachung; Übereinkunft. **stipulieren**: 1. vertraglich vereinbaren, übereinkommen. 2. festlegen, festsetzen

Stoa [nach der stoa poikile (-*peu*...), einer mit Bildern geschmückten Säulenhalle im antiken Athen] *die*; -, Stoen: 1. (ohne Plural) eine um 300 v. Chr. von Zeno von Kition begründete Philosophenschule, deren oberste Maxime der Ethik darin bestand, in Übereinstimmung mit sich selbst u. mit der Natur zu leben u. Neigungen u. Affekte als der Einsicht hinderlich zu bekämpfen. 2. altgriech. Säulenhalle [in aufwendigem Stil] (Kunstw.)

Stochastik [*ßtoch*...; *gr.*] *die*; -: Teilgebiet der Statistik, das sich mit der Analyse zufallsabhängiger Ereignisse u. deren Wert für statistische Untersuchungen befaßt. **stochastisch**: zufallsabhängig

Stöchiome|trie [*gr.-nlat.*] *die*; -: Lehre von der mengenmäßigen Zusammensetzung chem. Verbindungen u. der mathematischen Berechnung chem. Umsetzungen. **stöchiome|trisch**: entsprechend den in der Chemie geltenden quantitativen Gesetzen reagierend

Stock [*engl.*] *der*; -s, -s: 1. Warenvorrat. 2. Gesamtbetrag einer Anleihe. 3. Grundkapital einer Gesellschaft od. dessen Teilbeträge (Wirtsch.). **Stock-Car** [*ßtǫk-ka*ʳ; *amerik.*] *der*; -s, -s: Serienauto, das einen sehr starken Motor hat u. mit dem Rennen gefahren werden. **Stock Exchange** [- *ixtsche*ⁱ*ndsch*] *die*; - -: 1. (hist.) Name der Londoner Börse. 2. Effektenbörse. **Stockjobber** [...*dschob*ᵉ*r*] *der*; -s, -s: Händler an der Londoner Börse, der nur Geschäfte für eigene Rechnung abschließen darf

stoi! [*ßteu*; *russ.*]: stopp, halt!

Stoichedon [*ßteuche*...; *gr.*] *das*; -: Anordnung der Buchstaben auf altgriech. Inschriften reihenweise untereinander u. ohne Worttrennung

Stoi|ker [*gr.-lat.*] *der*; -s, -: 1. Angehöriger der Stoa. 2. Vertreter des Stoizismus. 3. Mensch von stoischer Gelassenheit. **stoisch**: 1. die Stoa od. den Stoizismus (1) betreffend. 2. von unerschütterlicher Ruhe, gleichmütig, gelassen. **Stoi|zismus** [*gr.-nlat.*] *der*; -: 1. die von der Stoa ausgehende weitreichende Philosophie u. Geisteshaltung mit dem Ideal des Weisen, der naturgemäß u. affektfrei unter Betonung der Vernunft u. der → Ataraxie lebt. 2. Unerschütterlichkeit, Gleichmut

Stokes [*ßto*ᵘ*kß*; ein engl. Physiker, 1819–1903]: *das*; -, -: Maßeinheit der Zähigkeit eines Stoffes; Zeichen: St

Stola [*gr.-lat.*] *die*; -, ...len: 1. altröm. knöchellanges Obergewand für Frauen. 2. schmaler, über beide Schultern herabhängender Teil des priesterlichen Meßgewandes; vgl. Epitrachelion u. Orarion. 3. langer, schmaler Umhang aus Stoff od. Pelz. **Stolgebühren** [*gr*; *dt.*] *die* (Plural): Gebühren für bestimmte Amtshandlungen des Geistlichen (Taufe, Trauung u. ä.)

Stolo[n] [*lat.*] *der*; -s, ...onen (meist Plural): 1. Ausläufer, unterirdischer Trieb bei Pflanzen (Bot.). 2. schlauchartiger Fortsatz bei niederen Tieren, die Kolonien bilden (Zool.)

Stoma [*gr.*; „Mund, Öffnung"] *das*; -s, -ta: 1. Mund-, Spaltöffnung (Med.). 2. (meist Plural) sehr kleine Öffnung in Blut- u. Lymphgefäßen, durch die Zellen hindurchtreten können (Med.). 3. Spaltöffnung des Pflanzenblattes (Bot.). **stomachal** [...*chal*; *gr.-nlat.*]: durch den Magen gehend, aus dem Magen kommend, den Magen betreffend (Med.). **Stomachikum** [*gr.-lat.*] *das*; -s, ...ka: Mittel, das den Appetit u. die Verdauung anregt u. fördert (Med.). **Stomakaze** *die*; -: geschwürige Mundfäule (Med.). **Stomata**: *Plural* von → Stoma. **Stomatitis** [*gr.-nlat.*] *die*; -, ...itiden: Entzündung der Mundschleimhaut (Med.). **stomatogen**: vom Mund u. seinen Organen herrührend (Med.). **Stomatologe** *der*; -n, -n: Arzt mit speziellen Kenntnissen auf dem Gebiet der Stomatologie. **Stomatologie** *die*; -: Wissenschaft von den Krankheiten der Mundhöhle (Med.). **stomatologisch**: die Stomatologie betreffend

Stomp [*ßtomp*; *engl.-amerik.*; „Stampfen"] *der*; -[s]: 1. ein afroamerikanischer Tanz. 2. im Jazz eine melodisch-rhythmische Technik, bei der der fortlaufenden Melodie eine rhythmische Formel zugrunde gelegt wird

stoned [*ßto"nd*; *amerik.*]: unter der Wirkung von Rauschmitteln stehend; vgl. high

stop! [auch: *ßtop*; *gr.-lat.-vulgärlat.-engl.*]: 1. = stopp! 2. Punkt (im Telegrafenverkehr). **Stop-over** [...*o"w^r*; *engl.*] *der*; -s, -s: Zwischenlandung, Zwischenaufenthalt auf einer Reise. **stopp!**: halt! **Stopp** *der*; -s, -s; [unfreiwilliger] Halt, Stockung. **Stopping** *das*; -[s], -s: das unerlaubte Verabreichen von einschläfernden, das Leistungsvermögen herabmindernden Mitteln bei Rennpferden; Ggs. → Doping. **Stop-time** [...*taim*; *engl.*] *die*; -: rhythmische Technik, die im plötzlichen Abbruch des → Beat besteht (in der afroamerik. Musik)

Storax vgl. Styrax

Store [*ßtor*]
I. [auch: *scht*...; schweiz.: *schtor^e*; *lat.-it.-fr.*] *der*; -s, -s (schweiz.: *die*; -, -n): durchsichtiger Fenstervorhang.
II. [*lat.-fr.-engl.*] *der*; -s, -s: engl. Bezeichnung für: Vorrat, Lager, Laden

Storen [*schtor^en*] *der*; -s, -: (schweiz. neben:) Store (I)

Stornello [*ßt*...; *lat.-it.*] *das* (auch: *der*); -s, -s u. ...lli: dreizeilige volkstümliche Liedform in Italien

Storni: *Plural* von → Storno. **stornieren** [*lat.-vulgärlat.-it.*]: 1. einen Fehler in der Buchhaltung durch Eintragung eines Gegenpostens berichtigen. 2. [einen Auftrag] rückgängig machen. **Storno** *der* u. *das*; -s, ...ni: Berichtigung eines Buchhaltungsfehlers, Rückbuchung (Wirtsch.)

Storting [*ßtor*..., bei norw. Ausspr.: *ßtur*...; *norw.*] *das*; -s: das norwegische Parlament

Story [*ßtori*, auch: *ßtori*; *gr.-lat.-fr.-engl.-amerik.*] *die*; -, -s (auch: ...ies [...*riß*]): 1. den Inhalt eines Films, Romans o. ä. ausmachende Geschichte. 2. (ugs.) a) ungewöhnliche Geschichte, die sich so zugetragen haben soll; b) Bericht, Report. **Storyboard** [...*bo'd*] *das*; -s, -s: aus Einzelbildern bestehende Abfolge eines Films zur Erläuterung des Drehbuchs

Stotinka [*bulgar.*] *die*; -, ...ki: Münzeinheit in Bulgarien (= 0,01 Lew)

Stout [*ßtaut*; *germ.-fr.-engl.*; „stark"] *der*; -s, -s: dunkles engl. Bier mit starkem Hopfengeschmack

Strabismus [*gr.-nlat.*] *der*; -: das Schielen (Med.). **Strabo** [*gr.-lat.*] *der*; -s, -s: Schielender (Med.). **Strabometer** [*gr.-nlat.*] *das*; -s, -: optisches Meßgerät, mit dem die Abweichung der Augenachsen von der Parallelstellung bestimmt wird (Med.). **Strabometrie** *die*; -, ...ien: Messung des Schielwinkels mit dem Strabometer (Med.). **Strabotomie** *die*; -, ...ien: operative Korrektur einer Fehlstellung der Augen, Schieloperation (Med.)

Strac|chino [*ßtrakino*; *germ.-it.*] *der*; -[s]: Weichkäse aus der Gegend von Mailand

Stracciatella [*ßtratschatäla*; *lat.-it.*]
I. *das*; -[s]: Speiseeissorte, die aus Milchspeiseeis mit winzig kleinen Schokoladenstückchen besteht.
II. *die*; -, ...le: ital. [Eier]einlaufsuppe

Straddle [*ßträd^el*; *engl.*] *der*; -[s], -s: Wälzsprung mit gespreizten Beinen (Hochsprung)

Stradivari [*ßtradiwari*; *it.*] *die*; -, -[s] u. **Stradivarius** [*it.-nlat.*] *die*; -, -: Geige aus der Werkstatt des berühmten ital. Geigenbauers Antonio Stradivari (1644–1737) aus Cremona

Stragula Ⓦ [*lat.*; „Decke, Teppich"] *das*; -s: ein Bodenbelag

straight [*ßtre^it*; *engl.*]: (Jargon) 1. heterosexuell; Ggs. → gay. 2. a) geradlinig, konsequent; b) notengetreu, (eine Melodie) ohne Variation od. Improvisation spielend. **Straight** *der*; -s, -s u. **Straightflush** [...*flasch*] *der*; -[s], -es [...*iß*]: Sequenz von fünf Karten der gleichen Farbe beim Pokerspiel

stralzieren [*lat.-it.*]: (veraltet, Kaufmannspr.) liquidieren, gütlich abtun. **Stralzio** *der*; -s, -s: (österr.) Liquidation

Strambotto [*it.*] *das*; -[s], ...tti: Gedichtform der volkstümlichen sizilian. Dichtung, die aus acht elfsilbigen Versen bestand; vgl. Rispetto

Stramin [*lat.-vulgärlat.-fr.-niederl.*] *der*; -s, -e: appretiertes Gittergewebe als Grundmaterial für [Kreuz]stickerei

Strangeness [*ßtre^indschn^eß*; *engl.*; „Fremdartigkeit"] *die*; -: Quantenzahl zur Klassifizierung von Elementarteilchen (Phys.)

Strangulation [...*zion*; *gr.-lat.*] *die*; -, -en: 1. das Strangulieren. 2. Abklemmung innerer Organe (z. B. des Darms; Med.); vgl. ...[at]ion/...ierung. **strangulieren**: durch Zuschnüren, Zudrücken der Luftröhre töten; erdrosseln, erhängen. **Strangulierung** *die*; -, -en: = Strangulation; vgl. ...[at]ion/...ierung. **Strang|urie** *die*; -, ...ien: schmerzhaftes Wasserlassen, Harnzwang (Med.)

Strapaze [*it.*] *die*; -, -n: große Anstrengung, Mühe, Beschwerlichkeit. **strapazieren**: 1. übermäßig anstrengen, beanspruchen; abnutzen, verbrauchen. 2. a) auf anstrengende Weise in Anspruch nehmen; b) sich -: sich [körperlich] anstrengen, nicht schonen. **strapaziös** [französierende Bildung]: anstrengend, beschwerlich

Strappatura [*germ.-it.*] *die*; -: Werg des ital. Hanfes

Straps [auch: *ßträpß*; *engl.*] *der*; -es, -e: a) Strumpfhalter; b) [schmaler] Hüftgürtel mit vier

Strapsen (a) [der erotisch anziehend wirken soll]

stra|scinando [*ßtraschinando*; *lat.-it.*]: schleppend, geschleift (Vortragsanweisung; Mus.)

Straß [nach dem franz. Juwelier G. F. Stras (1700–1773)] *der*; - u. Strasses, Strasse: a) (ohne Plural) aus bleihaltigem Glas mit starker Lichtbrechung hergestelltes, glitzerndes Material bes. für Nachbildungen von Edelsteinen; b) aus Straß (a) hergestellte Nachbildung von Edelsteinen

Strata: *Plural* von → Stratum

Stratagem [*gr.-lat.-it.*] *das*; -s, -e: = Strategem

Stratameter [*lat.*; *gr.*] *das*; -s, -: Instrument zur Feststellung von Bohrlochabweichungen aus der vorgegebenen Richtung

Stratege [*gr.-lat.(-fr.)*] *der*; -n, -n: jmd., der nach einer bestimmten Strategie, strategisch vorgeht. **Strategem** [*gr.-lat.*] *das*; -s, -e: a) Kriegslist; b) Kunstgriff, Trick. **Strategie** [*gr.-lat.(-fr.)*] *die*; -, ...ien: genauer Plan des eigenen Vorgehens, der dazu dient, ein militärisches, politisches, psychologisches o. ä. Ziel zu erreichen, u. in dem man diejenigen Faktoren, die in die eigene Aktion hineinspielen könnten, von vornherein einzukalkulieren versucht. **strategisch**: genau geplant, einer Strategie folgend; -e Waffen: Waffen von größerer Sprengkraft u. Reichweite, die zur Abwehr u. zur Zerstörung des feindlichen Kriegspotentials bestimmt sind; vgl. taktische Waffen

Strati: *Plural* von → Stratus. **Stratifikation** [*...zion*; *lat.-nlat.*] *die*; -, -en: 1. Schichtung [von Gesteinen]. 2. Schichtung von Saatgut in feuchtem Sand od. Wasser, um das Keimen zu beschleunigen (Landw.). **stratifikationelle Grammatik** *die*; -n - u. **Stratifikationsgrammatik** *die*; -: grammatische Theorie, die Sprache als ein System gleichartig funktionierender Teilsysteme versteht (Sprachw.). **stratifizieren**: 1. in die Schichtenfolge einordnen, sie feststellen (von Gesteinen; Geol.). 2. langsam keimendes Saatgut in feuchtem Sand od. Wasser schichten, um es schneller zum Keimen zu bringen (Landw.). **Strati|graphie** [*lat.*; *gr.*] *die*; -: Teilgebiet der Geologie, das sich mit der senkrechten u. damit auch zeitlichen Aufeinanderfolge der Schichtgesteine befaßt (Geol.). **stratigraphisch**: die Altersfolge der Schichtgesteine betreffend (Geol.). **Stratokumulus** [*lat.-nlat.*] *der*; -, ...li: tief hängende, gegliederte Schichtwolke; Abk.: Sc (Meteor.). **Stratopause** *die*; -: Schicht in der Atmosphäre zwischen Stratosphäre u. → Mesosphäre (Meteorologie). **Strato|sphäre** [*lat.*; *gr.*] *die*; -: Teilschicht der Atmosphäre in einer Höhe von etwa 12 bis 80 km über der Erde (Meteor.). **strato|sphärisch**: die Stratosphäre betreffend. **Stratum** *das*; -s, ...ta: 1. Strukturebene in der Stratifikationsgrammatik, Teilsystem der Sprache (z. B. Phonologie, Syntax; Sprachw.). 2. flache, ausgebreitete Schicht von Zellen (Med.). 3. Lebensraumschicht eines → Biotops (Biol.). 4. soziale Schicht (Soziol.). **Stratus** [*lat.-nlat.*] *der*; -, ...ti: tief hängende, ungegliederte Schichtwolke; Abk.: St (Meteor.)

Strazza [*lat.-vulgärlat.-it.*] *die*; -, ...zzen: Abfall bei der Seidenbearbeitung. **Strazze** *die*; -, -n: (Kaufmannsspr.) Kladde

streaken [*ßtrik^{e}n*; *engl.-amerik.*]: in provokatorischer Absicht in der Öffentlichkeit nackt über belebte Straßen, Plätze o. ä. laufen. **Streaker** [*ßtrik^{e}r*] *der*; -s, -: jmd., der streakt

Streamer [*ßtrim^{e}r*; *engl.*] *der*; -s, -: (beim Lachsangeln verwendeter) größerer, mit Federn versehener Haken (der einer Fliege ähnlich sieht). **Stream of consciousness** [*ßtrim ^{e}w konsch^{e}ßniß*; *engl.*; „Bewußtseinsstrom"] *der*; - - -: Erzähltechnik, bei der an die Stelle eines äußeren, in sich geschlossenen Geschehens od. dessen Wiedergabe durch einen Ich-Erzähler eine assoziative Folge von Vorstellungen, Gedanken o. ä. einer Romanfigur tritt (Literaturw.)

Streetwork [*ßtrit^{u}ö'k*; *engl.*; „Straßenarbeit"] *die*; -: (Jargon) Hilfe u. Beratung für Drogenabhängige, für gefährdete od. straffällig gewordene Jugendliche innerhalb ihres Wohnbereichs, ihres Milieus. **Streetworker** *der*; -s, -: (Jargon) Sozialarbeiter, der Streetwork durchführt

Strelitze [*russ.*; „Schütze"] *der*; -n, -n: Angehöriger einer Leibwache des Zaren im 17. Jh.

Stremma [*ngr.*] *das*; -[s], -ta: neugriech. Flächenmaß

Strenuität [*lat.*] *die*; -: (veraltet) Tapferkeit; Unternehmungsgeist

strepitoso u. **strepituoso** [*lat.-it.*]: lärmend, geräuschvoll, glänzend, rauschend (Vortragsanweisung; Mus.)

Streptokinase [*gr.-nlat.*] *die*; -, -n: fibrinlösendes, aus Streptokokken gebildetes → Enzym (Med.). **Streptokokke** *die*; -, -n u. **Streptokokkus** *der*; -, ...kken (meist Plural): Kettenbakterien, Eitererreger. **Streptomycin** u. **Streptomyzin** *das*; -s: ein → Antibiotikum. **Strepto|trichose** *die*; -, -n: Pilzerkrankung der Lunge durch Infektion mit Fadenpilzen (Med.)

Streß [*lat.-vulgärlat.-fr.-engl.*] *der*; ...sses, ...sse: 1. [den Körper belastende, angreifende] stärkere Leistungsanforderung. 2. gerichteter, einseitiger Druck (Geol.). **stressen**: jmdn. körperlich u. seelisch überbeanspruchen. **Stressor** *der*; -s, ...oren: Mittel od. Faktor, der Streß (1) bewirkt od. auslöst

Stretch [*ßträtsch*; *engl.*; „strekken"] *der*; -[e]s, -es: elastisches Gewebe aus Stretchgarn, bes. für Strümpfe

Stretta [*lat.-it.*] *die*; -, -s: brillanter, auf Effekt angelegter Schluß einer Arie od. eines Instrumentalstückes. **stretto**: gedrängt, eilig, lebhaft; (bei der Fuge:) in Engführung (Vortragsanweisung; Mus.)

Stria [*lat.*] *die*; -, Striae [*...ä*]: Streifen (z. B. Dehnungsstreifen in der Haut; Med.)

stricte [*lat.*]: lat. Form von: strikt[e] (Adverb). **strictissime**: (veraltet) aufs genaueste

Stridor [*ßt...*; *lat.*] *der*; -s: pfeifendes Atemgeräusch (Med.). **Stridulation** [*...zion*; *lat.-nlat.*] *die*; -: Erzeugung von Lauten bes. bei Gliederfüßern durch Gegeneinanderstreichen bestimmter beweglicher Körperteile (Zool.)

strigiliert [*scht...* od. *ßt...*; *lat.*]: S-förmig geriefelt (von den Wänden altchristlicher → Sarkophage)

Strike [*ßtraik*] *der*; -s, -s: 1. das Abräumen mit dem ersten Wurf (Bowling). 2. ordnungsgemäß geworfener Ball, der entweder nicht angenommen, verfehlt od. außerhalb des Feldes geschlagen wird (Baseball)

strikt [*scht...*; *lat.*]: streng; genau; pünktlich; strikte. **strikte** (Adverb): streng, genau. **Striktion** [*...zion*] *die*; -, -en: Zusammenziehung. **Striktur** *die*; -, -en: Verengung eines Körperkanals (z. B. der Speise-, Harnröhre; Med.).

stringendo [*ßtrindschändo*; *lat.-it.*]: schneller werdend, eilend (Vortragsanweisung; Mus.); Abk.: string. **Stringendo** *das*; -s, -s u. ...di: schneller werdendes Tempo (Mus.). **stringent** [*ßt...*; *lat.*]: bündig, zwingend, streng (Philos.). **Stringenz** [*lat.-nlat.*] *die*; -: Bündigkeit, strenge Beweiskraft (Philos.)

Stringer [*scht...*; *engl.*] *der*; -s, -: längsseits angeordneter, der Versteifung dienender Bauteil (im Flugzeug- u. Schiffbau)

stringieren [*ßt...*;*lat.*]: 1. (veraltet) zusammenziehen, -schnüren. 2. die Klinge des Gegners mit der eigenen Waffe abdrängen, auffangen (Fechtsport)

Stringwand [*engl.*; *dt.*] *die*; -, ...wände: Möbelkombination aus Hängeregalen u. Hängeschränken

Strip [*engl.*] *der*; -s, -s: 1. Kurzform von Striptease. 2. in Streifen verpacktes, gebrauchsfertiges Wundpflaster. **Stripfilm** *der*; -[e]s, -e: Film, dessen Emulsionsschicht abziehbar ist u. mit anderen Filmen zusammenmontiert werden kann (Fotografie; Druckw.). **strippen**: 1. eine Entkleidungsnummer vorführen; sich in einem Varieté od. Nachtlokal entkleiden. 2. die Emulsionsschicht von Filmen od. Platten abziehen, um eine Sammelform zu montieren (Fotogr.); vgl. Stripfilm. 3. (Jargon) [als Student] durch nebenberufliches Musizieren auf einer Veranstaltung, im Café usw. sich etwas dazuverdienen. **Stripper** [„Abstreifer"] *der*; -s, -: 1. Instrument zum Entfernen eines Blutpfropfs od. einer krankhaft veränderten Vene. 2. Stripteasetänzer. 3. Spezialkran zum Abstreifen der Gußformen von gegossenen Blöcken (Hüttenw.). **Stripperin** *die*; -, -nen: Stripteasetänzerin. **Stripping** [auch: *ßt...*] *das*; -[s], -s: ausschälende Operation mit Spezialinstrumenten (z. B. die Entfernung eines Blutpfropfs; Med.). **Strips** *die* (Plural): 1. kurze Fasern, die auf einer Spinnereimaschine durch Arbeitswalzen abgestreift werden. 2. = Comic strips. **Striptease** [*ßtriptis*; *engl.-amerik.*] *der* (auch: *das*); -: 1. Entkleidungsnummer (in Theater u. Varieté). 2. (scherzh.) Entblößung. **Stripteaseuse** [*...söse*; *fr.*] *die*; -, -n: = Stripteuse. **Stripteuse** [*...töse*] *die*; -, -n: (ugs., oft scherzh.) Stripteasetänzerin

stri|sciando [*ßtrischando*; *it.*]: schleifend, gleitend (Vortragsanweisung; Mus.). **Stri|sciando** *das*; -s, -s u. ...di: schleifendes, gleitendes Spiel (Mus.)

Strizzi [*it.*] *der*; -s, -s: (bes. südd., schweiz., österr.; ugs.) 1. leichtsinniger Mensch, Strolch. 2. Zuhälter

Strobo [Kurzw. für: *Stro*mrechnungs*boy*kotteur] *der*; -s, -s: (Jargon) jmd., der aus Protest gegen den Atomstrom einen Teilbetrag der Stromrechnung zurückbehält u. auf ein Sperrkonto einzahlt

Strobolight [*ßtrobolait*; aus engl. *strobo*scopic *light*] *das*; -s, -s: schnell u. kurz grell aufleuchtendes Licht. **Strobo|skop** [*ßt...*; *gr.-nlat.*] *das*; -s, -e: 1. Gerät zur Bestimmung der Frequenz schwingender od. rotierender Systeme (z. B. der Umlaufzeit von Motoren), eine umlaufende Lochscheibe, die kurzzeitig Licht abblendet. 2. Gerät zur Sichtbarmachung von Bewegungen (zwei gegenläufig rotierende Scheiben, von denen die eine Schlitze od. Löcher, die andere Bilder trägt; Vorläufer des Films). **stroboskopisch**: das Stroboskop betreffend

Stroma [*ßt...*; *gr.-lat.*; „das Hingebreitete, die Decke"] *das*; -s, -ta: 1. Grundgewebe in drüsigen Organen u. Geschwülsten, Stützgerüst eines Organs (Med.). 2. a) Fruchtlager mancher Pilze; b) Grundmasse der → Chloroplasten (Bot.). **Stromatik** [*gr.-nlat.*] *die*; -: Teppichwebekunst

Strontianit [*...zi...*, auch: *...it*; *nlat.*; nach dem Dorf Strontian (*...tiᵉn*) in Schottland] *der*; -s, -e: ein Mineral. **Strontium** [*...zium*] *das*; -s: chem. Grundstoff, Metall; Zeichen: Sr

Stroph|anthin [auch: *ßt...*; *gr.-nlat.*] *das*; -s, -e: stark herzwirksames, giftiges Glykosid aus Strophanthussamen. **Strophanthus** *der*; -, -: afrikan. Gattung der Hundsgiftgewächse, darunter Arten, die das Strophanthin liefern. **Strophe** [*gr.-lat.*; „das Drehen, die Wendung"] *die*; -, -n: 1. in der altgriech. Tragödie die Tanzwendung des Chors in der → Orchestra u. das dazu vorgetragene Chorlied, das von der → Antistrophe beantwortet wurde. 2. gleichmäßig wiederkehrende Einheit von Versen, Gedichtabschnitt. **Strophik** [*gr.-nlat.*] *die*; -: Kunst des Strophenbaus. **strophisch**: 1. in Strophen geteilt. 2. mit der gleichen Melodie zu singen (von einer [Lied]strophe). **Strophoide** *die*; -, -n: ebene Kurve dritter Ordnung (Math.)

Struck [*ßtrak*; *engl.*] *das* (österr. auch: *der*); -[s]: ein dem → Cord ähnliches Doppelgewebe

struktiv [*lat.-nlat.*]: zur Konstruktion, zum Aufbau gehörend, ihn sichtbar machend (Kunstw., Bauw.).

Struktur [*lat.*] *die*; -, -en: 1. [unsichtbare] Anordnung der Teile eines Ganzen zueinander, gegliederter Aufbau, innere Gliederung. 2. Gefüge, das aus Teilen besteht, die wechselseitig voneinander abhängen. 3. (ohne Plural) erhabene Musterung bei Textilien. 4. geologische Bauform (z. B. Falte, Salzstock u. a.). **struktural** [*lat.-nlat.*]: = strukturell; vgl. ...al/...ell. **Strukturalismus** *der*; -: 1. sprachwissenschaftliche Richtung, die Sprache als ein geschlossenes Zeichensystem versteht u. die Struktur (1) dieses Systems erfassen will, indem sie die wechselseitigen Beziehungen der Teile zueinander erforscht, wobei die Bedeutung zunächst nicht beachtet wird. 2. Forschungsmethode in der Völkerkunde, die eine Beziehung zwischen der Struktur der Sprache u. der Kultur einer Gesellschaft herstellt u. die alle jetzt sichtbaren Strukturen auf geschichtslose Grundstrukturen zurückführt. 3. Wissenschaftstheorie, die von einer synchronen Betrachtungsweise ausgeht u. die allem zugrundeliegenden, unwandelbaren Grundstrukturen erforschen will. **Strukturalist** *der*; -en, -en: Vertreter des Strukturalismus. **strukturalistisch**: den Strukturalismus betreffend. **Strukturanalyse** *die*; -, -n: Untersuchung von Körpern auf ihren inneren Aufbau hin (Kristalle) mittels Röntgenstrahlen (Chem.). **Strukturboden** *der*; -s, ...böden: = Polygonboden. **strukturell**: die Struktur betreffend; vgl. ...al/...ell. **strukturieren** mit einer Struktur (1–3) versehen

Struma [*lat.*] *die*; -, ...men od. ...mae: (Med.) 1. Kropf, Vergrößerung der Schilddrüse. 2. krankhafte Veränderung von Eierstock, Vorsteherdrüse, Nebenniere od. Hypophyse. **Strumektomie** [*lat.*; *gr.*] *die*; -, ...ien: Kropfoperation. **Strumitis** [*lat.-nlat.*] *die*; -, ...itiden: Kropfentzündung (Med.). **strumös** [*lat.-fr.*]: kropfig, kropfartig (Med.)

Strusa [*ßt...*; *it.*] *die*; -, ...sen: Naturseidenabfall beim Abhaspeln u. Schlagen der Kokons

Strychnin [*gr.-nlat.*] *das*; -s: giftiges Alkaloid des indischen Brechnußbaumes (in kleinen Dosen Heilmittel)

Stuartkragen [nach der schott. Königin Maria Stuart] *der*; -s, -: großer, hochgerichteter [Spitzen]kragen bes. im 16. Jh.

Student [*scht...*] *der*; -en, -en: a) zur

wissenschaftlichen Ausbildung an einer Hochschule od. Fachschule Immatrikulierter, Studierender, Hochschüler; vgl. Studiosus; b) (österr.) Schüler einer höheren Schule. **Studentika** [*lat.-nlat.*] *die* (Plural): Werke über Geschichte u. a. des Studententums. **studentisch**: a) [die] Studenten betreffend; b) von, durch, mit Studenten. **Studie** [...*i*ᵉ] *die*; -, -n: 1. Entwurf, kurze [skizzenhafte] Darstellung, Vorarbeit [zu einem Werk der Wissenschaft od. Kunst]; Übung. 2. meist endspielartige u. partienahe kunstvolle Darstellung einer scharf pointierten Gewinn- od. Remisführung ohne Beschränkung der Zügezahl im Gegensatz zum Schachproblem (Schach). **Studien** [...*i n*]: *Plural* von → Studie u. → Studium. **Studienanstalt** *die*; -, -en: (hist.) Bezeichnung mancher höherer Mädchenschulen. **Studienassessor** *der*; -s, -en: amtliche Bezeichnung für den Anwärter auf das höhere Lehramt nach der zweiten Staatsprüfung. **Studiendirektor** *der*; -s, -en: a) verschiedentlich amtliche Bezeichnung für den Leiter einer Fachschule od. einer Zubringeschule; b) Bezeichnung für den Stellvertreter eines Oberstudiendirektors. **Studienprofessor** *der*; -s, -en: amtliche Bezeichnung für einen Studienrat nach einer bestimmten Anzahl von Dienstjahren. **Studienrat** *der*; -s, ...räte: amtliche Bezeichnung für den festangestellten, akademisch gebildeten Lehrer an höheren Schulen. **Studienreferendar** *der*; -s, -e: amtliche Bezeichnung für den Anwärter auf das höhere Lehramt nach der ersten Staatsprüfung. **studieren** [*lat.*; „etwas eifrig betreiben"]: 1. a) eine Universität, Hochschule besuchen; b) Kenntnisse auf einem bestimmten Fachgebiet durch ein Studium erwerben. 2. a) genau untersuchen, beobachten, erforschen; b) genau, prüfend durchlesen; c) einüben, einstudieren. **Studiker** [*lat.-nlat.*] *der*; -s, -: (ugs., scherzh.) Student. **Studio** [*lat.-it.*] *das*; -s, -s: 1. Künstlerwerkstatt, Atelier (z. B. eines Malers). 2. Aufnahmeraum (beim Film, Funk u. Fernsehen). 3. Versuchsbühne (für modernes Theater). 4. Übungs- u. Trainingsraum für Tänzer. 5. abgeschlossene Einzimmerwohnung. **Studiofilm** *der*; -[e]s, -e: ein für Übungs- u. Experimentierzwecke hergestellter kurzer, lehrhafter Schmalfilm. **Studiosus** [*lat.*] *der*; -, ...si u. (veraltet:) ...sen: (scherzh.) Studierender, Student. **Studium** [*lat.*(*-mlat.*)] *das*; -s, ...ien [...*i*ᵉ*n*]: 1. (ohne Plural) Hochschulbesuch, -ausbildung. 2. a) eingehende [wissenschaftliche] Beschäftigung; b) (ohne Plural) genaue, kritische Prüfung, kritisches Durchlesen; c) (ohne Plural) das Einüben, Erlernen. **Studium generale** *das*; - -: 1. frühe Form der Universität im Mittelalter. 2. Vorlesungen allgemeinbildender Art an Hochschulen

Stufata [*ßtu*...; *vulgärlat.-it.*] *die*; -, -s: ital. Bezeichnung für: geschmortes Rindfleisch

Stuffer [*ßtaf*ᵉ*r*; *engl.-amerik.*] *der*; -s, -: Kleinprospekt bei Postsendungen zur Ausnutzung der Gewichtsgrenze

Stukkateur [*schtukatör*; *germ.-it.-fr.*] *der*; -s, -e: a) Stuckarbeiter; b) (selten) Stukkator. **Stukkator** [*germ.-it.*] *der*; -s, ...oren: Künstler, der Stuckplastiken herstellt, Stuckkünstler. **Stukkatur** *die*; -, -en: [künstlerische] Stuckarbeit

Stundismus [*scht*...; *dt.-nlat.*] *der*; -: kleinruss. religiöse Bewegung des 19. Jh.s (angeregt durch pietistische Erbauungs„stunden" deutscher Siedler). **Stundisten** *die* (Plural): Anhänger des Stundismus

Stunt [*ßtant*; *engl.-amerik.*] *der*; -s, -s: gefährliche Filmszene, in der ein Stuntman die Rolle des Hauptdarstellers übernimmt. **Stuntgirl** [*ßtantgöˈl*] *das*; -s, -s: = Stuntwoman. **Stuntman** [*ßtantm*ᵉ*n*] *der*; -[s], ...men [...*m*ᵉ*n*]: jmd., der berufsmäßig gefährliche u. akrobatische Szenen für den Hauptdarsteller übernimmt; vgl. auch: Double (1a). **Stuntwoman** [...*"um*ᵉ*n*] *das*; -s, ...men [...*"im*ᵉ*n*]: Frau, die für die Hauptdarstellerin gefährliche Szenen übernimmt; vgl. Double (1a)

Stupa [*ßt*...; *sanskr.*] *der*; -s, -s: buddhistischer indischer Kultbau (urspr. halbkugeliger Grabhügel mit Zaun)

stupend [*lat.*]: erstaunlich, verblüffend. **stupid** (österr. nur so) und **stupide** [*scht*...; *lat.-fr.*]: stumpfsinnig, geistlos, beschränkt, dumm; unfähig, sich mit etwas geistig auseinanderzusetzen. **Stupidität** *die*; -, -en: 1. (ohne Plural) Stumpfsinnigkeit; Beschränktheit, Dummheit. 2. von Geistlosigkeit zeugende Handlung, Bemerkung o. ä. **Stupor** [*ßt*...; *lat.*] *der*; -s: völlige körperliche u. geistige Regungslosigkeit, krankhafter Stumpfsinn (Med.). **stu|prieren**: vergewaltigen. **Stu|prum** *das*; -s, ...pra: Notzucht, Vergewaltigung

stygisch [*ßt*..., auch: *scht*...; nach dem Fluß Styx in der Unterwelt der griech. Sage]: schauerlich, kalt

stylen [*ßtail*ᵉ*n*; *lat.-engl.*]: entwerfen, gestalten, eine bestimmte Form geben. **Styli**: *Plural* von → Stylus. **Styling** [*ßtailing*; *lat.-engl.*] *das*; -s: a) industrielle Formgebung im Hinblick auf das funktionsgerechte, den Käufer ansprechende [modische] Äußere; b) Karosseriegestaltung im Kraftfahrzeugbau. **Stylist** [*ßtailißt*; *engl.*] *der*; -en, -en: Formgestalter (bes. im Karosseriebau)

Stylit [*ßt*..., auch: *scht*...; *gr.*] *der*; -en, -en: Säulenheiliger (frühchristlicher Asket, der auf einer Säule lebte). **Stylobat** [auch: *scht*...; *gr.-lat.*] *der*; -en, -en: bei griech. Tempeln die Grundfläche, auf der die Säulen stehen

Stylo|graphie [*ßt*..., auch: *scht*...; *lat.*; *gr.*] *die*; -: Herstellung von Kupferdruckplatten

Stylolith [*ßt*..., auch: *scht*..., auch: ...*it*; *gr.-nlat.*] *der*; -s u. -en, -e[n]: in sich verzahnte, unregelmäßige Auflösungsfläche, die unter Druck in Kalkstein entsteht (Geol.)

Stylus [*ßt*..., auch: *scht*...; *lat.*] *der*; -, Styli: 1. Griffel am Fruchtknoten von Blüten (Bot.). 2. griffelartiges Rudiment von Gliedmaßen am Hinterleib mancher Insekten (Biol.). 3. Arzneimittel in Stäbchenform zum Einführen od. Ätzen; Arzneistift (Med.)

Stymphaliden [*ßt*..., auch: *scht*...; *gr.-lat.*] *die* (Plural): vogelartige Ungeheuer (in der griech. Sage)

Stypsis [*ßt*..., auch: *scht*...; *die*; -: Blutstillung (Med.). **Styptikum** *das*; -s, ...ka: 1. blutstillendes Mittel. 2. Mittel gegen Durchfall (Med.)

Styrax [*ßt*..., auch: *scht*...; *gr.-lat.*] u. Storax *der*; -[es], -e: 1. Strauch des Mittelmeergebietes, der Räucherharz liefert. 2. Balsam des orientalischen Amberbaumes, der für Parfüme verwendet wird. **Styrol** [*gr.*; *arab.*] *das*; -s: ein aromatischer Kohlenwasserstoff, Ausgangsstoff für verschiedene Kunststoffe (z. B. Buna, Polystyrol). **Styropor** Ⓦᶻ [*gr.*; *lat.*] *das*; -s: weißer, sehr leichter, aus kleinen zusammengepreßten Kügelchen bestehender, schaumstoffartiger Kunststoff, der bes. als Dämmstoff u. Verpackungsmaterial verwendet wird

Suada (österr. nur so) u. **Suade** [*lat.*] *die*; -, Suaden: Beredsamkeit, Redefluß

Suaheli, Swahili [*arab.*; nach dem afrik. Volk der Suaheli] *das*; -[s]: zu den Bantusprachen gehörende weitverbreitete Handels- u. Amtssprache in Afrika (Kenia, Tansania, Uganda)

Suasorie [...*i*ᵉ; *lat.*] *die*; -, -n: in der röm. Rhetorik eine Redeübung über die Ratsamkeit einer (fingierten) Entschließung. **suasorisch**: die Suasorie betreffend; überredend

sua sponte [*lat.*]: freiwillig

suave [...*w*ᵉ; *lat.-it.*]: lieblich, einschmeichelnd, angenehm (Vortragsanweisung; Mus.)

Sub

I. [*sup*; *lat.*] *das*; -s, -s: wiederholtes → Kontra, Erwiderung auf ein → Re (Kartenspiele).

II. [*sab*; *lat.-engl.-amerik.*] *der*; -s, -s: 1. Lokalität einer subkulturellen (z. B. homosexuellen) Gruppe. 2. Angehöriger einer subkulturellen Gruppe.

III. [*sub*; *lat.*] *die*; -: Kurzform von → Subkultur

Sub|acidität [...*azi*...; *lat.-nlat.*] *die*; -: verminderter, unternormaler Säuregehalt (z. B. des Magensaftes; Med.)

sub|aerisch: sich unter Mitwirkung der freien Atmosphäre (z. B. Wind, Temperatur) vollziehend (von biol. Vorgängen)

sub|akut: weniger heftig verlaufend (von krankhaften Prozessen; Med.)

sub|alpin: 1. räumlich unmittelbar an die Alpen anschließend (Geogr.). 2. bis zur Baumgrenze reichend (von der Nadelwaldzone in 1600–2000 m Höhe). **subalpinisch**: = subalpin

sub|altern [*lat.*]: 1. (abwertend) unterwürfig, untertänig. 2. untergeordnet; unselbständig. **Sub|alternation** [...*zion*; *lat.-nlat.*] *die*; -: Unterordnung eines Begriffs unter einen anderen von weiterem Umfang od. eines Teilurteils unter ein allgemeines Urteil (Logik). **sub|alternieren**: unterordnen, ein besonderes Urteil unter ein allgemeines unterordnen (Logik). **Sub|alternität** *die*; -: 1. Abhängigkeit, Unselbständigkeit. 2. Unterwürfigkeit, Untertänigkeit

sub|ant|arktisch: zwischen → Antarktis u. gemäßigter Klimazone gelegen (Geogr.)

sub|aqual [*lat.-nlat.*]: unter Wasser befindlich od. sich vollziehend (Biol.; Med.); -es Darmbad: Unterwasserdarmbad. **subaquatisch**: unter der Wasseroberfläche gelegen (von geol. Vorgängen u. Erscheinungen; z. B. -e Sedimente; Geol.)

sub|arktisch: zwischen → Arktis u. gemäßigter Klimazone gelegen (Geogr.)

Sub|arrendator [*mlat.*] *der*; -s, ...toren: (veraltet) Unterpächter; vgl. Arrende. **sub|arrendieren**: (veraltet) in Unterpacht nehmen

Sub|atlantikum [*nlat.*] *das*; -s: jüngste Stufe des → Alluviums (Geol.). **sub|atlantisch**: das Subatlantikum betreffend

sub|atomar [*lat.*; *gr.-nlat.*]: (Phys.) a) kleiner als ein Atom; b) die Elementarteilchen u. Atomkerne betreffend

Sub|azidität vgl. Subacidität

Subboreal [*lat.*; *gr.-lat.*] *das*; -s: zweitjüngste Stufe des → Alluviums (Geol.)

Subbotnik [*russ.*] *der*; -[s], -s: freiwillige, in der Freizeit unentgeltlich ausgeführte Arbeit in sozialistischen Ländern. **Subbotniki** *die* (Plural): judaisierende russ. Sekte; vgl. Sabbatarier

subdermal [*lat.*; *gr.-nlat.*]: = subkutan

Subdiakon [(*lat.*; *gr.*) *lat.*] *der*; -s u. -en, -e[n]: zweiter Gehilfe des Priesters (erste Stufe der höheren kath. Weihen); vgl. Diakon. **Subdiakonat** *das* (auch: *der*); -[e]s, -e: Stand u. Würde des Subdiakons (mit Verpflichtung zu → Brevier (1) u. → Zölibat)

Subdivision [...*wi*...; *lat.*] *die*; -, -en: Unterteilung (Philos.)

Subdominante [*lat.-it.*] *die*; -, -n: a) die 4. Stufe (→ Quart I, 1) einer Tonart; b) der Dreiklang auf der vierten Stufe (Mus.)

subdural [*lat.-nlat.*]: unter der harten Hirnhaut gelegen (z. B. von Abszessen; Med.)

Suberin [*lat.-nlat.*] *das*; -s, -e: Korkstoff der Pflanzenzelle

subfe|bril [*lat.-nlat.*]: leicht erhöht, aber noch nicht fieberhaft (von der Temperatur; Med.)

subfossil [*lat.nlat.*]: in geschichtlicher Zeit ausgestorben (von Tieren u. Pflanzen; Biol.)

sub|glazial [*lat.-nlat.*]: sich unter dem Gletschereis abspielend (Geol.)

sub hasta [*lat.*]: unter dem Hammer; vgl. Subhastation, subhastieren. **Subhastation** [...*zion*] *die*; -, -en: (veraltet) öffentliche Versteigerung, Lizitation. **subhastieren**: (veraltet) öffentlich versteigern, lizitieren

Sub|imago [*lat.-nlat.*] *die*; -, ...gines [...*gineß*]: Entwicklungsstadium der geflügelten, aber noch nicht geschlechtsreifen Eintagsfliege (Zool.)

Subitan|ei [*lat.*; *dt.*] *das*; -[e]s, -er: dotterarmes Sommerei wirbelloser Tiere. **subito** [*lat.-it.*]: plötzlich, sofort, unvermittelt (Vortragsanweisung; Mus.)

Subjekt [*lat.*] *das*; -[e]s, -e: 1. [auch: *sup*...] das erkennende, mit Bewußtsein ausgestattete, handelnde Ich, das auch Träger von Zuständen u. Wirkungen ist (Philos.); Ggs. → Objekt (1b). 2. [auch: *sup*...] Satzgegenstand (z. B. *sein Freund* ist verreist; Sprachw.); vgl. Objekt (2), Prädikat (3). 3. [auch: *sup*...] Thema (→ Dux) in der Fuge (Mus.). 4. (abwertend) heruntergekommener, gemeiner Mensch. **Subjektion** [...*zion*] *die*; -, -en: Aufwerfung u. Selbstbeantwortung einer Frage (Rhet.). **subjektiv** [auch: *sup*...]: 1. auf ein Subjekt bezüglich, dem Subjekt angehörend, in ihm begründet; persönlich (Philos.). 2. a) auf die eigene Person bezogen, von der eigenen Person aus urteilend; b) einseitig, parteiisch; unsachlich; Ggs. → objektiv (2). **Subjektivismus** [...*wi*...; *lat.-nlat.*] *der*; -: 1. Ansicht, nach der das Subjekt (das Ich) das primär Gegebene sei, alles andere Schöpfung des Bewußtseins dieses Subjekts (Verneinung objektiver Erkenntnisse, Werte, Wahrheiten). 2. subjektivistische (b) Haltung, Ichbezogenheit. **Subjektivist** *der*; -en, -en: 1. Vertreter des Subjektivismus (1). 2. jmd., der subjektivistisch (b) ist, denkt. **subjektivistisch**: a) den Subjektivismus (1) betreffend; b) nur vom Ich ausgehend, ichbezogen. **Subjektivität** *die*; -: 1. Inbegriff dessen, was zu einem Subjekt gehört (Philos.). 2. die Eigenständigkeit des geistigen Lebens (Philos.). 3. a) persönliche Auffassung, Eigenart; b) Einseitigkeit. **Subjektsatz** *der*; -es, ...sätze: Satz, in dem das → Subjekt (2) in Gestalt eines Gliedsatzes auftritt (z. B. *was er sagte*, war sehr überzeugend; Sprachw.). **Subjektsgenitiv** *der*; -s, -e [...*w*ᵉ]: = Genitivus subiectivus

Subjunktiv [auch: *sup*...; *lat.*] *der*; -s, -e [...*w*ᵉ]: (selten) Konjunktiv

subkon|szient [*lat.-nlat.*]: unterbewußt (Psychol.)

Subkontinent *der*; -[e]s, -e: geographisch geschlossener Teil eines Kontinents, der auf Grund seiner Größe u. Gestalt eine gewisse Eigenständigkeit hat, z. B. der indische -

Subkon|tra... [*lat.-nlat.*]: in Zusammensetzungen aus dem Be-

reich der Musik auftretendes Präfix mit der Bedeutung „zur Oktave, die unter der → Kontraoktave liegt, gehörend", z. B. Subkontra-A, Subkontraoktave (Mus.)
sub|krustal [*lat.-nlat.*]: unter der Erdkruste gelegen (Geol.)
Subkultur [*lat.-nlat.*] *die*; -, -en: besondere, z. T. relativ geschlossene Kulturgruppierung innerhalb eines übergeordneten Kulturbereiches, oft in bewußtem Gegensatz zur herrschenden Kultur stehend. **subkulturell**: zu einer Subkultur gehörend, sie betreffend
subkutan [*lat.*]: (Med.) 1. unter der Haut befindlich. 2. unter die Haut appliziert
sub|lim [*lat.*]: a) nur mit großer Feinsinnigkeit wahrnehmbar, verständlich; nur einem sehr feinen Verständnis od. Empfinden zugänglich; b) von Feinsinnigkeit, feinem Verständnis, großer Empfindsamkeit zeugend. **Sublimat** [*lat.-nlat.*] *das*; -[e]s, -e: 1. Quecksilber-II-Chlorid (Desinfektionsmittel). 2. bei der Sublimation (1) sich niederschlagende feste Substanz. **Sub|limation** [*...zion*] *die*; -, -en: 1. unmittelbarer Übergang eines festen Stoffes in den Gaszustand (Chem.). 2. = Sublimierung; vgl. ...[at]ion/...ierung. **sub|limieren** [*lat.*]: 1. a) auf eine höhere Ebene erheben, ins Erhabene steigern; verfeinern, veredeln; b) einen [unbefriedigten Geschlechts]trieb in kulturelle Leistungen umsetzen (Med.; Psychol.). 2. unmittelbar vom festen in den gasförmigen Zustand übergehen u. umgekehrt; durch Sublimation (1) trennen (Chem.). **Sub|limierung** [*lat.-nlat.*] *die*; -, -en: 1. das Sublimieren. 2. Sublimation (1); vgl. ...[at]ion/...ierung
sub|liminal [*lat.-nlat.*] unterschwellig (Psychol.)
Sub|limität [*lat.*] *die*; -: (selten) Erhabenheit
sub|lingual [*lat.-nlat.*]: unter der Zunge liegend (Med.)
Sub|lokation [*...zion; lat.-nlat.*] *die*; -, -en: (veraltet) Untermiete
sub|lunarisch [*lat.*]: unter dem Monde befindlich, irdisch (Meteor.)
Sub|luxation [*...zion; lat.-nlat.*] *die*; -, -en: nicht vollständige Verrenkung (Med.)
submarin [*lat.-nlat.*] unter der Meeresoberfläche lebend od. befindlich (Geol.; Biol.)
submental [*lat.-nlat.*]: unter dem Kinn gelegen (Med.)
Submergenz [*lat.-nlat.*] *die*; -: das Untertauchen unter den Meeresspiegel (von Land). **submers** [*lat.*; „untergetaucht"]: unter Wasser lebend (von Tieren u. Pflanzen); Ggs. → emers. **Submersion** *die*; -, -en: (veraltet) Untertauchung, Überschwemmung. **Submersionstaufe** *die*; -, -n: = Immersionstaufe
Submi|kronen *die* (Plural): im Ultramikroskop gerade noch erkennbare Teilchen. **submi|kroskopisch**: mit dem Ultramikroskop nicht mehr erkennbar
Submini|stration [*...zion; lat.*] *die*; -, -en: (veraltet) Vorschubleistung. **submini|strieren**: (veraltet) Vorschub leisten, behilflich sein
submiß [*lat.*]: (veraltet) ehrerbietig; untertänig, demütig. **Submission** *die*; -, -en: 1. (veraltet) Ehrerbietigkeit, Unterwürfigkeit; Unterwerfung. 2. öffentliche Ausschreibung einer Arbeit [durch die öffentliche Hand] u. Vergabe des Auftrags an denjenigen, der das günstigste Angebot liefert. 3. (DDR) a) Kaufhandlung; b) Musterausstellung der Herstellerbetriebe zur Entgegennahme von Aufträgen des Handels. **Submittent** *der*; -en, -en: jmd., der sich um einen Auftrag bewirbt (Wirtsch.). **submittieren**: sich um einen Auftrag bewerben (Wirtsch.)
submukös [*lat.-nlat.*]: unter der Schleimhaut gelegen (Med.)
subnival [*...wal; lat.-nlat.*]: unmittelbar unterhalb der Schneegrenze gelegen (Geogr.)
Subnormale *die*; -[n], -n: in der analytischen Geometrie die Projektion der → Normalen auf die Abszissenachse (Math.)
sub|orbital [*lat.-nlat.*]: nicht in eine Umlaufbahn gelangend
Sub|ordination [*...zion; lat.-mlat.*] *die*; -, -en: 1. (veraltend) Unterordnung, Gehorsam. 2. Unterordnung von Sätzen od. Satzgliedern, → Hypotaxe (2) (z. B. Dann kam die Nachricht, *daß er verreist sei*; Sprachw.); Ggs. → Koordination (2). **subordinativ**: die Subordination (2) betreffend (Sprachw.). **sub|ordinieren**: unterordnen (Sprachw.); -de Konjunktion: unterordnendes Bindewort (z. B. weil)
Sub|oxyd, (chem. fachspr.:) **Suboxid** *das*; -[e]s, -e: Oxyd mit vermindertem Sauerstoffgehalt (Chem.)
subperi|ostal [(*lat.*; *gr.*) *nlat.*]: unter der Knochenhaut gelegen (z. B. von → Hämatomen od. → Abszessen; Med.)
subphrenisch = hypophrenisch
subpolar: zwischen den Polen u. der gemäßigten Klimazone gelegen (Geogr.)
Sub|prior [*lat.-mlat.*] *der*; -s, ...oren: Stellvertreter eines → Priors
Sub|reption [*...zion; lat.*; „Erschleichung"] *die*; -, -en: 1. (veraltet) unrechtmäßige Erlangung eines [rechtlichen] Erfolges durch Entstellung od. Verschleierung des wahren Sachverhalts (Rechtsw.). 2. das Erhalten eines [bewußt fehlerhaften] Beweisschlusses durch Stützung auf Voraussetzungen, die nicht auf Tatsachen beruhen (Logik)
sub|rezent [*lat.*]: unmittelbar vor der erdgeschichtlichen Gegenwart liegend, stattgefunden habend (Geol.)
sub|rogieren [*lat.*]: 1. (veraltet) [einen Wahlkandidaten an Stelle eines anderen] unterschieben. 2. (veraltet) ein Recht an einen anderen abtreten (Rechtsw.)
sub rosa [*lat.*; „unter der Rose" (dem Sinnbild der Verschwiegenheit)]: unter dem Siegel der Verschwiegenheit
Sub|rosion [*lat.-nlat.*] *die*; -, -en: Auslaugung u. Ausspülung von Salzen durch Grundwasser (Geol.)
subsekutiv [*lat.-nlat.*]: (veraltet) nachfolgend
Subsemitonium [*nlat.*] *das*; -s: Leitton der Tonleiter (Mus.)
subsequent [*lat.*]: den weniger widerstandsfähigen Gesteinsschichten folgend (von Nebenflüssen; Geogr.)
subsidiär [*lat.-fr.*] u. **subsidiarisch**: [*lat.*]: a) unterstützend, hilfeleistend; b) behelfsmäßig, als Behelf dienend; -es Recht: Rechtsbestimmungen, die nur dann zur Anwendung gelangen, wenn das übergeordnete Recht keine Vorschriften enthält (Rechtsw.). **Subsidiarismus** [*lat.-nlat.*] *der*; -: a) das Gelten der Subsidiarität (1) (in einer sozialen Ordnung); b) das Streben nach, das Eintreten für Subsidiarismus (a). **Subsidiarität** *die*; -: 1. gesellschaftspolitisches Prinzip, nach dem übergeordnete gesellschaftliche Einheiten (bes. der Staat) nur solche Aufgaben übernehmen sollen, zu deren Wahrnehmung untergeordnete Einheiten (bes. die Familie) nicht in der Lage sind (Pol., Soziol.). 2. das Subsidiärsein einer Rechtsnorm. **Subsidium** [*lat.*] *das*; -s, ...ien [*...iᵉn*]: 1. (veraltet) Beistand, Rückhalt, Unterstützung. 2. (meist Plural) Hilfsgelder (selte-

ner Truppen od. Kriegsmaterial), die ein Staat einem anderen gibt

sub sigillo [confessionis] [- - *kon...*; *lat.*; „unter dem Siegel (der Beichte)"]: unter dem Siegel der Verschwiegenheit

Subsistenz [*lat.*] *die*; -, -en: 1. (ohne Plural) der Bestand, das Bestehen durch sich selbst (Philos.). 2. (veraltet) a) [Lebens]unterhalt, materielle Lebensgrundlage; b) (ohne Plural) materielle Existenz. **subsistieren**: 1. für sich [unabhängig von anderem] bestehen (Philos.). 2. (veraltet) seinen Lebensunterhalt haben

Sub|skribent [*lat.*; „Unterzeichner"] *der*; -en, -en: jmd., der sich zur Abnahme eines noch nicht erschienenen Buches od. Werkes verpflichtet [u. dafür nur einen niedrigeren Preis zu zahlen braucht] (Buchwesen). **subskribieren**: sich verpflichten, ein noch nicht [vollständig] erschienenes Druckerzeugnis zum Zeitpunkt des Erscheinens abzunehmen; vorausbestellen (Buchw.). **Sub|skription** [*...zion*] *die*; -, -en: 1. Vorherbestellung von später erscheinenden Büchern [durch Unterschrift] (meist zu niedrigerem Preis; Buchw.). 2. am Schluß einer antiken Handschrift stehende Angabe über Inhalt, Verfasser, Schreiber usw. des Werkes. 3. Verpflichtung, eine bestimmte Anzahl von → emittierten (1) Wertpapieren zu kaufen

subsonisch [*lat.-engl.*]: mit einer Geschwindigkeit unterhalb der Schallgeschwindigkeit fliegend

sub specie aeternitatis [- *ßpezi-e ät...*; *lat.*]: unter dem Gesichtspunkt der Ewigkeit. **Sub|spezies** [*...iäß*; *lat.-nlat.*] *die*; -, -: Unterart (in der Tier- u. Pflanzensystematik)

Substandardwohnung [*lat.*; *engl.*; *dt.*] *die*; -, -en: (österr.) Wohnung ohne eigene Toilette u. ohne fließendes Wasser

substantial [*...zial*]: = substantiell; vgl. ...al/...ell. **Substantialismus** [*lat.-nlat.*] *der*; -: philosophische Lehre, nach der die Seele eine Substanz, ein dinghaftes Wesen ist. **Substantialität** [*lat.*] *die*; -: 1. das Substanzsein. 2. das Substantiellsein. **substantiell** [*...ziäl*]: a) substanzartig, wesenhaft (Philos.); b) wichtig, wesentlich; c) stofflich, materiell, Substanz besitzend; d) (veraltend) nahrhaft, gehaltvoll, kräftig; vgl. ...al/...ell. **substantiieren** [*...zi...*, *lat.-nlat.*]: durch Tatsachen belegen, begründen (Philos.). **Substantiv** [auch: *...tif*] *das*; -s, -e [*...w^e*]; Haupt-, Dingwort, → Nomen (z. B. Tisch, Kleid, Liebe; Sprachw.). **substantivieren** [*...wir^en*; *lat.-nlat.*]: zum Substantiv machen. **Substantivierung** *die*; -, -en: 1. (ohne Plural) das Substantivieren. 2. substantivisch gebrauchtes Wort (eines nichtsubstantivischen Wortes; z. B. das Unscheinbare). **substantivisch** [auch: *...iw...*; *lat.*]: das Substantiv betreffend, haupt-, dingwörtlich; -er Stil: = Nominalstil. **Substantivum** *das*; -s, ...va: = Substantiv. **Substanz** *die*; -, -en: 1. Stoff, Materie, Material. 2. das Beharrende, das unveränderliche, bleibende Wesen einer Sache, Urgrund (Philos.); Ggs. → Akzidens. 3. der eigentliche Inhalt, das Wesentliche, Wichtige. 4. Vorrat, Vermögen, → Kapital (1). **Substituent** *der*; -en, -en: Atom od. Atomgruppe, die andere Atome od. Atomgruppen in einem Atomgefüge ersetzen kann, ohne dieses zu zerstören. **substituieren**: austauschen, ersetzen, einen Begriff an Stelle eines anderen setzen (Philos.)

Substitut [*lat.*]
I. *das*; -s, -e: Ersatz[mittel], → Surrogat.
II. *der*; -en, -en: a) Stellvertreter, Ersatzmann, Untervertreter; b) Verkaufsleiter

Substitutin [*lat.*] *die*; -, -nen: a) Stellvertreterin, Untervertreterin; b) Verkaufsleiterin. **Substitution** [*...zion*] *die*; -, -en: 1. Ersetzung eines Begriffs durch einen anderen (Logik). 2. Verschiebung eines Affektes (z. B. Aggression gegen den Vorgesetzten) auf ein Ersatzobjekt (z. B. die Ehefrau) als Abwehrmechanismus des Ich (Psychol.). 3. Ersetzung von Gütern od. Produktionsfaktoren durch andere (z. B. Arbeit durch Kapitaleinsatz; Wirtsch.). 4. Ersatz eines sprachlichen Elements durch ein anderes, das der gleichen Kategorie angehört (z. B. er liest *das Buch*/ er liest *es*; Sprachw.). 5. Ersetzung einer mathematischen Größe durch eine andere, die ihr entspricht. 6. Ersetzung eines Substituenten in einem Molekül durch einen anderen

Sub|strat [*lat.*] *das*; -[e]s, -e: 1. Unterlage, Grundlage. 2. die eigenschaftslose Substanz eines Dinges als Träger seiner Eigenschaften (Philos.). 3. Sprache, Sprachgut eines [besiegten] Volkes im Hinblick auf den Niederschlag, den sie in der übernommenen oder aufgezwungenen Sprache [des Siegervolkes] gefunden hat (Sprachw.); Ggs. → Superstrat. 4. Nährboden (Biol.). 5. Substanz, die bei fermentativen Vorgängen abgebaut wird (Biochem.)

Sub|struktion [*...zion*; *lat.*] *die*; -, -en: Unterbau, Grundbau

subsumieren [*lat.-nlat.*]: 1. ein-, unterordnen. 2. einen Begriff von engerem Umfang einem Begriff von weiterem Umfang unterordnen (Logik). 3. einen Sachverhalt rechtlich würdigen, d. h. prüfen, ob er die Tatbestandsmerkmale einer bestimmten Rechtsnorm erfüllt (Rechtsw.). **Subsumption** [*...zion*] vgl. Subsumtion. **subsumptiv** vgl. subsumtiv. **Subsumtion** [*...zion*] *die*; -, -en: 1. Unterordnung von Begriffen unter einen Oberbegriff. 2. Unterordnung eines Sachverhaltes unter den Tatbestand einer Rechtsnorm. **subsumtiv**: unterordnend, einbeziehend (Philos.)

Subsystem *das*; -s, -e: Bereich innerhalb eines Systems, der selbst Merkmale eines Systems aufweist

Subtangente *die*; -, -n: in der analytischen Geometrie die Tangentenprojektion auf die Abszissenachse (Math.)

Subteen [*ßábtin*; *amerik.*] *der*; -s, -s: Junge od. Mädchen im Alter von etwa 10–12 Jahren (bes. Werbespr.)

subtemporal: unter der Schläfe liegend (Med.)

subterran [*lat.*]: (Fachspr.) unterirdisch

subtil [*lat.*]: a) mit viel Feingefühl, mit großer Behutsamkeit, Sorgfalt, Genauigkeit vorgehend od. ausgeführt; in die Details, die Feinheiten gehend; b) fein strukturiert [u. daher schwer zu durchschauen, zu verstehen]; schwierig, kompliziert. **Subtilität** *die*; -, -en: 1. (ohne Plural) subtiles Wesen, das Subtilsein. 2. etwas Subtiles; Feinheit

Sub|trahend [*lat.*] *der*; -en, -en: Zahl, die von einer anderen Zahl (→ Minuend) abgezogen wird. **sub|trahieren** [auch: *sup...*]: abziehen, vermindern (Math.). **Sub|traktion** [*...zion*] *die*; -, -en: das Abziehen (eine der vier Grundrechnungsarten; Math.); Ggs. → Addition (1). **sub|traktiv** [*lat.-nlat.*]: mit Subtraktion durchgeführt

Sub|tropen *die* (Plural): Gebiete des thermischen Übergangs von den Tropen zur gemäßigten Klimazone (Geogr.). **sub|tropisch** [auch: *tro...*]: in den Subtropen gelegen

sub|ungual [*lat.-nlat.*]: unter dem Nagel befindlich (Med.)
Sub|urb [*ßabö'b*; *lat.-engl.*] *die*; -, -s: engl. Bezeichnung für: Vorstadt; amerikan. → Trabantenstadt. **Sub|urbanisation** [*...zion*; *lat.-nlat.*] *die*; -: Ausdehnung der Großstädte durch eigenständige Vororte u. → Trabantenstädte. **Suburbia** [*ßebö'bie*; *lat.-engl.-amerik.*] *die*; -: (Fachspr.) Gesamtheit der um die großen Industriestädte gelegenen Trabanten- u. Schlafstädte (in bezug auf ihre äußere Erscheinung u. die für sie typischen Lebensformen ihrer Bewohner). **sub|urbikarisch** [*lat.*]: vor der Stadt gelegen; -e Bistümer: sieben kleine, vor Rom gelegene Bistümer, deren Bischöfe Kardinäle sind. **Sub|urbium** *das*; -s, ...ien [*...ien*]: Vorstadt (bes. einer mittelalterlichen Stadt)
sub utraque specie [- - *ßpezi-e*; *lat.*]: in beiderlei Gestalt (als Brot u. Wein, in bezug auf das Abendmahl; reformatorische Forderung bes. der → Utraquisten)
subvenieren [*...we...*; *lat.*]: (veraltet) zu Hilfe kommen, unterstützen. **Subvention** [*...zion*] *die*; -, -en: zweckgebundene [finanzielle] Unterstützung aus öffentlichen Mitteln; Staatszuschuß. **subventionieren** [*lat.-nlat.*]: durch zweckgebundene öffentliche Mittel unterstützen, mitfinanzieren
Subversion [*...wär...*; *lat.*] *die*; -, -en: [Staats]umsturz. **subversiv** [*lat.-nlat.*]: a) umstürzlerisch; b) zerstörend
sub voce [- *woze*; *lat.*]: unter dem [Stich]wort; Abk.: s. v. (Sprachw.)
Subvulkan [*...wul...*; *lat.-nlat.*] *der*; -s, -e: in die äußeren Teile (jedoch nicht in die Oberfläche) der Erdkruste eingedrungene → magmatische Masse (Geol.)
Subway [*ßabwe'*; *engl.-amerik.*] *die*; -, -s: 1. angloamerik. Bez. für: Untergrundbahn. 2. (auch: *der*; -s, -s) Straßenunterführung
Succotash [*ßakotäsch*; *indian.-engl.*] *das*; -: indian. Gericht aus grünen Maiskörnern u. grünen Bohnen
Succus [*sukuß*] vgl. Sucus
Suchowei [*...eh...*; *russ.*] *der*; -[s], -s: trocken-heißer sommerlicher Staubsturm in der südruss. Steppe
Su|cre [*ßukre*; *span.*] *der*; -, -: Währungseinheit in Ecuador (= 100 Centavos)
Sucus [*sukuß*; *lat.*] *der*; -, ...ci [*...zi*], (fachsprachl.:) Suc|cus [*sukuß*] *der*; -, Succi [*sukzi*]: Pflanzensaft, flüssiger Extrakt aus Pflanzen (zu Heilzwecken; Med.)
Sudamen [*lat.-nlat.*] *das*; -s, ...mina: Schweißbläschen (Med.); vgl. → Miliaria. **Sudation** [*...zion*; *lat.*] *die*; -: das Schwitzen (Med.). **Sudatorium** *das*; -s, ...rien [*...ien*]: Schwitzbad (Med.). **Sudor** *der*; -s: Schweiß (Med.). **Sudoration** [*...zion*; *lat.-nlat.*] *die*; -: = Sudation. **Sudoriferum** [*lat.*] *das*; -s, ...ra: schweißtreibendes Mittel (Med.)
sufficit [*...zit*; *lat.*]: (veraltet) es ist genug
suffigieren [*lat.*]: mit Suffix versehen
Suffimentum [*lat.*] *das*; -s, ...ta: Räuchermittel (Med.)
Süffisance [*...sangß*; *lat.-fr.*] *die*; -: süffisantes Wesen, süffisante Art. **süffisant**: ein Gefühl von [geistiger] Überlegenheit genüßlich zur Schau tragend, selbstgefällig, spöttisch-überheblich. **Süffisanz** *die*; -: = Süffisance
Suffix [*lat.*] *das*; -es, -e: an ein Wort, einen Wortstamm angehängte Ableitungssilbe; Nachsilbe (z. B. *-ung*, *-chen*, *-heit*; Sprachw.); vgl. Affix, Präfix. **suffixal**: mit Hilfe eines Suffixes gebildet (Sprachw.). **suffixoid**: einem Suffix ähnlich (Sprachw.). **Suffixoid** *das*; -[e]s, -e: Wortbildungsmittel, das sich aus einem selbständigen Lexem zu einer Art Suffix entwickelt hat u. das sich vom selbständigen Lexem unterscheidet durch Reihenbildung u. Entkonkretisierung (durch übertragenen od. metaphorischen Gebrauch) (z. B. *-muffel* in Sexmuffel, aber nicht in: Morgenmuffel [Kompositum], *-papst* in Literaturpapst, *-geil* in erfolgsgeil, *-verdächtig* in olympiaverdächtig); vgl. Präfixoid
suffizient [*lat.*]: genügend, ausreichend (in bezug auf das Funktionsvermögen eines Organs; Med.). **Suffizienz** *die*; -, -en: 1. Zulänglichkeit, Können. 2. ausreichendes Funktionsvermögen (z. B. des Herzens; Med.); Ggs. → Insuffizienz (2)
suffocato [*...kato*; *lat.-it.*]: gedämpft, erstickt (Vortragsanweisung; Mus.). **Suffokation** [*...zion*; *lat.*] *die*; -, -en: Erstickung (Med.)
Suf|fragan [*lat.-mlat.*] *der*; -s, -e: einem Erzbischof unterstellter Diözesanbischof; Ggs. → exemter (2) Bischof. **Suf|fragette** [*lat.-fr.-engl.*] *die*; -, -n: [engl.] Frauenrechtlerin, die für die [politische] Gleichberechtigung der Frau eintritt; vgl. Feministin. **Suffragium** [*lat.*] *das*; -s, ...ien [*...ien*]: 1. a) politisches Stimmrecht; b) Abstimmung. 2. Gebet zu den Heiligen um ihre Fürbitte
Suffusion [*lat.*] *die*; -, -en: Blutunterlaufung [höheren Grades] (Med.)
Sufi [*arab.*; „Wollkleidträger"] *der*; -[s], -s u. Sufist [*arab.-nlat.*] *der*; -en, -en: mystisch frommer islamischer → Asket. **Sufismus** *der*; -: islamische Richtung, die → Mystik u. Weltverachtung übt (z. B. die → Derwische). **Sufist** vgl. Sufi
suggerieren [*lat.*]: 1. jmdn. gegen seinen Willen gefühlsmäßig od. seelisch beeinflussen; jmdm. etwas einreden. 2. einen bestimmten [den Tatsachen nicht entsprechenden] Eindruck entstehen lassen. **suggestibel** [*lat.-nlat.*]: beeinflußbar, für Suggestionen empfänglich. **Suggestibilität** *die*; -: Beeinflußbarkeit, gute Empfänglichkeit für Suggestionen (z. B. während der Hypnose). **Suggestion** [*lat.*] *die*; -, -en: 1. a) (ohne Plural) Beeinflussung eines Menschen; b) Gefühl, Gedanke, Eindruck o. ä., der jmdm. suggeriert (1) wird. 2. (ohne Plural) suggestive (a) Wirkung, Kraft. **suggestiv** [*lat.-nlat.*]: a) beeinflussend, [den anderen] bestimmend, auf jmdn. einwirkend; b) auf Suggestion zielend. **Suggestivität** [*...wi...*; *lat.-nlat.*] *die*; -: Beeinflußbarkeit
Sugillation [*...zion*; *lat.*] *die*; -, -en: Blutunterlaufung (Med.); vgl. Suffusion
Suicid [*...zit*] vgl. Suizid
sui generis [*lat.*]: durch sich selbst eine Klasse bildend, einzig, besonders
Suitcase [*ßjutke'ß*; *engl.*] *das* od. *der*; -, - u. -s [*...ßis*]: engl. Bezeichnung für: kleiner Handkoffer. **Suite** [*ßwite*; *lat.-galloroman.-fr.*] *die*; -, -n: 1. Gefolge (eines Fürsten); vgl. à la suite. 2. Folge von zusammengehörenden Zimmern in Hotels, Palästen o. ä. 3. (veraltet) lustiger Streich. 4. musikalische Form, die aus einer Folge von verschiedenen zusammengehörigen, in der gleichen Tonart stehenden Stücken besteht, ursprünglich Tanzmusik, etwa seit 1600 selbständige Instrumentalmusik; → Partita. **Suitier** [*ßwitie*] *der*; -s, -s: (veraltet) lustiger Bruder, Possenreißer; Schürzenjäger. **suivez** [*ßwiwe*; *lat.-fr.*]: = colla parte
Suizid [*lat.-nlat.*] *der* od. *das*; -[e]s, -e: Selbstmord. **suizidal**: a) durch Selbstmord erfolgt; b) zum Selbstmord neigend. **Suizidalität** *die*; -: Neigung, Selbstmord zu

begehen. **Suizidant** u. **Suizident** *der*; -en, -en: jmd., der Selbstmord begeht od. zu begehen versucht. **Suizidologie** *die*; -: Teilgebiet der → Psychiatrie, auf dem man sich mit der Erforschung u. Verhütung des Suizids befaßt
Sujet [*ßüsehe*; *lat.-fr.*] *das*; -s, -s: Gegenstand, Stoff einer künstlerischen Darstellung, bes. einer Dichtung
Suk [*arab.*] *der*; -[s], -s: arab. Bezeichnung für: Verkaufsbude, Markt
Sukkade [*roman.*] *die*; -, -n: kandierte Schale verschiedener Zitrusfrüchte
Sukkoth [*hebr.*; „Hütten"] *die* (Plural): das jüd. Laubhüttenfest (jüd. Erntedankfest)
Sukkubus [*lat.-mlat.*] *der*; -, ...kuben: im mittelalterlichen Volksglauben Teufel, der mit Männern in sexueller Beziehung steht; vgl. Inkubus
sukkulent [*lat.*]: saftig, fleischig (in bezug auf die Beschaffenheit von Geweben; Med.; Biol.). **Sukkulente** *die*; -, -n: Pflanze trockener Gebiete mit besonderen Wassergeweben in Wurzeln, Blättern od. Sproß. **Sukkulenz** [*lat.-nlat.*] *die*; -: Verdickung von Pflanzenteilen durch Wasserspeicherung (Bot.)
Sukkurs [*lat.-nlat.*] *der*; -es, -e: 1. (veraltet) Hilfe, Unterstützung, Beistand. 2. Gruppe von Personen, Einheit, die als Verstärkung, zur Unterstützung eingesetzt ist. **Sukkursale** *die*; -, -n: (veraltet) Filiale einer Firma
Suktion [*...zion*; *lat.-nlat.*] *die*; -, -en: das Ansaugen, Aussaugung (z. B. von Körperflüssigkeit mittels Punktionsnadel; Med.). **Suktorien** [*...i^e n*] *die* (Plural): 1. Saugtierchen (Gruppe der Wimpertierchen). 2. Flöhe
sukzedan [*lat.*]: nachfolgend, aufeinanderfolgend (Med.). **sukzedieren**: (veraltet) nachfolgen (z. B. in einem Amt). **Sukzeß** *der*; ...esses, ...esse: (veraltet) Erfolg. **Sukzession** *die*; -, -en: 1. Thronfolge. 2. → apostolische Sukzession. 3. Übernahme der Rechte u. Pflichten eines Staates durch einen anderen, Staatensukzession. 4. Eintritt einer Person in ein bestehendes Rechtsverhältnis, Rechtsnachfolge; vgl. Singular-, Universalsukzession. 5. durch äußere Einflüsse verursachtes Übergehen einer Pflanzengesellschaft in eine andere an einem Standort (Bot.). **sukzessiv** [*lat.-nlat.*]: allmählich eintretend; sukzessive. **sukzessive** [*...ßiw^e*] (Adverb): allmählich, nach und nach. **Sukzessor** [*lat.*] *der*; -s, ...oren: (veraltet) [Rechts]-nachfolger
Sukzinat [*lat.-nlat.*] *das*; -[e]s, -e: Salz der Bernsteinsäure. **Sukzinit** [auch: *...it*] *der*; -s, -e: Bernstein. **Sukzinylsäure** [*lat.*; *gr.*; *dt.*] *die*; -: (veraltet) Bernsteinsäure
sul [*ßul*; *it.*]: auf der, auf dem, z. B. sul A (auf der A-Saite; Mus.)
Sula [*altnord.-nlat.*] *die*; -, -s: Tölpel (Vogelgattung, darunter als einziger einheimischer Vertreter der Baßtölpel; einige Arten erzeugen → Guano)
Sulfat [*lat.-nlat.*] *das*; -[e]s, -e: Salz der Schwefelsäure. **Sulfid** *das*; -[e]s, -e: Salz der Schwefelwasserstoffsäure. **sulfidisch**: Schwefel enthaltend. **Sulfit** *das*; -s, -e: Salz der schwefligen Säure. **Sulfonamid** [Kunstw. aus: Sulfon(säure) u. → *Amid*] *das*; -[e]s, -e: wirksames chemotherapeut. Heilmittel gegen Infektionskrankheiten. **sulfonieren**: = sulfurieren. **Sulfur** [*lat.*] *das*; -s: Schwefel, chem. Grundstoff; Zeichen: S. **sulfurieren** [*lat.-nlat.*]: mit Schwefelverbindungen auf organische Verbindungen einwirken (Chem.)
Sulky [*ßulki*, auch: *ßa...*; *engl.*] *das*; -s, -s: zweirädriger Wagen für Trabrennen (Sport)
sulla tastiera [*ß... -*; *it.*]: nahe am Griffbrett (von Saiteninstrumenten) zu spielen (Mus.). **sul ponticello** [*ßul ...tschälo*]: nahe am Steg [den Geigenbogen ansetzen] (Mus.)
Sultan [*arab.*; „Herrscher"] *der*; -s, -e: 1. a) (ohne Plural) Titel mohammedanischer Herrscher; b) Träger dieses Titels. 2. türkischer Nomadenteppich aus stark glänzender Wolle. **Sultanat** [*arab.-nlat.*] *das*; -[e]s, -e: 1. Herrschaftsgebiet eines Sultans. 2. Herrschaft eines Sultans. **Sultanine** [*arab.-it.*] *die*; -, -n: große, kernlose Rosine
Sumach [*arab.-mlat.*] *der*; -s, -e: Schmack (Gerbstoffe lieferndes Holzgewächs)
Sumak [nach der Stadt Schemacha im östl. Kaukasus] *der*; -[s], -s: Wirkteppich mit glatter Oberfläche u. langen Wollfäden an der Unterseite
Summa [*lat.*] *die*; -, Summen: 1. (veraltet) Summe; Abk.: Sa.; vgl. in summa. 2. seit dem 13. Jh. Bezeichnung für eine zusammenfassende Darstellung des gesamten theologischen u. philosophischen Wissensstoffes. **summa cum laude** [*- kum -*; „mit höchstem Lob"]: ausgezeichnet, mit Auszeichnung (höchstes Prädikat bei Doktorprüfungen). **Summand** *der*; -en, -en: hinzuzuzählende Zahl, → Addend. **summarisch** [*lat.-mlat.*]: a) kurz zusammengefaßt; b) kurz u. bündig; c) (abwertend) nur ganz allgemein, ohne auf Einzelheiten od. Besonderheiten einzugehen. **Summarium** *das*; -s, ...ien [*...i^e n*]: 1. (veraltet) a) kurze Inhaltsangabe; b) Inbegriff. 2. Sammlung mittelalterlicher Glossen (Sprachw.; Literaturw.). **Summary** [*ßam^e ri*; *engl.*] *das*; -s, -s u. ...ries: Zusammenfassung eines Artikels, Buches o. ä. **summa summarum**: alles in allem, zusammenfassend kann man schließlich sagen ... **Summation** [*...zion*] *die*; -, -en: 1. Bildung einer Summe (Math.). 2. Anhäufung. **summativ** [*lat.-nlat.*]: a) das Zusammenzählen betreffend; b) durch Summation erfolgend. **Summe** [*lat.*] *die*; -, -n: 1. Resultat einer → Addition. 2. Gesamtzahl. 3. Geldbetrag. **Summ|epi|skopat** [*lat.*; *gr.-lat.*] *der* od. *das*; -[e]s, -e: in den dt. ev. Kirchen bis 1918 die oberste Kirchengewalt der Landesfürsten. **summieren** [*lat.*]: 1. a) zusammenzählen; b) zusammenfassen, vereinigen. 2. sich -: immer mehr werden, anwachsen. **Summist** [*lat.-mlat.*] *der*; -en, -en: scholastischer Schriftsteller, der sich der Publikationsform der Summa (2) bediente. **Summum bonum** [*lat.*] *das*; - -: das höchste Gut; (in der christlichen Philos. u. Theologie) Gott. **summum jus summa injuria** [„höchstes Recht (kann) größtes Unrecht (sein)"]: altröm. Sprichwort (bei Cicero), das besagt, daß die buchstabengetreue Auslegung eines Gesetzes schwerwiegendes Unrecht bedeuten kann. **Summus Epi|scopus** [*- ...ko...*; *lat.*; *gr.-lat.*] *der*; - -: 1. oberster Bischof (der Papst). 2. bis 1918 Stellung eines ev. dt. Landesfürsten als Haupt seiner Landeskirche
Sumo [*jap.*] *das*; -: jap. Form des Ringens (Sport)
sumptuös [*lat.*]: (veraltet) verschwenderisch
Sunn [*ßan*; *engl.*] *der*; -s: dem Hanf ähnliche Pflanzenfaser
Sunna [*arab.*; „Gewohnheit"] *die*; -: die im → Hadith überlieferten Aussprüche u. Lebensgewohnheiten des Propheten als Richtschnur des mohammedanischen Lebens. **Sunnit** [*arab.-nlat.*] *der*; -en, -en: Anhänger der → orthodoxen Hauptrichtung des Islams, die sich auf die Sunna des Propheten stützt; vgl. Schia

Suovetaurilia [...*we*...; *lat.*] *die* (Plural): altröm. Sühneopfer (vgl. Lustrum 1), bei dem je ein Schwein, Schaf u. Stier geschlachtet wurde

super: (ugs.) großartig, hervorragend

Super

I. *der*; -s, -: Kurzform von → Superheterodynempfänger.

II. *das*; -s (meist ohne Art.): Kurzform von: Superbenzin (Benzin mit hoher Oktanzahl)

Super|acidität [...*azi*...; *lat.-nlat.*] *die*; -: übermäßig hoher Säuregehalt des Magens (Med.)

Super|ädifikat [*lat.*] *das*; -[e]s, -e: Bauwerk, das auf fremdem Grund u. Boden errichtet wurde, aber nicht im Eigentum des Grundeigentümers steht

super|arbi|trieren [*lat.-nlat.*]: a) überprüfen, eine Oberentscheidung treffen; b) (österr.) für dienstuntauglich erklären. **Super|arbi|trium** *das*; -s, ...ien [...*i*[e]*n*]: Überprüfung, Oberentscheidung

Super|azidität vgl. Superacidität

superb, süperb [*lat.-fr.*]: vorzüglich; prächtig

Supercup [...*kap*; *engl.*] *der*; -s, -s: 1. Pokalwettbewerb zwischen den Europapokalgewinnern der Landesmeister u. der Pokalsieger. 2. Siegestrophäe beim Supercup (1)

Super|ego [*ßjup*[e]*r-ägo*[u]; *lat.-engl.*] *das*; -s, -s: engl. Bezeichnung für: Über-Ich (Psychol.)

Super|erogation [...*zion*; *lat.*] *die*; -, -en: (veraltet) Übergebühr, Über- od. Mehrleistung

Super|exli|bris *das*; -: = Supralibros

Superfekundation [...*zion*; *lat.-nlat.*] *die*; -, -en: Befruchtung von zwei Eiern aus dem gleichen Zyklus durch verschiedene Väter; vgl. Superfetation

Superfetation [...*zion*; *lat.-nlat.*] *die*; -, -en: Befruchtung von zwei (od. mehr) Eiern aus zwei aufeinanderfolgenden Zyklen, wodurch zu einer bereits bestehenden Schwangerschaft eine neue hinzutritt; vgl. Superfekundation

superfiziarisch [*lat.*]: (veraltet) baurechtlich. **superfiziell**: an od. unter der Körperoberfläche liegend, oberflächlich (Med.). **Superfizies** [...*iäß*; „Oberfläche"] *die*; -, -: (veraltet) Baurecht

Superhet *der*; -s, -s: Kurzform von Superheterodynempfänger. **Superheterodynempfänger** [*lat.*; *gr.*; *dt.*] *der*; -s, -: Rundfunkempfänger mit hoher Verstärkung, guter Reglung u. hoher Trennschärfe

superieren: 1. (veraltet) überschreiten, übertreffen. 2. aus bestehenden Zeichen ein Superzeichen bilden; Einzelteile zu einem Ganzen zusammenfassen (Kybernetik). **Superierung** *die*; -, -en: Fähigkeit, Einzelteile zu einem Ganzen zusammenzufassen; Bildung von Superzeichen

Super|intendent [auch: ...*dänt*; *lat.-mlat.*] *der*; -en, -en: höherer ev. Geistlicher, Vorsteher eines Kirchenkreises; vgl. Dekan (1). **Super|intendentur** [*lat.-mlat.-nlat.*] *die*; -, -en: a) Amt eines Superintendenten; b) Amtsbereich od. Wohnung eines Superintendenten

Super|involution [...*wo*...*zion*; *lat.-nlat.*] *die*; -, -en: = Hyperinvolution

superior [*lat.*]: überlegen. **Superior** *der*; -s, ...oren: kath. Kloster- od. Ordensoberer; vgl. Guardian. **Superiorität** [*lat.-mlat.*] *die*; -: Überlegenheit; Übergewicht

Superkargo *der*; -s, -s: vom Auftraggeber bevollmächtigter Frachtbegleiter [auf Schiffen]

super|krustal, (auch:) **su|prakrustal** [*lat.-nlat.*]: an der Erdoberfläche gebildet (von Gesteinen; Geol.)

superlativ [*lat.*]: a) überragend; b) übertreibend, übertrieben (Rhet.). **Superlativ** *der*; -s, -e [...*w*[e]]: 1. Höchststufe des Adjektivs bei der Steigerung (z. B. *am besten*; Sprachw.); vgl. → Elativ (1). 2. a) (Plural) etwas, was sich in seiner höchsten, besten Form darstellt; etwas, was zum Besten gehört u. nicht zu überbieten ist; b) Ausdruck höchsten Wertes, Lobes. **superlativisch** [auch: ...*tiwisch*]: 1. den Superlativ betreffend. 2. a) überragend; b) übertrieben, superlativ (b). **Superlativismus** [...*wiß*...; *lat.-nlat.*] *der*; -, ...men: übermäßige Verwendung von Superlativen, Übertreibung

Supermarket [*ß(j)up*[e]*rma*[r]*k*[e]*t*; *engl.-amerik.*] *der*; -s, -s: = Supermarkt. **Supermarkt** [*amerik.*; *dt.*] *der*; -[e]s, ...märkte: großes [Lebensmittel]geschäft mit Selbstbedienung, umfangreichem Sortiment u. niedrigen Preisen

Supernaturalismus usw. vgl. Supranaturalismus usw.

Supernova [...*wa*; *lat.-nlat.*] *die*; -, ...vä [...*wä*]: besonders lichtstarke → Nova (I; Astron.)

Supernumerar [*lat.*; „Überzähliger"] *der*; -s, -e u. Supernumerarius *der*; -, ...ien [...*i*[e]*n*]: (veraltet) Beamtenanwärter; ein über die gewöhnliche [Beamten]zahl Angestellter. **Supernumerariat** [*lat.-nlat.*] *das*; -[e]s, -e: (veraltet) Anwärteramt. **Supernumerarius** vgl. Supernumerar

Supernym u. **Super|onym** [auch: *su*...; *lat.*; *gr.-nlat.*] *das*; -s, -e: = Hyperonym. **Supernymie** und **Super|onymie** [auch: *su*...] *die*; -, ...ien: = Hyperonymie

Super|oxyd, (chem. fachspr.:) **Super|oxid** *das*; -[e]s, -e: = Peroxyd

Superpelliceum [...*ze-um*; *lat.-mlat.*] *das*; -s, ...cea: weißer Chorrock (Chorhemd) des kath. Priesters (früher über dem Pelzrock getragen)

Superphosphat *das*; -[e]s, -e: Phosphorkunstdünger

superponieren [*lat.*]: (Fachspr.) über[einander]lagern. **superponiert**: übereinanderstehend (von den Gliedern benachbarter Blütenkreise; Bot.). **Superposition** [...*zion*] *die*; -, -en: Überlagerung, bes. von Kräften od. Schwingungen (Phys.). **Superpositionsauge** [*lat.*; *dt.*] *das*; -s, -n: besondere Form des Facettenauges (Biol.); vgl. → Appositionsauge

Superrevision [...*wi*...] *die*; -, -en: Nach-, Überprüfung (Wirtsch.)

Superse|kretion [...*zion*] *die*; -, -en: = Hypersekretion

supersonisch [*lat.-nlat.*]: schneller als der Schall; über der Schallgeschwindigkeit

Superstition [...*zion*; *lat.*] *die*; -: (veraltet) Aberglaube. **superstitiös**: (veraltet) abergläubisch

Super|strat [*lat.*] *das*; -[e]s, -e: Sprache, Sprachgut eines Erobervolkes im Hinblick auf den Niederschlag, den sie in der Sprache der Besiegten gefunden hat (Sprachw.); Ggs. → Substrat (3)

Supervision [...*wi*..., auch: *ßjup*[e]*r-wisch*[e]*n*; *lat.-engl.*] *die*; -: 1. [Leistungs]kontrolle, Inspektion. 2. Leitung, [Ober]aufsicht. **Supervisor** [*ßjup*[e]*rwais*[e]*r*] *der*; -s, -[s]: Oberaufseher, Kontrolleur (Wirtsch.). 2. Kontroll- u. Überwachungsgerät bei elektronischen Rechenanlagen

Supin [*lat.*] *das*; -s, -e: = Supinum. **Supinum** *das*; -, ...na: lat. Verbform auf -tum od. -tu, die eigentlich den erstarrten → Akkusativ bzw. → Dativ eines Substantivs (auf -tu-s) vom gleichen Stamm darstellt

Suppedaneum [...*ne-um*; *lat.-mlat.*] *das*; -s, ...nea: 1. Stützbrett unter den Füßen des Gekreuzigten. 2. oberste Altarstufe

Supper [*ßap*[e]*r*; *germ.-galloroman.-fr.-engl.*] *das*; -[s], -: engl. Bezeichnung für: Abendessen

Sup|pleant [*lat.-fr.*] *der*; -en, -en: (schweiz.) Ersatzmann in einer Behörde. **Sup|plement** [*lat.*] *das*; -[e]s, -e: 1. Ergänzung (Ergänzungsband od. Ergänzungsteil), Nachtrag, Anhang. 2. Ergänzungswinkel od. -bogen, der einen vorhandenen Winkel od. Bogen zu 180° ergänzt (Math.). **supplementär** [*lat.-nlat.*]: ergänzend. **Suplementwinkel** [*lat.*; *dt.*] *der*; -s, -: der Winkel β, der einen gegebenen Winkel α zu 180° (gestreckter Winkel) ergänzt. **Sup|plent** [*lat.*] *der*; -en, -en: (österr.) Hilfslehrer. **Sup|pletion** [...*zion*] *die*; -: Suppletivismus. **Sup|pletivform** *die*; -, -en: grammatische Form eines Wortes, die an Stelle einer fehlenden Form den Suppletivismus vervollständigt (Sprachw.). **Suppletivismus** [...*wiß*...; *lat.-nlat.*] *der*; -: ergänzender Zusammenschluß von Wörtern verschiedenen Stammes zu einer formal od. inhaltlich geschlossenen Gruppe (z. B. bin, war, gewesen). **suppletorisch**: (veraltet) ergänzend, stellvertretend, nachträglich, zusätzlich. **sup|plieren** [*lat.*]: (veraltet) ergänzen, ausfüllen, vertreten

Sup|plik [*lat.-it.-fr.*] *die*; -, -en: (veraltet) Bittgesuch. **Sup|plikant** [*lat.*] *der*; -en, -en: (veraltet) Bittsteller. **Sup|plikation** [...*zion*] *die*; -, -en: (veraltet) Bittgesuch, Bitte. **sup|plizieren**: (veraltet) flehentlich bitten

supponieren [*lat.*]: voraussetzen; unterstellen

Support [*lat.-fr.*] *der*; -[e]s, -e: zweiseitig verschiebbarer, schlittenförmiger Werkzeugträger auf dem Bett einer Drehbank

Supposita: *Plural* von → Suppositum. **Supposition** [...*zion*; *lat.*; „Unterstellung"] *die*; -, -en: 1. Voraussetzung, Annahme (Logik). 2. Verwendung ein u. desselben Wortes zur Bezeichnung von Verschiedenem (Philos.). **Suppositorium** *das*; -s, ...ien [...*iᵉn*]: Arzneizäpfchen. **Suppositum** *das*; -s, ...ta: (veraltet) Annahme

Sup|pression [*lat.*] *die*; -, -en: 1. Unterdrückung, Hemmung (einer Blutung o. ä.; Med.). 2. Unterdrückung od. Kompensation der Wirkung von mutierten Genen durch Suppressoren (Biol.). **sup|pressiv** [*lat.-nlat.*]: unterdrückend; hemmend. **Suppressor** *der*; -s, ...oren: Gen, das die Mutationswirkung eines andern, nicht → allelen Gens kompensiert od. unterdrückt. **supprimieren** [*lat.*]: unterdrücken, zurückdrängen

Suppuration [...*zion*; *lat.*] *die*; -, -en: Eiterung (Med.). **suppurativ** [*lat.-nlat.*]: eiternd, eitrig (Med.)

Su|pra|exlibris [*lat.*] *das*; -, -: = Supralibros

Su|pra|fluidität [*lat.-nlat.*] *die*; -: Stoffeigenschaft des flüssigen Heliums, bei einer bestimmten Temperatur die Viskosität sprunghaft auf sehr kleine Werte sinken zu lassen

su|prakrustal vgl. superkrustal

Su|prali|bros [*lat.*] *das*; -, -: auf der Vorderseite des Bucheinbandes eingeprägtes → Exlibris in Form von Wappen usw.

Su|pramid ®[Kunstw.] *das*; -[e]s: Kunststoff mit eiweißähnlicher Struktur (als Knochenersatz u. chirurgisches Nähmaterial)

su|pranational [...*zio*...]: überstaatlich, übernational (von Kongressen, Gemeinschaften, Parlamenten u. a.)

su|pranatural: übernatürlich (Philos.). **Su|pranaturalismus** und Supernaturalismus *der*; -: über die Natur u. das Natürliche hinausgehende Denkrichtung; Glaube an Übernatürliches, an eine übernatürliche Offenbarung; im besonderen die theolog. Richtung (etwa 1780–1830), die gegen den Rationalismus die über aller Vernunft stehende Offenbarung Gottes betonte. **su|pranaturalistisch** u. supernaturalistisch: den Supranaturalismus betreffend, übernatürlich

su|praorbital [*lat.-nlat.*]: über der Augenhöhle liegend (Med.)

Su|praporte vgl. Sopraporte

su|prarenal [*lat.-nlat.*]: 1. über der Niere gelegen. 2. die Nebenniere betreffend (Med.). **Su|prarenin** ®*das*; -s: synthetisches → Adrenalin

su|prasegmental: nicht von der → Segmentierung erfaßbar (von sprachlichen Erscheinungen, z. B. Intonation, Akzent)

su|prasternal [(*lat.*; *gr.*) *nlat.*]: oberhalb des Brustbeins gelegen (Med.)

Su|prastrom [*lat.*; *dt.*] *der*; -[e]s: der in einem Supraleiter dauernd fließende elektrische Strom (Phys.)

su|pravaginal [...*wa*...; *lat.-nlat.*]: oberhalb der Scheide [gelegen] (Med.)

Su|premat [*lat.-nlat.*] *der* od. *das*; -[e]s, -e u. Su|prematie *die*; -, ...ien: [päpstliche] Obergewalt; Überordnung. **Su|premat[s]|eid** [*lat. nlat.*; *dt.*] *der*; -[e]s, -e: Eid zur Anerkennung der kirchlichen Oberhoheit des engl. Königs, den seit 1534 jeder engl. Geistliche u. Staatsbeamte leisten mußte (im 19. Jh. stufenweise abgeschafft). **Su|prematie** vgl. Supremat. **Su|prematismus** [*lat.-russ.*] *der*; -: eine von K. Malewitsch (1878–1935) begründete Art des → Konstruktivismus (1). **Su|prematist** *der*; -en, -en: Anhänger des Suprematismus

Surah [vermutl. entstellt aus dem Namen der ind. Stadt Surat] *der*; -[s], -s: Seidengewebe in Köperbindung (einer Webart)

Surcot [*ßürko*; *fr.*] *der*; -[s], -s: ärmelloses Übergewand des späten Mittelalters

Surditas [*lat.*] *die*; -: Taubheit (Med.). **Surdomutitas** [*lat.-nlat.*] *die*; -: Taubstummheit (Med.)

Sure [*arab.*; „Reihe"] *die*; -, -n: Kapitel des → Korans

Surfboard [*ßö'fbo'd*; *engl.*] *das*; -s, -s: = Surfbrett. **Surfbrett** [*ßö'f*...; *engl.*; *dt.*] *das*; -[e]s, -er: a) flaches, stromlinienförmiges Brett aus Holz od. Kunststoff, das beim Surfing verwendet wird; b) Brett, das beim → Windsurfing verwendet wird. **surfen**: 1. Surfing betreiben. 2. → Windsurfing betreiben. 3. so segeln, daß das Boot möglichst lange von einem Wellenkamm nach vorn geschoben wird. **Surfing** *das*; -s: 1. Wassersport, bei dem man sich, auf einem Surfbrett stehend, auf dem Kamm von Brandungswellen ans Ufer tragen läßt; Brandungs-, Wellenreiten. 2. = Windsurfing. **Surf|riding** [*ßö'fraiding*] *das*; -s: = Surfing

Surikate [Herkunft unsicher] *die*; -, -n: Erdhündchen od. Scharrtier (südafrikan. Schleichkatze)

Surilho [...*iljo*; *port.*] *der*; -s, -s: mit den Mardern verwandtes südamerikan. Stinktier

Surimono [*jap.*] *das*; -s, -s: japan. Farbholzschnitt mit Gedicht u. Bild als Glückwunschkarte

surjektiv [*lat.-fr.*]: bei einer Projektion in eine Menge alle Elemente dieser Menge als Bildpunkte aufweisend (Math.)

Sur|plus [*ßö'plᵉß*, auch: *ßürplü(ß)*; *lat.-mlat.-fr.-engl.*] *das*; -, -: Überschuß, Gewinn, Profit (Wirtsch.)

Surprise-Party [*ßö'praispa'ti*; *engl.-amerik.*] *die*; -, -s u. ...ties: → Party, mit der man jmdn. überrascht u. die ohne sein Wissen [für ihn] arrangiert wurde

Surra [*südind.*] *die*; -: Huftierkrankheit in Afrika u. Asien

Surre [*arab.*] *die*; -, -n: (hist.) alljährlich vom türk. Sultan mit der Pilgerkarawane nach Mekka gesandtes Geldgeschenk

surreal [auch: *ßür*...; *lat.-fr.*]:

traumhaft, unwirklich. **Surrealismus** *der*; -: Richtung der modernen Literatur u. Kunst, die das Unbewußte u. Traumhafte künstlerisch darstellen will. **Surrea|list** *der*; -en, -en: Vertreter, Anhänger des Surrealismus. **surrea|listisch**: den Surrealismus betreffend, ihm gemäß [gestaltet]

Surrogat [*lat.-nlat.*] *das*; -[e]s, -e: 1. Ersatz, Ersatzmittel, Behelf. 2. ein ersatzweise eingebrachter Vermögensgegenstand (Rechtsw.). **Surrogation** [...*zion*; *lat.*] *die*; -, -en: Austausch eines Vermögensgegenstandes gegen einen anderen, der den gleichen Rechtsverhältnissen unterliegt wie der ersetzte Gegenstand (Rechtsw.)

sursum corda! [- *korda*; *lat.*; „empor die Herzen!"]: Ruf zu Beginn der → Präfation

Surtax [*ßö'täx*; *lat.-fr.-engl.*] *die*; -, -es: = Surtaxe. **Surtaxe** [*ßür...*; *lat.-fr.*] *die*; -, -n: zusätzliche Steuer (bei Überschreitung einer bestimmten Einkommensgrenze)

Surtout [*ßürtu*; *lat.-fr.*; „über allem"] *der*; -[s], -s: im 18. Jh. mantelartiger Überrock mit mehreren übereinanderhängenden Schulterkragen

Survey [*ßö'we^i*; *lat.-fr.-engl.* (*-amerik.*)] *der*; -[s], -s: 1. Erhebung, Ermittlung, Befragung bei der Meinungs- u. Marktforschung. 2. Gutachten eines Sachverständigen im Warenhandel. **Surveyor** [*ßö'we^{i-e}r*] *der*; -s, -s: Sachverständiger u. Gutachter im Warenhandel

Survivals [*ßö'waiw^els*; *lat.-fr.-engl.*; „Überbleibsel"] *die* (Plural): [unverstandene] Reste untergegangener Kulturformen in heutigen [Volks]bräuchen u. Vorstellungen des Volksglaubens

Susine [*it.*; vom Namen der pers. Stadt Susa] *die*; -, -n: eine ital. Pflaumenart

Suslik [*russ.*] *der*; -s, -s: Perlziesel (südruss. Nagetier)

sus|pekt [*lat.*]: von einer Art, daß jmd. hinsichtlich der Echtheit, Glaubwürdigkeit, Vertrauenswürdigkeit von etw., jmdm. stärkere Zweifel hat; verdächtig, fragwürdig, zweifelhaft

suspendieren [*lat.*]: 1. a) [einstweilen] des Dienstes entheben; aus einer Stellung entlassen; b) zeitweilig aufheben; c) von einer Verpflichtung befreien. 2. (Teilchen in einer Flüssigkeit) fein verteilen, aufschwemmen (Chem.). 3. (Glieder) aufhängen, hochhängen, hochlagern (Medizin). **Suspension** *die*; -, -en: 1. [einstweilige] Dienstenthebung; zeitweilige Aufhebung. 2. Aufschwemmung feinstverteilter fester Stoffe in einer Flüssigkeit (Chem.). 3. schwebende Aufhängung (von Gliedern; Med.). **suspensiv** [*lat.-nlat.*]: aufhebend; aufschiebend. **Suspensorium** [*lat.-nlat.*] *das*; -s, ...ien [...*i^en*]: eine Art beutelförmige Bandage zum Schutz der männlichen Sexualorgane od. der weiblichen Brust

Sustain [*sußten*, engl. Ausspr.: *ß^eßte^in*; *engl.*; „(den Ton) halten"] *das*; -s, -s: Zeit des Abfallens des Tons bis zu einem vorbestimmten Niveau (Höhe des Tons) beim → Synthesizer. **Sustentation** [...*zion*; *lat.*] *die*; -, -en: (veraltet) Unterstützung, Versorgung

suszeptibel [*lat.*]: (veraltet) empfindlich, reizbar. **Suszeptibilität** [*lat.-nlat.*] *die*; -: 1. (veraltet) Empfindlichkeit, Reizbarkeit. 2. Maß für die Magnetisierbarkeit eines Stoffes. **Suszeption** [...*zion*; *lat.*] *die*; -, -en: 1. (veraltet) An-, Übernahme. 2. Reizaufnahme der Pflanze (Bot.). **suszipieren**: 1. (veraltet) an-, übernehmen. 2. einen Reiz aufnehmen (Bot.)

Sutane vgl. Soutane. **Sutanelle** vgl. Soutanelle

Sutasch [auch: *su*...] vgl. Soutache

Su|tra [*sanskr.*; „Leitfaden"] *das*; -, -s (meist Plural): Lehrbücher der → wedischen Zeit mit auswendig zu lernenden kurzen Sätzen über Opfer u. gottesdienstliche Gebräuche

Sutur [*lat.*] *die*; -, -en: 1. Naht, Knochennaht (Med.). 2. a) zackige Naht in Kalksteinen, die durch Lösung unter Druck entsteht; b) Anheftungslinie (Artmerkmal versteinerter Ammoniten

suum cuique [- *ku*...; *lat.*; „jedem das Seine"]: geflügeltes Wort in der Antike, das zum Wahlspruch des preußischen Schwarzen-Adler-Ordens wurde

suzerän [*lat.-vulgärlat.-fr.*]: (selten) oberherrschaftlich. **Suzerän** *der*; -s, -e: der Staat als Oberherr über abhängige halbsouveräne Staaten. **Suzeränität** *die*; -: Oberhoheit, -herrschaft eines Staates über andere Staaten

Svara|bhakti vgl. Swarabhakti

sve|gliato [*ßwäljato*; *lat.-vulgärlat.-it.*]: frei, frisch, kühn (Vortragsanweisung; Mus.)

Swahili vgl. Suaheli

Swami [*Hindi*] *der*; -s, -s: hinduistischer Mönch, Lehrer

Swamps [*ß^uompß*; *engl.*] *die* (Plural): 1. nasse, poröse, nach Entwässerung fruchtbare Böden. 2. Sumpfwälder an der Küste

Swanboy [*ß^uonbeu*; *engl.*] *das*; -s: auf beiden Seiten gerauhtes [weißes] Baumwollgewebe. **Swanskin** [*ß^uon*...; „Schwanenfell"] *der*; -s: feiner, geköperter Flanell

Swapgeschäft [*ß^uop*...; *engl.*; *dt.*] *das*; -[e]s, -e: Devisenaustauschgeschäft. **Swapper** [*ß^uop^er*] *der*; -s, -: (Jargon) jmd., der Partnertausch praktiziert

Swara|bhakti [...*bakti*; *sanskr.*] *das*; -: Erscheinung des Auftretens von Vokalen, bes. vor l, m und r, die dann silbenbildende Kraft haben; → Anaptyxe

Swastika [*sanskr.*] *die*; -, ...ken: altind. Sonnen- u. Fruchtbarkeitszeichen, Hakenkreuz

Sweater [*ßwet^er*; *engl.*; „Schwitzer"] *der*; -s, -: 1. Pullover. 2. Vermittler zwischen Arbeitgeber u. Arbeiter im Sweatingsystem. **Sweatingsystem** [„Schwitzsystem"] *das*; -s, -e: Arbeitsverhältnis, bei dem zwischen Unternehmer u. Arbeiter ein Vermittler tritt, der die Aufträge in möglichst niedrigen Lohnsätzen an die Arbeiter vergibt. **Sweatshirt** *das*; -s, -s: langärmeliges, weit geschnittenes, pulloverartiges Baumwollhemd

Sweepstake [*ß^uipßte^ik*; *engl.-amerik.*] *das* od. *der*; -s, -s: 1. Werbeverlosung, bei der die Gewinne vor Verteilung der Lose aufgeteilt werden. 2. Wettbewerb [im Pferderennsport], bei dem die ausgesetzte Prämie aus den Eintrittsgeldern besteht

Sweet [*ß^uit*; *engl.-amerik.*; „süß"] *der*; -: dem → Jazz nachgebildete, seine Elemente mildernde u. versüßlichende Unterhaltungsmusik. **Sweetheart** [...*ha^rt*] *das*; -, -s: Liebste[r], Geliebte[r]

Swertia [*nlat.*; nach dem niederl. Botaniker Emanuel Swert (17. Jh.)] *die*; -, ...iae [...*ä*]: blaues Lungenkraut (Enziangewächs)

Swimmingpool, (auch noch:) **Swimming-pool** [*ßwimingpul*; *engl.*] *der*; -s, -s: [kleines] Schwimmbecken in Haus od. Garten, kleines Schwimmbad mit privater Atmosphäre

Swing [*engl.*; „das Schwingen"] *der*; -[s], -s: 1. (ohne Plural) rhythmische Verschiebung, die die Monotonie des geraden Taktes aufhebt u. ihm eine schwingende Bewegung verleiht. 2. (ohne Plural) Stilperiode des Jazz um 1935, die eine Verbindung zur europäischen Musik herstellt. 3. Kurzform von → Swingfox. 4. (ohne

Plural) (bei zweiseitigen Handelsverträgen) Betrag, bis zu dem ein Land, das mit seiner Lieferung im Verzug ist, vom Handelspartner Kredit erhält (Wirtsch.). **swingen**: 1. ein Musikstück nach der Art des Swing (1) spielen. 2. auf die Musik des Swing (2) tanzen. 3. (Jargon) a) von Zeit zu Zeit statt mit dem eigenen Partner mit einem anderen geschlechtlich verkehren; b) Gruppensex betreiben. **Swinger** *der*; -s, -: (Jargon) jmd., der swingt (3). **Swingfox** *der*; -[es], -e: aus dem Foxtrott entwickelter, das Swingelement betonender moderner Gesellschaftstanz. **swinging**: schwungvoll, aufregend (meist in Verbindung mit Städtenamen: Swinging London). **Swinging** *das*; -[s]: (Jargon) das Swingen (3)

switchen [*...tsch...*; *engl.*]: ein Switchgeschäft tätigen. **Switchgeschäft** [*engl.*; *dt.*] *das*; -[e]s, -e: Außenhandelsgeschäft, das über ein drittes Land abgewickelt wird (u. a. zur Ausnutzung von Kursdifferenzen)

Sybarit [*gr.-lat.*; nach der antiken unteritalienischen Stadt Sybaris, deren Einwohner als Schlemmer verrufen waren] *der*; -en, -en: Schlemmer, Schwelger. **sybaritisch**: verweichlicht, genußsüchtig. **Sybaritismus** [*nlat.*] *der*; -: Genußsucht, Schlemmerei, Schwelgerei; Verweichlichung

Syenit [auch: *...it*; *gr.-lat.*; nach der altägypt. Stadt Syene (jetzt Assuan)] *der*; -s, -e: ein Tiefengestein

Sykomore [*gr.-lat.*] *die*; -, -n: ägypt. Maulbeerfeigenbaum. **Sykophant** [„Feigenanzeiger"] *der*; -en, -en: (veraltet) gewerbsmäßiger, gewinnsüchtiger Verleumder; Denunziant. **sykophantisch**: (veraltet) anklägerisch, verräterisch, verleumderisch. **Sykose** [*gr.-nlat.*] *die*; -, -n: 1. (veraltet) Saccharin. 2. Bartflechte (Med.). **Sykosis** *die*; -, ...kosen: = Sykose (2)

Syllabar [*gr.-lat.*] *das*; -s, -e u. **Syllabarium** *das*; -s, ...ien [*...i^e n*]: (veraltet) Abc-Buch, Buchstabierbuch. **Syllabi**: *Plural* von → Syllabus. **syllabieren** [*gr.-nlat.*]: (veraltet) in Silben sprechen. **syllabisch** [*gr.-lat.*]: 1. (veraltet) silbenweise. 2. silbenweise komponiert (jeder Silbe des Textes ist eine Note zugehörig). **Syllabus** *der*; -, - u. ...bi: Zusammenfassung, Verzeichnis (Titel der päpstlichen Sammlungen kirchlich verurteilter religiöser, philosophischer u. politischer Lehren von 1864 u. 1907). **Syllepse** u. **Syllepsis** *die*; -, ...epsen: syntaktisch inkorrekter Bezug vor allem eines → Prädikats (3) auf mehrere in Person, Numerus od. Genus verschiedene → Subjekte (2), eine Form der → Ellipse (2) (z. B. die Kontrolle *wurde* verstärkt und zehn Schmuggler verhaftet). **sylleptisch** [*gr.-nlat.*]: die Syllepse betreffend

Syllogismus [*gr.-lat.*] *der*; -, ...men: der aus drei Urteilen (→ Major (II), → Minor, → Medius) bestehende Schluß vom Allgemeinen auf das Besondere (Logik). **Syllogistik** *die*; -: Lehre von den Syllogismen. **syllogistisch**: den Syllogismus betreffend

Sylphe [Elementargeist im System des Paracelsus (1493–1541)]
I. *der*; -n, -n (selten: *die*; -, -n): Luftgeist (z. B. Oberon, Ariel).
II. *die*; -, -n: junges, zartes weibliches Wesen

Sylphide [*lat.-nlat.*] *die*; -, -n: 1. weiblicher Luftgeist. 2. anmutiges Mädchen. **sylphidenhaft**: zart, anmutig

Sylvanit [*...wa...*, auch: *...it*; *nlat.*; von dem lat. Namen Transsylvania für Siebenbürgen] *der*; -s, -e: ein Mineral (Schrifterz)

Sylvester vgl. Silvester

Sylvin [*...win*; *nlat.*; nach dem franz. Arzt Franz Sylvius, 1614 bis 1672] *das* (auch: *der*); -s, -e: ein Kalisalz. **Sylvinit** [auch: *...it*] *das*; -s, -e: ein Abraumsalz, Kalidünger

Symbiont [*gr.*] *der*; -en, -en: Pflanze od. Tier, das mit anderen in Symbiose lebt. **symbiontisch**: = symbiotisch. **Symbiose** *die*; -, -n: Zusammenleben von Lebewesen verschiedener Art zu gegenseitigem Nutzen. **symbiotisch**: in Symbiose lebend

Sym|blepharon [*gr.-nlat.*] *das*; -s: Verwachsung der Augenlider mit dem Augapfel (Med.)

Symbol [*gr.-lat.*; „Kennzeichen, Zeichen"] *das*; -s, -e: 1. in der Antike ein durch Boten überbrachtes Erkennungs- od. Beglaubigungszeichen zwischen Freunden, Vertragspartnern u. a. 2. Gegenstand od. Vorgang, der stellvertretend für einen anderen [nicht wahrnehmbaren, geistigen] Sachverhalt steht; Sinnbild, Wahrzeichen. 3. Ausdruck des Unbewußten, Verdrängten in Worten, Handlungen, Traumbildern u. a. (Psychol.). 4. christliches Tauf- od. Glaubensbekenntnis; Bekenntnisschrift; vgl. Confessio (1), Confessio Augustana usw. 5. Zeichen, das eine Rechenanweisung gibt (verkürzte Kennzeichnung eines mathematischen Verfahrens). 6. Zeichen für eine physikalische Größe (als deutscher, lat. od. griech. Buchstabe geschrieben). 7. Zeichen od. Wort zur Darstellung od. Beschreibung einer Informationseinheit od. Operation (EDV). **Symbola**: *Plural* von → Symbolum. **Symbolik** *die*; -: 1. Sinnbildgehalt [einer Darstellung]; durch Symbole (2) dargestellter Sinngehalt; Bildersprache (z. B. einer Religionsgemeinschaft). 2. Wissenschaft von den Symbolen (2, 3) u. ihrer Verwendung. 3. Lehre von den christlichen Bekenntnissen; Konfessionskunde. 4. Art u. Weise der Verwendung von Symbolen (5, 6, 7). **Symbolisation** [*...zion*] *die*; -, -en: die Ersetzung von Triebobjekten durch Symbole als Abwehrmechanismus des Ich (Psychologie); vgl. ...[at]ion/...ierung. **symbolisch**: sinnbildlich; die Symbole betreffend; durch Symbole dargestellt. **symbolisieren** [*gr.-nlat.*]: sinnbildlich darstellen. **Symbolisierung** *die*; -, -en: 1. sinnbildliche Darstellung. 2. Versinnbildlichung seelischer Konflikte im Traumerleben (Psychol.); vgl. ...[at]ion/...ierung. **Symbolismus** *der*; -: 1. (seit etwa 1890 verbreitete u. als Gegenströmung zum → Naturalismus entstandene) [literarische] Bewegung, die eine symbolische Darstellungs- u. Ausdrucksweise anstrebt. 2. (Fachspr.) System von Formelzeichen. **Symbolist** *der*; -en, -en: Vertreter des Symbolismus (1). **Symbolum** [*gr.-lat.*] *das*; -s, ...la: lat. Form von → Symbol; - apostolicum [- ...*kum*]: = Apostolikum (1)

Symmachie [*gr.*] *die*; -, ...ien: (hist.) Bundesgenossenschaft der altgriech. Stadtstaaten

Symme|trie [*gr.-lat.*] *die*; -, ...ien: 1. Gleich-, Ebenmaß; die harmonische Anordnung mehrerer Teile zueinander; Ggs. → Asymmetrie. 2. Spiegelungsgleichheit, Eigenschaft von Figuren, Körpern o. ä., die beiderseits einer [gedachten] Mittelachse ein jeweils spiegelgleiches Bild ergeben (Math.; Biol.); Ggs. → Asymmetrie. 3. die wechselseitige Entsprechung von Teilen in bezug auf die Größe, die Form od. die Anordnung (Mus.; Literaturw.). **symme|trisch** [*gr.-nlat.*]: 1. gleich-, ebenmäßig. 2. auf beiden Seiten einer [gedachten] Mittelachse ein Spiegelbild ergebend (in bezug auf Körper, Figuren u. ä.; Math.). 3. auf beiden Körperseiten gleichmäßig auftretend (Med.). 4. wechselseitige Entsprechungen aufweisend (in bezug auf die Form, Größe, Anordnung von Teilen; Mus.; Literaturw.)

Sympath|ektomie [*gr.-nlat.*] *die*; -, ...ien: operative Entfernung eines Teiles des → Sympathikus (Med.). **sympathetisch** [„mitfühlend"]: 1. (veraltet) auf Sympathie beruhend; -er Dativ: Dativ des Zuwendens, Mitfühlens (z. B. *dem Freund* die Hand schütteln). 2. geheimnisvolle Wirkung auf das Gefühl ausübend; -e Kur: Wunderkur (meist suggestive Heilung durch geheimnisvolle Mittel, Gesundbeten u. a.); -e Tinte: unsichtbare Geheimtinte. **Sympathie** [*gr.-lat.*] *die*; -, ...ien: 1. [Zu]neigung; Wohlgefallen; Ggs. → Antipathie. 2. Verbundenheit aller Teile des Ganzen, so daß, wenn ein Teil betroffen ist, auch alle anderen Teile betroffen sind (Naturphilos.). 3. Ähnlichkeit in der Art des Erlebens u. Reagierens, Gleichgerichtetheit der Überzeugung u. Gesinnung (Psychol.; Soziol.). 4. im Volksglauben die Vorstellung von geheimer gegenseitiger Einwirkung aller Wesen u. Dinge aufeinander; vgl. contraria contrariis u. similia similibus. **Sympathikolytikum** [*gr.-nlat.*] *das*; -s, ...ka: Arzneimittel, das die Reizung sympathischer Nerven hemmt od. aufhebt (Med.). **Sympathikomimetikum** *das*; -s, ...ka: Arzneimittel, das im Organismus die gleichen Erscheinungen hervorruft wie bei Erregung des Sympathikus (z. B. Adrenalin; Med.). **Sympathikotonie** *die*; -, ...ien: erhöhte Erregbarkeit des sympathischen Nervensystems (Med.). **Sympathikotonikum** *das*; -s, ...ka: Arzneimittel, das das sympathische Nervensystem anregt (Med.). **Sympathikus** *der*; -, ...thizi: Grenzstrang des sympathischen Teils des autonomen Nervensystems, der bes. die Eingeweide versorgt (Med.); vgl. Parasympathikus. **Sympathisant** [*gr.-nlat.*] *der*; -en, -en: jmd., der einer politischen od. gesellschaftlichen Gruppe od. Anschauung wohlwollend gegenübersteht [u. sie unterstützt]. **sympathisch** [*gr.-(fr.)*]: 1. zusagend, anziehend, ansprechend, angenehm. 2. zum vegetativen Nervensystem gehörend; auf den Sympathikus bezüglich (Med.). 3. (veraltet) mitfühlend, auf Grund innerer Verbundenheit gleichgestimmt. **sympathisieren**: a) den Ideen u. Anschauungen einer Gruppe wohlwollend gegenüberstehen; b) mit jmdm. freundschaftlich verkehren, gut stehen. **Sympathizi**: *Plural* von → Sympathikus. **Sympatholytikum** [*gr.-nlat.*] *das*; -s, ...ka: = Sympathikolytikum

Sympetalen [*gr.-nlat.*] *die* (Plural): zusammenfassende systematische Bezeichnung für Blütenpflanzen mit verwachsenen Kronblättern (Bot.)

Symphonie usw. vgl. Sinfonie usw.

sym|phronistisch [*gr.-nlat.*]: (veraltet) sachlich übereinstimmend

Symphyse [*gr.*] *die*; -, -n: (Med.) a) Verwachsung; b) Knochenfuge, bes. Schambeinfuge. **symphytisch**: zusammengewachsen (Med.)

Sym|ploke [*gr.*; „Verflechtung, Verbindung"] *die*; -, ...ploken: Verbindung mehrerer rhetorischer Wiederholungsfiguren in einem Satz od. Satzgefüge, bes. die von → Anapher u. → Epiphora (2) (z. B. *Was* ist der Toren höchstes Gut? *Geld*! *Was* verlockt selbst die Weisen? *Geld*!)

sympodial [*gr.-nlat.*]: keine einheitliche Hauptachse ausbildend (von der Verzweigung einer Pflanzensproßachse; Biologie). **Sympodium** *das*; -s, ...ien [...$i^e n$]: Pflanzenverzweigung mit Scheinachse; Ggs. → Monopodium

Symposion [*gr.*] u. **Symposium** *das*; -s, ...ien [...$i^e n$]: 1. mit Trinkgelage u. Unterhaltung verbundenes Gastmahl im alten Griechenland. 2. Tagung bes. von Wissenschaftlern, auf der in zwanglosen Vorträgen u. Diskussionen die Ansichten über eine bestimmte Frage erörtert werden. 3. Sammelband mit Beiträgen verschiedener Autoren zu einem Thema

Sym|ptom [*gr.*; „Zufall; vorübergehende Eigentümlichkeit"] *das*; -s, -e: 1. Anzeichen, Vorbote, Warnungszeichen; Kennzeichen, Merkmal. 2. Krankheitszeichen, für eine bestimmte Krankheit charakteristische, zu einem bestimmten Krankheitsbild gehörende krankhafte Veränderung (Medizin). **Sym|ptomatik** *die*; -: 1. Gesamtheit von Symptomen. 2. = Symptomatologie. **sym|ptomatisch**: 1. anzeigend; warnend, alarmierend; bezeichnend. 2. a) nur auf die Symptome, nicht auf die Krankheitsursache einwirkend (z. B. von einer ärztlichen Behandlung); b) keine selbständige Erkrankung darstellend, sondern als Symptom einer anderen auftretend (Med.). **Sym|ptomatologie** [*gr.-nlat.*]: *die*; -: Wissenschaft von den Krankheitszeichen

syn|agogal [*gr.-lat.-nlat.*]: 1. den jüdischen Gottesdienst betreffend. 2. die Synagoge betreffend. **Syn|agoge** [*gr.-lat.*; „Versammlung"] *die*; -, -n: 1. jüdisches Gotteshaus. 2. die sich versammelnde Gemeinde. 3. (ohne Plural) in der bildenden Kunst die Verkörperung des Alten Testaments, d. h. des Judentums, in Gestalt einer Frau mit verbundenen Augen, zerbrochenem Stab und niederfallender Gesetzestafel (Kunstwissenschaft); vgl. Ecclesia (2)

Syn|algie [*gr.-nlat.*] *die*; -, ...ien: das Mitempfinden von Schmerzen in einem nicht erkrankten Körperteil (Med.)

Syn|allage [*gr.*] *die*; -, ...agen u. **Syn|allagma** *das*; -s, ...men: gegenseitiger Vertrag (Rechtsw.). **syn|allagmatisch** [*gr.-nlat.*]: gegenseitig; -er Vertrag: = Synallage

Syn|alöphe [*gr.*] *die*; -, -n: Verschmelzung zweier Silben durch → Elision (1) od. → Krasis (antike Metrik)

syn|an|drisch [*gr.-nlat.*]: verwachsene Staubbeutel aufweisend (von Blüten; Bot.). **Syn|an|drium** *das*; -s, ...ien [...$i^e n$]: die Einheit der miteinander verwachsenen Staubbeutel (z. B. bei Glokkenblumengewächsen u. Korbblütlern; Bot.)

Syn|anthie [*gr.-nlat.*] *die*; -, ...ien: durch seitliche Verwachsung von Blüten od. Pflanzen auftretende Mißbildung (Bot.)

Syn|aphie [*gr.-lat.*] *die*; -, ...ien: rhythmisch fortlaufende Verbindung von Versen, d. h. der Wechsel von starker u. schwacher Silbe geht an der Versgrenze ohne Unterbrechung in den folgenden Vers über (Metrik). **syn|aphisch** [*gr.-nlat.*]: die Synaphie betreffend, Synaphie aufweisend. **Synapse** [*gr.*] *die*; -, -n: (Biol.; Med.) 1. Kontakt-, Umschaltstelle zwischen Nervenfortsätzen, an der nervöse Reize von einem → Neuron auf ein anderes weitergeleitet werden. 2. Berührungsstelle der Grenzflächen zwischen Muskel u. Nerv. **Syn|apsis** *die*; -: die Paarung der sich entsprechenden Chromosomen während der ersten Phase der → Reduktionsteilung (Biol.). **Syn|apte** [*gr.*; „Zusammenstellung"] *die*; -, -n: Fürbittgebet (Wechselgebet) im orthodoxen Gottesdienst

Syn|ärese u. **Syn|äresis** [*gr.*] *die*; -, ...resen: 1. = Kontraktion (3). 2. = Synizese

Syn|ar|throse [*gr.-nlat.*] *die*; -, -n: feste Knochenverbindung, Knochenfuge (Med.)

Syn|äs|thesie [*gr.-nlat.*] *die*; -, ...ien: 1. Miterregung eines Sinnesorgans bei Reizung eines anderen (z. B. Farbwahrnehmung bei akustischem Reiz; Med.). 2. durch sprachlichen Ausdruck hervorgerufene Verschmelzung mehrerer Sinneseindrücke (z. B. schreiendes Grün; Stilk.). **syn|ästhetisch**: die Synästhesie betreffend; durch einen nichtspezifischen Reiz erzeugt (z. B. von Sinneswahrnehmungen); vgl. Audition colorée

Syn|axarion [*gr.-mgr.*] *das*; -s, ...ien [*...iᵉn*]: liturg. Kalender der orthodoxen Kirche mit Lebensbeschreibungen der Tagesheiligen

Syn|axis [*gr.-lat.*] *die*; -, ...axen: Meßfeier in der griech.-orthodoxen Kirche

Syn|chorologie [*...kor...*] *die*; -: Teilgebiet der Pflanzensoziologie, das die geographische Verbreitung der Pflanzengesellschaften untersucht

syn|chron [*...kron*; *gr.-nlat.*]: 1. gleichzeitig erfolgend, verlaufend; gleichlaufend; Ggs. → asynchron (1, 2). 2. mit der Frequenz eines Schwingungserzeugers gleichlaufend (Techn.). 3. die Synchronie betreffend; Ggs. → diachron (b); vgl. ...isch/-. **Synchronie** *die*; -: beschreibende Darstellung des Sprachzustandes eines bestimmten [kurzen] Zeitraumes; Ggs. → Diachronie. **Synchronisation** [*...zion*] *die*; -, -en: 1. das Herstellen des Gleichlaufs zwischen zwei Vorgängen od. Geräte[teile]n. 2. das Herstellen des Gleichlaufs zwischen dem Elektronenstrahl der Empfängerbildröhre u. dem der Abtaströhre im Sender (Fernsehtechnik). 3. die nachträgliche Vertonung eines in einer fremden Sprache od. stumm aufgenommenen Films (Filmw.). 4. Zwangssteuerung der Zündung von Blitzlichtquellen u. Kameraverschluß (Filmw.). 5. Herstellung von gleichen → Phasen (5 a) bei Vorgängen gleicher Frequenz (2) (Starkstromtechnik); vgl. ...[at]ion/...ierung. **synchronisch**: 1. = synchron (3); Ggs. → diachronisch. 2. = synchron (1); vgl. ...isch/-. **synchronisieren**: 1. zu gleichem Lauf bringen wie die Frequenz des Wechselstromes (Elektrot.). 2. phasenstarren Gleichlauf herstellen zwischen dem Abtaststrahl der Aufnahmeröhre u. dem Schreibstrahl der Bildröhre (Fernsehtechnik). 3. eine Synchronisation (3) herstellen. 4. verschiedene Vorgänge oder Geräte[teile] zum Gleichlauf bringen. **Syn|chronisierung** *die*; -, -en: = Synchronisation; vgl. ...[at]ion/...ierung. **Syn|chronismus** *der*; -, ...men: 1. das Zusammentreffen von nicht zusammenhängenden Ereignissen zu derselben Zeit. 2. Gleichlauf, übereinstimmender Bewegungszustand mechanisch voneinander unabhängiger Schwingungserzeuger (Techn.). 3. zeitliches Übereinstimmen von Bild, Sprechton u. Musik (Film). **synchronistisch**: den Synchronismus betreffend; Gleichzeitiges zusammenstellend (z. B. politische, künstlerische u. andere Ereignisse eines Jahres). **Syn|chro|tron** *das*; -s, ...trone (auch: -s): Beschleuniger für geladene Elementarteilchen, der die Teilchen im Gegensatz zum → Zyklotron auf der gleichen Kreisbahn beschleunigt (Kernphys.)

Syncopated music [*ßingkopeⁱtid mjusik*; *engl.-amerik.*] *die*; - -: Jazzmusik

Syndaktylie [*gr.-nlat.*] *die*; -, ...ien: Verwachsung der Finger od. Zehen (Med.)

Synderesis [*gr.*] *die*; -: das Gewissen als Bewahrung des göttlichen Funkens im Menschen (kath. Moraltheologie)

Syndesmologie [*gr.-nlat.*] *die*; -: (Med.). 1. Teilgebiet der Anatomie, das sich mit den Bändern befaßt. 2. die Gesamtheit der Bänder, die Knochen miteinander verbinden od. Eingeweide halten. **Syndesmose** *die*; -, -n: Knochenverbindung durch Bindegewebe (Med.). **Syndetikon** Ⓦ [*gr.*] *das*; -s: dickflüssiger Klebstoff. **syndetisch**: durch ein Bindewort verbunden (von Satzteilen od. Sätzen); vgl. asyndetisch u. polysyndetisch

Syndikalismus [*gr.-lat.-nlat.*] *der*; -: zusammenfassende Bezeichnung für sozialrevolutionäre Bestrebungen mit dem Ziel der Übernahme der Produktionsmittel durch autonome Gewerkschaften. **Syndikalist** *der*; -en, -en: Anhänger des Syndikalismus. **syndikalistisch**: den Syndikalismus betreffend. **Syndikat** *das*; -[e]s, -e: 1. Amt eines Syndikus. 2. Unternehmerverband (Absatzkartell mit eigener Rechtspersönlichkeit u. zentralisiertem, von den einzelnen Produzenten unabhängigem Verkauf). 3. [*gr.-lat.-nlat.-amerik.*] geschäftlich getarnte Verbrecherorganisation in Amerika. **Syndikus** [*gr.-lat.*] *der*; -, -se u. ...dizi: der von einer Körperschaft zur Besorgung ihrer Rechtsgeschäfte aufgestellte Bevollmächtigte, Rechtsbeistand (Rechtsw.). **syndiziert** [*gr.-lat.-nlat.*]: in einem Syndikat (2) zusammengefaßt

Syn|drom [*gr.*; „das Zusammenlaufen"] *das*; -s, -e: a) Krankheitsbild, das sich aus dem Zusammentreffen verschiedener charakteristischer Symptome ergibt (Med.); b) Gruppe von Merkmalen od. Faktoren, deren gemeinsames Auftreten einen bestimmten Zusammenhang od. Zustand anzeigt (Soziol.)

Syn|echie [*gr.*] *die*; -, ...ien: Verwachsung von Regenbogenhaut u. Augenlinse bzw. Hornhaut (Med.). **Syn|echologie** [*gr.-nlat.*] *die*; -: die Lehre von Raum, Zeit u. Materie als etwas Stetigem, Zusammenhängendem (Herbart; Philos.)

Syn|edrion [*gr.*; „Versammlung"] *das*; -s, ...ien [*...iᵉn*]: 1. altgriech. Bezeichnung für: Ratsbehörde (z. B. der → Amphiktyonen). 2. = Synedrium. **Syn|edrium** [*gr.-lat.*] *das*; -s, ...ien [*...iᵉn*]: (hist.) der Hohe Rat der Juden in der griech. u. röm. Zeit; vgl. Sanhedrin

Syn|ekdoche [*...doche*; *gr.-lat.*] *die*; -, ...dochen: das Ersetzen eines Begriffs durch einen engeren od. weiteren Begriff (z. B. Kiel für Schiff); vgl. Pars pro toto. **syn|ekdochisch**: die Synekdoche betreffend

Syn|ektik [*gr.*] *die*; -: (dem → Brainstorming ähnliche) Methode zur Lösung von Problemen, wobei u. a. durch Verfremdung des gestellten Problems Lösungsmöglichkeiten gesucht werden

Syn|ephebe [*gr.-lat.*] *der*; -n, -n: (veraltet) Jugendgenosse

Syn|ergeten [*gr.-nlat.*] *die* (Plural): = Synergisten. **syn|ergetisch**: zusammen-, mitwirkend. **Synergiden** *die* (Plural): zwei Zellen der pflanzlichen Samenanlage (Biol.). **Syn|ergie** *die*; -: 1. Energie, die für den Zusammenhalt u. die gemeinsame Erfüllung von Aufgaben zur Verfügung steht. 2. = Synergismus (1). **Syn|ergismus** *der*; -: 1. das Zusammenwirken von Substanzen od. Faktoren, die sich gegenseitig fördern. 2. Heilslehre, nach der der Mensch an der Erlangung des Heils mitwirken kann (Rel.); vgl. Pelagianismus. **Syn|ergist** *der*; -en, -en (meist Plural): 1. gleichsinnig zusammenwirkendes Organ, Muskel (Med.). 2. (nur Plural) Arzneimittel, die sich in additiver od. potenzierender Weise ergänzen. 3. Anhänger des Synergismus (2). **syn|ergistisch**: den Synergismus, die Synergisten betreffend

Syn|esis [*gr.*] *die*; -, ...esen: sinngemäß richtige Wortfügung, die strenggenommen nicht den grammatischen Regeln entspricht (z. B. eine *Menge* Äpfel *fielen* herunter); vgl. Constructio ad sensum

syngenetisch [*gr.-nlat.*]: 1. gleichzeitig entstanden (Biol.). 2. gleichzeitig mit dem Gestein entstanden (von Lagerstätten; Geol.); Ggs. → epigenetisch (2)

Synhyper|onym [auch: *...nüm*; *gr.-nlat.*] *das*; -s, -e: = Kohyperonym (Sprachw.). **Synhyp|onym** [auch: *...nüm*; *gr.-nlat.*] *das*; -s, -e: = Kohyponym (Sprachw.)

Syn|izese u. **Syn|izesis** [*gr.-lat.*] *die*; -, ...zesen: Zusammenziehung zweier Vokale zu einer Silbe [um eine in den Vers passende Form zu bilden] (antike Metrik)

synkarp [*gr.-nlat.*]: zusammengewachsen (von Fruchtknoten, deren Fruchtblätter bis zur Mitte der Fruchtknotenhöhle eingefaltet sind); vgl. parakarp. **Synkarpie** *die*; -: Verwachsung der Fruchtblätter zu einem einzigen Fruchtknoten

Synkaryon *das*; -s, ...karya od. ...karyen [...ü^{e}n]: der durch die Vereinigung zweier Kerne entstandene diploide Zellkern (Biol.)

Synkatathesis [*gr.*] *die*; -: Zustimmung des Geistes zu einer Vorstellung, auf der das Wahrnehmungsurteil beruht (Stoa)

Synkategorema [*gr.-lat.*] *das*; -s, ...remata: das unselbständige, nur in Verbindung mit anderen Worten sinnvolle Wort od. Zeichen (Logik)

Synkinese [*gr.-nlat.*] *die*; -, -n: Mitbewegung (Med.)

syn|klinal [*gr.-nlat.*]: zum Muldenkern hin einfallend (von der Gesteinslagerung; Geol.). **Syn-klinale** u. **Syn|kline** *die*; -, -n: Mulde (Geol.). **Syn|klinorium** *das*; -s, ...ien [...i^{e}n]: Faltenbündel, dessen mittlere Falten tiefer als die äußeren liegen, Sattel (Geol.)

Synkope [*gr.-lat.*] *die*; -, ...kopen: 1. [*sünkope*]: a) Ausfall eines unbetonten Vokals zwischen zwei Konsonanten im Wortinnern (z. B. ew'ger statt ewiger); b) Ausfall einer Senkung im Vers (Metrik). 2. (Med.) a) = Kollaps (1); b) mit plötzlichem Bewußtseinsverlust verbundene [harmlose] Störung der Gehirndurchblutung. 3. [*sünkop^{e}*]: Betonung eines unbetonten Taktwertes (während die betonten Werte ohne Akzent bleiben), häufig durch Bogenbindung, auch über den Taktstrich hinweg (Mus.); vgl. Ligatur (2b). **synkopieren** [*gr.-nlat.*]: 1. einen unbetonten Vokal zwischen zwei Konsonanten ausfallen lassen. 2. eine Senkung im Vers ausfallen lassen. 3. durch eine Synkope (3), durch Synkopen rhythmisch verschieben (Mus.). **synkopisch**: die Synkope betreffend, in der Art der Synkope

Synkotylie [*gr.-nlat.*] *die*; -: Einkeimblättrigkeit infolge Verwachsens von zwei Keimblättern (Bot.); Ggs. → Heterokotylie

Syn|kretismus [*gr.-nlat.*] *der*; -: 1. Vermischung verschiedener Religionen, Konfessionen od. philos. Lehren, meist ohne innere Einheit (z. B. in der späten Antike). 2. = Kasussynkretismus. **Syn|kretist** *der*; -en, -en: Vertreter des Synkretismus (1). **synkretistisch**: den Synkretismus, den Synkretisten betreffend

Syn|krise [*gr.*] u. **Syn|krisis** *die*; -, ...krisen: Vergleich; Zusammensetzung, Mischung (Philos.). **syn|kritisch** [*gr.-nlat.*]: zusammensetzend, vergleichend, verbindend (Philos.); Ggs. → diakritisch

Syn|od [*gr.-lat.*] *der*; -[e]s, -e: neben dem Patriarchen stehende oberste Kirchenbehörde (gewöhnl.: Heiliger -) der → orthodoxen u. → autokephalen Kirchen (in Rußland 1721–1917 allein regierend). **syn|odal**: die Synode betreffend, zu ihr gehörend. **Syn|odale** *der* od. *die*; -n, -n: Mitglied einer Synode. **Syn|ode** [„Zusammenkunft"] *die*; -, -n: 1. Versammlung evangelischer Christen (Geistliche u. Laien) als Trägerin der kirchlichen Selbstverwaltung neben od. unter der Kirchenleitung. 2. beratende, beschließende und gesetzgebende Versammlung von Bischöfen in einem → Konzil (1) [unter Vorsitz des Papstes]. **syn|odisch**: 1. auf die Stellung von Sonne u. Erde zueinander bezogen (Astron.). 2. = synodal

Syn|ökie u. **Syn|ökologie** [*gr.-nlat.*] *die*; -: = Biozönologie

syn|onym [*gr.-lat.*]: 1. = synonymisch. 2. a) bedeutungsähnlich, bedeutungsgleich, sinnverwandt (von Wörtern; Sprachw.); Ggs. → antonym; b) gleichsetzbar, als das gleiche ansehbar. **Syn|onym** *das*; -s, -e (auch: -a [...*nonü*..., auch: ...*nonü*...]): 1. bedeutungsähnliches, -gleiches Wort (z. B. *schauen* statt *sehen*, *Metzger* statt *Fleischer*); Ggs. → Antonym; vgl. Heteronym, Hyperonym, Hyponym, Parasem. 2. synonymer (2b) Begriff, Ausdruck; etw., jmd., bei dem od. bei dessen Nennung man gleich an etw., jmdn. denkt, das bzw. den man damit gleichsetzt, z. B. Lolita ist ein - für Sex mit Kindern; Solidarität ist für ihn kein - für Unterwerfung; der Alte Fritz ist ein - für Preußen. **Synonymie** *die*; -, ...ien: inhaltliche Übereinstimmung von verschiedenen Wörtern od. Konstruktionen; vgl. Heteronymie. **Synonymik** [*gr.*] *die*; -, -en: 1. (ohne Plural) Teilgebiet der Linguistik, auf dem man sich mit den Synonymen (1) befaßt. 2. Wörterbuch der Synonyme (1). 3. (ohne Plural) = Synonymie. **syn|onymisch**: die Synonymie betreffend

Syn|ophrys [*gr.*] *die*; -: das Zusammenwachsen der Augenbrauen (Med.)

Syn|opse [*gr.-lat.*; „Zusammenschau"] u. **Syn|opsis** *die*; -, ...opsen: 1. knappe Zusammenfassung, vergleichende Übersicht. 2. a) vergleichende Gegenüberstellung von Texten o. ä.; b) sachliche bzw. wörtliche Nebeneinanderstellung der Evangelien nach Matthäus, Markus u. Lukas. **Syn|optik** [*gr.*] *die*; -: für eine Wettervorhersage notwendige großräumige Wetterbeobachtung (Meteor.). **Syn|optiker** *die* (Plural): die (beim Vergleich weitgehend übereinstimmenden) drei ersten Evangelisten Matthäus, Markus u. Lukas. **synoptisch**: 1. [übersichtlich] zusammengestellt, nebeneinandergereiht. 2. von den Synoptikern stammend

syn|orogen [*gr.-nlat.*]: gleichzeitig mit einer Gebirgsbildung aufsteigend (von Gesteinsschmelzen; Geol.)

Syn|ostose [*gr.-nlat.*] *die*; -, -n: = Synarthrose

Syn|ovia [...*w*...; (*gr.*; *lat.*) *nlat.*] *die*; -: Gelenkschmiere (Med.). **Syn|ovialom** *das*; -s, -e: von der Gelenkinnenhaut ausgehende bösartige Gelenkgeschwulst (Med.). **Syn|ovitis** *die*; -, ...itiden: Gelenkentzündung (Med.)

Syn|özie [*gr.-nlat.*; „Zusammenhausen"] *die*; -, ...ien: 1. das Zusammenleben zweier od. mehrerer Arten von Organismen, ohne daß die Gemeinschaft den Wirtstieren nutzt od. schadet (z. B. bei Ameisen u. Termiten, die andere Insekten in ihren Bauten dulden u. ernähren); vgl. Symbiose, Parasitismus. 2. = Monözie. **syn|özisch**: 1. in Synözie lebend, sie betreffend. 2. = monözisch

Synsemantikon [*gr.-nlat.*] *das*; -s, ...ka (meist Plural): inhaltsarmes Wort, das seine eigentliche Bedeutung erst durch den umgebenden Text erhält (z. B. dieser); Ggs. → Autosemantikon. **synsemantisch**: das Synsemantikon betreffend

Syntagma [*gr.*; „Zusammengestelltes, Sammlung"] *das*; -s, ...men oder -ta: 1. (veraltet) Sammlung von Schriften, Aufsätzen, Bemerkungen verwandten Inhalts. 2. zusammengehörende Wortgruppe, die nicht Satz ist; die Verbindung von sprachlichen Elementen in der linearen Redekette (z. B. in Eile, ein guter Schüler; Sprachw.). **syntagmatisch** [*gr.-nlat.*]: 1. das Syntagma betreffend. 2. die Relation betreffend, die zwischen Satzteilen besteht (z. B. zwischen Subjekt u. Prädikat); Ggs. → paradigmatisch (3). **Syntaktik** *die*; -: Teilgebiet der → Semiologie (1), auf dem man sich mit den formalen Beziehungen zwischen den Zeichen einer Sprache befaßt. **Syntaktikum** *das*; -s, ...ka: = Syntagma (2). **syntaktisch** [*gr.*]: 1. die Syntax (1) betreffend; -e Fügung: = Syntagma (2). 2. den [korrekten] Satzbau betreffend. **Syntax** [*gr.-lat.*; „Zusammenordnung; Wortfügung; Satzgefüge"] *die*; -, -en: (Sprachw.) 1. Lehre vom Bau des Satzes als Teilgebiet der Grammatik. 2. Satzbau, [korrekte] Art u. Weise, sprachliche Elemente zu Sätzen zu ordnen. 3. wissenschaftliche Darstellung der Syntax (2)

Synteresis *die*; -: = Synderesis

Synthese [*gr.-lat.*] *die*; -, -n: 1. Zusammenfügung, Verknüpfung [einzelner Teile zu einem höheren Ganzen]; Ggs. → Analyse (1). 2. Aufbau einer [komplizierten] chem. Verbindung aus einfacheren Stoffen. 3. Verfahren zur künstlichen Herstellung von anorganischen od. organischen Verbindungen. 4. Aufhebung des sich in → These u. → Antithese Widersprechenden in die höhere Einheit (Hegel; Philos.). **Synthesis** *die*; -, ...thesen: = Synthese (1, 4). **Synthesizer** [*ßint^eßais^er* od. *ßinthi...*; *gr.-engl.*] *der*; -s, -: Kombination aufeinander abgestimmter elektronischer Bauelemente u. Geräte zur Erzeugung von Klängen u. Geräuschen. **Syntheta**: *Plural* von → Syntheton. **Synthetics** [*ßüntetikß*; *gr.-engl.*] und (eindeutschend:) Synthetiks *die* (Plural): a) Gewebe aus Kunstfaser; b) Textilien aus Kunstfaser. **Synthetik** *die*; - (meist ohne Artikel): Kunstfaser, synthetische (2) Faser. **Synthetiks** vgl. Synthetics. **synthetisch** [*gr.*]: 1. zusammensetzend; -e Sprachen: Sprachen, die die Beziehung der Wörter im Satz durch Endungen u. nicht durch freie → Morpheme ausdrücken (z. B. lat. *amavi* gegenüber dt. *ich habe geliebt*); Ggs. → analytische Sprachen. 2. aus einfacheren Stoffen aufgebaut; künstlich hergestellt (Chem.). 3. gleichsinnig einfallend (von einem geolog. Verwerfungssystem). **synthetisieren** [*gr.-nlat.*]: aus einfacheren Stoffen herstellen (Chem.). **Syntheton** [*gr.*] *das*; -s, ...ta: aus einer ursprünglichen Wortgruppe zusammengezogenes Wort (z. B. „kopfstehen" aus „auf dem Kopf stehen")

Syn|tropie [*gr.-nlat.*] *die*; -, ...ien: gemeinsames Auftreten zweier verschiedener Krankheiten (Med.)

Syn|urie [*gr.-nlat.*] *die*; -, ...ien: Ausscheidung von Fremdstoffen durch den Harn (Med.)

Synzytium [*...zium*; *gr.-nlat.*] *das*; -s, ...ien [*...i^en*]: mehrkernige Plasmamasse (durch Verschmelzung mehrerer Zellen entstanden); vgl. Plasmodium (1)

Syphilid [*nlat.*] *das*; -[e]s, -e: syphilitischer Hautausschlag. **Syphilis** [*nlat.*; nach dem Titel eines lat. Lehrgedichts des 16. Jh.s, in dem die Geschichte eines an Syphilis erkrankten Hirten namens Syphilus erzählt wird] *die*; -: gefährlichste Geschlechtskrankheit. **Syphilitiker** *der*; -s, -: jmd., der an Syphilis leidet. **syphilitisch**: die Syphilis betreffend. **Syphiloid** *das*; -[e]s, -e: abgeschwächte Form der Syphilis. **Syphilom** *das*; -s, -e: syphilitische Geschwulst. **Syphilose** *die*; -, -n: syphilitische Erkrankung

Syringe [*gr.-mlat.*] *die*; -, -n: Flieder (Bot.). **Syringen**: *Plural* von → Syringe u. → Syrinx. **Syringitis** [*gr.-nlat.*] *die*; -, ...itiden: Entzündung der Ohrtrompete. **Syringomyelie** *die*; -, ...ien: Erkrankung des Rückenmarks mit Höhlenbildung im grauen Mark. **Syrinx** [*gr.-lat.*] *die*; -, ...ingen: 1. Panflöte. 2. unterer Kehlkopf der Vögel (lauterzeugend)

Syrologe [*gr.-nlat.*] *der*; -n, -n: Wissenschaftler auf dem Gebiet der Syrologie. **Syrologie** *die*; -: Wissenschaft von den Sprachen, der Geschichte u. den Altertümern Syriens

systaltisch [*gr.-lat.*]: zusammenziehend (Med.)

System [*gr.-lat.*; „Zusammenstellung"] *das*; -s, -e: 1. Prinzip, Ordnung, nach der etwas organisiert od. aufgebaut wird, Plan, nach dem vorgegangen wird. 2. Gefüge, einheitlich geordnetes Ganzes. 3. aus grundlegenden Einzelerkenntnissen zusammengestelltes Ganzes, Lehrgebäude. 4. Form der staatlichen, wirtschaftlichen u. gesellschaftlichen Organisation; Regierungsform. 5. eine Menge von Elementen, zwischen denen bestimmte Beziehungen bestehen od. die nach bestimmten Regeln zu verwenden sind (EDV; Sprachwissenschaft; Kybernetik). 6. Zusammenfassung u. Einordnung der Tiere u. Pflanzen in verwandte od. ähnlich gebaute Gruppen (Biol.). 7. Zusammenschluß von zwei od. mehreren → Perioden (7; Metrik). 8. in festgelegter Weise zusammengeordnete Linien o. ä. zur Eintragung und Festlegung von etwas. **Systemanalyse** *die*; -, -n: (EDV) 1. Untersuchung eines Problems u. seine Zerlegung in Einzelprobleme als Vorstufe des Programmierens. 2. Untersuchung der Computertechnik u. der jeweiligen Einsetzungsmöglichkeiten in einem Bereich. **Systemanalytiker** *der*; -s, -: Fachmann auf dem Gebiet der Systemanalyse. **Systematik** *die*; -, -en: 1. planmäßige Darstellung; einheitliche Gestaltung. 2. Teilgebiet der Zoologie u. Botanik mit der Aufgabe der Einordnung aller Lebewesen in ein System. **Systematiker** *der*; -s, -: jmd., der alles in ein System bringen will. **systematisch**: 1. das System, die Systematik betreffend. 2. in ein System gebracht, ordentlich gegliedert. 3. planmäßig, gezielt, absichtlich. **systematisieren** [*gr.-nlat.*]: in ein System bringen, systematisch behandeln. **systemimmanent**: a) einem System innewohnend, in den Rahmen eines Systems (3, 4) gehörend; b) sich [im Denken u. Handeln] innerhalb der Grenzen eines Systems (4) bewegend; angepaßt. **systemisch**: ein Organsystem od. mehrere Organe in gleicher Weise betreffend od. auf sie wirkend (Biol.; Med.); -e Insektizide: Insektengifte, die von der Pflanze durch Blätter u. Wurzeln mit dem Saftstrom aufgenommen werden u. so von innen her einen wirksamen Schutz gegen saugende Schädlinge bieten. **Systemkamera** *die*; -, -s: → Kamera (1), deren Ausrüstung nach dem Baukastenprinzip ausgewechselt werden kann. **systemkonform**: mit einem bestehenden politischen System sich im Einklang befindend, übereinstimmend. **Systemkritiker** *der*; -s, -: jmd., der eine politische od. gesellschaftliche Ideologie angreift u. kritisiert. **Systemoid** *das*; -[e]s, -e: systemähnliches Gebilde. **Systemsoftware** [*...ä'*] *die*; -: Gesamtheit der Programme einer EDV-Anlage, die vom Hersteller mitgeliefert werden u. die Anlage betriebsbereit machen

Systole [*...olᵉ*, auch: *süßtole*; *gr.-lat.*; „Zusammenziehung, Kürzung"] *die*; -, ...olen: Ggs. → Diastole: 1. die mit der Erweiterung rhythmisch abwechselnde Zusammenziehung des Herzmuskels (Med.). 2. Kürzung eines langen Vokals od. eines Diphthongs aus Verszwang (antike Metrik). **systolisch** [*gr.-nlat.*]: die Systole betreffend

Syzygie [*gr.-lat.*; „Zusammenfügung"] *die*; -, ...ien: 1. → Konjunktion (3) u. → Opposition (3) von Sonne u. Mond (Neumond od. Vollmond; Astron.). 2. Verbindung von zwei Versfüßen, Dipodie (antike Metrik). **Syzygium** [*gr.-nlat.*] *das*; -s, ...ien [*...iᵉn*]: = Syzygie (1)

Szenar [*gr.-lat.*] *das*; -s, -e: 1. = Szenarium (1). 2. = Szenario (1, 3). **Szenario** *das*; -s, -s: 1. szenisch gegliederter Entwurf eines Films (als Entwicklungsstufe zwischen → Exposé u. Drehbuch). 2. = Szenarium (1). 3. (in der öffentlichen u. industriellen Planung) hypothetische Aufeinanderfolge von Ereignissen, die zur Beachtung kausaler Zusammenhänge konstruiert wird. **Szenarist** *der*; -en, -en: jmd., der ein Szenario verfaßt. **Szenarium** *das*; -s, ...ien [*...iᵉn*]: 1. für die Regie u. das technische Personal erstellte Übersicht mit Angaben über Szenenfolge, auftretende Personen usw. (Theater). 2. = Szenario (1). 3. = Szenario (3). 4. Schauplatz. **Szene** [*gr.-lat.-fr.*; „Zelt; Hütte"] *die*; -, -n: 1. = Skene. 2. Schauplatz einer [Theater]handlung; Bühne. 3. kleinste Einheit des Dramas od. Films; Auftritt (als Unterabteilung des Aktes). 4. Vorgang, Anblick. 5. theatralische Auseinandersetzung; Zank, Vorhaltungen. 6. charakterist. Bereich, Schauplatz, auf dem sich etwas abspielt, Gesamtheit bestimmter [kultureller] Aktivitäten (z. B. die Hausbesetzerszene). **Szenerie** *die*; -, ...ien: 1. das mittels der Dekorationen usw. dargestellte Bühnenbild. 2. Landschaft[sbild], Schauplatz. **szenisch**: die Szene betreffend, bühnenmäßig. **Szeno|graph** *der*; -en, -en: Filmbildner; jmd., der Dekorationen u. Bauten für Filme entwirft. **Szeno|graphie** *die*; -, ...ien: Filmbildnerei, Entwurf u. Ausführung der Dekorationen im Film. **Szenotest** [*fr.*; *engl.*] *der*; -[e]s, -e u. -s: psychologischer Test zur Erhellung der Persönlichkeitsstruktur, bei dem die Testperson mit biegsamen, umformbaren Puppen eine Handlungszene darstellen soll

Szepter [*gr.-lat.*] *das*; -s, -: (veraltet) Zepter

szientifisch [*ßzi-än...*; *lat.-nlat.*]: wissenschaftlich. **Szientifismus** *der*; -: = Szientismus (1). **Szientismus** *der*; -: 1. die auf Wissen u. Wissenschaft gegründete Geisteshaltung; Ggs. → Fideismus (Philos.). 2. Lehre der → Christian Science, nach der Sünde, Tod u. Krankheit Einbildungen sind, die durch das Gebet zu Gott geistig überwunden werden können. **Szientist** *der*; -en, -en: Anhänger des Szientismus

Szilla [*gr.-lat.*] *die*; -, ...llen: Meerzwiebel, Blaustern (Liliengewächs, eine Heil- u. Zierpflanze)

Szinti|gramm [*lat.*; *gr.*] *das*; -s, -e: durch die Einwirkung der Strahlung radioaktiver Stoffe auf eine fluoreszierende Schicht erzeugtes Leuchtbild (Med.). **Szinti|graph** *der*; -en, -en: Gerät zur Herstellung von Szintigrammen (Med.). **Szinti|graphie** *die*; -, ...ien: Untersuchung u. Darstellung innerer Organe mit Hilfe von Szintigrammen. **Szintillation** [*...zion*; *lat.*] *die*; -, -en: 1. das Sternfunkeln (Astronomie). 2. Lichtblitze beim Auftreffen radioaktiver Strahlung auf fluoreszierende Stoffe. **szintillieren**: funkeln, leuchten, flimmern (Astron.; Phys.). **Szintillometer** [*lat.*; *gr.*] *das*; -s, -: 1. Instrument zur Messung der Zahl der Farbwechsel je Sekunde beim Funkeln eines Sternes (Astron.). 2. Strahlenmesser für die Suche nach uranhaltigem Gestein

Szir|rhus [*gr.-lat.*] *der*; -: harte Krebsgeschwulst (Med.)

Szission [*lat.*] *die*; -, -en: (veraltet) Spaltung. **Szissur** *die*; -, -en: (veraltet) Spalte, Riß

Szylla u. Scylla [*ßzüla*; *gr.-lat.*] *die*; -: bei Homer ein sechsköpfiges Seeungeheuer in einem Felsenriff in der Straße von Messina; zwischen - u. → Charybdis: von zwei Übeln bedrängt, denen man nicht entrinnen kann; in einer ausweglosen Lage

T

Tab [bei engl. Ausspr.: *täb*; *engl.*] *der*; -[e]s, -e u. (bei engl. Ausspr.:) *der*; -s, -s: vorspringender Teil einer Karteikarte zur Kenntlichmachung bestimmter Merkmale

Tabagie [*...asehi*; *span.-fr.*] *die*; -, ...ien: in früherer Zeit ein Gasthaus, in dem geraucht werden durfte. **Tabak** [auch: *ta...* u. bes. österr.: *...ak*; *span.*] *der*; -s, (Tabaksorten:) -e: 1. (ohne Plural) eine Pflanze, deren Blätter zu Zigaretten, Zigarren u. Pfeifentabak verarbeitet werden. 2. das aus den Blättern der Tabakpflanze hergestellte Genußmittel. **Tabakose** [*span.-nlat.*] *die*; -, -n: Ablagerung von Tabakstaub in der Lunge (Tabakstaublunge; Med.). **Tabakregie** [*...reschi*] *die*; -: (österr., ugs.) staatliche Tabakwerke. **Tabaktrafik** *die*; -, -en: (österr.) kleines Geschäft, in dem man Tabakwaren, Briefmarken, Zeitschriften u. ä. kaufen kann. **Tabaktrafikant** *der*; -en, -en: (österr.) Inhaber einer Tabaktrafik

Tabasco ⓦⓩ [*...ko*; nach dem mexik. Bundesstaat] *der*; -s u. **Tabascosoße** *die*; -: aus roten → Chilies unter Beigabe von Essig, Salz u. anderen Gewürzen hergestellte, sehr scharfe Würzsoße

Tabatiere [*span.-fr.*] *die*; -, -n: 1. (veraltet) Schnupftabakdose. 2. (österr.) Zigarettendose

tabellarisch [*lat.*]: in Form einer Tabelle angeordnet. **tabellarisieren** [*lat.-nlat.*]: etwas übersichtlich in Tabellen anordnen. **Tabellarium** *das*; -s, ...ria: aus Tabellen bestehende Zusammenstellung, Übersicht [als Anhang eines Buches]. **Tabel-**

le [*lat.*; „Täfelchen, Merktäfelchen"] *die*; -, -n: listenförmige Zusammenstellung von Zahlenmaterial, Fakten, Namen u. a., Übersicht, [Zahlen]tafel, Liste. **tabellieren** [*lat.-nlat.*]: eine Tabelliermaschine einstellen u. bedienen. **Tabellierer** *der*; -s, -: jmd., der eine Tabelliermaschine einstellen u. bedienen kann. **Tabelliermaschine** *die*; -, -n: im Lochkartensystem eingesetzte Büromaschine, die aus dem zugeführten Kartenmaterial Aufstellungen anfertigt

Tabernakel [*lat.*; „Zelt, Hütte"] *das* (auch, bes. in der katholischen Kirche: *der*); -s, -: 1. a) kunstvoll gearbeitetes (im Mittelalter tragbares) festes Gehäuse zur Aufbewahrung der geweihten Hostie auf dem katholischen Altar; b) = Ziborium (1). 2. Ziergehäuse mit säulengestütztem Spitzdach [für Figuren] in der gotischen Baukunst. **Taberne** *die*; -, -n: (veraltet) = Taverne

Tabes [*lat.*] *die*; -: (Med.) 1. (veraltet) Auszehrung, Schwindsucht. 2. Rückenmarksschwindsucht. **Tabeszenz** [*lat.-nlat.*] *die*; -, -en: Abzehrung, Auszehrung (Med.). **Tabetiker** *der*; -s, -: = Tabiker. **tabetisch**: = tabisch. **Tabiker** *der*; -s, -: jmd., der an Rückenmarksschwindsucht erkrankt ist (Med.). **tabisch**: (Med.) a) an Rückenmarksschwindsucht leidend; b) die Rückenmarksschwindsucht betreffend

Ta|blar [*lat.-fr.*] *das*; -s, -e: (schweiz.) Regalbrett. **Ta|bleau** [*tablo*] *das*; -s, -s: 1. wirkungsvoll gruppiertes Bild [im Schauspiel] (Theat.). 2. (veraltet) Gemälde. 3. (österr.) a) übersichtliche Zusammenstellung von einzelnen Tafeln, die einen Vorgang darstellen; b) Tafel im Flur eines Mietshauses, auf der die Namen der Mieter verzeichnet sind. 4. Zusammenstellung von im gleichen Maßstab angefertigten Vorlagen für eine Gesamtaufnahme in der Reproduktionstechnik. **Ta|bleau!**: (veraltet, ugs.) Ausruf der Überraschung: Da haben wir die Bescherung! **Ta|bleau économique** [- *ekonomik*; *fr.*] *das*; - -, -x -s [*tablosekonomik*]: bildliche Darstellung des volkswirtschaftlichen Kreislaufs nach dem franz. Nationalökonomen Quesnay (1694–1774). **Ta|ble d'hôte** [*tabl^e-dot*] *die*; - -: (veraltet) [gemeinsame] Speisetafel im Hotel. **Ta|ble-top** [*te̯ⁱbltop*; *lat.-fr.-engl.*] *das*; -s, -s: Anordnung verschiedener Gegenstände, die stillebenähnlich fotografiert od. als Trickfilm aufgenommen werden. **Ta|blett** [*lat.-fr.*] *das*; -[e]s, -s (auch: -e). Servierbrett. **Ta|blette** *die*; -, -n: ein in eine feste [runde] Form gepreßtes Arzneimittel zum Einnehmen. **ta|blettieren** [*lat.-fr.-nlat.*]: etwas in Tablettenform bringen. **ta|blieren** [*lat.-fr.*]: für Konserven od. Bonbons bestimmten siedenden Zucker umrühren. **Ta|blinum** [*lat.*] *das*; -s, ...na: Hauptraum des altröm. Hauses

Taboparalyse [*lat.*; *gr.*] *die*; -: mit fortschreitender → Paralyse verbundene Rückenmarksschwindsucht (Med.). **Tabophobie** *die*; -, ...ien: krankhafte Angst, an Rückenmarksschwindsucht zu erkranken od. erkrankt zu sein (Med.).

Tabor [*turkotat.-slaw.*] *der*; -s, -s: 1. tschech. Bezeichnung für: Volksversammlung. 2. (hist.) russ. Bezeichnung für: Zigeunerlager

Taborit [*nlat.*; nach der tschech. Stadt Tabor] *der*; -en, -en: Angehöriger einer radikalen Gruppe der → Hussiten (15. Jh.)

Taborlicht [nach der Verklärung Jesu auf dem Berg Tabor, Matth. 17, 2] *das*; -s: das Gott umgebende ungeschaffene Licht in der Mystik der orthodoxen Kirche; vgl. Hesychasmus

Tä|bris [eine iran. Stadt] *der*; -, -: feiner, kurzgeschorener Teppich aus Wolle od. Seide, meist mit Medaillonmusterung

tabu [*polynes.*]: unverletzlich, unantastbar; das ist -: davon darf nicht gesprochen werden. **Tabu** *das*; -s, -s: 1. bei Naturvölkern die zeitweilige od. dauernde Heiligung eines mit → Mana erfüllten Menschen od. Gegenstandes mit dem Verbot, ihn anzurühren (Völkerk.). 2. etwas, das sich dem [sprachlichen] Zugriff aus Gründen moralischer, religiöser od. konventioneller Scheu entzieht; sittliche, konventionelle Schranke. **tabuieren** [*polynes.-nlat.*]: = tabuisieren. **Tabuierung** *die*; -, -en: = Tabuisierung. **tabuisieren**: etwas für tabu erklären. **Tabuisierung** *die*; -, -en: das Totschweigen, das Zu-einem-Tabu-Erklären eines Bereichs od. eines Problems. **tabuistisch**: das Tabu betreffend, in der Art eines Tabus beschaffen

Tabula gratulatoria [*lat.*] *die*; - -, ...lae ...iae [*...lä ...iä*]: Gratulantenliste (in Fest-, Jubiläumsschriften o. ä.). **Tabula rasa** [„abgeschabte Tafel"] *die*; - -: 1. Zustand der Seele [bei der Geburt des Menschen], in dem sie noch keine Eindrücke von außen empfangen u. keine Vorstellungen entwickelt hat (Philosophie). 2. a) (in der Antike) wachsüberzogene Schreibtafel, auf der die Schrift wieder vollständig gelöscht war; b) unbeschriebenes Blatt; tabula rasa machen: reinen Tisch machen; energisch Ordnung schaffen. **Tabulaten** [*lat.-nlat.*] *die* (Plural): ausgestorbene Korallen mit quergefächerten Röhren. **Tabulator** *der*; -s, ...oren: zum Tabellenschreiben bestimmte Einrichtung bei Schreib- u. Buchungsmaschinen. **Tabulatur** *die*; -, -en: (Mus.). 1. Tafel mit den Meistersingerregeln. 2. Notierungsweise für Instrumente, auf denen mehrstimmig gespielt wird (vom 14. bis 18. Jh.). **Tabulett** [*lat.-mlat.*] *das*; -[e]s, -e: (veraltet) Rückentrage, leichter Bretterkasten mit Fächern

Taburett [*arab.-fr.*] *das*; -[e]s, -e: (veraltet, aber noch schweiz.) Hocker

Tabuwort [*polynes.*; *dt.*] *das*; -s, ...wörter: ein Wort, dessen außersprachliche Entsprechung für den Menschen eine Bedrohung darstellt u. das deswegen durch eine verhüllende Bezeichnung ersetzt wird (z. B. der Leibhaftige, der Böse an Stelle von Teufel; Sprachw.)

tacet [*tazät*; *lat.*; „(es) schweigt"]: Angabe, daß ein Instrument od. eine Stimme auf längere Zeit zu pausieren hat (Mus.)

Tacheles [*jidd.*] **reden**: a) offen miteinander reden; b) jmdm. seine Meinung sagen, ihn zurechtweisen

Tachina [*gr.-nlat.*] *die*; -, ...nen: Gattung der Raupenfliegen, deren Larven in Raupen u. Puppen von Schmetterlingen schmarotzen

tachinieren [Herkunft unsicher]: (österr., ugs.) [während der Arbeitszeit] untätig herumstehen, faulenzen

Tachismus [*tasch...*; *germ.-fr.-nlat.*] *der*; -: moderne Richtung der abstrakten Malerei, die Empfindungen durch spontanes Auftragen von Farbflecken auf die Leinwand auszudrücken sucht

Tachisto|skop [*gr.-nlat.*] *das*; -s, -e: Apparat zur Vorführung optischer Reize in Zusammenhang mit Aufmerksamkeitstests bei psychologischen Untersuchungen. **Tacho** *der*; -s, -s: (ugs.)

Kurzform von: Tachometer (2). **Tacho|graph** [*gr.-nlat.*] *der*; -en, -en: Gerät zum Aufzeichnen von Geschwindigkeiten, Fahrtschreiber. **Tachometer** *der* (auch: *das*); -s, -: 1. Instrument an Maschinen zur Messung der Augenblicksdrehzahl, auch mit Stundengeschwindigkeitsanzeige. 2. [mit einem Kilometerzähler verbundener] Geschwindigkeitsmesser bei Fahrzeugen. **Tachy|graph** *der*; -en, -en: 1. (hist.) Schreiber, der die Tachygraphie beherrschte. 2. = Tachograph. **Tachy|graphie** *die*; -, ...ien: Kurzschriftsystem des Altertums. **Tachykardie** *die*; -, ...ien: stark beschleunigte Herztätigkeit, Herzjagen (Med.). **Tachymeter** *das*; -s, -: ein Instrument zur geodätischen Schnellmessung, das neben Vertikal- u. Horizontalwinkeln auch Entfernungen mißt. **Tachyme|trie** *die*; -: Verfahren zur schnellen Geländeaufnahme durch gleichzeitige Entfernungs- u. Höhenmessung mit Hilfe des Tachymeters. **Tachyon** *das*; -s, -en: Elementarteilchen, das angeblich Überlichtgeschwindigkeit besitzt (Phys.). **Tachy|phagie** *die*; -: hastiges Essen (Med.). **Tachy|phylaxie** *die*; -, ...ien: nachlassendes, durch Steigerung der Dosis nicht ausgleichbares Reagieren des Organismus auf wiederholt verabreichte Arzneimittel (Med.). **Tachy|pnoe** [...*o*[e]] *die*; -: beschleunigte Atmung; Kurzatmigkeit (Medizin). **tachyseismisch**: schnell bebend (Erdbebenkunde)

Tackling [*täk...*; *engl.*] *das*; -s, -s: Kurzform von: Sliding-tackling.

Täcks u. Täks, (auch, bes. österr.:) Tacks [*engl.*] *der*; -es, -e: kleiner keilförmiger Nagel zur Verbindung von Oberleder u. Brandsohle (Schuhherstellung)

Tactus [*taktuß*; *lat.*] *der*; -: Fähigkeit des Organismus, Berührungsreize über die Tastkörperchen aufzunehmen, Tastsinn (Med.)

Taekwondo [*tä...*; *korean.* u. *jap.*] *das*; -: ein asiatisches System der Selbstverteidigung

Tael [*täl*; *sanskr.-Hindi-malai.-port.*] *das*; -s, -s (aber: 5 Tael): 1. ein ehemaliges asiatisches Handelsgewicht. 2. eine alte chin. Münzeinheit

Taenia [*tä...*; *gr.-lat.*] *die*; -: Gattung der Bandwürmer

Taf vgl. Tef

Tafsir vgl. Tefsir

Taft [*pers.-türk.-it.*] *der*; -[e]s, -e: a) dichtes, feinfädiges [Kunst]seidengewebe in Leinwandbindung; b) ein Futterstoff. **taften**: aus Taft

Tag [*täg*; *engl.-amerik.*] *der*; -, -s: [improvisierte] Schlußformel bei Jazzstücken

Tagetes [*lat.-nlat.*] *die*; -: eine Zierpflanze

Ta|gliata [*taljata*; *lat.-vulgärlat.-it.*] *die*; -, -s: ein bestimmter Fechthieb (Sport). **Ta|gliatelle** u. **Ta|gliati** [*talj...*] *die* (Plural): ital. Bandnudeln

Tagmem [*gr.*] *das*; -s, -e: Zuordnungseinheit in der Tagmemik. **Tagmemik** *die*; -: linguistische Theorie auf syntaktischer Ebene

Taguan [aus einer Eingeborenensprache der Philippinen] *der*; -s, -e: ind. Flughörnchen

Tahr u. Thar [*nepalesisch*] *der*; -s, -s: indische Halbziege

Taifun [*chin.-engl.*] *der*; -s, -e: tropischer Wirbelsturm [in Südostasien]

Taiga [*russ.*] *die*; -: Wald- u. Sumpflandschaft bes. in Sibirien

Tai-ki [*chin.*] *das*; -: der große Uranfang in der chin. Philosophie, die Vereinigung des männlichen u. weiblichen Prinzips; vgl. Yang u. Yin

Tail-gate [*te*[i]*lge*[i]*t*; *engl.-amerik.*] *der*; -[s]: Posaunenstil im → New-Orleans-Jazz

Taille [*talj*[e]; *lat.-vulgärlat.-fr.*] *die*; -, -n: 1. a) oberhalb der Hüfte schmaler werdende Stelle des menschlichen Körpers; Gürtellinie; b) (ugs.) Taillenweite, Gürtelweite; c) (veraltet) enganliegendes [auf Stäbchen gearbeitetes] Kleideroberteil; per - gehen: (landsch.) ohne Mantel gehen (weil das Wetter es erlaubt). 2. (hist.) a) Vasallensteuer in England u. Frankreich; b) bis 1789 in Frankreich eine Staatssteuer. 3. tiefere Tenorlage bei Instrumenten (z. B. Bratsche; Musik). 4. das Aufdecken der Blätter für Gewinn oder Verlust (Kartenspiel)

Tailleur [*tajör*]

I. *der*; -s, -s: franz. Bezeichnung für: Schneider.

II. *das*; -s, -s: (schweiz.) enganliegendes Schneiderkostüm, Jakkenkleid

taillieren [...*jir*[e]*n*]: 1. ein Kleidungsstück auf Taille arbeiten. 2. die Karten aufdecken (Kartenspiel); vgl. Taille (4). **Tailor** [*te*[i]*l*[e]*r*; *lat.-vulgärlat.-fr.-engl.*] *der*; -s, -s: engl. Bezeichnung für: Schneider. **Tailormade** *das*; -, -s: Schneiderkleid, -kostüm

Takamahak [*indian.-span.*] *der*; -[s]: Harz eines trop. Baumes

Take [*te*[i]*k*; *engl.*] *der* od. *das*; -s, -s: 1. Abschnitt, Teil einer Filmszene, die in einem Stück gedreht wird. 2. (Jargon) Zug aus einer Haschisch- od. Marihuanazigarette

Takelage [...*asch*[e]; mit *fr.* Endung ...*age* zu *niederd.* Takel „Tauwerk u. Hebezeug eines Schiffes" gebildet] *die*; -, -n: Segelausrüstung eines Schiffes, Takelwerk

Take-off [*te*[i]*k...*; *engl.*] *das*; -s, -s: Start (einer Rakete, eines Flugzeugs)

Takin [*tibetobirmanisch*] *der*; -s, -s: südostasiat. Rindergemse od. Gnuziege

Täks vgl. Täcks

taktieren

I. [*lat.-nlat.*]: den Takt angeben, schlagen.

II. [*gr.-fr.*]: in einer bestimmten Weise taktisch vorgehen

Taktik [*gr.-fr.*; „Kunst der Anordnung u. Aufstellung"] *die*; -, -en: 1. Praxis der geschickten Kampf- od. Truppenführung (Mil.). 2. auf genauen Überlegungen basierende, von bestimmten Erwägungen bestimmte Art u. Weise des Vorgehens, berechnendes, zweckbestimmtes Verhalten. **Taktiker** *der*; -s, -: jmd., der eine Situation planmäßig und klug berechnend zu seinem Vorteil zu nutzen versteht

taktil [*lat.*]: das Tasten, den Tastsinn betreffend (Med.)

taktisch [*gr.-fr.*]: a) die Taktik betreffend; b) geschickt u. planvoll vorgehend, auf einer bestimmten Taktik beruhend; -e Waffen: Waffen von geringerer Sprengkraft u. Reichweite, die zum Einsatz gegen feindliche Streitkräfte u. deren Einrichtungen bestimmt sind; vgl. strategische Waffen

Takyr [...*ir*; *turkmenisch*] *der*; -s, -e [*takir*[e]] (meist Plural): Salztonebene in der Turkmenenwüste

Tal|algie [*lat.*; *gr.*] *die*; -, ...ien: Fersenschmerz (Med.). **Talar** [*lat.-it.*] *der*; -s, -e: bis zu den Knöcheln reichendes weites schwarzes Amts- od. Festgewand (z. B. des Richters od. Hochschullehrers)

Talayots [...*jos*; *arab.-span.*] *die* (Plural): steinerne Wohn- od. Grabbauten auf den Balearen (Bronzezeit u. frühe Eisenzeit)

Talbotypie [nach dem engl. Physiker Talbot (*tolb*[e]*t*)] *die*; -: erstes fotografisches Negativ-Positiv-Verfahren für Lichtbilder

Talent [*gr.-lat.*] *das*; -[e]s, -e: 1. a) Anlage zu überdurchschnittlichen geistigen od. körperlichen Fähigkeiten auf einem bestimmten Gebiet, angeborene besondere Begabung; b) jmd., der über eine besondere Begabung auf einem bestimmten Gebiet verfügt. 2. altgriech. Gewichts- u. Geldeinheit. **talentiert**: begabt, geschickt

tale quale [*lat.*; „so wie"]: so, wie es ist (Bezeichnung für die Qualität einer Ware)

Talion [*lat.*] *die*; -, -en: die Vergeltung von Gleichem mit Gleichem (umstrittener mittelalterlicher, im Volksbewußtsein z. T. noch nachwirkender Strafrechtsgrundsatz, der z. B. die Todesstrafe für Mord fordert; Rechtsw.)

Talipes [*...peß*; *lat.-nlat.*] *der*; -: Klumpfuß (Med.). **Talipomanus** *die*; -: Klumphand (Med.)

Talisman [*gr.-mgr.-arab.-roman.*] *der*; -s, -e: Glücksbringer, Maskottchen; vgl. Amulett u. Fetisch

Talje [*lat.-it.-niederl.*] *die*; -, -n: (Seemannsspr.) Flaschenzug. **taljen**: (Seemannsspr.) aufwinden

Talk

I. [*talk*; *arab.-span.-fr.*] *der*; -[e]s: ein Mineral.

II. [*tok*; *engl.*] *der*; -s, -s: Plauderei, Unterhaltung, [öffentliches] Gespräch

talken [*tokᵉn*; *engl.*]: 1. eine Talk-Show durchführen. 2. sich unterhalten, Konversation machen

Talkerde [*arab.-span.-fr.*; *dt.*] *die*; -: = Magnesia

Talkmaster [*tókmastᵉr*; *engl.*] *der*; -s, -: jmd., der eine Talk-Show leitet. **Talk-Show** [*tokschoᵘ*] *die*; -, -s: Unterhaltungssendung, in der ein Gesprächsleiter [bekannte] Persönlichkeiten durch Fragen zu Äußerungen über private, berufliche u. allgemein interessierende Dinge anregt

Talkum [*arab.-span.-fr.-nlat.*] *das*; -s: 1. = Talk. 2. feiner weißer Talk als Streupulver. **talkumieren**: mit Talkum bestreuen

Tallith u. **Tallis** [*hebr.*] *der*; -, -: jüd. Gebetsmantel

Tallöl [*schwed.*; *dt.*] *das*; -s: aus Harz- u. Fettsäuren bestehendes Nebenprodukt bei der Zellstoffherstellung

Tallyman [*tälimᵉn*; *engl.*] *der*; -s, ...men: Kontrolleur, der die Stückzahlen von Frachtgütern beim Be- u. Entladen von Schiffen feststellt (Wirtsch.)

talmi [zu → Talmi gebildet]: (österr.) talmin. **Talmi** [Kurzform von Talmigold, nach dem franz. Erfinder Tallois (*taloa*) benannte Kupfer-Zink-Legierung Tallois-demi-or (*...dᵉmior*)] *das*; -s: 1. schwach vergoldeter → Tombak. 2. etwas Unechtes. **talmin**: 1. aus Talmi bestehend. 2. unecht

Talmud [*hebr.*; „Lehre"] *der*; -[e]s, -e: Sammlung der Gesetze u. religiösen Überlieferungen des nachbiblischen Judentums; vgl. Mischna. **talmudisch**: den Talmud betreffend; im Sinne des Talmuds. **Talmudismus** [*hebr.-nlat.*] *der*; -: aus dem Talmud geschöpfte Lehre u. Weltanschauung. **Talmudist** *der*; -en, -en: Erforscher u. Kenner des Talmuds. **talmudistisch**: a) den Talmudismus betreffend; b) (abwertend) buchstabengläubig, am Wortlaut klebend

Talon [*talong*; *lat.-vulgärlat.-fr.*] *der*; -s, -s: 1. Erneuerungsschein bei Wertpapieren, der zum Empfang eines neuen Kuponbogens berechtigt. 2. a) Kartenrest (beim Geben); b) Kartenstock (bei Glücksspielen); c) einer der noch nicht verteilten, verdeckt liegenden Steine, von denen sich die Spieler der Reihe nach bedienen; Kaufsteine (beim Dominospiel). 3. unterer Teil des Bogens von Streichinstrumenten

Tamarak [Herkunft unbekannt] *das*; -s, -s: Holz einer nordamerik. Lärche

Tamarinde [*arab.-mlat.*] *die*; -, -n: tropische Pflanzengattung

Tamariske [*vulgärlat.*] *die*; -, -n: in salzhaltigen Trockengebieten wachsender Strauch od. Baum, aus dessen Rinde u. Früchten früher ein Mittel gegen Magenleiden gewonnen wurde

Tambour [*...bur*, auch: *...bur*; *pers.-arab.-span.-fr.*] *der*; -s, -e, (schweiz.) -en [*...urᵉn*]: 1. Trommel. 2. Trommler. 3. zylinderförmiges Zwischenteil [mit Fenstern] in Kuppelbauten (Archit.). 4. mit Stahlzähnen besetzte Trommel an Krempeln (Spinnerei). 5. Trommel zum Aufrollen von Papier

Tambourin [*tangburäng*; *fr.*]

I. *das*; -s, -s: längliche, zylindrische Trommel, die mit zwei Fellen bespannt ist.

II. *der*; -s, -s: provenzalischer Tanz im lebhaften ²/₄-Takt

Tambourmajor [auch: *...bur...*] *der*; -s, -e: Leiter eines [uniformierten] Spielmannszuges

Tambur

I. [*pers.-arab.-span.-fr.*] *der*; -s, -e: Stickrahmen, Sticktrommel; vgl. Tambour.

II. vgl. Tanbur

tamburieren [*pers.-arab.-span.-fr.*]: 1. mit → Tamburierstichen sticken. 2. zur Fertigung des Scheitelstrichs einer Perücke Haare zwischen Tüll und Gaze einknoten. **Tamburierstich** *der*; -s, -e: flächenfüllender Zierstich.

Tamburin [auch: *tam...*] *das*; -s, -e: 1. Handtrommel mit Fell u. Schellen. 2. Stickrahmen. **Tamburizza** [*pers.-arab.-span.-it.-serbokroat.*] *die*; -, -s: mandolinenähnliches Saiteninstrument der Serben u. Kroaten

Tampikofaser [nach der mexik. Stadt Tampico] *die*; -, -n: Agavenfaser

Tampon [auch: *...pon* od. *tangpong*; *germ.-fr.*] *der*; -s, -s: 1. a) [Watte-, Mull]bausch zum Aufsaugen von Flüssigkeiten (Med.); b) in die Scheide einzuführender Tampon (1a), der von Frauen während der → Menstruation benutzt wird. 2. Einschwärzballen für den Druck gestochener Platten (Druckw.). **Tamponade** *die*; -, -n: das Ausstopfen (z. B. von Wunden) mit Tampons (Med.). **Tamponage** [*...asehᵉ*] *die*; -, -n: Abdichtung eines Bohrlochs gegen Wasser od. Gas. **tamponieren**: mit Tampons ausstopfen (Med.)

Tamtam [auch: *tam...*; *Hindi-fr.*] *das*; -s, -s: 1. asiatisches, mit einem Klöppel geschlagenes Becken; Gong. 2. (ohne Plural; auch: *der*) (ugs.) laute Betriebsamkeit, mit der auf etw. aufmerksam gemacht werden soll

Tana|grafigur [nach dem Fundort, der altgriech. Stadt Tanagra] *die*; -, -en: meist weibliche bemalte Tonfigur

Tanbur u. **Tambur** [*arab.-fr.*] *der*; -s, -e u. -s: arabisches Zupfinstrument mit 3–4 Stahlsaiten

Tandem [*lat.-mlat.-engl.*] *das*; -s, -s: 1. Wagen mit zwei hintereinandergespannten Pferden. 2. Doppelsitzerfahrrad mit zwei hintereinander angeordneten Sitzen u. Tretlagern. 3. zwei hintereinandergeschaltete Antriebe, die auf die gleiche Welle wirken (Techn.). **Tandemdampfmaschine** *die*; -, -n: Dampfmaschine mit hintereinandergeordneten Zylindern, die durch eine gemeinsame, durchlaufende Kolbenstange auf ein Kurbeltriebwerk arbeiten

Tan|dschur [*tibet.*; „übersetzte Lehre"] *der*; -[s]: aus dem Indischen übersetzte Kommentare u. Hymnen (religiöse Schrift des → Lamaismus); vgl. Kandschur

Tanga [*tangga*; *indian.-port.*] *der*; -s, -s: modischer Minibikini

Tangare [*...ngg...*; *indian.-port.*] *die*; -, -n (meist Plural): mittel- u. südamerik. buntgefiederter Singvogel

Tangens [...*ngg*...; *lat.*] *der*; -, -: im rechtwinkligen Dreieck das Verhältnis von Gegenkathete zu → Ankathete; Zeichen: tan, tang, tg. **Tangente** *die*; -, -n: 1. Gerade, die eine gekrümmte Linie (z. B. einen Kreis) in e i n e m Punkt berührt (Math.). 2. dreieckiges Messingplättchen, das beim → Klavichord von unten an die Saiten schlägt. 3. Autostraße, die am Rande eines Ortes vorbeigeführt ist. **tangential** [...*zial*; *lat.-nlat.*]: eine gekrümmte Linie od. Fläche berührend (Math.). **tangieren** [*lat.*]: 1. eine gekrümmte Linie od. Fläche berühren (von Geraden od. Kurven; Math.). 2. berühren, betreffen, angehen, beeindrucken. 3. auf Flachdruckplatten ein Rastermuster anbringen (Druckw.). **Tangiermanier** *die*; -, -: das Aufbringen eines Musters durch einfärbbare Folien auf Klischeezink, Lithographiestein od. Offsetplatte

Tango [*tanggo*; *span.*] *der*; -s, -s: lateinamerikanischer Tanz im langsamen $^{2}/_{4}$- od. $^{4}/_{8}$-Takt

Tangorezeptoren [...*ngg*...; *lat.-nlat.*] *die* (Plural): berührungsempfindliche, auf mechanische Reize reagierende Sinnesorgane (Med.; Psychol.)

Tänie [...*i*^{e}], (fachspr.:) Taenia [*tä*...; *gr.-lat.*] *die*; -, ...ien [...*i*^{e}*n*] (meist Plural): Gattung der Bandwürmer (z. B. Rinderbandwurm)

Tanka

I. [*jap.*] *das*; -, -: japan. Kurzgedichtform aus einer dreizeiligen Ober- u. einer zweizeiligen Unterstrophe mit zusammen 31 Silben.

II. [*Hindi*] *das*; -, -: 1. alte ind. Gewichtseinheit. 2. ind. Münzsystem

Tannat [*gall.-fr.-nlat.*] *das*; -[e]s, -e: Salz der Gerbsäure. **tannieren**: mit Tannin beizen. **Tannin** *das*; -s, -e: aus den Blattgallen von Pflanzen gewonnene Gerbsäure

Tanrek [*madagassisch*] *der*; -s, -s: Borstenigel auf Madagaskar

Tantal [*gr.-lat.-nlat.*; nach Tantalus, einem König der griech. Sage] *das*; -s: chem. Grundstoff, Metall; Zeichen: Ta. **Tantalusqualen** [*gr.-lat.*; *dt.*] *die* (Plural): Qualen, die dadurch entstehen, daß etwas Ersehntes zwar in greifbarer Nähe, aber doch nicht zu erlangen ist

Tantes vgl. Dantes

Tantieme [*tang*...; *lat.-fr.*] *die*; -, -n: 1. Gewinnbeteiligung an einem Unternehmen. 2. (meist Plural) an Autoren, Sänger u. a. gezahlte Vergütung für Aufführung bzw. Wiedergabe musikalischer od. literarischer Werke.

tant mieux [*tang miö*]: (veraltet) desto besser. **tanto** [*lat.-it.*]: viel, sehr (Vortragsanweisung; Mus.)

Tan|tra [*sanskr.*] *das*; -[s]: 1. ein Lehrsystem der ind. Religion; vgl. Tantrismus. 2. Lehrschrift der → Schaktas. **Tan|triker** *der*; -s, -: Anhänger des Tantra. **tan|trisch**: das Tantra betreffend, von ihm bestimmt. **Tan|trismus** [*sanskr.-nlat.*] *der*; -: ind. Heilsbewegung, bes. die Lehre des buddhistischen → Wadschrajana und der → Schaktas

Tantum ergo [*lat.*] *das*; - -: Anfang der 5. Strophe des → Pange lingua, mit der folgenden Strophe vor der Erteilung des eucharistischen Segens zu singen (kath. Liturgie)

Tanya [*tanja*, auch: *tonjo*; *ung.*] *die*; -, -s: Einzelgehöft in der → Pußta

Tao [auch: *tau*; *chin.*; „der Weg"] *das*; -: Grundbegriff der chines. Philosophie (z. B. Urgrund des Seins, Vernunft); vgl. Tai-ki. **Taoismus** [*chin.-nlat.*] *der*; -: philosophisch bestimmte chin. Volksreligion (mit Ahnenkult u. Geisterglauben), die den Menschen zur Einordnung in die Harmonie der Welt anleitet. **Tao-teking** [*chin.*] *das*; -: die heilige Schrift des Taoismus

Tapa [*polynes.*] *die*; -, -s: in Polynesien, Ostafrika u. Südamerika verwendeter Stoff aus Bastfasern

Tape [*te*^{i}*p*; *engl.*] *das* (auch: *der*); -, -s: 1. Lochstreifen, Magnetband. 2. Tonband. **Tapedeck** *das*; -s, -s: [in eine Stereoanlage eingebautes] Tonbandgerät ohne eigenen Verstärker u. Lautsprecher

Tapeinosis [*gr.*; „Erniedrigung"] *die*; -: Gebrauch eines leichteren, abschwächenden od. erniedrigenden Ausdrucks (Rhet.; Stilk.)

Tapet [*gr.-lat.* (*-fr.*)] *das*; -[e]s, -e: (veraltet) Bespannung, Überzug eines Konferenztisches; e t w a s a u f s - b r i n g e n: etwas zur Sprache bringen. **Tapete** [*gr.-lat.-mlat.*] *die*; -, -n: Wandverkleidung aus [gemustertem] Stoff, Leder od. Papier. **Tapezier** [*gr.-mgr.-fr.-it.*] *der*; -s, -e: (südd.) Tapezierer. **tapezieren**: 1. [Wände] mit Tapeten bekleben od. verkleiden. 2. (österr.) mit einem neuen Stoff beziehen (Sofa u. a.). **Tapezierer** *der*; -s, -: Handwerker, der tapeziert, mit Stoffen bespannt [u. Möbel polstert]

Taphophobie [*gr.-nlat.*] *die*; -, ...ien: krankhafte Angst, lebendig begraben zu werden (Med.)

Tapioka [*bras.-port.*] *die*; -: Stärkemehl aus den Knollen des Maniokstrauches

Tapir [österr.: ...*ir*; *indian.-port.-fr.*] *der*; -s, -e: in den tropischen Wäldern Amerikas u. Asiens beheimatetes Säugetier mit plumpem Körper und kurzem Rüssel (Zool.)

Tapisserie [*gr.-mgr.-fr.*] *die*; -, ...ien: 1. a) Wandteppich; b) Stickerei auf gitterartigem Grund. 2. Geschäft, in dem Handarbeiten u. Handarbeitsmaterial verkauft werden. **Tapisseristin** *die*; -, -nen: in der Herstellung feiner Handarbeiten, bes. Stickereien, handgeknüpfter Teppiche u. ä., ausgebildete Frau (Berufsbez.)

Tapotement [*tapot*^{e}*mang*; *fr.*] *das*; -s, -s: Massage in Form von Klopfen und Klatschen mit den Händen

Tapptarock [*dt.*; *it.*] *das* (österr. nur so) od. *der*; -s, -s: dem Tarock ähnliches Kartenspiel

Tara [*arab.-it.*] *die*; -, Taren: 1. Verpackungsgewicht einer Ware. 2. Verpackung einer Ware; Abk.: T, Ta

Tarantas [*russ.*] *der*; -, -: alter russ. Reisewagen ohne Federn, der nur auf einem Stangengestell ruht

Tarantel [*it.*] *die*; -, -n: südeuropäische Wolfsspinne, deren Biß Entzündungen hervorruft. **Tarantella** *die*; -, -s u. ...llen: südital. Volkstanz im $^{3}/_{8}$- od. $^{6}/_{8}$-Takt

Tarbusch [*pers.-arab.*] *der*; -[e]s, -e: orientalische Kopfbedekkung; vgl. Fes

tardando [*lat.-it.*]: zögernd; langsamer werdend (Vortragsanweisung; Mus.). **Tardando** *das*; -s, -s u. ...di: zögerndes, langsamer werdendes Spiel (Mus.)

Tardenoisien [*tard*^{e}*noasiäng*; nach dem franz. Fundort Fère-en-Tardenois (*färangtard*^{e}*noa*)] *das*; -[s]: Kulturstufe der Mittelsteinzeit

tardiv [*lat.-nlat.*]: sich nur zögernd, langsam entwickelnd (von Krankheiten od. Krankheitssymptomen; Med.). **tardo** [*lat.-it.*]: langsam (Vortragsanweisung; Mus.)

Taren: *Plural* von → Tara

Target [bei engl.Ausspr.: *ta*^{r}*git*; *engl.*; „Zielscheibe"] *das*; -s, -s: Substanz, auf die energiereiche Strahlung (z. B. aus Teilchenbeschleunigern) gelenkt wird, um in ihr Kernreaktionen zu erzielen (Kernphys.)

Targum [*aram.*; „Verdolmetschung"] *das*; -s, -e u. ...gumim: alte, teilweise sehr freie u. paraphrasierende aramäische Übersetzung des A. T.

Tar|honya [*...honja; ung.*] *die; -*: eine aus Mehl u. Eiern bereitete ung. Beilage od. Suppeneinlage

tarieren [*arab.-it.*]: 1. die → Tara bestimmen (Wirtsch.). 2. durch Gegengewichte das Reingewicht einer Ware auf der Waage ausgleichen (Phys.)

Tarif [*arab.-it.-fr.*] *der; -s, -e*: 1. verbindliches Verzeichnis der Preis- bzw. Gebührensätze für bestimmte Lieferungen, Leistungen, Steuern u. a. 2. durch Vertrag od. Verordnung festgelegte Höhe von Preisen, Löhnen, Gehältern u. a. **tarifarisch** [*arab.-it.-fr.-nlat.*]: den Tarif betreffend. **Tarifautonomie** [*arab.-it.-fr.; gr.*] *die; -*: Befugnis der → Sozialpartner, Tarifverträge auszuhandeln u. zu kündigen. **Tarifeur** [*...för; arab.-it.-fr.*] *der; -s, -e*: jmd., der Preise festlegt; Preisschätzer. **tarifieren**: die Höhe einer Leistung durch Tarif bestimmen

Tarlatan [*fr.*] *der; -s, -e*: durchsichtiger, sehr stark appretierter Baumwoll- od. Zellwollstoff [für Faschingskostüme]

Taro [*polynes.*] *der; -s, -s*: stärkehaltige Knolle eines Aronstabgewächses (wichtiges Nahrungsmittel der Südseeinsulaner)

Tarock u. Tarok [*it.*] *das* (österr. nur so) od. *der; -s, -s*: ein Kartenspiel. **tarocken, tarockieren**: Tarock spielen

Tárogató [*tárogotọ; ung.*] *das; -s, -s*: ein ung. Holzblasinstrument

Tarok vgl. Tarock

Tarpan [*russ.*] *der; -s, -e*: ausgestorbenes europ. Wildpferd

Tarpaulin [*ta'po...; engl.*] *der; -[s]*: als Packmaterial od. Futterstoff verwendetes Jutegewebe

Tarpon [Herkunft unsicher] *der; -s, -s*: ein dem Hering ähnlicher Knochenfisch

Tarragona [nach der span. Stadt] *der; -[s], -s*: span. Süßwein

tarsal [*gr.-nlat.*]: (Med.) 1. zur Fußwurzel gehörend. 2. zu einem Lidknorpel gehörend. **Tarsalgie** *die; -, ...ien*: Fußwurzel-, Plattfußschmerz (Med.). **Tars|ektomie** *die; -, ...ien*: operative Entfernung von Fußwurzelknochen (Med.). **Tarsitis** *die; -, ...itiden*: Entzündung des Lidknorpels (Med.). **Tarsus** [*gr.-nlat.*] *der; -, ...sen*: 1. Fußwurzel. 2. Lidknorpel. 3. aus mehreren Abschnitten bestehender Fußteil des Insektenbeins (Zool.)

Tartan [*tartan*]

I. [auch: *ta'tᵉn; engl.*] *der; -[s], -s*: 1. buntkarierte Wolldecke; vgl. Plaid (1). 2. Umhang der Bergschotten; vgl. Plaid (2).

II. ⓦ [Kunstw.] *der; -s*: wetterfester Belag für Laufbahnen o. ä. (aus Kunstharzen)

Tartane [*provenzal.-it.*] *die; -, -n*: ungedecktes, einmastiges Fischerfahrzeug im Mittelmeer

Tartaros [*gr.*] *der; -*: = Tartarus (I)

Tartarus

I. [*gr.-lat.*] *der; -*: Unterwelt, Schattenreich in der griech. Sage.

II. [*mlat.*] *der; -*: Weinstein

Tartelette [*fr.*] *die; -, -n*: (veraltet) Tortelette

Tar|trat [*mlat.-fr.*] *das; -[e]s, -e*: Salz der Weinsäure

Tartsche [*germ.-fr.*] *die; -, -n*: ein mittelalterlicher Schild

Tartüff [nach Tartuffe, der Hauptperson eines Lustpiels von Molière] *der; -s, -e*: Heuchler

Taschi-Lama [*tibet.*] *der; -[s], -s*: zweites, kirchliches Oberhaupt des tibetischen Priesterstaates (gilt als Verleiblichung eines Buddhas); vgl. Lamaismus

Task [*lat.-vulgärlat.-fr.-engl.*] *der; -[e]s, -s* od. *-e*: Höchstleistung, vielfache Darstellung der gleichen Idee in einer Schachaufgabe

Tastatur [*lat.-vulgärlat.-it.*] *die; -, -en*: Größere Anzahl von in bestimmter Weise (meist in mehreren übereinanderliegenden Reihen) angeordneten Tasten; b) sämtliche Ober- u. Untertasten bei Tasteninstrumenten (Mus.). **Tastiera** [*lat.-vulgärlat.-it.*] *die; -, -s* u. *...re*: 1. = Tastatur (b). 2. Griffbrett der Streichinstrumente (Mus.). **tasto solo** [*it.*]: allein zu spielen (Anweisung in der Generalbaßschrift, daß die Baßstimme ohne Harmoniefüllung der rechten Hand zu spielen ist); Abk.: t. s. (Mus.)

Tatar [nach dem mongolischen Volksstamm der Tataren] *das; -[s]*: rohes geschabtes Rindfleisch [angemacht mit Ei u. Gewürzen]. **Tatarbeefsteak** [*tatárbiſſtek*] *das; -s, -s*: aus Tatar geformter Klops

tataujeren [*tahit.-engl.(-fr.)*]: = tätowieren (Völkerk.). **tätowieren** [*tahit.-engl.-fr.*]: Muster od. Zeichnungen mit Farbstoffen in die Haut einritzen. **Tätowierung** *die; -, -en*: 1. das Tätowieren. 2. auf die Haut tätowierte Zeichnung

Tattersall [engl. Stallmeister (*tätᵉrßol*), 1724–95] *der; -s, -s*: 1. geschäftliches Unternehmen für reitsportliche Veranstaltungen. 2. Reitbahn, -halle

Tattoo [*tᵉtu*]

I. [*niederl.-engl.*] *das; -[s], -s*: engl. Bez. für: Zapfenstreich.

II. [*tahit.-engl.*] *der* od. *das; -s, -s*: = Tätowierung (2)

tat twam asi [*sanskr.*]: das bist du, d. h., das Weltall u. die Einzelseele sind eins, sind aus dem gleichen Stoff (Formel der → brahmanischen Religion)

Tau [*tau; gr.*] *das; -[s], -s*: neunzehnter Buchstabe des griechischen Alphabets: *T, τ.* **Taukreuz** *das; -es, -e*: das T-förmige Kreuz des hl. Einsiedlers Antonius

taupe [*top; lat.-fr.*]: maulwurfsgrau, braungrau

Taurobolium [*gr.-lat.*] *das; -s, ...ien* [*...iᵉn*]: Stieropfer u. damit verbundene Bluttaufe in antiken → Mysterien. **Tauromachie** [*...chi; gr.-span.*] *die; -, ...ien*: 1. (ohne Plural) Technik des Stierkampfs. 2. Stierkampf

tauschieren [*arab.-it.-fr.*]: Edelmetalle (Gold od. Silber) in unedle Metalle (z. B. Bronze) zur Verzierung einhämmern (einlegen)

Tautazismus [*gr.-nlat.*] *der; -, ...men*: unschöne Häufung von gleichen [Anfangs]lauten in aufeinanderfolgenden Wörtern (Rhet.; Stilk.). **Tauto|gramm** [*gr.-nlat.*] *das; -s, -e*: Gedicht, das in allen Wörtern od. Zeilen mit demselben Anfangsbuchstaben beginnt. **Tautologie** [*gr.-lat.*] *die; -, ...ien*: 1. einen Sachverhalt doppelt wiedergebende Fügung (z. B. weißer Schimmel, alter Greis). 2. = Pleonasmus (1); vgl. Redundanz (2 b). **tautologisch**: a) die Tautologie betreffend; b) durch Tautologie wiedergebend; vgl. pleonastisch. **tautomer** [*gr.-nlat.*]: der Tautomerie unterliegend. **Tautomerie** *die; -, ...ien*: das Nebeneinandervorhandensein von zwei im Gleichgewicht stehenden isomeren Verbindungen (vgl. Isomerie), die sich durch den Platzwechsel eines → Protons unter Änderung der Bindungsverhältnisse unterscheiden (Chem.)

Taverne [*taw...; lat.-it.*] *die; -, -n*: ital. Weinschenke, Wirtshaus

Taxa: *Plural* von → Taxon

Taxameter [*lat.-mlat.; gr.*] *das* od. *der; -s, -*: 1. Fahrpreisanzeiger in einem Taxi. 2. (veraltet) = Taxi. **Taxation** [*...zion; lat.-fr.*] *die; -, -en*: Bestimmung des Geldwertes einer Sache od. Leistung. **Taxator** [*lat.*] *der; -s, ...oren*: Wertsachverständiger, Schätzer

Taxe

I. [*lat.-mlat.(-fr.)*] *die; -, -n*: 1. Schätzung, Beurteilung des Wertes. 2. [amtlich] festgesetzter Preis. 3. Gebühr, Gebührenordnung.

II. [Kurzw. für: Taxameter (2)] *die*; -, -n: = Taxi

Taxem [*gr.*] *das*; -s, -e: kleinste grammatisch-syntaktische Einheit ohne semantischen Eigenwert als Teil eines Tagmems, wobei sich Taxem u. Tagmem zueinander verhalten wie → Phonem u. → Morphem (Sprachw.)

taxen [*lat.*]: = taxieren. **Taxi** [Kurzw. für: Taxameter] *das* (schweiz.: *der*); -s, -s: Auto, mit dem man sich gegen ein Entgelt (bes. innerhalb einer Stadt) befördern lassen kann

Taxidermie [*gr.-nlat.*] *die*; -: das Haltbarmachen toter Tierkörper für Demonstrationszwecke (z. B. Ausstopfen von Vögeln). **Taxidermist** *der*; -en, -en: jmd., der Tiere → präpariert (2). **Taxie** [*gr.-nlat.*] *die*; -, ...ien: = Taxis (II)

taxieren [*lat.-fr.*]: 1. etwas hinsichtlich Größe, Umfang, Gewicht od. Wert abschätzen, veranschlagen. 2. jmdn. prüfend betrachten u. danach ein Urteil über ihn fällen, jmdn. einschätzen. **Taxierer** *der*; -s, -: = Taxator. **Taxigirl** [*...gö^r l*; *engl.*] *das*; -s, -s: in einer Tanzbar o. ä. angestelltes Mädchen, das für jeden Tanz von seinem Partner einen bestimmten Betrag erhält

Taxis [*gr.*; „das Ordnen, die Einrichtung"]

I. *die*; -, Taxes [*táxeß*]: das Wiedereinrichten eines Knochen- od. Eingeweidebruchs (Med.).

II. *die*; -, Taxen: durch äußere Reize ausgelöste Bewegungsreaktion von Organismen, z. B. → Chemotaxis, → Phototaxis (Biol.).

III. [*táxiß*]: *Plural* von → Taxi

Taxiway [*...^ue^i*] *der*; -s, -s: Verbindungsweg zwischen den → Runways; Rollbahn

Taxkurs [*lat.*] *der*; -es, -e: geschätzter Kurs

Taxler *der*; -s, -: (österr. ugs.) Taxifahrer

Taxodie [*...i^e*; *gr.-nlat.*] *die*; -, -n u. **Taxodium** *das*; -s, ...ien [*...i^en*]: nordamerik. Sumpfzypressengattung

Taxon [*gr.*] *das*; -s, Taxa: künstlich abgegrenzte Gruppe von Lebewesen (z. B. Stamm, Art) als Einheit innerhalb der biologischen Systematik. **taxonom** u. taxonomisch: 1. systematisch (Biol.); vgl. Taxonomie (1). 2. nach der Methode der Taxonomie (2) vorgehend, die Taxonomie betreffend (Sprachw.). **Taxonomie** *die*; -: 1. Einordnung der Lebewesen in ein biologisches System (Biol.). 2. Teilgebiet der Linguistik, auf dem man durch Segmentierung u. Klassifikation sprachlicher Einheiten den Aufbau eines Sprachsystems beschreiben will (Sprachw.). **taxonomisch** vgl. taxonom

Taxus [*lat.*] *der*; -, -: Eibe

Taylorismus [*te^il^er...*; nach dem amerik. Ingenieur F. W. Taylor, 1856–1915] *der*; - u. **Taylorsystem** [*te^il^er...*] *das*; -s: System der wissenschaftlichen Betriebsführung mit dem Ziel, einen möglichst wirtschaftlichen Betriebsablauf zu erzielen

Tazette [*it.*] *die*; -, -n: in Südeuropa heimische Narzisse

T-bone-Steak [*tibo^unßtek*; *engl.*] *das*; -s, -s: dünne Scheibe aus dem Rippenstück des Rinds, deren Knochen (engl. „bone") die Form eines T hat; vgl. Porterhousesteak

Tea [*ti*; *engl.-amerik.*; eigtl. „Tee"] *der*, (auch:) *das*; -s: (Jargon) = Haschisch

Teach-in [*titschín*; *engl.*] *das*; -[s], -s: [politische] Diskussion mit demonstrativem Charakter, bei der Mißstände aufgedeckt werden sollen

Teak [*tik*; *drawid.-port.-engl.*] *das*; -s: Kurzform von → Teakholz. **teaken**: aus Teakholz. **Teakholz** *das*; -es: wertvolles Holz des südostasiat. Teakbaums

Team [*tim*; *engl.*] *das*; -s, -s: a) Gruppe von Personen, die mit der Bewältigung einer gemeinsamen Aufgabe beschäftigt ist; b) Mannschaft (Sport). **Teamster** *der*; -s, -: engl. Bez. für: Lastkraftwagenfahrer. **Teamteaching** [*timtitsching*] *das*; -[s]: Unterrichtsorganisationsform, in der Lehrer, Dozenten, Hilfskräfte o. ä. Lernstrategien, Vorlesungen o. ä. gemeinsam planen, durchführen u. auswerten. **Teamwork** [*tim^uö^rk*] *das*; -s: a) Gemeinschafts-, Gruppen-, Zusammenarbeit; b) gemeinsam Erarbeitetes

Tea-room [*tirum*; *engl.*; „Teeraum"] *der*; -s, -s: Raum in Hotels u. Restaurants, in dem Tee gereicht wird; Teestube; vgl. Five o'clock tea. **Tea-Room** *der*; -s, -s: (schweiz.) Café, in dem kein Alkohol ausgeschenkt wird

Teaser [*tis^er*; *engl.*] *der*; -s, -: Neugier erregendes Werbeelement

Technetium [*...zium*; *gr.-nlat.*] *das*; -s: chem. Grundstoff, Metall; Zeichen: Tc. **Technicolor** Ⓦᶻ [*...kolor*; *gr.-lat.*] *das*; -s: ein Farbbildverfahren. **technifizieren**: Errungenschaften der Technik auf etwas anwenden. **Technik** [*gr.-fr.*] *die*; -, -en: 1. (ohne Plural) die Gesamtheit der Maßnahmen, Einrichtungen u. Verfahren, die dazu dienen, naturwissenschaftliche Erkenntnisse praktisch nutzbar zu machen. 2. ausgebildete Fähigkeit, Kunstfertigkeit, die zur richtigen Ausübung einer Sache notwendig ist. 3. (ohne Plural) Gesamtheit der Kunstgriffe u. Verfahren, die auf einem bestimmten Gebiet üblich sind. 4. Herstellungsverfahren. 5. (österr.) technische Hochschule.

Technika: *Plural* von → Technikum. **Techniker** *der*; -s, -: 1. Fachmann auf einem Gebiet der Ingenieurwissenschaften. 2. in einem Zweig der Technik fachlich ausgebildeter Arbeiter. 3. jmd., der auf techn. Gebiet bes. begabt ist. 4. jmd., der die Feinheiten einer best. Sportart sehr gut beherrscht. **Technikum** [*gr.-nlat.*] *das*; -s, ...ka (auch: ...ken): technische Fachschule, Ingenieurfachschule; vgl. Polytechnikum. **technisch** [*gr.-fr.*]: 1. die Technik (1) betreffend. 2. die zur fachgemäßen Ausübung u. Handhabung erforderlichen Fähigkeiten betreffend. **technisieren** [*gr.-nlat.*]: 1. Maschinenkraft, technische Mittel einsetzen. 2. etwas auf technischen Betrieb umstellen, für technischen Betrieb einrichten. **Technizismus** *der*; -, ...men: 1. technischer Fachausdruck, technische Ausdrucksweise. 2. (ohne Plural) weltanschauliche Auffassung, die den Wert der Technik losgelöst von den bestehenden Verhältnissen, vom sozialen Umfeld sieht u. den techn. Fortschritt als Grundlage u. Voraussetzung jedes menschlichen Fortschritts betrachtet. **technoid**: durch die Technik (1) bestimmt, verursacht.

Techno|krat [*gr.-engl.-amerik.*] *der*; -en, -en: Vertreter der Technokratie. **Techno|kratie** *die*; -: 1. von den USA ausgehende Wirtschaftslehre, die die Vorherrschaft der Technik über Wirtschaft u. Politik propagiert u. deren kulturpolitisches Ziel es ist, die technischen Errungenschaften für den Wohlstand der Menschen nutzbar zu machen. 2. (abwertend) die Beherrschung des Menschen u. seiner Umwelt durch die Technik. **technokratisch**: 1. die Technokratie (1) betreffend. 2. (abwertend) von der Technik bestimmt, rein mechanisch. **Technolekt** [*gr.-nlat.*] *der*; -[e]s, -e: Fachsprache (Sprachw.). **Technologe** *der*; -n, -n:

Wissenschaftler, der auf dem Gebiet der Technologie arbeitet. **Technologie** *die*; -, ...ien: 1. (ohne Plural) Wissenschaft von der Umwandlung von Rohstoffen in Fertigprodukte (Verfahrenskunde). 2. Methodik u. Verfahren in einem bestimmten Forschungsgebiet (z. B. Raumfahrt). 3. Gesamtheit der zur Gewinnung u. Bearbeitung od. Verformung von Stoffen nötigen Prozesse. 4. = Technik (4). **Technologietransfer** *der*; -s, -s: Weitergabe betriebswirtschaftlicher u. technologischer Kenntnisse u. Verfahren. **technologisch**: verfahrenstechnisch, den technischen Bereich von etwas betreffend. **technomorph**: von den Kräften der Technik geformt (Philos.). **Technopä|gnion** [*gr.-lat.*] *das*; -s, ...ien [...*iᵉn*]: Gedicht, dessen Verse äußerlich den besungenen Gegenstand nachbilden (z. B. ein Ei), Figurengedicht, Bildgedicht (bes. im Altertum u. im Barock)

Techtelmechtel [Herkunft unsicher] *das*; -s, -: (ugs.) Liebschaft, Verhältnis

Ted [*täd*; *engl.-amerik.*] *der*; -[s], -s: Kurzform von → Teddy-Boy. **Teddy** [...*di*; *engl.-amerik.*; Koseform von engl. *Theodore*] *der*; -s, -s: Stoffbär (als Kinderspielzeug). **Teddy-Boy** [...*beu*] *der*; -s, -s: Angehöriger einer Gruppe männlicher Jugendlicher, die sich in Kleidungs- u. Lebensstil nach den 50er Jahren richten

tedesca [...*ka*] vgl. alla tedesca

Tedeum [*lat.*; nach den Anfangsworten des Hymnus „Te Deum laudamus" = „Dich, Gott, loben wir!"] *das*; -s, -s: 1. (ohne Plural) frühchristlicher → Ambrosianischer Lobgesang. 2. musikalisches Werk über diesen Hymnus

Tee

I. [*te*; *chin.*] *der*; -s, -s: 1. auf verschiedene Art aufbereitete Blätter u. Knospen des asiatischen Teestrauchs. 2. das aus den Blättern des Teestrauchs bereitete Getränk. 3. Absud aus getrockneten [Heil]kräutern. 4. gesellige Zusammenkunft [am Nachmittag], bei der Tee [u. Gebäck] gereicht wird.

II. [*ti*; *engl.*; eigtl. „T"] *das*; -s, -s: (Golf) 1. kleiner Stift aus Holz od. Kunststoff, der in den Boden gedrückt u. auf den der Golfball vor dem Abschlag aufgesetzt wird. 2. kleine rechtwinklige Fläche, von der aus bei einem jeden zu spielenden Loch mit dem Schlagen des Golfballes begonnen wird

Teen [*tin*; *engl.-amerik.*] *der*; -s, -s u. **Teen|ager** [*tineⁱdscheᵉr*] *der*; -s, -: Junge od. Mädchen im Alter zwischen 13 u. 19 Jahren; vgl. Twen. **Teenie** [*tini*] *der*; -s, -s: (Jargon) junges Mädchen bis etwa 16 Jahre. **Teeny** vgl. Teenie

Tef, Teff u. **Taf** [*afrik.*] *der*; -[s]: eine nordafrik. Getreidepflanze

Tefilla [*hebr.*] *die*; -: 1. jüd. Gebet, bes. das → Schmone esre. 2. jüd. Gebetbuch. **Tefillin** *die* (Plural): Gebetsriemen der Juden (beim Morgengebet an Stirn u. linkem Oberarm getragene Kapseln mit Schriftworten)

Teflon [auch: *täf...*] ⓦ *das*; -s: ein Kunststoff

Tefsir [...*ßir*; *arab.*] *der*; -s, -s: wissenschaftliche Auslegung u. Erklärung des → Korans

Tegment [*lat.*] *das*; -[e]s, -e: Knospenschuppe bei der Pflanzenblüte (Bot.)

Teich|opsie [*gr.-nlat.*] *die*; -, ...ien: Zackensehen bei Augenflimmern (Med.). **Teicho|skopie** [*gr.*; „Mauerschau"] *die*; -, ...ien: (ohne Plural) Mittel im Drama, auf der Bühne nicht od. nur schwer darstellbare Ereignisse dem Zuschauer dadurch nahezubringen, daß ein Schauspieler sie schildert, als sähe er sie außerhalb der Bühne vor sich gehen

Tein vgl. Thein

Teint [*täng*; *lat.-fr.*] *der*; -s, -s: Beschaffenheit od. Tönung der menschlichen [Gesichts]haut; Gesichts-, Hautfarbe; [Gesichts]haut

Teju [*indian.-port.*] *der*; -s, -s: eine südamerik. Schieneneidechse

tektieren [*lat.-nlat.*]: eine fehlerhafte Stelle in einem Buch überkleben; vgl. Tektur

tektisch [*gr.*]: die Ausscheidung von Kristallen aus Schmelzen betreffend (Mineral.)

Tektogen [*gr.-nlat.*] *das*; -s, -e: der Teil der Erdkruste, der tektonisch einheitlich bewegt wurde (Geol.). **Tektogenese** *die*; -: alle tektonischen Vorgänge, die das Gefüge der Erdkruste umformten (Geol.). **Tektonik** [*gr.-lat.*] *die*; -: 1. Teilgebiet der Geologie, das sich mit dem Bau der Erdkruste u. ihren inneren Bewegungen befaßt (Geol.). 2. [Lehre von der] Zusammenfügung von Bauteilen zu einem Gefüge. 3. [strenger, kunstvoller] Aufbau einer Dichtung. **tektonisch**: die Tektonik betreffend

Tektur [*lat.*] *die*; -, -en: Deckstreifen mit dem richtigen Text, der über eine falsche Stelle in einem Buch geklebt wird; vgl. tektieren

Tela [*lat.*] *die*; -, Telen: Gewebe, Bindegewebe (Med.)

Telamon [auch: ...*mon*; *gr.-lat.*] *der* od. *das*; -s, ...onen: 1. (veraltet) Leibgurt für Waffen (Mil.). 2. kraftvolle Gestalt als Träger von [vorspringenden] Bauteilen

Tel|an|thropus [*gr.-nlat.*] *der*; -, ...pi: ein südafrikanischer fossiler Typ des Frühmenschen

Telaribühne [*lat.-mlat.*; *dt.*] *die*; -: (hist.) Bühne der Renaissancezeit, auf der perspektivisch bemalte Leinwandrahmen links u. rechts vom Bühnenabschluß aufgestellt wurden

Teleangi|ektasie [*gr.-nlat.*] *die*; -, ...ien: bleibende, in verschiedenen Formen (z. B. Malen) auf der Haut sichtbare Erweiterung der → Kapillaren (1) (Med.). **Telebrief** *der*; -[e]s, -e: eine Art Brief, der durch → Telekopierer übermittelt u. durch Eilboten zugestellt wird. **Telefon** [auch: *te...*] *das*; -s, -e: Fernsprecher, Fernsprechanschluß. **Telefonat** *das*; -[e]s, -e: Ferngespräch, Anruf. **Telefonie** *die*; -: 1. Sprechfunk. 2. Fernsprechwesen. **telefonieren**: 1. jmdn. anrufen, durch das Telefon mit jmdm. sprechen. 2. jmdm. etwas telefonisch (b) mitteilen. **telefonisch**: a) das Telefon betreffend; b) mit Hilfe des Telefons [erfolgend]. **Telefonist** *der*; -en, -en: Angestellter im Fernsprechverkehr. **Telefonistin** *die*; -, -nen: Angestellte im Fernsprechverkehr. **Telefoto** *das*; -s, -s: Kurzform von → Telefotografie. **Telefoto|grafie** *die*; -, -n [...*iᵉn*]: fotografische Aufnahme entfernter Objekte mit einem → Teleobjektiv. **telegen**: in Fernsehaufnahmen besonders wirkungsvoll zur Geltung kommend (bes. von Personen). **Telegonie** *die*; -: wissenschaftlich nicht haltbare Annahme, daß ein rassereines Weibchen nach einer einmaligen Begattung durch ein rassefremdes Männchen keine rassereinen Nachkommen mehr hervorbringen kann (Biol.). **Tele|graf** [*gr.-fr.*] *der*; -en, -en: Apparat zur Übermittlung von Nachrichten durch vereinbarte Zeichen, Fernschreiber. **Tele|grafie** *die*; -: Fernübertragung von Nachrichten durch vereinbarte Zeichen. **tele|grafieren**: eine Nachricht telegrafisch übermitteln. **tele|grafisch**: auf drahtlosem Weg, drahtlos, durch Telegrafie. **Tele|grafist** *der*; -en, -en: Angestellter, der telegrafisch Nachrichten übermittelt. **Telegramm** [*gr.-engl.* (*-fr.*)] *das*; -s, -e: telegrafisch übermittelte Nachricht. **Tele|graph** usw.: vgl. Telegraf usw. **Telekamera** *die*; -, -s: Kamera mit Teleobjektiv

Telekie [*...i^e*; *nlat.*; nach dem ung. Afrikaforscher Samuel Graf Teleki v. Szék (*ßek*), 1845–1916] *die*; -, -n: Ochsenauge (Zierstaude)

Telekinese [*gr.-nlat.*] *die*; -: das angebliche Bewegtwerden von Gegenständen allein durch übersinnliche Kräfte. **telekinetisch**: die Telekinese betreffend. **Telekolleg** *das*; -s, -s u. -ien [*...i^en*]: allgemeinbildende od. fachspezifische Unterrichtssendung in Serienform im Fernsehen. **Telekonverter** [*...wär...*] *der*; -s, -: Linsensystem, das zwischen Objektiv u. Kamera eingefügt wird, wodurch sich die Brennweite vergrößert (Fotogr.). **telekopieren**: mit Hilfe eines Telekopierers fotokopieren. **Telekopierer** *der*; -s, -: Gerät, das zu fotokopierendes Material aufnimmt u. per Telefonleitung an ein anderes Gerät weiterleitet, das innerhalb kurzer Zeit eine Fotokopie der Vorlage liefert

Telemark [norw. Landschaft] *der*; -s, -s: ein heute nicht mehr angewandter Schwung quer zum Hang (Skisport). **Telemarksvioline** *die*; -, -n: = Hardangerfiedel

Telemeter [*gr.-nlat.*] *das*; -s, -: Entfernungsmesser. **Teleme|trie** *die*; -: Entfernungsmessung

Telen: *Plural* von → Tela. **Tel|enzephalon**, (fachspr. auch:) **Tel|encephalon** [*...ze...*] *das*; -s, ...la: (Med.) a) die beiden Großhirnhälften; b) vorderer Abschnitt des ersten Hirnbläschens beim Embryo

Tele|objektiv *das*; -s, -e [*...w^e*]: Kombination von Linsen zur Erreichung großer Brennweiten für Fernaufnahmen

Teleo|logie [*gr.-nlat.*] *die*; -: die Lehre von der Zielgerichtetheit u. Zielstrebigkeit jeder Entwicklung im Universum od. in seinen Teilbereichen (Philos.). **teleologisch**: a) die Teleologie betreffend; b) zielgerichtet, auf einen Zweck hin ausgerichtet, z. B. den Sprachwandel - erklären. **Teleonomie** *die*; -, ...ien: von einem umfassenden Zweck regierte u. regulierte Eigenschaft, Charakteristikum. **Teleo|saurus** *der*; -, ...rier [*...i^er*]: ausgestorbene Riesenechse. **Tele|ostier** [*...i^er*] *der*; -s, - (meist Plural): Knochenfisch

Telepath [*gr.-nlat.*] *der*; -en, -en: für Telepathie Empfänglicher. **Telepathie** *die*; -: das Fernfühlen, das Wahrnehmen der seelischen Vorgänge eines anderen Menschen ohne Vermittlung der Sinnesorgane. **telepathisch**: a) die Telepathie betreffend; b) auf dem Weg der Telepathie. **Telephon** usw. vgl. Telefon usw. **Telephoto|graphie** vgl. Telefotografie. **Tele|plasma** *das*; -s, ...men: bei der → Materialisation angeblich durch das Medium abgesonderter Stoff. **Teleplayer** [*...ple^i^er*; *gr.*; *engl.*] *der*; -s, -: Abspielgerät für aufgezeichnete u. gespeicherte Fernsehsendungen; vgl. Videorecorder. **Tele|processing** [*täliprо^u ßäßing*] *das*; -[s]: Datenfernverarbeitung durch fernmeldetechnische Übertragungswege (z. B. Telefonleitungen). **Teleprompter** (Wz) *der*; -s, -: (Jargon) eine Art Rolle, auf der der Text abläuft, den im Fernsehen der Moderator bzw. die Moderatorin vorträgt

Telesilleion [*gr.*; nach der altgriech. Dichterin Telesilla] *das*; -[s], ...lleia: ein → Glykoneus, dessen Anfang um eine Silbe verkürzt ist (antike Metrik)

Tele|skomat [*gr.-nlat.*] *der*; -en, -en: bei der Teleskopie (1) eingesetztes Zusatzgerät zum Fernsehapparat, durch das ermittelt wird, wer welches Programm eingeschaltet hat. **Tele|skop** *das*; -s, -e: Fernrohr. **Tele|skop|antenne** *die*; -, -n: Antenne aus dünnen Metallröhrchen, die man ineinanderschieben kann. **Tele|skopie** [*gr.-nlat.*] *die*; -: 1. Verfahren zur Ermittlung der Einschaltquoten bei Fernsehsendungen. 2. Wahrnehmung in der Ferne befindlicher verborgener Gegenstände; Ggs. → Kryptoskopie. **tele|skopisch**: 1. a) das Teleskop betreffend; b) durch das Fernrohr sichtbar. 2. die Teleskopie betreffend

Telestichon [*gr.*] *das*; -s, ...chen u. ...cha: a) Wort od. Satz, der aus den Endbuchstaben, -silben od. -wörtern der Verszeilen od. Strophen eines Gedichts gebildet ist; b) Gedicht, das Telestichen enthält; vgl. Akrostichon, Mesostichon

Teletest [*gr.-engl.*] *der*; -s, -s: Befragung von Fernsehzuschauern, um den Beliebtheitsgrad einer Sendung festzustellen. **Teletypesetter** [*...taipß...*; *engl.*] *der*; -s, -: Setzmaschine, die ähnlich wie die → Monotype das Tasten vom Gießen trennt u. den Gießvorgang durch ein Lochband steuert (Druckw.)

Teleuto|sporen [*gr.-nlat.*] *die* (Plural): Wintersporen der Rostpilze (Bot.)

Television [*...wi...*, seltener in engl. Ausspr.: *täliwisch^en*; *gr.-engl.*] *die*; -: Fernsehen. **Telex** [Kurzw. aus: engl. *tele*printer *exchange* (*täliprint^er ixtsche^indsch*) = „Fernschreiber-Austausch"] *das*; -, -[e]: 1. a) international übliche Bezeichnung für: Fernschreiber[teilnehmer]netz; b) Fernschreiber. 2. Fernschreiben. **telexen**: ein Fernschreiben per Telex übermitteln. **Telexo|gramm** [Kunstw. aus: → *Telex* u. → *Telegramm*] *das*; -s, -e: an einen ausländischen Telexteilnehmer gerichtetes Fernschreiben

Tellur [*lat.-nlat.*] *das*; -s: chem. Grundstoff, ein Halbmetall; Zeichen: Te. **tellurisch**: die Erde betreffend. **Tellurit** *das*; -s, -e: Salz der tellurigen Säure. **Tellurium** *das*; -s, ...ien [*...i^en*]: Gerät zur modellhaften Darstellung der Bewegungen von Erde u. Mond um die Sonne (Astron.)

Teloden|dron [*gr.*] *das*; -s, ...ren (meist Plural): feinste Aufzweigung der Fortsätze von Nervenzellen

telolezithal [*gr.-nlat.*]: den Bildungsdotter am einen, den Nahrungsdotter am anderen Eipol aufweisend (von Eizellen, z. B. bei Amphibien; Biol.); vgl. isolezithal, zentrolezithal

Telom [*gr.-nlat.*] *das*; -s, -e: Grundorgan fossiler Urlandpflanzen. **Telophase** *die*; -, -n: Endstadium der Kernteilung (Biol.). **Telos** [*gr.*] *das*; -: das Ziel, der [End]zweck (Philos.)

telquel, (auch:) **tel quel** [*tälkäl*; *fr.*; „so wie"]: der Käufer hat die Ware so zu nehmen, wie sie ausfällt (Handelsklausel)

Telson [*gr.*] *das*; -s, ...sa: Endglied des Hinterleibs bei Gliederfüßern (z. B. bei Krebsen; Biol.)

Tema con variazioni [- *kon wa...*; *it.*] *das*; - - -: Thema mit Variationen (Mus.)

Temenos [*gr.*] *das*; -, ...ne [*...ne*]: abgegrenzter heiliger [Tempel]bezirk im altgriech. Kult

Temmoku [*jap.*] *das*; -: japan. Bezeichnung für die chines. Töpfereien der Sungzeit (10.–13. Jh.) mit schwarzer od. brauner Glasur u. ihre japan. Nachbildungen

Temp [Kurzform von *Temp*eratur] *der*; -s, -s: Kennwort verschlüsselter meteorologischer Meldungen einer Landstation (Meteor.)

Tempel [*lat.*] *der*; -s, -: 1. a) nichtchristlicher, bes. antiker Kultbau für eine Gottheit; b) Synagoge. 2. heilige, weihevolle Stätte, z. B. ein - der Kunst. 3. Gotteshaus (z. B. der Mormonen). **tempeln** [*lat.-nlat.*]: → Tempeln spielen.

Tempeln *das*; -s: ein Kartenglücksspiel
Tempera [*lat.-it.*] *die*; -, -s: = Temperamalerei. **Temperafarbe** [*lat.-it.*; *dt.*] *die*; -, -n: mit einer Emulsion (bes. mit Eigelb) gebundene Künstlerfarbe. **Temperamalerei** *die*; -, -en: 1. (ohne Plural) [bes. im Mittelalter gebräuchliche] Art der Malerei mit deckenden Farben, die mit verdünntem Eigelb, Feigenmilch, Honig, Leim od. ähnlichen Bindemitteln vermischt werden. 2. in dieser Maltechnik ausgeführtes Kunstwerk. **Temperament** [*lat.-fr.*; „das richtige Verhältnis gemischter Dinge; die gehörige Mischung"] *das*; -[e]s, -e: 1. Wesens-, Gemütsart; vgl. Choleriker, Melancholiker, Phlegmatiker, Sanguiniker. 2. (ohne Plural) Gemütserregbarkeit, Lebhaftigkeit, Munterkeit, Schwung. **Temperantium** [*...zium*; *lat.-nlat.*] *das*; -s, ...ia: Beruhigungsmittel (Med.). **Temperatur** [*lat.*] *die*; -, -en: 1. Wärmegrad eines Stoffes. 2. Körperwärme; [erhöhte] - haben: leichtes Fieber haben (Med.). 3. temperierte Stimmung bei Tasteninstrumenten (Mus.). **Temperenz** [*lat.-fr.-engl.*] *die*; -: Mäßigkeit [im Alkoholgenuß]. **Temperenzler** *der*; -s, -: Anhänger einer Mäßigkeits- od. Enthaltsamkeitsbewegung. **Temperguß** [*engl.*; *dt.*] *der*; -gusses, -güsse: durch Glühverfahren unter Abscheidung von [Temper]kohle schmiedbar gemachtes Gußeisen. **temperieren** [*lat.*]: 1. a) die Temperatur regeln; b) [ein wenig] erwärmen. 2. mäßigen, mildern. 3. (die Oktave) in zwölf gleiche Halbtonschritte einteilen (Mus.). **tempern** [*engl.*]: Eisen in Glühkisten unter Hitze halten (entkohlen), um es leichter hämmer- u. schmiedbar zu machen
Tempest [*tämpißt*; *engl.*] *die*; -, -s: mit zwei Personen zu segelndes Kielboot für den Rennsegelsport. **tempestoso** [*lat.-it.*]: stürmisch, heftig, ungestüm (Mus.). **Tempi**: *Plural* von → Tempo (2). **tempieren**: (veraltet) den Zünder von Hohlgeschossen auf eine bestimmte Brennzeit einstellen (Mil.). **Tempi passati!** [*it.*; „vergangene Zeiten!"]: das sind [leider/zum Glück] längst vergangene Zeiten!
Tem|pleise [*lat.-fr.*] *der*; -n, -n (meist Plural): Gralshüter, -ritter der mittelalterlichen Parzivalsage. **Templer** *der*; -s, -: 1. (hist.) Angehöriger eines mittelalterl. geistlichen Ritterordens. 2. Mitglied der Tempelgesellschaft, einer 1856 von Ch. Hoffmann gegründeten pietistischen Freikirche
tempo [*lat.-it.*]: Bestandteil bestimmter Fügungen mit der Bedeutung „im Zeitmaß, Rhythmus von... ablaufend"; - di marcia [- - *martscha*]: im Marschtempo; - giusto [- *dschußto*]: in angemessener Bewegung; - primo: im früheren, anfänglichen Tempo; - rubato = rubato. **Tempo** *das*; -s, -s u. Tempi: 1. (ohne Plural) Geschwindigkeit, Schnelligkeit, Hast. 2. a) zeitlicher Vorteil eines Zuges im Schach; b) (bei der Parade) Hieb in den gegnerischen Angriff, um einem Treffer zuvorzukommen (Fechten); c) Taktbewegung, das zähl- u. meßbare musikalische (absolute) Zeitmaß. 3. ⓦ (Plural nur: -s; ugs.) Kurzform von → Tempotaschentuch (Papiertaschentuch). **Tempora**: *Plural* von → Tempus. **temporal** [*lat.*]: 1. zeitlich, das Tempus betreffend (Sprachw.); -e Konjunktion: zeitliches Bindewort (z. B. nachdem). 2. (veraltet) weltlich. 3. zu den Schläfen gehörend (Med.); vgl. ...al/...ell. **Temporalien** [*...ien*; *lat.-mlat.*] *die* (Plural): die mit einem Kirchenamt verbundenen Einkünfte (kath. Kirchenrecht). **Temporalsatz** [*lat.*; *dt.*] *der*; -es, ...sätze: Umstandssatz der Zeit (z. B. *während er kochte*, spielte sie mit den Kindern). **Temporalvariation** [*...wariazion*] *die*; -: jahreszeitlich bedingter Wechsel im Aussehen der Tiere (Zool.). **tempora mutantur** [*lat.*]: alles wandelt, ändert sich. **temporär** [*lat.-fr.*]: zeitweilig [auftretend], vorübergehend. **temporell**: (veraltet) zeitlich, vergänglich, irdisch, weltlich; vgl. ...al/...ell. **temporisieren**: (veraltet) 1. jmdn. hinhalten. 2. sich den Zeitumständen fügen. **Tempus** [*lat.*] *das*; -, Tempora: Zeitform des Verbs (z. B. Präsens)
Temulenz [*lat.*] *die*; -: das Taumeln, Trunkenheit, bes. infolge Vergiftung mit den Rostpilzen eines Getreideunkrauts (Med.)
Tenaille [*tenaje*; *lat.-vulgärlat.-fr.*] *die*; -, -n: (historisch) Festungswerk, dessen Linien abwechselnd ein- u. ausspringende Winkel bilden. **Tenakel** [*lat.*] *das*; -s, -: 1. Gerät zum Halten des Manuskripts beim Setzen (Druckw.). 2. (veraltet) Rahmen zum Befestigen eines Filtertuchs
Ten|algie [*gr.-nlat.*] *die*; -, ...ien: Sehnenschmerz (Med.)
Tenazität [*lat.*] *die*; -: 1. Zähigkeit; Ziehbarkeit; Zug-, Reißfestigkeit (Phys.; Chem.; Techn.). 2. Widerstandsfähigkeit eines Mikroorganismus (z. B. eines Virus) gegenüber äußeren Einflüssen (Med.). 3. Beharrlichkeit, Hartnäckigkeit; Zähigkeit, Ausdauer (Psychol.)
Tendenz [*lat.-fr.*] *die*; -, -en: 1. Hang, Neigung. 2. a) erkennbare Absicht, Zug, Richtung; eine Entwicklung, die gerade im Gange ist, die sich abzeichnet; Entwicklungslinie; b) (abwertend) Darstellungsweise, mit der etwas bezweckt od. ein bestimmtes (meist politisches) Ziel erreicht werden soll. **tendenziell** [*lat.-fr.*]: der Tendenz nach, entwicklungsmäßig. **tendenziös**: von einer weltanschaulichen, politischen Tendenz beeinflußt u. daher als nicht objektiv empfunden. **tendieren** [*lat.*]: neigen zu etwas; gerichtet sein auf etwas
Tendinitis [*lat.-mlat.-nlat.*] *die*; -, ...itiden: Sehnenentzündung (Med.). **Tendovaginitis** [*...wa...*; *lat.-nlat.*] *die*; -, ...itiden: Sehnenscheidenentzündung (Med.)
Ten|dre [*tangdr*; *lat.-fr.*] *das*; -s, -s: (veraltet) Vorliebe, Neigung. **Ten|dresse** [*...dräß*] *die*; -, -n [*...ßen*]: (veraltet) 1. Zärtlichkeit, zärtliche Liebe. 2. Vorliebe
Teneberleuchter [*lat.*; *dt*; lat. *tenebrae* = „Finsternis (der Karwoche)"] *der*; -s, -: ein spätmittelalterlicher Leuchter, dessen 12–15 Kerzen nur in der Karwoche angezündet wurden
teneramente [*lat.-it.*]: zart, zärtlich (Vortragsanweisung; Mus.)
Tenesmus [*gr.-nlat.*] *der*; -: andauernder schmerzhafter Stuhl- od. Harndrang (Med.)
Tennis [*lat.-fr.-engl.*] *das*; -: ein Ballspiel mit Schläger; vgl. Rakket
Tenno [*jap.*] *der*; -s, -s: jap. Kaisertitel; vgl. Mikado (I, 1)
Tenor
I. Tenor [*lat.-it.*] *der*; -s, Tenöre (österr. auch: -e): 1. hohe Männerstimme. 2. Tenorsänger. 3. (ohne Plural) Gesamtheit der Tenorsänger im [gemischten] Chor. 4. (ohne Plural) solistischer, für den Tenor (I, 1) geschriebener Teil eines Musikwerks.
II. Tenor [*lat.*] *der*; -s: 1. Haltung, Inhalt, Sinn, Wortlaut. 2. (Rechtsw.) a) Haltung, Inhalt eines Gesetzes; b) der entscheidende Teil des Urteils. 3. Stimme, die im → Cantus firmus den Melodieteil trägt; Abk.: t, T
Tenora [*lat. it.-katalan.-span.*]

die; -, -s: katalanische Abart der Oboe (Mus.). **tenoral** [*lat.-it.-nlat.*]: tenorartig, die Tenorlage betreffend. **Tenorbariton** *der*; -s, -e u. -s: 1. Baritonsänger mit tenoraler Stimmlage. 2. Baritonstimme mit tenoraler Stimmlage. **Tenorbaß** *der*; ...basses, ...bässe: = Tuba (1). **Tenorbuffo** *der*; -s, -s: 1. Tenor für heitere Opernrollen. 2. zweiter Tenor an einem Operntheater. **Tenöre**: *Plural* von → Tenor (I). **Tenorist** [*lat.-it.*] *der*; -en, -en: Tenorsänger [im Chor]. **Tenorschlüssel** [*lat.-it.*; *dt.*] *der*; -s: C-Schlüssel auf der vierten Notenlinie

Tenotom [*gr.-nlat.*] *das*; -s, -e: spitzes, gekrümmtes Messer für Sehnenschnitte (Med.). **Tenotomie** *die*; -: operative Sehnendurchschneidung (Med.)

Tension [*lat.*] *die*; -, -en: Spannung von Gasen u. Dämpfen; Druck (Phys.). **Tensor** [*lat.-nlat.*] *der*; -s, ...oren: 1. Begriff der Vektorrechnung (Math.). 2. Spannmuskel (Med.). **Tentakel** *der* od. *das*; -s, - (meist Plural): 1. Fanghaar fleischfressender Pflanzen. 2. beweglicher Fortsatz in der Kopfregion niederer Tiere zum Ergreifen der Beutetiere. **Tentakulit** *der*; -en, -en: eine ausgestorbene Flügelschnecke. **Tentamen** [*lat.*] *das*; -s, ...mina: 1. Vorprüfung (z. B. beim Medizinstudium). 2. Versuch (Med.). **tentativ**: versuchsweise, probeweise. **tentieren**: 1. (veraltet, aber noch landsch.) untersuchen, prüfen; versuchen, unternehmen, betreiben, arbeiten; 2. (österr., ugs.) beabsichtigen. **Tenü** vgl. Tenue. **tenue** [*...nu-e*] vgl. tenuis. **Tenue** [*t^{e}nü*; *lat.-fr.*] *das*; -s, -s: (schweiz.) 1. Art und Weise, wie jmd. gekleidet ist. 2. a) Anzug; b) Uniform. **tenuis** [*tenu-iß*; *lat.*] und tenue [*...nue*]: dünn, zart (Med.). **Tenuis** *die*; -, Tenues [*...eß*]: stimmloser Verschlußlaut (z. B. p); Ggs. → Media (1). **tenuto** [*lat.-it.*]: ausgehalten, getragen (Vortragsanweisung; Mus.); Abk.: t, ten.; ben -: gut gehalten (Vortragsanweisung; Mus.). **Tenzone** [*lat.-provenzal.*] *die*; -, -n: (hist.) Wett- od. Streitgesang der provenzalischen → Troubadoure

Teocalli [*...kali*; *indian.-span.*] *der*; -[s], -s: pyramidenförmiger aztekischer Kultbau mit Tempel

Tepache [*tepatsche*; *indian.-span.*] *der*; -: = Pulque

Tepalen [*fr.*] *die* (Plural): die gleichartigen Kelch- u. Blütenblätter des → Perigons (Bot.)

Tephi|gramm [*gr.-nlat.*] *das*; -s, -e: graphische Aufzeichnung wetterdienstlicher Meßergebnisse

Te|phrit [auch: *...it*; *gr.-nlat.*] *der*; -s, -e: ein Ergußgestein (Geol.). **Te|phroit** [auch: *...it*] *der*; -s, -e: ein Mineral

Tepidarium [*lat.*] *das*; -s, ...ien [*...i^{e}n*]: 1. lauwarmer Raum der römischen Thermen. 2. (veraltet) Gewächshaus

Tequila [*tekila*; *mex.-span.*] *der*; -[s]: ein aus → Pulque durch Destillation gewonnener mexikan. Branntwein

Tera... [*gr.*]: in Zusammensetzungen auftretendes Bestimmungswort mit der Bedeutung „eine Billion mal so groß", z. B. Terameter (Tm) = 10^{12} m; Zeichen: T

teratogen [*gr.*]: Mißbildungen bewirkend (z. B. von Medikamenten; Med.). **Teratologie** *die*; -: Teilgebiet der Medizin, auf dem man sich mit den körperlichen u. organischen Mißbildungen befaßt (Med.). **teratologisch**: die Teratologie betreffend. **Teratom** [*gr.-nlat.*] *das*; -s, -e: angeborene Geschwulst aus Geweben, die sich aus Gewebsversprengungen entwickeln (Med.)

Terbium [*nlat.*; nach dem schwed. Ort Ytterby] *das*; -s: ein Metall aus der Gruppe der → Lanthanide (chem. Grundstoff); Zeichen: Tb

Terebinthe [*gr.-lat.*] *die*; -, -n: → Pistazie (1) des Mittelmeergebietes, aus der Terpentin u. Gerbstoff gewonnen werden; Terpentinbaum

Tere|bratel [*lat.-nlat.*] *die*; -, -n: fossiler Armfüßer

Tergal ⓦ [Kunstw.] *das*; -s: eine synthetische Faser

Term [*lat.-fr.*] *der*; -s, -e: 1. [Reihe von] Zeichen in einer formalisierten Theorie, mit der od. dem eines der in der Theorie betrachteten Objekte dargestellt wird. 2. ein Zahlenwert von Frequenzen od. Wellenzahlen eines Atoms, Ions od. Moleküls (Phys.). 3. = Terminus (Sprachw.). **Terme** *der*; -n, -n: (veraltet) Grenzstein, -säule. **Termin** [*lat.*; „Grenze"] *der*; -s, -e: 1. a) festgesetzter Zeitpunkt, Tag; b) Liefer-, Zahlungstag; Frist. 2. vom Gericht festgesetzter Zeitpunkt für eine Rechtshandlung. **terminal**: die Grenze, das Ende betreffend, zum Ende gehörend. **Terminal** [*tö'min^{e}l*; *engl.*] *der* (auch: *das*); -s, -s: 1. Abfertigungshalle für Fluggäste. 2. Zielbahnhof. 3. (nur: *das*) Ein- u. Ausgabeeinheit einer EDV-Anlage

Terminant [*lat.-nlat.*] *der*; -en, -en: Bettelmönch; vgl. terminieren (2). **Termination** [*...zion*; *lat.*] *die*; -, -en: Begrenzung, Beendigung. **terminativ**: den Anfangs- od. Endpunkt einer verbalen Handlung mit ausdrückend (in bezug auf Verben, z. B. holen, bringen; Sprachw.). **Terminator** *der*; -s, ...oren: Grenzlinie zwischen dem beleuchteten u. dem im Schatten liegenden Teil des Mondes od. eines Planeten (Astron.). **Terminer** *der*; -s, -: Angestellter eines Industriebetriebes, der für die Ermittlung der Liefertermine u. dementsprechend für die zeitliche Steuerung des Produktionsablaufs verantwortlich ist. **Termingeschäft** [*lat.*; *dt.*] *das*; -[e]s, -e: Zeitgeschäft, bei dem zu einem späteren Zeitpunkt zum Kurs bei Vertragsabschluß zu liefern ist. **Termini**: *Plural* von → Terminus. **terminieren**: 1. a) befristen; b) zeitlich festlegen. 2. innerhalb eines zugewiesenen Gebiets Almosen sammeln (von Bettelmönchen). **Terminismus** [*lat.-nlat.*] *der*; -: philosophische Lehre, nach der alles Denken nur ein Rechnen mit Begriffen ist (eine Variante des → Nominalismus; Philos.). **Terminologe** [*lat.*; *gr.*] *der*; -n, -n: [wissenschaftlich ausgebildeter] Fachmann, der fachsprachliche Begriffe definiert u. Terminologien erstellt. **Terminologie** *die*; -, ...ien: a) Teil des Wortschatzes einer gegebenen Sprache, der hauptsächlich durch ein bestimmtes Berufs-, Wirtschafts-, Technikmilieu gestaltet ist und von denen, die ihm angehören, verwendet wird; b) Wissenschaft von der Terminologie (a) als theoretische Grundlage der Fachwortschatzlexikographie oder der praktischen Kenntnis der Bearbeitung wissenschaftlicher und technischer Wörterbücher. **terminologisch**: die Terminologie betreffend, dazu gehörend. **Terminus** [*lat.*] *der*; -, ...ni: 1. Begriff (Philos.). 2. Fachausdruck, Fachwort; - ad quem: Zeitpunkt, bis zu dem etwas gilt od. ausgeführt sein muß (Philos.; Rechtsw.); - ante quem: = Terminus ad quem; - a quo: Zeitpunkt, von dem an etwas beginnt, ausgeführt wird (Philos.; Rechtsw.); - in terminus: das unendliche Ziel alles Endlichen (Nikolaus von Kues; Philos.); - post quem: = Terminus a quo; - technicus [*...kuß*], (Plural:) ...ni ...ci [*...zi*]: Fachwort, -ausdruck

Termite [*lat.-nlat.*] *die*; -, -n (meist Plural): staatenbildendes, den Schaben ähnliches Insekt bes. der Tropen u. Subtropen

Termon [Kunstw. aus de*ter*minieren u. Hor*mon*] *das*; -s, -e: hormonähnlicher, geschlechtsbestimmender Wirkstoff bei → Gameten (Med.; Biol.)

ternär [*lat.-fr.*]: dreifach; aus drei Stoffen bestehend; -e Verbindung: aus drei Grundstoffen aufgebaute chem. Verbindung. **Terne** [*lat.-it.*] *die*; -, -n: Zusammenstellung von drei Nummern (Lottospiel). **Ternion** [*lat.*] *die*; -, -en: (veraltet) Verbindung von drei Dingen. **Terno** [*lat.-it.*] *der*; -s, -s: (österr.) Terne

Terp [*niederl.*] *die*; -, -en: künstlich aufgeschütteter Hügel an der Nordseeküste, auf dem [in vorgeschichtlicher Zeit] eine Siedlung oberhalb der Flutwassergrenze angelegt wurde

Terpen [*gr.-lat.-mlat.-nlat.*] *das*; -s, -e: organische Verbindung (Hauptbestandteil ätherischer Öle). **Terpentin** [*gr.-lat.-mlat.*] *das* (österr. meist: *der*); -s, -e: a) Harz verschiedener Nadelbäume; b) (ugs.) kurz für: Terpentinöl

Terra [*lat.*] *die*; -: Erde, Land (Geogr.). **Terra di Siena** [- - *ß*...; *it.*] *die*; - - -: = Siena (2). **Terrain** [*tärang*; *lat.-vulgärlat.-fr.*] *das*; -s, -s: 1. a) Gebiet, Gelände; b) Boden, Baugelände, Grundstück. 2. Erdoberfläche (im Hinblick auf ihre Formung; Geogr.). **Terra incognita** [- *inko*...; *lat.*] *die*; - -: 1. unbekanntes Land. 2. unerforschtes, fremdes Wissensgebiet. **Terrakotta** [*lat.-it.*] *die*; -, ...tten und **Terrakotte** *die*; -, -n: 1. gebrannte Tonerde, die beim Brennen eine weiße, gelbe, braune, hell- od. tiefrote Farbe annimmt. 2. antikes Gefäß od. kleine Plastik aus dieser Tonerde. **Terramare** *die*; -, -n (meist Plural): bronzezeitliche Siedlung in der Poebene

Terramycin Ⓦⓩ [...*zin*; Kunstw.] *das*; -s: ein → Antibiotikum mit großer Wirkungsbreite

Terrarium [*lat.*] *das*; -s, ...ien [...*i*ᵉ*n*]: 1. ein Behälter für die Haltung kleiner Landtiere. 2. Gebäude [in einem zoologischen Garten], in dem Lurche u. Reptilien gehalten werden. **Terra rossa** [*lat.-it.*] *die*; - -, Terre rosse: roter Tonboden, entstanden durch Verwitterung von Kalkstein in warmen Gegenden. **Terra sigillata** [*lat.*; „gesiegelte Erde“; nach dem aufgepreßten Herstellersiegel] *die*; - -: Geschirr der röm. Kaiserzeit aus rotem Ton, mit figürlichen Verzierungen u. dem Fabrikstempel versehen. **Terrasse** [*lat.-galloroman.-fr.*; „Erdaufhäufung“] *die*; -, -n: 1. stufenförmige Erderhebung, Geländestufe, Absatz, Stufe. 2. nicht überdachter größerer Platz vor od. auf einem Gebäude. **terrassieren**: ein Gelände terrassen-, treppenförmig anlegen, erhöhen (z. B. Weinberge). **Terrazzo** [*lat.-galloroman.-it.*] *der*; -[s], ...zzi: Fußbodenbelag aus Zement u. verschieden getönten Steinkörnern. **terrestrisch** [*lat.*]: 1. die Erde betreffend; Erd... 2. a) (von Ablagerungen u. geologischen Vorgängen) auf dem Festland gebildet, geschehen (Geol.); b) zur Erde gehörend, auf dem Erdboden lebend (Biol.); Ggs. → limnisch (1), → marin (2)

terribel [*lat.*]: (veraltet) schrecklich; vgl. Enfant terrible

Terrier [...*i*ᵉ*r*; *lat.-mlat.-engl.*] *der*; -s, -: kleiner bis mittelgroßer engl. Jagdhund (zahlreiche Rassen, z. B. → Airedaleterrier). **terrigen** [*lat.*; *gr.*]: vom Festland stammend (Biol.). **Terrine** [*lat.-vulgärlat.-fr.*] *die*; -, -n: [Suppen]schüssel

Territion [...*zion*; *lat.*] *die*; -: (hist.) in Rechtsprozessen des Mittelalters angewandte Bedrohung eines Angeschuldigten mit der Folter durch Vorzeigen der Folterwerkzeuge, um das Geständnis zu erzwingen

territorial [*lat.-fr.*]: zu einem Gebiet gehörend, ein Gebiet betreffend. **Territorialhoheit** [*lat.-fr.*; *dt.*] *die*; -, -en: Landeshoheit. **Territorialität** [*lat.-fr.*] *die*; -: Zugehörigkeit zu einem Staatsgebiet. **Territorium** [*lat.(-fr.)*] *das*; -s, ...ien [...*i*ᵉ*n*]: a) Grund u. Boden, Land, Bezirk, Gebiet; b) Hoheitsgebiet eines Staates; c) (DDR) kleinere Einheit der regionalen Verwaltung

Terror [*lat.*] *der*; -s: 1. [systematische] Verbreitung von Angst u. Schrecken durch Gewaltaktionen. 2. Zwang, Druck [durch Gewaltanwendung]. 3. (ugs.) a) Zank u. Streit; b) großes Aufheben um Geringfügigkeiten. **terrorisieren** [*lat.-fr.*]: 1. Terror ausüben, Schrecken verbreiten. 2. jmdn. unterdrücken, bedrohen, einschüchtern, unter Druck setzen. **Terrorismus** [*lat.-fr.-nlat.*] *der*; -: 1. Schreckensherrschaft. 2. das Verbreiten von Terror durch Anschläge u. Gewaltmaßnahmen zur Erreichung einer bestimmten [politischen] Ziels. 3. Gesamtheit der Personen, die Terrorakte verüben. **Terrorist** *der*; -en, -en: jmd., der Terroranschläge plant u. ausführt. **terroristisch**: Terror verbreitend

Tertia [...*zia*; *lat.*]

I. *die*; -, ...ien [...*i*ᵉ*n*]: 1. in Unter- (4.) u. Obertertia (5.) geteilte Klasse einer höheren Schule 2. (österr.) 3. Klasse einer höheren Schule.

II. *die*; -: Schriftgrad von 16 Punkt (Druckw.).

III. *Plural* von → Tertium; vgl. Tertium comparationis

Tertial [...*zial*; *lat.-nlat.*] *das*; -s, -e: (veraltet) Jahresdrittel. **tertian** [*lat.*]: (Med.) a) dreitägig (z. B. von Fieberanfällen); b) alle drei Tage auftretend (z. B. von Fieberanfällen). **Tertiana** *die*; - u. **Tertianafieber** [*lat.*; *dt.*] *das*; -s: Dreitagewechselfieber (Med.). **Tertianer** [*lat.*] *der*; -s, -: Schüler einer Tertia (I). **Tertianfieber** [*lat.*; *dt.*] *das*; -s: = Tertiana. **tertiär** [*lat.-fr.*]: 1. a) die dritte Stelle in einer Reihe einnehmend; b) (abwertend) drittrangig. 2. das Tertiär betreffend. **Tertiär** *das*; -s: erdgeschichtliche Formation des → Känozoikums (Geologie). **Tertiarier** vgl. Terziar. **Tertien**: *Plural* von → Tertia (I). **Tertium comparationis** [...*zium ko*...*zio*...] *das*; - -, ...ia -: Vergleichspunkt, das Gemeinsame zweier verschiedener, miteinander verglichener Gegenstände od. Sachverhalte (Philos.). **tertium non datur**: ein Drittes gibt es nicht (Grundsatz vom ausgeschlossenen Dritten; Logik). **Tertius gaudens** *der*; - -: der lachende Dritte (wenn zwei sich streiten)

Terz [*lat.-mlat.*] *die*; -, -en: 1. Intervall von drei Tonstufen; der dritte Ton vom Grundton aus (Mus.). 2. bestimmte Klingenhaltung beim Fechten. 3. Gebet des Breviers um die dritte Tagesstunde (9 Uhr). **Terzel** [*lat.-mlat.*] *der*; -s, -: (Jägerspr.) männlicher Falke. **Terzerol** [*lat.-mlat.-it.*] *das*; -s, -e: kleine Pistole. **Terzerone** [*lat.-span.*] *der*; -n, -n: Nachkomme eines Weißen u. einer Mulattin. **Terzett** [*lat.-it.*] *das*; -[e]s, -e: 1. a) Komposition für drei Singstimmen [mit Instrumentalbegleitung]; b) dreistimmiger musikalischer Vortrag; c) Gruppe von drei gemeinsam singenden Solisten; d) Gruppe von drei Personen, die häufig gemeinsam in Erscheinung treten. 2. die erste od. zweite der beiden dreizeiligen

Strophen des → Sonetts; Ggs. → Quartett (2). **Terziar** [*lat.-mlat.*] *der*; -s, -en u. Tertiarier [*...zigri^e r*] *der*; -s, -: Angehöriger eines Dritten Ordens, der als weltliche od. auch klösterliche Gemeinschaft einem Mönchsorden angeschlossen ist; vgl. Franziskanerbruder. **Terziarin** *die*; -, -nen: Angehörige eines Dritten Ordens (z. B. → Franziskanerin 2). **Terzine** [*lat.-it.*] *die*; -, -n (meist Plural): meist durch Kettenreim mit den andern verbundene Strophe aus drei elfsilbigen Versen. **Terzquart|akkord** *der*; -[e]s, -e: zweite Umkehrung des Septimenakkords mit der Quint als Baßton u. darüberliegender Terz u. Quart (Mus.)

Tesching [Herkunft unsicher] *das*; -s, -e u. -s: kleine Handfeuerwaffe

Tesla [nach dem kroat. Physiker N. Tesla (1856–1943)] *das*; -, -: gesetzliche Einheit der magnetischen Induktion. **Tesla|strom** *der*; -[e]s: Hochfrequenzstrom mit sehr hoher Spannung, der in der → Diathermie angewendet wird

Tessar ⓦ [Kunstw.] *das*; -s, -e: ein lichtstarkes Fotoobjektiv

tessellarisch [*gr.-lat.*]: gewürfelt (Kunstw.). **tessellieren**: eine Mosaikarbeit anfertigen. **tesserale** [*gr.-lat.-nlat.*] **Kristallsystem** *das*; -n -s: = reguläres System

Test [*lat.-fr.-engl.*] *der*; -[e]s, -s (auch: -e): nach einer genau durchdachten Methode vorgenommener Versuch, Prüfung zur Feststellung der Eignung, der Leistung o. ä. einer Person od. Sache

Testament [*lat.*] *das*; -[e]s, -e: 1. a) letztwillige Verfügung, in der jmd. die Verteilung seines Vermögens nach seinem Tode festlegt; b) [politisches] Vermächtnis. 2. Verfügung, Ordnung [Gottes], Bund Gottes mit den Menschen (danach das Alte u. das Neue Testament der Bibel; Abk.: A. T., N. T.). **testamentarisch**: durch letztwillige Verfügung festgelegt. **Testat** *das*; -[e]s, -e: 1. Bescheinigung, Beglaubigung. 2. (früher) vom Hochschullehrer in Form einer Unterschrift im Studienbuch gegebene Bestätigung über den Besuch einer Vorlesung, eines Seminars o. ä. 3. (Fachspr.) Bestätigung (in Form einer angehefteten Karte o. ä.), daß ein Produkt getestet worden ist. **Testator** *der*; -s, ...oren: 1. jmd., der ein Testament macht. 2. jmd., der ein Testat ausstellt

Testazee [*lat.*] *die*; -, -n (meist Plural): schalentragende Amöbe (Wurzelfüßer; Biol.). **testen** [*lat.-fr.-engl.*]: einem Test unterziehen. **Tester** *der*; -s, -: jmd., der jmdn. od. etwas testet

Testi: *Plural* von → Testo

testieren [*lat.*]: 1. ein Testat geben, bescheinigen, bestätigen. 2. ein Testament machen (Rechtsw.). **Testierer** *der*; -s, -: jmd., der ein Testament errichtet. **Testifikation** [*...zion*] *die*; -, -en: (veraltet) Bezeugung, Bekräftigung durch Zeugen; Beweis (Rechtsw.). **Testikel** *der*; -s, -: eiförmige männliche Keimdrüse; Hoden (Med.). **Testikelhormon** *das*; -s, -e: männliches Keimdrüsenhormon (Med.). **Testimonial** [*...mo^u ni^e l*; *lat.-engl.*] *das*; -s, -s: zu Werbezwecken (in einer Anzeige, einem Prospekt o. ä.) verwendetes Empfehlungsschreiben eines zufriedenen Kunden, eines Prominenten o. ä. **Testimonium** *das*; -s, ...ien [*...i^e n*] u. ...ia: Zeugnis (Rechtsw.); - paupertatis: 1. amtliche Bescheinigung der Mittellosigkeit für Prozeßführende zur Erlangung einer Prozeßkostenhilfe. 2. Armutszeugnis

Testo [*lat.-it.*] *der*; -, Testi: der im → Oratorium (2) die Handlung zunächst → psalmodierend, später → rezitativisch berichtende Erzähler

Testosteron [Kunstw.] *das*; -s: Hormon der männlichen Keimdrüsen (Med.)

Testudo [*lat.*; „Schildkröte"] *die*; -, ...dines [*...túdineß*]: 1. (hist.) bei Belagerungen verwendetes Schutzdach. 2. Verband zur Ruhigstellung des gebeugten Knie- od. Ellbogengelenks; Schildkrötenverband. 3. a) (bei den Römern) = Lyra (1); b) (vom 15. bis 17. Jh.) Laute

Tetanie [*gr.-nlat.*] *die*; -, ...ien: schmerzhafter Muskelkrampf; Starrkrampf (Med.). **tetaniform** [*gr*; *lat.*]: starrkrampfartig, -ähnlich (Med.). **tetanisch** [*gr.-nlat.*]: den Tetanus betreffend, auf Tetanus beruhend, vom Tetanus befallen. **Tetanus** [auch: *tä...*; *gr.-lat.*] *der*; -: Wundstarrkrampf, eine Infektionskrankheit (Med.)

Tetarto|edrie [*gr.-nlat.*] *die*; -: Ausbildung nur des vierten Teils der Flächen bei einem Kristall

Tete [*tät^e*; *lat.-fr.*] *die*; -, -n: (veraltet) Anfang, Spitze [einer marschierenden Truppe]; an der - sein: (ugs.) an der Spitze, oben, an der Macht sein. **tête-à-tête** [*tätatät*; „Kopf an Kopf"]: (veraltet) vertraulich, unter vier Augen. **Tête-à-tête** *das*; -, -s: a) (ugs., scherzh.) Gespräch unter vier Augen; b) vertrauliche Zusammenkunft; zärtliches Beisammensein

Tethys *die*; - u. **Tethysmeer** [*gr.-lat.*; nach Tethys, der Mutter der Gewässer in der griech. Sage] *das*; -[e]s: vom → Paläozoikum bis zum Alttertiär (vgl. Tertiär) bestehendes zentrales Mittelmeer

Tetra *der*; -s, -s: 1. (ohne Plural) Kurzform von → Tetrachlorkohlenstoff. 2. Kurzform von → Tetragonopterus. **Te|trachlorkohlenstoff** [*...kl...*; *gr.*; *dt.*] *der*; -[e]s: nicht entflammbares Lösungsmittel. **Te|trachord** [*...kort*; *gr.-lat.*] *der* od. *das*; -[e]s, -e: Folge von vier Tönen einer Tonleiter, die Hälfte einer Oktave (Mus.). **Te|trade** *die*; -, -n: die Vierheit; das aus vier Einheiten bestehende Ganze (Philos.). **Te|tra|eder** [*gr.-nlat.*] *das*; -s, -: von vier gleichseitigen Dreiecken begrenzter Körper, dreiseitige Pyramide. **Te|tra|edrit** [auch: *...it*] *der*; -s, -e: ein metallisch glänzendes Mineral. **Te|tragon** [*gr.-lat.*] *das*; -s, -e: Viereck. **tetragonal**: das Tetragon betreffend, viereckig. **Te|tragono|pterus** [*gr.-nlat.*] *der*; -, ...ri: ein farbenprächtiger Aquarienfisch (Salmler). **Te|tra|gramm** [*gr.*] *das*; -s, -e u. **Te|tra|grammaton** *das*; -s, ...ta: Bezeichnung für die vier hebr. Konsonanten J-H-W-H des Gottesnamens → Jahwe als Sinnbild Gottes [zur Abwehr von Bösem]. **Te|trakis|hexa|eder** [*gr.-nlat.*] *das*; -s, -: Pyramidenwürfel, der aus 24 Flächen zusammengesetzt ist (kubische Kristallform). **Te|tra|ktys** [*gr.*] *die*; -: die (bei den → Pythagoreern heilige) Zahl Vier, zugleich die Zehn als Summe der ersten vier Zahlen. **Te|tralemma** [*gr.-nlat.*] *das*; -s, -ta: die vierteilige Annahme (Logik). **Te|tralin** ⓦ [Kunstw.] *das*; -s: ein Lösungsmittel. **Te|tralogie** [*gr.*] *die*; -, ...ien: Folge von vier eine innere Einheit bildenden Dichtwerken (bes. Dramen), Kompositionen u. a. **te|tramer**: vierzählig (z. B. von Blütenkreisen; Bot.). **Te|trameter** [*gr.-lat.*] *der*; -s, -: aus vier → Metren bestehender Vers. **Te|tramorph** [*gr.*; „Viergestalt"] *der*; -s, -en: Darstellung eines Engels mit vier verschiedenen Köpfen od. Flügeln als Sinnbild der vier Evangelisten in der frühchristlichen Kunst; vgl. Evangelistensymbole. **Tetrapanax** [*gr.-nlat.*] *der*; -, -: Gattung der Araliengewächse (z. B. Papieraralie). **te|trapetalisch**:

vier Kron- od. Blumenblätter aufweisend (Bot.). **Te|tra|plegie** *die*; -: gleichzeitige Lähmung aller vier Gliedmaßen (Med.). **Tetrapode** [*gr.*] *der*; -n, -n: 1. Vierfüßer (Biol.). 2. vierfüßiges klotzartiges Gebilde, das mit anderen zusammen aufgestellt od. aufgeschichtet wird und dadurch als Sperre, Wellenbrecher o. ä. dient. **Te|trapodie** *die*; -: vierfüßige Verszeile; Tetrameter. **Tetrarch** [*gr.-lat.*] *der*; -en, -en: (hist.) im Altertum ein Herrscher über den vierten Teil eines Landes. **Te|trarchie** *die*; -, ...ien: a) Gebiet eines Tetrachen; b) Herrschaft eines Tetrarchen. **Tetrastichon** *das*; -s, ...cha: Gruppe von vier Verszeilen. **Te|trode** [*gr.-nlat.*] *die*; -, -n: Vierpolröhre. **Tetryl** *das*; -s: ein hochbrisanter Explosivstoff

Teu|crium [*...kr...*; *gr.-nlat.*] *das*; -s: → Gamander (Gattung der Lippenblütler)

Tex [*lat.*] *das*; -, -: Maß für die längenbezogene Masse textiler Fasern u. Garne; Zeichen: tex

Texasfieber [nach dem US-Bundesstaat] *das*; -s: Malaria der Rinder

Texo|printverfahren [*engl.*; *dt.*] *das*; -s: Verfahren zur Herstellung von Schriftvorlagen für Offset- u. Tiefdruck (Druckw.)

Text [*lat.*; „Gewebe, Geflecht"] I. *der*: -[e]s, -e: 1. Wortlaut eines Schriftstücks, Vortrags o. ä. 2. Folge von Aussagen, die untereinander in Zusammenhang stehen (Sprachw.). 3. Bibelstelle als Predigtgrundlage. 4. Beschriftung (z. B. von Abbildungen). 5. die zu einem Musikstück gehörenden Worte.
II. *die*; -: Schriftgrad von 20 Punkt (ungefähr 7,5 mm Schrifthöhe; Druckw.)

Textem *das*; -s, -e: dem zu formulierenden Text zugrundeliegende, noch nicht realisierte sprachliche Struktur (Sprachw.). **texten**: einen [Schlager-, Werbe]text gestalten. **Texter** *der*; -s, -: Verfasser von [Schlager-, Werbe]texten. **textieren** [*lat.-nlat.*]: 1. eine Unterschrift unter einer Abbildung anbringen, vermerken. 2. (einem Musikstück) einen Text unterlegen. **textil** [*lat.-fr.*]: 1. die Textiltechnik, die Textilindustrie betreffend. 2. Gewebe...; gewebt, gewirkt. **Textilien** [*...iᵉn*] *die* (Plural): gewebte, gestrickte od. gewirkte, aus Faserstoffen hergestellte Waren. **Textkritik** *die*; -: [vergleichende] philologische Untersuchung eines überlieferten Textes auf Echtheit und Inhalt. **Textlinguistik** *die*; -: Teilgebiet der modernen Sprachwissenschaft, auf dem man sich mit dem Wesen, dem Aufbau und den inneren Zusammenhängen von Texten befaßt. **Textur** [*lat.*] *die*; -, -en: 1. Gewebe, Faserung. 2. räumliche Anordnung u. Verteilung der Gemengteile eines Gesteins (Geol.). 3. gesetzmäßige Anordnung der Kristallite in Faserstoffen u. technischen Werkstücken (Chem.; Techn.). 4. strukturelle Veränderung des Gefügezustandes von Stoffen bei Kaltverformung (Techn.). **texturieren**: synthetischen Geweben ein Höchstmaß an textilen Eigenschaften geben (z. B. Fördern von Feuchtigkeitsaufnahme)

Thalamus [*gr.-lat.*] *der*; -, ...mi: der Hauptteil des Zwischenhirns (Sehhügel; Med.)

thalassogen [*gr.-nlat.*]: durch das Meer entstanden (Geogr.; Geol.). **Thalasso|graphie** *die*; -: Meereskunde. **thalasso|krat** u. **thalasso|kratisch**: vom Meer beherrscht (von Zeiten der Erdgeschichte, in denen die Meere Festland eroberten). **Thalassometer** *das*; -s, -: Meerestiefenmesser; Meßgerät für Ebbe u. Flut. **Thalassophobie** *die*; -, ...ien: krankhafte Angst vor größeren Wasserflächen (Psychol.; Med.). **Thalassotherapie** *die*; -, ...ien: Teilbereich der Medizin, der sich mit der heilklimatischen Wirkung von Seeluft u. Bädern im Meerwasser sowie mit der therapeutischen Verwendung von Meerwasser u. Meersalz befaßt. **Thalatta, Thalatta!** [Freudenruf der Griechen nach der Schlacht v. Kunaxa]: das Meer, das Meer!

Thalidomid [Kunstw.] *das*; -s: schädliche Nebenwirkungen hervorrufender Wirkstoff in bestimmten Schlaf- u. Beruhigungsmitteln (Med.)

Thalli: *Plural* von → Thallus. **Thallium** [*gr.-nlat.*] *das*; -s: chem. Grundstoff, ein Metall; Zeichen: Tl. **Thallophyt** *der*; -en, -en (meist Plural): eine Gruppe der Sporenpflanzen (Algen, Pilze u. Flechten). **Thallus** [*gr.-lat.*] *der*; -, ...lli: primitiver Pflanzenkörper der Thallophyten (ohne Wurzeln u. Blätter); Ggs. → Kormus

Thanatismus [*gr.-nlat.*] *der*; -: Lehre von der Sterblichkeit der Seele. **Thanatogenese** *die*; -: Teilgebiet der Medizin, das sich mit den Entstehungsursachen des Todes befaßt (Med.). **Thanatologie** *die*; -: interdisziplinares Forschungsgebiet, auf dem man sich mit den Problemen des Sterbens u. des Todes befaßt (z. B. klinischer Tod, Sterbehilfe). **Thanatomanie** [*gr.*; *gr.-lat.*] *die*; -, ...ien: Neigung zum Selbstmord. **Thanatophobie** [*gr.-nlat.*] *die*; -, ...ien: krankhafte Angst vor dem Tode. **Thanatos** [*gr.*] *der*; -: Todestrieb

Thanks|giving Day [*thängkßgiwing deⁱ*; *engl.-amerik.*] *der*; - -, - -s: Erntedanktag in den USA

Thar vgl. Tahr

Thargelien [*...iᵉn*; *gr.*] *die* (Plural): altgriech. Sühnefest für Apollo zum Schutz der kommenden Ernte

Thaumatologie [*gr.-nlat.*] *die*; -: (veraltet) Lehre von den Wundern (Theol.). **Thaumat|urg** [*gr.*] *der*; -en, -en: Wundertäter (Beiname mancher griech. Heiliger)

Thea [*chin.-nlat.*] *die*; -: Pflanzengattung der Teegewächse

Thea|ter [*gr.-lat.(-fr.)*] *das*; -s, -: 1. a) Gebäude, in dem regelmäßig Schauspiele aufgeführt werden, Schauspielhaus; b) künstlerisches Unternehmen, das die Aufführungen von Schauspielen, Opern o. ä. arrangiert; c) (ohne Plural) Schauspiel-, Opernaufführung, Vorstellung; d) (ohne Plural) die darstellende Kunst [eines Volkes od. einer Epoche] mit allen Erscheinungen. 2. (ohne Plural) (ugs.) Unruhe, Aufregung, Getue

Thea|tiner [*nlat.*; nach der it. Bischofsstadt Theate, heute Chieti (*kieti*)] *der*; -s, - (meist Plural): Angehöriger eines ital. Ordens

Thea|tralik [*gr.-lat.-nlat.*] *die*; -: übertriebenes schauspielerisches Wesen, Gespreiztheit. **theatralisch** [*gr.-lat.*]: 1. das Theater betreffend, bühnengerecht. 2. übertrieben, unnatürlich, gespreizt. **Thea|trum mundi** [*lat.*; „Welttheater"] *das*; - -: 1. Titel von umfangreichen historischen Werken im 17. u. 18. Jh. 2. (hist.) mechanisches Theater, in dem die Figuren mit Hilfe von Laufschienen bewegt wurden

Thé dansant [*te dangßang*; *fr.*] *der*; - -, -s -s [*te dangßang*]: (veraltet) kleiner [Haus]ball. **Thein** u. **Tein** [*chin.-nlat.*] *das*; -s: in Teeblättern enthaltenes → Koffein

Theismus [*gr.-nlat.*] *der*; -: Glaube an einen persönlichen, von außen auf die Welt einwirkenden Schöpfergott. **Theist** *der*; -en, -en: Anhänger des Theismus. **theistisch**: den Theismus, den Theisten betreffend

Theka [*gr.-lat.*; „Behältnis; Hülle"] *die*; -, ...ken: zwei Pollensäckchen enthaltendes Fach des Staubblattes (Bot.). **Theke** *die*; -, -n: 1. Schanktisch. 2. Ladentisch. **Thekendis|play** [*...dißple'*] *das*; -s, -s: = Counter-Display

Thel|algie [*gr.-nlat.*] *die*; -, ...ien: Schmerzen in den Brustwarzen (Med.)

Thelema [auch: *te...*; *gr.*] *das*; -s, ...lemata: der Wille (Philos.). **Thelematismus** [*gr.-nlat.*] *der*; - u. **Thelematologie** *die*; - u. Thelismus *der*; -: die Willenslehre; vgl. Voluntarismus. **thelematologisch**: die Thelematologie betreffend. **Thelismus** vgl. Thelematismus. **thelistisch**: den Thelismus betreffend, willensmäßig

Thelitis [*gr.-nlat.*] *die*; -, ...itiden: Entzündung der Brustwarzen (Med.). **Thelygenie** u. **Thelytokie** *die*; -, ...ien: Erzeugung ausschließlich weiblicher Nachkommen (Med.); Ggs. → Arrhenogenie, Arrhenotokie (2). **thelytokisch**: nur weibliche Nachkommen habend (Med.); Ggs. → arrhenotokisch

Thema [*gr.-lat.*; „das Aufgestellte"] *das*; -s, ...men u. (veraltend) -ta: 1. Aufgabe, [zu behandelnder] Gegenstand; Leitgedanke, Leitmotiv; Sache, Gesprächsstoff. 2. Gegenstand der Rede, psychologisches Subjekt des Satzes (Sprachw.); Ggs. → Rhema. 3. [aus mehreren Motiven bestehende] Melodie, die den musikalischen Grundgedanken einer Komposition od. eines Teils derselben bildet (Mus.). **Thema-Rhema**: Begriffspaar zur Satzanalyse unter dem Gesichtspunkt, daß im Thema der (bekannte, in Rede stehende) Gegenstand genannt wird, von dem dann im Rhema etwas ausgesagt wird (nicht zu verwechseln mit dem formalgrammatisch bestimmten Begriffspaar Subjekt–Prädikat). **Thematik** [*gr.*] *die*; -, -en: 1. ausgeführtes, gewähltes, gestelltes Thema; Themastellung; Komplexität eines Themas; Leitgedanke. 2. Kunst der Themaaufstellung, -einführung und -verarbeitung (Mus.). **thematisch**: 1. das Thema betreffend. 2. mit einem → Themavokal gebildet (von Wortformen); Ggs. → athematisch (2). **thematisieren**: zum Thema (1) von etwas machen, als Thema behandeln, diskutieren. 2. mit einem Themavokal versehen. **Themavokal** *der*; -s, -e: → Vokal, der bei der Bildung von Verbformen zwischen Stamm u. Endung eingeschoben wird. **Themen**: *Plural* von → Thema

Thenar [*gr.*] *das*; -s, ...nare: Muskelwulst der Handfläche an der Daumenwurzel (Daumenballen; Med.)

Theo|broma [*gr.-nlat.*] *das*; -[s]: Kakaobaum. **Theo|bromin** *das*; -s: → Alkaloid der Kakaobohnen. **Theodizee** *die*; -, ...zeen: Rechtfertigung Gottes hinsichtlich des von ihm in der Welt zugelassenen Übels u. Bösen, das man mit dem Glauben an seine Allmacht, Weisheit u. Güte in Einklang zu bringen sucht (Philos.)

Theodolit [Herkunft unsicher] *der*; -[e]s, -e: → geodätisches Instrument zur Horizontal- u. Höhenwinkelmessung (Vermessungstechnik)

Theo|gnosie u. **Theo|gnosis** [*gr.*] *die*; -: die Gotteserkenntnis (Philos.). **Theogonie** [*gr.-lat.*] *die*; -, ...ien: → mythische Lehre od. Vorstellung von der Entstehung u. Abstammung der Götter. **Theo|krat** [*gr.-nlat.*] *der*; -en, -en: Anhänger der Theokratie. **Theokratie** [„Gottesherrschaft"] *die*; -, ...ien: Herrschaftsform, bei der die Staatsgewalt allein religiös legitimiert wird (Statthalterschaft für Gott), aber im Gegensatz zur → Hierokratie nicht von Priestern ausgeübt zu werden braucht. **theo|kratisch**: die Theokratie betreffend. **Theola|trie** *die*; -, ...ien: (veraltet) Gottesverehrung, Gottesdienst. **Theologe** [*gr.-lat.*] *der*; -n, -n: jmd., der sich wissenschaftlich mit der Theologie beschäftigt [hat] (z. B. Hochschullehrer, Student). **Theologie** *die*; -, ...ien: a) wissenschaftliche Lehre von einer als wahr vorausgesetzten [christlichen] Religion, ihrer Offenbarung, Überlieferung und Geschichte; b) (in Verbindung mit einem Adjektiv) Teilgebiet der Theologie (a). **theologisch**: die Theologie betreffend. **theologisieren** [*gr.-nlat.*]: Theologie treiben, das Gebiet der Theologie berühren. **Theologumenon** [*gr.-lat.*] *das*; -s, ...mena: (nicht zur eigentlichen Glaubenslehre gehörender) theologischer Lehrsatz. **Theomanie** [*gr.*] *die*; -, ...ien: religiöser Wahnsinn. **Theomantie** *die*; -, ...ien: das Weissagen durch göttliche Eingebung. **theomorph** u. **theomorphisch**: in göttlicher Gestalt auftretend, erscheinend. **theonom** [*gr.-nlat.*]: unter Gottes Gesetz stehend. **Theonomie** *die*; -: Unterwerfung unter Gottes Gesetz als die Überhöhung von → Autonomie u. Heteronomie. **Theophanie** [*gr.*] *die*; -, ...ien: Gotteserscheinung; vgl. Epiphanie. **theophor**: Gott[esnamen] tragend. **theophorisch**: Gott tragend; -e Prozession: feierliche kirchliche Prozession mit dem Allerheiligsten

Theophyllin [(*chin.*; *gr.*) *nlat.*] *das*; -s: → Alkaloid aus Teeblättern, ein Arzneimittel

Theo|pneustie [*gr.-nlat.*; „göttliche Einhauchung"] *die*; -, ...ien: Eingebung Gottes

Theorbe [*it.-fr.*] *die*; -, -n: (bes. im Barock) tiefe Laute mit zwei Hälsen (von denen der eine die Fortsetzung des anderen bildet) u. doppeltem Wirbelkasten

Theorem [*gr.-lat.*] *das*; -s, -e: Lehrsatz (Philos.; Math). **Theoretiker** *der*; -s, -: 1. jmd., der sich theoretisch mit der Erörterung u. Lösung von [wissenschaftlichen] Problemen auseinandersetzt; Ggs. → Praktiker (1). 2. jmd., der sich nur abstrakt u. in Gedanken mit etwas beschäftigt, aber von der praktischen Ausführung nichts versteht. **theoretisch**: 1. die Theorie von etwas betreffend; Ggs. → experimentell. 2. [nur] gedanklich, die Wirklichkeit nicht [genügend] berücksichtigend. **theoretisieren** [*gr.-nlat.*]: gedanklich, theoretisch durchspielen. **Theorie** [*gr.-lat.*] *die*; -, ...ien: 1. a) System wissenschaftlich begründeter Aussagen zur Erklärung bestimmter Tatsachen od. Erscheinungen u. der ihnen zugrundeliegenden Gesetzmäßigkeiten; b) Lehre von den allgemeinen Begriffen, Gesetzen, Prinzipien eines bestimmten Bereichs. 2. a) (ohne Plural) rein begriffliche, abstrakte [nicht praxisorientierte od. -bezogene] Betrachtung[sweise], Erfassung von etwas; Ggs. → Praxis (1); b) (meist Plural) wirklichkeitsfremde Vorstellung, bloße Vermutung

Theosoph [*gr.-mlat.*] *der*; -en, -en: Anhänger der Theosophie. **Theosophie** [„Gottesweisheit"] *die*; -, ...ien: religiös-weltanschauliche Richtung, die in → meditativer Berührung mit Gott den Weltbau und den Sinn des Weltgeschehens erkennen will. **Theoxenien** [*...iᵉn*, auch: *...xän...*; *gr.*] *die* (Plural): kultische Mahlzeiten mit Götterbewirtungen im altgriech. Kult; vgl. Lectisternium. **theozen|trisch** [*gr.-nlat.*]: Gott in den Mittelpunkt stellend (von einer Religion od. Weltanschauung); Ggs. → christozentrisch od. → anthropozentrisch

Therapeut [*gr.*; „Diener, Pfleger"] *der*; -en, -en: jmd., der eine Therapie vornimmt. **Therapeutikum** [*gr.-nlat.*] *das*; -s, ...ka: Heilmittel. **therapeutisch** [*gr.*]: zur Therapie gehörend. **Therapie** *die*; -, ...ien: Kranken-, Heilbehandlung. **therapieren**: jmdn. einer Therapie unterziehen

Theriak [*gr.-lat.*] *der*; -s: das wichtigste opiumhaltige Allheilmittel des Mittelalters. **theriomorph** [*gr.*]: tiergestaltig (von Göttern; Rel.). **theriophor** [*gr.-nlat.*]: Tiernamen tragend

therm|aktin [*gr.-nlat.*]: auf dem Vorgang des reinen Temperaturstrahlungsaustausches zwischen zwei Körpern beruhend, wobei die aus Wärmeenergie entstandene Strahlung des einen Körpers vom anderen aufgenommen u. wieder in reine Wärmeenergie umgewandelt wird (Phys.). **thermal**: auf Wärme bezogen, die Wärme betreffend, Wärme... (Phys.). **Thermalquelle** *die*; -, -n: warme Quelle. **Therm|an|äs|thesie** *die*; -: Verlust der Temperaturempfindlichkeit (Med.). **Therme** [*gr.-lat.*] *die*; -, -n: 1. = Thermalquelle. 2. (nur Plural) (hist.) antike röm. Badeanlage. **Thermidor** [*gr.-fr.*; „Hitzemonat"] *der*; -[s], -s: der elfte Monat des franz. Revolutionskalenders (19. Juli bis 17. Aug.). **Thermik** [*gr.-nlat.*] *die*; -: aufwärtsgerichtete Warmluftbewegung (Meteor.). **Thermionen** *die* (Plural): aus glühenden Metallen austretende → Ionen (Chem.). **thermionisch** [*gr.-nlat.*]: die Thermionen betreffend. **thermisch**: die Wärme betreffend, Wärme... (Meteor.). **Thermistor** [Kunstw. aus → *therm*al u. *lat.-nlat.* Res*istor* „Widerstand"] *der*; -s, ...oren: Halbleiter mit temperaturbedingtem Widerstand. **Thermobaro|graph** [*gr.-nlat.*] *der*; -en, -en: = Barothermograph. **Thermochemie** *die*; -: Untersuchung der Wärmeumsätze bei chem. Vorgängen. **Thermo|chromie** [...*kro*...] *die*; -: Farbänderung eines Stoffes bei Temperaturänderungen (Chem.). **Thermochrose** [...*kros*[e]] *die*; -: Wärmefärbung (Chem.). **Thermodynamik** *die*; -: Teilgebiet der Physik, auf dem man sich mit der Untersuchung des Verhaltens physikalischer Systeme bei Temperaturänderung, bes. beim Zuführen u. Abführen von Wärme, befaßt (Phys.). **thermodynamisch**: die Thermodynamik betreffend, den Gesetzen der Thermodynamik folgend. **Thermo|elek|trizität** *die*; -: Gesamtheit der Erscheinungen in elektrisch leitenden Stoffen, bei denen Temperaturunterschiede elektr. Spannungen bzw. Ströme hervorrufen u. umgekehrt. **Thermo|element** *das*; -[e]s, -e: [Temperaturmeß]gerät, das aus zwei Leitern verschiedener Werkstoffe besteht, die an ihren Enden zusammengelötet sind. **thermofixieren**: (synthetische Fasern) dem Einfluß von Wärme aussetzen, um spätere Formbeständigkeit zu erreichen (in der Textilindustrie). **Thermo|gramm** *das*; -s, -e: bei der Infrarotfotografie von Wärmestrahlen erzeugtes Bild. **Thermograph** *der*; -en, -en: Gerät zur selbsttätigen Temperaturaufzeichnung (Meteor.). **Thermographie** *die*; -: 1. Verfahren zur fotografischen Aufnahme von Objekten mittels ihrer an verschiedenen Stellen unterschiedlichen Wärmestrahlung (z. B. zur Lokalisierung von Tumoren). 2. Gesamtheit von Kopierverfahren, bei denen mit wärmeempfindlichen Materialien u. Wärmestrahlung gearbeitet wird. **thermohalin**: Temperatur- und Salzgehalt von Meerwasser betreffend. **Thermohy|gro|graph** *der*; -en, -en: Verbindung eines Thermographen mit einem → Hygrographen (Meteor.). **Thermokaustik** *die*; -: das Verschorfen von Gewebe durch Anwendung starker Hitze (Med.). **Thermokauter** *der*; -s, -: elektrisches Glüheisen od. Schneidbrenner zur Vornahme von Operationen od. zur Verschorfung von Gewebe (Med.). **Thermokraft** *die*; -: elektromotorische Kraft, die einen elektrischen Strom hervorruft, wenn Temperaturdifferenzen im Stromleiter auftreten; vgl. Thermoelektrizität. **thermolabil**: nicht wärmebeständig (Phys.). **Thermolumineszenz** *die*; -: das beim Erwärmen bestimmter Stoffe auftretende Aufleuchten in einer charakteristischen Farbe (Phys.). **Thermolyse** *die*; -: Zerfall einer chem. Verbindung durch Wärmeeinfluß. **Thermometamorphose** *die*; -: Gesteinsumwandlung, die durch Erhöhung der Temperatur im Gestein verursacht wird (Geol.). **Thermometer** *das* (österr. u. schweiz. auch: *der*); -s, -: ein Temperaturmeßgerät (Phys.; Med.). **Thermome|trie** *die*; -, ...ien: Temperaturmessung (Meteor.). **thermome|trisch**: die Thermometrie betreffend (Meteor.). **Thermomorphosen** *die* (Plural): temperaturabhängige Änderungen der Gestaltausbildung bei bestimmten Pflanzen u. Tieren (Biol.). **thermonu|klear**: die bei einer Kernreaktion auftretende Wärme betreffend. **Thermonuklearwaffe** *die*; -, -n: Atombombe, bei der die kinetische Energie der die Kettenreaktion fortpflanzenden Teilchen der entstehenden Wärme (etwa 100 Mill. Grad C) entstammt. **thermo|oxydiert**: durch Wärme in eine Sauerstoffverbindung überführt (Chem.). **Thermopane** (Wz) [...*pe'n*; zu engl. pane „Fensterscheibe"] *das*; -: ein Fensterglas mit isolierender Wirkung. **thermophil**: wärmeliebend (z. B. von Bakterien; Biol.). **Thermophilie** *die*; -: Bevorzugung warmer Lebensräume (Biol.). **Thermophor** *der*; -s, -e: 1. wärmespeicherndes Gerät (z. B. Wärmflasche) zur ärztlichen Wärmebehandlung (Med.). 2. Gerät zur Übertragung genau bestimmter Wärmemengen. 3. isolierendes Gefäß aus Metall. **Thermo|plast** *der*; -[e]s, -e: bei höheren Temperaturen ohne chemische Veränderung erweichbarer u. verformbarer Kunststoff. **thermoplastisch**: in erwärmtem Zustand formbar, weich. **Thermosflasche** (Wz) [*gr.*; *dt.*] *die*; -, -n: doppelwandiges Gefäß zum Warm- od. Kühlhalten von Speisen u. Getränken. **Thermo|skop** [*gr.-nlat.*] *das*; -s, -e: Instrument, das Temperaturunterschiede, aber keine Meßwerte anzeigt. **thermostabil**: wärmebeständig (Phys.). **Thermostat** *der*; -[e]s u. -en, -e[n]: mit Temperaturregler versehener Apparat zum Einstellen u. Konstanthalten einer gewählten Temperatur. **Thermostrom** *der*; -s: von der Thermokraft hervorgerufener Strom (Phys.). **Thermotherapie** *die*; -, ...ien: Heilbehandlung durch Wärme (Med.)

Therophyt [*gr.*] *der*; -en, -en: einjährige Pflanze

thesaurieren [*gr.-lat.-nlat.*]: 1. Geld od. Edelmetalle horten. 2. einen Thesaurus (2) zusammenstellen. **Thesaurus** [*gr.-lat.*] *der*; -, ...ren u. ...ri: 1. Titel wissenschaftlicher Sammelwerke, bes. großer Wörterbücher der alten Sprachen. 2. alphabetisch und systematisch geordnete Sammlung von Wörtern eines bestimmten [Fach]bereichs. 3. (in der Antike) kleineres Gebäude in einem Heiligtum zur Aufbewahrung von kostbaren Weihegaben

These [*gr.-lat.-fr.*] *die*; -, -n: 1. aufgestellter [Lehr-, Leit]satz, der als

Ausgangspunkt für die weitere Argumentation dient. 2. in der → dialektischen Argumentation die Ausgangsbehauptung, der die → Antithese (1) gegenübergestellt wird; vgl. Synthese (4). **Thesis** [*gr.-lat.*] *die*; -, Thesen: 1. a) betonter Taktteil im altgriech. Versfuß; Ggs → Arsis (1a); b) abwärts geführter Schlag beim musikalischen Taktieren; Ggs. → Arsis (1b). 2. unbetonter Taktteil in der neueren Metrik; Ggs. → Arsis (2). **Thesmophorien** [*...iᵉn*] *die* (Plural): im Herbst gefeiertes altgriech. Fruchtbarkeitsfest der Frauen zu Ehren der Göttin Demeter

Thespiskarren [nach Thespis, dem Begründer der altgriech. Tragödie] *der*; -s, -: (scherzh.) Wanderbühne

Theta [*gr.*] *das*; -[s], -s: achter Buchstabe des griech. Alphabets: Θ, ϑ

Thetik [*gr.*] *die*; -: Wissenschaft von den Festsetzungen, Thesen od. dogmatischen Lehren (Philos.). **thetisch** [*gr.-lat.*]: behauptend, setzend; dogmatisch

The|urg [*gr.-lat.*] *der*; -en, -en: ein Zauberer, der Beschwörungskraft über Götter hat (Völkerk.). **The|urgie** *die*; -: [vermeintliche] Fähigkeit u. Kraft, durch Zauber Götter zu beschwören (Völkerk.)

Thi|amin [*gr.-nlat.*] *das*; -s: Vitamin B_1. **Thi|aminase** *die*; -, -n: ein → Enzym, das Vitamin B_1 spaltet

Thigmotaxis [*gr.-nlat.*] *die*; -, ...xen: durch Berührungsreiz ausgelöste Orientierungsbewegung von Tieren u. niederen pflanzlichen Organismen (Biol.)

Thiocyanat [*...zü...*; *gr.-nlat.*] *das*; -[e]s, -e: = Rhodanid. **Thiokol** ⓦ [Kunstw.] *das*; -s: thermoplastischer, kautschukähnlicher Kunststoff. **Thionalfarbstoff** [*gr.-nlat.*; *dt.*] *der*; -[e]s, -e: Schwefelfarbstoff. **Thiophen** [*gr.-nlat.*] *das*; -s: schwefelhaltige Verbindung im Steinkohlenteer. **Thio|plast** *der*; -[e]s, -e: kautschukähnlicher schwefelhaltiger Kunststoff. **Thiosalz** *das*; -es, -e: Salz einer Thiosäure. **Thiosäure** *die*; -, -n: eine Sauerstoffsäure, bei der die Sauerstoffatome durch zweiwertige Schwefelatome ersetzt sind. **Thiosulfat** *das*; -[e]s, -e: Salz der Thioschwefelsäure

thixo|trop [*gr.-nlat.*]: (von gewissen Gelen) Thixotropie aufweisend. **Thixo|tropie** *die*; -: Eigenschaft gewisser Gele, sich bei mechanischer Einwirkung (z. B. Rühren) zu verflüssigen

Tholos [auch: *to...*; *gr.*] *die* (auch: *der*); -, ...loi [*...eu*] u. ...len: altgriech. Rundbau mit Säulenumgang

Thomaner [*nlat.*; nach dem heiligen Thomas, einem der 12 Apostel] *der*; -s, -: a) Schüler der Thomasschule in Leipzig; b) Mitglied des Thomanerchors. **Thomaskantor** *der*; -s, -en: Leiter des Thomanerchors u. Kantor der Thomaskirche in Leipzig

Thomismus [*nlat.*] *der*; -: Lehre des Thomas von Aquin (1225–1274), die als weit ausgebautes philosophisches System noch heute die ideelle Grundlage der katholischen Theologie darstellt. **Thomist** *der*; -en, -en: Vertreter des Thomismus. **thomistisch**: die Lehre des Thomas v. Aquin u. den Thomismus betreffend

Thon [*gr.-fr.*] *der*; -s, -s: (schweiz.) Thunfisch

Thor vgl. Thorium

Thora [auch, österr. nur: *tora*; *hebr.*; „Lehre"] *die*; -: die fünf Bücher Mosis, das mosaische Gesetz

thorakal [*gr.-nlat.*]: zum Brustkorb gehörend, an ihm gelegen (Med.). **Thorako|plastik** *die*; -, -en: chirurgisches Behandlungsverfahren bei Lungenerkrankungen in Form einer → Resektion größerer Rippenstücke (Med.). **Thorako|skop** *das*; -s, -e: Instrument zur Ausleuchtung der Brustfellhöhle (Med.). **Thorako|skopie** *die*; -, ...ien: Untersuchung der Brustfellhöhle u. Vornahme von Operationen mit Hilfe des Thorakoskops (Med.). **Thorakotomie** *die*; -, ...ien: operative Öffnung der Brusthöhle (Med.). **Thorakozentese** *die*; -, -n: → Punktion des Brustfellraums, Bruststich (Med.). **Thorax** [*gr.-lat.*] *der*; -[es], -e (fachspr.: ...races [*...rázeß*]): 1. Brust, Brustkorb (Med.). 2. Brustabschnitt bei Gliederfüßern (Biol.). 3. (in der Antike) Panzer

Thorium u. Thor [*altnord.-nlat.*; nach Thor, einem Gott der nordischen Sage] *das*; -s: chem. Grundstoff, Metall; Zeichen: Th. **Thoron** *das*; -s: ein Radonisotop; Zeichen: Tn; vgl. Radon u. Isotop

Threni [*gr.-lat.*] *die* (Plural): die Klagelieder Jeremias; vgl. Lamentation (2). **Thren|odie** [*gr.*] *die*; -, ...ien u. **Threnos** *der*; -, ...noi [*...eu*]: rituelle Totenklage im Griechenland der Antike; Klagelied, Trauergesang

Thriller [*thrilᵉr*; *engl.-amerik.*] *der*; -s, -: Film, Roman od. Theaterstück, das auf das Erzielen von Spannungseffekten u. Nervenkitzel aus ist

Thrips [*gr.-lat.*] *der*; -, -e: Blasenfüßer, eine Insektengattung mit Haftblasen an den Beinen (Biol.)

Thromb|asthenie [*gr.-nlat.*] *die*; -, ...ien: Funktionsminderwertigkeit der Thrombozyten (Med.). **Thrombin** *das*; -s: ein → Enzym, das Blutgerinnung bewirkt. **Thrombo|arteri|itis** *die*; -, ...iitiden: Entzündung einer Arterie bei Embolie od. Thrombose (Med.). **Thrombogen** *das*; -s: Faktor für die Blutgerinnung (Med.). **Thrombopenie** *die*; -, ...ien: Blutplättchenmangel (Med.). **Thrombo|phlebitis** *die*; -, ...itiden: Venenentzündung mit Ausbildung einer Thrombose (Med.). **Thrombose** [*gr.*; „Gerinnenmachen, Gerinnen"] *die*; -, -n: Blutpfropfbildung innerhalb der Blutgefäße (bes. der Venen). **thrombotisch**: die Thrombose betreffend. **Thrombozyt** [*gr.-nlat.*] *der*; -en, -en: Blutplättchen (Med.). **Thrombozytolyse** *die*; -, -n: Zerfall od. Auflösung der Blutplättchen (Med.). **Thrombozytose** *die*; -: krankhafte Vermehrung der Thrombozyten (Med.). **Thrombus** [*gr.-nlat.*] *der*: -, ...ben: Blutpfropf innerhalb eines Blutgefäßes (bes. einer Vene; Med.)

Thuja, (österr. auch:) Thuje [*gr.-mlat.*] *die*; -, ...jen: ein zu den Zypressengewächsen zählender Zierbaum (Lebensbaum). **Thujaöl** *das*; -s: ätherisches Öl des Lebensbaumes. **Thuje** vgl. Thuja

Thulium [*gr.-lat.-nlat.*; nach der sagenhaften Insel Thule] *das*; -s: chem. Grundstoff, Metall; Zeichen: Tm

Thunfisch [*gr.-lat.*; *dt.*] *der*; -s, -e: ein makrelenartiger Fisch

Thuringit [auch: *...it*; *nlat.*; vom lat. Namen Thuringia für Thüringen] *der*; -s, -e: → silurischer Eisenoolith (vgl. Oolith)

Thylle [*gr.-nlat.*] *die*; -, -n: Tüpfelbläschen im Kernholz mancher Bäume

Thymian [*gr.-lat.*] *der*; -s, -e: eine Gewürz- u. Heilpflanze

Thymitis [*gr.-nlat.*] *die*; -, ...itiden: Entzündung der Thymusdrüse (Med.). **thymogen**: 1. von der Thymusdrüse ausgehend (von krankhaften Veränderungen). 2. vom Gemüt ausgehend (von krankhaften Verstimmungen). **Thymoleptikum** [*gr.-nlat.*] *das*; -s, ...ka (meist Plural): zur Behandlung bes. von endogenen

Depressionen verwendetes Arzneimittel. **Thymom** *das*; -s, -e: von der Thymusdrüse ausgehende Geschwulst. **Thymopath** *der*; -en, -en: Gemütskranker (Med.). **Thymopathie** *die*; -, ...ien: Gemütskrankheit. **thymopathisch**: die Thymopathie betreffend; an gestörtem Gemütsleben leidend (Med.). **Thymopsyche** *die*; -: die gemüthafte Seite des Seelenlebens (Psychol.); Ggs. → Noopsyche. **Thymose** *die*; -, -n: durch Empfindsamkeit, Gereiztheit, Verträumtheit u. ä. charakterisierter außergewöhnlicher Gemütszustand des Jugendlichen während der Pubertät (Psychol.). **Thymus** *der*; -, Thymi u. **Thymusdrüse** *die*; -, -n: hinter dem Brustbein gelegenes drüsenartiges Gebilde, das sich nach dem Kindesalter zurückbildet (Med.)

Thyra|tron [*gr.-nlat.*] *das*; -s, ...one (auch: -s): eine zur Erzeugung von Kippschwingungen od. als Schaltelement bestimmte, mit Edelgas od. Quecksilberdampf gefüllte Röhre für elektronische Geräte (z. B. Rechenmaschinen; Elektrot.)

thyreogen [*gr.-nlat.*]: von der Schilddrüse ausgehend, durch ihre Tätigkeit bedingt (z. B. von Krankheiten; Med.). **Thyreoidea** *die*; -: Schilddrüse (Med.). **Thyreo|id|ektomie** *die*; -, ...ien: operative Entfernung der Schilddrüse (Med.). **Thyreo|iditis** *die*; -, ...itiden: Entzündung der Schilddrüse (Med.). **thyreo|priv** [*gr.*; *lat.*]: schilddrüsenlos; nach Verlust der Schilddrüse bzw. nach Ausfall der Schilddrüse auftretend (z. B. von Krankheitserscheinungen; Med.). **Thyreostatikum** [*gr.-nlat.*] *das*; -s, ...ka: Stoff, der die Hormonbildung der Schilddrüse hemmt (Med.). **Thyreotomie** *die*; -, ...ien: operative Spaltung des Schildknorpels (Med.). **Thyreotoxikose** *die*; -, -n: krankhafte Überfunktion der Schilddrüse (Med.). **thyreotoxisch**: durch Überfunktion der Schilddrüse erzeugt (Med.). **thyreo|trop**: die Schilddrüsentätigkeit steuernd (Med.)

Thyristor *der*; -s, ...oren: ein steuerbares Halbleiterventil

Thyr|oxin *das*; -s: Hauptbestandteil des Schilddrüsenhormons

Thyrsos [*gr.*] *der*; -, ...soi [...*eu*] u. **Thyrsus** [*gr.-lat.*] *der*; -, ...si: mit Efeu u. Weinlaub umwundener, von einem Pinienzapfen gekrönter Stab der → Bacchantinnen

Tiara [*pers.-gr.-lat.*] *die*; -, ...ren: 1. (hist.) hohe, spitze Kopfbedekkung der altpers. Könige. 2. dreifache Krone des Papstes, die er bei feierlichen Anlässen außerhalb der Liturgie trägt

Tibet [ein innerasiat. Hochland] *der*; -s, -e: 1. Sortierungsbezeichnung für Reißwolle. 2. aus Tibetod. Schafwolle bestehender Kammgarnstoff in Köperbindung (Webart)

Tibia [*lat.*] *die*; -, Tibiae [...*ä*]: 1. altröm. schalmeiartige Knochenflöte. 2. Schienbein, Unterschenkelknochen (Med.)

Tic [*tik*; *fr.*] *der*; -s, -s: nervöse Muskelzuckung (z. B. Blinzeln; Med.). **Tick** *der*; -[e]s, -s: 1. (ugs.) wunderliche Eigenart, Schrulle, Fimmel. 2. = Tic

Ticket [*niederl.-fr.-engl.*; „Zettel"] *das*; -s, -s: Flug-, Fahr-, Eintrittskarte

Tick-fever [*tikfiwᵉr*; *engl.*] *das*; -: Zeckenfieber (eine bes. in den USA auftretende Infektionskrankheit)

Tie-Break [*taibreᵢk*; *engl.*] *der* od. *das*; -s, -s: besondere Zählweise beim Tennis, um ein Spiel bei unentschiedenem Stand (6:6 od. 7:7) zu beenden

Tierra caliente [- *ka...*; *lat.-span.*; „heißes Land"] *die*; - -: die unterste der drei klimatischen Höhenstufen in den tropischen Gebirgsländern Mittel- u. Südamerikas (Geogr.). **Tierra fria** [„kaltes Land"] *die*; - -: die oberste klimatische Höhenstufe in den tropischen Gebirgsländern Mittel- u. Südamerikas (Geogr.). **Tierra tem|plada** [„gemäßigtes Land"] *die*; - -: die mittlere klimatische Höhenstufe in den tropischen Gebirgsländern Mittel- u. Südamerikas (Geogr.)

Tiers-état [*tiärseta*; *fr.*; „der dritte Stand"] *der*; -: das Bürgertum, das bis zur Franz. Revolution nach Adel u. Geistlichkeit an dritter Stelle in der ständischen Gliederung stand

Tifoso [*it.*] *der*; -, ...si (meist Plural): ital. Bez. für: Fan

Tigon [Kunstw. aus engl. *tiger* = Tiger u. li*on* = Löwe] *der*; -s, -: → Bastard (1) aus der Kreuzung eines Tigermännchens mit einem Löwenweibchen (Zool.); vgl. Liger. **ti|groid** [*pers.-gr.-lat.*; *gr.*]: tigerähnlich gestreift (Zool.)

Tikal [*malai.-Thai*] *der*; -[s], -[s]: Münzeinheit in Thailand

Tiki [*maorisch*] *der*; -[s], -s: monumentale Holz- od. Steinfigur (Götter- od. Ahnenbild) in Polynesien u. Neuseeland

Tilbury [*tilbᵉri*; *engl.*] *der*; -s, -s: in Nordamerika früher häufig verwendeter, leichter zweirädriger u. zweisitziger offener Wagen mit aufklappbarem Verdeck

Tilde [*lat.-span.*] *die*; -, -n: 1. → diakritisches Zeichen auf dem n [ñ] als Hinweis für die Palatalisierung. 2. Wiederholungszeichen: ~

Tiliazeen [*lat.-nlat.*] *die* (Plural): zusammenfassende systematische Bezeichnung für die Lindengewächse (Bot.)

Tillit [auch: ...*it*; *engl.-nlat.*] *der*; -s, -e: verfestigter Geschiebelehm

Tim|archie [*gr.*] *die*; -, ...ien: die auf Ehrsucht, Ruhm u. Reichtum der Regierungsschicht beruhende Herrschaft im Staat (Plato)

Timbale [*pers.-arab.-span.-fr.*] *die*; -, -n: eine Pastetenart. **Timbales** [*pers.-arab.-span.*] *die* (Plural): zwei gleiche, auf einem Ständer befestigte Trommeln (bes. bei [südamerik.] Tanzorchestern)

Timber

I. [*engl.*] *der* od. *das*; -: engl. Zählmaß für Rauchwaren (40 Stück).

II. [*gr.-ngr.-fr.*] *der*; -s, -: = Timbre

Tim|bre [*tängbrᵉ*; *gr.-mgr.-fr.*] *das*; -s, -s: Klangfarbe der [Gesangs]stimme. **tim|brieren**: mit einer bestimmten Klangfarbe versehen; einer Sache ein bestimmtes Timbre verleihen

timen [*taimᵉn*; *engl.*]: 1. die Zeit [mit der Stoppuhr] messen. 2. den geeigneten Zeitpunkt für eine Handlung, ein Vorgehen usw. bestimmen. **Time out** [- *aut*] *das*; - -, - -s: Auszeit; Spielunterbrechung, die einer Mannschaft nach bestimmten Regeln zusteht (Basketball, Volleyball). **Timesharing** [*taimschäring*] *das*; -[s], -s: Zeitzuteilung bei einer gemeinsamen Inanspruchnahme einer Großrechenanlage durch verschiedene Benutzer (EDV)

timid [*lat.*(-*fr.*)]: (veraltet) schüchtern, zaghaft, ängstlich. **Timidität** *die*; -: (veraltet) Schüchternheit, Furchtsamkeit, Verzagtheit

Timing [*taiming*; *engl.*] *das*; -s, -s: 1. Bestimmung u. Wahl des für einen beabsichtigten Effekt günstigsten Zeitpunktes zum Beginn eines Handlungsablaufs (bes. im Sport). 2. synchrone Abstimmung verschiedener Handlungen aufeinander. 3. zeitliche Steuerung (Techn.)

Timo|kratie [*gr.-mlat.*; „Vermögensherrschaft"] *die*; -, ...ien: 1. (ohne Plural) Staatsform, in der die Rechte der Bürger nach ihrem Vermögen bemessen werden. 2.

Staat, Gemeinwesen, in dem eine Timokratie (1) besteht

timonisch [*gr.-lat.*; nach dem altgriech. Staatsmann Timon]: (veraltet) menschenfeindlich

Timotheegras u. **Timotheusgras** [...*e-uß*...] u. **Timothygras** [vermutlich nach einem amerikan. Farmer Timothy Hanson (*tim^e thi hänß^e n*)] *das*; -es: eine Futterpflanze

Timpano [*gr.-lat.-it.*] *der*; -s, ...ni (meist Plural): [Kessel]pauke

tingieren [...*ngg*...; *lat.*]: eintauchen; färben (Chem.). **tingiert**: 1. gefärbt (Chem.). 2. dünn versilbert (von Münzen). **Tinktion** [...*zion*] *die*; -, -en: Färbung (Chem.). **Tinktur** *die*; -, -en: 1. (veraltet) Färbung. 2. dünnflüssiger Auszug aus pflanzlichen od. tierischen Stoffen; Abk.: Tct

Tinnef [*hebr.-jidd.*; „Kot, Schmutz"] *der*; -s: (ugs.) Schund, wertlose Ware; dummes Zeug

Tintometer [*lat.-it.*; *gr.*] *das*; -s, -: = Kolorimeter

Tiorba [*it.*] *die*; -, ...ben: = Theorbe

Tip [*engl.*; „Anstoß; Andeutung, Wink"] *der*; -s, -s: 1. Andeutung, Information über gute Aussichten für Wertpapiere an der Börse. 2. a) Wetthinweis; b) Vorhersage des wahrscheinlichen Ergebnisses eines Sportwettkampfes (bes. im Fußballtoto). 3. (ugs.) Wink, Fingerzeig, nützlicher Rat

Tipi [*indian.*] *das*; -s, -s: ein mit Leder od. Leinwand überspanntes kegelförmiges Zelt der Prärieindianer

Tipp-Kick ® [*engl.*] *das*; -s, -s: ein Tischfußballspiel

Tipster [*engl.*] *der*; -s, -: jmd., der gewerbsmäßig Wettips für Sportwettkämpfe gibt

Tirade [*vulgärlat.-it.-fr.*] *die*; -, -n: 1. Worterguß, Wortschwall. 2. Lauf schnell aufeinanderfolgender Töne von gleichem Zeitwert (Mus.). **Tirailleur** [...*ra[l]jör*; *vulgärlat.-fr.*] *der*; -s, -e: (veraltet) Schütze, Angehöriger einer in gelockerter Linie kämpfenden Truppe. **tiraillieren**: (veraltet) in gelockerter Linie kämpfen. **Tiraß** [*vulgärlat.-fr.*] *der*; ...sses, ...sse: (Jägerspr.) Deckgarn zum Fangen von Feldhühnern. **tirassieren**: (Jägerspr.) [Vögel, Feldhühner] mit dem Tiraß fangen

Tiret [*tire*; *fr.*] *der* od. *das*; -s, -s: (veraltet) Bindestrich

tiro! [*fr.*; „schieß hoch!"]: (Jägerspr.) Zuruf bei Treibjagden, auf vorbeistreifendes Federwild zu schießen

Tiro [*lat.*] *der*; -s, ...onen: (veraltet) 1. Anfänger. 2. Rekrut. **Tirocinium** [...*zi*...] *das*; -[s]: (veraltet) 1. Probestück, kleines Lehrbuch für Anfänger. 2. erster Kriegsdienst eines Soldaten, erster Feldzug

Tirolienne [...*iän*; *fr.*; nach dem österr. Bundesland Tirol] *die*; -, -n [...*n^e n*]: Rundtanz im $^3/_4$-Takt aus Tirol, eine Art Ländler

Tironen: *Plural* von → Tiro

Tironische Noten [nach Tiro, dem röm. Grammatiker u. früheren Sklaven Ciceros] *die* (Plural): altröm. Kurzschrift

Titan

I. (auch:) Titane [*gr.-lat.*] *der*; ...nen, ...nen (meist Plural): Angehöriger eines Geschlechts riesenhafter, von Zeus gestürzter Götter der griech. Sage.

II. [*gr.-lat.-nlat.*] *das*; -s: chem. Grundstoff. Metall; Zeichen: Ti

Titane vgl. Titan (I). **Titanide** [*gr.*] *der*; -n, -n: Abkömmling der Titanen (I). **titanisch** [*gr.-lat.*]: 1. die Titanen (I) betreffend. 2. durch außergewöhnliche Leistungen, durch große Machtfülle beeindruckend; vgl. prometheisch. **Titanit** [auch: ...*it*; *gr.-lat.-nlat.*] *der*; -s, -e: 1. titanhaltiges Mineral. 2. ein Hartmetall aus Titan- u. Molybdänkarbid. **Titan-Rakete** *die*; -, -n: amerik. ballistische Flüssigkeitsrakete für Weltraumunternehmen u. militärische Zwecke

Titel [*lat.*] *der*; -s, -: 1. a) kennzeichnender Name eines Buches, einer Schrift, eines Kunstwerks o. ä.; b) unter einem bestimmten Titel (1a) bes. als Buch, Schallplatte o. ä. veröffentlichtes Werk. 2. a) Beruf, Stand, Rang, Würde kennzeichnende Bezeichnung, häufig als Zusatz zum Namen; Abk.: Tit.; b) im sportlichen Wettkampf errungene Bez. eines bestimmten Ranges, einer bestimmten Würde. 3. (Rechtsw.) a) Abschnitt eines Gesetzes- od. Vertragswerks; b) der gesetzliche, durch ein rechtskräftiges Urteil erworbene Grund, einen Anspruch durchzusetzen, Rechtstitel. 4. (im Haushalt eines Staates, einer Institution o. ä.) Verwendungszweck von einer zu einer Gruppe zusammengefaßten Anzahl von Ausgaben, Beträgen. **Titelei** *die*; -, -en: Gesamtheit der dem Textbeginn eines Druckwerkes vorangehenden Seiten mit den Titelangaben. **titeln**: einen Film mit Titel versehen. **Titelpart** *der*; -s, -e: Rolle in einem Film od. Theaterstück, deren Name mit dem des Stücks übereinstimmt, Titelrolle. **Titer** [*lat.-fr.*] *der*; -s, -: 1. Gehalt einer Lösung an aufgelöster Substanz (in Gramm je Liter). 2. Maß für die Feinheit eines Chemie- od. Naturseidenfadens

Tithon [*gr.-lat.-nlat.*; nach dem unsterblichen Greis Tithonos in der griech. Sage] *das*; -s: Übergang zwischen → Jura (II) u. Kreide (Geol.)

Titlo|nym [*lat.*; *gr.*] *das*; -s, -e: Deckname, der aus dem Verweis auf einen anderen Buchtitel des gleichen Autors (in der Form: vom Verfasser des ...) od. aus einer Berufsangabe (z. B.: von einem Angestellten) besteht

Titoismus [*nlat.*; nach dem jugoslaw. Staatspräsidenten Tito (1892–1980)] *der*; -: in Jugoslawien entwickelte kommunistische, aber von der Sowjetunion unabhängige Politik u. Staatsform. **Titoist** *der*; -en, -en: im kommunistischen Sprachgebrauch den Weisungen der → Kominform nicht folgender kommunistischer Politiker

Ti|tration [...*zion*; *lat.-fr.-nlat.*] *die*; -, -en: Bestimmung des Titers, Ausführung einer chem. → Maßanalyse. **Ti|tre** [*tit^e r*; *lat.-fr.*] *der*; -s, -s: 1. (veraltet) Titer. 2. im franz. Münzwesen Bezeichnung für: Korn, kleines Edelmetallteilchen in einer Münze. **Titrieranalyse** [*lat.-fr.*; *gr.*] *die*; -, -en: = Maßanalyse. **ti|trieren** [*lat.-fr.*]: den Titer bestimmen, eine chem. Maßanalyse ausführen. **Ti|trime|trie** [*lat.-fr.*; *gr.*] *die*; -: = Maßanalyse. **Titular** [*lat.-nlat.*] *der*; -s, -e: Titelträger; jmd., der mit dem Titel eines Amtes bekleidet ist, ohne die damit verbundenen Funktionen auszuüben. **Titulatur** *die*; -, -en: Betitelung; Rangbezeichnung. **titulieren** [*lat.*]: 1. [mit dem Titel] anreden, benennen. 2. bezeichnen, nennen, heißen, mit einem Schimpfnamen belegen. **titulo pleno**: mit vollem Namen, unbeschadet des Titels; Abk. T. P. **Titulus** *der*; -, ...li: 1. meist in Versform gebrachte mittelalterliche Bildunterschrift. 2. Amts-, Dienstbezeichnung, Ehrenname

Tituskopf [angeblich auf die Frisur des Titusdarstellers in Voltaires „Brutus" zurückgehend] *der*; -[e]s, ...köpfe: (veraltet) Damenfrisur, bestehend aus kurzem, zu kleinen Löckchen gerolltem Haar

Tivoli [*tiwoli*; eine ital. Stadt bei Rom] *das*; -[s], -s: 1. Name von Vergnügungsplätzen od. -stätten, Gartentheatern u. a. 2. ital. Kugelspiel

tizian [nach dem ital. Maler Tizian (um 1477–1576)]: Kurzform von tizianblond u. tizianrot. **tizianblond**: rötlichblond. **tizianrot**: (bes. von Haaren) ein goldenes bis braunes Rot aufweisend

Tjäle [*tschäle*; *schwed.*] *die*; -, -: Dauerfrostboden in sehr kalten Gegenden der Erde (Geol.)

Tjalk [*niederl.*] *die*; -, -en: einmastiges Küstenfahrzeug

Tjost [*fr.*] *die*; -, -en od. *der*; -[e]s, -e: im Mittelalter ritterlicher Zweikampf mit scharfen Waffen. **tjostieren**: einen Tjost ausfechten

Toast [*toßt*; *lat.-fr.-engl.*] *der*; -[e]s, -e u. -s: 1. a) geröstete Weißbrotscheibe; b) zum Toasten geeignetes Weißbrot, Toastbrot. 2. a) Trinkspruch; b) (DDR) Ansprache bei diplomat. Empfängen o. ä. **toasten**: 1. Weißbrot rösten. 2. einen Trinkspruch ausbringen. **Toaster** *der*; -s, -: elektr. Gerät zum Rösten von Brotscheiben

Tobak [*span.-fr.*] *der*; -s, -e: (scherzh.) Tabak

Toboggan [*indian.-engl.*] *der*; -s, -s: länglich-flacher [kanad. Indianer]schlitten

Toccata [*tok...*] vgl. Tokkata

tocharisch [*...cha...*; *lat.*]: das Tocharisch betreffend, zu ihm gehörend. **Tocharisch** *das*; -[s]: ausgestorbene indogermanische Sprache (von der Texte aus dem 6. u. 7. Jh. n. Chr. erhalten sind)

tockieren vgl. tokkieren

Toddy [*...di*; *Hindi-engl.*] *der*; -[s], -s: 1. alkoholisches Getränk aus dem Saft von Palmen, Palmwein. 2. grogartiges Getränk

Toe-loop [*tō^u lup*; *engl.*] *der*; -[s], -s: Drehsprung beim Eiskunstlaufen

toff [*jidd.*]: (ugs.) gut [gekleidet]

Toffee [*tofi*; *engl.*] *das*; -s, -s: eine Weichkaramelle

Tofu [*jap.*] *der*; -[s]: aus Sojabohnenmilch gewonnener Käse

Toga [*lat.*] *die*; -, ...gen: im alten Rom von den vornehmen Bürgern getragenes Obergewand. **Togata** *die*; -, ...ten: altrömische Komödie mit römischem Stoff u. Kostüm im Gegensatz zur → Palliata

Tohuwabohu [*hebr.*; „wüst u. leer" (1. Mose 1, 2)] *das*; -[s], -s: Wirrwarr, Durcheinander

Toile [*toal*; *lat.-fr.*] *der*; -s, -s: feinfädiges, zartgemustertes [Kunst]-seidengewebe in Leinwandbindung (Webart); - à jour [- - *schur*]: Waschkunstseide mit durchsichtigen Streifen; - de soie [*- d^e ßoa*]: weiches, mattglänzendes Gewebe in Leinwandbindung (Webart). **Toilette** [*toal...*] *die*; -, -n: 1. a) (ohne Plural) das Sichankleiden, Sichfrisieren, Sichzurechtmachen; b) [elegante] Damenkleidung samt Zubehör, bes. Gesellschaftskleidung. 2. a) meist kleinerer Raum mit einem Toilettenbecken [u. Waschgelegenheit]; b) Toilettenbecken in einer Toilette (2a)

Toise [*toas*; *lat.-vulgärlat.-fr.*] *die*; -, -n [*toas^en*]: früheres franz. Längenmaß (= 1,949 m)

Tokadille [*...dilj^e*; *span.*] *das*; -s: ein Brettspiel

Tokaier u. **Tokajer** [nach der ungar. Stadt Tokaj] *der*; -s, -: ungar. Natursüßwein

Tokkata u. Toccata [*tok...*; *vulgärlat.-it.*] *die*; -, ...ten: (Mus.) 1. in freier Improvisation gestaltetes Musikstück für Tasteninstrumente, bes. als Präludium, häufig gekennzeichnet durch freien Wechsel zwischen Akkorden u. Läufen. 2. virtuoses Vortragsstück, Konzertetüde [für Klavier] mit virtuosen Läufen. **tokkieren** u. tockieren: in kurzen, unverriebenen Pinselstrichen malen (Kunstw.)

Toko [*indian.-port.*] *der*; -s, -s: afrikan. Nashornvogel

Tokogonie [*gr.-nlat.*] *die*; -, ...ien: Elternzeugung, geschlechtliche Fortpflanzung (Biol.). **Tokologie** *die*; -: Lehre von Geburt u. Geburtshilfe (Med.)

Tokus [*hebr.-jidd.*] *der*; -, -se: (landsch.) Hintern

Tola [*Hindi*] *das*; -[s], -[s]: indisches Gold-, Silber-, Edelstein- u. Handelsgewicht

tolerabel [*lat.*]: erträglich, leidlich.

tolerant [*lat.-fr.*]: 1. duldsam, nachsichtig; verständnisvoll, weitherzig, entgegenkommend; Ggs. → intolerant (1). 2. sexuell aufgeschlossen. **Toleranz** [*lat.*] *die*; -, -en: 1. (ohne Plural) das Tolerantsein (1), Entgegenkommen; Duldung, Duldsamkeit (bes. in Glaubensfragen u. in der Politik); Ggs. → Intoleranz (1). 2. begrenzte Widerstandsfähigkeit des Organismus gegenüber schädlichen äußeren Einwirkungen, bes. gegenüber Giftstoffen od. Strahlen (Med.); Ggs. → Intoleranz (2). 3. (in der Fertigung entstandene) Differenz zwischen der angestrebten Norm u. den tatsächlichen Maßen eines Werkstücks (Techn.). **tolerieren**: dulden, gewähren lassen, erlauben

Tolubalsam [nach der Hafenstadt Santiago de Tolú in Kolumbien] *der*; -s: Balsam des Tolubaumes, der als Duftstoff verwendet wird.

Toluidin *das*; -s: zur Herstellung verschiedener Farbstoffe verwendetes aromatisches → Amin des Toluols (Chem.). **Toluol** *das*; -s: Methylbenzol, Verdünnungs- u. Lösungsmittel (Chem.)

Tomahawk [*tómahak*, auch: *...hok*; *indian.-engl.*] *der*; -s, -s: Streitaxt der [nordamerikanischen] Indianer

Toman [*pers.*] *der*; -s, -e: frühere Rechnungseinheit in Persien

tomatieren u. **tomatisieren** [*mex.-span.-fr.*]: mit Tomaten, bes. Tomatenmark versehen (Gastr.)

Tombak [*sanskr.-malai.-span.-fr.-niederl.*] *der*; -s: kupferreiche Kupfer-Zink-Legierung (für Schmuck, Goldimitation). **tombaken**: aus Tombak [hergestellt u. daher unecht]. **Tombasil** [Kurzw. aus *Tombak* u. *Silicium*] *das*; -s: siliciumhaltige Kupfer-Zink-Legierung, eine Messingsorte

Tombola [*it.*] *die*; -, -s u. ...len: Verlosung von Gegenständen, Warenlotterie (z. B. bei Festen)

Tomi: *Plural* von → Tomus

Tommy [*...mi*; *engl.*; Verkleinerungsform von Thomas] *der*; -s, -s: Spitzname des engl. Soldaten

Tomo|graphie [*gr.-nlat.*] *die*; -: röntgenologisches Schichtaufnahmeverfahren (z. B. zur besseren Darstellung u. Lokalisierung von Krankheitsherden im Körper; Med.). **Tomomanie** *die*; -, ...ien: krankhafte Sucht, zu operieren od. operiert zu werden (Med.). **Tomus** [*gr.-lat.*] *der*; -, Tomi: (veraltet) Abschnitt, Band (Teil eines Schriftwerkes); Abk.: Tom.

tonal [*gr.-lat.-mlat.*]: die Tonalität betreffend, zu ihr gehörend, für sie charakteristisch, auf einen Grundton bezogen im Gegensatz zu → atonal u. → polytonal. **Tonalität** [*gr.-lat.-nlat.*] *die*; -: a) jegliche Beziehung zwischen Tönen, Klängen u. Akkorden; b) Beziehung von Tönen, Harmonien u. Akkorden auf die Tonika (I, 1) der Tonart im Gegensatz zur → Atonalität u. → Polytonalität

Tondo [*lat.-it.*] *das*; -s, -s u. ...di: Bild von kreisförmigem Format, bes. in der Florentiner Kunst des 15. u. 16. Jh.s

Toni: *Plural* von → Tonus. **Tonic** [*tonik*; *engl.*] das; -[s], -s: 1. Sprudel, mit Kohlensäure versetztes Wasser [für scharfe alkoholische Getränke]. 2. = Gesichtswasser, Haarwasser. **Tonic water** [- *^uot^er*] *das*; - -, - -: = Tonic (1, 2)

Tonika

I. [*gr.-nlat.*] *die*; -, ...ken: (Mus.)

1. der Grundton eines Tonstücks. 2. die erste Stufe der Tonleiter. 3. Dreiklang auf der ersten Stufe; Zeichen: T.
II. *Plural* von → Tonikum
Tonika-Do *das*; -: System der Musikerziehung, das die Solmisationssilben mit Handzeichen verbindet; vgl. Solmisation. **Tonikum** *das*; -s, ...ka: Kräftigungsmittel, Stärkungsmittel (Med.)
tonisch [*gr.-nlat.*]
I. (Med.) 1. kräftigend, stärkend. 2. den → Tonus betreffend; durch anhaltende Muskelanspannung charakterisiert: Ggs. → klonisch.
II. (Mus.) die Tonika (I) betreffend
tonisieren: kräftigen (Med.)
Tonnage [*tonasch*[e]; *gall.-mlat.-fr.-engl.-fr.*] *die*; -, -n: Tonnengehalt eines Schiffes. **Tonneau** [*tono*; *gall.-mlat.-fr.*] *der*; -s, -s: 1. (veraltet) Schiffslast von 1000 kg. 2. früheres franz. Flüssigkeitsmaß
Tono|graphie [*gr.-nlat.*] *die*; -: Messung u. Registrierung des Augeninnendrucks mit dem Tonometer (1). **Tonometer** *das*; -s, -: 1. Instrument zur Messung des Augeninnendrucks. 2. Blutdruckmesser. **Tonphysiologie** *die*; -: Lehre von den physikalischen Bedingungen des Hörvorgangs u. der Töne
tonsillar u. **tonsillär** [*lat.-nlat.*]: zu den Gaumen- od. Rachenmandeln gehörend (Med.). **Tonsille** [*lat.*] *die*; -, -n: Gaumen-, Rachenmandel. **Tonsill|ektomie** [*lat.*; *gr.*] *die*; -, ...ien: vollständige Herausschälung der Mandeln (Med.). **Tonsillitis** [*lat.-nlat.*] *die*; -, ...itiden: Mandelentzündung (Med.). **Tonsillotom** [*lat.*; *gr.*] *das*; -s, -e: chirurgisches Instrument zum Abtragen der Mandeln (Med.). **Tonsillotomie** *die*; -, ...ien: teilweises Kappen der Mandeln (Med.)
Tonsur [*lat.*; „das Scheren, die Schur"] *die*; -, -en: kreisrund geschorene Stelle auf dem Kopf katholischer Mönche u. Weltgeistlichen als Standeszeichen des Klerikers. **tonsurieren** [*lat.-nlat.*]: die Tonsur machen
Tonus [*gr.-lat.*] *der*; -, Toni: 1. der durch Nerveneinfluß beständig aufrechterhaltene Spannungszustand der Gewebe, bes. der Muskeln (Med.). 2. Ganzton (Mus.)
Tony [*toni*; *amerik.*] *der*; -s, -s: amerikanischer Bühnenpreis
Top|algie *die*; -, ...ien: = Topoalgie
Topas [*gr.-lat.*] *der*; -es, -e: farbloses, gelbes, blaues, grünes, braunes od. rotes glasglänzendes Mineral, Edelstein. **topasen**: aus einem Topas bestehend; mit einem Topas, mit Topasen besetzt. **topasieren** [*gr.-lat.-nlat.*]: zu Topas brennen (von Quarz). **Topazolith** [auch: *...it*; *gr.-nlat.*] *der*; -s u. -en, -e[n]: ein Mineral
Tope [*sanskr.-Hindi*] *die*; -, -n: = Stupa
topfit [*top-fit*; *engl.*]: gut in Form, in bester körperlicher Verfassung (bes. von einem Sportler)
Tophus [*gr.-lat.*] *der*; -, Tophi: Knoten (Med.)
Topik [*gr.-lat.*] *die*; -: 1. Wissenschaft, Lehre von den Topoi; vgl. Topos (2). 2. die mit dem Schein von Gründlichkeit auftretende antike Redekunst. 3. (veraltet) Lehre von der Wort- u. Satzstellung (Sprachw.). 4. Stelle, die ein Begriff in der Sinnlichkeit od. im Verstand einnimmt (Kant; Philos.). 5. Lehre von der Lage der einzelnen Organe im Organismus zueinander (Med.). **topikal**: themen-, gegenstandsbezogen; gegenstandsspezifisch. **Topikalisierung** *die*; -: inhaltliche Hervorhebung eines Satzglieds od. einzelner Wörter durch die Anordnung im Satz (z. B. Anfangs- od. Endstellung; Sprachw.)
Topinambur [*bras.-fr.*] *der*; -s, -s u. -e od. *die*; -, -en: Gemüse- u. Futterpflanze (Korbblütler) mit inulinreichen (vgl. Inulin) Knollen
topisch [*gr.-lat.*]: örtlich, äußerlich (von der Anwendung u. Wirkung bestimmter Arzneimittel; Med.)
topless [*topliß*; *engl.-amerik.*]: busenfrei, oben ohne. **Topmanagement** [*topmänidschm*[e]*nt*] *das*; -s, -s: Spitze der Unternehmensleitung (Wirtsch.). **Topmanager** *der*; -s, -: Angehöriger des Topmanagements (Wirtsch.)
Topo|algie [*gr.-nlat.*] *die*; -, ...ien: Schmerz an einer eng begrenzten Körperstelle ohne organische Ursache. **topogen**: von einem bestimmten Ort ausgehend (Philos.). **Topo|graph** [*gr.*] *der*; -en, -en: Vermessungsingenieur. **Topo|graphie** [*gr.-lat.*] *die*; -, ...ien: 1. Beschreibung und Darstellung geographischer Örtlichkeiten; Lagebeschreibung. 2. = topograph. Anatomie. 3. karthographische Darstellung der Atmosphäre. **topo|graphisch** [*gr.*]: die Topographie betreffend
Topoi [*...eu*]: *Plural* von → Topos.
Topologie [*gr.-nlat.*] *die*; -: 1. in der Geometrie die Lehre von der Lage u. Anordnung geometrischer Gebilde im Raum. 2. [Lehre von der] Wortstellung im Satz. **Top|onomastik** *die*; -: = Toponymik. **Top|onymie** *die*; -: 1. Ortsnamenbestand, Gesamtheit der Ortsnamen in einer bestimmten Region. 2. = Toponymik. **Top|onymik** *die*; -: Ortsnamenkunde. **Topophobie** *die*; -: Situations-, Platzangst; krankhaftes Bestreben, bestimmte Orte od. Plätze zu meiden (Med.). **Topos** [*gr.*] *der*; -, Topoi [*...eu*]: 1. in der antiken Rhetorik allgemein anerkannter Begriff od. Gesichtspunkt, der zum rednerischen Gebrauch zu finden u. anzuwenden ist. 2. festes Klischee, traditionelles Denk- u. Ausdrucksschema (formelhafte Wendung, Metapher u. a.)
top-secret [*topßikrit*; *engl.*]: engl. Bezeichnung für: streng geheim
Topspin [*engl.*; „Kreiseldrall"] *der*; -s, -s: (Tischtennis) a) starker, in der Flugrichtung des Balles wirkender Aufwärtsdrall, der dem Ball durch einen langgezogenen Bogenschlag vermittelt wird; b) Bogenschlag, der dem Ball einen starken Aufwärtsdrall vermittelt. **Topstar** [*...ßta*[r]] *der*; -s, -s: (absoluter) Spitzenstar. **Top ten** [*engl.*] *die*; -, -, -s: (aus zehn Titeln, Werken, Personen bestehende) Hitparade
Toque [*tok*; *span.-fr.*] *die*; -, -s: kleiner, barettartiger Damenhut
Tord|alk [*schwed.*] *der*; -[e]s od. -en, -e[n]: arktischer Seevogel
tordieren [*lat.-vulgärlat.-fr.*]: verdrehen, verdrillen
Toreador [*lat.-span.*] *der*; -s u. -en, -e[n]: [berittener] Stierkämpfer. **Torero** *der*; -[s], -s: nicht berittener Stierkämpfer
Toreut [*gr.-lat.*] *der*; -en, -en: Künstler, der Metalle ziseliert od. treibt. **Toreutik** *die*; -: Kunst der Metallbearbeitung (z. B. Treibarbeit, Ziselierung)
Tori: *Plural* von → Torus
Tories [*toris*, auch: *...riß*]: *Plural* von → Tory
Torii [*tori-i*; *jap.*] *das*; -[s], -[s]: freistehendes [Holz]portal japanischer Schintoheiligtümer mit zwei beiderseits überstehenden Querbalken
torisch [*lat.-nlat.*]: wulstförmig
Tor|kret ⓦ [Kunstw.] *der*; -s: Spritzbeton (zur Herstellung von Wandputz). **tor|kretieren**: mit Preßluft Torkret an die Wand spritzen
Tormentill [*lat.-mlat.*]: 1. *der*; -s: Blutwurz (Heilpflanze). 2. *das*; -s: gerbstoffhaltiges Heilmittel aus der Wurzel der Blutwurz
Törn [*gr.-lat.-mlat.-fr.-engl.*] *der*; -s,

-s: (Seemannsspr.) 1. Fahrt mit einem Segelboot; Segeltörn. 2. Zeitspanne, Turnus für eine bestimmte, abwechselnd ausgeführte Arbeit an Bord. 3. (nicht beabsichtigte) Schlinge in einer Leine. 4. = Turn (2)

Tornado [*lat.-span.-engl.*] *der*; -s, -s: starker Wirbelsturm im südlichen Nordamerika

Tornister [*slaw.*] *der*; -s, -: [Fell-, Segeltuch]ranzen, bes. des Soldaten

Toro [*lat.-span.*] *der*; -s, -s: span. Bezeichnung für: Stier

Toroß [*russ.*] *der*; -, ...ssen: Packeis

torpedieren [*lat.-nlat.*]: 1. mit Torpedo[s] beschießen, versenken. 2. durchkreuzen, verhindern (z. B. einen Plan, Beschluß, eine bestimmte Politik). **Torpedo** [*lat.*; „Erstarrung, Lähmung; Zitterrochen"] *der*; -s, -s: 1. mit eigenem Antrieb u. selbsttätiger Zielsteuerung ausgestattetes schweres Unterwassergeschoß. 2. marmorierter od. gefleckter Zitterrochen (in gemäßigten u. warmen Meeren verbreiteter Fisch). **torpid** [*lat.*]: 1. regungslos, starr, schlaff (Med.; Zool.). 2. (Med.) a) stumpfsinnig, benommen; b) unbeeinflußbar. **Torpidität** [*lat.-nlat.*] *die*; -: 1. Regungslosigkeit, Schlaffheit, Starre (Med.; Zool.). 2. (Med.) a) Stumpfsinn, Stumpfheit; b) Unbeeinflußbarkeit. **Torpor** [*lat.*] *der*; -s: = Torpidität (1, 2a)

Torques [*...kweß*; *lat.*] *der*; -, -: aus frühgeschichtlicher Zeit stammender offener Hals- od. Armring aus Gold, Bronze od. Eisen. **torquieren**: 1. peinigen, quälen, foltern. 2. drehen, krümmen (Techn.)

Torrente [*lat.-it.*] *der*; -, -n: Regenbach, der nur nach starken Niederschlägen Wasser führt

Torselett [zu ital. *Torso* mit französierender Endung] *das*; -s, -s: (in der Art von Reizwäsche gearbeitetes) einem Unterhemd ähnliches Wäschestück [mit Strapsen] für Frauen

Torsio|graph [*lat.*; *gr.*] *der*; -en -en: Instrument zur Messung u. Aufzeichnung der Torsionsschwingungen rotierender Maschinenteile (bes. der Wellen). **Torsion** [*lat.*] *die*; -, -en: 1. Verdrehung, Verdrillung; Formveränderung fester Körper durch entgegengesetzt gerichtete Drehmomente (Phys.; Techn.). 2. Verdrehung einer Raumkurve (Math.). **Torsionsmodul** *der*; -s, -n: Materialkonstante, die bei der Torsion auftritt (Techn.)

Torso [*gr.-lat.-vulgärlat.-it.*; „Kohlstrunk; Fruchtkern"] *der*; -s, -s u. ...si: 1. unvollendete od. unvollständig erhaltene Statue, meist nur der Rumpf dieser Statue. 2. Bruchstück, unvollendetes Werk

Tortelett [*vulgärlat.-it.*] *das*; -[e]s, -s u. **Tortelette** *die*; -, -n: Törtchen aus Mürbeteigboden mit Obst- od. Cremefüllung

Tortikollis [*lat.-nlat.*] *der*; -: Schiefhals (Med.)

Tortilla [*...tilja*; *spätlat.-span.*] *die*; -, -s: 1. (in Lateinamerika) aus Maismehl hergestelltes Fladenbrot. 2. (in Spanien) Omelette mit verschiedenen Füllungen

Tortur [*lat.-mlat.*] *die*; -, -en: Folter, Qual, Quälerei, Plage

Torus [*lat.*] *der*; -, Tori: 1. Wulst. 2. Ringfläche, die durch Drehung eines Kreises um eine in der Kreisebene liegende, den Kreis aber nicht treffende Gerade entsteht (Math.)

Tory [*tọri*; *engl.*] *der*; -s, -s u. ...ries [*...ris*, auch: *...riß*]: 1. a) (hist.) Angehöriger einer engl. Partei, aus der im 19. Jh. die Konservative Partei (Conservative Party) hervorging; Ggs. → Whig (1); b) Vertreter der konservativen Politik in England; Ggs. → Whig (2). 2. = Loyalist (1). **Torysmus** [*...riß...*] *der*; -: Richtung der von den Torys (1) vertretenen konservativen Politik in England. **torystisch**: die Torys betreffend, in der Art der Torys

Tosefta [*aram.*; „Hinzufügung"] *die*; -: Ergänzungswerk zur → Mischna (nicht im → Talmud aufgenommen)

tosto [*lat.-it.*]: hurtig, eilig, sofort (Vortragsanweisung; Mus.)

Tota: *Plural* von → Totum. **total** [*lat.-mlat.-fr.*]: vollständig, restlos, gänzlich, völlig, Gesamt... **Total** *das*; -s, -e: (bes. schweiz.) das Gesamt, Gesamtheit, Summe. **Totale** *die*; -, -n: (Filmw., Fotogr.) a) Ort der Handlung mit allen Dingen u. Personen; b) Gesamtaufnahme, Totalansicht. **Totalisator** [*lat.-mlat.-fr.-nlat.*] *der*; -s, ...oren: 1. Einrichtung zum Wetten beim Renn- u. Turniersport. 2. Sammelgefäß für Niederschläge, bes. in unzugänglichen Gebietsteilen verwendet, in denen eine Niederschlagsmessung nur in längeren Zeitabständen erfolgen kann (Meteor.). **totalisieren** [*lat.-mlat.-fr.*]: 1. unter einem Gesamtaspekt betrachten, behandeln. 2. zusammenzählen (Wirtsch.). **totalitär** [französierende Bildung zu total]: 1. die Gesamtheit umfassend, ganzheitlich. 2. (abwertend) den Totalitarismus betreffend, auf ihm beruhend; alles erfassend und sich unterwerfend. **Totalitarismus** [*lat.-mlat.-nlat.*] *der*; -, ...men: (abwertend) die in einem diktatorisch regierten Staat in allen Gesellschaftsbereichen zur Geltung kommende Tendenz, den Menschen mit allem, was er ist und besitzt, voll zu beanspruchen und eine bürokratisch gesicherte Herrschaftsapparatur auch bis zur Vernichtung der den Staat beschränkenden sittlichen Prinzipien zu entwikkeln. **Totalität** [*lat.-mlat.-fr.*] *die*; -, -en: 1. (ohne Plural) Gesamtheit, Vollständigkeit, Ganzheit. 2. vollständige Verfinsterung von Sonne u. Mond (Astron.). **totaliter** [*lat.-mlat.*]: ganz u. gar, gänzlich

Totem [*indian.-engl.*] *das*; -s, -s: bei Naturvölkern ein Wesen od. Ding (Tier, Pflanze, Naturerscheinung), das als Ahne od. Verwandter eines Menschen, eines → Clans od. einer sozialen Gruppe gilt, als zauberischer Helfer verehrt wird u. nicht getötet od. verletzt werden darf. **Totemismus** [*indian.-engl.-nlat.*] *der*; -: Glaube an die übernatürliche Kraft eines Totems u. seine Verehrung. **Totempfahl** [*indian.-engl.*; *dt.*] *der*; -[e]s, ...pfähle: geschnitzter Wappenpfahl nordwestamerikanischer Indianer u. mancher Südseestämme mit Bildern des Totemtiers od. aus der Ahnenlegende der Sippe

Toties-quoties-Ablaß [*toziäß-kwoziäß...*; *lat.*; *dt*; lat. *toties quoties* = „so oft wie"] *der*; ...lasses, ...lässe: Ablaß, der [an einem Tag] mit jeder Erfüllung der gestellten Bedingungen neu gewonnen werden kann (kath. Kirche)

totipotent [*lat.-nlat.*]: in der Differenzierung noch nicht festgelegt (von Zellen; Biol.). **Toto** [Kurzw. für: Totalisator] *das* (auch: *der*); -s, -s: Einrichtung zum Wetten im Fußball- od. Pferdesport. **Totum** [*lat.*] *das*; -s, Tota: das Ganze, Gesamtbestand

Touch [*tatsch*; *vulgärlat.-fr.-engl.*] *der*; -s, -s: Anflug, Hauch, Anstrich. **touchant** [*tuschang*; *vulgärlat.-fr.*]: rührend, bewegend, ergreifend. **touchieren**: 1. berühren. 2. mit dem Finger betastend untersuchen (Med.). 3. mit dem Ätzstift bestreichen, abätzen (Med.); vgl. tuschieren

Toupet [*tupe*; *germ.-fr.*] *das*; -s, -s: Halbperücke; Haarersatzstück.

toupieren [*dt.* Bildung zu Toupet]: das Haar strähnenweise in Richtung des Haaransatzes in schnellen u. kurzen Bewegungen kämmen, um es fülliger erscheinen zu lassen

Tour [*tur*; *gr.-lat.-fr.*; „Dreheisen; Drehung, Wendung"] *die*; -, -en: 1. Ausflug, Fahrt, Exkursion. 2. bestimmte Strecke. 3. a) (abwertend) Art u. Weise, mit Tricks u. Täuschungsmanövern etw. zu erreichen; b) Vorhaben, Unternehmen [das nicht ganz korrekt ist]. 4. Umdrehung, Umlauf eines rotierenden Körpers, bes. einer Welle (Techn.). 5. in sich geschlossener Abschnitt einer Bewegung. 6. einzelne Lektion im Dressurreiten. **Tour de force** [- *d^e forß^e*; *fr.*] *die*; - -, -s [*tur*] - -: Gewaltaktion, mit Mühe, Anstrengung verbundenes Handeln. **Tour de France** [- *d^e frangß*; *fr.*] *die*; - - -, -s [*tur*] - -: alljährlich in Frankreich von Berufsradfahrern ausgetragenes Straßenrennen, das über zahlreiche Etappen führt u. als schwerstes Straßenrennen der Welt gilt. **Tour d'horizon** [- *dorisong*] *die* (auch: *der*); - -, -s [*tur*] -: Rundschau, Rundblick. **touren**: 1. (Jargon) auf Tournee gehen, sein. 2. (ugs.) auf Tour (1) gehen, sein

Tourill [*tu*...; Herkunft unsicher] *das*; -s, -s (meist Plural): reihenförmig angeordnetes, durch Rohre verbundenes Gefäß zur Kondensation od. Absorption von Gasen (Chem.)

Tourismus [*tu*...; *gr.-lat.-fr.-engl.-nlat.*] *der*; -: das Reisen von Touristen, das Reisen in größerem Ausmaß, in größerem Stil als eine Erscheinungsform der modernen Gesellschaft; Fremdenverkehr. **Tourist** *der*; -en, -en: 1. Reisender, Urlauber. 2. (veraltet) Ausflügler, Wanderer; Bergsteiger. **Touristenklasse** *die*; -, -n: auf Passagierschiffen u. in Flugzeugen eingerichtete preiswerte Reiseklasse. **Touristik** *die*; -: 1. institutionalisierter Touristenverkehr, Reisewesen mit allen entsprechenden Einrichtungen u. Veranstaltungen. 2. (veraltet) das Wandern od. Bergsteigen. **Touristiker** *der*; -s, -: auf dem Gebiet des Tourismus ausgebildeter Fachmann. **touristisch**: den Tourismus betreffend, Reise...

Tournaiteppich [*turnä*...; nach der belg. Stadt Tournai] *der*; -s, -e: auf der Jacquardmaschine (vgl. Jacquard) hergestellter Webteppich

Tournant [*turnang*; *gr.-lat.-fr.*] *der*; -[s], -s: Ersatzkraft im Hotelgewerbe. **Tourné** [*turne*] *das*; -s, -s: als Trumpf umgeschlagenes Kartenblatt. **Tournedos** [*turn^(e)do*] *das*; - [...*do(ß)*], - [...*doß*]: wie ein → Steak zubereitete, meist auf einer Röstbrotschnitte angerichtete Rindslendenschnitte in zahlreichen Zubereitungsvarianten (Gastr.). **Tournee** *die*; -, ...neen (auch: -s): Gastspielreise von Künstlern, Artisten o. ä. **tournieren**: 1. Möhren o. ä. in gewünschter Form ausstechen (Gastr.). 2. die Spielkarten wenden, aufdekken. **Tourniquet** [*turnike*; *fr.*] *das*; -s, -s: 1. Aderpresse (z. B. Binde, Schlauch; Med.). 2. Drehkreuz an Wegen, Eingängen u. Übergängen. 3. (meist Plural) korkenzieherförmiges Gebäckstück aus Blätterteig. **Tournüre** vgl. Turnüre

tour-retour [*tur-r^etur*; *fr.*]: (österr.) hin u. zurück

Towarischtsch [*russ.*] *der*; -[s], -s (auch: -i): russ. Bezeichnung für: Genosse

Tower [*tau^er*; *engl.*; gekürzt aus: Control-Tower (*k^entro^ul* -)] *der*; -[s], -: Kontrollturm auf Flughäfen

Towgarn [*to^u*...; *engl.*; *dt.*] *das*: Gespinst aus den Abfällen von Hanf od. Flachs

Tox|albumin [*gr.*; *nlat.*] *das*; -s, -e: giftiger Eiweißstoff. **Tox|ämie** [*gr.-nlat.*], Toxhämie u. Toxikämie *die*; -, ...ien: Blutvergiftung, Zersetzung des Blutes durch Giftstoffe (Med.); vgl. Toxinämie. **Tox|hämie** vgl. Toxämie. **Toxidermie** *die*; -, ...ien: durch Gifteinwirkung verursachte Hauterkrankung (Med.). **Toxiferin** [(*gr.*; *lat.*) *nlat.*] *das*; -s: Alkaloid, stärkster Wirkstoff des Pfeilgiftes → Kurare. **toxigen** [*gr.-nlat.*] u. toxogen: (Med.) 1. Giftstoffe erzeugend (z. B. von Bakterien). 2. durch Vergiftung entstanden, verursacht. **Toxika**: *Plural* von → Toxikum. **Toxikämie** vgl. Toxämie. **Toxikodendron** *der* (auch: *das*); -s, ...dren und ...dra: südafrik. Giftbaum. **Toxikologe** *der*; -n, -n: Fachwissenschaftler auf dem Gebiet der Toxikologie. **Toxikologie** *die*; -: Wissenschaft, Lehre von den Giften und den Vergiftungen des Organismus (Med.). **toxikologisch**: die Toxikologie betreffend, giftkundig. **Toxikomanie** *die*; -, ...ien: krankhaft gesteigertes Verlangen nach bestimmten Medikamenten, bes. Betäubungsmitteln, Medikamentensucht (Med.). **Toxikose**, (auch:) Toxikonose u. Toxonose *die*; -, -n: Vergiftung, durch Giftstoffe hervorgerufene Krankheit (Med.). **Toxikum** [*gr.-lat.*] *das*; -s, ...ka: Gift, Giftstoff (Med.). **Toxin** [*gr.-nlat.*] *das*; -s, -e: von Bakterien, Pflanzen od. Tieren ausgeschiedener od. beim Zerfall von Bakterien entstandener organischer Giftstoff. **Toxin|ämie** *die*; -, ...ien: Vergiftung des Blutes durch Toxine (Med.); vgl. Toxämie. **toxisch**: giftig, auf einer Vergiftung beruhend (Med.). **Toxizität** *die*; -: Giftigkeit (Med.). **toxogen** vgl. toxigen. **Toxoid** *das*; -s, -e: entgiftetes Toxin (Med.). **Toxon** *das*; -s, -e: Lähmungen verursachendes Diphtheriegift (Med.). **Toxonose** vgl. Toxikose. **Toxophobie** *die*; -, ...ien: krankhafte Angst vor Vergiftungen (Med.). **Toxo|plasmose** *die*; -, -n: durch eine bestimmte Parasitenart hervorgerufene Infektionskrankheit (Med.). **Toxo|protein** *das*; -s, -e: giftiger Eiweißkörper (Med.)

Toys [*teuß*; *engl.*; „Spielzeug"] *die* (Plural): (bei Homosexuellen) Fesseln, Ketten, Peitschen

Trabakel [*it.*] *der*; -s, -: früheres zweimastiges Fahrzeug (mit luggerartiger Takelung) im Adriatischen Meer

Trabant [*tschech.* ?] *der*; -en, -en: 1. (hist.) Leibwächter eines Fürsten; Diener. 2. (Plural): (ugs., scherzh.) lebhafte Kinder, Rangen. 3. = Satellit (2, 3). 4. in der Fernsehtechnik schmale Impulse mit Halbzeilenfrequenz zur → Synchronisierung der Fernsehbilder. **Trabantenstadt** [*tschech.*?; *dt.*] *die*; -, ...städte: am Rande einer Großstadt gelegene große Ansiedlung, die zwar verwaltungstechnisch mit dieser verbunden ist, aber ihr eigenes Geschäftszentrum u. ihre eigenen kulturellen Einrichtungen hat

Trabekel [*lat.*] *die*; -, -n: Bälkchen, bälkchenartig vorspringendes Gewebsbündel, Längswulst aus Gewebsfasern, bes. Muskelfasern (Anat.)

Trabuko [*span.*] *die*; -, -s: (österr.) Zigarre [einer bestimmten Sorte]

Tracer [*tre^ißer*; *engl.*; „Aufspürer"] *der*; -s, -: radioaktiver Markierungsstoff, mit dessen Hilfe u. a. biochemische Vorgänge im Organismus verfolgt werden können (Physiol.; Med.)

Trachea [...*chea*, auch: ...*chea*; *gr.-lat.-mlat.*] *die*; -, ...een: Luftröhre (Med.). **tracheal** [*gr.-lat.-mlat.-nlat.*]: zur Luftröhre gehörend, sie betreffend (Med.).

Trachee [...*che*[e]; *gr.-lat.-mlat.*] *die*; -, -n: 1. Atmungsorgan der meisten Gliedertiere (Zool.). 2. durch Zellfusion entstandenes Gefäß der Pflanzen (Bot.). **Tracheen**: *Plural* von Trachea, Trachee. **Tracheide** [...*cheid*[e]; *gr.-nlat.*] *die*; -, -n: röhrenförmige Gefäßzelle der Pflanzen (Einzeller), die mit getüpfelter Endwand an die nächste Zelle grenzt (Bot.). **Tracheitis** *die*; -, ...itiden: Luftröhrenentzündung (Medizin). **Tracheomalazie** *die*; -: Erweichung der Luftröhrenknorpel (Medizin). **Tracheo|skop** *das*; -s, -e: optisches Gerät (Spiegelgerät mit elektrischer Lichtquelle) zur Untersuchung der Luftröhre, Luftröhrenspiegel (Med.). **Tracheo|skopie** *die*; -, ...ien: Luftröhrenspiegelung (Med.). **tracheo|skopieren**: eine Tracheoskopie durchführen (Med.). **Tracheostenose** *die*; -, -n: Luftröhrenverengung (Med.). **Tracheotomie** *die*; -, ...ien: operatives Öffnen der Luftröhre, Luftröhrenschnitt (Med.). **Tracheozele** *die*; -, -n: Luftröhrenbruch, Vorwölbung der Luftröhrenschleimhaut (Med.). **Trachom** [...*chom*; *gr.*; „Rauheit"] *das*; -s, -e: Körnerkrankheit, ägypt. Augenkrankheit (langwierig verlaufende Virusinfektion des Auges mit Ausbildung einer Bindehautentzündung). **Trachyt** [...*chüt*; *gr.-nlat.*] *der*; -s, -e: ein Ergußgestein

Track [*träk*; *germ.-fr.-engl.*] *der*; -s, -s: 1. Fahrstraße; üblicher Seeweg eines Schiffes zwischen zwei Häfen. 2. Sammelname für Zugelemente wie Seil, Kette u. a.

Tractus [...*ak*...] vgl. Traktus

Trademark [*tre*[i]*d*...; *engl.*] *die*; -, -s: engl. Bezeichnung für: Warenzeichen

Tradeskantie [...*zi*[e]; *nlat.*; nach dem engl. Gärtner u. Reisenden J. Tradescant (*tre*[i]*dskänt*)] *die*; -, -n: Vertreter einer Gattung weiß, blau od. lila blühender Kräuter mit etwa 40 Arten in Amerika; Dreimasterblume

Trade-Union [*tre*[i]*djunj*[e]*n*; *engl.*] *die*; -, -s: engl. Bezeichnung für: Gewerkschaft. **Trade|unionismus** [*engl.-nlat.*] *der*; -: engl. Gewerkschaftsbewegung

tradieren [*lat.*]: überliefern, weitergeben, mündlich fortpflanzen. **Tradition** [...*zion*] *die*; -, -en: 1. a) Überlieferung, Herkommen; b) Brauch, Gewohnheit, Gepflogenheit; c) das Tradieren, Weitergabe (an spätere Generationen). 2. außerbiblische, von der katholischen Kirche als verbindlich anerkannte Überlieferung von Glaubenslehren seit der Apostelzeit. **Traditionalismus** [*lat.-nlat.*] *der*; -: 1. geistige Haltung, die bewußt an der Tradition festhält, sich ihr verbunden fühlt u. skeptisch allem Neuen gegenübersteht. 2. philosophisch-theologische Richtung des frühen 19. Jh.s in Frankreich, die alle religiösen u. ethischen Begriffe auf die Überlieferung einer Uroffenbarung Gottes zurückführte u. der Vernunft Erkenntnisvermögen absprach. **Traditionalist** *der*; -en, -en: Anhänger u. Vertreter des Traditionalismus (1, 2). **traditionalistisch**: den Traditionalismus (1, 2) betreffend, für ihn charakteristisch, dem Traditionalismus verbunden, verhaftet. **Traditional Jazz** [*tr*[e]*disch*[e]*n*[e]*l* -; *engl.-amerik.*] *der*; - -: traditioneller Jazz (die älteren Stilrichtungen bis etwa 1940). **traditionell** [...*zio*...; *lat.-fr.*]: überliefert, herkömmlich; dem Brauch entsprechend, üblich

Traduktion [...*zion*; *lat.*] *die*; -, -en: 1. Übersetzung. 2. Wiederholung eines Wortes in veränderter Form od. mit anderem Sinn (antike Rhet.). **Tradukti|onym** [*lat.*; *gr.*] *das*; -s, -e: Deckname, der aus der Übersetzung des Verfassernamens in eine fremde Sprache besteht (z. B. Agricola = Bauer). **Traduzianismus** [*lat.-mlat.-nlat.*] *der*; -: spätantike u. frühchristliche, später verurteilte Lehre, Anschauung, nach der die menschliche Seele bei der Zeugung als Ableger der väterlichen Seele entstehe; vgl. Kreatianismus

Trafik [*it.-fr.*] *die*; -, -en: (bes. österr.) Tabak- u. Zeitschriftenladen, -handel. **Trafikant** *der*; -en, -en: (österr.) Inhaber einer Trafik

Trafo *der*; -[s], -s: Kurzw. für: Transformator

Tragant [*gr.-lat.-mlat.*] *der*; -[e]s, -e: 1. eine Zier- u. Nutzpflanze (Schmetterlingsblütler). 2. Bindemittel (z. B. bei der Herstellung von Pillen, Dragées, Konditorwaren, Farben u. a.). **Tragédie lyrique** [*traschedi lirik*; *gr.-lat.-fr.*] *die*; - -, -s -s [*traschedi lirik*]: die ernste (tragische) französische Oper von Lully [*lüli*] u. Rameau [*ramo*]. **Trag|elaph** [*gr.-lat.*; „Bockhirsch"] *der*; -en, -en: 1. altgriech. Fabeltier. 2. (veraltet) uneinheitliches literarisches Werk, das man mehreren Gattungen zuordnen kann. **tragieren** [*gr.-nlat.*]: eine Rolle tragisch spielen. **Tragik** *die*; -: außergewöhnlich schweres, schicksalhaftes, Konflikte, Untergang od. Verderben bringendes, unverdientes Leid, das den außenstehenden Betrachter durch seine Größe erschüttert. **Tragiker** [*gr.-lat.*] *der*; -s, -: Tragödiendichter. **Tragikomik** [*gr.-nlat.*] *die*; -: halb tragische, halb komische Wirkung. **tragikomisch**: halb tragisch, halb komisch. **Tragikomödie** [...*di*[e]; *gr.-lat.*] *die*; -, -n: Drama, in dem Tragik u. Komik eng miteinander verknüpft sind. **tragisch**: die Tragik betreffend; schicksalhaft, erschütternd, ergreifend. **Tragöde** *der*; -n, -n: eine tragische Rolle spielender Schauspieler, Heldendarsteller. **Tragödie** [...*i*[e]; „Bocksgesang"] *die*; -, -n: 1. a) (ohne Plural) Dramengattung, in der das Tragische gestaltet wird, meist aufgezeigt an Grundsituationen des Menschen zwischen Freiheit u. Notwendigkeit, zwischen Sinn u. Sinnlosigkeit; b) einzelnes Drama, Bühnenstück dieser Gattung; Trauerspiel; Ggs. → Komödie (1). 2. tragisches Ereignis, Unglück

Trailer [*tre*[i]...; *engl.*] *der*; -s, -: (Filmw.) 1. kurzer, aus einigen Szenen eines Films zusammengestellter Vorfilm, der als Werbemittel für diesen Film vorgeführt wird. 2. nicht belichteter Filmstreifen am inneren Ende einer Filmrolle. 3. Fahrzeuganhänger (bes. als Wohnwagen). 4. Vorspann, Vorschau (Film)

Traille [*traj* od. *tralj*[e]; *lat.-fr.*] *die*; -, -n [...*j*[e]*n*]: (veraltet) 1. Fähre. 2. Fährseil, Tau u. Rolle, an denen eine Fähre läuft; vgl. Tralje

Train [*träng*, österr. auch: *trän*; *lat.-vulgärlat.-fr.*] *der*; -s, -s: Troß; für den Nachschub sorgende Truppe. **Trainee** [*tre*[i]*ni*; *lat.-vulgärlat.-fr.-engl.*] *der*; -s, -s: jmd., bes. Hochschulabsolvent, der innerhalb eines Unternehmens für eine bestimmte Aufgabe vorbereitet wird, eine praktische Ausbildung absolviert (Wirtsch.). **Trainer** [*tren*..., auch: *trän*...] *der*; -s, -: jmd., der Sportler trainiert (a). **trainieren** [*trä*..., auch: *tre*...]: a) durch systematisches Training auf einen Wettkampf vorbereiten; b) Training betreiben; c) durch Training [bestimmte Übungen, Fertigkeiten] technisch vervollkommnen; d) (ugs.) einüben; planmäßig, gezielt üben. **Training** [*tre*..., auch: *trä*...] *das*; -s, -s: planmäßige Durchführung eines Programms von vielfältigen Übungen zur

Ausbildung von Können, Stärkung der Kondition u. Steigerung der Leistungsfähigkeit

Traité [*trätẹ*; *lat.-fr.*] *der*; -s, -s: (veraltet) 1. [Staats]vertrag. 2. Abhandlung, Traktat. **Traiteur** [*trätọ̈r*] *der*; -s, -e: Leiter einer Großküche, Stadtkoch; Speisewirt

Trajẹkt [*lat.*] *der* od. *das*; -[e]s, -e: 1. (veraltet) Überfahrt. 2. [Eisenbahn]fährschiff. **Trajektọrie** [...*iᵉ*; *lat.-nlat.*] *die*; -, -n: Linie, die jede Kurve einer ebenen Kurvenschar unter gleichbleibendem Winkel schneidet (Math.)

Trakasserie [*fr.*] *die*; -, ...ien: Quälerei. **trakassieren**: quälen, plagen, necken

Trạkt [*lat.*] *der*; -[e]s, -e: 1. Gebäudeteil. 2. Zug, Strang; Gesamtlänge (z. B. Darmtrakt). 3. Landstrich. **traktạbel**: leicht zu behandeln, umgänglich. **Traktamẹnt** [*lat.-mlat.*] *das*; -s, -e: (landsch.) 1. Verpflegung, Bewirtung. 2. Behandlung. 3. (veraltet) Löhnung des Soldaten. **Traktạndenliste** *die*; -, -n: (schweiz.) Tagesordnung. **Traktạndum** [*lat.*] *das*; -s, ...den: (schweiz.) Verhandlungsgegenstand. **Traktarianịsmus** [*lat.-engl.-nlat.*] *der*; -: katholisierende Bewegung in der engl. Staatskirche im 19. Jh.; vgl. Oxfordbewegung (1). **Traktạt** [*lat.*] *der* od. *das*; -[e]s, -e: 1. Abhandlung. 2. religiöse Flugschrift. 3. (veraltet) [Staats]vertrag. **traktieren**: 1. (veraltet) a) behandeln; unterhandeln; b) literarisch darstellen, gestalten. 2. plagen, quälen, mißhandeln. 3. a) (veraltet) bewirten; b) jmdn. [mit etwas] überfüttern, jmdm. etwas in sehr reichlicher Menge anbieten. **Traktion** [...*ziọn*] *die*; -, -en: 1. Zug, das Ziehen, Zugkraft (z. B. als Geburtshilfe; Med., aber auch: Phys., Techn.). 2. Art des Antriebs von Zügen [durch Triebfahrzeuge]. **Trạktor** [*lat.-engl.*] *der*; -s, ...ọren: [landwirtschaftliche] Zugmaschine, Schlepper (Landw.). **Traktọrie** [...*iᵉ*; *lat.-nlat.*] *die*; -, -n: = Traktrix. **Traktorịst** [*lat.-russ.*] *der*; -en, -en: Traktorfahrer. **Trạk|trix** [*lat.-nlat.*] *die*; -, ...izes [...*izeß*]: ebene Kurve, deren Tangenten von einer festen Geraden (Leitlinie) stets im gleichen Abstand vom Tangentenberührungspunkt geschnitten werden (Math.). **Traktụr** [*lat.*] *die*; -, -en: bei der Orgel der vom Manual od. Pedal her auszulösende Zug (Regierwerk), der mechanisch, pneumatisch od. elektrisch sein kann. **Trạktus** [verkürzt aus: cantus tractus (*kạn*... *trạk*...) = „gezogener Gesang"] *der*; -, -gesänge: nicht im Wechsel gesungener [Buß]psalm, der in der Fastenzeit u. beim → Requiem an die Stelle des → Hallelujas tritt

Trạlje [*lat.-fr.-niederl.*] *die*; -, -n (meist Plural): (landsch.) Geländer-, Gitterstab; Gitterwerk; vgl. Traille, Treille

Trạm [*engl.*] *die*; -, -s (schweiz.: *das*; -s, -s): (landsch.) Straßenbahn. **Trạmbahn** [*engl.*; *dt.*] *die*; -, -en: = Tram

Trame [*trạm*; *lat.-fr.*] *die*; -: leicht gedrehte, als Schußfaden verwendete Naturseide

Tramelogọ̈die [...*iᵉ*; *gr.-it.*] *die*; -, -n: a) (ohne Plural) von dem italienischen Dichter Alfiẹri (1749–1803) geschaffene Kunstgattung zwischen Oper u. Tragödie; b) einzelnes Werk dieser Gattung

Tramẹtte [*lat.-fr.*] *die*; -, -n: grobe Schußseide

Tramịner [nach dem Ort Tramin] *der*; -s, -: 1. Südtiroler Rotwein. 2. a) (ohne Plural) Rebsorte mit spätreifen Trauben; b) aus dieser Rebsorte hergestellter alkoholreicher, würziger Weißwein

Tramontạna u. **Tramontạne** [*lat.-it.*] *die*; -, ...nen: Nordwind in Oberitalien

Tramp [*trämp*, auch: trạ...; *engl.*] *der*; -s, -s: 1. engl. Bez. für: Landstreicher, umherziehender Gelegenheitsarbeiter. 2. Fußwanderung. 3. [*trạmp*] Dampfer mit unregelmäßiger Route, der Gelegenheitsfahrten unternimmt. **trampen**: 1. [durch Winken o. ä.] Autos anhalten, um unentgeltlich mitfahren zu können. 2. (veraltend) lange wandern, als Tramp (1) umherziehen. **Tramper** *der*; -s, -: jmd., der trampt (1). **Trạmpolin** [auch: ...*lịn*; *dt.-it.*] *das*; -s, -e: in Sport u. Artistik verwendetes Federsprunggerät

Trạmway [...*wai*; *engl.*] *die*; -, -s: (österr.) Straßenbahn; vgl. Tram

Trance [*trạngß*^(ᵉ); selten: *trạnß*; *lat.-fr.-engl.*] *die*; -, -n [...*ßᵉn*]: schlafähnlicher Zustand [bei spiritistischen Medien]; Dämmerzustand, Übergangsstadium zum Schlaf

Tranche [*trạngsch*; *fr.*] *die*; -, -n [...*schᵉn*]: 1. fingerdicke Fleisch- od. Fischschnitte. 2. Teilbetrag einer Wertpapieremission (Wirtsch.). **Trancheur** [...*schọ̈r*] *der*; -s, -e: jmd., der Fleisch tranchiert. **tranchieren**, (österr.:) transchieren: Fleisch, Geflügel kunstgerecht in Stücke schneiden, zerlegen

Tranquilizer [*trạ̈ngkᵘilaisᵉr*; *lat.-fr.-engl.*] *der*; -s, - (meist Plural): beruhigendes Medikament gegen Psychosen, Depressionen, Angst- u. Spannungszustände. **tranquillamẹnte** vgl. tranquillo. **Tranquillitạ̈t** [*lat.*] *die*; -: Ruhe, Gelassenheit. **tranquịllo** [*lat.-it.*] u. tranquillamẹnte: ruhig (Vortragsanweisung; Mus.). **Tranquịllo** *das*; -s, -s u. ...lli: ruhiges Spiel (Mus.)

Trans|aktion [...*ziọn*; *lat.*] *die*; -, -en: das ein normales Maß überschreitende finanzielle Geschäft eines Unternehmers

trans|alpịn[isch] [*lat.*]: jenseits der Alpen (von Rom aus gesehen)

Trans|aminạse *die*; -, -n: → Enzym, das die Übertragung einer Aminogruppe von einer Substanz auf eine andere bewirkt (Med.).

trans|atlạntisch: überseeisch

transchieren vgl. tranchieren

Transdụktor [*lat.-nlat.*] *der*; -s, ...ọren: in der Elektrotechnik eine mit Gleichstrom vormagnetisierte Drossel, die aus einem Eisenkern (mit großer magnetischer Induktion), einer Wechselstrom- u. Gleichstromwicklung besteht (u. die in der Industrie, bes. in Magnetverstärkern od. drehzahlgeregelten Antrieben, verwendet wird)

Tran|sẹpt [*lat.-engl.*] *der* od. *das*; -[e]s, -e: Querschiff, Querhaus einer Kirche

trans|eụnt [*lat.*]: über etwas hinaus, in einen anderen Bereich übergehend (Philos.)

Transfẹr [*lat.-engl.*; „Übertragung, Überführung"] *der*; -s, -s: 1. Zahlung ins Ausland in fremder Währung. 2. Übertragung der im Zusammenhang mit einer bestimmten Aufgabe erlernten Vorgänge auf eine andere Aufgabe (Psychol.; Päd.). 3. Überführung, Weitertransport im Reiseverkehr (z. B. vom Flughafen zum Hotel). 4. Wechsel eines Berufsspielers in einen andern Verein (Sport). 5. (Sprachw.) a) positiver Einfluß der Muttersprache auf eine Fremdsprache bei deren Erlernung; Ggs. → Interferenz (3b, c); b) = Transferenz. **transferạbel**: umwechselbar od. übertragbar in fremde Währung. **Transferẹnz** *die*; -, -en: (Sprachw.) a) (ohne Plural) Vorgang u. Ergebnis der Übertragung einer bestimmten Erscheinung in einer Fremdsprache auf das System der Muttersprache; b) Übernahme fremdsprachiger Wörter, Wortverbindungen, Bedeutungen o. ä. in die Muttersprache. **transferieren**: 1. Geld in eine fremde Währung umwechseln, Zahlungen an das Ausland leisten. 2. den Wechsel eines Berufsspielers in einen andern Verein vornehmen (Sport). 3. (österr., Amtsspr.) jmdn. dienstlich versetzen. **Transferstraße** *die*; -, -n: Kombination von Werkzeugmaschinen, die an einem [automatisch] hindurchgeführten Werkstück unterschiedliche Arbeitsgänge ausführen (Techn.)

Transfiguration [...*zion*; *lat.*] *die*; -, -en: die Verklärung Christi u. ihre Darstellung in der Kunst

transfinit [*lat.-nlat.*]: unendlich, im Unendlichen liegend (Philos.; Math.)

Trans|fluxor [*lat.-nlat.*] *der*; -s, ...oren: aus magnetisierbarem Material bestehendes elektronisches Bauelement (Phys.)

Transfokator [*lat.-nlat.*] *der*; -s, ...oren: → Objektiv mit veränderlicher Brennweite, Gummilinse (Optik)

Transformation [...*zion*; *lat.*] *die*; -, -en: Umwandlung, Umformung, Umgestaltung, Übertragung. **transformationell**: die Transformation betreffend, auf ihr beruhend. **Transformationsgrammatik** *die*; -: Grammatik, die mit Transformationen arbeitet, die Regeln zur Umwandlung von Sätzen in andere Sätze enthält (Sprachw.). **Transformator** [*lat.-nlat.*] *der*; -s, ...oren: aus Eisenkörper, Primär- u. Sekundärspule bestehendes Instrument zur Umformung elektrischer Spannungen ohne bedeutenden Energieverbrauch. **transformieren** [*lat.*]: umwandeln, umformen, umgestalten; übertragen. **Transformismus** [*lat.-nlat.*] *der*; -: = Deszendenztheorie (Biol.)

transfundieren [*lat.*]: eine Transfusion (1) vornehmen (Med.). **Transfusion** *die*; -, -en: 1. intravenöse Einbringung, Übertragung von Blut, Blutersatzlösungen od. anderen Flüssigkeiten in den Organismus; Blutübertragung. 2. Diffusion von Gasen durch eine poröse Scheidewand

transgalaktisch: jenseits der Milchstraße befindlich, über das Milchstraßensystem hinausgehend, darüber hinausliegend (Astron.)

trans|gredient [*lat.*]: überschreitend, über etwas hinausgehend (Philos.). **trans|gredieren**: große Festlandsmassen überfluten (von Meeren; Geogr.). **Transgression** *die*; -, -en: 1. Vordringen des Meeres über größere Gebiete des Festlands. 2. das Auftreten von → Genotypen, die in ihrer Leistungsfähigkeit die Eltern- u. Tochterformen übertreffen

transhumant [*lat.-span.-fr.*]: mit Herden wandernd. **Transhumanz** *die*; -, -en: 1. bäuerliche Wirtschaftsform, bei der das Vieh von Hirten auf entfernte Sommerweiden (z. B. Almen) gebracht wird. 2. Wanderschäferei mit jährlich mehrmaligem Wechsel zwischen entfernten Weideplätzen (bes. in Süddeutschland)

tran|sient [...*iänt*; *lat.-engl.*]: die Transiente betreffend, auf ihr beruhend. **Tran|siente** *die*; -, -n: (durch Betriebsstörung verursachte) vorübergehende Abweichung vom Normalbetrieb einer Kernkraftanlage, leichte Störung

tran|sigieren [*lat.*]: verhandeln, einen Vergleich abschließen (Rechtsw.)

Tran|si|stor [*lat.-engl.*] *der*; -s, ...oren: Halbleiterbauelement, das die Eigenschaften einer → Triode besitzt (Phys.). **tran|si|storieren** u. **tran|si|storisieren**: mit Transistoren versehen (Techn.)

Tran|sit [auch: ...*sit* u. *tran*...; *lat.-it.*]

I. *der*; -s, -e: 1. Durchfuhr, Durchreise durch ein Land. 2. Zustandekommen von → Aspekten (2) infolge der Bewegung der Planeten; das Überschreiten eines Tierkreises

II. *das*; -s, -s: kurz für: Transitvisum

tran|sitieren [*lat.-it.-nlat.*]: durchgehen, durchführen. **Tran|sition** [...*zion*; *lat.*] *die*; -, -en: Übergang; Übergehung. **tran|sitiv** [auch: ...*tif*]: zielend, d. h. mit einer Ergänzung im Akkusativ (von einem Verb); Ggs. → intransitiv. **Tran|sitiv** [auch: ...*tif*] *das*; -s, -e [...*w*[e]]: transitives Verb. **tran|sitivieren** [...*wi*...; *lat.-nlat.*]: ein nicht zielendes Verb transitiv machen (z. B. einen guten Kampf kämpfen; Sprachw.). **Tran|sitivum** [...*tiwum*; *lat.*] *das*; -s, ...va [...*wa*]: = Transitiv. **transitorisch**: vorübergehend, später wegfallend (Wirtsch.). **Transitorium** *das*; -s, ...ien [...*i*[e]*n*]: Ausgabenbewilligung im Staatshaushalt, die nur für die Dauer eines Ausnahmezustandes gilt. **Tran|si|tron** [*lat.*; *gr.*] *das*; -s, ...one (auch: -s): aus einer Röhre bestehende Kippschaltung zur Erzeugung von Impulsen u. Sägezahnspannungen

Tran|sitvisum [auch: ...*sit*..., *tran*...] *das*; -s, ...sa u. ...sen: (in best. Ländern für den Transit erforderliches) Durchreisevisum

transkontinental: einen Erdteil durchquerend

tran|skribieren [*lat.*]: 1. in eine andere Schrift (z. B. in eine phonetische Umschrift) übertragen; bes. Wörter nichtlateinschreibender Sprachen mit lautlich ungefähr entsprechenden Zeichen des lateinischen Alphabets wiedergeben; vgl. transliterieren. 2. die Originalfassung eines Tonstükkes auf ein anderes od. auf mehrere Instrumente übertragen (Musik). **Tran|skript** *das*; -[e]s, -e: Ergebnis einer Transkription. **Tran|skription** [...*zion*] *die*; -, -en: 1. a) lautgerechte Übertragung in eine andere Schrift; b) phonetische Umschrift. 2. Umschreibung eines Musikstückes in eine andere als die Originalfassung

trans|kristallin: mit Stengelkristallen behaftet (Gießereitechnik). **Trans|kristallisation** [...*zion*] *die*; -, -en: das Auftreten von Stengelkristallen, die beim Walzvorgang ein Auseinanderbrechen in diagonaler Richtung verursachen können

transkutan [*lat.-nlat.*]: durch die Haut hindurch (Med.)

Translateur [...*tör*; *lat.-fr.*] *der*; -s, -e: (veraltet) Übersetzer, Dolmetscher. **Translation** [...*zion*; *lat.*] *die*; -, -en: 1. Übertragung, Übersetzung. 2. = Trope. 3. geradlinige, fortschreitende Bewegung (Phys.). 4. feierliche Überführung der Reliquien eines Heiligen an einen anderen Ort (kath. Rel.). **Translativ** [auch: ...*tif*] *der*; -s, -e [...*w*[e]]: eine bestimmte Richtung angebender Kasus in den finnougrischen Sprachen. **Translator** *der*; -s, ...oren: (veraltet) Übersetzer. **translatorisch** [*lat.-nlat.*]: (veraltet) übertragend

Transliteration [...*zion*; *lat.-nlat.*] *die*; -, -en: buchstabengetreue Umsetzung eines in einer Buchstabenschrift geschriebenen Textes in eine andere Buchstabenschrift [unter Verwendung → diakritischer Zeichen]. **transliterieren**: Wörter nichtlateinschreibender Sprachen buchstabengetreu unter Verwendung → diakritischer Zeichen in Lateinschrift wiedergeben, so daß sie ohne weiteres in die Originalschrift zurückübertragen werden können; vgl. transkribieren

Translokation [...*zion*; *lat.-nlat.*] *die*; -, -en: 1. (veraltet) Ortsveränderung, Versetzung. 2. Verlagerung eines Chromosomenbruchstückes in ein anderes Chromosom (Biol.). **translozieren**: 1. (veraltet) [an einen anderen Ort] versetzen. 2. verlagern (in bezug auf Chromosomenbruchstücke; Biol.)

translunar, translunarisch [*lat.-nlat.*]: jenseits des Mondes befindlich, liegend

transluzent u. **transluzid** [*lat.*]: durchscheinend, durchsichtig

transmarin[isch] [*lat.*]: überseeisch

Transmission [*lat.*] *die*; -, -en: 1. Vorrichtung zur Kraftübertragung u. -verteilung auf mehrere Arbeitsmaschinen (z. B. durch einen Treibriemen). 2. Durchlassung von Strahlung (Licht) durch einen Stoff (z. B. Glas) ohne Änderung der Frequenz. **Transmitter** [*lat.-amerik.*] *der*; -s, -: 1. amerik. Bezeichnung für: Meßumformer (Techn.). 2. Überträgersubstanz, Überträgerstoff (Med.). **Transmittersubstanz** *die*; -, -en: = Transmitter (2). **transmittieren**: übertragen, übersenden

transmontan [*lat.*]: jenseits der Berge gelegen (Geogr.)

Transmutation [*...zion*; *lat.-nlat.*] *die*; -, -en: = Genmutation. **transmutieren**: um-, verwandeln

transneuronal [*lat.*; *gr.-nlat.*]: durch das → Neuron verlaufend (Med.; Biol.)

trans|objektiv: über das Objekt, den Gegenstand hinausgehend (Philos.)

trans|ozeanisch: jenseits des Ozeans liegend

transpadanisch [*lat.*; zu lat. *Padus* = „Po"]: jenseits des Pos liegend (von Rom aus gesehen)

transparent [*lat.-mlat.-fr.*]: 1. durchscheinend; durchsichtig. 2. deutlich, verstehbar, erkennbar. **Transparent** *das*; -[e]s, -e: 1. Spruchband. 2. Bild, das von hinten beleuchtet wird; Leuchtbild (z. B. in der Werbung zu Reklamezwecken). **Transparenz** *die*; -: 1. a) das Durchscheinen; Durchsichtigkeit; b) Lichtdurchlässigkeit (z. B. des Papiers). 2. Deutlichkeit, Verstehbarkeit, Erkennbarsein

Trans|phrastik [*lat.*; *gr.*] *die*; -: Teilgebiet der modernen Sprachwissenschaft, bei dem der Textbegriff (vgl. Textlinguistik) an den Satzbegriff gekoppelt ist (Sprachw.). **trans|phrastisch**: die Transphrastik betreffend, auf ihr beruhend (Sprachw.)

Tran|spiration [*...zion*; *lat.-vulgärlat.-fr.*] *die*; -: 1. Hautausdünstung, Schwitzen (Med.). 2. Abgabe von Wasserdampf durch die Spaltöffnungen der Pflanzen (Bot.). **tran|spirieren**: ausdünsten, schwitzen

Trans|plantat [*lat.*] *das*; -[e]s, -e: überpflanztes Gewebestück (z. B. Haut, Knochen, Gefäße; Med.). **Trans|plantation** [*...zion*; *lat.-nlat.*] *die*; -, -en: 1. Überpflanzung von lebenden Geweben (Med.). 2. Pfropfung (Bot.). **Trans|planteur** [*...tör*] *der*; -s, -e: Arzt, der eine Transplantation ausführt. **trans|plantieren** [*lat.*]: lebendes Gewebe überpflanzen

Transponder [*engl.*; Kunstw. aus *trans*mitter = Meßumformer u. res*ponder* = Antwortgeber] *der*; -s, -: nachrichtentechnische Anlage, die von einer Sendestation ausgehende Funksignale aufnimmt, verstärkt u. [auf einer anderen Frequenz] wieder abstrahlt

transponieren [*lat.*]: ein Tonstück in eine andere Tonart übertragen

Transport [*lat.-fr.*] *der*; -[e]s, -e: 1. Versendung; Beförderung von Menschen, Tieren od. Gegenständen. 2. Fracht, zur Beförderung zusammengestellte Sendung. 3. (veraltet) Übertrag in der Buchhaltung; Abk.: Transp. **transportabel**: beweglich, tragbar, beförderbar. **Transportation** [*...zion*] *die*; -, -en: = Transport (1). **Transporter** [*lat.-fr.-engl.*] *der*; -s, -: Transportflugzeug, -schiff. **Transporteur** [*...tör*; *lat.-fr.*] *der*; -s, -e: 1. jmd., der etwas transportiert. 2. mit einer Gradeinteilung versehener Voll- od. Halbkreis zur Winkelmessung od. Winkelauftragung (Math.). 3. Zubringer an der Nähmaschine. **transportieren**: 1. a) versenden, befördern, wegbringen; b) mechanisch bewegen, weiterschieben (z. B. einen Film). 2. die Basis für etwas abgeben, was an andere weitergegeben wird (z. B. Wörter – Bedeutungen). 3. (veraltet) (in der Buchhaltung) übertragen. **Transportierung** *die*; -, -en: Fortschaffung, Beförderung

Transposition [*...zion*; *lat.-nlat.*] *die*; -, -en: das Transponieren

Transsexualismus [*lat.-nlat.*] *der*; -: psychische Identifizierung eines Menschen mit dem Geschlecht, das seinem eigenen körperlichen Geschlecht entgegengesetzt ist, verbunden mit dem Wunsch nach Geschlechtsumwandlung. **transsexuell**: den Transsexualismus betreffend. **Transsexuelle** *der* u. *die*; -n, -n: zum Transsexualismus neigende Person

transsonisch [*lat.-nlat.*]: oberhalb der Schallgeschwindigkeit gelegen

Transsubstantiation [*...ziazion*; *lat.-mlat.*; „Wesensverwandlung"] *die*; -, -en: durch die → Konsekration (2) im Meßopfer (Wandlung) sich vollziehende Verwandlung der Substanz von Brot u. Wein in Leib u. Blut Christi (kath. Rel.); vgl. Konsubstantiation

Transsudat [*lat.-nlat.*] *das*; -[e]s, -e: die bei der Transsudation abgesonderte Flüssigkeit (Med.). **Transsudation** [*...zion*] *die*; -, -en: nicht entzündliche Absonderung u. Ansammlung von Flüssigkeit in Gewebslücken od. Körperhöhlen (Med.)

Transsumierung [*lat.-nlat.*] *die*; -, -en: → Insertion (3) einer Urkunde

Trans|uran *das*; -s, -e (meist Plural): künstlicher radioaktiver chem. Grundstoff mit höherer Ordnungszahl als das Uran. **trans|uranisch**: im periodischen System der chem. Grundstoffe hinter dem Uran stehend

transversal [*...wär...*; *lat.-mlat.*]: querlaufend, senkrecht zur Ausbreitungsrichtung stehend, schräg. **Transversale** *die*; -, -n: Gerade, die eine Figur (Dreieck od. Vieleck) schneidet (Math.)

transvestieren [*...wäß...*; *lat.-nlat.*]: aus einer vom normalen sexuellen Verhalten abweichenden Neigung die für das andere Geschlecht typische Kleidung anlegen (Psychol.; Med.). **Transvestismus** u. Transvestitismus *der*; -: vom normalen sexuellen Verhalten abweichende Tendenz zur Bevorzugung von Kleidungsstücken, die für das andere Geschlecht typisch sind (Psychol.; Med.). **Transvestit** *der*; -en, -en: Mann, der sich auf Grund seiner Veranlagung wie eine Frau kleidet, frisiert, schminkt (Psychol.; Med.). **Transvestitismus** vgl. Transvestismus

tran|szendent [auch: *tran...*; *lat.*]: 1. die Grenzen der Erfahrung u. der sinnlich erkennbaren Welt überschreitend; übersinnlich, übernatürlich (Philos.); Ggs. → immanent (2). 2. nicht algebraisch, über das Algebraische hinausgehend (Math.). **tran|szendental** [*lat.-mlat.*]: (Philos.) 1. = transzendent (1; in der Scholastik). 2. die → a priori mögliche Erkenntnisart von Gegenständen betreffend (Kant). **Tran|szendentalien** [*...iʿn*] *die* (Plural): die 6 Grundbestimmungen des über jeder Gattung liegenden Seienden (Scholastik). **Tran|szendentalismus** [*lat.-mlat.-nlat.*] *der*; -: der Standpunkt der Transzendentalphilosophie Kants. **Tran|szendentalphilosophie** *die*; -: bei Kant das System transzendentaler (2) Begriffe, die sich auf erfahrbare Gegenstände beziehen. **Tran|szendenz** [*lat.*] *die*; -: a) das jenseits der Erfahrung, des Gegenständlichen Liegende; Jenseits; b) das Überschreiten der Grenzen der Erfahrung, des Bewußtseins, des Diesseits (Philos.). **tran|szendieren**: über einen Bereich hinaus in einen anderen [hin]übergehen (Philos.)

Trapa [*nlat.*; Herkunft unsicher] *die*; -: Wassernuß (einjährige Wasserpflanze)

Trapez [*gr.-lat.*; „Tischchen"] *das*; -es, -e: 1. Viereck mit zwei parallelen, aber ungleich langen Seiten (Math.). 2. an Seilen hängendes Schaukelreck. **Trapez|akt** *der*; -[e]s, -e: am Trapez (2) ausgeführte Zirkusnummer. **Trapezo|eder** [*gr.-nlat.*] *das*; -s, -: Körper, der von gleichschenkeligen Trapezen begrenzt wird (Math.). **Trapezoid** *das*; -[e]s, -e: Viereck ohne zueinander parallele Seiten (Math.)

Trappist [*fr.*; nach der Abtei La Trappe (*la trap*) in der Normandie] *der*; -en, -en: Angehöriger des 1664 gegründeten Ordens der reformierten Zisterzienser (mit Schweigegelübde); Abk.: O.C.R.; OCR; O.C.S.O.; OCSO

Traps [*engl.*] *der*; -[es], -e: [Schraube am] Geruchsverschluß eines Waschbeckens, Ausgusses o. ä.

tra|scinando [*traschi...*; *lat.-vulgärlat.-it.*]: schleppend, zögernd (Vortragsanweisung; Mus.). **Tra|scinando** *das*; -s, -s u. ...di: schleppendes, zögerndes Spiel (Mus.)

Trassant [*lat.-vulgärlat.-it.*] *der*; -en, -en: Aussteller eines gezogenen Wechsels (Wirtsch.). **Trassat** *der*; -en, -en: → Akzeptant eines Wechsels, Bezogener (Wirtsch.)

Trassee [*lat.-vulgärlat.-fr.*] *das*; -s, -s: (schweiz.) 1. Trasse (im Gelände abgesteckte Linie für neue Verkehrswege). 2. Bahnkörper, Bahn-, Straßendamm. **trassieren**: 1. eine Trasse zeichnen, berechnen, im Gelände abstecken. 2. [*lat.-vulgärlat.-it.*]: einen Wechsel auf jmdn. ziehen oder ausstellen. 3 mit Fäden in der Farbe der Stickerei vorspannen (Gobelinstickerei). **trätabel** [*lat.-fr.*]: leicht zu behandeln, fügsam, umgänglich, nachgebend.

Träteur [*...tör*] *der*; -s, -e: (veraltet) Speisewirt. **trätieren**: behandeln; vgl. malträtieren.

Tratte [*lat.-it.*] *die*; -, -n: gezogener Wechsel. **Trattoria** u. **Trattorie** *die*; -, ...ien: einfaches Speiselokal [in Italien]

Trauma [*gr.*; „Verletzung, Wunde"] *das*; -s, ...men u. -ta: 1. seelischer Schock, starke seelische Erschütterung, die einen Komplex bewirken kann (Psychol.; Med.). 2. Wunde, Verletzung durch äußere Gewalteinwirkung (Med.). **Traumatin** [*gr.-nlat.*] *das*; -s: aus verwundeten Pflanzenteilen isolierter Stoff, der verstärkte Zellteilung hervorruft. **traumatisch** [*gr.-lat.*]: 1. das Trauma (1) betreffend, auf ihm beruhend, durch es entstanden (Psychol.; Med.); Ggs. → idiopathisch. 2. durch Gewalteinwirkung verletzt (Med.). **Traumatizin** [*gr.-nlat.*] *das*; -s: Guttaperchalösung (zum Verschließen kleiner Wunden; Med.). **Traumatologe** *der*; -n, -n: Arzt mit Spezialkenntnissen auf dem Gebiet der Wundbehandlung. **Traumatologie** *die*; -: Wissenschaft u. Lehre von der Wundbehandlung u. -versorgung. **Traumen**: *Plural* von → Trauma

Trautonium ⓦ [*nlat.*; nach dem Erfinder F. Trautwein] *das*; -s, ...ien [*...i^e n*]: elektroakustisches Musikinstrument mit Lautsprechern u. kleinem Spieltisch, auf dem an Stelle der Klaviatur an verschiedenen Stellen niederzudrückende Drähte gespannt sind, die durch Schließung eines Stromkreises alle Töne, Zwischen- u. Obertöne sämtlicher Instrumente hervorbringen können

Travée [*...we*; *lat.-fr.*] *die*; -, -n: franz. Bezeichnung für: Joch, Gewölbeeinheit (z. B. der Teil zwischen zwei Gurtbögen)

Traveller [*träw^e l^e r*; *engl.*] *der*; -s, -[s]: 1. (Plural: -s) engl. Bez. für: Reisender. 2. (Seemannsspr.) auf einem Stahlbügel od. einer Schiene gleitende Vorrichtung, durch die bes. die Schot des Großsegels gezogen wird. **Traveller|scheck** [*träw^e l^e r...*; *engl.*] *der*; -s, -s: Reisescheck

travers [*...wärß*; *lat.-fr.*]: quergestreift (Mode). **Travers** [*...wär*, auch: *...wärß*] *der*; -: Seitengang des Pferdes, das in die Richtung der Bewegung gestellt ist u. so weit um den inneren Reiterschenkel gebogen ist, daß die Vorhand auf dem Hufschlag geht u. die Hinterhand einen halben Schritt vom Hufschlag des äußeren Vorderbeins entfernt ist (Dressurreiten); vgl. Renvers. **Traversale** *die*; -, -n: Schrägverschiebung des Pferdes auf zwei Hufschlägen, bei der das Pferd so in eine Längsbiegung gestellt ist, daß es sich fast parallel zur Viereckseite (der Reitbahn) seitlich verschiebt (Dressurreiten). **Traverse** *die*; -, -n: 1. Querbalken, -träger (Archit.; Techn.). 2. Querverbinder zweier fester od. parallel beweglicher Maschinenteile (Techn.). 3. zu einem Leitwerk senkrecht zur Strömung in den Fluß gezogener Querbau, der die Verlandung der Zwischenflächen beschleunigt. 4. Schulterwehr (Mil.). 5. seitliche Ausweichbewegung (Fechten). 6. Querungsstelle an Hängen od. Wänden, Quergang (Bergsteigen). **Traversflöte** *die*; -, -n: Querflöte. **traversieren**: 1. a) quer durchgehen; b) durchkreuzen, hindern. 2. eine Reitbahn in der Diagonale durchreiten (Dressurreiten). 3. durch Seitwärtstreten dem Hieb od. Stoß des Gegners ausweichen (Fechten). 4. horizontal an einem Abhang entlanggehen oder -klettern (Bergsteigen)

Travertin [*...wär...*; *lat.-it.*] *der*; -s, -e: mineralischer Kalkabsatz bei Quellen u. Bächen

Travestie [*...wä...*; *lat.-it.-fr.* (*-engl.*); „Umkleidung"] die; -, ...ien: komisch-satirische Umbildung ernster Dichtung, wobei der Inhalt in unpassender, lächerlicher Form dargeboten wird; vgl. Parodie (1). **travestieren** [*lat.-it.-fr.*]: 1. in Form einer Travestie darbieten. 2. ins Lächerliche ziehen

Trawl [*trol*; *engl.*] *das*; -s, -s: Grundschleppnetz, das von Fischereifahrzeugen verwendet wird. **Trawler** *der*; -s, -: mit dem Grundschleppnetz arbeitender Fischdampfer

Treatment [*tritm^e nt*; *lat.-fr.-engl.*] *das*; -s, -s: erste schriftliche Fixierung des Handlungsablaufs, der Schauplätze u. der Charaktere der Personen eines Films als eine Art Vorstufe des Drehbuchs (Film; Fernsehen)

Trecentist [*...tschän...*; *lat.-it.*] *der*; -en, -en: Künstler des Trecentos. **Trecento** *das*; -[s]: ital. Kunststil des 14. Jh.s

treife [*hebr.-jidd.*]: unrein, verboten (von Speisen); Ggs. → koscher

Treille [*träj^e*; *lat.-fr.*] *die*; -, -n: Gitterwerk, [Treppen]geländer; vgl. Tralje

Trelon ® [Kunstw.] *das*; -s: sehr widerstandsfähige Kunstfaser

Trema [*gr.*] *das*; -s, -s u. -ta: 1. → diakritisches Zeichen in Form von zwei Punkten über einem von zwei getrennt auszusprechenden Vokalen (z. B. franz. naïf); vgl. Diärese (1). 2. Lücke zwischen den mittleren Schneidezähnen (Med.). **Trematode** [*gr.-nlat.*] *die*; -, -n: Saugwurm (Zool.)

trem|blieren [*trangblir^e n*; *lat.-vulgärlat.-fr.*]: eine gewellte Linie gravieren, wobei der Gravurstichel abwechselnd zur einen u. zur andern Seite gekantet wird.

tremolando [*lat.-vulgärlat.-it.*]: zitternd, bebend, mit Tremolo (1) auszuführen; Abk.: trem. (Vortragsanweisung; Mus.). **tremolieren** u. tremulieren: (Mus.) 1. mit einem Tremolo (1) ausführen, vortragen, spielen. 2. mit einem Tremolo (2) singen. **Tremolo** *das*; -s, -s u. ...li: (Mus.) 1. bei Tasten-, Streich- od. Blasinstrumenten in verschiedener Weise erzeugte Bebung; rasche, in kurzen Abständen erfolgende Wiederholung eines Tones od. Intervalls. 2. [fehlerhafte] flackernde, bebende Tonführung beim Gesang. **Tremor** [*lat.*] *der*; -s, ...ores: Muskelzittern, rhythmische Zuckungen einzelner Körperteile (z. B. der Lippen, der Augenlider; Med.). **Tremulant** [*lat.-vulgärlat.*] *der*; -en, -en: Vorrichtung an der Orgel, die den Ton einzelner Register zu einem vibratoähnlichen Schwanken der Lautstärke bringt. **tremulieren** vgl. tremolieren

Trenchcoat [*träntschko^u t*; *engl.*] *der*; -[s], -s: zweireihiger [Regen]mantel mit Schulterklappen u. Gürtel

Trend [*engl.*] *der*; -s, -s: Grundrichtung einer [statistisch erfaßbaren] Entwicklung, [wirtschaftliche] Entwicklungstendenz

Trente-et-quarante [*trangtekarangt*; *lat.-fr.*; „dreißig u. vierzig"] *das*; -: Kartenglücksspiel. **Trente-et-un** [*...teong*; „einunddreißig"] *das*; -: Kartenglücksspiel

Trepan [*gr.-mlat.-fr.*] *der*; -s, -e: Bohrgerät zur Durchbohrung der knöchernen Schädeldecke (Med.). **Trepanation** [*...zion*] *die*; -, -en: operative Schädelöffnung mit dem Trepan (Med.)

Trepang [*malai.-engl.*] *der*; -s, -e u. -s: getrocknete Seegurke (chinesisches Nahrungsmittel)

trepanieren [*gr.-mlat.-fr.*]: den Schädel mit dem → Trepan aufbohren (Med.)

Trephine [*lat.-engl.*] *die*; -, -n: kleine Ringsäge zur Entnahme kleiner Gewebsteilchen (z. B. aus Knochen od. der Hornhaut des Auges; Med.)

Tresor [*gr.-lat.-fr.*; „Schatz, Schatzkammer"] *der*; -s, -e: Panzerschrank, Stahlkammer [einer Bank] zur Aufbewahrung von Wertgegenständen

tressieren [*it.-fr.*]: kurze Haare mit Fäden aneinanderknüpfen (Perückenmacherei)

très vite [*trä wit*; *fr.*]: sehr schnell (Vortragsanweisung; Mus.)

Treuga Dei [*mlat.*; „Gottesfriede"] *die*; - -: (hist.) im Mittelalter das Verbot einer Fehde an bestimmten Tagen (dessen Übertretung Exkommunikation u. Vermögensentzug zur Folge haben konnte)

Trevira ® [*...wi...*; Kunstw.] *das*; -: aus synthetischer Faser hergestelltes Gewebe; vgl. Diolen

Triade [*gr.-lat.*; „Dreizahl, Dreiheit"] *die*; -, -n: 1. Gruppe von drei Göttern (z. B. Vater, Mutter, Sohn; Rel.). 2. die Dreiheit aus → Strophe (1), → Antistrophe u. → Epode (2) als Kompositionsform bes. in der altgriech. Tragödie. 3. ursprünglich gebildete Gruppe aus drei chem. verwandten Grundstoffen bei den Versuchen der Aufstellung eines natürlichen Systems der Elemente. **triadisch**: die Triade betreffend

Triage [*triasch^e*; *gall. ?-fr.*] *die*; -, -n: 1. Ausschuß (bei Kaffeebohnen). 2. das Einteilen der Verletzten (bei einem Katastrophenfall) nach der Schwere ihrer Verletzungen

Triakisdodeka|eder [*gr.-nlat.*] *das*; -s, -: Körper, der von 36 Flächen begrenzt wird (Math.). **Triakisokta|eder** *das*; -s, -: Pyramidenoktaeder (Körper aus 24 Flächen mit einer aufgesetzten Pyramide je Oktaederfläche)

Trial

I. [*trial*; *lat.-nlat.*] *der*; -s, -e: Numerus, der eine Dreizahl ausdrückt (Sprachw.).

II. [*trai^e l*; *engl.*] *das*; -s, -s: fahrtechnische Geschicklichkeitsprüfung für Motorradfahrer

Trial-and-error-Methode [*trai^e l^e ndär^e r...*; *engl.*; *gr.-lat.*] *die*; -: Lernverfahren, das davon ausgeht, daß Fehler zum Lernprozeß gehören, Methode, den besten Weg zur Lösung eines Problems zu finden, indem verschiedene Möglichkeiten ausprobiert werden, um Fehler u. Fehlerquellen zu finden u. zu beseitigen

Trialismus [*lat.-nlat.*] *der*; -: 1. (hist.) die früheren Bestrebungen in Österreich, die habsburgische Monarchie nicht mehr in Österreich u. Ungarn (Dualismus), sondern in drei Teile (die südslawischen Gebiete als selbständiges Reichsgebiet) zu gliedern. 2. philosophische Lehre, nach der in der Welt das Dreiteilungsprinzip vorherrscht (z. B. Leib–Seele–Geist od. These–Antithese–Synthese bei Hegel). **trialistisch**: 1. den Trialismus betreffend. 2. mit drei Nebenlösungen [in einem Abspiel] behaftet (Kunstschach)

Tri|angel [*lat.*; „dreieckig; Dreieck"] *der* (auch: *das*); -s, -: 1. Schlaginstrument in Form eines dreieckig gebogenen Stahlstabes, der, frei hängend u. mit einem Metallstäbchen angeschlagen, einen hellen, in der Tonhöhe nicht bestimmbaren Ton angibt. 2. (ugs.) Winkelriß in Kleidungsstücken. **tri|angulär**: dreieckig. **Tri|angulation** [*...zion*; *lat.-mlat.*] *die*; -, -en: 1. Festsetzung eines Netzes von Dreiecken zur Landvermessung (Geodäsie). 2. geometrisches Hilfsmittel in Gestalt eines gleichseitigen Dreiecks zur Bestimmung u. Konstruktion von Maßverhältnissen eines Bauwerks od. seiner Teile. 3. bestimmte Veredelungsart bei Gehölzen. **Tri|angulatur** *die*; -: (bes. got. Baukunst) Konstruktionsschema, bei dem gleichseitige od. spitzwinklige Dreiecke als Maßgrundlage u. Gliederungshilfsmittel dienen. **tri|angulieren**: mit Hilfe der Triangulation vermessen (Geodäsie). **Tri|angulierung** *die*; -, -en: 1. = Triangulation (1). 2. Fähigkeit des Vaters, sich liebend mit der Mutter zu identifizieren, so daß das Kind in die Lage gebracht wird, sich von einer allzu engen Bindung an die Mutter zu lösen

Tri|archie [*gr.*] *die*; -, ...ien: = Triumvirat

Triarier [*...i^e r*; *lat.*] *der*; -s, - (meist Plural): altgedienter schwerbewaffneter Soldat im alten Rom, der in der dritten Schlachtreihe kämpfte. **Trias** [*gr.-lat.*; „Dreiheit"] *die*; -, -: 1. (ohne Plural) erdgeschichtliche Formation des → Mesozoikums, die Buntsandstein, Muschelkalk u. Keuper umfaßt (Geol.). 2. Dreizahl, Dreiheit. 3. = Triade (1). **triassisch** [*gr.-nlat.*]: die Trias (1) betreffend

Tribade [*gr.-lat.*] *die*; -, -n: lesbische Frau. **Tribadie** [*gr.-nlat.*] *die*; - u. **Tribadismus** *der*; -: lesbische Liebe

Tribalismus [*lat.-nlat.*] *der*; -: Stammesbewußtsein, -zugehörigkeitsgefühl (bes. in Afrika). **tribalistisch**: den Tribalismus betreffend, zu ihm gehörend, auf ihm beruhend

Tribo|elektrizität [*gr.-nlat.*] *die*; -: entgegengesetzte elektr. Aufladung zweier verschiedener → Isolatoren, wenn sie aneinander gerieben werden. **Tribologie** *die*; -: Wissenschaft von Reibung, Verschleiß u. Schmierung gegeneinander bewegter Körper. **Tribolumineszenz** [*gr.*; *lat.-nlat.*] *die*; -, -en: Lichterscheinung, die beim Zerbrechen mancher Stoffe od. während des Auskristallisierens auftritt (z. B. bei Quarzkristall). **Tribometer** [*gr.-nlat.*] *das*; -s, -: Gerät zur Ermittlung des Reibungskoeffizienten (Techn.)

Tri|brachys [...*chüß*; *gr.-lat.*] *der*; -, -: antiker Versfuß aus drei Kürzen (◡◡◡)

Tribulation [...*zion*; *lat.*] *die*; -, -en: (veraltet) Drangsal, Quälerei. **tribulieren**: (landsch.) quälen; [mit Bitten] plagen, durch ständiges Fragen in Atem halten, drängen

Tribun [*lat.*] *der*; -s u. -en, -e[n]: 1. altröm. Volksführer. 2. zweithöchster Offizier einer altröm. Legion. **Tribunal** [*lat.* (-*fr.*)] *das*; -s, -e: 1. im Rom der Antike der erhöhte Platz, auf dem der Prätor Recht sprach. 2. [hoher] Gerichtshof. 3. Forum, das in einer öffentlichen Untersuchung gegen behauptete Rechtsverstöße von Staaten o.ä. protestiert; [Straf]gericht. **Tribunat** [*lat.*] *das*; -[e]s, -e: Amt, Würde eines Tribuns. **Tribüne** [*lat.-it.-fr.*] *die*; -, -n: 1. Rednerbühne. 2. a) erhöhtes Gerüst mit Sitzplätzen für Zuschauer; b) die Zuschauer auf einem solchen Gerüst. **tribunizisch** [*lat.*]: einen Tribunen betreffend. **Tribus** *die*; -, - [*tríbuß*]: 1. Wahlbezirk im antiken Rom 2. zwischen Gattung u. Familie stehende Kategorie der zoolog. u. botanischen Systematik. **Tribut** *der*; -[e]s, -e: 1. im Rom der Antike die direkte Steuer. 2. Opfer, Beitrag, Beisteuerung. 3. schuldige Verehrung, Hochachtung. **tributär**: (veraltet) steuer-, zinspflichtig

Trich|algie [*gr.-nlat.*] *die*; -, ...ien: Berührungsschmerz im Bereich der Kopfhaare (Med.). **Trichiasis** [*gr.-lat.*] *die*; -, ...asen: angeborener od. erworbener Mißwuchs der Wimpern nach innen, so daß sie auf dem Augapfel reiben (Med.). **Trichine** [*gr.-engl.*] *die*; -, -n: parasitischer Fadenwurm (Übertragung auf den Menschen durch infiziertes Fleisch). **trichinös**: von Trichinen befallen. **Trichinose** *die*; -, -n: durch Trichinen verursachte Erkrankung (Med.). **Trichit** [*gr.-nlat.*] *der*; -s u. -en, -e[n]: kleinstes, nicht mehr bestimmbares Mineralindividuum in Haarform

Tri|chloräthen u. **Tri|chloräthylen** [...*klor*...] *das*; -s: unbrennbares Lösungsmittel; Extraktions- u. Narkosemittel

Trichom [*gr.*] *das*; -s, -e: durch starke Verlausung bedingte Verfilzung der Haare. **Trichomonas** *die*; -, ...naden: Gattung begeißelter Kleinlebewesen, die im Darm u. in der Scheide leben u. dort Krankheiten hervorrufen können (Med.). **Trichomoniase** *die*; -, -n: Erkrankung durch Trichomonaden. **Trichophytie** [*gr.-nlat.*] *die*; -, ...ien: Scherpilzflechte der Haut, Haare, Nägel (Med.). **Trichophytose** *die*; -, -n: aus einer Trichophytie hervorgehende Allgemeininfektion des Körpers (Med.). **Tricho|ptilose** *die*; -, -n: krankhafte Brüchigkeit der Haare mit Aufspaltung in Längsrichtung (Med.). **Trichose** *die*; -, -n: Anomalie der Behaarung (Med.). **Tricho|sporie** *die*; -, ...ien: eine Pilzkrankheit der Haare (Med.). **Trichotillomanie** *die*; -, ...ien: krankhafte Sucht, sich Kopf- u. Barthaare auszureißen (Med.)

Trichotomie

I. [*gr.-nlat.*] *die*; -, ...ien: (veraltet Haarspalterei.

II. [*gr.*; „Dreiteilung"] *die*; -: 1. Anschauung von der Dreiteilung des Menschen in Leib, Seele u. Geist (Rel.). 2. Einteilung der Straftaten nach ihrer Schwere in Übertretungen, Vergehen u. Verbrechen (Rechtsw.). 3. = Trialismus (2)

Trichozephalus [*gr.-nlat.*] *der*; -, ...li u. ...phalen: Peitschenwurm (Biol.). **Trich|uriasis** *die*; -: eine Wurmerkrankung des Menschen (Med.). **Trich|uris** *die*; -: Gattung der Fadenwürmer (Biol.)

Tricinium [...*zi*...; *lat.*] *das*; -s, ...ia u. ...ien [...*i^{e}n*]: dreistimmiger, meist kontrapunktischer Satz für Singstimmen (Mus.)

Trident [*lat.*] *der*; -[e]s, -e: Dreizack (bes. als Waffe des griech.-röm. Meergottes)

tridentinisch [*lat.-mlat.*]: zu der Stadt Trient gehörend

Triduum [...*du-um*; *lat.*] *das*; -s, ...duen [...*du^{e}n*]: Zeitraum von drei Tagen (bes. für katholische kirchliche Veranstaltungen)

Tridymit [auch: ...*it*; *gr.-nlat.*] *der*; -s, -e: 1. ein Mineral. 2. eine Modifikation von Siliciumoxyd

Triederbin|okel [*gr.*; *lat.-nlat.-fr.*] *das*; -s, -: Doppelfernrohr

tri|ennal [*tri-ä*...; *lat.*]: a) drei Jahre dauernd; b) alle drei Jahre [stattfindend]. **Tri|ennale** *die*; -, -n: Veranstaltung im Turnus von drei Jahren. **Tri|ennium** *das*; -s, ...ien [...*i^{e}n*]: Zeitraum von drei Jahren

Triere [*gr.-lat.*] *die*; -, -n: Dreiruderer (antikes Kriegsschiff mit drei übereinanderliegenden Ruderbänken)

Trieur [...*ör*; *lat.-vulgärlat.-fr.*] *der*; -s, -e: Maschine zum Trennen von Gemischen fast gleicher Körnungsgrößen (z. B. bei der Getreidereinigung)

Tri|fle [*traifl*; *engl.*] *das*; -[s], -s: in England beliebte Süßspeise

Trifokalglas [*lat.-nlat.*; *dt.*] *das*; -es, ...gläser (meist Plural): Dreistärkenglas, Brillenglas für drei Entfernungen; vgl. Bifokalglas

Trifolium [*lat.*; „Dreiblatt"] *das*; -s, ...ien [...*i^{e}n*]: 1. Klee (Schmetterlingsblütler; Bot.). 2. drei Personen, die als zusammengehörig gelten, sich zusammengehörig fühlen; Kleeblatt

Triforium [*lat.-mlat.*] *das*; -s, ...ien [...*i^{e}n*]: in romanischen u. bes. in gotischen Kirchen unter den Chorfenstern vorgeblendete Wandgliederung, die später zu einem Laufgang ausgebildet wurde, der um Chor, Querhaus u. Langhaus führt u. dessen Bogenstellungen sich zum Kirchenhaus öffnen (Archit.)

Triga [*lat.*] *die*; -, -s u. ...gen: Dreigespann

Trigeminus [*lat.*] *der*; -, ...ni: im Mittelhirn entspringender 5. Hirnnerv, der sich in 3 Hauptäste gabelt (Med.)

Trigger [*engl.*] *der*; -s, -: Schaltelement zum Auslösen eines anderen Schaltvorgangs (Kybern.)

Tri|glotte [*gr.-nlat.*] *die*; -, -n: Werk, auch Wörterbuch in drei Sprachen; vgl. Polyglotte (II)

Tri|glyph *der*; -s, -e u. **Tri|glyphe** [*gr.-lat.*] *die*; -, -n: mit den → Metopen abwechselndes dreiteiliges Feld am Fries des dorischen Tempels

Trigon [*gr.-lat.*] *das*; -s, -e: (veraltet) Dreieck. **trigonal**: dreieckig

Trigonalzahl *die*; -, -en: Dreieckszahl. **Trigonometer** [*gr.-nlat.*] *der*; -s, -: mit → Triangulation (1) beschäftigter Vermesser (Geodäsie). **Trigonome|trie** *die*; -: Dreiecksmessung, Zweig der Mathematik, der sich mit der Berechnung von Dreiecken unter Benutzung der trigonometrischen Funktionen befaßt (Math.). **trigonometrisch**: die Trigonometrie betreffend

tri|klin[isch] [*gr.-nlat.*]: auf drei verschieden große Achsen bezogen, die sich schiefwinklig schneiden (Kristallographie). **Triklinium** [*gr.-lat.*] *das*; -s, ...ien [...*iᵉn*]: 1. an drei Seiten von Polstern für je drei Personen umgebener altröm. Eßtisch. 2. altröm. Speisezimmer

Trikoline [Kunstw.] *die*; -: ripsartiger Oberhemdenstoff in Leinwandbindung (Webart)

Trikolon [*gr.-lat.*] *das*; -s, -s u. ...la: aus drei Kola (vgl. Kolon 2) zusammengesetztes Satzgefüge (Rhet.)

trikolor [*lat.*]: dreifarbig. **Trikolore** [*lat.-fr.*] *die*; -, -n: dreifarbige Fahne, bes. die franz. Nationalfahne

Trikompositum *das*; -s, ...ta: dreigliedrige Zusammensetzung (z. B. Einzimmerwohnung)

Trikot [...*ko*, auch: *triko*; *fr.*]

I. *der* (selten auch: *das*); -s, -s: maschinengestricktes Gewebe.

II. *das*; -s, -s: a) meist enganliegendes, gewirktes, hemdartiges Kleidungsstück, das bes. beim Sport getragen wird; b) Trikot (II, a) in bes. festgelegter Farbe zur Kennzeichnung des Spitzenreiters bei Radrennen über mehrere Etappen

Trikotage [...*aseh*ᵉ; *fr.*] *die*; -, -n: Wirkware. **Trikotine** [...*tin*] *der*; -s, -s: trikotartiger, gewebter Wollstoff

Trikuspidalklappe [*lat.-nlat.*; *dt.*] *die*; -, -n: dreizipflige Klappe zwischen rechtem Herzvorhof u. rechter Herzkammer (Med.)

Trilemma [*gr.-nlat.*] *das*; -s, -s u. -ta: die dreiteilige Annahme (Logik)

trilinguisch [...*ngg*...; *lat.*]: dreisprachig

Trilithen [*gr.*] *die* (Plural): vorgeschichtliche Steindenkmäler (Bronzezeit u. jüngere Steinzeit)

Trilliarde [*lat.-nlat.*] *die*; -, -n: 1000 Trillionen (= 10^{21})

Trillion *die*; -, -en: eine Million Billionen (= 10^{18})

Trilobit [*gr.-nlat.*] *der*; -en, -en: Dreilappkrebs, ausgestorbener Urkrebs

Trilogie [*gr.*] *die*; -, ...ien: Folge von drei eine innere Einheit bildenden Dichtwerken (bes. Dramen), Kompositionen u. a.

Trimaran [*lat.*; *tamul.-engl.*] *der* (auch: *das*); -s, -e: offenes Segelboot mit drei Rümpfen

trimer [*gr.*]: dreiteilig (z. B. von Fruchtknoten, die aus drei Fruchtblättern hervorgegangen sind; Bot.)

Trimester [*lat.*] *das*; -s, -: Zeitraum von drei Monaten; Dritteljahr eines Unterrichtsjahres (Unterrichtswesen)

Trimeter [*gr.-lat.*] *der*; -s, -: aus drei Metren (vgl. Metrum 1) bestehender antiker Vers, → Senar

trimorph [*gr.*], (auch:) **trimorphisch**: dreigestaltig (z. B. von Pflanzenfrüchten; Bot.); vgl. -isch/-. **Trimorphie** *die*; - u. **Trimorphismus** [*gr.-nlat.*] *der*; -: Dreigestaltigkeit (z. B. von Früchten einer Pflanze; Bot.)

Trimurti [*sanskr.*] *die*; -: die göttliche Dreifaltigkeit des → Hinduismus (Brahma, Wischnu u. Schiwa)

trinär [*lat.*]: dreifach. **Trination** [...*zion*; *lat.-nlat.*] *die*; -, -en: dreimaliges Lesen der Messe an einem Tage durch denselben Priester (z. B. Allerseelen u. Weihnachten); vgl. Bination

Trinitarier [...*iᵉr*; *lat.-nlat.*] *der*; -s, -: 1. Bekenner der Dreieinigkeit, Anhänger der Lehre von der Trinität; Ggs. → Unitarier. 2. Angehöriger eines katholischen Bettelordens. **trinitarisch**: die [Lehre von der] Trinität betreffend.

Trinität [*lat.*] *die*; -: Dreieinigkeit, Dreifaltigkeit Gottes (Gott Vater, Sohn u. Heiliger Geist).

Trinitatis *das*; - u. **Trinitatisfest** [*lat.*; *dt.*] *das*; -es: Sonntag nach Pfingsten, Fest der Dreifaltigkeit

Trini|trophenol [Kunstw.] das; -s: = Pikrinsäure. **Trini|trotoluol** [Kunstw.] *das*; -s: stoßunempfindlicher Sprengstoff (bes. für Geschosse); vgl. Trotyl

Trinom [*lat.-nlat.*] *das*; -s -e: Zahlengröße aus drei Gliedern (z. B. x + y + z; Math.). **trinomisch**: dreigliedrig, aus drei Gliedern bestehend (Math.)

Trio [*lat.-it.*] *das*; -s, -s: 1. a) Musikstück für drei Instrumente; b) Mittelteil des → Menuetts od. → Scherzos. 2. Vereinigung von drei Instrumental-, seltener Vokalsolisten. 3. (iron.) drei Personen, die etwas gemeinsam ausführen

Tri|ode [*gr.-nlat.*] *die*; -, -n: Verstärkerröhre mit drei Elektroden (Anode, Kathode u. Gitter)

Triole [*lat.-it.*] *die*; -, -n: 1. Gruppe von drei Tönen im Taktwert von zwei od. vier (Musik). 2. = Triolismus. **Triolett** [*lat.-fr.*] *das*; -[e]s, -e: ursprünglich französische Gedichtform einer achtzeiligen Strophe (mit zwei Reimklängen), deren erste Zeile als vierte u. zusammen mit der zweiten am Schluß wiederkehrt (also dreimal vorkommt).

Triolismus [*lat.-nlat.*] *der*; -: Geschlechtsverkehr zwischen drei Partnern. **Triolist** *der*; -en, -en: jmd., der sich triolistisch betätigt. **triolistisch**: den Triolismus betreffend, zu ihm gehörend

Triotar ® [Kunstw.] *das*; -s, -e: ein Fotoobjektiv mit langer Brennweite

Tri|özie [*gr.-nlat.*] *die*; -: Dreihäusigkeit von Pflanzen (Bot.). **triözisch**: dreihäusig (von Pflanzen, bei denen zwittrige, weibliche u. männliche Blüten auf drei Pflanzenindividuen derselben Art verteilt sind; Bot.)

Trip [*germ.-fr.-engl.*] *der*; -s, -s: 1. Ausflug, Reise. 2. a) Rauschzustand nach dem Genuß eines Rauschgiftes; b) = Hit (2)

Tripalmitin *das*; -s: Bestandteil vieler pflanzlicher u. tierischer Fette

Tripartition [...*zion*; *lat.*] *die*; -, -en: (veraltet) Trisektion

Tripel

I. [*lat.-fr.*] *das*; -s, -: die Zusammenfassung dreier Dinge (z. B. Dreieckspunkte, Dreiecksseiten; Math.).

II. [*lat.-fr.*] *der*; -s, -: (veraltet) dreifacher Gewinn.

III. [nach Tripolis] *der*; -s: Kieselerde (Geol.)

Tripelallianz [*lat.-fr.*] *die*; -, -en: staatlicher Dreibund. **Tripelentente** [...*angtangt*] *die*; -, -n [...*tᵉn*]: = Tripelallianz. **Tripelfuge** *die*; -, -n: → Fuge mit drei selbständigen Themen (Mus.). **Tripelkonzert** *das*; -[e]s, -e: Konzert für 3 Soloinstrumente mit Orchester

Tri|phthong [*gr.-nlat.*] *der*; -s, -e: Dreilaut, drei eine Silbe bildende Selbstlaute (z. B. ital. miei = „meine")

Tripitaka [*sanskr.*; „Dreikorb"] *das*; -: der aus drei Teilen bestehende → Kanon (5b) des Buddhismus

Tri|pla: *Plural* von → Triplum. **Tri|plé** [...*le*] *das*; -s, -s: Zweibandenball (Billardspiel). **Tri|plet** [...*le*] *das*; -s, -s: = Triplett (3). **Tri|plett** *das*; -s, -e u. -s: 1. drei miteinander verbundene Serien eines Linienspektrums (Phys.). 2. Kombination von drei aufeinanderfolgenden Basen einer Nukleinsäure, die den Schlüssel für den Aufbau einer Aminosäure darstellen (Biol.). 3. aus drei Linsen bestehendes optisches System. **Tri|plette** *die*; -, -n: aus drei

Teilen zusammengesetzter, geschliffener Schmuckstein. **triplieren**: verdreifachen. **Tri|plik** [*lat.-nlat.*] *die*; -, -en: die Antwort des Klägers auf eine → Duplik des Beklagten (Rechtsw.). **Triplikat** [*lat.*] *das*; -[e]s, -e: dritte Ausfertigung [eines Schreibens]. **Tri|plikation** [*...zion*] *die*; -, -en: dreimalige Wiederholung desselben Wortes, derselben Wortgruppe (Rhet.). **Tri|plit** [auch: *...it*; *gr.-nlat.*] *der*; -s, -e: Mineral, Eisenpecherz. **Tri|plizität** [*lat.*] *die*; -, -en: Dreifachheit; dreifaches Vorkommen. **tri|ploid** [*gr.-nlat.*]: einen dreifachen Chromosomensatz aufweisend (von Zellen; Biol.). **Tri|plum** [*lat.*] *das*; -s, Tripla: Dreifaches

Tripmadam [*fr.*] *die*; -, -en: Pflanzenart der Fetthenne

Tripoden: *Plural* von → Tripus. **Tripodie** [*gr.*; „Dreifüßigkeit"] *die*; -, ...ien: Verbindung dreier Versfüße (rhythmischer Einheiten) zu einem Verstakt; vgl. Monopodie u. Dipodie

Tripotage [*...gsch^e*; *fr.*] *die*; -, -n: (veraltet) Kniff, Ränke, bes. Geld-, Börsenschwindel

Tri|ptik vgl. Triptyk

Tripton [*gr.*] *das*; -s: der im Wasser schwebende feinste organische → Detritus (2)

Tri|ptychon [*gr.*] *das*; -s, ...chen u. ...cha: dreiteiliges [Altar]bild, bestehend aus dem Mittelbild u. zwei Seitenflügeln; vgl. Diptychon, Polyptychon. **Tri|ptyk** u. Triptik [*gr.-fr.-engl.*] *das*; -s, -s: dreiteiliger Grenzübertrittsschein für Kraft- u. Wasserfahrzeuge

Tripus [*tripuß*; *gr.-lat.*] *der*; -, ...poden: Dreifuß, altgriech. dreifüßiges Gestell für Gefäße

Trireme [*lat.*] *die*; -, -n: = Triere

Trirol|tron [*gr.*] *das*; -s, -s (auch: ...one): Hochfrequenzhochleistungsverstärker, der mit beschleunigten Elektronen arbeitet

Trisektion [*...zion*; *lat.-nlat.*] *die*; -: Dreiteilung (bes. von Winkeln; Math.). **Trisek|trix** *die*; -, ...trizes [*...ízeß*] od. ...trizen: zur Dreiteilung eines Winkels verwendete Kurve (Math.)

Triset [*...ßät*; *lat.*; *lat.-fr.-engl.*] *das*; -[s], -s: 1. drei zusammengehörende Dinge. 2. zwei Eheringe u. ein zusätzlicher Ring mit Schmucksteinen (meist Diamanten) für die Ehefrau

Tris|hagion [*gr.-mgr.*; „dreimalheilig"] *das*; -s, ...ien [*...i^en*]: dreimalige Anrufung Gottes, bes in der orthodoxen Liturgie

Triskaidekaphobie [gr. triskaideka „13"] *die*; -: Angst vor der Zahl 13

Trismus [*gr.-lat.*] *der*; -, ...men: Kiefersperre, Kaumuskelkrampf (Med.)

trist [*lat.-fr.*]: traurig, öde, trostlos, freudlos; langweilig, unfreundlich, jämmerlich. **Tristesse** [*trißtäß*] *die*; -, -n [*...ß^en*]: Traurigkeit, Trübsinn, Melancholie, Schwermut

tristich [*gr.*]: dreizeilig (von der Anordnung der Blätter od. Seitenwurzeln in drei Längszeilen; Bot.). **Tristichiasis** [*gr.-nlat.*] *die*; -: angeborene Anomalie des Augenlids mit drei Wimpernreihen (Med.). **Tristichon** *das*; -s, ...chen: aus drei Versen bestehende Versgruppe

Tristien [*...i^en*; *lat.*] *die* (Plural): Trauergedichte (bes. die des röm. Dichters Ovid über seine Verbannung)

trisyllabisch [*gr.-lat.-nlat.*]: dreisilbig. **Trisyllabum** [*gr.-lat.*] *das*; -s, ...syllaba: dreisilbiges Wort

Trit|agonist [*gr.*] *der*; -en, -en: dritter Schauspieler im altgriech. Drama; vgl. Deuteragonist u. Protagonist (1)

Trit|an|opie [*gr.-nlat.*] *die*; -, ...ien: Violettblindheit (Med.)

Triterium [*gr.-nlat.*] *das*; -s: = Tritium

Tri|theismus [*gr.-nlat.*; „Dreigötterlehre"] *der*; -: Abwandlung der christlichen Dreieinigkeitslehre unter Annahme drei getrennter göttlicher Personen

Trith|emimeres [*gr.*] *die*; -, -: Verseinschnitt (vgl. Zäsur 1) nach dem dritten Halbfuß im Hexameter (antike Metrik); vgl. Hephthemimeres u. Penthemimeres

Triticum [*...kum*; *lat.*; „Weizen"] *das*; -s: Getreidepflanzengattung mit zahlreichen Weizenarten

Tritium [*...zium*; *gr.-nlat.*] *das*; -s: radioaktives Wasserstoffisotop, überschwerer Wasserstoff; Zeichen: T

Tritojesaja [*gr.*] *der*; -: unbekannter, der Zeit nach dem babylonischen Exil angehörender Verfasser von Jesaja 56–66; vgl. Deuterojesaja

Triton

I. [*gr.-lat.*] *der*; ...onen, ...onen: 1. a) (ohne Plural) griechischer Meergott, Sohn des Poseidon u. der Amphitrite; b) (nur Plural) griechische Meergötter im Gefolge Poseidons. 2. Salamandergattung mit zahlreichen einheimischen Arten (Biol.).

II. [Kunstw.] *das*; -s, -s: (österr.) Kinder[tritt]roller.

III. [*gr.-nlat.*] *das*; -s, ...onen: Atomkern des → Tritiums

Tritonus [*gr.-nlat.*] *der*; -: die übermäßige Quarte, die ein Intervall von drei Ganztönen ist (Mus.)

Trituration [*...zion*; *lat.-mlat.*] *die*; -, -en: Verreibung eines festen Stoffes (bes. einer Droge) zu Pulver, Pulverisierung (Med.)

Triumph [*lat.*] *der*; -[e]s, -e: 1. a) großer Erfolg, Sieg; b) Genugtuung, Frohlocken, Siegesfreude. 2. im Rom der Antike der feierliche Einzug eines siegreichen Feldherrn. **triumphal**: herrlich, ruhmvoll, glanzvoll, großartig. **triumphant**: a) triumphierend, frohlockend; b) siegreich, erfolgreich. **Triumphator** *der*; -s, ...oren: 1. im Rom der Antike feierlich einziehender siegreicher Feldherr. 2. frohlockender, jubelnder Sieger. **triumphieren**: a) jubeln, frohlocken; b) jmdm. hoch überlegen sein; über jmdn., etwas siegen

Triumvir [*...wir*; *lat.*] *der*; -s u. -n, -n: Mitglied eines Triumvirats. **Triumvirat** *das*; -[e]s, -e: Dreimännerherrschaft [im Rom der Antike]

trivalent [*...wa...*; *lat.-nlat.*]: dreiwertig (Chem.)

trivial [*triwial*; *lat.-fr.*; „zum Dreiweg gehörend, jedermann zugänglich"]: a) im Ideengehalt, gedanklich recht unbedeutend, nicht originell; b) alltäglich, gewöhnlich, nichts Auffälliges aufweisend. **trivialisieren**: etwas trivial machen, ins Triviale ziehen. **Trivialität** *die*; -, -en: Plattheit, Seichtheit, Alltäglichkeit. **Trivialliteratur** *die*; -: Unterhaltungs-, Konsumliteratur, die auf den Geschmack eines anspruchslosen Leserkreises zugeschnitten ist u. vorwiegend aus merkantilen Gründen produziert wird. **Trivialname** *der*; -ns, -n: herkömmliche, volkstümliche, nicht nach gültigen systematischen Gesichtspunkten gebildete Bezeichnung einer Tier-, Pflanzenart, von Chemikalien (z. B. Kochsalz, Soda). **Trivium** [*...wium*; *lat.-mlat.*; „Dreiweg"] *das*; -s: im mittelalterlichen Universitätsunterricht die drei unteren Fächer: Grammatik, Rhetorik, Dialektik; vgl. Quadrivium

Trizeps [*lat.*] *der*; -[es], -e: dreiköpfiger Muskel des Oberarms, der den Unterarm im Ellbogengelenk streckt (Med.)

trochäisch [*troch...*; *gr.-lat.*]: den Trochäus betreffend; aus Trochäen bestehend. **Trochäus** *der*; -, ...äen: [antiker] Versfuß (– ◡).

Trochilus *der*; -, ...ilen: Hohlkehle in der → Basis ionischer Säulen. **Trochit** [*gr.-nlat.*] *der*; -s

u. -en, -en: Stiel ausgestorbener Seelilien. **Trochoide** *die*; -, -n: spezielle zyklische Kurve, Sonderform der → Zykloide (Math.). **Trochophora** *die*; -, ...phoren: Larve der Ringelwürmer (Zool.). **Trochozephalie** *die*; -, ...ien: abnorme Rundform des Schädels

Tro|glodyt [*gr.-lat.*] *der*; -en, -en: Höhlenmensch (veraltete Bezeichnung für den Eiszeitmenschen, der angeblich in Höhlen gewohnt hatte)

Trogon [*gr.*; „Nager"] *der*; -s, -s u. ...onten: südamerikanischer Nageschnäbler (buntgefiederter Urwaldvogel)

Troicart [*troakar*] vgl. Trokar

Troika [*treuka*, auch: *troika*; *russ.*] *die*; -, -s u. ...ken: russ. Dreigespann

trojanisch [*gr.-lat.*]: zu der antiken Stadt Troja (Kleinasien) gehörend, sie betreffend; Trojanisches Pferd: (der Kriegslist dienendes) hölzernes Pferd, in dem sich die besten griech. Krieger verborgen hatten und das, von den Trojanern in die Stadt geholt, die Eroberung Trojas herbeiführte

Trokar [*lat.-fr.*] *der*; -s, -e u. -s u. Troicart [*troakar*] *der*; -s, -s: chirurgisches Stichinstrument mit kräftiger, dreikantiger Nadel u. einem Röhrchen für → Punktionen (Med.)

trokieren [*fr.*]: Waren austauschen

Trolleybus [*troli...*; *engl.*] *der*; ...busses, ...busse: (schweiz.) Oberleitungsomnibus

Tromba [*germ.-it.*] *die*; -, ...ben: ital. Bezeichnung für: Trompete. **Tromba marina** [*it.*] *die*; - -: dem → Monochord verwandtes Streichinstrument des Mittelalters mit langgestrecktem, dreieckigem, keilförmigem Körper. **Trombe** [*germ.-it.(-fr.)*] *die*; -, -n: Wirbelwind in Form von Wasser- u. Windhosen. **Tromben**: *Plural* von → Tromba, → Trombe

Trombidiose u. **Trombikulose** [*gr.-nlat.*] *die*; -, -n: durch bestimmte Milbenlarven hervorgerufene juckende Hautkrankheit; Ernte-, Heukrätze

Trombone [*germ.-it.*] *der*; -, ...ni: ital. Bezeichnung für: Posaune. **Trompe** [*germ.-fr.*] *die*; -, -n: Bogen mit nischenartiger Wölbung zwischen zwei rechtwinklig aneinanderstoßenden Mauern

Trompe-l'œil [*trongplöj*; *fr.*; „Augentäuschung"] *das* (auch: *der*); -[s], -s: Darstellungsweise in der Malerei, bei der durch naturalistische Genauigkeit mit Hilfe perspektivischer Mittel ein Gegenstand so wiedergegeben wird, daß der Betrachter nicht zwischen Wirklichkeit u. Gemaltem unterscheiden kann

Trompete [*germ.-fr.*] *die*; -, -n: aus gebogener Messingröhre mit Schallbecher u. Kesselmundstück bestehendes Blasinstrument. **trompeten**: 1. Trompete blasen. 2. (ugs.) a) sehr laut u. aufdringlich sprechen; b) sich sehr laut die Nase putzen. **Trompeter** *der*; -s, -: jmd., der [berufsmäßig] Trompete spielt; Trompetenbläser

Trompeuse [*trongpös*[e]; *fr.*; „Betrügerin"] *die*; -, -n: (hist.) durch Polster hochgewölbtes, den Halsausschnitt deckendes Tuch (um 1800). **trompieren**: (landsch.) täuschen

Troostit *der*; -s, -e

I. [*trußtit*, auch: ...*it*; *nlat.*; nach dem amerik. Geologen G. Troost, 1776–1850]: ein Mineral.

II. [*troßtit*, auch: ...*it*; *nlat.*; nach dem franz. Chemiker L. J. Troost, 1825–1911]: beim Härten von Stahl durch schnelle Abkühlung entstandenes, sehr feines → perlitisches Gefüge des Kohlenstoffs

Tropaeolum [...*päo*...; *gr.-lat.-nlat.*] *das*; -s: Pflanzenfamilie der Kapuzinerkressengewächse.

Troparion [*gr.-mgr.*] *das*; -s, ...ien [...*i*[e]*n*]: kurzer Liedhymnus im orthodoxen Gottesdienst. **Troparium** [*gr.-nlat.*] *das*; -s, ...ien [...*i*[e]*n*]: 1. Anlage, Haus (in zoologischen Gärten) mit tropischem Klima zur Haltung bestimmter Pflanzen u. Tiere. 2. röm.-kath. Chorbuch mit den Tropen (2). **Trope** [*gr.-lat.*; „Wendung"] *die*; -, -n: bildlicher Ausdruck; Wort (Wortgruppe), das im übertragenen Sinn gebraucht wird (z. B. Bacchus statt Wein; Sprachw.). **Tropen** *die* (Plural): 1. heiße Zone zu beiden Seiten des Äquators zwischen den Wendekreisen. 2. *Plural* von → Tropus. **Trophäe** [*gr.-lat.-fr.*] *die*; -, -n: 1. erbeutete Fahne, Waffe o. ä. als Zeichen des Sieges über den Feind. 2. aus einem bestimmten Gegenstand (z. B. Pokal) bestehender Preis für den Sieger in einem [sportlichen] Wettbewerb. 3. Jagdbeute (z. B. Geweih). 4. (veraltet) Zierat zum Halten des Ordenszeichens

trophisch [*gr.-nlat.*]: die Ernährung [der Gewebe] betreffend, gewebsernährend (Med.). **Trophobiose** *die*; -, -n: Form der Ernährungssymbiose (z. B. Blattläuse in Ameisenstaaten; Biol.). **Tropho|blast** *der*; -en, -en: ernährende Hülle des Embryos (Med.). **Trophologe** *der*; -n, -n: Ernährungswissenschaftler. **Trophologie** *die*; -: Ernährungswissenschaft. **trophologisch**: die Trophologie betreffend. **Trophoneurose** *die*; -, -n: Form der Neurose, die mangelhafte Gewebsernährung u. damit Schwunderscheinungen an Organen zur Folge hat (Med.). **Trophophyll** *das*; -s, -e: bei Farnpflanzen ein nur der → Assimilation (2b) dienendes Blatt; Ggs. → Sporophyll (Bot.)

Tropika [*gr.-lat.-engl.-nlat.*] *die*; -: schwere Form der Malaria (Med.).

tropisch [*gr.-lat.-engl.*]: 1. die → Tropen (1) betreffend, für sie charakteristisch; südlich, heiß. 2. die → Trope betreffend; bildlich, übertragen (Sprachw.). **Tropismus** [*gr.-nlat.*] *der*; -, ...men: durch äußere Reize bestimmte gerichtete Bewegung festsitzender Tiere u. Pflanzen (Biol.). **Tropopause** [auch: *tropo*...] *die*; -: Grenze zwischen Tropo- u. Stratosphäre (Meteor.). **Tropophyt** *der*; -en, -en: Pflanze, die auf Böden mit stark wechselndem Wassergehalt lebt (Bot.). **Tropo|sphäre** [auch: *tropo*...] *die*; -: die unterste, bis zu einer Höhe von 12 km reichende, wetterwirksame Luftschicht der Erdatmosphäre (Meteor.). **Tropotaxis** *die*; -, ...xen: Orientierungsweise frei beweglicher Lebewesen; Ausgleichsbewegung von Tieren zur Herstellung eines Erregungsgleichgewichtes in symmetrisch angeordneten Reizempfängern (Bot.)

troppo [*germ.-mlat.-fr.-it.*]: zu viel, zu sehr (in Vortragsanweisungen), z. B. → ma non troppo (Mus.)

Tropus [*gr.-lat.*] *der*; -, Tropen: 1. = Trope. 2. (Mus.) a) Kirchenton (Tonart); b) die Gesangsformel für das Schlußamen im Gregorianischen Gesang; c) die melodische Ausschmückung von Texten im Gregorianischen Choral

Troß [*lat.-vulgärlat.-fr.*] *der*; Trosses, Trosse: 1. (veraltet) der die Truppe mit Verpflegung u. Munition versorgende Wagenpark. 2. (oft abwertend) a) Anhang, Gefolge, Mitläufer; b) Schar, Haufen. **Trosse** *die*; -, -n: starkes Tau, Drahtseil

Trotteur [*trotör*; *germ.-fr.*]: *der*; -s, -s: 1. eleganter, bequemer Schuh mit flachem od. mittlerem Absatz. 2. (veraltend) kleiner Hut für Damen. **trottieren**: (veraltet)

traben. **Trottinett** *das*; -s, -e: (schweiz.) Kinderroller. **Trottoir** [*trotoar*] *das*; -s, -e u. -s: (landsch.) Bürgersteig, Geh-, Fußweg

Trotyl [Kunstw.] *das*; -s: = Trinitrotoluol

Trotzkismus [*nlat.*; nach dem russ. Revolutionär L. D. Trotzki, 1879–1940] *der*; -: auf der politischen Anschauung Trotzkis basierende, von der offiziellen Parteirichtlinie abweichende ideologisch-politische Haltung marxistisch-leninistischer Ideologie. **Trotzkist** *der*; -en, -en: Anhänger, Vertreter des Trotzkismus

Troubadour [*trubadur*, auch: *...dur*; *provenzal.-fr.*; „Erfinder"] *der*; -s, -e u. -s: provenzalischer Minnesänger des 12. bis 14. Jh.s; vgl. Trouvère

Trouble [*trab*ᵉ*l*; *lat.-vulgärlat.-fr.-engl.*] *der*; -s: (ugs.) Ärger, Unannehmlichkeit[en], Aufregung

Troupier [*trupie*; *fr.*] *der*; -s, -s: altgedienter, erfahrener Soldat

Trousseau [*trußo*; *lat.-vulgärlat.-fr.*] *der*; -s, -s: (veraltet) Brautausstattung, Aussteuer

Trouvaille [*truwaj*ᵉ; *fr.*] *die*; -, -n: [glücklicher] Fund. **Trouvère** [*truwär*] *der*; -s, -s: nordfranzösischer Minnesänger des Mittelalters

Troygewicht [*treu...*; *engl.*; *dt.*; nach der franz. Stadt Troyes (*troa*)] *das*; -[e]s, -e: Gewicht in England u. den USA für Edelmetall u. Edelsteine

Truck [*trak*; *fr.-engl.(-amerik.)*] *der*; -s, -s: 1. engl. Bezeichnung für: Tausch. 2. amerik. Bezeichnung für: Lastkraftwagen. **Trucksystem** [*trak...*; *fr.-engl.*; *gr.-lat.*] *das*; -s: frühere Entlohnungsform, bei der der Arbeitnehmer Waren z. T. od. ausschließlich als Entgelt für seine Leistungen erhielt

Truismus [*engl.-nlat.*] *der*; -: unbezweifelbare Wahrheit, Binsenwahrheit; Gemeinplatz

Trullo [*mgr.-it.*] *der*; -s, Trulli: rundes Wohnhaus mit konischem Dach (auf der Salentinischen Halbinsel in Apulien)

Trumeau [*trümo*; *germ.-fr.*] *der*; -s, -s: (Archit. bes. des 18. Jh.s): 1. Pfeiler zwischen zwei Fenstern. 2. (zur Innendekoration eines Raumes gehörender) großer, schmaler Wandspiegel an einem Pfeiler zwischen zwei Fenstern

Trust [*traßt*; *altnord.-engl.-amerik.*] *der*; -[e]s, -e u. -s: kapitalmäßige Zusammenfassung mehrerer Unternehmungen unter einheitlicher Leitung zum Zwecke der Monopolisierung

Trypanosoma [*gr.-nlat.*] *das*; -s, ...men: Vertreter einer Gattung der Geißeltierchen mit zahlreichen Krankheitserregern (z. B. dem Erreger der Schlafkrankheit). **Trypanosomiasis** *die*; -, ...iasen: Schlafkrankheit (Med.).

Trypsin *das*; -s: eiweißspaltendes → Enzym der Bauchspeicheldrüse (Med.). **Tryptophan** *das*; -s: eine in den meisten Eiweißstoffen enthaltene → Aminosäure

Tsantsa [*indian.*] *die*; -, -s: eingeschrumpfte Kopftrophäe (bei einem südamerikanischen Indianerstamm)

Tschador [auch: *...do*ʳ] u. **Tschadyr** [*pers.*] *der*; -s, -s: (von pers. Frauen getragener) langer, den Kopf u. teilweise das Gesicht u. den Körper bedeckender Schleier

Tschaja [*indian.-span.*] *der*; -s, -s: Schopfwehrvogel (südamerikanischer hühnerartiger Vogel)

Tschako [*ung.*] *der*; -s, -s: (früher) im Heer u. (nach 1918) von der Polizei getragene zylinder-, helmartige Kopfbedeckung

Tscha|kra [*sanskr.*] *das*; -[s], -s: altindische Schleuderwaffe

Tschamara [*tschech.* u. *poln.*] *die*; -, -s u. ...ren: zur tschechischen u. polnischen Nationaltracht gehörende, geschnürte Jacke mit niedrigem Stehkragen

Tschan [*sanskr.-chin.*] *das*; -[s]: chinesische buddhistische Richtung; vgl. Zen

Tschandu [*Hindi*] *das*; -s: zum Rauchen zubereitetes Opium

Tschanoju [*jap.*] *das*; -: Teezeremonie; ein japan. Brauch, der aus feierlichen Handlungen buddhistischer Priester beim Teetrinken hervorgegangen ist

Tschapka [*dt.-poln.*] *die*; -, -s: die frühere, mit viereckigem Deckel versehene (urspr. poln.) Mütze der Ulanen

Tscharda vgl. Csárda. **Tschardasch** vgl. Csárdás

Tscharka [*russ.*] *das*; -: früheres russ. Flüssigkeitsmaß (= 0,123 l)

tschau! [*lat.-it.*]: tschüs!, hallo!; vgl. ciao!

Tschausch [*türk.*] *der*; -, -: 1. (hist.) türkischer Leibgardist, Polizist, Amtsvogt; Unteroffizier. 2. in Serbien Spaßmacher bei einer Hochzeit

Tscheka [*russ.*; Abk. von: Tschreswytschainaja Komissija po Borbe s Kontrrevoljuzije i Sabotaschem = Außerordentliche Kommission zum Kampf gegen Konterrevolution u. Sabotage] *die*; -: (von 1917–1922) Name der politischen Polizei der Sowjetunion

Tscherkeßka [*russ.*; nach dem kaukas. Volk der Tscherkessen] *die*; -, -s u. ...ken: langer, enganliegender Leibrock mit Gürtel u. Patronentaschen (Nationalkleidung, auch Uniform der Kaukasusvölker)

Tschernosem [*...sjom*; *russ.*] u. **Tschernosjom** *das*; -s: Schwarzerde (fruchtbarer, humushaltiger Lößboden in Südrußland)

Tscherwonez [*russ.*] *der*; -, ...wonzen (aber: 5 -): frühere russische Währungseinheit

Tschibuk [*türk.*] *der*; -s, -s: lange türkische Tabakspfeife mit kleinem Kopf

Tschif|tlik [*türk.*] *das*; -s, -s: türkisches Landgut, Meierei

Tschikosch vgl. Csikós

Tschinellen, Cinelli [*tschi...*] u. Zinellen [*it.*] *die* (Plural): die Becken (messingenes Schlaginstrument)

Tschismen [*ung.*] *die* (Plural): niedrige, farbige ungarische Stiefel

Tschi|traka [*Hindi*] *das*; -[s], -s: täglich erneuertes Sektenzeichen auf der Stirn der Hindus

Tschorten [*tibet.*] *der*; -, -: tibetische Form des → Stupas

Tschumak [*russ.*] *der*; -s, -s: ukrainischer Fuhrmann

tschüs! [auch: *tschüß*; *lat.-fr.*]: (ugs.) auf Wiedersehen!, bis dann!; vgl. adieu

Tschusch [Herkunft unsicher] *der*; -en, -en: (österr. ugs., abwertend) Ausländer (bes. als Angehöriger eines südosteuropäischen od. oriental. Volkes)

Tse|tse|fliege [*Bantuspr.*; *dt.*] *die*; -, -n: im tropischen Afrika vorkommende Stechfliege, die den Erreger der Schlafkrankheit überträgt

T-Shirt [*tischö*ʳ*t*; *engl.-amerik.*] *das*; -s, -s: enganliegendes [kurzärmeliges] Oberteil aus Maschenware [ohne Kragen]

Tsuba [*jap.*] *das*; -[s], ...ben: Stichblatt des japanischen Schwertes

Tsuga [*jap.-nlat.*] *die*; -, -s u. ...gen: Schierlings- od. Hemlocktanne

Tsunami [*jap.*] *der*; -, -s: plötzliche Meereswelle im Pazifik, die durch Veränderungen des Meeresbodens entsteht (mit verheerender Wirkung an den Küsten)

tua res agitur [*lat.*]: um deine Angelegenheit handelt es sich, dich geht es an, du mußt selbst aktiv werden

Tub [*tab*; *niederl.-engl.*] *das*; -[s], -s (aber: 5 -): engl. Gewichtsmaß für Butter (= 38,102 kg) u. Tee (= 27,216 kg)

Tuba [*lat.*] *die*; -, Tuben: 1. zur Bügelhörnerfamilie gehörendes tiefstes Blechblasinstrument mit nach oben gerichtetem Schalltrichter u. vier Ventilen. 2. altrömisches Blasinstrument, Vorläufer der Trompete. 3. röhrenförmige Verbindung zwischen der Paukenhöhle des Ohrs u. dem Rachen, Ohrtrompete (Med.). 4. Ausführungsgang der Eierstökke, Eileiter (Med.). **Tuben**: *Plural* von → Tuba, → Tubus

Tuberkel [*lat.*] *der*; -s, - (österr. auch: *die*; -, -n): (Medizin) 1. kleiner Höcker, Vorsprung (besonders an Knochen). 2. knötchenförmige Geschwulst, [Tuberkulose]knötchen. **tuberkular** [*lat.-nlat.*]: knotig, mit Bildung von Tuberkeln einhergehend (von Organveränderungen; Med.). **Tuberkulid** *das*; -[e]s, -e: gutartige Hauttuberkulose (Medizin). **Tuberkulin** *das*; -s: aus Zerfallsstoffen der Tuberkelbakterien gewonnener Giftstoff, der in der Medizin zur Diagnosestellung der Tuberkulose verwendet wird. **Tuberkulom** *das*; -s, -e: Geschwulst aus tuberkulösem Gewebe (Med.). **tuberkulös**, (österr. ugs. auch:) **tuberkulos**: (Med.) a) die Tuberkulose betreffend, mit ihr zusammenhängend; b) an Tuberkulose leidend, schwindsüchtig. **Tuberkulose** *die*; -, -n: durch Tuberkelbakterien hervorgerufene chronische Infektionskrankheit (z. B. von Lunge, Haut, Knochen); Abk.: Tb, Tbc (Med.). **tuberös**, (auch:) **tuberos** [*lat.*]: höckerig, knotenartig, geschwulstartig (Med.). **Tuberose** [*lat.-nlat.*] *die*; -, -n: aus Mexiko stammende stark duftende Zierpflanze mit weißen Blüten an langem Stengel

tubulär u. **tubulös** [*lat.-nlat.*]: schlauch-, röhrenförmig (Med.).

Tubus [*lat.*; „Röhre"] *der*; -, ...ben u. -se: 1. bei optischen Geräten das linsenfassende Rohr. 2. bei Glasgeräten der Rohransatz. 3. Röhre aus Metall, Gummi od. Kunststoff zur Einführung in die Luftröhre (z. B. für Narkosezwecke; Med.). 4. (veraltet) Fernrohr

Tudorbogen [*tjud^e^r...*, auch dt. Ausspr.: *tudor...*; *engl.*; *dt.*] *der*; -s, -: Spitzbogen der engl. Spätgotik. **Tudorstil** [*engl.*; *lat.*] *der*; -s: Stil der engl. Spätgotik zwischen 1485 u. 1558, in den auch Renaissanceformen einflossen

Tuftex ⓦ [Kunstwort] *das*; -: ein Teppichgewebe. **Tuftingware** [*taf...*; *engl.*; *dt.*] *die*; -: Teppichware, bei der nach einem Spezialfertigungsverfahren Schlingen in ein Grundgewebe eingenäht werden

Tugh [*türk.*] *der*; -s, -s: (hist.) in der Türkei Roßschweif als militärisches Ehrenzeichen. **Tugh|ra** *die*; -: (hist.) Namenszug des Sultans auf Staatsurkunden, Orden u. Münzen

Tuismus [*lat.-nlat.*; „Du-Einstellung"] *der*; -: (veraltet) Altruismus

Tukan [auch: *...an*; *indian.-span.-fr.*] *der*; -s, -e: Pfefferfresser (mittel- u. südamerikan. spechtartiger Vogel)

Tular|ämie [*indian.*; *gr.*; nach der kaliforn. Landschaft Tulare] *die*; -, ...ien: Hasenpest, auf den Menschen übertragbare (Fieber u. Erbrechen hervorrufende) Seuche wildlebender Nager (Med.)

Tulipan *der*; -[e]s, -e u. **Tulipane** [*pers.-türk.-it.*] *die*; -, -n: (veraltet) Tulpe

Tumba [*gr.-lat.*] *die*; -, ...ben: 1. Scheinbahre beim kath. Totengottesdienst. 2. sarkophagartiger Überbau eines Grabes mit Grabplatte

Tumbler [*tam...*; *engl.*] *der*; -s, -: elektr. Wäschetrockner

Tumeszenz [*lat.-nlat.*] *die*; -: Schwellung, Anschwellung (Med.). **Tumor** [ugs. auch: *...or*; *lat.*] *der*; -s, ...oren (auch: ...ore): Geschwulst, Gewächs, Gewebswucherung (Medizin).

Tumuli: *Plural* von → Tumulus. **Tumult** *der*; -[e]s, -e: a) Lärm; Unruhe; b) Auflauf lärmender u. aufgeregter Menschen, Aufruhr. **Tumultuant** *der*; -en, -en: Unruhestifter; Ruhestörer, Aufrührer. **tumultuarisch**: lärmend, unruhig, erregt, wild, ungestüm, aufrührerisch. **tumultuieren**: lärmen; einen Auflauf erregen. **tumultuos** u. **tumultuös** [*lat.-fr.*]: heftig, stürmisch, aufgeregt, wild bewegt. **tumultuoso** [*lat.-it.*]: stürmisch, heftig, lärmend (Vortragsanweisung; Mus.). **Tumulus** [*lat.*] *der*; -, ...li: Hügelgrab

Tun|dra [*finn.-russ.*] *die*; -, ...ren: baumlose Kältesteppe jenseits der arktischen Waldgrenze

Tunell *das*; -s, -e: (südd., österr., schweiz.) Tunnel

tunen [*tjun^e^n*; *engl.*]: die Leistung eines Kraftfahrzeugmotors nachträglich erhöhen, einen Motor frisieren. **Tuner** *der*; -s, -: 1. a) Vorrichtung an einem Fernseh- oder Rundfunkgerät zur Einstellung des Frequenzkanals, Kanalwähler; b) das diese Vorrichtung enthaltende Bauteil. 2. (Jargon) Spezialist für Tuning

Tunica [*...ka*; *semit.-lat.*] *die*; -, ...cae [*...zä*]: 1. äußere Schicht des → Vegetationskegels der Pflanzen (Bot.); Ggs. → Corpus (2). 2. dünne Gewebsschicht der Haut (z. B. die Schleimhäute; Med.; Biol.). **Tunika** *die*; -, ...ken: 1. im Rom der Antike (urspr. ärmelloses) Untergewand für Männer u. Frauen. 2. über dem Kleid getragener [kürzerer] Überrock; ärmelloses, vorne offenes Übergewand, das mit Gürtel über einem festlichen Kleid aus dem gleichen Stoff getragen wird. **Tunikate** *die*; -, -n (meist Plural): Manteltier (Zool.)

Tuning [*tju...*; *engl.*] *das*; -s, -s: nachträgliche Erhöhung der Leistung eines Kraftfahrzeugmotors

Tunizella [*semit.-lat.*] *die*; -, ...llen: liturgisches Oberkleid des katholischen → Subdiakons

Tunnel [*gall.-mlat.-fr.-engl.*] *der*; -s, - (auch: -s): a) röhrenförmiges unterirdisches Bauwerk, bes. als Verkehrsweg durch einen Berg, unter einem Gewässer hindurch o. ä.; b) unterirdischer Gang; c) (beim Rugby bei einem Gedränge) freier Raum zwischen den Spielern; vgl. Tunell. **tunnelieren**: (österr.) (durch etwas hindurch) einen Tunnel bauen

Tupamaro [nach dem Inkakönig Túpac Amaru] *der*; -s, -s (meist Plural): uruguayischer Stadtguerilla

Tupeloholz [*indian.*; *dt.*] *das*; -es: Holz des tropischen Tupelobaumes. **Tupelostift** *der*; -[e]s, -e: Quellstift aus aufquellendem Holz des Tupelobaumes

Tupi [*indian.*] *das*; -: = Lingua geral (2)

Turas [aus fr. *tour* = „Umdrehung" u. niederd. *as* = „Achse"] *der*; -, -se: großes Kettenrad (z. B. beim Eimerkettenbagger)

Turba [*lat.*] *die*; -, ...bae [*...bä*]: in die Handlung eingreifender dramatischer Chor in Oratorien, Passionen u. geistlichen Schauspielen; Ggs. → Soliloquent

Turban [*pers.-türk.-mgr.-roman.*] *der*; -s, -e: aus einer kleinen Kappe u./od. einem darüber in bestimmter Weise um den Kopf gewundenen langen, schmalen Tuch bestehende Kopfbedekkung (bes. der Moslems u. Hindus)

Turbation [*...zion*; *lat.*] *die*; -, -en: (veraltet) Störung, Verwirrung, Beunruhigung. **Turbator** *der*; -s, ...oren: (veraltet) Unruhestifter, Aufwiegler. **Turbellarie** [*...i^e^*; *lat.-nlat.*] *die*; -, -n (meist Plural):

Strudelwurm. **turbieren** [*lat.*]: (veraltet) beunruhigen, stören. **turbinal** [*lat.-nlat.*]: gewunden (Techn.). **Turbine** [*lat.-fr.*] *die*; -, -n: aus Laufrad u. feststehendem Leitrad bestehende Kraftmaschine zur Erzeugung drehender Bewegung durch Ausnutzung der potentiellen Energie u. der Strömungskräfte von Gas, Wasser oder Dampf. **Turbodynamo** *der*; -s, -s: elektrischer Energieerzeuger (Generator), der unmittelbar mit einer Turbine gekoppelt ist. **Turbogenerator** *der*; -s, -en: = Turbodynamo. **Turbo-Prop-Flugzeug** [Kurzw.] *das*; -[e]s, -e: Flugzeug mit einem Triebwerk, bei dem die Vortriebskraft von einer Luftschraube u. zusätzlich von einer Schubdüse erzeugt wird. **Turboventilator** [*...wän...*] *der*; -s, -en: Kreisellüfter (Klimaanlage) mit geringem Druck. **turbulent**: 1. stürmisch, ungestüm, lärmend. 2. durch das Auftreten von Wirbeln gekennzeichnet, ungeordnet (Phys., Astron.; Meteor.). **Turbulenz** *die*; -, -en: 1. Wirbelbildung bei Strömungen in Gasen u. Flüssigkeiten (Phys.). 2. ungeordnete Wirbelströmung der Luft (Meteor.). 3. Unruhe; wildes Durcheinander, aufgeregte Bewegtheit; ungestümes Wesen

turca [*...ka*; *it.*]: = alla turca

Turf [engl. Ausspr.: *tö'f*; *engl.*] *der*; -s: a) Pferderennbahn; b) Pferderennen, Pferdesport

Turgeszenz [*lat.-nlat.*] *die*; -, -en: Anschwellung, Volumenzunahme von Geweben bzw. Organen durch vermehrten Blut- u. Flüssigkeitsgehalt (Med.). **turgeszieren** [*lat.*]: anschwellen infolge erhöhter Blut- bzw. Flüssigkeitszufuhr (von Geweben u. Organen; Med.). **Turgor** *der*; -s: 1. Spannungszustand, Flüssigkeitsdruck in einem Gewebe (Med.). 2. Druck des Zellsaftes auf die Pflanzenzellwand (Bot.)

Turillen *die* (Plural): = Tourills

Turingmaschine [*tjuring...*; nach dem brit. Mathematiker A. M. Turing (1912–1954)] *die*; -, -n: mathematisches Modell einer Rechenmaschine

Turione [*lat.*] *die*; -, -n: Überwinterungsknospe zahlreicher Wasserpflanzen (Bot.)

Turkbaff [*pers.*; „türkischer Knoten"] *der*; -[s], -s: ziemlich kurz geschorener Teppich mit vielstrahligem Stern als Mittelmedaillon. **Turkey** [*tö'ki*; *engl.*] *der*; -s, -s: (Jargon) durch Entzugserscheinungen gekennzeichneter körperlicher Zustand (Zittern usw.) von Drogenabhängigen, der eintritt, wenn die Wirkung des Rauschgifts nachläßt. **türkis** [*türk.-fr.*]: blaugrün, türkisfarben

Türkis [*türk.-fr.*]

I. *der*; -es, -e: blauer, auch grüner Edelstein (ein Mineral).

II. *das*; -: blaugrüne Farbe, blaugrüner Farbton

turkisieren [*türk.-nlat.*]: türkisch machen, gestalten. **Turkmene** [nach dem vorderasiatischen Volk der Turkmenen] *der*; -n, -n: turkmenischer Orientteppich.

Turko [*türk.-it.-fr.*] *der*; -s, -s: (hist.) farbiger Fußsoldat des französischen [Kolonial]heeres.

Turkologe [*türk.*; *gr.*] *der*; -n, -n: Wissenschaftler auf dem Gebiet der Turkologie. **Turkologie** *die*; -: Wissenschaft von sämtlichen Turksprachen u. -kulturen

Turmalin [*singhal.-fr.*] *der*; -s, -e: roter, grüner, brauner, auch schwarzer od. farbloser Edelstein (ein Mineral)

Turn [*tö'n*; *gr.-lat.-engl.*] *der*; -s, -s: 1. Kehre, hochgezogene Kurve im Kunstfliegen. 2. (Jargon) (bes. durch Haschisch, Marihuana bewirkter) Rauschzustand. **turnen** [*tö'n^en*]: 1. (Jargon) Rauschmittel zu sich nehmen, bes. Haschisch rauchen. 2. (ugs.) eine berauschende Wirkung haben. **Turnier** [*gr.-lat.-fr.*] *das*; -s, -e: 1. ritterliches Kampfspiel im Mittelalter. 2. ein von mehreren Einzelsportlern (z. B. im Tennis od. Reitsport) od. Mannschaften (z. B. Fußball, Handball) bestrittener Wettbewerb. **turnieren**: (veraltet) ein Turnier austragen.

Turnüre [*gr.-lat.-galloroman.-fr.*] *die*; -, -n: 1. (ohne Plural) (veraltet) gewandtes Benehmen. 2. (hist.) in der Damenmode Ende des 19. Jh.s übliches Gesäßpolster. **Turnus** [*gr.-lat.-mlat.*] *der*; -, -se: festgelegte, bestimmte Wiederkehr, Reihenfolge, regelmäßiger Wechsel; Umlauf; in gleicher Weise sich wiederholender Ablauf einer Tätigkeit

Turon [nach der franz. Stadt Tours (*tur*), lat. *civitas* (*ziwi...*) *Turonum*] *das*; -s: zweitälteste Stufe der oberen Kreide (Geol.). **turonisch**: das Turon betreffend

Turrizephalie [*lat.*; *gr.*] *die*; -, ...ien: Auftreten, Ausbildung einer abnorm hohen Schädelform; Turmschädel (Med.)

Turzismus [*türk.-nlat.*] *der*; -, ...men: türkische Spracheigentümlichkeit in einer nichttürkischen Sprache

tuschieren [*fr.*]: 1. ebene Metalloberflächen herstellen (durch Abschaben der erhabenen Stellen, die vorher durch das Aufdrücken von Platten, die mit Tusche bestrichen sind, sichtbar gemacht wurden). 2. (veraltet) beleidigen; vgl. touchieren

Tuskulum [*lat.*; nach der altröm. Stadt Tusculum] *das*; -s, ...la: 1. ruhiger, behaglicher Landsitz. 2. Lieblingsaufenthalt

Tussahseide [*Hindi*; *dt.*] *die*; -: Wildseide des Tussahspinners

Tussis [*lat.*] *die*; -: Husten (Med.)

Tutel [*lat.*] *die*; -, -en: Vormundschaft. **tutelarisch**: vormundschaftlich. **Tutiorismus** [*tuzio...*; *lat.-nlat.*] *der*; -: Haltung, die zwischen zwei Möglichkeiten immer die sicherere wählt (Religion; Philosophie). **Tutor** [*lat.*] *der*; -s, ...oren: 1. a) Leiter eines Tutoriums; b) Lehrer u. Ratgeber von Studenten (z. B. bei praktischer pädagogischer Ausbildung). 2. Vormund, Erzieher (röm. Recht.). **Tutorium** *das*; -s, ...rien [*...ri^en*]: ein → Seminar (2) begleitender, meist in einer kleineren Gruppe gehaltener Übungskurs an einer Universität

tutta la forza [*it.*; „die ganze Kraft"]: mit voller Kraft (Vortragsanweisung; Mus.). **tutte [le] corde** [- (-) *korde*]: alle Saiten, ohne Verschiebung (beim Klavier; Mus.). **tutti** [*lat.-it.*]: alle [Instrumenten- u. Gesangs]stimmen zusammen (Mus.). **Tutti** *das*; -[s], -[s]: alle Stimmen, volles Orchester (Mus.); Ggs. → Solo (1). **Tuttifrutti** [„alle Früchte"] *das*; -[s], -[s]: 1. Vielfruchtspeise; Süßspeise aus verschiedenen Früchten. 2. (veraltet) Allerlei, Durcheinander. **tutti quanti** [- *k^uq...*]: alle zusammen, ohne Ausnahme. **Tuttispieler** *der*; -s, - u. **Tuttist** *der*; -en, -en: bes. Streicher ohne solistische Aufgaben (Mus.)

Tutu [*tütü*; *fr.*] *das*; -[s], -s: kurzes Tanzröckchen, Ballettröckchen

Tweed [*twid*, engl. Ausspr.: *t^uid*; *engl.*] *der*; -s, -s u. -e: kräftiges, oft meliertes Woll- od. Mischgewebe mit kleiner Bindungsmusterung

Twen [anglisierende Bildung zu engl. *twenty* = „zwanzig"] *der*; -[s], -s: junger Mann, (seltener auch:) junges Mädchen in den Zwanzigern; vgl. Teen

Twill [*engl.*] *der*; -s, -s u. -e: geköperter Baumwollfutterstoff od. Seidenstoff, Feinköper

Twinset [*...ßät*; *engl.*] *der* od. *das*; -[s], -s: Pullover u. Jacke von gleicher Farbe u. aus gleichem Material

Twist
I. [*engl.*] *der*; -[e]s, -e: mehrfädiges Baumwoll[stopf]garn.
II. [*engl.-amerik.*] *der*; -s, -s: 1. aus den USA stammender Modetanz im $^4/_4$-Takt. 2. (Tennis) a) (ohne Plural) Drall eines geschlagenen Balls; b) mit Twist (2a) gespielter Ball. 3. Schraube (beim Turnen); Sprung mit ganzer Drehung um die Längsachse des gestreckten Körpers

twisten: Twist (II, 1) tanzen

Two-Beat [*tubit*; *engl.-amerik.*; „Zweischlag"] *der*; -: archaischer od. allgemein traditioneller Jazz, der dadurch charakterisiert ist, daß (vorwiegend) jeweils zwei von vier Taktteilen betont werden. **Two|step** [*tußtäp*; *engl.*; „Zweischritt"] *der*; -s, -s: schneller englischer Tanz im $^3/_4$-Takt

Tyche [*tüche*; *gr.*] *die*; -: Schicksal, Zufall, Glück. **Tychismus** [*gr.-nlat.*] *der*; -: Anschauung, nach der in der Welt der Zufall herrscht (bes. nach dem amerikanischen Philosophen Charles Peirce, 1839–1914)

Tycoon [*taikun*; *chin.-jap.-amerik.*] *der*; -s, -s: 1. sehr einflußreicher, mächtiger Geschäftsmann; Großkapitalist, Industriemagnat. 2. mächtiger Führer (z. B. einer Partei)

Tylom [*gr.*] *das*; -s, -e: Schwiele (Med.). **Tylose** u. **Tylosis** *die*; -, ...osen: das Auftreten von Tylomen (Med.)

Tympana: *Plural* von → Tympanon, → Tympanum. **Tympanalorgan** [*gr.-nlat.*] *das*; -s, -e: Gehörorgan der Insekten (Biol.). **Tympanie** u. **Tympanitis** *die*; -: Ansammlung von Gasen in inneren Organen, bes. Blähsucht bei Tieren (Med.; Zool.); vgl. Meteorismus. **Tympanon** [*gr.*] *das*; -s, ...na: oft mit Reliefs geschmücktes Giebelfeld, Bogenfeld über Portal, Tür od. Fenster. **Tympanum** [*gr.-lat.*] *das*; -s, ...na: 1. trommelartiges Schöpfrad in der Antike. 2. = Tympanon. 3. Paukenhöhle im Mittelohr (Med.). 4. Handpauke (Mus.)

Typ [*tüp*; *gr.-lat.*; „Schlag; Gepräge, Form; Muster"] *der*; -s, -en: 1. (ohne Plural) Urbild, Grundform, Beispiel (Philos.). 2. a) bestimmte psychische Ausprägung einer Person, die mit einer Gruppe anderer Personen eine Reihe von Merkmalen gemeinsam hat (Psychol.); b) als klassischer Vertreter einer bestimmten Kategorie von Menschen gestaltete, stark stilisierte, keine individuellen Züge aufweisende Figur (Literaturw., bildende Kunst). 3. Schlag, Menschentyp, Gattung. 4. Bauart, Muster, Modell (Techn.). 5. (Genitiv auch: -en; ugs.) eine bestimmte männliche Person (spiegelt die Einstellung des Sprechers – ablehnend od. wohlwollend – zu der Person wider). **Type** [*gr.-lat.-fr.*] *die*; -, -n: 1. gegossener Druckbuchstabe, Letter (Druckw.). 2. (ugs.) Mensch von ausgeprägt absonderlicher, schrulliger Eigenart; komische Figur. 3. Sortenbezeichnung für Müllereiprodukte. 4. (selten) Typ (4). **typen** [zu → Typ]: industrielle Artikel zum Zwecke der → Rationalisierung nur in bestimmten notwendigen Größen herstellen; vgl. typisieren. **Typen**: *Plural* von → Typ, → Type, → Typus. **Typenpsychologie** *die*; *die*; -: Richtung der Psychologie (Kretschmer, Jung, Jaensch u. a.), die sich mit den Typen der Persönlichkeit, des Charakters, des Körperbaus usw. befaßt

Ty|phlitis [*gr.-nlat.*] *die*; -, ...itiden: Blinddarmentzündung (Med.). **Ty|phlon** *das*; -s, ...la: Blinddarm (Med.). **Ty|phlotomie** *die*; -, ...ien: Blinddarmschnitt (Med.)

Typhoid [*gr.-nlat.*] *das*; -[e]s, -e: typhusähnliche Erkrankung (Med.). **Typhomanie** *die*; -: beim Typhus auftretende Fieberdelirien (Med.)

Typhon [Vermischung von gr.-lat. *typhon* = „Wirbelsturm" mit chin.-engl. *typhoon* (→ Taifun)]
I. [*...fon*] *das*; -s, -e: eine Schiffssirene.
II. [*tü...*] *der*; -s, ...one: (veraltet) Wirbelwind, Wasserhose

typhös [*gr.-nlat.*]: typhusartig; zum Typhus gehörend (Med.). **Typhus** *der*; -: mit schweren Bewußtseinsstörungen verbundene, fieberhafte Infektionskrankheit (Med.)

Typik [*gr.-nlat.*] *die*; -, -en: 1. die Wissenschaft vom Typ (2; Psychol.); vgl. Typologie (1). 2. (veraltet) Typologie (2). **Typikon** [*gr.-mgr.*] *das*; -s, ...ka: Buch mit liturgischen Festvorschriften u. Regeln in der orthodoxen Kirche. **typisch** [*gr.-lat.*]: 1. einen Typus betreffend, darstellend, kennzeichnend. 2. charakteristisch, bezeichnend, unverkennbar. 3. (veraltet) vorbildlich, mustergültig. **typisieren** [*gr.-nlat.*]: 1. typisch (1), als Typ, nicht als individuelle Person darstellen, auffassen. 2. nach Typen (vgl. Typ 2, 3) einteilen. 3. = typen. **Typizität** *die*; -, -en: charakteristische Eigenart, modellhafte Eigentümlichkeit. **Typogenese** *die*; -, -n: Formenbildung im Laufe der Stammesgeschichte (Biol.). **Typograph**[1] *der*; -en, -en: 1. Schriftsetzer. 2. ⓦ eine Zeilensetzmaschine. **Typo|graphie**[1] *die*; -, ...ien: 1. Buchdruckerkunst. 2. typographische Gestaltung (eines Druckerzeugnisses). **typo|graphisch**[1]: die Typographie betreffend. **Typologie** *die*; -, ...ien: 1. Wissenschaft, Lehre von der Gruppenzuordnung auf Grund einer umfassenden Ganzheit von Merkmalen, die den → Typ (2) kennzeichnen; Einteilung nach Typen (Psychol.). 2. Wissenschaft, Lehre von der Vorbildlichkeit alttestamentlicher Personen u. Ereignisse für das Neue Testament u. die christliche Kirche (z. B. Adam im Verhältnis zu Christus; Rel.). **typologisch**: die Typologie betreffend. **Typometer** *das*; -s, -: auf den → typographischen Punkt bezogene Meßvorrichtung im graphischen Gewerbe. **Typoskript** [*gr.*; *lat.*] *das*; -[e]s, -e: maschinegeschriebenes Manuskript (bes. als Satzvorlage; Buch-, Druckw.). **Typung** *die*; -, -en: das Typen. **Typus** [*gr.-lat.*] *der*; -, Typen: = Typ (1, 2)

Tyrann [*gr.-lat.*] *der*; -en, -en: 1. unumschränkter Gewaltherrscher. 2. Gewaltmensch, strenger, herrschsüchtiger Mensch, Peiniger. 3. nord- u. südamerikanischer, meist sehr gewandt u. schnell fliegender Schreivogel. **Tyrannei** [*gr.-lat.-fr.*] *die*; -: a) Herrschaft eines Tyrannen, Gewaltherrschaft; Willkür[herrschaft]; b) tyrannisches, willkürliches Verhalten; Unterdrückung. **Tyrannis** [*gr.-lat.*] *die*; -: 1. Gewaltherrschaft (bes. im alten Griechenland). 2. = Tyrannei (a). **tyrannisch**: gewaltsam, willkürlich, herrschsüchtig, herrisch, grausam, diktatorisch. **tyrannisieren** [*gr.-lat.-fr.*]: gewaltsam, willkürlich behandeln, unterdrücken, knechten, rücksichtslos beherrschen; quälen, anderen seinen Willen aufzwingen

Tyrolienne [*...iän*] vgl. Tirolienne

Tyrom [*gr.-nlat.*] *das*; -s, -e: käsige Lymphknotengeschwulst (Med.). **Tyrosin** *das*; -s: in den meisten Eiweißstoffen enthaltene → Aminosäure (Chem.). **Tyrosis** *die*; -: Verkäsung (Med.)

---

[1] Vgl. die Anmerkung zu Graphik.

U

Uakari [*Tupi*] *der*; -s, -s: Scharlachgesicht, 30 cm körperlanger Kurzschwanzaffe in den Urwäldern Südamerikas
Übermi|kro|skop [*dt.*; *gr.-nlat.*] *das*; -s, -e: = Elektronenmikroskop
ubi bene, ibi pa|tria [*lat.*]: wo es mir gutgeht, da ist mein Vaterland (Kehrreim eines Liedes von F. Hückstädt, der auf einen Ausspruch Ciceros zurückgeht). **Ubikation** [...*zion*] *die*; -, -en: (österr.) militärische Unterkunft, Kaserne. **Ubiquist** [*lat.-nlat.*] *der*; -en, -en: nicht an einen bestimmten → Biotop gebundene, in verschiedenen Lebensräumen auftretende Tier- od. Pflanzenart (Biol.). **ubiquitär**: überall verbreitet (bes. Biol.). **Ubiquität** *die*; -, -en: 1. (ohne Plural) Allgegenwart [Gottes od. Christi]. 2. in der Wirtschaft überall in jeder Menge erhältliches Gut. 3. (ohne Plural) das Nichtgebundensein an einen Standort (bes. Biol.)
Ucha [*ucha*; *russ.*] *die*; -: russ. Fischsuppe mit Graupen
Uchi-Mata [*utschi*...; *jap.*] *der*; -s, -s: innerer Schenkelwurf, bei dem das rechte Bein zwischen den Beinen des Gegners nach hinten durchgeschwungen u. der Gegner durch Zug beider Hände nach links vorn über die rechte Hüfte geworfen wird (Judo)
Ud [*arab.*; „Holz"] *die*; -, -s: Laute persischer Herkunft, die als Vorstufe der europäischen Laute gilt u. deren Saitenzahl heute 4–7 Paare beträgt
Uditore [*lat.-it.*] *der*; - u. -n, ...ri u. -n: päpstl. Richter, → Auditor
Udometer [*lat.*; *gr.*] *das*; -s, -: Regenmesser (Meteor.)
UFO, **Ufo** [Kurzw. aus: *u*nidentified *f*lying *o*bject (*anaidäntifaid flaiing obdschäkt*); *engl.*] *das*; -[s], -s: unbekanntes Flugobjekt. **Ufologe** [*engl.*; *gr.*] *der*; -n, -n: jmd., der Ufologie betreibt. **Ufologie** *die*; -: Beschäftigung mit Ufos
Uhertype [...*taip*; nach dem Ungarn Edmond Uher] *die*; -, -s: erste Lichtsetzmaschine (Druckw.)
Ukas [*russ.*] *der*; ses, -se (älter: -es, -e): 1. Anordnung, Befehl. 2. (hist.) Erlaß des Zaren
Ukelei [*slaw.*] *der*; -s, -e u. -s: ein Weißfisch, aus dessen Schuppen Perlenessenz (Perlmutterlack) gewonnen wird
Ukulele [*hawaiisch*; „hüpfender Floh"] *die* od. *das*; -, -n: aus Hawaii stammende, in der Unterhaltungsmusik für Vibrato- u. Glissandoeffekte verwendete kleine → Gitarre mit vier Saiten
Ulan [*türk.-poln.*] *der*; -en, -en: früher: [leichter] Lanzenreiter. **Ulanka** *die*; -, -s: Waffenrock der Ulanen (kurzschößiger Rock mit zwei Knopfreihen)
Ulcus [...*kuß*; *lat.*] *das*; -, ...cera [...*ze*...]: = Ulkus
Ulema [*arab.-türk.*; Plural: „die Gelehrten" (als Stand)] *der*; -s, -s: islam. Rechts- u. Gottesgelehrter
Ulitis [*gr.-nlat.*] *die*; -, ...itiden: Zahnfleischentzündung (Med.)
Ulkus [*lat.*] *das*; -, Ulzera: Geschwür (Med.)
Ulmazeen [*lat.-nlat.*] *die* (Plural): zusammenfassende systematische Bezeichnung für die Ulmengewächse (Bot.)
Ulna [*lat.*] *die*; -, Ulnae [...*nä*]: Elle, Ellbogenknochen, Röhrenknochen des Unterarms (Anat.). **ulnar** [*lat.-nlat.*]: zur Elle gehörend, auf sie bezüglich (Med.). **Ulnaris** *der*; -: Ellennerv, ein Unterarmnerv (Med.)
Ulose [*gr.-nlat.*] *die*; -, -n: Narbenbildung (Med.)
Ulo|thrix [*gr.*] *die*; -: Kraushaaralge (Grünalge)
Ultima [*lat.*] *die*; -, ...mä und ...men: letzte Silbe eines Wortes (Sprachw.). **Ultima ratio** [- ...*zio*] *die*; - -: letztes, äußerstes Mittel, letztmöglicher Weg, wenn nichts anderes mehr Aussicht auf Erfolg hat. **ultimativ** [*lat.-nlat.*]: in Form eines Ultimatums; nachdrücklich. **Ultimatum** *das*; -s, ...ten u. -s: [auf diplomatischem Wege erfolgende] Aufforderung [eines Staates an einen anderen], binnen einer Frist eine schwebende Angelegenheit befriedigend zu lösen [unter der Androhung harter Maßnahmen, falls der Aufforderung nicht entsprochen wird]. **Ultimen**: *Plural* von → Ultima. **ultimo** [*lat.*]: am Letzten [des Monats]; Abk.: ult. **Ultimo** *der*; -s, -s: Letzter [des Monats]
Ul|tra [*lat.*] *der*; -s, -s: politischer → Extremist. **Ul|trafax** [*lat.-nlat.*] *das*; -, -e: Methode und Gerät zur drahtlosen Übertragung von Bildern in Originalgröße (auch Mikrofilme). **Ul|trafiche** [...*fisch*; *lat.*; *fr.*] *das* od. *der*; -s, -s: Mikrofilm mit stärkster Verkleinerung. **Ul|traismo** [*lat.-span.*] *der*; -: Bewegung in der span. u. lateinamerik. Dichtung um 1920, die die Lyrik rein auf die Bildwirkung aufbaute. **Ul|traist** *der*; -en, -en: Vertreter des Ultraismo. **ul|tramarin** [*lat.-nlat.*]: kornblumenblau. **Ul|tramarin** *das*; -s: urspr. aus Lapislazuli gewonnene, leuchtendblaue Mineralfarbe. **ul|tramontan** [„jenseits der Berge (Alpen)"]: streng päpstlich gesinnt. **Ul|tramontane** *der*; -n, -n: strenger Katholik. **Ul|tramontanismus** *der*; -: streng päpstliche Gesinnung (bes. im ausgehenden 19. Jh.). **ul|tramundan** [*lat.*]: über die Welt hinausgehend, jenseitig (Philos.). **ul|tra posse nemo obligatur**: Unmögliches zu leisten, kann niemand verpflichtet werden (Rechtssatz des röm. Rechts). **ul|trarot** [*lat.*; *dt.*]: = infrarot. **Ul|trarot** *das*; -s: = Infrarot. **Ul|trarotphotome|trie** [*lat.*; *dt.*; *gr.-nlat.*] *die*; -: 1. Messung der Sternhelligkeit unter Ausnutzung roter u. ultraroter (infraroter) Strahlung, die starke Nebel (od. andere interstellare Materien) durchdringen kann (Astron.). 2. photometrische Messung der Ultrarotabsorption chemischer Verbindungen (Chem.). **Ul|traschall** [*lat.*; *dt.*] *der*; -[e]s: Schall mit Frequenzen von mehr als 20 Kilohertz (vom menschlichen Ohr nicht mehr wahrnehmbar); Ggs. → Infraschall. **Ul|trasono|graphie** [*lat.*; *gr.*] *die*; -, -ien: Aufzeichnung von durch Ultraschall gewonnenen diagnostischen Ergebnissen (Med.). **Ul|trasono|skop** *das*; -s, -e: Ultraschallwellen ausstrahlendes Gerät, durch dessen Echosignale diagnostische Ergebnisse gewonnen werden. **Ul|trastrahlung** [*lat.*; *dt.*] *die*; -: kosmische Höhenstrahlung. **ul|traviolett** [...*wi-olät*]: im Spektrum an Violett anschließend; Abk.: UV. **Ul|traviolett** *das*; -s: unsichtbare, im Spektrum an Violett anschließende Strahlung mit kurzer Wellenlänge (unter 0,0004 mm) u. starker chemischer u. biologischer Wirkung
Ulzera: *Plural* von → Ulkus. **Ulzeration** [...*zion*; *lat.*] *die*; -,-en: Geschwürbildung (Med.). **ulzerieren**: geschwürig werden (Med.). **ulzerös**: geschwürig (Med.)
Umbellifere [*lat.-nlat.*] *die*; -, -n (meist Plural): Doldengewächs (Bot.). **Umbelli|floren** *die* (Plural): zusammenfassende systematische Bezeichnung für die Doldenblütler (Bot.). **Umber** *der*; -s, -n: 1. Speisefisch des Mittelmeeres. 2. (ohne Plural): = Umbra (2)
Umbilicus [...*kuß*; *lat.*, „Nabel"]

der; -, ...ci [...*zi*]: Kopf des Stabes, um den in der Antike die Buchrolle aus Papyrus gewickelt wurde

Um|bra [*lat.*; „Schatten"] *die*; -: 1. dunkler Kern eines Sonnenflecks, der von der helleren → Penumbra umgeben ist. 2. Erdbraun, braune Malerfarbe aus eisen- od. manganhaltigem Ton. **Um|bralglas** [*lat.*; *dt.*] *das*; -es: Schutzglas für Sonnenbrillen gegen Ultraviolett u. Ultrarot

Umiak [*eskim.*] *der* od. *das*; -s, -s: mit Fellen bespanntes, offenes Boot der Eskimofrauen; vgl. Kajak

umoristico [...*ko*; *lat.-it.*]: heiter, lustig, humorvoll (Vortragsanweisung; Mus.)

Umpire [*ampaiᵉr*; *lat.-fr.-engl.*] *der*; -, -s: Schiedsrichter bei Boxkämpfen

una corda [- *ko*...; *it.*; „auf einer Saite"]: Bezeichnung für den Gebrauch des Pedalzuges am Flügel, durch den die Hämmerchen so verschoben werden, daß sie statt drei nur zwei od. eine Saite anschlagen, wodurch ein sanfter, gedämpfter Ton entsteht (Mus.)

un|anim [*lat.-fr.*]: einhellig, einmütig. **Un|animismus** [*lat.-fr.-nlat.*] *der*; -: Anfang des 20. Jh.s eine literarische Richtung in Frankreich, die das kollektive Dasein als beseelte Einheit begreift, aus der allein eine neue, der Gegenwart verpflichtete Literatur hervorgehen kann. **Un|animität** [*lat.-fr.*] *die*; -: Einhelligkeit, Einmütigkeit

Una Sancta [*lat.*; „eine heilige"] *die*; - -: die eine heilige katholische und apostolische Kirche (Selbstbezeichnung der röm.-kath. Kirche); vgl. Apostolikum (1). **Una-Sancta-Bewegung** [*lat.*; *dt.*] *die*; -: kath. Form der ökumenischen Bewegung, die neben der interkonfessionellen → Irenik auf die Herausarbeitung der dogmatischen, moralischen, institutionellen, sozialen u. konfessionellen Gemeinsamkeiten u. Gegensätze bedacht ist

Unau [*bras.-fr.*] *das*; -s, -s: südamerik. Faultier mit zweifingerigen Vordergliedmaßen

Un|cle Sam [*ankl ßäm*; *engl.*; „Onkel Samuel"; nach der ehemaligen amtlichen Bezeichnung U.S.-Am. für die USA]: scherzh. symbolische Bezeichnung für die USA, bes. für die Regierung

Undation [...*zion*; *lat.*; „das Wellenschlagen, Überwallen"] *die*; -, -en: Großfaltung der Erdrinde (Geol.).

Underdog [*andᵉr*...; *engl.*] *der*; -s, -s: zu Unrecht Verfolgter od. Benachteiligter

Under|flow [*andᵉrfloᵘ*; *engl.*] *der*; -s, -s: (bei einer maschinellen Berechnung) Auftreten eines Zahlenwertes, der kleiner ist als die kleinste dort darstellbare Zahl

Under|ground [*andᵉrgraund*; *engl.*] *der*; -s: 1. Gruppe, Organisation außerhalb der etablierten Gesellschaft. 2. avantgardistische künstlerische Protestbewegung gegen das kulturelle → Establishment

Understatement [*andᵉrßteᶦtmᵉnt*; *engl.*] *das*; -s, -s: a) das Untertreiben, Unterspielen; b) in der modernen Schauspielkunst u. in der Literatur (bes. bei Hemingway) nüchterne, unpathetische, andeutende Ausdrucksform

Under|writer [*andᵉraitᵉr*; *engl.*] *der*; -s, -: in England diejenige Firma, die sich verpflichtet, einen nicht unterzubringenden Teil einer → Emission (1) selbst zu übernehmen

Undezime [auch: ...*zi*...; *lat.*] *die*; -, -n: der elfte Ton vom Grundton an (die Quart der Oktave; Mus.)

Undine [*lat.-nlat.*] *die*; -, -n: weiblicher Wassergeist. **Undo|graph** [*lat.*; *gr.*] *der*; -en, -en: Gerät zur Aufnahme u. graphischen Darstellung von Schallwellen (Phys.). **Undulation** [...*zion*; *lat.-nlat.*] *die*; -, -en: 1. Wellenbewegung, Schwingung (Phys.). 2. Sattel- u. Muldenbildung durch → Orogenese (Geol.); vgl. Ondulation. **Undulator** *der*; -s, ...oren: Instrument zur Aufzeichnung empfangener Morsezeichen bei langen Telegrafenkabeln (z. B. Seekabel). **undulatorisch**: in Form von Wellen, wellenförmig (Phys.). **undulieren**: wellenartig verlaufen, hin u. her wogen (Med.; Biol.)

UNESCO [...*ko*; *engl.*; Kurzw. aus: United Nations Educational, Scientific and Cultural Organization (*junaitid neᶦschᵉns ädjukeᶦschᵉnᵉl, ßaiᵉntifik ᵉnd kaltschᵉrᵉl oʳgᵉnaiseᶦschᵉn*)] *die*; -: Organisation der Vereinten Nationen für Erziehung, Wissenschaft u. Kultur

ungherese [*ungge*...; *it.*]: ungarisch (Mus.); vgl. all' ongharese

Unguentum [*lat.*] *das*; -s, ...ta: Salbe; Abk. [auf Rezepten]: Ungt.

Ungulat [*lat.*] *der*; -en, -en (meist Plural): Huftier (Zool.)

uni [*üni*; *lat.-fr.*; „einfach; eben"]: einfarbig, nicht gemustert

Uni

I. [*üni, üni*] *das*; -s, -s: einheitliche Farbe.

II. [*uni*; *lat.*] *die*; -, -s: (ugs.) Kurzform von → Universität

unieren: vereinigen (bes. in bezug auf Religionsgemeinschaften). **Unifikation** [...*zion*; *lat.-mlat.*] *die*; -, -en: = Unifizierung; vgl. ...[at]ion/...ierung. **unifizieren**: vereinheitlichen, in eine Einheit, Gesamtheit verschmelzen (z. B. Staatsschulden, Anleihen). **Unifizierung** *die*; -, -en: Konsolidierung, Vereinheitlichung, Vereinigung (z. B. von Staatsschulden, Anleihen); vgl. ...[at]ion/...ierung. **uniform** [*lat.-fr.*]: gleich-, einförmig; gleichmäßig, einheitlich. **Uniform** [auch: *uni*...] *die*; -, -en: einheitliche Dienstkleidung, bes. des Militärs, aber auch der Eisenbahn-, Post-, Forstbeamten u. a.; Ggs. → Zivil. **uniformieren**: 1. einheitlich einkleiden, in Uniformen stecken. 2. gleichförmig machen. **Uniformismus** [*lat.-fr.-nlat.*] *der*; -: das Streben nach gleichförmiger, einheitlicher Gestaltung. **Uniformist** *der*; -en, -en: jmd., der alles gleichförmig gestalten will. **Uniformität** [*lat.-fr.*] *die*; -, -en: Einförmigkeit, Gleichförmigkeit (z. B. im Denken u. Handeln). **Unika**: *Plural* von → Unikum. **unikal** [*lat.-nlat.*]: 1. nur einmal vorhanden. 2. einzigartig. **Unikat** [*lat.-nlat.*] *das*; -[e]s, -e: a) einzige Ausfertigung eines Schriftstücks im Unterschied zum → Duplikat u. → Triplikat; b) = Unikum (1); c) einziges Kunstwerk seiner Art. **Unikum** [*lat.*] *das*; -s, ...ka (auch: -s): 1. (Plural: ...ka) nur in einem Exemplar vorhandenes Erzeugnis der graphischen Künste. 2. (Plural: -s): (ugs.) origineller Mensch, der oft auf andere belustigend wirkt. **unilateral** [*lat.-nlat.*]: einseitig, nur aur einer Seite. **unilokulär**: einkammerig, nur aus einer blasenförmigen Zyste bestehend (Med.).

Unio mystica [- ...*ka*; *lat.*; *gr.-lat.*] *die*; - -: die geheimnisvolle Vereinigung der Seele mit Gott als Ziel der Gotteserkenntnis in der → Mystik. **Union** [*lat.*] *die*; -, -en: Bund, Vereinigung, Verbindung (bes. von Staaten u. von Kirchen mit verwandten Bekenntnissen). **Unionist** [*lat.-nlat.(-engl.)*] *der*; -en, -en: 1. Anhänger einer Union. 2. (hist.) Gegner der → Konföderierten im nordamerikanischen Bürgerkrieg. 3. (hist.) in England Liberaler, der sich wegen Gladstones [*glädßtoᵘns*] Politik von seiner Partei lossagte u. den Konservativen anschloß. **Union Jack** [*jun-j^en dsehäk*; *engl.*] *der*; - -s, - -s: Nationalflagge Großbritanniens. **Unionssowjet** [*russ.*] *der*; -[s]: die für die Belange der ganzen Sowjetunion zuständige Kammer (unitarische Organe) des [aus zwei Kammern bestehenden] Obersten Sowjets. **unipetal** [(*lat.*; *gr.*) *nlat.*]: einblättrig (in bezug auf Pflanzen; Bot.). **unipolar**: einpolig, den elektrischen Strom nur in einer Richtung leitend. **Unipolarmaschine** *die*; -, -n: Maschine zur Entnahme starker Gleichströme bei kleiner Spannung. **Unisex** *der*; -[es]: (in bezug auf die beiden Geschlechter Mann und Frau) gegenseitiges Angeglichensein, Einheitlichkeit, Übereinstimmung bes. im Äußeren, so daß die sexuellen Unterschiede nicht mehr deutlich in Erscheinung treten. **unisexuell**: 1. den Unisex betreffend. 2. eingeschlechtlich. 3. = homosexuell. **unison** [*lat.-it.*]: auf demselben Ton od. in der Oktave [singend od. spielend] (Mus.). **Unisoni** [auch: *uni...*]: *Plural* von → Unisono. **unisono** [auch: *uni...*]: auf demselben Ton od. in der Oktave [zu spielen] (d. h., daß nur eine Stimme in der Partitur aufgezeichnet ist; Mus.). **Unisono** [auch: *uni...*] *das*; -s, -s u. ...ni: Einklang (alle Stimmen singen od. spielen denselben Ton od. in der Oktave); Ggs. → Heterophonie. **Unit** [*junit*; *engl.*] *die*; -, -s: 1. [Lern]einheit in Unterrichtsprogrammen. 2. fertige Einheit eines technischen Gerätes. 3. Gruppe, Team. **unitär** [*lat.-nlat.*]: = unitarisch. **Unitarier** [*...i^er*] *der*; -s, -: (hist.) Vertreter einer nachreformatorischen kirchlichen Richtung, die die Einheit Gottes betont u. die Lehre von der → Trinität teilweise od. ganz verwirft; Ggs. → Trinitarier; vgl. Sozinianer. **unitarisch**: 1. Einigung bezweckend oder erstrebend. 2. die Lehre der Unitarier betreffend. **Unitarisierung** *die*; -: = Unitarismus (1). **Unitarismus** *der*; -: 1. das Bestreben, innerhalb eines Bundesstaates die Befugnisse der Bundesbehörden gegenüber den Ländern zu erweitern u. damit die Zentralgewalt zu stärken. 2. theolog. Lehre der Unitarier. 3. Lehre von der ursächlichen Übereinstimmung verschiedener Krankheitsformen (Med.). **Unitarist** *der*; -en, -en: Vertreter des Unitarismus. **unitaristisch**: den Unitarismus betreffend. **Unität** [*lat.*] *die*; -, -en: 1. Einheit, Übereinstimmung. 2. Brüderunität (eine pietist. Freikirche). 3. Kurzw. für: Universität. **Unitätslehre** [*lat.*; *dt.*] *die*; -: = Unitarismus (3). **unitonico** [*...ko*; *lat.-it.*]: in einer Tonart (Musik). **univalent** [*...wa...*; *lat.-nlat.*]: einwertig (Chem.). **Univerbierung** [*...wär...*] *die*; -, -en: das Zusammenwachsen zweier Wörter zu einem einzigen, meist ohne Bedeutungsspezialisierung (z. B. obschon aus „ob" u. „schon"). **universal** [*lat.-fr.*]: allgemein, gesamt; [die ganze Welt] umfassend, weltweit; vgl. ...al/...ell. **Universal** [*lat.*] *das*; -[s]: früher → Panroman genannte Welthilfssprache. **Universale** *das*; -s, ...lien [*...li^en*] (meist Plural): auf Verschiedenes in gleichem Sinne zutreffender Begriff, Gattungsbegriff; etw., was ganz allgemein gegeben ist. **Universalempfänger** *der*; -s, -: Person mit der Blutgruppe AB, auf die Blut beliebiger Gruppenzugehörigkeit übertragen werden kann (Med.); vgl. Universalspender. **Universalepiskopat** *der* od. *das*; -[e]s, -e: oberste bischöfl. Gewalt des Papstes über die kath. Kirche. **Universalie** [*...i^e*; *lat.*] *die*; -, -n (meist Plural): a) allgemeingültige Aussage; b) (Plural) die fünf obersten Allgemeinbegriffe in der Scholastik (Philos.); c) Gattungsbegriff. **Universalismus** [*lat.-nlat.*] *der*; -: 1. Denkart, die den Vorrang des Allgemeinen, des Ganzen gegenüber dem Besonderen u. Einzelnen betont, bes. die Staats- u. Gesellschaftsauffassung von O. Spann. 2. theologische Lehre, nach der der Heilswille Gottes die ganze Menschheit umfaßt; Ggs. → Prädestination (1). **Universalisten** *die* (Plural): zu einer amerik. kirchlichen Gruppe gehörender Anhänger des Universalismus (2). **Universalität** [*lat.*] *die*; -: 1. Allgemeinheit, Gesamtheit. 2. Allseitigkeit, alles umfassende Bildung. **Universal|prinzip** *das*; -s: im Unterschied zum Territorialitäts- u. → Personalitätsprinzip der Grundsatz der Weltrechtspflege, nach dem ein Staat auch die von Ausländern im Ausland begangenen Straftaten zu verfolgen habe (Rechtsw.). **Universal|spender** [*lat.*; *dt.*] *der*; -s, -: Person mit der Blutgruppe 0, die (im Rahmen des AB0-Systems) mit gewissen Einschränkungen für jeden Blut spenden kann (Med.); vgl. Universalempfänger. **Universalsukzession** *die*; -, -en: Gesamterbfolge, Eintritt eines od. mehrerer Erben in das Gesamtvermögen des Erblassers (Rechtsw.). **universell**: umfassend, weitgespannt; vgl. ...al/...ell. **Universiade** [*lat.-nlat.*] *die*; -, -n: internationale Studentenwettkämpfe mit Weltmeisterschaften in verschiedenen sportlichen Disziplinen. **Universismus** *der*; -: Anschauung bes. des chinesischen → Taoismus, daß die Welt eine Einheit sei, in die der Einzelmensch sich einordnen müsse. **universitär**: die Universität betreffend. **Universitas litterarum** [*lat.*; „Gesamtheit der Wissenschaften"] *die*; - -: lat. Bezeichnung für: Universität. **Universität** *die*; -, -en: wissenschaftliche Hochschule. **Universum** *das*; -s: das zu einer Einheit zusammengefaßte Ganze; das Weltall. **univok** [*...wok*; „einstimmig"]: eindeutig, einnamig (Philos.). **Univozität** [*lat.-nlat.*] *die*; -: Eindeutigkeit, Einnamigkeit (Philos.)

Unktion [*...zion*; *lat.*] *die*; -, -en: Einreibung, Einsalbung (Med.)

uno actu [- *aktu*; *lat.*]: in einem Akt, ohne Unterbrechung

un pochettino [- *pokä...*; *lat.-it.*]: ein klein wenig (Mus.). **un poco** [- *poko*]: ein wenig, etwas (Mus.)

unus pro multis [*lat.*]: „einer für viele"

Unziale [*lat.*] *die*; -, -n: 1. mittelalterliche griech. u. röm. Buchschrift aus gerundeten Großbuchstaben. 2. = Initiale (Druckw.)

Upanischad [*sanskr.*; „(geheime, belehrende) Sitzung"] *die*; -, ...aden (meist Plural): zum → wedischen Schrifttum gehörende philosophisch-theologische Abhandlung über die Erlösung des Menschen

Upas [*malai.*] *das*; -: als Pfeilgift verwendeter Milchsaft eines javan. Baumes

Uperisation [*...zion*; Kurzw. aus: *Ultrapasteurisation*] *die*; -, -en: Milchkonservierungsverfahren, bei dem in entgaste u. vorgewärmte Milch Dampf eingeleitet wird. **uperisieren**: durch Uperisation keimfrei machen

Uppercut [*ap^erkat*; *engl.*] *der*; -s, -s: Aufwärtshaken (Boxen). **Upper ten** [*ap^er tän*] *die* (Plural): die oberen Zehntausend, Oberschicht. **up to date** [*ap tu deⁱt*]: (häufig scherzh.) zeitgemäß, auf der Höhe, auf dem neuesten Stand

Ur|ämie [*gr.-nlat.*] *die*; -, ...ien: Harnvergiftung (Med.). **urämisch**: harnvergiftet (Med.)

Uran [*gr.-lat.-nlat.*; nach dem Planeten Uranus] *das*; -s: chem. Grundstoff, Metall; Zeichen: U. **Uranismus** [*gr.-lat.-nlat.*; von Urania, dem Beinamen der altgriech. Liebesgöttin Aphrodite] *der*; -: Homosexualität zwischen Männern. **Uranist** *der*; -en, -en: Homosexueller. **Urano|graphie** [*gr.*] *die*; -: Himmelsbeschreibung. **Uranola|trie** [*gr.-nlat.*] *die*; -: göttliche Verehrung der Himmelskörper. **Uranologie** *die*; -: (veraltet) Himmelskunde. **Urano|me|trie** *die*; -, ...ien: 1. Messung der Sternörter. 2. Sternkatalog. 3. kartographische Festlegung der Fixsternörter. **Uranoskop** *das*; -s, -e: (veraltet) Fernrohr zur Beobachtung des Sternhimmels und seiner Vorgänge. **Urano|skopie** *die*; -: (veraltet) Himmelsbeobachtung. **Uranpechblende** [*gr.-lat.-nlat.*; *dt.*] *die*; -: radiumhaltiges Mineral. **Uranpile** [...*pail*] *der*; -s, -s: = Reaktor

Urat [*gr.-nlat.*] *das*; -[e]s, -e: Salz der Harnsäure (Chem.). **uratisch**: mit der Harnsäure zusammenhängend, durch sie hervorgerufen (Med.)

Uräusschlange [*gr.-nlat.*; *dt.*] *die*; -, -n: afrikanische Hutschlange (Giftnatter; als Sonnensymbol am Diadem der altägypt. Könige)

urban [*lat.*; „städtisch"]: 1. gebildet u. weltgewandt, weltmännisch. 2. für die Stadt charakteristisch, in der Stadt üblich. **Urbanisation** [...*zion*; *lat.-nlat.*] *die*; -, -en: 1. durch städtebauliche Erschließung entstandene moderne Stadtsiedlung (zur Nutzung durch Tourismus od. Industrie). 2. städtebauliche Erschließung. 3. Verstädterung; Verfeinerung; vgl. ...[at]ion/...ierung. **urbanisieren**: 1. städtebaulich erschließen. 2. verfeinern; verstädtern. **Urbanisierung** *die*; -, -en: das Urbanisieren; vgl. ...[at]ion/...ierung. **Urbanistik** *die*; -: Wissenschaft des Städtewesens. **Urbanität** [*lat.*] *die*; -: Bildung, feine, weltmännische Art

urbarial [*dt.-nlat.*]: das Urbarium betreffend. **urbarisieren**: (schweiz.) urbar machen. **Urbarium** *das*; -s, ...ien [...*iᵉn*]: im späten Mittelalter das Grund-, Grundsteuer- und Hypothekenbuch

urbi et orbi [*lat.*; „der Stadt (= Rom) u. dem Erdkreis"]: Formel für päpstliche Erlasse u. Segensspendungen, die für die ganze kath. Kirche bestimmt sind; etwas - - - verkünden: etwas aller Welt mitteilen. **Urbs aeterna** [-ät...] *die*; - -: die Ewige Stadt (Rom)

Urdu [*Hindi*] *das*; -: neuindische Sprache, die in Pakistan als Amtssprache gilt

Urea [*gr.-nlat.*] *die*; -: Harnstoff (Med.). **Urease** *die*; -, -n: Harnstoff spaltendes → Enzym (Med.). **Ureat** *das*; -[e]s, -e: = Urat

Uredo|sporen [*lat.*; *gr.*] *die* (Plural): Sommersprossen der Rostpilze (Bot.)

Ureid [*gr.-nlat.*] *das*; -[e]s, -e: jede vom Harnstoff abgeleitete chem. Verbindung. **Ureometer** *das*; -s, -: Apparat zur Bestimmung des Harnstoffs. **Urese** [*gr.*] *die*; -: das Harnen (Med.). **Ureter** *der*; -s, ...teren (auch: -): Harnleiter (Med.). **Ureteritis** [*gr.-nlat.*] *die*; -, ...itiden: Harnleiterentzündung (Med.). **Urethan** *das*; -s, -e: in vielen Arten vorkommender → Ester einer ammoniakhaltigen Säure, der u. a. als Schädlingsbekämpfungs- u. Schlafmittel verwendet wird (Chemie). **Ure|thra** [*gr.-lat.*] *die*; -, ...thren: Harnröhre (Medizin). **ure|thral** [*gr.-lat.-nlat.*]: zur Harnröhre gehörend, sie betreffend (Med.). **Ure|thral|erotik** *die*; -: von sexuellen Lustgefühlen begleitetes Urinieren (Psychoanalyse). **Ure|thralgie** [*gr.-nlat.*] *die*; -, ...ien: = Urethrodynie. **Ure|thrismus** *der*; -: Harnröhrenkrampf (Med.). **Urethritis** *die*; -, ...itiden: Harnröhrenentzündung (Med.). **Urethrodynie** *die*; -, ...ien: → Neuralgie der Harnröhre (Med.). **Ure|thror|rhö**[1] *die*; -, -en u. **Ure|thror|rhöe** [...*rö*] *die*; -, -n [...*röᵉn*]: Harnröhrenausfluß (Med.). **Ure|thro|skop** *das*; -s, -e: Instrument zur Ausleuchtung der Harnröhre (Med.). **Ure|throtomie** *die*; -, ...ien: äußerer Harnröhrenschnitt (Med.). **Ure|throzele** *die*; -, -n: sackförmige Ausstülpung der Harnröhre (Med.). **uretisch** [*gr.-lat.*]: harntreibend (Med.)

urgent [*lat.*]: unaufschiebbar, dringend, eilig. **Urgenz** [*lat.-mlat.*] *die*; -, -en: Dringlichkeit. **urgieren** [*lat.*]: (bes. österr.) drängen; nachdrücklich betreiben

Urhi|drose [*gr.-nlat.*] u. Uri|drose *die*; -, -n: Absonderung eines harnstoffreichen Schweißes (Med.)

Urian [Herkunft unbekannt] *der*; -s, -e: a) (veraltet, abwertend) unwillkommener, unliebsamer Mensch; b) (ohne Plural) der Teufel

Uriasbrief [nach dem von David in den Tod geschickten Gemahl der Bathseba, 2. Samuelis 11] *der*; -[e]s, -e: Brief, der dem Überbringer Unheil bringt

Uri|drose vgl. Urhidrose. **Urikämie** [*gr.-nlat.*] *die*; -, ...ien: krankhafte Erhöhung der Harnsäure im Blut (Med.). **Urin** [*lat.*] *der*; -s, -e: von den Nieren abgesonderte Flüssigkeit, die sich in der Blase sammelt u. durch die Harnröhre ausgeschieden wird (wird im Unterschied zu Harn meist auf die bereits ausgeschiedene Flüssigkeit angewandt, z. B. - für eine Untersuchung abgeben). **urinal**: den Urin betreffend, zum Urin gehörend. **Urinal** *das*; -s, -e: 1. Uringlas, Urinflasche. 2. (in Herrentoiletten) an der Wand befestigtes Becken zum Urinieren. **urinieren**: harnen. **urinös** [*lat.-nlat.*]: urinähnlich; harnstoffhaltig

Urlinde [Umbildung aus → Urninde] *die*; -, -n: lesbische Frau, die sexuell die aktive Rolle spielt

Urninde [gelehrte Bildung zum Beinamen der altgriech. Liebesgöttin Aphrodite [Urania] *die*; -, -n: Frau mit gleichgeschlechtlicher Neigung. **Urning** *der*; -s, -e: = Uranist. **urnisch**: gleichgeschlechtlich veranlagt

Urobilin [(*gr.*; *lat.*) *nlat.*] *das*; -s: Gallenfarbstoff im Harn. **Urobilinogen** [*gr.*; *lat.*; *gr.*] *das*; -s: Vorstufe des Urobilins. **Urobilinogen|urie** *die*; -, ...ien: vermehrte Ausscheidung von Urobilinogen im Harn (Med.). **Urobilin|urie** *die*; -, ...ien: vermehrte Ausscheidung von Urobilin im Harn (Med.)

Uroboros [*gr.*; „Schwanzfresser"] *der*; -: 1. die Ewigkeit im Symbol der sich in den Schwanz beißenden u. sich selbst zeugenden Schlange. 2. Symbol für das ursprüngliche Enthaltensein des Ich im Unbewußten. **Uroborosinzest** *der*; -s: die symbolische Form der Selbstaufgabe, der Rückkehr in den → Uroboros (1)

Urochesie [...*che*...; *gr.-nlat.*] *die*; -, ...ien: Ausscheidung des Harns aus dem After (z. B. bei angeborenen Mißbildungen; Med.). **Urochrom** [...*krom*] *das*; -s: normaler gelber Harnfarbstoff (Med.). **Urodynie** *die*; -, ...ien: schmerzhaftes Harnlassen (Med.). **urogenital** [*gr.*; *lat.*]: Harn- u. Geschlechtsorgane betreffend, zu ihnen gehörend (Med.). **Urohämatin** [*gr.*-

[1] Vgl. die Anmerkung zu Diarrhö.

nlat.] *das*; -s: Harnfarbstoff. **Urolalie** *die*; -, ...ien: Verwendung unflätiger Ausdrücke aus dem Harnbereich. **Urolith** [auch: *...it*] *der*; -s u. -en, -e[n]: Harnstein (Med.). **Urolithiasis** *die*; -, ...iasen: Neigung zur Harnsteinbildung (Med.). **Urologe** *der*; -n, -n: Facharzt für Krankheiten der Harnorgane. **Urologie** *die*; -: Wissenschaft von den Krankheiten der Harnorgane. **urologisch**: Krankheiten der Harnorgane betreffend. **Uromelanin** *das*; -s: = Urohämatin. **Urometer** *das*; -s, -: Harnwaage

Uromyzeten [*gr.-nlat.*] *die* (Plural): Gattung der Rostpilze (Erreger von Pflanzenkrankheiten)

Uropenie [*gr.-nlat.*] *die*; -, ...ien: verminderte Harnausscheidung (Med.). **Urophilie** *die*; -: Bekundung freundlicher Regungen durch Harnlassen (bei Tieren); Ggs. → Uropolemie. **Urophobie** *die*; -, ...ien: Angst vor Harndrang zur Unzeit (Med.). **Uropolemie** *die*; -: Bekundung feindlicher Regungen durch Harnlassen (bei Tieren); Ggs. → Urophilie. **Urosepsis** *die*; -, ...sen: durch Zersetzung des Harns bewirkte Allgemeininfektion (Med.). **Uroskopie** *die*; -, ...ien: Harnuntersuchung (Med.)

Urpassat [*dt.*; *niederl.*] *der*; -[e]s: Ostwindzone über der tropischen Tiefdruckrinne (Meteor.)

Ursuline [nach der hl. Ursula] *die*; -, -n u. **Ursulinerin** *die*; -, -nen: Angehörige eines kath. Nonnenordens für Jugenderziehung (seit 1535)

Urtika [*lat.*; „Nessel, Brennessel"] *die*; -, ...kä: ein allergisch bedingtes Ödem der Haut, Quaddel (Med.). **Urtikaria** [*lat.-nlat.*] *die*; -: Nesselfieber, -sucht (Med.)

Urubu [*indian.-span.* u. *port.*] *der*; -s, -s: südamerik. Rabengeier

Usance [*üsangß*; *lat.-vulgärlat.-fr.*] *die*; -, -n [...*ß*^{e}*n*]: Brauch, Gepflogenheit im Geschäftsverkehr. **Usanz** *die*; -, -en: (schweiz.) Usance

Uschak [eine türkische Stadt] *der*; -[s], -s: früher sehr wertvoller dunkelrot- od. dunkelblaugrundiger Teppich (hauptsächlich aus Schafwolle) mit Medaillonmusterung in gedämpften Farben

Uschanka [*russ.*] *die*; -, -s: Pelzmütze mit Ohrenklappen

Uschebti [*ägypt.*] *das*; -s, -[s]: kleines mumienförmiges Figürchen aus Holz, Stein, Terrakotta od. Fayence als altägypt. Grabbeigabe, das die Aufgaben des Toten im Jenseits ausführen sollte

Uschki [*russ.*] *die* (Plural): eine Art Pasteten od. Krapfen

User [*jus*^{e}*r*; *engl.*] *der*; -s, -: (Jargon) Drogenabhängiger

Usie [*gr.-lat.*] *die*; -, Usien: Sein, Wesen, Wesensgehalt (Rel.); vgl. Substanz (3)

Usnea barbata [*arab.-mlat.*; *lat.*] *die*; - -: Bartflechte, eine als Heilmittel verwendete Baumflechte

Uso [*lat.-it.*] *der*; -s: Gebrauch, Handelsbrauch

Ustascha [*kroat.*] *die*; -: (hist.) kroatische nationalistische Bewegung, die den serbischen Zentralismus in Jugoslawien bekämpfte (1941–45)

Ustaw [*ußtaf*; *russ.*] *der*; -[s], -s: (veraltet) Statut, Gesetz, → Reglement

Ustilago [*lat.*] *die*; -: Brandpilz (Erreger von Pflanzenkrankheiten)

usuell [*lat.-fr.*]: gebräuchlich, üblich, landläufig. **Usukapion** [*lat.*] *die*; -, -en: Ersitzung, Eigentumserwerb durch langen Eigenbesitz (Grundsatz des röm. Rechts). **Usur** *die*; -, -en: Abnutzung, Schwund von Knochen u. Knorpeln an Stellen, die sehr beansprucht werden (Med.). **Usurpation** [*...zion*] *die*; -, -en: widerrechtliche Inbesitznahme, Anmaßung der öffentlichen Gewalt, gesetzwidrige Machtergreifung. **Usurpator** *der*; -s, ...oren: jmd., der widerrechtlich die [Staats]gewalt an sich reißt; Thronräuber. **usurpatorisch**: die Usurpation od. den Usurpator betreffend. **usurpieren**: widerrechtlich die [Staats]gewalt an sich reißen. **Usus** *der*; -: Gebrauch; Brauch, Gewohnheit, Herkommen, Sitte. **Usus|fruktus** *der*; -: Nießbrauch (Rechtsw.)

ut [*mlat.(-fr.)*]

I. [*ut*]: erste Silbe der → Solmisation (seit 1659 durch → do ersetzt).

II. [*üt*]: franz. Bezeichnung für den Ton c

Uta [*jap.*] *das*; -, -: = Tanka

Utensil [*lat.*] *das*; -s, -ien [*...i*^{e}*n*] (meist Plural): [notwendiges] Gerät, Gebrauchsgegenstand; Hilfsmittel; Zubehör

Uteri: *Plural* von → Uterus. **uterin** [*lat.*]: zur Gebärmutter gehörend, auf sie bezogen (Med.). **Uterus** *der*; -, ...ri: Gebärmutter (Med.)

utilisieren [*lat.-fr.*]: (veraltet) aus etwas Nutzen ziehen. **Utilismus** [*lat.-nlat.*] *der*; -: = Utilitarismus. **utilitär** [*lat.-fr.*]: auf die bloße Nützlichkeit gerichtet. **Utilitarier** [*...i*^{e}*r*] *der*; -s, -: = Utilitarist. **Utilitarismus** *der*; -: philosophische Lehre, die im Nützlichen die Grundlage des sittlichen Verhaltens sieht u. ideale Werte nur anerkennt, sofern sie dem einzelnen od. der Gemeinschaft nützen. **Utilitarist** *der*; -en, -en: Vertreter des Utilitarismus. **utilitaristisch**: den Utilitarismus betreffend. **Utilität** [*lat.*] *die*; -: (veraltet) Nützlichkeit

ut in|fra [*lat.*]: (veraltet) wie unten; Abk.: u. i.

Utopia [*gr.-fr.*; „Land, das nirgends ist", von Utopia, dem Titel eines Romans v. Th. Morus] *das*; -s: Traumland, erdachtes Land, wo ein gesellschaftlicher Idealzustand herrscht. **Utopie** *die*; -, ...ien: als unausführbar geltender Plan ohne reale Grundlage. **Utopien** [*...i*^{e}*n*] *das*; -s (meist ohne Artikel): = Utopia. **utopisch**: schwärmerisch; unerfüllbar, unwirklich; wirklichkeitsfremd. **Utopismus** [*gr.-fr.-nlat.*] *der*; -, ...men: 1. Neigung zu Utopien. 2. utopische Vorstellung. **Utopist** *der*; -en, -en: Schwärmer; jmd., der unausführbare, phantastische Pläne u. Ziele hat

Utraquismus [*lat.-nlat.*] *der*; -: Bildungskonzept, nach dem gleichermaßen geisteswissenschaftliche (humanistische) u. naturwissenschaftliche Bildungsinhalte vermittelt werden sollen. **Utraquist** *der*; -en, -en: (hist.) Anhänger der hussitischen → Kalixtiner, die das Abendmahl in beiderlei Gestalt (→ sub utraque specie) zu empfangen forderten

Utricularia [*...ku...*; *lat.-nlat.*] *die*; -: Wasserschlauch, Wasserhelm (gelbblühende Wasserpflanze kalkarmer Gewässer)

Utrum [*lat.*] *das*; -s, ...tra: gemeinsame Form für das männliche u. weibliche Genus von Substantiven (z. B. im Schwedischen; Sprachw.)

ut su|pra [*lat.*]: wie oben, wie vorher (Mus.); Abk.: u. s.

Utterance [*at*^{e}*r*^{e}*nß*; *engl.*] *die*; -, -s [*...ßis*]: aktuelle Realisierung eines Satzes in der Rede (amerik. Sprachw.); vgl. Parole (I), Performanz

UV [*u-fau*] = ultraviolett

Uva|chromie [*uwakro...*; *lat.*; *gr.*] *die*; -: veraltetes Dreifarbenkopierverfahren zur Herstellung naturfarbener Papier- od. Projektionsbilder (Diapositive)

Uva|gras [*uwa...*; *indian.-span.*; *dt.*] *das*; -es, ...gräser: Silber- od. Pampasgras (südamerik. Schmuckgras mit silberweißen Rispen)

Uvala [*uw...*; *serbokroat.*] *die*; -, -s: große, flache → Doline

Uviolglas ® [*uwi...*; Kurzw. aus: *ultraviol*ett u. *Glas*] *das*; -es: für das Durchlassen ultravioletter Strahlen besonders geeignete Glasart

Uvula [*uwula*; *lat.-mlat.*] *die*; -, ...lae [...*lä*]: Gaumenzäpfchen (Med.). **uvular** [*lat.-mlat.-nlat.*]: mit dem Halszäpfchen gebildet (in bezug auf Laute; Sprachw.). **Uvular** *der*; -s, -e: Halszäpfchenlaut (z. B. r, Halszäpfchen-R)

Uwarowit [auch: ...*it*; *nlat.*; nach dem russ. Staatsmann Uwarow, 1786–1855] *der*; -s, -e: ein Mineral

V

va banque [*wa bangk*; *fr.*]: es gilt die Bank; - - spielen: alles aufs Spiel, auf eine Karte setzen. **Vabanquespiel** *das*; -[e]s: hohes Risiko, Wagnis

vacat [*wakat*; *lat.*; „es fehlt"]: nicht vorhanden, leer; vgl. Vakat

Vaccination [*wakzinazion*] vgl. Vakzination. **Vaccine** vgl. Vakzine. **Vacheleder** [*wasch...*; *lat.-fr.*; *dt.*] *das*; -s: glaciertes Sohlenleder für Schuhe. **Vacherin** [*wasch^{e}räng*; *fr.*] *der*; -, -s: 1. sahniger Weichkäse aus der Schweiz. 2. Süßspeise aus Meringen, Eis u. Sahne. **Vachetten** *die* (Plural): leichtere Lederarten für Taschen u. a.

vacillando [*watschi...*; *lat.-it.*]: schwankend (Vortragsanweisung; Mus.)

Vademekum [*wa...*; *lat.*; „geh mit mir!"] *das*; -s, -s: Taschenbuch, Leitfaden, Ratgeber (den man bei sich tragen kann)

Vadium [*germ.-mlat.*] *das*; -s, ...ien [...*i^{e}n*]: (hist.) Gegenstand (z. B. Halm, Stab), der beim Abschluß eines Schuldvertrags als Symbol dem Gläubiger übergeben u. gegen Zahlung der Schuld zurückgegeben wurde (Rechtsw.)

vados [*lat.*]: durch Versickerung von Niederschlägen u. aus Oberflächengewässern gebildet (vom Grundwasser; Geol.); vgl. juvenil (2)

vae victis! [*wä wiktiß*; *lat.*]: wehe den Besiegten! (Ausspruch des Gallierkönigs Brennus nach seinem Sieg über die Römer 390 v. Chr.)

vag [*wak*] vgl. vage. **Vagabondage** [*wagabondasch^e*; *lat.-fr.*] *die*; -: Landstreicherei, Herumtreiberei. **Vagabund** *der*; -en, -en: Landstreicher, Herumtreiber. **vagabundieren**: herumstrolchen, sich herumtreiben, zigeunern. **Vagans** [*lat.*]: = Quintus. **Vagant** *der*; -en, -en: umherziehender, fahrender Student od. Kleriker im Mittelalter; Spielmann. **vage** u. vag [*lat.-fr.*]: unbestimmt, ungewiß, unsicher; dunkel, verschwommen. **vagieren** [*lat.*]: (veraltet, aber noch landsch.) beschäftigungslos umherschweifen, -ziehen; sich unstet, unruhig bewegen. **vagil**: freilebend, umherziehend (von Tieren, die nicht an ein bestimmtes → Biotop gebunden sind); vgl. sessil. **Vagilität** *die*; -: Fähigkeit eines Organismus, die Grenzen des → Biotops zu überschreiten

Vagina [*wa...*, auch: *wa...*; *lat.*] *die*; -, ...nen: 1. (Med.) a) aus Haut u. Bindegewebe- od. Muskelfasern bestehende Gleithülle od. Kanal; b) weibliche Scheide. 2. Blattscheide (z. B. der Gräser; Bot.). **vaginal** [*lat.-nlat.*]: zur weiblichen Scheide gehörend, auf sie bezüglich (Med.). **Vaginismus** *der*; -, ...men: Scheidenkrampf (Med.). **Vaginitis** *die*; -, ...itiden: Scheidenentzündung, -katarrh (Med.). **Vagino|skopie** [*lat.*; *gr.*] *die*; -, ...ien: = Kolposkopie

Vagotomie [*wa...*; *lat.*; *gr.*] *die*; -, ...ien: Durchschneidung des Vagus (Med.). **Vagotonie** *die*; -, ...ien: erhöhte Erregbarkeit des parasympathischen Systems, Übergewicht über den → Sympathikus (Med.). **Vagotonika**: *Plural* von → Vagotonikum. **Vagotoniker** *der*; -s, -: an Vagotonie Leidender (Med.). **Vagotonikum** *das*; -s, ...ka: das parasympathische Nervensystem anregendes Mittel (Med.). **vago|trop**: auf den Vagus wirkend, ihn steuernd (Med.). **Vagus** [*lat.*; „umherschweifend"] *der*; -: Hauptnerv des parasympathischen Systems (Med.)

Vaishnava [*waischnawa*]: = Waischnawa

Vaishya [*waischja*]: = Waischja

Vajra|yana [*wadschrajana*] vgl. Wadschrajana

vakant [*wa...*; *lat.*]: frei, unbesetzt, offen; erledigt. **Vakanz** [*lat.-mlat.*] *die*; -, -en: 1. freie Stelle; vgl. Sedisvakanz. 2. (landsch.) Ferien. **vakat** vgl. vacat. **Vakat** [*lat.*] *das*; -[s], -s: leere Seite (Druckw.). **Vakua**: *Plural* von → Vakuum. **Vakuole** [*lat.-nlat.*] *die*; -, -n: mit Flüssigkeit od. Nahrung gefülltes Bläschen im Zellplasma besonders der Einzeller (Biol.). **Vakuum** [...*u-u*...; *lat.*] *das*; -s, ...kua od. ...kuen [...*ku^{e}n*]: 1. a) nahezu luftleerer Raum; b) Zustand des geringen Drucks in einem Vakuum (1a). 2. unausgefüllter Raum, Leere. **vakuumieren** [*lat.-nlat.*]: Flüssigkeiten bei vermindertem Luftdruck verdampfen. **Vakuummeter** [*lat.*; *gr.*] *das*; -s, -: Luftdruckmesser für kleinste Drücke

Vakzin [*wak...*; *lat.*; „von Kühen, Kuh..."] *das*; -s, -e: = Vakzine. **Vakzination** [...*zion*; *lat.-nlat.*] *die*; -, -en: 1. [Pocken]schutzimpfung. 2. (hist.) Impfung mit Kuhpockenlymphe (Med.). **Vakzine** [*lat.*] *die*; -, -n: Impfstoff aus lebenden od. toten Krankheitserregern (Med.). **vakzinieren** [*lat.-nlat.*]: mit einer Vakzine impfen

Val [*wal*; Kurzw. aus: Äqui*val*ent] *das*; -s: dem Äquivalentgewicht entsprechende Grammenge eines Stoffes. **vale**! [*wale*; *lat.*]: lat. Bezeichnung für: lebe wohl! **Valediktion** [...*zion*; *lat.-nlat.*] *die*; -, -en: (veraltet) a) Abschiednehmen; b) Abschiedsrede. **valedizieren** [*lat.*]: Lebewohl sagen, Abschied nehmen; die Abschiedsrede halten. **Valenz** *die*; -, -en: 1. chem. Wertigkeit. 2. Entfaltungsstärke der einzelnen, nicht geschlechtsbestimmenden, aber auf die Ausbildung der Geschlechtsorgane wirkenden Geschlechtsfaktoren in den → Chromosomen u. im Zellplasma (Biol.); vgl. Deletion (1). 3. syntagmatische Eigenschaft lexikalischer Einheiten, Leerstellen für eine bestimmte Art und Anzahl von Aktanten zu eröffnen (z. B. ist das Verb *lehnen* dreiwertig: *er* lehnt *das Fahrrad an den Baum*, denn keines der drei Ergänzungsglieder kann weggelassen werden; Sprachw.). 4. Aufforderungscharakter, den Objekte der Wahrnehmung besitzen (Psychol.). **Valenz|elek|tron** *das*; -s, -en (meist Plural): Außenelektron, das für die chem. Bindung verantwortlich ist. **Valenzzahl** *die*; -, -en: den Atomen bzw. Ionen in chem. Verbindungen zuzuordnende Wertigkeit. **Valeriana** [*lat.-mlat.*] *die*; -, ...nen: Baldrian. **Valeriat** [*lat.-mlat.-nlat.*] *das*; -[e]s, -e: Salz der Valeriansäure (Baldriansäure)

Valet

I. [*walet*, auch: ...*et*; *lat.*] *das*; -s, -s: (veraltet) Lebewohl.

II. [*wale*; *gall.-galloroman.-fr.*] *der*; -s, -s: Bube im franz. Kartenspiel

valete! [*walet*^{e}; *lat.*]: lat. Bezeichnung für: lebt wohl!
valetieren [*wa...*; *gall.-galloroman.-fr.*]: (schweiz.) aufbügeln
Valeur [*walör*; *lat.-fr.*; „Wert"] *der*; -s, -s: 1. (veraltet) Wertpapier. 2. (meist Plural) Ton-, Farbwert, Abstufung von Licht u. Schatten (Malerei). **valid** [*lat.* (*fr.*)]: 1. kräftig, gesund. 2. rechtskräftig. **Validation** [*...zion*; *lat.-nlat.*] *die*; -, -en: Gültigkeitserklärung. **validieren** [*lat.*]: etwas für rechtsgültig erklären, geltend machen, bekräftigen. **Validität** *die*; -: 1. Rechtsgültigkeit. 2. Gültigkeit eines wissenschaftlichen Versuchs. 3. Übereinstimmung eines Ergebnisses [einer Meinungsumfrage] mit dem tatsächlichen Sachverhalt (Soziol.; Psychol.). **valieren**: (veraltet) gelten, wert sein. **Valin** [Kunstw.] *das*; -s: für das Nerven- und Muskelsystem bes. wichtige Aminosäure
Vallisneria [*wa...*; *nlat.*; nach dem ital. Botaniker Antonio Vallisneri, 1661–1730] *die*; -, ...ien [*...i*^{e}*n*]: Sumpfschraube (zu den Froschbißgewächsen zählende Aquarienpflanze)
Valor [*wa...*; *lat.*] *der*; -s: (veraltet) Wert, Gehalt (Wirtsch.). **Valoren** *die* (Plural): Wertsachen, Schmucksachen, Wertpapiere (einschließlich Banknoten). **Valorisation** [*...zion*; *lat.-nlat.*] *die*; -, -en: staatliche Preisbeeinflussung zugunsten der Produzenten. **valorisieren**: Preise durch staatliche Maßnahmen zugunsten der Produzenten beeinflussen. **Valuta** [*lat.-it.*] *die*; -, ...ten: 1. a) ausländische Währung; b) Geld, Zahlungsmittel ausländischer Währung. 2. Wert, Gegenwert. 3. Wertstellung im Kontokorrent. 4. (nur Plural): Zinsscheine von ausländischen Effekten, deren Zinsen, Tilgungsbeträge od. Dividenden in fremder Währung geleistet werden. **Valuta|klausel** *die*; -, -n: 1. Klausel auf Wechseln, die bedeutet, daß der Remittent in bar bezahlt hat. 2. Wertsicherungsklausel (Forderung wird nicht in DM, sondern in ausländischer Währung ausgedrückt). **Valuten**: *Plural* von → Valuta. **valutieren** [*lat.-it.-nlat.*]: 1. ein Datum festsetzen, das für den Zeitpunkt einer Leistung maßgebend ist. 2. den Wert angeben. 3. bewerten. **Valvation** [*walwazion*; *lat.-fr.*] *die*; -, -en: Schätzung des Wertes einer Sache, bes. von Münzen
Valve [*wälw*; *lat.-engl.*] *der*; -[s], -s: Sperrwechsel für Linien der gleichen Figur (Thema im Kunstschach); vgl. auch: Bivalve
valvieren [*walw...*; *lat.-fr.*]: (veraltet) valutieren
Vamp [*wämp*; *serb.-dt.-fr.-engl.*] *der*; -s, -s: erotisch anziehende, oft kühl berechnende Frau (bes. im amerik. Film). **Vampir** [*wam...*, oder: *...ir*; *serb.*] *der*; -s, -e: 1. blutsaugendes Gespenst des südosteuropäischen Volksglaubens. 2. Wucherer, Blutsauger. 3. amerikan. blutsaugende Fledermausgattung. **Vampirismus** [*serb.-nlat.*] *der*; -: durch Verschlingungstrieb u. Verschmelzungsdrang bedingte Form des → Sadismus
Vanadat [*wa...*; *altnord.-nlat.*] *das*; -[e]s, -e: Salz der Vanadinsäure (Chem.). **Vanadin** u. Vanadium *das*; -s: chem. Grundstoff, Metall; Zeichen: V. **Vanadinit** [auch: *...it*] *der*; -s: Vanadiumerz. **Vanadium** vgl. Vanadin
Van-Allen-Gürtel [*wän-äl*^{e}*n...*; nach dem amerik. Physiker J. A. van Allen, geb. 1914] *der*; -s: Strahlungsgürtel um den Äquator der Erde in großer Höhe
Van-Carrier [*wän-käri*^{e}*r*; *engl.*] *der*; -s, -: Gerät, das Container innerhalb des Hafens befördert
Vandale usw. vgl. Wandale usw.
Vanguard [*wängga*^{r}*d*; *engl.-amerik.*] *die*; -, -s: amerik. Flüssigkeitsrakete für Weltraumforschung
vanille [*wanil(j)*^{e}; *lat.-span.-fr.*] blaßgelb. **Vanille** [„kleine Scheide, kleine Schote"] *die*; -: mexikan. Gewürzpflanze (Orchideenart). **Vanillin** [*lat.-span.-fr.-nlat.*] *das*; -s: Riechstoff mit Vanillearoma
vanitas vanitatum [*wa... wa...*; *lat.*]: alles ist eitel
Vapeurs [*wapörß*; *lat.-fr.*] *die* (Plural): 1. Blähungen. 2. [schlechte] Launen. **Vaporetto** [*lat.-it.*] *das*; -s, -s u. ...tti: Dampfboot, kleines Motorboot (in Italien). **Vaporimeter** [*lat.*; *gr.*] *das*; -s, -: Gerät zur Bestimmung des Alkoholgehaltes einer Flüssigkeit. **Vaporisation** [*...zion*; *lat.-nlat.*] *die*; -, -en: Anwendung von Wasserdampf zur Blutstillung (bes. der Gebärmutter; Med.); vgl. ...[at]ion/...ierung. **vaporisieren**: 1. verdampfen. 2. den Alkoholgehalt in Flüssigkeiten bestimmen. **Vaporisierung** *die*; -, -en: = Vaporisation; vgl. ...[at]ion/...ierung
Vaquero [*wakero*, bei span. Ausspr.: *bakero*; *lat.-span.*] *der*; -[s], -s: Rinderhirt, auch Cowboy (im Südwesten der USA u. in Mexiko)
Varia [*wa...*; *lat.*] *die* (Plural): Vermischtes, Verschiedenes, Allerlei (Buchw.). **variabel** [*lat.-fr.*]: veränderlich, abwandelbar; schwankend. **Variabilität** *die*; -, -en: Veränderlichkeit, insbes. die Verschiedenartigkeit und Veränderlichkeit des Erscheinungsbildes durch Umwelteinflüsse od. durch Veränderungen im Erbgut (z. B. Mutation; Biol.). **Varia|ble** *die*; -n, -n: 1. veränderliche Größe (Math.); Ggs. → Konstante. 2. [Symbol für] ein beliebiges Element aus einer vorgegebenen Menge (Logik). **variant**: bei bestimmter Umformung veränderlich (Math.). **Variante** *die*; -, -n: 1. leicht veränderte Art, Form von etwas; Abwandlung, Abart, Spielart. 2. abweichende Lesart einer Textstelle bei mehreren Fassungen eines Textes (Literaturw.). 3. Wechsel von Moll nach Dur (u. umgekehrt) durch Veränderung der großen Terz in eine kleine (u. umgekehrt) im Tonikadreiklang (Mus.). **Varianz** [*lat.*] *die*; -, -en: 1. Veränderlichkeit bei bestimmten Umformungen (Math.). 2. die mittlere quadratische Abweichung einer zufälligen Veränderlichen von ihrem Mittelwert (Statistik). **variatio delectat** [*...zio* -]: Abwechslung macht Freude. **Variation** [*lat.-fr.*] *die*; -, -en: Abwechslung; Abänderung, Abwandlung. **variativ**: Variation[en] aufweisend. **Variator** [*lat.-nlat.*] *der*; -s, ...oren: = Variometer (5). **Varietät** [*wari-e...*; *lat.*] *die*; -, -en: a) Ab-, Spielart, Bezeichnung der biolog. Systematik für geringfügig abweichende Formen einer Art; Abk.: var.; b) sprachliche Variante. **Varieté**, (schweiz.:) **Variété** [*wari-ete*; *lat.-fr.*] *das*; -s, -s: Theater mit bunt wechselndem Programm artistischer, tänzerischer u. gesanglicher Darbietungen ohne künstlerisch-literarischen Anspruch. **variieren**: verschieden sein, abweichen; verändern, abwandeln (insbes. ein Thema in der Musik)
varikös [*wa...*; *lat.*]: krampfaderig (Med.). **Varikose** *die*; -, -n: Krampfaderleiden. **Varikosität** [*lat.-nlat.*] *die*; -, -en: Anhäufung von Krampfadern, Krampfaderbildung (Med.). **Varikozele** [*lat.*; *gr.*] *die*; -, -n: Krampfaderbruch (Med.)
Varinas [*wa...*; auch: *wari...*; nach der Stadt Barinas in Venezuela] *der*; -, -: südamerik. Tabaksorte
Vario|graph [*lat.*; *gr.*] *der*; -en, -en: Gerät, das die Werte eines Vario-

meters (1, 2, 4) selbsttätig aufzeichnet. **Variola** [*wa...*; *lat.-mlat.*] *die*; -, ...lä u. ...olen u. Variole *die*; -, -n (meist Plural): Pokken, [schwarze] Blattern (Med.). **Variolation** [*...zion*; *lat.-mlat.-nlat.*] *die*; -, -en: (hist.) Impfung mit Impfstoff von echten Pokkenpusteln (Med.). **Variole** vgl. Variola. **Variometer** [*lat.*; *gr.*] *das*; -s, -: 1. Gerät zur Bestimmung kleinster Luftdruckschwankungen innerhalb kurzer Zeitabschnitte (Meteor.). 2. Gerät zur Beobachtung der erdmagnetischen Schwankungen. 3. Spulenanordnung mit stetig veränderbarer Selbstinduktion zur Frequenzabstimmung in Hochfrequenzgeräten (Phys.). 4. Gerät zur Bestimmung der Steig- od. Sinkgeschwindigkeit von Flugzeugen. 5. Meßgerät für Selbstinduktionen bei Wechselströmen (Phys.). **Varioobjektiv** *das*; -s, -e: Zoomobjektiv

variskisch u. **varistisch** u. **variszisch** [*wa...*; *mlat.-nlat.*; nach dem german. Volksstamm der Varisker im Vogtland]: in SW-NO-Richtung verlaufend, sich erstreckend (von Gebirgen)

Varistor [*wa...*; *lat.-engl.*] *der*; -s, ...oren: spannungsabhängiger Widerstand, dessen Leitwert mit steigender Spannung wächst (Phys.)

Variszit [auch: *...it*; *nlat.*; vom Namen des german. Volksstammes der Varisker im Vogtland] *der*; -s, -e: ein Mineral, grünes Tonerdephosphat

Varityper [*wäritaip^{e}r*; *engl.*] *der*; -s, -: auf dem Schreibmaschinenprinzip aufgebaute Setzmaschine

Varix [*wa...*; *lat.*] *die*; -, Varizen: Krampfader, Venenknoten (Med.). **Varize** *die*; -, -n: = Varix. **Varizelle** [*wa...*; *lat.-nlat.*] *die*; -, -n (meist Plural): Windpocke (Med.). **Varizen**: *Plural* von → Varix

Varsovienne [*warsowiän*; *fr.*; „Warschauer (Tanz)"] *die*; -, -n [*...n^{e}n*]: polnischer Tanz im mäßig schnellen $^{3}/_{4}$-Takt

vasal [*wa...*; *lat.-nlat.*]: die [Blut]gefäße betreffend (Med.)

Vasall [*wa...*; *gall.-mlat.-fr.*] *der*; -en, -en: mittelalterl. Lehnsmann; Gefolgsmann. **Vasallenstaat** *der*; -es, -en: in Abhängigkeit zu einem anderen befindlicher Staat. **vasallisch**: einen Vasallen od. die Vasallität betreffend. **Vasallität** [*gall.-mlat.-fr.-nlat.*] *die*; -: (hist.) Verhältnis eines Vasallen zum Lehnsherrn

Vasalteil [*wa...*; *lat.-nlat.*; *dt.*] *der*; -s, -e: = Xylem. **Vase** [*lat.-fr.*] *die*; -, -n: [kunstvoll gearbeitetes] Ziergefäß, meist zur Aufnahme von Blumen. **Vas|ektomie** [*lat.*; *gr.*] *die*; -, ...ien: 1. operative Entfernung eines Stückes des Samenleiters des Mannes (z. B. zur Sterilisation; Med.). 2. operative Entfernung eines Teils des Blutgefäßes (Med.)

Vaselin [*wa...*] *das*; -s: = Vaseline. **Vaseline** [*wa...*; Kunstw. aus: *dt.* Wasser u. *gr.* élaion „Öl"] *die*; -: aus Rückständen der Erdöldestillation gewonnene Salbengrundlage für pharmazeutische u. kosmetische Zwecke, auch Rohstoff für techn. Fette

vaskular, vaskulär [*wa...*; *lat.-nlat.*]: zu den Blutgefäßen gehörend, sie enthaltend (Medizin). **Vaskularisation** [*...zion*] *die*; -, -en: Bildung von Blutgefäßen (Medizin). **vaskulös**: gefäßreich (Med.). **Vasodilatator** *der*; -s, ...oren: gefäßerweiternder Nerv (Med.). **Vasokonstriktor** *der*; -s, ...oren: gefäßverengender Nerv (Med.). **Vasoligatur** *die*; -, -en: Unterbindung von Blutgefäßen (Med.). **Vasomotion** [*...zion*] *die*; -, -en: Dehnung u. Zusammenziehung der Haargefäße (Med.). **Vasomotoren** *die* (Plural): Gefäßnerven (Med.). **vasomotorisch**: auf die Gefäßnerven bezüglich, sie betreffend (Med.). **Vasoneurose** [*lat.*; *gr.*] *die*; -, -n: Neurose der Gefäßnerven; Gefäßlabilität (Med.). **Vaso|plegie** *die*; -, ...ien: Gefäßlähmung (Med.). **Vaso|pressin** *das*; -s: Hormon mit blutdrucksteigernder Wirkung (Med.). **Vasotomie** *die*; -, ...ien: Durchschneidung des Samenleiters (Med.)

vast [*waßt*; *lat.-fr.*]: (veraltet) weit, ausgedehnt; unermeßlich; öde. **Vastation** [*...zion*; *lat.*] *die*; -, -en: (veraltet) Verwüstung

Vatikan [*wa...*; *lat.-mlat.*; nach der Lage auf dem mons Vaticanus, einem Hügel in Rom] *der*; -s: 1. Papstpalast in Rom. 2. oberste Behörde der kath. Kirche. **vatikanisch**: zum Vatikan gehörend. **Vatikanum** *das*; -s: Bezeichnung für das erste (1869/70) u. zweite (1962–1965) in der Peterskirche zu Rom abgehaltene allgemeine → Konzil der kath. Kirche

Vatizinium [*wa...*; *lat.*] *das*; -s, ...ien [*...i^{e}n*]: (veraltet) Weissagung

Vaudeville [*wod^{e}wil*; *fr.*; nach dem normannischen Tal Vau de Vire (*wo d^{e} wir*)] *das*; -s, -s: 1. franz. Gassenhauer, Volks- u. Trinklied. 2. burleskes od. satirisches Singspiel, eine der Ursprungsformen der → Operette, der franz. komischen Oper u. des deutschen Singspiels. 3. Schlußensemble einer Oper mit volkstümlich moralisierender Tendenz (z. B. in Mozarts „Entführung aus dem Serail"). 4. in den USA eine szenische Darbietung kabarettistischen Charakters mit Chansons, Tanz, Akrobatik u. Possen

vazieren [*wa...*; *lat.*]: (veraltet) [dienst]frei sein; unbesetzt sein; leer stehen; vgl. vakant usw.

Veda vgl. Weda

Vedette [*we...*; *lat.-span.-it.-fr.*] *die*; -, -n: 1. (hist.) vorgeschobener Reiterposten; Feldwache. 2. berühmter [Film]schauspieler, Star

vedisch vgl. wedisch

Vedute [*we...*; *lat.-it.*] *die*; -, -n: naturgetreue Darstellung einer Landschaft (Malerei)

vegetabil [*we...*]: = vegetabilisch. **Vegetabilien** [*wegetabili^{e}n*; *lat.*] *die* (Plural): pflanzliche Nahrungsmittel. **vegetabilisch**: pflanzlich; Pflanzen... **Vegetarianer** *der*; -s, -: = Vegetarier. **Vegetarianismus** *der*; -: = Vegetarismus. **Vegetarier** [*...i^{e}r*; *lat.*] *mlat.-engl.*] *der*; -s, -: jmd., der ausschließlich od. vorwiegend pflanzliche Nahrung zu sich nimmt. **vegetarisch**: pflanzlich, Pflanzen... **Vegetarismus** [*lat.-mlat.-engl.-nlat.*] *der*; -: Ernährung ausschließlich von Pflanzenkost, meist aber ergänzt durch Eier u. Milchprodukte. **Vegetation** [*...zion*; *lat.*] *die*; -, -en: 1. Gesamtheit des Pflanzenbestandes [eines bestimmten Gebietes]. 2. Wucherung (Med.). **Vegetationskegel** *der*; -s, -: Wachstumszone der Wurzel- u. Sproßspitze einer Pflanze (Bot.). **Vegetationskult** *der*; -es, -e: Bezeichnung für Religionen, in denen das Werden u. Vergehen der Natur verehrt und zur Förderung der Fruchtbarkeit von Acker, Vieh u. Menschen symbolisch dargestellt wird. **Vegetationsorgan** *das*; -s, -e: pflanzl. Organ, das der Erhaltung des Organismus u. nicht der Fortpflanzung dient (z. B. Blätter u. Wurzeln; Bot.). **Vegetationsperiode** *die*; -, -n: Zeitraum des allgemeinen Wachstums der Pflanzen innerhalb eines Jahres. **Vegetationspunkt** *der*; -es, -e: = Vegetationskegel. **vegetativ** [*lat.-mlat.*]: 1. pflanzlich. 2. ungeschlechtlich (Biol.). 3. dem Willen nicht unterliegend (von Nerven; Med.). **ve-**

getieren [*lat.*]: 1. kümmerlich, kärglich [dahin]leben. 2. ohne Blüte, nur in der vegetativen (2) Phase leben (von Pflanzen; Biol.)

vehement [*we...*; *lat.*]: heftig, ungestüm, stürmisch, jäh. **Vehemenz** *die*; -: Heftigkeit, Wildheit, Ungestüm, Schwung, Lebhaftigkeit, Elan

Vehikel [*we...*; *lat.*] *das*; -s, -: 1. Hilfsmittel; etwas, das als Mittel zu etwas dient; etwas, wodurch etwas ausgedrückt od. begründet wird. 2. (ugs.) klappriges, altmodisches Fahrzeug. 3. wirkungsloser Stoff in Arzneien, in dem die wirksamen Stoffe gelöst od. verteilt sind (Med.). **Vektor** [„Träger, Fahrer"] *der*; -s, ...oren: physikal. (od. mathem.) Größe, die durch Pfeil dargestellt wird u. durch Angriffspunkt, Richtung u. Betrag festgelegt ist (z. B. Geschwindigkeit, Beschleunigung); Ggs. → Skalar. **Vektorfeld** *das*; -es, -er: Gesamtheit von Punkten im Raum, denen ein Vektor zugeordnet ist. **vektoriell** [*lat.-nlat.*]: durch Vektoren berechnet, auf Vektorrechnung bezogen, mit Vektoren erfolgt (Math.). **Vektorkardiograph** *der*; -en, -en: elektronisches Gerät zur Messung u. Aufzeichnung der Veränderungen der Stärke u. Richtung der Aktionsströme der Herzmuskelfasern während der Herzaktion (Med.). **Vektorkardio|graphie** *die*; -, ...ien: Aufzeichnung der Veränderungen der Stärke u. Richtung der Aktionsströme der Herzmuskelfasern während der Herzaktion (Med.)

Velamen [*we...*; *lat.*; „Hülle, Decke"] *das*; -s, -: aus abgestorbenen Zellschichten bestehende schwammige Hülle vieler Luftwurzeln zur Wasseraufnahme (Bot.). **velar**: am Gaumensegel (→ Velum) gebildet (von Lauten; Sprachw.). **Velar** *der*; -s, -e: Gaumensegellaut, [Hinter]gaumenlaut (z. B. k; bes. vor u und o)

Velin [*we...*, auch franz. Ausspr.: *weläng*; *lat.-fr.*] *das*; -s: feines, weiches Pergament, ungeripptes Papier

Velleität [*wäle-i...*; *lat.-mlat.-fr.*] *die*; -, -en: kraftloses, zögerndes Wollen; Wunsch, der nicht zur Tat wird (Philos.)

Velo [*welo*; Kurzw. aus: *Veloziped*] *das*; -s, -s: (schweiz.) Fahrrad. **veloce** [*welotsche*; *lat.-it.*]: behende, schnell, geschwind (Vortragsanweisung; Mus.).

Velo|drom [*we...*; (*lat.-fr.*; *gr.*) *fr.*] *das*; -s, -e: [geschlossene] Radrennbahn

Velour [*welur*; *lat.-provenzal.-fr.*] *das*; -s, -s od. -e u. **Velourleder** [*lat.-provenzal.-fr.*; *dt.*] *das*; -s, -: Leder, das nicht auf der Narbenseite, sondern auf der Fleischseite zugerichtet ist u. dessen Oberfläche durch Schleifen ein samtartiges Aussehen hat

Velours [*lat.-provenzal.-fr.*]

I. [*welur*] *der*; - [*welurß*], - [*welurß*]: 1. franz. Bezeichnung für: Samt. 2. samtartiges Gewebe mit gerauhter, weicher Oberfläche.

II. [*welur*, auch: *welur*] *das*; - [*welurß*], - [*welurß*]: = Velour

Velours Chiffon [*welur schifong*, (österr.): - ...*fon*; *fr.*] *der*; - -s, - -s, (österr.): - -e: Seidensamt. **Velours de laine** [- *delän*] *der*; - - -, - - -: weiches, tuchartiges Gewebe aus Wollstreichgarn. **Veloursleder** *das*; -s, -: Velourleder. **Velourstеppich** *der*; -s, -e: kettgemusterter, gewebter Teppich. **veloutieren**: (die Lederoberfläche) abschleifen, um sie aufzurauhen. **Veloutine** [*welutin*; *lat.-provenzal.-fr.*] *der*; -[s], -s: 1. feiner, weicher Halbseidenrips. 2. samtartig gerauhter Flanell

Veloziped [*we...*; *lat.-fr.*] *das*; -[e]s, -e: (veraltet) Fahrrad. **Velozipedist** *der*; -en, -en: (veraltet) Radfahrer

Velpel [*fäl...*; *it.*] *der*; -s, -: Nebenform von → Felbel

Veltliner [*wält...*; nach der ital. Landschaft Veltlin] *der*; -s: 1. Traubensorte. 2. Weinsorte

Velum [*we...*; *lat.*; „Hülle; Segel"] *das*; -s, Vela: 1. Vorhang od. Teppich, im altröm. Haus zum Bedecken der Türen benutzt, in Säulenhallen als Schutz gegen die Sonne. 2. Seiden- od. Leinentuch zur Bedeckung der Abendmahlsgeräte in der kath. [u. ev.] Kirche. 3. Schultertuch in der kath. Priestergewandung. 4. Gaumensegel, weicher Gaumen, wo die → Velare gebildet werden (Sprachw.). 5. (Biol.). a) Wimperkranz der Schneckenlarve; b) Randsaum der Quallen; c) Hülle vieler junger Blätterpilze. **Velum palatinum** *das*; - -, ...la ...na: Gaumensegel

Velvet [*wälwet*; *lat.-vulgärlat.-fr.-engl.*] *der* od. *das*; -s, -s: Baumwollsamt mit glatter Oberfläche

venal [*we...*; *lat.*]: (veraltet) käuflich, feil, bestechlich

Vendemiaire [*wangdemiär*; *lat.-fr.*; „Weinmonat"] *der*; -[s], -s; der erste Monat des franz. Revolutionskalenders (22. September bis 21. Oktober)

Vendetta [*wän...*; *lat.-it.*] *die*; -, ...tten: [Blut]rache

Vene [*we...*; *lat.*] *die*; -, -n: Blutader (in der das Blut dem Herzen zufließt; Med.)

Veneficium [*wenefiz...*; *lat.*] *das*; -s; ...cia: Giftmord (Med.)

Ven|ektasie [*wen...*; *lat.*; *gr.*] *die*; -, ...ien: auf Erschlaffen der Gefäßwände beruhende Venenerweiterung (Med.)

Venena: *Plural* von → Venenum.

venenös [*we...*; *lat.*]: giftig (Med.).

Venenum *das*; -s, ...na: Gift (Med.)

venerabel [*wen...*; *lat.*]: (veraltet) verehrungswürdig. **Venerabile** *das*; -[s]: = Sanktissimum. **venerabilis**: lat. Bezeichnung für: ehr-, hochwürdig (im Titel kath. Geistlicher); Abk.: ven. **Veneration** [...*zion*] *die*; -, -en: (veraltet) Verehrung, bes. der kath. Heiligen. **venerieren**: (veraltet) [als heilig] verehren. **venerisch** [vom Namen der Venus, der röm. Liebesgöttin]: geschlechtskrank, auf die Geschlechtskrankheiten bezüglich; -e Krankheiten: Geschlechtskrankheiten (Med.). **Venerologe** [*lat.*; *gr.*] *der*; -n, -n: Facharzt für Geschlechtskrankheiten (Med.). **Venerologie** *die*; -: Wissenschaftszweig, der sich mit den Geschlechtskrankheiten befaßt (Med.). **venerologisch**: auf die Venerologie bezüglich. **Venerophobie** *die*; -, ...ien: krankhafte Angst vor Geschlechtskrankheiten (Med.; Psychol.)

Venia legendi [*we...* -; *lat.*] *die*; - -: Erlaubnis, an Hochschulen zu lehren

Veni, creator spiritus! [*weni k...* -; *lat.*]: Komm, Schöpfer Geist! (Anfang eines altchristl. Hymnus auf den Hl. Geist). **Veni, sancte spiritus!**: Komm, Heiliger Geist! (Anfang einer mittelalterl. Pfingstsequenz). **veni, vidi, vici** [*weni, widi, wizi*]: ich kam, ich sah, ich siegte (kurze briefl. Mitteilung Caesars an seinen Freund Amintius über seinen Sieg bei Zela 47 v. Chr.)

venös [*we...*; *lat.*]: die Venen betreffend, zu ihnen gehörend

Ventil [*wän...*; *lat.-mlat.*] *das*; -s, -e: 1. Absperrvorrichtung für Einlaß, Auslaß od. Durchlaß von Gasen od. Flüssigkeiten an Leitungen. 2. a) bei der Orgel die bewegliche Klappe, durch die die Windzufuhr geregelt wird; b) mechanische Vorrichtung bei den Blechblasinstrumenten zur Erzeugung der vollständigen Tonskala. **Ventila|bro** [*lat.-it.*] *der*; -, -s: Windlade der Orgel.

Ventilation [...*zion*; *lat.-fr.*] *die*; -, -en: 1. Lufterneuerung in geschlossenen Räumen zur Beseitigung von verbrauchter u. verunreinigter Luft; Lüftung, Luftwechsel. 2. Belüftung der Lungen (Med.). 3. = Ventilierung; vgl. ...[at]ion/...ierung. **Ventilator** [*lat.-engl.*] *der*; -s, ...oren: mechanisch arbeitendes Gerät mit einem Flügelrad zum Absaugen u. Bewegen von Luft od. Gasen. **Ventilhorn** [*lat.-mlat.*; *dt.*] *das*; -s, ...hörner: Horn mit 3 Ventilen (seit 1830) zur Erzeugung der chromatischen Zwischentöne (Mus.). **ventilieren** [*lat.-fr.*]: 1. lüften, die Luft erneuern. 2. sorgfältig erwägen, prüfen, überlegen, von allen Seiten betrachten, untersuchen; eingehend erörtern. **Ventilierung** *die*; -, -en: Erörterung; eingehende Prüfung, Überlegung, Erwägung; vgl. ...[at]ion/...ierung. **Ventose** [*wangtoß*; „Windmonat"] *der*; -[s], -s [...*toß*]: der sechste Monat des franz. Revolutionskalenders (19. Februar bis 20. März)

ven|tral [*wän...*; *lat.*]: (Med.) 1. bauchwärts gelegen. 2. im Bauch lokalisiert, an der Bauchwand auftretend. **ven|tre à terre** [*wangtratär*; *lat.-fr.*; „Bauch an der Erde"]: im gestreckten (sehr schnellen) Galopp (Reiten). **Ventriculus** [...*ku*...; *lat.*] *der*; -, ...li: (Med.) 1. Tasche, Hohlraum. 2. Magen. **Ven|trikel** [„kleiner Bauch"] *der*; -s, -: Herzkammer; Hirnkammer (Med.). **ven|trikular** u. **ven|trikulär** [*lat.-nlat.*]: den Ventrikel betreffend, zu ihm gehörend (Med.). **Ven|triloquismus** *der*; -: das Bauchreden. **Ven|triloquist** *der*; -en, -en: Bauchredner

Veranda [*we*...; *port.-engl.*] *die*; -, ...den: gedeckter u. an den Seiten verglaster Anbau an einem Wohnhaus, Vorbau (z. B. an Villen)

Vera|trin [*we*...; *lat.-nlat.*] *das*; -s: Alkaloidgemisch aus weißer Nieswurz, ein Hautreizmittel

Verazität [*we*...; *lat.-mlat.*] *die*; -: (veraltet) Wahrhaftigkeit

Verb [*wärp*; *lat.*] *das*; -s, -en: Zeitwort, Tätigkeitswort, Tuwort (z. B. sprechen, trinken). **Verba**: *Plural* von → Verbum. **verbal**: 1. das Verb betreffend, als Verb [gebraucht]. 2. wörtlich, mit Worten, mündlich. **Verbalabstraktum** *das*; -s, ...ta: von einem Verb abgeleitetes → Abstraktum. **Verbal|adjektiv** *das*; -s, -e [...*w*[e]]: a) als Adjektiv gebrauchte Verbform, → Partizip (z. B. blühend); b) von einem Verb abgeleitetes Adjektiv (z. B. tragbar). **Verbaldefinition** [...*zion*] *die*; -, -en: (veraltet) = Nominaldefinition. **Verbale** *das*; -s, ...lien [...*i*[e]*n*]: 1. von einem Verb abgeleitetes Wort (z. B. Sprecher von sprechen). 2. (veraltet) wörtliche Äußerung. 3. (nur Plural; veraltet) Wortkenntnisse; Ggs. → Realien (3; Päd.). **Verbal|erotiker** *der*; -s, -: a) jmd., der gern u. häufig über sexuelle Dinge spricht, sie jedoch wenig praktiziert; b) jmd., der sexuelle Befriedigung daraus zieht, in anschaulich-derber, obszöner Weise über sexuelle Dinge zu sprechen. **Verbal|iniurie** [...*ri*[e]] *die*; -, -n: Beleidigung durch Worte (Rechtsw.). **Verbal|in|spiration** [...*zion*] *die*; -: wörtl. Eingebung der Bibeltexte durch den Heiligen Geist (frühere theologische Lehre); vgl. Personal-, Realinspiration. **verbalisieren** [*lat.-nlat.*]: 1. Gedanken, Gefühle, Vorstellungen o. ä. in Worten ausdrücken u. damit ins Bewußtsein bringen. 2. ein Wort durch Anfügen verbaler Endungen zu einem Verb umbilden (z. B. Tank zu tanken). **Verbalismus** *der*; -: Vorherrschaft des Wortes statt der Sache im Unterricht (Päd.). **Verbalist** *der*; -en, -en: Anhänger, Vertreter des Verbalismus. **verbalistisch**: den Verbalismus od. den Verbalisten betreffend. **verbaliter** [*lat.*]: wörtlich. **Verbalkonkordanz** *die*; -, -en: → Konkordanz (1a), die ein alphabetisches Verzeichnis von gleichen od. ähnlichen Wörtern od. Textstellen enthält; vgl. Realkonkordanz.. **Verbalkon|trakt** *der*; -[e]s, -e: mündlicher Vertrag (Rechtw.). **Verbalnomen** *das*; -s, ...mina: als → Nomen gebrauchte Verbform (z. B. Vermögen von vermögen, geputzt von putzen); vgl. Verbaladjektiv, Verbalsubstantiv. **Verbalnote** *die*; -, -n: nichtunterschriebene, vertrauliche diplomatische Note (als Bestätigung einer mündlichen Mitteilung gedacht). **Verbalphrase** *die*; -, -n: Wortgruppe, die aus einem Verb u. den von ihm abhängenden Gliedern besteht (z. B. ... schloß vorsichtig das Fenster; Sprachw.). **Verbalpräfix** *das*; -es, -e: → Präfix, das vor ein Verb tritt (z. B. be- + steigen = besteigen). **Verbalstil** *der*; -[e]s: Schreib- od. Sprechstil, der das Verb bevorzugt; Ggs. → Nominalstil. **Verbalsubstantiv** *das*; -s, -e [...*w*[e]]: zu einem Verb gebildetes Substantiv, das (zum Zeitpunkt der Bildung) eine Geschehensbezeichnung ist (z. B. Gabe zu geben). **Verbalsuffix** *das*; -es, -e: → Suffix, das an den Stamm eines Verbs tritt (z. B. -eln in lächeln)

Verbaskum [*wär*...; *lat.*] *das*; -s, ...ken: Königskerze, Wollkraut (Bot.)

Verben [*wär*...]: *Plural* von → Verb

Verbene [*wär*...; *lat.*] *die*; -, -n: Eisenkraut (Garten- u. Heilpflanze)

verbi causa [*wär*... *kau*...; *lat.*]: (veraltet) zum Beispiel; Abk.: v. c. **Verbigeration** [...*zion*; *lat.-nlat.*] *die*; -, -en: ständiges Wiederholen eines Wortes od. sinnloser Sätze (bei Geisteskranken; Med.). **verbi gratia** [- ...*zia*; *lat.*]: (veraltet) zum Beispiel; Abk.: v. g. **verbos**: (veraltet) wortreich. **Verbosität** *die*; -: (veraltet) Wortfülle, Wortreichtum. **verbotenus**: (veraltet) wortwörtlich, ganz genau. **Verbum** *das*; -s, ...ba: = Verb; - abstractum [...*ßtraktum*]: das inhaltsarme Verb „sein" u. a. (nach Bopp); - attributivum [...*iwum*]: jedes Verb außer dem Verbum abstractum (nach Bopp); - finitum: Verbform, die die Angabe einer Person u. der Zahl enthält, Personalform (z. B. [du] liest); vgl. finit; - infinitum: Verbform, die keine Angabe einer Person enthält (z. B. lesend, gelesen); vgl. infinit; - substantivum [...*tiwum*] = Verbum abstractum

Verdikt [*wär*...; *lat.-mlat.-engl.*] *das*; -[e]s, -e: Urteil[sspruch]

Verdure [*wärdür*[e]; *lat.-fr.*] *die*; -, -n: in grünen Farben gehaltener Wandteppich (im Mittelalter u. noch im 18. Jh.)

vergent [*wär*...; *lat.*]: gekippt (von Gesteinsfalten; Geol.). **Vergenz** [*lat.-nlat.*] *die*; -, -en: die Richtung des Faltenwurfs in einem Faltengebirge (Geol.)

Verifikation [*we*...*zion*; *lat.-mlat.*] *die*; -, -en: 1. das Verifizieren. 2. Beglaubigung, Unterzeichnung eines diplomatischen Protokolls durch alle Verhandlungspartner. **verifizierbar**: nachprüfbar. **Verifizierbarkeit** *die*; -: Nachprüfbarkeit. **verifizieren**: 1. durch Überprüfen die Richtigkeit von etwas bestätigen; Ggs. → falsifizieren (1). 2. beglaubigen. **Verismen** [*we*...; *lat.-nlat.*] *die* (Plural): Merkmale der veristischen Epoche in der Musik. **Verismo** [*lat.-it.*] *der*; -: am Ende des 19. Jh.s aufgekommene Stilrichtung der italienischen Literatur, Musik u. bildenden Kunst mit dem Ziel einer schonungslosen Darstellung der Wirklichkeit. **Verismus** [*lat.-nlat.*] *der*; -: 1. = Verismo. 2. kraß wirklichkeitsgetreue künstlerische Darstellung. **Verist** *der*; -en, -en: Vertreter des Verismus. **veristisch**: den Verismus betreffend. **veritabel** [*lat.-fr.*]: (veraltet) wahrhaft, echt; aufrichtig. **Verités de fait** [*...itę dᵉ fä*] *die* (Plural): Tatsachenwahrheiten (Leibniz). **Verités de raison** [- *-räsong*] *die* (Plural): Vernunftwahrheiten (Leibniz)

verkadmen vgl. kadmieren

verkamisolen [*dt.*; *fr.*]: (veraltend) kräftig verprügeln

vermaledeien: (ugs.) verfluchen, verwünschen

vermeil [*wärmäj*; *lat.-fr.*]: hochrot. **Vermeil** *das*; -s: vergoldetes Silber. **Vermeille** [*...mäjᵉ*] *die*; -: 1. orangenfarbener → Spinell. 2. braungefärbter → Hyazinth (I). **Vermicelli** [*wärmitschäli*; *lat.-vulgärlat.-it.*; „Würmchen"] *die* (Plural): Fadennudeln. **vermiform** [*lat.-nlat.*]: wurmförmig (Med.). **vermifug**: Eingeweidewürmer abtreibend (Med.). **Vermifugum** *das*; -s, ...ga (meist Plural): Arzneimittel zum Abtreiben von Eingeweidewürmern (Med.). **vermikular**: wurmförmig (Biol.). **Vermillon** [*wärmijong*; *lat.-fr.*] *das*; -s: feinster Zinnober. **vermizid** [*...wär...*; *lat.-nlat.*]: wurmtötend (von Heilmitteln; Med.). **Vermizid** *das*; -s, -e: wurmtötendes chemisches Mittel (Med.)

Vernalisation [*wär...zion*; *lat.-nlat.*] *die*; -, -en: Kältebehandlung von Pflanzenkeimlingen zur Entwicklungsbeschleunigung. **vernalisieren**: Pflanzenkeimlinge einer Kältebehandlung unterziehen. **Vernation** [*...zion*] *die*; -, -en: die Lage der einzelnen Knospenblätter (Bot.)

Vernis mou [*wärni mu*; *fr.*; „weicher Firnis"] *das*; - -: Radierung, bei der die Kupferplatte mit einem weichen Ätzgrund versehen ist. **Vernissage** [*wärnißaschᵉ*] *die*; -, -n: Eröffnung einer Kunstausstellung, bei der die Werke eines lebenden Künstlers [in kleinerem Rahmen mit geladenen Gästen] vorgestellt werden

Veronal ⓦ [*wer...*; *nlat.*; nach der ital. Stadt Verona] *das*; -s: starkes Schlafmittel

Veronika [*we...*; *nlat.*; kath. Heilige] *die*; -, ...ken: Ehrenpreis (Zierstaude aus der Familie der Rachenblütler)

Verrillon [*wärijong*; *lat.-fr.*] *das*; -[s], -s: franz. Bezeichnung für: Glasglockenspiel, Glasharmonika. **Verroterie cloisonnée** [*wärotᵉri kloasone*; *fr.*] *die*; - -: (hist.) Emailmalerei der Völkerwanderungszeit. **Verroterien** [*lat.-fr.*] *die* (Plural): kleine Glaswaren (z. B. Perlen)

Verrucano [*wäruk...*; *it.*; nach dem Monte Verruca in der Toskana] *der*; -s: rotes, → konglomeratisches Gestein im → Perm (I) der Alpen (Geol.)

verrukös [*wä...*; *lat.*]: warzig, warzenförmig (Med.)

Vers [*färß*; *lat.*; „das Umwenden; die gepflügte Furche"] *der*; -es, -e: 1. Gedichtzeile; Abk.: V. 2. kleinster Abschnitt des Bibeltextes

Ver sa|crum [*wer sakrum*; *lat.*; „heiliger Frühling"] *das*; - -: altröm. Brauch, in Notzeiten dem Mars u. Jupiter Erstlinge eines Frühlings (Feldfrüchte, Vieh u. Kinder) zu weihen

Versal [*wär...*; *lat.-nlat.*] *der*; -s, -ien [*...iᵉn*] (meist Plural): großer [Anfangs]buchstabe, → Majuskel. **Versalschrift** [*lat.-nlat.*; *dt.*] *die*; -: eine Schriftart, die nur aus Versalien, Ziffern u. Interpunktionszeichen besteht. **versatil** [*lat.*]: 1. beweglich, gewandt (z. B. im Ausdruck). 2. ruhelos; wankelmütig. **Versatilität** [*lat.-nlat.*] *die*; -: 1. Beweglichkeit, Gewandtheit (z. B. im Ausdruck). 2. Ruhelosigkeit; Wandelbarkeit. **Vers blancs** [*wär blang*; *fr.*] *die* (Plural): franz. Bezeichnung für: reimlose Verse, → Blankverse. **Vers commun** [- *komöng*] *der*; - -, - -s [- *komöng*]: franz. Bezeichnung für: gereimter jambischer Zehnsilber (beliebter Vers der franz. Dichtung). **Versetto** [*wär...*; *lat.-it.*] *das*; -s, -s u. ...tti: kleines, meist fugenartiges, kunstvolles Orgelzwischenspiel. **Versfuß** [*färß...*] *der*; -es, ...füße: aus mindestens je einer Hebung u. Senkung bestehende kleinste rhythmische Einheit eines Verses. **versieren** [*wär...*; *lat.(-fr.)*]: (veraltet) verkehren; sich mit etwas beschäftigen. **versiert**: erfahren, bewandert, gewitzt. **Versifex** [*lat.-nlat.*] *der*; -es, -e: (veraltet) Verseschmied. **Versifikation** [*...zion*; *lat.*] *die*; -, -en: Umformung in Verse; Versbildung, -bau. **versifizieren**: in Verse bringen. **Versikel** *der*; -s, -: kurzer überleitender [Psalm]vers in der kath. u. ev. Liturgie. **Versi liberi**: = Versi sciolti. **Version** [*lat.-fr.*] *die*; -, -en: 1. eine von mehreren möglichen Arten, einen bestimmten Sachverhalt auszulegen u. darzustellen. 2. Ausführung, die vom ursprünglichen Typ, Modell o. ä. in bestimmter Weise abweicht. **Versi sciolti** [*wär... scholti*; *lat.-it.*; „reimlose Verse"] *die* (Plural): ital. Bezeichnung für: fünffüßige → Jamben des Epos. **Vers li|bre** [*wär librᵉ*; *lat.-fr.*] *der*; - -, - -s [*wär librᵉ*]: französische Bezeichnung für: [reimloser] taktfreier Vers. **Verso** [*wär...*; *lat.*] *das*; -s, -s: (Fachsprache) Rückseite eines Blattes in einer Handschrift od. einem Buch; Ggs. → Rekto. **Versur** *die*; -, -en: (veraltet) Umsatz einer Firma. **versus** [*wär...*]: gegen, im Gegensatz zu; Abk.: vs. **Versus memoriales** [*wärsuß ...rialeß*] *die* (Plural): Verse, die als Gedächtnisstütze dienen. **Versus qua|dratus** *der*; - -, - ...ti: trochäischer → Septenar. **Versus rapportati** [*wärsuß* -] *die* (Plural): in der Barockzeit beliebte Verse mit verschränkter Aufzählung von Satzgliedern (z. B. Die Sonn', der Pfeil, der Wind verbrennt, werwund't, weht hin... Opitz). **Versus rhopalici** [- *...palizi*] *die* (Plural): = rhopalische Verse.

vertatur!: man wende!, man drehe um!; Abk.: vert., Zeichen: √ (bei der Korrektur von Buchstaben, die auf dem Kopf stehen; Druckw.). **verte!**: wende um!, wenden! (das Notenblatt beim Spielen); Abk.: v.; vgl. verte, si placet! **verte|bragen** [*lat.*; *gr.*]: von einzelnen Wirbeln bzw. von der Wirbelsäule ausgehend (von Erkrankungen; Med.). **verte|bral** [*lat.-nlat.*]: zu einem Wirbel gehörend, aus Wirbeln bestehend (Med.). **Verte|brat** [*lat.*] *der*; -en, -en (meist Plural) u. **Verte|brate** *der*; -n, -n (meist Plural): Wirbeltier; Ggs. → Evertebrat. **verte, si placet!** [- - *plazät*]: bitte wenden! (Hinweis auf Notenblättern; Mus.); Abk.: v. s. pl. **verte subito!**: rasch wenden! (Hinweis auf Notenblättern; Mus.). **Vertex** [„Scheitel"] *der*; -, ...tices [*wärtizeß*]: 1. Scheitel, Spitze eines Organs, bes. der höchstgelegene Teil des Schädelgewölbes (Med.). 2. Punkt, in dem sich die Bewegungsrichtungen aller Einzelsterne einer Sternströmung zu schneiden scheinen (Astron.). **vertieren**: (veraltet) 1. umwenden. 2. (einen Text) in eine andere Sprache übertragen. **vertiginös**: schwindlig, mit Schwindelgefühlen verbunden (Med.). **vertikal** [„scheitellinig"]: senkrecht, lotrecht. **Vertikale** *die*; -, -n: Senkrechte; Ggs. → Horizontale. **Vertikalebene** [*lat.*; *dt.*] *die*; -: 1. auf einer anderen [horizontalen] Ebene senkrecht stehende Ebene (Math.). 2. Ebene, die durch den Beobachterstandpunkt u. einen Vertikalkreis gelegt ist (Astron.). **Vertikalintensität** *die*; -: Stärke des erdmagnetischen Feldes in senkrechter Richtung (Phys.). **vertikalisieren** [*lat.-nlat.*]: die vertikale Aufgliederung eines Bauwerks betonen (Archit.). **Vertikalismus** *der*; -: die Neigung, die Gliederung eines Bauwerks stärker vertikal als horizontal durchzuführen (z. B. in der Gotik). **Vertikalkonzern** *der*; -s, -e: Konzern von Unternehmen aufeinanderfolgender Produktionsstufen (Wirtsch.); Ggs. → Horizontalkonzern. **Vertikalkreise** [*lat.*; *dt.*] *die* (Plural): Höhenkreise der Himmelskugel, die durch den Scheitelpunkt u. den Fußpunkt verlaufen (Astron.)

Vertiko [*wär...*; angeblich nach dem ersten Verfertiger, dem Berliner Tischler Vertikow (*...ko*)] *das* (selten: *der*); -s, -s: kleiner Schrank mit zwei Türen, der nach oben mit einer Schublade u. einem Aufsatz abschließt

vertikulieren [*wär...*; *lat.-spätlat.*]: = vertikutieren. **vertikutieren** [*lat.-spätlat.*; *fr.*]: (mit einem dafür vorgesehenen Gerät) die Grasnarbe eines Rasens aufreißen, um den Boden zu lockern u. zu belüften; aerifizieren. **Vertikutierer** *der*; -s, -: Gerät zum Vertikutieren. **Vertizillaten** [*lat.-nlat.*] *die* (Plural): australische Bäume mit rutenförmigen Zweigen und schuppenförmigen Blättern

Vertumnalien [*wärtumnali^{e}n*; *lat.*; nach dem altröm. Vegetationsgott Vertumnus] *die* (Plural): altröm. Fest

Verve [*wärw^e*; *lat.-vulgärlat.-fr.*] *die*; -: Schwung, Begeisterung (bei einer Tätigkeit)

Vesica [*wesika*; *lat.*] *die*; -, ...cae [*...zä*]: [Harn]blase (Med.). **vesikal**: zur Harnblase gehörend, sie betreffend (Med.). **Vesikans** *das*; -, ...kantia [*...zia*] und ...kanzien [*...i^{e}n*]: = Vesikatorium. **Vesikatorium** [*lat.-nlat.*] *das*; -s, ...ien [*...i^{e}n*]: blasenziehendes Arzneimittel, Zugpflaster (Med.). **vesikulär**: bläschenartig, Bläschen... (Med.). **vesikulös** [*lat.*]: bläschenreich, bläschenförmig verändert (von der Beschaffenheit der Haut; Med.)

Vesper [*fäß...*; *lat.*; „Abend, Abendzeit"] *die*; -, -n: 1. a) abendliche Gebetsstunde (6 Uhr) des → Breviers (1); b) Abendgottesdienst (z. B. Christvesper). 2. (südd. auch:) *das*; -s, -: (südd. u. westösterr.) Zwischenmahlzeit. **Vesperbild** [*lat.*; *dt.*] *das*; -s, -er: plastische Darstellung Marias mit dem Leichnam Christi (am Abend des Karfreitags); vgl. Pieta. **vespern**: (südd. u. westösterr.) die Vesper (2) einnehmen, zur Vesper (2) essen

Vestalin [*wäß...*; *lat.*] *die*; -, -nen: altröm. Priesterin der Vesta, der Göttin des Herdfeuers

Vestibül [*wäß...*; *lat.-fr.*] *das*; -s, -e: Vorhalle [in einem Theater od. Konzertsaal]. **Vestibula**: *Plural* von → Vestibulum. **Vestibularapparat** *der*; -s, -e: Gleichgewichtsorgan im Ohr (Med.). **Vestibulum** [*lat.*] *das*; -s, ...la: 1. Vorhalle des altröm. Hauses. 2. Vorhof, Eingang eines Organs (Med.)

Vestitur [*wä...*; *lat.*] *die*; -, -en: = Investitur. **Veston** [*wäßtong*; *lat.-fr.*] *das*; -s, -s: (schweiz.) sportliches Herrenjackett

Vesuvian [*wesuwian*; *nlat.*; nach dem Vesuv bei Neapel] *der*; -s, -e: grüner od. brauner Edelstein (Mineral)

Veteran [*we...*; *lat.*] *der*; -en, -en: 1. a) altgedienter Soldat; b) Teilnehmer an einem früheren Feldzug od. Krieg. 2. im Dienst alt gewordener, bewährter Mann. **veterinär** [*lat.-fr.*]: tierärztlich. **Veterinär** *der*; -s, -e: Tierarzt. **Veterinärmedizin** *die*; -: Tierheilkunde

Veto [*we...*, auch: *wä...*; *lat.-fr.*; „ich verbiete"] *das*; -s, -s: a) offizieller Einspruch, durch den das Zustandekommen od. die Durchführung eines Beschlusses o. ä. verhindert od. verzögert wird; b) Recht, ein Veto (a) einzulegen

Vetturino [*wä...*; *lat.-it.*] *der*; -s, ...ni: (veraltet) ital. Lohnkutscher

Vetus Latina [*wä...* -; *lat.*] *die*; -, -: eine alte lateinische Bibelübersetzung, die im 4.–6. Jh. von der → Vulgata abgelöst wurde

Vexation [*wäxazion*; *lat.*] *die*; -, -en: (veraltet) Quälerei; Neckerei. **vexatorisch**: quälerisch. **Vexierbild** [*lat.*; *dt.*] *das*; -[e]s, -er: Suchbild, das eine nicht sofort erkennbare Figur enthält. **vexieren** [*lat.*]: irreführen; quälen; necken. **Vexierglas** [*lat.*; *dt.*] *das*; -es, ...gläser: merkwürdig geformtes Trinkglas, aus dem nur mit Geschick getrunken werden kann. **Vexierrätsel** *das*; -s, -: Rätsel, das durch Fragen in die Irre führt

Vexilla regis [*wä...* -; *lat.*] *das*; -, -: altröm. Kirchenmelodie. **Vexillogie** *die*; -: Lehre von der Bedeutung von Fahnen, Flaggen. **Vexillum** *das*; -s, ...lla u. ...llen: 1. altröm. Fahne. 2. aus den einzelnen Ästen bestehender Teil der Vogelfeder zu beiden Seiten des Federkiels (Zool.). 3. die übrigen Blütenblätter teilweise umgreifendes, oberes, größtes Blütenblatt bei Schmetterlingsblütlern

Vezier [*we...*] usw. vgl. Wesir usw.

vezzoso [*wä...*; *lat.-it.*]: zärtlich, lieblich (Mus.)

via [*wia*]

I. [*lat.-it.*] weg (Mus.); - il sordino: den Dämpfer abnehmen; Ggs. → con sordino.

II. [*lat.*]: a) [auf dem Wege] über..., z. B. - München nach Wien fliegen; b) durch, über [eine bestimmte Instanz o. ä. erfolgend], z. B. er wurde - Verwaltungsgericht zur sofortigen Zahlung aufgefordert; c) (ugs.) in Richtung auf, nach, z. B. er reiste - Jugoslawien, Prag

Via [*lat.*] *die*; -: lat. Bezeichnung für: Weg; Methode (Philos.); - eminentiae [*...ziä*]: Methode, etwas durch Steigerung zu bestimmen; - moderna: die rationalistisch-mathematische Methode des → Kartesianismus; - negationis [*...zioniß*]: Methode, etwas durch Verneinung zu bestimmen. **Viadukt** [*lat.-nlat.*] *der* (auch: *das*); -[e]s, -e: Brücke, deren Tragwerk meist aus mehreren Bogen besteht. **Viatikum** [*lat.*; „Wegzehrung"] *das*; -s, ...ka u. ...ken: dem Sterbenden gereichte Kommunion (kath. Kirche)

Vi|brant [*wi...*; *lat.*] *der*; -en, -en: 1. Schwinglaut, Zitterlaut (z. B. r; Sprachw.). 2. schwingender, zitternder Vibratoton (Mus.). **Vibraphon** [*lat.*; *gr.*] *das*; -s, -e: ein drei Oktaven umfassendes Schlaginstrument mit klaviaturähnlich angeordneten Metallplatten, unter denen sich röhrenförmige Resonatoren befinden, deren Klappen sich in raschem Wechsel öffnen u. schließen, so daß vibrierende Töne entstehen. **Vi|braphonist** *der*; -en, -en: Vibraphonspieler. **Vi|brati**: *Plural* von → Vibrato. **Vi|bration** [*...zion*; *lat.*] *die*; -, -en: Schwingung, Beben, Erschütterung. **vi|brato** [*lat.-it.*]: schwingend, leicht zitternd, bebend (in bezug auf die Tongestaltung im Gesang, bei Streich- u. Blasinstrumenten). **Vi|brato** *das*; -s, -s u. ...ti: das Schwingen, leichte Zittern od. Beben des Tons im Gesang, bei Streich- u. Blasinstrumenten. **Vibrator** [*lat.-nlat.*] *der*; -s, ...oren:

1. Gerät zur Erzeugung mechanischer Schwingungen. 2. = Godemiché. **vi|brieren** [*lat.*]: schwingen; beben, zittern. **Vibrio** [*lat.-nlat.*] *der*; -, ...onen: begeißelte Kommabakterie (z. B. Erreger der Cholera; Med.). **Vibro|gramm** [*lat.*; *gr.*] *das*; -s, -e: Schwingungsaufzeichnung des Vibrographen. **Vi|bro|graph** *der*; -en, -en: Instrument zum Messen der Schwingungen bei Bauwerken, Brücken, Schiffen u. a. **Vibrorezeptoren** [*lat.-nlat.*] *die* (Plural): Tastorgane, die Erschütterungen anzeigen (Biol.)

Viburnum [*wi...*; *lat.*] *das*; -s: Schneeball (Zierstrauch der Geißblattgewächse)

vice versa [*wize wärsa*; *lat.*]: umgekehrt; Abk.: v. v.

Vichy [*wischi*; franz. Stadt] *der*; -: baumwollener, kleinkarierter Stoff in Leinwandbindung (eine Webart)

Vicomte [*wikongt*; *lat.-mlat.-fr.*] *der*; -s, -s: zwischen Graf u. Baron rangierender franz. Adelstitel. **Vicomtesse** [*...täß*] *die*; -, -n [*...ßen*]: dem Vicomte entsprechender weiblicher Adelstitel

Victimologie [*wik...*] vgl. Viktimologie

Victoria regia [*wik...* -; *lat.*; nach der engl. Königin Viktoria, 1819–1901] *die*; - -: südamerikan. Seerose

Vicuña [*wikunja*]: span. Form von → Vikunja

vide! [*wide*; *lat.*]: (veraltet) siehe!; Abk.: v. **videatur** = vide!; Abk.: vid. **Video** [*lat.-engl.*] *das*; -s: (ugs.) 1. Kurzform von → Videoband. 2. Kurzform von → Videotechnik. **Videoband** *das*; -[e]s, ...bänder: Magnetband zur Aufzeichnung einer Fernsehsendung, eines Films o. ä. u. zu deren Wiedergabe auf dem Bildschirm eines Fernsehgeräts. **Videocasting** [*...ka...*] *das*; -[s], -s: (Jargon) Rollenbesetzung auf Grund der Auswertung der Videoaufzeichnung eines Gesprächs o. ä. mit den Bewerbern. **Video|graph** *der*; -en, -en: eingeblendeter Text in einer Fernsehsendung, der eine [von der Sendung unabhängige] Information enthält. **Videokamera** *die*; -, -s: Kamera zur Aufnahme von Filmen, deren Wiedergabe über den Fernsehbildschirm erfolgt. **Videokassette** *die*; -, -n: → Kassette (5) mit einem Videoband. **Videorecorder** [*...ko...*; engl. Ausspr.: *...rikoʳdeʳ*; *lat.*; *engl.*] *der*; -s, -: Speichergerät zur Aufzeichnung von Fernsehsendungen; vgl. Teleplayer. **Videotechnik** *die*; -: Gesamtheit der technischen Anlagen, Geräte, Vorrichtungen o. ä., die zur magnetischen Aufzeichnung einer Fernsehsendung o. ä. und zu deren Wiedergabe auf dem Fernsehbildschirm dienen. **Videotelefon** *das*; -s, -e: Telefon, das auch das Bild des Gesprächspartners übermittelt; Bildtelefon. **Videotext** *der*; -[e]s, -e: [geschriebene] Information (z. B. programmbezogene Mitteilungen, Pressevorschauen o. ä.), die auf Abruf mit Hilfe eines Zusatzgeräts über den Fernsehbildschirm vermittelt werden kann. **Videothek** *die*; -, -en: Sammlung von Film- od. Fernsehaufzeichnungen. **vidi** [*lat.*]: (veraltet) ich habe gesehen; Abk.: v. **Vidi** *das*; -[s], -[s]: (veraltet) Bescheinigung der Einsichtnahme in eine Schrift; Genehmigung. **Vidicon** [*...kon*] vgl. Vidikon. **vidieren**: (veraltet) beglaubigen, bestätigen. **Vidikon** [*lat.*; *gr.*] *das*; -s, ...one (auch: -s): speichernde Fernsehaufnahmeröhre. **Vidimation** [*...zion*; *lat.-nlat.*] *die*; -, -en: Beglaubigung. **Vidimatum** *das*; -s, -s u. ...ta: (veraltet) Vidimation. **vidimieren**: (veraltet) etwas mit dem Vidi versehen; beglaubigen; für druckreif erklären. **vidit** [*lat.*]: (veraltet) hat [es] gesehen; Abk.: vdt.

Viella [*w...*; *fr.-it.*] u. **Vielle** [*fr.*] *die*; -, ...llen: 1. (veraltet) = Viola (II). 2. Drehleier

Vieux Saxe [*wiö ßax*; *fr.*; „altes Sachsen"] *das*; - -: das Meißner Porzellan des 18. Jh.s

vif [*wif*; *lat.-fr.*]: (veraltet, aber noch landsch.) lebendig, lebhaft, munter, frisch, feurig; aufgeweckt, tüchtig, gescheit, schlau

Vigantol ® [*wi...*; Kunstw.] *das*; -s: ein antirachitisches Vitamin-D-Präparat

vigil [*wi...*; *lat.*]: wachend, schlaflos (Med.). **Vigil** [„Nachtwache"] *die*, -, -ien [*...ien*]: [Gottesdienst am] Vortag hoher kath. Feste. **vigilant**: 1. (veraltet) wachsam. 2. klug, schlau, aufgeweckt, gewandt. **Vigilant** *der*; -en, -en: (veraltet) Polizeispitzel. **Vigilanz** *die*; -: 1. (veraltet) Wachsamkeit; Schlauheit. 2. die durchschnittliche Wachheit des Bewußtseins (Psychol.). **Vigilia** *die*; -: Schlaflosigkeit (Med.). **Vigilie** [*...ie*] *die*; -, -n: 1. (hist.) die Nachtwache des Heeres (viermal drei Stunden von 18 bis 6 Uhr). 2. = Vigil. **vigilieren**: (landsch.) wachsam sein; fahnden; aufpassen, auf etw. lauern

Vi|gne [*winje*; *lat.-fr.*; „Weinberg"] *die*; -, -n: (veraltet) kleines Haus auf dem Land, Feriensitz. **Vi|gnette** [*...jäte*; „Weinranke"] *die*; -, -n: 1. Ornament in Form einer Weinranke auf mittelalterlichen Handschriften. 2. Zier-, Titelbildchen, Randverzierung [in Druckschriften]. 3. Maskenband zur Verdeckung bestimmter Stellen des Negativs vor dem Kopieren (Fotogr.). 4. privat hergestellte Werbe- od. Spendenmarke ohne amtlichen Charakter zur finanziellen Unterstützung einer wohltätigen Organisation, einer Veranstaltung o. ä. **Vignettierung** *die*; -, -en: Unterbelichtung der Ränder u. Ecken einer Fotografie

Vigo|gne [*wigonje*; *indian.-span.-fr.*] *die*; -, -n: 1. Wolle der Lamaart Vikunja. 2. Mischgarn aus Wolle u. Baumwolle

Vigor [*wigor*; *lat.*] *der*; -s: (veraltet) Lebenskraft, Rüstigkeit, Stärke. **vigorös** [*lat.-fr.*]: (veraltet) kräftig, rüstig. **vigoroso** [*lat.-it.*]: kräftig, stark, energisch (Vortragsanweisung; Mus.). **Vigoureux** [*wigurö*; *lat.-fr.*] *der*; -: meliertes Kammgarn, das während des Kammzugs streifenweise bedruckt wird

Vikar [*wi...*; *lat.*; „stellvertretend; Stellvertreter"] *der*; -s, -e: 1. bevollmächtigter Stellvertreter in einem geistlichen Amt (kath. Kirche); vgl. Generalvikar. 2. Kandidat der ev. Theologie nach der ersten theologischen Prüfung, der einem Pfarrer zur Ausbildung zugewiesen ist. 3. (schweiz.) Stellvertreter eines Lehrers. **Vikarianten** [*lat.-nlat.*] *die* (Plural): 1. vikariierende (2) Pflanzen. 2. vikariierende (2) Tiere. **Vikariat** [*lat.-mlat.*] *das*; -[e]s, -e: Amt eines Vikars. **vikariieren** [*lat.-nlat.*]: (veraltet) 1. jmds. Stelle vertreten, aushelfen. 2. das Amt eines Vikars versehen. **vikariierend**: 1. den Ausfall eines Organs od. einer Organfunktion ausgleichend, die Funktion eines ausgefallenen Organs übernehmend. 2. sich in der geographischen Verbreitung gegenseitig ausschließend (von Tieren od. Pflanzen; Biol.). **Vikarin** *die*; -, -nen: Kandidatin der ev. Theologie nach der ersten theologischen Prüfung, die einem Pfarrer zur Ausbildung zugewiesen ist

Viktimologie [*lat.*; *gr*] *die*; -: Teilgebiet der → Kriminologie, auf dem man sich mit den Beziehungen zwischen Opfer u. begangenem Verbrechen sowie Opfer u. Täter befaßt

Viktoria [*wik...; lat.*] *die*; -, -s: 1. Siegesgöttin, geflügelte Frauengestalt als Sinnbild des Sieges. 2. (ohne Artikel) Sieg (als Ausruf); - rufen, - schießen: einen Sieg [durch Kanonenschüsse] feiern. **Viktorianismus** [nach der engl. Königin Viktoria, 1819–1901] *der*; -: Strömung von nüchtern-sachlicher Tendenz im geistigen Leben Englands Ende des 19. Jh.s, die bes. Literatur und Kunst beeinflußte. **viktorianisch**: den Viktorianismus betreffend

Viktualien [*wiktualiᵉn; lat.*] *die* (Plural): (veraltet) Lebensmittel. **Viktualienbrüder** [*lat.; dt.*] *die* (Plural): = Vitalienbrüder

Vikunja [*wi...; indian.-span.*] *das*; -s, -s u. *die*; -, ...jen: höckerloses südamerik. Kamel, Wildform des → Alpakas (I, 1)

Villa [*wila; lat.-it.*] *die*; -, Villen: Landhaus; vornehmes Einfamilienhaus, Einzelwohnhaus. **Villanell** *das*; -s, -e: = Villanella. **Villanella** u. **Villanelle** [*lat.-it.*] *die*; -, ...llen: einfach gesetztes, meist dreistimmiges ital. Bauern-, Hirtenlied des 16. u. 17. Jh.s. **Villeg|giatur** [*wilädsehatur*] *die*; -, -en: (veraltet) Landaufenthalt; Sommerfrische. **Villen** [*wilᵉn*]: *Plural* von → Villa

villös [*wi...; lat.*]: zottenreich (bes. von Schleimhautfalten des Magens od. Darms; Med.)

Vina [*wi...*] vgl. Wina

Vin|ai|grette [*winägrät*⁽ᵉ⁾; *lat.-fr.*] *die*; -, -n: 1. aus Essig, Öl, Senf u. verschiedenen Gewürzen bereitete Soße. 2. Fleischgericht in einer Vinaigrettesoße

Vindikant [*win...; lat.*] *der*; -en, -en: (veraltet) Aussonderungsberechtigter beim Konkurs. **Vindikation** [*...zion*] *die*; -, -en: Herausgabeanspruch des Eigentümers einer Sache gegen deren Besitzer (Rechtsw.); vgl. ...[at]ion/...ierung. **Vindikationszession** *die*; -, -en: die Abtretung des Herausgabeanspruchs (auf eine Sache) durch den Eigentümer an den Erwerber, wenn sich die Sache im Besitz eines Dritten befindet (Rechtsw.). **vindizieren**: die Herausgabe einer Sache vom Eigentümer gegenüber dem Besitzer einer Sache verlangen. **Vindizierung** *die*; -, -en: = Vindikation; vgl. ...[at]ion/...ierung

Vingt-et-un [*wängteöng; lat.-fr.*; „einundzwanzig"] u. **Vingt-un** [*wängtöng*] *das*; -: ein Kartenglücksspiel

Vinkulation [*wingkulazion; lat.-nlat.*] *die*; -, -en: Bindung des Rechtes der Übertragung eines Wertpapiers an die Genehmigung des → Emittenten; vgl. ...[at]ion/...ierung. **Vinkulationsgeschäft** *das*; -s, -e: Form der Bevorschussung von Waren. **vinkulieren** [*lat.*]: das Recht der Übertragung eines Wertpapiers an die Genehmigung des → Emittenten binden. **Vinkulierung** *die*; -, -en: = Vinkulation; vgl. ...[at]ion/...ierung

Vinothek [*wi...; lat.; gr.*] *die*; -, -en: a) Sammlung kostbarer Weine; b) Weinkeller mit Weinausschank.

Vinyl *das*; -s: von → Äthylen abgeleiteter ungesättigter Kohlenwasserstoffrest. **Vinylchlorid** *das*; -s, -e: sehr reaktionsfähiges → Derivat (3) des → Äthylens

Vinzentiner [*win...*; nach dem Stifter, dem hl. Vinzenz v. Paul, † 1660] *der*; -s, -: = Lazarist. **Vinzentinerin** *die*; -, -nen: Angehörige einer kath. weiblichen Klostergenossenschaft zur Krankenpflege (Barmherzige Schwestern). **Vinzenzkonferenz** *die*; -, -en: an die zuständige Pfarrei angeschlossene kath. Laienorganisation für karitative Arbeit

Viola

I. Viola [*wi...; lat.*] u. Viole *die*; -, ...olen: Veilchen (Bot.).

II. Viola [*wi...; provenzal.-it.*] *die*; -, ...len: = Bratsche

Viola bastarda [*wi...; it.*] *die*; - -, ...le ...de: Großgambe mit 6–7 Saiten u. Resonanzsaiten. **Viola da braccio** [*- - bratscho*; „Armgeige"] *die*; - - -, ...le - - -: = Bratsche. **Viola da gamba** *die*; - - -, ...le - - -: = Gambe. **Viola d'amore** *die*; - -, ...le -: eine Geige mit angenehmem, lieblichem Ton (mit meist sieben gestrichenen u. sieben im Einklang od. in der Oktave mitklingenden Saiten). **Viola pomposa** *die*; - -, ...le ...se: die fünfsaitige Großform der Bratsche

Violation [*wiolazion; lat.*] *die*; -, -en: (veraltet) Verletzung; Schändung

Viola tricolor [*wi... ...ko...; lat.*] *die*; - -: Stiefmütterchen. **Violazeen** [*wi...; lat.-nlat.*] *die* (Plural): Veilchengewächse (Bot.). **Viole** vgl. Viola (I)

Viole d'amour [*wiol damur; fr.*] *die*; - -, -s [*wiol*] -: franz. Bezeichnung für: Viola d'amore

Violen [*wi...*]: *Plural* von → Viola u. → Viole

violent [*wi...; lat.*]: (veraltet) heftig; gewaltsam. **violento** [*lat.-it.*]: heftig; gewaltsam (Vortragsanweisung; Mus.). **Violenz** [*lat.*] *die*; -: (veraltet) Heftigkeit; Gewalttätigkeit

violett [*wi...; lat.-fr.*]: dunkelblau mit einem Stich ins Rote; veilchenfarbig. **Violett** *das*; -s: die violette Farbe

Violetta [*wi...; provenzal.-it.*] *die*; -, ...tten: kleine Viola (II) od. Violine. **Violinata** *die*; -, -s: [Übungs]stück für Violine. **Violine** *die*; -, -n: Geige. **Violinist** [*provenzal.-it.-nlat.*] *der*; -en, -en: Geigenspieler. **Violino** [*provenzal.-it.*] *der*; -s, ...ni; ital. Bezeichnung für: Geige; - piccolo [*- pik...*]: Quartgeige der Tanzmeister im Barock; - primo: erste Geige; - secondo [*...kondo*]: zweite Geige. **Violoncell** [*wiolontschäl*] *das*; -s, -e: = Violoncello. **Violoncellist** *der*; -en, -en: [Violon]cellospieler. **Violoncello** *das*; -s, ...lli u. (ugs.:) -s: während des Spiels zwischen den Knien gehaltenes, auf dem Fußboden stehendes viersaitiges Streichinstrument (eine Oktave tiefer als die → Bratsche); Kurzform: Cello. **Violone** *der*; -[s], -s u. ...ni: 1. Kontrabaß. 2. eine Orgelstimme. **Violophon** [*provenzal.-it.; gr.*] *das*; -s, -e: im Jazz gebräuchliche Violine, in deren Innerem eine Schalldose eingebaut ist

Viper [*wi...; lat.*] *die*; -, -n: zu den Ottern gehörende Giftschlange (mit verschiedenen Arten, darunter z. B. die Kreuzotter)

Viraginität [*wi...; lat.-nlat.*] *die*; -: krankhaftes männliches Sexualempfinden der Frau (Med.). **Virago** [*lat.*] *die*; -, -s u. ...gines [*...ginḙß*]: eine Frau mit den Symptomen der Viraginität

viral [*wi...; lat.*]: durch einen Virus verursacht (von Krankheiten; Med.)

Virelai [*wirlä; fr.*] *das*; -[s], -s [*wirlä*]: franz. Gedichtgattung [des 14. u. 15. Jh.s]; vgl. Lai

Virement [*wirmang; vulgärlat.-fr.*] *das*; -s, -s: im Staatshaushalt die Übertragung von Mitteln von einem → Titel (4) auf einen anderen od. von einem Haushaltsjahr auf das andere

Viren [*wirᵉn*]: *Plural* von → Virus

Virgation [*wirgazion; lat.-nlat.*] *die*; -, -en: das Auseinandertreten von Gebirgsfalten (z. B. am Ostende der Alpen; Geol.)

Virgel [*wi...; lat.*; „kleiner Zweig; Strich"] *die*; -, -n: Schrägstrich zwischen zwei Wörtern (z. B. CDU/CSU)

Virginal [*wir...; engl.*] *das*; -s, -e: engl. Instrument in der Art des Spinetts, zur Cembalofamilie gehörend. **Virginalist** *der*; -en, -en: Virginalspieler, -komponist (um 1600 in England)

Virginia [*wirginia*, auch *wirdsehinia*; nach dem Bundesstaat Virginia (*"ördsehinj"*) in den USA] *die*; -, -s: Zigarren- u. Zigarettensorte **Virginität** [*wir...*; *lat.*] *die*; -: 1. Jungfräulichkeit. 2. Unberührtheit **Virginium** [*wir...*; *nlat.*; nach dem Bundesstaat Virginia (*"ördsehinj"*) in den USA] *das*; -s: (veraltet) Bezeichnung für den chem. Grundstoff Francium; Zeichen: Vi **viribus unitis** [*wi...* -; *lat.*]: „mit vereinten Kräften" **Viridarium** [*wi...*; *lat.*] *das*; -s, ...ien [*...iᵉn*]: (veraltet) mit immergrünen Pflanzen angelegter Garten **viril** [*wi...*; *lat.*]: (Med.) a) den Mann od. das männliche Geschlecht betreffend; b) charakteristische männliche Züge od. Eigenschaften aufweisend, vermännlicht (bes. von Frauen). **Virilismus** [*lat.-nlat.*] *der*; -: (Med.) 1. Vermännlichung der Frau. 2. vorzeitige Geschlechtsreife bei Jungen. **Virilität** [*lat.*] *die*; -: männliche [Zeugungs]kraft, Mannbarkeit (Med.). **Virilstimme** *die*; -, -n: (hist.) die fürstliche Einzelstimme im Deutschen Reichstag (bis 1806) u. im Deutschen Bundestag (bis 1866); Ggs. → Kuriatstimme. **viritim**: (veraltet) Mann für Mann, einzeln **Virologe** [*wi...*; *lat.*; *gr.*] *der*; -n, -n: Virusforscher, Wissenschaftler auf dem Gebiet der Virologie. **Virologie** *die*; -: Wissenschaft u. Lehre von den Viren. **virologisch**: die Virologie betreffend. **virös** [*lat.*]: virusbedingt. **Virose** [*lat.-nlat.*] *die*; -, -n: Viruskrankheit **virtual** [*wir...*; *lat.-mlat.*]: (veraltet) virtuell. **Virtualität** *die*; -, -en: innewohnende Kraft od. Möglichkeit. **virtualiter**: als Möglichkeit. **virtuell** [*lat.-mlat.-fr.*]: a) der Kraft od. Möglichkeit nach vorhanden; b) anlagemäßig (Psychol.). **virtuos** [*lat.-it.*]: meisterhaft, technisch vollendet. **Virtuose** *der*; -n, -n: ausübender Künstler (bes. Musiker), der seine Kunst mit vollendeter Meisterschaft beherrscht. **Virtuosität** [*lat.-it.-nlat.*] *die*; -: 1. vollendete Beherrschung der Technik in der Musik. 2. meisterhaftes Können. **Virtuoso** [*lat.-it.*] *der*; -, -s: Ideal des gebildeten Menschen (Shaftesbury). **Virtus** [*lat.*] *die*; -: männliche Tüchtigkeit, Tapferkeit; Tugend (Ethik) **virulent** [*wi...*; *lat.*]: 1. krankheitserregend, ansteckend, giftig (Med.); Ggs. → avirulent. 2. drängend, heftig. **Virulenz** *die*; -: 1. aktive Wirkung von Krankheitserregern; Ansteckungsfähigkeit; Giftigkeit (Med.). 2. Dringlichkeit, [heftiges] Drängen. **Virus** [„Schleim, Saft, Gift"] *das* (auch: *der*); -, Viren: kleinstes [krankheitserregendes] Partikel, das sich nur auf lebendem Gewebe entwickelt

Visa [*wisa*]: *Plural* von → Visum. **Visage** [*wisaseh*ᵉ; *lat.-fr.*] *die*; -, -n: a) (ugs., abwertend) Gesicht; b) (salopp) Miene, Gesichtsausdruck. **Visagist** *der*; -en, -en: Spezialist für die vorteilhafte Gestaltung des Gesichts durch dekorative Kosmetik. **Visagistin** *die*; -, ...nen: Spezialistin für die vorteilhafte Gestaltung des Gesichts durch dekorative Kosmetik. **vis-à-vis** [*wisawi*]: gegenüber. **Visavis** *das*; - [*...wi(ß)*], - [*...wiß*]: Gegenüber

Viscera [*wißzera*] vgl. Viszera **Visconte** [*wißkonte*; *lat.-mlat.-fr.-it.*] *der*; -, ...ti: dem → Vicomte entsprechender ital. Adelstitel. **Viscontessa** *die*; -, ...tesse: dem Visconte entsprechender weiblicher Adelstitel. **Viscount** [*"waikaunt*; *lat.-mlat.-fr.-engl.*] *der*; -s, -s: dem → Vicomte entsprechender engl. Adelstitel. **Viscountess** [*...tiß*] *die*; -, -es [*...tißis*]: dem Viscount entsprechender weiblicher Adelstitel

Visen [*wisᵉn*]: *Plural* von → Visum. **visibel** [*lat.*]: (veraltet) sichtbar, offenbar, augenscheinlich **Visier** [*wi...*; *lat.-fr.*] *das*; -s, -e: 1. a) der bewegliche, das Gesicht deckende Teil des [mittelalterlichen] Helms; b) visierähnlicher Teil des Schutzhelms für Rennfahrer und Zweiradfahrer. 2. Zielvorrichtung bei Handfeuerwaffen. **visieren**: 1. a) nach etwas sehen, zielen; b) etwas ins Auge fassen. 2. eichen, ausmessen. 3. (veraltet) beglaubigen. 4. ein Dokument, einen Paß mit einem Visum versehen. **Visierung** *die*; -, -en: im Mittelalter u. in der Renaissance gebräuchliche Bezeichnung für: Entwurf zu einem Kunstwerk

Vis inertiae [*wiß ...ziä*; *lat.*] *die*; - -: Beharrungsvermögen (Philos.)

Vision [*wi...*; *lat.*] *die*; -, -en: a) inneres Gesicht, Erscheinung vor dem geistigen Auge; b) optische Halluzination; c) in jmds. Vorstellung bes. in bezug auf die Zukunft entworfenes Bild. **visionär** [*lat.-nlat.*]: im Geiste geschaut; traumhaft; seherisch. **Visionär** *der*; -s, -e: (veraltet) Geisterseher, Schwärmer

Visitatio [*wisitazio*; *lat.*] *die*; -, ...onen: bildliche Darstellung von Marias Besuch bei Elisabeth (Heimsuchung Mariä; vgl. Lukas 1,39ff.). **Visitation** [*lat.(-fr.)*] *die*; -, -en: 1. Durchsuchung (z.B. des Gepäcks od. der Kleidung [auf Schmuggelware]). 2. a) Besuch[sdienst] des vorgesetzten Geistlichen in den ihm unterstellten Gemeinden zur Erfüllung der Aufsichtspflicht; b) (veraltend) Besuch des Schulrats zur Überprüfung des Unterrichts. **Visitator** [*lat.*] *der*; -s, ...oren: jmd., der etwas durchsucht od. untersucht. **Visite** [*lat.-fr.*] *die*; -, -n: 1. Krankenbesuch des Arztes [im Krankenhaus]. 2. (veraltet, aber noch scherzh.) Besuch. **Visitenkarte** *die*; -, -n: 1. Besuchskarte. 2. (ugs., spöttisch) [hinterlassene] Spur. **visitieren** [*lat.(-fr.)*]: 1. etwas durchsuchen. 2. eine Visitation (2) vornehmen. **Visitkarte** *die*; -, -n: (österr.) Visitenkarte

viskos u. **viskös** [*wiß...*; *lat.*]: zähflüssig, leimartig. **Viskose** [*lat.-nlat.*] *die*; -: Zelluloseverbindung, Ausgangsstoff für Kunstseide. **Viskosimeter** [*lat.-nlat.*; *gr.*] *das*; -s, -: Gerät zur Bestimmung des Grades der Zähflüssigkeit. **Viskosime|trie** *die*; -: Bestimmung des Grades der Zähflüssigkeit. **Viskosität** [*lat.-nlat.*] *die*; -: Zähflüssigkeit

Vis major [*wiß* -; *lat.*] *die*; - -: höhere Gewalt (Rechtsw.)

Vista [*wiß...*; *lat.-it.*] *die*; -: Sicht, Vorzeigen eines Wechsels; vgl. a vista u. a prima vista (Wirtsch.). **Vistawechsel** *der*; -s, -: Sichtwechsel (Wirtsch.)

Vi|stra ® [*wi...*: Kunstw.] *die*; -: Zellwolle aus Viskose

visualisieren [*wi...*; *lat.-engl.*]: 1. etwas optisch so betonen u. herausstellen, daß es Aufmerksamkeit erregt (z. B. bei der Gestaltung eines Prospekts, eines Buches). 2. einen Text durch sprechende, aussagekräftige Fotos, Zeichnungen o. ä. veranschaulichen. 3. einen Bildhintergrund dazustellen (im Fernsehen; z. B. hinter dem Korrespondenten das engl. Parlamentsgebäude). 4. Ideen in ein Bild umsetzen. **Visualizer** [*wisehuᵉlaisᵉr*; *lat.-fr.-engl.*] *der*; -s, -: Fachmann für die graphische Gestaltung von Werbeideen. **visuell** [*wi...*; *lat.-fr.*]: das Sehen betreffend; vgl. optisch; -er Typ: Menschentyp, der Gesehenes besser behält als Gehörtes; Ggs. → akustischer Typ. **Visum** [*lat.*; „Gesehenes"] *das*; -s, Visa u. Visen; a) Ein- od. Ausreiseerlaubnis (für ein fremdes Land); b) Sichtvermerk im Paß. **Visus** *der*; -: das Sehen, der Gesichtssinn

Viszera u. Viscera [*wißz...*; *lat.*] *die* (Plural): die im Inneren der Schädel-, Brust-, Bauch- u. Beckenhöhle gelegenen Organe (Eingeweide; Med.). **viszeral**: die Eingeweide betreffend, Eingeweide... (Med.). **Viszero|ptose** [*lat.*; *gr.*] *die*; -, -n: krankhafte Senkung der Baucheingeweide (Med.)

viszid [*wi...*; *lat.*]: = viskos

Vita [*wita*; *lat.*] *die*; -, Viten u. Vitae [*witä*]: 1. Leben, Lebenslauf, Biographie [von Personen aus der Antike u. dem Mittelalter]; vgl. Curriculum vitae. 2. Lebensfunktion, Lebenskraft (Med.). **Vita activa** [- *aktiwa*] *die*; - -: tätiges Leben, bes. als Teil mönchischer Lebensführung; vgl. ora et labora. **Vita communis** [- *ko...*] *die*; - -: gemeinsames Leben [unter Verzicht auf privates Vermögen] in katholischen geistlichen Orden u. Kongregationen. **Vita contem|plativa** [- *...wa*] *die*; - -: betrachtendes, → kontemplatives Leben im Gegensatz zur Vita activa. **vitae, non scholae discimus** vgl. non scholae, sed vitae discimus. **vital** [*lat.-fr.*]: 1. das Leben betreffend; lebenswichtig. 2. lebenskräftig; lebensvoll; wendig, munter, unternehmungsfreudig. **Vitalianer** [*lat.-nlat.*] und **Vitalienbrüder** *die* (Plural): (hist.) Seeräuber in der Nord- und Ostsee im 14. und 15. Jh. **vitalisieren**: beleben. **Vitalismus** *der*; -: philos. Lehre, nach der das organische Leben einer besonderen Lebenskraft zuzuschreiben ist. **Vitalist** *der*; -en, -en: Vertreter des Vitalismus. **vitalistisch**: den Vitalismus betreffend. **Vitalität** [*lat.-fr.*] *die*; -: Lebenskraft, Lebensfülle; Lebendigkeit. **Vit|amin** [Kunstw. aus lat. *vita* „Leben" u. → *Amin*] *das*; -s, -e: die biologischen Vorgänge im Organismus regulierender lebenswichtiger Wirkstoff (z. B. Vitamin A). **vit|aminieren** u. **vitaminisieren**: Lebensmittel mit Vitaminen anreichern. **Vita reducta** [*lat.*; „reduziertes Leben"] *die*; - -: Zustand des Organismus bei Ausfall oder Funktionsstörung lebenswichtiger Organsysteme (Med.)

vite [*wit*; *lat.-vulgärlat.-fr.*]: schnell, rasch (Vortragsanweisung; Mus.). **vitement** [*...mang*]: = vite

Viten [*witᵉn*]: *Plural* von → Vita

Vitia [*wizia*]: *Plural* von → Vitium.

Vitiligo [*wi...*; *lat.*] *die*; -, ...ligines: erworbene Pigmentanomalie der Haut, Scheckhaut (Med.). **vitiös** [*wiziöß*; *lat.(-fr.)*]: a) fehlerhaft, lasterhaft; b) bösartig. **Vitium** [*wizium*; *lat.*] *das*; -s, Vitia: organischer Fehler od. Defekt

Vi|tra [*wi...*]: *Plural* von → Vitrum. **Vi|trage** [*witrasehᵉ*; *lat.-fr.*] *die*; -, -n: (veraltet) Scheibengardine. **Vi|tren**: *Plural* von → Vitrum. **Vitrine** [*lat.-vulgärlat.-fr.*] *die*; -, -n: gläserner Schaukasten, Glas-, Schauschrank. **Vi|triol** [*lat.-mlat.*] *das*; -s, -e: (veraltet) kristallisiertes, kristallwasserhaltiges Sulfat von Zink, Eisen od. Kupfer. **Vitriol|öl** *das*; -[e]s: (veraltet) rauchende Schwefelsäure. **Vi|trit** [auch: *...it*; *lat.-nlat.*] *der*; -s, -e: eine aschenarme Streifenart der Steinkohle (Geol.). **Vi|troid** [*lat.*; *gr.*] *das*; -[e]s, -e (meist Plural): Stoff, der einen glasartigen Schmelzfluß bildet (Chem.). **Vitrophyr** *der*; -s, -e: vulkanisches Glas (Geol.). **Vi|trum** [*lat.*; „Glas"] *das*; -s, Vitra u. Vitren: Arzneiflasche; Abk.: Vitr.

Vitzliputzli [*wizli...*; nach dem aztekischen Stammesgott Huitzilopochtli] *der*; -[s]: Schreckgestalt, Kinderschreck, Teufel

viv vgl. vif. **vivace** [*wiwatschᵉ*; *lat.-it.*]: lebhaft (Mus.). **Vivace** *das*; -, -: lebhaftes Tempo (Mus.). **vivacetto** [*...tschäto*]: etwas lebhaft (Mus.). **vivacissimo** [*...tschi...*]: sehr lebhaft (Mus.). **Vivacissimo** *das*; -s, -s u. ...mi: äußerst lebhaftes Zeitmaß (Mus.). **vivant!** [*wiwant*; *lat.*]: sie sollen leben! **vivant sequentes!** [*lat.*]: die [Nach]folgenden sollen leben! **Vivarium** *das*; -s, ...ien [*...iᵉn*]: 1. kleinere Anlage zur Haltung lebender Tiere (z. B. Aquarium, Terrarium). 2. Gebäude, in dem ein Vivarium (1) untergebracht ist. **vivat!**: er lebe! **Vivat** *das*; -s, -s: Hochruf. **vivat, crescat, floreat!** [- *kreßkat* -]: (Studentenspr.) er [sie, es] lebe, blühe u. gedeihe! **vivat sequens!**: es lebe der Folgende! **Vivazität** *die*; -: (veraltet) Lebhaftigkeit, Munterkeit

Vivianit [*wiwi...*, auch: *...it*; *nlat.*; nach dem engl. Mineralogen J. G. Vivian (*wiwiᵉn*)] *der*; -s, -e: Blaueisenerz

vivipar [*wiwi...*; *lat.*]: lebendgebärend (von Lebewesen; Biol.). **Viviparie** [*lat.-nlat.*] *die*; -: (Biol.) 1. Lebendgeburt nach abgeschlossener embryonaler Entwicklung im mütterlichen Organismus. 2. Keimung eines pflanzlichen Embryos, solange der Same noch mit der Mutterpflanze verbunden ist. **Vivisektion** [*...zion*] *die*; -, -en: operativer Eingriff am lebenden Tier (zu wissenschaftlichen Zwecken). **vivisezieren**: eine Vivisektion durchführen. **vivo** [*lat.-it.*]: = vivace

Vize [*fizᵉ*, auch: *wizᵉ*; *lat.*] *der*; -[s], -s: (ugs.) a) Stellvertreter; b) jmd., der den zweiten Platz belegt, den zweithöchsten Rang o. ä. einnimmt. **Vizekanzler** *der*; -s, -: Stellvertreter des Kanzlers. **Vizepräsident** *der*; -en, -en: stellvertretender Präsident

vizinal [*wi...*; *lat.*]: (veraltet) nachbarlich, angrenzend; die Gemeinde betreffend. **Vizinalbahn** *die*; -, -en: (veraltet) Kleinbahn. **Vizinalweg** *der*; -s, -e: (veraltet) Ortsverbindungsweg, Nebenweg

Viztum [*fiz...*, auch: *wiz...*; *lat.-mlat.*] *der*; -[e]s, -e: (hist.) im Mittelalter der Vermögensverwalter geistlicher, später auch weltlicher Herrschaften

Vlieseline ® [*fli...*; Kunstw.] *die*; -: Einlage zum Verstärken von Kragen u. Manschetten

vocale [*wok...*; *lat.-it.*]: gesangsmäßig, stimmlich (Mus.). **Voce** [*wotschᵉ*] *die*; -, Voci [*wotschi*]: ital. Bezeichnung für: Singstimme; - alta: hohe, laute Stimme; - bassa: tiefe, leise Stimme; - di testa: Kopfstimme; - pastosa: geschmeidige Stimme; - spiccata [- *...kata*]: die Töne perlenartig führende Stimme (Mus.). **Voces** [*wózeß*; *lat.*] *die* (Plural): 1. die Singstimmen; Abk.: V.; - aequales [- *ä...*]: gleiche Stimmen (Mus.). 2. *Plural* von → Vox. **Voci** [*wotschi*]: *Plural* von → Voce. **Vocoder** [*wokodᵉr*; Kurzw. aus engl. *voice coder*] *der*; -s, -: Gerät zur Erzeugung von künstlicher menschlicher Sprache bzw. zur Verschlüsselung u. Modulation menschlicher Sprache

Vogue [*wok*; *fr.*] *die*; -: (veraltet) Ansehen, Beliebtheit; vgl. en vogue

Voice|gramm [*ᵘeuß...*; *engl.*; *gr.*] *das*; -s, -e: graphische Darstellung des Sprechmechanismus beim Menschen (Phonetik)

voilà [*woala*; *fr.*]: sieh da!; da haben wir es!

Voile [*woal*; *lat.-fr.*] *der*; -, -s: feinfädiger, durchsichtiger Stoff

Voix mixte [*woa mikßt*; *lat.-fr.*; „gemischte Stimme"] *die*; - -: (Mus.) 1. das Mittelregister bei der Orgel. 2. der Übergangston von der Brust- zur Kopfstimme. **Vokabel** [*wo...*; *lat.*] *die*; -, -n (österr. auch: *das*; -s, -): [Einzel]wort, bes. einer Fremdsprache. **Vokabular** [*lat.-mlat.*] *das*; -s, -e: a) Wörterverzeichnis; b) Wortschatz. **Vokabularium** *das*; -s, ...ien [...*i^e n*]: (veraltet) Vokabular. **vokal** [*lat.*]: gesangsmäßig, die Singstimme betreffend (Mus.). **Vokal** *der*; -s, -e: Laut, bei dessen Artikulation die Atemluft verhältnismäßig ungehindert ausströmt; (silbenbildender) Selbstlaut (z. B. a, i; Sprachw.); Ggs. → Konsonant. **Vokalharmonie** *die*; -: Beeinflussung eines Vokals durch einen anderen (z. B. althochdt. gib*irgi* „Gebirge" aus gab*ergi*; Sprachw.). **Vokalisation** [...*zion*; *lat.-nlat.*] *die*; -, -en: 1. Feststellung der Aussprache des (vokallosen) hebr. Textes des Alten Testaments durch Striche od. Punkte. 2. Bildung u. Aussprache der Vokale beim Singen. 3. vokalische Aussprache eines Konsonanten; vgl. vokalisieren (I); vgl. [at]ion/...ierung. **vokalisch** [*lat.*]: den Vokal betreffend, selbstlautend. **Vokalise** [*lat.-fr.*] *die*; -, -n: Singübung nur mit Vokalen (Mus.)

vokalisieren [*wo...*]
I. [*lat.-nlat.*]: einen → Konsonanten wie einen Vokal sprechen (z. B. r wie a: Kurt als [*kuat*]).
II. [*lat.-fr.*]: beim Singen die Vokale bilden u. aussprechen

Vokalisierung [*wo...*] *die*; -, -en: = Vokalisation (3); vgl. ...[at]ion/...ierung. **Vokalismus** [*lat.-nlat.*] *der*; -: Vokalbestand einer Sprache. **Vokalist** [*lat.-fr.*] *der*; -en, -en: (veraltet) Sänger im Gegensatz zum → Instrumentalisten. **Vokalmusik** *die*; -: Gesangsmusik im Gegensatz zur → Instrumentalmusik. **Vokation** [...*zion*; *lat.*] *die*; -, -en: Berufung in ein Amt. **Vokativ** [*wo...*, auch: wo... od. *wokatif*] *der*; -s, -e [...*w^e*]: Kasus der Anrede (Sprachw.). **Vokativus** [...*iwuß*] *der*; -: (veraltet, scherzh.) Teufel, Kerl; Schlauberger; Schalk, loser Vogel

Volant [*wolang*, schweiz.: *wo...*; *fr.*] *der* (schweiz. meist:) *das*; -s, -s: 1. Besatz an Kleidungs- u. Wäschestücken, Falbel. 2. Lenkrad, Steuer beim Kraftwagen

Volapük [*wo...*; Kunstw. aus *vol* (engl. world = Welt) u. *pük* (engl. speak = sprechen)] *das*; -s: heute nicht mehr gebräuchliche künstliche Weltsprache; vgl. Esperanto

volar [*wo...*; *lat.-nlat.*]: zur Hohlhand gehörend, sie betreffend; auf der Hohlhandseite liegend (Med.)

Volata [*wo...*; *lat.-it.*] *die*; -, ...te: kleiner [Verzierungs]lauf im Gesang (Mus.). **volatil** [*lat.*]: flüchtig, verdunstend (Chem.). **Vol-au-vent** [*wolowang*; *lat.-fr.*] *der*; -, -s: Hohlpastete aus Blätterteig, gefüllt mit feinem → Ragout. **Voliere** [*woliär^e*] *die*; -, -n: a) großer Vogelkäfig; b) Freigehege, Raubtiergehege

volitional [*wolizio...*; *lat.-nlat.*]: durch den Willen bestimmt (Psychol.). **volitiv**: (Psychol.) a) willentlich, gewollt; b) das Willensleben betreffend

volley [*woli*; *lat.-fr.-engl.*]: direkt aus der Luft [geschlagen], ohne daß der Ball auf den Boden aufspringt, z. B. den Ball - schlagen od. schießen (Tennis, Fußball). **Volley** *der*; -s, -s: Flugball (Tennis). **Volleyball** *der*; -s: 1. ein Mannschaftsballspiel. 2. Ball für das Volleyballspiel. 3. Flugball, direkt aus der Luft angenommener u. weitergeschlagener od. -getretener Ball. **Volleystoß** *der*; -es, ...stöße: (österr.) voller, gerader Stoß (Fußball, Billard)

Volontär [*wolongtär*, auch: *wolontär*; *lat.-fr.*; „Freiwilliger"] *der*; -s, -e: jmd., der sich ohne od. gegen eine nur kleine Vergütung in die Praxis eines [kaufmännischen od. journalistischen] Berufs einarbeitet. **Volontariat** [*lat.-fr.-nlat.*] *das*; -s, -e: 1. Ausbildungszeit eines Volontärs. 2. Stelle eines Volontärs. **volontieren**: als Anlernling, Volontär arbeiten

Volt [*wolt*; nach dem ital. Physiker A. Volta, 1745–1827] *das*; - u. -[e]s, -: internationale Bez. für die Einheit der elektrischen Spannung; Zeichen: V

Volta [*wolta*; *lat.-vulgärlat.-it.*] *die*; -, ...ten: schneller, ausgelassener Tanz im Dreier- od. 6/8-Takt (16. u. 17. Jh.)

Volta|element [*wol...*; *it.*; *lat.*; nach dem ital. Physiker A. Volta, 1745–1827] *das*; -s: galvanisches Element (bestehend aus Kupfer- u. Zinkelektroden in wäßrigem Elektrolyten). **Voltameter** [*it.*; *gr.*] *das*; -s, -: elektrolytisches Instrument zur Messung der Strommenge aus der Menge des beim Stromdurchgang abgeschiedenen Metalls od. Gases; vgl. Voltmeter. **Volt|ampere** [...*pär*] *das*; -[s], -: Maßeinheit der elektrischen Leistung; Zeichen: VA

Volte [*wolt^e*; *lat.-vulgärlat.-it.-fr.*] *die*; -, -n: 1. eine Reitfigur. 2. Kunstgriff im Kartenspiel, durch den beim Mischen einem Kartenblatt eine gewünschte Lage gegeben wird. 3. Verteidigungsart im Fechtsport. **voltieren**: = voltigieren. **Voltige** [*woltisch^e*] *die*; -, -n: Sprung eines Kunstreiters auf das trabende od. galoppierende Pferd. **Voltigeur** [...*schör*] *der*; -s, -e: = Voltigierer. **voltigieren** [...*schir^e n*]: 1. eine Volte (1 u. 3) ausführen. 2. Luft-, Kunstsprünge, Schwingübungen auf dem Pferd ausführen. 3. (veraltet) ein leichtes Gefecht führen, plänkeln; vgl. Voltigierer (2). **Voltigierer** [...*schir^e r*] *der*; -s, -: 1. Luft-, Kunstspringer. 2. (veraltet) jmd., der ein leichtes Gefecht führt, Plänkler (Mil.). **volti subito** [*lat.-it.*]: wende (das Notenblatt) schnell um (Mus.); Abk.: v. s.; vgl. verte [subito]

Voltmeter [*wolt...*; *it.*; *gr.*; nach dem ital. Physiker A. Volta, 1745–1827] *das*; -s, -: in Volteinheiten geeichtes Instrument zur Messung von elektr. Spannungen

volubel [*wo...*; *lat.*]: (veraltet) beweglich, schnell. **Volubilität** *die*; -: (veraltet) 1. Beweglichkeit, Schnelligkeit, Geläufigkeit [der Zunge]. 2. Unbeständigkeit. **Volum** [*lat.(-fr.)*] *das*; -s, -e: (veraltet, aber noch in Zusammensetzungen) Volumen. **Volumen** *das*; -s, - u. ...mina: 1. (Plural: -) Rauminhalt eines festen, flüssigen od. gasförmigen Körpers; Zeichen: *V*. 2. (Plural: ...mina) Schriftrolle, Band (eines Werkes); Abk.: vol. 3. (Plural: -) Stromstärke einer Fernsprech- od. Rundfunkübertragung. 4. (Plural: -) Umfang, Gesamtmenge von etwas. **Volumengewicht** vgl. Volumgewicht. **Volumenometer** [*lat.*; *gr.*] *das*; -s, -: = Stereometer (1). **Volumenprozent** vgl. Volumprozent. **Volumeter** *das*; -s, -: Senkwaage mit Volumenskala zur Bestimmung der Dichte einer Flüssigkeit. **Volume|trie** *die*; -: Maßanalyse, Messung von Rauminhalten. **Volumgewicht** u. Volumengewicht *das*; -[e]s, -e: spezifisches Gewicht; Raumgewicht. **Volumina**: *Plural* von → Volumen. **voluminös** [*lat.-fr.*]: umfangreich, stark, massig. **Volumprozent** u. Volumenprozent *das*; -[e]s, -e: Hundertsatz vom Rauminhalt; Abk.: Vol.-%

Voluntarismus [*wo...*; *lat.-nlat.*] *der*; -: philosophische Lehre, nach der der Wille die Grundfunktion des seelischen Lebens ist. **Voluntarist** *der*; -en, -en: Vertreter des Voluntarismus. **voluntativ** [*lat.*]: 1. willensfähig, den Willen betreffend (Philos.). 2. den → Modus (2) des Wunsches ausdrückend (Sprachw.)

voluptuös [*lat.-fr.*]: Begierde erweckend, wollüstig

Volute [*wo...*; *lat.*] *die*; -, -n: spiralförmige Einrollung am Kapitell ion. Säulen od. als Bauornament in der Renaissance. **Volutin** [*lat.-nlat.*] *das*; -s: körnige Struktur in Bakterienzellen (Biol.). **Volva** [*...wa*; *lat.*] *die*; -, ...vae [*...wä*]: Scheide an der Stielbasis von Blätterpilzen als Rest des → Velums (5c; Bot.)

Völva [*wölwa*; *altnord.*] *die*; -, ...vur [*...wur*]: Seherin in nordgerm. Sagen

volvieren [*wolwir^en*; *lat.*]: 1. wälzen, rollen, wickeln. 2. genau ansehen; überlegen, durchdenken. **Volvox** [*wolwox*; *lat.-nlat.*] *die*; -: Kugelalge. **Volvulus** [*wolwu...*] *der*; -, ...li: Darmverschlingung (Med.)

vomieren [*wo...*; *lat.*]: sich erbrechen (Med.). **Vomitio** [*...zio*] *die*; -, ...tiones: = Vomitus. **Vomitiv** [*lat.-nlat.*] *das*; -s, -e [*...w^e*] u. **Vomitivum** [*...wum*] *das*; -s, ...va [*...wa*] u. **Vomitorium** [*lat.*] *das*; -s, ...ien [*...i^en*]: Brechmittel (Med.). **Vomitus** *der*; -: das Erbrechen (Med.)

Voodoo [*wudu*] vgl. Wodu

Vorazität [*wo...*; *lat.*] *die*; -: Gefräßigkeit, Heißhunger (Med.)

Vortumnalien [*wor...i^en*] vgl. Vertumnalien

Vota [*wota*]: *Plural* von → Votum. **Votant** [*lat.-nlat.*] *der*; -en, -en: (veraltet) jmd., der ein Votum abgibt. **Votation** [*...zion*] *die*; -, -en: (veraltet) Abstimmung. **Voten**: *Plural* von → Votum. **votieren**: sich für jmdn. od. etwas entscheiden, für jmdn. od. etwas stimmen, abstimmen. **Votiv** [*lat.*] *das*; -s, -e [*...w^e*] u. **Votivgabe** *die*; -, -n: Opfergabe, Weihgeschenk an [Götter u.] Heilige (Schrift- u. Bildtafeln, plastische Darstellungen von Tieren, Sachen, Körperteilen u. a.; Volkskunde); vgl. ex voto. **Votivkapelle** *die*; -, -n: auf Grund eines Gelübdes errichtete Kapelle. **Votivmesse** *die*; -, -n: Messe, die für ein besonderes Anliegen gefeiert wird (z. B. Braut-, Totenmesse). **Votum** [*lat.-mlat.(-engl.)*] *das*; -s, ...ten u. ...ta: 1. [feierliches] Gelübde. 2. a) Urteil, Stimme; b) [Volks]entscheid[ung]; c) Gutachten

Voucher [*^autsch^er*; *engl.*] *das* od. *der*; -s, -[s]: Gutschein für im voraus bezahlte Leistungen (Touristik)

Voudou [*wudu*] vgl. Wodu

Voute [*wut^e*; *lat.-vulgärlat.-fr.*] *die*; -, -n: 1. Decke, Gewölbe. 2. Versteifungsteil zwischen Wand u. Decke od. an Einspannstellen von Balken zur Vergrößerung der Balkenhöhe

Vox [*wokß*; *lat.*] *die*; -, Voces [*wozeß*]: lat. Bezeichnung für Stimme, Laut; - acuta [*- aku...*]: hohe, scharfe Stimme (bei der Orgel); - celestis: [*- zelä...*]: eine Orgelstimme; - humana: menschenstimmenähnliches Orgelregister; - media: inhaltlich neutrales, von zwei Extremen gleich weit entferntes Wort (z. B. „Geschick" gegenüber „Glück" od. „Unglück"; Rhet.; Stilk.); - nihili [„Stimme des Nichts"]: = Ghostword; - populi vox Dei („Volkes Stimme [ist] Gottes Stimme"): das ist die Stimme des Volkes [der man Rechnung tragen, entsprechen muß], das ist die öffentliche Meinung [die großes Gewicht hat]

Voya|geur [*woajasehör*; *lat.-fr.*] *der*; -s, -s u. -e: (veraltet) Reisender

Voy|eur [*woajör*; *lat.-fr.*] *der*; -s, -e u. -s: jmd., der als [heimlicher] Zuschauer bei sexueller Betätigung anderer sexuelle Befriedigung erfährt (Psychol.; Med.). **Voy|eurismus** *der*; -: Verhaltensweise eines Voyeurs. **voyeuristisch**: den Voyeurismus betreffend. **voy|ons** [*...jong*]: wir wollen sehen!, laß einmal sehen!, nun!

vozieren [*wo...*; *lat.*]: a) berufen; b) [vor Gericht] vorladen

vulgär [*wul...*; *lat.-fr.*]: 1. (abwertend) auf abstoßende Weise derb u. gewöhnlich, ordinär. 2. zu einfach u. oberflächlich; nicht wissenschaftlich dargestellt, gefaßt. **vulgarisieren**: 1. (abwertend) in unzulässiger Weise vereinfachen; allzu oberflächlich darstellen. 2. (veraltet) unter das Volk bringen, bekannt machen. **Vulgarismus** *der*; -, ...men: vulgäres (1) Wort, vulgäre Wendung (bes. Sprachw.). **Vulgarität** [*lat.*] *die*; -, -en: Gemeinheit, Niedrigkeit, Roheit, Plattheit. **Vulgärlatein** *das*; -s: lat. Volks- und Umgangssprache, aus der sich die roman. Sprachen entwickelten. **Vulgata** [„die allgemein Verbreitete"] *die*; -: 1. die vom hl. Hieronymus (4. Jh.) begonnene Überarbeitung der altlat. Bibelübersetzung (→ Vetus Latina), die später für authentisch erklärt wurde. 2. die am weitesten verbreitete Textform antiker Werke. **vulgivag** [*...iwak*]: (veraltet) umherschweifend, auf Gassen u. Straßen umherstreichend. **Vulgivaga** [„die Umherschweifende"] *die*; -: herabsetzender Beiname der altröm. Liebesgöttin Venus. **vulgo**: gemeinhin, gewöhnlich

Vulkan [*wul...*; *lat.*; nach Vulkanus, dem altröm. Gott des Feuers] *der*; -s, -e: (Geol.) 1. eine Stelle der Erdoberfläche, an der → Magma (1) aus dem Erdinnern zutage tritt. 2. durch Anhäufung → magmatischen Materials entstandener [feuerspeiender] Berg mit Krater u. Förderschlot. **Vulkanfiber** *die*; -: Kunststoff als Leder- od. Kautschukersatz. **Vulkanisat** [*lat.-nlat.*] *das*; -[e]s, -e: vulkanisierter Kautschuk. **Vulkanisation** [*...zion*] *die*; -, -en: Umwandlung von Kautschuk in Gummi mit Hilfe von Schwefel o. ä.; vgl. ...[at]ion/...ierung. **vulkanisch** [*lat.*]: durch Vulkanismus entstanden. **Vulkaniseur** [*...sör*; *lat.*; *fr.*] *der*; -s, -e: Facharbeiter in der Gummiherstellung. **vulkanisieren**: 1. Kautschuk in Gummi umwandeln. 2. Gummiteile durch Vulkanisation miteinander verbinden. **Vulkanisierung** *die*; -, -en: = Vulkanisation; vgl. ...[at]ion/...ierung. **Vulkanismus** [*lat.-nlat.*] *der*; -: zusammenfassende Bezeichnung für alle mit dem Emporordringen von → Magma (1) an die Erdoberfläche zusammenhängenden Erscheinungen und Vorgänge (Geol.). **Vulkanit** [auch: *...it*] *der*; -s, -e: Erguß- od. Eruptivgestein. **Vulkanologie** [*lat.*; *gr.*] *die*; -: Teilgebiet der → Geologie, auf dem man sich mit der Erforschung des Vulkanismus befaßt. **Vulkazit** [*lat.-nlat.*] *der*; -s, -e: organische Verbindung als Beschleuniger bei der Vulkanisation (Chem.)

vulnerabel [*wul...*; *lat.*]: verletzlich, verwundbar (von Organen od. Gefäßen, die nahe an der Körperoberfläche liegen; Med.). **Vulnerabilität** [*lat.-nlat.*] *die*; -: Verwundbarkeit, Verletzbarkeit (bes. Med.)

Vulva [*wulwa*; *lat.*] *die*; -, ...ven: das äußere → Genitale der Frau (Med.). **Vulvitis** [*lat.-nlat.*] *die*; -, ...itiden: Entzündung der äußeren weiblichen Geschlechtsteile (Med.). **Vulvovaginitis** [*...wa...*] *die*; -, ...itiden: Entzündung der äußeren weiblichen Geschlechtsteile u. der → Vagina (Med.)

vuota [*wu...*; *lat.-vulgärlat.-it.*]: auf der leeren Saite (d. h., ohne den Finger auf das Griffbrett zu setzen) zu spielen. **Vuoto** *das*; -: (Mus.) 1. Generalpause. 2. Benutzung der leeren Saite eines Streichinstrumentes

W

Wadi [*arab.*] *das*; -s, -s: tiefeingeschnittenes, meist trockenliegendes Flußbett eines Wüstenflusses

Wa|dschra|jana [*sanskr.*; „diamantenes Fahrzeug (der Erlösung)"] *das*; -: dritte, in magischen Riten veräußerlichte Hauptrichtung des Buddhismus; vgl. Hinajana, Mahajana

Wafer [*"e'fr*; *engl.*] *der*; -s, -[s]: Mikroplättchen (EDV)

Waggon [*wagong*, *wagong*, österr.: *...gon*; *niederl.-engl.*] *der*; -s, -s (österr. auch: -e): [Eisenbahn]wagen, Güterwagen. **Wagon-Lit** [*wagongli*; *fr.*] *der*; -, Wagons-Lits [*wagongli*]: franz. Bezeichnung für: Schlafwagen

Wahhabit [*waha...*; *arab.-nlat.*] *der*; -en, -en: Angehöriger einer puritanischen Reformsekte des Islams (seit dem 18. Jh. bes. in [Saudi]arabien)

Waischja [*sanskr.*] *der*; -s, -s: Angehöriger der dritten indischen Hauptkaste (Kaufleute, Bauern u. Handwerker); vgl. Brahmane, Kschatrija, Schudra

Waischnawa [*sanskr.*] *der*; -s, -s: Verehrer des Gottes Wischnu (Angehöriger einer hinduistischen Sekte)

Wajang [*jav.*] *das*; -: javan. [Schattenspiel]theater

Wakonda [*indian.*] *das*; -s: = Orenda

Wali

I. [*wali*; *arab.-türk.*] *der*; -s, -s: (veraltet) höherer türk. Verwaltungsbeamter; Statthalter.

II. [*wali*; *arab.*; „Vertrauter" (Gottes)] *der*; -[s], -s: 1. mohammed. Heiliger. 2. Grab eines mohammed. Heiligen als Wallfahrtsort

Walide [*arab.-türk.*; „Mutter"] *die*; -, -s: (veraltet) Titel der Mutter des regierenden türk. Sultans

Walkie-talkie [*"okitoki*; *engl.*] *das*; -[s], -s: tragbares Funksprechgerät. **Walkingbass** [*"okingbe'ß*; *engl.-amerik.*] *der*; -: laufende Baßfiguration des Boogie-Woogie-Pianostils. **Walkman** Ⓦ [*"okm^en*; *engl.*] *der*; -s, ...men: bes. kleiner → Kassettenrecorder mit Kopfhörern

Walküre [auch: *wal...*; *altnord.*; „Totenwählerin"] *die*; -, -n: 1. göttliche Kampfjungfrau der nord. Sage, die die Gefallenen nach Walhall, der Halle Odins, geleitet. 2. (scherzh.) große, stattliche [blondhaarige] Frau

Wallaby [*"ol^ebi*; *engl.*] *das*; -s, -s: 1. (meist Plural) zu einer Gattung kleiner bis mittelgroßer Tiere gehörendes Känguruh (z. B. Felsen-, Hasenkänguruh). 2. Fell verschiedener Känguruharten

Wallstreet [*"ólßtrit*; Straße in New York mit bedeutenden Banken u. Börsen] *die*; -: Finanzzentrum in den USA

Walone [*gr.-mgr.-it.*] *die*; -, -n: gerbstoffreicher Fruchtbecher der Eiche

Wampum [*indian.*] *der*; -s, -e: bei den nordamerikan. Indianern Gürtel aus Muscheln u. Schnekken, der als Zahlungsmittel und Urkunde diente

Wandale u. Vandale [*wan...*; nach dem german. Volksstamm] *der*; -n, -n: zerstörungswütiger Mensch. **wandalisch** u. vandalisch: zerstörungswütig. **Wandalismus** u. Vandalismus [*nlat.*] *der*; -: Zerstörungswut

Wapiti [*indian.*] *der*; -[s], -s: nordamerik. Hirschart mit großem Geweih

Waran [*arab.*] *der*; -s, -e (meist Plural): Familie großer u. kräftiger (bis zu drei Meter langer) tropischer Echsen

Wardein [*germ.-mlat.-fr.-niederl.*] *der*; -[e]s, -e: Münzprüfer. **wardieren**: den Münzwert prüfen

Wareniki [*russ.*] *die* (Plural): in Rußland süße Pasteten od. Krapfen

Warm-up [*"o'm-ap*; *engl.*] *das*; -s, -s: das Warmlaufenlassen eines Motors (Motorsport)

Warp [*engl.*] *der* od. *das*; -s, -e: 1. Kettgarn. 2. Schürzenstoff aus Baumwollabfall u. Reißspinnstoff

Warrant [engl. Ausspr.: *"or^ent*; *germ.-fr.-engl.*] *der*; -s, -s: Lager[pfand]schein

Warve [*...w^e*; *schwed.*] *die*; -, -n: Jahresschicht, die aus einer hellen Sommer- u. einer dunklen Winterschicht besteht (Geol.). **Warvit** u. **Warwit** [*...wit*; *schwed.-nlat.*] *der*; -s, -e: verfestigter Bänderton älterer Eiszeiten

wash and wear [*"osch ^end "ä'*; *engl.*; „waschen u. tragen"]: Qualitätsbezeichnung für Kleidungsstükke, die nach dem Waschen ohne Bügeln wieder getragen werden können. **Washboard** [*"óschbo'd*] *das*; -s, -s: als Rhythmusinstrument im Jazz benutztes Waschbrett

Washingtonia [*"osching...*; *nlat.*; nach dem amerik. Präsidenten G. Washington, 1732–1799] *die*; -, ...ien [*...i^en*]: Zimmerpalme

Wash|primer [*"oschpraim^er*; *engl.*] *der*; -s, -: vor der Lackierung auf das Metall aufgespritzte Lösung, durch die sich eine antikorrosive (vgl. korrosiv) Schicht bildet, die den Haftgrund für die später aufgetragene Lackschicht gibt

Wasserstoffper|oxyd, (chem. fachspr.:) **Wasserstoffper|oxid** u. **Wasserstoffsuper|oxyd**, (chem. fachspr.:) **Wasserstoffsuper|oxid** *das*; -s: Verbindung von Wasserstoff und Sauerstoff (Oxydations- u. Bleichmittel)

Waterjacket [*"ot^erdschäkit*; *engl.*] *das*; -[s], -s: Metallummantelung bei Hochöfen, in der herabrieselndes Wasser Kühlung erzeugt

Waterloo [nach der Schlacht bei Waterloo, in der Napoleon vernichtend geschlagen wurde] *das*; -, -s: vernichtende Niederlage, Untergang

water|proof [*"ót^erpruf*]: wassergeschützt, wasserdicht (z. B. von Uhren). **Water|proof** *der*; -s, -s: 1. wasserdichtes Material. 2. Regenmantel aus wasserdichtem Stoff

Wa|truschki [*russ.*] *die* (Plural): in Rußland kleine Käse- od. Obstkuchen aus Hefeteig

Watt [nach dem engl. Ingenieur J. Watt (*"ot*), 1736–1819] *das*; -s, -: Einheit der [elektr.] Leistung; Zeichen: W

Watteline [*mlat.-niederl.-nlat.*] *die*; -; leichtes, watteähnliches Zwischenfutter mit flaumiger Oberfläche. **wattieren**: mit Watte füttern

Wavellit [*wew^e...*, auch: *...it*; *nlat.*; nach dem engl. Arzt W. Wavell (*"e'^uel*), † 1829] *der*; -s, -e: ein Mineral

Wealden [*"ild^en*, nach der südostengl. Hügellandschaft The Weald (*dh^e "ild*)] *das*; -[s]: unterste Stufe der unteren Kreide (Geol.)

Websterit [auch: *...it*; *nlat.*; nach dem schott. Geologen Th. Webster] *der*; -s: ein Mineral

Weck|amin [Kunstw. aus: *weck*en u. → *Amin*] *das*; -s, -e: der Müdigkeit und körperlich geistigen Abspannung entgegenwirkendes, stimulierendes Kreislaufmittel

Weda [*sanskr.*; „Wissen"] *der*; -[s], Weden und -s: die heiligen Schriften der altindischen Religion. **Wedanta** [„Ende des Weda"] *der*; -: auf den wedischen → Upanischaden beruhende wichtigste philosophische Schule in Indien, die den vollkommenen → Monismus lehrt; vgl. Samkhja. **Weden**: *Plural* von → Weda

Wedgwood [*"ädsch"ud*; nach dem engl. Kunsttöpfer J. Wedgwood,

1730–1795] *das*; -[s]: feines, verziertes Steingut
wedisch: auf die Weden (→ Weda) bezüglich. **Wedismus** [*sanskr.-nlat.*] *der*; -: = wedische Religion
We|dro [*russ.*; „Eimer"] *das*; -, -: altes russ. Flüssigkeitsmaß (= 12,3 l)
Week|end [*ʺik...*; *engl.*] *das*; -[s], -s: Wochenende (im Hinblick auf die Freizeit)
Weft [*engl.*] *das*; -[e]s, -e: Schußgarn aus harter engl. Cheviotwolle (vgl. Cheviot)
Weigelie [...*iᵉ*; *nlat.*, nach dem dt. Arzt Ch. E. Weigel, 1748–1831] *die*; -, -n: Zierpflanze mit roten od. rosafarbenen Blüten
Weimutskiefer vgl. Weymouthskiefer
Wekil [*arab.*(-*türk.*)] *der*; -[s], Wukela: 1. türk. Minister. 2. stellvertretender ägypt. Gouverneur
Weli [*arab.-türk.*]: = Wali (II)
Welliné [...*ne*; Kunstw. aus dt. *Welle* mit französierender Endung] *der*; -[s], -s: angerauhter Wollstoff mit wellenartig gemusterter Oberfläche
Wellingtonia [*nlat.*; nach dem Herzog von Wellington (*ʺäling-tᵉn*), 1769–1852] *die*; -, ...ien [...*iᵉn*]: = Sequoia
Welsh rabbit [*ʺälsch räbit*; *engl.*; „Waliser Kaninchen"] u. **Welsh rarebit** [- *rärᵉbit*; „Waliser Leckerbissen"] *der*; - -, - -s: mit geschmolzenem Käse bestrichene od. mit Käse belegte u. dann überbackene Weißbrotscheibe
Welwitschia [*nlat.*; nach dem österr. Arzt F. Welwitsch, 1806 bis 1872] *die*; -, ...ien [...*iᵉn*]: Wüstenpflanze mit zwei bandförmigen Blättern
Wesir [*arab.*(-*türk.*)] *der*; -s, -e: (hist.) 1. höchster Würdenträger des türk. Sultans. 2. Minister in islamischen Staaten. **Wesirat** [*arab.-nlat.*] *das*; -[e]s, -e: Amt, Würde eines Wesirs
Wesley|aner [*ʺäßlignᵉr*; *nlat.*; nach dem engl. Geistlichen J. Wesley, 1703–1791] *der*; -s, -: Anhänger des von Wesley begründeten → Methodismus
West-coast-Jazz [*ʺäßt koʺßt dsehäs*; *amerik.*] *der*; -: moderne Jazzrichtung mit dem Schwerpunkt in Los Angeles u. San Francisco
Western [*engl.-amerik.*] *der*; -[s], -: Film, der während der Pionierzeit im sog. Wilden Westen (Amerikas) spielt. **Westerner** *der*; -s, -: Held eines Westerns
Westinghousebremse Ⓦⓩ [...*hauß*...; nach dem amerik. Ingenieur G. Westinghouse, 1846–1914] *die*; -, -n: Luftdruckbremse bei Eisenbahnen mit Hauptluftleitung, die von Wagen zu Wagen durchläuft
Westonelement [*ʺäßtᵉn*...; nach dem amerik. Physiker E. Weston, 1850–1936] *das*; -s, -e: H-förmiges galvanisches Element, das als Normalelement für die elektrische Spannung eingeführt ist
West|over [...*owᵉr*; Kunstw. aus engl. *vest* „Weste" u. engl. *over* „über"] *der*; -s, -: ärmelloser Pullover, der über einem Hemd od. einer Bluse getragen wird
Weymouthskiefer [*ʺeⁱmᵉth*...], (auch:) Weimutskiefer [nach Lord Weymouth, † 1714] *die*; -, -n: eine nordamerik. Kiefernart
Wheatstonebrücke [*ʺitßtᵉn*...; nach dem engl. Physiker Sir Ch. Wheatstone († 1875)] *die*; -, -n: Brückenschaltung zur Messung elektrischer Widerstände, wobei vier Widerstände (einschließlich des zu messenden) zu einem geschlossenen Stromkreis verbunden werden
Whig [*ʺig*; *engl.*] *der*; -s, -s: 1. (hist.) Angehöriger einer ehemaligen engl. Partei, aus der sich die liberale Partei entwickelte; Ggs. → Tory (1 a). 2. engl. Politiker, der in Opposition zu den Konservativen steht; Ggs. → Tory (1 b)
Whipcord [*ʺipkoʳt*; *engl.*; „Peitschenschnur"] *der*; -s, -s: kräftiger Anzugstoff mit ausgeprägten Schrägrippen. **Whipper** [*ʺipᵉr*] *der*; -s, -s: ein Abgeordneter im engl. Unterhaus, der den Fraktionsmitgliedern die Aufträge des Partei- u. Fraktionsführers mitteilt u. für ihr Erscheinen in wichtigen Sitzungen sorgt
Whirlpool [*ʺö'lpul*; *engl.*] *der*; -s, -s: Bassin mit warmem, mit Zusätzen (z. B. Duftnoten) versehenem Wasser, das durch Einblasen von Luft zu heftigem Brodeln gebracht wird
Whisker [*ʺißkᵉr*; *engl.*: „Schnauzhaare"] *der*; -s, -: sehr dünne Kristallfaser, aus der Werkstoffe von außerordentlicher Zugfestigkeit hergestellt werden
Whiskey [*ʺißki*; *gälisch-engl.*; „Lebenswasser"] *der*; -s, -s: amerik. u. irischer Whisky. **Whisky** [*ʺißki*; *gälisch-engl.*] *der*; -s, -s: aus Getreide od. Mais hergestellter schottischer Trinkbranntwein mit Rauchgeschmack
Whist [*ʺißt*; *engl.*] *das*; -es: aus England stammendes Kartenspiel mit 52 Karten
Whistler [*ʺißlᵉr*; *engl.*; „Pfeifer"] *der*; -s, - (meist Plural): von Blitzen ausgesandte elektromagnetische Wellen, die an den magnetischen Feldlinien der Erde entlang durch den Raum laufen (Phys.)
Whitecoat [*ʺaitkoʺt*; *engl.*] *der*; -s, -s: Fell junger Seehunde
White-collar-crime [*ʺait kolᵉr kraim*; *engl.*; aus: white collar = weißer Kragen u. crime = Verbrechen] *das*; -s, -s: Vergehen, das in den gehobenen Schichten bes. häufig vorkommt (z. B. Steuerhinterziehung, Bestechung)
Whitworthgewinde [*ʺitʺöʳth*...; *engl.*; *dt.*; nach dem engl. Ingenieur Sir J. Whitworth, 1803–1887] *das*; -s: ein Schraubengewinde
Who's who? [*hus hu*; *engl.*]: Wer ist wer? (Titel biographischer Lexika)
Wigwam [*indian.-engl.*] *der*; -s, -s: Behausung nordamerik. Indianer
Wi|klifit [*nlat.*] *der*; -en, -en: Anhänger des engl. Vorreformators J. Wyclif († 1384)
Wilajet [*arab.-türk.*] *das*; -[e]s, -s: türk. Provinz, Verwaltungsbezirk
Wil|dschur [*poln.*; „Wolfspelz"] *die*; -, -en: im 19. Jh. Bezeichnung für: schwerer [Herren]pelzmantel
Williams Christ [...*jamß krißt*, auch: ...*jäms* -] *der*; - -, - -: aus Williams Christbirnen hergestellter Branntwein. **Williams Christbirne** [Herkunft unbekannt] *die*; - -, - -n: große Birne mit gelber, bräunlich gepunkteter Schale u. gelblichweißem, zartem, fein aromatischem Fruchtfleisch
Wina u. Vina [*wi*...; *sanskr.*] *die*; -, -s: altind. Saiteninstrument, bestehend aus einem auf zwei ausgehöhlten Kürbissen liegenden Bambusrohr mit vier Drahtsaiten, die angerissen werden
Wind-band [*ʺindbänd*; *engl.*] *die*; -, -s: engl. Bezeichnung für: Blasorchester. **Windjammer** [*engl.*] *der*; -s, -: großes Segelschiff. **Winds** [*ʺinds*] *die* (Plural): engl. Bezeichnung für: Blasinstrumente des Orchesters. **Windsurfer** [...*ßörfᵉr*] *der*; -s, -: jmd., der Windsurfing betreibt. **Windsurfing** [...*ßörfing*] *das*; -[s]: Segeln auf einem mit einem Segel ausgerüsteten langen, flachen, stromlinienförmigen Brett aus Kunststoff
Winesap [*ʺainßäp*; *engl.-amerik.*] *der*; -s, -s: Sorte dunkelroter Winteräpfel
Wistaria [*nlat.*; nach dem amerik. Anatomen C. Wistar (*ʺißtᵉr*)] *die*; -: = Glyzine

Władika [*slaw.*; „Herr"] *der*; -s, -s: 1. Bischofstitel in der russ.-orthodoxen Kirche. 2. (hist.) Titel des Herrschers u. Kirchenoberhaupts von Montenegro

wobbeln [*engl.*]: 1. eine Frequenz sinusförmig gegenüber einer anderen (niedrigeren) gering schwanken lassen (Phys.). 2. eine periodische Schwankung verursachen (Phys.). **Wobbler** *der*; -s, -: 1. Handmorsetaste mit beidseitig kontaktgebendem Tasthebel. 2. Einrichtung zur Verursachung periodischer Schwankungen der Frequenz (Phys.)

Wodka [*russ.*; „Wässerchen"] *der*; -s, -s: hochprozentiger russ. Trinkbranntwein

Wodu, Voodoo, Voudou, Wudu [*westafrik.-kreol.*] *der*; -: aus Westafrika stammender, synkretistischer, mit kath. Elementen durchsetzter, magisch-religiöser Geheimkult auf Haiti

Woilach [*weu...*; *russ.*] *der*; -s, -e: wollene [Pferde]decke, Sattelunterlage

Woiwod[e] [*poln.*] *der*; ...den, ...den: 1. (hist.) Heerführer (in Polen, in der Walachei). 2. oberster Beamter einer poln. Provinz, Landeshauptmann. **Woiwodschaft** [*poln*; *dt.*] *die*; -, -en: Amt[sbezirk] eines Woiwoden

Wolframat [*dt.-nlat.*] *das*; -[e]s, -e: Salz der Wolframsäure (Chem.). **Wolframit** [auch: *...it*] *das*; -s: wichtigstes Wolframerz

Wollastonit [auch: *...it*; *nlat.*; nach dem engl. Chemiker W. H. Wollaston (*ulᵉßtᵉn*), 1766–1828] *der*; -s, -e: ein Mineral

Wolverines [*ulwᵉrins*; *engl.-amerik.*] *die* (Plural): eine der Hauptgruppen des Jazz im sog. Chikagostil

Wombat [*austr.-engl.*] *der*; -s, -s: austral. Beuteltier

Women's Lib [*imins* -; *engl.-amerik.*; kurz für: Women's Liberation Movement] *die*; - -: innerhalb der Bürgerrechtsbewegung der 60er Jahre entstandene amerik. Frauenbewegung

Wood [*ud*; *engl.*] *der*; -s, -s: Golfschläger mit einem Kopf aus Holz

Woodcockspaniel [*udkokschpaniäl*, auch: *...ßpänjᵉl*; *engl.*] *der*; -s, -: = Cockerspaniel

Worcestersoße [*ußtᵉr...*; nach der engl. Stadt Worcester] *die*; -, -n: pikante Soße zum Würzen von Speisen

Workaholic [*öʳkᵉholik*; *engl.*] *der*; -s, -s: jmd., der unter dem Zwang steht, ununterbrochen arbeiten zu müssen. **Workshop** [*öʳkschop*] *der*; -s, -s: Kurs, Seminar o. ä., in dem in freier Diskussion bestimmte Probleme erarbeitet werden, ein Erfahrungsaustausch stattfindet. **Work-Song** [*engl.-amerik.*] *der*; -s, -s: (hist.) Arbeitslied, bes. der afrik. Sklaven in Nordamerika

Worldcup [*öʳldkap*; *engl.*] *der*; -s, -s: [Welt]meisterschaft in verschiedenen sportlichen Disziplinen (z. B. Skisport)

Wudu vgl. Wodu

Wukela: *Plural* von → Wekil

Wulfenit [auch: *...it*; *nlat.*; nach dem österr. Mineralogen F. X. v. Wulfen, 1728–1805] *das*; -s, -e: ein Mineral

Wurlitzerorgel [nach der nordamerik. Herstellerfirma Wurlitzer] *die*; -, -n: für Unterhaltungszwecke verwendete Sonderform der Orgel

Wyandotte [*äiᵉndot*; *engl.*; nach dem nordamerik. Indianerstamm der Wyandots] *das*; -, -s od. *die*; -, -n [*...tᵉn*]: Huhn einer mittelschweren amerik. Rasse

Wychuchol [*wüchuchol*; *russ.*] *der*; -[s], -s: russ. Silberspitzmaus

X

Xanthalin [*gr.-nlat.*] *das*; -s: ein → Alkaloid des Opiums. **Xanthat** *das*; -[e]s, -e: = Xanthogenat. **Xanth|elasma** *das*; -s, -ta und ...men: gelbe Flecken od. Knötchen an den Augenlidern (Med.). **Xanthen** *das*; -s: Grundgerüst einer Gruppe von Farbstoffen (Chem.). **Xanthin** *das*; -s: eine physiologisch wichtige Stoffwechselverbindung, die im Organismus beim Abbau der → Purine dient (Med.). **Xanthinoxydase** *die*; -, -n: → Enzym, das Xanthin in Harnsäure überführt (Med.). **Xanthin|urie** *die*; -: vermehrte Ausscheidung von Xanthin im Urin (Med.). **Xan|thippe** [*gr.-lat.*; nach der Frau des Sokrates, die in der altgriech. Literatur als schwierig u. zanksüchtig geschildert wird] *die*; -, -n: (ugs.) zanksüchtige Ehefrau. **xantho|chrom** [*...krom*; *gr.-nlat.*]: gelb-, hellfarbig. **Xantho|chromie** *die*; -, ...ien: Gelb-Braun-Färbung der Gehirn-Rückenmarks-Flüssigkeit durch Beimengung von Blutfarbstoffen (Med.). **xanthoderm**: gelbhäutig (Med.). **Xanthodermie** *die*; -, ...ien: Gelbfärbung der Haut bei Xanthomen (Med.). **Xanthogenat** *das*; -[e]s, -e: Salz der Xanthogensäure (Chem.). **Xanthogensäure** [*gr.-nlat.*; *dt.*] *die*; -: Äthylester der Dithiokohlensäure, Ausgangsstoff technisch wichtiger Salze. **Xanthom** [*gr.-nlat.*] *das*; -s, -e: gutartige, gelbgefärbte Geschwulst der Haut (Med.). **Xanthomatose** *die*; -, -n: ausgedehnte Xanthombildung (Med.). **Xanthophyll** *das*; -s: gelber Farbstoff der Pflanzenzellen (Bot.). **Xanthophyllit** [auch: *...it*] *der*; -s, -e: ein Mineral. **Xanth|opsie** *die*; -, ...ien: das Gelbsehen aller Gegenstände bei gestörtem Farbensehen (Med.). **Xanthor|rhoea** [*...röa*] *die*; -: austr. Gattung der Liliengewächse. **Xanthoxylum** *das*; -s: ostasiat. u. nordamerik. Baum

X-Chromosom [*...kro...*] *das*; -s, -en: → Chromosom, das beim Vorkommen in der Samenzelle das Geschlecht des gezeugten Kindes auf weiblich festlegt (Med.)

Xenie [*...iᵉ*, auch: *xän...*; *gr.-lat.*] *die*; -, -n u. **Xenion** *das*; -s, ...ien [*...iᵉn*]: kurzes Sinngedicht (ein → Distichon). **Xenizität** *die*; -, -en: Fremdartigkeit des Verhaltens von [neuen] Elementarteilchen (Physik). **xenoblastisch** [*gr.-nlat.*]: nicht in der eigenen Gestalt ausgebildet (von Mineralneubildungen bei der Gesteinsmetamorphose; Geologie). **Xenodochium** [*gr.-lat.*] *das*; -s, ...ien [*...iᵉn*]: altkirchliche Fremdenherberge, Vorläufer des mittelalterlichen → Hospizes. **Xenogamie** [*gr.-nlat.*] *die*; -, ...ien: Fremd- od. Kreuzbestäubung von Blüten (Bot.). **Xeno|glossie** *die*; -, ...ien: unbewußtes Reden in einer unbekannten Fremdsprache (Psychologie). **Xenokratie** *die*; -, ...ien: Fremdherrschaft, Regierung eines Staates durch ein fremdes Herrscherhaus. **Xenolith** [auch: *...it*] *der*; -s und -en, -e[n]: Fremdkörper, Einschluß in Ergußgesteinen (Geol.). **Xenologie** *die*; -: = Okkultismus. **xenomorph**: fremdgestaltig (von Mineralien, die bei der Gesteinsbildung nicht in ihrer typischen Kristallform erstarren konnten; Geol.). **Xenon** *das*; -s: chem. Grundstoff, Edelgas; Zeichen: Xe. **xenophil**: fremdenfreundlich; Ggs. → xenophob. **Xenophilie** *die*; -: Fremdenliebe, Vorliebe für Fremde; Ggs. → Xenophobie. **xenophob**: fremdenfeindlich; Ggs. → xenophil. **Xenophobie** *die*; -: Fremdenfeindlichkeit; Ggs. → Xenophilie. **Xenotim** *der*;

-s: Hauptmineral der → Yttererden

Xer|anthemum [*gr.-nlat.*] *das*; -s, ...themen: Strohblume

Xeres vgl. Jerez

Xeroderma [*gr.-nlat.*] *das*; -s, -ta u. ...men: erblich bedingte u. meist schon in früher Kindheit tödlich endende Hautkrankheit mit Flecken- u. Warzenbildung, Entzündungen u. Karzinomen (Med.). **Xerodermie** *die*; -, ...ien: Trockenheit der Haut (Pergamenthaut; Med.). **Xeroform** ⓦ[Kunstw.] *das*; -s: Wundstreupulver. **Xero|graphie** [*gr.-engl.-amerik.*] *die*; -, ...ien: ein in den USA entwickeltes Vervielfältigungsverfahren (Druckw.). **xero|graphieren**: nach dem Verfahren der Xerographie vervielfältigen. **xero|graphisch**: die Xerographie betreffend. **Xerokopie** [*gr.*; *lat.*] *die*; -, ...ien: xerographisch hergestellte Kopie. **xerokopieren**: eine Xerokopie herstellen. **xeromorph** [*gr.-nlat.*]: Schutzvorrichtungen gegen Austrocknung besitzend (von Pflanzen od. Pflanzenteilen; Bot.). **xerophil**: Trockenheit liebend oder bevorzugend (von Pflanzen; Bot.). **Xerophilie** *die*; -: Bevorzugung der Trockenheit (Bot.). **Xer|oph|thalmie** [*gr.*] *die*; -, ...ien u. **Xer|oph|thalmus** *der*; -, ...men: Austrocknung der Binde- u. Hornhaut des Auges (Med.). **Xerophyt** *der*; -en, -en: an trockene Standorte angepaßte Pflanze (Bot.). **Xerose** [*gr.*] *die*; -,-n: 1. = Xerophthalmie. 2. Trokkenheit der Schleimhäute der oberen Luftwege (Med.). **Xerostomie** [*gr.-nlat.*] *die*; -, ...ien: abnorme Trockenheit der Mundhöhle (Med.). **xerotherm**: ein trockenwarmes Klima aufweisend. **xerotisch**: trocken, eingetrocknet (Med.)

Xi [*gr.*] *das*; -[s], -s: vierzehnter Buchstabe des griech. Alphabets: *Ξ, ξ*

Ximénez [*chimenäß*, bei span. Ausspr.: ~~*chimenäth*~~; *span.*] *der*; -: = Pedro Ximénez

XL-Kamera [*ix-äl...*; Kurzw. aus engl. existing light (*igsißting lait*); „vorhandenes Licht"] *die*; -, -s: Filmkamera, mit der man noch bei schwachem Licht ohne zusätzliche künstliche Beleuchtung filmen kann

Xoanon [*gr.*] *das*; -s, ...ana: aus Holz geschnitztes altgriech. Götterbild

Xylan [*gr.-nlat.*] *das*; -s: eine der wichtigsten → Hemizellulosen, Holzgummi. **Xylem** *das*; -s, -e: der wasserleitende Gefäßteil der Pflanze (Bot.). **Xylenol** [*gr.*; *arab.*] *das*; -s: ein → Phenol. **Xylidin** [*gr.-nlat.*] *das*; -s, -e: aus Xylol gewonnener Ausgangsstoff zur Synthese gewisser Teerfarbstoffe. **Xylit** [auch: *...it*] *der*; -s, -e: Holzbestandteil der Braunkohle. **Xylo|graph** [*gr.-nlat.*] *der*; -en, -en: Holzschneider. **Xylo|graphie** *die*; -, ...ien: a) Holzschneidekunst; b) Holzschnitt. **xylographisch**: in Holz geschnitten; die Xylographie betreffend. **Xylol** [*gr.*; *arab.*] *das*; -s: Dimethylbenzol, eine aromatische Kohlenstoffverbindung, Lösungsmittel u. Ausgangsstoff für Farb-, Duft-, Kunststoffe. **Xylolith** ⓦ [auch: *...it*; *gr.-nlat.*] *der*; -s u. -en, -e[n]: Steinholz, ein Kunststein. **Xylometer** *das*; -s, -: Gerät zur Bestimmung des Rauminhalts unregelmäßig geformter Hölzer. **Xylophon** [„Holzstimme"] *das*; -s, -e: Schlaginstrument, bei dem auf einem Holzrahmen befestigte Holzstäbe mit zwei Holzklöppeln geschlagen werden. **Xyl|organum** *das*; -s, -s: eine Art Xylophon mit Klaviatur. **Xylose** *die*; -: Holzzucker

Xysti: *Plural* von → Xystus. **Xystos** [*gr.*] *der*; -, Xysten: in altgriech. Gymnasien ein gedeckter Säulengang, in dem während des Winters die Athleten übten. **Xystus** [*gr.-lat.*] *der*; -, ...ti: altröm. Gartenanlage vor der Halle

Y

(Vokal u. Konsonant)

Yagi|antenne [*ja...*; nach dem jap. Erfinder Yagi] *die*; -, -n: für KW-, UKW- u. Fernsehempfang verwendete Antenne (bestehend aus → Dipol, Reflektor 2 u. mehreren → Direktoren 2)

Yak [*jak*] vgl. Jak

Yaki [*jaki*; *jap.*; „Gebranntes"] *das*; -[s]: jap. Bezeichnung für: keramische Erzeugnisse

Yamashita [*jamaschita*; nach dem jap. Kunstturner] *der*; -[s], -s: ein Sprung am Langpferd (Sport)

Yamen [*ja...*; *chin.*] *der*; -[s], -: (hist.) der Palast des Siegelbewahrers in der chin. Kaiserzeit

Yamswurzel [*jam...*] vgl. Jamswurzel

Yang [*jang*; *chin.*] *das*; -: die lichte männliche Urkraft, das schöpferische Prinzip in der chines. Philosophie; vgl. Tai-ki, Yin

Yankee [*jängki*; *engl.-amerik.*] *der*; -s, -s: 1. Spitzname für Bewohner der amerik. Nordstaaten (bes. Neuenglands). 2. Spitzname für den US-Amerikaner. **Yankeedoodle** [*jängkidud^el*] *der*; -[s]: amerik. Nationalgesang aus dem 18. Jh.

Yard [*ja^rd*; *engl.*] *das*; -s, -s (5 Yard[s]): angelsächsisches Längenmaß (= 91,44 cm); Abk.: y., yd., Plural: yds.

Yastik [*ja...*] vgl. Jastik

Yawl [*jol*; *dt.-engl.*] *die*; -, -e u. -s: zweimastiges [Sport]segelboot

Y-Chromosom [*...kro...*] *das*; -s, -en: Geschlechtschromosom, das in allen Körperzellen männlicher Individuen enthalten ist u. beim Vorkommen in der Samenzelle das Geschlecht des gezeugten Kindes als männlich bestimmt (Med.; Biol.)

Yellow Press [*jälo^u preß*; *engl.-amerik.*] *die*; -: Regenbogenpresse; Zeitschriften, die im geistigen Niveau (Klatsch, Seichtheit) an der unteren Grenze liegen

Yen [*jän*; *jap.*] *der*; -[s], -[s] (aber: 5 -): Währungseinheit in Japan (= 100 Sen)

Yeoman [*jo^um^en*; *engl.*] *der*; -, ...men: 1. (hist.) im Mittelalter in England jeder Gemeinfreie unterhalb des Ritterstandes. 2. kleiner Gutsbesitzer u. Pächter. **Yeomanry** [*...m^enri*] *die*; -: Milizkavallerie in Großbritannien

Yerba [*jä...*; *lat.-span.*] *die*; -: = Mate

Yeti [*jeti*; *nepal.*] *der*; -s, -s: legendärer Schneemensch im Himalajagebiet

Yggdrasil [*ük...*; *nord.*] *der*; -s: Weltbaum (nord. Mythologie)

Yin [*jin*; *chin.*] *das*; -: die dunkle weibliche Urkraft, das empfangende Prinzip in der chines. Philosophie; vgl. Tai-ki, Yang

Yippie [*jipi*; *amerik.*] *der*; -s, -s: aktionistischer, ideologisch radikalisierter Hippie

Ylang-Ylang-Öl [*ilang...*; *malai.*; *dt.*] *das*; -s: ätherisches Öl bestimmter tropischer Bäume, das als Duftstoff verwendet wird

Yoga [*joga*] vgl. Joga

Yoghurt [*jo...*] vgl. Joghurt

Yogi, Yogin [*jo...*] vgl. Jogi, Jogin

Yohimbin [*jo...*; *Bantuspr.-nlat.*] *das*; -s: Alkaloid aus der Rinde eines westafrik. Baumes (als → Aphrodisiakum verwendet)

Yoldia [*jo...*; *nlat.*; nach dem span. Grafen A. d'Aguirre de Yoldi] *die*; -: Nußmuschel (primitive Muschelgattung). **Yoldiameer** *das*; -[e]s: Vorform der Ostsee mit Verbindung zum Atlantik u. zum Weißen Meer

Yomud [*jọ*...; nach dem turkmenischen Volksstamm der Yomuden] *der*; -[s], -s: zentralasiat. Teppich mit hakenbesetzten → Rhomben als kennzeichnender Musterung

Yoni [*jọ*...; *sanskr.*] *das*; -, -: als heilig geltendes Symbol des weiblichen Geschlechts in Indien

Youngster [*jạngßtᵉr*; *engl.*] *der*; -s, -s: junger Sportler, bes. noch nicht eingesetzter Mannschaftsspieler

Yo-Yo [*jojọ*] vgl. Jo-Jo

Ỵpsilon [*gr.*] *das*; -[s], -s: 1. zwanzigster Buchstabe des griech. Alphabets: *Υ*, *υ*. 2. = Ypsiloneule. **Ỵpsiloneule** *die*; -, -n: Nachtschmetterling mit Y-förmigem Fleck auf den Vorderflügeln (Pflanzenschädling)

Ysạt [Kurzw. für Dial*ysat*] *das*; -[e]s, -e: frischer Pflanzenpreßsaft

Ysop [*isop*; *semit.-gr.-lat.*] *der*; -s, -e: Heil- u. Gewürzpflanze des Mittelmeergebietes (Lippenblütler)

Ỵtong ® [Kunstwort] *der*; -s, -s: dampfgehärteter Porenbeton, Leichtkalkbeton

Yttẹrbium [*nlat.*; nach dem schwed. Fundort Ỵtterby] *das*; -s: chem. Grundstoff, seltene Erde; Zeichen: Yb. **Ỵtter|erden** [*schwed.*; *dt.*] *die* (Plural): seltene Erden, die hauptsächlich in den Erdmineralien von Ytterby vorkommen. **Ỵttrium** *das*; -s: chem. Grundstoff, seltene Erde; Zeichen: Y

Yuan [*jụan*; *chin.*] *der*; -[s], -[s] (aber: 5 -): Währungseinheit der Volksrepublik China

Yucca [*jụka*; *span.-nlat.*] *die*; -, -s: Palmlilie (Zier- u. Heilpflanze)

Yürụk vgl. Jürük

Z

Vgl. auch **C** und **K**

Zabaglione [...*baljonᵉ*], **Zabaione** [...*bajọ*...; *it.*] *die*; -, -s: Weinschaumsoße, Weinschaumcreme

Zạbel [*lat.*] *das*; -s, -: (veraltet) Spielbrett

Zaddịk [*hebr.*; „der Gerechte"] *der*; -s, -im [*zᵉdikịm*]: [als heilig verehrter] Lehrer im → Chassidismus

Zaidịt [*sai*...; *nlat.*; nach dem Namen von Mohammeds Schwiegersohn Said Ịbn Ạli (8. Jh.)] *der*; -en, -en: Angehöriger einer → schiitischen Sekte, die nur die fünf ersten → Imame (2) bis zu Said anerkennt

Zakạt [*sa*...; *arab.*] *die*; -: pflichtmäßiges Almosen, Armensteuer im Islam

Zäkostomie u. Zökostomie [*lat.*; *gr.*] *die*; -, ...ien: operative Herstellung einer künstlichen Verbindung zwischen Blinddarm u. äußerer Bauchhaut (Med.). **Zäkotomie** u. Zökotomie *die*; -, ...ien: operative Öffnung des Blinddarms (Med.). **Zạ̈kum** u. Zọ̈kum [*lat.*] *das*; -s, ...ka: (Med.) 1. Blinddarm. 2. Blindsack, blind endigender Teil eines röhrenförmigen Organs

Zạmak ® [Kunstw. aus → *Z*ink, → *A*luminium, → *Ma*gnesium u. *K*upfer] *das*; -: Gruppe von Feinzinklegierungen zu vielfacher technischer Verwendung (Haushaltswaren, Apparaturen u. a.)

Zamba [*ßạm*...; *amerik.-span.*] *die*; -, -s: weiblicher Nachkomme eines schwarzen u. eines indianischen Elternteils. **Zạmbo** *der*; -s, -s: männlicher Nachkomme eines schwarzen u. eines indianischen Elternteils

Zạmia u. **Zạmie** [...*iᵉ*; *gr.-lat.-nlat.*] *die*; -, ...ien [...*iᵉn*]: amerik. Zapfenpalmfarn

Zạmpano [nach der gleichnamigen Gestalt in F. Fellinis Film „La Strada" (1954)] *der*; -s, -s: auffälliger, sich lautstark in Szene setzender Mann, der durch übertriebenes Gebaren, durch Protzen o. ä. Eindruck zu machen versucht od. den Eindruck erweckt, Unmögliches möglich machen zu können

Zanẹlla [*it.*] *der*; -s, -s: Futterstoff aus Baumwolle od. Halbwolle in Atlasbindung (einer bestimmten Webart)

Zänogenẹse u. **Zänogẹnesis** [*gr.-nlat.*] *die*; -, ...nẹsen: das Auftreten von Besonderheiten während der stammesgeschichtlichen Entwicklung der Tiere (Biol.). **zänogenẹtisch**: die Zänogenese betreffend. **Zänozọikum** usw. vgl. Känozoikum usw.

Zantedeschia [...*däßkia*; *nlat.*; nach dem ital. Botaniker G. Zantedeschi (...*däßki*), † 1846] *die*; -, ...ien [...*iᵉn*]: Zimmerkalla (ein Aronstabgewächs)

Zạnza [*arab.*] *die*; -, -s: afrikanisches Zupfinstrument

Zapateạdo [*ßa*...; *span.*] *der*; -[s], -s: span., nur von einer Person ausgeführter Schautanz im Dreiertakt, bei dem der Rhythmus mit den Hacken gestampft wird

zaponieren [Kunstw.]: mit Zaponlack überziehen. **Zapọnlack** *der*; -[e]s, -e: als Metallschutz dienender farbloser Lack mit geringem Bindemittelgehalt

Zạr [*lat.-got.-slaw.*] *der*; -en, -en: (hist.) Herrschertitel bei Russen, Serben, Bulgaren. **Zarẹwitsch** u. Zessarẹwitsch [*russ.*] *der*; -[es], -e: (hist.) Sohn eines russ. Zaren, russ. Kronprinz. **Zarẹwna** *die*; -, -s: (hist.) Tochter eines russischen Zaren. **Zarịsmus** [*lat.-got.-slaw.-nlat.*] *der*; -: Zarentum, unumschränkte Herrschaft der Zaren. **zarịstisch**: den Zaren od. den Zarismus betreffend. **Zarịza** [*lat.-got.-slaw.*] *die*; -, -s od. ...zen: (hist.) Zarin

Zarzuẹla [*ßarßᵘ*...; span. Ausspr.: *tharthᵘ*...; *span.*; Lustschloß bei Madrid] *die*; -, -s: 1. span. Singspiel, eine Art Operette (Mus.). 2. span. Fischsuppe. **Zarzuelero** [...*eljẹro*] *der*; -s, -s: Komponist einer Zarzuela (1)

Zäsụr [*lat.*] *die*; -, -en: 1. an bestimmter Stelle auftretender Einschnitt im Vers, bei dem Wortende u. Versfußende nicht zusammenfallen (Metrik). 2. Unterbrechung des Verlaufs eines Musikstücks durch → Phrasierung od. Pause. 3. [gedanklicher] Einschnitt

Zawija [*sạ*...; *arab.*] *die*; -, -s: Niederlassung eines → Sufi od. einer Bruderschaft

Zẹa [*gr.-lat.*] *die*; -: Mais (Bot.).

Zeaxanthịn [*gr.-nlat.*] *das*; -s: im Maiskorn u. anderen Früchten enthaltenes → Xanthophyll

Zẹbaoth, (ökum.:) Zẹbaot [*hebr.*; „Heerscharen"]: alttest. Erweiterung des Namens Gottes, z. B. der Herr - (der Herr der Heerscharen)

Ze|bra [*afrik.*] *das*; -s, -s: südafrik. Wildpferd mit weißen und schwarzen (auch bräunlichen) Streifen. **Ze|brạno** [*afrik.-port.*] *das*; -[s]: westafrik. Zebraholz. **Ze|brịna** [*afrik.-nlat.*] *die*; -, ...nen: Zimmerpflanze mit gestreiften Blättern. **Ze|brọid** [*afrik.*; *gr.*] *das*; -[e]s, -e: → Bastard (1) von Zebra u. Pferd od. Zebra u. Esel

Zẹbu [*tibet.*] *der* od. *das*; -s, -s: asiat. Buckelrind

Zechịne [*it.*] *die*; -, -n: alte venezianische Goldmünze

Zedẹnt [*lat.*] *der*; -en, -en: Gläubiger, der seine Forderung an einen Dritten abtritt (Rechtsw.). **zedieren**: eine Forderung an einen Dritten abtreten; etwas jmdm. übertragen (Rechtsw.)

Ze|drạt [*lat.-it.-nlat.*] *das*; -[e]s, -e: (veraltet) Zitronat

Ze|drẹlaholz [*gr.-lat.-span.*; *dt.*] *das*; -es: rotes, leicht spaltbares

Holz der Zedrele, das bes. für die Herstellung von Zigarrenkisten verwendet wird. **Ze|drele** *die*; -, -n: tropischer Laubbaum

Zeemaneffekt [*se*...; nach dem niederl. Physiker P. Zeeman, 1865–1943] *der*; -s: Aufspaltung jeder Spektrallinie in mehrere Komponenten verschiedener Frequenz im starken Magnetfeld

Zein [*gr.-lat.-nlat.*] *das*; -s: Eiweiß des Maiskorns

Zele|brant [*lat.*] *der*; -en, -en: Priester, der die Messe liest. **Zelebration** [...*zion*] *die*; -, -en: Feier [des Meßopfers]. **Zele|bret** u. Celebret [*ze*...; „er möge zelebrieren"] *das*; -s, -s: schriftliche Erlaubnis für einen Priester, die Messe in einer fremden Kirche zu lesen. **zele|brieren**: 1. [ein Fest] feierlich begehen. 2. eine Messe lesen. 3. etwas feierlich gestalten, betont langsam u. genußvoll ausführen. **Zele|brität** *die*; -, -en: 1. Berühmtheit, berühmte Person. 2. Feierlichkeit, Festlichkeit

Zelerität [*lat.*] *die*; -: (veraltet) Schnelligkeit, Geschwindigkeit

Zella vgl. Cella. **Zellit** [auch: ...*it*; *lat.-nlat.*] *das*; -s: ein Kunststoff. **Zellitfilm** [auch: ...*it*...] *der*; -[e]s, -e: unbrennbarer Film. **Zellmembran** [*lat.*] *die*; -, -en: → Protoplast (1) einer Zelle (Biol.). **Zellobiose** *die*; -: aus Zellulose abgebauter Doppelzucker. **Zelloidinpapier** [...*o-i*...; *lat.*; *gr.*; *gr.-lat.*] *das*; -s: Kollodiumschichtträger (vgl. Kollodium) für Bromsilber bei Filmen. **Zellophan** vgl. Cellophan. **zellular, zellulär** [*lat.-nlat.*]: zellenähnlich, zellenartig; aus Zellen gebildet. **Zellularpathologie** *die*; -: wissenschaftliche Annahme, nach der alle Krankheiten auf Störungen der normalen Zellfunktionen beruhen. **Zellulartherapie** *die*; -: das Einspritzen von Frischzellen zur Regenerierung des Organismus (Med.). **Zellulase** *die*; -, -n: ein Zellulose spaltendes → Enzym (Chem.). **Zellulitis** u. Cellulitis [*z*...] *die*; -, ...itiden: eine Entzündung des Zellgewebes (Med.). **Zelluloid** [...*leut*, auch: ...*o-it*; *lat.*; *gr.*] *das*; -[e]s: leicht brennbarer Kunststoff aus Zellulosenitrat, Zellhorn. **Zellulose**, (chem. fachspr.:) Cellulose [*z*...; *lat.-nlat.*] *die*; -, -n: Hauptbestandteil der pflanzlichen Zellwände, Grundstoff zur Herstellung von Papier u. → Acetatseide. **Zellulosenitrat** *das*; -[e]s: Schießbaumwolle, Kollodiumwolle, Nitrozellulose

zelosamente u. **zeloso** [*gr.-lat.-it.*]: eifrig, feurig, hastig (Vortragsanweisung; Mus.). **Zelot** [*gr.-lat.*] *der*; -en, -en: 1. fanatischer [Glaubens]eiferer. 2. Angehöriger einer antirömischen jüdischen Partei zur Zeit Christi. **zelotisch** [*gr.-nlat.*]: glaubenseifrig. **Zelotismus** *der*; -: Glaubensfanatismus

Zement [*lat.-fr.*]

I. *der*; -[e]s, -e: aus gebranntem u. sehr fein vermahlenem Kalk, Ton o. ä. hergestellter, bes. als Bindemittel zur Herstellung von Beton u. Mörtel verwendeter Baustoff, der bei Zugabe von Wasser erhärtet.

II. *das*; -[e]s, -e: die Zahnwurzeln überziehendes Knochengewebe (Med.)

Zementation [...*zion*; *lat.-fr.-nlat.*] *die*; -, -en: 1. Abscheidung von Metallen aus Lösungen durch elektrochemische Reaktionen (Chem.). 2. das Veredeln von Metalloberflächen durch chemische Veränderung (z. B. Aufkohlung von Stahl). **zementieren**: 1. etwas mit Zement ausfüllen, verkitten; lockeres Material verfestigen, in seinen Bestandteilen verbinden. 2. eine Zementation durchführen. 3. (einen Zustand, einen Standpunkt, eine Haltung u. dgl.) starr u. unverrückbar, endgültig festlegen. **Zementit** [auch: ...*it*] *der*; -s: Eisenkarbid, bes. harte Verbindung von Eisen u. Kohlenstoff

Zen [*sän*; *sanskr.-chin.-jap.*; „Meditation"] *das*; -[s]: aus dem → Tschan entwickelte japanische Richtung des Buddhismus, die durch → Meditation tätige Lebenskraft u. größte Selbstbeherrschung u. damit das Einswerden mit Buddha zu erreichen sucht

Zenana u. Senana [*se*...; *pers.-Hindi*] *die*; -, -s: (in Indien bei Moslems u. Hindus) Wohnbereich der Frauen (den Fremde nicht betreten dürfen)

Zend|awesta [*pers.*; „Kommentar-Grundtext"] *das*; -: (veraltet) Awesta

Zenerdiode [nach dem amerik. Physiker C. M. Zener] *die*; -, -n: → Diode, die in einer Richtung bei Überschreiten einer bestimmten Spannung einen sehr starken Anstieg des Stroms zeigt (Elektrot.)

Zenit [*arab.-it.*] *der*; -[e]s: 1. senkrecht über dem Beobachtungspunkt gelegener höchster Punkt des Himmelsgewölbes; Scheitelpunkt (Astron.); Ggs. → Nadir. 2. Gipfelpunkt, Höhepunkt; Zeitpunkt, an dem sich das Höchste an Erfolg, Entfaltung o. ä. innerhalb eines Gesamtablaufs vollzieht. **zenital** [*arab.-it.-nlat.*]: auf den Zenit bezogen; den Zenit betreffend. **Zenitalregen** [*arab.-it.-nlat.*; *dt.*] *der*; -s, -: zwischen den Passaten fallender Regen

Zenitdistanz *die*; -: Abstand eines Sternes vom Zenit

Zenogenese usw. vgl. Zänogenese usw.

Zenotaph vgl. Kenotaph. **Zenotaphion** [*gr.*] u. **Zenotaphium** [*gr.-lat.*] *das*; -s, ...ien [...*i*^e*n*]: (veraltet) Zenotaph

zensieren [*lat.*]: 1. eine Arbeit od. Leistung mit einer Note bewerten. 2. ein Buch, einen Film o. ä. auf unerlaubte od. unmoralische Inhalte hin kritisch prüfen. **Zensor** *der*; -s, ...oren: 1. niemandem verantwortlicher Beamter im Rom der Antike, der u. a. die Vermögensschätzung der Bürger durchführte u. eine sittenrichterliche Funktion ausübte. 2. a) behördlicher Beurteiler, Überprüfer von Druckschriften; b) Kontrolleur von Postsendungen. **zensorisch**: 1. den Zensor (2) betreffend. 2. (veraltet) sittenrichterlich. **Zensur** *die*; -, -en: 1. Amt des Zensors (1). 2. behördliche Prüfung u. gegebenenfalls Verbot von Büchern, Theaterstükken u. ä. 3. a) kirchliche Prüfung religiöser Literatur von katholischen Verfassern; b) Verwerfung einer theologischen Lehrmeinung (kath. Kirchenrecht). 4. Note, Bewertung einer Leistung. 5. Kontrollinstanz der Persönlichkeit an der Grenze zwischen Bewußtem u. Unbewußtem, die Wünsche u. Triebregungen kontrolliert u. reguliert (Psychoanalyse). **zensurieren** [*lat.-nlat.*]: (österr., schweiz.) = zensieren. **Zensus** [*lat.*] *der*; -, - [*zänsuß*]: 1. (hist.) die durch die Zensoren (1) vorgenommene Schätzung der Bürger nach ihrem Vermögen. 2. Verzeichnis aller bekannten Exemplare von Frühdrucken (Bibliotheksw.). 3. Abgabe, Pachtzins. 4. Volkszählung

Zent [*lat.-mlat.*] *die*; -, -en: (hist.) 1. (in fränkischer Zeit) mit eigener Gerichtsbarkeit ausgestatteter Siedlungsverband. 2. (im Hoch- u. Spätmittelalter) Unterbezirk einer Grafschaft (in Hessen, Franken u. Lothringen)

Zentaur u. Kentaur [*gr.-lat.*] *der*; -en, -en: [wildes] vierbeiniges Fabelwesen der griech. Sage mit menschlichem Oberkörper u. Pferdeleib

Zentenar *der*; -s, -e: 1. Hundertjäh-

riger. 2. [gewählter] Vorsteher der Zent (1) u. Vorsitzender ihrer Gerichtsbarkeit. **Zentenarium** *das*; -s, ...ien [...*i*ᵉ*n*]: Hundertjahrfeier
Zenterhalf [*zäntᵉrhaf*; *engl.*] *der*; -s, -s: (österr., veraltet) Mittelläufer. **zentern** [*gr.-lat.-fr.-engl.*]: (österr., veraltet) den Ball in die Mitte (vgl. Zentrum) des Spielfeldes schießen (Fußball)
zentesimal [*lat.-nlat.*]: hundertteilig. **Zentesimalwaage** [*lat.-nlat.*; *dt.*] *die*; -, -n: Brückenwaage, auf der eine Last durch ein Gewicht vom hundertsten Teil der Last ins Gleichgewicht gebracht wird. **Zentgericht** *das*; -s, -e: (hist.) Gericht einer fränkischen → Zent (2). **Zentgraf** *der*; -en, -en: (hist.) Vorsitzender eines fränkischen Zentgerichts. **Zentifolie** [...*i*ᵉ] *die*; -, -n: eine Rosenart mit dicht gefüllten Blüten. **Zenti|grad** *der*; -s, -e: der hundertste Teil eines Grads. **Zenti|gramm** [(*lat.*; *gr.*) *fr.*] *das*; -s, -e: der hundertste Teil eines Gramms; Zeichen: cg. **Zentiliter** [*fr.*] *der* (schweiz. nur so, auch: *das*); -s, -: der hundertste Teil eines Liters; Zeichen: cl. **Zentimeter** *der* (schweiz. nur so) od. *das*; -s, -: der hundertste Teil eines Meters; Zeichen: cm
Zento *der*; -s, -s u. Zentonen: = Cento
zen|tral [*gr.-lat.*]: a) im Zentrum [liegend], vom Zentrum ausgehend, nach allen Seiten hin günstig gelegen; Ggs. → dezentral. b) von einer [übergeordneten] Stelle aus [erfolgend]; c) sehr wichtig, sehr bedeutend, hauptsächlich, entscheidend, Haupt... **Zentralabitur** *das*; -s, -e: zentral (b) durchgeführtes Abitur mit gleichen Aufgaben[stellungen] und einheitlicher Bewertung. **Zen|trale** [*gr.-lat.*] *die*; -, -n: 1. zentrale Stelle, von der aus etwas organisiert od. geleitet wird; Hauptort, -stelle. 2. Fernsprechvermittlung mit mehreren Anschlüssen. 3. Verbindungsstrecke der Mittelpunkte zweier Kreise (od. Kugeln), Mittelpunktsgerade (Mathematik). **Zentralide** [*gr.-lat.-nlat.*] *der* und *die*; -n, -n: Angehörige[r] einer zum mongoloiden Rassenkreis gehörenden indianischen Rasse. **Zen|tralisation** [...*zion*; *gr.-lat.-fr.*] *die*; -, -en: 1. organisatorische Zusammenfassung gleichartiger Aufgaben, Arbeitsplätze u. a. nach bestimmten Merkmalen zu einem einheitlichen Komplex; Ggs. → Dezentralisation (1). 2. (ohne Plural) Zustand, in dem sich etwas nach dem Zentralisieren befindet; Ggs. → Dezentralisation (2); vgl. ...[at]ion/...ierung. **zen|tralisieren**: mehrere Dinge organisatorisch so zusammenfassen, daß sie von einer zentralen Stelle aus gemeinsam verwaltet und geleitet werden können; Ggs. → dezentralisieren. **Zen|tralismus** [*gr.-lat.-nlat.*] *der*; -: das Bestreben, Politik und Verwaltung eines Staates zusammenzuziehen u. nur eine Stelle mit der Entscheidung zu betrauen; Ggs. → Föderalismus. **zen|tralistisch**: nach Zusammenziehung strebend; vom Mittelpunkt, von den Zentralbehörden aus bestimmt. **Zen|tralität** *die*; -: Mittelpunktslage von Orten. **zen|trieren**: 1. etwas auf die Mitte einstellen, um etwas anordnen. 2. sich genau, speziell auf jmdn., etw. als das Zentrum des Handelns einstellen. **zen|trifugal** [*gr.-lat.*; *lat.-nlat.*]: auf die Zentrifugalkraft bezogen; durch Zentrifugalkraft wirkend; Ggs. → zentripetal (1). 2. vom Zentrum zur Peripherie verlaufend (z. B. von den motorischen Nerven; Med.); Ggs. → zentripetal (2). **Zentrifugalkraft** [*gr.-lat.*; *lat.-nlat.*; *dt.*] *die*; -: bei der Bewegung eines Körpers auf einer gekrümmten Bahn od. bei der Drehung um eine Achse auftretende, nach außen gerichtete Kraft (Fliehkraft, Schwungkraft; Physik). **Zentrifuge** [*fr.*] *die*; -, -n: Schleudergerät zur Trennung von Substanzen mit Hilfe der Zentrifugalkraft (z. B. Wäscheschleuder). **zen|trifugieren**: mit der Zentrifuge trennen, ausschleudern, zerlegen. **Zen|triol** [*lat.*] *das*; -s, -e: meist doppelt in einer Zelle vorkommendes Zellorgan, das bei der Kernteilung den Pol der neu entstehenden Zelle bildet (Biol.). **zen|tripetal** [*gr.-lat.*; *lat.-nlat.*]: 1. zum Mittelpunkt, zum Drehzentrum hinstrebend; auf die Zentripetalkraft bezogen; Ggs. → zentrifugal (1). 2. von der Peripherie zum Zentrum ziehend, zum Mittelpunkt hin gerichtet (z. B. von den sensiblen Nerven; Med.); Ggs. → zentrifugal (2). **zen|trisch** [*gr.-lat.-nlat.*]: mittig, in der Mitte, im Mittelpunkt befindlich. **Zen|trismus** *der*; -: vermittelnde linkssozialistische Richtung innerhalb der Arbeiterbewegung. **Zen|trist** *der*; -en, -en: Anhänger des Zentrismus. **Zen|triwinkel** [*gr.-lat.*; *dt.*] *der*; -s, -: Mittelpunktswinkel (Winkel zwischen zwei Kreisradien; Math.). **zen|trolezithal** [*gr.-nlat.*]: einen zentral gelegenen, von Zellplasma umschlossenen Dotter aufweisend (von Eiern; Biol.); vgl. isolezithal, telolezithal. **Zentromer** *das*; -s, -e: Ansatzstelle der bei der Kernteilung sich ausbildenden Spindelfasern am → Chromosom (Biol.). **Zen|trosom** *das*; -s, -en: = Zentriol. **zen|trovertiert** [...*wär*...; *gr.-lat.*; *lat.*]: selbstbezogen (Psychol.); vgl. introvertiert, extravertiert. **Zentrum** [*gr.-lat.*] *das*; -s, ...ren: 1. Mittelpunkt; innerster Bezirk, Brennpunkt. 2. Innenstadt. 3. (ohne Plural) politische katholische Partei des Bismarckreiches u. der Weimarer Republik. 4. Mittelfeld des Schachbretts. 5. = Center
Zenturie u. Centurie [*zän*...*i*ᵉ; *lat.*] *die*; -, -n: Heeresabteilung von 100 Mann im Rom der Antike. **Zenturio** *der*; -s, ...onen: Befehlshaber einer Zenturie. **Zenturium** u. Centurium [*zän*...; *lat.-nlat.*] *das*; -s: (veraltet) Fermium; Zeichen: Ct
Zeolith [auch: ...*it*; *gr.-nlat.*] *der*; -s u. -en, -e[n]: ein feldspatähnliches Mineral
Zephir (österr. nur so) u. Zephyr [*gr.-lat.*] *der*; -s, -e (österr.: ...ire): 1. feiner einfarbiger od. gestreifter Baumwollstoff in Leinwandbindung (eine Webart). 2. (ohne Plural) (veraltet, dichterisch) milder [Süd]westwind. **Zephirgarn** [*gr.-lat.*; *dt.*] *das*; -[e]s: = Zephirwolle. **zephirisch** u. zephyrisch [*gr.-lat.*]: (veraltet, dichter.) säuselnd, lieblich, sanft (bes. von der Luft). **Zephirwolle** [*gr.-lat.*; *dt.*] *die*; -: weiches, sehr locker gedrehtes Wollgarn für Handarbeiten. **Zephyr** usw. vgl. Zephir usw.
Zepter [*gr.-lat.*] *das* (auch: *der*); -s, -: 1. Herrscherstab. 2. höchste Gewalt, Herrschaft, Macht
Zer vgl. Cer
Zeraphanie u. Zerophanie [*lat.*; *gr.*] *die*; -, ...ien (meist Plural): durchscheinendes Bild, das aus einer auf Glasscheiben aufgetragenen Wachsschicht mit Griffeln so herausgearbeitet wird, daß helle u. dunkle Effekte entstehen. **Zerat** [*lat.-nlat.*] *das*; -[e]s, -e: Wachssalbe
Zerberus [*gr.-lat.*; nach dem Hund Kerberos der griech. Mythologie, der den Eingang der Unterwelt bewacht] *der*; -, -se: (scherzh.) grimmiger Wächter; tollkühner Torhüter (z. B. im Fußball, Handball)
Zerealie [...*i*ᵉ; *lat.*] *die*; -, -n (meist Plural): 1. Getreide, Feldfrucht.

2. [Gericht aus] Getreideflocken; vgl. Cerealien
zerebellar [*lat.-nlat.*]: das Kleinhirn betreffend, zu ihm gehörend (Med.). **Zerebellum** vgl. Cerebellum. **zere|bral**: 1. das Großhirn betreffend, von ihm ausgehend, zu ihm gehörend (Med.). 2. = retroflex (Sprachw.). 3. intellektuell, geistig. **Zere|bral** *der*; -s, -e: mit der Zungenspitze am Gaumendach gebildeter Laut (z. B. altind. ḍ, ṭ; Sprachw.). **Zerebralisation** [*...zion*] *die*; -: Ausbildung u. Differenzierung des Gehirns in der Embryonal- u. Fetalperiode (vgl. Embryo, Fetus; Med.). **Zere|bralisierung** *die*; -, -en: Artikulation eines Verschlußlautes als → Zerebral (Sprachw.). **Zere|bral|sklerose** *die*; -, -n: Verhärtung der Gehirnsubstanz (fälschlich oft im Sinne von Hirnarteriosklerose gebraucht; Med.). **Zere|brosid** *das*; -[e]s, -e: stickstoffhaltiger, zu den → Lipoiden gehörender Stoff im Gehirn, in Milz, Leber, Niere und Blutzellen (Med.). **zere|brospinal**: Gehirn u. Rückenmark betreffend, zu Gehirn u. Rückenmark gehörend (Med.). **Zerebrum** vgl. Cerebrum
Zeremoniale vgl. Caeremoniale. **Zeremoniar** [*lat.-nlat.*] *der*; -s, -e: kath. Geistlicher, der die Liturgie vorbereitet u. leitet. **Zeremonie** [auch, österr. nur: *...moni*ᵉ; *lat.-mlat.* (*-fr.*)] *die*; -, ...ien [auch: *...moniᵉn*]: 1. [traditionsgemäß begangene] feierliche Handlung; Förmlichkeit. 2. (nur Plural) die zum → Ritus gehörenden äußeren Zeichen u. Handlungen (Rel.). **zeremoniell** [*lat.-fr.*]: a) feierlich, förmlich, gemessen; b) steif, umständlich. **Zeremoniell** *das*; -s, -e: Gesamtheit der Regeln u. Verhaltensweisen, die zu bestimmten [feierlichen] Handlungen im gesellschaftlichen Verkehr notwendig gehören. **Zeremonienmeister** [*...iᵉn...*; *lat.-mlat.(-fr.)*; *dt.*] *der*; -s, -: der für das Hofzeremoniell verantwortliche Beamte an Fürstenhöfen. **zeremoniös**: steif, gemessen
Zeresin u. Ceresin [*ze...*; *lat.-nlat.*] *das*; -s: ein gebleichtes Erdwachs aus hochmolekularen Kohlenwasserstoffen
Zerevis [*...wiß*; *kelt.-lat.*] *das*; -, -: 1. (Studentenspr., veraltet) Bier. 2. gold- od. silbergesticktes Käppchen der Verbindungsstudenten
Zerin [*lat.-nlat.*] *das*; -s: eine Fettsäure (Bestandteil des Bienenwachses)
Zerit u. Cerit [*z...*, auch: *...it*; *lat.-nlat.*; nach dem chem. Element → Cer] *der*; -s, -e: ein Mineral
Zerkarie [*...iᵉ*; *gr.-nlat.*] *die*; -, -n: gabelschwänzige Larve des Leberegels
zernieren [*lat.-fr.*]: [eine Festung] einschließen; umzingeln
Zero [*se...*; *arab.-mlat.-it.-fr.*] *die*; -, -s od. *das*; -s, -s: 1. Null, Nichts. 2. das Gewinnfeld des Bankhalters im Roulett. 3. (Sprachw.) a) sprachliche Einheit, die keinen kommunikativen Beitrag leistet; b) sprachliche Einheit, die nicht formal, sondern nur inhaltlich vorhanden ist (z. B. „du" im Imperativ „geh!")
Zero|graph [*gr.*] *der*; -en, -en: jmd., der Wachsgravierungen anfertigt. **Zero|graphie** *die*; -, ...ien: Wachsgravierung. **Zerophanie** vgl. Zeraphanie. **Zeroplastik** *die*; -, -en: 1. (ohne Plural) Wachsbildnerei. 2. Wachsbild.
Zerotinsäure [*gr.-nlat.*; *dt.*] *die*; -: = Zerin
Zertamen [*lat.*] *das*; -s, ...mina: (veraltet) Wettkampf, -streit. **zertieren**: (veraltet) wettstreiten, wetteifern. **Zertifikat** [*lat.-mlat.*] *das*; -[e]s, -e: 1. [amtliche] Bescheinigung, Beglaubigung, Schein, Zeugnis. 2. a) Anteilschein bei Investmentgesellschaften; vgl. Investment; b) Urkunde für hinterlegte Wertpapiere. **Zertifikation** [*...zion*] *die*; -, -en: = Zertifizierung; vgl. ...[at]ion/...ierung. **zertifizieren**: [amtlich] bescheinigen, beglaubigen. **Zertifizierung** *die*; -, -en: das Beglaubigen, Bescheinigen; vgl. ...[at]ion/...ierung
Zerumen u. Cerumen [*z...*; *lat.-nlat.*] *das*; -s: Ohrenschmalz (Med.)
Zerussit [auch: *...it*; *lat.-nlat.*] *der*; -s, -e: ein Mineral (Bleierz)
Zervelatwurst [*zärwᵉlat...*, auch: *särwᵉlat...*; *lat.-it.*; *dt.*] *die*; -, ...würste: Dauerwurst aus zwei Drittel Schweinefleisch u. einem Drittel Rindfleisch u. Speck (Schlackwurst); vgl. Servela
zervikal [*...wi...*; *lat.*]: (Med.) 1. den Nacken, den Hals betreffend, zu ihm gehörend. 2. den Gebärmutterhals betreffend, zu ihm gehörend; vgl. Cervix
Zerwanismus [nach der altpers. Gottheit Zerwan; *pers.-nlat.*] *der*; -: → monistische Richtung der persischen Religion des frühen Mittelalters (3.–7. Jh.)
Zessalien [*...iᵉn*] vgl. Zissalien
Zessarewitsch vgl. Zarewitsch
zessibel [*lat.-nlat.*]: abtretbar, übertragbar (z. B. von Ansprüchen, Forderungen; Rechtsw.). **Zessibilität** *die*; -: Abtretbarkeit (z. B. von Ansprüchen, Forderungen; Rechtsw.). **zessieren** [*lat.*]: (veraltet) aufhören; wegfallen. **Zession** *die*; -, -en: Übertragung eines Anspruchs von dem bisherigen Gläubiger auf einen Dritten (Rechtsw.). **Zessionar** [*lat.-mlat.*] *der*; -s, -e: jmd., an den eine Forderung abgetreten wird, neuer Gläubiger (Rechtsw.)
Zestoden [*gr.-nlat.*] *die* (Plural): zusammenfassende systematische Bezeichnung für die Bandwürmer (Zool.)
Zeta [*gr.*] *das*; -[s], -s: sechster Buchstabe des griech. Alphabets: *Z*, *ζ*
Zetazeen [*gr.-lat.-nlat.*] *die* (Plural): zusammenfassende systematische Bezeichnung für die Wale (Zool.)
Zetazismus [*gr.-nlat.*] *der*; -, ...men: 1. die Entwicklung von k vor hellem Vokal zu z (Sprachw.). 2. fehlerhaftes Aussprechen des Z-Lautes
Zetetiker [*gr.*] *der*; -s, -: = Skeptiker
Zetin [*gr.-lat.-nlat.*] *das*; -s: Hauptbestandteil des → Cetaceums
Zeugma [*gr.-lat.*; „Verbindung, Joch"] *das*; -s, -s u. -ta: unpassende Beziehung eines Satzgliedes (meist des Prädikats) auf zwei od. mehr Satzglieder (z. B. er schlug die Stühl' und Vögel tot [Struwwelpeter]; Sprachw.)
Zezidie u. Cecidie [*zezidiᵉ*; *gr.-nlat.*] *die*; -, -n: Wucherung an Pflanzen (Pflanzengalle; Biol.). **Zezidiologie** *die*; -: Teilgebiet der Botanik, das sich mit den Zezidien befaßt (Biol.)
Zibebe [*arab.-it.*] *die*; -, -n: (landsch.) große, kernhaltige Rosine
Zibeline [*slaw.-it.-fr.*; „Zobel"] *die*; -: Wollstoff mit hellen Fasern auf der rechten Seite
Zibet [*arab.-mlat.-it.*] *der*; -s: als Duftstoff verwendete Drüsenabsonderung der Zibetkatze. **Zibetkatze** *die*; -, -n: asiatische Schleichkatze. **Zibeton** *das*; -s: Riechstoff aus der Drüsenabsonderung der Zibetkatze
Ziborium [*gr.-lat.*] *das*; -s, ...ien [*...iᵉn*]: 1. von Säulen getragener Überbau über einem Altar, Grabmal u. ä.; vgl. Baldachin (2), Tabernakel (1). 2. gedeckter Kelch zur Aufbewahrung der geweihten Hostie; vgl. Pyxis
Zichorie [*zichoriᵉ*; *gr.-mlat.-it.*] *die*; -, -n: 1. Pflanzengattung der

Korbblütler mit zahlreichen Arten (z. B. Wegwarte). 2. Kaffeezusatz. 3. Stammform verschiedener Salat- u. Gemüsepflanzen

Zider vgl. Cidre

Zigarette [*span.-fr.*] *die*; -, -n: Rauchware in Form eines etwa fingerlangen Stäbchens, das in einer Hülle von Papier feingeschnittenen Tabak enthält. **Zigarillo** [auch: ...*riljo*; *span.*] *das* (auch: *der*); -s, -s (ugs. auch: *die*; -, -s): kleine Zigarre. **Zigarre** [*span.-fr.*] *die*; -, -n: 1. Rauchware, bestehend aus Tabakblättern, die zum Rauchen zu einer dickeren Rolle zusammengewickelt u. mit einem Deckblatt umhüllt sind. 2. (ugs.) Vorwurf, Ermahnung, Vorhaltung, Verweis

Zigeuner [nach dem Wandervolk der Zigeuner] *der*; -s, -: ein ungebunden u. unstet lebender Mensch. **Zigeunerprimas** vgl. Primas (2)

Zikade [*lat.*] *die*; -, -n: kleines, grillenähnliches Insekt (Zirpe)

Zikkurat [*s*...; *assyr.-babylon.*] *die*; -, -s: ein Stufenturm in babylonischen Tempelanlagen

ziliar [*lat.-nlat.*]: an den Wimpern befindlich, sie betreffend (Med.). **Ziliarkörper** *der*; -s, -: der vorderste, verdickte Teil der Gefäßhaut des Auges (Strahlenkörper; Med.). **Ziliarneur|algie** *die*; -, -n: Schmerzen in Augapfel u. Augenhöhle (Med.). **Ziliaten** *die* (Plural): Wimpertierchen (Einzeller). **Zilie** [...i^e; *lat.*] *die*; -, -n: feines Haar (z. B. Augenwimper, Haar der Flimmerzellen; Med.)

Zimarra vgl. Simarre

Zimbal u. Cimbal u. Cymbal u. Zymbal [*z*...; *gr.-lat.(-it.)*] *das*; -s, -s u. **Zimbel** *die*; -, -n: 1. antikes Schlaginstrument. 2. ein mit Hämmerchen geschlagenes Hackbrett. 3. ein mittelalterliches Glockenspiel. 4. Orgelregister

Zimelie [...i^e; *gr.-lat.*] *die*; -, -n u. **Zimelium** *das*; -s, ...ien [...i^en]: 1. wertvoller Besitz antiker od. mittelalterlicher Herkunft in einer Bibliothek (Papyrus, Handschrift, Buch u. a.). 2. Wertgegenstand [in kirchlichen Schatzkammern]

Ziment [*lat.-fr.*] *das*; -[e]s, -e: (bayr., österr.) metallenes zylindrisches geeichtes Maßgefäß der Wirte. **zimentieren**: (bayr., österr.) Gefäße amtlich eichen od. geeichte Gefäße prüfen u. berichtigen

Zimier [*gr.-lat.-vulgärlat.-fr.*] *das*; -s, -e: [Ritter]helmschmuck

Zimolit [auch: ...*it*; *gr.-lat.-nlat.*; nach der griech. Insel Kimolos] *der*; -s: ein hellgrauer Ton (zimolische Erde)

Zinckenit [auch: ...*it*; *nlat.*; nach dem deutschen Mineralogen J. K. L. Zincken, † 1862] *der*; -s: ein Mineral

Zincum [...*kum*; *germ.-lat.*] *das*; -s: Zink (ein zu den Metallen gehörender chemischer Grundstoff); Zeichen: Zn

Zindel [*gr.-lat.-mlat.*] *das*; -s: 1. ein im Mittelalter verwendetes kostbares, schleierartiges Seidengewebe. 2. = Zindeltaft. **Zindeltaft** *der*; -s: Futterstoff aus Leinen od. Baumwolle

Zinder [*engl.*] *der*; -s, - (meist Plural): ausgeglühte Steinkohle

Zinellen vgl. Tschinellen

Zineraria u. **Zinerarie** [...i^e; *lat.*] *die*; -, ...ien [...i^en]: zu den Korbblütlern gehörende Zimmerpflanze mit aschfarbenen Blättern (Aschenblume)

Zingaresca [...*nggarä̢ska*; *it.*] *die*; -, -s: Zigeunertanzlied. **zingarese**: nach Art der Zigeunermusik

Zingulum [...*ngg*...; *lat.*] *das*; -s, -s u. ...la: 1. Gürtel[schnur] der → Albe u. katholischer Ordenstrachten. 2. [seidene] Gürtelbinde der → Soutane

Zinkenist [*dt.-nlat.*] *der*; -en, -en: 1. Bläser einer Zinke, eines trompetenähnlichen Holzblasinstrumentes. 2. (hist.) Musikant, der das Privileg hatte, bei feierlichen Anlässen zu spielen (Stadtpfeifer)

Zinko|graphie [*dt.*; *gr.*] *die*; -, ...ien: Zinkätzung. **Zinkotypie** *die*; -, ...ien: Zinkhochätzung. **Zink|oxyd**, (chem. fachspr.:) Zink|oxid *das*; -s: Zinkweiß (Malerfarbe). **Zinksulfat** *das*; -s: schwefelsaures Zink, technisch wichtigstes Zinksalz

Zinnamom [*semit.-gr.-lat.*] *das*; -s: Zimtbaum, Zimt

Zinnie [...i^e; *nlat.*; nach dem dt. Arzt u. Botaniker J. G. Zinn, 1727–1759] *die*; -, -n: Korbblütler mit leuchtenden Blüten (eine Gartenzierpflanze)

Zinnober [*pers.-gr.-lat.-provenzal.-fr.*] *der*; -s, -: 1. ein Mineral (wichtiges Quecksilbererz). 2. (österr.: *das*) (ohne Plural) eine gelblichrote Farbe. 3. (ohne Plural) (ugs.) Blödsinn; Kram, Krempel

Zionismus [*nlat.*; nach dem Tempelberg Zion in Jerusalem] *der*; -: a) (Ende des 19. Jh.s entstandene) jüdische Bewegung mit dem Ziel, einen nationalen Staat für Juden in Palästina zu schaffen; b) politische Strömung im heutigen Israel u. innerhalb des Judentums in aller Welt, die eine [auf eine Vergrößerung des israelischen Territoriums zu Lasten der arabischen Nachbarstaaten gerichtete] die [Heimat]rechte der arabischen Einwohner Palästinas einschränkende Politik betreibt bzw. befürwortet. **Zionist** *der*; -en, -en: Anhänger des Zionismus. **zionistisch**: der Bewegung des Zionismus angehörend, sie betreffend. **Zionit** *der*; -en, -en: Angehöriger einer schwärmerisch-pietistischen Sekte des 18. Jh.s

Zipolle [*lat.-mlat.-roman.*] *die*; -, -n: Zwiebel (Bot.)

Zippus [*lat.*] *der*; -, Zippi u. Zippen: antiker Gedenk-, Grenzstein

Zirconium [...*ko*...] vgl. Zirkonium

zirka [*lat.*]: ungefähr, etwa; Abk.: ca. **zirkadian, zirkadianisch** [*lat.-nlat.*]: einen biologischen [24-Stunden-]Rhythmus aufweisend (von Lebensvorgängen)

Zirkel [*gr.-lat.*] *der*; -s, -: 1. geometrisches Gerät zum Kreiszeichnen und Strecken[ab]messen (Math.). 2. eng miteinander verbundene Gruppe von Personen. 3. Kreis, Ring. 4. (Studentenspr.) verschlungene Buchstaben als Zeichen der Zugehörigkeit zu einer studentischen Verbindung; vgl. Cercle (1 b). 5. Figur beim Dressurreiten, bei der das Pferd im Kreis geht. 6. = Circulus vitiosus (1). 7. kurz für → Quintenzirkel. **Zirkeldefinition** [...*zion*] *die*; -, -en: Definition, die einen Begriff enthält, der seinerseits mit dem an dieser Stelle zu erklärenden Begriff definiert wurde. **Zirkelkanon** *der*; -s, -s: ein immer in seinen Anfang mündender Kanon (I, 3) ohne Ende (Mus.). **zirkeln**: 1. a) genau einteilen, abmessen; b) (ugs.) genau bemessend an eine bestimmte Stelle bringen. 2. einen Kreis ziehen. **Zirkel|training** *das*; -s: = Circuittraining

Zirkon [*nlat.*; Herkunft unsicher] *der*; -s, -e: ein Mineral (brauner, durch Brennen blau gewordener Edelstein). **Zirkonium**, (chem. fachspr.:) Zirconium [...*ko*...] *das*; -s: chem. Grundstoff, Metall; Zeichen: Zr

zirkular u. **zirkulär** [*gr.-lat.*]: 1. kreisförmig. 2. periodisch wiederkehrend (z. B. von bestimmten Formen des Irreseins; Med.). **Zirkular** *das*; -s, -e: (veraltet) Rundschreiben. **Zirkularnote** *die*; -, -n: eine mehreren Staaten gleichzeitig zugestellte Mitteilung gleichen Inhalts. **Zirkulation** [...*zion*] *die*; -, -en: Kreis lauf, Umlauf (z. B. des Blutes, der Luft). **zirkulieren**: in Umlauf sein, umlaufen, kreisen. **Zirkumferenz** [*lat.*] *die*; -, -en: Umkreis, Umfang, Ausdehnung, Ausmaß. **zirkum|flektieren**: einen Buchstaben mit einem Zirkumflex versehen. **Zirkum|flex** *der*; -es, -e: Dehnungszeichen (^; z. B. ô); vgl. Accent circonflexe. **zirkumskript**: umschrieben, scharf abgegrenzt (z. B. von Hauterkrankungen; Med.). **Zirkumskription** [...*zion*] *die*; -, -en: Abgrenzung kirchlicher Gebiete. **Zirkumstanz** *die*; -, -ien [...*i^e^n*]: (veraltet) Umstand, Beschaffenheit. **zirkumstanziell** [*lat.-nlat.*]: (veralt.) den Umständen entsprechend; durch die Umstände geschaffen, die Umstände betreffend. **zirkumterrestrisch**: im Umkreis der Erde; den Weltraum in Erdnähe betreffend (Astron.). **zirkumvenieren** [...*we*...; *lat.*]: (veraltet) 1. umgeben. 2. überlisten, hintergehen. **Zirkumvention** [...*zion*]; -, -en: (veraltet) Umgehung; Überlistung, Hintergehung. **Zirkumzision** *die*; -, -en: (Med.) 1. Entfernung der zu langen od. zu engen Vorhaut des männlichen Gliedes. 2. Umschneidung eines Geschwürs. **Zirkus** [*gr.-lat.(-fr.* u. *engl.)*; „Kreis"] *der*; -, -se: 1. Kampfspielbahn im Rom der Antike. 2. a) [nicht ortsfestes] Unternehmen, das in einem großen Zelt od. in einem Gebäude mit einer → Manege ein vielseitiges artistisches Programm mit Tierdressuren, akrobatischen Nummern u. ä. vorführt; b) Zelt, Gebäude mit einer Manege u. stufenweise ansteigenden Sitzreihen, in dem Zirkusvorstellungen stattfinden. 3. a) etwas Vielfältiges, Abwechslungsreiches, Buntes; b) (ohne Plural) (ugs.) Durcheinander, unnötiger Trubel, Aufwand; Wirbel, Getue

Zirren: *Plural* von → Zirrus

Zir|rhose [*gr.-nlat.*] *die*; -, -n: Wucherung im Bindegewebe eines Organs (z. B. Leber, Lunge) mit nachfolgender Verhärtung und Schrumpfung (Med.). **zirrhotisch**: durch Zirrhose bedingt, sie betreffend (Med.)

Zirrokumulus [*lat.-nlat.*] *der*; -, ...li: feingegliederte, federige Wolke in höheren Luftschichten, Schäfchenwolke (Meteor.). **Zirro|stratus** *der*; -, ...ti: überwiegend aus Eiskristallen bestehende Schleierwolke in höheren Luftschichten (Meteor.). **Zirrus** [*lat.*; „Haarlocke; Federbüschel; Franse"] *der*; -, - u. Zirren: 1. aus feinsten Eisteilchen bestehende Federwolke in höheren Luftschichten (Meteor.). 2. (Biol.) a) Begattungsorgan der Plattwürmer; b) rankenartiger Körperanhang vieler Wassertiere (z. B. zum Herbeistrudeln der Nahrung)

zirzensisch [*gr.-lat.*]: den Zirkus betreffend, in ihm abgehalten

zisalpin[isch] [*lat.*]: diesseits der Alpen (von Rom aus gesehen)

Ziseleur [...*lör*; *lat.-vulgärlat.-fr.*] *der*; -s, -e: jmd., der Ziselierarbeiten ausführt (Metallstecher). **ziselieren**: Metall mit Grabstichel, Meißel, Feile u. a. bearbeiten; Figuren und Ornamente aus Gold od. Silber herausarbeiten. **Ziselierer** *der*; -s, -: = Ziseleur

Zislaweng [Herkunft unsicher]: in der Fügung: mit [einem] -: (ugs.) mit Schwung; mit einem besonderen Kniff, Dreh

zispadanisch [*lat.-nlat.*]: [von Rom aus] diesseits des Pos liegend

Zissalien u. Zessalien [...*i^e^n*; *lat.-galloroman.-fr.*] *die* (Plural): mißglückte Münzplatten od. Münzen, die wieder eingeschmolzen werden

Zissoide [*gr.-nlat.*] *die*; -, -n: ebene Kurve dritter Ordnung (Efeublattkurve; Math.)

Zista u. **Ziste** [*gr.-lat.*] *die*; -, ...sten: 1. frühgeschichtlicher zylinderförmiger Bronzeeimer mit reich verzierter Außenwand. 2. ein altgriech. zylinderförmiger Korb, in dem bei Mysterienfeiern die heiligen Symbole aufbewahrt od. der bei Abstimmungen zur Aufnahme der Stimmtäfelchen verwendet wurde. 3. eine frühgeschichtliche etruskische Urne in Zylinderform. **Zisterne** *die*; -, -n: unterirdischer Behälter zum Auffangen von Regenwasser [in wasserarmen Gebieten]

Zisterzienser [nach dem franz. Kloster Cîteaux (*ßito*), *mlat.* Cistercium] *der*; -s, -: Angehöriger eines benediktinischen Reformordens (gegründet 1098); Abk.: O. Cist.

Zitadelle [*lat.-it.-fr.*] *die*; -, -n: 1. Festung innerhalb od. am Rande einer Stadt. 2. letzter Widerstandskern in einer Festung

Zitat [*lat.*] *das*; -[e]s, -e: 1. wörtlich angeführte Belegstelle. 2. bekannter Ausspruch, geflügeltes Wort. **Zitation** [...*zion*] *die*; -, -en: 1. (veraltet) [Vor]ladung vor Gericht. 2. = Zitat (1)

Zither [*gr.-lat.*] *die*; -, -n: ein Zupfinstrument mit flachem Resonanzkasten

zitieren [*lat.*]: 1. eine Stelle aus einem geschriebenen od. gesprochenen Text [wörtlich] anführen. 2. jmdn. vorladen, jmdn. zu sich kommen lassen, um ihn für etwas zur Rechenschaft zu ziehen

Zi|tral, (chem. fachspr.:) Ci|tral [*zi*...; *lat.*; *arab.*] *das*; -s, -e: ungesättigter → Aldehyd, Bestandteil zahlreicher ätherischer Öle (z. B. des Zitronenöls). **Zi|trat**, (chem. fachspr.:) Ci|trat [*lat.-nlat.*] *das*; -[e]s, -e: Salz der Zitronensäure (Chem.)

Zi|trin

I. *der*; -s, -e: gelber Bergkristall.

II. *das*; -s: Wirkstoff im Vitamin P

Zi|tronat [*lat.-it.-fr.*] *das*; -[e]s, -e: kandierte Fruchtschale einer Zitronenart. **Zi|trone** [*lat.-it.*] *die*; -, -n: a) Strauch od. Baum wärmerer Gebiete mit immergrünen Blättern u. gelben, vitaminreichen Früchten; b) Frucht des Zitronenbaumes. **Zi|trulle** [*lat.-it.-fr.*] *die*; -, -n: (veraltend) Wassermelone. **Zitrusfrucht** [*lat.*; *dt.*] *die*; -, ...früchte: Frucht einer Zitruspflanze mit meist dicker Schale u. sehr saftigem, vitaminhaltigem Fruchtfleisch (z. B. Apfelsine, Grapefruit, Zitrone)

Zitwer [*pers.-arab.-mlat.-it.*] *der*; -s, -: eine Pflanze, deren Samen als Wurmmittel verwendet werden

Zitz [*Bengali-niederl.*] *der*; -es, -e: = Kattun

Zivette [...*wät^e*; *it.-fr.*] *die*; -, -n: = Zibetkatze

zivil [*ziwil*; *lat.(-fr.)*]: 1. bürgerlich; Ggs. → militärisch (1). 2. anständig, annehmbar. **Zivil** [*lat.-fr.*] *das*; -s: bürgerliche Kleidung; Ggs. → Uniform. **Zivilcourage** [...*kurasch^e*] *die*; -: der Mut, überall unerschrocken seine eigene Meinung zu vertreten. **Zivildienst** *der*; -[e]s, -e: Dienst, den ein Kriegsdienstverweigerer an Stelle des Wehrdienstes leistet. **Zivilehe** *die*; -, -n: standesamtlich geschlossene Ehe. **Zivilingenieur** [...*inscheniör*] *der*; -s, -e: ein freiberuflich tätiger, selbständiger Ingenieur oder Techniker. **Zivilisation** [...*zion*; *lat.-fr.* u. *engl.*] *die*; -, -en: 1. die Gesamtheit der durch den Fortschritt der Wissenschaft u. Technik geschaffenen [verbesserten] materiellen u. sozialen Lebensbedingungen. 2. (ohne Plural) Bildung, Gesittung. **zivilisatorisch** [*lat.-fr.-nlat.*]: auf die Zivilisation gerichtet, sie betreffend. **zivilisieren** [*lat.-fr.*]: der Zivilisation zuführen; verfeinern, veredeln. **zivili-**

siert: 1. Zivilisation (1) aufweisend. 2. Kultur u. Bildung habend od. zeigend. **Zivilist** [*lat.-nlat.*] *der*; -en, -en: Bürger (im Gegensatz zum Soldaten). **Zivilität** [*lat.-fr.*] *die*; -: Anstand, Höflichkeit. **Zivilkammer** *die*; -, -n: Spruchabteilung für privatrechtliche Streitigkeiten bei den Landgerichten. **Zivilliste** *die*; -, -n: der für den Monarchen bestimmte Betrag im Staatshaushalt. **Zivilprozeß** *der*; ...esses, ...esse: Gerichtsverfahren, dem die Bestimmungen des Privatrechts zugrunde liegen. **Zivilsenat** *der*; -s, -e: Spruchabteilung für privatrechtliche Streitigkeiten bei den Oberlandesgerichten u. beim Bundesgerichtshof. **Zivilstand** *der*; -s: (schweiz.) Familien-, Personenstand. **Zivilstandsamt** *das*; -[e]s, ...ämter: (schweiz.) Standesamt. **Zivismus** [*lat.-fr.-nlat.*] *der*; -: (veraltet) Bürgersinn, Gemeinsinn

Zloty [*sloti*, auch: *ßloti*; *poln.*] *der*; -s, -s (aber: 5 -): Währungseinheit in Polen (= 100 Groszy)

zodiakal [*gr.-lat.-nlat.*]: auf den Tierkreis bezogen, den Tierkreis betreffend (Astron.). **Zodiakallicht** *das*; -s, -er: schwacher, pyramidenförmiger Lichtschein in Richtung des Tierkreises, der im Frühjahr am Abendhimmel, im Herbst am Morgenhimmel zu beobachten ist (Tierkreislicht; Astron.). **Zodiakus** [*gr.-lat.*] *der*; -: die Zusammenfassung der beiderseits der → Ekliptik liegenden 12 Tierkreiszeichen (Tierkreis; Astron.). **Zoidiogamie** u. **Zoidiophilie** [*zo-i...*; *gr.-nlat.*] *die*; -: Blütenbestäubung durch Tiere

Zökostomie vgl. Zäkostomie.

Zökotomie vgl. Zäkotomie.

Zökum vgl. Zäkum

Zöl|enterat [*gr.-nlat.*] *der*; -en, -en (meist Plural): Hohltier (z. B. Qualle, Polyp)

Zölestin [*lat.-nlat.*] *der*; -s, -e: ein Mineral. **Zölestiner** [*mlat.*; nach dem Stifter, Papst Zölestin V., um 1215–1296] *der*; -s, -: Angehöriger eines im 18. Jh. aufgelösten Benediktinerordens in Italien u. Frankreich. **zölestisch**: (veraltet) himmlisch

Zöliakie [*gr.-nlat.*] *die*; -, ...ien: chronische Verdauungsstörung im späten Säuglingsalter (Med.)

Zölibat [*lat.*] *das* (auch: *der*); -[e]s: pflichtmäßige Ehelosigkeit aus religiösen Gründen, bes. bei katholischen Geistlichen. **zölibatär** [*lat.-nlat.*]: im Zölibat lebend. **Zölibatär** *der*; -s, -e: jmd., der im Zölibat lebt

Zölom [*gr.*] *das*; -s, -e: Leibeshöhle, Hohlraum zwischen Darm- u. Körperwand (Med.)

Zölostat [*lat.*; *gr.*] *der*; -[e]s u. -en, -en: System aus zwei Spiegeln, das das Licht eines Himmelskörpers immer in die gleiche Richtung (z. B. in ein Fernrohr) lenkt

Zombie [*afrik.-kreol.-engl.-amerik.*] *der*; -[s], -s [*...biß*]: ein eigentlich Toter, der ein willenloses Werkzeug dessen ist, der ihn zum Leben erweckt hat

Zömeterium u. Coemeterium [*zö...*] u. Koemeterion [*kö...*; *gr.-lat.*] *das*; -s, ...ien [*...iᵉn*]: 1. Ruhestätte, Kirchhof. 2. Katakombe

Zönakel [*lat.*] *das*; -s, -: = Refektorium

zonal u. **zonar** [*gr.-lat.*]: zu einer Zone gehörend, eine Zone betreffend. **zonieren**: in Zonen gliedern

Zönobit [*gr.-mlat.*] *der*; -en, -en: in ständiger Klostergemeinschaft lebender Mönch; Ggs. → Eremit. **zönobitisch**: in Gemeinschaft lebend (von Mönchen). **Zönobium** [*gr.-lat.*] *das*; -s, ...ien [*...iᵉn*]: 1. Kloster. 2. Zellkolonie (Biol.). **Zönokarp** [*gr.-nlat.*] *das*; -s, -e: aus mehreren Fruchtblättern zusammengewachsener Fruchtknoten (Bot.)

Zoo [*zo*] *der*; -[s], -s: Kurzform von → zoologischer Garten. **Zoochlorelle** [*zo-oklo...*; *gr.-nlat.*] *die*; -, -n: Grünalge, die in Lebensgemeinschaft mit Schwämmen, Hohltieren und niederen Würmern lebt (Biologie). **Zoochorie** [*...ko...*] *die*; -: Verbreitung von Pflanzensamen u. -früchten durch Tiere (Biol.). **zoo|gen**: aus tierischen Resten gebildet (von Gesteinen; Geol.). **Zoo|geographie** *die*; -: Teilgebiet der Biologie, das sich u. a. mit der Verbreitung der Tiere befaßt (Tiergeographie). **zoo|geo|graphisch**: die Tiergeographie betreffend. **Zoo|glöen** *die* (Plural): Bakterienzusammenballungen. **Zoographie** *die*; -, ...ien: Benennung u. Einordnung der Tierarten. **Zoo|latrie** *die*; -, ...ien: Tierkult; Verehrung tiergestaltiger Götter. **Zoo|lith** [auch: *...it*] *der*; -s u. -en, -e[n] (meist Plural): Sedimentgestein, das ausschließlich od. größtenteils aus Resten von Tieren besteht (Geol.). **Zoo|loge** [*gr.-fr.*] *der*; -n, -n: jmd., der sich wissenschaftlich mit den Erscheinungen tierischen Lebens befaßt (z. B. Wissenschaftler, Student). **Zoologie** *die*; -: Tierkunde (Teilgebiet der Biologie). **zoo|logisch**: die Tierkunde betreffend; -er Garten: Tierpark, Tiergarten

Zoom

I. [*sum*; *engl.*] *das*; -s, -s: 1. Objektiv mit stufenlos verstellbarer Brennweite; Gummilinse. 2. Vorgang, durch den der Aufnahmegegenstand näher an den Betrachter herangeholt oder weiter von ihm entfernt wird.

II. [*zo-om*; *gr.*] *das*; -s, -e: tierischer Bestand eines → Bioms

zoomen [*sumᵉn*]: den Aufnahmegegenstand mit Hilfe eines Zooms (I, 1) näher heranholen od. weiter wegrücken. **Zoomobjektiv** *das*; -s, -e [*...wᵉ*]: = Zoom (I, 1)

Zoo|nose [*zo-o...*; *gr.-nlat.*] *die*; -, -n: von Tieren auf Menschen übertragbare Infektionskrankheit. **Zoon politikon** [*zó-on* -; *gr.*; nach Aristoteles, Politika III, 6] *das*; - -: der Mensch als soziales, sich in der Gemeinschaft handelnd entfaltendes Wesen. **Zoo|parasit** [*gr.-nlat.*] *der*; -en, -en: ein Schmarotzer, der in od. auf Tieren lebt. **zoo|phag**: fleischfressend (von Pflanzen; Bot.). **Zoo|phage** *der*; -n, -n (meist Plural): fleischfressende Pflanze (Bot.). **Zoo|philie** *die*; -, ...ien: = Sodomie (1). **Zoo|phobie** *die*; -, ...ien: krankhafte Angst vor Tieren (z. B. Spinnen). **Zoo|phyt** *der*; -en, -en: (veraltet) an einen festen Ort gebundenes Tier (Hohltier oder Schwamm). **Zoo|plankton** *das*; -s: die Gesamtheit der im Wasser schwebenden tierischen Organismen. **Zoo|semantik** *die*; -: Teilgebiet der Zoologie, das sich mit der Zeichensprache der Tiere befaßt. **Zoo|spermie** *die*; -, ...ien: das Vorhandensein beweglicher Samenfäden im → Ejakulat (Med.). **Zoo|spore**: Schwärmspore niederer Pflanzen. **Zoo|technik** [auch: *zo...*] *die*; -: (DDR) Technik der Tierhaltung u. -zucht. **Zoo|techniker** [auch: *zo...*] *der*; -s, -: (DDR) Fachmann auf dem Gebiet der Zootechnik (Berufsbez.). **Zoo|tomie** *die*; -: Tieranatomie. **Zoo|toxin** *das*; -s, -e: tierisches Gift. **Zoo|zönologie** *die*; -: Teilgebiet der Zoologie, der Verhaltensforschung, auf dem man sich mit den Formen des sozialen Zusammenlebens der Tiere befaßt; Tiersoziologie. **Zophoros** [*gr.*] u. **Zophorus** [*gr.-lat.*] *der*; -, ...phoren: Figurenträger, mit Reliefs geschmückter Fries in der altgriech. Baukunst

zoppo [*it.*]: lahm, schleppend (Vortragsanweisung; Mus.)

Zores [*hebr.-jidd.*] *der*; -: (landsch.) 1. a) Wirrwarr, Durcheinander; b) Ärger. 2. Gesindel

Zorilla [*span.*] *der*; -s, -s (auch:) *die*; -, -s: ein schwarzweißer afrikanischer Marder (Bandiltis) **zoroa|strisch** [*awest.-gr.-lat.*]: den → Parsismus betreffend

Zortzico [...*ko*; *baskisch*] *der*; -[s]: baskischer Tanz im 5/4-Takt, durch Schlaginstrumente scharf akzentuiert

Zoster vgl. Herpes zoster

Zötus [*lat.*] *der*; -, Zöten: (veraltet) Jahrgang, Schulklasse

Zuave [...*w*e; *fr.*] *der*; -n, -n: Angehöriger einer ehemaligen aus Berberstämmen rekrutierten franz. [Kolonial]truppe

Zucchetto [...*käto*; *it.*] *der*; -s, ...tti: (schweiz.) = Zucchino. **Zucchino** [...*kino*] *der*; -s, ...ni (meist Plural): gurkenähnliche Frucht einer bestimmten Kürbisart (als Gemüse gekocht)

Zuckercouleur [...*kulör*; *dt.*; *lat.-fr.*] *die*; -: gebrannter Zucker; vgl. Karamel

Zufolo [*it.*] *der*; -s, -s u. ...li: Hirtenflöte, -pfeife, Flageolett (1)

Zupan [~~*schupan*~~; *slaw.*] *der*; -s, ...ane: (hist.) slaw. Gerichtsbeamter (im deutschen Kolonisationsgebiet)

Zyan vgl. Cyan. **Zyanat** vgl. Cyanat. **Zyane** [*gr.-lat.*] *die*; -, -n: Kornblume (ein Getreideunkraut). **Zyanid** vgl. Cyanid. **Zyanisation** usw. vgl. Kyanisation usw. **Zyankali** u. **Zyankalium** *das*; -s: das stark giftige Kaliumsalz der Blausäure. **Zyanometer** [*gr.-nlat.*] *das*; -s, -: Blauskala zur Bestimmung der Blaufärbung des Himmels (Meteor.). **Zyanophyzee** *die*; -, -n (meist Plural): Blaualge. **Zyan|opsie** *die*; -, ...ien: Störung des Farbensehens, bei der alle Gegenstände blau erscheinen (Blausehen; Med.). **Zyanose** *die*; -, -n: bläuliche Verfärbung der Haut, bes. an Lippen u. Fingernägeln, infolge Sauerstoffmangels im Blut (u. a. bei Herzinsuffizienz; Med.). **zyanotisch**: mit Zyanose verbunden, auf ihr beruhend (Med.). **Zyanotypie** *die*; -, ...ien: ein Lichtpausverfahren zur Herstellung weißer Kopien auf blauem Grund

Zyathus vgl. Kyathos

Zygäne [*gr.-lat.*] *die*; -, -n: 1. ein mitteleuropäischer Schmetterling (Blutströpfchen). 2. Haifisch (Hammerhai)

Zygoma [*gr.*] *das*; -s, -ta: Backenknochen des Gesichts (Jochbein; Med.). **zygomatisch**: zum Jochbein gehörend (Med.). **zygomorph** [*gr.-nlat.*]: nur eine Symmetrieebene zeigend (von Blüten; Bot.). **Zygo|spore** *die*; -, -n: Produkt der Verschmelzung des Inhalts zweier gegenüberliegender Fadenzellen bei Jochalgen (Bot.). **Zygote** *die*; -, -n: die nach Verschmelzung der beiden → Gameten entstandene → diploide Zelle (Biol.)

Zykadazeen u. **Zykadeen** [*gr.-nlat.*] *die* (Plural): Pflanzenfamilie der Palmfarne. **Zykas** [*gr.*] *die*; -, -: Palmfarn

zy|klam [*gr.-lat.*]: lilarot. **Zy|klame** *die*; -, -n u. **Zy|klamen** *das*; -s, -: Alpenveilchen (eine Berg- u. Zierpflanze). **Zy|klen**: *Plural* von → Zyklus. **Zy|klide** [*gr.-nlat.*] *die*; -, -n: von einer Schar Kugeln (von denen jede drei feste Kugeln berührt) umgebene Fläche vierten Grades (Math.). **Zy|kliker** [auch: *zü*...; *gr.-lat.*] *der*; -s, -: Dichter altgriech. Epen, die zu einem Zyklus zusammengefaßt wurden. **zy|klisch**, (chem. fachspr.:) cyclisch [auch: *zük*...]: 1. kreisläufig, -förmig, ringförmig; sich auf einen Zyklus beziehend; regelmäßig wiederkehrend. **Zy|klitis** [*gr.-nlat.*] *die*; -, ...itiden: Entzündung des → Ziliarkörpers. **Zyklogenese** [*gr.-nlat.*] *die*; -, -n: Entstehung von → Zyklonen (I; Meteor.). **Zy|klo|gramm** *das*; -s, -e: graphische Darstellung einer in sich geschlossenen Folge zusammengehörender Vorgänge o. ä. (bes. in der Bautechnik in bezug auf Fließfertigung im Taktverfahren). **zy|kloid**: 1. kreisähnlich (Math.). 2. besonders stark u. regelmäßig zwischen Heiterkeit u. Traurigkeit schwankend (von der Stimmungslage eines Menschen; Med.). **Zy|kloide** *die*; -, -n: Kurve, die ein starr mit einem Kreis verbundener Punkt beschreibt, wenn der Kreis auf einer Geraden abrollt; vgl. Epizykloide; Hypozykloide. **Zy|kloidschuppe** *die*; -, -n: dünne Fischschuppe mit hinten abgerundetem Rand. **Zyklolyse** *die*; -, -n: Auflösung von → Zyklonen (I) (Meteor.). **Zyklometer** *das*; -s, -: (veraltet) Wegmesser. **Zy|klome|trie** *die*; -, ...ien: (veraltet) 1. Wegmessung. 2. Maßbestimmung am Kreis (Math.). **zy|klome|trisch**: auf den Kreisbogen bezogen, den Kreisbogen darstellend; -e Funktion: Umkehrfunktion der Winkelfunktion (Math.)

Zy|klon [*gr.-engl.*]

I. *der*; -s, -e: heftiger Wirbelsturm in tropischen Gebieten.
II. ®*der*; -s, -e: Vorrichtung zur Entstaubung von Gasen mit Hilfe der Fliehkraft.
III. ®*das*; -s: ein blausäurehaltiges Durchgasungsmittel zur Schädlingsbekämpfung

Zy|klone *die*; -, -n: Tiefdruckgebiet (Meteor.). **Zy|klonopath** [*gr.-nlat.*] *der*; -en, -en: besonders wetterempfindlicher Mensch (Med.; Psychol.). **Zy|klonopathie** *die*; -, ...ien: Wetterfühligkeit. **Zy|klonose** *die*; -, -n: Krankheitserscheinung bei wetterfühligen Personen (Med.). **Zy|klop** [*gr.-lat.*; „Rundäugiger"] *der*; -en, -en: einäugiger Riese der griech. Sage. **Zy|klophorie** [*gr.-nlat.*] *die*; -, ...ien: eine Form des Schielens. **Zy|klopie** *die*; -, ...ien: angeborene Mißbildung des Gesichts, bei der die miteinander verwachsenen Augäpfel in einer gemeinsamen Augenhöhle liegen (Med.). **zy|klopisch** [*gr.-lat.*]: von gewaltiger Größe, riesenhaft. **Zy|klorama** [*gr.-nlat.*] *das*; -s, ...men: (veraltet) Rundschau. **Zy|klostome** *der*; -n, -n (meist Plural): Rundmaul (fischähnliches Wirbeltier, z. B. das Flußneunauge). **zy|klothym**: von extravertierter, geselliger, dabei aber Stimmungsschwankungen unterworfener Wesensart (Med.; Psychol.). **Zy|klothyme** *der* u. *die*; -n, -n: jmd., der zyklothymes Temperament besitzt (Med.; Psychol.). **Zy|klothymie** *die*; -: Wesensart des Zyklothymen. **Zyklo|tron** [auch: *zü*...; *gr.-engl.*] *das*; -s, ...trone (auch: -s): Gerät zur Beschleunigung geladener Elementarteilchen u. Ionen zur Erzielung hoher Energien (Kernphysik). **zy|klo|tronisch**: mit dem Zyklotron beschleunigt, auf das Zyklotron bezogen. **Zy|klus** [auch: *zü*...; *gr.-lat.*] *der*; -, Zyklen: 1. periodisch ablaufendes Geschehen, Kreislauf regelmäßig wiederkehrender Dinge od. Ereignisse. 2. a) Zusammenfassung, Folge; Reihe inhaltlich zusammengehörender [literarischer] Werke, Vorträge u. a.; b) Ideen-, Themenkreis. 3. periodische Regelblutung der Frau mit dem Intervall bis zum Einsetzen der jeweiligen nächsten Menstruation (Med.). 4. → Permutation (2), die bei zyklischer Vertauschung einer bestimmten Anzahl von Elementen entsteht (Math.)

Zylinder [*zi*..., auch: *zü*...; *gr.-lat.*] *der*; -s, -: 1. Körper, dessen beide von gekrümmten Linien begrenzte Grundflächen (meist Kreise) parallel, eben, kongruent und durch eine Mantelfläche miteinander verbunden sind (Math.). 2. röhrenförmiger

Hohlkörper einer Maschine, in dem sich gleitend ein Kolben bewegt. 3. Lampenglas. 4. Teil einer Pumpe (Stiefel). 5. hoher Herrenhut [aus schwarzem Seidensamt]. 6. walzenförmiger, im Harn auftretender Fremdkörper (Med.). 7. im Kernspeicher die Zuordnung von Informationsspuren, die direkt über- od. untereinander auf Magnetplatten gespeichert sind, zu einer Einheit (EDV). **Zylindergläser** *die* (Plural): nur in einer Richtung gekrümmte Brillengläser. **Zylinderprojektion** [...*zion*] *die*; -, -en: Kartendarstellung mit einem Zylindermantel als Abbildungsfläche. **zylin|drisch** [*gr.-nlat.*]: walzenförmig. **Zylin|drom** [*zü...*] *das*; -s, -e: gallertige Geschwulst an den Speichel- u. Schleimdrüsen der Mundhöhle mit zylindrischen Hohlräumen (Med.)

Zymase [*gr.-nlat.*] *die*; -: aus zellfreien Hefepreßsäften gewonnenes Gemisch von → Enzymen, das die alkoholische Gärung verursacht

Zymbal vgl. Zimbal

zymisch [*gr.-nlat.*]: die Gärung betreffend, auf Gärung beruhend, durch sie entstanden. **Zymogen** *das*; -s, -e: Vorstufe eines → Enzyms. **Zymologe** *der*; -n, -n: Chemiker, der sich auf das Gebiet der Zymologie spezialisiert hat. **Zymologie** *die*; -: Teilgebiet der Chemie, das sich mit den Gärungsvorgängen befaßt

zymöse Verzweigung [*gr.*; *dt.*] *die*; -n -, -n -en: eine Verzweigungsform, bei der die Hauptachse die Entwicklung einstellt u. die Seitenachsen sich weiter entwikkeln u. verzweigen (Bot.)

Zymotechnik [*gr.-nlat.*] *die*; -: Gärungstechnik. **zymotisch**: Gärung bewirkend

Zyn|egetik [*gr.-lat.*] *die*; -: die Kunst, Hunde abzurichten (Jagd). **zyn|egetisch**: die Zynegetik betreffend (Jagd). **Zyniker** [*gr.-lat.*] *der*; -s, -: zynischer Mensch; vgl. Kyniker. **zynisch**: verletzend-spöttisch, bissig, schamlos-verletzend. **Zynismus** *der*; -, ...men: 1. (ohne Plural) Lebensanschauung der → Kyniker. 2. a) (ohne Plural) zynische Haltung, Einstellung, zynisches Wesen; b) zynische Äußerung, Bemerkung

Zypergras [nach der Insel Zypern] *das*; -es: einjähriges Riedgras. **Zyperkatze** *die*; -, -n: gestreifte Hauskatze

Zy|presse [*gr.-lat.*] *die*; -, -n: immergrüner Baum des Mittelmeergebietes. **zy|pressen**: aus Zypressenholz hergestellt

Zy|pridinenkalk [*gr.-nlat.*; *dt.*] *der*; -s: teilweise aus kleinen Muschelkrebsen bestehende Schicht des → Devons (Geol.)

zyrillisch vgl. kyrillisch

Zyst|algie [*gr.-nlat.*] *die*; -, ...ien: Schmerzempfindung in der Harnblase (Med.). **Zyste** *die*; -, -n: 1. im od. am Körper gebildeter sackartiger, mit Flüssigkeit gefüllter Hohlraum, Geschwulst (Med.). 2. bei niederen Pflanzen u. Tieren auftretendes kapselartiges Dauerstadium (z. B. bei ungünstigen Lebensbedingungen; Biol.). **Zystein** *das*; -s: eine → Aminosäure (Baustein der Eiweißkörper). **Zyst|ektomie** *die*; -, ...ien: operative Entfernung der Harnblase, Gallenblase od. einer Zyste (Med.). **Zystin** *das*; -s: eine → Aminosäure, Hauptträger des Schwefels im Eiweißmolekül. **Zystis** [*gr.*] *die*; -, Zysten: Blase, Harnblase (Med.). **zystisch** [*gr.-nlat.*]: blasenartig; auf die Zyste bezogen (Med.). **Zystitis** *die*; -, ...itiden: Blasenentzündung, -katarrh (Med.). **Zystizerkose** *die*; -, -n: Erkrankung durch Befall verschiedener Organe (z. B. Augen, Gehirn) mit Bandwurmfinnen (Med.). **Zystizerkus** *der*; -, ...ken: Finne des Bandwurms. **Zystopyelitis** [*gr.-nlat.*] *die*; -, ...itiden: Entzündung von Blase und Nierenbecken (Medizin). **Zysto|skop** *das*; -s, -e: röhrenförmiges Instrument zur Untersuchung der Harnblase (Blasenspiegel; Medizin). **Zystoskopie** *die*; -, ...ien: Ausleuchtung der Blase mit dem Zystoskop (Med.). **Zysto|spasmus** *der*; -, ...men: Blasenkrampf (Med.). **Zysto|stomie** *die*; -, ...ien: Anlegen einer Blasenfistel, operative Herstellung einer Verbindung zwischen der Harnblase u. der äußeren Haut (Med.). **Zystotomie** *die*; -, ...ien: operative Öffnung der Harnblase, Blaseneinschnitt (Med.). **Zystozele** *die*; -, -n: Blasenvorfall, Vorfall von Teilen der Harnblase (Med.)

Zytisin [*gr.*] *das*; -s, -e: ein giftiges → Alkaloid

Zytisus [*gr.-lat.*] *der*; -, -: Goldregen (Schmetterlingsblütler)

Zyto|architektonik [*gr.*] *die*; -: Anordnung u. Aufbau der Nervenzellen im Bereich der Großhirnrinde (Med.). **Zyto|blast** [*gr.-nlat.*] *der*; -en, -en: 1. Zellkern (Medizin). 2. = Mitochondrium. **Zyto|blastom** *das*; -s, -e: bösartige Geschwulst aus unreifen Gewebszellen. **Zyto|chrom** [...*krom*] *das*; -s, -e: in allen Zellen vorhandener Farbstoff, der bei der Oxydation die Rolle von → Enzymen spielt (Med.). **Zytode** *die*; -, -n: kernloses Protoplasmaklümpchen (Biol.). **Zytodia|gnostik** *die*; -, -en: mikroskopische Untersuchung von Körpergeweben, -flüssigkeiten u. -ausscheidungen auf das Vorhandensein anomaler Zellformen (z. B. zur Krebsfrüherkennung; Med.). **zytogen**: von der Zelle gebildet (Biol.). **Zytogenetik** *die*; -: Forschungsrichtung der allgemeinen Biologie, die die Zusammenhänge zwischen erblichem Verhalten u. dem Feinbau der Zelle untersucht. **Zytologe** *der*; -n, -n: Wissenschaftler auf dem Gebiet der Zytologie. **Zytologie** *die*; -: Wissenschaft vom Aufbau u. von der Funktion der Zelle (Biol.; Med.). **zytologisch**: die Zytologie betreffend. **Zytolyse** *die*; -: Auflösung, Abbau von Zellen (Biol.). **Zytolysin** *das*; -s, -e: Substanz, Antikörper mit der Fähigkeit, Zellen aufzulösen (Med.). **Zyto|plasma** *das*; -s, ...men: = Protoplasma (Biol.). **Zyto|skopie** *die*; -, ...ien: = Zytodiagnostik. **Zyto|statikum** *das*; -s, ...ka: [chemische] Substanz, die die Kernteilung u. Zellvermehrung hemmt. **zytostatisch**: Kernteilung u. Zellvermehrung hemmend (Biol.). **Zytostom** *das*; -s, -e u. **Zytostoma** *das*; -s, -ta: Zellmund der Einzeller. **Zytotoxin** *das*; -s, -e: Zellgift. **zytotoxisch**: zellvergiftend, zellschädigend. **Zytotoxizität** *die*; -: Fähigkeit bestimmter [chemischer] Substanzen, Gewebszellen zu schädigen

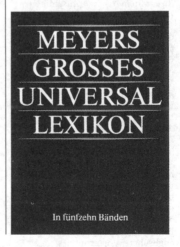

DUDEN-TASCHENBÜCHER

Herausgegeben vom Wissenschaftlichen Rat der DUDEN-Redaktion:
Professor Dr. Günther Drosdowski · Dr. Rudolf Köster · Dr. Wolfgang Müller · Dr. Werner Scholze-Stubenrecht

Band 1: Komma, Punkt und alle anderen Satzzeichen
Sie finden in diesem Taschenbuch Antwort auf alle Fragen, die im Bereich der deutschen Zeichensetzung auftreten können. 165 Seiten.

Band 2: Wie sagt man noch?
Hier ist der Ratgeber, wenn Ihnen gerade das passende Wort nicht einfällt oder wenn Sie sich im Ausdruck nicht wiederholen wollen. 219 Seiten.

Band 3: Die Regeln der deutschen Rechtschreibung
Dieses Buch stellt die Regeln zum richtigen Schreiben der Wörter und Namen sowie die Regeln zum richtigen Gebrauch der Satzzeichen dar. 188 Seiten.

Band 4: Lexikon der Vornamen
Mehr als 3 000 weibliche und männliche Vornamen enthält dieses Taschenbuch. Sie erfahren, aus welcher Sprache ein Name stammt, was er bedeutet und welche Persönlichkeiten ihn getragen haben. 239 Seiten.

Band 5: Satz- und Korrekturanweisungen
Richtlinien für die Texterfassung. Mit ausführlicher Beispielsammlung. Dieses Taschenbuch enthält nicht nur die Vorschriften für den Schriftsatz und die üblichen Korrekturvorschriften, sondern auch Regeln für Spezialbereiche. 268 Seiten.

Band 6: Wann schreibt man groß, wann schreibt man klein?
In diesem Taschenbuch finden Sie in mehr als 7 500 Artikeln Antwort auf die Frage „groß oder klein?". 252 Seiten.

Band 7: Wie schreibt man gutes Deutsch?
Eine Stilfibel. Der Band stellt die vielfältigen sprachlichen Möglichkeiten dar und zeigt, wie man seinen Stil verbessern kann. 163 Seiten.

Band 8: Wie sagt man in Österreich?
Das Buch bringt eine Fülle an Informationen über alle sprachlichen Eigenheiten, durch die sich die deutsche Sprache in Österreich von dem in Deutschland üblichen Sprachgebrauch unterscheidet. 252 Seiten.

Band 9: Wie gebraucht man Fremdwörter richtig?
Mit 4 000 Stichwörtern und über 30 000 Anwendungsbeispielen ist dieses Taschenbuch eine praktische Stilfibel des Fremdwortes. 368 Seiten.

Band 10: Wie sagt der Arzt?
Dieses Buch gibt die volkstümlichen Bezeichnungen zu rund 900 medizinischen Fachwörtern an und erleichtert damit die Verständigung zwischen Arzt und Patient. 176 Seiten.

Band 11: Wörterbuch der Abkürzungen
Berücksichtigt werden 36 000 Abkürzungen, Kurzformen und Zeichen aus allen Bereichen. 260 Seiten.

Band 13: mahlen oder malen?
Hier werden gleichklingende, aber verschieden geschriebene Wörter in Gruppen dargestellt und erläutert. 191 Seiten.

Band 14: Fehlerfreies Deutsch
Viele Fragen zur Grammatik werden in diesem DUDEN-Taschenbuch in leicht lesbarer, oft humorvoller Darstellung beantwortet. Es macht grammatische Regeln verständlich und führt zum richtigen Sprachgebrauch. 204 Seiten.

Band 15: Wie sagt man anderswo?
Dieses Buch will all jenen helfen, die mit den landschaftlichen Unterschieden in Wort- und Sprachgebrauch konfrontiert werden. 190 Seiten.

Band 17: Leicht verwechselbare Wörter
Der Band enthält Gruppen von Wörtern, die auf Grund ihrer lautlichen Ähnlichkeit leicht verwechselt werden. 334 Seiten.

Band 18: Wie schreibt man im Büro?
Es werden nützliche Ratschläge und Tips zur Erledigung der täglichen Büroarbeit gegeben. 176 Seiten.

Band 19: Wie diktiert man im Büro?
Alles Wesentliche über die Verfahren, Regeln und Techniken des Diktierens. 225 Seiten.

Band 20: Wie formuliert man im Büro?
Dieses Taschenbuch bietet Regeln, Empfehlungen und Übungstexte aus der Praxis. 282 Seiten.

Band 21: Wie verfaßt man wissenschaftliche Arbeiten?
Dieses Buch behandelt ausführlich und mit vielen praktischen Beispielen die formalen und organisatorischen Probleme des wissenschaftlichen Arbeitens. 208 Seiten.

DER KLEINE DUDEN

Deutsches Wörterbuch
Der Grundstock unseres Wortschatzes. Über 30 000 Wörter mit mehr als 100 000 Angaben zu Rechtschreibung, Silbentrennung, Aussprache und Grammatik. 445 Seiten.

Fremdwörterbuch
Ein zuverlässiger Helfer über die wichtigsten Fremdwörter des täglichen Gebrauchs. Rund 15 000 Fremdwörter mit mehr als 90 000 Angaben zur Bedeutung, Aussprache und Grammatik. 448 Seiten.

Bibliographisches Institut
Mannheim/Wien/Zürich